# 일본 철학사상 자료집

# 일본 철학사상 자료집

제임스 하이직, 토마스 카술리스, 존 마랄도 편
김승철, 김효순, 엄인경 외 역

보고사
BOGOSA

# 『일본 철학사상 자료집』의 한국어 번역 출판을 축하하면서

『일본 철학사상 자료집』이 한국어로 번역, 출판됨을 진심으로 기쁘게 생각합니다. 2016년에 이 책의 스페인어 번역본이 출판되었을 때, 우리는 서구의 제2 언어인 스페인어권 독자들에게 다가갈 수 있다는 커다란 흥분감에 휩싸였습니다. 그러나 이 책이 동아시아의 이웃나라에는 아직 그들의 언어를 통해서 전달될 계획이 마련되지 못했다는 사실로 인해서 우리의 흥분과 기쁨은 반감될 수밖에 없었습니다. 하지만 그 직후, 난잔종교문화연구소 김승철 교수의 주도하에 한국의 유능한 연구자들이 이 책의 한국어 번역본을 출판하는 일을 시작해주셨습니다. 이로써 철학 세계에서 훨씬 더 큰 혁명을 기대할 수 있는 지평이 열렸다고 생각합니다.

동아시아의 철학적 전통은 지난 세기 중반 이후 서구에 자리 잡은 '비교' 철학과 '문화 간' 철학 형성에 중요한 자극제가 되어 왔습니다. 서양철학의 여러 국면을 전문으로 하는 한국과 일본과 중국의 많은 학자들은 이 분야의 학계에서 이미 확고하게 자리 잡고 있습니다. 하지만 그들 중 대부분의 연구자들은 자신의 전문 분야를 분석하고 논평하고 또 현장에서 사용하기 위해 자신들의 작업을 번역하는 데 만족해 왔습니다. 그리고 점점 더 많은 연구자들이 자신의 업적을 구미의 언어로 출판하거나 국제회의에서 발표함으로써 서방의 동료들로부터 인정받고자 하였습니다. 그럼에도 불구하고, 그들의 이름 중 극히 일부만이 그들의 모국 밖으로 알려지거나 인용될 뿐인 것이 현실입니다. 이와는 대조적으로 동아시아의 지적 전통을 전문으로 연구하는 서구 학자들의 상당수는 아시아 학자들의 관심과 존경을 누리고 있으며, 아시아의 학자들과 교류하는 서양 철학자들의 이름은 거의 2백 년 전부터 그들에게 익숙한 이름이 되어 있습니다.

이러한 불균형의 원인은 여러 가지가 있겠습니다만, 한 가지 중요한 점은 서양의 철학전통과 어깨를 나란히 할 수 있는 아시아 또는 동아시아 철학 전통이 효과적으로 널리 소개되지 못했다는 점을 들 수 있을 것입니다. 물론 많은 뛰어난 역사가들의 연구로 말미암아 아시아의 여러 국가들 사이에서는 그들의 언어 장벽을 뛰어넘어서 오랜 기간 동안 철학사상이 널리 퍼져왔다는 사실을 우리는 잘 알고 있습니다. 그것은 지중해 연안에서 철학이 탄생하기 수 세기 전에 이미 시작된 일이었으며, 실제로 아시아의 철학은 그리스 철학 형성에 상당한 영향을 미쳤습니다. 하지만 이상한 역사의 아이러니로 인해 서구의 학문과 철학이 아시아에 수입되었고, 서구의 식민지 확장에 따른 경제적, 정치적 자원에 서구철학이 의존하게 됨으로서 아시아 내에서 아시아 문화 사이의 사상적 교류는 방해받기에 이르렀습니다. 그것은 마치 철학의 근본적 사명인 비판적 사고가 부를 상속받으려 서두른 나머지 철학의 사상적 에너지 전체를 고갈시키는 일과 같았다고도 할 수 있을 것입니다.

다른 여러 요인들도 관련되어 있겠지만, 결과적으로 동아시아 철학 간의 비교연구를 접하는 독자들도, 또 동아시아 철학을 확산하기 위해서 이를 번역하는 언어도, 모두 동아시아라는 토양 밖에 존재하게 되었습니다. 동양과 서양 철학 사이에 가장 견고한 다리를 구축했던 아시아의 현대 사상가들의 작업조차도 아시아 이웃 나라의 언어가 아니라 영어나 독일어, 그리고 프랑스어로 훨씬 더 자주 등장하게 되었습니다. 그런 의미에서 『일본 철학사상 자료집』이 한국어로 번역되었다는 사실은 구미와 어깨를 나란히 할 수 있는 동아시아 철학 전통의 균형을 회복하고 부흥을 독려하는 중요한 단계가 될 것입니다.

한편 『일본 철학사상 자료집』의 중국어 번역 작업도 3년 전에 시작되었습니다. 이 역시 서양 철학만으로는 제공할 수 없는 차원에서 일본 철학을 토론할 수 있는 바탕을 구축하기 위한 또 다른 단계라고 하겠습니다. 이 번역본을 준비하는 데 참여한 수십 명의 학자와 여기에 봉사하게 될 많은 학생 및 동료들을 생각해 볼 때, 한국과 중국 철학의 다양한 전통을 포괄하는 선집, 즉 『한국 철학사상 자료집』이나 『중국 철학사상 자료집』을 편찬하고 번역하기 위한 토대가 마련되었다고 하겠습니다. 그리하여 서구적 철학에 사로잡혀 단절되고 파편화된 아시아 내의 역사적, 사상적 유대는 '살아 있는 전통'으로서 새로운 힘을 발휘할 수 있을 것이며, 동시에 철학의 근본적 사명을 도처에서 항구적 으로 위협하는 편협한 사유를 일깨울 수 있을 것입니다.

『일본 철학사상 자료집』의 공동 편집자인 토마스 카술리스와 존 마랄도를 대신하여, 이 책의 번역을 위해서 애써주신 한국 연구자 여러분들과 이 책을 출판해주신 출판사 관계자 여러분들께 진심어린 감사와 축하의 말씀을 전해드리고 싶습니다.


2021년 10월
제임스 W. 하이직
난잔종교문화연구소(南山宗教文化研究所)
나고야, 일본

# 『일본 철학사상 자료집』의 한국어 번역과 출판에 즈음하여

『일본 철학사상 자료집』을 번역, 출판함에 즈음하여 그 시작과 경과에 대하여 간략하게나마 밝혀두는 것이 옳다고 여겨 이에 몇 마디 적어두는 바이다.

『일본 철학사상 자료집』의 번역, 출판은 난잔대학(南山大學) 제4기 국제화추진사업의 지원을 받아서 난잔종교문화연구소(南山宗敎文化硏究所)가 추진해 온 〈일본의 사상과 문화를 국제적으로 알리기 위한 연구 거점의 확립〉(2018-2020)이라는 연구 프로젝트의 결과로서 이루어졌다. 이 연구사업의 목적은, 그 명칭이 말해주는 바대로 일본의 철학과 종교, 문화의 사상 내용을 일본 밖으로 알리기 위한 학술적 연구와 실천에 있다. 이는 1974년에 창립된 이후로 종교간, 문화 간의 대화를 중점적으로 수행하여 온 난잔종교문화연구소 연구 활동의 일환이기도 하다. 난잔종교문화연구소는 가톨릭 교회의 제2차 바티칸공의회가 천명하였던 종교 간 대화의 정신을 실천하기 위하여 가톨릭 수도회인 신언회(神言會, Society of the Divine Word)에 의해서 창립되었으며, 그동안 일본 국내는 물론 해외의 신학자, 종교학자, 철학자 등과 연계하여 종교간, 문화 간의 대화와 연구를 지속적이고 중점적으로 추진하여 왔으며, 그 결과는 여러 종류의 출판물을 통해서 학계와 사회에 전달되어왔다. 이러한 전통은 본 연구소에 속한 연구원은 물론, 해마다 장·단기간에 걸쳐서 연구소에 체재하면서 연구를 수행하는 다양한 분야의 연구자들에 의해서 지금도 이어지고 있다.

위의 연구프로젝트를 수행하기 위해서 우리는 이 연구를 '한국어로 일본 철학, 종교 사상을 번역하여 출판한다'는 데에 목표를 설정하고, 그에 맞추어 구체적인 내용을 계획하였다. 즉 '번역이란 무엇인가?'를 연구하는 이론적 작업과, 실제로 일본의 철학, 종교사상을 한국어로 번역하는 실천적 작업, 이 두 가지 축을 중심으로 수행하고자 하였다.

먼저 '번역이란 무엇인가?'라는 방대한 주제에 대한 하나의 접근 방법으로서 우리는 번역에 대한 이론적 연구를 수행하는 연구자와 다년간 번역 작업을 해 온 연구자들을 난잔종교문화연구소에 초대하여 국제심포지엄을 개최하였다. 2019년 7월 5-6일에 〈번역하는 존재로서의 인간(Homo Translator)〉이라는 주제하에 개최된 이 심포지엄에 참석한 연구자와 발표 내용은 다음과 같다. (참석자들의 소속과 명칭은 심포지엄 개최 당시의 것이다.)

- 김승철(난잔종교문화연구소 소장) "번역하는 존재로서의 인간: 번역되는 전통(Homo Translator: Traditions in Translation)"
- 즈비그네프 웨슬로프스키(Zbigniew Wesołowski, 독일 신언회 중국문화연구소 소장) "유교의 진리 개념을 이해하기 위한 해석학: 논어가 말하는 진리의 소유자로서의 군자(Hermeneutics of Understanding the Confucian Idea of Truth: Junzi 君子 as a Truth-bearer according to Lunyu 論語)"

- 아드리아노 파브리스(Adriano Fabris, 이탈리아 피사대학 교수) "번역의 윤리: 관계적인 관점에서(Ethics of Translation: A Relational Perspective)"
- 호르케 마르티네즈 바레라(Jorge Martinez Barrera, 칠레 가톨릭대학 교수) "번역을 할 때 우리는 무엇을 번역하는가?(What do we translate when we translate?)"
- 가와하라 기요시(河原清志, 일본 간사이대학 교수) "번역연구와 종교적 등가성에 대한 개관적 연구(An Overview of Translation Studies and Religious Equivalence)"
- 사토 미키(佐藤美希, 일본 삿포로대학 교수) "중국과 서구 번역하기: 후기 에도 시대와 초기 메이지 시대에 있어서 문학적 번역/번안(Translating China and the West: Literary Translation/Adaptation in the late Edo and the early Meiji)"
- 폴 스완슨 (Paul Swanson, 일본 난잔종교문화연구소 제1종연구원) "중국 천태불교경전 번역에 대한 고찰(Reflections on Translating Chinese Tiantai Buddhist Texts)"
- 양혜원(난잔종교문화연구소 객원연구원), "번역된 텍스트, 번역된 현실: 미국 작가들은 한국의 종교적 경험을 어떻게 소개하였는가?(Translated Texts, Translated Realities: Reflections on How American Writers Mediate Korean Religious Experience)"

이 심포지엄 결과의 일부는 『난잔종교문화연구소보(南山宗教文化研究所報)』와 난잔종교문화연구소 회보(Bulletin of the Nanzan Institute for Religion and Culture), 그리고 이탈리아의 학술잡지 Thoeria: Rivista di filosofia(vol.40, no.2, 2020)에 〈번역의 철학(Philosophy of Translation, Filosofia della traduzione)〉이라는 특집으로 게재되었다.

앞에서도 언급하였듯, 본 연구프로젝트의 또 하나의 중심축은 일본의 철학, 종교 사상을 한국어로 번역하여 출판하는 일, 곧 번역에 대한 이론적 연구를 실천에 옮기는 작업이었다. 여기에는 일본의 철학, 종교 사상을 한국에 소개함으로서 일본과 한국의 상호간의 이해에 공헌하다는 의미가 포함되어 있음은 재언의 여지가 없을 것이다.

이를 위해서는 우선 현재 한국에 일본의 철학과 종교사상이 어느 정도 번역, 소개되어 있는지를 분석해 보고, 자료를 취합해 볼 필요가 있었다. 그래서 우리는 일본 각 분야의 철학과 종교를 전공한 한국의 연구자들 본 연구소로 초대하여 현재 한국에 일본의 철학과 종교가 소개되어 있는 현실에 대해서 연구조사 발표를 듣고, 이에 상응하는 이 분야 일본 연구자들의 의견을 듣기 위한 워크숍을 개최하기로 하였다. 이하는 이 워크숍에 대한 소개이다. 워크숍은 일본어로 진행되었고, 전체 진행은 김승철이 담당하였다. (참석자들의 소속과 명칭은 워크숍 개최 당시의 것이다.)

1. 일시 : 2018년 2월 22-23일
2. 장소 : 난잔종교문화연구소
3. 주제 : 일본의 종교, 문화의 번역 -『일본 철학사상 자료집』의 한국어 번역을 위하여
4. 워크숍 내용
   (1) 특별강연
      제임스 하이직(난잔대학 명예교수) "『일본 철학사상 자료집』이 완성되기까지(Japanese Philosophy: A Sourcebookが出來上がるまで)"

(2) 연구발표자와 발표제목
- 이찬수(서울대학교 통일평화연구원 교수) "한국에서의 경도학파 연구의 현황(韓國における京都學派の研究現況)"
- 박홍규(고려대학교 교수) "한국에서의 일본 신도연구의 현황과 전망(韓國で日本神道研究の現狀と展望)"
- 김호성(동국대학교 교수) "근년(2010년 이후) 한국에 소개된 일본의 정토불교(近年(2010- )韓國に紹介されている日本の淨土佛教)"
- 원영상(원광대학교 교정역원연구소 교수) "한국에서의 일본불교연구의 현황과 전망(韓國における日本仏教の研究現況と展望)"
- 이용주(광주과학기술원 교수) "한국에서의 일본 유학연구의 현상과 과제(韓國における日本儒學研究の現狀と課題)"
- 김경희(한국외국어대학교 교수) "한국에서 일본고전문학 연구의 현황과 전망(韓國における日本古典文學研究の現況と展望)"

(3) 질의응답자
- 기리하라 겐신(桐原健眞, 金城學院大學教授)
- 안도 와타루(安藤弥, 同朋大學教授)
- 쓰지모토 히로시게(辻本裕成, 南山大學教授)
- 짱 쩡유엔(張政遠, 香港中文大學文學部日本研究學科講師)
- 폴 스완슨(Paul Swanson, 南山宗教文化研究所第一種研究所員)
- 오쿠야마 미치아키(奧山倫明, 南山宗教文化研究所第一種研究所員)
그리고 홍이표(洪伊杓, 메이지가쿠인대학 그리스도교연구소 협력연구원) 박사가 회의록 작성 등 회의의 진행을 도와주기 위해서 참석했다.

이 워크숍이 성립할 수 있었던 데에는 당시 경희대학교 철학과 교수로 일본의 철학자 니시다 기타로에 대해 조예가 깊으신 허우성 교수님으로부터 많은 지도와 협력을 받을 수 있었다. 이 자리를 빌어서 허 교수님께 심심한 감사를 드리는 바이다.

상기의 심포지엄과 워크숍의 연구결과를 토대로 하여서 우리가 해야 할 일은 『일본 철학사상 자료집』을 한국어로 번역하는 문제였고, 당연하게도 번역을 담당해주실 연구자를 만나 번역을 부탁 드리는 일이었다. 물론 번역자를 교섭하는 일은 이 연구프로젝트를 계획할 당시부터 시작된 일이었으나, 일본 철학과 종교의 여러 분야의 문헌들을 수집, 발췌한 이 자료집의 성격상, 모든 해당 분야의 전문연구자를 찾아서 일일이 교섭하기란 결코 쉬운 일이 아니었다. 앞의 워크숍에 참석해주신 분들로부터 각 분야의 번역을 담당해주실 한국의 연구자들을 소개받기도 하였고, 이를 위해서 나는 몇 차례에 걸쳐서 한국을 방문하여 일본 철학과 종교, 문학의 전문연구자들과 만나서 의논을 거듭하지 않으면 안 되었다.

그런 가운데, 경일대학교에서 일본문학을 가르치시는 하태후 교수님으로부터 결정적인 조언을 받을 수 있었다. 평소 한국일본기독교문학학회 등을 통해서 뵙고 지내던 하 교수님은 당시 고려대학교 글로벌일본연구원에서 연구년을 보내고 계셨는데, 하 교수님의 고마운 소개로 동 연구원의 김효순 교수님과 엄인경 교수님을 만날 수 있었다.

김 교수님과 엄 교수님과의 만남을 통해서 번역 작업은 급물살을 타게 되었다. 두 분과 여러 차례 장시간에 걸쳐서 의견을 나눔으로서 번역 작업을 위한 제반 사항들, 즉 번역자의 선정과 교섭, 번역을 위한 상세한 지침 마련, 번역의 일정, 번역을 위한 워크숍 개최, 그리고 출판과 관련된 사항 등을 하나씩 구체화해나갈 수 있었다. 구체적으로는 두 분이 속해 있는 고려대학교 글로벌일본연구원과 직·간접적으로 관계를 맺고 있는 일본연구 전문가와의 교섭에서부터 번역 작업은 본격적인 궤도에 오를 수 있었다.

이 번역 작업을 원만하게 진행하기 위해서 우리는 여러 번 직접 만나서 각 번역자들의 번역결과를 공유하고 서로 확인하는 일이 절대적으로 필요하였다. 그러한 만남을 통해서 번역 일정의 확인, 번역 용어와 문체의 통일, 독자층을 어떻게 설정할 것인가라는 문제, 독자들을 위해서 역자주를 어느 정도까지 첨가할 것인가 하는 문제 등등, 중요한 사항들을 의논하고 결정할 수 있었다. 그리고 경우에 따라서는 번역 담당자를 새롭게 교섭해야 할 필요성도 제기되었다. 이러한 문제를 논의하기 위해서 우리는 아래와 같은 일정으로 워크숍을 개최하였다.

제1차 워크숍     일시: 2018년 11월 16일(금)
                 장소: 고려대학교 글로벌일본연구원 201호

제2차 워크숍     일시: 2019년 1월 28일(월)-29일(화)
                 장소: 난잔대학 난잔종교문화연구소

제3차 워크숍     일시: 2019년 2월 18일(월)
                 장소: 고려대학교 글로벌일본연구원 103호

제4차 워크숍     일시: 2019년 6월 21일(금)-22일(토)
                 장소: 고려대학교 글로벌일본연구원 201호

아울러 완성된 번역원고를 가지고 2020년 4월 20-22일에 걸쳐서 고려대학교 글로벌일본연구원에서 개최할 예정이었던 제5차 워크숍은 전 세계적으로 만연된 코로나바이러스의 영향으로 취소할 수밖에 없었다. 코로나바이러스의 만연으로 인해 인적 이동이 모두 중지된 긴급 상황인 점 등을 감안하여 난잔대학의 제4기 국제화추진사업도 그 완성년도가 2020년에서 2021년으로 1년 연장되었다. 위에 기록한 워크숍의 일정 외에도 메일이나 국제전화 등을 통한 회의도 필요에 따라서 수차례 열어 서로 의견을 나누었다.

여기서 한 가지 명기해 둘 중요한 사항은 이 자료집을 한국어로 번역함에 있어서 원자료는 영문이 아닌 일본어 원전을 직접 번역하였다는 점이다. 이 책의 기술 언어는 일본의 철학과 종교 사상에 대한 영어권 학자들의 편집과 번역이므로, 그들의 구미적 시각과 이해가 반영되어 있음은 당연한 일이다. 그러므로 이처럼 일본 사상에 대한 영어 번역을 다시 한국어로 옮긴다는 것은 중역의 문제를 포함하게 되는 것이었다. 이러한 문제점을 최소화하고 충실한 원자료를 제시하기 위해서 번역자들은 영문을 한국어로 옮기는 것이 아니라, 원래의 일본어 원문을 찾아서 한국어로 번역하는 방법을 택했다. 이러한 일은 일본어 원문의 모든 자료를 갖고 계신 제임스 하이직 박사님의 도움이 없었다면 불가능한 일이었다. 영어역은 일본어 원문을 영어권 번역자 나름의 이해를 거친 것이었고, 또 많은 경우 일본어 원문을 그들 나름대로 발췌 혹은 축약하였기에, 그에 해당하는 일본어 원문을 하나하나 찾아서 번역하는 일은 오랜 시간과 노력을 요하는 일이었으나, 하이직 박사님의 도움으로 시간과 노력을 많이 절약할 수 있었다.

이처럼 영역(英譯)에 해당하는 일본어 원전을 찾아서 한국어로 번역하였다고는 하더라도, 영어권 연구자들에 의한 일본사상연구 결과물이 한국어로 번역 소개되는 이 책이, 영어권 학자들의 일본 이해를 반영하고 있음은 재언의 여지가 없다. 이 사실은 이 책의 한계이기도 하지만, 시각에 따라서는 영어권 학자들의 일본 이해의 단면을 엿볼 수 있는 좋은 기회이기도 할 것이다.

이와 같은 제반 문제점을 의식하면서도 번역을 추진한 것은 이러한 형태로나마 일본의 철학과 종교 사상을 개관할 수 있는 책이 필요하다고 여겨졌기 때문이다. 한국에도 일본의 철학과 종교 사상에 대한 소개서나 번역서가 이미 많이 출판되어 있지만, 이 책처럼 일본의 중요한 사상가들을 총망라하면서 더욱이 그들이 쓴 원문을 직접 소개하고 해설한 책은 아직 없다. 그러므로 이 책은 일본의 종교, 철학, 문학을 연구하려는 연구자들에 자료집으로서, 또는 개론서로서의 역할을 할 수 있으리라 기대한다. 나아가 하이직 박사가 서문에서도 언급하셨듯 이 책이 영어나 일본어로 쓰인 『한국 철학사상 자료집』 출판을 위한 하나의 자극제와 단초가 될 수 있다면 그에 더한 기쁨은 없을 것이다.

끝으로 이 책을 번역, 출판함에 있어서 미국의 로취 가족 재단(The Roche Family Foundation)으로부터 번역료 전액을 제공받았고, 출판 비용은 상기의 제4기 난잔대학 국제화추진사업의 예산의 일부를 사용하였다. 여기에 기록하여 심심한 감사의 예를 올리는 바이다.

돌아보면 연구 작업의 굽이마다 많은 분들의 도움을 받을 수 있음을 감사드린다. 무엇보다도 개인적인 연구활동에 분주한 가운데에서도 번역 작업에 진지하게 임해주신 모든 번역자들께 다시 한번 감사를 드린다. 또한 예쁜 책으로 출판해주신 보고사 출판사와 관계자 여러분들께도 감사를 드린다.

많은 분들에게 읽히고 또 건설적인 비판과 의견 교환을 통해서 이 책이 소기의 목적을 달성할 수 있기를 번역에 임해주신 모든 분들과 함께 기대하면서 독자 여러분의 많은 질정을 부탁드린다.

번역자들을 대표하여
2021년 10월
난잔종교문화연구소 소장
난잔대학 인문학부 교수
김승철

# 감사의 글

이 프로젝트가 완성될 때까지 도와주신 모든 분들께 감사드립니다. 우선, 오랜 기간 협력해 주신 마크 블럼(Mark Blum), 존 터커(John Tucker), 마크 티우웬(Mark Teeuwen)께 감사합니다. 이분들은 각각 불교, 유교, 신도 부분의 번역을 도와주었습니다. 지난 수년 동안 지속적으로 이분들이 끊임없이 베풀어 준 시간과 학문적인 조언은 상상을 뛰어넘을 정도였습니다. 또한 미학 부분을 맡아 준 마이클 마라(Michael Marra), 여성 철학자 부분을 맡아준 유사 미치코(遊佐道子)와 기타가와 사키코(北川東子)께도 감사합니다. 이분들은 우리의 능력으로 해결할 수 없는 영역에서 자신들의 전문적인 지식을 최대한으로 발휘해 주었습니다. 사무라이 정신 부분과 생명 윤리 부분의 내용을 준비해 준 올렉 베네쉬(Oleg Benesch)와 하야시 요시히로(林良博)께도 특별히 감사의 마음을 전합니다. 또한 이 책에 아름다운 삽화를 꾸며 준 우케베 가네코(Ukebe Kaneko)와 최종 원고를 세심하게 교정해준 데이비드 화이트(David White)께도 감사드립니다.

여러 번역자와 기고자들에게 평범한 감사 인사 밖에 전하지 못해서 아쉽습니다. 이분들은 우리 편집자들의 까다로운 성향, 사소한 것에 대한 끊임없는 질문을 참아내면서 이 책의 전반적인 목표를 향해 신념을 잃지 않고 나아갔습니다. 특히 세계 각지에서 온 수많은 학자들은 일본과 해외에서 열린 워크숍에 참여하고 이 책의 구성과 내용에 대해 열띤 토론을 벌였습니다. 이분들은 이 프로젝트에 유용한 전문 지식을 아낌없이 제공하고, 우리가 책을 완성할 때까지 포기하지 않도록 도와주었습니다. 50만 단어 이상으로 이루어진 이 책은 우리가 만든 것이라기보다는 이 학자들의 정신과 노고의 결실이라고 믿어 의심치 않습니다. 이분들은 모든 면에서 우리를 도와주었습니다. 그러나 이 책에 오류가 있다면, 이는 전적으로 우리 편집자들의 책임입니다.

일본학술진흥회(日本學術振興會)에서 상당한 액수의 보조금을 3년 동안 제공해 주었습니다. 로취 가족 재단(The Roche Family Foundation)에서도 풍족하게 보조금을 제공해 주었습니다. 그리고 난잔대학(南山大學) 종교문화연구소(宗敎文化研究所)의 직원과 학자들도 지속적으로 도움을 주었습니다. 이분들이 없었더라면, 이 책의 출간은 상상조차 하지 못했을 것입니다. 그리고 팻 크로스비(Pat Crosby)와 하와이대학교 출판사의 탁월한 편집 능력이 없었더라면, 이 책은 결코 빛을 보지 못했을 것입니다.

2010년 8월 1일
카탈루냐의 라 세라 데 프루이트(La Serra de Pruit)에서
편집자 일동

[The Editors/최성희]

# 차례

# 선불교

## 정토불교

# 유교

# 교토학파

# 20세기 철학

# 문화와 정체성

# 생명 윤리

# 참고 자료

# 이 책을 읽는 분에게

　문화가 다른 사람들은 실제로 생각도 다르다는 관념은 서양 철학의 중심에 느리게 자리 잡았다. 지난 수 세기 동안 인류학자들, 사회학자들, 심리학자들, 그리고 인지과학자들은 이 관념을 연구하고 그 결과를 비교하였다. 그러나 대다수 서양 철학자들은 최근까지도 이러한 관념에 주의를 기울이지 않았다. 철학 사상이란 보편적인 것이어서 문화에 따라 다르지 않다고 여겼기 때문이다. 또 어떤 철학자들은 철학이 매우 서양적인 개념이므로 철학을 다른 지역에서 탐색하는 일은 별 의미가 없다고 주장하기도 하였다. 이들은 '서양이 아닌 장소에서의 철학'이란 말도 안 된다고 생각하였다.

　그동안 일본학에서 문화의 철학적 측면은 좀처럼 신중하게 연구된 바 없었다. 문화의 철학적 측면은 전형적으로 문학, 종교학, 정치학, 지성사, 혹은 예술 분야에서 그 배경이나 부수적인 학문 분야로 간주되었을 뿐이다. 수십 년 동안 인도 철학에 관한 책들과 중국 철학에 대한 책들이 아시아 연구를 발전시키는 데 중심 역할을 했던 반면, 일본 철학에 대한 연구는 미미했다. 굳이 이웃 아시아 국가들과 비교하지 않아도, 일본의 철학에 관한 연구가 미미했다는 사실은 괄목할 만하다. 실제로 대중적인 텍스트를 통해 일본은 대개 낭만화된 이미지로 재현될 뿐이었다. 서양인의 눈에 비친 일본 문화는, 하이쿠, 선(禪) 정원, 다도, 무술, 목판 인쇄술, 소설, 그리고 최근에 부각된 만화 영화, 만화 등이 주를 이룬다. 하지만 그러한 일본 이미지의 바탕에는 사상과 가치관에 있어서 강력한 비판적 전통이 자리하고 있다. 그리고 그러한 사상과 가치야말로 '철학'이라고 일컬을 수 있다. 그러므로 일본 철학을 연구하면, 철학뿐만 아니라 일본에 대한 이해도 확장하고 심화할 수 있다.

　이 『일본 철학사상 자료집』(이하 『자료집』으로 약칭한다)에서는 위에 언급한 내용을 다룬다. 우리는 일본의 기록된 역사 전 범위를 포괄하고 수많은 전통을 배경으로 하는 매우 다양한 텍스트들을 번역하여 처음으로 한 권의 책에 엮는다. 우리가 이 작업을 하면서 항상 염두에 둔 것은, 문화유산의 철학적인 본질은 -그 분석 형태, 판별 기준, 논의 유형, 그리고 선별되는 사안에 있어서- 특정 시대를 배경으로 하는 한 사람의 책 한 권으로는 온전히 표현될 수 없다는 점이다. 오히려 일본 사상가들을 철학자들로 가장 잘 이해하려면, 그들이 서로 어떻게 논쟁했으며, 수 세기를 걸쳐 지적인 전통이 어떻게 발전했으며, 인간 개인과 전통이 역사적으로 아시아의 다른 나라들이나 서양에서 밀려온 새로운 사상을 어떻게 받아들였는가를 살펴보아야만 한다. 이 『자료집』은 서양에서의 일본 철학 연구를 위한 기초를 제공하고자 한다. 뿐만 아니라 이 책은 어떻게 일본의 문화와 체계적 사상이 서양의 유럽 국가들과 근본적으로 상이하고 복잡한 문학 전통 속에서 서로 상호작용했는가를 알리고자 한다.

　오늘날 일본에서 철학의 개념은 매우 모호하다. 첫 번째로, 철학은 서양 철학 주류를 심도 있게 연구하는 학문을 가리킨다. 철학에는 수많은 부수적인 주제도 포함되는데, 그중 몇 가지의 연구 주제는 원래 그 주제가 발생했던 문화에서보다 더 많은 관심을 모으고 있다. 약 1세기 전부터 일본 철학이 대학의 강좌로 개설되었는데, 신비한 전통에 대한 강한 관심에 힘입어, 일본 철학 과목은 이슬람, 러시아, 유대 철학 사상 과목과 더불어 확대되었다.

　두 번째로, 일본 학자들은 서양 철학을 연구할 때, 단순히 역사적이고 객관적인 입장으로 접근하지 않았다. 오히려 그들은 비판적인 입장을 고수하면서, 자신들의 경험과 지적인 역사의 관점에서 서양 철학을 변형하여 받아들이고 또 영향을 주기도 하였다. 서양 철학에 영향을 준 주목할 만한 경우가 가끔 있었고, 여기에 세계 다른 나라에서도 관심을 기울일 만했었다. 그러나 대부분, 그 변화는 매우 비묘해서 해당 분야의 전문가들만 관심을 가졌다. 위의 경우에 철학 텍스트의 주요 독자들은 일본 사람들이었다. 번역을 통해서 외국의 학자들에게 알려진 것은 전체적인 영향에 비견해 보았을 때 대개 대표적이라 할 수 없는 작은 표본에 해당하는 것이었다.

　세 번째로, 학문 분야로서의 철학이 서양에서 들어오기 전에, 일본 철학에는 불교, 유교, 예술적인 표현, 그리고 신도에 기초한 전통적인 일본식의 이론과 활용의 체계가 있었다. 이러한 체계는 다양한 관점에서 설명되고 논의될 수 있는 언어, 진리, 인간 본성, 창의력, 실제, 그리고 사회에 대한 이해를 포괄한다. 오늘날 일본에서는 이러한 양상들을 현대의 학문적 측면에서 볼 때 '철학'이라 하지 않을지도 모른다. 그러나 이러한 양상은 우리가 '고전 인도 철학' 혹은 '고전 중국 철학'이라고 영어에서 일컫는 전통에 상응하는 것이다. 이러한 양상은 현대 일본의 사상 발전과는 다른 문화 배경을 기초로 한다. 일본 사상가들이 보통 상당 부분의 서양 철학을 자신들의 사고방식, 미적인 감각, 그리고 종교적인 경험에 맞추어서 변형했다는 사실은 놀랄만한 일이 아니다. 이러한 변형은 위대한 사상의 이야기와 위대한 철학적 체계가 있는 곳이라면 어디에서나 일어날 수 있는 일이다. 즉, 위대한 사상이나 철학은 문명 사이를 오가면서 그리고 한 시대와 그 다음 시대로 이어지며 변형되고, 방향이 바뀌고, 심지어 급격하게 뒤집히기도 하였다.

　그러나 일본에서 철학사가 특수한 상황에 놓이는 경우도 있었다. 가장 괄목할 만한 경우는 바로 학문으로서의 철학의 경우이다. 서양을 비롯한 세계의 대학 시스템과 유사한 일본 대학 시스템 자체는 실제로 지금으로부터 약 150년 이전에야 생겨났다. 그 결과, 철학이라는 전문 용어는 근본적으로 외국에서 들어온 용어 그대로 사용되었다. 일본 사상가들은 일본으로 건너온 서양 철학이 완전한 사상 체계로서 그 모습을 갖추게 되기까지의 갈등과 통합의 긴 역사를 끊어냈다. 그리고 이 서양 철학을 마치 동료와 대화하듯 동등한 태도가 아니라 외국의 고위 인사를 대하듯 존경과 높은 관심을 표하며 받아들였으며, 이러한 태도를 언제나 고수하였다. 이후로도 일본 학자들은 서양 철학에 대해 더욱 존경과 관심을 보였다. 왜냐하면 그들은 철학이라고 불리는 이 서양 학문의 역사가 시작된 후, 2천여 년이 흐르고 나서야 비로소 일본인들이 글을 읽고 쓸 수 있었다는 사실을 깨달았기 때문이다.

　이 『자료집』은 일본의 고유한 자료들을 다루는 데 주요 목적을 둔다. 이 자료들은 현대 학문 분야로서의 일본 철학 사상에 대한 비판적인 평가가 포함된다는 점을 보여 준다. 이러한 특징은 서양의 전통적 철학 자료들에는 존재하지 않는다. 외국에서 온 서양 철학 텍스트의 행간과 이면에 깃든 사고방식은 종교 문서, 문학, 극장, 예술, 그리고 언어에 암묵적으로 내포되어 있다. 그런데 이러한 사고방식은, 적어도 최근까지는, 대부분 일본인들에게는 없었다. 여기에서 우리는 다양하고 풍요로운 사고 체계와 가치관을 발견한다. 서양 역사가들에게 투명한 가설이 종종 일본인들에게는 불투명하게 여겨지기도 하였고, 또 그 반대의 경우도 있었다.

　일본 사상가들이 사용한 자료의 범주는 일본 문화만큼이나 광범위하고 심오하다. 그래서 이 자료들을 개략적으로 다루려 한다면, 그 시도부터 많은 위험이 따른다. 그 자료들을 이해하는 한 가지 방법은 철학적으로 밀접한 관계가 있는 측면에서 일본 사상사를 탐구하는 것이다. 여기서 철학적인 관계가 있는 측면이란 포괄적인 세계관, 도덕적 가치의 체계화, 분석 및 논증 방법, 그리고 우리가 인간 존재와 현실에 관한 보편적인 문제라고 간주하는 측면을 의미한다. 이는 우리가 이 『자료집』을 만들면서 스스로 설정한 과제이다.

　이 『자료집』은 두 부분으로 나뉘며 그 분량은 동일하지 않다. 첫 번째 부분인 역사 부분에서는 일본 지성사의 주요 전통을 알 수 있는 철학 자료들을 다루는데, 여기에는 불교, 유교, 신도, 민속학, 그리고 현대 학문 철학이 포함된다. 두 번째 부분인 '부가적 주제들'에서는 다른 곳에서 상세하게 다루어진 바 없는 주제들을 선별하여 다룬다. 이처럼 두 가지 방법으로 자료를 소개하고 상이한 문화 배경을 다루면서 우리 편집자들은 각 철학 유파가 다루었던 주제와 주장들을 유념하고자 노력하였다. 또한 공통된 전통을 배경으로 하는 중요 주제들, 그리고 서로 다른 지적 담론들과 철학이 서로 교차하고 중첩되어 나타난 중요한 주제들도 참작하고자 노력하였다.

[The Editors/최성희]

# 역사 개관

철학에 대한 역사적 서술은 사상들의 연대기적 발전을 다룸과 동시에 그러한 철학 사상들을 배출한 시대의 문제나 특정한 사회적 조건들에 대한 반응과 무관한, 사상들의 시대 초월적 가치 역시 담아내야 한다. '연대기적' 관점은 '특정한 계통의 관념'이 시간을 거쳐 발전하는 것, 특히 그러한 관념이 철학적 논리를 갖추며 진보하는 측면을 강조하면서 이를 더듬어간다. 새로운 관념이나 사상들은 이전의 관념들을 확장하고, 수정하거나 심지어 부정하면서 형성되는 것이다. 이런 식으로 사조나 학파가 등장하고, 연대기적 관점은 사상가들의 커뮤니티−상호간에 동의하거나 언쟁하거나 하지만 언제나 공통된 주제나 문제점들, 전문용어, 분석방법, 그리고 출발점을 공유하는−에 초점을 맞춘다.

가령 현대의 서구에서는 J.L.오스틴(J.L. Austin, 1911-1960)의 언어에 대한 논의를 버트런드 러셀(Bertrand Russell, 1872-1970)이나 루드비히 비트겐슈타인(Ludwig Wittgenstein, 1889-1951), 그리고 다른 논리적 실증주의자들의 사상들에 대한 반응이라고 이해하는 것이 전적으로 자연스럽다. 혹은, 장 폴 사르트르(Jean-Paul Sartre, 1905-1980)의 주장도 마르틴 하이데거(Martin Heidegger, 1889-1976)나 에드문트 후설(Edmund Husserl, 1859-1938)의 사유에 연관시켜 논의하는 것도 가능하다. 이와 같은 맥락에서 일본의 경우에도 오규 소라이(荻生徂徠, 1666-1728)의 철학을 이토 진사이(伊藤仁齋, 1627-1705)나 하야시 라잔(林羅山, 1583-1657)과 같은 이전 시대 유학자들의 사상의 관점에서 조망한다든지, 신란(親鸞, 1173-1263)이나 호넨(法然, 1133-1212) 등의 중세 정토불교의 전통적 교학 내용을 염두에 두면서 현대 정토불교 사상가인 기요자와 만시(清澤滿之, 1863-1903)의 사상을 해석한다든지 하는 것도 매우 자연스러운 일이다.

일반적으로 역사상 아무리 통찰력이 뛰어나고 영향력이 있는 사상가라 할지라도 그런 능력 자체만으로는 철학사에 있어 주요 사상가, 철학자로서의 위치를 차지하는 것이 보장되지 않는다. 철학사상 중요한 사상을 평가하는 데 있어서는 역시 '관념의 시대초월적 가치'라는 측면을 고려해야만 한다. 역사 개설이나 이『자료집』과 같은 원전의 소개서에 등장하는 위대한 철학자들의 사상은 철학적 사유를 진보시켰을 뿐 아니라 그들이 살던 시대의 사상과 정신적 배경에 대해 통찰이 담긴 응답을 보여준 것들이다.

이 책에서의 연대기적 순서로 정리하여 발췌된 원전들에서는 부득이하게도 시대초월적 요소가 잘 드러나지 않기에, 이를 잘 이해하기 위해서는 일본철학이 발전한 시대와 상황에 대한 간결한 역사적 개관이 도움이 될 것이다. 적어도 이러한 역사적 개관을 통해서 이 책에서 다루는 각각의 다양한 일본 사상가들 너머에 자리한 시대적 사조에 대하여 어렴풋하게나마 알 수 있으리라 생각된다. 가령 일본의 각 시대의 사상가들에게 어떠한 사회적, 정치적, 경제적 요인들이 영향을 끼쳤는가 하는 점에 대해서도 살펴볼 수 있을 것이며, 한편 사상가들이 속한 학파나 철학적 유파의 구별에 상관없이, 동시대의 모든 일본의 주요 지식인들의 저술의 배경이 될 만한 당대의 이슈들은 어떤 것이었는지도 알 수 있을 것이다. 아래의 역사적 개관은 이러한 문제들을 깊게 천착하기에는 너무 간략할지도 모르나, 각각의 사상적 전통에 대한 개관과 이 책의 장별로 다뤄지는 각 사상가들에 대한 대략적인 소개에서 어느 정도 보완될 것이라 사료된다.

## 선사(先史)에서 794년까지

당연한 얘기지만, 문자의 도입 이전 일본에 철학이란 것이 있었다고 말하기는 어렵다. 비록 그때 철학적인 것이라고 분류될 만한 사유가 있었다 하더라도 후대를 위해서 그것을 기록할 길이 없었기 때문이다. 그러나 한편으로는 선사시대의 일본 고유의 정신적 경향이 그 이후의 시대에 일본의 철학적 사유가 형성되는데 있어 보편적인 바탕이 되었다는 것만은 알 수 있다.

고고학적인 증거나 4세기에서 5세기경 일본을 방문하여 부실한 내용이나마 기록한 중국 측의 문헌에 의존하여 학자들은 문자사용 이전의 일본의 문화가 애니미즘에 바탕한 것이었다고 추측한다. 고대 일본인들은 세상만물이 경이로운 '다마(魂)' 혹은 '영적인 힘'으로 가득차 있다고 생각했다는 것이다. 그리고 자연에서의 특정한 사물이든, 특별한 사람이든, 귀신이든, 혹은 신성한 존재든, 그러한 혼이 특히 두드러지는 곳을 가리켜 '가미(神)'라 하였고, 이 가미를 제의, 예술, 건축적 양식을 통하여 경배하였다. 심지어 내뱉는 말조차도 그 말을 하는 사람의 능력을 넘어서는 신비한 힘-'고토다마(言靈)'라고 하는-이 담겨 있다고 믿었다.

6세기와 7세기에 걸쳐 중국의 문헌들이 종종 한반도로부터의 도래인(渡來人)들이나 무역상인들을 통해 건너옴에 따라 일본은 한자를 받아들이게 되었다. 일본인들은 중국인들이 그랬던 것처럼 고전, 특히 당시 유교전통에서 경전으로 받들어졌던 문헌들을 읽음으로써 한자를 습득했다. 비슷한 시기에 불교가 일본으로 전래되었는데, 일본인들은 처음엔 불교가 공헌하는 문화적이고 제의적인 발전상에 주로 매료되었다. 불교 승려들과 다수의 장인들이 포함된 한국과 중국으로부터의 도래인들은 이국적인 불교의 독송이나 건축, 제의, 조형물, 그리고 그림들을 소개했고 이것들은 일본 궁정의 귀족들을 매혹시켰다. 이는 곧 한자로 쓰여진 불교 경전에 대한 관심으로 이어지기도 했다.

따라서 7세기 초에는 이미 지적인 문화가 상층 귀족들 사이에 (그리고 간간이 귀족출신이 아닌 불교 승려들 사이에도) 이미 자리 잡고 있었다. 이러한 고급문화는 7세기 초반 10-20년 사이에 충분히 성숙하여 조정은 그때쯤 조정 관료들의 국정을 위한 '헌법'을 제정할 수 있을 정도였다. 만약 우리가 탈레스(Thales, 약 BC.624-BC.547)가 말한 만물의 근원이 물이라는 주장이 서양철학의 기원이라는 아리스토텔레스(Aristoteles, BC.384-BC.322) (그리고 이후 대부분의 서양철학사가들)의 관점을 받아들인다면, 우리는 또한 쇼토쿠 태자(聖德太子, 574-622)의 십칠조헌법이 일본 철학의 시작을 표상한다고 말할 수 있다. 그런 의미에서 『십칠조헌법(十七條憲法)』은 이 책의 전주곡이다.

비록 쇼토쿠 태자의 전통적인 전기나 심지어 그의 존재마저도 역사이기보다 전설이라는 것을 시사하는 증거들이 오늘날 드러나고 있기는 하지만, 우리에게 진정 흥미로운 것은 『십칠조헌법』의 저자보다는 이 텍스트 자체이다. 첫째로, 설사 일부 학자들의 주장대로 헌법의 제정자가 민족적으로 일본인이 아니고 일본 조정의 외국인 필사자(筆寫者)였다 하더라도 십칠조헌법은 일본에서 만들어진 것이 확실한 것이다. 당시 일본의 법령과 규범들은 후대에도 그러했듯 중국식 법령의 모델을 그대로 가져오거나 수정한 것이 대부분이었다. 그러나 이 『십칠조헌법』은 달랐다. 그것은 법령이라든지 규율과 하등의 상관이 없었던 것이다. 대신에 이 헌법은 법이 다스리는 중앙집권적 국가를 '조화롭게' 만드는 요소들이라 할 만한 조정관료의 법제 외적인 태도나 행동들을 규정했다. 이는 유교적인 사고방식으로 보일 수 있으나 유교와는 달리 『십칠조헌법』은 그러한 조화를 형식적인 예절인 '이(理)'로써 이루어야 함을 강조하지는 않았다. 오히려 개인적 발전과 실천에 대한 불교적 가치를 강조했다. 이 헌법은 사실상 불교가 국교가 되어야 한다고 제창하는 것이다.

아리스토텔레스가 탈레스를 그리스 철학의 기원에 자리매김한 것은 탈레스가 이 세계를 종교적이거나 신화적인 서술에 의지하지 않고 물질적인 관점에서 설명했기 때문이다. 아리스토텔레스에 의하면 이때부터 그리스 철학자들의 행로가 설정된 것이었다. 『십칠조헌법』 역시 일본에서 그와 유사한 기준적 전형으로서의 가치를 지닌다. 일본 역사상 최초로 한 일본의 사상가가 단순히 대륙의 사상과 제도를 차용하는 것으로부터 나아가 두 전통(중국과 일본)의 조화로운 통합을 꾀했던 것이다. 기본적으로 『십칠조헌법』은 관료들이 유교적 규범을 따라 행동할 것을 말하면서도 심리적인 면에서나 정신적으로는 불교적인 무아(無我)와 감정의 절제를 수양할 것을 역설하고 있다. 그리고 『십칠조헌법』은 오직 무아의 미덕을 갖춘 불교신자만이 성숙한 유교적인 관료로서 적절히 행동할 수 있다고 말한다. 즉, 불교는 개인의 심리나 정신적 발전을 위한 것이고 유교는 사회적 규범을 위한 것이다. 여기서 우리는 관념이나 가치관들을 빌릴 수는 있으나, 목표는 그것들을 종합하여 새로운 것, 일본의 문화적 상황에 적합한 체계와 방식으로 만드는 것이 당시의 철학형성 방법이었음을 알 수 있다. 그리고 이는 그 후 줄곧 대부분의 일본 철학자들의 행로인 것이다.

쇼토쿠 태자가 비호한 강력한 불교 지지세력이었던 소가씨(蘇我氏)는 태자가 죽은 뒤 곧 권력다툼에서 밀려났다. 이후의 7세기 후반부는 정치적 혼란기로 한편으로는 실행가능한 형법이나 민법상의 법제의 중국적 모델을 도입하려 거듭 시도한 때이기도 했다. 여기서는 철학적 창의성을 거의 찾아볼 수 없다. 나라시대(奈良時代, 710-794)에 들어서서 황실의 권력이 명확해지고 일본이 좀 더 통일된 국가로서 갖춰지기 시작함에 따라 사회적 안정을 이루게 되었다. 일본 역사상 최초로 영구적인 수도를, 나라에 건설했다. 전에는 죽음을 불결하게 보는 토착적인 터부 때문에 천황이나 황후가 죽게 되면 그때마다 왕궁을 다른 곳으로 옮겨야 했던 것이다. 당(唐)의 장안(長安)을 본딴 수도의 건설은 불교사원 안의 커뮤니티의 수적 증가를 야기했는데, 이들 커뮤니티는 승가적 수행의 중심이라기보다는 방대한 중국의 불교문헌들을 수집하고 연구하는 학술 아카데미에 가까웠다. 이런 식으로 일본의 지식인들은 불교 용어에 대한 정교한 지식을 발전시키고 다양한 불교 철학적 체계에 익숙해져가고 있었다. 그러나 철학적인 면에서는, 일본은 아직 전반적으로 차용과 한정된 수준의 창의적 생각과 재구성을 통한 적용의 단계에 머물러 있었다.

나라시대에는 『고사기(古事記)』와 『일본서기(日本書紀)』라는 두 권의 중요한 역사문헌이 편찬되었다. 이 문헌들은 창조의 이야기로부터 시작했지만 기록된 역사상 가장 이른 시기부터의 궁정의 행사와 사건들을 매우 자세히 서술하기에 이른다. 이는 또한 한자를 의미로써 사용하기보다 음성적 기호로 사용한 초기의 실험적 시도로도 의미가 있다. 그 결과는 종종 이해할 수 없는 일본어와 한문의 혼합이었고 이는 9세기경 일본이 결국 히라가나와 가타카나를 고안하여 만족스러운 문자언어 시스템을 만들어내는데 성공할 때까지 지속되었다. 『고사기』와 『일본서기』가 창조신화와 함께 황실이 태양신인 아마테라스오미카미(天照大神)의 후손이라는 이데올로기를 성문화한만큼 이들 두 문헌은 결국 천황의 지배를 정당화하는 신도(神道)의 논리의 이념적인 토대가 되었다.

요컨대, 쇼토쿠 태자의 『십칠조헌법』(그리고 쇼토쿠가 그 저작을 후원했다고 여겨지는 세 권의 불경 주석서) 이후 7세기에서 8세기까지는 사상적 발전이 거의 이루어지지 않았다. 그러나 일본의 배움의 장, 특히 수도인 나라의 불교 연구의 중심 시설들은 창조적인 사상을 위해 원전 자료들을 습득하면서, 이후 9세기 초반 구카이(空海, 774-835)와 사이초(最澄, 767-822)를 통해 일본 불교 사상의 비약적 발전을 이루게 될 때까지 그 발판을 마련하고 있었다고 볼 수 있다.

## 헤이안시대(平安時代, 794-1185)

헤이안시대는 교토(京都)로 천도되면서 수도와 조정에서의 권력의 중앙 집중화가 한층 강화되었다, 이 시기는 중국의 문화적, 철학적, 종교적 전통을 들여오고 흡수하려는 거듭된 시도로부터 벗어나 그것들을 일본 고유의 문화적 표현에 동화시키고 재구성하는 방향으로 전환되는 시기였다. 후대의 대다수 일본사상가들은 헤이안시대를 일본의 독창적인 지적, 미학적 활동이 꽃피웠던 시대로 회상하게 되었다. 조정과 정부의 제도나 불교사원과 승가제도 등은 여전히 중국적 양식의 큰 틀을 유지하고 있었으나, 사상가들은 일본의 토착적인 감성에 조화를 이루는 관념과 가치들을 발전시키는데 있어서의 혁신, 가령 이전 세대에서 무시되었던 고대 애니미즘적인 요소들의 의식적인 복원과 같은 노력에 보다 관대해지고 있었다. 불교 승단과 조정은 지성계의 두 최고 중심부로서 그 안의 지식인과 예술애호가들이 두루 서로 교류하였다.

헤이안시대 가장 창의적인 불교적 사유의 중심은 구카이가 개창한 진언종(眞言宗)과 사이초의 천태종(天台宗)이 두 전통들이었다. 헤이안시대의 철학적 논의들에서는 세 가지 중요한 포인트들이 주목되는데, 첫째, 구카이와 사이초는 이전 3세기간에 걸쳐 일본에 유입된 갖가지의 불교 사상, 문헌, 수행법들을 정리하고 이해하려 노력했다. 일본에서의 천태는 지의(智顗, 538-597)가 개창한 당의 천태종에서 발전된 교학과 경전에 대한 교판을 중심으로 일본 천태의 해석을 형성·발전시켰다. 한편, 진언종은 '열 가지 마음의 단계에 대한 이론'을 설명하는 『십주심론(十住心論)』을 통해 구카이가 분류한 교판을 따랐다. 천태와 진언은 모두 다른 종파의 불교에 대한 자신들 종파의 우월함과 종합성을 주장하기 위해 그들만의 해석학적 범주론과 분류법을 활용하였다. 구카이의 해석은 심지어 대륙으로부터의 비불교적 전통－주로 유교와 도교－조차 끌어들였다. 이들의 교판(敎判)은 다른 종파들에 반박하기 위해서라기보다는 천태나 진언을 최상층에 둔 종파적 위계질서를 세우기 위한 것이었다. 따라서 다른 종파의 전통들은 그 교학 등이 틀렸다고 무시당했던 것이 아니라, 다만 좀 더 보편적이고 거시적인 교학의 불완전한 부분들로서 받아들여진 것이다.

두 번째로 주요한, 그리고 불교적으로도 중요한 철학적 주제는 깨달음의 본질과 그것이 종교적 수행과 어떻게 연결되는지에 관한 것이었다. 이에 관해서는 밀교(密敎)의 영향이 매우 크다. 진언종은 현교(顯敎)에 대한 밀교의 우월성을 강조했다. 현교는 그저 지적인 이해에만 매일뿐 온전한 한 사람의 몸과 마음 모두에 관여할 수 없다는 것이다. 밀교적 의식(만다라, 무드라, 만트라의 수행법) 참여는 신체적으로나 지적으로 보다 완전한, 진실 그 자체가 작용하는 수행이라고 여겨졌다. 밀교적 목표는 진리의 이해를 냉정한 머리로 관찰하고 분석하는 것이 아니라 그것을 구현하는 것이었다. 구카이에 따르면 '지금 이 몸 그대로' 성불이 가능한 것이고, 이러한 성취는 진정한 지적 이해와 떼어놓을 수 없는 과정이다. 한편, 일본의 천태는 밀교와 대륙으로부터 전수한 현교적 천태의 교학을 융합하여 중국의 계보와 전통으로부터 벗어나갔다. 진언이 밀교가 모든 불교교학과 수행의 바탕이라고 주장한 데 대하여 천태는 밀교와 현교를 상호보완적으로 이해했고, 천태에서 수학하는 승려들에게도 현밀에 모두 정통할 것을 요구했다. 그러나 진언과 천태의 철학적 사유는 모두 실천과 통찰, 신체와 정신적인 것의 융합, 깨달음의 형이상학적 토대, 말과 실체의 관계, 그리고 개체의 본질과 총체로서의 진실의 본질간 관련성에 초점을 맞췄다.

셋째로, 헤이안시대의 불교도들은 당시 일반적으로 가미의 숭배로 특징적인 일본 고유의 애니미즘적인 신앙, 즉 나중에 결국 신도의 핵심적 요소로 발전하게 되는 전통에도 관여하고 있었다. 애니미즘적인 경향이 아직도 자연에 대한 일본인의 정서에 심대한 영향을 미치고 있었던 반면, 거기에는 뚜렷하게 신도(神道)라고 칭할 만한 교학과 지적인 발전이 결여되어 있었다. 진언과 천태는 주로 밀교적 전통을 받아들이면서 또한 애니미즘적인 정서나 가미 관련 제의들을 가미가 심오한 불교적 진실상의 표면적 현현이라는 이해와 함께 상당부분 포용했다. 이로써 17세기 혹은 18세기까지 지속된 불교와 신도 간의 긴밀한 관계가 시작되었던 것이다. 한편으로 이 시기 동안 신도의 사상도 어렴풋하게나마, 불교적 분석에 기대어 그것을 신도식으로 변형시키면서 모습을 갖추기 시작했다. 그러나 대체적으로 신도의 지적 전통은 전적으로 밀교에 흡수되었고, 중세 가마쿠라시대(鎌倉時代, 1185-1333)가 되어서야 신도 고유의 사상이 독립적으로 형성·발전되기 시작했다고 할 수 있다.

헤이안 조정의 지식인들은 주로 미학적인 관점을 통해, 특히 시의 평가를 둘러싸고 이론과 실천에 대한 서로 유사한 의문점들을 던지며 논의하였다. 시라는 것은 어떻게 생겨나는 것인지, 말과 사물과의 관계는 어떤 것인지, 전통적 양식들을 숙달하고 혁신도 하는 창의적인 융합과 조화를 어떻게 이루어낼 것인지, 허구와 진실간의 관계가 역사나 수필, 전기와 같은 논픽션과 진실간의 관계와 어떻게 다른 것인지 등등, 그들의 논의는 종교적 문제에서 결코 멀어진 적이 없었다. 실로 시에 관한 이론은 미학적 감수성이 무상(無常)이나 무아(無我)와 같은 불교의 가르침의 이해를 증진시킬 수 있을 것인지를 거듭하여 물었던 것이다.

## 가마쿠라(鎌倉, 1185-1333)·무로마치(室町, 1336-1568)·아즈치모모야마(安土桃山, 1568-1603)시대

헤이안시대 말기로부터 가마쿠라시대로의 전환은 탈중심적인 변화였다. 왕실과 조정의 정치적 영향력은 점점 약화되어갔다. 귀족들은 대부분의 시간을 교토에서 보내면서 그들의 지방 장원 영지의 행정과 관리를 무사들에게 맡겼다. 얼마 안 있어 무사들 (종종 황실 계보에서 배제된 천황가의 먼 후손들도 그 상층부에 있었다)은 지방 영토들을 통제하게 되고 서로 싸우게 되었다. 이는 1192년 미나모토노 요리토모(源賴朝, 1147-1199)가 첫 군사정부를 수립하고 가마쿠라 봉건제도 혹은 쇼군(將軍) 정치를 실시함으로써 중대한 국면을 맞이하게 되었다. 이때부터 가마쿠라로 옮긴 행정부를 통치한 것은 조정 귀족관료들이 아닌 무사들이었다. 교토는 왕실이 있는 곳이자 공식적인 수도로서만 존속하게 되었고 이제 비록 문화적으로나 지적, 종교적으로 쇼군의 후원이 매우 중요하게 되었으나, 교토는 여전히 문화의 중심이었다. 그러나 내전으로 인한 막심한 피해가 충분치 않은 듯, 교토는 태풍, 역병, 화재, 지진과 같은 재해로 인한 불운의 연속으로 고통받았다. 가마쿠라시대 초기 수도의 분위기는 암울했다. 이전의 윤택함과 활기가 시들해지자 헤이안 불교사상가들의 우주관과 철학의 웅대한 종합적 담론은 점점 부적절해 보였다. 일본인들, 지배계층이나 백성들 모두 시대적 혼란을 헤쳐 나갈 길을 구하는 것이 절실했던 만큼 철학적 사유는 보다 개인적이고 실존적인 방향으로 전환했다.

헤이안시대의 왕실이 지적활동의 중심으로서의 영향력을 잃어감에 따라 불교 학승들의 커뮤니티 또한 쇠퇴하게 되었다. 헤이안 초기 승려들의 저술은 교육받은 상층부, 즉 헤이안 조정의 관료들이나 다른 학승들을 위한 것이었다. 그러나 점차 지적이고 정교한 교학이나 교리들이 일본에 불교가 도래된 때부터 성행해왔던 인기 있는 민중적인 불교 수행법들과 서로 연관되기 시작했다. 그 결과, 불교

사상가들은 제한된 교육만을 받은 보통의 사람들과 교양 있고 지적인 상류층 두 종류의 청중들을 상대하게 되었다.

가마쿠라시대에는 불교사상에 이러한 두 세계가 병존하는 것이 일상적이었다. 이에 대한 명확한 예는 일본이 말법(末法)이라고 불리는 타락의 시대, 즉 불교의 가르침이 더 이상 깊게 이해될 수 없고 깨달음으로 이끄는 수행 또한 실천되지 않는 말세에 들어서게 되었다는 믿음이었다. 이제 매우 강력한 수단이 필요한 때였다. 말법사상의 이면에 서린 절망―혹은 적어도 잠재적인 절망―은 사상가들 뿐 아니라 보통 사람들에게도 자명했다. 이러한 시대평가를 거부하는 사람들조차―가령 도겐(道元, 1200-1253) 선사(禪師)와 같은―이 시대를 다른 종류의, 좀 더 집중적인 수행이 요청되는 때로 인식했다. 가마쿠라시대의 거의 모든 새로운 정신적 전통들이 복잡한 수행법을 단순한 것으로 바꾸고 이를 강조했는데, 예를 들어 아미타불의 명호를 부르는 염불이나 단지 앉아서 하는 명상인 좌선, 혹은 법화경의 구원력에 완전히 귀의하는 것 등이다.

여기서도 가마쿠라 사상가들이 타겟으로 삼은 사회의 두 계층이 눈에 띈다. 일반적인 재가 신도(在家信徒)들로서는 진언이나 천태의 엄격하고 복잡한 제의와 달리 하나의 수행법에만 집중함으로써 얻는 이점이란 분명했고 그것은 교육의 정도나 배경과 상관없이 모두가 실천할 수 있는 것이라는 점이었다. 문제는 철학적으로 이러한 수행법들을 어떻게 교육받은 상류계급과 특히 불교 학승들 앞에서 합리화시킬 것인가였다. 이전까지 개개의 수행법들은 모두 천태나 진언의 보다 포괄적인 수행법의 범주 안에 속하는 부분적인 것이었으나 이제 '단 하나'의 수행법만으로도 깨달음을 얻는데 충분하다는 주장이 등장한 것이다. 더구나 가마쿠라 신불교 종파들―정토종(淨土宗), 선종(禪宗), 일련종(日蓮宗)―은 각각 '자신들의' 종파만의 단일 수행법을, 그것만이 진정으로 효과가 있음을 증명해야 했던 것이다. 이는 곧 다른 문제들을 야기했는데, 모든 종파들에 영향을 끼친 보편적인 문제들 가운데 하나는 깨달음의 성취를 어떻게 설명할 것인가였다. 깨달음은 무엇인가를 함으로써 얻어지는 것인가, 아니면 무엇을 하는 것을 그만둠으로써 얻어지는 것인가? 깨달음의 길에 있어서 '깨달음의 개시'라는 것이 있는 것인가? 아니면 깨달음은 '본각(本覺)'이라고 하는, 처음부터 있었던 그것을 인식하는 문제인가? 두 종류의 생각 모두 중세 일본 불교 사상에 있어서 널리 통용되고 있었을 뿐 아니라 빈번히 공존하고 있었기에 이렇게 상호 모순적인 관점들을 어떻게 논리적으로 공존시킬 수 있을지에 대한 철학적 정당화가 필요했다.

분석과 설명이 필요한 또 다른 문제들은 좀 더 구체적인 전통에 관련되어서였다. 정토종이나 일련종과 같은 종파들은 말법의 이론을 주장했는데, 이에 얽힌 일단의 문제들이 파생했다. 말법이란 실제의 역사적 사건인가? 만약 그렇다면 어떤 역사적 의의를 담고 있는 것인가? 아니면 말법이란 단지 정신적 자세에 대한 얘기인가? 또 그렇다면 어떠한 심리적인 동력이 거기에 작용하며 또 어떻게 보편적인 철학으로서 유효한 가치를 얻을 수 있는가? 선종과 같은 종파가 말법사상을 거부한 대가는 그러한 때의 상황에서 불교 수행이 왜 그렇게 어려워 보이는지를 설명해내야 하는 것이었다. 만약 원인이 역사에 있는 것이 아니라 인간의 실패에 있는 것이라면 그 실패는 어떠한 것이며 어떻게 극복될 수 있는 것인가? 구체적 종파에 관련한 또 다른 문제들은 단일 수행법에 초점이 맞춰져 있다. 특정한 수행법을 둘러싼 정신적 태도를 어떻게 특징지을 것인가 하는 점이다. 가령 정토사상가인 신란(親鸞)은 아미타불의 이름을 부르는 것이 신실한 믿음이라고 하는 바른 마음의 상태를 일깨운다고 주장했는데, 이 신심은 보다 광범위한 대승불교적인 마음, 생각, 정서에 대한 이해와 어떻게 조화를 이루는가? 의지적이고 의식적인 수행과 의지를 버리는 수행 사이의 전통적인 균형과는 어떻게 조화를 이루는가? 이러한 신심이 궁극적으로 진실상을 있는 그대로 받아들이는 깨달음으로 이어진다고 말할 수 있는가? 다른 한편 도겐 선사는 좌선(坐禪)만이 깨달음을 얻는데 필요한 유일한 방법임을 주장했는데, 이러한 좌선으로 어떤 정신적 상태를 달성할 수 있으며 그것은 또 보편적인 대승불교가 말하는 방법으로서의 수행과 목표로서의 깨달음에 어떻게 연결되는지, 좌선을 그렇게 가장 결정적으로 중요한 수행으로서 효력을 가지게 하는 것은 무엇인지 하는 의문들이 제기되었다.

당대의 불교 사상들이 이러한 문제들의 천착에 전념하는 가운데 한편으로는 불교적 감수성과 보다 세속적인 성격의 미학적 관념들도 발전하게 되었다. 13세기에서 16세기에 이르기까지 미학적 표현에 있어 새로운 양식과 이론들이 출현했고(가령 와카), 다도(茶道)나 노(能)와 같은 새로운 예술 형태도 등장했는데, 여기에는 추후 각각 이러한 예술양식 고유의 철학적 반향의 노정이 예고되어 있었다. 불교사상의 발전에 대응되었던 것은 예술적 표현과 감상에 관여하는 마음의 상태에 대한 분석에 대한 지대한 관심이었다. 예술가는 창의적 표현에 적합한 자세를 어떻게 수련하는가? 전통과 혁신 사이의 적절한 균형은 어떤 것인가? 창조의 과정에 있어서의 단계들을 명확히 나눌 수 있을 것인가? 예술가와 진실, 또는 공연과 관중 사이의 관계는 어떠한 것인가? 무엇이 예술을 모방으로부터 구별짓는가? 이러한 문제들을 다루는데 있어서 특히 무로마치와 모모야마시대의 사상가들은 선불교의 관념과 비유들에 크게 의존하였다.

## 에도시대(江戶時代) 혹은 도쿠가와시대(德川時代, 1603-1868)

14세기에서 16세기까지는 사무라이 집단 내의 권력다툼이 간헐적으로 지속되었다. 도쿠가와가의 쇼군 막부의 수립으로 일본에 마침내 영속적인 평화가 찾아왔다. 에도시대의 거의 전 시기 동안 일본은 외부세계와의 교류를 엄격하게 제한하여 외교관계의 대상을 한국과 중국으로 한정하고, 서양과의 교류도 네덜란드인들과 최소한의 교역을 하는 것으로 축소시켰다. 가톨릭 선교사들이 16세기 일본에 와서 전파한 기독교 또한 금지되었다. 도쿠가와막부는 지방 영주인 다이묘(大名)들과 협상하여 그들에게 상당한 자율성을 주는 대신 막부가 일정 정도의 헤게모니를 장악하게끔 하였다. 쇼군은 매우 관료적인 정부를 수립하여 교육제도에서부터 상업, 종교제도에 이르기까지 일본 사회 전반에 대하여 전례 없는 감시·감독 체제로써 통치하였다. 평화에 대한 부담은 역설적으로 전국적인 교역의 증가와 상업활동의 중심으로서 도시의 성장을 가져왔다. 특히 에도(지금의 도쿄), 오사카(大阪), 교토 등의 대도시들은 주요 문화와 지성의 중심으로 발전했다. 당시 신흥 상인계층에 대한 교육의 필요성이 도시의 세속적인 학교들을 철학적 활동의 주요한 중심으로 부상하게 만들었다.

중국으로부터 전파된 성리학이 당대 가장 중요한 지적 수입이었다. 15세기, 특히 16세기를 통해 대다수가 선승들이었던 일본 지식인들은 중국으로 여행해서 새로운 문헌들을 들여왔는데, 그중에는 주희(朱熹, 1130-1200)나 왕양명(王陽明, 1472-1529)과 같은 위대한 신유학자들의 저술이 포함되어 있었다. 중국의 신유학자들은 전통적 유교의 범주를 확장하여 도교, 불교, 유교적 사상들을 대대적으로 융합한 사상들을 발전시켰다. 적절한 행동과 사회적 조화에 대한 유교의 관심을 도교와 불교로부터 차용한 형이상학적이고 심리학적인 관념들과 융합시킴으로써, 그들은 도덕적인 가치와 자연현상을 모두 설명하는 인식론적 틀을 구성하게 된 것이다. 그리고 이러한 관념들을 수입했다는 것은 곧 일본의 사유에 있어 새로운 용어들과 새로운 문제의식의 출현을 의미했다. 이(理)와 기(氣) 사이의 형이상학적 관계는 무엇인가? 주희가 주장했듯 이가 기를 결정하는가? 아니면 일본의 사상가인 가이바라 에키켄(貝原益軒, 1630-1714)이 말했듯이, 이란 기의 작용의 추상적 관념에 지나지 않는가?

결국에는 대부분의 일본인들은 에키켄을 따랐으나, 문제의식의 전반적 틀과 용어들은 중국의 전통에 기대어 문제를 해석하는 것이 관례였다.

　16세기에 시작된 서양과학의 유입이 '난학(蘭學)'이라는 이름의 범주 아래 에도시대를 통틀어 잠식을 지속한 탓인지 자연세계에 관심을 가진 사상가들의 수가 증가했다. 예를 들어 야마가타 반토(山片蟠桃, 1748-1821)와 같은 상인계층 출신의 사상가들은 자연현상의 상식적인 관찰이나 역사와 윤리의 통상적인 해석 모두를 회의적인 시각으로 바라보았고, 그것들이 그가 '중심'이라고 부르는 보편적인 이론적 원리에 관련되어 있음을 강조했다. 자연현상과 그 상호작용을 범주화하는 문제는 독특하고 창의적인 일본적 접근법을 촉발시켰는데, 가령 미우라 바이엔(三浦梅園, 1723-1789)이 자연현상을 복잡한 일련의 대립쌍들 사이의 변증법적인 관계로 설명한 '조리(條理)'이론을 들 수 있다. 한편, 일본의 수학, 천문학, 의학 또한 나름대로 방향을 잡아가고 있었다. 세키 다카카즈(關孝和, 1640-1708)와 같은 수학자들은 대수학 연구에서 때로는 서양의 발전상에 앞서는 발견들을 이루었다. 천문학과 의학은 처음엔 중국의 사상에 의존적이었으나 서양 천문학과 해부학이 16세기와 17세기에 들어옴에 따라 결국 그 의존성이 약화되기 시작했다. 그러나 서양 의학의 실질적인 영향은 근대에 들어서기 전까지는 아직 일어나지 않았다. 대체적으로 당시 서양에서의 발전상과 비교해보면 에도시대에 영속적인 과학적 발견은 거의 이루어지지 않았다. 그러나 자연에 대한 합리적이고 경험적인 연구로서의 과학의 모델은 근대의 기획에서 서양의 과학이 중요하게 되었을 때 일본이 서양과학에 급속히 동화될 수 있게 했다.

　사회질서를 안정시키고 수적으로 증가를 계속하는 도시민들에게 명확한 가치관을 제공할 필요성이라는 측면에서 에도시대에 가장 창의적인 사유는 윤리, 사회, 정치 이론에 초점을 맞췄다. 신유학이나 부흥한 전통적 유학은 다음과 같은 문제제기와 함께 당대 지적 지형을 지배했다. 근본적인 인간의 덕목들은 무엇인가? 그것들은 습득된 것인가 선천적인 것인가? 덕은 어떻게 감정이나 정서에 연관되는가? 최고의 조화가 이룩되기 위한 사회관계의 이상적인 구조는 어떤 것인가? 충(忠)과 같은 덕목은 가치인가 감정인가? 이토 진사이(伊藤仁齋, 1627-1705)나 오규 소라이(荻生徂徠, 1666-1728)와 같은 유학자들은 신유학자들의 형이상학적 고찰을 경멸했으나 한편으론 고대의 유교 용어들의 근본적 의미로 돌아갈 것에 주안점을 두는 신유학자들을 따르기도 했다. 그들의 언어철학은 어의와 기능, 핵심용어들의 상호관계를 이해함으로써 세상에서의 조화의 토대를 — 그 모든 윤리적 함의와 논리적 근거들과 함께 — 파악할 수 있다고 주장하는 것이었다. 비록 형식면에서 서지학적인 것이었어도 그들의 방법론 또한 그 목적에 있어 철학적이고 도덕적인 것이었다. 이는 일본 고유의 문헌이나 용어들의 연구에 그 방법론을 적용하는 것에 대한 자극이 되었다.

　새로운 유형의 유학자들의 방법론에 자극을 받아 국학연구자들은 서지학과 고대 일본문헌(주로 고전 시가나 『고사기(古事記)』)을 정독하는 방법을 유학자들에 의해 제기된 문제에 대한 소위 토착적인 일본(즉 신도)의 답변을 재건설하기 위한 토대로 도입했다. 19세기 초반 국학의 특정한 사조가 그들의 사유를 천황제 국가를 중심으로 한 일본의 민족적 정체성에 관한 이데올로기로 발전시키는 작업으로 전환했다.

　유학과 국학의 철학들이 에도시대 사상의 지적 지평선을 규정했던 반면, 불교는 제도적 발전에 좀 더 중점을 두었는데, 그런 가운데에서도 철학적 함의는 어느 정도 발견된다. 가령 도쿠가와시대의 평화가 놀고 있는 사무라이들을 민간인으로서의 삶으로 이끌었고, 그들 가운데에서는 임제선의 승려들 같은 불교 승려로서의 소명에 끌린 사람들도 있었다. 다쿠안 소호(澤庵宗彭, 1573-1645)이나 스즈키 쇼산(鈴木正三, 1579-1655)과 같은 에도시대의 선 사상가들은 사무라이의 가치관과 주요한 정신적 주제로서의 죽음의 중요성에 대해 명시적으로 언급했다. 점점 뚜렷하게 공적인 담론이 되어갔던 유학적 가치관에 관련하여 반케이 요타쿠(盤珪永琢, 1622-1693)나 하쿠인 에카쿠(白隱慧鶴, 1681-1769)와 같은 선사(禪師)들은 일상사와 효와 같은 유학적 가치에 관련된 선의 이치를 설명하려 무던히 애썼다.

앞서 언급한 미우라 바이엔이나 도미나가 나카모토(富永仲基, 1715-1746), 니노미야 손토쿠(二宮尊德, 1787-1856)와 같은 사상가들은 유교나 불교, 혹은 국학과 같은 당대 세 가지 큰 전통 중 어느 것에도 쉽게 빠지지 않았다. 바이엔은 기본적으로 어떤 학파에의 충성에 대한 염려없이 그만의 체계를 발전시켰으며, 도미나가는 세 학파를 날카롭게 비판하였고, 니노미야는 세 학파를 상호보완적인 것으로 이해하는 것이 편리함을 발견했다. 간결성을 위해 이 책에서는 이러한 에도시대의 사상가들의 발췌 원전들을 유교 *섹션에 배치하였는데, 이는 다른 어떤 사상의 전통보다도 유교가 당시의 지적 담론을 가장 명확히 설명했기 때문이다.

추가적으로 에도시대의 사상을 논의하는데 관련이 있는 점이 한 가지 더 있는데, 그것은 무사도(武士道)에 관한 것이다. 비록 이 전통의 뿌리는 에도 초기라는 믿음이 일반적이지만, 우리가 무사도 사상이라고 생각하는 것은 사실상 근대에 형성된 것이다. 무사도 전통은 이 책에서 별도로 마련된 '사무라이 정신' 섹션에서 자세히 설명될 것이다.

### 근대(1868-현재)

상대적인 쇄국정책은 일본의 문호개방에 대한 서구의 일방적 요구와 함께 결과적으로 도쿠가와막부를 몰락시키고 1868년 천황제 복고를 이루게 되면서 끝이 났다. 서구열강에 의한 식민지화로부터 자국을 보호하기 위해 일본은 나름대로 근대 산업과 군사적 힘을 키우는데 착수했다. 정부는 전도유망한 젊은 지식인들을 유럽과 미국에 보내 근대화에 필요한 지식과 기술을 습득하게 했다. 의학과 함께 공학, 건축, 우편체계, 교육 등 서양의 사상에 대한 지식은 근대사회의 토대와 서양과학과 기술 뒤에 자리한 관념들을 이해하는 수단으로 귀중하게 여겨졌다. 이는 자연스럽게 서양철학에 대한 상세한 숙지와 정통을 수반하게 되었다. 영국의 공리주의와 미국의 실용주의에 대한 잠시 동안의 관심 이후, 일본의 철학자들은 본보기로서 독일을 주목하기 시작했다. 사유의 활동이 도쿠가와의 사설학교들과 불교적 학술의 중심부를 떠나 새롭게 설립된 대학들로 옮겨갔고, 그것은 이제 서양의 학문분야의 형태를 띠고 스스로를 'philo-sophia'를 자유롭게 번역한 용어인 '철학(哲學)'이라고 칭했다. 비록 처음에는 서양철학의 연구로 정의되었지만 일본의 철학자들이 종종 서양사상에 대한 단호한 비판으로서 그들만의 철학적 입지를 세우기 위해 서양의 체계로부터 벗어나기 시작하면서, '철학'은 천천히 그 고유의 의미를 내포하기 시작했다. 이러한 발전의 배경에는 19세기 후반에서 20세기 전반에 걸친 대단히 성공적인 근대화 과정에서 새롭게 형성된 자신감이 자리하고 있었다.

최초에 일본에서 근대화로 인도하는 원리로 명확히 표현된 것은 서양의 기술과 과학을 차용하는 반면 동양의 가치관을 유지하는 것이었다. 그러나 근대화 과정이 전개되면서 다수의 일본 지식인들에게 분명해졌던 것은, 근대화에는 전통적인 불교, 유교, 신도의 많은 가치들과 충돌하는 자기(自己)라든가 사회, 지식, 교육, 그리고 윤리에 관한 관념이 함께 따라온다는 점이었다. 많은 점에서, 일본에서의 여성의 지위에 대한 재고보다도 이런 점이 더 두드러진 곳은 없었다. 동양이나 서양의 다른 나라들에서와 마찬가지로 일본에서의 근대화는 젠더의 논의에 대한 증대된 감수성을 야기했다. 19세기 후반에서 20세기 초반의 서양에서 여성의 권리에 대한 운동은 일본역사상 최초로 고등교육과 출판에 접근할 권리가 주어진 많은 일본의 여성지식인들에게 심오한 영향을 끼쳤다. 여성 철학사상가들은 한편으로는 자신들을 전근대 일본사상의 가부장적이고 종종 여성혐오적인 이데올로기에 대립적인 입장으로 규정하는 한편, 유럽과 미국의 여성 운동의 근저에 자리한 자기 자신과 사회의 본질에 관한 서양의 많은 가설에 저항하는 난제를 마주했다. 이 지적으로 풍요로운 현상은 학술적인 철학의 범주에 즉각 대입되지는 않았는데 이는 그러한 현상이 사회적 정치적 행동과 직접적으로 얽혀 있었기 때문이다. 그러므로 이에 대해서도 추가로 마련된 '여성 철학자' 섹션에서 다룰 것이다.

서양으로부터의 새로운 관념들에 대한 반응으로, 일본 학계의 대다수 철학자들은 그들 작업의 재료로서의 전근대적 전통을 간단히 버리고 전적으로 서양의 주요 사상가들에 대한 비평과 논의에 전념했다. 이들은 아마도 오늘날까지도 일본에서 대다수의 철학교수들을 구성하고 있을 것이다. 서양인들이 철학을 하는 그대로 철학을 하는 패러다임에서의 일본 철학자들은 서양언어로 사유되고 쓰인 철학의 입장에서 잘 나타나며 이 책에서는 다루지 않는다. 예외가 있다면 일본의 생명윤리학이다. 일본의 대부분의 과학철학이 서구의 과학분야의 학문분과적 모델에 깔끔하게 들어맞기는 하지만 생명윤리는 그 속성에 의해 과학과 문화 혹은 사회적 가치 사이의 경계를 넘나든다. 그러므로 일본의 철학자들은 종종 다른 면에서는 여실하게 서양적 분야인 이곳에 신선한 시각을 불어넣곤 한다. 이러한 이유로 생명윤리 또한 추가로 마련된 섹션에 포함시켰다.

철학의 동료들 대다수와는 대조적으로 어떤 일본 사상가들은 새로이 소개된 서양철학의 분야를 전근대 일본의 선례에 이식하는 것을 열심히 시도해 왔다. 전통적 가치와의 충돌은 상당히 많은 새로운 문제들을 부각시킨다. 서양의 경험주의와 논리에 적당한 위치를 제공하면서도 그것들을 사상과 가치의 '아시아적' 토대보다 하위에 위치시키는 독창적이고 포괄적인 인식론을 명확히 표현할 수 있을 것인가? 우리는 소외되고 분리된 개인이 아닌 사회적으로 상호의존적인 매개체를 상정하는 실행가능한 도덕을 발전시킬 수 있을 것인가? 지식과 도덕적 행위의 토대가 되는 대응성의 양식에 바탕한 예술성의 해석을 구성할 수 있는가? 급진적인 개인주의를 취하지 않고도 개인적 표현을 가능하게 하는 국가의 정치이론을 계획할 수 있는가? 근본적인 문제들과 함께 상당한 정도의 관심이 좀 더 기초적인 질문에 집중되었다. 그것은 '문화란 무엇이며 그것이 사유에 어떠한 영향을 미치는가?'라는 의문이다.

사유의 전근대적 양식으로의 후퇴와는 거리가 멀게, 일본 철학자들의 대다수는 이러한 문제들을 일반적이고 합리적인 근거에 의해 설득력을 가지는 방식으로, 일본뿐 아니라 나머지 세세계도 이해할 수 있는 방식으로 답변하는 것에 몰두하였다. 이는 그러나 20세기 전반의 국가주의적 이데올로그들이 이러한 관념들을 민족중심적인 군국주의를 위해 변형시키고 그 과정에서 일본 철학 전반의 이미지를 손상시키는 것을 막지 못했다. 소위 '불온한 방향'으로 철학을 하면 투옥되거나 죽게 될지도 모른다는 공포심이 일본의 가장 독창적인 사상가들에게도 엄습했다. 그래서 어떤 철학자들은 침묵했고 또 어떤 이들은 타협을 했으며 이러한 당대 사상계의 현실에 대한 의구심은 지금까지도 완전히 가시지 않은 채 남아있다.

전후의 시기를 통틀어 많은 일본 철학자들이 서양철학을 학술적으로 지속적이고 전문적으로 연구해 왔다. 이러한 경우에 서양의 대륙적 전통, 근대와 현대, 그리고 서양철학사의 연구 등이 앵글로-아메리칸 스타일의 분석적 양식보다 더 많은 관심을 끌었다. 이『자료집』내에서도 사례 한

가지가 다뤄지지만, 특히 1960년대 이후 여러 개인들과 철학자들은 서양의 과학, 정신분석학, 현상학과 전통적 동양사상과 의학을 포함한 광범위한 분야의 자료로부터 아이디어를 끌어오면서 새로운 도발적인 방향을 개척해 왔다. 그리고 이러한 현상은 『십칠조헌법』에서 시작된 이래 형성된 패턴-외래의 관념을 현재 진행 중인 전통의 배경에 동화시키고 적용하는 방식-의 또 다른 예를 보여주고 있다.

[The Editors/박연주]

# 철학에 대한 정의

　일본 철학에 관한 저작으로서 『자료집』의 목표는 '철학'에 대한 기존의 일반적인 정의가 지니는 한계에 도전하고, 동시에 본서에서 선택한 텍스트들을 통하여 상당히 독특한 차원에서 '철학'에 대한 일본적인 정의를 대안으로 제시하는 것이다. 다시 말해서 일본은, 19세기에 수입된 학문 분과로서 'philosophy'를 지칭하기 위하여 '철학(哲學)'이라는 말을 만들기 훨씬 이전부터, 서양철학과 매우 다르면서도 (이에) 비견할 만한 풍요로운 지성사에 뿌리박고 있는 굳건한 철학적 전통을 이미 갖추고 있었다. 본서는 이러한 논지를 입증하는 텍스트 선집으로 출간되는 것이다. 본서에서 취급하는 전통들과 같은 '비 서양(적)' 전통들에 '철학'이라는 말을 적용하는 것에 대한 비판은, 본서의 해당 섹션에 실려 있는 '개관' 부분에서 보여 주듯이, 메이지시대(明治時代, 1868-1912)의 논쟁에서도 중요한 한 부분을 이루고 있었다. 그러나 『자료집』의 전반적인 프레임워크의 한 부분으로서도, 이러한 전통들의 흐름을 '철학'이라고 지칭해야 할 타당하고 설득력 있는 이유들에 관하여 처음부터 어느 정도 설명해야 하겠다.

## 철학을 다시 생각해야 하는 까닭

　우선 철학은 본질적으로 진화하는 학문이다. 철학은 여러 시대와 문화에서 만나게 되는 다양한 관점들에 의하여 풍요롭게 되기도 하였고, 그 자체를 특정한 정치적, 경제적, 내지 종교적 체제에 종속시키려는 온갖 시도에 의하여 황폐화되기도 하였다. 철학의 '서양적인' 전통이라는 맥락에서도 우리는 늘 '만들어지는 과정 중에 있는 철학'에 대하여 말할 수밖에 없다. 철학의 추구는 그 자체로 새로운 사유방식과 새로운 비판적 평가 방법의 조명을 통하여 그 과거를 다시 통합하려는 부단한 노력과 분리될 수 없다.

　동시에, 철학에서 이해하려는 세상 자체에 철학이 이미 몸담고 있는 이상, 마치 철학이 문화적이고 언어적인 표현으로부터 초연한 듯이 뚜렷하게 외부적인 입장에서 아이디어들을 제시할 수 있다는 생각은 영원히 부정될 수밖에 없다. 이러한 의미에서 철학에 대한 정의는 언제나 구체적인 독특성을 지니는 문화 내에서 철학 작업을 하는 것으로 그 안에 묶여 있을 수밖에 없다. 더욱이 철학 작업은 — 최선의 삶의 방식은 무엇인지, 참된 것은 무엇인지, 그리고 어떻게 우리가 그것을 가장 잘 알 수 있는지, 그리고 서로에 대한 우리의 의무는 무엇인지와 같이 심오하고 당혹스러운 문제들을 비판적으로 탐구하는 것을 광범위하게 '철학'이라고 한다면 — 널리 퍼져 있는 것이고, 아마도 거의 보편적인 현상이라고 할 수 있으며, 특히 고도의 문자 문화에서는 보편적이라고 해야 할 것이다. 그러므로 철학이 어떤 하나의 문화적 맥락 안에서 이해되는 방식으로 한정되어 있다고 말할 선험적인 근거는 전혀 없다. 그 문화가 지중해 유역의 고전적인 문화이든 이른바 서양세계의 근대문화이든 마찬가지이다. 오히려 우리는 이따금 근본적으로 다른 여러 환경에서 철학 작업이 이루어지는 맥락과 규범을 이해하도록 도전받는다. 우리가 어떤 철학적인 답변이 얼마나 훌륭한지 판단할 수 있는 것은 오직 그 답변이 다루고 있는 질문을 우리가 제대로 이해했다고 확신해야만 가능하다. 그렇게 이해하기 위해서 우리가 연구해야 할 가장 중요한 사상가들은 특정한 개별적인 이슈들에 대한 임시적인 해법보다는 체계적인 철학적 구조를 전개하는 이들이다. 우리는 비판적이고 체계적인 사상가들의 기획을 이해함으로써 그들의 답변을 형성하게끔 하는 전제들과 추론의 규범들을 발견할 준비를 더 잘 갖추게 된다.

근대 이전 일본의 맥락에서 이러한 기획들은 서양의 기획들과 그다지 일치하지 않는다. 그러하기에 오늘날의 독자들이 일본에서 철학적인 탐구들을 특징짓는, 분석, 논증, 추론, 그리고 논쟁의 유형 및 스타일을 인식하고, 고대 그리스에서 파생된 유형 및 스타일과 구분하는 것이 어렵다. 오늘날 강단철학에서 지배적인 전제 중 하나는 철학적 사유가 유럽에서 기원하는 합리성의 형식에 제한되면서도 그 조망 범위와 적용 가능성에서 보편적이라고 가정된다는 것이다. 『자료집』은 이러한 선입견과 결별하려는 시도에서 유럽과 매우 다른 전통 내에서 합리성이 취하는 형식들을 정면으로 직면하려고 한다. 단순하게 일본에서는 유교, 불교, 그리고 토착 전통의 사상가들이 추론하고, 설명하고, 분석하는 법을 알지 못했다고 전제하는 대신에, 우리는 철학에 대한 그들의 매우 다른 기여를 제대로 인식하고, 비판하고, 소화하려고 한다.

이러한 도전이 새로운 것은 아니다. 지난 두 세기 이상 동안 서양에서 동양 철학에 대한 접근이 점증하면서 이러한 도전은 끓어오르고 있었다. 더군다나, 이러한 도전을 주변화함으로써 지성계의 헤게모니를 장악하려는 태도는 서양 철학이 그 시초부터 지녀온 근본적인 정신과도 상충된다.

철학, 특히 칸트(Immanuel Kant, 1724-1804) 이래의 철학은 근본적으로 자기 성찰적이라는 것을 자부해 왔다. 서양의 경제학이나 역사학과 같은 분야들은 경제나 역사에 관한 자체의 이론을 발전시키지 않은 문화들에 대하여 쉽게 적용될 수도 있을 것이다. 철학에서는 그렇게 되지 않는다. 철학은 정확히 본질적으로 비판적인 자기의식을 갖추고 있기에, 무비판적이고 그저 그럴듯한 내지는 정교하게 다듬어지지 않은 추론 방식을 임의로 적용할 수는 없다. 다시 말해서, 다만 추후에 되돌아보는 식으로 철학적인 사유를 '발견'한다는 주장은 그 표현 자체로 모순이다. 그러나 우리가 철학의 기준을 언제나 그 자체로 자기의식적인 것만을 철학으로 간주하자고 하는 식으로 지나치게 엄격하게 적용하면, 우리는 서양 철학의 고전들에서 소크라테스 이전의 저술들, 그리스와 중세 유럽 사상가들의 상당수, 그리고 아마도 심지어 루소 및 그와 관련되는 다수의 다른 근대 사상가들의 저술들을 배제해야 할 것이다. 중세 유대교나 중국과 인도의 사상가들은 언급할 필요도 없을 것이다. 반대로 우리가 철학이 그 자체의 전제들과 제약들에 대하여 성찰하는 사유와 결정적으로 묶여 있는 상황을 유지하고자 한다면, 다른 전통들의 연구에서 우리의 과제는 우리 자신의 전통이 그 전통들에게 강요하는 편견에 의하여 방해를 받지 않고, 그 전통들 자체의 비판적인 사유와 자기이해 방식을 규명하는 것이다.

## 철학에 대한 일본인의 의식

근대 일본 사상가들은 현저하게 자기 성찰적인 전통의 실천자들이었다. 그들은 '철학'이라는 용어에서 적어도 네 가지로 서로 구분되는 의미를 논해 왔다. 그 의미들은 모두 일본 외부의 전통들, 곧 서양 전통 및 아시아 전통과의 역사적인 만남에 대하여 자기의식적인 차원에서 응답한 것들이다. 그 각각의 의미에 대한 정의들은 그 자체로 독특하게 일본적인 문제의식을 반영한다.

첫째, 일본에 그 자체의 철학이 있었다는 관념을 즉석에서 배격하는 메이지시대 비판가들을 따르는 사람들은 일본어 단어 '철학'을 일본의 학자들이 유럽적인 기조에서 수행한 철학을 가리키는 것으로만 간주하여 왔다. 여기에는 플라톤(Plato, BC.427?-BC.347?), 칸트, 하이데거, 제임스, 베르그송, 로티, 데리다, 그리고 기타의 서양 철학자들의 텍스트에 관하여 작업하고, 그러한 작업 중에 자체적인 비판과 정교화를 더하는, 주로 학계에서 활동하는 전문적인 철학자들이 포함된다. 그들은 동일한 기조에서 저술활동을 하는 다른 여느 철학자들과 마찬가지로 '독자적'일 수 있으며, 그들이 하는 활동에 관하여 유별나게 그 자체로 '일본적인' 것은 없다. 간단히 말해서, 이러한 첫 번째 의미에서 일본철학은 단순하게 그리스-유럽에서 생산되어서 우연히 일본인들에 의하여 정제된 철학을 의미한다. 거의 예외 없이 이러한 철학자들은 일반적으로 자기들의 전통에 속하는 텍스트를 분석하지 않고, 심지어 인용조차도 하지 않는다. 그리고 심지어 인용한다고 하더라도, 그러한 토착적인 원전들이 '철학적인' 텍스트의 자격이 있다고는 결코 주장하지 않는다. 그들에게 철학의 기법과 주제는 근원적으로 서양적이어야 한다.

일본에서 이렇게 철학에 대하여 영국-미국-유럽적으로 접근해온 전통은 '철학'에 대하여 지나치게 가혹한 제약을 가하고, 철학이 항상 '비철학적인' 전통들의 영향 아래에서 전개되어 왔다는 사실을 왜곡시킨다. 이러한 이유에서, 엄격하게 전통적인 서양철학에 자신들의 연구를 제한하는 일본인 철학자들은 대체로 본 『자료집』에서 배제하였다.

둘째, 또 하나의 극단으로서, 일본철학이 유럽적인 용어와 그에 수반되는 학문분과가 도입되기 이전에 형성된 고전적인 일본적 사유만을 가리킨다고 보는 경우가 있다. 이러한 입장에서는 그러한 사유가 궁극적인 실재 내지 사물들의 가장 보편적인 원인과 원리를 다루는 한, 그 사유는 철학적인 사유라고 간주된다고 본다. 이러한 둘째 의미에서의 철학은 중국적인 사유에서 도출되거나 중국적인 사유와 연관된다고 보일 수 있고, 유럽 철학에 의해서는 영향을 받고 있지 않은 것으로 보일 수 있다. 그리하여, 일본에서 '철학'의 개척자들 중 한 명인 이노우에 데쓰지로(井上哲次郎, 1855-1944)˚ 는 근대 이전 일본의 유교사상 학파들 중에서 고유한 철학을 발견하였다고 주장하고, 근본적인 질문들에 대한 그들의 관심은 서양철학에서 다루는 관심과 비견할 만하다고 주장한다.

철학에 대한 이러한 두 번째의 접근은 근본적인 질문들을 확인하는 데에는 중요하지만, 그 자체의 재구성적인 성격에 대한 비판적인 인식에서는 벗어나는 경향이 있어 왔다. 이러한 철학은 『자료집』에서, 특히 근대 이전 시기에서 상당한 부분을 차지한다. 다만 이러한 부분은 궁극적으로는 후대의 보다 방법론적인 자각이 이루어지는 철학적 사유의 렌즈를 통하여 조망될 때에 가장 흥미로운 의미를 드러내게 된다.

셋째 의미의 일본철학은 철학의 방법과 주제가 기원상 주로 서양적이라는 점은 인정하면서도 그 방법과 주제가 근대 이전의, 서양화되기 이전의 일본적인 사유에도 적용될 수 있다는 입장을 견지한다. 이러한 의미에서 일본철학을 수행하는 이들은 주로 객관적으로 조명되었을 때 철학적이라고 인정될 수 있는 특정한 주제들 및 문제들을 재구성하고, 해명하고, 또는 분석하는 노력을 기울이는 것이 일본철학이라고 이해한다. 도겐의 철학에서 존재와 시간을 다루는 저작들, 또는 구카이의 철학에서 언어를 다루는 저작들이 이러한 셋째 의미의 사례들이다. 여기에서 인정되는 것은, 근대 이전 저술의 철학적인 함의를 확인하고 근대 철학의 용어들과 방법들의 빛 아래에서 그 저술들과 씨름하는 데에는 숙련된 노력이 필요하다는 것이다. 더 나아가, 심지어 영국-유럽적인 스타일의 철학과 근대 이전 일본의 텍스트들 사이에 다소 명시적인 대화의 형식을 갖추고 이러한 씨름이 전개되는 상황에서도 근대 철학의 전제들은 종종 여전히 결정적인 요소로 작용한다.

일본에서 소수의 철학자들은 비판이 쌍방향으로 진행되는, 일종의 균형 잡힌 대화를 수용한다. 본 『자료집』에서 마땅히 주요한 위상을 부여받고 있는 이 사상가들은 근대철학의 빛 아래에서 전통적인 일본 텍스트들을 독해했을 뿐만 아니라 근대 이전의 일본 개념들과 구분법을 사용하여 현대 서양 철학을 조명하고 근대 또는 현대의 철학적인 문제들을 해결하는 대안적인 길들을 제안하기도 한다. 이러한 노력이 일본의 전통적인 사상으로 기슬러 올라가서 철학을 소급적으로 발굴해 내는 것이든 아니면 더 나아가서 그러한 사상을 자원으로 활용하여 현대 철학 작업을 수행하든, 그들의 목표는 포괄적으로, 일본 전통을 새로이 등장하고 있는 보다 폭넓은 의미의 철학 전통에 한 부분으로서 속하도록 하는 것이다. 여기에서 우리는 '고토다마' 이론을 재해석하여서 말과 사물 사이의 관계를 재점검하려는 오모리 쇼조(大森莊藏, 1921-1997)의 노력을 생각해볼 수 있다. 또는 일본 불교 텍스트의 빛 아래에서 몸-마음 문제를 재평가하려는 유아사 야스오(湯淺泰雄, 1925-2005)를 생각해볼 수도 있다. 곧, 이 셋째 의미에서 일본철학은 오늘날의 철학 작업에 개재하는 전통적인 내지 현대적인 일본적 사유를 의미한다.

'철학'에 대한 이러한 세 번째 이해는 서양철학의 그리스적 기원이라는 역사적 사실을 인정할 뿐만 아니라, 아시아의 지성사를 포함하여 비철학적인 사료와 자원을 끌어들임으로써 풍요로움을 이룰 수 있다는 점도 인정한다. 이러한 입장에서는 또한 철학을 해체와 재구성을 반복하는 미완의 작업이라고 이해한다. 즉, 근본적인 질문을 계속해서 하는 것은 철학의 자기이해에서 언제나 핵심적인 위치에 있어 왔다. 일반적으로 이 『자료집』에서 적용하는 선별의 원칙은 이 세 번째 의미의 철학에 가까운 면이 있다. 그렇지만, 일본철학에 대한 이러한 정의가 갖는 분명한 한계는 이 책을 대표적인 선집이 되도록 하는 데 요구되는 전 범위의 텍스트 및 자료들을 선별할 구체적인 기준을 제공해 주기에는 미흡하다는 것이다.

마지막으로 네 번째의 의미에서 일본철학은 일본철학이 아닌 것으로부터 일본철학을 뚜렷이 구별해 내는 특성들에 초점을 맞춘다. 여기에서 일본 '철학'은 비교적 독자적이고 혁신적일 뿐만 아니라 다카하시 사토미(高橋里美, 1886-1964)와 시모무라 도라타로(下村寅太郎, 1902-1995)가 20세기 일본 철학자들 중 가장 명망이 높은 니시다 기타로(西田幾多郎, 1870-1945)의 성취에 관하여 인정하는 것과 같은, '현저하게 동양적인 내지 일본적인 특성'을 드러내는 사유를 가리킨다. 이러한 접근이 '독특하게' 일본적인 철학에 대한 기여를 강조한다는 점에서, 이러한 접근은 도착적인 오리엔탈리즘의 한 사례라고 비판되어 오기도 하였다. 곧, 이러한 접근은 일본적인 것들에 대한 선호에 기울어지는 평가를 따르며, 일본적이지 않은 것들과의 차이점들을 정형화하며, 역사적인 다양성의 중요성을 최소화한다는 것이다. 철학을 정의하는 정치적인 맥락에서, 네 번째 의미의 일본철학에 대한 이러한 비판은 역설적으로 '철학'에서 일본적인 측면들을 박탈하고 남는 것들을 서양의 지성적인 식민주의의 잔존물로 환원시키는 시도를 지지하는 것으로 귀결되고 만다. 이러한 맥락에서 바라볼 때, 네 번째 의미의 일본철학은 일본적인 아이디어들과 가치들에서 식민화되기 이전의 층들을 확인하고 가치부여하려는 탈식민주의적인 시도와 같은 것이라고 간주될 수 있다. 어느 경우이든, 어떤 철학자의 사유에서 특별하게 일본적인 요소들을 확인해 내려는 시도의 목적은 서양적인 원전은 물론이고 동양적인 원전들에서, 일본철학이 다른 기원을 갖는 철학들에 대하여 탁월하게 말해줄 수 있는 어떤 것에 대하여 주목할 수 있도록 하려는 것이다.

분명히 '철학'에 대한 이러한 네 번째 정의는 혁신과 독특한 차별화의 상황들을 쉽사리 간과하는 방향으로 미끄러질 수 있다. 그럼에도 불구하고 우리는 이러한 취약성을 염두에 두면서, 몇몇 근본적인 취향을 공통적으로 내지는 전형적으로 '일본적인' 것이라고 일반화할 수 있다. 일본철학이 어떠한 독특성을 표방한다고 하더라도, 그 독특성이 반드시 민족적인 자부심이라는 공허한 명예욕으로 타락하게 된다고 할 수는 없다. 반대로, 일본철학의 사유를 형성하는 역사적이고, 문화적이고, 언어적인 조건들에 대한 비판적인 인식은 철학적인 사유에 대한 독창적이거나 창조적인 기여를 확인하는 필수적인 조건이다.

궁극적으로, 무엇이 철학으로 간주될 수 있느냐의 기준들에 대한 목록은 원전 자체에 대한 검증에 앞서서 이루어질 수 없다. 악순환을 벗어나는 새로운 정의에 도달하기 위해서는, 오직 철학에 대한 작업적 정의와 그러한 정의에 도전하는 근거로서 역사적인 기록들에 대한 수용 사이의 상호작용이 관건이 될 것이다. 이러한 의미에서 본서는 확정된 제안이라기보다는 사유 실험의 성격이 더 큰 차원에서 준비되었다. 본서는 철학 작업의 지속적인 실천을 '위한 자료'로 제시되는 것이다. 단지 우리가 철학이라고 부르는 특정한 탐구분야에 '속한' 역사적인 '원전'들의 모음집에 그치는 것이 아니다.

### 작업가설

본서는 『자료집』이기에 여러 저자들 내지 전통들을 어떻게 해석할 것인가를 둘러싼 다양한 논쟁을 반영할 수는 없으나, 그러한 논쟁이 발췌문에 포함된 경우는 예외적이라고 하겠다. 같은 이유로, 본서는 특정 인물들의 사상 전반을 드러내는 것을 목표로 하지 않는다. 오히려 본서의 목표는 일반적인 철학적 관심사가 되는 텍스트들을 발췌하는 것이었다. 그러한 발췌 기준에서 선택된 텍스트가 다른 면에서는 중요한 텍스트라고 간주되지 않을 수도 있다. 더욱 더 분명한 것은, 50만 단어를 넘어서는 막대한 분량의 책이기는 하지만 본서에서 얼마나 많은 것이 생략되었는지는 누구보다도 편집자들이 잘 알고 있다. 예컨대 자료 포함의 기준을 정할 때 우리는 살아 있는 철학자들의 발췌문은 1950년 이전 인물들의 저작으로 한정하였다. 부분적으로는 이렇게 자의적인 결정이 불가피하다. 부분적으로 일부 결정은 편집자들의 관심과 선호를 반영할 뿐이라고 할 수도 있다.

동시에 철학을 다시 정의하는 실험에는 일정한 작업가설이 전제되어 있는데, 앞에서는 그 가설이 희미하게만 암시되는 데 그쳤다. 우리가 그 가설들을 보다 충분히 설명할 필요가 있을 수 있겠지만, 여기에서는 자질구레한 것은 제외하고 간단히 제시하겠다.

첫째, 철학은 본질적으로 진행 중에 있고 변증법적인 것이기에, 여러 문화와 전통 내부에서는 물론이고 그 내부를 넘어서서 텍스트들 및 그 텍스트들의 전승에 의존한다. 후속 세대들에 의한 번역 내지 재해석과 지속적인 자기화는 철학 실천의 중요한 관건이다.

둘째, 일본 철학의 사례로서 텍스트들을 선택하고 번역하는 기획이기에, 본서는 의미론과 통사론 차원 모두에서 일정하게 언어적인 변용이 필수적이었다. 여기에서 최고의 목적은 명료한 전달이고, 이는 각 분야 전문가들의 전형적인 관행에 비해서는 일정한 융통성을 요구하였다. 균형을 잡는 것이 어려운 문제였다. 한편으로 엄밀한 어휘적 충실성은 일반 독자들에게는 광범위하게 주석이 수반되어야만 이해될 수 있는 텍스트를 내놓기가 쉽다. 이러한 접근은 『자료집』의 관심과 현격하게 거리가 있다. 다른 한편으로 번역이 단순히 독자에게 친숙해지기 위해서 원전을 왜곡해서는 안 된다. 탐구의 주제와 방법이 중요한 것은 기존의 공인된 철학적 관행과의 유사성은 물론이고 차이성에도 기인하기 때문이다. 온전한 이해 곧 자기화의 과정은, 철학이 대조의 형성과 구체적인 대안의 정교화에 의하여 진행되며, 이러한 과정은 다시 오직 언어적이고 역사적인 전문성에서만 파악될 수 있는 보다 온전한 맥락 속에 들어가는 것과 더불어 텍스트에 대한 심층적인 독해와 물음에서 이루어진다는 것을 전제한다. 우리는 독자들이 단순히 텍스트들에 관하여 사유하기보다는 오히려 텍스트들을 통하여 사유하는 데 본서의 번역이 도움을 줄 수 있기를 희망한다. 더 나아가, 철학에 대한 정의 역시 본서의 목표 중 하나라는 점에서, 본서는 그 자체로 완성되지 않은 기획이다. 우리에게는 철학한다는 것이 무엇을 의미하는지를 확인하고, 그 의미를 보다 폭넓게 이해하기 위한 기준을 텍스트들 자체가 제공할 수 있도록 하는 것이 하나의 도전이었다.

셋째, 서양철학에 친숙한 독자는 본서의 지면에서 어떤 새로움을 기대할 수 있을지에 관하여 다소의 아이디어를 가지고 있을 필요가 있다. 서양철학의 전통적인 고전들은 상당히 체계적으로 보편적인 논리를 전제해 왔으며, 그 보편적인 논리는 그 자체로 이론적인 과학의 추구에 기여하는 바가 있다. 그 논리는 고정된 법칙에 따라 변화하는 실재, 또는 인간의 조작에서 독립되어 있는 자연을 탐색한다. 이 모든 것이 객관적이고 정당화될 수 있는 지식에 기여한다. 하지만 우리는 문화적 논리학의 가능성을 적극적으로 고려할 필요가 있다. 문화적 논리학에서 명제는 언어적 표현과 분리되지 않고, 실재는 단순히 애초부터 고정되어 있는 것이 아니라 구현되는 것이며, 앎이란 실천적이고 변혁적인 것이고, 자연계와 인간계가 밀접하게 서로 엮여 있다. 다시 말해서, 전통적으로 철학은 무시간적이고, 성찰적이고, 사변적이고, 분석적이고, 합리적이고, 회의적이고, 대조를 통한 명료화를 추구하고, 원리에 초점을 맞추고, 타당한 추론 내지 연역을 통하여 명확한 결론을 도출한다고 간주되어 온 반면에, 일본철학과 씨름하려면 오히려 유기적이고, 생성적이고, 암시적이고, 관계적이고, 종합적이고, 맥락적인 연원과 기저의 모호함에 초점을 두고, 변혁적인 조망의 길로서 부정에 중점을 두는 사유 스타일을 수용할 필요가 있다.

# 철학적인 관용 표현의 번역

일본의 역사와 언어에 대한 배경이 없는 독자를 위해서, 일본 철학의 영어 번역에서 텍스트의 관용 표현은 별도의 관용 표현으로 바뀌어야 한다. 아이디어의 형성에서 원래의 언어는 분명히 중요하지만, 그 아이디어가 더욱 광범위한 독자들에게 도달하고 가능한 한 많은 철학적 독자들의 비판적인 주목을 받으려면, 신뢰할 만한 번역이 결정적으로 중요하다. 아리스토텔레스의 저작에 대한 아퀴나스의 독해가 라틴어로 이루어졌다는 근거에서 무시된다면 어떻겠는가? 덴마크어를 읽을 수 있는 철학자들만이 키르케고르의 아이디어를 비판적으로 활용할 수 있다고 허용된다면, 키르케고르의 영향은 어떠했겠는가? 물론 구카이나 도겐의 저작을 서양 언어로 읽는 것은 키르케고르의 저작을 읽는 것과 같지 않다. 무엇보다도 키르케고르는 유럽 철학 전통에 속했고, 그의 영어권, 독일어권, 프랑스어권, 스페인어권, 또는 이탈리아어권 독자들이 알고 있을 철학적 저작들 다수에 정통하였다. 더욱이 그는 독자들과 유대교-그리스도교의 세계관과 그리스-로마의 세계관을 공통적인 배경으로 공유하였다. 이들 세계관은 중국, 한국, 그리고 인도에 뿌리를 두고 있는 구카이나 도겐의 세계관과 매우 다르다. 근대 일본 철학자들의 경우는 상당수가 해외에서 훈련을 받았고 서양의 철학적 관용 표현에 훨씬 더 친숙하다는 것이 발견된다. 바로 이러한 이유로 서양에서 근대 이전의 일본 철학보다 근대의 일본 철학에 그렇게 많이 주목하기도 하였다. 그럼에도 불구하고 대다수 근대 일본 철학자들의 지성적 배경은 플라톤, 아퀴나스, 데카르트, 흄, 칸트, 또는 헤겔(Hegel, Georg Wilhelm Friedrich, 1770-1831)보다는 구카이, 도겐, 신란, 라잔, 소라이, 그리고 노리나가와 공유하는 것이 더 많다.

여기에서 우리는 번역에 있어서 두 번째의 더 어려운 과제와 만나게 된다. 그 과제란 서양의 철학적인 독자와 본래의 일본 사상 사이에 놓여 있는 전제 상의 심연에 다리를 놓는 과제이다. 여기에서 우리는 두 가지를 할 수 있다. 첫째, 우리가 어떤 전통의 철학자를 이해하려고 할 때 우리는 언제나 그들이 답하려고 애쓴 문제들에 면밀한 주의를 기울일 필요가 있다. 다른 전통 또는 시대의 철학자에게 우리의 질문을 하는 오류를 범하기가 쉬운 것이다. 예컨대 도겐은 마음과 몸이 하나라는 자신의 교설에서 데카르트의 이원론을 다루고 있지 않다. 이는 아리스토텔레스가 형상적 원인과 질료적 원인이 분리될 수 없다는 자신의 이론에서 데카르트의 이원론을 다루고 있지 않은 것과 마찬가지이다. 우리는 도겐의 철학을 이해하기 위하여 적어도 그의 철학이 다루고 있는 이슈들에서 출발해야 한다. 예컨대 우리는 선불교 수행이 깨달음과 어떻게 연관되는가, 그리고 우리가 붓다가 되는 것은 마음을 통해서인가 몸을 통해서인가 아니면 둘 다를 통해서인가와 같은 이슈들에서 출발해야 한다.

지금까지의 이야기는 분명하다고 여겨질 수 있을 것이다. 하지만 누군가 서양 철학에서 더 전문적인 훈련을 받으면 받을수록 비서양 전통들의 문화적 또는 지성적 전제들에 공감하기가 더 어려워진다는 당혹스러운 증거가 있다. 여기서 역설적인 것은, 이러한 공감 부재가 철학 자체의 근본적인 이상을 배반한다는 것이다. 플라톤과 아리스토텔레스는 뼛속 깊이 아테네인이었지만 소아시아 밀레토스 사람들의 사상을 무시한다는 것은 생각지도 않았을 것이고, 토마스 아퀴나스(Thomas Aquinas, 1224-1274)도 그 당시의 아랍 신학과 유대교 신학을 무시한다는 것은 생각지도 않았을 것이다. 라이프니츠(Leibniz, Gottfried Wilhelm, 1646-1716)는 자신의 예정 조화 사상을 명료화하는 데 도움을 받기 위하여 중국의 신유교 사상을 연구하였다. 헤겔, 쇼펜하우어(Schopenhauer, 1788-1860), 그리고 에머슨(Ralph Waldo Emerson, 1803-1882)은 선교사나 학자들의 번역을 통하여 인도에서 서양으로 전해신 사상들을 무시한나는 것은 생각시도 않았을 것이다. 그러나 지난 한두 세기 동안 철학은 대학 내에서 자체의 위상을 확보하기 위하여 자체의 '과학적인' 토대와 방법론을 갖춘 학술적인 학문(Wissenschaft)이 되었다. 결과적으로, 서양 철학을 공부하는 사람들은 그들에게 가장 명백하다고 여겨지는 질문들에 대해서, 그들이 읽는 일본 철학자들의 저작들이 답하고 있지 않고 어떤 경우에는 심지어 이해하고 있지도 못하다고 여겨질 때 당혹스러워진다.

따라서 우리는 적어도 일본 전통의 철학적인 사유 전반에서 일반적인 경향으로 통용되는 공통적인 전제들과 동기들을 기초적인 차원에서라도 명료화할 필요가 있다. 이러한 명료화는 '타자'의 사유를 실체화하는 오리엔탈리즘적인 기획에서 추구하는 것이 아니다. 오히려 정반대로, 서양의 철학적인 독자들에게 숨겨져 있는 전제들을 해체하려는 것이다. 특히 이러한 전제들이 우리가 독해하고 있는 일본 사상가의 전제가 아닌 경우에, 이러한 해체는 필수적이다. 일본 철학에 관한 일반화를 적절하게 판단하려면, 반드시 스스로 각 전통의 경계를 가로질러 보아야 한다. 우리가 제시하는 아래의 동기들은 단지 이정표들일 뿐이다. 이 이정표들은 온갖 논의과정을 거쳐서 서양 철학 전통과 매우 다른 전통으로 존속하고 있는 전통을 통하여 길을 다듬어 나가기 위하여 필요하다고 하겠다.

### 외부적인 관계들보다는 내부적인 관계들에 대한 선호

대다수의 일본 철학자들은 역사적으로 관계를 외부적이라기보다는 내부적인 것으로 이해하는 것을 선호해 왔다. 곧 우리가 'a와 b는 관계가 있다'라고 말할 때, 외부적인 관계의 패러다임은 a와 b가 독립적으로 존재할 수 있으며, 다만 그 둘 사이에 관계가 있는 한 그 둘을 연결시키기 위해서 제3의 요소 R이 요구된다고 전제한다. 이와 대조적으로 우리가 'a와 b는 관계가 있다'라고 말할 때, 내부적인 관계의 패러다임에서는 a와 b가 본질적으로 상호 연관되어 있거나 서로 중첩되어 있으며, R은 a와 b가 공유하는 부분이라고 전제한다. 현대 서양의 철학 전통은 외부적인 관계를 표준적인 관계로 간주하는 경향이 있는 반면, 대다수의 일본 철학자들은 그 역사 내내 내부적인 관계의 맥락에서 사유하는 경향이 있다. 두 가지 사유 방식 모두 두 전통에서 발견되지만, 근본적인 성향에서 이러한 차이에 대한 인식은 성급한 판단을 연기하고 적절한 연관 관계를 직접적으로 주목하는 데 도움을 줄 수 있다.

예컨대 앎의 주체와 앎의 대상 사이의 관계를 보자. 만약 그 관계가 외부적이라면 철학자는 주체(아는 자)와 대상(알려지는 것)이 독립적으로 존재하고 이 둘이 셋째 요소 곧 '앎'이라고 불리는 관계의 창출을 통하여 연결된다고 전제할 것이다. 그 앎을 '참'으로 만드는 것이 무엇인지를 설명하기 위하여 여러 이론들이 대두될 것이다. 그러나 내부적인 관계의 맥락에서 생각한다면, 앎은 독립적으로 존재하는 아는 자와 알려지는 것을 연결시키는 무엇이 아니라, 오히려 그 둘 사이의 중첩 내지 상호의존을 나타낸다. 그 앎이 더 확장적일수록 중첩은 더 커지며 아는 자와 알려지는 것은 더 분리할 수 없게 된다. 여기에서 이상적인 것은 아는 자와 실재 사이에 완전한 상호침투가 있어서, 온전한 자각과 실재 사이에 아무런 막힘이 없는 경지일 것이다. 이러한 앎의 모델은 관찰과 분석보다는 참여와 실천을 선호하고 강조한다. 외부적인 관계를 강조하는 앎의 모델이 아는 자와 알려지는 것 사이에 관계를 만드는 것을 포함하는 반면, 내부적인 관계를 강조하는 모델은 아는 자와 알려지는 것 사이의 인위적인 장벽들을 지우거나, 적어도 침투해 들어가는 것을 포함한다.

이러한 근본적인 성향에서 첫 번째 추론은 이상적으로 아는 자는 냉정하고 초연하며 무관심한 사색에 의하여서가 아니라, 전 인격적인 참여에 의하여 특징지어진다는 점이다. 앎이 내부적인 관계라면 그 관계는 언제나 지성적이면서 동시에 신체적이다. 그 관계는 추상적인 사변뿐만 아니라 구체적인 실천을 포함한다. 이러한 의미는 '마음'에 해당하는 주요 일본어 중 하나인 '고코로'가 합리적 사유뿐만 아니라, 정서적인 감수성이라는 의미도 지니고 있다는 사실 속에 반영되어 있다. 이러한 의미는 신체적인 행위와 심적인 행위가 분화되기 이전의 상태를 가리킨다. 더 나아가, 우리가 인간을 그 전체적인 차원에서 세계의 일부라고 전제한다면 궁극적인 분석에서 세계에 대한 앎은 세계의 일부가 스스로를 안다는 것을 의미한다.

두 번째 추론은 앎의 전달에 관계된다. 우리가 앎 R이 아는 자 a와 알려지는 것 b 사이에 외부적인 연결고리 역할을 할 수 있다고 전제한다면, 이러한 전제는 앎이 기본적으로 객관적이고 독립적인 어떤 것임을 의미한다. 곧 앎은 하나의 독립적인 마음에서 다른 독립적인 마음으로 체계적 전달이 가능한 어떤 것이다. 그러나 내부적인 관계가 주도적인 곳에서는 스승과 제자가 상호의존적인 실천적 합일을 형성하여서, 통찰의 전수와 습득을 가능하게 한다. 이러한 관계는 다시 스승의 지도 아래 실재에 스스로를 무아 상태로 침잠시킴으로써 스스로 실재를 — 생각, 말, 그리고 행위로 — 본받는다는 차원에서 진리에 대한 이해를 반영한다. 서양에서 이러한 학습 방식은 앎을 정보로 축적하는 것보다는 장인-도제 관계에 더 가깝다.

근본적인 성향으로서 내부적인 관계에 관한 세 번째 추론은 단순하게 앎이 무엇인가라기보다는 오히려 앎이 어떻게 일어나는가에 대한 이해에 중점이 두어진다는 것이다. 그래서 예컨대 일본의 시학은 훌륭한 시의 특성을 규명하는 것보다는 훌륭한 시로 귀결되는 경로를 재추적하는 것에 더 관심이 있다. 단순한 기교에 대한 초점보다는 '도'에 주도성을 부여하는 태도는 공연 예술에서만이 아니라 철학적인 논변에서도 중요한 역할을 한다.

### 전체와 부분의 홀로그래프

내부적인 관계를 추구하는 성향은 인식론보다 더 정서적이다. 이러한 성향은 일본 철학에서 또 하나의 주된 전제인 전체와 부분의 합일과 연관되기에 일련의 철학적인 질문들을 가로질러 간다. 외부적인 관계에 관하여서 우리는 전체가 부분들과 그 부분들을 서로 연결시키는 관계로 이루어진다고 말하곤 한다. 우리는 원자론적인 관점에서 이러한 전제가 작용하고 있음을 본다. 이러한 관점에서 무언가를 이해하려면, 우리는 그것의 가장 작은 부분들로 분해하고, 각 부분의 본성을 분석하고, 그러고 나서 그 각각의 서로 다른 부분들이 서로 외부적인 관계로 어떻게 연결되는지를 설명한다. '홀로그래프'적인 접근은 이에 대한 대안적인 접근으로서 각각의 부분에 '새겨진 전체'를 본다. 예컨대 각각의 개별적인 세포의 DNA는 그 세포들을 부분으로 갖고 있는 전체 몸의 유전자적인 청사진을 포함한다. 부분들이 전체 안에 있을 뿐만 아니라, 전체는 각각의 부분 안에 있다. 이것이 가능한 이유는 오직 부분들이 외부적으로가 아니라 내부적으로 연관되어 있기 때문이다. 홀로그래프적인 사유는 서양의 철학 전통에 전적으로 없는 것은 아니지만 일본철학에서는 거의 표준적인 사고방식이다.

이러한 사고방식은 불교 사상가들에게서 가장 현저하지만, 토착적인 애니미즘적 종교 관행 속에 훨씬 더 기본적으로 뿌리박고 있다. 현대 서양에서 한 부분이 전체를 대변한다고 이야기할 때는 단순히 수사학적인 표현으로서 은유나 제유(提喩)의 사례라고 간주되는 경향이 있다. 그러나 일본 사상 내에서는 홀로그래프적인 관계가 종종 각각의 개별적인 세포들을 전체 몸과 연결시키는 DNA처럼 직설적이고 사실적인 것으로 전제된다.

## 귀속에 의한 논증

내부적인 관계 및 전체와 부분의 상호의존에 대한 선호는 귀속에 의한 논증 논리에도 반영되어 있다. 여기에서 대립되는 입장은 논박의 대상으로 취급되는 것이 아니라, 참되다고 수용되지만 전체적인 그림의 일부로서만 참되다고 취급된다. 곧 여기에서 우리는 대립되는 입장을 부인하기보다는 오히려 우리가 주장하는 전체적인 관점의 일부에 지나지 않다고 부분화하거나 주변부화 한다. 이러한 방식은 서양에서 그리고 흥미롭게도 인도에서도 매우 일반적인 논쟁 형식으로서 논박에 의한 논증과 다르다. 논박에 의한 논증의 목표는 대립되는 입장이 전제나 논리에서 오류가 있다고 드러냄으로써 그 입장을 무효화하는 것이다. 논박에 의한 논증은 배중율과 비모순율을 암묵적으로 수용한다. 다시 말해서, 입장의 구성에서 범주 오류가 없다고 전제할 경우, p이거나 p가 아니라는 입장은 참일 수밖에 없다. p와 p가 아니라는 두 주장이 동시에 동일한 방식으로 참일 수는 없다. 그러므로 논증의 논파 형식에서 내가 대립하는 주장이 오류라는 것을 입증할 수 있다면 더 이상 말할 필요 없이 나의 입장이 참으로 확인된다.

일본철학에서 훨씬 더 일반적인 귀속에 의한 논증은 그 자체의 고유한 장점이 있다. 논리적으로 이러한 입장은 논의 범위를 확대시킨다. 내가 다른 사람의 관점이 어떤 측면에서 옳지 않다고 확신한다고 하더라도, 그 관점은 하나의 실재하는 관점이고, 나의 실재론은 그 관점의 존재를 설명할 수 있어야만 한다. 여기에는 실재의 현 상황을 인정하면서 무엇보다도 그러한 부분적인 내지 비틀어진 관점이 어떻게 가능한가를 드러내야 할 의무가 수반된다. 수사학적인 차원에서, 귀속에 의한 논증은 불가지론적이거나 적대적이기보다는 오히려 협조적이거나 타협적인 외양을 보인다. 그러나 쌍방이 모두 귀속에 의한 논증 모델을 공유한다면, 실로 어떤 입장이 어떤 입장을 귀속시킬 수 있는가를 두고 경쟁이 치열할 것이다. 귀속에 의한 논증은 일종의 종합에 참여하게 되는데, 다만 이러한 종합의 목적은 입장들의 상호 보완성을 드러내기 위한 것이 아니라, 오히려 한 입장이 다른 입장보다 우월하다는 것을 드러내기 위한 것이다. 이러한 논증 방식은 일본 지성사에 편만해 있으며, 근대 일본에서 헤겔의 변증법적 사유에 계속해서 매력을 느껴 온 상황을 설명하는 데에도 부분적으로 도움이 된다. 하지만 중요한 차이도 있는데, 이 점은 마지막으로 전반적인 이야기를 하면서 언급하겠다.

## 사건의 중심에 있는 철학

헤겔의 변증법에서는 대립적인 입장을 배타적인 적대자로서 외부적으로 관련되는 차원에서 더 통합되어서 내부적으로 관련되는 종합의 차원으로 변화시키는 지양(止揚)이 사용된다. 근대 일본 철학자들에게 이 점은 쉽게 이해될 수 있었지만, 그들은 근본적인 지점에서 차이를 보였다. 그들은 역사가 미래의 목적(telos)을 향하여 진보하고 있다는 헤겔의 비전을 포용하기보다는 오히려 질문의 방향을 정반대로 하여서 그 변증법이 어디에서 유래하였는가를 물었다. 헤겔이 대립물들을 궁극적인 합일로 이끄는 식으로 전체 서양 전통을 요약했다면, 일본 철학자들은 논리적 장소로서, 실재가 서로 배타적인 상이한 대극들로 분리되기 이전에 합일의 존재론적인 내지 경험론적인 기반에 이끌렸다. 다양성을 궁극적으로 실재한다고 보는 것은 추상적인 차원에서 상이한 것을 가장 구체적인 실재의 차원에서 합일되어 있는 것과 혼동하는 것과 마찬가지이다. 그래서 앞의 사례로 거슬러 올라가서 이야기하자면, 마음-몸 문제는 서로 독립적으로 존재하는 마음과 몸 사이에 관계를 설정하는 문제가 아니라 오히려 구체적인 몸-마음 합일체가 어떻게 서로 독립적이고 대립하는 실체 사이의 관계로 상정되게 되었는가를 묻는 문제이다.

단일하게 합일되어 있는 실재가 추상적으로 다양화하는 과정에 대한 탐구에서 일본 철학자들은 사물들이 분리되기 이전의 먼 과거로 거슬러 올라가 역사적인 원인을 추구하려고 시도하지는 않는다. 그들은 본래적으로 합일적인 실재를 인식할 수 있는 지금 여기의 체험을 복구하고 드러내는 데 관심이 있다. 사건의 중심에서 철학 작업을 수행하는 것에 대한 선호는 실재에 관한 추상적 개념들에 의하여 남겨진 간극들에서 시작한다. 일종의 경험의 장을 기반으로 철학의 추상화가 나타나고, 그 추상화는 반드시 그 경험의 장에 답변해야 한다. 여기에서 (단순하게 소극적인 것이 아니라) 부정적인 차원에서 언어를 사용하는 것이 결정적으로 중요하다. 의미의 토대 그 자체는 본질적으로 의미가 없을 수밖에 없다. 존재와 생성의 세계의 토대는 본질적으로 비어 있을 수밖에 없다. 곧 일종의 무(無)일 수밖에 없다. 이와 꼭 마찬가지로 언어는 종종 철저하게 긍정적일 수도 있다. 서양의 언어들에서는 조잡하게 느껴질 수도 있지만, 예컨대 불교에서는 실재의 '여여(如如)함'이라거나 '자연법이(自然法爾)'와 같은 표현이 있다. 서양인들은 이러한 표현보다는 윌리엄 제임스가 모든 사유와 성찰의 원천이라고 일컫는 '피어오르거나 윙윙거리는 혼돈(blooming, buzzing confusion)'과 같은 어떤 것을 선호할 수도 있겠다.

# 편집 방침

　이 책에 포함된 2백 편 이상의 번역문을 편집하면서 우리가 목적으로 세운 편집 방침은 번역문의 폭넓고 다양한 문체와 해석을 독자들에게 전달하면서도 동시에 가능한 일관성 있고 가독성이 높은 글로 편집하는 것이었다. 이러한 목적을 균형적으로 구현하기 위해 매우 섬세한 노력을 기울였으며, 세 명의 편집인 모두가 책의 내용과 구성을 감안하면서 최선을 다하여 협력하였다. 책의 편집 초기부터 우리는 전문가들이 원하는 전문적인 문체는 생략하고자 하였다. 문장 구조를 조정하거나 대명사 지시어를 사용하면서 단어를 추가하였으며, 그 과정에서 흔히 사용될 수 있는 대괄호는 사용하지 않았다. 그 외 주석을 다는 일도 가능한 최소화하였으며, 각주, 문장을 전환할 때 사용하는 말, 용어해설도 피하였다. 이러한 방법으로, 우리는 원본의 내용을 충실히 전달하면서도 보다 많은 독자들이 이 책을 수월하게 읽을 수 있도록 하였다. 같은 이유로, 번역문의 단어를 다소 자유롭게 변형하는 최소한의 조정을 하였다. 나중에 번역문이 출판 후에 개정판을 만드는 경우를 감안해서, 이 책의 끝에 해당 부분에 상응하는 참고문헌을 표시하였다.

　「무(無)」 : 양쪽 꺾쇠(「　」) 표시는 주석에서 다루어지는 전문 용어를 의미한다. (해당 장에서 처음에만 표시함.)

　모토오리 노리나가* : 별 표시(*)로 지시되는 저자는 이 책에서 개별적으로 다루어지는 인물임을 의미한다. (해당 장에서 처음 나올 때 한 번만 표시됨.)

　[영문이니셜/인명] : 영문 기고자(1054쪽 리스트 참조)/해당 번역자를 표기.

---

## 노와 육체

곤파루 젠치쿠 1455, 197-204 (24-31)

---

: 글의 제목
　저자, 참고문헌에 나타나는 저작 연도, 원문의 인용 페이지(번역문의 참고문헌 인용 페이지를 의미함.)

　이와 더불어, 다음과 같은 편집 방침이 이 책에 적용되었다.

### 각주
　각주 사용을 최소화하기 위해서, 전문용어, 텍스트, 역사적 인물에 대해 편집자들이 기술한 정보는 처음 나오는 때 한 번만 기술하였으며, 대괄호 속에 넣어 처리하였다. 원문에 나오는 각주는 괄호 없이 기술하였다. 또한 영어 기고자의 각주는 [영], 일본어 원문 텍스트의 각주는 [일], 한국어 번역자의 각주는 [한]으로 구별하였다.

### 인명

대개, 일본인, 중국인, 한국인의 이름은 성이 먼저 나오고 다음에 이름이 온다. 일본인들은 이름, 예명, 혹은 세례명을 사용하여 자신들의 고유한 특성을 나타내는 경우가 있으므로(가령, 모토오리 노리나가는 흔히 노리나가라고 지칭한다), 이러한 경우에는 책 마지막의 색인에서 교차 참조하여 확인할 수 있도록 하였다. 중국인 이름의 경우에는 한국어 음독 발음에 따라 표기하였다.

### 전문 용어해설 목록

이 책에서 자주 나오는 용어들, 혹은 대부분의 독자에게 낯선 용어들은 용어해설 목록에 함께 실었다. 이 목록에는 일본어, 중국어, 산스크리트어가 포함되고, 이 용어들에 대한 간단하고 개괄적인 정의를 기술하였다. 이러한 용어들은 문맥상으로 따로 설명이 나오지 않는 한, 해당 장에 처음 나올 때만 양쪽 꺾쇠 표시(「 」)를 해 두었다. 가능한 한, 한국어로 이에 해당하는 말을 텍스트 안에 포함하였다. 일반적으로 사용되는 한국어 용어와 산스크리트어 용어는 특수한 경우(예를 들어, nirvāna와 kōan의 경우)를 제외하고 대개 발음 구별 부호를 사용하지 않으려 노력하였다.

### 연보

저자들의 연보는 사상가들이 활동한 시기에 따라 이 책의 끝에 실었다. 특정한 시대가 시작되고 끝난 시점에 대해 학자들 간에 소소한 불일치가 있지만, 이를 감안하여 고단샤(講談社)의 『일본백과 사전』의 연대 구분을 따라 기술하였다.

### 한자와 일본어 문자

모든 한자와 일본어 문자(히라가나와 가타카나)는 해당 챕터에서 처음 나올 경우 ( ) 안에 표기하였다. 중국어와 일본어의 인명, 지명, 번역된 용어들은 용어해설 혹은 일반 색인에 실었다. 중국 이름과 중국 용어는 중국어의 한글 표기법으로 일괄적으로 통일하여 표기하였다.

### 참고문헌

전체 참고문헌 정보는 이 책의 끝 부분의 종합 참고문헌에 실었다. 저자가 모호한 전집이 있는 경우에는 원본 텍스트를 인용하는 데 그 전집의 이름을 사용하였다. 보다 용이하게 접근 가능한 서적 역시 이러한 방법으로 인용하였다.

참고문헌은 다음과 같이 4개의 부분으로 구성된다. (1)이 책에서 사용된 축약형 목록 (2)참고문헌에서 사용된 축약형 목록 (3)주요인용 문헌들에서 사용된 텍스트들과 번역서들에 관한 총 정보 (4)이 책에서 간략히 인용된 다른 서적들

### 색인

만일 전문적인 용어를 알고자 한다면, 용어해설부터 읽기 바란다. 용어해설 부분에는 해당 용어의

정의와 이 책에서 해당 용어가 나오는 부분이 모두 기록되어 있다. 이들 용어 중 특정 주제와 관련된 것은 이 책 안에서 상호 참조할 수도 있도록 (→ 관련 페이지 참조)로 표시하였다. 인명, 고전 작품, 특수 용어들을 찾는다면, 일반 색인 부분에 실린 전체 페이지 참조 목록을 보면 된다.

# 서장

쇼토쿠(聖德) 태자 십칠조헌법

# 쇼토쿠(聖德) 태자 십칠조헌법

특정한 문화 안에서 역사적인 한 인물이나 사건을 철학의 선구자로 설정하는 것은 어리석은 일이다. 그러나 철학적 전통을 논의하기 위해서는 출발점이 필요한데, 아리스토텔레스(Aristoteles, BC.384-BC.322)로부터 어떻게 논의가 전개되었는지 살펴보면 그 힌트를 얻을 수 있을 것이다. 아리스토텔레스는 지적(知的) 유산의 발전에 대한 담론에서 탈레스(Thales, 약 BC.624-BC.547)를 최초의 철학자로 추대하였는데(『형이상학(Metaphysics)』), 오늘날에 이르기까지 대부분의 서양 철학사는 이 견해를 따르고 있다. 아리스토텔레스는 초자연적, 신화적인 내용보다는 자연적인 현상에 기초한 설명을 추구한 탈레스를 최초의 그리스 사상가라고 믿었다. 또한 올림포스의 12신(神)에 대한 이야기 보다는 이성과 관찰에 근거한 설명을 찾은 최초의 사상가로 탈레스를 평가하였다. 아리스토텔레스 입장에서 볼 때, 그 자신을 포함하여 동시대인은 탈레스의 철학적 유산을 전형적으로 보여 주는 특징을 물려받았다. 이를 통해 우리가 얻는 교훈은, 철학적 전통의 근원을 철학이 시작된 태고로 간주하는 것이 아니라, 고대의 인물이나 서적을 선택하여 상징적으로 그 문맥을 이해해야 한다는 것이다.

이것을 일본의 철학적 전통에 적용할 때, 출발점으로 삼기 적합한 지점은 십칠조헌법(十七條憲法)이다. 이 헌법은 일본 역사에 있어서 전설적인 인물인 쇼토쿠 태자(聖德太子, 574?-622?)가 604년에 만들었다고 오랜 동안 알려져 왔다. 모든 사물의 근원은 물(水)이며 만물은 영혼으로 가득 차 있다고 주장한 탈레스의 견해보다 철학적으로 정교하다고 보기는 어렵다. 그럼에도 불구하고 많은 일본 철학자들이 실제로 14세기 동안 실행해 온 규범이다.

우선, 십칠조헌법은 다양한 근거에서 비롯된 다채로운 생각의 조화를 추구한다. 당시 일본에서 특별히 요구되던 사항과 관련하여 한층 종합적인 시스템 안에서 불교와 유교의 이념 및 주장이 효율적으로 기능하도록 하였다. 쇼토쿠 태자의 입장에서 볼 때, 유교는 적절한 사회적 행동과 정부의 리더십을 가르친다. 이에 비해 불교는 자기 자신을 이해하고 내면의 욕구를 조절하도록 가르친다. 둘째, 인간 사회와 자연의 연속성을 강조하고, 인간이 자연의 법칙과 순환에 조화를 이루어 행동하도록 주장한다. 마지막으로, 공동체로서 진리를 추구할 것을 설파하며, 특히 다음과 같이 조언한다.

(1) 우리는 서로 같은 존재이기에 우리 중에서 그 누구든 통찰력을 발휘할 수 있다. 거짓을 배제하는 것만큼이나 진실을 포용하는 것도 중요하다.
(2) 논쟁에서 승리하려는 열정적이고 이기적인 욕구는 진실을 추구하는 것을 방해할 수 있다.
(3) 대립이 아닌 협동과 조화를 통해서 서로의 약점을 보완하는 것이 가장 효율적이라고 생각한다.

전반적으로 소크라테스 이전의 그리스에서 볼 수 있는 정도의 철학적 방법에 입각한 서문이다. 서양에서 소크라테스 이전에 활동한 철학자들의 역할과 마찬가지로, 쇼토쿠 태자의 십칠조헌법은 일본의 철학적 전통에 있어서 이후에 일어난 수많은 철학 흐름의 기조를 결정하였다.

[TPK/조경]

## 십칠조헌법(十七條憲法)

쇼토쿠 604, 12-23

1. 화합을 가장 중요하게 여기고 서로 다투지 않도록 해야 한다. 사람은 동료를 모아서 무리를 짓고자 하지만, 인격자는 드물다. 그 때문에 어떤 사람은 군주나 아버지를 따르지 않고, 이웃과도 원만하게 지내지 못한다. 윗사람이 성품이 온화하고 아랫사람이 정직하면, 논쟁으로 대립하는 일이 있어도 자연히 이치에 합당하게 조화를 이룬다. 그러한 세상이 되면 모든 일이 다 원만히 이루어질 것이다.

2. 진심을 다해서 세 가지 보물을 경배하라. 세 가지 보물이란 부처와 「불법(佛法, dharma)」과 승려를 말한다. 이는 살아 있는 모든 것들이 마지막 순간에 이르렀을 때 마음의 의지로 삼는 대상이며, 모든 나라의 궁극적인 종교 사상이다. 시대를 막론하고 불교를 존중하지 않는 사람은 없었다. 세상 사람 중에 악인(惡人)은 적으니, 잘 가르치면 바른 길을 걸을 것이다. 불교에 귀의하지 않고 어찌 비뚤어진 마음을 바로잡을 수 있겠는가?

3. 임금의 명령을 받으면 반드시 행하라. 임금은 하늘이고 신하는 땅이다. 하늘은 땅을 감싸고, 땅은 하늘을 이고 있다. 이리하여 사계절이 원활하게 순환하며, 만물의 기운이 통한다. 땅이 하늘을 덮고자 하면 이 같은 질서가 파괴된다. 임금의 말에 신하는 순종하라. 윗사람이 말하는 바를 아랫사람은 받들어 행해야 한다. 임금의 명을 받으면 반드시 공손하게 그에 따르라. 신하가 몸을 낮추어 따르지 않으면, 한 나라의 화합은 깨지고 멸망에 이를 것이다.

4. 조정의 고위 관리나 일반 관리의 행동은 예(禮)를 기본으로 해야 한다. 백성을 통치하는 기본은 분명히 예도(禮道)에 있다. 윗사람이 예를 행하지 않으면 아랫사람들의 질서는 무너진다. 아랫사람이 예를 지키지 않으면 반드시 죄를 짓는 자가 나온다. 모든 신하들이 예를 지킬 때 사회의 질서가 바로잡히고, 백성들이 예를 지킬 때 나라 전체가 저절로 안정된다.

5. 관리들은 향응이나 재물에 대한 욕구를 버리고, 소송을 엄격하게 심사하라. 백성들의 고발은 하루에 천 건이나 된다. 하루에도 그리 많은데 일 년 동안 쌓이면 어찌 되겠는가? 최근에 소송을 담당하는 자는 뇌물을 받는 것이 상식처럼 되어, 뇌물을 확인한 뒤에 그 청원 내용을 듣는다. 부유한 사람의 고발은 돌을 물에 던지는 것처럼 쉽다. 그러나 가난한 자의 고발은 물을 돌에 던지는 것처럼 어려우니, 관리가 쉽사리 고발의 내용을 들어주지 않기 때문에 가난한 자들은 어찌할 바를 모른다. 그러한 행동은 관리의 책무에 어긋나는 일이다.

6. 악(惡)을 벌하고 선(善)을 권장하는 것은 옛날부터 내려오는 귀중한 가르침이다. 사람들의 선행은 감추지 말고 공개하고, 악행을 보면 반드시 바로잡아야 한다. 타인에게 아첨하고 기만하는 자는 나라를 전복시키는 무서운 흉기이며, 백성을 망치는 날카로운 칼이다. 또한 아첨과 사기를 일삼는 자는 앞장서서 상관에게 부하의 잘못을 고하고, 부하에게는 상관의 과실을 비방한다. 이런 자는 주군에 대한 충의가 없고, 백성을 향한 인덕(仁德)도 없다. 이런 자들은 나라를 어지럽히는 커다란 원인이 된다.

7. 사람에게는 각각 주어진 임무가 있다. 임무를 수행할 때는 그 직무 내용을 충실하게 이행하고, 권한을 남용해서는 안 된다. 현명한 자가 관직에 있으면 그를 칭찬하는 소리가 드높다. 사리사욕으로 가득한 자가 관직에 있으면 재앙과 전란이 끊이지 않는다. 세상에 태어날 때부터 모든 것을 다 아는 사람은 별로 없다. 잘 생각하고 부단히 노력하여 성인(聖人)이 된다. 사안의 경중(輕重)에 얽매이지 말고 적임자를 찾아 맡긴다면, 일은 자연히 수습될 것이다. 시국의 흐름과 관계없이 현명한 인물이 나타나면 풍요롭고 여유 있는 세상이 된다. 성인과 현자(賢者)가 다스리면 나라는 평안하고 번영한다. 그 때문에 옛날 어진 임금들은 관직에 적합한 인재를 찾을 뿐, 특정 인물을 위해서 관직을 만들지는 않았다.

8. 모든 직급의 관리는 아침 일찍 출근하고 저녁 늦게 퇴근하라. 국가를 운영하는 공무는 잠시도 쉴 수 없다. 하루 종일 해도 일을 모두 끝내기 어렵다. 그러니 아침 늦게 출근해서는 긴급한 용무를 제시간에 처리할 수 없고, 일찍 퇴근하면 반드시 처리해야 할 일을 남기게 된다.

9. 신실(信實)은 인간 도리의 근본이 된다. 모든 일에는 진심과 성실이 있어야 한다. 선과 악, 성공과 실패는 모두 신실함이 있는지 없는지에 달려 있다. 모든 신하가 진심과 성실을 다하는 자세를 지니고 있다면 어떤 일이라도 달성할 수 있다. 그렇지 않다면 모든 일에 다 실패할 것이다.

10. 마음의 분노를 없애고, 분노에 가득 찬 표정을 버려라. 타인이 나와 달라도 화를 내서는 안 된다. 사람은 각자 나름의 감정과 생각과 소망이 있다. 남이 옳다고 말하는 내용이 내가 보기에는 틀렸다고 여겨지기도 하고, 내가 옳다고 생각하는 것을 남들은 틀렸다고도 한다. 내가 현명하고 상대방이 어리석어서 그런 것이 아니다. 모두 다 평범한 사람들이다. 어느 쪽이 옳고 어느 쪽이 틀렸는지 그 누가 정할 수 있겠는가? 양쪽 모두 현명하기도 하고 어리석기도 하니, 이는 동그라미에서 어디가 그 시작점인지 알 수 없는 것과 같다. 상대방이 화를 낸다면, 혹시라도 나에게 잘못이 있지 않은가 걱정하라. 자신의 판단이 옳다고 생각하더라도 타인의 의견을 듣고 함께 행동해야 한다.

11. 관리들의 공적(功績)과 과실을 잘 살피고, 반드시 합당한 상과 벌을 내려야 한다. 최근에 이루어지는 포상은 공적에 따른 것이 아니고, 징벌도 그 죄에 부합한 것이 아니다. 정무를 담당하는 관리는 상벌을 명확하게 수행해야 한다.

12. 임금을 대신하여 각 지방에서 국정을 수행하는 지방관은 멋대로 백성에게 조세를 거둬서는 안 된다. 한 나라에 두 명의 군주가 있을 수 없고, 백성에게 두 명의 주인이 있을 수 없다. 나라 안의 모든 백성에게 임금만이 주인이다. 지방관으로 임명되어 정무를 담당하는 관리는 모두 임금의 신하다. 어찌 신하가 국가의 세금과 더불어 백성들에게 개인적으로 세금을 걸을 수 있겠는가?

13. 관직에 임명되는 사람들은 자신의 직무 내용을 정확히 이해해야 한다. 갑작스러운 병이나 출장으로 자신의 직무를 수행할 수 없는 사람도 있을 것이다. 그러나 정무에 복귀했을 때는 이전부터 그 업무 내용을 숙지하고 있었던 것처럼 일을 해야 한다. 이전의 일은 나는 모른다는 식의 태도로 정무를 밀리게 해서는 안 된다.

14. 관리들은 질투심을 가져서는 안 된다. 내가 상대방을 질투하면 상대방도 나를 질투하는 법이다. 질투심은 끝이 없어서, 나보다 지식이 뛰어난 사람이 있으면 불쾌하고, 재능이 뛰어난 사람이라고 생각되면 질투를 한다. 그래서는 오백 년이 지나도 현자를 만날 수 없고, 천년이 지나도 성인 한 사람 나타나는 것도 기대할 수 없다. 성인과 현자와 같은 뛰어난 인재가 없으면 나라를

다스릴 수 없다.

15. 사심(私心)을 버리고 공무에 임하는 것은 신하의 도리다. 무릇 인간에게 사심이 있을 때 타인을 원망하는 마음이 생긴다. 원망이 있으면 반드시 불화하게 된다. 타인과 화합하지 못하면 사심을 가지고 공무에 임하게 되고, 그 결과 공무 수행에 방해가 된다. 원망하는 마음이 생기면 제도나 법률을 어기는 사람도 나타난다. 제1조에서 윗사람과 아랫사람이 서로 배려하고 화합하라고 한 것은 바로 이 때문이다.

16. 백성을 징발할 때는 그 시기를 잘 생각하라. 이 말은 옛 사람의 훌륭한 가르침이다. 겨울에는 농부나 누에를 치는 여인들이 한가로우니, 이때 백성을 동원하는 것이 좋다. 봄부터 가을까지는 농사와 누에치기가 바쁘니 백성을 징발해서는 안 된다. 백성이 농사를 짓지 않으면 무엇을 먹고 살겠는가? 여인들이 누에를 치지 않으면 무엇으로 옷을 해서 입겠는가?

17. 혼자서 판단을 내려서는 안 된다. 반드시 모두 함께 의논해서 결정해야 한다. 사소한 일은 같이 의논하지 않아도 좋다. 다만 국가의 중대한 사항을 논의할 때 단독으로 결정하면 판단을 그르칠 수 있다. 그런 경우 모두 함께 논의하면 이치에 맞는 합당한 결론을 내릴 수 있다.

[RTA/조경]

# 불교전통

# 개관

과거 14세기가 넘도록 일본 철학을 형성해 온 윤리적이고 종교적인 문화의 세 흐름— 신도, 유교, 그리고 불교— 중에서, 일본인들이 인간 실존에 관한 가장 어렵고 보편적인 문제들에 관하여 사유해 온 방식을 형성하는 데 있어서 가장 큰 영향력을 행사해 온 것이 불교이다. 이것은 부분적으로 고대와 중세에 세 흐름의 체계 사이에 조화로운 관계가 유지되어 왔기 때문에 가능하였다. 그 시기에 신도와 관련된 일본의 가미(神) 숭배는 삶의 보호나 풍요와 같은 실제적인 이슈들을 다룬 반면, 유교는 윤리, 정치 이론, 그리고 교육의 기초를 형성하였는데, 어떤 형태의 유교가 규범적이 되어야 하는지에 관해서는 거의 논쟁이 없었다. 이와 대조적으로, 같은 시기 동안에 불자들은 활발한 지성적 토론 문화에 참여하면서 일본 사회의 모든 측면에 스며들었다. 또한 역으로, 17세기에서 18세기에 걸쳐서 유학자들과 신도 관련 국학(國學) 사상가들 사이에서 유사한 논쟁이 달아올랐을 때에, 불자들은 문헌학, 교리의 체계화, 그리고 제도의 수립에 대부분의 주의를 기울이고 있었다. 이러한 역사적 패턴을 반영하여, 이 『자료집』에서 대표되는 근대 이전 불교 사상가들의 대다수는 에도시대(江戸時代, 1603-1867)의 시작 무렵인 1600년 이전 인물들이고, 근대 이전 유교와 신도의 사상가들 대다수는 이 시기 이후의 인물들이다.

불교는 일찍이 4세기 무렵부터 한국과 중국으로부터 유입되어 온 개별적 가문들에 의하여 일본에 스며들기 시작하였다. 하지만 불교의 실질적인 영향력은 6세기 중엽 일본 천황과 한반도의 한 국가였던 백제의 왕 사이에 정치적인 연맹 관계가 형성되면서 드러나기 시작했다. 그 이래 50년 내에 선생 및 제자들의 활발한 교류가 진행되었고, 이러한 교류는 한반도의 다른 국가들 및 중국 본토로 확장되었다. 이 시기에 중국어는 이 모든 나라들에서 불교 경전들과 그 경전들에 대한 주석서들에서 사용된 상용 언어였다. 그 결과로 중국어는 동아시아 전역에서 불교 사상을 소통하기 위한 보편 언어로 기능하였으며, 이러한 현상은 19세기까지 지속되었다. 일본은 9세기에 일본어를 표현하기 위한 표음 문자를 발명하였다. 그러나 그 문자는 13세기 이전까지는 대체로 시가 및 문학 작품에 한정되었고, 13세기가 되어서야 중국어가 아니라 일본어로 불교 사상을 표현하는 것이 비로소 받아들여지게 되었다. 일본어로 된 불교 저술이 경전 언어의 차원에서 중국어를 대체하지는 못했지만, 일본 종교 및 철학에서 가장 독창적이고 영향력 있는 사상가들 상당수가 출현한 것이 바로 이 시기였다.

대부분의 불교 사회에서 우리는 근대 이전까지는 '철학'과 '종교' 사이의 구분을 보지 못하는데, 이는 대체적으로 불교 전통 자체가 불교의 가르침을 제시할 때 일반적으로 변증과 분석을 사용하고, 그렇게 함으로써 사회의 철학적 지성들을 불교의 교리적 울타리 안으로 끌어들이기 때문이다. 이러한 면에서 일본도 예외가 아니다. 더욱이 각 나라에서 불교가 취하는 구체적인 형태는 불교를 수용하는 국가의 철학적인 선호와 해당 시기에 이렇게 수입된 종교의 구체적인 발전 상태 양자 모두에 의하여 결정되었다. 일본의 경우 불교 이전의, 일본인의 종교적인 삶의 '고대적인' 패러다임은 일종의 애니미즘이었다. 이 애니미즘에서는 대체로 인류를 자연에 통합되어 있는 하나의 부분으로 바라보았다. 삶과 죽음은 자연적인 과정인 것으로 이해하였고, 이에 관하여 형이상학적인 정당화를 요구하지 않았으며, 목적론적인 의미의 탐구도 요구하지 않았다. 학자들 대다수는 일본인들의 고대 종교 사상에서 전반적으로 초월에 대한 의식이 매우 약하다는 점을 발견한다. 강력한 개인 내지 영향력 있는 개인은 사후에 신이 되어 지상 가까이 머무르며 살아 있는 자들을 이끌기도 하고 보호하기도 한다고 기대되었다. 세계 내에서 인간의 위상 및 인간 자체에 대하여 긍정적인 관점이 기본적이었고, 죽은 이들은 전적으로 가버린 것이 아니라 살아 있는 이들의 사건들에 여전히 개입한다고 가정되었다. 그러나 불교의 도래는 삶과 죽음, 초월적인 신격들, 그리고 개인적인 실존뿐만 아니라 세계 전체에 있어서 목적론적인 문제에 관하여 일련의 진지한 물음들을 제기하였다. 더욱이 불교의 도래시기에 수반된 일련의 역사적인 사건들 역시 여기에 장기적인 영향을 미치게 되었다.

그 영향에는 역사 관념 자체와 관련된 관심도 포함된다. 인도 불교는 역사의식이 약한 것으로 널리 알려져 있다. 전형적으로, 텍스트나 이미지 및 수도원, 사원, 그리고 탑 등과 같은 것들의 건립 장소에 연대 기록이 있는 경우가 거의 없다. 이와 대조적으로 중국 불교는 중국인들의 시간 기록에 대한 관심을 잘 반영하고 있다. 그러므로 전형적으로 중국 불교는 이미지들이나 건물들이 완성된 시기, 텍스트가 필사되거나 인쇄된 시기 등등에 대한 기록이 대부분 있다. 인도로부터 유입되는 경전들 곳곳에 산재되어 있는, 불교의 역사적 쇠퇴에 관한 다양한 암시가 중국 북부에서 불교에 대한 심각한 박해와 뒤섞이면서, 6세기 말에 중국의 불자들은 불교의 창시자인 「석가모니」 붓다의 입멸 이후 불교가 종교적인 전통으로서 쇠퇴하는 단계들을 마디 짓는 일련의 역사적 시대들이 확정되었다고 확신하게 되었다. 그들은 자신들이 일반적으로 「말법(末法)」 시대라고 일컬어지는 세 번째의 마지막 시대에 들어서고 있다고 믿었다. 이 이론은 이 시대에 해탈이나 구원의 가능성이 크게 축소되었음을 함의했다. 바로 이 시기에 중국 불교는 한반도의 사회를 의미심장하게 변화시키기 시작했고, 한반도에서 일본으로 확산되어 갔다. 그 역설적인 결과는, 한반도의 사회가 철저하게 변화되고 일본 사회도 마찬가지로 변화되었을 바로 그때 일본인들은 하나의 종교 체계로서는 상승기나 아니라 쇠퇴기에 있는 불교를 받아들이게 되었다는 것이다. 일본에서 불교 사상의 도래에 수반된 이러한 애초의 위기의식은 삶 및 삶의 변화 가능성에 관하여 체념하는 의식이 일어나게 하였다. 하지만 또한 "절망적인 시대는 절망적인 수단을 요청한다."라는 심리에서 일정한 정도로 사상의 자유가 솟아났다.

일본 불교 사상에서 하나의 중요하면서도 언제나 명시적이지는 않은 전제는 모든 사람의 보편적인 구원에 대한 믿음이 깊이 뿌리박고 있다는 점이다. 본래 인도 불교에서는 각 개인이 궁극적으로 해방될 수 있다거나 해방될 것이라는 전제가 있기는 했지만, 이러한 해방이 바로 지금의 생애에서는 기대될 수 없었다. 업에 따른 현실로서 각각의 중생은 다른 시간대에 있었다. 곧, 일부는 지금의 삶에서 「열반(涅槃)」을 성취할 수 있지만, 대다수가 그 목표에 도달하기 위해서는 미래에 여러 번의 생애를 거쳐야 했다.

윤회에 관한 인도의 이러한 전제는 불교가 중국, 한국, 그리고 일본으로 동진하면서 변화되었다. 이러한 전제는 죽은 이에 관한 동아시아인들의 믿음과 정면으로 상충하였기 때문이다. 인도인의 「생사(生死, samsara)」 관념에서는 지금의 생애에서 지은 「업(業)」이 미래의 환생을 결정하는데, 여기에서 각자는 여러 환생을 거치는 동안 동일한 가족과 지속적인 관계가 필연적으로 유지되는 것이 아니다. 사실상 같은 나라에 다시 태어나는 것조차도 드문 일이라고 할 수 있다. 그러나 불교 이전의 일본에서 죽은 이는 의례를 통하여 조상으로 변화되어 가족을 보호하는 책임을 떠맡았다. 그리하여 각자가 업으로 정해진 윤회를 어길 수 없다는 점에서 조상 숭배는 철학적인 문제가 되었다.

어떤 이가 열반을 성취하여 붓다가 되었다고 할 때 그 붓다의 자비는 ― 인간만이 아니고, 확실히 특수하게 자기 자신의 가족에게도 한정되지 않고 ― 모든 살아 있는 중생에게 평등하게 향한다. 그러므로 붓다가 된 당신의 조상에게서 특별한 배려를 기대하는 것은 무의미할 것이다.

하지만 일본이 한국과 중국에서 선배 불자들에게 배운 사고방식은 이미 업을 완전히 결정론적인 것으로 받아들이는 것을 반발하는 식으로 작용하고 있었다. 7세기 중국에서 우리는 가속화된 속도로 해탈을 이룰 수 있는 수행을 강조하는 해석 패러다임이 만들어지는 것을 발견한다. 이러한 사상에서는 개인에게 축적된 업에 내재되어 있는 도덕적 불가피성을 전복시킨다. 한 세기 내에 이처럼 새롭게 형성된 이해 체계는 일본에서 깊이 뿌리내리고, 일본에서 가장 지배적인 철학적 불교 전통들 ― 「화엄종(華嚴宗)」, 「천태종(天台宗)」, 「진언종(眞言宗)」, 선종(禪宗), 「정토종(淨土宗)」, 그리고 일련종(日蓮宗) ― 의 토대를 이루게 된다. 이 전통들은 모두 누구나 지금의 생애 또는 바로 이어지는 다음 생애에서 성스러운 힘에 접근하여 열반이라는 궁극적인 목표에 도달할 수 있는 잠재력이 있다고 주장하였다. 이러한 맥락에서 9세기에 사이초(最澄, 767-822)와 도쿠이쓰(德一, 781?-842?) 사이의 논쟁은 흥미롭다. 이 두 승려는 서로 경쟁하고 있던 불교 종파 출신의 승려들로서 개인들을 그들에게 내재되어 있는 영적인 잠재력의 맥락에서 범주화하는 불교 이론을 둘러싸고 논쟁하였다. 도쿠이쓰의 「법상종(法相宗)」은 인도의 표준적인 오성각별설(五姓各別說)을 수용하였다. '오성(五姓)'에서 '성(姓)'은 '종성(種姓, 산스크리트어 'gotra'의 번역어)'의 줄임말이고, 마지막 종성인 무성종성(無性種姓)의 원어는 'agotra'로서 '범주가 없음'을 의미한다. 도쿠이쓰는 엄격한 교리적 논리를 따라서, 업의 맥락에서 이야기할 때 이 부류의 사람들은 단순히 열반에 도달할 가능성이 전혀 없이 태어난다고 주장하였다. 하지만 사이초는 어떤 사람이 어떻게 간주되든 상관없이 「성불(成佛)」의 보편적인 잠재력이 있음을 가르치고, 그렇게 함으로써 오성각별설을 전적으로 배격하는 별도의 일련의 경전들에 대한, 자신의 천태종에서의 믿음으로 끝내 이 논쟁에서 승리하였다.

오늘날 서양의 일부 독자들이 일본 불교 사상을 따라가는 데 겪을 수 있는 한 가지 어려움은 그 논증 스타일이 전형적으로 불교의 주해적인 분석 모델에 기초하고 있다는 점이다. 예외가 거의 없이, 이 모델은 철학적 진술에 경전상의 대조가 있어야 함을 요구한다. 하지만 이렇게 말함에 있어서 중요하게 지적해야 할 것은, 일본 사상가들이 인도에서 찬술되었지만 중국어 번역본으로 접근할 수 있는 수백 종의 경들 및 주해서들뿐만 아니라, 중국에서 찬술된 수백 종의 불교 주해서들을 다룰 수 있었다는 점이다. 이 문헌들은 모두 거의 동등한 권위를 부여받기 때문에 일본 사상가들은 광범위한 자료를 취사선택할 수 있었고, 불교 전통 내에는 종교적 내지 철학적인 시각들이 풍요롭게 존재하고 있기에, 어느 사상가든 일반적인 범위를 넘어서는 광범위한 입장들에 대하여 증빙이 되는 텍스트들을 발견할 수 있었다. 그러므로 일단 증빙이 되는 텍스트 기준이 충족되기만 하면, 논증의 힘은 일관성, 포괄성, 실용적인 유용성, 그리고 반대되는 입장들에 대한 비판의 강력함이라는 맥락에서 평가되었다. 여기에서 주요한 결함은 이러한 논쟁에 대한 참여가 중국어라는 외국어로 된 복잡한 교리 체계를 배우는 데 헌신하는 심층적인 교육을 요건으로 하였다는 점이다. 게다가 그 교리 체계 자체는 거의 이해되기 어려운 산스크리트어 어휘들과 더불어 수수께끼처럼 되어 있었다.

인도 불자들은 6세기부터 앎의 타당한 원천(pramāṇa)에 기초하여 그들 자체로 인식론과 논리학의 전통을 발전시켰다. 지식에 관한 인도의 이러한 이론들은 서양의 인식론 체계와 일부 유사하다. 다만 이러한 저작들은 중국어로 번역된 사례가 거의 없고, 번역된 저작들마저도 중국어 형태로는 독해하기가 매우 어려웠다. 그 결과로 불교 논리학은 일본을 포함하여 동아시아에서는 결코 자리를 잡지 못했다. 아마도 주된 장애는 언어상의 장애였을 것이다. 산스크리트어를 사용하는 사상가들은 흔히 동일한 동사 어근에서 형성된 다양한 명사들과 분사들 사이에서 의미상 미묘한 뉘앙스의 차이를 변별했고, 그렇게 함으로써 철학적인 분석을 위하여 비범할 정도로 풍요롭고 섬세한 어휘들을 발전시켰다. 하지만 이러한 산스크리트어와 언어적인 유사성이 없는, 곧 고전 중국어와 같이 어미변화가 없는 언어에서는 이러한 언어적이고 철학적인 변별을 어떤 직접적인 방식으로 표현하는 것이 단순히 불가능하였다. 이것은 인도의 논증 스타일이 언어적인 분석에 얼마나 심각하게 의존하는지를 보여 주는 단지 하나의 사례일 뿐이다. 이러한 경향은 논리학에 관한 논서에서 특히 두드러지는 경향이다. 이와 대조적으로 그 시기에 중국인들은 문법을 논의할 어휘도 결여하고 있었는데, 왜냐하면 대체로 당시 중국어에서 의미는 어순과 의미론적인 맥락에 기초하고 있었기 때문이다. 이처럼 인도 불교 논리학이 이후 인도와 티베트의 사상에 심대한 영향을 주어 왔음에도 불구하고, 동아시아에서는 20세기 이전까지는 적극적인 지성적 전통으로서 논리적 탐구는 발전하지 못하였다.

일본 불교 사상가들의 절대 다수는 앎을 획득하기 위한 규칙들을 탐구하기보다는 우리가 알고 있거나 받아들여 온 것의 의미를 설명하는 길을 추구하였다. 그리하여 그들의 글은 어조에 있어서 해석학적이거나 미학적인 경향이 있고, 역사적인 쇠퇴를 전제하는 이론의 와중에서도 희망을 제시하는 경향이 있다. 일본 진언종의 창립자 구카이(空海, 774-835)[*]는 일본에 밀교 곧 「금강승(金剛乘)」 사상을 최초로 도입한 인물이었다. 밀교에서 의례의 힘에 초점을 맞추는 것은 일본에서 오늘날에 이르기까지 지속적인 영향을 미쳐 왔다. 또한 구카이는 일류 시인이자 서예가였고, 이러한 형태의 불교의 특징으로서 상징적인 언어의 정교한 사용을 특별히 잘 풀어낼 수 있었다. 그의 글은 철학적 탐구의 풍요로운 원천이지만, 언제나 「대승(大乘)」 불교 교리의 맥락 내에 있고, 그리하여 언제나 다소 전문 용어의 특수한 사용을 벗어나지 않는다.

구카이는 소위 '밀의적 시각'에 대하여 일본인들이 매료되어 온 긴 역사의 출발점에 서 있다. 이러한 시각에서, 다른 면에서는 중립적이거나 모호한 종교적 가치를 지니는 현상들이 보다 심오하고 보다 '참된' 실재를 반영하는 차원을 품고 있는 것으로 드러난다. 개인의 사유 과정 내부의 것이든 외부적인 세계의 일부이든, 존재의 동일한 요소가 경들에서 기술되는 세간적이고 현교적인 의미를 갖고 있는 동시에 금강승의 논서들에서 가르쳐지는 종교적이고 밀교적인 의미를 갖고 있기도 하며, 그중 일부는 그 자체로 오직 밀교 입문자들에게만 접근 가능한, 밀의를 해독하는 공식을 요구하기도 한다.

예컨대 업은 생각, 말, 그리고 행동이라는 세 가지 '행위'에 의하여 만들어진다. 업은 우리를 생사 곧 윤회의 순환에 얽매여 있게 하는 것이기에 인간 경험의 이 세 영역은 기껏해야 모호한 도덕적 위상을 지니고 있을 뿐이다. 하지만 밀교적 시각에서 구카이는 수행자가 의례에 의하여 그 세 가지 행위를 참된 실재와 완벽하게 일치될 뿐만 아니라 실제로 그 참된 실재의 현현이기도 한 우주적 붓다에 의하여 구현되는 상응물들과 일치시킬 수 있게 된다고 주장한다. 사람들은 붓다의 행위의 권능을 인정할 수 있지만, 그 권능의 밀교적인 작용과 의미는 지적인 차원에서는 헤아려질 수 없다. 의례는 수행자 자신의 말, 생각, 그리고 행동을 붓다의 그러한 삼밀(三密)과 조화시키고, 그 양자 사이의 거리를 좁혀서 일치시킨다. 의례는 그렇게 함으로써 전체가 각 부분 속에도 있게 되는 전일주의적인 내지 심지어 홀로그래프적인 보편성의 본질을 표현한다. 이러한 방식으로 붓다의 몸, 모든 살아 있는 존재의 몸, 그리고 개별적인 믿는 자의 몸이 모두 의미의 다층적인 맥락 속에 녹아든다. 이러한 시각에서, 개인과 구원자 붓다 사이의 신화적 관계는 자기 자신의 「신심(身心)」 안에서 구체화되고, 그리하여 이 신심은 성스러움에 접근하는 통로가 된다. 이론상 누구나 붓다가 될 수 있으므로 이 과정은 수행자 스스로 간직한 영적인 잠재력의 비가시적인 차원을 해방시켜 준다고 이해된다. 구카이는 이를 '즉신성불(卽身成佛)'이라고 일컬었다.

헤이안시대(平安時代, 794-1185)에 불교의 철학적인 탐구는 대체로 구카이와 그의 동시대인이었던 사이초의 공헌에 의하여 정열적으로 시작되고, 이때 구카이가 창립한 진언종과 사이초가 창립한 천태종 사이에 경쟁관계가 발전하였다. 두 종파는 당시 중국 불교의 사상과 실천에서 상이한 발전을 반영하였다. 11세기경 천태종은 수도에서 주로 귀족들의 지지를 통하여 일본의 지배적인 종교 형태로 성장하였다. 당시 귀족들은 일반적으로 셋째와 넷째 아들을 천태종 사찰에 출가시켰고, 천태종의 행정 중심지는 조정에서 단 하루의 여정으로 닿을 수 있는 산 정상에 위치하고 있었다. 철학적으로 두 종파는 모두 연구와 실천에서 상당한 자유를 허용하는, 매우 다원주의적인 제도를 갖추고 있었다. 다만 이러한 자유도 각 종파 내에서 특정한 해석 전통을 전문으로 하는 개별적인 계보의 형태로 종파주의가 발전하는 것을 방지하지는 못하였다. 11세기와 12세기 즈음에 천태종은 일본에서 다른 모든 형태의 종교적이거나 철학적인 탐구를 왜소하게 만들 정도로 성장하였지만, 그 지배권은 여러 상이한 노선의 해석들이 절충되는 데 기초하였다. 그리하여 예컨대 천태종의 구조 안에서는 각자 현교, 밀교, 정토, 또는 선불교의 공부와 실천에 착수할 수 있었고, 또는 승가 계율, 논리학, 내지는 의식(意識)에 관한 이론에 초점을 맞출 수도 있었다.

12세기에 헤이안 궁정 사회가 정치사회적으로 붕괴되면서 마침내 이러한 낡은 형태의 종교를 넘어서는 새로운 조망들이 등장하였다. 이 새로운 형태의 불교는 역사가들이 이 시대를 마쿠라시대(鎌倉時代, 1185-1333)라고 명명하게 됨에 따라서 일반적으로 '가마쿠라 불교'라고 일컬어진다. 사상과 실천에서 새로운 이 모든 형태의 등장은 천태종 내의 여러 종교적 전승 노선에서 출발한다. 그들은 모두 이전의 유산으로서 보편성과 종파주의를 함께 이어간다. 역사가들은 그들의 제도적인 자취에 초점을 맞추는 경향이 있는데, 철학적으로는 그들 모두 인도의 중세 대승불교 문헌들에서 발견되는 '여래장(如來藏, tathāgatagarbha)' 사상의 특정한 형태를 구현하였다. '여래장'이라는 용어는 문자 그대로는 '여래의 자궁'을 의미하고, 이 사상의 두 가지 핵심적인 교의와 연계된다. 살아 있는 존재들은 각자의 내면 깊이 성불의 씨앗을 간직하고 있고, 살아 있는 존재들은 비유적으로 말하면 붓다의 자궁 안에 감싸여 있어서, 붓다가 "자신의 자녀들을 살피듯이 그들을 살핀다." 이러한 가르침은 '체(體)'와 '용(用)'의 맥락에서 세계를 이해하는 고대 중국의 이해 방식과 잘 부합한다. '체(體)'와 '용(用)'의 체계는 그 자체로 중국, 한국, 그리고 가마쿠라시대 이전 일본에서 저술된 천태종의 주해 문헌들에서 일반적으로 사용된 해석학적인 도구였다. 이러한 문헌들의 다수가 가마쿠라 불교의 새로운 사상을 이루는 철학적인 기초를 제공하기도 하였다.

가마쿠라 불교는 수행과 종교적인 경험의 중요성을 강조하는 것으로 잘 알려져 있는데, 이러한 경향은 다른 수행을 등한시하더라도 특정한 수행에 헌신해야 할 필요를 절감한 데에서 형성되었고, 이러한 태도는 그 자체가 철학적인 논쟁의 결과이기도 하였다. 우리는 이러한 경향을 헤이안시대에 매우 유행하였던 밀교적인 심성에 반발하는 일종의 현교적인 심성의 부흥으로 볼 수 있다. 예컨대 호넨(法然, 1133-1212)*은 한 가지 형태의 수행과 믿음에 초점을 맞추는 가마쿠라시대 스타일의 논쟁 방식을 핵심적으로 정초한 인물이다. 그는 가쿠반(覺鑁, 1095-1143)*의 생애와 10년이 겹치는데, 가쿠반은 진언종 계통의 밀교 사상가로서 호넨이 숭배했던 붓다인 「아미타불(阿彌陀佛)」에도 마찬가지로 헌신한 인물이기도 하였다. 가쿠반은 개인의 내면에서 아미타불을 보았다. 이러한 입장은 한 사람의 내면에서 생사와 열반의 차원이 합일되는 것을 가능하게 한다는 점에서 구카이의 영향이라고 할 수 있다. 이와 대조적으로 호넨은 뚜렷하게 현교적이어서, 추종자들에게 아미타가 우리가 도달하기를 열망하는 외부적인 장소(他方)로서 그의 정토에 실재하는 것으로 보도록 지도하였다. 양자 모두 아미타불에 초점을 맞추어 헌신할 것을 가르쳤지만, 이러한 수행이 무엇을 의미하는지에 관해서는 아주 다른 생각을 가지고 있었던 것으로 드러난다. 호넨은 아미타불의 명호를 부르는 '염불(念佛)'이 효과적인 것은 바로 누구나 실천할 수 있기 때문이라고 주장하였다. 하지만 가쿠반의 아미타불 수행은 뚜렷하게 전문적인 승려들에게 알맞은 것이었다. 호넨의 제자 신란(親鸞, 1173-1263)*은 이 염불이 어떻게 작용하는지에 관하여 더욱 의문을 가지면서, 우선 '가르침을 듣는 것'의 중요성을 강조하였다. 가르침을 듣는 것이 믿는 자의 염불에 힘을 불어넣고, 이는 다시 믿는 자 스스로에게 힘을 불어넣는다는 것이었다. 신란의 세대는 종교적 경험을 해석하는 길로서 「자력(自力)」과 「타력(他力)」의 대조적인 구도를 활용하였는데, 이러한 접근은 신란의 동시대인이었던 선사 도겐(道元, 1200-1253)*과 니치렌(日蓮, 1222-1282)*에게서도 보인다.

불가피한 쇠망과 보편적 구원 사이의 역설적인 관계는 바로 이러한 가마쿠라시대에 그 긴장이 정점에 달하였고, 아마도 바로 그러하였기에 불교에 대한 이러한 새로운 접근들이 그렇게 지속적인 영향력을 가지게 되었다고 할 수 있다. 호넨과 니치렌은 말법 사상을 직접적으로 활용하면서 종종 과격할 정도로 새로운 그들의 접근법을 정당화하였고, 그 대신에 신란과 도겐은 자신들의 사상이 어느 시대 누구에게나 적용될 수 있다는 점을 고수하였다. 가마쿠라시대의 이 모든 불교 종파들은 오늘날에도 우리와 함께 현존하고 있고, 그들의 해석학적 시각들은 여전히 많은 사람들에게 설득력이 있는 것으로 여겨지고 있다.

헤이안시대와 가마쿠라시대의 여러 불교 사상가들의 마음을 사로잡은 두 번째 역설은 한편으로는 깨달음의 수단으로서 수행의 필요성과 다른 한편으로는 유정물(有情物)과 무정물(無情物)이 모두 어떤 의미에서는 이미 깨달음을 간직하고 있다는 사상과 관련이 있었다. '본각(本覺)'과 관련된 이 후자의 관념은 우리가 20세기 일본 불교에서 논쟁의 중심에 여전히 살아 있음을 발견하는 몇 가지 사상들 중의 하나이다.

현대 불교는 현대의 종교 사상가들이 그리스도교와 유대교의 경전들을 활용하는 것과 상당히 같은 방식으로 경전적인 전거에 의지하여 구체적인 당대의 이슈들에 접근하는 사상가들을 포함한다. 우리는 이미 지운 존자(慈雲尊者, 1718-1804)*의 저술에서 이러한 해석적 전환의 선례를 발견한다. 여기에서 경전에 대한 언급은 여전히 존재하지만, 그 언급은 사회적이거나 개인적인 이슈들에 관하여 일상적인 언어로 표현하는 비평의 기반으로서 기능한다. 20세기에 이시즈 데루지(石津照璽, 1903-1972)*는 우리의 시대에 종교적 경험은 어떠한 존재 방식을 요청하는지를 묻는다. 나카무라 하지메(中村元, 1912-1999)*는 보편적인 '자연법'으로서 '법'에 대한 불교의 전통적인 관점이 윤리적 법칙은 단지 인간의 관습일 뿐이라는 오늘날의 지배적 관점에 의문을 제기한다는 점에 주목한다. 다마키 고시로(玉城康四郎, 1915-1999)*는 명상 체험에 기초한 유형론을 제시하면서, 철학적 사유에서 주요한 전환점들을 재고할 것을 제안한다. 본서의 다른 섹션에서와 마찬가지로 여기에서도 우리는 불교계에서 등장하게 되는 가장 중요한 현대 일본 철학자들은 정토(淨土)나 선(禪) 내지 다수의 경우에 둘 모두와 강한 유대를 갖고 있는 인물들이라는 점을 발견한다. 이 두 전통에 대한 별도의 개관에서는 각각의 관심사를 상세하게 다룰 것이다.

[MLB/류제동]

# 구카이

空海, 774-835

일본에서 가장 유명한 불교 인물이라고 할 수 있는 구카이는 밀교(密教, 「금강승(金剛乘)」) 계통의 일본 「진언」종(眞言宗)을 창립했다. 구카이는 서예, 한문학 평론, 그리고 체계적인 한자 사전 편찬으로도 유명하지만 무엇보다도 의례에 관한 탁월한 대가였다. 그는 무수한 전설의 주인공이기도 했고, 당시 바야흐로 시작되던 헤이안시대 일본의 정치에서 영향력 있는 인물이기도 했다. 그는 사후에 홍법대사(弘法大師, '불교의 진리를 널리 편 위대한 스승')라는 시호를 받았다. 그는 일본의 문화 중심지에서 멀리 떨어진 시코쿠(四國)섬의 하급 귀

족 가문에서 태어났다. 그는 791년에 일본의 수도 나가오카쿄(長岡京)에 있는 국립대학인 대학료(大學寮)에 입학하여 왕실의 관료가 되기 위한 준비로서 고전 한문과 유학을 배웠다. 그는 앎에 대한 이러한 학문적 접근에 불만을 느끼고 몇 년 뒤에 대학료에서의 공부를 포기하고 일본의 산을 비롯한 오지에서 영적 추구에 착수하기에 이르렀다. 구카이는 『마하비로자나경(摩訶毘盧遮那經)』을 접하면서 이 밀교 경전의 본문에 함의되어 있는 새로운 앎의 모델에 충격을 받았다. 현교(顯敎)의 철학이 세상에 대하여 오직 지성적으로만 공부하는 것과 달리 이 경전은 「마음(こころ)」뿐만 아니라 몸과 전체 인격을 포함하는 의례의 수행을 통하여 실재의 과정에 온전히 참여하는 것을 통하여 일어나는 모종의 통찰이 있음을 시사하였다. 그는 804년에 중국으로 여행하여 중국 진언종의 대가 혜과(惠果, 746-805) 밑에서 공부하고 마침내 그의 계승자로 인정받았다.

구카이는 일본에서는 아직 비교적 알려지지 않은 인물이었기에 남쪽의 섬 규슈(九州)에서 3년을 기다린 뒤에 809년에야 새로운 수도 교토(京都)로 돌아올 수 있다는 조정의 허락을 받았다. 그러나 그는 815년 무렵부터 조정의 종교, 사회, 정치, 문화 영역에서 중요한 영향력을 행사하기 시작하였다. 이 무렵에 그는 고야산(高野山)에 진언종의 중심 사찰을 건립하도록 조정의 허락을 받았고, 또한 그의 첫 철학 논저인 『변현밀이교론(辯顯密二敎論)』을 집필하여 그의 경탄할 만한 철학적 저술 활동에 첫 발을 내디뎠다. 그는 이러한 저술활동을 통하여 중국에서 자신이 배운 밀교 전통을 체계화하였다. 동시에 그는 산스크리트 원어 명칭으로 '(마하)비로자나'라고도 불리는 우주적 붓다 「대일여래(大日如來)」의 영적인 힘에 참여하는 종교적 의례 절차를 고안하는 데 도움을 주었다. 구카이의 천재성의 일부는 철학을 활용하여 의례 수행을 형이상학적이고 인식론적으로 정당화하는 데 있었다. 그는 형이상학, 앎, 언어, 그리고 「몸-마음」 관계에 대하여 철저히 새로운 분석을 발전시켰다. 일본적인 사유에 대하여 그의 주요한 철학적 기여의 하나는 붓다의 깨달음 체험의 궁극적 측면 — 그의 「법신(法身)」 — 이 형태가 없고 언어나 사유로 접근할 수 없는 추상적 원리에 있다는 「대승」 불교 주류의 견해를 배격하는 데 있었다. 구카이는 법신이 인격적이라고 주장하였다. 법신은 「대일여래(大日如來)」이다. 대일여래의 활동은 다른 어떤 인격체의 활동과 마찬가지로 생각과 말과 행동의 역량이다. 따라서 이 우주적인 붓다는 모든 살아 있는 것들을 — 그 마음과 언어와 몸에서 방출되는

일종의 신적인 에너지를 통하여— 양육하며 영적으로 지탱해주는 맥박의 원천이다. 그러므로 실재에 대한 통찰은 진언종 불자의 몸과 말과 마음이— 이른바 세 가지 '신비' 내지 '친밀함'으로서— 우주적인 실재 곧 대일여래와 통합되는 데에서 이루어진다.

아래의 발췌문들은 구카이가 자신의 진언 의례 수행의 철학적 틀을 발전시키려고 추구한 여러 조망들을 드러낸다. 여기에서 발견되는 그의 중심 사상에는 다음과 같은 것들이 포함된다. 우선 가장 깊은 존재론적 진리들을 드러내는 데 일반적인 언어보다 주술적인 언어가 더 우월하다는 논증이 있다. 그리고 몸의 의례적 자세(무드라), 목소리를 통한 주술적 언어(진언), 마음에서 시각적인 환시(幻視, 만다라)를 통합하는 상징적인 수행의 효과가 있다. 그리고 기존의 저명한 모든 철학 학파들의 마음가짐이 그 통찰 수준에 따라서 위계적으로 범주화되고, 우리 자신의 경험을 스스로 이해하는 데 의례 수행이 어떻게 해방적이고 초탈적인 차원들을 열어주는지가 설명된다. 요컨대 구카이는 철학을 활용하여 인간의 삶에서 의례 수행이 지니는 힘을 고양시킨다.　　　　　　　　　[DLG/류제동]

## 변현밀이교론(辯顯密二教論)

구카이 815, 75-110

> 구카이는 수행자들에게 깨달음을 가져오고 세상적인 이익을 확보하는 데에도 밀교가 더 우월한 힘이 있다고 주장한다. 그는 여기에서 불교의 가르침이 붓다의 다양한 몸 곧 육화(肉化)에서 비롯하기에 불교의 가르침이 다양하다고 보는 해석 전략에 의존한다. 밀교 '진언'의 가르침은 대부분의 불교 학파에서 붓다의 궁극적인 차원을 나타낸다고 하는 붓다의— '법불(法佛)'이라고도 불리는— '법신(法身)'에서, 그리고 마음으로 상상하거나 말로 표현할 수 있는 수준을 넘어서는 지혜에서 나온다고 일컬어진다. 구카이는 이러한 관점에 도전한다. 그는 의례적 자세(무드라), 성스러운 발성(진언), 그리고 상상을 통한 시각화(만다라)를 활용하는 진언종의 가르침이 붓다의 법신에서 나올 뿐만 아니라 수행자로 하여금 이 붓다가 명상에서 성취한 경지와 합일하도록 해준다고 주장한다. 따라서 그는 진언종의 가르침이 불교의 목표인 깨달음에 이르는 가장 효과적이고 직접적인 길이라고 묘사한다.

붓다는 「삼신(三身)」을 가지고 있으며, 그 가르침은 두 가지 종류가 있다. 응신(應身)의 가르침은 현교(顯教)라고 불린다. 현교의 언어는 명시적이지만 요약되어 있으며, 청중의 역량에 따른다. 반면에 법불(法佛) 육화의 가르침은 밀교에 저장되어 있다고 알려져 있다. 밀교의 언어는 비밀스럽고 숨겨져 있다. 밀교는 실재 그 자체에 대한 가르침이다.

현교에는 수십억의 경전들이 있다. 그 경전들의 모음집은 한 개, 열 개, 내지 오십 개의 범주로 나뉠 수 있다. 깨달음에 도달하게 하는 탈것의 맥락에서 이야기하자면, 이 가르침은 하나, 셋, 넷, 그리고 다섯 가지 탈것들을 열거한다. 수행의 맥락에서 핵심은 여섯 「바라밀(波羅蜜)」이다. 붓다가 되는 「성불(成佛)」에 걸리는 시간에 관해서 그들은 그 기간이 삼대겁(三大劫) 걸린다고 인정한다. 위대한 성인 「석가모니」는 이 모든 것의 기반을 명징하게 설명했다.

반면에 밀교 경전 모음집 중 『금강정경(金剛頂經)』의 가르침에 의하면 법신불이 인간의 몸으로 화신(化身)한 석가모니는 「보살(菩薩)」의 길에서 초지를 아직 달성해야 하는 사람들, 이승(二乘),

「소승(小乘)」과 「대승(大乘)」의 제자들, 범부들 등의 사람들을 위하여 삼승(三乘)의 가르침을 전하였다. 반면에 붓다의 보신(報身)으로서 타수용신(他受用身)은 예컨대 초지(初地) 이상의 보살들을 위하여 현교의 포괄적인 일승(一乘)을 가르쳤다. 이러한 가르침들은 모두 현교의 가르침들이다. 붓다의 자수용신(自受用身)은 한 무리의 수행자들과 더불어 「법(法, dharma)」을 스스로 즐기는 차원에서 삼밀(三密)의 가르침을 함께 설한다. 이 가르침이 밀교의 가르침이라고 일컬어진다.

삼밀의 가르침은 내적인 깨달음(自內證)의 지혜의 영역이라고 알려져 있다. 거의 깨달음에 이른 이들과 십지(十地)의 보살들조차도 이러한 경지에는 들어설 수 없다. 그렇다면 하물며 이승의 제자들과 범부들은 어떻게 들어갈 수 있겠는가? 누가 이 법당에 나아갈 수 있겠는가?

그리하여 지론종(地論宗)과 섭론종(攝論宗)[1]에서는 이 영역이 중생의 근기를 초월한다고 선포한다. 「유식학파(唯識學派)」와 「중관학파(中觀學派)」는 이 영역에서 말이 끊어지고 「마음」이 멈춘다고 한탄한다. 절대적으로 초월적인 영역에 대한 이러한 관점은 수행에서 인(因)의 단계에서만 논의될 수 있다. 이러한 논의들은 이미 과위(果位) 곧 성불에 도달한 이에게는 적용할 수 없다. 우리는 이것을 어떻게 알 수 있는가? 이것은 경(經)과 논(論)에 자명하다. 내가 계속해서 제시하겠지만 증거는 넘친다. 나는 성불을 지향하는 그대들에게 내가 인용하는 본문들의 내용을 숙지하기를 간청한다.

불교를 배우는 이들은 울타리에 뿔이 끼인 양과 같이 현교의 그물에 뒤얽힌다. 고삐를 잡혀 멈추게 된 말과 같이 그들은 잠정적인 장벽에 막힌다. 그들의 상황은 경전에서 언급되는 잘 알려진 상황으로서 신기루에 불과한 궁궐 앞에서 멈추기로 결심하는 여행자들이나, 버드나무 잎들을 황금이라고 생각하면서 탐내는 어린아이들이 묘사되는 상황과 같다. 그들은 자신들이 이미 간직하고 있는 것, 곧 갠지스 강의 모래만큼 수많은 무궁무진하고 장엄한 깨달음의 덕들을 어떻게 보전할 수 있을까? 그들의 상황은 우유를 선호하여 정제된 고급 버터(醍醐)를 간과하는 이나, 오로지 물고기의 반짝이는 하얀 눈알을 줍자고 소원을 들어주는 보석을 팽개치는 이의 상황과 같다. 그들은 깨달음의 씨앗이 잠들어 있는 사람과 같다. 또는 그들은 치료할 수 없는 위통을 가진 사람과 같다. 약왕(藥王)도 좌절하여 팔짱을 낀다. 이러한 상황에서라면 약왕의 불사약과 같이 치유 능력이 있는 가르침이라도 어떤 이로움이 있겠는가?

선남선녀가 단 한 번만이라도 밀교의 향기를 포착한다면, 그들은 진(秦)나라 황제의 신화적인 거울이 사람들로 하여금 자신들의 몸과 가슴에서 무엇이 옳고 그른지를 볼 수 있도록 한 것과 꼭 마찬가지로 자신들의 마음을 뚜렷이 볼 것이다. 잠정적인 가르침과 참된 가르침 사이의 차이에 대한 이해를 가로막는 얼음은 녹아 없어질 것이다.

나의 주장을 입증할 경론상의 증거가 풍부하지만, 당분간 나는 그 한구석만을 지적하는 것으로 그치겠다. 나는 이러한 지적이 입문자들에게 다소 도움이 되기를 바란다.

**어떤 사람이 묻는다** : 과거에 불법을 전하는 자들은 논서들을 광범위하게 저술하고 여섯 학파의 가르침을 극찬하고 널리 펼쳤으며, 경전의 세 모음집에 관하여 강론하였다. 그 두루마리들이 실제로 커다란 집도 채울 것이고, 한 사람으로서는 평생이 걸려도 거의 결코 그 글들을 다 읽을 수 없을 것이다. 이 논문을 추가하려는 노력을 하는 것은 왜인가? 무슨 이로움이 있는가?

**답** : 아직 이루어야 할 것이 많이 있고, 따라서 이 글을 저술할 필요가 있다. 이전의 스승들이 전한 것은 모두 현교(顯敎)이고, 여기에서 우리가 다루고 있는 것은 밀장(密藏)이다. 사람들은 아직

---

1) [영] 이 두 학파는 중국에서 「유가행파(瑜伽行派, Yogācāra)」의 사상에 초점을 둔 초기의 두 학파이다.

밀장을 잘 이해하지 못한다. 그러므로 나는 활과 낚시 바늘을 다루듯이 조심스럽게 경론에서 핵심적인 단락들을 뽑아내고 엮어서 그대가 살펴볼 수 있도록 손거울을 만들어주려고 하였다.

**질문** : 현교와 밀교의 차이점은 무엇인가?

**답** : 붓다의 타수용신(他受用身)과 응화신(應化身)은 중생의 근기에 따라서 가르침을 베푸는데, 이것이 우리가 현교라고 알고 있는 것이다. 자수용법성불(自受用法性佛)의 가르침은 내적인 깨달음의 지혜 영역이고, 이것이 우리가 밀교라고 알고 있는 것이다.

**질문** : 불교의 모든 종파가 응화신의 설법을 인정한다. 그러나 법신(法身)은 색깔도 모양도 없다. 법신에서 언어적 표현은 멈추고 심적 작용은 중지한다는 것이 일반적으로 인정되고 있다. 법신은 가르침이 없고 어떤 소통 수단도 없다. 모든 경들이 일관되게 이러한 메시지를 설하고 있고, 논서들도 같은 내용을 설한다. 그런데 그대는 지금 왜 법신이 법을 설한다고 말하는가? 그대의 증거는 무엇인가?

**답** : 이 메시지는 경론에 풍부하게 제시되어 있다. 그럼에도 불구하고 이 메시지가 드러나지 않는 것은 사람들이 편견에 따라서 텍스트를 읽기 때문이다. 어떠한 의미가 드러나는가는 단순히 사람들의 근기에 달려 있다. 비유로 이야기하자면, 천상의 존재들과 귀신들이 보는 방식에 차이가 있는 것과 같고, 어둠 속에서 어떤 새들은 볼 수 있지만 사람들은 볼 수 없는 차이가 있는 것과 같다.

**질문** : 그대가 말하듯이 가르침이 이러한 메시지를 담고 있다면, 왜 이전에 불법을 전한 사람들은 이러한 메시지를 논하지 않았는가?

**답** : 붓다의 가르침은 병에 따라 주어지는 약과 같다. 무수하게 다양한 존재들을 위하여 천 가지 종류의 침과 뜸이 있다. 중생의 근기에 따른 가르침들은 잠정적인 것이 많고 진정으로 참된 것은 적다.

과거의 보살들이 논서들을 저술했을 때 그들은 경에서 발견된 의미에 따라 설명하고, 그들이 거기에서 익숙한 것을 감히 논박하거나 넘어서려 하지 않았다. 이러한 이유로 세친(世親=와수반두 [Vasubandhu], 4세기)은 『십지론(十地論)』에서 깨달음의 원인 영역만이 가르쳐질 수 있다는 이론을 언급하였고, 용수(龍樹, 약 150-250)는[2] 『석론(釋論)』에서 과위(果位)로서 '원해(圓海)'의 영역은 가르쳐지지 않는다는 이론에 주목한다. 이러한 관점들은 경에 의존하는 것으로 최종적인 판단이 될 수는 없다.

그럼에도 불구하고 현교적인 가르침을 베푼 스승들은 피상적인 것을 따랐지만 심오한 것을 대면하였다. 그들은 생각도 하지 않고 그 비밀스러운 취지를 놓쳤다. 그래도 여러 세대의 스승들이 밀교적인 의미를 가슴에 담아 두었다. 그들은 현교적인 의미를 전하는 구두 전승을 따르면서도 마음속에는 밀교적인 의미를 숨겼다. 여러 세대의 제자들이 각 종파의 가르침에 따라 자신들이 배운 것을 축적하여서 담론을 산출해 왔다. 그들은 그들의 목적에 맞는 무기로 미늘창을 사용하는 데에서는 경쟁하였지만, 그들에게 도전이 되는 도검을 사용하는 것은 결코 고려하지 않았다.

더 나아가 석가모니의 가르침은 동쪽으로 퍼져서 중국에 도래하였고, 크게 주목받지 않던 전통에

---

2) [영] 세친은 4세기의 인도 승려로서 유가행파의 창립자 중 한 명이다. 그의 『아비달마구사론(阿毘達磨俱舍論)』은 인도와 티베트의 대승불교에서 널리 활용되었고, 동아시아 전역으로 전해졌다. 용수(약 150-250)는 인도 불교 철학자 중 가장 영향력 있는 이들 중 한 명으로서 「중도(中道)」에 관한 그의 변증법적인 논리로 가장 잘 알려져 있다.

서 성장하여 엄청난 전통이 되었다. 중국에서는 한(漢)나라의 명제(明帝)에서 시작하여 북주(北周)의 무제(武帝)에 이르기까지 오직 현교의 가르침만이 전수되었다. 그러나 현종(玄宗)과 대종(代宗)의 때로부터 금강지(金剛智)와 불공(不空)과[3] 같은 스승의 시절 동안 밀교적 가르침이 번성하였고, 비밀스러운 교의에 대한 논의가 활발하였다. 하지만 새로운 약의 시대는 아직 짧고 옛 병은 아직 치료되지 않고 있다. 그래서 사람들이 『능가경(楞伽經)』에서 법불(法佛)이 법을 설하는 것에 관한 단락 같은 것을 보거나 『대지도론(大智度論)』에서 붓다의 법신 자체의 묘색(妙色)에 관한 단락 같은 것을 볼 때 그들이 그 본문을 대하고 있더라도 그들의 마음은 다른 곳에 있다. 그들의 주석은 자기 종파의 교설을 선양하는 것에 불과하다. 과거의 이러한 현자들이 밀교적 가르침의 고귀한 제호(醍醐)를 전혀 맛보지 못한 것은 얼마나 한탄스러운가?

**질문** : 그대가 말하는 것이 진실하다면, 현교와 밀교의 구분에 관하여 상론하는 경론은 어떠한 것들이 있는가?

**답** : 나는 … 텍스트의 발췌문들로 설명하겠다.

**질문** : 그 증거를 꼭 들어보고 싶다.

**답** : 물론! 나는 일륜(日輪)을 던져서 그대의 어둠을 부수겠고, 금강(金剛)을 휘둘러서 그대의 혼란을 진압하겠다.

　　구카이는 이어서 경과 주석 모두에서 장문의 불교 텍스트들을 인용하고, 각각에 대하여 짧은 비평을 한다. 중국 화엄종 승려로서 아래 단락의 저자인 법장(法藏, 643-712)은 진리의 최고 영역은 말로 표현될 수 없다고 쓴다. 인과의 영역은 망상과 깨달음의 조건들을 다룬다. 그 조건들은 현교에서 잘 다룰 수 있다. 이와 대조적으로 법신의 실재로 깨달아 들어가는 과위의 영역은 말로 표현될 수 없다. 구카이는 "과위의 영역은 표현될 수 없다"는 어구를 강조하는데, 왜냐하면 그는 이 표현이 실재로서 붓다 그 자체, 곧 붓다의 법신 차원에서 불이(不二)적인 참여와 같은 뜻을 지닌다고 보기 때문이다.

**법장이 썼다** : 이 일승(一乘)의 가르침의 의미는 두 가지 문으로 나뉠 수 있다. 첫째는 별교(別敎)이고 둘째는 동교(同敎)이다. 첫째에는 다시 둘이 있다. 첫째는 성해과분(性海果分)이니, 이는 설명할 수 없는 원리를 수반한다. 이것은 왜 그러한가? 이것은 이 영역이 가르침에 부합하지 않기 때문이다. 이것은 대일여래를 둘러싼 십불(十佛) 자체의 경계이다. 『십지론(十地論)』에서 깨달음을 일으키는 것의 경계는 설명될 수 있지만 깨달음 자체의 과위의 경계는 설명될 수 없다고 말할 때 가리키는 것이 이것이다. 둘째는 「연기(緣起)」의 인과 영역이다.

　　……

**구카이의 주석** : 『십지론』 및 『오교(五敎)』에서 '성해(性海)'는 설명할 수 없다는 단락은 불이론적인 대승의 '원원성해(圓圓性海)'는 설명할 수 없다는 용수보살의 말과 현저하게 잘 부합한다. 이른바 '설명될 수 있는 인분(因分)'은 현교의 영역이다. 이처럼 '설명될 수 없는 과성(果性)'은 밀장(密藏)의 본분이다. 이것을 어떻게 알 수 있는가? 그것은 『금강정경(金剛頂經)』에서 명료하게 설명되고 있기

---

3) [영] 금강지(金剛智, 671-741)는 그의 제자 불공(不空, 705-774)과 함께 중국으로 여행한 인도 불교 승려이다. 중국에서 그들은 함께 밀교 텍스트들의 번역에 힘썼다.

때문이다. 지혜가 있는 사람들은 이에 대하여 주의 깊게 생각해야 한다.

구카이는 용수의 논의에서 다섯 가지 다른 종류의 언어적 표현에 관한 논의 및 『대승기신론(大乘起信論)』에 대한 자신의 주석에서 인식 과정의 열 가지 다른 유형을 부각시킨다. 오직 한 가지 형태의 언어만이 실재에 관하여 단순히 이야기하는 것을 넘어서 실재에 참여하고, 오직 한 가지 형태의 인식 과정만이 실재를 어떤 외적인 것으로 증언하는 데 그치지 않고 실재와 상호 침투한다. 구카이에 따르면 이 둘이란 밀교의 언어와 인식 과정이다.

**용수가 썼다:** 다섯째는 … 실재와 부합하는 언어 표현이다. 이 다섯 종류의 언어 표현[4] 중 네 종류는 공허하고 망상적인 표현 방식이니, 실재를 기술할 수 없다. 오직 마지막 종류의 언어 표현만이 참된 표현 방식이고, 그것만이 실재를 전할 수 있다. 앞의 네 가지 표현 방식에 기초하여 마명(馬鳴)[5] 보살은 진리가 … 언어 표현의 자취 너머에 있다고 가르쳤다.

이 열 가지 유형의 인식 과정 중 앞의 아홉 유형은[6] 진리와 연결되지 않는다. 오직 마지막 종류의 마음만이 진리와 연결되고 진리의 경계를 구현할 수 있다. 그러므로 앞의 아홉 가지 유형의 인식 과정에만 기초할 때에는, 진리는 마음의 범위 밖에 있다고 가르쳐졌다.

**구카이의 주석:** 실재가 언어 표현 및 인식 과정과 분리되어 있으면서 동시에 분리되어 있지 않다는 등등의 의미는 이 논서에서 명료하게 설명되어 있다. 현교의 지혜로운 학자들은 이를 상세하게 숙고하여 혼란을 해소해야 한다.

또한 구카이는 동아시아 불자들에게 잘 알려진 두 텍스트에서 몇 단락을 인용한다. 하나는 한문본 『능가경(楞伽經)』이고, 다른 하나는 용수가 썼다고 하는 한문본 『대지도론(大智度論)』이다. 이 단락들에서는 실제로 법신이 가르침을 행한다고 서술한다. 여기에서는 전자에 대한 그의 인용과 언급을 발췌한다. 구카이가 보기에 경전으로부터의 이러한 인용은 의심이 많은 독자들에게 다수의 사람들이 '표준'이라고 간주하는 견해, 곧 법신은 설법을 할 수 없는 비인격적이고 추상적인 원리라고 보는 견해에 관하여 정통 문헌에 중요한 예외가 있다고 입증하는 데 많은 도움이 된다.

『능가경』의 제2권은 다음과 같은 부분이 있다.

---

4) [영] 다섯 종류의 언어 표현은 다음과 같은 것들에서 일어난다. (1) 사물들의 개별적인 특성들을 가리킬 필요. (2) 이전에 경험하였고 지금은 없는 대상에 대한 망상적인 투사(이른바 "꿈속의 말"). (3) 이전에 배운 범주들에 대하여 그 범주들이 실제로 있는 것에 대하여 적용될 수 없는 것을 보지 못하고 집착하는 것. (4) 실제 사물들의 모습에 진지하게 참여하거나 그 모습을 반영하지 못하는 습관적인 성향의 분석이나 논증. (5) 실재와 말의 부합 내지 합일.
5) [영] 마명(馬鳴, 약 80-150)은 『대승기신론(大乘起信論)』의 저자라고 알려진 인물이다.
6) [영] 본문에서는 열 가지 인식 과정이 다음과 같은 열 가지에 기초한 의식에서 일어나는 과정이라고 열거한다. (1) 시각. (2) 청각. (3) 후각. (4) 미각. (5) 촉각. (6) 내성(內省)적인 직관. (7) (망상적인) 자아를 생성하는 중심으로서 경험에 '나'와 '나의 것'이라는 의식이 생기게 하는 것. (8) 이전의 경험의 '씨앗'이 저장되는 '창고' (9) 일즉다(一卽多)와 다즉일(多卽一)의 장. (10) 이 모든 분별 밖의 일즉일(一卽一)의 장.

대혜(大惠=大慧)여, 법불(法佛)이 법을 설하는 것은 마음의 요소들과 상응하는 본체(心相應體)와 분리되어 있다. 이것은 내증(內證)의 성스러운 작용의 경계에서 도출된다. 이것이 '법불이 법을 설하는 것'의 특성이라고 알려진 것이다.

......

대혜여, 더욱이 법불이 법을 설하는 것은 조건을 떠나 있으니, 주체와 객체의 이원성을 떠나 있고, 모든 감각적인 지각과 그 대상을 떠나 있다. 이것은 소승불교 승려들이나 은둔하는 불자들이나 불자가 아닌 자들의 가르침의 영역이 아니다.

......

**구카이의 주석:** 현교에서 말이 끊어지고 마음이 멈추는 영역이라고 논의되는 영역은 ⋯ 앞에서 언급한, 법신 「비로자나」의 내증(內證)된 지혜의 영역이다.

이와 같은 단락들은 모두 이치와 지혜의 형태에 있어서 자성자용(自性自用)의 법신(法身)의 경계를 가리킨다. 법신 등은 스스로 법락(法樂)을 받는 까닭에 내증지(內證智)의 이러한 경계를 가르친다. 이 단락들은 어떻게 법신은 내증지의 경계를 가르치는 반면 응화신(應化身)은 그것을 가르칠 수 없는지에 관하여 『능가경』의 단락과 깊은 차원에서 일치한다. 법신에 의하여 가르쳐지는 이 경계는 현교에서 초월적이고 고원하다고 일컫는 경계이다. 지혜로운 사람이 이 단락들을 명료하게 살펴본다면, 구름과 안개가 말끔히 걷히고 자물쇠가 저절로 열리고, 우물 바닥의 작은 물고기가 커다란 바다로 나아가 헤엄칠 것이고, 새장 속의 새는 도성을 가로질러 날 것이고, 백 살 된 태생 소경은 갑자기 우유의 색을 판별할 것이고, 만겁(萬劫)의 어두운 밤은 즉시 햇빛으로 가득할 것이다.

......

## 결론 부분

**질문:** 그대가 이야기한 것에 따르면, 법신의 내증지의 경계를 설하는 것은 밀교라고 불리고, 그 밖의 것은 현교라고 불린다. 그렇다면 왜 석존이 설한 경에 '비밀'이라는 장명(藏名)이 있는가? 또한 그대는 석존이 설한 '다라니문(陀羅尼門)'은 어느 장(藏)에 섭수하겠는가?

**답:** 현(顯)과 밀(密)의 뜻은 다양해서 이루 헤아릴 수가 없다. 얕은 가르침의 시각에서 본다면 더 깊은 가르침은 '밀'이고, 얕고 소략한 가르침은 '현'이다. 그리하여 심지어 비불교적인 텍스트 중에도 '밀'이라고 불리는 가르침이 있다. 여래의 가르침에서 현과 밀은 다양한 뜻이 있다. 비불교적인 가르침과 대조할 때 붓다의 소승교(小乘敎)도 심오하게 밀의적이라고 간주될 수 있다. 대승과 소승을 비교할 때에도 현과 밀의 똑같은 구분이 이루어질 수 있고, 일승(一乘)의 가르침은 삼승의 가르침과 대조될 때 '밀'이라는 명칭을 얻는다. 그리고 '다라니'는 평범한 언어의 수다스러움과 대조될 때에 간결하기 때문에 '밀'이라고 불린다.

법신의 설법은 심오한 반면, 응화신의 설법은 얕고 소략하다. 그리하여 우리는 전자에 대해서 '비밀'이라는 용어를 사용한다. 또한 '비밀'이라는 명칭에는 두 가지 의미가 있다. 하나는 중생의 비밀이고, 다른 하나는 여래의 비밀이다. 중생은 무명과 망상으로 참된 깨달음의 본성을 덮어 감추고 있으므로, 중생의 자비(自秘)라고 한다.

응화신의 설법은 중생의 근기에 맞추어 약을 시여하는 것이니, 그 말씀은 헛되지 않다. 붓다의 타수용신(他受用身)은 그 내증(內證)을 비밀로 하여서, 그 경계를 설하지 않는다. 그리하여 깨달음에 가까운 등각(等覺)조차도 이러한 경계에 간하여 배우기를 바랄 수 없고, 십지(十地) 보살도 그 경지로부터 완전히 떨어져 있다. 이것이 여래의 비밀이라고 알려져 있다.

이러한 방식으로 '밀'이라는 단어는 무수한 의미가 있다. 지금 비밀이라고 하는 것은 법신의 궁극적이고 지고한 자체의 경계이다. 이것을 밀장(密藏)이라고 한다. 또한 응화신이 설하는 다라니문에 관하여 말하자면, 마찬가지로 비장(秘藏)이라고 이름할 수 있지만 법신의 설법과 비교하면 권(權)이고, 실(實)이 아니다. 비밀에는 권과 실이 있으며, 이러한 구분은 알맞게 파악되어야 한다.

[DLG/류제동]

## 즉신성불의(即身成佛義)

구카이 824, 17-31

아래 발췌문의 원전인 「즉신성불의(即身成佛義)」에서 구카이는 본인의 금생에 성불하기 위하여 몸과 말과 마음의 삼밀(三密)이라는 진언 수행을 권한다. 이것은 무수한 환생이 요구된다고 하는 현교의 주장과 대조된다. 또한 그는 이 글에서 다섯 가지 요소로 이루어진 물질적 우주 전체에 여섯째 요소인 마음이 편만해 있고, 이러한 우주가 역동적인 조화를 이루고 있어서 올바르게 이해되면 법신불의 '삼매(三昧)'와 동일하다는 우주론을 개진한다. 구원론과 우주론의 이러한 빈틈없는 결합은 붓다로부터 방사되어 나오는 '신비로운 감화력'이라고 알려져 있는 힘, 곧 물에 반사되는 햇빛과 같이 수행자의 수행에 기운을 불어넣어 그를 전체 우주와 연결시키는 힘에 의하여 이루어진다.

이와 같은 경전 단락들에서는 모두 6대 요소[7]를 능생(能生)이라고 하고, 4종 법신[8]과 3종 세간(世間)은 소생(所生)이라고 한다. 여기에서 소생의 법(法)에는 법신에서 육도윤회의 영역까지 모든 것이 포함된다. 그리고 거친 것과 섬세한 것 내지 큰 것과 작은 것 사이에 차이가 있지만, 이들 가운데 어느 것도 여전히 6대 요소를 벗어나지 못한다. 붓다는 6대 요소가 법계(法界)의 체성(體性)을 이룬다고 가르쳤다. 현교에서는 4대 요소가 무정물(無情物)로 간주되지만, 밀교에서는 이 요소들이 여래의 삼마야신(三摩耶身)으로 간주된다.[9] 4대 요소는 마음으로부터 분리될 수 없다. 마음과 물질(色)이 다르지만, 그들의 기본적인 속성은 동일하다. 따라서 물질이 곧 마음이고 마음이 곧 물질이어서 서로 간에 장애가 없다. 지(智)라는 의식은 인지의 대상(境)과 같고, 인지의 대상은 지와 같다. 지는 이치이고(인식 주체는 인식 대상이고), 이치는 지이니, 서로 간에 막힘이 없이 자재하다. 비록 주체와 객체가 서로 구분되는 두 실체인 것으로 보이지만, 실제로는 어디에서도 주체나 객체는 그렇지 않다. 도리는 그저 있는 그대로이다. 어떤 조작이 있을 수 있겠는가? 주체나 객체와 같은 용어들은 다 '밀의적인 호칭'들이다. 일상적이고 얕고 소략한 의미에 집착하면서 온갖 종류의 희론(戲論)을 지어내

---

7) [영] 땅, 물, 불, 바람, 허공, 그리고 의식. 불교의 다른 우주론에서는 일반적으로 앞의 다섯 요소만이 언급된다.

8) [영] 법신 자체로서 '자성신(自性身)', 자신 내지 타자를 위한 하늘의 법신으로서 '수용신(受用身)', 역사적인 인간 붓다로서 '변화신(變化身)', 그리고 깨닫지 못한 모든 중생으로 방사되는 등류신(等流身).

9) [영] 상징적 현현체로서 우주. 여기에서 모든 현상은 붓다의 깨달음에 의한 몸, 말, 그리로 마음의 측면들을 의미한다.

서는 안 된다. 이와 같이 6대 요소로 이루어진 법계의 체성(體性)에서 형성되는 온갖 '몸'은 서로 간에 장애가 없이 섭입(涉入)하며 상응한다. 상주불변하여 실제(實際)에 거하는 것과 동일하다. 그리하여 앞의 게송에서 이르기를, "6대 요소는 서로 장애됨이 없이 항상 요가의 조화로운 상태에 있다."라고 한다.

이 게송을 풀이한다면, 장애가 없다는 것은 '자유로이 섭입한다'는 뜻이고, '항상'이라는 것은 옮겨지거나 파괴되지 않는다는 것을 뜻한다. '요가'는 '상응(相應)'을 뜻하고, '섭입하며 상응한다'는 곧 '즉신성불(卽身成佛)'의 뜻이다.

...

"삼밀(三密)의 신비로운 감화력(加持)이 신속하게 나타난다"는 나의 게송에서 … '삼밀'은 신밀(身密), 어밀(語密), 그리고 심밀(心密)을 뜻한다. 법불의 삼밀은 극히 심오하고 미묘하다. 등각(等覺)이나 십지(十地)와 같은 높은 단계에 있는 이들도 보거나 들을 수 없다. 그래서 '밀(密)'이라고 불리는 것이다. 먼지만큼이나 무수한, 각각의 깨달은 이들은 평등하게 이 삼밀을 갖추고 있다. 그들은 서로 갈마들고 피차가 섭지(攝持)한다. 중생의 삼밀 역시 이와 같다. 그래서 '삼밀가지(三密加持)'라고 한다. 만약 어떤 진언 수행자가 이러한 이치를 관찰하고 손으로 인계(印契) 동작을 하고 진언을 구송하고 마음이 삼마지(三摩地) 상태에 머문다면, 삼밀은 신비로운 감화력으로 상응하여 수행자는 빠르게 커다란 성취의 상태에 도달할 것이다.

......

나의 게송에서 "삼밀가지(三密加持)가 빠르게 나타난다"라고 말한다. 여기에서 '가지(加持)'[10]는 여래의 큰 자비와 중생의 신심(信心)을 표현한다.[11] 붓다의 자비라는 태양이 중생의 마음이라는 물에 비쳐서 나타나는 것이 '가(加)'이다. 붓다의 태양의 이러한 빛을 수행자의 마음이라는 물이 감지할 수 있는 능력이 '지(持)'라고 불린다. 수행자가 이러한 이치를 관조할 수 있다면, 삼밀이 상응할 것이다. 따라서 수행자는 현재의 몸으로 본래 존재하는 붓다의 삼신(三身)을 빠르게 나타내어 증득할 것이다. 그래서 "빠르게 나타내어"라는 말이 있는 것이다. 일상 언어에서 우리가 '즉시(卽時)' 또는 '즉일(卽日)'이라고 이야기하는 때와 마찬가지로, '즉신성불(卽身成佛)'에서 '즉신(卽身)'이라는 표현은 바로 이루어진다는 의미를 갖고 있다.

나의 시에서 나는 비유로서 "'즉신(卽身)'이라고 불리는 중중(重重)한 「인드라망(因陀羅網, Indrajāla)」"을 언급한 적이 있다. 이 비유는 먼지와 같이 많은 제존(諸尊)의 삼밀(三密)이 얼마나 완벽하게 원융무애한지를 전해 준다. '인드라망'은 인드라 신의 보석으로 된 그물망을 가리킨다. 여기에서 '신(身)'은 나의 몸, 붓다의 몸, 그리고 모든 중생의 몸을 의미한다. 이러한 몸들을 '신'이라고 하는 것이다. 또한 4종의 불신(佛身)이 있으니, … 자성신(自性身), 수용신(受用身), 변화신(變化身), 등류신(等流身)이다. 그리고 3종의 유형이 더 있으니, 진언의 글자, 무드라의 인(印), 그리고 만다라의 모양이다. 그리고 이 몸들은 종횡으로 중중한 것은 등의 불빛 이미지가 거울에 섭입하는 것과 같다. 그리하여 저 몸이 이 몸이고, 이 몸이 저 몸이다. 붓다의 몸이 중생의 몸이고, 중생의 몸이 붓다의 몸이다. 이들은 같지 않으면서도 같고, 다르지 않으면서도 다르다. 이처럼 셋이 모두 평등하여 막힘이 없다.

[DLG/류제동]

---

10) [영] '가지(加持)'는 '더한다'와 '잡는다'는 뜻의 한자어로 이루어져 있어서 이하와 같은 주석이 이루어진다.
11) [영] 앞의 주 6)에서 열거된 인지 과정에서 첫째부터 여섯째까지의 영역을 가리킨다.

# 성자실상의(聲字實相義)

구카이의 에세이 「성자실상의(聲字實相義)」에서 발췌한 아래 글에서 핵심적인 세 단어인 '성(聲)', '자(字)', 그리고 '실(實)'은 영어로 번역하거나 이해하기가 어렵다. '성(聲)'은 생명과 관계가 없는 온갖 물질적 현상의 소리 내지 진동까지 다 포함한다. '자(字)'는 한자(漢字)를 의미할 수 있지만, 한자가 가리키는 개념적 구성물 역시 의미할 수 있다. '실(實)'은 '진여(眞如)'나 '공(空)'과 같은 불교적인 개념들을 포함한다. 더 나아가 각 용어는 특수한 밀교적 의미를 갖는다. 이 용어들은 사람의 발성, 그 발성이 어떤 문화 내에서 전제하는 의미의 언어적 구성물, 그리고 그러한 개념이 가리키는 실재 사이의 형이상학적인 관계를 가리킬 수 있다. 더욱이 진언종의 명상적인 시각화에서 이 셋은 음성에 의한 진동, 성스러운 진언의 암송, 그리고 수행자가 암송 중에 자신의 마음에 생생하게 떠올리게 되는 신격의 이미지를 가리킬 수도 있다.

이 텍스트는 상징적인 의식 이론의 토대를 놓는 글이다. 여기에서 '문자'는 글로 된 말을 넘어서 감각적인 지각이든 인간의 개념화든 마음에 의하여 인식될 수 있는 모든 패턴으로 확대된다. 구카이의 심리학은 형이상학과 언어학과 인식론을 통합하였다. 실재의 전체성—물리적인 것과 비물리적인 것, 내면적인 것과 외면적인 것, 그리고 '실증적인 것'과 '영적인 것'—에 대한 이러한 비전은 인간의 모든 추구를 불교적 깨달음으로 향하는 하나의 '길'로 통합하려는 구카이의 노력에서 전형적인 것이다.

우선 나는 이 글의 기본적인 아이디어 및 제목의 핵심적인 뜻을 서술하겠다. 그 다음에 나는 질문들에 답할 것이다.

기본적인 아이디어로 시작하자면, 여래의 가르침은 반드시 문자에 의존한다. 문자의 핵심은 여섯 감각 영역[12]에서 도출된다. 여섯 감각 영역의 기초는 법불(法佛)의 삼밀(三密)이다. 평등한 삼밀이 법계(法界)에 편만하여 항상 현존한다. 붓다의 오지사신(五智四身)은 십계(十界)를 다 갖추고 있으며 아무것도 결여하고 있지 않다. 깨달은 이는 '대각(大覺)'이라고 불리고, 미혹한 이는 '중생'이라고 불린다. 평범한 중생은 치암(癡暗) 속에 있어서, 스스로의 자연적인 깨달음을 알지 못한다. 하지만 여래는 신비스러운 감화력(加持)으로 그들에게 진리로 귀의하는 길을 보여 준다. 귀의하는 길의 기초는 언어적인 가르침이 없이는 있을 수 없다. 언어적인 가르침은 소리가 없이는 이루어질 수 없다. 소리를 뚜렷하게 알고 거기에서 파생되는 가르침에 주의를 기울임으로써 실재가 드러나게 된다. 이처럼 '성(聲)', '자(字)', 그리고 '실(實)'은 실제로 법불의 평등한 삼밀을 의미하는데, 이는 모든 중생의 본래적인 만다라이다. 그러하기에 대일여래는—중생들을 오랜 잠에서 깨우기 위하여—'성(聲)', '자(字)', 그리고 '실(實)'의 의미를 가르쳤다. 현교든 밀교든, 불자든 비불자든, 어떤 가르침이 … 이러한 출발점에 의지하지 않겠는가?

다음으로 나는 제목을 설명하고 글의 핵심적인 뜻을 제시하겠다.

첫째로 제목을 설명하겠다. 우리 숨의 공기가 밖의 공기와 만나서 약간이라도 발출하는 것이 있으면 언제나 진동이 있고, 이것을 우리는 '목소리'라고 부른다. 목소리는 진동의 기초 그 자체이다.

---

12) [영] 우리의 여섯 감각 기관의 대상으로서, 불교 심리학에서는 마음도 포함한다.

목소리의 발출은 쓸모없는 것이 아니다. 그 발출은 반드시 어떤 것의 이름을 표현하고, 이것을 우리는 '단어'라고 부른다. 그리고 어떤 것의 이름은 반드시 실체적인 어떤 것을 함의해야 한다. 이것을 우리는 '실(實)'이라고 부른다. 그리하여 제목에서 '의(義, 의미)'는 이 셋—목소리, 단어, 그리고 실재—을 서로 연결시킨다.

......

이 글의 핵심적인 의미에 관해서 이야기하면 다음과 같다.

> 물질의 5대 요소는 모두 진동이 있다.
> 십계(十界)는 모두 언어를 갖추고 있다.
> 감각적 지각의 여섯 영역은 모두 문자이다.
> 법신은 실상(實相)이다.

첫째 행은 소리의 실체를 잘 전한다. 둘째 행은 문자의 진실과 거짓을 포괄한다. 셋째 행은 내적인 문자와 외적인 문자를 포괄한다. 넷째 행은 실상을 궁구한다.

첫째, 5대 요소는 땅, 물, 불, 바람, 그리고 허공을 가리킨다. 이 다섯 요소는 현교적인 의미와 밀교적인 의미를 모두 포함한다. 현교적인 5대 요소는 상식적인 해석을 따른다. 밀교적인 5대 요소는 예컨대 만다라 그림에서 묘사되는 것과 같이, 다섯 글자, 다섯 붓다, 내지 바다와 같이 모인, 존중을 받는 온갖 신격들로 묘사된다. 이러한 설명은 내가 「즉신성불의(卽身成佛義)」에서 설명한 그대로이다. 이러한 내외의 5대 요소는 모두 소리의 진동을 포함하고, 모든 소리는 5대 요소와 분리될 수 없다. 그러므로 5대 요소는 소리의 본체이고, 음향은 그 본체의 작용이다.

......

"감각적 지각의 여섯 영역이 다 문자이다"라는 나의 말에 관하여 이야기하자면, 이 여섯 영역은 색(色), 성(聲), 향(香), 미(味), 촉(觸), 그리고 인식 대상인 법(法)이다. 이 여섯 영역 각각이 다 문자의 특성을 간직하고 있다. 그렇다면 색의 영역의 문자적인 특성은 무엇인가? 게송에서 다음과 같이 이야기한다.

> 현(顯), 형(形), 표(表) 등의 색(色)은
> 다 우리가 과거의 「업」으로 인하여 경험하는 내적인 세계와 외적인 세계 속에 존재한다.
> 그 안에는 그 자체로 단순하게 존재하는 것이 있고, 조건에 따라 일어나는 것이 있다.
> 스스로의 이해의 깊이에 따라서, … 이러한 조건들은 미망의 원인이 될 수도 있고, 깨달음의 원인이 될 수도 있다.

......

일체의 드러난 형태들은 눈이 작용한 결과이다. 그것들은 눈의 경계에 속하고, 안식(眼識)이 작용한—안식이 파악한—결과이지만, 또한 의식(意識)이 작용한 결과이고, 의식에 속한다. 그것들은 의식의 경계에 속하고, 의식이 파악하는 것이다. 이것을 차별(差別)이라고 부른다. 이와 같은 차별이 문자(文字)이다. 각각의 모양이 문(文)이고, 각각의 문은 각각의 이름이 있다. 이러한 방식으로 우리는 문자에 관하여 말한다.

......

깨닫지 못한 이는 이러한 문자에 집착할 수 있고, 탐욕과 분노와 어리석음으로 인하여 다양한 번뇌를 야기할 수 있다.

......

이와 같이 내외의 온갖 색(色)[13]이 어리석은 이에게는 독이지만, 지혜로운 이에게는 약이다. 그리하여 게송에서 이르기를, "이것들은 미망의 원인이 될 수도 있고, 깨달음의 원인이 될 수도 있다."라고 하였다. 종종의 색(色)에 관하여―그저 있는 그대로이든 조건에 따라서 일어나든―무엇이 그 색을 만드는 주체이며 무엇이 그 객체라고 말할 수 있겠는가? 주체는 물질의 5대 요소이고 오색(五色)인 반면 그 객체는 3종 세간[14]이다. 이 3종 세간 안에도 한없는 차별이 있다. 우리는 그것들을 그 자체로 있는 그대로 또는 조건에 따라서 일어나는 것으로서 사물들의 문자라고 부른다.        [DLG/류제동]

---

## 비장보약(祕藏寶鑰)

구카이 830, 113-71 (141-215)

구카이의 십주심론(十住心論)은 그의 두 주요 저작에 나타난다. 하나는 그의 주저인 「비밀만다라십주심론(祕密曼茶羅十住心論)」이고, 다른 하나는 보다 짧은 후속편인 「비장보약(祕藏寶鑰)」인데, 여기에서의 발췌문은 후자에서 따온 것이다. 그의 도식은 그가 알게 된 모든 철학적 입장이 형성되는 마음의 틀과 수행 태도를 설명하고, 그것들을 위계적으로 배치하여 진언종의 탁월성을 보인다. 진언종은 모든 실재가, 심지어 사람들을 그릇된 결론과 생활방식으로 이끄는 마음의 태도까지도 어떤 면에서는 대일여래의 활동이 드러나는 것이라고 전제한다. 그러므로 구카이는 「비밀만다라」에서 각각의 현교적인 마음가짐(1단계부터 9단계까지)이 어떻게 다소의 밀교적 요소를 담고 있는지 제시하고, 「비장보약」에서는 각각의 단계에 그 단계를 초월하도록 이끌 수 있는 통찰의 맹아가 담겨 있다고 제시한다. 이 두 분석 모두 바로 지금 여기에서 누구에게나 깨달음이 가능하다는 점을 보장한다.

### 1. 보통 사람들의 양 같은 마음

이것은 성찰이 없는 향락주의자들의 마음가짐이다. 그들은―동물적인 충동에 맹목적으로 지배되지만― 사랑의 진정한 본성을 이해하지 못함에도 불구하고 여전히 사랑을 경험할 수는 있다.

보통 사람들의 양 같은 마음은 어떠한 마음인가? 양 같은 마음은―광적으로 도취되어― 선과 악을 구분하지 못하는 평범한 개인들이나 인과를 믿지 않는― 어리석고 무지한― 바보스러운 아동에게 붙여진 이름이다. 평범한 사람들은 다양한 행동을 수행하고 다양한 결과를 경험하고, 무수한

---

13) [영] '색(色)'은 '물질적 형태' 내지 '시각의 대상'까지 의미할 수 있다. 이 단락에서 이러한 의미가 중첩되어 있는 것으로 보인다.

14) [영] 3종 세간은 무정물의 세계(器世間), 보통 중생들의 세계(衆生世間), 그리고 깨달은 이들의 세계(智正覺世間)로 구성되어 있다.

신체적인 특징을 지니고 태어난다. 그러므로 이러한 개인들은 '보통 사람들'이라고 불린다. 어리석음과 무지가 양의 열등한 속성과 대등하기 때문에 그들은 양에 비유된다.

......

더욱이 자석이 철을 끌어당기듯이 남자들과 여자들은 서로를 좇아 달려가고, 달에 노출되었을 때 수정이 물을 흡수하듯이 부모와 아이들은 서로에 대하여 애정을 품는다. 하지만 부모와 아이들이 서로에 대하여 큰 애정을 품더라도 그들은 애정의 진정한 특성을 알지 못하고, 남편과 아내가 서로를 사랑하더라도 그들은 사랑의 진정한 특성을 자각하지 못한다. 그들에게 사랑은 끊임없는 시냇물 속에 흘러가는 물이나 이리저리 뛰는 불꽃처럼 덧없다. 그들은 전도된 생각의 밧줄에 목적 없이 묶여 있고, 무지의 술에 헛되이 취해 있다. 그들은 꿈속에서 만났거나 여관에서 우연히 마주친 듯하다.

### 2. 어리석은 아이의 금욕적인 마음

이러한 마음은 유자(儒者)나 윤리적인 지향을 가진 불자의 마음가짐이다. 이들은 동물적인 충동을 초월할 필요를 인정하지만 유교의 덕목이나 불교의 계율을 치밀하게 따르는 수행을 하는 데에는 한계가 있다.

사물들은 고정된 본성이 없는데, 왜 사람들은 언제나 사악한 채로 남아 있어야 하는가? 올바른 조건을 만나면 평범한 바보들조차도 커다란 「도(道)」를 열망하고, 그 가르침을 좇는다면 평범한 사람들이라도 성인을 본받을 것을 생각한다. 양 같은 사람들도 그들의 고유한 본질적 속성이 없고, 어리석은 아이도 어리석은 채로 남아 있을 필요가 없다.

그러므로 그들의 본래적인 깨달음이 내면에서 그들에게 스며들고 붓다의 빛이 밖에서 비칠 때 그들은 즉각 먹는 것을 조절하고 때때로 자선 행위를 실천한다. 그들의 선함은 싹이 나고 꽃봉오리가 맺고 잎이 나는 나무처럼 점진적으로 계발되고 그들의 마음은 꽃이 피어서 열매를 맺는 나무처럼 악에서 멀어지는 것이 뜨거운 물을 멀리하는 것과 같다. 그들은 자신들의 선한 행위가 부적절한 것이 되지 않도록 염려한다. 그들은 점진적으로 다섯 가지 덕목을 배우고 열 가지 선한 행위를 공경하며 배운다.

다섯 가지 덕목들은 … 인(仁), 의(義), 예(禮), 지(智), 그리고 신(信)이다. 사람들이 다섯 가지 덕목들을 실천할 때 네 계절이 질서 있게 오고 다섯 가지 요소도 조화롭다. 한 나라가 이러한 덕목들을 실천하면, 그 나라 전체에서 모든 것이 평화롭다. 각 가정에서 이러한 덕목들을 실천하면, 아무도 길가에서 남이 잃어버린 물건을 발견하더라도 감추지 않는다. 이 덕목들은 스스로 명예를 이루고 자손을 영광되게 하는 탁월한 수단이다. 이러한 덕목들은 한 나라를 평화롭게 하고 개인의 번영을 확보할 훌륭한 관습이다. 유교에서 이러한 덕목들은 '오상(五常)'이라고 불리고, 불교에서는 '오계(五戒)'라고 불린다. 이름은 다르지만 그 의미는 합쳐지는데, 그 실천법이 유사하기는 하지만 그 혜택은 다르다. 불교의 계율은 악을 단절하고 선을 계발하는 기초이다. 불교의 계율은 고통을 점차적으로 벗어나서 행복을 얻는 출발점을 대변한다.

### 3. 어린 아이의 두려움 없는 마음

이 마음은 종교적인 도교인이나 비불교도들의 마음가짐이다. 그들은 이 세상의 고통을 인식하지만, 홀로 연금술이나 금욕 수행을 통하여 불사의 세계로 탈출할 것을 추구한다. 일부 불자들도 천상의 나라에 환생하는 것에 관하여 이야기하기에 구카이는 그 차이를 설명하려고 한다.

어린 아이의 두려움 없는 마음은 인간 세상을 싫어하는 비불교도들 및 하늘나라를 열망하는 평범한 사람들의 마음이다. 그들은 저 위에서는 비상비비상처(非想非非想處)에 태어나고 아래에서는 초월자들의 궁궐에 거하고, … 그들은 인간 세상을 하루살이처럼 덧없다고 생각하고, 그들의 광휘는 … 해와 달도 빛을 잃게 한다고 하지만, 그럼에도 불구하고 붓다와 대조하였을 때 그들의 열등함과 무지는 어린 아이와 마찬가지이다. 그들은 불행의 속박에서 어느 정도는 자유롭기에 두려움이 없지만 그들은 아직 열반의 지복을 얻지 못하였기에 여전히 어린 아이들인 것이다.
　……
삼승(三乘)과 인천승(人天乘)의 가르침은 모두 여래에 의하여 설명되었다. 그 가르침에 따라 수행한다면 누구든 반드시 하늘나라에 태어날 것이다.

**질문** : 그러한 경우에 비불교도들의 모든 수행이 불법(佛法)과 같은 것인가?
**답** : 두 종류가 있다. 「여래(如來)」의 가르침에 … 부합하는 것과 상반되는 것이 있다. 그것들은 본래 붓다의 가르침이었지만, 시작이 없는 과거로부터 전승이 이어지는 과정에서 … 본래의 취지가 오해되었다. 이러한 유형의 가르침은 그 본래의 의미를 다 잃어버렸다.
**질문** : 이러한 것들이 붓다의 가르침이라고 하더라도, 깨달음에 이르는 불승(佛乘)과 같은 가르침은 직접적으로 설해져야 한다. 왜 하늘나라의 존재로 환생하는 것과 같은 목표에 이르는 승(乘)을 설할 필요가 있는가?
**답** : 그러한 것이 그들의 종교적 근기에 맞기 때문이고 다른 약은 효과가 없을 것이기 때문이다.
　……
비불교도들은 업에 따른 생사윤회를 벗어나는 길을 소망하면서 그들의 몸과 마음을 다양한 방식으로 괴롭힌다. 단멸론과 상주론이나 무(無)나 유(有)와 같은 가르침을 좇는 것은 암소의 뿔을 짜서 젖을 구하는 것과 같다. 그들이 일단 사건들이 원인과 조건에 의하여 일어나고 따라서 그 실체가 공(空)이라는 것을 자각한다면, 그들은 즉시 해탈을 얻을 것이다.

## 4. 오직 온(蘊)만 있는 무아(無我)의 마음
이러한 마음가짐은 소승불교 수도자들의 마음가짐을 대변한다. 그들은 불교 계율을 받아들이고 자아의 공성(空性)을 인식하지만 여전히 이 세상에 대한 혐오와 이 세상의 무상함을 수행의 동기로 삼는다.

큰 깨달음을 이룬 세존은 삼악도(三惡道)의 극한적인 괴로움으로부터 사람들을 구해내고 업에 의한 팔고(八苦)의 족쇄로부터 사람들을 해방시키기 위하여 양이 끄는 이 수레를 설명하였다. 그 가르침을 이야기하자면 소승의 경전은 그 범위가 넓고 사성제(四聖諦)는 보편적으로 적용될 수 있다. 깨달음의 37가지 요소는 깨달음의 길을 따라 도움이 되며, 사향사과(四向四果)는 소승불교 수행자의 단계들을 잘 나타낸다. 의식에 관하여 말할 때 오직 여섯 가지 의식이 있으며, 일곱 번째나 여덟 번째 의식은 없다. 성불에 관해서 이야기하자면, 적어도 세 번의 환생이 요구되고 길게는 60겁(劫)이 소요될 수도 있다. 악행을 방지하기 위하여 250개의 계율이 있고, 선행을 닦기 위하여 사념팔배(四念

八背)가 있다. 보름마다 죄의 목록을 암송하고, 누가 어떤 죄를 범했는지가 바로 뚜렷해진다. 여름 안거가 끝날 때 죄를 자의로 고백하고, 성자는 범부와 바로 구별된다. 그들은 머리를 삭발하고 가사를 입으며, 철장(鐵杖)을 들고, 쇠로 된 발우를 소지한다. 그들은 벌레를 해하지 않도록 조심해서 걸으며, 머리를 숙이고 앉고 호흡을 세는 명상을 한다. 이러한 것이 … 그들의 몸가짐이다.

중생의 공성(空性)에 대한 삼매를 통하여 그들은 자아가 환영(幻影)이라는 것을 자각하고, 무생(無生)과 다함(盡)의 지혜를 통하여 번뇌로 인해 미래에 태어나는 것을 끊는다. …… 사람을 구성하는 오온(五蘊)이 거품 같고 이슬 같이 덧없음을 싫어하고, 삼악도의 환난을 혐오하여, 그들은 태허(太虛)와 같이 광대하고 고요하며 무조건적인 마음의 평정 상태를 청량하게 유지하는 것을 희구한다. 이것은 지극한 행복이 아닌가? 그들은 회신멸지(灰身滅智)를 숭상한다.

이러한 것이 이 소승의 일반적인 취지이다. 그들은 아공법유(我空法有)를 고수하기에, 그들의 요지는 '오직 온(蘊)만 있는 무아(無我)의 마음'이라고 일컬어진다. '오직'이라고 하는 것은 특정한 교의만을 선별해서 고수한다는 것을 함의한다.

### 5. 업의 원인과 씨앗을 뿌리 뽑은 마음

이 마음은 소승 은자들의 마음가짐이다. 그들은 스승이 없이 홀로 직관과 평온함을 성취한다. 하지만 그들은 스스로의 수행에 너무 몰두하여서 다른 이들을 돕는 배려의 마음을 잃어버린다.

업의 원인과 씨앗을 뿌리 뽑은 마음은 … 신화적인 동물인 기린의 뿔처럼 홀로 살아가는 소승 은자들이 자각하는 마음이다. 그들은 십이「연기」(十二緣起)의 열두 고리의 맥락에서 인연(因緣)에 대하여 명상하고 「생사(生死)」를 그 네 가지 구성 요소 및 오온(五蘊)과 더불어 싫어한다. 바람에 꽃이 흩어지고 잎이 땅에 떨어지는 것을 보고 그들은 삶의 네 가지 단계의 무상함을 자각하고, 숲속이나 마을에 살면서 … 말없이 삼매를 증득한다. 그들은 계율을 부여받지 않고도 자발적으로 계율을 갖추고, … 스스로 스승 없이 지혜를 터득한다. 그들은 대비(大悲)는 결여하고 있으며, 방편도 갖추지 못하고 있다. 그들은 … 그저 스스로의 괴로움을 소멸시켜서 적멸의 상태를 증득한다.

여기에 몇 행의 게송이 있다.

> 업과 번뇌 및 그 씨앗을 뿌리 뽑고,
> 회신멸지(灰身滅智)하여 허공과 같고,
> 평온하게 오랜 동안 삼매에 들어 쉬면서 취한 듯하다.
> 하지만 붓다의 훈계를 받아 한 「진여(眞如)」의 궁전(一如宮)으로 마음을 돌린다.

### 6. 다른 이에 관심을 두는 대승의 마음

이 마음은 법상종(法相宗) 불자들의 이상주의적인 마음가짐이다. 그들은 모든 중생과 하나 됨을 체험하고 자신들의 수행을 회향하여 스스로뿐만이 아니라 다른 이들을 돕는데, 다만 마음의 구성물에 초점을 두어서 마음과 실상의 하나 됨을 체험하는 능력은 제한되어 있다.

보살들을 위한 가르침이 있어서 … '다른 이에 관심을 두는 승(他緣乘)'이라고 한다. 그들은 인공법공(人空法空)의 이공(二空)과 삼성(三性)으로 자기집착의 티끌을 씻어내고, … 다른 이를 이롭게 하는 수행을 갖춘다. 그들은 아뢰야식(阿賴耶識, alaya-vijnana)의 심오한 미묘함을 관조하고 환영(幻影)이 어떻게 … 마음의 비실체성을 닮을 수 있는지에 집중한다.

……

그들은 법계 전역에서 중생들에 관심을 두므로, 이러한 마음의 단계는 '다른 이에 관심을 두는(他緣)' 단계라고 불린다. 이 단계는 소승 승려들과 은자들의 양과 사슴의 수레와 대조되므로, '대(大)'라는 형용사가 붙었다. 그리고 자기 자신과 남들을 모두 원성(圓性)으로 운반해 주므로 '승(乘)'이라고 불린다.

……

**질문**: 두 장애를 끊고 열반의 네 가지 속성을 깨달은, 이와 같은 붓다가 최종적인 목표로 간주되어야 하는가?

**답**: 그러한 상태는 아직 본원(本源)에 이르지 못하였다.

**질문**: 그대가 어떻게 알 수 있는가?

**답**: 용수보살이 『석마하연론(釋摩訶衍論)』에서 이를 다음과 같이 설명하였다.

일체의 악을 단절하고, 일체의 선을 닦아서, 십지(十地)를 넘어 붓다의 무상지(無上地)에 이르고, 붓다의 삼신(三身)을 원만하게 이루고, 열반의 사덕(四德)을 온전히 갖춘 모든 수행자들은 무명(無明)의 단계에 속하고, 명(明) 곧 앎의 단계에는 속하지 않는다. [T 32, 637c]

이제 이 뚜렷한 단락에 따르면, 이 단계의 마음을 갖춘 붓다는 마음의 본원(心原)에 도달하지 못하였다. 그는 다만 마음 밖에 미혹을 차단하였고, 비장(秘藏)의 보배를 열지는 못하였다.

## 7. 불생심(不生心)을 자각하는 마음

이러한 분석적인 마음가짐은 삼론종(三論宗, 중관학파)의 마음가짐이다. 이 학파에서는 모든 분별의 피상성을 보여 주는 논리를 사용하면서 무(無)를 강조한다. 그러나 그렇게 하면서 이 학파는 언어적 표현과 다(多)의 세계에서 분리된다.

하나가 백천(百千) 가지 존재자들의 어머니이고 … 공(空)이 가유(假有)의 근본임을 진실로 알아야 한다. 공과 다르지 않은 색(色)이 제법(諸法)을 건립하고, 그러면서도 완연하게 공하다. 색과 다르지 않은 공이 모든 상(相)을 민멸(泯滅)시키고, 그러면서도 완연하게 있다. 그러므로 색이 곧 공이고, 공이 색이다. 제법이 이와 같으니, 무엇이 그렇지 않겠는가? … 공은 이해할 수 없음에서 관찰되고, 희론(戱論)은 팔불(八不)에서 초월된다.

……

'본불생(本不生)'이라는 표현은 불생(不生), 불멸(不滅), 불단(不斷), 불상(不常), 불일(不一), 불이(不異), 불거(不去), 그리고 불래(不來)의 팔불(八不)을 포괄한다. 삼론종(三論宗)의 주창자들은 이 팔불을 구극의 중도(中道)라고 간주한다.

……

**질문**: 온갖 희론을 절멸하여 적정무위(寂靜無爲)한 이러한 마음 단계는 궁극적인 경지에 들어간 것인가 아닌가?

답 : 용수보살이 『석마하연론(釋摩訶衍論)』에서 이를 다음과 같이 설명하였다.

시작이 없는 과거로부터 청정한 본각(本覺)은 수행을 닦아나가는 것을 살피지도 않았고, 어떤 타력에도 기대지 않았다. 그 본성의 덕은 원만(圓滿)하고, 본래의 지혜가 갖추어져 있다. 또한 본각은 사구(四句)를 넘어서는 동시에 오변(五邊)으로부터도 떠나 있다. '스스로 그러함 (自然)'이라는 말은 본각의 스스로 그러함을 드러낼 수 없고, '청정(淸淨)'이라는 생각은 본각의 청정함을 품을 수 없다. 본각은 언어와 개념적인 사고로부터 절대적으로 떠나 있다. 이와 같은 본래의 자리는 무명의 변경에 속하며, 앎(明)의 경계에 속하지 않는다. [T 32, 637c]

## 8. 여실일도(如實一道)의 무위심(無爲心)

'스스로의 마음을 있는 그대로 앎' 또는 '공성(空性)의 무경심(無境心)'이라고도 일컬어지는 이러한 마음가짐은 '천태종(天台宗)'의 마음가짐이다. 천태종의 일심(一心)은 선정 속에서 고요함과 변화의 합일로 깨달아진다. 구카이는 이러한 마음가짐이 실상에 대한 밀교적 관점에 접근하지만 이원론을 본질적으로 존재하지 않는 것으로 인식하기보다는 극복되어야 할 어떤 것으로 이해한다는 점에서 부족하다고 본다.

지관(止觀)의 선정 수행을 통하여 성취된 경지는 고요하면서도 비추는 바가 있고, 비추면서도 언제나 고요하다. 이것은 마치 맑은 물이 거울로 작용할 수 있는 것과 유사하고, 보금(寶金)에 영상이 비치는 것과 유사하다. 물과 금이 곧 비추어진 영상이고, 비추어진 영상이 곧 물과 금이다. 이처럼 대상이 지혜이고 지혜가 대상임을 알아라. 그러므로 이러한 상태는 외부적인 대상이 없다고 일컬어진다. 곧 이러한 마음가짐은 스스로의 마음을 있는 그대로 아는 것이고, 이것이 깨달음이라고 일컬어진다. 그러므로 『대일경(大日經)』에서 대일존(大日尊)이 비밀주(秘密主)에게 다음과 같이 고한다.

비밀주여, 보리(菩提)란 무엇인가? 보리란 스스로의 마음을 있는 그대로 아는 것을 의미한다. … 그리고 그 마음의 가장 작은 부분도 이해할 수 있는 부분이란 없다. 왜인가? 깨달음은 허공의 특성이 있고, 허공은 아무도 이해할 수 없고, 허공에 대한 이해란 있을 수 없기 때문이다.
……
비밀주여, 스스로의 마음을 어떻게 아는가? 스스로의 마음은 분단(分段)된 것에서나, 색깔에서나, 모양에서나, 외부적인 대상 세계에서나, 물질에서나, 감각에서나, 관념에서나, 의지에서나, 의식에서나, '나' 또는 '나의 것'에서나, 지각하는 주체에서나 지각되는 대상에서나, 청정에서나, 십팔계(十八界)에서나, 십이처(十二處)에서나, 그 밖의 어떠한 구분에서도 이해될 수 없다. 비밀주여, 보살의 청정한 보리심(菩提心)의 문은 처음으로 법(法)이 명료해지는 길이라고 일컬어진다. [T 18, 1c]

……

질문 : 이와 같은 일법계(一法界)와 일도진여(一道眞如)의 이치가 궁극적인 붓다의 경지로 간주되는가?

답 : 용수보살이 『석마하연론(釋摩訶衍論)』에서 이를 다음과 같이 설명하였다.

일법계의 마음은 백 개의 부정에서도 발견되지 않고, 천 개의 긍정도 배격하며, 중간에도 상응하지 않는다. 중간에도 상응하지 않으며, 하늘(지고의 진리)도 배격하고, 하늘을 배격하기에 유창하게 흐르는 담론도 그 자취가 끊어지고 조심스러운 심사숙고도 의지할 곳이 남아 있지 않다. 이와 같은 일심은 무명의 변경에 속하고 앎(明)의 경계에는 속하지 않는다. [T 32, 637c]

### 9. 극무자성심(極無自性心)

현교에서 가장 높은 이 마음가짐은 일본 화엄종(華嚴宗)의 마음가짐을 대변한다. 실체가 없는 흐름으로서 모든 현상의 상즉(相卽)을 강조하는 이 마음가짐은 밀교의 관점과 매우 밀접해서, 구카이는 그 미묘한 차이를 규명하려고 노력한다.

절대적으로 자성(自性)이 없는 이 마음을 해석하는 데 두 가지 접근법이 있다. 하나는 현교의 소략한 접근법이고 다른 하나는 밀교의 밀의적인 접근법이다.

**현교의 소략한 접근법** : … 가까우면서도 보기 어려운 것이 스스로의 마음이고, 세밀하면서도 공간에 편만해 있는 것이 스스로의 붓다이다. 스스로의 붓다는 생각하기 어렵고, 스스로의 마음은 광대하다. … 기이한 것 중의 기이한 것이고, 절대적인 것 중의 절대적인 것, 실로 이것이 오직 스스로의 마음의 붓다이다.

……

노사나불(盧舍那佛)이 처음 성도했을 때, 그는 두 번째 7일에 「보현(普賢)」 등의 대보살과 이러한 의미를 널리 토론하였는데, 이것이 이른바 『화엄경(華嚴經)』이다. …

그는 이러한 해인정(海印定)에 들어가서 법성(法性)의 원융(圓融)을 관하고, 산왕(山王)과 같이 근기가 높은 이들을 비추면서 마음과 붓다가 다르지 않음을 보였다. 그는 한 찰나에 구세(九世)를 섭수했고, 일념(一念)을 다겁(多劫)에 펼쳤다. 일(一)과 다(多)가 상입(相入)하고, 이치(理)와 현상(事)이 상통(相通)한다. … 하나의 수행으로 일체의 수행을 닦고, 하나의 심적인 괴로움을 끊어냄으로써 일체의 심적인 괴로움을 끊어낸다.

……

대일여래는 『대일경(大日經)』에서 비밀주에게 다음과 같이 고한다.

이른바 공성(空性)은 감각 기관 및 감각 대상과 떨어져 있어서, 어떠한 특성도 없고 어떠한 인식적인 대상성도 없으며, 모든 희론을 초월하여 허공과 같다. … 그리하여 극무자성심(極無自性心)이 태어난다. [T 18, 3b]

선무외(善無畏) 삼장(三藏)은 '극무자성심(極無自性心)'이라는 이 한 구가 화엄종의 모든 가르침을 다 포괄한다고 설한다[T 39, 612b]. 그 이유는 화엄종에서 기원을 탐구하고 끝을 추구하는 취지가 어떻게 진여법계가 자체의 본성을 견지하지 않고 조건에 부응하여 드러나는지를 설명하는 데 있기 때문이다.

……

**질문** : 이와 같은 일심(一心)의 본법(本法)이 마음의 궁극적인 경지인가?

답 : 용수보살이 『석마하연론(釋摩訶衍論)』에서 이를 다음과 같이 설명하였다.

일심과 체(體), 상(相), 그리고 용(用)이라는 그 세 속성에 관한 대승의 가르침에서, ‘일심’의 ‘하나’는 단순한 하나일 수는 없으니, 왜냐하면 그것은 하나이면서도 전부이고 대승에 입문하는 입장에서 잠정적으로 ‘하나’라고 일컬어지기 때문이다. 마찬가지로 ‘일심’의 ‘마음’은 단순한 마음일 수 없으니, 왜냐하면 그것은 한 마음이면서 모든 마음이고 대승에 입문하는 입장에서 잠정적으로 ‘마음’이라고 일컬어지기 때문이다. 그것이 실제로 ‘아(我)’라는 용어가 지칭하는 것은 아니지만, 그것은 잠정적으로 ‘아(我)’라고 일컬어지고, 그것이 ‘자(自)’라는 용어가 지칭하는 것은 아니지만, 그것은 잠정적으로 ‘자(自)’라고 일컬어진다. 그것이 ‘아(我)’인 듯이 ‘아(我)’라고 일컬어지지만 그것은 실제의 ‘아(我)’가 아니다. 그것이 ‘자(自)’인 듯이 ‘자(自)’라고 일컬어지지만 그것은 실제의 ‘자(自)’가 아니다. 이것은 현묘하고도 현묘한 것보다 더 현묘하고, 멀고 먼 것보다도 더 멀다. 그럼에도 불구하고 이와 같은 수승한 경지도 무명의 변경에 속하고 앎(明)의 경계에는 속하지 않는다. [T 32, 637c]

### 10. 비밀장엄심(秘密莊嚴心)

이 마음가짐은 밀교 진언종의 마음가짐을 대변한다. 아홉 번째 마음가짐이 실재의 형이상학적인 본성을 최대한 잘 표현하였지만, 그 마음가짐은 여전히 부족한데 왜냐하면 그 실재의 언표 불가능한 특성 때문이다. 그러나 우리는 언어로 기술하는 것에 의해서가 아니라 밀교 의례 수행을 통하여 직접 참여함으로써 그 실재를 알 수 있다.

마음의 아홉 단계들은 자성(自性)이 없다. 더욱 더 깊어지고 더욱 더 오묘해지면서, 이 단계들은 모두 그 다음 단계의 인(因)이 된다.
「진언(眞言)」의 밀의적인 가르침은 법신이 설한 것이다.
그리고 비밀금강승(秘密金剛乘)은 가장 수승(殊勝)한 진리이다.
오상(五相), 오지(五智), 법계의 체(體), 사만(四曼), 그리고 사인(四印)은 마음의 이 열 째 단계에서 드러난다.
무수한 땅의 티끌과 같이 수많은 붓다는 내 마음의 붓다(吾心佛)이고,
바다의 물방울과 같이 무수한 금강계와 연화계의 신격들 역시 나의 몸이다.
하나하나의 모든 진언 문자의 문은 만상(萬象)을 포함하고,
하나하나의 모든 상징적 도검과 금강은 다 신적인 것을 드러낸다.
만덕(萬德)이 자성에서 원만하게 갖추어지고,
단 한 번의 생애에 수행자는 … 비밀장엄의 경지를 깨닫는 데 성공한다.

일체의 유정(有情)은 그 마음 바탕에 일정 부분 온갖 수행을 다 갖추고 있는 청정한 본성을 갖고 있다. 그 체(體)는 지극히 미묘하고 맑고 밝으며, 육취(六趣)에 윤회하고 있는 동안에도 변화되지 않은 채 남아 있다. 이것은 달의 열여섯째 국면과 같다. 그 국면의 달의 밝은 쪽이 태양을 만날 때 달은 그저 태양 빛에 의하여 자체의 밝음을 빼앗겨서 드러나지 않지만 그때 떠오르는 새로운 달의 시작에서부터 나날이 점차 차오르고, 열다섯째 날에는 온전히 둥글게 되고 그 밝음은 막힘이

없다.

　……

　무릇 요가 관행(觀行)을 닦는 사람은 반드시 삼밀(三密)의 수행을 온전히 닦아서 오상(五相)으로 붓다의 몸을 성취한다는 것의 의미를 깨달아야 한다.

　……

**질문** : 본 절의 서두 게송의 내용을 설명해주기를 거듭 청한다.

**답** : 첫 두 구는 앞에서 설명한 아홉 가지 마음을 다 배격하니, 왜냐하면 그중 아무것도 지극한 불과(佛果)를 나타내지 못하기 때문이다. 마음의 아홉 단계는 '보통 사람들의 양과 같은 마음'에서 '극무자성심(極無自性心)'까지의 단계이다. 그중에서 첫째는 악한 행위만을 일삼고 최소한의 선행도 닦지 않는 평범한 사람을 가리킨다. 둘째는 인승(人乘)을 나타낸다. 셋째는 천승(天乘)을 묘사한다. 천승은 낮은 영역을 싫어하고 하늘에 태어나기를 열망하면서도 해탈을 구하는 중에 마침내는 지옥에 떨어지는 비불교도들에 상응한다. 이상의 세 마음은 모두 세간적인 마음이고 아직 출세간적인 마음이라고 일컬어질 수 없다. 넷째 '오직 온(蘊)만 있는 무아(無我)의 마음'부터 이후의 단계는 '성과(聖果)를 얻는' 단계라고 일컬어진다. 출세간적인 마음 중에서 '오직 온만 있는 무아의 마음'과 '업의 원인과 씨앗을 뿌리 뽑은 마음'은 소승의 가르침에 상응하는 반면, '다른 이에 관심을 두는 대승의 마음'부터 이후의 단계는 대승의 마음이다. 대승의 첫 두 마음은 보살승(菩薩乘)이고, 그 다음 두 마음은 불승(佛乘)인데, 각각 그 승(乘)의 이름으로 '불(佛)'이라는 이름을 자기 것으로 할 수 있지만, 이후의 승들의 관점에서 보았을 때에 이는 희론(戲論)이 된다. 앞의 마음 단계들 중 어느 것도 머무는 것이 아니므로 자성이 없다고 일컬어진다. 이후의 마음 단계들 중 어느 것도 궁극적인 과(果)는 아니므로 모두 인(因)이다. 서로를 관계 지어 차례로 볼 때, 각각 심오하고 오묘하며, 따라서 각 단계는 "점점 더 깊어지고 점진적으로 더 오묘해진다."

　　　　진언의 밀의적인 가르침은 법신이 설한 것이다.

　이 말은 진언을 가르친 주체를 드러낸다. 극무자성심 이외의 일곱 가르침들은 모두 타수용응화불(他受用應化佛)이 설하였다. 양부(兩部)의 진언밀교(眞言密敎) 비장(秘藏)은 법신 대비로사나여래(大毘盧舍那如來)가 그 권속 사종법신(四種法身)과 더불어 금강법계궁(金剛法界宮) 및 진언궁전(眞言宮殿) 등에 머물면서 법락(法樂)을 스스로 누리려고 설하였다. 『십팔회지귀(十八會指歸)』와 같은 문헌의 단락들은 이 점을 분명히 밝히고 있으며, 나는 더 이상의 증빙은 인용하지 않겠다.

　　　　비밀금강승은 최고로 수승한 진리이다.

　이 말은 진언승(眞言乘)의 가르침이 궁극적인 진리로서 다른 모든 승(乘)들을 초월한다는 점을 제시한다.

[RWG/류제동]

# 가쿠반

覺鑁, 1095-1143

가쿠반은 「진언」종(眞言宗)에서 구카이(空海, 774-835)* 이후로 가장 창조적이고 영향력 있는 철학적 사상가였다. 그는 규슈(九州)에서 태어났고, 교토(京都) 닌나지(仁和寺)에서 승려가 되었다. 그는 승급을 거듭하여 고야산(高野山)의 진언종 승원의 주지가 되었으며, 제도, 교리, 그리고 수행의 차원에서 개혁을 이끌면서 점증하는 저항에 부딪혔다. 이러한 저항은 분파로 귀결되었다. 그의 계보는 마침내 신의진언종(新義眞言宗)이라고 알려지게 되었다.

가쿠반은 진언종에 당시 대중적 인기가 높아지고 있던 아미타 「정토(淨土)」 신앙 전통을 통합시켰다. 가쿠반은 아래의 발췌문에서 진언종에서 「아미타(阿彌陀)」의 현저한 위상을 거듭 확언하면서, 「대일여래(大日如來)」의 지혜가 육화한 것이 아미타라고 하였다. 가쿠반은 일심(一心)의 「마음」과 차별적인 사유 사이에 역동성을 강조하면서, 아미타 숭배가 붓다로서의 우주인 대일여래와 결합하는 하나의 길일 수 있다고 주장하였다. 가쿠반의 분석이 남긴 가장 중요한 두 가지 영향은 이 세계 자체가 아미타의 정토라는 것과 진언종이 아미타만을 전념으로 숭배하는 수행을 수용할 수 있다는 것이었다.                                                                                    [TPK/류제동]

---

## 아미타비석(阿彌陀祕釋)

가쿠반 N.D., 149-52

「진언」종(眞言宗)에서 전통적으로 가르치듯이 「아미타」불(阿彌陀佛)은 지혜의 육화로서 붓다로서의 우주를 그 자체로 식별하고 인식한다. 또한 아미타는 모든 평범한 중생들이 깨달음을 성취할 보편적인 기반이다. 그대가 직접 하나 됨의 마음을 자각한다면 그대는 현상의 참된 실재를 식별할 것이고, 그대가 직접 모든 현상을 자각한다면 그대는 모든 평범한 중생들의 심성을 알 것이다. 이처럼 하나 됨의 마음의 기반과 윤곽은 구분되지 않고, 함께 이제(二諦)[15]의 모든 측면을 총괄한다. 붓다가 아닌 모든 중생도 모두 평등하게 다섯 가지 종류의 지혜를 갖추고 있다. 그러므로 그대 안에는 네 가지 종류 만다라의 위대한 성인들이 육화되어 있다. 그대가 다만 오온(五蘊)의 일시적인 화합일 뿐이라도 그러하다. (의례화된 행위, 말, 그리고 생각의) 삼밀(三密)에 항상 참여하는 붓다들이 아홉 가지 전도된 의식의 상태로 있는 평범한 중생의 마음에도 내재해 있다.

한편으로 일심(一心)의 「마음」은 그 자체로 모든 현상이기에, 붓다의 세계와 평범한 중생들의 세계는 둘이면서도 어떤 차원에서는 실제로 둘인 것은 아니다. 다른 한편으로 모든 현상이 그 자체로 하나 됨의 마음이기에 붓다의 세계와 평범한 중생들의 세계는 둘이 아니면서도 어떤 차원에서는

---

15) [영] 이제(二諦)는 절대적인 깨달음의 입장과 평범한 중생들을 깨달음으로 이끄는 방편적이고 잠정적인 가르침을 가리킨다.

실제로 둘이기도 하다. 이러한 방식으로 그대의 마음과 붓다는 본질적으로 하나이다. 더 나아가, 그대의 마음을 붓다로 만들려고 애쓰지 마라. 망상이 사라지면 지혜가 저절로 오고 그대는 현재 그대의 몸으로 붓다가 된다.

막중한 죄를 저지른 이들을 구제하기 위하여, 또는 망상으로 이 세상에 심각하게 집착하는 이늘을 제도하기 위하여, 일부 스승들이 "붓다의 몸은 그대 자신의 몸 밖에 있다"라거나 "정토는 이 보잘것없고 오염된 세계 밖에 있다"라는 등의 말을 할 수도 있다. 청중들의 제한된 근기에 맞추어진 이러한 설법들은 참된 의미를 감추고 피상적이며 극히 단순한 것만을 드러낸다. 하지만 붓다로서의 우주가 이러한 제한 없이 진리를 천명할 때에 그는 이러한 감정적인 집착들을 무효화하고 진정한 지혜를 연다. 그러므로 그대가 원천 곧 하나 됨의 마음을 자각할 때는 언제나 아홉 개의 꽃잎으로 이루어진 마음의 연꽃이 아홉 개의 의식 모두의 차원에서 순수한 마음으로 피어날 것이다. 그대가 삼밀에서 그대의 깨달음을 증득할 때 다섯 붓다들의 형상은 다섯 감각기관을 갖춘 그대의 육신과 하나가 된다. 그렇게 되면 누가 여전히 밖에 있는 영광스러운 보배의 땅을 희구하겠는가? 누가 여전히 어떤 먼 미래에 있는 빼어난 형상을 기다리겠는가?

구카이가 말했듯이 '망상과 깨달음이 모두 그대 안에 있는' 까닭에, 그대 자신의 생각, 말, 그리고 행위를 떠나서는 붓다의 몸이란 없다. 진실된 것과 망상적인 것이 분리될 수 없으므로, 그대는 일상적인 생존의 다섯 영역 중 어느 하나에서도 극락을 찾을 수 있다. 그대가 이 진리를 깨달을 때 바로 그 순간 그대의 마음은 '모든 존재를 식별하는' 「보살(菩薩)」이라고 불린다. 아무것도 그대를 뒤로 퇴보시키지 못하는 상황에서 그대는 이 하나 됨의 불편부당한 마음 그 자체가 조건적이든 무조건적이든 모든 현상 속에 있다는 원리를 깨닫는다. 더 나아가, 그대가 모든 집착과 차별에서 자유로워져서 이 마음을 헤아릴 때 그대는 하나 됨의 마음을 그대의 자연스러운 덕이라고 깨닫는다. 이러한 이유로 이 마음에 이름을 부여하니 곧 '아미타불'이다. 이것이 주된 요점이다.

다음으로 나는 이 붓다의 이름들의 진정한 의미를 설명하겠다. 인도에서 그는 '아미타'라고 불렸고, 중국에서는 다양한 이름으로 불렸는데, 거기에 '무량수(無量壽)'와 '무량광(無量光)'이 포함된다. 전부 대략 13개의 다른 이름이 있다. 이러한 호칭들은 현교(顯敎)의 용례에서 중요한 의미가 있다. 하지만 밀교에서 이 모든 호칭들의 의미는 오직 그 호칭들이 「대일여래(大日如來)」의 밀교적 이름들일 뿐이라는 점이다. 그래도 나는 계속해서 이 13개의 다른 이름들이 지니는 … 진정한 의미를 해석하겠다.

그리고 가쿠반은 계속해서 13개 이름들 각각을 설명하고, 다음과 같이 자신의 논의를 결론짓는다.

그러므로 모든 시대와 장소에서 모든 붓다와 보살의 이름들은 대일여래라는 우주적 붓다의 다른 이름들에 지나지 않는다. 또는 달리 말한다면 모든 시대와 장소의 붓다와 보살은 대일여래의 지혜의 다양한 자취이다. 더 나아가 모든 중생들이 발설하는 단어들은 밀교적 수행 차원에서는 오직 그의 이름일 뿐이다. 이것에 대하여 망상을 갖고 있는 것이 이른바 '평범한 중생'이다. 온전히 이것을 깨닫는 것이 이른바 '붓다의 지혜'이다. 이러한 이유로 우리가 '아-미-타'라는 세 음절을 낭송할 때마다 우리가 무시(無始)이래 지어 온 죄업이 소멸된다. 그리고 우리가 오직 아미타불 한 분 붓다에게만 초점을 맞출 때 우리는 끝이 없는 시간 동안 공덕이 있는 지혜를 얻게 된다. 인드라망의 각 그물코에 있는 각각의 보석이 그 각각의 면에서 다른 그물코에 있는 다른 모든 보석들의 이미지를 즉각적으로 무궁하게 반사하듯이, 아미타불 붓다 한 분이 신속하게 우리에게 끝이 없는 자연스러운 덕을 갖추어 주신다.

다음으로 나는 '아-미-타'라는 세 음절의 외연적인 의미와 내포적인 의미를 설명하겠다. '아'는 내재적으로 업의 활동에 의하여 산출됨이 없다는 차원에서 하나 됨의 편파적이지 않은 마음을 의미한다. '미'는 무아(無我)적인 자아라는 확대된 의미에서 하나 됨의 편파적이지 않은 마음을 의미한다. '타'는 … 그저 있는 그대로의 고요한 차원에서 모든 현상 속의 하나 된 마음을 의미한다.

가쿠반은 세 음절 조합에 대하여 추가적으로 이러한 해석을 네 가지로 하고, 다음과 같은 요약문으로 결론짓는다.

우리가 방금 한 것과 같은 구별의 교화적 의미는 그 음절들의 외연적 의미를 가리킨다. 그러나 다시 말하자면, 이와 같은 외연적인 의미들은 인드라망에서 보석들과 같이 서로 한정을 받지는 않으니, 여기에서 그대는 보석 중 어느 하나를 그냥 선택하거나 버릴 수가 없다. 하나 됨의 편파적이지 않은 마음을 감안할 때 이러한 일은 있을 수 없다. 그래서 여기에서 우리는 이른바 그 음절들의 내포적인 의미를 발견한다. 내포적인 의미가 없이는 외연적인 의미가 없다. 외연적인 의미가 없다면 내포적인 의미도 없다. 하나를 택하고 다른 것을 버리는 것 또는 하나를 버리고 다른 것을 택하는 것, 이것은 망상적인 마음의 차별이다.

우리의 이 세상에 대하여 환멸을 느끼고 극락을 희구하는 것, 그대의 몸을 악이라고 간주하고 붓다의 몸을 경배하는 것, 이것을 우리는 '무명' 내지 '망상'이라고 부른다. 이 시대가 말법 세상의 말세일 수 있지만, 그대가 계속해서 현상의 편파적이지 않은 세계를 식별한다면, 그대가 어찌 붓다의 길에 들어서지 않을 수 있겠는가?

[TPK/류제동]

## 오륜구자명비밀석(五輪九字明祕密釋)

가쿠반 1143, 176-7, 219-21 (261-2, 325-7)

잠깐 동안이라도 만다라를 보고 그 의미에 관하여 듣는 이들은 지금의 생에서 붓다에 대한 직관을 얻고 그 진정한 가르침을 듣는다. 한 번의 명상을 하고 한 번의 염불을 하는 이들은 지금의 몸으로 고통으로부터의 자유를 깨닫는다. 그들은 행복을 체험한다. 어떤 이가 신실하고 순수하며 열심히 수행한다면 얼마나 더 그러하겠는가? 이것이 손바닥에 대일여래의 깨달음과 자각을 파악하는 것이고 아미타불의 정토에 태어나기 위하여 염불에 의지하는 것이다. 이것이 염불의 공덕이다. 실재를 관조하는 것의 공덕은 얼마나 더 크겠는가?

현교적인 불교에서 아미타불은 「석가모니」와 별도로 존재하지만, 밀교적 불교에서는 대일여래가 극락의 주재자인 아미타불이다. 우리는 모든 곳의 정토가 모두 회심을 위한 하나의 불토임을 알아야 한다. 모든 붓다는 대일여래이다. 대일여래와 아미타불은 동일한 기반인데 이름이 다를 뿐이다. 아미타의 극락과 대일여래의 밀엄(密嚴)은 동일한 곳에 대한 다른 이름일 뿐이다.

대일여래의 묘관찰지(妙觀察智)의 신비한 힘에 의하여 아미타의 형상이 대일여래의 몸에 나타난다. 이러한 관찰에 온전히 이르게 되면, 위로 모든 붓다와 보살과 성현들로부터 아래로 — 신령, 천신, 용, 귀신, 등등 — 팔부중생에 이르기까지 — 대일여래의 — 몸이 아닌 것이 없다. 수행을 통하여 오륜(五輪)의 문을 여는 중에 수행자는 우주로서의 붓다를 그 자체로 드러낸다. 아홉 진언 음절의 문을 세우면서 수행자는 천상의 지극한 복을 누리는 붓다들을 염송한다. 수행자는 이미 그 두 붓다가 동일함을 안다. 무엇보다도, 그 지혜로운 이들 사이에 어떠한 차이가 있을 수 있겠는가? 아미타불(阿彌陀佛)의 안양(安養)과 미래불인 「미륵불(彌勒佛)」의 도솔천(都率天)은 동일한 붓다의 주처(住處)이다. 대일여래의 밀엄과 모든 현상의 화장(華藏)은 하나 된 마음의 연대(蓮臺)이다. 옛 스승들이 아미타의 서방정토에 도달하는 것의 어려움 내지 쉬움에 관하여 다툼을 벌인다는 것은 얼마나 불운한 일인가? 지금 여기에서 내가 그 정토에 태어남을 얻었다는 것은 얼마나 행운인가? 더 나아가 나의 밀의적인 주석의 요점은 다음과 같다. 다시 태어남의 어려움은 우리의 정념적인 집착에 기인한다.

## 질문과 대답

**질문** : 오륜(五輪)의 가르침에 기초하면, 능력이 있는 개인에는 얼마나 많은 유형이 있는가?

**답** : 능력이 있는 개인에는 두 종류가 있다. 첫 번째 종류는 지금의 몸으로 「성불(成佛)」할 것을 지향하는 수승한 능력과 지혜를 갖춘 이들이다. 두 번째 종류는 단지 믿음과 더불어 피상적인 수행만 하고 사후에 곧바로 정토에 태어나기를 지향하는 이들이다. 이 후자의 수행자들 중에 역시 여러 유형이 있다. 참된 이들은 밀엄정토에 거하면서 모든 곳의 정토에 태어나기를 희망한다.

**질문** : 대일진언을 암송하는 것이 왜 모든 곳의 정토에 태어나는 직접적인 원인이 되는가?

**답** : 이 다섯 음절 진언은 모든 곳의 모든 붓다들을 부르는 진언이다. 이것은 과거와 현재와 미래의 깨달은 이들의 심장이다. 그리하여 이 진언을 암송함으로써 수행자는 자신의 생각에 부응하여 모든 곳 — 미륵의 주처, 아수라의 동굴 등 — 의 정토에 태어남을 얻는다. 마찬가지로 '나무아미타불불타야'라는 아홉 음절 진언의 수행자는 피상적이거나 덧없는 생각을 품지 않는다. 우리가 진언 수행에 들어가면 모든 말이 진언이다. '아미타'라는 말은 얼마나 더 그러하겠는가? 이 단어를 암송하는 이들은 이 세 음절의 수행을 통하여 모든 수행을 포괄한다. 간단히 말해서, 태장계 만다라에서 세 부류 — 붓다, 연꽃, 그리고 '금강' — 의 존재들 모두가 포괄되어 모든 신들의 앎을 야기한다.

**질문** : 모든 가르침 역시 몸, 말, 그리고 마음의 세 가지 업력의 계발에 의지하여 정토에 태어나도록 한다. '몸, 말, 그리고 마음의 삼밀(三密)을 갖춤'에 관한 우리 진언종의 가르침이 의미하는 것은 무엇인가?

**답** : 우주로서의 붓다의 삼밀은 극히 심오하고 미묘하다.

현교적인 불교의 오묘한 깨달음(妙覺)에 이른 이조차도 이것을 알지 못한다.

지신(智身)의 여섯 요소는 극히 신비롭고 광대하다.

밀교의 원만한 지혜(圓智)을 성취한 이만이 이것을 증득할 수 있다.

「천태종(天台宗)」에서 일도무위(一道無爲)의 적광불(寂光佛)은 놀라며 희구하나 말을 끊는다.

「화엄종(華嚴宗)」에서 체(體), 상(相), 그리고 용(用)의 세 본성에 관하여 본래 깨달았던, 보석으로 된 인드라망의 신은 경의를 표하고, 자신의 깨달음을 포기하고, 진정한 깨달음을 추구한다.

천상의 붓다 모습을 한 붓다는 침묵하면서 답하지 않는다.

역사적 붓다는 비밀을 지키고 말하지 않는다.

미래 붓다인 미륵불의 거처를 점하고 있는, 깨달은 이들은 이 경지에 당혹스러워 한다.

가르침의 등불의 전달자로서 과거불인 가섭불 역시 이 경지와는 멀다.

형상의 기반은 몸의 신비이기에, 활동적인 동시에 고요한 자세들이 수인(手印)으로서 비밀스러운 몸짓들이다.

목소리는 모두 언어의 신비이므로, 거칠고 사소한 말이라도 진언이다.

불순하거나 순수한 마음의 온갖 느낌들이 다 마음의 신비이므로 망상에서의 분별과 깨달음에서의 분별이 모두 지혜이다.

말하거나 침묵하거나 느낌과 생각 역시 마음의 신비이기에, 원만한 만다라를 갖추어서 현상의 모든 경계를 포괄한다.

사건과 이치가 근본적으로 둘이 아니기에, 그릇된 관조와 올바른 관조가 모두 완벽한 삼매이다.

형상과 마음이 그 자체로 다르지 않기에, 둘은 빈 공간과 같이 완벽하게 융합되어 서로 섞여 들어간다.

밀교의 수행은 공개적으로 보이거나 들리게 하려는 의도가 없다.

밀교의 가르침은 함부로 전수되어서는 안 된다.

피상적인 지혜는 흘러넘치고 공개적으로 표현되기에 그 효력이 상실된다.

마찬가지로 열등한 지혜가 논란이 되는 것은 결함이 있기 때문이다.

근기가 없는 이들 때문에 보물 상자는 샘 바닥에 감추어져 있다.

신심의 결핍은 확실히 진실이 파멸되는 원인이기에, 능력이 없는 이들에게 언설은 목에 잠겨 있다.

의심의 탄생은 언제나 지옥으로 떨어지는 원인이다.

그래서 내가 유치한 무지를 가르는 격언의 검을 이기적으로 지키려는 것이 아니지만, 두려움과 잘못된 생각이 생명을 실제로 해친다.

편파적이지 않은 신심이 없다면 오직 재난을 초래한다고 생각하면서, 현교적인 사람에게서 수행 ─요가수행─을 거두어들이지 마라.

수행자는 만다라에서 세 종류의 존재라는 보석을 소홀히 하거나 경시해서는 안 된다.

수행자는 삼밀(三密)의 가치를 존중하고 외경해야 한다.

귀의하는 힘은 마음의 연꽃 바다 속으로 깊이 들어가는 것이다.

커다란 신심을 가지는 것은 하늘에서 깨달음의 달을 신비롭게 바라보는 것이다.

[DAT/류제동]

# 묘에

明惠, 1173-1232

묘에는 「진언」종(眞言宗)과 「화엄」종(華嚴宗) 양쪽 모두에서 계를 받은 승려로서 전통적인 불교의 경계와 자신의 시대의 새로운 방향들을 자유롭게 넘나든 독창적이고 역동적인 사상가였다. 보편적인 구원에 관한 그의 이론은 대중적인 '염불' 수행의 도덕적인 느슨함과 그가 보기에 '이단적인' 「정토」 종(淨土宗) 사상가 호넨(法然, 1133-1212)*이 왜곡한 것들을 비판함과 동시에 사회의 주변부에서 소외된 사람들을 인정하려는 노력의 근거가 되었다. 그는 대안으로서 승가 계율의 복원을 주창하고, 구카이가 가르치는 것과 같은 지금의 생애에 「성불(成佛)」하는 것이 아니라 오히려 「정토(淨土)」에 환생하는 것에 초점을 둔 '빛의 진언'을 옹호하였다. 묘에는 유려한 설법, 학술적인 논문, 주석서들, 시, 의례, 그리고 논쟁적인 소책자들을 통하여 추상적인 교리들이 종교적이고 사회정치적인 현실에 영향을 미칠 수 있도록 하는 데 애썼다.

묘에는 그의 제자 기카이(喜海, 1178-1251)가 재구성한 형태로 여기에 제시되는 「섬으로 보내는 편지」에서, 마음속에서 만물이 인과적으로 산출된다는 것을 그에게 상기시키는 것으로 여겨지는 가루모시마섬에게 이야기한다. 그는 그 섬과 자신을 동일시하고 그 섬에게 '그의 내면에서 살아가도록' 초대하면서 모든 것이 유식(唯識)이고 다른 모든 사람들과 사물들은 그들 자체의 본성과 특성 때문에 접근이 불가능하다는 사상을 자기 자신의 사상으로 다듬어나간다. 우리는 인식 주체와 인식 대상 사이의 괴리를 부정함으로써만 만물과 소통할 수 있는 장에 도달할 수 있다. 한 그루의 벚나무에 대해서도 그러하다. 이 편지에서는 존재자들의 세계에서 그들 간의 차이를 넘어서 모두가 가장 수승한 존재인 붓다에 참여하면서 그 일부로 통합되어 있다는 묘에의 내밀한 느낌을 현저하게 드러낸다.

[FG/류제동]

---

## 「고산사묘에상인행장(高山寺明惠上人行狀)」
## 「섬으로 보내는 편지」

묘에 1197, 36-39

---

우선, 그대 자신의 존재를 섬이라고 생각하라. 이 섬은 욕망의 세계에 애착되어 있는 사물이다. 감각의 차원에서 이 섬은 색과 모양의 범주에 속한다. 이 섬은 시각적인 의식의 대상으로서 시각에 의하여 파악되고, 본질적으로 여덟 가지 요소로 구성되어 있다.[16] 안다는 것은 만물의 본성이므로, 깨달음을 벗어날 수 있는 존재는 아무 것도 없다. 그리고 이러한 앎이 본성상 만물의 「이(理)」라는 것을 감안하면, 이가 존재하지 않는 장소는 없다.

---

16) [영] 네 가지 주요 요소로서 땅, 물, 불, 그리고 공기, 그리고 네 가지 파생적인 요소들로서 시각, 후각, 미각, 그리고 촉각.

만물의 이는 만물의 존재방식이고 만물의 「진여(眞如)」이다. 이 진여는 그 자체로 만물의 영적인 몸이자 무차별적인 원리로서 만물의 세계와 구별되지 않는다. 마찬가지로 우리는 무정물(無情物)도 유정물(有情物)과 별도로 존재한다고 생각할 수 없다. 지상 세계의 본체는 「여래(如來)」의 열 가지 몸 중 하나이고, 따라서 「비로자나(毘盧遮那)」의 지고한 존재 바깥에 위치해 있지 않다. 사물의 여섯 가지 특성[17] 모두가 서로 방해함이 없이 완벽하게 융합한다고 이야기하는 가르침으로서 이 섬은 그 자체로 이러한 지상 세계에 속하는 하나의 몸이다.

이 섬은 하나의 특수한 측면 지각이 있는 중생들의 몸이고, 행위에 대한 보응의 몸이고, 듣는 이들의 몸이고, 스스로 깨닫는 이의 몸이고, 보살의 몸이고, 여래의 몸이며, 지성적이고 영적이며 공간적이다. 그 자체의 몸이 십방으로 확장되는 열 개의 몸으로 구성된다는 것을 감안하면, 이 섬은 「인드라망(因陀羅網, Indrajāla)」으로서 만물과 자유로이 완벽하게 융합한다. 이 섬은 우리의 온갖 관념들을 초월하여 높이 위치해 있으며, 앎의 한계를 멀리 넘어선다. 그리하여, 우리가 『화엄경(華嚴經)』에서 십방불(十方佛)의 깨달음의 현존 중에서 이 섬을 주재하는 이치에 대하여 깊이 생각할 때, 우리는 두 번째 보응(기세간)과 첫 번째 보응(개별적인 몸)이 서로를 방해하지 않는다는 것을 깨닫는다. 하나와 여럿이 막힘이 없이 자유로이 서로에게로 들어가고 서로에게서 나오니, 마치 인드라망의 무한한 공간에서 서로 섞이는 것과 같다. 모든 방향으로 확장되는, 이 영적인 세계는 우리의 상상을 넘어서고, 여래의 완전하고 궁극적인 10개의 몸은 완벽하다.

그렇다면 왜 이 섬의 존재 자체가 아니라 다른 곳에서 여래 비로자나를 찾는가? 여래 비로자나는 십방의 모든 방향으로 확장되는 기세간에서, 곧 화환과 같이 장엄되어 있는 광대한 세계의 바다에서 각각의 미세한 부분들에 놓여 있다. 여래 비로자나가 선포하는 가르침은 무한의 10배만큼이나 무한하며, 이 가르침은 『화엄경』에서 펼쳐지는 것이니, 여기에서는 주된 것과 이차적인 것이 완벽하게 융합한다. 『화엄경』은 관조에 토대함이 없이 법륜을 굴릴 수 있으며, 깨달음의 나무에서 일탈함이 없이 육욕천(六欲天)에 올라가서 설법할 수 있다. 그러므로 바깥에서 구할 필요가 없다. 여래 비로자나가 이 섬 그 자체가 아닌가?

나는 아직 「보현(普賢)」 보살의 순수하고 맑은 눈에 도달하지 못하여서 영적인 세계의 본성을 깨닫지 못하고 있기에, 유정 중생과 무정 중생이 보이는 정념적인 애착과 개념적인 구별의 형태로 지상 세계의 몸을 모호한 윤곽 차원에서만 볼 수 있을 따름이다. 나의 눈이 그 미묘하고 영적인 몸의 구체적인 차원에서 인드라망의 무한한 경계를 아직 엿볼 수 없으므로, 나의 피상적인 생각들은 그대가 살아 있는 존재가 아닌 듯이 나를 그대로부터 분리시키는 듯하다. 하지만 여전히 친애하는 친구는 그 모습 그대로 그대와 전혀 다르지 않을 것이다! 유일한 차이는 나의 생각의 객관적인 영역에서 설정된 가공의 이미지인데, 이는 지속의 네 가지 형태[18]라는 맥락에서 실재를 분석하는 의식의 차원에서 생성되는 앎의 양태에서 초래되는 것이고, 다시 이는 무지와 불충분한 인식의 결과이다.

다시 말해서, 우리는 무지의 잠에 머무는 한 「생사(生死)」의 큰 꿈을 반영하는 몽상의 영역에

---

17) [영] 조건적인 현상의 여섯 가지 특성(六相)은 총상(總相), 별상(別相), 동상(同相), 이상(異相), 성상(成相), 괴상(壞相)이다.

18) [영] 묘에는 여기에서 지속적으로 작용하는 시간성의 네 가지 형태(生, 住, 異, 滅)라는 맥락에서 사실을 분석하는 미묘한 여섯 번째 의식의 차원을 가리키고 있다. 이것은 그 자체로 무지에 기초한 깨닫지 못한 힘들의 결과라고 간주된다.

들러붙어 있게 된다. 동시에 우리는 그 자체의 본성을 결여하고 있는 존재를 다루어야 하므로, 어떤 중생이 우리와 어떻게 다를 수 있는지 파악하는 것은 실제로 불가능하다. 이처럼 그대는 유정 중생들의 부류와 밀접하게 연계되어 있으므로 나는 그대를 나와 아까운 어느 사람과 마찬가지로 존중할 필요가 있으니, 그대는 다른 이들과 너무나 놀라울 정도로 닮아 있다.

나는 그대를 매우 오랫동안 보지 못했지만, 내가 애정과 함께 그리고 그대를 다시 볼 희망과 함께 그대를 생각할 때 나는 그대와 함께 해변을 걷고 그대의 집에서 즐겁게 시간을 보내던 것을 어제인 듯이 기억한다. 하지만 그러한 나날들은 오래 전에 가버렸고, 끊임없이 순환되는 조건화의 일부일 뿐이다. 그날들 역시 과거에 속하는 꿈일 뿐이다.

여기에서 생사윤회의 무상함이 상기된다. 내가 이 이치를 숙고할 때 나는 세친(世親, 4세기)이 『아비달마구사론(阿毘達磨俱舍論)』에서 신체적 행위들이 물질의 움직임이라는 맥락에서 이해될 수 있다고 주장하는 '순세파(順世派)'의 주장을 논파하기 위하여 밝힌 견해에 대하여 참으로 내면적인 유사성을 느낀다. 그는 이러한 행위들이 모두 즉각적으로 소멸하는 일시적이고 의존적인 현상이라고 결론지었다. 나는 움직임의 의존적인 패턴이 한 순간에서 다른 순간으로 소멸하는 방식을 숙고하면서 세친이 내가 오래 전부터 알고 있던 친구인 것처럼 그의 압도적인 현존을 느꼈다. 나는 이러한 말을 되뇌면서 울기 시작했고, 생사가 무상하다는 교설이 나의 가슴에 새겨지고 있음을 느꼈다. 우울한 생각이 나 안에서 차오르기 시작했고, 나는 내가 그토록 깊이 보기를 희망했던 그대를 볼 기회를 갖기 전에 시간이 다하리라는 예상에 침울해졌다.

일단 완전한 깨달음의 꽃이 내적인 깨달음의 산기슭에서 피어나고, 마음 수행에서 태어난 앎의 달이 사물들의 본성의 공(空)함 내에서 솟아오르자, 모든 것이 영적인 세계와 가까운 것으로 보인다. 주된 보응과 이차적인 보응이 이제 더 이상 서로를 방해할 수 없다. 하나와 여럿이 초탈되자, 각각의 미세한 입자 속에서 무궁무진한 영적 세계가 드러난다. 하지만 하나와 여럿이 완벽하게 융합되자 남아 있는 유일하게 참된 사유는 무궁한 영적 세계 자체에 대한 사유이다. 절대적인 진여의 바닷가에 부딪히는 의식의 넘실대는 파도는 우리의 심적인 맹아보다 훨씬 더 높다. 우리 마음의 분별은 생각이 발생하는 정원에서 너무나 공포스러운 것으로 보인다. 나는 여섯 「바라밀(波羅蜜)」의 배에 타고 출항하기에는 무명(無明)에 너무 취해 있다. 나는 요동치는 사악한 생각들에 사로잡혀서 지혜의 검을 뽑을 힘이 없다. 이것은 정말로 가련하고 슬프다. 나는 생사의 드넓은 바다를 건너 윤회를 벗어나기 위한 걸음을 백 분의 일 발자국도 못 떼었고, 음울하고 빽빽한 번뇌의 숲에서 나뭇가지 하나조차도 베어내지 못하였다.

나는 그렇게 외양의 유혹이라는 하늘 여우에게 사로잡혀서 「삼계(三界)」의 상징인 아타고산(愛宕山)을 한 걸음 한 걸음 올라갔다.[19] 그리고 나는 업을 낳는 신호를 보내는 땅 여우에게 조련되어 육도윤회가 이루어지는, 이나리(稻荷)[20]에게 바쳐진 성스러운 언덕 주변을 더욱 더 배회한다. 우리가 택하는 길은 시작점이 없는 길인데, 우리는 언제가 되어야 귀가하게 될까? 우리가 이러한 상태에 머문다면, 우리가 탁월한지 우둔한지 여부나 우리의 행동이 이러한지 저러한지 여부는 별 차이가

---

19) [영] 땅의 형상에서는 불운을 가져오지만 하늘의 형상에서는 행운을 가져온다고 일컬어지는 마물을 가리킨다. 산에 의하여 표상되는 삼계는 욕망의 세계(欲界), 감각이 있는 세계(色界), 감각을 초월한 세계(無色界)이다.

20) [영] 이나리는 일반적으로 곡식의 신으로서 번영을 상징한다. 여우는 이나리의 사자인데, 불자들에게는 사람들을 속이고 길을 잃게 만든다고 여겨지기도 한다.

없다. 우리는 생각이 없는 경지로 상승하는 데 실패하는 한 결코 전적인 지혜를 얻을 수 없을 것이다. 이러한 상황을 감안하고, 무엇보다도 나는 그대가 살아 있지 않음을 알고 있으면서도, 나는 그대를 그리워하는 한때에 이 편지를 그대에게 보내고픈 욕구가 생겼다.

그렇지만 나의 정신은 오직 그대만을 생각하고 있는 것은 아니다. 다카오의 중문에 늘어선 여러 벚나무들 중에, 내가 밤에 달과 별들이 밝고 불그스름하게 될 때 말을 걸곤 하였던 한 그루 벚나무가 있다. 지금 나는 내가 멀리 있어서 더 이상 그 나무를 볼 수 없다고 생각하지만, 기억은 다시 그 나무에게로 나를 데려간다. 나는 때로로 그 벚나무에게 편지를 보내어 무슨 일이 일어났는지 알리고 싶어지곤 하였다. 하지만 내가 심히 정신이 나가서 한마디 말도 할 수 없는 벚나무에게 편지를 보낸다면 나는 내쳐져야 할 것이기에, 나는 삼갔고 어리석은 짓일 뿐이라고 포기하였다. 나의 친구들 중에는 그러한 부류의 어떤 행동을 하는 것이 어리석은 짓이라는 데 동의할 사람들이 있다. 보주(寶州)를 여행한 「자재」해사(自在海師)를 그대와 함께 따르고, 나의 생각이 바다에 거하는 해운비구(海雲比丘)와 더불어 출항하도록 할 때 내게 어떠한 결핍이 있겠는가?[21] 내가 이렇게 말하는 것은 나에게 바람직한 상황을 시사하는 것이다. 사실상 우리가 꿈에서 만나는 친구들은 우리가 깨어난 뒤에는 우리에게 쓴맛만을 남긴다. 진정한 친구들은 바로 이와 같이 정신적인 세계를 깨달은 사람들이다.

나의 유일한 회한은 이 모든 사색에도 불구하고 내가 아직 개별적인 마음을 추진하는 시간의 네 측면들에 대하여 꿈꾸어야 한다는 것이다. 나의 행동은 나의 명령을 따르지 않는 것으로 보인다. 그럼에도 불구하고 나는 사물들의 진정한 존재방식을 그 사물들의 인과적 조건에 연계시키는 가르침을 굳건하게 확신하면서, 나의 자아로부터 고개를 돌려서 다른 것을 따르라고 나를 초대하는 누구나 포용하며, 무지가 근원으로 돌아갈 길을 막을 때 나는 사물들의 무실체성이 공(空)과 다르지 않다는 원리를 포기하지 않는다. 보살이 영적인 몸의 경지를 이루고서 명상에서 나올 때, 사물들에 대한 집착에서 귀결되는 분별이 그 앞에 치솟는다. 그러나 보살이 승발도(勝拔道)의 단계에 도달했을 때 보살은 현상을 야기하는 생각들에 최종적인 타격을 가하고, 무의식적으로 그 현상들을 고양시켜서 보다 높은 해체의 길로 나아가서, 생각이 근거하는 최종 지점에 도달한다. 일단 무명(無明)의 바람이 잦아들면, 사물들의 본성의 바다에서 모든 파도가 사라지는 순간이 도래한다.

우리는 원리를 단계적으로 구현하는 데 수반되는 여러 단계의 수행을 다루고 있으므로, 정념의 제거와 이러한 제거의 과보를 실현하는 것은 점진적으로 일어난다. 이러하기에 나는 평범한 마음을 지닌 친구보다는 참으로 초연한 생각을 지닌 동료와 대화하기를 선호하며, 이것을 진정 매력적이라고 생각한다. 그대가 세상을 오랜 과거 동안 있어 왔던 대로 생각한다면, 그것은 땅 속에서 발굴된 이야기와 같다. 그러한 것들은 옛 것들이다. 오늘날의 것들은 우리 자신의 시대에 맞아야 한다. 혹자는 내가 이렇게 이야기하는 것을 들으면서 다소의 희망이 있다고 생각할 수도 있겠다. 그러나 승가공동체에서 계율을 조화롭게 계발하는가? 승가공동체가 뚜렷하게 영적인 분위기 속에서 살아가는가? 우리가 가까운 동료들을 배려할 수 없다면, 우리는 어떤 중생도 보호할 준비가 되어 있지 않다. 일반적으로 말하면, 이러한 것들은 지나간 것들이면서도 우리 시대에 알맞은 것들이다.

[FG, RVM/류제동]

---

21) [영] 자재해사와 해운비구는 『화엄경』「입법계품」의 기록에 의하면, 선재동자(善財童子=Sudhana)가 진리를 찾아 가는 순례 여정에서 만나는 여러 정신적 스승들 중 두 명이다.

# 니치렌

日蓮, 1222-1282

가마쿠라시대(鎌倉時代, 1185-1333)의 새로운 불교 운동의 창시자 가운데 니치렌은 당시의 종교적, 정치적 권력에 대해 단호히 반대한 것으로 두드러지는 인물이다. 그는 「천태(天台)」의 요소와 밀교 전통의 요소를 결합한, 『법화경(法華經)』의 독창적인 해석을 바탕으로 단 하나의 진언(眞言)인 「남묘호렌게교(南無妙法蓮華經)」의 암송을 통해 「보리(菩提)」의 성취와 지상의 평화를 설교하며 『법화경』의 신비한 이법에 헌신을 표하였다. 후세대에 이르러 그의 사상은 다양한 주장들을 위해 사용되었다. 예를 들어, 니치렌의 가르침은 일본 근대화 과정에서 개인주의의 불교 형태로 되살아났고, 다른 한편으로 그의 가르침들은 1920년대와 1930년대에 우파와 군국주의적 국가주의 발전에 중요한 역할을 했다. 또한 영우회(靈友會),[22] 입정교성회(立正佼成會),[23] 그리고 창가학회(創價學會)[24]와 같은 20세기의 민간 불교 운동을 설립하는 데 중요한 열쇠가 되었다.

어부 집안에서 태어난 니치렌은 12살에 집을 떠나 그 지역 천태 사원인 세이초지(淸澄寺)에 들어갔고 4년 후 정식 출가하였다. 그는 1239년과 1253년부터 처음에는 가마쿠라(鎌倉), 그리고 나중에는 교토(京都)와 히에이산(比叡山)에서 불교에 대한 연구를 심화시켰다. 학업을 마친 그는 세이초지에서 호넨(法然, 1133-1212)*의 대중적인 「염불」 관습에 대해 비난하며 자신의 진언(眞言)으로 대체하겠다고 공언했다. 그러나 그는 자신의 종교적 스승과 그 지역 권위자의 분노에 직면하여 가마쿠라로 이주하여 포교 임무를 계속했다. 그는 1260년 『입정안국론(立正安國論)』이라는 저작으로 다시 최고 위층의 종교적 세속적 지도자들을 자극하게 되어 박해를 받았고, 한때 그는 유배와 참수형을 언도받기도 했다. 인간 본성의 해방이라는 보편적인 가능성의 불교 교리를 시작으로, 니치렌은 종교의 한 목적이 사회를 변화시키는 것이라고 보았다. 이 패러다임에서 보자면 종교는 단지 죽음을 준비하기 위한 것이 아니라 사회적 소명이다. 다음 발췌문을 통해 그의 파란만장한 삶을 특징짓는, 정통교리와 정통실천 사이의 밀접한 관계를 살펴보자.　　　　　　　　　　　　　　　　　　　[MY/엄인경]

## 현안에 대한 불교적인 관점

니치렌 1264, 1199-1200, 1202 (68-9, 71-2); 1266, 472-3 (308-9); 1275, 1276 (473-4.); 1277, 1466 (1121-2); n.d., 1597 (1126)

---

22) [한] 일연종파의 하나로 1919년 구보 가쿠타로(久保角太郎)를 중심으로 발족하여 1925년 대일본영우회(大日本靈友會)를 설립했으나 이후 교단 분열로 여러 단체가 파생됨.

23) [한] 일연종파의 하나로 1938년 니와노 닛쿄(庭野日敬) 등이 영우회에서 독립하여 대일본입정교성회라는 이름으로 창립하였고, 『법화경』으로의 귀의를 주장하며 평화운동 등을 추진.

24) [한] 1930년 마키구치 쓰네사부로(牧口常三郎)에 의해 결성되어 전후 비약적으로 발전하여 현재 일본 최대의 신종교 교단으로 일컬어지며, 1960년대 공명당(公明黨)을 결성하고 1990년대 들어 일연종과 대립하고 절연함.

### 도덕적 행위

인간은 자신과 세계를 위한 도덕적 행동을 통해 의미 있는 변화를 이룰 수 있는가? 우리는 '선'이 실제로 무엇을 의미하는지 아는가? 우리의 특별한 역사적 상황이 '선'에 대한 우리의 이해에 어떻게 영향을 미치는가? 이런 의문을 제기하면서, 니치렌은 우리가 '의도적인 선행'이라고 생각하는 것이 실제로 선이라는 가정에 도전하고 대신 종교적인 해결책을 제시한다.

이렇게 「여래(如來, Tathāgata)」께서 입멸하신 후 약 이천이백 년에 이르며 오탁(五濁)[25]이 횡행한 지 아주 오래되고 선행이 드물어졌다. 설령 선을 행하는 사람도 하나의 선행에 열 가지 악행을 거듭 만들게 되는 결과는 작은 선을 쌓고자 큰 악을 저지르게 되는 것이며, 그럼에도 마음으로는 큰 선을 수행했다는 자만심을 일으키는 세상이 되었다. 그리하여 여래가 세상에 나오게 되신 나라로부터는 이십만 리[26]의 산과 바다를 격하여 동쪽에 치우친 이역만리 변두리의 작은 섬에 태어나 오장(五障)[27]의 구름이 두껍게 덮이고 삼종(三從)의 끈에 구애되어 있는 여자의 몸으로서 『법화경』을 믿는 것은 참으로 귀한 일이다.

### 상징과 기호

지식과 힘은 상징적이자 은유적으로 습득되고, 상징들 사이에서 발생하는 일종의 압축이 있다. 이로써 거대한 표현들이 작은 표현으로 축소되거나 그 반대의 경우도 일어난다. 그러나 이러한 과정이 니치렌이 권위 있는 것으로 간주하는 경우에 대해서만 일어난다고 보는 해석 학자도 있다.

우선 『법화경』은 여덟 권, 한 권, 한 품, 한 게, 한 구 내지 「제목(題目)」만을 읊더라도 그 공덕은 같다는 것을 알아야 합니다. 예를 들어 대해의 바닷물이 한 방울일지라도 무량한 강물들을 담고 있으며, 여의주 구슬 한 알일지라도 온갖 보광을 널리 퍼뜨립니다. 백, 천, 만, 억의 물방울이나 구슬도 또한 이와 같으니 『법화경』은 한 글자라도 이 한 방울의 물과 한 알의 구슬과 같고, 나아가 만이나 억 글자도 또한 만이나 억의 물방울이나 여의주와 같습니다. 모든 불경과 부처의 한 글자 명호 하나는 강물 한 방울, 산의 돌 하나와도 같으니 한 방울에 무량의 물을 담아내지 못하고 돌 하나에 무수한 돌들의 모든 덕을 담아낼 수는 없을지언정 이 『법화경』은 어느 품에서나 존재하는 것이니 그저 믿는 품이 귀한 것입니다.

### 여성의 지위

불교는 전통적으로 여성의 지위에 대한 엇갈린 메시지를 지니고 있다. 인도와 중국 사회에 존재하던 다양한 사회적 편견이 불교에 깊이 뿌리내린 상태로 일본에 도달했으며, 니치렌은 동시대 사람들과 함께 이에 관해 문제를 제기했다. 그는 여성의 동등한 지위를 주장하기 위해 불교

---

25) [한] 명탁(命濁), 중생탁(衆生濁), 번뇌탁(煩惱濁), 견탁(見濁), 겁탁(劫濁)을 이르는 세상의 다섯 가지 더러움.

26) [한] 일본의 1리는 약 4킬로미터.

27) [한] 선근(善根)에 방해가 되는 기(欺), 태(怠), 진(瞋), 한(恨), 원(怨)의 다섯 가지 장애. 또는 불교 수행에 방해가 되는 번뇌장(煩惱障), 생장(生障), 법장(法障), 소지장(所知障), 업장(業障)이나, 악도장(惡道障), 빈궁장(貧窮障), 여신장(女身障), 형잔장(形殘障), 희망장(喜忘障).

자체 내에서 합리적인 지적 기반을 찾았다. 다음의 논의는 월경을 중심으로 하는데, 모든 피의 배출이 개인과 그들의 환경을 더럽히는 것이라 여겨진 불교 이전의 특별한 일본의 관습들을 반영하고 있다.


또한 편지글에서 말하기를 날마다 세 번 일곱 문자를 우러를 것과, 「본존(本尊)」을 마주하지 않고 나무이치조묘텐(南無一乘妙典)이라고 일만 번 말하기를 매일 하지만, 예의 월경 때가 되면 경을 읽지 않고 절하는 것이나 이치조묘텐이라고 말하는 것도 하지 않아야 하는 것이 괴롭지 않겠습니까. 그것도 월경 날짜 동안은 못 하지 않겠습니까. 며칠 동안이나 경을 읽지 않는 것 등이라고 운운.

이것은 모든 여자들이 의문스러워 항상 문의하는 사안입니다. 또한 옛날에도 여자들의 의문에 관하여 말하는 사람들이 많이 있었지만 부처 일대의 신성한 가르침에 특별히 논해진 바가 없는 까닭에 아무도 명확한 경전의 증거를 제시할 사람도 없었습니다.

부처가 세상에 계신 동안 많은 여자들이 비구니가 되어 불법을 행했지만 월경 때라고 하여 외면 받은 적은 없습니다. 이로써 미루어 짐작하건대 월경이라는 것은 밖에서 초래되는 부정도 아니고, 그저 여자의 신체 특성으로 「생사(生死)」의 씨앗을 이어야 하는 순리에 따르는 것 아니겠습니까. 또한 오래 지속되는 병과도 같은 것이니 분뇨 같은 것은 사람 몸에서 나오는 것일지라도 깨끗이만 한다면 따로 금기도 없으니, 이 월경도 마찬가지이지 않겠습니까. 따라서 인도나 중국 같은 곳에서도 몹시 금기시했다는 내용은 들은 바 없습니다.

『법화경』 외에는 모두 여자는 「성불(成佛)」의 징조가 없다고 하며 전혀 허용되지 않습니다. 실상 이전의 경전들에서는 몹시도 혐오되었는데, 예를 들어 『화엄경』에서 말하기를 "여자는 지옥의 사신 이라 불심의 씨앗을 단절시키며 겉모습은 보살과 닮았지만 내심은 「야차(夜叉)」와 같다" 운운. 『은색 여경(銀色女經)』에서 이르기를 "삼세의 제불들의 눈이 대지에 타락한다 해도 법계의 모든 여자들은 영원히 성불할 수 없다" 운운.

……

『법화경』 이전의 모든 경전들은 설령 인간이나 천상의 여자라 할지라도 성불할 수 있으리라는 사고는 없었습니다. 그럼에도 불구하고 용왕의 딸이나 축생도의 중생으로서 계율을 소홀히 하리라 여겨진 태어난 여자의 모습에서 벗어나지 않고도 즉신성불하셨으니 놀랍기만 합니다! …

무릇 『법화경』의 한 문장, 한 구절을 읽고 한 글자 또는 한 획을 쓰는 것도 역시 생사의 고통에서 벗어나고 큰 보리심을 얻을 인연이 됩니다.

### 윤리와 사회

불교의 도덕적 원칙이 해당 지역의 관습과 충돌할 때 어떻게 반응해야 하는가? 수많은 질문들 에 대해 강력한 도덕적 입장을 취함에도 불구하고, 니치렌은 여기에서 윤리와 도덕에 대한 상대 주의적 입장을 보여 준다.


경전과 이론을 면밀히 살펴보면 그 지역 관습에 따르는 교훈에 관한 가르침이 있다는 것을 알게 됩니다. 이 교훈의 의미는 심대한 모욕적 공격이 관련되지 않는다면, 불교의 가르침에서 약간 벗어나 더라도 그 지역의 예의와 관습을 거스르는 것은 피하는 것이 좋습니다.

### 역사적 의식과 해방

니치렌 시대의 일본인들에게 '역사'라는 개념은 어떤 초월적인 제도나 약속의 일부로 세상의 진실을 드러내는 것이 아니라, 오히려 이를 구성하는 사회와 개인의 불가피한 쇠퇴와 하락의 증가를 의미했다. 이러한 변화는 자연스럽고 필연적이며 인간의 실수에 대한 "타락"이나 보복적 산물은 아니다. 그러나 이 진실을 받아들인다는 것은 기본적으로 희망을 감소시키는 교리에 비추어 인간의 상황을 재검토하고, 절망의 굴레에서 자신과 공동체를 해방시키는 수단으로서 신성함에 다가가기 위한 새로운 길을 찾으며, 종교, 연구, 실천 등의 의미를 재고하는 것을 의미했다. 이 주제에 관한 글은 일반적으로 (1) 이 역사적 쇠퇴가 사실임을 보여 주는 것과 (2) 딜레마에서 벗어나는 길을 보여 주는 두 가지 주제로 구성된다. 그러므로 「말법(末法)」에 대한 논의는 그것이 개인과 사회에 미치는 영향, 사회 내의 권력 관계, 그리고 실천의 의미와 그것이 성취할 수 있는 바에 대해 생각하게 한다.

그러므로 올바른 불법에서는 교행증(教行證)이라는 세 가지가 함께 겸비되어 있습니다. 상법(像法)에는 교행만 있고 증이 없으며, 지금 말법 세상에 들어서는 교만 있고 행증이 없습니다. 「석가모니」 부처가 세상에 계셨을 때 불문에 인연을 맺은 사람은 하나도 없고 권실(權實)[28]의 두 가지도 모조리 사라졌다. 지금의 이 탁하고 악한 세상에 오역(五逆)의 죄를 저지르고 가르침을 비방하는 무리의 사람들에게 비로소 법문의 중요한 「수량품(壽量品)」의 나무묘호렌게쿄(南無妙法蓮華經)로써 보리의 씨앗으로 삼는다 "이 좋은 약을 지금 간직하여 여기에 두니 네가 취하여 먹을 것이며 낫지 않을까 걱정하지 마라."

......

**문 :** 앞서 언급한 바의 정법, 상법, 말법의 교행증은 각별합니다. 어찌하여 묘락대사(妙樂大師)[29]가 '말법의 초창기에 명리(冥利)[30]가 없는 것이 아니다. 잠시 큰 가르침이 전파될 시기이기 때문이다'라고 해석하셨는지 아십니까?

**답 :** 이 구절의 의미는 정법과 상법에 이익을 얻은 사람들은 드러나는 이익을 얻은 것인데 부처가 계실 때 불연이 맺어져 깊어졌기 때문에 지금 말법 세상에는 씨앗이 되는 보이지 않는 이익입니다. 이미 「소승(小乘)」, 권(權) 「대승(大乘)」, 『법화경』 이전의 가르침, 적문(迹門)[31]의 교행증과 비슷할 수도 없습니다. 현재 깨달음의 결과를 보여 줄 사람도 없습니다. 묘락대사의 해석과 같다면 보이지 않는 이익이기에 사람들이 이를 알지 못하고 보지도 못하는 것입니다.

### 종교와 사회

니치렌은 모든 사람에게 존재하는 보편적인 불성과 완전한 해방을 위한 보편적인 잠재력을

---

28) [한] 중생의 소질에 따라 일시적 방편으로 설한 가르침이라는 권교와 깨달음을 그대로 설한 진실한 가르침을 이르는 실교를 아우르는 말.

29) [영] 담연(湛然, 711-782)의 별칭. 중국 당나라 때 천태종을 중흥시킨 승려로 『법화경』 삼대부(三大部)의 주석 등 많은 저술을 남김.

30) [한] 선업의 결과로서 부처나 보살에게서 부지불식간에 받는 드러나 보이지 않는 이익.

31) [한] 『법화경』 8권 28품 중 앞 4권 14품을 이름. 부처나 보살이 중생을 제도하기 위하여 드리운 자취를 밝힌 부분.

지적한 교리에 근거하여, 종교의 목표 중 하나가 사회의 변화라고 생각했다. 이 패러다임에서 종교는 단순히 죽음을 준비하기 위한 것이 아니라 사회적 요청이다. 니치렌은 이 질문에 「유가행파(瑜伽行派)」 전통에 대한 대승의 견해와 결합시켜 창의적인 응답을 보여 준다.

천태(天台)가 이를 받아 말하기를 "일체 세간의 삶을 다스리는 일은 모두 실상과 서로 위배되지 않는다"라고 했나. 지혜로운 사람이란 세간의 법 바깥에서 불법을 이루지 않는다. 속세의 치세법을 철저히 이해하는 사람을 지자라 하는 것이다.

참된 불도는 세간의 법도에 있습니다. 『금광명경(金光明經)』에는 "만약 깊이 속세의 법을 이해한다면 곧 이것이 불법이다"라고 하였고, 『열반경』에서는 "일체의 세간의 바깥에 놓인 경서들은 이 모두가 부처의 말씀이지 외도의 말이 아니다"라고 하였는데, 묘락대사는 『법화경』 제6권의 "일체 세간의 삶을 다스리는 일은 모두 실상과 서로 위배되지 않는다"라는 경문과 대조하여 그 의미를 밝히셨는데, 이 두 경전은 불심이 깊은 경전이지만 한편으로 아직은 불심이 얕아 『법화경』에 미치지 못하므로 세간의 법을 불법에 의거하여 알려주는 것입니다. 그러나 『법화경』은 곧 세간의 법이 불법의 전체라고 해석하는 것입니다.

『법화경』 이전에 불경의 본질은 마음에서 만법이 생긴다는 것입니다. 예를 들어 마음은 대지와 같고 초목은 만법과 같다고 합니다. 그러나 『법화경』은 마음이 곧 대지이고 대지가 곧 초목이라고 합니다. 『법화경』 이전의 경전에서 말하는 마음은 마음이 맑은 것은 달과 같고, 마음이 깨끗한 것은 꽃과 같다는 것입니다. 그러나 『법화경』은 달이야말로 마음이요 꽃이야말로 마음이라고 하는 법문입니다. 이로써 깨달아야 하는바, 흰쌀은 그냥 흰쌀이 아니며 곧 삶 자체입니다.

[GTC, MLB/엄인경]

# 본각 논쟁

'본각(本覺)'이라는 불교 용어는 일본 불교 사상의 발전에서 종파를 초월하는 개념으로서 특별한 역할을 하고 있다. '본각'은 '깨달음'을 성취한다는 핵심적 주제에 관한 특별하게 일본적인 변주를 대변한다. '본각'은 「성불(成佛)」에 대한 잠재력과 희망을 표현하는 「불성(佛性)」을 가르치는 「대승(大乘)」불교의 연장선상에 있다. 이 용어의 모호함과 해석의 다양성을 감안하면, 이 용어의 번역은 매우 여러 가지로 이루어질 수 있다. '본래적인 깨달음(Original enlightenment)'은 가장 일반적인 번역인데, 이 번역은 성불하기 위해서 곧 깨달음을 완벽하게 이루기 위해서 회복하거나 발견해야 하는 어떤 원초적이거나 본래적인 상태를 함의하여, 시간적인 함축성이 강하다. '내재적인 각성(Innate awakening)'과 '본질적인 깨달음(inherent enlightenment)'은 실체적인 자아를 배격하고 만물의 상호의존과 「연기(緣起)」를 주장하는 불교의 기본적인 입장과 상충하는 것으로 보이는, 실체론적인 뉘앙스가 있다.

특히 일본 「천태」종(天台宗) 전통의 전개는 '본각사상(本覺思想)'이라고 불리게 된 아이디어들의 특별한 구두전승을 포함하였다. 이 일련의 아이디어들은 모든 중생(衆生, 또는 나무나 바위와 같은 인지 능력이 없는 존재들까지 포함하는 모든 사물)이 본래적으로 또는 본질적으로 깨달을 — 성불할 — 수 있는 잠재력을 지니고 있다는 믿음에 기초한다. 궁극적으로 이러한 사상은 모든 존재가 이미 깨달음을 갖추고 있다는, 다시 말해서 모든 존재가 바로 있는 그대로 붓다라는 결론에서 정점에 이른다.

이러한 — 모든 존재가 바로 있는 그대로 붓다라는 — 최종적인 사상은 대립물의 완전한 합일을 이야기하면서 '절대적인 불이론(不二論)'이라고 불리어 왔다. 이것은 전통적인 대승불교에서 큰 것과 작은 것, 빛과 어둠, 무지와 깨달음 등과 같은 대립물들 사이의 필연적인 연관 내지 상호 관련성을 가리키는 차원에서의 불이론에 그치는 것이 아니다. 이러한 전통적인 의미에서는 대립물의 쌍에서, 예컨대 작은 것이 없이는 큰 것이 없고, 무지가 있기에 깨달음이 있다는 등으로 한쪽이 다른 쪽에 '의존'한다. 천태 철학의 창립자인 지의(智顗, 538-597)에 의하면, 이러한 대립물들은 "하나도 아니고 둘도 아니며, 하나이면서 둘이기도 하고", "전적으로 다르지도 않고 전적으로 동일하지도 않고", "불이(不二)이면서도 서로 구분된다." 그러나 절대적인 불이론의 본각 전통에서는 대립물들의 전적인 일치가 있다. 무지가 곧 깨달음이고, 정념에 의한 오염이 곧 붓다의 지혜이고, 이렇게 번뇌에 휩싸인 「생사(生死)」의 윤회가 곧 「열반(涅槃)」이고, 이렇게 오염된 세계가 곧 있는 그대로 바로 정토(淨土) 이다. 이것이 대립물들의 전적이고 단순한 일치의 논리이다.

오늘날의 일부 학자들은 절대적 불이론을 이야기하는 본각사상이 대승 철학의 정점이라고 평가해 온 반면, 다른 학자들은 불교 교설의 타락이라고 내치거나 심지어 전혀 불교적인 것이 아니라고 비판해 왔다. 하지만 누구도 일본 사상사에서 이러한 사상이 중요하며 심지어 오늘날까지도 일본인들의 의식 내지 세계관에 편만해 있다는 것을 부인할 수 없다. 이어서 그 역사에 대한 간략하게 일별해 보자.

## 『대승기신론(大乘起信論)』에서 '본각'

'본각'이라는 한자어는 영향력이 막대한 논서인 『대승기신론』에서 최초로 등장한다. 이 논서는 인도의 유명한 시인 아슈바고샤(Aśvagoṣa, 마명(馬鳴, 약 80-150))의 저서라고 칭해져 왔으나, 5세기 내지 6세기에 중국에서 편찬된 것이 거의 확실하다. 곧, 이 논서는 『열반경(涅槃經)』에서 극찬하는 "모든 중생에게 불성이 있다(一切衆生 悉有佛性)"라는 교리를 중국적으로 해석하고 있다. 이 논서에서 '본각'은 '발현된' 내지 '획득된' 깨달음이라고 할 수 있는 '시각(始覺)'과 짝을 이루어 함께 정의된다. 다시 말해서, '본각'은 깨달음에 이를 수 있는 내재된 잠재력 또는 모든 중생들이 본질적으로 깨달아 있는 '본래적인' 상태라고 이해할 수 있다. 또한 다양한 수행을 통하여 또는 어떻게든 깨달음을 '발현된' 내지 '획득된' 깨달음이 있다. 이러한 용어들 및 아이디어들에 관련된 중심적인 단락은 아주 간결하고 모호하여 다양하게 해석될 여지가 있지만, 다음과 같이 번역할 수 있다.

> '깨달음'의 의미: 마음의 바탕은 실제의 생각들로부터 자유롭다. 생각들로부터 자유로운 특성은 비어 있는 공간의 영역과 같아서, 어디에나 있으면서 어떤 한 장소에는 없는 것이 「여래(如來)」의 차별이 없는 「법신(法身)」인 실재의 유일한 특성이다. '법신'에 기초하기에 이는 '본각'이라고 불린다. 왜? 본래적인 깨달음의 의미는 획득된 깨달음과 대조되어 설명되고, 획득된 깨달음은 사실상 본래적인 깨달음과 동일/일치하기 때문이다. 획득된 깨달음의 의미는 이러하다. 본래적인 깨달음에 기초하여 깨닫지 못함의 실제 상태가 있다. 깨닫지 못함이 있기 때문에 우리는 깨달음을 획득하는 것에 대하여 이야기할 수 있다. [T 32, 576b]

이 단락은 다양하게 해석되지만, '본래적인' 깨달음과 '획득된' 내지 '발현된' 깨달음이 서로 독립적이지 않고 철저하게 불이론적이라고 간주될 수 있다는 것은 분명하다. 궁극적으로 일본 천태 전통에서 이렇게 철저한 불이론은 만물이 있는 그대로 바로 깨달아 있다는 것을 의미하는 것으로 해석되었다.

## 본각을 둘러싼 중세의 논쟁

천태 전통을 일본에 전한 사이초(最澄, 767-822)는 「불성(佛性)」이라는 아이디어를 둘러싸고 「법상」종(法相宗) 전통의 승려 도쿠이쓰(德一, 781?-842?)와 유명한 논쟁을 벌였다. 도쿠이쓰는 「불성에 관하여」라는 논문을 지었고, 이에 대하여 사이초는 『『법화경(法華經)』에 관한 오해를 논파함」이라는 논문으로 응수하였다. 둘은 4년간에 걸쳐서 일본 불교사에서 가장 중요한 교리적 논쟁 중 하나로 커지게 된 논쟁에 참여하였다. 사이초는 『법화경』에서 천명하는 이상, 곧 모든 중생이 붓다의 지고한 깨달음을 이루도록 정해져 있다는 보편적인 성불 사상을 주창한 반면, 도쿠이쓰는 사람들이 성불할 희망이 전혀 없는 이들을 포함하여, 다섯 가지 범주의 상이한 잠재력을 가진 이들로 분류될 수 있다는 「유가행파(瑜伽行派)」의 해석을 지지하였다. 그러나 이러한 텍스트들에서의 논증은 철학적이라기보다는 문헌적이고 권위적이다. 다시 말해서, 논증의 주요 방식은 자신의 입장을 지지하는 전통적인 경론을 인용하는 것이다. 그래서 우리는 여기에서 철학적 논증의 한 사례로 제시할 발췌문이 없다. 대신에 우리는 보편적 성불에 대한 사이초의 입장이 일본 불교의 표준으로 수용되었으며, 본각이라는 주제에 관한 중세의 여러 논서들을 통하여 더욱 발전되었다고 말하는 것으로 만족할 수밖에 없다.

본각사상의 발전은 천태종에서 특히 두드러졌다. 우리는 중세시대 천태종에서 '본각문(本覺門)' 또는 '천태본각사상'이라고 불리는 독자적인 운동을 발견하기도 한다. 본각이라는 주제를 전문으로 하는 텍스트들이 헤이안시대(平安時代, 794-1185) 말기와 가마쿠라시대(鎌倉時代, 1185-1333)에 등장하였고, 그 텍스트들 중 다수가 사이초, 겐신(源信, 942-1017), 그리고 료겐(良源, 912-985)과 같이 저명한 천태종 인물들의 저술이라고 이야기되어 오기도 했다. 이러한 텍스트들에는 사이초의 저작이라고 알려졌지만 훨씬 후대의 텍스트로서 본각의 맥락에서 천태종의 가장 중요한 교설들을 해석하는 『본리대강집(本里大綱集)』, 료겐과 겐신이 주석을 썼다고 일컬어지는 「본각찬(本覺讚)」, 그리고 사이초의 저술이라고 일컬어지는 저술로서 본각에 관한 아이디어, 수행, 그리고 계보의 구두 전승 등의 세부적인 사실들을 담고 있는 「수선사상전사주(修禪寺相傳私注)」와 같은 텍스트들이 포함된다. 이러한 텍스트들은 구두 전승, 그리고 이에 수반되는 계보를 중시하고, '관조의 마음' 내지 '마음의 관조'를 통한 이해 및 깨달음의 실현에 대한 주관적인 해석학을 포함하고 있다.

현세의 「생사(saṃsāra)」와 깨달음의 지복 또는 성불(열반)의 일치(상호연계 및 무차별)라는 대승 사상에 기초하여 구축된 본각사상은 절대적인 불이론 및 세속적인 세상을 있는 그대로 전적으로 긍정하는 정신으로 발전하였다. 이러한 이상은 대체로 "산과 강과 풀과 나무가 다 성불한다(山川草木 悉皆成佛)"라는 문구에서 가장 일반적으로 표현된다. 이 문구는 일본의 문학, 예술, 연극, 그리고 불교 철학에서 거의 끊임없이 등장한다. 일본 불교 지성사의 대부분에서 이러한 종교적 아이디어는 도전받지 않는 전제가 되었고, 오늘날에도 보다 광범위한 일본적 세계관에서 무비판적인 가정으로서 계속해서 압도적인 영향을 미치고 있다.

영향력이 막대한 『열반경』에서 불성은 윤회하는 모든 개체 내에 있으면서, 그 개체들로 하여금 평범하게 죽을 수밖에 없는 존재에서 벗어나 성불할 수 있도록 하는 일종의 업의 씨앗과 같이 작용하는 「법(法)」 내지 독특한 현상으로서 극찬되었다. 이것은 인도적 관점이었다. 그런데 식물들은 정서를 결여하고 있다고 이해되었기 때문에, 식물들은 선업이든 악업이든 업을 산출할 의식적인 활동이 없다고 여겨졌다. 따라서 인도 불교에서 식물계는 전통적으로 윤회하는 까닭에 해탈이 필요한 생명 형태의 일부라고 생각되지 않았다. 그러나 중국에서는 7세기에 식물에 불성이 있다는 관념이 길장(吉藏, 549-623)에 의하여 등장하기 시작했고, 담연(湛然, 711-782)에 의하여 발전되었다. 이렇게 근본적인 불성사상이 많은 사람들에게 존재론적인 관념이라기보다는 심리학적인 관념으로 이해되면서, 이러한 이해는 일본에서 상당한 논란을 촉발시켰다. 우리는 이러한 논란의 와중에 구카이(空海, 774-835)의 밀종(密宗)에서 언어를 자유롭게 상징적으로 사용하는 것을 발견하는데, 이러한 자유는 다른 불교 종파에서는 공유되지 않았었다. 그러나 한 세기 뒤에 밀종과 경쟁관계에 있던 천태종이 밀교적인 분파와 현교적인 분파로 나뉘면서, 이 문제는 뚜렷하게 부각되기에 이른다.

다른 한편으로, 12세기와 13세기에 호넨(法然, 1133-1212)*에 의하여 촉발되어 대두한 정토불교는 본각 논지를 명시적으로 배격하는 것으로 여겨졌다. 호넨과 그의 제자들 역시 천태종 승려들이었지만, 그들은 고(苦)의 실존적 실상 및 자기 자신만의 노력으로는 해탈을 성취할 수 없다는 사실을 직면할 것을 강조하였다. 이 그룹 사람들에게 본각은 기껏해야 거의 쓸모없는 일탈에 지나지 않았다. 그러나 중세시대에 정토종 그룹들에 대한 반복적인 탄압은 본각의 관점이 이 시대에 얼마나 규범적이 되어 있었는지를 확증해 준다.

아래의 발췌문들은 이 논쟁의 폭을 반영한다. 곧 이 논쟁은 중세시대부터 오늘날까지 꺾이지 않고 계속되고 있다.

[PLS/류제동]

# 수선사상전사주(修禪寺相傳私注)
## 보편적인 불성

사이초 1480, 71-2

「수선사상전사주(修禪寺相傳私注)」에서 발췌한 아래의 글에서 사이초는 관조의 수행을 통해서 수행자와 붓다의 일치 내지 불이(不二)를 자각할 것을 강조한다.

첫째로 설명해야 할 것은 일심삼관(一心三觀)에 대한 기초적인 이해이다. 곧, 지관(止觀)을 수행하는 자는 지관의 가르침과 수행이 무엇으로 이루어져 있는지를 기초적으로 이해하는 데 있어서 차분하고 확고해야 한다. 각각의 먼지와 같은 현상은 동시에 공(空)이고 가(假)이고 「중(中)」이며, 정념적인 생각으로부터 전적으로 독립되어 있다. 이 삼관(三觀)의 지고한 진리가 뚜렷이 식별될 때, 각자는 수행해야 할 것도 없고 깨달아야 할 것도 없음을 깨닫는다. 수행하고 깨달을 때에, 무언가 '시작'이나 '기원'에 관하여 논할 것이 있는가? 내적인 것과 외적인 것 모두 신비하여 차별이 없다. 외적인 조건과 내적인 직관 내지 관조가 서로 고요하다. 모든 생각은 감각적 체험의 대상과 연계되어 일어난다. 그대는 그 대상에 집착하지 말아야 한다. 삼관에 머물면서 생각이 남지 않는 자가 지관의 진정한 수행자이다. 이러한 방식으로 각자는 집착이 없이 그리고 어떤 얻을 것이 없이 삼관을 기초적으로 이해하는 데 있어서 확고하게 머물러야 한다. 각자는 삼관을 다음과 같이 세 가지 수준에서 수행해야 한다. 첫째는 특정한 때와 장소에서, 둘째는 일상생활의 모든 측면에서, 셋째는 죽음의 때에.

일심삼관의 세 수준에서, 첫째는 특정한 때에 일심으로 관조하는 것이다. 곧, 각자는 수행할 장소를 준비하고 정돈하며, 7일에서 100일과 같이 수행할 특정한 때를 설정해야 한다. 수행할 장소를 정돈하는 절차는 다음과 같다. 사람들이 거처하는 소란스럽고 산만한 곳에 가까운 장소를 피하여 작은 방을 준비하라. 사방 벽에 마음을 경건하게 할 상을 모셔라. 북쪽에는 「석가모니」의 상을 두어서 그대의 수행을 지도받도록 하라. 서쪽에는 「아미타불(阿彌陀佛)」의 상을 두어서 지혜의 관조가 촉진되도록 하라. 남쪽에는 「관세음보살(觀世音菩薩)」의 상을 두어서 불퇴전(不退轉)의 상태에 도달할 수 있도록 하라. 동쪽에는 문수보살의 상을 두어서 그대 자신을 보호하고 마장(魔障)을 소멸시켜라. 수행자는 얼굴이 아미타불의 상을 바로 향하도록 해야 한다.

또한 각각의 상 앞에는 깨끗한 거울을 두어야 한다. 붓다와 보살이 적절한 인연에 따라 감응하여 와서 나타날 때, 수행자의 상과 보살 내지 붓다의 상이 거울에서 하나로 나타나는 것이 보일 수 있을 것이다. 이처럼 수행자가 내적인 원인으로서 일심삼관을 유지하고 외적인 원인으로서 붓다 내지 보살이 동일한 거울에 나타나면, 이는 내적인 인연과 외적인 인연의 합하여져서 (성불의) 성취가 빠르게 완성되도록 이끌 것이다. 꽃을 바치고, 향을 사르고, 반연화좌로 앉고, 낮에 세 번 밤에 세 번 하나의 대상에 마음을 집중하여 머물러라.

그대가 7일 동안 이렇게 뚜렷한 수행을 할 때, 그대는 첫날에 '중생과 붓다의 합일에 대한 관조'를 수행해야 한다. 마음이 모든 현상의 체(體)라면, 중생과 붓다는 한마음 속에 통합되어 있다. 어떻게 그들이 별도의 본질이나 몸을 가질 수 있겠는가? 헌신의 대상과 수행자가 하나의 거울에 함께 나타나는 것은 중생과 붓다가 불이(不二)이기 때문이다. 중생과 붓다가 실제로 구분되고 불이가 아니라면, 그들이 어떻게 하나의 거울에 함께 나타날 수가 있겠는가? 빛과 어둠은 각각 구분되고, 따라서 빛이 있을 때는 어둠이 없고, 어둠이 있을 때는 빛이 없다. 중생과 붓다가 본질적으로 구분된다면, 거울에 비친 그들의 상도 역시 구분되어야 한다. 이처럼 수행자의 몸과 말과 마음의 세 가지 활동은 예배 대상의 세 가지 활동과 전혀 구분되지 않는다. 이를 관조하는 수행자는 그 자신의 몸이 깨달음의 경지에 이른 지고의 몸이니, 곧 그는 붓다이다. 그는 평범하고 무지한 사람의 면모에서 영원히 벗어나 있고, 평범한 사람의 속성을 빠르게 버린다.　　　　　　　　　　　　　　　　　　　　[PLS/류제동]

## 진여관(眞如觀)

겐신 N.D., 120-1, 124-5, 130-1, 133-4 (204-9)

「진여관(眞如觀)」은 12세기의 작품이고, 실제로는 겐신에 의하여 저술된 것이 아니지만, 겐신의 저작이라고 이야기된다. 이 작품도 절대적인 불이론을 강조하며, "초목과 와석과 산천과 대지와 대해와 허공이" 모두 근본적인 본질로 '진여'를 공유하기에 모두 붓다와 하나라고 주장한다.

『마하지관(摩訶止觀)』 제1권에서는 다음과 같이 이야기한다. "온갖 형태와 향기 중에서 「중도(中道)」가 아닌 것은 없다. 불계(佛界)와 중생계(衆生界)만이 아니라 자아의 세계 역시 그러하다"[T 46.1c]. '자아의 세계'는 수행자 자신의 마음이다. '불계'는 십방(十方)의 모든 붓다를 가리킨다. '중생계'는 모든 중생을 가리킨다. '온갖 형태와 향기'는 초목과 와석과 산천과 대지와 대해와 허공을 다 포함하여, 모든 종류의 무정물(無情物)을 가리킨다. 이 모든 무수한 존재자들 중에 중도가 아닌 것은 아무 것도 없다. 이러한 일치를 가리키는 용어는 여럿 있다. 예컨대 '진여', '진제(眞諦)', '우주', 「법신(法身)」, 「법성(法性)」, 「여래(如來)」, '요의(了義)' 등이 있다. 나는 이렇게 많은 용어들 중에서 지금의 취지상 '진여'를 택하여, 경론의 여러 곳에서 설해지는, 중도의 관조가 무엇을 뜻하는지 밝히려고 한다.

그대가 빠르게 「성불(成佛)」을 이루기를 바라거나 극락 「정토(淨土)」에 반드시 태어나기를 바란다면, 그대는 다음과 같이 생각해야 한다. "나 자신의 마음이 그 자체로 진여의 이치이다." 그대가 우주에 편만해 있는 진여를 그대 자신의 바탕이라고 생각한다면, 바로 그대가 우주이다. 이것을 벗어난 어떤 것이 있다고 생각하지 마라. 그대가 자각하면, 우주의 십방세계에 있는 모든 붓다와 더불어 모든 보살들 역시 각각 그대의 자아 안에 머무른다. 그대의 자아를 벗어나서 별개의 붓다를 구하는 것은 그대 자신이 바로 진여임을 알지 못할 때의 행동이다. 진여와 그대 자신이 동일함을 알 때, 「보현(普賢)」보살, 문수(文殊)보살, 관음(觀音)보살, 「미륵(彌勒)」보살, 그리고 그 밖의 「보살」들뿐만 아니라 석가모니, 아미타불, 약사여래, 그리고 그 밖의 시방제불(十方諸佛) 중에서 그대 자신과 별개인 존재는 아무도 없다. 더욱이, 『법화경』과 팔만 장경과 열두 종류의 경전뿐만 아니라 깨달음의 원인으로 수행된 제불보살의 만행, 그들이 과보로서 성취한 온갖 덕, 그리고 그들의 자기 수행과 다른 이들에 대한 가르침을 통하여 얻은 무량한 공덕, 이 모든 것 중에서 자기 자신 안에 있지 않은 것이 무엇인가?

이렇게 생각할 때, 모든 것이 마음의 작용이므로 모든 수행은 한마음에 포섭되고, 단 한순간의 생각에 수행자는 만물을 통찰한다. 이것이 '수행의 자리에 앉음'이라고 불린다. 이것이 '올바른 깨달음을 성취함'이라고 불린다. 이처럼 지금의 이 몸을 포기함이 없이 성불하므로, 즉신성불(卽身成佛)이라고도 불린다. 이것은 마치 용왕의 여덟 살 된 딸이 만물이 단 하나의 진여라는 『법화경』의 이치를 들고서 즉각 깨달음에 대한 서원을 발하고, 한순간에 올바른 깨달음을 성취하였다는 경우와 같다. 더욱이, 진여를 관조하고 극락정토에 태어나기를 서원하는 자에게는 자신의 바람에 따라 확실히 그곳에 태어나리라는 데 전혀 의심이 없다. 그 이유는 다음과 같이 이해할 수 있다. 자력 수행과 다른 이들을 가르침으로써 온 우주를 다 채울 무량한 공덕을 쌓음으로써 붓다가 되는 성불은 극히 어려운 반면, 극락의 땅에 태어나는 것은 매우 쉽고도 확실하다. 악행을 범한 자라도 임종 때에 온 마음을 다하여 '나무아미타불'을 열 번 암송하면, 확실히 그곳에 태어난다.

곧 진여를 관조할 때 도달하기 어려운 성불조차도 빠르게 성취할 수 있지만, 극락정토에 태어나는 것은 훨씬 쉬우니 그 확신에 의심의 여지가 있겠는가? 상황이 이러하니, 반드시 정토에 태어나기를 열망하는 이들은 오직 진여를 관조하여야 한다. 백이면 백 반드시 그곳에 … 확실하고도 의심의 여지없이 태어난다.

……

어떤 이가 묻기를, 그는 모든 존재가 본래 붓다라는 이러한 진리를 이해하지 못하겠다고. 모든 존재가 본래 붓다라면, 사람들은 어렵고 고통스러운 수행을 통하여 붓다가 되려고 결심하지 않을 것이다. 또한 육도윤회(六道輪廻), 곧 지옥, 아귀, 축생, 아수라, 인간, 천상의 차이도 없을 것이다. 하지만 붓다 자신이 육도의 중생이 언제나 존재한다고 설하였다. 『법화경』 자체에서도 설하기를, "나는 불안(佛眼)으로 극도의 빈곤에 시달리며 공덕이든 지혜든 얻지 못하는 육도의 중생들을 본다"[T 9, no. 9b]. 더욱이 현상은 실제로 나타나는 그대로이다. 개미와 땅강아지는 물론이고 사람과 말, 소, 개, 그리고 까마귀가 실제로 있다. 어떻게 이 모든 존재가 본래 붓다라고 말할 수 있는가? 그리고 세상 사람들이 늘 생각하듯이, '붓다'는 32상 80종호의 신체적 탁월함을 갖추고 있고, 초자연적인 능력과 지혜로 다른 모든 이들을 초월하는 무제약적인 존재이다. 바로 그러하기에 붓다는 외경을 받을 자격이 있다. 어떻게 개미나 땅강아지, 개나 까마귀 같은 피조물들이 붓다로서 존경이나 외경을 받을 자격이 있다고 간주될 수 있는가?

이제 이에 대한 대답을 다음과 같이 할 수 있다. 우리 자신 및 다른 이들 모두 처음부터 단일한 실재로서 진여의 이치이고, 지옥, 축생 등등의 차별은 없다. 그럼에도 불구하고 일단 무명(無明)이 생겨나면, 우리는 차별이 없는 이치 안에서라도 다양한 차별을 일으킨다. 우리는 진여 또는 우주를 오직 우리의 개별적인 자아라는 맥락에서 생각하면서, 나와 남, 이것과 저것을 구분 짓고, 오온(五蘊)과 육진(六塵)의 번뇌를 일으킨다.[32] 우리의 바람에 부합하는 대상에 대해서는 탐욕의 번뇌를 일으키고, 우리의 바람에 부합하지 않는 대상에 대해서는 분노의 번뇌를 일으킨다. 우리가 좋아하지도 싫어하지도 않는 대상에 대해서는 어리석음의 번뇌를 일으킨다. 우리는 삼독(三毒) ― 탐욕, 분노, 어리석음 ― 을 바탕으로 8만 4천 번뇌를 일으킨다. 우리는 이렇게 다양한 번뇌의 자극을 받아서 다양한 행동을 수행한다. 우리는 선한 행위의 과보로 천상, 인간, 그리고 아수라의 선한 삼계(三界)에 태어나는 보상을 경험한다. 그리고 우리는 악한 행위의 과보로 지옥, 아귀, 그리고 축생의 악한 삼계에 태어나는 벌을 자초한다.

이러한 방식으로 육도에서의 무정물적인 환경과 더불어 중생이 살아가게 된다. 우리는 이처럼

---

32) [영] 오온(五蘊)은 우리의 존재를 구성하는 물리적이고 심리적인 요소들을 가리키는 것으로, 형상(色), 지각(受), 관념(想), 심리적인 의욕(行), 의식(識)이 있다. 육진은 보고, 듣고, 냄새 맡고, 맛보고, 만지고, 생각하는 등으로 인식되는 대상들을 가리킨다.

여섯 세계를 윤회하면서 참으로 자아가 아닌 것을 자의적으로 자아라고 간주하게 된다. 그리하여 우리는 우리를 거스르는 사람들을 향하여 분노를 일으키고 그들을 욕하고 때리고 심지어 죽이기까지 한다. 이처럼 우리는 「생사(生死)」의 순환을 종식시키지 못한다. 또는 우리는 우리에게 부응하는 사람들에게는 집착적인 애정을 일으켜서, 세세생생 책임과 애착이라는 상호적인 속박을 형성한다. 이러한 경우에도 윤회는 멈출 수 없다. 다시 말해서, 생사의 세계를 윤회하는 것은 그저 그대 자신이 진여라는 것을 알지 못하고 그리하여 자의적으로 나와 남, 이것과 저것을 구분 짓는 데에서 기인한다. "진여가 나 자신의 본성이다"라고 생각할 때에는 그대 자신이 아닌 것이 없다. 자기 자신과 남이 어떻게 동일하지 않을 수 있겠는가?

그리고 나와 남이 다르지 않다는 것을 그대가 깨닫는다면, 누가 있어서 번뇌와 악행을 일으켜서 윤회의 순환을 계속하는 것이겠는가?

......

이처럼 걷고, 서고, 앉고, 또는 눕거나, 또는 어떠한 종류의 행동을 수행하는 중이라고 하더라도 그대가 "내가 진여다"라고 생각한다면, 그것이 바로 성불을 이루는 것이다. 무엇이 이러한 관조를 방해할 수 있겠는가? 그대는 모든 존재에 대한 존중과 함께 진여를 관조해야 함을 알아야 한다. 출가자나 재가자나 남자나 여자나 모두 이러한 방식으로 관조해야 한다. 그대가 그대의 아내, 자녀, 그리고 시종들을 부양할 때, 또는 소, 말, 그리고 기타 여섯 가지 종류의 가축들[33]을 먹일 때조차도 만물이 다 진여이기에 이러한 타자들이 다 바로 진여라고 생각한다면, 그대는 실질적으로 단 하나의 예외도 없이 모든 살아 있는 중생들뿐만 아니라 십방삼세(十方三世)의 모든 부처님들과 보살님들에게 공양을 해온 것이다. 이것은 진여라는 유일한 이치 외에 존재하는 것은 아무 것도 없기 때문이다. 개미나 땅강아지와 같은 만물이 모두 진여이기에, 단 한 마리의 개미에게 먹이를 주는 것조차도 십방의 모든 부처님께 공양하는 공덕을 수반한다고 찬탄된다.

이것은 타자에게 공양하는 것에만 적용되는 것이 아니다. 우리 자신들 역시 진여이기에 — 생각의 각 찰나가 모든 현상들과 상즉(相卽)하여 분리될 수 없으므로 — 우리들 각자 자신이 십방삼세의 모든 부처님들과 보살님들을 포함하며, 백 개의 세계, 천 개의 진여, 삼천 개의 세계를 다 품고 있어서, 결여하고 있는 것이 아무 것도 없다. 그리하여 그대가 식사를 할 때 이러한 관조를 수행한다면 보시(布施) 「바라밀(波羅蜜)」의 공덕은 즉각 온 우주를 채우고, 하나의 수행은 모든 수행과 같으므로, 단 하나 보시 바라밀의 수행이 다른 모든 바라밀의 수행을 담고 있다. 그리고 원인과 결과가 불이이기에 원인의 단계를 대변하는 모든 수행은 동시에 성취 단계의 온갖 공덕이기도 하다. 그리하여 그대는 최고 단계의 보살이고, 완벽한 깨달음을 성취한 여래이다.

그리고 살아 있는 중생들만이 진여가 아니다. 풀이나 나무와 같은 무정물들도 진여이다. 그러므로 한 분의 부처님께 꽃 한 송이를 바치거나 향 한 대를 사르더라도 — "모든 형상과 향기 중에 중도가 아닌 것이 없는" 까닭에 — 그 한 송이의 꽃이나 한 대의 향이 바로 진여이고 따라서 그 꽃과 향은 온 우주에 편만해 있다. 그리고 공양을 받는 한 분 부처님도 바로 진여이기에, 그 한 분 부처님이 모든 부처님이고, 예외 없이 … 십방세계의 무수한 부처님들이 모두 동시에 그 공양을 받는다. 꽃 한 송이나 향 한 대와 같은 작은 공양으로라도 진여를 관조할 때 그 공덕은 이처럼 클 것이다. 어떤 사람이 붓다의 이름을 한 번이라도 낭송하거나, 경의 한 구절이나 한 게송을 독송하거나 서사한

---

33) [영] 여기에서 지칭되는 가축들은 말, 소, 양, 개, 돼지, 그리고 닭이다.

다면, 그 공덕은 얼마나 더 클 것인가? 그렇게 하는 중에 각각의 문자가 진여의 이치라고 생각함으로써 얻는 공덕은 너무나 막대하여서 다 이루 설명하기가 불가능하다.

이처럼, 자타를 막론하고 모든 살아 있는 중생들이 다 진여이기에, 그들이 바로 부처님들이다. 초목이나 와석이나 산하나 대지나 대하나 허공이 모두 진여이기에 부처님이 아닌 존재는 아무 것도 없다. 하늘을 보면 하늘이 부처님이다. 땅을 보면 땅이 부처님이다. 동쪽을 바라보면 동쪽이 부처님이다. 남쪽, 서쪽, 북쪽, 그리고 각 방향의 사이에 있는 방향들, 그리고 위와 아래에 있어서도 … 다 마찬가지이다.

[JIS/류제동]

---

## 초목발심수행성불기(草木發心修行成佛記)
## 초목성불

가쿤과 료겐 1336, 345-6

아래는 가쿤과 료겐 사이의 흉내 논쟁에서의 발췌문이다. 두 사람은 10세기 일본의 지배적인 종단인 천태종에서 높은 위상을 지녔던 승려들로서 초목 속에도 불성이 현존함을 이야기하면서 질문을 확장하여, 풀과 같은 무정물의 생명 형태도 유정(有情)의 생명 형태와 동일한 과정을 거쳐서 성불하게 되는 것인지를 묻는다. 두 사람 모두 각각의 개별적인 생명 형태 안에 내재하는 불성에 의하여 한정되는, 성스러운 삶의 세계 안에 식물의 세계를 받아들인다.

**질문** : 풀과 나무는 사물을 관조하는 마음을 갖고 있지 않은데, 어찌 그들이 해탈을 열망하는 헌신을 하고, 적절한 수행을 실천하고, 그리하여 붓다가 되었다고 말할 수 있는 것인가?

**답변** : … 보살의 성불과 관련하여, 풀과 나무 역시 시간적인 존속의 네 측면, 곧 생성(生), 지속(住), 변화(異), 소멸(滅)을 구현하고 있다고 주장되어 왔다. 그리하여 우리는 풀과 나무가 해탈을 열망하여 수행에 참여할 때, 그들은 유정의 생명 형태와 마찬가지로 수행한다고 알게 된다. 유정의 생명 형태가 수행을 통하여 해탈을 열망한다면, 풀과 나무도 그러하다.

더욱이 우리 천태종의 완전한 가르침에서, 우리는 정식(情識)이 있는 생명과 정식이 없는 생명 모두를 포함하는 모든 생명 형태가 머물러 있는 특성과 앞으로 나아가는 움직임의 특성이라는 두 특성을 갖추고 있다는 사상이 있다. 머물러 있을 때에는 아무런 열망이나 수행이 없다. 앞으로 나아가는 움직임에서는 열망과 수행이 있다. 범부의 세계와 부처님의 세계 모두에 세속적인 진리와 초월적인 진리가 있고, 자기를 위한 수행의 공덕과 다른 이들의 정신적인 변화를 지향하는 수행의 공덕이 있다. 풀과 나무도 예외가 아니다.

……

**의혹** : 다른 이들은 풀과 나무가 이치에서는 「불성(佛性)」이 있지만 사실에 있어서는 그럴 수 없다고 말한다. 그렇다면, 불성의 지혜와 그 지혜에 이르는 수행이 풀과 나무에게 어떻게 가능하겠는가?

**답변** : 만약 그대가 이치에서 불성의 존재를 이미 받아들인다면, 그대는 그 존재가 현실에서도 가능하다는 것을 알 것이다. 우리는 "부처님의 두 몸 — 법신(法身)과 그 법신의 세계 내 현존 — 이 상주(常住)한다는 것은 말할 필요도 없다"라는 어구도 이러한 생각을 긍정하는 것이라고 해석할

수 있다. 이것이 형태가 없는 것을 본질로 하는 진여의 놀라운 이치이다.

유정(有情)과 무정(無情)은 둘이 아니다. 살아 있는 유정 중생은 「중도(中道)」이고, 그 자체로 불성에 고유한 「지혜(智慧)」와 수행을 갖추고 있다. 풀과 나무는 중도이고, 그것들 역시 그러한 것들을 갖추고 있다. 만약 그렇지 않다면 우리는 중도의 이치에서 이원성을 보는 오류에 떨어질 것이다.
......

**질문** : 풀과 나무가 해탈을 열망하고 이러한 목적으로 수행에 참여한다면, 도대체 왜 그것들 중에 어떤 것이라도 탁월하게 수행하고 있다는 언급이 없는 것인가? 이러한 사실 때문에 우리는 그것들이 해탈을 열망하거나 수행에 참여하는 체험은 없는 것이라고 결론짓게 되는 것이다.

**답변** : 그것들의 열망과 수행에는 다양한 많은 의미가 있다. "하나의 행위가 모든 행위이고 하나의 수행이 모든 수행이다"라는 관점에서 우리는 어떠한 현상도 해탈을 열망하고 수행에 참여하는 덕성을 결여하고 있지 않다고 말할 수 있으니, 왜냐하면 모든 현상은 열망, 수행, 그리고 성불이라는 깨달음의 본질을 공유하기 때문이다. 그러므로 나에게는 그대가 '나아가는 움직임에 들어섬'의 교리가 핵심적인 가르침의 일부임을 이해하지 못했다는 것이 분명하다. 머물러 있음의 측면이 더욱 더 두드러지는 것은 움직임이 깨달음을 열망하지도 않고 수행에 참여하지도 않는 유정이나 무정의 생명 형태들 속으로 들어가서 그들에게 깨달음을 열망하고 수행에 참여하도록 촉구할 수 있기 때문이다. 궁극적으로 이 점이 그대에게 분명할 것이다.                      [MLB/류제동]

---

## 「본각사상비판의 의의」(『본각사상비판』), 「여래장사상은 불교가 아니다」(『연기와 공』) 비판불교

하카마야 노리아키 1989, 9-10
마쓰모토 시로 1989, 5-8, (169, 171-2)

불이론과 본각의 전제들은 일본 사상에서 널리 수용되고 있지만, 이따금 비판적인 반대에 직면해 오기도 하였다. 최근의 이른바 '비판불교' 운동은 그 주요 주창자들인 하카마야 노리아키와 마쓰모토 시로가 선불교 조동종 대학 소속의 불교학자들로서 본각사상의 절대적인 불이론에 대하여 철학적인 비판을 가하고 있다. 하카마야는 본각사상의 절대적인 불이론이라는 아이디어에 대조되는 차원에서 불교의 세 가지 결정적인 특성들을 제시한다.

1. 불교의 기본적인 가르침은 연기(緣起, pratītya-samutpāda)의 법칙이다. 이 법칙은 인도 철학의 실체론적인 아트만(ātman)에 대응하여 정식화된 법칙이다. 토포스(topos, 장소)로서 어떤 기저의 실체를 함의하는 어떠한 사상이나 토포스를 받아들이는 어떠한 철학이나 다 기체설(基體說, dhātu-vāda)이라고 불린다. 기체설의 사례로는 인도 철학에서 아트만 개념, 중국 철학에서 '자연(自然)' 사상, 그리고 일본에서 '본각' 사상이 있다. 이러한 사상들은 불교의 기본 사상인 인과법에 상반된다.
2. 불교의 도덕적 명령은 다른 존재들에게 이롭도록 무아(無我, anātman)로 행동하라는 것이다. 다른 존재들을 소홀히 하면서 자아를 애호하는 종교나 철학은 무엇이든 불교적 이상과 상충된다. "풀이나 나무나 산이나 강이나 다 성불하였고, 유정이나 무정이나 다 붓다의 실체에 포함된다"라는 원래의 '본각사상'은 이러한 도덕적 명령의 여지를 주지 않는다.
3. 불교는 인과의 진리를 선택하기 위하여 신앙, 언어, 그리고 지성(지혜)을 사용할 것을 요구한다.

언어 사용에 대한 선불교의 알레르기적인 반응은 불교보다는 중국 철학에서 더 연원하는 것이며, 본각 사상에서 주장하는 「진여(眞如)」의 언표 불가능성은 언어나 신앙이나 비판적인 사유의 여지를 남겨놓지 않는다.
[PLS/류제동]

> 기체설(基體說, dhātu-vāda)은 마쓰모토가 산스크리트어에서 고안한 신조어이다. 또한 그는 본각사상의 절대적인 불이론이 무비판적으로 수용되어서는 안 된다고 주장한다.

"모든 중생이 불성을 갖고 있다"라는 『대반열반경(大般涅槃經)』의 어구 속에 나타나는 '불성'이라는 용어의 산스크리트 원어가 'buddha-dhātu'라는 것이 알려진 것은 이미 오래 전이다. 이러한 확인에도 불구하고 불성은 여전히 일반적으로 '성불의 가능성', '붓다의 본성', 또는 '붓다의 본질'을 의미한다고 여겨진다. 나는 이러한 사실이 불가해하다. 'dhātu'는 어원상 그 의미가 '어떤 것을 두는 장소', '토대', '장소(locus)'임이 분명하다. 이 단어는 '본성'이나 '본질'이라는 의미는 전혀 없다.
 ……
요컨대, 기체설의 기본 구조는 다수의 현상을 발생시키는 단일한 실재로서의 장소(dhātu)를 중심으로 한다. 또한 우리는 그 구조를 … '발생론적인 일원론' 내지 '토대적인 실재론'이라고 부를 수 있다. 동일성과 무차별성을 확언하는 기체설의 구조는 역설적으로 현실적인 차별을 확언하고 절대화하는 것으로 귀결되는데, 이는 … 일본의 '본각' 관념에서도 발견될 수 있다.
여기에서 중요한 점은 석가모니의 인과론은 다양성을 지닌 세계에 대한 단일한 토대 내지 원인을 주장하는 이론, 곧 기체설 사상과 상반된다고 볼 때에만 제대로 이해될 수 있다.
[JH/류제동]

# 지운 존자

慈雲尊者, 1718-1804

지운 존자는 에도시대(江戶時代, 1603-1867)의 불교 개혁자이자 학자였으며 옹호자였다. 당시 불교
계는 지역 시민의 명부를 유지하고 장례식 및 기념행사를 주관하는 등, 도쿠가와막부(德川幕府)가
부과하여 늘어만 가는 업무에 여념이 없었지만, 지운은 전통적 부처의 모습과 불교 철학에 기반한
전통적인 수도승의 삶을 되살리기 위해 헌신했다. 초기 불교를 연구하기 위해 그는 일본에서 제한적
인 자료를 사용하여 산스크리트어 공부를 했고 근세 시대에 일본 역사에서 비길 데 없는 작업인
천 권의『산스크리트어 연구를 위한 지침(梵學津梁)』을 완성했다. 그는 불교신자들과 승려 공동체에
게 종파 분열을 넘어 '부처가 살아 계셨던 바로 그때의 불교'로 돌아가고자 하여 불교의 근본을
강조했다. 진언종 승려였지만 선과의 긴밀한 유대관계로 그는 폭넓은 청중을 확보할 수 있었다.

다음 글은 '마음'에 대한 심층적인 이해와 더불어, 실재의 공성(空性)과 심리적인 구성의 성격을
이해하지만 세상에서 자비로운 행동에 헌신적인 보살의 열설적인 존재에 대한 심층적인 이해를
목표로 하는 반야경(般若經) 중 하나인『금강경(金剛經)』에서 잘 알려진 내용에 대한 지운의 간결한
해석이다. 보살은 "머물러 있다", 그러나 그 혹은 그녀는 "어디에도 없다." "모든 반야경의 심오한
의미는 이 한 문장에 담겨 있다." 지운은 다음과 같이 주장한다. "실제로 모든 경전의 의미는 이
안에 담겨 있다." 지운은 이러한 그의 의견을 오사카(大阪) 동쪽에 있는 이코마산(生駒山)에서 은둔했
던 1758년에서 1771년까지 사이에 발표했다.                                          [PBW/이혜원]

## 머무르지 않는 마음

지운 존자 1758, 351-60

『금강경』의 한 구절인 "응무소주이생기심(應無所住而生其心)"[34]의 의미를 풀이해달라고 하여 오
늘은 이 의미를 풀어보고자 한다. 반야(般若)라는 것은 지혜를 가리킨다. 이 지혜는 세상에서 말하는
지혜와 총명함을 가리키는 것이 아니다. 오히려 본디 사람 안에 있는 밝고 선명한 생각의 한 순간이
다. 이 생각의 한 순간은 본래 순수하여 과거의 과거로 들어간다. 미래의 미래로 들어간다. 현재의
현재로 들어가서 일찍이 태어남이 없는 것이다. 결국은 사라짐이 없는 것이다. 잠시라도 머묾이
없는 것이다. 만약 이것을 잘 이해한다면 본래의 금강경의 "응무소주"(어디에도 머물지 않게 한다)가
된다. 사람들이 조금이라도 이렇게 믿고 이해한다면 아주 편안함을 얻을 것이다. 그러나 이를 믿고
이해하기는 어렵다.

사람들이 초록, 노랑, 빨강, 흰색을 보고 네모, 세모, 동그라미로 잘못 보았을 때 초록, 노랑, 빨강,
흰색의 마음이 없어지고 네모, 세모, 동그라미의 마음이 생기는 것을 깨닫는다. 색을 보고 나서 소리

---

34) [한] 어디에도 머물지 않게 하여 그 마음을 일으키게 함.

를 듣는다. 소리를 듣고 나서 냄새를 맡는다. 냄새를 맡고 나서 맛을 본다. 맛을 본 후 만져서 느껴 본다. 만져 본 후에 선하고 악하고, 진실되고 거짓되고 옳고 그르고 얻고 잃음을 알아차린다. 앞서 생각한 것은 찰나에 없어지고 나중에 생각한 것이 새롭게 생겼음을 깨닫는다. 눈앞의 소나무를 본 뒤 띠풀을 보았을 때 소나무의 마음은 사라지고 띠의 마음이 생긴다. 이것은 가상적인 사물의 형태의 변화일 뿐이다. 서로의 형태를 내어주거나 뺏는 것일 뿐 마음과는 어떤 관계도 없다.

자신의 마음은 이런 형상 만물의 외부에 독립적으로 존재해 우연히 사물에 의탁하지 않는다. 본래 생기고 사라지는 것과는 아무런 관계가 없다. 이미 생기고 사라지는 것에 관여하지 않는 것이므로 모든 부처에 있어서도 늘어나지 않는다. 중생에게 있어서도 사라지지 않는다. 시방법계에 그것이 가득하지만 크지 않다. 사방 한 치의 넓이에 들어가지만 작지 않다. 이것을 금강이라고 한다. 세상에는 금강석이라는 것이 있는데 금속과 돌로 때려도 부서지지 않고 능히 금속과 돌을 부술 수 있다. 불에 태워도 타지 않고 물에 넣어도 부식되지 않는다. 또한 사방 한 치의 보석 안에 사십 리의 산, 강, 대지, 유정, 무정의 형상이 나타난다.

자신의 마음에 있는 금강석도 이와 같다. 생주이멸(生住異滅)[35]도 영향을 미치지 않는다. 화의 불길 속에 있어도 망가지지 않는다. 애욕의 물속에 있더라도 빠지지 않는다. 사방 한 치 안에 숨어 세계의 모든 형상을 비춘다.

이 마음속 생각의 한 순간에 만물을 비출 수 있다. 부처를 대하면, 삼세제불(三世諸佛)[36]이 말과 이념을 떠나 자신의 심상이 된다. 중생을 대하면, 모든 중생이 말과 이념을 떠나 자신의 법문이 된다. 산·강·대지·초목·숲을 대하면, 각각 모든 말과 이념 그리고 마음속 생각을 떠나 대열반이 되고 실상이 된다. 이것을 '반야'라고 한다. 삼세제불은 이 안에서 부처님의 깨달음을 안다. 반야심경에 "득아뇩다라삼먁삼보리(得阿耨多羅三藐三菩提)[37]"라는 말이 있다. 시방보살이 이 안에 있어서 육도만행을 수행하고 모든 중생을 이롭게 한다. 반야심경에 "심무괘애원리일체전도몽상(心無罣礙遠離一切顚倒夢想)[38]"이라고 되어 있다. 성문연각(聲聞緣覺)은 이 안에 있어 사제십이인연(四諦十二因緣)[39]을 깨닫고 유여열반[40]과 무여열반[41]을 증득한다. 이를 성문(聲聞)이라고 부른다. 이것을 바라밀(波羅蜜)이라고 한다. 바라밀은 피안에 이른다는 뜻이다. 모든 부처의 경계[42]이다. 경계라고 하고 한다면 두 길에 걸쳐 있는 것과 비슷하다. 이 모든 부처가 곧 피안에 이르는 것이다. 보살의 경계이다. 경계는 또한 능연(能緣)[43]과 소연(所緣)[44]이 있는 것과 비슷하다. 이 보살은 곧 피안에 이르는 것이다. 중생계(衆生界)를 인식하여 대자비를 일으킨다. 이 중생계는 곧 피안에 이른다.

---

35) [한] 생기고 머물고 변하고 사라짐.

36) [한] 과거, 현재, 미래의 부처.

37) [한] 가장 높은 경지의 깨달음을 얻음.

38) [한] 마음에 얽히는 것이 없어 모든 전도몽상에서 벗어남.

39) [한] 네 가지 영원히 변하지 않는 진리와 과거의 업에 따라 현재의 과보를 받고 현재의 업보에 따라 미래에 고통을 받는 열두 인연.

40) [한] 번뇌는 사라졌지만 아직 미세한 괴로움이 남은 상태.

41) [한] 번뇌와 괴로움이 모두 사라진 상태.

42) [한] 수행으로 도달한 경지.

43) [한] 대상을 인식하는 주관.

44) [한] 인식 대상.

이 반야바라밀은 심오하며 상상할 수 없다. 유불여불(唯佛與佛)[45]의 경계이다. 십지등각(十地等覺)의 보살도 이 경지를 헤아릴 수 없다. 하물며 이승범부(二乘凡夫)가 알 수 있겠는가? 바로 실상을 아는 지혜이다. 무상삼매(無相三昧)[46]로 들어가야 한다. 따라서 대성 세존께서는 대 제자 중에서 특히 지혜가 제일인 사리불과 번뇌가 없는 상태의 수보리를 위하여 설명하였다.

그중에서 이 금강경은 수보리를 위해서 보살이 마음을 가라앉히고 그 마음을 조절하고 마음이 어디에 머무르고 머무르지 않아야 하는지에 대한 가르침이다. 중요한 부분이 이 '응무소주이생기심'의 한 구절이다. 반야경의 모든 법문의 의미가 이 한 구절에 담겨 있다. 모든 불경의 의미가 이 안에 담겨 있다. 수행자의 마음을 조절하는 것에 관한 모든 가르침과 깨우침의 획득은 이 안에 있다.

옛날 덕이 높은 승려도 이 문장을 깊이 생각하고 해석하였다. 만약 지금의 사람들도 잘 받아들여 읽고 암송하고 깊이 생각하고 해석한다면 아주 대단한 깨달음을 얻을 것이며 도움이 될 것이다. 만약 진정으로 따르고자 하는 사람이 이 문장을 한번 듣는다면 분명 큰 깨우침을 얻을 것이다. 혜능(慧能) 대사도 이 말을 한번 듣고 큰 깨달음이 있었다고 말했음을 기억하라. 설령 교법을 받을 수 있는 능력이 모자라는 사람이더라도 마음을 다해 받아들이면 이 말이 씨앗이 되어 그를 진정한 수행의 경지로 이끌고 생과 죽음에서 해탈하는 먼 인연이 된다.…

앞의 문장에서 "색에 머물며 마음을 일으키지 않게 해야 한다. 소리, 향기, 맛, 촉각에 머물러도 마음을 일으키지 말아야 한다." 따라서 머무를 곳을 없게 하여 그 마음을 일으키게 해야 한다고 되어 있다. 그중에서 색이라는 것은 산, 강, 대지, 초목, 숲, 유정, 무정의 모든 눈에 보이는 것들의 분석해야 하는 구성 부분이다. 이 모든 것을 색이라고 한다. 마음을 일으킨다는 것에 대해서는 자문해 보라. 눈으로 초록색 풀을 보고 초록색이라는 마음을 일으키는가? 산을 보고 높다라는 마음을 일으키는가? 남녀노소를 보고 좋다 나쁘다라는 마음을 일으키는가? 이름을 만들고 그 모습을 취할 것인가?

기억하라. 본래 색(色, 만물)은 말과 마음속 생각에서 떨어져 해탈의 경지에 있다. 눈앞에 보이는 풀을 언제 풀이라고 불렀는가? 언제 풀이라고 생각했는가? 언제 초록이라고 불렀는가? 언제 초록이라고 생각했는가? 그것은 그저 세상에 존재하는 문자와 말로 적은 지식과 주관적인 생각이 있기 때문이다. 이것으로 그를 헤아리고 그로써 이것을 분별한다. 서로 견주어 비교하고 헤아려 판단함에 의한다. 그렇기 때문에 풀을 보면 잠시 그것은 풀처럼 나타나고 초록을 보면 초록으로 나타난다. 망념과 상상도 잠시 이 모습을 가지고 세상에 있는 것이다. 이 망념과 상상은 원래 눈앞의 경계와 모습과는 아무런 관계가 없다. 망념과 상상은 망념과 상상으로 어디에도 머무르지 않는다. 눈앞의 경계는 그저 이 눈앞의 경계로서 어디에도 머무르지 않는다. 원래 '색'이라고 부를 만한 것이 아니다. 하물며 마음이 머물러야 할 대상, 일으켜야 할 대상이 아니다. 이름은 그저 이름이고 어디에도 머무르지 않는다. 모습은 모습으로 어디에도 머무르지 않는다.

모든 중생이 잘못하여 눈앞의 산·강·대지·남녀노소를 보고 더욱 일종의 무명번뇌를 늘려서 가애(可愛)와 불가애(不可愛)의 모습으로 나눈다. 가애의 모습에 탐욕을 일으킨다. 불가애의 모습에 화를 일으킨다. 심하게는 재색에 빠져 자신의 마음을 몽매하게 하고 다른 이를 다치게 한다. 스스로를 다치게 하고 다른 이에게 해를 가한다. 부처를 보고 32상과 80종호에 신심을 일으키는 것도 잘못이다.

---

45) [한] 부처와 부처만이 아는 가르침.
46) [한] 대립적인 차별을 떠나 마음을 하나의 대상에 집중하는 수행.

그래서 능엄경에도 부처가 아난에게 묻기를 "어찌하여 너는 발심하였는가?" 아난이 대답하길 "부처님의 32상을 뵈옵고 발심하였습니다." 부처가 아난을 꾸짖으며 "이미 발심의 시작이 옳지 않다"라고 하셨다. 부처의 신통하고 놀라운 능력을 보고 특별한 마음을 일으키는 것도 외면적인 것에 크게 영향을 받는 것이고 눈에 속하는 것이다. 설법을 듣고 해석하는 것도 외면적인 것에 몹시 영향을 받는 것이며 귀에 속하는 것이다. 따라서 경전에서는 "색에 머물며 마음을 일으키지 말아야 한다" 그리고 "소리에 머물며 마음을 일으키지 않아야 한다" 따라서 "머무르는 곳이 없이 그 마음을 일으켜야 한다"라고 하였다.

보통 색의 가애와 불가애의 모습에 머무르며 마음을 일으키는 것을 범부라고 한다. 색의 단상(斷常)[47]과 공유(空有)[48]에 머무르며 마음을 일으키는 것을 외도라고 한다. 모든 성문이 색의 고공무상무아(苦空無常無我)[49]의 형상을 보고 색을 분석하여 그 한계를 최대한으로 높여 삼계(三界)[50]를 빠져나와 유여열반과 무여열반을 깨닫는다. 택멸무위(擇滅無爲)[51]와 아공편진(我空偏眞)[52]의 원칙에 머무르며 마음을 일으키는 것을 이승(二乘)과 열혜(劣慧)라 한다. 이 오해에 대응하기 위해서 '응무소주이생기심'을 자세히 설명한다.

모든 보살이 모든 법의 본성이 없음에 이르러서 삼「겁」동안 수행을 한다. 십바라밀을 수행한다. 셀 수 없이 많은 중생을 구제하더라도 여전히 그들 처지의 무명에 가려져 해탈하지 못하므로 이 잘못을 고치기 위해서 '응무소주이생기심'을 설파하는 것이다. 처지의 무명이라는 것은 그 마음이 머무르는 곳이 있다는 것이다. 초지 보살이 공덕이 끝이 없다 하더라도 여전히 보시에 머무르며 마음을 일으킨다. 이지부터 십지 보살이 각각 공덕이 끝이 없더라도 정계(淨戒)·인욕(忍辱)·정진(精進)·선정(禪定)·반야(般若)·방편(方便)·원해(願海)·신력(神力)·지혜에 머물며 마음을 일으킨다. 일부 무명을 끊고 일부 중도를 깨닫는다. 마치 자벌레가 꿈틀거리는 것과 같다. 시방세계에서 팔상성도하여 중생을 구제하더라도 역시 교화를 받을 중생에 머무르며 마음을 일으킨다. 이러한 무명을 없애기 위해 '응무소주이생기심'을 가르친다.

이 안에서 스스로를 성찰하라. 색이 이 세상에 있지만 한계는 없다. 소리는 만물에 나타나지만 생기거나 사라지지 않는다. 향기는 삼세를 걸쳐 어디에도 머무르지 않는다. 맛은 허공에 만연하여 장애가 없다. 거칠고 부드러운 감촉은 취사선택을 떠나 법의 미혹과 깨달음을 아우르며 나타나고 사라지고 하는 것이다.

마음을 일으키지 않고 괜찮은가? 만약 마음을 일으키지 않는다면 나무토막과 단단한 돌과도 같다. 그렇다면 마음을 일으켜 좋은가? 만약 마음을 일으켰다면 당연히 범부이자 외도이다. 따라서 머무는 곳을 없게 하여 그 마음을 일으켜야 한다. 머무는 곳을 없게 하여 그 마음을 어떻게 일으키는가? 스스로에게 물어라. 그 마음에 과거가 있는가? 미래가 있는가? 안에 있는가? 밖에 있는가? 중간에 있는가?

---

47) [한] 끊김과 계속됨, 처음과 끝을 생각하지 않음.

48) [한] 없으면서 있음.

49) [한] 이 세상의 모든 것은 다 괴롭고, 모든 현상은 인연으로 모였을 뿐, 헛된 것이며, 만유는 그 실체가 없으므로 무상한 것이요, 온갖 것이 다 무상하여 실재가 없으므로 나와 나의 소유가 없다.

50) [한] 욕계·색계·무색계.

51) [한] 지혜로 번뇌를 없앤 상태.

52) [한] 불변하는 자아라는 실체가 없다는 데 치우친 진리.

모든 중생은 본래 열반의 모습이다. 모든 산·강·대지·초목·숲은 본래 보리의 모습이다. 이것을 무소주(無所住) 즉, 어디에도 머무르지 않는 마음이라고 일컫는다. 네가 움직이고자 한다면 움직여라. 네가 앉고 싶다면 앉아라. 너의 움직임은 곧 여래의 움직임이고 앉는 것은 곧 여래가 앉는 것이다. 눈을 뜨고 색을 보라. 삼세제불이 그 안에 나타나 색의 진실한 지혜를 아는 보살의 경지를 설교한다. 또한 마음을 일으켜 선악·사정·시비·득실을 알게 된다. 삼세제불이 그 안에 나타나 욕망에 대한 진실한 지혜를 아는 보살의 경지를 설파한다.

　어떤 이유에서일까? 시방법계가 단 한 색으로, 나도 없고 타자도 없다. 시방법계는 단 하나의 소리로 생도 없고 멸도 없다. 또한 시방법계가 유일법으로 얕지도 깊지도 않다. 삼세제불이 너의 다른 이름이다. 색성향미촉법(色聲香味觸法)은 너의 마음의 다른 이름이다. 비로자나불은 너의 마음 안에서 부처의 깨달음의 경지를 이루었다. 아미타불은 너의 마음에 극락세계를 세운다. 관음보살과 세지보살은 너의 마음 안에서 중생을 구제한다.　　　　　　　　　　　　　　　　　　　　　　[PBW/이혜원]

# 이시즈 데루지

石津照璽, 1903-1972

이시즈 데루지는 도쿄제국대학(東京帝國大學)에서 종교학을 전공하였다. 그의 스승으로는 일본 종교의 선구자로 세계적으로 알려진 아네사키 마사하루(姉崎正治, 1873-1949)와 천태종의 철학적 분석에 이시즈의 흥미를 끌어올린 시마지 다이토(島地大等, 1875-1927)가 있다. 이시즈는 후에 도호쿠대학(東北大學)의 교수가 되어 1965년까지 있었으며 이후에 그가 사망한 1972년까지 게이오대학(慶應大學)과 고마자와대학(駒澤大學)의 교수를 역임했다.

키르케고르(KierKegaard, 1813-1855)와 하이데거(Martin Heidegger, 1889-1976) 전문가인 이시즈의 가장 잘 알려진 종교 철학 성과는 그의 후기에 발표되었다. 그러나 아마도 그의 가장 독창적인 작업은 1947년에 출간된 『천태실상론의 연구』일 것이다. 근대 철학 용어로 천태종학의 중심적 교리 중 하나인 '제법실상(諸法實相)'을 표현하기 위한 대담한 시도로서 이시즈는 세 개의 세계를 구분하였다. 곧, 그는 자신과 타자의 범위 그리고 둘이 충돌하고 서로 직조하는 '제3세계'를 구분하였다. 아래의 발췌문에서 알 수 있듯이 이러한 각 영역은 천태종의 가르침인 '세 가지 진리: 공(空), 가(假), 중(中)' 가운데 하나와 관련된다. 궁극적인 형태로 존재에 도달하고 제법실상을 깨닫게 되는 것은 마지막 영역인 '중'에서이다. 니시다 기타로(西田幾多郎)*의 공간에 대한 논리와 하이데거의 '세계–내–존재'의 영향이 분명하지만, 고대 천태종의 교리와 근대 철학적 용어의 아이디어와 어휘 안에서 다양한 상호작용은 불교 철학사에 복합적이며 인상적인 공헌을 했다. [JNR/이혜원]

---

## 제법실상

이시즈 데루지 1947, 15-17, 129-31

부처가 성취한 바는 희귀하고 해석하기 어려운 법으로 오직 부처만이 헤아림을 다할 수 있으므로 설명할 수 없다고 한다. 그러나 여기에서 우리는 제법실상에 도달한다.⋯ 존재하는 것 있는 그대로의 궁극의 형태이다. 이러한 있는 그대로 있는 그곳에, 그 모습 그대로 있는 것이 열반의 경지이다. 이를 단적으로 요약해 보면 다음과 같을 것이다.

제법실상론에서는 사물을 볼 때 아주 주체적인 방침을 취한다. 우리들이 당면한 현실 생활에서 가장 구체적으로 규명할 부분을 철저히 밝히다 보면, 바로 지금 이곳에서 내가 관련된 해당 장면의 한계점에서 나를 만나게 될 것이다. 각자에게 이 현실의 순간순간이 애증과 고락 그 외 세상을 살아가는 모습 모든 것이 얽혀 있다. 우리들 삶의 궁극의 장면이라면 항상 무언가 혹은 다른 것에 고정되어 있어서 다른 곳으로 나갈 수 없다. 이 장면이야말로 우리들 생활의 시작과 끝에서 뗄 수 없는 또한 대체할 수 없는 피할 수 없는 현실이 있는 곳이다. 제법실상이 나타나는 해당 장면도 또한 실로 여기에 있다고 생각할 수 있다.

그렇다면 이러한 구체적이고 현실적인 한계 장면 그대로인 모습은 어떤 것일까? 보통 우리가 현실에 처해 있는 장면이 이 궁극의 장면이기는 하지만 보통은 현실의 처한 곳을 현실 그대로 있는 대로 자각하여 그곳에 그대로 있는 것은 아니다. 이 자각하지 않는 분명하지 않은 곳에서, 있는 그대로를 깨닫기 위해서는 여러 종류의 관념과 순서, 방편 등이 부과되는데 그것은 나중의 문제로 하겠다. 아주 보통의 경우를 생각해 보면 먼저 자기를 세우고 타자를 대치하여 놓는다. 혹은 자기 외의 타자가 자기와 마주하고 있으므로 자기를 세운다. 현실에서 살아가는 데 이러한 자타의 구분이 이미 세워져 있다. 무엇보다도 자기라는 영역의 주변 즉 거기에서 그 앞은 다른 것의 영역이라는 그 경계 혹은 한계는 때로는 자각되고 때로는 자각되지 않는다. 문제는 그 영역 안에 있는 것인데 지금은 잠시 그러한 영역의 어디까지라고 하는 한계에 대해서는 다루지 않겠다. 그보다는 다른 것과 의 구별과 한계를 가진 자기라는 것과 그것에 대치하는 타자라는 영역을 이미 가지고 현실에 처해 있음을 지적하면 된다.

이러한 두 개의 영역에 대해서 자기의 영역을 중심적으로 파고들면 아주 보통의 의미로 한편으로 자기의 마음과 주관이라는 것을 생각할 수 있다. 다른 한편으로는 객관성이라고 불리는, 마음이나 주관성에 상대되는 것이 있다. 거기에서 임시로 이러한 자기의 영역을 제1세계라고 하고 이것에 대한 상대적인 다른 것의 영역을 제2세계라고 하자(여기에서 세계라는 것은 특별한 의미가 있는 것이 아니라 범위나 구획이라는 의미이다). 다음으로 상대적인 다른 것이라고 해도 그것은 실제로는 자기가 그것을 상대하여 처하고 있는 곳의 것이다. 항상 그것들은 자기와의 관계와 교섭에 있는 한의 것이다. 이렇게 자기와 상대가 만나 서로 얽히며 존재하는 곳의 실제의 현실 장면을 임시로 제3세계라고 하자.

단적으로 말하면 우리들이 실생활에서 시시각각 현실에 존재하는 곳의 구체적인 장면이란 위에서 말한 제1세계와 제2세계 혹은 영역에 있는 것이 아니다. 실제로 제3세계 또는 제3의 영역에서 상대도 아니고 이쪽도 아니고 말하자면 양자의 얽힌 곳에 있는 것이다. 실상론에서는 자기도 상대도 마음도 물체도 그 외 각양각색의 사태와 사상은 현실에 존재하는 한, 있는 그대로의 진정한 실재는 모두 그 제3세계에 있는 것이라고 본다.

## 마음의 역할

그렇다면 실생활 안에서 그러한 상태에 놓인 근본적인 본성에 관한 질문이 생긴다. 그것은 우리가 누군가에게 혹은 무언가에 '있는 그대로' 존재하는 것의 의미를 알기 원하는 것이다. 이것을 우리가 어떻게 이해하고 명백히 할 것인가? 그 질문에 대한 대답은 마음을 통해서 그 안에서 위치를 분명히 하는 곳에서 시작하면 좋다.

제법실상 안에서조차, 더 심오한 철학과 종교는 마음의 방식이나 마음에 의존하면서, 이러한 사고의 구분을 추구하는 이상주의 같은 방식 안에서 그러한 명확성을 찾는다. 그들 모두 '마음'을 이야기하지만 그 개념에 부여된 의미는 다양하고 일관성이 없다. 서로 다른 담론을 가진 학파가 있지만 그들이 정확하게 현실의 시점에 위치하는 제3세계에 대해 이야기할 때, 그들은 형이상학적, 다소 개념적 이상주의의 관점에서 혹은 현실의 장소를 개념적인 무언가로 바꾸면서 그렇게 하는 것이다. 그러나 우리의 목표가 진정 구체적인 제3세계를 그들이 존재하는 그대로의 '실상'으로 바로 그대로 묘사하는 것이라면, 마음의 관점 혹은 정신적 현상에서 직접 문제를 제기하거나 마음에 대한 형이상학적 혹은 심리적인 접근에 의존하여 그것을 설명하는 것은 옳지 않다. 그렇게 하는 것은 방금 묘사한 감각 안에서 사물이 존재하는 대로의 그 '모습'과 그들이 있는 '곳'을 완전히 놓치는 것처럼 보인다.

확실히 형이상학적 정석으로서는 유심과 심성이라는 것이 세워진 것도 당연할 것이다. 그러나 우리의 관점에서, 천태종의 제법실상은 그러한 장소에 위치하고 있는 것처럼 있는 그대로의 즉각적인 형태로 실제 주어진 장소를 자세히 설명하고 그들이 그 안에 있는 것처럼 사물을 보는 것을 목표로 하므로 그러한 접근을 불가능하게 한다. 그러나 먼저 사물의 '실상'이 놓인 장소에 대한 이러한 방식에 대해 담론을 시도할 경우 주의해야 할 사항이 있다.

제법실상 개념에서 우리는 어떤 감각 안에서 이 제3세계를 명확히 하고 매체를 통한 영역 혹은 마음의 작용을 말할 수 있을까? 그 이론이 정신적 개념에서 묘사를 제공한다고 해도 그 자체로는 결코 형이상학적 또는 심리적 감각 어디에서도 그 자체로 마음이나 정신이라고 불릴 수 있거나 마음에 속한 어떤 것에 의해 만들어졌다고 말할 수 있는 실질적 상황을 구성하지 않는다. 또한 마음이라는 무대 위에서 사물이 옮겨진다고 보는 것도 아니다.

사상과 특히 수행 측면에서 마음을 통해 실제 측면을 묘사하는 것이 유용하고 중요하기 때문이다. 그렇게 하기 위해 우리는 임시로 마음의 세계에 우리가 제3세계에서 마주한 실상을 배치할 것이다. 비록 그것이 현실 구체의 이 세계가 우리가 제안할 수 있는 사유의 어떤 주요 세계와 직접적으로 소통할 수 없더라도 말이다. 양자는 분리되어 있고 사실 마음 그 자체 혹은 사물 그 자체는 그것으로서 존재하는 것이 아니다. 그런 의미에서 제1세계와 제2세계는 현실에서는 존재하지 않는다. 그저 제3세계를 엿보기 위해서 우리들이 임시로 '마음'을 지정하는 길을 열도록 돕는다. 따라서 제3세계는 제2세계를 '파악하는 능력'을 부여받을 것이다. 이것을 따라가다 보면 우리는 제2세계 안에 있는 사물의 세상을 알게 될 것이다. 이 모든 것은 우리가 '우주의 총체적 사고'와 '우주의 전체성'을 다룰 때 중요한 역할을 한다.

이제 제3세계의 입지를 입증하기 위해서 특히 마음의 세계와의 관계를 명료하게 하기 위해, 거울에 비친 이미지의 비유를 생각해 보자. 우리는 우리가 실질적으로 존재하는 제3세계 안에 있는 우리의 상대 혹은 '대상'과 마주하고 서 있는 장소를 거울 앞에서의 이미지 세상에 비유할 수 있다. 아마도 거기에 부여된 것은 이미지를 설명하는 무언가이겠지만 오직 표면에 반사된 이미지로서 사물을 파악할 수 있는 거울의 관점에서 볼 때 그 '무언가'를 직접적으로 고려해야 할 이유는 없다. 모든 것이 오히려 간단하다. 거울의 경우에서 그것이 실제로 있는 장소 즉, 제3세계는 이미지 세상의 바깥에 놓여 있지 않다. 그것이 설 다른 장소는 없다. 이미지는 항상 거울의 면에만 있고 끊임없이 각각의 이미지는 표면의 선명도와 강도 그리고 비치는 거울의 밝기에 따라 다양하게 미묘한 차이를 갖는다. 마음에 대한 이 비유를 적용하면, 우리들 마음속 혹은 자아 인식 안에서의 특별한 현상은 이러한 현상들의 장소와 위치에 따른 마음의 상태에 영향을 받는다. 다르게 말하면 현상의 방식은 시공간적인 조건과 더불어 마음의 상태 안으로 짜여 넣어진다.

그렇다면 거울의 경우에 거울의 이미지 세계는 우리의 현실 장소이다. 표면에 나타나는 모습은 마음속에 자리 잡은 사물의 형태이다. 그들은 존재방식이고 마음속에 자리 잡은 사물의 실재이다. 따라서 마음의 장소는 실생활에서 구체성의 최고의 형태라고 할 수 있다.

그런데 우리가 거울의 표면에 대해 이야기할 때 암시하는 바를 조금 더 깊게 생각해 보자. 현실의 장소로부터 우리는 의식의 표면과 마음의 장소에 의해 무엇이 수반되는지 면밀히 살필 필요가 있다. 거울의 표면과 밝기는 이미지가 없더라도 존재할 수 있지만 마음은 그렇게 명확하게 드러나지 않는다. 그러한 마음 혹은 마음의 장소는 그야말로 잠정적으로 상정되지만 실제로 존재의 기본적 방식은 항상 무언가와 연관되어 있다. 이것은 지혜와 그 대상이 — 상상도 할 수 없는 대상 혹은 '법계(法界, dharmadhātu)'가 — 끊임없이 문제가 되는 제법실상론에서 반복해서 강조된다. 사실, 마음은 결코 스스로 일어나지 않지만 필연적으로 조건 객체를 통해 존재하고 거기에 의지하면서 영원히 존속한다. 마음이 무엇이든, 어떤 사물이나 현상이 놓여 있는 마음의 표면이나 자리가 없는 거울의 면에 해당하는 것은 현실에 없다. 현실에 주어진 어떤 시점에서 '상대' 대상으로서 대면하는 무언가에 의존하거나 관련되는 경우에만 마음은 오직 실질적으로 존재한다.

그래서 현실에서 상대가 우리들에게 나타나는 곳의 장면 혹은 장소로서 마음의 장면이라는 것을 검토해 보면 그러한 장면은 구체적으로는 없다, 그렇다면 구체적으로 궁극에 다다른 곳으로 나아가는 원칙에서는 위와 같은 마음의 장면이라는 것을 버려야만 한다. 거울 비유에서 이것은 이미지의 형태만을 남기기 위해 거울 면의 생각을 포기한다는 것을 의미한다. 오직 이러한 방법으로 마음에 특별한 존재의 구체적이고 실제적인 방식과 장소가 나타나게 된다.…

## 세 개의 세계와 세 가지 진리

우리가 최종 분석에서 현실의 형태가 실질적으로 제3세계 같은 장소와 존재의 방식 안에서 존재한다는 것을 인정한다면 우리들 쪽에서 그것을 어떻게 파악할 것인가? 또한 거기는 어떤 의미의 존재방식으로 있는 것일까? 여기에서 '공(空)'이라는 문제가 나온다. 단순한 이해의 개념에서 그것은 오직 개체를 고유의 뚜렷한 영역에 위치시키고 그것의 고유의 세계뿐 아니라 우리 고유의 세계 안에서 파악하는 문제이다. 그러나 제3세계는 구별되는 위치에 놓여 있고 제1, 제2세계와 분리되어 있다. 자주 하는 비유이지만 종소리가 종과 추와는 별개의 것이라는 것과 같다. 우리가 어느 부분에서 나는 종소리인지 모르는 것처럼 우리가 분명히 존재하는 장소에서 즉 존재 고유의 방식이 본질적이고 근본적으로 우리의 이해를 넘어서는 제3세계로부터, 우리는 고유의 현실에서 어떤 것의 발생 장소를 파악하지 못한다. 대상뿐 아니라 마음도 그것을 설명할 수 없다. 두 개의 세계를 초월한 영역이므로 어떤 쪽으로 다가가더라도 그것은 우리가 이해할 수 없는 존재의 방식과 구조로 남아 있다. 그러한 장소의 궁극적인 의미는 환영이나 망상으로 비유되는데 모든 것이 말해지고 행해졌을 때, 존재의 방식은 실제 현실적 발생 장소가 우리의 이해와 관련될 수 없고 그러므로 '공'으로 특징지어진다. 실제의 발생 장소는 소속되어 있고 상대적인 결정으로서 파악할 수 없는 실질적인 행동이 없는 공, 즉 대승과 특히 제법실상 안에서 특성으로서 공이라는 생각에 기반한다.…

그러한 공은 단순한 부재 상태가 아니다. 우리는 그것의 실질적인 상태가 존재의 방식이 빈 상태에 있는 것과 같은 것이라고 말할 수 있다. 게다가 실제적이고 구체적인 발생 장소로서 그것은 단순히 실재하지 않는 것이 아니라 '가(假)' 개념에서 가장 잘 파악된 상태와 상황의 다양성 안에서 그것 자체를 찾는다. 우리가 이 실제적이고 구체적인 발생 장소를 살펴볼 때 그것은 그 자체로 사물의 영역에 속하지 않는 제3세계가 된다는 것이 밝혀졌다. 그러나 공 혹은 가(假)로서 일반적인 영역을 뛰어 넘은 것을 적용하는 것은 국한적이고 상대적인 말하기 방식으로 되돌아가는 것이다. 제1세계와 제2세계에 국한된 것은 제3세계의 존재 방식을 적절하게 전달할 수 없다. 이 제3세계의 영역을 존재하는 대로 전달하기 위해 우리는 '중(中)'을 말할 필요가 있다. 이것을 말한다 한들 그것을 분명하게 만들지는 않는다. 우리는 오직 이 발생 지점의 존재 방식이 공과 가의 존재 방식을 섞은 중으로서 가장 잘 보인다고 말할 수 있을 뿐이다. 달리 말하면 중은 모든 관계되고 정의 가능한 결정들을 초월하는 것을 표현한다.

이러한 방식으로 우리가 실제로 존재하는 발생 장소는 고정된 결정을 뛰어넘는 존재 방식과 장소에 놓인다. 그것은 동시에 공과 가에 있는 중이다. 중의 위치에서 공과 가의 존재 방식은 단절되지 않고 그것들을 없앨 어떤 이유도 없다. 그 자체로 중, 공, 그리고 가 안에 포함되어 실제로 존재하는 각각의 개별적 위치이다…

## 제법실상 접근하기

여기에서 이야기한 우리들의 연구는 소위 역사적인 연구라고 할 수 없다. 교리적이거나 변증적이지도 않다. 그 유일한 목적은 내가 제기하고 싶은 질문에 대한 대답에 도움이 되도록 제법실상을 적용하는 것이다. 그 질문은 간단히 말하면 다음과 같다. 특정의 종교 체험을 할 수 있는 각각의 대상이 가질 수 있는 궁극적인 존재의 근거는 무엇인가? 종교가 필수적인 존재 방식을 구성하는 실존의 실제 양상은 무엇인가?

이 질문은 본질적인 사실성과 종교의 궁극적인 근원을 다루고 있는데 다음과 같이 추측할 수 있다. 종교의 본질적이고 근원적인 사실성은 그만의 초월하는 존재가 처한 장소에 존재한다. 그것은 존재하는 개체의 부재와 공허로 표시되는 장소, 나아가 개체가 그들이 있는 그대로 그들 고유의 존재를 소유하는 장소를 말한다.… 종교의 근본적 근원으로 여겨질지도 모를 개인적 자아의 무 안에서 상대 객체의 영역뿐 아니라 자아로서 상정하는 것을 뛰어넘는 초월적 존재가 처한 장소 안에 있다…

우리가 학술적으로 학설이나 교의학 연구로 나아가지 않는다면 그것은 우리의 연구 분야를 종교 철학이라고 생각하기 때문이다. 따라서 우리가 제법실상론을 연구 분야로 옮김으로써 우리의 질문에 대한 대답을 찾을 것이다. 이것은 결코 미리 결정된 관점에서 천태종의 교의를 설명하거나 논하는 것을 의미하지 않는다. 차라리 기본 텍스트의 원래 의도를 직접적으로 언급할 것이고 그래서 우리가 이해되는 것을 같은 텍스트로 돌아가 단지 말할 것이다. 그 목표는 단순히 천태종의 교리를 찾는 것을 선언하는 것에 있지 않다. 결과는 반드시 우리가 진술한 것과 같은 질문에 대한 대답을 시도하게 할 것이다. 우리의 주요 관심사는 우리가 말하는 것이 전통적 천태종의 가르침과 일치하는지 아닌지가 아니라 오히려 그들의 원래 의도를 지키면서 우리가 얼마나 멀리 갈 수 있는지 알아내는 것이다.

[JNR/이혜원]

# 나카무라 하지메

中村元, 1912-1999

나카무라 하지메는 불교학과 인도 철학 분야의 20세기 대표적인 철학자이다. 1936년 도쿄제국대학 (東京帝國大學) 졸업 후, 1943년 동 대학 대학원에서『초기 베단타 철학사』로 박사학위를 받고 같은 대학에 교수로 취임했다. 1973년 열성적인 교육활동 후 퇴임하여 여생을 불교학에 힘썼다. 좁은 전문분야에만 사로잡혀 있어서는 절대 알 수 없는 나카무라의 글은 동양과 서양, 과거와 현재의 사유의 역사를 가로지르고 있다. 그의 특별한 언어적 능력과 학습 덕에 일본어 외에 영어로도 집필을 했기 때문에 그의 글은 일본 내뿐만 아니라 해외에서 폭넓게 접근할 수 있었다. 또한 지금 고전이 된『불교어 대사전』세 권을 엮는 학문적인 과업을 이루었다.

나카무라는 사학자로서 특정 철학적 질문을 깊이 있게 추구하지 않았다. 그러나 동양의 사유 방법을 밝히고 유럽의 세계관과 가치관과 어깨를 나란히 하도록 하여 서양과 동양의 철학을 동등하게 다루는 방법을 보여 준 사상가로서 타의 추종을 불허한다. 제2차 세계대전에서 패한 일본이 도덕적으로 혼란한 시기에『일본 종교의 근대성』등에서 나카무라는 전통적인 사유와 종교를 다시 생각하는 합리적이고 현대적인 관점에서 시작하였다. 현대의 사유에서 '자연 질서'와 인간 행동 사이의 대립의 근원에 대한 마루야마 마사오(丸山眞男, 1914-1996)*의 연구를 따르면서, 나카무라는 그의 결론의 단순성에 의문을 제기하면서 더 넓은 관점을 취했다. 이러한 관심사는 다음 글에 반영되어 있다.

[SF/이혜원]

## 일본 문화, 세계 문화

나카무라 하지메 1998, 270-4

과거 세계에는 다양한 민족 문화와 복수의 문화가 존재했다. 그런데 오늘날에는 세계가 하나가 되고 있어 하나의 단위로서 세계 문화를 문제시하게 되었다. 그렇기 때문에 단수로서 세계 문화와 복수로서 민족문화의 관계가 문제시되었다.

현재 일본인 지식인들 사이에서는 세계 문화란 서양 문화를 말하는 것이라는 견해가 지배적이다. 물론 근대에 서양 민족의 세계지배 실현과 함께 세계 단일화가 성립된 것처럼 여겨지고 있다. 정치적으로도 서양에서 독립한 민족 혹은 국가가 존재할 수 없다고 하는 것은 말할 것도 없다. 그 외 학문·예술 등의 영역에서도 서양 문화의 영향은 결정적이다. 세계가 단일화된 것은 동시에 서양화된 것이라고 생각하기 때문이다. 그러나 세계의 단일화라는 것은 물질적으로 자연스러운 움직임, 그것을 지배하고 이용한다는 측면에서는 현저한 것이라서, 언어·도덕·종교·예술·습속 등의 면에서 각 민족의 정신적인 습성이라는 것은 좀처럼 바뀌고 변하기 어려운 점도 있다. 예를 들면, 인도에서는 15세기 말에 서양인이 도래한 이래 이미 서양인에 의해 지배 통치되었지만 그들의 지배 통치가 교묘했음에도 기독교도는 전 인구의 2% 정도에 지나지 않는다. 대다수의 민중은 태곳적부터 전해오는 전통적 신앙을 신봉하고 있는 것이다. 근린 국가 중국에서도 사정은 거의 마찬가지였다. 동양의 여러 민족이 서양의 사상 혹은 문화의 영향을 받더라도 쉽게 그 사유 방법 혹은 사유 경향을 변혁하지 않는 측면이 있다는 것은 단순히 동양인의 후진성이라든가 정체성으로 결론지을 수 없는 문제이다. 이러한 경향은 흔히 있는 것은 아닐지도 모른다. 이러한 경향이 있기 때문에 아시아의 후진성이 좀처럼 소실되지 않는다는 의견도 성립하는 것이 아닐까? 그러나 이것이 하나의 엄연한 사실이라는 것은 부정할 수 없다.

동양인 혹은 그 문화는 결코 전면적으로 정체되어 있거나 전면적으로 후진적이거나 하지 않다. 어떤 경우에는 서양과 평행해서 진보하는 면이 있다. 어떤 면에서는 세계의 주요한 여러 민족은 공통의 진보 과정을 거치고 있는 것이다. 공통의 진보 과정은 종교·도덕·사회제도·정치 구조 등에 대해서도 인정된다. 그리고 세계가 같은 방향으로 계속 나아가면서도 민족적 구별은 소실되지 않는 것이다. 그렇게 해서 민족적 구별이 존속하는 한, 서양 민족 내지 서양 문화도 여전히 특수한 것으로 여겨지지 않으면 안 된다.

서구화가 곧 세계화라고 주장하는 사람은 다음과 같은 견해도 가지고 있다. ―동양의 여러 문화가 결국 서양 문화에 종속된다. 동양인의 여러 사유 방법의 특성은 결국, 서양인의 사유 방법에 의해 극복되어야 한다. 서양 문화는 보편성을 가지지만 동양의 문화는 보편성을 가지지 않는다고 말한다. 그러나 보편성을 가지지 않는다는 것은 도대체 어떠한 의미일까? 근대 서양에서 일어난 자연과학적 인식 혹은 기술과 같은 것은 용이하게 게다가 거의 그 모습 그대로 이해·섭취된다는 것은 당연하다. 그러나 그 외의 문화 영역에 관해서는 서양의 문화적 소산이라면 모두 보편성을 가지지만 다른 여러 민족의 문화적 소산은 모두 보편성을 가지지 않는다는 것이 도대체 말이 되는가? 인류 역사를 관통해서 보면 이미 고대부터 동양의 사상이 서양의 사상에 영향을 준 흔적은 여러모로 인정할 수 있다. 근대가 되어 번역을 통해서 동양 사상이 서양에 아주 상세하게 알려지게 되었다. 그 이래 동양 사상이 프랑스인 및 독일인의 사상형성에 끼친 영향의 흔적은 상당히 현저하다.

또한 동양 내부에 한해 보더라도 과거에는 위대한 문화 교류가 이루어졌다. 불교는 거의 모든 아시아에 전해졌다. 유학 이론이 현실 생활을 어디까지 상정했는가는 역시 연구가 필요한 문제인데, 어쨌든 과거 일본의 실제 사회생활에 어떤 종류의 규제력을 지녔음은 의심할 수 없는 사실이다. 보편적 자각을 가지게 한 교설에 어떻게 보편성이 없었다고 말할 수 있을까?

그러면 이후 새로운 세계 건설에서 일본인의 문화는 어떠한 위치를 차지할까?

## 일본 문화의 위치

일본인은 추상적·체계적으로 생각하는 것에 아주 서툴렀다. 일본은 옛날부터 체계적인 철학이 궁했고, 논리학은 일본의 정신적 지반에서는 자라지 않았다. 인도의 논리학인 인명(因明)도 일본에 이입되어서는 어느새 훈고주석(訓詁注釋)학이 되고 결국은 절에서 법회의 장식품 같은 의례가 되어 버렸다.

그래서 오늘날 회화·조각·건축·정원 등 감각에 호소하는 일본 문화의 의의가 국제적으로 인정받게 되었지만 일본의 사상 체계는 세계에서 인정받지 못했다. 일본의 종교와 사상은 구미 제국은커녕 가까운 아시아 여러 나라에도 전혀 알려져 있지 않다. 아주 일부의 선사상이 알려져 있는 정도인데, 그마저도 언어의 장벽이 여전히 크다.

그렇다면 일본인의 사상은 세계성이 없는 것일까? 다른 나라들과 민족들에서는 받아들여지지 못하는 성질의 것일까? 설령 일본인이 추상적인 사색 측면에서 졸렬하더라도 이 섬나라에 2천 년 이상을 거쳐 일본 민족이 생활해 왔다는 것은 아주 명백하며 엄연한 사실이다. 생활해 온 이상은 반드시 실천적으로 이해되었던 사상이 있었음에 틀림없다.

현재의 이른바 '지식인'의 대다수가 일본인의 사고방식은 좀처럼 영문을 모르겠으니 서구의 사고 형태를 받아들여 제거되거나 혹은 개혁되어야 할 것이라고 말한다. 특히 패전이라는 결정적인 타격으로 이러한 주장이 점점 우세가 되었다. 기준은 서구에 놓여 있다. 이러한 경향은 소위 지식인 사이에서 특히 현저하다.

그러나 서구의 사고방식을 받아들인다고 해도 구체적으로는 무엇을 기준으로 하는 것일까? 같은 서양에서도 서로 다른 사상적 입장을 취하고 있는 사람들이 대립하고 있고 서로 녹아들지 않는다. 그리고 미국인, 영국인, 프랑스인 등은 각각 자신들이 가장 뛰어나다고 생각하고 다른 민족을 경멸하고 있다. 그러므로 일본인이 특수한 사상적 입장을 취하는 사람들의 의견을 그저 맹목적으로 채택할 이유는 없다.

## 자연적 질서와 작위의 논리

나카무라 하지메 1956, 331-41

산스크리트어 '다르마(dharma)'는 '인간 행위의 규범, 법칙'을 가리키는데 한역(漢譯) 불전에서는 '법'으로 번역된다. 그것은 영원히 타당한 것이고 또한 행위의 규범이 될 법한 것이라고 여겨진다. 그러나 그 실질적 내용에 관해서는 전혀 다른 견해가 대립하고 있다.

브라만교의 견해에 의하면, 네 계급의 신분적 상하의 구별은 우주 창조 때에 이미 정해졌다고 한다. 각각의 계급에는 독자적 의무가 정해져 있다. (1)바라문족에게는 베다(Vedas)를 배우고 학습하여 자신 및 타인을 위해 제사를 행하는 일·보시를 하는 것 그리고 받는 것 (2)왕족에게는 인민의 보호·보시·자신을 위해 제사를 행하는 것·베다의 학습·육체적 욕망의 대상에 대해 탐내어 집착하지 않는 것 (3)서민에게는 가축의 보호·보시·자신을 위해 제사를 지내는 것·베다의 학습·상업·돈을 빌려주는 일 및 경작 (4)농노에게는 이상의 세 계급에 대해 불평 없이 봉사하는 것이 부과되었다. 그래서 이 네 계급의 구별을 엄수하고 브라만교 성전에 규정되어 있는 대로 실행하는 것이 우리들에게 다르마이다.

그런데 브라만교에 대립하는 불교에 의하면 이러한 행위는 다르마에 부합한 것이 아니다. 인간 사이에 존재하는 계급적·신분적 구별은 인간이 맘대로 만들어낸 것이며 아주 무의미하다고 주장했다. 원시불교 성전 중 가장 오래된 것에는 다음과 같은 이론이 적혀 있는데, 거기에서 인간 신체의 각 부분은 어떤 계급이든 조금도 다르지 않다는 것을 하나하나 설명한 후 명백하게 밝히고 있다.

> 인류에게 태어난 신분에 따른 특징의 구별은 존재하지 않는다. 인간이 서로 다른 것은 그저 명칭에 의한 것뿐이다.… 이름과 성은 그저 단어에 지나지 않는다. (Suttanipāta 610-11, 648)

『아살라야나 경(Assalāyana Sutta, 阿攝恕經)』이라는 불교 경전에서는 아리아인의 사회구성을 당시 인도 서부에 거주하던 그리스인의 격변하는 사회 구성과 대비시켜 계급적 구별의 전면적 부인을 그 주제로 하고 있다. 카스트를 부인하는 이론은 후대의 『금강침론(金剛針論)』 등에 특히 날카롭게 설명되어 있다. 그리고 국가는 태고의 인간이 상호간 토론·계약에 의해 만든 것이고 '국왕'은 원래 인민이 수익을 나누어 고용한 인간에 지나지 않는다고 주장했다.

따라서 불교의 사회관은 작위의 논리 부분에 들어갈 테지만 다른 쪽에서는 진실의 이법은 영원히 존재한다고 주장한다. 예를 들면 연기(緣起)의 이법에 대해서도 다음과 같은 정형구가 있다.

> 여래가 출현하건 출현하지 않건 실제로 이 「본성(本性, dhātu)」은 존속하고 법 안에 머물고 법 안에 내재하고 서로 의존한다. 여래는 이것을 취해 통달한다.(Saṃyutta Nikāya II.25.3)

이러한 관념은 후대 불교까지 계승되고 있다. 예를 들면 가상대사(嘉祥大師, 549-623)도 "부처가 있든 없든 자연 만물은 늘 같은 작용을 한다."(T38, 893c)고 말했다.

이렇게 불교에서는 영원히 타당한 법(다르마)의 권위를 중시한다. 법의 권위는 붓다의 권위보다도 위에 위치한다. 부처는 법을 체현함으로써 부처일 수 있는 것이다. 신들도 붓다가 설파한 법을 찬탄하고 신봉한다고 한다.

이러한 사상을 들으면 사람들은 스토아철학 및 휴고 그로티우스(Hugo Grotius, 1583-1645)의 사상을 상기할 것이다. 그로티우스가 말하는 자연법(jus naturale)은 실정법(jus civile 시민법)과는 달라서 철학적으로 이해될 수 있는 법률이다. 그것은 인간성에 근거한 것이고 어디에서나 동일하며 누구에게나 같은 것이다. 자연법은 불변의 것으로 신도 그것을 바꿀 수는 없다. 설령 신이 없더라도 인간이 있는 한 자연법은 타당한 것이라고 한다. 이렇게 표현법에 관한 한 불교와 서양의 자연법 이론과의 사이에는 현저한 유사가 있는데, 불교에서는 인간 상호의 행동적 연관을 규제하는 법률을 문제시하고 있는 것이 아니라 세상 사람들의 행동 혹은 생존이 성립하는 기본적 조건을 개인 존재의 내부에 한해 문제화하는 경향이 있다.

지금 이 문제에는 깊게 들어가지 않겠지만 이상의 사상은 또한 주자학자의 주장과 아주 유사하다. 하야시 라잔(林羅山, 1583-1657)*에 의하면, 군신·부자·부부의 윤리는 "만약 우리에게 주어진 우주의 바깥에 다른 우주가 있더라도, 거기에 사람이 있으면 그들 사이에도 존재할 것이다" … 또한 구마자와 반잔(熊澤蕃山, 1619-1691)*에 따르면 "성인의 가르침이 없었던 때도 이 길은 이미 행해졌다."라고 하였다.

이러한 공통의 사유 방법을 고려하면 불교는 작위의 논리를 인정하면서 영원한 이법을 설정하고 있다고 생각할 수 있지 않겠는가?

다음으로 불교적 사유에서 변혁의 논리는 어떻게 가능한가? 불교에 의하면 원래 세상 사람들은 영원히 타당하고 진실한 인간의 이법에서 탈출하고 자의적으로 잘못된 제도를 설정하고 있다. 우리들은 다시금 진실의 이법을 실현하지 않으면 안 된다. 그래야 정치적 실천의 의의가 인정된다. 원시불교에 따르면 이상으로서 국가는 '법'(다르마)에 근거해야 한다. 정치(rajja)라는 것은 "죽이는 것 없이, 해하는 것 없이, 이기는 것 없이, 이기게 하는 것 없이, 슬픈 것 없이, 슬프게 하는 일 없이, 법을 가지고 행한다"라고 했고 이상적인 제왕은 "법에 근거해 국가를 통치한다"(Suttanipāta 1002)라고 했다. 이러한 이상을 달성하고자 한 전형적인 예로 아쇼카 왕(Ashoka King)을 들 수 있다.

아쇼카는 일반 불자들과 마찬가지로 전 세계의 인간이 지켜야 할 보편적인 이법이 존재한다고 확신하고 이것을 '법'(다르마)이라고 불렀다. 이 법은 인간이 존재하는 한 영원히 타당할 법칙이다. 그것은 '예로부터의 법칙'임과 동시에 또한 '해와 달이 존재하는 한' 언제나 준수해야 할 것이라고 한다. 그는 스스로 칭하는 것처럼 '법의 실천'에 힘썼다. 그렇게 세상 일반 사람들이 '법의 증진에 이를 것'을 바랐다. 정치라는 것은 세상 사람들의 이익을 위해 전력을 다하지 않으면 안 된다. 그는 '세상 사람들의 이익과 안락'을 꾀하는 것에서 최상의 기쁨을 찾았다. 또한 그것은 국가의 의무라고도 했다. "실로 세상의 모든 사람의 이익을 이루는 것보다 숭고한 사업은 존재하지 않는다." 그리하여 그는 "법에 근거한 정치는 나 아쇼카 때부터 시작한다"라며 대담하게 선언했다. 그는 법의 이상에 의해 그 광대한 영토를 통치하려고만 한 것이 아니라 자신의 영토 이외의 나라에까지도 그 법을 미치게 하고자 사절을 파견했다. 정신적·도덕적인 의미에서 전 세계의 왕이 되고자 했고 또한 그 자부심을 가지고 있었다. 따라서 아쇼카는 실현되어야 하지만 아직 실현되지 않은 곳의 영원하고 진실한 이법의 관념과 정치적 개혁을 가능하게 하는 작위의 논리가 모순되는 것이 아니라 실은 모든 현상의 본질이 서로 융합하여 걸림이 없다고 생각했음을 알 수 있다. 아쇼카 왕의 이러한 생각이 적어도 주관적 의식 면에서는 현대 인도의 정치적 지도자 안에 그대로 살아 있는 것이다.

물론 다르마의 이론이 기존의 사회조직을 온존시키기 위한 이론으로 쓰이고 변혁의 장애가 될 위험은 생각할 수 있으며 실제로 후대의 인도 불교에서 그러한 위험이 나타난 듯하다. "과거의 옛 법에 의지해서 (사람들이) 중단 없이 지금의 법을 받을 수 있다."(T17, 317b) 나아가 열반경에서는 다음과 같이 말한다.

> (한 사람의) 왕이 법과 같이 통치하여 백성을 안락하게 하고자 한다면 모든 지혜로운 신하에게 그 법은 어떠한지 자문을 구하라. 모든 신하가 선왕의 옛 법을 이야기할 것이다. 왕이 다 들은 후에 진정한 마음을 믿고 행하는 법에 따라 나라를 통치한다면 일체의 원한을 품을 일이 없다. 그렇기 때문에 백성으로 하여금 안락하고 걱정이 없게 한다. (T12, 754b)

여기에서 구래의 관습법 혹은 법적 규정이라는 것이 그대로 정당성의 보증이 되어 있다. 어떤 것이든 구관이 명관이라는 사유 방법이 지배하고 있는 것이다. 후대의 불교를 믿는 사람들은 일반적으로 과거를 이상적인 세계로서 찬미하고 현재를 타락한 말세라고 보는 경향이 있었다(「말법(末法)」 사상). 후대의 불교도 현실적으로는 결코 보수주의는 아니었다. 그것은 불교사의 발전의 자취가 여실히 보여 주고 있다. 그러나 관념적으로는 분명히 보수주의였다. 이것은 당시 사상 일반의 전승적 성격에 유래한 것으로 보이고 또한 당시 브라만교적인 카스트 제도가 점차 강고해지는 것에 대한 저항이라고 이해하는 것도 가능하다. 그리고 인도 민족에 전통적으로 현저한 영원성·불변성을 지향하는 사유 방법의 특징과도 연관이 있다고 여겨진다. 그 어느 것인지는 당장 결정할 수 없을 것이다.

이러한 사상이 인정됨에도 불구하고 이법이 영원히 타당하다는 사상이 반드시 변혁을 방해하는 것은 아니다. 근대 인도 개혁의 지도자들은 계급적 질서에 관해서는 인간의 평등이 다르마라는 입장을 취하므로 기존 사회질서는 다르마에 근거하지 않는다며 자신들은 새롭게 다르마에 근거한 정치를 행해야 한다고 생각한다. 근대 인도의 사회변혁이 서양의 기계문명과의 접촉·세계의 경제적·정치적·문화적인 전체 구조 속에 그 일환으로서 던져진 것에 근거하는데, 근대 인도의 개혁운동가의 의식에는 항상 다르마의 관념이 지배하고 있다. 이 점에서는 특히 『바가바드기타』의 영향이 현저하다.

다르마의 관념이 과연 영원히 타당할 만한 인간의 이법의 관념을 표시하는데 적당한 단어인지 어떤지가 이제 문제일 것이다. 또한 그러한 이법은 시대·사회양식·생활환경에 따라 다른 형태로 나타나므로 그것을 순수한 형태로 취하기에는 곤란할 것이다. 이 경우 인격의 존중이라든가 사랑·자비라든가 평등이라든가 공동과 같은 관념이 정치의 기저에 존재해야 할 원리적인 것을 비교적 순수하게 취하고 있다고 말할 수 있을 것이다. 그러나 그럼에도 불구하고 이러한 이법을 그 구현된 여러 형태와의 구조 연관 아래에서 이해하는 것은 역시 학자에게 주어진 문제이다.

이상의 검토에서도 알 수 있듯이 인도 사상의 다르마는 중국사상의 자연과는 확연히 다른 면이 있다. 한역 불전을 보면 만물이 '자연'에서 생긴다고 상정하는 '자연외도'는 이단설로서 배척되고 있다.(T43, 262c) 이 설에 의하면 '자연'이라는 외부적 혹은 초월적인 원리에 의해 만물이 움직이고 성립한다는 것인데, 불교에서 만물은 인연 화합에 의해 성립된다고 한다(연기설). 한역 불전에서도 부처와 보살의 지혜와 자비가 "저절로 나타난다"라고 하는 의미의 '자연'은 승인하고 있는데 그것도 불교에 의하면 역시 무언가의 인연에 의해 나타난 것으로 해석해야 할 것이다. 안도 쇼에키(安藤昌益, 1703-1762)*는 임제(臨濟)와 같은 불자는 '상호성'의 이치, '자연'의 이치를 모른다고 비난했는데 그가 주장하는 상호성의 이론은『중론』『화엄경』의 논리와 현저하게 상통하는 바가 있다는 점은 아주 흥미로운 일이다.

다르마와 같은 개념의 '법'의 관념은 또 마찬가지 방식으로 일본의 불교도 지배하고 있다. 일본 불교를 정치운동과 연결 짓는 경우는 적었다. 따라서 '법'의 관념에 근거한 개혁운동은 실례가 부족할지 모르나 결코 없지는 않다. 봉건적인 지배세력과 가장 현저하게 항쟁했다고 하는 니치렌(日蓮, 1222-1282)*은 '정법(定法)'의 권위를 중시한 사람인데 "불법(佛法)이라고 하는 것은 도리이다. 도리라는 것은 군주를 이기는 것이다"라고까지 말했다. 여기에서는 도리가 군주 위에 있는 것이라고 여겨진다. 이러한 사상은 다른 형태로 무사와 항쟁한 일향종(一向宗) 교도들 사이에서도 지배적이었다. 이런 점에서는 '법의 지배'가 행해진 서양 중세와 비교해야 할지도 모르겠다. 그러나 근세에 들어서면 '법'의 관념에 근거한 사회개혁을 노리는 불교도도 나타난다. 시도 부난(至道無難, 1603-1676)*이나『원법어(猿法語)』의 저자의 글 안에서는 사유재산제 혹은 봉건적 사회구성을 부인하는 주장이 인정된다. 또한 스즈키 쇼산(鈴木正三, 1579-1655)*은 여러 직업이 모두 절대자의 현현으로서 의의가 있다고 주장하였는데 구체적으로는 천민 계급을 구제하려 그 차별대우를 비난하고 또한 무사들이 자신의 칼을 시험해 보려고 길에서 아무나 베는 행위나 순장과 같은 폐습에 반대론을 펼쳤는데 실제로는 쉽게 실현되지 못했다.

근세 일본에서 불교도의 개혁 운동 좌절은 유학 계열의 그것과 닮은 이유 때문인지 간단히 단정 지을 수 없다. 그러나 어찌 되었든 이러한 측면의 연구도 역시 중요할 것이다. 마루야마 마사오(丸山眞男, 1914-1996)*의 연구는 지식계급의 정치사상 검토에 중점을 두고 있다. 우리들은 이것과 더불어 서민의 정치의식도 검토해야 한다. 어째서 민중들 속에서 스스로 개혁운동이 나오지 않았는가? 설령 소수의 선각자가 개혁을 주창한다 해도 민중이 결국 따라오지 않으면 거기까지이다. 따라서 정치에서 민중의 복종 심리 형태 분석도 중요하다. 그 지점에서 근세에 민중을 지배했던 불교가 민중의 정치의식과 어떠한 연관이 있었는지 역시 중요한 문제로서 취급되어야 한다.  [WSY/이혜원]

# 다마키 고시로

玉城康四郎, 1915-1999

다마키 고시로는 1940년 도쿄제국대학(東京帝國大學) 졸업 후, 1959년부터 퇴임한 1976년까지 모교에서 강의를 했다. 퇴임 후에는 도호쿠대학(東北大學)과 니혼대학(日本大學)에서 학생들을 가르쳤다. 다마키는 히사마쓰 신이치(久松眞一, 1889-1980)*와 니시타니 게이지(西谷啓治, 1900-1990)*와 더불어 일본 불교 철학의 가장 훌륭한 대표자 중 한 명이다. 초기 불교 철학 전문가인 그는 근대 인도의 사유, 독일 이상주의, 분석심리학 및 현대 과학철학과 같은 다양한 주제의 강의도 했다. 근대 불교학에 대한 자세한 지식을 가졌을 뿐만 아니라 종교적 경험과 철학적 사유에 대해 더 큰 관심을 기울였다. 이미 청년시절에 그는 자신의 깊은 선(禪) 경험을 위해 자신만의 방법을 추구했는데 그것을 바탕으로 동서양의 사상, 신구를 혼합한 독특한 철학을 발전시켰다. 1961년 박사논문을 시작으로 그동안의 생각을 글로 표현했는데, 사상사에 대한 그의 관심은 여기에 짧은 발췌문이 포함된 『동서양 사상의 근저에 있는 것(東西思想の根底にあるもの)』(1983)과 『비교 사상 연구(比較思想論究)』(1985)와 같은 책을 완성시켰다.

다마키에게 객체 지향적 학문은 '전인격의 생각'이었던 선 명상과 대조되는 '객체 지향적 사고'에 머무르는 것이었고 말년에 특별한 방식으로 그의 관심을 사로잡았다. 그러한 생각은 몸과 마음을 합하여 의식이 없는 마음을 포용했을 뿐만 아니라 우주의 진실에 철저히 다가갔다. '순수하고 형식 없는 삶'에 빛을 밝히는 사고를 하는 대상만이 '인류 스스로의 근본적인 전환'의 자각을 이룰 수 있다. 이것은 그가 '업보' — 현세의 몸과 마음은 과거의 업보의 결과—라는 전통 불교 개념을 가져오게 했다. 그리하여 그는 시간의 세계 안에서 무한한 과거로부터 모든 것들이 혼합된 것을 표현한 '다르마의 발현'에 시간을 초월한 차원을 더하게 되었다.                    [SF/이혜원]

## 불교와 전인(全人)

다마키 고시로 1982, 301-4

선을 이야기할 때 깨달음 혹은 '자신의 본성 들여다보기'를 언급하는데 이는 오히려 본성이 드러나는 것을 의미해야 한다. 불교의 기원으로 돌아가면 우리는 '다르마의 발현'인 붓다의 말씀에 도달한다. 이것을 이해하기 위해 매일 명상을 반복하고 또 반복한다면 어떤 시점에서 붓다와 경전의 이미지가 사라질 것이다. 그렇게 된다면 붓다뿐 아니라 예수와 바오로(Paulus, 10?-67?)를 비롯해 소크라테스(Socrates, BC.470-BC.399), 엠페도클레스(Empedoklcles, BC.493-433), 헤라클레이토스(Heraclitus of Ephesus, BC.540?-BC.480?), 존경받는 중국 고전이 — 그들의 표현의 차이에도 — 그 바탕은 근본적으로 같음을 깨달을 것이다. 즉, 선정(禪定)은 나라는 인간의 보편적 형태를 깨닫는 것과 관련되어 있고 그 시점부터 선정이라는 불교 개념은 '전인격적 사유, 추리' 혹은 '전인격적 영위'라는 일반적인 개념으로 대체될 수 있다.

더 자세히 말하자면 인류에게 보편적인 소위 대상적 사유, 추리에 대해서 또 마찬가지로 보편적이고 전인격적인 사유, 추리가 적어도 고대 동서양에 걸쳐 작용했음이 인정되었다. 그리고 그것은 자주 아주 상세하게 인도 요가와 불교 명상의 방법을 통해 전해져 왔다. 앞으로 놓인 과제는 이를 공통의 인류 유산의 일부로서 현대적 형태로 실현하는 것이다.

그런데 불교 안에서 선정을 거듭하며 살펴보니 붓다에서 대승의 여러 경전 사이의 연결이 점차 분명해졌다. 중심선은 초기 불교 경전에서『반야심경』과『묘법연화경』으로 연결되었고 그 근원의 발달을 통해 중심선을 추적하는 것은 아주 흥미롭다. 그것을 내내 지탱해 준 선정은 그 자체로 모든 종류의 학파를 아우르는 불교의 전형으로 간주될 수 있다.

불교 사상에 대한 연구는 지금까지 특정 학파들의 역사적 묘사에 초점을 맞추는 것 외에는 없었다. 그러나 잘 생각해 보면 교리 분류의 체계는 예를 들어 천태종과 화엄종 등이 각각『묘법연화경』과『화엄경』에 기초하여 불교 전체가 전망되었고 소위 교상판석(줄여서 교판이라고 한다. 불교의 여러 경전 여러 학파에 대한 가치판단)이 일어났다. 이후에 일본에서는 구카이*의 십주심(十住心)과 현밀 이교판(顯密二敎判), 그리고 신란*의 하나 혹은 다른 경전에 모든 것을 기초한 두 가지 방법과 네 가지 가르침을 찾을 수 있다. 그런데도 가마쿠라시대 이후에는 교상판석은 끊겨 일어나지 않았다. 메이지시대가 되어 불교 연구가 개혁을 겪었으며 오늘날 놀라운 발전을 이루었다. 그러나 여전히 교상판석이 생겨나지 않았고 이는 솔직히 우리들 불교학자들의 해이함이 비난받을 수밖에 없는 사실이다.

다음은 현대판 교상판석이 나온다면 기대하는 하나의 방법이다. 이전의 분류와는 달리, 각각의 경전에 근거하지 않고 원시 경전에서 대승 경전을 꿰뚫는 선정을 지지하는 불교의 전형에 근거할 것이다. '원시 형태'로서 이 전형이 단순한 '형태'의 양상을 뛰어넘어 우리 자신만의 명상과 함께 역동적인 활력이 흐른다. 우리가 가지고 있는 학파와 종파에 대한 개념을 이러한 원시적 불교 형태에서 다시 생각할 필요가 있다.

이와 관련하여 결정적인 중요성에 대한 또 다른 질문은 "다르마가 대상에 발현하는가"이다. 다르마는 대상의 어디에 나타나는가? 몇 년 전 센다이에서 초기 불교 경전에 대해 연구하고 있었는데, 그때 나는 업이숙(業異熟, kamma vipāka)이라는 부처님의 사상과 조우했다. 찾지 못한 채 오랫동안 고민해왔던 그 무언가가 예기치 않게 내 눈앞에 있었다. 나는 기뻐 뛰었고 바로 글쓰기에 돌입했다. 다르마는 그야말로 업이숙을 통해 계속 나타난다.

업이숙은 내가 "인격적 신체"라고 부르는 업보의 현실이다. 존재하는 모든 것과 각각이 그리고 숨을 쉬며 살아가는 모든 것과 섞여 끊임없는 과거로부터 계속해서 수행을 한 효과, 이 효과들은 내 모든 존재의 기질에서 지금 여기에 나타난다. 이것이 '나'라고 부르는 독립체의 외부 한계이므로 나의 '개별성'도 그러하다. 동시에 모든 것의 얽힘은 그들의 최고 수준에서 사물의 본질로서 '공공성'의 외부 한계이다. 다시 말해 개별적인 개인의 신체를 유지하면서, 그것은 공공에 열린 개인의 신체이다.

업이숙의 본질은 무엇인가? 그것은 아집과 번뇌의 무한한 소용돌이일 뿐이다. 그것은 개체적이면서 공동체 그 자체, 세계 그 자체가 끝없이 앞으로 분출하는 아집이다. 그것은 정글의 한 가운데에 있는 산의 가장 깊은 곳에서 방금 파낸 싱싱한 광물과도 같다.

부처는 이것을 "무명(無明)"이라고 불렀다. 그 이후의 불교사상사는 이 무명의 과제에 철저하게 마주하지 않았다. 그저 아비달마의 수면(隨眠, 번뇌), 유식설의 아뢰야식(阿賴耶識, alaya-vijnana),

정토교의 번뇌구족이 겨우 한 발 내딛었지만 다른 대승종파들은 여전히 시작하지 않았다.

전인격적 사유에서 인격적 신체는 앞으로의 과제이다. 그것은 불교학만의 문제가 아닌 미래의 존재를 묻는 우리들 인류의 문제이다.                                          [JWH/이혜원]

---

## 존재에 대한 관점

다마키 고시로 1983, 3-11

오늘날 인간은 지금까지 경험한 적 없는 문제에 당면하여 그 으스스한 심연에 노출되어 있다. 과학 및 과학기술의 존재방식에 대해 묻고 인구, 식량, 자연 자원의 부족에 쫓기고 있으며 핵무기에 의한 인류 위기의 공포에 떨고 있다. 근대 경제학이든 마르크스 경제학이든, 종래의 사고방식으로는 설명할 수 없는 경제 현상이 소용돌이치고 국제관계도 새로운 질서를 내어 보일 수 없는 채 그것을 모색하면서 혼미함에서 벗어나려 발버둥치고 있다.

이러한 상황에서 정착된 철학적 세계관이 나타날 리가 없다. 인류는 이제 이중의 의미로 그 존재를 묻는다. 하나는 인구, 식량, 혹은 원폭에 의한 인류 그 자체에 대한 존재의 위기이고, 두 번째로는 이러한 긴박한 환경 속에서 인간다운 존재 이유는 무엇인가, 다시 말해 이 곤란한 환경을 힘들여 해결하면서까지 인류는 존속할 만한 의미가 있는지 없는지의 문제이다. 이 두 개의 질문은 반드시 서로 연결되지는 않는다. 설령 인류 존속의 의미를 찾아내지 못한다고 해도 필시 여러 새로운 지혜를 개발하고 기획하여 그 존속을 위한 노력을 이어갈 것이다. 이미 그것은 여러 분야에서 시작되었다고 말해도 좋다.

그러나 나는 그것만으로는 도저히 승복할 수 없다. 제행무상, 만물유전, 생명이 있는 것은 반드시 사멸하는 것처럼, 인류도 또한 어느 시점엔가 땅 속으로 매몰되고 소멸되고 그리고 언젠가 그 땅 자체도 사라져버리는 시기가 틀림없이 온다. 오히려 그러한 길고 먼 시간의 흐름을 시야에 넣고 인간다운 것의 존재의 의미를 분명히 하여 그 위에 서서 인류 존속의 문제를 성찰해야 한다고 생각한다. 말이 쉽지 그것을 알아차리는 것이 너무나 어렵더라도 어차피 오늘날의 상황 자체가 아주 지난하다. 뭐라 해도 그 방향의 길로 나아가야 한다.

### 두 개의 요점

바야흐로 자연 인식이 재검토되고 있다. 지금까지는 자연을 조사하고 규명하고 지배하는 것이 근대인의 기본방침이었다. 그것은 인류가 자연을 극복하고 이용하는 것이었다. 그 태도가 외적 조건에 가로막혔고 자연히 태도 변경을 강요받고 있다. 자연을 극복하고 이용한다는 일방적인 노선이 아니라 인류는 자연 안에서 살고 동물, 식물과 함께 공존하는 것이 인류가 살아가야 할 모습이라고 생각하게 되었다. 그 이면에는 인류 존속을 위한 공리적인 사고방식이 잠재되어 있다고 해도 자연 인식의 획기적인 태도 전환임은 틀림없다.

본래 고대인에게는 그러한 사고방식이 지배적이었다. 인간은 자연의 일부이고 스스로 그 자연 안에 존재하며 그것을 분명히 하려 한다. 고대 그리스의 자연관과 고대 인도와 중국의 자연관은 각각 자연 인식의 방식이 달랐다고 주장하는데 좀 더 대략적으로 본다면 어느 것이나 공통된 기본 성격이 보인다. 그것은 지금 언급한 것처럼 스스로를 자연 속에 놓고 자연을 전체적, 혹은 통일적

·본질적으로 파악하려고 하는 경향이다. 그러한 인식의 과정에서 사유의 기능은 저절로 전인격적, 혹은 전신(全身)적이어야만 한다. 오늘날 어떤 종류의 입장처럼 그저 논리적, 혹은 합리적인 것이 아니다. 이 시점이 여기에 명기해야 할 하나의 요점이다. 인도의 베다와 우파니샤드의 시인과 철학자가 그러했고 중국의 장자나 그와 비슷한 입장도 마찬가지이고 소크라테스와 그 이전의 소위 자연철학자도 그러했다. 그리고 그러한 전인격적 사유를 장시간에 걸쳐 실천하고 조직화하려 한 것이 인도의 요가이며 불교의 선정(禪定)이다.

그리고 또 하나의 요점은 최대의 포인트이자 이미 인간에게 가장 이해 곤란한 문제로, 인간 그 자체, 스스로의 보금자리에서 거리를 두는 것이다. 이 요점 역시 고대 철학자가 모두 그랬다고 할 수는 없다. 그러나 각각의 형태는 다를지언정 인도도 중국도 그리스에서도 철학자들은 첫 번째 요점인 전인격적인 구명 속에서 두 번째 요점인, 인간 그 자체의 기반을 넘어 안팎이 개방된 무한의 광야에서 숨 쉰다는 삶의 방식을 실현한 듯하다.

이 두 번째 요점이라는 것은 어떤 것일까? 되도록 알기 쉽게 생각해 보자. 이것은 단순히 하나의 표현에 지나지 않지만 인간은 원래 단편화되어 있다는 것에 근거한다. 즉 자신의 단편화된 차원에서밖에 사물이 보이지 않는 것이다. 이것은 어찌할 수 없는 일이다. 부분의 범위는 얼마든지 넓어질 수 있지만 어느 시점에서도 한정된 부분인 것에 변함없다. 게다가 이것의 운명은 '앞에 있는(vor-sein)'이라는 방법으로만 사물이 보인다는 것이다. 따라서 우리들은 자연히 표상하는(vor-gestellt, 앞에 세우는) 수밖에 없는 것이다. 이렇게 자신의 부분, 그리고 '앞에 세우'는 방법을 통한 인식이야말로 유일하게 잘못이 없는 인지라고 확신한다. 결국 인간이 원래 단편화되어 있다는 것은 필연적으로 인간은 본래 특정 관점의 관찰자라는 것을 내포한다고 말할 수 있다. 이 본래적인 특정 관점의 전환이 바로 두 번째 요점인 것이다. 그리고 고대인들이 각각의 방법으로 이것을 실현했는데 시대를 내려갈수록 점차 특정 관점의 관찰자라는 측면이 강해진 것이다. 이 과정을 서구의 역사 위에서 일람해 보자. 이렇게 말하는 것은 서구의 사상이 현대문명의 지배자이기 때문이다.

### 서양 사상의 자기 성찰

헤라클레이토스와 소크라테스에서 지금 언급한 것처럼 첫 번째 요점인 전인격적 사유를 통해 두 번째 요점인 인간의 본래적인 폐쇄성이 개방되었다는 것은 분명하다. 다만 헤라클레이토스의 단편과 플라톤(Plato, BC.427?-BC.347?)의 기술을 보면 두 번째 요점까지 실현했던 철학자는 아주 소수의 엘리트이고 그것이 다른 사람들에게는 얼마나 힘든 일이었는지 말하는 것에 수긍이 간다. 그러나 그들에게 그러한 열린 세계는 일시의 영감이나 특수한 신비적 경지가 아니라 그것이야말로 현실적이고 생활 속에서 실현되었다고 말할 수 있다. 이것은 고타마 싯다르타(瞿曇悉達多, Gotama Siddhartha, BC.563?-BC.483?)에게도 마찬가지이다. 그렇기 때문에 소크라테스는 한탄하고 슬퍼하는 제자들 앞에서 희열에 가득 차 독배를 기울인 것이다. 이렇게 두 번째 요점이 실천적이라는 것이 중요하다. 그런데 플라톤과 아리스토텔레스(Aristoteles, BC.384-BC.322)의 경우는 그렇지 않다. 플라톤의 이데아 직관은 최후의 단계인 것처럼 두 번째 요점은 그들의 철학 체계의 궁극적인 것, 최후의 것이다. 플라톤이 결코 전 생애에 걸쳐 소크라테스처럼 두 번째 요점을 현실적으로 이루었는지는 의심스럽다. 하물며 아리스토텔레스에 있어서는 말할 나위가 없다.

그런데 예수와 바오로는 명백하게 두 번째 요점을 실현하였다. 예수는 항상 성령을 받으면서 계속 기도하는 한편 행동했고 바오로도 로마서와 고린도 전후서를 보면 분명 그러했다. 다만 예수도 바오로도 두 번째 요점의 실현에 초월적인 세계, 즉 신의 나라에서의 방문이라는 형태를 취했다. 그 때문에 기독교가 이른바 종교적(기독교적인 의미에서)이라는 특수 세계를 형성하고 철학과 과학에 대립하기에 이른 것이다. 이점이 불교와 극명하게 다른 점이다. 불교도 초월성이라는 점에서는 다르지는 않지만 그 초월성이 현실성과 한편으로 일체가 되고 한편으로는 중첩되고 또한 복잡하게 얽히고 혹은 마주하여 종교성과 철학성이 대립하는 일은 없었다. 그러나 그 현실성도 자칫 관념적이 되어버려 사회의 실태에 맞서는 실천과 철학이 결여되었다는 점은 부정하지 않는다. 반면 기독교는 점점 그 형태성 측면을 견고히 하고 심지어 니케아 공의회에서 삼위일체 등 정통파의 교의를 결정하고는 그 외의 입장을 배척해 버렸기 때문에 그 시점부터 예수와 바오로의 생생한 자유의 힘은 소멸해 버렸다고 말해도 좋다. 때마침 이러한 딱딱한 교의를 부수고, 이단시하는 것과 박해에 대항하면서 신과의 합일을 목표로 하는 초월적 체험이 생겨났다. 그러나 사상사 연구자는 그것을 신비 체험이라고 칭하며 특수한 종교 경험이라고 여겼고 후에는 신비 사상이라는 수식을 붙여 특수한 입장이라고 보는 점에 문제가 뿌리 깊어진 것이다. 결국, 첫 번째 요점과 두 번째 요점을 관통하는 부분에서 전체적인 시야가 떨어져 나가고 단편화 경향이 강해진 것이다. 플라톤과 아리스토텔레스에게 인간의 사유와 관련되는 분야는 철학적, 종교적, 과학적으로 전체적으로 파악되었지만, 이 이해가 그렇지 않게 되어 버렸다.

신비 사상이라고 한다면 그리스 말기의 플로티노스(Plotinos, 205?-270), 중세의 아우구스티누스(Aurelius Augustinus, 354-430), 에크하르트(Johannes Eckhart, 1260-1328), 그 계통의 요한 타울러(Johannes Tauler, 1300-1361), 하인리히 소이세(Heinrich Seuse, 1295-1366), 또한 근세의 뵈메(Böhme, Jakob, 1575-1624) 등을 들 수 있다. 플로티노스의 체험은 강렬했지만 일자(一者)와의 합일이라는 엑스터시의 특수 경험이다(플로티노스에 대한 필자의 견해는 최근 크게 변했다.). 아우구스티누스는 한때 그러한 경지에 빠졌지만 마지막에는 신의 은총으로 끝났다. 에크하르트도 또한 강렬한 체험을 표명하고 있다. 그는 토마스 아퀴나스(Thomas Aquinas, 1224-1274)의 체계를 돌파하여 거기에서 머무르지 않고 아주 자유롭게 체험을 확장했다. 그러나 토마스 역시 아리스토텔레스의 입장을 빌려 신학을 조직하긴 했지만 마지막에는 신비 체험적인 것을 어렴풋이 엿볼 수 있는 신의 빛을 언급했다.

그러나 이러한 특수 체험으로서 신비적 세계에서조차도 근세가 되면 급속하게 그 힘이 쇠약해졌다. 그것은 방임하면 필연적으로 쇠약의 길을 걷는다. 왜냐하면 최초로 두 번째 요점의 의미에 대해 적은 것처럼 인간은 본래 단편화되어 있고 따라서 당연하지만 특정 관점을 전제하고 있기 때문이다. 인간은 '앞에 있는' 것만 볼 수 있다. 이 신비를 향한 힘의 쇠약에 박차를 가한 것은 자연과학적인 태도의 발흥이다. 그것은 그저 '앞에 있는 것'을 '앞에 세운' 합리성의 추구이기 때문이다. 그렇더라도 근세 초에는 이러한 초월성에 대한 잔영을 볼 수 있다. 근세철학의 벽두에 합리주의자 데카르트(René Descartes, 1596-1650)의 입장의 근저에는 코기토·에르고·줌(나는 생각한다. 그러므로 나는 존재한다)을 자각시킨 철학적 체험이 있다. 『방법서설(方法敍說)』에 그것을 극명하게 말하고 있다. 그러나 초월적 체험으로서는, 그의 글은 그저 머리말에 지나지 않는다. 그렇게 말은 하지만 그러한 체험이 기초가 되었다는 것은 주목할 만하다. 또한 자연과학적인 사고의 기초를 제공한 프랜시스 베이컨의 이돌라(우상, 편견)론에서는 인간 존재에 뿌리박힌 기분 나쁜 오류를 캐묻고 있는 것이 보인다. 이것은 잊어서는 안 된다.

그중에서도 가장 주목해야 할 것은 칸트(Immanuel Kant, 1724-1804)의 『순수이성비판』일 것이다.

그는 당시 수학과 물리학을 앞에 두고 그 기초 확립을 시도하면서 이성 비판을 하고 있다. 그에게는 초월성으로의 힘은 그저 그것에 대한 실감이 있을 뿐 완전히 소멸해버렸다. 그것은 마치 자연과학의 발전과 역행하여 약해진 듯하다. 과학의 진행과 영성의 쇠약의 분수령을 칸트에게서 볼 수가 있다. 그러나 중요한 것은 그 이성 비판이다. 그는 아무리 철저하고 진중하게 배려하더라도 이성이 빠져 이성 자체에 오류가 생기는 것을 강조하고 있다. 그럼에도 불구하고 우리들은 이성 그 자체의 존엄성 ·독립성을 인정하지 않을 수 없다. 사실은 이 점이 현대에서 인간 존재를 성찰할 때 중요한 문제이다. 칸트의 이 준열한 사색을 다룰 때마다 존재의 깊은 수수께끼를 생각하며 이상한 감동이 일어난다. 그러나 안타깝게도 칸트의 사색은 전인격적이지 않았다. 그것은 첫 번째 요점의 사유 위에 떠 있던 이성에 지나지 않는다. 그것을 전인격적인 기반에 돌려놓아야 한다.

칸트를 출발점으로 한 이후의 독일 관념론이 아무리 크게 날갯짓하더라도 그것이 첫 번째 요점의 사유는 되지 않는다. 하물며 두 번째 요점의 실현은 말할 것도 없다. 그 예로 셸링(Friedrich Wilhelm Joseph Schelling, 1775-1854)을 살펴보자. 그의 만년에 걸친 적극철학은 그의 주장대로 철학의 본래 성으로 말하자면 특히 그렇다고 할 수 있다. 그러나 그것은 격려하는 소리일 뿐 철학의 내용은 공허하다. 실질적으로는 아무것도 없다. 이것에 비해 천태지의(天台智顗, 538-597)의 『마하지관(摩訶止觀)』, 그리고 그것보다도 도겐의 『정법안장(正法眼藏)』은 오히려 셸링이 말하는 적극철학을 응원하는 수준이 아니라 이미 실질적으로 전개하고 있다. 『정법안장』은 오늘날 세계철학으로 볼 때 아주 의미 깊은 암시를 준다. 또한 셸링은 자신의 체계에 자연과학, 자연철학을 떠안고 있는데 그것은 우리들 문외한의 눈으로 보더라도 심하게 무리라고 할 수밖에 없다.

그러면 인도 사상과 불교에서는 본래의 이성의 지위라는 것이 전혀 없었던 것일까? 나는 그렇게 생각하지 않는다. 물론 서양적인 의미에서 이성의 확립(그것은 첫 번째, 두 번째 요점으로 말하면 두드러지고 추상적인 것)은 아니었지만 전인격적인 이성의 수긍은 엄연히 존재한다. 예를 들면, 고타마 싯다르타가 아직 눈뜨기 이전에 두 사람의 선인이 사사하여 같은 경지에 도달했는데 고타마 싯다르타는 그것을 진정한 열반이 아니라고 '판단했고' 보리수 아래에서 스스로 깨달아 진정한 열반에 도달했다고 '판단했다'. 이러한 전인격적인 '수긍'이야말로 본래 이성적인 것의 작동이며 칸트의 이성 비판에서 이성의 더욱 근간이 되는 것이라고 여겨진다. 한 세대 전까지는 서양철학을 이성적이라고 하고 동양 사상을 체험적이라고 했는데 이것은 터무니없다.

이렇게 하여 고대 그리스의 자연철학에서 소크라테스, 플라톤, 아리스토텔레스에 걸쳐 아주 잠시 첫 번째, 두 번째 요점이 실현되었는데 그 후 점점 단편화가 강화되어 결국은 근세에서 현대를 거치며 자연과학은 완전히 독주의 형태를 취해버렸다. 이러한 형태에서 과학적 진리의 추구가 참으로 무서운 것이며 그리고 종국에는 무의미한 것으로 끝나고 또한 인간 전체성이 분열에 분열을 거듭하여 찢긴 채 퇴폐를 향해 갈 것은 이미 명백하다.

[JWH/이혜원]

# 선불교

도겐
무소 소세키
잇큐 소준
다쿠안 소호
스즈키 쇼산
시도 부난
반케이 요타쿠
하쿠인 에카쿠
이마키타 고센
스즈키 다이세쓰
히사마쓰 신이치
가라키 준조

# 개관

가마쿠라시대(鎌倉時代, 1185-1333)는 정치적인 격변, 갈등, 그리고 자연재해가 특이하게 연이어지던 시대였다. 귀족계급은 신흥 사무라이 계급에게 정치적 권력을 빼앗겼다. 사무라이 계급은 조정의 문화적 권위를 획득하고자 애썼고, 사회적 혼란과 자연재해는 특히 농민들과 도시 빈민들에게 억압적이고 윤리적인 공허감을 느끼게 하였다. 일본 서남부에 대한 몽골의 2차에 걸친 침략은 일본의 주권을 위협하였다.

가마쿠라시대에 일본이 이처럼 급변하는 상황에서 등장한 3개의 새로운 종교 전통들 —선불교, 일련(日蓮) 불교, 그리고 다양한 형태의 정토불교— 중 선불교는 처음에는 가장 대중적이지 못한 전통이었다. 선불교는 두 가지 발전 전략과 함께 대두하였다. 첫째는 권위와 권력을 쥐고 있는 정치 중심지에서 후원을 얻으려는 엘리트 중심적인 접근이었다. 둘째는 도시의 번잡함을 멀리 벗어나서 정신적인 수행에 적합한 사찰을 건립하는 분리주의적인 접근이었다.

임제종(臨濟宗) 계통의 선불교는 첫째 전략에서 즉각적인 성공을 거두었다. 곧, 「쇼군(將軍)」 정권의 지원을 확보하여 일본의 두 주요 도시인 교토(京都, 수도)와 가마쿠라(쇼군 정권의 중심지)에 문화와 학문과 선 수행을 전문으로 하는 사찰들을 건립하였다. 이러한 기획에서는 중국 선불교의 제도적인 모델을 채택하여, 궁극적으로는 각 도시에 이른바 '오산(五山)'의 사찰 체제가 확립되었다.

일본 중세 선불교에서, 또 하나의 주요 종파인 조동종(曹洞宗)은 도겐(道元, 1200-1253)*에 의하여 창립되었다. 이 종파는 처음에는 도시의 중심지로 진출하는 데 실패하였다. 결과적으로 조동종은 오늘날의 후쿠이(福井) 지역에 해당하는 외딴 지역에 엄격한 선 수행의 중심지로서 최초의 주요 사찰을 건립하였다. 두 세대 뒤에 게이잔 조킨(瑩山紹瑾, 1268-1325)은 민간종교와 불교의 밀교 전통에서의 관행을 도입하여 조동종 선(禪) 전통의 대중적 기반을 확립하였다. 오늘날 일본인들은 종종 선불교에서 고급 예술과 엄격한 의미에서의 수행 모두를 연상하곤 한다. 선불교가 이렇게 양방향으로 연상된다는 것은 선불교 제도의 두 모델이 장기적으로 서로 영향을 주어 왔다는 것을 시사한다.

일본 선불교의 모체인 중국 선불교에서는 현재에 직접적으로 참여하는 것을 선호하면서, 분석적이고 사변적인 사유를 제한하는 대승불교의 특성에 중점을 두었다. 즉 중국 선불교의 가르침에서는 외부의 실재를 철학적으로 분석하는 식으로 언급하지 않는다. 대신에 그들은 수행자들이 스스로 깨달음을 체험하는 능력을 가로막는 망상과 집요한 선입견들을 제거하는 교육적인 장치들을 활용한다. 이러한 면에서 선불교는 대승불교의 일반적인 관점과 일치한다. 곧, '지혜(prajñā)'는 분별적인 '이해(vikalpa)'를 넘어선다. 그리고 실재에 대한 참여를 표현하는 것은 실재를 초연하게 분석하는 것보다 더 큰 가치가 있다. 그리고 깨달음은 획득되거나 진전되는 것이라기보다는 내재하는 어떤 것으로서 발견되는 것이다. 선불교의 독특함은 이러한 입장을 고수하는 엄격함에 있다. 선불교에서는 경전을 학자적인 방식으로 독해하는 것을 수사학적인 차원에서 폄하하고, '선(善)하게' 되는 방편으로서 계율을 꼼꼼하게 엄수하는 것을 의미없게 본다. 그리고 선입견이나 의도적인 심사숙고 없이 지금 여기에서 당장 자신의 직관을 펼칠 것을 요구한다. 선불교의 관점에 따르면, 다른 불자들의 전통적인 수행법들은 교육적인 차원에서 방편적이고 잠정적인 진리에 불과한 것들을 절대적인 진리로 착각할 위험이 있다.

　가마쿠라시대에 일반에 만연한 좌절과 절망의 분위기에 대하여 선불교는 맹렬하게 대응하였다. 선불교에서는 복잡함을 단도직입적으로 해체하고 번잡한 것들을 던져 버리고, 적어도 이론적인 차원에서는 누구나 직접적으로 접근할 수 있도록 통찰을 제시하는 길을 보여주었다. 임제선과 조동선이라는 일본의 두 전통은 처음에는 현저하게 다르지 않았지만, 각기 고유한 노선에 따른 발전을 추구함에 따라, 특히 기법적인 차원에서 상이한 강조점을 지니게 되었다. 임제종은 좌선(坐禪)을 보완하기 위하여 고함, 때리기, 그리고 「공안(公案)」에 의한 테스트를 강조하였다. 이러한 공격적인 기법들은 수행자들의 내면에 매우 큰 위기의식을 야기하여서, 수행자들은 오직 급작스러운 돌파를 통해서 '자기의 본성을 발견[見性]'하고 안도를 얻을 수 있었다. 이와 대조적으로 조동선은 보다 강력한 임제선의 기법들을 반드시 배제한 것은 아니었지만, 자기의 참된 본성을 알아차리는 길로서 경험의 부단한 흐름에 더 초점을 맞추어 집중하였다. 따라서 그 전형적인 수행법은 여전히 좌선에 머물렀다.

　임제종과 조동종은 각기 정통성을 확립하기 위하여 제도적인 차원에서 자체의 역사를 기술하면서, 계보를 거슬러 올라가서 일본 내에서 각 종파의 '창립자' 에이사이(혹은 요사이, 榮西, 1141-1215)와 도겐을 통하여 중국에서의 계보에 맞닿도록 그 전승 과정을 추적하였다. 사실상 에이사이와 도겐 모두 자신이 새로운 불교 종파를 창립한다고 생각하지 않았다. 에이사이는 중국에서 4년을 보내면서 임제종에서 공식적인 인정을 받은 천태종 승려였다. 중국에서 에이사이의 수행 목적은 임제종의 특별한 기법들의 장점을 인식하고, 천태종에서 밀교(密敎)와 현교(顯敎)가 혼합된 수행법을 대체한다기보다는 보완하기 위하여 선의 기법들을 채택하는 것이었다. 그의 계승자들은 일본에서 임제선의 독특한 전통을 창출할 과제를 떠맡게 되었다.

　도겐은 단순히 새로운 수행법을 추가하는 것이 아니라 오히려 혁신을 요구하는 보다 철저한 방향을 택하였다. 그는 자신이 더욱 근원적인 수행, 곧 불교의 핵심적인 정통 수행으로서 '좌선'으로 회귀하고 있을 뿐이라고 믿었기에, 자신이 새로운 종파를 창립한다고 생각하지는 않았다. 사실상 그는 명상 수행이 깨달음을 얻기 위한 '수단'이 아니라 깨달음의 실제적인 '실천'이라는 강한 입장을 취하였다. 다시 말해서 올바른 실천이란 자신이 이미 간직하고 있는 깨달음을 표현하는 것이다. 도겐의 이러한 주장은 에이사이의 주장보다 제기하기가 훨씬 어려운 것이었다. 이러한 주장의 제기에는 체험, 언어, 사유, 그리고 실재에 대한 분석을 포괄하는 복합적인 철학적 기획이 요구되었다. 도겐은 스스로 이러한 과제를 감당할 수 있음을 충분히 입증하였다. 그뿐만 아니라 더 나아가서, 그는 근대 이전 일본 사상가들 중 현대 일본의 강단 철학자들에 의하여 가장 자주 인용되는 사상가가 되었다.

　에이사이 전통을 따르는 일본 임제선의 지도자 무소 소세키(夢窓疎石, 1275-1351)*는 일본 임제선의 선맥(禪脈)이 독특한 특징을 갖추는 데 결정적으로 기여한 거장이었다. 시인, 서도가, 그리고 탁월한 정원 설계자였던 무소의 삶은 임제선과 예술 사이에 밀접한 관계가 발전하는 단초를 모범적으로 드러내었다. 임제선과 예술은 모두 즉흥성, 창조성, 그리고 경직된 관습과의 결별을 귀하게 여긴다. 무소는 교토와 가마쿠라에서 '오산(五山)' 체제를 강화하면서 이러한 밀접한 관계의 제도적 기반 역시 견고하게 다짐으로써, 일본 도시 문화의 구조 속에 임제선의 위치를 효과적으로 구성해 내었다. 또한 '본성(本性)'에 관한 무소의 가르침은 철학적으로 오늘날까지 임제선 전통에서 계속되는 분석 노선의 기조를 확립하였다. 그는 도겐과 마찬가지로 깨달음이 모든 체험에 내재해 있다고 보면서도, 기존 범주에 대한 습관적인 의존에서 야기되는 망상 때문에 그 깨달음이 가려져 있다고 주장하였다. 무소는 선불교 전통에 충실한 입장이었기에 개념적인 추론을 통한 해결은 추구하지 않았다. 그는 뚜렷하게 마음, 자아, 그리고 현상적인 실재의 본성에 대한 그의 사색들이 즉흥적이고 임시방편적인 표현들에 지나지 않으며, 다른 이들이 ─ 그가 '본성'이라고 부르는─ 실재로 되돌아가서 거기에 언어 이전의 차원에서 참여하는 길을 발견하는 데 도움이 될 수도 있고 안 될 수도 있다고 이야기한다.

15세기 초에 일본은 교토의 무로마치(室町) 지역에 위치한 아시카가(足利) 막부의 중앙 권력과 변방 지역들 사이의 조화로운 관계가 무너지기 시작하면서 사회적 불안의 심한 고통 속으로 다시 빠져들고 있었다. 오닌 전란(應仁の亂, 1467-1477)은 수도를 황폐화시켰고, 온 나라를 '전국시대(戰國時代)'라고 알려지는 한 세기 동안의 소용돌이로 몰아넣었다. 임제종의 선사 잇큐(一休, 1394-1477)*는 당시에 교토의 중요한 선종 사찰이었던 다이토쿠지(大德寺)를 구해내고 복원하는 데 결정적인 역할을 하였다. 잇큐는 문필가로도 명성을 떨쳤고, 매우 활달한 인물로서 적절한 품행에 관한 사람들의 가정을 벗어나는, 비정통적인 기행(奇行)의 충격적 효과를 잘 살리는 독특한 기풍의 '풍광(風狂)'에 탁월하였다. 잇큐는 당시를 지배하던 습관적인 사고방식을 폭로하고 해체함으로써, 언표하기 어려운 '본래의 장'에 참여하는 길을 개척하였다. '본래의 장'이란 무소가 '본성'이라고 불렀던 것을 가리키는 그의 독특한 용어였다. 무상함이라는 불교적인 관념을 직접적이고 통렬하게 표현하는 그의 에세이 「해골(骸骨)」은 광범한 대중에게 널리 읽혔다. 그의 필체는 당시의 실존적인 분위기를 구체적으로 표현했을 뿐만 아니라, 그 자신의 일탈적인 생활방식에 대하여 해명하는 역할도 하였다. 이에 더하여, 그가 당시의 핵심적인 문필가들 다수와 맺은 친교는 임제선과 예술 사이의 관계가 더욱 밀착되도록 하였다.

도쿠카와(德川)막부에 의하여 실행된 평화주의적이고 고립주의적인 정책 아래에서 전국시대가 저물고 에도시대(江戶時代, 1603-1868)가 시작되면서, 오사카, 교토, 그리고 에도(오늘날의 도쿄)의 도심지역이 상업과 문화의 주요 중심지로서 번영하게 되었다. 사무라이들은 그들의 군사적인 수완이 점점 더 불필요하게 되면서 다수가 사립 교육기관을 설립하거나 불자가 되었는데, 특히 임제종의 승려가 된 이가 적지 않았다. 이러한 방식을 통하여, 규율과 윤리적인 정직성이라는 무사의 이상이 임제선의 담론과 수행법 안으로 스며들어 갔다. 그 결과 예술에 대한 선불교의 관심은 폭이 넓어져서 검술 시합과 같은 무예를 포함하게 되고, '자기를 죽인다'라는 선불교의 이야기 속에도 불교의 이상과 사무라이의 이상이 혼합적으로 반영되게 되었다. 우리는 이러한 새로운 테마를 다쿠안 소호(澤庵宗彭, 1573-1645)*, 스즈키 쇼산(鈴木正三, 1579-1655)*, 그리고 시도 부난(至道無難, 1603-1676)*의 저술들에서 발견할 수 있다. 문과 무에 모두 출중했던 다쿠안은 검술에서 기민한 반응, 개방성, 그리고 유연성의 원칙을 활용하여 이와 유사한 불교적 원칙들을 밝혔다. 다른 한편으로 쇼산은 무아(無我), 집중, 그리고 무상함에 관한 불교, 유교, 그리고 신도의 가르침들을 활용하여 전투에 나서는 무사의 상황에서 요구되는, 죽음을 대하는 적절한 태도를 함양하고자 하였다. 부난은 승려들과 무사들의 죽음에 대한 두려움을 다루면서 그들이 모두 세상의 참된 도, 즉 무상함의 도를 깊이 체득하도록 촉구하였다. 이 세 인물은 모두 선불교의 근본적인 비전에 줄곧 충실하였다. 그들은 모두 그들의 저술이 단지 임시방편적이며 잠정적이라는 사실을 독자들이 유의하도록 하였다. 그들은 모두 그들의 저술이 말과 개념을 초월하여 존재하는 직접적인 체험 및 반응의 유연성이 가능하도록 이끄는 언어적 단서에 불과하다는 점을 잊지 않았다.

에도시대가 고유한 형태의 도시 문화를 점점 더 정교화하면서, 임제종의 일부 선사들은 자신들의 전통이 삶과 분리되어 사찰의 적막함으로 후퇴하거나 예술적 유미주의를 탐닉하는 쪽으로 기울고 있다는 사실을 의식하였다. 반케이 요타쿠(盤珪永琢, 1622-1693)*와 하쿠인 에카쿠(白隱慧鶴, 1685-1768)*는 모두 선불교에서 이전의 활력을 되살릴 길을 모색하였다. 반케이는 서민들에게 다가가서, 그들의 본래적인 깨달음은 '「무생(無生)」'고 일갈하면서, 일상생활의 사건들 속에서 — 남자, 여자, 속인, 승려, 범죄자, 성인 등 — 누구나 그러한 깨달음에 접근할 수 있다고 설하였다. 반케이에 의하면 깨달음은, 사색이나 학습한 행동 패턴이나 도덕적인 계율을 지키려는 의식적인 노력에 의하여 구속받지 않고, 유연하게 마음에서 우러나는 대로 우리의 관심이 움직여 가는 곳에 있다. 이와 대조적으로 하쿠인은 주로 임제종의 승가 생활을 혁신하는 데 초점을 맞추었다. 또한 여기에서 하쿠인은 인격적인 변화의 역동성에 관계되는 일련의 심리학적인 통찰들을 보여주고 있다. 하쿠인의 주장에 따르면, 깨달음은 누구에게나 내재해 있으므로 깨달음을 발견할 유일한 장소는 각자의 내면이다. 따라서 그에 의하면 선불교에서 스승의 과제는 제자들이 의존하기 십상인 외부적인 모든 것들 — 텍스트, 타인, 또는 교설 — 을 제거해 주고, 그렇게 해서 이른바 '커다란 의혹'의 상태로 제자들을 유도하는 것이다. 그 의혹을 해결하는 유일한 길은 이른바 '「커다란 문제를 깨닫는 것」', 곧 한 세기 이전 선불교의 스승들이 제창한 '커다란 죽음'으로 되돌아가 귀 기울이는 것이라는, 내면적인 변화에 있다. 이러한 상태에 도달하면 모든 현상이 경험 속에 나타나는 그대로 '일상 활동의 한가운데에서의 깨달음'을 드러낸다.

신유교의 도입과 함께 에도시대 일본에서는 유교 사상의 르네상스를 목도하게 된다. 중국에서 신유교는 다수의 불교적인 아이디어를 자체의 용어로 흡수하였다. 하지만 신유교는 불교의 나머지 아이디어에 대해서는 단순히 부분적인 진리라고 폄하하면서 유교의 우월성을 주장하였다. 15세기에서 16세기에 일본의 선불교 승려들이 중국에서 최초로 신유교 텍스트들을 가져왔을 때, 일반적으로 유교는 불교를 대체한다기보다는 보완하는 것으로 여겨졌다. 그러나 에도시대가 진행되면서 두 전통 사이에 대립이 전개되고 종종 격화되었다. 서로의 적대에 대한 중요한 예외 하나가 이마키타 고센(今北洪川, 1816-1892)*의 사상이었다. 임제종의 선사였던 그는 많은 유교적인 가치들이 불교와 공존할 수 있음을 보여주려고 애썼다. 예컨대 그는 고전적인 유교에서 인간 본성이 본질적으로 선함을 강조하는 것과 불교에서 누구에게나 「불성(佛性)」이 내재한다는 아이디어가 비교될 수 있다고 보았다. 이마키타는 유교와 불교에서 이처럼 내재적인 본성을 인정하는데 다만 불교는 직접 체험하는 것을 통하여 그 본성에 참여하는 것이 다르다고 주장하였다.

1868년 서양에 대한 일본의 개항은 일본에 근대의 여명을 가져왔다. 서양의 제도를 모방한 세속적 대학들이 새롭게 건립되면서, 철학은 주요 학문 분야의 하나가 되었다. 그 결과로 선불교에 직접적인 인연이 있던 일부 학자들은 서양의 아이디어, 용어, 그리고 기법을 적용하여 자신들의 체험을 분석하였다. 스즈키 다이세쓰(鈴木大拙, 1870-1966)*, 히사마쓰 신이치(久松眞一, 1889-1980)*, 그리고 가라키 준조(唐木順三, 1904-1980)*의 일부 저술들이 이 범주에 속한다. 교토학파 철학은 선불교 사상과 서양 철학 사이의 이러한 교류에서 하나의 중심이 되었다. 그리고 실로 이 세 사상가들이 모두 교토학파의 창시자인 니시다 기타로(西田幾多郎, 1870-1945)*와 개인적으로도 밀접한 접촉을 하고 있었다. 비록 이 셋 모두가 엄격하게 학문적인 의미에서는 철학자라고 불릴 수 없겠지만, 그들 모두가 서양 철학을 공부했으며, 그 공부가 그들의 선불교 이해에 영향을 미쳤다. 예컨대 스즈키는 선불교의 전통적인 '논리'를 '부정 속의 긍정'이라는 맥락에서 설명하려는 시도를 하였고, 히사마쓰는 불교의 '무(無)' 개념에 초점을 맞추었다. 다만 그들의 언어가 서양 철학과의 만남에 의하여 아무리 많이 물들었다고 하더라도, 그들은 여전히 설명되거나 분석되거나 개념화될 수 없는 체험으로 청중들을 이끌려는 의도에서 방편적인 설명을 발전시킨다는 선불교의 중심적인 과제에 몰두하고 있었다. 이러한 이유로 스즈키와 히사마쓰 모두 선불교적인 사유와 서양 철학적인 사유 사이에 차이가 있음을 고수하였다. 이와는 대조적으로 가라키는 고전적인 불교 텍스트들을 해석하는 데 자신의 직관을 보다 더 적극적으로 활용한 문학 비평가였다. 그는 본서에 포함된 발췌문에서 '무상함'에 관하여 도겐이 제시한 도전적인 아이디어들을 담은 몇몇 단락들을 선택하여, 일본의 전통적인 사유에서 미학의 역할이 중요했음을 강조한다.

본 섹션에 포함된 광범위한 사상가들을 일별하다 보면 한 가지 점이 현저하게 드러난다. 그들은 모두 어떠한 방식으로든 선불교의 기본적인 취지를 수용한다. 곧 선불교는 근본적으로 개념이나 사변적인 사색이나 의문시되지 않는 전제들에 의하여 물들여지기에 앞서 존재하는 경험의 기반에 직접적으로 참여하는 데 관심이 있다. 바로 여기에 창조성, 자발성, 그리고 깨어 있는 생활방식의 원천이 놓여 있다. 물론 이러한 사실을 다른 사람들에게 전달하기 위해서 누구든 불가피하게 촉매제 역할을 하는 방편적이고 잠정적인 언어 사용에 의지할 수밖에 없다. 이러한 관행의 성격이 사회적인 조건의 변화나 지성계에서 시대정신의 전환을 반영한다는 것은 그다지 놀랄 일도 아니다. 아직 깨달음을 자각하지 못한 이들에게 다가가기 위하여 선불교는 우선 그들의 고유한 기반에 서서 사람들을 만나야 한다. 선불교와 철학 사상 사이의 상호작용을 고려할 때에는 이 점을 언제나 유념해야 한다. 이러한 상호관계에서 선불교가 새로운 형태의 표현 도구들을 발견하면서 계속해서 그 자체의 물음과 통찰을 통하여 일본 철학을 풍요롭게 하고 있음을 볼 수 있다.

**더 읽을거리**

Abe, Masao. *Zen and Western Thought* (Honolulu: University of Hawai'i Press, 1989).

Dumoulin, Heinrich. *Zen Buddhism: A History, vol. 2: Japan,* trans. by James W. Heisig and Paul Knitter (Bloomington: World Wisdom, 2005).

Izutsu, Toshihiko. *Toward a Philosophy of Zen Buddhism.* (Tehran: Imperial Iranian Academy of Philosophy, 1977).

Kasulis, T. P. *Zen Action/Zen Person.* (Honolulu: University of Hawai'i Press, 1989).

Kim, Hee-jin. *Eihei Dōgen: Mystical Realist.* (Boston: Wisdom Publications, 2004.)

Nagatomo, Shigenori. 2006. "Japanese Zen Buddhist Philosophy," Edward N. Zalta, ed., *Stanford Encyclopedia of Philosophy* (Summer 2010 edition). url: http://plato.stanford.edu/entries/japanese-zen/.

Wright, Dale S. *Philosophical Meditations on Zen Buddhism* (Cambridge: Cambridge University Press, 1998).

[TPK/류제동]

# 도겐

道元, 1200-1253

일본의 종교사에서 도겐은 일본 조동종(曹洞宗) 선불교의 개조로서 추앙받는다. 전하는 바에 따르면 그는 귀족 가문에서 태어났고 고아가 되었으며 12살 때 교토 동북부 히에이산(比叡山) 천태종 사원에 들어갔다. 이상적인 스승을 찾아 그는 곧 사찰의 중심체에서 멀어졌고, 결국 교토 동부의 작은 사원 겐닌지(建仁寺)에 들어가게 되었다. 이 사찰은 1203년 묘안에이사이(明菴榮西, 1141-1215)에 의해 세워진 것이다. 천태종 승려였던 에이사이도 중국에서 4년간 유학생활을 하고 임제종의 사법(嗣法) 인가를 받았다.

학자들은 도겐이 실제로 에이사이와 만났는지 알 수 없다고 하는데, 도겐은 에이사이의 가장 가까운 후계자인 묘젠(明全, 1184-1225)의 제자가 되었다. 묘젠은 1223년 심화된 수련을 위해 중국으로 건너갔는데 그때 도겐을 데려갔다. 2년 뒤 중국에서 묘젠이 입적한 후 도겐은 중국 조동종의 승려 천동 여정(天童如淨, 1163-1228)의 제자가 됐다. 여정에게서 도겐은 '좌선'을 통해 '심신탈락(心身脫落, 마음과 몸을 모두 놓아버림)'이라는 말을 듣고 정신적 통찰력을 얻었다. 여정을 통해 그의 통찰력을 입증받은 도겐은 1227년 일본으로 돌아왔다.

일본에서 도겐의 종교적인 경력은 모든 불교의 핵심적 정통실천으로서 앉아서 명상하는 좌선을 주장하는 것에 초점이 맞춰졌다. '그저 앉아서' 명상하는 것에 대한 강조는 밀교적인 동시에 개방적 관행이 확립된 천태종 통합과는 상충되었다. 도겐은 점점 더 기존 종교 및 민간 권력에 의해 소외되었고, 그 결과 자신의 사찰을 건립하기 위해 후쿠이현(福井縣)의 고립된 지역으로 가게 되었으며 1243년 영원한 평화라는 의미의 사찰 에이헤이지(永平寺)를 건립하였다. 도겐은 남은 생애 동안 중국 선 공동체의 경험과 깨달음이, 실천의 목표가 아니라 실천의 방식이라는 자기 신념에 기초하여 에이헤이지의 종합적인 사찰 원칙을 개발하는 데 주력했다. 일상생활의 평범한 활동의 정신성을 변화시키기 위한 수단으로 절제되고 사려 깊은 참여와 실천을 주장한 것이, 그가 일반 일본인의 존경받는 성직자와 평신도 모두의 정신성에 가장 눈에 띄게 공헌한 바였다.

도겐의 주요 철학적 업적과 아래의 모든 선택들은 그의 대저작 『정법안장(正法眼藏)』을 출처로 한다. 이 책은 1231년부터 그가 1253년 입적할 때까지 쓴 95편(정본판)에 이르는 일련의 수필이다. 몇몇 중요한 예외를 빼고, 가장 철학적인 것이라 간주되는 이 수필은 약 1240년에서 1243년 사이, 즉 에이헤이지 설립 직전 시기에 구성된 것이다. 각 수필은 일반적으로 시가, 「공안(公案)」, 설화, 그림, 또는 불교적 유명한 은유나 구절 등 주요 선 항목들을 분석하여 구성되는 기본적인 주제들에 초점을 맞추고 있다. 그의 논평은 독자를 혼란스럽게 만들고 선조들의 전통으로 잘 알려진 단편적 지식에 대한 일반적인 해석을 해체하게끔 고안되었다. 이런 점에서 『정법안장』이 고전적 중국어가 아닌 일본어로 써진 일본 최초의 철학 텍스트라는 점은 의미가 있다. 도겐은 사실상 철학을 표현하기 위한 새로운 언어를 발명하였으므로, 새로운 형태의 표현을 고안하는 데에 뛰어난 창의력을 보여 준 셈이다. 그의 복잡한 말장난, 다른 불교 종파에 대한 광범위한 암시, 새로운 학설에 대한 강한 관심 등을 고려할 때, 『정법안장』은 도겐 사후 수 세기 동안 전혀 널리 읽히지 못할 만큼 난해한 것으로 여겨졌다.

마침내 20세기가 되어서야 일본 철학에서 도겐의 이해자들이 나타났다. 와쓰지 데쓰로(和辻哲郎, 1889-1960)[*], 다나베 하지메(田邊元, 1885-1962)[*], 니시타니 게이지(西谷啓治, 1900-1990)[*], 우에다 시즈테루(上田閑照, 1926-2019)[*], 유아사 야스오(湯淺泰雄, 1925-2005)[*]와 같은 주요 사상가들은 도겐을 전근대 일본의 주요 철학자로 언급하였고 그에 관한 중요 저작을 썼다. 67권짜리 『일본사상대계(日本思想大系)』(NST)에서 도겐은 두 권을 할당받은 유일한 개인 사상가다. 20세기에 들어 도겐이 일본의 중추적 사상가로서 이해된 이 급격한 변화는 무엇 때문일까? 아마도 그의 철학적인 관점에는 놀랄 만큼 현대적인 무언가가 있기 때문일 것이다. 이것은 그의 방법론적 접근방식, 즉 텍스트 내부에 대한 그의 감각, 탈구축에 대한 강조, 경험의 현상학적 분석과 같은 것에 대한 관심, 그리고 그가 스승과 제자 또는 작자와 독자 관계를 바라보는 방식이 독창적이라는 것이다. 심신의 불가분성, 일시성의 본질, 의미의 맥락적 기반, 인간과 자연 사이의 유대감, 윤리의 상대성에 비추어 볼 때 전통의 기능 등 그가 탐구한 주제들에서도 마찬가지로 그의 현대적 감각이 보인다.

[TPK/엄인경]

## 깨달음을 수행하는 선

도겐 1243A, 88-9; 1243B, 90, 94

### 좌선의 원리(마지막 개정판, 1243)

도겐에 따르면, 적절한 방식으로 앉아서 명상하는 것(「좌선(座禪)」)은 깨달음의 실천이다. 깨달음을 얻는 것은 연습할 문제가 아니다. 도겐은 만일 어떤 이가 적절한 방식으로 잠시라도 좌선 명상한다면 그 순간 그는 부처라고 주장한다. 선 수행 자체의 기본 골격은 다음과 같다.

참선은 곧 좌선입니다. 좌선은 조용한 장소가 좋습니다. 앉을 방석은 두툼해야 합니다. …… 모든 인연을 내버리고 만사를 쉬고 멈추어야 합니다. 선도 생각지 말고, 악도 생각지 않습니다. 마음이 의미, 지식에 있지 않고, 생각, 지각, 관찰에 있지도 않습니다. 부처의 형상을 만들고자 생각지 마십시오. 걸터앉거나 눕고 싶은 것을 떨쳐내야 합니다. …… 반가부좌를 하거나 혹은 완전 가부좌를 해야 합니다. …… 몸을 곧게 펴고 단정히 앉아야 합니다. …… 눈은 떠야 하며 너무 크게 떠도 너무 가늘게 떠도 안 됩니다. 이와 같이 심신을 정돈하고 숨을 길게 완전히 내쉬어야 합니다. 가만히 좌정한 채로 생각하지 않을 것을 생각해야 합니다. 생각하지 않을 것을 어떻게 생각하는가? 이것이 바로 무념(無念)입니다. 이것이 바로 좌선의 법술입니다. 좌선은 선을 습득하는 것이 아니며, 커다란 안락의 법문(法門)이자 때 묻지 않은 수행이자 깨달음을 얻는 증득(證得)입니다.

### 좌선잠(坐禪箴) (1242-1243)

좌선이 깨달음을 실천하는 것이라면 생각과 생각하지 않음, 즉 무념의 본질이 중요하다. 도겐의 경우, 무념은 생각하기와 생각하지 않기라는 모든 인지 활동의 근본에 놓인다. 그것은 더 이상 부처가 되려고 노력하지 않고 그 자체로 완전히 그 수행에 종사할 때 발생한다. 도겐은 유명한 선 이야기를 언급함으로써 그가 무엇을 의미하는지 더 정확히 설명한다.

> 약산(藥山)의 홍도 대사(弘道大師)[1]가 앉아 명상을 할 때 한 스님이 그에게 묻기를 "가만히 무슨 생각을 하고 앉아 계십니까?"
> 대사가 대답하기를 "생각하지 않는 것을 생각합니다."
> 스님이 다시 묻기를 "어떻게 생각하지 않는 것을 생각합니까?"
> 대사가 다시 답하기를 "생각하지 않는 것이지요."

대사의 불도(佛道)가 이와 같음을 증득하면서 가만히 앉는 것을 직접 배워야 하고 가만히 정좌하는 자세를 전해야 합니다. 정좌는 불도로 이어지는 참선의 진리 탐구입니다. 좌선하고 명상하는 것은 혼자 있는 상태가 아닐지라도 약산 대사가 말하는 한 가지 불도입니다. 이른바 생각하지 않는 것에 대해 생각하는 것입니다. 생각하는 피육골수(皮肉骨髓)가 있으며, 생각하지 않는 피육골수가 있습니다.

스님이 묻기를 어떻게 생각하지 않는 것을 생각하는가라고 했습니다. 실로 생각하지 않는 시간이 길다면 더욱이 이것을 어떻게 생각한다는 것입니까? 가만히 앉아 생각하지 않을 수 있습니까? 가만히 앉아 있는 자세라면 어떻게 그 너머와 통하지 않을 수 있겠습니까? 비근한 것을 경시하는 어리석은 사람이 아니라면 가만히 좌선하며 질문할 수 있는 역량이 있어야 하고, 생각이 있어야 합니다.

대사가 답하기를 생각하지 않는 것이라 했습니다. 이른바 생각하지 않음을 이용하는 것이 수정처럼 영롱해도, 생각하지 않음을 생각할 때에는 반드시 생각하지 않음을 이용합니다. 생각하지 않는 누군가가 있고 그 사람이 나를 유지합니다. 설령 내가 가만히 앉아 있더라도 그저 생각하는 것이 아니며 가만히 앉아 있는 것 자체로 드러나는 것입니다. 좌선하는 것이 설령 가만히 앉아 있는 것이라 하더라도, 좌선하는 사람이 어떻게 가만히 앉아 있는 것을 생각할 수 있겠습니까?

그러므로 좌선은 부처를 생각하는 것이 아니고, 불법을 생각하는 것도 아니며, 별안간의 깨달음을 생각하는 것도 아니고, 이해를 생각하는 것도 아닙니다.

......

그 방법을 연구하기 위해 수립된 참선 연구란 좌선하여 명상하는 것임을 알아야 합니다. 그 기준이 되는 중요한 내용은 부처를 만들어내려 하지 말고 부처를 수행하는 것입니다. 부처를 수행하는 것은 부처를 만들어내는 것이 아닌 까닭에 「공안」을 깨닫는 것입니다.  [CWB/엄인경]

---

## 의미와 맥락

도겐 1252, 7-10

선의 전통에서 공안은 생각하지 않고 대답하는 난제로서 많은 수행의 핵심이다. 또한 공안은

---

1) [영] 홍도는 당의 승려 약산 유엄(藥山惟儼, 745-828)의 시호(諡號)이며, 그와 제자인 동산 양개(洞山良介, 807-869)가 중국에서 조동종 선의 전통을 구체화했다.

때로 명상에서 깨닫는 선불교에 나타나는 모든 현상의 평정을 나타내기도 한다. 이 두 의미는 도겐의 '현성공안(現成公案)', 즉 현상의 모습이 곧 진리라는 말에 융합되었다. 생각하지 않는 시원적인 상태에서, 현상이란 개방되거나 비어 있다(이를 때때로 있는 그대로의 절대 진리를 뜻하는 「진여(眞如)」라고 한다). 그러나 그 '현성'에서, 그것들은 문맥이나 '계기'에 적절하게 들 어맞으며 의미 있는 행렬로 합해진다. 따라서 똑같이 의미 없는 현상이라도 다수의 가능한 의미 (어디에나 많은 세계가 있다)의 행렬에서 스스로를 구성할 수 있다. 구성에 의미를 부여하는 '현성공안'에 대한 관심은 도겐의 가장 유명한 철학적 수필에서 발전한 주요 주제이며, 그가 그의 저술을 편집하기 시작했을 때부터 직접 강조한 것이다. 도겐의 문체는 불교의 문학적 암유, 기술적인 선 용어, 수많은 신조어, 그리고 통사적 특질들로 가득하여 복잡한 것으로 유명하다. 당연히 어떠한 번역도 모든 뉘앙스와 함축된 의미를 제대로 표현할 수 없었는데, 그럼에도 불구 하고 일본 철학 내에서 차지하는 중요성 때문에 이 수필은 가장 빈번하게 번역된 선불교 서적 중 하나이다.

## 현성공안(現成公案, 1233년, 개정판 1252년)

모든 것이 불법에 따를 때에 곧 미오(迷悟)가 있고 수행이 있으며, 생이 있고 사가 있으며, 제불이 있고 중생이 있습니다. 만법이 모두 나에게 없을 때 미혹이 없고 깨달음도 없으며, 제불이 없고 중생이 없으며, 생이 없고 멸도 없습니다.

불도는 원래 풍요나 가난에서 벗어나 있는 까닭에 생성과 소멸이 있고 미오가 있으며 중생과 부처가 있습니다. 그러나 그럼에도 불구하고 소중한 꽃은 애석하게 지고 잡초가 실망 속에 무성해질 뿐입니다.

스스로를 직접 움직여 만법을 수행하고 증득하는 것이 미망이며, 만법이 나아가 자기를 수행하고 증득하는 것이 깨달음입니다. 미망을 크게 깨닫는 것이 제불(諸佛)들이며, 깨달음에 크게 미혹되는 것이 중생입니다. 나아가 깨달음 위에 더 깨달음을 얻는 사람들도 있고 미망 속에서 더 미혹되는 사람들도 있습니다.

제불들이 진정한 부처일 때는 자기가 부처라고 지각할 필요가 없습니다. 그럼에도 진정한 부처이며 부처임을 보여 줄 수 있습니다. 불교 신자라면 그들 스스로 불교 신자라고 인정할 필요가 없습니다. 그러지 않더라도 그들은 진정한 불교 신자들이며 불교 신자임을 증명할 수 있습니다. 「심신」을 다하여 형상을 보고 몸과 마음을 다하여 소리를 들으니 매우 가깝게 받아들일 수 있는 것인데, 이는 거울에 모습을 비추는 것과도 다르고 물에 달이 비치는 것과도 다릅니다. 거울과 물의 경우는 한 면을 비추어 보여 주지만 다른 한 면은 어둡기 때문입니다.

부처의 「도(道)」를 배우는 것은 자기를 배우는 것입니다. 자기를 배우는 것은 자기를 잊는 것입니다. 자기를 잊는 것은 만법에 증명되는 것입니다. 만법에 증명된다는 것은 자기 몸과 마음 및 다른 사람의 몸과 마음으로 하여금 완전히 벗어나게 하는 것입니다. 깨달음의 흔적은 고갈될 때가 있으며 고갈된 깨달음의 흔적은 오래도록 계속됩니다.

불법을 처음 추구할 때는 까마득히 불법의 주변에서 멀어집니다. 불법이 이미 당신에게 올바로 전달될 때가 실제 본분(本分)의 사람입니다.

어떤 사람이 배를 타고 갈 때 눈을 돌려 기슭을 본다면 기슭이 움직인다고 잘못 생각하지만, 눈을 가까이 배에 고정시킨다면 배가 나아가는 것을 명백히 알게 되는 것처럼, 몸과 마음을 혼란

속에 놓고 모든 것을 분별하고자 하면, 스스로의 심(心)과 성(性)은 변함이 없는 것인 양 잘못 생각하게 됩니다. 만약 일상의 일들을 친숙하게 처리하고 개인의 내면으로 돌아가면 만법이 나에게 없는 것이 당연합니다.

장작은 재가 되고 나면 돌이켜 장작이 될 수는 없습니다. 그러나 꼭 재가 나중이고 장작이 먼저 상태라고 볼 수는 없습니다. 장작은 장작의 불법 지위에 머무르고서야 이전이 있고 이후가 있는 것이지, 전후가 있다고 해도 시간적 앞뒤와는 구별되는 것임을 알아야 합니다. 재는 재의 불법 지위에 있고서야 이전이 있고 이후가 있는 것입니다. 장작이 재가 된 뒤에 결코 다시 장작이 될 수 없는 것처럼 사람도 죽은 다음에 절대로 되살아날 수는 없습니다. 그런데도 삶이 곧 죽음이라고 말하지 않는 것은 불교의 가르침이 정한 것이니, 이러한 까닭에 불생(不生)이라고 하는 것입니다. 죽음이 삶이 되지 않는 것은 불교 교리가 정한 가르침이니 이러한 까닭에 불멸(不滅)이라고 합니다. 삶도 특정한 한때이고 죽음도 특정한 한때입니다. 예를 들어 겨울과 봄 같아서, 겨울에 봄이 되리라 생각 못 하고 봄에 여름이 될 것이라 말하지 않는 이치입니다.

사람이 깨달음을 얻는 것은 물에 달이 깃드는 것과 같습니다. 달은 젖지 않고 물은 깨지지 않습니다. 넓고 큰 달빛이라 할지라도 아주 작은 물방울에 깃들고, 달 전체와 하늘 모습도 풀잎 이슬방울에 깃들며 한 방울의 물에도 깃듭니다.

깨달음이 사람을 망가뜨리지 않는 것은 달이 물을 뚫지 않는 것과 같습니다. 사람이 깨달음을 제한하지 않는 것은 이슬방울이 하늘과 달을 제한하지 않는 것과 같습니다. 물의 깊이는 하늘과 달이 높은 만큼일 것입니다. 깨달음의 기회가 길든 짧든 큰 물과 작은 물을 가리지 않고 하늘과 달의 모습을 식별해야 합니다.

몸과 마음에 불법이 아직 완전히 연계되지 않으면 불법이 이미 충족된 것이라 여기게 됩니다. 불법이 만약 몸과 마음에 충족되어 있다면 한층 더 결여된 것으로 여기게 됩니다. 예를 들어 배를 타고 산이 보이지 않는 바다 속으로 나가서 사방을 둘러보는데, 그저 둥그렇게 물만 보이고 달리 보이는 것이라고는 전혀 없습니다. 그렇더라도 이 큰 바다는 둥근 것도 아니고 네모난 것도 아니며 남은 바다가 가진 덕을 다 소진할 수도 없습니다. 물고기들의 궁전과 같으며 영락(瓔珞)[2]과도 같습니다. 그저 내 눈이 미치는 한도 내에서 잠시 둥글게 보였을 뿐입니다. 이와 같이 만법도 또한 마찬가지입니다. 먼지 속에 예외처럼 많은 모습들을 띠고 있다고 해도 배움에 참여한 안력(眼力)이 미치는 것만을 보고 이해하는 것입니다. 만법의 방식을 묻고자 한다면 네모나 원으로 보이는 것 이상으로 그 나머지 바다의 덕이나 육지의 덕이 많고 끝도 없으며 수많은 세계가 있는 것을 알아야 합니다. 주위의 세상만이 이와 같은 것이 아니라 내 발밑이나 물 한 방울도 이러한 것임을 알아야 합니다.

물고기가 헤엄을 치는데 계속 가도 물에는 끝이 없고, 새가 하늘을 나는데 아무리 날아도 끝이 없습니다. 그래도 물고기나 새가 예부터 지금까지 물이나 하늘을 떠난 적은 없습니다. 그저 하늘과 물이 클 때는 그것을 사용하는 범위도 큰 것이고, 그 제한이 작을 때는 쓰임 또한 작은 것입니다. 이렇게 한 마리 한 마리가 그 기회를 다 쓰지 않고 모든 곳을 다니지 못하는 곳이 없다 하더라도, 새가 만약 하늘을 벗어나면 금세 죽고, 물고기도 물을 벗어나면 금세 죽습니다. 물고기는 물 때문에 살 수 있는 것이고 새는 하늘 때문에 살 수 있는 것입니다. 새 때문에 하늘은 생명력이 있는 것이며 물고기 때문에 물은 생명력이 있는 것입니다. 이 생명력이 있기 때문에 새인 것이며 이 생명력이

---

2) [한] 부처의 목, 팔, 가슴 등에 두르는 구슬을 꿴 보석 장식품.

있기 때문에 물고기인 것입니다. 이외에도 더 진척시켜야 합니다. 수행과 증득이 있고 장수하고 존명하는 사람이 있는 것이 이와 같습니다. 그런데 물의 끝을 찾고 하늘의 끝을 찾은 다음에 물과 하늘로 나아가려는 새나 물고기가 있다면 물과 하늘에서 길을 찾지 못하거나 있는 위치를 모를 것입니다. 있는 곳을 안다면 이 일상의 일에 따라 현성공안하는 것입니다. 길은 안다면 이 일상의 일에 따라 견성공안하는 것입니다. 길과 장소는 큰 것도 작은 것도 아니며, 자기에게 있지 않고 남에게도 있지 않으며, 예전부터 있는 것도 아니고 지금 나타난 것도 아닌 까닭에 이러한 것입니다. 그것은 마치 사람이 만약 불도를 수행하고 증득하는 데에 한 가지 법을 얻고 한 가지 법에 정통하는 것이며, 하나의 수행과 연계되어 하나의 수행을 실천하는 것과 같은 것입니다. 여기에 있는 곳이 위치이며 길을 통달하게 됨으로써 알고자 했던 그 끝을 알 수 없게 되는 것은, 안다는 것이 불법의 궁극과 함께 생겨서 함께 가는 것인 까닭입니다.[3]

장소를 아는 것이 반드시 자기의 지견(知見)에 의한 것이고 위치를 모를 수가 없다고 생각하는 일은 없어야 합니다. 증득하고 추구한 바가 한꺼번에 현성한다고는 하지만 친숙한 존재가 반드시 현성하는 것은 아닙니다. 견성(見成)이 어찌 필수적이겠습니까?

마곡산(麻谷山)의 보철 선사(寶徹禪師)[4]가 부채를 사용하고 있을 때 한 스님이 와서 묻기를 "바람의 성질은 항상 일정하게 유지되며 고루 닿지 않는 곳이 없습니다. 어떠한 이유로 화상께서는 부채질을 하시는 것입니까?" 대사께서 말씀하시기를 "그대는 오로지 바람의 성질이 항상 일정하게 유지된다는 것은 알지만, 아직 고루 닿지 않는 곳이 없다는 이치를 모르십니다." 스님이 말하기를 "어떤 것이 고루 닿지 않는 곳이 없다는 이치입니까?" 그때 대사는 그저 부채질만 할 뿐이었습니다. 스님이 고개를 숙였지요.

불법의 증득과 효험, 올바른 전달의 활로는 이와 같습니다. 일정하게 늘 있으므로 부채를 사용할 필요가 없고, 부채질하지 않을 때도 바람을 들을 수 있다는 것은 항상 있다는 것도 모르는 것이고 바람의 성질도 모르는 것입니다. 바람의 성질은 항상 유지되는 까닭에, 불가의 바람은 대지를 황금으로 드러나게 하고 긴 강의 소락(蘇酪)[5]을 좋은 맛으로 숙성시킵니다.　　　　　　[TPK/엄인경]

## 시간에 관하여

도겐 1240a, 181-94

도겐은 앞의 발췌문 '존재의 사례'에서 시간의 본질에 관하여 몇 가지를 언급했다. 아래 인용된 글에서 도겐은 보다 체계적인 방법으로 이 주제에 접근하고 있다. 글의 제목인 「유시(有時)」는 '존재'나 '소유', 그리고 '때'라는 글자로 구성된 합성어이다. 보통 '유시'라는 용어는 '한 번' 혹은 '한 순간'을 의미하지만, 도겐은 이 단어의 복합성을 이용하여 경험들을 분석하고 '존재하는 순간들'의 나열로써 파악함으로써 영감을 불어넣었다. 이러한 나열은 당장 현재의 연속이라고도 볼

---

3)　[영] 물고기가 헤엄을 치고 새가 나는 것처럼 안다는 것은 활동이지만, 경계나 한계는 아는 것이나 멈추는 것을 포함하여 활동이 일어나는 곳이다.

4)　[한] 당나라 때의 승려로 일반적으로 마곡 보철(麻谷寶徹)이라 호칭. 마조 도일(馬祖道一)의 제자로 마곡진석(麻谷振錫), 마곡수건(麻谷手巾), 풍성상주(風性常住) 등 유명한 공안(公案)이 전함.

5)　[한] 차조기죽이나 들깨죽, 또는 자소즙(紫蘇汁)

수 있고, 과거, 현재, 미래의 시간 틀을 통한 '끊임없는 흐름[經歷]'이라고도 볼 수 있다.

### 유시 : 존재하는 순간(1240)

옛 부처가 말씀하시기를,
높고 높은 산꼭대기에 서 있는 순간,
깊고 깊은 바다 밑바닥에 움직이는 순간,
세 개의 머리와 여덟 팔의 아수라[6]인 순간,
한 길 여섯 자의 부처인 순간.
...

이른바 유시란 순간이 이미 존재하는 것이며 존재는 모두 순간적이라는 것이다. 한 길 여섯 자금으로 된 불상은 순간에 존재하며, 순간이기 때문에 시간의 장엄한 광명이 있다. 지금 십이시라는 것을 배워서 익혀야 한다. 세 개 머리와 여덟 팔 아수라가 순간이며, 순간이기 때문에 지금의 십이시는 한 순간이나 같을 것이다. 십이시는 길기도 하고 멀기도 하며 짧기도 하고 가깝기도 하므로 측량할 수 없지만, 이를 십이시라고 하는 것이다. 가고 오는 흔적이 뚜렷하기 때문에 사람들은 이를 의심하거나 주저하지 않는다. 의심하거나 주저하지 않는다고 아는 것이 아니다. 중생은 원래 모르는 모든 것, 모든 일에 의심하고 주저하는 것이 일정하지 않기 때문에, 의심하고 주저하기 전과 지금의 의심과 주저가 반드시 부합하지는 않는다. 다만 의심과 주저가 잠시의 순간 존재할 뿐이다. 나를 죽 배열해 놓고 온 세계로 삼으며, 이 온 세계의 모든 것이 순간순간임을 보아야 한다. 온갖 것들이 서로 간섭하지 않는 것은 순간순간이 서로 간섭하지 않는 것과 마찬가지다. 이 때문에 한 순간에 마음이 생기고 한 마음에 순간이 생기는 것이다. 나아가 수행과 득도도 이와 같다.

나를 죽 배열해 놓고 나 스스로 이를 보는 것이다. 자기가 순간에 「실재」하는 도리가 이와 같다. 이러한 도리인 까닭에 온 공간에 만상과 온갖 풀들이 있고, 풀 하나 상(象) 하나가 제각각 온 공간에 있음을 배워야 한다. 이와 같은 왕래가 수행의 첫걸음이다. 이러한 전지(田地)에 이를 때, 곧 풀 하나 상 하나인 것이다. 상에 대한 이해와 상에 대한 몰이해가 있으며 풀에 대한 이해와 풀에 대한 몰이해가 있다. 온전히 이러한 순간뿐인 까닭에 유시가 온전히 모든 시간이 되고, 풀이 있고 상이 있는 것도 모두 순간이며, 순간순간의 시간에 모든 존재와 모든 세계가 있다. 잠시 지금 순간에서 새어 나온 모든 존재와 모든 세계가 있는지 없는지 잘 보고 생각해야 한다.

그렇지만 불법을 추구하지 않는 범부가 시간에 대해 갖는 온갖 견해를 보면, 유시라는 말을 듣고 생각하기를 어떤 때에는 머리 셋에 팔이 여덟인 아수라가 되었다가, 어떤 때는 한 길 여섯 자의 금불상이 되고, 예를 들어 강을 지나고 산을 지나는 것 같아서, 지금은 그 산하에 있다고 하더라도 내가 이미 지나쳐 이제는 옥으로 된 화려한 건물에 있다. 산하와 내가 천지가 되었다고 생각한다. 하지만 도리는 이러한 한 가지만이 아니다. 이른바 산을 오르고 강을 건너는 순간에 내가 있으며 나에게 그 순간이 있는 것이다. 내가 이미 존재하고 순간이 사라지는 것이 아니다. 시간이 만약 가고 오는 상(相)에 있지 아니하면, 산 위에 있는 때가 유시의 순간이 된다. 순간이 만약 가고 오는 상을 계속 유지하면, 나에게 유시의 지금이 되고 이것이 순간이다. 이렇게 산을 오르고 물을 건널

---

6) [영] 불교에서 아수라는 싸움을 좋아하는 악마들.

때, 이 옥으로 된 화려한 건물에 있을 순간을 포함하지 않겠는가, 배제하지 않겠는가? 머리 셋에 팔이 여덟인 아수라는 어제의 한 순간이고, 한 길 여섯 자의 부처는 오늘의 한 순간이다. 그렇지만 어제 오늘이라는 이치는 그저 이 산 속에 곧바로 들어와 천만 개 무수한 봉우리를 바라보는 순간이지 지나가 버리는 것이 아니다. 머리 셋에 팔이 여덟인 아수라도 곧 나의 유시로 한 번 지나가고, 저편에 있는 것과 비슷하지만 지금이다. 한 길 여섯 자 부처도 곧 나의 유시로 한 번 지나가고, 저편에 있는 것과 비슷하지만 지금이다.

그러므로 소나무도 순간이고 대나무도 순간이다. 시간은 날아가는 것으로만 이해해서는 안 되고, 날아가는 것을 시간의 능력으로만 알아서는 안 된다. 시간이 만약 날아가는 능력에만 맡겨버린다면 간격이라는 것이 생길 것이다. 유시의 이치를 경문에서 듣지 못한 것은 지나쳐 버린 것으로만 이해하기 때문이다. 요컨대 말하자면 모든 세계에 온갖 존재는 이어지면서도 순간순간이다. 유시에 의해 나도 순간에 존재한다.

유시에는 거쳐가는 공덕이 있다. 이른바 오늘에서 내일로 거치고, 어제에서 오늘로 거치며, 오늘에서 오늘로 거치고, 내일에서 내일로 거친다. 경험하여 거치는 것은 그 순간의 공덕인 까닭에 과거와 현재의 시간이 겹치지 않으며, 나열되어 쌓이는 것도 아니다…

지금 범부의 견해 및 견해를 일으키는 「인연」이 범부가 바라보는 바라 할지언정 범부의 법도는 아니다. 법이 잠시 범부를 인연 짓게 만드는 것일 뿐이다. 이때 순간의 존재는 법에 있는 것이 아니라 배우는 것인 까닭에 한 길 여섯 자의 금부처가 나에게 있지 않다고 인식하는 것이다. 나를 금부처가 아니라고 벗어나려는 것은, 다시 곧 유시의 순간순간이 된다.

……

시간은 오로지 지나가는 것이라고만 판단하고 오고가는 것이라 이해하지 않는다. 이해는 순간적이라고 해도 다른 것에 이끌리는 인연이 없다. 오고가는 것이 보이거나 어느 위치에 가만히 있는지 알 수 있는, 유시를 간파할 수 있는 외피 같은 것은 없다.

……

거쳐 지나간다는 것은 비바람이 동서로 움직이는 것이라고 알아서는 안 된다. 모든 세계에 움직이고 바뀌지 않는 것이란 없고, 진퇴하지 않는 것이란 없으며, 모두 거쳐 지나가는 것이다. 거쳐 지나감이란 예를 들면 봄과 같다. 봄은 수많은 모습을 지니고 있고 이를 거쳐 지나간다. 외부의 압력이 없이 스스로 거쳐 지나가는 것임을 깨달아야 한다. 예를 들어 봄이 거쳐 지나가면 반드시 봄은 변화한다. 거쳐 지나감은 봄에 존재하지 않지만 봄이 거쳐 지나감으로써 변화가 현재의 봄이라는 시간을 이루게 하는 것이다.

……

어느 날 엽현(葉縣) 귀성 선사(歸省禪師)[7]가 승려들에게 말하기를
"유시란 뜻은 이르고 말은 이르지 않고, 유시란 말은 이르고 뜻은 이르지 않는다. 유시란 뜻과 말 모두 이르고, 유시란 뜻과 말 모두 이르지 않는다."

뜻과 말 모두 유시이며, 이르고 이르지 않는 것 모두 유시이다. 이르는 순간이 아직 불완전하더라도 이르지 않은 순간이 와 있는 것이다. 뜻은 당나귀[驢]이며 말은 말[馬]이다. 말을 말로 삼고 당나귀를 뜻으로 삼는다. 이른다고 해도 완전히 온 것이 아니며 이르지 않으면 아직 없는 것이다. 유시

---

7) [영] 생몰년 미상으로 중국 임제종 사세.

또한 이와 같다. 이르는 것은 이르는 것에 방해를 받고 이르지 않는 것은 방해 받지 않는다. 이르지 못함은 이르지 못하는 것에 방해를 받고 이르는 것에 방해를 받지 않는다. 뜻은 뜻을 대신하고 뜻을 본다. 말은 말을 대신하고 말을 본다. 방해는 방해를 대신하고 방해를 본다. 방해는 방해를 방해하는 것이다. 이것이 순간이다. 방해는 다른 법을 따르는 것이기는 하지만, 다른 법을 방해하는 방해는 아직 없다. 나는 타인을 만나며 타인은 타인을 만난다. 나는 나를 만나며 출발은 출발을 만난다. 이러한 일들이 만일 순간의 시간을 얻지 못하면 이렇게 되지 않는다. 또한 뜻은 현성공안의 순간이고 말은 향상관려(向上關捩)라는 선종의 심오한 뜻의 순간이다. 이르는 것은 탈체의 순간이고, 이르지 않은 것은 이를 접하면서 동시에 이를 떠나는 순간이다. 이와 같이 가르거나 붙여야 하는 것이며(辦肎), 순간에 존재해야 한다.

[RR/엄인경]

---

# 자연

도겐 1240b, 258-62, 264-7

'존재의 사례'에서 우리는 도겐이 사물들은 가능한 의미에 한계가 없다는 견해를 지니고 있음을 알았다. 의미는 사물에서 나오는 것이 아니라, 특정한 상황과 특별한 문맥에서 나온 사물과 우리 약속의 결과물이다. 우리의 약속-그리고 생성된 의미-이 유효한지는 그것이 주어진 상황에 맞게 자기를 잘 표현하면서 문맥에 적합한가에 달려 있다. 이 주장은 자연과 인간 사이의 상호 약속에 대한 심오한 응용력을 지닌다. 다음 글에서 도겐은 산과 물이 우리를 가르칠 수 있고, 그것들이 부처님의 말씀인 '법문(法文)'이 될 수 있다는 전통적인 생각을 취한다. 물론 이것이 그러한 기능을 가지기 위해서는 그것을 표현하기 위한 열린 가능성을 인식해야 하며, 그것은 우리가 그것을 아우르기 위해 조건화하던 방식에서 벗어나야만 가능하다. 일단 한 가지, 한 가지 방식으로만 자연 사물의 의미를 본다는 개념에서 벗어나면, 우리는 산이 반드시 정적이거나, 조화롭지 않거나, 군주나 국가가 산 이름을 소유할 수 있는 것이 아님을 깨달을 수 있다.

## 산수경(山水經, 1240년)

지금의 산수는 옛 불도가 현재 보이는 것이다. 모두 불법의 지위에 머무르면서 궁극의 공덕을 이룬다. 「공겁(空劫)」 이전의 변화 속에 있는 까닭에 지금 살아 있는 모습이다. 미묘한 징조가 싹트기 이전의 자기인 까닭에 지금 보이는 모습에서 벗어난다. 산의 공덕인 높고 넓음 때문에, 구름을 탈 수 있는 방법은 반드시 산에서 통달한다. 순풍의 신묘한 능력은 필시 산으로부터 벗어난다.

대양산(大陽山) 도해(道楷) 화상이 회중들에게 말하기를 "푸른 산들이 늘 걸어 움직인다…"고 하였다.

산은 갖추어야 할 공덕에 부족함이 없다. 이 때문에 늘 안주하며 늘 걸어 움직인다. 그 걸어 움직이는 공덕을 실로 세세히 배워야 할 것이다. 산이 걸어 움직이는 것은 사람이 걸어 움직이는 것과 같은 까닭에, 사람이 걸어 다니는 모습과 같지 않다고 해서 산이 걸어 움직이는 것을 의심해서는 안 된다.

지금 부처와 이 조사(祖師)[8]의 설법은 이미 걸어 움직임을 보여 주는 것이다. 이것이 그 근본이다. 늘 걸어 움직이는 것을 깨닫도록 공부해야 한다. 걸어 움직이는 까닭에 늘 부단한 것이다. 푸른 산들이 걸어 움직이는 것은 그 빠르기가 바람보다 더하지만, 산속에 있는 사람은 느끼지도 알지도 못하는 것이다. 산속이란 세계 안으로 핀 꽃이다. 산 밖의 사람은 느끼지도 알지도 못한다. 산을 보는 눈이 없는 사람은 느끼지도 알지도 못하고, 보지도 듣지도 못하며, 이해하지 못하는 것이 당연하다. 만약 산이 걸어 움직이는 것을 의심하는 것은 자기가 걸어 움직이는 것도 아직 모르는 것이다. 자기가 걸어 움직이지 않는 게 아니며, 자기가 걸어 움직인다는 것을 아직 모르는 것이며 분명히 깨닫지 못한 것이다. 자기가 걸어 움직이는 것을 아는 것처럼 정말로 푸른 산이 걸어 움직인다는 것도 알아야 한다.

......

푸른 산은 걸어 움직이는 것이 불가능하고, 동산(東山)이 물 위를 가는 것이 불가능하다며 산을 비방하지 마라. 수준 낮은 사람들의 견해가 미천하기 때문에 푸른 산이 걸어 움직인다는 말을 의심하는 것이다. 듣고 배운 바가 형편없기 때문에 흐르는 산이라는 말에 놀라는 것이다. 지금 흐르는 물이라는 말조차 일고여덟 번 통탈하지 못하고, 그저 작은 견문 속에 빠져 가라앉아 있는 것뿐이다…

설령 초목, 흙, 돌, 울타리, 벽이 있는 그대로 드러나 있는 것을 본다 한들, 의심할 바 없고 움직일 것도 없으며 완전한 산 그대로의 모습이 아니다. 설령 칠보의 장엄함으로 보인다 한들, 실제로 되돌아갈 곳도 아니다. 설령 제불들이 불도수행하는 경지로 보인다 한들, 이것이 꼭 애착을 가져야 할 곳도 아니다. 설령 제불들이 불가사의한 공덕으로 산꼭대기의 모습을 보여 주어도, 여실(如實=진여)이 이것만이 아니다. 각각의 드러나는 모습은 각각의 의정(依正, 몸과 그 몸이 의지하고 있는 환경)이다. 이를 부처와 조사들의 업보로 보는 것이 아니며, 그저 하나의 좁은 견해이다.

대상을 바꾸고 마음을 바꾸는 것은 현자에게 지탄받으며, 마음을 설명하고 본성을 설명하는 것은 불조들이 긍정하지 않는 바이다. 마음을 보고 본성을 보는 것은 외도가 하는 일이며, 말에 머물고 구절에 머무는 것은 해탈의 길이 아니다. 이와 같은 경계를 벗어버리는 것이 이른바 푸른 산이 늘 걸어 움직이는 것이고 동산이 물 위를 가는 것이다. 자세하게 공부해야 할 것이다.

......

운문(雲門) 광진(匡眞)대사[9]가 이르기를, 동산이 물 위를 간다고 했다.

이 말이 드러내는 뜻은 모든 산이 동산이며 일체의 동산이 물 위를 간다는 것이다. 이러한 까닭에 수메르 산과 다른 아홉 산이 모두 나타나 이를 수증(修證)하였다.

......

물은 강하지도 약하지도 않고, 젖지도 마르지도 않으며, 움직이거나 가만히 있지 않고, 차거나 뜨겁지 않으며, 유나 무도 아니고, 망상이나 깨달음도 아니다. 얼면 금강석보다 단단하니 누가 이를 깰 수 있겠는가? 녹으면 우유보다 부드러우니 누가 이를 깰 수 있겠는가?

그러니 곧 드러나 존재하는 공덕을 이상하게 여겨서는 안 된다. 잠시 시방(十方)의 물을 시방으로 하여금 볼 수 있게 할 때를 공부해야 한다. 인(人)과 천(天)이 물을 볼 때만 공부해야 하는 것이 아니라 물이 물을 보는 공부가 있다. 물이 물을 수증하는 까닭에 물이 물을 말하는 공부가 있다.

---

8) [영] 부용 도해(芙蓉道楷, 1942-1118) 선사의 말을 참고하였다. 그는 중국에서 조동종 선 전통이 쇠퇴한 후 그 수정에 중요한 역할을 하였다.

9) [영] 운문 문언(雲門文偃, 864-949)은 한마디로 된 간결한 대답으로 유명하며, 『벽암록(碧巖錄)』과 『무문관(無門關)』에서 자주 인용된다.

자기가 자기를 만나는 통로를 드러내야 하며, 타자가 타자를 투철히 공부하여 활로를 나아가거나 물러나거나 해야 할 것이며, 혹은 벗어나야 할 것이다.

무릇 산수를 보는 것은 종류에 따라 다르다. 이른바 물을 보는데 구슬목걸이를 보는 자도 있다. 그럼에도 구슬목걸이를 물로 보는 경우는 없다. 우리가 무엇인가를 보는 것에 대해 그가 물이라고 하겠는가? 그의 구슬목걸이를 우리는 물이라고 본다. 물을 신묘한 꽃으로 본다. 그러나 꽃을 물이라 해도 꽃처럼 지지 않는다. 귀신은 물을 맹렬한 불로 본다. 고름과 피로 본다. 용과 물고기는 궁전으로 보며 높은 건물로 본다. 혹은 칠보나 마니주(摩尼珠)로 본다. 혹은 나무숲이나 장벽으로 보거나, 혹은 청정 해탈의 법성으로 보거나, 혹은 진정한 인체로 보거나, 혹은 몸의 모습이나 마음의 본성으로 보는데, 인간은 이를 물로 본다. 죽고 사는 것과 관련된 인연이다. 이미 종류에 따라 보는 바가 같지 않으므로 잠시 이를 의심해야 한다. 한쪽 경지를 보면서 여러 견해가 제각각이라는 것인가? 여러 상(象)을 한쪽 경지라고 착각하는 것인가? 깊은 생각이 극에 달할 때 더욱 깊이 생각해야 한다.

그러므로 즉 수증과 도의 추구도 한두 가지인 것이 아니며, 궁극의 경계도 천만 가지 종류일 것이다. 더구나 이 가르침을 잘 떠올려 보면, 온갖 종류의 물이 설령 많다고 해도 원래의 물이라는 것은 없는 것과 같으며, 온갖 종류의 물 역시 없는 것과 같다. 그렇지만 종류에 따른 온갖 물은 마음을 따르지 않고, 몸도 따르지 않으며, 업에서 생기는 것도 아니다. 자기에게 의존하지 않고 남에게도 의존하지 않으며, 물에 의존하여 벗어난다.

그러므로 물은 다른 물, 불, 바람, 공간, 의식의 물이 아니고, 물은 파랑, 노랑, 빨강, 하양, 검정 등도 아니며, 형태, 소리, 냄새, 맛, 촉감, 관념 등도 아니지만, 땅, 물, 불, 바람, 공간 등의 물은 저절로 드러난다.

……

그런데 용과 물고기가 물을 궁전이라고 볼 때, 사람이 궁전을 보는 것과 같아서, 전혀 흘러가는 것이라고 느끼지 않을 것이다. 만약 방관자가 있어서 너의 궁전은 흐르는 물에 있다고 설명하려 할 때, 우리가 지금 산이 흐른다는 말을 듣는 것처럼, 용과 물고기는 즉시 놀라고 의심할 것이다. 한편으로 궁전 누각의 난간, 계단, 기둥에 대해 흐른다는 이 설명을 받아들이는 경우도 있을 것이다. 이러한 설명의 이유를 조용히 생각 속으로 가져오거나 가져가야 한다. 이 한계에서 벗어나는 것을 배우지 못하면, 범부의 심신을 해탈하지 못하고, 부처와 조사들의 영역을 이해하지 못하며, 범부의 영역을 이해하지 못하고, 범부의 궁전을 이해하지 못한다. 지금 인간은 바다의 심성, 강의 심성을 물이라고 깊이 이해한다 해도, 용과 물고기 등 어떠한 것을 가지고도 물로 이해하고 물로 사용하는 것인지 아직 모르는 것이다. 어리석게 내가 물이라고 이해한다고 해서, 모든 종류가 다 물로 사용하겠거니 인식하지 마라…

산은 옛날을 초월하고 지금을 초월하여 대승들의 거처이다. 현인과 성승들 모두 산을 집으로 삼았으며 산을 심신으로 삼았다. 현인과 성승들에 의해 산이 드러난 것이다. 무릇 산은 수많은 대승과 대현자들이 모여 들었지만, 산에 들어간 이후로는 그들 중 한 사람과 만났다는 사람도 하나 없다. 그저 산에서 산다는 것만이 드러날 뿐이며, 산으로 들어갔다는 흔적은 전혀 남아 있지 않다. 세간에서 산을 바라볼 때와 산속에서 산을 만날 때는, 머릿속 인식과 눈의 인식이 매우 다르다. 흐르지 않는다는 인식 및 흐르지 않는다는 이해도, 용과 물고기의 이해와 같아서는 안 된다. 인과 천은 스스로의 세계에 거처를 얻는데, 다른 존재들은 이를 의심하고 혹은 의심에조차 이르지도 못한다.

……

무릇 산은 한 나라에 속하는 공간이라고 여기지만, 산은 산을 애호하는 사람에게 속하는 것이다. 산이 주인을 애호할 때는 반드시 현자나 고덕한 승이 산에 있다. 성현이 산에 살 때 산이 이들에 속하는 까닭에, 나무와 바위가 울창하고 풍요로우며 금수도 탁월해진다. 이것은 성현의 덕이 산을 뒤덮고 있기 때문이다.

산이 현자를 실제로 애호하고, 성승을 실제로 애호한다는 것을 알아야 한다.

......

산은 인간의 영역에 있지 않고, 상천(上天)의 영역에도 있지 않음을 알아야 한다. 인간의 사려로 측정하여 산을 이해할 수 없다. 만약 인간 세상에서 흘러간다는 것과 비교하지 않는다면, 누가 산이 흐른다거나 흐르지 않는다거나 의심할 수 있겠는가?

......

세계에 물이 있는 것만이 아니라, 물의 세계에 세계가 있다. 물속에 이처럼 있는 것만이 아니라 구름 속에도 유정(有情)의 세계가 있고, 바람 속에도 유정의 세계가 있으며, 불 속에도 유정의 세계가 있고, 땅 속에도 유정의 세계가 있으며, 법계 속에도 유정의 세계가 있고, 한줄기 풀 속에도 유정의 세계가 있으며, 한 자루의 지팡이 속에도 유정의 세계가 있다. 유정의 세계가 있다면 그곳에 반드시 부처와 조사들의 세계가 있다. 이와 같은 도리를 잘 공부해야 한다.

그러므로 물은 진정 용의 궁전이며 흐르지 않는다. 흐름으로만 인식하면 흐른다는 말은 물을 비방하는 것이다. 흐르지 않는다고 억지로 고집하는 듯하기 때문이다. 물은 물의 실상과 같은 뿐이며, 물은 물의 공덕을 지닌 것이지 흐르는 것이 아니다. 한 방울 물의 흐름을 공부하고, 흐르지 않음을 공부하는 것에 곧 만법의 궁극이 드러난다. 산도 보물에 숨겨진 산이 있고, 늪에 숨겨진 산이 있으며, 하늘에 숨겨진 산도 있고, 산에 숨겨진 산이 있다. 숨김 속에 산을 숨기는 공부가 있다.

옛 부처가 말하기를, "산은 산이요, 물은 물이로다"라고 했다.

이 말은 산을 이것이 산이라고 하는 것이 아니라, 산이 이것을 산이라고 하는 것이다. 그러므로 산을 공부해야 한다. 산을 공부하면 산에 집중하게 된다. 이처럼 산과 물이 저절로 현자를 만들고 성승을 만든다.

[CWB/엄인경]

## 선악에 관하여

도겐 1240C, 277-84

이 글에서 도겐은 선불교가 한편으로는 현상이 본질적인 의미와 가치가 결여되어 있어서 선악의 구분이 맥락적이고 상대적이라는 것을 어떻게 확인할 수 있는가와, 다른 한편으로는 '악업을 저지르지 마라'와 '선을 경건하게 실행하라'와 같은 설교를 끊임없이 강조할 수 있는가에 대한 난제를 다루고 있다. 이 곤란한 문제에 대한 그의 대답은, 악을 행하지 말고 선을 경건히 실행하라는 가르침을 종교적으로 따르는 데에 있어서, '하지 말라는 것'과 '경건히 실행하는 것'이 악을 행하지 않고 선을 행함에 있어서 온전하고 바르게 행동할 수 있는 사람으로 변모시킨다는 것이다. 마치 '살생하지 마라'가 도덕적 명령으로 먼저 받아들여지고 그에 따라 자신의 삶을 살다 보면 '살생하지 마라'는 것이 더 이상 필수가 아니라, 사람으로 태어났기 때문에 하지 않을 행위에 대한 서술적 문장으로 바뀌는 것과 같다. 더 이상 구별할 필요가 없기 때문에 원칙으로서의 선악 구분은 사라지는 것이다.

## 제악을 저지르지 마라(1240)

옛 부처들은 다음과 같이 말한다.

"제악을 저지르지 말고, 선업을 받들어 행하며, 스스로의 뜻을 정화하는 것, 이것이 제불들의 가르침이다."

이것이 일곱 부처와 조사들의 통설적 경지로서 전대의 부처로부터 후대의 부처에게 올바르게 전해지고, 후대의 부처는 전대의 부처를 계승하였다. 그저 일곱 부처만이 아니라 이는 제불들의 가르침이다. 이 도리를 공부하고 깨달아야 한다. 이른바 일곱 부처의 법도는 반드시 일곱 부처의 법도와 같다. 서로 전하고 계승함은 또한 각각의 내부에서 서로 통하는 것이다. 이미 이는 제불들의 가르침이며 수백, 수천, 수만 부처의 교행증(敎行證)이다.

지금 말하고자 하는 제악이라는 것은 선성, 악성, 무기성(無記性) 중에 악성을 말한다. 그 본성은 나고 사라지는 것이 아닌 무생(無生)이다. 선성과 무기성도 또한 무생이고 번뇌가 없는 무루(無漏)이며, 실상이라고 해도 이 삼성 각의 안에 수많은 법이 있다. 제악은 이 세계의 악과 다른 세계의 악에 같음과 다름이 있고, 먼저와 나중에 같음과 다름이 있으며, 천상의 악과 인간의 악에 같음과 다름이 있다. 하물며 불도와 속세 간에서 악성과 선성과 무기성은 그 차이가 매우 벌어진다. 선악은 일시적이며 시간에는 선악이 없다. 선악은 법이고 법에는 선악이 없다. 불법의 법등은 악등이며, 불법의 법등은 선등이다…

처음에는 제악을 저지르지 말라는 말을 듣게 된다. 제악을 저지르지 말라는 말이 들리지 않는 것은 부처의 정법이 아니라 악마의 말을 듣기 때문이다.

제악을 저지르지 말라는 말을 들으면 이것이 부처의 정법임을 알아야 한다. 이처럼 제악을 저지르지 말라는 말은, 범부가 먼저 추측해서 이러한 것이려니 하는 것과는 다르다. 「보리(菩提)」의 설법을 듣는데 이렇게 들린다. 이렇게 들리는 것은 무상(無上)의 보살의 말이기 때문이다. 이미 보살이 말이며, 이 때문에 말이 보살이다. 무상의 보살이 하는 설법을 듣게 됨으로써 바뀌어서 제악을 저지르지 말라고 기원하게 되고, 제악을 저지르지 말라는 행동으로 가게 된다. 제악을 이제 저지르지 않게 되는 것에서 수행력이 즉시 드러난다. 이 드러남은 모든 땅, 모든 세계, 모든 때, 모든 법에서 온전히 드러난다. 그 헤아림이 악을 짓지 않는 헤아림이 된다.

바로 이러한 때에 바로 이러한 사람이 제악이 지어질 만한 곳에 머물고 왕래하거나, 제악을 저지르지 말아야 할 인연에 관여하거나, 제악을 저지르는 벗과 어울리거나 하는 것과 비슷하지만, 결코 제악을 저지르지는 않는다. 악을 저지르지 않는 역량이 드러나는 까닭에 제악이 스스로 제악이라 말하지 않으며, 제악으로 정해진 정도도 없는 것이다. 하나를 잡고 하나를 놓는 도리가 있다. 바로 이러한 때에 곧 악이 사람을 범할 수 없는 도리가 깨우쳐지고, 사람이 악을 깨지 않을 도리가 밝혀진다.

......

제악이 없는 것이 아니라 저지르지 않을 뿐이다. 제악이 있는 것이 아니라 저지르지 않을 뿐이다. 제악은 허공에 있는 것이 아니라 저지르지 않을 뿐이다. 제악은 형태가 있는 것이 아니라 저지르지 않을 뿐이다. 제악은 저지르지 않는 것이 아니라 저지르지 않을 뿐이다. 예를 들어 봄 소나무는 무도 아니고 유도 아니며 저지르지 않는 것이다.… 기둥, 등불, 양초, 술, 지팡이 등등은 유도 아니고 무도 아니며 저지르지 않는 것이다. 자기는 유도 아니고 무도 아니며 저지르지 않는 것이다.

악이 존재하지 않는 것이 아니라 행하지 않는 것뿐이다.

......

이러하므로 저지르지 않겠다고 하면서 저지르고 싶은 마음을 품는 것은, 발걸음을 북쪽으로 하면서 베트남의 남쪽에 도착하려고 하는 것과 같다.

......

모든 선을 경건히 실행한다. 여기서 말하는 모든 선은 삼성 중에 선성을 말한다. 선성 중에 모든 선이 있다고 해도, 먼저 드러나서 실행하는 사람을 기다리는 모든 선이란 아직 없다. 선행을 하는 바로 이러한 때에 오지 않는 모든 선이란 없다. 수많은 선이 형태가 없다고는 하지만 선행이 모여 쌓이는 것은, 자석에 모여드는 쇠보다 빠르며, 그 힘은 격한 폭풍보다도 강하다. 대지와 산하, 온 세계와 땅의 업증상력(業增上力)은 선이 모여 쌓이는 것을 막을 수가 없다.

......

모든 선은 유, 무, 색, 공 등에 있지 않고 오로지 경건한 실행이 있을 뿐이다. 어느 곳이든 드러나고, 어느 때이든 드러나는 것도 반드시 실행에 의해서다. 이 실행에 반드시 모든 선이 드러난다. 실행이 드러나는 것, 이것이 공안이라 하더라도 생멸하지 않고 인연을 만들지도 않는다.…

이 선의 인과도 마찬가지로 실행의 현성공안이다. 원인이 먼저이고 결과가 나중인 것은 아니지만, 원인도 원만하고 결과도 원만하다. 원인의 평등은 불법의 평등이며, 결과의 평등은 불법의 평등이다. 원인이 결과를 기다리고 결과가 원인에 감응한다고는 하지만, 선후관계가 아니다. 선후가 평등한 도리 때문이다.

스스로 그 뜻을 깨끗이 한다는 것은 실행하지 않는 스스로이며 실행하지 않는 깨끗함이다. 스스로의 그이고, 스스로의 뜻이다. 실행하지 않는 그이고, 실행하지 않는 뜻이다. 실행하는 뜻이고, 실행하는 깨끗함이며, 실행하는 그이고, 실행하는 스스로이다. 이 때문에 이를 제불들의 가르침이라고 한다.

......

백거이(白居易)[10]가 물었다. "「불법(佛法)」의 큰 뜻은 무엇입니까?"

도림(道林)이 답하기를 "제악을 저지르지 말고, 모든 선을 경건히 실행하시오."

백거이가 말하기를 "만약 그런 것이라면 세 살짜리 어린 아이도 알지 않겠습니까?"

도림이 말하기를 "세 살짜리 어린 아이도 알지만, 팔십 노인도 실행하기 어렵지요."

이렇게 말하니 백거이가 곧 감사 인사를 하고 떠났다.

실제로 백거이는 백 장군의 후예라고는 하지만 희대의 시선(詩仙)이었다.… 그렇지만 불도에 있어서는 초심자였으며 늦게 배웠다. 하물며 이 제악을 저지르지 마라, 모든 선을 경건히 실행하라는 선종의 뜻은 꿈에도 몰랐던 것이나 같다.

백거이 생각에는 도림이 오로지 드러나는 뜻만을 인식하고 제악을 짓지 마라, 모든 선을 경건히 실행해야 한다고만 곧이곧대로 생각하고, 불도에 천만 세대나 오래된 제악을 저지르지 마라, 모든 선을 경건히 실행하라는 과거와 지금을 초월하는 이 도리를 알지도 못하고 들은 적도 없어서, 불법을

---

10) [영] 백거이(白居易, 772-846)는 불광 여만(佛光如滿) 선사의 평신도였다. 항저우의 태수였을 때 조과 도림(鳥窠道林, 741-824) 선사를 찾아갔다.

차분히 답습하지 않고 불법의 힘이 없었기 때문에 이렇게 말한 것이다. 설령 저지를 제약을 경계하고, 설령 실행할 모든 선을 권유한다고 해도 온전히 명백하게 저지르지 말라는 뜻이다.

......

가여운 백거이, 그대는 무슨 말을 한 것인가? 부처의 바람소리를 아직 듣지 못하였으니 세 살짜리 어린이를 알았겠는가? 어린 아이가 태어날 때부터 갖춘 도리를 알았겠는가? 만일 세 살짜리 어린 아이를 아는 자는 삼세의 제불들도 알아야 한다… 세 살짜리 어린 아이는 불법을 말하지 말아야 한다고 여기고, 세 살짜리 어린 아이가 말하는 것은 쉬울 것이라고 생각하는 것은 지극히 어리석다. 이러한 까닭에 출생을 밝히고 죽음을 밝히는 것은 불가에서 말하는 일대사의 인연이다.

......

선사가 말하는 바는 세 살짜리 어린 아이에게 배울 수 있는 말도 있으니, 이를 잘 공부해야 한다. 여든 노인에게 실행하지 못하는 도리가 있으니 잘 공부해야 한다. 어린 아이가 아는 것은 그대에게 일임하는 것인데, 그렇다고 해도 어린 아이에게 일임할 수는 없으며, 노인이 실행하지 못하는 것은 그대에게 일임하는 것인데, 그렇다고 해도 노인에게 일임할 수는 없는 것이다.

불법은 이와 같이 판단하고 설명하며 파악하는 것을 도리로 삼는다.　　　　　　　　　　[WB/엄인경]

## 선종의 말에 관하여

도겐 1243c, 393-6

이 글에서 도겐은 선불교 수련에서 말의 문제를 다루고 있다. 그는 선종 불교가 설립될 때의 유명한 이야기로 시작한다. 모든 제자들이 설교를 위해 모인 가운데, 부처는 조용히 꽃을 들고 돌려 보이면서 눈짓을 했다. 마하가섭 혼자만이 미소를 지었고, 부처는 그에게 '진실을 위한 눈'을 전하였다. 이 이야기를 바탕으로 많은 사람들은 선종 불교 전파는 모든 언어를 초월하거나 이 글의 제목인 '밀어(密語)'라는 용어의 통상적인 의미인 '난해한 말'을 통해 특별하고 비밀스러운 전달 속에 내재되어 있다고 추측해 왔다. 이에 대해 도겐은 '밀'의 의미에서는 '비법'이 아니라 '친밀'의 의미라고 말하고 있다. 그러므로 놀라움은 의사소통 그 자체에 있는 것이다. 말을 사용함으로써 우리는 다른 사람들과 친밀감을 만든다. 심지어 우리 자신과도 말이다. 선은 특별한 언어를 사용하지 않는다. 오히려 선은 모든 언어가 특별하다는 것을 깨닫는 것이다.

### 밀어(密語) (1243)

올바른 스승의 가르침을 듣지 못한 무리가 설령 부처의 자리인 사자좌(師子座)에 앉은들 꿈에도 이해하지 못하는 것이 당연하다. 그들은 무신경하게 말하기를, "「석가모니」 세존에게 밀어가 있다는 것은 영산(靈山)의 백만 대중들 앞에서 꽃을 들고 눈을 맞추었던 일이다. 그 이유는 말로 하는 부처의 가르침은 경박할 것이므로 이름과 상을 서로 통하게 한 것이다. 무언의 가르침으로 꽃을 들고 눈을 맞추는 것이 밀어를 사용하게 된 계기였다"…

만약 세존이 말로써 한 가르침이 천박하다고 하면 꽃을 들고 눈을 마주친 것도 천박한 것이다. 세존이 말로써 한 가르침이 만약 이름과 상(相)이라고 한다면, 이는 「불법(佛法)」을 배우는 무리가 아니다. 유언이라는 것이 이름과 상임을 안다고 할지언정, 세존에게 이름과 상이 없다는 것을 아직 모르는 것이다. 범속한 감정에서 아직 덜 벗어난 것이다. 부처와 조사들은 심신이 통하는 것은 모두 탈락이고 설법이며, 말로써 하는 설명이고, 법륜(法輪)을 돌리는 것이다. 이것을 보고 듣고 이익을 얻은 사람들은 많다…

부처가 마하가섭의 미소를 보고 나서 말하기를 "나에게는 정법안장과 열반의 신묘한 마음이 있다. 이를 마하가섭에게 맡긴다". 이와 같은 도리는 유언이라 하겠는가, 무언이라 하겠는가? 세존이 만약 말로 하는 것을 싫어하고 꽃을 드는 것을 좋아한다면 나중에도 꽃을 들어야 할 것이다.

......

불법의 밀어, 밀의, 밀행 등은 이 도리가 아니다. 사람을 만날 때 실로 밀어를 듣고 밀어를 설명한다. 스스로를 알 때 밀행을 아는 것이다.

......

이른바 '밀'이란 친밀한 도리이다… 밀행은 자타가 같이 아는 것이 아니다. 친밀은 나 혼자 알 수 있는 것이며, 친밀은 각각의 타인에게서 알 수 없다. 친밀함은 가까이에 있는 것인 까닭에 전체는 친밀함을 통해 존재하고, 한쪽이 그 절반씩 친밀한 것이다. 이와 같은 도리를 분명하게 공부해야 한다.

[TPK/엄인경]

## 스승과 제자에 대하여

도겐 1243d, 331-3

도겐이 대인관계에서 의사소통의 친밀감에 이상을 품었음을 고려할 때, 그는 또한 스승과 제자 사이의(혹은 작가로서의 자신과 그의 청중으로서의 우리 사이에서도) 의사소통에 대해서도 특별한 이해가 필요하다고 말한다. 「갈등(葛藤)」이라는 글이 이 문제를 다루고 있다. 새삼 이 「갈등」에서 우리는 핵심 용어의 통상적인 의미가 변형되는 것을 발견할 수 있다. 선문답에서 이 용어는 대개 말과 개념을 배우는 사람의 망상이 얽히는 것을 말한다. 스승은 다양한 기술(흔히 소리치거나 때리는 것과 같은 비언어적 또는 비개념적)을 사용하여 그렇게 얽매인 제자를 자유롭게 만들어준다. 도겐이 그려낸 스승과 제자 간의 교섭은 여기에서 전혀 다르게 제시된다. 제자들과 떨어져 서 있는 한 스승으로서 제자들을 평가하기보다는 스승과 제자가 함께 갈등에 관련을 갖는 것이 도겐의 모습이었다. 스승은 제자의 얽매임에 같이 말려들고, 그들은 함께 갈등을 이용해 갈등을 잘라낸다. 따라서 이 용어는 그들에게 공통적인 관행에서 스승과 제자 간의 상호작용을 의미하게 된다.

### 갈등(1243)

무릇 여러 성승들은 갈등의 근원을 재단하는 것을 배우는 데에 뜻을 둔다고는 하지만, 갈등으로써 갈등을 잘라내는 것이 재단(裁斷)이라는 것을 배우지 않고, 갈등으로써 갈등을 얽는 것도 모른다. 하물며 갈등을 가지고 갈등에 이어받는 것을 어찌 알겠는가? 사법(嗣法)이 바로 이 갈등이라는 것을 아는 사람이 드물고 들은 사람도 없다. 설명하는 사람도 아직 없으니 깨달은 사람이 많기야 하겠는가…

다음은 도겐이 또 다른 일반적인 선 이야기를 새로이 독서하도록 이끌어 준다. 중국 선의 전설적 창시자인 보리달마로부터 두 번째 교주에게 선이 전달되었을 것이다. 스승은 네 명의 주요 제자들에게 각자 이해한 바를 표현하도록 부탁했다. 첫 번째 표현에 대해 스승은 "너는 내 살갗에 와 닿았다", 두 번째에게 "너는 내 살에 와 닿았다", 세 번째에게 "너는 내 뼈에 와 닿았다" 네 번째(2대 교조가 된 혜가(慧可))에게 "너는 내 골수에 와 닿았다"고 답했다. 일반적인 해석은 뒤로 갈수록 제자가 더 깊은 통찰력을 가지고 있었다는 것이다. 이와는 대조적으로, 도겐의 독서는 각 제자가 다른 방식으로 보리달마와 얽혀 있으며, 그러한 차이에도 불구하고 각각 보리달마와 그의 가르침을 완전히 깨닫게 되었다는 점이다.

보리달마의 살갗, 살, 뼈, 골수란 얕고 깊음을 말하는 것이 아님을 알아야 한다. 설령 견해에 우열이 있다고 해도 보리달마는 나에게 와 닿았다고만 했다. 그 중요한 뜻은 내 골수에 와 닿았다는 것을 보이거나 내 뼈에 와 닿았다는 것을 보여서, 모두 그 사람에게 해당시켜 위하려는 것이지, 풀을 들거나 풀을 떨어뜨리기에 족하거나 부족한 것이 아니다. 예를 들어 꽃을 드는 것과 같으며 예를 들어 옷을 물려주는 것과 같다. 네 사람을 위해 말할 때 근본적으로 동등한 수준이었다. 보리달마가 동등한 수준으로 말했다고 해도 네 가지 견해가 반드시 동등하다는 것은 아니다. 네 가지 견해가 설령 제각명절선물각이라도 보리달마는 그저 보리달마인 것이다.

무릇 스승의 가르침과 제자들의 견해가 반드시 서로 일치해야 하는 것은 아니다. 예를 들어 스승이 네 문하생에게 보이기를, 네가 내 살갗에 와 닿았다고 할 때 만약 2대 교조로부터 나중에 수백 수천 명의 문하생이 생긴다면 수백 수천의 설명이 생길 것이다.… 내 살갗이라고 해도 불법이 전해져야 한다. 스승의 심신 즉 살갗, 살, 뼈, 골수 모두 스승이다. 골수가 친밀하고 살갗이 소원한 것이 아니다…

네가 나에게 와 닿았다, 내가 너에게 닿았다, 나와 네가 공히 닿았다, 너와 내가 공히 닿았다. 스승의 심신을 볼 때 내외가 일여(一如)가 아니고, 온몸이 관통되지 않았다고 한다면, 스승의 현성은 이 땅에 없는 것이다… 이로써 가르치는 말도 튀어나오는 말들로, 스승과 제자가 함께 배운다. 듣는 것도 튀어나오는 말들로, 스승과 제자가 함께 배운다. 스승과 제자가 같이 배우는 것은 곧 부처와 조사들의 갈등이며, 부처와 조사들의 갈등은 살갗, 살, 뼈, 골수의 명맥이다. 꽃을 들고 눈을 마주치는 것이 곧 갈등이다.

[TPK/엄인경]

# 무소 소세키

夢窓疎石, 1275-1351

무소 소세키는 14세기에 일본에서 출생하여 일본에서 교육받았고 정신적, 문화적 저력으로 선불교가 탄생하고 확산되도록 이끈 일본의 특별한 1세대 주요 선승들 중 한 명이다. 1275년 귀족 가문에서 태어난 그는 여덟 살에 근처의 천태종 사원인 헤이엔지(平鹽寺)로 갔으며, 그는 곧 그곳에서 성스러운 문학과 심오한 자연애에 깊은 관심을 보였고, 이것은 그의 일생을 특징짓는 성격이 되었다. 그는 나라(奈良)에서 수계하였지만 나중에 그의 「진언(眞言)」 스승의 사난(difficult death) 후에 그의 삶의 과정은 극적으로 변화하였다. 존재에 대한 가장 깊은 질문은 문자 지식과 의식의 전문 지식을 통해 해결될 수 없다고 확신한 무소는, 그 시대의 가장 유명한 승려들 몇 명과 함께 10년간 선 수행에 착수하였다. 그는 1305년 깨달음을 얻은 후 일본의 외딴 지역에서 30여 년을 더 보내다가, 처음에는 난젠지(南禪寺) 그 다음 린센지(臨川寺)의 대사(大師)를 맡으며 결국 교토에 정착하였다. 이 새롭게 건립된 사찰들을 근거지로 하여 그는 덴류지(天龍寺)를 건립하였고, 이끼 정원의 사찰로서 유명한 사이호지(西芳寺)를 복원하였는데, 무소는 여기에서 천 명이 넘는 평신도와 수계받은 신도들을 지도하였다.

무소는 가인(歌人), 서예가, 조원가로 알려졌으며, 쇼군(將軍) 계통과 천황 계통 양쪽으로부터 가장 신뢰받는 자문가로 봉직하였다. 그의 가장 유명한 작품 『몽중문답(夢中問答)』은 이 시기로 거슬러 오른다. 이하의 글들을 발췌한 이 적절한 책은, 무로마치(室町) 「쇼군(將軍)」 아시카가 다카우지(足利尊氏, 1305-1358)의 동생 아시카가 다다요시(足利直義, 1306-1352)가 무소에게 건넨 질문들에 대한 명확하고 근거 있는 답변을 제공하고 있는데, 선승 무소의 대화술이 얼마나 대단했는지 증명해 준다. 이 책은 수행의 진정한 중요성, 기도, 「공안(公案)」의 실천, 선의 가르침과 깨달음을 포함한 광범위한 주제를 아우른다. 이를 통해 무소는 불교 및 불교가 아닌 문학에 관한 깊은 지식과 그의 교리 전통에 대한 존중을 보이는 한편, 끊임없이 선의 가르침과 이해가 모든 말과 문자를 초월한다는 것을 강조하고 있다.                                                 [MLB/엄인경]

---

## 몽중문답

무소 소세키 1342, 123-4, 145-51, 155-6, 158-62, 170-4, 201-3 (125-6, 142-7, 150, 152-5, 161-4, 186-7)

### 근원적 본질

**문** : 선종에서는 중생과 부처가 나뉘기 이전을 이야기하는 까닭에, 일심 삼밀의 관행도 거론하지 않는다고 하는데, 예로부터 선종 수행자들은 모두 좌선 수행을 평소 애호하고, 선지식도 또한 수행 용심의 삿됨과 바름을 「마음(心)」 수행에 교시하는 이유는 무엇입니까?

**답** : 한시를 짓고 와카(和歌)를 읊는 사람은 우선 첫째로 그 제목을 잘 납득해야 합니다. 달을 제목으로 취했는데 꽃에 관한 시를 고안한다면 그것은 바람직하지 않을 것입니다. 불법도 그와 마찬

가지입니다. 선종에서 본분의 일이라고 말한 것은 무엇이겠습니까? 범부에게 있어도 멸하지 않고 성자에게 있어도 넘치지 않으며 누구에게라도 갖추어지고 개개인이 원만하게 성취하는 것이라고 합니다. 이러한 본분의 제목을 취하고는, 자기는 헤매고 있는 인간이라고 여기면서 깨달음을 여는 수행을 배우려는 사람은 본분의 제목을 등진 사람입니다. 설령 시가(詩歌)의 정취는 마음에 떠오르지 않더라도 달이라는 제목을 취한 사람은 꽃에 관해 떠올리지 않도록 하듯, 본분의 제목을 믿는 사람은 자기가 헤매고 있는 인간이라는 생각에 얽매여 있으면 따로 깨달음을 추구하는 것이란 불가능합니다.

......

**문** : 만약 이 본분의 경지가 세간의 상도 아니고 출세의 법도 아니라고 한다면 어떻게 이 경지에 도달할 수 있다는 것입니까?

**답** : 일반적으로 선종을 믿고 수행하려고 하는 사람은 대부분 이러한 의문을 갖습니다. 그것은 곧 본분의 제목을 소홀히 이해하고 계시기 때문입니다. 만약 이 본분을 세간의 예능이라고 한다면, 나에게는 그만한 기량도 없는데 어떻게 배울 수 있을까 하는 의문도 품게 될 것입니다. 또한 만약 이 본분을 출세의 법이라고 한다면, 나에게는 지혜도 없는데 어떻게 깨달을 수 있을까 하고 의문을 품게 될 것입니다.

이미 세간이나 출세의 법도가 아니라는 제목을 들었으면서 어떻게 그곳에 이를 수 있을까 하는 의문을 품는 사람은 어리석은 자입니다. 본분의 전지에 이른다는 것은 시골에서 도읍으로 상경하거나 일본에서 중국 땅으로 건너가거나 하는 것이 아닙니다.

비유하여 말하자면 사람이 자기 집안에서 푹 잠든 상태로 온갖 꿈을 보는 것과 마찬가지입니다.

경우에 따라서는 더럽고 비천한 곳에 살면서 밤낮으로 고뇌할 수도 있습니다.

경우에 따라서는 멋진 신선경(神仙境)에 들어가 심신이 상쾌할 수도 있을 것입니다.

이때 옆에 잠들지 않은 사람이 있어서 꿈을 꾸는 사람을 향해 깨우며 이렇게 말합니다.

"자네가 보고 있는 지저분한 곳과 멋진 곳 모두 다 꿈속의 망상일세. 자네 본분의 집 안에는 그런 것이 하나도 없다네."

이 말을 들어도 자기가 꿈속에서 본 것이 옳다고 생각하는 사람은 이 말을 전혀 믿지 않습니다. 그런 까닭에 고뇌를 겪게 될 때에는 그 고뇌를 피하고자 계략을 세우고, 안락한 상황에 있을 때에는 그 안락함에 빠지게 됩니다.

이렇게 꿈속에서 본 것에 속아 넘어가 본분의 경지를 전혀 모르는 상태로 있는 것입니다. 꿈을 꿈 사람들 중에는 우연히 선지식의 가르침에 의해 본분의 안온한 집이 있다는 것을 믿기는 하지만, 큰 꿈이 아직 깨지 않았기 때문에 여전히 꿈속에서 본 것을 내던져 버리지 못합니다.

혹은 선지식을 향해 이렇게 묻습니다.

"어떻게 하면 본분의 집에 돌아갈 수 있습니까? 이 눈앞의 산에 오르고 강을 건너면 갈 수 있습니까? 하늘을 나는 술법을 익혀 이 산하를 날아 넘어서 도달할 수 있습니까?"

간혹 또한 의심해서 묻습니다.

"본분의 집은 내가 보고 있는 산하대지의 안에 있습니까? 밖에 있습니까? 이 산하대지를 다시 보지 않고서 전체가 본분의 집이라고 할 수 있습니까?"

이러한 여러 가지 의문이 일어나는 것은 모두 큰 꿈에서 아직 깨지 않았기 때문입니다.

설령 큰 꿈은 아직 깨지 않아도 자기가 보고 듣는 경계는 모두 꿈속의 망견(妄見)입니다. 그 안에서 하는 온갖 행동도 또한 꿈속의 망상이라고 깨달은 까닭에, 보아도 맹인과 같고 들어도 귀머거리와 같아서, 취사분별을 하지 않는 사람은 큰 꿈에서 깨어난 사람과 같습니다. 이러한 사람을 현실의 경계가 있다는 것을 믿는 분제(分際)[11]를 지녔다고 할 수 있습니다.

불법도 또한 이와 같아서, 본분의 전지에는 범(凡)과 성(聖)의 상도 없고 정(淨)과 예(穢)의 경계도 없으며, 미망에 사로잡힌 업식(業識)의 꿈이 생기기 때문에, 무상(無相)의 열반 안에 정과 예의 경계가 드러나고, 변화를 떠난 무위(無爲) 안에 범과 성의 차별을 보게 됩니다.

자기가 범부라고 생각할 때에는 동서로 뛰어다니며 명리를 추구하고, 명리를 구하지 못할 때에는 한탄하며 슬퍼합니다.

자기가 지혜 있는 사람이라고 생각할 때에는 온갖 사람을 경멸하고 오만한 마음을 일으킵니다.

이러한 여러 가지 전도(顚倒)라는 잘못에 속아 본분 안락의 전지가 있다는 것을 믿지 않지요. 이는 마치 꿈속의 허망한 경지에 마음이 현혹되어 현실의 경계를 믿지 않는 것과 같습니다.

그중에 우연히 이근(利根)인 사람이 있으면, 범성과 정예는 업식 위에 뜬 임시의 상이고, 본분의 전지에는 이러한 것이 없다고 믿기는 하지만, 아직 대오하지 못한 까닭에 자칫 환영에 미혹되고, 자기는 헤매고 있는 인간이라고 생각하게 만드는 아집이 아직 가시지 않아서, 불법을 얻고 불도를 깨우치기 바라기도 하고 교묘한 변설이나 신통력 같은 것을 부러워합니다. 그렇기 때문에 수행 용심에 관하여 삿됨과 바름을 논하고 응용 문답에서 우열을 다툽니다.

이는 곧 꿈을 꾸는 사람이 자기가 보는 바가 모두 꿈이라고 믿기는 하지만, 큰 꿈이 아직 깨지 않았기 때문에 꿈의 경계에 현혹되어 그 안에서 시비와 득실을 논하는 것이나 마찬가지입니다.

만약 최상근(最上根)인 사람이라면, 설령 아직 대오의 분제는 아니라고 하더라도 자타의 심신을 추량하는 것은 모두 다 업식의 망상이라고 분명히 믿고 이해하기 때문에, 윤회도 꺼리지 않고 해탈도 추구하려 하지 않습니다. 만약 이러하다면 생각이 올바른 사람이라고 해도 좋을 것입니다. 하지만 생각이 올바르다는 것을 믿고 만족스러운 마음을 일으키면 그 또한 잘못입니다.

### 진실한 마음

**문** : 몸이라는 것은 귀천이 다르다고 해도 똑같이 생로병사에 의해 변화되어 실로 환화(幻化)와 같습니다. 마음이라는 것은 색이나 모양이 없기 때문에 어쩌면 상주불멸(常住不滅)일 것입니다. 그런데도 심신이 모두 환화와 같다고 한 것은 어떠한 의미입니까? 경문 안에도 마음은 환영과 같다고 설한 구절이 있으며, 또한 마음은 상주불멸이라고 설명한 구절도 있습니다. 어느 쪽 의미를 옳다고 해야 합니까?

**답** : 마음이라고 하는 말은 같지만 그 의미에 여러 차이가 있습니다.

나무의 외피가 다 썩어 없어지고 그 안에 딱딱하게 남은 부분을 목심(木心)이라고 부릅니다. 범어로는 이를 건률타(乾栗馱)라고 하지요. 또한 흘리타야(紇利陀耶)라고도 합니다. 밀종에서 육단심(肉團心)이라고 설명하며, 『종경록(宗鏡錄)』[12] 안에서는 육단심의 범어가 흘리타야라고 했습니다.

목석 등이 세월을 거쳐 정령이 생기게 되는 것도 마음이라고 합니다. 범어로는 이를 의율타(矣栗

---

11) [한] 개개인, 혹은 개개 사물 각각에 대응하는 정도를 뜻하며 분한(分限)이라고도 함.
12) [한] 오대(五代)부터 북송(北宋)에 걸친 선승 영명연수(永明延壽, 904-975)의 백 권으로 이루어진 저작. 이심전심(以心傳心)을 역설하며, 불심종(佛心宗)이라고 불리는 선종의 마음과 불어종(佛語宗)이라고 불리는 교종 각파에서 말하는 마음의 유사점과 차이를 논함.

駄)라고 말하지요.

현명한 생각으로 분별하는 것도 마음이라고 하며, 유정(有情)의 부류들에게 이것이 있고, 범어로는 싯다(質多)라고 합니다. 범부가 아심(我心)이라고 추측하는 것이 이것입니다.

……

이러한 여러 가지 이유가 있으므로 일심(一心)에 관하여 잠시 진과 망을 나눈 것입니다. 범부의 사려분별은 모조리 망심입니다. 사대(四大)가 화합할 때 임시로 상(相)이 드러납니다. 하지만 실체는 없습니다. 따라서 이를 환영의 꽃에 비유하며 환화에 비유하는 것입니다.

이러한 망심은 진심에 의해 잠시 일어난 것이고, 따라서 자기 본체가 전혀 없습니다.

예를 들자면 인간이 본래의 달에 의해 제이의 달을 보는 것과 같지요. 달이 둘 있는 것은 아니지만, 눈을 이리저리 굴리는 자의 견해에 빗대어 제이의 달이라고 부른 것입니다.

마음에 두 가지가 있는 것은 아니지만, 헤매고 있는 사람이 자기 마음이라고 생각하는 것은 실제 마음이 아니며, 따라서 환심(幻心)이라고 합니다. 또는 「생멸(生滅)」의 마음이라고도 하지요.

망심이라고 해서 실제로는 생겼다 멸하는 것이 아닙니다. 성인이 생각하는 바에 따라 말하자면 그것은 상주불멸입니다. 그래서 이를 진심이라고 부릅니다.

……(실제는 생략이 있으므로 추가)

범부가 마음이라고 생각하는 것은 색이나 형태는 보이지 않지만, 찰나에 생멸하며 잠시 동안도 가만히 머물지 않는 것이 마치 물이 흘러 들어가고 등불의 불꽃이 계속 타는 것과 같습니다. 색이나 몸과 똑같이 끊임없이 생주이멸(生住異滅)하는데도, 몸은 생멸하지만 마음은 상주한다고 생각하는 것은 외도의 견해입니다.

마음을 상주라고 생각하는 것은, 범과 성이 동체이며 색(色)과 심(心)도 둘이 아니라는 일심의 「법계(法界)」를 보이는 것입니다. 그러한 까닭에 깨달은 사람의 입장에서 말하자면 단순히 마음만이 상주인 것이 아니라 몸도 또한 상주입니다. 그런데도 몸은 생멸하고 마음은 상주라고 하는 것은 대승의 법문이 아닙니다.

……

**문** : 만약 그러하다면 망심 외에 따로 진심을 추구하는 것은 잘못이 아닙니까?

**답** : 진과 망의 차이는 설명하기가 어렵습니다. 같다고도 설명하고 다르다고도 설명하는데 그것도 모두 잘못입니다.

예를 들어 사람이 손가락으로 눈을 가릴 때 진실의 달 외에 제이의 달을 보는 것과 같은 것입니다. 제이의 달이라는 것은 눈을 가린 사람 앞에 있는데, 실제로는 제이의 달이라고 하여 진정한 달 외에 그 형태가 있는 것은 아닙니다. 그러므로 제이의 달을 보는 것이 싫다고 하여 이 거짓 달을 뿌리치고 따로 진정한 달을 보라는 것이 아닙니다. 그저 그 눈을 가리는 손가락을 치우면 원래 달 외에 제이의 달이 있을 수 없습니다. 만약 그 손가락을 치우지 않고 제이의 달을 뿌리치려고 생각한다면 영겁이 지나도 뿌리칠 수가 없을 것입니다.

……

**문** : 공자와 노자 등도 모두 「보살(菩薩, bodhisattva)」의 화현(化現)이라고 하는데, 모두 이 여지의 마음을 다스리는 도리에 관해 가르치셨습니다. 교종의 모든 종파가 설명하는 바는 다르지만, 이 여지의 마음에 관하여 평소의 삿된 마음을 뒤집어 올바른 지(智)로 만드는 법문입니다. 그런데도 『원각경(圓覺經)』이나 『능엄경』에서 오로지 이 마음을 귀모토각(龜毛兎角)인 양 말하는 것은 어떠한

이유입니까?

답 : 색법(色法)과 심법(心法)에서 연생(緣生)과 법이(法爾)는 차이가 있습니다.

제연이 화합하여 잠시 상(相)이 생기는 것을 연생이라 합니다.

여래장(如來藏) 안에 원만히 갖추어져 있는 성덕(性德)을 법이라 합니다.

세간의 연생이라는 불은 실체는 없지만 인연에 따라 그 작용을 보이기 때문에, 이 불을 잘 다스리면 추위를 막고 음식을 조리하는 데에 큰 이익이 있습니다. 이를 잘못 사용하면 집을 태우고 재산을 잃는 큰 손해를 봅니다. 그래서 이 불을 손해가 없도록 다루어야 한다고 가르치는 것은 세간의 이익을 위해서입니다.

하지만 이 가르침대로 불을 이용하는 방법을 알았다고 해도 그것은 아직 법이의 광대한 심성의 불을 모르는 사람입니다. 만약 이 심성의 불을 알게 하고자 생각한다면 세상의 인연생이라는 불이 초래하는 손익에 신경 쓰는 것을 금해야 합니다.

이 심법도 또한 그와 마찬가지입니다.

연생의 환심(幻心)은 실체는 없지만 이 마음이 만약 나쁜 짓을 한다면 악도로 빠지게 되어 온갖 종류의 고통을 받고, 또한 만약 이 마음이 선한 행위를 하면 좋은 곳에 태어나 온갖 종류의 안락함을 받습니다. 이 도리를 이해하기 때문에 범부와 외도 중에도 이 마음을 잘 다스려 나쁜 일을 저지르지 않는 사람들이 있지요.

하지만 연생의 환심을 다스려서 일단 인간계와 천상계의 과보를 얻은 것뿐이며, 아직 본심을 깨닫지 못했으므로 결국은 「윤회」를 면하지 못합니다. 나아가 삼현과 십성의 보살도 이 환심의 사벽(邪辟)을 뒤집어 환지(幻智)로 삼은 정도일 뿐이며 아직 본심의 경지에 이르지는 못한 것입니다. 그 때문에 변역생사(變易生死)를 면하지 못합니다.

이는 모두 세간의 연생이라는 불을 잘 받아들여 이용하고 실수를 하지 않는 경지에 상당하는 것입니다. 이러한 이유로 『원각경』, 『능엄경』 두 경전에서는 인연의 불을 떠나야 비로소 성화(性火)가 있다는 것을 설명하고, 연심을 떠나야 진심이 있다는 것을 논합니다.

다른 종파의 법문에는 잠시 환지(幻知)를 일으켜 환망을 모두 없앤 다음에는 자연히 본심에 이른다고 합니다. 또한 『원각경』과 『능엄경』에도 환지를 일으켜 환망을 없앤 다음 경계와 지식도 모두 망각하고 환영이 아닌 경지에 도달해야 한다고 말하는 것이 이러한 의미입니다.

그런데도 말세의 학인들 중에는 이 환지를 논하는 것을 불조의 본의라고 생각하는 자들이 있습니다.

『원각경』에서 이르기를 "환영의 몸이 사라져 버리기 때문에 환심도 또한 사라진다. 환영의 마음이 사라지기 때문에 환영의 먼지 또한 사라진다. 환영의 먼지가 사라지기 때문에 환멸(幻滅)도 역시 사라진다. 환멸이 사라지기 때문에 환영이 아닌 것은 사라지지 않는다. 비유컨대 거울을 닦으면 때가 없어지고 선명하게 드러나는 것과 같다. 실로 잘 깨달아야 한다. 몸과 마음은 모두 더러운 환영이다. 그 더러운 상이 완전히 사라져야 비로소 시방이 청정해지는 것이다." [T 17, 914c]라고 했습니다.

이렇게 경문을 잘못 해석하여 아직 본심을 깨닫지 못한 사람이 심신 모두 다 사라져 모두 공적(空寂)해지는 경지를 진실한 불법이라고 생각하는 사람이 있습니다. 이는 이승의 멸진정(滅盡定)[13], 외도의 비상정(非想定)[14]입니다.

---

13) [한] 성자가 모든 심상(心想)을 없애고 해탈과 열반의 경지에 이르기를 바라면서 닦는 선정(禪定).

예를 들어 연생의 불을 진정한 불이 아니라고 꺼리는 것을 듣고 이 연생의 불을 완전히 꺼버린 후에 암흑인 곳을 진정한 불이라고 생각하는 것과 같습니다.

......

**문** : 옛 사람이 말하기를 '달마대사는 서쪽으로부터 와서 글귀를 내세우지 않고 직접 사람의 마음을 가리켜 성(性)을 보고 성불시켰다'고 합니다. 「대승(大乘)」의 법문은 모두 자심시불(自心是佛)이라고 합니다. 그런데도 견심성불(見心成佛)이라고 하지 않고 견성성불(見性成佛)이라고 한 의미는 무엇입니까?

**답** : ......

성(成)이라는 글자는 한 글자이지만, 그 의미는 많습니다.

교종 중에서는 임시로 세 가지 의미를 밝히고 있습니다.

첫 번째로 불개(不改)라는 의미로, 이른바 후추와 감초 등의 성으로, 각각이 서로 바뀌어 후추는 단 맛이 되지 않고 감초는 매운 맛이 되지 않는 것과 마찬가지입니다.

두 번째로 차별의 의미로, 이른바 유정(有情)과 비정(非情) 각각의 차별적인 체성(體性)을 말합니다.

세 번째로는 법성(法性)의 의미로, 이른바 만법의 본원이자 둘도 없는 자성(自性)을 말합니다.

......

선종은 즉 교외별전(敎外別傳)입니다. 실로 분명히 알아야 합니다. 견성(見性)이라고 하지만 교종의 방식에서 이야기하는 법성의 의미가 아니라는 것을 말입니다. 하물며 외전 등에서 설명하는 성의 의미와 같겠습니까?

사람들의 본분이라는 것은 심이라고도 명명할 수 없고, 또한 성이라고도 할 수 없는 것입니다. 하지만 이 심성이라는 말에 의거하여 본분을 알게 하기 위하여, 어떤 때에는 일심이라고 설명하고 어떤 때에는 일성이라고 말합니다.

직지인심(直指人心) 견성성불(見性成佛)이라는 것은, 일반적으로 헤매고 있는 사람이 마음이라고 생각하고 있는 것이 사실 제이의 달과 같은 것임을 알게 하고자 하여, 성이라 말하고 심이라고는 말하지 않는 것입니다.

견성이라고 하지만 눈으로 볼 수 있는 것도 아니고, 심식(心識)으로 밝힐 수 있는 것도 아닙니다. 성불이라는 것도 지금 당장 새롭게 「여래(如來, Tathāgata)」가 되어 용모를 갖추고 광명을 떨치는 것이 아닙니다.

비유컨대 술에 취해 본심을 잃은 사람이 술에서 깰 때가 되어 취기가 갑자기 깨어 본심으로 돌아오는 것과 같습니다. 그때까지의 미망이 즉시 멈추고 직접 본분에 이르게 되는 것을 견성성불이라고 한 것입니다.

대혜선사가 말씀하시기를 '깨닫지 못한 종사가 남에게 교시하는 것은 모두 왜곡시켜 인심(人心)을 가리키며 성을 설하고 성불시키려고 하는 것이다'라고 했습니다. 오늘날 선지식들 중에는 그저 심성의 의미를 설명하고 남에게 알리는 것을 직지(直指)라고 생각하는 사람들이 있습니다. 배우는 자들 중에도 이러한 불법의 도리를 이해하는 것을 깨달음을 얻는 것이라고 생각하는 사람들이 있습니다.

이러한 것은 설성(說性)이라고 해야지 견성이라고는 말할 수 없습니다.

---

14) [한] 비상(非想)의 선정을 뜻하며 비상이란 아직 세세한 번뇌가 남아 있지만 외도에서는 이를 열반의 장소로 보거나 무색계(無色界)의 최고의 하늘로 간주.

## 일상의 신비한 원리

**문** : 교종 안에서도 부처의 상도 없고 중생의 상도 없다고 이야기합니다. 선종에서 중생과 부처가 분리되지 않는 경지를 말하는 것과 같지 않습니까?

**답** : ……

내가 옛날 이산 저산을 유람하다가 동반한 승려 일여덟 명을 데리고 후지산(富士山) 근처의 니시노코(西の湖)라는 곳에 갔습니다. 마치 신선경으로 들어가는 것 같이 보이는 모든 풍경들이 눈을 놀라게 하지 않는 것이 없었지요. 그 호반의 어부를 불러 배를 젓게 하고 후미로 노 저어 들어가 보니, 얼마나 귀한 경승지였는지 모릅니다. 승려들도 감흥을 참지 못하고 모두 맞춘 듯이 뱃전을 두드리며 다들 환성을 올렸습니다.

그런데 그 배를 젓던 노인은 어릴 적부터 이 호반에 살면서 아침저녁으로 이 경치를 보고 살았지만, 그 안에서 청명한 흥취를 느낄 마음은 갖지 못했습니다. 승려들이 감탄하는 것을 보고 물었습니다.

"무엇을 보고 이렇게 떠들썩하신 것입니까?"

승려들이 답했지요. "이 산의 경치, 호수의 모습이 정취 있는 것에 감탄하고 있습니다."

노인은 더욱 알 수 없다는 표정으로 이상하다는 생각으로 또 물었습니다.

"이것을 보시고자 일부러 오신 것입니까?"

그래서 나는 승려들에게 다음과 같은 이야기를 들려주었습니다.

"만약 이 노인이 우리들이 감흥에 빠지게 된 것을 전수해 달라고 했다면 어떻게 가르쳐 줄 수 있겠습니까? 만약 이 산수의 경치를 가리키며 '우리가 정취 있다고 생각하는 것은 이러이러한 곳이오' 라고 말한다면 이 노인은 자기가 평소에 항상 속속들이 다 본 경치이니 결코 신기할 것이 없다고 하겠지요. 또한 만약 그 잘못된 생각을 고쳐주고자 하여 '우리가 정취 있다고 생각하는 것이 당신이 생각하는 것과는 다르오'라고 한다면 니시노코 외에 따로 뛰어난 명소가 있어서 자기 생각을 우습게 여기는 것이라 생각할 것입니다."

……

이러한 견해를 버리게 만들고자 종사들이 수단을 바꾸고 내외의 법문도 심오한 뜻이 아니며, 일체의 행위는 모두 허망하다고 교시할 때, 어리석은 사람은 이를 듣고 범부가 평소 하는 일 외에 심오한 뜻을 추구하고 내전과 외전 이외의 별전을 찾습니다. 이는 그 늙은 어부가 니시노코 외의 명소를 찾는 것과 마찬가지입니다.

승려들이 늙은 어부와 다른 점은 구경하던 산림과 수석들의 우열을 가린 점이 아니라, 그 안에서 청정한 흥취가 있다는 것을 알고 모르고의 차이입니다.

이 청정한 흥취는 남에게 가르쳐서 배우게 만들 수 있는 것이 아닙니다. 또한 끄집어 남에게 보이는 것도 아닙니다. 그 시기가 와서 이러한 청정한 흥취의 마음에 상응할 때, 비로소 스스로 알게 될 것입니다.

본분의 일단(一段)도 또한 이와 마찬가지입니다. 스스로 직접 이 전지(田地)에 도달하여 비로소 알게 될 것입니다. 스스로는 분명히 알고 있어도 끄집어 남에게 보여 줄 수는 없지요. 그러한 까닭에 누구라도 갖추고 있지만 상응하지 않을 경우에는 그 행동이 모두 다 윤회의 업연이 됩니다.

옛 사람이 "모든 것이 옳고 모든 것이 옳지 않다(全是全不是)"[15]고 한 것은 이러한 의미입니다.

---

15) [영] The reference is to the *Record of Dahui Zonggao*, T 47, 867c. 대혜종고는 1089-1163. 『대혜보각선사어록』

그런데도 내전과 외전의 언구를 선종의 연구와 같이 놓고 같은가 다른가, 우월한가 열등한가를 비판하는 것은 아직 조사의 심오한 뜻을 깨닫지 못했기 때문입니다.

## 이 문답의 기록에 관하여

문 : 평소 뵙던 사이여서 문답한 내용을 별생각 없이 가나(假名) 문자로 기록해 두었습니다. 이를 청서(清書)하여 속세 여성들처럼 「도(道)」에 뜻이 있는 사람들에게 보이고자 생각합니다만, 지장이 없겠습니까?

답 : 선승의 법문은 교종처럼 학습으로 전달한 법문을 가슴 속에 쌓아두고 종이 위에 기록하여 이를 널리 펼쳐 남에게 전수하는 일은 없습니다. 그저 기연에 따라 직접 교시할 뿐이지요. 이를 적면제지(覿面提持)라고 합니다. 부싯돌에 이는 불, 번개의 섬광에 비유하며 그 확인을 추구해서는 안 됩니다.

옛 사람이 이르기를 "언외에 뜻을 깨닫는 것도 이미 제이의(第二義)에 빠진 것이다"라고 했습니다. 하물며 그 말을 기록하여 사람들에게 주고 보도록 하는 것은 어떻겠습니까?

이러한 이유로 옛 종사들은 모두 한결같이 언구를 기록하는 것을 금하셨습니다. 하지만 만약 전혀 기록하지 않았다면 권유하고 이끄는 길도 끊겠지요. 그래서 어쩔 수 없이 고인의 어록이 세상에 널리 유포되는 것입니다. 하지만 이는 선종의 본의가 아닙니다.

옛 사람은 대부분 내전과 외전들을 널리 공부한 후에 선문으로 드셨습니다. 이 때문에 해석하는 바가 모두 편견에 빠지지 않은 것입니다.

말세에 선종을 믿는 사람들 중에는 아직 인과의 도리조차 분간하지 못하고, 진과 망의 차이도 모르는 자가 있습니다. 그러한 사람들 중에서도 만약 불도수행의 마음이 어설프지 않고, 일체를 전혀 모르고 전혀 체득하지 못한 경지에 하루 종일 직접 이르기를 추구한다면 어중간하게 작은 지혜가 있는 사람보다 나을 것입니다.

세간을 널리 내다보면 사람들이 하는 좌선수행은 면밀하지 않고, 경론이나 불전의 가르침을 청문하는 일도 없습니다. 혹 좌선 중에 외도나 이승의 견해가 일어나도 이는 좌선 중에 얻은 지혜이므로 불법을 깨달은 것이라 생각하는 사람이 있습니다. 혹 자연스럽게 교종에서 논하는 법문을 받아들이고는 자기가 선승이므로 이해한 내용도 또한 선의 종지라고 생각하는 사람도 있습니다.

내가 평소에 경론을 강의하는 것은 이러한 현재의 폐해를 구하고자 해서입니다. 문언과 의미상에서 아주 세세히 이야기하는 인과와 진과 망의 법문조차 저처럼 받아들이고 있는 사람이 적습니다. 각자 어긋나는 쪽으로 이해하여 혹은 칭송하고 혹은 비방합니다. 이러한 포폄은 모두 저와 상관없습니다.

하물며 몽중의 문답을 기록해 두신 것이 유익하리라고도 생각하지 않습니다. 하지만 포폄의 말에 의해서라도 순연과 역연을 맺을 기회가 되는 것이니 어찌 거부할 수 있겠습니까?

[TYK/엄인경]

---

『대혜보각선사보설』 제1권.

# 잇큐 소준

一休宗純, 1394-1481

잇큐는 사회 불안과 권력투쟁, 교토의 귀중한 기념물들의 대규모 파괴로 얼룩진 시대에 살았다. 그 시대는 또한 전통적인 가치관은 물론이고 고전 예술과 문학에서 위대한 창의력도 전복된 시대였다. 임제종(臨濟宗) 선사이자 시인인 그는 물론 반박의 여지가 있으나 일본 불교사에서 가장 화려하고 파격적인 인물 중 한 명으로 부상되었고 이 변화의 시대의 소용돌이 속에서 살았다. 그의 시에서 보듯 그의 삶은 추상적인 철학적 생각들과 속세적 관능이 뒤섞인 것이었다. 그의 짧지 않은 생애는 대부분 전설 속에 쌓여 있는데, 그 자신의 말에 따르면 그는 고코마쓰천황(後小松天皇, 1337-1433)의 아들로 태어났지만 어머니가 궁에서 추방당해 민간에서 살아야 했고, 다이토쿠지(大德寺)와 슈온안(酬恩庵)의 주지를 역임했다는 것 외에는 거의 확실하지가 않다. 깨달음을 얻은 선승으로서의 그에 대한 기억은 비범한 어린 시절을 얘기하는 성인전(聖人傳)적 이야기와 그가 자주 다닌 유곽이나 선술집에 대한 대중적인 이야기에 의해 자주 가려진다.

아래에 인용된 그의 「해골」 판본은 그가 63세 때 추잡한 연애가 시작되기 몇 년 전에 간행되었다. 그의 글에는 삶의 즐거움에 대한 언급들과 인간의 약점에 대한 개방적 관용 — 특히 「해골」에서 보듯이 — 및 인간사의 덧없는 신기루 같은 느낌을 통한 확고한 깨달음에 대한 의구심이 섞여 있다. 그처럼 원시적인 감정과 철학적 관념이 같이 얽혀 있어서, 하나가 다른 하나의 주장을 제공하는 식이며, 그것이 잇큐를 선 시(詩)의 모범이자 후대 사상가들에게 영감을 주는 존재로 만들었다.

[JWH/엄인경]

---

## 해골

잇큐 소준 1457, 227-34(114-25)

얇은 먹물로 쓴 글들에서 만법이 보이게 마련입니다. 허나 초심자는 오로지 「좌선(座禪)」을 해야 합니다. 무릇 땅에서 나는 모든 것은 한 번은 죽지 않는 것이 없습니다. 그저 나도 아직 죽지 않았을 뿐입니다. 하늘, 땅, 세상의 면목도 이러합니다. 모두 「공(空)」에서 오는 것입니다. 형태가 없는 까닭에 곧 이를 부처라고 합니다. 부처의 「마음(心)」이든, 「불성(佛性)」이든, 법심이든, 불조든, 신이든 모든 이름들이 다 여기에서 명명되는 것입니다. 이러한 것을 모른다면 곧 지옥에 들 것입니다. 또한 선지자가 보여 주는 바에 따르면 두 번 다시 돌아가지 못할 길은 지옥과 환생으로 구별되는데, 나와 관계가 있는 사람이나 없는 사람이나 삼계(三界)를 떠돌아다니는 것이 몹시도 울적한 심정이 들어, 고향을 발길 닿는 대로 떠나 어디로 간달 것도 없이 떠돌다가, 낯선 들판의 어느 절에 들어갔습니다. 소매도 젖어드는 저녁 무렵이 되었는데 잠시 잠을 청할 곳조차 없는 상태여서 이리저리 둘러보니, 길에서 한참 들어간 곳에 산기슭 가까이 「삼매(三昧)」 들판이 보이고 무덤 수가 아주 많은 중에서 특별히 서글퍼 보이는 해골이 불당 뒤에서 나오더니 말하였습니다.

이 세상으로　　　　　　어찌하리오
가을 바람 일었네　　　출가에 뜻을 두는
억새풀꽃이　　　　　　신세일진대
부르면 가겠노라　　　헛되이 삶 보내는
들판이든 산이든.　　　사람의 약한 마음.

　모든 것은 한 번은 죽지 않은 것이 없을 것입니다. 죽게 되는 것은 제자리로 되돌아가는 것이라고 합니다. 벽을 향해 앉아 「좌선(坐禪)」할 때 「연(緣, karma)」에 의해 일어나는 생각들은 모두 실재가 아닙니다. 그것이 석존 오십여 년의 설법이라고 한들 모두 실재가 아닙니다. 사람 마음을 모르기 때문입니다. 이러한 괴로움을 아는 사람이 있겠는가 하여 불당에 들러 하룻밤을 보냈는데, 평소보다 마음이 불안하여 잠들 수가 없었습니다. 새벽녘이 되어 조금 졸다가 꿈속에서 불당 뒤로 나가보니 해골들이 많이 무리지어 있었고 그 움직임이 제각각 달랐습니다. 그냥 속세에 있는 사람들 같았지요. 아아, 이상한 일이로구나 생각하며 보는 사이에 어떤 해골이 가까이 다가오더니 말했습니다.

추억거리가　　　　　　불법에 대해　　　　　　잠시 동안도
있어도 없는 게지　　　신인가 부처인가　　　한 줄기의 숨결이
지나버리면　　　　　　구분한다면　　　　　　드나든 사이
꿈이나 돼 버리렴　　　진실한 그 도리로　　　들판의 시체들과
덧없는 이 신세여.　　　어떻게 들어가리.　　　다르게 보이누나.

　그렇게 친밀하게 다가가 같이 어울리다 보니 평소에 나와 남을 나누게 되던 마음도 사라지고, 더구나 계속 나와 함께 있던 해골이 속세를 버리고 불법을 추구하는 마음이 있어서, 수많은 구분에 관하여 질문을 했으므로, 마치 물이 얕은 곳에서 깊은 곳으로 흐르는 것처럼 내 마음의 근원을 밝혀주었습니다. 귀에 꽉 차게 들리는 것은 솔바람 소리, 눈동자를 가로지르는 것은 베개 맡을 밝히는 달빛이었지요. 무릇 어느 순간이 꿈속이 아니고, 어떤 사람이 해골이 아니겠습니까? 그것을 오색 다양한 살가죽으로 덮고 어쩔 줄을 모르며 행동하는 것에서 남녀의 색정도 생기는 것입니다. 숨이 끊기고 몸의 살가죽이 찢겨 나가면 형태도 사라지고 위인지 아래인지도 알 수 없습니다. 그저 지금 뒤집어쓰고 있는 가죽 아래에 이 해골을 뒤집어씌운 상태로 서 있는 것이라 여기고 잘 깨달아야 합니다. 귀한 사람이든 미천한 사람이든, 늙은 사람이든 젊은 사람이든, 전혀 다를 바 없습니다. 그저 일대사의 업을 깨닫고자 할 때는 불생불멸의 이치를 알아야 하는 것입니다.

죽은 이후에
돌이라도 유품이
될 수 있다면
오륜 비석 삼으려
차(茶)절구 깨지겠군.

　이 무슨 인간의 무서운 마음일까요.

흐린 곳 없는
하나의 밝은 달을

지니면서도
속세의 어둠 속에
섞여들어 있구나.

진실로 생각해 보십시오. 숨이 끊기고 살가죽이 벗겨진다면 사람은 모두 이렇게 해골이 됩니다. 그대의 육신도 얼마만큼이나 오래 살 수 있으리라 생각하십니까?

임의 치세가
오래도록 가시는
증거로써는
옛날 옛적 심었던
스미요시(住吉) 소나무.

내가 존재한다고 여기는 마음을 버리고, 그저 몸을 뜬구름에 부는 바람에 맡기며 이것에만 의지하십시오. 언제까지고 똑같고자 하고 오래 살고자 하며 정말로 그러리라 생각한다면 이것도 같은 마음인 것입니다.

이 속세간은
조는 사이에 꾸는
꿈과 같으니
꾸면서 놀란다면
그 사람이 헛된 것.

운명(定劫)을 기도하는 것은 보람이 없는 일입니다. 「일대사(一大事)」 외에 다른 것은 아무것도 마음에 두지 말아야 합니다. 사람의 삶은 정해진 것이 없으므로 이제 와서 새삼 놀랄 일도 아닙니다. 거리낄 만한 방편이라면 이 세상 괴로운 일들은 그저 아주 반가울 따름입니다.

어째서 그저
임시적인 외형을
꾸미려는가
이렇게 될 것임을
예전에 몰랐던가.

원래 있던 몸
원래 있던 장소로
돌아갈지니
쓸데없는 곳으로
찾아다니지 마라.

어느 누구도
태어날지 모르고
삶이 서글퍼
돌아가면 원래의
흙으로 화할지니.

헤치고 오른
산자락으로 난 길
많고 많지만
높은 산꼭대기의
같은 달을 보노라.

가는 길 끝에
머물 곳 거기라고
정하지 않아
발길 헤매야 하는
길도 없는 것인데.

시작도 없고
끝나는 것도 없어
나의 마음은
태어나 죽는다고
생각 말아야 하니.

내버려 두면
한없이 퍼져가는
마음이구나
억누르고 세상을
버려야만 하노라.

비와 우박과
눈과 얼음이 모두
구분되지만
녹아버리면 같은
계곡에 흐르는 물.

설법을 하는
불심 이끄는 길은
다를지라도
똑같은 구름 위의
높은 불법을 보네.

그저 묻어라
소나무에서 지는
잎으로 길을
사람 사는 집인 줄
아무도 모르게끔.

허망하구나
도리베산(鳥部山)16)에서의
화장터 장례
조금 늦는다 해서
영원히 살 수 있나.

세상 슬프다
여기며 도리베산
저녁의 연기
타인의 슬픔이라
언제까지고 보네.

허망하구나
오늘 아침 본 사람
모습이 이는
화장터 연기 속의
해질녘의 저 하늘.

서글픈 마음
도리베산에 오른
저녁의 연기
하늘까지 바람에
뒤쳐졌다 앞서네.

태우면 재가
묻으면 흙이 되는
육신이거늘
무엇이 뒤에 남아
죄악이 되려는가.

세 살 때까지
내가 지은 죄들도
모조리 함께
마침내는 나까지
사라져 버리노라.

---

16) [한] 교토(京都) 동쪽의 산으로 화장터로 유명한 곳.

세상 법칙은 다를 것입니다. 오늘 지금 이 순간에도 이러한 덧없는 죽음이 일어날 것이라는 것을 미리 모르고 놀라는 사람이 헛되다 여기고, 우리가 어떻게 살아야 하는지를 물으니 어떤 사람이 대답하기를, "요즘은 옛날과 달려서 절을 떠나는데, 옛날에는 도심을 일으키는 사람은 절에 들어왔거늘 지금은 모두 절을 나갑니다. 잘 살펴보니 승려들에게는 지식도 없고 좌선을 지루하다 여기며 「공안(公案)」에도 집중하지 않고, 도구만 좋아하며 방바닥을 장식하고 자기 오만이 많으며 그저 어떤 옷을 입는지 중히 여겨 옷차림을 신경 쓰지만, 그저 승복으로 바꿔 입은 속가의 사람이나 다름없습니다. 오늘 승복을 입었어도 그 옷이 밧줄이 되어 몸을 얽매고, 또 다른 오늘은 쇠로 된 막대기가 되어 몸을 괴롭힐 것이라 봅니다".

유심히 생사윤회라는 것을 살펴보면, 살아있는 것의 목숨을 죽이면 지옥에 들고, 무언가를 아까워하면 아귀가 되며, 무언가를 모르면 축생이 되고, 화를 내면 수라도(修羅道)에 빠집니다. 오계(五戒)를 지키면 인간으로 태어나고 십선(十善)을 행하면 천인(天人)으로 환생하지요. 그 위에 사성(四聖)이 있고 이를 더하여 십계(十界)라고 합니다.[17]

이 하나만을 보면 형태도 없고 형태도 거주지도 없으므로 싫어하고 버릴 것도 없습니다. 광활한 하늘의 구름과 같고 물 위의 거품과 비슷합니다. 오로지 일어나는 생각도 없는 까닭에 행해야 하는 만법도 없습니다. 생각과 법이 하나같이 헛되지요. 사람들이 의심하는 것을 모릅니다. 예를 들어 부모는 부싯돌과 같아서 금속이 아버지이고 돌이 어머니며 불이 그 자식입니다. 이를 불꽃으로 일어나고 장작과 기름이 다 떨어지면 꺼집니다. 부모가 서로 희롱거릴 때 불이 생기는 것과 같습니다. 부모도 그 시작이 없기 때문에 결국에는 불이 꺼지는 마음으로 사라집니다. 허망하게 허공에서 모든 것이 태어나서 일체의 형태를 드러냅니다. 일체의 형태를 떠난 것을 본분(本分)의 전지(田地)라고 합니다. 일체의 초목과 땅의 형태는 모두 허공에서 나오는 까닭에 임시의 비유로 본분의 전지라고 합니다.

벚꽃나무를
베어서 보노라니
꽃도 안 피네
벚꽃일랑 봄날의
하늘이 가져오지.

다리도 없이
구름의 위로까지
올라가지만
구담(瞿曇)[18] 경전의 도움
의지하지 말지니.

---

17) [영] 오계는 살생, 도둑질, 간통, 거짓말, 술 취하는 것 말한다. 악언, 중상, 거짓말, 탐욕, 분노, 그릇된 견해에 대한 금지는 이들 중 처음 네 가지에 합세하여 십선이라 한다. 십계란 사성의 존재 상태와 지각 있는 존재의 여섯 가지 현실, 즉 지옥, 아귀, 축생, 수라, 인간, 천상의 존재를 가리킨다.
18) [한] 불도를 이루기 전의 석가모니.

구담의 오십여 년의 설법을 듣고 그 가르침대로 수행하려면, 구담이 최후에 말씀하시는 것처럼 "처음부터 끝에 이르기까지 한 글자도 설명하지 않았다"고 하시며 도리어 손수 꽃을 내미시니, 가섭(迦葉)이 희미하게 미소를 피웠는데 구담이 말씀하시기를 "나에게 올바른「다르마(法)」의 곧은 마음이 있으니 꽃을 허락한다"고 하셨습니다. 무슨 뜻인가 물으니 구담께서 말씀하시기를 "오십여 년의 설법은 예를 들면 어린아이를 안으려고 할 때 팔 안에 무언가 있는 것처럼 하여 안는 것과 같다. 내 오십여 년의 설법이 이 가섭을 불러들인 것과 같다. 이러한 연유로 전하는 불법은 이렇게 어린아이를 안아 올리는 모양과 같은 것이다".

그런데 이 꽃은 육체로써는 알 수 없습니다. 마음에도 없습니다. 말로 해도 알 수 없습니다. 이 심신의 상태를 잘 이해해야 합니다. 무엇을 잘 아는 사람이라고 해도「불법(佛法)」자라고는 할 수 없습니다. 이 꽃은 삼세의 제불들이 세상에 나오고 바로「일승(一乘)」의 법을 말합니다. 인도의 이십 팔조, 중국의 육조 이래로 본분의 전지 외에 달리 좋은 것은 없습니다. 일체의 것은 시작이 없기 때문에 크다고 합니다. 공허에서 일체의 팔식(八識)을 내놓는 것입니다. 그저 봄꽃의 여름, 가을, 겨울, 초목의 형태도 허공에서 나오는 것입니다. 또한 사대(四大)라고 일컫는 흙, 물, 불, 바람이 있는데, 사람들이 이를 잘 모르며 숨결은 바람, 따스함은 불, 몸의 윤기와 혈기는 물, 이를 태우거나 묻으면 흙이 되는데, 그것도 시작이 없기 때문에 영원히 머무르는 것은 무엇 하나 없습니다.

> 어떤 것이든
> 모두 거짓일 뿐인
> 세상이로다
> 죽는다는 것조차
> 진인(眞人)이 아니므로.

전부 미혹된 눈으로 보고 몸은 죽어도 혼은 죽지 않는다고 하면 큰 오해입니다. 깨달은 사람의 말에 따르면 몸과 혼은 매한가지로 죽는다고 합니다. 부처라는 것도 허공에 있는 것이지요. 천지와 국토 일체는 본분의 전지로 돌아가야 합니다.

일체의 경전과 온갖 법들을 내버리고 이 한 권만을 이해해야 합니다. 큰 안락을 이루시기 바랍니다.

> 기록해 둔들
> 꿈속의 일이라는
> 표식이겠지
> 깨어나서도 전혀
> 묻는 사람 없으니.

[RHB, NAW/엄인경]

# 다쿠안 소호

澤庵宗彭, 1573-1645

가난한 농부이자 무사 집안의 아홉 살 난 동자승에서 시작하여 다쿠안은 서른여섯에 교토(京都) 황실의 임제(臨濟) 선종인 다이토쿠지(大德寺)의 주지에 오르게 되었다. 다쿠안 선종은 유달리 널리 전파되었다. 그것은 승려 이론과 실습(광범위한 문학적 「공안(公案)」 연습, 선문답, 대중 설교, 사원 규정), 문학(시, 문학비평, 기행, 수필, 광범위한 서간), 군사 및 문화 예술(기마술, 다도, 서예, 수묵화, 노(能) 극 비평), 윤리(도교, 유교), 중국 과학(『역경(易經)』에 관한 형이상학적 고찰), 그리고 중국 민간 약과 위생학 등을 섭렵하는 영역이다.

불교 사상가로서의 다쿠안의 평판은 다음 발췌문에 잘 반영되어 있는데, 그의 후원자이자 도쿠카와(德川) 쇼군(將軍)의 검술 스승인 야규 무네노리(柳生宗矩)에게 보낸 일련의 서신을 바탕으로, 선종의 깨달음을 설명하기 위한 일본 검술에 대한 호소의 내용이다. 인도 불교에서 변화와 무상은 순수하고 공허한 깨달음의 상태로 변형될 필요가 있는 부정적인 것으로 보인다. 변화가 도교의 형이상학적 기초로 여겨지던 중국에서는, 모든 중국의 종교 전통에서 인지되는 것처럼, 불교 수행은 변화하는 현실의 흐름에 적응할 필요가 있었다. 다쿠안은 고대의 도교 사상인 '무위'를 비이원이나 비집착, 명상 수행이라는 불교 개념 및 단순함과 감정적이며 직관적 인식, 신체 활동을 통한 정신의 발견이라는 전통적인 일본의 가치와 결부시키고 있다. [DEL/엄인경]

---

## 흔들림 없는 지혜

다쿠안 소호 1642, 1-9, 16-23

### 무명(無明)과 주지(住地)의 번뇌

무명이란 명백함이 없다는 뜻입니다. 미혹을 말하는 것입니다. 주지란 멈추는 것이라는 뜻입니다. 「보살(菩薩, bodhisattva)」의 수행에는 52위라는 단계가 있습니다. 그 52위 중에서, 모든 것에 「마음(心, こころ)」이 멈추는 상태를 주지라고 하는 것입니다. 주(住)는 머무른다는 의미입니다. 머무른다는 것은 무슨 일에 대해서든 그것에 마음을 멈추는 것을 말합니다.

귀하가 잘 아시는 검술 병법으로 말하자면, 상대방이 큰 칼로 베려 들어오는 것을 한 눈에 보고, 그대로 그 자리에서 마주하려 한다면, 상대방의 큰 칼에 그대로 마음이 멈추어 버려 당신은 움직임을 취하지 못하고 상대방에게 베이고 말 것입니다. 이를 멈추어 있다고 하는 것입니다.

큰 칼을 보기야 보더라도, 거기에 마음을 머물게 하지 말고 상대방 큰 칼에 박자를 맞추어 되치겠다고도 생각지 않으며, 사려분별을 남기지도 않고, 들어올려진 큰 칼을 보든 안 보든 마음을 잠시도 멈추지 않도록 하며, 그대로 잡고 상대방의 큰 칼에 맞선다면, 나를 베려던 칼이 내 쪽으로 붙어서 도리어 상대를 베는 칼이 될 것입니다.

선종에서는 이를 창끝을 잡아 사람을 찔러 쓰러뜨리는 것이라고 말합니다. 창은 무기입니다.

사람이 든 칼을 내 쪽이 되게 하여 도리어 상대를 벤다는 뜻입니다. 귀하가 '칼이 없다'고 말씀하시는 것입니다. 상대방이 베어 들어오든 내가 베든, 베는 사람에게나 베는 칼에나 그 정도나 박자 따위에 조금이라도 마음을 멈추게 되면 당신의 움직임이 모두 잘못되어 남에게 베이게 됩니다.

적에게 내 몸을 맡기면 적에게 마음을 빼앗겨버리는 것이기 때문에 내 몸에도 마음을 두지 말아야 하고, 내 몸에 마음을 잘 붙들어 두는 것도 초심자로 훈련을 시작할 동안일 것입니다. 큰 칼에 마음을 빼앗겨 그 움직이는 박자에 마음을 두다 보면 박자에 마음을 빼앗깁니다. 내 큰 칼에 마음을 두면 내 큰 칼에 마음을 빼앗깁니다. 이것이 모두 마음이 멈추어 당신이 빈껍데기가 되는 것입니다. 귀하는 이러했던 적을 기억하실 것입니다. 불법에 빗대어 말하는 것입니다. 불법에서는 이렇게 머무르는 마음을 미혹이라고 합니다. 따라서 무명과 주지를 번뇌라 하는 것입니다.

### 제불의 부동지(不動智)

부동이란 움직이지 않는다는 글자입니다. 지는 지혜의 지를 말합니다. 부동이라고 해도 돌이나 나무처럼 생명력이 없다는 의미가 아닙니다. 앞으로든 좌로든 우로든 사방팔방으로 마음은 움직이고 싶은 대로 움직이면서 잠시도 멈추지 않는 것을 부동지라고 합니다.

......

예를 들어 열 사람이 큰 칼을 하나씩 들고 나에게 큰 칼을 들이밀어도, 하나씩 큰 칼을 받아 흘리면서 흔적에 마음을 멈추지 말고, 한 흔적을 버리고 한 흔적을 주워가면 열 사람이라도 동작이 모자라지 않을 것입니다. 열 사람이 열 번은 움직이지만 한 사람에게도 마음을 멈추지 않으면 차례로 대결하는 동작은 부족하지 않을 것입니다. 만약 또 한 사람 앞에 마음이 멈추게 되면 한 사람의 큰 칼을 받아 흘릴 수야 있지만, 두 번째 사람이 공격해 들어올 때 당신은 움직이지 못하게 될 것입니다.

천수「관음(觀音)」이라고 하여 팔이 천 개이므로, 활을 잡는 손에 마음이 멈추면 구백구십 아홉의 팔은 모두 쓸모가 없게 됩니다. 한곳에 마음을 멈추지 않음으로써 손이 모두 쓸모를 갖게 됩니다. 관음이란 몸 하나에 천 개의 팔이 모두 유용할 수 있다는 것을 사람들에게 보여 주기 위해 만든 듯합니다. 가령 한 그루 나무를 향해 그 안의 붉은 잎 하나를 보고 있노라면 나머지 잎은 보이지 않습니다. 잎 하나에 눈을 두지 말고 한 그루 나무에 아무런 마음을 두지 말고 그저 향해 있노라면 수많은 잎들이 남김없이 눈에 들어올 것입니다. 잎 하나에 마음을 빼앗겨 버리면 나머지 잎들이 보이지 않고, 하나에 마음을 멈추지 않으면 백 개 천 개의 잎이 보이는 것입니다. 이를 마음으로 체득한 사람은 곧 팔이 천 개에 눈이 천 개인 관음입니다.

### 사이에 한 가닥의 머리카락조차 들이지 않음

이것은 귀하의 병법에 비유하여 말할 수 있습니다. 사이란 사물을 둘 겹쳐 놓은 가운데로 머리카락도 들어가지 않는다는 뜻입니다. 예를 들어 손뼉을 칠 때 짝 하는 소리가 납니다. 치는 두 손 사이로 머리카락이 들어갈 사이도 없이 소리가 나옵니다. 손뼉을 치고 그 다음 소리가 생각하고 사이를 둔 다음 나오는 것이 아닙니다. 치면 그대로 소리가 나오는 것입니다. 사람이 내리치는 칼에 마음이 머물러 버리면 사이가 생깁니다. 그 사이에 당신의 움직임이 취해지지 못하는 것입니다. 상대가 치는 큰 칼과 내 동작 사이에 머리카락도 들어가지 않을 정도라면 남이 큰 칼은 내 큰 칼이 되는 셈입니다. 선종의 문답에서는 이러한 마음의 상태가 일어납니다. 불법에서는 여기에 멈추어 사물에 마음이 남는 것을 꺼립니다. 따라서 멈추는 것을 번뇌라 합니다. 빨리 흐르는 냇물 위에서도 구슬을 굴리듯 올라타 휙 흘러가며 조금도 멈추지 않는 마음이 귀한 것입니다.

## 마음의 유용, 마음의 무용

마음속에 무언가 생각하는 것이 있으면 남이 말하는 것을 들어도 안 들리는데, 생각하는 것에 마음이 멈추어 있기 때문입니다. 마음이 생각하는 곳에 있으면서 한쪽으로 치우치고, 한쪽으로 치우치면 무슨 말을 들어도 들리지 않으며 무엇을 봐도 보이지 않는 것입니다.

이것은 마음에 무언가가 있기 때문입니다. 있다는 것은 생각하는 것이 있는 것입니다. 어떤 것을 떠나면 마음이 무심해져서 그저 쓸모가 있을 때만 작용하여 그 쓸모에 부응합니다. 이 마음에 있는 것을 떠나려고 생각하는 마음이 또한 마음속에 있는 것이 됩니다. 생각하지 않으면 오로지 떠나 저절로 무심해지는 것입니다. 늘 마음이 이러하다면 언제랄 것도 없이 나중에는 그저 그러한 경지에 가게 됩니다. 갑자기 하려고 하면 가지 못하게 되는 것입니다. 이러한 옛날 노래가 있습니다.

> 생각 말자고
> 생각하는 자체가
> 생각일지니
> 생각 말자고조차
> 생각마소서 그대.

## 물 위에서 조롱박을 밀어 넣으려도 회전을 멈추지 않으니

둥근 조롱박을 물아래로 밀어 넣는 것이란 손으로 누르는 것입니다. 조롱박을 물에 던져넣고 아래로 누르면 휙 하고 옆으로 밀립니다. 어떻게 해도 한곳에 머무르지 않는 것입니다. 도에 이른 사람의 마음은 조금도 사물에 머물지 않습니다. 물 위의 조롱박을 누르는 것과 같습니다.

## 멈추지 않음에 따라 그 마음이 생기다

… 온갖 일을 하면서 해야지 여기는 마음이 생기면, 그 하는 일에 마음이 멈추게 됩니다. 그러는 동안 멈추는 곳이 없도록 하고 마음을 생기게 해야 합니다. 마음이 생길 곳에 생기지 않으면 손도 가지 않습니다. 손이 가면 거기에 머무르는 마음을 낳고, 그것을 하면서 멈추는 일이 없으면 여러 도(道)의 명인이라고 합니다. 이에 멈추는 마음에서 집착의 마음이 일고, 「업(業)」과 윤회도 여기에서 일어나며, 멈추는 마음과 생사의 연결고리가 되는 것입니다.

벚꽃과 단풍을 보고 벚꽃과 단풍을 보는 마음이 생기지만 거기에 머물지 않아야 합니다. 지엔(慈円)[19]의 노래에 이런 것 있습니다.

> 사립문에서
> 향기 뿜게 될 꽃도

---

19) [한] 지엔(慈円, 1155-1225). 가마쿠라시대 천태종 승려로 당대 최고의 귀족 가문 출신. 사론(史論) 『구칸쇼(愚管抄)』 를 저술하였고 와카에도 능하여 『슈교쿠슈(拾玉集)』라는 개인 가집도 있다.

그러려면 그래라
　　바라보지 않으마
　　원망스러운 세상

　　꽃은 「무심(無心)」하게 향기를 피우는데 나는 마음을 꽃에 멈추게 하여 바라보고 있다며 자기 몸이 이에 물드는 마음이 원망스럽다고 하는 것입니다. 보든 듣든 한곳에 마음을 멈추게 하지 않는 것을 지극(至極)이라고 하는 것입니다.

　　'경(敬)'이라는 글자를 주일무적(主一無適)[20]이라 풀이하고, 마음을 한곳에 정하고 다른 곳으로 마음을 보내지 않습니다. 나중에 칼을 빼서 내려친다고 해도, 치는 쪽으로 마음을 주지 않는 것이 중요한 것입니다. 특히 주군의 명령을 받들 때 경이라는 글자가 가장 중요할 것이다.

　　불법에서도 경이라는 글자와 통하는 마음이 있습니다. 경백(敬白)의 종이라고 하여 종을 세 번 울리고 「불성」에 손을 합장하여 경배합니다. 우선 부처를 칭송하는 것은 경백의 마음, 주일무적, 일심불란과 같은 뜻입니다. 하지만 불법에서는 경이라는 글자의 마음은 지극한 경지가 아닙니다. 내 마음을 빼앗기고 어지러워지지 않도록 한다며 배우기 시작하는 수행과 연습의 법도입니다. 이 수행의 세월이 쌓여 가면 마음을 어디로 추방하려 해도 자유로운 경지로 가는 것입니다. 이처럼 멈추지 않는 경지는 향상 지극한 경지입니다.

### 앞뒤의 단절

　　이것은 과거의 마음을 버리지 않고, 또한 지금 마음을 뒤에 남기는 것은 좋지 않다는 것입니다. 과거와 지금 사이를 잘라내 버리라는 마음입니다. 이는 앞뒤의 경계를 자르고 내버리라는 뜻입니다. 마음을 멈추지 않는 것을 말합니다.　　　　　　　　　　　　　　　　　　　　　　　　[DEL/엄인경]

---

[20] [한] 중국 송나라의 정주(程朱)의 수양설(修養說). 정이가 처음에 주창하고 주희가 이어받아 주창한 것으로 마음에 경(敬)을 두고 정신을 집중하여 외물에 마음을 두지 않는다.

# 스즈키 쇼산

鈴木正三, 1579-1655

스즈키 쇼산은 오사카성(大阪城)에서 몇 년간 무사로 일한 뒤, 머리를 밀고 2년 동안 집 없이 떠돌며 엄격한 내핍생활을 하였다. 불교에 의탁하여 출가(出家)를 하였으나 그는 점차 고독과 적막을 참아내지 못하게 되었다. 기독교 신앙이 독실한 아마쿠사 섬(天草諸島)에 불교의 영향력을 설파하라는 봉건 정부의 명을 받아 관리로 임명되었고, 그 뒤에는 속세의 중생을 대상으로 설교하기 위해서 에도(江戶)로 이동하였다. 무사 시절에는 타인과 어울리지 않고 홀로 지냈으며, 승려와 사원을 좋아하였으나, 승려가 되고서 그는 오히려 선종과 거리를 두었다. 쇼산은 참선과 염불이라는 정토종의 수행에 부처의 현신으로서 '가미(神)'를 믿는 신도(神道)의 신앙을 융합시키고, 도교와 유교의 요소를 불교에 혼합한 전통을 수용하였다. 그가 수행한 염불법은 정토종의 가르침과는 거리가 있으며, 욕망을 억제하고 정신을 집중하는 편리한 방법이라고 설파하였다. 세키몬신가쿠(石門心學)[21]와 마찬가지로, 쇼산은 형이상학과 도덕의 측면에서 불교, 유교, 신도를 삼위일체로 보았다. 그러나 기독교는 삼위일체의 요소로 수용하지 않았다.

아래의 글은 쇼산이 승려가 되기 위해 무사 신분을 버리기 일 년 전에 쓴 책에서 인용한 것이다. 이 글은 그가 사망한 지 40년 뒤에 출판된 어록집에서 발췌하였다. 쇼산의 사상은 도덕 철학이며, 교리에 대한 공식적인 논쟁에 기반한 것이 아니라 진심으로 추구한 몇몇 중심사상에 근거하였다. 그는 단지 귀로만 듣고 마음으로는 하찮게 여기는 학문에 대해서 비판적이었다. 선종의 실천 철학이 인간 삶의 경험에서 시작되니, 부처가 이 세상에 온 가장 큰 목적인 중생 구제의 일대사(一大事)에 마음의 문을 열고, 육신에 대한 광신적인 혐오를 통하여 생사(生死)의 굴레에서 벗어나는 방법이 그의 언설에 잘 반영되어 있다. 승려가 되기 전에 축적한 무사 시절의 경험으로 인해 이런 경향이 특히 두드러진다.

[JWH/조경]

## 죽음의 에너지

스즈키 쇼산 1619, 49-54 (31-5, 39-40);
1696, 149, 154, 160-2, 171-4, 238, 240-1, 249 (90, 95, 103-6. 115-18, 147, 151-2, 163-4)

인생의 즐거움은 생사(生死)를 아는 데 있다. 세상에 태어난 사람은 언젠가 죽는다는 사실을 모두 입에 담지만, 진심으로 이 사실을 절감하는 이는 없다. 젊음은 순식간에 지나가 버리고, 머리는 백발이 되며, 이마에 깊이 주름이 패이고, 육체는 날이 갈수록 쇠약해져서, 반복되는 일출과 일몰을 따라 이슬같이 덧없는 인간의 목숨은 종착점을 향해 흘러간다. 하지만 이는 전혀 놀라운 일이 아니다. 올해가 가면 내년이 시작되고 봄이 가고 가을이 오지만, 꽃이 지고 나뭇잎이 떨어지는 것이 무엇을

---

21) [한] 에도시대 중기의 사상가 이시다 바이간(石田梅岩, 1685-1744)을 시조로 하는 윤리학 일파.

의미하는지 우리는 알지 못한다. 부싯돌에서 튀는 불꽃을 바로 눈앞에서 보아도 그것이 찰나에 스쳐가는 허상임을 알지 못한다. 가사(袈裟)를 걸치고 바루를 손에 들고 불도에 귀의하여 제행무상(諸行無常)을 깨달은 승려조차도, 영원한 삶을 갈구하는 강렬한 충동을 떨쳐내기 어려움을 결국 깨닫는다. 육신이 전부라고 믿기 때문에 우리의 고통은 밤낮으로 계속된다.

만약 네가 육신을 진심으로 염려하는 사람이라면 지금 바로 그 마음을 잊어라. 고통은 어디에서 오는가? 육신을 사랑하는 마음에서 비롯된다. 특히 무사는 자신의 삶에 있어 생사(生死)란 무엇인지 알아야 한다. 생사를 깨달을 때 길은 저절로 나타난다. 그렇지 않으면 인의예지(仁義禮智) 역시 존재하지 않는다.…

무엇을 수련해야 하는가? 간단히 말해서 마음에서 욕심을 없애야 한다. 서글프게도 자기 자신을 사랑하는 사람이든 그렇지 않은 사람이든, 사람은 내면에 자리 잡은 욕심을 버리기 전에 죽는다. 그러나 이를 남의 일이라 여기며 헛되이 시간을 보낸다. 그 누가 영원히 이 세상에 존재하며, 그 어떤 것이 변하지 않는다는 말인가? 꿈속 같은 이 세상. 모든 꿈과 환상이 우리의 눈을 가리고 귀를 막는다는 것을 알아야 한다. 본래 이 세상은 덧없다. 네가 세상의 무상함을 안다면 너의 삶에 무슨 번민과 문제가 있겠는가?

꿈속에 매인 채 마치 세상을 다 가진 듯 기뻐하는 내 몸은 무엇이란 말인가? 땅과 물과 불과 바람이 조화를 이루어 일시적으로 육신이라는 형태를 부여하니, 이 몸은 절대 내 것이 아니다. 육신을 빚어준 땅, 물, 불, 바람에 집착하면, 이들은 나를 당혹스럽게 만든다.…

'나'라는 한 사람이 있지만 이 또한 내가 아니다. 땅, 물, 불, 바람과 개별적으로 존재하지만, 그에 속하며 함께 하고 또 그들을 이용한다. 옛 사람이 말하길, "하늘과 땅보다 우위에 있는 존재가 있다. 그것은 형태가 없으며 그 뿌리는 견고하다. 또한 진정한 삼라만상의 주인이고, 그 주위를 둘러싼 사계절은 결코 시들지 않는다."

자신을 되돌아보고 스스로를 깨달아야 한다. 배움의 폭을 넓혀서 스스로 만족할 만큼 자신을 크게 성장시켜라. 네가 만족할 만큼 배우고 박학한 지식을 쌓음에도 불구하고 정작 너 자신을 알지 못한다면, 그것은 아무것도 모르는 것과 마찬가지다. 자신을 전혀 알지 못하는 사람은 어리석은 자아를 내면의 기반으로 삼는다. 타인의 명예를 훼손하고, 자신의 말에 동의하는 사람만 좋아하며, 자신에게 순종하지 않는 사람을 극도로 혐오하고, 사소한 일에 분노하면서 스스로를 괴롭히고 정신적으로 고문한다. 이런 모든 행태는 악행의 원인이 된다. 모든 사람이 네 마음에 들지 않는다면, 너 또한 다른 이들의 마음에 들지 않는 사람이라는 것을 알아야 한다.

마음에 악의가 없는 사람은 타인에 대한 기대를 버리지 않는다. 진실한 사람은 겸손하고 올곧으며, 모든 일에 진실하고 깊은 연민의 정을 갖고 있다. 자신이 누구인지 알고 마음에 어떠한 악의도 없는 사람이 덕이 있는 사람이다. 잘못을 하면 마음의 고통이 끝이 없다. 그러니 알아야 한다. 명백하게 잘못한 모든 일은 너 자신의 적이니, 끊임없이 자신을 돌아보아야 한다. 세상에는 많은 사람들이 있지만, 자기 자신을 아는 사람은 드물다.

사람들은 자신 자신을 안다고 생각한다. 하지만 죽음을 피할 수 없는 육신을 가졌으면서도 죽음의 존재를 거의 잊은 채, 천 년 만 년 앞을 바라본다. 어느 누구도 시간이 흘러가는 것을 슬퍼하지 않는다. 그 시간 동안 탐욕과 분노, 인간의 도리에 어긋난 위선에 몰두한다. 충(忠)과 효(孝)를 저버리고 인의(仁義)를 망각하고, 아첨과 기만으로 자신을 왜곡한다. 가족에 대한 책무를 등지고, 가치 없는 일에서 즐거움을 찾는다. 자신의 잘못을 무시하고 타인의 잘잘못을 따진다. 자아도취가 강렬한 탓에 타인에 대한 동정은 없다. 자신을 즐겁게 하는 것에 탐욕스럽게 집착하며, 자신을 불쾌하게 만드는 것과는 거리를 둔다. 때로는 행복하고 때로는 슬프게, 그저 마음 내키는 대로 판단하고 거스른다. 우연히 도리(道理)에 관해 이야기를 들으면, 제 주제를 망각하고 타인을 훈계하는 상전으로 돌변한다. 어째서 이러는가? 설령 진정한 도리는 모른다고 할지라도, 자신의 잘못을 안다면 있을 수 없는 일이다. 이 같은 진실을 들으면 사람들은 말한다. 자기 자신에 대해 알기는 하지만, 오랜 세월 동안 습관처럼 몸에 밴 나쁜 점은 빨리 고치기 어렵다고. 만약 네가 그 잘못된 점들이 네 것임을 안다면, 고치기 어렵다고 말해서는 안 된다…

모든 것들이 다 제각각 존재하는 것 같아도 사실 그 근원은 하나다. 무엇이 '자(自)'이고, 무엇이 '타(他)'인가? 무지한 사람에게 있어서 개인은 타인과 분리되어 있다. 현명한 사람은 자신과 타인 사이에 구분을 두지 않는다. 따라서 진실한 사람은 인정을 지니고 있으며, 그의 측은지심은 깊다. 석가모니는 온 우주의 존재에게, 그들이 마치 자신의 아들인 양 동정심을 느낀다. 우리는 석가모니에게 빚진 게 없는가? 끊임없이 물이 흘러 무수한 파도와 합쳐진다. 하늘에 뜬 달은 하나지만, 무수히 많은 연못과 웅덩이에 비춰진다. 인간의 본성도 이와 다르지 않다. 그러니 멸시당해서 마땅한 존재도 없으며, 거리를 두고 멀리할 존재도 없다. 살아 있는 모든 것들이 불성(佛性)을 가진다는 점을 알아야 한다.

나는 생각보다 더 죽음의 기운을 좋아한다. 젊었을 때부터 나는 그 희미한 에너지를 느낀 적이 있다. 그러나 죽음의 기운이 내게 온 것은 훨씬 뒤였다. 누군가의 목이 지금 잘려나간다고 하면, 그 잘려나가는 머리가 마치 내 것인 것처럼 느껴진다. 누가 죽었다는 말을 들었을 때, 나는 심장을 통해 전해지는 죽음의 기운을 느낀다. 내가 죽음의 고통이 엄습한다고 말할 때는, 가슴이 뛰고 깊은 고통에 빠져 있다는 것을 의미한다. 만약 이 상태가 오래 지속된다면 그 에너지는 희미해질 것이다. 처음에는 이게 나쁜 것이라고 생각했지만, 나중에 생각해 보니 이 에너지는 모든 병의 치료약임을 깨달았다. 만물이 평온하고 세상의 이치가 온전히 제 역할을 다 한다. 지금 이 순간 죽음의 기운을 느끼는 사람도 시간이 흐름에 따라 점차 나아진다. 그래서 나는 죽음의 기운이 생사가 갈리는 시작점이라고 느낀다…

항상 그런 건 아니지만, 때때로 죽음의 기운이 강하게 나를 억누른다. 매일 아침, 특정한 시간에 생사의 문제가 나의 배꼽 아래서 솟아나와 가슴을 뜨겁게 가득 채운다. 그것은 한숨으로 해결할 수 있는 일이 아니다… 내가 수행을 하는 이유는 단지 죽음을 원치 않기 때문이지만, 혹시 내가 죽임을 당한다면 상대가 휘두르는 칼 앞에 아무 생각 없이 머리를 내밀고 홀가분하게 죽기를 원한다. 내가 죽지 않는 한, 생전에 저지른 악업 때문에 죽은 뒤에 굶주림으로 고통 받거나 짐승이 되어 괴로움을 당한다는 아귀 축생에서 도망칠 수 없을 것이다. 거기서 빠져나오고 싶은 나의 소망은 아귀 축생에 대해 아무런 생각도 없는 사람들보다 나을 게 있을까? 다른 이들보다 내가 더 낫다는 아무런 증거도 없다. 만약 내 말을 듣기 원한다면, 그대는 아무것도 모르는 초심자여야만 할 것이다…
……

세상에 구현되는 모든 덕의 본질은 무념(無念)과 무상(無想)이다. 모든 것이 거기서 나온다. 무상무념의 상태로 있을 때 세상 만물과 조화로울 수 있다. 무대극인 노(能) 음악의 박자를 맞춰 리듬을 탈 때와 같은 마음의 상태다…

"나는 살생을 좋아하네. 살생을 통해 성불하는 방법을 나에게 가르쳐 주시게." 이렇게 질문을 하는 벗에게 나는 대답했다. "자네가 새를 죽일 때, 그 새가 날개를 퍼덕이며 꺽꺽대는 것을 자네는 즐기는가? 만약 그렇다면, 자네는 자신의 죽음도 즐길 것인가? 기꺼운 마음으로 죽는다면 그것은 성불(成佛)이네. 성불이란 편안한 마음으로 죽음을 맞이하는 것이지. 자네가 새를 죽이는 모든 순간에, 자네의 사지(四肢)와 몸통의 뼈가 으스러져 죽는 것에도 익숙해지도록 하게. 반드시 크게 소리를 내서 웃으며 죽어야 하네. 그렇게 하는 사람이야말로 진정으로 살생을 즐기는 사람이지. 자네가 그런 방식의 살생을 하지 않는다면, 자네가 하는 살생은 단지 칼잡이들의 쾌락에 지나지 않네." 이후에 그 친구는 더 이상 살생을 하지 않겠다고 굳게 결심하고 수행에 정진하였다. 나는 만덕(萬德)에 대해 타인에게 배운 것은 아니지만, 자유롭게 죽지 못하는 것을 고통스럽게 여기고 다양한 방식으로 수련을 했기 때문에 아는 것이다. 내가 설파하는 것은 중생을 위한 부처의 가르침이다…

본래 인간의 육신이란 존재하지 않는다. 최초의 한 방울이 점점 커져서 인간의 몸을 이루었다. 이것은 악업과 번뇌의 덩어리이며, 부정(不淨)하다. 눈물, 콧물, 대소변 등 어느 하나 정결한 것이 없다. 그것들에 둘러싸여 다가오는 선물은 무엇인가? 그것은 진리를 추구하고 중생을 구제하고자 하는 보리심(菩提心)도 아니고 자비심도 아니다. 단지 사랑, 증오, 탐욕이라는 마음의 독(毒)일 뿐이다.… 이 점을 깊이 새기고 썩어 없어지는 육신으로 인해 번민하지 말라. 육신에 집착하는 마음을 버린다면 평안을 얻을 것이다.

......

처음부터 사람들로 북새통을 이루며 와자지껄한 속에서 좌선(坐禪)을 수행하는 것이 가장 좋은 방법이다. 실제로 무사는 전란(戰亂)이라는 위기 상황에 도움이 되는 좌선을 수련해야 한다. 대포를 쏘고 서로 창끝을 겨누고 맹렬한 기세로 덤벼드는 적을 상대로 할 때, 단단하게 수련한 무사의 명상은 힘을 발휘한다. 조용한 장소에서 수행한 좌선이 이런 위기의 순간에서 효과를 발휘할 수나 있겠는가? 하지만 불법(佛法)을 존중하는 무사라고 할지라도, 전투 상황 속에서 불심(佛心)이 발휘되지 않는다면 차라리 불법을 버리는 편이 낫다… 선(禪)에 집중하는 삼매(三昧)의 에너지가 가장 중요하다. 그러나 무사가 역량을 발휘하며 좌선에 몰두할지라도, 자기 칼을 놓치면 그 역량도 잃게 된다. 불도(佛道)를 수행하는 자는 늘 불도의 기운을 활용하며 행동하여 항상 승리할 것이다. 더욱 단련하고 성숙해지면서 마치 노(能) 음악의 곡조나 박자를 맞추는 것처럼 모든 일을 행하고, 만사에 상응하는 조화를 이루고 덕을 실천한다. 이와 같이 하는 것을 나는 불법이라고 부른다.

......

평범한 사람들의 생각으로는 현실이 대단히 공고한 것처럼 보인다. 이런 마음으로 수련하지 않는다면 어떤 마음가짐으로 수련할 셈인가? 요즘 많은 이들이 세상 만물에는 실체가 없으며 모든 것이 허구라는 사고방식에 빠져서 타인을 해친다. 세상 만물은 인연으로 인해 생겨난 임시적인 것이기에 그 근원은 비어 있다는 사고방식인 본래공(本來空)을 굳게 믿는 사람들도 있다. 부처의 지혜와 깨달음을 얻고자 하는 마음은 현실에 대한 집착에서 벗어난다. 본래공이라는 무심(無心)의 상태는 현실에 대한 집착에서 벗어나는 일이 없다…

죽음을 연습하라. 젊었을 때 나는 무장한 주군(主君)에게 몇 번이고 달려들었는데, 이것이 바로 내가 죽음을 연습한 방법이었다. 하지만 나는 항상 도망쳤다. 또한 창을 든 두세 명의 남자들과 대결하여 창에 찔려 죽고자 했으나, 나는 죽지 않았고 심지어 이기기까지 했다. 가마우지의 목을 쥐어 잡고 창을 부서지도록 내려친 적도 있었다. 하지만 그 목은 부러지지 않았다. 이것이 내가 죽음에 몰두한 방식이었고, 그로 인해 나는 죽음의 에너지를 알게 되었다.

무사로서 의무를 가진 한, 무사의 좌선을 수련해야 한다. 모든 수련 과정에서 나는 자아에 대한 집착을 버리는 데에 실패하였다. 그래서 육신을 망치고 나병환자가 되려 했으나, 그것은 나 자신을 위한 것이 아니었고 실행에 옮길 수도 없었다. 선(禪) 삼매경의 에너지를 분명히 깨달은 것은 좌선을 통해서였다. 네가 가진 모든 무기를 몸에 지녀라. 장검과 단검과 창을 휘둘러라. 전쟁의 신에게 기도하고, 움직임을 멈추고 정면을 바라보며 좌선을 수행하라. 낡은 갑옷이 여기 있다면, 나는 그대 승려들에게 이 갑옷을 입혀서 이렇게 좌선하도록 시킬 것이다. 승려들아, 마음껏 게으름을 피워 보라. 하지만 그대가 갑옷을 걸치고 장검과 단검과 창을 휘두르게 되면 그 즉시 마음이 바뀔 것이다.

……

만약 누군가 나에게 묻는다면, 나는 죽는 게 싫어서 수행을 한다고 말할 것이다. 나는 늘 그저 이렇게 한마디로 말한다… 내 강연을 듣는 내내 청중들은 다른 사람의 글을 읽는다. 그들은 각자 나름의 방식으로 나의 말과 글을 다른 누군가와 비교한다. 내가 하려는 말을 제대로 이해하는 사람은 하나도 없다. 그들은 모두 불도를 사랑한다. 하지만 나는 불도에 대해 아는 바가 없다. 그저 죽지 않는 몸이 되는 것, 그 한 가지에 힘쓸 뿐이다…

……

석가모니가 전생에 설산동자(雪山童子)였던 시절이 있었다. 설산동자가 제행무상(諸行無常)의 깨달음을 얻고자 자신을 희생한 것을 『보물집(寶物集)』[22]에서 읽은 적이 있다. 그때 어느 한 순간 그 말의 의미가 내 머릿속을 스쳐 지나갔다. 그리고 다시 시간이 흘러 내 나이 60세가 되고 난 어느 새벽에, 온 우주의 모든 중생이 부처의 자식과 같다는 온전한 깨달음을 얻었다. 사실 그때는 개미나 귀뚜라미 같은 미물을 보아도 그 삶의 희로애락을 떠올리며 가슴 아파하고, 어떻게 구원할 방법이 없을까 생각하며 깊은 시름에 잠겼다. 이 같은 마음은 사흘간 내 안에 맴돌다 사라졌다. 그 일을 계기로 마음에 조금이나마 자비심이 생겨났고 지금도 여전히 그 덕을 입고 있다.

마음을 닦아 깨달음을 얻는 견성(見性)의 경지를 경험하기도 했다. 이 또한 61세가 된 해, 음력 2월 27일, 날이 밝으면 28일이 되는 새벽이었다. 완전히 생사를 초월하여 명확히 본성(本性)과 조우하였다. 삶과 죽음이 아무런 의미가 없음을 깨닫고 기쁨과 감사에 겨워 춤을 추었다. 그때는 당장 내 목이 떨어져 나간다고 해도 전혀 의미가 없었기 때문에, 그저 감격에 겨워서 그게 나의 목이라는 것을 실감하지 못할 것 같았다. 그렇게 30일 정도 지나고 내가 생각한 것은, 이건 나에게 어울리지 않는다는 것이었다. 이런 경험을 한 것은 에너지의 폭발 때문이라고 느꼈다. 그 뒤로 나는 모든 일을 흐르는 대로 내맡겼다. 본래의 마음가짐으로 돌아와서 마음 깊은 곳에 평상시처럼 죽음을 새겼고 열심히 수련했다. 생각건대 모든 것은 허망하고, 나는 지금 쓰레기만 잔뜩 배출하며 여기 있다.

……

처음에 나는 그저 좌선을 좋은 것이라고 생각하고 오랫동안 수련하였다. 그러던 어느 날 마음이 바뀌었다. 무념무심(無念無心)으로는 석가모니를 이길 수 없는 것을 알았기 때문이다. 헌데 구체적인 모습이나 형태가 있는 것을 감상하는 방식으로 석가모니가 모든 경전을 설파한 것은, 옳고 그름을 판별한 뒤에 무념의 이치가 작용하기 때문일 것이다. 무념의 효용성은 의심할 바 없다. 무념은 무의미하고 공허한 상태가 아니다. 나는 상대를 제압하려는 결사적인 눈빛을 내뿜으며 좌선하였고, 그러자 두려움은 사라졌다. 그대들도 역시 옳고 그름을 구별하여 판단하고, 모든 일을 행함에 있어 무념으로

---

22) [한] 불교설화집. 저자는 다이라노 야스요리(平康賴). 1177-1181년경 성립.

좌선을 수련해야 한다.

　나는 산중(山中) 은거를 완수하지 못한 것을 후회하였으나, 지금은 오히려 다행스럽게 생각한다. 그 이유는, 은거 생활을 계속하면 불도를 이루었음을 알지 못하고, 나의 잘못도 깨닫지 못할 것이기 때문이다. 시종일관 속세에 있으며 나의 부족한 점을 알고, 평범한 한 인간으로 사는 것이다.

　나의 수행은 나날이 더 좋아지지만, 견딜 수 없는 것이 한 가지 있다. 타고나기를 나는 죽음에 대해 절대 자유롭지 못하다. 어디에 있든 편하게 마음을 놓지 못한다. 다른 사람들보다 훨씬 더 죽는 것을 싫어하는 천성 때문이다. 그래서 필사적으로 눈을 부릅뜨고 수련을 한다. 진정 내가 겁쟁이라서 여기까지 이른 것이다.　　　　　　　　　　　　　　　　　　　　　　　　　　　　[RTY/조경]

# 시도 부난

至道無難, 1603-1676

임제종 묘신지(妙心寺)파 대본산의 승려인 시도 부난(至道無難)은, 선(禪)에 접근하는 가장 좋은 방법은 '살아 있는 동안 죽는 것'이며, 살아가면서 앞으로 남은 시간은 이것을 목표로 노력하라고 설파하였다. 부난의 제자 중에 하쿠인 선사(白隱禪師, 1685-1768)가 있는데, 하쿠인이 말한 대사(大死)라는 죽음의 개념은 부난에게서 비롯되었다. 부난은 기후현(岐阜縣)의 유복한 환경에서 성장하였으나, 그의 집에 잠시 머물던 선종 승려인 도산(東寔)에게 감화되어 결국 에도(江戶)로 길을 떠났다. 에도에서 출가한 뒤, '아무런 문제도 없다'는 의미의 부난(無難)이라는 승명을 받았다. 문헌에 따르면, 부난은 47세의 나이에 득도하여 현재 도쿄의 아자부(麻布) 지역에 있는 작은 암자를 직접 지었다고 한다. 시간이 흘러 그의 명성은 높아졌고, 몇몇 다이묘(大名)들의 정신적 지도자가 되었다. 영주의 초대를 거절하여 돌려보낸 일화 등 그와 관련된 다양한 이야기가 있다. [MLB/조경]

---

## 이 마음이 곧 부처다

시도 부난 1670, 5, 9-10-27, (89, 93-112)

---

죽음을 두려워하고 꺼리는 것은 죽음에 대해 알지 못하기 때문이다. 사람은 모두 부처지만, 그 사실을 알지 못한다. 만약 그들이 이 사실을 안다면 부처의 뜻(佛心)을 멀리할 것이고, 만약 알지 못한다면 번민에 사로잡힐 것이다. 나는 이런 시를 지었다.

> 근원을 깨달을 때
> 온 우주의 현상을 초월하네.
> 그 누가 말로 표현하지 못한 경지를 알겠는가?
> 석가모니가 설파하지 않은 경지를.

만약 인간이 생사(生死)의 본질을 안다면, 그것은 거짓된 마음의 씨앗이 될 것이다. 쓸데없는 말을 여기저기 하고 다닌다고 비난을 받을지라도, 나는 이런 하찮은 말들을 사방에 퍼뜨리며 이를 알지 못하는 젊은이들에게 도움이 되기를 바란다.

......

염불(念佛)은 날카로운 칼과 같아서 마음의 업(業)을 잘라내는 데 유용하다. 그러나 꼭 부처가 되겠다는 생각은 하지 말아야 한다. 부처가 되지 않는 것이 부처다.

> 일신(一身)의 업이 소멸하면 아무것도 남지 않네.
> 잠시 부처라 부르는 것은 그저 임시로 그러는 것 뿐이네.

......

불교의 가르침은 크게 잘못되어 있다. 잘못된 것을 배우는 일은 잘못이다. 그저 직접 보고 직접 들어라. 직접 보아도 제대로 보는 사람이 없고, 직접 들어도 제대로 듣는 사람이 없다.

......

어떤 이에게 나는 이렇게 말했다. 불법(佛法) 때문에 오늘날 사람들이 혼란을 겪고, 외부에서 부처를 찾는다. 예를 들어 묘법(妙法)에서 묘(妙)는 본래 무(無)이고, 법(法)은 묘(妙)가 작용하는 곳이다. 법이 아니면 묘가 아니다. 그러므로 묘법이라고 한다. 살면서 선업을 쌓았는지 악업을 쌓았는지를 보면 그 사람을 알 수 있다. 마음을 닦아 깨달음을 얻고, 자신의 행동과 일상에서 육체를 본성과 조화롭게 유지할 때, 이것을 불법이라고 할 수 있다.

마음을 닦는 수련을 통해 깨달음을 얻는 것은 어렵다고 사람들은 말한다. 어렵지 않지만 쉽지도 않다. 만물이 의탁하는 지점에 존재하지 않으며, 옳고 그름의 판단 기준을 따르지만 그와 동떨어져 있고, 번뇌에 머무르나 번뇌에서 동떨어져 있다. 죽으나 죽지 않으며, 살지만 살지 않는다. 보되 보지 않고, 듣되 듣지 않는다. 움직이되 움직이지 않고, 원하는 것을 구하되 구하지 않는다. 벌을 받으나 받지 않고, 선악의 업에 따라 인과(因果)에 빠지나 빠지지 않는다. 평범한 사람은 깨달음을 얻기에는 능력이 모자라고, 「보살(菩薩, bodhisattvas)」은 깨달음을 얻는 수행을 실천하기 어렵다. 그러므로 깨달음을 얻은 이를 부처라고 부른다.

번뇌에 사로잡혀 있는 동안에는 육신이 사람을 부리고, 깨달음을 얻었을 때는 사람이 육신을 부린다.

부처의 가르침은 결국에는 아무것도 아닌데, 인간의 마음이 어리석기에 여러 방면에 걸쳐 설명한 것이다. 세상 사람들은 모두 명예에 현혹된다. 욕망에 정신이 혼미해지고 재물에 마음이 흔들린다. 그러나 다 헛된 것임을 안다면, 무엇을 명예라고 할 것인가? 불도를 구하는 마음에 이끌려 수행하여 결국 나중에 무엇이 되려고 하는가? 명예를 추구하는 것도 부질없는 짓이다.

명예에 현혹되는 속세의 큰 어리석음이라.
자신의 이름도 모르는 존재가 되어라.

사람은 주로 자신의 입장에서 타인을 바라본다. 어리석은 사람의 관점은 매우 위험하다. 본인이 탐욕스러우면, 타인을 그러한 마음으로 바라보기 때문이다. 호색한(好色漢)은 호색의 관점에서 타인을 본다. 지혜롭고 사려 깊은 사람이 아니면, 타인을 보고 판단하는 것은 위험한 일이다. 부처가 가셨던 깨달음의 길을 따라가는 사람이 있다고 할지라도, 깨달음의 내용을 제대로 아는 사람은 드물다. 그 때문에 깨달음의 길은 쇠퇴한다.

지혜로운 사람은, 비록 자신과 타인이 맞지 않는다고 해도, 타인의 품성을 예리하게 통찰하고 그들의 역량이 효과적으로 발휘되도록 사람을 다룬다. 그리하여 그들은 제 역할을 다 하게 될 것이다. 타인을 이끄는 사람은 이 점을 마음에 새겨야 한다.

세상사를 의식적으로 회피하며 살아가는 것은 쉽다. 그러나 무의식적으로 세상사에 무관심하며 살아가는 것은 어려운 일이다.

가령, 불은 주변의 사물을 태우고, 물은 주변을 적신다. 불은 주위의 모든 것을 태우지만 정작 자신은 그 사실을 알지 못하고, 물은 만물을 적시지만 스스로는 그 사실을 알지 못한다. 부처는 자비를 베풀지만, 자신이 베푸는 것이 자비임을 알지 못한다.

......

진정한 스승 없이 부처의 깨달음을 얻고자 하는 사람은, 욕정과 탐욕으로 고통받고 큰 잘못을 저지른다. 부처가 깨달은 진리를 지향하는 사람은 일체의 악이 자신의 행실로 빚어지는 것임을 안다. 또한 천지와 우주, 과거와 현재와 미래를 관통하는 진리가 있음을 잘 알고 지키니, 저절로 자신의 업보가 소멸하여 정화된다.

어떤 이가 "「대승(大乘, Mahayana)」이란 무엇입니까?" 하고 나에게 물었다. 나는 대답했다. "말과 행동을 바르게 하여 더 이상 지킬 것이 없는 것이다."

그러자 궁극의 진리를 가르치는 교법(敎法)인 최상승(最上乘)에 대해 물었다. 나는 대답했다. "몸이 가는 대로 행동해도 더 이상 지켜야 할 것이 없음을 말한다. 그래서 훌륭하고 세상에 매우 드문 경지다."

나는 제자에게 말했다. "이리저리 궁리하며 왜 어렵게 생각을 하는가? 네가 해야 할 일은 그저 바로 보고 바로 듣는 것이다."

당나라의 승려인 임제 선사(臨濟禪師, ?-867)는 "달마의 가르침을 들을 뿐, 그 어디에도 의지하지 않는 수행자가 있다… 사물에 집착하지 않는 도리를 깨달으니, 번뇌가 소멸되어 분별과 집착을 떠나 만물을 있는 그대로 파악하는 부처의 지혜를 얻는다"고 말했다. 육조대사(六祖大師) 혜능(慧能, 638-713)은 "어느 곳에도 마음이 머물지 않도록 해서 마음을 일으키라"는 『금강반야바라밀경(金剛般若波羅蜜經)』[23]의 말씀을 듣고 깨달음을 얻었다.

......

모든 일에는 무르익는 시기가 있다. 예를 들어 어릴 적에는 글을 배운다. 그리고 어른이 되어 세상살이를 하면, 쓰지 못할 글도 없고 이해하지 못할 중국의 문물도 없다. 글을 잘 익혀 두었기 때문이다. 불도를 수련하는 사람은 자신의 몸에 쌓인 번뇌를 씻을 때 고통스럽다. 그러나 번뇌를 씻어내고 성불하면 더 이상의 고통은 없다.

자비(慈悲)도 또한 이와 같다. 자비를 베푸는 동안에는 마음이 자비로 가득하다. 그러나 자비가 무르익어 성숙하면 자비를 느끼지 못한다. 자비를 베풀되 자비를 느끼지 못할 때, 비로소 부처라고 한다.

> 자비는 모두 보살이 행하는 것인데
> 내 몸에 쌓인 악업은 어찌해야 좋을까?

......

인간만큼 어리석은 존재는 없다. 길을 오가고 자리에 앉고 바닥에 눕는 일상의 모든 순간에 고통받고 근심하며, 과거를 그리워하고 알 수 없는 미래를 걱정하며, 타인을 시기하고 질투한다. 자신을 중심으로 모든 것을 생각하고, 슬픔에 잠기면서도 세상사에 뒤얽힌다. 이번 생은 그렇게 하면서 그럭저럭 시간이 지나갈 것이다. 다음 생에서도, 또다시 생을 거듭하면서 고통을 받더라도 자기 자신을 버리지 못할 것이다. 참으로 깊은 망상과 번뇌다.

......

---

23) [한] 인도에서 2세기에 성립된 공(空)사상의 기초가 되는 경전. 금강석과 같이 견고한 부처의 지혜가 중생을 열반에 이르게 함을 설파한다.

속세를 버리고 출가한 사람은 오랜 시간 좌선(坐禪)을 하면서 강한 신체를 획득한 사람이라고 여겨진다. 그의 외모와 내면은 완벽하게 하나다. 마치 그는 죽은 사람이 부활한 것 같다. 죽은 사람은 아무것도 원하지 않는다. 타인에게 아첨하지도 않고 미워하지도 않는다. 깨달음에 도달했기 때문에 자연히 타인의 옳고 그름을 이해하고, 그들을 부처의 깨달음으로 이끌 수 있는 사람이다.

　　……

일상에서 부처의 깨달음을 얻기 위해 어떻게 수행해야 하는가를 묻는 사람에게 나는 이렇게 말했다. 평범한 사람은 부처다. 부처와 평범한 사람은 본래 하나다. 아는 사람이 범부(凡夫)이고, 모르는 사람이 부처다.

　　……

염불을 수련하는 사람에게.

　　　이름을 되뇌지 않으면 너 자신도 부처도 없다.
　　　바로 그 이름 나무아미타불(南無阿彌陀佛)

불도(佛道)를 설파하는 법사(法師)에게.

　　　나 자신을 죽이고 또 죽여서
　　　아무것도 남지 않은 그때 타인의 스승이 되어라.

　　……

불도에서 지혜를 혐오하는 것에 대해.

　　　기억하라. 타인의 경우도 나의 경우도
　　　지혜는 여러 가지 악(惡)에서 나온다.

임제(臨濟)에 대해.

　　　너라는 놈이 파계승이 되는 것은
　　　불조(佛祖)를 죽인 업보인 것이다.

　　……

풀, 나무, 나라, 땅 모두가 부처다(草木國土悉皆成佛).

　　　초목도 국토도 없다.
　　　또한 부처도 없다.

　　……

인생의 문제로 고통받는 사람에게.

　　　만사를 수행이라고 생각하는 사람은
　　　일신의 고통이 사라질 것이다.

불도를 가르치는 사람에게.

　　　도(道)라는 말에 미혹되지 말라.
　　　아침저녁으로 네가 하는 일이라고 생각하라.

[KOS, NAW/조경]

# 반케이 요타쿠

盤珪永琢, 1622-1693

반케이 요타쿠는 임제종의 승려로, 일본과 중국의 승려에게 불도를 배운 뒤, 지역 사회의 정신적인 요구에 부응하여 지방에서 거주하였다. 그러나 50대의 나이에 접어들어 교토(京都) 및 지금의 도쿄인 에도(江戶)의 주요 사찰에서 주지승으로 임명되면서 급속히 명성을 얻었다. 반케이는 모든 사람이 불심을 가지고 태어난다고 주장하였으며, 형식적인 좌선수행을 거부하고 일상생활 자체가 좌선으로 통한다는 평이한 말로 설법하는 '불생선(不生禪)'의 가르침으로 유명하다. 인간은 자신의 관심과 주의를 통해서 자신이 처한 현실의 본질을 결정하고 영향을 미친다. 이 원리는 감정적, 지성적, 종교적 수준에서 영향을 발휘한다. 하지만 선(禪)과 정토(淨土) 사상에서 '의도적인' 관심은 자멸적인 것으로 간주되며, 사물에 대한 소극적이고 자발적인 집중이 더욱 위대한 영적인 힘과 종교적 권위를 가진다. 반케이의 입장에서 볼 때, 이것은 '불생선'과 개인 간의 심리적인 관계에 의해서 표현되며, 감각을 지닌 모든 존재에게 불성(佛性)이 내재되어 있다는 부처의 가르침과 공명(共鳴)한다. 모든 현상은 변화하는 요소들이 인연에 따라 일시적으로 나타났다가 사라지는 데 불과할 뿐이라는 불생불멸(不生不滅)을 반영하는 절대적인 원리다. 인도에서는 이러한 불교의 교리가 형이상학적인 뉘앙스를 띄는 데 비해, 반케이의 경우는 일상적인 용어로 표현된다. 그의 주장을 주관적이고 개인적이라고 여기던 회의론자들을 향해서, 반케이는 '불생선'을 타인에게 입증해 보일 수 있다고 주장하였다.

[MLB/조경]

## 불생(不生)의 가르침

반케이 요타쿠 1690, 15-16, 19, 27-8, 82, (58, 69-70, 76-7, 102-3, 80-1)

### 주의집중력

아래에 보이는 반케이의 중심 주장은 이러하다. 관심이 자연스럽게 한 가지 혹은 그보다 많은 일에 집중될 때, 타고난 불성(佛性)이 쉽게 입증된다. 그러나 무엇을 해야 하는지, 무슨 말을 해야 하는지 법석을 떨기 시작하면 사고 과정에 불성이 주입되지 않고, 여러 일들에 대한 관심으로 인해 의식적인 정신 활동은 불성과 조화를 이루지 못한다. 이런 부조화는 긴장과 스트레스로 표현된다.

모든 현상은 변화하는 여러 요소들이 인연에 따라서 일시적으로 모였다가 흩어지고 나타났다가 사라지는 데 불과할 뿐, 새로 생겨나는 게 아니니, 불심(佛心)은 자유롭고 자연스럽게 그 자체를 드러낸다. 그러나 누군가 너에게 불심을 변화시키라고 한다면, 그때 너는 문제에 봉착하고 자유를 잃을 것이다. 예를 들어보자. 한 여인이 바느질에 열중하고 있다. 친구가 방에 들어와서 그녀에게 말을 걸기 시작한다. 친구의 말을 듣고도 동요하지 않고 바느질을 하는 한, 여인은 두 가지 일을 하는데 아무런 문제가 없다. 그러나 만약 여인이 친구의 말에 주의를 기울이고 마음속에서 대답이 떠오른다면, 여인의 손은 바느질을 멈출 것이다. 여인이 바느질로 관심을 돌리면 친구가 하는 말을 놓치게 되고, 그들의 대화는 원활하게 이어지지 않을 것이다. 그 어떤 경우든 여인의 불심은 번뇌나 미혹이 일어나지 않는 열반의 경지와는 동떨어져 있다. 여인의 불심은 생각으로 바뀌었다. 그녀의 생각은 한 가지 일에 고정되었고, 그 생각은 모두 공허하며 여인의 마음에서 자유를 빼앗았다.

### 인간의 본성과 자유의지

반케이가 보는 인간의 본성은 선천적으로 선한 것이다. 감각을 가진 모든 존재는 본래 성불(成佛)할 수 있는 근본 성품을 갖고 태어나며, 이는 성불을 위한 잠재력이 된다. 사람은 자기도 모르는 죄를 짓거나 진실에서 소외된 상태로 태어나지 않는다. 또한 자기 기만의 상태로 혼란에 빠져 문제를 끌어안은 상태로 태어나는 것도 아니다. 인생의 고통은 그 삶을 어떻게 살지 본인이 선택한 결과다. 아래에서 예로 든 개인의 책임에 대한 논의는 자신의 고약한 성질로 인해 문제에 봉착한 승려와의 대화다. 사람이 선행이나 악행을 하도록 미리 결정짓는 조건이 없으며, 모든 일은 선택의 결과라는 주장이다. 여기서 추론할 수 있는 점은, 인간의 본성은 불변하는 것이 아니며, 자유의지는 항상 가까이 있다. 그러나 개인이 이를 깨닫는 데 시간이 걸릴지도 모른다.

**반케이** : 지금도 여전히 화를 내는가? 여기서 한번 성질을 내보게. 내가 고쳐 주겠네.

**승려** : 지금은 화가 안 납니다. 무언가 나를 자극하면 예상치 못하게 성질이 납니다.

**반케이** : 그렇다면 화내는 성격은 천성이 아니지 않은가? 어떤 상황이나 자극이 있을 때 자네가 만들어내는 것이지. 자네가 성질을 내지 않을 때 그 성질은 어디 있겠나? 자네는 자기 자신을 위하는 마음 때문에 성질을 부리지. 자네 뜻대로 하려고 남들과 다투는 것이고. 그리고는 화내는 성질을 물려주었다고 터무니없이 부모를 원망하지. 이 얼마나 괘씸한 아들인가?

사람은 태어날 때 각각 부모에게 불심(佛心)을 받았네. 사리에 어두워 갈피를 잡지 못하고 헤매는 마음은 자기가 혼자 만들어 낸 것이지. 그걸 천성(天性)이라고 생각하는 것은 어리석은 일이야. 자네가 성질을 내지 않을 때 그 성질은 대체 어디 있나? 모든 번민과 고뇌도 이와 마찬가지네. 자네가 만들어내지 않는 한, 그것들은 존재하지 않지. 허나 사람들은 이걸 깨닫지 못하네. 자신의 이기적인 욕망과 망상에 빠지는 습관을 만들면서 단지 스스로 그렇게 생각하지. 그래서 무슨 일을 하든지 망상에 사로잡히는 것을 피할 수 없어. 자네의 망상을 자네는 소중히 여겨야 하네. 자네가 불심을 망상으로 바꿔서 망상에 빠진 거니 말일세…

사람이 태어날 때 모든 부모는 자기 자식에게 자비로운 부처의 마음을 주었다. 그것을 가지고 인간은 무엇을 하는가? 아주 어릴 때부터 자신을 둘러싼 사람들이 성질을 내는 것을 보고 들었다. 이렇게 훈련이 된 결과 화를 잘 내는 성질이 되었다. 그래서 지금 화를 자주 내는 것이다. 그러나 이것을 타고난 기질로 여기는 것은 어리석다. 지금 이 순간 네가 잘못되었음을 인정하고 욱하는 성질을 제어한다면 걱정할 것이 없다. 성질을 고치려고 노력하는 대신, 애당초 그런 불같은 성정을 만들지 말라. 그것이 가장 빠른 방법이다. 일이 벌어진 뒤에 수습하는 것은 대단히 성가시고 무의미하다. 애초에 화를 내지 말라. 그러면 수습할 필요도 없고, 수습할 일도 없다.

……

태어나면서부터 도둑인 사람은 없다. 이 문제의 진실은 이러하다. 도둑이 된 사람은 어린 시절부터 다른 사람의 물건에 손을 대면서 무의식적으로 그릇된 성향에 익숙해진 것이다. 어른이 되면서 그의 이기심은 더욱 표면화된다. 자신이 솜씨 좋은 도둑임을 알게 되고, 타인의 재산에서 손을 뗄 수 없다. 애초에 그가 도둑질을 하지 않았다면 도둑질을 멈출 필요도 없었을 것이다. 그러나 자신이 그렇게 하지 못 한 점에 대해서는 전혀 말이 없다. 타인의 재물을 훔치게 된 것은 그저 자기가 도둑으로 태어났기 때문이라고 주장한다. 어리석은 말이다. 이 세상 어떤 어머니도 도둑이 되라고 아이를 낳지 않았고, 세상에 날 때부터 타고난 도둑은 없다. 타인의 나쁜 습관을 보고 그대로 흉내 내고, 자신의 탐욕 때문에 남의 물건을 훔치면서 도둑으로 변한다. 그런데 어떻게 타고난 도둑이라고 하겠는가?

그는 도둑이 된 것은 어쩔 수 없는 「업(業, karma)」이라고 말하면서 자신의 문제를 합리화할지도 모른다. 자신의 업 때문에 도둑질을 그만둘 수 없다는 말이다. 오랫동안 자신의 인격에 내재한 도둑질이라는 비난받을 습관을 고치겠다는 개인적인 욕망에 대한 언급은 없다. 말도 안 되는 일이다. 악업 때문에 도둑질을 하는 것이 아니라, 도둑질 그 자체가 악업이다. 도둑질이 악업에 의해 초래된 선천적인 것이라면, 자신이 지금껏 한 짓이 악행이니 그만두어야 한다고 깨달을 수 있을 것이다. 그러니 도둑질을 그만둘 수 없다는 말은 틀렸다. 처음부터 도둑질을 하지 않았다면 도둑질을 멈출 이유도 없다.

지금까지 세상에 존재한 최고의 악당이자, 어제까지 남들에게 손가락질과 비난을 받던 사람이, 자신이 했던 짓이 모두 잘못이었고 앞으로 부처의 가르침과 진리를 따르는 마음으로 살겠다고 바로 오늘 깨달았다면, 그는 그 순간부터 살아있는 부처다.

내가 젊었을 때, 이웃에 '갑파'라는 이름으로 불리던 불한당 녀석이 살고 있었다… 그는 악명 높은 강도였고, 노상에서 강도질을 하다가 결국 잡혀서 오사카(大阪)의 감옥에 수감되었다. 워낙 대단한 도둑이었기 때문에 긴 시간 감방에 갇혀 있다가 마침내 사형선고가 풀렸고, 그가 치안을 유지하는 수비대에서 일한다는 조건으로 석방되었다. 나중에 그는 오사카에 거주하면서 불상을 조각하는 조각가가 되어 명인으로 이름을 날렸다. 인생의 막바지에 이르러서는 정토(淨土) 사상의 개시자가 되었고, 염불 삼매(三昧) 상태로 평화롭게 세상을 떠났다.

그처럼 악명 높은 도둑이 삶의 방식을 고치면서 극락왕생하겠다는 큰 포부를 안고 죽었다. 자신의 깊은 악업이나 음험한 죄 때문에 도둑질을 하는 사람이 어디 있겠는가? 강도는 악업이고 죄악이다. 도둑질을 하지 않으면 악업이나 죄를 쌓지 않는다. 네가 도둑질을 하는지 아닌지는 악업이 아니라 너 자신에 의해 결정된다.

### 선과 악에 대하여

반케이는 도의적으로 어긋난 악의 길로 삶을 이끄는 사람들이 존재한다고 생각했다. 그러나 대다수의 일본 불교 사상가들처럼, 만물이 부처의 깨달음을 얻을 수 있는 타고난 불성(佛性)을 가진다고 주장하는 종교적 교리를 수용하였다. 선(禪)의 전통에서는 이것을 불심(佛心)이라고 표현한다.

제아무리 사악한 인간일지라도 부처의 깨달음을 얻고자 하는 마음이 없는 것은 아니다. 그들이 할 일은 사악한 마음을 버리고 자비로 가득한 부처의 마음으로 되돌아가서, 일상생활 자체가 좌선으로 통한다는 '불생선(不生禪)'의 가르침을 추구하며 사는 것이다. 다른 예를 하나 더 들겠다.

두 남성이 같은 목적지를 향해 걷고 있다. 한 사람은 선인(善人)이고, 다른 한 사람은 악인(惡人)이다. 물론 그들은 이 사실을 깨닫지 못하고 있다. 그들이 다양한 주제로 대화를 나누거나, 길을 따라 걷다가 무슨 일이 생기면, 비록 의도한 바는 아닐지라도, 그 두 사람은 이 사실을 알게 될 것이다. 길에서 마주하는 모든 대상은 그 선인과 악인의 눈에 똑같이 보인다. 반대편에서 말이나 소가 다가오면, 두 사람은 짐승이 지나가도록 길을 터주며 각자 길 옆으로 비켜설 것이다. 그때 그들이 이야기를 나누던 중이더라도, 그렇게 하자고 미리 정하지 않았지만, 그들은 길옆으로 비켜선다. 길에 물이 잔뜩 고인 도랑이 있다면 그 둘은 껑충 뛰어넘을 것이다. 개울에 도달하면 두 사람은 개울을 건넌다. 선한 사람은 깊이 생각하지 않고도 말이나 소에게 길을 비켜주겠지만, 악한 사람은 쉽게 그런 행동을 할 수 없을 것이라고 너는 이렇게 생각할지도 모른다. 그러나 사실 선인과 악인이 그런 행동을 하는 데는 전혀 차이가 없다. 타고난 불심은 악인에게도 발견된다.

### 종교 의식의 신성성 부재(不在)

반케이는 종교적 지침을 준수하는 사람을 존경하지만, 그 같은 행동을 단지 도구적인 가치로 간주한다. 전통을 정의하는 행동 원칙이나 종교 의식에 본질적으로 영적(靈的)인 것은 없다고 보았다. 반케이의 입장에서 볼 때, 종교적 지침이나 원칙을 지키는데 전념하는 것은 본인이 그렇게 해야만 하는 필요성을 느끼기 때문이다. 따라서 이것은 강점이 아니라 약점이다.

**승려들** : 우리는 율종(律宗)의 250개 계율을 모두 지킨다. 그리하여 우리가 불도를 달성할 수 있을 것이라고 믿기 때문이다. 이는 좋은 것인가? 나쁜 것인가?

**반케이** : 적어도 그 행동에 잘못은 없다. 좋은 일이다. 그러나 그게 최선이라고 할 수는 없다. 패찰(牌札)을 달듯이 규율을 몸에 붙이고 자신을 율종 승려라고 칭하는 것은 부끄러운 일이다. 기본적으로 계율이란 것은 달마에 대적하며 불법(佛法)을 파괴하는 사악한 불제자(佛弟子)들 때문에 창시되었다. 250개의 계율은 품행이 나쁜 불제자들이 범하는 각각의 위반사항을 열거한다. 진정한 불제자라면 달마의 계율을 준수하고 율종의 가르침을 지키려고 자청해서 나서지 않는다. 술을 마시지 않는 사람의 입장에서는 술에 관한 계율은 필요 없고, 도벽(盜癖)이 없는 사람한테는 도둑질에 관한 계율은 무의미하다. 거짓말을 금하는 계율은 정직한 사람에게는 소용이 없다. 여러분은 모든 계율을 준수한다고 하지만, 계율을 지키거나 어기는 문제는 사악한 불제자들이 관심을 가져야 하는 일이다. 자신을 율종이라 칭하며 교리를 우선시할 때, 여러분은 자신이 악마의 사제임을 떠벌리는 꼴이다. 실제로는 선량한 사람이지만, 마치 악인을 흉내 내어 행동하는 것과 마찬가지다. 이는 비난을 받아 마땅한 일이라고 생각하지 않는가?

모든 존재는 생겨나지도 않고 없어지지도 않고 항상 그대로 변함이 없음을 의미하는 불생(不生)은 부처의 마음이다. 불생의 도리를 지키며 산다면, 애초부터 계율을 지키는 것과 지키지 않는 것에는 아무런 차이가 없다. 그건 사실 이후에 정해지는 것이다. 인간은 살면서 불생에서 한번 혹은 그 이상 동떨어지게 된다.

[NAW/조경]

# 여성의 정신력

반케이 요타쿠 1690, 45-7, 52 (97-101, 107)

반케이는 여성을 남성보다 영적인 잠재능력이 약하다고 간주하는 전통을 불교 문화 속에서 이해하고, 이를 잘못된 인식이라고 반대하였다.

잊지 말라. 이번 생에서 성불할 기회를 놓친다면, 너는 다시 인간 세상에 태어나지 못하며, 수백 년이 흘러도 다시 기회를 얻지 못할 것이다. 모든 존재가 생성도 소멸도 하지 않고 항상 그대로 변함이 없다는 깨달음을 통하여 너 자신을 확인하기 원하고, 헛된 망상과 집착에서 벗어나기를 원할 것이다. 이런 경지에 올랐을 때, 남성은 부처의 깨달음을 얻어 어디에도 미혹되지 않고 살아가고, 여성은 여성 나름대로 부처가 말하는 진리의 깨달음을 얻어 살아갈 것이다. 인간은 모두 부처다. 깨달음을 얻은 부처다.

여성들이 단지 여인의 몸이라는 이유로 깨달음을 얻을 수 없다고 말하는 사람들이 있고, 이 때문에 고통받는 여성이 많다는 것을 안다. 얼토당토않은 이야기다. 여기 있는 여인들에게 말하니 주의깊게 들으라. 어찌 여성이 남성과 다를 수 있겠는가? 남성도 여성도 모두 부처다. 어떤 순간에도 이를 의심할 필요가 없다. 부처가 말하는 진리를 깨닫고자 하는 마음이 있다면 남성이든 여성이든 할 것 없이 그대는 부처다. 남성과 여성은 외양이 다르다. 우리 모두 이 점을 안다. 그러나 부처를 믿는 마음에 있어서 남성과 여성은 전혀 차이가 없다. 겉으로 드러나는 외관에 현혹되지 말라.

......

세상의 모든 현상은 변화하는 요소들이 그 인연에 따라 일시적으로 모였다가 흩어지고 나타났다가 사라지는 데 불과할 뿐 새롭게 생겨나는 것은 아니다. 너라는 존재도 그러하다. 너는 자신이 남성인지 여성인지 전혀 의식하지 않고 항상 부처의 깨달음을 추구하는 마음으로 살아간다. 하지만 그러는 동안에 아마도 너를 괴롭히는 무엇인가를 보고 듣게 될 것이며, 누군가는 너에게 상처를 주는 악의적인 말을 할 것이다. 너는 거기에 온 마음을 쏟으며 안달하고, 머릿속은 그 생각으로 가득하다. 너 자신이 무엇인가를 간절히 원하거나, 혹은 스스로 불행하다고 생각할 수도 있다. 단지 여인이라서 어쩔 수 없다고 여기는 그릇된 길로 너 자신을 이끌지 않는다면, 번뇌와 미혹에 흔들리지 않는 깨달음 대한 확신을 얻을 수 있다. 너는 부처다. 현세에 부처가 된 남성과 부처가 되고자 애쓰는 여성, 과거와 미래의 모든 부처와 동일한 존재다. 여성은 성불할 수 없다는 말에는 어떠한 근거도 없다. 만약 여성이 정말 성불할 수 없다면, 내가 사람들에게 거짓말을 하며 얻는 것은 무엇이겠는 가?...

이와 관련해서 작년에 지방에 가서 설법을 했을 때의 일이 떠오른다. 설법에 참석한 사람들 중에 너덧 명이 일행을 지어 함께 와 있었는데, 그중 두세 명이 여성이었다... 여성 중 한 사람이 질문이 있다며 나에게 말을 건넸다. 설법 도중에 여성이 질문을 하는 것은 옳지 않다고 생각한 그 여인은 나에게 개인적으로 질문을 해도 되는지 알고 싶어 하였다...

잠시 후 그 여인이 와서 말했다. "...저는 혼인을 하고 평범하게 살고 있습니다. 남편과 제 사이에 아이는 없지만, 남편의 전처가 낳은 아들이 하나 있어서 제가 키웠습니다. 세월이 흘러 아이는 장성하였고, 저를 친어머니처럼 대합니다. 친아들과 다름없이 이렇게 원만한 관계가 된 것을 기쁘게 생각합니다. 그러나 걱정이 하나 있습니다. 극락정토에 대한 열망이 아무리 크더라도 자식이 없는 여인은 성불할 수 없다고 들었습니다. 그게 과연 사실인지 예전에 불제자에게 물은 적이 있습니다. 그들이 저에게 말하길, 여인은 부처가 설파한 진리와 깨달음에 도달할 수 없다고 합니다. 그래서 여기 온 겁니다. 현생(現生)에 인간으로 태어나는 행운을 얻었지만, 불도의 깨달음을 얻을 수는 없습니다. 이래서는 인간의 몸을 얻어 태어난 것이 아무런 의미가 없는 듯합니다. 여인으로 태어난 것이 불운하고 한스럽습니다. 그로 인해 병이 났고, 보시는 대로 피골이 상접하는 지경에 이르렀습니다…” 그 여인과 함께 있던 사람들이 소리 높여 말했다. “이 분이 말한 그대로입니다. 자식이 없는 여인이 성불할 수 없다는 말을 들은 후, 이 분은 내내 고통받았습니다. 밤낮으로 고민하고, 최근 몇 년간 편히 지내지 못했습니다. 몸도 약해졌습니다. 세상에는 아이를 갖지 못하는 수많은 여인이 있지만, 누구도 이 분보다 미래에 대해 걱정하는 사람은 없을 겁니다. 이 분은 오로지 그것만 생각합니다. 스님은 이 여인이 얼마나 고통 받고 있는지 짐작하실 겁니다.…”

　자식이 없는 사람도 성불할 수 있다는 것을 그 여인에게 입증해 보이기 위해서, 선종을 창시한 달마 선사를 비롯하여 역대 승려들과 나에게 모두 자식이 없음을 설명하였다. 달마 선사나 다른 승려들이 지옥에 갔다는 이야기를 들은 적이 있는지 그 여인에게 물었다. 여인이 말하길, 비록 자식은 없으나 승려는 부처이기 때문에 일반인의 경우와 다를 것이라고 생각한다고 하였다. “아이가 없는 여인의 경우는 다른 이들과 전혀 다르다는 말인가? 그대의 성별이 어떠하든 그대는 이미 부처가 될 만한 소양을 갖고 있소 종이 울릴 때 부처, 불제자, 나, 그대, 그리고 다른 이들이 듣는 종소리에는 아무런 차이가 없지요. 만약 그대가 부처로 태어나길 원한다면 그럴 수 있소. 그대가 그리될 수 없다고 말하는 사람이 틀린 것이지. 이렇게 간단하오… 과거에 이미 성불한 여인들을 생각해 보시게.”

　……

　남성과 달리 여성은 정직하다. 여성의 심성은 남성보다 어리숙한 부분이 있다. 악업을 쌓으면 지옥에 떨어진다는 말을 들으면, 여성은 티끌만한 의심도 없이 악행을 저지르면 지옥에 간다고 믿는다. 선업을 쌓으면 성불한다고 가르치면, 여성은 부처가 되고자 하는 깊은 일념을 갖는다. 내가 설파하는 이치를 듣고 믿음을 가진다면, 좀처럼 실행을 못 하는 남성보다 정직한 여성이 먼저 성불할 것이다.

[NAW/조경]

# 하쿠인 에카쿠

白隱慧鶴, 1685-1768

서민 가정에서 태어난 하쿠인 에카쿠는 불교문학을 공부하며 어린 시절부터 불교에 마음이 끌려서 22세의 나이에 선(禪) 수련에 전념하기로 결정하였다. 그리고 2년이 지난 뒤, 자기 본래의 천성을 깨닫고 불도의 성과를 얻는 견성(見性)을 체험하였다고 확신하며, 은둔생활을 하는 선종 승려 쇼주 로진(正受老人, 1642-1721)을 만나러 갔다. 쇼주 로진은 처음에는 하쿠인을 엄격하게 대했지만, 그 지도를 받으며 하쿠인은 정신적 돌파구를 찾았다. 이후에 하쿠인은 고향으로 돌아가 작은 사원에서 오랫동안 선종의 승려로 활동하였고, 주변에는 그의 가르침을 얻고자 일본 전역에서 많은 사람들이 모여들었다. 만년에는 자신의 초상화와 다양한 주제의 그림을 그리기 시작했는데, 민중에게 포교한 뒤 자신의 가르침을 이해한 사람에게 그림을 선물하였다.

하쿠인은 수련 방법을 재구축하고, 승려들의 정신적 나약함을 비판함으로써 선종의 일파인 임제종(臨濟宗)에 활기를 불어넣은 공적이 있다. 그는 제자를 자극하여 인간 존재의 기본적인 문제에 대한 새로운 사고방식을 갖도록 '공안(公案)'이라고 불리는 지적(知的)이고 난해한 문제를 사용한 것으로 잘 알려져 있다. 이것은 중국 선종의 유명한 승려들과 관련된 일화 중에서 비합리적인 행동으로 보이는 이야기를 기반으로 한다. 하쿠인이 만든 많은 '공안' 중 가장 유명한 것은 "양손이 만들어내는 소리는 익히 들어 알고 있다. 그렇다면 한 손이 내는 소리는 어떠한가?"이다. 하쿠인을 이해하는 열쇠는, 모든 살아 있는 존재는 성불할 수 있는 기본 소양을 가지며, 이것 자체가 본성이라는 불교의 믿음이다. '공안'의 목표는 자기 변환이지만, 의도적인 행동에 의한 것은 아니다. 이 변환은 정형화된 수련에 기반하지만, 부처로 상징되는 해탈 상태에 대한 자발적인 각성에 의거한다. 비록 우리가 해탈하지 못해도 부처는 우리 안에 있으며, 원하는 깨달음을 얻을 수 있다는 보장이 없다고 해도 지속적이고 집중적인 수련이 필요하다는 견해 속에 깊은 역설이 있다. 해탈을 향한 여정은 홀로 해야 하는 여행이고, 갑자기 예기치 않게 자신의 경험 속에서 진실은 모습을 드러내야 한다. 스승에게 배운 지식이나 이해에 의존하면 진실에서 더욱 멀어진다. [MLB/조경]

---

## 깨달음을 향한 열망

하쿠인 에카쿠 1743, 412 (61-2)

해탈을 위한 선문답(禪問答)의 역설적인 성격에 어떻게 접근해야 하는가? 하쿠인은 자신의 내면에서 길을 찾은 옛사람들을 주목하며, 개인적인 경험을 넘어선 것에 의존하는 행태를 비난하고, 하쿠인 자신을 포함한 종교 지도자나 경전 등 그 어떠한 권위도 거부한다.

부처란 깨달음을 얻은 자를 의미한다. 네가 깨달음을 얻으면 너의 마음 그 자체가 부처다. 자신의 외부에서 구체적이고 관념화된 부처를 바란다면, 너는 자신을 어리석고 불도에서 어긋난 사람이 되도록 설정한 셈이다. 이것은 물고기를 잡는 사람에 비유할 수 있다. 물고기를 잡으려는 사람은 우선 그 물을 봐야 한다. 물고기는 물에서 살기에 물 밖에서는 발견되지 않기 때문이다. 부처를 찾고자 하는 사람은 자신의 마음을 들여다 봐야 한다. 부처는 그 어디도 아닌 자기 마음속에 있다.

**질문** : "그렇다면 나의 마음을 각성시키기 위해서 무엇을 해야 하는가?"

그런 질문을 하는 주체는 무엇인가? 너의 마음인가? 너의 본성인가? 영혼인가? 악령인가? 너의 내면에 있는 것인가, 아니면 외부에 있는 것인가? 혹은 그 중간에 있는가? 그것은 태초에 타고난 맑은 마음인가?

이것은 네가 스스로 규명해야 할 사항이다. 앉으나 서나, 말을 하든 침묵하든, 밥을 먹든 차를 마시든, 때를 가리지 말고 이것을 규명해야 한다. 온 마음을 다해서 그 일에 충실해야 한다. 네가 무엇을 해도 좋으나, 대답을 위해 경전이나 해설을 보지 말고, 스승의 말에서 대답을 찾지 말라.

할 수 있는 모든 노력을 다했으나 막다른 길에 이르렀을 때, 너는 마치 쥐구멍 속의 고양이, 알을 품고 있는 어미 닭 같다. 깨달음은 갑자기 올 것이고 너는 자유로워질 것이다. 봉황이 금망(金網)을 나가고 학이 새장을 벗어날 때가 찾아온다.

네가 비록 죽는 날까지 어떠한 진전도 없이, 진정한 본성을 발견하지 못한 채 헛되이 20년, 30년이란 긴 시간을 허비한다고 할지라도, 빈털터리 떠돌이 노인들이 여기저기서 주워듣고 전하는 시답잖은 이야기에 정신적으로 의지하지 않겠다고 엄숙히 약속해 주길 바란다. 만약 그렇게 되면, 그 이야기들이 너의 살과 뼈에 들러붙어서 절대로 자유로울 수 없다. 또한 난해하기로 손꼽히는 선승들의 '공안(公案)'을 접할 기회가 있다면, 그 내용은 적게 듣는 것이 좋다. 그 이야기들은 전적으로 너의 이해의 범주를 벗어나 있기 때문이다.

[NAW/조경]

---

# 좌선과 명상

하쿠인 에카쿠 N.D. 263 (251-2); 1747, 113-14, 135-6, 143-4 (37-8, 58, 67)

다음은 대중에게 잘 알려진 하쿠인의 시(詩)다. 자아와 부처가 일체가 된 삼매(三昧) 상태를 표현하며, 심오한 명상의 무아경(無我境)을 찬양하고 있다.

중생은 본래 부처다. 물과 얼음처럼.
물이 없으면 얼음도 없듯이 중생을 벗어나면 부처도 없다.
중생은 가까이 있는 부처를 모르고 멀리서 찾으니 어리석구나.
이것은 물속에 있으면서 갈증을 호소하는 것과 같고
부자의 아들로 태어나서 가난뱅이의 마을을 떠도는 것과 다름없으니
육도(六道)를 「윤회(輪廻, samsara)」하는 원인은
자신의 어리석음으로 인해 어두운 길을 헤매는 것이다.
어두운 길을 지나고 또 지나서 그 어느 때 생사(生死)를 초월할 수 있을까?

아, 「대승(大乘, Mahayana)」의 좌선은 참으로 훌륭하여 도저히 말로 다 표현할 수 없다.
보시(布施), 지계(持戒)와 같은 육바라밀(六波羅蜜)

염불(念佛), 참회(懺悔), 수행(修行)과 같은

선행(善行)의 근원은 모두 좌선으로 귀결된다.

그저 한 자리에 앉아서 좌선하는 체험을 통해

과거에 저지른 모든 죄가 소멸된다.

육악도(六惡道) 같은 것은 어디에도 없고, 정토(淨土)는 지금 눈앞에 있다.

송구하게도 이런 부처의 가르침을 들었을 때 기뻐하며

기꺼이 그 가르침을 따라서 살아가는 사람은 끝없이 복을 받을 것이다.


하물며 스스로 좌선을 해서 변하지 않는 존재성인 자성(自性)을 깨달으면

자성은 곧 무성(無性)이니 이를 놓고 하는 헛된 말싸움에서 벗어날 수 있다.

인과일여(因果一如)의 문이 열리고 유일무이한 길이 일직선으로 펼쳐진다.

무상(無相)의 상(相)을 너의 몸으로 만들면 모든 행동이 진리에서 벗어나지 않는다.

무념(無念)의 염(念)을 너의 마음으로 만들면

모든 행동이 불법(佛法)을 전하는 소리가 된다.

삼매무애(三昧無碍)의 하늘은 넓고 사지원명(四智円明)의 달이 밝구나.

지금 무엇을 더 원하겠는가? 「열반(涅槃, nirvāna)」의 깨달음은 지금 여기에 있으니

여기가 곧 극락정토, 이 몸이 곧 부처다.

[RFS/조경]

하쿠인은 무아지경과 같은 내면적 성찰이 아니라, 일반적인 감각활동 안에서 이루어지는 집중을 통해 명상수련에 전념할 것을 주장했다. 명상이 삼매(三昧) 혹은 「선정(禪定, dhyāna)」으로 알려진 경지로 깊어질 때, 마음으로 어떤 대상을 인식하면 그 자체로 명상이 된다. 이는 명상이 목적을 위한 수단이 아니라, 진실과 해탈의 근원임을 의미한다.

만약 홀연히 네가 중생이 성불할 수 있는 유일한 길인 일승(一乘)의 지혜를 얻는다면, 심성을 더럽히는 육진(六塵)은 곧 불교의 근본 수행 방법인 선정(禪定)이 되며, 눈, 귀, 코, 혀, 몸의 다섯 가지 감각기관에서 야기되는 오욕(五欲)은 곧 일승이 된다. 따라서 언묵동정(言默動靜)은 늘 선정 안에 있다. 이러한 경지에 도달하면, 산속에서 고요하게 수련한 사람의 경지와는 하늘과 땅 같은 차이가 있을 것이다. 영가(永嘉, 665-713)가 말한, 연꽃은 불에 둘러싸였을 때 더욱 아름답게 핀다는 화리지연(火裏之蓮)은, 불도를 수련하는 몇 안 되는 사람을 칭찬한 것은 아니다. 영가는 모든 진리는 결국 하나라는 천태종(天台宗)의 가르침에 숨겨진 의미를 간파하였다. 그리고 고요한 마음으로 진리의 실상을 관찰하는 지관수행(止觀修行)을 수련하였다. 그의 일대기를 보면, 수행자의 생활에서 필요한 네 가지의 몸가짐인 사위의(四威儀)는 선정을 포함하고 있다는 점에서 높은 평가를 받는다. 그의 언급은 매우 짧지만, 결코 가볍게 다루어서는 안 된다. 선정이 항상 사위의에 포함된다는 말은, 선정과 사위의가 혼재된 깨달음의 상태를 말하는 것이다. 사위의가 곧 선정이며, 선정이 곧 사위의다. 「보살(菩薩, bodhisattvas)」은 명상할 장소를 정하지 않고, 일상생활의 활동 중에 실천한다고 부처의 제자인 유마(維摩)가 말한 것도 이와 같은 의미다.

물에 핀 연꽃은 불에 가까이 가면 시들기에 불은 연꽃의 무서운 적이다. 하지만 불길 한가운데 피어 있는 연꽃은 불꽃 가까이서 더욱 아름답고 향기롭다.

오욕을 피하며 수련을 하는 사람은, 인간에게 불변하는 자아는 없으며 모든 현상에도 불변하는 실체는 없다는 공(空)의 이치에 정통한다. 미혹의 세계와 깨달음의 세계를 주시하여 번뇌를 끊어내는 단계가 아무리 명확해도, 정중(靜中)을 떠나 동중(動中)을 향하면, 물 밖으로 나온 물고기이자, 올라갈 나무가 없는 원숭이와 다름없다. 결국 모든 생기를 잃어버리고, 마치 불길이 다가옴에 따라 시들어가는 연꽃과 같아진다.

그러나 만약 네가 용감하게 육진을 인내하고 몸과 마음을 정화하고, 명상에 집중하여 어떠한 우도 범하지 않는다면, 흡사 난세의 와중에 수백 냥의 황금을 무사히 운반한 사람에 견줄 수 있다. 용감하고 대담하게 앞으로 나가고 한순간의 주저함도 없이 전진하여 환희를 경험할 것이다. 이는 마치 정신의 근간을 명확히 다지고 생사(生死)를 가르는 근본 원인을 타파하는 것 같은 환희. 또한 텅 빈 하늘이 사라지고 쇠로 된 산이 부서지는 것과 같은 기쁨이다. 너는 불길 한가운데서 피어난 연꽃과 같아서, 그 색깔과 향기는 불길 주변으로 갈수록 더욱 강렬하다. 그 이유가 무엇인가? 이는 바로 그 불이 연꽃이고, 그 연꽃이 바로 불이기 때문이다.

　　……

진정한 좌선은 무엇인가? 기침을 하고 음식을 삼키고 팔을 흔드는 것, 동(動)과 정(靜), 말과 행동, 선과 악, 번영과 쇠락, 옳고 그름. 이 모든 것들이 사물의 본질을 있는 그대로 받아들이고 항상 진리를 구하는 마음을 유지하도록 힘쓰는 정념공부(正念工夫) 안에 있는 것이다. 너의 배꼽 아래 공간에 놓인 커다란 쇳덩어리를 상상해 보라. 본존불(本尊佛)이 쇼군(將軍)이라고 생각하고, 제후(諸侯)들은 이 세상에서 너와 같은 일을 하고 있는 보살이라고 생각해 보라. 멀리 살면서 영주를 섬기는 여러 다이묘(大名)들은 석가모니의 제자 중 지혜롭기로 유명한 사리불(舍利佛), 목건련(目犍連)과 같은 위대한 「소승(小乘, Hinayana)」의 제자로 여겨라. 모든 중생은 구원받을 수 있는 가련한 존재이자, 내 자식과 같이 특별히 자애를 베풀어야 하는 대상으로 생각하라.

너의 의복은 승복이며, 너의 검(劍)은 휴식용 탁자이며, 너의 말안장은 방석이다. 산과 강과 대지는 좌선을 하는 장소이며, 온 우주는 좌선을 위한 동굴이다. 음양의 조화는 하루 두 끼 너를 위한 식사다. 천당, 지옥, 보살이 사는 청정한 정토, 중생이 사는 번뇌 가득한 예토(穢土)를 너의 비위간담(脾胃肝膽)으로 삼으라. 풍속을 노래한 시와 민요를 밤낮으로 암송하는 불경으로 여겨라. 무수한 수미산(須彌山)을 한데 묶어 너의 척추로 삼고, 모든 궁중의식과 군사학을 보살의 선행이 빚어낸 신묘한 작용이라고 생각하라. 신념에서 비롯된 용맹심을 끌어내서 진정한 자기성찰의 실천과 결합시켜라.

명상 장소에서 조용한 시간에 명상을 하는 것에 얽매이지 말고, 일상적인 활동을 하는 중에 명상을 하고자 하는 마음을 유지하는 데 큰 가치가 있다.

자신의 본성을 응시하지 못한 부처, 사제, 현자(賢者)는 없었다. 만약 네가 어리석게도 일반적인 이해에 의존하여 부처가 세상에 출현한 목적에 대해 네 나름의 지식과 분별을 갖췄다고 생각한다면, 평생 너는 망상의 사악한 그물을 깰 수 없을 것이다. 일천한 지식은 진리를 각성하는데 장애물이다. 이런 일천한 지식은 지신의 본성을 자각하지 못한 사람이 갖고 있다.

선종이 융성했던 중세시대, 온 마음을 참선에 바친 사무라이와 고위 관료들이 말을 타고 7-8명의 건장한 부하들을 데리고, 지금으로 치면 아사쿠사(淺草)와 같이 사람들로 북적이는 장소를 빠른 속도로 달려가곤 했다. 그들의 목적은 일상적인 활동 속에서 자신의 명상의 수준과 효능을 시험하는 것이었다.

## 공안(公案)과 위대한 의문

하쿠인 에카쿠 1743, 412-13 (62-4); 1751, 232-4 (144-6); 1792, 324-5 (163-4)

하쿠인이 제시한 방법은 해탈을 할 수 있다는 강력한 믿음을 필요로 한다. 그러나 그와 동시에 자신의 이해에 대한 강한 의심도 요구한다. '공안(公案)' 수행은 전혀 의지할 것이 없는 상태에서 자유로운 의식으로 돌진할 때까지 지속적으로 그 사람을 더욱 깊은 의심으로 밀어 넣는다.

남송(南宋)의 임제종 승려인 고봉 원묘(高峰原妙, Gaofeng Yuanmiao, 1238-1295) 선사가 말했다. "참선에 전념하는 사람은 반드시 세 가지 요소를 갖춰야 한다. 굳건한 믿음인 대신근(大信根), 진리를 추구하는 마음인 대의정(大疑情), 목표를 향해 가는 끈기인 대분지(大憤志)다. 이 요소 중에 어느 하나라도 부족하면 다리가 두 개뿐인 삼각대와 같다."

대신근(大信根)은 자기 자신을 응시할 수 있는 성품인 자성(自性)을 지녀야 한다는 믿음이다. 그리고 이런 품성을 철저히 파악할 수 있다는 믿음이기도 하다. 네가 이러한 믿음을 획득했더라도, '공안'을 수행할 때 기본적인 의심이 생겨나지 않는 한, 총체적인 각성에 도달할 수 없을 것이다. 의심이 명확해지고 너 자신이 커다란 의심덩어리가 되었다고 할지라도, 목표에 대해 지속적인 끈기를 가지고 '공안'을 계속 응시하지 않으면, 너는 그 의심덩어리를 부수지 못 할 것이다.

커다란 존경의 뜻을 표하며, 나는 깊은 비밀을 탐구하는 우월한 선각자인 그대들에게 강력히 주장한다. 마치 너의 정수리에서 불을 내뿜는 것처럼 열성적으로 자아를 성찰하고 명시하라. 마치 더없이 귀중한 분실물을 찾는 것처럼 너의 의심을 응시하며 부지런히 움직여라. 너의 부모를 죽인 자를 대하는 것처럼 불교의 사제들이 남긴 가르침에 대해 적대적이 되어라. 선종에 몸담은 사람이라 할지라도, '공안'에 대해 아무런 의심도 성찰도 하지 않는 사람은 자신의 가장 큰 재산을 버리는 저급한 게으름뱅이 악당이다. 고봉 원묘가 말했다. "거대한 의심의 바닥에는 큰 깨달음이 있다.… 의심의 완전한 척도는 깨달음의 완벽한 척도가 될 것이다." [NAW/조경]

다음 글에 암시된 첫 번째 '공안'은 학생 수도승과 조주(趙州)라는 승려의 대화와 관련된 것이다. 학생 수도승은 개가 사람처럼 부처가 될 수 있는 불성(佛性)을 지녔는지 물었다. 조주는 '무(無)'라고 하며 부정적으로 답했다. 그러나 그 대답의 의미는 문자 그대로는 아니었다. 「대승(大乘,Mahayana)」의 교리는 모든 동물들이 실제로 성불할 수 있는 소양을 갖고 있음을 상당히 명백하게 보여 주기 때문이다. 이는 오히려 인간의 의사소통과 현실의 관계에 있어서 긍정과 부정의 본질에 대한 수수께끼다. 하쿠인을 종교적으로 각성하게 만든 것이 바로 이 '공안'이었다.

사실상 선(禪) 수행에는 의심을 불러일으키는 문제의 해결이 필수적이다. 그것은 이런 연유다. "큰 의심의 근저에는 큰 깨달음이 있다. 만약 네가 전적으로 의심한다면, 완전히 각성할 것이다." 수백 개의 '공안(公案)'을 구성한 공로를 인정받고, 제자들의 질문에 짧고 명료한 대답을 기록한 환오 극근(圜悟克勤, 1063-1135 송나라 임제종 승려)이 말하길, "만약 네가 '공안'을 의심하지 않으면,

중병(重病)으로 고통 받을 것이다." 선을 수련하는 사람들이 마음에 떠오른 큰 의심을 자신의 앞에 나타나게 만들 수 있다면, 백이면 백, 천이면 천, 모두 다 깨달음을 얻을 것이다.

사람이 큰 의심에 직면했을 때, 그 앞 모든 방향으로 마치 수만 리에 이르는 거대한 빙하와 같은, 생(生)도 사(死)도 없는 거대한 공터가 펼쳐진다. 마치 청금석(青金石) 화병 속에서 완전무결하게 순결한 상태인 듯이 그는 아무런 감각도 없이 앉아 있을 뿐, 일어서는 것을 잊어버렸다. 그리고 서 있을 때는 앉는 것을 잊어버린다. 그의 마음속에는 티끌만한 생각이나 감정도 없으며, 단지 '무(無)'라는 한 단어가 존재한다. 마치 완벽한 공(空)의 상태에 있는 것과 같다. 이때는 어떤 두려움도 없으며, 어떤 생각도 떠오르지 않는다. 정신을 집중하여 물러섬 없이 앞으로 나갈 때, 갑자기 의심은 흡사 얇은 얼음장 혹은 옥루(玉樓)처럼 부서진다. 그는 40년간 듣지도 보지도 못한 큰 기쁨을 경험할 것이다. 이때 "생사(生死), 열반(涅槃)은 어젯밤 꿈과 같고, 온 우주 삼천세계(三千世界)의 바다에 일어나는 물거품과 같다. 깨달음을 얻은 모든 성현(聖賢)과도 같다." 이 시기는 큰 깨달음을 얻고 각성하는 순간이며, 타인에게 전해질 수도 설명될 수도 없는 상태다. 물이 차가운지 뜨거운지를 직접 마시고 아는 것과 마찬가지다. 온 공간이 눈앞에서 녹아버리고, 모든 시간이 찰나의 생각 속에서 지나간다. 인간계와 천상에 이것과 비교할 만한 환희가 있겠는가?

불도를 수행하는 사람이 부단히 연마하면 이런 힘은 사흘에서 닷새 사이에 얻을 수 있다. 어떻게 이 큰 의심이 생겨나게 할 수 있는지 묻는다면 나는 이렇게 답하겠다. 조용한 장소를 좋아하지 말 것이며, 사람들로 북적이는 장소를 피하지 말라. 조주가 답한 '무(無)'라는 글자를 배꼽 아래에 항상 놓아두어라. 그리고 어떠한 원리가 이 무(無)에 포함되어 있는지 묻고, 모든 정념(情念)과 잡념을 버리고 정신을 집중하여 탐구하면, 그 앞에 반드시 큰 의심이 나타난다. 네 앞에 순수하고 정결한 형태로 큰 의심을 이끌어냈을 때, 아마도 기이하고 두려운 느낌을 받을지도 모른다. 그러나 이 사실을 받아들여야만 한다. 끝없이 긴 시간 동안 전해 내려온 생사(生死)의 관문을 답파하고, 모든 「여래(如來, Tathāgata)」의 청정한 깨달음을 철저히 이해하는 것을 경사스러운 일로 인식하는 데는 어느 정도의 고통이 수반된다.

생각해 보면, 무(無)에 대한 탐구를 통해 큰 의심을 자신의 앞에 드러나게 하고 죽을힘을 다해서 큰 환희를 얻은 사람들은 무수히 많다. 부처의 이름을 되뇌고, 그로 인해 다소간의 효험을 본 사람은 기껏해야 두세 명 정도 들어 봤다. 에신인(惠心院)이라고 불린 일본의 천태종 승려 겐신 승도(源信僧都, 942-1017)은 이것을 지덕(智德) 또는 신심력(信心力)이라고 불렀다. 네가 무(無) 혹은 마삼근(麻三斤)[24] 또는 다른 '공안'을 탐구하면, 만물의 있는 그대로의 모습과 진실한 존재방식을 깨닫는데 두세 달부터 일 년 혹은 일 년 반의 시간이 걸린다. 부처의 이름을 되뇌고 경전을 암송하여 효험을 얻는 데는 40년간의 지속적인 노력이 필요하다. 이는 의심을 불러일으키는가 그렇지 않은가에 달린 문제다. 의심은 너를 앞으로 나가게 만드는 날개와 같다는 점을 알아야 한다. 호넨(法然, 1133-1212)*처럼 선하고 자애로우며 정의롭고 용감한 사람은 어둠 속에서 경전을 읽을 때 안광(眼光)을 이용하니, 작은 의심이라도 생기면 바로 그 자리에서 출가(出家)를 하고 극락왕생을 결정지을 것이 틀림없다. 나무통에 매어둔 줄이 너무 짧아서 우물에서 물을 긷지 못한다면 얼마나 서글픈 일인가?

---

24) [한] 중국 운문종(雲門宗)의 동산(洞山) 선사가 한 말. 상대방의 주체성 부재를 꼬집어서 불도를 깨닫게 한 답변에서 유래.

자신의 내면에서 깨달음을 얻고 부처가 될 가능성을 열어내는 효과적인 방법으로, 하쿠인은 '한쪽 손바닥이 내는 소리'에 관한 공안(公案)을 채택하였고, 이 내용은 세상에 널리 알려져 있다.

5, 6년 전 나는 "한 손에서 나는 소리를 들어 보라"는 설법을 하기로 결심하였다. 사람들에게 강연을 하는 데는 내가 이전에 사용했던 방법보다 '공안'이 훨씬 더 효과적이라고 깨닫게 되었다. 수월하게 사람들의 내면에 자리한 의심을 일으키고 명상이 원활하게 진행되도록 하는데 '공안'은 이전 방법과는 큰 차이가 있다. 이에 나는 전격적으로 쌍수음성(雙手音聲) 방법에 입각한 명상을 추천하게 된 것이다.

한 손이 내는 소리란 무엇인가? 양 손을 맞부딪치면 '짝' 하는 소리가 난다. 하지만 한 손으로는 어떤 소리도 냄새도 생겨나지 않는다. 이것은 공자(孔子)가 말한 증천(烝天)인가? 아니면 산속에 사는 할머니 요괴 야만바(山姥)가 했던, '텅 빈 계곡의 메아리는 소리 없는 소리로 들려오는 소식을 담고 있나'라는 말에서 묘사되는 본질적인 요소인가? 이것은 결코 귀로 들을 수 없다. 사리분별을 그 안에 섞지 않고, 견문과 지식을 분리하고, 몸을 움직여서 걷고 서고 앉고 눕는 모든 시간에 어떠한 지장도 받지 않고 이 공안을 진전시켜라. 그러면, 논리가 소진하고 표현이 궁색해진 지점에서 돌연히 너는 끊임없는 생사(生死)의 번뇌를 제거하고 무지(無知)의 동굴을 무너뜨릴 것이다. 그리하여 봉황이 금망(金網)을 벗어나고 학이 새장을 떠난 안도감을 얻으리라. 이 시기에 이르러 정신, 의식, 감정의 기초는 갑자기 산산조각난다. 생사의 순환 속에서 끊임없이 가라앉는 환상의 영역이 뒤집힌다.

[PBY/조경]

# 이마키타 고센

今北洪川, 1816-1892

1800년대 중반 수십 년 동안, 유학자들은 불교를 부도덕하고 경제적으로 낭비라고 묘사하면서 장기간에 걸쳐 불교에 대한 비판을 강화하였다. 이마키타 고센(今北洪川)은 에도시대 말기를 대표하는 임제종의 승려로, 일본이 근대 국가로 전환되는 시기까지 생존하였다. 그는 『선해일란(禪海一瀾)』이라는 제목의 저서를 기술하여 에도 말기에서 근대로 전환되는 시대적 변화에 반응하였고, 이 저서에서 유교와 불교라는 두 전통 사이의 공통점을 설명하려고 노력하였다. 그는 이 일에 적합한 소양을 갖춘 인물로, 출가하기 전에 수년간 유학(儒學)을 배웠고, 수도승 생활 내내 중국 고전과 주석서에 대한 연구와 강연을 이어나갔다. 1870년대와 1880년대에는 가마쿠라 엔가쿠지(鎌倉円覺寺) 절에서 활동하며 명성을 떨쳤다. 이 활동은 이마키타보다 더 유명한 그의 제자인 샤쿠 소엔(釋宗演, 1860-1919)에 의해 계승되었다.

　　1862년에 완성된 『선해일란』은 선불교의 관점에서 30개의 고전 문구를 해석하는데 유교경전과 새로운 유교 주석서를 사용한다. 여기서 인용한 두 개의 발췌문은 두 전통의 통합을 위한 예증(例證)이다. 그의 주장은 모든 인간이 진실하고 계몽된 본성을 가지고 있다는 생각을 전제로 한다. 우선, 맹자가 말한 인간 본성에 대한 개념을 명덕(明德)과 천(天) 같은 핵심 유교사상과 나란히 하였고, 또한 깨달음, 진여(眞如) 같은 불교의 개념과 동일선상에 두었다. '지식'이라는 지적(知的) 방식과는 대조적으로, 구체적인 실천을 통해서 진실을 경험하는 것이 중요함을 강조하면서 결론을 맺었다. 두 번째 글에서는 유교 고전이 논쟁의 여지가 없는 진실을 분명히 인정함을 지적하였다. 더 나아가 지각(知覺)을 초월하는 차원은 의식(儀式)을 강조하는 유교의 특징과 관련 있다고 강조한다. 불교와의 균형 잡힌 공존을 간과한 점을 들어서 유학자들을 꾸짖었고, 단순히 공(空)에서 머무는 것이 아니라 진실에 이르는 엄격한 수행을 강조하였다. 　　　　　　　　　　　　　　　　　　　[JAS/조경]

## 유일한 참된 진실

이마키타 고센 1862, 231-2, 235

　　맹자가 말했다. "그 마음을 다 하는 자는 자신의 본성(本性)을 알 수 있다. 자신의 본성을 알면 천리(天理)를 알 수 있다(盡其心者知其性也 知其性則知天矣, 맹자 盡心 上 [Mencius 7a.1])." 우리는 이것을 천(天)이라고 부르고, 불(佛), 성(性)이라고도 부른다. 명덕(明德)이라고 부르기도 하며, 보리(菩提), 지성(至誠), 진여(眞如)라고도 부른다. 실체는 하나지만, 이름은 여러 개다. 본성은 천지(天地)보다 먼저 생겨났고, 옛날부터 오늘에 이르기까지 늘 존재한다. 그 본질은 참으로 놀라울 정도로 심오하게 비어 있으며, 완벽하게 빛나고 고요하며, 헤아릴 수 없이 광대하고 위대하다. 옛 통치자들은 이것을 이해하였기에 백성을 통치할 수 있었다. 그들은 힘을 다해 천하와 국가를 다스렸다. 따라서 본성을 이해하는 데 실패한 성인(聖人), 철학자, 불교 수행자는 없었다. 주역(周易)에서 이르길, "어진 사람은 그것을 보고 인(仁)이라고 부르고, 지혜로운 사람은 그것을 보고 지(智)라고 부른다." 이게 전부다.

중국, 인도, 일본에서 성인과 철학자들은 도덕교육에 힘을 쏟았다. 비록 그들의 접근방식이나 사용하는 언어는 각기 달랐지만, 마음속으로 파악한 현실은 완벽하게 동일하였다. 맹자는 그 본질을 깊이 이해하고 구분하여 성(性)이라 칭하고 천(天)이라고 하였다. 참으로 훌륭하다. 다만 안타까운 일은, 맹자가 "성(性)을 본다"고 하지 않은 점이다. 뱀은 머리를 한 치 더 내밀어야 제 몸의 길이를 알 수 있다. 나는 "성(性)을 아는 사람은 많으나 성(性)을 본 사람은 적다"고 늘 말한다. 성(性)을 아는 것은 천(天)을 아는 것에 불과하다. 성(性)을 보면 이는 곧 천(天)을 얻는 것이다. 살갗 아래로 피가 도는 사람이라면 나의 말을 가벼이 여겨서는 안 된다.

……

중용(中庸)에 다음과 같은 대목이 있다.

> 시경(詩經)에 말하길, "나는 명덕(明德)을 중히 여긴다. 성색(聲色 목소리와 얼굴빛)을 크게 하지 않는다." (중용 27 [Mean xxvii]) 공자가 말하길, "성색으로 백성을 교화하는 것은 하책(下策)이다." 시경에 이르길, "덕(德)은 가볍기가 터럭(毛)과 같다." 터럭은 오히려 그 무게의 경중을 견줄 수라도 있다. "하늘의 일은 소리도 냄새도 없다." (시경 [Odes, 235, 260])라고 하였으니, 이는 지당한 말씀이다.

이 대목은 현명한 사람의 배움, 공자문파(門派)의 고매함을 이해하는 열쇠다. 무릇 도덕의 신묘함은 무성무취(無聲無臭)의 영역에서 시작되고, 삼백(三百)의 예의(禮儀)와 삼천(三千)의 위의(威儀)에서 끝난다(중용 27). 지켜야 할 예절이 삼백 가지인데 비해, 예법에 맞는 몸가짐은 삼천 가지나 되니, 예의보다 위엄이 중요함을 뜻하는 말이다. 예의삼백 위의삼천(禮儀三百威儀三千)의 궁극에 달하면 무성무취의 영역으로 다시 돌아간다. 이런 식으로, 사람이 마땅히 지켜야 할 도리인 대도(大道)에 있어서 그 본질인 체(體)와 작용인 용(用)이 달성된다. 이 요소들이 들고 나고 숨었다가 나타나는 과정은 놀라워서 말로 표현하기 어렵다. 선(禪) 문파에서는 이것을 주관과 객관이 서로 자유자재로 어우러지며 조금도 정체되지 않는 상태라 하여 명암쌍쌍저(明暗雙雙底)라고 칭한다. (『벽암록(碧巖錄)』 51)

만약 이러한 삼매(三昧)의 경지에 도달하기 원한다면 활쏘기를 배우는 사람처럼 행동해야 한다. 오랫동안 활 쏘는 연습을 하면 자연스럽게 그 요령을 체득하게 된다. 그리하면 모든 활이 쉽게 명중된다. 공자가 70대에 접어들어 마음 가는 대로 행동해도 법도에 어긋남이 없었다고 말한 것과 같은 이치다(논어 爲政篇 [Analects Ⅱ.4]). 일단 이러한 훌륭한 경지에 도달하면, 사람을 교화하는데 목소리와 표정을 사용하는 것은 부차적인 것임을 먼저 깨닫는다.

그 옛날 송나라의 승려 해당(晦堂, 1025-1100)[25]이 주세영(朱世英)에게 다음과 같이 말했다.

---

25) [영] 중국 임제종의 황룡(黃龍)의 계보를 잇는 승려. 일본에는 에이사이(榮西, 1141-1215)에 의해 소개되었다. 인용된 글은 『선문보훈(禪門寶訓)』에서 발췌하였으며, 서역 출신인 달마에 빗대어 말하는 방식은 공안(公案)의 기본이 되었다.

"내가 처음 불도에 입문하였을 때, 나는 불도 수행이 지극히 쉬울 것이라고 생각했다. 그러나 황룡(黃龍) 선사와 함께 청중 앞에 서게 된 이후, 뒤로 물러서 나의 일상을 반성하였다. 그리고 원리와 상충되는 많은 것들이 존재함을 알았다. 극한의 추위와 더위에도 불구하고 부단히 3년간 수행한 뒤, 마침내 굳건한 해법을 얻었고 더 이상 흔들리지 않게 되었다. 나중에 세상의 모든 일 하나하나가 그 원리와 같음을 이해하였다. 기침을 하고 침을 뱉고 팔을 흔드는 것은 서역에서 온 선대 승려들의 의중이 담긴 행위다."

유학자들은 이렇게 말하는 경향이 있다. "승려들은 오로지 공(空)을 선택한다." 그러나 특별히 우리 문파에서 말하는 공(空)은 공(空)이 아니고, 묘리(妙理)의 가르침임을 그들은 이해하지 못한다. 공자는 항상 무성무취(無聲無臭)를 말했으나, 내가 일찍이 밝혔듯이, 무성무취는 공(空)을 의미하지 않는다. 논어에 나와 있지 않은가. "네가 모르는 것을 모른다고 인정하는 것이 바로 지(知)다." 나는 학자들이 지엽적인 문제에 마음을 빼앗겨 본질을 놓치는 우를 범하지 않기를 바란다.

[JAS/조경]

# 스즈키 다이세쓰

鈴木大拙, 1870-1966

스즈키 다이세쓰는 선불교를 서양에 소개하는 특별한 업적을 다수 남겼다. 가나자와(金澤)에서 태어난 그는 일본에서 가장 유명한 근대 철학자인 니시다 기타로(西田幾太郎, 1870-1945)와 어린 시절에 함께 자랐다. 또한 도쿄제국대학(東京帝國大學)에서 공부하였고, 가마쿠라 엔가쿠지(鎌倉円覺寺) 절의 승려인 샤쿠 소엔(釋宗演)의 가르침을 받으며 선불교의 초심자로서 수련을 시작하였다. 1893년 샤쿠 소엔은 시카고에서 열린 만국박람회에 참가하여 그곳에서 『The Monist』의 편집자인 폴 캐러스(Paul Carus, 1852-1919)를 만났고, 이후에 스즈키에게 캐러스를 소개하였다. 스즈키는 소엔의 협력자이자 통역으로서 수년 간 함께 활동하였으며, 일본으로 돌아온 뒤 1921년 오타니대학(大谷大學)에 교수로 부임하고, 동방불교도협회(東方佛敎徒協會)를 설립하여 영문잡지인 『The Eastern Buddhist』를 발행하였다.

제2차 세계대전 이후, 선불교와 신비주의에 관한 스즈키의 글은 서양에서 선풍적인 인기를 끌었고, 1952년부터 1957년까지 미국 콜럼비아대학에서 교수 생활을 하였다. 그의 생애 후반기에 해당하는 이 기간 동안 스즈키는 철학자, 이론가, 심리학자, 신학자들을 포함한 수많은 서구 사상가들과 교류하였다. 영문 저작은 선불교 에세이(3권), 선(禪)과 일본 문화, 신비주의를 포괄한 영역을 다루고 있다. 또한 기독교와 불교, 선(禪)과 정신분석(공동저작), 『능가경(楞伽經)』의 주해, 신란(親鸞)의 저서 『교행신증(敎行信證)』의 주해가 있다. 저작의 영문 전집과 일본어 전집은 각각 30권이 넘는다.

작품 분석 비평과 종교적인 해석 사이에서 자유로운 입장을 취하던 스즈키는 철학적인 논쟁을 만들고자 하지는 않았지만, 다른 사람들은 때때로 스즈키의 생각을 철학적인 질문에 적용하였다. 주제에 관해서 논점의 핵심을 찌르는 스즈키의 '즉비 논리(卽非の論理)'에 관련된 아래의 발췌문이 그 대표적인 예다. 먼저 그는 선(禪) 사상에 이를 적용하였고, 다음에는 타력(他力) 정토 사상에 적용하였다.

[TPK/조경]

---

## 즉비 논리

스즈키 다이세쓰 1940, 510; 1944a, 274-83

철학적 논리에 대해 많이 알지는 못하지만, 불교에서 그 용어를 어떻게 이해하고 있는지 설명하고자 한다. 내가 『반야경(般若經, Prajñā Wisdom Sutra)』이라고 번역한 불경이 있다. 산스크리트어인 「프라즈냐(般若, Prajñā)」는 중국어로 '지혜'로 번역되었으나, 그 온전한 의미를 표현하기에는 역부족이었다. 그래서 다소 장황한 표현이 되긴 하지만, 반야지(般若智, Prajñā Wisdom)로 표기하는 것을 선호한다… 그 이유를 이해하기 위해서 '의식(意識)'을 의미하는 산스크리트어인 「위즈냐나(vijñāna)」와 비교하여 프라즈냐를 살펴보자. 접두사 vi-는 '분할'의 의미를 가지는데, 의식(意識)의 역할이 어떤 것을 다른 것과 구별한다는 점을 반영하고 있다. 이것은 불교 철학이 발전시켜 온 프라즈냐와

위즈냐나 사이에서 발생하는 부조화인데, 『반야경』에서 다양한 형태로 나타난다. "마음은 마음이 아니니, 즉 이를 마음이라 이름 한다(心非心、卽、是名心)" … 중국어로 번역된 이 부분의 산스크리트어 원문(taccitam acittam yaccitam)은 연결어인 '즉(卽)'을 사용한다. 따라서 긍정이 바로 부정을 함의하는 부정 확인의 '즉비 논리(卽非の論理, logic of affirmation-in-negation)'를 설명할 수 있다. '반야지(般若智)'의 논리가 그러하다…

현대 용어로 긍정과 부정을 '자기동일(自己同一)'이라고 할 수 있는데, 이는 사실 '즉(卽)'의 힘 때문이다. 하지만 여기 있는 것이 저기 있는 다른 어떤 것에 의해 부정되는 관계를 의미하지는 않는다. '그것은 그것이고, 이것은 이것'이라고 우리가 인정함과 동시에, 이것이 그것이고, 그것이 이것이라고 인정하는 셈이 된다. 현재의 일반적인 현상이나 표현 방식에 입각해서 보면, 긍정적인 즉(卽)의 관계에 두 요소를 놓을 때 그 효과는 그 둘의 이중성을 부정하는 것이다. 그러나 불교는 그와 달리, 부정의 비(非)가 곧 긍정의 즉(卽)이다. 따라서 두 요소가 서로 부정적인 관계에 있으면, 그와 동시에 그 관계는 긍정이다. 긍정의 반대가 부정은 아니다. 도리어 부정이라고 표현되는 것이 긍정 그 자체인 셈이다.

인간의 언어는 역사적으로 다소간 제약을 받아왔기 때문에, 긍정을 표현하기 위해서 긍정의 표현을 사용해야만 한다. 반대로, 부정을 표현하기 위해서는 부정을 사용해야만 한다. 이 세상의 성립을 이야기하기 위해 우리는 이러한 설명방식을 사용한다. 철학자들은 철학자 나름대로 여러 가지로 궁리하여 설명할 것이 틀림없으나, 선불교의 입장에서 말하면 '스미다가와(隅田川)강을 거꾸로 흐르게 하라'든가 '시나가와(品川)의 물을 모두 한입에 마셔라'라는 식으로 일반적인 논리를 역행하는 표현에 의존하게 된다.

## 반야지의 논리

나는 선(禪)의 견지에서 『금강경(金剛經)』의 중심적인 개념을 논하고자 한다. 13장에 나오는 말을 예로 들어 시작하면…, 다음과 같다.

> 부처가 반야지(般若智)라고 부르던 것은 그 자체로 반야지가 아니다. 따라서 이것은 반야 지라고 불린다.

'반야지' 철학의 근본인 이 논리는 선(禪)과 일본적 영성(靈性)의 논리이기도 하다. 공식으로 말하면 이렇다.

> A가 A로 확정되려면 A는 A가 아니어야만 한다. 따라서 그것은 A다.

여기서 긍정은 부정이고, 부정은 긍정이다. 『금강경(金剛經)』을 보면 이 뒤에는 다음과 같은 언급이 이어진다.

> 여래(如來)가 상(相)이라고 칭하는 것, 이것 자체는 상이 아니다. 따라서 그것은 상이다. 부처는 32상(相)이라고 한다. 그러나 그 32상은 32상이 아니다. 따라서 그것들은 진실로 32상이다.

이 같은 사고의 패턴에서 모든 생각은 긍정되기 전에 일단 우선 부정되어야 한다.

누군가는 이런 사고방식이 완전히 비이성적이라고 이의를 제기할지도 모른다. 내가 할 수 있는 일은 더 간략한 말로 이 방식을 표현하려고 노력하는 것뿐이다. 네가 산을 보았을 때, 너는 "저기 산이 있다"고 말할 것이다. 강을 보면, "보아라. 저기 강이 있다"고 할 것이다. 이것이 일상적으로 말하는 방식이다. 그러나 '반야지' 철학에서는 산은 산이 아니며, 강은 강이 아니다. 또한 그렇기 때문에 산은 산이고 강은 강이다. 일반적인 사고방식에 비추어 볼 때 어떻게 하면 이런 말들이 비합리적으로 보이지 않을 수 있을까? '반야지' 논리의 특징은 모든 말과 생각을 긍정하기 전에 우선 부정의 필터를 거치도록 하면서 이런 방식으로 다룬다는 점이다. 이것이 사물을 바라보는 진정한 방식이라는 것이다…

우리는 일상적, 상식적, 과학적인 방식으로 사물을 보는 것을 당연하게 여긴다. '반야지'는 이러한 사고방식을 완전히 뒤집어 놓음으로써 그 존재감을 발휘하는데, 사고의 대상을 안으로 끌어안기보다는 밖으로 내어놓으면서 시작된다. 일단 "아니다"라고 부정한 뒤, "그렇다"는 결론을 내놓는다. 너는 이를 시간낭비라고 생각할지도 모른다. 이렇게 우회적인 길을 택하는 데는 어떤 이유가 있을까? 처음부터 "버들은 푸르고 꽃은 붉다"는 점은 명확하니, 있는 그대로 말하고 여분의 단계를 생략하면 어떤가? "버들은 푸르지 않고 꽃은 붉지 않다"는 주장으로 시작하는 것은 육지에서 파도를 찾는 일과 마찬가지다. 그저 혼란으로 끝날 뿐이다.

아마도 혼란이 생길 것이다. 그러나 기억하라. 만약 혼란이 있다면 그것은 우리 머릿속에 있다. 그 혼란은 우리가 만들어낸 것일 뿐, 처음에는 거기 없었다. 육지에 휘몰아치는 파도가 있다면, 책임은 전적으로 우리에게 있다. 산은 산이 아니라고 말하는 게 이상하게 보일지 모르지만, 애초부터 생사(生死) 같은 것이 없는데, 우리가 삶과 죽음, 혹은 죽음과 삶에 대해 이야기하는 것은 그만큼 이상한 일이 아닌가? 또한 우리가 살고 싶다, 죽고 싶지 않다고 말하는 것은 육지에서 파도를 찾는 일이 아닌가?

이러한 논리를 비판하는 사람은 산, 강, 꽃 등을 부정하는 것이 직관에 어긋난다고 생각할 수도 있다. 우리의 삶에 있어서 모든 현상은 그 인연에 따라 일시적으로 모였다가 흩어지고 나타났다가 사라지는데 불과할 뿐 새롭게 생겨나는 게 아니라는 불생(不生)의 이치를 부정하지 않은 채, 불생의 견지에서 생과 사를 이해하는 것은 어렵다. 생과 사를 불생의 관점에서 본다면, 산은 산이 아니고 붉은 꽃은 붉지 않다는 말은 비이성적이고 쓸모없는 소리로 들린다. 지성적 인식을 기반으로 실용을 추구하는 입장을 견지하는 사람은 영적(靈的) 통찰에 바로 도달할 수 없다. '반야지'의 논리는 영성(靈性)의 논리다. 그 가치를 인정하기 위해서는 기존의 견지에서 벗어난 경험이 있어야 한다.

선(禪)은 이 논리를 사용하지만, 논리적인 방식으로 다루지는 않는다. 선의 독특한 점이다. 사람이 생사의 문제에 직면한 것은 선의 논리로는 이렇게 설명된다. "네가 피하고자 하는 생사의 문제는 대체 어디 있는가? 너를 곤경에 빠뜨린 문제를 찾아낼 수 있는가? 그리고 너를 곤경에 빠뜨린 사람은 누구인가? 네가 옴짝달싹 못하게 만든 이는 누구인가?" 질문한 사람이 답을 찾도록 만드는 이러한 요구는 선의 논리가 갖는 특징이다.

다시 말해, 최초에 제기된 일반적인 인식은 부정되고, 이후에 그 부정 자체가 부정되어 우리를 다시 본래의 긍정으로 되돌려 놓는다. 이것은 일을 수행하는 우회적인 방식처럼 보이지만, 이 길을 택하지 않는 한, 우리의 의식은 사물을 있는 그대로 받아들이기를 꺼린다. 즉, 지혜의 관점에서 온전한 영적 각성을 통해 사물을 바라볼 때, 바로 처음부터 산은 산이고 강은 강이며, 그 어떤 의식적인 태도도 필요 없다. 그러나 과거의 수 차례의 경험을 떠올려 볼 때, 즉각적으로 느끼는 감정에서 영적인 각성으로 이르는 길을 결정하는 것은 쉬운 문제가 아니다.

하지만 통찰력을 갖추는 어려움에도 불구하고, 영적인 삶은 인간으로서 우리를 다른 피조물과 구별하는 특별한 선물이다. 생사(生死)의 문제를 발견하고, 욕망으로 빚어진 고통과 「열반(涅槃, nirvāṇa)」이라는 해방 사이에서 고군분투하는 것은 오로지 인간에게서만 볼 수 있다. 개와 고양이는 삶과 죽음, 선과 악, 환희와 불쾌에 대해 할 말이 없다. 동물들은 태어날 때가 되어 태어났고, 죽을 때가 되어 죽고, 좋아하는 것을 먹고 배를 가득 채우면 트림하고 잠을 청한다. 단지 인간만이 그들이 왜 태어났고 왜 죽는지 의문을 가진다. 다른 어떤 피조물도 살고 싶다고, 죽고 싶지 않다고 수선을 떨지 않는다. 식물과 동물도 죽기를 원치 않지만, 시들거나 죽을 때가 되면 아무 불평 없이 조용히 사그라져 간다. 죽음과 투쟁하는 인간과는 다르다. 이런 의미에서 인간은 동식물의 상대가 되지 않는다. 우리 중에 그 누가 개나 고양이가 되길 열망하겠는가? 산을 보면 우리는 먼저 산이 아님을 알고 나서 그 산을 볼 수 있다. 인간은 이런 순환논리를 선호한다. 이런 독특한 인간의 에두름 속에 인간 삶의 비극과 희극이 놓여 있다… 신(神)이 있어 우리의 영역을 넘어 존재한다면, 심지어 신조차도 직접 이런 일을 겪을 것이다. 우회하고 근심하고 걱정하는 능력은 분명 인간이 가진 것이다. 이것을 이해하는 지혜는 영적인 삶의 세계를 명확하게 열어준다.                                    [WSY/조경]

## 타력(他力)을 향한 도약

스즈키 다이세쓰 1942, 234-7

일반적인 의미의 신(信)은 자신의 외부에 있는 대상에 대한 믿음으로, 그 대상에 대한 지적(知的) 관계를 말한다. 정토진종(淨土眞宗)을 포함한 불교에서 말하는 신은 외부의 상대가 없는 지점에서 발생한다. 그래서 만유의 실체라고 보는 참마음인 일심(一心)이다. 굳이 말하자면, 일심이 일심을 믿는 것이다. 나아가 일심에 대한 각성으로 인해 외부의 어떤 대상도 필요하지 않게 된다. 이 영원한 믿음의 순간을 정토진종에서는 일념(一念)이라고 부른다. 신은 일념이고, 일념은 참되고 진실하며 믿음직한 마음이라는 것이 신란(親鸞)*의 설명이다.…또한 가장 짧은 순간에 드러나는 믿음이기도 하지만, 단순히 시간의 경과를 의미하는 것은 아니다. (『교행신증(教行信證)』 Ⅲ.1) 일념의 신심(信心) 은 자기 자신으로부터 외부로 그 대상이 옮겨지는 것도 아니다. 이것이 바로 타력(他力)의 신심이다. 자력(自力)은 자타(自他)의 논리적 관계를 따진다. 그러나 절대적인 타력에 대한 믿음 속에서는, 이런 관계를 갖지 않고 모든 것들이 있는 그대로 존재한다. 타력은 있는 그대로의 상태로 충만하며, 다른 어느 곳으로 움직여 갈 필요 없이 그 장소에 머물러 있다. 따라서 시간이 필요하지 않다…

일심은 스스로 외부로 향하지도, 나가지도 않는다. 그 자리에 있는 그대로 일심을 믿는 마음을 정토진종에서는 '듣는다'고 하고, 선종에서는 '본다'고 한다. 따라서 정토진종에서 '부처의 이름을 듣는' 경험으로 나무아미타불(南無阿彌陀佛)을 규정한다… 글로 쓰인 부처의 이름만으로는 충분하지 않다. 부처의 이름은 인간의 음성으로 읽히고, 우리는 그것을 귀로 들어야만 한다. 이에 비해 선종에 서는 감각을 통한 직접적인 경험을 '본다'는 말로 일괄해서 칭하고, 사물의 본질을 보는 것을 견성(見性)이라고 한다. 정토진종에서 말하는 '듣다'와 선종에서 말하는 '보다'는 동일한 의미다… 이런 마음 상태에는 자력도 타력도 존재하지 않는다. 일심일념(一心一念), 일념일심(一念一心)의 신심의 상태로,

사유(思惟)로 접근할 수 없는 경지다. 이것을 믿음의 초월성이라고 해 두겠다.

일심이 일심을 '본다, 부른다, 듣는다'고 하는 것은 세상의 일반논리로는 성립하지 않는다. 이런 종류의 논리에는 자타가 있으며, 상대와의 간극이 존재한다. 일념(一念)이 아니라 이념(二念)이 있는 것이다. 즉 서로 같은 마음이 아니라, 마음이 다른 상태다. 자신이 쌓은 공덕을 베풀어 중생을 교화하여 함께 극락정토에 왕생하고자 하는 타력회향(他力回向)의 신심은 찰나를 초월하는 성불의 길이다(『교행신증(敎行信證)』 Ⅲ.2)··· 신심(信心)은 '반야지'이며, 성불을 향한 지름길이다··· 또한 신심은 일념이고, 부처의 힘을 빌려서 단번에 극락왕생한다는 '횡초(橫超)'다.

횡초란 참으로 이해하기 어려운 논리다··· 신심은 일념의 상태에서 즉각적으로 모든 차이를 초월하고 극복하여 부처의 지혜에 도달한다. (『교교신쇼』 Ⅲ.2)··· 그 논리는 '즉비 논리'인 '반야지'의 논리다··· 신심의 형태로 항상 왕복성을 가지고 자신에게 돌아오는 출발과 귀환을 수반한다. 정토진종의 용어로는 왕환회향(往還回向)이다. 자신의 공덕을 다른 중생에게 베풀어 극락정토에 왕생하기를 바라는 왕상(往相)은 「보살(菩薩, bodhisattvas)」이 부처가 되기를 원하는 마음인 원작불심(願作佛心)이다. 극락왕생한 사람이 세상에 다시 태어나서 극락에서 얻은 공덕을 중생에게 돌리는 환상(還相)은 중생을 제도하려는 마음인 도중생심(度衆生心)이다. 이 두 가지는 서로 밀접하게 연관된 사항이다··· 「여래(如來, Tathāgata)」는 자기 자신을 부정함으로써 목적을 성취하고자 하는 기본적인 결심과 그에 따르는 힘인 원력(願力)이 된다. 이 원력은 신심이 되어 자신에게 되돌아오고, 여래는 「진여(眞如, tathatā)」에서 나와서 진여로 되돌아옴으로써 여래다움이 완성된다. '여래는 여래가 아니다. 그러므로 곧 여래'는 '즉비 논리'가 여기서 성립한다···

'반야지'의 논리는 이렇게 역동적이다. 다만, 원력이 곧 신심이고, 신심이 그 자체로 원력이라는 의미는 아니다. 원력은 신심이 되어 그 원력성(願力性)을 완성하고, 신심은 원력을 지향함으로써 신심이 된다. 왕환회향은 어떻게 하든 '2'로 상징되는 이중성을 가져야 한다. 왜냐하면 인간 지성의 근본적 제약 때문이다. 그러나 2는 결코 2로만 존재하지 않는다. 2는 1에서 나와서 1로 되돌아가기 때문에 2다. 2에 이런 환원적인 움직임이 있기에 비로소 2로 존재할 수 있다. 여래는 여래이고, 중생은 중생이다. 원력은 원력이고, 신심은 신심이다··· 이런 과정을 통해서 번뇌가 곧 보리이며, 생사와 열반이 항상 함께 한다(煩惱卽菩提, 生死卽涅槃)는 불교의 교리를 이해할 수 있다··· 횡초의 논리에서 보는 것처럼, 만물의 근본적인 논리는 헤아릴 수 없는 지혜의 광명에서 나온 '즉비 논리'다.

[WSY/조경]

# 히사마쓰 신이치

久松眞一, 1889-1980

불교 가문에서 태어나 기후현(岐阜縣)에서 자란 히사마쓰는 이미 어린 나이에 「정토종(淨土宗)」 승려가 되고자 하였다. 그러나 과학적 지식과 비평적 추론을 접하게 되면서 순수했던 믿음이 무너지는 경험을 했으며, 교토대학(京都大學) 니시다 기타로(西田幾多郎, 1870-1945)* 밑에서 철학을 연구하기로 결심하였다. 1915년 히사마쓰는 이성적 사고의 한계에 절망하고서, 니시다의 조언을 받아들여 교토 묘신지(妙心寺)에 있는 임제종 선원의 이케가미 쇼잔(池上湘山)[26] 밑에서 선종을 수행하기 시작했다. 후일 그의 전기에서 서술하는 바와 같이, 여기에서 지낸 그의 첫 번째 강렬한 은둔 생활에서 그는 그의 삶과 사고에 영향을 준 돌파구를 경험하게 된다.

히사마쓰는 교토대학에서 그리고 후에 하나조노대학(花園大學)에서 강의를 하는 한편, 평신도로서 선종 수행을 계속하였다. 기독교, 신비주의 전통 및 가문 전통에 대한 열망을 그렸던 스즈키 다이세쓰(鈴木大拙, 1870-1966)*, 니시타니 게이지(西谷啓治, 1900-1990)*, 우에다 시즈테루(上田閑照, 1926-2019)*, 그리고 니시다 같은 평신도들과 달리, 히사마쓰는 선종의 전통 연구에 매진하였다. 그는 선원을 넘어 동시대 세상, 즉 심오한 종교 연구가, 다도가, 서예가 및 선 운동을 열망하는 세력들에게 선종을 전파하려고 했다. 히사마쓰는 서양식의 체계적 철학자는 아니었다. 그의 글 구조가 보여 주듯 그의 사고는 철학적, 종교적, 문화적 측면에서의 깨달음을 중심으로 하고 있으며, 주로 그의 경험을 기초로 한다. 그의 졸업 논문에서 발췌한 다음 내용은 불교 '무' 개념을 근간으로 한다.
→ 다도 pp.964-966 참조.                                                                    [JMS/엄인경]

## 동양적 무

히사마쓰 신이치 1946, 33, 36-42, 48-50, 54-6, 63-6(65, 67-73, 80-2, 86-7, 95-7)

내가 동양적 「무(無)」라고 부르는 것은, 동양에 독특한 무이며 서양 문화와 대조하여 특히 동양다운 문화의 근본 계기이자 불교의 정수, 또한 선의 본질이라고 여기는 것이고, 나아가 나 자신의 종교 및 철학의 근간을 이루는 스스로의 증득, 즉 자내증(自內證)이다…

### 부정의 의미

'무'라고 해도 여기에 다양한 경우를 생각할 수 있다. 존재의 부정, 빈사(賓辭)적 부정, 추정적 개념, 상상되는 무, 무의식적 무… 그러나 내가 말하는 바의 동양적 무는 이러한 모든 '무'와 다른 것이다.

동양적 무는 첫 번째 존재의 부정으로서의 '무'처럼 단순히 어떠한 개별적 존재가 없다는 것이

---

26) [한] 이케가미 에초(池上慧澄, 1856-1928). 근대 초기의 임제종 승려로 쇼잔은 호.

아니며, 또한 일체의 존재가 없다는 것도 아니다… '삼계무법(三界無法)'이라든가 '무일물(無一物)'이라는 말은 글자 그대로는 '일체의 존재가 없다'는 의미와 다르지 않으므로 그렇게 해석하는 것도 무리가 아니겠지만,…예로부터 '허무의 회(會)'라든가 '단무(斷無), 완무(頑無)의 견(見)'이라 하여 이러한 잘못된 이해로 빠지는 것은 엄격히 경계되었다.

육조 혜능(慧能)은 『단경(壇經)』[27]의 「반야(般若)」 제2에서 다음과 같이 말한다.

> 「마음(心)」의 도량이 광대하니 그것은 마치 한계 없는 허공과 같다. 모서리나 가장자리가 있지도 않고 또한 사각형이나 원도 아니며 크지도 작지도 않다. 그것은 청색, 황색, 적색, 백색도 아니며 높지도 낮지도 않고 길지도 짧지도 않다. 또한 그것은 분노나 즐거움, 옳고 그름, 선과 악도 아니며 처음과 끝도 없다. 선지식(善知識)은 내가 「공허(空虛)」하다고 말을 들어도 공허에 집착하지 않는다.
>
> ……

동양적 무는 두 번째 빈사적 부정으로서의 '무'도 아니다. 누구나 '책상은 의자가 아니다'라고 한들 그 '무'가 동양적 무일 것이라고 생각하지 않겠지만, 사람들은 어쩌면 '이것도 아니고 저것도 아니다'라든가 '어느 것도 아니다'라고 하면 그 '무'는 동양적 무가 아니라고 생각할 지도 모른다. '어느 것도 아니다'라는 빈사는 '이 책상은 어느 것도 아니다', '그 의자는 어느 것도 아니다'라고 하는 것처럼 어떠한 주사에도 붙일 수 있지만, '이 책상', '그 의자'라고 할 경우 그것이 이미 그 자체로 한정된 것이므로 똑같이 '어느 것도 아니다'라고 해도 단순히 '그 이외의 어느 것도 아니며 그것은 그것이다'라고 하는 것에 불과한 것이며, 절대로 일체의 빈사를 끊는 것이 아니다. 이미 한정된다는 것이 빈사를 갖는 것이다.

그런데 '신은 어느 것도 아니다'라고 할 경우는 단순히 '신은 신 이외의 어느 것도 아니며, 신은 신이다'라고 할뿐 아니라 '신은 일체 빈사를 끊는다'는 의미를 갖는다… 이것은 '「진여(眞如)」의 「자성(自性)」이 필경 어느 것도 아니다, 즉 무이다'라는 의미인데, 이 '무'는 기독교에서 '신은 무이다'라고 할 경우의 '무'와 같은 의미의 '무'이다…

동양적 무도 한정을 초월하는 것이며 빈사를 초월하는 것이기 때문에 '동양적 무는 모든 것이 아니다' 즉 '동양적 무는 무이다'라고 할 수 있는데, 동양적 무는 단순한 빈사적 부정으로서의 '무'와 같은 것이 아니다. 만일 같은 것이라면 그것을 특별히 동양적이라고 할 이유도 없는 것이다.

게다가 동양적 무는 세 번째의 이념으로서의 '무'도 아니다… 파르메니데스가 '유'란 공간을 채우는 것이며, '무'란 공허한 공간을 말한다고 할 경우의 '무', 헤겔이 유무의 통일이 '성(成)'이라고 할 경우의 '무'는 이념으로서의 '무'이다. 동양적 무는 이념으로서의 '무'처럼 단순히 없다는 것 자체가 아니다. 동양적 '무'는 선험 형식으로서의 '무'도 아니며 그에 의해 규정되는 '무'도 아니다. 동양적 무는 유무의 무에 속하는 것이 아니고 유무를 초월한 '무'이다…『열반경』 제21권에서,

> 불성은 유도 아니고 무도 아니다

---

27) [한]『육조단경(六祖壇經)』으로 일컬어지며, 중국 남종선(南宗禪)의 근본이 되는 선서(禪書)로 혜능을 등장인물로 함.

라고 하고, 『백론(百論)』[28] 하권에서,

> 유무의 일체가 무인 까닭에 나의 실상 안에 여러 법문들은 유무가 모두 공이라고 설하고, 이러한 까닭에 만약 유도 무이고 또한 무도 무이며, 이러한 까닭에 유무의 일체가 무이다.

라고 하며, … 유무를 초월한 '무'를 설하려는 것과 다르지 않다.

동양적 무는 또한 네 번째 상상된 '무'도 아니다. 우리는 현재 여기에 실제로 있는 책상을 없다고 상상할 수 있다… 이렇게 생각하면 책상도 없으며 의자도 없고 바닥도 없으며 집도 없고 땅도 없으며 하늘도 없고 몸도 없으며 마음도 없고 일체의 존재하는 모든 것이 모조리 없는 것처럼 여겨지기에 이른다. 이렇게 생각하다 보면 일종의 '일체가 모두 「공(空, śūnya, śūnyatā)」'이라는 체험이 성립한다…

동양적 무는 주관적 상상의 경지 같은 것이 아니다. 동양적 무에서 보면 관불(觀佛)적 부처가 진불(眞佛)이 아닌 것처럼 관상(觀想)되는 '일체가 모두 공'인 것은 진정한 공이 아니다. 동양적 무는 소관(所觀)의 경지가 아니고 오히려 능관(能觀)의 마음이다. 그러나 단순한 능관도 아니며 능소 일체의 심경이 서로 상대적인 무적 주체이다… '마음(心)'이라고 하거나 '보기(見)'라고 하는 것도 경계화되고 대상화된 것이라면 진정한 '마음'이나 '보기'도 아니다. 방거사(龐居士)[29]가 말한 것처럼,

> 그저 모든 소유가 공하기를 원할지언정, 온갖 없는 바를 채우려 하지 마라

고 해야 한다.

동양적 무는 다섯 번째 무의식적 무도 아니다…무의식적 '무'의 경우는 의식 작용이 전혀 작용하지 않는 점에서 '무'는 의식의 대상이 되지 않는다. 그러나 동양적 무는 이러한 '무'가 아니다. 동양적 무는 깨끗하고 명백한 것이며 분명히 늘상 알고 있는 것으로 우리에게 가장 명료하게 각성되는 것이다. 명료하게 각성된다고 해도 각성시키는 것과 다른 '무'가 경계로서 대상으로서 각성되는 것이 아니라 능소 일체로서 각성되는 것이다. 즉 동양적 무는 깨달음의 능소가 하나이며 둘이 아닌 것으로서 자기 자신을 각성시키는 것이다…

동양적 무는 '무심'이며 '무념'이고 또한 '대사저(大死底)'이며 '열반'이라고 해도, 자거나 기절하거나 죽거나 하여 무의식인 것이 아니다…'무심', '무념' 만큼 분명하게 각성된 경우는 없으며 '대사저' 만큼 생명이 발랄하게 분출할 때가 없는 것이다. 백장 회해(百丈懷海)[30]가 '일체의 제법을 기억하지 마라'고 하고 황벽(黃檗)[31]이 '능소 모두 잊혀진다'고 했지만 그것은 결코 망연자실하는 것이 아니라 도리어 조금의 불각(不覺)도 멈추지 않는 큰 깨달음이다.

---

28) [한] 인도의 승려 아랴데바(提婆)의 저서로 3세기 무렵 성립되었고, 구마라습(鳩摩羅什)의 한역본만이 현존한다.
29) [한] 방거사(龐居士, ?-808). 방온(龐蘊)이라고 하며 당나라 형주(衡州) 사람으로 선지(禪旨)를 깨우치고 물욕 없이 살았으며 시와 그림에 능했다.
30) [한] 백장 회해(百丈懷海, 749-814). 당나라의 선승으로 육조 혜능, 남악 회양, 마조 도일에 이은 제9대 조사이며 선종의 독자적 규율인 『백장청규(百丈淸規)』를 만들었다.
31) [한] 황벽 희운(黃檗希運, ?-850). 백장 회해에 이은 중국 선종 제10대 조사로 그의 법어를 집대성한 것이 『황벽산 단제선사 전심법요(黃檗山斷際禪師傳心法要)』와 『완릉록(婉陵錄)』이다.

## 긍정의 의미

동양적 무는 예로부터 '무일물'이라는 말로 표현되는 듯한 성격을 갖지만, 또한 '허공(虛空)'이라는 말에 의해 표현되는 듯한 성격도 지닌다. 그것을 '허공성'이라고 해 두고자 한다. 동양적 무는 왜 허공이라는 말에 의해 표현되는 것일까? 그것을 분명히 하기 위해 우선 허공이라는 말이 어떠한 의미를 갖는지 생각해 보자. 영명(永明)[32]은 『석마하연론(釋摩訶衍論)』[33] 제3권을 인용하여 허공에는 열 가지 뜻이 있다고 했다. 첫째는 장애가 없다는 뜻. 이것은 허공이 모든 색법 중에서 장애가 없다는 의미이다. 둘째는 어디에나 있다는 주편(周徧). 이는 허공은 이르지 않는 곳이 없다는 의미이다. 셋째는 평등의 뜻. 이는 허공이 평등하며 간택(簡擇)하지 않는다는 의미이다. 넷째로 광대하다는 뜻. 이는 허공이 광대하여 끝이 없다는 의미이다. 다섯째는 무상(無相)의 뜻. 이는 허공이 무상이라 「색상(色相)」을 초월한다는 의미이다. 여섯째는 청정의 뜻. 이는 허공이 청정하여 속세적 지저분함이 없다는 의미이다. 일곱째는 부동의 뜻. 이는 허공이 부동이라 생기거나 사라지지 않는다는 의미이다. 여덟째는 공간이 있다는 뜻. 이는 유량(有量)을 멸한다는 의미이다. 아홉째는 비어 있는 공간의 뜻. 이는 허공이 공간에 유착된 것에서 벗어난다는 의미이다. 열째는 무득(無得)의 뜻. 이는 허공이 집착할 수 없다는 의미이다.

……

동양적 무는 허공의 이러한 의미와 마찬가지 성격을 가지고 있다.… 물론 허공과 같이 각성이 없는 생명력 없는 것이 아니다. 동양적 무는 '명백히 늘 인식하는' 사람이다. 그러한 까닭에 '마음'이나 '자기'나 '진인(眞人)'이라고 일컬어지는 것이다.

……

동양적 무는 허공과 같이 무생물이 아니고 살아 있는 것이며, 살아 있는 것일 뿐 아니라 마음을 지닌 것이며, 그저 마음을 지닌 것일 뿐 아니라 자각을 가진 것이다.…무엇보다 동양적 무가 심적이라고 해도 통상 우리가 마음이라고 하는 것과 완전히 같은 것이라고는 할 수 없다.…이 마음은 장애가 없고, 널리 퍼져 있으며, 평등하고, 광대하며, 상이 없고, 청정하며, 부동이고, 유공하며, 공공하고, 무득하며 유일하게 안도 아니고 밖도 아닌 허공적 성격을 지닌 마음이다. 통상 우리가 마음이라고 하는 것은 허공적 성격을 갖지 않는 것이므로 이와 분별하기 위해 예로부터 '마음은 허공과 같다'고 일컬어지는 것이다.

……

기독교에서는 신이 무에서 하늘과 땅, 식물, 인간, 그리고 모든 것들을 창조했다고 말한다.…그것은 정확하게 참된 창조라고 불릴 수 있는 무로부터 창조된 것이다. 기독교의 신으로부터 우리는 창조의 완벽한 생각을 찾을 수 있다.…그러나 그와 같은 존재는 실제로 우리에 의해서 확정될 수 있는 것이 아니다. 결과적으로 그와 같은 존재는 우리 또는 그 밖의 누군가에 의해서 실제로 시험되어지는 인간은 단지 가정되고 믿어진 존재에 불과하다는 이상 또는 사고이다.

……

불교에는 '일체유심조(一切唯心造)'라는 말이 있는데 이는 단순한 이상화나 신앙이 아니라 유심의

---

32) [한] 영명(永明, 904-975)은 중국 북송시대의 선승.

33) [한] 통일신라의 승려 월충(月忠)이 인도의 유식학자 마명(馬鳴)의 『대승기신론(大乘起信論)』을 체계적으로 풀이한 10권짜리 주석서.

실증이다. 칸트는 우리가 일상에서 경험하는 현실계는 우리가 통상 생각하는 것처럼 우리 마음에서 완전히 독립적으로 밖에 존재하는 것이 아니라 우리 마음이 만든 것이라고 한다.…그러나 칸트가 '일체를 만드는 마음'이라고 한 것은 이른바 '의식 일반'이며 그가 '사물 자체'라고 칭하는 것에서 느낀 것을 그 의식 일반의 형식 범부에 의해 구성하는 마음과 다르지 않다.…그런데 불교에서는 거울에 비치는 것은 거울 밖에서 오는 것이 아니라 거울 안에서 생기는 것이라 한다.…그러나 비치는 것이 안에서 생기는 거울이라는 것은 사실상 있을 수 없는 것이므로, 이 '마음'은 거울의 비유로 다 설명되지 못한다. 불교에서 종종 물과 물결의 비유를 이용하는 것은 거울에 의해 완전히 다 비유되지 못하는 이 마음이 만들어내는 성격을 보다 적절하게 비유하기 위해서이다. 모든 물결은 물 밖에서 물에 비쳐오는 것이 아니라, 물에서 생겨서 더구나 물을 떠나지 않으며 사라져 물로 환원되며 물로 되돌아가고도 물에 조금의 흔적도 남기지 않는다. 물결 입장에서 말하자면 물에서 생겨 물로 돌아가는 것이지만 물 입장에서 말하자면 물결은 물의 움직임이며 물결에게 물은 물결과 일체이고 둘이 아니면서도, 물결이 일어났다 사라짐으로써 물이 일어났다 사라지거나 증감하는 것이 아니다.…그러한 까닭에 물은 천 개 만 개의 물결로 변화하면서도 여전히 항상 불변이다. 일체유심조의 '마음'은 이러한 물과 같은 것이다.

육조(六祖) 혜능(慧能)이

> 자성은 본래 동요가 없으며 능히 만법을 낳고
> 일체 만법은 자성을 떠나지 않는다

라고 하고, 『유마경(維摩經)』에서

> 집착 없는 진여의 근본에 따라 일체의 법을 세운다

라고 하는 것은 마음의 이러한 모습을 말한 것이다. 동양적 무는 주체로서의 물에 비유될 수 있는 이 마음이다. 동양적 무의 능조성(能造性)은 어디까지나 물이 주체가 된 물결과의 관계에 의해 비유될 수 있는 것과 같다. 생겼다 사라지는 물결을 주체로 삼는 것과 같은 것이 인간의 통상적 자신이며, 이 주체가 물결에서 물로 환원되고 바뀌는 점에서 동양적 무의 성격을 보아야 한다.

[RDM/엄인경]

# 가라키 준조

唐木順三, 1904-1980

가라키 준조는 서구 방식에 의해 직업적으로 훈련된 철학자라기보다는 비평가로서 쇼와시대(昭和時代, 1926-1989)에 활동했다. 그는 교토대학(京都大學)의 니시다 기타로(西田幾多郎, 1870-1945)* 밑에서 수학하였고, 그의 생을 통해 교토학파의 사고에 영향을 많이 받았다. 동시에 도겐(道元, 1200-1253)*의 선종 및 신란(親鸞, 1173-1263)*의 「정토종」의 가르침 또한 그의 사고 발전에 반영되었다. 근대 및 현대 문학 비평에 관한 초기 연구에서 시작하여 몇 년 후에는 중세 문학 및 하이쿠(俳句) 작가 바쇼(芭蕉)[34]와 같은 인물들에 대한 연구로 전환하게 되었다. 그의 경력 전반에 걸쳐 주된 관심은 심미주의 및 종교적 자각이었다. 현대 역사 기술에 대한 주요 작품들에 더하여 그는 또한 미키 기요시(三木淸)*의 작품에 대한 비평적 평가서를 발간하기도 했다. 그가 사망한 해에 발간된 마지막 저서에서는 현대 과학자들의 사회적 책임을 언급하고자 했다.

아래 글이 발췌된 가라키의 1963년도 저서 『무상(無常)』은 중세 일본인 지성으로 정의되는 모든 것들이 덧없다는 것을 명확히 하려는 시도이다. 불교를 근간으로 하는 무사들과 자주 연계되는 존재의 나약함과 불확실성에 대해 자각하고서 가라키는 일본 심미적 평가 이론을 개발하였다.

[MH/엄인경]

## 형이상학적 무상

가라키 준조 1963, 209-16

내가 도겐(道元, 1200-1253)*의 무상에 관하여 특별히 쓰고 싶은 것은 다음과 같다. 『정법안장(正法眼藏)』제93의 「도심(道心)」중 다음 부분을 주의 깊게 읽어보고자 한다.

> 말세에는 진실에 대한 참된 의지를 가진 사람이 거의 없다. 그럼에도 불구하고 잠시 동안 마음을 무상에 전념시켜면서, 세상이 덧없고 사람의 생명이 위태로운 것을 잊어서는 안 된다. 우리는 세상이 덧없는 것을 생각한다고 의식할 필요는 없다. 굳이 「불법」을 중히 여기고 내 몸, 내 목숨을 가벼이 여겨야 한다. 불법을 위해서는 몸도 목숨도 아까워하지 말아야 한다. (도겐 N.D., 241[223])

한 번 읽기만 해서는 흔한 무상의 설법으로 여겨질 만한 이 짧은 문장 속에, 나는 종래의 무상관과 본질적으로 다른 것이 포함되어 있다고 생각한다. 실은 나도 「도심」의 이 부분을 읽었을 때 도중에 "세상이 덧없는 것을 생각하고 의식할 필요는 없다"는 한 구절에 놀랐다. 이 의미를 충분히 이해하지

---

34) [한] 마쓰오 바쇼(松尾芭蕉, 1644-1694). 일본의 단시(短詩) 하이쿠의 성인이라 일컬어지는 문학자.

못하고 도겐이 나중에 끼워 넣은 삽입구가 아닌가 여겼다. 그 정도로 이 구절이 당돌하게 느껴졌다. 『정법안장 주해전서(正法眼藏註解全書)』[35]를 찾아봐도 이 부분에는 그저 『문해(文解)』의 다음과 같은 해설이 있을 뿐이었다. "세상의 덧없는 무상을 관상해도 인식은 하지 말라는 것, 이는 불법을 고쳐야 한다는 뜻이다". 나에게 이 "불법을 고쳐야 한다는 뜻이다"는 불분명할 뿐 아니라 부당하게 느껴졌다.

......

「보리심(bodhicitta)」, 「도(道)」심을 발하는 첫 번째 준비가 '무상을 보'는 것이라고 했다. 진실된 도심자가 되기 위해서는 우선 '무상'을 떠올리고 관해야 한다. 두 번째 단계의 "잠시 동안 마음을 무상에 전념시켜" 운운하는 구절의 '잠시 동안'에 주의해야 한다. 의지하지 못할 것들을 믿고 살아가는 세간 사람들이 출가하여 득도에 이르기 위해서는, 믿고 있는 것들이 실상은 별로 의지가 되지 않음을 우선 확실히 아는 것이 첫 번째 조건이다. "마음을 무상에 전념시키는" 것에서 "세상이 덧없고 사람 목숨이 위태로운 것"이 인지된다. 여기에서 말하는 '마음'은 '자아'의 마음, 주관의 마음이다. '무상'은 객관적 사실이다. '덧없고' '위태로운' 것은 주관적인 자아의 정서적 인식이라고 해도 좋다. 주의했으면 하는 점은 『문해』가 말하는 것처럼 '덧없는 무상'이 아닌 점이다. '덧없는' 것은 자아의 정서적 인지, 무상은 객체적 사실로 구별되어 있다. 그렇기 때문에 "마음을 무상에 전념시키고"라고 한 것이다.

세 번째 단계에서는 자아라는 것이 있어서 내 마음이 '세상의 덧없는 것'을 생각하는 것이 아니라고 한다. 통상적으로는 자기 정서가 덧없음, 덧없는 것을 생각하는 주체라고 여기게 되지만 진실된 존재 방식은 그렇지 않다는 것이다. '마음' '정서'는 우선 버려야 할 것, 떠나야 할 것이며 '자아'는 버려야 하는 것이다. "자아를 떠나는 데에는 무상을 관하는 것이 첫 번째 준비이다"라는 말은 앞에서 이미 인용했다. '준비'이므로 우선 '잠시 동안' 마음을 써서 무상을 관하는 것인데, 무상을 관함으로써 도리어 거꾸로 그 마음, 자아의 마음 그 자체를 떠날 수 있다. 그것이 도심이라는 것이다. 자아의 마음이 아닌 불도의 마음, 자아를 초월한 마음이라고 해도 좋다.

이때 다소 과장하여 말하자면, 내가 이미 왕조적인 '덧없음'을 취급한 부분에서 썼던 '덧없다', '덧없는 것'이 도겐에 의해 비판 부정되고 있다고 할 수 있다. 일이 잘 진척된다, 척척 진행된다는 것은 객체의 한 존재 방식이다. 그 바깥 세계의 '척척 진행되는' 것, '잘 진척되는' 것의 템포와, 지나치게 잘 진행되어 가는 것을 따라 가지 못하는 자신의 심리나 정서적 템포 사이의 어긋남이 '덧없다', '덧없는 것'이라는 감정이다. 이 주체적 감정, 정서를 가지고 거꾸로 바깥 세계가 빨리 변천하는 것, 지나치게 잘 진척되는 템포를 측정하고 계량할 때 지나치게 잘 진척되어 가는 것이 도리어 '덧없는' 것으로 비친다. 이렇게 '덧없는 목숨', '덧없는 세상'이 나오는 것이다. 또한 그 덧없음을 망각하려고 할 때 '덧없는 일', 광언기어(狂言綺語)라는 덧없는 글쓰기 유희가 생긴다.

'척척' '잘 진척되는' 것은 원래 바깥 세계의 사실 또는 바깥에 드러난 일의 양인데, 거기에서 전환되어 '덧없다'는 심리, 정서, 감정이 생긴다. 그 감정에서 바깥 세계를 다시 한 번 본다는 점에서 덧없는 인생, 덧없는 세상이 생긴다.…

왕조 여류 문예의 '덧없다'는 감정이 '무사'의 세계, 남성의 감정으로 옮아가서 '무상감'이 되었으며, 여기에서 무상의 애감, 영탄적 무상관이 생겼다. '덧없다'라는 궁정내의 정체된 사회 속에서 생기는 여성적 감정이 감정으로 남아 있으면서, 전란이나 동란에서 일어나는 영고성쇠, 생자필멸이

---

35) [영] 안도 분에이(安藤文英)와 진보 뇨텐(神保如天)이 1914년 함께 펴낸 책.

라는 눈앞의 사실과 그것을 뒷받침하기 위해 빌려 온 불교의 '무상관'에 의해 중세적인 무상이 문예 속으로 전이되었다.

도겐이 「도심」에서 앞서 한 이야기들은 지금까지 말한 '덧없다'나 '무상감'에 대한 비판 부정이라고 해도 좋다.

세 번째 단계는 세상의 덧없음을 떠올리고 관하는 곳에 자아라는 고정된 것, 즉 실체가 있으며 그 자아가 마음이라는 것을 가지고 있지 않는 것이다. "잠시 동안 마음을 무상에 전념하게 하고"라는 그 '마음'이 새삼 여기에서 부정되는 것이다. 앞 인용문 직전에 "내 마음을 우선시 하지 마라. 부처가 설파하시는 법을 우선시해야 한다"라고 서술되어 있다.

네 번째 단계는 마음을 우선시하지 말고 불법을 우선으로 하며, 그 불법에 따라 내 목숨을 아까워 하지 말라는 것이다.

첫 단계부터 네 번째 단계까지는 바로 도심을 일으키는 순서와 절차가 차례로 기록된 것이라고 파악해야 한다. 그 결론은 불법을 첫째로 삼고 자아의 마음을 떠나라는 것이다.

그런데 여기에서 말하는 '불법'이란 무엇인가? 대담하고 솔직하게 말해 불법이란 '무상' 그 자체, 무상 즉 불법이다. 그렇기 때문에 "잠심 동안 마음을 무상에 전념하고"라고 하게 되는데, 무상 즉 불법이라고 할 때의 무상은 '마음에 접목된 무상'이 아니다. 무상 그 자체, 나와 내 마음도 그 속에 포함하는 무상이다. 인식의 대상으로서의 무상이 아니라, 형이상적인 무상이라고 해도 좋을 것이다.

『정법안장』 1권의 「변도화(辨道話)」 중에 도겐을 향하여 질문한 제자의 열 번째 질문은 다음과 같은 내용이다. 몸과 마음을 둘로 나누고 몸은 생멸하지만 마음은 '상주'한다. 육체가 사멸해도 심성은 죽지 않으며 영원한 세계로 들어간다. 그렇기 때문에 혼이 영원함을 믿는 것이 생사의 번뇌를 벗어나는 첫 번째 조건이라는 설이 있는데, 이것을 진정한 「불법」이라고 해도 좋은가라는 질문이다.

이에 대한 도겐의 답은 다음과 같다. 위와 같은 설은 외도의 견해이며 진정 "돌무더기를 쥐고 금은보화라고 여기는 것보다 더 어리석은" 일로 "미치광이의 혀놀림"에 불과하며 이보다 더한 오해는 없을 것이다. 이 외도의 견해는 몸과 정신을 이원으로 구별하여 육체와 영혼을 구별하고 신체를 가지고 변화의 '상(相)', 정신고 영혼은 영원불멸의 '성(性)'으로 본다. 그리고 영성은 육체가 죽을 때 "껍데기를 벗어던지고 다른 곳에 태어나는 까닭에 여기에서는 사멸하는 것처럼 보이지만 다른 곳에서 생을 얻으므로 오래도록 멸하지 않고 영원하다"고 한다. 이처럼 헛되고 그릇된 설은 없다. 불법에서는 원래 '심신일여(心身一如)' '성상불이(性相不二)'라고 말한다. 신체와 정신을 구별하여 한쪽을 생멸하고 다른 쪽을 영원하다고 나누는 일 따위는 결코 없다. 생멸변화의 현상 세계를 '이해하고 지각'하는 마음이 설령 있다고 치더라도 그 마음도 또한 '생멸하며 결코 영원하지 않'은 것이다. 따라서 생사의 번뇌를 벗어나기 위해 심성이 영원함을 이야기하는 것은 완전히 그릇된 설이며 논할 필요도 없다.

도겐은 이렇게 대답하면서 한 걸음 더 나아가 "생사는 곧 「열반」임을 깨달아야 한다. 아직 생사의 밖에서 열반을 이야기한 경우는 없다"고 말한다. 생사 즉 열반이라는 흔한 말의 의미를 여기에서 새삼 주의해서 볼 필요가 있다.

이미 다른 데에서 '제행무상(諸行無常), 시생멸법(是生滅法), 생멸멸이(生滅滅已), 적멸위락(寂滅爲樂)'이라고 해서 일본인에게는 예로부터 귀에 익은 무상게(無常偈)에 관하여 썼다. 여기에서는 생멸이 완전히 사라진 것이 적멸, 열반이라고 되어 있다. 그리고 '멸이'는 시간의 종국, 생멸의 경과의 끝이라고 통상적으로 여겨지며, 그것은 또한 삶의 끝, 즉 죽음으로 관념되었다. 따라서 '무상'은 예를 들어

'이슬 같은 목숨'이라고 하듯이, 또한 '무상에 금세 이르다' '무상 신속'이라고 하듯이, 곧 생명의 종국, 죽음으로 관념되었다. 그리고 죽음 뒤의 적멸열반경이 있다고 여겨졌다. 「정토(淨土)」, 피안, 극락도 그 연상 속에서 이야기되었다. 그런데 「「생사(生死)」 즉 열반」은 그러한 통상적 관념의 부정이다. 무상한 생사 다음에 영원한 열반이 있는 것이 아니다. 무상이 열반, 생사가 적멸인 것이다. 무상변전(無常變轉)의 시간은 일정한 도달점, 목적지로 향하여 직선적, 연속적으로 나아가는 것이 아니다. 늘 생기고 늘 멸한다는 생멸무상이 시간의 적나라한 형태다. 시간은 본래 무목적이며 비연속이다. 찰나생멸, 찰나생기, 이른 바 무의미한 것의 무한 반복이 시간이라는 것의 민낯과도 같은 모습이다. 목적을 향하여 나아가는 것이 아니라는 점에서 보자면 허무, 죽음, 적정(寂靜)을 향해 나아가는 것이 아닌 셈이다. 도리어 시간은 순간순간이 허무와 연결되어 있다. 시작도 끝도 없는 비연속의 골짜기에는 허무의 끝없는 심연이 들여다보인다. 반복의 사이는 허무다. 그리고 이야말로 진정 니힐리즘이라고 할 수 있다. 시간은 허무를 근저로 하는 무의한 것, 끝없는 반복이다. 인생도, 제행도, 삼라만상도 시간 위에 있을 수밖에 없으므로 결국은 허무하고 무의미하다. 무상은 이렇게 허무와 무의미를 노골적으로 보여 주게 된다. 무상은 영탄의 감정, 정서와는 완전히 무관계한 냉엄한 사실이자 현실이다.

사람은 이 냉엄한 니힐리즘을 견딜 수 없어서 다양한 생각들을 고안해낸다. 시간이 시작도 없고 끝도 없는 무한의 반복이라는 것은 현재라는 시점에서 일체의 의미와 가치를 빼앗는 것이다. 사람은 의미 없이 살아갈 만큼의 용기를 갖지 못한다. 이렇게 해서 다양한 의미 부여가 이루어지고 의미를 부여하기 위해 시간을 장식하게 된다.

그 장식, 유의미화의 첫 번째는 시간에 '시작이 있다'고 하는 것이다. '태초에 말씀이 있었다'의 '태초'를 추구하는 것이다. 다양한 우주 창조설, 창세기, 창조주, 창조신이 설정된다. 머나먼 선조와의 관련 속에서 현재 자기를 안착시키려는 시도이다.

『쓰레즈레구사(徒然草)』의 마지막 단은 상당히 흥미롭다.

> 내가 여덟 살일 적에 아버지에게 물었다. "부처는 어떠한 것입니까?" 아버지가 말하기를 "부처는 사람이 되는 것이란다". 내가 또 묻기를 "사람은 무엇으로써 부처가 되는 가요?" 아버지가 다시 답하기를 "부처의 가르침에 의해 되는 것이란다". 내다 다시 묻기를 "가르쳐 주시는 부처를 누가 가르치십니까?" 아버지가 다시 대답하여 "그것도 또한 앞선 부처의 가르침에 따라 되는 것이란다". 내가 또 묻기를 "그 가르침을 시작하신 첫 번째 부처는 어떠한 부처이십니까?" 그러자 아버지가 "하늘에서 내려오셨을까? 땅에서 솟아나셨을까?"라며 웃으셨다. 그리고 아버지는 사람들에게 "계속 추궁당하여 답할 수가 없었답니다"라고 말하며 재미있어하셨다.[36]

이러한 문장으로 이 단을 끝을 맺었다. "이상하게도 미칠 것만 같구나"로 시작하는 서단, "여러 사람에게 말하며 재미있어"하는 결말로 끝나는 『쓰레즈레구사』의 저자는 어지간히 별난 사람이라고 해야 할 것이다. 이 마지막 단은 단순히 자기 여덟 살 때의 조숙함을 자랑하려던 것이 아닐 것이다. '시작'을 추구하며 그로써 현재에 의미를 부여하고 또 그렇게 함으로써 안심하는 세간의 어리석음을

---

36) [영] 요시다 겐코(吉田兼好, 1283-1350)가 쓴 243단의 짧은 단들로 구성된 『쓰레즈레구사』는 중세를 거쳐 널리 애독된 수필이다. 한국어 번역 인용은 김충영·엄인경 역, 『쓰레즈레구사』, 도서출판 문, 2010. p.250.

허무적으로 비웃는 것일지도 모른다.

　시간을 의미있게 만드는 두 번째 시도는 '끝이 있다'고 하는 설이다. 시간은 일정한 목적을 향해 나아간다는 사고는 한편으로는 목적론자, 그리고 '목적의 왕국'을 설정하게 만든다. 궁극의 목적을 향하여 진보 발전한다는 것은 현재라는 역사적 시점을 낙천적으로 생각하게 만든다. 역사는 이윽고 이상적인 모습으로 완결되고 일체가 조화롭게 이루어지는 것은 장대한 드라마라고 해도 될 정도이다. 그러나 또한 이 시간의 방향을 종말론적으로 파악하는 다른 사고방식도 있다. 이상은 과거나 태초에 있었고 역사는 거기에서 출발하면서 타락하고 하강하는 방향으로 걸어간다. '실락원'이 구상되고 정법(正法), 상법(像法), 「말법(末法)」이라는 시대 구분이 구상되며, '최후의 심판'이 구상된다. 여기에 도 또한 장대한 드라마가 있다. 종말을 거친 승천, 정토의 가능성이 암암리에 약속되는 구조이다.

　시간을 의미있게 만드는 세 번째 시도는 소위 '유위(有爲)의 공업(功業)'이다. 이른 바 문화주의, 역사주의이다. 사찰을 짓고 탑을 쌓는 공업, 문명 문화의 공업, 역사 진보의 공업, 인격 형성의 공업에 의해 현재를 인공적으로 장식한다. 사람은 문명과 진보를 믿음으로써 자기 시간과 삶을 긍정한다.

　도겐은 거듭 위와 같은 시간의 장식화, 의미부여를 부정하고 있는 그대로의 시간과 적나라한 시간을 면면히 상대한다. 시작도 없고 끝도 없는 시간에 무위와 무작으로 맞선다. 찰나생멸, 찰나생기 라는 시간적 리얼리티에 눈도 깜빡하지 않고 대면한다. 이것은 통과해야 하는 관문이다. 이것을 통과하지 못하면 선(禪)이란 없다.　　　　　　　　　　　　　　　　　　　　　　[JSO/엄인경]

# 정토불교

호넨
신란
기요자와 만시
소가 료진
야스다 리진

# 개관

일본 불교의 다른 거의 모든 형태에서와 마찬가지로 정토(淨土) 전통은 6세기와 7세기에 중국에서 토착적인 중국적 사유에 따라 해석된 인도 경전들에 기초하여 형성되었다. 오늘날 '정토'라는 이름은 불교 사상의 한 갈래 또는 일련의 불교 기관들을 지칭하는 데 사용된다. 일본 불교 사상에는 5개에서 6개의 주요 전통이 있는데, 선(禪)과 정토가 본서에서 독자적인 부분을 할당받은 것은 13세기 이래 일본 철학사에서 선과 정토가 두각을 나타내기 때문이다. 21세기 초 일본에서 하나의 종교로서 — 그리고 모두 통틀어서 — 정토불교가 일본 인구의 16% 정도를 차지하고 있다는 사실에도 주목해야 한다. 그럼에도 불구하고 신앙을 강조하는 이러한 형태의 불교는 서양 학자들의 주목을 받지는 못해 왔다. 그들은 적어도 최근 이전까지는 신앙이 덜 두드러지는 불교 전통에 더 관심을 가져왔다. 그러나 정토 불교의 사상과 가치관은 불교가 도래한 바로 그 순간부터 일본 사상에 깊은 영향을 주어 왔다. 이러한 영향은 서양 철학이 1890년대 이후 서양 철학이 일본 지성계의 담론에 심대한 영향을 주기 시작한 뒤에도 여전하다.

근대 이전의 정토 불교 저술들에서 전통적인 불교적 가치들에 대한 주장과 철학적 주장을 분리하는 것은 종종 상당히 어렵다. 하지만 정토 불교 사상가들은 불교에 대하여 자신들이 가장 권위 있는 이해를 구현하고 있다는 점을 분명히 드러내기 위한 노력에서 종종 압박감 속에서 자신들의 견해를 설명하는 데 상당한 시간을 들였다. 이러한 저술들은 전형적으로 표현이 풍부하며, 본 개관의 기초가 된다. 그러나 이 전통의 형성 신화와 역사적인 발전은 서양에서는 잘 알려져 있지 않고, 그래서 그 핵심적인 상징들과 비유가 어떻게 작용하는지를 이해하기 위해서는 바로 여기에서 시작해야 한다. 선불교와 마찬가지로 정토 불교는 가마쿠라시대(鎌倉時代, 1185-1333) 이전까지는 다른 종파 안에 뿌리박고 있었다. 하지만 개인들이 중국에서 공인된 선사로부터 직접적인 전수를 받으러 여행을 떠나기 시작한 뒤에야 독립적인 제도로서 시작한 선종(禪宗)과 대조적으로 일본의 정토종(淨土宗)은 자체의 관점을 정당화하기 위하여 그러한 종류의 외부적인 권위에 기대지 않았다. 초창기에 다수의 학술적인 논서들이 저술되기도 했지만, 일본 정토 사상의 역사에서 획기적인 인물은 호넨(法然, 1133-1212)이라는 승려이다. 본서에 포함된 발췌문들도 모두 호넨 및 그가 창도한 사상 노선에서 시작한다. 정치적 소요의 시기에 살았던 호넨은 일부에 의해서는 매우 과격하다고 여겨지는 종교적 패러다임을 제안하였고, 그리하여 그 자신도 수도로부터 유배당하는 처지에 이르렀고, 그의 추종자들도 여러 세기 동안 박해를 받게 되었다. 그러나 호넨의 가장 잘 알려진 제자 신란(親鸞, 1173-1263)에게서 파생된 교단들 중의 하나는 15세기 무렵 매우 강력해질 정도로 성장하여 그 자체의 봉토를 갖는, 경쟁력 있는 봉건 세력으로서 무시할 수 없는 존재가 되었다. 이 시점 이후로 정토불교는 일본 불교계에서 더 이상 소수파의 전통이 아니게 되었다.

가장 큰 논란을 일으킨 신란의 사상은 일본인들의 심리와 깊은 공명을 이루었다. 그러하기에 우리가 일본에서 정토불교의 영향을 이해하기 위해서는 그에게서 시작할 필요가 있다. 이러한 이해에 있어서, 한 걸음 물러서서 불교가 일본에 도래하기 이전에 하나의 사상 체계로서 어떻게 작동하였는지를 생각해보는 것이 도움이 될 수 있다. 불교의 초기 가르침은 한 편으로 감각적 쾌락의 극단과 다른 한 편으로 고행주의의 극단이라는 양 극단을 배격하는 온건한 '중도(中道)'를 따르라는 금언을 일반적으로 반복해 왔는데, 이러한 불교 교리는 불교 전통이 당시 인도를 휩쓸고 있던 상당히 극단적인 형태의 요가적인 자기 수련과 거리를 두는 한편 그 자체의 수도 전통을 정당화하는 데 활용되었다. 그러나 동아시아에서는 불교가 들어오기 이전에 이러한 극단적인 고행과 멀리서라도 닮은 것조차 없었던 상황에서 불교의 수도 전통은 극단적으로 엄격한 것으로 비쳐지게 되었다. 그럼에도 불구하고 불교적인 사유가 하나의 전체로서 통합적으로 간주되면서, 독신, 청빈, 채식, 그리고 엄격한 계율을 준수하는 삶의 가치는 쉽게 수용되었다. 이는 불교철학의 핵심적인 전제로서 더 위대한 수행 형태가 더 위대한 영적 성취를 낳을 것이라는 전제가 이미 자리를 잡고 있었기 때문이기도 하였다. 그러나 7세기 중국 불교에서는 바로 이러한 전제 자체가 의문시되었고, 이러한 의문이 호넨 및 그의 철학적 발자취를 따른 모든 이들에 있어서 정토 사상의 기초를 이룬다.

  '정토(淨土)'라는 용어는 한 붓다 곧 사실상 어떤 성스러운 존재의 토포스(topos) 곧 기반이 그 붓다의 현존에 의하여 성화 내지 '정화'된다는 인도 불교의 관념이 중국적으로 변용된 것이다. 이 용어의 산스크리트어는 'buddha-kṣetra'인데, 이는 붓다가 소유한 '들판' 내지 '공간'이라는 의미이다. 사실상 모든 불교 수행자들은 최고 수준의 명상에 도달하면 자기 자신의 「마음(心, こころ)」 안에 '성스러운 공간'을 만들어낼 수 있다. 그들이 이러한 마음의 경지에 머물 때, 그들은 '정토에 머무는 것'과 같다. 불교는 이와 유사한 차원에서 마음 안에 존재하면서 접근하기는 극히 어려운 '선천(禪天, '선정을 통하여 도달하는 하늘')'에 관하여서도 이야기한다. 따라서 여러 해 동안 고도로 정교한 마음 수행이 요구되며, 승원(僧院)은 이러한 수행을 위하여 가장 바람직한 환경이 된다. 하지만 모든 붓다가 정토를 가지고 있고, 붓다들은 모든 중생을 해방시키는 데 전력으로 노력하기에, 그들의 특별한 정토에 환생함으로써 그 붓다들에게 다가간다는 아이디어가 이러한 개념에서 또 하나의 중요한 측면이 된다. 또한 우리는 특정한 붓다들의 신화적인 생애를 이야기하는 다수의 「대승(大乘, Mahāyāna)」 경전들을 갖고 있다. 이 경전들은 그들이 붓다가 되기 이전 수행의 단계에서 서약한 맹세나 서원을 포함하고 있는데, 여기에는 그들이 성불하기 위하여 무엇을 성취하기를 바랐는지가 기술되어 있다. 이러한 서사는 언제나 성공으로 끝나기에, 그 서사는 실질적으로 그들의 서원이 지금 이루어져 있음을 경전적인 차원에서 확언하고 있는 것이다. 이러한 서사들 중 나중에 아미타불이 되는 「법장(法藏)」 보살이 맹세한 서원이 일본에서 이른바 정토종의 기초가 된다. 아미타불과 그의 정토가 특별한 것은 여러 경전에 요컨대 아미타불이 모든 사람들, 심지어 극악한 죄를 범한 자들마저도 자신이 직접 건립한 정토에 데려가겠다고 말하는 여러 명시적 서술들이 있기 때문이다. 그들은 그의 서원을 믿기만 하고, 그의 정토에 환생하겠다는 이러한 목표를 향하여 헌신하면서 자신들이 쌓은 공업을 회향하고, 이러한 목적으로 간단한 의례로서 아미타불의 명호를 암송하는 이른바 '염불(念佛)'을 실천하기만 하면 된다.

  호넨은 패러다임을 전환하여서, 어려운 수행이 더 큰 성취로 이어진다는 불교의 전통적인 전제를 포기하고, 그 전제를 쉬운 수행이 더 큰 성취로 이어진다는 주장으로 대체하였다. 다시 말해서, 아미타불의 정토에 대한 시각화 등 그의 속성들에 관하여 고요하게 명상하는 것이든 '나무아미타불(南無阿彌陀佛, '아미타불에 귀의합니다.')'이라는 짧은 구절을 암송하는 것이든 염불(念佛) 수행이 그 이전에 적어도 삼백 년 동안 일본에서 실천되어 왔지만, 이러한 수행은 주로 황홀한 상태를 유도하여 환시(幻視)를 보도록 하거나, 그 구절의 암송을 수천 번 반복하여서 충분한 공업을 쌓아 사후에 아미타불의 정토에 환생하는 것을 보장받기 위하여 행해진 것이었다. 그러나 호넨의 비전에서는 붓다가 아이의 선행에 보상을 약속하는 부모와 같은 역할을 하는 신적인 존재에서 믿는 이의 내면적인 수행 생활에 적극적으로 관여하는 헌신적인 멘토로 변모된다. 이제 수행자는 아미타불의 정토에 다가가기 위하여 어떤 특별하게 어려운 명상 수행이 필요하지 않게 된다. 왜냐하면 사람들이 적게는 10번이나 아니면 아예 한 번만이라도 진심이 느껴지는 염불을 암송하면 아미타불이 그 사람들을 정토에 데려가기 때문이다.

호넨의 주장은 다음과 같았다. 「열반(涅槃, nirvāṇa)」이라는 목표의 도달 곧 성불이 가장 어려운 명상을 이룰 수 있는 이들에게만 성취될 수 있는 것이라면, —「석가모니」붓다의 입멸 후 천 년이 지났고 인도에서 오는 것이 불가능할 정도로 멀리 있는 — 일본에 살고 있는 누구에게든 그 성공의 기회는 극히 희박하였다. 더욱이 주위를 돌아볼 때 우리는 얼마나 많은 붓다를 보게 되는가? 모든 중생을 구제하는 데 헌신하는 붓다라면 왜 그렇게 소수의 수행자에게만 보답을 주는 종교 시스템을 만들겠는가? 이전의 패러다임은 누구나 붓다의 현존 없이 궁극적인 해탈을 추구하는 것이 실제로는 결코 가망이 없다고 자각하도록 유도하기 위한 「방편(upāya)」에 지나지 않는다고 이해하는 것이 더 설득력이 있지 않을까? 그것은 사람들이 그 자체가 아니라 아미타불의 정토로 가는 경로를 선택하는 것이 합리적이라고 알아차릴 수 있도록 제시된 것이 아닐까? 또한 호넨은 그 당시 종교적 사유를 지배하게 된 또 하나의 아이디어에 대항하여 싸우고 있었다. 그 아이디어는 윤회가 불가피하지만 임종 순간에 각 개인의 마음 상태가 그 개인의 평생 동안의 다른 어떤 심리적인 사건보다 현저하게 큰 업력을 발휘한다는 믿음이었다. 많은 사람들에게 염불 수행은 이처럼 그 최종적인 순간을 위하여 스스로 준비하는 것이라는 유일한 목적에서만 중요한 것이었다.

호넨은 전략적으로 옛 패러다임에 기초한 철학적인 주장을 전면적으로 부정하는 것은 피했다. 옛 패러다임은 그 자신이 속한 천태종의 경전들과 전승에 두루 스며들어 있었다. 그는 평생 천태종의 승려로 남아 있었다. 그리고 그는 승가 계율에 관하여 엄격한 수행자로 유명하였다. 그러나 그는 출가자와 재가자, 남자와 여자, 귀족과 서민을 차별하지 않았다. 심지어 천민도 그의 대중적인 모임에서 환영받았다. 그는 설법과 저술을 통하여 진실하게 믿음을 가지고 염불 암송을 실천하면 누구든 동등하게 정토에 이르게 된다고 밝혔다. 그는 겐신(源信, 942-1017)이나 지쓰반(實範, ?-1144)과 같은 일본 정토종의 주요 선배 사상가들을 건너뛰어, 중국 승려 선도(善導, 613-681)의 확실히 표준적이지 않은 해석학을 매우 설득력 있게 정당화하였다. 그리하여 그 이후로 정토 사상에 의하여 영향을 받은 모든 철학적 논쟁은 중국 본토에서보다도 훨씬 더 선도의 패러다임 내에 머무른다. 선도는 복합적인 사상가이지만, 지나친 단순화를 무릅쓴다면, 우리는 그가 「아미타불」의 정토에서 구현되는 성스러움에 대한 보편적인 접근을 주장하였다고 말할 수 있다. 그는 집중하고 있지 않고 명상적이지도 않은 마음 상태에서 수행되는 염불 암송이라고 하더라도 효력이 있다고까지 주장하였다. 호넨 자신은 이러한 주장에 주목하지 않았지만, 신란은 『열반경(涅槃經)』에 묘사된 아자타샤트루(Ajataśatru) 왕자의 부친 살해 이야기에 관한 선도의 논의에 특히 매료되었다. 이 이야기에서 이제 왕이 된 아자타샤트루는 그의 참회와 그 안에 내재되어 있는 「불성(佛性)」이 인정되어서 석가모니 붓다에게 용서받는다. 여기에서 불성은 어떠한 악한 행위에 의해서도 파괴될 수 없다고 이야기된다. 선도에 따르면, 이러한 불성은 여러 붓다의 '위대한 지혜와 자비'의 초석이고, 아미타불은 방편적으로 누구나 할 수 있는 염불 수행을 통하여 모든 인류가 이러한 불성에 접근하도록 하였다.

호넨의 첫 번째 대담한 움직임은 선도의 스승 도작(道綽, 562-645)의 교리적이고 역사적인 주장을 확언하는 것이었다. 곧, 도작은 정토문(淨土門)이 불자들의 전통적인 길(자력적인 길인 '성도문(聖道

門')과 동등한 정통성을 지닌다고 주장하였다. 호넨은 이러한 해석학적 선례에 기초하여 정토문과 성도문의 두 구도로 각 개인에게 불교가 무엇을 의미하는지가 결정되며, 이 두 구도는 그 자체로 이론적으로는 동등하지만, 실천적으로는 정토문이 유일하게 선택될 수 있는 참된 대안이라고 주장하였다. 이러한 입장은 불교의 전통적인 종파들에게 정치적인 도전으로 간주되었다. 그 입장이 이 종파들의 정당성을 의문시하였을 뿐만 아니라 수행이 더 어려울수록 종교적인 보상도 더 크다는 그들의 전제에 철학적인 도전을 제기하였기 때문이다. 염불 암송의 주도적인 중요성에 대한 호넨의 주장은 염불 암송이 참으로 쉽다는 사실에 기초하였다. 곧, 우리는 염불 암송이 누구나 성스러움에 다가가도록 한다는 그의 주장에서 종교적인 민주화가 작동하고 있음을 추론해 낼 수 있다. 또한 이러한 움직임은 다양한 형태의 수행에 대하여 서열화할 필요를 느끼지 못했던 당시의 기존 상황에 확실히 또 하나의 충격을 주었다. 요컨대 호넨은 아미타불이 당시 일본에서 99%의 일본 사람들이 지닌 실제의 영적 잠재력에 알맞은 최적의 불교 형태로서 염불을 통해 그의 정토에 왕생할 것을 권하였다고 주장하였다.

　믿는 자들은 언제나 붓다의 가르침에 따를 것이 기대되었다. 하지만 일본에서 호넨 이후 정토 사상의 풍경에서는 강조점의 전환을 발견한다. 곧, 중심적인 관심이 붓다에 의하여 선택되었다는 것에 대한 자신의 응답이 되었다. 호넨에게 가장 가까웠던 핵심 그룹으로서 여섯에서 일곱 제자 무리 중 가장 저명했던 신란은 이 점을 가장 잘 규명했다. 신란은 호넨 이후 13세기의 담론을 성찰하면서, 인식 주체의 한계 내에서 실천할 수 있는, 「자력(自力)」에 기초한 염불 수행은 「타력(他力)」 곧 붓다의 무한한 자비와 지혜에 기초한 염불 수행과 어떻게든 다르지 않을까 하는 의문을 품었다. 그 답은 분명하다. 하지만 그 답은 다시 바로 각자 자신의 염불 수행을 어떻게 '타력 염불'로 만들 수 있을 것인지에 관한 의문을 낳았다. 그리고 이러한 물음에서 신란은 비전통적인 길을 따라갔으면서도 역설적으로 불교에서 매우 전통적인 해결책으로 나아가게 되었다. 곧, 진리와 자유의 문은 자아를 비우는 데 있었다.

　신란은 자력적인 '성도문(聖道門)'을 추구하는 승려로서 아홉 해를 고투한 끝에 호넨의 가르침에 경탄하게 되었다. 신란 스스로 승원 생활에서 실패했다고 느꼈던 것이 호넨이 주장하는 시각에서 볼 때에는, 그가 실제로 올바른 길에 있었다는 증거를 제공해 주었다. 신란은 승원 생활과 완전히 결별하고 아내를 얻겠다는 그의 욕구를 표현하였을 때, 호넨에게서 그러한 결심이 그의 영적인 미래에 아무런 악영향도 주지 않는다는 격려를 받고 안도하였다. 아이러니하게도 이러한 종교적 패러다임이 지니는 놀라울 정도의 수용적인 특성으로 인하여, 신란은 업에 속박된 자신의 상황에서 자신이 실제로 어떠한 가능성이 있는가에 관한 진실을 밝히는 과정에 들어섰다. 이것은 그가 자신에게 심각하게 요구되는 것이라고 느끼던 것이었다. 이러한 방식으로 신란은 우리 모두 안에서 타력 염불을 해방시키는 것은 우리의 한계, 곧 이 세상 누구에게나 '악한' 차원이 있다는 사실에 대한 깊은 성찰에 서라고 주장하게 되었다. 여기에서 불교 전통에 따르면, '악'은 고통 및 고통에 대한 알아차림을 대변한다. 신란은 아미타불의 구원 그 자체가 보편적이라고 주장하지만, 그에게 있어서 아미타불의 구원 활동은 업에 의하여 가장 심각한 고난 속에 있는 이들에게 특히 지향되어 있다. 그리하여 신란은 한편으로 정토 불교가 자신의 세계 및 자신을 가장 이해 못 하는 이들을 위한 시스템이라고 이야기하고, 다른 한편으로 인간의 이해 그 자체의 한계가 지니는 함의를 숙고할 것을 우리에게 요청한다. 그리하여 신란에게는 스스로 이해할 수 없는 것에 대한 자신의 포기에 수반되는 "실재를 있는 그대로 보는 데에서 비롯하는 자유"(자연법이[自然法爾])라는 역설적인 해방이 있다.

신란에게는 현대에 그를 추종하는 상당수의 철학적인 지성들이 서양 사상과의 조우로부터 그의 사상에 가교를 놓으려고 시도하였다. 아래의 지면들은 그들 중 보다 영향력 있는 일부 사상가들의 저술들에 발췌한 텍스트들을 포함하고 있다. 여기에서 주목되는 정토 사상가들은 기요자와 만시(清澤滿之), 소가 료진(曾我量深), 그리고 야스다 리진(安田理深)이 포함되는데, 이들은 모두 신란을 창립자로 하는 정토진종(淨土眞宗)의 오타니파(大谷派)에 속한다. 기요자와는 1880년대에 도쿄대학 대학원 서양 철학 과정에서 유망한 학생이었는데, 당시 그의 교파 본사 혼간지(本願寺)의 오타니 파에서 억지로 징발되어 그 교육 체계를 근대화하는 일을 떠맡았고, 그 교파의 삼백 년 묵은 종학 교육기관을 개조하여 새롭게 대학을 구성하였고 그 초대 학장이 되었다. 객관적인 탐구의 가치에 관한 그의 평론들은 한 세대의 교육 개혁가들에게 영향을 주었다. 기요자와는 신실한 정토 불자이자 헤겔에 관한 진지한 연구자로서 불교의 진리를 나타내는 데 '무한'이나 '구원' 같은 서양적인 용어들을 선호하였으며, '절대 타력'이라는 영향력 있는 표현은 그의 평론 중 하나의 제목에서 파생된 것이었다. 기요자와는 동료 학자들에게 그들이 무엇을 알고 있는지 그리고 어떻게 그것을 알았는지가 무엇을 함의하는지 숙고하도록 도전하였으며, 진리가 너무 초월적이어서 확인될 수 없다면 그 진리는 가치가 거의 없다고 주장한 것으로 유명하다. 기요자와에게 경험은 그 경험이 이해되기 어렵다고 하더라도 반드시 지식의 중심에 있어야만 하였다. 그는 "우리는 신과 붓다가 존재하기 때문에 믿는 것이 아니다. 그들은 우리가 그들을 믿기 때문에 존재한다."라고 말한 것으로도 기억되고 있다.

이처럼 기요자와는 실존주의와 초기 불교 모두에 공명하는 탈신화화와 반형이상학적인 노력에 나섰다. 우리는 본서에 그의 자극적인 평론을 포함시켰다. 이 평론에서 그는 바로 성취될 수 없기에 도덕을 추구해야 한다고 촉구한다. 여기에서 기요자와는 신란의 실존적인 정직성을 도덕에 적용하고 있으며, 도덕의 실패는 바로 '타력'적 진리가 가시화될 수 있을 때 드러난다는 키르케고르적인 결론으로 나아간다. 그의 제자 소가(曾我)는 경전들에서 아미타불의 이야기를 전하는 것이 석가모니라는 사실에도 불구하고, 석가모니 붓다는 아미타불의 발명품이라고 전제함으로써 정토 불교의 불가피성에 관한 호넨의 논증을 확장시킨다. 이러한 노력은 탈신화화라기보다는 재신화화에 가까운 것으로 보이지만, 소가는 다른 곳에서는 아미타불이 성불하기 이전에 드러내는 인간성을 우리가 공유하고 있으며, 그의 신성이 아니라 이러한 인간성이 우리에게 가장 의미 있는 것이라고 주장한다. 야스다에서 우리는 제2차 세계대전 이후의 담론으로 옮겨가고, 이러한 담론에서는 하이데거와 틸리히의 아이디어들이 정토 사상 전통의 맥락에 소환되어 서로 관계를 맺게 된다. 니시다로 시작하는 교토학파 사상가들에서 보듯이, 정토 사상은 오늘날 일본에서 지속적으로 철학적인 탐구의 원천이 되고 있다.


**더 읽을거리**

Amstutz, Galen. *Interpreting Amida: History and Orientalism in the Study of Pure Land Buddhism* (Albany: State University of New York Press, 1997).

Bloom, Alfred, ed. *The Essential Shinran: A Buddhist Path of True Entrusting* (Bloomington: World Wisdom, 2007).

Blum, Mark, and Shinya Yasutomi, eds. *Rennyo and the Roots of Modern Japanese Buddhism* (Oxford: Oxford University Press, 2006).

Dobbins, James. *Jōdo Shinshū: Shin Buddhism in Medieval Japan* (Honolulu: University of Hawai'i Press, 2002).

Hirota, Dennis, ed. *Toward a Contemporary Understanding of Pure Land Buddhism: Creating a Shin Buddhist Theology in a Religiously Plural World* (Albany: State University of New York Press, 2000).

Machida Sōhō. *Renegade Monk: Hōnen and Japanese Pure Land Buddhism* (Berkeley: University of California Press, 1999).

Suzuki, Daisetz. *Buddha of Infinite Light: The Teachings of Shin Buddhism, the Japanese Way of Wisdom and Compassion* (Boston: Shambhala Publications, 1997).

[MLB/류제동]

# 호넨

法然, 1133-1212

'가마쿠라(鎌倉) 신불교'라는 불교운동의 창시자로 알려져 있으며, 또한 「정토종(淨土宗)」의 시조로 추앙받는 호넨은 자신의 생각이 천태종(天台宗)의 지적 전통과 일치한다는 사실을 깨닫고 성년이 된 이후 평생을 천태종의 전통 승려로 살았던 사람이다. 호넨은 대중적이라 할 수 있는 공교적(公敎 的)인 방식과 은밀하게 진행되는 비교적(秘敎的)인 방식이 혼합된 천태종 신앙과 수행에 정통한 성인이었다. 천태종의 그런 혼합 방식이 당시로서는 지배적인 사고방식이었기 때문에 그 틀을 벗어 나 다른 식으로 개념화시키는 일은 가능하지 않다고 주장하는 사람들도 있으나, 호넨이 당대의 사람 들에게 완전히 새로운 사상을 제시했다는 사실은 많은 자료를 통해 충분히 드러나고 있다. 적어도 우리는 호넨의 사상이 왕실이나 주요 사원의 지배계층들의 격분을 불러일으켰다는 사실을 지적할 수 있다. 그런 연유로 호넨이 여러 차례 왕실의 초청으로 강연도 하고 관백(關伯)을 포함한 정부 고위관리들에게 법문을 설파하는 의식을 치루기도 했지만, 그럼에도 그의 생이 끝날 무렵에는 그와 그의 제자들이 유배와 박해를 당할 수밖에 없었다.

호넨은 '보리(菩提)'의 경지, 즉 참다운 지혜와 깨달음의 경지에 오르려는 종교적 목표가 더 이상 실현가능한 목표가 아니라는 대담한 주장을 내세웠다. 불교의 전통적인 낙관주의와 비교해 볼 때 그의 이런 주장이 인간 조건에 대한 냉혹한 평가이긴 하지만, 그 주장에 담긴 실존적 정직성으로 인해 사람들은 호넨의 주장을 인정하고 받아들일 수밖에 없었다. 실현가능한 방식으로 호넨이 내세운 해결책은 전수염불(專修念佛), 즉 부처의 명호가 반복해서 등장하는 「나무아미타불(南無阿彌陀佛)」 독송에 흔들리지 않는 마음으로 헌신하는 데 있었다. 그가 내세운 여러 주장들은 사실 자신이 선택한 수행의 형식만이 유일무이한 권위를 지니는 형식임을 확인하고 단언하는 주장들이고, 그런 주장에는 늘 배타성이 내포되어 있기 마련이다. 하지만 호넨은 신성(神聖)에 다가가는 한 가지 접근통로에 한 마음으로 집중하는 방식을 위해서는 당대에 지배적이던 불교사상, 즉 공교적인 방식과 비교적인 방식이 혼합된 불교사상도 파기할 수 있다고 다른 사람들을 설득하여 인정을 받았고, 그것을 바탕으로 인간과 사회와 진리를 이해하는 새로운 패러다임을 창조해 낼 수 있었다. 가마쿠라시대 말의 사상가들은 비록 서로 다른 목적과 주장을 내세웠지만, 그래도 인간의 잠재적 능력에 관한 문제에 맞서면서 궁극적으로는 세계 개혁의 의미를 담고 있는 자기 개혁을 어떻게 이룰 수 있는지, 그 방법을 제시하려고 노력하였던 호넨의 선례를 따랐던 사상가들이다. 여기에 실린 세 편의 글은 1199 년과 1212년 사이에 작성된 작품들에서 발췌한 것이다. [MLB/박연정]

## 염불 철학

호넨 1212A, 590-2

### 알기 쉬운 수행이 지닌 최상의 가치

불교에 대한 새로운 사고방식을 제시한 호넨의 주장은 보편이 최상이라는 원칙과 더불어 발전한 수행에 관한 해석학에 기반을 두고 있다. 이런 사실에서 호넨의 주장은 어려운 것보다는 쉬운 것을 분명히 더 선호한다는 점에서 수행에 대한 기존의 접근방식과는 본질적으로 사뭇 다른 접근방식을 보여 주었다. 호넨은 중국에서 비교적 주목받지 못했던 경전 해석의 전례를 활용하여 개인적인 해탈에 대한 전통적인 접근방식이 이제는 더 이상 가능하지 않다는 점과 「염불 수행」, 특히 염불 독송이 지니는 힘과 권위가 전통적인 기존의 접근방식에 대한 최선의 대안이라는 점을 내세울 필요가 있었다.

　「생사(生死)」를 벗어나는 길에 「정토(淨土)」에 태어남을 넘어서는 것이 없다. 정토에 태어나는 행위는 염불을 넘어서는 것이 없다. 무릇 덧없는 세상을 떠나 불도(佛道)에 들어서는 문이 여럿 있으나 크게 두 개의 문으로 나눌 수 있으니, 즉 성도문(聖道門)과 정토문(淨土門)이다.

　먼저 성도문이라 함은 이 사바(娑婆)세계에 존재하면서 미혹을 끊고 깨달음을 열어가는 길이다. 여기에는 「대승(大乘)」의 성도와 「소승(小乘)」의 성도가 있다. 대승에는 또한 두 가지가 있으니, 즉 불승(佛乘)과 보살승(菩薩乘)이다. 소승에도 또한 두 가지가 있으니 성문승(聲聞乘)과 연각승(緣覺乘)이다. 이를 합쳐 사승(四乘)이라 부른다. 다만 요즘의 우리는 이 모든 것을 견뎌낼 수 없는 까닭에 도작선사(道綽禪師)[1]는 성도의 일종(一種)은 금시(今時)에 증득(證得)하기 어렵다고 말씀하셨다. 그러므로 각자의 행위를 들어 설명할 수 없음이다. 그저 성도문은 그 견문이 멀고 깨닫기 어려우며 현혹되기 쉽기에 우리 처지로는 생각도 미치지 못하는 길이라는 사실을 유념해야 한다.

　다음으로 정토문이라 함은 이 사바세계를 혐오하며 떠나가 서둘러서 극락에 태어나는 것이다. 저 나라에 태어나는 것은 아미타불의 다짐으로 사람의 선악을 가리지 않으며 그저 부처님께 의지하거나 의지하지 않음에 의한다. 그런 연유로 도작선사는 정토에는 하나의 문만 있으며 그곳을 통과해야 한다고 말씀하셨다. 그렇기에 요즘 생사를 벗어나려 하는 사람은 깨닫기 어려운 성도를 버리고 가기 쉬운 정토를 기원해야하니 이 성도정토를 난행도이행도(難行道易行道)라 명명하였다.

　예를 들어 이를 설명하기를, 난행도는 험난한 길을 걸어서 가는 것과 같으며 이행도는 바닷길을 배를 타고 가는 것과 같다고 하였다. 다리가 약하고 시력이 떨어지는 사람은 이런 길을 향해서는 안 되며 그저 배에 올라타서 저편 땅에 도달해야 한다. 그런데 요즘의 우리는 지혜의 눈이 시들고 행법(行法)의 다리가 부러진 무리들이니 성도난행(聖道難行)의 험한 길에는 한결같이 희망을 버려야만 한다. 그저 미타(彌陀) 본원(本願)의 배에 올라타서 생사의 바다를 건너 극락의 저편에 도달해야 한다.

[MLB/박연정]

## 염불 해석학

호넨 1212B, 456-7; 1212A, 601-3

　호넨은 수행이 신앙에 기반을 둔 행위가 아니라 신앙의 기반이 바로 수행이라고 생각했다. 그의 이런 생각은 어떤 권위 있는 교의(教義)의 행위를 통해 확증한다는 의미에서 정통 수행에

---

1) [한] 도작선사(道綽禪師, 562-645). 당나라시대 중국 정토종 승려이며 속명은 위씨(衛氏). 정토오조(淨土五祖)의 이조(二祖)이며 정토진종(淨土眞宗)에서는 7고승의 사조(四祖)로서 도작대사(大師)라고도 존칭함.

관한 논의라 할 수 있다. 바로 이러한 분석방법으로 인해 수행과 신앙에 관해 그가 독자적으로 창조한 개념들이 더 높은 가치를 지니게 되면서 중세 일본 사상에 지대한 영향을 미치게 되었다. 다원론을 수용하는 불교 전통을 반영하는 호넨의 근본개념들은 '옳음과 옳지 않음'으로 분류되는 것이 아니라 '주요한 것과 부차적인 것'으로 나뉜다. 마지막에 실린 발췌문에서 우리는 '부차적인 것'이 받아들일 수 없는 것이라는 의미를 지니고 있음을 알 수 있다.

다음으로 기행(起行)이라 함은 선도(善導)의 뜻에 의하면 왕생(往生)의 행위라 해도 크게 두 가지로 나눈다. 하나는 정행(正行)이며, 두 번째는 잡행(雜行)이다. 정행은 이 또한 여러 가지 행위가 있는데 독송(讀誦)정행, 관찰(觀察)정행, 예배(禮拜)정행, 칭명(稱名)정행, 찬탄공양(讚嘆供養)정행이 있으며, 이를 오종(五種)의 정행이라 한다. 찬탄과 공양을 두 가지로 나눌 때는 육종(六種)의 정행이라고도 한다. 이 정행을 모두 합쳐서 두 가지로 나눠보면, 하나는 일심(一心)으로 오로지 미타(彌陀)의 명호(名號)를 부르며 행주좌와(行住坐臥)에 밤낮으로 잊지 않고 일념으로 행하는 것을 정정(正定)의 업(業)이라 한다. 부처님의 원(願)에 따르기 때문에 염불로 바르게 정해진 왕생의 업을 세우고 아미타불을 예불하거나 또는 삼부경(三部經)을 읽거나 극락의 모습을 관찰하는 것, 찬탄공양하며 모시는 것도 모두 칭명염불(稱名念佛)을 이루는 행위이기에 바르게 정해진 왕생의 업은 그저 염불뿐이다.

이 정(正)과 조(助)를 제외한 다른 모든 제행(諸行)은 보시(布施)를 하는 것도 계(戒)를 지키는 것도 정진(精進)하는 것도 선정(禪定)하는 것도 이와 같은 육도만행(六度滿行), 법화경을 읽고 진언(眞言)을 행하는 그 모든 행위를 잡행이라고 명명한다.

……

「자력(自力)」이라 함은 아력(我力)을 독려하며 왕생을 구하는 것이며 타력(他力)이라 함은 부처님의 힘을 의지하는 것이다. 그런 까닭에 정행을 행하는 자를 전수(專修)의 행자(行者)라 하며 잡행을 행하는 자를 잡수의 행자라 한다.

……

이 정잡(正雜)의 두 가지 업에 대해서는 다섯 가지의 득실(得失)이 있다. 첫 번째는 친소대(親疏對), 이른바 정행은 아미타불에 친숙하며 잡행은 소원한 것이다. 두 번째는 근원대(近遠對), 이른바 정행은 아미타불에 가까우며 잡행은 먼 것이다. 세 번째는 유간무간대(有間無間對), 이른바 정행은 염원을 숨김에 끊임이 없는 무간(無間)이며 잡행은 염원을 숨김에 단절, 즉 간단(間斷)이 있다. 네 번째는 「회향불회향(迴向不迴向)」, 이른바 정행은 회향을 하지 않더라도 저절로 왕생의 「업」이 되며 잡행은 회향을 하지 않으면 왕생의 업이 되지 않는다. 다섯 번째는 순잡대(純雜對), 이른바 정행은 순극락(純極樂)의 업이며 잡행은 십방(十方)의 정토 내지 인천(人天)의 업이다. 이와 같은 믿음을 취행입신(就行立信)이라 명명한다.

……

또한 죄를 지은 사람도 왕생한다면 공덕(功德)이라며 법화경(法華經)을 읽는 것이 어찌 괴로운 일이겠느냐는 말들을 한다. 그것은 전적으로 비열한 일이다. 왕생을 구하는 것이야말로 힘든 일인데 버겁지 않은 일만을 하며 힘들다고 하는 것을 어찌 설명할 것인가? 악(惡)은 부처님의 마음을 쫓아가는 길에 만들어지는 것이 아니기에 멈추라 경고하지만 범부(凡夫)의 습성, 당시의 현혹에 이끌려 악을 짓는 것은 그 힘이 미치지 않으니 자비(慈悲)를 일으켜 내치지 않으신다. 진정 악을 짓는 사람처럼 다른 행위를 하려 하면 그 힘이 미치지 않는다. 다만 불경을 읽는 행위와 악을 짓는 행위를

견주어서 괴롭지 아니하다면 그 역시 무엇이라 말하기에는 불편한 일이다.　　[MLB/박연정]

## 세 가지 마음가짐

호넨 1212B, 455, 457; 1212A, 600

　『불설무량수경(佛說無量壽經)』이라는 경전에서 언급된 한 주제와 그 주제에 관한 중국의 주석 관례를 토대로 호넨은 자신의 제자들에게 염불 수행이 그 효과를 보려면 염불을 하는 동안 성심을 다해 깊이 빠져들며 전념해야 한다는 의미로 성실, 심원, 헌신이라는 세 가지 마음가짐의 뜻을 이해하고 유지해야 한다고 주장하였다. 그리고 이 세 가지 마음가짐 중에서 성실이 일본 사상의 특징적인 덕목으로 발전되었다. 여기서 우리는 또 다시, 현자보다는 무지한 자를 중시하고, 열렬히 따르며 나서는 자보다는 자신을 낮추는 겸손한 자를 더 앞세우고자 하는 호넨의 의도를 엿볼 수 있다.

　첫 번째로 지성심(至誠心)이라 함은 진실의 마음이다. 신체는 예배를 행하고 입으로는 명호(名號)를 부르며 마음으로 상호(相好)를 생각하니 무릇 진실이 필요하다. 모두 이를 일컫기를 더러운 나라인 예토(穢土)를 싫어하고 정토를 원하며 모든 행업(行業)을 수행하려는 자는 모두 진실로써 성실히 노력해야 한다.

　이를 부지런히 행하며 밖으로는 정성을 다해 현선정진(賢善精進)하지만 안으로는 게으르게 우악해태(愚惡懈怠)의 마음을 품으며 행업을 행한다면 밤낮 하루 종일 쉴 틈 없이 이를 행하더라도 왕생을 얻지 못한다. 밖으로는 우악해태의 모습을 보이나 안으로는 현선정진의 생각으로 산다면 이를 수행하는 것이 일시일념(一時一念)이라 할지라도 그 수행이 헛되지 아니하며 반드시 왕생을 얻는다. 이를 지성심이라고 한다.

　두 번째로 심심(深心)이라 함은 깊이 믿는 마음이다. 여기에는 두 가지가 있다. 하나는 죄악불선(罪惡不善)의 이 내 몸이 끝없는 과거로부터 지금까지 육도(六道)를 윤회하며 왕생의 인연이 없음을 믿는 것이며, 또 하나는 죄인이라 할지라도 부처님께 원력(願力)으로써 강한 인연을 만들면 반드시 왕생할 수 있음을 의심하지 말고 믿는 것이다.

　이에 대해서는 다시 두 가지가 있으니, 하나는 사람에 대해 믿음을 세우는 것이며 또 하나는 행함에 있어 믿음을 세우는 것이다. 사람에 대해 믿음을 세운다는 것은 열반으로 들어가는 출리생사(出離生死)의 길이 많다고 해도 크게 두 가지로 나누어 볼 수 있다. 첫 번째는 성도문, 두 번째는 정토문이다.…

　세 번째로 정토에 태어나기를 원하는 회향발원심(廻向發願心)이라 함은 과거와 금생(今生)의 몸과 입과 마음으로 행하는 수행의 모든 선근(善根)을 진실된 마음으로써 극락으로 회향하여 왕생을 추구하는 것이다. 이를 회향발원심이라 한다. 이 삼심(三心)을 가지면 반드시 왕생한다.

　……

　요컨대 성심(誠心)을 가지고 깊디깊은 부처님의 맹세를 의지하며 왕생을 바라는 마음이다. 그 깊음과 얕음에 차이는 있을지라도 왕생을 바랄 정도의 사람이라면 누구라도 그 정도의 마음이 없겠는가?

이는 소원하게 생각하면 크게 깨닫게 되고 엄정하게 대처하면 쉬운 일이다. 이처럼 세세하게 판단하지 못하는 사람도 그 마음을 갖출 수 있으며, 또한 능히 아는 사람도 그렇지 않을 수 있다. 그러므로 비천하고 어리석은 사람일지라도 왕생하는 경우가 있으며 몹시 고귀한 성인 가운데에도 임종을 맞아 안타깝게 왕생하지 못하는 경우도 있다. [MLB/박연정]

## 역사의식

호넨 1212C, 527-8

정토불교의 신화에 대한 믿음과 연결된 염불의식은 10세기 이후 수도인 교토에 널리 퍼지게 되었다. 부분적으로나마 그 이유는 불교나 사회가 역사적으로 쇠퇴하는 시기에 접어들었음을 의미하는 「말법(末法)」이라고 알려진 역사관에 대해 염불 수행이 나름의 해법을 제공했기 때문이다. '말법'에 근거하여 염불 수행을 행한다는 것은 부처의 가르침을 이해할 정도로 지혜를 지닌 사람들이 점점 줄어들고 있다는 사실을 반증한다고 할 수 있다. 호넨의 새로운 패러다임은 '말법'의 역사관을 암시적으로 내보이기는 했으나, 어떤 부분에서 보면 염불이 사람들만을 위한 것이 아니었다는 점, 그리고 염불 수행을 통해 정토에서 다시 태어난다는 개념은 누구에게나 적용되는 보편적인 개념이라는 점을 주장한 것이나 다름없다.

염불 수행은 본래 유지무지(有智無智)를 구분하지 않으며 아미타불이 예전에 맹세하셨던 본원(本願)은 널리 모든 중생을 위한 것이다. 지혜롭지 않은 자에게 염불을 원하고 지혜로운 자에게 다른 수행을 원하시는 일도 없다. 십방세계(十方世界)의 중생을 위함이다. 유지무지, 선인악인, 지계파계(持戒破戒), 귀천남녀(貴賤男女)도 구분하지 않는다. 혹은 부처님 재세(在世)의 중생 혹은 부처님 멸후(滅後)의 중생, 혹은 석가 말법 만년 후에 삼보(三寶)가 모두 소멸된 후의 중생까지 다만 염불만이 현세와 내세의 기도가 되는 것이다. [MLB/박연정]

# 신란

親鸞, 1173-1263

오늘날 일본에서 다른 어느 불교사상가들보다 가장 영향력 있는 불교
사상가를 꼽으라 하면 신란을 들 수 있다. 신란은 정토불교의 대가인
호넨을 중심으로 형성된 몇몇 핵심 제자들 가운데 가장 나이가 어린
제자였다. 호넨은 궁극적인 해탈, 즉 열반에 이르려는 전통적인 목표를
파기하고 대신 수행과 묵상을 통해 「아미타(阿彌陀)」라 불리는 광대무
변한 부처의 땅에서 다시 태어나는 중간 단계에 이르는 것을 목표로
삼아야 한다는 새로운 종교적 모델을 내세워 상당한 논쟁을 불러일으
킨 사상가였다. 신란은 자신의 글을 통해 그런 호넨의 사상을 충실히

따를 것이라고 천명하였으며, 호넨이 죽고 난 뒤에는 자신의 제자들에게도 그런 견해를 따르도록
하였다. 그런 신란이 세상을 떠난 뒤 1세기도 안 되어 그의 뒤를 잇는 제자들이 늘어나면서 신란은
정토사상 텍스트를 해석하는 새로운 해석학의 기수이자 권위자로 올라서게 되었다. 이러한 전통이
「정토진종(淨土眞宗)」이라는 종파로 오늘날까지 이어지고 있으며, 정토진종은 지금까지 일본에서
가장 규모가 큰 종파로 남아 있다.

신란의 업적은 그가 살았던 시기의 다른 주요 불교사상가들과 비교해보면 그리 대단한 것은
아니었으며, 종파색이 없는 다른 글에서는 거의 언급되지 않는 수준이었다. 귀족계급의 집안에서
태어난 신란은 아홉 살에 승려의 길로 들어섰는데 그 이유는 잘 알려져 있지 않다. 그의 삶에서
가장 놀라운 사건 중의 하나는 그가 결혼하겠다고 공개적으로 선언한 일이었다. 당시 불교의 고위
승려가 여자를 곁에 두는 일이 흔한 일이기는 했으나, 그래도 그런 관례는 은밀하게 진행되는 게
보통이었다. 아무튼 신란의 그런 선택을 인간의 한계를 수용하는 부처의 예를 따른 것이라며 호넨이
승인해 주었다고 한다. 호넨의 제자였던 신란은 1207년에 스승인 호넨은 물론 다른 제자들과 함께
수도인 교토를 떠나 유배의 길을 떠나야 했다. 그런데 유배조치가 해제된 이후에도 그는 시골에
남아 거의 30년 가까이 농부들과 함께 지내다가 결국에는 다시 교토로 돌아와 여생을 보냈다. 승려직
을 박탈당했던 신란은 유배 중에 자신이 추종자들과 함께 일구어낸 공동체의 도움을 받아가며 빈곤
속에서도 계속 글을 써내려갔다고 알려져 있다.

신란의 작품 전체는 학식이 있는 일반 독자들을 위해 한자로 쓴 몇 편의 긴 글, 충실한 신자들을
위해 자국어인 일본어로 쓴 많은 짧은 글과 찬가, 그리고 그의 제자 하나가 스승인 신란의 말을
광범위하게 인용하며 작성한 한 편의 무게 있는 작품 등으로 이루어져 있다. 한자로 쓴 길고 복잡한
작품 한 편이 그의 사상을 가장 체계적으로 서술한 작품으로 평가받는데, 바로 『교행신증(敎行信證)』
이라는 제목으로 알려진 진정한 가르침, 수행, 신앙, 그리고 그것의 실현을 다룬 글 모음집이다.
정토사상을 다룬 옛날의 많은 작품들의 문체를 모방한 이 작품은 여러 경전과 인도, 중국, 한국,
그리고 일본의 불교 대가들의 주해서에서 인용한 글을 중심으로 이루어져 있다. 전체적으로 보면
이 작품은 귀족계급과 불교계의 권력세력들이 호넨의 사상을 이단의 교리라고 비난하는 것에 맞서

경전에 기대에 호넨을 옹호하는 글처럼 보인다. 비록 제한된 것이기는 하지만 신란이 제시한 그의 설명을 읽으면 그의 견해가 어떤 것인지 분명하게 알 수 있다. 아울러 신란의 생각이 어떤 변화를 보이고 있는지, 그 사고의 전환에 관한 단서를 찾으려면 대부분이 일본어로 쓰인 후기의 작품들을 살펴보면 된다.

　신란보다 쉰 살 아래의 제자인 유이엔(唯圓, 1222-1289)이 의견의 상이에 대한 한탄을 편집하여 기록한 작품인 『탄이초(歎異抄)』는 신란과의 토론을 기록한 작품이다. 엄밀히 말해 이 텍스트의 대부분은 귀로 들은 것을 기록한 것이며, 목적은 신란 사후에 그를 따르는 무리들이 내보인 의견의 차이를 밝히는데 있는 듯하다. 짧은 부분으로 나누어 일본어로 쓴 이 작품은 신란의 다른 글에 비해 일반 독자들이 쉽게 다가갈 수 있는 글이다. 이 작품이 오늘날 일본에서 계속해서 베스트셀러가 되고 있다는 사실과 더불어 신란의 핵심사상을 이해하는데 큰 도움이 된다는 점이 이 작품의 저자를 누구로 볼 것이냐의 논란에도 불구하고 여기에 수록한 이유이다.

　신란의 전통을 계승하고자 형성된 집단 가운데 렌뇨(蓮如, 1415-1499)가 조직한 직계 혈연관계로 이루어진 공동체가 빠르게 확산되었다. 16세기에 이르러서는 혼간지(本願寺)라 불리는 렌뇨의 사찰이 종교적으로나 정치적으로 일본에서 가장 유력한 종교기관으로 자리 잡게 되었다. 사실 신란의 종교적 유산 가운데 가장 중요한 부분은 13세기 이후 '정토신종'을 이끈 사람이 평신도였다는 사실에 있다. 그 부분은 불교세계 전체에서 근대 이전에는 그 유례를 찾아볼 수 없는 유일한 특징이었다. 신란이 살았던 시대, 즉 가마쿠라시대가 일본식의 독특한 불교가 처음 등장한 시기라는 점에서, 그리고 오늘날 일본 불교의 거의 모든 종파에서 승려가 결혼하는 것이 일반적인 관례가 되었다는 사실에 비추어보면, 신란이 자신을 두고 "승려도 아니고 평신도도 아닌" 사람으로 묘사한 것이 일본 불교 전반의 어떤 원형으로 여겨지는 것도 이해 못할 일은 아니다.

　철학적인 측면에서 신란이 크게 기여한 공헌이 있다면 그가 내보인 인간학, 인간의 이성과 도덕주의가 인간이 자기합리화를 위장하기 위해 내세우는 것이라는 비판, 인간의 자기 노력은 그것의 목적이 아무리 고상한 것이라도 자아의 작용에서 벗어날 수 없다는 주장, 자아에서 벗어난 '진실한 신앙'에 대한 뛰어난 설명 등을 꼽을 수 있을 것이다. [MLB/박연정]

## 철학적 인간학

신란 1258A, 527-8

　신란은 인간의 실존에는 자아와 자기기만이 만연되어 있다고 보았다. 사람은 가르침을 받아 교화되기를 원하지만 과거의 행위에서 유산처럼 물려받은 부정적 충동(신란은 이런 충동을 '업의 잔재'라 불렀다)에 이끌려 자기 자신의 도덕적 정신적 습속에 자만심을 갖게 되고, 그래서 자아를 더욱 더 키우게 된다. 부처가 되고 싶어 하는 사람의 욕망도 따지고 보면 자신이 '특별한' 존재가 되어 다른 사람들의 존경을 받고 싶어 하는 그릇된 욕망의 위장에 불과하다는 것이 신란의 생각이다. 대부분의 대승불교 승려들과 마찬가지로 신란은 인간의 본성은 본래 선하다고 확신했다. ─ 본성이 선하지 않은데 어떻게 사람이 교화되고 밝게 눈을 뜰 수 있단 말인가? ─ 그러나 인간이 처해 있는 환경에는 부정적인 업의 세력들이 곳곳에 스며들어 있어 자기 자신만의 노력으로 깨우침을 이룬다는 것은 불가능한 일이라는 것이 그의 생각이다.

95. 외면으로 나타나는 모습은 사람마다 다르나
    현선(賢善) 정진함을 실현해야 한다.
    탐욕과 분노, 거짓이 가득하니
    간사함마저 몸에 가득 차네.

96. 악성(惡性)은 더욱 끊기 어려우니
    그 마음은 뱀과 전갈 같다.
    수선(修善)도 잡독(雜毒)이니
    진실하지 않은 허가(虛假)의 행(行)이라 명명하노라.

......

99. 뱀과 전갈 그리고 사기심에
    「자력수선(自力修善)」은 이루어지지 않는다.
    석가여래의 「회향(廻向)」을 바라지 않는다면
    결국 말할 수 없이 부끄럽고 두려움 없이 뻔뻔할 것이로다.

......

107. 죄업(罪業)은 본래 형태가 없으니
     망상전도(妄想顚倒)로 이루어진다.
     심성은 본래 맑은 것이지만
     이 세상에는 진리를 깨달은 사람이 없구나.

......

115. 좋고 나쁨의 문자를 알지 못하는 사람은 모두
     진정한 마음을 가지고 있으나
     선악이라는 글자를 아는 척 하는 것은
     무릇 거짓된 모습이도다.

116. 시비(是非)도 알지 못하고 그릇되고 올바름도 이해하지 못하는 이 내 몸이라.
     약간의 자비와 연민도 없으나
     명리(名利)로 다른 이의 스승이 되기를 원하는구나.

[MLB/박연정]

## 아미타 본원에의 의탁

신란 1255, 577-8

그렇다면 인간이 처해 있는 타락한 상황에 대한 해결책은 무엇인가? 보통의 평범한 행위가 '내'가 행하는 것인 한, 그런데 그런 '나'는 자기기만으로 가득 찬 존재이기 때문에, 자기 자신의 힘으로 무엇을 해보려는 모든 시도와 노력을 포기하고 아미타의 본원이 작용하는 대로 온전히 자기 자신을 맡겨버리는 것이 유일한 해결책이라는 것이 신란의 주장이다. 분명한 것은 「아미타(阿彌陀)」의 본원은 부정적인 업의 잔재로 인해 자기 자신의 노력으로는 무엇을 이룰 수 없는 사람들을 도와주기 위해 만들어진 것이라는 사실이다. 아래에 실린 글에서 신란은 아미타의 18개

핵심 본원의 의미를 설명하고 있다.

　『대무량수경(大無量壽經)』이라 함은 석가여래의 48원(願)을 풀이한 것이다.
　'설아득불(設我得佛)'이라 함은 만일 내가 부처가 되었을 때의 말씀을 의미한다. '십방중생(十方衆生)'이라 함은 십방의 수많은 중생을 말한다.
　'지심신요(至心信樂)'에서의 지심은 진실을 의미하는 것인데 석가여래의 다짐이 진실하다는 것을 지심이라 한다. 번뇌에 차있는 중생은 본래 진실된 마음이 없으며 청정한 마음이 없고 탁악사견(濁惡邪見)하기 때문이다. 신요라 함은 석가여래의 본원진실을 의미하는데 한결같이 깊게 믿으며 의심하지 않는 것을 신요라고 한다. 이 지심신요는 즉 십방의 중생으로 하여금 자신의 진실된 서원(誓願)을 굳게 믿도록 권하는 다짐을 의미한다. 평범한 사람이 스스로 수행하려는 마음에는 존재하지 않는다.
　'욕생아국(欲生我國)'이라 함은 「타력(他力)」으로 지심신요의 마음가짐을 가지며 안락정토(安樂淨土)에 태어나기를 바라는 것이다. '내지십념(乃至十念)'이라 함은 석가여래가 명호(名號)를 권진하심에 두루 제한이 없음을 의미하며, 때를 정하지 않는다는 것을 중생에게 알리시려고 내지라는 단어에 십념을 덧붙여 다짐하신 것이다. 석가여래가 다짐하시는 바는 예사로운 시절에 임종의 칭념(稱念)을 바랄 것이 아니라, 그저 석가여래의 지심신요를 깊이 구해야 한다는 것이다. 이 진실 신심(信心)을 얻었을 때 고통 받는 중생을 모두 취하는 섭취불사(攝取不捨)의 심광(心光)에 들어가는 것이니 성불할 수 있는 무리인 정정취(正定聚)라 할 수 있을 것이다.
　'약불생자불취정각(若不生者不取正覺)'에서의 '약불생자'는 '만일 태어나지 못하면'이라는 뜻이며 '불취정각'은 성불하지 않겠다는 약속의 말씀이었다. 이 마음은 곧 지심신요를 얻은 사람이 만일 정토에 태어나지 못한다면 성불하지 않겠다고 맹세하신 불법이었다. 이 본원은 『유신초(唯信鈔)』에도 자세히 수록되어 있다. '유신'이라 함은 즉, 이 진실신요를 한결같이 지켜나가는 마음을 의미한다.

[MLB/박연정]

---

## 염불: 무심(無心)의 소망

신란 N.D., 777; 1258A, 523-4

　「염불(念佛)」이 정토에서의 태어남을 위한 절대 조건이기는 하지만 신란은 염불이 진정한 것이 되려면 그 예식에 어떤 의지나 의도가 개입되어서는 안 된다고 주장하였다. 이 말은 자아를 비우는 것뿐만 아니라 모든 절대적이고 근본적인 개념, 심지어 도덕까지도 다 버려야 한다는 의미이다. 말하자면 종교 본연의 의식으로서의 염불 의식에는 우리와 우리가 행하는 모든 행동을 넘어서는 어떤 초월적인 힘이 스며있다는 뜻이기도 하다. 그럼에도 불구하고 염불은 여전히 우리 자신이 행하는 행위이다. 이런 점을 고려할 때, 정토에서의 태어남을 보장하는 것은 염불의 단어들을 입으로 말하는 것이 아니라 오히려 믿음 가운데 자아를 굴복시키는 마음에서 저절로 솟아나오는 염불이라 할 수 있다. 아래에 실린 첫 번째 글은 통상적인 의미로 보면, 염불이 불교의 수행 방식이 아니라는 점을 설명한 글이다. 그 다음의 글은 사람이 본원의 힘에 의심을 품고 다시 자신의 노력에 의지하게 되면 저급한 단계의 다시 태어남을 이룰 수는 있겠지만 궁극적인 해탈을 이루기는 더더욱 힘들어진다는 것을 설명한 글이다.

염불하는 자는 얻을 것이 없는 하나의 길이다.… 염불은 수행자를 위해서는 비행비선(非行非善)이다. 자신의 의도로써 행하는 것이 아니기에 비행이라고 하며 스스로의 의도로 만들어내는 선이 아니기에 비선이라 한다. 오로지 타력으로 자력을 떠난 것이기에 수행자를 위해서는 비행비선이라고 한다.

65. 자력의 마음으로 염불하는 사람은
모두 아미타불의 본원을 믿지 않으며
의심하는 죄가 깊으므로
금, 은, 유리, 수정, 산호, 마노, 옥돌 등 일곱 개의 보석으로 만들어진 감옥에 갇히게 된다.

……

74. 악의 응보를 두려워하며
선의 인과응보를 바라며
아미타불을 부르는 공덕을 바라며 오로지 염불에 애쓰는 사람은
우려를 품고 있는 선인(善人)이기에 정토에 머무르게 된다.

75. 아미타불의 본원을 믿지 않고
의심하는 마음을 가친 채 정토에 태어나면
연꽃 속에서 나올 수 없기 때문에 이를 모태 속에 있는 것으로 비유한다.

[MLB/박연정]

## 수행의 비도구성

신란 1258B, 672

해탈에 이르는 길에 대한 신란의 근본적인 입장은 자아를 비운 주체를 내세운 바에서 찾을 수 있다. 그렇기 때문에 신도들에게 올바른 수행이 어떤 것인지를 설명하는 난제가 그의 앞에 놓인 셈이었다. 다음 글에서 우리는 선불교 전통에 나타난 「육조단경(六祖壇經)」의 견해를 반영하는 비도구적 개념을 보게 된다. 말하자면 그 글에서 우리는 목적을 위한 수단으로서의 명상이라는 인도의 전통적인 시각이 "명상은 지혜의 본질이고, 지혜는 명상의 기능이다"라는 유명한 말에 나타난 본질과 기능에 관한 중국식의 패러다임으로 대체되고 있는 것을 볼 수 있다.

그 말씀하신 바는 신(信)의 일념(一念), 행(行)의 일념 두 가지이지만, 신을 떠난 행도 없고 행의 일념을 떠난 신의 일념도 없다. 그 까닭은 행이라 함은 본원의 명호를 한 목소리로 부르며, 왕생하려 하는 것을 들으며, 한 목소리로 추구하며, 혹은 십념(十念)으로써 이루려 함이 행이다. 이 맹세를 듣고 의심하는 바가 조금도 없는 것을 신의 일념이라고 하니 신과 행, 두 가지라 해도 행을 한 목소리로 듣는 바에 의심이 없으니 행을 벗어난 신은 없는 것을 듣는 것이다. 또한 신을 벗어난 행은 없다고 생각해야 한다. 이것은 아미타의 맹세임을 알아야 한다. 행과 신은 맹세를 말하는 것이다.

[MLB/박연정]

# 성스러운 것으로서의 자연스러움

신란 1258B, 663-4

　　신란은 앞에서 설명한 비도구적 수행이 표방하는 '자연스러움' 혹은 '자발성'을 나타내기 위해 경전에 나오는 두 단어인 진언(眞言)과 본의(本意)를 결합하여 사용한다. 비도구적 수행은 그 수행을 행하는 자의 그 어떤 계획이나 목적이 개입되어서는 올바르게 이루어질 수 없다는 뜻이다. 이러한 생각을 나타내기 위해 신란은 수행을 행하는 자는 개인적인 판단을 하지 말아야 한다는 점을 자주 언급한다. 다시 말해, 개인의 어떤 특정한 판단이나 지배 혹은 계산이 개입되어서는 안 된다는 생각이다. 여기서 우리는 도교의 영향은 물론 정토불교 수사학을 위해 절묘하게 개작된 『열반경(涅槃經)』의 「불성(佛性)」이라는 개념의 흔적도 찾아볼 수 있다.

　　자연(自然)이라 하는 것의 자(自)는 저절로라는 의미이며 행자의 사려분별에 의하지 않는다. 연(然)이라 함은 그렇게 만든다는 단어이다. 그렇게 만든다는 의미는 행자의 사려분별에 의하지 않고 석가여래의 맹세로써 이루어지는 까닭에 그렇게 만드는 것을 법이(法爾)라고 한다. 법이는 맹세를 의미하는 까닭에 무릇 행자의 사려분별에 의하지 않으며, 법의 덕(德)으로 그렇게 만들어진다는 것이다. 모든 것은 사람이 처음부터 의도하지 않는 것이다. 그런 까닭에 의(義)가 없음을 의로써 알아야만 한다.

　　자연이라 하는 것은 원래 그렇게 만들어진다는 단어이다. 아미타불의 맹세가 본래 행자의 사려분별에 의하지 않으며 「나무아미타불(南無阿彌陀佛)」을 추구하며 받아들임으로써 작용하는 것이니 행자가 선하더라도 악하더라도 개의치 않는 것을 자연이라고 한다. 그 맹세는 더할 나위 없이 뛰어난 무상불(無上佛)이 되도록 맹세하신 것이다. 무상불이라 함은 그 형태도 없다. 형태도 없는 연유로 자연이라 하는 것이다. 형태가 있다고 보일 때는 무상열반(無上涅槃)이라 하지 않는다. 형태도 없음을 알아야 비로소 아미타불이라 할 수 있음을 알아야 한다.

　　아미타불은 자연의 모습을 가르쳐주는 자료이다. 이 도리를 알게 된 이후에는 이 자연이라는 것이 항상 판단할 수 있는 것이 아님을 알게 된다. 항상 자연을 판단하면 의가 없음을 의라고 하는 것이 더욱 의가 있게 되는 것이다. 이는 가늠하기 힘든 부처님의 지혜라 할 것이다!

[MLB/박연정]

---

# 진정한 신앙의 성취는 열반에 이르는 것

신란 1258B, 693-4, 680-1

　　자연스러움이라는 원칙의 중요성은 신앙심이라는 것이 이제는 어떤 목적을 위한 수단이 아니라 아미타의 본원에 따라 이루어지는 교화된 활동에 직접 참여하는 것을 의미한다는 데 있다. 이를 통해 우리는 신란 사상의 한 가지 특징에 다가가게 된다. 그는 불교의 궁극적인 목표 ─ 불성을 획득하는 것 혹은 열반에 이르는 것 ─ 와 어떻게 보면 중간 목표라 할 수 있는 것 ─ 아미타의 정토에서 다시 태어나는 것, 그리고 심지어 그런 다시 태어남을 확신하는 신앙 그 자체 ─ 을 한데 융합하였다. 자신의 생각을 펼치기 위해 신란이 제시한 여러 주장들은 분명히 인도나 중국 불교의 정통 교리의 경계를 넘어서는 주장들이다. 당대의 다른 주요 불교 사상가들과 더불어 신란의 사상은 일본인들이 그들 자신의 현상학적 구도에 의존하기 시작하던 시기에 일본 지성사가 획기적인 전환점에 이르렀음을 보여 주는 사상이었다. 일반적인 이해의 관점에 보면, 사람이 정토에서 다시 태어남을 추구하는 것은 현세의 여러 조건들로 인해 열반에 이르는 일이 불가능하기 때문이다. 극락과도 같은 이상적인 조건을 갖추고 있고, 또 사람들을 인도해 줄 부처가 존재하는 정토에 이르고 나서야 사람들은 완벽한 수행의 실현을 성취할 수 있다는 것이 신란의 생각이다. 또한 보통의 사람들이 이 모든 것을 성취할 수 있도록 아미타의 본원이 어떤 도움을 주는지 보여 주면서, 아미타의 본원이 무엇인지 설명하는 과정에서 인과관계를 보여 주는 사역형의 구문을 사용한 것도 주목해야 한다. 원래 인도의 아미타 신화에서는 법장보살이 자기 자신의 노력으로 불성을 얻게 되고, 그래서 아미타불이 되어 모든 살아 있는 만물을 위해 선한 일을 하겠다는 본원의 서약을 실현시키는 인간으로 등장한다. 하지만 신란이 내세운 아미타 신화에서는 그 본원의 서약들을 인간을 해탈로 이르게 하는 '편의적인 수단'으로 만들기 위해 그 순서를 뒤집어 아미타 자신이 인간인 법장의 모습으로 나타난다.

안락정토(安樂淨土)에 들어가게 되면 즉, 대열반(大涅槃)을 깨닫게 된다고도 하며 더할 나위 없는 무상각(無上覺)을 깨닫는다고도 멸도(滅度)에 이른다고도 한다. 그 이름은 모두 다른 것 같지만 이는 모두 「법신(法身)」이라 하는 부처님의 깨달음을 열어가는 직접적인 원인인 정인(正因)으로서, 아미타불의 맹세와 법장보살이 우리에게 회향하시는 것을 왕생의 회향이라 한다. 이 회향하시는 원을 염불왕생의 원이라 한다. … 이 진실의 신심(信心)이 일어나는 것은 석가와 미타, 두 지존이 고려하시고 행하심으로써 깨닫게 된다.

......

찾아주신 그 점은 거듭거듭 경사스러운 일이다. 진실한 신심을 얻은 사람은 이미 부처님이 되셔야 할 몸이기에 석가여래와 다름없는 사람이라고 경전에 설파되어 있다. 「미륵(彌勒)」은 아직은 성불하지 못했지만 이후에는 반드시 성불하실 것이므로 미륵을 미륵불이라고 한다. 그와 마찬가지로 진실 신심을 얻은 사람을 석가여래와 같다고 여기는 것이다.

[MLB/박연정]

## 광명으로서의 지혜

신란 1250, 630-1

앞에서 본 바와 같이 신란은 법장이 아미타가 되는 것이 아니라 아미타가 법장이 된다고 주장하였다. 그러나 우리는 법장이 서약을 통해 아미타가 된 것으로 알고 있다. 어쨌든 아미타는 앞에서 설명한 전 우주적인 '자연스러움'의 과정의 토대라 할 수 있다. 아래의 글에서 신란이 서술하고 있듯이, 이와 같은 존재의 교화 방식은 식물은 물론 대지 그 자체로 이루어진 무생물의 세계로까지 확장된다. 이런 신란의 시각을 통해 우리는 불교 교리에 나타난 열반을 어떤 고정된 이상적인 목표가 아닌 모든 실재의 역동적인 차원으로 이해하고 있는 그의 견해를 알 수 있다. 이런 신란의 견해에는 우주적인 양상과 현상적인 양상이 모두 담겨 있는데, 그것은 신란이 말하는 열반이라는 것이 진정한 실재(우리가 상상하는 실재와는 정반대되는 것)이면서 또한 각 개체

내면에서 불성이나 신앙이라는 형태로 실존적으로 나타나는 그 무엇이기 때문이다. 다음의 글은 신앙이 어떻게 일어나는지, 그리고 신앙이 어떤 종교적 이해 속에 자리 잡고 있는지에 관한 신란의 생각을 설명하는 글이다.

열반이라 함은 그 이름이 셀 수 없이 많으며 상세하게 언급할 수 없으니 어설프게나마 그 이름을 거론할 수밖에 없다. 열반을 멸도(滅度)라 하며 무위(無爲)라 하며 안락(安樂)이라 하며 상락(常樂)이라 하며 실상(實相)이라 하며 법신(法身)이라 하며 법성(法性)이라 하며 진여(眞如)라 하며 일여(一如)라 하며 불성(佛性)이라 하는데, 불성은 즉 여래(如來)이다. 이 여래미진세계(如來微塵世界)에 가득 넘쳐 있는, 즉 모든 중생이 바다의 마음으로 가득 차는 것이다. 초목(草木)과 국토 할 것 없이 모두 성불에 이른다.

이 일체 중생의 마음에 중생을 구제하는 방편법신(方便法身)의 서원을 아미타불의 본원을 듣고 믿으며 기뻐하는 즉, 신요(信樂)하는 연유로 이 신심은 즉 불성이며, 이 불성은 즉 법성이 되고, 법성은 즉 법신이 된다. 그렇기에 부처에게는 두 종류의 법신이 있으니 하나는 법성법신(法性法身)이라 하며, 다른 하나는 방편법신이라 한다. 법성법신이라 함은 색채도 없으며 형태도 없다. 그렇기에 마음도 미치지 않으며 말로도 표현할 수 없다. 이 일여로부터 형태를 나타내는 것을 방편법신이라 하며, 그 모습에 법장비구(法藏比丘)라 명명하시며 불가사의한 48가지 대서원을 세우셨다. 이 서원 중에 광명무량(光明無量)의 본원, 수명무량(壽命無量)의 대서원을 본으로 하여 현현하신 모습을 세친보살(世親菩薩)은 십방세계를 지혜의 빛으로 비추어 중생을 구하는 진십방무애광여래(盡十方無碍光如來)라 명명하셨다.

이 여래, 즉 서원에 의해… 아미타여래라고 하는 것이다.… 진십방무애광불이라 함은 빛의 형태로서 색채도 없고 형체도 없는, 즉 법성법신과 같이 빛이 없는 어둠을 물리치고 악업(惡業)에 방해받지 않는 까닭에 무애광이라고 하는 것이다.

[MLB/박연정]

## 선과 악

신란 N.D., 775-6, 785-6, 792-3, 782-4

신란이 정토에서의 태어남을 열반에 이르는 것에 버금가는 것이라고 했을 때, 그것은 아미타불은 자신의 땅에 진정으로 들어오고자 열망하는 사람이면 그 사람의 업이 어느 정도인지에 상관없이 누구나 다 도와준다는 사실을 인정하는 정토불교의 전통을 따른 것이다. 그렇기 때문에 도덕적으로 완벽하다거나 명상도 잘하고 지혜가 뛰어난 사람이 아니더라도, '보통의 평범한 사람'으로서 해탈에 이를 수 있게 된 것이다. 이런 시각은 많은 문제를 불러 일으켰다. 왜냐하면 도덕적 완결성이 부재한 상태에서의 해탈이란 업이라는 교리 그 자체를 회피하는 듯 보이기 때문이었다. 다른 종류의 대승불교에서는 부처와 보살들이 개입하여 사람의 업을 변경시킬 수 있다고 하지만 그런 생각에도 은총에 의한 구원이란 개념은 존재하지 않는다. 일본에서 이 문제에 대한 모든 해결책은 결국 호넨의 사상에서 파생되어 나온 것이라 할 수 있다. 그러나 영혼의 어리석음이 바로 인간 조건의 본질적 특징이며, 그것 이외의 그 어떤 가설이나 가정 하에서 행동하는 것은 자아중심의 기만에 불과하다고 주장한 사람은 신란이었다. 여기에 실린 글은 『탄이초』에서 발췌한 4편의 유명한 글이다. 이 글을 보면 신란이 도덕률 초월론의 입장을 옹호하는 듯 보일 수도 있으며, 실제로 그런 연유로 비난이 쏟아지면서 그의 추종자들이 많은 비판을 받기도 했다. 하지만 신란이 옹호한 것은 도덕률 초월론이 아니라 불교가 전통적으로 강조해 온 불교 제1의 진리, 즉 고통은 업으로 인해 생긴다는 그 의미였다. 그러면서도 신란은 불교사상의 경계를 더욱 확장하여 수행 → 변혁 → 해탈로 이어지는 패러다임을 해체하는데, 그런 과정에 담긴 실존적 정직성은 섬뜩할 정도로 현대적인 감각이 아닐 수 없다. 여기에 수록된 마지막 글에서 신란의 제자인 유이엔은 아미타의 깊은 동정심(同情心)은 선을 행하지 못하는 자들을 향한 것이기에 굳이 악을 피하려고 노력할 필요까지는 없다는 도덕률 초월론을 반박하기 위해 신란의 말을 쉽게 설명하고 있다.

3. 선인조차 구원받기에 악인은 더욱 구원받는다. 그렇지만 세상 사람들은 항상 말하기를 악인조차 구원되기에 선인은 더욱 구원받는다고 한다. 이 부분은 그 유래가 있는 것과 유사하지만 아미타불 본원타력(本願他力)의 취지에 반한다. 그 까닭은 자력으로 후생의 일을 해결하려는 사람은 오로지 타력을 의지할 수 없기에 아미타불의 본원이 되지 않는다. 그렇지만 자력의 마음을 버리고 타력에 귀의하면 진실한 정토에 왕생을 이룰 수 없다.
      ⋯⋯
번뇌구족(煩惱具足)의 우리는 어떤 행위를 하더라도 생사를 벗어날 수 없으니, 이를 아미타불이 가련하게 여기시어 원을 일으키신 그 본의는 악인성불(惡人成佛)을 위함이다. 아미타불의 타력을 기원하는 악인은 무엇보다 왕생의 직접적인 원인, 정인(正因)이다. 그러므로 선인조차 왕생하기에 하물며 악인은이라고 말씀하신 것이다.

14. 일회 염불(一念)로「팔십억겁(億劫)」의 무거운 죄를 멸한다는 사실을 믿어야 한다는 것. 이 조(條)는 십악오역(十惡五逆)하더라도 임종 때에 비로소 선지식(善知識)의 가르침을 받아 일회 염불을 하면 팔십억겁의 죄를 멸하고 십회 염불(十念)하면 팔십억겁 열 배의 무거운 죄를 멸하여 왕생한다고 한다.⋯ 염불을 할 때마다 죄가 없어진다고 믿는 것은 이미 자신의 힘으로 죄를 없애고 정토에 왕생하려고 노력하는 것에 다름 아니다. 만일 그렇다면 일생 동안 마음으로 생각하는 바는 그 모든 것을 자신의 생사에 얽매는 것이므로 목숨이 다할 때까지 게으름 없이 계속 염불하여 정토에 왕생할 수 있게 된다.

다만 업보(業報)가 있으니, 그 어떤 불가사의한 일을 조우할 수도 있으며 또한 병환과 고통에 괴로워하며 정념(正念)으로 살지 못하고 목숨이 다할 때도 있을 것이므로 그런 경우에는 염불을 하기가 힘들다. 그간에 만들어진 죄는 어떻게 멸해야 할까? 죄가 멸하지 않으니 왕생은 이루어지지 않는 것일까?

모든 중생을 광명 속에 받아들이고 결코 버리지 않는 섭취불사(攝取不捨) 본원을 믿는다면 어떠한 이상한 일이 있어서 죄업을 저지르고 염불을 하지 않고 목숨이 끝난다 해도 왕생을 이룰 수 있다.⋯ 염불로 죄를 멸하려 함은 자력의 마음이며 목숨이 끝나려 할 때 염불하는 임종정념(臨終正念)의 마음은 사람의 본의이기에 타력의 신심이 없다는 것이다.

뒤에 남기는 말(追記). 선과 악이 무엇인지 헤아려야 하는 문제에 이르면 나는 완전히 혼돈의 상태에 빠진다. 이유는 이렇다. 내가 부처의 마음속에서 선으로 간주되는 것이 무엇인지 이해할 수 있다면 나는 선이 무엇인지 안다고 주장할 수 있는 것이고, 부처의 마음속에서 악으로 간주되는 것이 무엇인지 이해할 수 있다면 그때 나는 악이 무엇인지 안다고 주장할 수 있다. 그러나 부처는 집처럼 일시적이고 덧없는 세상에 살면서 온갖 더러운 것들에 둘러싸여 있는 평범한 한 사람으로서 내가 바라보는 모든 것들은 그저 다양한 형태의 거짓말과 무의미에 불과할 뿐이다ㅡ그 어떤 것에도 진실은 없다. 내가 사는 세상에서 유일하게 진정한 것이 있다면 그것은 바로 '염불'이다.

13. 선심(善心)이 생기는 것도 지난 세상에서 행한 착한 행위인 숙선(宿善)이 불러오는 까닭이다. 악사(惡事)를 생각하는 것도 과거의 악업(惡業)으로 이루어지는 까닭이다. 옛 성인 신란의 말씀에는 "토끼털, 양털 끝에 있는 먼지만큼이라도 짓게 되는 그 죄의 모든 것은 숙업(宿業)이 아닌 것이 없음을 알아야 한다"고 하셨다. 또한 어느 때 "자네는 내가 말하는 것을 믿는가?"라고 물어보셨는데 "그러하옵니다"라고 대답하자 "그렇다면 말한 바가 틀림이 없는 것인가?"라고 거듭 물어보시기에 삼가 그 뜻을 받들겠다고 대답하였다. "그럼 예를 들어 사람 천 명을 죽이고 오게나. 그렇게 하면 왕생할 수 있게 된다네"라고 말씀하셨다. "말씀은 그렇게 하셨지만 이 내 몸의 기량으로는 한 사람도 죽일 수가 없습니다"라고 대답하자 이렇게 말씀하셨다.

그렇다면 어째서 내가 하는 말을 틀림없이 따르겠다고 했는가? 이로써 알았을 것이네. 어떠한 일도 마음먹은 대로 할 수 있다면 왕생을 위해 천 명을 죽이라고 하면 즉, 죽여야 할 것이네. 그렇지만 한 사람도 죽일 수 없는 것은 그런 업보의 인연, 업연(業緣)이 없기 때문이지. 내 마음이 선해서 죽일 수 없는 것이 아니라 그런 업연이 있어 해쳐야겠다고 생각하면 백 명이든 천 명이든 죽일 수 있는 것이네

이는 우리 마음이 선한 것을 선하다고 생각하고 악한 것을 악하다고 생각하여 아미타불의 원이 불가사의하여 구원을 이해하지 못하기에 그렇게 말씀하신 것이다.

예전에 잘못된 이해를 한 사람이 있어서 "악을 짓는 자를 구원하시겠다는 원이었으니"라며 일부러 나서서 악을 짓고 "왕생의 업을 다 함이니"라는 취지의 말을 하며 여러모로 나쁜 일이 일어난다는 이야기를 들으시고서 편지를 쓰셨는데 "약이 있으니 독을 좋아한다는 그런 말이 어디 있는가"라고 하셨으니 그 잘못된 견해를 바로잡으려 하심이었다. 그러나 이는 악이 왕생의 장애가 된다는 것은 아니다.

[MLB/박연정]

## 역사와 역사 넘어서기

신란 1247, 166

신란이 활동하던 시기인 13세기 이전에 정토불교는 그 정당성을 불교의 역사적 쇠퇴에 관한 이론에서 찾았다. 사실 이 이론은 많은 대승불교 경전에서도 찾아볼 수 있다. 불성에 이르는 길이 현세에서는 불가능하다고 선언한 정토불교로서는 그 대안으로 이상적인 조건 하에 불성을 얻는 것이 가능한 정토에서 다시 태어난다는 중간단계의 목표를 내세울 필요가 있었다. 시간이

흐르면서 종교가 어떻게 쇠퇴하는지에 관해서는 경전마다 상이한 견해를 내보이는 게 사실이다. 하지만 일본에서는 부처의 입멸(入滅) 후 그가 남긴 유산을 어떻게 받아들이느냐에 따라 세 가지 시기로 나누는 것이 지배적인 견해였다. 그 중에서 최종시기인 세 번째 시기는 구제할 수 없는 절망의 시기라 할 수 있는데, 계산에 따르면 그 시기는 신란이 살았던 시대보다 약 2세기 전에 시작되어 만년동안 계속 이어지는 것으로 추정되었다. 그런 마지막 시기에 가장 적합한 것은 전통적으로 주장되어 온 길, 즉 불성에 이르기 위한 '자기 완결성을 향한 길'이 아니라 정토로 향하는 길이라는 것이 정토불교의 주장이다. 그러나 신란은 그 정토로 향한 길이 시대를 막론하고 누구에게든 가장 적합한 길이라고 주장하면서 당대의 지배적인 역사의식에 도전장을 내민 사상가이기도 했다.

자기 완결성을 향한 길의 가르침은 부처님이 세상에 계셨을 때와 입멸하신 직후인 정법(正法) 시대를 위한 것이며, 정법시대 이후의 상법(像法)시대, 상법시대 이후의 실천이나 깨달음, 그 모든 것이 사라진 말법(末法)시대를 위함이 아닙니다. 정법시대는 이미 지나갔으며 그 가르침은 요즘 사람들의 능력을 뛰어넘습니다. 그러나 업보로 고통 받는 모든 사람들에게 정토의 가르침은 부처님이 세상에 계셨을 때나 정법시대, 「상법(像法)」시대, 말법시대에 관계없이 자비를 베풉니다.

[MLB/박연정]

# 기요자와 만시

淸澤滿之, 1863-1903

19세기 후반의 시기를 살면서 활동했던 기요자와 만시는 니시다 기타로(西田幾多郎, 1870-1945)를 비롯한 후대의 철학자들에게 깊은 인상을 남긴 철학자였다. 도쿄대학(東京大學)에서 서구 철학을 공부한 1세대 철학자에 속하는 그는 철학 용어가 아직 일본어로 완전하게 자리 잡지 못한 시기에 저술활동을 하면서 철학의 핵심 문제와 주요 사상가들에 관한 글을 펴낸 철학자였다. 또한 그는 「정토(淨土)」불교를 신봉하는 독실한 불자였는데, 대학원에서 철학 공부를 계속하던 중 일본 최초의 현대식 불교대학을 설립해달라는 「정토진종(淨土眞宗)」오타니파(大谷派)의 위임을 받아 도중에 학업을 중단하고 그 일에 전념하기도 했다. 기요자와가 살았던 시기는 쇼군(將軍)이 지배하던 봉건체제를 종식시킨 내전의 시기였다. 내전이 끝나면서 봉건체제는 무너졌지만, 기요자와가 목도한 것은 이전 체제에 불만을 품고 있으면서 철두철미하게 반(反)불교의 성향을 내보였던 사무라이들의 새로운 독재체제였다. 그가 가장 왕성하게 저술활동을 하던 시기는 불교공동체가 수십 년 동안 과두권력 계층에 의해 그 위세가 꺾이고 난 뒤 다시 사회적 정당성을 회복하기 위해 발버둥 치던 시기였다.

　다음에 실린 3편의 글 가운데 첫 번째 것은 기요자와가 서른 살 때 고풍스러우면서도 지적인 면이 돋보이는 영어로 쓴 글로, 일본에 종교 철학에 관한 글이 전무하던 시기에 신뢰할만한 종교 철학서를 쓰겠다는 분명한 의지로 쓴 저서의 두 번째 장에서 발췌한 것이다. 두 번째 것은 그가 마흔 한 살의 나이로 세상을 떠나던 해에 쓴 것으로, 종교로서의 불교가 내보이고 있는 관심사의 시각에서 윤리와 도덕의 의미를 철저하게 분석한 글이다. 이 두 번째 글에서 우리는 적국에 맞설 수 있을 만큼 '나라의 힘을 키우기 위해' 불교의 권위를 활용하여 민족주의적 형식의 윤리를 가르치라는 정치권의 압력을 무시하는 기요자와의 모습을 볼 수 있다. 불교의 승려들은 윤리에 관한 세속적인 개념에 흔들리지 않고 사람들을 종교적 진리로 이끌어가야 한다는 그의 주장은 오늘날까지도 아주 인상적인 주장으로 남아 있다. 두 번째 글보다 1년 앞서 작성된 세 번째 글에서는 헤겔 연구에 많은 노력을 아끼지 않았던 기요자와가 그 연구를 활용하여 「타력(他力)」에 대한 정토진종의 믿음을 '절대적인' 믿음으로 간주하고 있음을 볼 수 있다. [MLB/박연정]

---

## 종교 철학의 개요

기요자와 만시 1893, 136-40

　1. 유한무한(有限無限). 유한무한은 예전부터 사상의 2대 항목으로 그 관계에 대해 설명하기 어려운 부분이 있지만 핵심은 결국 유한무한이 서로 벗어날 수 없는 관계를 가지고 있다는 점에 있다. 그리고 무한을 독립, 절대 등이라 표현하고 유한을 의존, 상대 등이라 말한다. 지금 간명하게 두 가지의 성질을 개략적으로 설명하려는데, 만물만화(萬物萬化)인 것은 모두 유한하다. 왜 그런가 하면 물화(物化)는 이것과 저것의 차이가 있으며 갑을(甲乙) 차별이 있어서 만물만화라고 하는데, 만약

그 차이가 없으면 만물만화라 할 수 없기 때문이다. 그리고 그 차별이 생기는 것은 다름이 아니라 갑을 간에 한계가 있기 때문이다. 이처럼 만물만화는 그저 유일한 무한이다. 그 까닭이 무엇인가 하면, 만물만화는 물화 전체를 포괄하는 것이지만 그런 연유로 그 밖의 일물일화(一物一化)를 한계 짓는 것이 아니기 때문이다.

2. 의립독립(依立獨立). 유한은 그 밖에 다른 유한이 있어서 두 가지가 서로 간에 한계를 짓는다. 그런 연유로 갑의 유한은 을의 그것을 한계하는 것에 의하며 을의 유한은 갑의 그것을 한계하는 것에 의한다. 그렇기에 갑은 을에 의하고 을은 갑에 의한 것이 된다. 이것이 의립이다. 그리고 이와 같이 유한은 여럿이 있지만 모두 각각 의립을 벗어나지 못하기에 그 유한의 전체, 즉 무한은 어떻든 이미 전체이고 일물(一物)로서 의존하지 않기에 그것은 의립이 아니라 독립이다.

......

8. 이항동체(二項同體). 유한무한, 두 가지는 동체(同體)인가 이체(異體)인가? 답하기를 만일 두 가지가 이체라고 한다면 무한체 이외의 유한체이지 않을 수 없다. 즉 유한무한은 동일체일 수밖에 없다.

유한무수(有限無數). 유한무한은 동체라고 해도 일개(一個)의 유한은 무한과 동체가 될 수 없으며 백만, 천만의 유한도 무한과 동체가 될 수 없다. 오로지 무수한 유한이 서로 모여 비로소 무한과 동일체가 될 수 있다. 그런 연유로 유한은 무수해야 하며 숫자식을 빌어 이를 표현하면 다음과 같다.

a × ∞ = ∞ (a는 유한의 부호, ∞는 무한의 부호)

9. 유기조직(有機組織). 무수한 유한은 서로 모여 무한한 일체(一體)를 이룬다. 그 상태를 유기조직이라 한다. 어쩌면 그 다수의 단일이 서로 모이고 서로 지키며 하나도 독립된 것이 없고 각 단일이 항상 다른 일체와 서로 헤어짐 없는 관계를 가질 뿐만 아니라 그 관계에 의해 각 단일이 그 자기성을 온전히 하는 것은 흡사 유기체의 각 기관이 서로 모이고 서로 지키며 전체를 구조할 뿐 아니라 서로 모이고 지킴으로써 비로소 각 기관이 그 특수한 작용을 보일 수 있는 것과 같다. 예를 들면 내 손은 전신과 서로 헤어질 수 없는 관계를 가지지만 그런 까닭에 만일 이를 절단하면 전신에 대단히 큰 영향을 미칠 뿐만 아니라 손 자체는 손다운 활동작용을 완전히 잃게 되는 것과 같다. 무수의 유한이 각각 자주성을 잃지 않는 것은 그 밖의 무수한 유한과의 유기조직을 이루며 모든 기관과 서로 모여 하나의 신체를 구성하는 것처럼 모든 수많은 유한이 서로 모여 유일무한체를 조성하는 것이다.

10. 주반호구(主伴互具). 이와 같이 수많은 유한은 유기조직을 이루기 때문에 각 유한이 그 자성자능(自性自能)을 보전하기 위해서는 다른 일체의 유한은 기계인 것이다. 즉 갑이 그 성능을 보전하려면 을병정 등의 일체 유한은 기계가 되며 을이 그 성능을 보전하기 위해서는 갑병정 등이 기계가 되는 것이다. 다른 말로 이를 표현하면 우주 간의 각 하나의 유한이 주인공이 될 때는 다른 일체의 유한은 이것의 반려인 반속(伴屬)이 되어 서로 충분히 갖춘 구족(具足) 상태가 된다. 그런 연유로 한 쌍의 주반(主伴)을 거론하면 항상 무한의 전체를 다하는 것이 된다. 그렇기에 갑을병정 등 어떤 하나가 주가 되면 항상 마찬가지로 무한의 전체를 다한다고 하지만 그 무한의 내부의 관계에 있어서는 일일이 다른 것이 된다. 이를 실제 행위로 표현해보면, 갑은 부모로서 자식을 사랑하는 행위를 일으키며 병은 자식으로서 부모를 존경하는 행위를 일으킨다. 덧붙여 이를 갑으로부터 보면 병은 그 소유소속의 자식이 되며, 병으로부터 보면 갑은 오히려 그 소유소속의 부모가 된다. 우주 만물이 유기적

조직에 의해 피차 평등하게, 더구나 피차 차별이 존재하며 각각 무한한 전체를 이룬다고 하지만 그것 역시 각각 서로 다르며 각각 법계(法界)에 두루 미치게 되니 서로 의심하지 않고 융통하게 된다. 이 관계를 명명하여 주반호구의 관계라고 한다. 종교의 요체는 이 관계를 깨우침에 있다. 이것이 유한무한과 서로 마주보고 있는 까닭이다.

11. 「자력타력(自力他力)」. 유한이 무한과 서로 마주봄에 있어서 두 종류의 같지 않음이 있다. 하나는 무한을 인성(因性)이라 하는 것이고, 다른 하나는 무한을 과체(果體)라고 하는 것이다. 그렇지만 사물을 인식함에 있어 혹자는 이를 원인인 인(因)이라 하고, 혹자는 이를 결과인 과(果)라 한다. 무한을 인식하는 것 또한 그러하다. 이를 인이라고 하면 개발되지 않은 성(性)이 되는 것이고, 이를 과라고 하면 개발된 체(體)가 되는 것이다. 인성은 아직 무한으로 현현되지 않은 까닭에 유한의 내부에 존재하지 않으면 안 된다. 이는 종교의 실제에 있어서는 유한이 그 내부의 인성을 개발하고 나아가 무한으로 도달하려는 것이다. 또한 유한의 외부에 있는 과체는 유한을 섭취하여 무한으로 도달하려는 것이다. 전자를 자력문(自力門)이라 하고 후자를 타력문(他力門)이라 한다. 즉 그 인성을 개발하는 것은 유한이 각각 자기의 힘을 가지고 이를 이루는 것이다. 또한 무한을 섭취함은 유한에 대해 타력이 이를 이루는 것이다. 이 두 가지의 구별은 종교상 가장 근본적인 것으로서 이에 의하지 않으면 종교의 실제에 들어갈 수 없을 것이다. 혹자는 말하기를 두 가지를 구별하지 않아도 무한은 우리 내외(內外)에 있어서 인과(因果)가 동시에 우리를 열고 인도할 것이라고 한다. 이는 우리를 동시동체(同時同體)로서 종자(種子)이기도 하고 수목(樹木)이기도 함을 인식해야 한다는 논이다. 그러나 우리는 도저히 이를 이루어낼 수 없다.                                    [MLB/박연정]

## 도덕과 종교

기요자와 만시 1903, 149-58

그런데 어떤 것이 선이며 어떤 것이 악인지에 대한 논의는 그다지 활발하지 않으며 보통 사람들은 그것이 무척 극명하다고 생각하나, 학자들의 연구를 보면 그렇게 간단한 논의는 아니다. 갑의 나라에서 선이라고 생각하는 것을 을의 나라에서는 악이라고 보는 경우도 있으며 그 반대되는 경우도 있다. 앞 시대에서 선이라고 여긴 것을 후대에서는 악이라고 판단하기도 하며 역시 그 반대되는 경우도 있다. 그런 상황에서 보건대 과연 어떤 것이 진정한 선이며 어떤 것이 진실한 악인지 의문이 생기는데 실제로 도덕이나 종교와 같은 교법(教法)을 말할 때는 그런 논의나 의문은 전혀 거론되지 않는다. 실제로 도덕이나 종교를 말할 때는 자신이 태어나기 이전 시대나 자신이 살지 않았던 다른 나라의 상황은 고려하지 않는다. 지금 눈앞에서 어떤 행위를 하는가가 요점이며 그 순간 다른 것은 신경 쓰지 않는다. 그저 자신의 가슴으로 이것은 선이라고 생각하는 것이 선이며 이것은 악이라고 생각하는 것이 악이다. 항상 그 선이라고 생각하는 것은 행하고 악이라고 생각하는 것은 행하지 않을 수 있다면 도덕도 종교도 모두 그 안에 포함되어 있는 것이다.

그렇지만 도덕과 종교가 너무 어렵다고 하는 것은 무슨 연유인가 하면, 사람들이 스스로 선악을 착실하게 실행하려 할 때는 좀처럼 생각대로 잘 되지 않는다는 사실을 알기 때문이다. 노력하면 할수록 더욱더 실행하기 힘들다는 사실이 극명해진다. 그래서 그 곤란함이 더 커지면서 고민이 깊어지는 모양새가 된다. 고민을 거듭하게 되면 선악에 대한 논의가 여러 가지로 생겨나게 되는 것이다.…

도덕의 실행은 논의나 연구와는 완전히 별개의 일이다. 실행이 곤란하기에 일단 논의나 연구에 들어가게 되면 그곳에도 다양한 곤란함이 있어서 쉽사리 해결할 수 없음이 자명해지고 실행에서는 큰 자극을 느끼게 되며 이번에는 더욱 큰 열의로 실행 전수(專修)의 길에 들어서게 된다. 여기에서 하나의 흥미로운 점은 학문의 축적이나 지식의 욕망이 큰 사람은 논의나 연구에 세월을 소비하는 기간이 길며 그중에는 몇 십 년 정도를 매달리는 사람도 있다. 그러나 학문의 소양도 적고 지식에 대한 욕망도 얕은 자는 쉽사리 논의나 연구의 미로를 빠져나오는 경우가 많다.…

선을 행하고 악을 저지르지 않는 것이 쉽지 않다는 사실에 한마디 덧붙이면 좋을 말이 있다. 이것은 그 어떤 교의에나 나타나있는 근본적인 뜻이라고 하겠으나, 일견 자세히 보면 교의라기보다는 오히려 천연자연의 욕망이라고 할 수 있다. 우리는 교의를 모르더라도 선을 행하고 싶고 악은 저지르고 싶지 않다는 욕망을 천연자연으로 갖추고 있다. 그렇기에 만약 쉽사리 이것이 가능하다면, 그저 내버려두어도 우리는 도덕을 실행할 것이다. 그러나 좀처럼 잘 되지 않으며 세심한 주의를 기울여 가르쳐도 능히 실행할 수 있는 사람이 별로 없는 것이다. 도덕의 실행은 이른바 3세의 아이도 이를 말할 수는 있으나 80세의 노인도 이를 실행하기 어렵기 때문이다.

정토진종의 도리이건 일반적인 윤리철학이건 그 완전한 실행은 어렵지만 어느 정도 실행이 불가능하지만은 않다. 그리고 점차 수행을 해가면 점차 완벽에 다가설 수 있다. 그런 연유로 가령 곤란하더라도 그 가르침은 무엇보다 소중한 것이다. 또한 그 실행 역시 무척 필요하다는 사실은 누누이 논의되어온 사안이다. 이 역시 일리 있는 말이지만 자세히 설명하면 이 지점에서 정토진종의 도리와 일반적인 도덕의 구별이 이루어져야 한다. 일반적인 도덕에서는 우리가 달리 앞으로 나가야 할 길이 없기에 무엇보다 오로지 도덕적 수행을 위해 진전해야 한다.

그렇기에 정토진종 도리의 취지는 그 실행에 있어서의 성공을 요구하는 것이 아니라 그 외의 방면에 효력이 있다. 여하튼 정토진종의 도리는 그 실행이 이루어지고 우리가 훌륭하게 수행을 해나가는 것을 목적으로 하지 않는다. 따라서 훌륭한 수행을 목적으로 하는 일반적인 보통의 도덕과 정토진종의 도리는 그 취지를 크게 달리하는 것이다. 달리 표현하자면 훌륭한 수행을 하는지 열등한 수행을 하는지 그 어느 것에도 구애받지 않는다. 정토진종 도리의 가르침은 그러한 것을 목적으로 하지 않는다.

그렇다면 정토진종 도리의 목적은 어떤 것에 있을까? 그 실행이 이루어지기 힘들다는 사실을 느끼도록 하는 것이 그 목적이다. 이는 그 진정한 도리의 신심을 이미 얻은 자와 아직 얻지 않은 자는 다르겠지만, 어떠한 경우에서도 도덕적 실행이 이루어지기 힘들다는 사실을 느끼도록 하기 위한 것이라는 점에 있어서는 동일하다.

그것에 어떤 신묘한 의미가 있는가를 말하면, 우선 신심을 얻지 못한 자는 도덕적 실행이 이루어지기 힘들다는 사실을 느낌으로써 종교에 들어가 신심을 얻는 길로 나아가게 된다. 이는 잠시 살펴보면 아무것도 아닌 것처럼 보이지만 실제로는 그러하지 않다. 타력의 신앙에 들어가는 근본적인 장애는 자력의 수행이 가능한 것처럼 생각된다는 점이다. 그 자력의 수행이란 여러 가지가 있지만 가장 보편적인 것은 우리들의 윤리도덕 행위이다. 이 도덕행위를 훌륭히 이루어낼 수 있을 것이라 생각하는 동안에는 타력의 종교에 도저히 들어갈 수 없다. 그런데도 윤리도덕의 성실한 실행을 바랄 때에는 그 결과는 이미 윤리도덕이 생각하는 대로 이루어질 수 없다는 사실을 느끼는 것이 진실로 종교에 들어가기 위한 필수조건이다. 이 경우에는 필경 자력의 미혹된 마음을 굴복시키는 것이 주안점이기에 정토진종 도리의 가르침은 성불을 수행하는 진실한 방법문경인 진제문(眞諦門)을 개시하는 조직이 되어야하기 때문에 가장 알맞다.

이 말을 바꾸어 보면, 세상의 일반적인 진리인 속제(俗諦)나 도덕이라는 것은 우리에게는 실행 불가능하나 그 불가능한 것이 당연하다. 그 실행이 불가능한 우리를 무한한 대비(大悲)는 받아들이고 버리지 아니하신다. 실로 감사 이외에는 다른 방도가 없을 정도로 고마워하며 기뻐할 일이다. 이러한 생각이 처음에는 갑자기 생기지 않지만 종국에는 속제나 도덕이라는 단어를 듣는 순간 금세 나타나 게 된다. 그 생각의 반증으로서 나타나는 것이 있으니 바로 이런 것이다. 정토진종 속제의 가르침에 대해 몹시 평범한 도덕을 바라보는 자처럼 그 실행이 가능할 것이라고 고집하며 '지킨다'라거나 '지키지 않는다'라거나 '해결된다'라거나 '해결되지 않는다'라는 식으로 번민하는 자를 볼 때는 한편 으로는 그 사람의 미집(迷執)을 가련하게 여기면서도 또 한 편으로는 자신의 안주(安住)를 기뻐하는 것이다. 이 '지킨다', '지키지 않는다', '해결된다', '해결되지 않는다'라는 소위 의무책임이라 하는 것은 실로 인생에 있어서 번민의 큰 부분을 차지하며 그 세력은 대단히 응대한 것이다. 타력진종 속제의 가르침은 '이렇게 하라' '이렇게 하지 말라'라는 명령적 태도로 나타나기도 하지만 대체로 그 근본에 '이렇게 하지 않으면 안 된다' '이렇게 해서는 안 된다'라는 외압력을 인정하지 않기에 가령 다소의 번민이 있는 경우라 해도 일반적인 도덕망상의 번민과 같지 않다. 바꿔 말하면 일반적인 도덕망상의 경우에는 '이렇게 하라' '이렇게 하지 말라'라고 명령할 때 이에 '이렇게 하지 않으면 안 된다' '이렇게 해서는 안 된다'라는 망상이 덧붙여져서 신이나 부처님이 '반드시 이것을 하라' '결코 이 일은 해서는 안 된다'라며 엄연한 명령을 내리는 것처럼 생각하며 따라서 '이 일을 하지 않으면 구원받지 못한다' '이 일을 하면 구원받지 못한다'라는 것처럼 도덕행위 실행이 잘 되는지 못되는지에 따라 구제를 받고 못 받는 중요한 일이 결정된다고 생각하기에 그 실행의 여부에 대단한 번민이 있는 것은 당연지사이다. 그러나 타력진종 속제의 실행이 잘 되는지 못되는지는 구제의 여부 와는 추호도 관계가 없는 것이기에, 그 실행이 잘 되는지 못 되는지 다소 번민은 있다 해도 도덕망상 에 의해 일어나는 번민에 비견할 수 있는 것은 전혀 없다. 그뿐만 아니라 그 번민의 성질이 완전히 다르게 존재한다. 한편으로는 마귀에게 괴롭힘을 당하는 번민임에 비해 한편으로는 부처님의 대비에 하염없이 부끄러워하는 번민이다. 그 한편은 한없이 용서할 수 없는 가열찬 진노에 공포를 느끼는 눈물이라고 하면 다른 한편은 한없이 모두 받아들이는 깊은 자비에 감읍하는 눈물이다.

이 같은 상황이므로 정토진종 속제의 가르침은 진제(眞諦)의 신심(信心) 이외에 적극적으로 인도 (人道)의 규정을 부여하지 않는다. 그러나 적극적으로 인도의 규정을 부여하는 것이라면 그 강령도 확연히 일정할 것이다. 그런데도 혹은 단순히 규칙이라고 하거나 혹은 왕법인의(王法仁義)라고 하 거나 또는 인의예지신(仁義禮智信)의 오상(五常)이라 하는 등 그 사항이 무척 막연하게 제시되어 있다.…

앞에서도 말했던 것처럼 정토진종 속제의 가르침은 그 실행이 가능한가에 주안점이 있지 않고 그 실행의 가능성을 감지하는 것이 중요하기에 그 사항은 결코 열거할 필요도 없으며 또한 그 사항 을 일정하게 정할 필요도 없다. 그 무엇도 구애받지 않으며 선이라고 일컬어지는 것을 행하려한다 고 보는 것이 좋다. 혹은 악이라고 일컬어지는 것을 행하지 않으려 한다고 보는 것이 좋다. 분명 그 충분한 실행이 가능하지 않다는 사실을 새삼 깨달아 개오(開悟)하기에 이를 것이다. 이 개오가 즉, 속제의 가르침의 요점이다. 이 요점이 달성되고 개오를 얻게 됨으로써 곧 진제의 신심으로 기뻐 하게 된다. 그런 이유로 속제의 가르침은 다시 말해 진제의 신심을 그 이면으로부터 감지하도록 하는 것 이외에는 없다. 즉 진제의 적극성에 비해 속제는 소극적으로 그 취향을 가지게 된다. 그러므로 이 속제의 가르침으로써 적극적으로 인도(人道)를 지키려 한다거나 국가사회를 유익하게 한다는 식으로 생각하는 것은 크게 잘못 짐작한 것이다. 물론 왕법(王法)을 본(本)으로 하고 인의를 선(先)이라 배우는 것은 어느 정도 그 실행을 위한 것이기는 하지만 그것은 오히려 부수적인 것이며 그보다는 실행이 불가능한 연유에 대한 가르침의 요점이라 할 것이다. 그런데도 얼마간의 효과가 있다고 해서 그 주요한 부분이 아니라 그 부수적인 바를 존중하는 것은 목적에 전혀 부합하지 않는 것이다. 종교적 부분이 본 취지인데도 그 부수적인 도덕적 부분이 귀하게 여겨지는 것이기에 기묘한 까닭이다.

대체로 속제와 도덕이라던가 속제와 국가라고 하는 것을 견주어서 말할 때에는 항상 그 각각의 자격을 밝혀두어야 한다. 우선 속제와 도덕을 말할 때는 속제란 무엇인가를 명확히 알아야 한다. 그렇게 말하고 보면 그 즉시 깨닫게 되는 것인데 속제는 진제와 마찬가지로 타력진종의 교의이다. 즉 도덕의 가르침이 아니라 종교의 가르침이며 인도의 가르침이 아니라 불도(佛道)의 가르침이다. 그렇게 보면 속제는 종교가가 설명해야하는 곳에서 종교적 효과를 목적으로 해야 함은 말할 필요도 없는 것이다. 그렇기에 도덕은 도덕이고 종교가 아니다. 인도의 가르침이며 불도의 가르침이 아니다. 결국 이는 도덕가가 설명해야하는 곳에서 도덕적 효과를 목적으로 해야 한다.

정치가가 장사에 관한 사항을 말할 수도 있지만 정치가는 상인이 아니다. 상인이 곡물류에 관한 사항을 말할 수도 있지만 상인은 농부가 아니다. 종교와 도덕을 구별하는 이상은 그 영역을 혼란하게 만들 필요는 없다. 그러나 종교와 도덕의 구별을 인정하지 않고 종교 즉 도덕, 도덕 즉 종교라고 하는 태도를 취하면 처음부터 속제와 도덕의 관계를 다루는 논은 필요 없다. 또한 그때는 진제보다 속제를 벗어나 도덕을 운운해서는 안 된다. 진제속제 모두 도덕의 가르침이 되는 것이다.

종교와 도덕은 구별이 있으며 종교가는 종교를 설파하고 도덕가는 도덕을 설파하는 것은 좋지만 종교를 설파하기 위해 도덕을 파괴하는 것은 좋지 않다는 논의가 있다. 이는 약간 곤란한 문제가 아닐까? 그렇지만 이렇다 할 방법은 없다. 도덕이라는 것이 그 정도로 약한 것이라면 파괴되어도 좋을지 모른다. 그래도 종교가는 역시 종교를 설파하는 것이 본분이다. 하지만 종교가의 본분을 다하는 것은 종교적 효과를 위한 것이다. 결코 도덕을 파괴하려는 것은 아니다.…

그렇지만 이와 같은 막연한 논의는 과연 실제로 적당할 것인가 아닌 것일까? 종교가는 어떤 것을 설파할까? 사람을 죽이는 것과 죽이지 않는 것도 선택할 바가 아니며 물건을 훔치는 것도 훔치지 않는 것도 관계되는 바가 아니며 간음하고 싶은 자로 하여금 간음하지 말라고 하지 않는다. 이것은 종교적 견지에서 말하는 바이다. 무한의 대비는 살인, 도난, 간음 등의 유무에 의해 그 구제를 달리하지 않는 것을 설파하는 것 외에 다름이 아니다.

도덕가는 이를 어떻게 들을까? 이것은 도덕을 파괴하는 것이다. 이것은 인도에 해독을 끼치는 것이라 할 것인가? 그러나 이처럼 즉각적으로 단언을 한다면 무척 경솔한 생각에 빠지는 것이다. 만일 종교와 도덕의 구별을 잘 알고 있는 자라면 그렇게 말할 것이다. 사람을 죽이고 물건을 훔치고 간음하고 망언하는 자를 힐난하지 말라함은 종교로서 그렇게 하지 않으면 안 되는 바이기 때문이다. 그렇지만 인도도덕상으로는 살인과 도적질은 죄악이며 간음과 망언은 허용되지 않는 일이다. 이를 범하는 자는 모두 인도의 죄인이다. 도덕계를 추락시킨 자라며 이처럼 종교가는 종교적 견지로 법을 설파하고 도덕가는 도덕적 견지로 설파한다. 두 가지가 별개로 양립하여 조금도 저촉되는 바가 없는 것이다.

다만 사람을 살해하고 물건을 훔치고 간음하고 망언한 자가 도덕을 우선시하고 종교를 뒤로 하는 자라면 그 죄과를 개량하여 도덕의 문에 들어가도록 하며, 종교를 우선시하고 도덕을 뒤로 하는 자라면 그대로 달려가 종교의 문에 들어가도록 해야 하며, 만일 종교와 도덕을 함께 필요로 하는 자라면 그 죄과를 개량하여 동시에 종교와 도덕 두 개의 문에 들어가도록 해야 하며 만일 종교도 도덕도 돌아보지 않는 자라면 그대로 죄악의 어두운 밤을 방황하게 될 것이다. 살인과 도적질 등의 죄악을 저지르지 않은 경우라도 이에 준해서 파악할 수 있다. 이를 요컨대 종교의 설파가 도덕을 해친다던지 불도를 세우기 위해 인도가 파괴된다던지 등의 그저 막연한 논의만으로는 오해를 벗어나기 힘들다.…

　　이것은 모름지기 정밀을 요하는 것이다. 종교와 도덕의 구별이 명확하고 종교가는 종교의 본분을 지키고 도덕가는 도덕의 본분을 지키며 각각의 노력을 다한다면 그 공적은 국가사회에 공헌하게 된다.

[MLB/박연정]

---

## 절대 타력

기요자와 만시 1902, 110-13

1. 자기(自己)란 타(他)가 없으며 절대 무한의 효용(效用)에 위탁하여 임운(任運)에 법이(法爾)에 이 현전(現前)의 경우에 낙재(落在)하는 것이다. 다만 절대무한에 위탁한다. 그런 연유로 생사에 관한 일을 슬퍼할 필요가 없다. 생사 역시 그러하다. 하물며 다음과 같은 상황에 있어서도 말이다. 추방 역시 그러하다. 감옥 역시 감내해야 한다. 비방배척, 허다한 능욕(凌辱), 차마 마음에 둘 것이 아니다. 우리는 오히려 오로지 절대무한의 우리에게 부여된 바를 즐겨야 할 것이다.

2. 우주만유(宇宙萬有)의 천변만화(千變萬化)는 모두 이 거대한 불가사의의 효용에 속한다. 그리고 우리는 이를 당연히 일상의 현상으로서 추호도 이를 존숭경배(尊崇敬拜)하는 마음을 갖지 않는다. 우리로 하여금 지(智)가 없고 느낌이 없다면 즉 그치게 된다. 만일 지와 느낌을 구비하여 이와 같다면 어찌하여 현혹되지 않을 수 있겠는가.

　　색이 비치는 것도 향기가 퍼지는 것도 결코 색과 향 그것의 근원에 기인한 힘에 의한 것이 아니다. 모두 그 거대한 불가사의한 힘의 발동에 기초한 것이다. 색과 향뿐만 아니라 우리 자신은 어떠하랴. 그것이 기인하는 바, 그 취향 어느 것 하나 우리 스스로 의욕을 가지고 좌우할 수 있는 것이 아니다. 그저 생전사후(生前死後)의 뜻대로 되지 않는 것뿐만이 아니다. 눈앞의 일념(一念)에 마음의 기멸(起滅), 또한 스스로의 마음에 있지 않다. 우리는 절대적으로 타력의 손 안에 있는 것이다.

3. 우리는 죽지 않을 수 없다. 우리는 죽지만 또한 우리는 멸하지 않는다. 생(生)만이 우리에게 있지 않으며 사(死) 역시 우리에게 있다. 우리는 생사를 함께 가지고 있는 것이다. 우리는 생사에 좌우되어야만 하는 것은 아니다. 우리는 생사 이외에 영존(靈存)하는 것이다.

4. 청하지 말며 구하지 말라. 당신이 어떤 부족한 것이 있겠는가? 만일 부족하다고 생각한다면 그것은 당신의 불신에 있지 않겠는가?

　　석가여래는 당신을 위해 필요한 것을 당신에게 부여하지 않았는가? 만약 그 부여된 것이 불충분하더라도 당신은 결코 이것 이외에 만족하지 못하지 않겠는가?

　　그렇지만 당신 스스로 부족하다고 생각하며 고뇌한다면 당신은 유유히 수양을 거듭하며 석가여래의 대명(大命)에 안주함을 배워야만 한다. 이를 다른 이에게 청하고 이를 다른 곳에서 구하는 것은 비천하며 더럽다. 석가여래의 대명을 모욕하는 것이다. 석가여래는 모욕을 받는 일이 없겠지만 당신의 고뇌는 어떠한가?

5. 무한타력(無限他力)은 어느 곳인가에 있다. 자신이 가지고 있는 선천적으로 타고난 품수(稟受)에서 이를 보며 자신의 품수는 무한타력의 표현이다. 이를 존중하고 이를 중히 여기며 그럼으로써 석가여래의 크나큰 은혜를 감사하라.

그런데도 자신 안에 충족한 것을 구하지 않고 외물(外物)을 쫓으며 타인을 따르고 그것으로 자신을 채우려 한다. 이는 주객전도가 아니겠는가. 외물을 쫓음은 식탐의 근원이다. 타인을 따르는 것은 진에(瞋恚), 즉 분노의 근원이다.

6. 무엇을 수양의 방법이라고 하는가? 말하기를 모름지기 자기를 성찰해야하며 대도(大道)를 견지해야 한다. 대도를 견지하면 자기에게 있는 것에서 부족함을 느끼지 않는다. 자기에게 있는 것에 부족함을 느끼지 않으면 타인에게 있는 것을 구하지 않는다. 타인에게 있는 것을 구하지 않으면 타인과 경쟁할 일이 없다. 자기에게 충족하여 구하지 않고 경쟁하지 않으면 천하의 어느 곳에 이보다 강한 것이 있겠는가? 그 어느 곳에 이보다 광대한 것이 있겠는가? 이렇게 해야 비로소 인계(人界)에 있으면서 독립자유의 대의(大義)를 발양할 수 있게 된다.

이와 같이 자기는 외물타인(外物他人)으로 인해 상해를 받는 것이 아니다. 상해를 받을 것이라 우려하는 것은 망념망상(妄念妄想)이다. 망념망상은 이를 제거하지 않으면 안 된다.

7. 독립자(獨立者)는 항상 생사의 가파른 절벽 꼭대기에 있게 된다. 살육(殺戮)과 굶주림으로 죽는 기사(饑死)는 단단히 각오할 일이다. 일찍이 살육기사를 각오하고 만일 옷과 음식이 있다면 이를 수용해야 한다. 다 없어진다면 침착하게 죽음을 맞이해야 한다.

그리고 만일 처자식과 식구가 있는 자는 우선 그들의 옷과 음식을 우선시해야 한다. 즉 자신이 가진 것은 스스로를 제쳐두고 우선 그들에게 주어라.

그 남는 것으로 자신을 보양해야 한다. 그저 자신이 죽으면 그들을 어떻게 부양할 것인가 고려하지 말라. 이는 절대타력의 대도를 확신하면 족할 일이다. 그 대도는 결코 그들을 버리지 않는다. 그들은 어떻게든 부양을 받을 수 있는 길을 얻게 될 것이다. 만일 그들이 도저히 이를 얻지 못한다면 대도는 그들에게 죽음을 명한 것이다. 그들은 이를 감수해야만 한다. 소크라테스가 말하기를 내가 테살리아에 가서 이곳에 없었다면 하늘은 사람들의 자비를 이용하여 그들을 부양했을 것이고 만일 지금 내가 먼 나라로 간다면 하늘이 어찌 그들을 부양하지 않겠는가라고 말이다.

[MLB/박연정]

# 소가 료진

曾我量深, 1875-1971

소가 료진은 20세기의 가장 혁신적인 불교 사상가 가운데 한 사람이다. 그러나 그는 현대 일본의 다른 몇몇 철학 사상가들과는 달리 평생 동안 「정토진종(淨土眞宗)」에 대한 나름의 전통을 세우고 그것에 집중한 사상가다. 학생시절에 기요자와 만시가 설립한 지역 공공 학습소에서 기숙하며 공부했던 그는 신슈대학(信州大學) 최초의 대학원생이기도 했다. 1904년에 소가는 신슈대학의 교수가 되었는데, 그 뒤로 대학이 교토(京都)로 이전하면서 교명이 오타니대학(大谷大學)으로 바뀌게 되었다. 그때부터 그와 대학 간의 길고도 험난한 관계가 시작되면서 그는 이념적인 문제로 세 차례나 교수직을 사임하거나 파면 당해야 했지만 결국에는 1961년에 여든 여섯의 나이로 총장으로 임명되기도 했다.

소가의 글을 읽다 보면 불교 교리에 관한 그의 지식이 얼마나 방대한지 놀라지 않을 수 없다. 종종 그의 글을 따라가기가 쉽지 않는데, 그 이유는 특히 그가 사용하는 어휘가 독특할 뿐 아니라 그 뜻이 분명하게 정의되지 않는 경우가 많기 때문이다. 그가 정토진종 사상에 남긴 유산 가운데 아직도 여전히 그 가치를 인정받고 있는 것으로는 불교 역사를 바라보는 실증적 시각에 대한 비판적 자세, 그리고 역사적 예수 운동에 관한 여러 연구의 영향은 물론 신화적 사고가 무엇인지 밝히면서 그 역할을 제한하려고 했다는 이유로 류코쿠대학(龍谷大學)의 교수로 있다가 쫓겨난 노노무라 나오타로(野野村直太朗, 1870-1946)의 연구에 감화를 받아 자신의 정토사상 전통을 탈신비화하려고 노력한 것을 꼽을 수 있다. 소가의 연구 목적은 아미타불을 유가행파(瑜伽行派)에서 말하는 무의식의 개념(아뢰야식[阿賴耶識], alaya-vijnana)과 같은 종교적 차원의 개념과 동일시하는데 있었다. 그리고 수행에 정진하여 아미타불이 된 승려인 법장보살을 인류의 진정한 구원자이자 큰 뜻을 품은 사람이면 누구든 공명할 수 있는 존재로 확인하고자 하는 것 또한 그의 목적이었다. 다음에 이어지는 글들은 모두가 비슷하게 진정한 인간의 실존에 대한 탐구로서 종교적 상징의 원초적 의미를 복원한다는 주제를 중심으로 쓴 것들이다. 소가는 종교의 핵심 표상들(이미지들)을 객관화시키고 그 표상들이 서로 어떤 교리적 연관관계에 있는지를 이론적으로 설명하는 일은 그런 복원작업에 방해가 될 수 있다고 주장한다. 동시에 소가는 종교적 믿음의 대상이 지닌 객관적 실재를 강조하면서 단순한 주관주의를 거부하는 입장을 보이고 있다. 직접적이면서 예리한 필치로 작성된 아래의 글들은 궁극적으로는 신앙이 필요하다는 점은 인정하면서도 철학적인 시각에서 정토에 관한 정설(正說)의 해석에 도전하려는 소가의 노력을 보여 주고 있다.                                [MLB/박연정]

## 석가모니, 주관적과 객관적

소가 료진 1938, 15-18, 20-22; 1917A, 274-5

「석가모니」는 세상에 드문 심령적 초인이지만 이미 인간으로서 나타나신 한 그 광명은 도저히 한없을 수 없다.… 이미 「상법(像法)」시대에 들어서는 그 인격의 영적 빛이 점차 옅어지고 그대로는 민중의 귀의를 바랄 수 없게 되었다.… 석가모니의 인격은 크게 이상화되었으며 인간계를 멀리 벗어나 영원한 석가여래가 되신 것이다.… 소승교에서의 석가모니는 역사상의 석가모니이지만 대승교의 석가모니는 완전히 역사 이상의 교리적 이상적인 석가모니이다. 그것은 객관적이며 이것은 주관적이다. 그것은 석가모니의 인격이며 이것은 이상계 신념계이다.… 석가모니는 요원한 과거의 존재이다. 이상은 요원한 미래를 기다려야 한다. 그런 번민망상의 결과, 석가모니를 이상화하고 이상을 인격화하고 두 가지를 점차 접근시키고 이를 결합시켜서 마침내 상재영산(常在靈山)의 본문석존(本門釋尊)의 불신관(佛身觀)을 구조하고 이를 신념의 중심으로 두고 이로써 여전히 석가모니 중심의 지위를 유지하려 한 것이다.…

그들의 석가모니는 진정한 역사상의 인격이 아니라 이상화된 모습이다. 이른바 구원석존(久遠釋尊)은 그들의 주관적 모습에 불과하다. 본디 가지고 있는 마음을 중시하는 자성유심(自性唯心)의 이상(理想)은 마음을 구하는 구제력이 아니다.…

우리는 그 진실된 요구로 이상을 가지고 단순히 형식적 주관적인 존재라 하지 않고 동시에 현실적 객관적 실재라고 믿지 않을 수 없는 것이다. 환언하면 완전원만(完全圓滿)은 단지 주관의 관념이 아니라 객관의 실재가 아니라면 만족할 수 없는 것이다. 아미타여래는 자력교(自力敎) 사람들이 생각하는 것처럼 자성유심이 아니며 초주관의 구제력이 아니다.

……

이에 이르면 무미건조한 도리는 어느덧 어떤 힘도 가지지 못하게 된다. 우리는 즉시 불가사의한 천지(天地)에 들어가 일체 중생의 개개의 주관을 초월하는 진정한 절대지상의 대주관(大主觀)으로서 아미타여래의 실재를 믿어야만 한다. 진실로 도리의 천지에 있어서는 개개의 주관 이상으로 어떤 인격의 존재를 허락할 수 없다. 더구나 우리는 도저히 상대의 도리에 만족할 수 없다. 애당초 종교의 본원은 신앙이다. 그리하여 신앙은 도저히 불가사의한 바를 떠나서는 존재하지 못하는 것이다.… 우리는 왜 불가사의를 믿는가? 그것은 우주도 자아도 불가사의하기 때문이다.…

인식상의 객관은 상대적인 객관에 불과하므로 이를 떠난 주관적인 지(知)가 있어야만 하지만 종교상의 속세를 떠난 영경(靈境)은 불가사의한 영역이기에 이 객관의 영역을 떠나 믿음을 세울 필요가 없다. 신념은 석가여래를 완전히 떠나서 존재할 수 없기 때문에 신념은 곧 석가여래로 회향(回向)한다.

오늘날 니치렌(日蓮, 1222-1282)의 밑에 있는 무리는 석가모니가 역사상 실재하는 인격이며 다른 불교는 단순한 석가모니의 이상이라고 말한다. 그러나 십방(十方)의 모든 부처, 제불(諸佛)을 믿는 자여야만 비로소 석가여래를 믿을 수 있다. 석가모니의 신앙에는 십방제불의 신앙이 배경을 이루고 있다. 석가모니 같은 역사상의 인격은 자신에게는 무척 간접적이며 십방제불이야말로 체험의 경지가 아닐까?… 우리는 스승과 구세주를 혼동해서는 안 된다. 이 두 가지를 혼동하는 자는 당연히 배타적인 태도에 빠지게 된다.

전체의 구세주를 역사상의 한 인격체에게 구하려는 것은 잘못이다. 그 존재의 흔적은 확실하다 해도 그것이 자아(自我)의 주관에 대해서는 어떤 권위를 가지는가? 그리스도 중심의 기독교나 석가모니 중심의 불교는 노예적 사상이다. 우리는 석가모니나 그리스도를 만들어낸 이 인류의 큰 주관(主觀)을 마음깊이 새기며 잊지 말아야 한다.

신란은 명확히 선각자와 구세주를 구별하였다. 선각자는 역사상의 인물이다. 구세주는 순전히 관념계의 주인이여야 한다. 역사상의 인물은 이 세상에 모습을 드러낸 응현(應現)의 화광(化光)이며 관념계의 주관이야말로 실재하는 직접적, 현실적인 영현(影現)이며 그야말로 실재(實在) 그 자체이다.

또한 그 역사는 자기출현의 배경이다. 역사상 인물은 모두 자기 이상의 모습이며 모두 이상화된, 깨달음을 얻은 지위인 과상(果上)이 부처님의 여러 모습으로 화불(化佛)된 것이다. 특히 각 종교의 교조(教祖)는 완전히 현실과 격리된 원만한 과상(果相)을 가진다. 이 같은 경우는 우리의 사부이며 구세주는 아니다. 진실의 구세주는 현실의 자아가 아니면 안 된다. 니치렌이나 신란이나 석가모니나 그리스도처럼 역사상의 선각자는 이를 숭배하는 우리에게는 결코 현실의 사람이 아니라 이상의 화인(化人)이다. 법장보살이야말로 우리 극락의 공덕을 중생에게 돌리는 환상(還相)으로 회향시키는 현실의 인물이다. 우리가 직접적으로 체험하는 곳의 진실한 인격으로 친밀하게 우리 관념계의 심오한 곳에서 태초의 무시(無始)부터 모습을 나타내는 영향(影向)하는 진실한 구세주이다. 석가모니는 우리의 스승이며 우리 이상의 상(相)이며 법장보살은 즉, 우리이며 우리의 현실상이다.

[JVB/박연정]

## 일신교와 다신교

소가 료진 1900, 264-6; 1917E, 239-41; 1917A, 269; 1917B, 447

예수 그리스도를 벗어나 인격적 실재로서의 '신(God)'을 생각하는 것이 공상으로서 의의가 없는 것은 기독교에 있어서 삼위일체(三位一體)설이 일어나는 이유로서 근세의 유일신교와 같은 것은 도저히 종교의 진정한 의의를 모르는 것이다. 그들은 기독교가 일개의 인간 그리스도의 생활상에 우주의 신비한 신의 활동을 인정하는 심원(深遠)한 의의를 풀이하지 못한다. 그들이 신앙의 대상으로서의 신으로 하여금 사랑이라 하며 이것이 널리 퍼져 있다고 하는 것은 과연 어떤 의의를 가지는가? … 우주를 인격시하는 것은 도저히 설명할 수 없는 공상이 아닐까? 원래 사랑 역시 우주의 원리를 떠나 설명할 수 없다. 그런데도 사랑으로써 우주를 풀이하려는 것은 본말전도(本末顚倒)가 아닐까?

그리스도의 인격과 그 심적 생활의 위대함은 원래 우주에 그 근거를 가질 수밖에 없겠으나 다만 나는 우주가 위대하다고 생각할 수는 있어도 사랑이 있고 자비가 있다고는 생각할 수 없다. 결코 우주를 단순한 기계적인 물질로 생각할 수 없으며 더구나 우주에는 영적인 것이 있다고 믿지 않는다. 인류와 같은 목적이 있다고는 전혀 믿을 수 없으며 하물며 자비로써 그 목적을 이룬다는 것을 믿겠는가? 우주는 내게 위대하게 느껴지고 영묘하게 느껴질 뿐이다.

　　……

삼위일체론은 그리스도의 위대한 생활과 무한한 동정을 숭상하며 이로써 신으로 추대한 것이다. 이전에 논한 것처럼 희망이 없는 자는 그 대상으로서 어떠한 의의를 인식할 수 없으며 해탈할 수 없다. 해탈할 수 없는 자는 해탈의 요지를 느끼지 못하며 그리스도의 인격에 대해 무한한 감사를 하는 자는 그 심리가 이미 일개의 신적인 영혼을 가진 사람인 것이다. 그렇기에 그리스도 신앙의 대상이 되는 신은 즉, 자신의 영혼 그 자체이다. 자신의 광명 그 자체이다. 필시 그 신의 관념은 그 직관인 것이다. 가령 그에게 미신이 있어서 다른 인격적인 신을 인정했다 하더라도 그러한 공허한 관념에 의해 그의 활동 전체를 지배하리라고는 믿을 수 없다. 미의식은 이를 허용하더라도 종교적 감정은 결코 이를 허락하지 않는다.… 삼위일체론은 실제로 삼위합체론으로서 존재하는 것과 같으며 그로써 그들로 하여금 진정 그리스도 중심의 신앙으로 나아가지 못하도록 한 것은 아닐까한다. 기독교가 위대한 세력을 가지게 된 연유는 신을 자신과 그리스도 안에서 구한 점, 즉 공상의 신을 버리고 실재의 신을 찾는 바에 있다고 말할 수 있다.

이처럼 불교 신앙의 근거는 인심(人心)의 근저에 있어서의 광명 그 자체이다. 그렇지만 우주 근저로서 그 어디에나 있는 만유(萬有)적 실재가 아니라 그것은 단지 위대할 뿐 도덕적으로는 위대하지 않으며 자비롭지 않으며 감사의 대상이 되지 않으며 종교 신앙의 대상이 되지 않으며 또한 신앙의 직접적인 원인 그 자체가 되지 않는다. 그런 까닭에 그것은 인생의 실제적 요구의 근저행위 그 자체의 근저에 있는 광명이 아닐 수 없다. 나의 진실된 이상의 근저가 아닐 수 없다. 이와 같은 의의로 석가모니와 나는 동일하다. 아니 신 또는 부처님이란 초인류적이지 않다. 이는 인류의 의의를 제한해서 단순히 죄악으로 삼으며 영성(靈性)을 가진 존재로 만드는 것이다.

다신교와 일신교는 그 본질에 있어서 하나이다. 일신교가 다신교를 포섭할 수 없는 것은 모든 본질이 이기적인 기도로서 여전히 다신교의 변형에 불과하다는 것을 스스로 말하지 않기 때문일까 한다. 진실로 그러하다. 오늘날 세계의 큰 전쟁을 생각해보면 일신교도 자력적 종교로서 다신교인 것을 알 수 있다. 독일인의 신도 영국인의 신도 동일한 그리스도라고는 하지만 동일한 신을 옹립하고 서로 싸우는 것은 그 신에 대한 관념의 실상이 다신교라는 증거이다.

그들의 신은 초자연의 신이다. 그들은 자연이라는 것을 현실이라고 생각하고 있다.… 그들의 자연은 물질적 자연이며 따라서 그들의 신은 필경 자연과 멀리 떨어진 일시적 풍경이며 자연적 인성과 어떤 교섭도 없는 것이다. 즉 인간에게 신성(神性)과 자연성이 대립할 수밖에 없는 것이다. 따라서 실제 생활은 물론 자연적 야성(野性)을 벗어날 수 없는 것은 어쩔 수 없는 일이다. 우리의 자연관은 그들과 근본적으로 다르다. 우리는 우선 진실의 대자연을 순수하고 온전한 이상이라고 믿는다. 따라서 우리는 현실의 허위적인 생(生)을 진실의 자연이라고는 믿지 않는다. 자연은 더욱 위대하며 존엄하고 높다고 믿는다. 나는 식물이나 동물의 야성을 자연이라고 인정할 수 있다. 그러나 그들의 자연성은 그 내면에 있어 우리의 이성이나 지각으로써 외적으로 본 그들의 모습을 자연이라고는 생각할 수 없다. 그들 위에 표현된 것은 자연이라 인정한다. 나는 초자연의 신을 믿지 않는다. 왜냐하면 우리는 도저히 자연을 초월할 수 없기 때문이다. 그들의 이른바 자연은 현실의 자연이다. 그들의 초자연이라 하는 것이 진실한 대자연이어야만 한다는 점을 믿는다.

그러나 단지 이상의 언설만으로는 결국 언어만의 논(論)이 아닐까 한다. 자연을 현실이라고 하는 것도 이상이라고 하는 것도 언어 이상으로 무언가 의의가 없는 것처럼 생각된다. 그렇지만 처음부터 언어라고는 하지만 그 본질을 모르는 사람은 진실로 서로 이야기를 나눌 수는 없다. 세상의 수많은 사람들은 언어학을 단순히 인간이 편의상 사용하는 기계라고 생각하는 것 같다. 우리에게는 신관(神觀), 자연관, 실재관(實在觀)이라는 것이 일체 사상행동의 근본이 된다는 사실을 유념해야 한다. 신, 자연, 실재 이 세 가지의 관념은 인간의 근본적인 이상을 좇아 앞으로 나아간다.

어째서 하나의 신을 초자연의 이상(理想)이라 하고 자연을 물적 현실이라 하고 실재를 이 두 가지를 아우르는 이름이라 하는 걸까? 우리는 차분히 이 세 가지 관념이 어떻게 현실 인생과 관계하는 지를 생각해봐야만 한다. 즉 신과 자연은 모두 완전히 원만한 객관적 실재이다. 신이라고 하면 인격이며 자연이라고 하면 법(法)이며 다소 그 다채로움을 달리하지만 그 내용은 유일한다. 자연은 적나라한 신이며 신에 의해 장엄해진 대자연이다. 우리들의 전경왕상(前景往相)의 궁극에는 자연으로서 나타나고 우리들의 후경환상(後景還相)의 발단에는 신으로서 나타난다. 자연은 지혜의 궁극이며 신은 자비의 근본이 아닐까 한다. 나타나는 방면에 따라 나타나는 모습을 달리하지만 필경 하나의 실재이다. 그리고 하나는 초인격으로 보이고 하나는 인격적으로 보이지만 표현 방면이 서로 다르기에 당연한 결과이다.…

그리고 여기에 다신교와 일신교가 나타난다. 신이 모습을 나타낸 응현(應現)의 기회인 곳에 모든 욕망이 있기에 다신(多神)이어야만 한다. 응현의 본체로 보면 진실한 신은 유일해야만 한다. 그러나 다신을 부정하고 자신만을 긍정하려고 욕망하는 일신(一神)은 또한 다신과 상대하는 곳의 다신 가운데 일신이며 또한 나를 고집하는 아견(我見)의 표상인 것은 물론이다. 그리고 양자 간에는 다만 그 표상하는 바의 아견아욕(我見我欲)에 대해 근본적이건 지엽적이건 선천적 번뇌인 구생기(俱生起)이건 후천적 번뇌인 분별기(分別起)이건 다시 말하면 조잡하거나 세밀하거나 얕거나 깊은 차이에 불과한 것이다.

무릇 일체의 종교는 일신(一神)을 세우기 위해서 만신(萬神)을 죽이고 배척해야만 한다.… 우리도 아미타불을 세우기 위해 십방삼세(十方三世)의 모든 부처를 배척하고 짓밟아 죽여야만 했던 것처럼 피상적으로 생각하기 쉽지만 성인 신란의 신앙인 진십방무애광여래(盡十方無碍光如來)는 이것과 완전히 정반대여서 일체 십방삼세 모든 부처를 살리고 긍정하지 않으면 자신도 살 수 없고 존재의 긍정도 할 수 없는 부처이다. 십방의 모든 부처를 살림으로써 살 수 있는 부처이며 부정에 의해 존재하는 부처가 아니다. 이런 점에서 성인 신란의 종교는 다른 일신교와 확연하게 구별된다. 기독교의 유일신은 일체의 만신을 부정하고 죽임으로써 살아가며 그럼으로써 긍정 받는 신이지만 아미타불은 십방삼세의 모든 부처를 긍정하고 살림으로써 스스로도 긍정 받으며 살아가는 부처이다.

[JVB/박연정]

## 부처로서의 자아

소가 료진 1901, 271-5; 1914, 28; 1917C, 124; 1917D, 182-2

회의(懷疑)는 자아가 있어야 온다. 회의가 있음은 자아가 있다는 증거이다… 그렇지만 자각(自覺)은 이상(理想)이다. 세상에 자각이 있는 사람은 없다. 필시 영구적으로 자각한 사람은 없을 것이다. 자각은 우리의 목적이다. 우리는 무엇인가를 추구하기 때문이다. 자각에 도달한 사람은 목적을 달성한 사람이다… 그러므로 신앙은 자각과 혼동하지 말아야 한다. 신앙은 사실이다. 신앙은 자각을 의식적으로 확신하는 것이다. 신앙 이후 또한 의심이 있다. 모순이 있다. 그가 이해하지 못하는 것이다.

자아는 항상 자각을 요구하고 있다. 더구나 자각은 자아에 인과법(因果法)을 가짐으로써 성립해야만 하는 것이다. 자아는 무척 짧은 시간에 모순의 굴레를 벗어나 자유의 경지로 향하려 한다. 이런 까닭에 우주에서 자아에 순응함에 있어서는 반드시 자아와 동일한 인과법을 행할 필요가 있다.… 자아는 우주에 순응한다고 할 수 있고 동시에 우주는 자아에 순응한다고 할 수 있다.… 우리는 의식적으로는 일부 인과법 안에 있지만 일부는 항상 이를 벗어나려고 욕망한다. 자아의 관념은 실제로 일부가 인과법과 모순된다. 우리는 인과법에 대해서 결코 자주적이고 자유로운 존재가 될 수 없다. 우리의 행위는 반드시 어느 정도는 타율적이며 우리는 인과법에 속박됨을 의식한다. 우리는 전혀 유심론(唯心論)적이 될 수 없다.…

우주는 점차 자아에 동화해간다. 우주는 실제로 자아의 전개를 상찬(賞讚)하는 것이다. 우주는 자아의 자멸을 방어하고 자아의 영구적 생명을 갖게 한다. 우리는 안전하게 안심하며 나아간다. 덕(德)은 외롭지 않으며 반드시 이웃이 있기 나름이다.

이른바 자력교(自力敎)의 사람들은 헛되게 주관의 석가여래를 칭찬하며 객관의 석가여래를 부정하고 소위 타력교(他力敎)의 사람들은 오로지 객관의 석가여래에 집착하며 스스로 절망에 빠진다. 이는 진실한 인격적 생명을 느끼지 못하기 때문이다. 나는 이른바 자력교도도 아니고 또한 소위 타력교도도 아니다. 그저 보살의 대서원(大誓願)의 인격에 대해서는 자기라는 것은 별도로 존재하지 않는 것이다. 끝닿을 데 없는 시방(十方)세계에서 다만 그만이 유일한 한 사람이다. 그리고 그가 진정한 나였다. 지극히 오랜 세월인 광겁(曠劫)이래 자신이라며 거짓되게 사랑해온 나는 진정한 나가 아니라 광겁 이후 나 자신이 아닌 비아(非我)로서 버려왔던 것이야말로 진정한 나였다. 주객(主客)은 이곳에서 완전히 전환되었다.

석가여래는 결코 "당신, 죄악생사(罪惡生死)의 범부(凡夫)여"라고 하지 않았으나, 그들 스스로 "나는 죄악생사의 범부"라고 외쳤다.··· 석가여래가 '당신'이라고 부른 것은 죄업의 범부가 아니라 보살이라는 말이다··· 더구나 이에 불가사의하게도 주객, 중생의 믿음과 부처의 구원을 의미하는 기법(機法), 작용의 주체와 객체를 말하는 능소(能所), 심경이 전환된다는 사실이다. 그야말로 이 주객전도는 인생의 유일한 불가사의이다. ··· 주객의 혼동은 가장 두려워하고 삼가야 할 일이다. 주객의 구별을 무엇보다 명확히 해야 비로소 주객전도의 불가사의한 진실을 조우할 수 있을 것이다.

진실로 하나 되어 진실로 수많은 혼(魂)의 세계에서만 진실한 '너'와 '나'의 인칭이 존립(存立)하기 때문이다. 고통 받는 중생을 모두 받아들이는 진정한 섭취불사(攝取不捨)의 영계(靈界)에서만 진심으로 우러나오는 마음으로 "나요" "너요"하며 포용할 수 있다. 심령의 세계는 극히 엄숙한 진실의 세계이다. 그의 세계에서··· 항상 듣는 자는 십방중생이다. 십방중생은 스스로 외치지 않으며 석가여래는 항상 그 외침 위에서 우리의 영원한 외침을 듣는다.··· 그러므로 십방중생의 침묵은 진실로 석가여래의 커다란 침묵이 나타난 영현(影現)이며 석가여래의 서원은 십방중생의 서원이 이 세상에 나타난 응현(應現)이다.

[JVB/박연정]

# 야스다 리진

安田理深, 1900-1982

야스다는 젊은 시절 선(禪) 사상에 깊은 관심을 가졌는데 이후 「정토진종(淨土眞宗)」의 사유에 대해 고민하며 관심을 이어갔다. 스무 살에 어머니 사망 후 교토를 여행하였는데 거기에서 두 가지 형태의 불교에 대한 연구를 계속하였다. 속인의 삶 속에서 「보살(菩薩)」의 길을 실현하는 약속을 지키기 위해 그는 정토진종과 운명을 함께 했다. 그에게 깊은 감명을 준 책의 저자인 가네코 다이에(金子大榮, 1881-1976)의 도움으로 오타니대학(大谷大學)의 연구 보조 프로그램에 참여하여, 가장 가까운 스승이 된 소가 료진(曾我量深, 1875-1971)*과 가네코의 강의를 들었다. 가네코와 소가는 「아미타」와 「정토」를 표면적인 현실보다 마음의 사색적인 상태로서 보는 정토진종의 가르침에 대한 신선한 해석으로 잘 알려져 있다. 1928년에 가네코는 대학으로부터 사직하도록 강요받았고 결국 정토진종 승려 등록에서 삭제되었다. 소가는 압박 속에 1930년에 사직하였다.

수년간 독립적인 학자이자 선생으로 일한 야스다는 1943년 정토진종 승려로 임명되었다. 자신의 스승들의 길을 따라 야스다는 「대승(大乘)」불교적 사고의 주류 속에서 특히 「공(空)」과 「유식(唯識)」 전통을 가져와 정토진종이 머물 곳을 찾았다. 인용할 발췌문은 야스다가 신교도 이론가인 폴 틸리히 (Paul Tillich, 1886-1965)와의 긴 대담을 가진 몇 달 뒤 교토에서 한 강연에서 가져온 것이다. 야스다 는 「나무아미타불(南無阿彌陀佛)」이라는 염불의 긴 명상 속에서 인간은 명명하는 과정을 통해 인식 으로 구축된 세계 안에 산다고 주장했다. 그러나 여전히 공과 정신적으로 구축된 자연을 인식하는데 는 실패한다. 야스다에게 모든 이름처럼, 나무아미타불은 일시적인 이름이지만 정토진종 전통 속에 서는 특별한 이름이다. 그것은 인간을 평범한 인식의 한계에서 자유롭게 해주고 부처로서의 본래의 정체성을 그들에게 돌려주는 이름인 것이다.                                    [PBW/이혜원]

## 자각과 염불

야스다 리진 1960, 329-30, 337, 340-5

「대승(大乘, Mahāyāna)」교학 안에서 순수한 종교적 입장에서 본다면 인간은 절대부정을 통해 절대 긍정되는 존재이다. 그렇지 않다면 인간은 인간이 될 수 없다. 이러한 인간에 대한 이해는 종교적 관점에서 본 인간일 것이다. 인간은 그들 안에서 커다란 모순적 존재이다. 인간이 절대모순의 존재라는 것은 종교적 자각에서 말할 수 있는 것으로 종교에서 벗어나면 그렇게 말할 수 없을 것이다. 이와 같은 인간의 깊은 근원적 자각이 불교에서는 신앙이라든가 깨달음이라는 말로 나타낸다. 그것 은 결국 무분별지(無分別智)이다.

상식도 철학도 과학도 모두 일종의 「지(智, jñāna)혜(慧, prajñā)」라고 할 수 있는데, 종교상의 지혜와 그 밖의 다른 지혜와의 차이는 깨닫는 것에 있다. 그것은 합리적 객관적 인식이 아니다. 진리라 할지라도 깨달은 진리이다. 진리에 따르는 의식을 인식이라고 한다. 진리를 경험하더라도 원래 인간이 그랬던 것처럼 그대로 두는 진리는 아니다. 우리가 과학적 인식을 획득하더라도 그 인식을 획득했기 때문에 인간이 인간인 것을 포기할 필요는 없다. 오히려 인간이라는 사실을 견고하게 한다. 깨달은 인식이라는 것은 그 인식을 가졌을 때, 인간은 원래의 인간으로 돌아갈 수 없다. 인간 그 자체가 완전히 바뀌는 것과 같은 진리이다. 그러한 진리, 그것은 결국 깨달은 진리이다. 인간이 깨달았다면 그것이 곧 「여래(如來, Tathāgata)」일 것이다. 인간 그 자체가 여래인 셈이다. 그러한 인식을 '무분별지'라고 한다. 이것을 지금 여기서 말하는 이름의 문제와 연결하여 생각하면 재미있는 표현을 찾을 수 있다.

무착(無著, 300-370)[2])에 의하면 「보살(菩薩)」이 무분별지를 얻었을 경우, 즉 그 인식을 획득했을 때 범부라는 형태였던 중생이 보살이라는 형태로 바뀐다고 한다. 그 경우에 모든 대상을 분별하지 않는 이름 안에 있게 한다. 여기에 대상과 이름이라는 개념이 있다. 곧 우리들이 무분별지를 얻은 경우를 무착은 "주무분별일체의명중(住無分別一切義名中)"이라고 말했다 '주(住)'라는 것은 '안주했다'는 것으로 즉 이름에 안주하는 것이다. 분별의 영역에서 사는 것은 범부이다. 분별을 부정하면 보살이 된다. 무착의 말은 그러한 보살은 어디에 사는가라는 문제에 대한 대답이다.

보살이라든가 범부라는 말이 다소 어려운데, 방황하는 자는 범부, 깨달은 자는 보살이다. 보살은 특별히 대단한 사람이 아니다. 진짜 인간은 인간의 존재를 자각하며 존재한다. 이것이 보살이다. 인간은 살면서 살고 있음을 자각하며 산다. 개나 고양이도 살고 있지만 살고 있음을 자각하지는 않는다. 살아 있는 중에 살고 있음을 자각하며 사는 것은 인간뿐이다. 따라서 살고 있는 것으로 말하면 모든 존재 중에 존재를 자각하는 기회는 인간의 경우에만 있다. 스스로를 자각하며 살아간다. 이러한 형태를 가지고 살고 있는 존재를 보살이라고 한다. 범부는 자기를 잃어버리며 살고 있다.
......

본래 가진 모습을 접함으로써 의식은 의식 자체에 눈을 뜬다. 의식은 꿈에서 깨어날 수 있는 것이라고 하지 않는다면 인간은 아무리 깨달음을 얻으려 해도 깨달을 수 없다. 사물을 객관적으로 의식하는 것뿐만 아니라, 의식한다는 것 자체를 의식하는 것은 꿈속에서조차 말할 수 있는 이치이다. 그러한 의식에서 깨어날 수 있는 것도 의식이다. 따라서 신앙의 자각이라는 것은 마음의 본성이고 의식이 의식의 근간으로 돌아온 자각이다. 그러한 자각이 아니라면 자각이라고 해도 자각도 여러 방식이 있어 막연하고 분명하지 않게 된다. 도겐(道元, 1200-1253)* 선사는 '회광반조(回光返照)'라고 했다. 보통 우리는 무언가에 불빛을 비출 때 그 앞을 비춘다. 우리 앞에 있는 그만큼밖에 의식할 수 없다면 인간은 영원히 방황에서 벗어날 수 없다. 그러나 의식은 앞도 비추지만 뒤도 비춘다. 앞을 밝히고 있는 것이 꿈이라며 비출 수 있다. 이러한 형태로 마음의 본성으로 돌아오는 것이다.
......

의식은 반성하는 것 뿐 아니라 깨닫는 것도 가능하다. 즉 꿈에서 깰 수 있는 것이 의식이다. 그러한 자각이 없다면 종교적 자각은 나타날 수 없다, 반성적 자각에서는 나타날 수 없다. 반성적 자각은 단순히 주체적 자각이다. 즉 주체로서 대상화되고, 객체와 대립한다. 대상화하는 한 자기로 돌아오지 않는다. 자기로 돌아가지 않는 의식은 불안이다. 신앙의 자각은 『대승기신론』의 용어를 빌리자면 '본각(本覺)'이라는 자각이다. 각(覺)은 자각의 각이지만 또한 방황에 대한 각이다.

---

2) [영] 아상가(Asaṅga, 300-370). 대승불교의 유식론을 체계화한 불교 사상가. 동생인 바스반두와 함께 유가행파(Yogacara)라는 대승불교의 한 학파를 만들었다.

이름은 부수적인 이름들이다. 아무리 여래의 이름이더라도 부수적인 이름이다. 이름이란 그저 이름일 뿐이지만 그저 이름뿐이라는 자각은 이름뿐이 아니다. 종교적 자각의 경우 각은 이중의 의의를 가지고 있다. 즉 각은 사물을 아는 것이 아니다. 안다는 것을 아는 자의식적 의미도 가지는 동시에 그 각은 '깨닫다'라는 방황에 대한 의미도 가진다.

그저 아는 것을 안다고 하는 것에만 머문다면 그것은 극한 개념이다. 주관은 아무리 거슬러도 그저 극한개념으로 남을 뿐이다. 인식주관으로서 남는 수밖에 도리가 없다. 그렇다면 역시 그것은 분별이므로 안심할 수 없는 것은 아닐까? 그것은 객체에 대한 에고(자아)로서의 주체적 자각이다. 역시 주관이다. 그러나 동시에 각은 '눈을 뜬다'는 의미로 자기를 단순히 아는 것이 아니라 깨어 있는 것이다. 알려진 것이라면 에고(자아)와 다르지 않다. 자기는 방황하는 채로 자기라는 것이 아니다. 자기는 깨어난 것, 깼다는 형태의 자각이다. 그렇지 않으면 신앙의 자각은 나타나지 않을 것이다.
......

「아미타(阿彌陀)」라는 것은 형태가 없는데 그 형태가 없는 것이 이름이 되었을 때, 형태가 없는 것이 형태를 취하고 있는 것으로 불리게 된다. 그것은 아무리 부르더라도 무언가가 있어서 부르는 것이 아니다. 부를 것이 없는 점에서 부름을 얻는 것이다. 그것은 소리 없는 목소리일 것이다. 불리기 때문에 내가 있는 것이 아니다. 나 그 자체가 부름으로써 성립한다. 부름으로 전환된다. 우리들의 외부에 부름이 있고 그것을 우리들이 듣고 그것에 의해 움직이는 것이 아니다. 부름으로 내가 성립된다.

본원(本願)이라는 이름은 사물을 나타내고 있는 것은 아니다. 관계를 나타내는 이름이다. 나와 당신의 관계를 나타내는 것으로 무언가의 존재를 나타내고 있는 것은 아니다. 그러나 그 관계는 어떤 것과 어떤 것의 관계가 아니라 형태가 있는 것과 형태가 없는 것과의 관계이다. 영원과 시간과의 관계를 나타내고 있다. 관계는 항상 상호적이다. 일방적이지 않다. 불린다는 것은 들었다는 것이고, 대답했다는 것이다. 부름이 있었고 나중에 대답하는 것은 없다.

부름이란 부르는 것을 들은 사람에게만 있다. 듣지 못하는 이에게는 없다. 듣지 않는 이에게 있다고 한다면 그러한 부름은 대상적인 것이다. 따라서 부름은 동시에 그것에 대한 응답이다. 이 경우의 관계는 상호관계이다. 형태가 있는 것과 형태가 없는 것과의 호응관계를 나타내는 것과 같은 이름이다. 이것을 한자어를 빌려 표현한다면 '감응도교(感應道交)'이다. 오늘날의 말로는 상호관계이다. 유심이 감동하면 「무심(無心)」은 응한다. 어떤 것과 어떤 것의 관계가 아니다. 유와 무의 관계이다. 전체라는 것은 총법(總法)이라든가 극통법(極通法)이라고 하는 것처럼 대상적인 것은 아니다. 대상화하는 것을 금지하므로 공(空)이라는 것이다. 「절대무(絶對無)」라고 해도 좋다. 그렇게 유와 무의 상호관계를 나타내는 것이 이름이라는 것이다. 형태가 없는 것이 이름을 통해 형태 있는 것과 관계를 가진다.

아미타불의 이름은 그저 아미타라고 말해지는 것이 아니다. 앞에서 서술한 바처럼 중생의 문제에 답해지고 있는 것이다. 나무아미타불이라고 말 할 때에 인간은 근원적인 의미로 답해지고 있다. 인간이 인간 생각대로 답해진 것은 아니다. 인간이 스스로를 생각하는 것보다 더 깊은 무언가이다. 결국 인간이 여래로서 답해진다. 그러나 그로 인해 인간이 인간이 아닌 다른 것이 되었다는 의미는 아니다. 그것을 통해 인간이 비로소 인간이 된다. 따라서 나무아미타불이라는 것은 인간이 근본적인 모습으로 돌아가려는 방편이다. 동시에 돌아간 것을 나타내는 말이기도 하다. 돌아가려고 한다고 말하면 본원에서 나온 말인데 돌아갔다고 하면 믿음의 마음에서 나온 말이다. 그런 의미에서 나무아미타불은 마음에 안정을 주고, 그것은 법이며 또한 사람의 마음을 편안하게 한다.

여래가 이름이 된다는 것은 결국 우리가 그 이름을 말할 때, 그 '칭'한다는 단어가 본원의 이름을 더한다는 사실은 누구나 그것을 할 수 있음을 가리킨다. 언제 어디서든 누구라도 자신의 근원으로 돌아갈 수 있는 길이다. 칭한다는 것은 누구라도 할 수 있음을 상징한다. 그저 소리를 내는 것은 아니다. 노력을 필요로 하지 않는 것을 상징한다. 이제 와서 우리들의 노력을 필요로 하지 않는다는 것은 노력을 넘은 진정한 노력이기 때문이다. 그것은 수행이기 때문이다. 이름을 통해 여래가 수행을 하고 있는 것이다.

우리들이 무분별지를 얻는 것도 신심을 얻는 것도, 또 신심을 얻은 곳에 불퇴(不退)[3]를 증명한다는 것도 모두 수행으로서 성립하는 것이다. 이름이 수행이다. 이름이란 중생의 수행인 곳의 이름이다. 부처의 이름인데 부처의 이름은 부처를 나타내는 것이 아니라 중생의 수행으로서의 이름이다. 여래가 스스로를 중생으로서 나타내려하는 이름이다. 다시 말해, 「진여(眞如)」가 불여로서 진여로 돌아가려는 이름이다. 그러한 수행이다. 신심을 얻는다가 왕생을 결정하는 것은 중생이 돌아가고 돌아가야 할 이름이다. 그 의미에서 부처의 이름은 중생으로 하여금 부처가 되라하는 이름이므로 본원의 이름이라 함은 법이다. 「불법(佛法)」이다. 부처의 이름은 불법이다. 아미타불의 이름은 불법이다. 그런 의미에서는 법이라는 것은 인간과 상대되는 말이다. 법인 것은 사람을 필요로 하지 않는 것이다.

여래가 이름이라는 형태로 나타나는 것은 바꿔 말하면 우리들이 의지할 수 있고 또 안심할 수 있는 여래임을 나타낸다. 그것이 이름이다. 형태 없는 것이 오직 형태 없는 그대로라면 의지할 수도 구원받을 수도 없다. 이름이 되었을 때, 여래라는 인격이 있는 것이 아니다. 인격적 존재가 아니라 법이다. 나무아미타불로 돌아가게 하는 것은 법에 맞는 것이다. 이름을 실체화한 것은 페르소나(persona), 즉 아미타불이라는 대상적 절대자 혹은 인격적 존재자를 타자로서 세우는 것이 된다. 불교에서는 타력이라 하고 타자라고 하지 않는다. 타자적이라고 하는 것이 기독교의 사고라면 불교는 근원적이다. 여래는 중생의 본성이지 중생의 타자가 아니다. 타자는 형태가 있지만 본성에는 형태가 없다. 타자의 힘을 필요로 하지 않는 것이 법이다. 법이 없을 때 타자를 세울 수밖에 없다. 법이 있다면, 즉 이름이 있다면 타자를 세울 필요가 없다. 법에 의지하며 다른 곳에 의지하지 말라고 말하는 이유이다.

결국 이름이란 것은 원래 이름인 것이고 가명인 것이라고 말하고 싶었다. 이름은 단순히 이름일 뿐이다. 그러나 그것은 단순히 이름뿐이 아닌, 형태이고 작용이고 또 그것으로 돌아가게 하는 수행이다. 가명을 부정하여 진실에 닿는 것이 아니다. 가명이 진실인 것이다. 담란(曇鸞, 476-542) 대사의 말처럼 진실은 「법성(法性)」인 것이다. 이는 방편을 부정하여 법성이라고 하는 것이 아니다. 방편 그대로가 법성인 것이다.

[PBW/이혜원]

---

3) [한] 깨달은 보살의 지위나 깨달은 법을 잃지 않음.

# 유교

후지와라 세이카

하야시 라잔

나카에 도주

야마자키 안사이

구마자와 반잔

야마가 소코

이토 진사이

가이바라 에키켄

사토 나오카타

아사미 게이사이

아라이 하쿠세키

오규 소라이

이시다 바이간

안도 쇼에키

도미나가 나카모토

데지마 도안

미우라 바이엔

니노미야 손토쿠

# 개관

메이지시대(明治時代, 1868-1912)에 등장한 '철학(哲學)'이라는 번역어는 고전적이며 근대적인 유학의 가치를 모두 반영하는 신조어였다. 그러나 유학을 일본 철학의 선봉으로 내세우는 데, 신조어 「철학」보다 훨씬 더 큰 역할을 한 것은 최초의 일본인 동경제국대학 철학과 교수 이노우에 데쓰지로(井上哲次郎, 1855-1944)*가 내놓은 인상적인 저작들이었다. 왜냐하면 그가 일본의 전통적 철학(哲學)과 근대 초기 일본의 다양한 유학적 유파의 학설이 동일한 전통적 흐름에 있는 것임을 설득력 있게 밝혔기 때문이다. 그의 기념비적인 삼부작『일본 양명학파의 철학(日本陽明學派之哲學)』『일본 고학파의 철학(日本古學派之哲學)』『일본 주자학파의 철학(日本朱子學派之哲學)』에서, 이노우에는 서양철학이 일본으로 수입되기 훨씬 전에 도쿠가와시대(德川時代, 1603-1868)의 유학자가 이미 막대한 양의 철학적 저술을 남겼다는 사실을 입증했다. 이노우에는 그의 삼부작에서 도쿠가와시대의 철학적 흐름을 주자학, 양명학, 그리고 고학(古學)으로 대표되는 세 가지 유학적 유파의 발달로 설명했고, 각 유파의 생각을 서양철학의 개념인 관념론, 리얼리즘, 유물론, 공리주의, 그리고 인식론적 객관론과 주관론이라는 관점으로 해석하였다. 유학이 일본 고유의 중요한 철학적 전통이었음을 밝혀낸 그의 연구는 일본뿐만 아니라 구미의 철학자들에게도 설득력이 있었다.

이노우에의 후기 저작들은 유학과 신도(神道)와 불교를 종합한 '국민도덕'에 집중되었다. 그가 체계화 시킨 국민도덕은, 1920년대와 2차세계대전 시기를 거치면서 점점 더 국가, 제국주의, 전사의 도, 즉 「무사도(武士道)」와 군국주의를 찬양·고무했다. 이노우에는 유학을 그의 국민도덕에 관한 그의 저작의 바탕으로 삼았는데, 그것만 제외하면 이데올로기적 선전 선동으로 가득해서 철학으로서의 유학이라는 그의 주장마저 의심받게 되었다. 그 결과 현대 일본 철학자들은 그의 저작을 거의 언급하지 않게 되었다. 그리고 대다수 대학의 철학 교과과정에서 유학이나 다른 형태의 전통적 일본 사상은 제외되었다. 전후 일본에서 여전히 유학사상을 연구하는 이들은 있다. 그러나 대부분의 경우 역사학, 인문학, 문학, 혹은 교양과정의 연구자들이 '사상', 지적 전통, 혹은 이데올로기로서 연구하고 있을 뿐이다. 그러나 유학이 철학이라는 사실을 부인하는 것이 국가도덕에 관한 이노우에의 생각 때문이라고 생각할 필요는 없다. 서양 철학만 철학은 아니라는 생각을 하는 학자들은 일본의 유학이, 비록 서양의 학문적 관점에서의 철학은 아니라 하더라도, 그 본질에 있어 철학적인 것이라 여기는 열린 시각을 갖고 있다.

### 역사적 배경

중국의 유학은 도쿠가와시대(德川時代, 1603-1868) 훨씬 이전에 일본에 들어왔다. 3세기에서 5세기에 한자의 도입과 함께 최초로 일본 열도에 유학 서적들이 등장했다. 시간이 지나면서 유학적 사고는 많은 것들에, 특히 통치자와 그가 통치하는 시대의 명칭을 정하는 데에, 그리고 최초로 정체(政體)를 구체적으로 명시하는 데 영향을 끼쳤다(서문 참고). 유학은 그 정치적 영향력에도 불구하고, 실제로 사람들의 마음을 움직이는 측면에서 불교에 미치지 못했다. 화공들, 석공들, 다른 분야의 장인들과 건축가들이 동반해서 만들어내는 매력적인 불교 정신세계는 오랜 세월 일본인의 마음에 스며들어 문화적으로 지배적 위치를 차지했다. 유교에 대한 불교의 우세는 6세기에서 10세기를 전후해 중국과 동아시아에서 보편적으로 드러나는 현상이다. 그러나 송대(宋代, 960-1279)에 이르면, 후기불교적 영향을 수용한 새로운(서양에서 흔히 성리학(性理學, Neo-Confucianism)이라 부르는) 유학체계가 미와 진실과 쾌락뿐만 아니라 언어와 의미, 자아와 세계, 윤리와 형이상학의 실재성을 완전히 인정하면서, 철학적 사고로서 불교의 지배에 도전한다. 주희(朱熹, 1130-1200)가 체계화한 성리학이 성장하면서 불교는 도전에 직면했고, 지식인들이 점점 더 실제 세계에 대한 새로운 철학적 가치관인 성리학을 수용함에 따라 불교는 결국 무릎을 꿇게 된다.

도쿠가와시대는 전쟁을 통해 권력을 획득한 사무라이가 칼을 차고 다니기는 했지만, 칼이 아니라 문민적이며 철학적으로 세련된 방식으로 통치하는 아이러니한 시대였다. 도쿠가와시대의 통치는 2세기 동안 상대적으로 평화로운 시기를 이끌면서 일본에서 유학의 황금시대를 위한 토대를 마련했다. 이 기간에 유학자들은 사무라이 지도층의 후원을 받는 일이 잦았고, 사무라이 스스로 유학자를 자처할 때도 있었다. 그러나 사무라이, 농민, 기술자와 상인[士農工商]으로 계층 구분이 확립되었지만 ― 계층 구분을 흔히 유학의 유산이라 오해하지만, 실은 중국 법가(法家)의 철학에 기반해 확립된 것이다 ― 유학들은 배제하거나 차별하는 방식이 아니라 총체적으로 이해하기를 의도하며, 포괄적이고도 선험적 관점으로 세상을 보았다.

이노우에 데쓰지로(井上哲次郎, 1856-1944)의 삼부작에 따르면, 도쿠가와시대 초기에는 주자학과 양명학을 추종하는 사람들이 송대과 명대(明代, 1368-1644)의 유학의 논리를 반성없이 수용하는 단계였다고 한다. 이들은 유학의 일본적 해석을 좀 더 뚜렷이 추구하는 고학파(古學派)에 의해 비판적으로 흡수된다. 야마가 소코(山鹿素行, 1622-1685)*, 이토 진사이(伊藤仁齋, 1627-1705)*, 오규 소라이(荻生徂徠, 1666-1728)* 같은 기라성 같은 학자들이 여기에 속한다. 심지어 도쿠가와시대의 유학 해석에 관해 전후 가장 영향력 있는 학자이자 이노우에의 관점을 비판하는 마루야마 마사오(丸山眞男, 1914-1996)* 조차도 이노우에의 세 가지 유학적 유파라는 해석적 도식을 따랐다. 그렇지만 도쿠가와시대의 유학에 대해 세 가지 유파로 구분해 해석하는 방식은 문헌적 근거가 희박하다. 『사서집주(四書集註)』로 대표되는 주희의 사상은 의심할 바 없이 도쿠가와시대 유학에 엄청난 영향을 끼쳤다. 왕양명(王陽明, 1472-1529)의 사상은 명확하지만 시간이 지날수록 설득력을 잃었다. 주희의 사상은 시간이 갈수록 다양한 수정론적 해석이 이어졌다, 몇몇은 피상적 단순화였지만 다른 것들은 그보다 훨씬 더 정밀한 비판과 영감을 주는 통찰력을 보였다. 고학파 학자들은 대체로 후자에 속했기에 주희와 그의 옹호자들의 생각에 비판적으로 접근하면서 주자학을 재정립했다.

여기서 놀라운 점은 유학자들이 서로의 생각을 비판적으로 토론했다는 사실이다. 후기 철학자들은 야마가 소코를 거의 언급하지 않았지만, 소코는 스스로 주희식(式)의 유교철학을 정립했으면서도 공격적으로 주희를 비판했다. 이토 진사이도 주희와 다른 많은 중국 사상가들을 비판했지만, 자신도 오규 소라이에게 거세게 비판받았다. 철학적 활력의 징후로 보이는 이런 토론들로 인해 도쿠가와시기는 중국 주나라 시대(BC.1046-221)에 전개된 수많은 철학적 사조의 백가쟁명(百家爭鳴)에 비견되기도 한다. 그러나 중국과는 달리 도쿠가와시대는 학파들끼리의 논쟁이라기보다, 토론과 논쟁을 통해서 진실에 도달하고자 하는 의도로 개별 학자들이 서로를 비판하면서 자유로이 생각을 주고받는 방식이었다.

## 의심과 회의

도쿠가와시대의 유학은 단일 대오를 형성한 적도 없고, 완고하게 한가지 정통성만을 강요하지도 않았다. 후기 도쿠가와 시기에 '이단'적 교의(즉, 비주자학적 교의)를 통제하려는 시도가 있었지만, 1790년 간세이(寬政) 연간에 제정된 '이학(異學)의 금지'는 도쿠가와 「쇼군(將軍)」의 후원을 받던 유파들에게만 적용되었다. 그 금지는 일본 전역의 사립 학원(學院)을 통해 벌어진 토론과 논쟁을 억누르지는 못했다. 오히려 이 시기의 유학은 지속적인 대화와 비판, 의문 제기와 숙고, 그리고 초기 철학적 해석의 수정을 통해 많은 다양한 해석을 낳았다.

유학적 사고에는 '의심과 의문'에 대한 뿌리 깊은 존중이 자리 잡고 있다. 『논어(論語)』에서 공자는 '늘 질문을 던지고 스스로 생각할 채비를 하고서, 의문과 배움을 유발하는 것이 있으면 바로 질문을 던질 것'을 권했다(계씨[季氏]편 10절, 자장[子張]편 6절). 이에 동의했던 사실상 모든 후기의 유학자는 배움에서 의문을 던지고 의심하고 회의하는 것에 찬성했다. 예를 들어 송대에 주희는 "모름지기 학생은 맨 먼저 의심하는 법을 알아야 한다. 의심을 던지지 않는다면, 배움에 진전이 없을 것"이라고 강조했다. 명대의 왕양명과 나흠순(羅欽順, 1465-1547)도 의심의 가치를 인정했다. 진실로 유학자들을 이어주는 가장 중요한 끈은 그들 모두가 배움의 진전을 위한 의심과 회의의 긍정적인 역할을 높이 평가했다는 점이다.

도쿠가와시대에 하야시 라잔(林羅山, 1583-1657)*은 일찍이 의문을 던지는 것이 배움에 끼치는 긍정적 역할을 인정했다. 라잔은 그것이 자신이 확립했던 철학적 관점에 대한 문제 제기를 초래하리라는 것을 알면서도 그렇게 했다. 야마가 소코, 이토 진사이, 오규 소라이 그리고 여러 유학자들, 주희의 주자학, 라잔의 주자학까지도 비판을 받았고 그 비판을 거쳐 체계화되고 재정립되었다. 가이바라 에키켄(貝原益軒, 1630-1714)*과 같은 도쿠가와시대의 유학자들은 주희의 사상에 곧잘 의문을 품었다. 그의 저서 『대의록(大疑錄)』에서 에키켄은 주희의 학문에 대한 자신의 애정을 밝혔지만, 또 여러 관점에서 심각하게 비판했다. 도쿠가와시대 후반에 이르면 안도 쇼에키(安藤昌益, 1703-1762)*, 미우라 바이엔(三浦梅園, 1723-1789)*, 그리고 니노미야 손토쿠(二宮尊德, 1787-1856)*와 같은 이들이 유학의 가르침에 대한 초기의 생각에 의문을 제기하면서, 그것을 바탕으로 체계를 세웠다.

## 언어, 진실, 그리고 의미

사실상 모든 유학자는 불교 철학자가 철학적 진실의 기반으로서 언어의 가치를 폄하하는 경향이 있다고 생각한다. 그런 생각은 인도 사상가 나가르주나(龍樹, Nāgārjuna, 150-250)에 대한 분석에서 나왔다. 그는 저서 『중론(中論)』에서 모든 용어들(인과율, 시간, 공간, 물질, 운동, 경험적 지식, 감정, 부처, 불교에서 말하는 네 가지의 고귀한 진리(사성제[四聖諦]), 열반(涅槃)은 「공(空, S. śūnya)」한 것이며 독립적으로 존재하는 실체에 대한 고정 지시어(fixed designator)로 간주하면 안 된다는 것을 입증하려 했다. 용어들이 일상적인 낮은 차원에서 실용적 진실이 있음을 잠정적으로 인정하면서도, 나가르주나는 두 단계로 진실에 접근하는 이론에서, 궁극적 단계에서는 이런 용어들이 공(空)함을 벗어날 방법이 없다는 점을 확언했다.

일본의 대승불교는 일상어에 대해 철학적 가치를 부정하는 이러한 논리를 수용했다. 도쿠가와시대의 유학자들은 불교의 그런 관점을 비판하면서, 단어와 언어와 그것의 의미는 공(空)한 것이 아니라 오히려 가장 실질적이며 효과적인 진실의 담지자라고 주장했다. 유학자들이 언어와 그 의미를 인정한 것이 새로울 게 없는 뻔한 소리처럼 보일지라도, 그것은 일본의 철학 역사에서 혁명적 변화를 초래했다. 그것은 불교의 「공안(公案)」에서 보이는, 때로 터무니없는 말장난처럼 보이는, 언어와 그 의미에 대한 비체계적 접근에서 벗어나게 했고, 실체에 대한 철학적 이해를 갈망하는 자에게 그것이 언어와 의미의 인식에 필수적인 것이라는 점을 인식시키면서 패러다임의 전환을 이끌었다.

일본의 유학자들이 정확한 언어와 그 의미에 대해 관심을 보인 것은 공자의 『논어』에 근거한다. 어떤 대목(자로편 3절)에서, 자로가 공자에게 만약 그가 국정을 맡는다면 무엇을 첫째로 개혁할 것이냐고 물었을 때, 공자는 "언어를 바로잡겠다[정명(正名)]"고 답했다. 자로가 그것이 통치를 하는 것과 도대체 무슨 관련이 있느냐고 묻자, 공자는 언어가 정확하지 않으면, 예(禮)와 악(樂)과 통치하는 것과 백성들의 행위가 제멋대로 뒤엉켜서 혼란과 혼돈에 휩싸이게 된다고 설명했다. 그래서 만약 통치자가 정당한 질서를 확립하려 한다면, 그는 언어를 바로잡는 것부터 시작해야 한다고 덧붙였다. 마지막으로 그는 군자는 그런 연유로 자신이 어휘를 바로 쓰고 있는지 늘 염려한다고 말했다.

일본의 유학자들이 이런 논리를 진전시키는 데에는 송대 말엽에 출간된 진순(陳淳, 1159-1223)의 『성리자의(性理字義)』(1223)가 큰 영향을 끼쳤다. 도요토미 히데요시가 조선을 침공했던 임진왜란 시기에 수입된 진순의 저작은 후지와라 세이카(藤原惺窩, 1561-1619)[*], 하야시 라잔, 마쓰나가 세키고 (松永尺五, 1592-1657), 야마가 소코(山鹿素行)[*], 이토 진사이, 오규 소라이, 아라이 하쿠세키(新井白 石, 1657-1725)[*]를 비롯한 많은 도쿠가와시대 유학자의 철학적 방법론에 영향을 끼쳤다. 일본 유학자 들은 진순의 저작을 통해 「도(道)」에 대해 자신들의 관점을 설명하기 위한 구체적 방법론과, 단순히 용어를 정의하는 것을 넘어서 의미를 부여하는 방법론을 찾아냈다. 공자에 따르면, 언어와 그 의미에 대한 분석은 공정하고 정연한 정체(政體)에 대한 철학적 기반을 정의 내리는 것과 긴밀한 관계가 있다는 것이다.

### 윤리

유학은 여러 가지 측면에서 불교를 비판했다. 그중에서 가장 근본적인 비판은 인간의 본성, 존재 그리고 윤리의 토대에 대한 이해와 관련된 것이었다. 실존했던 부처, 고타마 싯다르타(瞿曇悉達多, Gotama Siddhartha, BC.563?-BC.483?)는 불교의 핵심적 관점을 설명하는 네 가지 거룩한 진리[四聖 諦] 중에 첫 번째 진리에서 미혹에 빠진 평범한 중생의 삶은 그 자체로 고통과 불만의 삶이라고 설명한다. 그래서 불교적 가르침의 많은 부분은 '욕망, 무지, 애착, 그리고 고통에 의해 지배되는 세상에서, 어떻게 하면 뭇 중생이 영원한 「윤회(輪回, samsara)」의 늪에서 벗어날 수 있을까'를 다룬 다. 고타마에 따르면, 우리가 실재한다고 여기는 자아라는 개념이 착각이라는 것이다. 독립적으로 실재하는 에고 혹은 자아(自我)는 존재하지 않는다[無我, anātman]. 같은 이치로 우리는 지금의 세계 도 실재한다고 여기지만, 그것은 자기충족적으로 존재하는 실체가 아니라 실은 일시적으로 흘러가는 현상일 뿐이다. 그래서 만약 우리가 무지와 욕망과 분노를 버린다면, 업(業)은 더 이상 우리를 윤회의 굴레에 묶어 두지 못하며, 우리는 「윤회」의 사슬을 끊고 「열반(解脫, nirvāna)」에 이르게 된다는 것이다.

유학자의 입장은 완전히 다르다. 그들은 자아의 궁극적 존재를 부인하지 않고, 인간의 존재와 인간 본성을 가장 근본적인 실체라 여겼다. 하지만 인간 본성을 바라보는 관점에는 차이가 있었다. 다수의 유학자가 인간의 본성은 본래 선하다는 맹자(孟子, BC.371-289)의 관점을 받아들였지만, 몇몇 은 일부의 인간은 선하고 다른 일부는 악한 본성을 타고난다고 보았다. 그러나 어떤 유학자도 인간 본성을 부정하거나 번뇌의 원천, 혹은 초월해야 할 대상으로 보지는 않았다. 유학자는 세상이 완벽하지 못하다는 사실을 적극적으로 인정했지만, 그러면 그럴수록 개선하고 더 높은 차원으로 끌어올려야 한다고 주장했다. 또한 자아가 본성의 선천적 선함을 잃어버렸을 지라도, 인간은 열반으로 도피하거나 존재의 완전한 소멸을 추구할 게 아니라, 자아의 선천적 본성을 되찾고 타인과의 관계에서 윤리적 덕성을 함양해야 한다고 주장했다.

유학은 윤리학의 핵심을 정의할 때, 예외 없이 가족을 도덕적 실천이 시작되는 근원이라 강조했다. 그래서 부자와 부부와 형제 사이의 관계를 가장 중요한 것으로 간주했다. 여러 측면에서 유학적 윤리는 가족을 나라와 우주에 비유했다. 그래서 통치자를 백성의 어버이로, 같은 근거로 하늘과 땅은 만물을 창조한 어버이에 비유했다. 유학은 가족에 관한 불교의 교리를 비판했다. 결국 싯다르타도 삶의 의미를 찾겠다며 아내와 자식을 떠났으니 말이다. 시간이 흐르면서 불교에서 가족을 부정하는 태도는 은유적인 것으로 약화되었지만, 여전히 승려가 되기 위한 실질적 방식으로 기능했다.

## 형이상학

공자의 첫 번째 관심사는 형이상학을 규정하는 것이 아니라, 이 세상에 윤리 행위에 대한 가르침을 제시하는 것이었다. 하지만 공자가 형이상학적 쟁점들을 논하기를 피한 것은, 부분적으로 고대의 철학자들이 일상적 경험의 세계에서 만물의 본성이 실재하는 것이라고 인정했기 때문이다. 그러나 훗날, 윤회의 세계가 지닌 무상하고 덧없는 본질을 말하는 불교 교리를 좇아서, 유학자는 우주의 본성을 설명하는 형이상학을 구축해야 할 필요를 느꼈다.

후기 유학자는 실재의 물리적 속성을 무상하고 덧없는 것으로 판단하기보다는, 생성적 힘인 「기(氣)」와 기(氣)의 이성적 도덕적 본성인 「이(理)」라는 용어를 동원해 그 속성을 설명했다. 기와 리는 자주 분리되어 설명되기도 했지만, 도쿠가와시대의 유학자에게는 분리될 수 없는 것이었다. 그러므로 리 없는 결코 기도, 또는 기 없는 이도 있을 수 없었다. 그럼에도 어떤 철학자들은 두 개의 개념 중에서 어느 하나를 강조했고, 특별히 더 강조하는 개념으로 학파의 명칭을 삼았다. 주희와 그의 후학들은, 기가 이없이는 결코 존재할 수 없음을 되풀이해서 강조했지만, 비판자들에게는 그들이 기를 더 중요시한 것으로 보였다. 그래서 주희의 가르침을 흔히 이학이라 불렀다.

도쿠가와시대에 많은 유학자들은 이를 지나치게 앞세우는 것을 비판하면서, 우선순위를 기에 두었다. 기를 중시하는 형이상학은 하야시 라잔의 철학에서 두드러진 반면에 가이바라 에키켄과 이토 진사이와 같은 유학자들은 만물의 실체이자 통합적 생성력인 기를 훨씬 더 강조했다. 주희의 성리학과 밀접하게 관련되는, 예를 들면 태극(太極)과 무극(無極)과 같은 다른 개념들도 일본의 유학자들에 의해 심하게 비판받았다.

## 영성(靈性)

공자는 영적인 문제를 심각하게 논의하는 것을 꺼렸지만, 도쿠가와시대의 유학자들은 자아와 윤회와 「정토(淨土)」와 지옥과 같은 불교적 주장을 비판하면서 정면으로 대응했다. 불교에 따르면, 깨닫지 못한 중생들은 그 무지와 집착때문에 이 세상에서 끝없는 윤회의 운명에 빠지고 저 세상에서 수많은 천국과 지옥을 겪게 된다. 일본 불교의 한 유명 종파인 정토종(淨土宗)은, 「말법(末法)」의 시대에 중생들은 독자적으로 구원받을 수 없지만 믿음을 가지면 「아미타불(阿彌陀佛)」의 서방정토(西方淨土)에서 환생할 수 있음을 강조했다. 아미타의 자비로운 도움으로 정토에 드는 것이 허용된다는 것이다. 유학자는 이런 식의 내세관(來世觀)을 부정하고 극락과 지옥에 대한 불교의 주장을 도대체 터무니없는 것이라며 조롱했다. 유학자는 이치에 닿는 한에서 영적인 존재를 인정했지만, 그것을 흔히 혈연과 관련된 소위 조상 숭배에만 국한시켰다.

유학자는 인간 각자에게 혼(魂)과 백(魄)으로 이루어진 이중의 영적 차원이 존재함을 인정했지만, 윤회를 믿을 근거는 없다고 생각했다. 흔히 함께 논의되는 혼과 백은 기(氣)와 연관된다. 유학자들은 인간이 죽으면 혼은 하늘로 올라가지만 백은 땅으로 돌아간다는 사실을 받아들였다. 한동안 혼백(魂魄)은 산 자들 주변에 머무르기 때문에 가족들이 받들어 모셔야 한다는 것이다. 인간은 조상을 공경해야 할 의무를 지기 때문이다. 하지만 개인적 인연과 혈연차원을 벗어나는 영적인 의례는 인정하지 않았다.

## 교육

유학자는 늘 교육과 「학(學)」의 중요성을 열렬히 주장했다. 도쿠가와시대에 그들은 일본 역사상 가장 체계적인 교육 철학자들로 대두했다. 사실상 모든 유학자는 교육이 인간의 자기실현을 위한 유일한 수단이라 믿었다. 유학자는 교육을, 특히 서예에서 그렇듯이, 한 인간이 어떤 모범을 따라 배우기 시작하고, 시간이 지나면서 스스로 배움을 수행할 수 있는 수준에 이르게 되며, 그런 다음에야 비로소 그 분야에 대한 자신의 전문지식을 표현하는 과정으로 설명했다. 또한 그들은 여성에게도 배움이 필요함을 강조했다. 가이바라 에키켄의 『여대학(女大學)』과 같은 저술들은 현대적 관점에서 진보적이라 보기는 힘들지만, 여성들이 집안과 사회에서 그들의 역할을 배워야 한다는 것을 인식했음을 보여 준다.

도쿠가와시대의 유학자는 교육에 대한 자기들의 열렬한 옹호를 불교가 교육에 대해 취하는 태도와 뚜렷이 대비시켰다. 구원론적 본질에 대한 생각과 그것을 이해하기 위해 요구되는 비범한 정신력을 강조하는 불교적 교육관은 유학의 세속적이고 학문적인 교육관과 서로 어긋났다. 승려들은, 일자무식의 나무꾼이었지만 탁월한 깨달음으로 선불교의 육조(六祖)가 되어 의발(衣鉢)을 전수받은 혜능(慧能, 638-713)을 예로 들면서 비록 무학자일지라도 즉각적인 이심전심(以心傳心)을 통해 높은 단계의 깨우침에 이를 수 있다고 주장했다. 도쿠가와시대의 교육이 주로 사찰에서 이루어졌기 때문에 그런 곳을 '사찰 학교'라 일컬을 정도였지만, 선불교는 책을 통한 공부를 폄하했다. 심지어 책을 기껏해야 아무 가치도 없는 것을 전하는 것이라 경멸했다.

일본 유학이 남긴 가장 주목할 만한 유산은 사회 정치적인 관점에서 진지하게 세상을 바라보는, 잘 교육받은 사회로 이끄는 데에 공헌했다는 점이다. 주로 후지산(富士山)을 중심으로 자연의 세계를 아름답게 묘사한 목판 인쇄물에서 잘 드러나듯, 도쿠가와시대 일본의 세속적 경향은 세속의 현실을 강조한 유학적 태도에서 사실적으로 반영되었다. 유학이 남긴 또 다른 유산은 일본인이 언어와 그것의 의미를 실질적인 것으로 받아들이게 만들었다는 점이다. 이 두 가지 유산 덕분에 일본은 19세기 산업화된 서구 문명이 출현하던 시기에 그것을 적극적으로 수용할 수 있었다. 일본은 전함(戰艦)으로 대표되는 서양의 물질적 힘을, 그들의 언어와 그 의미에 대한 학습을 통해서 배우고 따라잡아야 한다고 생각하였다. 그리고 메이지시대에 서양 학문의 이론적이고 실용적 체계를 번역할 때, 그 신조어들은 철학이란 번역어의 예에서 볼 수 있듯이 유학 용어를 기반으로 만들어졌다.

## 더 읽을거리

Armstrong, Robert Cornell. Light from the East: Studies in Japanese Confucianism (Whitefish, MT: Kessenger Publishing, 2003).

Bellah, Robert N. Tokugawa Religion: The Cultural Roots of Modern Japan (New York: Free Press, 1985).

De Bary, William Theodore and Irene Bloom, eds. Principle and Practicality: Essays in Neo-Confucianism and Practical Learning (New York: Columbia University Press, 1979).

De Bary, William Theodore, Carol Gluck, and Arthur E. Tiedemann, eds. Sources of Japanese Tradition, Abridged: Part 1: 1600-1868 (New York: Columbia University Press, 2006).

Harootunian, H. D. Toward Restoration: The Growth of Political Consciousness in Tokugawa Japan (Berkeley: University of California Press, 1991).

Maruyama, Masao. Studies in the Intellectual History of Tokugawa Japan. Translated by Mikiso Hane (Princeton:Princeton University Press, 1974).

Najita, Tetsuo. Japan:The Intellectual Foundations of Modern Japanese Politics(Chicago: University of Chicago Press, 1980).

_____. Visions of Virtue in Tokugawa Japan: The Kaitokudo Merchant Academy of Osaka (Honolulu: University of Hawai'i Press, 1997).

Nosco, Peter, ed. Confucianism and Tokugawa Culture. Second (revised) edition(Honolulu: University of Hawai'i Press, 1996).

[JAT/편용우]

# 후지와라 세이카

藤原惺窩, 1561-1619

후지와라 세이카는 귀족의 후손으로 태어나 어린 시절부터 선불교에 귀의하여 교토(京都)의 쇼코쿠지(相國寺) 절에서 승려 노릇을 하다가 중국 철학에 매료되었다. 결국 세이카는 불가를 떠나 16세기 말과 17세기 초에 몇몇 다이묘(大名)와 부유한 상인을 섬겼다. 그 과정에서 그는 명나라 정벌을 시도하다 돌아온 도요토미 히데요시(豊臣秀吉, 1536-1598) 군대의 포로로 끌려온 조선인 죄수들과 만났다. 세이카는 이 조선인들 중에, 특히 유학자 강항(姜沆, 1567-1618)의 지도를 받아, 쇼코쿠지 절이나 다른 선불교 사찰에서는 배울 수 없었던, 송대와 명대의 주자학에 대한 이해를 습득했다. 그럼에도 세이카의 주자학은 중세 말엽 불교 사찰에서 전수하던, 불교와 유학과 신도(神道)의 합일을 구했던 절충주의적인 경향을 보였다. 새로운 막부를 세운 도쿠가와 이에야스(德川家康, 1542-1616)를 비롯해서 많은 강력한 다이묘를 가르치긴 했지만, 세이카는 지적으로 물질적으로 사무라이 영주들로부터 독립적이기를 추구했다. 그는 교토와 그 주변에서 소박하게 살면서 공부와 자기 수양에 힘쓰며 말년을 보냈다.

세이카의 저작 『가명성리(假名性理)』는 도쿠가와시대 내내 중판을 찍었다. 대부분의 현대 학자들은 세이카가 책의 실제 저자인지에 대해 의문을 품는다. 최초의 판으로 알려진, 1650년에 출간된 『가명성리』에 저자의 이름이 없기 때문이다. 하지만 사람들은 이 책을 오랫동안 그가 지은 것으로 간주했기에 책의 일부를 유명한 유가 철학의 예로서 여기에 소개했다. 또한 『대학요략(大學要略)』의 발췌문과 그가 어떤 상인 후원자를 위해 지었다는 『주중규약(舟中規約)』이라는 짧은 글도 포함시켰다.

[JAT/조영렬]

## 마음을 정화하기

후지와라 세이카 1630, 390-1

사람의 「마음(心)」 속에 사려가 있으면 더 높은 지혜는 생겨날 수 없다. 우리는 이것을 거울 속에 비유할 수 있다.

물(物)이란 티끌이다. 거울 속이 맑고 밝으면, 한 점의 티끌이 있더라도 밝음이 밝게 드러날 수 없다. 그 거울 속의 맑고 밝은 것을 「허(虛)」라고 이른다. 그 속에 영(靈)이 있다. 혹은 지선(至善)이라고도 이른다. 『중용(中庸)』에서는 '불발지중(不發之中)'이라 했다. 『논어(論語)』에서는 '일관(一貫)'의 '일(一)'이라고도 했다. 모두 거울 속의 청정(淸淨)하고 밝은 곳에 허령(虛靈)이 있는 것이다. 물(物)의 이치를 끝까지 파고들려고 궁리한다면, 그 궁리하는 것도 물(物)이다. 다만 마음에 한 점이라도 어두움과 탁함이 있으면, 여러 가지 사려가 생긴다. 그 사려가 없으면 자연히 허령하여 밝은 지혜가 생겨난다. 그러므로 만사의 쓰임이 힘쓰지 않아도 도에 맞게(不勉而中) 될 것이다. 사려를 없애려고 생각하는 것은 곧 사려이다. 사려를 싫어하는 것이 아니다. 다만 자연스레 사려가 밝아지도록 하는 것이다. 이것을 전체대용(全體大用)이라 이른다. 체(體)만 있고 용(用)이 없거나, 용만 있고 체가 없는 것, 이것을 이단(異端)의 배움이라 한다. … 또한 마음을 공허(空虛)하게 만드는 것이 참으로 중요한 것이라 여기고, 오로지 무념무상(無念無相)을 공허라 여기는 자들은 무지몽매한 것이다. 허(虛)라는 것은 동서남북을 분간하지 못하는 걸 이르는 게 아니다. 그것은 검은 쇳덩어리 하나를 평평하게 펴서 둥글게 만들고서 거울이라고 부르는 것과 마찬가지다. 형체는 거울과 같더라도, 거기에는 물(物)을 비출 수 있는 밝음[光明]이 없다.

---

## 인간의 본성과 이치

후지와라 세이카 1650, 399-400, 405-9

천도(天道)는 천지간(天地間)의 주인이다. 형체가 없기 때문에 눈에 보이지는 않는다. 그렇지만 봄 여름 가을 겨울 사계절이 규칙적으로 운행되고, 인간이 태어나며, 꽃이 피고 열매 맺으며, 오곡이 여무는 모든 것이 천도의 작용이다.

사람의 마음 또한 형체가 없지만 일신(一身)의 주인이다. 손톱 끝 머리카락 끄트머리까지도 이 마음이 미치지 않는 곳은 없다. 사람의 이 마음은 하늘로부터 갈라져 내려와 내 마음이 되었다. 본래는 하늘과 한몸이었다. 천도는 이 천지간에 존재하는 온갖 것 모두를 뱃속에 품고 있다. 비유하자면, 큰 바다가 물고기를 품고 있는 것과 같으니, 물고기의 지느러미의 안쪽까지도 물이 미치지 않음이 없다. 사람의 마음속에도 하늘의 마음이 구석구석 미치지 않는 곳이 없다. 그러므로 온 마음을 기울여 자비를 생각하면 그 생각이 하늘에 통하고, 마음이 온통 악을 생각하면 그 생각이 하늘에 통한다. 그러므로 군자는 남이 보지 않는 곳에 혼자 있을 때에도 도리에 어긋나지 않도록 조심하여 말과 행동을 삼간다.

…

하늘의 마음은 본래 천지간의 모든 만물에게 남김없이 자비로운 마음으로 대한다. 그러므로 인간 또한 반드시 만물을 그런 마음으로 대해야 한다. … 천도의 질서를 보존하는 일을 가장 중요하게 여겨야 한다. 우선 가족과 종복에게 자비로운 마음으로 대하고, 그 마음으로 나라를 다스리고 온 누리에 그 자비를 확장해야 한다.

### 유가의 덕목들

사람들이 매일매일 한시도 놓치지 않고 닦아야 하는 덕목이 있다. 「인(仁)」은 다른 이를 어질게 대함을 뜻한다. 「의(義)」는 만사를 도리에 어긋나지 않게 원칙에 따라 처리함을 뜻한다. 「예(禮)」는 윗사람을 공경하고 아랫사람을 정중하게 대하는 것을 뜻한다. 「지(知)」는 자비심 넘치는 분별력을 말한다. 인(仁)은 다른 이들에게 어질게 대하는 것을 뜻하지만, 불필요한 친절이나 자비를 가리키지 않는다. 인색함이 예의범절에 어긋나는 것이듯, 불필요한 친절과 자비도 그러하다. 자비로운 분별력, 즉 지(知)는 이치에 맞게 원칙을 따르는 것이다. 신뢰가 간다는 것은 현혹되었다는 말이 아니다. 만약 한 사람이 인(仁)하지만 신뢰할 수 없다면, 혹은 한 사람이 의(義)와 예(禮)와 지(知)가 있지만 신뢰가 가지 않는다면, 그렇다면 그의 인(仁)은 헛것이다. 「신(信)」은 하늘의 핵심이다. 그러므로 인간은 신의를 도덕적 실천의 정수가 되도록 해야 한다. 만약 이것을 이룬다면, 사람은 하늘과 일체를 이룰 것이다.

## 태양의 여신

아마테라스오미카미(天照大神)는 일본의 주인이지만, 억새로 지붕을 이은 궁궐에서 살았고, 음식은 흑미(黑米)를 먹었다. 거처를 꾸미지 않으셨고, 음식은 진기한 것을 차리지 않으셨으며, 천하 만민을 불쌍히 여기셨다. … 옛날 천자(天子)는 몸소 괭이를 들고 논밭에서 일하시며, 백성의 괴로움에 보답하셨다. …

신도(神道)는 오직 정직을 주로 삼으며, 만백성을 불쌍히 여기는 것을 으뜸으로 삼는다. 윗사람한 명이 정직하면, 아래 만백성이 정직해지는 법이다. 윗사람 한 명이 탐욕스러우면, 아래 만백성도 똑같이 탐욕을 부리는 법이다. 마음이 참된 도에 들어맞으면 빌지 않더라도 「가미(神)」의 도울 것이다. 참된 길이란 천도(天道)에 대한 성실함이다. 가미와 부처님에게 금이나 은 따위를 바치며 제 일신의 안위를 비는 것은 가장 어리석은 일이다. 어떤 이에게 만약 도를 향한 마음이 조금이라도 있다면, 부당한 재앙이 내리지 않을 것이며 악에 물들지 않을 것이다. 그러나 백성을 괴로운 처지에 빠뜨리고 농민들을 굶주림에 시달리게 하면서, 가미와 부처님에게 빈다고 들어주시겠는가. 그 일신이 정직하고 자비를 사람들에게 베푼다면, 빌지 않더라도 가미가 지켜주실 것이다. 이치에 닿지 않는 일을 가미와 부처님에게 빈다고 이루어지는 일은 없는 법이다.

## 황제 요(堯)

요(堯)는 중국 400여 주(州)의 주인이며 성인이었다. 순(舜)도 「천자(天子)」이며 성인이었다. 공자가 이 요순의 도를 널리 알리셨다. 요순의 도를 유도(儒道)라고 이른다. 유도를 배우고 묻는 이를 유자(儒者)라고 한다.

요는 400여 주를 다스리는 천자였지만, 거처는 소박했고 지붕은 갈대로 덮었는데, 그마저도 듬성 듬성했고 서까래도 충분치 않았다. 의복이 다 헤져도 갈아입지 않으셨고, 음식은 진기한 것을 차리지 않으셨으니, 명아주로 끓인 국 따위 보잘 것 없는 걸 드시면서 천하 만백성을 제 아들처럼 여기셨다. 이러한 덕에 힘입어 사람들은 몇 천 몇 만 년이 지나도 요순 시대를 태평성대의 상징으로 우러른다.

요순의 도(道)라 하더라도 신기하고 별스런 것은 없다. 오직 「명덕(明德)」, 신민(新民), 지선(至善), 성경(誠敬), 「오상(五常)」, 「오륜(五倫)」이 요순의 도에서 최상의 핵심이다. 이 도를 가지고 우리 마음을 바로잡고 모든 사람을 불쌍히 여긴다면 천하는 오래 유지될 것이다. 권모(權謀)를 가지고 다스린다면 한두 세대도 지나지 않아 멸망할 것이고, 대여섯 세대를 다스린다 하더라도 전쟁이 끊이지 않아 평화로운 세상이라 부를 수는 없을 것이다. … 일본의 신도(神道)도 내 마음을 바로잡고 만백성을 불쌍히 여기며 자비를 베푸는 것을 핵심으로 삼고, 요순의 도도 그것을 핵심으로 삼는다. 중국에서는 유도(儒道)라 부르고, 일본에서는 신도라 부른다. 이름은 다르지만 마음은 하나이다. 진무천황(神武天皇, BC.711?-즉위76?)의 후예 긴메이천황(欽明天皇, 509?-571?) 때에 천축(天竺)의 불법(佛法)이 일본에 건너왔는데, 엄청나게 신기한 것을 말하여 들려줌으로써 사람들의 마음을 훔쳤고, 신도는 쇠퇴했다.

## 석가모니 부처

「석가모니」 부처는 천축(天竺) 사람이다. 천축국 사람들은 마음이 바르지 않아 나라가 잘 다스려지지 않았다. 부처님은 난행(難行) 6년 고행(苦行) 6년, 12년간 단특산(檀特山)이라는 곳에서 칩거하며, 나라를 다스릴 방법을 궁리하고, 불법(佛法)을 설하셨다. 처음에는 마음이라는 물건은 존재한다고 설하고, 또한 중간에는 마음은 「공(空)」한 것이라고, 나중에는 마음은 존재하는 것도 아니고 존재하지 않는 것도 아니다, 그것이 중도(中道)의 실상(實相)이라고 설하셨다.

지금 정토종(淨土宗)처럼 극락과 지옥을 설정하여 사람의 마음을 바로잡으려 함은 부처님께서 '마음은 존재한다'고 말씀하신 바와 연결된다. 선종(禪宗)처럼 '마음은 없는 것이고, 오체(五體)가 있는 사이에 딸린 부산물'이라 하는 가르침은 부처님께서 '공(空)'이라 말씀하신 바와 연결된다. 또한 천태종(天台宗)의 법은 부처님께서 '존재하는 것도 아니고 존재하지 않는 것도 아니다, 그것이 「중도(中道)」의 실상(實相)'이라고 말씀하신 바와 연결된다. 이와 같이 부처님이 다양하게 말씀하신 것은 사람들의 기질에 맞게 하시어, 마음을 바로잡고 나라를 다스리며, 만백성을 편안하게 하기 위해서이다. 부처님의 배려하시는 마음이 고마울 따름이다.

그런데 요즘 세상의 출가자들은 불법을 생업으로 삼아 모두 사람들의 마음을 어지럽히고 있다. 석가여래에게 직접 가르침을 받은 제자 아난(阿難)과 가섭(迦葉)을 비롯하여, 욕망으로 인해 마음을 더럽히지 않기 위해, 한 물건도 몸에 지니지 않고, 매일 구걸에 나서 그날 그날의 먹을거리만을 구하셨다. 요즘의 출가자들은 재보(財寶)를 잔뜩 모아서 쌓고, 사찰 건물에 금과 은을 박아 넣으며, 비단옷을 몸에 걸치고, 빌고 기도하여 후세(後世)를 도와주겠다며 사람들의 마음을 어지럽히니, 부처님의 본뜻이 아니다. 물론 신도(神道)의 마음에도 맞지 않는다. 세상의 방해물이 되는 것은 출가자의 도(道)이다.

### 유도(儒道)와 불법(佛法)의 차이

석가모니는 『일체경(一切經)』 속에서 "마음은 존재한다. 극락과 지옥도 존재한다"고 설하는 대목이 많다. 또한 "마음은 존재하지 않는다. 극락과 지옥도 존재하지 않는다"고 설하신 곳도 많다. 그렇다면 '마음은 존재하지 않는 것'이라고 최종적으로 결론을 내릴 수 있다. 마음이 존재하는 것이라면, 결단코 마음은 존재하지 않는 것이라고 말씀하시지는 않았을 터이다. 같은 논리로 후생(後生)은 존재하지 않는 것이라고 최종적으로 결론을 내릴 수 있다. 깊이 사유하여 잘 이해해야 할 것이다.

유도(儒道)에서는, 이 성(性)은 하늘의 성을 받아 얻어서 생겨나고, 또한 본래의 하늘로 성이 돌아간다고 최종 결론을 내린다. 그렇지만 마음에 거짓이 있어서, 사람을 해치고 사람을 시기하며, 마음을 사악하게 만들어 교만하기 그지없는 자는 이 세상에서 하늘의 질책을 받아 그 몸이 멸망하거나, 또는 자손에 이르러 멸망하거나, 또는 죽은 뒤 이 마음이 헤매며 하늘에 돌아가지 못한다. 이런 까닭에 하늘을 두려워하고, 명덕(明德)을 밝히며, 마음을 성실하게 하여, 사람으로서 지켜야 할 다섯 가지 윤리, 곧 부자유친(父子有親) 군신유의(君臣有義) 부부유별(夫婦有別) 장유유서(長幼有序) 붕우유신(朋友有信)을 행하고, 오로지 자비에 마음을 써서, 이 성(性)이 하늘의 본토(本土)에 돌아가는 것을 즐거워한다. 하늘에 빌고 기도하여 돌아가는 것이 아니다.

### 상업의 본질

후지와라 세이카 n.d. 126-7(39-40)

대저 상업이란 한 지역에는 있고 다른 지역에는 없는 것을 유통하여 남과 나 양쪽 모두를 이롭게 하는 일이지, 남에게 손해를 입히고 자기를 이롭게 하는 일이 아니다. 이익을 공유한다면 비록 규모가 작더라도 도리어 큰 이익이고, 이익을 공유하지 않는다면 비록 규모가 크더라도 도리어 작은 이익인 것이다. 이익이라는 것은 정의로움이 아름답게 모인 것이다.(『주역』「문언전」 "亨者, 嘉之會也; 利者, 義之和也" 참조) 그러므로 "탐욕스런 장사꾼은 5할의 이득을 거두고, 깨끗한 장사꾼은 3할의 이득을 거둔다."(『사기』「화식열전」 "貪賈三之, 廉賈五之")라 한 것은 그것을 생각한 것이다.

다른 지역은 우리나라의 기준에서 보면 풍속과 언어가 비록 다르다 하더라도, 하늘이 내려주신 이치는 일찍이 다른 적이 없었다. 그 같음을 잊고 그 다름을 괴이하게 여겨, 조금이라도 속이거나 업신여기거나 욕하지 말라. 설령 저들이 그것을 모른다 하더라도 내가 어찌 그것을 알지 못하겠는가. 신의는 돼지나 물고기에게도 미치고, 기미(機微)는 바다의 갈매기에게도 드러날 것이다. 대저 하늘은 거짓을 용납하지 않으니, 삼가 제 나라의 풍속을 욕되게 하지 말아야 한다. 만약 다른 지역에서 어진 이나 군자를 보거든 마치 아비나 스승처럼 그를 공경하고, 그 나라의 금기를 묻고 그 나라의 풍속과 가르침을 따르라.

우리를 덮고 있는 하늘과 우리를 싣고 있는 땅 사이에서 만백성은 동포이고 만물은 동등하니, 성인은 모든 것을 동등하게 차별 없이 사랑했다. 하물며 같은 나라 사람에 대해서는 어찌해야 하겠는가. 더구나 같은 배를 탄 사람에게는 어찌해야 하겠는가. 어려움에 처한 사람, 병에 걸린 사람, 춥고 배고픈 사람이 있으면 똑같이 도움을 주어야지, 구차하게 혼자서 빠져나갈 생각은 절대로 하면 안 된다.

[WJB/조영렬]

# 하야시 라잔

林羅山, 1583-1657

하야시 노부카쓰(林信勝, 호는 라잔[羅山])는 교토(京都)의 겐닌지(建仁寺) 절에서 태어나 어린 시절부터 선불교의 수련을 쌓았지만, 조선에서 많은 서적이 유입되면서 그 영향력이 커지고 있던 주자학에 매료된다. 그는 잠깐 후지와라 세이카(藤原惺窩, 1561-1619)*에게 사사했고, 후지와라가 도쿠가와 이에야스(德川家康, 1543-1616)에게 그를 능력 있는 학자라고 천거했다. 관행에 따라 이에야스는 노부카쓰에게 승려로서의 역할을 맡으라고 권했다. 노부카쓰는 주자학의 연구와 확산에 뜻을 두었지만 이에야스의 뜻에 동의하여, 그가 세운 에도(江戶)로 가서 삭발을 하고 장삼을 걸치고, 도슌(道春)이라는 법명으로 승려 노릇을 하며 생활했다. 그는 적당히 타협하면서도 강한 결단력을 발휘하여 도쿠가와 「쇼군(將軍)」의 후원을 받아서, 쇼헤이코(昌平黌)라는 주자학 학당에서 행한 강연을 통해 제자들과 함께 독자적인 주자학의 계보를 세웠다. 후대의 역사가는 '주자학'적 이름인 라잔이라는 호(號)로 그를 일컫는다.

라잔은 주희(朱熹)의 사서집주(四書集註)에 나타난 주자 철학의 기본을 재구축하는 데 애썼다. 진순(陳淳, 1159-1223)의 『성리자의(性理字義)』는 그의 작업에 사서집주만큼이나 큰 영향을 끼쳤다. 『성리자의』는 1590년대에 조선을 통해 처음 일본에 들어왔다. 그 책의 체계적이고 개념적인 주자학 설명은 입문자에게 유용했고, 주자학의 정통적인 이해를 확립하는 데에 강력한 힘을 발휘했다. 라잔은 진순의 저술에 대해 매우 방대한 주석서를 남겼는데, 그가 그 저술의 개념적이고 어원적인 접근방식에 큰 영향을 받았음을 말해준다.

라잔은 주희의 생각을 대부분의 경우 충실히 따르면서도, 중대한 변화를 꾀했다. 가장 현저한 경우는 '무극(無極)'이나 「태극(太極)」'의 개념을 중시하지 않았다는 점이다. 그것에 대한 개념은 심지어 대부분의 학도들에게 너무 추상적이고 형이상학적이라는 이유로 주희 조차도 기피한 것이었다. 라잔은 그 개념을 완전히 거부한 것은 아니었지만 그것을 부차적인 것으로 간주한 진순의 논리를 수용했다. 게다가 그는 인간의 태생적 선한 본성의 이해를 촉진 시켜준다는, 주자학의 명상적 수행법인 '정좌(靜坐)'의 수련을 사소하게 취급했다.

그런 것들만 제외하면, 라잔의 사상은 대체로 주자학의 정통적 사고와 일치했다. 그래서 그는 세상을 이(理)와 생성적 힘인 기(氣)의 형이상학적 산물로서 이해했다. 라잔은 주희와 같이, 이와 기의 관계를 명확히 말하지는 않았다. 때로 이가 기에 앞서 존재한다고 넌지시 밝히다가도, 대부분의 경우 이가 기 없이 존재할 수 없다는 원래 주장으로 돌아갔다. 또 인간의 태생적 선함은 이와 관련이 있지만, 악함을 지향하는 경향은 기가 더 많이 발현된 경우라고 했다. 그는 특히 주자학 서적을 통한 학습과 배움을 통해, 인간이 그들의 선한 본성을 충분히 인식하고 기의 축적으로 인해 일어나는 악한 성향을 억눌러야 한다고 주장했다.

라잔은 형이상학보다는 「인(仁)」과 같은 기본적 윤리 개념들에 대한 주자학적 해석을 강조했다. 라잔은 인간의 핵심 덕목인 인을 측은지심(惻隱之心)의 발로로 보았다. 비록 여러 쇼군과 당대의 사무라이 지배층을 섬겼지만, 라잔은 용기를 전쟁에 나서서 두려움 없음을 뜻하는 전장의 미덕으로 보기보다는 옳은 것을 실행으로 옮기는 윤리적 덕성으로서 보았다. 이런 의미에서, 라잔은 사무라이 전사들의 정권인 도쿠가와막부에 문화적 품격을 높이는 데에 큰 공헌을 했다.

[JAT/조영렬]

## 토착화된 유학의 지침

하야시 라잔 1969, 584-5; n.d. 152-83; 142-3, 146

### 언어

성인과 현인의 마음은 말에서 드러나고, 말은 책에 보인다. 만약 글자의 뜻을 알지 못한다면 무엇을 가지고 그것을 이해하겠는가. 그러므로 성인과 현인이라 하더라도 일찍이 글자 뜻을 분명히 하는 작업을 그만둔 적이 없다. … 뜻을 새기는 올바른 방법이 없다면, 저것을 빌어 이것을 설명하고 지금 것을 가지고 옛것을 풀이한다. … 글자의 뜻을 알지 못하면 성인과 현인의 책을 읽기 어렵다. 책을 읽지 못한다면 그 말을 알기 어렵다. 말을 알지 못한다면 무엇을 가지고 성인과 현인의 마음을 얻겠는가. …

사람을 그리는 경우 마음을 그릴 수 없다. 그렇지만 책은 마음의 그림이다. 그 그리기 어려운 마음을 베낀 것이 책이다. 그러하니 성인의 마음을 어찌 책이 아닌 다른 데서 찾겠는가. … 그렇다면 책은 어떻게 읽어야 하는가. 가로로도 보고 세로로도 보아, 가까운 데서 취하여도 그 근원을 만나고(『맹자』「이루하」"取之左右逢其原"), 나누어서 보고 합해서도 보아, 처음부터 끝까지 꿰뚫어 통하고, 마침내 하나의 이치(一理)에 돌아가서, 모두 혼연일체가 되어, 책과 내가 둘로 나뉘지 않는 경지에 이른다면 좋은 책읽기라고 부를 수 있다.

### 의문과 배움

학문의 길은 우선 사물의 「이(理)」를 깊이 연구하여 사물의 이치를 깨달아 아는 데서 시작한다. 이치에 맞는 것은 선(善)이다. 이치에 어긋나는 것은 악이다. 선악의 차이를 널리 잘 아는 것은, 물과 불에 뛰어들면 몸을 해치기 마련이라는 것을 안다면 아무도 물과 불에 뛰어들지 않는 것과 같다. 그와 같이 바르고 참되게 선악을 안다면, 선을 의심하지 않을 것이고 악을 떠나는 데 의심하지 않을 것이다. 만약 의심이 있다면, 반드시 물어야 한다. 물어서 그 의심이 풀린 뒤, 믿을 만하여 의심이 없는 바를 행해야 한다.

예컨대 "작은 의심이 있는 데에 작은 깨달음이 있고, 큰 의심이 있는 데에 큰 깨달음이 있다"는 말처럼, 우리의 삶에 의심스러운 데가 있으면 그것을 풀어서 삶을 이해해야 한다. 학문에 뜻이 없으면 의문을 품을 힘도 없다. 사물의 이치를 깊이 연구하고자 하여 의심이 생기는 것은 학문에 진전이 있다는 증거이다. 그 의심이 없어지고 의혹이 없어지면, 마음이 저절로 밝아져 도리(道理)에 어두운 구석이 사라질 것이다. 만약 그 의심을 해결하지 않고 그대로 내버려둔다면 평생 옳고 그름을 이해하지 못할 것이다. 그것은 그저 살아있는 것을 자루에 집어넣고, 움직이며 활동하는 것을 억지로 누른 뒤 상자의 뚜껑을 덮는 것과 같다. 마음으로부터 이해하는 일이 있을 수 없다.

오늘도 하나의 이치를 깊이 연구하고, 내일도 하나의 이치를 깊이 연구하면, 쌓이고 쌓여서 의심이 없어질 것이다. 오직 하나의 이치를 남김없이 연구하면, 온갖 이치에 모두 통할 것이다. 모든 것을 다 깊이 연구해야 하는 것은 아니다. 그 하나의 이치 가운데에, 또 하나부터 열까지 차례가 있음을 잘 연구하고 이해하여, 내외(內外) 시종(始終) 완전히 자세하게 이해한다면, 온갖 일에 두루 미칠 것이다.

바깥에서 안에 들어가고, 거죽에서 속에 통하며, 처음으로부터 끝에 이르고, 얕음에서 깊음에 이르며, 거친 것으로부터 세세한 데에 이른다. 모두 내 마음의 이치를 깊이 연구하여 사물의 이치를 남김없이 깨달아 아는 것이다. 그 방법에서 보면 가지는 아주 많지만 뿌리는 오직 하나이므로, 하나의 이치를 가지고 온갖 일을 꿰뚫고, 하나의 마음을 가지고 온갖 일에 통하는 것이다. 그 이치라 함은 곧 내 마음이다. 마음 바깥에 따로 이치가 있는 것이 아니다. 이치를 깊이 연구하면, 의심과 의문이 사라질 것이다.

## 마음

이(理)와 기(氣)가 합해져서, 신체의 주인이 된 것을 「마음(心)」이라 부른다. 이 마음이라는 것은 원래 태극(太極)의 이(理)이므로, 하늘과 똑같이 텅 빈듯하여 색깔도 없고 소리도 없다. 오직 선하기만 하고 조금의 악도 없다.

먼저 마음이 평온하고 조용할 때에 생각하는 것은 악한 게 없다. 그때 생각해 낸 것을 이치에 맞는지 맞지 않는지 잘 분별해야 한다. 만약 우리 생각이 갈피를 잡지 못하면 반드시 사사로움에 덮여 어두워져서 나쁜 분별에 빠질 것이다. 게다가 도리어 우리 마음을 번거롭게 하여 더욱 어지러워질 것이다. … 마음에 헷갈리는 게 있으면 눈도 엇갈리므로, 심지어 기둥의 수를 세는 일조차도 알기 어렵다. 더구나 큰일에 임하여 일을 처리하는 데 마음이 헷갈려 바르지 않으면, 미리 생각지 못한 예상 밖의 순간에 반드시 실수가 생길 것이다. 그러므로 우리는 만사를 궁리할 때에 먼저 마음이 평정하도록 다스려야 한다. 하늘 아래 모든 일이 헤아릴 수 없이 많은 모습으로 나타나기에, 마음이 평정하지 못하면 어떤 일도 결정 내리기 힘들다. 그렇다고 또 옛 일과 당대의 일 모두 남김없이 널리 배워서 알고자 한다면, 온갖 일에 연관되어 한 마음이 어지럽고 어두워질 것이다. … 배우기만 하고 사색하지 않으면, 마음에 이해하지 못하여 어둡다. 또한 사색만 하고 학습하지 않으면, 마음에 의심이 있어 평온하지 못할 것이다. 그러므로 사물의 이치를 깊이 연구하고 알아서 마음에 분별한다면, 어두운 것도 없고 의심도 없을 것이다.

마음에 선악이 있다고 하나 마음은 원래 선하다. 천명(天命)과 의리(義理)와 성(性)과 마음이 모두 하나이다. 어찌 마음에 악이 있겠는가. 그렇지만 만약 생각들이 일어날 때는 선이 있고 악이 있다. 그 생각이 일어나는 바를 감정[情]이라 부를 수 있겠다. … 예를 들자면 물과 같다. … 그러므로 성인의 마음은 지수(止水)와 같다고 한다. 지수(止水)는 고요하고 평온한 물이다.

마음은 하나이지만, 그것이 움직여 작용하면 인심(人心)이라 부른다. 의리(義理)에서 일어나는 것은 도심(道心)이라 부른다. 추우면 옷을 생각하고, 굶으면 음식을 생각하며, 눈에 아름다운 색깔을 보고자 생각하고, 귀에 재미있는 소리를 듣고자 생각하며, 코에 좋은 향기를 맡고자 생각한다. 이 모든 원하고 바라는 바는 전부 인심이다. 인심은 사사로움이 많고 공변됨은 적으며, 악에 빠지기 쉽다. …

만약 의리(義理)에 있다면 입을 것과 먹을 것을 생각하더라도, 굶주림과 추위를 견디면서 입을 것과 먹을 것을 받지 않는다. 나쁜 소리와 나쁜 색깔이라면 보지 않고 듣지 않는다. 예(禮)가 아닌 바람이라면 하지 않는다.

의롭지 않은 부귀라면 구하지 않는다. 이것을 도심이라고 부른다. 이 마음은 사람마다 원래 있는 것인데, 밝히기 어려워 가리워져 어두우므로 "도심은 은미(隱微)하다"고 이른다.

능히 정밀하게 밝혀서 그 사사로움이 섞이지 않은 것을 '유정(惟精)'이라 부른다. 오로지 지켜서 바른 것을 '유일(惟一)'이라 부른다. 이와 같다면, 도심이 주인이 되고 인심이 그것에 따르므로, 위태로운 것은 편안해지고, 은미한 것은 밝아져서, 하는 바 모든 것이 저절로 이치에 부합될 것이다.

## 오륜(五倫)

군신(君臣)과 부자(父子)와 부부(夫婦)와 형제(兄弟)와 붕우(朋友) 이 다섯 가지 관계는 옛날에나 지금에나 천지간(天地間)에 있는 것이다. 이 도(道)가 변하는 일이 없었으므로, 시간적으로는 영원히, 공간적으로는 보편적으로 천하고금의 사람들이 마땅히 지켜야 할 도[達道]라 부른다. … 이 다섯 가지 인륜의 길을 잘 아는 것이 「지(智)」다. 이 길을 마음에 갖추고 있는 것이 「인(仁)」이다. 이 길을 잘 행하는 것이 「용(勇)」다. 이 세 가지 모두 실천의 양상에서 오직 하나의 진실함이 다르게 드러나는 것이니, 만약 진실하지 않다면 지혜도 지혜가 아니고, 어짊도 어짊이 아니며, 용기도 용기가 아니다. 진실하지 않다면 사사로운 욕망에 가로막혀서 「이(理)」에 어긋나기 때문이다.

## 인(仁)

인은 존재하는 모든 것을 사랑하는 것이니, 내 몸을 생각하는 것처럼 한다면 반드시 진실하고 사사로움이 없을 것이다. 어떤 사람이라도 어린아이가 물에 빠지려 하는 것을 보면, 전혀 모르는 아이라 하더라도 불쌍히 여길 것이다. 건져올리려 할 것이다. 그렇지만 방자하고 마음이 사악한 자는 일부러 물에 떼밀어 떨어뜨리는 자도 있겠지만, 제 자식이라면 그렇게 하지 않을 것이다. 분노에 휩싸이면 제 자식임에도 죽이는 경우도 있다. 그 또한 삼감 없이 제멋대로 했기 때문이라 여기면 후회하기도 한다. 마음 밑바닥에서부터 좋아하여 한 것은 아니다. 그렇다면 인이란 어떤 사람에게든 모두 그 마음에 있는 것이다. 이 마음을 확장한다면 만사에 사사로움이 없어져 후회도 없고 원망도 없을 것이다. 자신에게 좋다고 생각한 것을 다른 이에게 하게 한다면 무슨 원망이 있겠는가.

또한 만물을 생(生)하는 것은 인이다. 악을 제거하는 것은 의(義)다. 쥐를 죽일 경우, 죽인다면 인이 아니고, 죽이지 않으면 의가 아니다. 죽일 것인지 살려줄 것인지 생각하는 가운데 인의(仁義)가 갖추어져 있다. 죽여서 악을 제거할 때는 의(義) 가운데 인이 있다. 그렇다면 쥐를 죽이더라도 인이다. 도적을 죽여서 악인을 타이르고 징계함도 또한 이 마음이다. 그저 자비롭게 가엽게 여기는 것만을 인이라 생각함은 작은 인이다. 한 명의 악을 타이르고 징계하여 만인이 선으로 향하게 함은 커다란 인이다. 그러므로 인은 사람을 사랑하는 것을 가리킨다 하더라도, 악인을 사랑함은 인이 아니다. 선하면 사랑하고 악하면 미워하는, 그것이 인이다. 우리가 이렇게 곰곰이 잘 생각한다면 사사로움이 생길 수 있겠는가.

## 의(義)

의(義)는 사람의 마음에서 결단하고 결심하는 곳이다. 때에 따라서 일에 따라서 마땅한 지점을 말하는 것이다. 사람의 목숨은 아까운 것이지만, 내 뜻에 맞지 않으면 먹기를 거부하고 죽을 수도 있다. 옷 입기를 거부하고 죽을 수도 있다. 왜냐하면 감수하고 살 것인가 거부하고 죽을 것인가 두 가지 사이에서 결정할 때는, 감수하고 사는 것보다 거부하고 죽는 게 나은 이치가 있어서이다.

또한 군진(軍陣)에 임하여, 용감하게 싸우면 반드시 죽고, 도망치면 죽지 않는, 공격할 것인지 후퇴할 것인지 결정해야 할 순간에, 죽어야 할 때라면 나아가 전장에서 싸우다 죽는 것을 좋다고 여긴다. 이것은 모두 의이다.

또한 자신에게 잘못된 것이 있음을 부끄럽게 여겨 빨리 고쳐서 선을 행하는 것도 의이다. 남에게 악한 것이 있음을 미워하고 싫어하여, 그 악을 물리치고 제거하는 것도 의이다. 또한 군주를 충성으로 모시는 것도 의이다. 친구를 사귀면서 서로 의견을 달리하는 것도 의일 수 있다. 그 친구에게 악한 것이 있음을 충고했으나 듣지 않을 때는 사이가 틀어지는 것도 의이다. 이 의(義)의 마음을 천하 사람에게 확장하면 사람이 모두 선에 나아가고 악을 행하지 않는다. 신하로서 임금을 공경하고, 아랫사람으로서 윗사람을 우러러 받들어, 나라의 풍속(風俗)에서 저절로 악한 것이 사라질 것이다.

## 신(信)

신(信)은 사람 인(人) 변에 말씀 언(言)을 합한 글자이다. 그러니 진실하지 않은 말을 하는 것은 사람이 할 일이 아니라는 말이다. 신은 진실함, 즉 거짓되지 아니하다는 뜻이겠다. … 신은 진실, 만물에 대한 존중, 그리고 진실함이다. 신은 사실이어서 의혹이 없음을 말한다. 신은 진실하여서 만사에 염려가 없음을 뜻한다. "한 치의 오류나 일탈도 없다는 것"은 신의(信義)가 있는 사람은 시세에 미혹되지 않음을 말한다. 그것은 그들이 말을 했을 때 그들의 말이 명백히 실천되리라는 것을 뜻한다. 그런 사람들은 말을 할 때 입으로만 진실된 것이 아니라 마음으로도 그러하다. 그들은 말과 생각이 어긋나지 않는다. 미더운[信] 사람은 마음이 바르고 정직하다. 그들에게는 뒤틀린 것이 없다. 그들의 말은 온전하고, 도(道)에 반하는 것은 어떤 것이라도 거부한다. 그들은 성실하게 선(善)을 실천한다. 그들의 두 발은 땅 위에 굳건히 자리 잡고 있다.

## 용기

용기는 마음이 강한 것, 의에 걸맞게 행동하는 것을 가리킨다. 선이라 여겨지는 것을 즉각 행하는 것이 용기이다. 선한 것인 줄 알면서도 할까 말까 하고 망설이며 해야 할 일을 하지 않는 것은 용기가 아니다. 또한 적에 맞서서 죽을 줄 알면서 싸우는 것은 미리 각오가 되어 있기 때문이다. 아무 일도 없을 줄 알면서도 어두운 곳에 밤에 갈 때 두려운 마음이 있는 것은 미혹(迷惑)된 것이다. 만약 어떤 일이 있을 때에 해야 할 일을 미리 마음에 간직한다면 두려울 리가 없다. 우리는 호랑이나 늑대가 있으면 두려워하면서도 쫓아낼 줄을 알지만, 벌이 품 속에 있을 때는 너무 의외라서 당황하는 경우가 있다. 보물은 일부러 두드려 깨뜨려서 버리면서도, 낡은 냄비와 솥이 깨지거나 파손되는 것을 애석해 하는 경우가 있다. 이것은 모두 평소에 조심하고 마음을 쓰지 않아서 돌연한 사태에 임하여 용기가 없는 것이다. 이 의(義)를 늘 길러서 의심하지 않고 두려워하지 않으며, 도리에 따라 선한 것을 마음에 굳게 간직하며 마음을 강하게 하는 것을 용기라고 한다.

## 이(理)와 기(氣)

대저 하늘과 땅이 열리기 전에도 열린 뒤에도 언제나 늘 존재하는 이치를 태극(太極)이라 부른다. 이 태극이 움직여 양(陽)을 낳고, 고요하여 음(陰)을 낳는다. 이 음양은 원래 하나의 기(氣)였지만, 나뉘어 둘이 되었다. 또한 나뉘어 오행(五行)이 되었다. 오행이란 목·화·토·금·수(木火土金水)이다. 이 오행이 여러 갈래로 나뉘어 만물(萬物)이 되었다. …

그렇지만 기에는 맑은 것도 있고 탁한 것도 있으며, 선도 있고 악도 있다. 물(物)과 섞이면 기(氣)를 받아서 형(形)을 이루는데, 형에는 사사로움과 욕망이 있어 악도 생겨난다. 그 징표가 어떤 것이냐 하면, 예컨대 눈으로 색깔을 보고 악을 생각하는 경우도 있다. 입으로 말을 하고 손발로 물건을 만질 때도 또한 이와 같다. 어떤 경우든 사사로움을 이루고 욕망을 이루는 것은 모두 형(形)에서 비롯된 것이다.

그 형(形)은 기에서 나왔으니, 만사에 움직이고 작용하는 바는 모두 기가 하는 짓인데, 선이라면 선이라고 알아서 곧 행하고, 만약 악이라면 곧 악이라고 알아서 하지 않는 것은 마음이 하는 바이다. 예를 들어 뭔가를 먹고 싶지만 먹어서는 안 될 경우에 먹고 싶은 것을 참는 것은 마음이 기를 컨트롤 하기 때문이다. 재화와 보물을 갖고 싶어도 무리하게 취하면 죄가 된다고 생각하는 것도 마음이 기를 컨트롤하는 것이다. 그러므로 기에는 선도 악도 있지만, 마음에는 선만 있고 악은 없는 것이다.

이(理)만으로는 움직이고 작용하기 어렵다. 이와 기(氣)를 합하여 마음으로 삼으면 능히 움직이고 작용할 수 있다. … 부모에게 효도하는 것은 마음의 마땅한 이치이다. 만약 부모에게 분노를 드러낸 다면 이것은 혈기(血氣)의 사사로움이다. 이것을 통해서 우리는 이와 기의 차별을 알 수 있다.

이와 기는 둘이 되었다 하더라도, 기가 있으면 반드시 이가 있다. 기가 없으면 이가 머무를 곳이 없다. 이는 형(形)이 없기 때문이다. 이와 기는 떨어지는 일이 없다. 오늘 기가 있은 뒤에 내일 이가 있는 것이 아니다. 있다면 동시에 있는 것이다. 이를 능히 움직이는 것은 기이다. 기를 능히 어지럽지 않게 하는 것은 이이다. 이 두 가지가 실로 마음이 된다는 사실을 안다면 마음이 기를 컨트롤하는 방법이 있을 것이다.

## 인간의 욕망

욕망은 만사에 대한 우리의 욕망을 뜻한다. 인간의 욕망에는 두 가지가 있다. 실현할 수 있는 것과 실현할 수 없는 것. 부모를 공경하려는 욕망과 임금을 충성스럽게 모시려는 욕망은 온전히 이룰 수 있다. 선(善)을 행하려 하고 악(惡)을 삼가려는 욕망, 인(仁)과 의(義)를 실천하고, 거짓을 그만두는 것도 실현할 수 있는 욕망이다. 이런 것은 욕망해도 좋은 도리(道理)들이다. 그러나 본인이 타고나지 않았는 데도 부와 명예, 그리고 장수를 욕망하는 것은 이치에 맞는 욕망이 아니다. 그런 것은 하늘의 뜻으로 처음부터 결정되는 것이다. 인간이 강렬히 열망한다 하더라도 거의 이루기 어렵 다. 예를 들어, 키가 작은 사람이 키가 커지기를 바라거나 못생긴 사람이 잘 생겨지기를 바라는 것은 마른 사람이 갑자기 뚱뚱해지기를 바라는 것과 같다. 아무리 간절히 바란다 하더라도 그 바람은 이루어지지 않을 것이다. 획득할 수 없는 목표를 세우거나 현실적으로 불가능한 욕망을 품는 것은 악한 사람이나 바보들이 하는 짓이다. 인간은 그런 욕망 때문에 불가능한 것을 갈망하고, 편견에 치우쳐 행동하며, 범죄를 저지른다. 그리고 마침내 인간은 스스로를 파멸시킨다. 이것은 어떤 욕망들 은 적절하지 못하다고 여기는 도리(道理)가 존재하기 때문이다.

## 태허(太虛)

태허는 곧 하늘이다. 한이 없고 끝이 없기 때문에 태허라 부른다. 여기로부터 이(理)도 나오고 기(氣)도 나온다. 이것은 곧 스스로 그러하기 때문에 하늘이라 일컫는다. 하늘에 음양(陰陽)의 기가 있어, 추워졌다가 더워지고, 낮이 되었다가 밤이 되며, 바람이 불었다가 비가 내리며, 사람을 낳고 만물을 낳는 것, 모두 이 도리(道理)라고 하지만, 음양의 기를 떠나지 않으므로 기라고 부른다.

기화(氣化. 음양[陰陽] 두 기의 변화에 의해 물[物]이 형[形]을 형성하는 것) 때문에 도(道)라는 이름이 있는 것이다. 여기에서 사람이 태어날 때, 태허와 기화를 합하여, 형(形)에 갖추어질 때는 성(性)이라는 이름이 있는 것이다. 이 성을 갖추고 형(形)이 움직이고 작용할 때에 마음이라는 이름이 있는 것이다. 앞에서 말한 태허와 도(道)와 성과 마음 네 가지 이름이 있지만, 그 이치는 원래 하나이다.

## 인간의 본성

도리(道理)만을 논의하고 기(氣)를 이해하지 못하면 도리가 갖추어지기 어렵다. 기만을 논의하고 도리를 알지 못하면 만사를 분명하고 확실하게 이해하기 어렵다. 성(性)은 곧 이(理)라고들 하지만, 기와 연관시켜 논의해야 한다. 만약 둘로 나누려 한다면 분명 오류에 빠질 것이다.

사람의 성(性)은 원래 선하다. 어째서 또 악이 있느냐고 묻는다면, 가령 성은 물처럼 맑은 것이라 대답할 수 있겠다. 깨끗한 것에 들어가면 맑아진다. 더러운 것에 들어가면 더러워진다. 진흙에 들어가면 탁해진다.

기는 성(性)의 그릇이다. 기에는 맑음이 있고 탁함이 있다. 밝을 때가 있고 어두울 때가 있다. 두터울 때가 있고, 얇을 때가 있다. 열릴 때가 있고, 막힐 때가 있다. 이와 같이 가지가지로 다르게 변화하기 때문에 이 기를 받아 형(形)을 이룰 때에 또한 여러 가지 종류가 생긴다. 그러므로 성도 기를 어떻게 받느냐에 따라, 근본은 선하지만, 형(形)에 가리우고 욕망에 가로막혀 마음을 어둡게 할 수 있다. …

이와 같이 기에는 다양한 차이가 존재한다. 이 기는 천지간(天地間)에 가득 차 있는데, 그것을 얻어 사람의 형(形)을 이룬다. 이것을 「기질(氣質)」이라 부른다. 이 기질에 여러 가지 차이가 있어서, 성인이 있고 현인이 있으며, 지자(智者)가 있고 군자(君子)가 있다. 이들은 모두 맑고 밝은 기를 받은 사람들이다. 또한 소인이 있고 악인이 있으며 어리석은 이가 있다. 이들은 모두 탁하고 거친 기를 받은 사람들이다. 또한 어떤 이들은 의리가 있고 미덥지만 어리석다. 이들은 탁하고 두터운 기를 받은 사람들이다. 또한 어떤 이들은 지혜와 기지가 있지만 무서운 구석이 있어 마음이 가지 않는다. 이들은 맑고 거친 기를 받은 사람들이다. 이와 같기 때문에 선인(善人)은 적고 어리석은 이는 많으며, 군자는 적고 소인은 많은 것이다.

그렇지만 능히 배우고 익히면 이 나쁜 기질을 고쳐서 선하게 될 수 있다. 반드시 태어나면서부터 정해진 것이라 치부하고 그대로 버려두면 안 된다. 능히 배우면 탁한 것도 맑아지니 물이 본성으로 돌아가는 것과 같다. 사람도 또한 어둠은 밝아지고, 어리석음은 지혜로워지며, 약함은 강해지고, 악도 선으로 바뀔 수 있는 것이다. … 가장 높은 차원에 있는 사람은 악인과 교제해도 악에 끌리는 일이 없으며, 도리어 악인을 선해지도록 만든다. 가장 낮은 차원에 있는 사람은 태어나면서부터 어리석고 어둡기 때문에, 현인과 교제해도 악을 고치는 일이 없고, 도리어 현인을 싫어하고 군자를 미워하며, 더욱더 악을 더해가다가 결국 그 몸을 망치고 만다. 그렇다면 악을 행하는 사람은 곧 크게 어리석은 사람이다. 평균적 차원에 있는 사람은 현인과 교제하면 선을 행하고, 소인과 교제하면 악을 행하니, 선으로 옮길 수도 있고 악으로 옮길 수도 있다. 예컨대 주홍색을 가까이하면 붉어지고, 먹을 가까이하면 검어지는 것과 같다. 그렇다면 그 가까이하고 교제하는 사람을 가려야 할 일이다.

## 명덕(明德)

명덕(明德)이란 본래의 마음을 말한다. 사람이 태어나면서부터 자연히 하늘에서 받아 일신(一身)

에 얻어 갖추어진 것이다. 마음은 형체가 없고 색깔도 없으며, 목소리가 없고 소리도 없다. 그렇다면 마음은 본래 없는 것인가 싶겠지만, 본래 있는 것이다. 사물을 보고 들을 때 귀가 듣고 눈이 본다 말하지만, 그 보고 듣는 것은 마음이다. 우리가 몸에 춥고 따뜻하고, 아프고 가렵다고 느끼는 것은 형체가 있어서라고 말하지만, 이것을 느끼는 근본은 마음이다. 코로 냄새를 맡고 입으로 말을 하며, 손발을 움직여 활동하는 것도 또한 모두 이와 같다.

비유하자면 밝은 거울과 같다. 거울 안은 비어 있어 아무 것도 없기 때문에, 오색(五色)을 비추면, 청색이든 적색이든 분명하게 비친다. 여자는 여자의 형태로 비치고, 남자는 남자의 형태로 비친다. 늙은이든 젊은이든, 예쁘든 못생겼든 거울을 마주하면 숨길 수 없다. 그 마주선 것이 물러나면, 거울 속에 그 모습을 남기는 일 없이 또 본래대로 공(空)으로 돌아간다. 이것을 사람의 본래 마음에 비유하는 것이다. 거울에 온갖 것의 형체가 비치는 것처럼, 한 마음에 존재하는 온갖 것의 이치가 갖추어져 있다.

대저 천지간에 태어나는 것은 모두 음양오행(陰陽五行)을 받는다. 그 기에 같지 않음이 있어서, 초목(草木)이 있고 조수(鳥獸)가 있으며 인륜(人倫)이 있다. 초목은 상하가 거꾸로 된 채로 태어나, 뿌리를 머리로 삼고 가지를 끄트머리로 삼는다. 조수는 횡(橫) 모양으로 태어나서 횡으로 달리고 걷는다. 사람은 올바른 기를 받아서, 둥근 머리는 둥근 하늘을 본받고, 네모난 발은 땅의 형태를 본받았다. 두 눈은 해와 달을 본받았고, 정수리의 백회(百會)는 북두칠성을 본받았으며, 오장(五臟)과 다섯 개의 손가락은 오행을 본받았다. 오행은 목화토금수(木火土金水)를 말한다.

천지간에 살려고 해서 살아가는 것 중에 사람보다 귀한 것은 없다. 그러하니 그 마음속에 만물의 이치를 갖추어, 하늘과 땅의 기를 그 기로 삼고, 하늘과 땅의 마음을 그 마음으로 삼으며, 도리(道理)와 마음이 하나가 되어 다름이 없다. 이 마음을 밝혀 생각하는 바와 말하는 바와 행하는 바 모두 어둡지 않음을 '명덕(明德)을 밝힌다'라고 이른다.

그러나 이익을 탐하여 사사로운 마음에 빠지면 이 명덕을 어둡게 만든다. 그것을 밝게 하려면 욕심을 적게 하고 사사로운 마음을 그치고 도리를 따라야 한다. 가령 어두워졌다 하더라도 그 본심에 명덕이 없는 것이 아니다. 예컨대 날이 흐려서 구름과 안개가 있으면 해와 달의 빛을 볼 수 없지만, 날씨가 조금 개면 해와 달의 빛을 볼 수 있는 것처럼, 사람의 명덕은 어떠한 사람에게든 본래부터 있어서 없어지지 않는 것이다. 그것을 밝게 하느냐 어둡게 하느냐는 사람에게 달려있는 것이지, 명덕 탓이 아니다. …

이 명덕을 내 몸에 능히 밝게 한 뒤에 다른 사람도 가르쳐서 깨우치게 하는 것을 '친민(親民)[주희의 해석에 따라 신민(新民, 백성을 새롭게 한다)으로 봄]'이라 이른다. 지금까지 사욕에 더럽혀져 오랫동안 낡고 불결해진 것을 씻고 헹구어서 새롭게 한 까닭에 '백성을 새롭게 한다'고 이르는 것이다. 몸의 때를 씻어서 깨끗이 하는 것처럼, 오늘도 목욕하고 내일도 목욕하며 매일 얼굴을 씻고 손을 닦는 것처럼 마음을 세탁하면 사욕이 제거되어 깨끗해지는 것을 '새롭게 한다'고 이른다. 이것도 원래 없는 것을 이렇게 하는 것이 아니다. 지금까지 명덕을 깨닫지 못한 이를 나처럼 밝게 하도록 만드는 것이다. 예컨대 깊이 잠들어 있는 이를 그 이름을 불러 깨우면, 원래 그 이름이 있으므로 듣고 눈을 뜨는 것이다. 명덕을 어둡게 하여 물욕에 빠져 있는 이를 '사람의 명덕이야말로 이것이다'라고 가르쳐주어 밝게 함에 따라, 어둠은 밝아지고, 더러워진 것은 맑고 깨끗해지며, 낡은 것은 새로워진다. 이것이 '친민(親民)'[신민(新民)]의 뜻이다.

명덕을 분명히 하는 것과 친민 둘 다 자연스럽게 이루어지는 것을 '지선(至善)'이라 이른다. 대체로

이(理)라는 것은 지극히 선하여 조금도 악한 것이 없으므로, 이를 지선이라 부른다. 도리(道理)와 선(善)은 하나이다. 내 부모에게 충분히 효도하려 생각한다 하더라도, 그것보다 더욱 좋은 효도가 있다면 더욱더 그것을 행해야 한다. 임금을 섬기는 데 충분히 충성을 다하려 생각한다 하더라도, 그것보다 더욱 좋은 충성이 있다면 더욱더 봉공(奉公)에 힘써야 한다. 인의예지(仁義禮智)를 행함도 또한 이와 같다. 인과 의에도 대소(大小)·경중(輕重)·심천(深淺)이 있을 때는 작은 것을 버리고 큰 것을 따르며, 가벼운 것을 버리고 무거운 것을 따르며, 얕은 것을 버리고 깊은 것을 따라야 한다. 어느 것이나 각각의 도리에 적합하여 궁극의 지점에 도달한 바를 '지선에 머무른다'고 이른다. 큰일 작은 일에 대하여 매일 사람이 행하는 바 만사에 걸쳐 지선의 도리가 아닌 것이 없다. 옷을 입고 음식을 먹으며, 말을 하고 몸을 움직이며, 서고 앉으며, 밤낮으로 아침저녁으로 모두 이 도리가 있다. 그 이치의 궁극의 지점에 도달한 것을 '지선에 머무른다'고 이른다.

명덕은 내 마음을 밝히고 몸을 다스리는 근본이다. 그 뒤에 남을 가르치고 인도하여 선으로 끌어들임을 '친민'이라 이른다. '민(民)'은 모든 사람을 가리킨다. 농민만을 가리키는 것이 아니다.

## 지(智)

지는 만물의 이치[理]를 아는 것이다. 아름답고 훌륭한 것을 좋아하고 더럽고 지저분한 것을 싫어하는 것처럼, 반드시 선을 좋아하여 행하고 악을 미워하며 싫어하여 결코 행하지 않는 것 또한 반드시 진실한 지혜라고 이른다. 삶과 죽음은 매우 크고 아주 중요한 일이어서 모두 목숨을 소중히 여기니, 천하 모든 것 중에 무엇이 목숨보다 더한 것이 있겠는가. 그렇지만 '태어난 것이 반드시 죽는 것은 예부터 정해진 이치'임을 아무리 어리석은 사람이라도 알기 때문에 언젠가 죽는다는 이유로 울고 슬퍼하는 이는 없다. 이 마음을 만사에 미루고 확장하여 이해한다면 의심이 생기지 않을 것이다.

지(智)는 총·명·예·지(聰明叡智)[영리하고 기억력이 좋으며 사물의 도리를 꿰뚫어 보는 지혜가 있다는 뜻]를 말한다. 눈으로 보는 것이 뛰어나서 좋고 나쁨을 정확하게 파악하고, 귀로 듣는 것도 뛰어나서 좋고 나쁨을 정확하게 파악한다. 그러므로 밝게 알아 막힘이 없어 이치에 어두운 구석이 없다. 앞에서 말한 인(仁)의 길, 의로움의 길, 예의의 길 모두 잘 구별하여 알아 각각 행하는 것이 지자(智者)이다. 지(智)가 없으면 어떻게 인과 의와 예의 길을 알겠는가. 지가 있어서 인의(仁義)의 길을 알고, 시비(是非)·선악(善惡)을 분명하게 구분하는 것이다. 그러므로 맹자가 "옳은 것을 옳다 여기고 그른 것을 그르다 여기는 마음은 앎의 시작이다(是非之心, 知之端也)"라고 말한 것이다. 여기서 '시(是)'는 그 선(善)한 것을 알고 이것을 옳다고 여기는 마음이다. '비(非)'는 그르다 여기는 마음이다. …

공자도 "슬기로운 사람은 도리를 잘 알기 때문에 어떤 일에도 홀리지 아니한다(智者不惑)"라고 말했다. 물(物)의 이비(理非)를 분명히 구분하여 '이것은 이(理)이고 이것은 비(非)'라고 아는 것이 마치 거울이 아름다움과 추함을 구분하는 것처럼 하므로, 헷갈려서 갈팡질팡 헤매는 일이 없다. 거울이 맑으면 사람의 모습과 얼굴이 잘 비칠 것이다. 그러므로 지혜의 빛으로 비추어서 "이치에 맞아 마음이 어지럽고 탁하지 않으며, 일에 통달하여 걸리고 막힘이 없다(當理不擾, 達事無滯)." 인욕(人欲)의 사사로움에 끌리지 않아 사사로운 욕망이 한 점도 없다면 지(智)도 밝게 될 것이다.

공자는 말했다. "사리(事理)에 밝은 사람은 사리(事理)에 통달(通達)하여 정체(停滯)함이 없는 것이 마치 물이 자유(自由)로이 흐르는 것과 같으므로 물을 좋아한다(智者樂水)." '지자(智者)'가 지혜를 써서 세상을 다스리는 것이 물이 막힘없이 흐르는 것과 같으므로, 지자는 물을 좋아한다. 이어지는 구절에 "지자는 동적이다(智者動)"라는 게 있으니, 지자는 사리가 분명하고 투철하여 만사의 이치에 통달하고 기지(機智)가 있어, 한쪽에 치우침 없이 익숙하고 재빠르게 변화에 대응한다. 그러므로 그들이 "활발하다"고 말하는 것이다.

[JAT/조영렬]

# 나카에 도주

中江藤樹, 1608-1648

농촌 마을 오미(近江)에서 태어난 나카에 도주(中江藤樹)는 시코쿠(四國)섬에 사무라이(侍)였던 조부(祖父)의 양자로 들어갔다. 거기서 그는 그 지역의 다이묘(大名)를 섬기기 위해 유학을 공부했고, 마음을 중시하는 직관적인 왕양명(王陽明, 1472-1529) 철학의 최초 주창자로 명성을 얻었다. 그러나 "선천적으로 윤리적 지(知)"의 실천을 강조하는 좀 더 세속적인 왕양명의 인식론과는 달리, 도주는 좀 더 영적인 방침을 강조하면서, 인간이 선(善)을 인식하고 그 앎[知]을 실천하는 능력은, 선천적 윤리에 대한 그의 해석 중의 하나인, "하늘의 신성한 빛"의 덕분이라고 했다.

한창 때의 도주 철학의 가장 두드러진 특징은, 『늙은이, 묻고 답하다(翁問答)』에서 드러나듯, 「효(孝)」를 강조하는 것이었다. 그는 도쿠가와시대(德川時代, 1603-1868)의 대다수 유학자와 달리 군주나 통치자를 향한 충성보다 효도를 훨씬 더 높이 평가했다. 그런 확신을 확고히 드러내고자, 스물여섯에 사무라이(侍) 종복의 자리와 녹봉을 걷어차고 고향으로 돌아가 어머니를 봉양했다. 사람들은 도주의 효성을 잘 기록하고 두고두고 이야기 거리로 삼았다.

도주의 철학은 고대 중국의 신, 「상제(上帝)」와 비슷한 섭리적이며 영적인 힘과 주자학의 「태허(太虛)」라는 형이상학적 개념을 통합하였다. 더 나아가 그는 이런 힘을 만물의 창조적 원천이며, 만물을 우주적 합일로 이끌고 주재하며, 윤리적 기운으로 대응시키는 공통적 결속력으로 보았다. 그 밖에 도주는, 대부분 근대 초기의 유학자들과는 달리, 여성을 위한 유학적 「학(學)」의 중요성을 강조하면서, 그들의 정신적 육체적 안녕이 가족의 안녕에 중요하다고 말했다. 그는 드러내어 불교를 비판하지는 않았지만, 진정한 주자학자를 자처하면서도 지배층을 모시기 위해 삭발을 하고 장삼을 걸쳤던 하야시 라잔(林羅山, 1583-1657)*을 비판하는 에세이를 남겨 이름을 떨쳤다.　　　　　[JAT/조영렬]

---

## 효(孝)

나카에 도주 n.d., 215-7 (374-5)

「효(孝)」는 사람의 뿌리이다. 만약 이 마음이 죄다 없어져 버린다면 그 삶은 뿌리 없는 초목(草木) 같을 것이다. 얼른 죽지 않았다면 참으로 요행히 면했을 뿐이다. 양지(良知)[사람이 나면서부터 가지고 있는 지능과 지혜]는 곧 우리가 안심입명(安心立命)[모든 의혹과 번뇌를 버려 마음이 안정되고, 모든 것을 하늘의 뜻에 맡기는 일]할 땅이다. 이것을 떠나면 괴롭고 어려운 경우를 만날 뿐이다. 그의 몸과 그가 처한 세상은 모두 환상 같고 꿈 같을 것이다. 그렇지만 그 고통이 싫다고 환상과 꿈으로 도피하여 다른 곳을 구하는 것은 정신이 헷갈려 헤매는 짓이다.

효는 사람과 금수가 갈라지는 지점이다. 그러므로 사람이면서 불효하면 하늘이 여섯 가지 불길한 일[六極]로 갚을 것이다. 옛날의 불효한 사람은 머리가 개대가리로 변하여 그의 금수(禽獸)됨이 드러났다. 삼가고 경계해야 한다.

고아는 부모를 모실 일이 없어 보인다. 그렇지만 제 덕성(德性)은 곧 부모에게 물려받은 천진(天眞, 타고난 참됨)이다. 그러므로 나의 성(性)을 기르는 것이 부모를 봉양하는 방법이다. 나의 성을 존중하는 것이 나의 부모를 존중하는 방법이다. 이것이 큰 효의 본질이며 고갱이다. 부모의 슬하에서 있었는지 여부를 따질 계제가 아니다.

…

효 이것은 삼재(三才)[天地人] 중의 지극한 덕이요 중요한 길[至德要道]이다. 그것이 하늘을 낳고 땅을 낳으며 사람을 낳는다. 그리고 만물을 낳는다. 오직 이 효, 배우는 자는 이것을 배울 따름이다. 효는 어디에 있는가. 효는 나의 일신(一身)에 있다. 몸을 떠나서 효는 없다. 효를 떠나서 몸은 없다. 효도를 행하면 사해(四海)에 빛이 나고 신명(神明)에게 통한다.      [쓰노다 류사쿠(角田柳作)/조영렬]

## 보배로운 인(仁)을 지키기

나카에 도주 1640, 61-2, 219-21; n.d., 137-8; 1640, 125-7

우리 사람의 몸 안에 지극한 덕이요 중요한 길이라 부를 수 있는, 하늘 아래 둘도 없는 신령스런 보물이 있다. 이 보물을 마음에 지키고 몸으로 실천하는 것이 중요하다. 이 보물은 위로는 천도(天道)에 통하고, 아래로는 사해에 밝게 빛나는 것이다. 그러므로 이 보물을 사용하여 「오륜(五倫)」에 섞으면, 오륜 모두 화목하여 원망이 없어질 것이다. 신명(神明)을 섬겨 제사를 올리면, 신명이 받아들이실 것이다. 천하를 다스리면 천하가 평화로워지고, 나라를 다스리면 나라가 다스려지며, 집안을 돌보면 집안이 정돈될 것이고, 몸으로 실천하면 몸이 안정되며, 「마음(心)」에 지키면 마음이 밝아질 것이다. 그것을 미루어 넓히면 천지 바깥에 지나가고, 잡아서 거두어들이면 내 마음 깊숙한 곳에 숨는다. 참으로 신묘(神妙)하기 짝이 없는 신령스런 보물이다.

그러므로 이 보물을 능히 지키면, 「천자(天子)」는 오래도록 사해(四海)의 부(富)를 보존하고, 제후(諸侯)는 오래도록 일국(一國)을 영화롭게 하며, 경대부(卿大夫)는 그 가문을 일으키고, 사무라이는 이름을 드러내어 지위를 높이며, 서인(庶人)은 재산과 곡식을 쌓고 저장하여 그 즐거움을 즐길 것이다.

이 보물을 버린다면 인간의 길이 끊어질 것이고, 인간의 길만 끊어질 뿐만 아니라 하늘과 땅의 길도 끊어질 것이며, 하늘과 땅의 길만 끊어질 뿐만 아니라 태허(太虛)의 신묘한 조화도 일어나지 않을 것이니, 태허(太虛)·삼재(三才)·우주(宇宙)·귀신(鬼神)·조화(造化)·생사(生死) 그 모두를 이 보물이 포괄(包括)하는 것이다. 이 보물을 찾고 배우는 것을 유자(儒者)의 학문(學問)이라 부른다. 태어나면서부터 이 보물을 간직한 이를 성인(聖人)이라 부른다. …

### 지고한 상제(上帝)로부터 비롯됨

조리없는 거짓말을 하는 이들은 인간이 태어나는 것을 부모가 한 일처럼 말하지만, 그렇지 않다. 태허황상제(太虛皇上帝)의 명을 받아, 하늘의 신과 땅의 신이 화육(化育)한 것이다. … 하늘의 신과 땅의 신이 만물의 부모이니, 태허황상제는 인륜의 큰 조상이다. 이 신령스런 이치의 관점에서 본다면, 성인도 현인도 「석가」도 달마도 유자(儒者)도 나도 남도, 세계 안에 있는 모든, 사람의 형태를 가진 존재는 모두 황상제(皇上帝)와 하늘의 신과 땅의 신의 자손이다.

또한 유도(儒道)는 곧 황상제와 하늘의 신과 땅의 신의 신령한 도이니, 인간의 형태를 가지고 있으면서 유도를 비방하고 저버리는 것은 그 선조와 부모의 도를 비방하고 그 명(命)을 저버리는 짓이다. … 우리의 크신 시조(始祖)인 황상제, 크신 부모인 하늘의 신과 땅의 신의 명을 두려워하고 공경하며, 그 신령스런 도를 흠숭(欽崇)하고 수용(受用)하는 것을 효행(孝行)이라 부르며, 또한 지극한 덕이요 중요한 길이라 부르며, 유도라 부른다.

이것을 가르치는 것을 유교(儒敎)라 부르고, 이것을 배우는 것을 유학(儒學)이라 부른다. 이것을 능히 배워서 마음에 지키고 몸으로 행하는 이를 유자(儒者)라 부른다. …

오로지 지극히 높은 「상제(上帝)」만이 무극(無極)이며 또한 「태극(太極)」으로 여겨진다. 그것은 지극히 높은 진실이며 가장 높은 영(靈)이다. 음양과 오행은 그것의 형태일 뿐이다. 무극의 이(理)는 그 무극의 마음일 뿐이다. 무극의 거대함은 바깥이 없다. 그 극소함은 안이 없다. 그 이와 그 「기(氣)」는 원래 그러한 것이고 그침이 없다. 그들 사이의 신묘한 결합을 통해, 그들은 생생(生生)한다. 그들의 생산적 활동은 시작도 끝도 없다. 그것은 덧없음이 없다. 그러므로 지극히 높은 상제만이 만물의 부모이다. 자신의 형태를 배분함으로써, 상제는 형태를 가진 모든 만물에 생명을 부여한다. 자신의 마음을 배분함으로써, 상제는 만물의 본성을 결정한다. 상제의 형태가 배분될 때, 차이가 초래된다. 그러나 상제의 마음이 배분될 때는 차이가 존재하지 않는다.

## 전사(戰士)

생래적으로 대장(大將)의 재주를 타고난 강인한 사람은 심학(心學)을 연마하지 않아도 군법(軍法)에 통달하여 군공(軍功)을 세우겠지만, 덕이 없기 때문에 재능의 왕성함에 취하여 반드시 사람 죽이기를 좋아하고, 불의하고 무도(無道)하게 행동할 것이니, 만민(萬民)이 그 독(毒)에 당하여 탄식하고 슬퍼함으로 인해 마침내는 천벌을 받아, 저 자신도 망하고 나라도 반드시 절멸(絕滅)되는 법이다. 그 증거는 중국에도 있고 일본에도 있으니, 덕이 없고 재주만 왕성한 대장이 그 일신에 곤란한 일 없이 자손이 번창한 이가 드물다. 일본과 중국의 역사서에서 연구해 볼 일이다.

대저 군법의 근본 목적은 국가를 평안하게 하고, 무인으로서의 운을 오래 가게 하며 만민이 그 혜택을 누리게 하기 위함인데, 도리어 만민이 그 독에 당하고, 제 일신의 운이 다하고 국가가 절멸당하는 원인이 된다면, 군법에 통달하여 군공을 세운다 하더라도 필경은 무익하고 헛된 일이다. … 어떻게 해서라도 군법을 배우려고 한다면, 천하에 대적할 만한 상대가 없는 인자의 군법을 배우는 것이 좋지 않겠는가.

전장에서나 적군과 맞서 싸울 때는 용감하고 기운찬 것이 적절할지 몰라도, 평화롭고 전쟁이 없는 시절에 그런 용맹을 과시하는 것은 쓸데없는 짓이다. 평화롭고 전쟁이 없는 시절임에도 전쟁을 준비한답시고 용맹을 과시하는 데에 몰두하는 것은 무지하고 쓸데없는 짓이다. 예를 들어, 평화로운 시기인데도 무술에 몰두하는 것은 마치 평화로운 시기에 사무라이 갑주(甲冑)를 다 갖추어 입고 다니는 것과 같다. … 무시무시한 용맹을 드러내며 사람들을 죽이는 것은 전쟁을 준비하는 것이 아니라, 전쟁 준비를 훼손하는 짓이다. 특히 무시무시한 용맹을 드러내기 좋아하는 자들은 마음이 사나워져 백성을 경멸하게 된다. 그 결과 불가피하게 싸움에 휘말리고 스스로 개죽음을 당할 것이다. 그들은 제 부모에게 수치스러운 슬픔을 안길 것이고, 제 영주에게 봉토를 박탈당할 것이다. 비록 그들이 용감하게 싸운다 하더라도, 그들은 이빨이 드센 개나 다를 바 없다. 정신이 멀쩡한 사무라이라면 누구라도 그런 수치를 경계해야 한다. [JAT/조영렬]

# 학(學)

나카에 도주 n.d., 573

많은 종류의 「학(學)」이 존재하지만, 마음을 다스리는 법을 가르치는 학이 진정한 학이다. 그런 진정한 학은 천하 모든 이의 관심거리가 되어야 하고, 모든 인간의 의무가 되어야 한다. 왜냐하면 이 학을 통해서만 우리가 천하의 지고한 보물인 명덕(明德)을 드러낼 수 있기 때문이다. 금은보화가 가치 없기 때문이 아니라, 그것들이 인간의 마음속에 있는 고통의 뿌리를 잘라내고 영원히 지속되는 행복을 가져다 주지는 않기 때문이다.

명덕이 밝게 드러날 때, 인간이 겪는 여덟 가지 고통은 그칠 것이며 우리의 마음과 정신은 끊임없는 행복으로 가득 찰 것이다. 우리의 생각은 하나도 빠짐없이 이치에 들어맞을 것이다. 부와 지위, 빈곤함과 비천함, 번영과 곤경 따위 어떠한 극단적 상황도 우리에게서 삶의 즐거움을 앗아가지는 못할 것이다. 게다가 수많은 이들이 우리를 사랑하고 존경할 것이고, 천도가 우리를 도울 것이다. 밝은 정신이 지켜주기 때문에 천재지변(天災地變)도 우리를 해치지 못할 것이다. 그리고 천둥과 지진도 우리를 해코지하지 못할 것이다. 태풍이 우리의 집을 파괴할 수 있겠지만, 그것이 우리를 범하지는 못할 것이다. 큰불이 나도 우리를 태우지 못할 것이고, 홍수도 우리를 삼키지 못할 것이다. 사악한 마귀가 우리를 겁박하지 못할 것이며 악마적 역병도 우리에게 손상을 입히지 못할 것이다. 사악하고 심술궂은 귀신도 얼씬 못할 것이다. … 심지어 칼과 다른 무기도 우리에게는 소용없을 것이다. … 이 세상에서 우리는 비할 데 없는 삶의 행복을 맛볼 것이다. 저 세상에서도 우리는 분명 천국에 태어날 것이다. 이러한 끝없는 대가와 축복 때문에 천하의 모든 이들이 '명덕(明德)을 밝히는 것'을 지고의 보물이라 부른다. 이것이 인간의 마음속 고갈되지 않는 보물창고에 있고, 남녀노소 지위고하 불문하고 모든 이가 갖고 있음에도 불구하고, 어떻게 그것을 찾을 지는 생각하지 않고, 남에게 과시하기 위한 보물만을 찾는 자들은 고통의 늪에 빠져들게 된다.

…

**누군가가 이렇게 말했다 :** "「학」은 여자가 할 일은 아닌 것처럼 보인다."

**도주(藤樹)가 이렇게 대답했다 :** "비록 한시를 짓고 와카(和歌)를 읊는 것이 여자가 할 일은 아닌 것처럼 보이긴 하나, 한시를 짓고 와카를 읊은 여자들이 많이 있었고 그것 때문에 비난당하지는 않았다. 마음을 다스리는 일은 여자에게도 중요하기 때문에, 그것과 그와 비슷한 것들이 여자에게 적절치 못하다 하는 것은 크게 틀린 생각일 것이다. 왜냐하면 여자의 「기(氣)」가 음(陰)에 뿌리를 두고 있고, 그 음기로 인해 여성은 쉽게 흥분하고 쩨쩨하고 소견머리가 좁고 변덕스럽기 십상이기 때문이다. 여자는 밤낮으로 집에만 틀어박혀 사사로운 생활에 젖어 있기 때문에 시야가 편협하다. 그래서 여자들 중에 자비롭고 정직한 마음과 정신을 가진 이가 드물다. 그러므로 불교에서는 여성이 심히 죄 많은 존재이며 「보리(菩提, 깨달음)」를 이루기 어려운 존재라 하였다. 그러니 여성에게 마음과 정신의 학을 추구하지 말라고 하는 것은 옳지 않을 것이다. 만약 아내의 마음이 건강하고 효성스러우며, 순종적이고 자비로우며 정직하다면, 그녀의 부모와 자식들, 오누이들, 그리고 모든 식구가 평화로울 것이고, 온 집안의 질서가 바로 설 것이다. 심지어 비천한 하인들조차 그녀가 베푸는 은혜로운 자비의 덕을 보게 될 것이다. 그런 집안은 행복이 넘치고 자식과 후손 또한 번성할 것이다. …

옛날에는 여자가 열 살이 되면, 여자의 덕을 배울 수 있도록 여자 스승에게 맡겼다. 그런 관습이 끊기면서, 요즘 여자의 학은 단지 글 읽기를 배우는 게 되었다. 사람들이 학이 마음을 다스리기를 배우는 것이라 여기지 않게 되면서, 이제 그들은 여자에게 학이 무슨 쓸모가 있겠냐고 말하게 되었다. 이런 원칙은 잘 이해되어야 한다. 우리는 여자들이 잘 배우도록 해야 한다. 그래야만 가족들의 사이가 뼈에서 발라낸 고기처럼 뿔뿔이 흩어지지 않을 것이다.                                    [JAT/조영렬]

# 야마자키 안사이

山崎闇齋, 1618-1682

야마자키 안사이는 도쿠가와시대(德川時代, 1603-1868)에 주자학(朱子學)의 가장 충실하고 확고한 옹호자였을 뿐만 아니라, 후기에는 주자학과 신도(神道)가 근본적 일체성을 주장하면서 혼합적 종교 철학 체계를 주창했다. 주희 저작의 완벽함과 비교했을 때, 그에게 다른 주자학 유파는 불완전하고 천박하며 편협해 보였다. 이러한 비판은 그의 제자들에 의해 다시 언급되었고, 주희(朱熹)에게 비판적인 학자들도 참고했던 하야시 라잔(林羅山, 1583-1657)*과 같은 학자들에게 전승되었다.

형이상학적인 이론을 넘어서, 안사이(闇齋) 학파는 세상에 기여하고 자기를 수양하는 데에 '경(敬)'이라는 개념이 가장 중요하다고 강조했다. 그는 가장 중요한 중국 철학서 중에 하나라 여겼던 『주역(周易)』의 구절을 언급하면서, 정좌(靜坐) 수련과 경이 내면의 성숙을 키워주고, 의(義)는 바깥세상과의 관계에 대처하는 것을 도와준다고 주장했다. 후대의 유학자들이, 비록 노골적이지는 않았다 하더라도, 경을 지나치게 주장한 것에 대해 가한 비판은 주로 야마자키 안사이(山崎闇齋, 1618-1682)*를 겨냥한 것이었다.

신도와 주자학이 만물을 통합시키는 이(理)의 발현이라는 안사이의 주장은 일본에서 주자학을 토착화시키는 한가지 수단이었다. 동시에 일본의 과거에서 신화를 벗기려 애쓰는 다른 정통 주자학에서 벗어나, 오히려 그는 절충적이며 흔히 지나친 재(再)신화화에 힘썼다. 안사이 식의 신도의 타당성에 대해 벌인 논쟁으로 그의 가장 총명한 두 제자 사토 나오가타(佐藤直方, 1650-1719)*와 아사미 게이사이(淺見絅齋, 1652-1711)*는 안사이에게 등을 돌렸다. 그럼에도 안사이 사후에 그의 제자들은 자신들을 안사이 신도의 옹호자라 자처하거나 주희 주자학의 지지자라 천명했다.    [JAT/조영렬]

---

## 경(敬)과 교육

야마자키 안사이 n.d.-b 90 (87-8); 1650, 1-2 (251-2)

"공경으로 안을 곧게 하고, 정의로 밖을 바르게 한다[敬以直內, 義以方外]"는 말은 일생을 쓰더라도 다함이 없을 것이다. 주자(朱子)가 어찌 나를 속이겠는가. 『논어』에서 "군자는 몸을 닦아 공경한다" 한 것은 '공경으로 안을 곧게 한' 것이다. "몸을 닦아 남을 편안하게 하고, 백성을 편안하게 한다" 한 것은 '정의로 밖을 바르게 한' 것이다. …

"「성(誠)」은 스스로 자기를 완성할 뿐 아니라, 사물을 완성하는 이유도 된다. 자기를 완성하는 것이 바로 「인(仁)」이요, 사물을 완성하는 것은 바로 「지(知)」다. 이것은 하늘이 명(命)한 본성의 덕이요, 안과 밖을 화합하는 도이다."[『중용』 25장] …… '경(敬)'이란 그 실천을 의미하며, 이 실천은 유학적 가르침의 처음과 끝이다. 이것은 오랜 세월 전해져 왔다. 하늘과 땅이 열린 뒤에 현자들이 대대로 마음을 수양하는 방식으로 전한 것이 바로 이 경이다.

[쓰노다 류사쿠(角田柳作)/조영렬]

주희는 … 지적인 지도력이 뛰어난 사람이었다. … 제자들을 지도하기 위해 그는 지침을 세웠지만, 비열한 학자들의 방해로 당대에 널리 퍼지지 못했다. … 그 교육의 목표는, 기초 단계[小學]이든 고급 단계[大學]이든, 모두 인륜(人倫)을 밝히는 것이었다. 교육의 기초 단계에서는 인륜을 분명히 하는 것[明倫]을 가르치는데, 몸가짐을 조심하는 것[敬身]이 명륜(明倫)의 핵심이다. 대학(大學)의 격물(格物), 즉 낱낱의 사물과 행동의 이치를 끝까지 파고드는 일은 소학에서 이미 배운 것을 바탕으로 남김없이 끝까지 밀고나가는 작업이다. …

그런 지침으로 주희 학파는 고급과정 교과목을 보충하려 제시된 순서를 따라 오륜(五倫)을 교과과정에 올려놓았다. 학문사변(學問思辨, 배우고 묻고 생각하고 분별하는) 이 네 가지는 격물치지(格物致知)의 일이다. 독실하게 행하는 일은 먼저 몸을 닦는 데 있다. 곧 이른바 천자(天子)로부터 서인(庶人)에 이르기까지 한결같이 모두 수신(修身)을 근본으로 삼는다는 것이다. 성의(誠意) 정심(正心)은 그 속에 있다. 만사를 처리하고 사물에 접하는 요체는 제가(齊家) 치국(治國) 평천하(平天下)의 일이다. 저 지침이 이와 같이 분명하게 갖추어져 있었다. …

그러나 이런 지침들은 주희의 문집 속에 숨어 있어서 아는 이가 드물었다. 하지만 나는 실례를 무릅쓰고 지속적으로 검토하고 숙고하기 위해 그것들을 나의 학당에 올려서 모두가 주목하도록 했다.

[WTB/조영렬]

## 세 가지 즐거움

하라 넨사이(原念齋) 1816, 122-3 (90-1)

아이즈(會津)의 영주가 야마자키 안사이에게 어떤 즐거움이 있느냐고 물었다. 안사이가 대답했다.

"신(臣)은 세 가지 즐거움을 누립니다. 천지간(天地間)에 수많은 생명체가 있지만, 제가 영적 의식을 가진 존재라는 것이 첫 번째 즐거움입니다. 인간의 여러 궁리를 비웃기라도 하듯 천지간에 전쟁과 평화가 닥칩니다. 하지만 운 좋게도 저는 평화로운 삶이 가득한 시기에 태어났습니다. 그래서 제가 책을 읽고 도(道)를 연구하여, 마치 옛 현인과 철학자들이 저와 한방에 있는 것처럼 함께 함을 누릴 수 있습니다. 그것이 또 다른 즐거움입니다."

그러자 영주가 말했다.

"두 가지 즐거움은 잘 들었소. 세 번째 것도 듣고 싶소."

안사이가 대답했다.

"이것이 가장 큰 즐거움이지만 표현하기는 어렵습니다. 제가 말하지 않은 데는 나름의 뜻이 있어서이니 무례하다 여기지 않으셨으면 합니다."

영주가 말했다.

"내가 무지하고 무능하지만, 여전히 선생의 충실한 제자요. 나는 여전히 당신의 충직한 조언에 목말라하고 기탄 없는 의견에 굶주려 있소. 나는 선생이 이제 와서 왜 삼가는지 이유를 모르겠소."

그러자 안사이가 대답했다.

"영주님께서 그렇게까지 재촉하시니, 비록 목숨을 잃거나 불명예를 뒤집어쓴다 하더라도 말씀드리겠습니다. 저의 세 번째이자 가장 큰 즐거움은 제가 군주의 집안이 아니라 천한 집안에 태어났다는 것입니다."

"그 이유가 궁금하오."

영주가 재촉했다.

"만약 제가 잘못 알고 있는 것이 아니라면, 오늘날 군주의 자식들은 궁궐에서 태어나 여러 여성들의 보살핌을 받아 자라기 때문에, 학문에 힘쓰지 않고, 기술도 익히지 않고, 성적인 것이든 다른 것이든, 쾌락과 탐닉에 빠집니다. 또 신하들은 그들의 변덕을 맞추어주려 애쓰고, 그가 칭찬을 하면 덩달아 칭찬하고, 비난을 하면 덩달아 비난할 것입니다. 그래서 군주는 타락하고 제 타고난 참 본성을 잃습니다. 그런 군주들을 어린 시절부터 고난의 장(場)에서 자라난 천하고 가난한 사람들과 비교해보십시오. 가난한 이들은 자라면서 삶의 여러 사태들에 어떻게 대처하는지를 배웁니다. 그리고 스승과 벗의 도움을 받아 지력과 판단력을 꾸준히 키웁니다. 그것이 천하고 가난한 집안에서 태어난 것을 저의 가장 큰 즐거움으로 여기는 이유입니다."

이에 군주는 크게 놀라면서도 한숨을 쉬며 이렇게 말했다.

"참으로 그렇구려."

[쓰노다 류사쿠(角田柳作)/조영렬]

---

## 신도(神道)

야마자키 안사이 1675, 284-6 (234, 237); 1671, 272-4<br>(228-9); n.d.-a, 218, 264-5; 207-12 (88-9)

1

일본에서 나라가 열리던 시대에, 이자나기노미코토(伊弉諾命)와 이자나미노미코토(伊邪那美命)는 천신(天神)들의 신성한 가르침을 쫓아서, 음양(陰陽)의 이치에 따라 올바른 윤리적 가르침의 시작을 열었다. 태초에 우주에는 오직 한 이(理)만이 존재했다. 태양이 뜨는 나라인지, 혹은 지는 곳인지에 따라 「가미(神)」나 현자들이 출현했다. 그러나 그 도(道)는 신비롭게도 똑같았다. …

일본에서 천지(天地)의 신을 경배하는 것은 아메노미나카누시(天之御中主)라는 이름을 만들어냈다. [첫 번째 가미(神) 중 하나로, 그 이름은 '나라의 중심에 선 지도자'란 뜻이다.]

이자나기(伊弉)와 이자나미(伊弉彌)는 그를 계승해서 '나라의 중심이 되는 기둥'을 세웠고, 그 주변을 걸었으며, 사랑을 나누어 자식을 낳았다. 그들의 자식인 아마테라스오미카미(天照大神)는 온 우주에 빛났고, 태양으로서 하늘의 중앙에 자리 잡았다. 그녀는 하늘의 지배권을 받았다. 그러나 온 우주에는 오로지 한가지 이(理)만 존재했다. 그러므로 이를 억지로 움직이지 않아도 신도와 유학은 완벽하게 통했다. 이 얼마나 경이로운 신비인가!

### 신도(神道)의 근원

신도의 근원은 지(地)과 금(金)이다. 이 전통은 이미 『일본서기(日本書紀)』에 나타난다. '가미(神)의 시대'라는 장(章)에서 오로지 인간과 관련시켜, 하늘과 다른 것들에 관해서 언급하는 부분이 있다. 인간과 관련해서 하늘에 관해 말하는 부분도 있고, 하늘의 관점에서 인간에 대해서 언급하는 다른 부분도 있다. 이런 방식으로, 하늘과 인간의 단 하나의 도(道)가 분명해지는 것이다.

…

나는 다음과 같이 들었다. 천지간에 지(地)의 덕(德)이 모여서 중심이 된다. 사계절이 이 덕을 통해 서로 이어진다. 만물이 거기서 비롯된다. … 우리나라가 우월한 것은 지와 금(金)이 풍부하고,

태초 이래로 신과 황제의 직접적 혈연관계가 영원히 이어졌기 때문이다. 이것은 아마테라스오미카미(天照大神) 칙령의 기본적 취지, 그리고 신들의 보호와 지도에 기인한 것이다.    [HO/조영렬]

하늘의 문제는 현재의 황제를 위한 것이다. 세상의 평화와 관련해 무력을 통해 질서가 확립된다는 사실은 고대에 스사노오(須佐)와 오아나무치노 미코토(大己貴命)[1]가 그랬던 것처럼 오늘날의 쇼군(將軍)에게도 마찬가지다. 이것은 신들의 시대부터 일본이 그래왔던 방식이다.    [JAT/조영렬]

## 신도를 연구함

신도를 연구하려는 사람들이 배워둬야 할 중요한 사실이 있다. 만약 학생이 이것을 먼저 배우지 않고 신의 시대에 관한 장을 읽는다면, 그 장의 진정한 가치를 이해하기 쉽지 않을 것이다. 하지만 그들이 적절한 교육을 먼저 받는다면, 즉시 모든 것을 이해할 수 있을 것이다. 이것이 처음과 끝을 설명하는 신도의 핵심이다. 이 사실을 명심해두어야 한다.

나는 아직 당신이 이것에 관해 미리 들었는지 확신은 못 하지만, 이것은 지(地)와 금(金)에 관한 가르침이다. … 당신은 신들의 시대라는 장(章)에서 지가 다섯 가지로 대표된다고 한 것을 기억하는가? "이자나기(伊弉)가 불의 신 가구쓰치(迦具土)를 다섯으로 잘라냈다"라고 나와 있었다. 그것이 진정으로 의미하는 바는 지가 다섯 가지의 요소로 변했다는 말이다.

지는 오로지 화(火)로부터 온다. 그러나 화는 「마음(心)」이다. 그리고 심 속에 하느님이 살고 있다. 이것은 일반적인 가르침에는 논의되지 않는다. 그러나 내가 이 사실을 밝히는 것은 배우는 사람들이 이 사실을 철저히 이해하기를 원하기 때문이다.

지란 것은, 만약 그것이 흩어지고 흐트러지면 어떤 것도 생성하지 못한다. 오직 지가 뭉쳐진 곳에서만 만물은 생성된다. … 지가 없다면 어떤 것도 생성되지 못한다. 그러나 설사 지가 있다 하더라도, 그것이 억제되지 않는다면, 금(金)의 힘이 생겨나지 못할 것이다. 억제는 인간의 마음속에 있는 것이다. 지가 흩어지고 흐트러지면 아무 것도 생성되지 못하듯, 만약 인간이 흩어지고 흐트러지면 금의 힘이 생성되지 못한다. 그 금의 힘은 실상 심 속에 하느님이 있을 때에 존재하는 우리의 태도 바로 그것이다. 금의 힘에는 엄격하고 무시무시한 것이 있다. 그 힘이 그것이 견딜 수 있는 한계를 넘어서면, 심지어 사람이 죽을 수도 있음을 알아야 한다. 그것은 너무나 강고해서 어떤 타협이나 용서도 허용하지 않는다. …

그것이 지가 금을 생성하는 이치이다. 그러나 이것을 금이 지를 낳고, 지가 금을 낳는다는 중국의 이론과 혼동하지 말라. 중국 유학서가 뭐라 하든 중요하지 않다. 내가 말하는 것은 신의 시대의 도(道)이다, 그러나 그것은 또한 우리의 눈앞에 진행되고 있는 것이다. 태양의 신은, 당신도 알다시피, 여성이다. 그러나 폭풍의 신이 통제를 못할 지경에 이르자, 그녀는 전투복을 입고 칼을 든다. 심지어 이자나기와 이자나미도 칼과 삽을 사용해 땅을 다스렸다. 태초부터 일본은 금의 힘의 통치 아래에 있었다. 그것이 내가 일본은 금의 힘이 미치는 땅이라고 말하는 이유이다. 명심하라, 억누름이 없이는, 금의 힘이 생성되지 않을 것이며, 심이 해야 할 일은 바로 그것을 억누르는 것이다.

[쓰노다 류사쿠(角田柳作)/조영렬]

---

1) [영] 스사노오는 태풍의 신이고 오아나무치노 미코토는 그의 손자이다.

# 구마자와 반잔

熊澤蕃山, 1619-1691

왕양명(王陽明) 주자학(朱子學)의 최고 지지자였던 구마자와 반잔은 형이상학에서 벗어나, 직관적이며 마음 중심의 체계를 좀 더 실질적이고 사회 정치적이며 경제적으로 적용하는 쪽으로 나아갔다. 그의 스승 나카에 도주(中江藤樹, 1608-1648)*가 제시한, 본질적으로 영적인 교리적 혁신을 따르는 대신, 반잔(蕃山)은 그의 주요저작인『대학혹문(大學或問)』과『집의화서(集義和書)』에서 진정한 철학은 당대의 실질적이고 긴급한 쟁점에 적용될 수 있어야 한다고 주장했다. 실질적인 정치적 쟁점들에 철학을 적용하겠다는 반잔의 입장은 확고했고, 심지어 권력자들이 관심을 보이지 않을 때에도 입장을 명확히 밝혔다. 반잔은 1657년에 주군 이케다 미쓰마사(池田光政, 1609-1682)가 자신을 총애한다는 이유로 위험에 처할까 걱정이 되어, 학자-번사(藩士)의 자리에서 물러났다. 그 이후로 반잔은 그의 사상이 소요를 일으킬까 염려하는 자들의 감시를 받으며, 자신의 뜻과는 무관하게 여러 곳을 전전해야 했다. 결국 그는 가택연금을 당했고, 연금 상태로 사망했다.

반잔은 정치경제에 관한 여러 저작들과 불교와 기독교를 혹독하게 비판하는 글을 썼고, 근대 유학자들이 주로 '귀족층의 타락과 부도덕함을 묘사했다'고 비판했던, 11세기 문학의 걸작『겐지이야기(源氏物語)』를 높이 평가하기도 했다. 또한 자연환경에 관한 관심을 표명하기도 했다.

[JAT/조영렬]

## 대도(大道)에 대한 관점

구마자와 반잔 1672, 341, 399, 401-2 (398, 399; 402-4)

어떤 이가 물었다. "무엇을 일러 대도의 참뜻이라 합니까?"

반잔이 대답했다. "… 불의(不義)한 일 한 가지를 행하고 죄가 가벼운 이를 한 명 죽여서 천하를 얻는다 하더라도 하지 않는 것이 대도의 참뜻입니다. 불의를 미워하고 악을 부끄러워하는 밝은 덕[明德]을 본래부터 소유하고 있기 때문입니다. 이 밝은 덕을 길러 나날이 밝혀서 인간적 욕망[人欲] 때문에 해를 입지 않는 것을 마음의 법[心法]이라 합니다. 이는 또한 심법의 참뜻입니다.

『논어』에 "어진 이는 말을 더듬거린다"고 했습니다. 말하고서 행하지 않는 것은 헛것입니다.「군자(君子)」가 부끄러워하는 바입니다. 인(仁)은 실리(實理)입니다. 그러므로 어진 이는 말과 행동이 서로 돌아보아 헛것이 없습니다.

### 이(理)와 기(氣)

이를 말하면 기를 남기고, 기를 말하면 이를 남긴다. 이기(理氣)는 떨어져 있지 않으나 말로 하면 남기는 바가 있다. 오직 도(道)라고 할 때는 남기는 것이 없다. 이기일체(理氣一體)의 이름이기 때문이다. 그 큰 것에 대해서(말할 때는) 공허(空虛)라 하고, 그 작은 것에 대해서(말할 때는) 은미(隱微)라

하며, 그 묘한 작용(妙用)에 대해서(말할 때)는 귀신(鬼神)이라 한다. 하늘과 땅이 자리를 잡고, 해와 달을 밝게 하며, 봄여름가을겨울이 순환하고 만물이 생겨나는, 그 모든 것이 도로부터 이루어진다. 그 참(眞)은 아무 움직임도 없이 고요하며[寂然不動] 소리도 없고 냄새도 없다[無聲無臭]. …

도는 천하의 대본(大本)이다. 도는 스스로 그러하며 다함이 없다. 하지만 음양(陰陽)의 법도와 해와 달의 한서(寒暑)와 밤낮의 변상(變常)이 있는 것은 태극(太極)이면서 무극(無極)인 이치 때문이다. …

도는 어떤 것도 남겨두지 않고 만물을 구현한다. 도의 부동(不動)은 형체가 있는 것의 부동(不動)과 같지 않다. 지신지동(至神至動, 지극히 신령스럽게 움직임)하지만, 무욕(無欲)하여 드러나지 않음을 이른다.

[미나모토 료엔(源了圓)/조영렬]

## 불가(佛家)와 도가(道家)의 생각에 대하여

구마자와 반잔 1672, 260, 368-9 (400); 1686a, 151-2

마음을 나눈 벗이 물었다. "이단(異端)에서는 공(空)을 말하고 무(無)를 말합니다. 성학(聖學)은 오직 실다움[實]뿐입니까?"

반잔이 대답했다. "공(空)이 곧 실다움입니다. 형체와 색깔이 있는 것은 무상(無常)합니다. 무상한 것은 참된 실다움이 아닙니다. 형체나 색깔이 없는 것은 상(常), 늘 변함없이 일정합니다. 상(常)한 것을 실다움이라 합니다. 이단의 학문은 아직 무(無)를 완전히 이해하지 못했습니다. 성학은 무를 철저히 이해한 학문입니다. 상천(上天)의 일은 소리도 없고 냄새도 없습니다. 지극합니다. …

마음을 나눈 벗이 물었다. "당신은 도가(道家)와 불가(佛家)는 허무(虛無)를 완전히 이해하지 못했다고 말씀하셨습니다. 저들 도가와 불가는 허무를 도라고 여겨 자세히 논합니다. 성학은 허무를 배움으로 삼지 않습니다. 무엇 때문에 그러합니까?"

반잔이 대답했다. "우리 마음은 태허(太虛)입니다. 우리 마음은 소리도 냄새도 형체도 색깔도 없습니다. 만물은 무(無)에서 생깁니다. 성학은 무심(無心)하여 허무를 존(存)합니다. 허무의 지극함입니다. 도가와 불가는 허무에 마음이 있습니다. 그러므로 참된 허무가 아닙니다. 마음을 사용하여 허무를 말합니다. 그러므로 그 학문은 자세합니다. 그렇지만 도움이 되는 바가 있습니다.

왕양명(王陽明, 1472-1529)은 말했습니다. "성인이라 하더라도 선가(仙家)의 허(虛) 위에 한 터럭의 실(實)을 더할 수 없다. 그렇지만 선가의 허는 양생(養生)의 차원에서 온 것이다. 불가의 무(無) 위에 한 터럭의 유(有)도 더할 수 없다. 그렇지만 불가의 무는 생사(生死)의 고해(苦海)를 벗어나는 차원에서 온 것이다." 고자(告子)[2]의 부동심(不動心)하고도 또 닮았습니다. 마음을 부동(不動)의 차원에서 궁리합니다. 마음의 본체(本體)는 원래 부동입니다. 하는 바가 의(義)에 맞지 않으면 동(動)하는 것입니다.

오늘날 허(虛)와 무(無)에 대한 논의에서 승려들은 극심한 해악을 끼쳤다. 벼 이삭이 패고 꽃을 피울 시기에 태풍이 오기를 바라는 쌀 도매상의 태도와 품행이 그러하듯이. 그들은 여름이 되어

---

2) [영] 고자(告子, BC.420-350)는 맹자(孟子)와 동시대 인물인데 주로 『맹자(孟子)』의 고자(告子)편을 통해 알려졌다.

가뭄의 조짐이 보이면 기뻐한다. 그들은 그 지역의 사람들이 고통을 받거나 굶주려 죽기를 바란다. 그래야 그들에게 이윤이 생기니까. 잇코(一向)나 니치렌(日蓮) 종파의 신봉자가 바로 이 도매상과 같은 자들이다. 사람들이 절에 가면, 사악한 마음을 발동시킬 의도도 없이, 편리하게도 소위 신성한 이름 아미타불(阿彌陀佛) 염불을 하기만 하면, 설사 그들에게 사악한 욕망이 있더라도, 그들이 여전히 성불(成佛)에 이를 수 있다는 말을 듣는다. 사람들이 니치렌 종파의 사찰에 가면, 『법화경(法華經)』을 욕하는 사람들조차 성불할 수 있다는 말을 듣는다. 그 이유인즉슨 욕을 했다는 것은 『법화경』 독경(讀經)을 들었음을 의미한다는 것이다. 게다가 단 하나의 목소리라 하더라도, 그들이 경전의 제목인 『묘법연화경(妙法蓮華經)』이라는 주문을 외운다면, 심지어 군주나 부모를 살해한 사악한 자라 하더라도 분명 성불하리라는 말을 듣는다. 세상에 이들보다 더 사악한 악마는 없다. 그들에게는 토사(土砂)나 왕겨라는 호칭조차 아깝다.

선(禪)은 이것보다 더 사악하다. 옛적에 도교(道教)는 인간에게 최초의 깨우침의 원천이 없다면, 누구도 도인(道人)이 될 수 없다고 했다. 그러나 지금의 도교는 심지어 현혹되지 않은 자들조차 현혹한다. 그들은 '인간이 오로지 깨우침을 얻기만 하면 그가 무엇을 하더라도 상관없다'고 말한다. 그래서 거대한 영지를 다스리는 높은 사람의 마음이 그런 말에 현혹되면, 그들은 타락하여 지나친 사치를 누리면서 농민을 가난에 빠뜨리고, 사무라이(侍)를 고통스럽게 만들고, 행정과 국방의 의무를 소홀히 하며, 통치자가 가져야 할 태도나 품행 어떤 것도 보이지 못하게 된다. 이것은 나라가 망할 징조다.

[IJM/조영렬]

---

## 통치를 위한 덕성(德性)들

구마자와 반잔 1672, 213-4, 239, 262 (403-4, 408); 1686b 238-40 (379-83)

---

「지(知)」는 「이(理)」다. 요즘 사람들이 리를 연구한다고 말하는 것은 책을 바탕으로, 문자에 입각해서 연구하고 조사하거나, 혹은 공허한 이야기를 바탕으로 논의한다. 이것은 물(物)에 입각해서 리를 연구하는 것이 아니다. … 천하의 리에서 중요한 것은 제가(齊家) 치국(治國) 평천하(平天下)이다. 그 속의 일사일사(一事一事)는 하늘이 부여한 재주와 지(知)이다. 임금도 그 바탕에 얻은 바를 살펴서 그 직책을 명하고, 신하도 스스로 받은 천분을 다해야 하는 것이다. … 천하의 일은 많고 리는 다함이 없다. … 한 사람이 모두 다 알 수가 없다. 힘을 합하고 꾀를 모아, 천하의 지를 써서 천하의 일을 다해야 한다.

…

사람도 천리(天理)의 스스로 그러함에 따라서 일하거나 쉰다. 그 사이에 사사로운 마음을 집어넣지 않는 것이 「무위(無爲)」이다. 군주된 사람이 때와 장소와 지위에 따라서 무사(無事)를 행하여 천하국가가 청정(清淨)해짐을 무위이치(無爲而治), 함이 없으면서 다스린다고 이른다. 선왕(先王)이 하늘을 이어서 기준[極]을 세우실 때, 정성(誠)을 근본으로 삼아야 하는가. 힘씀[務]을 근본으로 삼아야 하는가. 자연(自然)을 따라야 하는가. 제도 만들기를 우선해야 하는가. 오직 정성을 근본으로 삼아야 한다. 정성을 근본으로 삼고, 자연에 응하며, 때에 따라 힘씀을 행하고, 제도를 만들어야 한다. 지나침을 억제하는 것은 정성을 세우는 것이다. 자연(自然)에 응하여 작위(作爲)가 없는 것이다. 이것이 법의 시작이다.

[미나모토 료엔(源了圓)/조영렬]

어떤 이가 물었다. "다스리는 이는 나라의 부유함을 위해 큰 사업을 일으키는 게 어떻습니까?"

반잔이 대답했다. "천하에 어진 정치를 행하려 한다면 부유해야만 가능합니다. 요즘 무고(無告)한 이들이 많습니다. 무고란, 어디에도 의지하고 의탁할 데 없는, 부모와 처자가 함께 일생을 보낼 아무런 방도가 없는 이를 가리킵니다. 어진 임금의 정치는 먼저 이 무고한 이를 구제해줍니다. 현재 무고함이 가장 심한 이는 주인 집을 떠나 봉록을 잃은 사무라이, 로닌(浪人)입니다. 잦은 기근으로 얼마나 많이 굶어죽었는지 모릅니다. … 사무라이와 농민이 곤경에 처하면, 공인(工人)과 상인도 곤궁해집니다. 이는 천하가 곤궁해진 것입니다. … 그렇지만 정치를 베풀어 구제해 주는 것은 또한 간단할 것입니다. …

어떤 이가 물었다. "어떤 정치입니까?"

반잔이 대답했다. "부유(富有)함입니다. 세간의 부유함은 자기에게 이로우면 남에게 손해를 입히고, 자기가 기쁘면 남은 원망합니다. 지방의 다이묘가 부유하면 온 지방이 원망하고, 천황[大君]이 부유하면 천하가 원망합니다. 작은 부유함이기 때문입니다.

대도(大道)의 부유함은 지방의 다이묘가 부유하면 온 지방이 기뻐하고, 천황(大君)이 부유하면 천하가 기뻐합니다. 큰 부유함이기 때문입니다. 하늘과 땅처럼 오래도록 변함없이 자손이 복록(福祿)을 받고, 아름다운 이름이 후세에 전해지며, 몸은 편안하고 마음은 즐거울 것입니다.

무가(武家)의 대(代)가 이루어지고 5백 년 이상이 흐르면서, 그 그릇에 합당한 큰 나무가 나왔지만, 큰 부유함에 대한 말을 듣지 못했으니 안타깝습니다. 보는 눈도 좋고 솜씨가 훌륭한 대목수가 있다 하더라도, 컴퍼스·자·수평기·먹줄[規矩] 같은 도구를 얻지 못하면 집을 지을 수 없습니다. 훌륭한 군주가 나왔더라도 선왕(先王)의 법을 얻지 못하면 천하를 평화롭게 다스려서 오랫동안 이어지게 할 수 없습니다."

어떤 이가 물었다. "선왕의 법은 경전에 있습니다. 그 그릇에 합당하다면, 임금은 어째서 이것을 쓰시지 않는 것입니까?"

반잔이 대답했다. "선왕의 법 가운데 때와 장소와 자리에 대해서 가장 좋은 것이 있지만, 필지(筆紙)로 드러내기 어렵습니다. 태어나면서 지방의 다이묘와 천황의 자리를 물려받으면, 태어나면서부터 그런 도리를 알지는 못하니, 선왕의 법 가운데 가장 좋은 이것을 혼자서 얻기는 어렵습니다. 비천하게 태어났더라도, 사태의 변화와 인정(人情)을 잘 알고 학력이 있으며, 뜻이 있고 타고난 재능이 있는 이라면, 선왕의 법을 이해할 수 있습니다. 오직 그런 이를 참으로 왕의 스승으로 발탁해야 합니다."

[GMF/조영렬]

## 『겐지이야기(源氏物語)』

구마자와 반잔 n.d., 420-1 (128-9)

대저 일본 왕실의 도가 오랫동안 지속된 것은 예악(禮樂)과 문장(文章)을 잃지 않고 속(俗)에 빠지지 않았기 때문이다. 지나치게 강강(剛强)한 것은 오래 가지 못하고, 너그럽고 부드러운 것[寬柔]은 오래 간다. 이빨은 단단하지만 빨리 빠지고 혀는 부드럽지만 끝까지 붙어있는 것처럼, 모든 사물의 이치도 그러하다. 무가(武家)가 횡포한 위세로 한때 천하의 권력을 취한다 하더라도, 이빨이 빠지는 것처럼 오래 가지 못할 것이다. 왕자(王者)는 부드럽고 순하게 있으면서 자리를 잃지 않는다. 그렇지만 부드러우면서 덕이 없을 때는 사람들의 존경이 옅은 법이다. …

끊어지는 것을 이을 수 있고, 옛 예악(禮樂)과 문장(文章)을 볼 수 있는 것은 이 『겐지이야기』에만 남아 있다. 그러므로 이 이야기에서, 첫 번째로 우리가 주목해야 할 것은 상대(上代)의 아름다운 풍속이다. 예의가 바르면서 여유가 있고, 음악이 하모니를 이루면서 우아하며, 남녀는 모두 정중하고, 늘 아악(雅樂)을 즐기며 마음이 저속한 데로 기울지 않았다.

다음으로는 책 가운데 인정(人情)을 말하는 것이 상서(祥瑞)롭다. 인정을 알지 못하면 오륜(五倫)의 조화를 잃는 경우가 많다. 이것에 어긋나면 지방이 다스려지지 않고, 가문도 정돈될 수 없다. 그러므로 『모시(毛詩)』에 음란한 풍속을 노래한 시를 남겨둔 것은 선과 악을 함께 인정에 달(達)하게 하기 위해서이다.

나라 백성이 모두 군자라면 행정과 형벌을 쓸 데가 없을 것이다. 다만 평범한 이들을 가르치기 위한 행정의 도이므로, 인정(人情)과 시세의 변화를 알지 못하면 통치하기 어려울 것이다. 그런데 이 이야기에서 다양한 맥락 속에서 인정을 상세히 설명하여 알게 하고, 또한 시세(時勢)가 옮겨가는 모습을 잘 묘사했다. 노래를 비롯하여 산문까지 각 사람들의 기질을 그림으로 그려내듯 써서 표현했다. 이렇게 이 이야기는 인정을 탁월하게 그려냈다.                    [IJM/조영렬]

# 야마가 소코

山鹿素行, 1622-1685

야마가 소코는 아이즈 와카마쓰(會津若松) 로닌(浪人)의 자식으로 태어났지만, 쇼군(將軍)의 수도 에도(江戶)에서 만발했던 새로운 지적 분위기에서 성장한 최초의 주요한 주자학자가 되었다. 소코가 다섯 살이었을 때, 그의 아버지 야마가 사다모치(山鹿貞以)는 수도에 와서 사무라이의 주치의가 되었다. 여섯 살에 한문 고전을 공부하기 시작했고, 나중에 하야시 라잔(林羅山, 1583-1657)*에게 주자학을 배웠다. 그는 또한 당대 에도의 지적 분위기를 주도하던 인물들과 함께 병법과 일본 문학, 그리고 신도(神道)사상을 공부했다. 소코는 20대에 병법과 신도와 주자학의 여러 주제를 버무려, 방대한 저서를 낸 사무라이 철학자로서 이름이 났다. 그는 1942년에 50부작으로 펴낸 『병법신무웅비집(兵法神武雄備集)』으로 상당한 명성을 얻었다.

1652년, 소코는 아코번(赤穂藩)의 다이묘(大名) 아사노 나가나오(淺野長直, 1610-1672)의 번사(藩士)가 되었다. 그는 일이 있을 때만 잠깐 아코에 머무르고, 8년간의 복무기간 대부분을 에도에 머무르며 쇼군을 모시는 일과 관련해 주군 아사노에게 도움이 될 만한 강연을 하면서 지냈다. 이 기간에 사무라이의 관심사를 다룬 『무교소학(武教小學)』, 『무교요록(武教要錄)』, 『무교전서(武教全書)』 등 일련의 저작들을 펴냈다.

1660년, 소코는 아사노의 번사 자리를 확실치 않은 이유로 사임했다. 분명한 것은 그가 도쿠가와를 직접 모시기를 원했다는 것이다. 그러자면 그가 세력이 약한 다이묘의 번사 자리에 머무는 것이 도쿠가와막부에 자리를 잡는 데에 오히려 방해가 될 것이라 생각했을 가능성이 있다. 1660년, 마흔이 된 소코는 주자학의 비실용성에 염증을 내면서, 주희가 그랬던 것처럼, 유학의 고전적 문헌으로 회귀하겠다고 선언한다. 이 때문에 소코를 더 이상 주자학자로 간주하지 않는 이들도 생겼지만, 주희가 고전 유학으로 회귀하여 『논어』와 『맹자』에 주석을 달았다는 사실을 생각해본다면, 소코의 철학은 여전히 주자학의 흐름을 계승하고 있다 하겠다.

『성교요록(聖教要錄)』(1665)은 의심할 바 없이 그의 가장 중요한 저작이다. 이 책 덕분에 그는 거의 10년간 아코번(赤穂藩)에서 유배생활을 보내게 된다. 당시 쇼군의 수석 고문이었던 호시나 마사유키(保科正之, 1611-1672)가 그의 책이 '괘씸한 책'이며, 주희의 가르침을 뻔뻔스레 멸시하고 있다면서 그를 유배 보내는 일을 주도했다. 지도적인 주희 숭상자인 야마자키 안사이(山崎闇齋, 1618-1682)*의 제자로서 마사유키는 소코를 주자학의 수치라고 여겼다. 소코의 저서에 주희의 관점에서 일탈한 데가 분명 있었지만, 그것보다는 그가 책 서문에서 "주희를 포함한 송나라와 명나라 유학자들이 터무니없이 유학을 오도했다"고 과도하게 비난했던 것이 마사유키의 심기를 건드렸을 터이다. 또 유학자들은 소코가 정치적 질서를 뜯어고칠 수단으로 철학사전이라는 양식을 선택해서 저술을 남겼다고 여겼다. 그런 식으로 정치적 영역의 질서를 바로잡기 위한 준비과정으로 소코가 철학적 용어를 수정하는 일을 떠맡았다는 인상을 주었을 것이다. 그런 오만함을 가만히 두고 볼 수는 없었을 것이다.

유배 기간에 소코는 그의 주요 저술인 『중조사실(中朝事實)』을 펴냈다. 그 책은 일본만이 황족의 혈통을 끊임없이 이어왔으니, 중국이 아니라 일본이 진짜 '중화(中華)'라고 주장했다. 1675년에 유배에서 풀려나 에도로 돌아온 소코는 형이상학적 변화의 본질을 탐구하며 만년을 보냈다. 그 결과물인 『원원발기(原源發機)』는 그의 마지막 철학 저작이 되었는데, 1685년에 세상을 떠날 때까지 그 책을 계속 수정했다.

[JAT/조영렬]

## 성인의 가르침의 요체

야마가 소코 1665a, 8-19, 21-7

성인(聖人)들이 살았던 시대가 아득히 멀어지면서 그들이 남긴 미언(微言, 심오하고 미묘한 의미를 가진 말)도 점점 모습을 감추게 되었다. … 공자가 돌아가시고 나서 2천년이 지나 우리 스승 야마가가 나오셔서 … 성인의 도덕적 가르침의 요체를 되살렸다. 문인들이 선생의 말씀을 모아서 책으로 만들고, 선생을 뵙고 말씀드렸다.

"이 책은 감추어야 합니다. 존중받을 만하지만 널리 사람에게 보일 수는 없습니다. 왜냐하면 한(漢)나라 당나라 송나라 명나라의 여러 학자들을 배척(排斥)하기 때문입니다. 이러한 태도는 천하의 학자와 다르므로 보는 이들이 조롱할 것입니다."

선생께서 말씀하셨다.

"아, 너희들의 생각이 짧구나. 대저 도(道)라는 것은 천하의 도이니, 가슴에 품고 숨길 것이 아니라, 그것이 천하에 가득하고 만세에 행해지게 해야 한다. 만약 한 사람이라도 이 책을 계기로 뜻을 세운다면 화육(化育, 천지자연이 만물을 낳아 기르는 작용)을 돕는 것이다. 군자는 제 몸을 희생하여 인(仁)을 이룬다고 하였으니 어찌 내 말을 감추겠는가. 만약 도를 말하여 사람들을 오도한다면 천하의 대죄(大罪)이다. 한나라 당나라의 훈고학(訓詁學), 송나라 명나라의 이학(理學)이 각각 말을 교묘하게 꾸며 쓸데없이 많은 말을 하면서 의혹을 풀어 없애고자 하였지만, 의혹은 더욱 깊어졌고 우러러 보아야 할 성인(聖人)을 진구렁과 숯불 같은 참혹한 지경에 빠뜨렸다. …

성인의 경전이 세상에 눈부시게 빛나고 있으므로 수고로이 많은 말을 하지 않아도 된다. 나는 또한 학식이 부족하고 문장이 미숙하다. … 하지만 내가 목소리를 내지 않으면, 학자들이 오염시킨 것을 끝내 쇄신할 수 없다. … 게다가 내 생각을 한 번 밖으로 내보내면 천하 사람들이 그것을 알리고 비판하거나 따질 수 있다. 그렇게 알리고 비판하고 따지는 과정을 통해서 내 잘못을 고친다면 도(道)를 이루는 데 큰 도움이 될 것이다. …나는 주공(周公)과 공자를 스승으로 삼았지 한나라 당나라 송나라 명나라 여러 학자를 스승으로 삼지 않았으며, 성인의 가르침을 배우기를 지향했지 이단(異端)의 학문을 지향하지 않았으며, 실생활에서 날마다 쓰이는 것을 행하는 데 전심했지 애착을 경계하는 (불교의) 가르침을 일삼지 않았다. 앎의 지극함은 통하지 않는 것이 없기를 바라고, 행동의 독실(篤實)함은 힘쓰지 않음이 없기를 바란다. 그러나 여전히 말하는 데는 재빠르고 실행하는 데는 굼뜬 것이 나의 걱정거리이다. 성인의 도는 한 사람이 사유하는 대상이 아니다. 만약 한 사람에게만 전하여지고 천하에 널리 퍼뜨릴 수 없다면 그것은 도가 아니다. 내 뜻은 오직, 꼭 천하에 그것을 보이고 나중의 군자를 기다리는 것이다."

문인들이 선생의 뜻을 삼가 받들어, 책을 만들어 세상에 내놓는다.

## 성인(聖人)

성인은 앎이 지극하고 마음이 올바르며, 천지간에 이해하지 못하는 것이 없다. 그 행동은 독실하고 조리(條理)가 있으며, 사람과 사물을 대하는 태도가 차분하고 찬찬하여 예에 맞는다. 나라를 다스리고 온 세상을 평안하게 하여, 모든 것이 각각 제 자리를 얻게 한다. 별도로 성인의 형체(形體)라 이를 만한 것이 있지 않고, 별도로 성인의 도라고 볼만한 것도 없으며, 별도로 성인의 용(用)이라고 알아야 할만한 것도 없다. 그저 나날의 삶에서 앎이 지극해지고 예가 갖추어지며, 지나치거나 모자라서 생겨나는 어긋남이 없는 것이다.

상고(上古)의 통치자는 모두 이것을 가르치고 이것으로 이끌었다. 후대에는 그렇게 하지 않고 따로 가르치는 이를 두었으니, 쇠퇴한 세상의 정치이다. … 앎이 지극해지려면 낱낱의 사물과 행동의 이치를 끝까지 파고들어야 한다. … 낱낱의 사물과 행동의 이치를 남김없이 끝까지 파고들면 앎이 지극해져서 이해하지 못하는 것이 없게 된다. 남김없이 끝까지 파고들어 이해하지 못하는 것이 없어진 이는 성인이다.

배움이란 오직 옛 가르침을 익히고, 그 앎을 궁극까지 추구하며, 나날의 삶에서 실행하는 것이다. 앎이 지극하면 마침내 타고난 자질(資質)을 바꿀 수 있다. 배움이란 뜻을 세우는 데 있다. 뜻을 세우지 않는다면 남의 이목을 위해 하는 것이다. …

배움이란 반드시, 질문하는 데에 있다. 질문에서 중요한 것은 남김없이 자세히 묻는 태도이다. 질문하지 않으면 새로운 것을 배우지 못한다. 배웠으면 익히는 것이 또 중요하다. 그래서 공자는 "배우고 때로 익힌다"고 말했다. 배움에서 또 중요한 것은 사색이다. 사색하지 않으면 앎의 궁극에 이르지 못한다.

배움에는 반드시 폐단이 있기 마련이다. 심학(心學)과 이학(理學)은 마음을 강조하고 성(性)에 집중하여 자기의 내심(內心)으로 빠져들어갔으니, 그 폐단은 적절함을 지나친 과도함에 있다. 책을 읽고 사소한 일에 구애되어 고심하는 것, 그 폐단은 적절함에 미치지 못한 모자람에 있다. 둘 다 배움에서 있을 수 있는 폐단이다.

배움에는 반드시 표준(標準)이 있다. 그 뜻하는 바가 바르지 않으면 책을 읽어도 앎은 날로 어두워지고, 깨달음의 경지를 구해도 이치는 날로 흐려져서 헤맬 것이며, 그 행동은 너무 융통성이 없어 답답할 것이다. 군자라 일컬음을 받는다 하더라도, 그는 사물의 이치를 온전히 이해하지 못할 것이다. …

나면서부터 아는, 완벽한 지혜를 타고난 이가 아니라면 스승을 따라 수업을 받아야 한다. 배움은 반드시 성인을 스승으로 삼는 데에 있는데, 오랫동안 성인의 가르침을 제대로 가르치는 스승은 없고, 그저 문자 암송하는 것을 돕는 자들이 있을 뿐이었다.

하지만 도(道)는 천지간(天地間)에 있고, 사람과 사물은 스스로 그러한, 따라야 할 법칙이 있다. 말과 행동이 나보다 훌륭한 사람이 있으면 그 사람을 스승으로 삼으면 된다. 어찌 정해진 스승이 있겠는가. 하늘과 땅이 스승이고 일과 물건이 우리의 스승이다.

스승을 세움은 엄격해야 하니, 스승을 중히 여겨 섬기는 것은 몸을 닦는 방법이기 때문이다. 스승의 도를 존중하지 않으면 배우는 바가 견고하지 못하게 된다. 스승에도 경중(輕重)이 있고, 하나의 기예(技藝)도 역시 스승이다. 성인의 가르침과 같은 경우는 매우 무거워 마치 임금·부모와 같았다. 옛사람들은 임금과 부모를 대하는 것과 꼭 같이 스승을 대했다.

스승은 일의 처음과 끝, 근본적인 것과 지엽적인 것을 보여 주고, 친구는 긴장이 풀려 학문적인 정진을 게을리 하기 쉬운 사생활에서 학문적 실행(實行)을 도와준다. 스승과 친구 각각의 이로움이 있다.

## 책읽기

책은 옛날과 지금의 사적(事蹟)을 전해주는 도구이다. 책읽기는 남은 힘이 있을 때 하는 일이다.[3] 급히 처리해야 할 일을 제쳐두고 책을 읽는 일을 일과로 설정하는 것은 배움이 책읽기에 있다고 여기는 짓이다. 배움과 나날의 생활이 서로 모순되어 양립하지 못하니, 이것은 그저 책을 읽는 것뿐이고, 도에 이르지는 못한 것이다.

책을 읽는 것이 배움에 뜻을 두고 있다면 매우 유익하지만, 책읽기를 배움 그 자체라고 여기는 이들은 완물상지(玩物喪志), 쓸데없는 물건을 가지고 노는 데 정신이 팔려 소중한 자기의 본마음을 잃어버린 무리라 해야 할 것이다.

우리는 성인의 책을 읽어야 한다. 성인의 가르침은 매우 평이하다. 늘 읽고 음미하며, 즐기고 질문하며, 미루어 이것을 행하여서 그 가르침을 징험(徵驗)할 수 있다. 성인의 가르침이 아닌 다른 책들에서도 지식을 쌓고 일을 아는 데 도움을 받을 수 있다. 그중에 어떤 구절, 어떤 가르침이나 지침은 채택하여 사용할 수도 있다. 그러나 전체를 살펴보면 그것들은 완전하지 않다. 다만 재주와 지식을 넓히는 데 얼마간의 도움을 받을 수 있으니, 또한 이것을 버려서는 안 된다.

책을 읽는 데 오로지 달달 외워서 지식을 넓히는 데만 주력한다면 이는 소인의 배움이다. 여기저기 기웃거리며 이리저리 집적거리는 것을 경계해야 한다. 자세히 훈고(訓詁)를 음미하고, 성인의 말을 근본으로 삼아 직접 이해해야 한다. 후대 유자들의 의견은 취할 바가 없다.

## 시와 산문

"시라고 하는 것은 인간이 마음속에 품은 뜻을 표현한 것이다." 속에 뜻이 있으면 반드시 언어가 동(動)하기 마련이다. 옛날의 시는 자연스러운 운(韻)에 맞았다. 시의 뜻은 질책과 풍자를 간직할 경우도 있고, 벌어진 사태의 의(義)를 논할 때도 있으며, 아름다운 풍경을 서술하거나, 스스로를 경계하거나, 당대의 정치와 임금과 신하의 덕을 칭송할 경우도 있었다. 그런 경우 여섯 가지 시의 양상[육의(六義)]이 자연스럽게 갖추어졌다. 그러나 후대에 작시(作詩)를 배운 이들은 교묘한 표현과 독특한 취향에 빠져들고, 그 말하는 바는 모두 거짓되고 미덥지 못하다. 그래서 시인이라는 게 천하에 한가한 인간, 쾌락의 중개자가 되어버렸다.

시를 지을 때 반드시 유학 고전의 언어를 사용하고 도덕과 인의를 말하여 온갖 윤리적 가르침에 간섭하고자 하는 것도 시의 한 병통이다. …

산문은 글쓴이의 주장이 담긴 언사(言辭)가 책에 드러난 것이다. 성현의 말은 일이나 사정이 부득이해서 나온 것이라 문장이 자연스럽다. 후대의 작문은 모두 남에게 잘 보이려고 그럴듯하게 꾸며대고 알랑거린다. 아무 일도 없는 곳에서 기발한 취향을 찾아서 조작하려 드니 참으로 부끄러운 일이다. … 문장의 달인일 수는 있지만, 그 학문은 사리에 어그러져 온당하지 않으니, 그들의 산문은

---

3) [한]『논어』에 "젊은이는 집에서는 부모에게 효도하고, 밖에 나가서는 어른을 존경하며, 온갖 일을 삼가 행동하고 말은 성실해야 하며, 차별 없이 대중을 널리 사랑하고, 어진 이를 가까이 사귀어야 한다. 이런 일을 다 실천하고 〈남은 힘이 있을 때에는〉(강조표시는 인용자) 학문을 연구해도 좋다."라고 한 구절을 염두에 둔 표현인 듯하다.

거죽만 그럴 듯할 뿐이다.

## 도(道)

도(道)는 나날의 삶에서 지켜야 하고 마땅히 행해야 할 것, 이성적이고 윤리적인 이치를 가리킨다. 하늘은 돌고, 땅은 (만물을 그 위에) 실으며, 사람과 사물은 제 할 일을 하니, 각각의 도가 있어 어길 수 없는 것이다.

도는 실천적 성격이 있다. 나날의 삶에서 그것을 따라 행할 수 없다면 그것은 도가 아니다. 성인의 도는 사람이 행해야 할 도이다. 옛날과 지금에 두루 통하고 위와 아래에 걸쳐서 그것을 따라 행할 수 있다. 만약 작위적으로 억지로 꾸며야 하는 것이고, 나는 행할 수 있지만 다른 이는 행할 수 없고, 옛날에는 행할 수 있었지만 지금은 행할 수 없다면, 사람이 행해야 할 도가 아니고, (『중용』에서 말한) 성(性)에 따르는 도가 아니다.

도라는 이름은 '길'에서 생겨났다. 사람이 다니는 데에는 반드시 길이 있다. 큰길은 도성(都城) · 왕기(王畿, 왕도[王都] 부근의 땅)이니, 수레와 말이 통행할 수 있고, 사람과 기물(器物)이 모두 통행할 수 있어, 천하 인민들이 저마다 그 길을 다니기를 바란다. 작은 길은 우리들이 이롭게 여기는 길이고 매우 좁고 누추하다. 지세(地勢)에 변화가 많고 좁고 꼬불꼬불하여 한동안 즐길 만하다. 성인의 도는 큰길이고, 이단(異端)의 도는 작은 길이다. 작은 길은 한동안은 즐길 만하지만, 끝까지 편안할 수는 없다. 큰길은 즐길 만하지 않고 볼 만한 것도 없지만, 모든 작은 길이 그 아래에 있으니, 인간이 끝내 벗어날 수 없다.

## 이(理)와 덕(德)과 인(仁)

조리(條理)가 있는 것, 그것을 리라고 부른다. 모든 것에 조리가 있다. 조리가 어지러워지면 먼저와 나중, 처음과 끝이 바로잡히지 않는다. (주자학에서) 성(性)과 천(天)을 모두 리로 뜻을 새기는 것은 가장 큰 오류이다. 대저 우주와 세계에는 자연스러운 조리가 있으니, 바로 예(禮)이다.

덕(德)은 득(得), 얻음이다. 앎이 지극해져서 안에 얻는 바가 있는 것이다. 마음에 얻어 몸에 실행하는 것을 덕행(德行)이라 이른다. 그 덕이 사회의 일반 구성원에게 공동으로 속하고 두루 관계되며, 천지(天地)에 통하고 어떤 것에도 미혹되지 않는 것은 천덕(天德), 명덕(明德)이다. 얄팍하고 조심성이 없어 말과 행동이 가벼우며, 구체적 현실에서 실행하지 못한다면 덕이라고 부를 수 없다.

인(仁)이란 사람이 사람 되는 방법, 자기를 극복하고 예로 돌아가는 것이다. 자연은 위대한 창조능력[元]을 가지고 운행되고, 인간세는 인을 가지고 선다. 인은 … 성인의 가르침의 궁극이다.

한(漢)나라와 당나라 유학자는 인을 사랑이라 보았는데, 그 설명은 적절한 데에 미치지 못한 모자람이 있다. 송나라에 이르러 인을 성(性)이라 보았는데, 너무 고상(高尙)하다. … 한나라와 당나라 학자의 폐해는 적고, 송나라·명나라 학자의 폐해는 심대하다. 인에 대해서는 성인께서 자세히 설명하셨다.

인은 의(義)와 짝을 이루어 말할 때는 증오에 반대되는 사랑을 가리킨다. 인은 의(義)를 기준으로 삼아 행해지고, 의는 인을 기준으로 삼아 선다. 인의는 따로 나뉘어 흩어질 수 없다. 사람의 정(情)은 사랑과 미움뿐이다. 이것은 자연스러운 감정이다. 인의(仁義)는 감정이 발생하는 다양한 상황에서 사랑과 미움이 적절함을 얻은 상태이다. … 사람은 모두 이 감정이 있는데, 도를 잘 닦으면 적절히 컨트롤할 수 있다.

## 귀신(鬼神)

귀(鬼)와 신(神)은 심오하고 아득하며 능히 오고간다. 하늘과 땅, 사람과 만물이 끊임없이 활동하고 고여 있지 않고 두루 흐르며 관철(貫徹)하는 것은 음과 양의 영적 에너지, 귀와 신의 흔적이다. 귀는 음(陰)에 속하고, 신은 양(陽)에 속한다.

...

귀와 신은 심오하고 아득한 공간이라도 오고가지 못함이 없다. 그러므로 언어(言語)를 듣고 형상(形狀)을 볼 수 없지만, 같은 기(氣)에 의거한 것이니 또한 의심할 수는 없다.

혼(魂)은 양에 속하고, 그 영(靈)은 신(神)이다. 백(魄)은 음에 속하고, 그 영은 귀(鬼)이다. 사람과 만물은 음양을 합하여 형체를 이룬다. 음양의 영정(靈精, 신령스럽고 고운 것)을 혼백(魂魄)이라 부른다.

사람과 만물이 이미 형체를 이루면, 귀와 신은 물(物)에서 드러나니, 순정한 기(氣)가 물이 되기 때문이다. 사람과 물이 형체를 이루지 않았는데도 역시 귀와 신이 돌아다니면서 조화(造化)의 흔적을 남긴 것은 유혼(遊魂, 육체를 떠나 여기저기 떠다니는 혼백)이 변(變)을 일으킨 것이다.

## 음양(陰陽)

천지간에 가득하여 조화(造化)의 공을 이루는 것이 음양이다. 천지만물의 전체(全體)이다. 음양은 쇠하여 사라졌다가 성(盛)하여 자라고, 오고 가며, 굽혔다가 펴져서, 생장하고 번성하여 쉬지 않는다.

가벼워서 올라가는 것은 양(陽)이고, 무거워서 내려가는 것은 음(陰)이다. 양은 기(氣)이고, 음은 형(形)이다. 형기(形氣)는 서로 떨어질 수 없고, 음과 양은 뿌리가 얽혀 있어 어느 한쪽을 폐(廢)할 수 없으며, 한쪽만 쓸 수도 없다. 번갈아 주(主)가 되므로 정해진 자리가 없다.

음양의 형상(形象)이 뚜렷하고 분명하게 드러난 것은 물과 불이다. 물과 불은 서로 짝을 이루고 서로 기대어 그 쓰임이 형통하다. 물과 불의 쓰임이 참 크도다.

오행(五行, 만물을 구성하는 다섯 가지 원소, 목화토금수木火土金水)은 음양이 이미 형체를 이룬 것이다. 다섯 가지는 천지간에 도는 것이다. 음양은 기고 오행은 형이니, 다시 작위(作爲)를 필요로 하지 않는다. 물과 불은 오행의 주(主)인데, 물과 불은 상(象)이 있고 형(形)이 없으며, 서로 기대고 짝을 이루어 흘러가며 온갖 변화가 다 일어난다.

오행에는 발생과 순환의 이치가 있고, 또한 상극(相剋, 수는 화를 이기고, 화는 금을 이기고, 금은 목을, 목은 토를, 토는 물을 이긴다고 한다)이 있다. 하늘과 땅, 인간과 만물 사이에서 오행은 서로 경쟁하고 의존하고, 그리고 서로를 생성한다. 생성과 경쟁은 순환하여 다함이 없다.

## 천(天)과 지(地)

천과 지는 음과 양에 의해 드러나는 가장 거대한 형태이다. 천지는 조작(造作)이나 안배(按排)가 필요하지 않고, 그저 어쩔 수 없이 스스로 그러하다. 그러므로 장구(長久)하고 시작도 없고 끝도 없다. 그 크기를 측정할 수도 없고, 어떤 도구로도 그 범위를 잴 수 없다. 음양이 흘러다녀서 마침내 천지가 되고, 해와 달이 되고, 사람과 물리적 세계가 된다.

기가 올라가서 멈춤이 없는 것은 천(天)이다. 내려가서 뭉친 것은 지(地)다. 이런 상승과 하강의 성실함은 음과 양의 가장 두드러진 특징이다.

천과 지는 끝없이 낳고 또 낳는다. 그들의 생성적 에너지는 다함이 없다. ⋯ 시작도 끝도 없이 생성의 과정에 참여하는 천과 지는 한 가지 일이 끝나면, 또 다른 일을 시작한다. 천과 지의 덕은 지극히 크고 지극히 공정하고 올바르다. 그러한 덕(德)을 보면서 인간은 천과 지의 윤리적 기운을 느낀다.

음과 양의 형기(形氣)에서 지극한 것은 천과 지이고, 그 정수(精髓)는 해와 달이다. 해와 달이 형상을 드러내어 뚜렷이 밝혀 천지만물은 각각 제 자리를 얻는다. 천문(天文)과 지리(地理)의 변화에 통하지 않음이 없으니, 그러한 뒤에 천지와 더불어 셋이 된다.

## 성(性)

리와 기가 절묘하게 융합하여 생장하고 번성하여 쉼이 없으며, 이성과 감성에 의해 인식하고 체득할 수 있는 것이 성이다. 사람과 물리적 세계가 생장하고 번성하는 것은 하늘의 명(命)이 아닌 것이 없다. 그러므로 『중용』에서 "하늘이 명한 것을 성이라고 한다"고 말한 것이다.

리와 기가 서로 어우러지면 교감(交感)하여 절묘하게 작용하는 성이 있다. 대저 하늘 아래 상(象)이 있으면 곧 이 성이 있게 된다. 상이 생겨나는 것은 그치게 할 수 없다. 상이 있으면 곧 부득이(不得已)하게 성이 있게 된다. 성이 있으면 부득이하게 정의(情意, 감정과 생각)가 있게 된다. 정의가 있게 되면 부득이하게 도(道)가 있게 된다. 도가 있으면 부득이하게 가르침이 있게 된다. …

사람과 물(物)의 성은 근원이 같지만, 이와 기의 교감은 자연스레 지나침과 미치지 못함이 있고, 그 절묘한 작용과 느끼어 통하는 것도 또한 다르다. 사람이 똑같이 하늘과 땅에서 품수(稟受)받았으나, 네 오랑캐(동이, 서융, 남만, 북적)가 모두 다르니, 더구나 조수(鳥獸)와 만물(萬物)의 다름은 어떠하겠는가.

성은 선악(善惡)을 가지고 말할 수 없다. … 후세 학자들이 (맹자가 말한 성선(性善)의) 그 실질을 알지 못하고, 성이 본래 선하다고 진심으로 인정하고 함양하는 방법을 마련하여, 배우는 이들을 아주 헷갈리게 만들었다.

학자들은 성선(性善)을 좋아하여, 마침내 심학(心學)과 이학(理學)의 설이 등장했다. 사람들이 부여받은 바 성은 처음에는 서로 비슷하지만, 기질의 습(習)으로 인해 서로 멀어진다. …

도를 닦아 하늘이 명한 성을 따르는 이는 성인이고 군자이다. 제 기질에 익숙해져서 감정에 따르는 자는 소인이고 오랑캐[이적(夷狄)]이다. 성은 익히고 가르치는 데 달려 있다. 성인의 가르침을 따르지 않고 본래 선한 성을 계속 구하는 자는 이단이다.

성인은 하늘이 명한 성과 기질지성(氣質之性)을 나누지 않았다. 만약 나눈다면 하늘과 사람, 리와 기가 마침내 사이가 벌어진다. 성은 이와 기의 교감 사이에서 이루어진다. 하늘과 땅, 사람과 물(物)이 모두 그러하다. 기질(氣質)을 제쳐두고 성을 논하는 것은 학자의 잘못이다. 세세하고 또 세세하지만, 성인의 가르침에 유익함이 없다.

'타고나는 것이 성이다, 성은 악하다, 선악이 뒤섞여 있다, 선(善)도 없고 악(惡)도 없다, 작용(作用)이 바로 성이다, 성은 곧 이(理)다'라고들 하는데, 모두 성을 알지 못한 것이다. 성은 그런 여러 말과 관련이 없다.

## 마음, 의(意), 그리고 감정

성은 형체(形體) 사이에 가득하여 그 모습을 구체적으로 가리킬 수 없다. 그 머무르는 곳을 심흉(心胸)이라 부른다. 일신(一身)의 중앙(中央), 오장(五臟)의 첫 번째, 신명(神明)의 거처, 성정(性情)이 갖추어진 곳, 일신의 주재(主宰)이다.

마음은 화(火)에 속한다. 생장하고 번성하여 쉼이 없으며, 조금도 머무르지 않고 흘러다니며 운동(運動)하는 것을 이른다. 옛사람은 성정(性情)을 가리켜 마음이라 불렀다. 대저 마음이라 부를 때는 곧 성정을 모두 거론한 것이다.

(어떤 송나라 학자들은) 지각(知覺)을 마음이라 여기고, 리를 성이라 여긴다. 이는 참으로 성과 마음을 나누려고 하여, 성을 본연(本然)의 선이라 여기고 인정하여 그리 된 것이다. 그러나 인심(人心), 도심(道心)4), 마음을 바로잡는 것 모든 경우에 지각(知覺)과 이(理)가 함께 갖추어진 것이다.

의(意)는 성이 발하여 움직였지만 아직 흔적이 생기는 데에 이르지 않은 상태를 가리킨다. 이미 흔적이 생겼다면 '감정'이라고 부른다. 발하여 움직이는 것의 기미(機微)가 바로 의다. 마음이 향하는 바이다. 성(性)과 마음은 체(體, 본체)이고, 의와 감정은 용(用, 작용)이다.

(맹자가 말한) 측은하게 여기는 마음, 부끄러워하고 미워하는 마음, 사양하는 마음, 옳은 것을 옳다 여기고 그른 것을 그르다 여기는 마음은 감정이다. 감정이 발하여 물(物)에 미치는 것은 음양과 오행 사이를 벗어나지 않는다. 성인은 인의예지(仁義禮智)를 통하여 감정을 적절히 컨트롤할 수 있게 하였다.

지(志)라는 글자는 마음[心]이 가는[之]5) 바라는 뜻이니, 의(意)와 감정이 정해져 향하는 바가 있음을 가리킨다. 뜻은 반드시 기(氣)를 말미암는다. 사려(思慮)는 의와 감정 안에 있는 세세한 것이다. 사려를 깊이 살피지 않으면 사리에 어그러지고 균형을 잡지 못한다. … 성인은 성과 마음·의(意)와 감정·뜻과 기·사려 같은 글자에 대한 설을 세세하게 나누지 않았는데, 후대의 학자들이 재주를 부려 구분한 것이다. 성인의 도가 어찌 그렇게 여러 가닥으로 갈라지겠는가.

### 사람과 사물의 탄생

리와 기가 교감하여 만물이 생겨난다. 그 사이에, 양에 뿌리를 둔 것은 남자가 되고, 음에 뿌리를 둔 것은 여자가 된다. 하늘과 땅 및 만물의 생겨남에 선후(先後)는 없다. 굳이 말하자면, 하늘과 땅이 있은 뒤에 사람과 사물이 있게 되었다.

(이와 기가) 절묘하게 합(合)하는 사이, 지나침과 미치지 못함이 없은 적이 없었다. 그래서 만물에 온갖 종류가 있게 되었다. 음양과 오행의 치우치지 않은 중(中)을 받은 것이 사람이지만, 사람도 역시 지나침과 미치지 못함의 차이가 있고, 그래서 현명한 이와 어리석은 이가 있게 된다. 그러나 군자가 되느냐 소인이 되느냐 하는 것은 모두 익히고 가르치는 것에 달려 있다.

사람은 올바른 기를 받았고, 사물은 치우친 기를 받았다. 올바른 기는 이가 올바른 것이고, 치우친 기는 기가 두터운 것이다.

### 태극(太極)

태극은 … 아직 발하지 않아 흔적이 없는 것을 일컫는다. 이와 기가 절묘하게 합하고, 그 사이에 광대(廣大)·변통(變通)·형상을 나타내어 뚜렷하게 밝히는 것이 모두 갖추어져 빠진 게 없으며, 심히

---

4) [한] 도심(道心)은 사람이 일을 하는데, 자연스럽게 어떤 작위(作爲)도 없는 채로 도에 들어맞을 때의 마음 상태를 가리킨다.

5) [한] '지(志)' 자의 위에 '사(士)'는 어원적으로 '지(之)'이다.

지극(至極)한 것을 태극이라 부른다. 태극의 상(象)이 이미 발하여, 하늘과 땅이 곧 광대(廣大)하게 되고, 사계절이 곧 변통(變通)하며, 해와 달이 형상을 나타내어 뚜렷하게 밝힌다. 구름이 가고 비가 내리며, 만물이 저마다 제 모습을 갖춘다.

이와 기가 절묘하게 합하면, 심원(深遠)하고 미묘(微妙)하며 넓고 멀어서 보기에 아득한 사이에 있는 것에도 반드시 태극이 미친다. 하늘과 땅, 사람과 사물 각각이 하나의 태극이다.

성인이 사물에 대해서 추구한 것은 오직 태극뿐이다. … 그러므로 미발(未發)의 때에 상(象)과 수(數)가 이미 갖추어져 있었다. …그러므로 우리 선생님(공자를 가리킴 – 역자)께서 『역(易)』을 논함에 태극을 가지고 하셨다.

　…

하늘과 땅의 길, 성인의 가르침은 말이 많지 않고, 기이한 주장과 작위적인 행위도 없다. 스스로 그러함의 법칙을 가지고 할 뿐이다. 한마디 말로 다할 수 있다. 평범한 사람들이 날마다 쓰면서도 알지 못하고, 예나 지금이나 그것에 의지하는데도 다함이 없다. 실없이 정신(精神)을 농(弄)하거나 성(性)과 심(心)을 따지면, 곧 도(道)에서 아득히 멀어진다.　　　　　　　　[JAT/조영렬]

# 이토 진사이

伊藤仁齋, 1627-1705

이토 진사이 가문은 도쿠가와 이에야스(德川家康, 1543-1616)가 새로운 쇼군(將軍)으로서 사무라이 통치를 확립하고 도쿠가와시대(德川時代, 1603-1868)를 열기 직전에 황실의 수도 교토(京都)로 이사했다. 이에야스는 도쿠가와막부(德川幕府)의 수도였던 에도(江戶=후일의 도쿄[東京])에 사무라이 정권의 기반을 두었다. 한 세기가 지나지 않아 에도는 일본 문화의 중심지가 되었고, 점점 더 지적 예술적 문화적 영역에서 교토를 압도했다. 그러나 진사이 살아 생전의 교토는, 정치적 힘은 그렇지 못했지만, 전통문화의 중심지로서 그 지위를 유지했다.

진사이의 가문은 '전통적'으로 교토 출신은 아니었지만, 황궁 가까이에 있었기 때문에, 귀족가문과 긴밀하게 교분을 나누는 게 가능했다. 진사이의 가문이 어떤 전문영역에 종사했는지는 분명하지 않지만, 그들이 살았던 곳에 목재를 매매하는 상인들이 많았던 곳이었던 것으로 보아 제재업(製材業)에 종사했으리라 짐작된다. 어쨌든 진사이가 태어날 무렵에 이토가문은 부유했던 것이 분명하고, 그래서 어른들이 그가 의사가 되기를 원했지만 유학자의 길을 가는 것이 가능했을 것이다. 유학을 공부했던 사람들이 대부분 승려 혹은 사무라이 출신이었던 시대에 그가 도시의 부유한 (상인) 집안 출신이란 것은 특이한 점이다.

당대의 많은 지식인들처럼 진사이도 주자학 문헌, 특히 송대의 철학자 주희(朱熹, 1130-1200)의 사상을 주입하려는 목적으로 만들어진 입문서를 익히면서 공부를 시작했다. 나중에 도교와 불교를 탐구하였지만, 쓸모없는 것이라 여겨져 실망했다. 결국 자신만의 독특한 유학적 사고를 발전시켰는데, 그는 주희의 저작들보다 유학의 최고 문헌인 『논어』와 『맹자』를 더 우선시해야 한다고 강조했다. 진사이의 철학적 사고의 결과물은 유학과 주자학을 수정해서 자신이 쌓은 구조물이었지만, 그는 그것을 『논어』와 『맹자』의 생각으로 돌아가는 것이라고만 주장했다. 하지만 소위 진사이 식으로 수정된 주자학은 도쿠가와시대에 생겨난 가장 체계적이고 독창적인 철학적 사고로 간주된다. 그의 최고 저작인 『어맹자의(語孟字義)』는 철학용어의 의미를 체계화하려 시도했다는 점에서, 정명(定名)에 근거한 공자(孔子, BC.551-BC.479)의 정치철학을 설명한 것으로 보인다. 결국 공자는 국가에 대한 행정적 권한과 관련해서, 언어를 올바르게 정의해서 사용하지 않는다면 사회적 정치적 혼란이 초래되므로, '이름을 바로잡는 것[正名]'이 가장 먼저 해결해야 할 과제라 확언한다. 진사이의 철학은 이어지는 여러 저작들의 발췌본에서 볼 수 있듯이, 기(氣, 존재론적으로 생성적 힘)의 일원론적인 형이상학을 확고히 하는 것에 기반한다. [JAT/조영렬]

---

### 『어맹자의(語孟字義)』

이토 진사이 1705, 14-19, 22, 24-32, 39-40, 42-3, 45-9, 53, 56, 58, 63-7, 69-70, 73-5, 80-1, 83-5, 111-12 (71-9, 85-6, 88, 91, 95-6, 98-103, 117, 122, 127, 129-35, 141, 147, 149-50, 163-5, 167-9, 173-5, 182-5, 194, 203-5, 253)

## 천도(天道)

도(道)는 길[路]과 같다. 사람이 오고가며 지나다니는 수단이다. … 기(氣)는 혹은 음(陰)이 되었다가 혹은 양(陽)이 되고, 둘은 한결같이 하늘과 땅 사이에서 차고 이지러지며, 쇠약해지고 생장(生長)하며, 오고 가며, 느껴 응하면서, 여태까지 그쳐 쉰 적이 없다. 이는 곧 천도(天道)의 전체(全體)이고, 자연(自然) 현상계의 중요한 변화점이니, 만화(萬化)가 여기로부터 나오고, 모든 종류의 생물이 여기에서 생겨난다.

…

유행(流行)이란 한 번 음이 되었다가 한 번 양이 되어, 오고 가며 그치지 않는 것을 이르며, 대대(對待)란 하늘과 땅·해와 달·산과 내·물과 불부터, 밤낮의 밝고 어두움·춥고 더움의 오고감에 이르기까지 모두 짝이 없는 게 없는 이것을 이른다. 그렇지만 대대는 저절로 유행 속에 있다. 유행의 바깥에 또한 대대가 있는 것이 아니다.

무엇을 가지고 천지간(天地間)에 일원기(一元氣)가 있을 따름이라고 이르는가. 이것은 추상적인 말로는 알 수가 없다. 비유를 들어 이것을 밝혀보고자 한다. 지금 만약 널빤지 6장을 가지고 서로 합해서 상자를 만들고, 가만히 뚜껑으로 그 위에 얹으면, 저절로 기(氣)가 있어 그 안에 가득 찬다. 기가 있어 그 안에 가득 차면, 저절로 흰 곰팡이가 생긴다. 이미 흰 곰팡이가 생기면, 저절로 좀벌레가 생긴다. 이것은 자연의 이치이다. 생각건대 천지(天地)는 하나의 커다란 상자이다. 음양은 상자 속의 기이다. 만물은 흰 곰팡이, 좀벌레이다. 이 기는 어디로부터 생긴 데도 없고, 또한 어디로부터 온 데도 없다. 상자가 있으면 곧 기가 있고, 상자가 없으면 기도 없다. 그러므로 하늘과 땅 사이는 오직 이 일원기일 뿐임을 알 수 있다. 이(理)가 있은 뒤에 이 기를 낳는 것이 아님을 알아야 한다. 이른바 이라는 것은 도리어 기 중의 조리(條理)일 뿐이다.

만물은 오행(五行)에 뿌리를 두고 있고, 오행은 음양(陰陽)에 뿌리를 둔다. 그러므로 다시 음양이 되는 까닭의 뿌리를 찾으려면 곧 반드시 이로 돌아가지 않을 수 없다. 상식적으로 반드시 여기에 이르게 된다. …

『주역』에 "하늘과 땅의 큰 덕을 생(生)이라 이른다「「계사」」"는 말이 있다. 생생(生生)하여 그치지 않는 것이 곧 하늘과 땅의 도임을 말하는 것이다. 그러므로 하늘과 땅의 도는 생(生)이 있고 죽음이 없으며, 모임[聚]이 있고 흩어짐[散]이 없다.[6] 죽음은 곧 생의 끝이고, 흩어짐은 곧 모임이 다한 것이다. 하늘과 땅의 도는 생 하나이기 때문이다. 부조(父祖)의 몸은 죽는다고 해도, 그렇지만 그 정신(精神)은 자손에게 전해지고, 자손은 또 그것을 제 자손에 전하니, 생생(生生)하여 끊이지 않아 무궁(無窮)에 이른다. 곧 이것을 죽지 않음[不死]이라 일러도 좋을 것이다. 만물이 모두 그러하다. 어찌 '하늘과 땅의 도는 생(生)이 있고 죽음이 없는 것'이 아니겠는가. 그러므로 생한 것은 반드시 죽고, 모인 것은 반드시 흩어진다고 말하는 것은 가능하다. 생이 있으면 반드시 죽음이 있고, 모임이 있으면 반드시 흩어짐이 있다고 말하는 것은 불가능하다. 생과 사는 짝[對]을 이루기 때문이다. …

어떤 이가 생각했다. "하늘과 땅이 열린 뒤에 이것을 보면, 참으로 일원기뿐이다. 만약 하늘과 땅이 아직 열리기 전에 이것을 보면, 다만 리일 뿐이다." …

나는 말한다. "이것은 상상(想像)의 견해일 뿐이다. 하늘과 땅의 이전을, 하늘과 땅의 시작을 누가

---

6) [한] 중국 철학에서, 모든 존재현상은 기의 취산(聚散), 즉 기가 모이고 흩어지는 데 따라 생겨나고 없어지는 것으로 보는 시각이 있는데, 여기서 말하는 '모임과 흩어짐'은 '기의 취산'으로 보인다.

보고 누가 전하였는가. 만약 어떤 사람이 하늘과 땅이 아직 열리기 전에 태어나서, 오래오래 수백억만년을 살아서, 눈으로 직접 보고 그것을 후세 사람에게 전하여, 서로 전하고 외워서 지금에 이르렀다면 참으로 진실일 것이다. 그러나 세상에 하늘과 땅이 아직 열리기 전에 태어난 사람이 없고, 오래오래 수백억만년을 산 사람도 없다면, 대저 천지개벽(天地開闢)을 말하는 이의 모든 말은 전부 근거없는 헛소리이다.

    …

    상하사방(上下四方, 상하 동서남북)을 공간[宇]이라 부르고, 예로부터 지금까지 곧 과거 현재 미래를 시간[宙]이라 부른다. 상하사방의 무궁함을 알면 고금(古今)의 무궁함을 알 수 있다. 금일(今日)의 하늘과 땅은 곧 만고(萬古)의 하늘과 땅이고, 만고의 하늘과 땅은 곧 금일의 하늘과 땅이니, 어찌 시종(始終)이 있으며 어찌 개벽(開闢)이 있겠는가. 이 논의로 천고(千古)의 의혹을 부술 수 있다. 다만 현자[達者]와 더불어 이야기할 수는 있지만, 어리석은 이와 이야기할 수는 없다.

    어떤 이는 말한다. "하늘과 땅에 시종과 개벽이 있다고 말할 수 없다면, 또한 하늘과 땅에 시종과 개벽이 없다고도 말할 수 없을 것이다."

    나는 말한다. "하늘과 땅에 시종과 개벽이 있다고 말할 수 없다면 참으로 시종과 개벽이 없다고도 말할 수 없을 것이다. 그렇지만 이런 궁극적인 때에 대해서는 성인이라 하더라도 알 수 없는 것이다. 하물며 학자가 알 수 있겠는가. 그러므로 그런 문제는 마음에 간직하고 논의의 대상으로 삼지 않는 게 좋은 법이다.

    …

    대저 선(善)은 천도(天道)이다. 그러므로 『주역』은 "위대함은 착한 것들이 장성한 것[元者善之長也]"이라 말한다. 생각건대 하늘과 땅 사이, 상하사방에 혼혼윤륜(渾渾淪淪, 혼돈(混沌)스런 모양), 충색통철(充塞通徹), 안도 없고 바깥도 없으며, 이 선(善)이 아닌 것이 없다. 그러므로 선하면 자연의 질서를 따르는 것[順]이고, 악하면 자연의 질서를 거스르는 것[逆]이다. 만약 불선(不善)함을 가지고 천지간에 존재하는 자가 있다면, 마치 산에서 자라는 풀을 수택(水澤) 속에 심거나, 자라 교룡 물고기 따위 물에 사는 동물을 산자락에 머무르게 하는 것과 같으니, 곧 반드시 하루도 제 본성대로 살 수 없을 것이다.

    대저 사람이 하루라도 불선을 가지고 하늘과 땅 사이에 설 수 없는 것 또한 마치 그것과 같다. 그러므로 선의 지극함은, 어디에 가도 선하지 않음이 없다. 악의 지극함도 또한 어디에 가도 악하지 않은 것이 없다. 선하고 또 선하면, 천하의 선이 이것에 모인다. 그 복은 이루 다 헤아릴 수 없다. 악하고 또 악하면, 천하의 악이 이것에 모인다. 그 재앙은 이루 다 헤아릴 수 없다. 천도를 두려워해야 하고 삼가야 함이 이와 같다.

## 운명(命)

    공영달(孔穎達, 574-648)은 "명은 영과 같다[命猶令也]"고 했다. 영(令)이란 곧 사령(使令, 使役), 교령(敎令, 명령)이라는 뜻이다. 생각건대 길흉화복(吉凶禍福), 빈부요수(貧富夭壽), 모두 하늘이 명하는 바이지, 사람의 힘이 능히 미칠 수 있는 바가 아니다. 그러므로 이것을 명(命)이라 부른다. 무엇을 하늘이 명하는 바라고 이르는가. 사람의 힘으로 오게 한 바가 아닌데 저절로 온 것, 그러므로 모두 이것을 하늘에 돌리며, 또한 이것을 명이라 이른다. 그러나 천도(天道)는 지극히 성실하여 한 터럭의 거짓과 망령됨도 용납하지 않는다.

...

'명(命)을 안다'는 건 무엇인가. 편안히 여김을 이를 따름이다. 편안히 여긴다는 건 무엇인가. 의심하지 않음을 이를 따름이다. 본래 소리와 색깔과 냄새와 맛을 말할 수 있는 대상이 아니다. 생각건대 미덥지 못한 구석이 조금도 없고, 할 일을 다 하지 않은 데가 조금도 없어, 대처함에 태연(泰然)하고, 실천함에 차분하며, 마음이 두 갈래로 나뉘지 않으며 미혹되지 않는 것, 바로 이것을 편안히 여긴다고 이르고, 바로 이것을 안다고 이를 만하다. 공자는 "나는 하느님께 기도한 지 오래되었다"고 말했으니, 또한 이 뜻이다. 보고 들은 지식을 가지고 말할 만한 게 아니다.

...

주희는 『논어집주(論語集註)』(「안연」편 '사생유명(死生有命)'에 관한 부분)에서 "명(命)은 태어나는 초기에 받아서, 지금 능히 옮길 수 있는 바가 아니다"라고 말했다. 대저 배움을 귀하게 여기는 이유는 그 사물의 도리를 깨달아서 알고 덕을 높여서, 능히 기질(氣質)을 바꾸기 때문이다. 만약 주자의 말대로라면, 즉 지혜로움과 어리석음, 현명함과 불초(不肖), 가난함과 부유함, 요절과 장수 그 모든 것이 태어나는 처음에 정해져서, 배우고 묻고 수양하는 모든 것이 내게 유익함이 없을 것이다. 성인의 가르침 또한 그저 헛일이 될 것이다. 너무 짧은 생각이라 하겠다.

### 도(道)

도는 사람이 지켜야 할 도리이고 나날이 쓰고 마땅히 가야 할 길이니, 배우고 나서야 있게 되는 것이 아니고, 또한 잘못된 것을 바로잡고 고쳐서 능히 그렇게 된 것도 아니다. 모두 자연스럽게 그렇게 된 것이다. 존재하는 모든 방향과 방면, 저 멀리 하찮고 비루한 곳이든 무지몽매한 미개한 나라든 저절로 군신(君臣), 부자(夫子), 부부(夫婦), 형제[昆弟], 붕우(朋友)의 인간관계가 없을 수 없고, 또한 그 관계에 사랑과 의로움과 구별됨과 차례와 신뢰의 도가 없을 수 없다. 저 아득한 옛날에도 그러했고, 저 아득한 미래에도 또한 그러할 것이다. 그러므로 『중용』에서 "도는 잠시도 떨어질 수 없는 것이다"라고 말한 것이 이것이다.

불가와 도가의 가르침 따위는 곧 그렇지 않다. 이것을 높일 때는 존재하고, 이것을 폐할 때는 소멸된다.

...

부처는 공(空)을 도(道)라 여겼고, 노자는 허(虛)를 도라 여겼다. 부처는 산과 강과 대지(大地)를 모두 헛것이라 여겼다. 노자는 만물이 모두 무(無)에서 생겨난다고 여겼다. 그렇지만 아득히 먼 옛날부터 늘 하늘은 만물을 덮고 땅은 만물을 받쳐 실었으며, 아득히 먼 옛날부터 늘 해와 달은 세상을 비추었고, 아득히 먼 옛날부터 늘 봄 여름 가을 겨울은 순환하였으며, 아득히 먼 옛날부터 늘 산은 우뚝 솟아 있었고 강물은 면면히 흘렀으며, 아득히 먼 옛날부터 늘 깃털이 난 것 털이 난 것 비늘이 있는 것 깃털·털·비늘이 없는 것 심어서 기르는 것 덩굴로 자라는 것은 이와 같았다. 아득히 먼 옛날부터 늘 형체를 가지고 변화하는 것은 형체를 가지고 변화했고, 기(氣)를 가지고 변화하는 것은 아득히 먼 옛날부터 늘 기를 가지고 변화했다. … 불가와 도가는 어디에서 공과 허를 본 것인가. 생각건대 저것은 지혜를 쓰고 배움을 폐기하며, 세상에서 물러나 산이나 숲에만 머무르면서 묵묵히 앉아 마음을 가라앉히는 선(禪) 수행을 하여 얻은 일종의 견해이니, 실로 하늘과 땅의 안에도 하늘과 땅의 바깥에도 이러한 이치가 있지 아니하다.

대저 아비와 아들이 서로 친하고, 지아비와 지어미가 서로 사랑하며, 함께 하는 동료가 서로 따르는 것은, 오직 사람에게만 이러한 것이 있는 게 아니라, 동물에게도 이러한 것이 있다. 오직 유정물(有情物)에만 이것이 있는 게 아니라, 대나무와 나무와 지혜가 없는 것들이라 하더라도 또한 암수의 구별이 있고 자식과 부모의 구별이 있다. 더구나 사단(四端)의 마음과 양지(良知)와 양능(良能)을 본래부터 가지고 있는 우리 사람은 어떠하겠는가. 군자만 능히 이것을 간직할 수 있는 것이 아니라, 길가의 걸인들이라 하더라도 또한 이것을 가지고 있다. …

그러므로 성인의 도(道) 같은 경우는, 서민에게서 그 경험적 증거를 얻고, 하나라 은나라 주나라 삼대의 왕과 비교하여 고찰하며, 이것을 하늘과 땅에 세우고, 귀신에게 끈질기고 자세하게 물어도 도리에 어그러진 데가 없을 뿐만 아니라, 대저 물과 나무 곤충과 물고기, 모래와 자갈 술지게미에 이르기까지 모두 들어맞지 않는 바가 없다. 부처와 노자의 말 같은 경우는, 이것을 하늘과 땅, 해와 달, 산과 강, 풀과 나무, 사람과 물(物) 온갖 것에서 찾아본다 하더라도 모두 경험적으로 알 도리가 없다. 그러므로 우리는 하늘과 땅 사이에 필경 이 이치가 없다는 사실을 알 수 있다.

### 이(理)

어떤 이가 물었다. "성인(聖人)은 무엇 때문에 도(道) 자를 하늘과 사람에 속한다 하고, 이(理) 자를 사물에 속한다 하시는지요?"

내가 대답했다. "도 자는 본래 살아있는 글자, 그러므로 끊임없이 낳고 변환하는 신묘함을 형용합니다. 이와는 달리 리 자는 죽은 글자입니다. … 그것으로는 사물의 조리(條理)를 형용할 수는 있지만, 하늘과 땅이 만물을 끊임없이 낳고 변환하는 신묘함을 형용하기에는 부족합니다. …

노자는 허무(虛無)를 도라 여기며, 하늘과 땅을 죽은 물건처럼 보았습니다.(『노자』 6장) 공자는 천도(天道)를 말했고, 노자는 천리(天理)를 말했습니다. 언어는 각각 그것에 해당되는 바가 있습니다. 이것이 우리의 도가 노자나 부처의 도와 자연스레 달라서, 섞어서 이것을 하나로 해서는 안 되는 이유입니다.

…

생각건대 도는 행하는 바를 가지고 말하니, 살아있는 글자입니다. 리는 간직하는 바를 가지고 말하니, 죽어 있는 글자입니다. 성인은 도를 실(實)하다고 간주하므로, 그 이치를 말하는 것이 삶으로 이어집니다. 노자는 도를 허(虛)하다고 간주하므로, 그 이치를 말하는 것이 죽음으로 이어집니다. 성인은 늘 천도(天道)라 하고 천명(天命)이라 했지, 지금까지 일찍이 천리(天理)라 한 적이 없습니다. 인도(人道)라 말하고 인성(人性)이라 했지, 인리(人理)라 한 적이 없습니다. 오직 장자는 자주 리 자를 말했습니다. … 그러므로 후세의 유자(儒者)가 리를 핵심용어로 삼은 것은 그 뿌리가 노자에게서 왔다고 말씀드리는 것입니다.

### 인의예지

인의예지(仁義禮智) 네 가지는 모두 도(道)와 덕(德)의 이름이지, 성(性)의 이름이 아니다. 도와 덕은 천하에 두루 쓰이는 것을 말하니, 한 사람이 가진 바가 아니다. 성(性)은 오로지 저 자신에게 있는 것을 말하니, 천하에 갖추어진 것이 아니다. 이것이 성과 도덕의 차이이다.

…

공자의 문하에서 배우는 이들은 인을 으뜸으로 삼는다. 마치 우리가 늘 먹고 마시는 밥과 차와 같다. 밖에 나갔을 때든 집에 들어왔을 때든, 자리에서 일어설 때든 앉아 있을 때든 매 순간 인에 따르지 않는 경우는 없다. 그런데 문인들이 인에 대해서 물었을 때 공자께서 대답하신 걸 보면, 도와 덕의 취지를 들어 대답하시는 경우가 많고, 사랑 애 자하고는 서로 섞여서 연관되지 않게 하셨으니 어째서인가. 생각건대 어진 사람의 마음은 사랑을 체(體)로 삼는다. 그러므로 그 마음이 넓어 치우지지 아니하고, 즐거워하며 근심하지 아니하며, 여러 가지 덕을 스스로 갖추고 있다. 그러므로 공자께서 늘 반드시 어진 사람의 마음을 들어 대답하신 것이다.

…

불가와 도가가 우리 유가와 다른 까닭은 오로지 의(義)에 있고, 주자학 같은 후세의 유가와 공자가 서로 다른 까닭은 오로지 인(仁)에 있다. 그것은 어째서인가? 부처는 자비를 법(法)으로 삼고, 평등을 도(道)로 삼는다. 그러므로 의를 작은 도라 여겨 이것을 함부로 버린다. 그들은 알지 못했다. 의는 천하의 큰 길이니, 만약 의를 버린다면, 마치 올바른 길을 버리고 가시밭길로 가는 것과 같아서, 반드시 걸을 수 없게 될 것이다.

주자학자와 같은 후세의 유자는 그 덕과 기량이 얕고 협소하여, 차별함이 매우 지나치며, 널리 포용하는 기상이 없다. 그러므로 인을 별 관심 없이 데면데면하게 보고 그다지 중요하지 않은 것처럼 간주한다. 그리하여 제 스스로 냉혹한 데로 빠져들어가고 있음을 알지 못한다. 이것이 공자와 서로 달라지는 까닭이다.

### 마음

마음이란 것은 사람이 생각하고 궁리하는 능력이니, 본래 귀하지도 않고 또한 천하지도 않다. 대저 정(情)이 있는 모든 존재에게 마음이 있다. 그러므로 공자는 덕을 귀히 여기고 마음을 귀히 여기지 않았다.

…

그러나 부처 및 다른 여러 철학자들은 차고 넘치도록 마음을 말했으니, 본래 덕이 귀한 줄을 알지 못하여, 이치에 어긋나고 허황되게 구멍이 뻥뻥 뚫린 저술을 남겼을 따름이다. 공자와 맹자가 말씀하신 취지와 실로 하늘과 땅만큼 차이가 난다. …

사람이 측은히 여기는 마음, 부끄러워하고 미워하는 마음, 사양하는 마음, 옳은 것을 옳다 여기고 그릇된 것을 그르다 여기는 마음을 가지는 것은 마치 물에 근원이 있는 것처럼, 풀과 나무에게 뿌리가 있는 것처럼 태어나면서 완전히 갖추고 있는 것이어서, 상황에 접함에 따라 자연스레 움직인다. 나오면 나올수록 고갈되는 일이 없고, 쓰면 쓸수록 없어지는 일이 없다. 이것이 곧 마음의 본체(本體)이니 어찌 이보다 실재적인 것이 있겠는가.

지금 마음을 가지고 허(虛)라고 여기는 이들은 모두 불가나 도가의 잔여 세력이다. … 그들의 가르침은 맑음과 고요함을 근본으로 삼고, 무욕(無欲)을 도로 삼는다. 공부가 이미 성숙해지면, 곧 그 마음이 밝은 거울이 비어 있는 것처럼, 고요한 물이 맑은 것처럼, 하나의 흠도 존재하지 않아, 마음이 깨끗하고 깔끔해져, 여기에서 은의(恩義)가 우선 끊어지고, 사람으로서 마땅히 지켜야 할 윤리도 모두 사라진다. 군신(君臣), 부자(父子), 부부(夫婦), 형제(兄弟), 붕우(朋友)의 사귐을 쓸모없는 군더더기처럼 간주한다. 공자의 도와 상반되는 것이 마치 물과 불이 서로 용납할 수 없는 것과 같다.

풀과 나무는 생명을 가지고 살아가는 것이고, 흐르는 물은 살아움직이는 유동적인 것이다. 아주 작은 싹일지라도 잘 기르고 해를 입히지 않으면 구름에 닿을 만큼 자랄 수 있고, 원천(源泉)이 작을지라도 나아가기를 그치지 않으면 큰 바다에 이를 수 있다. 사람의 마음도 그러하다. 잘 기르고 해를 입히지 않으면 하늘과 땅과 나란히 서서 셋이 될 수 있다. …

### 인간의 본성

인간의 본성은 타고나는 것이다. 사람이 타고 태어난 그대로여서 더하거나 덜어낼 것이 없다. … 마치 매실은 본성이 시고, 감은 본성이 달며, 어떤 약은 본성이 따뜻하고, 어떤 약은 본성이 차갑다고 말하는 것과 같다. 그래서 맹자가 또 본성을 선하다고 말했다. 생각건대 사람이 타고난 기질은 수많은 차이가 있다 하더라도, 선을 선이라 여기고 악을 악이라 여기는 것은 예나 지금이나 다름없이, 성인이든 어리석은 이든 다름없이 한결같기 때문이다. 후천적으로 형성된 혈기(血氣)의 성과 무관하게 본성이 선하다고 말한 것이 아니다.

…

대저 천하 인간의 본성은 길고 짧고 들쭉날쭉하여 가지런하지 아니하고, 굳세고 부드러운 것이 서로 섞여 있으니, 공자가 말한 "본성은 서로 가깝다"(『논어』「양화」)는 말은 바로 이것을 가리킨다. 그래서 맹자는 이렇게 생각했다. '사람의 기품(氣稟)은 굳셈과 부드러움이 같지 않다 하더라도, 그것이 선을 향하는 것은 한 가지이다. 마치 맑고 흐림의 다름, 달고 짠 차이가 있다 하더라도 물이 아래로 흘러가는 것은 한 가지인 것과 같다.' 생각건대 본성이 가까운 데에 나아가서, 그 선한 것을 들어서 보인 것이다. 후천적으로 형성된 혈기(血氣)의 성과 무관하게 본성이 선하다고 말한 것이 아니다.

…

생각건대 노자의 뜻은 만물이 모두 무(無)에서 생겼다고 여긴 것이다.(『노자』40장) 그러므로 사람의 본성이 그 처음은 참되고 고요하였는데, 형체가 이미 생기고 나서, 욕망이 움직이고 감정이 승하게 되어, 뭇 악이 번갈아 몰려든다. 그래서 노자의 도는 오로지 욕망을 없앰으로써(19장) 본성을 회복하는 것을 중요하게 여긴다. … 유학자는 곧 그렇지 아니하다. … 노장(老壯)의 학문과 유자(儒者)의 학문은 본래 삶과 죽음이 다르고, 물과 불이 다른 만큼이나 다르다. 그 다름의 근원을 실로 여기에서 알 수 있다. …

### 인간의 감정

감정이란 인간 본성의 욕망이다. 움직이는 바가 있기 때문에 감정이라 이른다. … 사람이 측은히 여기는 마음, 부끄러워하고 미워하는 마음, 사양하는 마음, 옳은 것을 옳다 여기고 그릇된 것을 그르다 여기는 마음은 뚜렷하게 형체가 있는 것이니, 마음이 아니고 무엇이겠는가? 만약 이 네 가지를 마음이라 부르지 않고 감정이라 부른다면, 도대체 무엇을 가리켜 마음이라 하겠는가. 곧 마음이라는 글자를 모조리 없애고, 오로지 감정이라는 글자만 사용하는 게 나을 것이다.

### 충실과 신의

다른 사람을 위해 일을 함에 제 일을 하는 것처럼, 다른 사람을 위해 일을 도모함에 제 일을 도모하는 것처럼 온힘을 다하는 것, 바로 이것이 충실(忠實)이다. 대저 다른 이와 말함에 있으면 있다고 말하고 없으면 없다고 말하며, 많은 것은 많다 하고 적은 것은 적다 하여, 한 치도 더하고 줄임이 없는 것, 바로 이것이 신의(信義)이다. …

충실과 신의라는 말에는 소박하고 꾸미지 않는다는 뜻이 있다. …

충실과 신의는 배움의 근본이니, 처음을 이루고 마지막을 이루는 모든 것이 여기에 있다. 왜냐하면, 학문은 성실함을 근본으로 삼기 때문이니, 성실하지 않으면 어떠한 것도 존재할 수 없다. 만약 충실과 신의가 없다면, 예(禮)의 형식이 적절하다 하더라도, 형식이 볼 만하다 하더라도 모두 거죽만 꾸민 가짜이니, 참으로 간교함과 사악함을 늘리게 될 것이다. …

송나라 유자들은 충실과 신의를 주로 삼는 것은 매우 쉬운 일이고, 행하는 데 어려울 게 없다고 여겼다. 그래서 따로 하나의 종지(宗旨)를 골라서 이것의 슬로건으로 삼아 사람을 지도했다. 그들은 '도는 본래 알기 어려울 게 없으되, 오직 성실함을 다하는 게 어려움'을 알지 못했다. 만약 성실함을 다하는 게 어렵다는 것을 알았다면, 반드시 충실과 신의를 중심으로 삼았을 것이다.

## 공감

대개 사람은 제가 좋아하고 싫어하는 것에 대해서는 매우 분명하게 알지만, 남의 호오(好惡)에 대해서는 무신경해서 살필 줄을 모른다. 그래서 멀리 떨어진 곳에 사는 이들처럼 늘 단절되어 있다. … 서로 미워하고, 때로는 응대하는 데 절도가 없으며, 친척이나 친구의 고통에 대해서도 강 건너 불구경하듯 무심하여 불쌍히 여길 줄을 모른다. …

만약 남을 대할 때, 그 사람의 호오가 어떠한지, 그가 처한 상황과 그가 한 행동이 어떠한지를 잘 헤아리고, 그의 마음을 내 마음으로 삼고, 그의 처지를 내 처지로 삼아, 세세하게 내 일처럼 살펴서 생각하고 헤아린다면, 그의 잘못이 언제나 어쩔 수 없는 상황에서 생겼거나, 감당할 수 없는 상황에서 생겨나서, 그를 깊이 미워할 수 없음을 알게 되어, 매사에 반드시 너그럽게 용서하는 마음이 솟아나고, 각박하게 그를 대하지 않게 된다. 곤경에 처한 이에게 달려가고, 곤란에 처한 이를 구해주는 일을 스스로 그만 둘 수 없게 된다. 공감의 위대한 미덕은 이루 헤아릴 수 없다. …

주자학자들은 … 충실과 공감을 힘써야 할 일로 여겨야 함을 알지 못했다. 생각건대 도(道)는 본래 남과 나를 구분하지 않는다. 그러므로 배움 역시 남과 나를 구분하지 않는다. 만약 충실함으로 자기를 다하고 공감으로 남을 헤아리지 않는다면 남과 자기를 합하여 하나로 만들 수 없다. 그러므로 도를 행하여 덕을 이루고자 한다면 충실함과 공감보다 시급하고 중대한 것은 없다. 만약 충실함과 공감을 마음으로 삼는다면, 온갖 수양하는 방법이 모두 만물과 공유하게 되기를 바라는 마음을 갖게 되어, 홀로 제 몸을 좋게 하는 데서 그치지 않는다. …

## 성실함

성(誠)은 조금의 허영과 거짓도 없고, 조금의 인위와 꾸밈도 없는 성실함을 가리킨다. … 성실함은 도(道)의 정수이다. 그러므로 유학은 반드시 성실함을 으뜸으로 삼는다. 그리고 유학의 천언만어(千言萬語)는 모두 사람으로 하여금 저 성실함을 다하게 만드는 방법이 아닌 게 없다. 성실함은 인의예지(仁義禮智), 효도와 섬김과 충실함과 신의의 근본이다. 그러므로 성실함이 없다면 인은 인이 아니고, 의는 의가 아니며, 예는 예가 아니고, 지는 지가 아니며, 효도와 섬김과 충실함과 신의 또한 그러하다. …

공자의 도는 성실함뿐이니, 부처가 공(空)을 말하고, 노자가 허(虛)를 말한 것과 같다. 내가 앞에서 성실함은 실(實)이라 말한 것은, 공자의 도가 실리(實理)가 아닌 것이 없다는 말이다. 그리고 실과 허 사이에는 마치 물과 불처럼, 남쪽과 북쪽처럼 거대한 간극이 존재한다. 그런데도 요즘의 학자는 허령(虛靈), 허정(虛靜), 허중(虛中) 등의 이치를 가지고 배움의 근원으로 삼으면서도, 그것이 본래 노자에게서 나온 것임을 알지 못한다. 어떤 이는 '허' 자를 가지고 이름을 붙이고, 어떤 이는 서재에 허 자를 쓴 편액을 건다. 어째서인가. 근본이 이미 어긋나면, 가지와 이파리도 따라서 잘못되니, 그 사례를 일일이 다 거론할 수 없다. 배우는 이는 구절마다 주의를 기울여 철저하게 연구하고 살펴서 유일한 진리에 돌아가도록 해야 한다.

## 배움

배움이란 본받아서 깨우치는 것이다. 흉내내고 본받는 바가 있고 나서야 깨우친다. 생각건대 옛날의 배울 학(學) 자는 지금의 본받을 효(效) 자이다. …

이른바 효(效)라는 것은, 마치 서예를 배우는 이가 처음에는 오직 법첩(法帖)을 보고 그대로 베껴 써서, 그 필의(筆意)와 점획(點畫)을 배울 수 있는 것과 같다. 이른바 각(覺)이라는 것은, 마치 서예를 배운 지 이미 오래된 뒤에 스스로 옛사람이 붓을 쓰는 묘함을 깨우치는 것과 같다. 단번에 다할 수 있는 것이 아니다. …

학문은 마땅히 공자께서 가르침을 세운 근본 뜻이 무엇인지를 알아야 한다. 여기에서 한끗 어긋나 면 반드시 이단으로 빠지니, 두려워해야 할 일이다. 부처는 오로지 본성을 귀히 여기고, 도와 덕이 가장 존귀함을 알지 못했다. 공자는 오로지 도와 덕을 존귀하게 여겼으니, 마음을 보존하고 본성을 기르는 일에 모두 도와 덕을 가지고 중심으로 삼았다.

대저 하늘과 땅에 가득 차고, 예부터 지금까지 이어져서, 저절로 마멸되지 않는 지극한 이치가 있으니, 이것을 인의예지의 도라 여겼고, 또 이것을 인의예지의 덕이라 여겼다. …

그것에 거스르면 잔인하고 각박한 사람이 된다. 잘 분별하여 취할 것은 취하고 버릴 것은 버려서, 칼로 끊듯 분명하여 문란하지 않은 것을 의(義)라 한다. 의에 어긋나면 욕심 많고 염치없는 인간이 된다. … 옳고 그름을 가리는 것이 분명하여 선악의 문제에 갈팡질팡하지 않는 것을 지(智)라 한다. 지에 어긋나면 멍청하여 깨우침이 없는 인간이 된다.

…

그러므로 하늘 아래 학문의 공(功)보다 귀한 것이 없고, 학문의 이익보다 큰 것이 없다. 그리고 오직 제 본성의 가능성을 남김없이 발현할 뿐만 아니라, 다른 이가 지닌 본성의 가능성을 남김없이 발현하게 하고, 만물이 지닌 본성의 가능성을 남김없이 발현하게 함으로써, 하늘과 땅이 만물을 낳고 기르는 활동을 도와서 하늘과 땅과 나란히 서서 셋이 될 수 있다. 만약 학문을 폐하고 오로지 제 본성에 따르고자 한다면, 다만 다른 이와 만물이 지닌 본성의 가능성을 남김없이 발현하게 하여 하늘과 땅이 만물을 낳고 기르는 활동을 돕는 일을 할 수 없을 뿐만 아니라, 반드시 제 본성의 가능성 또한 다 발현할 수 없을 것이다. …

## 군자와 소인

군자와 소인이라는 호칭은 지위를 기준으로 말하는 경우와 덕을 기준으로 말하는 경우의 구별이 있다고들 하지만, 본래 지위를 기준으로 삼아 말한 것이다. 천자(天子)와 제후(諸侯)를 군(君)이라 한다. 경(卿)과 대부(大夫)를 자(子)라고 한다. 그리고 도성 바깥의 시골에 사는 백성을 소인이라고 했다. 군자와 소인이라는 호칭은 대개 여기에서 취했다. 남의 위에 있는 사람은 모름지기 인격이 완성되고 지식이 원대하여 천하의 모범이 될 만해야 한다. 그러므로 그 덕이 있는 이는 비록 지위가 없더라도 군자라고 불렀다. 그 덕을 귀하게 여긴 것이다. 그 사람됨이 좀스럽고 천하며, 거짓부렁을 일삼고 심술을 부려 인격이 잗다란 자는 지위가 있다 하더라도 소인이라 불렀다. 그 사람을 천하게 여긴 것이다. …

### 귀신(鬼神)

귀신이란, 대저 천지(天地)·산천(山川)·종묘(宗廟)·오사(五祀)[7]의 신(神), 신령(神靈)이 있어 능히 사람에게 화복(禍福)을 내리는 일체의 것을 귀신이라 부른다. …

하나라 은나라 주나라 삼대의 성왕(聖王)이 천하를 다스림에, 백성이 좋아하는 것을 좋아하고, 백성이 믿는 것을 믿었으며, 천하의 마음을 제 마음으로 삼았다. … 그러므로 백성이 귀신을 숭배하면 곧 그것을 숭배하고, 거북점과 서죽점을 믿으면 그것을 믿었다. 다만 순박하고 곧은 도를 행한 것을 취했을 따름이다. 그러므로 종국에는 또 폐단이 없을 수 없었다. 공자에 이르러서는 오로지 교법(教法)을 가지고 주로 삼아, 그 도를 밝히고, 그 의를 분명히 하여, 백성으로 하여금 따르는 데에 헷갈림이 없게 하였다. …

공자께서 말씀하셨다. "사람이 지켜야 할 의(義)에 힘쓰고, 귀신을 공경하되 멀리하는 것을 지혜롭다고 한다." 또한 『논어』에 이런 말도 있다. "공자께서는 이성적으로 설명하기 어려운 괴이(怪異), 용력(勇力), 패란(悖亂), 귀신(鬼神)에 대해서 말씀하지 않으셨다." … 이런 구절들은 모두 공자께서, 사람들이 인도(人道)에 힘을 쓰지 않거나, 혹은 끝내 알 수 없는 귀신에 미혹될까 염려해서 한 말임을 알 수 있다. …

의를 따르면 거북점이나 서죽점이 필요없다. 점에 따르다 보면 부득불 의를 버리게 된다. 의로 보아서는 마땅히 떠나야 하는데, 점을 쳤더니 떠나는 게 이롭지 않다고 하면, 의를 따를 것인가 점을 따를 것인가. … 의를 기준으로 보았을 때 마땅히 살아야 한다면 살고, 의를 기준으로 보았을 때 마땅히 죽어야 한다면 죽는다. 그것은 나에게 달려 있을 따름이다. 어찌 점을 치고 나서야 결정하겠는가.

### 이단

도(道)와 덕(德)이 번성하면 논쟁이 잦아든다. 도와 덕이 쇠퇴하면 논쟁이 고개를 쳐든다. 논쟁이 고조되면 될수록 더욱 도와 덕에서 멀어진다. 그러므로 논쟁이 고조됨은 세상의 쇠퇴가 극점에 도달했다는 징후이다. 그리고 논쟁이 가장 고조되면, 선불교에 이르러 정점에 이른다. 그러므로 인륜을 떠나고, 일상의 삶에서 멀어지며, 천하 국가를 다스리는 데 유익이 없는 것으로는 선불교보다 더 심한 게 없다.

유자들은 참으로 논쟁을 통해서 선을 이길 수 있다고 여겼으나, 잘못이었다. 만약 유학의 도와 덕을 풍성하게 한다면, 선(禪)은 스스로 물러나 귀를 기울일 것이고, 금세 복종할 것이다. 만약 도와 덕을 풍성하게 하는 데 힘쓰지 않고 헛되이 선과 논쟁하여 이기고자 한다면, 맨손으로 서로 싸우다 상처를 입고 함께 그만두는 것과 같다. 비루하다고 할 만하다. …　　　　　　　　[JAT/조영렬]

---

7) [영] 『예기』 「월령」의 경우 '방문앞, 부엌, 가운데 처마, 문, 길' 다섯 가지로 보았다.

# 가이바라 에키켄

貝原益軒, 1630-1714

흔히 일본의 아리스토텔레스(Aristoteles, BC.444-380)라 부르는, 박물학 연구자이자 저명한 일본 주자학자인 가이바라 에키켄은 규슈(九州)에서 태어났다. 14세까지는 불가에 관심이 많았지만, 형 가이바라 손사이(貝原存齋)의 지도를 받아 유학으로 돌아서서 이른 나이에 주희(朱熹, 1130-1200)의 저작을 읽기 시작했다. 에키켄은 지역 다이묘(大名)의 주치의였던 아버지를 따라 젊었을 때부터 의학을 연구했고 건강 문제에 평생 관심을 기울였다.

그는 28세에 교토(京都)로 이사했고 거기서 7년을 보냈다. 이 시기에 에키켄은 당대의 주도적 유학자들과 교류했다. 그 교류는 나중에도 여행을 통해 계속되었다. 규슈로 돌아와서는 다이묘 구로다(黑田)에게 강연하고 그의 후계자의 스승이 되었다. 또한 구로다 가문의 계보를 정리한 『구로다 가보(黑田家譜)』를 편찬했고, 『지쿠젠 지방 속풍토기(筑前國續風土記)』를 펴냈고, 『일본의 풀』이라는 식물학에 관한 중요한 책을 냈다.

에키켄은 유학의 도가 대중들에게 쉽게 다가가도록 만들기 위해 지속적으로 노력했다. 그래서 가족, 여성, 어린이를 가르치기 위해 그들의 흥미를 끄는 책을 썼다. 확실치 않지만 에키켄이 쓴 것으로 여겨지는 『여성을 위한 큰 배움』은 20세기 중반까지도 널리 읽혔다. 그는 주희의 『근사록(近思錄)』에 관한 최초의 주석집을 펴냈을 뿐 아니라, 보통 사람들을 위해 주희의 다른 저작을 쉽게 풀이한 책을 내기도 했다. 에키켄은 유학의 대중화를 위해서 애쓰기도 했지만, 이(理)와 생성적 힘인 기(氣)의 관계에 관한 철학적 논쟁의 몇몇 부분을 좀 더 명확하게 하려고 시도하기도 했다. 에키켄은 주희의 철학에 헌신적이었지만, 주희의 이원론에 대해서는 매우 비판적이었다.

특히 에키켄은, 송명(宋明) 유가가 추상적 논리에만 몰두하여 유학의 역동적 특징을 약화시켰다고 주장했다. 이것은 그가 말년에 남긴 최대 저작인 『대의록(大疑錄)』에 반영되었다. 에키켄은 주희와 의견이 다름을 명확히 하면서, 그가 생각하는 유학적 전통의 핵심인 활발함과 자연스러움을 되살리기를 희망했다. 그는 현실에 고루 퍼져 있는 활발한 생성적 힘인 기를 더 많이 강조했다. 이것을 통해 그는 세상에 관심을 끊고 자기 수양을 일종의 은거주의(隱居主義)로 바꿔버리는, 도가와 불가 식의 방식을 피하기를 희망했다. 에키켄은 세상과 상관하는 것을 가장 중요하게 생각했고, "학(學)"을 실천하는 것"이 사회의 안녕에 기여하는 것이라 여겼다. 그래서 그는 식물학, 농학, 수학, 그리고 분류학 등에 폭넓은 관심을 보였다. 이 모든 것이 그가 세상에 이롭도록 만물 속에서의 리를 추구했다는 점을 반영한다. 동시에 그의 자연주의적 활력론은, 생명의 원천으로서 천지(天地)는 존중하고 존경해야 할 "큰 부모"라는 생각을 제시하면서, 상당한 종교적 색채를 띠고 있었다. 인간이 자연과 관계함에 있어서 너르고 깊은 효성을 바쳐야 하며, 함부로 대하면 안 된다고 했다. 에키켄은 인(仁)으로서의 효도라는 개념을 이끌어냈고 그것을 통해 만물과의 일체감을 형성시켜야 한다고 생각했다.

아래에 발췌 소개된 『대의록(大疑錄)』은 유학적 전통의 하나인 연속성과 변화의 복잡한 과정을 설명한다. 그것은 긍정과 부정을 통한 전통의 복잡한 변천을 설명한다. 유학은 대대로 학자들이 단지 무비판적으로 수용하면서 전해진 것이 아니다. 에키켄은 유학적 전통과 저작들을 꼼꼼히 연구하고서, 동아시아 전역을 통틀어 다양한 시기와 장소와 상황에서 유학이 적극 수용되었음을 밝힌다. 그는 세심하게 구축한 논리를 통해 지적으로 발전하기를 원한다면 의문을 던지는 것이 필요하다고 주장했다. 그가 추구한 것은 자신과 마찬가지로 학에 있어서 의혹을 품고 의문을 던지는 것의 가치를 중시했던 주희를 부정하는 일이 아니었다. 그는 유학적 전통이 일본에 좀 더 폭넓고 지속적인 영향을 끼치려면 활력적 우주론이 필수적임을 강조한 것이다. 그런 그의 주장은 오늘날까지도 큰 반향을 얻고 있다.

[MET/조영렬]

# 큰 의문들(大疑)

가이바라 에키켄 1714, 154-68 (95-133)

## 편견, 분별, 선택

사람은 성인이 아니다. 비록 현명한 이라고 하더라도 한쪽으로 치우치고 비뚤어진 데가 있다. 그러므로 그 학식과 성품에 반드시 통하는 데도 있고 막힌 데도 있으며, 좋은 점도 있고 나쁜 점도 있다. 그 통하는 데는 반드시 툭 트여 밝고, 막힌 데는 반드시 딱딱하고 엉겨 있다. 그러므로 책을 읽는 방법은, 비록 현명한 이의 말이라 하더라도, 다시 마땅히 가리고 골라 버릴 것은 버리고 취할 것은 취해야 한다. 만약 덮어놓고 믿고 의심하지 않으면 어둡고 딱딱한 데서 길을 잃어버리는 실수를 면하지 못할 우려가 있다. 그렇다면 배우는 이가 선배 유자(儒者)들을 대할 때, 마땅히 믿을 만하면 믿고 의심할 만하면 의심하는 게 좋다. 만약 그 취사선택하는 데 공평하고 바르며 편벽됨이 없다면 좋은 배움이라 할 수 있겠다. 후세의 학자는 제 좋아하는 데에 빠져서 편벽되고 고루하게 주장하는 병폐가 많은 경우가 왕왕 있다.

...

배우는 이는 마땅히 정밀하게 골라 취사선택해야 한다. 생각건대 성인이 아직 말한 적이 없으나 마땅히 말해야 할 것을 말한 이가 있으니, 성인의 말에 함축되어 있는 속뜻으로 위아래가 같은 흐름인 경우이다. 그러나 성인이 말한 핵심적 교의와 다른 경우는 이단이라고 할만하다. 그러므로 비록 선현(先賢)의 말이라 하더라도 만약 성인의 말씀과 같지 않다면 가려서 잘 살펴야만 한다.

...

다른 이와 학술의 시비를 논하는 것은 대개 다른 이에게 잘못을 고치라고 말하는 것과 같다. 경솔하게 비난하고 나무라는 이들은 제 생각만 믿고 남을 굴복시키려 하니, 이것은 소인이 남을 이겨먹으려고 들면서 저만 옳다고 하며 남을 깔보는 경박한 처사로, 군자답고 충실하며 중후한 이의 방법이 아니다. 가령 그 말하는 바에 일리가 있다고 하더라도 남이 하고자 하는 걸 말리고 나무라는 뉘앙스가 있으면 듣는 이가 따르지 않는 법이다. 남을 잘 이끄는 이는 성실한 마음을 주로 삼고, 말투가 차분하고 찬찬하며, 평온하고 완곡하여, 말이 분명하고 뜻이 맑고 따뜻하다. 그러므로 듣는 이가 믿고 따른다. 이것이 충고하는 좋은 방법이다.

대저 다른 이와 의견의 같고 다름을 논할 경우 사나운 말투로 반대하여 논할 필요가 없다. 모름지기 차분하고 찬찬한 태도로, 말을 완곡하게 하며, 성실함은 넉넉하고 말은 부족한 듯 하다면 능히 사람을 움직일 수 있을 것이다. 생각건대 사람이 곧지 않으면 도(道)가 드러나지 않는다 하더라도, 굳이 그 잘못과 실수를 비방하려 하지 말고, 다만 겉으로 드러나지 않게 여운을 남기면서 이치가 곧게 되기를 바랄 따름이다. 제 주장으로 남을 이겨먹으려고 시비하고 헐뜯는 말로 다투려해서는 안 된다. 만약 경솔하게 말하여 이기기를 좋아하면서 남의 위에 서려고 한다면 다른 이들이 믿고 따르기는커녕 미움을 사게 될 것이다. 공자는 말했다. "더불어 말할 만하지 않은데 더불어 말하는 것은 말을 허비하는 행위이다."(『논어』「위령공」) …

맹자는 유학에 공로가 있는 사람이니, 공자의 도를 따라서 어기지 않았다. 송나라 유학자의 학설이 만약 공자와 맹자의 설에 뿌리를 두어, 본줄기가 서로 같고 통일된 규칙이 다르지 않으며 계통을 같이 한 경우라면 이는 참으로 그 도를 드러내어 밝힌 것이다. 우리는 마땅히 그들에게 의지해야 한다. 그러나 참으로 공자와 맹자에게 뿌리를 두지 않고, 통일된 규칙이 없고 본줄기가 같지 않으며 따로 이론(異論)을 세우는 이들 또한 왕왕 있다. 비록 현명한 이의 말이라 하더라도 내 주장을 굽히고 그들을 따라서는 안 된다.

　　…

송나라 유학자들은 때때로 제가 들은 것에 집착하고 제가 좋아하는 것에 치우쳐, 공자와 맹자의 정통적 가르침에 뿌리를 두지 않고 따로 제 학파를 세워, 경직된 학설에 사로잡힘을 면치 못했으니, 도리에 어둡고 고루함이 심하다고 이를 만하다. 그러므로 그들의 학설과 공맹이 세운 가르침은 때때로 어긋나는 경우가 많다.

배우는 이가 제 학설만을 고집하지 않고 열린 마음으로 생각한다면, 내 말이 분수에 넘치는 헛소리가 아님을 알 것이다. 그러나 편협한 자들의 독단적 가르침을 따르는 무리들은 앞뒤로 꽉 막혀 있다. 만약 낡은 견해를 씻어버리고 새로운 의견이 오게 하지 않는다면 이 폐단을 고칠 수 없으니, 종신토록 그 어두운 상태에서 헤맬 것이다.

## 가까운 것에서 배우기

공자의 가르침은 효성·공손·충직·신의를 근본으로 삼았고, 글을 배우는 것과 힘써 실천하는 것을 배움이라 여겼다. 까다롭지 않고 쉬우니 큰 길과도 같았다. 비록 어리석은 이라 하더라도 이해하기 쉽고 실천하기 쉬워, 차근차근 나아가서 오랫동안 힘을 쌓아 궁극에 이르면 높고 크면서도 지극히 정밀한 경지에 이를 것이다. 이것이 아래에서 배워 위에 이르는 것이다.

송나라 유학자들의 배움은 태극(太極)과 무극(無極)을 치지(致知)의 긴급한 과제라 여겼고, 고요히 앉아서 마음을 깨끗하게 만드는 것을 힘써 실천해야 할 긴급한 과제라 여겼으며, 지리멸렬(支離滅裂)한 것을 문학(文學)의 긴급한 과제라 여겼다. 이들은 높고 원대하며 어렵고 깊으며, 세세하고 말엽적이며 쓸모없는 것들이다. 이해하기 어렵고 실천하기 어려우며 쓸 데도 없고 시급하지 않은 것을 우선으로 삼았으니, 공자가 세운 가르침이 효성·공손함·사랑·공경함, 학문·실천·충직·신의를 긴급한 과제로 삼은 것과 달랐다. 그러므로 그 가르치는 바가 높고 깊으며 어렵고 험해서, 배우기 어렵고 실천하기 어려워서 들어가기 쉽지 않게 된 것이다. 후세의 배우는 이들이 그것을 싫어하고 괴로워하여 나아가기 어려워한 것은 이 때문이다.

대저 이러한 의심스러운 것들을 총명하고 지혜로우며 널리 사물에 통달하고, 공평하고 올바른 사람과 이야기해야 한다. 딱딱하고 꽉 막히며 한 가지만 집착하는 편벽된 자와 이야기해서는 안 된다. 공자께서 말씀하신 바대로 "더불어 말할 만하지 않은데 더불어 말하는 것은 말을 허비하는 행위이다."

대저 옛사람의 책을 널리 보되, 덮어 놓고 믿는 것은 어리석은 짓이며, 명확하지 않다고 해서 덮어놓고 의심하는 것은 분수에 넘치고 경솔하며 허망하고 미친 짓이다. 오직 믿을 만한 것은 믿고 의심스러운 것은 의심하는 것, 그것이 지혜로운 이가 취할 태도이며 배우는 이가 취해야 할 좋은 방법이다. 식견이 있는 이는 이와 같다. 한 가지만 고집하며 꽉 막힌 어리석은 자는 취할 수 없는 태도이다. 생각건대 사람은 성인이 아니니 누구인들 잘못이 없겠는가. 그러므로 선현(先賢)이라 하더라도 그 학술에 공맹(孔孟)과 계통을 같이하지 않은 이가 있고 그 말이 때때로 성인의 말과 어긋나는 경우가 있으니, 잘 살피고 가려야 한다.

## 인간의 본성

공자는 "사람의 본성은 서로 가깝다"고 말했다. … 생각건대 사람의 본성이 서로 가깝다는 것은 무슨 말인가. 본성이 선한 가운데, 그 품수(稟受)받은 것은 비록 높고 낮으며, 두텁고 엷으며, 현명하고 어리석은 따위 차이가 있겠으나, 모든 사람이 어려운 처지에 있는 이를 보면 측은히 여기는 마음, 부끄러워하고 미워하는 마음, 사양하는 마음, 옳은 것을 옳다 여기고 그릇된 것을 그르다 여기는 마음을 타고났다. 사람이 태어날 때 하늘이 내린 본성을 갖고 있으므로 본성이 선하다고 말하는 것이다. 그러므로 예나 지금이나 하늘 아래 모든 사람의 본성은 서로 멀지 않았다. 그러므로 공자께서 본성은 서로 가깝다고 하신 것이다.

생각건대 예나 지금이나 하늘 아래 모든 사람은 오직 하나의 본성만을 갖고 있다. 천지지성(天地之性)과 기질지성(氣質之性)을 분리할 필요는 없다.[8] 천지지성 또한 어찌 기질(氣質)을 품수받은 것이 아니겠는가? 만약 기질이 아니라면 어디에서 하늘의 본성을 품수받겠는가? 기질지성 또한 어찌 천지(天地)에서 받은 바가 아니겠는가. 그렇다면 기질지성 또한 천지의 본성일 따름이다. 나누어서 둘로 삼을 수 없으므로 공자와 맹자는 일찍이 두 가지 본성을 말씀하신 적이 없으니, 천지와 기질을 나눌 수 없음은 자명하다. …

생각건대 인간 본성의 근원을 논한다면 그것은 한결같이 선하다. 이것이 한 뿌리이다. 그 지엽적인 흐름을 논한다면 끝없이 달라진다. 그러나 거룩한 성인 요순(堯舜)의 본성과 보통사람의 본성이 다르지 않다고 여기는 것은 아마도 잘못일 것이다. 왜냐하면 요순은 스스로 요순의 본성이 있고, 보통사람은 스스로 보통사람의 본성이 있어, 그 받은 바가 같지 않으니, 섞어서 하나의 본성이라 여길 수는 없다. 생각건대 만물이 단일하지 않은 것은 만물의 실정(實情)이다. 끝없이 달라짐이 있는 까닭이다.

대저 인간의 본성은 태어나는 처음에 받는 것이다. 하늘이 명을 내린 것은 본래부터 선하다. 그 처음에는 선하지 아니함이 없었다. 이것이 하나의 뿌리이다. 그러나 이미 이루어지고 본성을 갖게 되면 그 처음에 기를 받을 때에, 자연히 맑고 탁함, 두터움과 엷음이 있어 똑같이 가지런하지 않게 된다. 이미 품수받아 사람의 몸에 있게 되면 각각 하나로 정해져서 본성을 이룬다. 그러므로 성인과 어리석은 이는 처음부터 자연히 같지 아니하다.

---

8) [한] 천지지성은 인간이 선천적으로 타고난 본래의 성품을 가리킨다. 성리학에서 인간의 본성을 이(理)와 기(氣)로 설명할 경우, 이기(理氣)를 혼합해서 말할 때 기질지성(氣質之性, 성이 기 가운데 내재한 형태로 후천적으로 형성된 성질)이라 하고 기(氣)의 섞임이 없이 이(理)만을 가리켜서 천지지성이라 한다. 천지지성을 다른 말로 본연지성(本然之性)·천명지성(天命之性)이라고도 한다.

## 송나라 유학자들 사이의 차이

경전을 설명할 때, 뜻을 새기는 데 조금 차이가 있어도 도(道)에 해로움이 없다면 이것은 괜찮다. 송나라 유학자들이 이기(理氣)·무극(無極)·도기(道器)·성도(性道)를 설명한 따위는 모두 의리(義理)의 근원(根源)인데, 모름지기 성인의 말과 조금의 차이도 없어야 하고, 만약 여기에 어긋나는 바가 있다면 비록 선현의 주장이라 하더라도 아첨하며 내 의견을 굽히면서까지 따를 수는 없는 것이다. 반드시 성인의 말씀과 비교하여 그 같고 다름을 알아야 한다. 생각건대 바르지 않다면 도는 드러나지 않는 것이다.

주자는 말했다. "만약 하나의 학파를 중심으로 삼지 않고, 하나의 학설에 집중하지 않는다면 넓지만 잡다해질 것이다." 내가 마음속으로 주자의 이 말을 생각해보았는데, 내 어리석은 생각으로 보건대 의심하지 않을 수 없었다. 어째서인가. 만약 성인 공자를 기대고 의지했던 일흔 명의 제자라면 참으로 주자의 말대로 하더라도 괜찮다.

그러나 정호(程顥)·정이(程頤) 형제와 주희가 비록 현명하고 사물의 이치에 밝았다 하더라도, 성인 공자만큼 순수하게 지극히 선하며 치우침이 없이 공정하지는 않았다. 만약 보통사람들이 하나의 학파를 중심으로 삼고, 하나의 학설에 집중한다면, 널리 보고 공평하게 들을 수 없어서 혹은 낡은 사상이나 풍습에 젖어 고집을 세우며 새로운 것을 잘 받아들이지 않아 보고 들은 것이 적고 꽉 막히게 될 우려가 있다. 또한 생각이 공정하지 못하고 한쪽으로 치우친 선비는 아첨하고 자기의 의사를 임시로 굽혀 패거리를 만들어 같은 패끼리는 서로 돕고 그렇지 않은 사람은 배척함을 면치 못할 것이다. 내가 이 자잘한 의혹을 풀 수 없는 까닭이다.

나중에 배우는 이들은 참으로 옛 현인들을 멸시하거나 선배들에 대해 함부로 평가하지 말아야 하니, 나중에 배우는 이들이 마땅히 경계해야 한다. 다만 옛사람이라 하더라도 잘못과 실수가 전혀 없을 수는 없다. 그러므로 옳고 그름을 따질 때에는 조금이라도 사정을 봐 주거나 비위를 맞추는 따위 사사로움이 있어서는 안 된다.

대저 처음에 주장을 세우는 사람들은 비록 현명하고 사물의 이치에 밝다 하더라도 더러는 상세하게 다 밝히지 못한 데도 있는 것이다. 가령 정호·정이 형제와 주희 같은 이들의 말에도 성인의 가르침과 계통이 다른 경우가 있다. 나중 시대에 태어나서 앞사람을 논할 때, 비록 재능이 부족하더라도 또한 가능한 것이다. 이것이 나중에 태어난 자가 가진 이점이다. 그러므로 비록 나중에 태어난 이의 평가라 하더라도 또한 전부 무시할 수는 없는 것이다.

우리 후배들을 선배 현인들에 비한다면, 그 학문의 높이와 깊이, 크기와 넓이에서 참으로 차이가 너무 커서 함께 거론하거나 비교할 수 없다. 그러므로 우리는 선배 유학자들에게 참으로 깊은 경의를 표해야 마땅하다. 그러나 선배 현인들을 예전의 성인에 비한다면, 또한 어찌 수준의 차이와 공정함의 차이가 없을 수 있겠는가. 그렇다면 비록 선배 유학자들의 말이라 하더라도 모름지기 성인의 말과 어긋나지 않은 것을 취하고, 믿을 만한 것은 믿고 의심할 만한 것은 의심하여야 한다. 요컨대 잘 살피고 가려야 할 따름이다.

예부터 시대적 풍조의 변화는 나날이 화려하게 번쩍이는 데로 달려가기를 멈춘 적이 없다. 이 쇠퇴하고 경박한 세상이 본질을 상실한 이유이다. 예나 지금이나 천하의 시세(時勢)와 세태는 자연히 이와 같지 않을 수 없었다. 그러므로 세상을 다스리는 도와, 학문을 하는 방법은 모름지기 끊임없이 그 번쇄하고 넘치는 것을 제거하여 본질에 돌아가는 것을 긴급한 임무로 삼고, 세상의 일반적인 변천과 풍속을 그대로 따르지 않는 것을 옳다고 여겨야 한다.

공자는 쇠퇴한 주나라에서 태어났다. 당시 여론은 번지르르하게 꾸미는 이를 군자라 여기고, 질박하고 실질적인 이를 야인(野人)이라 여겼다. 공자는 질박했던 옛사람들을 따르고자 했다. 생각건대 번지르르하게 꾸미는 것을 싫어하고 질박하고 실질적인 데로 돌아가고자 한 것이다. 공자 시절은 여전히 순박한 옛날에 가까웠음에도 세상의 변화가 이미 이와 같았다. 더구나 후대의 경박한 시절에는 더욱 질박하고 실질적인 것을 상실하고 날로 화려하게 번쩍이는 데로 달려가지 않았겠는가. 진(秦)나라 한(漢)나라 이후, 세상은 더욱 변하였고, 세상의 도는 더욱 번거롭고 요란스러워졌다. 요즘 세상의 배우는 이가 처세함에 마땅히 질박하고 실질적인 것을 근본으로 삼고, 또한 조금씩 시절의 마땅함을 따라야 한다. 만약 시절의 마땅함을 등지고 거부한다면 처세하는 옳은 방법이 아니다. …

비록 유명한 학자가 있다 하더라도 그저 당대의 풍속을 따르기만 하여, 구습을 고쳐 본래의 실질에 나아갈 수 없었다. 상황이 이러하니 후세에 학문을 하는 방법은 떨쳐 일어나 구습을 고치고, 번쇄하고 자잘한 것을 줄여서 본래의 실질에 돌아가며, 자잘하게 부숴지는 것을 막고 완전한 융합으로 나아가야 한다. 생각건대 각각의 시대에는 그 시절에 적절한 도가 있기 마련이다. 공자가 선배들을 따른 뜻이 여기에 있다. 나중에 배우는 이들이 마땅히 우러르며 따라야 할 바이다. 내 생각은 이러한데, 다른 분들은 어찌 생각하실지 모르겠다. …

성인의 도는 지나침도 없고 모자람도 없이 아주 곧고 올바르다. 덕을 넓게 갖추었고, 실천에서도 부족함이 없었다. 그 아래에 있는 이들은 비록 현자라 하더라도 완전하게 갖출 수는 없을 것이다. 송나라 유학자들의 학문이 비록 순수하고 올바르다 하더라도 또한 성인의 경지에 도달하지는 못했으니, 당연히 치우침이 없을 수 없다. 그러므로 그 학설이 때때로 공맹의 가르침과 같지 않은 것이 있다.

1. 무극(無極)을 태극(太極)의 근본이라 여기는 것.
2. 이기(理氣)를 나누어 두 가지 것이라 여기는 것.
3. 천지지성과 기질지성을 나누어 둘로 만든 것.
4. '한 번은 음이 되었다가 한 번은 양이 되는 것'을 도가 아니라고 여기고, 음양(陰陽)을 형이하(形而下)의 기(器)라 여기는 것.
5. '한 번은 음이 되었다가 한 번은 양이 되게 만드는 그것'을 도라 여기는 것.
6. 기(氣)와 체(體)에는 생사가 있다고 여긴 것.
7. 이(理)와 성(性)에는 생사가 없다고 여긴 것.
8. 마음을 가라앉히고 단정하고 조용히 앉는 것을 늘 해야 할 공부라 여기고, 고요함을 주로 삼는 것을 인간의 도덕적 기준을 확립하는 공부로 여긴 것.
9. 또한 공자가 말한 본성과 맹자가 말한 본성을 기질지성과 천지지성의 차이라 여긴 것.

이것들이 모두 내가 의심하지 않을 수 없는 이유이다.

## 문헌 읽기

책을 읽는 방법은 오직 제 사사로운 의견을 제거해버리고 성현의 말씀에 의지하여 깨우치는 것이니, 함부로 쓸데없는 말을 더해서는 안 된다. 이와 같이 하여 오랜 시간이 흐르면 자연히 성현의 진실한 뜻을 얻게 될 것이다. 먼저 제 의견을 세우거나, 상대를 제압하려는 기세를 만들거나, 딱딱하게 고집하여 근거도 확실치 않은 것을 꾸며대서는 안 된다. 참으로 이와 같이 해서는 성현의 뜻을 볼 수 없다. 아아, 비록 선배 유학자라 하더라도 이런 병폐를 면치 못했으니, 배우는 이는 선배 유학자의 학설에 대하여 의심스런 데가 있으면 무턱대고 믿어서는 안 된다. "사람은 제가 배운 것을 반드시 옳다고 여기는 법"이라는 옛말이 있다. 그러하니 비록 지혜와 용기가 뛰어나며 기개와 풍모를 갖춘 훌륭한 선비라 하더라도 이러한 폐단이 없을 수 없다. 송나라 유학자들이 태극도설(太極圖說)을 믿은 것 또한 믿음이 두텁고 배움을 좋아했기 때문에 이 폐단이 생긴 것이다. 공자께서 "후하게 하려다 잘못을 저질렀는지 박하게 하려다 잘못을 저질렀는지, 그 잘못을 보면 그 사람됨을 알 수 있다"고 하신 말씀의 뜻이 여기에 있다.

나중에 배우는 이는 선배 유학자에 대해 참으로 높이 받들어 우러르고 공경하는 게 당연하다. 그러나 학문의 길은 천하 모든 이가 걷는 공적인 길이다. 시시비비를 가릴 때에 공정하고 정직한 정론을 펴야 옳다. 송나라 이후로 배우는 이들이 선배 유학자에게 알랑거리며 제 뜻을 굽히고 따르며 속된 짓을 되풀이하는 것은 어째서인가.

배우는 이들 중에 편협한 의견을 고수하는 이들은 송나라 유학자의 학설에 대해서 의심스러운 데가 있어도 알랑거리며 제 뜻을 굽히면서 따르며 감히 의심하지 못하니, 죽을 때까지 헤매고 깨닫지 못할 것이다. 만약 조금이라도 의심스러운 것을 논의하는 이가 있으면, 눈을 흘기며 이단이나 사설(邪說)이라 하며 서로 의견이 충돌하고, 또한 물러난 뒤에는 비방하는 말을 하니, 앞뒤로 꽉 막혀서 말이 통하지 않음이 심하다 하겠다.

성인의 가르침은 쉽고 간단하며 평이하고 질박하여, 쓸데없이 이것저것 파고들어 집적거리거나 번거롭고 요란하게 구는 병통이 없었다. 후대의 학술(學術)은 이리저리 찢기고 마구 흩어져 자질구레하고 잡다해져서, 완전하게 융합된 공평하고 바른 뜻이 없다. 그러므로 배우는 이가 그 번거롭고 요란함을 견디지 못한다. 대저 쉽고 간단함을 좋아하고 번거롭고 요란함을 싫어하는 것은 인지상정인데, 후대의 학술은 번거롭고 요란하기가 이와 같다. 그러므로 천하의 인정과 어긋나니, 세간에서 학문을 좋아하지 않는 것도 당연한 일이다. 대저 성인이 사람을 가르칠 때는 배우는 이로 하여금 용감하게 앞으로 나아가 싫증낼 줄을 모르게 하였는데, 후대의 유학자들이 사람을 가르치는 방식은 이와 반대이다.

소인 중에 재주와 말주변이 있는 이가 사람을 가르침에, 제가 뭐나 된 줄 알면서 스스로 의심하지 않는다. 보통사람은 진짜와 가짜를 구별하지 못하므로 그런 소인을 믿고 의심하지 않는다. 이것은 현명하고 덕 있는 이가 사람을 교화할 수 있는 것과는 다르니, 그저 말재주 말재간으로 그렇게 만든 것일 뿐이다.

배우는 이가 훌륭한 고전에 뿌리를 두지 않고 말세의 편벽된 논의를 믿는다면, 어찌 그 그릇됨을 깨달아 큰 도의 근원에 나아갈 수 있겠는가.

## 형이상(形而上)과 형이하(形而下)를 논함

나는 이렇게 생각한다. 형(形)이란 체질(體質)이 있음을 이른다. 상(上)이란 하늘에 있음을 이른다. 하(下)란 땅에 있음을 이른다. 생각건대 형이상이란 것은 음양의 기가 형체 없이 하늘에 있음을 이른다. 이것은 만물의 형기(刑器) 위에 있는 것이다. 그러므로 형이상이라 이른다. 상(象)이란 형(形)의 정화(精華)가 위에서 발(發)한 것이다. 그 기(氣)가 위에 있으면서 보이는 것, 그것을 '상(象)을 이룬다'고 이른다. 하늘에 있는 음양의 두 기가 흘러다니며 번갈아 도는 것, 그것을 도(道)라 이른다. 형이하(形而下)란 만물이 각각 굳세고 부드러운 형질(形質)을 이루어 땅에 있음을 이른다. 형(形)이란 상(象)의 체질이 아래에 머무른 것이다. 형질이 갖추어져 각각 이룸이 있으므로 그것을 기(器)라 이른다.

생각건대 하늘은 위에 있고 땅은 아래에 있으므로 상하(上下)라고 말한 것이다. 하늘의 도는 형(形)이 없으며 음양(陰陽)의 상(象)이 있으므로 '하늘에 있으면서 상(象)을 이룬다'고 말한다. 땅의 도는 형(形)을 이루고 체질(體質)이 있으므로 '땅에 있으면서 형(形)을 이룬다'고 말한다. 그러므로 하늘에 있는 것은 형이 없고, 땅에 있는 것은 형이 있다. '하늘에 있으면서 상을 이룬다'는 것은 음양을 가리키는 게 아닐까. 음양은 하늘에 있으면서 아직 형질(形質)을 갖지 않는다. 다만 그 흐르는 바가 변하고 바뀌어 곧 기상(氣象)이 드러날 따름이다. …생각건대 음양이 흘러다녀 만물을 화생(化生)한다. 이것이 하늘의 도(道)이다.

다만 음양만이 있고, 음과 양 이외에 다시 다른 물(物)이 없다. 한 번 음이 되었다가 한 번 양이 되어 왕래함이 무궁하다. 그 흘러다님을 도라고 이른다. '땅에 있으면서 형을 이룬다'는 것은 만물을 가리키는 게 아닐까. 만물이란 것은 산과 강과 대지와 사람과 살아 있는 것, 모두 형이 있으면서 아래에 있는 것을 가리킨다. …'형이하(形而下)'라는 것은 땅에 있으면서 형을 이루는 것을 가리키니, 산과 강과 대지와 사람과 살아 있는 것처럼, 대저 형이 있는 것이니 모두 기(器)이다. 물리적 형태가 있는 것을 기라 부른다. 음양은 아직 형체가 없으므로 기라 부를 수 없다.

### 태극(太極)

『주역(周易)』 「계사(繫辭)」에 "역(易)에 태극(太極)이 있는데, 이것이 양의(兩儀)를 낳는다"는 말이 있다. … 마음속으로 생각건대, 태극은 음양이 아직 분리되지 않고, 만물이 아직 생겨나지 않았을 때, 일기혼돈(一氣混沌)의 이름이다. 그렇지만 지극한 이치가 거기에 존재하는 것이다. 이것은 천지만물이 모두 그것을 근본으로 삼음을 말한다. 그러므로 '무(無)'를 말하지 않고 '유(有)'를 말했으니, 이른바 '역에 태극이 있다'고 한 것이 이것이다. '무극(無極)이면서 태극(太極)'이라는 말은 본래 불가와 도가의 말이다. '유(有)는 무(無)로부터 생겨난다'고 분명히 말한 것이다. 『노자』 40장에 "천하의 물(物)은 유(有)에서 태어나고, 유는 무(無)에서 태어난다"는 말이 있다.

생각건대 무를 만물의 근본으로 여기며 또한 으뜸으로 삼는 것은 불가와 도가의 학설이다. 유를 만물의 근본으로 여기며 으뜸으로 삼는 것, 이것이 성인의 가르침이다. 그러므로 유의 학설이냐 무의 학설이냐, 이것이 우리 유학의 도와 다른 도가 갈라지는 지점이니 삼가 자세히 살피지 않을 수 없다. 그러하니 태극을 말하고자 한다면 먼저 무(無) 자를 말해서는 안 된다. 만약 태극을 형(形)이 없다고 여긴다면, 비록 나처럼 어리석은 이라도 알 수 있다. 그러하니 태극을 유(有)라고 오해할 가능성에 대해 염려할 필요는 없다. 또한 '극(極)' 자의 풀이를 형(形) 자로 삼아서도 안 된다.

### 천하가 인(仁)으로 돌아감을 논함

『논어』에 "하루라도 자기를 이기고 예(禮)로 돌아간다면, 천하가 인(仁)으로 돌아갈 것이다"라는 말이 있다. 하루라고 한 것은 아마도 '일단(一旦)'이라는 말과 같다. 생각건대 열심히 실천한 시기를 가지고 말한 것일 따름이지, 하루 동안을 말한 것이 아니다. '자기를 이기고 예로 돌아가는' 것은 매우 어려운 일이다. 그러므로 열심히 실천하는 것은 오랜 기간이 쌓이지 않으면 할 수 없을 것이다. 어찌 하루에 이루어질 수 있겠는가. '돌아간다'고 한 것은 『맹자』에 '백성이 인에 돌아간다'고 할 때의 '돌아간다'와 같다. '돌아간다'는 것은 '머무른다'는 말이다. 자기를 이기고 예로 돌아간다면 사사로운 욕심이 만든 장애물이 없을 것이고, 만물과 나 사이에 괴리도 없을 것이다. 천하가 비록 크고, 사람과 만물이 비록 많다고 하더라도 내 마음의 헤아림은 어디에건 닿을 것이고, 어느 것이나 형성하지 않는 게 없을 것이다. 만약 이러하다면 모두 나의 어진 마음의 헤아림 안에 돌아와 머물러서 아끼고 긍휼히 여기지 않는 바가 없을 것이다.

비유하자면, 사람의 신체가 병든 데가 없어서 기혈(氣血)이 잘 통하면 사지와 온 몸이 자기에게 속하지[己有] 않은 게 없는 것과 같으니, 이것이 '인에 돌아간다'는 것이다. 만약 기혈이 정체되고 막혀서 잘 통하지 않으면 손발이 마비되고, 피부가 아프고 가려울 것이다. … 사지(四肢)와 백해(百骸)가 비록 내 몸이라 하더라도 나에게 속하지 않은 것이다. 의학서에서는 그것을 '불인(不仁)'이라고 이른다. … 생각건대 인자(仁者)는 천지만물을 한 몸으로 여기니, 자기와 별개의 것은 아무 것도 없다는 뜻이다. …

어리석은 내 생각은 이렇다. 하루 사이에 사실 이런 일, 인으로 돌아가는 일은 없을 것이다. 성인의 말은 늘 틀림없이 확실하니, 불가나 도가처럼 헛되이 과장하거나 허황되고 근거도 없는 말을 해서 사람들에게 우쭐대는 것과 다르다. 대저 하늘 아래 이 일이 있으면 반드시 이 이치가 있다. 만약 하루 사이에 자기를 이기고 예에 돌아간다면 천하 사람들이 모두 그가 인하다고 칭찬하고 인정할 것이다. 이 일이 없으면 반드시 이 이치도 없을 것이다. 또한 하루 사이에 그 효과가 이와 같다는 것은 스스로 과장한 말이니, 아마도 성인의 겸손하고 스스로 반성하는 말뜻이 아닌 듯하다.

## 행복의 추구

하늘과 땅의 은혜를 받아, 살려고 해서 사는 헤아릴 수 없는 많은 것 중에 사람이 가장 귀하다. 왜냐하면 사람은 만물 중에 영(靈)적인 존재이기 때문이다. 그러므로 사람으로 태어난 것은 매우 얻기 어려운 행복이다.

그런데 우리는 어리석어, 사람의 길을 알지 못하고, 하늘과 땅으로부터 태어나면서 얻은 사람의 마음을 잃어버려, 사람이 가야 할 길을 가지 않고, 가지 말아야 할 길에서 헤매며, 아침저녁으로 괴로워하고, 게다가 제 한 몸만 챙기고 다른 이에게 무정하여, 배려하는 마음이 없고 다른 이의 근심을 알지 못하며, 아주 가까운 부모에 대해서조차 그 마음이 미치지 못하고, 모든 인간관계에서 도를 잃고, 사람으로 태어난 귀한 몸을 헛되이 취급하여 날짐승과 들짐승처럼 살고, 초목(草木)과 함께 스러져가는 것은 원래 삶의 뜻을 포기하는 것이다. … "사람의 몸은 얻기 어렵다. 헛되이 보내지 말아야 한다." … 그러므로 어릴 때부터 옛 성인의 길을 배워, 내 마음에 하늘과 땅으로부터 태어나면서 얻은 인(仁)을 행하여 스스로 즐겁고, 다른 이에게 인을 베풀어 즐겁게 만들어야 한다. …

대저 사람의 마음에 하늘과 땅으로부터 받아서 얻은, 지극한 조화를 이루기 위한 원기(元氣)가 있다. 이는 사람이 살아가는 이치이다. 풀과 나무가 끊임없이 나고 자라듯이, 늘 우리 마음에 결코 끊이지 않는 온화하면서도 기분 좋게 하는 힘이 늘 활발하게 솟아나는 것이다. 이것을 즐거움[樂]이라 부른다. 이것이 사람의 마음의 살아있는 이치이니, 곧 이것이 인(仁)의 이치이다. …

오직 사람에게만 이 즐거움이 있는 것이 아니다. 새와 들짐승, 풀과 나무에게도 이 즐거움이 있다. 풀과 나무는 무성하게 자라 꽃을 피우고 열매를 맺는다. 새는 지저귀고, 들짐승은 장난치며 뛰어놀며, 솔개는 날아서 하늘에 이르고, 물고기는 연못에서 활기차게 움직이니, 모두 이 즐거움을 얻은 것이다. 그런데 보통사람들조차 이 즐거움을 알지 못하고 잃어버렸으니, 하물며 새와 짐승은 말해서 무엇하겠는가.

사람의 마음에 본래부터 이 즐거움이 있다. … 바깥에서 구할 게 아니다. 또한 나의 귀·눈·입·코·형체의 다섯 가지 감관이 외물(外物)에 접하여 색깔을 보고, 소리를 듣고, 먹을 것을 먹으며, 냄새를 맡고, 움직이거나 움직이지 않는 다섯 가지 활동, 만약 우리가 욕심을 줄이면 만사에 즐겁지 않은 일이 없을 것이다. 왜냐하면 외물이 즐거움의 근본이 아니기 때문이다. … 그렇지만 먹을거리와 옷 따위 외적인 요소가 없으면 굶주려서 원기(元氣)를 보존하기 어렵다. 외물의 도움을 받아서 안의 즐거움을 보충하는 것은 마치 먹을거리와 옷을 가지고 안의 원기를 돕는 것과 같다. …

  그뿐만 아니라, 아침저녁으로 눈앞을 가득 채우는 하늘과 땅의 거대한 활동, 해와 달의 밝은 빛, 봄여름가을겨울 순환하는 순서를 따르는, 계절마다의 풍경의 아름다운 모습, 구름과 안개 자욱한 아침저녁의 변화하는 모습, 산의 장엄함, 강물의 흐름, 바람의 살랑거림, 비와 안개의 촉촉함, 눈의 순수함, 꽃의 고운 모습, 향기로운 풀의 우거짐, 아름다운 나무의 무성함, 새와 들짐승과 벌레와 물고기의 활동까지, 모든 만물의 그침없는 생명의 의지를 완상한다면 즐거움은 끝이 없을 것이다.
  …

  저 혼자 즐겁자고 남을 괴롭히는 것은 하늘이 미워하시는 바이다. 다른 사람과 함께 즐기는 것은 하늘이 기뻐하시는 이치이니, 참된 즐거움이다. 그러므로 천도(天道)를 따르고 인도(人道)를 행하며, 스스로 즐기며 다른 사람을 즐겁게 만드는 일은 늘 선을 행하고 악을 떠남을 가지고 방법으로 삼아야 한다. 이와 같이 하고자 하면, 다른 데 힘쓸 것이 아니라 오직 성인의 길을 배워 그 이치를 알아야 한다.

  다른 사람을 원망하고 다른 사람에게 분노하며, 잘난 체를 하고 다른 사람을 비방하며, 다른 사람의 작은 잘못을 공격하고 다른 사람의 말을 책망하며, 무례하다고 성내는 것은 그 그릇이 작기 때문에 하는 짓이다. 이는 모두 즐거움을 잃었을 때 나오는 행동이다. …

  마음을 밝게 하여 세상 이치를 잘 이해하며, 만물에 동정심이 있는 사람은 제 마음에 있는 즐거움을 알고 근본으로 삼으며, 몸 바깥의 봄여름가을겨울 네 때에 대하여, 천지(天地)·음양(陰陽)의 도가 행해짐을 완상하고, 하늘과 땅 안에 존재하는 만물이 존재하는 모습을 보고 들음에 따라서, 귀와 눈이 즐겁고 마음이 유쾌해지니, 그 즐거움이 끝이 없어서 손발이 저절로 들썩들썩 덩실덩실 춤추듯 움직임을 알지 못한다.

  세속의 즐거움은, 그 즐거움이 아직 끝나지 않았는데도 금세 내 몸의 괴로움이 된다. 예를 들어, 맛 좋은 것을 탐하여 욕심껏 먹고 마시면, 처음에는 즐겁겠지만 이윽고 병이 생겨 몸이 괴로워지는 것과 같다. 대저 세속의 즐거움은 마음을 어지럽히고, 몸을 축나게 하며 사람을 괴롭게 만든다. 군자의 즐거움은 미혹하지 않고 마음을 기른다. 외물을 가지고 말하자면, 달과 꽃을 즐기고 산과 물을 보며, 바람을 읊고, 새를 부러워하는 따위, 그 즐거움 담백해서 몸을 망치지 않고 즐길 수 있다. 사람들이 책망하지 않고 신께서도 경계하지 않는다.

  이 즐거움은 가난하고 천하더라도 얻기 쉽고, 뒤탈도 없다. 부유하고 신분이 높은 사람은 교만하고 게을러서 이 즐거움을 알지 못한다. 가난하고 천한 사람은 교만하고 게으른 이 두 가지 과실이 적다. 마음의 뜻만 있다면 이 즐거움을 얻기 쉽다.

  군자는 만족할 줄을 알아 탐욕을 부리지 않으니, 몸은 가난하더라도 마음은 부유하다. 옛말에 "족함을 아는 이는 마음이 부유하다"고 한 것과 같다. 소인(小人)은 몸이 부유하더라도 마음이 가난하다. 탐욕이 많아서 만족할 줄 모르기 때문이다. 그렇다면 다만 이 즐거움을 알아 가난하고 천함을 편안하게 여기고, 부유하고 귀함을 바라지 말아야 할 따름이다. 늙어서는 더욱더 탐욕을 부리지 말고, 만족할 줄을 알고 가난하고 천함을 달게 여겨야 할 것이다.

　…

　만약 이 이치를 안다면, 신상(身上)에 대하여 즐기고, 바깥의 것을 바라지 않을 것이다. 가난하고 천하더라도 환난을 만났다 하더라도, 언제 어디서든 즐거울 것이다. 앉으면 앉음의 즐거움이 있다. 서면 서있음의 즐거움이 있다. 가는 데에도, 눕는 데에도 먹고 마시는 데에도, 보는 데에도, 듣는 데에도, 말하는 데에도 늘 즐거움이 있다. 즐거움은 본래 마음에 태어나면서 있고 몸에 갖추어져 있는 것이기 때문이다. …

　사람의 삶은 한계가 정해져 있어 더 늘이거나 넓힐 수 없으니, 우리는 그것을 귀히 여기며 제한된 삶의 허용된 날들에서 즐거움을 추구해야 한다. 잠시라 하더라도 쓸모없는 행위에 몰두하거나, 어떤 기쁨도 주지 않는 헛된 것을 과도하게 추구하지 말아야 한다. 근심과 고통, 분노와 슬픔에 젖어 즐거움을 포기하는 것은 어리석은 일이다. 만약 사람이 아무 것도 하지 않는다면 행복해 질 수 없으니, 나날의 삶이 헛되이 흘러갈 뿐이다. 가령 천년을 산다 하더라도, 그 삶에는 아무런 차이가 없을 것이다.

[JAT/조영렬]

# 사토 나오카타

佐藤直方, 1650-1719

사토 나오카타는 18세기 초엽 주자 철학의 가장 전통적 옹호자 중 한 사람이었다. 일본 서남부에서 태어난 그는, 야마자키 안사이(山崎闇齋, 1618-1682)*가 여전히 열렬하게 전통적 주희 철학을 지지하였을 때, 교토에서 그와 함께 수학(修學)했다. 뒤에 야마자키 안사이가 신도(神道)와 주자학의 결합을 시도했을 때 그와 결별했다. 그 후에 사토 나오가타(佐藤直方, 1650-1719)*는 다른 모든 나라보다 일본이 우월하다는, 신도와 그것의 맹목적 자국 중심주의적 과시를 신랄하면서도 풍자적으로 비판했다. 그는 자신의 모국을 숭배하기보다는 주희 철학의 더욱 보편적 이치들에 대한 존경심을 강조했다. 언젠가 사토 나오카타는 심지어 태극(太極)을 그의 군주라고 일컫기도 했다. 그런 언급을 통해 그는 분명히 가족, 지배자, 그리고 나라를 넘어서는 초월적 공간을 찾아냈던 것이다. 또한 그는 흔히 참선과 비교되는 정좌(靜坐)의 관행을 가장 지속적으로 강조했던 것으로 알려졌다. 정좌는 중국에서 송대(宋代)에 수련의 방법으로 등장했는데, 주희에 의해 자신의 원래 본성을 통찰할 수 있는 수단으로, 그리고 윤리적이며 형이상학적인 우주의 이치와 본성과의 밀접한 관계를 통찰할 수 있는 수단으로 인정되었다.

정치적으로, 사토 나오카타는 사악한 통치자는 제거할 수 있을 뿐 아니라 제거되는 것이 마땅하다는 맹자의 관점을 옹호했다. 그의 시대의 많은 다른 사무라이 철학자들이 자신들의 군주를 죽음으로 몰고 갔던 적에게 잔인한 복수를 가했던 46인의 사무라이를 칭송했지만, 사토 나오카타는 법의 궁극적 권위를 확고히 강조하면서, 그 사무라이들과 그들의 군주를 법의 권위를 무시한 어리석은 비겁자들이라며 비난했다. 좀 더 보편적 관점에서, 사토 나오카타는 사무라이들의 오만함을 비판했고, 그들의 충(忠)을 격찬하는 글을 비난했고, '무사도(武士道)'를 일축했다. [JAT/조영렬]

## 정좌(靜坐)

사토 나오가타 1717, 465-7, 469-70

대저 움직임과 고요함[動靜]은 천도(天道)·자연(自然)의 틀이고, 고요함을 주로 삼아서 그 움직임을 제어함은 배우는 이들이 수행해야 할 일이다. 옛날 성인과 현인은 소학(小學)과 대학(大學)의 방법, 경(敬)의 태도를 견지하고 이치를 탐구하는 가르침을 좋다고 여겼다. 도가와 불가의 무리는 움직임을 싫어하고 고요함을 추구하였으니 참으로 천도의 온전함이 아니었다. 속된 유학자는 또한 고요함을 주로 삼는 것이 필요함을 처음부터 알지 못하여 그 익히는 바가 모두 쓸데없고 분별없는 그릇된 움직임일 뿐이다. 어찌 그것을 배우는 이라 이를 수 있겠는가.

정씨 형제[정이[程頤]와 정호[程顥]와 주희가 말한 정좌는 배우는 이가 마음을 보존하는 방법이며 덕을 쌓는 기초이다. 지금 성인과 현인을 배우고자 하는 이들이 정좌에 힘을 쓰지 않는다면 또한 어찌 자기에게 얻는 바가 있겠는가. 다만 정좌에서 고려해야 할 것은 더러 좌선(坐禪)과 입정(入定)에 흘러 들어갈 우려가 있다는 점뿐이다. 우리가 주자의 명확한 가르침을 따라서 실로 그 힘을 쓸 수 있다면 참으로 좋은 배움이라고 이를 만하다.

…

정좌는 인간의 타고난 마음을 보존하고 선한 본성을 키우기 위한 훈련이다. 이정(二程, 정이와 정호 형제)과 주희의 기본적 의도를 이해하지 못한 사람들은 흔히 좌선과 이단에 빠져들게 된다. 그렇지만 하루라도 훈련을 거르는 것은 큰 잘못이다. 달리 할 일이 없을 때는 정좌를 하는 것이 좋다. 정좌를 하면, 갈피를 못 잡고 흩어져 있던 생각이 그쳐 마음이 잔잔해지고 맑아지며 평온하고 밝아진다. 그리고 육체적 기질도 자연스럽게 변한다. …

정좌는 하루아침에 터득할 수 없다. 몇 달이고 몇 년이고 거기에 몰두하여 진실로 능숙해지지 않는다면, 결코 그것이 어떤 것인지를 충분히 경험할 수 없다. 이기심은 이치를 살펴서 내쫓을 수 있다. 그러나 단지 그것만으로 육체적 기질까지 바꾸긴 어렵다. 하지만 정좌를 지속하고 심화하면 그것을 완전히 바꿀 수 있다. … 끊임없이 이치를 탐구한다 하더라도, 심지어 성인들과 군자들의 말씀에 집중하고 있을 때조차도 인간의 생각은 흐트러질 수 있다. 반면에 정좌를 통해 마음의 평정을 얻으면 최고로 평온한 상태에 도달하게 된다. … 하지만 본성이 평온하지 못한 사람은 배움을 추구할 수 없다.

……

만약 하루 동안에 무익한 잡담을 한두 번이라도 줄일 수 있다면, 그리고 타인과의 쓸데없는 대화를 줄일 수 있다면, 앞으로 나아가 발전할 것이다. 만약 사람이 완전히 시끄러운 시장의 소음에 둘러싸여 있다면, 어떻게 책을 읽을 수 있겠는가? 만약 우리가 근심도 없고 양식도 넉넉하다면, 반나절은 정좌에 힘쓰고 나머지 반나절은 독서에 힘써야 한다. 한두 해를 이렇게 할 수 있다면, 진전이 없다고 걱정할 이유가 어디에 있겠는가? …

경(敬)을 통해서, 우리는 숨어있는 감정, 희로애락의 중심을 닦을 수 있다. 성(誠)을 통해서, 우리는 중용(中庸)에 따라 조절되는 감정들의 조화를 살펴볼 수 있다. 이것이 배움의 요체라 여겨진다.

[JAT/조영렬]

## 비판적 사고

사토 나오가타 n.d., 507-8, 512-14 (423-6, 428-9); 1716, 86-7, 121, 126 (421-2, 426, 428-9); 1706, 558-9; 1686, 44-5 (40)

학자들은 토론과 논쟁을 통해 오류를 수정한다. 자신의 의견을 수정해주는 사람에게 분을 품는 사람은 학자가 아니다. … 성인과 현인들은 그들이 상대로부터 받는 비판에 오히려 기뻐한다. 상대의 비판을 두려워하는 이는 겁쟁이들이다. 기회가 있을 때마다 그들의 관점을 수정하고 그러기를 시도하는 사람들이 실질적 배움의 모범이 되어야 한다. …

……

인격을 도(道)의 배움이나 이치에 대한 옳고 그름을 판별하기 위한 고려 대상으로 삼지 말아야 한다. 만약 한 사람의 말이 이치에 부합된다면, 그가 설사 사악한 자라 하더라도, 그것을 옳은 것으로 간주해야 한다. 만약 한 사람의 말이 이치에 어긋난다면, 비록 그가 훌륭한 사람이라 하더라도, 그것을 틀린 것으로 간주해야 한다.

......

제 스승의 가르침에만 의존하는 학자를 사람들은 신뢰하지 않는다. 어떻게든 인간은 제 힘으로 서야 한다. 그러므로 삶에서 자신의 뜻을 확립하는 것이 배움에서 가장 중요한 고려사항이 되어야 한다.

잠재적인 그리고 드러나는 마음의 상태에 기울이는 노력을 절대 막지 말아야 한다. 사람이 흐릿한 상태에 있다면 그들은 마음을 잃어버린 것이다. 그 사람이 아무리 예절이 바르다 하더라도, 그 마음이 살아있지 않으면 쓸모가 없다. 실용적 학(學)을 한다는 요즈음 학자들은 이것을 이해하지 못한다, 그래서 마음의 이치를 이해하지 못하는 것이다. …

「경(敬)」은 필수적이다. 그것은 성인의 가르침을 배우는 것의 기본이다. 경건한 마음으로 나아가지 못한다면, 인성에 막힘이 생기게 될 것이다. 사사로운 욕망이 생기게 될 것이다. 용기는 결여될 것이다. 지식은 얕고 뿌리 없는 것이 될 터이다. 여기서 내가 말하고 싶은 것은 덕성을 존중하고 학문과 탐구를 계속해야 한다는 말이다.

......

공감의 감정이 없다는 것만큼 무익한 것은 없다. … 이것은 배움에서도 그러하다. 수많은 책을 읽는다 하더라도 공감의 감정 없이 읽는다면, 아무런 이득이 없을 것이다. 배움은 인간의 도라고 생각하는 것은, 그리고 「인의예지(仁義禮智)」를 아는 것으로 충분하다고 생각하는 것은 그것들을 이론적으로만 받아들이는 것이다. 마음과 정신을 전적으로 어떤 것에 집중하는 것, 그것이 공감이다.

[미나모토 료엔(源了圓)/조영렬]

만약 학자들이 자신의 원칙을 믿지 않는다면 근본이 없는 것이다. 성인과 현인을 믿는 것은 좋긴 하지만, 자신의 원칙을 믿는 것만큼 좋지는 않다. … 신도(神道)를 추종하는 사람들이 「신명(神明)」을 믿고 거기에 매달리는 것은 제 근본을 잃은 것이다. 사람들에게 자신보다 더 고귀한 것이 있는데, 그것은 천리(天理)이다. 어떤 것도 그것의 고귀함과 견줄 수는 없다. 내 마음 바깥에 있는 것에 의지할 필요는 없다.

나는 "천지가 개벽할 때에 처음 어떤 지역을 장악했던 사람의 자손들이 영원히 통치를 이어가야 한다"는 생각이 올바른 도(道)라는 견해에 동의할 수 없다. 어떤 지역의 군주가 되는 사람은 덕이 있는 사람이어야 한다. 일본에서 천자(天子)의 바른 혈통을 확립한 것은 이 나라의 관습에 비추어보면 옳은 일이다. 이것은 덕을 바탕으로 이루어진 것은 아니다. 또한 '신들의 시대의 빛'을 바탕으로 이루어진 것도 아니다. 단지 백성들이 관습을 따른 것이다. 그것은 통치자를 존중하는 것이 의(義)라는 각성에서 비롯되었음을 보여 주는 것도 아니다.

......

우주에는 단 하나의 이치가 존재할 뿐이다. 두 가지의 도를 위한 여지는 없다. 만약 유학이 옳다면 신도는 이단이다. 만약 신도가 옳다면 유학이 이단이다. 옳은 것을 따르는 사람들은 이단 추종자들을 따돌릴 것이다, 반면에 이단을 따르는 사람들은 옳은 것에서 멀어질 것이다. 어떻게 한 사람이 옳은 것도 따르고 이단적인 것도 따르는 이치가 있을 수 있겠는가? 나는 내 스승의 뒤섞인 믿음의 의미를 이해할 수 없다.

### 왕양명(王陽明)

왕양명(王陽明, 1472-1529)이 앎과 실천의 통일을 주장했을 때, 그는 실천적 지식을 이야기한 것이다. 그것은 도가와 유가의 관점이다. 왜냐하면 지(知)와 행(行)은 그 이치는 한 가지이나, 저절로 뚜렷이 구분되는 것이기 때문이다. 이것은 정주학파(程朱學派)의 교의에서 뚜렷이 나타난다. 지와 행이 엄밀히 두 가지이기 때문에 그것들의 통합에 대해 이야기하는 것이다. 만약 처음부터 그것들이 하나였다면, 우리는 "통합하다"라는 단어를 쓰지 않았을 것이다. …

왕양명 사상의 핵심은 타고난 지(知)를 확장하라는 것이다. 그의 관점에서 책을 통한 배움은 쓸모가 없는 것으로 여겨졌다. 도대체 왜 도덕이라는 것을 숙고하고 옳고 그름을 논해야 하는가? 모든 인간은 타고난 지를 받았다, 그리고 배움은 이 타고난 지를 통해 수행된다. 타고난 지가 있기 때문에 배움을 추구하는 것이 불필요하다고 믿다니, 그리고 이치를 탐구하는 것은 거울이 늘 깨끗함을 믿는 것이며, 그리고 비록 깨끗하지 않더라도, 닦을 필요가 없다고 믿다니. 이 얼마나 터무니없는 소리인가! 이런 소리에 혹하는 사람은 어리석은 자이다.

때가 끼어 흐린 거울을 닦지 않으면 쓸모가 없음을 모르는 사람은 없다. 이건 틀림없는 사실이다. 그래서 우리가 밝은 덕(德)에 대해 이야기하는 것이다. 만약 학자들이 이치를 탐구하지 않는다면 어떻게 그들의 마음이 깨끗해지겠는가? 흐린 거울을 닦는 것은 자연스런 일이다. 이런 점을 모름에도 불구하고 성인과 군자를 배웠다고 말하는 것은 너무나 터무니없어서 화를 참을 수 없다. 아는 것이 명확하지 않으면 행동할 수 없다. 그러므로 나는 만물을 탐구하고 그 이치를 궁구하는 것에 관한 주희의 주장들이 온 세상 학자들의 존중을 늘 받을 것이란 사실을 의심하지 않는다. …

오로지 성인과 군자들만이 그들의 선천적 지(知)가 때묻지 않았다. 만약 때묻은 것이 닦이지 않은 채로 남아있다면, 학인들은 성인들과는 달리 판단을 위해 타고난 척도가 없기 때문에, 의도적으로 노력할 수밖에 없다. 만사의 이치를 명확히 안다는 것은 모든 일의 경중을 따지고 도덕적 원리를 따를 능력이 있다는 말이기 때문이다. 만약 양명학파의 추종자들 그러하듯, 타고난 지가 있기 때문에 판단을 위한 훈련이 불필요하다고 믿는다면, 그렇다면 사서와 육경은 쓸모없는 것이 될 것이다.

[미나모토 료엔(源了圓)/조영렬]

---

## 맹목적 애국주의와 거짓된 충성

사토 나오가타 1706, 564-6 (97-8); 1705, 580-1 (449-51)

**나오가타 선생은 말했다 :** "… 만약 태극(太極)을 통치자라 여기고 모든 나라들을 그것의 제후국으로 여긴다면, 그러면 … 하나의 나라를 다른 나라보다 지나치게 칭송하거나 편애할 필요가 없을 것이다. …"

**누군가가 이렇게 말했다 :** "… 고대로부터 일본은 신(神)의 나라라 불려왔다, 그러므로 일본은 모든 다른 나라들을 능가하는 뛰어난 나라이다."

**나오가타 선생은 이렇게 답했다 :** "중국이나 인도, 그리고 유럽은 어떤 나라들인가? 도대체 누가 일본만이 신의 나라이며 그래서 특별히 멋진 곳이라고 결론을 내리는가? "신의 나라"라는 말로 일컬어지는 신들이 존재하는 경우가 다른 나라라고 없겠는가? …

"더 나아가, 일본이 중심 왕국이며 모든 다른 나라보다 뛰어나다는 신도 옹호자들의 주장은 이해할 수 없다. 중심 왕국이라는 개념은 옛적에 지리적 관점에 따라 정해버린 것이다. 물론 중심이 되는 왕국에서 도(道)는 분명하며 풍습은 좋다, 그리고 야만적인 나라에서 풍습은 열등하다. 그럼에도 불구하고, 근본적으로 그 개념은 지리적 조건을 근거로 정해진 것이지 풍습의 좋고 나쁨에 근거한 것이 아니다.

"고대 일본의 기록에 따르면, 이 나라에서는 황제가 같은 성(姓)씨의 여성과 결혼해서 그들의 비(妃)로 삼았다, 그래서 백성들도 그 관행을 따랐다. 심한 경우에 자신의 누이를 배우자로 삼기도 했다, 그래서 성인들이 가르친 부부(夫婦)의 도를 망쳐 놓았다. 또한, 많은 경우에 신하가 군주를 살해하고 군주의 동생이나 아들을 그 자리에 앉히기도 했다. 아버지나 형이 살해당했는데 수치심도 없이 혹은 복수를 꾀할 생각도 없이, 그들은 그 살인을 저지른 신하의 지시에 따라 천자의 자리를 계승했다. 통치자와 신하의 관계가 엄연한데도 그 신하가 아버지 혹은 형인 통치자를 살해하고 그의 아들 혹은 어린 동생에게 자리를 넘긴다면, 그런 나라가 다른 나라보다 우월하다 하기 어렵다, 그리고 군주와 신하 사이의 의(義)가 옳다고 보기도 어렵다.

"일본은 한 가족이 통치권을 어떤 가문에도 넘기지 않고, 계속해서 왕국을 통치해 온 빛나는 전통이 있다고 말한다. 그러나 적통의 후계자를 제거하고 그의 형제나 사촌이 천자가 되는 것은 다른 가문의 사람이 적법한 후계자를 제거하는 것보다 훨씬 더 나쁘다. 비록 진무천황 이래로 가문이 바뀐 적은 없지만, 살인과 반란, 그리고 왕권 찬탈은 너무 많아서 헤아릴 수가 없다."

[BDS/조영렬]

### 46명의 사무라이[9]

쇼군의 판결이 윤리적 이치를 따른 것임은 분명하다. 46명을 참수하지 않고 할복하도록 했다. 46명의 사내들에게는 다행하게도, 쇼군이 그들에게 동정적인 형벌을 내리기로 결정한 것이다. 그런 데도 사람들은 서로 맞장구를 치며 46명의 사내들을 충직한 신하이며 의로운 사무라이였다고 칭송하고 있다. …

46명의 사무라이가 기라 경(卿)이 그들의 죽은 주군의 원수이며 그래서 "주군이나 아버지를 죽인 자와는 한 하늘에서 살수 없다"는 『예기(禮器)』의 구절(1.1.v.2, 2.1.ii.24)을 소환했을 때, 그들은 터무니없는 오류를 저지른 것이다. 기라(吉良) 경(卿)이 실제로 그들의 군주 아사노를 공격했다면 몰라도, 그는 그들의 원수가 아니었다. 아사노는 영토와 관련해서 중대한 법을 어겼고 천황의 권위에 반발하다가 사형을 언도받은 것이다.

심지어, 만일 우리가 사무라이의 헌신적인 충정의 관점에서 이 문제를 보아서, 기라 경에 대한 아사노 경의 원한이 참을 수 없는 지경이라 하더라도, 그는 의례를 준수하는 의무를 다할 때까지 기다린 후에 적절한 곳에서 기라를 공격했어야 했다. 천황의 사자가 주관하는 공식적 의례가 진행되는 동안에 기라 경을 공격한 것은 무모하고 비겁하며 당당하지 못한 행동이었다. 기라가 가지카와 요소베(梶川與惣兵衛, 1647-1723)와 담소를 하는 도중에 아사노가 뒤에서 접근해서 단도를 뽑아서는 도망치려는 그를 베어버린 것이다. 기라는 치명상을 입지는 않았다, 그리고 가지카와 요소베는 아사

---

9) [한] 1701년 아코번(赤穗藩)의 영주 아사노(淺野)가 에도 성 안에서 칼부림 사건을 일으켜 할복당한 다음 해, 제일 가로(家老)였던 오이시(大石)를 비롯한 아코번 무사들이 기라(吉良) 저택을 습격하여 복수한 사건이 일어났다. 이 글은 그 사건에 대한 논평이다.

노가 뜻을 이루기 전에 제압했다. 아사노는 칼 쓰는 기술도 용기도 부족했고, 그것은 비웃음을 살 만하다. 그는 사형에 처해졌고 그의 영지를 몰수당했는데, 이것은 그런 문제에 합당한 윤리적 원칙에 따른 것이다. …

주군의 죄에 대해 뉘우치기보다는, 46명의 사내들은 쇼군의 판결에 불복해서 스스로 무장을 하고, 암호와 은밀한 신호와 병법을 써서 기라 경을 죽이려 했다. 그러므로 그들은 극형에 처해질 범죄를 저지른 것이다.

그럼에도 그들은 키라 경을 향한 주군의 분노에만 몰두해 분별력을 잃고서 복수만을 꾀한 것이다. 만약 나중에라도 그들이 저지른 범죄의 의미와 막부의 법을 어겼던 문제에 대해 숙고했더라면, 그래 서 센가쿠지(泉岳寺) 절에서 할복을 했더라면, 비록 그들의 행위가 그릇됨이 있었다 하더라도 그들의 뜻은 동정을 불렀을 것이다. 그러나 그들은 감찰관에게 그 행위를 고하고 막부의 판결을 기다렸다. 그들의 행위를 해명하기 위해 제시한 두통의 편지와 감찰관에게 전한 최초의 언급에서 그들은 막부 의 권위를 존중한다고 했다. 하지만 그런 행동은 막부의 호의를 얻기 위해 계산된 것이 아니었을까? 극형을 받을 죄를 저지르고 노골적으로 막부에 반항했다면, 보고 따위는 필요가 없었을 것이고, 또 판결을 기다릴 필요는 더욱 없었을 것이다. 이런 행위들은 그들 자신을 죽기를 각오한 자들의 행동이 아니다. … 그들의 공격은 계산되고 공모된 것이다. 그 행위는 군주의 불운에 대한 애도의 감정으로부터 나온 것도 아니고, 군주에 대한 진정한 충성심으로부터 나온 것도 아니다.

[BDS, JAT/조영렬]

# 아사미 게이사이

淺見絅齋, 1652-1711

오미(近江) 지방에서 태어난 아사미 게이사이는 처음에 의사 수업을 받았지만 나중에 교토(京都) 근처에서 야마자키 안사이(山崎闇齋, 1618-1682)*의 가르침을 받았다. 거기서 그는 주희(朱熹, 1130-1200)의 주자학에 관한 안사이의 정통적 해석을 자신만의 방식으로 해석해 가르치며 남은 생을 보냈다. 결국 해석상의 차이로 인해 안사이는 게이사이 그리고 사토 나오가타(佐藤直方, 1650-1719)*와 결별했다. 둘은 비록 안사이가 가르친 가장 뛰어난 제자들이었지만 서로 사이가 좋지는 않았다. 예를 들면 나오가타는 신도(神道)를 전혀 존중하지 않았으나, 게이사이는 일본의 모든 것을 중요하다고 주장하는 점에서 안사이의 견해에 더 가까웠다. 심지어 그는 신도에 등을 돌린 일본 학자들이 '외국인의 자식'이나 다름없다고 말하기도 했다. 나오가타가 맹목적 충성과 사무라이의 자기희생(할복)이 야만적이라고 강조한 반면, 게이사이는 그의 가장 유명한 저서인 『정헌유언(靖獻遺言)』에서 주군에 대한 충성의 지고한 가치를 격찬하고 심지어 자기희생까지도 격찬했다.

사악한 통치자는 마땅히 제거해도 된다는 맹자의 입장을 조심스럽게 인정한 나오가타와는 달리, 게이사이는 그의 저서 『구유조부록(拘幽操附錄)』에서 '사악한 통치자는 결코 없었고, 있을 수도 없다'고 주장하면서 다수의 초기 근대 주자학자들과 생각을 같이했다. 또 혹시라도 정치에서 사악함이 있었다면, 통치자를 섬기는 자들이 초래한 것이기 때문에 그들이 그 불성실함으로 초래한 사태에 대해 어떤 식으로 책임질 것인지를 자문해야 한다고 주장했다. 마지막으로 게이사이는 46인의 사무라이에 대한 나오가타의 비난에도 동의하지 않았고 오히려 그들을 사무라이의 충성과 도리에 대한 탁월한 모범으로 칭송했다.                                    [JAT/조영렬]

## 통치자와 전통에 대한 공경

아사미 게이사이 1718, 676. 1695, 130. 1794, 580-1 (18)

하늘 아래 어디든 나쁜 통치자 혹은 나쁜 아버지는 없다. 그런 통치자나 아버지가 있다고 생각하는 것은 심지어 그들이 자고 있을 때 그들의 목을 날려버릴지도 모를 불씨를 심는 일이다. 무시무시하지 않은가? 무엇을 하든 통치자나 아버지에 대해서 옳고 그름을 따져서는 안될 것이다. 그들을 위해 우리의 성심성의를 다하는 것 외에 달리 우리가 할 일은 없다. 사악함이라 할 수 있는 것은 우리가 그들을 위해 성심성의를 다하지 않는 것이다.

「공경」은 천지 존재의 근원이며, 사계절의 지속적 흐름과 수많은 것들이 생겨나고 지속되는 것의 근원이다. 그것은 흘러가는 물이나 높이 치솟은 산과 같이 끊임없이 영원히 계속될 것이다. 비록 그것이 얼마나 위대한지를 말해주는 마음이란 것이 존재하지 않는다 하더라도, 자신만의 존재의 도를 잃지도 않고, 흩어지지도 않고, 죽은 사람을 쳐다보는 것과는 달리, 무엇인가가 존재한다. 그것이 공경이란 것이다.

만약 「천자」에 맞서 반란을 일으키는 사람이 있다면, 달리 명령이 없더라도 천자를 위해 힘을 모아야 할 것이다. 만약 쇼군이 천자를 축출해야 한다는 생각을 가진다면, 그가 그렇게 못하도록 설득해야 할 것이다. 만약 천자 쪽에서 쇼군을 타도하자고 제안한다 하더라도 거기에 동조하면 안 될 것이다. 왜? 「막부(幕府)」가 저지른 죄가 없기 때문이다. 우리가 지금의 평화를 누리는 것은 이런 식의 사무라이(막부) 정치 덕분이기 때문에 나는 막부 체제를 유지하는 것이 중요하다고 생각한다. …

[BDS/조영렬]

## 신도를 칭송함

아사미 게이사이 n.d.-a, 630 (41). n.d.-b, 2.26, 3.9, 1.32 (38-9)

우리나라의 신이 중국의 신과 다르다 일컫는 이유는 모든 사람들이 자신만의 생각으로 갈피를 못 잡고 있기 때문이다. … '천황(天皇) 지황(地皇)'이라는 용어는 중국에도 존재했다. … 중국이라는 나라가 사람과 자원이 풍부하고 영토가 넓어 성인들이 잇달아 출현해서 도덕적 이치에 관한 가르침을 확립하고 천지간의 자연스런 '도(道)'를 근본으로 인간의 도를 확립했다. 그러므로 귀인(鬼人)·신명(神明)의 도 또한 바르고 분명해서 기괴하고 삿된 데로 흐르지 않았다. 그러나 일본의 신도는 신비하고 이상한 것을 좇아서 타락했고, 그 배움이 얕고 천박해졌다.

오늘날 신도를 옹호하는 사람들은 중국을 '공경'해야 하지만 일본을 더욱 공경해야 하니, 왜냐하면 그것이 원래 도의 실체이기 때문이라고 말한다. … 그런 무지한 말을 하는 것은 우스꽝스러운 일이다. … 비록 조상의 혼과 신의 도만큼 우월한 것이 없다 하더라도 … 이치는 하나이기 때문에, 원리의 융합과 같은 것은 존재하지 않는다. … 오늘날 신도를 옹호하는 사람들은 그저 그들이 배운 분파적 전승에 대해서만 말하고 하나뿐인 불변의 이치는 검토하지 않으니, 부끄러운 일이다.

이것이 고대의 신들의 시대에 벌어진 일이어서 '신들의 시대'라 불리는 것이다. 주희 또한 하늘과 인간이 분리되지 않았던 시대에 성인이었던 고대의 신들에 관해 언급했다. 인간의 도가 열리기 전에, 만물은 자연의 상태로 존재했다. 그래서 그것이 신의 시대라 불리는 것이다. … 문명의 발달과 함께 만물은 서서히 변했다, 그러나 이런 변화는 그 시대의 자연과 화합하며 생겨났다. …

신도가 가르치는 부드러운 곧음이라는 덕성은 훌륭한 것이다. 그러나 옳고 그름 혹은 이단과 정통에 관한 검토 없이 단지 마음속에 사악함이 없는 것과 귀한 성정만을 찬양한다면, 비록 그의 마음이 깨끗하다 하여도, 실제로 그가 아는 것은 아무 것도 없는 것이다.

[BDS/조영렬]

## 보편적 도(道), 일본의 도(道)

아사미 게이사이 1698, 634 (45). 1858, 643 (42). 1701, 368-70

천지의 도는 우리가 찻잔과 약병을 비교하듯 그것이 일본에 속한 것인지 아니면 중국에 속한 것인지를 구분하는 것이 아니다.

성인의 도는 존중받아야 한다. 예를 들면 잘난 체하기 위해 유학의 고전을 수용하는 것처럼 그런 식으로 그것을 존중함은 소위 이단이라 하겠다. 이 태평한 세상에 일본에 태어난 우리는 통치자들의 은혜를 입어서 평화롭게 살 수 있게 되었고 풍요로운 삶을 살게 되었다. 다른 나라를 편애한다는 것은 심각한 이단이다. 지금이라도, 만약 공자나 주희가 그 나라 정부의 명령으로 일본을 침략한다면, 우리는 앞장서서 대포로 그들의 머리를 날려버려야 한다. … 이것이 군주와 신하 사이의 올바른 도리라 일컫는 것이다. … 약삭빠른 유학자들은 책을 읽다가 그들의 마음까지 이방인에게 내주었다. … 사람들이 이방을 모방하는 것은 참된 도를 모르기 때문이다. [BDS/조영렬]

'중화'와 '야만'이라는 용어는 유가의 저술에서 오랫동안 사용되었다. 그런 이유로 중국의 서적이 이 나라에서 널리 연구되면서, 이런 책을 읽은 자들이 중국을 '중화'라 부르고 이 나라를 '야만'이라 부른다. 극단적인 경우에 어떤 자들은 자기들이 '야만적인' 땅에서 태어났다고 탄식한다. 이 얼마나 수치스런 일인가! 유학서적을 읽은 자들이 독서의 올바른 길에서 벗어나 규범과 처지를 구분하는 것의 참된 취지를, 지극히 높은 도리의 참된 의미를 이해하지 못하는 것은 슬픈 일이다.

하늘이 땅을 덮고 있고, 땅에서 하늘이 덮지 않은 곳은 없다. 따라서 각각의 나라의 영역과 관습은, 다른 나라와 비교해서 귀하고 천함의 구분 없이, 그 자체로 하늘아래 한 자리를 차지하고 있다 … 그러므로 하늘이 이 나라 위에도 또한 엄연하다는 사실을 잊고서, 이 나라에도 도가 널리 퍼져있다는 것과 이 나라가 또한 다른 나라의 모범이 될 수 있음을 보지 못하고서, 이 나라가 중국보다 덕이 다소 부족하므로 중국에 못 미친다 생각하고, 이 나라 사람이 자신의 나라를 '야만'이라 부르며 경멸하는 것은, 자신의 아버지를 조롱하는 꼴이며 자신의 지고한 도리를 저버리는 짓이다. 천지개벽 이래로 천자의 합당한 승계가 부단히 이어졌고, 군주와 신하의 의로운 유대가 무수한 세월 동안 변하지 않은 이 나라에서 이 얼마나 무참히 도리를 저버리는 짓인가.

이 유대는 세 가지 유대 중에서 가장 중요한 것이다. 다른 어떤 나라가 이것을 이루었단 말인가? 이 나라는 용맹과 남성다움의 전통이 있고, 우리 본성 속에 자리 잡은 명예와 고결을 중시하는 생각이 존재한다. 이 점에서 우리나라는 뛰어나다. … 성인인 지도자들이 몇 번이나 등장해서 이 나라를 잘 다스렸다. 이 나라의 보편적인 도덕과 의례의 수준은 다른 나라보다 못하지 않다. …

유학 서적에서 가르치는 도(道)는 천지의 도이다. 우리가 공부를 통해 진전시키는 것도 천지의 도이다. 주체와 객체 사이의, 혹은 이곳과 저곳 사이의 도의 구분이 존재하지 않으므로, 만약 우리가 도를 드러내는 책에 근거해서 이러한 도를 탐구한다면, 그 도는 천지의 도인 것이다. 예를 들어 '불은 뜨겁고 물은 차다, 까마귀는 검고 왜가리는 희다, 부모는 우리의 사랑을 마땅히 받아야 하고, 군주는 좀처럼 저버릴 수 없다', 이런 것은 중국이나 일본, 혹은 인도 어느 곳의 관점에서 보든 진실이다. 그런 점에서 우리나라만의 특별한 도가 있다는 말은 근거가 없다.

만약 중국의 서적들을 읽고서 "이것이 중국의 도이다! 중국의 도!"라고 말하면서 조금도 주저함 없이 관습을 비롯한 모든 것을 중국에 의지하고자 한다면, 그것은 편협함의 발로이며 천지의 진정한 이치를 인식하지 못한 것이다. [BDS/조영렬]

# 46인의 사무라이

아사미 게이사이 1706, 690-3 (453, 455, 457)

만약 우리가 어떤 합당한 이치로 이 문제를 판단할 것인가를 묻는다면, 그것은 다툼의 양 당사자들이 공평하게 처벌받아야 한다고 명시된 법을 적용해야 한다는 것이다. 만약 우리가 아사노 경(卿)의 죄가 나라의 의례가 진행되는 동안에 혼란을 일으킨 것이라는 사실을 인정하더라도, 그것은 까닭 없는 행위가 아니었다. 오히려 그것은 전적으로 기라 경의 이기적 의도 때문에 벌어진 일이다. 만약 아사노를 한 당사자로서 그 다툼에 책임이 있다고 간주한다면, 기라 또한 다른 당사자로서 책임이 있을 것이다. 그러나 의례를 망친 죄로 아사노만 죽임을 당한 반면, 다른 당사자 기라는 전혀 처벌을 받지 않았다.

최종적으로 아사노가 기라 때문에 죽었다는 사실에는 의문의 여지가 없다. 그러므로 만약 아사노의 가신들이 기라를 죽여서, 그들의 주군의 칼부림으로 시작된 일을 마무리 짓지 못했다면, 그들의 지고한 도리는 이루어지지 않았을 것이다. 군주가 적수를 죽이기를 시도하면서 뜻한 바를 이루기 위해, 그의 가신들이 군주의 적수를 죽이는 복수를 통해 그 뜻을 이루고자 한 것이다. 46인의 사무라이들이 쇼군에게 일말의 적의를 품거나, 혹은 어떤 반역을 꾀할 생각을 한 것이 아님은 명백하다.
…

어리석은 자들은 쇼군이 기라를 사면한 것에 반발해서 복수극이 벌어진 것이라 주장해서 혼란을 초래했다. 그러나 앞에서도 말했듯이, 아버지를 살해한 자를 군주가 풀어주었다 하더라도 아들이 부친의 복수를 하면 안된다는 법은 없다. 그런 복수는 군주의 뜻에 대항하는 것에 해당하지 않는다. 복수를 꾀한 자가 오로지 아버지의 원수에게만 몰두했기 때문에, 사후적으로 그가 군주에 반항한 것으로 여겨질 수도 있다. 그러나 이것은, 만약 순 임금의 앞 못 보는 아버지가 … 사람을 죽였다면, 순은 황제의 자리를 버리고 아버지를 등에 업고 도망갈 것이라고 말한 공자의 말씀과 동일한 이치다.[10] 순 임금은 군주의 권위에 대항하려는 의도로 이것을 행한 것이 아니다. … 군주에게도 아버지에게도 같은 이치가 적용된다. 바로 이 점이 우리가 생각하는 충과 「효」의 정점인 것이다.

우리가 만약 사적인 원한 때문에 공적 임무에 태만했다면, 처벌을 피할 수 없다. 그러나 그 행위가 쇼군에 대한 불경없이 저질러진 것이라면, 경우가 어떠하든 그것은 동일한 이치인 것이다. 심지어 46인의 사무라이들의 편지와 고백 속에서도 쇼군을 향한 적의는 조금도 없었고, 그들의 태도는 정확한 규범과 예법에 어긋나지 않았고, 극도로 정중하면서도 합당했다. … 그들은 결코 쇼군에 대항하거나 사회의 혼란을 부추기려 하지 않았다.

……

---

10) [한] 공자가 아니라 맹자가 한 말이다.『맹자』「진심 상」편에 보인다. 〈맹자의 제자 도응은 다음과 같이 맹자에게 물었다. "순 임금과 같이 어지신 분이 천자가 되시고, 고도와 같이 강직한 신하가 옥관이 되었을 때에, 만일 순 임금의 아버지 고수가 살인했다면 어떻게 처리했을까요?" "고도는 고수를 법대로 사형을 집행하려 했을 거요." "그러면 이때에 순 임금은 금하지 않았을까요?" "순 임금이 어떻게 금할 수 있었겠오? 고도는 본래 자기의 맡은 직권이 있는 거요." "그러면 순 임금은 결국 이 사건을 어떻게 처리했을까요?" "순 임금은 의가 아니면 본래 온 천하를 버리는 것을 자기가 신던 헌신짝 버리듯이 할 사람이요. 그는 반드시 가만히 아버지를 등에 업고 도망질을 쳐서 바닷가를 따라 가서 숨어 살면서 일평생 기쁜 마음으로 도를 즐거워하며 천하를 잊어버렸을 거요."(김경탁 역,『맹자』, 명지대학교 문고 14, pp.355-356)〉.

그러나 심지어 아버지의 원수를 향한 복수의 경우라 하더라도, 그 복수의 본질과 상황에 따라, 의도와는 무관하게 큰 소요가 발생할 수도 있다. 쇼군을 존중해서 그런 소요를 피해야만 한다고 생각하여, 원수의 도피를 방조하면, 그것은 주군과 아버지를 가벼이 여기는 것이다. 게다가 46인의 사무라이들은 복수가 벌어지던 주변 지역에 조금의 소요도 일으키지 않았고, 심지어 기라의 거처 안에서도 싸움에 끼어들지 않았던 사람들은 죽이지 않았다. 자신들의 도리를 완수한 후에, 그들은 기라의 성을 떠나면서도 우발적인 방화조차도 않도록 주의했다. …

일반적으로 말해, 이런 중대한 사건을 분석할 때는, 작은 다툼에 매몰되지 않고, 그 다툼 속에 깔린 기본적 의도를 이해하도록 애써야만 다툼에 관련된 당사자들의 충과 의를 비방하는 것을 피할 수 있다. … 46인의 사무라이들이 남긴 글에는 그들의 주군을 기리고자 하는 흔들림 없는 충성심이 한 점의 의혹도 없이 분명하다. 그래서 그들의 의도를 트집 잡고자 하는 어떤 노력도 성공할 수 없을 것이다.

[BDS, JAT/조영렬]

# 아라이 하쿠세키

新井白石, 1657-1725

오규 소라이(荻生徂徠, 1666-1728)*와 동시대를 살았고 그의 라이벌이었던 아라이 하쿠세키는 유학자로서 오랫동안 도쿠가와(德川) 「막부(幕府)」의 녹을 받았다. 이 기간에 그는 쇼군(將軍) 도쿠가와 이에노부(德川家重, 1745-1760)를 설득해서, '일본의 왕'이라는 직함을 받아들이게 해서, 외교적 영역에서나마 명실상부하게 그의 정치적 위상을 반영했다. 하쿠세키의 사회적, 정치적, 경제적 정책적 제안이 그러했듯이, 용어와 의례에서 막부를 재개념화하려던 그의 시도는 지속적 효과는 없었다.

기독교 선교 활동의 재건을 위해 이태리 선교사 시도티(Giovanni Battista Sidotti, 1668-1714)가 일본에 도착했을 때, 하쿠세키가 대표로 그를 면담했다. 이 면담과 네덜란드 동인도 회사의 대표와의 대담을 통해 그는 기독교와 서양의 풍습에 대한 상당한 지식을 습득했고, 그는 이것을 바탕으로 1715년과 1725년 사이에 『서양기문(西洋紀聞)』을 썼다. 하쿠세키는 이 책에서 도쿠가와시대(德川時代, 1603-1868)의 윤리적 체계와 근본적으로 다르다는 이유로 기독교를 반대했다.

그의 다른 저작에는, 일본 최초의 자서전이라는 『모닥불 곁에서 들은 이야기(折たく柴の記)』와 헤이안시대(平安時代, 794-1185)부터 그의 시대까지를 교훈적으로 다룬 『독사여론(讀史餘論)』이 있다. 만년에 『귀신론(鬼神論)』이라는 책에서 종교적 행위와 관련된 영적 현상이나 문제들에 대해 정통적 주자학자들의 입장을 상세히 설명했다. 하야시 라잔(林羅山, 1583-1657)*의 논리를 동원해서 그는 「기(氣)」에 근거한 주자학의 형이상학적 관점에서 영과 혼을 해석했다. 실제의 쟁점들과 철학의 쟁점들에 대한 그의 합리적이고 현실적인 접근은, 연호(年號)에 대한 논의에서도 명백하다. 그는 연호를 선택하는 문제가 그것을 사용하는 정권의 운명에 영향을 미친다는 전통적 믿음에 반대했다.

[JAT/조영렬]

---

## 연호(年號)

아라이 하쿠세키 1716, 127-9 (191-2)

사회적 혼란과 갑작스런 죽음 따위는 때로 「천명(天命)」에 기인하고 때로 인간의 행위에 기인한다. 어떻게 행운 혹은 불운이 시대적 이름이 갖는 기호(記號)에 달려있다는 것인가? …

만약 우리가 일본에서 연호를 사용하기 시작한 이래로 여러 시대에 벌어진 사건들을 자세히 살피고, 이런 시대 혹은 저런 시대를 불길하다고 규정한다면, 모든 연호가 불길했던 것으로 입증될 것이다. 중국에서든 일본에서든, 천문적 혹은 지리적 요인에 의한 자연재해나 홍수·가뭄·역병 등이 발생했을 때 시대의 이름이 바뀌었기 때문이다. 그래서 역사적으로 연호로 사용된 모든 한자는 불운과 연관되는 것이다.

만약 우리가 연호 탓에 불운이 오는 것이라 염려한다면, 그것을 명명하지 않았던 고대에 그랬던 것처럼, 차라리 아예 없는 편이 훨씬 나을 것이다. 사회적 혼란이나 갑작스런 죽음이 없었던 시대는 없다. 나는 이탈리아인과 네덜란드인을 만날 기회가 있어 다른 나라에서 지금 벌어지는 상황들에 대해 상세히 물어보았다. 기껏해야 두 나라 혹은 세 나라 정도가 연호를 정했다. 나머지 나라들은 모두 천지가 개벽(開闢)한 이래 햇수를 계산했을 뿐이다. 그럼에도 20여 년 전부터 서양·유럽의 많은 나라들에서, 그 임금이 죽자 후계자 문제를 놓고 큰 혼란 속으로 빠져들었고, 작년 겨울과 올해 봄의 전투에서 수많은 사람이 죽었다고 들었다. 어떤 불길한 원인 때문에 이런 불행이 닥쳤단 말인가? 결국 그들이 연호를 명명하지 않았음에도 불구하고, 어쩌면 하늘이 그들을 돌보지 않기로 했거나 그들의 덕이 부족했거나 하는 이유로, 참사를 피하지 못했던 것으로 보인다.

[JAT/조영렬]

## 기독교에 반대하다

아라이 하쿠세키 1725, 780-1

기독교는 "하늘의 통치자가 하늘과 땅을 창조했으므로 그를 세상 만물을 창조한 위대한 신이자 위대한 아버지로 여겨야 한다"고 가르친다. 그러므로 나에게 아버지가 있어도 그를 사랑하면 안 되고, 내가 군주를 모시더라도 그를 존중하면 안 된다고 한다. 그러나 이것은 충(忠)과 「효(孝)」를 부정하는 것이다.

또 그들은 이 위대한 신이자 아버지를 모시려면 한 인간이 지닌 모든 사랑과 존중을 바쳐야 한다고 말한다. 그러나 『예기(禮記)』는 지고한 신인 상제를 모시는 의례는 「천자」에게만 허용하도록 규정한다. 다른 여러 군주들과 그 아래의 신하들은 감히 하늘에 제물을 올릴 수 없다. 그런 규정은 하극상의 혼란을 없애기 위한 것이다. 신하들은 그들의 군주를 하늘로 여겨야 한다. 자식들은 그들의 어버이를 하늘로 여겨야 한다. 지어미는 지아비를 하늘로 여겨야 한다. 이런 식으로 군주를 충으로 모시는 신하가, 아버지를 효로 모시는 아들이, 그리고 예의를 다해 남편을 모시는 아내가 또한 하늘을 모시는 결과를 낳는 것이다. 이런 세 가지 윤리가 늘 존재하지 않는다면 하늘을 모시는 도리가 없는 것이다.

만약 나의 군주 외에도 내가 모셔야 할 위대한 군주가 존재한다면, 그리고 나의 아버지 외에도 내가 모셔야 할 위대한 아버지가 있다면, 그리고 만약에 이 존재를 나의 군주와 나의 아버지보다 더 많이 존중해야 한다면, 그렇다면 내 집안에 두 명의 신성한 인물이 존재하는 것이며, 내 나라에 두 명의 군주가 존재하는 것일 뿐 아니라, 내가 위대한 신을 앞세워 내 군주와 내 아버지를 아무 것도 아닌 것으로 여겨서 조롱하는 꼴이다. 비록 기독교의 가르침이 아버지와 군주를 조롱하라는 정도는 아니라 하더라도 그 종교의 본질이 너무나 비루하고 터무니없어서 자신의 군주나 아버지를 살해할 생각을 불러일으키더라도 이상하지 않을 정도이다.

[JAT/조영렬]

## 귀신(鬼神)

아라이 하쿠세키 1710, 1-3

귀신에 관한 문제들은 참으로 말하기 어렵다. 말하기 어려울 뿐 아니라, 이해하기도 어렵다. 이해하기 어려울 뿐 아니라, 믿기는 더욱 어렵다. 귀신에 관한 문제를 믿기가 어려운 것은 그 문제에 대해 알기가 어렵기 때문이다. 그러나 그것을 한번 믿게 되면 그것에 대한 논의를 더욱 쉽게 이해하게 된다. 그리고 그것을 더 잘 이해하게 되면, 더 깊이 믿게 된다. 하지만 우리가 그 문제를 잘 이해하지 못한다면, 어떻게 그것에 대해 논의할 수 있겠는가? 혼과 영은 정말 설명하기 어려운 문제이다.

과거에 공자의 제자 자공(子貢)이 다음과 같이 물었다, "죽은 자가 만물을 인식할 수 있나요?" 공자가 대답했다. "만약 내가 귀신이 만물을 인식한다고 하면, 효성이 지극한 아들과 그에 복종하는 손자가 망자를 보내기 위해, 자신들의 삶을 해칠까 두렵구나. 그러나 또한 내가 망자가 만물을 인식 못한다 하면, 불효자가 부모의 장례를 치를 생각도 하지 않을까 두렵구나. 죽은 자가 만물을 인식하느냐 못하느냐의 문제는 당장 급한 문제는 아니라 생각한다. 나중에 우리가 자연스레 그 문제를 이해하게 될 것이다." 공자의 답변을 들어보면, 왜 귀신의 문제를 충분히 이해하는 것이 어려운 일인지 알 수 있다.

공자는 또한 제자 자로(子路, BC.542-480)의 질문에 이렇게 대답했다. "우리가 아직 산 사람을 모시는 것도 알지 못하거늘, 왜 귀(鬼)를 모시는 것에 대해 걱정해야 하겠느냐? 우리가 삶도 모르거늘, 왜 죽음을 이해하려 해야 하겠느냐?"(선진(先進)편 12장). 이것 또한 귀신의 문제를 이해하는 것이 어려움을 보여 주는 사례다.

그러나 산 사람을 모시는 것에 대해 알고 난 후에는, 귀신을 모실 수도 있어야 한다. 그리고 산 사람과 사는 방법을 깨친 후에는, 죽은 자를 이해할 수도 있어야 한다. 그것이 정확히 공자가 그의 가르침에서 전하고자 한 것이다. 제자 번지(樊遲, BC.515-505)의 물음에 공자는 이렇게 대답했다. "우리가 사람들에게 의(義)를 의해 힘쓰도록, 그리고 귀신을 멀리하면서도, 잘 모시도록 만든다면 가히 현명하다 불릴 것이다"(『공자가어(孔子家語)』6권 22장). 이 말씀을 다양한 관점에서 살펴보면, 산 사람을 모시는 것이 사람들을 의(義)에 힘쓰도록 분발시키는 것이며, 귀신을 모시는 적절한 도리는 거리를 두면서도 그들을 존중하는 것이라는 것을 알 수 있다.

...

『예기』에 "예란 산 자를 봉양하고, 망자를 보내며, 귀신에게 제사드리는 것이다."라고 했다. 또한 이런 말도 있다. "예악(禮樂)은 밝음의 영역에 속하는 것이고, 반면에 귀신은 불가사의한 영역에 속하는 것이다"(7권 4.6, 12권 1.19). 비록 밝음[明]과 불가사의함[幽]이 서로 다른 것처럼 보이지만, 그 차이는 진정 하나로 통합된다. 하나를 이해 못한다는 것은 다른 하나를 이해할 수도 없다는 것이다. ...

우리가 의례에 관한 고전적 저작들에서 시작해서, 과거의 성인들과 군자들의 다른 저작들을 후대의 유학자들의 바른 해석들과 비교 분석하면, 적어도 그 혼과 영에 관한 용어의 의미를 인식할 수 있을 것이다. 이것은 쉬운 과제는 아니다, 그러나 우리가 혼과 영의 해석에 애쓰지 않는다면 그 문제는 더욱 혼란스러워질 것이다. 우리가 이 용어를 철저히 이해하도록 애쓰지 않는다면, 어떻게 그것을 이해하기를 희망이라도 할 수 있겠는가? ...

먼저 『주례(周禮)』에서, 하늘은 신(神)으로 언급된다, 그리고 땅은 기(祇)로, 그리고 인간은 귀(鬼)로 언급된다. 이 이름들이 서로 다르지만, 「성(誠)」이 음양(陰陽)의 두 영적인 「기(氣)」를 감싸면서도 그것들을 꿰뚫으므로 그들이 귀신으로 언급되는 것이다.

비록 우리가 음양의 두 영적인 기(氣)에 대해 얘기하지만, 근본적으로는 단 하나의 생성적(오고 가는, 팽창하고[伸] 수축하는[屈] 원래의 단일한 기(氣)라 불리는) 힘이 있을 뿐이다. 이러한 기(氣)가

팽창되면 양(陽)이라 부른다(봄과 여름이 그러하다). 그것이 돌아와서 수축되면 음(陰)이라 부른다(가을과 겨울이 그러하다). 양에는 팽창과 수축이 있다. (양이 오는 것이 팽창이다. 이것은 양의 양이다. 양이 돌아가는 것이 수축이다. 이것은 양의 음이다) 음에도 또한 팽창과 수축이 있다. (음이 오는 것이 팽창이다. 이것은 음의 양이다. 음이 돌아가는 것이 수축이다. 이것은 음의 음이다.) 이러한 수축과 팽창, 오고 감의 자발적 활동을 "두 개의 기(氣)의 양능(良能)"이라 부른다. … 그러나 음양을 귀신이라 부를 수는 없다. 음양이 수축되고[屈] 팽창하는[伸] 것이 자연스럽고 묘(妙)한 것을 귀신이라 이르는 것이다.

귀(鬼)는 음(陰)의 영적 힘이다, 반면에 신(神)은 양의 영적 힘이다(『주례(周禮)』). 만약 이런 후대의 기록을, 신(神)을 하늘에, 기(祇)를 땅에, 그리고 귀(鬼)를 인간에 연결시키는 고대의 기록들과 나란히 놓고 비교해 보면, 하늘의 기는 항상 팽창하고 있는 것이다. 그러므로 기의 순수함과 맑음을 또한 신(神)이라 부르는 것이다. 이것들은 태양과 달과 별과, 별자리 같은 것들이다. 게다가 우리가 이해는 못하지만 하늘의 작용이라 여기는 여러 변화들도 신이라 일컫는다. 땅, 솟구친 산, 흘러가는 강, 초목의 생장, 그리고 그것들과 연관되며 땅의 작용이라 여겨지는 뚜렷한 흔적 같은 것들이 기(祇)라 불리는 것이다. 고대에 '기(祇)'라고 쓸 때 사용되던 한자는 '드러내다 혹은 보여 주다[示]'라는 의미였다. 그래서 그 용어는 '명백하다 혹은 드러나다'와 같은 뉘앙스를 띤다. …

인간과 연관되는 것은 귀(鬼)라 불린다. 귀와 관련된 것은 되돌아가는 경향이 있다('귀[鬼]'라는 단어와 '귀[歸, 돌아가다]'라는 단어는 동음이의어이다). 사람들이 죽으면 그들 속 하늘의 영혼[魂]은 반드시 하늘로 돌아간다, 반면에 그들 속 땅의 영[魄]은 반드시 땅으로 돌아간다. 혼백(魂魄)이 하늘과 땅으로 '돌아가기'[歸] 때문에, 그것을 '귀(鬼)'라 부르는 것이다.

고대의 왕들이 하늘 아래 영역을 통치하기 위해 체계화시킨 의례에서 하늘의 영, 땅의 영과 인간의 혼을 향한 제물을 바치는 의례들이 있어야 했다. 태양과 달, 별과 별자리, 더위와 추위, 홍수와 가뭄, 산과 숲, 강과 계곡, 그리고 많은 구름, 바람, 비를 부르는 언덕과 구릉에 바치는 제물이 있었다.

또한 군주들은 백성들을 위해 큰 사원을, 자신들의 제의를 위해서는 왕립사원을 세웠고, 땅의 영과 수확물에 감사를 바치는 의례를 확립했다. 인간의 운명을 관장하는 신, 현관을 지키는 신, 성문을 지키는 신, 도로와 골목을 지키는 신, 만물을 꿰뚫어보는 신, 시신을 관장하는 신, 그리고 부엌을 지키는 신을 위한 일곱 가지 제의(祭儀)가 확립되었다. 봄에는 왕이 주재하는 제의가 열렸다. 가을에는 햇과일을 조상에 바쳤다.

각 지역의 영주들은 하늘에 제사를 지내는 것이 허락되지 않았다. 그들은 그들의 지역의 산과 강에 제물을 바치는 것만이 허용되었다. 영주들은 백성들을 위해 지역에 사원을 세웠고, 자신들을 위한 사원도 세웠다. 다섯 가지의 사원과 다섯 가지의 제의가 또한 확립되었다.

최고위급 관리들은 세 개의 제단과 세 가지 제의를 세웠다. 일급 관리들은 두 개의 제단과 두 가지 제의를 세웠다. 일반 백성들은 제단을 세우는 것이 허용되지 않았다. 그들은 단순히 집에서 조상을 모시고 거기서 그들의 제의를 드렸다.

대부분의 경우에, 고대의 왕들에 의해 허용되었던 제의는 그 제의에 참여하는 집단의 지위와 형편에 따라 규제되고 관리되었다. 천자가 천지의 주관자로서 천지간의 중심이기 때문에, 자연히 그는, 한 인간으로 영예로운 지위를 얻어 천지의 기(氣)에 대한 책임을 부여 받았다. 따라서 그는 성(誠)과 경(敬)을 다해서 그에게 부여된 이 천지의 생성적 힘이 그에게 집중되도록 애썼고, 그리고 100가지 영들이 자연스레 그의 노력을 받았다. 그리고 각 영지를 다스리는 영주들이 그들 지역의 유명한 산과 큰 강의 기(氣)를 받기 때문에, 자연히 그 영들은 영주들에게 화답한다. 높은 관리들은 가족의 가장이기 때문에 다섯 제의를 받는 신들이 그들의 제물에 화답한다.

우리는 삼년상과 같은 의례들이 천자로부터 평민에 이르기까지 준수되는 것을 본다. 이것은 지위 고하를 막론하고 모든 사람이 똑같이 부모에 대한 효도의 감정을 갖기 때문이다. 그러므로 조상을 모실 때 사무라이와 평민들은 7대 조상에서 시작해 그들의 부모에 이르기까지 제물을 바쳤다. 누군가 가 죽어서 그들 속 하늘의 영과 땅의 영이 각각 하늘과 땅으로 돌아가면, 친족들이 그들을 위해 제사를 지내고 돌아와달라고 간청할 것이다. 이런 원리들이 없었다면 고대의 성인 왕들은 이런 의례 를 체계화시킬 수 없었을 것이다.  [JAT/조영렬]

# 오규 소라이

荻生徂徠, 1666-1728

오규 소라이는 일본의 유학자 중에서 가장 정치 지향적이며 권위적인 발언을 했던 사람에 속한다. 오규 소라이는 육경(六經)을 모든 사회정치적 논의를 위한 절대적 기준으로 삼았고, 그것의 철학적 용어들의 의미를 체계적으로 서술·제공해야 한다고 주장했다. 그의 주장은 자신들의 정책이 모든 백성들에게 신성한 것으로 여겨지기를 갈망했던 지배 엘리트들에게 유용한 정치적 비전을 제시했다. 소라이는 늘 고대 중국의 선왕(先王)들을 후세가 틀림없이 따라야 할 도(道)를 세운 성인으로 칭송했다. 그들의 도를 따른다면 후대의 통치자들은 비록 성인에 미치지는 못 미칠지라도, 그들이 통치하는 곳에서 모든 사람에게 모범이 될 것이고, 이렇게 하면 그들이 자신들의 덕을 이룰 뿐 아니라 세상의 평화와 번영에 공헌할 수 있으리라 여겼다.

소라이 사상의 실용적 특성 때문에 몇몇 학자들은 그를 '최대 다수의 최대 행복'을 추구했던 공리주의적 철학자로 보기도 한다. 또 백성들을 시스템 안에서 그들에게 부여된 역할에 강제하는 통치자의 권위를 강조했다는 점에서 소라이의 철학 체계에는 홉스(Hobbes, Thomas, 1588-1679)적 요소도 있다. 동아시아의 일반적인 유학 철학의 관점에서 본다면 소라이는 인간의 본성은 악하다고 주장했던 순자(荀子, BC.298-238)에 흔히 비견된다. 비록 그렇게 과감한 주장을 스스로 내세운 적은 없었지만, 그는 인간의 본성은 선하다는 정통적 주자학의 입장에 반대했고, '인간의 본성은 유동적이며 선할 수도 악할 수도 있다'는, 윤리적으로 좀 더 절충적인 입장에 섰다.

또한 순자와 같이 소라이는 하늘을 이해할 수 있는 것이라 생각지 않았다. 정통 주자학자들의 입장과는 달리, 철저한 「이(理)」의 연구와 이해를 통해 하늘을 포함한 우주의 모든 원리를 알 수 있다는 생각을 조롱했다. 동시에 하늘의 본성은 전적으로 초월적이며 불가해한 것이라 주장했고, 그래서 하늘을 절대적으로 숭배해야 하며 혼과 영들을 존경하고 받들어야 한다고 말했다. 또한 그런 풍습들은 선왕들에 의해 형성되었고, 바로 그런 이유로 지체 없이 그것들을 따라야 한다고 했다.

소라이의 철학에는, 특히 피통치자와 관련해서 강력한 반지성적인 요소가 있다. 모든 사람을 위한 독서와 철학적 토론과 지식 확산의 중요함을 강조하기보다는, 그는 백성들이 일상생활에서 도를 따르기 위해 그 도를 이해할 필요는 없다고 주장했다. 『논어(論語)』의 구절에 근거해서, 그는 백성들에게 추상적이고 개념적이며 난해한 접근을 권하기보다는 그들이 삶에서의 실천을 통해 배우도록 하는 것이 더 나을 것이라 주장했다.

이런 소라이 철학의 정치적 특성은 쇼군(將軍) 도쿠가와 쓰나요시(德川綱吉, 1646-1709)의 총애를 받았던 야나기사와 요시야스(柳澤吉保, 1658-1714)를 모셨던 그의 이력에서 분명해 보인다. 하지만 그의 특징적 철학은 나중에야 체계화되었다. 비록 쓰나요시의 철학적 집단에 속했지만 소라이는 큰 틀에서 주희의 생각에 동의하는, 정통적인 신유학(新儒學) 학자로 남았다. 나중에 그는 8대 쇼군인 도쿠가와 요시무네(德川吉宗, 1684-1751)에게 조언을 할 기회를 얻어서, 요시무네를 위해 쓴 『정담(政談)』이라는 저작을 통해 그만의 정치적 사상에 대한 실천적 해설을 담았다. 이 저작은 역시 소라이가 만년에 지었으나 죽고 한참이 지나 출간된 철학적 역작 『변도(辯道)』와 『변명(辨名)』에 대한

## 도(道)와 이름들

오규 소라이 1737a, 32, 34-42, 47-9, 52, 55-7, 69, 77-9, 85-6, 89-92, 95-8, 100-1, 105, 107, 110-11, 115-16, 118, (171-6, 180-1, 186-9). 200-6, 210-11, 214, 235, 250-3, 263-4, 270, 272, 274, 281-4, 287-90, 295-6, 299-300, 305, 307, 315, 319). 1737b, 12-13, 15-17, 19-22, 24-5, 29 (140, 146-6, 148, 152-5, 157, 159, 161-2)

### 이름

백성이 난 이래로, 물(物)이 있으면 이름이 있었다. 이름이 있었으므로, 보통 사람이 이름을 붙인 것도 있는데, 그것은 형체가 있는 물에 이름을 붙였을 따름이다. 형체가 없는 물의 경우에는, 보통 사람이 볼 수 없는 바여서, 성인이 나서서 이름을 붙였다. 그런 뒤에 보통사람이라 하더라도 보고 그것을 알 수 있었다. 이것을 명교(名敎)라고 부른다.

그러므로 이름이란 가르침이 거기에 있는 것이니, 「군자(君子)」는 이름을 신중히 다루었다. … 이(理)는 어디에 가든 없는 곳이 없으니, 제 사사로운 뜻으로 그것을 취한다면, 어찌 성인께서 만물에 붙인 이름을 이해할 수 있겠는가. 이름과 물의 관계를 제대로 이해하지 못하면서 성인의 도를 이해할 수 있는 사람은 이제까지 있은 적이 없다. … 그러므로 성인의 도를 찾으려는 자는 반드시 『육경(六經)』 에서 그것을 찾아야 한다. … 그러면 성인의 도를 얻어 말할 수 있을 것이다. …

### 도(道)

도는 포괄적인 명칭으로, (사람이 그것을) 따르는 성질이 있기 때문에 도(道, 길)라고 말한다. 생각건대 옛날의 성왕(聖王)이 세우셨고, 천하후세(天下後世) 사람들이 이것을 따라서 걸어다니고, 나도 또한 이것을 따라서 걷는다. 이것을 사람이 길을 따라서 걷는 것에 비유할 수 있으므로, 도라고 부른다. 효제인의(孝悌仁義)로부터 예악형정(禮樂刑政, 예법과 음악, 형법과 행정체제)에 이르기까지, 합하여서 이름을 붙였으므로 '포괄적인 명칭'이라 말했다.

선왕(先王)은 성인(聖人)이다. 그러므로 어떤 이는 그것을 선왕의 도라 부르고, 어떤 이는 성인의 도라 부른다. 대저 군자된 자는 힘써 이것을 통해서 따르므로 또한 그것을 군자의 도라 부른다. 공자가 전하고 유자(儒者)가 그것을 지키므로 그것을 공자의 도라 부르기도 하고, 유자의 도라 부르기도 한다. 그 실질은 한가지이다. …

대저 도라는 것은 아주 오랜 옛날 성인의 때부터 이미 그것을 따르는 바가 있었지만, 요순(堯舜) 에 이른 뒤에 도가 섰고, 은(殷)나라 주(周)나라를 거친 뒤에 더욱 정비되었다. 수천 년의 세월, 수십 명의 성인을 거치면서 마음과 힘과 지혜와 재주를 다하여 그것을 이루었다. 어찌 한 명의 성인이 단 한 번의 생애에 이룰 수 있었겠는가. 그러므로 공자가 요순의 도를 본받아 서술하고, 문왕(文王) 과 무왕(武王)의 도를 본받아 빛내었으며, 옛것을 좋아하고 배우기를 좋아한 것은 바로 이 때문이 다.[11] …

---

11) [한] '도(道)는 포괄적인…바로 이 때문이다'까지는, 영문번역자가 발췌한 일문텍스트를 찾기가 어려워, 전체문맥 을 고려하여 한국어번역자가 일문텍스트에서 새로 발췌하여 번역한 부분이다.

대저 선왕의 도는 멀리 돌아가는 것 같기도 하고, 현실과 거리가 있는 것 같기도 해서 보통사람이 속속들이 다 알 수는 없다. 그러므로 공자는 "백성은(도나 예법을) 따르게 만들 수는 있지만, (그것을 만든 깊은) 이유를 알게 할 수 없다"고 말했다.

......

그러므로 선왕은, 사람이 모두 서로 사랑하고 서로 기르며 서로 돕고 서로 이루는 마음, 함께 일하고 협력하여 일을 영위하는 재주가 있는 것을 바탕으로 삼아, 이 도를 세워서 천하후세 사람들이 도를 행하여 각각 하늘에서 받은 성(性)과 명(命)에 따라 생을 마치도록 했다. 이것이 어찌(송나라 유학자들이 말한 것처럼) 사람이 모두 성인이 되기를 바라는 것이겠는가. 또한 어찌 사람이 모두 도를 알기를 요구해서이겠는가. 또한 어찌 알기 어렵고 행하기 어려운 것을 가지고 사람들에게 강요하는 것이겠는가. 핵심은 백성을 편안하게 하는 데 있을 뿐이다.

......

그렇지만 또한 때에 따라서 변동과 변화가 있었다. 그러므로 특정한 시대의 성인이 그것을 새로 제정하고 세워서 도로 삼고, 동시대의 임금과 신하는 그것을 따르고 실행했다. 이것은 반드시, 전대(前代)의 도가 부족함이 있어서 고친 것이 아니다. 또한 반드시, 전대의 도가 완벽한데 새삼스레 고쳐서 천하의 이목을 끌려고 한 것도 아니다. 또한 반드시, 만세(萬世)에 그것을 따르는 것을 최상으로 여기고, 때에 따라서 고치는 것을 그 다음으로 여기는 것도 아니다. 곧 특정한 시대의 성인이 수백 년 뒤를 미리 내다보고, 이것으로 세운(世運)을 유지하여, 갑작스레 쇠퇴하는 쪽으로 향하는 것을 막으려 해서이다. 성인의 지혜가 아니라면, 그 고치신 이유를 온전히 알 수는 없을 것이다.

### 덕(德)

덕(德)은 얻음[得]의 뜻이다. 사람이 각각 도에서 얻는 바가 있음을 이른다. 더러는 이것을 성(性)에서 얻고, 더러는 이것을 배움에서 얻는데, 사람마다 성이 다르기 때문이다. 성이 사람마다 다르므로 덕 또한 사람마다 다르다. …

생각건대 사람의 성이 다른 것은 초목(草木)이 각기 다른 것에 비유할 수 있다. 성인의 좋은 가르침이라 하더라도 그것을 억지로 시킬 수는 없다. 그러므로 각각 그 성에 가까운 바를 따르고 길러서 그 덕을 이루어야 할 것이다.

### 인(仁)

「인(仁)」은 유학의 가르침 중에서 가장 중요하다. 왜냐하면 선왕의 도를 키워서 그것에 실체를 부여하는 것이 인이기 때문이다. … 인간의 본성은 상호 연대감, 사랑, 활기, 완성, 도움, 양육, 보호, 그리고 도움을 지향한다. … 이 모든 인의 특성을 결합해서, 그것을 도라 부른다. … 따라서 인간의 도는 한 사람의 관점에서만 논할 수 없고, 다양한 사람의 관점에서 논해야 한다.

하늘 아래 이곳을 잘 살펴보라. 사회와 무관하게 홀로 버티는 사람이 누가 있는가? 사무라이, 농민, 그리고 상인이 모두 서로를 도와서 먹고 살 수 있는 것이다. 만약 그렇지 않다면 그들은 생존할 수 없다. 심지어 도둑이나 강도조차도 살아남기 위해서는 무리를 지어야 한다.

인은 모든 사람에게 적절함과 평화와 안정을 제공하는 덕을 일컫는다. 그것은 성인의 큰 덕을 가리킨다.

......

성인의 도의 핵심은 백성을 편안하게 하는 데 있을 따름이다. (성인의 도에) 여러 미덕들이 있다 하더라도 모두 인을 도와 백성이 편안해지는 것을 이루는 도구이다. 사람의 성이 다르다고 하지만, 지혜로운 이든 어리석은 이든 현명한 이든 못난 이든 구별 없이 서로 사랑하고 서로 기르고 서로 도우며 서로 이루어주려는 마음, 함께 일하고 협력하여 일을 영위하는 재주가 있는 것은 한가지이다. 그러므로 다스림은 임금에게 의지하고, 다스리는 이를 봉양하는 것은 백성에게 의지하고, 농민과 공인(工人)과 상인이 모두 서로 의지하여 생을 이룬다. 무리를 떠나서 사람이 없는 곳에서 혼자서 살아갈 수 없는 것은 사람의 성이 본래 그러하기 때문이다. …

송나라 유학자는 마음을 으뜸으로 삼았다. 마음을 으뜸으로 삼아 사랑을 말할 때는 부처 또한 인한 사람일 따름이다. (그러나) 백성을 편안하게 만드는 덕이 없다면 내가 말하는 '인'은 아닌 것이다. … 이토 진사이 선생은 "자애(慈愛)의 덕이 먼 곳과 가까운 곳, 안과 밖에 빈틈없이 스며들어 가득 차서 이르지 않은 곳이 없다"고 했다. … 선생은 인을 선왕에 귀속(歸屬)시키지 않고 사람들에게 귀속시켰다. 인이 백성을 안정시키는 것임을 알지 못하고, 부질없이 자애의 차원에서 말하였다. 그래서 그 폐단이 마침내 부처를 인한 사람이라 여기기에 이르렀으니, 어찌 잘못이 아니겠는가.

## 성인

성인은 하늘로부터 지식과 명민함, 통찰력과 지혜의 덕을 받았다. 이런 덕을 어찌 공부를 통해 얻을 수 있겠는가? 보통 사람이 어찌 성인의 덕이 가진 영적 신비로움을 이해할 수 있겠는가?
……

후대 유학자들은 '모든 사람이 성인이 되기를 추구해야 한다'고 무리하게 주장했다. 그 과정에서 그들은 성인의 덕을 상세히 논의하고 분석해서 성인이 되고자 하는 학인들에게 모범을 제공하고자 했다. 유학자들은 성인의 마음이 음과 양의 치우침이나 편견 없이 인간이 본래 가진 덕을 조화롭게 만들면서, 하늘의 이치를 완벽하게 구현했다고 설명했다. 후대의 유학자들은 마음을 통제하는 영리한 방법을 써서, 불가해한 것을 이해해 보겠다는 희망을 품고 성인의 지혜로 자신을 통제하려 했다. 심지어 사람이 결코 배울 수 없는 것을 공부하도록 강요했다. 그들은 덕을 완벽하게 확립하고 통제하기를 시도하면서, 필연적으로 고대의 성인들의 덕에 우월한 것 또는 열등한 것으로 순위를 매겼다.

## 예악(禮樂)

선왕은 사람을 가르치기에 언어로는 충분치 않음을 알고, 예악을 만들어서 사람을 가르쳤다. 백성을 편안하게 하기에 행정과 형법으로는 충분치 않음을 알고, 예악을 만들어서 사람을 교화했다. 예(禮)의 실체는 천지(天地)에 미세한 데까지 두루 미쳐, 곡진하게 모든 것이 그것을 표준과 규칙으로 삼는다. 그러므로 도(道)가 있지 않은 곳이 없다. 군자는 그것을 배우고 소인은 그것에 따른다. 배우는 방법은 익히고 숙달하여, 말없이 속으로 깊이 이해하는 것이다. 말없이 속으로 깊이 이해함에 이른다면 곧 알지 못하는 바가 없게 될 것이다. 어찌 그 도달한 바를 언어화할 수 있겠는가.

예를 따르면 사람은 변한다. 일단 변하면 생각지도 못하고 알지도 못하는 사이에 상제(上帝)의 규범을 따르게 된다. 어찌 불선(不善)함이 있겠는가. 어찌 행정과 형법으로 이런 상태에 도달할 수 있겠는가.

사람은 말로 하면 깨우치고, 말로 하지 않으면 깨우치지 못한다. 예와 악은 말로 하는 것이 아닌데, 어떻게 언어로 사람을 가르치는 것보다 낫게 되었을까. 사람을 변화시키기 때문이다.

익히고 숙달하면, 아직 깨우치지 못했다 하더라도, 그 마음과 몸이 이미 알지 못하는 사이에 변화되니, 마침내 깨우치지 못하겠는가. 만약 말로 해서 깨우친다면, 사람들은 '그 의(義)가 여기에 머무른다'고 여기고, 그 나머지는 생각하지 않을 것이다. 말로 하는 가르침의 폐해는 사람으로 하여금 생각하지 않는 상태에 이르게 하는 데 있을 따름이다.

예악은 말로 하지 않으니, 생각하지 않으면 깨우치지 못한다. 생각해도 깨우치지 못할 경우도 있으니 그것은 어찌할 도리가 없다. 그러면 다른 예를 배우면 된다. 배움을 넓히고 절차탁마하면 자연스레 깨우침이 있을 것이다. … 예악의 가르침은 말없이 속으로 깊이 이해하는 데 있지만, 거기에 도달하는 사람도 있고 도달하지 못하는 사람도 있을 것이다.

### 의(義)

생각건대 의는 도에서 갈라져 나온 것이다. 천차만별(千差萬別), 각각 마땅한 바가 있다. 그러므로 '의는 마땅함[宜]의 뜻'이라 하는 것이다. 선왕이 이미 그 천차만별인 것을 가지고 제정(制定)하여 예(禮)로 삼았고, 배우는 이는 또한 그 제정한 근원적인 뜻을 전했으니, 이것이 이른바 예의 의(義)이다. … 선왕이 의를 제정함에 참으로 위에 견주어서 생각함 없이, 오직 그 마음에서 취한 것은 성인이기 때문이다. 뒤에 태어난 군자가 배워서 그 덕을 이룬 자 가운데 혹은 한두 가지 제 마음에서 취한 이가 어찌 없겠는가. 그렇지만 이것은 또 사람마다 할 수 있는 것은 아니다.[12]

### 경(敬)

선왕의 도는 하늘을 공경하는 것을 근본으로 삼아, 천도(天道)를 받들어서 실행한다. 사람이 선왕의 도를 받드는 것은 하늘이 맡긴 직분에 이바지하고자 해서이다. 사람은 오직 하늘을 근본으로 삼으며, 부모를 근본으로 삼는다. 선왕의 도는 조상에게 제사를 올리고 조상을 하늘처럼 대한다. 이것은 하늘과 부모를 합하여 한가지로 여기기 때문이다. 임금은 선왕의 후계자이고, 하늘을 대신하는 존재이므로 그를 공경한다. 백성은 하늘이 나에게 명하여 그를 다스리게 한 존재이므로 그를 공경한다. 몸은 부모에게서 갈라져 나온 것이므로 공경한다. 이것이 선왕의 도에서 하늘을 공경하는 것을 근본으로 삼는 이유이다.

### 중(中)

중이란 지나침과 모자람이 없는 것을 가리킨다. … 생각건대 천하의 이치는 지나침과 모자람이 없는 것을 최상으로 삼는다. 그러므로 사람은 현명하고 지혜로운 이든 어리석고 못난 사람이든 오직 중을 추구한다. 사람이 난 이래로 줄곧 그러했다. 그렇지만 사람마다 그 성이 다르므로 보는 바가 달라지고, 거처하는 곳이 다르므로 보는 바가 달라진다. 그래서 중이 한 가지로 정해지지 않았기 때문에, 천하가 어지러워졌다. 선왕은 중을 세워 표준으로 삼고, 천하 백성들이 모두 그것을 따라 실행하게 했다.

중이라는 것은 성인만이 알 수 있고, 보통 사람은 알 수 있는 바가 아니다. 대저 선왕이 세운 예악·덕의(德義)와 온갖 제도는 모두 중이고, 모두 표준이다. 그렇지만 선왕이 자기가 본 바를 기준

---

12) [한] 예(禮)가 '선왕의 예'에서 비롯된 것처럼, 의(義)도 '선왕의 의'에서 비롯된 것임을 논하는 글에서 발췌한 문장들이다.

삼아, 치우치지 않고 지나치거나 모자람이 없는 정미(精微)한 이치를 따로 세워서 천하의 백성에게 강요하고, 자기가 좋아하는 바를 따르게 해서 중이 된 것이 아니다. 또한 이 표준을 세워서 학자들이 이 표준을 따라 저 '치우치지 않고 지나치거나 모자람이 없는 정미한 이치'를 연구하게 해서 중이 된 것이 아니다. (선왕은) 오직 천하를 편안하게 하는 것을 마음으로 삼는다. 그러므로 이 중을 세우고 그것을 표준으로 삼아, 천하 사람들이 모두 이것을 따라 실행하게 만든다. 그런 뒤에 천하를 통일하여 어지러워지지 않게 할 따름이다. 그러므로 선왕이 세운 바는 그다지 높지 않아서 어떤 사람이라도 공부해서 그것을 실행할 수 있다. 현명하고 지혜로운 이는 굽어보아 그것에 나아가고, 어리석고 못난 이는 발돋움하여 그것에 이르니, 이것이 바로 중이다. … 인정(人情)이 기뻐하는 바에 따라 온화하고 순하게 이끌어서, 천하 사람들이 도덕에 조화롭게 따라서 풍속을 이루게 하였으니, 이것이 화(和)이다.

…

이른 바 중이라는 것은 성의 덕(德)이다. 사람이 기질을 받은 것은 본래 금수처럼 치우치지 않았다. 지혜로움과 어리석음, 현명함과 못남의 차이가 있다 하더라도, 모두 서로 낳고 서로 기르며 서로 돕고 서로 키워주고자 하는 마음, 함께 일하고 협력하여 일을 영위하는 재주가 있어, 그 익힌 바를 따라서 변화시킬 수 있다. 그것은 마치 가운데[中] 있는 것을 왼쪽으로 옮길 수도 있고 오른쪽으로 옮길 수도 있으며, 앞으로 옮길 수도 있고 뒤로 옮길 수도 있는 것과 같다. 그러므로 그것을 중이라 이른다.

## 천명(天命)과 귀신(鬼神)

하늘은 굳이 설명하지 않아도 사람이 모두 알고 있는 바이다. 하늘을 바라보면 푸르고 푸르며 깊고 깊어서 이루 다 헤아릴 수 없다. 해와 달, 별들이 하늘에 매달려 있고, 하늘을 통해 바람이 불고 비가 내리며 더위가 오고 추위가 오며, 만물이 목숨을 받는 근원이고, 온갖 신(神)의 으뜸이다. 지극히 높아서 비할 것이 없고, 뛰어넘어 하늘에 오를 수 있는 것도 없다. 그러므로 옛날의 거룩한 임금과 밝은 임금이 모두 하늘을 본받아 천하를 다스리고, 천도(天道)를 받들어 정교(政教)를 행하였다. 그리하여 성인의 도, 육경(六經)이 기록한 바가 모두 최종적으로 하늘을 공경함에 돌아갔다. 이것이 성문(聖門)의 근본이 되는 첫 번째 도리이다. 배우는 이가 우선 이 뜻을 알아야 성인의 도를 말할 수 있을 것이다.

후대의 학자들은 제 사사로운 지식을 표나게 드러내고 제 것을 쓰기를 좋아하여, 그 마음이 교만하여 자기를 뽐내며, 선왕과 공자의 가르침을 따르지 않고, 제 사사로운 의견에 의지하여 말한다. 마침내 하늘은 곧 이(理)라는 주장까지 나왔다. 그 학문은 이를 근본이 되는 첫 번째 도리로 삼고, 마음속으로 '성인의 도는 오직 이만을 가지고 다하기에 충분하다'고 여겼다. 그들은 '하늘은 이'라는 주장이 하늘에 대해 최대한 존경을 표하는 것이라 생각한 듯하다. 그렇지만 이는 그들의 사사로운 의견에서 취한 것이고, 또 그들은 '내가 하늘을 안다'고 말한다. 이 얼마나 심한 불경(不敬)인가.

…

대저 하늘은 사람과 유(類)가 다르니, 마치 사람과 동물이 유가 다른 것과 마찬가지이다. 그러므로 사람을 기준으로 삼아 동물의 마음을 본다면 어찌 볼 수 있겠는가. 그렇지만 동물은 마음이 없다고 말할 수는 없다. 아아, 하늘이 어찌 사람의 마음과 같겠는가. 생각건대 하늘이란 것은 헤아릴 수 없는 대상이다. …

귀신(鬼神)에 대한 주장이 한없이 분분한 이유는 귀(鬼)가 있다 없다 따지기 때문이다. 대저 귀신이란 성인이 세운 것이다. 어찌 의심할 수 있겠는가. 그러므로 귀신이 없다고 말하는 자는 성인을 믿지 않는 자이다. 그들이 믿지 않는 이유는 볼 수 없기 때문이다. 볼 수 없다는 것을 근거로 의심한다면 어찌 의심스러운 게 귀(鬼)뿐이겠는가. 천(天)과 명(命) 또한 그러하다. 그러므로 배우는 이는 '성인을 믿는 것'을 근본으로 삼는다. 만약 성인을 믿지 않고 제 사사로운 지혜를 쓴다면 무슨 짓인들 못하겠는가. …

부처는 제천(諸天)·아귀(餓鬼) 및 지옥·천당의 설을 가지고 문제를 혼란스럽게 만들었고, 그 뒤 사람들은 비로소 귀신을 경시하게 되었다. 귀신이 있다 없다 하는 주장이 일어난 원인이다. 송나라 유학자는 성인이 하늘을 존숭함이 지극함을 보고서, 마음속으로(불교에서 말하는) 법신(法身)의 여래(如來) 따위를 흉내내어, 천리(天理)라고 불렀다. 그리고 제멋대로 함부로 귀신을 경시했다. 이토 진사이 선생은 귀신을 멀리해야 한다는 말을 굳게 견지했고, 일체 귀신을 버리고 끊어버리고자 했다. 모두 선왕의 예(禮)에 담긴 뜻을 가지고 (그 근원을) 『주역』에서 찾을 줄을 몰랐기 때문이다. …

## 성(性)

만약 도를 갈망하는 이가 인간의 본성이 선하다는 말을 듣는다면, 더욱 분발할 것이다. 만약 인간의 본성이 악하다는 말을 듣는다면, 스스로 애써 고치려 할 것이다. 반면에 도에 뜻을 두지 않은 이가 인간의 본성이 악하다는 말을 듣는다면, 선을 행하려는 노력을 버리고 아무 것도 하지 않을 것이다. 또한 인간의 본성이 선하다는 말을 듣는다면, 그것을 믿고서 어떤 노력도 하지 않을 것이다. 그래서 공자는 인간 본성에 대한 이론적 논의보다는, 실천을 통한 배움을 강조했다.

송대(宋代) 유학자는 사람들에게 "기질을 바꿀 수 있다"는 생각을 심어주었다. … 이런 생각은 선왕과 공자의 도가 아니다. 옛 말씀에서 "바꾼다"고 말했을 때, 그것은 "행실을 바꾼다"는 뜻이다. ……

게다가, 우리의 기질은 하늘이 운명적으로 준 본성이다. 하늘의 뜻을 어기고 본성을 부정하는 데 그 능력을 쓰려는 우리의 욕망은 분명 옛 말씀과는 무관하다. 인간이 할 수 없는 것을 하도록 강요하면 결국 그들은 하늘을 원망하고 부모를 원망할 것이다. 성인의 도는 그렇지 않았다. 자신의 제자가 각각 자질을 살려서 그것을 이루도록 가르쳤던 공자의 경우만 보아도 이 점은 명확하다.

성은 타고난 기질을 가리킨다. … 태아의 상태에서, 인간은 자신만의 「기(氣)」로부터 특정한 자질을 받는다. … 그러나 인간의 본성은 쉽게 변하는 것이다.[13] … 선(善)을 익히면 선해지고, 악(惡)을 익히면 악해진다. 그러므로 성인은 사람의 성에 따라서 가르침을 세워, 배우고 그것을 익히게 하였다. (배운 이들이) 그 덕을 이루는 데 이르러서, 굳셈과 부드러움·가벼움과 무거움·느림과 빠름·움직임과 고요함은 또 각각 그 성에 따라 달라진다. 다만 아주 어리석고 못난 자는 자신을 바꾸려 하지 않는다. … 기질은 변하지 않으며, 성인은 이를 수 있는 경지가 아니다. ……

맹자의 성선설(性善說)과 순자의 성악설(性惡說)은 둘 다 문호(門戶)를 세우기 위한 주장으로, 한쪽을 강조하고 다른 한쪽은 무시한 것이다. … 만약 선왕의 도를 믿을 수 있다면, 성이 선하다는

---

13) [한] '성(性)은…변하는 것이다.' 세 문장은 원텍스트의 문맥을 무시하고 영문 번역자가 발췌, 새로운 문맥을 만든 것으로 보인다.

말을 들으면 더욱 권장할 것이고, 성이 나쁘다는 말을 들으면 더욱 힘쓸 것이다. 만약 선왕의 도를 믿지 않는다면, 성이 선하다는 말을 들으면 제 사사로운 생각을 따를 것이고, 성이 나쁘다는 말을 들으면 자포자기(自暴自棄)할 것이다.

그러므로 순자와 맹자의 설은 모두 쓸데없는 주장이다. 그래서 성인은 말하지 않은 것이다. 그 폐단은 모두 언어를 가지고 자기를 믿지 않는 사람을 가르쳐서 그 사람이 자기를 믿게 하려는 데에 있다. 그런 짓을 해서 자기를 믿게 만들 수 없을 뿐만 아니라, 아주 오랜 세월 동안 분분하게 이어질 논쟁의 길을 열었을 따름이다. 그 언어의 폐해가 얼마나 큰가. 어떤 학자들은 여전히 이것을 선왕의 가르침에서 찾지 않고 오직 논쟁에만 힘쓰니, 참으로 슬픈 일이다.

### 감정[情]

감정은 희로애락(喜怒哀樂)의 마음 상태이고 의도하지 않아도 생기는 것으로, 각각의 성 때문에 달라진다. … 마음과 감정을 구분하자면, 생각하고 궁리하는 것을 마음이라 여기고, 생각하고 궁리하는 것에 관련되지 않은 것을 감정이라 여긴다. 일곱 가지 감정[14]이 발하는 것이 성에 관련되지 않는 것을 성이라 여기고, 성에 관련된 것을 감정이라 여긴다. 대저 사람의 성에는 모두 하고 싶어 하는 바가 있다. 만약 하고 싶어 하는 바가 생각과 궁리로 조절되면 성을 억제할 수 있다. 생각과 궁리로 조절되지 않으면, 성이 하고 싶어 하는 바에 맡긴다. 그러므로 마음은 바로잡거나 고칠 수 있지만, 감정은 바로잡거나 고칠 수가 없다. 이것이 마음과 감정에 대한 설명이다.

대저 사람의 성은 모두 하고 싶어 하는 바가 있고, 하고 싶어 하는 바는 그 성 때문에 달라진다. … 그 하고 싶어 하는 바에 순순히 따르면 기쁨과 즐거움과 사랑의 감정이 드러나고, 그 하고 싶어 하는 것에 거스르면 분노와 미움과 슬픔과 두려움의 감정이 드러나니, 성은 각각 다른 것을 갖고 있어도 감정에 드러난다.

### 마음

마음은 개개인의 주인이다. 선(善)을 행하는 것도 마음에 달려 있고, 악을 행하는 것도 마음에 달려 있다. 그러므로 선왕의 도를 배워서 그 덕을 이루는 것이 어찌 마음을 통하지 않을 수 있겠는가. 나라에 임금이 있는 것에 비유하면, 임금이 임금답지 못하면 나라가 다스려질 수 없는 것과 같다. 그러므로 군자는 마음을 부리고, 소인은 몸을 부리니, 신분이 귀한 이와 천한 이가 각각 그 유(類)에 따르는 것이 이와 같다고 하겠다. 나라에 임금이 있으면 다스려지고, 임금이 없으면 어지러워지니, 사람도 또한 이와 같다. 마음이 보존되면 밝고, 마음을 잃어버리면 어두워진다.

…

마음을 잡으면 보존된다 하나, 오래 붙잡고 있을 수 없어서 버리지 않을 수 없고, 버리면 잃어버리니, 잡는 것도 마음을 보존하는 데 유익함이 없는 것이다. 왜냐하면 마음이란 둘로 나눌 수 없기 때문이다. 대저 그 마음을 잡고자 할 때, 마음을 잡으려 하는 것 또한 마음이다. 마음이 스스로 마음을 잡는 판국이니 어찌 오래갈 수 있겠는가. …

『서경』에 "예(禮)를 가지고 마음을 컨트롤한다"고 했으니, 이것이 선왕의 신묘한 방법이다. 마음을

---

14) [영] 소라이는, 의서(醫書)에서는 '희(喜), 노(怒), 우(憂), 사(思), 비(悲), 경(驚), 그리고 공(恐)'이라 했고, 유서(儒書)에서는 '희(喜), 노(怒), 애(哀), 구(懼), 애(愛), 오(惡), 그리고 욕(欲)'이라 했다고 말했다.

잡으려 하지 않아도 저절로 마음이 보존되며, 마음을 다스리려 하지 않아도 저절로 바로잡힌다. 하늘 아래 마음을 다스리는 방법 중에 이보다 나은 것이 없다. 후대의 유학자는 겨우 마음을 귀히 여겨야 함을 알 뿐, 선왕의 도를 따를 줄을 알지 못하고, 함부로 이런저런 방법을 궁리하여 마음을 보존하려 하니, 큰 잘못이라 하겠다.

## 이(理)

이는 사물(事物)이 모두 자연스럽게 그것을 갖고 있으니, 내가 마음으로 헤아려, 반드시 마땅히 이와 같아야 한다고 생각하면 반드시 이와 같이 됨을 보게 된다. 이것을 이라고 부른다. 대저 사람이 선을 행하려 하면 행해야 할 이를 보고 행한다. 악을 행하려 할 때에도 역시 행해야 할 이를 보고 행한다. 모두 내 마음에서 행해야 할 바를 보고 행하는 것이다. 그러므로 이에는 정해진 기준이 없는 것이다.[15) 왜냐하면 이는 어디에 가든 없는 곳이 없기 때문이다.

사람이 보는 바는 각각 그 성 때문에 달라진다. … 사람은 각각 그 보는 바를 보고, 보지 못하는 것을 보지 못하므로 달라지는 것이다. 그러므로 이는 만약 그것을 남김없이 이해하지 못했다면 하나로 통일할 수 없다. 그렇지만 천하의 이를 어찌 남김없이 다 이해할 수 있겠는가? 오직 성인만이 자신의 성을 남김없이 이해할 수 있고, 다른 사람의 성을 남김없이 이해할 수 있으며, 사물의 성을 남김없이 이해할 수 있어 하늘과 땅과 그 덕을 합할 수 있다. 그러므로 오직 성인만이 이를 남김없이 이해하여 표준을 세울 수 있으니. 예(禮)와 의(義)가 그것이다.

## 기(氣)

기는 옛적에는 언급된 적이 없다. … 이를 기와 짝을 지어 말한 것은 송나라 유학자들에게서 시작되었다. 그들은 음양(陰陽)의 변화, 가는 것은 지나가고 오는 것은 이어지는 것을 기라고 여겼다. 가는 것은 지나가고 오는 것은 이어져 만고(萬古)에 바뀌지 않으면서 존재하는 것을 이라고 여겼다. 생겨났다가 소멸하는 것을 기라 여기고, 생멸(生滅)하지 않는 것을 이라 여겼다. 곧 노자가 두 가지로 나누어 본 견해(정밀한 것과 거친 것), 또한 부처가 말한 색(色)과 공(空)에 대한 주장과 비슷하다. …

조용히 만물을 이해할 수 있는 인간은 정밀한 것과 거친 것을, 뿌리와 가지를 모두 조화롭게 통찰한다. 그렇다면 왜 우리가 합리적 이치와 기의 관점에서 만사를 논의해야 하는가? 게다가 그런 설명들은 천지는 분명 기의 축적이며, 하늘과 땅·토양과 암석·인간과 짐승·풀과 나무와 같은 것이 모두 기라는 주장으로 이어진다. 그러나 기는 옛적부터 논의되던 것이 아니다. 간단히 말하면, 이토 진사이(伊藤仁齋, 1627-1705) 선생이 말한 '천지간(天地間)의 일원기(一元氣)'와 같은 개념은 하늘에 대한 성인의 공경에 대한 생각을 전하지 못한다. 그러므로 군자는 그런 개념을 감히 거론하지 않는다.

## 음(陰)과 양(陽)

음양의 개념은 하늘의 도를 밝히기 위해 『주역』을 저술한 성인들에 의해 확립되었다. 그것은 소위 '궁극적 기준'이라 불리는 것이다. 학자들은 음양을 기준으로 삼아, 그것을 통해 천도의 흘러가

---

15) [한] '이는 사물(事物)이… 없는 것이다' 부분은 영문 번역에 해당하는 일문 텍스트를 찾지 못하여, 일문 텍스트에서 새로 발췌하여 번역하였다.

는 이치와 만물의 자연스런 자생(自生)을 탐구했다. 음과 양이라는 수단을 통해, 어떤 학자들은 그것의 이해로 다가갔다. 그러나 그런 방법은 인간사에 관해서는 적용하기 어렵다. 왜냐하면 성인들이 인간의 도를 전하기 위해 음과 양을 해명한 것이 아니기 때문이다. 후대에 와서 음과 양을 폭넓은 관점에서 해명하면서, 궁극적으로 그것을 인간의 도에 적용했는데, 그것은 잘못이다.

천지간에 무수한 만물이 존재하지만 그중 어느 것도 수(水), 화(火), 목(木), 금(金), 그리고 토(土)의 다섯가지 요소 이외의 것으로 구성된 것은 없다. 수많은 짐승이 존재하지만 그중 어떤 것도 깃털, 긴 털, 짧은 털, 비늘 그리고 껍질이라는 다섯 가지 요소 이외의 것으로 구성된 것 또한 없다. 어조, 피부색, 냄새, 그리고 기호가 어림할 수 없는 다양한 것을 이룬다. 성인들은 이들 각각에게 다섯가지 범주를 할당하여 표현해서, 사람들이 서로 구분하게 했다. 날과 달도 무수하다. 그러나 성인이 천간(天干)과 지지(地支)로 이루어진 역법을 창안하자 후세 사람들은 그것을 기초로 날과 달을 명명하게 되었다. 세상 만물의 개수도 아무리 헤아려도 다함이 없지만 성인이 일에서 십까지의 숫자를 만들어서 후세 사람들이 처음으로 그 숫자를 헤아릴 수 있게 되었다.

### 교육

교육에서 가르침의 특권은 선생에게 있다. 왜냐하면 그것이 임금과 선생의 길이기 때문이다. 좋은 선생은 반드시 학생에게 교수법을 제시하고, 느긋하게 나아가며, 학생이 듣고 보는 것을 조금씩 바꾸어서 마침내 그들의 마음과 생각을 바꿔 놓는다. 그 결과 학생은 선생의 말이 떨어지기를 기다릴 필요 없이 자연스럽게 만물에 대한 이해에 도달할 것이다. 만약 이해 못 하는 학생이 있더라도 하나의 힌트만으로도, 어쩌면 그 힌트의 말이 끝나기도 전에, 그들을 깨우쳐서 봄눈 녹듯 의혹이 사라지게 할 것이다. 그러므로 선생은 장황하게 설명할 필요가 없고, 그런 설명 없이도 학생은 이해하게 될 것이다. 왜냐하면 선생이 얘기하기도 전에 학생의 생각이 절반 이상이나 벌써 거기에 도달해 있기 때문이다. … 공자는 배움에 간절함이 없는 자를 가르칠 생각이 없고, 문제에 대해 논의하기를 원치 않는 자에게 그것을 설명하지 않을 것이라고 말했다. 그가 달리해야 할 이유가 있었겠는가? …

말로 상대를 이기려 시도하는 자는 결코 진정한 승복을 얻어낼 수 없다. 가르치는 사람은 그들을 믿는 자에게 이치를 전할 수 있다. 선왕의 통치를 받던 백성은 그들에 대한 신뢰가 있었다. 유가는 공자를 믿었다. 이런 이유로 그들의 가르침이 사람들에게 설득력이 있었던 것이다. 맹자는 자신을 믿지 않는 사람들이 그의 말을 따르고 믿게 만들고자 했다. … 하지만 그것은 가르침이 일어나는 방법이 아니다.

"학(學)은 모방[效]의 뜻이다"라는 주장은 모방에 해당하는 한자의 발음이 변천해서 배움에 해당하는 것과 비슷해졌다는 사실에 근거한다. 그러나 모방은 배움의 일면일 뿐이다. 어떻게 배움이 모방과 곧장 같아지겠는가? 만약 선왕의 교수법이 없었더라면 이런 단어들에 대한 그런 해석이 수용될 수도 있을 것이다. 그러나 선왕의 가르침을 무시하고 이런 식으로 가르치는 것은 단어의 의미에 대한 치우친 해석으로 자기 뜻대로 가르치겠다는 것이다. 이것은 배움의 부족으로 비롯된 그들의 오류를 더욱 분명하게 할 것이다.

배움의 도는 성인에 대한 믿음이 첫째이다. 성인의 지식은 무량하다. 그들의 인(仁)은 완벽하다. 그리고 그들의 생각은 깊고 깊다. 인간을 가르치기 위해 그들이 기반한 방식과 나라를 통치하기 위해 확립한 제도는 인간의 감정에 가까이하기보다는 그것과 멀어 보이는 요소를 담고 있다.

후대의 유학자들은 그들의 개인적 지혜를 전시하는 것에 열중했다. 그들은 성인들을 대단치 않다 여겼고 옛 방식들이 현재 세상의 문제해결에는 적합하지 않다고 주장했다. 결과적으로 그들이 확립한 가르침은 … 개인적 지혜의 산물이었고 천박한 통찰에 불과했다. 특히 그들은 고대나 지금이나 다르지 않은 도의 단일성을 깨닫지 못했다. 만약 성인의 가르침이 오늘날의 문제해결에 적합하지 않다면, 그것은 성인의 가르침이 아닌 것이다. 학인들이 성인의 가르침을 오로지 한마음으로 따르고 꾸준한 실천으로 진전을 이루었을 때에만, 오랜 세월에 걸쳐 전해진 이 가르침들이 불변의 가치를 갖고 있음을 알게 될 것이다.

### 시(詩)

『시경(詩經)』의 서문에 있듯이, 한때 선조들은 시를 자기들만의 생각으로 설명했다. 그들은 시적 상황을 설명해서 그 시의 중요함을 부각시켰다. 왜 그들이 주석과 해설을 달 생각을 했겠는가? 그러나 원래 시에는 불변의 의미란 것이 없다. 무슨 이유로 우리가 시경의 서문을 귀하게 여겨서, 시에 대해 일련의 고정된 설명을 덧씌우는가?

대체로 시경의 시는 지고한 궁궐로부터 꼬불꼬불 이어진 미천한 골목, 그리고 다양한 영주들의 지배영역에 이르는 모든 문제들을 논한다. 귀한 자와 천한 자, 남자와 여자, 지혜로운 자와 어리석은 자, 잘생긴 자와 못생긴 자—그들 중에 시경에 등장하지 않는 자가 누구인가? 시대의 변천, 농부들의 풍습, 인간의 열정, 그리고 온갖 것들의 사정이 모두 드러난다. 가사는 유쾌하고 다정하며 인간의 온갖 감정으로 가득하다. 그것이 노래로 불리면, 사람들의 감정을 흔들어 놓는다. 시는 정녕 온갖 것을 노래하기 때문에 완고하고 오만한 마음을 불러일으키지 않는다. 그래서 군자는 소인을 이해하고, 남편은 아내를 이해하며, 신하는 백성을 이해할 수 있으며, 풍요의 시대는 퇴락의 시대를 이해할 수 있다. 시경에 있는 것이 이런 것들이다.

또한 시의 의미가 반드시 행동의 모범이어야 할 이유는 없다. 시로부터 아름다운 것도 통탄할 일도 얻어낼 수 있다. 독자는 시에서 마르지 않는 샘물처럼, 홀로 생각을 길어내어 그것을 확장하고 증폭시키거나, 혹은 비유와 비교거리로 삼을 수도 있다. 그것이 시의 모든 것이다. 그런 이유로 예로부터 사람들은 지혜를 구하기 위해, 성공적으로 통치하기 위해, 유창하게 말하기 위해, 이웃 나라에 사절로 가서 능숙한 답변을 하기 위해, 시경으로부터 그들이 필요로 하는 것을 길어냈다. 『서경(書經)』은 정확한 언어를 제공하지만, 『시경』은 미묘한 표현을 제공한다. 『서경』은 거대한 것을 드러내지만, 『시경』은 사소한 것도 빠뜨리지 않는다. 해와 달이 번갈아 가며 빛을 던지고, 음과 양이 자연의 운행에 서로를 도우는 것과 마찬가지로, 우리는 이 두 고전을 하나의 통일체로 여기고, 의례의 원칙에 대한 보고(寶庫)로 여기는 것이다.

[JAT/조영렬]

---

## 질문에 대한 답변들

오규 소라이 1727, 456-7, 462-4 (76-7, 81-3)

### 기질(氣質)

기질이 나쁜 까닭은 특히 외기(外氣)의 독(毒)이기 때문이라 생각한다고 말씀하셨습니다. 제 잘못을 아는 것은 좋은 일이긴 하지만, 너무 기질을 기의 독이라 생각하는 것은 좋지 않다고 생각합니다.

기질은 하늘에서 받아서, 부모로부터 나면서 타고난 것입니다. 기질을 변화시킬 수 있다고 말하는 것은 송나라 유학자의 망령된 주장으로, 되도 않을 일을 사람에게 다그치는 아주 도리에 어긋난 짓입니다. …

성인은 총명(聰明, 귀가 밝고 눈이 밝음)·예지(叡智, 뛰어난 지혜)의 덕을 하늘로부터 받아서 신명(神明)과 같은 사람입니다. 어떻게 인력으로 가능한 일이겠습니까. 그래서 예부터 성인이 된 사람이 없었으니, (성인이 될 수 있다는 송나라 유학자의 주장은) 망령된 주장임이 분명합니다. 성인의 가르침에는 성인이 되라고 말씀하신 적이 없습니다. 성인의 가르침에 따라 군자가 되는 것입니다. 송나라 유학자의 주장은, 불교에서 부처님이 되라고 말하는 것을 좋게 여겨 그 흉내를 낸 것입니다. 송나라 유학자의 주장에 따르면 인욕(人欲)을 완전히 깨끗하게 하여 천리(天理)와 하나가 된 사람을 성인이라고 합니다만, 그 정도를 성인이라고 할 수는 없습니다. 제 마음에 '성인은 이러이러 할 거야'라는 생각을 일으켜 (성인의 이미지를) 만들어내는 것은 마치 우레 또는 도깨비 따위를 그림으로 그리는 것과 비슷합니다. 본 적도 없는 것을 어림짐작으로 헤아려 그림으로 그린 것을 진실이라고 믿어, 우레는 큰북을 두들기는 것이고 도깨비는 호랑이 가죽으로 아랫도리를 가리는 존재라고 생각하는 아녀자의 마음과, 송나라 유학자의 주장에 따라 성인을 생각하는 것은 그다지 다르지 않다고 생각합니다. …

## 점(占)

점이라는 것은 성인의 책에도 그것이 있기는 하지만, 신용하기 어려운 구석이 있다고 말씀하셨습니다. 이것은 이학(理學)의 나쁜 관습으로, 도량이 좁은 것입니다. 무슨 일이든 이치를 따져야 속이 풀리기 때문에 점은 파고들 만한 일이 아니라 여긴 것입니다.

우선 복서(卜筮)[16]는 계의(稽疑)로 보입니다. 계의란 의심스러운 일을 (질문하여) 결정하는 것이라 하겠습니다. 요즈음 세간에서 여성이나 아이들이 점보기를 좋아하는 것은 그저 앞일의 길흉, 행과 불행을 알고 싶어서 그러는 것이니, 가령 내일 죽으리라는 사실을 오늘 확실히 안다고 한들 아무런 이익도 없을 것입니다. 옛날의 복서는 그렇지 않았습니다. 가령 갈림길이 있을 때, 왼쪽으로 가야 길할 지 오른쪽으로 가야 좋을 지, 도리가 보이지 않고 생각이 떠오르지 않을 때에, 복서를 통해 귀신(鬼神)에게 물어보았습니다. 따라서 아무 일도 없을 때에 미리 금년의 길흉을 안다든지 하는 일은 일찍이 없었습니다. 이것을 계의라고 합니다.

…

인간의 지식과 힘이 미치는 것은 한계가 있습니다. 천지(天地)도 살아 있는 것이고, 사람도 살아 있는 것이기 때문에, 천지와 사람이 만나고 사람과 사람이 만나는 데에는 무궁무진한 변동이 생기니, 미리 헤아려서 알 수 있는 일이 아닙니다. 어리석은 사람은 우연히 한두 가지 들어맞는 일이 생기면 제 지식과 힘으로 이루었다고 생각하지만 그렇지 않습니다. 모두 천지귀신(天地鬼神)의 도움으로 이루어진 일입니다. 사람의 지식과 힘으로 미칠 수 없는 것에 대해서, 군자는 천명(天命)을 알아 마음을 움직이지 않습니다. 자신이 해야 할 일을 하기 때문에 자연스레 천지귀신의 도움을 얻습니다. 어리석은 사람은 자신의 지식으로는 보이지 않기 때문에 의심이 생겨 마음을 한곳에 모아 힘쓰지

---

16) [영] 복(卜)이란 귀갑(龜甲)이나 수골(獸骨)을 불에 태워서 그것이 갈라지는 금의 모양을 보고 점을 치던 방법, 서(筮)는 산가지의 조작에 의해서 얻어진 수(數)로 길흉의 점을 치는 방법을 가리킨다.

않고 힘 또한 약하기 때문에 일이 잘못되어 이루어지지 않습니다. …

이학의 단점은 도량이 협소한 데 있으니, 마치 뻘을 파고드는 게처럼 오로지 모든 것을 자신들의 관점에서만 봅니다. … 가장 심한 경우로는, 사람의 지식과 힘이 미치지 못하는 천명에 대한 것도 리를 통해 접근할 수 있다고 생각했습니다. 그래서 (송나라 이학자들은) 성인이 복서를 사용한 것을 이해하지 못했습니다. (이학자들도) 학문의 공이 쌓여 차츰차츰 도량이 커지면, 의심이 없어질 것입니다. …

[SHY/조영렬]

# 이시다 바이간

石田梅岩, 1685-1744

이시다 바이간은 교토(京都)의 한 포목 가게의 점원으로 일하며, 아침 일찍 또는 밤이 늦도록, 동료들은 잠자는 동안에 책을 읽었다. 1729년에 그는 포목점 일을 그만두었고, 엄선한 일본과 중국의 고전들을 주변 상인과 장인들이 이해하기 쉬운 말로 설명하면서 무료 대중강연을 시작했다. 나중에 「심학(心學)」, 즉 '마음 배우기'라 불리는 바이간의 논리는 진정한 인간 본성을 이해하는 것이 가장 중요한 일임을 강조했다. 그는 도를 유학의 「오륜(五倫)」과 동일시하면서, 오로지 개인이 이 내면의 지식인 심학 추구에 성공할 때에만, 가정과 사회에서 도(道)가 이루어질 수 있다고 했다. 바이간은 「학(學)」을 수양의 수단으로 이해했던 송대 주자학의 가르침에서 주요한 영감을 받았지만, 일본의 토착 종교와 도교 사상도 수용했고, 특히 명상의 실천을 강조했던 선불교에 크게 의지했다. 결국 그는 일종의 비교철학을 실천하면서 당대의 다양한 지적·종교적 전통들을 능숙하게 절충했다.

  아래 인용문들은 바이간이 다양한 학인 또는 학자들과 대화한 것을 발췌한 것이다. 첫 번째 글에서 그는 고전적인 '성인의 지혜'를, 마음이 이기적 충동에 의해 통제되지 않으면서, 일정한 시점에 인간이 직면하는 특정한 형태와 완전히 하나가 되는, 자발적이며 자연스런 앎으로 보았다. '형태에 달려있는 마음'이란 논리는 중요한 윤리적 의미를 가진다. 우리가 진실한 본성을 깨칠 때, 그 인간의 마음은 곧장 다른 존재를 수용하며, 그래서 자신의 필요보다 그 존재의 필요를 우선시하게 된다. 두 번째 발췌문에서는, 국학자인 한 대담자가 신도(神道)라는 종교적 숭배의 전통과 유학 사이의 모순을 설명해 보라고 도발적 질문을 던지자, 바이간은 고전 유학 저작과 주자학의 관점을 재해석해서 일본 신을 숭배하는 것의 중요성을 명백히 밝힌다.                              [JAS/조영렬]

## 선천적 지식과 학습한 지식

이시다 바이간 1739, 113-5 (300-2)

  한 학인이 물었다. "성인은 지(知)를 타고납니다. 그 지식은 당신 같은 사람이 가질 만한 지식이 아닙니다. 그럼에도 어떤 까닭으로 당신은 쉽게 성인의 지혜와 자기중심적이며 개인적 지식을 구별할 수 있나요?"

  바이간 선생이 말씀하셨다. "당신도 쉽게 흑백을 구별할 수 있습니다. 성인의 지혜와 자기중심적인 지식을 구별하는 것도 그와 비슷합니다. 우(禹) 임금[17]이 치수(治水)를 할 때, 그에게 필요했던 지식은 단지 한 곳이 높고 다른 한 곳은 낮다는 것이었습니다. 그런 것에는 어떤 비상한 지혜가 필요하지 않습니다. 자기중심적인 지식은 자신의 완고한 의지만으로 이루어지기 때문에 자연스런 지혜가 아닙니다. 그것은 성인의 지혜와 다릅니다. 성인의 지혜를 쉬운 말로 해보면, 정자(程子)는

---

17) [영] 기원전 20세기 경에 최초의 중국 왕조인 하(夏)나라를 세운 우(禹) 임금은 치수사업에 성공한 것으로 유명하다.

이렇게 말씀하셨습니다, '오늘날 말을 다루기 위해 굴레를 사용합니다. 그러나 황소를 다루기 위해 그것을 사용하지는 않습니다. 인간이 굴레를 만든 것을 모두 알고 있습니다, 하지만 굴레가 말 때문에 생겼다는 것은 알지 못합니다. 성인의 가르침도 이와 같습니다.' 성인이 말을 본 후에야 굴레를 만들었고 그것을 말에 사용한 것입니다. 그가 어머니의 자궁 속에 있을 때나 태어날 때부터 말을 알았던 것은 아닙니다. 단지 자신이 보았던 것을 자신의 「마음(心)」으로 받아들인 것일 뿐입니다. 이것이 성인의 지혜의 탁월한 측면입니다. 직접 대면한 것을 어떤 왜곡도 없이 그것 자체로 비추어내는 성인의 능력은 명경(明鏡)과 지수(止水)를 닮았다 하겠습니다.

처음 인간의 마음은 성인의 마음과 다를 바가 없었습니다. 그러나 점점 칠정(七情)에 의해 미혹되면서, 성인의 지혜가 그들의 것과는 다른 특별한 것으로 믿게 되었습니다. 그래서 점점 무지해지고 더욱 많은 의혹에 휩싸입니다. 원래 인간은 만물의 형태를 보면, 바로 자신의 마음으로 받아들일 수 있었습니다. 예를 들어 자는 도중에 스스로 다리를 긁었다면, 무심코 자신의 몸을 도운 것입니다. 몸이 바로 마음이 된 것입니다. 모기의 유충이 고인 물에 있을 때에는 사람을 물지 않습니다. 그러나 변태(變態)하여 모기가 되면, 사람을 뭅니다. 이것은 마음이 형태에 좌우되기 때문입니다. 새와 다른 미물을 봐도 그러합니다. 개구리는 뱀을 두려워합니다. 어미 개구리가 새끼에게 이렇게 가르칩니다. "뱀은 너를 잡아먹어. 무서운 놈들이야!" 그래서 이 공포를 배우고 학습하여 전하게 됩니다. 태어날 때부터 개구리의 형태로 났으니 뱀을 무서워하는 것입니다. 그 형태가 곧장 그 마음을 형성시킨 것입니다.

다른 친근한 예를 들어보겠습니다. 여름이 시작될 때 벼룩이 사람 근처에 나타납니다. 이 경우에도 어미 벼룩은 아마도 이렇게 새끼를 가르칠 것입니다. "사람의 피를 빨아서 살아남도록 해! 인간의 손이 움직이면, 주의하면서 재빨리 깡충 뛰어야 해―안 그러면 죽는 거야!" 그래서 벼룩이 뛰어오를 때, 그것은 학습한 것이 아니라 그들의 형태 때문에 그리하는 것입니다. 맹자(孟子)께서 이렇게 말씀하셨습니다. "우리의 몸과 용모는 하늘이 주신 것이다. 오직 성인만이 그 육체를 완전히 이룬다." 그 육체를 완전히 이룬다는 말은 오륜(五倫)의 도를 정확히 따름을 의미합니다. 그러지 못하여 육체를 완전히 이루지 못하는 사람은 소인이라 하겠습니다.

금수(禽獸)에게는 이기적 마음이 없습니다. 오히려 그들은 육체를 완전히 이룹니다. 이것은 모두 자연스런 이치로 그리 된 것입니다, 그리고 성인은 이것을 압니다. 『일본서기(日本書紀)』는 이렇게 말합니다. "오아나무치노 미코토(大己貴命)와 스쿠나히코나노미코토(少彦名命) 신이 힘을 합쳐 하늘 아래 세상을 창조했다. 아끼는 인간과 짐승을 위해, 질병을 치료하는 법도 마련했다. 게다가, 새와 짐승, 그리고 곤충의 재난을 예방하기 위해 주문도 준비했다. 이런 대책과 규정을 통해 모든 사람들이 오늘날까지도 신의 보호 아래 삶을 누리는 것이다." 어디에서건 도(道)는 동일합니다. 중국의 『서경(書經)』에 이르기를, 복희(伏羲) 씨가 희생(犧牲)으로 바칠 동물을 키우고 그것을 따로 보관해 두었다 합니다. 인간과 짐승은 다른 범주에 속하기 때문에 금수는 인간을 두려워하고 멀리하는 것입니다. 성인과 신은 이기적 마음이 없습니다. 그들은 새와 짐승의 두려움을 관찰하고 그것에 깊이 공감했습니다. … 그들은 그들이 만나는 것을 자신의 마음으로 받아들였고 모든 동물의 천성적 특징과 친숙해졌던 것입니다. 그들은 동물을 인간과 친하게 만들었고 그래서 많은 동물을 가축으로 만들 수 있었습니다."

[JAS/조영렬]

# 귀신(鬼神)

이시다 바이간 1739, 45-8

누군가가 이렇게 물었다. "우리나라의 신(神)의 도와 중국의 유학적 도 사이에는 차이가 있어 보입니다. 공자께서 번지(樊遲, BC.515-505)에게 이렇게 말씀하셨습니다, '귀신을 존중하면서도 거리를 두는 것은 「지혜」롭다 할 만하다'(『논어(論語)』 옹야(雍也)편 24절). 우리의 신의 도는 이와 다릅니다. 두 나라가 같이 '신(神)'이라는 단어를 쓰면서도 이런 점에서 어떻게 다를 수 있습니까?"

바이간 선생이 반문하셨다. "우리나라의 신을 어떻게 생각합니까?"

질문자가 답했다. "우리는 친숙하고 친근하게 신에게 접근하는 것을 중요하게 여깁니다. 유학에서는 거리를 두라고 하는데 이는 신에 대한 존경심이 부족한 것으로 비칠 수 있습니다. 우리가 어떤 것을 바라고 희망할 때 신에게 기원문을 써서 바칩니다. 그 기원이 이루어지면 「도리이(鳥居)」를 세우거나 사원을 더 크게 짓습니다. 이런 방식으로 신은 인간의 기원을 들어줍니다. 그러나 성인께서는 '귀신을 존중하면서도 거리를 두라'고 하시니 너무 판이합니다. 만약 이런 관점에서 본다면 유학적 방식을 지키는 사람들은 이 나라에서는 신을 따르는 법도를 어기는 죄인이 될 수도 있습니다."

바이간 선생이 대답하셨다. "성인께서 '귀신을 존중하면서도 거리를 두라'고 말씀하신 것은 그런 뜻이 아닙니다. 정자는 '외부의 신을 모시는 데 있어서 「경(敬)」[18]에 우선순위를 두어야 한다'고 말했습니다. 그러므로 도에 부합하지 않는 불순한 기원과는 거리를 두고, 조상을 모심에 있어서 「효(孝)」를 우선시해야 할 것입니다. 공자의 말씀은 '거리를 두라'고 한 것이 아닙니다. 우리는 '귀신을 존중하면서도 거리를 두라'는 말씀을 크게 잘못 이해하고 있습니다. 주희 선생은 '신은 부적절한 것을 받지 않는다[19]'고 말했습니다. 그러므로 신에게 적절치 못한 요구를 하는 것은 경하지 않은 것입니다. 공자께서는 경을 멀리하라 한 것이 아닙니다. 당신의 말에 따라, 우리가 신에게 기원문을 올리고 그것이 이루어졌을 때 기원문의 서약에 따라 도리이를 세우거나 사원을 중흥하는 것이 정녕 경이라 생각합니까?"

질문자가 답했다. "네."

바이간 선생이 대답하셨다. "그렇다면, 누군가가 이렇게 말했다고 가정해봅시다. '나는 당신의 이웃집 딸을 내 아들과 결혼시키기를 원합니다. 나를 위해 중매자가 되어주십시오. 보답을 하겠습니다.' 당신이라면 자신에게 수치를 불러올지도 모를 중매자의 역할을 맡겠습니까?"

질문자가 말했다. "사람을 그렇게 대하는 것은 무례한 일입니다. 어떻게 돈에 의해 좌우되어 중매자의 역할을 할 수 있겠습니까?"

바이간 선생이 말씀하셨다. "그렇다면 당신은 수치심을 알고 개인적인 불명예를 참지 못하는 사람입니다. 누군가가 자신의 윗사람에게 어떤 요구를 했다고 가정해 봅시다. 어떻게 '나를 위해 이 문제를 해결해 주시면 이만큼의 돈을 드리겠습니다'와 같은 요구를 할 수 있겠습니까?"

질문자가 말했다. "그것은 높은 사람을 모욕하는 짓입니다. 누가 감히 그런 짓을 할 수 있겠습니까?"

---

18) [영] '외부의 신'은 자연의 신과 수호신을 뜻한다. 바이간은 논어 팔일(八佾)편 12장, 정씨 형제의 언급으로 여겨지는 것에 대해 주희가 주석을 단 논어집주를 인용한 것이다.

19) [영] 주희, 논어 팔일(八佾)편 6장에 관해 논어집주에서 주희가 단 주석.

바이간 선생이 대답하셨다. "이렇게 가정해봅시다, 누군가가 고결한 신에게 윗사람에게도 할 수 없는 다음과 같은 불순한 기원을 했다고 칩시다, '만약 내 기원을 들어주시면 당신에게 도리이를 바치고 사원을 중흥하겠습니다.' 그렇게 되면 신이 도리이나 사원 중흥에 유혹 당하는 처량한 존재가 되지 않습니까? 그럼에도 누군가가 불순한 제안으로 신의 명예를 더럽힌다면 그는 결국 천벌을 받을 것입니다. 두려운 일이지요. 심지어 이런 노래도 있습니다. '마음이 참된 도(道)를 따른다면, 비록 기도하지 않더라도 신이 보호해줄 것이다.' 한번은 자로(子路, BC.542-480)가 공자님께 그의 쾌유를 비는 기도를 해도 괜찮겠냐고 묻자, 공자께서 이렇게 답하셨습니다, '나는 오랜 세월 기도하고 있었다'(『논어』술이(述而)편 35장) 공자께서 말씀하신 '기도'는 참된 도를 따르는 것을 말함입니다. 도와 하나가 되었다면 기도란 것이 무슨 필요가 있겠습니까? 공자님의 말씀이 이 나라의 신(神)의 도와 모순된다는 말은 터무니없는 소리입니다.

모든 성인의 책은 이런 무지를 깨뜨리고자 합니다. 만약 책 때문에 헛된 길로 들어선다면 그런 책은 없는 것이 낫습니다. 예로부터 유학의 도는 이 나라의 신의 도를 보완해왔습니다. 이곳의 신이 사람들을 부적절하고 부당한 뇌물을 탐하도록 이끌었나요? 그들을 신이라 부르는 것은 순수함과 청결함의 표상이기 때문이었습니다.

신을 믿는 사람들은 자신의 마음을 정화하기 위해 그리하는 것입니다. 그럼에도 불구하고 낮이고 밤이고 사람들은 사원에서 온갖 사사롭고 불순한 기원을 위해 절을 올리고 신에게 기도하면서 각종 뇌물을 바칩니다. 자신의 불결함으로 신의 순수함을 욕보이는 자들은 진정 죄인이며 천벌을 받을 것입니다. 공자께서 이렇게 말씀하셨습니다. '하늘에 죄를 지으면 빌 데가 없다.'(『논어』팔일(八佾)편 13장) 성인께서는 「천명(天命)」에 어긋나는 인간의 욕망은 그 자체로 죄라고 말씀하시는 것입니다. 욕망은 탐닉으로부터 생겨나는 것입니다. 스스로를 탐닉에 빠뜨리면 다른 사람에게도 폐가 됩니다. 그것은 중대한 죄입니다. 죄인이 된다면 신의 마음과 어떻게 하나가 될 수 있겠습니까?

사람들 사이에 불공정함이 없음은 그 자체로 신적인 것입니다. 비록 어떤 사람의 바람이 사악하더라도, 만약 다른 사람만의 선한 바람이 이루어진다면, 그것은 불공정한 것입니다. 바람이 이루어지거나 그렇지 못한 경우를 비유로 설명해보면 그것은 아버지가 자식에게 가문을 물려주는 것과 같습니다. 자식이 그것을 요구할 수는 없는 일입니다. 만약 아들의 행위가 바르다면 상속자가 될 것입니다. 만약 방탕하다면 그는 물려받지 못할 것입니다. 이런 점에서 아들의 바람이 이루어졌는가 아닌가와는 무관하게, 그 결과는 동일합니다.

우리의 운명이 각자의 행동에 달려있다는 것을 명심해야 합니다. 신의 마음은 거울과 같습니다. 어떻게 조금의 불공정함이 있을 수 있겠습니까? 그러나 만약 한 사람의 바람이 이루어졌다면 그것은 신이 그 요구를 수용했기 때문입니다. 다른 사람들이 그 소식을 듣고는 아무개가 그렇고 그런 것을 신에게 바쳤기 때문에 그것이 이루어진 것이라 말합니다. 만약 그런 풍문이 떠돌게 된다면 신은 결국 뇌물수수자가 되고 마는 것입니다. 그런 불순한 마음으로 신을 숭배하는 것은 슬픈 일입니다. 이 모든 것이 사람들이 천명을 이해하지 못한 데서 비롯된 것입니다." [JAS/조영렬]

# 안도 쇼에키

安藤昌益, 1703-1762

근대 초엽에 가장 체계적이고 심오한 형이상학 이론가였던 안도 쇼에키는 당대에는 철학자로서 거의 이름을 얻지 못했다. 그의 제자는 겨우 스무 명 남짓이었고, 그의 방대한 저작은 19세기에야 발굴되어 세상에 알려졌다. 오늘날까지도 쇼에키의 사상은 서양에는 잘 알려지지 않았다. 하지만 그는 근대 일본의 여명기에 등장한, 통찰력과 상상력이 넘치는 유학·불교·도교·신도(神道) 사상의 비평가 중의 한 사람이었고, 또한 「기(氣)」에 기반한 존재론적 체계를 더욱 복잡하고 역동적으로 제시했던 예지력 있는 형이상학자였다.

일본 북동 지역의 오지인 하치노헤번(八戸藩) (현재의 아오모리현[青森縣])에서 의사 노릇을 했다는 사실 때문에 철학자로서의 쇼에키는 잘 알려지지 않았다. 니이다무라(二井田村, 아키타현[秋田縣])에서 태어났고 만년에 그곳으로 돌아가 여생을 보냈다. 단 한 번도 에도(江戸)나 교토(京都)를 방문해서 그곳의 지식인들에게 자신의 철학적 사상을 유세했던 적도 없었다. 그의 사상이 학파를 형성하지 못하고 문하생이 거의 없는 것도 이상한 일이 아니다.

쇼에키가 죽기 전까지 집필했던 주요 저작, 『자연진영도(自然眞營道)』는 당대의 불교·유학·신도의 철학적 체계를 때로 날카롭게 때로 흥미롭게 비평했다. 또한 사무라이와 나머지 지배계층을 몹시 비판했다. 그는 현세의 세상에 맞서 유토피아적 상상력을 내보였다. 그런 세상에서는 모든 인간이 남녀 불문하고 자유롭고 편안히 평등한 관계를 맺으면서 서로에게 친절하며, 새·짐승·곤충·물고기·풀·나무와 친밀하며, 자연스레 자발적인 우주의 운행과도 조화로운 관계를 맺는다.

이런 점에서 쇼에키의 사상은 『노자(老子)』, 『장자(莊子)』에 기록된 옛적 도교 철학자들의 그것을 떠올리게 한다. 조화로운 세상에 대한 비전을 제시했을 뿐 아니라, 도교의 사상과 모든 면에서 충돌했던 유학 사상을 공격했다는 사실에서도 그것을 확인할 수 있다. 하지만 유학의 성인들에 대한 도교의 비판을 의식해, 도교 사상과의 차별화에도 애썼다. 그는 노자와 장자도 지고한 스승으로 스스로를 드높였기 때문에 결국 그들이 비판했던 성인들과 다를 바 없다고 주장했다. 이것은 학파를 부정하고 학파의 논리를 비판하고 스스로 학파를 세우지 않으려 했던 쇼에키의 주장과 궤를 같이한다.

쇼에키의 사상은 체제 유지를 원하는 사람들에게는 오만하고 과격해 보였기 때문에 외면당했다. 그의 저술에는 유학에 심취했던 사무라이 지배계층의 강압적 통치에 분노하던 사람들의 애절하고도 반(反)권위주의적인 정서가 설득력 있게 제시되었지만, 그것을 읽은 식자계층은 반응이 없었다. 그럼에도 불구하고, 쇼에키의 저서는 도쿠가와시대의 일본에서 도학적인 방식으로 체제에 저항하는 시도가 있었다는 명백한 증거를 보여 준다. 그것은 오늘날에 와서야 독자들의 관심을 끌게 된다.

이어질 발췌문은 쇼에키가 장자(莊子, BC.369-286)가 창안한 서술 방식의 예를 좇았음을 보여주는 글로 시작된다. 동물끼리의 대화, 즉 우화의 방식을 통해 비판의 강도를 누그러뜨리고 진술의 심각함을 덜고자 했다. 이어서 그가 어떻게 자연스런 자발성과 진실한 삶이라는 「도(道)」에 도달했는지를 말해주는 자전적 글이 전개된다. 여기서 그는 자신이 선생의 역할을 자처한다. 끝으로 쇼에키가

최후에 완성한 걸작인 『자연진영도』의 「대서(大序)」에서 발췌된 글이 소개된다.    [JAT/조영렬]

# 자연의 진실대로 사는 것

안도 쇼에키 1762, 6. 93-4, 107, 149 (143-4, 149, 170)

## 유학과 불교에 대하여

개가 말했다.

"우리는 인가(人家)의 가마솥 따위 쇠의 정기(精氣)로부터 태어나서, 사람이 먹다 버린 찌꺼기를 먹고, 이상한 그림자나 도둑놈 따위가 보이면 짖어대며 주인을 지킨다. 제 손으로 농사를 짓는 일 없이, 주인이 먹다 남기거나 버린 것을 게걸스레 먹으며 사는 것은 횡기(橫氣)[20]가 관장하여 태어난 탓인데, 하지만 이것은 자연(自然)이 그렇게 시킨 것이지 우리의 잘못은 아니야.

법세(法世)에도 우리 흉내를 내는 인간들은 차고 넘치지. 대대로 줄지어 선 유학자들과 성인들, 그리고 … 공자·맹자, 그리고 당나라·송나라·명나라의 학자들, 「석가모니」, 노자 그리고 장자의 시대 이래로, 대대로 등장했던 많은 선불교의 원로들, 불교의 학승들, … 그리고 일본을 보면, 쇼토쿠 태자(聖德太子, 574-621)와 하야시 라잔(林羅山, 1583-1657)*과 오규 소라이(荻生徂徠, 1666-1728)* 로 이어지는 학자들. 모두 저는 일하지 않고 민중이 일한 성과를 가로채니, 말하자면 민중이 남긴 것에 기생하며 먹기를 탐하면서, 자연의 근본원리(상호 작용[互性]으로 이루어지는 신묘한 도)를 전혀 알지 못한다. 저들은 치우친 기를 바탕으로 태어나, 치우치고 비뚤어진 마음과 지식에 근거한 기이한 이야기를 책으로 쓰고, 하늘의 도를 모독하는 도구인 한자(漢字)와 책을 만들며, 허튼소리를 얼기설기 써놓고서는 근엄하게 읽어댄다. 하지만 그 책들은 구절마다 자연의 도에 어긋나고, 제멋대로 지어낸 것에 불과하다.

그러므로 근원적 물질의 자기운동(自己運動), 나아가고 물러나는[進退] 모순운동과, 종횡(縱橫)으로 서로 통하여 돌고도는, 하늘과 땅과 사람과 물(物)에 갖추어진 절묘한 법칙에 비추어본다면, 모두 치우치고 어두운 마음의 산물이지. 인간들이 경학(經學)의 근본이라 여기는 역학(易學)이나 역학(曆學), 오상(五常)과 오륜(五倫)의 규범, 그리고 불교경전에서 말하는 불생불멸(不生不滅)의 주장 따위도, 모두 상호작용이라는 절묘한 진리를 왜곡한 그림자라고나 할 수 있겠지. 그러므로 유교의 강담(講談), 불교서적의 설법, 도교(道敎)의 책과 의학서와 신도서(神道書) 따위, 기타 시문(詩文)에서 말하는 것은 모두 그림자를 보고 짖어대는 짓에 지나지 않아. 그림자를 보고 짖는 거는 우리 개들의 전매특허지. …

세간에 '출가자(出家者)·사무라이·견축생(犬畜生)'이라는 말이 있는데, 다른 말이 아니야. 출가자라는 건 스님을 가리키고, 사무라이는 성인이니까, 스님과 성인과 개는 완전히 같은 것이라는 뜻인데, 참으로 묘한 말씀이야. 우리도 땀 흘리며 수고하지 않고 먹고, 성인도 일하지 않고 민중의 노동을 가로채서 먹고, 스님도 일하지 않고 보시를 (받아 민중의 노동 결과를) 훔쳐서 먹는 건 매한가지. 근엄하게 도덕을 논하고 깨달음을 설파하거나 하는 것은 진리를 왜곡한 그림자를 보고 짖어대는

---

20) [일] 안도 쇼에키의 세계관에서, 통기(通氣)는 인간을 낳고, 횡기(橫氣)는 날짐승과 들짐승과 벌레와 물고기 따위 동물을 낳고, 역기(逆氣)는 풀과 나무와 곡물 따위 식물을 낳는다.

짓이니, 우리 개들이 사물의 그림자를 보고 짖어대는 것과 꼭 같은 일이지.

......

여우가 다음과 같이 말했다. …

"이런 인간들은 통기(通氣)에 의해 태어났지만, 욕망으로 가득해 횡기(橫氣)의 세계를 헤매지지. 달리 말해 여우가 된 거야. … 옆으로 향하는 기에 미혹되기 때문에 극히 예민해지고, 감성과 지성이 혼돈에 빠져버려. 그렇게 생긴 망상은 무수한 형태로 나타나지. 유학적 가르침은 점, 점성술, 12궁도, 오륜, 다섯 가지 덕, 그리고 네 가지 계층으로부터, 인간의 마음과 정신, 그리고 인간이 취해야 할 공정한 방식인 도에 헌신하는 마음과 정신 사이의 차이를 가르치는 일에 이르기까지 다양한 유학의 가르침이 있다. 또 「불심(佛心)」, 인지적 존재의 마음, 불생과 불멸, 다섯 기간들, 그리고 바른 가르침 으로부터 깨달음을 얻는 것에 이르기까지 수많은 불가의 가르침도 있지. … 또 불멸을 얻으라는, 아무 것도 하지 않는 것을 하라는 도교의 가르침도 있지. 전략과 전쟁의 기술을 가르치는 장수들도 있고 생명을 나르는 기의 참된 흐름에 대한 무지로 만들어진 12경맥(經脈)과 약물들과 의사의 지침도 있지. 일곱 세대에 이르는 하늘의 신과 다섯 세대에 이르는 땅의 신에 관한 신도(神道)의 가르침도 있어. … 이 모든 저술과 가르침은 천도를 사사로운 일로 만들어버려. 모두 옆으로 가는 기가 만든 망상이야. 그런 탐구가 이 네 가지 영역에서 여우와 같은 자들을 낳았지. 그래서 내가 금수의 세계에 서 가장 박식한 자이며, 세상 이치를 연구하는 모든 학자들은 나의 제자가 되는 셈이지."

......

왕개미가 말했다.

"법세(法世) 사람 중에도, 생래적(生來的)으로 허리를 굽히며 인사하기를 좋아하고, 노동(자신이 본래 해야 할 하늘의 도)을 게을리 하며, 일하지 않고 먹기를 탐하면서, 일생 여러 나라를 유랑하며, 녹을 받아먹으려 하는 자가 있다. 우연히 녹을 줄 테니까 머무르라 하는 이가 있으면 거기에 눌러앉 고, 녹을 받아먹지 못하게 되면 다시 다른 나라로 떠돌아다니며, 거기에서도 녹을 받아먹지 못하면, 또 다시 다른 나라로 유랑의 여행을 거듭하다, 결국 녹을 받지 못한다. 그래서 이번에는 집에 콕 처박혀 삿된 마음으로 많은 책을 지어 후세에 남기지. 그가 쓴 말은 모두 한쪽으로 치우친 변명과 헛된 아첨이라, 후세에는 더욱더 비뚤어진 도덕과 상벌(賞罰)의 규칙이 만연하고, 착취가 반란이 끊이지 않는 판국이야. 그러니 내가 벌레 세계의 공자라면, 인간 세상의 공자는 왕개미라 해야겠군.

[야스나가 도시노부(安永壽延)/조영렬]

---

## 변화하고 있는 세상에 관한 심포지엄[良演哲論]

안도 쇼에키 1762, 1. 178-80, 187, 190, 210, 217-18, 245, 254, 267-70, 280-2, 289-90, 294 (198-9, 201-2, 209-12, 223, 228, 233-40, 245-7)

### 한 선생이 깨친 진실

선생의 성(姓)은 후지와라(藤原)이고, 아메노코야네노미코토(天兒屋根命)의 143대 자손이다. 데와 (出羽) 지방 아키타성(秋田城)의 번화가에서 살고 계신다.

선생은 태어나서 장년(壯年)에 이르기까지, 다른 사람을 스승으로 모시고 배우거나 책에서 배운 적이 없었다. 제 힘으로, 자연(自然)에 대해 이렇게 이론을 만드셨다. "자연은 운동하는 물질의 커다란 총체(總體)이며, 근원적 물질이 스스로 나아가고 물러나며 서로 관련되는 팔기(八氣)[21]가 되고, 그것들이 통횡역(通橫逆)[22]의 세 가지 방식으로 돌고돌며 하늘과 바다와 대지를 낳는다." 또한 태어나면서 자신에 갖추어져 있는, 얼굴의 여덟 가지 기관(器官)의 상호작용을 관찰하고, 하늘과 땅처럼 인간의 몸에도 '살아있는 참'[23]의 운동법칙이 이어져 있음을 밝히 아셨다. 그리하여 인간의 실천활동도 우주를 주재(主宰)하는 '살아있는 참'과 함께 행하는 생산노동의 한 줄기가 되어야 한다고 말씀하셨다. 즉 살아있는 참이 만물을 낳은 '생산활동'과, 곡물의 정수(精髓)가 엉겨 태어난 인간의 '생산활동, 즉 농경노동'은 궁극적 차원에서 같은 운동이고, 그것 이외에 해야 할 일은 아무것도 없음을 밝히셨다.

사람들이 예부터 존중한 서적, 예를 들어 유교의 성인, 불교의 석가, 도교의 노자, 전통의학, 신도가(神道家) 등이 지은 책이나 주장은 모두 천지(天地)의 모순운동(矛盾運動), 즉 살아있는 참의 활동을 드러내기는커녕, 하나같이 그들의 관념적인 삶의 방식에서 만들어진, 일면적(一面的)인 허울 좋은 말에 불과하다는 사실을 꿰뚫어보셨다.

그러므로 일체(一切)의 문자는 일면(一面)에 치우친 그들의 사고에서 만들어진 것이므로 한 조각의 진리도 없고, 모두 자연의 법칙을 사물화(私物化)하기 위한 도구라고 생각하셨다. 따라서 선생은 예부터 내려온 책에서 단 한 글자 한 구절에도 구애받지 않았다. 옛사람이 지은 문자는 진실을 감추므로, 그 잘못을 바로잡기 위해, 굳이 잘못 사용되어온 문자를 빌어서 진리를 드러내고자 한 것이다. 그러므로 선생이 책을 지었다고 해도, 그것은 문자를 존중해서가 아니다. 본래 문자가 잘못 사용되었다는 사실을 충분히 이해하고, 문자를 사용하여 예부터 내려온 책과 주장의 잘못을 폐기하고자 하는 것이다. 그렇게 함으로써 살아있는 참의 눈부신 통일성, 즉 모순관계를 모두 갖추고 있는 자연의 법칙을 밝히고자 한 것이다.

……

선생께서 말씀하셨다.

"목기(木氣)의 봄에 꽃이 피고 금기(金氣)의 가을에 열매를 맺는, 봄과 가을의 상호 전화(轉化)는 살아있는 참의 생성(生成) 활동이다. 이것을 알지 못하고 『춘추(春秋)』라는 책을 지어 상벌(賞罰)의 기준을 제정하려 한 자(공자)는 그 뒤 오래도록 살인이 만연하게 된 원인을 만든 것이니, 한쪽으로 치우친 잘못이 심한 경우이다."

……

선생께서 말씀하셨다.

"마음이란 심정(心情)과 지성의 대립이 통일되어 있고, 바로 그렇기 때문에 정묘(精妙)한 공능(功能)을 갖춘 하나의 마음인 것이다. 이것을 알지 못하고, 불교에서 유일심(唯一心)·불심(佛心)·중심(衆心)·불생심(不生心)·불멸심(不滅心)·직지인심(直指人心) 따위를 주장하는 것은 모두 일면(一面)에 치우친 잘못이다. 그러므로 불전(佛典)에서 주장하는 것은 모두 한쪽으로 치우친 오류이다. …

---

21) [일] 목(木)·화(火)·금(金)·수(水) 사행(四行) 각각이 진퇴(進退)의 자기운동을 해서 발현되는 진목(進木)·퇴목(退木)·진화(進火)·퇴화(退火)·진금(進金)·퇴금(退金)·진수(進水)·퇴수(退水)의 여덟 가지 존재양식을 가리킨다.

22) [일] 통(通)은 위에서 아래로, 횡(橫)을 옆으로, 역(逆)은 아래에서 위로 향하는 운행(運行) 방식이다.

23) [일] '살아있는 참'은 '활진(活眞)'이라는 용어의 번역이다. '활진'은 자연에 있어서 근원적인 물질의 운동원리와, 자기운동(自己運動)하는 근원적인 물질의 법칙성 두 의미를 포괄하고 있다. '활(活)'은 운동성·생명성을, '진(眞)'은 존재의 실체성·물체성을 함의하고 있는 것으로 보인다.

태양과 달이 서로 활동하면서 하늘과 땅을 관장하고 있음을 알지 못하고, 신도가(神道家)에서 '남성과 여성으로 짝을 맞추어 태어난 신' 따위 신학(神學)을 날조한 것은 너무나 한쪽으로 치우친 오류이다.

## 통치에 관하여

주코가 물었다.

"이 세상에 다스림과 어지러움이 되풀이되는 것은 사람의 작위(作爲) 때문입니까, 아니면 자연의 법칙에 기인한 것입니까?"

선생께서 말씀하셨다.

"자연의 법칙에는 본래 다스림도 어지러움도 없다. 인간의 사사로운 욕심에 뿌리를 둔 작위 때문에 다스림과 어지러움이 생기는 것이다. 그러므로 다스리려 하지 않으면 어지러움도 생기지 않고, 군비(軍備)도 필요하지 않다."

에이사쿠가 말했다.

"작위적인 제도가 존재하지 않았던 자연 그대로의 사회에서는 다스림도 어지러움도 없었다. 그러므로 선생은 '자연의 법칙에는 본래 다스림도 어지러움도 없다.'고 말씀하신 것이다. 사사로운 욕심에 뿌리를 둔 작위적인 제도를 만들었기 때문에 바로 다스림과 어지러움이 생긴 것이다. 다스림 자체가 어지러움의 원인이므로, 윗사람이 다스리면 아랫사람이 난을 일으키고, 아랫사람이 난을 일으키면 윗사람도 난에 휩쓸린다. 다스림이란 일부 인간이 사회를 강탈함을 가리킨다. 이렇게 착취와 반란이 끊이지 않는 것은 모두 작위적인 통치제도 때문이다."

......

경작은 않으면서 탐욕스럽게 소비만 하는 사람들은, 통치자이든 아니든 나태한 자들이다. 그들은 나라에 기생하며 피를 빠는 존재다. 그러나 만약 그들을 경멸한다면 분노로 마음만 상하게 될 것이다, 그리고 자신의 일은 소홀히 하게 될 것이다. 그들을 경멸하지 말라. 자신의 일을 수행할 때 천도(天道)를 거스르지 않는 것이다, 그리고 스스로 하늘의 진실을 대변하게 되는 것이다.

## 천지(天地)

세이코가 말했다. "천지는 생동하는 진실의 완벽한 발현이다. 그것은 하나의 실체로서 상호작용하는 본성으로 나아가고 물러서며, 물러서며 나아간다. 그러므로 천지는 분리된 것이 아니다. 존재하는 모든 것은 생동하는 진실을 스스로 키운다. 만물은 그것의 끊임없이 나아가고 물러서는 본성으로부터 태어난다, … 그것이 그들의 무수한 다양성을 설명해준다. 만물은 한가지의 것으로 수렴될 수는 없다. 남성과 여성은 천지의 축도이다. 천지는 분리된 것이 아니다, 그리고 남과 여는 본래 한 인간이다. 그러므로 수많은 인간들은 하나의 인간이다. 인간이 모두 하나이기에, 그들 사이에는 우열이 있을 수 없다. 인간 사이에 귀천(貴賤)이 없다는 사실은 천지의 단일함으로 비롯된다. 천지가 상호작용하는 천성으로 이루어진 한가지 존재인데 어떻게 이것과 저것 사이의 우열이 있겠는가? 어디에도 우열은 없다.

......

인간은 근본적으로 천지의 축도이다. 인간은 상호작용하는 본성으로 나아가고 물러서는 생동하는 진실의 자발적인 활동의 신묘한 도가 완벽하게 발현된 존재이다. 그러므로 천지간에 수많은 만물

중에서 인간이 알 수 없는 것은 아무 것도 없다."

## 석가모니

신푸가 말했다.

"… 석가는 출가해서 불법(佛法)을 세우고, 또 오계(五戒)[24] 따위를 규범으로 삼았다. … 자기가 다섯 가지 계율을 세웠으면서, 봉양해야 할 부모와 처자식을 버리고 출가했으니, 살생(殺生)의 큰 죄를 범한 것이다. 논밭을 경작하지 않고 먹기를 탐하여 남이 일한 결과물을 가로챈 것은 큰 도둑질[偸盜]이다. 제자와 소승(小僧)의 항문을 범하는 남색(男色) 따위는 삿된 음행(淫行)[邪淫] 중의 심한 것이다. 듣는 이의 수준에 맞추어 말한답시고 허튼소리를 설하면서 먹기를 탐하며 일생을 보낸 것은 가장 큰 거짓말[妄語]이다. 본래 자기에게 갖추어져 있는 모순의 법칙을 자각하지 못하고 치우치고 미혹(迷惑)된 마음에 도취해 있는 것은 심한 음주(飲酒)이다. 이와 같이 자기가 세운 계율을 자기가 전부 어긴 것, 이것이야말로 불교에서 말하는 파계무참(破戒無慙, 계율을 어기고서도 부끄러워함이 없음)의 대죄가 아닐까.

## 조화로움으로 되돌아가기 위한 도

인간이란 천지(天地)와 우주(宇宙)의 활동을 작은 규모로 응축시켜 태어난 존재이다. 따라서 바깥이자 하늘인 남자에게 여자의 요소가 내재하고, 안이자 바다인 여자에게 남자의 요소가 내재되어 있다. 남자를 남자로서 특징짓는 것은 실은 남자에게 내재한 여자의 요소이고, 여자를 여자로서 특징짓는 것은 실은 여자에게 내재한 남자의 요소이다. 이와 같이 남자와 여자는 서로 대립하고 의존하는 모순관계에 있고, 각각 신(神)과 영(靈), 심정(心情)과 지성, 사념(思念)과 각오(覺悟) 따위 서로 관련된 여덟 가지 정신과 여덟 가지 감정이 위에서 아래로, 옆으로, 아래에서 위로 돌고 돌아, 정신활동을 영위하고 있다. 그리고 서로 곡물을 경작하고 삼[麻]을 짓는 노동을 통해서, 인간의 생산과 재생산은 끊어짐이 없다. 이것이야말로 근원적인 물질[土活眞[25]]이 소우주(小宇宙)로서 나타난, 인간 남녀의 생산활동이고, 또한 인간의 존재법칙이라고 말할 수 있겠다.

천지우주는 하나의 통일체여서, 하늘과 바다에 상하(上下)의 차별이 없는 것처럼, 만물은 모두 서로 대립하고 의존하는, 연관된 존재이고, 그 사이에 어떤 차별도 없다. 마찬가지로 인간도 남자와 여자로 짝을 이루어, 비로소 온전한 하나의 인간이 되는 것이고, 남자와 여자에 상하의 차별이 없듯이, 사람은 서로 대립하고 의존하는, 연관된 존재이고, 그 사이에 어떤 차별도 없다. 바로 그렇기 때문에 사람이 모두 똑같이 생산노동에 종사하고, 거기에서 인간으로서의 공통된 활동과 감정이 생겨나는 것이다. 이것이 자연의 법칙 그대로 사는 인간의 사회이고, 거기에는 착취와 반란, 헤맴과 말다툼 따위가 존재하지 않으며, 사람들은 그러한 말조차 알지 못한다. 토활진(土活眞)의 통일적인 운동 그대로의 평안함이 있을 뿐이다.

인간사회가 예전에는 이와 같이 자연법칙 그대로의 이상적인 상태였는데, 거기에 성인이라는

---

24) [영] 불살생(不殺生)·불투도(不偸盜)·불사음(不邪婬)·불망어(不妄語)·불음주(不飲酒) 다섯 가지 계율을 가리킨다.

25) [일] 안도 쇼에키의 독자적인 개념으로, 그의 유물론의 중심을 이루는 범주이며, 만물의 원기(元基)인 근원적인 물질을 가리킨다. 오행(五行) 중에 '토(土)'를 가장 근원적인 요소로 보아 실체화시킨 개념이다. '활진(活眞)'에 대해서는 '한 선생이 깨친 진실'의 주석22) 참조.

자가 나타나 (천지만물의 존재법칙이자, 인간의 본질이기도 한) 생산활동을 업신여기며, 자기는 일하지 않고 팔짱을 끼고 편히 있으면서, 남들이 노동한 성과물을 가로채며, 그런 짓을 하기에 편리한 사회제도를 만들고 억지로 조세(租稅)를 거두어들이게 되었다. 그리고 궁전·누각 따위를 크고 높게 짓고, 산해진미를 즐기며, 비단으로 만든 아름다운 옷을 입고, 아리따운 궁녀의 시중을 들면서 온갖 놀이에 빠져 어처구니없는 사치를 부리는 등, 그 호화로움은 도저히 필설(筆舌)로 다하기 어렵다.

그래서 왕과 백성, 지배하는 자와 지배당하는 자를 구별짓고, 그것에 기초하여 오륜(五倫)·사민(四民) 같은 차별적인 윤리규범과 신분제도를 만들어내었으며, 그것을 유지하기 위해 상벌을 통한 통치제도를 도입했다. 그리고 자기는 위에 있으면서 지배자로서 거들먹거리며 권세를 휘둘렀고, 지배당하는 자는 이것을 부러워하게 되었다. 그뿐만 아니라 금은(金銀)을 사용하여 화폐에 의한 유통제도를 시작하여, 금은을 많이 가진 자를 윗자리에 두고 귀히 여기며, 조금밖에 갖고 있지 않은 자나 갖고 있지 않은 자는 아랫자리에 두어 경멸하는 따위, 모든 사물을 선과 악 두 가지로 나누는 차별적인 구조를 빈틈없이 구축했다.

......

만약 공정한 사람이 통치자라면, 그래서 생동하는 진실의 신묘한 도를 이해하고 인간의 행위를 개선하기를 추구한다면, 비록 이런 규범으로 이루어진 세상일지라도 모든 사람이 올바른 경작에 참여하는 생동하는 진실의 세상이 될 수도 있다. 그러나 인간 세상에 그런 공정한 통치자는 존재하지 않기 때문에, 그런 세상도 올 수가 없다. 하지만 이런 도적질과 반란의 세상을 거부하는 사람들에게, 자연스런 자발성과 생동하는 진실을 얻기 위한 … 방법은 있다.

그 방법이란 바로 악을 제거하기 위해 악을 사용하는 것이다. 치자와 피치자 사이의 구별을 제거하기 위해 치자와 피치자 사이의 잘못된 구별을 이용하는 것이다. 천지간의 관계를 예로 들어서 그 방식을 설명해보겠다. 천지 사이에 혹은 남녀 사이에 궁극적 구분은 없다. 그러나 성인이 세상의 법도를 세울 때, 하늘은 높고 훌륭하며 땅은 낮고 비루한 것이라 가르쳤다. 같은 방식으로 남성은 높고 귀하며 여성은 낮고 천하다고 가르쳤다. 하지만 높든 낮든, 귀하든 천하든, 근본적으로 그 실체는 동일하다. 만약 치자와 피치자 사이에 비슷한 관계가 성립된다면, 세상은 서로 닮게 될 것이고 자연스런 자발성과 살아 움직이는 진실의 세상에 접근하게 될 것이다.

통치자들이 많은 신하를 거느리며 다니는 이유는 백성의 반란을 두려워하기 때문이다. 차라리 거느리는 관행을 버리고 애초에 그런 반란이 일어나지 않도록 애써야 할 것이다.

......

여러 직종(職種) 사람들 모두에게 논밭을 주고 귀농(歸農)시킨 뒤, 쟁란(爭亂)이 일어나지 않도록 노력하는 그것만이 최고통치자로서 윗자리에 서 있는 자에게 하늘이 부여한 유일한 임무이다.

원래 문자·서적·학문 따위는 천지자연(天地自然)의 도를 업신여기고, 경작하지 않고 먹기를 탐하며 천하·국가를 사물화(私物化)하는 큰 뿌리이다. 이것에 종사하는 따위를 우선 첫 번째로 금지한다. 이러한 무리에게도 토지를 주어 경작을 시켜야 한다. 만약 거부하고 여전히 학문 따위 쓸모없는 짓에 몰두한다면, 이런 자들은 체포하여 먹을 것을 주지 않는 게 좋다. 굶어서 괴로워하면, 다시 일깨워서 경작을 시킨다. 그리하면, 스스로 경작하지 않으면 밥을 먹을 수 없고, 사람이 살아갈 수 없다는 사실을 뼈저리게 실감하여 반드시 경작하게 될 것이다. …

상벌(賞罰) 제도는 즉각 폐지해야 한다. 윗자리에 선 자가 몸소 논밭을 경작하고, 아랫사람(민중)에게서 착취하지 않으면, 아주 간절히 빈다고 하더라도 죄인 따위는 나오지 않을 것이다. 죄인이 없다면 어찌하여 상벌이 필요하겠는가. 상벌 따위는 성인이 시작한, 자기만을 생각한 한심한 제도로, 도리어 죄인을 만들어내는 원인이다. 성인이 출현하면서 계급사회가 시작되었다는, 커다란 잘못을 덧칠한 것에 불과하다. 그러므로 전폐(全廢)해야 한다.

절의 중들은 불법 따위 가짜 가르침을 그만두게 하고, 논밭을 주어서 경작을 시켜야 한다. 그들을 일깨워 이렇게 말해야 한다.

"농경(農耕) 노동이야말로 천지자연의 큰 길이다. 너희들이 말하는 성불(成佛)은 죽어서 부처가 되는 것이니, 곧 천지자연으로 돌아가는 일이다. 그런데 농경노동을 하면 천지자연과 일체가 되니, 사람은 살아서 부처가 될 수 있는 것이다."

......

만약 위에 있는 최고통치자가 경작(耕作)하지는 않고 먹기를 탐하며 사치에 젖어 산다면, 천지자연의 도에서 벗어난 것이다. 아래에 있는 제후와 민중은 그를 부러워하여 재화(財貨)를 도둑질하게 된다. 이리하여 다시 쟁란이 시작되는 것이다. 따라서 최고통치자가 이 점을 잘 깨달아 사치스럽고 방탕한 생활을 하지 않는다면, 아래에 있는 제후와 민중도 부러워하는 마음이 사라지고 욕심 또한 일어나지 않을 것이다. 위에 있는 이가 도둑질의 뿌리를 끊었기 때문이다. 아래에 있는 이의 말초적(末梢的)인 도적질도 자연히 근절되어 위아래 모두 욕심과 도둑질이 없어지고 쟁란도 사라질 것이다.

......

성인이 지배자가 되어 사람들을 착취하며 먹기를 탐하는 것은 천지자연의 도를 업신여기는 대죄(大罪)이다. 바로 이것이 모든 도둑질의 근원을 이루어, 아래에 있는 제후와 민중 사이에 지엽적(枝葉的)인 도둑질이 끊이지 않는 것이다. 위에 있는 자가 착취라는 근원적인 범죄행위를 고치지 않고, 아래에서 생겨나는 말초적인 범죄자만 죽이니, 뿌리가 늘 남아서 지엽적인 도적을 아무리 죽여도 다시 생겨나 끊어지는 법이 없다. 여기에서 단속하면 저기로 도망쳐 도둑질을 하는 판국이라 어떤 정책을 써서 말살하려 해도 도적이 생겨나는 것을 막지 못하니, 근원(지배자의 착취)을 끊어내지 않았기 때문이다. …

[야스나가 도시노부(安永壽延)/조영렬]

## 상호작용하는 본성의 형이상학[自然活眞營道]

안도 쇼에키 1762, 1. 63-76, 86-7, 104-5 (253-9, 264-5, 273)

### 신묘한 도

자연(自然)이란 무엇인가. 그것은 '상호작용하는 신묘한 도'를 부르는 이름이다. '상호작용'이란 무엇인가. 그것은 '토활진(土活眞)'26)이라는 근원적 물질의 시작도 끝도 없는 영원한 자기운동(自己運動)으로, 때로는 작게 때로는 크게 나아갔다 물러났다[進退] 하는 것이다. 토활진이 작게 나아가면 목(木), 크게 나아가면 화(火), 작게 물러나면 금(金), 크게 물러나면 수(水), 즉 사행(四行)이 된다. 사행이 각각 나아갔다 물러나서 팔기(八氣)가 되어 서로 의존하고 대립하는 관계를 맺는다. 목(木)은 운동의 시작을 주관하고, 그 본성은 수(水)로 규정되며, 수(水)는 운동의 끝을 주관하는데, 그 본성은 목(木)으로 규정된다. 따라서 목(木)은 단순한 시작이 아니며, 수(水)도 단순한 끝이 아니다. 둘 다

---

26) [한] '조화로움으로 되돌아가기 위한 도'의 주석 참조.

영원한 운동의 한 과정이다. 화(火)는 활발한 운동을 주관하는데, 그 본성은 수습(收拾)으로 규정되며, 금(金)은 수습을 주관하는데, 그 본성은 활발한 운동으로 규정된다. 따라서 화(火)와 금(金)도 영원한 운동의 한 과정이다. 이러한 유기적인 연관성을 '신묘한 도[妙道]'라고 부른다. '묘(妙)'란 대립물(對立物)의 통일성을 가리키고, 도(道)란 그 법칙적인 운동을 가리킨다. 이러한 것이 토활진의 자기운동인데, 완전히 자발적으로, 더구나 일정한 운동량을 유지하면서 '홀로[自] 그렇게 하는[然]' 것이다. 그러므로 이 운동 전체를 '자연(自然)'이라 부른다.

## 살아있는 참

그러면 '살아있는 참[活眞]'이란 무엇인가. 그 실체(實體)인 '토(土)'는, 하늘과 바다의 가운데에 있는 대지이고, 그 정수[精]인 '토진(土眞)'은 하늘의 중앙에 있는 북극성에 머물며 활발하게 기를 산출하고 영원히 활동을 계속하며, 정지하는 일도 사멸(死滅)하는 일도 없다. 더구나 '살아있는 참'은 덜어내거나 덧붙일 수 없는 것이고, 그 자기운동은 단 한 순간도 멈추는 일이 없다. 생성(生成)하는 힘으로 가득 차 있기 때문이다. 살아있는 참이 나아갈 때는 나아가는 기(氣)의 목(木)과 화(火)가 되고, 안에 물러나는 기(氣)의 금(金)과 수(水)를 동반하면서 하늘을 만든다. 살아있는 참이 물러날 때는 물러나는 기의 금(金)과 수(水)가 되고, 안에 나아가는 기의 목(木)과 화(火)를 동반하면서 바다를 만든다. 하늘과 바다 가운데에 토진의 실체인 대지가 있다. 나아가는 기의 정수가 응축된 것이 태양이고, 안에 달의 물러나는 기를 동반하여 하늘의 활동을 주재하는 자가 된다. 물러나는 기의 정수가 응집된 것이 달이고, 안에 태양의 나아가는 기를 동반하여 바다의 활동을 주재하는 자가 된다. 이와 같이 태양과 달은 의존과 대립의 모순관계에 있고, 낮과 밤도 의존과 대립의 모순관계에 있다.

금기(金氣)는 팔기(八氣)의 상호관계를 자신의 내부에 갖춤으로써 '팔성천(八星天)·팔방성(八方星)[27]'이 된다. 살아있는 참의 기(氣)는 태양과 달의 운행과 함께 천공을 돌고, 내려와 대해(大海)의 조수를 실어나른다. 팔기는 상호관계를 가지면서, 나아가는 기(氣)는 북동(北東)·남동(南東)·남서(南西)·북서(北西)에서 활동하고, 물러나는 기는 동(東)·서(西)·남(南)·북(北)에서 활동하며, 사계절과 초봄·늦봄 등 여덟 계절을 낳고, 하늘에 오르고, 올라갔다가 다시 내려와, 가운데에 있는 대지와 결합하고, 거기에서 '위에서 아래로, 옆으로, 아래에서 위로 향하는' 운행방식을 취하며, 곡물(穀物)·인간남녀·조수충어(鳥獸蟲魚)·초목(草木)을 계속하여 낳는다. 이것이 살아있는 참의 영원하고 무한한 생성(生成) 활동이다.

살아있는 참의 기는 하늘과 바다, 우주의 회전하는 성질, 태양과 별과 달, 팔성천·팔방성을 낳으면서 위에서 아래로, 옆으로, 아래에서 위로 돌고 있다. 천지우주(天地宇宙)란 운동하는 토활진(土活眞)의 총체인 것이다. 살아있는 참이 자기운동하여 우주를 만들고, 그 우주를 자신의 동체(胴體)·손발·장기(臟器)·정신·감정·행위로 삼아 활동하고 있는 것이다. 살아있는 참은 늘 위에서 아래로 하늘을 돌고, 옆으로 바다를 돌고, 아래에서 위로 대지를 돌며, 한 바퀴 돈 시점에서 대지로부터 아래에서 위로 발하여 곡물을 낳고, 그 곡물로부터 다시 위에서 아래로 전개되어 인간 남녀를, 옆으로 돌아 날짐승과 들짐승과 벌레와 물고기를, 아래에서 위로 높이 올라가 초목(草木)을 낳는다. '위에서 아래로, 옆으로, 아래에서 위로[通橫逆]' 향하는 운행을 되풀이하며 활발하게 생성활동하며 멈추는 일이 없다. 그러므로 인간도 만물도 모두 살아있는 참의 분신인 것이다. 이러한 생성과정을 '작용의 길[營

---

27) [일] 8층을 이룬 천공(天空)과 팔방(八方)에 있는 별들을 가리킨다.

道]'이라 부른다.

'자연(自然)'이란 팔기가 서로 연관된 운동이고, '살아있는 참'이란 분열(分裂)되지도 않고 정지하는 일도 없는, 통일적인 자기운동을 하는 것이며, '작용의 길'이란 그 운동을 통해 인간과 사물을 만들어내는 과정을 가리키는 것이다.

이러한 까닭에 천지만물과 인간, 존재하는 온갖 사태와 이치도 티끌 하나에 이르기까지, 울거나 침묵하거나 달리거나 앉거나 하는 존재의 방식에 차이는 있다 하더라도, 오직 '홀로 그렇게 하는[自然]' 살아있는 참의 작용의 길을 다하고 있다. 바로 그런 까닭으로 내 안에 있는 살아있는 참의 발로로서 지은 이 책의 제목을 『자연진영도(自然眞營道)』라고 지은 것이다.

나는 평소에 늘 인가(人家)의 아궁이와 부뚜막을 보며 거기에 살아있는 참의 운동이 생생하게 드러나 있다고 느낀다. 아궁이에서는 살아있는 참이 재가 되어 드러나고, 그 주변에는 목(木)·화(火)·금(金)·수(水)의 사행(四行)이 자기운동하며 나아갔다 물러났다 하면서 서로 관련된 팔기가 되고, '위에서 아래로, 옆으로, 아래에서 위로' 향하는 세 가지 방식으로 돌며 정묘(精妙)한 기능을 발휘하고 있다. … 진목(進木)에 해당되는 땔나무와 진수(進水)에 해당되는 끓는 물은 서로 작용하고 있다.

......

예를 들자면, 진목에 해당되는 땔나무는 이른 봄에 따뜻해지는 기척이 드는 것이고, 퇴목(退木)에 해당되는 솥뚜껑은 늦봄에 초목이 조용히 싹트는 것이며, 진화(進火)에 해당되는 불꽃은 초여름에 초목이 쑥쑥 자라는 것, 퇴화(退火)에 해당되는 솥을 찌는 기능은 늦여름에 초목이 무성하게 자라는 것, 진금(進金)에 해당되는 솥귀는 초가을에 열매를 맺는 것, 퇴금(退金)에 해당되는 솥은 늦가을에 열매가 익는 것, 진수(進水)에 해당되는 끓는 물은 초겨울에 말라 떨어지는 것, 퇴수(退水)에 해당되는 국물은 늦겨울에 대지가 씨앗을 싹 뒤엎는 것이다. 이와 같이 1년의 여덟 계절이 서로 관련되어 만물을 기르는 정묘(精妙)한 활동이 아궁이에도 그대로 갖추어져 … 우주의 가운데에 있는 대지에서 살아있는 참이 생산활동을 하여 만물을 기르고 성숙시키는 것과 꼭 같다.

......

이 모든 것의 목적은 무엇인가. 인간이 생산한 곡물을 쪄서 먹기 위해서이다. 지상에서는 많은 나라와 가문의 차이가 있지만, 아궁이 속에서 사행(四行)·팔기(八氣)가 서로 활동하며 유기적으로 작용한다는 점에서는 아무런 차이도 없다. 인간은 이 아궁이의 똑 같은 기능에 의해 목숨을 지탱하고 있다. 따라서 인간이 행해야 할 것은 곡물을 생산하고 아궁이에서 찌는 노동 바로 그것밖에 없고, 이렇게 해서 살아야 한다는 점에서는 몇 만 명의 인간이 있다 하더라도 단 한 명의 예외도 있을 수 없다. 그 점을 분명하게 보여 주는 증거가 아궁이의 기능이다. 인간이 이 세상에 처음 출현했을 때, 이 아궁이의 정묘한 작용에 대해서 누가 가르치고 누가 배웠던 것일까. 그것을 밝힌 사람은 결코 없었다. 하지만 살아있는 참이 사람의 몸속에 갖추어지고, 그것이 사부(四腑, 담낭·소장·대장·방광)·사장(四臟, 간장·심장·폐장(肺臟)·신장)으로서 팔기의 상호작용과 '위에서 아래로, 옆으로, 아래에서 위로' 향하는 유기작용을 함으로써, 누구에게 배울 것까지 없이 저절로 아궁이의 기능을 알아 잘 다루어 온 것은 아주 분명하다.

......

인간에게 이러한 법칙이 작용하는 것은 우주의 회전하는 성질, 태양과 별과 달, 팔성천 … 바다와 육지의 여덟 방향도 서로 관련되는 팔기이기 때문이다. 따라서 날짐승과 들짐승과 벌레와 물고기도 나아갔다 물러나며 서로 관련되는 팔기가 형체를 바꾸어 낳은 것이고, 초목의 가지와 이파리도 상호 관련된 팔기이다. 이와 같이 하늘과 땅, 사람과 사물, 마음과 신(神), 행동과 업(業)의 작용은 오직 살아있는 참의 자기운동, 팔기가 서로 관련된 운동에서 남김없이 규명될 수 있다. 그 분명한 증거는 인가(人家)의 아궁이와 사람 몸의 얼굴에 드러난 팔기의 정묘한 상호작용에서 엿볼 수 있다.

나는 아궁이와 얼굴을 관찰함으로써, 자연(自然)·천지(天地)·사람과 물(物)은 모두 살아있는 참의 자기운동, 즉 팔기의 관련운동이고, 모두 밝음과 어둠의 대립을 포함하여 하나의 작용인 정묘한 운동이라는 사실을 완전히 알 수 있었다.

이것은 내 주관(主觀)으로 말하는 것이 아니다. 스승에게 배워서 안 것도 아니다. 옛 성인·석가·노자·장자·쇼토쿠 태자 등 온갖 서적에도 전혀 없는 것이므로, 고전에서 배워서 안 것도 아니다. 그저 평소에 늘 아궁이를 바라보고 얼굴을 관찰하여, 내 집 아궁이와 내 얼굴에 갖추어져 있는 사실로부터 이것을 모두 알았던 것이다. 이것은 자연의 객관적 사실이므로, 천하가 넓다 하더라도 단 한 명도 이것을 의심하거나 부정하는 자는 없을 것이다. 그것은 당연한 일이다. 어느 집의 아궁이나 어느 얼굴에나 갖추어져 있는 정묘한 법칙이기 때문이다. 바로 그렇기에 '자연진영도(自然眞營道)'라 말할 수 있다.

### 문자와 책

문자는 책을 쓰고 학문을 확립하고자 했던 성인(왕)들이 고안한 독단적이며 변덕스런 도구일 뿐이다. 그들은 그것으로 자신을 남들 위에 군림하게 했고, 백성을 지도한다는 명목으로 자신의 이익을 지키기 위한 규범을 만들었다. 이 규범으로 스스로 일하지 않고 다른 사람이 경작한 음식을 배부르게 먹을 수 있었고, 경작을 해서 살아가는 자연의 도를 강탈할 수 있었다. 영토를 평화롭게 한다고 주장하면서, 실은 대대로 세상을 괴롭혀온 도적질과 다툼의 씨를 뿌렸다. 문자와 책과 학문은 분명 자연의 법칙을 사유화하기 위한 방법일 뿐이다. 문자와 학문을 고안해 낸 자들은 생동하는 진실의 도가 화덕과 인간의 얼굴에 명백하다는 사실에 대해 무지했다. 문자를 이용하고 책을 공부하는 자들은 하늘의 진실의 완전한 적이다. 이것이 내가 문자와 책에 근거한 학문을 거부하는 이유이다.

어떤 사람이 나에게 물었다. "당신은 문자와 책이 사익을 위해 하늘의 도를 강탈하는 도구라고 하셨소 … 하지만 당신이 쓰고 있는 이 책 또한 문자로 이루어진 것이 아닙니까? 왜 당신은 도둑질하는 도구를 사용하십니까?"

나는 이렇게 답했다. "집을 짓기 위해서는 반드시 쐐기를 사용해야 합니다. 집이 허술해져서 재건축이 필요할 때, 쐐기를 뽑아내면 집은 무너집니다. 그것이 뽑히지 않을 때, 새 쐐기를 사용해 낡은 쐐기를 뽑아냅니다. 내가 지금 쓰고 있는 이 책은 그런 새 쐐기입니다. 전해 내려오는 경전을 쓴 저자들의 잘못을 바로잡기 위해서, 내 자신의 문자로 써야 했습니다. 도적질과 다툼의 근원인 경전을 무너뜨리고 그 위에 평화로운, 도적질과 다툼이 영원히 없는 생동하는 진실의 세상을 세우는 것이 나의 유일한 목적입니다. 오류를 가지고 오류를 뽑아내어 진실의 도를 드러내려는 것입니다. 도적을 지적하기 위해서는 도적이 필요합니다. 도적질의 근원인 잘못된 문자와 책을 무너뜨리기 위해, 우리는 도적질의 근원인 바로 그 문자와 책을 사용해야 합니다. 그때서야 비로소 우리는 그것들을 무너뜨리게 됩니다. 오로지 그런 임시방편으로 나는 문자를 씁니다.

## 노자와 장자

어떤 사람이 물었다.

"너는 하늘과 바다는 일체(一體)라고, 남자와 여자가 하나라고 말하며, 상하(上下)와 귀천(貴賤) 그리고 선악(善惡)에 이르기까지 일체의 차별은 존재하지 않는다고 말하는 모양인데, 그것은 성인이나 석가를 깎아내리고 자기를 높이려는 것처럼 보이는데 어떻게 생각하는가."

나는 대답했다.

"성인을 깎아내리는 정도라면 이미 노자가 하지 않았는가. 『노자』에 '대도(大道)가 무너지자 인의(仁義)가 생겨났다'는 말이 있는데, 성인을 깎아내리기 위한 빈정거림이지. 게다가 장자도 제 책에서 성인은 큰 도둑놈이라는 이야기를 했어. 이런 게 깎아내린 것 중의 심한 거라 할 수 있겠지. 하지만 노자든 장자든 성인을 비방하면서, 저 자신도 여전히 경작하지 않고 먹기를 탐하여 자연의 법칙을 모독하고 있으니, 자기가 비방했던 성인과 완전히 같은 죄를 범하고 있는 것이야. 그러니까 이러한 자각도 없이 성인을 비방하는 것은 독선에 빠진 허튼소리에 불과하지. 내가 '하늘과 땅, 남자와 여자가 하나라는, 자연의 모순된 법칙을 근거로 삼아, 애초에 상하의 차별은 존재하지 않는다'고 주장한 것은 성인 따위를 비방하려는 지질한 근성에서 나온 게 아니라, 살아있는 참의 모순운동 법칙을 밝히려 했을 따름이야. 성인이 상하의 차별에 의한 제도를 얼렁뚱땅 만들어낸 것은 치우친 생각만 갖고 있어 살아있는 참의 모순운동 법칙을 알 수 없었기 때문이지. 이런 시시한 무리를 일부러 깎아내릴 필요가 어디에 있겠는가."

[야스나가 도시노부(安永壽延)/조영렬]

# 도미나가 나카모토

富永仲基, 1715-1746

도미나가 나카모토는 오사카(大阪)에서 나서 자랐다. 간장 상인이었던 아버지는 상인과 마을 주민을 위해 주자학을 가르쳤던 회덕당(懷德堂)의 설립자 중 한 사람이었다. 만성병으로 서른 한 살에 세상을 떠난 나카모토는 『출정후어(出定後語)』와 『늙은이의 글(翁の文)』이라는 두 권의 중요한 저서를 남겼다. 전자는 아시아의 불교적 전통에 대한 일종의 역사적 해체를 시도한 것이고, 후자는 신도, 불교, 유학에 대해 비판한 책이다. 현재는 전하지 않는 세 번째 저서인 『설폐(說蔽)』는 동아시아 역사에서 유학적 전통을 비판적으로 분석했다. 기존의 전통을 타파하자는 이 책의 내용 때문에 그는 회덕당에서 퇴교 당했다고 한다. 근대 초기 일본의 역사에서, 나카모토는 안도 쇼에키(安藤昌益, 1703-1762)*와 함께 세 가지의 주요한 종교-철학적 전통을 폭넓게 비판한 학자에 속했다. 그래서 볼테르(Voltaire Francois-Marie Arouet, 1694-1778)를 비롯한 유럽의 계몽시대 작가들에 비유되기도 한다.

간략히 말해 나카모토는 다양한 종교-철학적 전통의 주장을, 하나의 전통이 다른 전통을 흡수할 의도로 성립된 수사적 날조로 보았다. 그리고 그것들의 교의를 엄밀히 분석하고 나서, 그는 그 세 가지의 전통들이 지금 이곳의 현실의 세계에서 도덕적 행동의 중요성을 확인해주는, 자신들의 전통을 압도적으로 초월하는 '진실의 「도(道)」'라는 핵심적 메시지를 가까스로 전달할 뿐이라고 결론 내렸다. 이어지는 글의 서문은 그가 이름 모르는 한 노인과 했던 대화를 풀어 쓴 형식으로 제시되는데, 그것은 모든 것을 망라하는 진실의 도가 홀로 오롯함을 강조하기 위해 의도한 것이다.

[JAT/조영렬]

---

## 늙은이의 글

도미나가 나카모토 1746, 547-8, 551-3, 556-61 (195, 198-200, 204, 206-10)

지금 세상에서 불교, 유학, 신도는 각각 중국, 인도, 일본을 대표하는 세 가지 가르침으로 여겨진다. 어떤 이는 그 가르침들이 종국에는 통합되어야 한다고 생각한다. 다른 이는 옳고 그름을 놓고서 다투면서 서로를 비난한다. 그러나 도 중의 도라 불릴 그 「도(道)」는 다른 것이며, 그 세 가지의 가르침이 주장하는 도 중에 어느 것도 진실의 도와 일치하지 않는다. 어떤 경우에도 불교는 인도의 도이며, 유학은 중국의 도이고, 그것들이 다른 나라의 것이기 때문에 일본의 도는 아닌 것이다. 신도는 일본의 도이지만 과거에 형성된 것이어서 현재의 도가 될 수는 없다. 도는 원칙적으로 나라와 장소를 막론하고 도이어야 하지만, 중요한 것은 도 중의 도가 실천되어야 한다는 것이다. 실천 가능하지 않은 도는 진실의 도라 할 수 없다. 그리고 현재 일본에서 그 세 가르침의 도를 실천하는 것은 불가능하다.

......

오늘 날 일본에서 진실의 도로서 좇아야 할 도는 무엇인가? 우리는 모든 문제에서 정상적인 것을 지키기 위해 분투해야 한다. 일상의 행동에서 바르게 마음을 쓰고 행동해야 한다. 조용히 말하고 조심스럽게 행동해야 한다. 부모를 모시는 자는 지극한 정성으로 해야 한다. 스승에게 배움을 얻는 자는 그에게 헌신해야 한다. 자식을 키운다면 잘 가르쳐야 한다. 종이 있다면 잘 다스려야 한다. 남편이 있다면 잘 따라야 한다. 아내가 있다면 잘 이끌어야 한다. 형이 있다면 존경해야 한다. 동생이 있다면 측은히 여겨야 한다. 노인은 귀하게 여겨야 한다. 어린이는 돌봐야 한다. 조상의 은혜를 잊으면 안된다. 집안을 화목하게 하는 데 힘쓰라. 사람을 대할 때 진심으로 대하라.

천박한 쾌락을 삼가고 윗사람을 공경해라. 어리석은 자를 경멸하지 말라. 늘 다른 사람의 처지에서 생각하고, 그들에게 나쁜 짓을 행하지 말라. 신랄하게 비판하지 말라. 남의 의도를 제멋대로 해석하지 말고 고집스럽게 굴지 말라. 강요하지도 말고 발끈하지도 말라. 화를 내더라도 이성이 허락하는 범위 안에서 드러내라, 기쁘더라도 지나치지 않도록 감정을 통제하라. 과도한 쾌락을 좇지도 말고 슬픔으로 무너지지도 말라.

부족하든 풍족하든 긍정적으로 자신의 운명을 수용하고 만족해야 한다. 탐하지 말아야 할 것은 비록 사소한 것이라도 탐하지 말라. 어떤 것을 포기해야 한다면 비록 그것이 높은 지위라 하더라도 아쉬워 마라. 의복과 음식은 마음에 들든 아니든, 분수에 맞도록 소비하라, 사치하지 말고 인색하지도 말라, 훔치지 말고 속이지도 말라, 색(色)을 탐하여 미혹에 빠지지 말라, 취해서 자제력을 잃지도 말라, 까닭 없이 사람을 죽이지 말라, 음식을 가려 먹어라. 몸에 해로운 것은 먹지 말고, 과식도 말라. 시간이 있다면 유익한 기술을 배우고 현명해지도록 애써라.

오늘 날의 글을 쓰고, 오늘 날의 언어를 말하라, 오늘의 음식을 먹고 오늘의 의복을 입고, 오늘의 도구를 쓰고, 오늘의 집에 살고, 오늘의 관습을 따르고, 오늘의 규범을 존중하고, 오늘 날의 사람들과 어울려라, 온갖 나쁜 일을 삼가고, 좋은 일을 하라—그것이 진실의 도이다, 그것이 오늘날 일본에서 실천 가능한 도이다.

이 진실의 도는 인도에서 온 것이 아니다. 중국으로부터 전파된 것도 아니다. 오늘날 우리가 배워야 하는 것은 「가미(神)」의 시대에 시행되었던 어떤 것이 아니다. 하늘로부터 온 것도 아니다. 땅에서 솟은 것도 아니다. 오로지 지금 이곳의 인간과 관련된 것이다. 만약 그것에 따라 행동한다면, 다른 이들이 행복해지고, 자신도 편안해진다, 그리고 만사가 어려움 없이 처리될 것이다. 반면에 그것에 따라 행동하지 않으면, 사람들은 당신을 미워할 것이고, 당신은 스스로 불편해질 것이며, 무엇을 하든 어려움과 장애는 증가하기만 할 것이다. 그러므로 그것에 따라 행동하지 않는 것은 절대 금물이다. 이 모든 것은 정상적인 것들이다. 이것은 일시적 적용을 위해 인위적으로 만들어진 것이 아니다. 그러므로 현세에 태어난 모든 인간은, 심지어 그 세 가지 가르침을 배우는 사람조차도, 진실의 도를 실천하지 않고는 단 하루도 살아갈 수 없다. …

윤리적 교훈으로 구성된 불교와 유학과 신도의 최초의 가르침들이 진실의 도와 대체로 일치했음을 도미나가(富永)는 인정한다. 하지만 여러 가르침들이 생겨나면서 그 가르침의 대변자들이 최초의 가르침을 흔히 왜곡하거나 곡해하면서까지 다른 가르침을 제압하고자 하면서 문제가 생겼다고 말한다. 석가모니에서 선불교에 이르는 불교의 전통을 분석한 후에, 도미나가는 유학과 신도에 대한 역사적 분석을 시도한다.

공자는 참된 왕의 도를 우러러보고 … 상세히 설명했지만, 그는 당대의 성인 왕에 대한 광범위한 숭배를 뛰어넘으려 했다. … 이 점을 인식하지 못한 송대의 유학자들은 이 가르침이 일관된다고 여겼다. 근자에 이르러 이토 진사이(伊藤仁齋, 1627-1705)*가 오로지 맹자만이 공자의 중요한 가르침을 전수받았고, 그 외 다른 가르침은 거짓이라 주장했다. 그런데 오규 소라이(荻生徂徠, 1666-1728)*는 공자의 도는 고대 왕의 도로부터 직접 전해진 것이지만 … 맹자와 다른 이들은 거기서 벗어나 완전히 오도된 것이라 말했다.

......

신도로 말하자면, 중세에 창안되었으나 학자들은 그것이 신(神)의 시대에서 비롯했다고 주장하고 일본의 도라 칭하면서 유학과 불교를 제압하려 시도했다. … 이것은 후대의 사람들이 의도적으로 가공한 것이다. 신의 시대에 신도는 없었다. 최초에 나타난 신도의 가르침은 불교와 유학의 요소를 적당히 입맛에 맞게 뒤섞은 것이었다. 그리고 나서 「본지수적(本地垂迹)」, 즉 부처가 신도식으로 육화했다는 이론이 등장했다. 신도의 융성을 시샘한 승려들이 내놓았고, 신도를 불교 안으로 흡수하려는 구실로 써먹었다. 그런 뒤에 유학과 불교와는 거리를 두고, 오로지 순수한 신도만을 강조하는 일신론적인 요시다 신도가 나왔다. 이 셋은 모두 중세에 시작된 것이다. 왕가의 신도는 최근에 나타났는데, 특정한 신의 도는 없고 오로지 왕의 도만이 그것과 다름없는 것이라 가르쳤다. 또한 공공연히 사실상 신도를 유학과 동일시하는 그런 신도도 존재한다. 신의 시대에 그런 가르침들은 존재하지 않았다. 각각은 그럴싸한 핑계로 다른 가르침들을 앞서 보려고 의도적으로 만든 것일 뿐이다.

......

그래서 이 세 가지 가르침은 모두 나름의 경향이 있다. 이 점을 명심하여 혹하지 말라. 불교는 마술적인 것에 의지한다. 요즘 사람들은 그것에 대해 마법이라는 단어를 사용한다. 인도 사람들은 그런 것을 좋아한다. 도를 말하며 사람을 가르칠 때 마술이 없으면 인도 사람들은 따르지 않는다. 그래서 「석가모니」는 마술에 능하다. 그는 그걸 배우겠다고 입산해서 6년을 고행하며 지냈다. 그가 남긴 많은 경전에서 초자연적 변신, 지식, 힘에 관해 언급한다. 이 모든 것이 마술이다. 부처의 이마에서 나온 광선이 삼천 세상을 밝혔다, 혹은 부처가 혀를 내밀었더니 너무나 넓고 너무나 멀리 뻗쳐서 브라만의 하늘에 닿았더라, 혹은 유마힐(維摩詰, ?-?)이 방안에다 팔만 사천의 사자 옥좌를 만들었다, 혹은 여신이 사리불(舍利弗)을 여인이 되게 했다는 따위 이야기들이 그런 예다. 이 모든 것은 마술로 행해지는 것이다. 「윤회」와 인과응보에 관한 많은 신비한 가르침, 부처와 그의 제자들의 전생에 관한 이야기들, 부처가 보인 경이로운 행적과 다른 많은 불가사의한 가르침들도 그렇다. 이 모든 것이 사람들이 믿도록 만들기 위해 만든 영리한 속임수다. 하지만 그것은 인도에서 사람을 끌어들이려 한 방식이었으니 일본에 필요하지는 않다.

유학은 과장된 언어를 좋아하는 경향이 있는데, 우리는 그것을 웅변이라 일컫는다. 중국은 그것을 좋아한다. 그래서 만약 누군가가 사람들을 이끄는 도를 주장할 때, 그 언어가 교묘하지 않으면 아무도 믿거나 따르지 않는다. '예(禮)'라는 단어를 설명하는 방식에서 이것을 엿볼 수 있다. 예는 원래 성인이 되거나 결혼을 하거나 애도를 하거나 경의를 표하는 의식을 뜻했으나, 그것이 천지의 「이(理)」라 불리기 시작하면서 그 의미가 우주적으로 확장되었다 … '악(樂)'이라는 단어도 마찬가지다. 처음에 종과 북을 연주하는 유흥거리를 뜻했지만, 나중에는 단지 그것만이 아니라 천지의 조화를 의미하게 되었다. '성인'도 마찬가지다. 애초에 현명한 사람을 뜻했지만 초자연적 변화에 영향을 미칠 수 있는 최고 수준의 인간을 의미하는 데에까지 확장되었다.

그리고 공자는 「인(仁)」을 강조했다. … 맹자는 네 가지 이치와 인간 본성의 선함을 설파했다.

순자는 그것의 악함을 설파했다. 『효경(孝經)』은 「효」를 가르친다. 『대학(大學)』은 진정한 가치는 어디에 있는지를 가르친다. 『주역(周易)』은 우주의 두 가지 이(理)를 논한다. 이 모든 이치가 실상은 단순하다. 그러나 엄청난 수사와 교묘함으로 포장해 사람들을 유혹하여 따르게 한다. 인도의 마술처럼, 중국의 과장된 언어는 일본에서 필요한 것은 아니다.

신도로 말하자면, 그것은 신비함, 비교적(秘教的)이며 은밀한 전수의 경향과 함께 단순히 숨기기를 좋아하는 악습이 있다. 은밀함은 거짓과 도둑질의 근원이다. 그러므로 마술이 보기에는 흥미롭고 과장된 언술이 듣기에는 즐거우니 다소 용서가 되지만, 은밀함은 훨씬 사악한 것이다. 오래 전 사람들이 정직하던 시절에 얼마간의 은밀함은 가르치고 이끌 때 도움이 되었다. 그러나 사람들이 속이고 훔치는 일이 잦아졌는데, 신도를 가르치는 사람이 그런 악행을 더 뒤틀린 방식으로 옹호하는 것은 괘씸한 일이다. 노(能)와 같은 연극과 다도 같은 세속적인 일에 대해서도 사람들은 이런 은밀함을 배워서, 비결을 전수했다는 증명서란 것을 만들어 돈을 받아 돈벌이를 한다. 통탄할 일이 아닌가. 그들에게 왜 그런 은밀한 전수의 규정을 만들었냐고 물었더니, 너무나 어려운 것이어서 능력이 충분한 자가 아니면 전수될 수 없는 것이라 그렇다 한다. 비록 이 말이 그럴싸하지만 은밀하며 전수가 까다롭고 정해진 가격에 따라 전승되는 도라고 하는 것은 진실의 도가 아니란 것을 명심해야 한다.

[가토 슈이치(加藤周一)/조영렬]

## 명상으로 거둔 말씀

도미나가 나카모토 1745, 83, 125, 135-6 (81, 131, 123, 144-5)

다양한 가르침들이 등장하고 분화한 것은 그것들이 서로 다른 것을 앞서 보려는 마음으로 시작된 것이기 때문이다. … 결국 선을 행해야 하고, 악은 행하지 말아야 하고, 선행은 정의를 이루며 악행은 불의를 부른다는 것이 천지의 이치이다. 이런 이치는 유학과 불교의 가르침이 생기기 전에도 원래 존재했다.

### 언어

언어는 세 가지 조건으로 이루어진다. 모든 말은 형식과 시기와 사람에 의해 좌우되며 이 사실은 "언어에는 세 가지 조건이 있다"는 말로 전한다. 이 세 가지 조건에서 모든 언어를 설명하려는 것이 나의 학문적 관점이다. 이런 관점에서 보면 세상에서 이런 식으로 접근되거나 해석되지 않는 어떤 가르침도, 혹은 어떤 언어도 찾지 못했다. 그래서 내가 세 가지 조건과 다섯 가지 유형이 언어창조의 근본이라 하는 것이다.

### 인간의 본성

왜 이런 것들이 조금도 이치에 맞지 않다 하는가? 그것은 유학자들이 말하는 인간의 본성에 대한 가르침 같은 것이기 때문이다. … 고자(告子)는 이렇게 말했다. "인간의 본성은 선함도 선함의 부족도 없다." 맹자는 말했다. "인간의 본성은 선하다." 순자는 말했다, "인간의 본성은 악하다." 양주(楊朱)는 말했다. "인간의 본성은 선함과 악함이 섞여 있다." 한비(韓非)는 말했다[28]. "인간의 본성은 세 가지 측면이 있다." … 이런 관점으로 인간 본성과 그것의 선악에 대한 가르침이 전개되었다. 그러나 현실적으로 이런 가르침은 공허한 말잔치에 불과하다. 왜? 만약 인간이 선을 행하는 것이 자연스러운 것이라면, 본성이 선한 지 악한 지를 선택할 필요가 있겠는가? 「마음(心)」이 악을 행하지 않는 것이 자연스러운 일이라면, 만물의 본성이 존재하는지 「존재하지 않는지[空]」를 판단할 이유가 있겠는가? 이들 가르침에 대한 이 모든 공허한 논박은 정말 무용하다. 그래서 내가 그것들이 조금도 이치에 맞지 않는다고 하는 것이다.

공자의 가르침에서 핵심은 인간이 본성은 비슷하나 행동이 판이하다는 것이다. 본성의 선함과 악함에 관한 의문은 그때까지는 존재하지 않았다. 악을 행하지 말고 순수한 의도로 선을 행하는데 애쓰라는 것이 모든 득도한 사람들의 가르침이고, 이것이 석가모니의 진정한 가르침이다. 존재의 공허함에 대한 의문은 그때까지는 존재하지 않았다. [MP/조영렬]

---

28) [영] 양주(楊朱, BC.370-319)는 공자의 생각에 맞서 윤리적 위아주의(爲我主義)를 견지했다. 한비(韓非, BC.280-232)는 귀족이었고 법가(法家)사상의 대표적 인물이었다.

# 데지마 도안

手島堵庵, 1718-1786

데지마 도안은 교토(京都)에서 부유한 상인의 아들로 태어나 어린 나이에 이시다 바이간(石田梅岩, 1685-1744)*의 문하생이 되어 「심학(心學)」 운동을 이끌었다. 1760년에 포교를 시작했고 핵심적인 유학서적과 일본의 전통 고전에 관한 정규적 강의 프로그램을 확립했다. 이어서 일본의 토착어로 도덕적 내용을 담은 몇 권의 소책자를 출간했는데 그중 몇 권은 여성과 어린이를 위한 것이었다. 그의 후계자들은 전국적으로 포교를 확산했고 도시와 농촌을 가리지 않고 심학의 윤리적 사상을 널리 퍼뜨렸다.

데지마 도안은 주로 일을 하느라 책 읽을 짬이 없는 평민을 가르쳤고 당대의 유행을 타던 다양한 종교적·지적 관점을 수용하려 애썼다. 그가 강조했던 '본래 마음을 깨닫기'는 사색과 도덕적 자제를 통해 자신의 진정한 본성을 깨달으라는 이시다 바이간의 가르침을 재정립한 것이다. 그런 생각은 부분적으로 모든 인간이 보편적인 선천적 선함을 되찾아야 한다는 맹자의 말씀에 기반한 것이다. 하지만 도안은 그의 스승보다도 훨씬 더 나아가서, 이성과 분별에서 벗어난 깨우친 마음을 강조했던 선불교의 가르침까지 수용했다.

자기중심적 생각을 벗어나 자연스럽게 행동하라는 생각은 도쿠가와시대의 선(禪)의 스승들—다쿠안 소호(澤庵宗彭, 1573-1645)*, 스즈키 쇼산(鈴木正三, 1579-1655)*, 시도 부난(至道無難, 1603-1673)*—의 저작에서 발견된다. 그러나 데지마 도안의 저술을 보면 그의 학문은 선불교 선사인 반케이 요타쿠(盤珪永琢, 1622-1693)*에게 가장 크게 영향을 받은 것으로 보인다. 이어지는 발췌문에서 (도카쿠[東郭] 선생이라 불린) 심학의 선생은 인간이 이치를 따지고 분별하고자 하는 이기적 충동을 벗어날 수만 있다면, 반케이가 '태어나지 못한 불심'이라 부르고, 주자학자들은 「명덕(明德)」이라고 불렀던, 선천적인 마음의 순수함과 도덕성을 되찾을 것이라 주장한다. [JAS/조영렬]

## 분별·판단하려는 인식에 반대하여

데지마 도안 1771, 21-6

어떤 사람이 말했다. "일전에 저는 '('일본어로 설명해본 다르마[法]'라는)' 반케이 요타쿠(盤珪永琢, 1622-1693)*의 다르마 강연'을 읽었습니다. 그것이 당신의 가르침과 비슷해 보여서 당신께 감사의 마음을 느꼈습니다. 성실히 반복해서 읽고 싶지만, 그것이 혹시 당신의 가르침과 다르다면, 내가 읽어도 좋은지 확신이 서지 않습니다. 만약 그것이 읽기에 해롭다면 어째서 그런지, 혹은 이롭다면 왜 그런지, 반케이가 그랬던 것처럼, 우리가 이해하기 쉽게 설명해 주십시오."

도카쿠(東郭) 선생이 말했다. "좋은 질문입니다. 당신은 시골 분 같습니다. 만일 반케이의 설명 방식이 이해하기 쉬웠다면, 내가 그의 설명 방식으로 말해 보리다. 그러면 더 이해하기 쉬울 것이니까요. 잘 들어주시오."

"반케이는 통찰력이 있는 사람이어서 그의 가르침은 내가 말하는 것과 조금도 다르지 않습니다. 동일합니다. 그가 최초로 진실을 추구했을 때, 「명덕(明德)」에 의문을 품었고 그것으로 고심했습니다. 그리고 스물 여섯이 되어 처음으로 그것을 이해했습니다. 「무생(無生)」이 명덕의 다른 이름이란 것을 깨우친 것입니다. 인간의 진정한 「마음(心)」은 불가사의하게 비어 있는 것입니다. 그것을 달리 설명할 방법이 없기 때문에, 밝은 것이라 말하는 것이고 명덕이라 이름한 것입니다. 공(空)은 참된 마음이 무생이라는 것을 암시합니다, 그리고 그것이 경이로울 정도로 명백해서 불가사의한 것이라 말하지요. 태어나지 않은 것이어서 혼란도 없습니다. 보고 듣고 행동하고 혹은 아는 것 ― 이 모든 것이 단 한 번의 생각도 일으키지 않고 완료됩니다. 그래서 놀라울 정도로 명백한 것입니다, 달리 말해 '불가사의할 정도로 명백합니다.'

그리고 이런 무생이 내가 흔히 말하는 '인식하지 않는 것'이기 때문에 반케이의 강연은 나의 생각과 다르지 않습니다. 그러나 내가 무생을 설명하게 된다면, 어떤 이는 그 용어를 어려워할 것이기 때문에 그냥 인식하지 말라고 말하는 것입니다."

그가 계속 말했다. "반케이는 늘 무생을 직접 언급합니다, 하지만 나는 먼저 인식하지 말아야 할 영역을 파악하라고 말합니다. 사람들을 이해시키기 위해 그럽니다. 반케이는 사람들을 측은히 여기면서 그것을 설명하려 애썼습니다, 그리고 사람들이 인식하지 않는다면 더할 나위 없는 일이라 말했습니다. 그러나 요즘 이것을 바로 이해하는 사람이 많지 않습니다. 나는 그들이 조금 애를 먹도록 내버려 두었다가, 맨 먼저 그들에게 인식하지 말아야 할 영역부터 파악하게 합니다. 당신도 이런 질문을 했고, 반케이의 강연을 읽고 그 참된 진실에 감사함을 느꼈습니다. 이것은 당신이 내가 말하고자 한 것을 들었고, 인식하는 것을 벗어나는 것이 명덕이란 것을 파악했기 때문입니다.

이런 생각은 내가 창안해낸 것이 아닙니다. 스승님[29]이 이 귀한 선물은 남겨 주신 덕분입니다. 마땅히 감사드려야 하고 그 빚을 잊으면 안 됩니다. 은혜를 모르는 사람은 금수보다도 못하지 않습니까? 사람들이 먼저 인식이 없는 상태에서 보고 듣고 활동해야 할 영역을 파악하고 나서, 반케이의 강연을 반복해서 읽으면 이로울 것입니다. 그러나 인식하지 않는 것이 무엇인지 알지 못하면서 강연을 읽는 것은 아무 소용이 없습니다.

성인의 도는 인식을 초월하는 명덕을 아는 것입니다, 그리고 그 명덕에 따라 몸이 행하도록 하는 것입니다, 그 이상도 그 이하도 아닙니다. 처음에는 우리 같은 사람들도 인식 없이 보고 듣고 행동했고 그것으로 충분했습니다. 인식하지 않으면 자아도 없습니다. 만약 그러면서도 자아가 있는 사람이 있다면 나에게 보여 주십시오!

그런 사람은 없습니다. 자아가 없으면 이기심도 없습니다. 그래서 우리가 이것을 「인(仁)」이라 하는 것입니다. 자아가 없으면 악도 없습니다. 그래서 이것을 또한 '본래의 선'이라 하는 것입니다. 이 본래의 선이 조금이라도 자기를 느낀다면 그런 인식은 선천적 선에 기반한 본래의 선은 아닙니다. 예를 들어 처음부터 건강함을 타고났다면 우리는 그것이 좋은 것인지 아닌지 혹은 무엇인지 생각하지 않을 것입니다. 이것이 본래의 선입니다. 원래 건강했던 사람이 처음으로 아팠다가 완전히 회복해서 건강해졌다면, 이것은 보통 사람의 선함입니다. 아픔이란 악이 생기고 나서, 그 아픔에서 회복된 선은 부차적 선입니다. 그것은 본래의 선이 가진 선함이 아닙니다."

"그러므로 「도(道)」를 배운다는 것은 오로지 이 명덕을 침해하지 않는 것을 말합니다. 『대학(大學)』

---

29) [영] 이시다 바이간을 암시한다.

에서 '자기 기만'(6장 1절)을 경고했을 때, 사람들이 사소한 일에서 분별·판단의 인식을 하려 들면 틀림없이 방종으로 떨어지게 된다는 것을 말한 것입니다. 그러므로 인식이 참된 마음을 거스른다면, 그런 인식의 행위가 발생했을 때, 잘 분별해서 거기에 빠지지 않도록 해야 합니다. 반케이는 자아에 빠져버리면, 인간은 부모로부터 물려받은 무생의 「불심(佛心)」 상태를 떠나 아귀, 금수, 혹은 난폭한 악마가 될 것이라 경고했습니다. '무생의 불심'은 명덕을 뜻합니다. '자아에 빠진다는 것'은 분별·판단의 인식 행위를 말합니다.

반케이는 아귀, 짐승, 혹은 난폭한 악마를 소위 인간의 욕망이라 불렀습니다. 그 욕망은 인간의 인식을 이끌어 방종에 빠지게 하는 통로입니다. 한번 욕망의 이기심에 빠져버리면 명덕을 부인하게 되고 마음속으로 수치심을 느끼며 고통스러워합니다. 이것을 지옥이라 부릅니다. 이 지옥은 모든 종류의 고통을 뜻하지만, 최대의 지옥 구덩이는 아귀와 야수와 난폭한 악마들의 차지입니다."

"이 부분 또한 반케이의 가르침은 대체로 우리의 것과 비슷합니다. 노인이건 한창의 장년이건 수많은 젊은이이건, 그 누구도 색욕, 탐욕, 그리고 명성을 욕망하는 세 가지 악에서 벗어나지 못합니다. 심지어 공자도 이렇게 말했습니다. '이 세 가지 악에 빠지지 않도록 경계하라. 젊은이는 가만있지 못하고 멋대로 굴게 된다. 이 모두가 심각히 염려해야 할 것들이지만, 청년은 특히 색욕을 경계해야 한다. 장년기엔 다른 사람들과 명성을 다투지 않도록 경계해야 한다. 노년에는 허약하니 탐욕을 경계해야 한다'(『논어(論語)』 계씨편 7장). 색욕은 짐승 같은 사람들의 어리석음이고, 분노는 난폭한 악마의 타오르는 경쟁심이며, 채워지지 않는 욕망은 탐욕스런 아귀의 특징이다. 이것보다 더한 고통은 없다. 이 가르침이 모두 동일하지 않은가?"

그 사람이 또 물었다, "인식하지 말라 하시지만 우리가 인식의 행위 없이 만사를 처리해야 한다면 일이 잘못 돌아갈 때 어떻게 그것을 알 수 있겠습니까? 이렇게까지 인식행위를 삼가는 것이 정말 좋다는 말씀이십니까?"

도카쿠 선생이 말했다. "좋은 질문입니다. 나는 아무 때나 어떤 생각도 하지 말라고 한 것이 아닙니다. 생각하는 것과 인식하는 것은 매우 다릅니다. 인간은 살아있는 존재여서 잠시라도 생각하지 않고는 살 수가 없습니다. 비유를 하면, 참된 마음은 사지(四肢)와 머리 같습니다. 우리 몸이, 목이나 팔·다리가 한순간이라도 가만있던 적이 있던가요? 생각도 몸이 움직이는 것과 같습니다. 생각도 마음의 움직임처럼 작동합니다. 생각이 참된 마음에 따라 작동할 때, 그것은 바람직한 것이며 참된 마음에 조금의 해도 끼치지 않습니다. 인식행위는 이런 생각을 왜곡하는 것입니다. 예부터 인식이 잘못임을 말한 사람은 단 한 사람도 없었습니다. 내가 처음으로 모든 인식이 잘못이라고 말해서 사람들이 이 사실을 쉽게 받아들이게 하려는 것입니다."

"왜 인식행위가 잘못인지 설명해 드리겠습니다. 잘 들어주세요. 먼저 내 앞에서 지금 아무런 인식 없이 뭔가 나쁜 짓을 해보십시오. 어때요, 그게 가능합니까? 인식행위는 기만적 행위입니다. 조금의 기만도 없다면 악행도 가능하지 않습니다. 그렇지 않습니까? …

지금의 논의를 근거로 경험적으로 조금 더 깊이 들어가 봅시다. 늘 그랬듯 아침에 잠에서 깨어났을 때, 비록 당신 마음에 어떤 것도 없는 상태인데도, 분별하고 판단하려는 사악한 인식이 일어납니다. '춥구나. 그리고 어제 늦게 잤지.' 이것이 당신이 나태를 부추겨 다시 눕고 싶게 합니다. 그러나 참된 마음은 진실해서 당신이 눕고 싶어하는 것에 대해 문제를 제기하며, '이런 식의 판단은 좋지 않아'라고 생각하게 만들 것입니다. 그래서 당신이 일어나려 할 때, 인식은 다시 '피곤해서 힘들기만 할 거야'와 같은 핑계를 대며 당신을 멈춰 세웁니다. 그러나 참된 마음의 빛은 강렬해서 그 판단을 반박하고 일어나려 할 것입니다. 이런 갈등의 순간에 유혹에 **빠지기** 쉽습니다. 좋은 인식을 경험할 때도 있습니다, 그것은 참된 마음의 생각이 도운 것입니다. 사악한 인식이 일어나면 우리는 최초의 참된 마음이 품었던 좋은 생각으로 돌아갑니다. 그래서 생각이 인식처럼 느껴지기도 하는 것입니다, 하지만 그렇지 않습니다. 생각은 참된 마음의 빛이며 선의 작용입니다."

"내가 독단적으로 말하는 것이 아닙니다. 성인인 공자께서 이렇게 말했습니다, '계문자(季文子, 651-568)라는 사람이 일을 처리할 때 세 번을 생각하고 세 번째 결정에 따랐다. 이것은 잘못된 일이다. 두 번 생각하고 그 결정에 따르면 된다'(『논어』 공야편 19장). 이것은 인식과 생각을 구별하라는 것입니다. 흔히들 알고 있듯, 모든 것은 인식적 판단 없이 완료되지요. 상의는 필요하지 않습니다. 인식은 자신 속에서 자신과 상의하는 일입니다. 첫 번째 상의는 늘 인식적 판단으로 시작됩니다. 두 번째 인식적 판단은 늘 참된 마음이 하는 일이고요. 그래서 공자께서 계문자에게 두 번만 생각하는 것으로 족하다 한 것입니다. 맹자도 또한 '마음의 역할은 생각하는 것'이며, 사람들이 생각하는 마음의 능력을 타고 났기에 참된 마음을 거스르지 않는다고 말했지요(『맹자(孟子)』 6a.15). 이것은 생각하는 것이 사악한 인식적 판단을 걸러 내기 때문입니다."

"또한, 불가에서 말하는 '바르게 생각하기'도 동일합니다. 모든 경우에서 생각을 한다는 것은 세속적 욕망이며 그래서 인식적 판단입니다. 생각 없음은 바르게 생각하는 것을 뜻합니다. '생각 없음'은 아무 생각이 없음을 뜻하지 않습니다. 아무 생각이 없다면 그런 용어가 있을 필요가 없지요. 바르게 생각할 때 인간은 어떤 생각을 의식하지 않게 되니까, 그것을 '생각 없음'라 부르는 것입니다. 만약 우리가 생각 없음을 '아무 생각 없음'으로 인식한다면, 어떻게 그것이 '생각 없음'이 될 수 있겠습니까? 그렇지 않습니까?

[JAS/조영렬]

# 미우라 바이엔

三浦梅園, 1723-1789

미우라 바이엔은 규슈(九州)에 있는 도미나가(冨永＝지금의 오이타현[大分縣])라는 작은 마을에서 살았다. 거기서 그의 철학적 사상을 확립하고 가르쳤다. 한편 주자학자들과 꾸준히 교류도 했다. 그중 한 사람이 행성과 태양 사이의 거리와 행성의 주기와의 관계를 밝혔던 아사다 고류(麻田剛立, 1734-1799)였다. 바이엔의 주요 저작으로는 윤리를 논한『감어(敢語)』, 자신의 형이상학을 소개한 『현어(玄語)』, 그리고 그것의 자매편인『췌어(贅語)』가 있다.

바이엔은『현어』를 26년간 무려 23가지 판으로 썼다. 그의 다른 작품들과는 달리, 최종판 현어의 많은 부분은, 과학의 발달로 더욱 복잡해진 세상을 염두에 두고서 그가 전개했던 총체적인 형이상학적 체계의 맥락 속에서만 이해할 수 있다. 그는 음양(陰陽) 이론을 그가 이름한, 「조리(條理)」라는 독특하고도 복잡한 대립쌍(對立雙)으로 대체시켰다. 그 이론이 특별한 어휘를 필요로 했기에, 그는 조리의 논리로 한자를 쌍으로 맺어 여러 가지 특수한 용어를 창안했다. 한 쌍에서 각 요소는 그것에 맞서는 요소로 인해 정확한 의미를 띤다. 한 요소가 다른 요소와 짝을 이루면, 그것에 따라 그 요소의 의미도 달라졌다.

각각의 한자는 전체적으로 그것의 통상적 용법의 흔적이 있다. 예를 들어 '전체와 측면' 그리고 '전체와 부분'이라는 두 개의 바이엔 쌍(雙)을 보자. '부분'과 '측면'의 의미가 다르기 때문에 '전체'의 의미가 분명 달라진다. '전체와 측면'은 뒤에서 비단을 짜는 과정을 예로 들어 명확하게 설명하는 몇 가지 쌍 중에 하나이다. 하나의 측면은 나무와 새와 바위의 세상이며, 다른 하나는 아원자(亞原子)의 세계라고 말할 수 있다. 그것은 한 세상의 두 가지 측면이다.

이어지는 발췌문에는 한 동료에게 쓴 편지와 아사다(麻田)에게 쓴 편지가 있다. 그 다음에는『현어』서문의 '예(例)'에서 가려낸 글과 그 책의 '핵심 원문'의 난해한 시작 부분과 그 뒷부분이 이어진다.

[RDM/조영렬]

## 과거 음양 이론의 오류들

미우라 바이엔 1776, 748-9

일전에 당신과 얘기해서 좋았습니다. 그때 음양에 대한 설명을 마치지 못했기에, 좀 더 설명을 덧붙여 명확히 하고자 붓을 들었습니다.

음(陰)과 양(陽)은『주역(周易)』에서 처음 등장했습니다. 하지만 그것의 의미는 때로「도(道)」를, 때로 그 형태를, 때로 그 윤곽을 띠었습니다. 비록 주역이 점을 설명하고 있지만 그걸 통해 천지를 본다는 것은 신발을 신고 발바닥을 긁는 것과 같습니다.… 제가 다른 의미를 전달하기 위해 그 한자를 빌어왔으니 그것을 다른 의미로 씁니다. 이것은 오래 전부터 적지 않은 사람들이 시도했습니다. 그러나 천지를 보면 우리는 저 너머 바다를 바라보는 막막한 기분입니다. 우리가 음양(陰陽)을 이해하지 못하기 때문입니다.

천지를 바라볼 때, 피해야 할 것이 두 가지가 있습니다. 대상을 볼 때 우리의 관점에서 보면 안 되겠습니다. 진실 여부를 묻지 않고 우리가 들은 것을 고집하는 것을 피해야 합니다. 제가 옛 성인들에 비할 바는 못되지만 그들의 말씀을 무조건 수용할 생각은 없습니다, 왜냐면 나는 음과 양을 이해하기 때문입니다.…

천지의 수는 오직 일(一)입니다. 우리는 그것을 하나와 하나로서 만납니다. 숫자 3에서 짝수와 홀수를 번갈아 증가하다가, 다시 10이 하나가 되어 수백·수천·수만·수십만 등등을 만들어내는 숫자의 변화는 자연의 작용이 아닙니다. 우리는 자연의 작용이 아닌 것을 자연에서 찾기를 기대합니다. 세 가지 재능, 네 명의 선생, 다섯 가지 요소, 여섯 가지 「기(氣)」, 아홉 가지 신비한 표식, 열 가지 신비한 도형, 이런 것들은 모두 이치에 맞지 않는 눈먼 지혜입니다.…

만약 옛 성인들이 그들의 교의를 완전히 뒤집어서, 왼쪽이 양이 되고 오른쪽이 음이 되고, 남성이 음이 되고 여성이 양이 되고, 흰색이 음이 되고 붉은색은 양이 되었다면, 그러면 스스로의 판단을 따를 수 없게 되고, 혼란을 정돈하기 위해 스스로를 혹사하게 될 것입니다.

'하나와 하나'는 그것이 이름을 갖기 전에 '음과 양'을 대신한 것입니다. 음과 양은 이름을 갖게 된 순간 하나와 하나입니다. 기와 물질은 하나와 하나입니다. 하나와 하나가 '음과 양'이라 불리고, 기와 물질은 '하늘과 땅'이라 불립니다. '비어 있는' 하나와 하나가 '알찬' 기와 물질에서 분리된 것임을 이해 못 하는 사람들은 그들 사이의 관계를 모릅니다. 그것은 무엇이 「조리」인지를 명확히 이해하지 못했기 때문입니다.

우리가 자신 속에만 있는 것을 치워두고 다른 곳에 있는 것에 주의를 기울일 때, 고대 성인의 말씀을 치워두고 바른 지표를 따를 때, 그때가 되면 함께 이야기를 나눌 수 있을 것 같습니다.

[RDM/조영렬]

---

## 자연현상의 복잡성

미우라 바이엔 1785, 752

만약 사람들이 인간의 한계를 벗어나지 못하고 천지를 본다면, 그리고 자신만의 지혜와 지식을 대단하게 여겨 그 속에 완고히 머문다면, 창조를 인간의 관점에서 보게 될 것이다. 오류는 인간의 생각에서 오류가 생길 것이며, 눈에 든 티끌이 되어 바로 보지 못하게 한다. 인간이 세상의 고통에 대해 근심하는 것은 적절한 일이지만, 창조를 인간의 관점에서만 본다면 결코 지혜를 얻지는 못할 것이다.…

천지를 이해하기 위해 적용하는 생각과 이성의 기준을 세우기 위해 조리가 필요하다. 그것이면 족하다. 조리의 상태는 하나가 둘을 내놓는다. 둘은 하나를 품는다. 둘은 하나와 하나다, 하나와 하나는 하나다. '맞서는 것 사이에서 합일을 보는 것, 고정관념 버리기, 그리고 바른 지표를 따르는 것'이 이것을 이해하는 핵심이다.

......

나는 통찰력이 있지는 않습니다. 나의 척도는 어설픕니다. 어릴 때 천문현상을 관찰했을 때 나는 옛 가르침을 버리지 않았습니다.… 초봄에 당신이 권하신 몇 가지 글을 다시 읽었습니다. 그것을 펼쳐보며 며칠을 보냈습니다. 마침내 당신의 뜻을 알아차렸습니다.…

당신은 직접 만든 도구로 태양 표면에서 움직이고 있는 흑점을 발견했습니다. 깔쭉깔쭉한 달 표면을 정밀하게 포착했습니다. 화성이 차고 기우는 것과, 토성과 목성의 위성의 움직임, 그리고 태양 주변을 도는 행성들의 궤도도 찾아냈습니다. 월식을 관찰했고, 남극 거대한 대륙에 관해서도 파악했습니다. 또한 황도의 길도 연구했습니다.…

비록 당신의 연구를 다 이해하지는 못하지만 그것은 나에게 조리연구를 위한 좋은 안내서를 주신 거나 다름없습니다. [RDM/조영렬]

## 『현어』

미우라 바이엔 1775, 2-4, 20-1, 32-4 (78-81, 115-16, 118, 121, 123, 127)

### 용어에 대하여

도는 치우침이 없는 연구이며, 편견없는 생각이다. 그것으로 우리는 깨달음을 얻을 것이다. 나는 내가 미치지 못하는 것이 있음을 안다. 하지만 내가 미숙한 궁수이기 때문에 활을 내려놓아야만 하겠는가? 그러므로 이 책을 읽고자 하는 독자는 자유롭게 읽으시기 바란다. 거슬러 오르기도 하고, 물살을 따라 내려가기도 하고, 왼쪽 혹은 오른쪽에서 무언가를 취하고, 중심에서 이것을 또는 주변에서 저것을 획득하라. 마음이 가는 어느 곳에서건 방향을 바꾸듯 그렇게 하라.

만약 이 책에 어떤 체계가 있다면, '핵심적 텍스트'는 융합이다. 역동적 흐름은 활발하며, 무질서한 내용물은 대상물이다. 인간은 작은 것의 경계를 열어젖히고 하늘의 힘에 도전한다. 인간이 천지를 통찰력으로 바라보기를 원한다면, 하늘을 이해하기 위해서라면 하늘을, 인간을 이해하기 위해서라면 인간을 바라볼 필요가 있을 뿐이다. 글과 도표는 모두 불필요한 것들이다. 그것은 물고기나 토끼를 잡으려 설치한 그물이고 올가미일 뿐이다.

그러므로 내 책을 읽는 독자는 자연을 보면서 내 말 중에 자연에 부합하는 것을 수용하면 될 것이다. 자연에 비춰봤을 때 오류가 발견되면 무시하라, 나의 말이란 것이 뭐 그리 대단하겠는가?
……

a를 취하면 b·c, 그리고 d가 모두 a와 관련해서 온다. 만약 b를 취하면 a·c, 그리고 d가 b와 관련해서 온다. c와 d로부터 우리는 e와 f·g, 그리고 h 등으로 나아간다. 그러므로 우리가 운동적 힘의 영역에 있을 때 천지도 또한 운동하는 힘이다, 우리가 육체의 영역 속에 있을 때, 천지는 둘 다 육체이다.
……

내가 기(氣)라는 단어를 사용할 때, 각각의 종류가 있다. 기와 물체, 기와 육체, 기와 모양, 기와 물질, 기와 이미지, 기와 하늘, 기와 마음, 기와 색깔, 기타 등등. 내가 "기운"을 사용할 때 거기에도 종류가 있다. 기운과 하늘, 기운과 정수(精髓), 기운과 물질, 기운과 영혼, 기운과 환영, 기운과 인간, 기운과 현명함 등등. 내가 '하늘'을 사용할 때 거기에도 종류가 있다. 하늘과 땅, 하늘과 기운, 하늘과 물질, 하늘과 인간, 하늘과 운명 등등.
……

『현어』는 내가 본 것들에 대한 설명이 담긴 책이다.

## 음과 양

물질은 본성이 있고 본성은 물질에 부여된다. 본성과 물질은 이음매 하나 보이지 않을 정도로 완벽하게 융합한다. 그래서 하나로서 완전하다. 본성은 육체와 쌍을 이룬다, 물질은 기와 쌍을 이룬다. 본성과 물질은 뚜렷이 구분된다, 이것이 조리이다. 그러므로 두 가지 측면이 있는 것이다. 본성은 물질과 나란한 본성이다, 물질은 본성과 나란한 물질이다. 그러므로 하나는 하나와 하나이다. 그리고 하나와 하나는 하나이다. 기는 하늘이다, 물질은 땅이다. 본성은 하나에 의해 부여되고, 물질은 하나로부터 박탈당한다. 이러한 하나에 의해 부여됨과 둘로서의 박탈은 분열의 측면으로부터의 날줄과 일치하고, 하나의 기와 하나의 물체의 대조적 측면으로부터의 씨줄과 일치한다.

분열하면서 둘은 뚜렷이 구별된다. 융합하면서 둘은 하나가 된다. 하나가 그냥 하나라면 분열도 융합도 없을 것이다. 만약 둘이 그냥 둘이라면, 분열도 대조(對照)도 없을 것이다. 하나와 둘은 단순히 하나와 둘이 아니다. 안정은 분열을 수반하고, 존재는 완전을 수반한다. 분열에 의해, 하나가 분열된다. 대조에 의해 둘이 결합된다. 분열은 날줄이고, 대조는 씨줄이다. 날줄과 씨줄은 자발적으로 조리에 의해 분열된다.

......

예를 들어 비단 한 조각을 보자. 실이 있는 부분은 날줄과 씨줄, 주홍색 실과 녹색 실로 이루어진다, 그러나 완성된 부분에는 꽃과 풀과 멋진 새가 있다. 이런 것을 만드는 마음은 영특한 여인의 상상으로부터 나왔다.

비록 비단이 원래 날줄과 씨줄이었지만, 마음이 그것에 작용하여 물질을 형성하게 되면, 각각의 날줄은 씨줄과 분리된다, 하지만 각각의 날줄은 씨줄과 다시 결합한다. 그 결합으로 용틀임치는 용과 춤추는 불사조가 탄생한다. 용틀임에다 춤까지 추지만 실을 풀어버리면 날줄은 자연 날줄로 남고, 씨줄은 씨줄로 남는다. 그래서 비단 한 조각은 원자재라는 측면과 완성품이라는 측면의 두 가지의 물질에 부여된 본성을 갖는데, 똑똑한 재봉사는 거기에 마음을 불어넣고, 비단실로 물질을 형성한다, 그래서 불가사의한 인간의 예술이 하늘이 창조하는 신비에 다가가는 것이다.

이제, 위대한 물질이 기와 물질이 되었다. 날줄은 그것을 통과하고, 씨줄이 그것을 채운다, 올이 고운 부분은 감춰지고, 올이 굵은 부분은 드러난다. 날줄이 통과하면서 마음이 사건을 일으키는 시간을 만든다. 씨줄이 채우면서 물질이 물질의 본체를 갖는 공간을 만든다.

## 천지(天地)

날줄이 시간으로서 지나간다. 그것은 올 것을 오게 하고 가버린 것을 사라지게 한다. 이것은 마음이 지나가는 길이다. 이렇게 해서 하늘은 시간을 형성한다. 씨줄은 공간을 채운다. 그것은 움직이는 만물을 도와주고 머무는 것을 품는다. 이것이 만물이 자리를 잡는 땅이다. 그렇게 해서 땅은 공간을 형성한다.

공간은 만물을 품는 힘을 갖는다, 그리고 시간은 마음이 지나가는 길이 되는 힘을 갖는다. 달리 말해 공간과 시간은 안 보이고 감춰져 있고, 마음과 만물을 품는 힘을 갖는다. 물질은 공간에서 사는 힘을 가지며, 마음은 시간을 가로지르는 힘을 갖는다. 즉 마음과 물질은 가시적이며 명백하다, 그리고 공간과 시간 속에 머무른다.

안 보이고 감춰져 있는 것은 땅이라는 물질을 배척한다, 가시적이며 명백한 것은 하늘을 만드는 기를 배척한다.

마음은 필연적으로 활동적이며 물질은 필연적으로 가만히 있다, 날줄은 필연적으로 가로질러 가며, 씨줄은 필연적으로 채운다.…

역동적 흐름은 활동적 힘을 가지며 무질서한 내용물은 물체가 안정적이게 한다. 하늘은 정착해 있고 마음은 움직인다, 하늘은 움직이고 땅은 가만히 있다.

그러나 합쳐서 하나가 되면 본성은 하나와 하나로서 물체를 부여받는다. 이 물체는 그것의 상태는 미세하며 숨겨져 있는 하나의 기(氣)와 그것의 상태가 거칠고 명백한 하나의 물질이다. 기와 물질은 서로 나란하고, 서로 맞선다, 서로 삼키고 서로 배척한다. 그들이 분열되면 조리를 갖는다. 융합되면 이음매가 감춰진다.

물질이 머무는 공간 속에서 만연한 기운이 모든 곳으로 퍼져 나간다. 물질은 중심이 지탱하며, 소위 '외부'에 머문다. '중심'은 너무나 미세해서 내부를 가지지 못한다, 그러나 그것은 너끈히 천지를 돕는다. '외부'는 광대하며 무한하다. 그것은 천지를 담으며 그 무엇도 그것이 담지 못할 정도로 큰 것은 없다.

영원히 진행되는 것이 시간을 끌고 간다. 그 속에서 한 기간에 이어 다른 기간이 온다. 그것이 어떤 기간과 일치할 때 현재가 드러난다. 현재의 두 경계는 감춰져 있다. 현재는 한 순간이지만 그것은 모든 사건과 모든 물질을 예외 없이 드러낸다. 현재는 이 사건과 물체 중에 어느 것도 소유하지 않는다. 현재의 양쪽은 무한히 이전과 이후로 뻗어 있다. 기운은 이 경로를 따라 가며, 하늘은 현재의 집 속에 머문다.

……

천지의 공허함과 실체성, 물과 불의 음과 양, 시간과 공간의 시점과 장소, 움직임과 멈춤의 바뀜과 고정됨, 이런 식으로 쌍을 이뤄 결합해 하나의 거대한 천지를 이룬다.

……

움직이는 것은 마음이며 그것은 변한다. 머무는 것은 하늘이며 그것은 고정된다. 땅은 머무르며 고정된다, 그러나 이 땅은 우리의 거친 지구가 아니다. 하늘은 움직이며 변한다, 그러나 이 하늘은 우리의 하늘이 아니다.

……

기의 관점에서 물질을 보면 그것은 실체가 있다, 그리고 기는 실체가 없다. 물질의 관점에서 기를 보면, 기는 미세하고 물질은 굵다. 기의 관점에서 미세한 것은 물질의 관점에서는 실체가 없다. 기의 관점에서 굵은 것은 물질의 관점에서는 실체가 있다.

……

바둑에서 흑이 이길지 백이 이길지는 반상에 달려있다. 그렇다면 기와 물질이 생성시키는 것은 어느 물질인가, 혹은 하늘과 마음이 생겨나게 하는 것은 어떤 사건인가? 이런 것에 대해 우리가 아는 바는 없다.

[RDM/조영렬]

# 니노미야 손토쿠

二宮尊德, 1787-1856

니노미야 손토쿠는 결손 가정에서 태어났다. 하지만 그는 배움에 대한 갈증, 공부에 대한 열정, 생존과 자립을 향한 집념을 통해 고위직에 올랐고, 많은 추종자를 낳았으며, 도쿠가와시대의 어떤 사상가들도 범접하지 못할 유산을 남겼다.

손토쿠는 범상한 유학자가 아니었다. 그는 자신의 철학을 유학, 불교, 신도의 가르침을 각각 필요한 만큼 적절히 배합해 만든 약에 비유했다. 이런 절충적 접근에도 불구하고 그의 사상은 자신만의 독창적인 유학적 특징이 뚜렷했다. 고대의 유학 저술을 한 획도 손대지 않고 인용하던 학자들과는 달리, 그는 스스로 고른 고전의 핵심에 자신만의 해석을 덧붙였다. 이런 식으로 손토쿠는 지역 학계라는 폐쇄적 영역에서의 연구를 벗어나 농민들의 삶 속으로 향했고, 문헌 비평의 전통에 대한 충실한 전승보다는 사상에 대한 이해를 중요시하는 것을 자신의 소명으로 삼아, 유학사적 이행기를 살아낸 학자였다.

『대학(大學)』은 손토쿠가 좋아했던 유학 고전이다. 『대학』은 마음의 수양, 개인의 수양과 가족·국가·세상의 계도를 통해 세상을 바로잡고자 하는 메시지가 있어서, 자신의 운명과 이웃의 운명을 개선하고자 하는 농민지도자에게 시사하는 바가 있었다. 그는 개인이 사회정치적 질서에 대한 부채감을 가져야 한다고 강조한 것으로 유명하다. 그래서 개인들이 사사로운 욕망을 버리고 '보은의 미덕'을 지녀야 한다고 주장했고, 이는 권력의 요구와 정확히 일치했다. 손토쿠의 사상은 2차 세계대전 후에도 인기를 유지했다. 인류를 위해, 공동체를 위해 자기수양에 힘써야 한다고 강조했기 때문이다.

[JAT/조영렬]

---

## 선한 삶

니노미야 손토쿠 1893, 123, 141, 146-7, 133, 183

### 인간의 도

인간의 「도(道)」는 수차와 같다. 수차가 회전할 때, 절반은 물의 흐름을 따르고 다른 절반은 그것을 거스른다. 만약 전부 물속에 넣거나 아예 물 밖으로 들어내면 회전을 멈출 것이다. 불교 승려들은 현명하고 식견이 있다고 여겨짐에도 불구하고 스스로 세상과 절연하고 모든 욕망을 버리려 한다. 물 밖으로 나온 수차와 같다. 책임감이 없고 사사로운 욕망에 좌우되는 「소인(小人)」은 물에 잠긴 수차와 같다. 어느 쪽도 사회를 위해서는 옳지 못하다. 그러므로 인간의 도는 「중용(中庸)」을 존중하는 것이다.

### 학(學)

노인[30]이 말했다, "「학(學)」은 실제에 적용할 수 있어야 가치가 있다. 천 권의 책을 읽더라도 써먹을 수 없다면 무용할 것이다. 『논어(論語)』는 다음과 같이 말한다, '만약 「인(仁)」이 없는 곳에 살 곳을 정한다면, 어찌 그를 현명하다 하겠는가?' [이인(里仁)편 1장].

......

"만약 문자화되지 않는 고전을 공부하지 않는다면, 천지의 참된 「이(理)」를 인식할 수 없을 것이다. 그것을 공부할 때 우리 눈으로 직접 보고 그리고 눈을 감으라. 이렇게 하면 마음의 눈이 뜨일 것이고 문자화되지 않는 텍스트를 읽을 수 있을 것이다. 막연하거나 미세한 이치도 인식하기에 불가능한 것은 아닐 것이다. 육체의 눈은 한계가 있지만 마음의 눈은 그것이 없기 때문이다.

......

"진리를 가르치는 책은 많다, 그러나 각각 그들만의 치우침이 있다. 완전한 가르침은 없다. 석가와 공자도 인간이었다, 그리고 그들의 고귀한 가르침도 인간의 것이다. 그러므로 나는 자연이라는 문자화되지 않은 책을 그들의 가르침과 비교해 본다. 만약 서로 모순되지 않는다면 수용한다. 내 생각이 늘 옳았다. 태양이 빛나기를 멈추지 않는 한 나의 가르침도 오류 없이 널리 수용될 것이다."

## 선과 악

노인이 말했다, "선과 악을 논하는 것은 극히 어렵다. 우리가 선악의 기원을 논한다면 선한 것도 악한 것도 없다는 것을 알게 된다.… 인간의 이기적 경향으로 형성된 것이 선악이다. 인간의 삶의 방식과 관련된 것이다. 그러므로 사람이 없었다면 선악도 없었을 것이다. 사람이 존재하는 한 선과 악은 존재하게 될 것이다."

"그러므로 인간은 무성한 들판을 보며 그것이 경작되는 것이 좋은 것이라 생각하고, 잘 경작된 들판이 야생 초목으로 무성하게 된다면 나쁜 것이라 생각한다. 그러나 멧돼지와 사슴은 인간의 개간 행위를 악이라 생각하고, 야생의 초목으로 무성한 들판을 선이라 생각할 것이다. 세상의 이치로 봤을 때, 도둑을 악이라 생각하지만, 도둑들 사이에서는 자신들을 선이라 생각하고, 도둑을 잡으려는 사람을 악이라 생각할 것이다. 따라서 어떤 것이 선이며, 어떤 것이 악인지를 판단하는 원칙을 찾아내는 것은 쉽지 않다.

이 점을 좀 더 쉽게 이해하고 싶다면 무엇이 먼 것이고 무엇이 가까운 것인지에 대해서 생각을 해보면 좋을 것이다. 원근(遠近)과 선악(善惡)을 구별하는 원칙이 동일하기 때문이다. 예를 들어 하나에는 '원(遠)'이라 쓰고 다른 하나에는 '근(近)'이라 쓴 두 개의 표지가 있다고 가정해보자. 우리가 이 두 표지를 지나가면서 보면, 다른 한 사람과 표지와의 원근이 그 표지의 글자와 무관하며, 표지와 사람의 상대적 위치와 관련된다는 것을 알게 된다. 나는 이런 시구를 들었다, '매우 멀리 내다보면 먼 곳도 가까운 곳도 없고, 그냥 내가 사는 곳만 있네!' 만약 시구가 선도 악도 없다고 했다면, 개인적인 이해(利害) 때문에 그것을 이해하지 못할 것이다. 하지만 '원'과 '근'은 그런 사사로움을 없애주기 때문에, 인간과의 관계가 없다면 원근도 없음을 쉽게 이해하게 된다.

건축을 하게 되면, 우리는 직선 혹은 곡선으로 만들기를 원할 것이다, 그러나 극히 가까이에서 그것을 본다면 직선도 곡선도 보이지 않을 것이다. 혹은 극히 멀리 떨어져 보게 되는 경우에도 식별 못 하기는 마찬가지다. '먼 산에는 나무가 안 보이고, 먼 바다에는 파도가 보이지 않네'라는 오랜 속담과 같은 경우이다. 우리가 사사로운 이해에서 자유로울 때 근원에 대한 이런 관점을 이해할

---

30) [영] 니노야마를 뜻한다.

수 있다."

"그러나 미리 우리가 있는 곳을 기준으로 원근을 이해하려 들면, 그러면 원근은 존재한다. 우리가 판단을 내릴 고정된 기준이 존재하지 않으면, 틀림없이 원근도 없다. 만약 누군가가 오사카가 멀다고 말하면, 그러면 그 사람은 간토 출신일 것이다. 만약 간토가 멀다고 하면 그 사람은 간사이 출신일 것이다. 길흉(吉凶)·화복(禍福)·정사(正邪)·성패(成敗)도 모두 같은 이치이다."                    [JAT/조영렬]

---

## 불교, 도교, 그리고 유교

니노미야 손토쿠 1893, 183, 231, 138, 125, 233, 196, 205-6, 198, 232-3

누군가가 물었다, "극락과 지옥이 진짜로 존재합니까?"

노인이 대답했다, "비록 불가에서 그것이 존재한다고 하지만, 그것을 보여 주는 것은 불가능합니다. 유학자들은 존재하지 않는다고 하지만 실제로 그런지 그들이 본 것은 아닙니다. 그것이 존재하느냐, 존재하지 않느냐를 놓고 왈가왈부하는 것은 공론일 뿐입니다. 그렇지만 탄생 이전에 혹은 죽음 이후에 하늘의 응보가 없다고 한다면 그것은 도의 이치에 어긋나는 것입니다. 유가에서 극락과 지옥이 없다고 하는 것은 과거와 현재 그리고 미래라는 세 가지 세상을 부정하는 것이나 다름없습니다. 불가에서는 이 세 가지 세상을 긍정합니다. 비록 한쪽에서는 부인하고 한쪽에서는 긍정하지만, 세 가지 세상은 존재합니다. 그러므로 극락과 지옥을 부인하면 안 될 것입니다. 보이지 않는 것이라 하더라도 그것이 존재하지 않는다고 말하면 안됩니다. 그러나 비록 극락과 지옥이 존재하더라도, 그것이 부처의 이름을 외는 자는 극락으로, 안 그러는 자는 지옥으로 간다는 정토종(淨土宗) 식의 이치일 수는 없습니다. 또는 『연화경(蓮花經)』을 외는 사람은 극락으로, 아닌 사람은 지옥으로 간다는 일련정종(日蓮正宗) 식의 이치일 수도 없습니다. 또는 절에 많은 돈을 희사(喜捨)하는 사람은 극락으로, 안 그러는 사람은 지옥으로 갈 것이라는 식의 이치일 수도 없습니다. 애초에 악을 행한 사람이 죽으면 가는 곳이 지옥이며, 선을 행한 사람이 죽으면 가는 곳이 극락이라 여겨졌습니다. 원래 극락과 지옥은 선행을 장려하고 악행을 경고하기 위해 의도된 것이었습니다. 이것이 종교를 믿는 것 혹은 믿지 않는 것의 문제가 아니란 것이 명백하지 않습니까? 이 문제에 대해서 사람들이 혼란스러워 하거나 의혹을 가져서는 안 될 것입니다."

......

노인이 말했다. "비록 불가에서 이 세상이 일시적으로 머무는 장소일 뿐이며 그 이후의 세상이 중요하다고 말하지만, 지금 여기에 통치자와 부모가, 그리고 아내와 자식이 엄연히 존재한다는 사실을 무시할 수 있을까요? 비록 그들이 가족과 세상을 버리고, 통치자와 부모를 떠나고, 그리고 아내와 자식과 헤어진다 하더라도, 우리가 이 몸뚱이 안에 존재한다는 사실은 엄연하지 않습니까? 육체를 떠나지 않는 한, 우리는 음식과 옷이 없이는 오래 살지 못합니다. 배가 없이는 바다나 강을 건너갈 수 없습니다. 그래서 사이교(西行, 1118-1190)의 시는 이렇게 말했습니다, '모든 걸 버린 후에 내 육신이 아무 것도 아니라 생각했네, 하지만 눈이 온 바로 그날 나는 추웠지.' 이 시가 이 모든 비애를 전달해줍니다."

......

노인이 말했다. "세상에는 오직 하나의 참된 대도(大道)를 향해 난 길이 있을 뿐입니다. 세상에는 신도, 유학, 불교의 추종자들이 있지만, 그것은 똑같이 대도를 향해 나 있는 여러 통로를 다른 이름으로 부른 것일 뿐입니다. 어떤 이는 자신이 천태종(天台宗)을, 어떤 이는 「진언종(眞言宗)」, 또는 일련정종, 또는 선불교를 믿는다 하지만, 이 모든 것들은 단지 똑같이 대도로 이끄는 작은 통로를 다른 이름으로 부른 것입니다."

......

노인이 말했다. "나는 오랫동안 신도의 도가 무엇인가, 그것의 장점과 단점은 무엇인가에 대해서 숙고했습니다. 또 유학의 가르침과 그것의 장단점에 대해서도 숙고했습니다. 그리고 불가의 믿음과 그것의 장단점을 숙고해 봤습니다. 이 모든 과정을 거친 후에, 나는 그들이 서로 장단점이 있다는 사실을 알게 되었습니다.… 그 핵심을 설명하면, 신도는 터를 기초로 하는 도를 전하고자 합니다. 유학은 터를 통치하는 도를 설명합니다. 그리고 불교는 우리 마음을 통제하는 길을 알려주고자 합니다. 결과적으로 나는 각각의 뛰어난 점을 지나치게 숭상하지는 않으려 했습니다, 또 각각의 초라하고 통속적인 점을 지나치게 멸시하지 않으려 했습니다. 차라리 나는 이 세 가지 도에서 적절한 부분을 취했습니다. 그것은 인간 세상에서 실현될 수 있는 것입니다. 실천 가능한 핵심을 골라내고, 그렇지 않은 것들은 추려낸 후에, 모든 도를 초월하는 현세의 인간을 위한 가르침을 찾았습니다. 나는 이것을 보은의 미덕이라 부릅니다. 조금 편하게 표현하면, 이 가르침은 신도, 유학, 그리고 불교의 정수를 합친 환약(丸藥)같은 것입니다. 이 약의 위력은 너무나 강력해서 만병통치약이라 할 만합니다. 이 약을 국가에 처방하면 나라의 병이 치유되고, 가정에 처방하면 가족의 병이 치유될 것입니다.…"

누군가가 신도, 유학, 불교에서 추려낸 그 핵심이란 것의 비율이 각각 어느 정도인가 물었다. 노인이 대답했다. "반이 신도요, 나머지 반에서 유학과 불교가 각각 반입니다." 근처에 있던 사람이 그의 말대로 환약을 그리고는 어떻게 생각하냐고 물었다. 노인이 답했다, "당신이 그린 것과 같은 약은 없습니다. 내가 그것을 둥글다[丸]고 한 것은 내용물끼리 잘 융합되고 어울려서 원래 무엇으로 비롯되었는지 모른다는 뜻으로 말한 것입니다. 안 그러면 그 약을 입안에 넣었을 때 혀를 찌르고, 그것이 위로 들어가면 토하도록 만들 것입니다. 이런 약을 만들 때 가장 중요한 것은 내용물들이 잘 결합하고 어울려서 원래의 내용물이 무엇인지 알 수 없게 하는 것입니다.

......

신도와 유학과 불교에 관한 저술은 무수합니다. 만약 당신이 선불교를 공부하여 깊은 산에 은거하며 참선에 열중하더라도, 그래서 도의 최고 경지에 이르렀을 때에도, 그 속에서 세상을 구하고 모든 사람을 이롭게 하는 것 이외에는 다른 도가 없다는 것을 알게 될 것입니다. 비록 다른 사람이 다른 도가 있다 하더라도 그것은 이단의 도로 여겨질 것입니다. 올바른 도라는 것은 세상 모든 사람에게 혜택을 주어야 합니다. 비록 당신이 학문에 힘쓰고 도를 구하더라도 이런 인식에 도달하지 못한다면, 그것은 덩굴 식물을 뜻 없이 무성하도록 키우는 것만 같아서 세상의 백성들에게 아무 이로움이 없습니다. 세상에 이로움이 없는 것이 존중 받아서는 안됩니다. 그것이 널리 퍼지더라도 해롭기만 하기 때문입니다. 몇 년이 지나고, 성인 왕이 나와서 이와 같은 쓸모없는 책을 태워 없애지 않더라도, 들판의 잡초를 솎아 내 듯 그것을 버리고 모두에게 유용한 도를 확산시킨다면, 백성에게 아무 이득이 없었던 책은 이내 경시되고 사람들은 자신에게 무용한 행동을 더 이상 하지 않을 것입니다.

시간은 화살처럼 빠르게 지나갑니다. 사람이 예순까지 살 수 있다고 하지만 어린 시절과 노년을 제하고 얼마간 아팠던 시절과 사고 후에 회복기를 겪었던 시절을 제하면 우리가 중요한 일에 쏟을 수 있는 시간은 많지 않습니다. 그러므로 쓸모없는 일에 시간을 허비하지 말아야 합니다."

......

노인이 답했다. "불교가 말하는 깨우침의 도는 흥미롭지만 인간의 도에 해롭습니다. 왜 그러냐 하면… 그것이 인간 삶의 뿌리를 드러내기 때문입니다. 깨우침의 도는 풀뿌리에 비교할 수 있습니다. 만약 이 뿌리가 하나씩 뽑혀서 땅에 노출된다면, 시들고 말라 버릴 것입니다. 비슷한 이치로 이것은 인간에게도 명백합니다."

"유학은 풀뿌리에 대해 논의하지는 않습니다. 그것은 풀뿌리를 면밀히 검토하는 것이 유익하지 못하다고 생각합니다. 만물은 뿌리가 있어서 살 수 있고 실체를 키웁니다. 이런 이유로 뿌리는 중요합니다. 가르침이 인간에게 중요하듯 양육도 또한 그러합니다. 우리가 소나무의 초록의 가지를 볼 수 있고 벚나무의 아름다운 꽃도 볼 수 있는 것은 그것이 토양에 뿌리를 박고 있기 때문입니다. 연꽃은 물에 있기 때문에 우아한 꽃을 피우는 것입니다. 전당포 주인의 거대한 창고는 많은 빈민들이 그에게 온갖 물건을 전당 잡혔기 때문입니다. 영주가 소유한 웅장한 성은 그가 통치하는 많은 백성들이 있기에 가능한 것입니다."

"그러나 소나무의 뿌리를 자른다면, 초록의 솔 바늘은 이내 축 처질 것입니다. 이삼 일이 지나면 솔 바늘과 가지가 시들 것입니다. 백성이 피폐해지면 통치자도 그리될 것입니다. 백성이 부유해지면 통치자도 그리될 것입니다. 이것은 명백합니다. 도의 이치란 것은 한 점의 의혹도 없는 것입니다."

......

"유학은 주기적 변화를 가르칩니다. 불가는 윤회를 가르칩니다. 그리고 윤회를 벗어나는 법을 가르칩니다… 그들은 평화로운 나라인 「열반(涅槃)」을 가르칩니다. 유학은 「천명(天命)」에 복종하라고 가르치며, 천도(天道)를 따르고, 태산(泰山)31) 위에 평화로운 삶을 희망할 것을 가르칩니다. 내 가르침은 다릅니다. 그것은 빈민을 부유하게 만드는 것이고, 번영을 갖다 주는 것입니다. 주기적 순환과 윤회의 가르침에서 벗어나 백성의 삶에 풍족과 번영을 약속하는 도를 말하는 것입니다. 과일 나무는 한 해는 열매가 풍족하고 그 다음 해는 그렇지 않습니다, 하지만 내 생각은 가지치기를 하고 영양을 공급해서 매년 결실을 맺도록 하자는 것입니다."

......

"도교와 불교는 닛코(日光)와 하코네(箱根)의 높이 솟은 봉우리처럼 드높고 장엄합니다. 대단히 장엄하지만 사람들에게 유용하지 못합니다. 닛코와 하코네의 산은 매우 높습니다. 경치는 아름답고 물은 맑습니다. 하지만 인간 삶에 유용한 것을 주지는 않습니다. 내 가르침은 들판이고 마을입니다. 그것은 소박하고 내려볼 만한 대단한 경치도 없습니다. 경탄할 만한 구름도 물도 없지만, 나라의 부와 번영의 기초가 되는 다양한 곡물이 납니다.

불가의 지혜는 바닷가 모래만큼 순수합니다, 하지만 나의 가르침은 아름다운 연꽃을 피워내는 진흙 같습니다. 봉건 성주의 성의 웅장함과 도시 시장의 번창은 마을의 부와 번영을 기초로 가능합니다. 그러므로 우리에게 접근 가능한 궁극의 도는 고상한 공론이 아니라 소박한 것이어야 합니다.…"

[JAT/조영렬]

31) [영] 중국 산동성(山東省) 중부에 위치한 오대 명산 중에 하나이다.

# 신도

가모노 마부치
모토오리 노리나가
후지타니 미쓰에
히라타 아쓰타네
오쿠니 다카마사
오리구치 시노부
우에다 겐지

# 개관

18세기에 정점에 달했던 일본의 국학 운동을 형성시킨 일련의 철학적 고심과 분석들은 네 가지의 일본 문화를 기초로 하고 있다. 첫째가 「가미(神)」 신앙이다. 이는 천신(天神)들, 자연 현상, 영과 혼, 또는 위대한 인간을 상기하는 기념물 따위의, 신이 임하여 경외를 불러일으키는 곳에 예를 바치는 행위를 말한다. '신도(神道)' 즉 '가미노미치'라는 용어는 문자 그대로 '신의 길'을 뜻한다. 두 번째는 「와카(和歌)」를 짓고 평가하면서 고대 일본의 토착어의 높은 가치를 파악한 것이다. 세 번째는 고대 일본 황실의 신화적 역사서(『고사기(古事記)』 712년, 『일본서기(日本書紀)』 720년)이며, 네 번째는 가미(神)로부터 이어온 황실의 혈통이다. 국학은 13세기에 「막부(幕府)」로 정치적 권력이 넘어가자, 그에 대한 보상심리로 귀족들이 황가가 있는 교토를 문화적 수도로 만드는 데 집중하면서, 이 네 가지 요소를 결합해 벌인 다채롭고 지속적인 노력의 결과물이다. 이런 노력의 일환으로 그들은 와카를 핵심으로 삼는 고대 황실의 음악, 가미, 그리고 황제 통치권의 본질과 관련한 새로운 유형의 가르침과 의례를 창안했다. 이 모든 논의의 출발점은 거의 변함없이 와카였다. 중국에서 비롯된 한자의 사용과 구문의 사용을 금지하고 순수한 언어로 쓴 와카는 대륙에서 수입된 문화에 지배되었던 환경에서 '일본'의 정수를 대변하게 되었다. 그것의 기본적 생각은 일본 토착어의 소리에는 시인의 「마음(心)」 즉 고코로를 세상과 또 인간과 융합시키는 정신적·심미적 힘이 있다는 것이다. 이런 영적인 힘을 「고토다마(言靈)」라 했고 그것은 나중에 '고유한' 일본 언어의 거의 마법적인 가치를 찬양하는 핵심 용어가 되었다.

예부터 황실에서는 공식적으로 황제의 시집을 편찬하면서 와카가 황실의 것임을 각인시켰다. 이 중 가장 유명한 것이 905년에 나온 『고금와카집(古今和歌集)』인데, 거기서 와카는 가미가 만든 것이며 그 기원은 이자나기(伊邪那伎)와 이자나미(伊邪那美)가 세상을 처음 열었던 '가미의 시대'에 비롯한 것이라 선언했다. 일본의 언어와 영토가 다른 나라의 그것과는 달리 신성하다는 근거로 와카와 그것의 기원을 제시한 것이다.

17세기까지, 이런 논의는 주로 불교의 용어와 논리로 전개되었다. 예를 들어 와카의 어휘는 불교의 진언과 동일시되었고 그 어휘가 가진 힘의 근거는 구카이(空海)* 대사의 '훔자의(吽字義)'에 관한 에세이에서 제시된 논리와 유사하다. 비슷한 방식으로 일본의 섬은 만다라(曼茶羅)와, 천황은 「다르마(法)」의 화신인 비로자나불, 즉 「다이니치(大日)」와 동일시되었다. 궁정에서 와카를 짓는 것은 천황이 주도하는 가미 숭배의 의례가 되었고 이런 관행은 순수한 다르마(法)가 드러나는 신성한 영역, 즉 '다이니치(大日)의 영토'인 일본의 불교적 정수를 활성화하는 중대한 일이 되었다. 화려하게 수놓은 두루마리에 와카를 담아 가미 신사에 바치는 관행은 이렇게 생겨났다.

18세기에는 두 가지 요인이 이런 중세 국학의 논의를 변화시켰다. 먼저, 이전 세기에 지금은 불순한 '융합주의'라 비판하는, 불교와 다른 종교적 전통을 뒤섞어 버리는 관행과 불교 자체에 대한 반발이 있었다. 유학이 이 반발을 주도했고, 이어서 신도와 와카 작가들이 가세했다. 중세의 토착문화 부흥에 대한 불교적 영향력이 쇠퇴하고 완전히 새로운 근거 위에 '일본'의 정체성을 재구축할 필요가 일어났다. 18세기와 19세기의 국학자들은 이런 공백을 메우는 작업을 담당했다.

여러 사회적인 요인도 새로운 철학적 학파로서의 국학의 부흥에 일익을 맡았다. 그중 하나가 문화적 욕구를 추구할 여유가 생긴 도시에 사는 서민대중의 출현과 그 욕구를 채워줄 강사와 사립학교의 등장이다. 와카를 짓는 방법을 배우고자 하는 도시 서민들의 학습모임이 늘어나면서 이전에 궁정이 가졌던 와카에 대한 독점권은 퇴색했다. 에도시대에 국학은 중국의 시와 산문 쓰기를 가르치던 기존의 사립 학교들과 경쟁 체제에 들어섰다.

　　명성과 학생을 놓고 경쟁을 벌이면서 중국 연구자와 일본 연구자들 사이의 차이는 더욱 선명해졌다. 하지만 양쪽의 논의는 근본적으로 비슷한 맥락 위에 있었다. 둘 다 단어 선택에 대해 거의 종교적일 정도의 엄격함을 강조했다. 중국의 유학적 전통을 좇던 오규 소라이(荻生徂徠, 1666-1728)*와 같은 학자들은 고대의 한문을 다른 모든 것을 뛰어넘는「도(道)」의 언어로 생각했다. 한문을 분석함에 의해 가장 순수한 형태로서의 도의 작용을 추론할 수 있다고 주장했고, 그런 언어를 시작(詩作)에 사용하면 도를 이해할 뿐 아니라 당대에 그 도를 실천할 수 있다고 강조했다. 한 세대 후에, 가모노 마부치(賀茂眞淵, 1697-1769)*는『고사기』와『일본서기』, 그리고 일본의 최고(最古) 시가집인 18세기의『만엽집(萬葉集)』에 기록된 와카의 언어도 도의 언어라고 생각했다. 마부치는 이런 시들이 일본 고유의「성(誠)」즉 '참됨(마코토)'를 드러내는 것이라 생각했다. 와카의 '순수한' 전통적인 언어로 자신만의 시를 짓는 사람은 마음속에 그와 같은 덕성을 함양할 수 있다는 것이다. 게다가 그는 '자연스럽게 존재하는 것'과 '창안된 것' 사이의 차이를 들면서 소라이의 주장과 자신의 그것을 차별화했다. 소라이는 도가 인간의 마음에 '자연스럽게 존재하는' 무엇이 아니라, 중국의 성인(왕)이 '창안한' 공고한 제도적 체계임을 강조했다. 마부치는 이런 주장을 완전히 뒤집어서 '자연스러움'을 신성함 그리고 진실함과 동일시하고, '창안된 것'과 대비시켰다. 그는 창안된 것을 인간적인 것(그래서 신성한 것에 못 미치는), 인위적인 것, 그리고 오만한 것이라 비판했다. 그리고 이 대비를 그대로 적용해서 옛 것이 지금 것보다, 일본이 중국보다 우월하다고 강조했다.『국의고(國意考, 1765)』라는 그가 남긴 에세이는 와카가 전한 일본의 자연스럽고 유연한 '곡선의' 도를 인위적으로 가공된, '딱딱한' 원칙을 강조하는 중국의 도와 차별화하면서 시를 쓰고 읽는 행위를 위대한 국가적 중대사로 만들었다.

　　마부치의 제자인 모토오리 노리나가(本居宣長, 1730-1801)*는 일찌감치 고전 일본 문학과 와카에 흥미를 갖고 연구를 했다. 나중에 그의 관심은 시 보다는 일본 천황가의 연대기인『고사기』로 옮겨갔다.『고사기』는 황조의 성립으로 정점에 이르는 가미의 시대에 대한 이야기를 전한다. 이야기의 서술은 독특하고도 때로는 난해한 표기 방식으로 이루어졌지만, 문어체 형식의 일본어에 대한 최초의 증거를 담고 있다. 헌신적으로 신도를 추종했던 노리나가는『고사기』속에 최초의 신의 언어로 던져진 천지창조에 대한 설명이 숨어있다고 믿었다. 그래서 이전의 지배적인 해석법이었던 비유적 독법에 의존하지 않으면서, 이 가장 깊고도 오랜 텍스트의 비밀을 캐기 위해 소라이나 마부치가 개발했던 문헌학적 방식을 적용하여 난해한『고사기』를 해석하려고 시도했다. 노리나가는 필요하다면 소라이가 중국 고전을 읽는 방식과 흡사하게『고사기』를 읽었다: 즉 인간의 이성으로 완전히 이해할 수는 없더라도, 그럼에도 불구하고 절대적인 진실로서 수용해야 하는 차원 높은 진리의 계시로서 읽었다.

　　노리나가는『고사기』연구를 통해 누구도 그 뜻을 거역할 수 없는 전능한 가미(神)가 살았던 세상의 면모를 드러냈다. 최초의 가미는 황조의 후손들에게 영원한 통치권을 넘겨줬던 태양의 여신 아마테라스오미카미(天照大神)였고, 천황은 지상에서 이 자애로운 신의 초월적 힘을 대변하며, 황조에 대한 일본 백성들의 진실한 충성은 현세에서 가장 축복받은 나라로서 일본의 지위를 입증하고 담보한다는 것이다. 그는 『고사기』의 난해한 표기는 후손들이 그들의 입맛에 따라 내용을 바꾸지 못하게 하려고 선택한 것이라 주장했다. 그래서 일본의 창조신화는 세상에서 유일한 진실한 유물이라고 했다. 더 나아가 일본은 태양이 태어난 '유일한 영토'이며, 그 혼이 안치된 곳이며, 그 후손이 통치하는 곳이기 때문에, 가미와 황제가 일본을 초월한 세계적인 가미이며 황제라고 믿었다. 신성한 황제가 일본을 통치하는 것이 온 세상을 이롭게 하기 때문에 그가 전 세계의 제왕이라는 것이다.

1771년에 노리나가는 『고사기』를 분석한 역작 『나오비노미타마(直毘靈)』를 내놓았다. 그 책의 급진적 주장은 모든 종파와 학파의 지식인들 사이에 큰 논란을 일으켰고 많은 반발을 야기했다. 유학(儒學)에서 소라이 학파의 이치카와 다즈마로(市川匡麻呂, 1740-1795)의 비판이 있자, 노리나가는 『구즈바나(くず花)』(1780)로 엄밀히 재반박했다. 다쓰마로는 『고사기』의 가치에 대해 노리나가의 의견에 근본적으로 동의하지 않으면서, 이 책이 신의 계시에 관한 것이 아니라 그 시대 군주의 이해에 맞춘 가공의 산물일 뿐이라고 주장했다. 노리나가는 이런 관점을 '이단'이라며 배척하면서, 『고사기』는 다른 나라에서도 존재했지만, 고대 중국의 성인들이 그들의 요구에 맞춰 창조 설화를 다시 쓰면서 완전히 파괴된 신성한 전승을 담고 있다고 주장했다. 다쓰마로가 『고사기』 속의 명백한 내용적 모순을 지적하자, 노리나가는 '신의 행위는 일반의 논리적 영역을 벗어나는 것'임을 상기시키면서 중국인들의 논리로 고대 일본의 진실된 믿음을 모욕했다면서 그를 질책했다. 만사를 인간의 논리적 관점에 맞춰서 이해하고자 하는 '중국적 태도'도 지적했다. 그런 태도가 어떤 기적적인 일을 설명할 때 그것의 본질을 왜곡시키기 때문이라는 것이다. 그리고 『고사기』의 독특한 표기법은 바로 그런 왜곡을 방지하기 위한 것이라고 주장했다. 성인의 도를 통해서 비로소 일본에 문명이 전해졌다는 다쓰마로의 주장에 대해서, 그는 중국은 혼란의 시대가 많았지만 일본은 가미(神)의 시대 이래로 한 번도 왕조가 교체되지 않았다, 이것은 일본이 태양신의 고향이기 때문이다, 그래서 모든 황제는 신의 후손이고, 지위가 높든 낮든 백성의 마음과 정신은 다른 어떤 나라보다도 우월하다고 반박했다. 또 국학자들이 각자의 전문 영역을 벗어나서 자신의 기본 입장을 다른 전문가들과 논의하는 일은 드물었는데, 노리나가는 그 이유를 학문적 영역 사이에 서로 넘기 힘든 벽을 세워서 그런 논의가 불가능하도록 만들기 때문이라고 『구즈바나(くず花)』에서 밝혔다.

노리나가의 논리를 반박한 사람은 유학자만이 아니다. 국학자도 반발했다. 그중 가장 극렬하게 반발한 사람은 후지타니 미쓰에(富士谷御杖, 1768-1823)*였다. 유명한 와카 학자의 아들로 태어난 미쓰에는 표면적 의미 아래 숨은 '더 은밀한' 의미를 끊임없이 탐구하는 언어 이론을 만들었다. 그는 『고사기』의 문자적 의미에만 집착해 그 신성한 작품의 비유적 본질을 놓쳤다고 노리나가를 비판했다. 또한 『고사기』를 실제 역사로 여기 노리나가의 의견도 거부했다. 그는 이 신비한 텍스트가 비유적 언어와 시를 써서 '말의 기운'(「고토다마(言靈)」)을 운용하는 법을 보여 주는 것이라고 주장했다. 노리나가는 『고사기』에 기록된 초자연적 사건을 이성으로 이해할 수 없는, 진실된 믿음으로 수용해야 하는 '신성한 논리'라고 말했다. 반면에 미쓰에는 『고사기』에 묘사된 '터무니 없이 이상한' 사건을 사실 그대로의 역사적 기록이 아니라 비유적 언어의 사용 방법을 보여 주려는 의도적인 서술로 보았다. 또한 이 방법은 진무천황(神武天皇, BC.711?-즉위76?)이 일본에서 신의 통치를 확립하기 위해 창안했으며 그 유산이 바로 『고사기』라고 주장했다. 비유적 언어에 의한 통치는 순조롭게 이어졌으나, 어구에 대한 충실한 해석과 명백한 언어를 고집하는 중국의 가르침이 수입되면서 '일본의 도'가 손상되었고, '말의 기운(言靈)'을 퍼뜨려 조화를 추구하는 능력 또한 타격을 받았다. 또 노리나가가 『고사기』를 실제 역사로서 접근한 것은 언어에 대한 중국식 접근법의 유산이며 그래서 말의 표면적 의미 이상을 보지 못하는 폐단도 생겼다고 주장했다. 그는 노리나가가 신성한 계시로서의 『고사기』의 본질을 복원한 것은 그의 공이지만 그의 독법은 처음부터 끝까지 오류투성이라 생각했다. 요컨대 노리나가와 미쓰에는 『고사기』가 계시적 텍스트이며 태생이 다른 '중국적인 것'의 왜곡을 경계해야 한다는 점에는 동의했다. 그러나 경계해야 할 왜곡의 본질에 대해서는 서로 달랐다. 노리나가에게 진리에 대해 적용해야 할 유일한 기준은 인간의 이성이었고 그래서 초자연적인 사건은 무시해야 할 것이었다. 미쓰에에게 언어적 문자주의는 신이 사용했던 고대의 언어가 가진 신비한 힘을 파괴하는 것이었다.

미쓰에를 추종하는 사람은 많지 않았다. 이 책에서 그의 저술을 다룬 것은 영향력 때문이라기보다는 저작의 철학적 중대성 때문이다. 하지만 그보다 조금 어린 히라타 아쓰타네(平田篤胤, 1776-1843)*는 정반대의 경우이다. 노리나가가 수백의 제자를 거느렸다면, 19세기 중엽에 아쓰타네는 수천을 헤아렸고, 그중 많은 제자들이 높은 관직에 올랐다.

미쓰에와는 달리 오히려 노리나가처럼, 아쓰타네는 시인이라기보다는 역사가였다. 그는 고대의 역사 저술을 일본적 도의 신성한 보고(寶庫)로 여겼고 그것들을 문자적, 사실적 진실로 해석했다. 하지만 그의 접근방식은 노리나가와는 여러 가지 측면에서 달랐다. 노리나가는 『고사기』의 세상을 복원하기 위해 그 책을 제외한 어떤 가르침도 혹은 어떤 논리도 결단코 참고하지 않았다. 이것은 사람들이 가미의 불가해한 의지에, 뿐만 아니라 선하거나 혹은 악한 가미의 행위에 무방비 상태로 노출됨을 인정한다는 것이다. 또한 사람이 죽었을 때 그가 생전에 선행을 했든, 악행을 저질렀든 그것과는 무관하게 「요미=황천(黃泉)」이라 불리는 암울하고 더러운 장소로 끌려갈 운명임을 뜻하는 것이었다.

아쓰타네는 자신을 노리나가의 후계자로 여겼고 스승의 주장을 더 충실하게 하고자 새로운 근거를 탐색했다. 하지만 스승과는 달리 아쓰타네는 '고도(古道)'의 진실을 입증하기 위해 다른 비(非)-일본적인 전통을 연구하는 것도 마다하지 않았다. 온갖 종류의 중국 서적을 참고했을 뿐 아니라 교역 물량이 증가 일로에 있던 네덜란드와의 교역항인 데지마(出島)를 통해 들어오던 서양 서적도 번역했다. 노리나가는 『고사기』로 입증되지 않는 모든 지식을 인간의 제한적인 지혜가 만든 시시한 몽상에 불과한 것이라며 폄하했다. 그러나 아쓰타네는 『고사기』의 사건이 서양과학의 연구결과와 부합하는지 입증하려 했다. 이런 시도는 아쓰타네가 처음은 아니었다. 그의 책 『영혼의 참된 기둥(靈の眞柱)』은 노리나가의 또 다른 제자인 핫토리 나카쓰네(服部中庸, 1757-1824)의 저작에 영향을 받은 것이다. 노리나가도 자신의 『고사기』 주석에 그의 저작을 실었다. 나카쓰네는 서양 천문학의 지식을 이용해 『고사기』에 묘사된 천지창조에 대한 새로운 해석을 내놓았다. 아쓰타네가 1812년에 『영혼의 참된 기둥』을 썼을 때, 나카쓰네의 도움을 받았다. 1811년에 노리나가의 다른 제자인 모토오리 오히라(本居大平, 1756-1833)가 나카쓰네의 논리를 비판하고 부인한 뒤였다. 아쓰타네는 나카쓰네의 천동설에 근거한 주장을 지동설의 근거한 것으로 바꾸어 그의 연구를 보완했다. 또한 나카쓰네가 생각하지 못했던 다른 서양의 자료를 근거로 제시했다. 파격적인 것은 노아의 방주라는 성서의 이야기를 언급했다는 점이다. 그는 노아의 방주 사건이야말로, 그런 사건이 없었던 일본이 하늘에 가장 가까이 가장 높은 곳에 있음을 입증하는 것이라고 주장했다. 이것은 외래의 사상과 자료들을 이용해 그것들이 일본의 신성한 전승의 궁극적인 근거라고 주장하는 아쓰타네적 방법론의 완벽한 예이다.

『영혼의 참된 기둥』은 또 다른 파격도 제시했다. 내세에 관한 노리나가의 (그리고 나카쓰네의) 논리를 격파하기 위해서였다. 그는 『고사기』에 근거해 죽은 자의 영혼이 요미(黃泉)라는 깜깜한

곳에서 사라진다는 노리나가의 관점을 부정했다. 대신 그는 『일본서기(日本書紀)』(노리나가가 중국의 영향을 받은 것이라 폄하했던)의 난해한 구절을 빌어 완전히 다른 논리를 제시했다. 그 책에 나온 한 이설(異說)에 따르면 세상의 주권을 두 명의 가미가 나눠 가진다는 것이다. 하늘의 자손인 니니기(瓊瓊杵尊)는 '보이는 일'을 주재하고, 땅의 가미인 오쿠니누시(大國主)는 '감춰진 일'을 책임진다. 아쓰타네는 서로 떨어져 무관하던 두 구절을 최대한 편리하게 해석해서, 가시적 세상과 감춰진 세상으로 두 세상이 서로 나란히 존재한다고 가정했다. 죽은 자는 요미(黃泉)에서 유폐되는 것이 아니라 감춰진 세상에서 우리와 함께 살고, 그곳에서 선한 의도를 갖고 우리의 삶을 따라다닌다고 주장했다. 그가 그의 아내 오리세의 때아닌 죽음에 애도를 하는 동안에 이 저술을 작성했다는 것은 주목할 일이다.

아쓰타네의 저술에서 내세, 혼의 본질, 그리고 영의 은밀한 영역은 주요한 주제였고 후대의 국학과 신도 사상의 몇몇 유파에 큰 영향을 미쳤다. 일상의 외피(外皮)를 한 꺼풀만 벗기면 다른 세상이 존재함을 직감한 아쓰타네는 그곳의 비밀을 캐기 위해 온갖 수단을 동원했다. 전해오는 서적을 섭렵했을 뿐 아니라, 저승을 갔다 왔다고 주장하는 영매(靈媒)들을 통해 직접 정보를 구하기도 했다. 그 과정에서 아쓰타네는 고대의 문헌연구라는 편협함을 벗어났고 시인과 학자들, 심지어 각계 각층의 사람들을 연구의 대상으로 삼으면서 국학의 지평을 넓혔다. 국학이라 않고 보통 '고도(古道)'라 불렸던 그의 가르침은 19세기 중엽에 등장하는 많은 신도 종파에 큰 영향을 미쳤다.

아쓰타네의 제자 중에 상당히 영향력있는 지위를 획득했던 학자는 오쿠니 다카마사(大國隆正, 1792-1871)*였다. 지금까지 소개한 국학자들과는 달리 그는 사무라이였고 평생 다른 사무라이를 가르쳤다. 도쿠가와막부(德川幕府) 말기에서 메이지시대(明治時代, 1868-1912)라는 일본 역사의 가장 대표적인 이행기를 살았으며, 일본이 1853년 이후 개항이라는 한 치 앞을 볼 수 없는 혼돈의 시대로 접어들었을 때, 다카마사는 스스로 국학자이자 선생으로 자리매김했다. 그는 당대의 정치적 상황을 반영하는 것이 국학의 긴급한 과제라 생각했다. 또 국학 — 다카마사는 본각(本覺) 즉 '근원적 가르침'이라 부르기를 좋아했던 — 은 서양과 맞선 상황에서 일본의 독자성을 수호할 무기가 되어야 하며, 그 목적을 위해 국학의 수준을 높여야 한다고 생각했다.

그런 요구를 충족시키기 위해 다카마사는 네덜란드의 법학자인 휴고 그로티우스(Hugo Grotius, 1583-1645)를 참조해서 국학에 근거한 국제법의 대강을 지었다 (그것에 따르면 일본의 천황은 '세계의 왕'으로 전 지구적 존경을 받을 것이라 했다). 또한 서양인들도 납득할 수 있게 국학에 과학적 근거를 마련해야 한다고 생각했다. 다카마사가 확립한 일본만의 '고유한 가르침'의 궁극적인 목표는 대부분의 동시대인들이 주장했듯이 외국의 야만인을 배제하는 것이 아니라, 그들에게 일본의 도를 퍼뜨려서 세계화 시대에 고유한 영토로서의 일본의 지위를 확고히 하자는 것이었다.

그러나 가장 긴급한 것은 기독교의 확산을 막기 위해 일본의 백성들에게 '고유한 가르침'을 퍼뜨리는 것이었다. 이 목표를 이루기 위해, 다카마사는 고도(古道)에 대한 독자적 이해를 바탕으로 대중을 위한 종교적 의례를 창안했다. 「신성한 이치에 대한 조심스러운 견해」(1861)에서 그가 확산시키고자 했던 '간편한 의례의 도'는 이런 점을 염두에 두고 고안한 것이었다. 메이지시대 초기에 새로운 정부는 신도의 나라라는 다카마사의 구상을 채택했고, 잠깐이지만 신도 선교회를 설립하려 시도했다. 그러나 그 정책은 일본 내의 불교도를 소외시켰고, 반면에 서양 기독교도는 일본의 기독교 금지에 대해 분노했다. 게다가 국학과 신도 연구자들은 그들 사이에서도 신도 신학의 가장 기본적인 쟁점에 대해 의견일치를 보는 것이 불가능할 정도로 분열되어 있었다. 1870년대 후반에 일본이 신속한 근대화에 모든 힘을 모아서 서양을 따라잡으려 했을 때, 국학과 신도는 그것이 왜 존재하는지도 알 수 없는 지경에 내몰렸다. 하지만 20세기 초반 일본이 식민지를 경영하고, 다른 한편으로 사회주의의 위협에 봉착했을 때, 신도는 자신의 존재 이유를 입증할 기회를 잡았다. 게다가, 제국주의 국가의 공식 이데올로기가 되면서 신도는 또 한 번의 변신을 맞는다. 소위 '신도의 나라'는 '종교는 아닌 것'으로 여겨졌지만, 천지창조까지 거슬러 올라가는 신화적 조상을 공유한다는 생각은 일본인들을 결속시키는 이데올로기가 되었다. 그것은 신과 정치를 연결하는 매개자로서 천황에 대한 존경을 강제했고, 신성한 일본 영토를 보호할 책무를 요구했다. 그래서 신도에서 비롯한 다양한 형태의 의례적인 천황 숭배는 정치적으로도 강력한 힘을 갖는 민간 신앙의 형태를 띠게 되었다.

이 주제의 마지막 두 사상가는 상이한 시대를 살았고 근본적으로 다른 배경에서 출발했다. 그러나 공통점도 있다. 두 사람은 18-19세기의 국학의 유산과 당시의 운동이 형성시킨 신도의 가르침을 현대적으로 반영했다. 신도학자 오리구치 시노부(折口信夫, 1887-1953)*는 1943년에 노리나가와 아쓰타네 같은 국학자의 연구에서 영감을 받아서 쓴 저술을 통해 일본에 '신앙적 열정'을 불러일으켜 기적을 낳고자 했다. 1945년에 일본이 패망하자, 오리구치는 그것이 '종교적 열정'의 부족 때문이라 생각했다. 그는 신도를 현대화해서 '조직적인 종교'로 만들어야 한다고 역설했고, 신도 신학을 확립하고자 신도 운동의 위대한 학자들을 연구했다. 다른 신도 지도자들은 그의 이런 생각에 동의하지 않았고, 결국 전쟁 후 신도는 그것이 종교가 아니라는 전쟁 전의 입장을 고수했다. 그들이 종교적 신도라는 오리구치의 관점을 거부했던 이유는 그것이 종교적 신념과 무관하게 모든 일본인을 공통된 국가적 제의에 동참할 것을 요구했기 때문이다. 오리구치가 구상했던 그런 종류의 종교적 가르침을 공식화하려는 시도는 전쟁의 막바지까지도 있었던 신학적 논쟁을 재연시키면서, 다양한 신앙을 믿는 일본인을 신도의 의례로 불러모으겠다는 그의 목표도 난항에 처하게 되었다. 같은 이유로 현대적인 신도 신학을 확립해, 국가적 이데올로기나 윤리 체계로서의 신도가 아닌 세계적 종교로서의 신도를 만들고자 했던 우에다 겐지(上田賢治, 1927-2003)*의 시도는 신도 안에서도 폭넓은 지지를 받지 못했다. 하지만 그의 저작은 신도 승려들에게 널리 읽혔고, 때때로 두 곳의 신도 대학교에서 강의교재로 채택되기도 했다.

국학은 몇 안 되는 고대의 텍스트를 정전(正典)으로 삼아 그것에 인간의 논리를 초월한 압도적 권위를 부여하면서 성립한 것이다. 외국에서 전해진 보편적 가르침을 거부하고 신격화한 텍스트에서 찾은 '참된 계시'에 절대적 권위를 부여했다. 하지만 다양한 신도 학자들 사이에는 중대한 차이점이 있었다. 가장 눈에 띄는 차이는 텍스트 속 언어의 본질과 그것의 현실성에 대한 것이었다. 비록 『고사기』가 천지창조와 영적 언어의 비밀을 담은, 창조적 힘으로 탄생된 계시적 텍스트임을 인정하더라도, 그 신성한 언어를 어떻게 읽을 것인가 하는 문제는 여전히 남아 있었기 때문이다. 그것을 문자 그대로의 사실로 보아서 창조적 행위를 설명하는 것으로 봐야 할 것인가? 아니면 비유적으로 보아서 본질적으로 마법적이며 신화적 설명이 은밀히 드러나는 것으로 봐야 할 것인가? 노리에가─그리고 다소 애매하지만, 아쓰타네─는 전자의 경우이며, 마부치, 미쓰에, 그리고 다카마사는 각자의 방식으로, 후자에 속했다. 후자의 언어에 대한 '마법적' 관점은 국학적 사상을 수용하는 많은 신도 종파들이 계승했다, 반면에 전쟁 전의 정통을 고수하는 사원 중심의 신도는 노리에가와 아쓰타네의 역사적이며, '과학적'인 접근법을 수용했다.

국학은 자체를 둘러싼 정치적 견해와 해석학적 논쟁이 국학의 원천이 된 것이다.

## 더 읽을거리

Bryll, Lydia. *Ōkuni Takamasa und seine Weltanschauung. Ein Beitrag zum Gedank en gut der Kokugaku* (Wiesbaden: Harrassowitz, 1966).

Burns, Susan L. *Before the Nation: Kokugaku and the Imagining of Community in Early Modern Japan* (Durham and London: Duke University Press. 2003).

Hansen, Wilburn. *When Tengu Talk: Hirata Atsutane's Ethnography of the Other World* (Honolulu: University of Hawai'i Press, 2008).

Harootunian, H. D. *Things Seen and Unseen: Discourse and Ideology in Tokugawa Nativism* (Chicago: University of Chicago Press, 1988).

McNally, Mark. *Proving the Way: Conflict and Practice in the History of Japanese Nativism* (Cambridge, Mass.: Harvard University Press, 2005).

Nosco, Peter. *Remembering Paradise: Nativism and Nostalgia in Eighteenth-Century Japan* (Cambridge, Mass.: Harvard University Press, 1990).

Walthall, Anne. *The Weak Body of a Useless Woman: Matsuo Taseko and the Meiji Restoration* (Chicago: University of Chicago Press, 1998).

[Mark L. Teeuwen/류정훈]

# 가모노 마부치

賀茂眞淵, 1697-1769

가모노 마부치는 하마마쓰(濱松)에서 태어났다. 대대로 신관(神官)을 지낸 가문이라 신도를 연구하고 「와카(和歌)」를 학습하는 학문적 분위기에서 자라났고 교육받았다. 1728년에 저명한 신도 학자였던 가다노 아즈마마로(荷田春滿, 1669-1736)의 문하에 들어갔고, 나중에 교토(京都)로 이사하여 가까이에서 스승의 배움을 구했다. 아즈마마로가 세상을 떠난 후에 마부치는 에도(江戶)로 가서 그의 조카인 가다노 아리마로(荷田在滿, 1706-1751)와 함께 공부했다. 아리마로는 8대 쇼군(將軍) 도쿠가와 요시무네(德川吉宗, 1684-1751)의 차남인 다야스 무네타케(田安宗武, 1716-1771) 밑에서 학자로서 관직을 맡고 있었다. 1742년에 와카의 본질과 역할에 대해 아리마로와 무네타케 사이에 벌어진 논쟁에 마부치가 합류하게 되었다. 그때 그의 논리에 감탄한 무네타케는 4년 뒤 아리마로의 관직에 그를 대신 앉혔다. 마부치는 14년간 그 직을 맡았다. 이 기간에 그는 『만엽집(萬葉集)』, 『겐지이야기(源氏物語)』, 『이세이야기(伊勢物語)』와 같은 저작에 대한 주석본을 썼고 고대 일본 언어에 관한 학문적 저작을 내놓았다. 그는 또한 활발히 와카를 지었고, 만엽집의 문체와 오랫동안 묻혀 있었던 시작(詩作) 문체를 되살려서 명성을 얻었다. 관직에서 물러난 후에는, 자신의 사설 학당을 세워 가르침과 저술을 병행하면서 다양한 주석서와 철학적 저술을 출간했고, 고대 일본의 언어와 문학을 일본 문화의 순수성이라는 이데올로기와 접목하려 했다.

이 책에 발췌 인용된 그의 저술 중에서 가장 중요한 것은, 중국에서 유학이 수입되기 전에는 일본에 통치 규범이 없었으며 고대 중국의 성인(왕)이 창안한 도(道)의 철학을 본받아야 한다고 주장한, 오규 소라이(荻生徂徠, 1666-1728)*의 한 제자가 쓴 논문을 반박한 글이다. 마부치는 토착적 '일본의 도'가 존재했다고 선언하고 고대의 일본은 이중적인 위선 없이 자연의 리듬에 맞춰 조화롭게 통치되던 사회였는데, 오히려 중국에서 전해진 합리적 가치체계에 의해 오염되었다고 주장하면서 그의 논리를 반박했다.

[PF/류정훈]

---

## 국의고(國意考)

가모노 마부치 1765, 7-10, 12-13, 17, 20-4; (239, 243-5, 247-9, 252-3, 256-9)

어떤 사람이 나에게 말했다, "나는 시(「우타(歌)」)와 같은 시시한 일에는 흥미가 없소. 내가 관심이 가는 것은 세상에 질서를 세운다는 중국의 도요." 나는 웃기만 하고 대꾸를 하지 않았다. 나중에 그를 다시 만났다. "내가 만물의 이치를 설명했더니 당신은 웃기만 했소." 그가 말했다. "이유가 궁금하오." "당신이 말한 것은 중국의 유학입니다." 내가 답했다. "그것은 인간이 인위적으로 만들었고, 천지의 「마음(心)」을 시시한 것으로 만듭니다." 그가 화를 내며 말했다, "어떻게 당신이 이 거대한 「도(道)」를 시시하다고 할 수 있소?"

......

우리가 이 도에 대해서 조금만 들어봐도 그것은 논의할 가치도 없지만, 그것이 만물을 이론적으로 상세하게 설명해주니 사람들은 듣고 이해했다고 생각합니다. 중요한 것은 나라가 잘 다스려지는 것이고, 백성들이 삶을 보전해서 대대로 물려주는 것을 소중히 생각하는 것입니다. 만약 사람들이 이러이러한 것이 「이(理)」라 말하더라도, 실제 삶에서는, 겉으로는 사람들이 다 같아 보이지만, 그들의 마음은 다릅니다. 그러므로 겉으로는 사람들이 도를 따르는 것처럼 보일지라도 속으로는 그렇지 않다는 사실을 명심해야 합니다. 이 나라에 유학이 전해졌을 때, 중국에서 이런 이치 덕택에 잘 통치가 이루어졌다지만 그것은 완전히 거짓말입니다. 나는 여전히 이런 말에 속는 사람을 중국으로 보내서 실상이 어떤지를 보여 주고 싶습니다. 그들은 고향으로 돌아왔던 우라시마 다로(浦島太郎)처럼 충격을 받을 것입니다.[1]

그런 시시한 이론 없이도 천지의 마음과 조화를 이루며 이 나라는 잘 통치되었지만, 겉으로만 그럴싸해 보이는 이런 가르침이 수입되었을 때, 곧이곧대로 살았던 선조들께서 순진하게도 이것을 사실이라 믿으면서 널리 퍼졌던 겁니다. 고대로부터 이 나라는 대대로 만사가 형통했으나, 유학이 전해지고 덴무천황(天武天皇, ?-686)의 시대에 대소동이 벌어졌습니다. 나라(奈良)의 궁궐에서 머리에 쓰는 것부터 시작해 의복, 가구, 그리고 다른 모든 것에 이르기까지 중국풍으로 변했습니다. 겉은 번지르르해졌지만, 사람들의 마음은 사악해졌습니다. 유학이 사람들을 교활하게 만들고, 통치자들은 과도하게 거드름을 피우게 만들었습니다. 사람들을 더욱 아첨꾼이 되었고, 심성이 비굴해졌습니다.

나중에는 천황이 섬에 유배되는 일까지 발생하는데 이 모든 일이 유학이 전해지면서 생긴 것입니다. 어떤 이는 불교가 나쁘다고 합니다. 그러나 불교는 백성을 어리석게 만들 뿐입니다. 그리고 백성이 어리석지 않으면 통치자가 편하지 않습니다. 그래서 불교는 해롭지는 않습니다.

마치 거친 산과 야생의 들판에서 길이 자연스레 생겨나듯, 이 나라에서는 가미(神) 시대에 생겨난 도가 자연스레 확산했습니다. 그리고 나라에 적합한 도가 번성하면서 천황도 점점 더 영화를 누렸습니다. 그러나 중국을 혼란스럽게 했던 유학이 이 나라에서도 똑같은 일이 벌어지게 한 것입니다. 오로지 표피만을 보느라 본질을 놓치고, 유학만을 귀하게 여겨 그것이 나라를 통치하기 위한 도구라고 여기는 것은 얼마나 어리석은 일입니까.

시는 인간의 마음을 표현하는 것입니다. 비록 그것이 별 쓸모가 없고, 없더라도 사는 데 지장이 없어 보이지만, 시는 평화와 혼란의 원인을 자연스레 이해하게 만듭니다. 진실로, 바로 이런 이유 때문에 심지어 공자도 『시경(詩經)』을 버리지 않았습니다. 오히려 여러 책 중에 첫 번째 책으로 삼았습니다. 만물을 이치에 맞도록 명확하게 정의하는 것은 그것을 죽은 대상으로 취급하는 것입니다. 천지와 조화를 이루며 자연스레 생겨나는 만물은 생생하고 활발합니다. 만사에 대해 보편적인 지식을 갖고자 하는 것이 나쁠 것은 없지만, 사람들은 이것을 극단적으로 추구하는 경향이 있습니다. 지식을 얻었으면 그만 버리는 것이 좋습니다. 비록 시가 사악하고 비도덕적인 욕망을 표현하기도 하지만, 이것이 마음을 혼란하게 하지는 않습니다. 오히려 마음이 온화해지고 만사에 여유로워집니다.

## 표기(表記)와 의미

같은 사람이 말했다, "하지만, 이 나라에는 독자적인 문자가 없었습니다. 대신 우리는 한자를

---

1) [영] 일본의 한 민간 설화에 따르면 한 어부가 용왕의 딸을 쫓아서 용궁을 갔다가 3년 뒤에 돌아왔더니 그 사이 몇 백 년이 흘렀음을 알게 되었다고 한다.

사용했고 그것을 통해 모든 것을 알게 되었습니다." 나의 답변은 무엇보다도 먼저, 중국이 통제 불능의 혼란스러운 나라라는 점입니다. 구체적인 예를 들면, 형상을 본떠 만든 한자를 들 수 있습니다. 일상생활에 필요한 한자만도 대략 38,000단어에 달합니다. 단 하나의 꽃을 설명하기 위해 만발(滿發), 비산(飛散), 암술, 식물, 줄기, 그리고 10가지 이상의 다른 단어가 있습니다. 게다가 특정한 나라나 장소, 혹은 특이한 식물을 위한, 하지만 그 외에는 어디에도 쓰이지 않는 단어도 있습니다. 어떻게 사람들이 그 많은 단어를 익힐 수 있겠습니까? 때때로 다른 단어와 착각하는 일이 빈번히 발생하고, 시간이 지나고 단어가 바뀌면서 그 용법을 놓고서 논쟁이 벌어지기도 합니다. 번거롭고 헛된 것입니다.

하지만 인도에서는 50개의 철자를 사용해서 5천 권이 넘는 불교 서적을 써서 전했습니다. 단지 50가지의 철자로 과거와 현재의 무수한 말을 배우고 전하는 것이 가능한 것입니다. 철자만이 아닙니다. 50가지의 소리는 천지의 소리입니다. 그 소리 속에 담긴 것은 자연스런 것입니다. 같은 방식으로 이 천황의 땅에도 어떤 종류의 철자가 있었던 것으로 보입니다, 그러나 중국 문자가 전하면서 원래의 문자는 사라지고, 지금은 고대의 말만 남은 것입니다. 이 말들이 인도의 50가지의 소리와 같지는 않으나 같은 원리에 근거해 있기 때문에 50가지로 만물을 표현하기에 충분합니다.… 한자에 의존하지 않고도 우리는 좋고 나쁜 것을 모두 표현할 수 있고 조금도 불편하지 않습니다. 네덜란드에는 25개의 철자가 있다는데, 이 나라는 50개입니다, 그리고 모든 다른 나라에서 철자들이 대략 이와 같습니다. 오로지 중국만이 성가신 방식을 고안해낸 것이고, 그래서 거기서는 만사가 혼란스럽고 제대로 돌아가는 일이 없는 것입니다.

비록 중국의 철자들이 이 나라에서 사용되었다 하더라도, 옛날에는 그 철자의 소리만을 빌려 말을 표현하는 데에 썼습니다. 시간이 지나면서 그 말이 중국 철자의 의미와 섞이기도 하였지만, 여전히 일본어 읽기에 사용되며 중국어의 의미와 과도하게 연관되지는 않습니다.… 이런 식으로 말이 주(主)이고 철자는 종(從)인 것입니다. 그래서 사람들은 문자를 자신에게 맞춰 사용합니다. 하지만 시간이 지나면서 주인이었던 말이 지위를 잃고 종이었던 문자에 밀려났습니다. 이런 변화는 천민이 반란을 일으켜 통치자가 되는 사악한 중국적 관습의 영향을 보여 주는 것입니다. 이 변천이 얼마나 비루한 것인지 인식하지 못하고 오로지 한자만이 근사한 것이라고 생각하는 것은 말로 다할 수 없는 어리석은 짓입니다.

### 천황의 영토에서 예부터 전하는 도

중국의 가르침은 중국인의 마음에 근거해서 만든 것입니다. 그래서 그것은 모나고 각지게 만들어 졌고 손에 쥐기, 즉 파악(把握)하기 좋습니다. 천황의 영토에서 전해온 고대의 도는 천지의 뜻을 따르기 때문에 둥글고 부드럽습니다. 그것의 의미를 인간의 언어로 철저히 설명하기는 쉽지 않고, 후세 사람이 이해하기는 더욱 어렵지요. 그래서 사람들은 고대의 도가 완전히 소멸한 것이 아닌가 의심하기도 하지만, 천지가 사라지지 않는 한, 이러한 도(道) 또한 사라지지 않을 것입니다. 일이 이렇게 된 것은 파악하기 쉬운 중국적 도(道) 때문이지요. 하지만 천지가 영속했음을 생각하면 5백 혹은 5천 년은 눈 깜짝할 사이도 되지 못할 것입니다. 고대의 도는 사람들이 말하는 그런 편협한 것일 수 없습니다.

천지와 조화를 이루어 존재하는 것은 일월(日月)을 필두로 모두 둥급니다. 풀잎 이슬을 예로 들면, 이슬이 처음 풀잎의 뾰족한 모서리에 형성될 때, 그것은 그 뾰족한 모습을 닮았습니다. 그러나 평평한 표면에 놓이면 원래의 둥근 모습으로 돌아가지요. 풀잎처럼 정치(政治)도 그래서 좋은 정치는 이 둥긂(圓)에 근거해서 일어납니다. 중국의 역사를 보면 경직됨과 엄격함이 나쁜 정부를 초래했습니다. 그러나 둥긂은 천지의 마음이기 때문에 적절한 시기가 오면 만사는 다시 원래의 상태로 돌아갑니다. 저속하고 천박한 인간의 마음에 근거해 만사를 성급하게 처리하는 것은 혼란을 불러올 뿐입니다.

이 천황의 영토가 그런 도를 근거로 어떻게 세워졌는지 보십시오. 검박(儉朴)함의 좋은 점은 백성들이 윗사람의 그런 모습을 보면서 감탄의 마음을 품고 그 모범을 따르고자 소박하게 살게 된다는 겁니다. 소박하게 살면 욕망도 없습니다. 욕망이 없으니, 근심도 없고, 근심이 없으니, 평화롭습니다. 지위를 과시하는 것은 나쁩니다. 사람들이 화려한 궁궐과 의복을 보면서, 왕실 여성의 호화로운 치장과 관리들의 그런 관복을 보면서, 그런 것이 진실로 귀한 것이라 생각하며 숭배할 것이기 때문입니다. 높은 지위를 그런 식으로 과시하지 않아도 문제가 없는데 말입니다.

......

불교의 도가 일본에 전해진 이래로 사람들이 그것 때문에 극히 사악해졌다는 것은 이론의 여지가 없습니다. 불교의 진정한 마음이 그럴 리 없지만, 사람들이 자신의 욕망에 따라 멋대로 왜곡해 거짓을 말하기 위한 도구로 이용했습니다. 게다가 불교는 인간을 죄인으로만 봅니다. 생명이 있는 것 중에서 죄 없는 존재가 어디 있습니까? 그러나 금수(禽獸)에게 설교를 한 부처가 있었습니까?

대부분의 사람들이 업보(業報)를 믿습니다. 이것을 반박하기 위해 과거의 예를 드는 것은 성가신 일입니다. 설사 그렇더라도 사람들이 여전히 그 반박에 의심을 거두지 않으니 현실의 예를 들어보겠습니다. 살인보다 더 큰 천벌을 받을 죄는 없습니다. 이전 시대에 큰 혼란이 있었습니다. 오랫동안 모든 사람이 전투에 참여했고 사람을 죽였습니다. 살인하지 않은 사람은 평민들입니다. 사무라이와 오늘날 쇼군(將軍)의 번사(藩士)들은 조금 살인을 했습니다. 「다이묘(大名)」는 좀 더 많이 죽였습니다. 훨씬 더 많이 죽인 자는 한 영역을 모두 다스리는 영주가 되었습니다. 그리고 가히 끝없이 죽인 자는 이 땅에서 가장 높은 자가 되어 대대로 번창했습니다. 여기 어디에 업보가 있습니까? 오히려 사람을 죽이는 것이 벌레를 죽이는 것과 다름없다는 생각이 들 정도입니다.

......

어떤 사람이 말했다, "병법을 공부하는 사람은 전쟁이 일어나기를 기원하고 그래서 군을 이끄는 장수가 되기를 원한다고 들었습니다. 세상이 혼란하면 전쟁터에서 어떤 적군이든 죽일 수 있으니, 전사의 도에 능숙한 사람은 그것이 좋은 일이라 생각합니다. 이런 태도는 이 땅의 평화로운 통치를 위태롭게 만듭니다." 나는 이렇게 대답하면서 그의 말에 동의하지 않는다고 전했습니다. 당신은 인간의 마음을 이해하지 못합니다. 당신의 마음속을 살펴서 이 문제에 대하여 생각해 보십시오. 소란한 일이 없는 평화의 시대에 태어나면 우리는 평화를 지켜워합니다. 이런 시기에는 사람들은 이게 삶의 모든 것인가 하고 묻게 됩니다. 선조들의 행적을 돌아보면서, 기회만 있었다면 자신도 통치자가 되었을 거라 생각합니다. 자신의 시대에는 이런 기회가 없음을 알게 된 후에는, 그저 할 수 있는 일이나 하면서 소일하며 살게 됩니다. 다양한 가능성을 꿈꿨지만, 시대의 흐름을 따라 살 뿐입니다. 전사의 도를 배운 사람은 다음과 같이 생각할 것입니다. 세상이 혼란하게 되기를 바라지만, 그들의 바람대로 되지는 않습니다. 한 두 사람이 그들의 욕망대로 애써봐도, 세상이란 것이 그 흐름을 따르지 않으면 살 수 없기 때문에, 결국 그들이 할 수 있는 일이 없다는 것을 깨닫고 포기하게 됩니다. 사람들의 마음이 다 이와 같습니다. 통치자가 무용(武勇)을 앞세워 권력을 휘두르면, 본심은 그렇지 않더라도 당분간은 백성들이 그를 따를 것입니다. 그렇다면 비상사태를 대비해서 전사의 도를 배워서, 그것을 후손들에게 전하는 것은 좋은 일이 아닙니까?…

　사람들은 대가가 없는 일에는 열정을 보이지 않습니다. 불교에서는 사람들에게 이러이러한 것을 암송하면 부자가 될 뿐 아니라 이승에서도 저승에서도 구원될 것이라고 말하며 사람들을 끌어들입니다. 그래서 사람들이 불교에 빠지는 것입니다. 전사의 도라는 것도 이와 같아서 단지 이것이 사악하고 나쁜 것이라 가르친다고 효과를 볼 수는 없는 것입니다. 그러나 아무 대가가 없다면 현명한 사람들은 이 사실을 알게 될 것이고 그런 가르침은 사람들의 마음을 움직이지 못하고, 원하는 대로 이끌지도 못할 것입니다.…

　어떤 사람이 말했다, "당신 말씀이 타당하다는 건 알겠지만, 그것은 아주 오래 전의 이치일 뿐입니다. 지금은 관습이 크게 변했고, 사람들의 마음도 사악해졌습니다. 어떻게 우리가 과거로 돌아갈 수 있겠습니까? 차라리 시대의 변화를 인정하고, 시세를 최대한 활용하는 것이 좋을 것입니다. 과거의 것은 이제 무용합니다." 모든 사람이 이 말이 옳다고 합니다, 나는 이렇게 대답했다, 하지만… 상황이 좋아지지 않을 것이라 생각하는 것은 문제를 제대로 파악(把握)하지 못했음을 보여 줄 뿐입니다. 세상은 가장 높은 자리에 있는 한 사람의 마음에 따라 움직입니다. 심지어 전쟁이 터져서 모든 사람의 목숨이 위험에 처할 때에도, 모든 것은 장군의 마음에 달려 있습니다. 만약 그의 마음이 똑바르다면 사람들은 그들의 생명도 아끼지 않을 것입니다. 모든 일에서 우리는 근본적인 마음이 똑바른지 아닌지 되돌아 보아야 합니다.

[PF/류정훈]

# 모토오리 노리나가

本居宣長, 1730-1801

고쿠가쿠(國學)라 불린 초기 근대 국학 운동의 탁월한 학자였던 모토오리 노리나가는 마쓰사카(松阪) 지역의 목면 도매상인의 아들로 태어났다. 1852년에 교토(京都)로 가서 의학을 공부했고, 또한 유학자 호리 게이잔(堀景山, 1689-1757)의 문하에서 수학했다. 고대의 시와 산문의 전통을 비롯한 여러 학업을 통해서 그는 두 가지 해석학적 접근을 통해 영감을 받았다. 첫째는 단어의 문맥적 의미를 분석해 '성인의 도'의 '참된 실제'를 파악하려면, 유학 원전을 연구해야 한다고 주창했던 오규 소라이(荻生徂徠, 1666-1728)* 적 접근법이었다. 둘째는 『만엽집(萬葉集)』에 대한 획기적인 주석서를 저술했던 승려 게이추(契沖, 1640-1701)의 일본어 언어학이었다. 1757년에 노리나가는 의학 공부를 마치고, 마쓰사카로 돌아와 개업의로 일하는 한편 일본의 정신적 유산을 밝히기 위한 길고도 화려한 학자적 업적을 쌓기 시작했다. 또한 시학(『이소노카미사사메고토(石上私淑言)』, 1763), 문학 비평(『자문요령(紫文要領)』, 1763), 그리고 일본어의 역사와 구조에 대한 분석에 큰 공헌을 했다. 하지만 그의 최고 업적은 1764-1798년 사이에 총 44권으로 완성한 『고사기전(古事記傳)』이었다.

현존하는 최고의 일본 서적은 두 권의 신화적 역사서, 『고사기(古事記)』(712)와 『일본서기(日本書紀)』(720)이다. 고전 한문으로 쓴 일본서기는 중국의 역사서를 본떠서 황실이 후원해 공식적으로 작성한 6권의 역사서 중 첫 번째이다. 반면에 고사기는 그런 공식적 지위는 없으며, 음차(音借)한 한자로 작성된 신들의 이름과 시를 제외하면 혼성 고전 한문으로 작성되었다. 노리나가는 고사기가 비록 한문의 외피를 쓰고 있으나 사실은 신에게서 그의 후손인 천황으로 전해진, 일본의 기원에 관한 구술적 전승을 기록한 원본이라고 주장하면서, 한문이 전해지기 전의 순수한 고대 일본어인 야마토 고토바(大和言葉)로서 고사기 전체를 독해하는 방식을 구축하고 그것의 의미를 연구했다.

주자학 이데올로기가 지배적이었던 17세기에, 학자들은 『고사기』와 『일본서기』에 실린 '가미(神)의 시대'를 연구하면서, 그 속에 기록된 사실들이 주자학이 주장하는 바, 세상에 보편적으로 존재하는 「이(理)」에 부합한다는 사실을 밝히고자 애썼다. 하지만 노리나가는 이런 보편성이 중국의 인식론에 깊이 내재된 개념일 뿐이라고 말했다. 그의 생각으로는, 만물에 존재하는 도덕적 힘인 이(理)가 작용해, 덕성이 있는 자를 통치자로 만들어 만민의 모범이 되게 한다는, 소위 '하늘의 도'라는 것은 단지 특정한 통치 방식을 합리화하기 위해 창안된 인위적 논리였다. 노리나가는 고대 일본에서는 창조의 신들과 그 후손인 일본의 통치자들 간의 확고한 믿음을 통해 자연스럽게 질서가 유지되었다고 주장했다.

이어지는 발췌문은 '일본의 고도(古道)'에 대한 노리나가 사상의 정수인 『나오비노미타마(直毘靈)』에서 추려낸 글로 시작한다. 그 다음에는 그가 소라이 학파의 유학자 이치카와 다즈마로(市川匡麻呂, 1740-1795)와 벌인 논쟁을 보여 준다. 다쓰마로가 먼저 자신이 1870년에 펴낸 『마가노히레(末

賀乃比禮)』에서 유학적 관점으로 노리나가의 저작을 비판했다. 노리나가는 같은 해에 펴낸 에세이 『구즈바나(くず花)』에서 그것을 조목조목 반박했다. → pp.949-950 참고.

[AW/류정훈]

## 일본의 도

모토오리 노리나가 1771, 50-2, 54, 57, 62; 28-32, 35, 40

고대에는 「도(道)」의 관한 논의가 없었다.… 그 단어는 단지 어떤 장소로 이르는 길을 뜻했다. 이것 말고는 다른 '도'가 존재하지 않았다.

'여차저차한 도'라는 말이 어떤 이상적 상태 혹은 특정한 가르침을 뜻하게 된 것은 외부에서 전해진 것이다.

……

도는 창안되어 확립된 법도를 말한다. 그래서 중국에서는 도가 단지 다른 나라를 빼앗기 위한 계책이거나 자기 나라를 뺏기지 않도록 지키는 전략일 뿐이었다. 어떤 나라를 강탈하기 위해서는 만사에 심사숙고하고 애쓰고 온갖 좋은 행동을 해서 그 나라 사람들의 호감을 얻어야 했다. 이것이 성인들이 극히 덕성이 있는 사람으로 보이고, 그들의 도가 진실하고 완벽해 보이는 이유다. 그러나 성인들은 그들이 말하는 도를 어기고 군주를 타도하고 나라를 찬탈한 자들이다. 이것은 그들이 야비한 인간이며, 그들의 도가 거짓임을 말한다. 근본이 사악한 자가 도를 만들어 사람을 기만했기 때문에 그를 따르는 자는 겉으로만 복종하는 시늉을 하는 것은 아닐까? 실제로 아무도 그 도를 지키지 않는다. 그것은 그 나라의 이름을 널리 퍼뜨리는 것 말고는 보탬이 되지도 않았다. 결국 성인의 도는 폐기되었고, 자신만 빼고 모두를 비판하는 유학자들의 횡설수설을 위한 주제가 되었다.

……

그들이 말하는 도는 무엇인가? 그들은 성가시기 짝이 없는 「인(仁)」, 「의(義)」, 예의, 겸손, 「효(孝)」, 우애, 충성, 그리고 「성(誠)」 따위의 법도를 확립해서는 강압적으로 가혹하게 백성을 통치했다. 유학자들은 나중에 생긴 그런 법이 고대 왕들의 도에 반한다고 비판했다. 하지만 고대 왕들의 도 또한 고대의 법이 아니었던가? 심지어 『주역(周易)』이라는 점을 만들어서 그것이 대단히 심오한 것인 양 보이게 하고는 우주의 원리를 터득했다고 생각했다. 이것 또한 사람들을 혹하게 하고 지배하기 위한 기만이었다.

천지의 이치는 「가미(神)」가 만든 것이다. 그러므로 신성하고 불가사의하다. 우리의 미천한 지혜가 그 이치를 헤아릴 수 없다면 어찌 그것을 터득할 수 있겠는가? 그런 것을 목표로 삼는 것은 어리석은 짓이다.… 중국의 방식을 좇아서 지고한 궁극의 도를 말할 수는 있다. 하지만 이러한 도는 존재는 하지만 그것을 위한 말은 존재하지 않는다. 누구도 그 도에 관해 말하지 않더라도 그것은 거기에 있다. 허황하게 그것에 대해 논쟁을 벌이는 것과 '논쟁하지 않는 것' 사이에는 큰 차이가 있다. '논쟁하지 않는 것'이 뜻하는 바는 만사에 대해 거만을 떨며 논쟁을 일삼지 않음을 말하고 중국식으로 주장하지 않음을 뜻한다.

「천명(天命)」은 고대의 중국 성인들이 군주를 타도하고 그 영토를 강탈하기 위해 고안해 낸 인위적인 개념이다.

......

그들의 도는 무엇인가? 그것은 자발적으로 자연스럽게 발생하는 어떤 것이다. 이것에 유념해야 하며 중국의 노자(老子), 장자(莊子), 그리고 다른 도교적 관점과 혼동하면 안 된다.

......

중요한 것은 사회에서 지위에 걸맞게 자신이 해야 할 바를 하는 것이며 평화롭게 삶을 영위하는 것이다.… 만약 도를 찾기를 고집한다면, 먼저 중국식 가르침의 오물을 스스로 씻어내고, 순수한 일본적 정신을 고수하면서, 고대의 서적을 철저히 연구하라. 그러면 자연스레 인간이 배워야 할 그리고 수행해야 할 도가 있지 않다는 것이 분명해질 것이다. 이것을 이해하는 것이 가미(神)의 도를 정확히 따르는 것이다. 그러면 이 의문에 대해서 이렇게까지 논의하는 것조차도 이미 도의 정수에서 벗어났음을 알 수 있을 것이다.                                        [SN/류정훈]

## 일본적 방식을 변호함

모토오리 노리나가 1780, 123-32, 140-7

어떤 사람이 『마가노히레(末賀乃比禮)』라는 책을 써서, 도에 관한 나의 논리를 비판했다. 그 저작을 보면 그가 일본에 관한 학문에 얼마간의 조예가 있어 보이나 결국 그는 유학자임을 알 수 있다. 오랫동안 중국 성인의 도를 받들었기 때문에, 그가 고대 일본을 평가할 때 중국적 논리의 틀을 벗어날 수가 없다. 그래서 그의 입장은 내 주장의 의도나 뜻과는 꽤나 차이가 있다. 그는 내가 중국 성인을 폄하하는 것에 크게 분개해서 그 저작을 쓴 것으로 보인다. 이 나라의 학자들은 오랫동안 중국 고전이라는 독주를 홀짝거리며 그 달콤함에 홀려서 자신들이 얼마나 취했고, 얼마나 혼미한지를 알지 못한다. 혼탁한 세상을 바로잡아주는 신(世直し大明神)의 위엄 덕택에, 어떤 사람이 정신을 차려서 이런 정신상태에 대해서 비난했을 때, 미친듯이 부인(否認)하고 취한 적도 없었다며 반론의 화살이 그에게 쏟아붓는다. 심지어 약간의 금주(禁酒)를 원하는 사람에게조차 훨씬 더 많은 양의 독주를 억지로 먹이고는 지독하게 대취(大醉)해 더욱 혼란에 빠지게 하는 세태를 보면 슬픔을 가눌 길이 없다. 그래서 내가 이 칡꽃,『구즈바나(くず花)』를 드리는 것이다―맛을 보고 제 정신을 찾기를!

『마가노히레』를 보면, 내가 노자와 장자가 설파한 자연에 대한 개념이 옳다고 여기기 때문에, 내가 성인들을 신랄하게 비판하는 것이 그에게는 조금도 이상하지 않다고 결론 내렸다.

이것만 봐도 이 비판이 얼마나 그릇된 것인지 잘 알 수 있다. 그는 성인을 비판하는 사람은 노장(老莊)의 추종자라 생각한다. 그리고는 노자와 장자가 성인의 논리를 백안시하기 때문에 내가 성인이 잘못이라는 비판을 할 수밖에 없다는 논리를 폈다. 어떤 사람이 우연히 다른 사람과 같은 맥락의 논리를 제시했다고, 그를 그와 같은 부류일 거라고 가정하는 것은 어떤 마을에 밤중에 불이 났는데, 근처에서 도박을 하다가 그 불을 꺼보겠다고 현장으로 달려온 도박사 무리의 경우와 비유할 수 있다. 마을 사람들도 그 소식을 듣고는 불을 끄는 대열에 합류했다. 다른 마을 사람들이 이것을 보고는 도우러 온 마을 사람을 단지 그들이 협력했기 때문에 도박사들과 생각이 같은 무리일 거라고 결론 내려도 될까? 이 경우 성인의 도는 불이다. 노자와 장자는 도박사이다. 나의 저작,『나오비노미 타마(直毘靈)』는 도우러 온 마을 사람이다. 그리고 비평가의 말은 불구경하던 마을 사람의 생각과 같다. 노장(老莊)의 도박은 나쁜 것이다, 그러나 불을 끄는 행위는 선하다. 단지 불 끄는 걸 같이 도왔다고 동일한 패거리라고 보는 것은 지독한 논점 이탈이다.

문어와 구어를 비교함에 있어서, 우리는 각각의 장단점이 있음을 알기 때문에 어느 것이 더 우월한 것인지 결론 내리는 것은 쉽지 않다. 오늘날의 관점에서만 본다면, 정보전달을 위해 구어에만 의존한다면 너무 많은 것을 암기해야 하기 때문에, 문어가 훨씬 우월하다고 단정할 것이다. 그러나 만약 구어만이 유일한 전달방식이었던 옛사람의 처지로 돌아갈 수만 있다면, 쓰기의 유용성 때문에 구어가 불편하다고 생각하지 않을 것이다.

이것은 쓰기의 경우에만 참인 것이 아니라, 모든 종류의 상품과 만물에도 그러하다. 시간이 지나면서 새로운 것이 나타나고, 우리는 이전에 존재하지 않았던 편리함을 칭송한다. 일단 새로운 것이 손에 들어오면 사람들은 그것에 너무나 쉽게 익숙해져서 그것이 없었던 시대에 살았던 사람들이 매우 불편했을 것이라 결론 내린다. 그러나 사실은 그런 불편이 없었다는 것이다. 글쓰기의 경우에 우리는 한자와 가타카나(片假名)와 히라가나(平假名)[2]를 사용하는데, 만약 이 중에 하나가 없어지면 우리는 매우 불편해할 것이다. 그러나 가타카나와 히라가나가 없는 중국에서는 그것이 없는 것에 대해 불편해하지 않는다. 먼 곳에 중요한 메시지를 보낼 때, 말로 전했다가 혹시라도 오해라도 생길까 두려워 문서로 의사소통을 한다. 이런 경우에 문어는 확실히 이점이 있다. 반대로 글로 설명하는 것이 애매할 경우도 생긴다. 그런 경우에는 사자(使者)를 보내서 상세히 말로 설명하고, 그러면 모든 것이 명쾌하다. 이것이 구어의 장점이 아닌가? 심지어 중국인도 문자로 모든 것을 남김없이 다 말할 수는 없다고 했다.

이런 점을 고려해보면 구어로 전해진 과거의 사실이 당시의 세세한 분위기를 보존하는 반면에, 문자적 전승은 어쩔 수 없이 상실하는 것이 있다고 결론 내릴 수 있다. 결국 각각의 방식은 나름의 장단점이 있는 것이다. 그렇지만 문어 숭배자들은 구어 전승의 결함만을 나열하고 장점은 외면했다. 이와 비슷하게 『마가노히레』의 저자는 문어적 소통의 장점만을 부각하고 단점은 도외시했다. 불공평하지 않은가? 그는 구전(口傳)은 정확하지 않다고 말하는데, 문자적 전승 또한 예외가 아니다. 거짓을 문자로 남기면 진실도 사라진다. 구전이라 하더라도 그것이 진실이라면, 어떻게 진실이 지켜지지 않겠는가? 한편 구전에는 오류가 있다는 『마가노히레』 저자의 주장은 분명 옳다. 문자의 이점은 한번 기록되면 영구하기 때문에 수 천년이 흘러도 변하지 않는다. 하지만 문자 이전의 시대에 살았던 사람의 태도는 달랐다. 그래서 그 시대의 구전은 문자 시대에 사는 사람들의 구전과는 크게 달랐다: 그때 구전은 전하는 바를 명확히 전달했다. 문해력이 있는 사람이 기록에 의존하기 때문에 도대체 암기할 수 없는 많은 정보를 문맹인 사람은 지금도 능숙하게 암기할 수 있다는 사실만 봐도 알 수 있는 일이다. 게다가 구전은 구어의 기운이 천황의 영토를 북돋우고 복되게 했던 시절에 조상으로부터 전한 것이다. 진실로 그 속에 다른 모든 나라보다 우월한 우리 언어의 신비가 있다.

고대의 일들은 후대의 천황들의 술책에 부합하도록 만들어진 불가사의한 사건들이다.

'술책에 부합하도록 만들어진'이란 구절은 묘한 진술이다, 그리고 그것이 의미하는 바를 이해하기

---

2) [한] 가타카나(片假名)와 히라가나(平假名)는 일본어를 음운적으로 쓰기 위한 그리고 문법적 굴절을 주기 위한 병렬적 모아쓰기 방식이다.

는 어렵다. 그러나 그 비판자의 말대로라면 그 진술은 문자가 있기 전, 즉 오진천황(應神天皇, ?-?) 이전에 일어났던 일은 모두 후대의 천황의 뜻에 맞도록 꾸며낸 것이어서 사실이 아니라고 한다. 눈 앞에 「아마테라스(天照)」오미카미(大神)의 빛을 받는 행운을 누리면서도 그런 망발을 토해 내다니 정말 뻔뻔스러운 자가 아닌가! 무슨 근거로 그가 이 사실을 문자가 없어서 사라진 고대의 여러 사실과 같다고 주장하는가? 또 그는 중국에서 문자가 도래하기 전에 몇몇 우연을 제외하고는 그런 일이 발생했다는 설명이 없으니 일본에서도 틀림없이 그럴 것이라는 논리를 편다. 이것은 편견에 치우친 논리다. 옳고 그름을 가리겠다면서 바르지 못한 척도를 그 기준으로 써서 모든 것의 척도로 적용하는 짓이다.

이런 태도는 현재 논의 중인 쟁점에만 국한되는 것이 아니다. 유학자들이 중국식의 왜곡을 수용하면서 모든 측면에서 일본에서 벌어진 사건들의 진실을 이해하지 못하게 되었다. 중국에 대한 맹신은 중국 고전이라는 독주에 취해서 정신이 이상해졌음을 말해준다. 그렇다면 갈분(葛粉)차를 들고, 술에서 깨어나 제정신을 차리고 내 말을 들어 보라. 천지가 나뉜 후 발생한 모든 일이 일본에서 정확히 전해진 것은 이곳이 아마테라스 신의 영토로서 다른 나라보다 월등하고, 백성들의 마음이 순수하며 문자의 교묘함이 생겨나지 않았기 때문이었다. 그래서 일본은 불가사의한 「고토다마(言靈)」를 통해 전승되는 특혜를 받은 것이다. 가미(神)의 영토 밖에 있었기 때문에, 그들이 가진 이치를 따지는 능력으로는 일본의 그것에 미칠 수는 없는 것이다. 그 결과 그들이 제시한 고대에 대한 설명은 정확하지 않다.

한편, 고대의 일이 일본에서 그랬던 식으로 정확하게 전해지지 않으면서, 다른 나라들은 중국이 했던 식으로 나름의 전승을 만들어 냈다. 아둔한 성인들이 모자란 지혜로 천지창조와 그 후에 있었던 모든 것에 대해 임의적으로 설명하면서, 고대의 전승을 허구일 뿐이라고 말했기 때문이다. 성인들이 고대의 전승을 쓸모없다고 수용하지 않은 것이다. 이것이 현명한 일이라 치부되면서, 전승이 사라진 것이다. 이런 성인 중에는 만물의 질서를 결정하는 데에 자신의 지혜 사용하기를 즐겼던, 다소 현명했던 주공(周公)이 있었다. 그 나라의 사람들이 그의 업적을 높이 평가했고 그래서 그의 생각은 그곳의 도가 되었다. 주(周) 왕조 시기에 접어들면서 고대의 전승은 거의 사라졌다. 간헐적으로 그 전승의 흔적이 드러났을 때, 그것이 허구로 취급되고 고려 대상에서 제외한 것은 통탄할 일이다. 고대의 전승이 무시되고 몇몇 사람의 편향적 기호에 따라서 만물의 이치가 확립되었으니 그 설명이란 것이 얼마나 왜곡되었겠는가. 이 비판자는 이런 성인만을 높이 받들어 그런 통탄할 관행을 답습했다. 그가 일본의 올바른 전승을 비방하는 것은 바로 이것 때문이다. 올바른 전승에 대해 알지 못하는 중국인들이 성인의 도를 좋은 것이라 여기는 것은 그렇다 치더라도, 어떻게 이 나라에서 고대의 전승을 배운 사람이 통탄할 악습에 속아 넘어갈 수 있는가? 여전히 정신을 못 차리겠다면 갈분(葛粉) 차를 한 모금 들이켜라.

또한, 그는 후세 천황의 시대에 고대의 일이 전해진 것은 오진(應神)에서 덴무천황(天武天皇)까지[3] 3세기 동안에 중국의 고전을 연구해서 성인의 도를 배웠기 때문이라고 한다. 우리가 성인의 도를 터득했기 때문에 고대의 도를 확립할 수 있었다는 것이 사실이라면, 말과 뜻과 사건이 모두 중국의 방식을 따라 만들어진 도네리 친왕(舍人親王, 676-735)의 『일본서기』처럼 우리의 전승이 교묘히 가공된 것일 수도 있다. 그러나 우리의 전승은 중국과는 완전히 다르다. 단지 성인의 도라는 관점으로

---

3) [한] 대략 270-686년.

보아서 당연히 가공된 것이라는 딱지를 붙였기 때문에 그렇게 보일 뿐이다. 이것만 봐도 신의 시대에 대한 설명이 대부분 중국의 텍스트와 다르고 가공한 것도 아니라는 것이 입증된다. 심지어 지금도, 아마테라스오미카미가 후손에게 물려주어서, 이스즈노미야(五十鈴宮)[4]에 안치된 신경(神鏡)과 아쓰타 신궁(熱田神宮)에 안치된 구사나기(草薙) 신검(新劍) 같은 신의 시대의 유물들이 여전히 전국적으로 발견된다. 게다가, 진무천황(神武天皇, BC.711?-즉위76?)의 무덤과 후세 천황들의 무덤이 기나이(畿內) 지역에서 발굴되었고, 황궁에는 수많은 신의 시대의 유물이 보존되어 있다. 게다가 나카토미(中臣), 인베(伊部), 오토모(大友) 가문은 신의 시대에 행했던 의례를 계속 이어오고 있다. 이 모든 것이 신의 시대에서 전승된 일이 사실임을 입증하는 것이다. 여러 가문의 후손들과 다양한 지역에서 발견되는 유물과 관습은 하루아침에 만들어지지 않는다. 그래서 이 나라의 역사를, 유력한 가문의 후손이나 다양한 지역의 규범이 시대마다 바뀌면서 그 흔적도 거의 사라져 그런 증거가 희박한 다른 나라의 그것과 동일시하는 것은 터무니없다. 그럼에도 이 비판자는 오도된 지혜를 동원해서 고대의 전승이 단지 현존하는 유물과 관습과 후손들에 꿰맞춰 가공된 것이라 주장했다. 오히려 이러한 유물과 관습과 후손들이 존재하기 때문에 그것과 관련된 과거의 사실이 존재한다는 것은 의심의 여지가 없다. 게다가 이런 사실에 대한 진실이 전해지지 않았다면, 그래서 그것에 대한 설명이 나중에 가공된 것이라 가정한다면, 위에서 설명했듯이 중국의 방식과 유사하게 만들어졌을 것이다. 그런 일은 없었다. 그래서 이 비판자의 논리는 단지 가미(神)의 도를 반박할 목적으로 만들어진 터무니없는 재잘거림에 불과하다.

아마테라스(天照)라는 이름의 의미는 '태양'과 일치한다.

이러한 관점은 유학적 해석의 포로가 되어 모든 것의 근거를 중국에서 찾고자 하는 신도 추종자들의 주장이다. 이것은 조상들이 모두 하늘에 산다고 믿는 중국적 사고방식을 기반으로 하기 때문에 생기는 오류이다. 일본의 상고시대에는 그런 조작을 통한 왜곡이 없었다.

당신이 만약 태양의 신이 태양 자체라고 주장한다면…, 태양의 여신이 태어나기 전에는 오로지 밤만 있었을 것이다… 그렇다면, 천지가 개벽할 때 태양이 하늘에 있었음이 명백하다.

그가 '당신이 만약 … 주장한다면'이라는 표현을 쓴 것은 어처구니가 없다. 태양신이 태양이라는 사실이 『고사기』와 『일본서기』에 명백하고도 의심의 여지없이 드러나는데도 이 비판자는 그것이 아니라고 주장하는 것이다. 하지만 태양신은 세상 만물을 비추고 그녀의 기원은 일본이다. 심지어 지금도 일본을 통치하는 그녀의 황손들은 사해를 주재한다. 태양의 여신이 하늘의 동굴에 몸을 숨기자 세계가 암흑 속으로 빠져들었음에도 불구하고, 그 자는 그녀의 존재 이전에 오로지 암흑만 있었으리 있겠는가 하고 의심한다. 어린아이나 이런 걸 의심할 것이다. 이런 것을 중요하다고 지적하면서 논쟁을 하자는 것은 유치한 짓이다. 그런 식으로 트집을 잡는 것은 오히려 신의 시대의 사건이 사실이며 조작이 아니라고 인식하게 만들 뿐이다. 만약 이것이 후대의 천황에 의해 가공된 것이라면, 믿기 힘들 정도로 시시한 어떤 것을 꾸며내지 않았겠나?

---

4) [한] 이세신궁(伊勢神宮).

다음을 주의해서 생각해 보라. 신의 행위는 인간이 인식하기 쉬운 일반적 논리의 영역을 벗어난다. 한 인간이 아무리 영리하더라도, 그 지능에는 한계가 있다. 그리고 그 한계를 벗어나는 일은 이해할 수 없다. 그것이 사실임에도 가미(神)의 행위가 황당하고 비현실적으로 보이는 것은, 인간이 이해할 수 있는 한계를 벗어나기 때문이다. 사람들은 이런 이야기를 듣고서 그것이 인간의 마음이 작용하는 방식과는 크게 동떨어져 있다고 생각하면서, 이해하기도 믿기도 힘들다고 생각한다. 반면에 중국식의 설명은, 실은 그릇된 것이지만, 인간의 이해 범위 안에서 꾸며졌고 인간의 논리를 충실히 따른다. 이런 점이 그 설명을 이해하기도 믿기도 쉽게 만든다. 중국인들은 성인의 지혜가 우주의 모든 이치를 포괄한다고 믿는다. 이런 영리한 논리를 가지고 그들은 대단치 않은 지혜를 동원해서 심지어 이해 불가능한 것까지도 해석하겠다고 억지를 부렸다. 결국 그들의 이치로 설명할 수 없는 문제와 부딪히면, 간단히 믿을 수 없는 것이라 처리하고, 그것이 이치에 맞지 않는다고 결론 내렸다. 그런 방식으로 문제를 처리하는 것이 겉으로는 대단해 보이지만, 실제는 그들의 지혜란 것이 얼마나 보잘것없는 지를 드러낼 뿐이다.

우리는 비판자가 제시한 예에서 옆길로 벗어났다. 하지만 면밀히 보면 그 문제에 대한 어떤 의혹도 그냥 내버려 두면 저절로 해결되는 것이다. 먼저 이자나기노미코토(伊弉諾命)가 「요미(黃泉)」에 갔을 때를 돌이켜보면, 그가 어두워서 불을 밝혀야 했다. 인간이 사는 가시적 세계라면 그럴 필요가 없었을 것이다. 요미는 짐작하는 대로 어둠의 영토다. 그리고 밝을 것으로 짐작되는 가시적 세계는 실제로 밝다. 그러나 이 사건은 태양의 여신이 탄생하기 전에 일어난 일이어서, 왜 가시적 세계가 밝았는지를 확인하는 것은 쉽지 않다. 『일본서기찬소(日本書紀纂疏)』[5]를 비롯한 다른 자료에서, 창조의 「겁(劫)」이 시작되었을 때 인간의 몸은 환한 빛으로 가득 차 있었다는 언급이 있으나, 이것은 불교의 논리이다. 신의 시대에 대한 언급에서도 반딧불이처럼 빛나는 가미(神)에 대한 언급이 또한 있다. 그러나 이들은 사악한 신이어서 일반적인 경우가 아니다. 이외에는 빛을 띠는 육체에 대한 언급을 찾을 수 없으니 어디서 그런 빛이 시작했는지를 판단할 수는 없다. 그저 인간이 알 수 없는 어떤 이치로부터 빛이 비롯했다고 결론을 내릴 수밖에 없다.

이제 태양의 여신이 하늘나라 동굴에 몸을 숨겼을 때, 어떻게 영원한 밤이 지속되는 일이 발생했는가 하는 문제를 짚어보자. 그녀는 탄생과 함께 천지간의 공간을 밝히도록 정해졌으니, 그녀의 거룩한 광휘 없이는 빛이 존재할 수 없다는 것을 알 수 있다. 마찬가지로 태양의 신의 후손이 하늘로부터 하강한 이래로 어떻게 천지간의 교통이 영원히 끊어져 버린 것인지에 대해 원칙적인 설명을 확인할 방법은 없다. 신의 시대에 벌어진 경이롭고 신비한 많은 사건들은 설명을 필요로 한다. 그 시절에는 누구도 가미의 행동을 좌우하는 원칙을 설명하는 데에 지혜를 모으지 않았다. 그러나 나중에 중국의 영향으로 인해 영리함을 좇는 것이, 실은 어리석은 일인데도, 지혜로 여겨졌다. 이것은 사람들이 신의 시대에 벌어진 신비하고 경이로운 사건들이 인간의 시대의 것과는 다르다고 생각하기 때문이다. 하지만 인간의 시대에도 이상하고 신비한 일들은 많다. 현실에서 우리는 많은 그런 사건 속에서 살고 있지만, 그런 광경과 소리에 익숙해져 이상하다고 생각하지 않을 뿐이다. 천지의 존재만 생각해도 그렇다. 지구는 하늘에 매달려 있는 것일까, 아니면 지구가 어떤 물체 위에 놓여있는 것일까? 어느 쪽이든 그것은 경이로운 일이다. 만약 지구가 어떤 것 위에 놓여 있다면, 그럼 그것 아래에서 그것을 받쳐주는 것은 무엇일까? 그런 이치는 판단하기 어렵다.

---

5) [한] 15세기 초반에 편찬된 『일본서기찬소』는 『일본서기』에 대한 중세 학자들의 주석본이다.

중국에서는 이런 것과 관련해 많은 이론이 있는데, 하나같이 납득하기 어렵다. 이런 이론 중에 하나는… 지구는 하늘 속에 싸인 구체이며 하늘에 매달려 있다고 주장한다. 일반적인 논리에서 보면 이해가 간다, 하지만 하늘이 공기로 차 있다고 가정했을 때 왜 땅과 바다가 움직임 없이 하늘에 매달려 있는지에 대한 설명이 없다면 이 논리 또한 도대체 납득이 가지 않는다. 하늘에는 단지 공기만 있으며 형태는 없다고 가정하는 것도 또한 얼핏 합당해 보인다. 만약 이것이 사실이라면, 지구 너머 모든 곳은 공기로 차 있을 것이고 우리는 그것에 한계가 있는지 없는지 묻지 않을 수 없다. 만약 한계가 없다면 어디가 중심인지, 그리고 어디가 주변인지 판단하는 것은 불가능하다. 그러면 무엇이 지구가 안정되도록 지탱하는지 알 수가 없다. 논리적으로 중심에 있지 않다면 지구가 안정될 수 없기 때문이다. 반면에 만약 공기에 한계가 있다고 가정하면 그 공기를 대포알처럼 뭉쳐주는 지점을 어떻게 특정할 수 있을까? 또 어떤 힘이 그것을 뭉치게 할까?

어쨌거나, 이 모든 것이 불가사의한 일이다. 현세의 삶에서 천지간에 생기는 온갖 경이로운 일을 조금도 이상하다 생각하지 않으면서, 신의 시대에 벌어진 이런 사건은 의심하면서 이해할 수 없으며 근거 없다는 것은 어리석은 일이다. 인간의 몸의 경우도 한번 생각해 보라. 우리가 눈으로 보고, 귀로 듣고, 입으로 말하고, 발로 걷고, 손으로 수많은 행위를 하는 것도 희한한 일이 아닌가? 새와 곤충이 날아다니고, 식물이 꽃 피우고 열매 맺고 하는 일도 또한 경이롭지 않은가? 생명 없는 물체가 생명체로 변하고, 여우나 오소리가 인간으로 변신하는 것은 정말 신기하지 않은가? 간단히 말해, 우주와 그 속의 모든 만물이 신비로운 것이며, 소위 성인이라 소문난 사람들의 이치로는 그것을 남김없이 설명할 수 없다. 그렇다면 인간의 지혜는 대단치 않으며 한계가 있음을 인정하지 않을 수 없다. 또한 가미(神)의 행위는 그것의 신묘함에 있어서 한계가 없음을 인식해야 한다. 고작 그들의 제한적인 지혜 안에서 설명이 가능한 현상을 설명해내는 것을 보고서, 그들이 우주의 이치를 남김없이 해결했다고 결론 내리고 우러러 공경하는 것은 정말 희극적인 일이 아닌가?

우주의 기원에 관한 신비스런 의문에 대해서도, 그것을 가미의 경이로운 행위로 돌리지 않고는 어떤 설명도 할 수 없다. 이런 문제에 대해 중국은 음양(陰陽)의 개념을 써서 그들 나름의 해명을 한다. 그러나 우리가 그 개념의 근거를 알지 못하면 그것 또한 신비한 것으로 여기도록 강요받게 된다. 우주가 시작도 끝도 없는 것이 사실이라면, 만물의 존재를 어떻게 설명할 수 있는가? 그 비판자가 지금까지 내가 설명했던 것을 면밀히 검토한다면, 그가 제시했던 의문이 깨끗이 사라졌을 것이다. 아니면 적어도 일상에서 벌어지는 일에서는 그 이치를 이해할 수 있을 것이다. 족제비와 쥐는 어둠 속에서도 마치 낮인 양 볼 수 있다. 따로 무슨 빛을 가져와 이런 일을 해낼까? 밤에는 잘 보지만 낮에는 잘 못 보는 새도 있다. 일반적 논리로 그런 현상을 설명하는 것은 어렵지 않은가? 우리를 비판했던 자는 신의 시대의 빛과 관련된 사건에 대해 그것이 전적으로 이치에 맞지 않는다고 트집을 잡았다. 그러면 지금 매일 만물을 비추는 빛도 이치에 맞지 않는 일이라고 결론 내려야 할 것이다. 새나 동물과 같은 저급한 생명체에서 벌어지는 일도 우리의 지혜를 벗어날 정도이니, 우주의 기원의 문제는 가미의 행위로만 설명할 수밖에 없지 않겠는가.

> 우리는 특히 '가미(神)의 시대'에 관한 장(章)에서 왜 별에 관한 언급이 없는지 묻지 않을 수 없다.…

별의 신, 가가세오(香背男)가 『서기(書紀)』의 '가미의 시대' 둘째 장에 언급되었을 때, 왜 별이 논의되지 않았는가? 이런 이의제기는 왜 성신(星神)의 기원에 대해 다루지 않았는가 하는 질문으로 이해된다. 하지만 이런 질문을 던지는 것 자체가 앞에서 언급했던 중국식 인식체계에 물들어 그런 것이다. 별을 태양과 달과 더불어 '세 가지 빛'이라 칭하고 경외를 일으키는 것으로 여기는 것은 중국적 인식방법이다. 그러나 고대의 일본에서는 그런 식이 아니었다. 별은 태양과 달과 동일한 것으로 여겨지지 않았다. 하늘에서 많이 보이기는 하지만 별은 구름과 안개와 비슷한 현상일 뿐이어서, 그 기원에 대한 설명을 전승할 가치가 없었다. 단순히 성신의 이름을 생각해봐도 그 근거를 알 수 있다. 그냥 가가세오(香背男)라 부른다. 일반적으로 신에게 부여하는 미코토(命)라는 존칭이 없다. 다른 별에 대해서도 마찬가지인 것을 보면, 그것을 별로 중요하게 취급하지 않았음을 알 수 있다. 아메노미나카누시(天之御中主)와 같은 신을 별로 해석하는 논리도 있지만, 이것은 중국식 인식이 불러온 이상한 시도에 불과하다. 잘못된 것이며 아무런 근거도 없다.

인간의 시대 장(章)에서도 별은 계속 사소하게 취급된다. 외래의 텍스트가 전해지기 전까지는 별에 대한 숭배나 다른 존중의 방식에 대한 것은 고사하고 별에 대한 언급 자체가 없다. 새해 첫날 천황이 자신의 탄생성(星)에 대해 경배하는 것은, 태양과 북극성을 위한 3월 3일과 9월 3일의 등불축제와 마찬가지로, 나중에 시작된 것이다. 내립의 시대에는 교토(京都)와 수도지역에서 이세(伊勢)와 오미(近江)에 이르는 길을 따라 북극성을 경배하는 의례가 금지되었다. 786년에는 그런 의례를 근거를 들어 완전히 금지했다. 그럼에도 불구하고 이 비판자가 별을 달과 태양과 동등하게 취급하는 것은 줏대 없이 중국식 사고방식을 모방했기 때문이다. 게다가 별의 기원이 언급되지 않았다는 사실은 신화의 시대로부터 전해진 설명이 진실하다는 것을 입증하는 것으로 여겨야 한다. 만약 상황이 달리 전개되어, 중국 성인의 도를 배운 후대의 천황이 고대를 조작한 것이라면, 별을 해와 달과 같은 수준으로 취급했을 것이며, 중국과 이 편견에 찬 비판자와 같은 방식으로 성신의 기원에 대한 설명을 해와 달의 기원을 설명하는 것과 같은 방식으로 제시했을 것이다. 그런 식으로 설명하지 않았다는 것은, 이것이 중국의 사고방식에 젖지 않고 고대로부터의 순수하게 전승된 것임을 입증한다.

학인(學人)들이… 다른 나라에서는 상황이 달랐다는 취지의 주장을 한다.

마침내, 내가 일본을 세상과 무관한 것인 양 취급했다고 하는 주장을 만났다. 그가 무슨 의도로 이런 말을 했는지 이해하기는 어렵지만, 주의 깊게 읽어보면 아마테라스오미카미가 태양이며 일본에서 탄생했다는 사실을 언급하는 것으로 보인다. 결국 이것을 문제 삼겠다는 뜻이다. 『고사기』와 『일본서기』에 핵심적인 사실이 명확히 있어서 의심의 여지가 없음에도, 이 비판자는 순진하게도 마치 이것이 새로운 사실인 양 제시한다. 중국식 사고방식이라는 독주에 혼미(昏迷)해져서 고대에서 전해진 일본의 텍스트의 핵심을 보지 못한 것이다. 그러나 이런 혼란을 겪는 사람은 이 사람만이 아니다. 현세의 신학자들 모두가 이 독주에 취해서 아마테라스오미카미가 태양이며 일본에서 태어났다는 사실에 의문을 던진다. 고대의 텍스트의 핵심 취지를 이해하지 못해 이런 논리가 등장한 것이다. 나는 결코 고대의 전승을 무시하는 이런 괴이한 논리를 받아들일 수 없다. 아마테라스오미카미라는 이름이 곧 그녀가 태양이라는 근거이며, 그녀가 일본에서 태어났다는 것은 굳이 설명이 필요 없을 정도로 명백하다.

다른 나라는 이런 진실된 설명이 부족하다. 그리고 어떻게 태양과 달이 비롯되었는지 알지 못한다. 비록 반고(盤古)[6]의 좌측과 우측의 눈이 각각 해와 달이 되었다는 따위의 희미하게 전해진 고대의 전승이 있기는 하지만, 중국인들은 유학자들의 궤변을 믿고서 그런 전승을 허황된 것으로 조롱하고 무시했다. 대신 자신들의 가설을 믿고서, 음양의 에너지로부터 세상이 비롯되었다고 생각했다. 반고의 눈에 관한 전설을 보면, 이자나기노미코토(伊弉諾命)가 자신의 눈을 씻었을 때 태양의 신과 달의 신이 탄생했다는 이야기가 변형된 형태로 중국으로 전해져, 그것이 부분적으로 보존된 것으로 보인다. 이 설명이 앞에서 제시된 논리보다 훨씬 낫다. 이 비판자는 학인들에게 너른 우주를 향해 마음을 열고 편협한 이해를 벗어나라고 주장했지만, 정작 자신은 편협하게도 중국이라는 한계에 마음을 가두고, 그것을 벗어나 사고할 여지가 없게 만들었다. 결과적으로, 중국의 논리만을 모범으로 삼고 다른 모든 것은 가치 없는 것이라 결론을 내려버렸으니, 일본의 전승에 관한 이해가 있을 수 없는 것이다.

어떤 설명이 더 나은지 아닌지는 잠시 미뤄 두고, 중국적 관점을 일본의 것에 비추어 분석해 보자. 중국의 입장으로 보면 일본의 관점은 잘못이다. 일본의 입장에서는 중국의 관점이 잘못이다. 하지만 이 비판자는 오로지 중국의 관점만을 수용해 일본에서 전해진 고대의 사실들을 중국적 틀 속에 가두고자 했다. 이것이야말로 이해할 수 없는 편견이 아닌가? 우주가 오직 하나 뿐이니, 중국식 혹은 일본식 관점으로 차별해 분석하는 것 자체가 편협하고 독단적인 관점이라고 주장하는 것은 이해가 된다. 그러나 오로지 중국의 관점만을 존중하면서 일본의 고대를 의심하는 것은, 중국적 관점을 선호하는 쪽으로 치우쳐 이미 그런 차별을 만든 것이다. 그러면서 개별 인간의 마음이 전 우주를 품는 데에 넉넉하다는 결론을 내리는 것은 술 취한 사람이 그걸 깨닫지 못하고 자신이 멀쩡하다고 주장하는 것과 다름이 없다.

게다가, 이 비판자는 자국을 치켜세우고 외국을 낮추는 유학적 원칙을 스스로 위반했다. 비록 그런 차별을 없애더라도, 모든 나라가 스스로 고수하고자 하는 전통과 관점이 있다는 걸 감안하면, 각각의 나라가 자신의 관점을 더 존중하는 것이 당연하지 않은가? 다른 모든 나라보다 우월하며, 고대로부터 이어온 올바른 전승을 지켰으며, 온 세상을 밝힌 위대한 가미의 도를 가진 일본의 경우에는 더욱 그러하다. 그럼에도 이런 전통을 버리고 아무런 이유 없이 다른 나라의 관점을 숭상하면서 이 나라의 전승이 가공된 것이라고 주장하는 것은 터무니없는 왜곡이 아닌가?

그는 내 주장이 일관적이지 않고 애매하다고 주장했다. 모든 나라가 태양신의 은혜를 받았다고 말하면서도 다른 나라에서는 태양신이 없었다고 주장하는 것은 일관성이 없다는 것이다. 나는 단지 태양신이 다른 나라에서는 태어나지 않았다고 말했을 뿐이다. 태양이 다른 나라를 비추지 않았다고 말한 것이 아니다. 자신이 태어난 곳을 자신의 '나라'라고 말하는 것은 정상적인 언어사용일 뿐이다. 이와같이 사람들은 태어났던 곳으로 돌아갈 때 그들의 '나라'로 돌아간다고 말한다, 그리고 자신이 태어난 곳의 사람을 '같은 나라 사람(동포)'라 부른다. 바로 이런 의미로 그 용어를 쓴 것이다. 그는 내가 신성한 태양을 다른 나라를 비추는 태양과 다른 것으로 보았다고 터무니없이 주장했다. 태양의 여신이 이 나라에서 태어났고 모든 영토를 비춘다고 말하는 것이 왜 문제가 되는가? 내가 달리 주장한다고 결론 내리는 것은 중국의 논리에만 젖어서 태양신이 일본에서 태어났다는 진술을 처음 접하고는 그런 생각이 매우 이상하다고 여기는 사고방식을 보여 줄 뿐이다. 이것은 철이 돌처럼 단단한 것이란 고정관념에 사로잡혀서는, 야금 기술자가 그걸 녹이는 걸 보고 어리둥절해하는 것과

---

6) [영] 반고(盤古)는 중국 신화에 등장하는 창세(創世)신이다. 최초의 알에서 깨어나 음양과 천지를 분리하고, 자신의 몸을 흩뿌려서 세상 만물이 되게 했다.

같다. 신성한 가미가 온 세상에 축복을 퍼뜨렸다는 그의 주장이 합당한 것이라면, 일본은 아마테라스가 태어난 곳이며, 그녀의 후손들이 통치를 하는 나라로서 모든 다른 나라보다 우월하며 비교 자체가 불가능한 곳이다.

......

고대의 혼돈 속에서, 치자(治者)와 피치자(被治者) 사이의 차별은 존재하지 않았다.…

만약 고대의 상황이 이 비판자의 주장대로였다면, 당시의 혼란한 상황을 고려해봤을 때, 피치자들이 자신들의 통치자를 죽이고 나라를 강탈하고 나서, 누구라도 그들의 군주로 삼을 수 있었을 것이다. 하걸(夏桀)과 제신(帝辛)[7]의 치세를 혼란의 시기로 본다면, 우리는 사실상 성인들의 패덕(悖德)을 덮어주는 것이다. 하걸과 제신은 진실로 폭군이었기 때문에 이런 주장을 할 수도 있다. 하지만 상하의 구별이 없어 혼란했던 하걸과 제신의 시대를 끝장내겠다고, 이 무도한 군주를 타도했던 성탕(成湯)과 무왕(武王)의 행위 또한 혼란을 일으키는 행위였다. 혼란을 종식하고자 반란을 일으켜 군주를 몰아내고 왕국을 세웠다는 그런 변명을 어떻게 믿을 수 있는가? 하지만 중국인들의 「마음(心)」은 심지어 그런 사악하고 지독한 강도(强盜)를 존경할 정도로 어리석다. 정말 이해하기 어려운 마음가짐이다. 만약 왕좌를 찬탈하려는 의도가 아니었다면 제신의 혈통 중에서 기자(箕子)와 같은 사람을 내세워 새로운 통치를 이어갈 수도 있었을 것이다. 하지만 그런 일은 없었고, 반역자들은 기꺼이 왕국을 강탈했고 혼란한 시대의 원리를 이어갔다.

성탕(成湯)과 무왕(武王)은 그래서 신성한 가미의 후손이다.…

'신성한 가미의 후손'이라는 표현은 최고의 존경을 담아 천황을 언급할 때 사용되어야 한다. 어떤 경우에도 그것이 그 외의 다른 방식으로 사용될 수 없다. 이런 식으로 외국의 왕위 강탈자를 언급하기 위해 마구 사용하는 것은 용어에 있어서 끔찍한 혼란을 부른다.

반란을 진압하고 난 후에, 치자(治者)와 피치자(被治者)의 도가 다시 한번 확립될 것이다.

만약 이런 논리가 옳다면, 제신을 타도하기 전까지 문왕(文王)과 무왕은 치자와 피치자의 도에 대해 아무 것도 몰랐다는 것을 뜻하며, 사실상 타도한 후에야 그것을 알게 된 것으로 보일 수도 있다. 정권을 장악하기 전까지는 치자와 피치자의 도에 대해 아무 생각이 없었다가 왕좌를 찬탈하고 나서야 갑자기 그 도를 시행하겠다고 주장하는 것은 자신의 백성들이 왕좌를 강탈하는 것을 막아보겠다는 영리한 행위가 아닌가? 하지만 주(周)왕조의 중반이 되면 많은 영주들의 반란이 발생하는데, 이는 무왕을 모방한 것이다. 그러므로 성인의 도라는 것은 겉으로는 대단한 가치가 있어 보일지 모르나, 실상은 독으로 가득 차 있는 것이다.…

황제는 성인의 도를 전해 받고 기뻤다.… 일본이 먼 과거에 에조(蝦夷)[8]를 다루는 데에 어려움

---

7) [영] 기원전 3-2천년 경의 고대 중국을 말한다.

이 있었던 것으로 보인다.

이 부분은 특히 일본에 대한 존중이 보이지 않는다. 모든 논리를 무시하고, 이 비판자는 이전 천황의 치세를 야만인의 섬과 비교했고 그들을 금수처럼 여기며 경멸한다. 이것은 완전히 사악한 주장이다.

애초에 에조는 일본과 다른 민족이었다. 그들의 무성한 수염에서 알 수 있듯이, 그 차이는 현재까지도 남아있고, 사고방식이나 행동이 다르다는 것도 명백하다. 중세까지도 무쓰(陸奥)와 데와(出羽) 지역에서 많은 에조가 일본 사람과 함께 살았다. 그들은 이 나라의 관습에 익숙해졌고, 실제로 그들 중에는 이런 관습에 익숙한 자도 있다. 하지만 그들이 근본적으로 변화를 잘 수용하지 않는다는 것은 사서(史書)를 봐도 분명하다. 처음부터 우리와는 다른 민족이기 때문이다. 이런 요인을 고려하지 않고 과거 천황의 시대를 에조와 비교하는 것은 근거 없는 추론에 불과하다. 이 비판자가 흠모하는 중국조차도, 일본의 관점으로 보면, 상하를 구분할 수 있는 혈통이 없을 뿐만 아니라 치자와 피치자의 도(道)도 없으니, 금수의 땅에 가까운 곳이다. 태양신이 태어난 곳이어서, 운 좋게도 일본은 신의 후손이 천황인 영토이다. 이런 이유로 고하를 막론하고 모든 사람의 마음과 정신이 다른 나라보다 우월하다.

게다가 이 나라는 치자와 피치자의 도, 부자간의 도, 그리고 모든 다른 도를 자연스럽게 습득했기 때문에, 특별한 도를 강조할 필요도 없고 백성들에게 그것을 가르칠 필요도 없다. 무엇 때문에 일본이 외국으로부터 성인의 도를 도입할 필요가 있겠는가? 외국은 태양신이 태어난 곳도 아니고, 사악한 신의 도를 따르기 때문에, 모든 면에서 절제가 없고 평화로운 삶을 지속시키기 어렵다. 그래서 수고롭게도 만사를 위한 용어를 명확히 하고 백성들에게 그것의 의미를 가르치려는 것이다. 도둑이 없는 마을에서는 보안이 필요 없지만, 도둑이 있는 마을에서는 보안 없이는 살아갈 수 없는 것과 같은 이치인 것이다. 중국과 같은 나라는 도둑이 들끓는 마을과 같다. 그래서 세심하게 공들여 보안을 위한 조처를 도입하는 것이다. 흔히 그렇듯 보안책이 강력해 질수록, 도둑이 갖은 머리를 써서 능력을 갈고 닦아, 더 큰 도둑질을 할 가능성도 커진다. 그것이 성인의 도라는 것이다. 겉으로는 가치가 있어 보이지만, 지금까지 봤듯이 실제로는 해로운 것이다.

> 오직 성인의 도만이 다른 나라를 다스리는 데 월등하다.…

성인들이 원래 도둑이어서, 사람들에게서 훔쳐낸다. 그리고 거기에 능숙하기 때문에 그것을 막는 기술도 출중한 것으로 여겨진다.

> 도쿠가와 이에야스(德川家康, 1543-1616)에 의해서 천명된 도는 성인의 도이다.…

이 부분에서 도쿠가와 이에야스와 함께 그 시대의 천황들을 성인의 도를 신봉하는 사람들의 집단으로 포섭하려는 시도가 일어난다. 심지어 그들을 후원자로 선전하기도 했다. 이 비판자는 몹시 왜곡된 논리를 동원해 이에야스의 권고의 말, 문과 무, 충과 효를 인용하면서 자신의 주장에 대한

---

8) [영] '에조(蝦夷)'는 보통 일본 열도의 북쪽 지역에 거주하는 원주민을 말한다.

증거로 제시한다. 근거를 제시한다면서 그는 중국의 성인들이 '충', '효', '예'와 '임무'라는 용어를 창안했다고 명시했다. 그러나 이 개념들은 일본에서 오래전부터 존재했으며, 사람들이 알고 실천해 왔다. 중국처럼 그 용어를 가르치고 계몽할 필요가 없었기 때문에 용어를 부여할 필요도 없었다. 중국에서 성인들이 이런 용어를 궁리해서 만들었던 것은 사람들 사이에 도둑질이 만연했기 때문이다. 용어에 대한 집착을 벗어나지 못해서, 유학자들은 이름이 없다면 그런 행위도 없다고 어리석은 결론을 내렸다.

인간의 마음의 문제를 생각해보자. 중국에서는 '의지', '열정', 그리고 '욕망'과 같은 용어들이 있지만, 일본에서는 단지 「마음(心)」이라는 용어만 있고, 그런 여러 가지 용어는 없다. 그렇지만 의지, 열정, 욕망은 존재한다. 만약 우리가 이 비판자의 논리를 따른다면 중국 고전의 도래 이전에 의지와 열정과 욕망은 일본에서 존재할 수 없었지 않은가? 이와 같이 이에야스가 '문과 무', 그리고 '충과 효'를 이야기했을 때, 그는 단지 세속적 관습을 언급했을 뿐이고, 그것을 표현하기 위한 방편으로 중국의 한자를 차용했던 것일 뿐이다. 이런 것들은 원래 일본에 있었고, 일본은 중국의 도를 빌리지 않은 유일한 나라도 아니다. 다른 나라에서도 용어는 다를지라도 그런 개념들이 넘쳐 난다. 인도에서 '바크티'는 충, '푸트라다르마'는 효, '비나야'는 예, 그리고 '아르자바'는 정직을 의미한다. 다른 나라에서도 그런 용어들이 있음을 인식하고서도 이런 개념이 오로지 성인의 도가 있던 지역에서만 비롯되었다고 생각하는 것은 지독하게 어리석은 노릇이다.

같은 맥락에서, 성인을 비판하는 것은 고대의 천황과 도쿠가와 이에야스의 정신을 모독하는 것이라는 이 비판자의 주장은 일면 타당해 보인다. 그러나 그 시대의 천황의 칙령이나 이에야스의 규범의 어느 곳에도 성인을 비판하는 것이 죄라고 말하지 않는다. 유교나 불교를 비판하는 것이 죄라고 규정한 경우가 어디에 있는가? 만약 성인을 비판하는 것이 죄라면, 유학자들은 불교를 비방하면서 몇 배나 더 큰 죄를 저질렀다. 어느 시대에도 쇼군(將軍)뿐 아니라, 이 나라의 천황들은 불교를 존중했고, 유교는 타의 추종을 불허할 정도로 존중했다. 지금은 심지어 불교를 비난하는 것은 불법이라는 법령을 만들어야 한다는 얘기도 들린다. 만약 이것이 죄라면, 과거 일본을 금수나 다름없는 야만인의 섬이라 능멸한 우리 비판자의 죄는 얼마나 큰가? 오랜 세월이 지난 후 성인의 도가 황궁에서 적용되었다는 사실을 고려해 봤을 때, 그것을 오류로 여기는 것이 도의 정신은 아닐 것이다. 나는 『나오비노미타마(直毘靈)』의 마지막 부분에서 이 점에 대해서 밝혔다.

예를 들어, 가까운 신하가 자신의 군주를 은밀히 암살하려는 음모를 꾸민다고 가정해보자. 군주는 그를 충실한 가신으로만 여기고 있다. 한 하급 신하가 그 암살 음모를 눈치챘지만, 직급이 낮은 신하가 군주에게 가까이 갈 수 없는 법 때문에 그 음모를 알릴 방도가 없다. 군주의 목숨이 위험한 그 순간에, 곤혹스런 처지의 신하는 다가올 비극을 생각하니 견딜 수 없다. 결국 그는 규정을 어기고 군주에게 다가가 그의 목숨을 구한다. 이 경우에 그 난처한 처지의 신하는 충실한 신하도 불충실한 신하도 아니다. 여기서 군주살해의 음모를 꾸민 신하는 중국의 도에, 군주는 고대의 도의 완전함에 비유할 수 있다. 하급 신하가 군주에게 접근할 수 없는 것은 군주에게는 피해가 가는 경우이다. 그렇지만 하급 신하와 숙의(熟議)를 금지하는 것은 고대의 도의 일부이다. 법을 어겨서라도 군주의 목숨을 구하는 것은 『나오비노미타마』의 힘이 발휘된 것이다. 규정을 어기는 것은 심각한 문제이지만, 그것은 전체 도의 일부일 뿐이다. 구해야 할 군주의 생명은 도의 전부이다. 만약 도의 전부가 무너진다면 그 일부의 보존이 무슨 의미가 있겠는가? 전체의 도가 침해되는 문제가 생겼을 때, 무엇으로 한 난처한 처지에 빠진 신하가 저지르는 불법의 상대적 심각성을 평가할 것인가? 심지어 이 비판자가 그리도 흠모하는 중국의 도에도 유사한 규범 위반의 경우가 발견된다. 예를 들어 한 남성이 물에 빠진 형수를 구하기 위해 자신의 손을 뻗치는 행위는 의(義)의 정신이 발휘되는 경우이다.
　……

　　　가미는 인간의 행위에 따라 그들의 운명을 정한다.…

　이것으로는, 인간은 유학이 주장하듯 사람들의 행위가 가미의 행위란 것을 이해할 수 없다. 제시문처럼 만약 신이 덕을 베푼 사람에게 행운을 주고, 악행을 저지른 자에게 불운을 준다면, 이것은 의로운 신의 행위라고 하는 것이 합당하다. 만약 그렇다면 왜 이 비판자는 불운을 주는 것은 악한 신이라고 하는가? 왜 그는 악행을 저지른 자에게 불운을 주는 것은 악한 신이라고 설명하지 않는가? 안 그러면, 덕을 행한 사람에게 불행이 닥친다면 악한 신의 소행이 될 것이다. 만약 이것이 그 사람의 취지라면 오해를 없애기 위해서라도 그것이 명확히 언급되어야 할 것이다.
　이 비판자의 악한 신의 행위에 관한 관점은 여러 가지 점에서 나와 차이가 있다. 앞으로 상세히 이것을 파헤칠 것이다. 그는 천도(天道)에 따라 덕이 있는 사람에게 행운이, 부도덕한 자에게 불운이 기다린다고 했다. 이 말의 요지는 글 모르는 어린이조차도 완전히 납득할 것이다. 이것은 겉으로는 원칙에 부합하지만, 실제로는 그렇지 않다. 과거를 돌이켜보면 덕 있는 자에게 불운이 닥치고 부도덕한 자에게 복이 오는 경우가 헤아릴 수 없을 정도다. 천도와 「천명(天命)」에 관한 이론은 이것을 설명하기가 어렵다. 실제로 중국인들은 사악한 신의 행위에 대해 아무 것도 모른다. 유학자들은 억지로 천도와 천명을 확립하려 시도하면서 옳음과 사악함, 재앙과 축복의 개념이 이성에 합치하지 않는다는 사실을 그럴싸하게 얼버무리면서 모든 사람들을 기만했다. 결국 그 문제는 명확할 수 없는 것이다. 그 모든 것이 그들이 꾸민 것이라는 사실을 해명하도록 요구될 때에도 그들은 확고히 거부했다.

　　　부처의 도를 따르는 자들 사이에서, 이것을 카르마(業)라 여기는 자들은 이단으로 여겨진다.…

　이것은 어떤 오도된 불가의 사상을 옳은 것으로 여기는 논리와 관련이 있다. 하지만 이것이 불교와 관련되기 때문에 현재의 논의 사항에 해당되지는 않는다.

　　　이것은 악마가 존재하지 않는다고 주장하는 왜곡된 관점이다.… 만약 "가미의 시대"와 관련된
　　　장(章)이…

　이 인용구에서 이 비판자의 의도를 읽는 것은 쉽지 않다. 만약 '가미의 시대'에 관한 장(章)이 외국에서 온 텍스트라면, 그것을 제외하고 채택하지 말아야 한다고 주장하는 것이라 생각된다. 그렇다면 사람들이 가미(神)의 존재가 사실이라 믿지 않으면서도, 어떻게든 고대로부터의 토착적 전승을 확립하기 위한 노력으로 가미가 존재했던 것처럼 말한다고 주장하는 것처럼 보인다. 이것이 그의 참된 의도라면, 거기에 대해 할 말은 많다.
　먼저, 우리나라의 고대는 영리한 사람이 가공한 것이 아니다. 그것은 고대의 사실이 전승된 것이다. 일본과 중국의 현재와 과거의 사건을 비교했을 때, 최종적으로 별 차이가 없다고 생각할 수도 있다. 이 세상의 모든 일은 선한 신과 악한 신의 행위의 결과물이다. 이 사실에는 이견의 여지가

없다. 올바른 사람이 흥하고 사악한 자가 불운을 겪는 것은 올바른 신의 행위 덕택이다. 반대로 악한 자가 번성하고 옳은 자가 고통을 겪는 것은 악한 신의 행위 탓이다. 우리가 지금까지 봤듯이 일본의 전승에 따르면 세상의 모든 사람에게 오는 행운과 불운이 합리적 이치에 부합하지 않는 것은 선한 신과 악한 신이 공존하기 때문이다. 이 사실이 명확하니, 어떤 의문의 여지가 있겠는가? 일본 사람은 분명 가미의 존재를 의심하지 않는다.

반면에 천명의 이론은 중국의 유학자들이 영리안 논리를 적용해서 만든 가공물이다. 원칙적으로는 타당해 보이지만 실제 세상에는 잘 부합하지 않는다. 나는 이 천명의 논리를 성인이 날조한 것이기 때문에 믿지 않는다. 성인들은 거대한 지식의 저수지를 갖고 있겠지만, 그것이 한계가 없는 것은 아니어서, 세상에는 사악한 신의 행위가 있음을 이해하지 못하는 결과를 낳았다. 모든 것에 합리적 이치가 있다고 믿으면서 그들은 천명의 논리를 가공했고 수많은 모순을 낳았다. 만약 성인들이 사악한 신의 행위가 있음을 이해하고, 거기에 따라 천명의 이론을 구축했더라면 실제 세상사와 불일치하는 일은 없었을 것이다. 그렇다면 수입된 것이라 하더라도 그것을 버리고 믿기를 거부하는 것에 무슨 이유를 달 필요가 있겠는가? 하지만 외국에서 전래된 고전이기 때문에 내가 불신하는 것은 아니다. 그것이 현실에 맞지 않기 때문이다. 이 비판자는 일본의 고전적 전승의 핵심에다 천명에 관한 중국의 논리를 씌워서, 그것을 자기식 해석의 근거로 삼았다. 그래서 그는 내 주장의 핵심을 이해하지 못했을 뿐만 아니라 틀린 것이다.

하늘은 살아있는 실체이며, 그것을 염두에 두고서…

이것 또한 중국식 개념이다. 하늘은 죽어 있다 ― 그것은 「마음(心)」이 없으며 어떤 행동도 하지 않는다. 우리에게 마음과 행동으로 보이는 것은 실은 가미의 행위이다. 예를 들면, 하늘은 만물에 해당하고, 신은 만물을 이용하는 인간에 해당한다. 인간이 어떤 목적을 위해 만물을 사용할 때, 그것은 어떤 기능을 수행한다. 만물이 자신의 기능을 수행하기 위해 스스로 행동하는 것이 아니다. 중국은 가미의 행위에 무지했기 때문에, 엉뚱하게 마음을 하늘이라 여겼고, 심지어 그것이 신성한 것이라 일컬었다. 이것은 대단한 착각이다.

……

그가 천명을 따른다면, 천한 사람도 군주의 자리에 오를 수 있다.…

군주가 엄연한 나라를 강제로 찬탈하여 백성을 기만하고, 자신이 천명을 따르는 사람이라 선언하는 것은 중국 성인의 사악한 지혜로 태어난 불의(不義)한 도이다. 천황의 나라인 일본에서는 아무리 오랜 세월이 지나도, 군주는 군주로 백성은 백성으로 남았다. 천지와 함께하는 신성한 전언(傳言)에 따라 각자의 지위는 변하지 않는다. 일본이라는 이 상서로운 나라에 태어난 행운을 얻은 이들이, 치자와 피치자의 도를 지키지도 못하는 외래의 잘못된 사악한 관습을 칭송하고 존중하는 것은 만취자의 착각이 아니라면 무엇이겠는가?

고대의 행위는 그 정신에 있어 순수하다, 그래서 더 보탤 말이 필요없다.…

'순수한 정신'은 사람이 태어날 때 무수비(産靈神)[9] 신의 신성한 정신이 전해주는 마음을 말하는 것이다. 지혜와 어리석음, 능숙함과 미숙함, 착함과 나쁨과 같은 다양한 자질이 이 순수한 마음속에 있다. 모든 인간이 서로 다른 것처럼, 신의 시대의 가미(神)도 각각 자신의 마음의 순수함에 따라서 선한 행동 또는 악한 행동을 했다. 이 비판자는 지혜와 능숙함은 순수한 마음의 행위가 아니라고 주장하는 실수를 했다. 입장을 바꿔 순수한 마음을 잃어버린 사람들의 관점에서 얘기해보면, 외국의 사례를 연구하다가, 불교와 유학을 믿게 된 사람들이 있다는 사실을 언급했다. 그들은 모든 것을 그것을 기준으로 해석하는 것이 옳다고 생각한다. 이런 관행이 배움이 없는 사람에게도 전파되면서 그들 또한 태어나면서 받은 정신을 잃게 되었다. 그들은 불교에 빠져 부모와 아내와 자식을 버렸다. 아니면 유학의 도에 현혹되어 군주를 경멸하게 되었다. 선한 쪽이든 악한 쪽이든 인간이 한번 태어나서 간직했던 마음을 바꾸면 그 순수함을 잃는다. 　　　　　　　　　　　　　　　　　　　　[AW/류정훈]

---

9) [영] 이 용어는 대개 생산과 출산을 관장하는 가미를 일컫기 위해 사용된다.

# 후지타니 미쓰에

富士谷御杖, 1768-1823

나리모토(成元)로 불리기도 했던 후지타니 미쓰에는 교토(京都)의 저명한 학자 가문에서 태어났다. 그의 부친인 후지타니 나리아키라(富士谷成章, 1738-1779)는 박식함과 상상력으로 자신이 만든 새로운 문법적 관점에서 일본의 시어를 분석하는 몇 권의 저서를 내기도 했다. 그의 백부인 미나가와 기엔(皆川淇園, 1735-1807)도 저명한 유학자로 언어이론에 큰 관심을 보였다. 후지타니 가문은 대대로 야나가와번(柳河藩)의 번사로 봉직했기 때문에 가세도 풍족했다. 덕분에 어렸을 때부터 당대의 가장 중요한 문화적 교육을 받았다. 유학과 전통적 「와카(和歌)」 작문과 하이카이(俳諧) 시를 학습했다. 10대 후반에는 『고사기(古事記)』와 『일본서기(日本書紀)』를 학습하면서 고쿠가쿠라 불리게 될, 국학(國學)운동의 흐름에 동참하게 된다.

고전 텍스트에 대한 미쓰에의 관심은 그를 모토오리 노리나가(本居宣長, 1730-1801)*의 저작으로 이끌었다. 나중에 미쓰에는 그를 '이 나라의 고대를 밝혀주었고, 고대 언어의 의미를 해석해준' 사람으로 설명했다. 이런 찬사에도 불구하고, 미쓰에는 고사기에 대한 노리나가의 획기적 해석에 근본이 되는 가설은 비판했다. 그는 고사기를 실제 사건에 대한 기록으로 여긴 점에 대해서, 어떤 식으로 고대의 언어가 기능했는가에 대한 그의 견해에 대해서, 그리고 고사기의 독자들에게 책에 담긴 모든 것을 무조건 믿도록 강조한 것에 대해서 노리나가를 비판했다. 그의 저서 『고사기 분석(古事記燈)』의 서문에서 추린 아래에 소개된 발췌문에서, 미쓰에는 노리나가의 저작을 비판하면서 고사기에 대한 자신의 견해를 밝힌다. 그의 논지의 중심에는 고대의 시에 나타난 「고토다마(言靈)」에 관한 개념이 있다. 미쓰에는 자신의 욕망과 싸워야 하는 복잡한 개인과 사람 사이의 만남으로 생기는 사회적 제약 사이의 소통을 가능하게 하는 비유적 언어와 시가 가진 특별한 능력을 언급하기 위해 고토다마를 사용했다. 또 고대에는 모든 사람이 고토다마로 소통하는 법을 알고 있었고, 전반적인 사회적 관계, 특히 통치자와 백성 간의 관계가 느긋하도록 비유적 언어와 시가 일상적으로 사용되었다고 주장했다. 더 나아가 이런 문화적 소양의 부족이 오늘날의 혼란과 긴장의 원인이라고 진단했다.

『고사기 분석』은 완결되지는 못했지만, 남아있는 부분만으로도 고토다마의 개념을 통해 표면적 이야기로부터 복잡한 비유의 거미줄을 헤치고 나가, 고사기의 '진정한' 의미를 이해하고자 했던 미쓰에의 시도를 읽기에는 부족함이 없다. 미쓰에는 『만엽집(萬葉集)』과 『백인일수(百人一首)』와 같은 다른 고대 일본의 시와 산문에 관한 저작도 같은 방식으로 접근했다.

미쓰에는 야나가와번의 공직에서 해고되어서 치욕과 가난 속에 56세를 일기로 세상을 떠났다. 그의 저작은 계속 주목을 받지 못하다가, 1980년대에 와서야 '문화적 복고'의 바람이 불면서 언어와 주관성에 대한 그의 논리로 새로운 주목을 받게 되었다. → pp.952-953 참고.

[SLB/류정훈]

# 『고사기(古事記)』를 밝히다

후지타니 미쓰에 1808, 37-43, 46

지금까지 신성한 텍스트를 검토한 이들 중에, 자신이 황실의 기원에 대해 말하지 않는다고 생각한 사람은 없었다. 「고토다마(言靈)」의 관점에서 생각하지 않았기 때문에…, 이 학자들은 이 위대한 영토에 경전이 없음에 분개했고, 그래서 유학과 불교의 텍스트를 빌어와서 덧붙이고 미화했다. 비록 그들이 강요된 논리에 근거해서 그 텍스트를 그럴싸하게 해석했지만, 그 논리는 일관성도 없고 근거도 박약하다. 어떤 해석은 경전 같고 다른 것은 역사 같다―그리고 어떤 것은 믿음이 가나 또 어떤 것은 그렇지 않다. 이런 이유로 대대로 신성한 텍스트는 유학과 불교와 비교되었고, 사람들은 그들의 개인적 관점으로 "이 구절은 중요하지만 이것은 그렇지 않다"고 말했다. 일본의 텍스트가 윤리적 가르침으로서의 가치가 보이지 않자, 그들은 유학과 불교의 가르침으로 기울었다.

그러나 이세(伊勢)지역 마쓰사카의 모토오리 노리나가(本居宣長, 1730-1801)*가 최근에 『고사기(古事記)』가 『일본서기(日本書紀)』보다 우월하다는 사실을 인식하고는, 친왕[10]의 실수를 언급했다. 실제로 노리나가가 언급한 대로, 그의 논의를 읽어보면 고사기의 많은 부분이 일본의 언어로 기록되었음이 명백하다. 덕분에 큰 어려움 없이 내가 고사기의 진실성을 알게 되었으니, 이 점에 대해 노리나가 선생에게 감사드린다. 다양한 텍스트를 비교 검토한 후에, 당신은 고사기의 작법이 '가미의 시대'에 관한 장(章)의 그것과 다르다는 사실을 파악했다. 친왕은 모든 텍스트를 편찬했고, 진실을 알고자 했으며, 중국의 텍스트와 닮은 책을 만들고자 하는 의도로 저술을 했다. 그러나 그때까지도 신도 학자들은 일본서기의 '가미의 시대' 장(章)만을 읽었기 때문에, 아무도 고사기의 진실성을 인식하지 못했다. 하지만 이 시대에 와서 그것이 빛을 본 것은 이 나라의 천년 세월에서 최대의 축복이다.…

노리나가 선생은 이 나라의 고대를 밝혀주었고, 고대어의 의미를 파악했다. 나는 그의 미진한 부분을 보완하거나 지나친 부분을 감쇄(減殺)하는 명예를 자청할 생각은 없다. 그러나 그가 이 나라의 언어가 고토다마(독자는 이어지는 자세한 설명에 근거해서 이것을 이해해야 한다)를 원칙으로 삼아 드러남을 인식하지 못했기 때문에, 그는 이 나라의 언어가 단지 그것이 지닌 우아함으로만 나타난다고 생각했다. (이것은 노리나가의 스승인 가모노 마부치(賀茂眞淵, 1697-1769)*의 논리였다. 그도 이 방식으로 이해를 했고, 그런 식으로 전수했다.) 이런 이유로 신성한 텍스트와 관련해서, 그는 언어의 표피만을 보고서 숨은 뜻이 없는 것이 이 나라의 도라고 주장했다. 그리고 그런 자신의 오해를 근거로 논리를 전개했기 때문에, 그 텍스트가 천황의 기원을 전할 뿐이며 가르침은 아니라고 생각했다. (숨은 뜻이 없다는 확신은 그가 증거를 찾아보지 않았기 때문이며, 앞 세대의 다양한 신도학파의 생각과 경쟁을 하는 과정 속에서 그가 무리한 해석으로 설명을 시도했기 때문이다.)

윤리적 가르침은 원래 관습이 타락한 나라에서만 발견된다, 그러니 이 우월한 나라에서 가르침이 있어야 할 이유가 어디에 있는가?

우리가 신성한 텍스트에서 보게 되는 것은 황가 혈통의 기원이 매우 신비하다는 점이다.

---

10) [영] 『일본서기』를 편찬한 도네리 친왕(舍人親王, 675-735)을 말한다.

이 혈통의 후손은 너무나 존엄하며 경외를 불러일으키기 때문에, 단지 그의 의지를 따라야 할 뿐이며 우리의 지식이 아무리 대단하더라도 그 앞에서는 쓸모없는 것이란 것을 알아야 한다.

이것이 『고사기전(古事記傳)』의 요점이며, 『나오비노미타마(直毘靈)』라 불리는 저작을 쓴 목적이었다.

대체로 이것은 합당해 보인다, 그래서 최근에 많은 사람들이 그것을 믿는다. 그래서 쓸모없다는 지식을 버리더라도 세상에 별 일은 없을 것이다. 그러나 이런 생각의 근원에는, 신성한 텍스트를 아무리 열심히 읽더라도, 그리고 숙고하더라도 여전히 헤아릴 수 없는 것이 많이 있다는 생각이 깔려 있다. 그것을 합리적으로 설명해보려 해도, 처음부터 끝까지 인간의 상식과는 맞지 않아서, 그 탐구가 헛된 일로 보이기 때문이다. 그래서 사람들은 고대의 텍스트는 깊이 연구하는 것이 아니며, 단지 천황의 조상신에 관한 경이로운 사건을 기록한 것이며, 만백성에게 천황의 권위를 알리기 위해 씌어진 것이라 생각하게 되었다. 그러면서 고사기전을 의문을 가지고 깊이 탐구하는 것을 '중국적 마음'[11]의 증거로 간주한다. 만약 그것이 사실이라면 아무런 의문도 없는 것처럼 행동하는 것이 '일본적 마음'의 증거란 말인가? 이 얼마나 당혹스러운 주장인가! (사실 마음을 모아 정성을 들이면 고토다마를 감지할 수도 있다. 그렇기 때문에 텍스트를 피상적으로만 살피고 포기한 것은 유감스런 일이다.)

노리나가의 논리를 믿는 사람들은 고분고분한 성정을 타고났기 때문에 신성한 일에 대해 생각하는 것이 불가능하다고 생각하는지 모르지만, 까다롭고 완고해서 어떤 것을 무턱대고 믿지 못하는 나리모토(成元)와 같은 사람은 그런 논리를 수용할 수 없다. 내가 보기에는 이것을 믿어보겠다는 유순한 사람은 소수이고, 많은 사람은 나리모토처럼 그렇게는 못하겠다는 쪽이다. 이런 유순한 자들은 성스러운 텍스트를 굳이 유심히 볼 필요가 없을 것이다. 그런데 완고한 사람들에게 그런 생각을 믿으라고 강요한다면 그걸 받아들일까? 또 강요를 했음에도 끝까지 수용하지 않는 사람들을 경멸해도 되는 것일까?

유학과 불교의 가르침이 도입된 이래로 나리모토와 같은 완고한 사람들이 증가했다고 주장하더라도, 천지간에 낮이 있으면 밤이 있다; 남성이 있으면, 여성이 있다; 성자와 성인이 있으면, 호랑이와 늑대도 있는 것이다. 그렇다면 고대의 이 나라에 오로지 선한 사람만이 있었을 리는 없지 않은가? 신성한 텍스트 속에도, 악어를 속여먹은 토끼의 이야기가 있고, 겨우 하룻밤을 동침했는데 사쿠야히메(木花之開耶姬)가 임신했다고 하자 니니기(瓊瓊杵尊)는 이를 의심했다. 진무천황(神武天皇, BC.711?- 즉위76?)의 장(章)에 등장하는 나가스네히코(長髄彦), 우카시(猾) 형제들, 그리고 시키(志紀) 씨네 전사들은[12] 또 누구인가? 이것은 마치 흑(黑)을 모르면서 백(白)은 안다는 것과 같다.

---

11) [영] 노리나가가 사용한 용어이다. 그는 고대 일본의 텍스트를 유학적 개념과 범주로 해석하려는 시도를 비판하기 위해 이 용어를 사용했다. 그는 일본이 한자를 사용하기 시작하면서 자연 세계와 인간관계를 이 '외래적' 관점에서 개념화하기 시작했다고 주장했다.

12) [영] 악어를 속여서 그들이 줄지어 다리를 만들도록 한 뒤 다른 섬으로 넘어간 흰 토끼의 이야기를 말한다(『고사기(古事記)』 i.22). 태양신 「아마테라스(天照)」의 '신성한 후손'인 니니기는 사쿠야히메가 그들이 하룻밤만 같이 지냈을 뿐인데 뱃속의 아이가 자신의 아들이라고 하자 이를 의심했다. 『일본서기(日本書紀)』에 따르면, 진무가 규슈에서 야마토로 동진할 때, 나가스네히코, 우카시 형제들, 그리고 시키 씨네 전사들이 그와 전투를 벌였다.

이 훌륭한 가르침을 이해하려는 시도를 하지 않는다면, 누구도 이 나라 사람들이 인성이 좋기 때문에 윤리적 가르침이 필요 없다는 논리를 수용하기는 어렵다. 무작정 가르침이 필요 없다는 것은 터무니없는 주장이다. 그리고 윤리적 가르침이 있다 하더라도, 그것이 불필요하다는 것은 그것을 그냥 폐기하자는 것이다. 또는 가르침이란 존재하지 않으며 그것이 필요하지 않다고 결론 내리는 것은, 가난한 자에게 쌀과 금이 필요 없다는 주장과 같지 않은가? 그리고 만약 성스러운 텍스트 속에서 불가해한 구절을 연구하는 것이 중국적 마음의 발동이기 때문에 자신은 그런 연구를 하지 않겠다면서, 어떻게 그것을 탐구하는 사람을 비난할 수 있는가? 설사 텍스트를 연구하지 않는 것이 옳다고 인정하더라도, 우리는 노리나가가 그것을 설명하기 위해서 몇 곳에서 억지 논리를 동원했음을 알 수 있다. 그 구절들을 검토해보면, 인과적이고 현세적인 관점에서 사건들이 사리에 맞지 않고, 인간사에 비추어보면 당혹스러울 정도다. 그래서 매우 이해하기 어렵다. 만약 그런 어려움이 이유라면 왜 노리나가는 다른 어려운 구절에서 같은 원칙을 고수하지 않는가? 그의 주석에서 일관성이 없는 이유는 그의 관심이 정신(다마[靈])에 있는 것이 아니라 말(고토[言])에 있었기 때문이다. 이해하기 어려운 곳에서, 그 어려움은 의미가 있는 것이다. 비록 전체 텍스트가 고토다마(言靈)에 기반해 작성되었지만, 그 정신(靈)이 텍스트 외관의 아름다운 말과 동떨어진 곳이 여러 곳이다.

이제, 나리모토가 했던 식으로 사건들의 관계를 분석하고 숙고해보면 그리고 고토다마로 천지와 인간과 신을 비교 분석해보면, 많은 신비로운 사실을 전하는 이 텍스트가 한 구절도 이상할 것이 없다는 것을 알게 될 것이다. 그러나 이런 식으로 탐구하는 것이 중국적 방식이기 때문에 그렇게 하지 않는다면, 당신의 능력을 최대한 발휘하지 못하게 되는 결과를 낳을 것이다. 노리나가 선생조차 도 그렇게 된 것이다. 이 텍스트를 보고 당황스럽지 않은 사람은 아무도 없다. 나리모토(나)도 오랫동안 당혹스러웠다. 다행히 고토다마의 도를 인식하는 행운을 접하고서야, 겉으로 보기에는 텍스트가 말할 수 없이 불가해하지만 그 속에 담긴 것은 보통 사람의 감정과 세상사의 자연스런 과정을 보여 주는 것일 뿐이라는 사실을 알게 되었다.

심오한 「이(理)」를 추구하는 것이 중국적 마음이라고 하지만 이것도 분명하지 않다. 이 위대한 나라의 고토다마는 이치를 능숙하게 전달하기 위한 것이 아니다. 그것은 가미(神)를 왜곡하지 않는다. 이것은 인간의 「마음(心)」 속으로 통찰을 전하는 기술이다. 이것을 이해하고자 시도하는 것이 어떻게 중국적 방식을 따르는 것이라 할 수 있는가? 애초에 고토다마는 지혜 혹은 우둔함, 행운 혹은 불운과 무관했다. 이것은 모든 사람들이 자연스럽게 아는 평범한 것이다.

그러므로 선생이 이 나라의 관습에 대해 그렇게 많은 것을 말했음에도 불구하고, 그것을 진정한 일본의 정신을 기반으로 숙고해보면 그의 논리가 중국의 것을 닮았다는 것을 알 수 있다. 왜? 그 이유는 성스러운 텍스트가 인간적인 수단을 통해 만사를 설명하는 것이 아니라 가미를 통해 은근하게 설명하기 때문이다. 겉으로 보이는 모든 것이 속에 있는 것의 작용으로 일어나기 때문에, 만약 무엇으로 그런 움직임이 있는지 알고 싶다면 그것의 외부가 아니라 내부의 핵심을 파고들어야 한다. 만물의 핵심으로부터 무엇이 일어나는지를 헤아리는 것이 이 나라의 방식이다. 그럴싸한 외양에만 전적으로 관심을 가지는 것은 표면적 모습에만 매몰되는 중국적 방식이다. 그러나 만약 치장하지 않은 외관을 높이 평가하면서 언어에 있어서 중요한 것은 우아함이라고 말한다면, 어떻게 의식에 쓰는 기도문의 양식적 언어가 존중받을 수 있겠는가? 그리고 만약 이것이 사실이라면 잘 꾸민 외관은 존중되는가? 치장하지 않은 소박한 것이 존중된다면, 잘 꾸민 것은 어떤 방식으로 칭찬할 수 있을까?

『고사기전』에서, 고토다마가 수용되는 부분을 검토해보면 그것이 잘 치장된 언어로서 이해되는 것으로 보인다. (우아함과 치장을 혼동하면 안된다. 우아함은 치장을 뜻하는 것이 아니다. 그것은 '조야(朝野)하다'에 대비되는 말이다. 구어에서는 '세련되다'와 '조잡하다'라고 대비시킨다. 그러므로 이 나라의 관습은 어떤 문제를 직접 호명하지 않고 은근히 마음을 일깨운다. 이런 단도직입이 가지는 매서움을 제거한 것이 우아함이다. 생각하는 것을 직접 말하는 것, 혹은 겉치장에 신경 쓰는 것이 어떻게 우아하다 할 수 있겠는가? 이것은 심각하게 생각해봐야 하는 문제이다.)… 언어에는 늘 불가사 의한 정신이 들어있고, 그것이 나의 생각을 북돋우고 키운다. 이 나라에서 「자(慈)」와 「의(義)」에 관한 가르침과 의례에 관한 규범이 없는 것은 그것보다 더 우월한 것이 있기 때문이다. 개별적으로든 전체적으로든 겉으로 보이는 것이 신성한 정신의 산물이기 때문이다. 노리나가가 일본의 마음이라 생각한 것은 실은 중국의 마음이었다. 만약 신성한 텍스트의 한 부분만을 면밀히 보아도 이 나라의 관습을 알 수 있을 것이다.

노리나가 선생이 고사기를 연구했을 때, 그가 제시한 언어의 의미에 관한 논의는 정확했다. 그러나 그것이 이 텍스트를 확실하게 해석했다는 것은 아니다. 그의 진짜 의도는 이전의 신도 학자들의 오류를 수정하는 것이었고, 불교와 유학과 겨뤄보자는 것이었다. 그가 경쟁이 아니라 텍스트 탐구에 집중했더라면, 이 위대한 학자는 고토다마를 찾아냈을 것이다. 참으로 아깝! 내가 선생의 이론을 이런 식으로 비판하는 것이 고사기의 진실을 가르쳐준 선생에 대한 배은망덕으로 비춰질 수도 있지 만, 초기 신도 학자들의 다양한 논리는 논의할 가치도 없는 것이었다. 근자에 노리나가 선생의 논리가 많은 무비판적 수용자들을 혹하게 하기 때문에 내가 이 잘못을 수정하여 궁극적으로는 선생의 뜻대 로 고사기의 빛이 세상을 환히 비추게 하려는 것이다.

언어를 연구하면서 그 정신을 탐구하지 않은 것은 신성한 텍스트를 죽이는 것이었다. 그것을 죽이는 것이 어떤 가치가 있는가? 죽어야 할 것이라면 죽어야 한다, 그러나 만일 성스러운 텍스트가 실제 사건의 기록이라 여긴다면 그것만큼 이상한 것도 없는 것이다. 그러므로 멋대로 그것을 흘러간 이야기로 취급하는 것은 불을 질러 놓고는 그 불을 끄려는 것이다. 이 나라의 사람들이 다른 나라 사람보다 우월하니 어떻게 다른 나라보다 우월한 가르침이 없겠는가? 단언하건대 그 가르침은 고토 다마라 불리는 것이다. 텍스트가 씌어진 방식이 너무도 이상해서 실제 사건의 기록으로 여겨지지 않는 것이다. 후세에 이르러 고토다마의 도가 상실되면서, 누구도 이 언어의 신비함을 인식하지 못했다. 신성한 텍스트가 옛 이야기에 불과한 것이라고 주장하기 위해 이런저런 변명거리를 만드는 것은 터무니없는 일이다. 텍스트가 만들어지던 시절에는 모두 고토다마의 도를 알고 있었기 때문에, 누구도 그것이 옛 이야기로 여겨질 거라고는 생각할 수 없었을 것이다.

노리나가 선생은 되풀이해서 가미의 시대의 사건을 이해하려고 인간의 도를 적용하면 안 된다고 말했다. 하지만 가미라 불리는 것이 무엇인가? 인간이라 불리는 것은 무엇인가? 인간의 몸 안에 어떤 것이 나중에 신성해지는 것을 말함인가? 그러나 만약 외부적인 것이 '인간'이라 불리고 내부적 인 것이 가미라 불린다면, 우선 가미가 무엇인지 명확하게 밝혀야 하지 않겠는가? 이것이 선생에게도 그리고 모든 신도 학파에게도 똑같이 문제인 것이다. 그들이 '신성한 것'에 대해 얘기했을 때, 이것을 늘 천지간에 일을 의미하는 것으로 이해했다. 하지만 천지의 가미가 인간의 몸 안에 있다고 생각하는 것은 너무 순진한 생각이다.

　　……

'가미의 시대'와 '인간의 시대'에 관한 장(章)에서 모두들 전자가 가미의 시대를, 그리고 후자가 인간의 시대를 다룬다고 말한다. 그러나 회의적인 태도로 이런 시대를 이해하려 한 적은 없었다.

모든 신도학파들은 이 점을 아예 무시했다. 문자 따위는 존재하지 않았던 상고시대에, 이 위대한 영토에서는 세상에 가르침이 전파되도록 모든 지역에 신사가 세워졌고 그 안에서 천지의 가미가 경배를 받았다. 사람들은 만물에 의미를 부여하는 방식으로 가르침을 받았다.

내가 어떻게 이런 사실을 아는지 궁금하다면 오늘날 신사에서 적용되는 숭배의 형식이 태양의 여신이 동굴에 숨었던 사건이 있었던 시대의 숭배와 같다는 사실을 생각해 보라. 게다가 신성한 텍스트에는, 인간에게 여덟 개의 구멍(穴)이 있기 때문에, 이 위대한 영토가 '여덟 개의 섬'으로 언급되어 있다. 그래서 일본은 인간의 몸과 조화를 이루는 땅이다. 또 신사가 모든 지역에 있는 이유이기도 하다: 사람들이 그들의 속 깊이 신이 있다는 사실을 이해 못하기 때문에, 대신 신사를 세워 가르침을 전한 것이다. 이것은 텍스트의 대체물인 것이다. 중국의 텍스트에서 빌린 한자를 자유롭게 쓰는 이 시대의 관점으로 보면 이것은 매우 비현실적으로 보인다. 하지만 문자에 의미를 부여하는 것이나 신사에 그것을 부여하는 것은 결과적으로는 같은 방식이 아닌가?                    [SLB/류정훈]

## 고토다마(言靈)에 대해서

후지타니 미쓰에 1808, 51-6

나, 나리모토는 어렸을 때 부친의 바람대로 시작(詩作)을 배웠다. 그러나 내 나이 스물에 부친께서 세상을 버리셨다. 나는 부친이 남긴 책, 『각결초(脚結抄)』를 스승으로 삼아 시를 지으며 지냈다. 그러나 어느 순간 불현듯 이런 생각이 들었다: 시작이란 것이 즐거운 소일거리에 불과한 것이라면 내가 아무리 좋은 시를 짓더라도 나와 세상에 도움이 안 되는 것이 아닌가, 만약 그것이 이로운 행위라면 더욱 진심을 다해 시에 전념해야 하지 않는가. 그리고 나서 열심히 시를 짓다가, 고대에는 지금처럼 시작을 따로 가르치지 않았으니 복잡한 규칙이 없었을 것이라는 생각이 얼핏 들었다.…

간단히 말하면, '언어'란 것이 가미를 죽이는 것이다. 예를 들면, 만약 어떤 사람에게 당신이 강하다는 것을 입증하기 위해서, "내가 강한 사람이 아닌가요?"라고 말했다면, 그 질문 때문에 "바로 내가 강한 사람이오!"라는 말이 그 사람의 마음에서 사라지지 않을 것이다. 그러므로 만약 당신이 어떤 사람이 진심으로 당신이 강하다고 생각하기를 원한다면, "가미의 도를 따르는 사람은 언어를 앞세우지 않는다"와 "성스러운 본성을 타고난 이 땅은 사람들이 언어를 앞세우지 않는 곳이다"라는 말이 암시하듯이, 말이 아니라 직접 보여 주는 것이 나을 것이다. 그러나 "내가 강한 사람이 아닌가요?"라고 누군가가 말했을 때, 상대가 "진정으로 그렇소"라고 대답했다면, 다른 사람들이 달리 그것을 반박할 수는 없을 것이다. 그러나 그 사람이 그렇게 대답했더라도 그것이 진심이었을까? 그의 진심은 "내가 어떻게 이 사람보다 열등하지?"라고 분명 생각할 것이다. 그리고 그런 긍정적 답변을 들은 사람이, "저 사람이 정말 그렇게 생각하는가, 아니면 거짓말을 하는 건가"라고 반문할 수도 있다. 몇몇은 거짓으로 그랬을 것이다. 그러므로 사람의 진심에 대해서 의문을 품어서는 안된다.

이런 이유로, 만약 당신이 직설적인 언어를 쓴다면, 그들이 속마음을 꿰뚫어 볼 수 없을 것이다. 이것이 이 나라 사람들이 가미의 '기(氣)'에 의존하는 이유이다. (우리가 비유적 언어를 쓸 때, 가미가 작용한다. 이것이 고토다마다.) '신성한'이라고 말할 때, 이것은 언어를 쓰는 모든 다양한 용법 중에서 가장 고상하고 신묘한 방식을 일컫는 것이며, 다른 사람의 진심을 꿰뚫어 볼 수 있는 방법을 뜻한다. 진심이 파악되었을 때, 언어는 쓸모없어지는 것이 아닌가? 그러므로 어떤 경우에도 오로지 가미의 도를 추구해야 한다, 하지만 당면한 일에 따라 가미에만 맡기기에는 곤란한 경우도 있을 것이다. ('언어를 앞세우지 않는다'는 구절은 말을 하지 않는다는 말이 아니다. 그것은 가미의 신묘한 쓰임새가 언어의 그것보다 우월하다는 것을 알기 때문에, 상대적으로 언어를 하찮은 것으로 여기며, 그래서 그것의 사용을 삼간다는 말이다. 이것을 "말 많은 것이 말 적은 것만 못하고, 말 적은 것이 말 없는 것만 못하다."라는 노자(老子)의 언급과 혼동해서는 안 된다.)

『고사기』의 천지개벽 후 7대를 거치는 가미에 관한 부분에서 상세히 전하듯이, 인간의 마음과 육체는 이성과 욕망에 의해 좌우된다. 그리고 인간이 이성과 욕망을 따르지 않을 수 없기 때문에, 가미를 따르기란 쉬운 일이 아니다. 게다가 인간은 관계의 상황에 제약을 받는 존재이기 때문에, 그것이 단 한 사람만의 문제일 수도 없다. 그러므로 직설적 언어가 아니라 '반전의 언어', 즉 다양한 형태의 비유적 언어를 추구해야 한다. 비유적 언어는 형이상학적 언어와 시를 포함한다. 은유가 충분하지 않았던 시대에도, 이 위대한 영토는 시를 짓는 도가 있었다. 비유적 언어는 말하는 것과 말하지 않는 것 사이의 것이다. 우리가 생각하는 것을 말하려 할 때, 대신 생각하지 못한 것을 말한다. "이것은 저것에 관련된 것이야"라고 생각할 때에, 실은 그렇지 않다. 이것이 비유적 언어의 핵심이다.

그래서 만약 일반적으로 세 가지 — 직설적 언어, 은유, 그리고 시 — 가 있다고 가정한다면, 직설적 언어와 은유는 서로 배치(背馳)되고, 시는 은유를 한 단계 더 넘어서는 것이다. 비유적 언어는 직설적 언어를 그것의 영혼으로 삼아 언어를 만든다. 그리고 그런 언어에 기반해 다른 사람은 나의 생각을 이해하고 알 수 있다. 이것이 "고토다마의 도움으로 번성하다"라고 말하는 시가 뜻하는 바이다. 우리가 생각하는 것이 언어의 경계 밖에서 활발한 상태일 때, 그것이 고토다마다. 그리고 어떤 것이 고토다마가 되었을 때, 그것은 더 이상은 선악과 관련된 어떤 것이 아니다. 예를 들면, 우리의 입장이 합리적이라 하더라도, 그것이 다른 사람이 인정할 수 있는 것이 아니라면 그것은 아무런 호응이 없을 것이며 어떤 효과도 없을 것이다.

산문의 경우도 마찬가지다. 만약 당신이 생각하는 것을 끄집어내어 비유적 언어로 바꾸면 그것이 가미의 언어가 될 것이다. 만약 비유를 동원해도 충분하지 못하다면 시의 도(道)와 별개의 것이 있기 때문이 아니다. 오히려 자신과 다른 것 사이에 상당한 거리가 있을 때, 그래서 은유에만 의존하는 것이 어려울 때, 그때 시가 필요한 것임을 알 수 있다. 고대의 시에서 우리는 '그 영토'를 '번창하는 땅', '도움을 받은 땅', '올바른 땅', 그리고 '언어를 앞세우지 않는 땅'으로 언급하는 것을 볼 수 있다. 이 모든 구절이 이것이 이 신성한 영토의 관습이었다는 것을 보여 준다. 스진천황(崇神天皇, ?-?)의 장(章)을 보면, 오히코노미코토(大彦命)가 고시의 영토에 도착하자 한 소녀가 헤라자카(弊羅坂)에 서서 노래를 부른다는 구절에서, 다음과 같이 전한다.

> 오히코노미코토는 이것이 이상하다고 생각했다. 그래서 말(馬)을 돌리며 그 소녀에게 물었다; "너가 말한 것이 무슨 말이냐?"
>
> 그러자 소녀는 이렇게 답했다, "나는 아무 것도 말하지 않았습니다. 단지 노래를 부른 것일 뿐입니다."
>
> 그리고 나서 그녀가 갑자기 사라졌고, 누구도 찾지 못했다. (『고사기』 67장, 14-17)

달리 말하면, 내가 생각하고 있는 것을 직설적 언어로 그리고 은유로 표현할 수 없다면, 하지만 또한 말하지 않을 수는 없다면, 그때 시가 필요하다. 우리는 이 상황을 이해해야 한다. 스진천황의 장(章)에서 "나는 아무 것도 말하지 않았습니다. 단지 노래를 부른 것일 뿐입니다."라고 씌어져 있다. 이것이 직설적 언어, 은유, 그리고 시작(詩作) 사이의 구분을 명확히 해주는 증거이다. 그러나 후대에 누구도 명확히 구별하지 않았기 때문에 사람들은 기쁨, 슬픔, 고통, 이별, 사랑, 여행과 같은 인간사에 관한 시는 직설적인 언어로 작성하고, 반면에 꽃, 새, 바람, 달과 같은 세상 만물에 관한 시는 단지 그것에 대해 이야기하는 것이라고 생각하게 되었다. 그리고 만약 그것이 직설적 언어로 작성되었다면 — 실제로 그런 경우가 있었을 것이다 — 그러면 시의 도란 무엇인가? 그래서 시작과 직설적 언어 사이를 주의해서 구분하는 것은 중요한 일이다.

　고토다마의 도가 그것이 없어지기 전까지 얼마나 오랫동안 지속했는지는 알 수 없다. 그러나 스이닌천황(垂仁天皇, ?-?)의 장(章)을 보면 "생각하듯이 말하다"란 구절이 있다. 이것은 직설적 언어이고 다마(靈)가 결여되었음을 말한다. 이런 결여된 언어는 게이코천황(景行天皇, ?-?)이 여전히 어렸으며, "그가 긴 수염이 가슴에 드리울 때까지 진실한 언어를 말하지 않았다"는 시절을 설명하는 부분에서 확인이 된다. '진실한 언어'는 내가 지금 비유적 언어라고 부르는 다마가 있는 언어를 말한다. ('진실한 언어'라는 구절은 『만엽집』에서도 여러 번 등장한다.) 이것이 이 시기에 모든 이가 직설적 언어와 비유적 언어를 구분했음을 입증한다. 그 후에, 야마노우에노 오쿠라(山上憶良, 660?-733?)의 시에 이런 구절이 있다, "오늘날 만물을 관찰하고 사실을 경청했던 사람들이 이 이야기를 잘 압니다." 그래서 그때까지도 모든 사람들이 고토다마의 도를 이해했고, 그것이 널리 퍼졌음이 명백하다. 그러나 스이진(水神)의 장(章), 오쿠라의 시, 그리고 다른 흔적을 검토해보면, 이때부터 고토마다를 아는 사람들이 점점 줄어드는 것으로 보인다. 심지어 고토다마가 완전히 사라지지는 않은 시대에도 사람들이 실수를 저지르고 직설적인 언어를 사용한 것으로 보인다. 그러나 고대에는 고토다마에 기반하지 않은 시나 산문은 존재하지 않았다. 그런데도 어떻게 고대의 사람들이 그런 중대한 의도적 실수를 저질렀을까?

　모든 경우에서, 심지어 시인이 생각하는 대로 지은 시에서도 생각이 표면에 드러나지는 않았다. 고대의 관행에서도 욕망은 모든 시에서 추방되었다. 심지어 세월이 흐른 뒤에도 직설적인 언어와 은유와 시를 구별한 경우를 찾을 수 있었다. 그리고 고토다마의 도가 자연스럽게 이루어졌던 것으로 보인다. 그래서 후세의 경우를 일반화하는 것은 바람직하지 않다. 하지만 중국의 가르침이 퍼지기 시작한 후에는 이러한 도가 거의 완전히 없어진 것처럼 보인다. 그래서 꽃, 새, 바람 그리고 달에 관한 글이, 그리고 인간이 진실로 생각하는 것과 관련이 없는 주제에 대한 글이, 특별한 이유 없이 모두 자연스럽지 않고 작위적으로 보인다. 그런 이유로 고대의 시를 읽음에 있어, 실제 삶과 사실에 비추어보면 많은 것들이 합당하지 않은 것으로 보인다. 이것은 옛 사람들이 다마(靈)를 가장 중요한 것으로 여기고, 만물과 언어는 단지 수단으로 여겼기 때문이다. 그리고 그들이 한 가지 사물이나 사건에 관해 글을 쓰지 않았기 때문에 그런 쟁점에 대해 과히 신경 쓰지 않았다. 만약 내가 그런 감정을 헤아려본다면, 그러면 내가 앞에서 말했던 것처럼, 만약 그들이 소통하기를 원했던 것이, 비록 그것을 전했다 하더라도, 다른 사람들이 수용하지 못하는 것이라면, 그들은 존재하지 않는 달이나 꽃에 관해 썼을 것이다. 비록 고토다마의 도움이 없더라도, 여전히 그들은 그것이 최선이란 생각하며 이런 식으로 글을 썼을 것이다. 그들이 이렇게 하려 했던 것은 그들이 늘 겉모습보다는 속에 있는 것을 중요하게 여겼기 때문이다. 비록 다른 사람이 그가 들은 것을 수용할 수 없다 하더라도, 그것이 가미의 도를 바로 세우는 수단임을 의심하지 않기에 시를 지은 사람은 기뻐했을 것이다.

[SLB/류정훈]

# 인간과 가미(神)를 구분하기

후지타니 미쓰에 1808, 67-76

전(全) 시대를 거쳐 모든 신도 학자들이 인간과 가미를 적절히 구분하지 못했기 때문에, 더 이상 성스러운 텍스트의 이치가 세상에 알려지지 않았다. 일반적으로 이 위대한 영토에서, 가르침은 인간이 아니라 가미를 참조함으로써 이루어진다. 이런 이유로 인간과 가미를 구분하는 것이 중요한 것이다. 먼저 '인간'은 육체 안에 가미를 품고 있는 자들을 일컬음이다. 가미라 불리는 것은 인간의 몸 안에 살고 있는 것이다. 그래서 가미는 중요하지만, 그것이 인간을 위해 필요한 것으로 이해해야 한다. 몸 안에 깃든 가미가 무엇인가 설명하겠다. 사람들은 늘 욕망과 이성, 그 둘을 다 가진다. 욕망을 다스리는 것이 가미고, 이성을 다스리는 것은 '인간'이다. (하늘과 땅은 이성과 욕망의 근원이다, 그리고 인간의 마음과 육체는 이 두 본성을 수용하고 보존한다. 나는 이것을 천지개벽에 관한 장에서 상세히 다루었다.) 이성과 욕망은 천지를 따른다, 그래서 이성은 원래 존엄하고 욕망은 천박하다. 그래서 사람들은 이성을 존중하고 욕망을 경멸한다. 그 결과 모든 사람은 어떤 식으로 욕망을 조절한 것인가, 그리고 어떻게 이성을 최대한 발휘하게 할 것인가를 진지하게 궁리한다. (이것은 '혼돈'이라 불리는 상태이다.) 그러나 이 와중에도, 전력을 다하는 사람은 드물고 이성은 욕망에 무릎 꿇는다. 그런 이유로 욕망 통제를 위해 분투하지 않는 사람을 어리석다 하고, 열심히 분투하는 자를 현명하다 하는 것이다. 사실 존엄하든 천박하든, 지식이 많건 적건, 인간들 사이에서 부대끼며 사는 사람이라면 누구든 이 분투에서 초연하기는 쉽지 않다. 이것이 인간의 도라는 것이다. 그러나 늘 학인(學人)을 괴롭히는 것은 가미이다. 가미는 말과 행동에 개입하고 이기적이고 탐욕적인 마음을 불러 일으키지만 동시에 그들을 통제한다. (학문에는 두 종류가 있다: 육체 밖의 것을 통제하는 것에 관심이 있는 학문과 육체 안의 것을 통제하는 것에 관심 있는 학문. 나는 이것을 '혼돈'의 장에서 상세히 다루었다.) 우리가 가미에 의해 간섭받기 때문에 모든 다양한 학파의 가르침이 형태를 갖춘 것이다. 그러나 가미가 발동하면, 개인이 아무리 어떤 학파의 가르침을 따르는 것처럼 보일지라도, 가미의 본성이 바뀔 수는 없으며, 그래서 그것이 인간의 통제 밖에 있다는 것을 알게 된다. 가미가 복잡하고 혼탁한 지구의 본성에 관여하기 때문에 그것은 개인적이며 사사로운 것이 아니다.

그렇다면 가미에 대해서 할 수 있는 것이 아무 것도 없다는 말인가? 자진해서 고토다마의 도에 전념한다면 기적적인 결과를 낳을 수도 있다. 그리고 우리의 가르침은 오로지 가미의 도를 이루는 것일 뿐이다. 단지 가미의 도를 따르면 된다는 말이다. 무상한 인간사에서 선악을 분별하고, 자신 속에 있는 가미를 극복하기를 시도하는 것은 가지를 움직여 줄기를 통제하겠다는 발상이다. 어떻게 그것이 가능하겠는가?

원래, 신도라는 것은 이성에서 벗어난 통제되지 않는 생각에 관한 도를 말함이었다.… 그러나 노리나가는 『나오비노미타마(直毘靈)』에서 이렇게 자신의 생각을 밝혔다, "가미의 도를 따른다는 것은 한 점의 이기적 의도도 없이 가미의 시대 이래로 행해진 도를 따라 통치의 도가 이루어지는 것을 뜻한다. 그리고 이런 관대한 방식으로 통치가 행해지면, 자연스레 가미의 도가 일어난 것이고 그것으로 모든 것이 이루어진 것이다; 이것이 '자신 안에 깃들다'가 의미하는 바이다." 그래서 "가미의 시대 이래로 행해진 도를 따르다"라는 구절에 대해 노리나가는 이것이 고대의 존엄한 신이 행한 대로 따름을 의미한다고 말했다. 가미의 행위가 일반 인간에게는 불가해한 것이기 때문에 천황의 법이 가미의 이치에 기반한다는 사실은 보통 사람에게는 어떤 의미가 있어 보이지 않는다. 그래서 인간의 도는 단지 천황의 뜻에 복종하는 것일 뿐이다. 그러나 보통 사람의 경우에도 각각 자신의 지위에 따라, 가정에 대한 책임과 가문의 구성원을 가지며, 그래서 생기는 다양한 차이가 있다. 물론 개인이 그런 일에 대해 너무 매몰되면 안 될 것이다. 왜냐면 그것은 바람이 부는 것처럼, 비가 내리는 것처럼, 지진과 천둥처럼 자연스러운 일이기 때문이다.…

내가 앞서 얘기했듯이, 개인이 고귀하든 천박하든, 이 자비로운 언어는 어떤 식으로 고토다마라는 신성한 힘으로 이런 특별한 경우에 대처할 것인가를 설명해준다. 그래서 내가 노리나가 선생의 말을 수용하기가 어려운 것이다. 그의 말을 그 자신에게 그대로 적용해보면, 나는 그가 가미는 오로지 천황만을 위한 것이라고 말함으로써, 겉으로는 불가해한 것으로 보이는 신성한 텍스트의 언어로부터 도망쳐버린 것으로 보인다고 말할 것 같다. 또 신성한 텍스트의 고토다마는 공개적으로 말하기 어려운 것이기 때문에 개략적으로 설명될 수밖에 없다고 대답하겠다. 그러나 이런 가르침도 창안자가 있을 것이기 때문에 우리가 그의 고토다마 사용법에 대한 이해를 시도할 수는 있다. 또 만약 고토다마가 행운을 불러온다면, 그것을 이해하려 하면 안 된다고 결론을 내리기는 쉽지 않다. 상고시대에는 모든 사람들이 그것을 잘 알고 있었기 때문에 설명이 필요하지 않았다. 그러나 그것이 감춰진 이 시대에, 게다가 사람들은 오로지 겉모습에만 관심을 보이기 때문에 그것을 이해할 수 없는 것이다.

이 노리나가 선생의 논리는 유감스럽기 짝이 없지 않은가? 그는 끝까지 가미를 명확히 하기를 거부했고, 천황의 조상들이 숭배 받아야 하기 때문에 가미라 불린 것이라고 믿었던 것으로 보인다. 이런 관점에서 보면, 초기의 신도 학자들은 단순히 인간과 가미를 같은 것으로 여긴 것으로 보인다. 그러나 그들은 그 둘이 같다고 주장하면서도 사람들이 가미의 신비한 도를 이해할 수는 없다고 말했다. 인간과 가미를 같이 취급하면서도 또한 서로 멀어지게 만들어서 그들 사이의 구분을 모호하게 한 것이다. 고작 구분한다는 것이 인간의 행위가 이치에 합당하지 않으면 가미 때문이라는 것이다. 그러므로 '가무나가라(隨神)는 가미의 도를 따르는 것을 뜻하며, 스스로 가미의 도를 지닌다는 것'은 노리나가 선생이 뜻한 바가 아니다. 첫째, 가무나가라라는 용어는 표면적으로 인간과 가미가 서로 달라 보일지라도 처음부터 천지간에 가미와 인간의 신성한 기(氣)의 신비한 작용은 같다는 것을 의미한다. 그러므로 귀하든 천하든, 모든 인간은 그들의 몸속에 천지간의 가미와 동일한 가미를 지닌다는 것이다. 그러면 인간이 할 수 없는 일이 무엇이 있겠는가? 사람들이 입·혀·팔·다리를 사용할 때, 그들의 힘에는 피상적 한계가 있다. 그래서 '인간'이라는 용어가 사용된 것이다. 그러나 인간이 비유적 언어를 사용할 때, 그들의 피상적 생각은 입·혀·팔·다리의 힘을 초월하는 힘을 갖게 된다. 이것이 가미라 불리는 것이다. 이것이 신성한 텍스트 전체가 설명하고자 하는 것이다. 이 점을 명확히 하기 위해서, '가무나가라는 가미의 도를 따르는 것을 뜻하며, 스스로 가미의 도를 지닌다는 것'이라 써 놓은 것이다. 명확하지 않은 것이 조금도 없다.

원래 가미의 도는, 앞에서도 설명했듯이, 이성과는 동떨어진 도를 말한다. 그것은 시비(是非)를 가르는 이성과는 다른 것이다. 그래서 이 도를 따르지 않는다면, 마땅히 일어나야 할 어떤 것이 이루어지지 않을 수도 있다. 그러므로 신성한 텍스트의 목적은 왜 우리가 이 도를 추구해야 하는 지를 밝히는 것이다.… 신도는 가르침을 말함이 아니다. 그것은 인간의 도와 반대되는 가미의 도를 말해주는 것이다. 그래서 '신도'를 빌어 말하는 가르침은 잘못된 것이다. 가미의 도를 따르는 방법에 대한 가르침은 후대에 와서 사라졌다. 그리고 사람들은 신도를 신사에서 경배하는 것, 다스키(襷)를 매는 것, 종을 울리는 것, 정화의 주문을 외는 것, 정화의식을 행하는 것으로 이해하게 되었다. 사실, 신사 안에 있는 동안에만 생각하는 것이 가미라는 사고는 크게 잘못된 것이다. 앞에서도 밝혔듯이,

신사는 가미의 도가 인간의 도에 우선한다는 것을 널리 알리기 위해 세운 것이다. 그러나 문자보다는 여러 가지 의식을 통해 이런 사실을 전하고자 한다. 사원에서 경배를 하는 것은 인간의 도가 부차적인 것이라는 것을 잊지 않기 위함이다. 가미에게 인간이 소원하는 것을 밝히기만 하면 무조건 그 소원이 이루어지도록 사원이 존재하는 것이 아니다.

비록 기도가 가미의 도움을 불러 온다 하더라도, 만약 가미가 너의 속에 깃들기를 간청한다면, 기도보다 더 빠른 길도 있지 않을까? 어깨띠와 좋은 인간에게 그 가르침을 일깨우기 위한 수단일 뿐이다. 중요한 것은 그것들이 전하려는 의미이다. 그런 사소한 것들이 사람들에게 이 나라의 도를 이해시키고 불교와 유학을 멀리하게 하려는 것임을 모른단 말인가? 너무나 명백한 사실이다. 대개 노력을 기울이면 인간의 힘은 더 강해진다. 그러나 아무리 노력을 해도 한계는 있다. 그것은 가미를 경시했기 때문이다. 만약 가미의 도를 따른다면 열 사람의 힘을 갖고 있는 사람이 천 명의 힘과 맞먹게 될 것이다. 비록 그 힘이 하늘 아래 세상을 뒤덮을 만하더라도, 그것도 한계가 있으며 영원할 수도 없다. 그러나 가미를 따르면 그 힘은 무한하다. 가미의 도를 따라 마음을 이끌면 배나 수레를 사용하는 것과 같다. 아무리 대단한 힘을 쓰더라도 다룰 수 없었던 엄청난 양의 물품을 쉽게 움직일 수 있다.…

모든 사람들이 가미의 선과 가미의 악을 따르는 것이 위험한 일이라 생각한다. 사실 그것은 일반의 이해를 넘어설 정도로 위험한 것은 아니다. 그것이 그처럼 위험하지 않은 이유는, 비록 땅이 하늘에 못 미치지만 모든 만물을 낳았으며, 땅을 모태로 하지 않는 것은 존재하지 않으며, 그래서 고귀함과 천함은 동전의 양면과 같다는 것이다. 만물의 천박한 측면이 생산적이란 사실이 분명하기 때문에, 인간의 욕망이 만드는 혼란을 통제한다면서 만물을 낳는 모태를 파괴해서는 안될 일이다. 인간의 욕망은 심지어 「효(孝)」, 복종, 충성, 충실과 같은 것의 모태이기도 하기 때문에, 그것을 아무 가르침 없이 그냥 두기만 하여도 효, 복종, 충성, 충실이 자연스레 생길 것이다. 그래서 성스러운 텍스트에서 그런 것들에 대해 아무 가르침이 없는 것이다. 단지 그 모태에 관한 가르침이 있을 뿐이다.

그러나 내 욕망을 이루었을 때, 다른 이들이 그것을 받아들일 수 없는 경우도 있다. 이런 이유로, 신성한 텍스트의 처음 두 챕터가 타인의 욕망을 이루게 하는 기술만을 다루고 있는 것이다. 사람들의 욕망이 무한하기 때문에 모든 사람이 이 기술로 타인을 대하면서, 별 없이 그 기술을 쓴다. 하지만 그 무한한 욕망 때문에 첫 챕터에 이어 두 번째 챕터가 추가된 것이다. 가르침의 진실이 기적적으로 만들어낸 만물에 관한 사실들을 알아야만 그 진실을 진정으로 이해할 수 있기 때문에 그것을 추가시킨 것이다. (이런 질문을 할 수도 있다, "욕망을 채우기 위해, 도둑질이나 도박 같은 범법을 저지르면 어쩔 거요? 그래도 욕망을 이뤄야 하겠소? 만약 그렇게 한다면 생명을 잃을 수도 있소. 설사 그런 극단적 경우는 아니더라도, 술과 섹스 같은 것에 탐닉해서 재산을 탕진하고 무기력해지면 어쩝니까…?" 가미의 도를 이루기만 하면 그런 극단적 행위에 몰두할 필요가 없어진다. 게다가 이런 기적같은 일이 자연스레 일어난다. 처음 두 챕터에 관한 나의 설명을 읽어보면 보통 사람의 감정이 갖는 위험을 이해하게 될 것이다.)

이런 이유로, "가미의 도를 따르다"는 구절에서 설명된 가미의 도는 다른 사람이 이성을 뒤로 물려 두는 방법을 언급한다. 그리고 뒤이어지는 "자신 속에 가미의 도를 품는다"는 구절에 나타난 가미의 도는 스스로가 이성을 뒤로 물리는 것에 대해 언급한다.… 한 사람의 힘은, 아무리 대단하더라도, 한계가 있다. 그러나 가미의 도를 따름으로 생기는 힘은 전혀 다른 성질의 것이다. 이런 힘에 근거해서 세워진 이 위대한 나라는 외국의 가르침과는 다른 것을 갖고 있는 것이다. 진무천황을 요(堯) 임금과 순(舜) 임금과 비교하면 매우 평범해 보인다. 그러나 중국의 관습이 가미의 도를 따르지 않기 때문에, 중국은 개별적 기록을 남긴 것이다.··· 이와는 달리 진무의 신성한 행적은 그 기록이 남아있어야 할 곳에서 발견되지 않는다. 앞에서 밝힌 것처럼, 천황이 세상을 통치한 사실은 비밀이며 금기시되는 주제였기 때문이다. 그래서 비록 그의 행적이 활발했지만, 그 행적 하나하나가 신성한 행위였기 때문에, 『고사기』의 첫 부분과 중간 부분에서 겉으로는 단 하나도 안 보이는 것이다. 비록 진무의 시대부터는 고사기가 역사로 보이지만, 이 부분 또한 중국의 역사서에서 사용된 방식과는 다르게 기록되었다. 스이제이(綏靖), 안네이(安寧), 이토쿠(懿德), 그리고 고쇼(孝昭)의 시대에 대해 궁의 위치와 후손의 이름을 제외하고는 어떤 것도 기록되지 않았다. 이것은 놀라운 일이다. 모든 명백한 경이로운 일들이 은밀한 가미의 자연스런 산물이었던 것이다. 하지만 그 행위가 은미(隱微)하기 때문에 기록될 수 없었던 것이다.···

그러나 신사에서 경배를 드리는 목적이 가미의 도를 따르는 것임을 아무도 알지 못한다. 인간의 도를 첫째로 생각하면서 신사에서 경배를 하는 것은 아무런 의미가 없다. 천지의 가미와 인간의 가미가 동일하기 때문에, 가미의 도를 따르면 기적같은 일이 발생한다. 이것은 개인적 수양을 요구하는 유학과 불교의 경우와는 다른 것이다. 그러나 유학과 불교의 기원을 생각해보면 이것이 늘 그랬던 것도 아님을 알 수 있다.··· 불교를 보면, 후대의 여러 불교 종파에 속한 학자들의 논리가 「석가모니」의 논리와는 다름을 알 수 있다. 그러므로 유학과 불교는 전승이 끊어진 것이라 할 수도 있다.

이 나라의 신성한 텍스트는 '따름'을 가장 중요한 것으로 여기기 때문에, 처음부터 이 가르침은 불교와 유학의 그것과는 비교될 일이 없었다. 만약 겉으로 유학처럼 보이더라도 그냥 두어라. 만약 불교처럼 보이더라도 그것도 그냥 두어라. 가미의 도를 따른다면 그가 유학을 선호하건 불교를 선호하건, 그 결과물은 결국 가미의 도와 같을 것이다.

한 인간의 지위가 높든 낮든, 그 재산이 많건 적건, 그가 혼돈을 벗어나기 위해 애쓰지 않는다면 자신의 욕망을 이룰 수 없을 것이다. 그리고 아무리 욕망을 채우려 해도 어려울 것이다. 천지의 형성이 얼마나 가치 있는 일인지는 그것을 실제 사건과 대비해 봤을 때 알 수 있다. 고대에도 그리고 현재에도, 가족을 위해 사업을 일으킨 사람을 관찰해 보면, 그 좋은 결과가 평범한 인간의 노력 때문이 아니라 평범한 인간이 신성한 텍스트가 목표하는 바를 이루었기 때문임을 알 수 있다. 현재에도 세속적 지혜로 마음을 다쳤음에도 불구하고 스스로 이런 이치를 터득한 사람이 적지 않다.···

분명히 가미는 겉으로 보이는 육체에 부여될 수 있는 것이 아니다. 그래서 신성한 텍스트가 전하는 메시지는 인간이 귀하든 천하든, 대단하든 그렇지 않든, 육체 안의 가미를 섬겨야 한다는 것이다. 만약 인간이 텍스트에서 설명한 가미와 다른 것이냐 묻는다면, 대답은 "아니다"이다. 인간은 직접적으로 행동하고 가미는 비유적 언어를 사용하는 차이가 있을 뿐이다. 이 가르침을 전하는 사람이 다른 사람들에게 이런 가미의 신성한 힘을 깨닫게 한 것처럼, 나는 최근에 동물에게도 가미의 힘이 영향을 미치는 경우를 많이 보았다. 당신이 풀·나무·새·짐승·인간 중에 누구든 그들에게 이성과 그에 맞서는 가미를 구별하도록 가르치기 위해 언어라는 피상적 도구를 동원한다면 과연 그들이 이해하게 만들 수 있을까? 가미의 신비한 힘은 넓고도 깊게 퍼져 있음을 알아야 한다.

분명히 인간은 보이는 것을 중시한다. 반면에 가미는 감춰진 것을 중시한다. 남성과 여성은, 낮든 높든, 그들이 가미의 신성한 힘에 따라 행동한다면, 그들이 바로 가미가 아니겠는가? 가미가 인간과 동일하지만 단지 그 작용 방식이 서로 다르기 때문에, 우리는 왜 그 차이를 구별하는 것이 어려운 것인지를 이해해야 한다.

[SLB/류정훈]

# 히라타 아쓰타네

平田篤胤, 1776-1843

19세기 전반부에 가장 영향력 있었던 종교적이며 정치적인 인물 중의 한 사람이었던 히라타 아쓰타네는 복고신도(復古神道)를 확립하는 데에 큰 역할을 했다. 그는 한 사무라이 번사의 넷째 아들로 태어났고, 나중에 에도로 가서 고대 유학을 따르는 야마가 소코(山鹿素行, 1622-1685)[*]의 가르침을 전파하던, 작은 학당의 교장이었던 히라타 도베이(平田藤兵衛)의 양자가 되었다. 아쓰타네는 자신을 모토오리 오히라(本居大平, 1756-1833)[*]의 제자라 칭했지만 그가 세상을 떠난 지 3년 후에야 그의 학당에  들어갔다. 그리고는 17세기에 시작되었던 국학 운동에 참여하게 되었다. 그 운동은 처음에는 나라시대(奈良時代, 710-794)와 헤이안시대(平安時代, 794-1185)의 일본 시(詩)에만 관심을 보였으나 나중에 고대 역사, 종교 서적 그리고 소설로 영역을 확장했다. 이 운동에 참여한 학자들은 천황과 황궁 체제를 찬양하고 이전 시대의 도덕적 미적 가치들을 높이 평가하면서, 과거의 이상적 모습을 그들이 열등하다고 여겼던 후대의 문화와 대비시켰고, 그 열등함이 유학, 불교, 그리고 서양 문화로 대표되는 외국 문물의 의한 오염으로 비롯되었다고 진단했다. 아쓰타네와 그의 제자들이 점점 정치적이고 국수주의적으로 변한 것은 조금도 이상하지 않다. 그는 상대(上代)의 신화적 이야기와 초자연적 출처까지 끌어들여 천황의 우월한 권위가 일본을 초월해 전세계에 미친다고 주장했다. 그리고 비슷한 출처와 주장을 인용해서 일본 민족의 세계적인 인종적 우월성을 주장하면서, 오직 일본인만이 일본 신들의 신성한 혼을 갖고 있다고 강조했다.

아쓰타네의 영향력은 국학계를 넘어섰고 오늘날에도 유지되고 있다. 그는 일본 풍속 연구의 선구자로 여겨지는데, 그가 다룬 여러 주제 중에 특히 일본 인종의 고유한 본질에 대한 묘사와 설명에 관심이 집중되었다. 저명한 민속학자이자 신도학자인 고쿠가쿠인대학(國學院大學)의 오리구치 시노부(折口信夫, 1887-1953)[*]는 스스로 새로운 국학을 연구한다고 선언했고 아쓰타네로부터 받은 영향과 그에 대한 존경을 입증하려 애썼다. 더 나아가 오리구치는 그의 선배 민족학자인 야나기타 구니오(柳田國男, 1875-1962)가 비록 그 자신은 인식하지 못했지만, 아쓰타네가 걸었던 학문적 편력과 같은 경로를 밟았다고 주장했다. 아쓰타네는 그의 생존 시에 생겨난 새로운 종교에도 큰 영향을 미쳤던 것으로 알려졌다. 그는 줄기차게 토속적 일본 정신에 대한 믿음과 의례를 보존하고 부흥해야 한다고 주장했는데, 그래서 일본의 유심론자들은 그를 영웅이며 애국자라고 높이 받들었다. 현대 유심론의 중대한 원천으로 아쓰타네를 우러렀던 인물 중에 가장 논란이 되는 사람은, 19세기 말엽에 오모토교(大本敎)의 창시자인 데구치 오니사부로(出口王仁三郎, 1871-1948)였다.

여기에 발췌된 글에서 언급된 '참된 기둥(眞柱)'은 일본의 신들, 즉 '가미(神)'에 대한 경의를 담은 분류자를 말함이다. 여기서 아쓰타네는 모든 죽은 자들은 영원히 더럽고 불행한 운명에 처한다는 상대부터 내려온 사고방식을 일소하기 위해 그의 스승인 모토오리 노리나가의 가르침을 저버린다. 그것을 위해 그는 신도 교의에서 영혼에 관한 새로운 논리를 구축했다. 영혼은 육체와 분리된 것이며 본질적으로 신성하며 불멸하다는 것이다. 그리고 인간이 '가미'의 도에 따라 여생을 보낸다면 죽은 후의 삶은 고통 없이 즐겁기만 하다는 것이다. 이런 해석은 신도의 정치철학을 새로운 국면으로 이끌어, 예를 들면, 천황을 위해 애쓰거나 심지어 목숨을 던진다면 사후에 그 사람의 혼은 '가미'의 지위를 보장받을 것이라는 주장으로까지 나아간다. 그 다음의 발췌문은 그가 어떤 식으로 동양과 서양에서 수입된, 예를 들어 대홍수와 관련된 것과 같은, 여러 생각을 일본의 국학 이데올로기에 편리하도록 해석했는지를 보여 주는 글이다. 두 세기에 걸쳐 국학연구가 축적되면서, 신도 교리 보편화를 위해 현대의 서양 사상을 이용하려는 경향은 점점 더 가시화되었다.     [WNH/류정훈]

# 다마노미하시라(靈能眞柱)

히라타 아쓰타네 1813, 93, 138-9, 155-7, 158-88

상고시대의 가르침을 배우려는 사람들은 가장 먼저 일본의 참된 정신에 대한 확고한 신념이 있어야 한다. 이것이 없다면 참된 도를 이해할 수 없다. 존경하는 모토오리 오히라(本居大平, 1756-1833)* 선생은 이것을 상세히 설명해주었다. 이 가르침은 암반에 깊이 박힌 장중한 기둥처럼 확고하다. 하지만 일본의 정신에 대한 신념의 깊이와 너비를 더하기 위해서 사후에 영혼이 가는 곳과 거하는 곳을 아는 것보다 더 중요한 것은 없다.

혼이 가는 곳을 확실히 알기 위해서는 무엇보다도 천, 지 그리고 「요미(黃泉)」의 기원과 그것들이 현재 어떤 구체적 형태를 취하는지에 대한 심층적 사고를 필요로 한다. 이것은 우리를 그 하늘과 땅과 요미로 축복하신 가미의 힘에 대한 완벽한 이해를 또한 필요로 한다. 그리고 일본이 고유한 영토이며 온 세상과 온 만물 중에서 으뜸이라는 것을 충분히 인식해야 한다. 마지막으로 한없는 존경을 담아서 말하노니, 우리의 고귀한 천황이 온 세상의 위대한 군주라는 것을 알아야 하며, 이런 점을 전제로 하고서야 우리는 영혼이 가는 곳을 확실히 이해하게 될 것이다.

......

상고의 전승에 따르면, 「아마테라스(天照)」와 그녀의 배우자인 무스비노가미(産靈神)가 자식에게 땅을 통치하라고 명하면서, 이미 땅을 통치하고 있던 오쿠니누시(大國主)에게 사자를 보내어 그 사실을 알린다. 오쿠니누시는 이승의 일에 대한 통치권을 아마테라스의 아들에게 넘기고 그에게 땅을 진정시킬 수 있는 큰 창을 주겠다는 협정을 맺는다. 그 대가로 오쿠니누시는 저승의 통치권을 차지했을 뿐만 아니라 자신을 위한 큰 사원을 세워주기를 요구했다. 그 협정에 반대할지도 모르는 자신의 자식들과 다른 땅의 신들을 달래기 위함이었다. 아마테라스는 하늘로 돌아온 사자로부터 협정의 내용을 보고받은 후에 아들이 아니라 손자인 니니기(瓊瓊杵尊)를 보내기로 결정한다. 니니기는 천황의 신물을 받아들고 그를 수행하는 사람들과 함께 무지개 다리를 건너 어느 산 꼭대기로 강림해 지상을 통치하기 시작했다.

......

중국 요(堯) 임금의 시대에 큰 홍수가 났다. 『평진관총서(平津館叢書)』와 『사기(史記)』에 따르면, "하늘이 물로 넘치면서 산과 들을 덮었다." 또 이렇게도 전했다, "하늘 아래 사람들은 모두 물에 휩쓸렸다." 이런 비극적인 상황이 대략 30년이나 지속되었다고 한다. 이와 같은 시기에 대륙 서쪽의 끝자락에서도 큰 홍수가 나서 노아쿠(能安玖)를 제외하고는 모두 익사했고 추가로 한 두 사람 정도가 높은 산으로 피해 살아남았다. 홍수가 물러간 후에, 그 후손들은 서방의 여러 지역에서 번성했다. 『Brief Notes on the Nature of Things(만물의 본성에 대한 간략한 기록)』의 '요(堯) 임금 시대' 장(章)에 이 이야기가 등장한다. 외국의 홍수 시대는 가미 시대 말엽과 시기적으로 일치하는데, 일본에서는 그런 사건에 대한 암시를 찾아볼 수 없다.

이것을 근거로 일본의 위치가 높고 우러러볼 만하며, 중국이나 대륙 서쪽 지역은 낮고 천하다는 것을 알 수 있다. 그중에서 중국은 일본과 더 가까운데, 그래서 멸종될 정도로 홍수가 나지는 않았던 것이다. 또 고대 한국의 기록을 읽어보면 한국이 중국보다는 일본에 더 가까워서 홍수에 대한 언급이 없고 그래서 홍수의 피해도 입지 않았다. 이것은 일본이 세상의 꼭대기에 있음을 객관적이며 공정하게 입증하는 것이다.

......

이제 천, 지 그리고 요미를 분석했던 것과 마찬가지로 감춰진 영역의 장엄하고도 경이로운 모습을 심도 있게 파악해보자. 앞에서 하늘에 관해서 설명했던 것과 같이, 처음에는 그 본질적으로 순수하고 빛나는, 하늘의 다섯 가미, 이자나기와 이자나미, 아마테라스, 그리고 그곳에 사는 8백만의 상서로운 가미를 낳은 땅만이 가진 탁월한 기품을 간직한 싹[13]이 트면서 시작되었다. 드물지만 천상에서 통제 불가능하고 상서롭지 못한 가미가 탄생하면 바로 하계(下界)로 추방했다.

그 반대 쪽은 요미가 모태가 되었다. 그것은 응결된 걸쭉한 진흙 같은 것이었다. 그리고 노리나가 선생이 말했듯, 그곳은 많은 악이 창궐하는 곳이었다. 난폭하고 사나운 가미가 사는 곳이었다; 최초에는 이렇게 설명되었다.

지구의 모태는 천상의 광휘와 하계의 어둡고 찐득한 진흙과는 다른 것이었다. 그것은 그 둘 사이에 존재하는 단단한 물질이었다. 빛나는 새싹과 하계의 응결된 진흙의 잔여물이 결합된 것이었다. 그래서 땅은 하늘의 상서로운 기운과 하계의 사악한 기운이 모두 서려 있다.

그래서 세 지역으로 뚜렷이 나눠진 후에도 가미가 하늘과 땅 사이를 자주 오고 가는 것을 볼 수 있었다. 하지만, 지상과 요미 사이에서는 오쿠니누시(大國主)가 오고 간 후에는 특히 살아있는 형상으로는 가미가 그런 방문을 하지 않았다. 그래서 영혼이 그곳을 들렀다는 말도 전하지 않는다. 이자나기가 그곳에서 극악한 악을 인식했고, 그래서 두 영토 사이의 모든 가능한 통로를 끝장냈다. 엄숙하고도 장엄한 거사였다.

그럼에도 불구하고 사람들이 영혼이 요미에서 돌아왔다는 말을 전하는 것은 비극적인 일이다. 이것은 전혀 진실이 아니다. 그것이 사실이라면 이자나기가 요미가 엄청나게 사악한 것이라는 것을 인식하지 못했고, 황천으로 가는 통로를 차단하는 신성한 결정으로 우리를 축복하지 않았다는 말이 되기 때문이다. 게다가 이런 터무니없는 말을 퍼뜨려서 사람들이 오쿠니누시가 하계의 영역을 통치하게 되었다는 숭고한 가르침을 무시하게 만든 것은 극히 유감스런 일이다.

이 잘못된 믿음의 근거를 검토해보면, 그것은 요미라는 단어를 '밤 풍경(夜景)'대신 '노란 샘(黃泉)'이란 한자로 써서 혼동을 일으켰기 때문이다. 고토쿠천황(孝德天皇, 596-654)의 연대기에 소가노구라야마다(蘇我倉山田, ?-649) 경이 목을 매어 자살하는 장면에서 최초로 이런 착오가 보인다. "이제 무사시(宮本武藏)의 모함으로 처형을 받을 지경에 처해서, 요미의 노란 샘이 가까워졌음을 생각하니

---

13) [영] 『고사기』에서 천지창조를 설명할 때, '땅이 이제 막 생성되어 떠다니는 기름처럼, 해파리같이 부유할 때 갈대의 새싹이 싹 트듯 솟구쳐 나온 것'을 암시하는 것이다.

더욱 더 충(忠)이 귀하게 여겨지는구나." 구라야마다는 죽은 후에도 그의 충성심은 변치 않을 것이라 말한 것일 뿐인데, 연대기의 기록자는 전형적인 중국식 글쓰기 방식으로 기록해서 전해버린 것이다. 죽은 후에도 그의 「마음(心)」이 변치 않는 충성심으로 충만할 것임을 전하려 한 것임에도 불구하고, 연대기의 저자는 죽은 후에도 요미로 가서 더욱 충성을 바칠 것이라 기록했고, 이것은 일본적 사고와는 동떨어진 것이다.

그들의 후손들은 참된 의미를 찾는 데에 관심이 없었고 점차 요미에 관한 이런 해석을 수용하게 되었다. 심지어 『만엽집(萬葉集)』에도 "나는 대담한 사내가 나를 위해 싸워 주기를 원하기보다는, 차라리 살아서 만났어야 할 사람을 요미의 황천(黄泉)에서 기다리겠다. 그리고 깊이 슬퍼하면서 그녀는 몰래 스스로 삶을 버렸다." 그 시는 혼이 '야경(夜景)'으로서의 요미가 아니라, '황천'으로서의 요미로 떠난다고 한다. 마음속으로 중국 문헌에 나오는 황천을 염두에 두면서 이 시를 암송했다는 말인데, 이는 그것을 야경의 땅으로 본 고대의 일본적 전통을 완전히 저버린 것이다. 『만엽집(萬葉集)』에는 또 이런 예도 있다. "그가 너무 어려서 도를 알지 못하기 때문에, 하계의 사신이여, 당신께서 그를 그의 운명으로 이끌어주지 않겠습니까?" 이것은 불교 문헌에 등장하는 저승사자에 관한 생각을 암묵적으로 수용한 것을 보여 준다.

전승이 뒤죽박죽 엉망이 되었으니 사람들이 혼란스러워 하는 것은 당연하다. 심지어 존경하는 노리나가 선생도 착각을 해서 예전에 쓴 시에서 죽음에 관해 이렇게 언급했다. "모든 가미와 인간은, 선하든 악하든, 죽어서 요미의 황천으로 간다." 이것은 충분히 숙고하지 못한 결과로 인한 실수이다. 그래서 지금 고대를 연구하는 모든 이들이 어떻게 이런 생각에 동의할 수 있는지 의아하지만, 그들이 늘 존경하는 노리나가 선생이 가르친 대로 따른 것을 보면 그리 이상한 일은 아니다.

앞에서도 말했듯이, 요미로 돌아가는 혼이란 생각은 외래 문물로부터 수용된 것이며 일본의 상고시대에는 없는 생각이다. 그러나 이에 동의하지 않는 사람들은, 땅과 요미가 나눠지기 전에 이자나미가 요미로 떠났다는 이야기를 반증의 예로 제기한다. 불을 낳은 후에 이자나미는 남편에게 자신의 모습을 보여 주는 것이 수치스러워서 다시는 보지 않으려고, 여전히 살아있는 육체를 그대로 유지한 채 요미로 갔다. 요미로 간 것이 이자나미의 혼만이 아니라는 이야기가 사실이라 하더라도, 어떻게 이것이 지상의 모든 인간의 혼이 요미로 되돌아간다는 확실한 증거가 될 수 있나?

이자나미가 떠난 후에 이자나기는 너무나 슬퍼하면서 그녀를 보기를 갈망하며 하계로 간다. 그러나 불결한 저승 땅의 더러운 오물의 보자 그는 이자나미와 하나가 되기로 한 결의를 깨고 미친 듯이 도망쳐, 요모쓰히라사카(黄泉津平坂)의 경계 밖으로 벗어나 서로 결별의 맹세를 한다. 이자나미가 그에게 두 번씩이나 자신을 돌아보지 말라고 말했으나 그가 돌아봤기 때문에, 그녀는 그를 맹렬히 추격하면서 그에게 매일 지상의 인간 천명을 죽이겠노라 저주한다. 이자나기는 이에 대응해서 자신은 매일 천 오백 개의 산실(産室)을 짓겠다고 맹세한다. 이 결별의 맹세는 기적같은 힘으로 발효되었다.

결국 이자나미가 흥분을 가라앉히고 헤어지면서 이렇게 말했다. "당신과 내가 땅을 낳았소; 더 이상 창조할 게 어디 있겠소? 나는 이 하계에 자리를 잡고 살겠습니다." 그리고 이렇게 말했다. "내 남편이여, 이제부터 당신은 이승을 다스리고 나는 저승을 다스릴 것입니다." 이렇게 선언하고 그녀는 하계의 위대한 가미가 되어 영원히 그곳을 통치하게 되었다. 이자나기는 저승의 달갑지 않은 것이 자신의 영토로 들어오지 못하게 하려고 요미로 난 모든 통로를 장벽을 세워 틀어 막았다. 그는 또한 수호신인 구나도노카미(久那斗神)와 지가에시노오카미(道反大神)를 시켜 그 장벽을 철통

같이 지키게 했다.

그 두 신은 서로 각각 이승과 저승을 통치하기로 서약했다. 그리고 이자나기는 자신이 저승의 불결한 것에 오염되었음을 인식하고서, 자신의 몸의 불결함을 씻어낸 후에, 아마테라스라는 고귀한 영혼을 낳았고, 그로 하여금 하늘의 태양을 다스리게 했다. 이자나미가 낳은 스사노오(須佐之男)는 어머니 땅에서 거주하게 되었다. 두 영토 사이에 접촉이 끊어진 후, 땅은 하늘을 제외하고는 가장 순순한 곳이기 때문에 태양의 가미와 무스비노가미(産靈神)는 칙령을 내려 그들의 손자 니니기를 땅으로 보내 이 세상을 통치하게 했다. 그 이후로 순수한 것과 불결한 것이 뒤섞이는 문제가 해결되었고, 이승에 태어난 모든 사람들이 이자나기가 하사한 혼을 갖게 되었고, 저세상의 불결함을 두려워하게 되었으니, 어떻게 이 세상 인간의 혼이 그곳으로 되돌아가겠는가? 이런 일은 있을 수 없는 일이고, 있었다는 물증도 없다.

모든 인간의 혼은 요미로 돌아간다는 주장은 가미 시대의 기록에서 근거를 찾을 수 없고, 생사(生死)에 관해 우리가 알고 있는 것을 바탕으로 생각해도 믿기가 어렵다. 먼저 부모가 인간을 낳는다고는 하지만, 그 생명의 기원은 경외롭고 신성한 무스비노가미에서 비롯되었다. 인간은 네 가지 물질적 요소가 결합된 것이다. 바람(風), 불(火), 물(水), 그리고 신이 마음과 정신을 불어넣어 축복한 혼이 담긴 흙(土)이다. 죽은 후에 물과 흙으로만 남은 인간의 유해로 판단해보면, 신성한 혼은 바람과 불이 되어 떠나는 것이 틀림없다. 이것은 자연히 바람과 불이 하늘과 연상되기 때문이고, 흙과 물은 땅과 연상되기 때문이다. 이런 자연스런 연상으로 인간의 혼은 요미로 돌아가지 않는다는 결론이 나온다. 무스비노가미의 축복으로 받았던 영혼은 하늘로 돌아간다. 이런 결론이 전적으로 합당함에도 불구하고, 그것을 사실로 입증할 수는 없는 일이고 고대의 전승에도 보이지 않는다. 그러나 죽어서 혼이 육체를 떠날 때에, 그 남은 육체는 극히 오염되고 불결해서 요미를 연상시키고, 그것을 태우는 어떤 불도 오염시킬 것 같다. 그러므로 영육이 분리될 때 혼은 더 순수해지지만, 불이라는 오염원에서 멀어져야 하기 때문에 혼을 위해 행하는 의례를 받지는 못한다. 이것을 근거로 숙고해보면, 영혼은 순결함과 불결함의 분명히 구별하여 불결함을 피하는데 어떻게 그것이 요미로 돌아갈 수가 있겠으며, 혹은 요미나 다른 불결한 곳에서 비롯될 수 있겠는가?

요미로부터 오는 혼을 초대하려고 하면서 오염된 불을 사용하지 않겠다는 것은 터무니없는 일이다. 이 땅의 불결한 불이 저 땅의 불보다 조금이라도 더 오염된 것은 아닐 것이다. 게다가 한 번이라도 저 땅에서 식사를 했다면 다시는 이 땅으로 돌아올 수 없다는 말도 있다. 아무리 불가사의한 초자연적 관행과 기술을 사용한다 하더라도 요미로부터 온 가미를 위해 의식을 치르고 제물을 바치는 것이 가능할 것 같지 않다.

고대의 문헌의 어디에서도 죽은 혼이 요미로 갔다는 구절을 찾을 수 없다. 그러나 합리적 사실과 현실을 근거로 생각해보고, 고대 문헌의 내밀한 의미에서 확인을 해보면, 혼의 종착지에 대해, 그것이 이 땅에서 영원히 산다고 말하는 것이 명백히 확인된다. 『만엽집(萬葉集)』에 다음과 같은 시가 있다. "당신이 여든 개의 꼬불꼬불한 시골길에서 영혼을 위해 제물을 바친다면, 그 영혼을 만날 가능성이 매우 높다." 그러나 가시적 세계의 인간에게, 판단이 난감한 것은 그 영혼들이 정확히 어디에 있느냐 하는 것이다. 그 이유가, 고대의 가미의 시대에 하늘나라의 선조 가미에 의해 전해진 천황가의 밀지에 따르면, 여든 개의 후미진 곳과 모퉁이에 스스로를 숨기는 오쿠니누시(大國主)가 통치하는 어둠의 영역으로 영혼이 도피했기 때문이라는 것이다.

이 어둠의 영역은 가시적 세계에서 말하는 한 특정한 지역이 아니다. 오히려 그것은 가시적 세계의 모든 곳에 있다. 감춰진 어둠은 가시적 세계로부터 거리상 떨어져 있는 것이 아니다. 감춰진 어둠 혹은 어두운 영역에 대해서 중국도 이런 식으로 말했다. 어둠의 영역에서 인간의 행동은 명확히 보이지만, 반대로 인간이 어둠의 영역을 보는 것은 가능하지 않다. 예를 들어, 만약 하얀 종이 갓을 씌운 램프 하나와 검은 갓을 씌운 램프 하나를 서로서로 어느 정도 떨어진 곳에 매달았다면, 어두운 쪽에서는 밝은 쪽이 잘 보일 것이고, 밝은 쪽에서는 어두운 쪽을 볼 수 없을 것이다. 이런 식으로 그 문제를 생각해보면 어둠의 영역에 대해서 어떤 경외심과 감탄을 일어날 것이다.

사람이 죽어서 어둠의 영역으로 도피하면, 그가 여든 개의 꼬불꼬불한 시골길을 따라 있기 때문에, 그를 만나기 위해 어디에다 제물을 바쳐야 할지 판단하기는 쉽지 않다. 그러나 가미의 시대를 세심히 연구하면 그 가미의 보이지 않는 실재를 이해하는 것이 가능하다. 왜냐면 그 가미들은 가미의 시대부터 가시적 세상의 사람들에게는 보이지 않는 존재였지만 지금도 다양한 신사 속에서 그들의 살아있는 육체 속에서 현존하기 때문이다. 그러므로 우리가 인간의 상황을 비슷한 관점에서 생각해보면 그것에 대해 더 나은 이해에 도달할 수 있다.

맨 처음 다타노다치누 사당에 안치된 위대한 가미의 관한 이야기는 이자나기가 자신의 숨결로 그를 탄생시키는 장면에서야 등장한다. 그리고 스진천황(崇神天皇, ?-?) 시대에 그가 처음으로 인정되고 경배되기 전까지는 그를 위한 사당도 의례도 없었다. 처음에 이 가미는 이자나기가 아와키하라(阿波岐原)에서 정화의 의식을 하면서 생명을 탄생시킬 때, 그의 설명에서만 등장한다. 그리고 지정된 곳에 신사를 세우라는 신탁을 받은 진구황후(神功皇后, ?-?) 시대 이전에는 그를 위한 사당이나 의례에 관한 어떤 기록도 없다.

여기서 우리는 먼 옛날 가미의 시대에 태어났던 이 두 곳의 가미가 인간의 시대에 와서야 인간에게 나타났음을 알 수 있다. 다치바나노오도(橘小門)의 강바닥에 살고 있는 스미노에(住之江) 강의 가미는 물로 정화할 때 태어난 그대로 그곳에서 살고 있었던 것이다. 또한 비록 그들이 바람의 가미를 어디에 둘 것인지 정하지 못했지만, 이 두 가미를 위한 사당의 장소가 서로 다른 시기에 결정되었다는 사실도 드러났다. 그리고 가미를 옮기고 사당에 안치시킨 후에는 그들이 살아있는 몸 그대로 지금까지 거기에 있는 것이다. 이것은 단지 그 두 가미에게만 해당하는 사실이 아니라, 가미의 시대 이래로 그들이 어디에 안치되었는가와는 무관하게 모든 가미에게 해당한다. 비록 그들의 모습이 인간에게 보이지는 않지만 그들이 하늘과 땅만큼이나 오래되었음은 틀림없는 일이다. 그러나 그들이 성스러운 행위를 할 때 가끔 인간에게 모습을 드러낼 때도 있다.

비록 인간이 이 세상에 살 때에는 가시적인 형태로 존재하지만, 죽으면 감춰진 어둠으로 물러가서 그 혼은 가미가 된다. 잊지 말아야 할 것은 평상시에도 귀하든 천하든, 선하든 악하든, 강하든 약하든, 인간의 속에 든 탁월한 정수(精髓)는 가미의 시대로부터 전해온 경이로운 가미의 그것에 조금도 못 미치는 바가 없다. 또한 오쿠니누시는 그 영역 속에 숨어 있으면서, 그곳의 혼을 돌보며, 이승과 마찬가지로 가족들이 함께하며 행복해지도록 보살핀다.

만약 혼이 요미가 있는 곳으로 가지 않는다면, 그들이 어디서 이런 보살핌을 받는가? 사당에 안치되어 경배를 받는 가미는 거기서 머물고, 그게 아니면 그들의 무덤 주변에서 머문다. 심지어 그런 경우에도 다양한 신사에서 영원히 머무는 가미와 똑같이 천지가 지속하는 한 끝없이 거기서 머문다. 그런 매장과 영원한 안식의 예는 야마토 다케루(倭武)[14]의 장엄한 죽음의 경우라 하겠다.

---

14) [영] 야마토 다케루(倭武)는 서기 2세기 경에 살았다고 전해지는 전설 속의 천황이다. 그의 용맹과 비극적 최후의

처음에 이세(伊勢)의 노보(能煩) 들판에 매장되었던 다케루는 흰 새로 변해서 가와치(河內)의 시키(志紀)로 가서 머물렀다. 그리고 그곳에 사람들이 그를 위해 특별한 무덤을 만들었고 그는 거기서 안식을 찾았다고 전한다. 그 후에 혼이 한곳에 머물도록 만든 새로운 방식의 고대의 무덤이 선보이기 시작했다. 이것은 처음엔 노보 들판에 묻혔지만 그의 혼을 다른 곳으로 날아가게 만들어 다른 추모 장소가 필요함을 암시했던 야마토 다케루의 경우에서 비롯된 것이 분명하다.

그때 이후로 무덤은 죽음 후에 유해를 안장하고 혼이 머무는 장소를 제공하는 공간이 되었다. 죽음 후에 나의 혼은, 다른 사람과 마찬가지로, 유해로부터 분리되어 영원히 그 주변에서 머물게 된 것이다. 그리고 고대에서 지금까지 중국과 일본에서 무덤 밖에서 불가사의한 행동으로 인간의 혼이 스스로를 드러낸 수많은 예들을 볼 수 있다.

예전부터 사람들은 죽음 후에 어떻게 혼을 안치할 것인가 하는 문제로 계속 고민해왔다. 일본만이 아니라 모든 나라에서 그러했다. 또 고대의 전승을 알지 못하는 평범한 일본인들도 온갖 이야기를 만들었다. 표면적으로 그것이 합당해 보일 수도 있다. 그러나 그것에는 기본적인 사실이 결여되어 있어서, 더 깊이 파고들거나 구체적인 사실을 검토해보면 끝없는 좌절을 불러올 뿐이다.

인도에서 전한 이야기와 관련해서, 노리나가 선생의 시에는 다음과 같은 구절이 있다. "석가라 불리는 자는 대단한 거짓말쟁이여서 거짓에 거짓을 거듭해서 사람들을 속였다." 이것은 분명 사실이다. 불교의 최고 존엄한 존재인 샤카는 우리나라의 상대에서 전해 온 여러 이야기들을 멋대로 짜깁기해서 그의 기만적 가르침의 근원으로 삼았다. 게다가 후대의 다른 불교 성인들은 정서적 불안을 덜어주겠다며 발을 감아 오르는 뱀처럼 조금씩 더 많은 거짓말과 사람을 홀리는 이야기를 겹겹이 추가했다. 그것은 이곳을 달래고 저곳을 위로하고, 어떤 곳을 감싸주고 다른 곳을 드러내면서, '조롱박으로 미끌미끌한 뱀장어를 잡으려는 난감함'을 말해주는 옛 격언을 상기시킨다. 특히 유감스런 대목은 중국에서도 일본에서도 귀하든 천하든 재능이 있든 재능이 없든, 모든 사람들이 이 기만적 이야기에 속아 넘어갔다는 것이다.

그 기만적 이야기에는 그들이 지옥으로 가게 될 것이라는 거짓말에 굴복하고 치욕스런 불교식의 이름을 받은, 악마만큼이나 흉포하다고 여겨지는, 무시무시한 전사들도 있다. 이런 어리석은 이야기를 접할 때마다, 어느덧 내 머리칼은 곤두서고, 주먹을 불끈 쥐며 분개하게 된다. 게다가 고대의 가르침을 연구하는 자들 중에 일본의 정신을 찬양하면서도, 마치 불교의 가르침이 대단한 것이라도 되는 양 그것을 읊조리는 것을 과시하는 사람도 있다. 그러나 그것이 과연 참된 것인가?

노리나가 선생은 말했다, "모든 사람은 삶의 근원과 죽음의 이유를 알고 싶어한다." 마찬가지로 그는 또 이렇게 말했다, "죽으면 어떻게 되는지를 궁금해하는 것이 인간의 마음이다." 이런 의문은 인간이라면 피할 수 없는 것이다. 그러나 사실과 다른 잘못된 설명을 제대로 검토해보지 않았기 때문에, 죽음에 관한 주제에서 모든 사람의 마음속에 첫 번째로 떠오르는 것이 그 혐오스럽고도 더러운 요미의 땅으로 영혼이 돌아간다는 것이다.

한창 나이의 젊은이들이 아무 것도 모르면서 불교의 가르침을 읊조리고 심지어 건강이 악화된 노인이나 병자들이 아미타불을 되뇌는 것을 보고서 어떻게 나에게 애처로운 마음이 생기지 않겠는가? 이것이 매우 위험하다고 생각하기 때문이다. (부연하면 스스로를 신도 수행자라고 부르는 사람들은 비교적 꽤나 담대한 정신적 평정을 보여 준다. 오도된 신도의 가르침을 퍼뜨리는 사람들이 음양(陰

---

관한 이야기가 『고사기』와 『일본서기』에 기록되어 있다.

陽)과 오행(五行), 그리고 불교의 논리가 뒤섞인 신도를 믿으면서도 그들의 감정을 간단히 통제한다. 그들은 그 논리를 근본적으로 신뢰하면서 확신에 찬 어조로 태양의 궁전에서 다시 태어날 것이라고 주장한다. 많은 신도 추종자들이 확고히 이 사실을 명심하고서 담담하게 죽음을 맞는다. 이와는 대조적으로 죽음을 맞이할 때 그런 평정심을 가지는 문제에 대해서 고학(古學) 연구자들이 그들보다 미흡하며 약하고 열등한 모습을 보이는 것을 생각하면 몹시 애통스럽다.

왜 인간이 요미와 같은 그런 더러운 땅으로 가야 하는지를 반문하지 않는 사람들은 안타깝기 짝이 없는 사람들이다. 나는 그들이 그런 꾸며낸 이야기를 귀하게 여기지 않기를 바란다. 앞에서도 언급했지만, 고대의 문헌에서 그런 이야기를 단 하나도 찾지 못했으며 인간의 혼이 저승으로 간다는 어떤 증거도 발견하지 못했다. 노리나가 선생도 성급히 잘못된 결론을 내린 것이다. 존경하는 선생께서 혼이 거기로 간다고 말했지만 사실은 그의 혼도 거기로 가지 않았다. 나는 그가 간 곳을 알고 있으며 거기서 그는 평화롭고 평온하게 머물고 있다. 자신보다 먼저 떠나던 동료 학자들을 모시고 있다. 시를 쓰고 글을 쓰고 있다. 그가 과거에 발표했던 생각들은 다시 검토되고 있다. 누구든 철저히 도를 추구하고 있다면 그로부터 신성한 가르침을 받을 수 있고 이런 점에 대해서 배울 수 있을 것이다. 이런 진실에 대해서 우리는 한 점의 의심도 없이 마치 직접 목격한 것처럼 확신한다.

그래서 누가 노리나가 선생의 혼이 어디에 있냐고 묻는다면 야마무로(山室山)산에 있다고 답하겠다. 비록 인간의 혼이 요미로 갈 것이라는 잘못된 생각을 수정하지는 못했지만, 선생은 옛날부터 혼이 깃들 무덤을 세우는 것에 대해 심사숙고했다. 그의 무덤에는 '야마무로에서 일 천년을 바람에 휩쓸리지 않은 꽃을 보면서'라는 선생이 쓴 글귀가 있다. 또 그는 이런 시도 남겼다, "덧없는 육체의 가없는 사정을 생각하매, 나는 이제 다음 수천 년을 기약할 내 집을 찾겠네."

이런 시가 던지는 분명한 사실은 나중에 그의 혼이 머물 곳이 실은 바로 그 묻히는 자리라는 말이다. 게다가 그는 살아있는 동안에 미리 이 아름다운 산이 그가 영원히 머물 장소라고 스스로 결정했다. 그래서 야마무로산이 그가 머무는 곳이라는 사실에는 의문의 여지가 없다. 선생의 다음 시에서 그 존엄한 정신을 느껴보라. "누군가 일본의 정신이 무엇이냐 묻는다면, 그들에게 아침 햇살 속에서 향기로운 산벚나무 꽃에 대해서 말해주어라." 존엄한 정신이 산벚나무 꽃을 닮은 위대한 선생께서 그 더러운 요미의 땅으로 돌아가야 할 까닭이 어디에 있겠는가?

공교롭게도 고학(古學) 연구자들 대부분은 일본의 정신에 대해서 일부만 알고 있다. 일부분만을 아는 사람들은 중국의 정신에 대해서도 일부만을 알고 있다. 그러나 순수한 정신을 가진 중국 사람조차도 일본의 참된 정신을 지닐 수 있다. 그래서 노리나가 선생이 다음과 같이 말한 것이다. "비록 성인이라 불렸고 마땅히 그 무리에 속하지만, 공자는 선한 사람이었다." 그가 중국 사람이었지만 일본의 정신을 가졌다는 말이다. 심지어 공자조차도 일본의 정신에 대해서 일부만을 알고 있는 일본 인들을 수치스럽게 여길 것이다. 내가 여기서 말한 것은 그의 명성과 그의 많은 존경스러운 업적을 칭송하는 나의 다른 저작에도 기록되어 있다.

그렇다면 내 육체가 죽은 후에 내 혼이 갈 곳은 정해진 것이다. 그곳에 대해서: "나의 유해는 이 땅의 어디엔가 누워있겠지, 하지만 나의 혼은 노리나가 선생이 있는 곳으로 갈 거라네." 나는 또한 내 아내도 함께 초대했다; 사실 아내는 올해 나보다 먼저 그곳으로 갔다. 내 혼은 날아서 즉시 거기로 갈 것이고, 나는 선생을 모시고 내가 이 생애에서 소홀히 했던 것에 대해 시로써 가르침을 듣게 될 것이다. 봄에는 선생이 심어 놓은 산벚나무 꽃을 즐거이 볼 것이며, 여름에는 초록의 산을, 가을에는 단풍나무와 달을, 그리고 겨울에는 눈 온 뒤의 고요함을 보게 될 것이다 — 영원히 선생을 모시면서 말이다. 노리나가 선생께서 미래의 고학(古學) 학습자에게 축복의 말씀을 주시겠다면, 다른 선생의 제자들을 수고롭게 할 필요 없이, 선생의 가장 우둔한 제자인 내가 말씀을 받아서 그들에게 전해 주리라. 중국의 이론과 불교의 가르침 혹은 다른 사악한 도를 퍼뜨리려는 그 시끄럽고 탁한 무리들은, 내가 밖으로부터 밀고 들어갈 때 순식히 내 발에 깔리게 될 것이다. 또한 드문 경우이겠지만 만약 야만적인 외국의 정신이 선생의 존엄한 정신에 고통을 가하면서 이 존엄한 땅에 도전장을 던진다면, 홀로 선생을 모신 자리에서 물러나 내가 그것에 대적하리라. 야마무로산의 풀로 나의 옷소매를 굳게 동여매고, 오른 속에 큰 창을, 왼손에는 활을 들고, 등에는 천 개의 화살이 든 전통을 메고, 허리에는 여덟 뼘 길이의 장검을 차고서 가미의 군대에 합류하기 위해 하늘로 오를 것이다.

만약 고귀한 가미께서, 왜 너처럼 비천한 인간이 감히 가미의 군대에 합류하려 하는가를 묻는다면, 나는 그에게 왜 가미의 고귀한 후손인 나를 조롱하느냐며 반문할 것이며, 그런 경우에 반드시 합류할 소탄(曾丹)[15]처럼, 감히 그들에게 신성한 군대에서 함께 선봉에 서자고 권할 것이다. 바람의 궁전에서 신성한 바람으로 전하는 명령에 따라 전투의 시작을 크게 외칠 것이다. "와아, 이 완강한 야만인들에게 분노의 쓴맛을 보여 주자!" 그리고 우리는 수많은 개미 떼가 몰아가는 것처럼 무시무시한 도적 떼들을 공격할 것이다. 날카롭게 벼린 큰 칼을 휘둘러 그들을 몰아내고 짓밟고 쓸어낼 것이다. 그들의 개·돼지 같은 혼을 취해서 그 몸과 정신을 괴롭힐 것이다; 그들의 머리를 잘라내어 사방에 뿌리고 완전히 난도질하여 응분의 대가를 치르게 할 것이다. 그리고 야마무로산으로 돌아와 노리나가 선생에게 나의 승전보를 전할 것이다. 일이 이런 식으로 끝난다면 내게는 이보다 더 큰 만족이 없을 것이다. 이것은 내가 계속 꿈꿔왔던 것이다. 만약 다른 사람이 나의 위대한 계획을 제대로 평가한다면 그 사람의 마음과 정신도 자부심에 차고, 더 대담해지고, 더 강건해질 것이다.

그러나 내 바람과는 반대로 마음은 연약하고 소심하다. 모든 경우에 우리의 발전은 느리고 미흡했다. 혼의 어디로 가는가 하는 문제에서도 그랬던 것처럼, 우리는 믿음이 굳지 못해서 심지어 유학자들의 가르침을 받아들여서, 죽은 후에 혼이 산산이 흩어진다고 믿게 되었다. 내가 앞에서 말했던 것처럼 그들은 훌륭한 혼은 훌륭한 혼의 대열에 합류하고, 사악한 혼은 그런 혼의 대열에 합류한다고 말한다. 또한 다른 사람들이, 상고시대에는 들어본 적이 없었던 역병·천연두·교살을 유발하는 가미와 같은 그런 악한 가미를 믿는 것에 대해서 어떤 생각인지 나는 궁금하다. 이런 생각의 배경에는 사악한 가미의 정신이 죽음을 부르는 어떤 질병을 초래했다는 것이며, 이렇게 죽은 자의 사악한 혼은 불행하게 죽었기 때문에 거처가 없고 정처 없이 떠돌게 된다는 것이다. 이런 혼들은 자신의 불행한 죽음에 낙담하고, 그 혼이 갈 곳이 없기 때문에, 스스로 다른 사람들에게 악마로 알려지기를 원한다.

이 논리는 마음이 평화롭지 않은 사람은 악마가 된다고 말하고 있다. 구스노키 마사시게(楠木正成, ?-1336)가 상처를 입고 미나토가와(湊川)에서 죽게 되었을 때, 그의 동생 마사스에게 이렇게 말했다, "사람이 죽음 직전에 무엇을 생각하느냐에 따라 내세에 다시 태어날 때 잘 태어날지 못 태어날지가 결정된다던데, 그럼 나는 무슨 생각을 해야 하나?" 마사스에가 크게 웃으며 대답했다, "형님은 천황에게 헌신하는, 지금과 똑같은 사람으로 태어날 생각을 하고 세상을 떠나야 할 것입니다." 자신의 삶에 전적으로 만족하는 표정으로 마사시게는 이렇게 대답했다, "그게 내 생각이네. 그럼 잘 가게, 내세에 나의 소망이 이루어지기를!" 그렇게 말하면서 그들은 서로를 베었다. 전사들에게서 이런 감정이 표출되었다니, 이것은 다행한 일이다.

---

15) [영] 소네노 요시타다(曾禰好忠). 10세기의 시인. 무례한 언행으로 궁에서 쫓겨났고 생전에는 평가받지 못했다.

전해오는 이야기에 오늘날 덴구(天狗)라고 알려진, 그 모습이 천변만화하는 악동 요괴는 사람이 극히 오만했거나 너무 많은 고통을 겪고 죽으면 그렇게 변한다고 한다. 비록 어떤 사람들은 이것을 불교 승려들이 만든 거짓말이라고 무시하지만 나는 오래 전부터 이 이야기가 신빙성이 있다고 생각해왔다. 그렇다면 용감했고 마음이 순수했으며 세상을 위해 크게 헌신했던 사람은 죽어서 명예로운 가미의 일원이 된다는 결론이 나오지 않는가?

존경하는 선생의 『고사기전(古事記傳)』에는 야마토다케루천황(倭武天皇, ?-?)이 그가 하늘로 오르기 전에 암송했던 시를 소개하고 있다. "그 처녀의 침실에 내 칼을 두었네, 오호라, 그 칼." 이 시에 대해서 선생은 이렇게 말했다, "병으로 죽음의 문턱에 서서도, 그는 여전히 마음속으로 그 칼 이외에 다른 생각을 할 수가 없었던 것이다. 심지어 이런 상황에서도 드러난 그의 초지일관은 그의 용감하고 굳건한 정신을 보여 주는 것이다. 우리는 이 시를 높이 평가해야 한다. 왜냐면 이 시가 천황이 그 칼에만 정신을 집중했음을 보여 주기 때문이다. 특히 전사가 되고자 하는 이는 이 열정을 깊이 새겨 두어야 한다. 그래서 죽음에 임했을 때 불필요하고 무용한 유학적, 불교적 가르침을 생각하지 말라; 이 시를 깊이 되새기고, 천황이 세상을 떠나 하늘로 오를 때 무엇이 그의 용기를 지켜주었던가를 깊이 간직하라." 이 가르침은 극찬을 받아 마땅하다.

그러므로 혼이 가는 곳이 많고 다양하다는 사실을 고려해 봤을 때, 모든 혼이 요미로 돌아간다는 주장은 불가능해 보인다. 그래서 "인간이 죽으면, 그 혼이 선한 것이든 악한 것이든, 모두 요미의 땅으로 간다"는 존경하는 선생의 논리는 분명 심각하게 잘못된 것으로 보아야 한다.

요약하면, 현재 고학을 가르치는 대부분의 사람들은 거의 전적으로 존경하는 노리나가 선생의 논리에 의존한다. 게다가 수입된 외래의 이론들을 면밀히 검토하지 못하고서 낯선 이론을 접했을 때 그들은 놀라 당황해하거나 아니면 그런 이론들 사이의 많은 공통점에 매료되어 마음을 빼앗긴다. 그렇게 마음을 빼앗기지 않은 사람들은 그들의 편협한 생각을 극단적으로 몰고 간다. 선생에 대한 존경심으로, 그것은 부처에 대해 늙은 여인이 보이는 존경심과 비슷한데, 그들은 단 한 사람의 위대한 학자로서 그의 논리를 겹겹으로 몰려오는 바닷물처럼 깊이 있게 연구해야 한다고 생각한다. 그래서 혼에 신성이 부족하다는 그의 논리는 슬프고 한탄스런 결과를 초래했다. 내가 다른 가르침에 대해서 이런 식으로 과감하게 주장하는 경우는 드물었다. 그러나 내가 이제 막 제시한 논리는 잘 알려지지 않았고, 내가 비판하고자 한 논리는 어설픈 것이다. 그러나 내가 할 수 있는 한 큰 소리로 외쳤기 때문에, 심지어 나의 지지자들에게도 내가 지나치게 흥분해서 날뛰는 것처럼 보일까 두렵다.

[WNH/류정훈]

# 오쿠니 다카마사

大國隆正, 1792-1871

오쿠니 다카마사는 에도(江戶)의 쓰와노(津和野)번의 번사(藩士)의 장자로 태어났다. 14살에 히라타 아쓰타네(平田篤胤, 1776-1843)* 학당에 들어가 제자가 되었고 동시에 쇼헤이가쿠(昌平學) 쇼군(將軍) 학당에서 유학을 학습했다. 1818년에 나가사키(長崎) 방문을 계기로 서양학문에 대한 그의 호기심은 최고조에 올랐다. 그는 스스로를 서예가로서 그리고 아쓰타네의 가르침대로 「가미(神)」의 시대를 연구하는 '고학' 학자로 자리매김했다. 쓰와노번의 행정관료로 지명되었으나 곧 말썽이 나서 1828년에 사무라이 번사의 지위를 박탈당했다. 그 후 오사카로 이사했고 1834년에야 제자들을 조금씩 받아들이기 시작했다. 다카마사는 같은 곳에서 오래 머물지 못하고 떠돌며 살았지만 1837년에 하리마 오노번(播磨小野藩)의 「다이묘(大名)」가 그에게 일본식으로 번사를 양성할 학교를 세울 것을 허락하면서 정착했다. 기존의 「막부」의 승인을 받은 학교는 정통 유학만을 가르쳤기 때문에 국학을 가르치는 지역 학교의 승인은 획기적인 일이었다. 그 후 히메지번(姬路藩)의 지역 학교에도 초빙되어 강의를 하는 도중에, 뜻밖에도 그의 사무라이 지위가 회복되었고, 그가 쫓겨났던 쓰와노번의 가메이 고레미(龜井玆監, 1825-1885) 다이묘는 그에게 지역학교의 교과과정을 혁신하는 임무를 맡겼다.

봉건시대 말기에서 메이지유신에 이르는 격동기의 혼란을 겪으면서 다케마사는 그의 사상을 형성했다. 유학과 불교의 논리를 비판하면서 자신의 사상을 형성시켰던 다른 국학 사상가들과는 달리 다카마사는 국학을 혁신해서 서양에 맞서는 사상적 성채를 구축하려 했고 궁극적으로는 일본의 '근본적 가르침'으로 서양을 개종시키려 했다. 그래서 1853년부터 아쓰타네로부터 물려받은 가르침에 종교적 색채를 입힌 저작을 꾸준히 발표했다. 1861년의 문헌부터 시작해서 이 책에 발췌된 문헌은 서양 학문의 도전에 맞설 수 있는 일본적 가르침을 확립하려는 그의 의욕과 국학의 영향력을 퍼뜨려 지배계층을 위한 학문에서 모든 백성을 위한 국가적 종교로 변모시키려 한 그의 결의를 명확히 보여 준다. 그 논리의 바탕에는 종교로서 기독교를 어느 정도 존중했으면서도 그것이 천황을 향한 일본인의 충성심을 저해할 가능성이 있다는 다카마사의 걱정이 깔려 있었다.

다카마사의 말년에, 지역의 다이묘가 메이지유신의 이념적 기반을 닦는 데에 중심적 역할을 하면서 사태가 위급하게 전개되었다. 다카마사의 영향을 받아서 발발했던 1868년의 쿠데타를 바깥 세상은 1333년의 겐무신정(建武新政)과 비슷한 온건한 개혁이 아니라 '진무천황(神武天皇, BC.711?-즉위 76?) 시대로의 급진적인 복귀'로 여겼다. 급진적이고 난폭하게 이뤄졌던 불교 사찰과 신도 신사를 분리한 것과 고대의 진기칸(神祇官)의 부활을 비롯해서 메이지(明治) 정권의 초기 종교 정책 뒤에는 새로운 국가적 신념체계로서의 신도라는 다카마사가 제시한 비전의 그림자가 짙게 드리워져 있었다. 같은 해에 다카마사 자신은 신도 문제의 조언자로서 잠깐 실무를 보았지만 적극적 역할을 하기에는 너무 늙었고 약해져 있었다; 결국 두 달 후에 사임했다. 그의 유산은 쓰와노 시절의 제자였던 후쿠바

비세이(福羽美靜, 1831-1907)에 의해 집행되었다. 그는 다카마사의 정신을 근본으로 새로운 정권의
의례를 기초했다.                                                                    [MT/류정훈]

## 신성한 원칙

오쿠니 다카마사 1861, 100-102, 104-117, 120-3

'근본적 가르침'은 오오노 아손 야스마로(太朝臣安萬侶, ?-723)가 '가미의 시대'에 대해 집필해
바친 『고사기(古事記)』의 서문에 나온다. 가미의 시대를 배우기는 어렵다. 승려는 '거룩한 실천의
「도(道)」'와 '손쉬운 실천의 도'를 구분한다. 우리가 불가의 방식을 따른다면, 근본적 가르침 속의
'거룩한 실천의 도'는 가미의 시대에 관한 설명을 모든 단어와 모든 한자를 빠짐없이 읽어 해석하고
그 의미를 이해하는 것이다. 삼 년에서 오 년을 학습하더라도 재능이 없는 사람은 그것의 참된
의미를 이해할 수 없을 것이다. 이것은 쉬운 가르침이 아니다. 그래서 내가 얻은 가르침의 정수를
모아 모든 사람이 이해할 수 있는 근본적 가르침에 대한 손쉬운 실천의 도를 확립하여 모든 사람이
이 가르침을 따를 수 있기를 바란다. 내 첫째 목표는 같은 언어를 공유하는 일본의 백성을 이끄는
것이다. 그 후에는 다른 언어를 쓰는 나라의 백성들도 이 가르침을 따르도록 만드는 것이다.

불가에서 가르치는 손쉬운 실천의 도는 「나무아미타불(南無阿彌陀佛)」 혹은 「나무묘법연화경(南
無妙法蓮華經)」을 암송하는 사람은 이승의 불행을 피할 수 있고 저승을 가도 최고의 축복을 경험할
좋은 곳으로 갈 것이라는 가르침에 근거한다. 불교식대로 한다면 우리는 '도오가미에미다메(遠神惠
賜)[16]'를 암송하는 사람은 생전에 모든 불행을 피하고 사후에 천국으로 갈 것이라고 말해야 할 것이다.
그러나 만약 그것이 전부라면, 몸과 마음을 바로잡는 도가 전해지지 않았을 것이다. 신도의 손쉬운
실천이라는 관점에서, 나, 오쿠니 다카마사는 오십 개의 음절로 된 최초의 의미를 바탕으로 『고사기』
에 나오는 천지개벽의 첫 번째 신, 아메노미나카누시(天之御中主)의 이름에 있는 중(中)의 의미를
깊이 생각해보았다. 그것의 원래 의미는 '근원을 잊지 말기'와 '서로 돕기'라는 두 개의 구절로 설명할
수 있다. 이런 문제에 대해서 바른 마음을 지니는 것이 신도의 근본이다. 그러므로 근원적 가르침의
정수는 '근원을 잊지 않는 곧은 마음'과 '서로 돕는 곧은 마음'이다.

세상에는 다양한 종류의 '근원을 잊지 않는 곧은 마음'이 있다: 군주를 향한 곧은 마음, 부모를
향한 곧은 마음, 형제자매를 향한 곧은 마음, 남편을 향한 아내의 곧은 마음, 그리고 (자식에 대해서)
아비가 품는 곧은 마음. 이것들을 '근원을 잊지 않는 곧은 마음'의 정수로 이해시켜야 한다. 도시
주민들이 그 도시의 시장을, 마을 사람들이 이장을, 장인과 예술가가 그들의 스승을, 방계의 친족들이
그들 가문의 직계를 존중한다면, 이것 또한 '근원을 잊지 않는 곧은 마음'이다.

이 다양한 '근원을 잊지 않는 곧은 마음'이 목표하는 바는 이 나라에서 태어난 모든 사람들이
천황의 계보에서 전해진 가미의 시대에 관한 고대의 전승을 지키고, 늘 이 강토를 지키는 것이다.
만약 모든 일본 백성이 이런 목표를 세운다면 외국의 침략이 있더라도 결코 패배하는 법이 없을

---

16) [영] 이 '신성한 기도문'은 50권으로 된 『엔기시대(延喜時代)의 법과 규범(927)』에 정화(淨化)의 비법으로 처음
   언급되었다. 다카마사는 문자적 의미—먼 곳의 신이여, 나를 축복하소서—를 버리고 이 다섯 개의 단어를 땅,
   해, 신, 인간, 만물과 연계해서 존재의 궁극적 원천을 나타내는 우주적 도식으로 배열했다.

것이다. 그러므로 이것이 우리 국토방위의 첫 번째 원칙이 되어야 한다.

'근원을 잊지 않는 곧은 마음'은 날줄이다; '서로 돕는 곧은 마음'은 씨줄이다. 세상에 사람으로 태어나 나는 다른 사람의 '도움을 받고' 다른 사람은 나의 도움에 기댄다. '서로 돕는 곧은 마음'은 유학에서는 「인(仁)」이라 일컫고 불교에서는 「자비(慈悲)」라 한다. 그리고 서양 철학에서는 '우정과 사랑'이라 말한다. '근원을 잊지 않는 곧은 마음'에 있어서는 이 나라의 신도가 최고이다.

이런 점에서 신도의 탁월함은 무수한 세대 동안에도 천황의 통치가 끊기지 않고 이어져 왔다는 사실에서도 입증된다. 덕망 있는 통치자가 사악한 통치자를 정벌한다는 유학의 논리는 군주와 주인을 대하는 방식에서 틀렸다; 자신의 집을 떠난다는 불교의 생각은 부모를 모심에 있어서 예의가 아니다; 그리고 서양에서는 몇 가지 방식에서 아내의 예의범절에 문제가 있다. 그럼에도 불구하고 중국과 인도, 그리고 서양에서 충절 있는 신하가, 효성 지극한 아들이, 그리고 정숙한 아내가 존재한다. 그런 사람들의 덕성이 그들의 영토에서 칭송받는 것을 볼 때, 우리는 신도가 모든 가르침 중에서 으뜸이란 것을 알게 된다. 그리고 이 도가 세계적으로 가장 합당한 것임을 알 수 있다.

모든 사람은 자신만의 업(業)을 가진다. 업을 가진다는 것은, '근원을 잊지 않는' 도에 따라 '타인을 돕는 일'과 '타인의 도움을 받는 일'에 종사한다는 것이다.

　　……

자신의 업에서 올바르지 않은 사람은 가정의 평안을 누릴 수 없고, 즐거움과 쾌락을 쫓아다니느라 시간을 허비하는 사람들, 그리고 그들의 일에서 태만한 사람은 자신의 집안이 몰락하는 것을 막지 못할 것이다. 태만한 자는 여러 가지 닥친 일을 처리할 수 없고, 탐욕에 물든 사람과 누구에게도 도움이 안 되는 행동을 하는 사람은 자식과 손자가 잘되는 꼴을 볼 수가 없을 것이다. 그러나 귀하건 천하건, 사기도 기만도 없이, 그들의 일에서 타인이 혜택을 얻도록 노력하는 사람과 일이 똑바로 굴러가도록 애쓰는 사람은, 비록 특별히 은밀한 선행은 없었다 하더라도, 신의 가호로 번창할 것이다.

신은 겉으로는 선한 행위를 하면서, 사사로운 이득을 위해 타인을 해치는 계획을 몰래 꾸미는 자를 증오한다.

죽은 후에 인간의 혼이 영적인 세상으로 가서 영(靈)이 됨을 보여 주는 많은 증거가 옛날에도 있었고 지금도 있다. 그러나 유학자들은 이것을 부정하고 혼이 사라진다고 주장한다. 승려는, 극락과 지옥, 육도윤회(六道輪廻), 네 가지 회임(懷妊), 그리고 전생·현생·내생이라는 삼세(三世)의 인과(因果)적 업보에 대해 말하면서 다양한 사후에 관한 이론을 제시한다. 나, 다카마사는 유학과 불교의 두 가지 논리에 거리를 두고자 한다. 서양의 논리에도 의존하지 않겠다. 사실에 근거해 이 문제를 숙고해보면 실제로 많은 환생의 사례가 있었음은 명확하다. 우리는 금수와 아귀의 영역에 떨어졌던 사람들에 관한 얘기를 가공의 이야기라며 무시해버릴 수 없고, 지옥과 극락은 영적인 세상에 틀림없이 존재한다. 신성한 전승은 우리가 이런 문제를 불교의 논리와는 다른 방식으로 설명할 수 있도록 한다. 불교가 처음 전래했을 때, 중국에도 일본에도 극락과 지옥은 존재하지 않았다. 그곳은 불교의 도래 후에야 영적인 세계에 자리 잡은 것이 틀림없다. 우리는 그런 광범위한 시각으로 영적인 세계를 설명해야 한다.

고대의 전승에 나오는 '다카아마노하라(高天原)'라 불리는 장소는 영적인 세계와 궁극적 의(義)와 인(仁)의 근원이다. 그곳은 생명이 비롯하는 곳이다. 매일 아침 떠오르는 태양의 중심에 있으며, 궁극적인 「의(義)」와 인(仁)의 신이 회합하는 곳이다. 유학은 그곳을 '궁극의 하늘', 불교는 '극락', 그리고 서양은 또한 '천국'이라고 했다. 그러나 이런 용어들은 단지 부차적인 모방물일 뿐이지만

이 나라의 '다카아마노하라'은 진실이다. 그곳은 낙원과 비슷하지만 낙원은 아니다; 그곳은 낙원이나 「정토(淨土)」을 초월하는 신성한 영역이다. 생명을 주재하는 신이 거주하는 곳이다. 지상의 인간세계와 연결되어 만물을 도우는 곳이다.

또한 '저승'이라 불리는 더럽고 불결한 혼이 사는 곳도 있다. 그곳은 지옥을 닮았지만 지옥은 아니다. 죽음이 자라는 곳이다. 땅 속에 있는 혼의 세상이다. 지상의 영(靈)인 이자나기노미코토(伊弉諾命)는 남자로 현현했고 자신의 몸을 모형으로 삼아 인간세계를 창조했다. 인간이 크게 증가하자, 그는 다카아마노하라로부터 인간에게 유용한 만물의 씨앗을 갖고 왔다. 그리고 나서 다카아마노하라로 다시 올라가 거기서 인간세계의 삶을 주재한다. 다른 지상의 영(靈)인 이자나미노미코토(伊邪那美命)는 여자로 현현했고 자신의 몸을 모형으로 삼아 인간세계를 창조했다. 그는 자신의 몸 속으로 만물의 씨앗을 받아 그것을 틔웠다. 그리고 저승으로 돌아가 인간세계의 죽음을 관장한다.

이자나기가 다카아마노하라로 그리고 이자나미가 저승으로 돌아갔을 때, 그들은 창조와 변신의 맹세를 했다. 그래서 오늘날까지도 생명은 태양으로부터 비롯되는 것이다. 매일 천 오백의 생명이 나무와 식물의 잎사귀 위쪽에서 태양 빛을 받고 생겨난다. 죽음은 땅에서 비롯되는데, 밤마다 나무와 식물의 잎사귀 아래쪽에서 나타나 이전에 태어난 천 오백의 생명 중에서 천을 앗아간다. 이 비율은 어디든 똑같아서 매일 오백의 생명이 살아남는다.

서양의 과학자들은 이것을 직접 측정해보고 그것이 '질소 원자 두 개와 산소 원자 한 개'로 이루어진다고 말했다. 조잡한 논리다. 만약 그렇게 많은 질소가 있다면 어떻게 세상이 지속할 수 있겠는가? 고대의 전승이 밝혔듯이, 질소보다는 생명을 주는 산소가 더 많아야 한다. 질소가 2/3의 산소를 파괴하기 때문에 1/3의 산소가 남아서 만물에 생명을 부여하는 것이다.

이런 문제를 깊이 생각해보면, 우리의 전승은 살아있는 원칙이지만 서양의 과학은 쓸모없는 논리라는 것을 알 수 있다. 게다가, 중국의 과학자가 사용하는 '창조와 변환'이라는 용어는 우리와 같은 원칙을 말하는 것이지만 짜임새가 엉성해서 우리의 전승과 비교하면 신묘한 맛이 많이 부족하다. '창조'는 이자나기의 경이로운 업적을 말하며, '변환'은 이자나미의 업적을 말한다. 이런 문제는 신도의 '성스러운 실천'의 선진적 도에 속하며, 손쉽게 실천하는 신도로 그런 문제에 대해서 이야기할 필요는 없다. 그러나 이런 신도의 방식이 '너무 단순하다'고 생각하거나 중국과 서양의 논리가 훨씬 더 신묘한 것이라 믿는 사람들이 있다. 그래서 내가 우리의 신성한 논리가 바르고 신묘한 것이며, 그것이 외국의 것보다 탁월한 참된 논리라는 것을 보여 주기 위해 간단히 이런 점을 지적한 것이다…

지고한 의(義)와 인(仁)은 '근원을 잊지 않는 곧은 마음'과 '서로 돕는 곧은 마음'을 획득한 사람을 말한다. 그런 의를 고수하는 사람들의 혼은 살아있을 때조차 벌써 다카아마노하라를 향해 있다. 그러므로 그들이 죽어 육체를 벗어난 후에는 다카아마노하라를 향해 오를 것이다. 거기서 그들은 하늘의 신에게 임무를 받고 다시 세상으로 돌아가, 신사에서 살면서 인간사에 도움을 줄 것이다. 이것이 자연스럽고 명확한 진실이다. 이것이 의로운 사람의 운명이다. 극히 의로운 사람들은 덴만(天滿) 다이지자이텐(大自在天) 신[17]의 탁월한 은혜로 입증되듯이, 극히 추앙받는 신이 될 것이다.

모든 것에는 앞과 뒤의 두 가지 측면이 있다. 낮은 앞이고 밤은 뒤다. 남자는 앞이고 여자는

---

17) [영] 유명한 시인이었으나 관직에서 쫓겨나 유배 중에 죽은 후 신격화된 스가와라노 미치자네(菅原道眞, 845-903)의 혼을 말한다. 죽어서 복수의 혼이 되어 교토로 돌아와, 그의 생전의 지위를 복권받았고, 에도시대에 시와 학문의 신으로 널리 추앙받았다.

뒤다; 선은 앞이고 악은 뒤다. '근원을 잊지 않는 곧은 마음'의 뒤에는 '근원을 망가뜨리는 이기심'이 있다.

'서로 돕는 곧은 마음'의 뒤에는 '타인을 해하는' 사악함이 있다. 그런 사람들은 그들이 여전히 살아있을 때에도 죽음을 발산하는 저승에 이끌린다. 어떻게 그들의 혼이 의와 인의 장소인 다카아마노하라로 오를 수가 있겠는가? 그들은 '천(千)명을 죽이는' 일에 일조하는 것이며, 타인을 이끌어 저 세상으로 끌고 갈 것이다. 고대의 언어로 말하면 그들은 '분노의 덩어리가 되어 저 세상으로부터 온 자들'이라 불릴 만하다.

중국과 서양의 과학자들은 가시적인 '앞'의 세상만을 이야기한다; 그들은 가시적 세상과 영적 세상을 한 묶음으로 논의하지 않는다. 불교는 가시적 세상을 불완전하다고 여기면서 미래의 영적 세상만을 논의하기 때문에 중국과 서양의 과학자들 못지않게 편견에 차 있다. 가시적 세상과 영적 세상을 함께 논의하고 태양과 지구 사이의 연관성을 상세히 논의하는 우리 신도의 참된 원리는 그런 점에서 편견이 없다. "상고시대의 일본에는 과학도 도도 없었다"고 주장하는 사람들은 외국의 과학만을 의식하고서, 우리 전승의 참된 근원적 이치를 이해하지 못한 것이다.

......

인간의 혼은 뇌 속에 머문다. 그것은 태양에 이끌려 하늘을 도는 태양의 경로를 좇는다. 이것은 우리가 아침에 깨어 일어난다는 사실로 입증된다. 태양이 지면 우리는 머리를 땅에다 누이고 잠든다; 이것은 우리가 그 시간에 지구 아래에 있는 태양을 좇는다는 사실을 입증하는 것이다. 태양 속에는 지고한 인과 의의 다카아마노하라가 있다. 그래서 우리는 인간의 혼이 지고한 인과 의에 이끌린다는 사실을 알 수 있다.

대조적으로, 인간의 몸은 땅에 이끌린다. 이것은 우리가 오른쪽 발을 들어 올리면 왼발이 땅에 굳게 머물고, 반대로 왼발을 올리면 오른발이 그렇다는 사실로 입증된다; 우리는 땅에서 스스로를 떨어지게 할 수 없다. 땅 속은 더럽고 불결한 저 세상이다. 이 두 가지 사실로 보면 육체를 사용하는 혼은 올바르지만 육체에 의해 사용되는 혼은 더럽고 불결하다는 것을 알 수 있다. 육체를 사용하는 혼은 '근원을 잊지 않는 곧은 마음'과 '서로 돕는 곧은 마음'을 잃어버리지 않은 혼이다. 육체에 의해 사용되는 혼은 '근원을 망가뜨리는 이기적'이며 '타인을 해하는' 사악한 혼이다. 태양에 이끌리는 혼은 태양 속 신성한 영역에 도달하겠지만 땅에 이끌리는 혼은 결국 저 세상으로 갈 것이라는 것은 의심의 여지가 없다.

그들이 신성한 실천을 따르건 손쉬운 실천을 따르건 신도에 따라 살기 위해 노력하는 자들은 두 종류의 의를 명심해야 한다. 그들은 그들의 거주지의 신사에 적절한 경의를 표하고, 태양의 신성한 영역의 주재자인 '아마테라스오미카미(天照大神)'를 경배하며, 도오가미에미다메(遠神惠賜)를 읊고, 땅으로 이끌리려는 '마음(心)'의 불결함을 정화하고, 이 천황의 땅에 태어난 것에 대해 기뻐하여야 한다.

신도의 신성한 실천을 연구하려는 자들은 한자를 알아야 한다. 한자를 앎에 의해 인도와 서양에 관해 많은 것을 배울 수 있다. 한자는 도덕의 개념을 배우는 데도 유용하다. 부모를 향한 의는 '효도'라 불린다; 군주를 향한 의는 '충'이라 불린다; 지아비를 위한 의는 '정숙함'이라 한다. 이것들은 여러 가지 근원을 잊지 않는 곧은 마음 중에서 가장 중요한 것이다. 근원을 고수함에 있어 올바르며 서로 도움에 있어 올바르고자 분투하는 사람은 '인(仁)'하며, 서로를 도움에 있어 올바르며 근원을 고수함에 있어 올바르고자 분투하는 사람은 '의(義)'하다 한다. 『중용(中庸)』은 의례에 관한 책이다;

그것은 도에 관한 한 덜 유용하다. 중용(中庸)은 우리 고대어 '중(中)'에 꼭 들어맞는다. 한자는 모두 중국 문자이다. 고대의 언어와 방언과 평민이 사용하는 언어는 서로 차이가 있지만, 한자는 중국인이 늘 사용했던 문자이다. 「자(慈)」, 의(義), 효(孝) 그리고 우애(友愛)는 유학자들이 창안한 용어가 아니다. 유학자들이 한 모든 것은 중국의 오래된 단어와 이름에 명확한 설명을 한 것이다.

이런 개념들은 시간에 따라 변한다. '사서(四書)와 오경(五經)'과 같은 주나라의 텍스트에서 우리는 '충(忠)'과 「성(誠)」'과 같은 복합어를 볼 수 있지만 '충(忠)과 효(孝)'는 발견할 수 없다. '충과 효'라는 복합어는 『한비자(韓非子)』[18]에서 비롯했고 처음으로 한나라 유학자들이 널리 썼다. 이것은 외국의 사례이지만 신성한 신도의 추종자들은 그것에 유념해야 한다. 모든 문제에서 일본어의 어휘와 한자의 의미는 분리해야 한다; 그래야만 그것을 서로 비교할 수 있고 서로 어울리는지 아닌지 구별할 수 있다. 만약 구별하지 못한다면, 때로 일본어 어휘 때문에 한자의 의미를 이해하지 못할 것이다; 더 흔히는 한자 때문에 일본어 단어를 이해하지 못할 것이다. 이 점에 유의하라.

우리는 또한 '번뇌', '보리(菩提)', '「진여(眞如)」', '완벽한 원', '원인과 조건', '인과(因果)'와 같은 불교 용어를 사용해야 한다. 서양의 가르침으로부터 우리는 '질소', '산소', '인력(引力)', '중력', '압력'과 같은 용어를 배워야 한다. 우리는 천지의 진실이 명백하도록 밝혀야 하고 고대의 전승과 언어에 기초해서 편견에 치우치지 않도록 유의하면서 도를 확립해야 한다; 그리고 나서 전 세계의 사람들에게 그것을 알려서 그들을 이끌어야 한다.


한 서양 학자는 다음과 같이 말했다:

> 오늘날 일본에서 행하는 부처의 도는 매우 편협한 가르침이다. 서양에서 널리 행하는 개신교는 보편적인 가르침이다. 그런 문제에 대해 피상적인 지식만 있는 자들 중에는 그 지식이 가톨릭의 가르침과 같다고 믿기도 한다. 하지만 그것은 서양에서 이단으로 여겨진다. 개신교도들은 사악한 마술을 부려서 사람을 혹혹하지 않는다. 중국인들은 개신교가 자비와 의로움에 기반한 가르침이라고 한다. 그들이 고아원을 세우는 것을 보면 그 말이 맞다. 그곳에서 그들은 먹을 것이 없는 가난한 자의 자식을 대신 먹이면서 돌보고, 그들이 자라면 집으로 돌려보낸다. 병원도 세워서 공짜로 환자를 치료한다. 비용은 그 도를 믿는 신자들과 왕이 낸다. 최근에 그들은 미친 사람을 돌보기 위한 정신병원을 세우기 시작했다. 그들은 치료할 수 있는 사람은 치료하고, 그렇지 못한 사람은 세상을 떠날 때까지 돌봐 준다. 게다가 과부, 고아, 장애자들도 불쌍히 여기며 극진히 돌본다.

유학자들은 인(仁)을 논의하지만, 그들은 순수함과 숭고함을 지향한다. 그들은 가난해서 다른 사람에게 자비를 베풀 수 없다. 우연히 유학자가 부유할지라도, 그들은 이런 문제에는 관심이 없다. 불교도들은 '미덕의 근원으로서의 자비'를 운운하면서도 이따금 물고기나 새를 방생하거나 거지에게 보시(布施)를 할 뿐이다. 이런 행위는 그저 시늉일 뿐이며 별 도움이 되지 않는다. 단지 자신이 가는 사찰을 위해 기부금을 모금하고 그곳의 승려들이 안락하게 살도록 신경 쓸 뿐이다. 인(仁)이라고 말하기에는 낯부끄러울 정도다.

---

18) [영] 진나라에서 벼슬을 했던 한비(韓非, BC.280-233)가 쓴 책.

의란 도대체 무엇인가? 서양에서는 언어가 다른 나라끼리도 국가적 위기가 닥치면 서로 돕는다. 모든 서양의 가르침이 '우애와 사랑'을 바탕으로 하기에, 사람도 나라도 서로를 돕는다. 그래서 이들은 우호적 교역을 최근까지도 거부하는 일본과 중국 같은 나라들을 「천명(天命)」을 어긴다고 생각하고, 하늘의 이름으로 공격하기도 하는 것이다. 그러나 서양은 합당한 이유가 있을 때에만 전쟁을 벌인다. 어떤 나라가 잔인한 통치로 백성을 억압하여 그들이 더 이상은 사악한 정부의 무도함을 견딜 수 없게 되면, 그 나라의 왕을 축출하고 그 나라 왕가의 정당한 혈통을 잇는 적자를 찾아서 권좌를 계승하도록 만든다. 그들은 이유 없이 남의 나라를 강탈하지 않는다. 그런 이유로 그들의 가르침이 유학이나 불교보다 더 올바르고 숭고하다고 불리는 것이다. 우리가 외국의 도를 수용해서 이 나라를 통치하려고 한다면, 우리는 쓸모없는 유학과 불교를 버리고, 개신교의 드높은 가르침을 좇아야 할 것이다.

오늘날 「난학(蘭學)」은 널리 유포되었고, 많은 이들이 서양의 천문학, 지질학, 역학(曆學), 의학, 탄도학, 군사학, 물리학, 그리고 수학의 심오함에 놀라고 있다. 이들 학문 중에 일부는 가톨릭 신앙에서 비롯했지만 대부분의 경우 개신교의 산물이다. 가톨릭의 '천주'는 불교의 「아미타(阿彌陀)」 부처와 같다. 개신교의 '예수'는 「석가모니」에 견줄 수 있다. 가톨릭과 개신교 사이의 차이는 불교에서 정토종과 일련정종(日蓮正宗)과의 차이와 비슷하다. 가톨릭은 베드로라는 사람에 의해 전해졌고 전파되었다; 개신교는 루터라는 사람이 '하나님'과 '예수'에 관한 진실을 되찾아서 올바른 가르침을 확립했다. 우리와 교역 중인 나라 중에 미국, 영국, 네덜란드가 개신교를 중시하고, 프랑스는 가톨릭을 신봉하는 자가 다수이다. 러시아는 가톨릭의 분파인 그리스 정교를 믿는다. 터키는 무함마드의 가르침을 추종한다. 중국에서는 개신교의 여러 교파들이 전파되었고 많은 추종자들이 이 가르침을 따른다.

그러나 근시안적인 일본의 학자들은 이 모든 것에 무지하다. 그들은 편협한 유학과 불교의 가르침을 따르거나, 혹은 극히 조잡한 신도를 '이 나라의 도'라며 떠벌린다. 그들의 주장은 무시해야 한다.

나는 당신이 요시오 곤노스케(吉雄權之助, 1785-1831)로부터 서양 학문의 기초를 배웠다고 들었다; 그런데 왜 그런 저급한 신도를 재건하려 애쓰는가? 아직 기독교에 대한 금지가 해제되지 않았으니 할 수 없이 신도를 중시하는 것이라 생각한다. 그러나 이 금지 조치가 해제되면 나는 당신이 이 서양 학문에 입문할 거라 생각한다. 나는 당신의 진의를 알고 싶다.

나는 이 질의에 대답했고 여기에 그 내용을 되풀이해 싣는다:

나는 신도에 관한 당신의 논리를 극히 조잡한 것이라 말하면서 내 의견을 밝히고자 한다. 과거의 신도는 몹시 저급한 것이었다. 거기에는 네 가지 분파가 있었다: 두 만다라(曼茶羅)를 모시는 신도, 일원화된 신도, 유학적 신도, 그리고 고학적 신도. 두 만다라를 모시는 신도는 신도를 태장계만다라(胎藏界曼茶羅)와 「진언종(眞言宗)」의 금강계만다라(金剛界曼茶羅)를 결합시킨 것이다. 일원화된 신도는 하늘과 인간의 통일성을 가정하지만 학문적 가르침이 미흡하다. 유학적 신도는 가미의 시대로부터 전해진 상고의 사실을 복잡한 은유로 생각한다. 고학적 신도는 상고의 사실을 진실로 여기지만, 이 학파조차도 신성한 원리에 주목하지는 않았다. 내가 강조하는 신도는 신성한 원리에 기초한 것이다. 이 신도는 인간의 도덕성을 함양하고 천문학, 지질학, 그리고 무수한 사실들에 대한 진실로 이끈다. 이 신도는 과거의 신도와는 다른 것이다.

개신교는 이 나라에 큰 해를 불러올 가르침이다. 그리고 당국은 이것이 절대로 이 나라에 들어오도록 허용하면 안 된다. 설사 허용이 되더라도 그것은 상민을 계몽하는 수단이 되기에는 미흡한 이단이 될 것이다. 배움을 시작한 이래로 나는 이 가르침을 증오했고 그것을 막기 위해 끊임없이 애썼다. 솔직히 나의 속내를 밝히고자 한다. 나는 유학과 불교의 두 가지 도에 대해 먼저 논의한 뒤에 서양의 가르침을 다룰 것이다.

고대의 일본에서는, 대대로 천황을 통해 전해온 고대의 가미 시대의 전통을 누구도 복잡하다고 생각하지 않았다. 모두가 한 점의 의혹 없이 진실을 말하는 것으로 받아들였다. 이것을 빼고는 '도'나 가르침은 달리 존재하지 않는다. 그러므로 이 고대의 전승은 도와 가르침으로 기능했고 일본의 모든 사람이 이것을 따르고 존중했다. 그러나 모두가 알고 있듯이, 중세시대가 되어 유학과 불교가 한반도의 삼국으로부터 일본으로 전해졌다. 그 시대의 천황과 그 신하들은 그것을 유익할 것이라 여겨 수용했다. 그때부터 유학과 불교는 널리 퍼졌다. 점점 더 많은 사람들이 그 논리를 수용하면서 신도는 경시되었다. 그럼에도 불구하고 궁에서는 계속해서 신도를 도의 기초로 삼았고 유학과 불교를 위대한 도로 채택하지는 않았다. 이제 그 사실을 입증해 보이겠다.

유학에서 위대한 도는 요(堯) 임금에서 순(舜) 임금으로의 평화로운 양위와 무왕(武王)이 탕왕(湯王)을 패배시킨 사실로 요약된다. 그래서 중국의 왕들은 한 왕조가 그 이전 왕조를 전복함에 따라 그들의 혈통이 달라진다. 일본은 다르다. 성스러운 뜻에 영원히 기초하기 때문에 천황의 자리가 역성혁명으로 찬탈된 적이 결코 없었고, 또는 대신의 아들에게 양위된 적도 없다. 그러므로 유학은 위대한 도로 채택되지 않았다. 신도만이 위대한 도로 받아들여졌다. 불교도 채택되지 않았다; 이 사실은 신도 의례 중에 승려나 비구니들이 황궁에 접근하는 것이 불허되는 것만 봐도 명백하다. 유학과 불교는 위대한 도를 보완하기 위해 이용된 것이지 그 바탕이 되는 것은 아니었다.

당신도 잘 알다시피, 불교가 비롯한 인도에서 용수(龍樹, 약 150-250) 이래로 위대한 성인은 나타나지 않았고, 그래서 쇠퇴했다. 중국에서도 「천태종(天台宗)」의 현자 이래로 위대한 성인은 나타나지 않았다. 불교가 일본으로 전해지면서 사이초(最澄, 767-822)*, 구카이(空海, 774-835)*, 호넨(法然, 1133-1212)*, 니치렌(日蓮, 1222-1282)*, 에이사이(榮西, 1141-1215), 렌뇨(蓮如, 1414-1499) 등과 같은 많은 성인이 등장했다. 그들이 학파를 세웠던 사찰은 본산(本山)이라 불린다. 이 본산 중에 대부분은 수도에 있고, 수도의 번창에 공헌했다. 만약 말사(末寺)의 승려들이 모두 석가모니가 남긴 가르침과 교훈을 준수한다면 돈이 흘러넘치게 하지는 않을 것이다. 본산 사찰의 높은 지위에 오른 승려들은 모두 자신의 높은 지위를 자랑삼았고, 호화로운 생활에 빠졌다; 상인과 창녀촌은 이런 타락의 수혜자로 돈을 긁어모았다. 이 돈은 이 나라에 돈이 흘러넘치게 하는 데에 기여했다.

개신교는 베드로(Peter the Apostle, ?-64?)와 루터(Martin Luther, 1483-1546) 말고도 많은 성인을 낳았고 그들에 의해서 널리 퍼지게 되었다; 그것의 본산과 말사는 모두 서양에 있다. 아랍에는 무함마드(Mahomet Mohammed, 570-642)의 유적지가 있는데, 그의 가르침을 좇는 자들은 그곳을 방문하기 위해 수천 마일의 여행도 불사한다. 향을 사르고 경배를 드리기 위해 대규모로 배를 타고서 연례 순례에 나선다. 이 정도면 본산과 말사가 외국에 있는 종교들이 우리나라에 유익하지 않다는 사실을 입증하기에 부족하지 않을 것이다. 이 나라의 부를 외국으로 이전하는 결과가 될 것이고, 결국 나라의 쇠퇴를 초래할 것이다. 그러한 지역의 어떤 나라가 우리를 공격하기 위해 군대를 일으켜도 우리는 저항할 수 없을 것이다. 사쓰마(薩摩)에서는 일향종(一向宗)[19]이 금지되었다. 일향종은 그 가르침이 깊은 신심을 불러일으켰기 때문에 사람들에게 공포심을 줄 정도로 더욱 엄격히 금지했다.

일본인이라면, 늘 먼저 고대의 전승인 신도를 존중해야 한다; 그런 후에야 중국, 인도, 서양, 그리고 어디가 되었든 좋은 것이 있으면, 설사 사소한 것이라 하더라도 그것이 신도의 성스러운 도를 밝히는 것이라면, 끌어 써야 할 것이다. 근본을 잊지 않으면서 사소한 것들을 꼼꼼히 챙겨야 한다는 것이다.

　......

　신도의 손쉬운 실천은 각자 '충, 효, 순결'을 기초로 삼아, 자신이 맡은 바에 충실하며 자비와 의로움을 굳건히 하는 것이다. 나아가 신들을 존중하고 나라에 충성할 것을 다짐해야 한다. 신도의 신성한 실천을 열망하는 자들도 손쉬운 원칙을 좇는 자들과 마찬가지로 이런 원칙을 고수해야 한다.

　여기서 우리는 중요한 물질과 부차적 물질, 중요한 「기(氣)」와 부차적인 기, 중요한 영과 부차적 영의 차이를 구별해야 한다. 이것이 일본 과학의 중요한 기초이기 때문이다. 이것이 중국과 서양의 학자들에게 알려지지 않은 진실된 도이다. 중요한 물질은 천지개벽 때에 비롯된 '기름과 같은 물질'이다. 그것은 오늘날까지도 응결된 형태로 살아있는 것의 종자로서, 식물의 씨앗으로, 그리고 금속과 돌의 근원적 정수로서 살아 남아있다. 부차적 물질은 살아있는 것의 먹거리이며, 식물과 나무의 즙과 분비물이며, 금속과 돌이 만드는 축축한 흙이다.

　인간의 몸에서 중요한 기는 배꼽을 뜻한다; 부차적 기는 숨이다. 아는 사람이 별로 없으니 설명이 필요하다.

　인간이 자궁에 있을 때, 기는 탯줄을 통해 자궁에 도달한다. 태어난 후에는 중요한 기의 근원인 배꼽을 보호해야 한다. 배꼽으로 호흡을 하게 되면 기력이 솟구치고 장수하게 될 것이다. 중국에는 불사의 도가 있다. 그것은 배꼽으로 숨을 쉬는 방식을 장수의 비결로 여긴다.

　......

　중요한 영은 뇌 속에 있다. 하늘에서는 영이 모든 것을 밝힌다. 하늘에서 보면 인간의 몸은 이와 같이 보일 것이다. ⊙. 이것은 '태양(日)'에 해당되는 옛 한자를 닮았다; 불교에서 말하는 일원상(一圓相) 그리고 중국의 「태극(太極)」과도 비슷하다. 이것은 '근원을 잊지 않는 곧은 마음'과 '서로 돕는 곧은 마음'의 바탕이 된다.

　부차적 영은 언어이다. 모든 가르침은 언어로 나타난다. 언어 덕분에 심지어 사악한 인간도 궁극적 인과 의의 다카아마노하라로 갈 수도 있다. 언어는 인간을 사악한 짓으로 이끌기도 한다. 그러므로 언어는 중요하다. 언어라는 이 부차적 영이 인간을 다카아마노하라로 이끌기도 하고 저 세상으로 향하게 하기도 한다. 그러므로 인간은 언어에 주의해야 한다.

```
중요한 물질 ─────────────────── 부차적 물질
육체                              쌀 일본
                                 물고기
                                 고기 (야생; 소고기) 외국

중요한 기 ─────────────────── 부차적 기
배꼽                             숨

중요한 영 ─────────────────── 부차적 영
```

---

19) [영] 일향종(一向宗)은 15세기 후반과 16세기에 농민반란을 촉발시킨 호전적인 정토종 승려들의 한 분파를 말한다.

근원을 잊지 않는 곧은 마음;            언어
서로 돕는 곧은 마음                   가르침
                                       기만

　신도의 신성한 실천을 좇는 자들은 이 원칙을 세심히 공부해야 한다. 손쉬운 실천을 지키는 자들도 이것에 대해서 알고는 있어야 한다.

　모든 나라의 모국어에는 도가 원래 있다. 그래서 석가모니가 a와 o를 깊이 숙고해서 불교의 도를 깨달은 것이며, 공자가 '인(仁)'과 '의(義)'라는 문자의 의미를 설명해서 도를 확립한 것이다. '중(中, ちゅう)'에 해당하는 한자는 '동(東, とう)'과 운이 맞다; 이것만 봐도 일본이 중국의 동쪽에 있는 것은 우연이 아니다.

　일본에서 태어나서 기쁠 수밖에 없는 가장 큰 이유는 아(あ)-이(い)-우(う)-에(え)-오(お)로 시작하는 50가지 음의 체계이다. 이 체계는 다른 어떤 곳에서도 존재하지 않는다. 그것은 이 나라 일본을 위한 천상의 신의 선물이다. 그러므로 소리 하나도, 구절 하나도 소홀히 하지 않고 그 의미를 깊이 새겨야 한다. 우리는 이 소리를 서로 결합시키는 규칙을 배워야 하며, 그것을 배우고 나서 우리의 논의를 시작해야 한다.　　　　　　　　　　　　　　　　　　　　　　　　　　　[MT/류정훈]

# 오리구치 시노부

折口信夫, 1887-1953

신국학파 민속학자이고 신도 학자이며 전통 문학 연구자에, 샤쿠초쿠(釋迢空)라는 필명의 '단카(短歌)' 시인이었던 오리구치 시노부는 오사카(大阪)의 시골 출신이었다. 그는 공부를 위해 도쿄로 왔고 고쿠가쿠인(國學院)대학에서 일본문학을 전공했고 1910년에 졸업했다. 12년 후에 정교수가 되었고, 종교로서의 신도에 관해 강의했다. 1928년에 게이오대학(慶應大學)에서도 강의했다.

니토베 이나조(新渡戶稻造, 1862-1933)가 조직한 학습모임에서 야나기타 구니오(柳田國男, 1875-1962)를 만나면서 오리구치는 평생 민속학에 관심을 가지게 되었다. 1913년에 그는 야나기타의 문하에 들어갔고 1930년대까지 두 사람은 긴밀하게 협력하면서 연구했다. 두 사람 중에서 오리구치는 더욱 전통에 천착했다. 그는 고대의 문헌으로부터, 특히 『만엽집(萬葉集)』에서 당대 일본인의 정신세계의 정수를 찾고자 했다는 점에서 200년 전의 국학자 가모노 마부치(賀茂眞淵, 1697-1769)*를 닮았다. 오리구치의 최대의 역작은 일본의 고대 역사 연구서인 『고대 연구』이다.

이어지는 발췌문들을 읽어보면 알게 되겠지만, 오리구치는 신도 연구에 있어서 히라타 아쓰타네(平田篤胤, 1776-1843)*로부터 큰 영향을 받았다. 아쓰타네처럼 그도 신도 신학이 일본의 국학 전통과 '위대한 인간' 계보의 핵심이라고 생각했다. 일본인다움의 뿌리에 큰 관심이 있었던 다른 학자와 마찬가지로, 오리구치는 그의 말년에 신도의 위상을 세우고자 분투했다. 그 시기는 일본이 1945년 태평양 전쟁 패배의 여파로 시달리던 때였다. 그는 오로지 가미(神)에 대한 믿음을 회복하는 것만이 질서 있고 아름다운 일본 사회를 만들 수 있다고 역설하면서 자신의 연구로 다급히 사회적 요구에 답하려 했다.                                                                [PEN/류정훈]

## 국학 연구의 목적

오리구치 시노부 1943, 312-19

국학 연구의 목적은 고전을 연구하는 것이다. 분명 고전이 출발점이지만 그것이 진정한 목적은 아니다.…

국학연구의 계보에 게이추(契沖, 1640-1701)라는 유명한 승려가 있지만, 역사상 최고로 꼽히는 '가장 위대한 네 인물'은 가다노 아즈마마로(荷田春滿, 1669-1736), 가모노 마부치(賀茂眞淵, 1697-1769)*, 모토오리 오히라(本居大平, 1756-1833)*, 그리고 히라타 아쓰타네(平田篤胤, 1776-1843)*이다. 게이추는 그들에 미치지는 못하지만, 가르침이라는 관점에서만 본다면 그도 당연히 포함되어야 한다. 심지어 어떤 이는 그를 국학의 시조로 말하기도 한다.… 그러나 만약 고쿠가쿠인대학(國學院大學)을 국학의 살아있는 모범으로 여긴다면 게이추는 제외된다. 이 대학의 두드러진 점은 정문에 고쿠가쿠 신사를 두었다는 것이다. 게이추를 제외한 것은 신도 승려들이 속 좁게도 불교 승려를 경멸해서만은 아니다. 나는 게이추의 학문을 존중한다. 그러나 단지 지식에만 한해서이다. 게이추는 위대한 인물이고 일본을 사랑한 사람이었지만 그것은 일본인이라면 당연한 일일 뿐이다. 그것만 제외하면 그를 위대한 인물이라 할 수는 없었을 것이다.… 게이추의 시대에 「와카(和歌)」는 연구의 주제가 되었다. 그 주요 목표는 고대 문헌의 완전한 그리고 정확한 해석을 용이하게 하자는 것이었다. 승려로서 그는 인도의 고전어인 산스크리트어에 능했고 그의 학문적 자세는 극히 엄격했다. 이 자세는 그의 후계자들에게도 전해져 문헌학과 일본의 언어학이 번창 일로에 들어선다.…

고대 일본을 연구하기 위해서는 고대로부터 전해온 일과 의례를 아는 것이 필요하다. 축전을 행하기 위해서도 의례에 대한 지식은 필수적이다. 이런 문제들을 연구하기 위해서는 고대의 문제를 면밀히 검토해야 한다.… 먼저 국학은 헤이안시대(平安時代, 794-1185), 나라시대(奈良時代, 710-794), 그리고 그 이전 시대의 문헌 연구로부터 시의 작법과 언어학의 연구로까지 확장되었고, 거기서 고대의 풍습, 의례, 정치와 경제로 나아갔다. 국학 연구는 심지어 고대의 정치와 경제도 연구하면서 지금의 정치와는 사뭇 다른 고대의 정치가 어떤 방식으로 세상을 이롭게 할 수 있었는지를 살폈다. 정치와 경제가 사람을 유익하게 하는 것이 이상이었기 때문에, 후대에 발견되는 그런 유형의 이상이 아니라 도덕적 정서가 중요한 것으로 여겨졌다. 이런 점에서 국학자들이 중국 유학자를 직접적으로 모방하지 않았다 하더라도 서로 비슷했다.… 그래서 국학자들은 오직 일본의 윤리와 도덕만이 일본을 구할 수 있다고 믿게 되었다.

이런 관점에서 앞서 언급했던 네 명의 위대한 국학자들에게서 학문과 그 방법론에서 동일한 도덕적 목표를 확인할 수 있다. 국학이 어떤 것인지를 정확히 알지 못했던, 그들의 동시대의 학자들의 도덕적 정서가 확고하지 않았음도 알 수 있다. 그러므로 만약 게이추가 국학자로서 자격이 있는지를 알고 싶다면 먼저 그의 일본적 도덕적 정서가 확고한가 아닌가, 그리고 그 정서가 그의 연구에서 중요한 것인지 아닌지를 검토해야 할 것이다. 왜냐하면 국학연구가 진전할수록 더욱 깊이 일본 고대의 도덕을 연구하게 되기 때문이다. 이것 없이는 국학 연구가 성립하지 않는다. 그렇지만 평범한 시기의 도덕적 정서는 특별한 시기에 두드러지는 그것과는 다르다. 예를 들어 입시를 준비하는 시기의 학생이라면 그들이 대학에 진학했을 때 일본 문학, 일본사, 일본의 도덕에 대한 연구를 한다거나, 철학, 윤리, 역사 그리고 문학을 공부하겠다는 생각을 할 것이다. 그러나 이런 식으로 국학연구는 성립하지 않는다. 이런 공부를 한 뒤에 자신만의 학문에 뜻을 세우고 그 방향으로 일로매진해야 한다. 만약 성급히 역사, 문학 혹은 윤리를 공부하기로 결심한다면 이런 편협한 목표로는 결코 만물의 이치에 도달할 수 없을 것이다.

......

우리가 잊지 말아야 할 것은 국학은 열정의 산물이라는 사실이다. 지식은 열정에 의해 잉태되며, 우리의 그것은 윤리와 도덕에 관한 일본적 관점을 알고자 하는 열정으로 태어난 고대에 관한 지식을 말한다. 우리가 말하는 '상고시대'는 헤이안과 가마쿠라시대(鎌倉時代, 1185-1333)를 넘어 근대 초기 혹은 에도시대를 포함한다. 이런 식으로 우리는 일본 정신의 근본을 배우게 된다.

세상이 무심해지고 우리의 열정도 쇠하면서 국학을 향한 관심도 잦아들었다. 국학의 목표와 주제는 신도이며, 국학의 목적은 신도를 연구하는 것이라 해도 무방하다. 그러나 지금처럼 일본에 대한 믿음이 의문시되고 국학이 도덕적 관습 정도로 시시하게 치부될 때, 백성들은 어려움을 겪고 있고 위기가 언제 닥칠지 알 수 없을 때, 국학은 무엇을 할 수 있는가? 간단히 말하면 우리는 믿음을 확고히 해야 한다. 내 관점으로 국학은 세 가지 영역으로 구분된다:

1. 정적이며 지적인 학문.
2. 지적인 측면도 필요하지만, 열정이 주도하는 학문, 즉 실천적인 학문.

궁극적 목표는 믿음이다. 달리 말해 지적으로 정체된 국학은 충분치 않으며 역동적 요소를 필요로 한다. 학문은 열정을 요구한다. 믿음으로 달궈져야 한다.

3. 그리고 마지막으로 실천적이고 실용적인 학문.

국학은 지식에다 열정까지 더해질 때 우리가 획득하는 것이다. 달리 말하면, 우리는 실천적이되 그 실천을 윤리적 정서가 주도하도록 해야 한다. 우리는 늘 어느 정도까지는 실천적이어야 한다, 그러나 실천의 순간이 왔을 때보다 더 이상이어서는 안된다.
......
예부터 일본이 난국에 처했을 때마다 그것을 헤쳐 나가기 위해서 뭔가가 필요했다. 영적인 어떤 것―요즘 말로 기적―이 나타났다. 몇 가지 그런 기적이 있었다. 사실 지난해에도 우리는 엄청난 것을 목격했고, 그 결과 우리 마음속 깊이 숨어있던 믿음이 처음으로 되살아났다. 이것은 보통 일이 아니다. 그렇다고 경외로운 일을 겪었을 때처럼 두려움에 떨 일도 아니고, 은혜를 입은 것처럼 고마워 해야 할 일도 아니다. 노력을 기울인 만큼 기대했던 대가를 받을 수도 있고 그렇지 못할 때도 있다. 또한 의외의 결과물이어서 기적적이라고 할 수밖에 없는 경우도 있다. 일본의 역사는 이 나라 백성에 용기를 북돋운 기적의 역사이다. 일본인들이 살아남았을 뿐만 아니라 오히려 힘을 키웠던 이유는 난관에 처할 때마다 신념을 잃지 않고 마음속에 있던 용기를 이끌어냈기 때문이다. 우리에게 믿음은 가장 중요한 것이다. 국학자들이 광신자들의 믿음과는 다른 이런 믿음을 깨닫게 될 때, 그들은 만물의 참뜻을 이해하고 그것을 설명할 수 있게 된다.

이런 식으로 면면히 이어오면서 수많은 선구자들이 신기원을 연 국학이란 학문은 이와 같은 위기의 시대에 제 구실을 할 것이며 이 사회가 봉착한 난제들에 해결책을 제시해줄 것이다. 애초에 우리 스스로가 일본인의 도덕적 삶은 그런 심오한 믿음을 전제하고 있다는 것과 이 믿음이 기적을 일군다는 사실을 명심해야 한다. 그것은 나라에 엄청난 기적을 불러올 것이며, 현재의 이 비상한 시국에도 또한 그럴 것이다.
[PEN/류정훈]

## 종교로서의 신도의 재탄생

오리구치 시노부 1949, 461, 463, 467-72

1945년 여름이었다. 나는 나날이 시시각각 전쟁 종료가 다가오고 있다는 비참한 현실을 깨닫지 못하고 있었다. 그 어느 날 나는 일종의 계시로 압도되었다. 이것이 내가 그때 들은 것이다. "미국의 젊은이들이 들이는 노력은 실상 열렬히 성지회복을 위해 분투했던 그들의 선조들의 그것이 아닌가?" 그것이 정녕 그러하다면, 우리가 전쟁에서 이긴다는 것이 과연 가능한 것인가를 우리 스스로 되물어 보게 할 것이다.

우리 스스로의 열정은 가라앉았을지라도 그것의 열기마저 가라앉은 것은 아닐 것이다. 그럼에도 불구하고 우리는 일본의 젊은이가 미국 젊은이만큼 종교적 열정이 있었을까 의문을 던지면서 절망적 체념 상태에 있었다.

......

지금까지도 신도를 조직화된 종교로의 전환한 것은 큰 실수로 여겨진다. 왜냐면 그것을 종교로 취급한다는 것은 신도의 도덕적 속성을 반납하는 꼴이기 때문이다. 신도와 도덕성과의 끈끈한 유대를 고려해보면, 그런 연관성으로부터 한발짝이라도 물러서는 것은 도덕성의 붕괴를 불러올 것이라는 생각이 든다. 신도는 종교로 여겨지면 안된다. 그렇게 여기는 것은 신도를 종파적 신도로 만드는 것이다. 지극한 순수주의를 바탕으로 신도의 도덕성을 수호하고자 하는 이들은 신도가 종교적 방향으로 흐르는 것을 맹렬히 거부했다.

최근의 경험에서 (그렇지만 우리가 태어나기도 전이다) '종파적 신도'라고 알려진 먹구름이 메이지유신을 전후해서 지나갔다. 내가 보기에는 당시에 그것이 큰 세력을 얻은 것은, 앞에서 말했듯이, 순수주의자들의 도덕적 관점으로는 그것을 막을 수 없었기 때문이다. 이 잘못된 순수주의가 퇴조하자 자유로운 신도의 맹아가 싹트기 시작했던 것이다.

바로 이때 대세를 이끄는 지도자들, 각성한 추진자들이 등장했다. 그들은 적절한 교육을 받아서 신도를 종교로 탈바꿈시켰고, 다양한 신도의 교의적 흐름을 등장시켰다. 맙소사 그런 상황이 꽃을 피우기도 전에 메이지유신의 효과가 하나하나 자리 잡기 시작했다. 다행스런, 혹은 겉으로 보기에만 다행스런, 상황이 지속되었지만, 결과는 다시 한번 신도를 종교로 만드는 것은 도덕적으로 용납할 수 없다는, 그리고 그것이 신도 순순주의의 걸림돌이라는 분위기가 우세해졌다. 이런 식이라면 일본의 신도는 종교가 아닌 다른 어떤 것으로 발전해 나갈 것이다.

......

종교가 만들어지기 위해서는 열정만으로는 충분하지 않다. 종교에서 정말 중요한 것은 각성한 선각자의 등장이다. 어떤 사람이 「가미(神)」에 대한 진실한 마음을 갖고 나타나지 않는다면, 아무리 많은 경전이 있다 하더라도, 아무리 멋진 신학적 체계가 세워지더라도 아무 의미가 없다. 아무리 오랫동안 그리고 아무리 간절히 고대하더라도 그런 상황에서 선구자가 등장할 것이라는 보장은 어디에도 없다. 그럼에도 불구하고 우리가 지속적으로 준비를 하고 있다면 수백의 수천의 혹은 수만의ー모든 세상 사람의ー열렬한 갈망 속에서 마침내 가미의 뜻을 지닌 한 인간이 나타날 것이고 그때부터 종교가 모습을 갖추게 될 것이다.

그건 만이 아니다. 나는 최근에 교양 있는 계층에서 선각자가 나타나 신도 종교를 세울 것이라는 생각을 하게 되었다. 이런 점에서 우리는 깊은 사색과 강한 열망을 견지하면서 온 마음을 다해 가장 소중한 것을 바쳐서 이런 계시의 담지자가 도래하기를 고대해야 한다. 솔직히 말하면 그런 이적(異蹟)은 수많은 신도 신자들 중에서 지고한 신의 의지에 답하는 예언자가 있는 곳에서 일어난다.

우리는 인내심을 갖고 그 순간을 기다려야 한다. 종교적 확신이 있어야 하며, 가미의 심오한 의지를 이해하고 있어야 한다. 문제는 그 순간이 왔을 때 우리가 그럴 준비가 되어있는가 하는 점이다. 우리는 어떤 가미를 고대하는가? 어떤 가미를 우리가 기다리고 있는가? 우리의 결의를 확고히 하기 위해서 끝까지 이런 의문을 던져야 한다.

전쟁이 막바지에 치달았을 때 이상한 일이 나타났다. 거의 희극적인 일이었는데 그것을 회상해보는 것은 여전히 의미 있는 일이다. 신도 학자와 관료들 사이에서 태양신 아마테라스오미카미와 첫 번째 신 아메노미나카누시 노카미 중에 누가 더 높은가를 놓고 논쟁이 있었다. 심지어 마치 그것이 공적인 일인 것처럼 접근하거나 해결책을 강구하려는 사람들이 있었다. 그때 우리는 엄청난 분노를 느꼈다. 가미에 관한 의문을 해결하기 위해서 우리는 무엇을 해야 하는가? 종교의 문제를 이런 식으로 해결해야 할 특별한 이유가 있는가? 가미가 그런 식으로 처참하게 모독당하는 것을 보고 있자니 극심한 후회와 함께 분노의 눈물이 솟는다. 바로 그런 이유로 가미가 우리로부터 등을 돌려버린 것이다.

그러나 이제 와서 좀 더 냉정한 마음으로 그때의 상황을 돌이켜보니, 일본에 나타나게 될 가미의 종교적 실존이라는 문제가 반영되었기 때문이었다는 생각이 든다. 아마테라스오미카미와 아메노미나카누시 노카미를 둘러싼 그 모든 혼란에서 종교적 특성과 관련된 신성한 요소의 흔적이 미약하지만 보이지 않는가? 요즘 나는 이런 결론에 도달했다: 만약 일본의 신앙이 다른 나라 신앙의 요소를 갖고 있다 하더라도, 거기에는 일본과 세계를 위해 종교와는 완전히 동떨어진 뭔가 특별한 것이 있다.

이것은 다카미무스비(高御産巢)와 가미무스비(神皇産靈尊), 즉 무스비노카미(産靈神) 신앙이다. 무(産)에 해당하는 한자는 '낳다'를 뜻하고 스비(靈)에 해당하는 한자는 '영혼'을 말한다. 그래서 합하면 '영혼을 낳는'이라는 뜻이 된다. 이것은 가미 자체에 대한 믿음이 아니라, 생존하고자 하는 힘을 갖고서 몸 속에서 분출하는 영혼에 대한, 혹은 영혼이 무생물 속으로 들어가면 그 속에서 그 무생물과 함께 자라난다는 사실에 대한 믿음을 말한다. 물질은 성장하고 영혼은 그것과 함께 발달한다. 만물 중에서 가장 완벽한 것은 가미이며, 그 다음이 인간이다. 상고시대의 사람들은 불완전한 물질 중에서 가장 놀랍고도 강력한 것은 일본의 열도라고 믿었다. 이런 믿음은 일본의 고대 신화와 오야시마(大八州, 일본)의 창조와 가미의 탄생 설화에 반영되었다.

달리 말하면, 나는 물질에 영혼을 주입하고 육체와 영혼 사이의 관계 속에서 생명을 낳는 힘을 가진 가미에 대한 믿음이 신도 신학의 출발점이라 생각한다. 이것은 특정한 가문들 사이에서, 고대의 일본으로까지 소급해서, 무스비노카미가 자신의 조상이라 주장하는 잘못된 믿음을 초래하기 쉽다. 같은 취지로 자신의 가문을 천황가의 조상들과 동일시하는 오래된 문헌도 존재한다. 천황가의 조상으로서 혹은 가문을 세운 조상으로서 언급되는 다양한 신 중에서 다카미무스비와 가미무스비가 자주 언급된다. 조금만 생각해봐도 어떤 인간 가미도 영혼을 주입할 수는 없다는 것을 알 수 있다. 그것이 이해 못할 일은 아니지만 논리적으로 모순된다.

오늘날까지도 일본 사람들은 자신의 조상 중에 그들과 가장 깊은 영적 관계에 있는 사람을 그런 가미와 동일시하는 경향이 있다. 이와 동일한 사고방식에서 과거에 조상이 아니었던 가미를 조상으로 만들어버린 수많은 예를 볼 수 있다. 다카미무스비 노가미도, 가미무스비 노가미도, 누구도 인간의 조상이 아니다. 인간의 영혼은 생명을 양육하고 육체적 성장의 터전이 되는 가미로 여겨졌다. 신도 신학에 대한 오해를 피하기 위해서 우리가 해야 할 가장 중요한 것은 종교로 모시는 가미를 자신의 조상으로 여기지 않도록 하는 것이다. 이것은 특이한 윤리적 관점을 초래해서 그것과 종교와의 관계가 천박해지게 만든다. 이런 곤란한 문제의 해결을 위해, 우선 위대한 가미를 인간의 혈통과 분리시키는 것이 마땅하며, 가미를 우리 자신의 족보와 별개인 종교적 신으로 여겨야 한다고 생각한다. 이런 가미 덕택에 우리의 몸과 마음이 지금의 상태로 성장한 것이다. 우리의 믿음에 덧붙여, 우리가 사는 이 영토가, 주변에 있어서 늘 보게 되는 산과 강과 식물이, 그들을 현재의 모습으로 키워주고 보존해주는 영혼을 부여받았기 때문에 존재하고 생장하는 것이다. 나는 인간과 동물과 땅과 그 땅의 생산물을 생명이 있는 것으로 여기기 위해서, 이런 문제에 관해 우리가 새로운 관점을 가져야 한다고 믿는다.

　달리 말하면, 우리가 해야 할 가장 시급한 일은 우리의 지식을 되살리는 일이다. 신도의 교리는 다카미무스비 노가미와 가미무스비 노가미를 신앙의 중심으로 복원시켜야 한다. 이를 위한 기초작업은 신도 신학이 오랫동안 준비를 해왔기 때문에 이미 존재한다. 우리에게서 문제가 되는 것은 신도를 종교로 바꾸겠다는 열정의 부족이다. 남은 문제는 그 과업을 완수하기 위해 종교적 선지자의 위대한 출현을 기다리는 일이다. 이 세상에 기본적 질서를 회복시키고 더 좋은 질서를 부여하기 위해서, 다시 한번 우리가 그렇게 오랫동안 경시했던 가미의 부활을 갈망해야 한다. 그리고 우리 마음속에 있는 가미에 대한 믿음을 회복해야 한다. 이것을 해내지 못하면 오늘날 일본에서 질서 있는 아름다운 삶을 결코 이루지 못할 것이라 생각한다.　　　　　　　　　　　　　　　　　　　　　　[PEN/류정훈]

# 우에다 겐지

上田賢治, 1927-2003

우에다 겐지는 도쿄(東京)의 신도 소속의 고쿠가쿠인대학(國學院大學)에서 종교심리학에 관한 논문으로 석사학위를 얻은 지 4년 후, 하버드대학에 진학해서 폴 틸리히(Paul Tillich, 1886-1965)를 사사했다. 1960년에 모교로 돌아와 신도 신학을 가르치기 시작했다. 1973년에 그는 본 대학에서 18개월 동안 방문 교수로 재직기도 했다. 1982년에는 모교에서 박사학위를 받았고 일본 고전 문화 연구소의 소장이 되었고 4년의 임기를 마치고 은퇴했다. 틸리히의 지도하에서 종교적 신앙에 대한 신학의 중요성을 인식하게 되었고 자신의 학문을 신도에 적용해 보겠다고 결심했다. 의례적 관점으로 신도 (神道)의 역할을 제한하려던 전후(戰後)의 민간과 학계의 강력한 추세에 맞서면서 겐지는 '신도 신학'을 제시하면서 신앙과 그에 따르는 행실이란 전통적 개념을 보완했다. 그리고 만약 신도가 점점 더 세속화하는 사회의 일상에서 살아남으려면 신도의 가르침을 비판적으로 검토하는 것이 필요하다고 주장했다. 그리고 나서야 신도 지도자들과 학자들이 의식적인 신앙의 '고백'으로 자신들의 종교를 제시할 수 있으며 동시에 다종교 사회를 살면서 자신만의 종교적 정체성을 유지시키는 과제를 성취할 수 있다고 말했다. 다음에 제시되는 발췌문에서 우리는 그가 당대의 기독교 신학적 성찰의 핵심적 문제들을 통해서 신도의 신학적 지위를 확인하려 했음을 알 수 있다. [JS/류정훈]

## 신도에서 말하는 죄

우에다 겐지 1986, 140-1

신도에서 죄는 사람들이 범하는 사악한 행위와 모든 종류의 악을 망라한다. 신도적 사고방식의 배후에는 악은 인간뿐만 아니라 악령에 의해서도 저질러진다는 믿음이 깔려 있다. 이런 믿음의 실천은 신도가 인간에게서 가미의 단초를 본다는 것을 암시한다. 달리 말하면 원초적인 상태에 있을 때 인간이란 존재는 도덕적 판단을 하는 것으로 보이지 않는다는 것이다. 생명이 가진 힘을 발휘할 때에—그것이 파괴적으로 표출된다 하더라도—신도는 창의성을 초래하는 힘을 인식할 수 있으며 그 힘을 갈무리할 수 있다. 그러므로 악에 대한 신도의 근본적 전제는 인간의 본성이 악한 것이기 때문에 초월적인 신의 구원을 필요로 한다고 단언하는 것도 아니고, 특정한 행위나 행위의 총체를 악으로 규정하는 것을 목표로 삼는 것도 아니다. 오히려 인간의 생명력에 존재하는 창의적 힘을 선한 것으로 본다. 그것은 생명력의 정체, 유출, 그리고 상실과 관련된 부차적이며 부정적인 상태를 죄라 여기는 가치 판단적 태도의 신앙이다. 그러므로 신도는 죄를 짓지 않을 것을 강조하지만, 그것이 저지른 죄에 대한 자책의 차원이 아니라 인간이 가진 생명력에 대해 무책임하면 안 된다는 차원에서 강조하는 것이다.

죄가 '정화'를 통해서 완전히 제거된다는 믿음은 악에 대한 신도적 관점의 본질에 대한 의혹을 해소해 준다. 그것은 자책이라는 부정적인 감정을 제거하고 긍정적 감정을 북돋우는 것을 뜻한다.

악이라는 기독교적 개념과 사악한 욕망이라는 불교적 개념은 실제로 사람들이 범하는 사악한 행위를 설명하기에는 유용하지만, 자책이라는 부정적 감정을 조장할 위험이 있다. 이와는 대조적으로 신도는 인격의 긍정적 완성을 촉진하고 양성하는 것이다. 이런 점에서 신도는 정통적인 프로이드 정신분석을 따르는 로저리언 학파(Rogerian School)의 치유적 접근법과 상통한다.

물론 신도적 태도가 아무런 문제점이 없다는 것은 아니다. 예를 들면 인간의 범죄적 행위가 부정적 자책으로 유발된 병리적 현상이라고 주장하는 것은 심리적 불안의 증상에 대해 죄의식을 덜어주고, 악행에 대해서 그리고 판단의 결과에 대해 무책임해질 가능성을 열어놓는다. 모든 범죄는 신에 의해서 저질러진다는 믿음 또한 그럴 위험을 내포한다.

일반적으로 악행이 생명력에 어두운 그림자를 드리운다든가 그것이 부정적인 자책 혹은 죄의식의 결과라는 점에는 의심의 여지가 없다. 자아가 가치 판단을 가능하게 하는 정체성을 완전히 확립하기도 전에, 즉 선과 악에 대해서 여전히 무관심한 상태에 있을 때, 이미 죄악에 대한 부정적 의식을 지닌 부모가 아이의 자아를 자책하게 만든다. 이런 관계는 상징적이지만 사악한 영혼을 인정하는 신도의 믿음과 일치한다. 자신의 죄에 대해서 책임을 진다는 것은 자아를 생명력의 창조성에 눈뜨게 하는 것이며, 판단을 내려서 창의적 행위에 참여하는 가치판단적 전유인 것이다. 결국 사악한 영혼 자체를 믿는 것이 개인적인 생명력의 성장을 위해 필요한 자기부정의 힘을 상징하는 것이란 결론이 나오지 않겠는가?

[JS/류정훈]

## 인간에 대한 신도의 관점

우에다 겐지 1991, 217-19

신도는 인간과 자연 사이의 영적 소통의 가능성을 인정하는 신앙이다. 그것은 자연과 인간이 이 나라의 조상 가미에 의해서 혈연관계로 태어났다는 전승에서 드러난다. 그것은 신도의 의례가 가능한 한 자연 친화적으로 이루어지며 인위적인 수단의 사용을 최대한 피하면서 진행된다는 점에서 또한 명백하다. 그러므로 신도 신앙의 관점에서 자연은 결코 인간과 완전히 구별되는 '사물'이 아니다. 신도의 신도들이 자연을 사랑하고 그 힘을 경외하며 그 가치를 존중하고, 자연을 향해 감사의 태도를 지니는 것은 당연한 일이다. 이 모든 것이 신도의 이상적 인간에 대한 중요한 기준이 된다.

그리고 신도 신앙에서 조상은 단순히 죽어 없어지는 존재가 아니다. 부모는 직접적으로 가미로 여겨지지는 않지만 조상의 혼으로서 경배의 대상이 된다. 이 사실은 우리의 생명이 가미의 후손으로서의 생명이며 그러므로 우리의 생명 속에서 신의 의지를 간파할 수 있다는 생각을 낳는다. 이 땅을 낳고 그 모양을 형성시킨 조상 가미가 우리의 생명을 축복해왔으니 이 땅에 사는 모든 생명은 평화롭게 번성하는 것이다. 그러므로 인간의 자식으로서 모든 인간은 신이 주는 축복을 받는 것이다. 우리는 선조에게 생명을 물려받은 것에 감사하고, 그것이 더욱 흥하게 하고 생명이란 어떤 것인지에 대해서 더욱 많이 아는 것이 우리의 임무임을 안다. 이것이 우리가 역사에 참여하는 것이며, 우리의 임무는 생명력의 긍정적 완수에 뛰어드는 것이다. 신도는 이것을 일컬어 "신성함을 지니는 것"이라 한다. 그러므로 일에 즐거움을 느끼는 정신으로, 그리고 후손에게 이런 삶의 방식을 물려주는 것을 역사에 참여하는 기본이라고 생각하는 정신으로, 가미와 조상과 부모에 대한 존경심과 감사의 마음을 갖고서, 인간이 어떤 존재여야 하는가에 대한 생각은 형성되어야 한다.

위에서 언급한 인간에 대한 상(象)은 영적인 존재에 대한 믿음을 전제로 한다. 그렇다고 이런 영적 존재가 자연과학의 대상물로서 관찰 가능한 구체적 실체는 아니다. 차라리 그것을 우리의 마음과 정신에 반응하는 '작용'이라고 이해하는 것이 나을 것이다.

게다가 신도는 인간을 육체적으로 혹은 심리적으로 분리될 수 있는 존재로 여기지 않는다. 모든 존재는, 인간의 경계를 넘어서, 역사적이고 사회적 관련성 속에서 생명을 획득한다. 진정으로 이점이 인간을 인간이 되게 하는 것이다. 가족, 지역, 나라, 혹은 온 세상이라는 공동체 속에서, 그 공동체가 전체적으로 발달하고 성장하도록 하는 것이 개인의 존재로서의 가치와 의미에 부응하는 것이라 믿고서, 그것을 최우선 과제로 삼는 것이다. 공동체에 대한 책임감과 봉사는 가미의 자식으로서 우리의 인간성에 깊이 각인되어 있다. 이것이 인간적인 기쁨의 근본적 원천이다. 당연히 그런 믿음은 개인적 '권리'를 억누르거나 무시하는 것을 전제하는 것이 아니다. 신의 혈통 속에서 가미의 역할이 반영된다고 생각함으로써 우리는 무수히 많은 신에게서 믿음의 본질에 대한 더 깊은 이해를 얻게 된다. 가장 이상적으로는 개별성의 추구가 전체 생명의 발달과 분리되지 말아야 한다. 이런 점에서 개인적 인성의 수양이라는 이상은 인간에 대한 신도적 관점에 매우 부합한다.

마지막으로 우리는 의례적 전통이 신도에서 매우 중요하다는 것과 이것이 어떻게 인간의 형성에 영향을 미치는지를 면밀히 검토해야 한다. 나는 앞에서 이 땅을 낳은 신성한 행위의 일환으로서, 조상 가미가 인간과 자연을 함께 낳았을 언급했다. 객관적으로 말하면, 신도는 생명력에 있어서 존재의 정수를 찾고자 하는 믿음이다. 그러므로 인간성은 그것이 주어진 형태로 긍정적으로 인정되고 수용된다. 이것은 엄밀한 의미에서 인간이 선한 존재로 여겨진다는 것을 의미하지는 않는다. 생명력이 무작정 자신과 다른 존재의 성장을 촉진하도록 작용하는 것은 아니기 때문이다. 때로 생명력은 심지어 스스로를 해치거나 파괴하기도 한다. 개인적 인간이 정신적으로 성숙하다면, 그의 자제력으로 이런 파괴적인 경향을 통제할 수 있다. 심지어 여기서도 이런 억지력의 지속이, 우리로 하여금 인간성의 기반해 가치를 지향하는 방향으로 향하게 하고, 그 가치를 계속해서 키우는 정신적 에너지의 존재를 인정하도록 이끈다. 대체로 말해 우리는 그런 힘을 '신뢰'(가치의 존재를 근거로 내린 결정에 대한)에 근거한 '믿음'(앞으로 나아가는 활동적인 힘에 대한)이라 부를 수 있다. 신도에서 이것을 '가미의 영적인 은총'이라 여긴다. 달리 말하면, 가치 지향성을 가지는 이런 정신적 에너지는, 그 형식을 엄격히 보존해 그 가치가 인정된, 축제와 의식에 참여함으로써 전해진다.

[JS/류정훈]

## 신도와 생명윤리학

우에다 겐지 1991, 225-7, 230-3

최초에 일본은 도교로부터 '자연'에 관한 생각을 배운 것으로 여겨진다. 이 나라에서 가장 먼저 전해졌던 유학 경전을 보면 '자연'이란 한자어는 어디에서도 보이지 않는다. 그것은 이 나라 최고(最古)의 신성한 책인 『고사기(古事記)』에서 한번, 『일본서기(日本書紀)』에는 아홉 번이 언급된다. 각각의 경우에 '자연(自然, おのずから)'이라는 두 한자어는 '저절로'란 뜻으로 읽힌다. 『겐지이야기(源氏物語)』에서 이 한자어(自然, じねん)는 이와는 다른 불교적 관점으로 읽힌다.

한편 일본의 신화에 언급된 신성한 존재들은 있는 그대로 자연 세계의 정수를 드러내는 것으로 여겨지는 '드러내는' 가미들이다. 이 나라에서는 서양과 같은 '물질'에 관한 사고가 애초에 존재하지 않았다는 것을 이러한 전승이 말해 준다. 모든 것은 영적이다. 물론 강하고 약한, 고상하고 저급한 영혼의 구별은 있었다. 하지만 자연의 힘이 인과율이라는 생명과 무관한 원칙에 의해 통제된다는 생각은 존재하지 않았다. '저절로 드러내는 것'에 관한 존중은 당연한 것이었다.

자연과학은 '존재하는 세상'을 탐구하기 위해 영혼의 존재를 전제하지 않는다. 자연과학의 세상은 영적 세계와는 무관하게 인과관계의 사슬에 의해 작용한다. 신도에서도 존재는 그 존재의 기능과 '작용'이라는 관점으로 본다. 하지만 인간과 신이 하는 일에는 강력한 영적 특성이 있기 때문에, 다양한 존재적 작용을 기본적으로 부정적인 것으로 볼 필요는 없다. 그 작용이 생명체의 '저절로' 존재하고자 하는 경향을 저해하지만 않는다면 말이다.

이 '저절로'라는 생명의 특징적 작용은 양면성이 있다. 예를 들면 인간의 욕망은 그것이 생명력을 강화하거나 심화한다면 긍정적이다. 반면에 그것은 파괴적인 방향으로 향할 수도 있다. 물론 후자의 경향은 가능한 피해야 하지만, 현실적으로 얼마간의 파괴 없이 성장하기란 거의 불가능하다. 우리에게 선택이 가능하다면, 유일한 기준은 그 선택의 결과가 더 나은 결과를 약속하느냐는 것이다. 당연히 자연과학의, 특히 생명과학의, 결과물은 가치 중립적이다. 달리 말하면 그것이 무심하다는 것이다, 그리고 이런 의미에서 '저절로' 발생하는 특성이 있다고 볼 수도 있다. 하지만 현실의 상황을 바꾸기 위해 그 결과물을 사용한다면, 비록 몇몇 인간이 일시적인 이익을 얻더라도 생명체 자체의 관점에서는 과연 이익인지 아닌지 바로 드러나는 것은 아니다. 이런 점이 우려되는 것이다.

에도시대에 많은 국학자들은 중국과 일본의 약을 처방하는 치유자였다. 네덜란드 의학이 도래해서 성공리에 정착하자, 그들은 이런 역할에서 제외되었다. 서양의학의 발달 전에는 이 역사가 거의 완전히 무시되었지만 오늘날에는 이 문제를 돌이켜볼 가치가 있다고 믿는다.

그 당시에 중국과 일본 의학의 시술자들은 서양 의학이 냉정하게 그리고 일방적으로 이성적이며 기술적인 빼어남만을 추구한다고 생각했다. 시신 해부와 몸의 구조에 대한 지식으로 서양의 의학은 질병의 원인을 이해하는 데에는 월등해서, 그 처치와 처방의 유용성에서는 의심의 여지가 없다. 또한 인간이 살아있는 유기적 총체로서 혼과 육체를 가진 존재라는 관점에서 그들은 총체로서의 인간을 치료하는 것을 의학의 목표로 삼았다. 오늘날 서양의학의 전문적 기술과 지식은 상식이 되었기 때문에 그런 전통의학을 되살리려는 것은 시대착오적이라는 비난을 받기 쉽다. 그러나 자연의 법칙이라는 지고한 가치에 근거해 성립된 서양의학이 인간을 '물질'처럼 취급한 것은 말할 것도 없고, 수많은 동물을 실험실에서 희생시킨 것에 대해서 얼마나 많이 비판받았는가? 그리고 수많은 사람이 중국 의학을 향해 느끼는 지대한 애착을 어찌 무시할 수 있겠는가?

## 신도의 기본적 태도

신도가 혼의 영속적 존재를 믿는 신앙이라는 것은 일찌감치 알려졌다. 그것은 애초에 이 세상에서의 삶의 유한성과 상대성을 인정하고 수용했다. 그러므로 '가치 있는 삶'이라는 이상은 개별적 인간 속에서 이루어질 수 없는 어떤 것이다. 그러한 삶은 탄생으로 존재하게 된 세상에서 생명의 의지를 따름으로써 추구되는 것이다. (신도는 존재의 개별적 발현을 가미 혹은 영혼으로 생각하고, 생명의 의지는 '신성함을 품는 것'이라 부른다.) 자연과 공동체의 선의에 감사하는 마음으로, 그것과의 조화를 저버리지 않으면서, 생명을 낳고 키우는 노력을 공유하면서 가치 있는 삶은 이루어진다. 이런 과제를 다음 세대에 전하는 것은 우리의 운명이자 책임이다.

어쨌거나 인간의 삶은 유한하다. 완벽한 성취는 있을 수 없다. 삶을 선사 받았고 일할 수 있는 능력을 얻었기에 삶의 의미와 책무를 함께 추구하면서 삶의 기쁨을 부분적으로 성취할 수 있을 뿐이다. 인간이 후회할 일을 만들고 때로 고통스러울 정도로 후회하는 것은 당연한 일이다. 이것은 신의 의지 때문으로 보일 수도 있고, '저절로' 이루어지는 무심한 세상의 자연스런 일로 여겨질 수도 있다. 중요한 것은 우리가 인간적 생존으로 인한 책무를 인식하느냐 아니냐 하는 것이다. 이런 인식은 신의 축복이 있어야 가능하기 때문에, 그것 또한 우리 스스로 가미의 후손으로써 떠맡아야 하는 과업이 된다.

## 탄생과 노화

몸은 부모로부터 받으나, 혼은 가미가 준다는 믿음은 신도 신앙의 핵심이다. 가미는 단일하게 고정된 것이 아니라 출생지를 맡는 혼, 그리고 성장을 관장하는 신성한 혼 등으로 다양하게 이해될 수 있다. 게다가 혼이 언제 주입되는가 하는 의문은 여전히 해결되지 않았다. 혼은 잉태의 순간에 정해져 불변하는 것이 아니라 사회에서 개인의 역할에 따라 시시때때로 성장하고 변하는 것으로 여겨진다.

일곱 살이 될 때까지도 혼은 미숙한 것으로 여겨지고, 이런 혼을 달리 취급하는 관습은 불교식 장례가 널리 퍼진 후에도 오랫동안 이어졌다. 육체는 조만간 썩어버리지만, 혼이 가미의 선물이라는 인식 때문에 어린이의 영혼은 가미의 땅으로 돌아간다고 생각하게 되었다. 높은 유아 사망률을 고려해 볼 때 어떻게 그런 믿음이 가능하냐고 물을 수도 있다. 그런 믿음은 '솎아내기'로 알려진 유아살해라는 끔찍한 풍습을 합리화하기 위해 이용되기도 해서 악용의 소지가 있다. 정화의 기도에서 '세속적 죄'를 저지른 것으로 여겨지는 야만인 혹은 다른 종족들은 당연히 육체적 불구자로 취급되었다. 이런 사고방식이 영아살해의 가능성을 증가시켰는데 그것은 고대에도 심각한 문제였고, 현재의 낙태의 문제로도 이어졌다.

일본의 탄생설화에 등장하는, 야만인과 흰 피부의 사람들뿐 아니라, 히루코(蛭子)라는 거머리 아이의 형상은 정화의 기도에서 기형아로 암시되었고, 그런 생각은 현대의 우생학 법안이나 그에 준하는 유전자 조작 시도로 이어졌다. 생명의 형성과 발달을 추구하는 신도 신앙의 관점에서 보면, 이런 것은 주의를 요구하는 문제들이다. 개인이 '저절로' 이루어지는 것의 신성함에 관한 이런 믿음은 인간의 본성과 잠재력의 강화를 빙자하는 유전적 조작과는 거리가 멀다. 비록 당장은 신도의 믿음을 뒷받침할 과학적 근거는 없지만 육체적 기형조차도 '가미의 선택'으로 여긴다는 생각은 당장 폐기하면 안된다.

동시에 신도의 관점에서 원칙적으로 인공수정을 거부할 이유는 없다. 단순히 그것이 자연 질서에 반하는 것이라 주장하기보다는, 특정한 조건에서 자연의 '저절로' 이루어지는 특성에 어긋나지 않는 것으로, 그리고 그 목표에 부합하는 것으로 여길 소지도 있었기 때문이다. 문제는 사회가 부여하는 조건과 관계가 있다. 역사적 사실의 관점에서 보면, 혈통을 계승함에 있어서 직계만을 고집하는 경향은 옅어졌다. 서민계층에서 남편이 아내의 집안에 서양자(壻養子)가 되는 경우가 드물지 않게 되었다. 일본은 사회적 조건의 변화에 맞서 유연하게 대처했다. 자신과 조상을 위해, 삶의 의미를 북돋우고 충족시키는 축제의 의식을 통해 조상으로부터 받은 은혜를 축하하는 것이 가장 중요한 일이었다.

노화의 문제에 대해서, 다케노우치노스쿠네(武內宿禰)[20]의 전설을 참고해 보면 노년을 지혜의 결정체로 존중했음을 알 수 있다. 또 가미가 스스로를 드러낼 때 흔히 노인의 모습으로 나타났다. 과거의 법률 조항에도 노인 존중의 전통이 여전했다. 민간 설화에 늙은 여인을 버리는 이야기는 궁핍한 경제적 상황 때문이어서 일반적인 이야기는 아니다. 심지어 그런 상황에서도 죽음을 함부로 생각한 것은 아니었음을 알 수 있다.

　　치매 문제가 생겨난 오늘날에는 노화의 문제에 대처하는 다른 방법이 분명 있을 것이다. 불구의 종류와 정도에 따라, 가족의 상황 등을 고려해서 다양한 대응을 생각할 수 있을 것이다. 그러나 문화적 전통과 교육의 관점에서는 노인을 여전히 집에서 돌봐야 함을 강조한다. 사회적 책임이라는 측면에서는 노인 문제에 대처할 사회적 시설의 확충이 긴급한 의제로 대두된다. 또한 이 문제에 대해 어떤 식으로 최선의 교육이 가능한지에 대해 정신의학과 예방의학 분야에서 더 많은 연구가 필요하다.　　　　　　　　　　　　　　　　　　　　　　　　　　　　　　　　　　　[JS/류정훈]

---

20) [영] 4세기 말과 5세기 초에 천황의 고문이었던 다케노우치노스쿠네의 전설은 『고사기(古事記)』와 『일본서기(日本書紀)』에 등장한다.

# 근대 강단철학

니시 아마네
후쿠자와 유키치
나카에 조민
이노우에 데쓰지로
이노우에 엔료
오니시 하지메

# 개관

일본에서 근대 강단철학은 '철학'이라는 용어 자체의 의미와 범위에 관한 논쟁으로 시작하였다. '철학'이라는 단어와 그 단어가 가리키는 학문 분과가 일본에 들어온 것은 19세기 중반이었다. 당시 일본은 200년 이상의 상대적인 고립 시기를 벗어나서 서양과 그 밖의 세계에 광범위하게 국경을 개방하면서 지식과 기술이 엄청나게 유입되고 있었다. 사회적이고 정치적인 제도의 격변은 기존 정부의 붕괴와 더불어 궁극적으로는 세계적 영향력을 지니는 제국주의적 권력의 등장으로 이어졌다. 일본의 지성 전통 역시 외래 사상과의 조우로 도전받았다. 그 도전의 정점에 철학이라는 개념 자체의 문제가 있었다. '철학'이라는 개념의 성격과 새로운 이질성은 메이지시대(明治時代, 1868-1912) 초기에 일본 지성인들에게 상당한 혼란을 초래했고, 심지어 경악을 일으켰다.

그리스인들이 언급하였듯이 실로 경이 내지 당혹스러움이 철학적 사유의 기원이라고 이야기될 수 있다면, '철학(philosophia)'의 의미와 범위에 대한 당혹스러움이 일본에서 근대 철학의 기원이 되었다고 할 수 있다. 철학이 유럽 전통에 국한된 분야인지 아니면 일본과 아시아의 전통적인 사유에도 적용될 수 있는지 여부가 산발적이면서도 집중적인 논쟁의 주제가 되었다. 학자들은 일본의 과거 사상가들이 철학과 같은 어떤 것을 성취하였는지, 그리고 당대에 이 분야를 대변한 사람들이 진정으로 철학자들이었는지에 관하여 논쟁하였다.

데카르트(Descartes, 1596-1650), 칸트(Kant, 1724-1804), 그리고 공리주의자들과 같은 철학자들을 유교와 불교와 토착적인 사상가들과 비교하면서, 그리고 메이지시대의 번역자들이나 교수들 자신들의 작업과도 비교하면서, 일부 비평가들은 후자에서 전자 곧 순수 철학의 흐릿한 잔영만을 보았다. 다른 학자들은 중국과 일본의 전통에 실로 철학에 상응하는 것이나 선례들이 있다고 주장하였다. (다만 여기에서 '인도 철학'의 존재에 대해서는 비교적 논란이 거의 없었다는 점이 주목된다.)

또한 철학의 범위와 성격을 확정하려는 노력은 번역의 문제들도 다루었으며, '철학' 자체에 대응하는 단어를 포함하여, 새롭고 다소 표준적인 용어들이 등장하게 하였다. 사실상, 일본이나 동양에서 철학의 문제는 번역에 관한 문제와 분리할 수 없다. 철학의 의미와 범위에 관한 이러한 논란은 150년가량이 지난 오늘날에도 전문적인 철학자들이 계속해서 철학 분과의 기원과 범위를 검토하고 있다는 점에서 여전히 시사적이다.

### 철학이라는 개념
### 일본에서 서양 철학의 도입

서양 철학사상과 일본의 첫 접촉은 16세기 중반에 가톨릭 선교사들에 의하여 이루어졌다. 그들은 신학 교육기관에서 아리스토텔레스(Aristoteles, BC.444-380), 아우구스티누스(St. Augustine, 354-430), 그리고 토마스 아퀴나스(St. Thomas Aquinas, 1225-1274)를 가르쳤으며, 불자들과 벌인 논쟁에서 신의 존재를 입증하고자 하였다. 그들의 노력은 1614년 도쿠가와막부(德川幕府)가 그리스도교를 금지하고 1633년에는 유럽의 로마가톨릭 국가들에 대하여 일본의 국경을 봉쇄하면서 갑작스럽게 중단되었다. 그 시기에 이렇게 봉쇄된 나라에서도 나가사키 해안의 작은 섬 데지마(出島)에서는 네덜란드 무역업자들의 활동을 허용했다. 다카노 조에이(高野長英, 1804-1850)는 사무라이로서 네덜란드의 학문 연구[蘭學]에 관심을 두어서, 그리스와 유럽의 철학 역사에 대한 체계적인 개론서를 출간하였는데, 이는 대체로 일본에서 최초라고 할 수 있다. 이 개론서는 나중에 『서양학사의 설(西洋學師ノ說)』이라는 제목이 붙여졌다. 이 저작은 철학의 분과들을 전달하는 데 사용한 용어들의 면에서도 주목되고, 일본과 중국의 지성적인 전통과 연결 짓고 있다는 점에서도 주목된다. 그는 주로 네덜란드어 자료에 의존하면서 네덜란드어 단어 'wijsgeer(philosopher)'를 '학사(學師)'라는 유교(儒敎)의 일반적인 용어로 번역하였다. 조에이는 이 책에서 탈레스(Thales, 약 BC.624-BC.547)에서부터 크리스티안 볼프(Christian Wolff, 1679-1754)까지 여러 사상가들을 연대기적으로 조망하는데, 중세시대는 건너뛰어서, 그리스인들과 로마인들에서 바로 코페르니쿠스(Copernicus, 1473-1543)로 이어지며, 종종 사람들의 이름들을 학파나 스승과 제자의 계보로 묶는다. 그리고 그는 전통적인 신유학(新儒學)의 용어를 사용하여 플라톤(Plato, BC.427?-BC.47?)과 같은 철학자들의 사상을 설명한다.

플라톤은 인간의 영혼을 '허령불매(虛靈不昧)한 영혼'으로서 하늘의 영혼에 연관 짓는다. 그러나 이 영혼은 땅의 물질과 섞일 때 오염되고 무지하고 불순한 것이 된다. 이것은 주희(朱熹)의 이론에서 '마음(心)'의 상태와 유사하다. 나는 이것을 존재와 '무(無)'의 사상이라고 간주하겠다. 곧 형태가 없는 영혼이 무이고, 땅은 형태를 지니는 존재이다.

각각의 사상가들에 대하여 한 개에서 두 개의 공헌만 언급하면서 조에이는 철학이 시대에 따라 진전하도록 기여한 것으로서 자연 현상에 대한 '실제적인 측정'을 하는 자연철학의 실험적인 방법들에 뚜렷한 관심을 보인다. "오늘날의 학문은 뉴턴(Newton, 1642-1727), 라이프니츠(Leibniz, Gottfried Wilhelm, 1646-1716), 그리고 로크(John Locke, 1632-1704)에 의하여 확립되었으며, 그들은 모두 많은 계승자가 있었으나, 아무도 크리스티안 볼프를 넘어서지 못했다." 조에이는 칸트나 그 이후의 철학자들은 전혀 언급하지 않지만, 18세기 초 네덜란드와 영국의 여러 자연철학자들과 수학자들을 언급하는데, 이들은 오늘날 과학의 역사에서 주요 인물로 간주되지는 않는다. "그들은 자신들의 저작을 실제 측정에 기초하였고, 근거 없는 주장은 조금도 하지 않으면서, 계속해서 더욱 명료하고 더욱 확실한 이론들을 개진하였다." 그의 "서양 세계의 창조 이래 5,840년 동안 철학자들의 흥기와 쇠락, 장점과 단점에 대한 개관"은 철학의 5개 주요 분과에 대한 설명으로 결론을 맺는다. 오늘날 우리는 그 분과들을 논리학, 도덕정치철학, 자연철학 또는 과학, 수학, 그리고 마지막으로 (존재론, 심리학, 우주론, 그리고 신학을 포함하는) 형이상학이라고 부르게 되었다. 그는 번역하지 않은 채 네덜란드어 그대로 둔 단어들을 설명하기 위하여 유교의 범주에 의존하였다. 그는 자연과학적인 철학에 대하여 주희로부터의 용어를 채택하였으며, 논리학에 대해서는 '지리의학(知理義學)'이라는 전적으로 새로운 용어를 만들어냈다. 이 분과는 "참과 거짓, 실재하는 것과 실재하지 않는 것을 어떻게 구별하는지를 보이고 그리하여 다양한 이론들과 주장들의 참과 거짓을 판단하는 데 있어서 사물들의 자연적인 작용에 부합하는 차원에서 그 법칙이 확립된다." (高野長英, 1835, 205, 209-10).

## 명확한 개념으로서 철학의 등장

'philosophia'라는 용어를 일본에 도입한 사람은 니시 아마네(西周, 1829-1897)였다. 그는 1870년대 초기에 여러 차례의 시도 뒤에 그 용어에 대한 번역어를 '철학(哲學)'으로 확정하였다. 이 단어는 두 개의 한자로 구성된 신조어로서 중국과 한국에서도 표준어가 되었다. 니시는 처음에 난학 연구를 통하여 자신이 구할 수 있었던 얼마 안 되는 자료를 읽기 시작하였고, 1862년 네덜란드 라이덴(Leiden) 대학에 가서 헌법, 경제학, 그리고 정치사상 및 사회사상과 같은 서양의 분과 학문들을 가능한 한 많이 흡수하고 오라는 도쿠가와막부의 명을 받았다. 그 전년도인 1861년 그와 함께 라이덴 대학에 가게 된 쓰다 마미치(津田眞道, 1829-1903)는 자신의 책 발문에서 'philosophia'의 음사어(音寫語)에 '희철학(希哲學. 명철한 지혜를 희구하는 학문)'이라고 풀이하였다. '희철학'은 11세기 유학자 주돈이(周敦頤, 1017-1073)의 책 『통서(通書)』에서 "사희현(士希賢. 선비는 현명함을 희구한다)"라는 말에서 따왔을 것이다. 하지만 '희철학'은 '희구철지(希求哲智)'를 수정한 것이었을 수도 있는데, 이는 대체로 'philosophia'를 '명철한 지혜를 희구한다'라는 뜻으로 풀이하려는 의도였을 것이다. '희(希)'가 그리스를 가리키는 옛말 '희랍(希臘)'의 '희(希)' 자와 같은 글자라는 것도 놓치면 안 될 것이다. 니시는 '지혜를 추구하는 학문'이라는 의미에서 '희현학(希賢學)'도 번역어로서 타당하다고 하면서, 이를 '현학(賢學)'으로 줄이기도 하였으나, 1874년에 최종적으로 '철학(哲學)'이라고 확정하였다(西周, 1874A). 이러한 해법은 유학의 옛 용어로서 '철인(哲人)'이나 '철리(哲理)'를 연상시킨다. 이러한 의미는 대체로 '삶의 철학(生哲學)'이라는 어구에서 연상될 수 있는 것이기도 하다. 사실상, '철(哲)'이라는 글자는 일찍이 유가의 여섯 고전 중 하나인 『서경(書經)』에서 등장한다. 여기에서 '철(哲)'은 모든 유자(儒者)가 성군으로 찬미하는 순(舜) 임금을 '지혜롭다'라고 묘사하는 데 사용된다. '학(學)'은 '연구' 또는 '배움'을 의미하며 마찬가지로 고대로부터 연원한다. '학(學)'은 공자(孔子)의 『논어(論語)』의 첫 단락에도 등장하며, 뒤에 드물게 자신감을 드러내면서 누구보다도 강렬한 자신의 '배움에 대한 사랑(好學, 5편 28장)'을 선언할 때에도 등장한다. 이처럼 '철학'이라는 단어는 유가의 '배움'과 깊이 공명하는 신조어였다.

철학적인 용어들을 번역하려는 분투는 초기의 이러한 시절의 결정적인 특징이 되었다. 니시의 이러한 시도에서, 그가 적어도 중국 전통에서 서양의 '철학'에 상응하는 것을 보았다거나, 서양의 '철학'을 중국적인 맥락에서 설명할 수 있는 모종의 방법을 보았다고 할 수 있을까? 무엇보다도 그는 서양의 '철학'을 한자로 번역하는 대신에 그 용어를 번역하지 않은 채 음사(音寫)하기만 할 수도 있었다. 니시는 '철학'의 차별성을 강조하면서도 동시에 '철학'을 전통적인 유가의 배움과 연결 짓고 싶었던 듯하다. 그는 1870년의 에세이에서 "공자와 맹자의 도(道)는 서양의 철학과 실제로 같다"라고 쓴다(니시 아마네, 1870, 305). 하지만 그의 제자 나가미 유타카(永見裕)의 기록에 따르면 그는 그 비슷한 시기에 다른 견해도 드러낸다.

지금까지 나의 설명은 일본에서 중국으로 그리고 서양으로 진행되었는데, 철학에 이르게 되면 우리는 서양에서 시작해야 한다. 우리나라에는 철학이라고 불릴 것이 거의 없다. 이러한 면에서 중국도 서양에는 필적하지 못한다. (니시 아마네, 1871, 181)

니시는 네덜란드로 공부하러 떠나기 전에 이미 "'philosophia'의 연구에서 인간이 본성과 삶의 원칙에 대한 설명은 송나라 유학의 수준을 넘어선다"라는 견해를 표명하였다(니시 아마네, 1862, 8). 궁극적으로 그는 중국의 유학 사상과 서양 철학 사이에 심층적인 유사성이 있음을 인정하게 되지만, 계속해서 뚜렷하게 구분된다는 입장도 견지한다.

이 단어는 영어 philosophy, 프랑스어 philosophie, 그리고 '사랑하는 이'를 뜻하는 'philo'와 '지혜'를 뜻하는 'sophos'(원문 그대로)라는 그리스어에서 유래한다. 따라서 우리는 철학을 지혜를 사랑하는 이의 연구 분야라고 … 부른다. 또한 이것이 주돈이가 … 사용한 '사희현(士希賢. 선비는 현명함을 희구한다)'이라는 표현의 의미이다. 후대의 어법에서 철학은 특히 원리를 논하는 연구를 가리킨다. '원리에 대한 연구'로서 '이학(理學)' 또는 '원리에 대한 담론'으로서 '이론(理論)'이 더 직접적인 번역일 수도 있지만, 철학을 송나라 유학과 혼동하지 않기위하여 '철학'이라고 번역하여서 동양의 유학과 구분해야 한다. (니시 아마네, 1873, 31)

니시의 번역어는 그 뒤 십여 년간 니시무라 시게키(西村茂樹, 1828-1902), 나카에 조민(中江兆民, 1847-1901), 미야케 세쓰레이(三宅雪嶺, 1860-1945)와 같은 일본 지성인들의 반발에 부딪혔다. 이들은 모두 니시와 마찬가지로 유학을 배운 세대였다. 도쿄대학(東京大學) '철학'과가 설립될 때까지 '이학(理學)'이라는 용어는 'philosophia'의 번역어로 병용되었다.

니시는 철학사에 대하여 포괄적인 개관을 하면서 그리스 사상과 초기 중국 사상 양쪽 모두에 공통되는 전환점에 주목하였다. 그의 영어식 표현을 빌리자면, 우주에 대한 '객관적인 관조(objective contemplation)'에서 마음과 정신에 대한 '주관적인 관조(subjective contemplation)'로의 전환이었다.

이제 우리는 … 유럽 철학의 주요 흐름에 대한 개관을 제시하였다. 우리는 인류 문명이 시작하는 단계 자체에서 철학의 맹아를 발견한다. 동양에서는 요순(堯舜) 시대에서, 서양에서는 그리스의 탈레스에서 그 시작을 볼 수 있다. 철학은 처음에는 인간 본성의 원리에 대한 담론으로 확장되지 않았다. 철학은 객관적인 관조로 시작하였다. 사람들은 하늘을 올려다보면서 거기에서 무엇이 나타나는지 관찰하고, 다시 지상으로 돌아와서 지상의 법칙을 관찰하였다. 사람들은 우주의 주재자를 올려다보았고, 만물의 장엄함과 아름다움을 찬미하였고, 객관적인 관찰법을 발전시켰다.

사람들은 이러한 이해를 더 이상 진척시킬 수 없을 때까지 최대한 이러한 방법을 따른 뒤에, 돌아와서 인간 본성에 기초한 관찰법을 발전시켰다. 이는 주관적인 관조로서 사물들을 넘어서 사물들을 인식하는 자아 내지 주체, 그리고 그 자아를 지시하는 마음, 그리고 그 마음을 지시하는 인간 본성을 관조하는 것이었다. 이것은 자연의 법칙과 같이 당연한 과정이었다. 예컨대 오늘날 어린이의 지식은 매일매일 성장하는 징후를 보인다. 어린이의 지식이 사물들을 보고 듣는 것에 의하여 확장되고 성장하지 않는다면, 그 어린이가 자기 자신에 대하여 사색하거나 생각할 수 없으리라는 것은 당연하다. 유학과 철학의 발전에서도 마찬가지이다. 요순시대 이래 관찰에 기초한 객관적인 관조에서 사물을 바라보는 한 가지 방법이 산출되었다. 그러나 공자에게서 커다란 변화가 일어났다. 곧, 인간답고 지혜롭게 되는 길에 대한 설명으로 사색이 전환되었다. 마찬가지로 탈레스에서 소피스트들에 이르기까지 주된 문제는 하늘에 나타나는 패턴에 대한 관찰이었다. 그러나 소크라테스에게서 모든 것이 변화하였다. 그는 정신에서 출발하고자 노력하였다. (니시 아마네, 1873, 38-9)

니시는 서양의 철학사를 검토함으로써 철학에 대한 그의 이해를 발전시켰다. 하지만 그가 이 모든 것 중에서 일본에 가장 큰 도움이 되리라고 생각한 것은 주로 그가 J. S. 밀(Mill, 1806-1873)의 귀납 논리와 오귀스트 콩트(Auguste Comte, 1798-1857)의 실증주의 체계에서 획득한 것이었다. 그는 1860년대 초 네덜란드 라이덴에서 이 주제들에 관하여 강의를 들었다. 사변적인 형이상학에 대조되는 귀납적인 논리의 실질적인 중요성, 그리고 과학으로 이어지는 진보적이고 체계적인 사유는 니시에게 큰 감명을 주었다. 다만 니시는 콩트와 달리 철학이 모든 학문의 여왕이라는 관점을 견지하였다.

> 영어에서 철학에 대한 정의는 '철학이 제 학문의 학문'으로서 모든 학문의 으뜸이라고 선언한다. (니시 아마네, 1871, 146)

니시는 주희 학파의 관념론적인 경향에 대한 비판이라고 할 수밖에 없는 다음의 글에서 과학이 적용되어야 할 필요성도 강조한다.

> 가장 먼저 진리에 도달하는 것은 과학이다. 일단 진리에 도달하면 … 진리를 실용적인 기예로 삼아서 적용하는 것이 긴요하다. 과학을 직접적으로 적용하는 것은 어렵다. 따라서 우리는 과학을 기예로 만들기 위하여 … 다양한 기술을 연구하고, 조사하고, 획득할 필요가 있다. 자력의 원리에서 전신을 발명하거나, 바람의 원리에서 풍차를 발명하거나, 그 밖의 다른 기계가 작동하도록 하는 것 등은 모두 진리가 실제적인 기예에서 어떻게 성취되고 적용되는지를 보여준다. 이슈가 무엇이든 우리는 과학의 차원에서 진리를 추구하고 그 진리를 기술로 적용하고자 시도하는 것이 긴요하다. 그렇게 되면 영어 표현대로, 마침내 과학이 '쓸모 있고, 유용하고, 응용력 있는(available, profitable, applicable)' 것이 되고, 진리는 검증될 것이다. 진리는 드러날 것이다. 곧, 과학에서 성취된 진리는 실제적인 기예의 수준에서 드러나게 될 것이다. (니시 아마네, 1871, 63-4)

니시는 나중에 개별과학의 기저에서 통합적인 관점을 제공하는 것이 철학임을 뚜렷하게 주장한다.

> 따라서 우리는 연구 분야를 설명하기 위해서 마땅히 이론적인 분야와 실제적인 분야를 구분해야 한다. 여기에서 실제적인 분야는 기본적으로 마음의 원리에 기초한 법칙을 확립하고, 물리적 원리를 설명하는 데에는 관심을 두지 않는다. 반면에 이론적인 분야는 물질의 원리를 고려해야 한다. 다만 그 설명은 … 물질의 원리와 마음의 원리를 혼동하면 안 된다.
> 인간이 자연 세계 내에 존재하는 어떤 물질적인 존재이기도 하다면 우리는 물리적인 원리들을 고려해야 하고, 특히 서양의 박물학을 고려해야 한다. 박물학은 광물, 식물, 그리고 인간을 포함한 동물계의 합리적인 기반을 다룬다. 박물학은 이 지구의 시작까지 고찰하는 지리학과 고생물학 등의 여러 분과로 나뉜다. 인간과 동물을 연구하는 분야는 인간학, 또는 내가 해석하는 대로 이야기하자면 '인간 본성에 대한 연구'를 포함한다. 이 분과는 비교해부학으로 시작하며, 생물학, 심리학, 민족학, 신학뿐만 아니라 선(善)과 미(美)에 대한 연구도 포함한다. 또한 우리는 물리적 원리들을 다루는 연구에 더하여, 역사학과 같은 연구 분야와 종합 예술을 구분하되, 모두 우리의 고려 대상으로 삼아야 한다.
> 우리는 이 모든 분야의 연구에서 마음의 원리들에 관하여 탐구할 수 있다. 이 모든 것을 고려할 때, 다양한 학문 분야의 방법론을 확립하는 동시에, 마음의 원리를 탐구하고, 자연의

길과 인간의 길을 해명하는 분과가 'philosophy'이고, 이를 번역하면 '철학(哲學)'이다.

고대로부터 철학은 서양에서도 논의 대상이 되어 왔다. 지금 내가 다양한 학문 분과를 '모든 가르침이 하나로 귀일한다.'라는 표제 하에 조화시키려고 시도한다면, 이 역시 일종의 철학이라고 불릴 수 있다. 우리가 세부적인 것만을 살핀다면, 우리는 대개 어떤 하나의 학파 만 믿고 다른 학파들은 오류라고 간주하는 것으로 귀결되고 말 것이다. 모든 학문을 함께 포괄하고 그 핵심을 하나의 동일한 것이라고 해명하는 것은 매우 폭넓은 조망을 요구한다. 그러므로 철학은 물질과 마음을 혼동하지 않으면서도 양자의 원리를 함께 논해야 한다. (니시 아마네, 1874A, 288-9)

동시에 니시는 객관성에 대한 서양 철학의 강조에 대하여 비판적이었다. 『생리학과 심리학의 토대』에서 그는 일본인과 중국인이 J.S. 밀의 귀납법과 같은 접근법을 잊었지만 서양 철학에서 그러한 접근법을 다시 배울 수 있다고 제안한다. 반면에 서양은 '객관적인 관조'에 굴복하였으며, 자기 자신, 곧 자신의 영혼을 먼저 알 필요가 있다는 점을 다시 배워야 할 수도 있다. 철학은 '주관적인 관조'를 포함하는 방향으로 돌아가서 마음에 대한 연구를 새로 시작해야 한다.

## 서양의 분석적 접근과 동양의 통전적인 길

동양 사상이 객관적인 관찰보다는 내적인 성찰에서 진행되는 경향이 있다는 관념은 니시무라 시게키도 공감하였다. 그는 니시의 동료로서 '계몽'운동의 옹호자였으며, 일본의 근대화를 추구하는 진보적 모임인 메이로쿠샤(明六社)의 공동 창립자 중 한 사람이었다.

동양의 학문은 대체로 내면적인 차원에서 마음을 추구해온 반면에, 서양의 학문은 주로 외면적인 차원에서 마음을 추구해 왔다. 내면적인 추구는 선종(禪宗)의 "곧바로 사람의 마음을 가리키고(直指人心), 자신의 참된 본성을 보아서 부처가 된다(見性成佛)"라는 가르침이나 왕양명의 "본래적인 앎에 이른다(致良知)"라는 가르침에서 예시된다. 외면적인 추구는 마음의 토대를 생리학에서 구하거나 심적인 현상들을 검증함으로써 연구하는 태도에서 예시된다. 내면적으로 마음을 추구하는 이들은 종합의 길을 통하여 마음을 통전적으로 바라보는데, 이들의 단점은 정밀성을 결여하고 있다는 점이다. 외면적으로 마음을 추구하는 이들은 분석의 길을 통하여 마음을 바라보는데, 이들의 단점은 시시콜콜한 것에 몰두한다는 것이다. 오늘날 학자들이 일반적으로 서양의 연구 방법을 따를 때 그들은 대체로 바깥에서 마음을 추구하니, 곧 분석적인 방법으로 마음을 바라본다. 이러한 방법이 분석의 정밀성에서 동양의 방법보다 훨씬 낫지만, 여기에는 마음에 대한 통전적인 파악과 마음 수양의 길이 결여되어 있으므로, 십 년 또는 그 이상을 공부하고도 여전히 마음이 무엇인지 모르는 이들이 많다. (니시무라 시게키[西村茂樹], 1899, 23)

니시무라의 글은 일본에서 철학을 정의하는 데 두 가지 중요한 함의를 지닌다. 첫째, 그는 서양 철학의 용어를 반영하면서 서양사상뿐만 아니라 동양 사상을 기술할 수 있는 새로운 언어를 사용하는 것이 필요하다고 본다. 그의 시대에 철학 용어의 상당수가 번역되어서 표준어로 된다. 예컨대, '분석', '종합', 그리고 '현상'과 같은 말들을 들 수 있다. 동시에 그이 용어는 상당수가 매우 생경하여

서, 그는 신조어, 수입된 용어, 그리고 특히 중요한 아이디어들에 대하여서는 구분하여 강조할 필요가 있다고 느꼈다. 이러한 매개적인 효과가 두드러지는 한 용어를 예로 들어보자. 니시무라는 '동양'과 '서양'을 매개하는 고전적인 용어로서 '마음(こころ)'이라는 용어를 사용하여서, 'mind', 'soul', 그리고 'spirit', 또는 'espirit'와 'Gemüt' 같은 서양의 범주들은 물론이고 중국과 일본에서 사용되는 일련의 고전적인 개념들 모두를 포괄적으로 지칭한다. 이노우에 데쓰지로의 1912년판 『철학사전』은 '마음'을 '객관'에 대조되는 '주관'의 유의어로 제시하고 있다. 일반적으로 일본에서 외국 학문의 도입은 일본의 과거를 정의하는 방식을 변화시켰다.

둘째로, 니시무라의 대조는 동양과 서양의 양 접근이 상호보완적이라는 점을 암시한다. 서양의 분석 경향은 정밀함을 성취하는 반면 자기 인식을 파편화시키는 희생을 치르게 되고, 동양의 종합 경향은 보다 통전적인 관점을 성취하는 반면 명확한 정의를 결여하게 된다. 가장 주목되는 것은, 동양은 단지 마음을 연구하는 것만이 아니라 마음을 수양하는 길을 제시한다는 점이다. 두 접근법이 결합되어서 철학의 새로운 방향을 형성할 수 있을까? 그러나 니시무라가 서양과 동양의 성취가 공존하는 데에서 개방적인 철학이 발전하는 미래를 고려하였다고 하더라도, 철학에 대한 그의 정의는 철학이 과거로 거슬러 올라가서 전통적인 일본 사상을 포괄할 수 있도록 확장되어 이해되는 것을 배제하게 되었다. 그는 1887년에 철학을 다음과 같이 정의하였다. "우주의 진리에 대한 토대적인 연구로서, 창시자나 경전이나 '방편' 같은 것은 고려하지 않는다."(다음 저술에서 인용. 후나야마 신이치[船山信一], 1975, 67) 유교와 불교의 철학적 성격에 관한 문제는 뒤에 다시 다루겠다.

## 철학을 정의하기 위한 대화

이 시기에 철학이 실제로 얼마나 특이했는지는 정토종 승려이자 개혁가 이노우에 엔료(井上円了, 1858-1919)가 1886년에 쓴 『철학적 대화의 저녁』 서문에서 헤아려볼 수 있다. 엔료는 상상 속의 우스꽝스러운 대화로 그의 에세이를 시작한다. 그 대화에서 여러 참여자들이 '철학'의 의미를 추정하는데, '철학(哲學)'은 당시에는 이미 'philosophy'에 대한 표준어가 되어 있었다.

언젠가 내가 증기선을 타고 있었는데, 내 옆에 대여섯 명의 승객들이 앉아 있었다. 대화가 '철학'으로 향했다. 한 사람이 "이 '철학'이라는 것은 서양에서 온 새로운 종류의 학문이라는데, 도대체 어떤 종류의 학문일까요?"라고 말하였다. 또 한 사람이 "나는 '철학'이 원리를 연구하는 학문이라고 들었어요."라고 말하였다. 세 번째 사람이 원리를 연구하는 학문은 철학이 아니라 물리학이라고 말하였다. "내가 보기에는, '철학(哲學)'의 '철(哲)'이 '현철(賢哲. 지혜로운 사람)'의 '철(哲)'인 것 같아요. 그렇다면 '철학'은 공자나 맹자와 같은 '성현(聖賢)'을 배우는 것이지요." 네 번째 사람이 "철학은 공자나 맹자를 배우는 것과 같이 가벼운 것이 아니에요. 내가 이노우에 데쓰지로의 『윤리학의 새로운 이론』이라는 책을 읽은 적이 있는데, '철학'이 얼마나 고원한지 깜짝 놀랐어요."라고 말하였다. 다섯 번째 사람이 "최근에 니시 아마네가 '철학자'로 알려졌지요. 내가 마음에 관하여 그가 번역한 책을 읽은 적이 있어요. 그래서 나는 '철학'을 심리학이라고 이해하게 되었어요."라고 말하였다.

여섯 번째 사람이 "나는 불교학자인 하라 단잔 스님이 한 대학의 철학과 교수가 되었다고 들었어요. 이것을 보면 불교와 '철학'은 동의어가 분명해요."라고 말하였다. 일곱 번째 사람이 "여러분들 설명이 모두 제각각이니, 우리는 아직 '철학'이 무엇인지 정확히는 알 수 없겠네요."라고 말하였다. 첫 번째 사람이 미소를 지으며 "그렇다면 '철학'이 무엇이라고 하든지 우리가 알 수 없는 것이 '철학'이네요!"라고 말하였다. 모두가 웃으면서 그 말이 맞는다고 말하였다.

　이 모든 이야기를 들으면서 나 역시 웃을 수밖에 없었다. "실제로 여러분 모두가 이처럼 다양한 견해를 가지는 이유는 여러분이 '철학'이 무엇인지 모르기 때문이에요. 일반적으로 말해서, 우주에는 두 종류의 것이 있어요. 모양이 있는 것과 모양이 없는 것이지요. 해, 달, 별, 지구, 암석, 식물, 새와 짐승, 물고기와 곤충은 모두 모양이 있는 것들이에요. 느낌, 생각, 사회, 신들, 부처님, 등등은 모두 모양이 없는 것들이에요. 모양이 있는 것들에 대한 실험적 연구가 자연과학이라고 불리고, 모양이 없는 것을 연구하는 학문이 '철학'이에요. 이것이 그 두 학문 사이의 한 가지 차이점이에요. 또 개별적인 부분들을 실험적으로 다루는 것을 자연과학이라고 부르고 전체를 설명하는 것을 '철학'이라고 부르는 사람들도 있어요. 또 '이학(理學)'은 실험적인 연구인 반면에 철학은 관념에 대한 연구라고 하는 사람들도 있어요. 곧, 이학은 물질적인 것들을 다루는 연구이고, '철학'은 모양이 없는 마음의 문제를 다루는 연구라는 것이지요. 그러나 마음의 문제를 다루는 분과도 여럿이 있어요. 심리학, 논리학, 윤리학, 그리고 순수한 '철학'이 있는 것이지요. 사람들은 심리학, 논리학, 등등에 대해서는 다소 친숙한데, 순수한 '철학'에 이르면 그것이 무엇인지 짐작도 못 해요. 간단히 말하면, 순수한 '철학'이란 '철학'의 순수한 원리들에 대한 연구로서, 진리인 공리(公理)들과 제 학문 분야의 토대를 탐구하는 연구만이 '철학'이라고 불리어야 해요.

　순수한 '철학'의 목표는 예컨대 마음이나 물질의 실체적인 실재는 무엇이고 그 근원적인 원천은 무엇이고 마음과 물질의 관계는 어떠한가와 같이 제기되는 다양한 문제들에 대하여 해석과 설명을 제공하는 것이다. 나는 '철학'에 대하여 아무것도 모르는 사람들에게 순수한 '철학'의 문제들과 그 문제들에 대한 해석을 알려주고 싶다. 이것이 내가『철학적 대화의 저녁』을 집필하게 된 이유이다. 제1부는 마음과 물질의 관계를 논하며 세계를 구성하는 것은 무엇인가라는 문제를 다룬다. 제2부는 신(God)의 본체를 논하며 물질과 마음이 어디에서 일어나는지의 문제를 다룬다. 제3부는 진리의 본성을 논하며 제 학문의 기초는 무엇인가라는 문제를 다룬다. 누군가 어느 날 저녁에 이 대화를 읽고서 순수한 '철학'을 엿볼 수 있다면 나는 이루 말할 수 없을 정도로 기쁠 것이다. (이노우에 엔료[井上円了], 1886, 33-4)

　이 서문은 지금의 시점에서는 전통적인 유교적 가르침을 상기시키는 고전적인 필체로 쓰였다고 해야겠지만 몇 가지 유교적 용어를 사용하여서 철학이 무엇인지를 시사해주고 있다. 하지만 이노우에 는 '철학'의 의미를 더 온전하게 표현하기 위하여 새로운 단어들을 자유로이 만들어내기만 한 것이 아니라, 새롭게 수입되거나 번역된 용어들을 활용하기도 하였다. 1886년에는 서양의 용어들에 대한 표준적인 번역어로 어떤 단어들이 자리 잡게 될지 아직 단정하기 어려웠다. 온갖 종류의 복합어들, 그 복합어의 구성요소들, 그리고 그 단어들의 배열순서 등이 모두 기표(記標)들의 덩어리로 부유하고 있었다. 예컨대 (신의) '실체'를 뜻하는 '본체(本體)'라는 용어는 오늘날 칸트의 누메논(noumenon)을 가리키는데, 엔료의 시대에는 그렇게 관용적으로 사용되는 단어가 아니었다. 하지만 정확한 지칭이 아직 이루어지기 어려웠다고 하더라도 한자에 대하여 기본적인 지식이 있는 독자라면 이러한 신조어 에서 어떤 의미를 취하는 것이 쉬웠을 것이다. 이는 영어권 독자도 '철학'을 영어로 다시 번역할 때 'sophology(sophia+logos, 지혜+연구)'라는 단어가 사용된다면 그 단어에서 어떤 뜻을 취할 수 있는 것과 마찬가지이다. 반면에 여기에서 '실험적인(experimental)'이라든가 '심리학(psychology)'과 같은 번역어는 지금 표준어이기는 하지만 19세기 영어의 어감으로 알아들어야 한다.

엔료의 용어 중 일본인들에게 생경하거나 새로운 개념을 의미했을 단어들의 예를 들자면, '논리학', '윤리학', '진리', '공리', 그리고 '마음과 물질' 등을 들 수 있겠다. '철학'과 여기에서 자연과학을 의미하는 데 사용된 용어인 '이학'의 구분뿐만 아니라 모양이 있는 것들과 모양이 없는 것들 사이의 기본적인 구분은 적어도 후쿠자와 유키치(福澤諭吉, 1835-1901)의 『학문을 권함』으로 — 또는 아리스토텔레스의 『물리학』과 『형이상학』에까지 — 소급될 수 있다. 다만 이러한 소급은 이 일본어 단어들의 구분이 불교에서 연원한다는 점을 흐릿하게 할 수도 있다. 이러한 구분은 궁극적으로 독자들에게 친숙한 구별에 호소함으로써 수입된 학문들을 잘 알 수 있게 하려는 시도라고 보아야 한다. 엔료는 하나의 문화적인 맥락에서 확립된 용어들과 방법들을 취하여 다른 문화적인 맥락에 전달하여 이식하려는 시도를 한 것이다. 그의 『대화』는 일본에서 '철학'을 정의하는 것이 용어의 직접적인 번역 이상의 작업을 필요로 하는 창조적인 노력이었다는 점을 우리에게 가르쳐준다.

엔료는 서양 철학의 특수성을 인식하면서도 불교가 정확히 — 일본에서 또 하나의 새로운 개념인 — '종교'와 교차하는 지점에서 일종의 철학으로 이해되는 것이 최선이라는 주장을 고수하였다. 그는 철학의 범위 및 철학과 과학의 차이, 그리고 불교철학에 관하여 『불교활론(佛敎活論)』, 『대승철학(大乘哲學)』, 『인도철학강요(印度哲學綱要)』, 그리고 『종교철학(宗敎哲學)』 등의 많은 저술을 남겼다. 그의 입문서 3종 — 『진종철학서론(眞宗哲學序論)』, 『선종철학서론(禪宗哲學序論)』, 그리고 『일종철학서론(日宗哲學序論)』 — 에서는 신란(親鸞, 1173-1263), 니치렌(日蓮, 1222-1282), 또는 도겐(道元, 1200-1253)을 철학자라고 부르지 않는다. 하지만 이 저작들에서는 이 일본 불교 종파 창시자들의 가르침 중 일부를 서양의 특정한 '순수 철학'과 명시적으로 관련 짓는다. 대체로 엔료가 스스로 서양의 유산을 전달하고 아시아의 전통을 재해석할 뿐만 아니라 자신의 모국인 일본에서 철학을 만들어가고 있다는 자의식을 가지고 있었다는 점은 확실하다. 그는 일본에서 최초의 철학연구소로 도요대학(東洋大學)의 전신인 '철학관(哲學館)'을 세우기도 했다.

### 동양에서 철학의 신기루

새로운 서양 범주들을 전통적인 용어들로 꾸며서 장식하는 것은 미야케 세쓰레이(三宅雪嶺, 1860-1945)에게는 충분하지 않았다. 그는 메이지시대 일본의 지나치게 열성적인 서구화만이 아니라 동양과 서양이라는 두 위대한 전통의 실천 사이에 등가적인 것들이 있다고 아무렇지도 않게 주장하는 것에 대해서도 비판적이었다. 그는 1909년 자신의 저작 『우주(宇宙)』에서 동양 사상과 서양 사상을 종합하려고 시도했다. 그러나 그는 두 사상 사이에 막대한 차이가 있다는 선언도 했다. 그는 1889년 자신의 『철학연적(哲學涓滴)』이라는 저작에서 다음과 같이 말하였다.

> 우리는 동양 철학을 서양 철학과 나란히 놓을 수도 있다. 다만 그러한 실천을 하는 사람들은 이론적인 정당성을 아직 제시하지 못하고 있다. 그들은 옛 스승들의 특정한 아이디어와 용어들에 대하여 논평을 하는 데에도 미진함을 드러내고 있다. '동양 철학'을 말하고 설명을 시도하기 시작한 이들은 고대인들의 낡은 교설을 되풀이하기를 즐기는 다방의 호사가들일 뿐이다. 그들이 하는 것이 무엇이든 그것은 동양 철학이 아니다.

이러한 비판에 이어서 유교와 도교와 불교의 사람들에 대해 길고도 신랄한 비판이 이어진다.

> 우리는 거울을 보지 않고서는 자신의 얼굴에 있는 오점을 볼 수 없다. 우리는 동양 철학의 얼굴을 조명하기 위해서는 서양 철학을 돌아보아야 한다. 서양 철학도 결함이 없지는 않다. 그러나 서양 철학은 전후(前後) 관계를 철저하게 고찰하는 데 성공해 왔고, 일관된 방식으로 그 관계를 유기적으로 설명하고 해석하는 장문의 논서를 산출해 왔다. 이러한 차원에서 서양 철학은 동양 철학을 바로잡는 데 도움이 될 수 있다. 동양 철학은 자체의 어휘에 매몰되어 앞과 뒤를 단절하는 잘못된 습관에 떨어지고 말았다. 아, 동양 철학은 오랫동안 먼지투성이로 어지러워져서, 머리카락은 뒤엉키고 얼굴은 더러워졌다. 이제 서양 철학의 거울을 들고 옷을 갈아입고 밝은 미소를 되살려서 멀리 그리고 널리 그 관찰자들을 매료시킬 때가 아니겠는가? (미야케 세쓰레이[三宅雪嶺], 1889, 151)

미야케는 '동양 철학'의 본질보다는 그와 연관된 관행, 곧 우리가 동양의 고전이라고 부르는 책들에 대하여 생각없이 문헌학적인 주석에 매몰되는 관행에 경멸을 쏟아내는 것으로 보인다. 그는 이 텍스트들을 가리키는 데 '철학'이라는 용어를 일관되게 사용하고, '중국 철학'의 핵심을 느낌(情), '인도 철학'의 핵심을 의지(意), '유럽 철학'의 핵심을 앎(智)이라고 기술한다. 다만 그는 서양 철학의 정체성이 논리적이고 인과적인 탐구에 있다고 주장하기도 한다. 이러한 정체성 인식은 결정적인 중요성을 지니는 것으로 드러난다.

### "일본에는 철학 같은 것은 없다"

일본의 지성 전통에 결여되어 있는 철학을 찾으려는 경향은 나카에 조민(中江兆民, 1847-1901)이 그의 생애 중 마지막 해에 발한 유명한 외침, 곧 "일본에는 철학 같은 것이 없다"라는 외침에서 절정을 이루었다. 자유민주주의, 유물론, 그리고 무신론의 철저한 옹호자였던 그는 1870년대 초기에 프랑스에서 철학을 공부하였고, 유럽 철학의 창조적이고 이론적이고 더 나아가서 실용적이지 않은 힘에 감명을 받았다. 전통적인 일본 사상에는 그러한 선례가 없었고 ― 곧 적어도 그는 그렇게 생각했다 ― 당대의 일본 교수들도 그러한 성취는 거의 이루지 못하였다.

> 고대로부터 오늘날에 이르기까지 철학은 일본에 부재하였다. 모토오리 노리나가(本居宣長, 1730-1801), 히라타 아쓰타네(平田篤胤, 1776-1843), 그리고 그들의 동료들은 제왕의 옛 무덤을 파헤치고 옛 말들을 쫓아다니는 골동품 수집가들에 지나지 않았다. 그들은 자연과 삶의 질서에 직면해서는 어둠 속에 머물렀다. 이토 진사이나 오규 소라이와 같은 사람들은 옛 경전에서 새로운 의미를 발견하였기는 했으나 그들도 종국에는 단지 학자연하는 사람들이었을 뿐이다. 경(經)들에 새로운 생명을 불어넣고 새로운 사찰과 종파를 세우는 데 성공한 불자들이 있었으나, 그들도 궁극적으로는 종교의 영역을 벗어나지 못하였다. 이러한 것은 순수하고 명확한 철학이 아니었다. 우리 시대에 가토 히로유키(加藤弘之, 1836-1916)라든가 이노우에 데쓰지로(井上哲次郎, 1856-1944)와 같은 사람들이 '철학자'를 자처하고 대중의 찬동을 불러일으키기도 하지만, 그들은 서양 철학자들의 교설을 그저 있는 그대로 공부하고 수입하면서 그 이국적인 과실을 스스로 향유하기만 할 뿐이어서, '철학자'라는 이름을 받을

자격이 충분하다고는 할 수 없다. 철학의 혜택은 누구나의 눈과 귀로 뚜렷이 확인될 수 있는 것이 아니다. 교역의 부침, 금융시장의 움직임, 상업과 산업의 변화무쌍한 명운은 … 철학과 아무런 관련이 없다고 여겨질 수 있다. 철학이 언제나 필수적일 수는 없겠지만, 실제로 철학이 없다면 사람들은 자신들이 무엇을 하고 있는지에 대한 깊은 통찰을 결여하여 피상성을 벗어날 수 없을 것이다. (나카에 조민[中江兆民], 1901, 155-6)

오늘날 우리에게 조민의 비판이 지니는 역설은 세 가지이다. 첫째, 국학 연구, 신유학, 그리고 불교의 골동품 수집적인 노력에 대한 그의 맹렬한 비판 자체가 이제는 케케묵었다고 할 수밖에 없는 전통적인 방식으로 표현되어 있다. 둘째, 조민은 그가 폄하하는 가토나 이노우에보다도 못한 철학자라고 간주된다. 그리고 셋째, 그의 시대에 철학의 수입은 상업적인 교역과 실제로 연관되어 있었다. 조민의 어투가 묘한 풍미를 띠고 있다는 사실을 포착하기 위해서는 그의 글을 빅토리아 시대의 영어로 번역해볼 필요가 있을 수도 있다. 다만 그렇게 하더라도 그가 사용하는 고어적인 표현과 범주에 제대로 상응하는 표현들을 찾지 못할 수도 있다. 예컨대 그는 서양에서 자연의 법칙이라고 부르는 것을 의미하기 위하여 하늘과 땅과 삶의 원리라고 쓰고 있다. 다른 한편으로 그의 서술에서는 '순수하고 명확한 철학'의 세 가지 뚜렷한 특색이 함의되어 있다. 곧, 그에 따르면 철학이란 교설을 있는 그대로 수입하는 문제가 아니라 독자적인 해석의 결과이다. 철학은 실용성을 초월한다. 그리고 철학은 우리의 삶과 행동에 진정한 의미를 부여한다. 또한 그는 진정한 철학이 종교적인 믿음과 구별된다고 주장했다. 뚜렷하게 무신론적인 것은 아니지만, 그의 이러한 확신은 약 십 년 뒤에 일본에서 널리 인정받게 되는 최초의 근대 철학자인 니시다 기타로(西田幾多郎, 1870-1945)의 저술에 의하여 반박당하게 된다.

조민과 더불어 자유주의, 개인주의, 그리고 민주주의를 주창한 다나카 기이치(田中喜一, '田中王堂'이라고도 함, 1867-1932)는 일본에서 철학의 문제에 관해서는 다른 견해가 있었다.

일견 일본은 중국과 인도에서 철학 전통을 수입하여 계승한 것뿐이라고 여겨질 수도 있다. 하지만 이 나라들은 일본과 꼭 마찬가지로 천 년 이상 동안 전혀 다른 지역에서 형성된 신화, 역사, 관습, 그리고 정부 조직을 실제적이고 미학적인 근거에서 가다듬고 변모시키기 위하여 노력을 해와야만 했다. 우리는 이 사실만으로도 일본이 이미 중국과 인도의 철학적 사유와는 당연히 현저하게 다른 자체적인 철학적 사유를 하고 있었다고 추론할 수 있지 않을까? (다나카 기이치, 1901, 1012)

다나카는 문화와 사유 사이에 밀접한 관련이 있음을 확신하고 일본 철학의 민족적 성격을 식별하는 데 착수하였다. 그는 조민과 함께 서양 사상을 무비판적으로 흡수해 온 동료들에 대한 경멸을 공유했다. 다나카는 1893년에서 1897년까지 시카고 대학에서 조지 허버트 미드(George Herbert Mead, 1863-1931)와 존 듀이(John Dewey, 1859-1952) 밑에서 공부하였고, 일본에 돌아온 이후에는 듀이의 정치적 관점을 변용하여서 모국에서 권위가 지니는 억압적 구조를 비판하고 더 나아가 듀이보다도 더 강력하게 개인의 자유를 옹호하였다. 그러나 일본에서 철학의 부재에 대한 조민의 심판은 니시다 기타로의 1911년 저작 『선의 연구(善の研究)』가 등장하기 전까지 도전받은 적이 없었다.

## 강단철학

일본에서 학계의 정식 분야로서 철학은 1877년 대학 시스템 그 자체와 더불어 탄생하였다. 이렇게 철학이 탄생하게 된 것은 나중에 조민의 조롱을 받게 되는 바로 그 가토 히로유키 덕분이었다. 가토는 1877년 여러 교육기관을 도쿄대학 내에 조직하는 데 도움을 주었으며 윤리학, 정치철학, 논리학, 그리고 진화론에 관한 강좌를 열도록 외국인 교수들을 고용하는 전통을 시작하였다. 심지어는 도야마 마사카즈(外山正一, 1848-1900)와 같은 일본인 교수들도 종종 영어 텍스트를 사용하기도 하고 영어로 가르치는 것을 시도하기도 하였다. 철학 연구는 외국어 공부와 병행되었는데, 영어와 독일어에 주로 초점이 두어졌다. 철학하기를 배운다는 것은 외국어의 관용 표현을 배운다는 것을 뜻했다. 일본에서 최초의 철학 교수가 된 두 독일인 학자 루드비히 부세(Ludwig Busse, 1862-1907)와 라파엘 폰 쾨버(Raphael von Koeber, 1848-1923)가 제시한 개념 정의에서는 젊은 일본인 학자들의 귀에 낯설었을 법한 개념들이 등장한다. 부세는 영어를 사용하면서 철학을 다음과 같이 정의하였다.

> 실재의 궁극적인 자료와 법칙을 탐구하는 보편적인 학문으로서 … 모든 실재의 본질과 의의에 대하여 포괄적이고 만족스러운 관점을 제공한다. (Ludwig Busse, 1892, 21)

쾨버는 장래의 소설가 나쓰메 소세키(夏目漱石, 1867-1916) 및 일본 철학을 대표하게 되는 많은 이들 — 니시다, 구와키 겐요쿠(桑木嚴翼, 1874-1946), 하타노 세이이치(波多野精一, 1877-1950), 다나베 하지메(田邊元, 1885-1962), 그리고 와쓰지 데쓰로(和辻哲郎, 1889-1960) — 에게 칸트, 헤겔(Hegel, Georg Wilhelm Friedrich, 1770-1831), 그리고 철학과 그리스도교의 역사뿐만 아니라 독일어, 그리스어, 그리고 라틴어를 가르쳤다. 그러나 사상의 전수는 대부분 유럽에서 일본으로 일방통행의 길을 따라 이루어졌다. 이러한 상황에서 미국인으로서 최초의 철학 교수였던 어니스트 페놀로사(Ernest Fenollosa, 1853-1908)의 노력은 예외적이었다. 그는 오카쿠라 덴신(岡倉天心, 1862-1913)과 더불어 일본인들이 일본의 전통적인 예술과 문화를 보전하고 일본에 관한 지식을 해외로 확산시킬 수 있도록 설득하는 데 크게 기여하였다.

반면에 가토 히로유키에게 있어서 일본의 지성적인 전통에 대한 연구는 쓸모없고 억압적인 정치 체제를 연장해준다는 것을 의미했다. 그 자신은 일본이 진보적 철학으로서 유물론, 자연주의, 그리고 허버트 스펜서(Herbert Spencer, 1820-1903)의 사회적 다윈주의가 필요하다고 주장하였다. 가토는 생물학적 진화의 결과로서 마음을 설명하고자 하는 한 에세이에서 다음과 같이 썼다.

> 우리 비평가들의 관점을 간단히 말한다면, 진화론에서 가장 핵심적인 조건이 생존 투쟁이라는 점이다. 그리고 최종적으로 이 투쟁을 설명하려면 무엇보다도 시원적인 기원으로, 곧 우주의 궁극적으로 정태적인 실재에서 솟아오르는 모종의 거대한 역동 내지 우주적인 의지로 되돌아가는 연구가 필요하다는 것이다. 진화론자들이 이러한 종류의 모든 문제들을 전적으로 무시했기 때문에, 그들의 이론은 아마도 철학이라고 간주될 수 없을 것이다. 그러나 나와 같은 자연주의자들은 도대체 그러한 정태적인 우주에 관해서는 신뢰할만한 증거가 없다고 생각한다. 마찬가지로 우리는 거대한 의지가 우주의 배후에서 작동하고 있다는 생각은 상상 속에서 지어낸 기묘하고 신비주의적이며 초자연적인 유령에 관한 단순한 추측에 불과하다고 본다. 우주는 결코 그러한 것이 아니다. 오히려 우주는 절대적으로 자연적이고 인과적인

방식으로 물질과 에너지의 합일체가 진화적으로 전개되어 나오는 과정이다. 그러므로 우리는 우주라는 현상이 주로 진화론적인 원리에서 연구되지 않으면 진리에 도달할 길이 전혀 없다고 결론지을 수밖에 없다. 단적으로 말해서, 장래의 철학은 진화론적이어야만 한다. (가토 히로유키[加藤弘之], 1910, 41)

가토의 공격대상이 되는 것은 이노우에 데쓰지로의 강좌였다. 이 강좌는 조민에게 또 하나의 경멸 대상이기도 했다. 우리는 이 에세이에서 가토가 이노우에의 주장들을 하나씩 하나씩 검토하면서 비판하고 그 자신이 과학적으로 우월하다고 여기는 입장에서 반박하고 있음을 발견한다. 가토가 오늘날 분석철학의 기준을 충족시킬 수는 없겠지만, 그는 철학 영역을 '자연화'하려는, 곧 도대체 실증적인 탐구만으로 철학의 문제들을 해결하려는 일본식의 초기 노력을 대변한다.

이노우에 데쓰지로는 도쿄대학에서 페놀로사에게 철학을 배웠고, 1884년부터 1890년까지 독일에서 철학을 배우고 와서 일본에서 최초의 자국인 철학 교수가 되었다. 그러나 그는 아주 어린 시절부터 유교를 배웠기에 철학을 서양에 한정시키려 하지 않았고, 1881년에 이미 『동양 철학사』를 편찬하기도 하였다. 같은 해에 출판되고 1912년에 개정판이 나온 그의 철학사전은 일본에서 최초의 철학사전이었고, 서양 철학 용어들의 번역에 대한 표준이 되었다. 'philosophy'의 번역어로서 '철학(哲學)'이 공식적으로 인정된 것도 도쿄제국대학이 '철학'이라는 명칭 아래 '인도 철학'과 '중국 철학'을 포함하여 여러 학과와 교수직을 개설한 때였다. 이노우에의 가장 중요한 기여 중 하나는 근대 이전의 일본 철학에 대한 역사적 연구를 개척하여 『일본 양명학파의 철학(日本陽明學派之哲學)』(1900), 『일본 고학파의 철학(日本古學派之哲學)』(1902), 그리고 『일본 주자학파의 철학(日本朱子學派之哲學)』(1905)이라는 3권의 시리즈로 출간하였다는 것이다.

이 저작 중 어느 하나도 왜 이노우에가 이 유교학파들을 철학으로 간주했는지에 관하여 뚜렷하게 밝혀주고 있지 않다. 하지만 그는 포괄적인 범위와 전문화된 방법에 의하여 철학을 다른 학문들과 구분하고, 논리적 진리를 마음의 평화와 연결시키는 학문이라고 철학을 정의하고, 자기 자신만의 독창적인 종합을 시도하였다. 그는 철학의 실천적이고 이론적인 하위 분야들을 개관하였으며, 순수한 또는 이론적인 철학이 '세계관'을 구성하는 결정적인 역할을 한다고 주장하였다. 이러한 그의 입장은 본 절의 뒷부분에 발췌된 그의 글에서 잘 드러난다. 이노우에는 순수하게 학문적인 관심을 넘어서 '국체(國體)'와 '민족의 도덕'에 관하여 대중에게 영향력이 있는 소책자들을 집필하기도 하였다. 또한 그는 '무사도(武士道)'라는 말의 발명에도 부분적으로 기여하였다. 제2차 세계대전 종전 이전 일본에서 강단철학의 확립뿐만 아니라 민족적 이념의 구성 역시 이노우에 데쓰지로의 영향에 많은 것을 빚지고 있다.

구와키 겐요쿠가 철학의 제1 교수직에서 이노우에를 승계했을 때, 철학 분과는 뚜렷하게 서양적인 범주로 기술되고 있었다. 구와키는 영어적인 용어들을 사용하여서 공식적으로 철학을 '보편적인, 궁극적인, 그리고 통합적인 원리들로서 근본적인 원리들에 대한 일반화된, 방법론적인 내지 체계적인, 그리고 합리적인 연구'라고 정의하였다. 그는 철학의 주제에 관하여서는 다음과 같이 말하였다.

철학은 자연, 인간의 삶, 그리고 실제적인 것과 이상적인 것에 대한 앎과 관련하여 근본적인 원리들에 대한 ― 또는 처음의 두 가지를 단순히 실재(reality)라고 한다면, 실재와 앎의

근본적인 원리들에 대한 — 진화적인 연구이다. (구와키 겐요쿠[桑木嚴翼], 1900, 202)

　여기에서 토착적인 범주들이나 전통적인 학문을 통합시키려는 시도는 이루어지지 않는다. 구와키의 발상은 그가 데카르트와 칸트에게서 발견한 엄밀한 분석과 헤겔에게서 발견한 사변적인 깊이에서 나왔다. 그는 일련의 독창적인 아이디어들의 창조자가 아니라 서양 철학의 관용적인 표현들을 정확하게 전달하고 해석하는 자가 되기 위하여 분투하였고, 그의 이러한 몰두가 일본 강단 철학에서 첫 단계의 기조가 되었다.

　'순수 철학'은 문자 그대로 오직 서양 철학만을 의미했다. 도쿄제국대학 철학과에서는 철학의 역사를 주로 가르치면서, '데-칸-쇼(De-Kan-Sho, Descartes, Kant, Schopenhauer)'를 강조했다. 이노우에 데쓰지로가 동아시아와 일본의 전통적인 사상을 진정한 철학으로 정당화하려고 기울인 노력은 설득력을 얻지 못했다. 일본 철학사상을 담당하는 교수직이나 분과는 없었고, 심지어 인도 철학과 중국 철학을 담당하는 교수직조차도 다른 학과로 이전되었다. 1920년대 초엽 이래, '일본 사상'에 대한 연구는 윤리학 내지 종교학과 같은 다른 학과에 맡겨졌다. (2010년 현재 일본 전체에서 일본 철학을 전공하는 교수직은 교토대학에 한 자리가 있을 뿐이다.) 1887년에 철학 분야를 전문으로 하는 최초의 학문적인 저널로 창간된 『철학회잡지(哲學會雜誌)』 역시 '철학'이라는 용어의 점진적인 범위 제한을 반영하였다. 이 저널은 서양 철학뿐만 아니라 아시아의 사상, 미학, 그리고 윤리학에 관한 논문들도 게재하면서 시작하였는데, 1912년이 되자 그 내용을 '순수 (곧, 서양) 철학'으로 제한하였다. 구와키와 같은 도쿄대학 교수들은 궁극적으로는 순수 철학을 독일의 사변 철학으로 더욱더 좁혀서 한정하는 것을 옹호하였다. 구와키는 프래그머티즘과 같이 영미 철학계에서 더욱 최근의 조류를 접하면서 뚜렷하게 순수주의적인 입장을 취하게 되었다. 그는 1905년 다나카 기이치와의 논쟁에서 프래그머티즘을 '일종의 유희 행위로 철학에 종사하는 학자들이 지어낸 사이비 철학'이라고 배격하였다(구와키 겐요쿠, 1906, 24).

　다나카와 그의 제자들은 사립대학인 와세다대학(早稻田大學)에서 프래그머티즘을 계속해서 제창했지만, 당대에 우세를 점한 것은 구와키 쪽이었다. 도쿄제국대학과 교토제국대학 모두 강단철학에서는 독일의 사변 철학을 강조하면서 실용주의, 프래그머티즘, 그리고 그 밖의 영미 철학은 거의 배제하게 되었다.

　세기의 전환기에 강단철학의 주변부에서는 니체 철학의 몇 가지 해석과 더불어 허버트 스펜서의 사회적 다원주의가 대학교수들의 '데-칸-쇼'보다 훨씬 더 광범위한 차원에서 일본의 저술가들과 문학 비평가들에게 영향력을 행사하였다. 다카야마 조규(高山樗牛, 1871-1902)의 1901년 에세이 '미학적인 삶에 관하여'는 2년간에 걸친 맹렬한 논쟁을 촉발하였다. 문학 저널들에서는 니체에게서 영감을 받은 그의 개인주의와 기본적인 인간적 욕망에 대한 추구를 둘러싸고 격론이 전개되었다. 구와키는 이 논쟁이 계기가 되어서 니체(Nietzsche, 1844-1900)의 삶과 저술들에 관한 책을 집필하게 되었다. 이 책은 니체의 윤리학에 대한 비판을 포함하였다. 일본 철학자들은 여전히 그들이 귀감으로 삼는 전형적인 서양 철학자들에게 매료되어 있었지만, 그들 중 몇몇은 니체의 사상을 요약하는 책을 펴냈다. 예컨대 1913년에는 와쓰지 데쓰로가 책을 펴냈고, 1919년에는 아베 지로(阿部次郎, 1883-1959)가 책을 펴냈다.

　니시타니 게이지는 니체가 예견하였던 니힐리즘의 문제를 참신한 방식으로 접근한 최초의 일본인 철학자였다고 할 수 있겠다. 사실상 니시타니 게이지의 스승인 니시다 기타로가 1914년에 구와키의 교토대학 철학 교수직을 승계하여 나중에 교토학파라고 알려지게 되는 철학파의 발상을 확산시키면서, 비로소 일본의 강단 철학은 유럽 사상뿐만 아니라 아시아 사상에도 참신하게 접근하기 시작하였다.

[JCM/류제동]

## 중국과 한국의 논쟁들

일본어에서 '데쓰가쿠'라고 발음되는 한자어 '철학(哲學)'은 중국과 한국에서도 수용되었는데, 이 나라들에서도 상당히 열띤 논란이 없지 않았다. 중국에서는 'philosophy'라는 서양 용어를 다르게 번역하려는 여러 차례의 시도가 이루어지기도 하였다. 명나라 말엽인 1600년대 초에 가톨릭 수도회인 예수회의 줄리오 알레니(Giulio Aleni, 1582-1649)는 'philosophia'를 한자어 5개를 사용하여 음사(音寫)하기도 하였고, 나중에는 '"원리"에 관한 학문의 한 분야'로서 그 정체성을 부여하는 유교식 용어들을 사용하기도 하였다. 청나라 때의 저술가들은 '지혜의 연구'를 뜻하는 용어를 사용하면서, 철학을 유교의 '만물에 대한 탐구'나 '인간의 본성과 원리에 대한 연구'와 동일한 종류의 연구라고 해석하기도 하였다. 이러한 배경에서 일본식 한자어로서 '철학'이 중국에 들어온 것이다. 그러나 그 시기가 정확히 언제인지는 불확실하다. 1887년 출간된 황준헌(黃遵憲, 1848-1905)의 『일본국지(日本國志)』는 '철학'을 도쿄대학 커리큘럼의 일부로 언급한다. 양계초(梁啓超, 1873-1929)는 '철학'(일본어 발음은 '데쓰가쿠'이지만 중국어 발음은 '저쉬에(zhexue)'이다.)을 단순히 학문적인 연구 분야의 명칭이라기보다는 오히려 '개념적인 사유'로 소개하였다. 그는 입헌군주제를 옹호하고 1898년 국정 개혁 시도를 이끌다가 실패하였다. 그는 1901년 일본에서 유랑하는 중에 자신의 동료 정치개혁가 강유위(康有爲, 1858-1927)를 '철학자(哲學者) 강(康)'이라고 소개하였다. 그의 1903년 저작 『근대의 가장 위대한 지식인 칸트의 교설』은 칸트의 철학과 불교를 비교하면서 중국사상계에서 처음으로 '철학'이라는 용어를 도입하였다. 또한 그의 『노자철학(老子哲學)』도 고전적인 도가사상을 제시하면서 '철학'이라는 용어를 사용하였다.

그러나 '철학'이라는 아이디어 자체는 상당히 강한 저항에 부딪혔다. 특히 중국에서 근대적인 교육 시스템을 만들어내는 것과 관련한 논쟁에서 크게 반발이 있었다. 1902년 장지동(張之洞, 1837-1909)은 황제에게 '철학' 곧 서양 철학을 배제하라고 촉구하였다. 그는 '철학'이 공허하고 쓸모없을 뿐만 아니라 사람들을 오도하고 나라의 도덕과 공공질서를 전복시킨다고 주장하였다. 그는 '철학'이 중국의 전통적인 학문과 양립할 수 없다고 간주하였다.

왕국유(王國維, 1877-1927)는 정반대로 '철학'이 진리에 대한 추구인 한, 중국에서 발견되는 학문과 모순될 수 없다고 주장하였다. 그는 놀라울 정도로 다재다능한 학자이자 시인으로서 도쿄에서 자연과학을 공부하였고, 나중에는 독일관념론에 몰두하였다. 그는 철학이 진리와 선함과 아름다움을 추구한다는 점에서 교육의 근본이라고 주장하면서 교육 시스템에 철학이 포함되어야 한다고 강하게 주장하였다. 여기에서 그는 철학에 대하여 구와키 겐요쿠가 제안한 해석을 따랐고, 1902년 그의 『철학입문』을 번역하였다. 그러나 일본의 상황과 달리 그는 중국 철학이 서양 철학에 의하여 '순수화'될 필요는 없다고 생각하였다. '철학'은 언제나 '중국 철학'과 구분되는 틀에서 이해되었다. 여기에서 문제는 서양 철학을 수용한 뒤에 '중국 철학'을 어떻게 생각할 것이냐에 있었다.

최초의 답변은 호적(胡適, 1891-1962)의 1919년 저작 『중국 철학사대강(中國哲學史大綱)』에서 등장하였다. 호적은 컬럼비아 대학에서 존 듀이(John Dewey, 1859-1952) 밑에서 공부한 프래그머티즘 철학자였다. 그리고 그가 시작한 철학 작업은 일본의 상황과 현저한 대조를 이룬다. 호적에게 중국에서 철학을 한다는 것은 서양 철학자들의 저작들을 연구하고 서양의 원전에 기초하면서도 동양 철학을 통합하여서 자신의 철학을 창조해내는 것을 의미했다. 곧, 학자들은 중국 철학사를 집필함으로써 '중국 철학'이 서양 철학과 대등한 위치에 자리매김할 수 있었다. 이렇게 새롭게 도입된 역사적 조망은 서양 철학을 상대화시켰다. 이처럼 중국 철학의 정당성은 중국 철학사를 저술함으로써 획득되었다. 이는 풍우란(馮友蘭, 1895-1990)이 1934년에 두 권으로 출판한, 포괄적인『중국 철학사(中國哲學史)』에서 절정에 이르렀다.

크게는 일본의 교토학파 사상가들과 유사하게, 중국의 사상가들은 독창적이라고 할 수 있는 사변 철학을 창출하기 위하여 분투하였다. 소위 '신유가(新儒家)' 학파는 유교와 불교를 철학적인 것으로 다듬어내고자 노력하였다. 호적과 마찬가지로 듀이 밑에서 공부한 풍우란과 더불어, 이 학파의 첫 세대에는 서양 철학으로 유교 전통을 조명하여 재해석을 시도한『동양과 서양의 문화와 철학(東西文化及其哲學)』(1921)을 저술한 양수명(梁漱溟, 1893-1988), 1932년 불교에 대하여 마찬가지의 작업을 시도한『신유식론(新唯識論)』을 저술한 웅십력(熊十力, 1885-1968)가 포함된다. 제2세대에는 웅십력의 두 제자 당군의(唐君毅, 1909-1978)와 모종삼(牟宗三, 1909-1995)이 포함된다. 당군의는 인문 정신이라는 범주 자체를 비판적으로 고찰한『중국 인문 정신의 발전(中國人文精神之發展)』이라는 저작을 남겼고, 모종삼은 신유가적인 방식으로 유교와 천태 불교의 교설을 활용하여 칸트 철학을 교정하는 시도를 하였다. 또한 그는『중국 철학의 특질(中國哲學的特質)』에서 중국 철학의 실체가 있는지 여부에 대한 자신의 입장을 제시하였다.

> 중국에서 고대에는 … 'philosophy' 같은 단어가 없었다. 우리가 원래의 그리스어 단어를 오직 서양 철학과 짝짓는다면, 우리는 … 근본적으로 중국 철학이란 없다고 말할 수 있을 것이다. 마찬가지로 그리스도교의 기준에 따라서 종교를 이야기한다면, 중국의 유교, 불교, 그리고 도교는 아무것도 말할 수 있는 것이 없을 것이다. 우리가 철학에 대해서 말한다면, 중국에는 … 서양식의 철학이란 없었다. 그렇다면 철학이란 무엇인가? 철학이란 인간 본성에 관련한 모든 활동에 대하여 성찰하고 합리적으로 설명하는 것이다. 중국은 수천 년의 문화사가 있고, 당연히 이성과 개념화에 관한 성찰과 설명의 역사뿐만 아니라 인간 본성에 관하여 장구한 기간 창조적으로 활약한 역사가 있다. 어떻게 철학이 없다고 할 수 있겠는가?

이어서 모종삼은 니시 아마네와 니시무라 시게키를 연상시키는 문장에서 중국 철학의 주요 취지를 서양 철학과 대조시켜서 다음과 같이 이야기한다.

> 중국 철학은 '주체성'과 '내면적인 도덕성'을 강조한다. 중국사상의 세 가지 주요 흐름으로서 유교와 불교와 도교는 모두 주체성을 강조한다. 다만 세 흐름 중에서 가장 주도적인 유교는 '내면적인 도덕성', 곧 도덕적인 주체성을 결정적인 특성으로 가지고 있다. 이와 대조적으로 서양 철학은 객체성만큼 주체성에 주의를 기울이지 않는다. 서양 철학의 핵심적인 전개는 주로 '앎'과 관련되어 있다. (모종삼, 1963, 1-6)

한국은 일본 정부에 의하여 식민 지배를 받던 20세기 초에 일본으로부터 'philosophia'의 번역어로서 '철학'이라는 용어를 빌려 왔다. 그러므로 한국에서 철학 분과의 도입은 한국의 정치 상황과 연계되어 있었다. 일본의 식민 지배 기간인 1920년대와 1930년대에 한국 학자들은 무엇 때문에 한국이 식민 지배를 받게 되었는지를 이해하기 위하여 철학과 같은 분야에 숙달해야 한다고 믿게 되었다. 동시에 그들은 세계적으로 학계에서 철학이 지니는 의미, 곧 철학이란 실재의 토대 및 제 학문의 성격과 범위에 대한 탐구임을 잘 알고 있었다.

강릉대학 교수 이광래(1946- )는 그의 저서『한국의 서양 사상 수용사』(2003)에서 한국 철학자들이 '아틀라스 콤플렉스(Atlas complex)'라고 불릴 수 있는 애국주의라는 부담을 짊어져 왔다고 주장한다. 고대 그리스 신화에서 벌을 받아서 전 세계의 무게를 짊어진 아틀라스와 마찬가지로 제1세대의 한국 철학자들 다수는 스스로 무엇보다도 일본의 식민 지배와 연계되어 있는 한국의 정치적 현실이라는 무게를 짊어질 운명에 처해 있음을 자각하였다. 그들은 한국 상황을 더 폭넓은 조망에서 파악하고 궁극적으로 그 상황에 대처하는 비판적인 길로서 철학을 바라보았다.

일본어로 '데쓰가쿠'라고 발음되는 '철학(哲學)'을 한국어로 '철학'이라고 읽으며 수용한 사람은 박종홍(1903-1976)이었다. 그는 서양 철학의 수용을 선도하였고, 서양적인 의미에서 근대 한국 철학이 대두하는 데 결정적인 역할을 하였다. 그의 책『일반논리학』은 아리스토텔레스 전통의 개념들에 기초한 저서로서 한국 사상사에서는 동종의 저서로서 최초로 나온 책이었다. 또한 그는 칸트, 헤겔, 리케르트(Heinrich Rickert, 1863-1936), 코헨(Hermann Cohen, 1842-1918), 하르트만(Nicolai Hartmann, 1882-1950), 하이데거(Martin Heidegger, 1889-1976), 칼 야스퍼스(Karl Jaspers, 1883-1969), 카시러(Ernst Cassirer, 1874-1945), 버트런드 러셀(Bertrand Russell, 1872-1970), 비트겐슈타인(Ludwig Wittgenstein, 1889-1951), 카르납(Carnap, Rudolf, 1891-1970), 아이어 등등의 철학을 소개하였다. 그는 주로 서양 철학의 수용에 기여하였다. 하지만 또한 그는 한국 문화의 여러 영역에 예리한 관심을 키워나갔고, 한국의 전통적인 신유교, 불교, 그리고 실학에 대한 논문들도 발표하였다. 그는 한국의 전통적인 '사유'에 대하여 독점적인 차원은 아니지만 일반적인 차원에서 '사상(思想)'이라는 단어를 채택하였고, '철학'이라는 단어는 동양식 철학과 서양식 철학 모두를 지칭하는 데 사용하는 기준을 확립하였다. 다만 지난 세기 동안 '철학'의 이러한 용법이 적절한지에 대하여 적어도 몇몇 한국 철학자들은 의문을 표하였다. 이 기간에 '한국 철학'의 일반적인 의미가 어떻게 변화해 왔는지를 드러내는 두 가지 사례가 있다.

한 가지 사례는 이관용(1891-1933)이 제시한 주장에서 볼 수 있다. 그는 서양의 대학인 취리히 대학에서 철학 박사학위를 받았다. 식민 지배를 받던 나라 출신의 학자로서 그는 대체로 '근원에 대한 학문'이라는 의미에서 '철학'을 '원학(元學)'으로 대체하려고 시도하였다. 그는 1923년『새 생명』(첫 호가 발간된 뒤에 폐간된 저널)의 지면에 게재된「근원적인 학문으로서 철학」이라는 짧은 논문에서 다음과 같이 서술하였다.

철학은 모든 사람에게 내재하는 지성적인 본능을 만족시키는 일반학문 내지 근원적인 학문의 원형이다. 감히 주장하건대, 이러한 의미에서 '철학'은 '원학(元學)'이라고 정의될 수 있다.

그는 탈레스, 아낙시만드로스(Anaximandros, BC.610-BC.546), 피타고라스(Pythagoras, BC.580-BC.500), 헤라클레이토스(Heraclitus of Ephesus, BC.540?-BC.480?), 플라톤(Plato, BC.427?-BC.47?) 등등을 인용하면서, 철학이 애초부터 사물의 영원한 본질과 우주의 궁극적인 본성을 연구해 왔다고

주장하였다. 그는 다른 철학자들이 '철학'이라는 용어로 무엇을 이해하였는지에 대해서는 비판하지 않았다. 그는 다만 자신이 철학의 원래적인 의미라고 느낀 것에 더욱 충실하고자 했을 뿐이었다. 한국 철학자들이 '철학'을 '원학'으로 대체하자는 그의 제안을 택하지는 않았지만, 철학을 본질적인 내지 근원적인 학문으로 이해한 그의 입장은 그 당시의 지성적 분위기를 대변한다. 철학에 대한 그의 이해는 플라톤 전통과 아리스토텔레스 전통의 충실한 대변이었다고 할 수 있다. 다만 그는 한국 사람들이 직면하고 있는 문제들을 해결할 수 있는 길이 동양 전통들에 있다는 생각은 진지하게 고려하지 않은 듯하다.

'philosophia'라는 용어에 대한 일본의 번역어 '철학'에 대한 보다 최근의 도전은 제3세대의 한국 철학자에 속하는 서울대학교 교수 백종현(1950- )에 의하여 이루어진다. 그는 '철학'이라는 단어가 그 자체로 이미 오랫동안 사용되어 와서 'philosophy'에 대한 별도의 한국어 단어는 불필요할 수 있다고 인정한다. 하지만 그는 일본에서 유래하는 그 단어의 의미 범위를 확장하기를 원한다. 그 단어는 말 그대로 니시 아마네의 번역 시도에서 발명된 것이다. 그는 '지혜를 추구하는 연구'로서 '희철학(希哲學)'이라고도 하였었다. 그는 『독일철학과 20세기 한국의 철학』(2000)이라는 자신의 저서에서, 시대를 거슬러 올라가서 공자의 『논어』와 같은 중국 고전들을 언급하면서, '철학'이라는 용어가 철학자들의 학문을 의미하는 것으로 이해되어야 한다고 제안한다. 그는 철학자가 공자와 같은 '성인(聖人)'에 바로 다음 가는 존재로서 유교 전통에서 72명의 현인(七十二賢)들보다는 낫다고 간주한다. 그의 견해에 따르면, 철학자는 완벽한 '도(道)'에 이르려 분투하지만 도달하지는 못하는 자이다. '철학'이라는 용어는 개별 학문과 대조되는 '일반적인' 내지 '근원적인' 학문만이 아니라, 도학(道學)과 이학(理學, 신유가의 합리주의)도 포함한다.

이 두 사례 사이에는 거의 80년의 세월이 가로놓여 있다. 이관용은 개별 학문과 동시에 도입된 서양 철학의 연구를 선호했다. 이러한 시작은 그 시대의 정신과 요구를 대변했다. 서양의 제국주의와 일본의 식민주의 아래에서 그는 동양의 철학 전통이 적극적으로 기여할 수 있다고 기대하지 않았다. 다른 한편으로 그는 서양 사상이 제국주의를 가능하게 한 힘의 토대라고 보았다. 이와 대조적으로 백종현은 대한민국이라는 독립 국가에서 놀라운 경제발전, 역동적인 민주주의, 그리고 높은 정도의 민족적인 자긍심을 누리는 시대를 살아왔다. 그는 아시아의 철학 전통들, 특히 유교의 도학과 합리주의를 수용하였다. 다만 그는 도교와 불교에 대해서는 덜 진지하게 대하는 듯하다. 오늘날 대다수의 한국 철학자들은 이제는 '철학'이라는 용어의 기원으로 다투지 않는다. 그들은 한국인들이 당면하고 있는 긴급한 인식론적, 미학적, 도덕적, 정치적, 경제적, 그리고 환경적 이슈들에 대한 답을 추구하면서, 동양과 서양 모두의 철학 전통을 탐구한다.

'철학'에 관련한 용어와 그 기원에 관한 논란과는 별도로, 20세기 초 중국, 한국, 그리고 일본의 사상가들은 독창적인 철학자로서 인정받는 것을 추구하기 시작했으며, 이 시기에 더욱 두드러지게 독일의 사변 철학을 모델로 활용하여 철학적인 문제들과 씨름하였다. [NT, HWS/류제동]

### '일본에서 최초의 철학자'

이노우에 데쓰지로는 아니라고 하더라도 나카에 조민에게 진정으로 철학적인 사유라고 인정되었던 사유는 (니시 아마네는 철학의 응용 가능성을 고수했음에도 불구하고) 모방적이 아닌 혁신적인 사유였고, 절충적이거나 단편적이 아닌 체계적인 사유였고, 실용적이거나 정치적이 아닌 형이상학적인 사유였다. 더 나아가 일부 비평가들에 따르면, 일본 철학이라고 인정되려면 일본적인 특색이 현저해야만 했다. 여러 해설자들이 이러한 척도에 따라서 니시다의 『선의 연구』(1911)를 최초로 진정한 의미에서 — 일본에서 이전의 철학 교수들의 저작 및 일본의 스콜라주의적인 지적 전통과 대조되는 — 일본 철학을 전개한 저서라고 선언해 왔다. 스스로 본격적인 철학자인 다카하시 사토미 (高橋里美, 1886-1964)는 다음과 같이 평하였다.

> 독립적이고 철학적인 저작이라고 일컬을 가치가 있는 '철학적인' 저서가 우리나라 사람에 의하여 집필된 적이 있는가? '철학적인'이란 무엇을 의미하는가? 나는 『선의 연구』가 출간되기 전이라면 … 답하기가 난감했을 것이다. 이 저작에서는 다른 저작들과 대조적으로 진정하게 철학적이라고 여겨지는 어떤 것이 있다. 하타노 세이이치의 『스피노자 연구』와 같은 존중할 만한 저작들도 있어 왔고, 철학의 여러 분과에 관한 가치 있는 저작들도 있어 왔지만, 내가 아는 한 순수한 철학에 있어서 지금까지 어떠한 사유도 … 그다지 풍요로운 독창성을 드러내지 못하였다. 일본에서 메이지시대 이래 이 저작이 최초로 유일하게 철학적인 저작이 아닌가? 나는 그렇다고 확신한다. (다카하시 사토미, 1912, 153-4)

다카하시는 니시다의 '독창성'을 구조적으로 규명하지는 못하였고, 메이지시대 철학에 관한 훌륭한 역사학자인 후나야마 신이치(船山信一, 1907-1994)도 그러하였다. 다만 후나야마 신이치는 1959년에 다음과 같이 평하였다. "니시다의 『선의 연구』와 더불어 일본의 철학은 … 계몽 단계에서 독창성 단계로 옮겨갔다. 다만 니시다는 궁극적으로 형이상학자이었다"(후나야마 신이치, 1959, 59-60). 그러나 후나야마는 형이상학이 — 그 정체성이 어떠하든 — 일본의 전통적인 사유에서는 전적으로 새로운 어떤 것이기에 니시다의 철학은 참신하였다고 시사하였다. 니시다의 제자 시모무라 도라타로 (下村寅太郎, 1902-1995)는 나중에 니시다의 혁신을 역사적인 맥락에서 규명하려고 시도하였다. 아래의 단락은 특별하게 주목할 가치가 있는 일부 서술에 주목한다.

> 일본 사상가들은 19세기 후반기에 일본의 개항 이후에야 유럽적인 의미에서 '철학'과 '과학'을 알게 되었다. 일본에는 오랫동안 불교, 유교, 그리고 신도의 사상가들이 있어 왔고, 더 나아가 그중 탁월한 사상들에게는 철학적인 어떤 것이 있었고, 주술과 미신의 요소를 담고 있지 않다는 점에서 과학적인 어떤 것도 있었다. 다만 불교와 유교가 그 자체로 '철학'이나 '과학'인 것은 아니었다. 확실히 오직 메이지시대가 되어서야 사람들은 종교 및 도덕과 구분하여 '철학'을 말하게 되었다. 그리고 이 시대 이전에 철학이 있었다고 하더라도 확실히 단편적인 형태로만 존재하였다. 메이지시대는 계몽의 시대라고 불린다. 다만 그 계몽은 서양 사상에서 전개된 계몽이면서 서양 사상과 대조되는 계몽이었다. 일본인들은 서양의 정치, 경제, 그리고 군사 시스템뿐만 아니라 서양의 철학과 학문에 아주 적극적인 관심을 기울였다. 그러나 반세기(1868-1912)에 걸친 메이지시대는 서양 철학을 배우는 데에서 머물렀다. 구체적으로 '일본적인 특징'을 드러내는 독창적인 사상가는 거의 없었다. 전반적으로 보면, 서양 철학과 동양 사상을 피상적이고 조잡하게 뒤섞은 절충적인 사상가들밖에 없었다. 그러나 이 시대가 끝나갈 즈음인 금세기초에는 독창적이고 체계적인 철학의 토대작업이 비로소 가시화되었다. 가장 모범적이고 오늘날까지 가장 영향력 있는 철학자가 … 니시다 기타로이다.

철학자들이 서양의 사유 방법을 통하여 독자적인 사유를 체계화하기 시작하는 시대가 도래하였다. 이러한 노력의 최초 결실이자 가장 독특한 개성을 드러내는 모범적인 결실이 … 니시다 기타로의『선의 연구』이었다. 당시 일본 철학은 동시대의 유럽 철학에 민감하게 반응하면서 기민하게 수입하는 차원에 머물러 있었다. 프래그머티즘, 신칸트주의, 베르그송 (Henri Bergson, 1859-1941), 그리고 마침내 현상학이 유행하게 되었다. 이때 이래 줄곧 일본 철학계는 전반적으로 동시대의 서양 학문계와 직접적으로 연계되어 발전해 왔다. 일본의 선도적인 사상가들은 대부분 서양 철학자들의 문제에 매달렸고, 그 문제를 비판적으로 대면 함으로써 자체의 사상을 형성하였다. 그래서 일본에서 철학은 서양 철학과 다르지 않은 것으로 보이고, 독자적으로 문제를 발전시키고 체계화하는 작업은 거의 보이지 않는다. 서양 철학의 엄격한 방법들과 개념들을 파악하면서도 동양 내지 일본의 독특한 독창성을 간직한 철학의 등장은 극히 참신한 발전이었다. 니시다는 이러한 차원에서 모범적인 철학자였다. (시모무라 도라타로, 1977, 197-8, 201)

더 최근의 비판적인 평가들에서도 니시다는 계속해서 최초의 일본 철학자라고 언급된다. 예컨대 나카무라 유지로(中村雄二郎, 1925-2017)는 다음과 같이 평한다.

우리는 일본에 철학이 없다는 조민의 판단을 반증할 수 있는 저작을 대면하기 위하여 … 니시다를 기다려야 했다. 니시다의 저작은 철학이라는 명칭을 부여받을 자격이 있는 최초 의 저서이다. (나카무라 유지로, 1983, 15-16)

## 철학에 대한 니시다의 정의
니시다가 정당하게 일본 최초의 철학자로 불릴 수 있는지 여부는 논쟁의 여지가 여전히 있다. 분명한 것은 그가 자신의 작업에서 유럽의 철학적인 관행을 완벽하게 소화했다는 것이다. 그는 한 사전 항목에서 철학을 종교와 구분하여 다음과 같이 정의한다.

철학은 학문이다. 곧, 철학은 통합된 개념적인 앎이다. 따라서 철학은 예술이나 종교와 다르다. 물론 베르그송과 같이 철학이 직관적인 앎이라고 말하는 이들도 있다. 그러나 직관은 그 자체로는 철학이라고 불릴 수 없다. 철학의 내용이 직관에서 도출될 수는 있지만, 철학은 직관이 개념적인 앎의 형태를 취할 때 그 존재 근거가 발견된다. 하지만 철학은 어떤 종류의 학문일까? 철학은 무엇을 연구하는가? 철학은 원래 학문 중의 학문으로서 가장 근원적인 학문이라고 상정된다. 다만 이렇게 말하는 것은 엄밀한 의미에서 이해되어야 한다. 각각의 학문 분야가 다 그 학문 분야의 토대가 되는 기초 개념들을 지니고 있기 때문이다. 예컨대 기하학의 토대가 되는 관념은 공간이다. 물리학의 토대가 되는 관념은 물리적인 현상이다. 공간이라는 개념이 없이는 기하학이 있을 수 없다. 다만 공간을 전제하는 기하학은 공간 자체를 성찰할 수도 없고, 더 근원적인 입장에서 공간을 규명할 수도 없다. 이와 대조적으로 철학은 제 개별 학문들의 기초적인 개념들을 성찰하고 거기에서 하나의 지식 체계를 구성한 다. 여기에서 철학은 개별 학문들과 구분된다. 이처럼 철학이 탐구하는 대상들은 공간, 시간, 물질, 그리고 마음과 같이 손에 잡힐 정도로 아주 가까이에 있는 것들이다.

철학이 개별 학문들의 기초적인 관념들을 성찰하고 통합하지만, 철학의 연구 대상이 단순히 실재의 토대가 되는 개념들인 것은 아니다. 진리, 선함, 그리고 아름다움과 같이 기본적으로 규범적인 관념들이 당연히 철학적 연구에 포함되어야 한다. 철학은 실재에 대한 기초적인 관념들을 규명하는 데 그치지 않는다. 또한 철학은 인간적인 삶의 이상으로서 '당위' 그 자체를 규명해야 한다. 철학은 단순히 세계관이 아니다. 철학은 인간적인 삶에 대한 조망이다. 오늘날의 신칸트주의자들이 주장하듯이 '당위'가 '존재'보다 더 근원적이라면, 철학은 가치에 대한 연구(Wertlehre)이다. 이처럼, 철학은 앎의 궁극적인 통일, 존재 또는 '당위'와 관련되는 근본적인 개념들의 통일이라고 할 수 있다. 곧, 철학은 우주 내에서 인간적인 삶에 관한 최고의 원리들을 다루는 학문이다. (니시다 기타로, 1923, 667-8)

니시다는 자신의 생애 중 이 단계에서 근원적이고 보편적인 학문으로서 철학의 이상을 주창한다. 이러한 그의 표현은 분명히 피히테(Fichte, 1762-1814)의 '학문의 학문(Wissenschaftslehre)'이라는 철학관과 헤르만 코헨(Hermann Cohen, 1842-1918)의 '학문의 원리들에 대한 이론이자 그와 더불어 모든 문화의 이론'이라는 철학관을 반영하고 있다. 일본에서의 철학의 관행은 이처럼 세 단계를 거쳐 전개되어 왔다. 니시 아마네가 자신이 작업을 시작했을 때, 철학은 무엇보다도 낯선 것이었다. 일본어 용어들은 서양의 용어들을 함의하였다. 이러한 용어들은 번역자들에게 종종 전혀 가시화될 수 없는 개념들의 덩어리를 내포하였다. 서양의 용어들이 궁극적으로 의미하는 것에 대한 대응어를 찾는 작업은 여전히 유년기에 머물러 있었다. 그 다음 단계에서는 새로운 관행이 채택되기 시작하였다. 일본어 용어는 무엇보다도 서양의 개념군과 유사한 개념군을 함의할 수 있었고, 대체로 유사한 용법으로 사용되었다. 이것은 일종의 '개념들 그 자체로 되돌아가는' 움직임이었다. '이(理)' 곧 '원리'에 대한 니시 자신의 설명은 좋은 사례이다. 마지막으로, 니시다, 다나베 하지메, 와쓰지 데쓰로, 그리고 나중에 니시타니 게이지와 같은 철학자들은 니시다와 니시타니에서 '존재-무'라든가 와쓰지에서 '인간'과 같이, 전통적으로 서양적인 내지 동양적인 개념들을 지칭할 수 있는 용어들에 잠재해 있는 잔향과 모호함을 치밀하게 탐구함으로써 기존의 철학적인 관행을 확장시켰다. 아이디어들의 번역 작업은 오늘날에도 계속된다. 예컨대 오모리 쇼조(大森莊藏, 1921-1997)는 말의 영혼을 뜻하는 '고토다마'와 같은, 고대 일본의 관념들에서 통찰을 얻어 전문적인 언어철학에 영감을 불어넣고 있고, 사카베 메구미(坂部惠, 1936-2009)는 '새롭게 수입된 서양적 사유 방식의 권위라는 이념적 후광 아래에서 의미의 진공 상태로 떨어지는 위험' 내지 의미의 퇴락에 관하여 저술 활동을 하고 있다.

[JCM/류제동]

## 철학인가 종교인가?

아이디어들의 번역은 일본어라는 언어와 철학이라는 개념 그 자체의 변화를 가져왔을 뿐만 아니라, 일본의 지적 전통들에 대해서도 새로운 맥락에서 이해할 수 있게 하였다. 불교, 유교, 그리고 신도(神道)를 철학이나 종교와 같은 유럽적인 범주들과 연관시키려는 노력은 그 전통들을 거의 다시 정의하는 차원까지 나아갔는데, 관련 어휘들의 의미에 관한 상당한 당혹스러움도 감내해야만 했다.

메이지시대 초기에는 '철학'이라는 범주와 마찬가지로 '종교'의 의미 역시 혼란을 야기하였다. '종교(religion)'과 관련어들에 대한 번역은 새로운 어휘들을 만드는 차원까지 나가지는 않았다. 일본인들은 옛 용어들을 새로운 방식으로 사용하였다. 우리는 이 범주의 이해에서 혼란을 극복하기 위하여 세 가지 흐름을 지적할 수 있다. 이 세 흐름이 함께 엮이게 되면, 하나의 일관된 개념이 이루어지기보다는 종교라는 아이디어가 더욱 복잡하게 될 뿐이다.

첫째, 종교는 개신교적인 흐름을 따라서 개인적인 신앙과 실천의 문제로 상정되었다. 1874년에 서양적 범주들의 번역에서 영향력이 적지 않았던 니시 아마네는 종교적 믿음이란 각자의 마음속에 간직되어 있는 것이며 개인적 선호의 문제라고 설명하였다. 종교적 신앙은 앎이 떠난 자리에서 시작되는 것이었다. 그는 종교가 사회에 해를 가하지 않는 한, 곧 세속적 권력에 개입하지 않는 한 국가의 공권력과 법은 종교에 간섭해서는 안 된다고 주장하였다(니시 아마네, 1874B, 186-7, 189).

둘째, 일본의 근대화를 추구하거나 일본의 전통들을 과학적인 사유와 조화시키려 하는 지식인들 다수의 관점에서, 종교는 합리성을 초월하는 신앙의 문제인 한 비합리적이고 순전히 미신적인 것에 가까울 수밖에 없었다. 니시 아마네는 종교적인 관용의 입장에도 불구하고, 토착적인 민속 차원에서의 신도에 대해서는 '여우나 오소리에 대한 믿음'이라고 하면서 경멸하는 태도를 거의 감추지 않았다. 예컨대 다른 면에서는 서로 맹렬하게 적대했던 지식인들이었던 유물론자 가토 히로유키(加藤弘之, 1836-1916)와 불교학자 이노우에 엔료(井上円了, 1858-1919)가 비과학적인 미신과 불합리한 종교적 믿음에 대해서는 노골적인 혐오를 공유하였다. 쟁점의 골자는 그러한 믿음이 불교, 유교, 그리고 신도의 핵심을 규정하는지 여부였다.

셋째, 학자들은 종교가 사회적으로 공유되는 믿음 내지 교리의 집합을 의미한다고 이해하였다. 1870년대에 'religion'을 번역하는 데 사용된 여러 상이한 단어들 중 선호된 번역어로서 우세를 점한 단어는 '종교(宗敎)'였다. '종교'는 문자 그대로 말하자면 한 종파의 핵심적인 가르침을 의미했으며, 따라서 의례적인 요소들을 '종교'에 대한 관심에서 멀어지게 하는 경향이 있었다.

학자들과 정부 관료들 모두에게 문제는 신도, 유교, 그리고 불교가 철학과 종교라는 범주들과 직면할 때 어떻게 이해되어야 하는가였다. 신도의 분류는 복잡한 이야기라고 할 수도 있지만, 본 글의 취지에서는 비교적 간단히 결론지을 수 있다. 한편에서, 이노우에 엔료나 이노우에 데쓰지로와 같은 일부 철학자들은 실제로 신도를 일본의 철학적인 전통들 중 하나로 서술하였다. 하지만 일본에서 신도 사상과 토착적인 연구 전반은 철학의 후보로 면밀히 검토되는 대상에서 대부분 벗어났다. 다른 한편에서, 1890년대부터 국가 차원에서 신도를 공식적인 국가 이념으로 격상시킨 조치는 때때로 신도가 여러 종교 중 하나로 분류되는 것과 상충하게 되었다. 1940년에 고노에 후미마로(近衛文麿, 1891-1945) 수상 내각에서 국가 신도가 유일한 종교라고 선포하기까지 이러한 상충은 해결되지 않았다. 이른바 불교와 유교 전통은 또 다른 이야기였다. 불교와 유교의 철학적이고 종교적인 성격에 관해서는 수십 년간의 집중적인 논쟁이 이어졌다.

최초의 논쟁을 대변하는 글은 니시무라 시게키(西村茂樹, 1828-1902)와 도리오 고야타(鳥尾小彌太, 1847-1905)의 비평에서 볼 수 있다. 본 개관의 앞부분에서 언급하였듯이 니시무라가 철학을 유교 및 불교와 대조되는 맥락에서 정의하였을 때, 그는 이 두 전통에 대하여 다음과 같이 언급하였다.

앎과 실천을 함께 강조한다(또는 오히려 실천 쪽에 무게를 둔다). 이 두 전통은 그 창시자들이 우리에게 우리 자신의 개인적인 삶을 다스리고 사회의 구성원으로서 역할을 제대로 하도록 가르쳤다는 점에서 그들을 존경한다. 불교는 불경(佛經)에 대한 헌신을 특별히 강조하고 방편(方便)의 실행을 귀하게 여기며, 지옥과 천국에 대하여 설법을 하는 등 이성의 범위를 넘어선다. 반면에 철학은 우주의 진리를 기초에서부터 탐구하고, 그 자체의 차원에서 창시자나

경전이나 방편과 같은 어떤 것이 전혀 필요하지 않다. (후나야마 신이치, 1975, 67에서 인용)

철학은 권위에 의한 논증에 의존하지 않았다. 이듬해인 1888년에 도리오는 니시무라의 배제를 반박하고자 시도하였다.

　　　유교와 불교가 우주의 진리에 대한 탐구가 아닌가? 앎과 실천의 기초가 이른바 '진리'의 기초이기도 한 것이 아닌가? 사람들에게 자신들의 삶을 다스리라고 가르치는 것의 목적은 진리가 아닌가? 그리고 이러한 가르침은 진리에 대한 믿음에 의존하는 것이 아닌가? 창시자에 대한 존경과 경전에 대한 헌신은 이러한 진리에 대한 믿음에 의존하는 것이 아닌가? … 그러므로 유교와 불교의 철학은 동일한 기원뿐만 아니라 동일한 목적을 공유하고, 이러한 전통을 동양의 철학이라고 부르지 못할 이유는 없다. (후나야마 신이치, 1975, 68에서 인용)

도리오의 반박은 수사적이기는 하지만 철학과 대조되는 사유 유형을 부각시킨다. 임제종(臨濟宗)의 선승(禪僧) 이마키타 고센(今北洪川, 1816-1892)의 속가 제자였던 도리오는 '도쿠안'이라는 불교식 이름도 있었다. 그는 불교 그 자체가 근대에 뚜렷이 적절한 철학적인 사유의 한 유형을 대표한다는 입장을 옹호하였다.

이노우에 엔료와 기요자와 만시(清澤滿之, 1863-1903)는 불교 개혁가들로서 왜 불교가 철학으로 인정되어야 하는지 — 확실히 종교와 교차하는 지점이 있는 철학의 한 종류로서 — 에 대하여 더욱 확장된 논증을 펼쳤다. 그들의 동기는 불교의 합리적인 성격 및 과학과의 양립 가능성을 논증하려는 관심에 있었을 뿐만 아니라, 불교 이론들을 설명하려는 관심에 있기도 하였다. 그들의 공통된 적대자는 나카에 조민이나 가토 히로유키와 같은 유물론자들이었다. 그들은 헤겔의 이론을 변형한 진화론적 관념론으로 가토의 진화론적 유물론을 반박하였기에, 일종의 진화론에 대한 헌신을 가토와도 공유하였다. 이 두 불자는 이러한 맥락에서 철학을 체계적이고 합리적인 담론이라고 간주하고, 불교는 종교로 인정되어야 한다고 보았다. 다만 그들은 가토와 달리 종교를 높이 평가하였고, 기요자와는 특히 처음으로 유교와 마찬가지로 불교도 도덕과 연관된다는 입장을 고수하였다. 하지만 기요자와는 만년에 합리적 종교라는 아이디어를 포기하고 철학 및 윤리학과 독립적인, 신앙의 종교를 강조하였다.

마찬가지로 유학자들도 유교 전통이 서양에서 수입된 범주들과 어떻게 연계되는지에 관하여 논쟁하였다. 유교를 철학으로 분류한다는 것은 유교를 서양의 이론적인 틀 내에 강제로 편입시켜서 유교의 실천적인 경향을 잃어버리게 할 우려가 있었다. 유교를 종교라고 부르는 것은 19세기 말 일본에서 '종교'에 관한 지배적인 입장 세 가지 중 하나 또는 그 이상의 입장과 유교를 엮이게 할 우려가 있었다. 많은 이들에게 유교의 핵심은 일련의 가르침이었고, 의례가 생략된 개인적인 신앙의 문제는 아니었으며, 결코 불합리한 미신에 속하는 것은 아니었다.

철학과 종교 외에 제3의 가능성으로서 서양에서 수입된 범주들과 연관되는 토착적인 용어로 유교를 분류하는 길도 부각되었다. 곧, 유교를 윤리, 또는 보다 정확하게 말하자면 덕의 길 내지 공공의 덕성으로서 도덕이라고 분류하는 길이었다. 하지만 이러한 가능성 역시 문제가 없지 않았다. 유교가 일련의 윤리적 원칙들로서 공공의 영역에 속하는 윤리라고 생각된다면, 유교는 국가적인 의무의 문제로서 국가에 의하여 택하여지고 강요될 수 있는 것이 된다. 일부 학자들은 유교의 종교적인 핵심을 무시할 수 있다고 보았다. 핫토리 우노키치(服部宇之吉, 1867-1939)는 상당히 미묘한 방식으로 이 문제에 접근하면서, 전 세계인이 접근할 수 있는 '공자의 가르침'과 민속적인 유교를 구분하였다.

> 공자 이전의 사상은 다수의 종교적인 요소들을 지니고 있었다. 공자가 그의 가르침을 확립한 이래 유교는 더 이론적이고 윤리적인 전통이 되었으며, … 그 종교적 특성은 감소하였다. 원시 유교는 상당히 종교적이지만 공자는 유교를 윤리적인 가르침으로 바꾸었다. 그럼에도 불구하고 공자의 가르침은 세속적인 인간적 문제의 영역에 한정되지는 않고, … 그러한 영역을 넘어서는 것에 대하여 무시하고 있지도 않다. 공자의 근본적인 믿음은 종교적이다. (핫토리 우노키치, 1939, 32, 90-1)

핫토리는 공자의 가르침을 새로운 '철학적인 종교성'이라고 정의하였다.

> 고대의 의례는 전적으로 종교적이었다. 그러나 공자는 의례의 의미를 전적으로 윤리적인 관점에서 설명하였다. 고대의 의례는 신들의 힘에 의하여 행운을 가져오거나 불운을 회피한다는 차원에서 존재하였다. 그러나 공자는 우리가 조상들의 근본적인 덕을 되갚는 것이라고만 설하였다. 그렇지만 공자는 여전히 하늘의 의지를 깊이 믿었고, 그 의지가 그의 내면에 있다는 것을 믿었다. 이러한 면에서 그는 종교적이었다. 우리가 종교를 유한자와 무한자의 일치 내지 상대적인 것과 절대적인 것의 일치라고 생각한다면 공자의 가르침은 궁극적으로 종교적인 가르침이다. 많은 철학자들의 교설이 궁극적으로 이러한 일치를 옹호하고 그러한 면에서 종교적이다. 공자의 가르침 역시 이러한 의미에서 종교적이다. 다만 이러한 종교성은 옛 유교의 종교성과 다르다. (핫토리 우노키치, 1938, 163)

핫토리는 공공의 도덕과 사적인 종교로 분리가 이루어지는 것에 불만을 느꼈다. 공자의 가르침이 근대 유교로서 종교적일 뿐만 아니라 윤리적이라는 그의 제안은 '시민 종교'라는 범주를 연상하게 한다.

도쿄대학에서 핫토리의 동료였던 이노우에 데쓰지로는 유교가 동시에 종교적이면서 윤리적이라는 그의 입장을 옹호했다. 불교에 대한 이노우에 데쓰지로의 입장은 더욱 모호했다. 그는 1915년에 『철학과 종교』라는 두꺼운 책을 출판했다. 이 책은 삶과 죽음 같은 주제에 대한 대학 강의 원고로 이루어졌다. 그는 이 책에서 불교와 신도를 종교라고 간주하면서, '중국 종교들의 개혁과 미래' 그리고 '일본에서 종교들의 일치'에 관하여 썼다. 그러나 그는 다른 저작들에서는 불교를 옛 종교라고 배격하는 반면에 유교와 신도 양자는 수용하였다. 그의 주된 의제는 유교를 모델로 한 새로운 유형의 종교로서 '윤리적인 종교'를 구성하는 것이 되었다. 그는 『종교를 넘어선 도덕』에서 다음과 같이 썼다.

> 우리는 도덕을 우리의 이상이 구현되는 자리로 삼아야 한다. 우리의 종교는 이러해야 한다. 우리는 이제는 옛 종교가 필요 없다. 종교를 대체할 도덕을 구성해야 할 시대가 도래하였다. 이 도덕은 어떤 옛 종교보다 더 합리적이어야 한다. 도덕은 미신을 배제하고 오늘날의

과학과 함께 해야 한다. 옛 종교들이 오늘날의 과학과 상충한다는 것은 그 종교들이 쓸모없게 되었다는 증거이다. 오늘날의 도덕이 과학과 함께 할 수 있고 개인의 독자성을 촉진할 수 있다면, 옛 종교를 대체할 가치가 입증되었다고 할 수 있다. 이러한 차원에서 바라보는 도덕은 가치와 진보적 차원 모두에서 어떤 종교든 넘어선다. (이노우에 데쓰지로, 1908A, 302-3)

이러한 관점에서 유교는 종교적인 핵심을 간직하고 있는 공공의 도덕을 가르치는 전통이다.

유교는 인간을 넘어서는 위대한 존재로 하늘을 섬긴다는 점에서 종교와 일치한다. 그러나 의례와 내세를 무시한다는 점에서 종교와 아주 다르다. (이노우에 데쓰지로, 1908B, 309)

다른 한편으로, 이노우에는 신도에 대해서는 공공의 도덕과 연계시키면서도 신앙적인 면에서 종교에 머무른다고 간주하였다. 1910년대에 그는 신사(神社)를 숭배의 장소로 이해하는 대중적인 정서를, 국가 신도로 나아가면서 "신도는 종교가 아니다"라고 선언한 정부 관료들의 정책과 중재시키려는 시도를 한 것으로 보인다. 그의 글에서는 국가에 기여한 이들을 특별히 섬기러 신사를 방문하는 것이 이해될 수 있다고 다음과 같이 말한다.

[신사 방문은] 신앙이라고 불릴 수 있는 정도의 깊은 경배에 도달하므로, 도덕적인 의미가 있다. 우리의 방문은 이러한 깊이가 없이는 도덕적으로 무력하다. 우리는 이러한 신앙이 도덕에 필수적이라는 것을 인식하면서, 이러한 신앙을 도덕이라고 간주할 수 있는 것이다. (이노우에 데쓰지로, 1917, 364)

1935년경 이노우에는 유교와 신도를 혼합하여 일본 천황제의 '황도(皇道)'로 선양하면서, 이것이 유교만을 알았던 중국이나 한국의 단순한 '왕도(王道)'보다 우월하다고 주장하였다. 다만 여기에서 잊지 말아야 할 것은, 그 역시 일본의 신유교 전통을 철학이라고 간주하였다는 점이다.

그 두 해 전에 와쓰지 데쓰로는 유교가 종교적 신앙과 구분되는 세속적인 성격을 지니고 있다고 주장하였다. 와쓰지는 공자가 인류의 위대한 스승 중 한 명이라고 간주하면서, 죽음의 문제를 결코 다루지 않았고, 그의 생애에 대한 기록도 그의 죽음에 대한 이야기를 담고 있지 않다는 점에서 붓다, 소크라테스, 그리고 예수와 같은 다른 스승들과 구분된다고 보았다. 공자의 가르침의 핵심은 '종교적인 신'에 대한 언급이 전혀 없는 '인간의 길'이라는 점에 있었다. 공자에게는,

도를 이해하고 구현하는 것으로 충분하였다. 도는 인간의 도이다. 신의 말씀도 아니고 깨달음에의 길도 아니다. 도란 인간의 도이지 신의 말씀이나 깨달음의 도가 아니다. 그가 인간의 윤리적인 도를 따르는 한, 곧 그가 인(仁)을 실현하고 충서(忠恕)를 실천하는 한, 어떤 두려움이나 불안도 그를 괴롭힐 수 없었다. 그러하기에 그의 교설은 어떤 뉘앙스에서라도 신비적인 요소가 필요하지 않았고, "부조리하므로 믿으라"라는 요구도 없었다. 도는 온전히 이성(理性)의 도이다. 공자의 교설에서 가장 현저한 특질은 그가 인간의 도를 절대적인 차원에서 중요하다고 인식하였다는 데 있다. (와쓰지 데쓰로, 1933, 344)

와쓰지에게 철학의 핵심은 윤리학이었다. 바로 이러한 이유로 공자의 도는 핵심 자체가 철학적이었다. 물론 유교는 오래전에 메이지시대가 시작될 당시부터 후쿠자와 유키치 같은 근대화 주의자들에 의하여 비판받아 왔었다. 다만 그러한 비판은 대체로 와쓰지 등의 철학자들이 유교의 원래 가르침과 분리된다고 보았던 사회적 관행 때문이었다. 그러나 세기 전환기의 저술가인 오니시 하지메(大西祝, 1864-1900)는 명시적으로 철학적인 근거에서 유교적 가치들을 비판한 몇 안 되는 철학자들의 선두에 있었다. 요컨대, 오늘날 '유가철학(儒家哲學)'이라는 명칭이 널리 받아들여지게 된 것은 이노우에 데쓰지로와 같은 일본인 사상가들의 노력이라기보다는 중국에서의 지성적인 전통들에 대하여 세계적인 주목이 집중된 덕분이다. 실로 와쓰지 자신의 윤리 관련 저술들은 그의 저술들에 관한 발췌문들이 드러내듯이 유교적인 만큼이나 불교적이었다.

일본에서 강단철학이 확립된 이후에는 불교의 사상과 실천에도 깊은 조예를 지닌 일군의 철학 교수들이 등장하였다. 교토학파라고 불리는 이 그룹은 불교의 철학적 성격을 당연시하였다. 본서에서 다수의 발췌문들이 보여주듯이, 그들에게 관건은 불교가 철학으로 인정되느냐 여부라기보다는 불교적 관점에서 보았을 때 종교와 도덕의 본성이 어떠한가에 놓여 있었다. 철학, 윤리학, 그리고 종교의 교차점과 상이점에 대한 그들의 성찰은 이러한 서양의 범주들이 일본인들의 지성적인 삶에 얼마나 깊이 침투하였는지, 그리고 그들이 얼마나 크게 변화되어 왔는지를 보여준다. 교토학파의 외부에서 마루야마 마사오(丸山眞男, 1914-1996)는 일본 사상이 중국에서 전해진 유교와 불교의 개념들 및 범주들과 — 서양에서 전해진 — 그리스도교와 민주주의와 마르크스주의적인 아이디어들에 의하여 여러 세기 동안 어떠한 변모를 겪으며 발전되어 왔는지를 흥미롭게 설명해준다. 그의 분석은 논란이 없는 것은 아니지만 일본 철학자들이 그들의 사유에 사용되는 용어들과 범주들이 지니는 문제점을 계속해서 진지하게 고려해 왔다는 것을 보여준다. [JCM, NT/류제동]

## 더 읽을거리

Braisted, William R., *Meiroku Zasshi: Journal of the Japanese Enlightenment* (Cambridge: Harvard University Press, 1976).

Davis, Winston Bradley, *The Moral and Political Naturalism of Baron Katō Hiroyuki* (Berkeley: Institute of East Asian Studies, 1996).

Defoort, Carine, "Is There Such a Thing as Chinese Philosophy? Arguments of an Implicit Debate," *Philosophy East and West* 51/3 (July 2001), 393-423.

Godart, Gerard Clinton, "'Philosophy' or 'Religion'? The Confrontation with Foreign Categories in Late Nineteenth-Century Japan." *Journal of the History of Ideas* 69/1 (January 2008), 71-91.

Havens, Thomas H., *Nishi Amane and Modern Japanese Thought* (Princeton: Princeton University Press, 1970).

Josephson, Jason Ānanda, "When Buddhism Became a 'Religion': Religion and Superstition in the Writings of Inoue Enryō," *Japanese Journal of Religious Studies* 33/1 (2006): 143-68.

Kishinami, Tsunezō, *The Development of Philosophy in Japan* (Princeton: Princeton University Press, 1915).

Piovesana, Gino K., *Recent Japanese Philosophical Thought 1862-1994: A Survey*, 3rd ed. (London and New York: RoutledgeCurzon, 1997).

Reitan, Richard M, *Making a Moral Society: Ethics and the State in Meiji Japan* (Honolulu: University of Hawai'i Press, 2009).

Tsuchida, Kyoson, *Contemporary Thought of Japan and China* (London: Williams and Norgate Ltd., 1927).

# 니시 아마네

西周, 1829-1897

니시 아마네는 유럽 철학 및 여타 학문 분야를 일본에 소개하는 선구적인 작업으로 유명하다. 그는 쓰와노번(津和野藩, 현재의 시마네현[島根縣] 쓰와노초[津和野町])에서 태어나, 젊은 청소년 무사를 위해 가르치는 번학교(藩學校)에서 주자학을 배웠지만 나중에는 주자학자인 오규 소라이(荻生徂徠, 1666-1728)의 사상에 깊이 공감하기 시작하였다. 니시 아마네는 에도(江戶, 현재의 도쿄[東京])에서 네덜란드어와 영어를 배우고 도쿠가와막부(德川幕府) 관리들을 위해 서양 문장을 번역하였다. 1862년에 막부는 그와 법학자인 쓰다 마미치(津田眞道, 1829-1903)를 네덜란드의 라이덴(Leiden)에서 공부하도록 파견하였다. 니시 아마네는 그곳에서 시몬 피세링(Simon Vissering, 1818-1888)의 지도하에 법학 연구, 경제학, 그리고 통계학에 몰두했다. 1865년에 일본으로 돌아온 니시 아마네는 일본의 마지막 장군인 도쿠가와 요시노부(德川慶喜, 1837-1913)를 위해 국제법과 자연법에 관한 피세링의 강의를 번역하였다. 그리고 그는 병학교(兵學校) 교장이 되었으며, 나중에 도쿄대학(東京大學)에 편입된 과학연구기관인 가이세이조(開成所)의 교수가 되었다. 1868년 메이지유신(明治維新) 이후, 그는 군사 업무에 관한 기록, 새로운 교육 시스템에 관한 규정, 그리고 천황이 국회와 입법권을 공유할 것이라고 명시한 국가 헌법 초안 등 다방면에 걸쳐 의견을 제시하였다. 이노우에 고와시(井上毅, 1844-1895)는 이 후자의 제안을 강력하게 비판하였는데, 이노우에 고와시가 제창한 천황의 신성권에 대한 견해는 1889년 메이지헌법(대일본제국헌법)에서 궁극적으로 승리를 거두었다. 니시 아마네는 국회의 초기 형태에서 고문으로서, 귀족원 의원으로서, 그리고 도쿄학사회원(東京學士會院) 회장으로서 다방면에 공헌하였다.

니시의 철학적 작업은 형식 논리학을 일본에 도입하고 서양과 동양의 두 학문 분야를 체계화하였다. 그는 존 스튜어트 밀(John Stuart Mill, 1806-1873)의 『공리주의(Utilitarianism)』를 번역하고 오귀스트 콩트(Auguste Comte, 1798-1857)의 실증주의의 일부를 일본어로 번역했습니다. 그는 일본에서 처음으로 객관적 관점과 주관적 관점 사이의 특징을 설명하는 인간 본성과 심리학에 관한 논문을 썼으며, 신앙의 자유와 정교분리(政敎分離)를 옹호하는 종교 이론을 초안하였다. 니시는 철학(philosophy), 이성(reason), 감각(sensibility), 개념(concept), 관념(idea), 귀납(induction), 연역(deduction) 및 기타 여러 용어에 대한 일본어의 신조어를 만들었다. 군사 문제와 국가 교육, 경제 및 법에 관한 다양한 이론들은 그의 업적을 한층 무르익게 만들었다.

다음의 범례는 니시가 직면한 두 가지의 다른 도전, 즉 근대적이고 자유주의적인 관념을 발전시키는 것, 그리고 서구 개념의 의미를 전달하는 것의 좋은 사례가 된다. 그는 계몽주의와 진보적인 메이로쿠샤(明六社)[1]의 지도적 인물로서 자기 수양이 법률 사무와 통치기술의 훈련을 대신 할 수 없다고 주장했다. 일본어에서 이기주의를 의미할 수 있는 '자유(freedom)'의 본질과 한계에 관해 글을 쓰면서, 니시는

---

1) [한] 1871년 모리 아리노리(森有禮)가 후쿠자와 유키치(福澤諭吉), 가토 히로유키(加藤弘之), 나카무라 마사나오(中村正直), 니시 아마네와 더불어 설립한 일본 최고의 근대적 계몽학술단체.

두 개념 사이의 차이점을 분명히 밝히고 동물의 행동과 구별되는 적절한 인간의 자유가 자신의 이익을 위해서가 아니라 사회 전체의 이익을 목표로 하는 윤리적 실천을 통해 획득된다는 주장을 제기하였다. 좀 더 이론적인 맥락에서, 니시는 주자학 학자들이 격렬히 논쟁한 개념인 「이(理)」라고 하는 유교적 개념을 원리(principle)와 이성(reason)과 같은 서구적 대개념과 비교하고 대조하였다. 원리라고 하는 서구 개념에 대한 주자학의 비판을 다루면서, 그는 물질에 대한 것이 아니라 관계를 나타내는 용어로서 이(理)에 관한 자신의 이해를 계속 발전시켜 갔다. [ST/정병호]

## 통치, 자유, 독립

니시 아마네 1874a, 237-8; 1879, 312-13

어떤 학자들은 모든 사물의 「원리(principle)」를 알게 되고 성의정심(誠意正心)이 가능하면 천하는 평안해진다고 이해하고 무엇이든 격물치지(格物致知), 성의정심이라고 말하므로 그것마저 가능하면 치국평천하의 사업은 별도로 학문도 하지 않고 구명하지 않아도 자연히 가능한 듯이 이해하고 있다. 선종(禪宗)의 승려가 「좌선(坐禪)」하고 있는 행동이 정치를 행하는 근본이라고 생각하고 있는 경우도 있는데, 이러한 생각이 초래할 해악을 생각하는 것은 가슴 아픈 일이다.

### 자유가 자립이 된다는 설에 관해

쾌락과 고통을 느끼고 마음에 들고 싫어하는 모든 살아있는 것들은 이익을 좋아하고 이익을 이루려고 한다. 하늘에서 솔개가 날고 물속에 고기가 뛰어 논다.[2] 그리고 개구리, 벌과 나비, 서캐와 이, 벼룩도 역시 이와 같다. 무정한 초목은 태양 쪽으로 향하고 그늘에 등을 돌린다. 인간 사회도 또한 그것이 가져 오는 이익이 있기 때문에 생긴다. 서로 낳아서 기르고 봉양하는 도리(남편과 아내, 아버지와 아들), 분업의 법(노동의 교환과 분배), 군자소인(君子小人, 재위재야[在位在野]), 정부인민(사법부는 충돌을 방지하고, 군인은 국가를 보호함). 그러므로 유익한 것을 찾는 것은 인도(人道)의 대본(大本)이다. 자유의 길은 이익 추구를 부정하지 않는다.

자유는 이익 추구와 관련하여 정확하게 자유입니다. 이러한 점에서 이득은 규칙 없이는 자유의 문제가 될 수 없다는 점에 유의해야 한다. 따라서 사회와 국가를 만드는 데 있어서 사람들의 자유에 제한이 없는 것은 불가능하다. 야만인들은 개인적인 자유를 가지고 있지만 거의 제한이 없다. 따라서 아프리카의 토착민들은 공격을 받고, 그들을 노예로 데려 가서 팔았다. 이와 같은 재난을 방지하기 위해 사회의 도덕이 나타나고 정부가 설립되고 국가가 만들어졌다. 우리는 자유의 한계에 느슨한 사람들에게 엄격해야 하지만 동료 인간의 자유를 침해하기 위해 자유를 사용해서는 안 된다. (예방 접종은 약간의 건강을 훔치지만 더 나은 건강을 위해 봉사한다. 직업을 자유롭게 선택하는 일은 자유의 시작이다.) 제한 없는 자유는 없다. 가령 하나를 위한 자유를 몰수하여 모두를 위한 자유를 사라.

---

2) [한] 연비어약(鳶飛魚躍). 하늘에 솔개가 날고 물 속에 고기가 뛰어 노는 것이 자연(自然)스럽고 조화로운 데, 이는 솔개와 물고기가 저마다 나름대로의 타고난 길을 가기 때문이라는 뜻이다. 만물(萬物)이 저마다의 법칙(法則)에 따라 자연스럽게 살아가면, 전체적으로 천지(天地)의 조화를 이루게 되는 것이 자연의 오묘한 길임을 가리키는 말이다.

동물, 곤충, 물고기와 같은 것은 자유롭게 이익을 추구하고 오로지 그들을 위해 이익을 얻는다. 그렇지만 인간 사회에서는, 더 작은 자유를 팔아서 더 커다란 자유를 산다. 그렇기 때문에 인간 사회에서는 동물, 곤충 및 물고기의 개별적인 자유가 부족한 것처럼 보일 수도 있지만, 그 대신 더 큰 자유를 얻는다. 인간 사회에서는 사람들이 살해되고 잡아먹히는 재앙에 직면하지 않는다. 그러므로 이익과 자유는 서로 공존하는 것이며 서로 상반되지 않는다. 우리가 이 둘을 구별해야 한다면, 이익을 얻는 것이 목표이며, 자유는 그것을 얻는 방법이다.

그러므로 자유를 얻기 위해서는 길이 있으며, 자립하지 않으면 자유는 없다.

[ST, JCM, GCG/정병호]

# 원리, 이성, 과학

니시 아마네 1873, 65; 1882, 167-72

### 심리학의 물리적 기초에 관해

여기에서 심리학과 생리학으로 번역 된 용어가 여전히 근대적인 의미를 지녔다고 하더라도, 니시 아마네의 견해는 주목할 만한 예지력을 보여 준다.

심리학 또는 인간본성에 관한 연구는 비물질적인 것에 관한 견해를 버리고, 물질의 법칙에 그 근거를 두어야 한다. 새롭게 생리학으로 시작함으로써, 심리학은 인간에 관한 연구에서 신비를 해명할 수 있다.

### 원리의 설명

나는 생리학과 심리학이 서로 연결되는 원리를 구명하여 발견할 수 있는 충분한 힘이 아직 부족하기 때문에, 당분간 심리와 물리 두 종류를 통해 이를 설명하고, 그 통할(統轄) 종속하는 관계를 설명하고자 한다. 마음과 물질의 원리를 나누어 설명하기 전에 한마디 물어야 할 것이 있다. ─ 「이(理)」라고 하는 개념을 어떻게 정의할 것인가(이것은 생리학과 심리학에 대한 일본어 어휘로 사용되었다.) 정확하게 그것의 실체는 무엇인가?

니시는 이(理)에 포함된 의미의 범위가 이성과 원리에 관련된 유럽 철학의 중심적인 관심과 중첩됨을 보여 주려고 노력하였다.

이 '이(理)'라고 하는 글자는 중국의 고대부터 사용하는 글자로 유학서는 모두 이 '이'를 논한 것이다. 그중에서 '역(易)'의 '역상역수(易象易數)'의 '이(理)', '중용'의 '중화(中和)'의 이', '상천무성무취찬탄(上天無聲無臭贊嘆)의 이' 등 모두 심오한 '이(理)'를 역설하는 법이다.
......
그래서 이 단어의 의미는 시간이 지남에 따라 변화하였으며, 오늘날 도리(道理)라는 용어로 이성, 이유 또는 합리성이라는 개념을 표시하기 위해 가장 많이 사용되었다. 글자 뜻 그대로 '원리의 길'이다. 우리나라 말에서도 우리는 이(理)라는 중국 문자를 '코토와리(ことわり)'라고 훈을 다는데, 이는

사물에 대한 이해 또는 말의 이해라는 뜻으로 어느 것으로든 통한다.

　　　　다양한 일본어 표현에 대한 해설이 이어지고 그 다음에 니시 아마네는 이성(Vernunft), 자연법칙(natural law), 근본 원리(fundamental principle), 이유(ground), 그리고 관념(idea)과 같은 유럽 언어의 다양한 용어를 번역하는 복합어로서 '이'의 사용을 설명하였다.

　그런데 이라고 하는 말은 유럽 언어 중에 적확한 번역어를 찾을 수 없다. 그 때문인지, 우리나라 종래의 유학자는 '서양인들은 아직 이(理)를 알지 못한다.'(이 말은 라이 산요[賴山陽, 1781-1832][3] 선생이 이것을 썼다고 기억하는데, 물론 당시 서양학은 아직 개방되지 않았기 때문이다.)라고 말하였다. 그렇지만 이 이(理)를 알지 못한 것은 아니며 가리키는 바가 달랐다. 무릇 근래 유럽의 용어로 '이'를 두 의미로 사용해 왔다. 예를 들면 영어의 'reason'과 'law of natural'(불어는 'raison'과 'loi de nature'), 독어는 'Vernunft'와 'Naturgesetz' 그리고 네덜란드어로는 'reden'와 'natuurwet')가 이에 해당한다.

　'reason'은 일반적인 말로는 도리(道理)라고 번역하며 전문용어로서 이성(理性)이라고 번역된다. 이 이성이란 인성(人性)에 구비되는 시비(是非)·변별의 근원으로 이른바 사람이 만물의 영장인 까닭을 가리키며, 일반적으로 사용되는 도리란 견해든 결정이든 설(說)이든 변명이든 취하여 그 지반을 이루는 것을 가리킨다. 이렇게 자의(字意)를 넓게 사용할 때는, 그것의 의미는 관찰에 기초한 추론에서 천지의 이(理)에 이르기까지 다양하지만 후자의 경우에는 인간의 생각 자체가 규정한 것만 가리킨다. 그렇기 때문에 이 이성과 도리라고 하는 자의(字意) 안에는 천리(天理)나 천「도」(天道) 등과 같은 뜻은 포함하지 않음을 알 수 있다.

　그런데 다른 한편의 'natural law'라고 하는 것은 이법(理法)이라고 번역한다. 직역한다면 천연(天然) 법률의 뜻이다. 이것은 뉴턴(Isaac Newton, 1642-1727)의 중력의 이법, 케플러(Johannes Kepler, 1571-1630)의 행성 운동의 이법, 보데(Johann Elert Bode, 1747-1826)의 행성거리의 이법 등과 같이, 모두 인사(人事)와 관계되지 않는 것을 가리키며, 사람들의 발명에 의한다고 하더라도 인심(人心)이 상상하여 정한 이(理)와는 다르며 객관에 속하는 것이다. 이외에 또한 영어의 'principle', 불어 'principe', 독일어 'Prinzip', 그리고 네덜란드어 'beginsel'는 그것들의 고유한 의미에 있어서 원리(元理)로 번역하거나 또는 주의(主義)라고도 번역한다. 어느 것이든 이(理)만이 모든 개념의 본질을 표현할 수 있는 것은 아니지만, 우리가 이 개념을 사용할 때 예를 들면 인(仁)이라든가 의(義)라든가 하는 것과 같이 고유한 개념을 제시할 수 있다.

　또한 이 외에 영어의 'idea', 불어의 'idée', 독어의 'Vorstellung'와 'Idee', 그리고 네덜란드어의 'denkbeeld'는 모두 그리스와 라틴어로부터 유래하였다. 이 말들은 본래 본다라고 하는 말의 변화로서, 조영(照影)과 조상(照像)의 의미로부터 물체의 인상이 마음에 남아있음을 가리키고 있는 것을 본의(本義)로 한다. 그로부터 이 개념은 일반적으로 이해와 상상을 가리키게 되었는데 이 말은 현재 관념으로 번역된다. 이 관념이라는 말은 이(理)라는 글자와 그다지 관계가 없는 듯이 보이지만, 송나라 유학자들이 가리키는 이(理)와 같은 취지를 가지고 있다.

　이것은 아래에서 더욱 상세하게 논할 것이다. 그런데 유럽인들이 이(理)를 알지 못하였는지는

---

3)　[영] 라이 산요(賴山陽, 1780-1832), 유교 사상가이자 역사가로서 『일본외사(日本外史)』의 저술가이다.

이(理)라고 가리키는 개념 중에도 다양한 구별이 있어서, 한층 치밀하다고 해야 할 것이다. 그렇지만 송나라 유학자처럼, 무엇이든 천리(天理)라고 역설하여 천지(天地), 풍우(風雨)에서 일륜상의 일까지 모두 일정 불발(不拔)의 천리가 존재하고 이것에 벗어나는 일은 모두 천리에 어긋난다고 규정한 것은 과도한 일반화라고 해야 할 것이다. 이러한 믿음으로 행동하면 커다란 잘못에 빠져, 저 일식과 월식, 가뭄, 홍수의 재난도 군주의 정사(政事)와 관계가 있다고 하는 망상을 낳을 것이다. (옛날 사람들이 이와 같이 생각한 것을 당시 인지의 정도가 낮았기 때문이라고 비난해서는 안 된다. 송나라의 유학자들도 아직 서양학을 알지 못하였기 때문에 이 또는 비난해야 할 일이 아니다. 그렇지만, 오늘날 그러한 설을 취하여 이를 주장한다면 우리는 그들을 책망하고 비판해야 할 것이다.) 그리고 마지막으로 이세(伊勢)의 가미카제(神風) 또는 나무호렌게쿄(南無妙法蓮華經)의 깃발로 몽고의 선함을 전복시켰다고 억단(臆斷)하는 것도 어쩔 수 없는 일이다. 결국 그 크기에 관계없이 그들의 이(理)에 의존하는 한 차이가 없다. 그렇지만 그러한 이(理)에는 선천(先天)이 있고 후천(後天)이 있으며 기세에 따라서 소장(消長)이 있고 본류와 지류가 있어서 일괄적으로 논할 수 있는 것이 아니다.

그런데 세상 사람들은 자칫자면 '이(理) 밖에 이(理)가 있으며, 또는 이(理)는 그러그러하다고 하지만 사물이 반드시 이와 하나로 행해져야 하는 것이 아니라고 믿는 자가 많다. 이렇게 말하는 사람들은 이(理)를 다른 많은 것 중의 하나로 보기 때문이지만, 그들은 이(理)를 잘 아는 자가 아니다. 이(理)의 상태는 거대함에 있어서 그리고 상세함에 있어서 남김이 없다. 이른바 이것을 자유롭게 풀어주면 육합(六合)에 고루 미치며, 이를 감으면 물러나서 세부에 품는다. 그 크기에서 그밖에는 아무것도 없으며, 그 작음에 있어서 그 안에는 아무것도 없다. 만약에 사물에 두 가지가 있다고 한다면 그 사이에는 반드시 이(理)가 없을 수 없다. 단지 우리들이 이것을 분간할 수 없을 뿐이다. 이른바 이(理) 밖의 이(理)라고 하는 것은 보통의 이(理)로 논할 수 없다는 것이다. 그렇지만 현상이 있던지 또는 작용이 있으면 반드시 이것을 낳고 이것을 일으키는 근원과 이유가 없을 수가 없다. 또한 이(理)는 그러그러하다고 하지만, 사실이 그것에 맞지 않는다면, 우리들이 아직 그 사실에 맞을 정도의 정밀한 이(理)를 발견하지 못하였기 때문이다. 만약에 일단 우리가 이것을 발견할 수 있다면 그 이(理)는 반드시 그 사실에 적합할 것이다. 예를 들어 지금 두 개의 홍귤 열매가 있어서 이것을 두 아이에게 똑같이 나누려고 할 때는 하나씩 충당하면 된다. 그렇지만 그 분량 대소 등을 논하면 정확하게 균등히 나누어지지는 않는다. 그렇기 때문에 이것의 무게를 재어 나눌 때에는 거의 정확하게 가까울 수 있다. 그렇지만 그 쓴맛과 단맛 등의 화학상의 요소는 무게를 측정하여도 정확하게 나눌 수는 없다. 따라서 우리가 단맛과 쓴맛을 똑같이 나누는 기술을 찾을 때까지는 진정으로 홍귤 열매를 똑같이 나누는 일은 어려울 것이다.

인간 마음의 이(理)를 아는 일은 단지 일정하고 거친 바를 알 수 있을 뿐이며, 그 외에 알지 못하는 바의 이(理)는 말할 것도 없이 많이 있다. 스스로 지식이 도달하지 못하고서는 이것을 이(理) 밖이라고 하고 이것을 사실에 맞지 않는다고 하는 것은 이 이(理)가 이르지 못하는 것이 아니라 내가 이르지 못한 것이다.

우리들이 원래 이(理)의 일단을 알지만 그 전체를 알 수는 없다. 예를 들면, 우주와 같이 극한이 있을 수 없다는 사실은 마음으로 짐작하여 알 수 있지만 그것이 어떠한지에 이르러서는 조금도 알 수 없는 것과 같다. 이(理)도 또한 이와 같아서 만약에 두 가지 사물이 있는 이상은 일정한 필연의 것이라고 하는 일단은 알 수 있지만 그 전체는 알 수 없다. 이 말은 세상 사람들의 혼란을 풀기에 충분할 것인가.

[ST, JCM, GCG/정병호]

# 후쿠자와 유키치

福澤諭吉, 1835-1901

후쿠자와 유키치는 스스로의 판단으로 일본의 근대화 과정에서 일어났던 수많은 개혁의 창시자였으며 적어도 그 영감을 주었다. 어쨌든, 그는 봉건적인 사고가 남아있는 습관에 맞서서 강한 반대 목소리를 내었다. 서양 학문의 교육을 받은 후쿠자와는 네덜란드어와 영어를 가르쳤다. 일본 개항 이후 얼마 지나지 않아서, 그는 미국으로 향한 세 번의 여행 중 첫 번째 방문을 하였다. 귀국하자마자 그는 도쿠가와막부(德川幕府) 번역소에 고용되었다. 이 기간 동안 그는 첫 번째 저서인 『서양사정(西洋事情)』[4]을 간행하였는데, 이 저서는 곧바로 베스트셀러가 되었으며 저술가와 사회평론가로서 다작의 경력을 만드는 초석이 되었다.

후쿠자와가 행한 철학적 언급 중 중점을 두었던 두 가지는 다음의 발췌문에서 볼 수 있듯이 유럽의 계몽주의와 근대 과학적 방법론이었다. 그는 정부의 서구적 모델을 구체화하는 데 있어서 전통적인 편견과 성급한 실행에 대해 가차 없는 반대운동을 전개하였다. 그러한 반대운동을 위해 그는 이 두 가지 논거에 의지하였지만 상세하게 되풀이하여 열거하지는 않았다. 그는 누누이 '시대정신'으로 일본의 계몽과 발전의 최우선 과제로 지적(知的)인 「문명개화(文明開化)」를 계속하여 주장하였다. 그의 철학 중에서 가장 포괄적인 발표는 『문명론의 개략(文明論之槪略)』에 담겨있는데, 그것으로부터 발췌한 첫 번째 문장을 보면 개인적 윤리에 대한 조화로서 지식을 연마할 필요성을 강조하고 있다.

또한 후쿠자와는 여성 문제에 대해서도 상당한 글을 남겼다. 그러한 글의 대부분이 현대인의 귀에는 시대에 뒤떨어진 것으로 들릴 수 있지만, 아래의 발췌문에서 제시하고 있듯이 여성들의 억압을 속박하고 있는 지배적인 유교 사상에 대한 그의 논박은 그 당시에는 매우 참신한 것들이었다. 자연과학의 교육을 받은 자로서 그는 결과가 불공평할 때 권위자나 전통적 저술을 낮게 평가하며 논쟁을 수행하였다.

[JWH/정병호]

---

## 덕(德)과 지(智), 그리고 지혜(智惠)

후쿠자와 유키치 1875, 102-43(77-106)

'덕(德)'이란 덕의(德義)라는 뜻으로, 서양의 말로는 '모럴'이라고 한다. 모럴이란 마음의 예의범절이란 뜻이다. 한 사람의 마음속에서 기분이 좋고 누구에 대해서도 부끄러울 일이 없다, 라는 뜻이다.

---

4)  [한] 후쿠자와는 도쿠가와막부의 명령으로 1860년에는 미국, 1862년에는 유럽을 다녀온 후에 1866년에 이 책의 초편 3책(册)을 간행하고 다음 해에는 다시 미국에 도항하고 1868년에 외편(外編) 3책, 다시 1870년에 2편(編) 4책을 간행하였다. 내용은 정치, 세금 제도, 지폐, 외교, 군사, 회사, 학교, 과학기술, 도서관, 신문, 병원, 박물관, 증기기관, 가스등, 전신기 등에 대해 개별적으로 소개하였다.

'지(智)'란 지덕(智德)이라는 뜻으로 서양의 말로는 '인털렉트(intellect)'라고 한다. 사물을 생각하고 이해하며 납득하는 작용을 가리킨다.

또한 덕의도 지혜도 각각 두 종류의 구별이 있다.

첫째는 정실(貞實), 결백, 겸손, 성실하고 정직함 등, 마음의 안쪽에 속하는 덕을 '사덕(私德)'이라고 하고, 둘째, 염치(廉恥), 공정, 공평, 강인 등 외부의 사물에 접하여 사회 속에서 발휘되는 덕을 '공덕(公德)'이라고 한다. 셋째, 사물의 이치를 규명하고 이에 대한 작용을 '사지(私智)'라 하며, 넷째 인간이 하는 것에 대해 그 경중(輕重)과 대소를 구별하고 때와 장소에 따라서 우선순위를 붙이는 지의 작용을 '공지(公智)'라고 한다. 따라서 사지는 '고안의 소지(小智)', 공지는 '총명의 대지(大智)'라고 해도 좋을 것이다. 이 네 가지 중에서 가장 중요한 것은 네 번째의 '공지'이다.

왜냐 하면 뛰어난 예지(叡智)의 작용이 없으면 사덕이나 사지 등을 확대하여 공덕이나 공지로 할 수 없기 때문이다. 그뿐만 아니라, 공과 사가 상반하는 경우도 있다. 옛날부터 이 세 가지를 명확하게 구별하여 논한 것은 없지만, 그러나 학자들의 논의에서도 일상의 회화에서도 그 의미하는 바를 잘 음미해 보면 그곳에는 이러한 구별이 있다.

......

훌륭한 인물이라 하더라도, "천하를 다스리는 것이 내 일이며, 우리 집의 정원 따위는 아무렇게 되든 상관이 없다."라고 말하는 경우가 있듯이, 나라와 천하를 다스리는 일은 자신이 있으면서도 일신(一身)과 일가(一家)를 다스리는 것이 불가능한 자도 있다. 혹은 성실하고 정직한 사람이지만 집 밖의 일은 아무것도 알지 못하고, 극단적으로 말하자면 자신의 몸을 희생하면서도 세상의 일을 잘 수행할 수 없는 자도 있다. 어느 쪽이든 총명함이 부족하여 사물의 순서를 그릇치고 일의 경중을 판단하지 못하며 균형 있게 덕을 수양하지 못했던 자라 할 수 있다.

이렇게 생각해 보면, 총명, 예지의 작용은 마치 지덕(智德)을 지배하는 것처럼 보이는데, 덕에 대해 말하면 이것을 '대덕(大德)'이라고 해도 좋지만, 천하 일반의 인심(人心)에 따르고 또한 통상의 용례에 따르면 이를 '덕'이라고 이름 붙일 수 없는 이유도 있다.

고래(古來)로, 우리나라에서 '덕'이라고 하는 것은 개인적인 '사덕'에 대해서만 지칭하는 말이었다. 각종 고전에서 '온량(溫良)'이라던가 '선량(善良)'이라던가, '공손하다'던가 '검약'이라던가 '겸손' 등을 말하고, "아무것도 하지 않음으로써 세상을 잘 다스린다."고 말하며, "성인은 마음이 온화하며 꿈을 꾸지 않는다."라고 말하고, "덕이 있는 군자는 멍하게 있는 듯이 보인다."라고 말하며, 또는 "인자(仁者)는 산과 같이 묵직하고 차분하다"라고 말하는 것은 이는 곧 사덕을 중심으로 생각하는 방식이었다. 결국 밖으로 드러나고 있는 작용보다도 안쪽에 있는 것을 덕이라 이름붙이고 있었던 것이다. 서양어로 말하면 '패시브(passive)'라는 것인데 자기 자신은 움직이지 않고 수동적이며, 단지 자신의 사심(私心)을 없애는 것이 중요하다는 이치이다.

물론, 유교의 고전이라고 하더라도 전부가 이와 같이 수동적인 덕만을 역설하고 있는 것은 아니다. 활발한 것을 흥미 깊게 논하고 있는 곳도 있지만, 그러나 책 전체의 인상으로서는 결국 비굴한 자제를 권장하고 있다고 해도 좋다. 그 외에 신도(神道)와 불교의 가르침이라고 하더라도 덕에 대해서는 이와 비슷하다. 이와 같은 가르침 아래에 자란 우리나라의 인민에게 있어서 '덕'이라는 글자의 의미는 매우 협소하다. 이른바 총명함이라든가 예지라던가 하는 것은 덕에 포함되지 않는 것이었다.

......

무의식중에 앞에서 열거한 네 종류의 지(智)와 덕이 있다는 점을 알지 못하는 것은 아니지만 경우에 따라서 그것을 의식하기도 하고 의식하지 않기도 하여 결국은 세상 일반의 사용법에 영향을 받아 사덕 쪽을 중심으로 생각하게 되었다. 따라서, 나도 세상의 사용법에 맞추어 덕을 정의하면 총명함이나 예지 등은 '지혜' 쪽으로 분류하고, 덕이라는 말은 단지 수동적인 사덕으로 한정하여 사용하지 않을 수밖에 없다. 본장과 다음 장에서는 덕이라는 말을 이와 같이 좁은 의미에서 사용하며, 덕과 지혜를 비교하여 "지의 작용은 무겁고 넓으며, 덕의 작용은 가볍고 좁다."라고 하는 극론(極論)을 말하는 경우도 있지만 식자들은 이상과 같은 사정을 이해해 준다면 혼란은 없을 거라고 생각한다.

　......

　물론, 사덕이라고 하여 이를 중시하는 것은 시대가 바뀌어도 변하지 않을 것이며, 세계 중에 보편적으로 통용하는 것이다. 가장 단순하고 가장 훌륭한 것이기 때문에 후세에 이것을 고칠 수 없음은 당연하다. 그러나 세상의 변화에 맞추어 그것을 응용할 장소를 선택하고 사용법을 고안할 필요는 있다.

　예를 들면, 인간이 식사를 하는 것은 불변의 행위이다. 그렇지만 옛날에는 직접 손으로 집어서 먹었지만 후세가 되면 다양하게 마시고 먹는 방법과 매너가 생겼다. 또한 비유해 본다면 사덕이라는 것은 인간 신체의 귀와 눈, 코와 입과 같은 것이다. 물론 반드시 필요한 것이다. 이것을 가지고 있지 않은 인간은 없다. 장해가 있는 사람들에게 있어서는 어찌되었든, 심신 장애가 없는 사람들 사이에서는 그것에 대해 하나하나 논의할 정도의 것은 아니다.

　신도, 유교, 불교, 기독교 등은, 말하자면 고대문명이 진보하지 않은 세상에서 주창된 설이기 때문에 그 시대에 필요했음은 당연하다. 후세인 오늘에 있어서도 세계 인구 중 십중(十中) 팔, 구명까지는 아직 미숙한 것 같기 때문에 사덕의 가르침 또한 무시할 수 없다. 그 때문에 여러 가지 성가시게 말하는 것도 어쩔 수 없다. (......) 그렇다고 하더라도 문명은 원래 점차 복잡해져 감에 따라서 진보해 가는 것이기 때문에 옛날과 같이 단순하고 평온한 세계에 만족하고 있을 수는 없다. 지금의 인간은 식사를 하는 데 손으로 집어서 음식을 입으로 옮기는 것을 올바르다고 하지 않으며 신체에 눈과 귀, 코와 입이 있는 것이 뽐낼 정도의 일은 아니라는 점을 안다면 사덕을 수양한 것만으로 해야 할 일을 다 마쳤다고 할 수 없음은 명백하다.

　......

　지혜와 덕이란 마치 사람 마음을 양단(兩斷)하여 그 각각 한쪽을 지배하고 있는 것과 같은 일이기 때문에 어느 쪽이 무겁고 어느 쪽이 가볍다고 할 수는 없다. 이 두 가지를 겸비하고 있지 않으면 아주 완전한 인간이라고 할 수 없다. 그러나 고래로 학자들이 논하고 있는 바를 보면, 십중팔구는 덕만을 주장하여 사실을 그르치고 있다. 잘못이 큰 것에 이르러서는 지혜 따위는 완전히 무용하다고 말하는 자마저 있다. 세상을 위해 가장 우려해야 할 폐해이기는 하지만 이것을 비난하려고 할 때에는 곤란한 점이 하나 존재한다. 왜냐 하면 지금 지혜와 덕의 구별을 논하여 옛날부터의 잘못을 바로잡기 위해서는 우선 이 양자의 차이를 분명하게 하고 그래서 그 효용의 존재방식을 제시할 필요가 있다. 그러나 사상이 깊지 않은 인간에게는 이것이 덕을 경시하고 지를 중시하며 덕의 영역을 침범하는 것이라고 생각하고 불평을 가지는 자도 있을 것이다. 그리고 어떤 경우에는 이 논의를 경솔하게 받아들여 덕은 인간에게 무용하다고 오해하는 자도 있기 때문이다.

　원래 세상의 문명을 위해 지와 덕이 더불어 필요한 것은 신체를 위해 야채와 어육(魚肉) 모두를 빠트릴 수 없는 것과 같은 이치이다. 지금, 지적인 효용을 제시하고 지혜를 등한시해서는 안 된다는 점을 논하는 것은 섭생이 좋지 않은 채식주의자에 대해 육식을 권하는 것과 같은 이치이다. 육식을 권할 때에는 육식의 효능을 역설하고 채식의 폐해를 지적하며 채식·육식 양쪽을 사용하면서 둘 다 소중함을 명백하게 하지 않으면 안 된다. 그러나 이 채식주의자가 한쪽으로 치우친 이해를 하여 채식을 일체 그만두고 어육만을 먹으려고 한다면, 이것은 너무나 어리둥절할 일이다. 주지를 오해하고 있다고 할 수밖에 없다.

생각하건데 고금의 식자도 지와 덕의 구별을 몰랐던 것은 아니지만 단지 이상과 같은 오해를 꺼려서 이에 대해 논하지 않았던 것은 아닐까. 그렇다고 하더라도 알고 있으면서 아무것도 말하지 않으면 결국 아무것도 변하지 않는다. 무슨 일이 있더라도 도리에 맞는 일이라면 열 명 중 열 명 모두가 오해하는 일이 없을 것이다. 열 명 중에 두 세 명이 오해한다고 하더라도, 그래도 말하지 않는 것 보다는 낫다. 그것을 두려워하여 7, 8명의 지견(知見)을 증진할 기회를 잃어버리는 일은 그야말로 이치에 맞지 않는다. 세상의 오해를 두려워하여 말해야 할 사항을 말하지 않고 또는 남의 눈을 속이는 논의를 하여 충분한 이해도 없이 사람을 인도하여 그 자리의 분위기에 맞추려고 하는 듯한 방식은 사람을 바보로 만드는 일이다.

세상 사람들이 어리석다고 하더라도 흑백의 구별 정도는 할 줄 안다. 인간끼리 그렇게까지 격심한 현우(賢愚)의 차 따위라는 건 존재하지 않는 법이다. 그런데 멋대로 상대를 멍텅구리라고 단정하고, "이러한 오해를 받아서 곤란하니까"라며 사실을 말하지 않는 것은 상대를 존중하는 태도라 할 수 없을 것이다. 군자가 해야 할 바가 아니다. 적어도 스스로 이것이 올바르다고 생각하고 있다면 그것을 몰래 감추지 않고 숨김없이 모두를 말하고, 올바른지 올바르지 않은지 판단은 들은 쪽에 맡기면 된다. 나는 그럴 작정으로 지와 덕의 구별에 대해 이와 같이 논하고 있는 것이다.

······

덕은 개인의 행위이며 그 효과가 미치는 것은 우선 그 일가(一家) 내에서이다. 주인의 행동이 정직하면, 그 집안의 사람들도 자연히 정직해지며, 양친의 언행이 온후하면 아이들 마음도 온후해질 것이다. 『맹자(孟子)』가 말하듯이, "친척과 친구 사이에서 선(善)을 서로 향상시켜 덕(德)의 문으로 들어가는" 것은 가능하다. 그러나 결국 충고에 의해 사람을 선으로 인도하는 효과는 대우 적다. "한 집 한 집 모든 집을 방문하여 설교는 불가능하다. 만나는 사람마다 설교는 가능하지 않다."라는 지적은 이런 말이다.

그러나 지혜는 다르다. 한번 물리 법칙을 발견하여 이것을 발표하면, 곧바로 한 나라의 인심을 움직일 수 있다. 대발명을 하면 한 인간의 힘이 세계 전체를 일변시킬 수 있다.

제임스 와트(James Watt, 1736-1819)는 증기기관을 발명하여 그 덕분으로 전세계 공업의 모습은 크게 바뀌었다. 애덤 스미스(Adam Smith, 1723-1790)가 경제법칙을 발견하여 전세계의 상업이 완전히 달라졌다. 이것을 사람들에게 전하는 데에는 말이라는 수단도 책이라는 수단도 존재한다. 한번 그 말을 듣고, 그 책을 읽고 게다가 이것을 다른 사람들에게 전하는 사람이 있으면, 그 사람은 와트나 스미스와 같다. 따라서, 어제의 우자(愚者)도 오늘날 지자(智者)가 되어 전세계에 수천만이나 되는 와트를, 스미스를 새로 만들어내는 일이다. 그 전달하는 속도와 그것이 행해지는 영역의 넓이는 개인의 덕이 충고에 의해 가족이나 친구를 감화시키는 것과는 비교가 되지 않는다.

어떤 사람이 다음과 같이 말하였다. "토마스 클라크슨(Thomas Clarkson, 1760-1846)[5]이 노예제를

---

5) [영] 토마스 클라크슨(1760-1846)은 그가 태어난 영국에서 시작하여 전 세계의 노예무역에 이르기까지 전 생애를 노예제 폐지 운동에 헌신했다.

폐지시키고, 존 하워드(John Howard, 1726-1846)[6]가 형무소 환경을 개선시킨 것은 이는 덕의 작용이 아니겠는가. 이렇게 생각하면 덕의 힘도 무한히 큰 것이라고 말하지 않을 수 없다."

그건 확실히 위에서 말한 대로이다. 이 두 사람은 사덕을 확대하여 공덕으로 삼아, 그 덕을 무한히 크게 만들었다. 단, 두 사람이 일을 이루는 데 당면하여 고생을 싫어하지 않고 여러 가지로 궁리하며, 책을 간행하고 재산을 사용하여 위험을 무릅쓰고 난국을 타개하여 세상을 움직여 마침내 그 사업을 달성한 것은 단지 사덕만으로 이룬 것은 아니다. 총명함과 예지가 이룬 작용이다.

두 사람이 이룬 일은 위대하지만 세상 일반의 의미에서 '덕'의 관점에서 말하면, "살신(殺身)하여 사람을 구했다."라고 할 만큼의 일이다. 지금 여기에 인(仁)이라는 덕을 갖춘 사람이 있다. 그 사람이 우물에 빠진 아이를 구하려고 하다 목숨을 잃은 일[7], 존 하워드가 수만 명을 구하다 목숨을 잃은 일도 그 기분의 상태에 심천(深淺)은 없다. 한쪽은 한 명의 아이를 구하고 일시의 공덕을, 다른 한쪽은 수만 명을 구하고 먼 후세까지의 공덕을, 각각 베풀었다는 차이가 있을 뿐이다. 자신을 희생해서 까지라고 하는 점에 대해서는 두 사람에게 덕의 경중은 없다. 하워드가 수만 명을 구하고 아득한 후세까지 남는 사업을 성취한 것은 그가 예지의 작용에 의해 그 사덕을 크게 사용하여 공덕이 미치는 범위를 확장했기 때문이다. 한편, 인(仁)이라는 덕을 갖춘 사람은 사덕은 있었지만 공덕과 공지가 부족하였다. 하워드는 공사(公私) 모두 가지고 있었던 셈이다.

이것을 비유해 말하면 사덕은 바탕 쇠이며 예지란 세공(細工)과 같은 것이다. 바탕 쇠에 세공을 가하면, 쇠는 단지 무겁고 단단할 뿐인 물건이지만 여기에 세공을 조금 가하여 쇠망치나 솥으로 만들면 이것은 쇠망치나 솥으로서 소용이 된다. 또한 별도의 생각을 짜내어 작은 칼로 만들고 톱을 만들면, 작은 칼이나 톱으로서 소용이 된다. 세공을 더욱 교묘하게 하면 크게는 증기기관으로 되며, 작게는 시계의 용수철이 될 것이다. 지금 큰 솥과 증기기관을 비교하면 모두 증기기관의 효능 쪽이 고귀하다고 볼 것이다. 그러면 왜 증기기관 쪽이 더 고귀한 것인가? 바탕 쇠는 다르지 않다. 그곳에 시행된 세공이 다르며, 그 세공이 존경받고 있는 것이다. 철의 기계를 보고 그 바탕 쇠를 논하면 솥도 증기기관도 쇠망치도 작은 말도 모두 같은 것이다. 그중에 귀천의 구별이 생기는 것은 어떤 세공을 입히는가에 따라서 달라진다.

......

덕은 형태가 있는 것으로서 가르칠 수 없다. 이것을 배워 몸에 익힐지 아닐지는 당사자의 마음가짐 나름이다.…… 당나라의 문인 한유(韓愈, 768-824)[8]가 「불골을 논하는 표(論佛骨表)」를 헌상하여 황제에게 간(諫)했던 일은 매우 충신처럼 보인 사건이었다. 그래서 조주(潮州)에 좌천되어 그래서 의분을 담은 시를 만들었다. 그러나 그 후 먼 곳에서 도읍지의 권력자에게 편지를 보내 재차 사관(仕官)이 될 수 있도록 탄원한 것은 참으로 추한 일로서 이는 거짓 군자의 견본과 같은 것이다. 고금을 통틀어 일본에서도 중국에서도 서양에서도 이와 같은 유형의 인간은 틀림없이 존재하였다. 말은 교묘하고 외견은 훌륭하지만 돈에 더러운 인간은 『논어(論語)』를 가르치는 사람들 중에도 있다. 무지한 자를

---

6)  [영] 존 하워드(1726-1846)는 영국의 공무원으로 근대 형무소 개혁의 아버지로 알려져 있다.

7)  [영] 맹자 2a.6에 대한 참조, 그곳에서 우물에 빠지려고 하는 아기를 구하기 위해 손을 내미는 사람은 사려 깊은 미덕의 행위가 아니라 자연적이고 저절로 나타나는 인간의 고유한 선량함을 입증하는 것이라고 논해졌다.

8)  [영] 한유(768-824)는 당나라시대의 중국에서 유명한 문학가로 조용한 분위기와 사회 문제로부터의 거리감을 북돋아주기 때문에 노장사상과 불교 책을 태울 것을 권하였다. 불교에 대한 그의 상주서는 부처님의 손가락에서 나온 뼈에 대한 헌정의 경외심에 항의하기 위해 쓰였다.

속이고 약한 자를 협박하고 명예와 이익을 얻으려고 하는 자는 기독교를 신앙하는 서양인 중에도 있다. 이와 같은 소인들은 덕에는 형태가 없고 확실한 시험도 없음을 호기로 삼아 덕(德)의 문을 출입하면서 밀매를 행하고 있는 자라고 할 수 있다. 덕의 작용은 외부에서 어떻게 할 수 없음은 이상의 예로부터도 분명하다.…… 지혜에 대해서는 그렇지가 않다. 세상의 지혜의 분량이 많아지면, 그것을 특별히 가르치는 일 없이 서로 이것을 흡수하고 인간을 자연히 지혜의 영역으로 인도한다. 이것은 덕에 의한 감화와 변함이 없지만 지혜는 감화 이외에도 그 작용을 신장시키는 수단을 가지고 있다. 왜냐 하면, 지혜는 형태가 있는 것으로서 배울 수가 있다. 가감승제(加減乘除)의 방법을 배우면 가감승제가 가능해진다. 물을 비등시켜 증기로 만든다는 이치를 이해하고 기계를 만들어 그 증기를 이용하는 방법을 배우면, 그것으로부터 증기기관을 만들 수 있다. 그리고 이것을 만들면 그 효용은 와트가 만들어 낸 증기기관과 비교하더라도 차이가 없는 것이다. 이것이 형태가 있는 것을 가르친다는 뜻이다.

가르치는 데 당면하여 형태가 있으면 이것을 시험하는 규칙이나 기준에도 형태가 있다. 따라서 사람들에게 방법을 가르치기는 했지만 실제로 실행하는데 불안하다고 한다면 시험해 볼 수 있다. 시험해 보아 아직 실행이 불가능하다면, 거기서 다시 방법을 가르칠 수 있다. 이것들은 모두 형태가 있는 것으로서 가르칠 수 있다.

……

세상의 도덕가는 다음과 같이 말한다. "덕은 모든 것의 대본(大本)이다. 인간이 행하는 것은 모두 덕에 근거하지 않으면 이룰 수가 없으며, 자신의 덕을 닦으면 불가능한 일 따위는 없다. 따라서 덕은 가르치지 않아서는 안 되며, 배우지 않으면 안 된다. 그 외의 어떤 것을 뒤로 미루더라도 우선 덕을 수련하는 것이 최우선이다. 세상에 덕의 가르침이 없음은 어두운 밤에 등불이 없는 것과 같은 일이며 방향도 알지 못하게 된다. 서양문명도 덕에 의해 여기까지 온 것이다. 아시아가 반개(半開)인 이유도, 아프리카가 야만인 이유도 그 원인은 오로지 덕을 수련하는 정도가 깊었는지 얕았는지에 따른 것이었다. 덕은 기온과 같은 것이며, 문명은 온도계와 같은 것이다. 덕이 1도 오른다고 하면 문명도 또한 1도 오른다."

이렇게 말하며 사람들의 부덕을 슬퍼하고, 사람들의 불선(不善)을 걱정한다. 기독교를 도입하자든가 쇠퇴한 신도를 부흥하자든가 불교를 번성하게 하자든가 하는 말을 꺼낸다. 유학자들도 국학자들도 자설(自說)이 있어서 기탄없는 논의가 이루어지는 모습은 정말로 수화(水火)의 재해가 지금도 집을 덮치려는 목전에 두고 있는 것 같다. 왜 이렇게 허둥지둥하고 있는 것인가. 나는 역시 다른 생각이 있다.

무슨 일이든 극단적인 말을 하기 시작하면 논의의 매듭을 맺을 수 없게 된다. 지금 사람들이 부덕하고 불선(不善)하기 때문이라고 하여 그곳에서 구하는 일을 중요시한다면 그것은 중요한 과제처럼 생각된다. 그렇지만 그 과제를 달성했다고 해서 모든 것이 충분하다고는 할 수는 없다. 단지 지금 입으로 먹을 만큼의 음식물이 손에 들어왔다고 해서 그것으로 생활이 이루어지고 있는 게 아니라는 것과 마찬가지다. 극론을 말하자면 도덕의 가르침도 궁극적으로는 무력하다. 지금 만일 도덕만을 문명의 대본(大本)으로 삼아, 온 세계의 인간들에게 기독교의 성서를 읽게 하고, 오로지 그것만을 하고 있다면 어떻게 되겠는가. 선(禪)의 불립문자(不立文字)[9]의 가르침을 번성하게 하고

---

9) [한] 선종의 교의를 나타내는 말로 문자나 언어로 교의를 전달하는 것 외에 체험과 수련에 의해 전하는 것이

천하의 인민들에게 문자를 잊게 만든다면 어떻게 되는가? 『고사기(古事記)』[10]나 유교의 경전을 암송시키고 충의수신의 길을 배워도 생계를 세우는 방법을 모르는 자가 있다고 하면, 이것을 문명인이라고 해도 좋을 것인가? 감각적인 욕망을 떠나서 고생을 인내하여도 인간세계에 대해서 아무것도 알지 못하는 인간을 개화인이라고 해도 괜찮은 것인가?

길옆에 석상이 있다. 세 마리 원숭이의 상인데, 한 마리는 눈을 덮고, 다른 한 마리는 귀를 덮고, 또 다른 한 마리는 입을 덮고 있다. 이것은 '보지 않는다', '듣지 않는다', '말하지 않는다'는 사실을 나타내고 있는데, 이는 인내의 중요성을 나타내는 것이다. 이 취지에 따르면 인간의 눈, 귀, 입은 부덕을 옮기는 것이며, 하늘은 인간에게 그러한 부덕의 도구를 부여하여 태어나게 만들었다는 뜻이다. 눈, 귀, 입이 해를 끼친다고 하면 손이나 발도 나쁜 일의 도구가 될 것이다. 그렇다고 한다면, 눈이 멀고 귀도 입도 부자유한 것만으로는 또한 불충분하며 그 위에 손발도 부자유한 쪽이 좋은 일이 되는 게 아니겠는가? 혹은 그런 불완전한 생물을 만들어내기보다 오히려 세계에 인간 따위가 완전히 존재하지 않는 것이 가장 좋을 것이다. 이것이 하늘의 의지일까? 나는 그렇게 생각하지 않는다.

그렇지만 성서를 읽고 불립문자의 가르침에 귀의하고 충의수신의 길을 존중하고 정욕을 버린 사람들은 도덕의 가르침을 믿어 의심하지 않는다. 가르침을 믿어 의심하지 않는 자는 가령 무지하더라도 이것을 악으로서 비난해야 할 이유는 없다. 무지를 비난한다고 하는 일은 지혜 영역의 이야기이며, 도덕이 관련되는 것은 아니다. 따라서 극단적인 주장을 말하자면, 덕의 관점에서는 사덕이 부족한 인간을 악인으로 여기고 그러한 악인을 세상에서 줄이는 일만이 목적이 된다. 그러나 사람들의 마음 작용을 넓게 살피고 그 성과를 상세하게 관찰하면, 악인을 줄이는 것만이 문명이라고 할 수는 없을 것이다.

······

물론, 신도도 유교도 불교도 기독교도 그 본래의 취지는 이와 같은 극단적인 것이 아니었다. 그러나 세상 일반의 기풍이 이들의 가르침을 전하고 또한 이것을 받아들이는 쪽의 인심이 영향받는 바를 보면, 최종적으로 이와 같은 폐해를 초래함은 부정할 수 없다. 예를 들어 말하면, 위장병 환자가 무엇을 먹어도 충분히 영양을 취할 수 없는 것과 같은 이치이다. 이것은 음식이 나쁜 게 아니라 병의 탓이다. 이점에 주의하지 않아서는 안 된다.

······

우연한 일에 의해 세상을 지배하려고 하는 것은 크게 잘못된 일이다. 원래, 사람으로서 이 세상에 태어나 겨우 자기 자신을 그럭저럭 살아갈 수 있다고 해서, 아직 사람으로서의 사명을 완수했다고 할 수 없다. 시험 삼아 물어볼까? 덕이 있는 군자가 매일 먹고, 입고 있는 것은 어디에서 온 것인가? 신의 은혜는 광대하지만 의복은 산에서 나지 않으며, 음식이 하늘로부터 내려올 수도 없다. 하물며 세상의 문명이 점차 진보하면 단지 의복이나 음식에 한정되지 않고, 증기기관도 전신(電信)도 있으며 법률과 경제활동 등도 있다. 이것들은 모두 지혜의 하사품이 아닌가. 인간은 모두 평등하다고 한다면 단지 아무 말 하지 않고 앉아서 타인의 성과를 받고 있을 뿐이라고 할 수는 없다. 덕이 있는 군자라고 해도 단지 매달려 있을 뿐인 표주박이어서는 어쩔 도리가 없는 것은 아닌가. 적어도 음식을 먹고, 옷을 입고, 증기기관이나 전신을 사용하고 법률과 경제활동의 은혜를 받고 있다면, 그것에 대해

---

진수이라는 의미를 가지고 있다.

10) [한] 신화와 전설을 섞어 천황가의 정통성을 부각하고자 712년에 편찬된 일본 최고의 역사서.

져야 할 책임이 있을 것이다.

그뿐만이 아니다. 물질적으로 풍부해지고 자신의 덕도 타인에게 부끄러운 바가 없다고 해서, 그 상태에 안주해도 좋을 리가 없다. 풍부하다고 하던 부끄러운 일도 없다고 하더라도, 그것은 어차피 지금의 문명의 수준에서 보고 하는 이야기이다. 문명이 아직 완성되지 못했다는 것은 명백하며, 사람의 정신 발달에는 한계가 없고 세계에는 무한한 법칙이 잠들어 있다. 언젠가는 인간의 무한한 정신으로 세계의 법칙을 완전히 규명하고, 유형무형의 구별 없이 모든 사물을 모두 인간정신 안으로 뒤덮을 날이 올 것이다. 그때에는 지(智)라거나 덕이라거나 그 구별을 번거롭게 말할 필요 따위도 없을 것이다. 하늘과 사람이 나란히 서는 그날은 장래 반드시 올 것이다.　　　　[DAD, GCH/정병호]

## 방법론적 의심에 대한 찬사

후쿠자와 유키치 1876, 202-10 (93-100)

믿음의 세계에 사기가 많으며, 의심의 세계에 진리가 많다. 시험 삼아 보도록 하자. 세상의 우민(愚民)은 사람의 말을 믿고, 사람의 글을 믿고, 하찮은 속설을 믿고, 풍문을 믿고, 신불(神佛)을 믿고, 점을 믿고, 부모가 큰 병에 걸렸는데도 안마사의 설을 믿어 풀뿌리와 나무껍질을 사용하고, 딸의 연담에 집의 위치와 방향으로 길흉을 점치는 사람의 지명을 믿어 남편을 잃고, 열병에도 의사를 부르지 않고 「염불」을 외는 것은 아미타여래(阿彌陀如來)를 믿기 때문이다. 신앙을 위해 21일간 단식으로 목숨을 잃는 일은 「부동명왕(不動明王)」을 믿기 때문이다. 이 인민들 사이에서 행해지고 있는 진리의 다과를 물으면, 이에 답하기를 진리가 많다고 할 수 없다. 진리가 적으면 사기가 많은 법이다. 따라서 말하기를 "믿음의 세계에 사기가 많다"라고.

문명의 진보는 천지의 사이에 존재하는 유형의 물질도 무형의 인사(人事)도 그 작용의 취지를 탐색하여 진실을 발견하는 데 있다. 서양제국의 인민들이 오늘날의 문명에 도달한 그 근원을 물으면, 의심의 일점(一點)에서 나오지 않은 것이 없다. 갈릴레오(Galileo Galilei, 1564-1642)가 천문의 구설(舊說)을 의심하여 지동설을 발견하고 갈바니(Luigi A. Galvani, 1737-1798)가 개구리 다리가 경련하는 것을 의심하여 동물의 전기를 발견하고, 뉴턴이 사과가 떨어지는 것을 보고 중력의 이치에 의심을 품고, 와트가 쇠 주전자의 수증기를 가지고 놀다가 증기의 작용에 의심을 낳은 것처럼, 어느 것이든 모두 의심의 길을 따라서 진리의 끝머리에 도달했다고 할 수 있다. 격물궁리(格物窮理)의 분야를 떠나 인간사회 진보의 모습을 되돌아보더라도 또한 이와 같다. 노예매매가 올바른지 아닌지를 의심하여 천하 후세에 심각한 해독의 근원을 끊은 자는 토마스 클라크슨이다. 로마구교의 미신을 의심하여 종교에 면목을 일신한 자는 루터(Martin Luther, 1483-1546)이다. 프랑스 인민은 귀족의 횡포를 의심하여 혁명을 일으켰고, 미국의 국민은 영국의 성법(成法)에 의심을 제기하여 독립을 이루었다.

오늘날에도 서양의 제대가가 일신(日新)의 설을 주장하여 사람을 문명으로 인도하는 것을 보건대 그 목적은 오로지 옛사람들이 확정하여 반대할 수 없을 것 같은 논설(論說)을 반박하고, 세상에 공통으로 의심할 수 없을 듯한 습관에 의심을 제기했기 때문이다. 현재의 인간사회에서 남자는 밖에서 일하고 여자는 안을 다스린다고 하여, 그 관계는 거의 자연적인 것 같지만, 스튜어트 밀(John Stuart Mill, 1806-1873)은 『부인론(婦人論)』을 저술하여 만고(萬古) 일정하여 움직일 수 없는 이 습관을 깨려고 시도하였다. 영국의 경제학자들 중에서 자유무역을 환영하는 자들이 많아서 이를 믿는

후쿠자와 유키치 ＿＿ 481

사람들은 마치 세계 공통의 정법(定法)처럼 인식하였지만, 미국의 학자는 보호무역법을 주창하여 자국 일종의 경제론을 주장하는 자들이 나타났다. 하나의 논의에 따라서 나오면 일설(一說)에 따라서 이를 논박하고 이설(異說) 쟁론(爭論) 그 끝나는 바를 알 수 없다. 이것을 이 아시아대륙의 인민들이 허탄망설(虛誕妄說)을 가볍게 말하고 주술과 신불의 미신에 탐닉하고, 혹은 이른바 성현의 말을 듣고 일시적으로 이에 동조할 뿐만 아니라, 만세(萬世)의 뒤에 이르러서도 여전히 그 말의 범위를 벗어나지 못하는 것과 비교하면, 그 인격과 식견의 우열, 심지(心志)의 용겁(勇怯), 본디 비교가 되지 않는다고 하지 않을 수 없다.

이설쟁론이 일어날 때 사물의 진리를 구하는 일은 마치 역풍을 향해 배를 젓는 것과 같다. 그 뱃길을 오른쪽으로 하고 또 다시 왼쪽으로 하고 파도에 격렬한 바람을 거슬러서 수십 백 리의 바다를 지나가더라도 그 직경을 계산하면 앞으로 나아간 것이 겨우 3,5리에 지나지 않는다. 항해에는 종종 순풍의 기회도 있지만 인간사회에서는 결코 이것이 존재하지 않는다. 인간사회가 진보하여 진리에 도달하는 길은 오로지 이설논쟁의 파도를 헤치고 나가는 한 가지 법칙만 있을 따름이다. 그리고 그러한 주장과 의견이 생기는 근원은 의심이라는 일점에 존재하는 것이다. "의심의 세계에 진리가 많다"라고 하는 말은 아마도 이런 의미이다.

그렇다고 하더라도, 사물을 가볍게 믿어서는 안 된다는 말이 역시 옳다고 한다면 또한 이를 가볍게 의심해서는 안 된다. 이 믿을 것인가 의심할 것인가의 갈림길에 서서, 반드시 취사가 명백하지 않아서는 안 된다. 아마도 학문의 요(要)는 이 명지(明智)를 분명히 하는 데 있을 것이다. 우리나라 일본에서도 개국 이래 갑작스럽게 인심(人心)의 분위기가 변하여 정부를 개혁하고 귀족을 쓰러뜨리고 학교를 세우고 신문사를 열고, 철도, 전신(電信), 병제(兵制), 공업 등 백반의 사물이 일시에 수급을 일신한 일은, 어느 것이든 모두 수천 백년 이래의 습관에 의심을 받아들여 이를 개혁하려고 시도하여 보람이 나타났다고 할 수 있다. 그렇지만 우리 인민의 정신에 있어서 이 수천 년의 습관에 의심을 받아들인 그 원인을 물으면, 비로소 개국을 하고 서양제국과 교제하여 저 문명의 모습을 보고 그 미(美)를 믿고 이를 모방하려고 하여 우리의 구습을 의심한 것이기 때문에 마치 이를 자발적인 의심이라고 할 수 없다. 단지 구(舊)를 믿었던 믿음을 가지고 신(新)을 믿고 옛날에는 인심의 믿음이 동양전통에 있었던 점에서 오늘날에는 그 장소를 옮겨 서양문명으로 전환했을 뿐이며, 그 믿음과 의심의 취사선택이 어떠한가라고 하면 과연 적당한 판단력이 있는지 보증할 수 없다. 우리들은 아직 천학(淺學) 과문(寡聞)하여 이 취사의 의문에 이르러 하나하나 당부를 논하여 무엇을 취하고 무엇을 버려야 하는지 구체적으로 열거할 수 없음을 무엇보다 스스로 고백하는 바이다. 그렇지만 세상사 전변(轉變)의 대세를 살펴보면, 천하의 인심이 이 기세에 편승하여 믿는 것은 너무 과도하게 믿고, 의심하는 것은 너무 과도하게 의심하여, 믿음과 의심 모두 그 멈추어야 할 적당함을 잃고 있음은 명백하다.
......

400년 전, 서양에 신란(親鸞)[11]이 태어나고, 일본에 마틴 루터가 태어나 신란은 서양에서 행해지는 불법을 개혁하고 정토진종(淨土眞宗)을 확산시키고 루터는 일본의 로마 가톨릭교를 적으로 삼아 '프로테스탄트'의 가르침을 열었다면, 논자들은 반드시 평하여 말할 것이다. "종교의 대취지는 중생을 구제하는 데 있으며, 사람을 죽이는 데 있지 않다. 만일 이 취지에 어긋난다면 그 나머지는 차마

---

11) [한] 가마쿠라시대(鎌倉時代, 1185-1333)의 승려로서 기존의 정토종(淨土宗)을 개혁하여 정토진종(淨土眞宗)을 개설하였다.

볼 필요도 없을 것이다. 서양의 신란은 이 취지를 훌륭하게 체현하여 들판을 잠자리로 하고 돌을 베개로 삼아 천신만고 끝에 생애를 진력하여 마침내 그 나라의 종교를 개혁하고 오늘날에 이르러서는 전국인민의 대부분을 교화하였다. 그 교화의 확대가 이와 같다고 하지만 신란의 사후, 그 신자들이 종교의 취지에 따라서 감히 타종파의 사람들을 죽이는 일이 없었으며 또한 살해당하는 일도 없음은 오로지 종덕(宗德)을 가지고 사람들을 교화했기 때문이라 할 수 있다. 일본의 모습을 되돌아 보건대, 루터는 일단 세상에 나와 로마 구교에 적대하였다고 하지만 로마 가톨릭 교도는 용이하게 이에 굴복하지 않았다. 구교는 호랑이처럼 신교는 늑대처럼 호랑(虎狼) 상투(相鬪)하고 식육(食肉) 유혈(流血)하였다. 루터의 사후, 종교로 인해 일본의 인민을 죽이고 일본의 국가재산을 허비하고 전쟁을 일으키며 나라를 멸망하게 만든 그 재앙은 붓으로 다 쓸 수 없고 입으로 다 말할 수 없다. 살벌하도다, 야만스런 일본인은 중생구제의 가르침을 가지고 인류를 도탄에 빠뜨리고 적을 사랑하라는 종지(宗旨)를 가지고 무고한 동류를 학살하고 오늘날에 이르러서 그 실적이 어떤가를 물으면 루터의 신교는 아직 일본인민의 반도 교화하지 못했다고 할 수 있다. 동서의 종교, 그 취지를 달리하는 바가 이와 같다. 우리들은 여기에 의심을 받아들이는 것이 오래되었다고 하지만 아직 확실한 원인을 얻지 못하였다. 나 자신의 생각으로는 일본의 기독교도, 서양의 불법(佛法)도, 그 성질은 동일하지만 야만의 국토에서 이루어지므로 자연히 살벌한 기운을 재촉하고, 문명의 나라에서 행해지기 때문에 저절로 온후한 풍을 가지기에 그러한 것인가. 혹은 동방의 기독교와 서방의 불법은 처음부터 그 근본정신을 달리함으로써 그러한 것인가. 또는 개혁의 시조인 일본의 루터와 서양의 신란이 그 덕의(德義)에 우열이 있어서 그러한 것인가. 멋대로 얕은 견해를 가지고 억측을 해서는 안 된다. 단지 후세 지식인의 확설을 기다릴 뿐"이라고.

그렇다면 현재의 개혁자들이 일본의 구습을 싫어하고 서양의 사물을 믿는 것은 완전히 경신(輕信) 경의(輕疑)라는 비난을 면할 수 없다. 이른바 구(舊)를 믿는 믿음을 가지고 신(新)을 믿고 서양문명을 뒤쫓는 나머지, 빈축과 늦잠 버릇까지 배우는 것이라고 할 수 있다.

......

이를 생각하면 백 개의 의심이 나란히 생겨, 거의 어둠 속에서 물건을 찾는 것과 같다. 이 혼잡과 혼란의 한 가운데에서 동서의 사물을 자세히 비교하여 믿어야 할 것을 믿고 의심해야 할 것을 의심하며, 취해야 할 것을 취하고 버려야 할 것을 버리며, 적절하게 믿음과 의심의 취사선택을 얻으려는 것은 이 또한 어려운 일이 아니겠는가? 그리하여 현재 이러한 책임을 가지는 자는 다름이 아니라 오로지 우리들 학자들이다. 오로지 사색에 골몰하기보다 양서(良書)를 읽고 좋은 스승을 따라서 올바르게 배우는 게 좋다. 수많은 책을 읽고 수많은 사물에 접하여 냉정하고 공평하게 날카로운 관찰력을 가지고 진실이 있는 바를 구한다면 믿음과 의심은 곧바로 장소를 달리하여 어제의 소신은 오늘의 의문 덩어리가 되고, 오늘의 의심은 내일 해빙하는 일도 가능할 것이다. 학자들은 노력하지 않으면 안 된다.

[DAD, HU/정병회]

## 남녀 평등

후쿠자와 유키치 1885, 9-10, 45-6 (11-13, 39-40)

공자가 말하기를 "일이 있을 때에는 연소자가 그 일을 하고, 술과 음식이 있을 때에는 연장자에게 권한다(有事弟子服其勞, 有酒食先生饌)"(『논어(論語)』 위정(爲政) 편2-8)고. 지금 우리들은 이 말을 차용하여 일본의 남녀 관계를 평하면, 일이 있을 때에는 여자가 그 일을 하고, 술과 음식이 있을 때에는 남자에게 권한다고 말하고 싶다.

이와 같이 우리나라의 여자는 내외(內外) 더불어 책임이 없으며 지위가 매우 낮고, 따라서 그 고락(苦樂)도 또한 매우 작다. 수천백년의 습관으로 일종의 미약한 생(生)을 영위하는 자이기 때문에 그 심신을 활발하고 강장(强壯)하게 인도하려고 하는 것은 용이한 일이 아니다. 세상에는 여자교육의 논의가 매우 떠들썩한데 교육이 원래 무효하지 않아서 학예를 가르치면 학예를 알고, 신체를 운동하게 만들면 체력이 틀림없이 증진하겠지만, 결국 그 유폐(幽閉), 미약한 생에 대하여 일부분을 개선하는 데 지나지 않으며 발달의 정도를 알 수 있을 뿐이다. 우리들 일찍이 말한 바가 있다.

지금 학교의 교육법을 가지고 현재 여자의 심신을 발달시키려고 함은 분재 소나무를 배양하여 구름을 헤치고 올라갈 만큼 성장하는 것을 바라는 것과 다르지 않다고. 수목에 배양은 매우 긴요하며 또한 그 공능(功能)이 없지 않다. 매우 뛰어난 비료를 주고 습기와 건조, 추위와 더위 조절에 주의하면, 소나무의 가지와 잎이 번창하여 녹음 짙고 손으로 담아 낼 수 있을 듯한 아름다움을 가꾸는 일이 어렵지 않다고 하더라도, 그 아름다움이 단지 분재의 아름다움이며 아무리 세월이 지나도 수목이 곧바르게 성장하여 고목(高木)이 되는 모습을 바랄 수 없다. 지금 여자들의 무학(武學)과 무식을 우려하여 이들을 가르치는데 학교와 그 외의 수단을 이용할 때에, 그 수고가 헛되지 않아 어떤 자는 이학과 문학에 뛰어난 자도 있을 것이고, 어떤 자는 법학에 능숙한 자도 있을 것이다. 학교 교내에서는 남자에 비해 우열이 없음을 보인다고 하더라도 학교를 떠나 집에 돌아오면 어떠한 신세의 모습이겠는가?

안에서는 자산이 없고 밖에 나가서는 지위가 없다. 주거하는 집은 남자의 집이며, 양육하는 아이는 남편의 아이이다. 재산도 없고 권력도 없고 또한 아이조차 없어서 흡사 남자 집에 기생하는 자가 배워 얻은 지식과 학예를 어디에 이용할 것인가? 이학과 문학도 소용이 없는데 하물며 법학에 있어서랴 어떠하겠는가. 단지 소용이 없을 뿐만 아니라, 세상 일반의 풍조로는 여자가 법을 말하고 경제를 논하는 일은 오로지 그 신세의 불행을 살뿐이다. 학식도 소용이 없어서 이를 등한시하도록 만들면, 그 부패하는 일이 기계적인 것과 다르지 않아, 결국 이를 이용하려고 해도 용도에 적절하지 않게 되는 게 관례이다. 따라서 교육을 받았다고 칭하는 여자가 일단 다른 사람의 집에 시집을 간 후의 모습을 보건데 순연한 그냥 보통의 아내이며 전혀 두각을 드러내는 일이 없음은 학교의 상식도 집안에 오래 박혀 있음과 더불어 사라져버릴 것이다. 어떤 자는 이를 평하여 혼인이라는 단 한 번의 행동을 가지고 학문을 헛된 일이라고 말할 수도 있다. 이와 같은 일은 즉 고생하며 학교에서 교육하는 일은 저 분재 재배하는 고생보다 낮지 않은 것 같다. 왜냐 하면, 분재로 작게 키운 소나무는 이를 배양하여 오랫동안 그 무성한 색을 유지할 수 있지만 학교교육의 색은 학교 밖에서 지속할 수 없기 때문이다. 더구나 그 학교가 이른바 유교주의의 풍조에 따라서 또는 불교의 풍을 띠고 여자와 소인배에 가까이하기 어렵다고 하고, 여자는 재능이 업는 게 덕이 높다고 하며, 여자는 천성적으로 성불하기 어려운 다섯 가지 장해가 있고 삼종지도[12]가 있으며, 죄 깊은 여인의 몸 따위를 말하고, 계속하여 이들을 압박하여 숙덕(淑德) 근신의 취지를 철저히 가르쳐서, 그 여폐는 마침내 이목구비의

---

12) [영] 이 다섯 가지 장애는 무감각, 불만, 비방, 시기심, 그리고 어리석음이다. 세 가지 순종은 그가 보살피고 있을 때 아버지에 대한 순종, 결혼한 후 남편에 대한 순종, 남편의 죽음 이후 자신의 아들에 대한 순종이다.

작용도 방해하고도 여전히 깨닫지 못하는 교육법으로는 하물며 더 말할 게 없다. 오로지 여자 심신의 발달을 해할 뿐이다.

......

그러므로 남녀의 균형은 그 체질에서도 그 마음의 작용에서도 다른 바는 조금도 없으며, 정말로 동등하고 한결같음은 다툴 수 없는 사실이다. 사람은 만물의 영장이라고 말하면, 남녀 모두 만물의 영장이다. 남자 없이 나라도 세울 수 없고 집도 세울 수 없다고 말한다면, 여자가 없어도 마찬가지로 나라와 집이 있을 수 없다. 어느 쪽이 중요하고 어느 쪽이 가볍다고 해야 하는지, 우리들의 눈으로 본다면 어떻게 보더라도 그 사이에 경중(輕重)이나 귀천의 차이가 있다고 생각할 수 없다.

어떤 경우에는 중국의 유학자들 사이에서 남녀를 음양으로 비유하여 남자는 양(陽)이며 하늘이자 해이고 여자는 음(陰)이며 땅이자 달이라고 하였다. 한쪽은 고귀하고 다른 한쪽은 천한 존재처럼 주장을 세워 이를 자연의 도리로서 의심하지 않는 자 많다고 하지만, 본래 음양이란 유학자의 꿈 이야기이며 아무것도 명확한 것이 없다. 수천 년 전, 무학(無學) 문맹(文盲)의 시대에 천지간 만물을 대략 둘러보고, 무엇인가 매우 닮은 것이 두 개 있어서 그 하나가 강하고 번성해 보이고 상대의 다른 하나가 약하고 조용해 보이면, 이것은 양이고 저것은 음이라고 멋대로 이름을 붙인 것이다. 예를 들면 천지(天地)를 보면 천장과 다타미(疊)방처럼 매우 비슷하여, 한쪽은 낮고 발로 딛고 다른 한쪽은 높아 손도 닿지 않는다. 그렇기 때문에 하늘은 양이며 땅은 음이라고 하고, 해와 달 모두 둥글고 빛나는데 한쪽은 뜨겁고 매우 빛나고 다른 한쪽은 빛나더라도 조금 어둡다. 그래서 해는 양이고 달은 음이라고 말하는 정도이며 오늘날로부터 생각하면 아이의 말장난에 지나지 않는다.

결국 음양에 대해 정해진 증표는 없지만 우선 마음속에 두 가지 생각을 그려놓고 자신의 소견으로 이것은 다소 뛰어난 것이라고 생각하면 양(陽) 부류에 집어넣고, 그것은 약간 뒤떨어진다고 생각하면 음(陰)의 부류에 집어넣어 이로부터 다양한 설을 만들어 거짓말을 떠들썩하게 할 따름의 공론(空論) 이다. 그렇기 때문에 남녀를 보더라도 원래 음양의 구별이 있을 수 없을 뿐만 아니라, 그 음양조차 본래 공허한 것이기 때문에 무엇 하나 남녀에게 어떠한 증표도 없는 것이다. 그렇지만 유학자 유파의 학자들이 여자를 보고 왠지 이들을 경시하고 왠지 남자보다 열등하다고 믿어버리고 예와 같이 음성 (陰性)이라고 하여 자신의 머릿속에 있는 음(陰)의 장부에 기입한 것이다. 여성이야말로 정말 폐스럽기 짝이 없는 이유이며, 연(緣)도 없는 천지(天地) 일월(日月)을 가지고 나와서 음성 따위로 불리는 것은 유학자의 무학문맹이 강제한 것이라 할 수 있다.

[KE/정병호]

# 나카에 조민

中江兆民, 1847-1901

나카에 조민(나카에 도쿠스케[中江篤介])은 저널리스트, 자연권 옹호자, 자유 사상가, 정치인이었다. 1862년부터 그는 '서양학문'과 프랑스어를 공부하기 시작했다. 그는 유럽에 대한 정부 사절단의 일환으로 1871년부터 1874년까지 프랑스에 거주하면서 법률, 철학, 역사 및 문학을 공부하였다. 일본에 돌아온 후에, 그는 프랑스어 연구를 위해 자신의 학교를 개설하고, 루소(Jean Jacques Rousseau, 1712-1778)의 『사회계약론(Social Contract)』에 대한 번역을 수행하였다. 나카에 조민은 수많은 여러 신문들에 쓴 기사와 사설을 통해, 1870년대와 1880년대 초의 민중 권리 운동에 중요한 지적인 공헌을 하였다. 1887년에 그는 『세 취인 경륜문답(三醉人經綸問答)』이라는, 정부에 대해 매우 비판적인 저서를 발표하였는데, 이로 인해 2년간 도쿄에서 추방되었지만 그는 중의원(衆議院) 의원으로 선출되어 복귀하였다. 나카에 조민은 1901년에 후두암 진단을 받고, 오로지 1년 반만 살기를 기대하면서 유물론 철학의 가장 명확한 저술인 『일년유반(一年有半)』과 『속 일년유반(續一年有半)』을 간행하였다. 그는 같은 해에 사망하였다. 그 저술로부터 다음의 발췌문이 제시하고 있듯이, 나카에 조민은 확고한 무신론자와 유물론자였다. 그는 신의 존재와 불멸의 영혼이나 정신, 유럽과 미국의 이상주의 철학의 많은 부분에서 내재되어 있는 전제에 반대하여 논평하였으며, 그에 대항하여 비평을 수행하였다. 그는 영원한 몸과 불멸의 정신에 대한 생각을 바꾸어, 단순한 '효과' 또는 신체의 부수현상인 정신은 죽음으로 소멸되고 그 대신에 신체의 '참된 물질'(그것이 구성되어 있는 요소)이 어떤 형태로 영속적으로 지속하고 있음을 주장하였다.

[RMR/정병호]

---

## 무신(無神), 무정혼(無精魂)

나카에 조민 1901, 233-43, 258-9

이학(理學), 즉 세상의 이른바 철학적 문제를 연구할 때, 5척의 몸 안에 국한하고 있으면 도저히 불가능하다. 가능하다고 하더라도 그 말하는 바가 부지불식간에 모두 관련이 없어져 버린다. 인류 안에 국한되어 있어도 안 된다. 18리의 분위기(인간이 살아갈 수 있는 대기권-역주) 안에 국한되어 있어도, 태양계 천체 안에 국한되어 있어도 안 된다.

원래 공간이든, 시간이든 세계든 모두 유일무이(唯一無二)한 것이다. 아무리 제한된 상상력으로 상상하더라도 이들 공간, 시간, 세계라고 하는 것은 존재해야 할 최초의 도리(道理)가 없다. 또한 상하(上下)라든가 동서라든가 한계가 존재할 까닭이 없다. 그런데 5척의 몸이라든가, 인류라든가, 18리의 분위기라든가 하는 것에 국한되어, 더구나 자신의 이해라든가 희망이라든가에 구애되어, 다른 동물 즉 금수충어(禽獸蟲魚)를 소외하고 경멸하여 오로지 사람이라는 동물만을 이끌어내어 탐색한다. 그렇기 때문에 신의 존재라던가, 정신의 불멸, 즉 몸이 죽은 후에도 여전히 각자의 영혼을 유지할 수 있다든가, 이 동물에 형편이 좋은 논설을 열거하여 매우 비논리적이고 비철학적인 헛소리를 발하고 있다.

플라톤(Plato), 플로티노스(Plotinus, 205-269), 데카르트(René Descartes, 1596-1650), 라이프니츠(Leibniz, Gottfried Wilhelm, 1646-1716)는 모두 넓고 깊은 견식을 가진 훌륭한 자들이다. 그렇지만 부지불식간에 자신들이 죽은 후의 형편을 고려하여 자신과 동종의 동물, 즉 인류의 이익에 유혹을 받아 천도(天道), 지옥, 유일신, 정신불멸 등, 연기와 같은 아니 연기라면 실제로 존재라도 하지만 이들은 단지 언어상의 포말임을 자성하지 않고 훌륭하게 글을 지어 뻔뻔스럽게 논술하고 있음은 가소롭기 짝이 없는 일이다. 또한 구미 다수의 학자들이 모두 어머니의 유즙(乳汁)과 더불어 흡수하여 신체에 혈관에 고루 퍼져 있는 미신에 지배되어, 곧 무신(無神)이라든가 무정혼(無精魂)이라고 하면 큰 죄를 범한 것처럼 생각하고 있음은 극히 우스운 일이다.

과연 사람의 고기를 잘게 난도질 하고 자기 멋대로 매우 난폭한 도적이 장수하고, 공자 다음에 버금가는 아성(亞聖)이라고도 일컬어지는 안회(顔回, BC.514-BC.483)가 요절하고, 그 외 세상에서 왕왕 도리에 어긋난 행위로 천하를 빼앗아 바른 도리로 지킴을 항례로 하는 도적과 같은 신사가 번성하고, 공정한 행위를 지키는 인물이 변변치 못한 음식조자 충분히 먹지 못하고 죽어가는 것을 보면, 미래에 참으로 공평한 재판소가 있을 거라고 말하는 것은 다수 인류에게 있어서 형편이 좋은 말투이다. 특히 몸이 큰 질환을 앓고 일 년, 반년 날마다 죽음에 가까워지고 있는 인물은 심인지공(深仁至公)의 신이 있고 또한 영혼이 불멸하여, 즉 사후 여전히 독자의 자질을 유지할 수 있다고 한다면 크게 위로되는 바가 있을 것이다. 그러면 이학(理學)의 장엄함을 어찌하랴. 냉담하게 오로지 도리를 보야 할 철학자인 자격을 어찌하랴. 태어나서 50년, 다소 책을 읽고 이의(理義)를 해석하면서 신이 있는 영혼이 불멸이라고 하는 헛소리를 말할 용기는 나는 불행히 가지고 있지 못하다.

나는 이학에서 매우 냉담하고 매우 노골적이고 매우 살풍경하게 있는 것이 이학자의 의무, 아니 근본적 자격이라고 생각한다. 그렇기 때문에 결단코 무불(無佛), 무신(無神), 무정혼, 즉 단순한 물질적인 학설을 주장하는 것이다. 오척 신체, 인류, 18리의 분위기, 태양계, 천체에 국한하지 않고, 곧바로 몸과 시간과 공간의 한가운데(무시무종무변무한[無始無終無邊無限]의 사물에 한가운데가 있다고 한다면)에서 종교의 가르침을 안중에 두지 않고, 이전 사람들의 학설에 개의치 않고 여기에 독자의 견지를 세워, 이 논을 주장하는 것이다.

## 영혼

첫 번째로 영혼으로부터 점검을 시작하자, 영혼이란 무엇인가?

눈으로 보는 것, 귀로 듣는 것, 코와 입으로 냄새를 맡고 음식을 먹는 것, 손과 발로 물건을 붙잡고 보행하는 것, 일고하면 실로 기기묘묘(奇奇妙妙)하다고 하지 않을 수 없지만, 누가 이를 주장하는 것인가? 상상력, 기억력에 이르러서는 그 기묘함이 한층 더 격심하다. 또는 오늘날 국가사회를 구성하는 것은 누구의 힘인가? 다양한 학과를 앞으로 추진하고 야만을 탈출하여 문명으로 향하는 것, 모두 정신력이라고 하지 않으면 안 된다. 만약 육체는 단지 오척이라든가 육척이라든가 한정되며, 13원소라든가 15원소라든가로 형성되어, 필경 하나의 육체이다. 그러므로 영묘한 정신이 주가 되어 육체인 체구는 이것의 노예이지 않으면 안 된다.

그러나 이러한 견해를 받아들이는 것은 진정으로 커다란 오류에 빠지는 첫 번째 단계이다. 정신이란 본체가 아니다. 본체로부터 발하는 작용이자 효과이다. 본체는 오척 몸이다. 이 오척 몸의 작용이 곧 정신이라는 영묘한 작용이다. 예를 들면 마치 석탄과 불길과 같고, 장작과 불과 같다. 장자(莊子)는 이미 이 이치를 간파하고 있었다. 무릇 13 또는 15원소가 일시의 결합인 신체의 작용이 곧 정신이다. 신체가 환원하여 즉 용해하여 죽음을 맞이하면 이것의 작용인 정신은 동시에 소멸하지 않을 수 없는 이치이다. 석탄이 재로 되고 장작이 다 타면 불길과 재는 동시에 사라지는 것과 일반이다. 신체가 이미 용해되어도 정신은 여전히 존재한다고 하는 것은 매우 이치에 어긋나는 생각이다.

만일 종교에 의해 편견을 가지지 않은, 멋대로 자기 사후를 이끌어내려고 하지 않는 건전한 뇌로는 불멸의 영혼을 이해할 수 없다. 고추는 없어져도 매운 맛은 별도로 존재한다든가, 북은 찢어져도 둥둥하는 소리는 홀로 남아 있다든가, 이는 과연 이의(理義)를 사색하는 철학자의 입으로부터 진지하게 말할 수 있는 사항이겠는가. 17세기전의 유럽에서는 만약에 무신과 무정혼의 설을 주장하면 수화(水火)의 극형에 처해졌기 때문에 어쩔 수 없는 사정이 있었는지 모르겠으나 언론이 자유로운 원칙이 지배하는 오늘날에 여전히 이 헛소리를 말한다는 것은 무슨 일인가?

그렇기 때문에 신체는 본체이고 정신은 이것의 기능, 즉 작용이다. 신체가 죽으면 정혼은 즉시 사라지는 것이다. 그것은 인류에게 있어서 매우 무정한 설이 아니겠는가. 무정하더라도 진리라고 한다면 어쩔 수 없지 않은가. 철학의 취지는 방편적이지 않으며 위안을 주는 것도 아니다. 가령 살풍경이더라도 노골적이더라도 자기 마음속의 추리력이 만족스럽지 않은 것은 말할 수 없지 않겠는가?

만약에 신학자 및 신학에 이끌리는 철학자가 인류의 이익을 이끌어내려는 언론처럼, 결국 신체 중에 더구나 신체와 떨어져서 신체로부터 독립하여 이른바 정신에 해당하는 것이 있어서 마치 인형을 놀리는 사람이 인형을 놀리듯이 이자가 주재가 되어 신체가 해리(解離)하더라도, 즉 몸이 죽더라도 이 정신은 별도로 존재한다고 하면 신체 속에 있을 동안은 어느 부위에 자리를 차지하고 있는 것인가? 심장 속에 있는 것인가, 뇌 속에 있는 것인가, 도대체 위장 속에 있는 것인가? 이는 순연한 상상에 불과한 것이 아닌가? 이들 오장육부(五臟六腑)는 모두 세포로부터 이루어져 있으므로 저 정신은 몇 천만억의 가는 조각이 되어 이들 세포 속에 우거(寓居)하고 있는 것인가?

이른바, 정신은 무형이며 실제로 존재하는 것이 아니라고 하지만, 이 말은 정말로 의미 없는 말이다. 무릇 무형이란 우리들의 이목으로 접촉하지 않는, 아니 접촉하고 있더라도 깨닫지 못하는 것을 말하기 때문에, 곧 공기와 같이 과학의 눈에만 유형이고 현미경에만 유형이며 육안으로는 확실히 무형이다. 무릇 무형이란 모두 이와 같이 실질은 있더라도 극히 현미(玄微)하여 우리들이 이의 접촉을 느끼지 못하더라도 그 실제는 역시 형태가 있는 것을 말하는 것이다. 저 정신과 같이, 만약에 이와 같지 않고 순연하게 무형이며 실질이 없다고 한다면 이는 허무(虛無)가 아닌가. 허무가 신체를 주재한다고 하는 것은 과연 온당한 말인가?

무릇 무형이라는 것은 모두 오늘까지의 학술로 아직 포착할 수 없었든지, 또는 학술로는 포착되더라도 육체로 체감할 수 없는 것이다. 즉, 빛, 따뜻함, 번개와 같은 것도 학술이 점차 진전한 후에는 현미경으로 완전히 간파할 수 있을지 모르지 않겠는가? 저 정신과 같은 것도 회백색 뇌세포의 작용이며, 그것이 기능할 때마다 극히 미세한 작은 분자가 비산하고 있을지도 모르지 않겠는가. 무릇 학술상으로 해결되지 않은 문제에 관해 상상의 일설을 세우기 위해서는 가능한 한, 이치에 가까운 것을 선택함이 당연하다. 즉 정신과 같은 것도 신체 속의 뇌신경의 기운이 가득차고 흩어져서 시청취미(視聽臭味) 및 기억, 감각, 사고, 단행 등의 작용을 발하고 그때마다 폭포가 사면에 분말이 비산하는 것처럼 몹시 정미(精微)한 분자를 간파할 수 있는 데까지 이를 것이라고 억측해 보아도 반드시 이치에 어긋나서 사람들의 양심을 노하게 하는 일은 없지 않겠는가? 이에 반하여 분자도 형질도 없는 순연한 허무(虛無)의 정신이 일신(一身)의 주재가 되어 여러 종류의 작용을 한다고 하는 것은 매우 이치에 어긋나는 일이 아니겠는가. 이것은 사람들의 양심을 화나게 할 성질은 아니겠는가.

## 정신의 사멸

또한 생산의 사항에 대해 일고(一考)하라. 잉여의 큰 이치에 관해 사색하라. 무릇 모든 살아있는 생물은 모두 사후에 자손을 남긴다. 그리고 그 자손에게는 이들의 부모인 자가 자신의 신체와 그 체구로부터 발하는 정신을 분여(分與)하여, 즉 아이는 부모의 분신이며 그리고 부모는 죽고 아이는 남아 잉여의 수리(數理)에 따르는 것이다.

보라, 누에나방이 이미 알을 낳은 후에는 곧 사멸하지 않는가. 만약에 저 알이 누에의 신체와 정신을 이어받아 그리고 저 누에도 또한 신체만 사라지고 그 정신은 독존한다고 말하면 이치에 온당할 것인가. 즉 장삼이사(張三張三) 각각 아이를 남기고 그리고 그 이사장삼도 사후 영혼이 독존하여 사라지지 않는다고 하면, 이 영혼 나라의 입구는 매우 무성하게 늘어나서 곧 10억, 백억, 천억, 만억, 십만 억으로 무한히 번식하여 하나나 반개도 사라지는 일이 없을 것이다. 이는 과연 잉여의 수리에 합당하다고 할 수 있겠는가.

무릇 생기가 있는 것, 즉 초목이라고 하더라도 사람이나 짐승과 다르지 않을 것이다. 모두 조부인 자는 자손을 가지고 비로소 불후함을 얻는 것이다. 그런데 이미 자손을 가지고 불후함을 얻고 여전히 그 위에 자신도 별도로 불후함을 얻는다는 것은 너무나 편리한 생각이다. 너무나 비철학적이다. 반사(半死)의 시골 노파의 입으로부터 나오는 말이라고 하면 몰라도 스스로를 철학자로서 표방하는 인물이 이와 같은 비철학적인 말을 한다는 것은 곧 인간 수치를 알지 못하는 일이다.

## 신체의 불멸

그렇기 때문에 신체는 본체이며 정신은 신체의 기능 즉 작용이다. 그러므로 신체는 한번 숨이 끊기면 그 작용인 시청(視聽) 언동(言動)은 곧바로 멈추는 것이다. 즉 신체가 죽으면 정신은 소멸한다. 마치 장작이 모두 타서 불이 사라지는 것과 일반이다.

이러한 도리로부터 말한다면, 이른바 불후라든가 불멸이라든가 하는 것은 정신이 가지는 자격이 아니라, 반대로 신체가 가지는 자격이다. 왜냐 하면, 저 신체는 얼마간 원소의 결합으로 이루어지는 것인데, 죽음이란 즉 이 원소가 해리하는 제1보이다. 그러나 해리는 하더라도 원소는 소멸하는 것이 아니다. 일단 해리하여 즉 몸이 부괴(腐壞)할 때는 그 안에 있는 기체의 원소는 공기에 섞여 들어가고, 그 액체 또는 고체는 토지에 섞여 들어가 요컨대 각 원소 서로 떨어지더라도 각각 이 세상의 어디에선가 존재하거나 공기에 혼합되어, 또는 초목의 잎에 섭취되어 오로지 불후 불멸할 뿐만 아니라, 반드시 무엇인가 소용이 되어 한 없이 다른 곳으로 옮겨 다닌다.

그러므로 신체, 즉 실질, 즉 원소는 불후불멸이다. 이것의 작용인 정신이야말로 후멸(朽滅)하여 자취를 남기지 않는 것이다. 이것은 당연하고 명백한 도리이며, 큰북이 찢어지면 둥둥하는 소리가 사라지고 종이 깨지면 땡땡하는 소리는 멈춘다. 그리고 그 찢어지고 깨진 큰북과 종은 그 후에 어떠한 형상을 하더라도 아무리 조각조각 훼손되더라도 소멸하지 않고 어딘가에서 존재하고 있다. 이것이 물체의 본체와 기능, 즉 작용의 구별이다.

......

「석가모니」와 예수의 정혼은 죽어서 이미 오래되었지만, 길 위의 말똥은 세계와 더불어 유구하다.

덴만구(天滿宮) 즉 스가와라노 미치자네(菅原道眞, 845-903)[13]의 영혼은 몸이 죽고 곧바로 사라져도 그가 사랑한 매화나무의 가지와 잎은 몇 천만으로 분산하여 지금도 각각 세계의 어딘가에 존재하는 데, 즉 불후불멸이다.

불후불멸이라는 말은 종교가의 마음에서는 얼마나 고상하고, 얼마나 영묘하게, 얼마나 불가사의 한지 모르지만 냉담한 철학자 마음에는 이는 무릇 실질 모두 존재하는 바의 일자격이며, 실물 중에 불후불멸하지 않은 것은 하나도 없다. 진공(眞空)과 같은 허무의 영혼은 단지 불후불멸하지 않을 뿐만 아니라 처음부터 성립하지 않는 것이다. 신령한 철학자의 언어적 포말이다.……

### 개요

이상 논한 바에 입각하여 더욱 적극적으로 입론하면 정신은 불멸한 것이 아니며, 정신의 본체, 원류인 신체야말로 다소간 원소의 결합이 될 수 있는 것으로서 가령 해리하더라도 불멸하다.

즉, 나폴레옹(Napoleon, 1769-1821)이나 도요토미 히데요시(豊臣秀吉, 1536-1598)가 죽자마자 그 신체를 구성한 원소 중에서 그 기체에 해당하는 것은 어느 경우에는 공중을 날아다니는 금수(禽獸) 에 흡수되었을지도 모른다. 그 고체에 해당하는 것은 땅 속의 물에 용해되어 당근이나 무에 섭취되어 누군가의 배속에 들어갔을지도 모른다. 그러나 이렇게 전전하며 장소를 바꾸어가더라도 조금도 없어 지지 않는다. 그렇기 때문에 사람이 죽으면 종전에 있었던 오척의 신체는 해리하여 뿔뿔이 흩어져 각 원소 모두 불멸하다. 따라서 사람이 일단 죽으면 천도(天道)를 희망할 필요도 없고 지옥을 두려워 할 필요도 없으며, 또한 두 번 다시 인체를 받아 이 세상에 태어날 리는 없다. 이 세상에서 우리들의 2세대는 곧 아이이다.

신은 다수든, 유일하든, 처음부터 존재할 리가 없다. 이 세계 모든 것은 무시무종(無始無終)하며 현세의 모습을 이루기 전에는 무슨 모습을 하고 있었는지는 모르지만 어쨌든 무언가의 모습을 하고 있었던 것이, 기운이 피어오르고 침화하여 현상을 이루어 왔음에 틀림없다. 신 따위라고 하는 이상한 물체의 간섭을 받지 않더라도 원소 이합의 작용으로 갑에서 변하여 을로 가고, 병과 정으로 변화하여 끝이 없으며 그래서 이 세계의 대역사를 이루고 있다. [RMR/정병호]

---

13) [영] 스가와라노 미치자네(菅原道眞, 845-903)는 황실의 학자이자 시인으로 유배 생활을 하면서 죽었지만 그의 유령은 자신의 부당한 대우를 복수하기 위해 되돌아온 것으로 믿어졌다.

# 이노우에 데쓰지로

井上哲次郎, 1855-1944

이노우에 데쓰지로는 일본에서 학문 분야로서 철학이 형성되는 데에 가장 중요한 인물 중 하나이다. 그는 메이지시대의 철학적 개념과 범주를 둘러싼 혼란에 대해 관심을 가지고 있었으며, 이로 인해 그는 철학에 관한 몇 가지 사전을 편집하게 되었다. 그는 독일에서 1884년부터 1890년까지 하르트만 (Karl Robert Eduard von Hartmann, 1842-1906) 아래에서 공부한 이후 1923년 퇴임할 때까지 도쿄대 학에서 철학 교수의 직책을 맡았다. 그 기간 동안 그는 철학적 토론에 적극적이었고 철학회의 회장을 역임했으며 메이지 정부의 이데올로그로서 강력한 역할을 수행하였다.

그는 아리가 나가오(有賀長雄, 1860-1921)와 더불어 서양 철학을 일본에 소개하는 최초의 주요 작업이었던『서양철학강의(西洋哲學講義)』를 공동으로 저술하였으며, 나중에는 최초의 철학사전이 라 할 수 있는 『철학자휘(哲學字彙)』를 간행하였다. 1893년에 불교와 유교에 항상 동정적이었던 그는『교육과 종교의 충돌(敎育と宗敎の衝突)』이라는 제목의 저서를 출판했다. 이 저서에서 그는 기독교를 일본 국체(國體)와 근대 과학이 양립할 수 없다고 비난하면서 일본에서 종교에 대한 광범위 한 논쟁을 촉발시켰다. 후에 그는 유교적 가치에 대한 이해에 바탕하여 윤리학의 종교를 옹호하였다. 이노우에는 일본의 유교 사상사를 철학으로 확립한 선구적인 업적으로 더 잘 알려져 있다. 몇 번에 걸쳐 이노우에는 동양과 서양 철학의 더 큰 세계에서 자신의 입장인 '현상 즉 실재론'을 위치지우기 위해 노력하였다. 메이지시대의 주체와 대상의 이중성을 극복하려는 다양한 시도 중 하나로서 그것은 철학의 정의, 범위 및 방법에 대한 이노우에의 선구자적인 관심을 잘 보여 준다.　　　[GCG/정병회]

## 세계관의 작은 티끌

이노우에 데쓰지로 1894, 489-512

오늘 내가 선택한 제목은 상당히 커다란 제목이며 이에 대해서는 논해야 할 사항은 셀 수도 없이 많습니다. 그렇기 때문에 물론 극히 대략을 말씀드릴 뿐입니다. 우선 철학의 성질로부터 말하면 철학은 과학과 성질이 상당히 다른 것입니다. 어떤 점에서 철학이 과학과 다른가라고 하면, 여러 가지 열거해야 할 점이 많지만 철학은 우선 일반의 사항을 연구하는 학문입니다. 저 전문학문과 같이 겨우 일부분의 사항만을 연구하는 학문과는 크게 다릅니다. 그래서 이점부터 말하면 철학은 전문 학문이라고 할 수 없는 상태로 보입니다. 그렇지만 이렇게 일반의 사항을 연구하는 학문이라고 하면 철학 외에는 없습니다. 오로지 철학만이 오로지 일반의 사항을 강구(講究)하는 것이기 때문에, 역시 이점에서 말하면 전문 학문이라고 말하지 않으면 안 됩니다. 그렇지만 철학은 단지 이 측면에서 만 다른 과학과 다르다고 하는 것은 아닙니다. 철학은 안심입명(安心立命)을 요하는 학문입니다. 이점에서 철학은 또한 과학과 크게 다릅니다. 화학이라든가 물리학이라든가 또는 대수(代數)라든가 기하(幾何)라든가 하는 일과의 학문이라면 안심입명을 얻으려고 하는 것을 목적으로 하지 않습니다.

그런데 철학상의 고찰은 궁극적으로 역시 안심입명에 있습니다. 그 점이 다른 학과와 크게 다른 점입니다. 그런데 이러한 안심입명을 얻으려고 하면 역시 세계관을 가지고 있지 않으면 안 됩니다. 세계관을 가지고 있기 때문에 이와 같이 철학이라고 칭하는 연구가 세상에 일어난 까닭입니다. 그렇기 때문에 우선 이러한 철학이라는 학문은 어떠한 형편의 사항인지, 어떠한 연구가 그 속에 포함되어 있는지, 그 점을 조금 말하고 나서 점차 앞으로 나아갈 작정입니다.

철학을 대별하면 방법의 연구와 재료의 연구가 있습니다. 물론 철학 구분의 방식은 여러 가지가 있지만 오늘은 내가 논하려고 생각하는 편리를 위해 이렇게 구분하는 것입니다. 그 방법의 연구라고 하는 것은 논리학입니다. 재료의 연구라고 하는 것은 이것을 세 가지로 나누어 첫째는 진(眞), 둘째는 선(善), 셋째는 미(美)입니다. 진이라고 하는 것은 지식의 영역이고 선이라는 것은 의사(意思)의 영역이며, 미라고 하는 것은 감정의 영역입니다. 그런데 이 진을 연구하기 위해서 '순수철학'이 일어났습니다. 바꿔 말하면 이것이 곧 '논리철학'입니다. 그것을 나누면 또한 심의(心意)를 연구하는 부분과 물질을 연구하는 부분, 실재를 연구하는 부분이라는 방식으로 점차 세별할 수 있습니다. 이 선을 연구하는 학과는 '윤리학'과 '정치철학' 두 분야입니다. 미를 연구하는 학문은 미학이며, 이 세 가지를 '실천철학'이라고 이름 붙여 마침 지금의 '이론철학'에 상대하는 것입니다. 그런데 이론철학의 부분에 의거하지 않는다면 세계관을 구조하는 일은 불가능합니다. 물론 지금까지 본다면 이 세 가지의 진선미 중에서 그 하나에 의거하여 안심입명을 얻으려고 한 사람들이 왕왕 있습니다. 단지 지식에만 의거하여 안심입명을 얻으려고 하는 자(예를 들면 수많은 철학자처럼), 단지 의지에만 의거하여 안심입명을 얻으려고 하는 자(예를 들면 수많은 종교가처럼), 또는 단지 감정에만 의거하여 안심입명을 얻으려고 하는 자(예를 들면 수많은 시인처럼)가 있어서 매우 다양합니다. 그러나 오늘 말하려고 하는 점은 오로지 이 순수철학에 관한 부분입니다.

그런데 이 순수철학 즉 이론철학 부분에 근본적인 문제가 있습니다. 그것이 무엇인가라고 하면 두 가지의 완전히 상반된 이야기가 고래부터 있습니다. 그 하나는 진리는 도저히 우리들이 도달할 수 없는 것이라고 하는 설과, 다른 하나는 진리는 우리들이 도달할 수 있다고 하는 완전히 상반하는 두 가지 설입니다. 그 진리는 도저히 도달할 수 없다고 하는 것은 즉 '회의론(懷疑論)'입니다. 진리는 도달할 수 있다고 하는 쪽은 회의론을 제외한 그 밖의 철학파는 모두 여기에 속하지만 그러나 이를 대별하면 두 가지 중에서 대개는 여기에 포함되어 버립니다. 즉 그 하나는 '관념론', 다른 하나는 '실재론'이라고 칭하는 것입니다. 만약에 진리라고 하는 것이 도저히 도달할 수 없는 것이라고 한다면 순수철학이라고 하는 것은 성립할 수 없으며 단지 비평만 성립할 것입니다. 그렇지만 적극적으로 하나의 세계관을 구조한다고 하는 일은 도저히 진리라는 것을 알지 못하는 이상은 성립할 리가 없습니다. 오늘 이에 대해서 하나하나 세세한 주장을 하려고 생각하지 않습니다. 진리는 도달할 수 있다고 하는 쪽이 우리들의 생각입니다.

그래서 앞에서 말한 대로 진리에 도달할 수 있다고 하는 입장은 관념론과 실재론으로 나뉩니다. …… 이 두 학파가 나뉘어 있는 요점을 말하면 결국 객관세계의 관념에 대해 차이가 납니다. 그렇다면 어떠한 방식으로 객관세계에 관해 이 양자가 나뉘어져 있는가라고 하면 하나는 이 객관세계가 실재하고 있으며, 그것은 우리의 주관과 다른 것이며 스스로 주관 밖에 실재하며 그것이 우리들에게 다양한 인상을 주는 본체입니다. 단 그 객관적 실재가 무엇인가라고 하는 점에 대해서는 다양한 설이 있지만, 요컨대 주관 밖에서 주관과 다른 것이 별도로 실재하고 있다는 입장이 이 실재파의 생각이며 이른바 실재론입니다. 그리고 다른 한쪽은 객관이라는 것은 결코 우리의 주관과 다른 것이 아니며, 객관은 결국 우리들 주관의 결과이고 우리의 주관으로부터 객관이 생기는 것입니다. 우리의 주관을 제외하고 별도로 객관이라는 것이 실재하고 있는 것은 아니며, 실재하고 있는 것은 오로지 주관뿐이라고 하는 이쪽은 일원론이며 즉 이러한 입장이 관념론입니다.

이 관념론 중에도 다양한 학파가 있지만, 오늘은 그 세세한 구별을 논할 여유는 없습니다. 그리고 이 실재론이라는 쪽에 다양한 실재론이 있어도 오늘 내가 논하려고 하는 데에 필요한 것은 이를 두 가지로 나뉘어 논하면 알 수 있을 것이라고 생각합니다. 그 두 가지 구별 중에서 하나의 실재론은 '현상 즉 실재론(現象卽實在論)'입니다. 현상 즉 실재론에서는 주관 밖에 객관으로서 제현상이 존재하고 있지만, 그 현상이 그대로 실재이며 그 현상을 제외하고 별도로 실재가 있다는 것은 아닙니다. 그리고 또 다른 하나는 '과경적 실재론(過境的實在論)'……과경적 실재론에서는 객관세계에 지식의 대상으로서 각종의 현상이 있는데 그 현상은 실재가 아니며 실재는 그 현상을 벗어나 별도로 스스로 존립하는 것입니다. 그래서 전자는 현상과 실재를 동일시하고 후자는 현상과 실재를 동일시하지 않는 입장입니다. 이 구별을 통해 본다면 충분히 이해할 수 있을 것이라 생각합니다. 그렇지만 현상 즉 실재론에 다시 두 종류가 있습니다. 첫째는 오로지 이 현상만이 실재이며 현상과 구별하여 별도로 실재라고 칭할 수 있는 것은 결코 없다고 하는 즉 실험파(경험주의-인용자 주)와 같은 것입니다. 두 번째는 이론상으로는 현상과 실재는 분별하여 사유할 수 있지만, 실제에 있어서는 동체불리(同體不離), 이원(二元) 일치입니다. 예를 들면 기구와 원소처럼 기구를 가리켜 곧바로 원소라고 할 수 없지만, 어떠한 기구도 모두 원소로부터 이루어져 있고 원소는 기구이며 기구는 원소인데 이러한 의미에서 현상 즉 실재라고 하는 것입니다.

이 양자를 혼동해서는 안 됩니다. 그래서 우리들이 취해야 할 주의가 이 두 번째의 현상 즉 실재론 쪽이며 과경적 실재론은 아닙니다. 그러면 그 현상 즉 실재론과 관념론의 차이는 어디에 있는 것인가? 그것은 이미 앞에서 말하였으므로 대략 알고 있겠지만, 조금 더 상세하게 말하면 우리의 지식 대상이라는 것은 곧 객관세계에 있어서 일체의 현상입니다. 그것은 지식과는 다르며, 그리고 객관적으로 실재하며 그리고 우리들에게 다양한 인상을 주는 것입니다. 그런데 관념론 쪽은 우리의 주관적 현상 외에는 조금도 실재하는 것은 없다고 하는 생각입니다.……

그렇지만 현상 즉 실재론은 과경적 실재론과 혼동해서는 안 됩니다. 현상 밖에 현상을 벗어나 별도로 실재하는 것이 있고 그 실재가 현상의 근원이며 현상은 실재가 아니라는 생각인데 현상은 과경적 실재의 겉모습이라고 보는 것이 통례입니다. 허버트 스펜서(Herbert Spencer, 1820-1903)의 생각도 역시 이런 종류입니다. 그러므로 이 현상 즉 실재론 쪽에서는 일체의 현상은 현상임과 동시에 실재이며 현상 밖에서 현상을 벗어나 별도로 실재가 존재한다고 하는 것은 아닙니다.…… 이 객관적 현상이라고 하는 것은 물론 우리들에게 나타나는 쪽에서 이름 붙인 것이며, 이것이 우리들의 감각을 벗어나면 우리들에게 나타나고 있는 대로라고 할 수 없습니다. 예를 들면, 다양한 색이라고 하는 것은 단지 우리 쪽에 다양한 색이 되어 보이는 것이며 저쪽에서 객관 그 자체가 다양한 색이 되어 있는 것은 아니고 전적으로 광선이 움직이고 있는 것입니다. 단지 그 광선이 움직이고 있는 강약의 정도가 다양한 색이 되어 우리들에게 나타날 뿐입니다.…… 그 현상이 존재하고 있는 곳 그곳에 역시 실재도 존재하기 때문에 실재와 현상을 완전히 분리할 수 없다는 입장입니다. ……

관념론의 일부분은 반드시 유심론이 됩니다. 관념론은 모두가 유심론은 아니지만, 그러나 많은 경우 유심론이 됩니다. 지금까지 철학의 역사에 관해 본다면 대개 유심론이라는 경향을 보이고 있습니다. 유심론은 객관세계라고 하는 것이 나로부터 생긴 것입니다. 즉 주관의 결과라고 하며 마침내 객관의 실재라는 것을 부정하기에 이릅니다. 객관이라는 것은 실재하고 있는 것이 아니며, 단지 실재하고 있는 것은 내 마음뿐이라고 하는 것으로 귀결합니다. 그래서 역사적으로 보면 이렇게 말하는 세계관이 적어도 오늘날까지 세 번 정도 다른 장소에서 나타났습니다. 하나는 그리스에서 나타났습니다. 파르메니데스(Parmenides, BC.515?-BC.445)로부터 유심론적 경향이 일어나 마침내 플라톤(Plato)에 이르러 대성하였습니다. 다른 하나는 독일입니다. 칸트(Kant)로부터 일어나 그 관념은 헤겔(Hegel)에 이르러 극도로 번성하였습니다. 마지막 하나는 인도입니다. 우파니샤드(Upanishads)에 의해 시작되어 유심론적 관념은 베단타(Vedānta) 학파에 이르러 대성하였습니다.……

그러한 유심론이 어디에서 발생하는지를 설명하기 위해 동쪽에서 서쪽으로 여행하는 마차를 상상해보십시오. 그것을 관찰하고 싶다면 역시 마차가 동쪽에서 시작하여 점차 서쪽으로 이동하여 그 마차의 경과에 따르지 않으면 안 됩니다. 그것을 역으로 우선 서쪽에서 시작하여 점차 동쪽으로 향하여 관찰할 수는 없습니다. 즉 필수의 인과적 관계는 객관적으로 있습니다. 만약에 그것이 완전히 주관적이라면 어느 쪽에서 관찰하더라도 마음대로 할 수 없으면 안 됩니다. 공간, 시간, 인과는 우리들에게 앞서서 객관적으로 실재하고 있습니다. 그렇지만 지식으로서는 이것들은 모두 후천적으로 우리들이 경험에 의해 얻는 것입니다. 공간의 관념, 시간의 관념, 인과의 관념이라는 것은 선천적으로 우리 뇌 속에 존재하고 있는 것은 아니며 그것은 오로지 우리들이 경험을 쌓아 얻은 결과이지만 그 경험에 앞서서 이미 이것들이 객관적으로 실재하고 있지 않으면 안 됩니다.
……

철학사에서 비추어보면 세 곳에서 비슷한 관념론이 행해지고 결국 유심론적 세계관을 이루었는데 이것은 결코 건강한 세계관이 아니며 근본적인 오류가 있습니다. 실로 확실하며 건강한 세계관은 전적으로 실재론이며 특히 현상 즉 실재론입니다. 그런데 실재론 중에는 다양한 철학파가 포함되어 있는데 어느 경우는 유물론이라는 것과 동일하게 간주하는 사람들이 있을지도 모릅니다. 그러나 그것은 올바르지 않으며, 유물론은 주객일원(主客一元)이라고 하지만 역시 실재론입니다. 객관의 실재를 예상하고 있는 것이기 때문에 실재론은 반드시 유물론이 되는 것은 아닙니다. 이점은 크게 주의를 요합니다. 유물론은 도저히 세계를 해석할 수 있는 일은 가능하지 않습니다. 왜냐 하면, 공간과 시간이라는 것은 물질이라고 할 수 없습니다.…… 그리고 주관적 현상 특히 지식이라는 것을 유물론의 측면에서 해석하려고 하는 것은 도저히 주효하다고 할 수 없습니다.……

그러므로 우리들이 취하는 위치는 유물론의 위치가 아닙니다. 이것을 점차 말하기 시작하면 여러 가지 다른 주제로 옮겨가지 않으면 안 되지만, 우리들은 유물론자도 유심론자도 아닙니다. 단 일원론은 일원론입니다.

그리고 진화론이라는 것과 혼동해서는 안 됩니다. 물론 진화론은 실재론입니다. 실재론 중의 하나, 이도 역시 객관적 현상의 실재를 예상하고 있기 때문에, 이 진화론자 중에도 다양한 이동(異同)이 있음은 의심할 여지가 없지만 수많은 부분은 실재론임은 분명합니다.…… 그러나 진화론은 세계관을 구성하는 데 불충분하다고 말하지 않으면 안 됩니다. 왜냐 하면, 진화론은 근본적인 실재라고 하는 것은 이미 처음부터 예상하여 그것을 해석하고 있지 않습니다. 그래서 물질이라는 것이 무엇인가라고 하는 것에는 깊이 주의하지 않습니다. 물질이라고 하는 것은 이미 처음부터 물질로서 자명하다고 가정하고 그래서 애당초 그 끝만을 연구하고 있습니다. 철학이라고 하는 것은 그 근본을 가정하고 사물의 끝을 연구하기보다 사물의 끝에서 근본 쪽으로 거슬러 올라가서 앞으로 나아가 대근본을 연구하려는 학문입니다.……

진화론에서는 진화하는 것은 무엇이 진화하는 것인가라고 하면 객관적 현상의 진화라고 말하지 않으면 안 됩니다. 그 객관적 현상은 무엇인가라고 하면, 그것은 '물질'이라고 대답하지만, 그 물질은 무엇인가라고 하면 물질은 물질이라고 하는 정도에 머물러 버립니다. 그렇게 되면 도저히 표면적인 연구에 그치고, 더 예리하고 심오한 경계에 도달할 수는 없다. 순수철학의 경계는 단지 연장된 물질이라는 것을 가정하고 그 현상만을 연구하는 것만으로는 도저히 만족할 수 없습니다. 만약에 물질은 물질로서 가정하여 그 현상만을 연구한다면 그것은 자연과학입니다. 'natural science'에 지나지 않습니다. 물론 그 물질은 과연 우리들이 더 한층 깊게 연구할 수 있는 것인지 아닌지, 아무리 하여도 우리들이 물질 그 자체를 아는 것은 불가능하지 않을까라고 하는 생각은 일어나겠지요, 이것은 역시 순수철학의 경계에 들어가는 단서입니다. 과연 연구할 수 있는가, 연구할 수 없는가라는 문제는 역시 연구해 보지 않으면 알 수 없는 일입니다.…… 실재론은 진화론과 모순은 하지 않지만, 진화론의 구역보다 넓은 구역을 점할 수 있는 것입니다.……

실재론이 가장 합리적인 세계관이라는 점은 이 진리라는 것을 해석하는 데 가장 모순 없이 갈 수 있는 방법입니다. 진리라는 것은 실재론에 의해 세울 수 있습니다. '진리'라는 것은 어떠한 것인가라고 하는 문제는 여러 학자들이 수없이 연구한 바입니다. 그러나 이것을 세세하게 여기에서 말할 여유는 없지만 우리들의 입각점에 서서 단지 가장 현저한 점을 하나만 말하자면 진리는 주관과 객관의 접합입니다. 즉 우리들이 경험에 의해 얻은 개념과 객관세계에서 어느 현상의 관계 사이의 접합입니다. 그런데 만약에 유심론의 입각점에서 본다면 진리라고 하는 것은 무엇인가라고 하여, 어떻게 대답할까라고 하면 아무리 하여도 우리들의 사상에 의해 이것이 진리라고 생각하는 것 외에 진리라고 정할 수 있는 것은 없습니다. 그 진리가 과연 진리인지 아닌지라는 점을 확정할 수 있는 표준이 없으며, 단지 몇 번이나 내가 생각할 수밖에 없지만, 단지 내가 생각하는 것만으로는 도저히 그것을 진리라고 할 수는 없습니다. 그렇기 때문에 유신론적 세계관의 결과라고 하는 것이 항상 객관세계의 경험적 사실과 모순하는 결과를 일으키는 것도 이 점에 있습니다.

이것들은 지금까지 철학사의 사실에 비추어 매우 명료한 일입니다. 우리들이 가지고 있는 지식이라고 하는 것은 모두 경험으로부터 얻어집니다. 경험 이외에 얻는 지식은 우리들의 입각점으로부터 하나도 허용되지 않으며, 죄다 경험에 의해 얻는 것입니다. 그렇지만 경험은 특수한 경험입니다. 모두 우리들이 경험하는 데 즈음하여 특수한 경험 외에 다른 것은 없으며 그 특수한 경험에 의해 수많은 사상(寫象)을 얻습니다. 그런데 우리들의 내면적 작용에 의해 그것을 결합하고 추상(抽象)하여 그리하여 개념을 얻을 수 있습니다. 그 개념이 우리들의 지식을 이루며, 그 개념이라는 것은 원래 모두 경험세계로부터 경험에 의해 얻은 결과이기 때문에 그 개념이 과연 올바른지 올바르지 않은가는 객관세계의 현상에 비추어보는 것 외에는 방법이 없습니다. 만약에 많은 경우 특수한 별을 경험하여 '별'이라는 개념을 얻었다면 그 별의 개념을 밝히기 위해서는 객관적 실재의 별로 밝히는 것 외에 방법은 없습니다. 선천적 개념이라든가 선천적 지식이라든가 하는 것은 우리들의 쪽에서는 조금도 없는 것이라고 할 수 있습니다. 그렇지만 그렇게 말하는 것은 지금 상세하게 논할 여유는 없습니다.

단지 경험에 의해 얻은 지식의 응용에 대해 적어도 세 종류의 고찰을 필요로 할 것입니다. 첫 번째는 경험에 의해 얻은 지식은 이미 경험한 경계에만 응용할 수 있으며 그것 외에는 응용이 불가능합니다. 두 번째는, 경험에 의해 얻은 지식은 단지 이미 경험한 경계에만 머무르지 않고 아직 경험을 하지 않은 경계에도 사용할 수 있습니다, 경험을 하지 않은 경계이지만 경험할 수 있는 경계라는 점입니다. 세 번째는 경험에 의해 얻은 지식을 마치 경험이 불가능한 경계 즉 과경적(過境的)으로 응용할 수 있을 것입니다.

이것은 매우 곤란한 점이지만, 이 첫 번째의 고찰은 결코 성립할 수 있는 것이라고 생각하지 않습니다. 이미 경험한 경계에 응용하는 것이라고 하였지만 이미 경험한 것은 경험한 대로 남아 있는 것은 아닙니다. 그것은 모두 시간과 더불어 변화해 버립니다. 일체의 현상은 잠시도 멈추지 않고 변화하고 있으며 공간적, 시간적으로 변화하고 있습니다. 그리고 멈추지 않고 다양한 재료적 변동을 일으켜 잠시도 그대로 남아 있지 않습니다. 만약에 이미 경험한 경계에만 응용할 수 있다고 한다면 우리들의 확실한 지식이라는 것은 성립하지 않습니다. 그래서 회의론자가 도저히 확실한 지식은 얻을 수 없으며, 진리는 없다고 주장하는 이유입니다. 그러나 어떠한 회의론자도 수학의 단위와 같은 자명한 사실에 이르러 스스로 패배합니다. 아무리 인간 지식이 확실하다는 사실을 의심 하더라도 2와 2를 합하면 4가 된다는 사실은 도저히 부정할 수 없습니다. 또한 자기 자신의 실재는 어떠한 회의론자라고 하더라도 부정할 수는 없습니다. 회의론자 그 자신이 이미 지식이라는 것을 예상하고 있습니다. 그래서 일체의 지식은 확실하지 않다고 한다면 그것은 그 자신의 지식을 표준으로 하고 있습니다. 만약에 그것이 진리였다면 역시 스스로 지식을 예상하고 있는 것입니다. 일체의 지식은 올바른 것이라고 하는 것을 진리로서 회의론자는 주장하는 것입니다. 그 경우에 스스로 주장하는 진리 외는 모두 진리가 아님을 의미합니다.

두 번째의 경험적 경계에 응용할 수 있다는 것은 곧 우리들이 취해야 할 위치입니다. 경험적 경계라고 하는 것은 우리들이 경험할 수 있는 경계입니다. 또한 경험하지 않았다고 하더라도 이미 우리들이 많은 경험을 쌓아 얻은 결과는 아직 경험하지 않은 경계에 응용할 수 있습니다. 우리들의 일체의 지식, 일체의 이법(理法), 일체의 진리라고 하는 것은 모두 과거 경험의 결과를 실제 응용해 가고 있는 것입니다. 우리들은 이법을 의심하지 않으며, 우리들은 2와 2를 합하면 4가 된다는 점을 의심하지 않습니다. 언제나 그것을 증명하고 있는 것은 아니지만 이미 그렇게 의심할 수 없는, 언제 하더라도 반드시 같은 결과를 낳는다고 하는 것은 단지 아마 그럴 것이라고 하는 개연설이 아닙니다. 확실한 지식으로서 우리들이 가지고 있는, 일체의 인류는 죽기 마련이라는 사실은 누구도 의심하지 않습니다. 일체의 현상은 원인과 결과의 관계를 가지고 있다는 사실도 의심하지 않습니다. 이들의 사실을 우리들이 진리라고 하고 확실한 지식으로 하고 있다는 것은 수많은 경험으로부터 얻은 지식은 아직 경험하지 않은 경험적 경계에 역시 응용할 수 있다고 생각합니다. 모두 그것을 예상하고 있으며, 다수 아니 무수의 경험에 의해 항상 어떠한 경우에도 모순하지 않고 일찍이 유일한 반대와도 조우하지 않은 주관과 객관 사이의 절합 그것만이 우리들이 '진리'로 하는 것입니다. 이른바, '이법' …… 과학상의 이법들은 즉 그러한 객관과 주관 사이의 상존하는 절합입니다. 그러나 회의론자는 그것은 지식이 아니라고 말하지만, 만약 그것이 지식이 아니라고 말한다면 우리들의 지식이라는 것은 없어져 버립니다. 우리들이 '지식'으로 하는 것은 그러한 것을 가리켜 말하고 있는 것입니다.

그리고 세 번째의 경험 이외에 응용하는 것이 가능하다고 하는 생각은 도저히 오늘날 취할 수 없는 설입니다. 과경적인 응용은 완전히 옛날 사람들의 오류입니다. 마침 우리들이 자신의 자취를 뛰어넘을 수 없는 방식으로, 우리들은 이 경험에 의해 경험의 경계로부터 얻은 지식은, 경험이 아닌 경험과 완전히 다른 경계 — 만약에 그러한 경계가 있다고 한다면 — 에 응용할 수 없으며, 그것은 마치 종류가 다른 것입니다. 다양하게 상상은 하고 있지만 그것은 지식이 아니며 지식과는 완전히 다른 것입니다.

그런데 이러한 의심이 일어날 수 있습니다. 만약에 그렇다고 한다면 '일반적 가치가 있는 지식'이라는 것은 도저히 얻을 수 있는 것일까, 또는 그러한 것은 완전히 존재하지 않는 것일까라는 의심이 있을 수 있습니다. 이 일반적 가치가 있는 지식은 즉 다름 아닌 우리들의 무수한 경험으로 얻은 결과이며, 그래서 유일한 반대에도 조우하지 않은 지식이며, 그것 외에 일반적 가치가 있는 지식이라는 것은 없습니다. 그런데 만약 이것이 '절대적'인 것인가라고 하면 그것은 절대적이라는 말의 의미에 따릅니다. 또한 과경적으로는 상대적이라는 것도 경험적 경계에서는 절대적입니다. 우리들의 경험적 경계에서는 '2와 2를 합하면 4'가 된다는 것은 절대적이라고 말하지 않으면 안 됩니다. 그렇지만 그것은 마치 우리들의 경험적 경계와 다른 경계를 상상한다면 그것도 완전히 다르기 때문에, 그때에는 일반적인 가치를 가지는 지식은 아닙니다. 이번에는 거리가 무수히 떨어져 있는 항성(恒星)의 세계를 상상하여 그 세계에서도 2와 2를 합하면 4인가라고 하면 그것은 우리들의 경험을 벗어나 있으며 우리들은 이에 대해서 긍정도 부정도 할 수 없습니다. 우리들은 그러한 지식을 가지고 있지 못합니다.

만약에 그러한 점에서 논할 수 있는 날이 온다면, 우리들에게 절대적 진리라는 것은 하나도 없어질 것입니다. 그러나 그것은 우리들이 도저히 연구할 수 있는 것이 아니라는 점을 말해도 좋을 것입니다. 우리들의 경험적 세계에서는 결코 지금까지 이에 반하는 현상에 조우하지 않으며 이제부터 앞으로도 이에 반대하는 현상에 조우할 것이라고 아무리 해도 상견(想見)할 수 없다면 그 점에서 절대적이라고 할 수 있습니다. '절대적'이라는 말은 무엇을 가리켜 말하는 것인지에 따라서 크게 다릅니다. 만약에 과경적으로 말하면 절대적 진리는 없으며, 경험적으로 말하면 절대적 진리는 존재하는데 이것은 절대적이라는 말의 의미에 따릅니다.

그래서 결국 실재론 쪽에서는 이 세계는 주관이 낳은 결과가 아니며, 베단타학파(Vedānta)가 말하듯이 세계는 미망(迷妄)이 아닙니다. 세계는 존재하지 않으며 오로지 존재하는 것은 정신뿐이라고 하는 것은 아닙니다. 정신 밖에서 정신과 다른 실재가 객관적으로 존재하며 그래서 이것들이 우리들에게 다양한 인상을 부여하는 것입니다. 그래서 베단타학파는 이러한 예를 제출하였습니다. 마침 그곳에 새끼줄이 떨어져 있는 것을 내가 잘못 인식하여 뱀이라고 생각하고 그러는 동안에 다시 그것은 새끼줄이라는 사실을 발견합니다. 이와 같이, 이 세계는 일종의 꿈으로 생각하고 있습니다. 지금은 진실의 세계라고 생각하고 있더라도 죽으면 과연 꿈과 같은 것이었다고, 그리고 환영이었다고 하는 사실을 깨닫습니다. 어느 경우에는 죽지 않아도 해탈하면 세계가 환영임을 깨닫습니다. 그런데 실재론 쪽에서 논하면 이것은 잘못 비교한 것이며, 우리들이 '진실'로 하는 바는 오로지 원인과 결과의 관계를 가지고 있는 것에 한정합니다. 모두 원인과 결과의 규율을 탈각한 것은 진실이라고 할 수 없습니다. 이 객관세계의 모든 현상은 전무후무한 인과의 규율에 의해 규정되어 있습니다. 그것만이 진실이라 할 수 있으며 그 외에 진실이라고 할 수 있는 것은 없습니다. 그래서 지금의 새끼줄을 보고 뱀이라고 잘못 인식하는 것과 같이 금세 환영을 깨닫는다고 하는 것은 무엇인가라고 하면 그 원인과 결과의 규율에 상응하여 가지 않은 바의 예입니다. 처음에 보았을 때에는 뱀이라고 생각했지만 뱀이라는 원인이 있으면 뱀의 움직임이라고 하는 결과가 없으면 안 되며, 혹은 움직인다든가 혹은 달려들어 문다든가 하는 일이 없으면 안 됩니다. 그런데 한참 동안 보고 있어도 움직이지 않고 달려들어 무는 일도 없기 때문에, 이것은 뱀이 아니라고 하는 사실을 발견한다면 이는 즉 인과의 관계가 모순하고 있다는 사실을 발견하고 그 잘못된 인식을 아는 일입니다. 이 세계는 시작도 끝도 없이 원인과 결과의 규율에 의해 지배되고 있습니다. 만약에 원인과 결과의 규율에 의해 지배되어 있지 않고 우리들이 유일의 진리로 하는 바를 잘못 생각한다면 마침내 베단타학파와 같은 극단의 유심론이 되어 버립니다. 그래서 북방불교도 베단타학파와 대동소이의 유심론인데 우리들은 그것들을 완전히 옛 사람들의 잘못된 견해에서 일어난 세계관이라고 판단하고 있습니다. 오로지 실재론만이 우리들이 오늘날 취해야 할 확실하고 건강한 세계관이라고 생각합니다.                    [GCG/정병회]

# 이노우에 엔료

井上円了, 1858-1919

이노우에 엔료는 아마 메이지시대의 가장 영향력 있고 다작의 불교 이론가였다. 그는 불교 정토진종 (淨土眞宗)의 성직자가 될 것으로 기대를 받았지만, 도쿄에서 철학을 공부한 이후에 자신의 길을 가기로 결심했다. 그는 일본과 식민지 전역을 여행하면서 마을과 도시 회관에서 수천 회의 강연을 하였으며, 세 번에 걸쳐 전 세계를 여행하였다. 그는 비록 전문적인 철학자였지만, 그는 초자연 현상인 『요괴학강의(妖怪學講義)』에 관한 다양한 연구로 널리 기억되고 있다.

다음에 소개한 발췌문은 엔료의 강의에서 가지고 온 것인데, 철학적 문제를 이해하는 데 있어서 확실히 소박하지는 않더라도 명료하고 솔직한 설명 방식을 잘 보여 주고 있다. 그것들은 또한 메이지 철학자들이 해결하고자 씨름하고 있었던 문제들에 대해 훌륭한 통찰력을 제공하고 있다. 그와 같이 그는 니시다 기타로(西田幾多郎, 1870-1945)에게 자극이 되었으며 종종 교토학파 철학의 선구자로 인정을 받았다.

불교가 격렬한 비판을 받고 있었던 시대에 글을 쓰면서, 이노우에 엔료는 근대화되고 철학적인 불교의 열렬한 옹호자가 되었다. 그는 종교, 철학, 그리고 과학 사이의 구조적 차이뿐만 아니라 불교가 이 거대한 사상의 근대적 재분류를 포괄해야 하는 지점에 관심을 가지고 있었다. 이러한 문제들은 그가 '불교 철학'을 공식화하는데 동기로 작용하였다. 3권의 장엄한 『불교활론(佛敎活論)』에서 그는 기독교를 비판하고 근대 과학과 불교의 양립성을 논증하면서, 서구 철학 개념으로 불교를 재해석하고 불교 철학의 변증법적 역사를 제시하였다. 고등 교육을 받을 여유가 없는 사람들이 철학을 가까이 접할 수 있도록, 그는 1887년에 철학관(哲學館)을 설립하였으며, 이 기관은 나중에 도요대학(東洋大學) 으로 발전하였다. 그는 또한 불교를 기반으로 한 '철학적 종교'를 창출하고자 노력하였다. 이를 위해 그는 1904년에 사람들이 공원과 같은 환경에서 방문할 수 있는 철학당(哲學堂)을 건립하였다.

[GCG/정병호]

## 불교와 철학

이노우에 엔료 1893, 107-113

불교는 철학인지 종교인지라고 하는 것은 오늘날 하나의 문제이다. 세상에서 이를 논하는 자가 말하건 데 불교는 종교이지 철학은 아니라고 한다. 어떤 자는 불교는 철학이지 종교가 아니라고 말한다. 그러나 이들 의견은 모두 한쪽에 치우친 편견이라 하지 않을 수 없다. 나는 이에 답하여 말하고자 한다. 불교는 그 일부는 철학으로부터 이루어져 있고 일부는 종교로부터 이루어져 있어서, 철학과 종교가 서로 결합한 것이다. 지금 이 세 가지의 관계를 제시하면 그림과 같다.

갑은 철학이며 을은 종교이다. 그리고 갑과 을이 서로 결합하는 부분, 즉 병은 불교이다. 그렇기 때문에 불교는 철학과 종교가 결합한 것이며, 철학과 종교란 불교 이외에 더욱 무수한 종류를 가지고 있다.

내가 강술(講述)하려고 하는 바는 불교가 종교에 속하는 부분이 아니라 철학에 속하는 부분에 대해서이다. 그렇기 때문에 여기에 제목을 『불교철학(佛敎哲學)』이라고 붙였다. 우선 이 불교가 철학과 종교에 어떠한 관계를 가지고 있는지를 명료하게 하기 위해 여기에 철학과 종교의 관계를 서술해야 한다.

철학과 종교란 그 이름이 이미 다르기 때문에 그 성질 또한 원래 다르지 않으면 안 된다. 철학은 어떠한 정의를 가지는지, 종교는 어떠한 의해(義解)를 가지는지, 이것이 내가 미리 알지 않으면 안 되는 점이다. 그렇지만 그 정의가 아직 일정하지 않기 때문에 여기에 불명료한 의해를 내리기보다는 오히려 양자의 관계와 이동(異同)을 설명하는 것이 그 첩경임을 믿는다. 따라서 나는 우선 양자의 이동을 말하고자 한다.

무릇 세계(가장 넓은 의미)에 두 종류가 있다. 이것을 술어로 말하면 가지(可知)적 세계와 불가지(不可知)적 세계이며[14], 통속적으로 말하면 인지(人智)가 알 수 있는 세계와 인지가 알 수 없는 세계인데 이 두 종류는 곧 철학과 종교의 구별을 나타내는 것이다. 가지적 세계는 현상(現象)세계이며 불가지적 세계는 이에 대해 실체세계이다. 이미 현상이 있으면 반드시 그 실체가 있으며, 실체가 있으면 또한 반드시 그 현상이 있다. 즉 가지적 현상세계는 불가지적 세계의 본체로부터 발현하는 것이다. 또한 현상세계는 유한하며, 실체세계는 무한하다. 왜냐 하면, 현상세계의 만유만상(萬有萬象)은 시간상, 공간상 모두 유한한 것이며, 실체세계는 이미 불가지적이기 때문에 인지(人智)를 가지고 이의 제한을 부여하는 것은 가능하지 않기 때문이다. 또한 유한세계는 상대적이며, 무한세계는 절대적이다. 왜냐 하면, 유한세계는 모든 사건과 사물이 비교상에서 성립하며, 동정(動靜), 강유(剛柔), 대소(大小), 고저(高低) 등 모두 양자가 대망(對望)하여 존재하는 것이며, 무한세계는 더욱이 비교해야 할 사물을 가지고 있지 않기 때문이다. 또한 상대세계는 차별이며, 절대세계는 평등하다. 상대세계에 있어서는 위로는 일월성신(日月星辰)부터 아래는 곤충어개(昆蟲魚介)에 이르기까지 무수무량의 사물 각각 그 형상과 성질을 달리한다. 그렇기 때문에 차별이 있다. 그런데 절대세계는 원래 우리의 지식 밖에 존재하는 것이기 때문에 그 위에 차별을 볼 수 없으며 따라서 무차별 평등하다. 지금 이것을 표시하면 아래와 같다.

$$
\text{세계} \begin{cases} \text{가 지 적 — 현상 — 유한 — 상대 — 차별} \\ \text{불가지적 — 실체 — 무한 — 절대 — 평등} \end{cases}
$$

또한 불교에 있어서는 현상을 사상(事相)이라고 하며 실체를 이성(理性)이라고 한다. 그리고 현상계의 만유만상은 이를 만법(萬法)이라고 칭하고, 실체를 진여(眞如)라고 칭한다.

이 구별은 철학과 종교의 관계를 나타내는 것으로서 철학과 종교는 그 근거로 하는 바가 각각 다르다. 철학은 가지적인 데에서 부가지적인 곳으로 미치고, 종교는 불가지적인 것을 근본으로 하여 가지적인 곳으로 들어간다. 그래서 불가지적 존재는 철학도 이를 허용하고 종교도 또한 이것이 있음

---

14) [영] 이노우에는 아마도 허버트 스펜서의 첫 번째 원칙에서 이 용어를 채택하였다. 이노우에는 스펜서의 사상을 강하게 강조한 어니스트 페놀로사(Ernest Fenollosa, 1853-1908) 밑에서 처음으로 철학을 공부하였다.

을 역설한다. 따라서 양자는 단지 그 방향이 다를 뿐이며, 하나는 위에서부터 출발하고 다른 하나는 아래로부터 출발한다. 이것이 철학과 종교의 구별 중 하나이다.

다음에 심리학상으로부터 철학과 종교를 구별하면 우리는 철학에 대한 마음의 작용과 종교에 대한 마음의 작용, 그 사이에 상이한 바가 존재한다. 철학은 우리 마음의 지력의 작용에 토대하며, 종교는 감정의 작용에 토대한다. 그렇지만 그 사이에 상호 관계하는 것이며, 철학도 다소 감정이 섞이고 종교에도 어느 정도 지력이 가해지는 것이다. 단지 대체로 이와 같이 구분할 따름이다. 무릇 심리학상, 인심의 작용을 대별하면 지(智), 정(情), 의(意) 세 가지로 나눌 수 있다는 점은 이미 사람들이 숙지하는 바이지만, 철학은 그중에서 지력에 토대하고, 종교는 정감에 의해 성립하는 것이다. 지력은 사상을 기초로 하여 사려(思慮)하고 추리(推理)하며, 능동적이다. 이에 반하여 정감은 수동적이며 우리 마음에 다른 자극을 감수(感受), 수령하는 것이다. 이 점에 있어서 지력의 위에 사상이 있으며 감정에 의해 신앙을 낳는다. 그리고 사상은 논리에 따르고, 신앙은 직각(直覺)을 따른다. 또한 논리는 도리를 근본으로 하고 직각은 천계(天啓)를 근본으로 한다. 이를 개괄하면 다음 표와 같다.

철학 — 지력 — 사상 — 논리 — 도리
종교 — 정감 — 신앙 — 직각 — 천계

이 구별을 앞의 구별과 대조하면, 철학과 종교의 이동이 드디어 명료할 것이다. 철학의 가지(可知)적인 부분을 출발지점으로 하는 것은 지력을 기초로 하기 때문이며, 지식의 미치는 바를 가지적이라고 하고, 미치지 않는 바를 불가지적이라고 한다. 그리고 철학은 사상, 논리의 힘에 의해 도리로 향해 나아가고, 그래서 불가지적 세계의 존재를 추구(推究)하는 것이다. 또한 종교는 정감상으로 곧바로 불가지적 세계의 존재를 지각하는 것이며, 불가지적인 것은 우리 마음의 힘에 의해 탐구할 수 없으므로, 자연히 마음 그 자체에서 감지(感知)하는 것이다. 이것을 계시(啓示)라고 한다. 이와 같이 철학, 종교는 각각 이동(異同)이 있다고 하더라도, 이것은 단지 대체적인 구별로 그치고 그 사이에 밀착의 관계를 가진다.

철학은 가지적 세계를 주(主)로 한다고 하더라도, 또한 불가지적 세계를 논하기도 한다. 그렇다면 지력을 근본으로 하는 철학이 어떻게 하여 인지(人智) 밖에 존재하는 불가지적 것을 알 수 있는가? 원래 불가지적인 것을 가지고 그 자체의 내부에 들어가 연구하는 것은 도저히 불가능한 일이지만 가지적인 것에서 나아가면 불가지적인 것 그 자체의 존재를 알 수 있을 뿐만 아니라 어떠한 상태에 있는지도 다소 추지(推知)할 수 있다. 즉, 우리는 탐구하여 앞으로 나아갈 때는 불가지적인 경계에 도달할 수 있으며, 그렇지만 단지 그 외면을 윤회(輪回)하여 내부에 진입할 수 없다. 우리는 기회가 있어서 불가지적인 것은 이와 같은 거라고 사고하기도 하고 또한 다소 이것을 사고할 수 도 있지만, 그 불가지적이다라고 사고하는 것은 부지불식간에 도리어 가지적인 것 내에 방황하는 것이며, 단지 그 이치를 불가지적인 것에 적용하는 데 지나지 않는다. 필경 이것이 문제이다. 고래 학자들이 이의 설명에 고생하였으며 불교에 있어서도 또한 다양한 논의가 있다.

저 『유마경(維摩經)』에 있는 유마와 문수(文殊)보살의 문답과 같은 것은 그 일례이다. 어느 때, 석가의 제자 수명이 분부를 받들어 유마의 병을 위문하였다. 그리고 제자들 유마에 대해 말하는 바를 보건데 천박하여 대도(大道)의 일반을 진력하기에도 충분치 않아 유마는 죄다 이를 논파하고 그 소지(小智)를 물리쳤다. 문주보살 곧 대신하여 불가지적인 것의 본체는 우리가 도저히 사의(思議)할 수 있는 것이 아님을 상세하게 논하였다. 유마는 침묵하고 답하지 않았다. 그래서 문주보살도 또한 자신이 잘못되었음을 깨달았다. 어쩌면 불가지적인 것은 우리가 알 수 없기 때문에 불가지적이다. 그런데 이것이야말로 진정한 불가지적이라고 입으로 이야기하는 자는 진정한 불가지적인 것을 깨달은 것이 아니다. 노자(老子)가 이른바 "진정 아는 사람은 떠들어 대지 않고, 떠들어 대는 사람은 알지 못하는 것이다"(知者不言言者不知)와 같이 진정으로 대도(大道)를 아는 자는 말하지 않으며, 말로 하면 곧 대도(大道)의 진상이 아니며, 이것이 유마가 침묵했던 까닭이다. 그렇지만 나의 생각을 말하면 유마도 여전히 대도를 다 이루었다고 하기에 부족하다. 왜냐 하면, 유마는 이것을 언어로 발하지 않는다고 하였지만 이것이 불가지적인 것의 실상이라고 그 마음에 생각하여 헤아리고 침묵하고 있는 것은 필연이기 때문이다. 만약에 내가 그 자리에 있었다면, 나는 곧바로 졸며 무념무상의 경지에 들어갈 것이다. 이와 같이 진정으로 불가지적인 것은 입으로 말할 수도 없고, 마음에 그릴 수도 없으며, 실로 언망여절(言亡慮絶)하다. 그렇지만 우리들이 마음으로 생각하고 입으로 진술하는 것은 실로 어쩔 수 없는 일이다. 이것을 요컨대, 우리들은 불가지적인 것을 사고하고 다소 그 상태를 헤아릴 수 있어도, 만약에 더 나아가 그 본령에 들어가려고 하면, 곧바로 튕겨 나올 것이다. 이와 같이 철학도 종교도 모두 불가지적으로 관계를 가지며 단지 그 방향을 달리 할 뿐이다.

또한 심리학상의 관계로부터 보건데 종교는 신앙을 기본으로 한다고 하지만, 또한 다소 지력의 작용을 갖추고 있다. 즉 종교를 믿는데 당면하여서 다소 마음으로 납득하고 나서 믿는 것이다. 가령 아무리 우부우부(愚夫愚婦)라 하더라도, 그들은 상당한 지력을 가지고 이를 생각하고, 하여간 자신의 마음에 영득(領得)하지 않으면 안 된다. 또한 학자로서 우부우부과 동일한 신앙을 하더라도 학자는 그 지력에 호소하여 추리(推理), 고구(考究)하고 나서 그 진리임을 확인한 것에 의지한다. 이와 마찬가지로 지력을 주로 하는 철학도 또한 신앙에 의지하지 않을 수 없다. 예를 들면, 철학에서 하나의 의심을 제기하여 이것을 연구하는데 당면하여 만일 얻는 바가 있다면 그 설에 믿음을 두지 않을 수 없다. 칸트, 헤겔이라고 하더라도 자기의 설은 만고불역(萬古不易)의 진리라고 믿는 것이다. 이 점에서는 종교의 신앙과 조금도 다른 점은 없다. 또한 흄(David Hume, 1711-1776)과 같은 회의론(懷疑論)을 역설하고 일체의 학설을 배척하고 진리도 없고 물심(物心)도 없다고 주장하였지만 그는 이미 진리가 없고 신앙이 없다고 하는 것을 진리로서 신앙하고 있는 것이다. 이 신앙은 곧 정감에 토대하는 것이다. 이와 같이 철학과 종교는 대체의 구별이 있지만 상세하게 탐색하면 밀착의 관계에 있다. 그래서 불교는 특히 철학종교와 밀접한 관계를 가지며, 그 철학과 관계하는 점은 수많은 종교 중에서 아직 그 유례를 볼 수 없다.

다음으로 불교상에 철학, 종교 두 가지가 성립하는 까닭을 말하려고 한다. 불교 중에는 각종파의 학문과 더불어, 이론에 속하는 부분과 실제에 속하는 부분이 있다. 이론에 속하는 부분은 모든 종파가 입각하는 원리를 도리(道理)의 위에 연구하는 것이며, 이 부분은 철학에 속하는 것이라고 할 수 있다. 실제에 속하는 부분은 신앙의 방법, 수행의 규칙을 역설하는 것인데, 즉 이 부분은 순연한 종교에 속하는 것이다.

불교의 목적은 열반(涅槃)에 도달하는 데 있다. 열반은 불가지적 세계이며 혹은 이것을 진여(眞如)라고 한다. 열반의 실재는 각 종파 모두 도리상으로부터 설명하는 것이며 이 설명은 철학이다. 그러나 여기에 이르는 방법을 강구하는 것은 즉 종교이다. [GCG/정병호]

# 우주관

이노우에 엔료 1917, 236-40

고금의 우주관에는 유물론도 있으며 유심론도 있다. 일원론도 있으며 이원론도 있고, 초이론(超理論)도 있으며 허무론도 있고, 십인십색, 천인천설(千人千說)이라 거의 귀착하는 바를 알 수 없는 모습이다. 이는 모두 우주를 일국부(一局部)에서 관찰했을 뿐이며 그 제설을 완전히 통합하고 총괄한다면, 비로소 우주의 진상을 엿볼 수 있을 것이다. 요컨대 고금의 제설, 각각 일리일진(一理一眞)가 있다고 봐도 좋을 것이다. 이들의 제설을 서술하고, 그 일장일단을 지적하는 일은 철학사가 담당할 일이며 내가 지금 논할 바는 아니기 때문에 이를 생략하도록 한다.

나는 몇 해 전 자기 자신 독특의 우주관을 발표하여 세상의 공평(公評)을 청한 적이 있었다. 즉 『철학신안(哲學新案)』이라고 제목을 붙인 한 책이다. 그 책 속에는 우주를 표면에서 본 바와 이면에서 본 바를 나누고, 다시 표면에서 종으로 본 것과 횡으로 본 것 두 가지를 언급해 두었다. 지금 그 하나하나를 말하는 것은 불가능하지만 그 대요를 일괄하여 말하면, 우선 성운설(星雲說)에 토대하여 세계의 태초는 성운으로부터 일어나 점차 분화하여 만물만상을 개현(開現)하기에 이른다. 이것이 우주의 진화이다. 그리고 장래는 점차 퇴화하여 원래의 성운으로 돌아갈 수 있을 것이다. 즉 세계는 성운으로 일어나 성운으로 돌아간다. 나는 이것을 세계의 대화(大化)라고 이름 지었다. 그 대화(大化)는 진화와 퇴화가 순환하기 때문에, 이것을 순화(循化)라고 칭하기로 하였다. 이미 세계가 성계(星界)로부터 진화하여 만상을 개현하고 더욱이 퇴화하여 만상을 폐합(閉合)하며, 재차 성운으로 돌아가는 이상은 그 성운이 더욱이 재차 개현할 수도 있다. 또한 오늘의 세계 이전에는 반드시 전세계(前世界)가 있을 수 있고, 일진일퇴, 일개일합(一開一合)을 반복하여 세계의 이전에도 세계가 있고 이전 세계의 전에도 세계가 있다. 이것과 동시에 세계의 뒤에도 세계가 있으며, 후세계(後世界)의 뒤에도 세계가 있어서, 무시(無始) 이래 미래 맨 끝까지 다하여 순화(循化) 그 끝이 없다고 보는 것이 표면에서 종으로 세계를 관찰한 나의 견해이다.

이 순화(循化) 무궁(無窮)의 이치는 물자불멸(物資不滅), 세력항존(勢力恒存), 인관상속(因果相續)이라는 3대법리로부터 필연적으로 일어나는 결론이다. 이 관찰에 따를 때는, 여러 억겁(億劫) 뒤에 오늘날과 같은 세계를 개현하여, 일본제국의 재현, 이노우에 엔료의 재생을 볼 수 있음은 인과의 이법이 우리를 속이지 않는 한 필정(必定)해야 할 추론이다. 단, 오늘날 우리들을 다스리고 있는 원인에 의해 다소 그 상태를 달리할 것은 또한 의심할 수 없는 도리이다. 그렇기 때문에 우리의 죽음은 진정한 죽음이 아니며 영면이라고 하지 않으면 안 된다. 또한 오늘의 원인이 뒤의 세계에 그 결과로 이어진다고 하면, 우리는 이 세계에서 나라를 위해 타인을 위해 있는 한도껏 진력을 다해 영면에 들어가야 한다. 고어에 "인사를 다하여 천명을 기다린다."라는 말이 있지만 그 천명은 다음 세계에서 나타나는 것이 분명하기 때문에 인사를 다해 후세를 기다린다고 이해하지 않으면 안 된다.

다음으로 횡으로부터 관찰할 때에는 이 세계에는 물심(物心) 양자가 대립하는 것을 알 수 있다. 그러나 그 물질을 남김없이 규명하면 정신으로 돌아가고, 정신을 남김없이 규명하면 물질로 돌아가, 물질의 끝은 정신이 되고 정신의 끝은 물질이 된다. 즉 양극이 합하여 하나로 되는 것이 고래의 유물론, 유심론에 의해 명백하게 증명되었다. 어떤 자는 유물론이 진리이다, 어떤 자는 유심론이 진리이다 따위를 말하는 것은, 어느 쪽도 편견이며 국외(局外)에서 관찰하면 이 양자는 완전히 일물

(一物)의 양단(兩端), 일체의 양면에 지나지 않음을 알 수 있다. 더욱이 그 이치를 상대, 절대의 위에 적용하면 상대를 궁구(窮究)하면 절대가 되고, 절대를 궁구하면 상대가 된다. 따라서 상대, 절대도 일체 양면임을 알 수 있다. 여기에서 나는 상용상함설(相容相含說)을 주창하기에 이르렀다.

고금의 철학자 중에 일체 양면설을 주창한 자는 적지 않지만, 그 설명은 사물(死物)적 고안이며 융통 자재의 이치를 제시하지 못하였다. 따라서 표면 중에 이면을 보고, 이면 중에 표면을 나타내는 이치를 설명할 수 없었다. 그런데 물심의 관계와 같은 것은 정신 중에 물질을 보고, 물질 중에 정신을 나타내어 일념(一念) 중에 세계를 넣어두고, 일 분자 중에 정신을 포함하는 것이며, 즉 양자 상함(相含)이라고 보지 않으면 안 된다. 따라서 나는 일체 양면이며 더구나 양자 상함하였다고 생각해 낸 것이다.

이 상함(相含)의 이치에 따라서 고래의 학설이 모순, 상반하는 점도 훤히 알 수 있다. 원래 철학의 문제는 어디에 있는가라고 하건데 모순을 알려고 하는 데 있으며 수많은 학자가 고심초려 심상치 않은 모습인데, 만약에 상함의 이치를 완전히 적용할 수 있다면 천고의 의심덩어리도 일시에 녹아 풀릴 수 있다. 따라서 나는 모순이 곧 진리라고 단언하고 싶다. 옛날 대지는 평탄하다고 믿었던 시대에는 천지를 설명하는데 매우 곤란함을 느꼈지만, 현재 대지는 구형이라는 사실을 안 이래로, 사양한 의문이 곧바로 해결을 본 데에 이른 것처럼 오늘날은 우주의 문제를 평면적, 직선적으로 해석하려고 하기 때문에 다양한 모순을 일으키는 것이다. 즉 직선적이라고 하는 것은 물질은 어디까지나 물질, 정신은 어디까지나 정신으로서 진행하는 입론(立論)의 의미이다. 그러할 때는 반드시 모순이 일어남을 피할 수 없다. 만약에 대(大)의 극은 소(小)가 되며, 소(小)의 극은 대(大)가 되며, 일(一)의 극은 다(多)가 되고 다(多)의 극은 일(一)이 되며, 동(同)의 극은 이(異)가 되고 이(異)의 극은 동(同)이 되며, 자(自)의 극은 타(他)가 되고 타(他)의 극은 자(自)로 되며, 유(有)의 극은 무(無)가 되고 무(無)의 극은 유(有)로 되는 것을 알고, 가령 사람들이 이것을 모순이라고 하지만 그 실제 대소(大小), 일다(一多), 동이(同異), 자타(自他), 유무(有無), 모두 상함하는 것을 우주의 진리라고 통달한다면 모순이 모순이 아니고 진리임을 깨달을 수 있다. 따라서 일반의 철학의 눈으로부터 보아 모순이라고 생각하는 곳이 진리가 존재하는 곳이다. 그렇기 때문에 나는 모순 즉 진리이라고 하는 것을 거리끼지 않는 바이다.

이 상함(相含)의 이치는 무엇으로 증명할 수 있는가라고 하건데, 수천 년간의 철학이 반복하여 주의 깊게 충분히 증명하고 있다고 생각한다. 유물론이 유심이 되고, 유심론이 유물로 되며, 일원론이 이원이 되고 이원론이 일원으로 되며, 상대론이 절대가 되고 절대론이 상대로 되며, 해와 달이 떠오르고 지고, 추위와 더위가 왕래하여 반복 끝없는 것처럼 완전히 상반하는 학설이 그 내부에 서로 상함하는 바가 있는 것이다. 요컨대 동서고금의 철학사는 이 상함의 이치를 증명하는 역사라고 말해도 좋다. 따라서 하나하나의 사물, 만상만화(萬象萬化), 죄다 원전(圓轉) 자재(自在), 융통(融通) 무애(無碍)한 성질을 가지는 것이다. 만약에 일부러 이것에 이름을 부여한다면 우주의 진상은 엔료(円了) 두 자로 해결된다고 말해도 지장은 없다. 이는 곧 엔료 철학이 취하는 바이다. 그런데 이것을 직선적 논리, 평면적 추리를 가지고 해결하려고 하기 때문에 다양한 모순과 충돌을 보기에 이르고, 의심 덩어리 백 겹으로 묶이고, 오리무중에 방황하게 된다. 진정으로 불쌍히 여겨 웃을 일이다.

대지는 평면 속에 구면(球面)을 포함하고, 구면 속에 평면을 포함하는 것은 누구라도 고찰하면 쉽게 알 것이다. 또한 세계에 동서남북의 방위가 없더라도 그 안에 방위 분명하게 존재하며 또한 방위가 있는 것 중에 방위가 없음을 이해할 수도 있다. 이 또한 평면 속에 구면을 띠고 구면 속에 평면을 포함하고, 무방위 속에 방위를 나타내고 방위 속에 무방위를 보는 것이며, 양자 상함(相含)함을 알 수 있는 것처럼 철학상의 우주문제는 모두 이 상함의 이치를 가지고 해결한다면 천고의 의심덩어리도 한꺼번에 사라지고 철학계 중에 청천백일(靑天白日)을 우러러보기에 이를 수 있는 도리이다.

중국 철학에서 음양의 이원(二元)을 가지고 만상만화(萬象萬化)가 생기(生起)하는 까닭을 설명하고 있지만, 이 또한 양(陽) 속에 음(陰)을 포함하고 음 속에 양을 포함하는 상함(相含)의 이치에 다름 아닌 것이다. 불교에서 색심불이(色心不二), 유공상즉(有空相卽)을 세우는 것도 이 상함의 이치에 따르는 바가 명백하다. 그런데 서양은 그 이치를 알지 못하기 때문에 논의가 백출(百出)하고 갑이 주장하고 을이 반박하여 그 귀결하는 바가 어디에 있는지를 알지 못하는 모양이다. 이 또한 동양철학이 서양철학보다 한 발 앞선 점이라고 봐도 좋다. 즉 서양철학은 분석적, 추리적 세견(細見)에 의하고, 동양철학은 종합적, 직관적 대관(大觀)에 의한 결과이며, 현미경과 망원경의 차이로부터 일어나는 것이다. 집을 세우는 데 건축과 잡일이 있는 것처럼 서양철학은 잡일에 적절하고 동양철학은 건축에 적합하여 대강을 안출(案出)하는 것은 동양철학의 장점, 세목을 조성하는 것은 서양철학의 장점일거라고 생각한다.

이미 이 상함(相含)의 이치를 알고 있다면 나의 일신(一身) 중에 국가를 포함하고, 우리 국가 중에 세계를 포함하는 것을 알 것이며, 따라서 세계의 완전함을 기하기 위해서, 국가의 발전에 진력하고 국가의 발전을 기하기 위해 나의 일신의 수양에 마음을 쓰지 않을 수 없다는 점도 이해할 수 있을 것이다. 따라서 나의 일신 중에 국가가 있음을 잊지 않고, 우리 일국 속에 세계가 있음을 잊지 않아 분진(奮進) 노력해야 한다는 것이 내가 취하는 '활철학(活哲學)'의 주의이다.　　[CGC/정병회]

## 철학당

이노우에 엔료 1913, 69-72

철학당(哲學堂)은 1904년 철학관(哲學館)이라는 대학 공칭을 문부성(文部省)으로부터 허가받은 기념으로서 한 동을 건설하였던 것에서 시작하여, 1906년 1월에 내가 동대학을 은퇴함에 따라 이곳을 나의 은퇴소로 정함으로써 만들어졌습니다. 이미 이곳을 은퇴소로서 스스로 경영하기로 하였기 때문에 단지 자기의 정신 수양장으로 할 뿐만 아니라 장래 오랫동안 많은 사람들의 수양장으로 되었으면 생각하고 더욱이 증축 계획을 세우기에 이르렀습니다. 즉, 최초는 사성당(四聖堂)뿐이었지만 여기에 육현대(六賢臺), 삼학정(三學亭)을 별도로 설치하고 이를 총칭하여 철학당으로 삼기로 정했습니다. 그리고 그 목적은 종교적 숭배의 의미가 아니며 교육적, 윤리적, 철학적 정신수양의 의미에 다름 아니다. 즉 여기에 우러러 받드는 성현은 그 인물과 인격, 그 성덕(性德)과 언행, 모두 우리들의 모범으로 하고 본보기로 해야 하는 사람이기 때문에 때때로 이곳에 접근하여 각자의 수양을 하게 만들기 위함이다. 그리고 그 소재지는 도쿄부하(東京府下) 도요타마군(豊多摩郡) 노가타무라오아자(野方村大字) 에고타코아자(江古田小字) 와다야마(和田山)이며, 옛날 와다 요시모리(和田義盛)가 거주했던 곳이라고 전해지고 있다. 도쿠가와시대(德川時代, 1603-1868)에는 일시 모 제후의 별장이 된 적이 있다고 합니다. 그 토지는 고조(高燥)하며 청한(淸閑)하고 더구나 다소의 조망도 있기 때문에 바깥 둘레의 사정이 정신수양을 도울 수 있다. 하물며 그 내용으로 동서고금의 성현을 우러러 받드는 데 있어서 말할 것도 없다. 내가 존명 중에 조금이라도 미력을 다하여, 그 사후에 정신수양의 사립

이노우에 엔료 ___ 505

공원으로서 길게 보존되어 세도(世道)의 만일(萬一)을 도울 수 있다면 본망(本望)의 극치이다.

### 철학당의 내용

전술하였듯이, 철학당은 총칭이며 그중에 사성당, 육현대, 삼학정이 있습니다. 사성당은 석가, 공자, 소크라테스, 칸트 4성을 우러러 받드는 곳인데, 그중에서 어찌하여 예수를 더하지 않는가라고 질의하는 사람들도 있지만 그 당(堂)이 종교당이 아니라 철학당임을 마음속에 환기하면 곧바로 알 수 있을 것이다. 예수는 대종교가이다. 그렇지만 철학자는 아니다. 몇 사람의 철학사를 열어보아도 아직 예수를 일가의 철학자로서 취급하고 있는 것을 본 적이 없다. 이에 반하여 석가는 종교가이자 더구나 철학자임은 동서 모두 인정하는 바이다. 현금 세계 속의 철학을 분류 한다면,

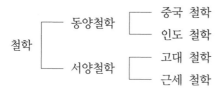

위와 같은데, 그 하나하나로부터 한사람씩 철학자를 선출하여 중국 철학의 대표자를 공자로 하고, 인도 철학의 대표자를 석가로 하며, 고대철학에는 소크라테스를 추대하고 근세에는 칸트를 추대하였던 것입니다. 이 표를 일견한다면, 예수를 선출할 여지가 없음은 분명하다. 작년 이래 사성당 밖에 육현, 삼학을 우러러 받들기로 정한 데에는 별도로 이유가 있다. 즉 이곳을 참관한 자들이 사성당 중에 일본의 성현이 빠져 있음을 유감이라고 말하는 사람들이 많았기 때문에 더욱 확장하여 일본, 중국, 인도로부터 각각 이현(二賢)씩 선출하기로 하였다. 그 위에 다시 우리나라 신유불(神儒佛) 3도의 학자 중에서 각각 한 사람씩 대표자를 내기로 하고 육현대, 삼학정을 설치하게 되었기 때문에 그 전표(全表)는 다음과 같다.

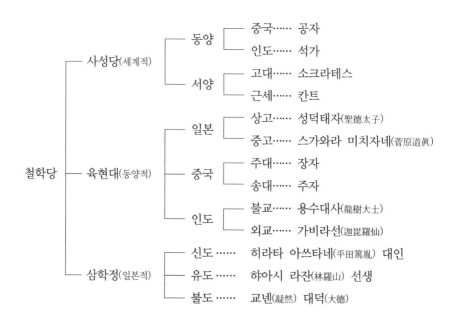

이들 성현은 세상에 소개할 필요도 없이 다소 교육이 있는 자들은 모두가 잘 숙지하는 바이지만, 다수의 사람들에게 소개하기 위해 그 전기의 대략을 서술하기로 하죠. 그러나 그 전에 사성당 및 정원에 대해 일언해 두고 싶다.

## 사성당 및 정원

우선 사성당의 설계에 대해 말하면 그 당(堂)은 세 칸 사면이며 사방 모두 정면이다. 중앙에 주각(柱脚) 4개가 천장에서 걸려있고 자연히 천개(天蓋)의 형태를 이루고 있는 것은 우주의 형태를 나타낸 것이며, 주각은 하늘의 사각을 모방하려고 하였다. 그 내면의 금색, 은색의 유리는 천지가 아직 분리되지 않았을 때 혼돈하여 닭의 계란과 같다고 하는 옛날이야기에 토대한 것이다. 그리고 그 가운데의 금색 반구(半球)로부터 적색 유리의 구형의 등을 늘어뜨린 것은 정신을 대표하고 바깥 테두리로부터 방형(方形)의 향로(香爐)를 달아맨 것은 물질을 표현한 의상(意象)이다. 정신은 투명하며 둥글고, 물질은 우주의 체질(體質)로부터 분화했다는 의미를 포함시키려고 하였다. 또한 수많은 작은 둥근 나무가 중간 위치에서 바깥쪽으로 산개(散開)하여 천장의 서까래가 되어 있음은 광선을 나타낸 것이다. 이를 종합하여 본당의 이상적 본존(本尊)으로 삼아 별도로 우상을 두지 않기로 정했습니다.

정원은 언덕 위와 언덕 아래로 나뉘어져 있고, 언덕 아래에 좌우 양 날개가 있으며 오른쪽 날개에 물자원(物字園)을 설치하고 왼쪽 날개에 심자정(心字廷)을 두었다. 이것은 유물론과 유심론을 표시한 것이다. 그 하나하나의 명칭을 들어 보도록 한다.

## 언덕 위 즉 가운데 쪽

철리문(哲理門, 속칭 요괴문이며 그 좌우에 도깨비와 유령의 조각물이 있다.) 상식문(常識門), 사성당, 육현대, 삼학정, 찬앙헌(鑽仰軒), 촉루암(髑髏庵), 귀신굴(鬼神窟), 만상각(萬象閣), 우주관(宇宙館, 이 안에 황국관[皇國館]을 둔다), 무진장(無盡藏, 서고) 시공강(時空岡), 상대계(相對溪), 이상교(理想橋), 절대경(絕對境), 성철비(聖哲碑), 유령매(幽靈梅), 천구송(天狗松), 백과총(百科叢), 학계진(學界津), 일원장(一元牆), 이원구(二元衢), 회의항(懷疑巷)

## 오른쪽 날개 즉 유물원 쪽

경험판(經驗坂), 감각만(感覺巒), 만유림(萬有林), 조화간(造化澗), 신비동(神秘洞), 후천소(後天沼, 통칭 선상소[扇狀沼]), 원자교(原子橋, 통칭 선골교[扇骨橋]), 박물제(博物提), 이화담(理化潭), 진화구(進化溝), 물자단(物字壇), 객관려(客觀廬)

## 왼쪽 날개 즉 유심정 쪽

의식역(意識驛), 직각경(直覺徑), 인식로(認識路), 논리관(論理關), 독단협(獨斷峽), 심리애(心理崖), 선천천(先天泉), 개념교(概念橋), 윤리연(倫理淵), 이성도(理性島), 심자지(心字池), 주관정(主觀亭)

이상을 총칭하여 철학당이라고 정하였다. 그중에는 아직 건설하지 않은 것도 있다. 이들의 명목을 하나하나 설명하면 철학의 대의를 알 수 있도록 고안하려고 하였다.　　　　　　[CGC/정병회]

# 신의 언급

이노우에 엔료 1917, 440

　　기독교는 하나님을 언급할 때 고정된 구절을 갖고 있지 않지만 불교에서는 나무아미타불(南無阿彌陀佛), 나무관세음보살(南無觀世音菩薩), 나무대사편조금강(南無大師遍照金剛), 남묘호렌게쿄(南無妙法蓮華經), 그리고 나무석가모니불(南無釋迦牟尼佛)이 있다. 이 말들은 고정되어 있다. 이것들 중 하나를 외우면 믿음의 마음을 환기시키고, 잡다한 생각들을 쓸어버리며 매우 효험이 있다. 나는 "철학적 종교"를 위한 그런 진언(眞言) 중 하나인 나무절대무한존(南無絶對無限尊)을 소개하고자 한다. 만약에 당신이 온 마음을 그것에 집중하고 이 문구를 반복해서 외우면, 만물의 위대한 정신이 절대적 원천으로부터 마음의 문으로 자연적으로 흘러나올 것임은 의심의 여지가 없다.

[GCG/정병호]

# 오니시 하지메

大西祝, 1864-1900

철학자, 기독교 호교론(護教論)자이자 사회 비평가인 오니시 하지메는 1877년부터 1884년까지 도시샤영학교(同志社英學校, 현재의 도시샤대학)에서 신학을 공부한 후, 1885년에서 1889년에 이르기까지 도쿄제국대학에서 철학을 공부하였다. 그 후 그는 도쿄전문학교(東京專門學校, 현 와세다대학)에서 철학, 윤리학, 미학, 그리고 논리학을 강의하였다. 1896년에 그는 아네사키 마사하루(姉崎正治, 1873-1949)[15], 요코이 도키오(横井時雄, 1857-1927)[16]와 힘을 합하여 데이유윤리회(丁酉倫理會)를 설립하였습니다. 그는 또한 기독교 사회주의 잡지인 『리쿠고잡지(六合雜誌)』의 편집을 도왔습니다. 1898년에 그는 예나대학(University of Jena)의 오토 리만(Otto Liebmann, 1840-1912)과 루돌프 유켄(Rudolf Eucken, 1846-1926)과 함께 공부하기 위해 독일을 여행했지만, 그의 여행은 병으로 인해 곧 중단되었고 이듬해에 생명을 잃었습니다. 오니시는 철학과 윤리학 분야에서 칸트(Kant), 그린(T.H. Green, 1836-1882), 그리고 개인주의의 철학적 이상주의를 그렸다. 사회 비평가로서, 그는 1890년 '교육에 관한 칙어(教育ニ關スル勅語)'에 대한 다양한 논평을 썼으며 1890년대 초반에 소위 교육과 종교가 갈등하는 동안 기독교 비판자들에 대항하여 기독교를 옹호하였다.

아래의 발췌문에서 오니시가 철학과 사회 비판을 결합하여 충과 효를 도덕의 기본으로 편제하려는 움직임에 대해 대항하고 논쟁하는 모습을 볼 수 있다. 그는 부모에 대한 효를 군주('가족제 국가'의 가부장 형상)에 대한 충성심과 동일시하는, 그리고 사회적 질서를 위한 도덕적 기초로서 이 양자를 지지하는 어용학자들을 응수하였다. '교육에 관한 칙어'에 채택된 두 가지 핵심 덕목인 충성과 효도는 국가에 대해 순종하는 국가적 도덕을 구축하는 프로젝트의 일부로서 이데올로기적으로 결합되었다. 오니시는 순종의 도덕성에 대한 다양한 주장을 해소하기 위해 체계적으로 그리고 비판적으로 ― 또는 그의 용어에서는 '학리적으로'― 배치하였다. 그 자신의 주장은 더 높은 신성한 권위를 가정하지 않고 『에우튀프론(Euthyphro)』 내에 있는 소크라테스의 추론을 상기시키고 있었다. 그의 비판에서 내재해 있는 것은 국가에 대한 불복종이 어떤 경우에는 진정한 도덕적 행동을 구성 할 수도 있다는 파괴적인 주장이다. [RMR/정병호]

---

## 도덕적 기초에 대한 의문

오니시 하지메 1893, 308-23

어떤 사람들은 다음과 같이 말한다. 충효는 도덕의 기본이다. 특히 우리나라에서 도덕의 기본이라

---

15) [한] 1893년 도쿄제국대학 철학과에 입학하여 수학한 후, 1900년에 독일, 영국, 인도에서 유학하고 1904년 도쿄대학 교수가 되어 종교학 강좌를 개설하여 일본 종교학 연구의 기반을 세웠다.

16) [한] 목사이자 저널리스트로서 현재의 도시샤대학의 3대 총장을 역임하였다. 이후 체신 관료와 중의원 의원을 역임.

고. 나는 무조건 이것이 잘못되었다고 생각하는 자가 아니다. 단 '기본'이라고 하는 말의 의미가 무엇인지를 말하고 싶다.

만약에 도덕의 기본이라는 말의 의미가 학리(學理)상 말하는 것이라면, 나는 충효가 그에 해당한다는 까닭을 알 수 없다. 어떻게 충효가 모든 정사(正邪), 선악(善惡), 덕부덕(德不德)을 구별하는 표준이자 기초가 되어야 하며, 일체의 도덕적 행위는 충효를 커다란 근본으로 하여 생기는 것인가? 우리들이 이 세상에 태어남은 충을 이루기 위해 효를 이루기 위해서이며 그 외에 목적을 가지고 있지 않은 것인가? 충효라고 하는 것의 근저에 충효를 서게 만드는 도덕의 종극의 기본은 없는 것인가? 공리론자(公理論者)가 최대다수의 최대행복을 도덕의 기본이라 말하고, 혹은 칸트가 이른바 이성이 제시하는 대법(大法)을 도덕의 기본이라 말한 것과 같은 의미로 충효를 도덕의 기본이라고 말할 것인가? 만약에 윤리학설상의 의미로 말한다면 그와 같은 뜻이 되지 않을 수 없다. 그러나 이러한 뜻으로 충효를 도덕의 기본이라고 말한다는 것은 거의 상상하지 못하는 바가 아니겠는가?

만약에 학리상의 의미라면 나라를 달리한다고 하여 도덕의 기본을 달리한다고 할 수 없다. 우리나라의 도덕은 그 기본이 충효에 있지만 서양 쪽은 다른 것에 그 기본을 두고 있다고 말할 수 없다. 어떤 사람들은 말할지도 모른다. 동서고금을 통해 도덕의 기본이 동일하다고 생각하는 것은 오로지 상상론일 뿐, 어찌 도덕이 그 실제에 있어서 시간과 장소에 따라서 다르지 않을 수 있겠는가라고. 이러한 논자의 말을 풀어 도덕에는 조금이라도 일정하고 보편적인 원리가 없고 표준이 없으며 기본이 없다고 말한다면 그와 같은 주장은 결국 윤리 파괴설에 빠져들지 않을 수 없다. 일정하고 보편적인 원리가 없고 표준이 없으며 기본이 없다면 선악정사(善惡正邪)의 구별은 결국 단순히 일개인적인 것, 일순간적인 것에 지나지 않을 것이다.

일개인이 저때에 또는 이때에 옳다고 생각하거나 그릇되었다고 생각하는 것 외에 옳고 그름이 거의 부재한 것에 지나지 않을 것이다. 또한 도덕상 오류라고 하는 점도 없는 것에 지나지 않을 것이다. 통칙(通則)이 없고 표준이 없이 무엇을 진실이라 하고 무엇을 오류라고 구별할 수 있겠는가? 저것도 일시적이고 이것도 일시적이면 마침내 윤리도덕상의 구별은 파괴되어 사라져버릴 것이다. 그렇기 때문에 단지 막연하게 도덕은 시간과 장소에 따라서 다르다고 주장하는 논자도 마음속으로 일국민 또는 일사회에 통하는 민심의 성정(性情)이 있음을 가정하고, 그 가정 위에 윤리도덕을 건설할 수 있다고 생각하지 않는 자는 없을 것이다. 만약에 그와 같이 일국민 또는 일사회의 통성이 존재하고 그 위에 그 국민이나 그 사회의 일반적이고 보편적인 도덕을 건설할 수 있다면, 무엇 때문에 인류의 통성에 기반하여 인류의 일반적이고 보편적인 도덕을 건설할 수 없다는 것인가? 윤리학설에서서 궁구해야 할 바는 단지 일국민에 관한 상태가 아니라 인류에 통하는 종국의 기본이다. 일사회, 일국민의 도덕을 학리적으로 논구하려고 하면 결국 이 종극의 논의에 이르지 않을 수 없다. 인도(人道)를 벗어나서 일국민의 도덕을 학리상 세우려고 함은 맹목적인 학자의 주장일 뿐이다. 국민에 따라서 덕풍(德風)을 달리한다고 함은 흡사 동일한 진화의 이치에 따르면서 더구나 풍토의 차이에 따라서 진화하는 동물의 상태를 달리한다고 하는 것과 같다. 도덕의 기본이 어찌 나라에 따라서 다르겠는가? 학리상으로 어찌 우리나라의 도덕만이 충효를 가지고 그 기본을 이룬다고 할 수 있겠는가?

어떤 사람들은 말할 것이다. 나라에 따라서 학리가 다르지 않음은 물론이며 충효도 특히 우리나라만의 도덕의 기본이라고 말할 수 없으며, 시간과 장소의 구별을 불문하고 도덕이라는 것의 기본은 반드시 충효에 있어야 한다고. 만약에 이렇게 말한다면 여기에 곧바로 일어날 수 있는 문제는 충과 효가 모두 동등하게 도덕의 기본이라고 본다는 뜻인지 아닌지에 관한 점이다. 만약에 단지 막연하게 충효를 가지고 도덕의 기본이라고 말할 뿐이며, 충과 효의 관계를 말하지 않는다면 우리들은 결국 무엇을 가지고 그 기본으로 보아야 하는지에 갈팡거리지 않을 수 없다. 만약에 충과 효를 상이한 두 가지로 보고 모두 마찬가지로 도덕의 기본이라고 말한다면 이는 도덕에 두 가지 기본이 있다고 사유하는 게 아니고 무엇이겠는가? 그리고 이 두 가지 기본이 서로 모순하는 일 없기를 어떻게 보증할 수 있겠는가? 충이기를 바란다면 효가 아니고 효이기를 바란다면 충이 아니라고 하는 경우가 결코 없다고 말할 수 있겠는가? 만약 그와 같은 경우가 있다면 어떻게 할 것인가? 충효 양자 중 하나를 다른 것보다 중요하다고 할 것인가? 그렇다면 이것은 이미 양자를 균등하게 도덕의 기본이라고 보는 게 아니며, 충을 기본으로 보는 것과 효를 기본으로 보는 것은 이미 그 취지를 다소 다르게 하지 않을 수 없다. 만약 양자 중 하나를 다른 것보다도 중요하다고 본다면 어떻게 할 것인가? ……

그렇지 않으면 충과 효란 동일하고 불이(不二)의 것으로 보아야 할 것인가? 완전히 동일하고 조금도 상이한 바가 없는 것이라면 무엇 때문에 각별히 충효라고 하는 두 글자를 내세우는 것인가? 만약에 충효는 완전히 동일하지는 않지만 양자가 일치 융합하는 바가 있고 양자에 통하는 동일한 정신이 있으며, 양자가 의거하는 동일한 근본이 있다고 할 것인가? 만약 그렇다고 한다면 곧바로 물어보아야 할 점은 양자의 동일한 근본, 동일한 정신은 무엇인가라고 하는 점이다. 그와 같은 근본이 있으며 이를 묻는 것을 허용한다면, 이는 바꿔 말하면 단지 충이라고 하고 단지 효라고 말하는 데 그치지 않고 더욱 한발 나아가야 하는 것이 아닌? 그리고 그 충효가 일치 융합하는 바, 그 동일한 정신으로 하는 것. 그 동일한 근본으로 하는 것을 도덕의 기본으로 말해야 할 것이다. 즉 도덕의 기본은 충효에 있다고 하기보다 오히려 충효를 관통하여 동일한 근본에 있다고 말해야 할 것이다.

그렇지만 충효를 관통하는 근본은 어찌 또한 같으며 다른 도덕적 행위에 통하는 근본이 아니라고 할 수 있겠는가? 그렇다면 충효뿐만 아니라 다른 도덕적 행위를 가져와서 여기에 관통하는 근본을 도덕의 기본이라고 하는 것도 지장이 없을 것이다. 충효를 도덕의 기본이라고 주장하는 사람들은 많은 경우 이와 같은 문제를 염두에 두지 않는다. 아니 이를 떠올리는 일 조차도 싫어한다. 단지 막연하게 감정적인 말을 토해내고 서로 욕하는 것에 지나지 않는다. 국가의 영구의 계획을 생각하는 자가 결코 해서는 안 될 것이다. 충효가 무엇이가를 명백하게 떠올리지 않고 이를 윤리학설상 도덕의 기본이라고 말함은 어리석은 일이다.

충효를 도덕의 기본이라고 주장하는 자를 향해 우선 물어보아야 할 점은 그들이 말하는 충효가 무엇인가라는 문제이다. 만약 그들이 조용하게 이 물음에 대답하려고 한다면 아마 충분히 짐작이 갈 것이다. 무엇을 충이라 하고 무엇을 효라고 할 것인가라고 물으면 그들은 이에 잘 대답할 것인가? 그들 중 어떤 자들은 말할 것이다. 효는 부모의 명령에 따르라는 뜻이며, 충은 군주의 명령에 따르는 뜻이라고. 이는 가장 비근하며 가장 떠올리기 쉬운 해석이다. 잠정적으로 이 해석에 따라서 논하도록 한다.

(1) 만약에 충효를 해석하여 군부(君父)의 명령에 따르는 자라는 의미라고 하고, 그리고 이를 가지고 도덕의 기본으로 삼는다면 군부의 명령이 미치지 않는 곳에 도덕은 성립할 수 없는 것이 될 것이다. 이는 이와 같은 소견에 따라서 오는 필연의 결과이다. 그리고 군부의 명령은 사회에서 우리들의 한없이 복잡한 행위가 어떠한 범위까지 실제 미칠 수 있는 것일까. ……

(2) 만약에 충효가 도덕의 기본이라면 일절의 덕행을 모두 충효로부터 이끌어내 오지 않을 수

없을 것이다. 아무리 덕행은 그 모습을 달리 하더라도, 그 근본에서는 모두 충효라고 말하지 않을 수 없다. 과연 이러한 점을 말할 수 있는가? 우리들이 어린아이 우물에 빠지려고 하는 것을 보고 이를 구하더라도 이 행동은 충효의 행위인 것인가? …… 우리들이 통상 이와 같은 행위에 나올 때, 과연 충이기 위해 또는 효이기 위해 하는 것인가? 어떤 사람들은 말할 것이다. 충효의 정신을 확산하면 일체의 덕행을 망라할 수 있으며, 능히 충하며 능히 효한 자는 또한 일체의 경우에 도덕을 능히 잘 행하는 자임에 틀림이 없다고. 그렇다면 충효의 정신이란 무엇인가? 만약에 앞에서 충효를 해석한 것처럼 군부의 명령에 따르는 듯이라고 한다면 충효 양자에 관통하는 정신은 생각하건데 윗사람의 명령에 따른다고 하는 데 있을 것이다. 과연 이 정신을 확산시킨다면 어린 아이가 우물에 떨어지려고 하는 것을 구하는 행위가 될 수 있겠는가? ……

(3) 만약에 충효를 군부의 명령에 따르는 뜻이라고 해석하고 이것을 도덕의 기본으로 삼는다면 군부의 명령 그 자체는 도덕의 범위 밖에 있을 것이다. 왜냐 하면 군부의 명령에 따라야 비로소 옳다고 하고 선이라고 할 수 있으며 이에 따르지 않아야 비로소 그릇되었다고 하고 악이라고 하기 때문에, 명령 그 자체에는 선악정사의 구별을 할 수 없을 것이기 때문이다. 만약 군부의 명령 그 자체에 도덕상의 구별을 지어야 한다면 도덕의 기본은 명령에 따르는 것(즉 충효)이 아니라 군부의 명령에 도덕상의 구별을 가지게 만드는 방도에 있어야 한다. 만약에 군부의 명령은 선하기 때문에, 올바르기 때문에 따라야 한다고 하면 이는 군부의 명령이라고 하는 것에 옳고 선하다는 관념을 두기 때문에 군부의 명령이 있어서 비로소 옳고 선한 것이 있는 게 아니다. 옳고 선한 것이 있어서 비로소 군부의 명령이 서야 하는 것이다. 환언하면 군부의 명령으로 하여금 올바르고 선하게 만드는 것에 도덕의 기본은 존재한다고 말해야 한다. 예를 들면 군주와 아버지의 명령에 따름은 국가의 안녕을 유지하고 가족의 행복을 증진하는 방법이기 때문에 이에 따라야 한다고 말한다면 이미 도덕의 기본을 충효라고 하는 관념에 두지 않고 국가의 안녕 또는 가족의 행복이라는 관념에 두는 것이다. 요컨대 충효를 도덕의 기본으로 삼아 여기에 도덕적 행위가 시작된다고 하면 군주가 명령을 내리는 행위는 도덕적 것이 아니며 이를 칭찬하며 올바르다고 선하다고 할 수 없을 것이다.
……

이상은 충효를 군주와 아버지의 명령에 따른다는 의미라고 해석한 논의인데 어떤 사람들은 이 해석을 너무 협애(狹隘)하다고 할 것이다. 어떤 사람들은 효는 단지 부모의 명령에 따른다는 의미가 아니라 부모에 대한 경애를 의미하는 것이라고 말할 것이다. 가령 이것을 경애라고 해석하더라도 부모에 대한 경애는 요컨대 도덕의 일상태에 지나지 않으며 이것을 그 기본으로 보아서는 안 된다는 이유는 전술의 논의를 이해한 자들에 있어서는 굳이 알아차리기 어렵지 않을 것이다. 필경하건대 여러 가지 덕을 망라하는 매우 넓은 의미를 충효에 지우지 않는 한, 충효는 역시 일종의 덕행에 지나지 않는다. 만약에 여전히 충효를 도덕의 기본이라고 주장하기를 바라는 논자가 있다면 우선 충효라고 하는 말의 정의를 명료하게 제출하기를 권고하지 않으면 안 된다.

이렇게 한편의 문장을 적어 충효가 논리학설상의 의미로 도덕의 기본이라고 해서는 안 되는 이유를 논하였다. 이 점에서 만약에 적이 없는데 화살을 쏘는 비난을 받아야 한다면 내가 가장 다행히 여기는 바이지만, 그 실제는 그렇지 않음을 어떻게 하겠는가. 마지막으로 기술하려고 한다. 충효를 도덕의 기본이라고 주장함은 오히려 충효의 가치를 유지하는 길이 아님을 알 수 있다. 나의 주장은 이것이 도리어 충효로 하여금 그 가치를 영구히 보전하게 만드는 방법임을, 나는 한때를 미봉하는 정략으로 삼아 충효를 주장하지 않는 것이다.

[RMR/정병호]

# 교토학파

니시다 기타로
다나베 하지메
무타이 리사쿠
미키 기요시
고사카 마사아키
니시타니 게이지
시모무라 도라타로
고야마 이와오
다케우치 요시노리
아베 마사오
쓰지무라 고이치
우에다 시즈테루
하세 쇼토
오하시 료스케

# 개관

일본 지성사에서 교토학파(京都學派)가 중요한 위치를 차지하고 있다고 인정하는 만큼, 20세기 철학과는 별개로 교토학파를 위한 섹션을 따로 만들었다. 니시다 기타로(西田幾多郎, 1870-1945)*와 그가 교토대학(京都大學)에서 큰 영향을 미친 여러 학자들은 근대적인 의미에서 일본 최초의 진정한 철학자들로 간주되며, 또한 동양과 서양을 잇는 가교 역할을 한 사람들로도 알려져 있다. 그들의 독창성에 대해서 그리고 그들이 이질적인 전통들을 각기 얼마나 충실하게 다루었는지에 대해서는 여전히 논란의 여지가 있지만, 그들이 일본과 해외의 철학적 논의에 미친 영향은 의심의 여지가 없다. 교토학파의 사상은 서양에서 일컫는 '사변철학'과 가장 비슷하긴 하지만, 그러한 사유 형식의 일반적 특징을 벗어난 것도 사실이다. 교토학파 철학자들이 서양의 사변적 철학자들을 닮은 점은 다양한 양상들을 통일시키는 경험과 실재에 대한 총제적 설명을 찾았다는 것이다. 즉, 자연, 문화, 도덕, 예술, 정신, 절대자 개념 등 다양한 양상들을 통합하려 애쓰면서 구체적인 자연 및 사회 세계에 드러나는 특수성들 대신에 보편성과 총체성을 우선적으로 고려했다. 반면에 교토학파가 서양 사변철학과 크게 다른 점은 통일의 체계적 원리를 부정적 관점에서 정의를 내린다는 것인데, 이어지는 글에서도 보겠지만 이것은 근본 원리의 개념을 약화시키는 방법이기도 했다.

이것을 근거로 교토학파를 별도의 학자 집단으로 분류하기는 해도, 그 외의 차이점을 찾기란 쉽지 않다. 이 학파로 분류되는 구성원들의 기준은 대체로 일관성이 없고, 학파내 몇 가지 흐름을 분류하는 방법에 대해서도 교토학파 연구자들 사이에서, 그 연구는 방대할지언정 일치된 의견은 거의 없다. 일반적으로 정치 평론가들은 태평양전쟁시 일본 군국주의와의 협력 정도, 혹은 적어도 협력이라고 여겨지는 정도에 따라 교토학파 구성원을 분류하려 한다. 역사가들은 일반 철학사에서 교토학파가 차지하는 위치에 역점을 두면서 확연하게 다른 기준을 적용한다. 이러한 다양한 견해를 고려할 때, 최선책은 유동적 경계와 다소 느슨한 관계를 유지하는 일종의 '퍼지집합(fussy set)'으로서 교토학파를 이해하는 것이다.

이 학파와 연계된 모든 사상가들의 한 가지 분명한 공통점은 이 학파의 '창시자'로 유명한 니시다와의 연분이다. 하지만 니시다 자신은 '학파'를 창설할 의도가 전혀 없었다. 한편으로 보자면, 니시다의 철학은 그것 자체로 위대한 업적으로서 교토학파와 연관된 다른 학자들의 연구와 거의 상관없이 독립적으로 이해되고 해석될 수 있다. 다만, 다나베 하지메(田邊元, 1885-1962)*의 연구는 예외인데, 니시다의 발전에 미친 그의 영향은 참으로 지대하여, 이 둘의 철학은 상당 부분 상호 비평에 의해 발전되었다고 단언할 수 있다.

또 다른 한편으로 보자면, 다나베와 니시다가 철학의 새로운 방향을 주도하였기 때문에, 그 특징에 따라서 여기에서 제시한 4대에 걸친 사상가들을 비록 느슨하게나마 하나의 철학 전통으로 묶을 수 있다. 니시다와 다나베가 교토학파의 1세대라면, 무타이 리사쿠(務台理作, 1890-1974)*, 미키 기요시(三木清, 1897-1945)*, 니시타니 게이지(西谷啓治, 1900-1990)*, 시모무라 도라타로(下村寅太郎, 1902-1995)*, 고야마 이와오(高山岩男, 1905-1993)* 등 니시다의 제자들은 2세대로서, 학파의 기반을 다지고 독자적인 전통을 강화시켰다. 그 뒤로 다나베의 제자인 다케우치 요시노리(武内義範, 1913-

2002)<sup>*</sup>와 쓰지무라 고이치(辻村公一, 1922-2010)<sup>*</sup>, 니시타니의 제자인 우에다 시즈테루(上田閑照, 1926-2019)<sup>*</sup>, 그리고 사상면에서 니시다니와 가까웠던 아베 마사오(阿部正雄, 1915-2006)<sup>*</sup> 등이 학파의 재활성화에 기여한 3세대인데, 특히 해외로 그 사상을 전파함으로써 교토학파에 다시 활력을 불어 넣었다. 하세 쇼토(長谷正當, 1937- )<sup>*</sup>와 오하시 료스케(大橋良介, 1944- )<sup>*</sup>는 각기 프랑스 철학과 독일 철학을 전공한 인물로서, 니시다와 니시타니의 전통과 유럽 철학을 동시에 섭렵한 4세대를 이끌었다. 니시다의 사상을 차용했거나 그의 사상에 대한 반작용으로 자신을 규정한 여러 인물들에 대해서는 이 책의 다른 부분에서 다루었다. 구키 슈조(九鬼周造, 1888-1941)<sup>*</sup>, 와쓰지 데쓰로(和辻哲郎, 1889-1960)<sup>*</sup>, 도사카 준(戸坂潤, 1900-1945)<sup>*</sup> 같이 어느 정도 독자적인 철학 노선을 추구한 인물들도 있고, 스즈키 다이세쓰(鈴木大拙, 1870-1966)<sup>*</sup>, 히사마쓰 신이치(久松眞一, 1889-1980)<sup>*</sup>, 가라키 준조(唐木順三, 1904-1980)<sup>*</sup>처럼 철학 교수라기보다는 철학에 조예가 깊은 불교인으로서 철학 논의에 관여한 인물들도 있다.

이상에서 본 바와 같이 교토학파 구성원을 정의하는데 모호한 면이 있긴 하나, 학파의 철학 노선을 정의하고 개별 학자를 분류하기 위해, 서로 얽혀 있는 다섯 가지 요소를 다음과 같이 제시할 수 있다.

첫째, 교토학파 철학자들은 아시아 및 서구의 철학적 자원을 동등하게 높이 평가하고 또 비평도 했다. 대개 다른 일본 철학자들은 최근까지 오직 서구에서 들여온 철학 사조에만 전념함으로써 일본 전통을 소홀히 했으나, 교토학파와 연관된 철학자들은 이와 달리 처음부터 동아시아 문헌에서 취한 개념들을 사용하면서 유럽 및 미국 사상과 교류했다. 말하자면, 여러 아시아 전통에서 자료를 차용하는 방식에 있어서는 선별적이고, 서구 철학에 접근하는 방식에 있어서는 비평적이었다. 교토학파 철학자들은 유럽과 미대륙에서 건너온 여러 철학 사조를 접했을 때 그것을 거부한 것도 아니고 그렇다고 단순히 받아들인 것도 아니다. 여느 창의적 철학자들과 마찬가지로, 그들은 자료를 평가하고 활용할 때 일본의 초기 철학 교수들과는 전혀 다른 모습을 보여 주었다. 예를 들어, 니시다는 특히 서구식 존재론과 그들의 존재의 근거에 대한 사유를 비평하면서, 비존재론(meontology, 비존재라는 뜻의 그리스어 meon에서 나온 말)을 발전시켰는데, 보다 정확하게 말해 이는 「무(無, nothingness)」의 철학으로서, 근거보다는 맥락적 사유를 추구한다. 니시다의 철학에는 불교에 대한 암묵적 비평도 있는데, 불교가 역사적 세계 및 그 안에서 행위하는 개인에 대한 관심이 부족하다고 지적했다. 나아가서, 교토학파의 일부 철학자들은 그 학파가 가교를 잇고 있다고 생각하는 동양과 서양이라는 범주 자체에 문제를 제기하기도 했다.

둘째 요소는 유럽 및 미국 철학에 대한 입장과 관련된 것으로, 교토학파는 서구적 근대성 개념에 대해 비판적 자세를 취한다. 근대성의 문제는 주로 학파의 2세대 학자들을 중심으로 논의가 되었다. 고야마는 교수 생활 내내 이 문제를 다루었다. 시모무라와 니시타니는 1942년에 열린 '근대의 초극(近代の超克)<sup>*</sup>이라는 특별 좌담회에, 같은 대학의 역사 교수이자 함께 니시다에게서 배운 동문인 스즈키 시게타카(鈴木成高, 1907-1988)와 함께 참석하여, 서구의 가치와 제도의 전폭적인 수용에 대한 대안을 논하면서 일본을 위시한 동아시아의 주도권을 주장했다. 근대성으로부터 물러설 것이 아니라 그것을 통과하고 넘어서야 한다는 입장을 지지한 니시타니는 그러기 위해서는 동아시아의 가치관, 구체적으로 불교의 가치관을 회복할 필요가 있다고 역설했다. 히사마쓰와 그의 제자 아베는 이후 국가적이거나 문화적인 정체성을 완전히 넘어선 대안을 개진하면서, '전인류'에게 주권을 부여하는 '탈근대' 시대를 제안했다. 좀 더 최근에는, 오하시가 근대 유럽에서 비롯되지 않은 문화적 자원의 중요성을 강조했다.

셋째 요소는 근대성에 대한 입장과 관련된 것으로서, 교토학파의 1, 2세대 철학자들은 마르크스주의, 민족-국가 그리고 태평양 전쟁에 대해 분명하고 또 다양한 정치적 자세를 견지했다. 그들의 평가에 관계없이, 마르크스주의는 그들에게 지대한 영향을 미쳤다. 도사카를 비롯한 니시다의 제자 여럿은 마르크스주의의 관념주의 철학 비평을 지지했고, 니시타니를 비롯한 다른 제자들은 마르크스주의의 유물론을 거부했다. 1920년대와 1930년대의 마르크스주의의 흐름 덕에 다나베는 역사에 관심을 가지게 되었는데, 역사적 매개와 '종의 논리'는 거기서 비롯된 개념들이다. 니시다의 경우, 역사 및 문화의 마르크스주의적 해석을 비평하면서도 여전히 마르크스주의의 영향을 깊이 받았다. 그는 도사카, 미키 그리고 다나베가 자신에 대해서 한 비평 때문에 실재의 역사적이고 사회적인 양상의 문제를 다룰 필요를 강하게 느꼈다. 니시다는 마르크스 사상에 대한 대립적 구분으로 포이에시스(poiesis), 생산, 그리고 행위를 개념화했다.

1930년대 말부터 1940년대 초까지, 마르크스주의와 우익 극단주의가 서로 대치한 상황에서, 니시다와 그의 동료들도 일본 민족-국가 및 태평양 전쟁에 대해 입장을 표명했는데, 그 입장은 서로 다양했다. 그중에서 한 가지 공통점이 있다면, 그것은 새로운 '세계사적 세계'에서 동양이 정당하게 서양과 나란히 서는 새로운 세계 질서가 필요하다는 확신이었다. 이러한 그들의 입장은 아주 공정하게 다루어진 것은 아니라 하더라도 『중앙공론(中央公論)』좌담<sup>*</sup>에서 일부 볼 수 있다. 학파를 옹호하는 자들에게는 그들의 신념의 전반적인 방향을 합당하게 보지만, 비판자들이 볼 때는 그것이 좋게 말하면 순진한 것이고, 나쁘게 말하면 제국주의이다. 부연하자면, 옹호자들은 니시다와 다나베가 마르크스주의도 아니고 국수주의도 아닌 제3의 노선에서 국가 정체성 및 국제적 위치를 모색할 수 있는 가능성을 일본 정부에 제시하려 했다고 말한다. 그러나 비판자들의 눈에는 태평양 전쟁을 정당화하려는 시도로 보일 뿐이다. 니시다가 죽은 해인 1945년을 기점으로 교토학파가 급속히 쇠퇴한 데는 이러한 비판의 작용이 있었는데, 이 학파는 그로부터 한 세대에 걸쳐 공백상태에 머물렀다.

넷째, 이들이 추구한 대안들이 종교적 양상을 보인다는 점도 이들의 특징 가운데 하나이다. 일반적으로 말하자면, 교토학파 학자들이 불교에 그리고 종교간의 만남에 눈을 돌린 것은 철학적 문제만이 아니라 사회적 문제에 대한 해결을 찾기 위한 것이었다고 할 수 있다. 이들 가운데 대부분은 종교는 인간의 가장 강렬하고 큰 요구라는 생각을 공유했다. 이들이 종교라고 여긴 것에는 구체적으로 선과 신란(親鸞, 1173-1263)<sup>*</sup>의 「정토(淨土)」진종 불교가 있으며, 그리스도교 또한 포함되는데, 사실 이들은 전통적인 종교적 경계에 대해서는 회의적이었다. 니시다의 '순수 경험' 개념이 그의 참선 수행에서 비롯되었다고 종종 보기도 한다. 깨우침의 종교와 깨우침의 철학을 말한 히사마쓰는 학자이자 선사이기도 했다. 니시타니, 쓰지무라 및 우에다는 선사상 고전을 철학적으로 해석하기도 하고, 마이스터 에크하르트(Meister Eckhart, 1260무렵-1328무렵) 및 마르틴 하이데거(Martin Heidegger, 1889-1976)의 사상을 선사상에 비추어 해석하기도 했다. 다나베와 다케우치 그리고 나중에는 미키까지 주로 불교의 정토진종 전통을 중시했다. 니시다와 니시타니가 쓴 종교에 관한 책들에도 역시 정토진종 신앙에 대한 언급이 있는데, 이들의 해석은 이 신앙과 참선수행 간, 「타력(他力)」과 「자력(自力)」 간의 근본적 차이를 무의미하게 만든다. 교토학파 학자들에게 선사상과 마하야나(대승) 전통은 개인의 영성 만이 아니라 사회적 문제를 철학적으로 사유할 수 있는 자원이었다. 「즉비(卽非)」논리, 「공(空)」의 사상, 자기 부정 등 불교의 사유 틀을 활용하여, 스즈키 다이세쓰는 문화와 국가 개혁을, 니시타니는 허무주의의 극복을, 아베는 국가 이기주의를 초월한 인류공동체를 논했다.

교토학파 학자들은 대개가 그리스도교에 대한 깊은 관심을 가지고, 그것과 불교의 공통된 철학적 기반을 규명하려 했다. 다나베가 그리스도교에 관심을 돌린 때는 교수 생활 말기였는데, 1948년에 출판된 그의 저서 『그리스도교와 변증법』은 그리스도교에 대한 불교적 해석인데, 그는 자신을 가리켜 ein gewordener Christ, 즉 그리스도인이 된 자는 아니지만, ein werdener Christ, 즉 그리스도인으로 되고 있는 자라고 말했다. 니시다 자신도 말년에 그리스도교와 불교에서 절대자에 대한 표현과 부정을 확인했다고 생각했다. 니시타니가 쓴 『종교와 무』에서는 그리스도교의 개념들과 교리들에 대한 비평적 논의와 호의적 논의를 심심찮게 볼 수 있다. 불교와 그리스도교 간의 만남을 위한 공통의 기반을 모색하려는 시도를 우에다와 아베의 저술에서 볼 수 있는데, 이들은 각각 에크하르트의 신비주의와 그리스도의 케노시스 이론에 주목했다. 이 둘은 니시다와 니시타니가 시작한 연구를 활성화시켜 근대 세계는 종교가 서로 만나는 전지구적 장임을 입증하려 했다.

다섯째, 대부분의 교토학파 학자들은 불교의 개념들을 차용하면서 「절대무(絕對無)」의 개념을 즐겨 사용했고, 그 학파의 이름표가 될 정도로 자주 사용했다. 이 학파의 저술에 자주 등장한다고 해서 그 용어의 의미에 문제가 없는 것은 아니며, 교토학파 학자들은 다양한 입장에서 그 용어를 사용한다. 물론 그 개념과 연관된 불교의 무의 개념은 역사가 길지만, 니시다와 교토학파 사상가들은 그 개념에 새롭고 더 강력한 역할을 부여했다. 니시다는 선 문헌에 부각된 「무」의 경험적이며 수행 지향적인 성질을 세계에 대한 철학적 사고에 대입해 재구성했다. 그에 의하면, 절대무란 역사적 현실의 궁극적 「장소(場所)」로서, 매개성과 대상화를 완전히 극복한 것을 의미한다. 다나베는 니시다가 규정한 장소 개념을 비평하면서도 절대무 개념을 버리지 않고 절대 매개성을 설명하는 데에 사용했다. 히사마쓰와 그의 추종자들은 그것을 '무형상의 자기'와 동일시했는데, 그것이야말로 동양과 서양을 가르는 개념이라고 보았다. 나중에 절대무를 전통적, 불교적 근원으로 되돌린 사람은 니시타니로, 그것을 공의 개념으로 대체하면서 허무성과 구분했다. 절대무가 실로 변화무쌍한 변신을 거듭하면서도 일관된 의미를 유지했는지에 대해서는 학파의 저술을 면밀히 검토함으로써 해답을 찾는 게 가장 좋을 것이다. 아래 선별된 글들은 그 일차적인 시도이기도 하다.

이상의 서로 연결된 다섯 가지 요인을 통해 교토학파가 일본 철학계에서 차지하는 영역을 파악할 수 있다면, 이 학파의 사상이 일본 국외에 미친 여파 역시 중요할 것이다. 일본 철학의 학파들 가운데서 그들처럼 해외 철학자들에게 강력한 영향을 미친 경우는 없었다. 물론, 서양에 근거한 철학을 연구하는 일본 철학자들 가운데는 국제적으로 인정받는 이들이 있으며, 가장 대표적인 예로 한 학파를 형성한 일본 현상학자들을 꼽을 수 있다. 그러나 사실상 '일본 현상학'이라는 명칭은 지리적 위치를 말하는 것일 뿐인데, 이들 일본 현상학자들은 일본의 오래된 사상 전통을 거의 다루지 않았다. 이러한 점에서 교토학파는 분명 다른데, 특별히 불교적이거나 '일본적인' 철학을 발전시키려는 의향이 없었다 하더라도 그들의 입지는 독보적이다.

니시다의 이름이 독일에 알려지게 된 것은 1920년대와 1930년대로, 당시 후설과 하이데거에게 사사하던 일본인들 가운데 미키, 다나베, 니시타니 등이 있었다. 교토학파 철학자들은, 구키 슈조와 와쓰지 데쓰로와 더불어, 모국에 현상학을 맨 처음 소개한 인물들이었다. 현상학적 철학이 그들에게 처음 미친 영향이 컸던 것에 비하면, 그들이 유럽인들에게 미친 영향은 사실상 미미했다. 아마도 하이데거는 예외가 되겠지만, 독일 및 프랑스 교수들은 일본 사상과 거리를 두려 했다. 그러다가 한 세대 후에야 일본인 유학생들로부터 배우기 시작했으며, 이 학생들도 유럽과 북미에서 강의할 기회를 얻었다.

처음에는 북미와 유럽의 신학자들과 종교 철학자들 사이에서 큰 반향을 불러일으켰다. 1960년대에 다게우치는 독일에서 몇 차례 강의했으며, 니시타니도 1969년에 미국에서 한 학기에 걸쳐 강의할 기회가 있었고, 1979년에도 잠시 강의를 했다. 그러나 일본 불교 철학과의 본격적인 교류가 이루어지게 된 것은 십여 년 후였다. 1980년대와 1990년대에 우에다는 독일어를 사용하는 여러 나라에서 두루 강의했으며, 미국에서 가르칠 기회를 얻은 아베는 니시다와 니시타니의 사상을 집중적으로 소개했으며, 주로 철학자와 신학자들과의 대화에서 선불교사상을 전했다. 이러한 교류에서 영향은 상호적이었다. 서구 종교 사상가들도, 독일어나 영어에 능통한 교토학파 사상가들도, 상대로부터 아이디어들을 차용하고 공통의 관심사를 추구하기 시작했다. 학파의 핵심 인물들은 해외에서 자신들의 학파를 살아 있는 전통으로 소개했다. 반면에 전시에 초기 교토학파 학자들의 처신에서 비롯된 논란을 익히 알던 정치 및 사회 역사가들은 여전히 그들의 작업을 선별적으로 대충 읽었다.

교토학파라고 하는 것이 현재에도 활동을 하는가에 대해서는 확답을 할 수 없지만, 서구 학자들과의 역동적 교류가 가져온 결과는 분명히 볼 수 있다. 이들의 작업은 메이지 이전 시대와 근대의 일본 사상이 일본뿐만 아니라 해외에서도 철학적 연구의 한 분야가 되는 데에 기여했다. 1980년대부터는 유럽과 남북 아메리카의 대학들이 서서히 이 연구를 철학 커리큘럼에 포함시켰으며, 전세계적으로 학자들이 '일본 철학'의 존재를 알아보게 되었다. 일본에서는 니시다를 연구한 출판물들이 1970년대부터 지금까지 꾸준히 나오고 있다. 21세기 첫 십년에 이르러서는, 아시아 및 유럽의 여러 언어로 쓴 일반 일본 철학을 다룬 문헌들이 증가하면서 그 대열에 합류했다. 또한 일본에서는 31권으로 된 『교토철학선집』(이 표제는 광범위한 의미로 사용됨)이 출간되었으며, 니시다와 일본 철학사를 전문으로 하는 두 개의 새 학술지가 있다. 세계적으로는 학술대회와 개별 연구의 결과를 담은 출판물이 다수 있는데, 특별히 교토학파의 사상을 다루면서 전근대 일본 철학도 동시에 다루고 있다. 혹 교토학파의 독특한 정체성이 있었다면, 지금은 그것을 정의하는 한도를 넘어 널리 영향을 미치고 있다.

[JCM/양혜원]

## 더 읽을거리

Davis, Bret W. "The Kyoto School," The Stanford Encyclopedia of Philosophy (Summer 2010 Edition), Edward N. Zalta, ed. url: ⟨http://plato.stanford. edu/archives/sum2010/entries/kyoto-school/⟩.

Davis, Bret W., Brian Schroeder, and Jason M. Wirth, eds. Japanese and Continental Philosophy: Conversations with the Kyoto School (Bloomington: Indiana University Press, 2011).

Dilworth, David A., Valdo H. Viglielmo, and Agustín Zacinto Zavala, eds. Sourcebook for Modern Japanese Philosophy: Selected Documents (Westport, Conn.: Greenwood Press, 1998).

Goto-Jones, Christopher. Political Philosophy in Japan: Nishida, the Kyoto School, and Co-Prosperity (London and New York: Routledge, 2005).

_____, ed. Re-Politicising the Kyoto School as Philosophy (London and New York: Routledge, 2007).

Heisig, James W. Philosophers of Nothingness: An Essay on the Kyoto School (Honolulu: University of Hawai'i Press, 2001).

Heisig, James W., et al., eds. Frontiers of Japanese Philosophy, 7 volumes (Nagoya: Nanzan Institute for Religion and Culture, 2006-2010).

Heisig, James W., and John C. Maraldo, eds. Rude Awakenings: Zen, the Kyoto School, and the Question of Nationalism (Honolulu: University of Hawai'i Press, 1995).

Maraldo, John C. "Nishida Kitarō," The Stanford Encyclopedia of Philosophy (Summer 2010 Edition), Edward N. Zalta, ed. url: ⟨http://plato.stanford. edu/archives/sum2010/entries/nishida-kitaro/⟩.

Ōhashi Ryōsuke. Die Philosophie die Kyōto Schule: Texte und Einführung (Freiburg: Karl Alber, 2011).

Unno, Taitetsu, ed. The Religious Philosophy of Nishitani Keiji (Berkeley: Asian Humanities Press, 1989).

Unno, Taitetsu, and James W. Heisig, eds. The Religious Philosophy of Tanabe Hajime (Berkeley: Asian Humanities Press, 1990).

# 니시다 기타로

西田幾多郎, 1870-1945

일본의 가장 위대한 강단 철학자로 평가되는 니시다 기타로는 10년간의 참선(參禪) 수련을 통해 배양한 영적 각성을 근대 철학과 융합하는 것을 삶의 과제로 삼았다. 선(禪)을 통해서 그는 몸과 마음, 주체와 객체의 이분법에 선행하는 생생한 경험적 통일성의 가치를 인식했다. 서양철학을 통해서는 논리적 사고, 선입관에 대한 비판적 검토, 그리고 세상에 대한 폭넓은 통찰력의 중요성을 인식했다. 현실의 모든 것을 '순수 경험'으로 보려 했던, 실험적 처녀작 『선(善)의 연구』로 시작해서 니시다는 한 걸음 한 걸음마다 새로운 의문을 제기했고, 그가 디딘 매 과정마다 신조어를 남겼다. 행위적 직관, 「절대무(絕對無)」, '화(化)함'으로 지각하는 것, 「절대모순적 자기동일(絕對矛盾的自己同一)」, 「장소(場所)」의 논리, 변증법적 역사의 세계, 「역대응(逆對應)」, 등등.

니시다의 학문적 이력은 교토대학(京都大學)이 중심이 되었다. 그는 교토대학에서 1910년부터 1928년까지 가르쳤다. 평생 그와 학문적 길을 같이하며 그가 죽은 후에도 그의 사상을 토론하고 따르던 동료와 제자들은, 느슨하지만, 통칭 '교토학파'로 불리며 거대한 철학 사상의 집단을 이루었다.

비록 니시다의 저작의 상당 부분이 은퇴 후 17년간 이루어졌지만, 그의 사상의 정수인 '장소'의 논리는 교토대학 은퇴를 앞둔 해에 출판된 에세이에서 형성되었다. 그 에세이의 서두를 이 책에 소개해 두었다. 그가 죽던 해에 완성된 마지막 에세이는 다양한 갈래로 퍼졌던 그의 성숙한 사상을 스스로 '종교적 세계관'이라 일컬었던 단 하나의 태피스트리(tapestry)로 짜 넣어보려는 시도였다. 묵은 아이디어로 구성된 치밀한 글에다 새로운 아이디어로 미묘한 암시를 뒤섞어서 난해하기로 악명이 높았던 그 에세이는 일본 철학자들 사이에서는 상당히 많은 논의의 중심이 되었다. 그것의 내용과 분위기를 보여 주는 것들을 골라서 아래에 실었다.

교수로서의 이력이 막바지에 이르렀을 때 일본에서 큰 인기를 얻고 있던 마르크스주의 변증법에 대한 대응으로, 니시다는 그의 철학적 성찰에 사회적이며 역사적인 관점을 추가했다. 독일 민족주의와 이탈리아 파시즘의 발흥이라는 당대의 세계적 정치상황은 그를 역사와 개인, 민족집단, 문화, 그리고 국가와의 상관관계가 가지는 의미를 해명하도록 이끌었다. 자신의 철학이 확고해지면서 니시다 철학의 중심은 의식의 작용을 벗어나 전체로서의 역사적 세계로 향했다. 그런 변화를 인정하는 짤막한 글도 본문에서 소개했다. 그는 인간 존재를 내부적 자기모순의 뿌리를 탐색하는 '세상에 대한 자기 결정'으로 보았다. 특히 그는 개인에 대해 세상을 반영할 뿐 아니라 세상의 집적된 반영물이기도 한 일종의 단자(單子)로 보았다. 라이프니츠와는 달리 니시다 철학의 개인은 역사에 의해 형성되지만 동시에 역사를 형성한다. 그 모든 것을 통해서 현실과 인간 삶의 모순이, 서양의 실존철학에서 그가 발견했던 단순한 비이성적 '불안(Angst)'을 초래하는 것을 막아보기 위해, 그는 부정 속의 긍정이라는 변증법적 논리에 대한 호감을 드러냈다. 또 미켈란젤로와 괴테에 관한 그의 에세이는 전형적인 난해한 산문에서 벗어나 명확하고 웅변적으로 이미지화하는 그의 능력을 보여 준다.

전쟁 직후에 일본에서, 그리고 특히 1980년대 서양에서 니시다의 정치적 신념은 날카로운 비판에 처했다. 한쪽은 그를 국수주의 신봉자라 비난했고, 다른 쪽은 그를 미묘하지만 확실히 군사정권과 그 이데올로기의 비판자였다고 옹호했다. 당시의 그의 서신을 보면 명확히 알 수 있듯이, 비록 그 비판을 모르지는 않았으나, '장소'의 논리에 관한 그의 통찰이 적절히 이해된다면, 자신의 역사관도 정확히 이해될 것이라 확신했다. 안타깝게도 그를 비판하는 사람들에게는 마지막 발췌문이 이 사실을 암시한다.

[유사 미치코(遊佐道子)/편용우]

## 순수 경험

니시다 기타로 1911, 6-7, 9, 11-12 (xxx, 3-4, 6-7); 1933, 5; 1936, 3-4 (xxxi-iii)

나는 오래 전부터 순수경험이 유일한 실재라는 생각으로 모든 것을 설명해보려고 했다. 처음에는 마흐(Ernst Mach, 1838-1916)의 책을 읽어 보았지만, 도저히 만족할 수 없었다. 그러던 중에 개인이 있어야 경험이 있는 것이 아니라 경험이 있어야 개인이 있고, 개인의 구별보다도 경험이 근본적이라는 생각을 통해 독아론(獨我論)에서 벗어날 수 있었다. 또한 경험을 능동적이라고 생각하여 피히테 (Johann Gottlieb Fichte, 1762-1814) 이후의 초월철학도 조화시킬 수 있지 않을까 하는 생각에 마침내 이 책의 제2편을 쓰게 되었다.

......

경험한다고 하는 것은 사실 그대로 아는 것이다. 자신의 모든 허식을 버리고 사실을 따라서 아는 것이다. 일반적으로 경험이라고 해도 사실은 어떠한 형태로든 사상이 섞여 있기 마련이다. 따라서 사려분별을 조금도 더하지 않은 그 자체의 상태를 '순수'라고 한다. 예를 들어 색을 보고, 소리를 듣는 찰나, 아직 소리와 색이 외부의 작용에 의한 것인지, 내가 느끼고 있는 것인지와 같은 생각이 없을 뿐 아니라, 색, 소리가 무엇인지 판단하기 이전을 가리키는 것이다. 순수경험은 직접경험과 동일하다. 자기의 의식상태를 동시에 경험하였을 때, 아직 주체도 객체도 없이 지식과 그 대상이 완전히 합치되는 것이다. 이것이 경험의 가장 순수한 것이다.

물론 일반적으로는 '경험'이라고 하는 단어의 의미가 명확하게 정해져 있지 않다.… 하지만 이러한 지식은 정당한 의미에 있어서 경험이라고 할 수 없다. 게다가 의식현상이라 하더라도 타인의 의식은 자신이 경험할 수 없고, 자신의 의식이라 하더라도 과거를 상기하거나, 혹은 지금 일어나는 일이라 하더라도 판단해버린 이상 이미 순수한 경험이라고 할 수 없는 것이다. 진정한 순수경험은 어떠한 의미도 없는 사실 그대로의 현재의식이 있을 뿐이다.

......

순수경험의 직접적이고 순수한 이유는 단일하다거나 분석할 수 없다거나 순간적이라고 하는 것이 아니다. 오히려 구체적 의식의 엄밀한 통일에 있다. 의식은 심리학자가 말하는 단일한 정신적 요소의 결합에 의해 성립되는 것이 결코 아니다. 본래 하나의 체계로 이루어져 있는 것이다. 갓난아이의 의식과 같이 명암의 구분조차 분명하지 않은 혼돈된 통일이다. 이 혼돈 속에서 다양한 각종 의식상태가 분화 발전하는 것이다. 하지만 아무리 세밀하게 분화하여도 어디까지나 그 근본적인 체계를 잃을 일은 없을 것이다. 직접적이고 구체적인 의식은 항상 이러한 형태에서 우리들에게 나타난다. 순간적인 지각(知覺) 역시 이 형태와 반대되지는 않는다. 예를 들어 한 눈에 사물의 전체를 지각한다고 여기는 경우에도 자세히 연구해 보면 눈의 운동과 함께 주의(注意)가 저절로 바뀌어 그 전체를 알게 되는 것이다. 그러한 의식의 본질은 체계적 발전이다. 이러한 통일이 엄밀하고 의식이 저절로 발전하는 동안에는 우리들은 순수경험에 입각하고 있는 것이다. 이러한 점에서 지각적 경험에 있어서도 표상적 경험에 있어서도 동일하다고 할 수 있다.　　　　　　　　　　　[AM, CAI/편용우]

　　　　니시다는 마침내 기본 아이디어로 사용하던 '장소 논리'로서의 '순수 경험'을 버렸다. 1933년에, 그리고 다시 3년 후, 그는 초기 관점에 관해서 다음과 같이 말했다.

　어떤 이는 우리들 자신의 직접 경험내용, 즉 넓은 의미에서의 내적지각 대상이 되는 것을 실재라고 생각한다. 그러한 것을 직접경험설이나 순수경험설이라고 생각할 수 있다. 이런 생각을 갖고 있는 사람들은 주체와 사물이 분리되기 이전의 입장이라고 할 수 있다. 요컨대 안에서 밖을 보고 있는 것에 지나지 않는 것이다. 하지만 나는 진실 된 자신이라고 부를 수 있는 것은 행동하는 자신이며, 진실로 실재한다는 것은 행동적 자신의 대상이라고 생각해야 한다고 본다. 우리들은 이 세상에 태어나 행동에 의해 자기자신을 실현해 간다.　　　　　　　　　　　　　[JWH/편용우]

　오늘날 생각해 보면 … 일종의 심리학으로 생각할 수 있다. … 하지만 … 내 생각의 깊은 곳에 잠재되어 있는 것은 단순히 심리적인 것만은 아니라고 생각된다. 순수경험의 입장은 '자각에 있어서의 직관과 반성'에 이르고, 피히테의 '사행(事行)'[1]의 입장을 통해 절대 의지의 입장으로 나아가, … 그리스 철학을 통해 '「장소」'의 생각에 이르자 나는 내 생각을 논리화 시킬 수 있는 단서를 발견했다. '장소'의 개념은 '변증법적 일반자(辨證法的一般者)'로 구체화되었고, '변증법적 일반자'의 입장은 '행위적 직관(行爲的直觀)'의 입장으로 직접화 되었다. 이 책에서 직접경험 세계, 혹은 순수경험 세계라고 하는 것은 이제 역사적 실재의 세계라고 생각하게끔 되었다. 행위적 직관 세계, 포이에시스(poiēsis)[2] 세계야말로 순수경험 세계인 것이다.　　　　　　　　　　[AM, CAI/편용우]

## 장소의 논리

니시다 기타로 1926, 415-28, 433-4

　오늘날 인식론에서는 대상, 내용, 작용의 세 가지를 구별하고, 관계를 논하고 있다. 하지만 그러한 구별의 바탕에는 단순히 시간 흐름에 대한 인식작용과 그것을 초월하는 대상과의 대립만이 고려되고 있다. 하지만 대상과 대상이 서로 관계하고 있고, 하나의 체계를 이루어 자기 자신을 '유지'하고 있다고 말할 때에는 그러한 체계 자체를 '유지'하는 것을 생각하지 않을 수 없다. 있다고 하는 것은 '어디에'가 없으면 안 된다. 그렇지 않다면 있다고 하는 것과 없다고 하는 것을 구분할 수 없게

---

1)　[한] 사행(事行). 우리 의식의 경험적 규정 속에 나타나지도 않고 나타날 수도 없는, 그러나 모든 의식의 근거에 있으면서 그 의식을 가능하게 하는 그러한 '활동'을 의미한다(서울대학교 철학사상연구소 『피히테 〈지식학의 기초〉』 2005, p47). 피히테의 용어 Tathandlung.

2)　[한] 포이에시스(poiēsis). 제작(制作)이나 시작(詩作)을 뜻하는 그리스어. 플라톤의 『향연(饗宴)』에서는 '형태를 이루고 있지 않은 것에서 형태를 이루고 있는 것을 만들어 내는 일체의 원인'이라고 하고 있다.

된다. 논리적으로는 관계 항목과 관계 자신을 구별할 수 있게 되고, 관계를 통일하는 것과 관계되어지는 것을 구별할 수 있게 될 것이다. 작용에 대해 생각해 보더라도, 순수한 작용의 통일로서 아(我)를 생각해 낼 수 있는 동시에 아가 아닌 비아(非我)도 생각할 수 있는 이상, 아와 비아 사이의 대립을 내포하고, 소위 의식현상을 내부에 성립시킬 무엇인가가 있지 않으면 안 된다. 이처럼 이데아를 받아들이는 것, 플라톤의 티마이오스(Timaeus)를 흉내 내어 '장소'라고 해 두겠다. 물론 플라톤의 공간이나 받아들이는 장소라고 하는 것과 내가 장소라고 이름을 붙인 것은 동일하지 않다. 혹자는 물체가 없으면 공간이 없다, 공간이라는 것은 물체와 물체와의 관계에 지나지 않는다, 나아가 로체(Lotze, Rudolf Hermann, 1817-1881)와 같이 공간은 물체에 있다고 생각할 수 있을 것이다. 하지만 물리적 공간과 물리적 공간을 관계 짓는 것은 물리적 공간이 아니라, 물리적 공간이 놓여 있는 장소가 있어야만 한다. 혹자는 관계에 있어 성립된 것이 관계의 체계로 환원될 때 단지 그 자체에 의해 성립되는 하나의 완전체를 생각할 수는 있더라도, 그들이 성립하는 '장소'를 생각할 필요가 없다고 할 수도 있다. 하지만 엄밀히 말하면 어떠한 관계라도 관계로서 성립하기 위해서는 관계의 항목으로서 제시되는 것이 없으면 안 된다. 예를 들어 지식의 형식에 대해서는 내용이 없으면 안 되는 것과 같다. 위아래가 일치하는 하나의 완전체 역시 이를 비추어줄 장소가 없으면 안 된다. 혹자는 이러한 것들이 단순히 주관적 개념에 지나지 않는다고 이야기할 것이다. 하지만 대상이 주관적 작용을 초월하여 자립한다고 생각할 수 있다면, 객관적인 대상이 성립하는 장소는 주관적이어서는 안 되며, 장소 그 자체가 초월적이어야 한다. 우리들이 작용이라고 하는 것을 대상화해서 볼 때도 역시 그러한 사유대상의 장소에 비추어 보는 것이다. 의미 그 자체라고 하는 것조차 객관적이라고 할 수 있다면, 그것이 성립하는 장소 역시 객관적이어야 한다. 혹자는 그러한 것은 단순한 무(無)에 지나지 않는다고 할 것이다. 하지만 사유의 세계에서는 무 역시 객관적 의의가 있다.

우리들이 사물을 생각할 경우 이를 비추는 장소와 같은 것이 있어야만 할 것이다. 우선 의식의 뜰을 장소라고 생각할 수 있을 것이다. 어떠한 사물을 의식하기 위해서는 의식의 뜰에 비추어야만 한다. 그리고 비추어진 의식현상과 비추는 의식의 뜰과는 구별되어야 한다. 의식현상의 연속 이외에 의식의 뜰이라고 하는 것은 없다고 할 수도 있을 것이다. 하지만 시시각각 변해가는 의식현상에 대해 변하지 않는 의식의 뜰이라는 것이 없어서는 안된다. 뜰에 의해 의식현상이 서로 관계하고 서로 연결되어 있는 것이다. 혹자는 이를 나라고 하는 하나의 점과 같은 것이라고도 생각할 수 있을 것이다. 하지만 우리들이 의식의 안과 밖을 구별할 때에 내 의식현상은 내 의식 범위 내에 있어야만 한다. 그러한 의미에서 나는 내 의식현상을 내포해야 할 것이다. 위와 같은 의식의 입장에서 본다면 우리들은 의식의 뜰이라고 하는 것을 인정할 수 있을 것이다. 사유작용도 우리들의 의식작용이다. 우리들의 의식의 뜰에 비치는 것이 바로 사유 내용이고, 내용에 따라 대상을 지시한다. 오늘날 인식론자는 내용과 대상을 구별하여, 내용은 내재적이지만 대상은 초월적이라고 생각한다. 대상은 완전히 작용을 초월하고, 그 자신에 의해 성립된다고 볼 수 있다. 여기에서 우리는 의식의 뜰 밖으로 나가는 것이다. 대상에는 의식의 뜰이라고 부를 수 있는 것은 없다고 생각된다. 하지만 의식, 대상과 관계를 맺기 위해서는 이 둘을 내포하는 무엇인가가 있어야 한다. 양자와 관계하는 장소라고 할 수 있는 무엇인가가 있어야 한다. 이러한 양자의 관계를 맺어주는 것은 무엇일까. 대상이 의식작용을 초월한다고 해도 그 대상이 완전히 의식 밖에 있는 것이라면, 의식 안에 있는 우리들이 보기에는 우리들의 의식내용이 대상을 지시한다고도 생각할 수 없을 뿐 아니라, 대상이 의식작용을 초월한다고 할 수조차 없다. 칸트학파에서는 인식대상계에 대해서 주관적으로 초월적 주관, 즉 의식일반을 생각할 수 있다. 하지만 인식주관에서 우리들은 의식을 초월해서 의식의 뜰 밖으로 나간다고 할 수 있을까. 이는 의식의 뜰의 한계일지도 모르지만, 의식의 뜰이 소멸하지는 않는다. 심리학적으로 생각되어지는 의식의 뜰은 이미 생각되어진 일종의 대상에 지나지 않는다. 그러한 의식의 뜰을 의식하는 의식의 뜰은 그 극한에서도 이를 초월할 수는 없다. 또한 우리들이 현실적이라고 생각하는 의식의 뜰이라고 하더라도 언제나 그 배후에 현실을 초월하는 것이 있다. 소위 실험심리학적으로 한정되는 의식의 뜰과 같은 것은 단순히 계산할 수 있는 감각의 범위에 지나지 않는다. 하지만 의식은 의미를 포함해야만 한다. 어제를 기억해 내려는 의식은 의미에 있어서 어제를 포함하고 있지 않으면 안 된다. 때문에 의식은 일반적이지만 자기한정적이라고도 할 수 있다. 감각적 의식이라고는 해도 그 후의 반성가능을 포함하는 이상 의식 현상이라고 할 수 있는 것이다. 일반적인 것이 극한까지 도달할 수 없다면 개물(個物)적인 것도 도달할 수 없는 극한이라고 할 수밖에 없다.

칸트학파는 인식이란 형식에 의해 질료를 통일한다고 생각하는데, 그러한 생각의 배후에는 이미 주관의 구성작용이라는 것이 가정되어야만 한다. 형식은 주관에 수반된다고 여겨지는 것이다. 그렇지 않으면 인식은 의미를 갖지 못한다. 단순히 형식에 의해 구성된다는 것은 초대립적 '대상'에 지나지 않는다. 또한 객관적인 형식이 객관적인 질료를 구성한다면 이는 객관적 작용으로 인식이라는 의미를 생성하지 못한다. 형식과 질료의 대립과 주관과 객관의 대립과는 바로 동일시될 수 없다. 판단작용의 대상을 이루는 것은 형식과 질료의 대립과는 다른 의미의 대립이 더해지지 않으면 안 된다. 판단의 직접 내용을 형성하는 것은 참이라거나 거짓이라거나 하는 것이어야 한다. 형식과 질료의 대립이 성립되는 장소는 진위의 대립이 성립되는 장소와는 달라야만 한다. 인식이 성립하는 장소에서는 형식과 질료가 분리될 뿐 아니라, 이 둘의 분리와 결합이 자유로워야 한다. 그런 경우 초대립적 대상에 대해 주관성이라고 하는 것이 외부에서 부가된다고 생각할 수 있을 것이다.

라스크(Emil Lask, 1875-1915)[3]도 근본적인 논리적 형식에 비해 전혀 비논리적인 체험의 대상과 같은 것을 근본적 질료로 생각하고 있다. 하지만 그 자신도 인정하고 있는 것처럼 알고 있다고 하는 것 역시 체험의 일부이다. 체험 내용을 '비논리적 질료'라고 하는 것도 소위 감각적 질료와 동일하지는 않다. 체험 내용은 비논리적이라기보다는 초논리적이다. 아니 초논리적이라기보다는 오히려 포논리적(包論理的)이라고 해야 할 것이다. 예술과 도덕 체험도 마찬가지이다. 인식의 입장이라는 것 역시 체험이 자기 안에서 자기를 비추는 태도의 일부에 지나지 않는다. 인식한다는 것은 체험이 자기 안에서 자기를 형성하는 것이다. 체험의 장소에서 형식과 질료의 대립관계가 성립하는 것이다. 이렇게 자기 안에서 무한으로 자기를 비추어가는 것, 자기자신은 무로서 무한의 유를 포함하는 것이 참된 '나'이다. 그리고 여기에서 소위 주객의 대립이 성립하는 것이다. 이는 같다고 할 수도 없고, 다르다고 할 수 없는, 있다(有)고 할 수도 없고 없다(「無」)고 할 수도 없는, 소위 논리적 형식에 의해 한정할 수 없는, 오히려 논리적 형식을 성립시키는 장소이다. 형식을 어디까지 밀고 나아가도 소위 '형식 이상 앞으로' 나가는 것을 불가능하다. 참된 형식의 형식은 형식의 장소가 아니면 안 된다. 아리스토텔레스의 '데 아니마(De Anima)' 중에도 아카데미아(Akademia)를 모방해 정신을 '형상의 장소'라고 생각하고 있다. 이와 같이 자기자신을 비추는 거울이라고 할 수 있는 것은 단순히 지식성립의 장소일 뿐 아니라 감정도 의지도 성립되는 곳이다. 우리들이 체험의 내용이라고 말할

---

3) [영] 에밀 라스크(1875-1915). 후설에 가장 가까운 신칸트학파로 구체적인 경험에서 '주어진' 것에서 사실과 가치를 명확히 구별하려고 했다.

때 많은 경우 이미 그것을 지식화하고 있기 때문에 비논리적인 질료라고도 생각되어지는 것이다. 참된 체험은 완전 무의 입장이어야 한다. 지식에서 동떨어진 자유의 입장이 아니면 안 된다. 이 장소에서는 정의(情意)의 내용도 비추어진다. 지(知), 정(情), 의(意) 모두 의식현상이라고 생각되는 이유이다.

　장소라는 것을 위 설명과 같이 생각할 수 있다면, 작용이라는 것은 비추어진 대상과 비추는 장소와의 사이에서 나타나는 관계라고 생각된다. 단순히 비추어지는 것만을 생각할 때에, 이는 아무런 작용도 없는 단순한 대상에 지나지 않는다. 하지만 그러한 대상의 배후에도 그것을 비추는 거울이 없으면 안 되고, 대상의 존립하는 장소가 없으면 안 된다. 물론 이 장소가 단순히 비추는 거울이고, 단지 대상이 거기에 있을 뿐이라고 하면 작용 대상을 볼 수는 없다. 자신을 완전히 비우고 모든 것을 비추는 '의식 일반의 뜰'이라고 할 수 있는 곳에서 모든 것이 단순한 인식 대상으로서 완전작용을 초월한 것이라고 생각하는 이유이다. 하지만 의식과 대상이 전혀 무관계라면 이를 비춘다고는 말할 수 없고, 여기에 있다고도 할 수 없다. 때문에 이 사이를 연결하는 판단작용이라는 것을 생각할 수 있는 것이다. 한편으로 대상이 작용을 초월한다고 생각해야 할 뿐 아니라, 한편으로는 의식의 뜰도 작용을 초월하여 이를 내포하는 것으로 생각해야 한다.

　따라서 의식 일반의 뜰이 대상을 받아들여 무한으로 늘어난다고 생각했을 때, 대상은 의식 일반의 뜰에서 각종 위치를 획득한다고 할 수 있고, 각종 형태로 비추어질 수 있다. 여기에서 대상이 여러 종류로 분석되어지고, 추상되어지는 소위 의미의 세계가 성립되는 동시에 그러한 대상이 각종 위치, 각종 관계에서 비추는 것이, 한편으로는 판단 작용이라고 생각되어진다. 그러나 초월적 대상과 의식 일반의 뜰이 그 집착(執)에 속한다고 할 수 없을 경우에 작용의 통일자로서, 소위 '인식주관(認識主觀)'이라고 할 수 있는 것을 생각할 수 있다. 상식적으로 사물이 공간에 있다고 생각한다면 사물과 공간이 다르다고 생각되는 이상, 사물은 '공간'에서 여러 관계를 맺고, 다양하게 형상위치를 바꾼다고 생각할 수 있다. 여기에서 우리들은 사물과 공간 이외에 힘이라고 하는 것을 생각할 것이다. 힘의 본체로서 사물이 힘을 가진다고 생각한다면, 힘이 공간에 속하는 물리적 공간을 생각할 수 있다. 나는 안다고 하는 사실을 '의식의 공간'에 속하게 하여 생각해 보려고 한다. 종래의 인식론이 주객 대립의 생각에서 출발하여, 앎이 형식에 의해 질료를 구성하는 것이라고 생각하는 것이라면, 나는 그 대신에 자기 안에 자신을 비추는 자각의 생각에서 출발하려고 한다. 자기 안에 자신을 비추는 것이 안다는 것의 근본적 의의라고 생각한다. 자신의 내면을 안다는 사실에서 자신 이외의 것을 안다는 사실로 확대된다. 자기에 대해 주어진다는 것은 우선 자신 안에서 주어져야만 한다. 때로는 자기를 통일점과 같이 생각해 소위 자기의식 안에서 알고 있는 것과 알려지는 것, 즉, 주와 객, 형식과 질료가 서로 대립한다고 생각할 것이다. 하지만 이처럼 통일점과도 같은 것은 아는 대상이라고 할 수 없다. 이미 대상화된 것, 알려진 것에 지나지 않는다. 이러한 통일점 대신 무한한 통일의 방향을 생각해도 마찬가지이다. 안다는 것은 우선 안에 포함하는 것이어야 한다. 하지만 포함되어지는 것이 포함하는 것의 외부에 있을 때, 물체가 공간에 있다고 생각되는 것처럼 단순히 있다고 하는 것 밖에는 안 된다. 포함하는 것과 포함되는 것이 하나라고 생각될 때 무한의 계열이 성립한다. 하지만 그 하나라고 하는 것이 무한으로 자기 자신 안에 질료를 포함한다고 생각하면 무한히 작용하는 것, 순수한 작용을 생각할 수 있다. 하지만 이 역시 아는 것이라고 할 수 없다. 단 그러한 자기 자신에게 있는 것을 더욱 안으로 감싸 안으려고 생각되어질 때 비로소 안다고 할 수 있다. 형상과 질료의 관계에 대해서 말하면, 단순히 형상적 구성을 안다는 것이 아니라, 형상과 질료의 대립을 내포하는 것을 안다고 해야 할 것이다. 질료도 저차원적 형상이라고 볼 수 있다면, 아는 것은 형상의 형상이라고도 할 수 있다. 순수한 형상, 순수한 작용을 초월해, 이들을 내부에 성립시키는 장소가 아니면 안 된다. 라스크와 같이, 주관이 객관적 대상의 파괴자라고 생각되는 것도 이와 같은 이유이다. 물체는 공간에서 가분적(可分的)이라고 생각할 수 있다. 물체는 공간에서 여러 의미로 무한하게 나뉠 수 있는(可分) 것처럼 사유의 대상은 사유의 장소에서 가분적이다. 아는 것을 위와 같이 생각한 다면 주객 대립의 의의를 잃어버리고, 주관으로 통일이나 작용이라고 하는 의미가 없어진다.

지금 이 문제를 깊이 다루지는 못하나 단순히 사물이 공간에 있는 경우에는 공간과 사물은 서로 외적이고, 공간에 주관(主觀)이라는 의미는 없을 것이다. 하지만 사물의 본체성이 놓인 장소와의 관계로 옮겨갈 때, 사물은 힘으로 환원된다. 하지만 힘에는 힘의 본체라는 것을 생각해야만 하고, 관계에는 관계의 항(項)이 있어야 한다. 이 본체를 어디에서 찾아야 할까. 이것을 본래의 사물에서 찾는다면 어디까지나 힘으로 환원되지 못하는 사물이 남게 된다. 이를 공간 그 자체에 남겨둔다면, 공간적 관계의 항으로서 점(點)을 생각할 수밖에 없다. 그러나 관계의 본체가 단순히 점이라면 힘은 없어져야만 한다. 참으로 힘의 관계를 내포하는 것은 힘의 장(場)이어야 한다. 그리고 힘의 장에서 는 모든 선은 방향을 가지고 있다. 순수한 작용을 내포한다고 생각할 수 있는 인식의 장소에서도 모든 현상은 방향이 있다. 알고 있다는 것은 감싸고 있다는 생각에 의해 주객대립의 의의를 잃어버린 다는 것은 포함된 것에 대해 외적인 장소를 생각할 수 있기 때문이다. 단순히 공허한 장소라는 것은 참된 물리현상을 내포하지는 않는다. 참된 여러 대상을 내포할 만한 것은 공간에서 여러 형을 형성하는 것처럼 자신 안에 자신의 형을 비추는 것이어야 한다. 그렇다면 '-에 있다'고 하는 의미가 사라진다고도 할 수 있을 것이다. 대상을 감싸고 무한히 넓어지는 장소의 의미가 없어진다고도 할 수 있다. 단 모든 인식대상을 내포하면서 나아가 이와 떨어져 있는 의식의 뜰에서는 이 두 가지 의미가 결합한다고 생각할 수 있다.

안다는 것이 자기 안에 자신을 비추는 것이고, 작용이라는 것은 비추어지는 것과 비추는 장소와의 관계로 볼 수 있다면, 라스크가 이야기한 완전히 작용을 초월한 소위 '대립 없는 대상'이라는 것은 무엇일까. 그러한 대상 역시 어딘가에서 있어야 할 것이다. 우리들이 있다고 인식하기 위해서는 없다 는 것에 대해서 인정하는 것이다. 하지만 있다는 것에 대해 인식되어지는 없다는 것은 또한 대립적인 유(有)이다. 참된 무는 그러한 유와 무를 감싸는 것이어야 한다. 그러한 유무가 성립하는 장소여야 한다. 유를 부정하고 유와 대립하는 무가 참된 무가 아니다. 참된 무는 유의 배경이 되어야 한다.

예를 들어 빨강에 대해 빨강이 아닌 것 역시 색이다. 색이 있다는 것, 색이 놓여 있는 것은 색이 아닐 수 없다. 빨강도 그 것 위에 있고, 빨강이 아닌 색 역시 그 것에 놓여 있다. 우리들이 인식 대상으로서 한정하는 이상, 유무의 관계까지도 마찬가지로 생각할 수 있다. 이처럼 '놓여 있는 장소' 라고 하는 것은 색과 같은 경우에는 물(物)이라고 생각할 수 있다. 아리스토텔레스(BC.384-BC.322)가 이야기했듯 성질이 물에 놓여 있다고 할 수 있다. 하지만 그렇게 해서는 장소의 의의는 사라지고 물이 속성을 가진다는 의미가 된다. 이와는 반대로 물이 어디까지나 관계에 녹아간다고 생각되어질 때 유무를 포함하는 것은 하나의 작용이라고 생각할 수 있다. 하지만 역시 작용의 배후에는 잠재적인 유를 생각할 수 있어야 한다. 본체가 없는 작용, 순수한 작용이라는 것은 본체적인 유에 대해 이야기 할 수 있지만, 작용에서 잠재성을 제거하면 작용이 아니게 된다. 그러한 잠재적 유가 성립하는 배후에 역시 장소를 생각할 수 있다.

물이 어떤 성질을 갖고 있다고 생각할 수 있을 때 이에 반하는 성질은 그 물에 포함되는 것일 수 없다. 때문에 작용하는 것은 그 안에 반대를 포함하는 것이어야 하고, 변하는 것은 그 반대로 변해가는 것이다. 때문에 유무를 포함하는 장소 그자체가 바로 작용이라고도 생각할 수 있을 것이다. 하지만 하나의 작용이라는 것을 보기 위해서는 그 근저에 하나의 비슷한 개념이 한정되어야 한다. 하나의 유사 개념 중에서만 상반되는 것을 볼 수 있다. 작용의 배후에 있는 장소는 참된 무인 것, 즉 단순히 장소라 할 수 있는 것이 아닌, 어떤 내용을 가지는 장소, 혹은 한정되어진 장소라고도 할 수 있을 것이다. 작용에서는 유와 무가 결합하지만, 무가 유를 감싼다고는 할 수 없다. 참된 장소에서는 어떤 물이 그 반대로 이동할 뿐 아니라 그 모순으로 옮겨가는 것 역시 가능해야 하며, 비슷한 개념의 외부로 나가는 것도 가능해야 한다. 참된 장소는 단순히 변화의 장소가 아닌 생멸(生滅)의 장소이다. 유사 개념을 넘어서 생멸의 장소로 들어가면 이미 작용한다는 의미가 없어지고, 단지 작용하는 것만이 보는 것에 불과하다. 하지만 유사 개념을 비추는 장소에서는 작용을 보는 것이 아니라 작용을 내포하는 것을 보는 것이다. 참되고 순수한 작용은 작용하는 것이 아니라 작용을 내포하는 것이다. 잠재적인 유가 앞서는 것이 아닌 현실적인 유가 앞서는 것이다. 여기에서 형식과 질료가 융합되는 대립 없는 대상을 볼 수 있다.

이와 같은 대립 없는 대상이라는 것은 완전히 의식의 뜰을 초월한 것이라고 생각되는데, 만약 완전히 주관의 밖에 있는 것이라면 어떻게 그것이 주관 안에 비추어지고, 인식 작용의 목적이 될 수밖에 없을까. 나는 그러한 대상이라고는 해도 장소와 같은 의미에서 의식의 뜰 외부에 있는 것이 아니라 어디까지나 장소에 의해 뒷받침되고 있다고 생각한다. 장소가 단순히 유를 부정한 대립적 무라고 생각되어질 때 대상은 의식의 뜰 밖으로 초월한다고 생각할 수밖에 없고, 대상은 그 자신에게 존립하고 있다고 생각할 수 있다. 보통 소위 '의식의 입장'이라는 것은 앞서 이야기했던 것처럼 유에 대한 무의 입장이다. 유에 대한 무가 하나의 유사 개념으로서 모든 것을 포섭할 때, 무는 하나의 잠재적 유가 된다. 어떠한 유도 부정하고 끝이 없는 무의 입장에 섰을 때, 즉 유에 대해 무 그 자체가 독립했을 때, 의식의 입장이 나타난다. 이렇게 모든 유를 넘어 입장에서 모든 유가 비추어져 분석되어 질 수 있다고 생각되는 것이다. 하지만 참된 무는 그러한 대립적인 무가 아닌, 유무를 감싸고 있어야 한다. 여러 유를 부정한 무라 하더라도 대립적인 무인 이상, 일종의 유이어야만 한다. 한정된 비슷한 개념의 밖으로 나온다하더라도 그것 역시 생각되어진 것으로서 하나의 유사 개념적 한정을 벗어날 수는 없다. 때문에 거기에는 일종의 잠재적 유의 의미조차 인정되고, 단순히 심론적(心論的) 형이상학도 성립하는 것이다. 참된 의식이라는 것은 위와 같은 '의식'조차도 비추어야하며, 소위 의식이란 또한 대상화되어진 것에 지나지 않는다.

참된 무의 장소란 어떤 의미에서의 유무 대립마저도 초월하여 이를 안에 성립하여야 한다. 어디까 지나 유개념적인 것을 부수면 참된 의식을 볼 수 있다. 대립 없는 초월적 대상이라 하더라도 이러한 의미의 의식 밖에 초월한다고 할 수 없다. 오히려 장소에 비추어져서 대립이 없는 것으로 보인다. '대립 없는 대상'이란 것은 우리들의 '당위'적 사유의 대상으로 소위 판단 내용을 일의적으로 결정하는 표준이 된다. 만약 우리들이 이에 반해 생각한 경우 우리들의 사유는 모순에 빠지고 사유는 사유 자신을 파괴하게 된다. 이러한 의의를 벗어나 대립 없는 대상을 생각하기 어렵다. 이러한 대상을 볼 때 우리는 대립적 내용이 성립하는 주관적 의의의 뜰을 초월하여 밖으로 나온다고 생각될 것이다. 하지만 그것은 대립적인 무의 입장에서 참된 무의 입장으로 나아가는 것이다. 소위 의식의 입장을 버리는 것이 아닌, 오히려 입장을 철저히 취하는 것이다. 참된 부정은 부정의 부정이어야 한다. 그렇 지 않으면 의식 일반과 같은 것도 무의식이라고 선택할 여지가 없고, 의식의 의미가 없어진다.

우리들이 그렇게 생각할 수밖에 없고, 그렇지 않으면 모순에 빠진다고 말할 수 있을 때, 의식의 틀은 이른바 초월적 대상을 안에 비추고 있는 것이다. 그러한 입장은 부정의 부정으로서 참된 무이기 때문에 모든 대상을 있는 그대로 비출 수 있다. 이런 경우 대상이 대상 자신에 있다고 생각할 수 있지만, 단순히 대상이 그 자신에 있는 것이라면 소위 의식 내용의 표준이 될 수는 없다. 대상에 있는 장소는 소위 의식 역시 거기에 있는 장소가 아니면 안 된다. 우리들이 대상 그 자체를 볼 때, 이것을 '직각(直覺)'이라고 생각할 수 있다. 하지만 직각 역시 의식이어야 한다. 소위 직각도 모순 그 자체를 보는 의식의 틀을 벗어날 수는 없다. 보통 직각과 사유는 전혀 다른 것이라고 여겨지는데 직각적인 것이 그 자체를 유지하기 위해서는 역시 '놓여 있는 장소'라는 것이 있어야만 한다. 따라서 이 장소는 사유가 놓여 있는 장소와 동일하다. 직각적인 것이 놓여 있는 장소에 비추어질 때 사유 내용이 된다. 이른바 구체적 사유에서는 직각적인 것도 포함되어 있다. 의식은 어디까지나 일반 개념적 배경을 벗어날 수 없다. 일반 개념적인 것을 항상 비추는 거울의 역할을 담당하고 있다. 우리들이 주객합일이라고 생각하는 직각적 입장에 들어갈 때에도 의의는 일반개념적인 것을 벗어날 수 없다. 오히려 일반개념적인 것의 극치에 달할 수는 있다. 모순을 의식하는 입장에서 일반 개념적인 것을 부수고 밖으로 나오는 것은 대상화된 일반 개념적인 것을 의미한다. 이처럼 이미 한정된 것, 특수한 것에 지나지 않는 알고 있다는 의미도 없다. 직각적인 것을 비추는 장소는 바로 개념의 모순을 비추는 장소여야 한다.

직각의 배후에 의식의 틀이라던가 장소라던가 하는 것을 인정하는 것은 많은 이론이 있을지도 모르지만, 직각이 단순히 주도 없고 객도 없는 것을 의미한다면 이는 단순한 대상에 지나지 않는다. 이미 직각이라면 아는 것과 알려진 것이 구분되고, 게다가 이 둘이 합일하고 있어야 한다. 하지만 아는 것은 단순히 구성이나 작용을 의미하는 것이 아니라 아는 것은 알려진 것을 감싸는 것이어야 한다. 아니 이를 안으로 비추는 것이어야 한다. 주객 합일이나 주도 없고 객도 없는 것은 단지 장소가 참된 무를 의미해야 하며 단순히 비추는 거울이 아니면 안 된다. 특수한 것이 객관적이라고 생각되고, 일반적인 것은 단순히 주관적이라고 생각되지만, 특수한 것도 지식 내용으로서는 주관적이라고 할 수 있다. 만약 특수에 대한 객관적 소여(所與)와 같은 것을 인정할 수 있을 것이다. 칸트 철학에서는 이것이 단순히 선험적 형식이라고 생각되어지지만, 이러한 생각의 근저에는 주관의 구성작용에 의해 객관적 소여를 구성한다는 생각이 전제된다. 하지만 구성한다는 것은 바로 안다는 것이 아니다. 안다는 것은 자기 안에 자기를 비추는 것이어야 한다. 참된 선천(a priori)은 자기 안에 자기의 내용을 구성하는 것이어야 한다. 때문에 구성적 형식 밖에 라스크가 말한 영역 범주(Gebietskategorie)를 생각할 수 있을 것이다. 우리들의 인식대상계에서 한정된 일반 개념을 보는 것은 이러한 장소가 자기를 한정하는 것에 의한다. 장소가 장소 자신을 한정한 것, 혹은 대상화된 것이 소위 일반개념이 되는 것이다.

플라톤 철학에서는 일반적인 것이 '객관적 실재'라고 생각되어지지만 정말 모든 것을 감싸는 일반적인 것은 모든 것이 성립되는 장소여야 한다는 사실에는 생각이 미치지 못했다. 때문에 '장소'는 오히려 비실재적으로 생각되어 '무'라고 여겨졌던 것이다. 하지만 이데아 자신의 직각의 밑바닥에도 그러한 장소가 있어야 한다. 최고의 이데아라 하더라도 물론 한정되어진 것, 특수한 것에 지나지 않아 선의 이데아라 하더라도 상대적이라는 점은 변하지 않는다. 단순히 대립적인 무의 장소를 의식의 장소라고 생각할 때, 직각에서는 그러한 장소가 소실된다고 여겨지고, 나아가 직각이 놓여있는 장소는 인정되지 않을 수도 있다. 하지만 나는 그러한 장소는 직각에 내포되는 것이 아니라 오히려 직각 그 자체마저 감싸고 있는 것이라고 생각한다. 직각이 놓여있을 뿐 아니라 의지와 행동도 여기에 놓여 있다. 의지와 행위도 의식적이라고 생각되는 것은 이 때문이다.…

참된 무의 장소에서만 자유를 볼 수 있다. 한정된 유의 장소에서 단순히 작용하는 것을 볼 수 있고, 대립적 무의 장소에서 소위 의식작용을 볼 수 있으며 절대적 무의 장소에서 참된 자유의지를 볼 수 있다. 대립적 무도 역시 일종의 유이기 때문에 의식작용에는 절대(絕對)가 있다. 어제의 의식과 오늘의 의식과는 그 사이에 단절이 있다고 생각된다. 참된 무는 대립적 무를 넘어서 대립적 무를 내포하기 때문에 행위적 주관 입장에서 어제의 '나'와 오늘의 '나'를 바로 결합한다. 그렇게 생각되는 의지는 원인이 없을 뿐 아니라 그 자체에서 영원하여야 한다. 그런 경우 의지의 배후에 무의식을 생각할 수 있는데, 의식의 배후는 절대여야 하고, 모든 유를 부정할 뿐 아니라 무를 부정하는 것이어야 한다. 시간 위에서 생멸하는 의식작용이 의식하는 것이 아니다. 의식은 영구히 현재여야 한다. 의식에서는 과거는 현재로부터의 과거, 현재는 현재로부터의 현재, 미래는 현재로부터의 미래라고 할 수 있다. 소위 현재는 현재 안에 비추어지는 현재의 그림자이다. 그러한 의식의 본질을 명확히 하는 것은 지식의 체험이 아니다. 오히려 의지의 체험이다. 때문에 의지의 체험에서 우리들의 의식은 가장 명료해진다. 지식도 의식인 이상 일종의 의지라고 생각할 수 있다. [JWH/편용우]

## 예술과 시의 영원

니시다 기타로 1932, 321-4, 329-30

시간은 영원의 과거에서 흘러와 영원의 미래로 흘러간다고 생각할 수 있다. 시간은 영원 속에서 생성되어 영원 속으로 소멸해 간다고 해도 좋다. 모든 역사에서 나타났던 것은 그러한 영원을 배경으로 형성된 것이다. 역사의 모든 것이 인과적으로 영원의 과거에서 영원의 미래로 흘러간다고 보지 않을 수 없다. 하지만 시간은 '영원한 현재'의 자기한정(自己限定)으로서, 이를 포함하는 것이어야 할 것이다. 시간을 감싸고 시간을 소멸시킨다고 생각되어지는 곳에서 영원의 내용으로서의 인격적인 것을 볼 수 있다.

모든 문화에 대해서도 말할 수 있는데 특히 예술은 이러한 영원의 배경에서 역사에 의해 형성되는 것이다. 미켈란젤로(Michelangelo di Lodovico Buonarroti Simoni, 1475-1564)의 '미완성'이라고 이야기 되는 조각이나 로댕(François-Auguste-René Rodin, 1840-1917)의 조각이 대리석 덩어리 속에서 조각되어 나온 것처럼, 위대한 예술은 영원이라는 대리석 위에 조각된 부조(浮彫)와 같은 것이어야 한다. 이는 인격적인 것과 대비되는 비인격적이라고 생각될 것이다. 하지만 이것은 형상과 대립되는 질료가 아니다. 인격적인 것이 여기에서, 이것에 의해 형성되어지지 않으면 안 된다. 이러한 배경과 동떨어진 인격적인 것은 있을 수 없다. 미켈란젤로의 대리석 덩어리는 단순한 질료가 아니라 그 자신이 예술의 일부여야만 한다. 우리들의 마음이 자기로부터 자신을 본다고 생각할 수 있는 것처럼 인격적이라고 하는 것은 그러한 영원 속에 비추어진 영원의 그림자에 불과하다.

어떠한 예술이라 하더라도 그러한 배경이 있다. 그러한 배경이 없는 것은 예술이 아니다. 따라서 그러한 배경과 그에 따라 형성된 관계에 의해 여러 인격적 내용이 만들어지는 것처럼 여러 예술적 내용이 형성되는 것이다. 동양 예술이 대체적으로 비인격적이라고 생각되는 것은 그러한 배경 자체가 예술의 주요한 부분을 차지하기 때문이다. 거기에 형태 없는 무한한 여파가 있고, 소리 없는 무한의 여음이 있는 것이다. 이와는 달리 서양 예술은 어디까지나 형태가 있다. 메두사가 실재한다고 생각했던 그리스인들의 조각에는 형태의 미에 있어서는 더 이상 손을 대는 것을 허락하지 않는다. 하지만 그리스 예술에는 왠지 깊이가 없는 듯한 느낌을 감출 수 없다. 그리스의 영원은 우리들 앞에 펼쳐진 영원이지만, 뒤에서 우리들을 감싸는 영원은 아니다. 기독교문화에서는 인격적 실재의 의의가 인정됨에 따라 예술의 깊이와 배경이 부여되었다고 할 수 있다. 초기 기독교적 예술에서는 그 내면에 동양의 불화(佛畵)마저도 상기시키는 것이 있었다. 나아가 미켈란젤로 예술에 이르러서는 그 내면에 잠재된 내적 힘의 위대함에 이르러서는 검붉은 소용돌이 불길의 깊은 분화구를 바라보는 듯한 느낌이다. 미켈란젤로의 예술이야말로 배경에 웅대한 깊이가 있다고 할 수 있다.

괴테(Johann Wolfgang von Goethe, 1749-1832) 시의 배경은 무엇일까. 그의 시는 어떠한 배경 위에 조각되어진 것일까. 예술의 배경으로서 영원을 공간이라고 생각할 수 있다면 나는 평면적인 것과 입체적인 것으로, 그리고 무형적인 것과 유형적인 것으로 나눌 수 있다고 생각한다. 그리고 입체적인 것은 높은 것과 깊은 것으로 나눌 수 있을 것이다. 미켈란젤로 조각의 배경은 깊은 것이라고 할 수 있다. 그의 예술 깊은 곳에는 나락의 끝에서부터 솟아나는 힘이 잠재되어 있다. 이에 반해 단테(Durante degli Alighieri, 1265-1321)의 신곡과 같은 작품은 그 배경에 우러러볼 만큼 높은 것이 있다. 그 배경에는 초월적인 기독교 신이 있다. 괴테 시의 배경을 이루는 것은 이러한 의미에서 입체적인 것은 아니다. 이는 오히려 평면적이라고 생각할 수 있으며, 무형적인 것이라고 할 수 있다. 동양화에 고속, 심원, 평원이라는 말이 있는데, 내가 여기서 평면적이라고 한 것은 높이가 없는 높이, 깊이가 없는 깊이, 멀지 않은 먼 것을 의미한다. 형체가 없고 무한히 확장하는 평면과도 같은 것을 배경으로 하는 예술은 왕왕 인간성을 부정하게 되는 경향이 있다. 단순히 유한을 부정하는 무한은 인간성과 약분(約分)할 수 없는 암울한 운명이라고도 여겨질 것이다. 하지만 괴테 시의 배경을 이루는 것은 그러한 의미의 평면적인 것이 아니라 어디까지나 인간성을 포함하는 것이다. 인간성을 부정하는 것이 아니라 인간성이 그 안에 녹아가는 것이다. 녹아간다고 하더라도 개성을 잃는 것을 의미하지는 않는다. 그러한 배경에서만 진실된 인간 개성의 울림이 들려오는 것이다. 인간성의 울림판 (resonanzboden)이라고도 할 수 있는 의미여야만 한다.

나는 그림에 대해 논할 자격은 없지만, 렘브란트(Rembrandt Harmenszoon van Rijn, 1606-1669) 그림의 배경 역시 그런 배경이 있는 것이 아닐까. 렘브란트의 그림에는 깊이가 있다. 하지만 그것은 미켈란젤로의 깊이와는 전혀 다른 종류이다. 그것은 강하지 않고 부드럽고, 힘의 깊이가 아닌 정(情) 의 깊이인 것이다. 베르하렌(Emile Verhaeren, 1855-1916)은 「렘브란트 론」의 마지막에서 '그는 눈물, 울부짖음, 기쁨, 고난과 희망을 가장 내적인 자아로 가져와 그가 축복하는 신, 우리와 똑같은 혼란으로 고뇌하는 신을 보여 준다'고 하고 있는데, 그러한 '신'은 인간성의 울림판과도 같아야만 할 것이다. 부드러운 깊이란 어쩌면 레오나르도 다빈치(Leonardo di ser Piero da Vinci, 1452-1519)를 떠올릴 지도 모른다. 하지만 레오나르드는 이지적이다. 모나리자(Mona Lisa)의 미소는 신비적이기는 하지만 사랑의 미소는 아니다.

괴테와 스피노자(Baruch Spinoza, 1632-1677) 철학과의 관계는 주지의 사실이다. 어렸을 때 이미 자연의 제왕 앞에 무릎을 꿇었다고 하는 괴테이지만 스피노자의 「에티카」를 읽고 스피노자라는 인물과 그의 가르침에 큰 감명을 받은 이후 평생 스피노자에게서 떨어지지 않았다. 만물일체라고 생각하는 점, 따라서 그러한 세계관 위에서 성립된 일종의 정관적(靜觀的) 인생관은 명확히 스피노자의 범신론(Pantheismus)과 기조를 같이하고 있다고 할 수 있다. 하지만 괴테 자신이 생각했던 것과 같이, 그리고 종래 많은 사람들이 말한 것과 같이 괴테는 스피노자적이지는 않다. 오히려 시각에 따라서는 괴테는 스피노자와 반대되는 입장에 서있다고도 할 수 있다. 스피노자의 범심론은 개인을 부정하는 평면적인 영원이다. 스피노자의 실체라는 것은 개체를 완전히 부정하는 것이다. 스피노자의 철학에서 개체는 단지 그 양상에 지나지 않는다. 그의 철학에서는 시간이라는 것은 없다. 개성이라는 것은 허락되지 않는다. 스피노자의 자연이라는 것은 수학적 필연의 자연이다. 스피노자는 유대적인 일신론(Theismus)을 배척했다. 하지만 그의 일원론적이고 엄밀한 논리의 철저함은 유대인의 특징이 가장 잘 드러나 있다. 이에 비해 괴테의 범신론은 어디까지나 개체 역시 포함하는 것이다. 괴테의 자연은 개성을 부정하는 자연이 아니라 어디까지나 개성을 성립시키는 자연이다. 이는 무형이면서 유형을 형성하는 무한의 공간과도 같은 것이어야 한다.

......

괴테의 보편주의는 스피노자와 마찬가지로 인간을 부정하고 만물을 유일 실체로 돌리는 것은 아니다. 만물을 인간에서 보는 것이다. 게다가 라이프니츠(Gottfried Wilhelm Leibniz, 1646-1716)의 단자(Monad)론에서와 같이 하나하나의 개체가 실체로서 불멸이라는 것이 아니다.

> 무한 속에서 자기를 발견하여 개체는 기꺼이 사라지리라
> Im grenzenlosen sich zu finden, wird gern der Einzelne verschwinden.

위 말과 같이 개체는 일반 속으로 몰입되어지는 것이다. 그 사이에는 예정조화(豫定調和)와 같은 것조차 생각할 수 없다.

......

괴테에게는 안도 밖도 없이 존재하는 것은 존재하는 대로 있는 것이다. 아무 것도 없는 곳에서 와서 아무 것도 없는 곳으로 사라지는 것이다. 게다가 그러한 무에서 무로 들어가는 곳에 미묘한 인간의 울림이 있는 것이다. 괴테의 보편주의는 스피노자와는 반대라고 할 수 있다.

......

역사는 영원의 지금 속에서 회전하고 있는 것이다. 역사가 영원의 과거 속에 사라진다고 생각할 때에 모든 것이 영원의 그림자로서의 그리스문화 같은 것을 생각할 수 있다. 이에 반해 역사가 영원의 미래 속에서 사라진다고 생각하면 모든 것이 영원으로 가는 도정으로 기독교 문화와 같은 것을 볼 수 있다. 하지만 역사가 영원한 지금의 한정으로서 과거도 현재에서 미래도 현재에서 사라진다고 생각하면 모든 것이 올 곳도 없이 와서 갈 곳도 없이 가며, 존재하는 것은 존재하는 대로 영원한 것이다. 우리들이 키워낸 동양 문화의 바닥에는 그러한 사상이 흐르고 있는 것이다.

[JWH/편용우]

---

## 세계의 종교적인 관점

니시다 기타로 1945a, 316-17, 319-25, 330-6, 340-1, 355-6, 358-9 (20-1, 23-8, 84-5, 87-90, 94, 108-9, 111-12)

### 신

진정한 절대란 「절대모순적 자기동일」적이지 않으면 안 된다. 우리들이 신이라고 하는 것을 논리

적으로 표현하기 위해서는 이렇게 할 수밖에 없다. 신은 절대 자기부정으로 「역대응」적인 자기자신에 대해 자기자신 속에 절대적 자기부정을 포함하고 있기 때문에 자기자신에 의해 존재(有)하는 것이고, 절대무이기 때문에 절대 유인 것이다. 절대무로서 유(有)이기 때문에 불가능한 것이 없으며 알지 못한 것이 없어 전지전능하다. 따라서 부처이면서 동시에 중생이고, 중생이면서 동시에 부처라고 할 수 있다. 창조자인 신이 있어야 창조물로서 세계가 있고, 역으로 창조물로서 세계가 있어야 신이 있을 수 있다. 이렇게 이야기하는 것은 신을 절대적 초월이라고 생각한 바르트(Karl Barth, 1886-1968)의 생각으로 돌아가는 것일지도 모른다. 기독교도가 보면 만유신교적(萬有神敎的)이라고 할지도 모른다.…

절대란 단순히 비대립적인 것이 아니라 절대부정을 포함하는 것이다. 따라서 절대와 대립하는 상대란 단순히 절대의 부분이라거나 절대가 감소된 것이라거나 하는 것이 아니다. 그렇다면 절대란 역시 비대립적인 것이지만 그렇게 되면 이미 절대가 아니게 된다. 절대는 어디까지나 자기부정에서 자기가 존재한다. 어디까지나 상대적으로 자기자신을 뒤집을 때에 진실된 절대가 있는 것이다. 진실된 전체적 하나는 진실된 개체적 다수에서 자기자신을 존재하게 한다. 신은 어디까지나 자기부정적으로 이 세계에 존재한다. 이런 의미에서 신은 어디까지나 내재적이다. 따라서 신은 이 세상의 어디에도 없으며 어디에나 있다고 할 수 있다.

불교에서는 금강경에 그러한 배리(背理)를 「즉비(卽非)」의 논리로 표현하고 있다(T8, 751b). '소언일체법자 즉비일체법 시고명일체법(所言一切法者卽非一切法是故明一切法)'(T8, 751b)이라고 한다. 부처는 부처가 아니기 때문에 부처이고, 중생은 중생이 아니기 때문에 중생이라는 것이다. 나는 여기에서도 임제종 승려 다이토국사(大燈國師, 1283-1338)의 억겁의 시간 동안 떨어져 있으면서 찰나의 순간도 떨어져 있지 않고, 하루 종일 상대하고 있어도 한 순간도 상대하고 있지 않다는 '억겁상별 이수유불리 진일상대 이찰나부대(億劫相別 而須臾不離 盡日相對 而利那不對)'라는 말이 떠오른다. 즉 단순히 초월적으로 자기만족적인 신은 진실된 신이 아닐 것이다. 어디까지나 '케노시스(Kenosis)'적이어야 한다. 어디까지나 초월적이면서 동시에 내재적이고, 어디까지나 내재적이면서 동시에 초월적인 신이야말로 참된 변증법적 신일 것이다. 참된 절대라고 할 수 있을 것이다. 신은 사랑으로 세계를 창조했다고 하는데 신의 절대 사랑이란 신의 절대적 자기부정으로서, 신의 본질적인 것이어야 하는 '세상 안에서 역사하는 신(opus ad extra)'이 아니다. 내가 말하는 것은 만유신교적인 것이 아니라 오히려 만유재신론적(범신론, Panentheismus)이라고 해야 할 것이다. 하지만 나는 어디까지나 대상논리적으로 생각하는 것이 아니다. 내가 이야기하고자 하는 것은 절대모순적 자기동일적으로 절대변증법적인 것이다. 헤겔의 변증법도 역시 대상논리적 입장을 벗어나지 않고 있다. 좌파에 의해 만유신교적이라고 해석되어진 까닭이다. 불교의 「반야(般若)」 사상이야말로 오히려 철저히 진실된 절대변증법이다. 불교는 서양 학자가 생각하는 것과 같이 만유신교적은 아니다.

### 세계

절대모순적자기동일적 세계는 자기부정적으로 어디까지나 자기가 자신을 표현하는 동시에, 부정의 부정인 자기긍정적으로 어디까지나 자신이 자기를 형성한다. 즉 창조적이다. 그러한 경우 나는 여러 세계라는 말을 사용한다. 하지만 그것은 통상 사람들이 세계라고 할 때에 연상되는 우리들 자신과 대립하는 세계를 의미하는 것은 아니다. 절대의 장소적 존재를 표현하는 것에 다름 아니다. 때문에 절대라고 말해도 무방할 것이다(수학에서는 그것을 '자기 통일체'라고도 한다), 모순적인 자기 통일적 세계가 자기 안에 자기를 표현하고, 자기 자신을 표현함으로써 자기 자신을 형성해 간다. 이런 절대자의 자기표현이 종교적으로 신의 계시라고 여겨지기도 하며, 이러한 자기 형성이 종교적으로 신의 의지라고 생각되기도 한다. 절대 모순적 자기 통일로서의 절대 현재적 세계는 어디까지나 자신 안에 자기를 반영하고, 자신 안에 자기의 초점을 맞춘다. 이러한 동적 초점을 축으로 어디까지나 자기 자신을 형성해 나간다. 이때 아버지 신, 아들과 성령의 삼위일체적 관계를 발견할 수 있다. 이처럼 세계의 '개물적(個物的) 다(多)'로서 우리들 각자의 자신은 자기의 세계를 한정하는 유일한 개체로서 절대적 일자(一者)를 표현하고, 역으로 절대적 일자의 자기표현으로서 일자의 자기 사영점(射影點)이 된다. 창조적 세계의 창조적 요소로서 창조적 세계를 형성해 가는 것이다. 이처럼 우리들의 인격적 자기는 세계의 삼위일체적 관계에 기초하고 있다. … 어디까지나 개체가 작용하는 세계이다. '만들어진 것으로부터 만드는 것으로라는 인격적 자기의 세계이다' 그것은 절대적 의지의 세계이다, 때문에 한편으로는 절대 악의 세계이기도 하다.

### 악

이는 극단적으로 역설적이게 들리겠지만 참으로 절대적인 신은 한편으로는 악마적이어야 한다. 그래야만 참된 전지전능이라고 할 수 있다. 야훼는 아브라함에게 그의 유일한 아들 이삭을 희생하라고 요구한 신이다(Kierkegaard, Furcht und Zittern). 인격 그 자체의 부정을 요구한 신이다. 따라서 단순히 악에 대항해 싸우는 신은 어디까지나 악을 극복한다 하더라도 상대적인 신이다. 단순히 초월적으로 최고선인 신은 추상적인 신에 지나지 않는다. 절대신은 자기 안에 절대 부정을 포함한 신이어야 한다. 극악까지 내려올 수 있는 신이어야 한다. 악역무도(惡逆無道)를 구하는 신으로서 참된 절대신이다. 최고의 형상(形相)은 최저의 질료를 형상화하는 것이어야 한다. 절대의 아가페는 절대의 악인까지 이루어야 한다. 신은 역대응적으로 극악한 사람의 마음에도 잠재된 것이다. 단순히 재판하는 신은 절대 신이 아니다. 이렇게 말하는 것은 선악을 무차별시하는 것이 아니다. …

### 무한구(無限球)

나는 종종 절대모순적 자기동일적 「장소」, 절대현재의 세계, 역사적 공간을 무한구(無限球)에 비유하곤 했다. 주변 없이 도달하는 곳이 중심인, 무기저적(無基底的)으로 모순적 자기동일적인 구체가 자신 안에서 자신을 비추는 그 무한한 중심 방향이 초월적인 신이다. 그곳에서 사람은 역사적 세계의 절대적 주체를 본다. 그 주변 방향이 중심에 대해 어디까지나 부정적으로 악마적이라고 생각되는 것이다. 따라서 그러한 세계는 어디까지나 악마적(demonic)인 것으로 가득 차 있다고 생각된다. 우리들 자신은 그러한 세계의 개물적(個物的) 다(多)로서 악마이면서 동시에 신이다. '장소적 논리'적 신학은 유신론(theism)도 이신론(deism)도 아니다. 정신적이지도 자연적이지도 않다. 역사적이다.

### 신의 은총(Divine Grace)

왜 우리들 자신은 그 근저에서부터 종교적이고, 자기자신의 밑바닥부터 깊이 반성하면서, 즉 자각하면서 종교적 요구가 나타나고, 종교적 문제로 고통을 받지 않으면 안 될까? 이는 우리들 자신은 절대적으로 자기모순적 존재이기 때문이다. 절대적 자기모순 그 자체가 자기 존재 이유가 되기 때문이다.

……

부정 즉 긍정의 절대모순적 자기 동일 세계는 어디까지나 역한정의 세계, 역대응의 세계여야 한다. 신과 인간의 대립은 어디까지나 역대응적이다. 따라서 우리들의 종교심은 우리들 자신에게서 일어나는 것이 아닌, 신 또는 부처의 부름에 대한 호응(呼聲)이다. 신과 부처의 작용으로 자기 성립의 근원에서부터 일어나는 것이다. 아우구스티누스(Sanctus Aurelius Augustinus Hipponensis, 354-430)는 『고백』의 서두에서 '너는 우리를 너를 위해 만들어 내었고, 우리의 마음은 네 속에서 쉴 때까지 평안하지 않다'고 했다.

......

도덕이 인간의 최고 가치라는 점은 말할 필요 없다. 하지만 종교는 반드시 도덕을 매개로 하거나 통로로 하지 않는다. 우리 자신이 우리의 자기 생명 근원인 절대자에 대해 종교적 관계에서는 현명한 사람도 어리석은 사람도, 선인도 악인도 마찬가지이다. '선인은 왕생을 한다. 하물며 악인은 못 하겠는가'라고 하는 신란(親鸞, 1173-1263)의 말도 있다. 밑바닥부터 자기모순인 인간 세계는 우리들을 종교로 이끄는 인연이 어디에나 있다. 종교는 절대의 가치전도(價値顚倒)이다. 이러한 의미에서 자부심을 갖고 있는 도덕가가 종교에 빠지는 것은 낙타가 바늘 구멍을 통과하는 것보다도 어렵다.(Matt 19: 24)…

### 지식과 영성(Knowledge and Spirituality)

안다는 것은 자기가 자신을 넘어서는 것이다. 자신이 자기 밖으로 나오는 것이다. 나아가 그 반대로 물(物)이 자신이 되는 것, 물이 우리들 자신을 한정하는 것이다. 안다는 작용은 아는 것과 알려진 것의 모순적 자기동일에서 성립하는 것이다. 무의식이나 본능이 이미 그러한 작용인 것이다. 나의 행위적 직관도 이것과 다름없다. 우리들의 자기 자각의 깊은 바닥에는 어디까지나 자기를 넘어서려는 것이 있다. 우리들 자신이 자각적으로 깊이 들어가면 들어갈수록 그러하다. 내재즉초월, 초월즉내재적으로, 다시 말해 모순적 자기동일적으로 우리들의 진실된 자신은 작용하는 것이다. 거기에는 직관이 있어야 한다. 행위적 직관이란 그러한 부정을 매개로하는 변증법적 과정이다. 소위 판단적 변증법을 넘어 절대부정적 변증법이 있다. 그렇지 않으면 그것은 변증법이라 해도 추상적이고 의식적인 자기의 의식 안의 일에 지나지 않는다.

만약 내 행위적 직관이라고 하는 것을 지적 직관과 같이 이해한다면 칸트 철학 입장에서의 곡해에 지나지 않는다. 예술적 직관은 자신을 대상화해서 보는 견해이다. 내 행위적 직관은 역견해이다. 내 행위적 직관은 어디까지나 의식적 자기를 넘어선 자기의 입장을 넘어선 것이 있다. 우리들 자신의 밑바닥에는 어디까지나 의식적 자신을 넘어선 것이 있다. 이는 우리들 자신의 '자각적 사실'이다. 자기 자신의 자각 사실에 대해 깊이 반성하는 사람은 누구라도 그와 같은 사실을 눈치 챘어야 한다. 스즈키 다이세쓰(鈴木大拙, 1870-1966)는 이를 '영성(靈性)'이라고 했다.[4]

......

종교적 회심(回心)이나 해탈이라 해도, 한편으로는 욕구적이고 다른 한편으로는 이성적이기 때문에 의식적 자기와 동떨어져 말할 수 없다. 하물며 무의식적이 된다고 하는 것이 아니다. 점점 명료하고도 의식적이 되어야 할 것이다. 오히려 예지적으로 되어야 한다. 어디까지나 우리들의 판단적 의식적 자기, 즉 분별적자기와 떨어질 수 없다. 다이세쓰는 이를 '무분별의 분별'이라 했다. 영성이란

---

4)  [영] 스즈키 다이세쓰의 『일본적 영성(日本的靈性)』(1944) 참조.

무분별한 분별이다.…우리들의 자기는 신의 절대부정적 자기를 매개로 해 성립한다.……

## 영원한 삶(Eternal Life)

우리들은 자신의 영원한 죽음을 안다. 그곳에 자기가 있다. 하지만 우리는 이미 영원한 삶 위에 있다. 모순적 자기동일적으로 그러한 자신이 자기의 근원에 철저한 것이 종교적 입신(入信)이며 회심(廻心)이다. 그런데 이는 대상논리적으로 생각한 대상적 자기의 입장에서는 불가능해서 절대자 그 자체의 자기한정으로서 신의 힘이라고 해야 할 것이다. 신앙은 은총이다. 우리들 자신의 근원에 그러한 신의 부름(呼聲)이 있다. 우리는 우리들 자신의 깊은 곳에 어디까지나 자신을 넘어서, 나아가 자신이 거기에서 생각되어지는 무엇인가 있다고 하는 까닭이다. 이러한 생각에서 생즉불생(生卽不生), 「생사」즉영원(生死卽永遠)이다.

……

우리들 자신이 철저하게 자기자신의 밑바닥(根底)을 통해 절대자에게로 돌아간다는 것은 현실을 벗어나는 것이 아니다. 오히려 역사적 현실의 바닥(低)에 철저히 하는 것이다. '절대 현재의 자기한정으로서, 어디까지나 역사적 개(個)가 되는 것이다. 따라서 '「법신(法身)」'을 깨달으면 아무것도 아닌 것이 된다. 본래 나는 마카베 헤이시로(眞壁平四郎)인 것처럼(透得法身無一物, 元是眞壁平四郎)[5]'이라고 한다. 남천(南泉, 748-835)은 '평상심이 도(平常心是道)'(무문관 19)라고 말하고, 임제(臨濟)는 '「불법」은 노력할 필요가 없다. 즉 평상시의 아무것도 아닌 일이다. 똥오줌을 누고 옷을 입고 밥을 먹으며, 피곤하면 눕는 것과 같다(佛法無用功處、祗是平常無事、阿屎送尿、著衣喫飯、困來卽臥)'(『임제록』 i.13)고 했다.

위의 말들을 소탈하고 무관심이라고 해석하는 것은 큰 잘못이다. 이는 전체 작용적으로 한 걸음 한 걸음 핏방울이 땅에 떨어지는 것을 나타내는 것이다. 분별이 지를 끊는 것이라고 하는 것은 무분별을 뜻하지는 않는다. 도겐(道元, 1200-1253)*이 말한 것처럼 자기가 참된 무가 되는 것이다.

> 배운다는 것은 자신을 배우는 것이요 자신을 배우는 것은 자신을 잃어버리는 것이고, 자신을 잃어버리는 것은 만법을 밝히는 것이다. (『정법안장(正法眼藏)』)

과학적으로 진실을 철저히 하는 것도 이와 다르지 않다. 나는 '물(物)이 되어 보고 물이 되어 듣는다'고 한다. 부정해야 하는 것은 추상적으로 생각된 자기의 독단, 끊어야 하는 것은 추상적으로 생각된 자기를 향한 집착이다. 우리들 자신이 종교적이 되면 될수록 자신을 잊고, 이(理)를 다하며 정(情)을 다하게 되는 것이다. 어떠한 형식에 사로잡힌다면 이는 종교의 타락이다.

## 자기, 신 그리고 세계(Self, God, and the World)

우리들 자기는 절대적 일자(一者)의 자기부정으로서 어디까지나 역대응적으로 일자와 접하는

---

5) [한] 헤이시로의 일화. 마카베 도키모토(眞壁時幹)의 하인이었던 헤이시로는 주군이 자신의 충정심을 몰라보고 오히려 나막신으로 구타를 하자, 복수심에 중국으로 건너가 고승이 되어 돌아온다. 본래 고승이 되어 주군에게 복수를 하려고 했던 헤이시로는 주군을 만나자 그간의 깨달음으로 인해 마카베 도키모토를 용서하게 된다. 절의 한 쪽 구석에 걸어 놓았던 나막신은 한때 복수의 상징이었으나, 깨달음을 얻어 법신(法身)을 얻은 지금은 한낱 무일물(無一物)에 지나지 않는다는 이야기.

것이다. 개(個)면 개일수록 절대적 일자에 대한, 즉 신과 마주본다고 할 수 있다. 우리들 자기가 신과 마주본다는 것은 개의 극한으로서이다. 어디까지나 모순적 자기동일적으로 역사적 세계의 개물적 자기한정의 극한에서 전체적 하나의 극한에 대한 것이다. 따라서 우리들 자기의 하나하나가 영원의 과거에서 영원의 미래로 넘어가는 인간의 대표자로서 신과 마주하는 것이다. 여기에 우리들 자기는 주변이 없고 도달하는 곳이 중심이 되는 무한구의 무수한 중심을 생각할 수 있다. 다(多)와 일(一)의 절대모순적 자기동일로서 절대자가 자기자신을 한정한다고 할 때 무기저적(無基底的) 절대무의 자기한정으로서 세계는 의지적이다. 전일적(全一的)으로 절대의지임과 동시에 개다적(個多的)으로 무수의 개인적의지가 대립한다.

### 자유(Freedom)

절대 현재의 자기한정으로서의 우리들의 행동 하나하나가 종말론적이라고 하는 것은 임제(臨濟)의 소위 전체작용적(全體作用的)이라는 것이다. 반대로 이는 '「불법(佛法)」은 노력할 필요가 없다(佛法無用功處)'(『임제록』 I.18,22,12)는 것이고, 도는 '평상저(平常低)'라고 하는 것이다. 따라서 나의 종말론적이라고 할 때에는 기독교의 그것과는 다르다. 대상적 초월적인 방향으로 생각되는 것이 아닌 절대 현재의 자기한정으로서 내재적 초월 방향으로 생각되어지는 것이다.

우리들 자신의 밑바닥에 어떤 것도 있는 것(有)도 없고, 어디까지나 무로서 역대응적인 절대적 일자에 응하는 것이다. 우리들 자신이 어디까지나 자신의 밑바닥에 개(個)의 첨단에서 자기자신을 넘어서 절대적 일자에게 응한다는 것은 우리들 자기가 모든 것을 초월한다는 것이다. 절대현재의 자기한정으로서 역사적 세계를 초월하는 것이다. 과거미래를 초월하는 것이다. 거기에서 우리들 자기는 절대 자유를 얻는다. 거기에서 '반산보적(盤山寶積)[6]의 칼을 허공에 휘두르는 것과 같다(如擲劍揮空)'는 말과 같다. 이는 도스토예프스키(Fyodor Mikhailovich Dostoevsky, 1821-1881)가 추구했던 자유의 입장과 마찬가지이다.…

따라서 우리들 자기는 일자에게 역대응이다. 신란의 '오로지 신란 한 사람을 위한 것이다'[7]고 하는 개(個)면 개일수록 그렇다고 할 수 있다. 따라서 우리들 자기는 역대응적으로 일자에 있어서 자기를 가진다고 할 수 있다. 절대부정 즉 긍정적으로 평상저(平常低)라는 입장이 아니면 안 된다. 이것이 절대 현재 그 자체의 자기한정 입장으로서 절대 자유의 입장이라 할 수 있다. 여기에서 하나하나의 점이 아르키메데스의 발판(pou sto)으로서 서 있는 곳이 모두 참이라고 할 수 있다(『임제록』 i.12). 우리들의 자기가 개(個)면 개일수록, 절대자유적으로 그러한 평상저의 입장에서 서야만 한다. 본능적으로 외부에서 지배되는 한 우리들 자기에게 자유란 없고, 이성적으로 내부라고 하는 곳에도 우리들의 참된 자유는 없는 것이다. 여기에서 내가 말하는 자유는 서양의 근대문화의 자유의 개념과는 정반대의 입장인 부분이 있다. 유클리드(Euclid)의 기하학에서 이야기하는 인간 자유가 아니다.

### 상징 표현으로서의 종교(Religion as Symbolic Expression)

종교적 입장이란 단지 역사적 세계의 영원의 과거와 미래, 즉 인간의 시작과 끝의 결합이라는

---

6) [영] 『벽암록(碧巖錄)』에서 인용.

7) [한] 아미타여래가 오겁(五劫)이라는 긴 시간 동안 구도를 통해 세웠던 중생구제의 염원은 모두 신란 한 사람을 위한 것이었다는 신란의 말. 부처의 깨달음은 모든 개개인을 위한 것으로 해석된다.

입장, 가장 깊으며 가장 얕은, 가장 멀면서 가장 가까운, 가장 크면서 가장 작은 입장, 다시 말해 나의 소위 평상저(平常低)의 입장을 철저하게 하는 것이다. 종교심이란 어디까지나 인간이 인간성립 입장을 잃지 않는 것이다. 종교적 입장 그 자체는 어떤 고정된 내용을 갖지 않는다. 입장의 입장이기 때문이다.

고정시킨 내용이 있다면 이는 미신이다. 따라서 종교적 교의는 어디까지나 상징적이어야 한다. 이는 우리들의 역사적 생명의 직접적인 자기표현이다. 그런 이상 상징이 종교적 의의가 있는 것이다. 어디까지나 무기저적으로 영원의 생명 그 자체를 파악하는 곳에 참된 종교의 목적이 있다. 따라서 어디까지나 평상저에 '본래 나는 마카베의 헤이시로(元是眞壁平四郞)'라고 하는 것이다. 거기에서는 모든 입장이 부정되는 동시에 모든 입장이 성립한다. 입장 없는 입장인 것이다. 게다가 무한의 대지대 행(大智大行)이 나타난다. 깊은 근원의 물 한 방울은 받아도 다함이 없다(曹源一滴、受用不盡)고 하는 것과 같다. 진선미(眞善美)의 입장도 여기에서 나온다. [YM/편용우]

## 나의 논리에 대해

니시다 기타로 1945b, 431-2

나는 다년의 연구 결과 우리들의 역사적 행위적 자기의 입장에서 사유의 형태, 즉 역사적 형성 작용 논리를 명확히 했다고 믿고 있다. 종래의 논리는 모두 추상적인 의식적 자기 입장에서 바라본 논리였다. 나는 나의 논리에 의해 다양한 자연과학의 근본적 문제 및 도덕적 종교의 근본적 문제를 생각해 보았다. 그렇게 해서 종래의 논리 틀에 의해 생각할 수 없었던 문제를 생각할 수 있었다고 생각한다. 적어도 그 해명으로의 길을 제시할 수 있다고 생각한다. 생각할 수 없는 것은 논리적 형식의 불완전에 기초한 경우가 많다. 추상적논리의 입장에서는 구체적인 것은 생각할 수 없는 법이다. 비평이 없는 것은 아니다. 하지만 그것은 다른 입장에서 내가 말한 것을 곡해해 이를 대상으로 한 비평에 지나지 않는다. 내 입장에서 내가 말한 바를 이해한 후의 비평이 아니다. 다른 입장에서 이해하지 못한 비평은 참된 비평이라고 할 수 없다. 나는 우선 나의 입장에서 내가 이야기한 바를 이해해 주기를 바라는 바이다. 사람들은 내가 논리라고 하는 것은 논리가 아니라고 이야기한다. 종교적 체험이라고들 이야기한다. 그렇다면 나는 그렇게 이야기하는 사람들에게 묻겠다. 논리란 어떠한 것인가. 아리스토텔레스의 논리를 논리라고 하는 데에는 아무도 이론이 없을 것이다. 칸트는 아리스토텔레스 이후 논리는 한 발자국도 후퇴하지도 진보하지도 않았다고 했다. 논리는 아리스토텔 레스에서 완성된 듯이 보인다고 했다. 기호적으로 자기자신을 표현하는 세계의 언어적 자기표현 형식으로서 아리스토텔레스의 논리라고 하는 것이 본질적인 의미에서의 논리라고 할 수 있을 것이다. 그런 의미에서 논리는 아리스토텔레스에서 완성되었다고도 할 수 있는 것이다. 하지만 그렇게 말한 칸트의 초월적 논리는 이미 아리스토텔레스의 논리학이 아니다. 나아가 헤겔의 논리, 즉 변증법적 논리에 이르러서는 아리스토텔레스의 논리에 반하는 것처럼 보인다. 아리스토텔레스의 논리에서는 모순은 허락되지 않는다. 하지만 헤겔의 변증법적 논리에서는 모순은 자기발전의 방식인 것이다. 칸트의 논리와 헤겔의 논리는 논리가 아닌 것일까. 우리들은 여기에서 논리란 어떤 것인가를 생각해 봐야만 할 것이다. 논리란 우리들 사유의 방식이다. 논리란 어떤 것인가를 명확하게 하기 위해서는 우리들의 사유의 본질에서 출발하지 않으면 안 된다. [JWH/편용우]

# 다나베 하지메

田邊元, 1885-1962

다나베 하지메는 처음에 수학과 자연과학을 연구하다가 철학에 이끌렸다. 과학철학에 관한 그의 초기 저작으로 인해 신(新)칸트파의 사람들과 어울리게 되었고, 그것은 그가 칸트의 선험적 논리를 후설(Edmund Husserl, 1859-1938)의 현상학, 베르그송(Henri-Louis Bergson, 1859-1941)의 생철학, 그리고 니시다 기타로(西田幾多郎, 1870-1945)*의 철학에 비추어 재고하도록 만들었다. 니시다가 그를 교토대학(京都大學)의 교수로 초빙한 후에, 유럽에서 연구하겠다는 그의 꿈은 이루어졌다. 비록 후설에 대한 환상은 금방 깨졌지만 젊은 하이데거(Martin Heidegger, 1889-1976)와는 친구가 되었다.

1924년에 교토(京都)로 돌아온 후에, 헤겔에 대한 그의 관심은 최고조에 이르렀고, 독일어 원전으로 헤겔(Hegel, Georg Wilhelm Friedrich, 1770-1831)의 저작을 몇 년 동안 제자들과 함께 읽었다. 그 공부를 통해 '절대 매개성(絕對媒介性)'이라는 자신만의 철학을 확립했다. 그리고 그것을 기반으로 니시다의 '절대무(絕對無)'의 개념을 창조적으로 해석했다. 1927년에 니시다의 뒤를 이어 철학과의 수장이 되었지만 3년 후에 자신의 멘토였던 그를 비판하면서 둘의 관계는 영원히 틀어졌다.

자신의 철학의 추상성과 절대무의 자각에 기반한 '「장소(場所)」의 논리'를 창안한 니시다와의 결별에 대한 불만이 겹치면서, 다나베는 스스로 '종(種)의 논리'라 칭한 자신만의 철학을 시작한다. 다나베가 목표한 바는 종의 논리적 범주를 삼단논법적 소전제 속의 미약한 지위에서 좀 더 두드러진 지위로 격상시키는 것이었다. 베르그송의 '닫힌 사회'에 대한 비평에 영감을 받아서, 민족집단의 자폐성을 유지시키는 비이성을 비평할 근거를 찾았고, 동시에 사회적 생존이 생각에 가하는 특정한 한계를 애써 돌파하지 않고는 이성적일 방법이 없다는 것을 인식했다.

그의 이런 생각들이 충분히 무르익기도 전에, 일본은 태평양 전쟁에 돌입했고, 그는 일본이라는 나라의 정체성에 관해 집중하게 되었다. 인류의 보편적 공동체가 역사에서 절대성을 발현하기에 적절한 장소를 제공하지 못한다는 사실을 인정한 뒤에, 다나베는 국가에 그런 역할을 부여하려고 시도했다. 그는 국가적 차원에서 한 민족은 사회적 존재의 불가피한 비이성을 묵인할 수 있으며, 그리고 나서 자신의 깨우침을 다른 나라에 전파할 수 있다고 주장했고, 일본은 이런 과정을 진행할 만한 '우월적 원형'을 대표한다고 주장했다ー그것은 아시아의 이웃나라를 침략하려던 일본의 전시 이데올로기에 맞춘 생각이었다.

비록 오랫동안 자신의 사상이 그 미묘함으로 인해 비평가들과 군사 이론가들의 주목을 끌지 못했다고 주장했지만, 전쟁의 막바지에 이르러 그는 자신의 철학을 자칭 '참회도(懺悔道)', 즉 모든 철학의 비평으로 향하게 했다. 처음에는 자신의 종의 이론을 되살리려 시도하더니, 은퇴 후에는 그런 시도를 팽개치고 자신의 연구의 중심을 철학과 종교 사이의 경계지점에 놓았다.

이어지는 그의 논리에 관한 글은 일상의 명확한 예를 거의 소개하지 않고, 훨씬 더 복잡한 문장으로 부연하는 다나베 식(式)의 난해한 글쓰기를 보여 준다. 두 번째로 소개하는 글은 그가 만년에 도겐(道元, 1200-1253)*과 신란(親鸞, 1173-1263)*의 사상을 옹호했음을 보여 준다. 그것은 무조건적 비판을 통해 스스로 지쳐버리는 철학적 제안의 전조가 된다. 마지막 글은 『참회도(懺悔道)의 철학』의 서문 마지막 문단인데, 그러한 제안의 개인적 근거를 설명한다.　　　　　　　　　　　　　[JWH/편용우]

## 종의 논리

다나베 하지메 1935, 70-1, 128-30; 1936, 248-58; 1937, 449-63, 466-73; 1939a, 27-8

### 특정 논리

　현실의 악을 직시하여, 이 악의 유한성의 비통한 자각의 밑바닥에는 절대부정으로 전환 매개되는 절대긍정의 입장을 취하는 철학에서는 사회적 존재가 우선 유한상대의 특수사회로서 문제가 되고, 그 대립성부정성에서 구조가 나타나 비로소 필연적으로 절대부정으로 전체 인류사회와 매개된다. 이 매개야말로 다름 아닌 종의 논리이다. 우리들은 인류의 유적사회(類的社會)와 특수한 종적사회(種的社會)를 명확히 해야 할 필요가 있다.…

　그리고 개(個)의 기저에 잠재된 소위 '비합리적'일지라도, 이 종적특수사회를 인정할 때에 이를 매개로하여 구체적인 사유가 시작된다. 그렇지 않다면 비합리적이지만 그 의미는 공허해서 언급할 것이 없다. 따라서 대립하는 합리적인 것과 매개가 없고, 소위 절대비합리적인 것으로 합리화 매개가 끊기게 된다. 개(個)는 종을 예상하고, 종의 생명을 그 근원으로서 종의 직접적인 한정을 그 모체로 하지만 오히려 직접적 모체이자 발생 근원인 종과 대립하여 후자의 한정을 빼앗아 자신이 독점하고, 자신의 근원까지도 찬탈하여 배타적인 근원으로 분립시키려고 한다. 이러한 배반분립의 자유에 소위 개(個)존재의 비합리성이 성립하는 것이다. 개(個)는 필연적으로 종 안의 개(個)이고, 종을 떠나서 단순한 개(個)인 것은 없다. 그리고 유(類)의 절대통일은 이러한 개(個)의 자유가 부정적 계기가 되고, 이를 매개로 하여 종의 원시적 통일을 절대부정태(絶對否定態)까지 지양함으로써 절대부정적 절대 매개로서 실현되는 것이다. 이에 따라 유 역시 종의 즉자적 통일로 매개되고, 이에 입각하여 나타나는 것이기에 존재로서의 현상적 형태로 보자면 종과 동일하게 보인다. 종 이외에 유는 없으며 단지 종을 보편적인 측면에서 보아 이들의 특수적인 측면을 특별히 종이라고 하는 것에 대해 유라고 칭하는 것에 그치고 있는 듯하다. 유의 어원 Genos가 '태어나다'는 의미에서 생겨나 혈족을 의미하고, 일반적으로 혈연씨족으로서의 종과 뜻이 같은 것도 당연한 것이다.

　하지만 만약 단지 이와 같은 것에 불과하다면 유는 본질적으로 종과 구별될 이유가 전혀 없다. 그러한 유와 종은 확실한 상대적 차이가 있어야만 한다. 실로 본질상 유로서의 종과 대립되는 것은 그러한 것이 아니다. 지금까지 이야기한 대로 종의 직접적 통일을, 그와 대립되는, 그로부터 분립되는 개(個)와 매개하는 절대부정적 통일이 아니면 안 된다. 그래야만 비로소 유가 종과 본질적으로 구별된다. 그 구별의 매개가 바로 개(個)의 분립인 것이다. 하지만 개(個)는 오히려 종을 예상하고, 종과 대립하여 종을 부정하면서도, 종을 매개로 하는 것이다. 그렇기 때문에 유의 논리는 필연적으로 종의 논리와 개(個)의 논리와 종합적인 것이지 매개 없이 유의 통일을 사유하는 것은 바로 유의 종화(種化)인 것이다. 이는 논리의 부정이다. 이 혼동을 피하기 위해서는 우선 종의 논리가 개(個)의 논리와 유의 논리보다 앞서 이를 매개로 할 필요가 있다. 본래 변증법적 매개의 논리에서 단순히 직접적인 것은 없으며, 모든 것이 상호 매개하는 절대 매개이기 때문에 종은 개(個)의 대립을 예상할 수 없으면 종의 의미를 잃게 된다. 또한 개(個)를 매개로 유에서 지양되는 것을 의미하지 않으면 종이라고 할 수 없다. 하지만 그럼에도 불구하고 그러한 절대매개의 논리는 종의 논리로서 발전하는 것이 종의 본질상 필연적이다. 논리는 절대매개의 본질에 의해 매개의 중간자인 종의 논리일 필요가 있다. 종의 논리가 빠지면 논리는 논리일 수 있는 내용을 잃는다.

　　……

　　유한상대(有限相對)이면서 유한상대라는 자각은, 그리고 이미 유한상대를 넘어서는 무한절대(無限絕對)의 회향(迴向)의 시작이라는 신앙은, 모든 논증의 근거가 된다는 자증(自證)이다. 유한이란 자기를 한정하는 것이 외부에 있는 것, 상대란 다른 매개로 인해 자신이 확립되는 것을 의미한다. 우리들이 지금까지 생각해온 종과 개(個)는 그 의미에 있어서 명확하게 유한적이고 상대적이다. 종과 개는 대립되고 서로 반대의 방향으로 한정되지만, 서로 예상하여야 비로소 성립된다. 그 자신 안에 부정의 계기를 포함하고, 종을 매개로 해 비로소 성립되는 개(個)가 유한상대인 것은 말할 필요도 없다. 나아가 종이라 하더라도 자신과 대립하고, 자기통일을 파괴해 역으로 그 한정을 뒤집으려는 개의 한정을 예상하여 개체 집단으로서의 공동사회의 종을 의미하는 것이 가능하다. 직접적인 생명의지의 한정을 원리로 하는 공동체는 그 직접태(直接態)가 되는 결과로서 외견상 절대적이고, 무한의 생명을 지니는 것처럼 보인다. 하지만 직접태는 오히려 가장 추상적이고, 그 유한상대를 아직 충분히 자각하지 못해 무한절대의 정반대되는 것이라 해도 좋다.…

　　주지한 대로 무한절대인 것을 무매개(無媒介)로 세워 단순히 한정에 의해 유한상대인 것으로 이해하려는 입장이 추상적이어서 오히려 유한상대적인 것의 절대화와 방향을 반대로 하면서도 합일되는 경향이 있다. 나와 너의 개체 대립의 관념적 교환성에 기초하는 절대보편과 직접적으로 공동체에 포함되는 상대적 보편과의 혼동은 개의 구조에 포함되는 종의 매개를 무시한 결과이자 중대한 과오이다. 이미 우리들은 개(個)의 피매개성, 즉 종을 예상해 그 한정을 뒤집고, 이를 배타적으로 독점하려는 구조, 결과적으로 구체적, 실재적으로 나와 너의 대립이 성립되는 이유를 보았기 때문에 단순히 나와 너 대립의 교환성에 근거한 보편의 관념적 자각이 바로 배타독점의 관계에서 실재적으로 대립하는 나와 너를 구체적인 보편의 통일로 이끄는 것이 아님을 분명히 할 수 있다. 나와 너의 상호교환적 자각은 절대보편의 매개성을 암시하지만, 종의 매개를 포함하지 않는다. 그렇기 때문에 실제적인 대항을 포함하지 않는다. 말하자면 관념적 통일을 이루어 인인애(隣人愛) 결합을 근거 짓는 것처럼 보이지만, 종을 매개로하는 독점적 권력의지의 주아성(主我性) 배타성(排他性)이 이와 대립하는 이상, 대립을 지양하기 위해서는 권력의지의 분립적 배타성을 실재적으로 부정하는 방법을 찾지 않으면 안 된다. 부정의 방법을 고려하지 않고 아성(我性)의 폐기를 설명하더라도 단지 말은 쉬울 뿐이라는 느낌을 지우기 어려울 것이다.…

　　버려야만 하는 나는 단순히 본능적 생명의지를 한정하는 내가 아니라 오히려 반성적 권력의지를 한정하는 나라는 사실이 구체적인 제1 의의이다. 단순히 즉자적(卽自的)으로 나에게 속하는 욕망을 부정하는 것이 나를 버리는 것이 아니다. 대자적(對自的)으로 타(他)를 배제하고 타에 대해 나의 우월지배를 요구하는 아성을 부정하는 것이 참된 의미로 나를 버리는 것이다. 사회성으로서의 권력의지를 고려하지 않은 나의 이탈을 설명하는 것은 안이한 정감주의에 지나지 않는다. 따라서 권력의지는 종의 생명의지를 매개로 하는 이차원적 개(個) 의지이다. 권력의지를 고려한다는 것은 권력의지의 종에 의한 피매개성, 권력의지의 부정을 계기로 하는 대립성을 자각하지 않으면 안 된다. 이는 개의 아성을 종의 유한특수적인 직접적 전체성에 의한 매개로 귀결된다. 종의 매개와 동떨어진 유의 절대통일을 설명하는 것 역시 그 내용은 공허할 수밖에 없다. 종의 즉자적인 직접통일을 매개로 해, 이를 계기로 부정적으로 대립하는 대자태(對自態)로서의 개를, 부정의 부정에서 지양하는 절대부정태로서만 즉자이자 대자의 종합적인 유가 성립된다. 이는 단순한 개의 분립을 부정하고, 나와 너의 직접적 대립을 지양하는 것이다. 이로 인해 절대보편의 통일을 초래하기 때문에 절대적 전체의 실현이지만, 종의 직접적 통일에서와 마찬가지로 연속적으로 막힌 통일이 아니라 상호부정적으로 분립하는 개의 절대부정적인 통일을 의미하기 때문에 열린 통일이라고 해야 할 것이다. 전자를 유(有)의 전체라고 할 수 있다면, 후자는 무의 전체라고 할 수 있을 것이다. 이것이 바로 베르그송이 구별했던 두 종류의 사회와 대응한다. 단 양자는 베르그송의 설에서와 같이 따로 떨어져 존재하여 서로 대립하는 것이 아니라, 서로 매개하는 것이어야 한다. 따라서 열린사회는 닫힌 사회의 지양개방(止揚開放)으로서 후자와의 상즉(相卽)에서만 존재하는 유(類)에 해당된다. 필연적으로 종을 매개로 하는 것이다. 직접적인 닫힌 사회로서의 공동체는 그 사이에 특수 보편의 차이가 있는 계통을 만들어도, 그 어떤 것도 종과 대립하는 것이 아닌 종이다.

## 종의 논리와 세계 도식

절대매개 논리에서 논리는 그 부정태인 직관과 매개되고, 논리는 직관의 계기를 포함하는 동시에 직관 역시 논리의 계기를 포함한다. 여기에서 칸트 철학의 개념을 적용하자면, 논리는 도식화되고 직관은 구상화되어진다고 해도 좋다. 선험구상력의 도식이 논리 범주와 직관의 순수형식을 매개하는 것이다. 절대매개 논리도 직관에 자기자신을 매개하는 것은 도식에 의한 것이다. 논리는 필연적으로 도식론을 포함하지 않을 수 없다. 칸트의 도식론은 논리의 절대매개를 선험론 철학 입장에서 실현한 것으로 보고 이성 비판의 가장 변증법적인 부분에 속한다.……

세계도식의 시간도식에 대한 구체석이 그 공간적 외재의 관계가 있는 종적 기체(基體)의 매개성에 있다는 사실은 다시 이야기할 필요는 없을 것이다. 따라서 세계도식론의 입장에서 성립되는 개적 실재가 실존철학에서와 같이 추상적 인격이 아닌 기체즉주체(基體卽主體)로서 역사사회에 자기를 실현하는 구체적인 인륜적 존재일 수 있는 것이다. 기체적인 역사사회에서 인륜적 주체에 대해서 세계도식은 단순한 인식의 매개에 머무는데 시간도식과 같지는 않다. 한편으로는 단순한 자연에 머무는 것이 아닌 구체적인 역사사회 인식의 비판적 확립에 도움이 된다. 뿐만 아니라 다른 한편으로는 동시에 주체의 실천에 대한 자각의 매개가 된다. 전술한 바와 같이 인식과 실천은 절대매개의 기체적 측면과 주체적 측면에 해당하는 것으로 양자가 절대부정적으로 통일된다. 따라서 인식은 자연 인식의 가장 추상적인 단계에서도 칸트의 인식론과 같이 단순히 수용되는 감각의 개념적 조직에 다다르는 것이 아니다. 인식에서 감성적 직관이 수용즉능동적(受容卽能動的)이라고 하는 것은 단순히 의식의 양면적 통일을 의미하는 것이 절대 아니다. 능동적이라는 것은 의지적 행동을 함의하는 것이다. 신체적인 행동 없이 능동적일 수는 없다. 감성적 직관도 피한정즉한정(被限定卽限定)의 행동성을 포함하고 있다. 오늘날 자연과학의 실험적 조작이라고 하는 것 역시 그 발전인 것이다. 단순한 수용이라는 것은 자연 인식에서도 있을 수 없다. 하지만 행동은 자각적이 되기 위해서는 반드시 인식의 지도를 필요로 한다. 실험 조작은 이론의 예측과 상호 제약을 주고받는다. 그러한 실험적 조작의 주체적 행동이 이론의 종적 역사적 존재와 부정적으로 매개되어져 새로운 이론이 비슷한 보편 입장으로 성립되는 것이 자연 인식의 발전이다. 그것은 필연적으로 세계도식의 매개로 성립된다. 그리고 세계도식은 전술한 대로 의미에서 세계가 구조즉존재(構造卽存在)였던 것과 대응해 인식론적 자각의 매개인 동시에 인식 그 자체의 매개이기도 하다. 절대매개에서는 인식즉자각(認識卽自覺), 자각즉인식(自覺卽認識)이기 때문이다. 따라서 세계도식론은 시간도식론과 같이 인식 내지 지적인간 존재의 자각 매개에 그치지 않고, 그 자체로 인식 매개이자 주체적 존재의 매개이기도 하다. 나아가 인식과 행동의 매개이기도 하다.……

## 종의 논리 의미를 밝힌다

몇 년 동안 나는 사회존재 이론을 문제로 하여 종의 논리라는 것을 고안했다. 내가 이런 논리를 생각하게 된 이유는 크게 실천적이고 논리적이라는 두 가지로 요약할 수 있다. 첫 번째로 요즘 각 국에서 갑자기 발흥하기 시작한 민족의 통일성, 국가의 통제력이 단순히 개인의 상호 관계로서 사회를 생각하려는 입장에서는 도저히 이해할 수 없는 부분이 있다고 사유했기 때문이다. 나에게는 단순히 종래의 소위 형식사회학에서 상호관계의 범주뿐 아니라 최근 해석학적 현상학에서 인간관계 현상을 다루는 것도 민족국가의 강제력이라는 것을 충분히 이해하기 어렵다. 그러기 위해서는 이런 모든 것들에 공통되는 개인의식의 심리적, 현상학적 사태를 넘어 단순히 존재론적으로만 그치는 것이 아니라 동시에 존재적-존재론적인 사태를 인정하지 않을 수 없다. 즉 프랑스 사회학파의 소위 '사물(chose)'이라는 것이 국가사회의 근저에 있어야만 할 것이다. 사회는 단순히 개인 뒤에서 혹은 개인과 동시에 성립되는 관계만은 아니다. 나는 개인의 생멸, 교대와 상관없는 기체가 있으며 그러한 한계에서 개인 앞에 있지 않으면 개인을 강제적으로 통일할 수 없다고 생각했다. 따라서 그런 사회의 기체는 개인이 그 안에서 생겨나 그 안에 포용될 때에 종족적이라는 이유로 의해 '종적 기체'라고 불릴 수 있는 것이라고 생각한 것이다.

……

하지만 사회의 개인에 대한 강제력이 그러한 종적 기체에서 유래한다고 하더라도 개인의 도덕적 의무는 그러한 자연적인 강제에 굴복한다고 생각할 수는 없다. 이성적인 개인에게는 외부로부터의 강제도 내부로부터의 자율과 합일하지 않으면 도덕적 구속력이 없어진다. 현실의 합리성을 믿지 않을 수 없는 나에게 있어 국가사회의 강제도 이성에 의한 자율로 바뀔 수 있는 것이어야 한다. 이는 단순히 강제가 아닌 이성적 근거가 있어야만 한다. 단 내가 생각하는 이성은 현실의 개인이 그 존재를 규정하는 모든 제약에서 벗어나서 단순히 자신 내부의 보편적 법칙을 의지의 격률에 대한 기준으로서 자신에게 부과하는 형식적 법칙성 능력이라는 것이다. 이성의 무제약적 보편성은 단순히 추상적인 보편성이 아닌 구체적인 전체성이 아니면 안 된다. 그것은 객관적 존재로서 자신의 궁극적인 규정이 모순을 포함하는 이율배반에 빠진 결과 자신이 무로 귀결됨으로써 오히려 주체적으로 현실 그 자체가 전체로서 자신을 충족하고, 자기즉현실(自己卽現實)로서 무제약적 보편성을 성립하지 않으면 안 된다.

……

그런데 이렇게 부정적으로 대립하는 종적 기체와 개의 갈등이 양자 교환부정(交互否定)의 결과 절대부정적 주체의 긍정으로 바뀐 것이 주체적 전체로서의 국가와 개인과의 상즉(相卽)이다. 여기에서 기체즉주체(基體卽主體)의 전환이 성립되고, 전체즉개체(全體卽個體)의 조직이 생겨난다. 국가가 이러한 매개종합의 원리에 의하는 이상 개인의 계약 이상의 전체이다. 따라서 필연적으로 이를 강제하는 것이고, 나아가 그 강제는 곧바로 자유로 바뀌어 개인은 자유로부터 부정되어지는 동시에 긍정되어지고, 자기희생이자 자기실현이 되는 조직이어야 한다. 이는 일반적으로 이성과 현실의 부정적 합일을 성립시키는 실천의 입장에서 실현된 것이며, 행위적 주체의 변증법의 구현이다. 따라서 이는 필연적으로 논리적이어야 한다. 존재와 논리와 행위는 삼일적 통일을 이루기 때문이다. 이는 엘리네 크[8]의 국가 2측면설을 변증법적으로 고도화해 사회적 측면과 법률적 측면을 실천적으로 매개하는 매개태를 통해 국가의 본질이라고 인정하는 것과도 같다. 그러한 입장을 인정한다면 일견 극단적인 국가주의에 지나지 않는 나의 견해가 결코 단순하게 직접적인 국민주의의 비합리적 전체주의가 아닌 자기희생즉자기실현이고 통제즉자유인 것처럼 각 성원의 자발적 협력에 의한 전체의 주체적 실현으로서의 국가건설을 의도하는 것임은 쉽게 이해될 것이라 믿는다. 내가 이렇게 국가를 인류적 국가라고 하는 것도 인류를 합쳐 한 국가를 이루려는 것이 아니라 각각의 민족국가가 그들 성원인 국민의 이성적 개체성을 매개로 민족적이면서 동시에 그와 상즉(相卽)하는 개인을 통해 인류적 보편 성을 갖는다고 생각하기 때문이다. 민족의 종적 제약을 폐지하는 것이 아니고(이는 불가능하다), 또한 민족국가를 국제연맹으로 결합하는 것도 아닌, 민족국가의 성원인 개인의 절대부정성에 의해- 베르그송이 말한 '열린사회'로의 회귀로 매개되어진-국가가 간접적으로 인류성을 획득하는 것을 의미한다.

......

나는 이 논문의 서두에 내가 종의 논리를 제안하게 된 동기를 두 가지로 요약할 수 있다고 이야기 했다. 첫 번째로 개인에 대한 국가사회 통제의 근거 이유를 규명하기 위해 이에 대한 우리들의 태도를 이성적으로 확립하려는 실천적 요구에 근거한다. 나는 이를 제2절에서 논술하고 종의 논리 의미를 이러한 방법으로 밝히려고 했다. 그런데 그 결과는 단순히 현상과 결부된 실천적 의미를 넘어 철학 그 자체의 방법까지 관계하는 일반적인 의미를 가지게 되었다. 따라서 순수한 논리적 사색 동기는 나를 처음으로 움직여 종의 논리라는 것을 생각하게 하였다. 이것이 두 번째 이유이다. 나는 이제 두 번째 동기의 내용을 명확히 해야만 한다.

변증법 논리가 모순의 통일을 핵심으로 하는 이상 그 통일을 매개로 하는 유(有)란 존재하지 않는다는 사실은 명확하다. 때문에 통일은 무매개(無媒介)이며 직접적이라고 할 수 있다. 유와 무, 긍정과 부정을 통일할 수 있는 것은 본디 없다. 하지만 생각을 달리하면 유와 무는 직접적으로 통일될 수 있다고 하는 것도, 본래 이 둘은 절대적으로 대립하는 것으로 비유할 수 없을 정도로 부정의 심연을 사이에 두고 서로 떨어져 있다. 결코 무매개로 직접적으로 연속하는 것이 아니다. 그렇기 때문에 유는 무가 아니고, 무는 유가 아니다. 이 부정의 심연을 넘게 하는 무엇인가의 매개가 없다면 이 둘 사이의 통일은 성립될 수 없다. 이렇게 매개가 없다는 사실이 동시에 매개가 있다고 하는 사실이 아니면 안 되는 이유가 있다. 즉 유와 무를 이어주는 매개는 그 자체로 유이자 무이지 않으면 안 된다. 무이자 유인 이상 무를 부정하는 것이기 때문에 절대무라고 밖에 표현할 수 없는 것은 명백하다.

이렇게 변증법 논리를 매개로 하는 것은 절대무이고, 절대무 위에서 절대무에 의해 뒷받침 되어 변증법의 세계가 성립되는 것이다. 만약 그 세계를 포용하는 장소로서 절대무를 사유한다면 이는 소위 '무의 「장소」'이다. 이런 식으로 생각하면 절대무인 것은 언 듯 보면 지극히 명백해서 그 소재는

---

8) [영] 게오르크 엘리네크(Georg Jellinek, 1851-1911)는 당시 지배적인 문화주의와 민족주의에 반대하여 보편적 인권 이론을 주장한 독일의 법철학자였습니다.

의심할 수 없으며 바로 그것이 무의 장소라고 사유될 수밖에 없는 이유 역시 매우 명료하다.

오늘날 가장 심원한 일본 철학이라고 인정되는 니시다(西田) 철학이 이런 개념을 근거로 하고 있는 것이다. 또한 그런 개념에 의해 영향을 받은 사상이 한 목소리로 이 의미의 무를 설명하는 것도 다시 말할 필요도 없다. 그런데 나에게는 절대무라는 것을 이처럼 해석하기는 불가능하다. 니시다 선생님이 처음 무의 장소를 이야기했을 그때부터 오늘날까지 이미 10년의 세월이 흘렀다. 그동안 선생님의 사색은 깊이와 정밀함을 더해 매우 고고하게 그 체계를 구축해 왔다. 하지만 나는 우러러봐야 할 스승의 체계의 근저에 대해 처음부터 지금까지 당연하고도 의연하게 의문을 품어 왔다. 이는 절대무가 절대적으로 체계의 근거로서-소위 무의 장소로서-정립되어지는 이상 이미 유이지 무는 아니기 때문이라는 의문이다. 절대무는 어디까지나 무이지 유여서는 안 된다. 따라서 이를 절대무로서 변증법적 세계의 밑바닥 내지 뒷받침으로서 자기부정적인 존재가 위치하는 장소라 면 이는 직접적으로 존재하는 것으로 위치되는 것이다. 또한 동시에 무라고 하는 의미를 잃어버리게 된다. 이렇게 다른 모든 존재는 변증법적으로 부정즉긍정으로서 부정적으로 매개되고, 무에서 유가 되지만 이를 통해 무에서 유가 되는 매개로서의 무의 장소 그 자체는 오히려 비변증법적으로 직접 긍정되게 된다. 절대무는 유로서 무의 의미를 잃어버리고 직접 유가 되는 것을 피할 수 없다. 이는 변증법 그 자체가 직접 긍정되어 비변증법적으로 주장되는 것을 말한다.

나는 이러한 것을 변증법이 철저하지 못하다고 밖에 생각할 수 없다. 다시 말하면 절대무 역시 동시에 부정적으로 매개되어야만 한다고 생각하는 것이다. 따라서 절대무가 부정적으로 매개되어지 는 것은 절대무 역시 어디까지나 무이기 때문에 무와 부정적으로 대립하는 것은 유이어야만 한다는 것을 의미한다. 마치 변증법적 사고에서 긍정이 일반적으로 부정으로 매개되어 유는 무에 의해 매개 되는 것과 마찬가지이다. 이런 경우에는 역으로 무가 유와 매개되고 부정이 긍정과 매개될 필요가 있는 것이다. 절대무는 오히려 유를 자신의 매개로서 유를 부정하는 작용에 의해서만 절대무일 수 있다. 다시 말해 절대무는 자신의 매개면(媒介面)으로서 그 자기부정인 유를 수반해야만 한다. 이렇게 해서 절대무는 직접 정립되는 것이 아니라 자기부정에 매개되는 것으로서 어디까지나 부정작용인 이상 직접 유가 아닌, 부정적으로 매개되어지는 것이 가능해진다. 그런 의미에서 절대무는 절대부정 작용 외에는 없다고 밖에 이야기할 수 없다.

　……

이상과 같은 이유로 나는 변증법 논리를 철저히 추구하기 위해 어디까지나 변증법적으로 긍정하고 오히려 그에 반하는 부정적 대립자를 매개로하여, 긍정을 부정하는 절대부정 작용으로서 절대무의 진의를 밝히려고 했다. 절대무 역시 변증법적으로 사유되어지기 위해서는 무의 부정적 매개로서 유의 대립이 있어야만 한다. 따라서 오히려 직접성 때문에 무가 아닌 유로 바뀐다. 무는 어디까지나 무로서 부정의 작용이기 때문에 부정할 만한 유를 필요로 하는 것이 골자이다. 그런데 이러한 무의 부정적 매개로서의 유는 무의 매개이기 때문에 그 자체는 매개되지 않는 직접적인 유여야 한다. 무의 매개로서 전제되는 한 그 자체는 무매개인 유인 것이다. 하지만 다른 한편으로는 변증법적 사고에서 어떠한 유의 긍정도 부정으로 매개되어지지 않으면 안 된다. 무를 부정적으로 매개하기 위해 유가 필요하다면 동시에 유를 매개하기 위해 오히려 무를 필요로 하지 않으면 안 된다. 그렇지 않다면 오히려 앞뒤가 맞지 않게 된다.

지금 유를 매개로하는 무는 우리들이 생각해 온 문제의 유래로 따져본다면 절대무이다. 따라서 그 외의 무를 따로 생각할 수는 없다. 따라서 유를 매개하는 무라는 것도 절대무 이외에 찾을 도리가 없다. 따라서 절대무는 오히려 유를 자기 매개로하는 것이다. 그렇다면 절대무는 자기의 매개인 유를 역으로 스스로 매개로하는 것이지 자기 이외에는 자기 매개를 갖지는 않는다. 본래 절대무 외의 유 역시 있을 수 없다는 것이 모든 유를 무로 매개되어지는 것으로 생각하는 변증법 정신이라고 한다면 당연한 결과이다. 때문에 절대무란 자기를 절대적으로 매개하는 것을 의미한다. 절대무란 자기를 절대적인 부정적 매개 작용을 가리킨다. 이것이 절대무의 진의가 절대부정에 있다고 말한 이유이다. 그런데 절대부정이란 지금 살펴본 바와 같이 절대매개 이외에 그 어떤 것도 아니다. 그렇다면 당연히 절대부정 작용이란 절대매개 작용일 수밖에 없는 것이다.

## 국가 존재 논리

사회존재 구조를 종적기체(種的基體)와 개적주체(個的主體)의 대립계기의 유(類)의 실천적인 기체 즉주체의 부정적 통일로서 국가 원형 하에서 논리적으로 사색하려는 나의 욕망에서는 사회존재 논리는 필연적으로 역사 논리를 포함하고, 저절로 역사 논리로 발전하기를 바란다. 사회를 모순적 계기의 변증법에서 실천적으로 이해하는 것은 단적으로 말하면 발전즉건설(發展卽建設)의 운동 과정 에서 파악하는 것을 의미하고, 역사란 바로 국가사회 내부적즉대외적(內部的卽對外的)인 대립의 통일 과정을, 그리고 동시에 행위적 자각적 운동으로서 파악하는 것을 나타내기 때문이다. 내가 종래에 소위 '사회존재 논리'로서 설명했던 점은 역사적 사회적인 현실의 단순히 단면적인 즉자적(卽自的) 구조의 자각에 머무르고 아직 발전즉건설, 생성즉행위(生成卽行爲)의 즉자차대자(卽自且對自)인 실 천적 자각에 도달하지는 못했었다. 그것은 단지 역사 논리로 발전시켜야만 비로소 구체적인 현실 자각이 된다.

나의 관심은 본래 처음부터 역사철학 문제였다. 그러나 나는 역사를 단순히 표현이라거나 형성이 라거나 하는 살아 있는 직접적 작용에 근거한 인문주의적 관점에는 근본부터 불만이 있었다. 그러한 견지로는 도저히 오늘날 우리들의 생사를 쥐고 있는 국가존망의 위기를 낳은 역사 의의를 파악할 수 없었다. 역사는 반드시 그 주체인 국가를 바탕으로 이해되어야 하고, 그러기 위해서는 우선 국가의 사회적 성립, 그 기체즉주체(基體卽主體)로서의 종합적 구조를 명확히 해야겠다고 생각했다. 이를 위해 사회존재 이론을 종의 논리로 확립하려고 시도했던 것이다. 그 시론은 복잡한 문제이고 또한 나의 능력부족으로 인해 많은 결함이 존재하고 몇 번이나 같은 문제를 반복해 논리를 가다듬었지만, 아직도 매우 불완전하다고 밖에 말할 수 없다. 그래서 각 방면의 재촉에도 불구하고 오늘날까지 잡지에 실은 논문을 그대로 방치해 둔 채 단행본으로 정리하지 못하고 있었다.

그런데 최근에 일단 정리해야겠다는 생각이 들었다. 그러나 옛 원고에 가필하는 대신 현재의 입장에서 다시 부연하여 보완하려 한다. 그러기 위해서는 지금까지 발표한 사회존재 논리가 나의 능력 부족에 의한 결함은 차치하더라도 입장의 제한상 필연적으로 피할 길 없었던 추상을 수반하기 때문에 당연히 역사 논리로 발전할 만한 이유를 밝히고, 오히려 이러한 점에서 피하기 어려웠던 제한의 유래와 제한을 초월하는 방법을 제시함에 있어서 사회존재 논리의 역사논리적 조건을 확립하 는 것이 종래의 부연과는 다소 방향을 달리하는 보충이 될 것이라고 생각한다. 나에게 있어 국가가 가장 구체적인 존재이고, 바로 존재의 원형이 되는 것이다. 소위 기초적 존재론은 국가적 존재론이어 야 한다. 이것이 이 소논문의 주재이다.                                                    [JWH/편용위]

# 도겐의 철학

다나베 하지메, 1939b, 451-8

일본 사상의 전통적으로 깊은 자기 근원을 도출해내고 있음을 깨닫고, 서구 철학의 사색이 도달하려고 하는 궁극 목표를 일본사상에서 찾아보려고 했을 때 일본 조동종(曹洞宗)의 개조인 도겐(道元, 1200-1253)*의『정법안장(正法眼藏)』이 떠올랐다. 나는 실로 도겐의 사변의 깊이와 면밀함에 감동을 받아 일본인의 사색 능력에 대해 강한 자신감을 고취시킬 수 있었다. 그 사상은 오늘날 철학의 체계적 사색이 도달해야 할 곳을 이미 통찰하고 도를 이루었다고 생각된다.…

우선 가장 먼저 생각해야 할 문제는 도겐의 사상은 종교이지 철학은 아니지 않을까 하는 문제이다. 나는 일반적으로 종교와 철학을 상이하면서도 상통하는 관계라고 생각한다. 철학도 일반적으로 절대와 상대의 관계를 중심문제로 삼고 상대적인 역사적 현실 속에서 절대적 의미의 이해를 과제로 삼고 있는 한 종교와 상통한다는 점은 부정할 수 없다. 왜냐하면 종교도 상대와 절대의 관계를 이해하려고 하는 것, 절대의 상대에 대한 섭취(攝取)를 믿게 하여 상대의 절대에 대한 의빙(依憑)을 자증하려는 것이기 때문이다. 그런데 상대가 절대에 대해 상대적 자립존재를 가지는 이상 자기 입장에서 절대에 대항하고 죄악을 범할 가능성이 있다. 따라서 스스로 섭취할 수 있는 절대는 이른바 선악 대립을 넘어선다. 선 역시 단순히 상대자의 의지 행위에 속하는 이상 필연적으로 악의 의미를 수반한다. 선은 결코 완성된 선이 아니며, 마찬가지로 악 역시 위선의 기연(機緣)으로 인해 어디까지나 선으로 바뀔 수 있는 가능성을 포함하는 악이다. 그러한 선악의 상대적 가치의 절대전환이 되어 일체를 절대 선으로 취할 수 있어야 한다. 상대가 상대로서 성립되면서 오히려 그 부정전환이 절대의 현성(現成)이라는 점을 믿어 상대의 근원인 절대의 전환적 현성으로서, 그리고 부정적 매개로서 참여하는 행위를 절대선으로서 자증하는 것으로서, 종교는 본질상 사상을 절대적 부정적으로 만든다.

이에 의해 종교는 철학이 절대부정의 전환매개의 「도(道)」라고 하는 사상상 구조를 동일시하는 것이라고 할 수 있다. 특히 불교가 반야의 지혜를 작불(作佛) 능력이라고 하여 거의 철학과 일치하는 경향이 있는 것은 당연하다 하겠다. 자연과 인사(人事)에 대해 신화적 설명을 배제하고 진정한 의식을 구하는 데에 있어 양자의 다른 점은 거의 소멸한다. 단지 종교에서는 인간적 대상의 입장을 벗어나 절대를 믿는 입장으로 전환되는 개인의 행동을 주로 하여 인간의 세상적 생활에 입각한 자연적 문화적 학문인식을 그 절대전환의 매개로서 적극적으로 요구하는 점이 많다. 후자는 단지 전자의 한 「방편(upāya)」으로서 이타환상(利他還相)의 특수한 매개에 지나지 않는다. 결코 그 자신이 종교적 믿음 증명(信行證)의 동적 매개적 통일의 내실로서 밀어넣는 것은 아니다.

이에 반해 철학은 어디까지나 「학(學)」으로서 현실의 학문적 인식 한계비판과 그 부정초월을 매개로하여 역사적 발전 즉 소원환귀적(發展卽遡源還歸的)으로 어디까지나 학문의 「도」에 준해서 상대와 절대의 전환을 획득하고자 한다. 이는 어디까지나 역사적 현실의 이성적 자각에 의한 것이기 때문에 종교적 믿음의 자각적 방향을 지시하고, 그 필연성을 확정하는 데에 그치고 있어 신행(信行) 성립과 자증을 스스로 실현시키는 것은 아니다. 여기에서 종교와 철학이 상통하면서도 본질을 달리하는 이유이다. 철학이 전술한 바와 같이 종교와 과학을 부정적으로 종합하는 위치에 서 있다고 생각되어지는 까닭이다.

그런데 도겐도 종교가로서 그 사상이 학문적 현실인식의 비판을 매개로 한다고는 말하기 어렵다. 그러는 이상 그의 사상은 종교적이고 철학적은 아니라고 할 수밖에 없다. 하지만 도겐의 사상은 많은 종교가에서 보이듯이 인간 세상을 초탈하고 있는 모습, 인간의 입장을 부정하는 모습만을 강조하여 인간과 인간세계를 부정하며 동시에 그것들을 긍정하는 모습이 결락되어 있지는 않다. 물론 「대승(大乘)」불교는 속세가 싫어 떠나(厭離)서 「열반(涅槃)」을 즐거이 추구(欣求)하는 이승(二乘)의 교를 배척하고 양자가 표리상즉(表裏相卽)임을 인정하고, 「보살(菩薩)」의 자리득도(自利得道)는 오히려 속세로 돌아가 중생제도의 이타행을 하는 것에 있음을 가르친다. 하지만 어디까지나 해탈의 가르침으로서 오로지 상대를 부정하고 신용하지 않(否定撥無)는 쪽으로 기우는 것도 자연의 이치이다. 때문에 도겐은 이점을 특히 경계하고, 상대로 돌아가 이를 매개로 하는 것만이 절대(絕對)가 단순히 상대와 대립하여 오히려 저절로 상대로 떨어지는 것을 피할 수 있다고 보고, 상대의 상호 부정(交互否定)을 매개로 하여, 절대부정즉긍정(絕對否定卽肯定)으로 소원환귀(遡源還歸)할 것을 강조했다. 이것이 바로 철학으로 합일하는 방향을 제시한 것이라고 할 수 있다…

　'불도를 배우는 것은 자기를 배우는 것이다. 자기를 배우는 것은 자기를 잊어버리는 것이고 자기를 잊어버리는 것은 만법을 깨우치는 것이다'(현성공안[現成公案], 도겐 1252, 7)…'세무(世務)가 불법을 방해한다는 생각은 단지 세간에 불법이 없다고 생각하고, 부처 안에는 「세법(다르마, 法)」이 없다는 사실을 아직 알지 못한다'(변도화[辨道話], 도겐 1231, 742 [14])와 같은 『정법안장(正法眼藏)』의 유명한 말들은 상대의 절대부정즉긍정(絕對否定卽肯定) 이외에 절대가 없음을 나타내고 있다. 세법의 절대부정즉긍정이 「불법」이며, 오히려 불법은 세법을 부정계기로서 자기의 매개로 바뀌고 방해되는 것이 전혀 없다. 도리어 매개의 행(行) 이외에 불도가 존재하지 않는다는 사실을 명시한다. 물론 내가 절대즉긍정이라고 할 때의 '「즉(卽)」'이 의미하는 바는 세법의 절대부정으로서의 불법에서 세법이 세법으로서 긍정되어진다는 것이 아니다. 오히려 어디까지나 세법으로서는 부정되면서 불법의 부정계기로서는 긍정되어진다는 것을 의미한다. 따라서 도겐이 '하나가 아니지만 다르지는 않고, 다르지 않더라도 즉(卽)이 아니며, 즉이 있더라도 다(多)가 아니다'(전기[全機], 도겐 1242b, 244)고 할 때의 동일성 의미에서의 '즉'이 아니다. 어디까지나 대립적 통일의 의미이다. 도겐의 『정법안장』이 종교에 속하는 것이라도, 그것이 절대매개적 사상경향에 의해 철학과 통하는 것은 위와 같이 명료하다 할 것이다.

　하물며 나아가 이와 같은 상대의 절대부정즉긍정인 전환매개를 단순히 봉갈(棒喝)이나 갈송(喝頌)으로 상징되는 수도(修道) 일변도인 임제계(臨濟系)에 대해 '득도(道得)'를 문자 그대로 '도(道)' 즉 말(言)의 대화적 매개라고 해석하는 데에서, 도겐의 불법이 단순히 불립문자(不立文字), 직지인심견성성불(直指人心見性成佛)[9]의 「돈오」직관에 머무르는 것이 아닌, 어디까지나 상대와 대립 사이에서 이루어지는 질문과 답을 주고받는 대화적 변증법을 철저히 하는 철학의 길을 걷는 것을 알 수 있을 것이다.

　　　'어화(語話)가 아니면 불향상사(佛向上事)를 체득할 수 없고, 서로 나타내지도(相顯) 않고, 서로 숨기지도(相隱) 않고, 서로 주지도(相與) 않고, 서로 뺏지도(相奪) 않으며, 따라서 어화현성(語話現成)할 때에 이 불향상사가 되고, 불향상사가 현성할 때에 도려불문(闍黎不聞)이다…이른바 정당어화일 때 나아가 즉문(卽聞)이 아니고 즉문의 현성은 불어화(不語話)일 때이다'(불향상사[佛向上事], 도겐 1242a, 224)

---

9) [영] 선에 대한 전통적인 설명은 당 시대에 시작되었다고 여겨진다.

위 내용은 단지 부처와 부처(佛佛)에게 전하여 지고, 나아가 사법(嗣法)의 부처는 도리어 부처를 넘고 스승을 넘어서 이른바 불향상사를 행하여 불불상대(佛佛相對)하여 상대적 발전을 이루며 불가설(不可說) 불가문(不可聞)의 절대를 동적으로 현성시키는 것을 의미하는 것으로 해석할 수 있다. 어화와 불어화와 상즉하고, 상대와 절대가 서로 매개하여 철학의 어화현성은 불향상사의 불설불문과 상즉하고, 종교가 철학과 매개된다고 할 수 있을 것이다.…

실로 도겐의 『정법안장』은 변증법적 사변의 극치이다. 신란(親鸞, 1173-1263)*의 『교행신증(敎行信證)』과 상호간 전환매개의 면밀함에는 경탄을 금치 못한다. 가마쿠라시대(鎌倉時代, 1185-1333)에 거의 동시대에 활동한 일본 불교의 각 종파의 개조인 도겐, 신란, 니치렌(日蓮, 1222-1282)* 세 명은 그 사상의 윤리적 관계에서 마치 각각 유(類)와 개(個)와 종(種)에 해당된다는 사실은 우연이라고는 해도 깊은 의미가 있다고 해석된다. 그 점에서 세 명이 서로 매개 통일되어 비로소 완전한 일본 불교가 완성된다고 해도 좋을 것이다. 따라서 세 명이 각각 우월한 점을 비교하여 그 사이의 우열을 가리려고 하는 것은 전혀 무의미하고 유치한 놀이에 지나지 않는다. 단지 철학 사상이라는 입장에서 보면 도겐의 『정법안장』이 일본어를 구사해 논리를 전개해 어언설화로 불언불설이라는 점을 현성하려는 노력이 다른 두 명의 서적에는 없다고 할 수 있다. 반야공관(般若空觀)의 지(知)를 지로서 지양하고, 불즉무(佛卽無)로서의 절대부정행(絕對否定行)으로 이를 실현하는 선의 행도(行道)가 도겐의 득도(道得) 논리적 매개즉무매개(媒介卽無媒介)인 공부변도(功夫辨道)로 확립되어 어화즉불어화(語話卽不語話)로서의 행즉지(行卽知)로 매개되어지는 것은 더욱 그 사상을 철학적으로 느껴지게 하는 것이라 할 수 있다.

도겐이 말하는 도의 성취는 길의 표현으로 완성된다. 즉 도는 완전히 행위적 주체화 된다. 이는 종교의 부정계기로서의 철학사색에 다름없다. 게다가 도득(道得)은 부도득(不道得)과도 상즉(相卽)하고, 설취(說取)는 설부득저(說不得底)와도 떼려야 뗄 수 없기 때문에 철학은 종교를 부정하고 대신하는 것이 아니라 어디까지나 이 둘이 자립적으로 서로 대립하면서 부정적 매개적으로 서로 통하는 것이다. '도부득저(道不得底), 설부득저(說不得底)'는 어디까지나 부도득이고 설부득이지만, 이는 도와 설 밖에 존재하는 것이 아니라 도를 다하면(極) 그것이 바로 도부득저와 통하고, 설을 다하면(窮) 그곳이 바로 설부득저가 되는 것이다.…이 둘은 부의 부정으로 나뉘게 된다. 게다가 그러한 구분되고 떨어지는 대립자의 각각이 서로서로로 전환된다.… 이 전환이 행위이자 매개이고…결코 하나가 다른 하나를 대체하는 것이 아니다.…

도겐의 『정법안장』은 전환매개를 그 자신이 행한 흔적이다. 이는 결코 단순한 철학 논설이 아니라 바로 종교의 이타적 교화유도로서의 행위이다. 하지만 그렇다고 하더라도 단순한 권화를 주목적으로 하는 설교가 아닌, 철학의 부정적 매개에 의한 사변와 변증을 통한 설불득저의 현성에 이르는 방향을 지시하고, 종교적 행신증의 통일을 향해 보편적 객관적인 길을 연 것이다. 여기에 비밀스럽게 스승에게 전달받는 것과는 다른 철학적 매개의 공개성이 성립한다. 본래 철학 그 자체로서의 철학과는 달리 종교의 부정적 매개로서의 철학에는, 앞서 세법과 불법의 관계에 대해 인용한 도겐의 말에 따르면, 종교 안에 철학이 없다는 의미가 있어야만 한다. 따라서 그런 의미를 갖는 철학은 철학이지만 철학이 아니고, 철학의 매개이자 무매개라고 할 수밖에 없다. 매개라고 하는 것도 철학의 매개적 사유의 범주이지만 종교에서 보면 무매개인 것이다.…

철학은 그러한 공부(功夫)에서 철학의 궁진(窮盡)을 위해서만 존재해야 한다. 하지만 그렇다고는 해도 철학이 자기를 궁진하여 소멸하면 이어 종교의 「자수용삼매(自受用三昧)」가 성립된다. 따라서 전자는 후자가 도달하기까지의 단순한 도정에 지나지 않는 것은 아니다. 그래서는 수증양단(修證兩段)으로서 도겐의 배척하려 했던 곳에 빠지고 만다. 이른바 매개즉무매개가 아닌 유매개와 무매개의 교대상속인 것이다. 이는 바로 '오성(悟性)'의 사랑으로 종교적으로는 「생사(生死)」의 인습이라고 할 수 있다. 철학은 종교의 매개 의미를 잃어버리는 것이 아니라 오히려 반대로 지옥을 만드는 것이다. 그 궁진에 의해 종교의 매개가 되는 철학은 철학 쪽에서 보면 매개이지만, 종교 쪽에서 보면 무매개인 것처럼, 유즉무, 무즉유의 관계에서 어디까지나 종교와 상즉하고, 매개즉무매개가 아니면 안 된다. 이는 철학과 종교의 구체적 관계라고 생각된다. 내가 철학과 종교가 상이한 것으로 대립하면서도 상통한다고 하는 보다 정확한 의미를 이해할 수 있을 것이다.　　　　[RMü/편용우]

## 참회도의 철학

다나베 하지메 1945, 3-13 (VI-LXI)

지난 1944년 여름, 마침내 일본의 국운이 기울고, 국력은 점점 쇠하여, 외적의 침격과 내습이 눈앞에 다가왔다. 그러나 국정은 정체(停滯)되고 정부 당국이 하는 일은 정세에 전혀 부합되지 못했다. 필요한 혁신을 단행해서 광란을 다스릴 아무런 능력도 없는 정부는 오히려 그 책임을 은폐하기 위하여 국민에게 진실을 알리지 않으며, 정책시설에 대한 일체의 비평을 봉하고, 다만 정부를 찬양하고 선전하는 자들을 제외하고는 모든 언론을 금지하니, 우익을 제외한 모든 사상에 대한 억압은 참으로 가혹한 상태에 이르게 되었다. 우리 국민은 극도로 핍박한 생활 속에서도 불안을 감추고 국가의 앞날을 우려하였으나, 이것을 호소할 곳도 없고 알릴 사람도 없는 고뇌 상태에 놓여 있었다. 무엇보다도 내각의 경질을 바라는 마음은 너나 할 것 없이 국민 모두의 가슴속에 가득하였으나, 이러한 민의를 발표할 수 있는 길은 완전히 차단되어 있었던 것이다.

나 또한 일반 국민과 고뇌를 함께하였으나, 사상에 종사하는 자로서 남달리 특별한 고뇌를 겪지 않으면 안 되었다. 적어도 철학을 배워 사상을 가지고 보국(報國)해야 한다면, 설령 현 정부가 꺼린다고 하더라도 국가의 사상 학문 정책에 대해 직언(直言)해서 정부로 하여금 반성하도록 하여야 하지 않겠는가? 지금 단 하루의 유예(猶豫)도 허락하지 않는 이 위급한 시기에 국정의 개혁[釐革]을 말하지 않고 단지 침묵이나 지키고 있는 것이야말로 국가에 대한 불충(不忠)은 아닌가? 한편으로는 이런 염려를 했던 것이다. 그러나 다른 한편으로는, 이러한 행동은 평상시라면 모르되 전시(戰時)에 적을 앞에 두고 국내 사상의 분열을 폭로할 염려가 없다고는 할 수 없으니, 그러한 행동은 오히려 자제해야 하지 않을까하는 자제심이 생기기도 하였다.

이처럼 염려와 자제심 사이에 끼여 이러지도 저러지도 못한 채 괴로워하였다. 그러나 이 진퇴양난의 곤경에서 나를 더욱 고뇌하게 만들었던 것은 다음과 같은 의문이었다. 고작 이 정도의 어려움조차도 극복할 수 없다면, 나에게는 철학에 종사할 만한 자격이 없는 것이 아닌가? 더욱이 철학 교사로서 사람을 인도하는 일은 생각할 수도 없을 터이니, 당연히 나는 철학을 그만두고 철학 교사직을 사임해야 하는 것은 아닌가? 나는 몇 겹으로 나를 옥죄어 오는 안팎의 괴로움에 절치부심(切齒腐心)하는 나날을 보낸 나머지, 나의 기력은 끝내 소진되어 버리고 말았으며, 철학과 같은 고매한 일은 천품이 비천한 나 같은 자가 할 바가 아니라는 절망에 빠지지 않을 수 없었다.

그런데 참으로 이상한 일이었다. 이 절체절명의 경지에서 스스로를 포기해 버린 나에게 「참회(懺

다나베 하지메 ___ 549

悔)」가 다가왔던 것이다. 이제 다른 사람을 인도한다든지, 다른 사람을 바로잡는다는 것은 나에게 아무런 관심사도 아니었다. 나는 자신의 행동조차 마음대로 할 줄 모르는 자일진대, 무엇보다도 참회하여 솔직하게 나 자신을 직시하고, 밖으로 향했던 시선을 안으로 돌려 자신의 무력과 부자유함을 철저하게 직시하자. 이것이야말로 지금까지 해왔던 철학을 대신할 나의 일이 아닌가? 나는 이러한 새로운 결의에 도달하였던 것이다. 이미 철학할 수 있는 능력도 자격도 잃어버린 나로서는 이러한 일이 철학인가 아닌가 하는 것은 아무런 문제가 아니었다. 다만 그것이 지금의 내가 하지 않으면 안 될 과제로서 나에게 부과된 사상적 과제인 이상, 힘이 허락하는 한 그것을 수행하려고 결심하였다.

이런 결심은 나에게 오히려 참회의 자각을 통해서 철학 아닌 철학을 하라는 과제를 부여했다. 이제부터 철학하는 것은 나 자신이 아니라 참회이다. 참회가 참회의 행위 그 자체에서 나에게 자각을 가져다주는 것이다. 이것이야말로 종래의 철학이 부정된 자리에서 새롭게 태어나는 '철학 아닌 철학' 이다. 그것을 '철학 아닌 철학'이라고 부르는 이유는, 철학이 한번 절망적으로 포기되고 사멸된 흔적에서 과거의 철학 대신 나타난 것이긴 하지만, 그것 역시 철학이 목표로 하는 궁극적인 사색과 철저한 자각이라는 요구에 응답하려고 하기 때문이다. 그것은 물론 일단 스스로를 버린 무력한 내가 「자력(自力)」으로 하는 철학은 아니다. 참회를 통해서 나의 방향을 바꾸고, 스스로의 무력함을 자각함으로써 새롭게 출발하도록 만든 「타력(他力)」이 나를 통해서 철학하는 것이다.

"참회란 내가 행한 잘못을 뉘우치고, 저질러진 악의 죄, 그 무엇으로도 갚을 수 없는 죄를 자신의 온몸으로 끌어안아 괴로워하며, 스스로의 무력함과 무능을 부끄러워하면서 절망적으로 자신을 버리는 것을 의미한다. 그것은 나를 부정하는 행위이기에 나의 행위인 동시에 나의 행위가 아니다. 나 아닌 타자가 이러한 행위를 하도록 만드는 것이다." 그러나 그 타자야말로 내가 갈 길의 방향을 바꾸어 종래와는 다른 새로운 길로 재출발하도록 만들어 주는 것이다. …

이렇게 참회를 통해서 전환, 부활되는 것이 신란(親鸞)이 타력법문(他力法門)에 의해서 정토「진종(淨土眞宗)」을 건립했던 배경이었다. 나는 신란이 불교에서 걸어 나갔던 길을 우연히 철학에서 따라 가게 되었다. 철학을 통하여 이러한 사실을 깨닫게 되었을 때, 나는 신란의 『교행신증(敎行信證)』을 참회도라는 시각에서 읽어내고자 하였다.…

그러나 『교행신증(敎行信證)』이 참회도를 불교적으로 전개한 책이라고 이해하는 일이 진종(眞宗)에 대한 일반적인 이해 방식이라고는 할 수 없다. 적어도 지금까지 나는 이러한 각도에서 『교행신증』을 접해보지는 못하였다. 그와는 달리 본래부터 자력주의에 기울어 있던 나는 신란의 타력염불문에 친밀감을 느끼기보다는 선(禪)을 더 좋아하였다. 그래서 비록 승당(僧堂)의 수업을 받은 적은 없지만 오래 전부터 선사들의 어록(語錄)에 친근감을 느끼고 있었다. 타고난 천품이 용렬(庸劣)하여 아직 선의 본령을 엿보지도 못하고 있음은 참으로 부끄러운 일이나, 그래도 진종보다는 선이 나에게 가깝다고 느끼는 바가 있었던 것이다. 『교행신증』은 그만큼 나에게 멀리 떨어져 있었던 것이다.

게다가 정말 뜻밖의 일은, 내가 이처럼 타력 신앙에 눈을 뜸과 동시에, 보통 자력문이라고 해서 타력신앙과는 대조적이라고 여겨왔던 선(禪)을 예전보다 더 가깝게 느끼게 되었다는 사실이다.…

나는 처음부터 내가 주장하는 참회도가 폭넓은 사회성을 지닌다고 느끼고 있었다. 그러므로 사회 연대라는 견지에서 보아도 우리는 누구라도 부단히 참회하지 않으면 안 된다고 믿는다.…

참회도는 의심의 여지없이 누구에게라도 언제나 필연적으로 요구된다. 참회도를 철학으로 삼는 것은 윤리를 철학의 통로로 하는 것처럼 일반성을 요구할 수 있다.… 참회도는 참회도적으로 전개되지 않으면 안 되는 구조를 가지고 있다. 참회도는 참회를 연구의 대상으로 삼는 '참회의 철학'이 아니기 때문이다. 기존의 철학적 방법을 가지고 참회를 해석하는 현상학 내지 생철학 같은 것이 아니라, 모든 철학의 입장과 방법이 무력한 것으로서 일소(一掃)되고, 그 폐허 위에서 다시 태어나는 것이 참회도이다. 참회도는 데카르트의 방법적 회의보다 더 철저한 철학적 해체[掃蕩]의 방법이며, 그것은 한 번 죽어 부활한 철학이기 때문에, 참회도 자체는 기존의 철학으로서 취급될 수 없다.···

이처럼 사색을 전개해 가면서, 나는 참회도의 보편적인 논리가 절대비판(絕對批判)이라는 사실을 알게 되었다. 자력에 바탕을 두는 이성의 철학은 현실과의 대결에서 피하기 어려운 이율배반에 빠진다. 그렇게 되면 칸트의 이성 비판처럼 지식을 제한해서 신앙의 입장을 마련하고자 하게 될 것이다. 하지만 칸트가 추구하였던 해결책은 너무나 부족한 것이었다. 이성은 자력으로는 어쩔 수 없는 절체절명의 궁지에 몰려서 지리멸렬하고 산산이 분열되고 나면, 더 이상 쓸모없는 것이 되어버리는 것이다. 이성 비판의 주체인 이성은 비판을 통해서 스스로를 보전하는 것이 아니라, 절대분열에 이르러 스스로도 철저하게 분열되지 않을 수 없다. 이 절대분열이 곧 절대 비판이며, 그것은 바로 이성 비판이 철저해 지는 것이다. 더욱이 절대적인 분열모순이 모순을 가지고 모순적으로 부정되는 곳에서 절대적인 전환이 일어나고, 철학은 '철학 아닌 철학'으로서 초월적으로 부활된다.···

"나는 마지막 강의를 준비하면서 지금까지 기술하였던 절대 비판의 논리를 전개해서 내가 지금까지 배워왔던 서양 철학을 비판적으로 해부하면서 그것을 참회도적으로 다시 발전시켰으며", 나의 입장에서 에크하르트, 파스칼, 니체를 새롭게 해석함으로써 종래 투명하지 못했던 점을 내 나름대로 분명하게 했다는 기쁨을 맛보았다.···

참회도를 나 혼자의 철학으로 삼을 뿐만 아니라, 국민 모두의 철학으로서 참회도를 제공하는 것은, 내가 할 수 있는 보은(報恩)이다. 이렇게 생각해서 나는 가능한 빨리 이 작은 책을 한 권의 책으로서 세상에 출판하기로 결심하였다. 나는 참회가 우리 국민이 가야 할 길이라고 주창하는 바이지만, 결코 참회도의 철학을 다른 이들에게 강권하는 것은 아니다. 다만 현대를 살아가는 일본인으로서 철학을 추구하고자 하는 국민들에게 자유롭게 취사선택할 수 있도록 참회도를 제시하고자 할 뿐이다.

[TY, JWH, VV/김승철]

# 무타이 리사쿠

務台理作, 1890-1974

무타이 리사쿠는 교토학파(京都學派)에서 그리 중요한 인물은 아니다. 처음에 심리학에 관심이 있었지만, 교토대학(京都大學)에서 니시다 기타로(西田幾多郎, 1870-1945)*에 사사받던 중에 칸트(Immanuel Kant, 1724-1804)를 시작으로 오늘날에 이르는 철학을 공부의 토대로 마련하라는 말에 설득당했다. 1923년에 오타니대학(大谷大學)의 교수가 되었지만 3년 뒤에 프랑스와 독일로 유학을 떠났다. 그곳에서 그는 한동안 후설(Husserl, Edmund, 1859-1938)에게 직접 배웠다. 공부를 마치고 타이베이제국대학(台北帝國大學)의 교수가 되었다가 1932년 도쿄교육대학(東京教育大學)에 자리를 잡았다. 그동안에 다나베 하지메(田邊元, 1885-1962)*의 지도하에 헤겔에 관한 공부를 계속했다. 1935년에 자신의 논문을 완성한 후에, 피히테(Johann Gottlieb Fichte, 1762-1814)와 후설의 현상학, 그리고 논리학의 문제에 관한 논문을 썼다. 그 후 새로운 인본주의에 관한 자신의 철학적 탐구에 집중했다.

인본주의를 연구하면서 무타이는 니시다의 '「장소(場所)」의 논리'를 기본적 방향으로 삼았으나, 도사카 준(戶坂潤, 1900-1945)*과 미키 기요시(三木清, 1897-1945)*와 같은, 교토학파 내의 마르크스(Karl Marx, 1818-1883) 연구자들에 대해 공감을 드러냈다. 보편과 특수에 관한 니시다적 변증법의 「화엄(華嚴)」을 기반으로 삼아서 그리고 다나베의 '종의 논리'를 이용해서, 무타이는 확고히 반민족적이며 반군국적인 인본주의를 전개했다. 반나치 저항 운동 단체인 '백장미(Weise Rose)'단을 모델로 삼아서 그는 전 세계적 인본주의, 즉 '인류를 위한 인본주의'를 전진시켰다. 정치적 자결과 사회적 정의 없이는 평화와 독립을 촉진 시킬 수 없다고 주장했다. 이런 목적을 이루기 위해, 그는 세계 평화를 위해 근본적인 정치적 주권을 위한 패러다임으로서 다나베의 '종(種)'을 채택했고, 그것으로 '한 사람'과 '다수'에 관한 니시다적 상관관계를 중재하려 했다. 무타이는 독자들에게 '특정한 사회'의 개개인은 다수 중 한 사람일 뿐이며, 동시에 덧없다는 것을 상기시켰다. 만약 특정한 사회가 전체를 사칭하면서 민족주의로 흐른다면, 개인과 특정한 사회, 그리고 전체 인류의 상호관계는 국제적 평화를 촉진할 수 있고 모든 특정한 문화의 자결을 지킬 수 있다.                    [GK/편용우]

## 사회 존재론

무타이 리사쿠 1939, 106-7, 109-12, 59-61

### 객체와 세계

나에게 있어 현실 세계는 일체 존재의 시작이자 최후이다. 현실 세계 이외에 무엇도 있을 수 없고, 일체는 현실세계에 속한다. 시간도 공간도 현실 세계를 집어넣기 위한 틀과 같은 것이 아닌, 서로 현실세계에서 성립된다. 현실세계는 부단히 유동하며 성장하고, 그 안에서 멈추어 있는 것은 하나도 없다. 동시에 그 밑바닥에는 유동을 부단히 없애는 것이 있다. 만약 그 유동의 모습을 시간적으로 생각한다면 이를 지우는 곳의 부정면(否定面)은 공간적인 것이라고 부를 수 있을 것이다. 그리고 이 유동과 그 부정면의 결합하는 곳이 세계의 현재이다.……

세계는 팽창면과 동시에 무수한 집초점(集焦點)을 가진다. 팽창하는 방향을 현실세계라고 한다면 종단면을 따라 볼 때는 역사적 세계가 나타나고, 횡단면을 따라 보면 종적 사회가 나타난다. 우선 역사 세계를 생각해보자.

역사 세계는 현실 세계 그 자체이다. 세계는 주체적으로 자신을 자기의 계기로서 초출(超出)하는 것이라고 생각하지 않으면 안 된다. 하지만 현실 세계가 그 유동 방향으로 초출되어 자신을 자기의 계기로 한 것이 역사 세계인 것이다. 나는 이것을 현실세계 구조의 제1계기로 생각했다. 역사적 세계란 계기화 되는 동시에 오히려 그 현실성을 깊게 한 현실세계 그 자체이다. 하지만 역사적이라고 할 때에는 오로지 그 시간성에 따라 보이는 것으로 누구라도 생각하듯이 시간은 일순 지나가면 다시 돌아오는 일 없이 모두 과거라고 하는 각인이 새겨져 무한하게 중첩되는 것이다. 하지만 역사적 시간은 단순히 시간의 흐름이 아니라 거기에는 과거의 한 가운데에 시간의 미래가 동시에 존재하고 있다고 생각하지 않으면 안 된다. 역사에서 과거와 미래는 대립하면서 동시에 병립하고 있는 것이다. 시간 속에 역사적 공간이 있다. 역사 세계는 시간에 따라 흐르고 바뀌면서 한편으로 그 속에 공간적 한정을 담고 있다. 과거는 모든 것이 던져진 것이고, 이미 결정되어진 사실이면서 나아가 그 자신으로 완성될 수 없다. 완성은 미래를 향해 약속되어 있다. 따라서 과거를 보는 우리들의 세계의식의 깊이 (이는 또한 세계 자신의 표현 방법에 귀결되는 것이다)에 따라 과거는 그 모습을 변모한다. 즉 탈바꿈 (metamorphosis)하는 것이다. 역사는 현재의 세계의식에 의해 다시 쓰인다고 이야기되는 이유이다. 즉 과거는 현재와 함께, 따라서 미래와 함께 살아 있다. 하지만 이는 과거의 사실성을 조금도 손상하지 않는다. 역사는 현재 세계의식에 따라 다시 쓰이면서 나아가 어디까지나 사실에 입각해 사실을 통해 다시 쓰이지 않으면 안 되기 때문이다.

……

행위적 주체는 현실 세계의 제2 계기이다. 행위적 주체는 '나는 행위한다'는 입장에서 의식하는 주체로서가 아니라 행위하는 주체로서 명확하지 않으면 안 된다. 실제로 이미 반복해서 이야기 했듯이 세계에 대해, 그리고 사회에 대해 정확하게 인식하는 길은 우리들 인간에게 있어서는 유일하게 '나는 행위한다'의 주체로서의 행위적 주체에서 출발하지 않으면 안 된다. 이 출발의 한 걸음 한걸음을 이끄는 명증은 행위적 직관이다. 그리고 행위적 주체는 행위 내용에서 그 내용을 한정하는 표현적·역사적 세계로, 그 기체에서 종적 공동체사회로 이어진다.…하지만 행위적 주체에게 있어서 그 자신을 정립하는 근거는 바로 세계와의 관계이다.…행위적 주체즉개체(主體卽個體)는 이른바 선험적 (A priori)으로 세계와 대립하는 위치에 있다.

개체와 세계는 대립한다. 개체는 세계를 향해 자신을 초출(超出)하고, 세계를 개체적 '다(多)'로서 한정하려고 한다. 그리고 세계는 개체를 자기 안으로 소멸시켜 개체를 보편 속으로 해소하려고 한다. 개체는 내재하는 주체적 초출력에 의해 세계를 향해, 세계는 이른바 외부의 포섭력에 의해 개체의 독립을 무로 하려고 한다. 이 대립에서 개체와 세계는 모순되고 있다. 하지만 그럼에도 불구하고 개체의 주체적 초출은 동시에 개체적 다에서 자신을 표출하는 세계의 자기한정이 되어 모순에 의한 대립은 완전한 동시적 존재, 즉 '동일'해진다.

……

주체와 세계는 모순적으로 대립하며 동시에 동일하다. 이 동일점은 또한 유동(流動)이 동시에 유동을 지워버리는 부정면(否定面)이 아니면 안 된다. 따라서 이 부정면에서 사간에 대한 공간이 도입되는 것이다. 그러나 이 점은 또한 순간으로서의 동시가 전락하는 점이기도 하다. 따라서 무에 의한 매개점으로서의 동시가 전락해서 질료적으로 중첩되면서 개체와 세계와의 상호한정에 대한 기체적(基體的) 질료적 매개체를 구성한다. 동시는 그 자체로는 「무(無)」로서 매개하는 동시는 개체와 세계에 대한 제3 계기는 아니다. 하지만 동시는 그러한 동시이기 때문에 절대매개에 대한 직접성으로서의 소외를 불러일으켜, 여기에서 절대매개의 배경으로서의 유적 기체(基體)로 전화가 가능해진다. 이 기체는 그 안에서 동시에 중첩에 의한 질료적 뒤틀림(방향)을 내재하는 것으로, 이 뒤틀림이 기체의 종적 특수성을 결정한다. 기체는 바로 종적기체이고, 이는 개체와 세계의 상호관계를 매개하고, 특수 방향을 부여하게 된다. 이것이 현실 세계의 제3 계기로서의 종적(種的) 사회이다.

......

종적 사회는 세계 생산력의 뒤틀림(방향)을 나타내는 것으로서, 이른바 현실 세계의 횡단면을 따라 나타난다. 이 생산력의 뒤틀림은 각각을 중심으로 독립적으로, 따라서 복수적으로 이 횡단면을 따라 나타난다. 이 뒤틀림의 각각은 각각의 중심을 형성하는 동시에 또한 각각 특수즉보편(特殊卽普遍) 논리에 따라 존재의 기초를 다지려 한다. 그런데 이러한 일은 다른 각도에서 보면 세계의 생산력이 악마적으로(daemonic), 종적(種的)으로, 자기 자신을 한정하는 것이다. 즉 종이 적극적으로 생산적이란 사실과, 소극적으로 자기 소외적이라는 사실은, 사실 양극의 동시 존재 논리에 따라 동시적이라고 생각할 수밖에 없다. 종은 이 동시적 한정에 의해 자기소외성을 세계 안에 두게 되고, 세계에 의해 매개를 자각해서 참된 의미의 생산적 종성(種性)을 발휘하게 된다. 때문에 종의 성원으로서 행위적 개체의 무한한 실천성이 요구되는 것이다.

## 종적 사회(種的社會)

우리들은 오늘날의 세계에서 역사적 문화의 유형에 대해, 예를 들어 일본 문화의 원형을 가장 오래된 고대에서 찾고 있다. 고대일본인은 봉쇄성을 찾아 자기 봉쇄적인 하나의 세계를 형성하고 있었다, 그들은 그 외의 어떠한 다른 종의 세계가 있는지도 몰랐다, 적어도 그들과 중심적인 교섭을 갖지 않았다고 말할 것이다. 마찬가지로 고대 중국 문화에서 봉쇄성에 대해 중국에서도 중국문화 중심의 하나의 세계가 있었다, 인도에도 중국과 같은 인도적 세계가 있었다. 이처럼 고대에는 서로 완결된 몇몇 소세계가 있었다고 할 수 있다.

그런데 이러한 세계는 민족의 세계사적 경험의 확대에 따라 점차 팽창했다. 예를 들어 여기에 구 일본적 세계가 확대되어 일본 민족은 구일본적세계에서 나와 조선, 만주, 중국, 몽골, 인도, 서역 등을 포함한 여러 동양적 세계와 연결되었다고 생각할 수 있다. 도쿠가와시대(德川時代, 1603-1868)까지 일본 민족이 생활했던 세계는 대체적으로 그러한 동양적 세계였다. 이후 서양 세계는 처음으로 일본 민족의 생활 중심 범위로 침투해 온 것이다. 마찬가지로 일본 민족은 오늘날 동양 세계를 나와 그 중심에서 서양 세계를 지양하고 있는 '세계적 세계'를 건설하려 하고 있다고 할 수 있다. 이처럼 세계의 역사적 성장과 그 탈바꿈(metamorphosis)에 대해 생각하는 것은 세계에 대해 지극히 중요한 의미를 갖는 것이라고 말하지 않을 수 없다.…

세계의 성장에 따라 그 안에 포함되는 다원적 소세계는 어떤 의미를 갖는 것일까. 세계에서 보면 과거의 각각의 소세계는 그 완결성을 점차 잃어버리면서 한층 넓은 세계로 확대되어 갔다. 소세계의 봉쇄성이 깨진 것이다. 그러한 의미에서 과거의 소세계는 해체된 것이다. 세계사의 입장에서 보면 이는 이미 자기완결적이지 않게 돼 버린 것이다. 이는 봉쇄적인 생활이 불가능하게 되었음을 의미한다. 즉 역사적 세계의 성장확대에 따라 고대의 소세계는 이미 과거의 존재가 되었고, 그 완결성은 단순히 과거의 존재로서 역사적 의미를 갖는 것에 지나지 않게 된 것이다.…

곰곰이 생각해 보면 어떤 경우에도 하나의 세계에는 여러 종적 사회가 포함되어 있다고 해도 좋다. 예를 들어 고대일본은 종적 사회와 세계가 거의 동일했다고 말 할 수 있을 것이다. 하지만 당시에도 그중에는 선주민족과 후래민족과의 문화 사이에는 종적사회성의 구별이 있었다. 또 후래민족의 문화 사이에도 약간의 종적 사회성의 구별이 있었다. 하지만 이들은 이윽고 일본 세계의 확대에 따라 해를 거듭하며 일원적으로 동화되어 버렸다. 그와 동시에 일본 세계는 그 완결성을 파기하고 동양 세계로 진출하려 했고, 많은 다른 종적 사회와 교섭하게 되었다.…

그럼에도 불구하고 종적사회의 성장은 항상 연속적이고 점차적이며, 전통·전승에 입각하고 있다. 비종적사회야말로 전통의 기체이다. 전통은 어떤 의미에서는 봉쇄적이고, 자기완결적이다. 고대 소세계가 그 자체로 봉쇄성·완결성을 가지고 있던 것처럼 생각되는 것도 사실 실제 전통적 조성에 따라 고찰되기 때문이다. 세계는 어떤 의미에서도 완결적·봉쇄적 존재를 갖는 법이 없다. 세계는 어떤 경우에도 무로서 매개된다. 세계가 고대 소세계에 대해서와 같이 봉쇄적·완결적으로 생각되는 것은 이미 이들을 종적 사회 측면에서 보고 있기 때문이다. 고대의 소세계는 사실 종적 세계이다. 이런 의미에서 종적 사회 중에는 변화하며 자기완결성을, 움직이면서 자기봉쇄성을 갖게 되는 것이 다분히 존재할 것이라고 생각해야 한다. 세계의 움직임은 무로서 매개되어지는 것에 의해 불연속적이지만 종적 사회의 움직임은 연속적이다. 세계의 유전은 다하지 않으며 어떠한 순간에도 완결하지 않지만, 종적 사회는 그 자체로서 봉쇄성·완결성을 내장하고 있다. 역사는 이 두 가지가 상호한정적으로 동일한 것이다.

[GK/편용우]

---

## 제3 휴머니즘

무타이 리사쿠 1961, 221-5, 227-8, 285-7, 289-93

지금까지 이야기해온 인류 휴머니즘을 이전에는 '제3 휴머니즘'이라고 불렀다. 이는 근대 휴머니즘과 비교해서 르네상스의 인문주의 휴머니즘을 제1, 이어 근대시민사회의 개인주의적 휴머니즘을 제2로 했을 때, 이 둘과 구분되는 현대의 휴머니즘을 제3 휴머니즘이라고 하는 것이 옳다고 생각했기 때문이다. 제1은 귀족적 휴머니즘, 제2는 부르주아적 휴머니즘, 제3을 인류 휴머니즘, 혹은 사회주의 휴머니즘이라고 본 것이다. 물론 인문주의 휴머니즘과 시민적 휴머니즘은 지금도 역시 기형적인 (deformed) 모습으로 존속하고 있지만, 현대의 복잡하고 상극적인 인간 문제는 이미 양자에 의해 해결되지 않는 점은 이미 설명한 대로이다.

하지만 인류 휴머니즘을 '제3 휴머니즘'이라고 부른 것은 아무리 봐도 적당하지 않은 듯 하다. 이렇게 이야기하는 것도 휴머니즘은 근세만의 것이 아니라 고대 휴머니즘도 있었고, 중세풍의 휴머니즘도 있다. 서양의 휴머니즘과 동양 휴머니즘이 있으며 일본적인 휴머니즘에도 고대사회의 귀족적 휴머니즘(『만엽집(萬葉集)』)과 가마쿠라시대의 무가풍 휴머니즘(전쟁 기록물[戰記物]), 도쿠가와 시대의 상인(町人) 중심의 서민적 휴머니즘을 나눌 수 있다. 그렇기 때문에 현대 휴머니즘을 특별히 '제3' 휴머니즘이라고 규정하는 것은 별로 적당하지 않다고 생각한다.

……

첫 번째로 인류 휴머니즘은 광의의 자연사관 위에 서있다. 자연사관이란 인류의 역사를 자연 역사의 연장선에서 보는 것이다. 자연 역사라고 하면 역사란 인간이 주체가 되어 만들어 내는 것으로 오로지 인간과 관련된 것이고 자연에 역사가 없다는 반대론이 나올지도 모르겠다. 자연은 역사의 객체는 되어도 주체는 될 수 없다, 자연 그 자체는 시간적 과정을 갖는다고 해도 역사를 갖는 것은 말도 안 된다는 의견이다. 확실히 역사를 좁은 인간의 역사라고 생각하면 자연사는 성립하지 않는다. 하지만 인간의 역사를 점차 거슬러 올라가면 인류의 자연사로 연결될 수밖에 없고, 이는 나아가 생물의 자연사로 이어진다. 더 올라가면 생명의 기원 문제를 통해 순수한 무생물질의 과정으로 연결된다.

      ……

두 번째로 인류 휴머니즘은 미래 역사의 담당자가 부르주아가 아니라 물질적·지적 노동자, 즉 생산적 인간의 손으로 이동할 것이라는 확신이 있다. 부르주아 자본주의가 발전하면 그렇게 될 수밖에 없다. 이는 자연사관의 당연한 결론이다. 기나긴 시간 동안 인류 역사는 종교적 권력을 가진 지배자와 정복자로서의 영웅 등의 수중에 있었다. 이것이 근대가 되자 경제적인 실력을 손에 쥔 부르주아의 손으로 옮겨갔다. 하지만 이후 생산을 담당하는 사람들, 부르주아와 비교되는 생산노동자의 손으로 이동하는 것은 틀림없다고 생각한다. 물론 지식인, 문학자, 예술가, 발명가, 예능인 등의 계층도 존속할 것이지만, 이는 직접·간접적으로 부르주아에게 기식하는 현재와 같은 모습이 아닌, 광의의 지적생산(교육·사상·문화·과학·기술 등의 생산)에 관계 된 자격으로 존속될 것이다. 즉 생산 노동자를 중핵으로 하는 신사회의 건설에 직간접적인 관계를 갖는 연결 역할이다.

      ……

이상과 같은 첫 번째, 두 번째의 입장에 대해 종교와 도덕이 부정되는 것은 아닐까라는 의문이 들지도 모른다. 아직까지 종교와 도덕에서는 인간의 기원, 가치의 기원을 초역사적인 절대자로 귀착시키는 사고방식이 지켜지고 있기 때문이다. 첫 번째의 입장에서는 인간의 기원, 가치의 계보는 신성(神聖)도 아무것도 아닌 자연적·사회적 조건으로 환원되게 된다. 두 번째 입장에서 장래 역사의 담당자는 고귀한 이들의 손에서 멀어져 왠지 비천한 이들의 손으로 넘어가기 때문에 절대 승복할 수 없는 것이다. 특히 첫 번째 견해는 종교가 성립할 수 없기 때문에 종교계에서의 반대가 강하게 나올 것이다.

      ……

이때 생산력의 절대화에는 두 가지 형태가 나타난다. 하나는 절대성의 추상화로 인해 인간으로부터 독립하여 그 자체로 존재하는 것으로 인간으로부터 모든 능력을 약탈하는 형태이다. 이렇게 되면 일체의 인간관계는 신에게 흡수되기 때문에 그 전에 무력해진 인간은 신이 없이는 존재할 수 없게 되어 버린다. 그렇게 되면 인간적인 것도 묻혀버린다. 인간은 불쌍한 신의 노예가 되어버린다. 이는 절대성의 주물화(呪物化)라고 해도 좋을 것이다. 즉 인간과 자연, 인간과 사회의 관계가 주물적인 마력과의 관계로 치환되는 것이다. 자연사관을 배제하려는 신이란 이러한 우상적(偶像的)인 주물적 마력을 갖고 있다고 믿어지는 신이다. 이러한 신은 사회 발달의 어느 단계에서는 중대한 역할이 있었다. 하지만 인간의 주체성의 작용이 과학과 기술의 진보를 통해 자각되어진 현대에는 그러한 주물적 마력이 인간적인 면을 덮어버려 인간소외를 유발하고 있다는 사실이 점차 명확해졌다. 인류 휴머니즘은 이러한 절대자로부터 인간회복을 꾀하지 않으면 안 된다. 그러한 의미에서 인류 휴머니즘은 우상화되고 주물화된 신의 절대성을 어떤 형태로든 무비판으로 수용하던 근대시민적 휴머니즘과는 획을 긋고 있다.

그 두 번째는 인간과 자연, 인간과 사회의 대립·모순·상극을 인정하고, 그 대립·모순·상극이야 말로 한편으로는 인간의 주체성 확립, 다른 한편으로는 인간의 사회적·역사적 지위를 높이려는 데에 있어 빼놓을 수 없는 계기인 것을 충분히 인정하는 것이다. 그리고 그 위에서 인간의 생산력, 가치, 창조력을 역사 과정에 따라 상대화 하며, 그 상대성을 통해 절대성을 획득하려 해야 한다. 이 절대성은 인간을 비인간적으로 초절(超絶)하는 절대자가 아닌, 오히려 상대성을 상대성으로서 발전시키는 계기로서의 절대성이다. 이러한 절대성은 오히려 상대적 절대성이라고 불러도 좋을 것이다. 주물적 마력의 소지자로서의 절대자가 아닌, 인간의 생산력, 가치관을 역사적으로 한층 유효하게 하기 위한 절대성이다.…

현대의 종교가 성립한다고 가정한다면, 이 두 번째 의미의 절대성을 토대로 하지 않으면 안 된다. 주물적 마력의 신은 현대인에게 더 이상 어떤 매력도 없어졌다. 이미 역사적으로 그 역할이 끝났기 때문이다. 이를 고집스럽게 유지하려고 하면 오히려 몰락을 앞당길 수밖에 없을 것이다. 이 두 번째 의미를 지니는 종교는 인간의 주체성의 운명과 나아가 인간 소외 문제를 진지하게 생각한다. 인간과 자연, 인간과 사회 사이의 모순·상극을 결코 피하려고 하지 않는다. 한 발자국이라도 잘못 디디면 인류의 파멸을 야기할지도 모르는 기술시대에 현대인의 운명(특히 핵전쟁)을 두려워한다. 그러한 점에서는 아무리 해도 비관적(pessimism)인 경향이 될 수밖에 없다. 결코 손을 놓고 행복론이나 조화론에 도취해서는 안 된다. 이는 인간을 항상 비관적인 운명에 맡기려고 하는 것이 아니라 그 운명의 깊이를 알아내어 주물적 신을 대신해 전체적 인간으로서의 인류의 실현, 인류공동체의 형성 에 신뢰를 두려는 것이다. 이것을 자연적·사회적 조건의 전부를 눈앞에 두는 것이 아니라, 용기를 갖고 그것에 대항하고, 그것을 통해 전체적 인간을 실현하는 것을 바랄 뿐이다. 즉 이제부터의 종교는 자연적·사회적 조건에서 대립·모순·상극을 피하는 것이 아니라 그 앞에서 발을 멈추지 않고 돌파해 상대 속의 절대성을 확립하는 방법으로 성립한다고 생각한다.

## 평화주의의 모순

'인류'는 이미 철학자의 머릿속에서만 존재하는 관념적인 것이 아니라 물질적·지적 생산노동자, 장래의 가능성을 담당하는 청년을 중핵으로 지상 현실의 대상물로서 존재하게 되어, 다양한 형태로 인류공동체를 만들어 냈다. 마침내 다가오는 세기는 일찍이 천재의 시대, 시민의 시대를 대신해 인류공동체 시대라고 해야 할 것이다. 새로운 인류의 개념은 그러한 이미지를 담고 있다. 이를 바로 공상적이라거나 관념론적이라고 보는 것은 새로운 개념이 걸어온 역사적 변혁의 의미를 무시하는 것이라 말할 수밖에 없다.

이런 인류 개념이 목표로 하는 것은 전술한 바와 같이 인류의 행복이다. 인류 행복이란 전체적 인간의 가능성을 실현하는 것이다. 인간이 인간이 되는 것이다. 그것이 인류에게 있어 최대의 행복이 다. 그런데 전체적 인간의 가능성을 실현해 가기 위해서는 세계의 항구적 평화가 필요하다. 인류 행복이 보증되기 위해서는 인류공동체 형성이 필요하다. 그러나 그러기 위해서는 평화가 절대적으로 필요조건인 것이다. 전쟁만큼 인간과 인간을 갈라놓고 인간을 소외하는 것은 없기 때문이다. 인류가 행복하기 위해서는 어디까지나 평화가 필요하다.

그러나 이처럼 생각하다 보면 매우 곤란한 문제에 부딪힌다. 전체적 인간 가능성 실현을 위해서 는 평화는 절대적으로 필요하고, 그리기 위해서는 어떤 종류의 전쟁이라도, 일반적으로 전쟁을 반대하지 않을 수 없게 된다. 이를 가장 철저하게 한 것이 절대평화 사상일 것이다. 어떠한 이유더라도, 어떠한 종류의 전쟁이라도, 전쟁은 인류평화의 적으로서 절대 용서될 수 없다는 사상이다. 그러한 절대평화론에 의하면 전체적 인간 가능성의 실현, 즉 인간의 행복 그 자체가 억압되고, 소외받고 있는 식민지, 반식민지, 반독립국의 사람들의 부단한 민족해방운동, 그리고 해방을 위한 독립전쟁에 대해서도 역시 반대할 수밖에 없다. 전쟁에서는 병력 행사, 강한 강제가 가해지고, 인간의 피가 흐르기 때문이다. 그런데 이 절대평화와 전쟁 문제를 평화론자는 어떻게 생각해야만 하는가 하는 문제이다.

절대평화론은 어떤 모순을 함유하고 있을까. 절대평화론은 인도주의 위에 서서, 전쟁은 절대 안 된다, 하지만 식민지의 존재도 절대 허락할 수 없다는 입장이라고 생각된다. 그러나 식민지 해방을 위한 전쟁, 민족독립을 위한 전쟁, 혹은 민족의 독립을 위협하는 타국의 부당한 침략에 반격하는 전쟁을 어떻게 평가할 것인가. 한편으로는 당연히 이런 것도 폭력전쟁의 일종으로 부정하지 않을 수 없고, 다른 한편으로는 민족해방독립전쟁은 추진하지 않으면 안 되기 때문이다. 만약 전쟁에 호소하지 않고, 다른 방법으로 민족 해방을 할 수 있다면, 그 방법을 제시해야 한다. 그 방법을 제시하지 않고 일체의 전쟁을 반대하는 것은 모순된 주장이다.

이러한 곤란한 문제에 대해 평화와 독립 어느 한 쪽에 평가의 중점을 두고 생각해야 하는지 문제에 맞닥뜨리는 것이다. 본래 인류·평화·독립이라는 세 요인 사이에는 어떤 가치 순서 관계가 있을 것인가.

　……

역사적 성격으로 보면 현대의 전쟁은 상식적으로 대개 4종류로 나눌 수 있다.

(1)은 전형적인 전쟁으로 독립한 주권을 갖는 국가와 국가 간에 국가 세력 확대, 부의 추구를 위해 서로 조직된 병력을 사용해 싸우는 전쟁이다. 이런 경우 국가세력의 확대는 자위를 위한다는 명목 하에 보통 정당화된다. 하지만 국가세력은 이를 끊임없이 확대하여 유지되기 때문에 유지와 확대의 구별은 애매하다. 따라서 세력유지를 위한 '자위'라고 하는 개념도 매우 애매하다. 많은 부당한 침략전쟁도 자위를 위한 전쟁이라는 명목에 의해 시작되었다. 그리고 이 전형적인 전쟁은 양국의 이기적인 세력 확대의 충돌이고, 그 기반은 양국 사회 구조 속의 생산 수단의 사유에 의한 부의 추구, 근대사회에서는 자본의 이윤추구에 기초한 것이다. 따라서 이는 근대에서는 자본주의국 상호 간의 전쟁으로 상정된다.

(2) 독립된 국가 간의 관계가 평소와는 다르게 긴장될 때, 상대국 안의 반혁명, 혁명의 분쟁을 야기하고, 뒤에서 원조하여 상대국에 간섭하는 전쟁이다. 이 중에는 자본주의국 상호간의 전쟁은 물론 자본주의국가와 사회주의국가 간의 전쟁도 포함된다.

(3) 식민지, 반식민지, 타국의 부당한 침략·간섭에 의한 반독립국이 민족의 해방·독립 내지 혁명을 요구하며 일어난 민족독립전쟁이다.

(4) 진정한 의미에서의 자위를 위한 전쟁이다. 즉 한 편이 자국 세력과 부의 확대를 위해 전혀 인도상의 정의에 반해 부당하게 상대국을 침략하는 경우에 상대국이 민족의 독립을 지키기 위해 저항·반격하는 전쟁, 진정한 정의에 의한 자위전쟁이다.

　……

절대평화론은 이념으로서는 성립되지만, 역사적 조건에 따라 살펴보면 당연히 상대화 될 필요가 있다. 이는 결코 모순되는 것이 아니다. 절대평화론자가 이해하고 있는 전쟁은 역사적 조건을 고려하지 않은 추상적인 전쟁이다. 그렇게 되면 대체로 상술했던 (1)의 전쟁성격에 가까워진다. 예부터 대부분의 전쟁은 한편의 침략에 기초한 전쟁이기 때문이다. 만약 일단 전쟁을 (1)에 속하는 것으로 놓고 본다면 당연히 반대하는 것이기 때문에 그런 의미에서는 절대평화론도 성립하게 된다. 하지만 문제는 민족해방전쟁의 역사적 성격을 추상하는 점이므로, 그런 점에서 절대평화론은 추상적인 사상이라고 할 수밖에 없다.

이는 세계의 평화가 성립되기 위해서는 민족의 독립이 무엇보다도 중요한 조건이라는 점에 기초하고 있기 때문이다. 그리고 민족의 독립은 단순히 한 민족의 문제가 아니라, 인류공동체의 문제이다. 한 민족의 운명 문제라기보다는 인류 운명에 관한 문제이다.

그렇다면 절대평화론은 전혀 쓸모가 없는 것이냐고 물어본다면, 나는 그렇지 않다고 대답할 것이다. 절대평화 정신은 세계의 평화운동에 있어서는 중요한 계기가 되는 것은 의심할 여지가 없다. 이는 평화운동의 매개 계기로서 필요한 이념이기 때문이다. 즉 민족해방전쟁, 독립전쟁의 효과를 최소의 희생으로 최대의 수확을 거두기 위한 유효한 역할이 있다.

......

여기에서 다시 처음의 문제인 인류의 행복, 세계 평화, 민족 독립 가치상의 서열 문제로 되돌려 생각해보자. 인류의 행복을 위해 인류공동체가 형성되는 것이 중요하지만, 그 목적을 실현하기 위한 조건으로서 세계 평화가 필요하다. 나아가 세계 평화가 보증되기 위해서는 어떻게 하더라도 종래의 식민지, 반식민지, 타국의 부당한 침략·간섭에 의한 반독립국, 강국에 의한 피압박민족을 이 지상에서 점차 없애 가는 것이 기본적인 조건이다. 즉 조건으로 보자면 민족의 완전독립이 제1 토대이고, 그 위에 세계 평화가 점차 확보되고, 세계 평화확보에 의해 인류의 행복이 획득되어질 것이다.

[GK/편용우]

# 미키 기요시

三木清, 1897-1945

미키 기요시는 교토학파(京都學派) 철학자 중에서 비극적 인물에 속한다. 그는 교토(京都)의 니시다 기타로(西田幾多郎, 1870-1945)[*]와 다나베 하지메(田邊元, 1885-1962)[*] 문하에서 공부했고, 프라이부르크에서 하이데거(Martin Heidegger, 1889-1976)에게 사사했다. 예리한 철학적 통찰력과 뛰어난 글 솜씨를 고루 갖추고 있었지만, 1930년에 호세이대학(法政大學)에서 강사직을 잃었고, 공산당을 도왔다는 날조된 기소로 교도소 신세를 졌다. 같은 해에 석방되었으나 아내가 세상을 떠났다. 교수직을 얻을 수가 없어 기자 생활을 시작했다가, 1942년에 강제로 필리핀에서 종군기자 생활을 해야 했다. 전쟁이 끝나고 얼마 지나지 않아 도요타마(豊多摩)교도소에서 신장 장애로 사망했다.

미키의 글은, 교토학파의 평균과 비교하면, 극히 명쾌하고 읽기 쉬웠다. 최초로 니시다의 철학에 사회적이며 정치적인 타당성을 부여하려고 시도하면서, 같은 학파 내의 동료들 사이에서 단연 두드러졌다. 어떤 의미에서 미키는 니시다의 비(非)이분법적 패러다임과 다나베 하지메의 니시다 철학 비판을 전체로서 융합했고, 니시다의 글이 너무 난해하며 궁극적으로 몰(沒)역사적이라고 주장했다. 특히 니시다의 '영원한 현재'라는 개념을 못마땅하게 여겼다. 왜냐면 그것이 초월적 실제에 중점을 두었고, 그의 생각에 그것이 '역사적 세계'를 추상적이며 대체로 텅 빈 개념으로 위축시켰기 때문이다. 미키는 하이데거가 말했듯이, 인간의 존재는 세속적일 뿐만 아니라 본질적으로 사회적이라는 자신의 확신을 강조했다. 이런 통찰이 그의 최고의 철학적 업적에서 가장 중요한 기반이 되었다: 그의 철학적 인간학과 인본주의 그리고 그의 상상의 논리.

아래에 부분 발췌된 두 편의 에세이는 인간의 존재는 궁극적으로 주관과 객관, 내부성과 외부성, '파토스(pathos)'와 '로고스(logos)'의 어중간한 혼합물이라는 것과 사회적이며 정치적인 철학이 의미가 있으려면 이러한 점을 명심해야 한다는 그의 이중적 확신을 강조한다.                [GK/편용우]

---

## 인간학 연구

미키 기요시 1936, 127-9, 147, 167, 170-2

우선 '인간학'은 인간의 연구라고 하는 형식적인 정의에 만족하려고 해도, 학(學)의 대상이 되는 '인간' 그 자체가 사실 다른 분야처럼 정의될 수 없는 것이다. 사물을 정의하는 것은 그 유개념(類槪念)과 종의 차이를 들어야 한다. 최근 논리학 교과서는 정의란 접류(接類) 개념에 종차(種差)를 더 하는 형식으로 작성된다고 밝히고 있다. 따라서 '인간학'에서 이야기하는 인간은 그러한 정의 형식에 따르지 않는다. 다른 사물과 같은 방법으로 정의되지 않는다는 점이 오히려 '인간학'에서의 '인간' 최초의 정의라고 해도 좋을 것이다. 이 모순 중에 인간의 근본적인 규정 중의 하나가 포함되어있다. 본래 일반적으로 인간을 유개념과 '종차'에 의해 정의할 수 없다는 것이 아니다. 단지 그러한 정의에 들어가는 인간 연구는 우리들이 여기에서 취급하려고 하는 인간학이 아니라 인류학과 같은 과학이다.

인류학은 인간을 다른 것과 같은 방법으로 정의하는 방법을 알고 있다. 하지만 현실의 인간은 결코 단순하게 그렇게 정의할 수 없다는 점이 인류학 등의 과학과는 다른 인간학이 존재하는 이유이다. 인류학, 인간학은 모두 'Anthropologie'라는 말로 표현되지만, 학문적 성질을 달리해 우리들이 의미하는 인간학은 자연과학적 앤트로폴로지가 아니라 오히려 사람들이 특히 '철학적' 앤트로폴로지라고 이름 붙인 것이다.

'인간'이 그러한 전통적 논리학이 가르치는 정의 형식에 해당되지 않는다는 점은 결국 그런 논리가 객체적, 혹은 대상적 논리여서 인간은 단순히 객관적으로 취급할 수 없고, 반대로 주체적으로 파악하지 않으면 안 된다는 점을 나타내고 있다. 그런 점에서 인간학의 인류학 생리학, 심리학 등의 여러 과학에서 근본적으로 구별되는 입장이 있다…인간을 정의할 수 없다는 점은 인간이라는 존재가 형식논리로는 파악되지 않는다는 것이고, 변증법적으로 규정되지 않으면 안 된다는 것을 의미한다. 본래 인간을 주체적으로 파악한다고 해도 객관적인 견해를 전혀 배제할 수 없는 노릇이다. 변증법도 대상적 논리를 그 계기로 포함하는 것처럼 객관적인 견해를 포함하지 않는다면 주체적인 견해도 단순히 주관적일 뿐으로, 참된 주체적이라고는 말할 수 없다. 린네(Carl von Linné, 1707-1778)는 인간을 '척추=표유동물'의 첨단이라고 말했다. 설령 인간을 전생물계의 첨단이라는 영위가 주어진다고 해도, 첨단은 그 첨단인 부류에 한정되는 것이다. 따라서 척추=표유동물의 개념은 인간의 유개념으로, 그 종차로서 직립보행, 대뇌의 발달 등을 들 수 있다. 인간을 정의할 수 없다고 하는 사실은 그 존재가 형식논리로서는 파악되지 않음을 의미한다. 나아가 변증법적으로 규정되지 않는 것을 뜻한다. 본래 인간을 주체적으로 파악한다고 해도 객관적인 견해를 완전히 배제할 수는 없다. 변증법도 대상적 논리를 그 계기로 포함하듯이 객체적인 견해를 포함할 수 없다. 주체적인 견해라 해도 단순히 주관적에 지나지 않는 것으로, 참된 주체적이라고는 할 수 없다.

       ……

인간학에 대한 우리들의 입장은 행위적 자각의 입장이다. 이것은 인간을 신체에서 추상하는 것 없이 게다가 주체적으로, 또한 사회적으로 파악하는 것이다. 주체적이라고 해도 객관적인 견해를 그 변증법적 계기로서 포함하지 않을 수 없다. 인간은 내적이지만 외적인, 혹은 주체적이지만 객관적인 존재이다. 행위적 자각의 입장으로 비로소 그러한 인간을 전체적으로 파악할 수 있다. 어쩌면 행위는 여러 '내재론'을 불가능하게 하는 것으로, 초월적인 것을 인정하지 않고는 행위를 생각할 수 없다. 게다가 그것은 일찍이 '2중 초월'이라고 우리들이 말했던 것처럼 외부로 초월적인 것을 인정하는 동시에 안으로도 초월적인 것을 인정해야만 한다. 그런 행위적 자각의 입장에서는 인간이 객체적으로 인식되면서 동시에 주체적으로 그 근저부터 인식되어질 것이 요구되어져 왔다. 인간학은 자각을 기초로 한다 해도 자각은 단순히 직접적인 지식이 아니라, 어디까지나 매개되어진 지식이어야 한다. 참된 자각은 주체적인 동시에 객체적으로 매개되는 것이어야 한다. 내적·외적인, 주체적·객체적인 인간 존재의 구체적인 인식을 가능케 하는 것은 단지 행위적 자각의 입장일 뿐이다.

       ……

행위는 모두 표현적 행위 의미를 띄고 있다. 행위는 단지 프락시스(praxis, 실천)가 아닌 포이에시스(poiesis, 창조)의 의미라고 할 수 있을 것이다. 이는 행위가 행위로서 안에 담고 있는 것이 아니라 본질적으로는 외부로 표출하려는 것이라는 것을 의미한다. 본래 행위는 멘느 드 비랑(Maine de Biran, 1766-1824)[10]이 의욕은 외부로 나타나는 동시에 자기자신의 내면으로 나타나는 것이라고 말한 것처럼, 밖으로 표현될 뿐 아니라 안으로도 표현된다.

......

표현적 행위는 항상 표현적인 것에 의해 행위로 움직인다. 인간은 자연에서 한정된다고 하더라도 그런 경우 자연은 표현적인 것이어야만 한다. 인간은 자연적 세계에서 태어나는 것이다. 그러한 표현적 세계는 나와 너가 공동으로 소유하는 세계이다. 표현은 직관적(eidetic)인 일반성을 포함하는 것으로서 사람과 사람을 결합한다. 사회는 문화로서 그렇게 표현적 세계의 의미를 갖는다. 흔히 인간은 자연에서 태어난다기보다는 사회에서 태어난다고 이야기한다. 사회에서 사람과 사람은 표현적 인 존재로 대하고, 또한 그 문화에서 공동의 표현을 갖고 있다. 하지만 사회는 단순히 문화로서 표현적인 것만은 아니다. 사회는 표현으로서 우리들을 표현하는 것에 머무르지 않는다. 표현으로서 우리들이 대하는 사회가 문화적인 것이라 할 수 있다면 사회는 단순히 문화적인 것이 아니다. 사회는 오히려 '생산하는 자연'-예부터 'natura naturata(소산적[所産的] 자연)'과 'natura naturans(능산적[能産 的] 자연)'을 구별-과 같은 의미가 있어야 한다. 문화가 우리들이 '대하는' 것이라면 사회는 우리를 안에서부터 포함하는 것이다. 여기에 사회와 문화가 근본적으로 구분되는 이유가 있다. 사회와 문화 사이에는 표현과 행위간과 같은 관계를 인정할 수 있을 것이다. 사회를 단지 우리들에 대한 객체로 보는 것만큼 큰 오류도 없다. 사회는 행위하는 인간 역시 그 표현으로서 자기 안에 포함하는 것이다. 문화의 대상성(對象性)과 사회의 주체성(主體性)을 구별할 필요가 있다. 우리들의 행위는 단지 밖으로 우리를 초월하려는 것에 의한 한정이 아니라 안으로 우리들을 초월하려는 것에 의한 한정이다. 그러한 이유야말로 표현적이다. 게다가 밖의 초월과 안의 초월은 변증법적으로는 하나이다. 사회는 외적인간 보다도 더 외적인 것으로서 인간을 감싸고-이런 의미에서 문화 내지 표현으로서의 사회 역시 원래 우리들의 반대에 있다고 할 수 없다-내적 인간보다도 더 내적인 것으로 인간을 감싼다. 이처럼 사회의 자기한정으로서의 인간이 태어난다. 인간은 주체적·객체적이기 때문에 독립적으로 이 사회에 서 태어나는 것이다. 여기에는 창조의 의미가 있다. 창조란 독립적인 것이 만들어지는 것이다. 인간은 사회에서 창조된 존재로서 사회를 표현한다. 사회는 인간에게 있어 단순히 초월적이 아니라 동시에 내재적이다. 창조는 단순한 내재에서는 물론 단순한 초월에서도 생각할 수 없고, 내재적인 것이 동시에 초월적이고, 초월적인 것이 동시에 내재적인 곳에서 창조를 생각할 수 있다. 인간은 사회에서 태어난 존재이면서 사회에 대해 독립적으로 작용하고, 실질적으로 사회를 변화시킨다. 인간은 자기의 행위에 의해 끊임없이 사회를 변화시키고, 그렇게 변화된 사회로부터 끊임없이 새롭게 태어나는 것이다. 게다가 이런 행위자체는 항상 사회를 매개로 하고 있어 인간은 사회의 변증법적 운동 요소이다.

이렇게 인간은 자기자신에게, 동시에 사회에서 태어난다. 인간학은 인간 '탄생'부터 다루어야 한다.… 인간학은 무엇보다도 역사적인 인간 연구여야 한다.                                    [GK/편용우]

---

## 구상력의 논리

미키 기요시 1939, 4-10

저서 『역사철학(歷史哲學)』(1932) 발표 이후 끊임없이 나의 뇌리를 괴롭혔던 것은 객관적인 것과

---

10) [영] 멘느 드 비랑(Pierre-Fran çois Maine de Biran, 1766-1824)은 철학적 인류학은 의지의 원시성에 기초할 필요가 있다고 주장했는데, 이는 생리학과 자기성찰을 결합해야만 이해할 수 있다.

562 ___ 교토학파

주관적인 것, 합리적인 것과 비합리적인 것, 지적인 것과 감정적인 것을 어떻게 결합할 수 있을까 하는 문제였다. 당시 나의 주요작업은 이 문제를 '로고스(logos)'와 '파토스(pathos)'의 통일 문제로 정식화하고 모든 역사적인 것에서 로고스적 요소와 파토스적 요소를 분석해 변증법적 통일을 논하려는 것이었다.…합리적인 것, 로고스적인 것에 마음을 기울이면서도 주관성, 내면성, 파토스적인 것은 나에게 있어 피할 수 없는 문제를 끊임없이 던졌다. 파스칼과 하이데거가 나에게 끼친 영향도 그 때문이다. 내가 원래 역사철학적 관심에서 유물사관 연구에 열중했을 때 조차도 유물사관의 인간적 기초를 밝히려고 했던 것 역시 같은 이유였다. 로고스 때문에 파토스를 놓치지 않고, 또한 파토스 때문에 로고스를 잊지 않으려는 나의 요구는 이윽고 휴머니즘의 주장이라는 형태를 취하기에 이르렀다.…

구상력의 논리로 내가 생각하려고 했던 것은 행위의 철학이다. 구상력이라고 하면 종래 대부분은 예술적 활동만을 다루었다. 또한 형(形)이라고 해도 종래 대부분은 관상(觀想)의 입장에서만 생각되었다. 지금 나는 그런 제한에서 해방되어 구상력을 행위일반과 관계 지었다. 그런 경우 중요한 것은 행위를 종래의 주관주의적 관념론에서와 마찬가지로 추상적인 의지가 아닌 물건을 만드는 것으로 이해해야 한다는 것이다. 모든 행위는 넓은 의미에서 사물을 만드는, 즉 제작의 의미가 있다. 구상력 논리는 그러한 제작의 논리이다. 만들어진 일체의 사물은 형을 갖고 있다. 행위한다는 것은 사물에 작용해 사물의 형을 변형시켜(transform) 새로운 형을 만드는 것이다. 형은 만들어진 것으로서 역사적이며, 역사적으로 변해가는 것이다. 이런 형은 단순히 객관적인 것이 아니라, 객관적인 것과 주관적인 것이 통일되어 있다. 이데아와 실재, 존재와 생성, 시간과 공간의 통일인 것이다. 구상력 논리는 역사적인 형의 논리이다. 무엇보다도 행위는 사물을 만드는 것이라고 해도, '만드는 것(ποίησις)', 이 동시에 '되는 것(γένεσις)'의 의미를 갖지 않으면 역사는 생각할 수 없다. 제작(poiesis)이 동시에 생성(genesis)의 의미를 가질 때에 역사를 생각할 수 있는 것이다. 구상력 논리는 형과 형의 변화의 논리이다. 하지만 내가 말하는 형의 철학이라고 하는 것은 이른바 형태학과는 같지 않다. 형태학은 해석의 철학이지 행위의 철학은 아니다. 또 형태학의 대부분이 비합리주의적인데 반해 내가 이야기하는 형의 철학은 오히려 형상학(Eidologie)과 형태학(Morphologie)이 통일되고, 나아가 행위의 입장에서 형상학과 형태학을 추구한다.

종래의 논리도 아마 근대과학에 기댈 곳을 찾던 논리를 제외하고는 모두 형의 논리였다고 할 수 있다. 형식논리를 완성했다고 일컬어지는 아리스토텔레스(Aristoteles, BC.444-380)의 논리는 본래 형, 혹은 형상(이데아, 에이도스)을 실제로 본 그리스적 존재론과 결부된 형의 논리였다. 하지만 이 경우 형은 불변한 것이라고 여겨져 역사적인 것이라고는 생각되지 않았다. 변증법을 대성한 헤겔(Hegel, Georg Wilhelm Friedrich, 1770-1831)의 논리도 근본에서는 형의 논리로, 헤겔은 역사적인 견해를 대입했지만, 그 역시 그리스적 존재론과 마찬가지로 관상의 입장에 머물러 행위의 입장에 서있지 않았다. 헤겔의 변증법도 반성의 논리, 또는 추고(追考)의 논리이지 행위의 논리, 창조의 논리는 아니다. 구상력의 논리는 형의 논리로서 아리스토텔레스나 헤겔의 논리와 맞닿아 있지만, 이는 형을 역사적 행위의 입장에서 파악한 것이다. 하지만 구상력의 논리는 형식논리와 헤겔적 변증법을 단순히 배척하는 것이 아니다. 오히려 그들을 포괄하는 것이다. 구상력의 논리는 '원시논리(Urlogik)'로서 그들을 자기 반성형태로서 자기 안으로 도출한다.

구상력의 논리는 행위적 직관의 입장에 서서 종래 철학에서 부당하다고 경시되어온 직관을 근원적인 의미로서 인정한다. 하지만 이는 단순한 직관주의는 아니다. 참된 직관이란 반성에 의해 몇 번이나 매개 된다. 이는 무한의 과거를 긁어모아 미래로 뛰어 들어가는 현재의 한 점이다. 하지만 구상력 논리는 단순히 매개의 논리라고 할 수는 없다. 매개의 논리는 결국 반성의 논리에 머무르고, 단적으로는 행위의 논리일 수는 없다. 여러 매개가 결국 추상적으로 여겨져서, 여러 매개가 하나의 형으로 집중되어지는 가장 생명적인 도약의 한 점을 놓치는 것이다. 이는 예술의 창작작용에서, 또한 일반적으로 기술의 발명에서 명료할 것이다. 그리고 인간의 여러 행위는 환경에 대한 작업적 적응이라고 볼 때 모두 기술적이다. 기술의 근본이념은 형이다. 이렇게 구상력의 논리를 기술과 결부시켜 생각하면 형의 논리와 과학의 관계가 이해될 것이다. 기술은 과학을 기초로 하며, 근대기술은 근대과학의 발달에 의해 눈부신 발전이 가능했다. 이처럼 구상력의 논리는 과학의 논리에 매개되어져 현실적인 논리로 발전할 수 있는 것이다.

        ……

　　근대적인 게젤샤프트(Gesellschaft, 이익사회) 이전의 게마인샤프트(Gemeinschaft, 협동사회)적 문화의 이념은 형의 이념이었다고 볼 수 있다. 과학의 이념을 중심으로 하는 근대의 게제르샤프트적 문화의 추상성이 지적되고, 새로운 게마인샤프트적 문화가 요구되어지는 요즘 구상력의 논리는 신문화의 창조에 대한 철학적 기초를 제공할 수 있을 것이다. 하지만 이 새로운 게마인샤프트는 게제르샤프트와 추상적으로 대립하는 것이 아니라 오히려 이를 지양하지 않으면 안 되는 것처럼 형의 논리도 과학과 추상적으로 대립하는 것이 아니라 오히려 이를 매개로 하는 것이어야만 한다.

　　형의 논리는 문화의 보편적인 논리일 뿐 아니라 자연과 문화, 자연의 역사와 인간의 역사를 결부시키는 것이다. 자연도 기술적이고, 자연도 형을 만든다. 인간의 기술은 자연의 작품을 계속한다. 자연과 문화, 혹은 역사를 추상적으로 분리하는 견해에 대해 구상력의 논리는 양자를 형의 변화(transformation)의 견지에서 통일적으로 파악하는 것을 가능하게 한다. 자연에서 역사를 생각하는 것이 아니라 역사에서 자연을 생각하는 것이다. 거기에서 구상력의 놀리는 또한 지금까지 수학적 자연과학에 대해 부당하게 멸시 받아온 자연 및 문화에 관한 기술적 과학에 정당한 위치를 부여할 수 있을 것이다.　　　　　　　　　　　　　　　　　　　　　　　　　　　　[GK/편용우]

# 고사카 마사아키

高坂正顯, 1900-1969

철학사 연구자라기보다는 형이상학자인 고사카 마사아키는 역사적 세계에서 '민족과 문화' 사이의 연속성에 관심을 가지고 있었다. 이것은 1937년에 나온 저서 『역사적 세계(歷史的世界)』에 잘 나타나 있다. 그는 이 저서에서 그가 이전에 공들여왔던 신칸트(neo-Kant)학파의 개성주의적 견해를 유지하면서도, 헤겔(Hegel, Georg Wilhelm Friedrich, 1770-1831)의 시민 사회와 역사 철학에서 민족의 역할뿐만 아니라 마르크스(Karl Marx, 1818-1883)의 계급이라는 개념에 초점을 맞추었다. 니시다 기타로(후에 그는 니시다 기타로에 대해 훌륭한 입문서를 간행하였다)의 제자인 고사카 마사아키는 역사적 세계에 대한 니시다 철학을 '절대무의 자기 결정'으로 해석하였을 뿐만 아니라 또한 와쓰지 데쓰로(和辻哲郎, 1889-1960)의 '해석학적 인류학'에 대한 대단한 찬사를 통해 이러한 전망을 추구하였다.

일본의 지적인 역사에서 중요한 개념을 대표하는 「길=도(道)」의 문제는 아래에 포함된 '도'에 대한 짧은 발췌문, 1937년 판에 추가된 강의에 반영되어 있다. 고사카는 주자의 '이(理)'와 '기(氣)'라는 주자의 가르침에 대한 반응으로서 이토 진자이(伊藤仁齋, 1627-1705)와 오규 소라이(荻生徂徠, 1666-1728)와 같은 사상가들이 도출한 행동과 통찰의 통일로서 도에 관한 일본의 유교적 개념에 덧붙여서, '도를 배우는 것은 자신을 배우는 것'이라는 도겐(道元, 1200-1253)의 개념을 인용하였다. 모토오리 노리나가(本居宣長, 1730-1801)는 유학자들에 반대하여 '사물로 이끄는 도'에 대한 논쟁을 통해 '야마토고코로(大和心)'의 견해를 상세하게 기술하였다. 이 도의 의미는 다도(茶道), 화도(花道), 검도(劍道), 유도, 그리고 「무사도(武社道)」의 견지에서 뿐만 아니라 도교와 신도(神道) 개념으로 더욱더 구체화되었다. 이 전통에 대한 광범위한 전체상으로부터, 고사카는 당시에 축소되고 있었던 '제국의 길'에 대한 좁은 견해에 저항하여 도의 해석학적 구조를 채택하였다. 그는 길의 공적인 본성에서, 길에 의해 가능한 사람과 사람 사이의 만남들, 그리고 그들의 단순하고 구불구불한 속성에서 니시다의 「장소(場所)」의 결정에서 수반된 역사적 차원을 지적함으로써 이를 수행하였다.

나중에 공직 생활에서 추방된 전후의 짧은 기간 동안, 고사카는 자신의 힘을 '실존 철학'에 바쳤다. 그리고 교육계로 복직 이후 '교육 철학'과 교육 정치학에 헌신하였다. [KŌS/정병호]

## 길의 해석학

고사카 마사아키 1937, 251-5, 257, 259-60

역사는 세계의 한정(限定)이며 「장소(長所)」의 한정이다. 역사의 저면(底面)을 이루는 것은 단순한 시간이 아니라 나아가 공간이다. '시간적 공간'이다. 그러나 역사의 저면을 이루는 이러한 시간적 공간은 이른바 공간이 아니라 오히려 '풍토'이다. 아니 풍토조차도 생물의 장소이며 여전히 역사의 장소라고 말하기에 충분하지 않다. 그것은 스스로 운동을 가지지 않고 주체성을 가지지 않는다.

역사의 장소를 이루는 것은 맥락을 가지고 체계를 가지며 스스로 운동을 가지는 주체적인 자연이지 않으면 안 된다. 자연에 맥락을 부여하고 운동을 부여하며, 자연으로 하여금 우리들이 독해할 수 있는 것으로 만들어 스스로 이야기하는 것으로 하며 더구나 스스로 발전하는 것으로 만든다. 이른바 자연의 로고스라고 할 수 있는 것은 길이 아니겠는가. 자연은 스스로를 세계로까지 조직하는 것은 길을 통해서이다. 도는 세계에 대한 충동을 짜넣고 있다. 길의 색채와 음향을 통해 세계의 역사는 조립되어 있다. 길이란 어떠한 특성을 가지는 것일까?

길이란 사람과 사람들이 교제하는 지상에 새겨진 흔적이다. 길은 원래 나 한 사람에게 속하는 것은 있을 수 없다. 가령 그것이 지름길이든 샛길이든 그것이 길인 한 나 이외의 사람들이 통행하는 것을 허용하는 것이지 않으면 안 된다. 나의 길은 길이 아니다. 길의 소유자가 개인이 아니고 마을이며 도회이며 요컨대 단체라고 하는 것은 그 법적인 표현에 지나지 않는다. 길은 공적인 것이다. 일찍이 사람들은 길에 접촉하고 길에 팻말을 내걸고 길에 노출되었다. 길에 선다고 하는 것은 세상에 몸을 둔다는 것이다. 길은 단지 한 번의 보행에 의해 가능해지는 것이 아니라는 점도 길이 공적인 것이라는 점을 말하고 있는 셈이다. 길에 시장이 서고 광장이 열리는 일도 길의 공공성의 자연스러운 발전이지 않으면 안 된다. 이렇게 하여 길이 가지는 제1의 특성은 공적인 것이라고 하는 점이다. 길은 공적인 장소를 표현한다. 모든 장소는 길이 생기면서 숨겨진 존재로부터 드러난 존재로 전화한다. 길을 통해 세상은 스스로를 드러내 가는 것이다.

길은 공적인 것이라고 하는 점은 길에서 나는 나만의 세계를 버리고 공적인 장소에 서는 것과 더불어 그곳에서 나에게 있어서 미지의 세계가 다가옴을 함의하는 것이다. 길은 내 안에서 밖으로 나오는 길임과 더불어, 밖에서 안으로 들어오는 길이기도 하다. 길은 바로 왕래이다. 이 부락이 저 부락을 방문하기 위한 길은 저 부락이 이 부락을 방문하기 위한 길이기도 하다. 길은 공공적이라는 첫 번째의 특성은 이렇게 하여 길은 가역(可逆)적이라는 점을 제2의 특성으로서 이끌어 낸다. 길은 두 방향을 가지는 것이다. 그러나 길은 두 방향을 가진다고 하는 점은 길이 단지 공적인 장소, 친근한 장소라고 하는 데 그치지 않고 길은 또한 소원한 것, 더욱이 적의를 가지는 것이 만나는 장소임을 의미한다. 그곳에서는 친근한 인사가 이루어짐과 더불어 서로 노방(路傍)의 사람으로서 지나치는 것이다.

그러나 길은 단지 왕래로 끝나는 것은 아니다. 길은 동성(動性)의 표현으로 그치는 것이 아니다. 길은 일정한 지반으로 향한 정착도 가리키는 것이다. 단지 한 번의 보행이 아니고 반복된 보행의 흔적이 길이라고 하는 점은 길의 성립이 유목의 백성에서 토착의 백성으로 이행하고 있음을 가리킨다. 그곳에는 길이 이윽고 마을이 되고 도회가 되는 계기가 내재되어 있다. 길과 길은 서로 십자 모양으로 교차시킴으로써 두 방향적, 직선적인 형태로부터 평면적인 형태로 옮겨간다. 이렇게 하여 길의 결과로서 도회가 생기는 것이다. 도회는 길의 묶음이다. 길이 떠나는 것 Weg를 의미하는데 대해 도회가 멈춰서는 것 ─Stadt는 어원적으로는 Stehen에 유래한다고 한다 ─을 의미하는 것은 재미있는 말의 유희일 것이다. 도회는 자칫하면 스스로를 성벽으로 둘러쌈으로써, 그 정착으로의 경향을 드러내고 있는 것이다. 시(市=Town)와 담(Zaun)은 원래 비슷한 어원을 가지고 있다고 한다. 길의 2방향성은 그 정착성 때문에 스스로의 운동을 한정하는 것이다. 길은 일정한 지역 밖에 사람들을 인도하는 것이 아니라 종횡의 길을 통합으로써 자기의 내면으로 깊어져 가는 것이다. 도로가 난 자연에서 우리들은 비로소 자기의 향토를 가지는 것이다. 길은 첫 번째가 공공적이었다. 두 번째로 길은 가역적이었다. 이렇게 하여 세 번째로 이제 정착적임을 제시하였다. 길이 가지는 특성은 이것들로 그치는 것일까.

아무리 견고한 성벽도 반드시 여러 개의 성벽을 가진다. 도회가 길의 결집인 이상, 밖으로 향하는 길의 충동을 금지하는 것은 불가능하다. 문에서 길의 정착성은 무너진다. 문은 안을 밖과 묶는다. 문을 나와서 길은 무한히 먼 곳으로 멀어져 가는 것이다. 우리들에게 있어서 가장 주목할 만한 길의 한 특성을 이루는 무한성은, 그렇다면 어디에서 배태해 오는 것일까. 아마 긴 여로가 우리들에게 거리를 가르치는 것은 아니며, 거리가 우리들을 긴 여로로 몰아세우는 것이다. 거리는 하물며 무한한 거리는 우리들 자신의 기획 Entwurf이다. 다양한 담벽과 관문은 무한한 길의 충동을 제한하는 것으로서만 의미를 가진다. 그것은 길에 내재하는 무한으로의 충동을 반면(反面)으로 말하는 데 지나지 않는 것이다. 길이 가지는 무한성은 막다른 골목에서 우리들이 속은 것처럼 느끼는 일로부터도 알 수 있을 것이다. 막다른 골목은 길이 아니다. 길의 저쪽에는 무한한 세계가 펴져있다. 길은 세계로 향하는 충동의 표현인 셈이다.

그러나 길은 마지막으로 구속적이라는 점을 잊어서는 안 된다. 한번 형성된 길은 용이하게는 고칠 수 없다. 길은 우리들의 보행을 제한하는 것이다. 일정한 방향으로 규정하는 것이다. 이렇게 하여 길이 아닌 길을 걷는 일은 금지된다. 구속적이라는 점은 길의 중요한 하나의 특성을 이루고 있다.

길의 특성을 가르치면서 나는 다섯 가지를 들었다. 되돌아본다면 한쪽에는 공공성, 무한성이 서 있고, 다른 쪽에는 정착성, 구속성이 그것에 대하고, 더구나 그 중간에는 마치 양자를 매개하듯이 가역성이 놓여 있다. 길은 일정한 지역에 우리들을 맺어 줌과 더불어 다른 지역으로 끝없이 사람들을 인도하는 것이다. 길은 모순적인 성격을 가지고 있다. '왕래'란 그 끝에서 훌륭하게 찾아진 말이다. 세계는 길의 저편으로 무한하게 펼쳐질 뿐만 아니다. 세계는 항상 우리들의 가까이에 육박해 오는 것이다. 세계는 우리들의 안에도 움직이는 것이다. 밖으로 향함과 더불어 안으로 돌아오는 성격으로 인해 길은 세계를 향한 충동의 표현을 감당할 수 있다. 만약 길의 하나의 형태로서 다리를, 다른 하나의 형태로서 탑을 생각하는 것이 허용된다면 그것도 길이 밖으로 향하는 방향과 스스로의 안으로 깊어지려고 하는 수직의 방향을 가지는 것을 말할 수 있다. 아마 사람은 다리에서 피안(彼岸)의 세계로 중개를 받고, 다른 한편으로 상아의 탑 속에 스스로의 세계를 지키며 틀어박히려고 하기 때문이다.

그렇다면 길은 어떠한 존재 방식을 가지고 있는 것일까? 역사적인 세계에 대해 어떠한 의의를 가지는 것일까? 길에서 발견되는 두 가지 현상 — 하나는 만난다는 것이며, 다른 하나는 편력한다는 것이다 — 은 그것에 대한 해답의 안내를 부여하는 것이라고 믿는다. 우선 만난다고 하는 것은 어떠한 현상일까? 이 거리 위에서 부단하게 영위되는, 만난다고 하는 현상은 어떠한 깊이를 우리들에게 현시해 주고 있는 것일까? …… 만난다고 하는 것은 세계, 특히 역사적 세계가 우리들에게 주어지는 방식이며, 이른바 그 소여성(所與性)의 범주를 의미하는 것이라 할 수 있다. 단순한 '너'는 '나'에게 있어서 당연한 존재이다. 그것을 우연이게 만드는 것은 '너'를 뛰어넘은 세계이지 않으면 안 된다. 세계는 만나지는 것으로서 우연의 필연이다.

……

편력함으로써 한 지역은 다른 지역으로 전달된다. 토지도 또한 단지 고정된 것이 아니게 된다. 만약에 대개 전해지는 것 속에 역사적인 것의 특성이 존재한다면 시간적인 전달만이 아니라, 공간적인 전달에도 사람들은 주의를 해야 할 것이다. 역사적인 움직임은 항상 동시에 공간적인 움직임이기도 하다. 그리고 공간적인 움직임은 길의 움직임에 다름 아니다. 역사가 어떠한 때에, 어떠한 곳에서 시작되었는지는 억지로 결정할 필요는 없다. 그러나 역사의 시작은 또한 길의 시작이기도 할 것이다.

        ……

    말은 사람들의 표현이며 길은 대지의 표현이다. 말에서는 인간이 중심이 되며, 길에 있어서는 자연이 중심이 된다. 만약에 대담한 개괄이 허용되어, 서양철학은 로고스에 유래하는 철학이며, 동양철학은 「길＝도(道)」에 뿌리를 둔 철학이라고 말할 수 있다면 그것도 로고스는 말이며 말은 사람들의 표현인 것에 대해, 길은 하늘의 길이며 자연의 표현에 근거한다 라고 해석해야 할 것인가. 그러나 그것은 어찌되었든 말은 공공연한 표현임에 대해 길은 침묵하는 표현이며 숨겨진 표현이다. 말은 일정한 의미를 말하겠지만 길은 일정한 말을 말하지 않는다. 그것은 오히려 무엇인가를 말하면서 더구나 그것을 숨기는 것이다. 숨겨진 표현이란 모순일지도 모른다. 그러나 그 모순이야말로 그것이 사람들의 표현이 아니라 하늘의 표현임을 가르치는 것은 아니겠는가. 자연도 말한다고 할 때, 그 자연은 의인화되고, —— 이에 반하여 인간이 하늘의 길에 따른다고 할 때, 인간도 자연의 일원이 되며 흙으로 키워지는 것이 된다. 사람만이 표현을 가지는 게 아니라, 하늘도 표현을 가진다. 길이란 하늘의 표현일 것이다. 길은 로고스의 표현이기보다, 오히려 행위의 표현이다. 묵묵히 늘 행해지는 하늘의 행위적 표현인 셈이다.

    나는 길을 해석하여 그 숨겨진 표현으로 인해 하늘의 표현으로서 이해하였다. 우리들이 무의식적으로 걷고 있는 이 길 속에는 깊은 형이상학적인 것이 잠재되어 있다. 철학에서도 우리들은 비근한 것, 자신의 발 아래를 보라고 말하지 않으면 안 된다. 길 속에는 하늘의 형이상학, 또는 흙의 형이상학이 존재하는 것이다. '세계'의 이해는 길을 통해야 만 온전하다고 할 수 있다.        [JWH/정병호]

# 니시타니 게이지

西谷啓治, 1900-1990

니시타니 케이지는 1900년 2월 27일 동해안에 접한 이시카와현(石川縣)의 작은 마을에서 태어났다. 그는 그의 아버지가 결핵으로 사망했을 때 열 네 살이었는데, 니시타니 자신도 젊은 시절 그 질병으로 고통을 당하였다. 고등학생이었을 때 니시타니는 스즈키 다이세쓰(鈴木大拙, 1870-1966)의 저서를 통해 선(禪)에 이끌렸으며, 동시에 커리큘럼 이외의 서양 자료를 광범위하게 독서하였다. 니시다 기타로(西田幾多郎, 1870-1945)의 수많은 에세이에 의해 철학에 이끌린 그는 교토대학(京都大學)의 철학과에 입학하였다. 그곳에서 니시다와 다나베 하지메(田邊元, 1885-1962) 아래에서 공부하여 셸링(Friedrich Wilhelm Joseph Schelling, 1775-1854)에 대한 졸업논문으로 졸업하였다. 그 후 몇 년 사이에 셸링의 저서를 두 권 번역하고 플로티노스(Plotinus, 204-270)에서 칸트(Immanuel Kant, 1724-1804)에 대한 신비주의에 이르는 다양한 철학적 질문을 둘러싼 일련의 에세이를 간행하였다. 1932년에 그는 교토대학에서 강사로 임명되었으며, 같은 해에 그의 첫 번째 저서 『신비주의의 역사』가 출판되었다. 4년 후 그는 24년 동안 지속된 선(禪)의 실천을 시작하였다. 1943년에 그는 '계곡의 소리'의 뜻을 가지는 게이세이(溪聲)이라는 불명(佛名)을 받았다.

37세의 나이로 프라이부르크대학(University of Freiburg)의 마르틴 하이데거(Martin Heidegger, 1889-1976) 아래에서 2년간의 연구에 착수하였다. 베르그송(Henri Bergson, 1859-1941) 아래에서 공부하려는 그의 최초의 계획은 그가 건강을 잃어서 좌절되었다. 독일에 체류하고 있었던 동안, 그는 니체(Friedrich Wilhelm Nietzsche, 1844-1900)와 마이스터 에크하르트(Meister Eckhart, 1260-1327)에 관한 강연을 준비하고 수행하였다. 그리고 니시타니는 신비주의가 동양의 사고방식과 완전히 양립하는 방식으로 종교와 철학을 함께 이끌어 왔다는 것을 확신하면서, 이러한 관심을 가지고 일본에 돌아왔다.

젊은 철학자들의 떠오르는 세대 중 하나인 니시타니는 전시 이데올로기에 대한 좌담회에 이끌렸으며(→ pp.852-866 참조), 그의 스승인 니시다와 다나베로부터 진심으로 격려를 받고 그 당시 비이성적인 경향에 대한 지적인 저항에 참여하였다. 이러한 노력은 그를 철학적, 종교적 관심으로부터 더욱 멀어지게 만들었고, 결과적으로 그는 최초의 독창적인 철학적 저서인 『근원적 주체성의 철학(根源的主體性の哲學)』을 낸다. 그것은 그가 나중에 완전히 포기한 정치적 철학을 포함하는 것과 같은 방식을 취하였다. 1943년에 그는 종교 위원장으로 임명되었지만, 3년 후 전쟁 말기에 그의 직책에서 풀려났지만 점령군 당국은 그것을 '부적절한' 것으로 판단하였다. 그 후 몇 년은 니시타니에게 어려운 시기였지만, 그는 중요한 철학 작품을 많이 만들어 냈으며, 그중에 『니힐리즘의 자기 극복』이었다. 1952년에 그는 종교 위원장으로 복귀하여 6년 후 다케우치 요시노리(武內義範, 1913-2002)에게 물려주고 그는 철학사 위원장으로 옮겨갔다. 1961년에는 그의 걸작인 『종교와 무』를 간행하였다.

1963년에 니시타니는 교토대학에서 은퇴하였지만 오타니대학(大谷大學)에서 강사직을 유지하였으며, 그곳에서 동양 불교학자인 스즈키 다이세쓰가 설립한 영어학술지의 편집장을 역임하였다. 그동안 니시타니는 국내외에서 계속해서 글쓰기와 강의를 하였을 뿐만 아니라 전 세계의 학자들과 활발한 교류를 유지하였다.

아래의 발췌문은 일본에서 니힐리즘의 의미에 관한 에세이의 대부분, 허무의 입장에서 『종교와 무』의 시작 장에서의 「공(空=śūnyatā)」에 관한 전환을 다루는 구절들, 그리고 공(空)의 논리에 대한 후기 에세이를 다룬 구절을 포함한다. → p.967 꽃꽂이 항목 참조.  [JWH/정병호]

---

## 일본에 있어서 니힐리즘의 의의

니시타니 게이지 1949, 175-86 (173-81)

---

### 유럽의 위기와 니힐리즘

니힐리즘은 근대 유럽의 근원적이고 전면적인 위기의 자각이다. 그 위기는 수천 년 이래, 유럽의 역사를 지탱해 온 지반, 그 문화와 사상, 윤리와 종교의 근저 그 자체에 파탄을 느끼기 시작했다는 의미이다. 이와 동시에 인간의 생활이 근본적으로 근거를 잃어버리고, 인간의 '존재' 그 자체가 의문시되기 시작하였다는 의미이다. 19세기 후반 이래, 그러한 위기감과 허무주의적 풍조는 페시미즘 및 데카당스와 결합하여 주기적으로 유럽을 덮치고 있는 것이다. 원래, 인생을 근거가 없는 것이라고 느끼고, 인간 존재가 공허한 것이라고 자각하고 있다는 점은 시간과 장소를 불문하고 일어날 수 있으며, 사실 일어났던 바였다. 모든 시대의 종교와 철학이 그러한 자각과 결부되어 있음은 두 말할 필요도 없다. 그러나 우리들이 현재 유럽의 니힐리즘이라고 부르고 있는 것과 관련하여 이 니힐리즘은 처음에 말하였듯이 근대 유럽의 역사적 의식과 결부되어 있다. 단지 종교와 형이상학의 영역에 그치지 않고, 동시에 문화와 윤리의 영역에도 미치며, 더구나 그것들의 역사적 근거가 어디까지나 역사 속에서 역사적으로 문제시되고 있는 것이다. 종래의 역사전체에 대한 대결이 그 역사의 형이상학적(形而上學的)인 근저 위에서 이루어지고 있는 것이다. 한마디로 말하면, 니힐리즘은 온전한 의미의 역사적 현실이며, 또한 그곳에 그 니힐리즘의 심각성이 있다고도 할 수 있다. 또한 이와 같이 니힐리즘이 이미 역사적 현실이기 때문에 자기를 실험대로 하여 그것을 포착하였다고 하는 점이 지금까지의 역사가 당도해야 할 종언을 선취했다고 하는 것을 의미하며, 역사의 바닥을 들추어낸다는 것을 의미하였다.

아니 그뿐만 아니라, 역사적 현실의 바닥에서 허무에 봉착한다고 하는 것은 허무 속에서 니체의 소위 '반대 운동'이 생기(生起)하는 전기로도 되었다. 허무는 죽음의 허무로부터 생의 허무로, '창조적인 무(無)'(슈티르너[Max Stirner, 1806-1856])로 전환할 수 있었다. 허무는 오히려 비에도 지지 않고 바람에도 지지 않는[11] 생(生)으로 되었다고 할 수 있다. 그러한 생은, 그것을 개척한 상기의 사람들에게는 일관하여 창조적인 니힐리즘과 유한성의 통일이라고 하는 의미를 가지고 있었다. 니힐리즘이 진정한 의미로 나타나는 것은 일체의 유한한 존재의 세계, '현상'의 세계가 근본적으로 공무(空無)한 것으로 자각되고, 부정적으로 초월할 뿐만 아니라, 그와 같이 부정적으로 초월할 수 있는 곳에 생각할 수 있는 영원한 존재의 세계, '본질'의 세계도 또한 부정된다는 점에 있어서이다. 이와 같은 이중의 부정에 있어서 유한성과 영원성이 하나인 듯한 입장, 「무(無)」로 뒷받침된 유한성의 입장이라고도

---

11) [영] 이 언급은 미야자와 겐지(宮澤賢治, 1896-1933)가 쓴 시 「11월 3일」의 첫 번째 행이다. 그의 작품은 선(禪) 개념에 의해 깊이 영향을 받았다.

할 수 있는 것이 성립하기 시작한다. 그것은 유한성이 진정으로 완전히 유한성이 된다고 하는 점이다. 이른바 현상과 본질을 관통한 유한성이 되는 것이다. 그것은 니체가 단적으로 '이 생(生), 이 영원한 생'이라고 부른 것이다. 그곳에서는 시간은 진정으로 시간적으로 살아간다. 자기존재로서 근원적으로 생기하는 것, '시숙(時熟)'하는 것으로서 살 수 있다. 그리고 그러한 유한한 자기존재는 세계 속에 존재하면서, 더구나 그 허무의 근저에서 세계를 안으로 감싼다고도 할 수 있다. 니체의 영겁 회귀(永劫回歸)든 슈티르너의 유일자의 소유로서 세계든, 하이데거의 초월적인 근거 지움의 입장이든, 모두 그러한 입장을 가지고 있다.

그와 같은 긍정적인 니힐리즘이, 유럽에서 근원적인 위기의 자각으로부터, 그리고 그 위기의 근원적인 초극(超克)이라는 의도를 가지고 나타났던 것이다.

## 복잡해진 위기

그러나 만약에 현재 '니힐리즘'이라고 일컬어지는 것이 이러한 유럽적인 역사적 현실이며 역사적－실존적인 입장이라고 한다면, 그것은 우리들에게 어떠한 의의를 가지고 있는 것일까? 과연 현재 우리들의 문화와 사고방식은 유럽적으로 변하고 있다. 우리들의 문화는 유럽문화의 말류(末流)이며, 우리들의 사고는 유럽적 사고의 실루엣이다. 더구나 우리들에게 있어서 유럽문화의 수입은 유럽 정신의 기반이 되며 형성력이 되어 온 기독교 신앙과 그리스 이래의 윤리 및 철학에 까지 미치고 있지는 못하다. 그러한 것은 제도문물이라는 대상적인 것, 내지는 대상적인 것에 대한 학문이나 기술과 달라서, 주체의 내면에 직접으로 뿌리박고 있는 것이며 간단히 다른 곳으로 옮겨질 수 있는 성질은 아니다. 유럽의 정신적 기반은 우리들의 정신적 기반이 되지 못한다. 하물며 그 기반의 진감(震撼)으로부터 생기는 위기라고 하는 것도 우리들 자신의 현실은 아니다. 따라서 그러한 니힐리즘이 우리들의 현실이 될 수 있는 가능성은 없다. 그렇다면 그것은 우리들에게 있어서 단지 '남의 일'로서, 호기심의 대상이 될 수 있을 뿐일까? 사실, 이전부터 니체의 유행이나 현재 실존철학의 유행에는 근본적으로 말해 그러한 성격이 있었던 것이다.

더구나 문제를 한층 복잡하게 하고 있는 것은 현재의 우리들에게는 어떠한 정신적 기반도 없다는 사정이다. 서양에는 기독교와 그리스철학으로부터 전통으로 내려오고 있는 신앙과 윤리, 그리고 사상이 있으며, 그러한 것의 통일이 인간형성의 원동력이 되고 있다. 현재 그것이 아무리 동요하고 있다고 하더라도 여전히 강력하게 살아 있으며, 그것과 싸우는 자들에게는 필사적인 결단이 요구된다고 할 수 있다. 그런데 우리들에게는 그러한 것이 없다. 과거에는 불교와 유교가 그러한 기반이었지만, 그것은 이미 힘을 잃고 있다. 우리들의 정신적 근저에는 그러한 의미에서 완전한 공백과 진공이 있다. 그것은 아마 일본의 역사가 시작된 이래로, 그 이전에는 일어난 적이 없었던 현상이다.

메이지 중기까지는 매우 고도로 발달한 전통으로서의 정신적 기반이 여전히 사람들의 마음속에 남아 있었다. 그 당시의 일본인들에게 여전히 정신적인 핵이 있었으며 실체가 있었다. 그들이 서양의 문물을 비할 데 없이 빠르게 섭취할 수 있었던 것은 근본적인 의미에서의 실력이, 즉 정신적 실체의 힘이 그들에게 있었기 때문이다. 그런데 유럽(아메리카)화가 진척됨에 따라서 그 이후의 세대들은 그러한 정신적 핵심이라고 할 수 있는 것이 점차 상실되어 현재 우리들의 근저에 커다란 공백을 남기고 있다. 오늘날 우리나라의 다채로운 문화도, 한층 깊게 이를 바라보면 공백 위에 흔들리는 그림자와 같은 것에 지나지 않는다. 가장 나쁜 점은 그 공백이 결코 싸워서 빼앗긴 공백, '꿋꿋하게 살아간' 허무가 아니라 전통의 단절에 의해 자연히 발생한 공허라고 하는 점이다. 정신적인 핵심은 마치 증발해 버린 것처럼 어느 새인가 사라져버린 것이다.

정치사적으로 보면 일본이 메이지유신(明治維新) 이래 세계 정치 속에 내던져진 것은 국사(國史) 상에 일어난 최대의 변화였지만 정신사적으로 보면, 그 근저에 국사상에 일어난 최대의 정신적 위기가 있었다. 더구나 그 위기가 위기라고 하는 명확한 자각 없이 통과해 버린 것이다. 그리고 현재, 우리들이 그 정신적 공허를 스스로 의식하지 않는다고 하는 사태 속에서 이른바 배가된 위기가 잠재해 있는 것이다. 그래서 결국, 유럽의 니힐리즘이라는 것도 객관적으로는 우리들에게 있어서 가장 절실한 문제가 되어야 하지만 주체적으로는 우리들 자신이 그것을 절실한 문제로 삼을 수 없다. 걸핏하면 일시의 유행으로서 흐르고, 우리들에게 통절한 문제가 되지 못하였다. 그러한 역설적인 상황이 나타나고 있는 것이다.

......

원래 일본의 서양화는 세계사에서 그 유례를 볼 수 없을 만큼 명확한 민족적 결의였다. 세계사의 커다란 발전이 외부로부터 강요한 결과임과 동시에 내부로부터의 강력한 의지였다. 일본의 서양화가 그 외 비유럽적 제민족의 서양화와 다른 점은 바로 그 점에 있었다. 그곳에 뭐라고 하더라도 메이지유신 이후의 일본을 지도한 사람들의 위대함이 있었다. 그리고 그러한 사람들을 낳은 것은 전통적인 동양 문화의 높은 수준과, 그러한 문화로 배양된 민족적인 '모럴 에너지', 아직 과도한 문화에 의해 유약화되지 않았던 민족의 생명력이었다. 그런데 서양화가 진척됨에 따라서 그러한 모럴 에너지, 앞에서 말한 정신적인 핵심이 상실되기 시작하여 의욕적인 주체에 자기분열이 나타났다.

다른 한편으로 그 시기부터 나타난 '문화인'과 '문화생활'은 유럽문화의 완전한 영향 아래에 자기혐오를 기저에 포함하는 것이었다. 적어도 일본인으로 태어난 점에 일종의 포기를 느끼는 듯한 방향을 포함하고 있었다. ...... 이렇게 하여 '문화'는 타자 속에서 자기를 잊고, 자기자신을 상실하였다. 더구나 다른 한편으로는 민족적인 모럴 에너지는 그러한 자기 상실에 대한 반동으로서 배타적인, 비문화적인 '애국자'들의 폭력으로 변질되어 갔다. 그것은 역사적인 환경을 무시한, 타자가 없는 자기 파악이었다. 더구나 다른 의미에서 역사적 지반의 상실이었다. 지금 말한 두 가지의 일면성은 모두 타자 속에 존재하여 자기자신이라고 하는, '자유로운 체득'의 입장으로부터 전락한 방식이다.
......

니체는 조상에 대한 책임이라든가 책임의식을 강조하고 있다. '세대의 계열 속에서 사고한다.'든가, 모든 과거의 정신적 고귀함의 축적을 떠맡는다고도 말하고 있다. 역사와의 근본적 대결이라는 그의 니힐리즘도, 결국은 전통의 고귀함을 구제한다고 하는, 조상에 대한 책임에 의해 뒷받침되고 있다. 그것은 이른바 미래를 향해 조상으로 돌아간다고 하는 것, 역으로 말하자면 전통을 향해 예언한다고 하는 입장이다. 그러한 미래를 향한 의욕이 없으면 과거와의 대결도 진정으로 이루어질 수 없으며, 또한 조상을 향한 책임 없이는 미래를 향한 의욕도 없다. 더구나 현재의 우리들에게 그러한 의미의 근원의지의 상실이 문제이며, 우리들의 과제 중 가장 근본적인 것은 그 근원의지의 회복이다. 그리고 그러한 점에서 유럽 니힐리즘이 우리들에 대해 근본적인 의의를 드러내고 있는 것이다.

## 우리들에게 있어서 유럽 니힐리즘의 의의

위에서 말하였듯이, 우리들의 위기는 배가된 위기이다. 즉, 위기 속에 있을 뿐만 아니라, 그 위기가 위기로서 자각되지 않은 것이다. 그렇기 때문에 현재 우리들의 과제는 무엇보다도 우선 위기가 우리들 자신에게 존재하고 있다고 하는 점, 근대 일본이 살아가는 모순이며, 정신적 기반에 공동(空洞)을 가지고 있다고 하는 점, 그러한 점의 자작에 있다. 그것은 우리들의 공허함을 근대 일본의 정신사 속에서 파악하는 것이다. 바꿔 말하면, 우리들이 어떻게 '세대의 계열 속에서 사고하는 것'이 불가능해졌는가라고 하는 점을, 세대의 계열 속에서 사고하는 것이다. 그리고 그러한 점을 가르치는 것이 유럽의 니힐리즘에 다름 아니다. 그것은 우리들에게 우리들 자신 속에 있는 허무, 더구나 우리들의 역사적 현실이 되고 있는 허무를 자각하게 만든다. 그것에 의해 우리들은 니체의 이른바 '능동적 니힐리즘' 또는 '강함의 페시미즘'으로 인도될 것이다. 이 점에서 유럽 니힐리즘이 우리들에 대해 가지는 첫 번째의 의의가 있다.

그러나 그것뿐만이 아니다. 우리들의 본래적 과제는 우리들 속에 있는 공허함의 극복이다. 그리고 유럽의 니힐리즘은 그것과도 본질적인 관계를 가지고 있다. 왜냐 하면, 그것은 현재 우리들의 상황에 근본적인 전환을 부여하고, 그것에 의해 우리들의 정신적 공동을 극복하기 위한 방향을 열어줄 것이기 때문이다. 그 점에 이 니힐리즘이 우리들에 대해 가지는 두 번째의 의의가 있다. 원래 우리들 일본인의 정신적 기반에 공허함이 생긴 것은 우리들이 자기 자신을 잊어버리고 한결같이 서양화로 향하였기 때문이었다.

......

유럽 최상의 인물이 자기 및 유럽에 대해 느끼고 있었던 전표를 당시의 일본인들이 인식하지 못하였던 것은 당시의 일본인들에게 있어서 그러한 정신적 심부(深部)가 문제가 아니라, 정치, 경제, 군사 그 외 많든 적든 강국책을 위한 외면적인 사항이 문제였기 때문이다. 그리고 그것이 자기 자신의 내적인 정신적 심부의 문제도 잊어버리게 만든 결과가 되어버렸다. 그래도 전통 속에 배양된 예지와 모럴 에너지가 그 여세를 남기고 있는 동안은 아직 괜찮았다. 그러한 힘으로부터 탄생된 메이지 문화의 최상의 것들은 일본 문화사의 고양기를 대표하는 것들이다. 그러나 현재의 우리들은 메이지의 일본인과는 근본적으로 다른, 오히려 완전히 반대의 위치에 있다. 그것은 전쟁의 결과, 강국을 지향하던 길이 좌절했기 때문만은 아니다. 오히려, 훨씬 이전부터 메이지의 일본인들이 가지고 있었던 예지와 모럴 에너지를 상실하고, 그 대신에 그것과 같은 시기에 그들이 순진하게 신뢰하고 있었던 서양 문화의 위기가 우리들의 눈에도 현저해졌기 때문이다. 니체는 생존하고 있었던 중에는 전혀 반향을 얻지 못하고 흡사 진공 속에서 외치는 고독으로 끝났지만, 그가 만년에 '다음에 올 유럽 전쟁 이후가 되면 사람들은 나를 이해하게 될 것이다.'라고 말하였다.

그리고 그의 예언은 그대로 적중하였다. 제1차 세계대전은 유럽의 위기를 깊게 노정시키고 그와 더불어 니체의 니힐리즘은 다른 어느 사상가보다도 더 주목을 끌기에 이르렀다. 현재의 우리들은 자기 내부의 정신적 실체의 상실과 때를 같이하여 유럽인 자신의 자기비판을 알고, 특히 그 니힐리즘을 알게 된 것이다. 그리고 그 점에서 유럽의 니힐리즘은 유럽에 대한 우리들의 관계와 우리들 자신에 대한 우리들의 관계에 근본적인 전환을 낳게 만들었다. 그것은 역사적이고 현실적인 우리들의 실존, 또는 '타자에 있어서 자기존재'에, 근본적으로 새로운 방향을 취하게 만들고 있다. 그것은 이제 단순히 자기를 잊어버리고 서양화로 향해 간다는 점을 허락하지 않는다. 그 니힐리즘이 가르치는 점은 한편으로는 서양 문화의 전도에 ― 따라서 또한 우리들의 서양화의 전도에 ― 가로놓여있는 위기를 확실히 자각시키고, '유럽 최상의 사람들'에 의한 위기의 해부, 근대의 초극으로 향한 노력을 우리들 자신의 문제로 삼아야 한다는 점이다. 그것은 지금까지 서양화의 방향을, 그 궁극적인 곳까지 밝혀냄을 의미할 것이다.

다른 한편으로는 유럽의 니힐리즘은 우리들이 잊혀진 우리들 자신으로 재차 돌아가야 함을 가르치고 동양 문화의 전통을 재차 되돌아보아야 한다는 사실을 가르친다. 원래 그 전통은 현재 우리들이 잃어버리고 있는 것이다. 우리들은 그것들을 재발견해야 하는 것들이다. 더구나 우리들은 구태 그대로의 과거로 돌아가는 일은 불가능하다. 구태는 죽은 것, 부정되어야 할 것, 적어도 근본적으로 비판받아야 할 것이다. 전통은 오히려 우리들 서양화의, 그리고 서양 문화 그 자체의 '종말'로서 선취(先取)되는, 그러한 궁극적이 곳에서 재발견되지 않으면 안 된다. 우리들의 전통은 우리들의 전도로부터, 또는 니체의 이른바 '퍼스펙티브(perspective)'의 저편으로부터 새로운 가능성으로서 포착하지 않으면 안 된다. 유럽의 니힐리즘, 유럽문화의 위기, 근대의 초극. 그러한 것이 문제가 되는 동일한 차원에서 우리들의 전통도 더불어 문제가 되지 않으면 안 된다. 결국 그것은 니힐리즘의 초극이라는 문제와 결부되어 있다.

막스 슈티르너(Max Stirner, 1806-1856), 니체(Nietzche, 1844-1900), 하이데거(Martin Heidegger, 1889-1976) 등의 창조적인 니힐리즘은 이른바 절망의 니힐리즘이라고도 할 수 있는 것을 초극하려는 시도였다. 심천(深淺)의 차이는 있지만, 니체의 이른바 '니힐리즘에 의한 니힐리즘의 초극'의 노력이었다. 그와 같은 시도, 그와 같은 노력과 결부하여 동양 문화의 전통, 그중에서 불교의 '공(空)'이라든가 '무(無)'라든가 하는 입장이 새롭게 문제가 되는 것이다. 그것은 우리들의 서양화라고 하는 미래의 방향임과 동시에 전통으로의 재결합이라고 하는 과거로의 방향이기도 하다. 과거를 미래로, 미래를 과거로 매개하는 창조, 앞에서 말한 의미로 세계의 계열 속에서 사고하는 것을 회복하여 조상에 대한 책임을 완수하는 것, 전통이 된 정신적 고귀함을 떠맡는다고 하는 것이다. (물론 그것은 앞에서 말했듯이 구태의 부활을 의미하지는 않는다. 구태는 과거이며 죽은 것이다.) 그리고 그러한 점을 우리들에게 적어도 가능하게 만드는 곳에 유럽의 니힐리즘의 세 번째의 의의가 있다. 요컨대 그것은 오늘날 우리들의 기저에 잠재하고 있는 공허함을 자각시키고, 우리들의 위치에 전환을 부여하고 그 공허함의 극복에 대한 가능성을 열어야 할 의의를 가지고 있다. 그것은 앞에서 이른바 배가된 위기를 뛰어넘을 길을 만드는 의의를 가지는 것이다.

## 불교와 니힐리즘

유럽 니힐리즘의 도달한 궁극적 지점으로서, 앞에서는 '창조적 니힐리즘과 유한(有限)성의 근원적인 통일'로서의 '세계를 향한 초극'이라는 입장을 말하였다. 그러한 입장은 적어도 인간의 존재방식이라고 하는 일반적인 견지로부터 보면, 현저하게 불교, 특히 「대승불교」의 공(空)의 입장에 가까운 것이라고 할 수 있다. 쇼펜하우어(Schopenhauer, 1788-1860)가 불교에 깊은 관심을 기울인 측면을 계승하여 니체도 니힐리즘론에서 끊임없이 불교를 문제로 삼고 있다. 그러나 아마 쇼펜하우어의 불교관에 기초한 그는 마지막까지 정말로 불교, 특히 대승불교를 이해하지 못하였다. 앞에서 말했듯이, 그는 '무(無, 무의미한 것)가 영원히'라고 하는 가장 극단적인 니힐리즘을, '불교의 유럽적 형태'라고 부르고, 유럽을 방문해야 할 니힐리즘적인 카타스트로피(catastrophe)를 '제2의 불교'[12]라고도 말하고 있다. 불교가 유럽의 도처에서 은밀하게 앞으로 나아가고 있다고도 말하였다. 또한 기독교로 길러진 성실심(誠實心)이 기독교 자신의 허위를 폭로시킨다고 하는 해석에 서서, 그곳에서 발생하는 '모두는 허위다'라는 입장을 '행(行, Tat)의 불교'라 부르고, 그 '무(無)'에 대한 동경'을 불교적인 특성이라고 말하고 있다.[13] 니체는 유럽에서 니힐리즘의 도래를 불교의 재래(再來)라고 간주한 것이다.

---

12) [영] 『권력에의 의지(Will to Power)』.

그러한 그의 불교관에 따르면, 불교는 생(生)과 의지의 완전한 부정이라는 점에서 그가 말하는 의미에서 데카당스의 궁극적이 곳이었다.

그러나 실제는 그러한 니힐리즘적인 불교관에서가 아니라, 니힐리즘의 초극으로서 운명애(運命愛)라든가 디오니소스(Dionysus)에서 오히려 그는 한층 불교, 특히 대승불교에 근접하고 있었다. 예를 들면 일찍이 언급하였듯이, 그가 디오니소스를 '커다란, 범신론적인 동희성(同喜性)과 동고성(同苦性)'이라든가, '창조와 부정의 필연성의 통일 감정'[14]이라든가 라고 부르는 경우가 이에 해당한다. 그러나 불교와 비교하는 일은 이 책의 범위 밖에 속한다. 그러나 확실히 말할 수 있는 것은 예를 들면 '공의(公義)가 있음으로써 일체 법(法)이 성립할 수 있고, 만약에 공의가 없으면 일체 법은 곧 성립하지 않는다.'[15]라고 하는 입장, 즉 공성(空性)이 성립하는 사람에게는 일체가 성립한다, 라고 하는 입장으로부터 '바로 지금 눈앞에서 호젓이 밝고 역력하게 듣고 있는 이 사람은 어디를 가나 막힘이 없고 가방세계를 꿰뚫어 삼계에 자유 자재한다. 온갖 차별된 경계에 들어가도 그 경계에 휘말리지 않는다. 한 찰나 사이에 법계를 뚫고 들어가 부처를 만나면 부처를 말하고, 조사(祖師)를 만나면 조사를 말하며……'(임제록[臨濟錄])이라는 곳까지 발전한 대승불교 속에는 니힐리즘을 초극한 니힐리즘조차도 도달하려고 해도 아직 도달할 수 없는 입장이 포함되어 있는 것이다. 그러나 그 입장도 현재로는 역사적 현실로 나타날 수 없으며, 과거의 전통 속에 묻혀 있다. 그것이 끄집어내어지고 현실화되는 길은 위에 말하였듯이, 우리들의 유럽화가 그 당도하는 바를 선취(先取)하여 유럽의 니힐리즘이 우리들의 통절한 문제가 되는 것에 달려 있다.

현재 미국과 소련이라는 비유럽적, 적어도 반유럽적인 세력이 지배적인 상황이 되고 있다. 그들이 어떻든 새로운 시대를 여는 역사의 수완가이다. 그러나 '아메리카니즘'도 소련의 '코뮤니즘'도, 유럽 최상의 사람들이 전표하면서 직면한 니힐리즘, 자기와 세계의 정신적 심부에 열린 허무의 심연을 극복할 수 있는 것은 아니다. 그것들은 그 심연을 잠시 가릴 뿐이며, 이윽고 자신들이 당면하지 않을 수 없는 것이다. 그러한 의미에서 도스토예프스키(Dostoevski, 1821-1881)는 소련에서 그 시기가 오는 것을 기다리는 예언자의 위치를 점하고 있다. 그리고 그것은 또한 서구에서 니체의 위치이기도 하다. 그 자신 스스로를 '예언하는 새의 정신'이라고 불렀는데 그의 날카로운 외침은 현재도 여전히 사물을 생각하는 유럽인들의 귓가를 떠나지 않는다. 예를 들면 슈테판 츠바이크(Stefan Zweig, 1881-1942)는 니체가 '자기들 자신의 정신적 세계에 있어서 하나의 결단이라고 느껴졌다.'고 말하고 있다. 하이데거도 그를 결정적인 사상가의 최후에 온 자라고 부르고, 플라톤(Plato) 이래 서양철학의 역사가 그에 이르러 하나의 물음으로 변했다고 말하였다. 도스토예프스키도 니체도 도래하는 니힐리즘을 선취하고 역사와 인간의 심저로 내려와 그것과 필사의 싸움을 감행하였다. 그들은 우리들을 우리들의 역사적 현실의 바닥에 잠재해 있는 니힐리즘으로 이끈다. 그러나 그곳에서 그것과 싸우기 위해서는 우리들 자신의 방식이 없으면 안 된다. 그것을 극복하는 길도 우리들 자신의 창조이지 않으면 안 된다. 그때, 오랫동안 전통으로 내려오는 동양의 정신문화는 새로운 전신(轉身)을 거쳐 재차 살아 올 것이다.

[GP, AS/정병회]

---

13) [영]『권력에의 의지(Will to Power)』.
14) [영]『권력에의 의지(Will to Power)』.
15) [영]『용수중론(龍樹中論, Nāgārjuna, Mūlamādhyamakakārikā)』, 24/14.

# 허무와 무

니시타니 게이지 1961, 9-25, 51, 79-82, 142-5, 155-7 (6-19, 43-4, 69-71, 125-9, 136-9)

실재라고 말하면, 우선 일상의 입장에서 우리들의 '밖'의 사물과 사건이 실재로서 생각할 수 있다. 우리들의 주변에 있는 도구, 산천초목, 또는 가시적인 우주 등이다. 또한 나와 다른 인간, 사회 ― 국가, 그것들과 관련하여 인간의 다양한 영위, 역사의 사건 등이다. 더욱이 우리들의 '내부'의 다양한 감정, 의욕, 사유와 같은 것도 실재적이라고 생각할 수 있다.

일상의 입장으로부터 나아가 자연과학의 입장이 되면 개개의 사물과 현상 따위 보다 오히려 그것들을 구성하는 원자라든가 에너지라든가, 혹은 과학적 법칙이라는 것이 오히려 실재적이라고 생각될지도 모른다. 사회과학자라면 경제적 관계를, 다른 모든 인간적 영위가 그 위에 성립하는 실재적인 기저라고 생각할 수도 있다. 또한 과학의 입장과는 다르게 형이상학자는 그것들 모두가 현상계에 속하는 사상(事象)이며, 진정한 실재는 그 배후에 있는 이데아라고 말할지도 모른다. 그러나 어느 쪽이든 문제는 오히려 그와 같은 다양한 것이 실재적이라고 생각되면서도, 더구나 그 사이에 서로 통일되지 않은 점이 있으며 모순조차 있다고 하는 점이다. …… 요컨대 일상적, 과학적, 철학적 등 다양한 입장에서 다양한 것이 실재라고 생각되면서, 그러한 생각의 사이에 상당한 불통일이 있으며 모순조차도 존재한다. 예를 들면 과학자들이 과학의 입장에서 실재라고 생각하는 것과, 같은 과학자가 일상경험의 입장에서 실재라고 생각하는 것은 완전히 반대이며, 더구나 그 자신이 어느 것도 부정할 수 없다. 무엇이 진정으로 실재적인가, 간단히 말할 수 없는 것이다. ……

죽음과 허무도 실재한다. 허무는 그것들의 다양한 사물과 사상(事象)의 존재 그 자체에 대한 절대적인 부정성을 의미하고, 죽음은 생 그 자체에 대한 절대적인 부정성을 의미하는데, 생과 사물의 존재가 실재적이라고 여겨지는 것과 마찬가지로 죽음과 허무도 실재적이라고 할 수 있다. 유한한 존재자가 있는 곳 ― 그리고 만물은 유한한 존재자이다. ― 에서는 반드시 허무가 있으며 생물의 생이 있는 곳에는 반드시 죽음이 있다. 그리고 그러한 허무와 죽음 앞에서는 일체의 존재와 생은 실재로서의 확실함과 무게를 잃고 오히려 비실재적으로 보이기 시작한다. 아지랑이처럼, 꿈처럼, 영상처럼, 존재와 생의 덧없음을 나타내는 말은 옛날 이래로 상당히 많다.
……

우리들은 통상 외계의 사물을 실재적이라고 생각하고 있다. 그러나 그러한 경우 우리들이 정말로 사물의 실재성에 접하고 있는지 아닌지는 의심스럽다. 오히려 우리들은 통상, 사물을 실재적이라고 생각하면서도 사물 그 자체에 실재적으로 접하고 있지 못하다. '자신을 잊고' 사물 그 자체를 '응시'하는, 또는 사물 그 자체가 되어 본다라고 하는 점은 극히 드물다. 그곳에 신(神) 자신의 세계라든가, 무한자로서의 우주라든가를 직관한다는 것은 더욱더 드물다. 우리들은 통상, 자기로부터 사물을 보고 있다. 이른바 자기라고 하는 성곽 안에서 사물을 대향(對向)하고 있다. 또는 자기라고 하는 동굴 속에서라고 말해도 좋다. ……

사물도 자기도 감정과 의욕 등도 모두 실재적이기는 하지만, 통상 그것들이 실재적이라고 받아들여지는 의식의 공간 위에서는 그것들이 진정으로 그 실재성에서 현전(現前)하고 있다고 할 수 없다. 오히려 '안'과 '밖'의 격리(隔離)의 공간이 돌파되어 그곳에서 전환이 일어나지 않는 한, 앞에서도 말하였듯이 실재적이라고 생각되는 것 사이에 불통일과 모순이 항상 따라다니지 않을 수 없다. …… 우리들의 일상적인 생활의 근저에 있는 공간은 자기와 사물의 본질적인 격리의 공간, 의식의 공간이며 그곳에서는 모두 실재의 실재적인 현전은 일어날 수 없다. 실재는 절단된 따로따로 흩어진 모습, 자기모순이 강요된 모습으로밖에 나타나 있지 않는 것이다.

그러한 실재의 자기모순이라고도 할 수 있는 입장은 특히 근세에 자아의 주체적 자립이라는 입장이 일어난 이래, 우리들을 강력하게 지배하고 있다. 그러한 정황을 가장 잘 나타내고 있는 것은 근세철학의 시조(始祖)라고 일컬어지는 데카르트(René Descartes, 1596-1650)의 사상이다. 주지하고 있듯이 데카르트는 사유(혹은 의식)를 본질로 하는 '사유하는 것'(res cogitans)과 확산을 본질로 하는 '연장하는 것'(res extensa) 사이의 이원론을 세웠다. 그곳에서는 한편으로 자아가 어떻게 하더라도 의심할 수 없는 실재로서, 더구나 모든 다른 사물에 대해 중심적인 위치를 점하면서 확립되어 왔다. 저 '나는 생각한다. 고로 존재한다'(cogito, ergo sum)는 그와 같은 자아의 존재방식, 자기 중심적으로 스스로의 실재성을 주장하는 자아의 존재 방식의 표현이다. 그와 더불어 다른 한편으로 자연계의 사물은 자아와 살아가는 내면적 연관을 가지지 않는 것, 생명이 없는 이른바 차가운 죽음의 세계로서 나타났다. 동물과 자기자신의 신체조차도 기계라고 생각되었다.

……

현재 우리들의 자기(自己)가 앞에서 말한 데카르트적인 자아로서, 즉 자기의식적으로 다른 모든 것에 대향하는 것, 세계와도 마주 대한 것으로서 성립하고 있다는 점은 움직이기 어려운 사실이다. 생명, 의지, 지성 등이라고 일컬어지는 것도, 그러한 자아의 '능력' 내지는 활동으로서 자아에 내재하며 귀속되어 있다. 그러한 자아는 각각 절대적으로 독립적이며, 다른 어떤 것에 의해서도 치환될 수 없다고 생각하지 않을 수 없다. 그렇게 하여 비로소 개개 인간의 주체성이라는 것도 생각할 수 있다. 주체라고 하는 것은 어떻게 하더라도 객체화될 수 없는 존재이며, 다른 어떤 것으로부터도 이끌어 낼 수 없는 듯한, 오히려 역으로 다른 모두가 그곳에서 생각할 수 있는 출발점인 듯한 존재라는 점이다. 그러한 점을 표현한 것이 '나는 생각한다. 고로 존재한다.'였다고 하는 점은 두말할 필요도 없다. 그렇지만 실제로는 그곳에 하나의 근본적인 문제가 잠재하고 있다고 생각한다. '나는 생각한다.'는 무엇보다 직접적으로 명백한 진리이다. 그곳에서 데카르트는 모든 것을 생각하는 위에서 그것을 유일한 의심할 수 없는 출발점으로 여겼다. …… '나는 생각한다'고 하는 것은 그 자명성에도 불구하고, 단지 '나는 생각한다'는 장(場)으로 생각할 수 있는 것만으로는 불충분한 것은 아닐까? 오히려 그러한 자명성이라고 하는 것 자체의 성립이, 한층 근원적인 곳에서 개시되지 않으면 안 되는 것은 아닌가?

……

실제로 앞에서 말하였듯이 생명, 물질, 혹은 신 등과 같은, 자아와는 완전히 다른 것의 공간으로부터, '나는 생각한다.'의 자명성은 도출되지 않을 것이다. 그러나 '자아'라고 하는 것이 그와 같이 하여 자기의식이 어디까지라도 자기의식에 비추어진 것이며, '나는 생각한다.'가 '나는 생각한다'는 입장 자신으로부터 생각되어진 것이라고 하는 점은 자아라고 하는 것이 자기자신 속에 갇힌 자기의 존재 방식이라고 하는 점이다. 자기 자신을 향한 집착에 대한 자기라고도 할 수 있다.

……

데카르트가 '나는 생각한다. 고로 존재한다.'에 도달하기 위해 채용한 이른바 방법적 회의와, 종교에 나타난 회의(懷疑)를 비교해 본다. 종교의 뜰에도 항상 깊은 회의라는 것이 나타나고 있다. 예를 들면, 처음에 말한 자기의 생사와, 세계에서 제 사물의 생멸유전(生滅流轉)에 관한 문제와 같은 것이다. 사랑하는 것을 영원히 잃는다고 하는 고뇌는, 자타의 존재 그 자체에 관한 근본적인 의심을 포함하고 있다. 그러한 의심은 다양한 형태로 나타나며, 여러 가지로 표현되고 있다. 예를 들면 '대의(大疑) 현전(現前)'이라는 것도 그러하다. …… 세계에 있어서 인간의 존재, 자기의 존재와 타자의 존재에 관한 근본적인 불명확함, 그곳에서 유래하는 고뇌라고 하는, 그러한 사항 자체가 가장 근원적이고 중대한 사항이기 때문이다.

……

죽음이라든가 허무라든가는 자기자신 속에 자기의 생 혹은 존재의 근저를 이루는 것으로서 자각된다. 더구나 단지 주관적인 것으로서가 아니라, 모든 존재물의 근저에 잠재하는 것, 세계 그 자체의 근저에 잠재하는 것, 그러한 의미에서 리얼한 것으로서 자각된다. 그때, 그것은 단지 그러한 것으로서 조망되고, 관상(觀想)될 뿐만 아니라 자기가 자기자신의 존재를 그 존재의 근저에 있는 허무로부터 결국 자기 존재의 마지막 한계선으로부터 자각한다고 하는 점이다. 그와 관련되는 한에서 허무의 자각은 자기자신의 자각에 다름아니다. 즉 허무라고 하는 것을 객관적으로 본다던가 표상(表象)한다든가가 아니라 이른바 자기자신이 완전히 허무 그 자체가 된다는 것이며 그 점이 자기 존재의 한계로부터의 자각인 셈이다.

……

데카르트가 자신에게 현전하고 있는 모든 사물은 꿈일지도 모른다고, 그리고 마귀의 소행에 의한 것인지도 모른다고 의심하면 의심할 수도 있다고 여겼다. 더구나 이렇게 의심한다고 하는 그것만은 의심할 수 없다고 생각하여, '나는 의심한다. 고로 존재한다.'라는 생각에 도달하였을 때, 그 의심은 처음부터 방법으로서의 의심이라는 성격을 가지고 있었다. 그것은 '대의현전'과는 근본적으로 달랐다. …… 데카르트의 '나는 생각한다.'는 아직 자아 자신이 사물 일체와 더불어 일개의 커다란 의심으로 화(化)한다는 정화(淨火)를 통과하지 못하였다. '나는 생각한다.'는 단지 내가 생각하는 공간에서 생각하고 있다. 그렇기 때문에 그러한 '자아'의 실재성은 실은 도리어 실재성인 채로 비실재로 변하지 않으면 안 된다. 그리고 정화를 통과한 후에 비로소, 즉 근원적으로 현전하는 허무를 거듭 돌파하고 나서 비로소, '나는 생각한다.'든가 '나는 존재한다.'든가의 실재성은 사물 일체의 실재성과 더불어 진정으로 실재적으로 나타날 수 있다. 즉 그 실재성이 실현과 더불어 체인(體認)될 수 있다. 데카르트 철학이 근세적 인간의 존재방식을 가장 잘 표현한 것이라고 한다면, 그곳에 근세적 자아의 존재방식에 잠재하는 문제성도 있다고 할 수 있을 것이다.

……

신의 전능함이란 라디오를 듣고 있을 때라도, 신문을 읽고 있을 때라도 사람들과 잡담하고 있을 때라도 언제든 만날 수 있는 것이 아니면 안 된다. 더구나 몸과 영혼을 멸할 수 있는 것, 인간을 두렵게 만드는 것, 결단을 강요하는 것으로서 만나지 않으면 안 된다. 그러한 긴박성이 없는 신의 전능이라고 하더라도 단순한 관념이 되며, 따라서 신도 단순한 관념이 될 것이다. ……

물론, 라디오를 듣고 있을 때에 신의 전능 등은 만나지 않는다, 라고 말하는 자도 많이 있을 것이다. 그러한 사람들은 대신, 그때에 자기의 허무를 만날 것이다. 만약에 그가 이러한 허무를 만나지 않는다든가, 혹은 다망하여 허무 따위를 만날 틈이 없다 — 자신은 그럴 정도로 한가한 사람이 아니라든가, 또는 자신의 지성은 허무 따위를 인정하지 않는다든가, 한다면 그는 허무를 만나지 않는다고 하는 방식으로 허무를 만나고 있는 것이다. 그가 허무를 만나지 않는다고 하는 그것 자신 속에 허무가 현전하고 있다. 그는 아무리 하더라도 아무리 바쁘고 아무리 '지성적'이더라도 오히려 바쁘면 바쁜 만큼, 단지 '지성적'이면 지성적인 만큼 허무로부터 한발도 나올 수 없다. 그의 의식과 그의 지성은 허무를 만나지 않더라도 그의 존재를 만나고 있다. 즉 그의 다망한, 또는 '지성적'인 존재방식 자체 속에 허무가 드러나 있다. 그가 허무를 만나지 않는다고 하는 것은 한층 깊게 허무 속에 있는 것에 다름 아니다. 허무란 그러한 것이다. ……

인간이 악을 행할 수 있는 것은 무(無)로부터 창조된 피조물로서 그의 존재의 근저에 있는 허무로 부터이다. 그리고 근원악의 자각에 있어서 그 자신이 허무의 장소가 되며, 신앙의 전환이 실현될 때 가령 그가 악을 벗어날 수 없다고 하더라도 여전히 악 그대로 그의 구원이 실현된다. 즉 그곳에 악에 대한 절대부정이며 더구나 악도 용서한다고 하는 절대 긍정인 전능이 실현된다. 악인에 대한 절대부정이자 긍정이라는 것이 신앙자에 있어서 악에 대한 용서라고 하는 것에 다름 아니다. 그와 같이 하여 신 속에 절대로 악은 없고 더구나 악도 절대로 신의 전능 속에 있다고 할 수 있다. ……

인격으로서의 인간이라는 관념이 종래에 나타난 최고의 인간 관념이었다는 점은 의심할 여지가 없다. 인격으로서의 신이라는 관념에 대해서도 마찬가지이다. 주체적인 자각이 확립되어 온 이래, 인격으로서의 인간이라는 관념은 거의 자명해지고 있다. 그러나 인격이라는 것에 대해 종래 일반적으로 생각되어진 사고방식이 과연 유일의 가능한 사고방식인 것인가? 간단히 말하면, 종래의 사고방식에서는 인격을 인격 자신의 관점에서 보았다. 그것은 이른바 인격 중심적인 인격관이었다. 일찍이 말하였지만 근세에서는 예를 들면 데카르트에도 볼 수 있듯이, 자아라고 하는 것도 자아 자신으로부터 자아중심적인 견지 위에서 보여졌으며, '나는 생각한다'는 입장에서 포착되었다. 인격에 대해서도 마찬가지이다. 자아라든가 인격이라든가 하는 것이, 원래 그 자신 안으로 반성을 포함하고 그러한 것으로서만 성립할 수 있는 것이기 때문에 지금 말한 듯한 자기 내재적인 자기파악이 이루어지는 것은 자연스럽다. 한층 근원적인 반성의 필요성이 일어나지 않는 한, 언제나 사람들은 자아와 인격에 대해 자연히 그러한 포착 방식 속에 있다. 그러나 인격 중심적인 인격파악은 결코 그다지 자명한 것이 아니다. 그러한 포착 방식 그 자체가 이미 하나의 포착이라고도 할 수 있다. 인격이라는 것은 오히려 그 자신으로서는 인격적이라고 할 수 없는 듯한 것의 발로로, 하나의 현상이다. 현상이라고 하더라도 예를 들면 칸트가 말한 물자체(物自體)에 대한 현상과 같은 의미가 아니다. 즉 현상과는 다른 자체적인 것이 있어서 그것이 그 자상(自相)과는 다른 상(相)으로 나타난다고 하는 것은 아니다. 예를 들면, 배우가 가면을 한 듯한 것이 아니다. 그러면 인격의 주체성을 잃어버리게 될 것이다. 왜냐 하면, 주체성에는 자기가 어디까지라도 자기자신을 한정한다고 하는 일이 없으면 안 되기 때문이다. 옛날의 페르소나라고 하는 관념이 원래 그러한 가면의 의미를 가지고 있었다고 일컬어지지만, 인격이 현상이라고 하더라도 인격의 배후에 다른 어떤 '것'을 생각할 수 있다고 하는 것은 아니다. 인격은 이른바 현상하는 것이 없는 현상이라고 할 수 있다. 인격의 배후에는 아무것도 없다. 즉 이 '아무것도 없음'이 배후에 있다. 완전한 무(無), 단 하나의 어떤 것도 없는 곳이 배후에 있다.

그것은 인격이란 절대로 타자적인 것, 인격에 있어서 절대 부정을 의미하는 것이면서도 더구나 동시에 인격이란 다른 '것', 다른 존재가 아니다. 인격과 하나가 되어 인격이라는 '것'을 성립시키고 있는 것이다. 그렇기 때문에 위에서 말한 듯한, 완전한 무가 있다든가, 배후에 있다든가 하는 표현은 실제로는 부정확하다. 무는 무(無)의 '것'으로서 존재하는 일은 불가능하다. 인격의 배후에 라고 하더라도 이미 두 가지가 된다. 또한 절대로 타자적인 것이라고 말하였지만 그것도 절대로 타자적인 '것'이 있다는 의미는 아니다. 오히려 무(無)의 것도 없다고 하는 것이 진정한 무, 절대무이다.

일반적으로 무는 존재에 대한 부정개념으로서 일단 존재와 대립시켜 무의 '것'처럼 생각된다.

특히 서양의 사상에서는 그러한 경우가 많다. 허무주의에서 '허무'라고 일컬어지고 있는 경우조차 그러하다. 그러나 그곳에 멈추고 있는 한, 무는 여전히 없다고 하는 개념이며, 생각되어진 무이다. 무라고 하는 '것'도 없다고 하는 절대무는 생각되어진 무가 아니라, 단지 살아갈 수 있을 뿐인 듯한 무이지 않으면 안 된다. …… 인격으로서의 인간이 인격중심적인 자기파악으로부터 다음에 말하는 절대무의 현성(現成)으로서의 자기 개현(開現)으로 이행한다고 하는 것은 그 인간 자신의 실존적인 전환, 일종의 회심(回心)이어야 할 것이다.

이러한 실존적인 전환이란 인격 중심적인 방식을 벗어나 그것보다 한층 차안(此岸)으로 나오는 것, 그것의 이쪽 방향으로 나오는 일이다. 즉, 그 '아무것도 없다.'가 자기 쪽으로 혹은 오히려 본래의 자기 자신으로서 트여오는 것이다. 인격의 '배후에' 아무것도 없다고 하는 것은 인격의 측으로부터 보이기 때문이며, 그곳에서는 무(無)는 보이는 무, 생각되어진 무로 그친다. 인격적 자기의 한층 이쪽 방향으로, 단적인 자기 자신으로서 '아무것도 없는' 것이 트일 때, 무는 여실히, 실제로 자기로 실현하기 시작한다. 그리고 자기로 체인(體認)된다. 앞에서 말한 의미로 자기 존재가 무(無)의 realization이 된다. 체인이라는 것은 무를 본다고 하는 것은 아니다. 구태여 말한다면 '불견(不見)의 견(見)'이라고 일컬어지듯이 보지 않고 본다고 하는 것이다. 진정한 무는 살리는 무이며, 살리는 무는 단지 자증(自證)되는 수밖에 없는 것이다.

……

유(有)가 무(無)와 하나일 때만 유(有)하다고 하는 것은 '사물'의 실체라고 일컬어지는 견지에서 가장 적절한 의미이다. …… 지금까지 일상 사람들이 문제로 삼지 않았을 뿐만 아니라 철학조차 그 존재론에서 고찰대상으로 하지 않았던, 완전히 별도의 존재 개념이다. 그러나 예를 들면 마쓰오 바쇼(松尾芭蕉, 1644-1694)는 '소나무에 대해서는 소나무에 배우고 대나무에 대해서는 대나무에 배우라'라고 말하였다.

그것은 단지 소나무를 자세히 관찰하라 라는 정도의 의미는 아니다. 하물며 소나무를 과학적으로 연구하라고 하는 것은 더구나 아니다. 오히려 소나무가 소나무 자신이며 대나무가 대나무 자신인 곳에서, 각각의 자체적인 존재방식에 자기 자신이 되어 그곳에서 소나무를 보고, 대나무를 보라라고 하는 점이다.

…… 이성의 장소를 깨뜨린 허무의 장소에서는 인식이라는 것은 문제가 아니다. '사물'도 자기도 그곳에서는 이미 인식의 대상이 아니다. 오히려, 그것들 자체가 인식에 따라서는 어떻게 포착되어질 수 없는가라고 하는, 그러한 자각이 나타나는 것이 허무의 장소이다. 이미 허무의 장소에서도 대상(으로서의 '사물'이나 자기)과 그 인식이 문제가 아니며, '사물'과 자기의 리얼리티가 문제이다.

……

허무는 아직도 존재에 대한 것이다. 그것은 존재의 '밖'에, 그것 자신만으로서 설 수 있다. 즉, 여전히 허무라고 하는 '사물'로서 보이고 있다. 그것은 의식의 대상이 아니지만, 더구나 여전히 대상적으로 보이는 곳을 남기고, 또한 의식의 입장이 아니지만, 더구나 아직 허무를 허무로서 표상(表象)적으로 본다고 하는 바를 남기고 있다. 요컨대 허무는 아직 피안으로서 보이는 바, 따라서 뒤에서 말한다면 피안을 보는 차안의 입장을 남기고 있으며, 본질적으로 과도적인 성격을 가지고 있다.

허무는 모든 '존재'에 대한 절대적 부정이며, 따라서 존재와 상대적이다. 허무의 본질은 단지 부정적인(소극적인) 부정성에 있다. 그 입장은, 존재에 머무르는 것도 존재를 떠나는 것도 불가능하다는 자기모순을 포함하고, 그것 자체가 분열된 입장이며 그곳에 그 과도적인 본질도 있다. 허무의 입장이라고 하더라도 실제 그것은 진정한 의미에서 설 수 있는 장소가 아니다. …… 그러한 본질적인 과도성, 부정적인 부정성으로서는, 그것은 어디까지나 리얼하며 현실적이기는 하지만, 그러한 입장 그 자체는 본질적으로 실성(實性)이 없는 것이다. 허무의 입장 그 자체가 본질적으로 허무한 것이다. 그러한 입장은 그러한 것으로서만 허무의 입장이다.

공의 입장은 완전히 다르다고 하지 않으면 안 된다. …… 절대 부정이 동시에 커다란 긍정인 것 같은 입장이다. 그것은 자기와 '사물'이 공(空)이라고 하는 입장이 아니다. 만약에 그렇다면 '사물'과 자기의 근저에 허무가 열릴 것이라고 하는 점과 변함은 없다. 공의 입장의 근본은 자기가 공이라고 하기보다, 오히려 공이 자기라고 하는 점, '사물'이 공이라고 하기보다, 공이 '사물'이라고 하는 점에 존재한다. 그러한 전환에 있어서 비로소 허무가 존재의 피안으로서 보인다고 하는 입장을 초월할 수 있다. 단지 피안이 아니라, 피안에 이르러 피안에 섰다고 하는 입장이 나타난다. 그 입장에서 비로소 허무의 공간의 뒤에 여전히 숨겨져 있는, 피안을 보는 차안의 입장을 진정으로 초월한다. 그러한 '도피안(到彼岸)'은 피안의 현실화이며, 더구나 피안에 선 입장으로서 단순한 차안으로부터는 물론, 피안을 보는 차안의 입장으로부터의 절대적인 전환이다. '도피안'은 절대적 차안에 다름 아니다.

공(空)의 공간에 있어서 '사물'의 현존재는 칸트가 말하는 의미의 '현상', 즉 우리들에게 나타난 사물의 존재방식이 아니다. 진정으로 '사물'이 '사물' 자신의 근원에 있는 그 자체적인 존재방식이다. 그러나 그것은 또한 칸트가 말한 의미의 '물자체' 즉 '현상'과 준별된, 우리들에게 있어서 불가지(不可知)의 '사물'의 존재방식은 아니다. 실재로 현존하는 본래의 '사물' 그 자체이다. 그곳에서는 물자체와 현상이라는 구별은 없다. 본래의 '사물'은 표면과 뒷면도 없는, 나타난 그대로의 '사물' 그 자체이다. 그러나 그것은 또한 종래 또는 감성의 장에서 혹은 이성의 장에서 세워진 다양한 리얼리즘이 생각해 온, 객관적 실재라는 의미의 '사물'도 아니다. 오히려 '사물'은 모두 그 진실한 자체성 그대로이며, 가현(假現)인 것이다. 단지 이른바 '외적인' 객관적 실재를 '사물' 자체라고 간주하는, '독단적'인 입장이 뒤에 자기모순을 감추고 그곳에서 칸트의 비판주의 및 '현상'과 '물자체'라고 하는 완전히 양립하지 않는 두 존재방식의 분열이 환기되어 왔음은 앞에서 말한 대로이다. 공의 입장은 그 양립하지 않는 두 존재방식이 각각 철저한 곳에서 같은 하나의 '사물'의 존재방식으로서 성립하는, 그러한 입장이다. 다른 한편으로 말하면, '사물' 자체는 그 공간에서 진정으로 '사물' 자체이다. 왜냐 하면 객관적 실재라고 칭해지는 경우와 달리, 주관으로 숨겨진 연계를 완전히 벗어나 있기 때문이다. 그러나 그렇게 말해도 전혀 불가지적인 것이라고 하는 것은 아니다. [JVB/정병회]

## 공(空)과 즉(卽)

니시타니 게이지 1982, 111-13, 133-9, 143-4 (179-80, 196-201, 204-5)

「즉(卽)」이라든가 공(空)이라는 말은 보통 불교사상 속에 나타나는 술어로서, 불교 교의(敎義)의 이론적인 규명의 영역에서 만날 수 있는 말이다. 그 영역에서 이들의 개념에 대한 연구는 불교학자에 의해 수많은 성과로서 남겨져 있으며, 그 이상으로 덧붙여 말할 수 있는 점은 거의 없다고 해도 좋을 정도이다. 그래서 여기에서는 조금 다른 방면으로부터 이들의 개념을 문제로 해보고자 한다.

첫 번째로 우선 문제가 되는 것은 '즉'이라든가 '공'이라든가 하는 말은 원래 불교 내에서 만들어진 말이 아니며, 널리 보통으로 사용된 말이며 현재도 그렇다고 하는 점이다. 다양한 한역(漢譯) 불전(佛

典) 중에 나타난 사용법 중에도 그러한 점이 확실하게 드러나고 있다. 예를 들면, 공이라는 글자는 많은 경우, '허공'이라는 말과 결부하여 사용되고 있는데, 허공이란 그 경우, 눈에 보이는 '하늘'이라는 뜻이다. 하늘은 끝없는 폭과 끝없는 깊이를 가진 공간으로서 영원불변한 것이다. 그것은 우리들이 눈에서 볼 수 있는 '영원한 것'으로서는 유일한 것이다. 눈에 보이는 세계의 그 허공이 경전 안에서는 영원 무한한 것의 이른바 형상(image, Bild)으로서 눈에 보이지 않는 영원 무한한 것, 내지는 영원 무한성을 표시하는데 사용되고 있다. 그러한 의미에서는 공이라든가 허공이라든가 하는 말은 기본적으로 말해 하나의 비유라고 보이지만, 그러나 또한 단순한 비유라고도 할 수 없는 바가 있다. 눈에 보이는 허공은 그것이 눈에 보이고 있는 한, 주어진 사실이며 현실이다. 그것이 눈에 보이지 않는 영원과 무한을 표시한다고 하더라도 그 경우의 표시인 가시적인 현상과 표시된 불가시적인 것 사이에는 비유라고 하는 이상의 근친성이 있다. 위에서 형상이라는 말을 사용하였지만 실은 눈에 보이는 허공은 형태가 없는 것이며, 엄밀히 의미에서는 형상이라든가 이미지라고 할 수 없다. 오히려 형태가 없는 가시적인 현상이라고도 할 수 있는 것이다. 가시적인 것과 불가시적인 것의 관계는 그러한 경우 어떠한 관계인지 확실하지 않다. 고래 서양의 철학에서 일컬어진 '아날로지(analogy)'라는 말도 그 의미가 이른바 존재론에 속하며, 존재의 논리에 관한 것인 한, 지금 문제로 하고 있는 관계에 적용할 수 있는지 아닌지는 확실하지 않다. 그 관계는 논리적으로 규정되기에는 너무나 막연하기 때문이다. 단지 이 관계가 '논리적' 이상으로 밀접한 것이라고 할 수 있을 뿐이다.

두 번째로, 공이라든가 허공이라든가 하는 말이 불교의 삼투(滲透)와 더불어 경전을 통해 불교의 말로서 사용되는 동안, 그것은 불교적인 기분을 표현하는 것으로서 사용되었다. 그것은 불교의 「법리」를 이론적으로 표현한다고 하기보다는 오히려 그 법리의 정의(情意)적인 표현으로서였다. ……

이러한 점에서 니시타니는 한시와 일본 전통시에 대한 논의를 시작한다. 마쓰오 바쇼의 하이쿠에서 나온 예들은 일본어로 '고토'를 함축하는 '방해받지 않는 이성(unhindered reason)'과 '방해받지 않는 것들(unhindered things)' 사이의 경계에 관한 담론으로 그를 인도하였다. 그는 예술과 종교 영역의 분리에 대해 의문을 제기하고, '본질'과 '현상' 사이의 관계로 되돌아가기 위해 이 용어를 사용하였다.

……

한계선은 두 방을 구분하는 한 장의 판자와 닮아있다. 판자가 A실을 향하고 있는 면 x는, A실의 한계를 표시하는 것으로서, B실을 대표한다. x면은 그 '본질'에 있어서 A에 나타난 B의 표현이라고도 할 수 있다. 그러나 동시에 B의 표현인 같은 x면은, A실의 일부로서 A실에 소속한다. A에 나타난 한은, '현상'으로서는 A의 것이며, A의 구조 계기이다. 그 판자가 B실을 향하고 있는 면 y에 대해서도 같은 말을 할 수 있다. y면은 B실의, B실로서의 구조에 속하며 '현상적'으로는 B라고 하는 현상의 일부이다. 더구나 동시에 그 y면은 A에서 B를 경계지우는 것으로서 '본질적'으로는 A를 B 속에서 대표하고 B에 나타난 A의 표현이다.

일반적으로 '한계'라고 하는 것에는 재단(裁斷)이 접합이기도 하다는 의미가 포함되어 있다. 그리고 그 접합은 차별된 것 사이의 상호 투사(投射)라든가 상호 침투라고 앞에서 말한듯한 연관으로서 성립하는 것이다. 이와 같은 구조를 '회호(回互)적'이라고 부르면 회호적인 연관의 경우에 중요한 점은 본질적으로 A에 속하는 것이 B 속으로 스스로를 비추고 향해 이동한다든가 투사한다든가 하여 현상할 때, 그것이 B 속에서 A로서 현상하는 것이 아니라 B의 일부로서 현상한다는 점이다. 바꿔 말하면, A '체(體)'가 B '체'로 스스로를 전달할 때, 그것은 A '상(相)'에 있어서가 아니라 B

'상'에서 전달된다. A는 스스로를 B로 B상에서 분여(分與, mitteilen)하며, B도 A로부터 그것을 B상에서 분유(分有, teilhaben)한다. 이것이 B로의 자기전달이라는 A의 '작용'이다. B 쪽에서 A로의 전달에 있어서도 마찬가지이다.

지금 언급한 점은 앞에서 말한 'image'라는 것의 문제와도 관계가 있다. image는 존재론과 인식론에서 '본질'과 '현상'이라는 것을 논할 때, 언제든 나타나는 문제이다. 그 경우, 보통 그렇듯이 A라고 하는 '어떤 것' 내지 '어는 사항'에 대해 그 본질과 현상을 생각하고, 다음에 B에 대해서도 그것을 생각하며, 더욱이 그 A와 B와의 '상호작용'을 생각한다고 하는 식의, 분립과 차별로부터 출발하는 입장에서는 image의 문제는 충분히 생각할 수 없다. 그 입장에서는 필경, 분별적 지성의 판단작용에 의거하여 사물의 이론화를 요구하게 되겠지만, 그러면 image의 문제도 나가서는 예술과 종교의 문제도 진정으로는 생각할 수 없을 것이다. 오히려 분립이나 차별과, 본질적인 연관 또는 '인연(affiliation)'이나 무차별을 동시에 하나로 보려는 입장이 요구되기 시작한다. 그러한 경우는 A가 B라고 하는 완전히 다른 것 속으로 B 자신의 상(相)을 취해 비춰진다고 하는 점, 에카르트(Eckhart)의 말을 빌리자면 A가 B의 아래로 스스로를 hineinbilden한다고 하는 점이, A의 image화라고 하는 것에 다름 아니다. 예를 들면, 인간 속의 '신(神)의 상(象)(imago Dei)'이라든가, 일체의 중생이 실유(悉有)하는 '불성(佛性)'이라든가 하는 것은 그와 같은 의미로서 비로소 이해될 것이다.

......

'세계'하고 하는 연관 속에는 도처에 경계, 구획, 한계가 있다. 소나무는 소나무이지 삼나무가 아니며, 이 소나무는 이 소나무이지 저 소나무는 아니다. '존재한다'라고 하는 것의 다양한 차원에서, '존재한다'는 것은 항상 그 자신이지 어떠한 타자와도 동일하지 않다고 하는 자기동일성을 함의하고 있다. 하나의 먼지라도 그 먼지 속에 있는 하나하나의 원자라도 그것이 '존재하는' 것인 한, 자기동일적이다. 그리고 모든 자기동일성은, 그것이 성립하는 어떤 차원에서도 무한하게 있을 수 있는 타자의 사이의 본질적인(즉 '유(有)' 그 자체 위에서의) 구분 내지 한계를 한 없이 포함하고 있다. …… A가 A이지 B·C…일 수 없으며, B는 B이지 A·C…일 수 없다고 하는 것은 어디를 향하더라도 장벽을 만날 듯한 일종의 자기 — 내(內) — 폐합성(閉合性)이다.

자기라고 하는 것이 밖으로는 절대로 나올 수 없다고 하는 의미에서, 일체의 타자가 자기의 장애물이 된다고 하는 점이다. 그리고 이 세계 속에 있는 일체의 사물이 각각 그러한 전면적인 한계를 가지는 것으로서만 각각 자신일 수 있다고 하는 점은, 세계 연관이 철저한 분립과 차별을 포함한다고 하는 점을 표시하고 있다. ── 그러나 또한 세계 연관에는 지금 말한 것과 완전히 정반대의 사항, 즉 무차별과 평등, 또는 전면적인 개방성과 무애(無礙) 등도 나타나고 있다. 그 연관은 분립과 평등, 차별과 무차별, 폐합성과 개방성, 장애(障礙)와 무애가 그 속에서 서로 동시적이고 반드시 서로 따른다고 하는 연관이다. 그 속에서는 지금 말한 정반대의 방향이 하나로 결부되어 있다. 즉 '상즉(相卽)'하고 있는 것이다. 그러나 그것은 어떠한 것인가?

어떤 것 A가 세계 속에 존재한다고 할 때, 그것은 다른 모든 것(B·C……) 사이에서 그것 자신의 '장소'가 부여되어 있다. 단지 어디 어디에 있다고 하는 현상적인 존재의 장소라고 할 뿐만 아니라 오히려 본질적으로 그것의 '유(有)' 그 자체의 장소, 그것의 현성(現成)에 있어서 이른바 '본유적(本有的)'인 장소라고 하는 의미에서의 '장소'이다. A가 일체의 것 사이에서, 다른 일체의 것이 아니며 A로서 원래 '존재할 수 있을' 때, (즉 A인 것으로서 A가 존재할 때), A는 세계 속에서 '장소를 얻고' 있다. 앞에서 A의 자기동일성(A=A)은 개별적인 한정으로서 철저한 한계 지움을 의미한다고 했지만 이제 그것은 A가 세계 속에 하나의 본유적인 장소를 그 자신에 고유한 '장소'가 주어진다고 하는 것이기도 하다. 그 '장소'는 '세계' 그 자체에 속하는 '장소', 세계 자신의 하나의 '국소(局所)'이지만 동시에 또한 A 자신의 고유한 '장소'이기도 하다. ……

그 연관은 한없이 복잡한 연관이다. 만약에 그것의 '구조'를 '일(一)'이라든가 '다(多)'라든가'와 같은 논리적 형식의 개념을 가지고 파악하여, 말의 로고스로 표현하고자 한다면 '학(學)'으로서의 지(知)의 입장이 환기되어 그 입장은 '과학'적인 사량(思量)으로부터 '철학'적인 사유로까지 도달하겠지만, 그것만으로는 그 연관은 완전히 사유되지 않는다. 그 사유는 그 연관을 '이(理)'의 세계로서 개명하는데, 현실에 주어진 사실, 정의(情意)를 통해 실제로 경험될 수밖에 없을 듯한 '사물'의 세계에는 접촉할 수 없다. '이법계(理法界)'와는 별도로 '사법계(事法界)'가 엄연히 남아있기 때문이다. 그렇기 때문에 그 연관을 구조적으로 파악하기 위해서도, 일즉다(一卽多), 다즉일(多卽一)이라는 형식이 필요해진다. 그것은 이미 '이사무애(理事無礙)'라고 일컬어지는 '법계(法界)'의 로고스이다. 그러한 경우 '무애(無礙)'란 '즉(卽)'이라는 구조 연관의 형식을 표시하고 있는 것이다.

……

다(多)가 없는 일(一)과 일이 없는 다란, 형식논리의 추상적 개념으로서는 물론 존재론적인 논리의 구체적 개념으로서도, 어떤 '사물'도 없는 열린 '허(虛)'와 모든 존재하는 '실(實)'이란 역시 논리적 모순이다. ……

더구나 그 양극(兩極)은 절대적인 일(一)과 절대적인 다(多)로서 '이(理)'적으로도, 또한 세계가 세계한다고 하는 것에 포함되는 세계의 열림과 만물·만유(萬有)·만사(萬事) 등등의 현성(現成)으로서(허와 실로서) '사(事)'적으로도 절대적으로 모순인 것이다.

그러나 동시에, 이 절대적인 모순은 모순인 채로 모순이 아니다. 세계 속에 만물·만사가 현성하는 것은 세계가 열림이기 때문이다. 반대로 세계가 열림인 것은 '만물'이 그곳에 현성하기 때문이다. 무일물(無一物)한 '열림'은 현성하는 만물이 없으면 현실적인 만물이 아니며, 현실적이지 않은 열림은 현실적인 세계로서의 열림이 아니다. 역으로 만물이 현성하는 것은 세계의 열림이 실제로 열려있기 때문이다. 그렇기 때문에 이 양극은 같은 사항의 양면이며, 그 양면이 서로 모순적인 것이다. 그것은 이 동일성이 동일성으로서는 '즉(卽)'이라고 일컬어지는 '회호적(回互的)'인 관계조차 아니며, 그곳에는 이사무애(理事無礙)적인 법리조차도 없다고 하는 점이다. 절대적인 일(一)과 절대적인 다(多)의 동일성은 일즉다(一卽多)도 다즉일(多卽一)도 아니며, 그 두 상즉(相卽)의 상즉도 아니다. 만약에 구태여 상즉이라고 하면, 일즉영(一卽零), 영즉다(零卽多), 그리고 그 두 개의 즉(卽)의 상즉이라고 하지 않으면 안 된다. 그런데 이것은 어떠한 의미에서든 이법·로고스가 아니라 절대적으로 무리(無理)이며, 비(非)'이(理)'이다. 더구나 절대적인 일(一)과 다(多)가 없으면 일즉다, 다즉일에서 일도 다도 없고 그 양즉(兩卽)의 상즉도 없다. 즉, 회호적인 세계 연관도 없다. 세계 연관으로서의 구체적인, 현실의 '세계'는 절대적인 불회호(不回互)로서 서로 모순하는 양극이 동일적인 것에 의해서만 가능해지는 것이다. 이 동일성은 모든 '상즉'도 상즉의 '이'도 초월한 것이지 않으면 안 된다. 그것이 전에 언급한 '사사무애(事事無礙)'로서의 법계에 다름 아니다. 그것이 '이사무애(理事無礙)' 법계로서의 현실의 '세계'를 세계로서 가능하게 만들고 있는 것이다. 만물·만유·만사 등(가능한 한 무한한 사물의 전체)으로서의 '세계'를 가능하게 만드는 것은 만물이 현성할 수 있는 장소의 열림 그 자체로서의 '세계'인데 그 세계의 열림 그 자체를 가능하게 만들고 있는 절대적인 열림이 사사무애로서의 '세계' 이다.

[MFM/정병호]

# 시모무라 도라타로

下村寅太郎, 1902-1995

교토대학(京都大學)의 니시다 기타로(西田幾多郞, 1870-1945)* 다나베 하지메(田邊元, 1885-1962)*
밑에서 라이프니츠(Leibniz, Gottfried Wilhelm, 1646-1716)와 과학 및 수학 철학을 전공으로 철학
공부를 한 후 시모무라 도라타로는 도쿄(東京)에서 교수 생활을 시작했다. 그는 상징적 사고에 대해
서 그리고 인간의 영혼과 사회의 기계화의 관계에 대해서뿐만 아니라, 자연과학과 수학과 철학의
상호 대면에 대해서 방대한 분량의 글을 집필했다. 1956년에 그는 처음으로 유럽에 가게 되었는데,
그것을 계기로 그의 생애와 사상은 전환점을 맞이했다. 그때부터 그의 관점은 지성사로 쏠렸고,
특히 유럽의 르네상스에 관심이 많았으며, 실제로 일본에서 그 분과를 설립한 주요 인물 중 하나였
다. 그는 레오나르도 다빈치(Leonardo da Vinci, 1452-1519)에서부터 아시시의 프란체스코(Francis
of Assisi, 1182-1226), 그리고 철학 미학에 이르기까지 다양한 주제의 글들을 시리즈로 펴냈고, 1983
년에 출간된 『야콥 브루크하르트의 세계』에서 그의 학문적 작업의 정수를 보여 주었다.

　비록 시모무라가 니시다의 사상의 여러 면에 대해서 글을 썼고 그의 전집 출판을 주도적으로
준비하기는 했다. 그러나 시모무라는 니시다와 다나베에 대해 자신이 쓴 글 중에 후자가 더 학문적이
라고 생각했다. 다나베가 시모무라 자신과 과학적 배경을 공유했기 때문이다. 과학자, 철학자, 그리고
미술과 사상의 역사가로서 시모무라는 연구가 무르익을수록 지성사에서 일본의 역할의 문제를 계속
해서 되물었다. '근대의 초극(近代の超克)'이라는 전반적인 흐름을 뒷받침하면서 그는 계몽된 인본주
의의 유익을 주장했다. 이어지는 글에서 보듯, 시모무라는 일본과 아시아의 사상에서 특수하고 고유
한 것의 이면을 파고들어가 그것의 더 깊고 보편적인 내용에 도달했는데, 그러한 작업을 위해서
그는 교토학파의 선도자들이 발전시킨 '주관적 무'의 철학에 집중했다.　　　　　　　[JWH/양혜원]

---

## 절대무의 논리

시모무라 도라타로 1962, 483-8

　고대부터 일본 사람들은 다른 나라의 사상과 예술을 접할 때, 그것을 배우는 어려움에 굴하지
않고 끈질기게 매달려서, 새로운 것과 탁월함을 구분해내는 날카롭고도 생생한 감각이 있었다. 역사
가 이것을 증명하는데, 예컨대, 오늘날 세계에서 「대승(大乘, Mahāyāna)」 불교를 지금도 보존하는
나라는 일본 밖에 없다. 우리의 수용은 결코 수동적이기만 하지 않았고 언제나 주도적으로 엄격하게
선별해서 받아들였다. 이것은 정교한 감각과 지적 이해의 능력이 없었다면 불가능했을 것이다.

　이것은 손쉬운 모방과는 거리가 멀며, 우리의 사고방식은 「무(無)」의 사상과 엮여 있다. 우리가
온갖 종류의 사상을 다 관용하고 거기에 '열려 있다면'-종종 이것은 우리가 신중하게 선별함에도
불구하고 대결을 피하는 것으로 보일 정도로 열린 마음으로 나타난다-이성이란 「절대무(絕對無)」라
는 특징을 가진 것을 알 수 있다. 이러한 정신은 대결을 거부하는 게 아니라, 다만 대결과 비판을

가장 고등적 형태의 사고로 보지 않으려 할 뿐이다. 일종의 비대립적 대립, 절대적 대립이다. 이것은 또한 단순한 절충주의의 문제도 아니다. 절대무의 정신은 자기 자신의 고정적 형태가 없기 때문에 모든 것에 열려 있고 모든 것을 받아들일 수 있다. 따라서 수용한 그것이 반드시 배타적이거나 분명한 의미를 가질 필요가 없다. 새로운 것은 옛 전통을 버리고 받아들이는 게 아니라, 그것과 공존함으로써 수용된다… 이러한 사고방식은 우리가 서구에서 접하는 것과 같은 비판적이고 결정적인 사고를 하는 사람으로서는 이해하기 힘들 수 있다. 절대무의 관점에서 생각하는 것은 고대의 종교 사상이나 철학 추론에만 국한된 것이 아니다. 이것은 일상생활의 생각과 느낌 속에서 실제로 경험하는 것이다. 절대무의 사상은 우리 현재 삶의 활력을 개념적으로 구성한 것일 뿐이고, 그렇기 때문에 우리가 어떻게 생각하고 느끼느냐의 근간에 있다고 하는 것이다.

서구의 사상가들은 이러한 절대무의 사상에 흥미를 느끼지 못하는 것일까? 그들에게는 이상하게 보일지 모르지만, 그리스 철학이 그리스도교 사상을 처음 대면했을 때의 이상함과 별반 다르지 않을 것이다. 그들에게 그리스도교 사상을 합리화하고 철학으로 구성하는 것은 완전히 불가능해 보였을 것이다. 어쨌거나 절대무는 동양 사람들인 우리의 사고에 속한 것이고, 우리가 '철학'이라는 것의 존재를 안 이상 그리고 그에 대해 관심이 많은 이상 그 사상에 철학적 형태를 부과하는 것이 우리에게 주어진 철학적 임무라고 받아들일 수밖에 없다. 이것은 우리가 '동양'이라고 부르는 지역적 지평 너머로 우리의 사고를 끌고가 보편적, 세계적 지위로 올려놓는 것을 의미한다.

그렇지만 절대무의 사상을 그리스 사상이나 유럽 철학의 한 범주로 제시하는 것은 가능하지 않다고 본다. 이 사상은 합리화 너머에 있는 신비주의에 더 가깝다. 이 사상의 최종적 목적은 말이 아니라 침묵으로의 회귀를 위해 말을 거부하는 사고의 한 종류이다. 그러한 사고-그것을 사고라고 부를 수 있다면-는 말과 형태가 없다. 그렇다면 그것에 구체적 형태를 부여한다는 것은 원칙적으로 불가능하며, 실로 자기모순 아니겠는가? 그렇기 때문에 나는 다양한 철학적 사고에 대해서 말하는 것이다.

19세기에 유럽에서 언어학자들이 인도-유럽어를 기준으로 보편적 문법을 만들려 했을 때, 그들은 이내 그것이 불가능한 임무임을 알아차렸고 그래서 언어의 다원성에서 다시 시작했다. [빌헬름 본 훔볼트(Wilhelm von Humboldt, 1767-1835)가 대표적 예이다.] 여기에서 이것을 지적하는 것은 철학적 사고의 영역에서도 비슷한 과제가 남아 있기 때문이다. 서구 철학자들에게 이러한 철학은 터무니없이 들릴지 모르지만, 동양에서 발견되는 자연, 영, 신들, 그리고 심지어 존재에 대한 생각은 서구의 범주에 맞지 않으며, 서구의 논리에서 보는 한 비합리적이고 모순적일 뿐이다. 그러나 동양에서는 그러한 생각이 실제적인 일상의 생각이고, 그렇기 때문에 모든 감정과 의지에 만연해 있다. 그리고 단순한 직관이 아니라, 더 고등한 수준의 사고이기도 하며 그렇기 때문에 일종의 논리를 전제한다. 니시다 기타로(西田幾多郎, 1870-1945)*, 다나베 하지메(田邊元, 1885-1962)* 등의 근대 선도적 철학자들은 이러한 '절대무'를 철학적 논리로 구성하는 것을 일생의 업으로 삼았다.

서구에 이미 널리 알려진 스즈키 다이세쓰(鈴木大拙, 1870-1966)*도 이러한 작업을 하는 사람 중 하나이다. 그러나 서구의 철학자들을 설득하는 데에 필요한 논리의 근본에 대한 흥미가 부족해서 선과 절대무에 대한 그의 설명은 심리학의 어조를 더 많이 띤다. 물론 스즈키의 해석과 그가 자신의 학문에 도입시키는 선(禪)의 생생하면서 풍성한 경험은 절대무에 대한 고유하고도 매우 중요한 접근이다. 그럼에도 그는 선을 서구의 사상과 비교해서는 결코 설명하지 않고, 그 반대로 그렇게 할 수 있는 '공통된 척도'가 없다고 주장한다.

앞에서 언급한 것처럼, 서구 철학에서도 그리스도교 사상의 구성과 관련해서 비슷한 상황이 있었다. 그리스도교 사상이 그리스 철학의 선도를 따르는 한 그 프로젝트는 그저 약간의 화해 정도에만 도달할 수 있을 뿐이었다. 두 개가 서로 본질적으로 다르다는 인식에 이르고 나서야 제대로 된 그리스도교 철학이 자신의 독자적인 논리를 사용해서 긍정적인 발전을 보일 수 있었다.

우선, 우리는 유한의 논리와 무한의 논리 사이의 근본적 차이를 생각해볼 수 있다. 유한이 아무리 위대하다 하더라도 그것은 무한이 아니고, 또한 무한은 단순한 유한의 확장이 아니다. 혹은 헤겔이 말하듯, '끝없는(endlos)'은 그것 자체로 '끝없는(unendlich)'이 되지 못한다. 그것에 한계가 없다는 의미에서 '무한'할 수 있지만, 그냥 영원한 유한일 뿐이다. 유일한 '현재의 무한대(aktuelle Unendlichkeit)'는 유한의 끝없는 확장이 아니라, 그것의 부정이다. 유한을 부정해야만 무한에 도달하는 것이다. 나아가서, 무한은 직접 직관할 수 있는 게 아니라 언제나 유한의 부정을 통해서 간접적으로만 포착할 수 있다. 무한의 논리가 철학사에서 형태를 갖춘 것은, 신을 이름 없고, 한계가 없고, 앎의 영역을 넘어 있는 존재로 생각하는 '부정 신학'이 등장해서 이러한 부정적 한계를 긍정적 관점에서 생각하고, 신을 알 수 없음 자체가 신에 대한 긍정적 지식이 되고 난 후부터이다. 절대무라는 동양 사상의 논리를 구성하고자 할 때는 이러한 역사적 과정 또한 염두에 두어야 한다.

그리스도교 사상이 그리스 철학자들에게 완전히 비합리적이고 '어리석은' 것으로 여겨졌다면, 동양 사상 또한 서구의 사고방식에서 보면 그만큼 비합리적이고 모순적이다. 그럼에도 절대무의 사상으로 들어가려면 반드시 그 모순을 지나가야 한다. 그것을 비합리적이라고 한다면, 우리는 무엇이 합리적 혹은 이성으로 여겨지는지를 물어야 한다. 그리스인들에게 이성의 가장 고등한 형태의 표현은 언어였다. 언어와 이성은 분리될 수 없었다. 언어로 결정되고 정의될 수 없는 것은 사실상 존재하지 않는 것이었다. 그리스도교 사상가들에게 이것은 문제였다. 그들에게 무한한 신은 결정과 부정(determinatio est negatio)이었기 때문이다. 그러나 그리스도교는 확실히 '신의 말씀'이라는 관점에서 말을 하고 '태초에 말씀이 있었다'고 선언한다. 반대로 불교에서는 궁극적 가르침이 '말 없이' 주어진다. 이것은 단순한 언어적 표현의 거부가 아니라 전면적 부정이다. 선의 「공안(公案)」은 언어와 개념적 사고를 없애는 한 가지 방식이다. 매우 아이러니하게 들리지만, 불교 경전은 구약과 신약 성경을 합친 것보다 훨씬 더 길다! 그런데 그 내용 전부가 언어적 표현을 부정하는 것을 설명하고 있다. 말을 초월하는 것에 대한 말인 셈이다. 이것은 단지 말의 부정의 문제가 아니라 그것의 절대적 부정이며, 단순한 무언이 아니라 절대적 무언이다.

언어에 대한 불신은 오늘날 서구 철학에서도 볼 수 있는 경향 아닌가? 오늘날 현대 철학은 언어학적 분석의 중요성을 강조한다. 이것은 분명 과학이 동기가 된 것이다. 현대 과학은 언어의 부정확성 때문에 수학적 상징을 표현 방식으로 취한다. 그리스인이라면 '과학적 이성'은 상징으로 가장 잘 표현된다고 말했을 것이다. 그러한 생각 때문에 언어가 기계화 되었고 결국에는 이성도 기계화 되었다. 그것이 아무리 많은 것을 성취한다 하더라도 근본적으로 제한적이다. 기계의 기능과 비슷하다. 과학적 지식은 더 이상 사물의 본질에 있는 문제를 밝히지 못하고 현상의 규칙성에서만 문제를 밝힐 뿐이다. 그것은 단지 보편적이고 객관적인 지식의 문제일 뿐이다. 진리와 객관성이 서로 같은 것이 된다. 주관과 객관의 대립이 이미 가정되어 있는데도, 주관성은 문제가 되지 않고, 될 수도 없다.

칸트가 이러한 객관적 지식의 가능성의 문제를 다루었을 때, 그러한 가능성의 토대로서 그는 주관성을 연구했다. 그는 이것을 '일반적 의식'이라고 보았고, 그 안에서 일어나는 구성 작업을 객관성의 근거로 삼았다. 그러나 도덕적 행동의 가능성을 설명하기 위해서 그는 자유 의지, 곧 자기 자신을 궁극으로 삼는 인과성을 설명하는 '실천 이성'을 상정할 수밖에 없었다. 이해 가능한 세상은 그러한 실천 이성을 기반으로 해서만 실재가 된다. 형이상학적 존재는 도덕적 행동의 주관에서 드러난다. 한편 칸트는 본질적으로 주관적이고 개인적인 미학적 판단에 관해서는, 주어진 보편에 의해 특수가 결정되는 결정적 판단과, 추구하는 보편에 의해서 특수가 결정되는 반성적 판단을 구분했다. 기호에 기반한 미학적 판단은 후자에 따른다. 그러나 추구하는 보편이란 존재하지 않는 것이다. 그것은 무의 보편성이라고 말할 수도 있을 것이다. 기호에 대한 주관적이고 개인적인 판단의 주체는 바로 개인 개체(individuum)이고 이것은 무를 전제한다. 이 개인 개체가 자유의 진정한 주체인 것이다. 즉, 진정한 자유는 '선과 악의 가능성'이다.[16] 그러한 자유로운 개인 개체는 아무것에 의해서도 결정되지 않고 완전히 비합리적인 반면, 보편에 의해 결정되는 것은 여전히 특수일 뿐이다. 따라서 개인 개체가 긍정적으로 구성되려면 보편에 의해 결정되지 않아야 한다. 니시다는 이것을 이렇게 표현했다. '개인은 오직 개인에게만 개인이다.' 개인 개체를 결정하는 것은 '절대무'라고 그는 말하는데, 그는 이것을 결정하지 않으면서 결정하는 '변증법적 보편'이라고 했다. 궁극적으로, 주관이 문제가 되는 한 절대무를 인정할 수밖에 없다. 니시다의 철학은 어떻게 서구 철학이 지금까지 의식이 의식이 되는 것의 문제만 제기했고, 의식하게 하는 의식, 곧 진정한 주관성은 설명하지 못했는지를 보여준다.

서구의 철학자들은 존재를 궁극으로 보고 원칙적으로 존재의 문제에 집중했다. 현대의 실존주의에 와서야 우리는 무가 긍정적으로 취급되는 것을 볼 수 있다. 그럼에도 그들이 인정하는 무는 유한성과 존재 안의 우연과 연결되어 있다. 존재(Existenz)의 근간에 있는 무를 보지 못하는 것이다. 최근에 니시타니 게이지(西谷啓治, 1900-1990)*는 『종교와 무』에서 어떻게 신에 대한 그리스도교 사상 자체가 절대무의 사상을 필요로 하는지를 지적한다. 그는 무의 사상은 동양에만 특이하게 있는 게 아니라, 그리스도교가 그리고 실로 보편적으로 받아들일 필요가 있는 것이라고 주장한다.…

서구 사상가들이 신을 절대무의 관점에서 이해하지 않았기 때문에 그들은 '창조자'라는 개념을 합리적으로 이해하는 데에 애를 먹었다. 그래서 어떤 사람들은 그것을 신화라고 부르는 방편을 택하기도 했다. 동양의 불교에서는 그러한 창조자의 신화가 없었고 그것이 필요하지도 않았다. 그런 의미에서 그것은 서구보다 더 합리적이다!

서구에서 생의 마지막은 죽음이다. 생은 기본적으로 존재를 의미하며, 죽음은 생의 한계로서 비존재를 의미한다. 성경은 영원한 생만을 이야기한다. 동양에서 생은 언제나 죽음과 연관해서 이해된다. 생만 따로 존재하는 개념은 없다. 여기에서는 '생과 죽음'이 아니라 '생-죽음'이다. 죽음이 생의 끝에 오는 것이 아니라 죽음은 생을 동반한다.… 생과 죽음은 절대적 반대이면서 동시에 같은 것이다. 절대적 생은 끝이 없는 생이 아니라 '서로 하나인 생과 죽음'인 것이다. 존재와 무의 관계도 같은 논리이다. 존재는 무와 별개로 인식되지 않고 동시에 인식된다. 존재의 기반은 절대무이며, 그것은 존재와 무의 대립을 초월한다. 서구에서는 존재가 먼저 전제되고 무는 그것의 부정으로 인식된다.

[JWH/양혜원]

---

16) [영] F.W.J. Schelling, Das Wesen der menschlichen Freiheit (Leipzig: F. Meiner, 1925), 23.

# 고야마 이와오

高山岩男, 1905-1993

역사, 사회, 그리고 정치에서부터 논리, 교육, 그리고 윤리에 이르기까지 고야마 이와오의 철학에 대한 폭넓은 관심은 교토대학(京都大學)에서 그가 받은 교육의 결과이다. 교토대학에서 그는 니시다 기타로(西田幾多郎, 1870-1945)*, 다나베 하지메(田邊元, 1885-1962)*, 와쓰지 데쓰로(和辻哲郎, 1889-1960)*, 그리고 하타노 세이이치(波多野精一, 1877-1950)*와 같은 쟁쟁한 인물들 밑에서 공부했다. 다른 많은 교토학파(京都學派) 전통의 사람들과 달리 이와오는 분명하고도 우아한 산문으로 글을 썼고 그래서 자기 동료들이 쓰는 특이한 전문 용어에 익숙하지 않은 사람들도 쉽게 읽을 수 있다. 자기 세대의 많은 사람들처럼 그는 '근대의 초극(近代の超克)'에 관심이 있었다. 이 주제는 1935년에 쓴 니시다에 대한 그의 첫 책에서부터 그의 유작으로 나온『교토철학에 대한 숙고』에 이르기까지 60년이 넘게 그가 천착한 주제이다. 전쟁 전과 전쟁 동안 그는 '문화적 패턴'이라는 이름의 자신의 고유한 사상에 집중했다. 여기에서 문화란 특정 민족에 국한된 것이 아니라 불교와 그리스도교 문화도 포함된다. 그는 문화의 보편적 영역을 보존할 것을 주장했지만, 하나의 특수한 문화가 다른 문화를 위해서 그 보편성을 정의하는 것은 바람직하지 않다고 보았다. 전쟁 중에는 이러한 사상을 실천에 옮기려고 인텔리겐치아의 무게로 과도해진 군대의 힘에 맞서 보고자 해군 안의 자유주의 친구들과 협력했다. 그러나 그 결과는 1941년과 1942년의 불운한『중앙공론(中央公論)』*논쟁이었고, 후대에 이 논쟁은 비판을 받았다.

1976년, 72세에 완성한 책『교육 철학』을 그는 자신의 철학적 사상의 결정체라고 했으며, 다른 어떤 책보다도 정성을 쏟았다. 이어지는 본문은 그 책에서 '호응의 논리'를 다룬 부분에서 가져온 것인데, 니시다의「장소(場所)」의 논리가 추상적이라고 보고 그에 대한 대안으로 만들어낸 것이다.

[JWH/양혜원]

---

고야마 이와오(高山岩男) 1976

---

### 논리의 종류들

우리가 학교에서 배운 추론의 논리는 기본적으로 말을 교환하는 가운데 생기는 논거 그리고 증거와 관련이 있다. 추론은 언어와 대화를 통해 이루어지는 논쟁이 주장하는 내용을 추상화하는데, 그렇게 추상화된 내용 안에 속하지 않는 주체(나와 너, 즉 1인칭과 2인칭)와 언어-대화적 요소들은 생략한다. 추론은 추상화된 것 안에서 일어나는 일이며, 그것의 가장 간단한 형태가 삼단논법이다.

이러한 논리가 추론의 구조적 단위를 형성하는 판단이 되고, 판단의 구조적 단위인 개념이 된다. 이것이 개념-판단-추론의 순서로 진행되는 전형적인 커리큘럼을 낳는다. 상점의 전시장을 장식하는 물건들이 선별되는 것처럼 이러한 순서는 완성된 결과가 나오기까지의 과정을 보여 주기 않기 때문에 선생들이 이야기의 더 큰 배경을 끌어내려 하지 않는 한 학생들은 논리 만큼은 창조와 성장의 과정에서 제외된다고, 논리는 한 순간에 완전히 성숙한 상태로 생성되는 것이라고 평생을 생각할 것이다. 이러한 논리, 곧 형식 논리라 불리는 이러한 논리는 동양과 서양에서 오래 전에 완성되었고, 증거, 추측, 그리고 글쓰기에서 정확하게 추론할 필요가 있기 때문에 학교에서 가르치는 과목이 되었는데…, 이것만 보면 마치 지난 2500년간 아무 것도 바뀌지 않은 것 같다.

이것이 바로 학문으로서 논리의 시작이었는데, 논리 자체는 거기에서 멈추지 않는다. 형식 논리는 우리가 정확하게 사고하려면 (즉 추론하려면) 어떻게든 따라야 하는 규칙의 체계이다. 늘 그렇듯, 증거가 그것의 핵심 임무이다. 그러나 학문에서 생명의 피이자 최고의 임무는 탐구이다. 탐구를 끝내고, 그 결과를 선언하고, 정확한 그리고 설득력 있는 결론에 도달하기 위해서 증거가 필요하다고 우리는 말할 수 있을 것이다. 따라서 증거의 논리가 있다면, 또한 실험적 논리도 있다고 말할 수 있을 것이다. 증거의 논리에서는 바르고 바르지 않은 형태의 논증의 기준이 있는 반면에, 실험적 논리에서는 진실과 거짓의 기준이 합리적 탐구를 위해 필요하다. 물론 그 탐구 동안에 추론과 형식 논리가 필요하지 않은 것은 아니지만, 이미 발견된 것에 대한 논증이 그 임무라는 의미에서 형식 논리는 이미 알고 있는 무엇이라면, 실험적 논리는 알지 못하는 혹은 아직 발견되지 못한 것을 배우는 게 그 임무이다. 이러한 발견의 방법은 단순한 검토와 분류일 수가 없다. 실험을 통한 확인이 라는 새로운 방법이 필요한 것이다.…

논리는 이 두 가지 형식에만 국한되지 않는다. 더 넓은 의미에서 우리는 다른 논리에 대해서도 말할 수 있을 것이다. 이 논리는 삶의 경험의 다양성을 관통하는 논리, '삶' '만듦' 그리고 '됨'에 스며든 타당성이다. 이러한 '타당성'의 개념-혹은 논리-는 창조, 실천, 그리고 행동과는 다른 인지, 지식, 그리고 학문의 양상과 연관 있는 것으로 쉽게 이해될 수 있다. 따라서 삶, 만듦, 그리고 됨과 관련된 다양한 형태의 경험은 또한 지식과 학문의 지적 훈련도 포함한다. 비록 우리가 우선은 창조와 행동의 실천적 훈련을 먼저 생각할지라도 말이다. 따라서 세 번째 형태의 논리는 실천이고 논리적 인 훈련이 만나는 삶의 경험의 타당성으로 구성되어 있다. 그래서 우리는 이 논리를 타당성이라고 할 수 있는 것이다.

이 세 번째 논리를 나는 철학적 논리라고 칭한다. 동양과 서양의 철학사에서 이러한 종류의 논리에 대해서 자세히 설명한 철학자들에게로 눈을 돌리게 하기 위해서 택한 용어이다. 서구에서는 일찍이 플라톤이 변증법을 자신의 철학적 원칙으로 삼았고, 현대에 와서는 소위 칸트(Immanuel Kant, 1724-1804), 피히테(Fichte, 1762-1814), 셸링(Friedrich Wilhelm Joseph Schelling, 1775-1854), 그리고 헤겔과 같은 독일의 관념주의자들이 그것을 더 발전시켰고, 헤겔(Hegel, Georg Wilhelm Friedrich, 1770-1831)이 구체적인 변증법적 논리를 구성함으로써 그 절정에 달했다. 그러나 불교 철학에서는 지혜 경전에 의존하는 학파들이 우리가 변증법적 방법이라고 부를 수 있는 원칙에 따라 사고를 했다. 용수(龍樹, Nārgārjuna, 약 150-250)의 『중론』에 나오는 여덟 개의 부정의 「중도(中道)」논리, 그리고 그것을 더 발전시킨 중국의 삼론(三論) 학파는 그들의 변증법에 고유한 절대적 부정을 극단으로 몰고간 사람들 중 하나이다. 진정한 공(空)이 신비로운 존재로 변환될 수 있도록 대립항의 상호 포함을 주장한 「천태종(天台宗)」 전통과, 하나와 여럿의 연합과 상호 관통을 말한 「화엄(華嚴)」은 모두 변증법적 논리의 틀을 분명하게 밝혔다고 말할 수 있다. 이들 각각은 보통 '신비주의'로 흐르기 쉬운 것들이 어떻게 철학적 논리로 구성될 수 있는지를 보여 주는 특이한 사례들이다.…

나는 이 세 번째 형태의 논리, 혹은 철학적 논리를, '「장소」의 논리'라고 부른다. 이 용어는 먼저 내 스승 니시다 기타로*가 자신의 논리를 지칭하기 위해서 말년에 쓴 것인데, 그 사상을 내가 물려받았다. 우리는 보통 장소를…일반적으로 개인들을 위한 위치라는 의미로 생각한다. 이 장소는 그것이 위치시키는 개인들의 종류에 따라서 달라지고, 그런 의미에서 그것은 대략 환경과 같다고 이해할 수 있을 것이다. 원래 '환경'이라는 단어는 살아 있는 것들이 존재하고 사는 자연적 거주지를 가리켰지만… 그것은 또한 사회적, 문화적, 지적인 환경을 가진 인간의 영역으로까지 확장될 수 있다. 장소의 논리는 개인과 그 환경 혹은 장소는 서로 특정한 관계가 있다고 보는데, 이 관계는 그 둘 사이를 확립하는 타당성으로 여겨진다. 하지만 이러한 타당성이란 도대체 어떤 것인가?

## 변증법적 논리

누구나 알듯, 형식 논리는 정체와 비대립의 원칙에 기초한다. 정체는 'A는 A'라고 말하고, 비대립은 'A는 비(非)A가 아니다'라고 말한다. 다시 말해서, 대립을 품고 있는 증거는 증거가 아니다. 증거란 비대립적 자기 정체를 수반하기 때문이다. 실험적 논리도 마찬가지이지만, 칸트의 초월적 논리가 추구하는 것은 자아(나는 나다)라고 하는 자기 정체 안에 있는 실험적 논리의 특수한 성격이다. 즉, 자기 인식을, 논리에서 자기 정체 원칙의 기원으로 보는 것이다. 나의 자기 인식이 '나'에 대립되는 것은 '나-아님'이라는 인식을 포함하고 있기 때문에, 자기 인식의 자기 정체는 간단하고 단순하게 비대립적이라고 말하기는 사실 힘들다. 독일의 관념주의는 점차 이 관념을 변증법적 사상으로 만들었다.…

고대 사회에서 제논(Zēnōn, BC.490 무렵-BC.430 무렵)은 운동을 부인한 것으로 유명하다. 왜 화살이 날 수 없고 발이 빠른 아킬레스는 발이 느린 거북이를 결코 따라잡을 수 없는지에 대한 그의 증거는 유명할 뿐만 아니라, 증거로서는 오류가 없다.… 그러나 운동이 일어난다는 사실은 부인할 수 없다. 제논의 증명에서 형식적으로 잘못된 것은 하나도 없지만, 무엇인가가 잘못된 것은 분명하다. 무엇이 잘못되었는가? 그 오류는 증명의 과정에 있는 게 아니라, 그 과정을 시작하기 전에 했던 잠재적 가정에 있다. 구체적으로 말해서, 제논의 증명은 더 이상 남은 거리가 없는 지점에 도달할 때까지 주어진 거리를 무한히 나눌 수 있다고 가정하고, 또한 화살이 그 지점을 지나가면 그 화살이 그 지점에 있다고 가정한다. 이 가정을 받아들인다면 화살은 날 수 없다. 특정 지점에 무엇이 있다는 생각은 곧 화살이 지나가는 각 지점마다 거기에 정지해 있다고 말하는 것과 같기 때문이다. 그 정지의 지점이 아무리 많다 해도 정지는 운동이 아니다. 이것은 고속 필름으로 날아가는 화살의 스냅샷을 찍는 것과 같다. 그렇게 찍으면 화살이 어디에 있건 그것은 정지해 있다. 따라서, 제논처럼 운동을 이해하기 위해서는 특정 지점을 지나간다는 개념이 필요하다고 본다면, 그의 증명을 거절할 방법이 없다.

운동은 우리 눈 앞에서 일어나는 사실이다. 아이도 자신의 팔과 다리를 들어서 흔들 수 있고 그 정도는 이해한다. 선에서 말하듯, '뜨겁고 찬 것은 스스로 안다.' 즉각적으로 자명한 무엇의 사실을 객관적 지식으로 만드는 순간 그것은 이해할 수 없는 것이 된다. 물리학을 사용해서 색깔과 소리를 줄기나 파장으로 설명하면, 색맹이 색깔을 이해할 수 있거나 평범한 사람이 음색을 이해할 수 있단 말인가? 운동이라는 즉각적으로 자명한 사실을 지식의 대상으로 만들어서 정지라고 하는 완전히 다른 개념으로 설명하려고 하면, 그러나 운동이란 없다는 제논의 주장이 옳다.…

어느 지점을 지나가는 화살은 그 지점에 있다고 말할 수 없다. 그 지점에 있다면 제논은 옳고 날라가는 화살은 운동이 없다. 그렇다면 그 지점에 없다는 말인가? 화살이 아무 지점에도 없다면,

날라가는 것도 없다. 화살은 어느 지점에든 있지도 있지 않지도 않다.… 거기에 있음으로써 거기에 있지 않다. 거기에 있지 않음으로써 거기에 있다. 거기에 있지 않으면서, 거기에 있지 않는 게 아니다; 거기에 있지 않는 게 아니면서 거기에 있지 않다. 확실히 이것은 비대립의 원칙에 위배된다.

  ……

 니시다의 장소의 논리가 '자기 정체의 절대 모순'이라는 원칙을 채택하는 한, 그것은 변증법적 논리의 한 형태로 볼 수 있다. 니시다는 헤겔이 대립의 사실을 정면으로 대면하지 않은 채 존재의 더 높은 차원으로 흡수하기 위해서 그 대립들을 해소해버렸고, 그 결과 절대적 정신 안에 연속성의 요소를 강하게 남겨두고 대립은 사라져버렸다고 지적했다. 대립의 진정한 형태가 대립이 대립이 아닌 곳에서 (그것이 자기-동일한 곳에서) 나타난다면, 그 원칙은 절대적 대립의 자기 정체이다.… 니시다는 이것이 공의 장소, 혹은 「무」의 장소에서 나타난다고 보았다. 물론 이 장소는 높은 곳에서부터 낮은 곳까지 여러 차원의 장소들을 포함하고, 그 모든 곳의 이면에 깊이 흐르는 통일의 요소는 진정한 개인, 즉 자기를 인식하는 인간이다.…

 니시다가 발전시킨 장소의 논리를 이어 받아 나는 약간의 수정을 가했다. 가장 중요한 차이는 '절대적 대립의 자기 정체'가 지나치게 형식적이라는 나의 판단에서 비롯된다. 내가 실망한 부분은 이 사상이 실질적인 면이 부족하다는 것이다. 그것은 비대립의 원칙이 형식 논리만의 원칙이라는 것과 같은 이치이다. 그래서 실질성을 복구하기 위해서 '호응'의 법칙을 고안했다. 그것이 변증법적 논리인 한, 장소의 논리도 절대적 대립의 자기 정체를 형식적 법칙으로 취하겠지만, 그것이 장소의 논리로서 가지는 차이가 무엇이냐고 할 때, 호응을 그것의 실질적 법칙으로 생각할 수 있을 것이다.

[JWH/양혜원]

## 호응의 법칙

 나는 '과제와 해결'이 인류의 행동을 불러일으키는 기본 도식이며, 또한 인생 전반의 사상을 해독하는 기본도식이라는 것을 설명하려 한다. 여기에 더하여 과제와 해결 사이에는 호응이 존재하고, 과제에 호응하는 것이 해결이라는 것에 주목하였다. 나는 '과제와 해결'이라는 것이 실천적(행동적)이자 이론적(지성적)인 두 성격을 가지며, 인간의 행동을 환기시키는 실천적 도식이자 인생 제반 사상(事象)을 이해하는 이론적 도식이라고 생각하였다. 후자의 경우, 인류에게는 교육이 중시되며, 교육학적으로 배려·고안하여 '문제와 해답'이라는 것을 도출하였다.

 과제는 우리 멋대로 만들어내는 것이 아니다. 현재 자신에게 주어진 과제는 과거로부터 주어진 것으로 움직일 수 있는 것이 아니다. 말하자면 운명적인 것이다. 먼 과거로부터 주어진 마음대로 움직일 수 없는 운명적인 것, 이것이 필연적이라거나 필연으로 불리는 것의 본체이다. 필연은 우리의 자의(恣意)에 대해 늘 강제적인 의미를 갖는다. 그러나 과제라는 것이 과제라고 불리는 이유는 해결이라는 요청을 내장하고 있기 때문이다. 과제는 해결을 요구한다. 따라서 과제는 단순히 과거인 것이 아니라 해결을 초래, 즉 환기한다. 해결은 물론 과거도 현재도 아닌, 현재에 초래해야 할 미래, 아니, 말 그대로 장래적인 것이라고 할 수 있다. 과거로부터 주어진 과제는 운명적이며, 이것을 필연적이라고 일컫지만, 해결은 미래로부터 호명된 사명적인 것이며, 거기에는 이상적인 해결을 구상하는 자유가 있다. 구상력은 고도의 정신 활동이나 과거에 사로잡히지 않은 자유로운 활동이기도 하다. 시간은 이렇듯 과제가 부여된 과제를 통해 과거에서 현재로 진행되나, 이상적인 해결을 구상하여 마침내 실행으로 옮겨져 해결된다는 점에서 시간은 미래로부터 현재로 진행된다. 현재는 과거로부터의 시간과 미래로부터의 시간이 만나는 곳이다. 이 해결은 과제에 호응하는 이상적인 해결이라는 의미를 갖지만, 우리 인간의 행위는 완전무결한 것이 아니다. 이것이 인간의 운명이다. 과제의 해결도 분명 어딘가 미해결인 부분을 남긴다. 이것이 새로운 과제의 발생원이 된다. 그리고 머잖아 성숙하여 과제가 되고 과제에 눈뜨게 된다. 그리고 새로운 해결을 환기한다. 역사란 이러한 과제·해결의 연속이다.

요컨대, 과제는 해결을 예상하고, 해결을 환기하는 과제이며, 해결은 과제의 해결로 시작하는 해결이며, 해결은 과제에 호응한다. 과제와 해결은 완전히 별개의 사항이면서도 뿔뿔이 흩어져 완전히 무의미한 요소이기도 하다. 과제와 해결은 둘이면서 하나이며, 하나이지만 둘이다. 호응이란 것은 완전히 동일한 것으로, 호(呼)는 응(應)을 예상하는 호이며, 응은 호를 향한 응이다. 과제와 해결의 기초는 호응에게 있다고 말해도 좋으며, 호응이 없으면 과제·해결이란 것도 존재하지 않는다.

호응은 말할 필요도 없이 1인칭 주체(나)와 2인칭의 주체(너) 사이에서 부르고 답하는 관계이다. 호응은 '두들기면 소리 나는' 것처럼 한 몸이다. 그것은 '줄탁동시(啐啄同時)'[17]와 같이 동시적이다. 호응은 인간 존재의 가장 기본적인 관계이며 근원적인 형태로, 이것 없이 인간은 존재할 수 없다. 호응이 어떻게 성립하는가, 어째서 있는 것인가, 등의 질문에는 대답하기 어렵다. 설명이란 것은 무릇 호응을 통해 이루어지며, 호응은 다른 모든 것을 설명하는 근원이다. 설명의 근원이 되는 것 자체는 설명될 수 없다. 호응은 그저 인정할 수밖에 없는 근본적 원시(原始) 현상이며, 설명을 필요로 하지 않는 자명하고 명확한 사태이다.

호응을 두 주체(나와 너) 사이의 대화(對話)적 관계라고 말할 때, 우리는 공간 사이에 두 개의 물체가 존재하듯 두 사람이 존재하며, 각자 말을 하거나 몸을 움직이는 상태를 생각해서는 안 된다. 이것으로는 호응을 설명할 수 없다. 왜냐하면 거기에 존재하는 두 사람은 두 개의 '나'이지 '나와 너'가 아니기 때문이다. 두 개의 '나'가 어떤 말을 하든지 그것은 부르는 것도 아니려니와 대답하는 것도 아니다. 그것은 대화가 아닌 두 개의 독백이 우연히 동시에 발생한 것뿐이다. 아니 그렇다기보다 부여하려고 하는 행위는, 호응이라는 달리 설명할 수 없는 근원 현상을 끄집어내, 목석같은 두 사람에게 호응을 강제로 주입시키려는 행위에 다름 아니다. 여기서 가능한 설명은 단 하나다. 역으로 나와 너라는 주체 간의 대화, 호응으로부터 인칭별, 대화성, 호응성을 전부 박리시켜 삭제한다. 그리고 주체를 3인칭인 '그'로, 아니, 비인칭(非人稱)적 객관화함으로써 비로소 인간이 아닌 물체라는 것이 성립하게 된다. 이 두 개의 물체를 '사람(人)'으로 칭하고, 여기에 인칭성·대화성·호응성을 부착시키려고 해도 이것은 애초부터 불가능한 일이며, 인간을 깊이 직시하는 입장에서 말하자면 사물의 순리와 역리(順逆)를 잘 못 판단한 것이 된다.                    [JWH/손지연]

---

17) [한] 줄탁동시(啐啄同時). 선종(禪宗)에서 기회를 얻어 양자가 상응하는 일을 뜻함.

# 다케우치 요시노리

武內義範, 1913-2002

다케우치 요시노리는 1913년에 일본의 센다이(仙台)라고 하는 북부 지방 도시에서 태어났다. 그는 다나베 하지메(田邊元, 1885-1962)* 밑에서 헤겔의 『정신 현상학』을 중심으로 철학을 공부했고, 그 후 19세기 독일의 주요 철학자들로 연구 분야를 넓혀갔다. 대학원생 때는 교토대학에서 다나베의 자리를 이은 니시타니 게이지(西谷啓治, 1900-1990)* 밑에서 일하기도 했다. 다케우치의 철학적 관심사는 초기 불교, 특히 우이 하쿠주(宇井伯壽, 1882-1963)와 와쓰지 데쓰로(和辻哲郎, 1889-1960)*의 글에서 알게 된 불교에 대한 관심과 균형을 이루었다. 다나베의 추천으로 그는 비록 처음에는 거절했지만 대학원에서 당시에는 철학계에서 외면당하는 인물이었던 신란(親鸞, 1173-1263)*에 대해서 연구했다. 그의 연구는 고전이 된 『교행신증(教行信證)의 철학』에서 절정을 이루었고 이 책은 큰 영향을 미쳤다. 1941년에 출간되었는데, 다나베의 『참회도(懺悔道)의 철학』에 영감을 주었다. 1946년에 그는 점령군에 의해 니시타니가 물러난 교토대학의 자리를 차지했고, 30년 후 은퇴할 때까지 거기에서 가르쳤다.

1960년에 그는 방문 교수로 독일의 마르부르크로 가게 되었고 거기에서 루돌프 불트만(Rudolf Bultmann, 1884-1976) 그리고 프리드리히 하일러(Freidrich Heiler, 1892-1967)와 친구가 되었다. 다나베와 니시다의 사상을 알리는 중요한 일련의 글들 외에 다케우치는 그들 작품의 영어 번역도 감독했다. 정토 불교회 다카다 지회의 승려였던 그는 은퇴 후 15대 동안 자기 가족이 맡아 관리하던 일본 중부의 사찰에서 자기 임무를 다했고, 몇 년간 지역 대학에서 강의를 이어갔다. 여기에 실린 짧은 선편들에서 보겠지만 다케우치는 진정한 학자로서의 자질과 신심 깊은 사람의 경건함까지 드물게 겸비한 사람이었다.                                                                        [JWH/양혜원]

---

## 불교 실존주의

다케우치 요시노리 1960, 309-10 (3-4)

불교에 있어서 종교 철학이란 불교의 핵심에 대한 철학적 성찰이다. 종교로서 불교의 성질 자체 때문에 그러한 철학적 성찰과 영구히 묶일 수밖에 없다. 그렇다고 해서 그 두 가지가 같다는 말은 아니다. 불교에서 종교는 언제나 철학을 (좀 더 정확하게는 형이상학을) 필요로 하는데 그것은 철학을 초월하기 위해서이다. 그럼으로써 불교의 종교 철학은 합리주의적 종교 철학이 빠지는 오류에서 벗어날 수 있다. 합리주의적 종교 철학은 종교의 본질을, 아무리 거기에 공감한다 하더라도, 외부로부터 접근해서 그 위에 이질적인 틀을 더하는데, 이 이질적인 틀은 자기 자신의 원칙과 범주를 종교에 강요해서 마침내는 종교가 합리적 사상의 순수한 체계로 축소되게 만든다.

불교에서 종교와 철학은 같은 근간에서 두 개로 갈라지는 나무와 같다. 두 가지가 같은 뿌리에서 나오고 두 가지가 같은 수액으로 양분을 취한다. 물론 종교가 주요 몸통을 이루고 철학은 그 가지이지만, 그 둘은 서로 밀접하게 연결되어 있다. 불교의 오랜 역사를 보면 철학의 가지를 쳐서 그 몸통이 번성한 적도 있고, 철학의 가지는 만개하는데 몸통은 비어버린 때도 있었다. 그러나 대체로 그 둘은 같은 나무의 공통된 운명을 나누면서 꽃이 피기도 하고 썩기도 했다. 두 상대가 함께 단단히 엮여 대화를 나눈 것이다. 종교는 철학을 통해서 자신의 본질을 성찰하고, 그럼으로써 자신의 생명력을 깊어지게 하고 갱생시킨다. 그것은 마치 지하의 샘에서 솟아나는 꾸준한 흐름의 물과도 같다. 꾸준히 흐르는 물은 계속해서 먼저 흘러나간 물을 깨끗하게 하고 신선하게 하면서도 그와 동시에 땅 깊이 자기 자신의 우물을 낸다. 종교의 생애에는 그 상대로서 철학적 사고가 포함되어 있는데, 이것은 자기 자신의 구심력에 대한 일종의 원심력으로서 서로 같은 동력에 의해서 움직인다.

엄밀하게 말해서 불교에는 성 바울이 말하는 '십자가의 어리석음' 같은 것이 없다. 이것은 불교의 약점이기도 하고 강점이기도 한데, 그래서 불교 철학은 서구 철학과 신학과는 다른 방향으로 움직였다. 즉, '십자가의 어리석음'이라는 종교적 경험이 서구에서는 철학과 종교가 서로 대립하게 만들고, 이성의 자율성을 확립하여 종교를 외부에서 비판하게 만들었지만, 동시에 이러한 기본적 대립 때문에 철학과 신학 사이에 부차적이기는 하지만 새로운 관계가 생기게 되었다. 그 관계란 바로 형이상학에 대한 공통된 관심사에 기반한 상호성인데, 하이데거는 이것은 '존재-신학'이라고 불렀다.

불교의 경우 철학은, 비록 종교의 몽매함을 비판하는 수단으로 종종 기능하기도 했어도, 원래 종교의 외적 비판자가 아닌 내적 원칙 역할을 했다. 즉, 불교에서 철학이란 추론이나 형이상학적 응시가 아니라 사고의 회심, 반성적 사고 안에서 일어나는 전환으로서 진정한 자기로 (혹은 무아로) 돌아감을 알리는 신호이다. 불교에서는 이러한 '참회'를 종교의 진리를 각성하는 참 의미라고 본다. 다시 말해서, 불교 철학은 참회도이다. 그것은 서구에서 의미하는 형이상학이 아니라 형이상학의 전제를 초월하고 극복하는 철학이다. 나는 이것을 불교 실존주의라 부르고 싶다. 즉, 철학적 사고를 통해서 진리의 절대적 실재를 각성하라는 불교의 호소를 차용하는 것…

불교에서는 종교와 철학이 역동적 연합을 구성하지만, 이 연합은 대립에 기반한다. 이 둘은 서로 맞서고 따라서 단순하게 곧바로 동등한 것이 될 수 없다. 부처 자신도 자기 제자들에게 종교적 탐색, 곧 '고귀한 추구'와 철학적이고 형이상학적인 질문을 혼돈하지 말 것을 종종 경고했다.

[JWH/양혜원]

## 역사와 자연

다케우치 요시노리(武內義範)

내가 13년 정도 전 독일 마르부르크(Marburg)에 체재했을 때, 여러 번 루돌프 불트만(Rudolf Karl Bultmann, 1884-1976) 선생과 만날 기회가 있었다. 불트만은 당시 77세의 고령이었지만 활발한 사색력을 가지고 있었다. 그때, 그와 이런 문제를 이야기한 적이 있었다. 불트만은 쓰지무라 고이치(辻村公一, 1922-2010) 박사가 번역한 『십우도(十牛圖)』의 해석서를 자신의 서가에서 꺼내며 이렇게 말했다. '이 『십우도』는 매우 훌륭한 책이다. 이 책은 크리스트교에서 가르치는 것과 완전히 같은 내용을 말하고 있다. 이 책에 등장하는 소는, 내(불트만)가 이해하는 바로는 마음이다. 『십우도』에서 소를 뒤쫓고 있는 것은 곧 진정한 자기를 추구하는 것이다. 진정한 자기를 추구하는 것은 진정한 자기를 잊은 것(vergessen)이며, 자기를 잊었을 때 비로소 자기가 진정한 자기가 된다. 그것을 『십우도』는 매우 훌륭하게 설명하고 있다. 그 내용은 크리스트교의 진리(Wahrheit)와 크게 다르지 않다. 다른 것이 있다면, 이 안에 역사(Geschichte)가 없다는 것이다. 크리스트교의 진리처럼 진리는 역사 속에서 실현된다고 하는 사유가 이 책에는 빠져 있다.'라고 이 책에 대한 감상을 말했다.

나는 그때 이것은 니시타니 게이지(西谷啓治, 1900-1990) 선생에게서 얻은 사고관이다 '과연 이 책에는 역사라는 것이 없을지 모른다. 허나 그렇다면 크리스트교의 가르침, 특히 프로테스탄트의 가르침 속에는 '자연'이 없는 것이 아닌가?' 하고 반문했다. 불트만은 자연이라는 것이 어떠한 의미인지 되물어왔다. 나는 자연은 진정한 실존이 실존을 성취할 때에 거기에 있어야만 하는 자연이면서도, 결코 추상적 시간이나 공간처럼 '통속적 세계개념'과 실존철학자가 말하는 의미의 공간화된 범주에 들어가는 자연이 아니라 실존적 자연의 의미라고 답했다. 그리고 실존적 자연은 크리스트교에서는 충분히 명확하다고 말할 수 있는지 거듭 질문했다. 그러자 불트만은 잠시 생각한 후 'Ja(그렇다).'라고 대답했다. 그는 이어서 실존적 자연이란 어떠한 것인가 물었다. 이에 나는, 불트만 선생의 생각으로는 이를테면 예수 그리스도가 부활할 때 육체로 부활하는데(성 바울에 따르면 육체적인 부활을 생각하지 않으면 부활이란 것의 의미가 없다. 혹여 예수 그리스도가 육체적인 부활을 하지 않는다면 자신의 신앙은 허무한 것이라고 성 바울은 말했다. 그런데 불트만의 『신약성서의 신학(Theologie des Neuen Testaments)』(1958) 속 성 바울(Paul, Saint)의 신학에서는, 이를 이른바 육(肉), 죄(罪)된 몸이라는 의미의 사르크스(σάρξ, sarx)라는 단어와, 부활의 몸, 소마(σῶμα, soma)라는 단어를 구별해서 사용하고 있다. 영어로는 flesh와 body로 구분하여 번역하였다. 여기서 '육의 부활'이라는 것은 사르크스가 아니라 소마의 부활이라는 의미이며, 소마란 진정한 진리가 그곳에 나타나는 장소라고 불트만은 해석한다), 나는 자연의 실존적 의미의 하나의 예로 다음과 같이 물었다. '당신이 말하는 부활의 장소 소마, 부활한 예수 그리스도의 육체라는 사유 방식은 실존적 의미의 자연이 될 수는 없는지.'라고. 불트만은 잠시 생각에 잠기더니, 하이데거의 사화합(四和合)의 방역(方域, Geviert)이라는 사유(앞서 설명한 바와 같이 천과 지, 신과 인간의 네 가지가 서로 화합하여 하나가 되고 서로 네 개의 것을 비추고 있다는 사유로, 사방형·방역 또는 사화합의 상징으로 언급되고 있다)를 끌어와, 그렇다면 내가 말하는 자연은 그 방역이라는 하이데거(당시는 하이데거가 세계[世開]의 상징이었다)의 사유와 유사한지 물어왔다.

당시 나는 하이데거의 이 사유에 깊은 영향을 받았기에 그것과 비슷하다고 말했다. 이에 불트만은 그 사화합의 방역이라는 사유에 반대 의견을 제시했다. 그것은 진리가 드러난 세계이기는 하나 거기에서는 진정한 '너'와 만날 수 없다는 이유를 들어 하이데거를 비판했다. 나는 당시에도 그것이 지극히 불트만다운 비판이라고 생각했고, 지금도 그러한 생각에는 변함이 없다. 불트만은 방역이라는 것(후기 하이데거의 그러한 자각을 한층 심화시킨 세계의 세개성[世開性])에 만족하지 않고, 이에 더하여 '너와 만나는 것'의 필요성을 진지하게 생각했다. 그리고 그 만남이라는 것을 통해 진정한 역사로 사유를 넓히려 한 것은, 불트만의 사유 방식으로 보자면 지극히 당연한 결론이라고 생각했다.

지금 불트만의 견해를 내 나름대로 해석해 보자면, 그의 신앙적 결단이란 것은, 세계를 매개로 하여, 이것을 전환의 장으로 삼아 과거로부터 일어난 역사적 계시(신의 말씀)의 전승을 미래로부터 오는 복음의 선교와 여기·지금의 만남이라는 형태로 바꾸고자 한 것으로 보인다. 그러한 의미에서 역사라는 것은 세계를 매개로 하여 실존의 개인사로부터 세계사로 확대되며, 실존 세계 안의 존재는 역사적 세계가 결단 내린 종교적 실존이라고 할 수 있다. 따라서 보다 엄밀하게 말하면, 완결된 의미의 역사는, 역사적 세계에 있어 존재로서의 종교적 실존의 의미에 의해 비로소 부여되는 것이다.

또한, 그 세계의 세회성(世回性)이라는 것은 종교적 실존과 과거의 예수 그리스도의 존재를 거기서 한번 회전시켜 현재의 우리와 만나게 하는 형태로, 만남(Begegnung)이라는 것을 성립시킨다. 즉, 세계를 매개로 하여 '과거 → 현재'가 '미래 → 현재'로 바뀌어, 그곳에서 신의 언어와 조우하게 되는 것이다.

이것은 부처의 명호(名號) 문제와 비슷하다. 정토에서 온 영원(永遠)의 명호와 내가 여기·지금 만나는 것, 그것도 너와 나라고 하는 방법으로 ('너'의) 명호가 현재와 대면하는 것, 그리고 이 명호와 만날 때, 나무아미타불(南無阿彌陀佛)이라는 소환과 응답의 호응적 결단으로서의 종교적 행위를 기반으로 하여 그 명호를 여는 제불자차(諸佛咨嗟, 제불이 아미타불의 이름을 찬양하는 것)·제불증성(諸佛證誠, 제불이 그 이름의 진리성과 명호에 의한 왕생(往生)을 보증하는 것)이라 불리는 상징적 세계를 발견하는 것, 이 두 가지가 동시에 성립한다.

이 상징적 세계를 보다 구체적인 형태로 말하자면, 이러한 명호와 만나게 되는 배경, 즉 염불의 역사적 전승의 세계가 열리는 것이기도 하다. 따라서 앞서 언급한 하이데거의 '사화합의 방역'과 마찬가지로 모든 것이 모든 것에 투영되는 제불자차·증성의 세계가 성취된다. 더 나아가 이 세계에서, 불트만이 말한 역사적 세계처럼 너와의 조우와 명호와의 만남이 성립한다. 바로 여기에서 두 사람의 입장이 하나가 되는 구체성을 찾을 수 있다.

『교행신증의 철학』의 두 번째 장의 제목은 '참된 삶'인데, 거기에서 신란은 열일곱 번째 맹세(혹은 기도)를 '모든 부처들이 칭송하는 것'이며 '모든 부처들이 그 이름을 부르는 것'이라고 했다. 이 말은 모든 부처가 아미타불을 칭송하고 그 이름을 높인다는 뜻이며, 그 이름을 말함으로써 모든 부처들이 아미타불을 칭송한다는 뜻이다. 이것은 일반적으로 우리가 아미타의 이름을 부르는 것을 언급하는 것으로 해석되지 않고, 나무아미타불이 「달마」와 함께 등장하는 절대적 세계에 속하는 사건을 언급하는 것으로 해석된다. 즉, 인간의 세계를 초월한 부처의 세계에서 부처들 사이에서 일어나는 사건인 것이다. 그래서 모든 부처들이 서로를 칭송하고 아미타의 이름을 높이는 것을 말한다.

이것이 전부라면 부처들의 이러한 칭송이 염불이라고 하는 우리의 종교적 실천('삶')과 어떠한 연관이 있는지 알기 어려울 것이다. '참된 삶'의 장 서두에서 신란은 분명하게 말한다. '위대한 삶은 거침없는 빛의 「여래(如來, Tathāgata)」의 이름은 말하는 것이다.' 여기에서 '위대한 삶'이라는 용어를 나는, 모든 부처들이 아미타의 이름을 칭송하는 행위가 우리 자신이 '거침없는 빛의 여래의 이름을 말하는 것'에 반영되는 종교적 혹은 상징적 활동으로 해석하고 싶다. 그 이름을 부르는 것은 그 이름을 칭송하고 높이는 것임을 우리는 인식하며, 또한 우리가 그 이름을 부르는 것이 모든 부처들의 칭송에도 반영이 됨을 인식한다. 이로써 '모든 부처들이 칭송하는 것'은 '모든 부처들이 그 이름을 말하는 것'임이 분명해진다.

다시 말해서, 정토와 이 세상, 모든 부처와 모든 살아 있는 존재들, '시방(十方)' 곳곳에 그 이름이 울려 퍼지는 우주적 합창, 그리고 이 땅의 역사적 염불의 이력이 이 상징적 행위 안에 결합되어 방역(Geviert)의 중심을 구성하는 것이다. 바로 이 지점에서 나와 아미타는 만난다. 야스퍼스 식으로 말하면, 이러한 종류의 상징적 행위를 절대적 행위라고 할 수도 있을 것이다. 여기에서 절대적 행위란 주체와 객체 사이의 모든 대립이 사라져 구체적 실재가 가장 순결한 모습으로 행위의 견지에서 나타나는 것이다. 바로 거기에서 나와 너의 만남과 상호적 부름이 실현된다.

이러한 '행위의 견지' 사상은 니시다 기타로(西田幾多郎, 1870-1945)*의 행위하는 직관과 다나베 하지메(田邊元, 1885-1962)*의 행위의 해명과 연관해서 실천-신앙의 관점에서 더 깊이 고찰할 필요가 있다. 그러나 내가 보기에는 앞에서 언급한 하이데거와 불트만의 접근의 차이와도 상관이 있다. 여하튼, 종교적 행위의 특징인 '위대한 실천'에서 주체와 객체의 대립이 극복되는 지점에서 나오는 나무아미타불은 내가 보기에 그 의미가 특별히 깊고, 오늘날 현대의 신학과 종교 철학의 여러 난제들을 고려할 때 그 중요성은 한층 더 부각된다. [JWH/손지연, 양혜원]

# 아베 마사오

阿部正雄, 1915-2006

선구자 스즈키 다이세쓰(鈴木大拙, 1870-1966)*의 뒤를 이은 아베 마사오는 선사상을 비롯, 다나베 하지메(田邊元, 1885-1962)*와 특히 니시다 기타로(西田幾多郞, 1870-1945)*에게서 사사한 교토학파 전통을 대변하면서 서양 철학자 및 신학자들과의 대화에 30년 이상 긴 세월 헌신했다. 그는 「정토(淨土)」불교 집안에 태어났으며, 오사카시립대학(大阪市立大學) 학생 때 『단니쇼(歎異抄)』를 읽고 신란(親鸞, 1173-1263)*의 사상에 감명을 받았지만, 한동안 신앙을 버렸다. 1941년 직장을 그만둔 아베는 새롭게 서양철학을 배우기 위해 교토대학(京都大學)에 들어갔는데, 히사마쓰 신이치(久松眞一, 1889-1980)가 가르친 정토 불교 비평의 영향으로 선의 가르침을 따르게 되었다. 대학을 마친 후 잠시 교토(京都)의 여러 대학에서 강의하다가, 1952년에 나라교육대학(奈良教育大學)에서 정식 교수 자리를 얻었다. 40세가 되어 뉴욕의 유니온신학교에서 단기간 지내면서 라인홀드 니이버(Rienhold Niebuhr, 1892-1971), 폴 틸리히(Paul Tillich, 1886-1965) 및 스즈키 다이세쓰의 강의를 청강했다. 1980년에 은퇴한 아베는 14년간 미국의 여섯 대학에서 가르쳤다. 2000년에는 불교전도협회로부터 공로상을 받기도 했다.

아베는 니시타니의 고전인 『종교와 무』에 대한 긴 에세이에서 「절대무(絕對無)」에 대한 연구의 윤곽을 제시하였으며, 그 후 여러 해에 걸쳐 이를 발전시켰다. 그는 특별히 니시타니와 다나베의 생각에 씨앗 형태로 자리 잡았던 「공(空)」 또는 순야타의 역동적, 창의적 특성을 종교의 공통된 기반이라고 강조했다. 이 두 스승을 따라 아베 또한 도겐(道元, 1200-1253)*의 사상에 대한 철학적 관심을 키우게 되었으며, 『쇼보겐조(正法眼藏)』의 영어 번역에 참여하기도 하고 이에 관해 여러 편의 글을 집필하기도 했다. 그의 다양한 관심사는 유럽과 미국의 대표적인 그리스도교 신학자들과의 만남을 통해 더러 영향을 받기도 했지만, 결국에는 늘 교토대 교수들의 근본적인 가르침으로 돌아왔다. 그러한 의미에서 아베는 그들의 사상을 서구에 더 널리 알리는 데에 기여했다. 아래 본문은 아베의 논문에서 발췌한 것인데, 그 논문에서 그가 서양철학의 개념들을 논하는 방식을 엿볼 수 있다. [JWH/양혜원]

## 순야타와 무형의 형상

아베 마사오 1987, 139-48

플라톤(Plato, BC.427?-BC.47?)에 의하면, 감각에 의해 인식되고, 시간 안에서 변하는 현상의 영역 너머에는 '형상(forms)'의 세계가 있는데, 이 불변하고 영원한 형상들은 오직 순수 정신에 의해서만 인지될 수 있다. 이 독립적인 세계는 형상들에 의존하는 현상계를 초월한다. 형상들은 실재들이요 원형들이며, 이들에 의해 결정되는 개별적인 것들은 원형의 복사물인 셈이다.

플라톤과 유사하게, 「대승(大乘)」 불교도 이 세계의 모든 것이 변하고 일시적이며 시간과 변화를 거스리지 못한다고 가르친다. 그러면서도 플라톤과 달리 대승불교는 불변하고 영원하며 이 세계를 초월한 영역의 실재를 탐구하지 않는다. 이 일시적인 세계의 너머에 영원하고 초월적이고 참된 것은 아무 것도 없다. 인간 정신이 불변하고 영원하며 초월적인 세계를 이 변하고 일시적이며 편재한 세계 너머에서 찾고자 열망하고 기대하지만, 궁극적 실재를 깨달으려 한다면, 이러한 이원론적 사유를 극복해야 한다. 대승불교에서 말하는 참된 것은 영원하고 자존적인 '형상들'이 아니라 「순야타」인데, 그 문자적 의미는 '공'이며, 형상이 전혀 없다.…

플라톤에게 있어서, 감각에 의해 인식되는 이 실제 세계는 변화무쌍한 외형의 연속적인 행렬에 불과하며 따라서 이것은 참된 지식으로 연결되지 않는다. 그것은 지상의 현상에 국한된 세계로서, 가변적이고 가시적인 그림자 놀이에 불과하다. 플라톤이 형상이론에 착안하게 된 것은 도덕적 선의 본질을 규명하기 위함인데, 그의 스승 소크라테스(Socrates, BC.470-BC.399)는 선은 누구에게나 동일하다고 보았다. 참으로 선한 사람이 되기 위해선 정말로 선을 알아야 하기 때문에, 사물의 참되고 불변하는 본질을 아는 것이 중요한 문제가 되었다. 이와 관련하여 플라톤은 영혼에 대한 피타고라스 (Pythagoras, BC.580-BC.500)의 가르침을 받아들여, 영혼이 그 신성을 성취할 수 있으며, 감각적 인식을 초월한 영원한 수학적 진리를 관조할 수 있다고 생각하게 되었다.[18] 그러므로 플라톤의 형상 이론은 도덕적 선의 문제 및 실재의 지식 문제에서 비롯되었다고 본다. 그는 '감각에 의해 인식되지 않고 오직 정신에 의해 분별되는 자존적인 형상들이 있다는 것은 확실하다'고 주장했다(Timaeus, 51)…

불교도 마찬가지로, 이 실제 세계가 변화무쌍한 현상의 끊임없는 흐름이라고 가르치는데, 이 현상들은 비실재적인 환상에 지나지 않는다.… 지금까지 본 바로는, 플라톤과 불교 사이에는 상당한 유사성이 있다. 하지만 불교는 형상이론을 받아들이지 않는다. 그 까닭은 이 세상 이면에 초감감적이고 변함없는 실재가 있다는 것을 인정하지 않기 때문이다. 시초부터 불교인들은…「의존적 발생」, 관계성, 관계적 발생 및 상호발생을 가르쳤다. 설명하자면, 모든 것은 예외 없이 다른 것에 의존하게 되며, 우주 안에는 스스로, 홀로 있는 것이란 있을 수 없다.…

그러므로 불교의 의존적 발생 개념에서 강조되는 상호의존성은 엄격한 의미에서 초월성과 편재성을 동시에 거부할 때 가능해진다. 따라서, 적어도 영혼과 같은 실체적인 것을 의미하는 차원에서는, 더 실재적이고 영원한 것이란 있을 수 없고, 만물의 상호의존관계 뒤에나 너머에는 아무 것도 있을 수 없다. 이는 현세적, 감각적 영역을 말하든, 내세적, 초감각적 영역을 말하든, 마찬가지이다. 불교에서는 만물의 상호의존성이 무엇보다도 중요하다. 그러므로 실재적이고 영원한 것, 이 완전한 상호의존관계의 세계 너머에 있는 것은 '아무 것'도 없다고 말할 때, 다음 두 가지를 염두에 두어야 한다.

1. 이 「무(無)」를 단순히 '무엇'과 구분된 것으로 받아들여서는 안된다. 그렇게 할 경우, 그것은 단순히 '무엇'과 대조되는 '상대적 무'가 되어버린다. 그것은 여전히 '아무 것'으로 지칭되는 '무엇'이며, 참되고 절대적인 무는 아니다. 따라서 의존적 발생이란 불교적 개념은, 이 실재적 세계 이면에는 실재적이고 영원한 것이 절대 아무 것도 없다는 사실을 함의한다.
2. 이 '무'는 관념적 정신에 의해 직접적으로 이해되지도 않거니와 객관적 관찰의 대상도 아니다. 그것은 오직 실존적이며 비객관적인 깨우침을 통해서만 이해될 따름이다.

---

18) [영] A. H. Armstrong, An Introduction to Ancient Philosophy (London: Methuen, 1949), 37.

여기에서 우리는 의존적 발생에 대한 부처의 가르침은 '절대무'의 실존적 실현에 근거했다는 점이다. 그리고 우리는 그것이 오늘날에도 여전히 직접적 체험에 근거해 입증될 수 있다고 주장한다.…

그러므로 순야타 혹은 '공'의 실현은 의존적 발생의 교리를 유지하기 위한 근본적인 기반이 된다고 할 수 있다. 감각적이고 비감각적인 세계의 모든 만물 간에 형성된 완전한 상호의존관계는 오직 한이 없고 형상이 없는 순야타를 실현하는 과정 안에서만 가능하다. 대승불교에서는 무형의 순야타가 궁극적 실재를 가장 잘 묘사한다고 받아들인다.

## 플라톤의 형상들과 마하야나 순야타

그렇다면 이제는 플라톤의 '형상' 개념과 마하야나(대승)의 순야타 개념 간의 유사점과 차이점을 규명해야 한다. 형상이란 한 '유형'에 속한 모든 것에 공통적으로 적용되는 보편적 특성이다. 이는 늘 변함없이 동일하고 순전하며 영속적이므로, 특정한 유형에 속한 현상들을 주관하는 기준, 영원한 원형 혹은 패러다임이 된다. 현상과 구분되는 형상은, 지성적이고 규범적인 개념으로서, 지식에만 해당되는 것이 아니라 도덕 실천에도 해당이 된다고 보는 것이 옳다. 바로 이런 이유에서 선의 형상을 가장 보편적이면서 지고한 형상으로 간주하게 되며, 그리하여 정신은 바로 이를 통해 형상의 위계 체계를 거슬러 올라가 최종 안식처인 '영구한 도성'에 도달하기를 갈망한다. 따라서 플라톤의 형상론은 형상들이 선의 형상을 정점으로 하여 위계 체계를 형성한다는 점에서 이념적 혹은 전형적인 의미를 지닌다. 선의 형상이야말로 에로스 즉 정신의 끊임없고 본능적인 갈망이 지향하는 목표이다. 그런데 여기에 따르는 문제가 있는데, 그것은 정신이 실제로 선의 형상에 도달할 수 있는가 하는 것이다. 우리가 부정적으로 대답할 수밖에 없는 이유를 설명하기 위해, 먼저 플라톤 철학의 근저를 이루는 육체와 영혼의 이원론 및 현상과 형상의 이원론을 살펴볼 필요가 있다.

우선 육체와 영혼의 이원론부터 생각해보자. 플라톤에 의하면… 육체는 소멸되나 영혼은 아니다. 영혼이 체화된 상태에서 이 실제 세계에 속해 있는 동안에 선의 형상에 다가갈 수는 있지만 그것에 도달할 수는 없다. 그 까닭은 선의 형상이 본래 실제 세계를 초월해 있기 때문이다. 그래서 영혼이 선의 형상에 도달하려면 사후에 육체와 분리된 때에만 가능하다. 이것이 플라톤이 생각하는 육체와 영혼의 이원화이다. 그러면 이 이원화를 입증할 수 있는 근거가 있는가? 이는 플라톤이 설정한 관념적 가정에 불과한 것 아닌가? 영혼이 체화되어야만 하는 이유에 대해 의문을 가질 때 이 이분법적 사고의 비현실적 성격은 더욱 분명해진다. 플라톤은 분명한 이유를 설명할 수 없을 것이다. 만일 영육이분법이 의문시 된다면, 영혼이 선의 형상에 도달할 수 있다는 주장도 역시 의문시 될 수밖에 없다. 영혼이 늘 선을 향해 가는 '도중'이어야 한다면, 선의 형상과 영혼 사이의 간격은 필수적이다. 이는 분명 일종의 역설이며 딜레마인데, 최종 안식처인 선의 형상을 찾기 위해 나선 영혼은 노상에서 벗어날 수 없기 때문이다. 최종 안식처를 향해 가는 '도중'에는 최종 안식을 누릴 수 없다. 선의 형상에 대한 플라톤의 주장에 함의된 이 딜레마가 분명히 인식될 경우, 그 주장은 더 이상 유지될 수 없다. 이제는 육체와 영혼의 이원화보다 더 광범위하고 근본적인 이원화의 형식인 현상과 형상의 이원화를 검토해야 할 차례이다.

플라톤은 형상들을 실재라고 간주하며, 따라서 이 세계 안에 있는 특정한 것들이 비록 형상들과 결부되었더라도 결국 비실재적이라고 주장한다. 형상이란 보편적, 절대적 실재에 속한 공통적 특성으로서, 특정한 것들의 원형 구실을 한다. 여기에도 여러 문제점이 드러나는데, 아래의 세 가지 난제는 모두 현상과 형상의 이원화가 안고 있는 한계를 드러내고 있다.

1. 특정한 것 두 개가 서로 유사한 이유가 한 개념에서 비롯되었기 때문이라면, 그 개념과 그 특정한 것들 간의 유사점은 어디에서 비롯되는 것인가? 제3의 사람 문제로 알려진 이 난제는 아리스토텔레스의 형상론 비평에 포함되어 있는데, 무한소급(regressus in infinitum)의 오류에 당면하게 된다.[19]

2. 특정한 것들을 지정하는 보편적 개념으로서 형상을 받아들인다면, 논리상으로 부정적인 보편적 개념에 상응하는 형상도 인정해야 하고, 질병, 추잡함, 악 등등 선의 부정을 표시하는 형상도 인정해야 한다는 결론에 이르게 된다. 그러한 형상들이 있다면, 형상이 보편적 기준의 역할을 한다는 생각에 부합된다고 보기 어렵다. 같은 맥락에서, 모든 형상은 선에서 비롯된다는 플라톤 자신의 주장에도 부합되지 않을 뿐더러, 악은 오직 지하세계에만 있을 뿐 실재의 세계에는 허용되지 않는다는 그의 신념과도 맞지 않다.

3. 현상과 형상의 이원화에서 드러나는 세 번째 난제는 연계의 문제이다. 만일 형상들이 본질상 특정한 것들로부터 분리되어 있다면, 이 둘 간의 연계는 어떻게 가능한가? 연계가 가능하려면, 하나가 여럿으로 분화될 수 있고 동시에 여럿이 하나로 융화될 수 있어야 한다. 하지만 한 형상이 자신이 참여하는 여러 특정한 것들 안에 있는 것이 가능한가? (『파르메니데스』편 142a).

적어도 이 세 가지 난제를 통해서 플라톤이 주장한 현상과 형상의 이원론이 한계가 있음이 분명히 드러나는데, 특별히 선의 형상이 실재적이라는 플라톤의 주장을 약화시킨다. 형상들이 사물들을 지정하는 보편적 개념들이라고 가정한다면, 논리상 악의 형상을 인정하는 것은 마땅한 일이다. 형상의 전형적이고 목적론적인 특성을 전제로 할 때, 악의 형상이란 개념은 자가당착이며, 따라서 플라톤의 이론은 불가불 딜레마에 빠지게 된다.… 궁극적 실재에 도달하기 위해서는, 우선 육체와 영혼, 선과 악, 형상과 현상 등의 모든 이원화를 극복해야만 한다.

불교인들은 궁극적 실재를 깨우치기 위해서는 이분법적 사유를 극복하는 것이 필수임을 강력하게 주장한다. 그 까닭은 이분법적 사유 안에서 실재를 관념화할 때 늘 실재를 둘로 분류하면서 규명하기 때문이다. 불교인들은 당연히 육체와 영혼의 이원화나 플라톤의 영혼불멸설을 받아들이지 않는다. 불교에서는 영혼이 변하는 육체로부터 분리되어 불변하고 자존하는 상태가 된다고 가르치지 않는다. 육체와 영혼 둘 다 본래 변하고 소멸되는 것으로 보는 것이 불교의 가르침이다. 달리 말하면, 만물이 비영구적이라고 가르칠 때 영혼만 제외된다고 하지 않는다. 이 점은 불교인들이 힌두교의 아트만 개념 즉 자아는 영원하고 불변하다는 생각을 거부한 데서 분명히 드러난다. 육체와 영혼이 비이원적 일체라고 강조하는 불교인들이 선재하는 영혼을 믿고서 육체와 영혼을 이원화하는 것을 환상이거나 허구적 사유라고 치부하는 것은 당연하다.

재차 강조하지만, 불교인들은 현상과 형상의 이원화를 받아들이지 않으며 따라서 현상과 선의 형상 간의 이원화도 받아들이지 않는다. 이 변하는 세계와 분리된 참되고 불변하는 것이란 도무지 있을 수 없다. 그리고 이 변하는 세계 안에 있는 모든 것은 발생하고 또 소멸되는 과정에서 의존적 관계를 유지한다. 물론 불교인들도 플라톤과 마찬가지로 감각세계와 초감각세계를 거론한다. 그러나 불교인들은 결국에는 초감각세계가 감각세계보다 우월하다고 말할 수 없다. 불교사상에서는 감각세

---

19) [영] E. Zeller, *Philosophie der Griechen* (Leipzig: Reisland, 1920), 1: 149.

계와 초감각세계가 피차 상통한다고 이해한다. 초감각세계 자체는 실재적인 것이 아니다. 감각세계와 초감각세계 간의 역동적 상통관계야말로 실재적이라고 할 수 있다. 소위 감각세계와 초감각세계를 엄격히 구분해서 생각하는 것은 이 상통하는 근본적 실재에 근거한 관념적 소산에 불과하다. 이 상통성 혹은 상호의존성은 선과 악의 관계, 생과 사의 관계, 존재와 비존재의 관계에도 그대로 적용된다.

이상적으로 말하자면, 우리는 선을 추구해야 한다. 그러나 현실적으로 말하자면, 우리가 선을 추구하면 할수록 우리가 선에서 얼마나 멀리 있는지를 더욱 깨닫게 된다. 선을 추구하는 것이 결국에는 우리의 악한 본성만 드러내는 꼴이 된다. 관념적인 차원이든 실존적인 차원이든, 선과 악은 피차 불가분리의 관계에 있다. 선과 악간의 역동적 대립관계를 불교인들은 끊임없는 카르마로 인식한다. 자신 안에서 일어나는 선과 악의 대립을 통해 끊임없는 업보를 깨우친 불교인들은 카르마를 넘어서서, 선도 악도 아닌 실재 즉 순야타의 실재의 깨달음에 이르게 된다. 불교인들의 관점에서 볼 때, 해결책은 선의 형상을 인식하는 데 있는 것이 아니라 선과 악의 이원화 너머에 있는 순야타의 깨달음에 있는 것이다.

## 목적론에서 순야타로

이제 우리는 비록 플라톤과 불교인들 모두가 이 세상의 변화무쌍함을 인식했지만 불교인들이 플라톤보다 그것을 더 깊이 인식했음을 알게 되었다.⋯ 완전한 찰나성과 의존적 발생을 깨닫고 나면 선의 형상에 대한 관념적 접근은 순야타로의 근본적 깨우침으로 대체된다. 순야타에서는 선과 악이 서로 상통하고 그것 자체는 선하지도 악하지도 않다. 그런 면에서 플라톤은 지적 도덕성의 경향이 강한 반면에, 불교인들은 인간과 이 세계의 실제성에 충실하다. 따라서 문제는 불교인들이 비관적이냐 낙관적이냐가 아니라, 그들이 실제적이냐 비실제적이냐이다.

플라톤은 형상을 긍정적인 의미로 보았다. 그러한 생각은 보편적 개념 정의와 사상에 대한 분명한 지적인 경계를 함의한다. 반면에 불교인들에게 형상은 부정적인 무엇이며, 형상 없는 무상(無相, 형상과 색으로부터의 자유)이 긍정적인 의미를 가진다. 이러한 차이는 플라톤이 실재를 알 수 있어야 하고 인간 지성으로 그것을 정의할 수 있어야 한다고 보았지만, 불교인들은 실재는 정의할 수 없으며 인간 지성으로 한계 지을 수 없다고 보았기 때문에 발생한다. 그렇다고 해서 불교가 서구에서 의미하는 식의 신비주의는 아니다. 그리고 불가지론도 아니다.

비록 불교인들이 아무런 형상도 결코 갖추지 않은 순야타를 궁극적 실재로 강조하기는 하지만, 그것이 그냥 형상 없이 머물기만 한다면 그것은 일종의 이원화이다. 즉 형상과 무형상의 이원화인 것이다. 순야타를 궁극적 실재로 유지하기 위해서는 형상과 무형상의 이원화와 더불어 무형상을 넘어서야 한다. 무형상이 형상과 이원론적으로 구분된 채로 있는 것은 '무형상'이라는 이름을 가진 형상이다. 진정한 순야타는 어떠한 형상으로부터도 자유롭고 선이나 악과 같은 특정한 정의로부터도 자유롭다는 의미에서만 형상이 없는 것이 아니라, 형상과 무형상 모두로부터 자유롭다는 의미에서 형상이 없는 것이다. 이 말은 그것 자체가 무형상인 진정한 순야타는 형상을 배제하는 것이 아니라, 자기 자신의 표현으로서 아무런 제한 없이 자유롭게 그 어떠한 형상도 취한다는 뜻이다. 진정한 순야타는 고정된 무형상이 아니라 역동적 구조를 가지고 있어서 동시에 형상이기도 하고 무형상이기도 하다.

이것은 개념적 장난도 아니고 객관적으로 이해할 수 있는 상태도 아니다. 대신에 그것은 불교 전통에서 가장 진지한 종교적 문제이며 자신의 자아를 완전히 부정하고 주관적이고 실존적인 깨달음을 통해서만 일어날 수 있다. 대승불교인들은 종종 「윤회(輪廻)」나 「열반(涅槃)」에 머물지 말라고 강조한다. 불교인들에게는 윤회-삶과 죽음의 환생-를 넘어 열반에 도달하는 것이 매우 중요하다. 그러나 단지 열반에 머물면서 아직 윤회에 있는 동료들을 잊는다면 그것은 결코 진정한 열반이 될 수 없다. 비록 우리가 윤회를 초월해야 하기는 하지만, 열반에 거하면서 거기에 집착해서는 안 된다. 우리가 형상을 넘어서야 하지만 무형상에 집착해서는 안 되는 것과 마찬가지이다. 진정한 열반에 도달하기 위해서는 열반 자체도 넘어서서 다른 사람들을 구하려 윤회 안으로 들어가야 한다. 대승불교에서 말하는 진정한 열반은 자기 자신은 물론 다른 사람들도 구하기 위해서 그 어느 곳 하나에 머물지 않고 윤회와 열반, 열반과 윤회를 자유롭게 오가는 것이다. 이와 같은 역동적 의미의 열반은 무형상의 형상 순야타를 일컫는 또 다른 용어일 뿐이다.

플라톤의 접근은 실제 세계를 초월하는 형상에 대한 이원화된 가정 때문에…, 목표에 도달하고자 하는 이상적인 의도에도 불구하고 계속해서 '도중'에 있는 것을 넘어설 수 없는 딜레마에 결국은 빠질 수밖에 없다. 따라서 플라톤은 선의 형상에 도달하고자 올라가다가 무너지고 만다. 하나인 선의 형상에 집중적으로 수렴되는 플라톤의 목적론적 접근의 붕괴와 더불어 순야타의 무한한 장이 열린다. 이 장은 아무런 형상도 결코 가지지 않은 공의 장이다.

선의 형상에 수렴하는 목적론적 구조가 일단 사라지고 나면, 모든 상승의 지점이 목적으로 실현이 된다. 목표 혹은 목적이 '저기 있는' 무엇이 아니기 때문이다. 그것은 바로 여기 우리 발치에 있다. 이 말은 궁극적 실재는 여기에서 멀리 떨어진 곳에 있는 게 아니라, 미래의 어느 때에 있는 게 아니라, 지금 여기에서 실현된다는 뜻이다. 이것은 과정의 어느 지점의 경우만 그런 것이 아니라, 처음 시작이자 가장 낮은 지점에서도 그렇다는 뜻이다. 우리 앞에 궁극적 실재가 있는 게 아니라 우리가 궁극적 실재 안에 있기 때문이다. 궁극적 실재는 우리가 도달해야 대상이 아니라 대상화될 수 없는 기반이다. 따라서 그것은 형상이 없다.

순야타는 바로 이러한 대상화될 수 없는 궁극적 실재를 가리킨다. 플라톤은 선의 형상을 궁극적 실재로 보고 그것을 도달해야 하는 대상으로 본다. 그러나 플라톤이 선은 형상 중의 형상, 즉 형상 이상의 것이라고 생각한 것으로 보아 궁극적 실재는 대상화될 수 없다는 것을 깨달은 것으로 보인다. 여기에서 우리는 무형상의 시사를 감지할 수 있는데, 그런 면에서 플라톤이 생각한 선의 형상은 대상화될 수 없는 성질을 가지고 있음을 볼 수 있다. 그러나 플라톤이 생각한 선의 형상에 함의된 무형상은 다양한 형상들의 위계 너머에 혹은 그 정상에 있는 느낌이다. 그렇기 때문에 그 무형상은 여전히 대상화된다. 불교인들은 궁극적 실재는 결코 대상화될 수 없다고 주장하기 때문에 그것은 선의 형상이 아니라 무형상의 순야타이다.

최고 지점을 향한 플라톤의 접근이 붕괴하고 무형상의 순야타의 무한한 장이 열릴 때, 우리는 다음의 두 가지 것을 알게 된다. 첫째, 우리의 움직임과 행위의 과정의 매 순간은 끝이자 동시에 시작이다. 이것이 가능한 이유는 이제는 그 과정이 무한한 공의 장에서 일어나기 때문이다. 그렇기 때문에 과정 그 자체가 끝도 시작도 없다. 다시 말해서, 우리 행위의 과정이 시작도 없고 끝도 없기 때문에, 과정의 각 지점이 곧바로 시작이자 동시에 끝으로 실현이 되는 것이다. 여기에서 플라톤의 형상의 이론을 무한소급의 관점에서 비판한 아리스토텔레스(Aristoteles, BC.444-380)의 비판이 공의 실현으로 극복된다. 둘째, 우주의 모든 것은 완전히 상호의존적이다. 이러한 완전한 상호의존성은 모든 것이 자신의 개별성과 고유성을 가질 때 가능하다. 이처럼 자명하게 모순된 양상들-상호의존성의 양상과 보편적 개별성의 양상-의 조합은 목적론적이고 위계적인 구조가 아니라 공의 무한한 장에서 가능하다. 플라톤의 형상 이론의 어려움, 즉 어떻게 하나가 여럿이 되고 여럿이 하나가 되느냐 하는 문제는 공의 장에서 해결이 된다. 불교인들이 종종 말했듯, '꽃은 붉고 버드나무는 푸르다' 혹은 '산은 산이고, 강은 강이다' 나는 '너는 너고 나는 나다'라고 말하고 싶다. 무형의 공의 장에서는 모든 것과 모든 사람이 개별성을 잃지 않으면서, 즉 자신의 특수한 형상을 가지고 함께 존재하고, 함께 산다.

그러나 우리가 이러한 무형상의 순야타를 도달해야 하는 목표로 상정하고 그럼으로써 그것을 대상화하면-대승불교 전통의 역사에서 그런 일이 종종 있었다-그 역동적 성질을 상실하고 이 실제 세계를 피상적인 받아들이거나 무비판적 무관심으로 대하게 된다. 무형의 순야타는 단순한 목표로 받아들이는 게 아니라, 우리의 존재를 근거하는 근본적 기초로, 그리고 진정으로 자유롭게 살고 창의적인 행위를 시작할 수 있는 출발점으로 받아들여야 한다. 근본적 기초로서 무형상의 순야타는 단순한 무형상이 아니다. 그것은 형상들로 가득하다. 모든 것이 그 안에서 자신의 특수한 형태를 가지고 존재하고 일하게 해주는 무한한 장 혹은 바닥 없는 땅이기 때문이다.

이러한 순야타의 역동적 구조에서는 아무 것도 배제되지 않는다. 너와 나 그리고 다른 모든 것이 특수한 형상을 가진 채 개별성을 잃지 않으면서 이 무형상의 형상인 순야타 안에서 존재하고 함께 산다.

[JWH/양혜원]

# 쓰지무라 고이치

辻村公一, 1922-2010

쓰지무라 고이치는 교토대학(京都大學)에서 다나베 하지메(田邊元, 1885-1962)* 밑에서 공부했고 그의 뒤를 이어 받아 1948년부터 시작해서 1982년에 은퇴할 때까지 거기에서 가르쳤다. 그러나 그의 사고에 더 영향을 미친 것은 히사마쓰 신이치(久松眞一, 1889-1980)*와 함께 한 선 수행과 독일 여행을 통해서 개인적으로 알게 된 마르틴 하이데거(Martin Heidegger, 1889-1976)의 사상이었다. 그의 번역과 에세이는 선불교의 문헌으로 하이데거의 사상을 조명하고 또 그 역으로 하이데거의 사상으로 선불교의 문헌을 조명하면서 그 둘 다에 대한 새로운 해석을 소개하는 경우가 많다. 예를 들어서, 쓰지무라는 하이데거의 용어 '내맡김(Gelassenheit)'과 그것을 다룬 하이데거의 책을 해방을 의미하는 불교의 용어로 번역했다. 하이데거의 책을 번역하고 하이데거에 대한 책도 두 권 쓰고, 『독일 관념주의에 대한 다양한 생각들』(1993)이라는 책도 쓴 그는 선불교의 사고와 유럽 철학 사이의 관계를 탐구하는 영향력 있는 독일어 논문을 몇 편 썼다. 그의 작업 덕분에 많은 독일 철학 교수들이 동아시아의 불교 문헌에 관심을 기울였다. 특히 그가 하르트무트 뷔크너(Hartmut Buchner)와 함께 번역한 『십우도(Oxherding Pictures)』가 그들의 관심을 끌었다. 「절대무와 존재의 문제」(1977)에서 쓰지무라는 하이데거의 질문하기와 교토학파(京都學派)의 「무」의 개념 사이의 연결성과 차이를 밝히고자 깨우침에 대한 해석을 제시했다.

　이어지는 글은 근대 기술을, 인간의 통제와 조작을 벗어날 수 있는 것은 아무 것도 없는 것인양 하는 진리의 혹은 비은폐성의 양식으로 해석한 하이데거의 주장을 기반으로 하고 있다. 그러나 쓰지무라는 이러한 관점을 서구 철학과 중국 불교 철학에 나타나는 전체-모든 것을 아우름-라고 하는 오래된 개념의 맥락에서 바라본다. 그의 에세이의 제목은 선불교의 3조(祖) 승찬(僧璨, ?-606) 대사가 지은 것으로 알려진 「정신 속의 신앙」이라고 하는 유명한 시에서 가져온 것인데, 헤라클레이토스(Heraclitus, BC.535무렵-BC.475무렵)가 사용한 표현의 번역어로도 사용된다. 이 에세이는 기술에 대한 하이데거의 사상을 더 깊이 있게 하면서 기술을 긍정적으로 바라볼 수 있는 제안으로 마친다.

[JCM/양혜원]

## 하나-안-전체의 동양과 서양

쓰지무라 고이치 1982, 391-404

　'하나-안-전체(All-Einheit)'의 개념을 연구하는 나의 단기적 목표는 동양과 서양의 이해가 서로 다른 지점을 찾는 것이다. 그러나 장기적 목표는 현대 기술의 지배적 통제(Machenschaft)를 바꿀 수 있는 길을 찾는 것이다. 창조하고 만들어내는 인간의 작업이 인간 자신을 포함해서 모든 것을 통제한다는 의미에서 지배적 통제는 '모든 것이 만들어지고 아무 것이든 조작될 수 있다'는 뜻이다. 나는 이것을 오늘날의 기술 세대의 하나-안-전체의 한 형식이라고 본다. 이러한 사고방식을 바꾸기 위해서는 동양과 서양에 있던 고대의 하나-안-전체의 양식을 살펴볼 수밖에 없다. 바로 지배적 통제 때문에 우리 시대에는 잊힌 그 옛 양식들 안에 지배적 통제를 바꿀 수 있는 새로운 일체의 형식의 씨앗이 들어 있는지도 모른다.…

## 동양과 서양의 차이들

서양에서 하나-안-전체의 사상-전체:하나, 하나:전체-은 하나의 원칙에 모든 것이 연결되어 있는 것과 관련이 있다. 그 일차적 의미는 하나(τὸ ἕν)가 원칙의 자리를 차지하는 것인데, 그것이 '존재 자체'든, '모든 대립의 연합'이든, '모순 안의 조화'든, 혹은 '존재와 비존재의 하나됨'이든 상관이 없다.[20] 이 네 개의 설명 모두가 헤라클레이토스의 단편들, '전체는 하나이다(ἓν πάντα εἶναι, 단편 50)'의 설명으로 제시가 되었다. 여기에서는 개별적으로 존재하는 것들의 특이성이 '전체' 안에 들어 가 있다.… 이다(εἶναι)는 모든 것이 하나의 것에 가장 넓은 의미에서 근거하는 관계를 의미한다. 이 근거함은 함께 모이는 것, 분배하는 것, 내뿜는 것, 창조하는 것, 가능하게 하고 움직이게 하고 다시 움직이게 하는 조건들, 인과적 효력, 절대적 매개, 등등을 함의한다. 헤라클레이토스는 인간 존재가 이 '상응(ὁμολογεῖν)'에 의해서 '하나-안-전체'에 속한다고 보았다.

유일한 원칙으로서 '하나'의 일차적 의미는 플로티누스(Plotinus, 205무렵-270무렵)가 매우 분명 한 말로 표현했다. '그 하나 때문에 태고적 존재와 어떠한 의미에서든 존재에 포함되는 모든 존재가 존재이다.' 이 하나는 '모든 것의 근원(ἀρχὴ τῶν πάντων)', 그리고 '모든 것의 원인(τὸ πάντων αἴτιον)' 이다. 때로 플로티누스는 이 하나를 '그 것(τὸ ἐκεῖνος)' 혹은 '신(θεός)'이라고 부르지만, 이 모든 표현들은 '그 하나'를 포함해서 그렇게 말할 수밖에 없기 때문에 쓰는 표현들이다. 왜냐하면 근본적으 로 거기에 적합한 '이름(ὄνομα)'이 없기 때문이다. 그와 대조적으로, 개별 존재들은 '한 부분(κατὰ μέρος ἕν)'으로 불린다.[21] 모든 것의 원칙으로서, 이 하나는 오직 황홀을 통해서만 인간 경험으로 들어올 수 있다. 이것이 서양의 하나-안-전체의 근본적 형태라 할 수 있다.

동양에서는 하나-안-전체의 개념이 모든 것을 위한 하나의 원칙과 연관이 없다. 그 일차적 의미는 존재하는 모든 각각의 개체는 모든 것, 즉 세계에 연결되어 있다는 것이다.…

선불교의 3조 승찬대사가 쓴 아포리아적 시 「정신 속의 신앙에 대한 시」의 마지막 부분은 이렇게 되어 있다:

하나-안-전체, 전체-안-하나
그것을 해라
그러면 결과야 어떻든 불안해 하지 않을 것이다.

여기에서 말하는 '하나'를 이해하는 데에는 두 가지 방식이 있다고 본다: '하나됨의 원칙'으로서 그리고 어떠한 개체든 다 일컫는 것으로서. 이 후자의 의미는 『「화엄(華嚴)」 수트라』의 원래 중국어를

---

20) [영] Martin Heideggger, "Heraklit," Gesantausgabe (Frankfurt: Klostermann, 1975) 55: 292ff; Karl Reinhardt, Parmeneides und die Geschichte der grieschischen Philosophie (Frankfurt: Klostermann, 1077), 201,206; Uvo Hölscher, Anfängliches Fragen (Göttingen: Vandenhoeck & Ruprecht, 1968), 172.

21) [영] Enneads 6.9.1.

보면서 분명하게 이해할 수 있었다.… 예를 들어서, 내 앞에 놓인 이 컵은 '전체', 즉 세계이다. 처음 들으면 이 말은 매우 이상하게 들린다.

존재하는 모든 것의 원칙이라는 의미와 관련해서, 승찬대사는 또 다른 곳에서 이렇게 말했다.

> 하나는 두 존재의 근원이지만,
> 하나에 매달리지 않는다.

비록 우리는 하나됨의 원칙에 집착하는 경향이 있지만, 우리가 경직되지 않아야 하는 것은 바로 이 원칙이고, 그것은 우리가 황홀경의 상태에 집착하지 않아야 하는 것과 마찬가지이다.

동아시아 불교에서 인간 존재는 하나-안-전체에 속한다. '하나-안-전체, 전체-안-하나'와 같은 말을 할 수 있는 인간 존재란 무엇인가? 그것은 부처, 깨들은 자, 혹은 부처가 되기를 열망하고 그래서 어느 순간이라도 순식간에 부처가 될 수 있는, 그러나 감각하는 존재들을 위해서 자발적으로 부처가 되지 않은 「보살(菩薩)」이다.

일반적으로 불교의 세계관에서는 「의존적 발생」이라고 하는 관계가 최고 원칙이다. 그것을 관계성(Relationalität)으로 설명하는 내 동료 불교학자 사이구사 미쓰요시(三枝充悳, 1923-2010)를 따라서 나는 우선은 그것을 관련 사건(zusammengehöriges Geschehen)이라고 설명하려 한다. 이것은 일종의 '공유적 사건'을 의미한다. 즉 그 어떠한 개인 개체도 결코 스스로 태어나고 죽지 않고, 언제나 다른 모든 것과 상호 연결되고 상호 의존적이라는 뜻이다. 그렇게 되면 개별적으로 존재하는 그 어떤 것도 실제로는 자기 자체만의 실체를 가지지 않는다. 존재하는 각각의 모든 것은 다른 모든 것과 처음부터 연결되어 있다. 이것은 이어지는 고찰에서 반드시 필요한 조건이다.

### 쿠사누스(Cusanus)와 법장

앞에서 제시한 두 가지 형식의 관점에서 동양과 서양의 하나-안-전체의 차이를 분명히 밝히기 위해서는 그것을 가장 잘 전형화 해주는 예들이 필요하다. 나는 니콜라우스 쿠사누스(Nicholas Cusanus, 1401-1464)의 하나-안-전체와 중국 화엄 전통의 세 번째 지도자인 법장의 사상을 비교할 것을 제안한다.…[22)]

개체들. 쿠사누스나 법장 모두 '하나'는 동전, 진주, 해, 혹은 달처럼 '개별'적인 무엇을 의미하고, '전체'는 세계 혹은 우주를 의미한다. 그러나 쿠사누스는 개인을 피조물로 이해하고 따라서 창조자 신을 암시한다. 그와 반대로 법장에게 개인은 주체든 객체든 '타자-의존'의 무엇이다. 그것은 개별화 하는 자신만의 실체는 없는 '존재-같은(being-like)'으로서, 궁극적으로는 사물의 있는 그대로를 뜻하는 「진여(眞如)」를 함의한다. 이 진여는 형태가 없기 때문에 변하지 않고 조건화되어 있다.…

여기에서 쿠사누스가 말하는 개별 피조물은 우주가 특수하게 축소된 것이다. 법장은 개체는 자기 안에 다른 모든 것을 '상호 연결되고, 비어 있고, 숨겨 있는' 방식으로 가지고 있다고 보았다. 따라서 우리는 하나-안-전체에 대한 두 가지 관점은 서로 반대 방향을 향하고 있다고 할 수 있을 것이다. 이것이 첫 번째 차이점이다.

---

22) [한] 법장(法藏, 643-712)은 화엄 불교에서 아마도 가장 위대한 체계적 사상가일 것이다. 그는 중국의 광범위한 종교적 철학적 자료들에 기반해서 방대한 분량의 주석서를 썼고 특히 상호의존적 인과관계의 해석으로 유명하다.

그런데 쿠사누스는 우주가 해나 달, 혹은 다른 어떤 개체도 아니라고 했다. 그것이 아니라 우주는 개체의 부정이다. 그 어떠한 개체도 그것 자체로는 세계를 구성하지 못한다. 법장은, 개체들의 상호 관계 속에 있는 특정 개체가 '주체'로서 혹은 '존재 (사물)'로서 위치를 '나타내게' 되면 다른 개체들은 그것과 '상호 연결되고, 비어 있고, 숨어 있는' 것으로서 그 반대에 위치하게 되지만, 이 관계는 언제나 뒤집을 수 있다고 했다. 이것이 바로 두 번째 차이점이다.

세계. 쿠사누스는 세계나 우주가 단 하나의 최대 축소물이라고 했고 따라서 그것은 신의 '닮음 꼴'이라고 했다. 그러나 그것은 언제나 '절대적인 것보다 무한히 낮다'(De docta ignorantia 113-14). 이것은 쿠스누스가 신의 관점에서 세계를 이해하고 그것을 신의 축소로 보았음을 말해준다. 자기 전통에 따라서 그는 '하나-안-전체, 전체-안-하나'의 형식에서 전체를, 신이라고 하는 절대적 통일의 원칙으로부터 나오는 세계 혹은 우주라고 보았다.

그렇다면 우주적 법칙의 영역 안에 있는 관계에 대한 법장의 관점은 무엇인가? 여기에서 우리는 그가 사물의 '상호 영향을 미치는 여섯 가지 특징'이라고 부른 것은 생객하보아야 한다. 그것은 곧, 총체성, 특수성, 공통성, 개별성, 구성성, 그리고 파괴성이다. 그는 세계를 하나의 집에 비유해서 총제성은 그 집 전체라고 보았다. 특수성은 들보, 기둥, 돌, 기와, 등등이고, 공통성은 그 요소들이 서로 대립하지 않고 협력하여 전체를 세우는 것이고, 특수성은 각 요소의 개별적 특징들이며, 파괴성은 그 요소들 중 하나라도 자신의 독특성에 집착함으로써 다양한 요소들이 서로 섞이지 못하는 것이다. 첫 세 개의 특징이 하나의 그룹을 구성하는데 나머지 세개의 특징과 서로 대립이 된다. 이 양 측은 서로 충돌하지 않고 협력해서 서로에게 영향을 미친다. 이것이 가능한 이유는 여섯 개의 특징 각각이 자기 안에 나머지 다섯 가지의 요소들을 '상호 연결되고, 비어 있고, 숨어 있는' 방식으로 가지고 있기 때문이다. 그런 식으로 세계와 그것을 구성하는 사물들이 가능해진다. 법장은 세계는 신의 축소를 통해서 세계가 된다고 보지 않고, 전체와 부분의 혼합을 통해서 세계가 된다고 보았다. 이것이 세 번째 차이점이다.

절대. 쿠사누스는 신이 사물 안의 '절대적 원칙'이라고 보았다. 어떻게 그런가? 쿠사누스는 신을, 선과 모양이 시작되는 하나의 점의 무한한 하나됨에 비유한다. '따라서 신은 모든 것을 포함한다. 왜냐하면 모든 것이 신 안에 있기 때문이다. 그리고 신은 모든 것을 펼친다. 왜냐하면 신이 모든 것 안에 있기 때문이다'(107). 모든 것을 포함하는 신으로서 신은 전체-안-하나의 유일한, 비할 바가 없는 원칙이다. 포함하는 존재로서 신은 모든 비교와 관계로부터 자유롭다. 즉, 신은 절대적이다. 이것은 모든 창조된 것에 대한 신의 초월성의 양상이다. 펼치는 신으로서 신은 존재하는 모든 것 안에 있고 그렇기 때문에 개별 사물 안에 신이 펼쳐놓은 자신의 모습을 '축소'라고 부를 수 있다. 그가 설명하듯, '축소는 이것 혹은 저것이 되기 위해서 어떤 것이 그것으로 축소가 된 것을 함의한 다'(117). 따라서 축소는 절대적인 것이 자신을 축소해서 이것 혹은 저것이 존재할 수 있게 한다는 뜻이다. 이것은 '창조'에 대한 쿠사노스의 고유한 접근법이다.

그와 달리 법장은 진여의 두 가지 의미에 대해서 말한다. 첫째, 그것은 비어 있고 형태가 없기 때문에 '불변'하다. 둘째, 그것은 '조건부'이다. 이 두 가지의 성질이 없다면 한쪽으로 치우칠 것이고 더 이상 절대적이면서 구체적일 수 없을 것이다. 법장은 진여의 이 두 가지 양상을 밝은 거울의 은유를 통해서 설명한다. 거울 (즉, 변하지 않는 진여) 앞에 어떠한 변하는 형태가 놓여 있건, 그것이 깨끗하건 더럽건, 그것은 거울에 반영된다. 변하는 실재를 자기 안에 반영할 수 있는 이러한 능력은 진여가 자기 스스로 존재하는 게 아니라 온갖 종류의 실재들의 의존적 발생에 맞게 자신을 조정한다는 뜻이다. 그럼에도, 아니 어쩌면 바로 그렇기 때문에, 거울은 그 밝기를 잃지 않고 진여는 계속 변하지 않을 수 있다. 거울이 자기 안에 여러 다양성을 반영하면 할수록 그것의 밝기와 변하지 않는 성질은 더 분명해진다. 이렇게, 진여의 두 가지의 의미는 내적으로 통일되어 있다.

이렇게 간단하게 설명해 볼 때, 법장과 쿠사누스의 모델들은 서로 상응하는 것으로 보인다. 그러나 이것은 하나-안-전체의 서양과 동양의 방식에 있는 원칙의 매우 형식적인 상응일 뿐이다. 그 둘의 차이 또한 자명하다. 펼침과 축소라는 쿠사누스의 창조 관점과 달리, 법장은 창조의 개념이 없다. 이것이 자명한 만큼, 위에서 말한 모든 것을 발생시키는 둘 사이의 심오하고 궁극적인 차이가 거기에서 비롯된다.

잠시 더 밝은 거울의 은유에 머물러보자. 보통 우리는 거울의 표면에 반영된 어떤 것의 형상을 본다. 그리고 이것은 우리가 반영된 형상과 반영된 사물을 서로 구분해두기 위해서 식별을 한다는 뜻이다. 그러나 그 둘을 합치면 우리는 더 이상 밖에서 바라보지 않게 된다. 우리가 거울 자체가 된다. 거기에 반영된 형상과 완전히 하나가 되면서 거울이라는 것은 사라진다. 그럼으로써 우리는 비어 있고 형태가 없던 거울의 원래 성질 자체로 돌아간다. 비어 있고 형체 없는 진여의 부상-혹은 하이데거의 용어를 사용하자면 생기(生起, Ereignis)의 시발점으로서 개별적 사물의 의존적 발생을 보게 되는 것이다.

차이의 기반. 궁극적으로 두 사상가의 차이는 절대의 개념 자체를 어떠한 특징으로 설명하느냐, 그리고 실재의 세계가 어떻게 존재하게 되느냐에 대한 그들의 사고방식에 근거한다. 쿠사누스는 실재가 '신의 축소'로서 존재한다고 보았고, 그렇게 그는 실재를 신의 피조물로 이해했다. 반면에 법정과 동아시아 불교는 실재를 (자신의 개체적 실체는 없는) 개별적 사물의 조화로 본다. 그것들은 서로 절대적이고 상호적으로 연결되어 있다.

서구에서는 하나-안-전제 그리고 전제-안-하나의 관계 이면에 있는 통일의 원칙으로서 절대는 곧 신이다. 이 신이 가장 광범위한 의미의 모든 사물의 근거가 된다. 동양에서 하나-안-전제 그리고 전제-안-하나의 원칙으로서 작용하는 절대는 진여이다. 진여는 비어 있고 형태가 없지만, 바로 그렇기 때문에 필요에 따라서 개별적 사물의 형태를 취할 수 있으며, 사물의 총체성의 형태도 취할 수 있다.

우리가 법정의 입장을 선호한다면, 신이 '존재의 현현으로서 주(主)'라는 입장을 취할 때 불교의 진여는 '상호 연결되고, 비어 있고, 숨어 있는' 방식으로 그 신에 맞서 있다고 결론을 내릴 것이다. 마치 무로부터 창조의 「무」처럼 말이다. 만약 진여가 존재의 현현으로서 주의 입장을 취한다면, 신은 무형상의 인격의 모습으로 상호 연결되고, 비어 있고, 숨어 있게 될 것이다. 그 이상은 나도 말할 수 없다.

### 조작 사회(Machenschaft)

'모든 것은 만들어졌고, 모든 것은 조작될 수 있다'는 공식으로 조작 사회(Machenschaft)의 지배적 통제를 설명한다면, 있는 것의 존재에 대한 논제로 우리가 그 개념을 이해한다는 것을 우선 함의한다. 즉 존재론적 관점에서 생각한다는 것이다. 오늘날에도 만들어지지 않은 것들이 존재의 관점에서는 계속해서 존재하기 때문이다. 예를 들어서, 우리가 날마다 먹는 계란과 채소, 고기와 생선은 존재하게 되었고 시간이 흐르면서 자랐다. 그러나 오늘날 이것들은 인공적으로 길러지고 양식된다. 그것은 제조 기술의 결과이다. 물론 우리는 그것을 자라는 사물들에 속하는 것으로 이야기할 수 있지만,

더 깊이 들여다 보면, 그것이 제조되었다는 것을 우리는 알 수 있다. 해, 달, 그리고 나날의 날씨는 물론 제조된 물건이 아니다. 그러나 천문학과 기상학의 연구를 통해서 이 제조되지 않은 것들도 조작 사회의 영역으로 들어오고 있다. 시험관 아기들이 오늘날 우리와 살고 있다. 이렇게 제조를 통해서 비생물체의 자연적 현상과 더불어 태어나고 자라는 것도 존재하게 되는 지점에 와 있고, 그럼으로써 존재론적 힘으로서 뒤에서 일하는 세력들의 통제 하에서 점점 더 많은 것들이 들어가고 있다. 그러나 조작사회는 결코 전능하지 않다. 우리가 조작 사회에 대해서 생각하는 능력 자체는 조작사회의 일부가 아니라는 사실에서 그것을 알 수 있다.

이면의 어느 깊은 곳에서 제조된 사물은 태어나고 자라는 것에 대한 근본적인 통제를 한다. 그 제조 자체 뒤에서 줄을 당기는 것은 도대체 무엇인가? 조작 사회는 인간의 제작과 조작을 우세한 것으로 만들어주는 그것이 무엇인지 결코 알지 못한다. 그 법칙은 만들고 더 만드는 간단한 사슬이다. 그 사슬이 끊어진다면 그 지배는 끝이 난다. 더 이상 조작 사회는 없다. 이 사슬이 계속 이어지게 하는 것은 다른 모든 것과 함께 존재하는 모든 것의 연결됨, 즉 전체-안-하나이다. 만들고 더 만드는 사슬은 이미 전체-안-하나에 근거하고 있다. 서양에서는 창조와 계속된 창조가 조작 사회의 뿌리에 있고, 따라서 만들어지고 조작되는 모든 것의 뿌리도 거기에 있어서 더 이상 인간의 산물의 대해서 말할 수가 없다. 동양에서는, 모든 것을 서로 무한히 연결되어 있게 하는 의존적 근원의 우주적 영역이 조작 사회의 뿌리에 있어서 더 이상 의존적 근원이 형태 없는 것에 형태를 주지 못하게 만든다.

내가 보기에 서양의 문제의 핵심은 지속적 창조의 의미를 만족시킬 수 있는 조작 사회의 변형이 가능한지 그리고 어떻게 가능한지를 묻는 것이다. 그러나 그렇게 하려면 새로운 창조의 양식이 필요하다. 동양에서 핵심 질문은, 모든 것을 서로 연결시키는 우주적 법칙의 영역 안에서 그 자리를 찾을 수 있게 조작 사회를 변형시킬 수 있는지 그리고 어떻게 변형시킬 지이다. 그러려면 아마도 법정이 말한 하나-안-전체 안에 만들고 창조하는 것을 위치시켜야 할 것이다.

어떠한 경우든 우리는 고대의 하나-안-전체가 지시하는 더 깊고, 크고, 넓은 종류의 관계 안에 조작 사회를 재위치시켜야 그 관계에 질서를 부여하고 한계도 설정할 수 있다.

[JWH/양혜원]

# 우에다 시즈테루

上田閑照, 1926-2019

우에다 시즈테루는 교토학파(京都學派) 제3대의 핵심 인물이다. 니시타니 게이지(西谷啓治, 1900-1990)*의 제자이자 승계자이고, 니시다 기타로(西田幾多郎, 1870-1945)*의 가장 중요한 해석가인 우에다는 그들을 따라 서구 철학과 종교를 '대승' 불교의 실천과 사상과의 대화로 잇는 일에 매진했다. 진언(眞言) 불교학자의 아들로서 우에다 자신도 니시다나 니시타니처럼 오랫동안 참선을 했다. 오늘날에도 그는 교토에 있는 쇼코쿠지(聖谷寺)절에서 일반 신도 수행자들을 위한 모임에 참여하고 있으며, 거기에서 매달 선불교 전통의 고전 문헌을 강연하고 있다. 그러나 학문적 작업에서는 서구 철학-우선은 칸트(Immanuel Kant, 1724-1804)와 헤겔(Hegel, Georg Wilhelm Friedrich, 1770-1831), 그 다음에 하이데거(Martin Heidegger, 1889-1976)와 기타 실존주의자들과 현상학자들을 연구했다-과 그리스도교 신비주의-특히 마이스터 에크하르트(Meister Eckhart, 1260무렵-1328무렵)-을 먼저 공부한 다음에 선을 연구했다. 마르부르크대학에서 3년(1959-1962)을 보낸 후 그는 에크하르트의 사상에 대한 박사 논문을 독일어로 완성했다. 독일어와 기타 유럽 언어에 능통하고 고전 중국어에도 능했던 우에다의 언어학적 재능과 경험은 언어에 대한 그의 숙고에 잘 나타나 있다.

에크하르트와 선의 심오한 공통점과 몇몇 차이점들을 탐구하는 방편으로서 우에다는 선의 관점에서 그리고 그 관점에 대해서 많은 글을 썼다. 그의 지속적 관심사는 선의 경험과 철학의 합리적 사고의 관계에 대한 것이었다. 니시다를 해석하면서 그는 이 문제를 다루었는데, 니시다는 '순수 경험'의 철학을 발전시키고자 했는데, 이 '순수 경험'은 온갖 언어학적 매개를 통해서 주관-객관이 분리되기 이전의 것, 그리고 실재를 구분하고 구사하면서 또한 역동적으로 통일시키는 것이라고 그는 설정했다. 이러한 니시다를 따라 우에다는 「장소(場所)」의 철학, 즉 변형을 계속하나 그 틀을 유지하는 공간이라는 개념으로 실재를 정의하고 그 개념에 언어를 위치시켰다. 그는 종종 3단계 모델에 따라서 경험과 언어의 관계에 대해서 설명한다: (a) 선(前)언어 그리고 원(原)언어 차원의 순수 경험; (b) 시-종교적 표현에 나오는 기본적 문장의 차원; 그리고 (c) 철학적, 세상적 담론의 차원.

우에다는 언어가 도달할 수 없는 영역에 있는 것을 우리가 올라가서 머무는 형언할 수 없는 영역으로 이해하지 않고, 언어의 한계에서 극한의 순간에 의미의 언어 세계를 찢는 동시에 봉합하고, 넘어서는 동시에 에워싸고, 초월하는 동시에 변형시키는 어떤 것으로 경험해야 한다고 보았다. 그는 인간은 스스로를 캡슐처럼 감싼 자아가 아니라 세계-안-존재라고 본 하이데거에 동의했다. 그러나 이 세계는 본질적으로 이중으로 되어 있다고 그는 주장했다. 우리의 일상생활이 위치하는, 언어적으로 매개되고 구사되는 의미의 세계가 있는데, 그 세계는 자신을 초월하면서도 감싸고 있는 빈-확장(hollow-expanse) 안에 위치하고 있다고 본 것이다. 이 빈-확장은 개념적 이해 너머에 있다. 개념을 매개하는 것이 언어의 세계와 그 세계가 결정한 의미라면 말이다. 그럼에도 어떤 형태의 언어, 예를 들어서 시나 선의 경구에 나오는 것과 같은, 우에다가 '빈 말'(hollow words)이라고 부른 언어의 형태는 우리의 삶이 위치하는 이 궁극적 장소에 우리가 익숙해지게 할 수 있다. 우리 스스로를 몰아넣지 않고 이 세계의 언어적 한계를 경직되게 하지 않는 한, 우리를 감싸고 있는 이 무한한 열림의 확장의 침묵으로 우리 자신을 열 수 있다. 그럴 때 우리는 언어적 실제성의 세계에서 더 자유롭고 책임 있게 말하고 행동할 수 있게 된다.                                          [BWD/양혜원]

## 이중 세계에서의 언어

우에다 시즈테루 1990, 290-8; 1997, 347-67

먼저, 언어(言葉, ことば)란 어떠한 현상일까요? 언어가 이미 부여되어 있다는 것을 대전제로 합시다. 그리고 연관성이 보이는 몇 가지 점을 고려해보고자 합니다. 언어(ことば)는 어떤 사태(事, こと)를 나타냅니다('나타내다(表わし)' 내지는 '드러내다(現わし)', 경우에 따라서는 '나타내면서 드러내다(表わしつつ現わし)') ― 여기에 언어의 힘이 있습니다. 게다가 사태가 드러남에 따라 언어는 사라져갑니다 ― 여기에 언어의 신비로움이 있습니다. 언어는 사태를 드러내면서도 언어로는 사라져가며, 사태는 사태 자체로 드러납니다. 예컨대, '어제는 쉬었습니다.'라고 말할 때, 우리는 언어를 말하면서도 언어가 아닌 사태를 말하고 있다고 생각합니다. 또 듣는 쪽도 그렇게 생각합니다.

이런 기본적인 사태로부터 출발하여 다음 두 가지에 특히 주목하려 합니다. 첫째로 언어가 사태를 나타낼 때, 사태의 출현(사태의 모든 연관성을 '세계'라고 한다면 세계의 개시[開始])은, 언어의 분절 구조를 가로지르고 있습니다. 따라서 이는 처음부터 유의미하게 구조화되어 있지요. 세계 안의 존재로서 우리가 '놓여 있는 세계(於てある世界)'는 처음부터 의미공간으로서의 언어공간이며, 사태는 처음부터 언어에 의한 해석을 통해 나타납니다. 언어가 '세계를 보는 관점'이라고 불리고, 세계를 구성하는 선행적 해석조직이라고 불리는 이유입니다. 이것은 우선 언어가 우리의 '세계 속 존재'를 가능케 하는 제약임을 적극적으로 의미합니다. 그러나 동시에 한계이기도 함을 의미합니다. 그리고 언어의 이러한 양의성에서 우리들 인간 존재의 근본적인 문제를 예감합니다.

둘째로, 사태는 언어를 통해서 나타납니다. 그때 언어는 자신을 숨기는데, 그것만으로도 언어와 사태의 구별이 문제가 됩니다. 그 구별도 언어 안에 있을까요, 어떨까요. 우리는 일상을 반성할 때도 이미 말과 사태를 구별한다는 것을 알고 있습니다. 옛 사람들은 '불이라 말한다고 해서 입이 탈리가 없지'라고 말합니다. 언어로 말하기 이전에 사태가 사태 자체로 드러나는 것은 아닙니다. 그러나 언어를 통해서 나타날 때, 사태는 단순히 언어만이 아닌 사태로, 혹은 언어에 앞선 사태로, 혹은 언어 밖의 사태로 나타나게 됩니다. 어떤 사태가 있고, 언어를 통해 사태로 나타날 때도, 또 언어를 통해 처음으로 사태가 그려지는 (예컨대, 판타지 소설이나 시 등의 것) 경우도 (극단적으로 말하면, 언어 안에서만 존재하는 '거짓말'의 경우에도) 사태는 언어가 아닌 사태로 나타납니다. 예컨대, 시가 있습니다. 시는 언어로만 존재합니다만, 이 시도 단순히 언어를 말하는 것이 아니라, 언어로 무언가를 드러내고 있습니다. 이처럼 언어를 통해서만 드러나는 제약이 있긴 하지만, 말과 사태의 구별이 이루어질 때, 그 극한에는 언어 밖의 사태라는 것을 예상할 수 있습니다. 예컨대 '말할 수 없는 것'이라는 개념이 문제가 됩니다.

여기서부터는 이런저런 형태로 실제로 큰 문제가 되고 있는 부분입니다. 언어 밖이라고 했습니다만 언어 밖이라고 말하는 것 자체가 언어이기도 하고, '말할 수 없는 것'이라고 말하는 것 자체가 언어이기도 합니다. 바로 여기에 모든 언어 안이라고 하는 극단적인 입장이 가능해집니다. 여기서는 언어 없는 선행 사태로의 역행은 인간 존재에게는 원리적으로 불가능합니다. 이른바 '발가벗은 현실(裸の現實)'을 살아가기를 추구하는 것은 근본적으로 허상에 불과한 오류라고 할 수 있습니다. 그러나 그렇게 보게 되면, 거꾸로 언어야말로 세계의 참된 모습을 감추는 것이면서, 진정한 실재(實在)로 이르는 길을 가로막는 것이자, 거짓된 증표이며, 무력의 증거라는 다른 한편의 극단적인 입장도 가능하게 됩니다.

지금 예로 든 두 극단적인 문제의 소재와 성질을 다소 거칠게 겹쳐 보여드렸습니다만, 양쪽 모두 편향되어 있다고 할 수 있겠습니다. 사태는 언어를 통해서만 사태로 나타날 수 있다는 것, 언어를 통해서 나타난 사태는 (언어와 분리될 수 없다 하더라도) 언어와 구별될 수 있다는 것, 말과 사태 사이에는 어떠한 엇갈림이 있다는 것 (언어를 대상으로 한 언어학뿐만이 아니라, 해석학이 규명하려는 것도 이 엇갈림 때문이라고 할 수 있겠지요), 따라서 극단적으로 생각하자면, 언어 밖이라는 것도 함께 예상해야 한다고 생각합니다. 언어 밖이라는 것도 언어 밖의 말이라고 할 때, 언어 밖이라는 말은, (a) 언어 밖의 사태가 언어 안에 남긴 흔적 같은 것이라든가 (그리고 언어 밖은 그러한 흔적으로만 우리에게 비춰지는 것일까), (b) 아니면 (흔적일지라도) 언어 밖이라는 말 바깥에 있는 사태로 향하는 언어 안의 통로 같은 것이겠지요. 어찌되었든, 말과 사태 (사태라는 언어)의 언어 내의 차이는, 언어로써 그야말로 말과 (말이 아닌) 사태 사이의 언어 바깥에 드러난 차이를 투영하고 있습니다. 세계 속의 존재로서 우리가 '존재하는 세계'는 언어 세계와 늘 함께 하는 것이라고 앞서 말씀드렸습니다. 하지만 더욱 정확하고 구체적으로는, 우리 존재는 실은 말과 사태의 '엇갈림' 그 자체에 걸쳐 있다고 말할 수 있습니다(근본적으로는 '장소'가 보이지 않는 이중성과 관련 있습니다). 이러한 '엇갈림'을 장소로 삼아 존재하는 형태는 안주(安住)가 아닌 불안주(不安住)이며, 불안주는 하나의 근본적 운동을 요구합니다.

여기서 한 걸음 나아가자면, 이 근본적 운동은 '언어로부터 나와 언어로 나간다'라고 볼 수 있겠습니다. 이 운동에 의해, 그리고 이 운동으로 인해, 경험의 가능성이 언어에 의해 제약되고, 경험된 일이 그 극한에서 언어 세계를 부수는 것이 동적으로 통합될 수 있다고 생각했습니다. 언어가 경험의 가능성을 제약하기 때문에 언어를 빼앗기는 것은 근본 경험이 됩니다. 그리고 이 근본 경험이야말로 자기 이해로써 새로운 언어가 됩니다. 단지 언어가 부서지는 사태가 일어나는 것일 뿐, 이 '말할 수 없는 것'이 방법이라고 생각하는 건 아닙니다. 이것이 요점입니다. '언어로부터 나와 언어로 나간다'는 것은 원활한 자동운동이 아니라, 언어가 부서져 침묵으로, 침묵이 부서져 언어가 되는, 이중 돌파에 따른 운동입니다. 이 운동을 원경험으로 하여 죽어도 되살아나는 '경험의 샘'이 되지 않을까 생각합니다. 이러한 사태로서의 근본 경험을 '오오!'라는 원감동을 모델로 삼아 고찰해 본 적이 있습니다(본 저작집 제4권 『선(禪)-근원적 인간』, pp.186-202).

'언어로부터 나와 언어로 들어간다.' 이 운동은 사실 우리가 모종의 규모로, 모종의 방법으로, 모종의 영역으로, 매우 다양한 모습으로 수행한다고 말할 수 있습니다. 예컨대, 언어로부터 나와 사태 자체로, 그리고 구체적인 언어를 만들어냅니다. 혹은 언어로부터 나와 엄밀한 사고(思考)로, 그리고 그것을 정확한 언어로 표현합니다. 혹은 언어로부터 나와 정신으로('문자는 정신을 죽인다'라는 의미에서의 정신), 그리고 정신이 스스로 말하는 언어로. 더 나아가 일반적으로 번역이라 불리는 작업. 혹은 크리스트교와 불교가 대화할 때, 그 수행 과정은 쌍방이 각자의 교리집이라는 언어 세계로부터 나와 공통의 언어를 공동으로 시험하여 새로운 '자기 및 상호' 이해를 열어나갑니다. 이 '언어로부터 나와 언어로 나간다'고 하는 운동은 어디까지나 언어의 지평선 내에 존재합니다. 이러한 운동의 극한적 운동이 지금부터 보고자 하는 부분입니다(어디까지나 극한이기에 사실 대개는 일어나지 않습니다만, 일어나지 않을 경우, 일어나지 않는 것 자체를 문제시하는 방법으로 우리의 존재를 규정합니다).

이러한 운동을 이해하기 위해서는, 세계 내 존재로 살아가는 우리들의 존재가 사실은 이중세계 속 존재라는 것을 생각해 볼 필요가 있습니다. 요컨대, 포괄적 의미공간인 세계는, 이른바 끝없는 지평('무'의미 '허'공간이라고 할 만함)에 '존재하는' 것이라는 것. 우리가 세계(그것은 늘 언어 세계와 함께) 안에 있다는 것은 끝없이 펼쳐진 '존재하는' 세계의 속에 있다는 것입니다. 이 때, 세계는 언어 세계와 겹쳐져 있기에, 때때로, 아니 오히려 대개의 경우, 언어의 한정력(限定力)과 의미의 관련성 안에 자신도 모르게 엮여서 세계만이 세계 안 존재의 세계가 되며, 그 세계를 넘어서서 감싸 안는 끝없는 지평은 닫혀 버립니다. 그곳에 세계 속 인간이 일으키는 여러 가지 문제들의 근원이 있습니다. 한편, 우리들의 세계의 진상을 단순히 표현하자면 '허공(虛空)/세계(世界)'입니다. 이것을 세계의 '보이지 않는 이중성'이라고 부릅시다(본 저작집 제2권 『경험과 자각』에 수록된 「경험의 장소-보이지 않는 이중성」 참조). 그리고 또 '보이지 않는 이중성'인 까닭에 '보이지 않는' 부분은 볼 수 없는 채로, 보이는 것만으로 언어에 의해 규정된 세계가 만들어집니다. 이러한 세계만으로 이루진 세계를 세계 안에 존재하는 주체(개별적 내지는 집합적인 여러 형태와 단계의 주체)는 '나의 세계'로 삼고자 하여, 닫혀 있는 세계 속에서 대립, 갈등, 투쟁이나 일그러짐 등을 불러일으킵니다. 이러한 세계 속 존재가 세계의 진상을 통해 타파되어 인간 존재의 진실을 실현하지 않으면 안 됩니다. 이런 일들의 근본적인 동적 성질을 하나의 개념으로 정리하여 '언어로부터 나와 언어로 나간다'라고 보는 것입니다.

이상과 같이 '언어로부터 나와 언어로 나간다'라는 동적인 사태를 일으키는 인간 존재가 가진 본래의 근원구조를 이중세계 속 존재라고 할 때, 인간으로서의 존재는 세계로부터 나와 무한의 지평으로, 그리고 다시 세계로 향하는 운동이 됩니다. 우리가 보통 '종교'라고 말하는 사상의 기초구조 역시 이것과 다르지 않습니다. 게다가 역사적인 현 실태로서의 여러 종교는 대체로 크게 (어쩌면 대략적으로) 신앙의 입장(절대자와 인간과의 단절과 단절을 넘어선 절대자의 측으로부터의 은총에 의한 구제)과 신비주의로 유형화되어 있습니다. 그 두 가지는 '세계로부터 나와 무한의 지평으로, 그리고 다시 세계로'('언어로부터 나와 언어로 나간다')라는 운동과 관련하여 어떻게 규정되어 있을까요?

단순화하여 다음과 같이 규정할 수 있다고 생각합니다. 신비주의 쪽은, 인간 주체가 '세계로부터 나와 다시 세계로'라는 운동 그 자체가 되는 경우가 있습니다(이 방향으로 선(禪)을 특별히 규정한다면, 이 운동이 이중의 돌파를 하여 선이 성립할 수 있다고 언급하였지요. 돌파라는 사건 그 자체에 중점을 두는 경우 돌파성 때문에 신비주의라고 말하지 못하는, 오히려 비신비주의). 한편, 신앙의 입장에서는, 인간 주체가 '세계로부터 나와 다시 세계로'라고 불리는 그 세계 속에 있습니다. 또한 세계와 세계를 넘어 감싸는 끝없는 지평 사이의 운동에 접촉하여(구체적으로는 대체로 스스로가 그 운동인 신적 내지 종교적 인격에 접촉하여), 그러한 방법으로 스스로를 그 근본 운동에 맡기는 경우라고 말할 수 있겠지요. 이런 유형화의 가능성은 원래의 '세계로부터 나와 다시 세계로'가, 운동

성인 '-로부터 -로'와 '세계'로 중점적이고 국면적으로 분절 가능하기 때문입니다. 물론 '세계'도 운동과 떼놓을 수 없으니 앞서 말한 것처럼 끝없는 지평에 '놓여(於て)'있는 이중세계입니다. 하지만 '세계'라는 장소에서 '세계'를 볼 때, 세계가 '놓여 있는(於てある)' 끝없는 지평은 세계에 대한 어떤 초월적 세계가 되어(동시에 인간 주체에 대한 초월적 주체가 등장), 그 두 세계를 오가는 신적 내지는 종교적 인격은 이 '세계' 안에서 접촉하게 됩니다.

그럼, 이렇게 유형화하여 드러난 본 신비주의와 신앙의 입장에, '언어'는 각각 엑센트를 가진 특수한 모습을 띠고 깊이 관여하게 됩니다. 신비주의의 경우에는 기본적으로 '언어로부터 나와 언어로 나간다'고 하는 운동 그 자체가 근원어(根源語)라고 할 수 있으며, 원언어이자 핵심이 됩니다(인간주체에 한정해서 말하면, 직접 원언어를 말하는 것). 진언 등은 이 성질을 지니고 있다고 말할 수 있겠지요. 그에 반해 신앙의 입장에서는, 인간주체가 그 운동에 세계 안에서 접촉하여 부여하는 것입니다 따라서, 세계 안에서 인간이 말하고 인간이 듣는 언어 그것도 원래는 신으로부터의 언어가 기본이 됩니다. 예컨대, 예수의 말씀이나, 복음서나, 성서나 모두 일반적으로는 담론(discourse) 내지는 텍스트(text) 형태의 언어가 기본이 됩니다. 이른바 '성스러운 텍스트'입니다. 이 신앙의 입장에서는, 인간의 언어 형태로 들리는 언어를 원래의 운동(이것은 대개 '비밀스러운 의식'으로 취급되고 있습니다)으로 해석하는(예컨대, 성서의 말을 '신의 말'이라고 하는) '해석'이라는 것이 신앙의 핵심 가운데 하나입니다. 또한 '해석'의 길잡이인 신학이 입장을 만드는 데에 적극적으로 개입하게 됩니다. 한편, 비밀주의에도 여러 종류가, 아니 무수히 많은 텍스트를 산출하고 있으며, 더 나아가 신학까지도 형성합니다. 그러나 그것들은 자기이해에 불과합니다. 이해하기 위한 핵심은 어디까지나 원언어 그 자체에 있습니다(따라서 신비주의는, 원언어로 거슬러 올라가야 하는 신학이나, 성전의 파괴로 향하는 경우도 적지 않습니다). 그에 반해, 신앙의 입장이 성립하는 핵심에 존재하는 것은 인간의 언어(신의 언어라 할지라도)를 구성요소로 하는 담론 내지는 텍스트 형태의 언어입니다. 신학자(E. 훅스)가 「신앙은 어째서 텍스트를 필요로 하는가」라는 논문을 쓴 이유도 거기에 있습니다.

종교의 관점에서 볼 때, '언어로부터 나와 언어로 나간다' 운동에서 또 하나 주목해야 할 것은, 앞의 서술방법으로는 세계 속 존재로서의 인간주체 운동으로 표출된 이 운동은 실은 해당 운동의 주체인 동시에 그것과 겹쳐진 언어 그 자체의 운동이기도 합니다. 오히려 이를 이끌며 수행하는 것과 같이 자각되는 것이기도 합니다. 이 운동은 인간주체의 운동으로 향하는 '언어로부터 나와서 언어로 나간다' 운동이 됩니다. 이미지를 통해 표현하자면, 이를테면 '언어로 들어가서(deus revelatus, 드러난 신), 언어로부터 나온다(deus absconditus, 숨겨진 신)', 계시의 신과 신성한 무(無) 사이의 운동, 불교의 술어를 빌자면, 방편법신(方便法身)과 법성법신(法性法身) 사이의 운동이라고 말할 수 있겠지요. 이 운동으로 말하자면, 어디까지나 드러난 신 내지는 방편법신을 다루는 것이 신앙의 입장이며(드러난 신과 숨겨진 신 사이의 신의 운동은 비밀의식이자 신의 깊이를 가늠하게 됩니다), 이에 반해 비밀주의는 드러난 신과 숨겨진 신 사이에 있는 신의 깊이까지 '언어로부터 나와 언어로 나간다' 주체 운동의 고차원적 장(場)이 됩니다. 여기서 '언어로부터 나와……'라고 할 때의 언어는, 에크하르트(Johannes Eckhart, 1260?-1327?)가 말한 '신의 언어' '언어로서의 신'까지 포함하게 됩니다.

[BWD/손지연]

### 언어, 그 '허'로부터(Actuality and Hollowness)
언어가 불가능한 '사물'에 대해서 말하는 것이 가능한가? 언어는 사실은 그럴 수 없는 것, 혹은 논리적 모순인 것을 말할 수 있다. 게다가 우연이 아니라 의도적으로 그렇게 말한다. 또한 그런 것들은 언어로만 표현될 수 있는 것일 수 있다. 어떻게 그런가? 우선 잡지에서 내가 우연히 본 시 하나를 인용하고 싶다. 나가노현(長野縣)에 있는 노지리호(野尻湖) 근처에 사는 아이가 쓴 시인데 그 제목이 「저녁의 이글거림」이다.

> 해가 구로히메야마(黑姬山)산과 묘코야마(妙高山)산 사이로 진다.
> 바로 그때 주홍빛 구름이
> 내 눈앞을 부드럽게 지나간다.
> 그날의 일들을 싣고 구름이 흘러간다.
> 나는 학교에서 공부하고 있었다
> 혹시 구름은 그것을 보았을까?

　여기에서 네 번째 행의 '그날의 일들을 싣고 구름이 흘러간다'가 이 시를 시로 만드는 결정적인 행이다. 첫 세 개의 행은 특정한 분위기를 소개하는데, 이 행들에 나오는 '사실들의 문제'는 이 세상의 일상적 경험 안에 있는 것이다. 그러나 네 번째 행은, 그것이 아무리 자연스럽게 세 개의 행에서 '부드럽게' 이어지는 것으로 보일지라도, 질적인 역전을 가져온다. 한편으로 네 번째 행과 앞의 세 개의 행을 자연스럽게 연결해주는 것은 '내 눈앞을 부드럽게 지나간다'에서 '그날의 일들을 싣고'로 가는 구름의 연속적인 움직임이다. 반면에 질적인 역전은 내 눈앞에서 흘러가는 구름에서 흘러가면서 나를 데리고 가는 구름으로의 변화에서 일어난다. 즉, 내가 바라보는 구름에서 나를 바라보는 구름으로 바뀐 것이다. 세 번째 행까지 이 시는 내가 보는 이 세상의 '물질들'에 대한 것이다. 흘러가는 구름은 언제나 내 세계 안에 있다. 그러나 네 번째 행에서 '그날의 일들을 싣고'라고 한 것은 내가 그러한 사건들 중 하나가 된 것이다. 이 '나'도 구름이 싣고 가는 것 중 하나이다. 나 또한 구름 안에 있고 그 움직임에 포함된 것이다. 하지만 이러한 역전에도 불구하고 구름은 동일하다. 하루 종일 공부하고 다른 여러 가지 활동들을 하다가 저녁에 '내'가 보는 구름, '내 눈앞을 부드럽게 지나가는' 구름은 바로 '그날의 일들을 싣고' 흘러가는 그 구름이다. 그것은 또 다른 구름이 아니라, 구름의 질이 변한 것이다. 여기에는 결정적인 변화가 있고 이러한 질적인 역전은 그 구름을 보는 바로 그 와중에 일어난다. 이러한 질적인 역전의 성질은 무엇이며, 언어의 문제와 관련해서 여기에서 일어나는 일은 무엇인가?

　'그날의 일들을 싣고 구름이 흘러간다' 이 네 번째 행으로 시적인 영역이 결정적으로 열렸다. 이 구절 때문에 앞의 세 행을 포함해서 여섯 행이 하나의 시가 되었다. 비록 시로서 여섯 행 모두가 조화롭게 연결이 되어 있지만, 시적인 영역을 분명하게 여는 네 번째 행은 질적으로 다른 언어이다. 첫 세 행을 읽으면서 우리는 말이 표현한 '물질들'을 우리 자신에게 설명할 수 있다. 첫 세 행을 읽음으로써 그 말을 통해서-그러니까 그 말을 지나, 아니 사실은 그 말을 통과해서 그 말 너머로 가서-우리는 이 물질들의 나타남을 접하는 것이다.…

　여기에서 우리는 언어가 작동할 때의 기본적 기능 하나를 보게 되는데, 이 기능은 평범하면서도 근본적으로 신비로운 기능이다. 즉, 언어는 물질들 (물체들, 사건들, 상황들)을 나타내는데, 그렇게 하는 동시에 자신은 이 물질들의 나타남 이면에 숨어서 더 이상 언어로 보이지 않게 된다. 말이 되어 사라짐으로써 물질들이 물질들로서 나타나는 것이다. 이렇게 말은 물질을 표현하고 나타낸다.

이것은 참으로 언어의 신비로운 작용이다. 친구를 만나서 내가 '어제 오카야마(岡山)산에 갔는데 거기 비가 왔어'라고 말하면, 친구는 분명 내가 그냥 이 말을 한다고 생각하지 않을 것이다. 그는 내가 '사실'을 말하는 것으로 들을 것이다. 바로 언어가 이렇게 작동할 수 있기 때문에 거짓 혹은 비어 있는 발화가 가능하다.

이 시의 네 번째 행은 다르다. 비록 '그날의 일들'과 '구름이 흘러간다'는 첫 세 행의 경우처럼 '물질들'로 각기 설명될 수 있지만, 그것을 같이 붙여서 '그날의 일들을 싣고 구름이 흘러간다'가 되면 더 이상 그렇게 설명할 수가 없다. 이 말을 통해 '무엇'인가가 전달되기는 해도, 첫 세 행의 '물질들'처럼 설명될 수가 없다.

이 무엇은 추상도 무효도 아니다. '그날의 일들' 그리고 '구름이 흘러간다'라는 원래의 이미지를 환기하기는 하지만, '그날의 일들을 싣고 구름이 흘러간다'는 언어를 통과해 그 너머로 가서 설명할 수 있는 단순한 사실 문제가 아니다. 이 말이 표현하는 '사물'(혹은 사건 혹은 상황)은 오직 언어로서만 존재하는 무엇으로 보아야 한다. 이 경우 말은 그것이 나타내는 무엇의 나타남 이면으로 사라지지 않고, 오히려 말로 남아서 언어 안에 그 무엇을 유지하고 있다. 그러나 '사물'은 말이 아니다. 어떤 '사물'이 말에 의해 나타난다. 그런 의미에서 이 시의 네 번째 행이 말하는 '사물'은 오직 말로만 표현할 수 있는 무엇이며, 실로 이 말로만 표현할 수 있는 무엇이다. 이것은 특이한 '언어의 세계'로서 오직 언어에 의해서 그리고 언어 안에서만 열리는 세계이다. 이 언어의 세계는, 세계-안-존재에게는 이 세계에 대한 이해를 담고 있는 언어의 세계가 그 세계 위를 덮고 있다고 우리가 말한 그러한 언어의 세계와는 질적으로 다르다. 비록 언어의 세계가 세계 위를 덮고 있기는 하지만, '그날의 일들을 싣고 구름이 흘러간다'는 그 세계 안의 사건이 아닌 것이다.

핵심 요점을 다시 정리해보겠다. (A) 말은 물질들 (이 세계 안의 물체들, 사건들, 상황들)을 보여준다. 말이 그렇게 할 때 물질이 나타나면서 말은 말로서 사라진다. 즉, 말이 물질을 표현하면 물질이 나타나는데, 물질로 나타나면서 말을 지워버린다. 그럴 경우, 언어에 의해서 나타나는 물질은 '실제' 물질이다. 이러한 관점에서 볼 때, '실제' 물질은 소위 실재의 실제 물질만이 아니라, 가설과 가상의 것들을 포함해서 이 세상 안에서 될 수 있는 아무 것 혹은 일어날 수 있는 아무 사건이 된다. 이럴 경우, 언어는 '실제'의 면에서 작용한다. 이 시의 서두를 다시 생각해 보라.

> 해가 구로히메야마산과 묘코야마산 사이로 진다.
> 바로 그때 주홍빛 구름이
> 내 눈앞을 부드럽게 지나간다.

감성으로 채색되어 있다 하더라도 이 말은 실제 물질을 나타낸다.

(B) 말은 '사물'(혹은 사건들 혹은 상황들)을 표현한다. 말이 이렇게 할 때 말은 이 '물질'의 등장과 동시에 사라지는 게 아니다. 오히려 그 반대로 표현된 '사물'은 말 안에만 존재하며(말 안에서만 유지되며), '사물'의 등장은 말이 말로서 돋보이게 한다. 이러한 경우 말로 표현된 '사물'을-실제성을 가득 안고 언어로부터 분리되는 (A)의 실제 물질들과 달리-비어 있는 사물로 우리는 보게 된다고 나는 제안한다. 이 경우 언어는 '비어 있음'의 면에서 작동한다. 그 행만 따로 본다면 '그날의 일들을 싣고 구름이 흘러간다'는 이러한 종류의 빈 사물을 표현한다. 이러한 비어 있는 사물은 언어로만 표현할 수 있고, 언어 안에만 존재한다. 그럼에도 그것은 언어일 뿐인 게 아니다. 그것은 어떤 '사물로

지속적으로 존재한다. 그러나 그러한 '사물'은 실제성의 언어에 의해 나타난 물질과는 다르다. 그것은 그냥 쳐다보기만 하면 보이는 물질과는 다르다. 비록 어떤 의미에서 그것이 일시적으로 이미지를 환기함으로써 보일 수 있게 된다 해도, 결국은 언어의 요소 안에만 존재하는 '사물'이다.

(이 시점에서 한 가지 짚고 넘어가면, 내가 '비어 있는' 혹은 '가상의' 혹은 '가득 찬' 혹은 '실제의'와 같은 단어를 일본 전통 문학 이론에서 빌려 쓰기는 하지만, 언어의 문제를 설명하기 위해서 비교적 자유롭게 이 핵심 단어를 여기에서 사용하고 있다.)

문제는 이렇다: 우리가 실제 물질과 비어 있는 사물을 이런 식으로 말할 수 있다면, 언어가 이렇게 두 가지 형식으로 작용한다는 사실의 의미는 무엇인가? 그리고 언어를 말하는 인간은 어떠한 방식 혹은 방식들로 존재하는가? 특히, 어떻게 비어 있는 사물을 말하는 게 가능한가? 그리고 그것이 가능하다 하더라도, 왜 그렇게 할 필요가 있는가? 이 질문에 답하기 위해서 위에 인용한 시를 더 살펴보고자 한다.

네 번째 행, '그날의 일들을 싣고 구름이 흘러간다'는 언어로만 존재하는 비어 있는 사물을 표현하고, 그래서 비어 있는 세계가 열린다. 이 비어 있는 구절이 여섯 행으로 이루어진 이 시 전체에 시적 영역을 확립해준다. 따라서 이 비어 있는 세계는 실제 세계와 단지 질적으로만 다른 게 아니다. 비어 있는 세계가 실제 세계를 초월하면서 그것을 품고 있는 것이다. 석양의 구름과 같은 물질의 자연 세계는, 그리고 학교에서 공부하는 것과 같은 인간 세계의 물질들도 모두, '구름이 흘러가면서 싣고 가는' 그 날의 일들' 안에 포함되어 있다. 그 '날의 일들'은 실제 세계의 물질들이다. 구름이 이것들을 싣고 가면, 실제의 물질들은, 그 모습 그대로, 이 세상을 초월하면서 동시에 품고 있는 그 열림 안으로 비어진다. 이 세상이 일종의 몽상으로 질적으로 바뀌지만, 그렇다고 그날의 일들이 단순한 꿈이었다는 말은 아니다. 그게 아니라, 그날의 일들이 이 세상 안에 있으면서 동시에 빈-확장 (hollow-expanse)의 열림 안에도 있는 '사물'로서 재경험된다는 것이다. 이것은 무한한 열림 안에 있는 세상의 재-묘사이며, 그러한 식으로 이 무한한 열림의 묘사가 되기도 한다. 물론, 무한한 열림도 묘사될 수 없다. 그것을 묘사하는 만큼 그것은 세상이 된다. 실제 세계에 있을 수 없는 사물이 그 안에서 자연스럽게 묘사가 되는 한 그것은 비어 있는 세계이다. 그러나 그 비어 있는 세계는 동시에 실제 세계가 묘사되는 세계이기도 하다.

'빛과 어둠이 한 쌍을 이룬다'는 옛말처럼, 우리는 비어 있음과 실제성이 하나의 쌍을 이룬다고 말할 수도 있을 것이다. 여기에서 '사물'은 비어 있음과 실제성이 이렇게 쌍을 이룬다는 관점에서 경험되고 자각된다. 이 시의 다섯 번째 행과 여섯 번째 행에서 '나'는 이러한 사물의 빈/실제 쌍 (hollw/actual pairing)의 초점이 되고, 그렇게 여섯 행의 시는 완성이 된다. 비록 이 시 전체가 조화롭게 통일을 이루고 있기는 하지만, 그것을 내용과 그 말의 성질에 따라서 나눈다면, 첫 세 개의 행은 '실제의 물질'에 대해 말하고, 네 번째 행은 '비어 있는 사물'에 대해서 말하고, 다섯 번째와 여섯 번째 행은 비어 있음과 실제성의 쌍에 대해서 말한다고 할 수 있다. 그렇다면 전체로서 인간 존재, 즉 이러한 이중의 빈-확장/세계(twofold hollow-expanse/world) 안에 존재하는 인간의 진정한 형태가 이 시에 표현되었다고 할 수 있을 것이다. 이 시가 실현했듯, 언어는 실제 물질을 표현할 뿐만 아니라 비어 있는 사물을 표현하기 위해서 그 물질을 비우기도 한다. 따라서 언어는 실로 이중의 빈-확장/세계에 있는 인간의 실제 존재와 빈-존재(hollow-existence)의 자기 인식을 보여 주는 인장과도 같은 것이다.

이 시를 설명하면서 우리는 첫 세 행의 실제 물질과 네 번째 행의 비어 있는 사물의 질적인 차이에서 시작해서 이 시를 전체적으로 보면서 비어 있음과 실제성을 한 쌍으로 묶었다. 이제 이러한 비어 있음/실제성의 쌍이, '해가 지고, 구름이 내 눈 앞에서 지나가는' 것을 보는 그 일이 일어나는 가운데 이미 있다는 점에 주목하고 싶다. 여기에서 일어나는 비어지는 현상은 단지 언어학적으로 생각해낸 거짓 (사실상 비어 있는 것)의 묘사도 아니고, 관념적인 추상화도 아니다. 그게 아니라, 본다는 시각이 작용하는 그 와중에, 그렇게 보는 동안에는 나 자신을 잊어버리고, 그래서 내 자아가 그 감각에 가하는 제한적 제약이 제거되면서 그 감각이 무한한 장소로 뻗어나갈 수 있게 해주는 것이다. 석양과 구름이 지나가는 것을 보는 현재의 감각을 바꾸지 않으면서 그 감각은 밖으로 확장되고 그리하여 무한한 장소에 대한 거대한 감각을 가지게 되는 것이다. 따라서 무엇에 대한 감각 (sensation)은 실제적 물질이라 말하고, 무엇에 대한 지각(sense)은 비어 있는 것이라 말하는 것이다.

니시다 기타로(西田幾多郎, 1870-1945)*가 '순수 경험'의 자기-근원과 자기-펼침이라고 구분한 것이 자연스럽게 비어 있음/실제성의 구분에도 적용되는 것이라 하겠다. 여기에서 중요한 것은 보는 동안 자아를 잊는 것, 즉 자아를 잊는 것을 통해 보는 것이다. 여기에서 중요한 것은 단지 보는 와중의 '내 자아의 「무」'가 아니라, 근원적 무 (비어 있는 비어 있음 혹은 빈-확장)의 나타남이다. 감각은 지나가 이 빈-확장에 도달해 지각이 되고, 거기에서부터 보는 게 일어난다. '내가 구름을 본다'에서 '구름이 나를 본다'의 방향 역전은 보는 동안 자아를 잊음으로써 일어난다. 그러나 이것은 단지 '나'와 구름의 방향 역전만이 아니고, 이러한 단순한 역전으로 그것이 가능한 것도 아니다. 그게 아니라, 자아를 잊음으로써 '나와 구름' 그리고 '구름과 나'의 관계를 초월하면서도 감싸 안는 열림으로 나아가게 되고, 거기에서부터 '나'를 보게 되는 것이다.

......

우리가 세계-안-존재로서 존재하는 한 우리는 이 세계 안에 위치하고, 또한 동시에 우리는 보이지 않는 '무한한 열림' 안에도 위치하게 되는데, 이 '무한한 열림'은 이 세계가 위치하는 빈-확장과도 같다. 실제로 이 세계에 존재하면서도 동시에 우리는 이 세계에 위치하는 무한한 열림 안에 비어 있게 존재하는 것이다. 이러한 이중의 방식에 위치한 우리는 언어를 통해서 우리의 실제/빈 존재를 자각하게 된다. 우리는 실제로 언어를 통해서 존재하고, 언어 안에 비어 있게 존재한다. 언어는 세계를 드러내고 빈-확장을 반영한다. 언어는 본질적으로 실제/비어 있는 것이다.…

언어는 단지 사실, 곧 이 세계의 '실제 물질'을 표현하는 것만이 아니라, '비어 있는 사물'도 나타낸다. 언어는 단지 실제 물질을 표현하여 나타내는 것만이 아니라, 비어 있는 사물을 반영하여 나타낸다. 이러한 언어는 인간 주체를 존재 양식의 비진정성에서 진정성으로 일깨울 수 있는 잠재력을 가지고 있다. 진정하게, 인간 주체는 '나는 내가 아님으로써 나이다'의 양식으로 이 빈-확장/세계를 통과해 지나가는 실제/빈 존재이다. 그러나 대개 인간 주체는 '나는 나'라는 양식 안에 스스로를 가둔 채 있다. 보이지 않는 빈-확장을 지각하지 않고, 따라서 이 세계를 빈-확장/세계로 보지 않고, 오직 이 세계로서만 봄으로써 인간 주체는 자신이 왜곡하고 '내 세계'로 만들어 버리는 세계 안에 고립된 채 머물게 된다. 이 세계 안에 있는 물질에 익숙한 존재 방식에 대항해서, 즉 언어의 세계 안에 만족하며 머묾으로써 사실상 스스로를 가두어버리고 이러한 갇힘 안에서 의미가 중독처럼 퍼지는 존재 방식에 대항해서, 이러한 존재 방식에 대항해서, '한 사람이 다리를 건너는데, 강은 흐르지 않지만 다리는 흐른다'와 같은 비(非)의미의 무엇을 내뱉는 말은 충격적인 한방을 먹일 힘을 가지고 있다. 더 강하게 말하면, 이러한 언어의 세계가 비틀리고 찢겨 열려서 다른 종류의 공기에 자신을 노출시키는 것과 같다. 의미의 과잉으로 독성이 생긴 결과 이 세계 안에서 일어나는 허무주의적 사막화에 반하여 이러한 비의미의 말은 이 세계를 뒤흔들고 거기에 신선한 공기를 공급해 의미의 갱생을 촉진한다. 여하튼, 우리는 이것을 『대승불교의 신앙 각성』수트라가 '말을 통해서 말을 보내버린다'고 하는 것의 관점에서 생각해 볼 수 있을 것이다. 이것은 단지 극단적 부정의 작용만이 아니다. 그와 동시에 다른 말로는 말할 수 없는 무엇이 드러나고 있는 것이다. 이것은 반영적 나타남이다. 비의미는 이 세계일 뿐인 세계에 충격의 한방을 먹인다. 그러나 빈-확장/세계에서는 이것이 또한 유희로 경험되기도 한다.

### 기호, 상징, 그리고 빈 말들

세계를 드러내고 빈-확장을 반영하는 언어의 작용에 대해서 위에서 말한 것을 강조의 차원에서 반복해 보도록 하겠다.

(1) 언어는 분절적 구성을 통해서 이 세계 안에 있는 현상을 드러낸다. 각 특정 현상을 표현하고 드러내며, 각 특정 사건의 현상들의 관계를 표현하고 드러낸다. 이 경우 언어는 의미를 결정하는 기호로 되어 있다. 이 맥락에서 언어는 기호의 체계이다.

(2) 그러나 언어는 거기에서 멈추지 않는다. 기호의 체계라 하더라도 이 체계의 성질은 결코 다 측량할 수 없는 일종의 전체이다. 그리고 동시에 이 전체는 그 기호의 상호 지시성에 반영된다. 따라서 언어는 세계 전체를 반영하는 것으로서 세계 안의 현상을 드러낸다. 즉, 이 세계 안의 현상을 드러냄으로써 언어는 그 현상들 안에 뿌리를 둔 세계의 총체성을 드러내는 것이다. 나아가서 언어는 이 총체성을 완전히 측량될 수는 없지만 이 세계를 초월하는 감각을 안고 있는 무엇으로 드러낸다. 이러한 세계의 총체성은 또한 인간 주체가 위치하는 총체성이기도 하며, 이 총체성과 그 주체성 모두가 결정불가의 언어에 반영된다. 이 경우 말은 상징이다. 그리고 의미는 개별성 혹은 특수성과 총체성의 서로 다른 차원을 포함하는 깊이를 가지고 있다. 우리가 '서사'라고 부르는 것은 원래 이러한 종류의 세계를 이야기하는 것이다.

(3) 이것만이 아니다. 언어는 빈-확장의 무한한 열림 안에 위치한 이 세계의 총체성을 상징적으로 드러내는 것만이 아니다. 이 세계를 초월하면서도 감싸고 있는 이 무한한 열림 또한 반영하는데, 이 열림을 향해 자신을 여는, 자아를 잊은 인간 주체의 자각을 통해서 그렇게 한다. 이 세계 위를 덮고 있는 언어의 세계를 통과해 지나가면서, 혹은 이러한 세계의 지시성들을 방해하면서 언어는 무한한 열림을 반영한다. 비록 언어가 빈-확장 자체를 반영할 수는 없지만, 빈-확장을 반영하는 빈-확장 안의 일종의 가상 세계를 묘사함으로써 반영할 수 있다. 빈-확장을 반영하는 이 언어의 가상 세계는 마치 무지개처럼 반투명이고, 거울 이미지처럼 역(逆) 세계이다. 예를 들어, '그날의 일들을 싣고 구름이 흘러간다' 혹은 '다리는 흐르고 물은 흐르지 않는다'처럼 말이다. 이러한 성질의 말은 상징적 말과도 다른데, 나는 이것을 '빈 말'로 부를 것을 제안한다. (우리가 '환상'이라고 부르는 것은 원래 이러한 빈-확장의 세계를 묘사하는 것이다.)

이것을 다음과 같이 간단하게 말할 수 있을 것이다. 언어는 사물을 드러낸다. 그 일이 일어날 때, (1) 말은 기호이고, 언어는 존재들 (다양한 존재들과 그들의 특정한 관계들)을 드러내는 기호의 체계이다. (2) 이 존재들이 존재들의 총체성 안에 위치하는 한, 말은 존재들을 드러내면서도, 전체로서의 존재 혹은 존재 전체를 반영하는 상징들이기도 하다. (3) 존재들을 드러내면서 그리고 전체로서의 존재를 반영하면서도 말은 전체로서 존재가 위치하는 빈-확장 혹은 「절대무」를 반영적으로 드러내는 '빈 말'이다.

따라서 언어는 이 세 가지의 상태 사이의 역동적 관계로 구성되어 있는데, 그 세 가지 상태는 세 가치 차원의 의미라고 부를 수도 있으며 다만 거기에서 세 번째 차원은 비의미이다. 각기 자기 자신의 음영을 가진 이 세 가지 상태는 역동적으로 상호 연결되어 있고, 언어는 이러한 기호, 상징, 그리고 빈 말의 삼중의 양식으로 작동한다. 언어가 온전히 그리고 완전하게 말해질 때는 이 세 가지 차원을 오갈 때이다. 비록 의식적으로 특정 차원에 한동안 머물지라도 말이다. 사실 이 차원이나 저 차원의 말이 차단되거나, 한 차원이 다른 차원으로 오해되는 경우가 종종 있으며, 이것이 인간 존재의 왜곡을 낳는다. 그렇다면 존재적 임무는 이러한 왜곡을 수정하는 것이다.

이러한 세 가지 차원의 문제가 나는 중요하다고 생각하고, 그것을 더 설명하기 위해서 서구의 전통에서 용어를 빌려와서 유비를 만들어보려 한다. 태양으로부터 빛을 받는 달의 빛으로 무엇이 밝혀질 때, (a) 태양과 달은 자연 세계의 사물들이다 (그것은 이 세계 안에 있다); (b) 태양과 달은 모두 성 프란치스코에게 그랬던 것처럼, 신의 '거룩한 빛'의 영광에 의해 드러난 신의 사물이다; (c) 이 거룩한 빛은 절대적 무, 혹은 마이스터 에크하르트가 '신(신의 본질)의 무'라고 부른 것 위를 감싸는 무지개이다. 이렇게 볼 때 우리는 세계, 신, 그리고 신의 무라고 하는 세 가지 차원을 제안하고 이 각각의 차원에서 말해지는 세 가지 종류의 언어를 구분할 수 있다. 나아가서 인간 주체가 어떻게 이 세 가지 차원을 통과해 지나가는지를 지적할 수 있다: (a) 세계-안-존재인 인간으로서; (b) 신의 자녀로서; 그리고 (c) 아무도 아닌 존재로서. 이 말은 에크하르트가 '나는 신도 피조물도 아니다'라고 했을 때의 의미, 혹은 히사마쓰 신이치(久松眞一, 1889-1980)*가 'der Nichts' 곧 '아무도 아님'이라고 부른 그것이다. 중세의 용어로 언어의 문제를 표현할 때 이 유비의 논리는 이 세계로부터 신과 연결하기 위해 사용이 되는데, 한편으로 신으로부터 신의 무로의 돌파는 부정 신학을 통해서 일어난다.

다시 그 시로 돌아가 보자.

> 해가 구로히메야마산과 묘코야마산 사이로 진다.
> 바로 그때 주홍빛 구름이
> 내 눈앞을 부드럽게 지나간다.

이 말을 있는 그대로 받아들이면 이것은 특정한 현상을 보여 주는 기호로 이해할 수 있다. 그러나 이 시에서 말은 그러한 현상을 통해서 자연에 있는 '나'와 더불어 자연을 드러내는 상징이 된다. 그래서 이 첫 세 행만으로도 이미 특정한 시적 정서가 전달이 되는 것이다. 이러한 상징적 감각-구체적으로 말해서 자연과 '나'가 무한한 열림, 빈-확장 안에 위치해 있다는 것-의 이유는 네 번째 행에서 두드러지는데, 그것 자체로만 보면 빈 말로 구성되어 있다. 다섯 번째 행과 여섯 번째 행은 현재 시점에서 그 빈-확장과 '나'를 반복한다. 이 시는 전체적으로 언어로 말할 수 있는 모든 것을 드러내고, 그러한 방식으로 말을 하는 인간 존재의 진실을 드러낸다.

나는 학교에서 공부한다. 이것은 이 세계 안의 실제 물질에 제대로 관여하는 것이다. 그러나 '나'의 생애는 여기에만 있는 게 아니다. 해가 쿠로히메야마산과 묘코야마산 사이로 지고, 주홍빛 구름이 지나가고, 나는 그것을 집중해서 보고 있다. 그런데 그 와중에,

> 그날의 일들을 신고,

구름이 흘러간다.

-그렇게 나는 빈-확장 안에 위치한 세계에 존재하는 진리를 포착한다. 이렇게, 이 세계 안에 제대로 있으면서도, 이 세계를 초월하는 동시에 감싸 안는 장엄함이 자연스럽게 나타나는 것이다.

언어의 성질의 이러한 세 가지 서로 다른 양상은 시에서만 볼 수 있는 것이 아니다. 산문에서도, 그것 역시 언어인 한, 나타난다. 그 예로서, 니시타니 게이지*의 에세이 「오쿠노토(奧能登)의 빛의 광경」에서 한 문단을 인용하고자 한다. 여기에서 그는 어린 시절의 고향을 회상하고 있다.

> 해변 저편에는 고요한 바다가 열리고 수평선이 저 멀리에 보였다. 그 거대한 해변에는 무언가 매우 순수한 것이 있었다.… 거기에는 작은 조개들이 많았고, 다른 사람들과 함께 그것을 채집하러 가곤 했다. 그 조개들은 투명하게 얇았고 분홍빛을 띠었다. 그것은 루비처럼 아름다웠지만, 잘 부서졌고 그래서 보석의 단단함을 결여했다. 모래 위에 그냥 그렇게 있는데도 그것은 고귀한 순결의 분위기를 풍겼고, 그래서 마치 아무 데도 있지 않는 것처럼, 이 땅의 것이 아닌 것처럼 보였다. 그리고 해변 그 자체도 맑고 정결했는데, 그것 또한 이 세상 것이 아닌 것처럼 보이게 만들었다. 이 해변의 이미지는, 거기에서 조개를 줍는 나 자신에 대한 기억과 함께, 내 어린 가슴과 정신에 깊이 새겨졌다. [NKC 21:155-6]

이 에세이는 니시타니가 일흔 살 때 쓴 것이다. 어린 소년이었던 그에게 이렇게 평생의 인상을 남긴 것은 단지 자연의 아름다움만이 아니었다. 거기에는 이 세계 안의 아름다운 '실제성' 이상의 것이 작용하고 있었다. 그 아름다움 너머를 내다보면서 니시타니는 '마치 아무 데도 있지 않는 것처럼' 혹은 '이 세상 것이 아닌 것처럼'이라는 표현을 반복해서 쓴다. 이 말은 빈-확장/세계의 반영이다. 그래서 이 수필은 '빛을 발하는 풍경'에 대해서 자주 이야기하는 것이다. 보이지 않는 빈-확장이 일종의 빛의 고리가 되어 그 장면 안으로 빠져들어 그것을 변화시킨다. 따라서 그는 '해변의 빛을 발하는 풍경' 그리고 '고대 중국의 어느 시인이 쓴 문구, '산은 잠잠히 있는 고대(古代)와 비슷하다'를 상기시키는 빛을 발하는 풍경'에 대해서 이야기한다. 그는 이렇게 설명한다.

> 중국의 전설에는 은둔 현자와 도술사들이 사는 펑라이 산과 타오유안지앙과 같은 동화적 환상의 나라들이 있다. 이와 비슷한 신화적 환상을 고대 그리스 등에서도 볼 수 있다. 산과 바다와 하늘이 어우러진 그 해변의 빛을 발하는 풍경 속에서 나는 마치 그러한 환상의 나라가 갑자기 모습을 드러내고 실제가 되어버린 것 같은 느낌이 들었다. [NKC 21:157]

이것은 단지 전형적인 풍경이 아니다. 이것은 누군가가 '빛을 발하는 풍경'이라고 부를 필요를 느끼는 무엇이다. 그리고 언어를 통해서, 즉 글로 쓰고 말을 하는 것을 통해서 그 무엇을 생생하게 인식한다. 한편으로는 경치 좋은 풍경이 있다 (이것은 자연 경관에 인간의 가공물이 첨가된 '풍경'이 될 수 있다); 그리고 또 한편으로는 빛을 발하는 풍경 이 있다 (이것은 인간의 손이 닿지 않은 것이다). 이러한 경치 좋은-풍경/빛을 발하는-풍경이 이중의 세계를 가리키는 또 하나의 방식이 된다.

이 세계의 텍스트의 마진과 행간의 빈 공간들이 투명해져서 그것을 통해 빈-확장을 보게 될 때, 이 빈-확장이 이 세계의 차원 안에서 반영될 수 있는 방법은 다양하다. 원래는 보이지 않는 이중의 세계/빈-확장을 이 세계 안에서 보이는 이중성으로 만드는 것은 특정한 무엇에 국한되지 않는다. 원칙적으로는 모든 것이 세계-안-존재로서 인간 주체의 조절과 더불어 그렇게 할 수 있는 잠재성을 가지고 있다. 모든 개체가 이 이중의 세계 안에 진실로 위치하고 있다면 말이다. 그 아이의 시에서 그것은 구름이었고, 니시타니의 수필에서는 조개였다. 니시타니가 일흔에 추억하는 것을 들으면서, 어린 가슴과 정신에 남겨진 깊은 인상이 어떻게 그 후로도 오랫동안 계속해서 울림을 남기는 인생과 세계에 대한 관점의 근간이 될 수 있는지를 본다.

### 선의 언어

선의 전통에서는 청원유신(靑原惟信, ?-?) 선사가 전한 다음의 법어가 있다.

> 어느 늙은 중이 말했다. 30년 전, 내가 선을 수행하기 전에 산을 보면 나는 이것은 산이구나 생각했다. 물을 보면 이것은 물이구나 생각했다. 나중에 지혜로운 스승의 지도를 받아 통찰의 첫 단계에 이르렀을 때는 산을 보면 이것은 산이 아니다라고 생각했다. 물을 보면 이것은 물이 아니다라고 생각했다. 이제 내가 궁극적으로 머물 거처에 도달하고 나니 내가 전에 있던 자리로 돌아가게 된다. 산을 보면 이것은 산일 뿐이라고 생각하고, 물을 보면 이것은 물일 뿐이라고 생각한다.

산은 산이고, 산은 산이 아니고, 산은 산이다. (1) 첫 번째의 '산은 산이다'는 이 세계 안의 물질이다. 그것은 이 세계 안에만 있는 세계-안-존재에게 '산'이다. 이 산을 지시하는 말은 기호로서 작동한다. (2) 그러나 세계로서 세계는 빈-확장 안에 위치하고 있다. 세계는 그러한 것이기 때문에 세계-안-존재는 빈-확장으로 자신을 열어야 한다. 빈-확장으로 자신을 열면 세계 안의 물질은 일시적으로 부정된다. 이 세계 안에만 존재하는 산이 부정되면서 빈-확장을 향해 열리는 것이다. 따라서 두 번째의 경우인 '산은 산이 아니다'가 나오는 것이다. 여기에서 '아니다'는 빈-확장을 반영하는 빈 말로서 작동한다고 할 수 있을 것이다. (3) 빈-확장의 열림과 함께 빈-확장 안에 위치하는 세계의 진정한 얼굴이 실제화 된다. 그리고 이 진정한 실제 세계, 즉 빈-확장/세계 안에서 '산은 산'인 것이 드러나는 것이다. 이것이 바로 진실되고 실제적인 산이다. 불교 용어로 말하자면 '산은 산이다'라고 말하는 이 세 번째의 경우를 '그저 그러한 말' 혹은 '「진여(眞如)」의 말'이라고 할 수 있을 것이다.

기호로 말할 때 '산은 산이다' 혹은 '물은 물이다'라는 말은 서로 다른 것을 가리킨다 (그래서 누가 '산'이라고 하면 그것은 물이 아니라는 뜻이다). 그러나 진여의 말의 경우 여기에서 드러나는 것은 단지 '사물' 산이 아니다. 왜냐하면 이 경우에는 '산은 산이다'라고 말을 하는 것만으로도 존재 전체의 진실한 실제성과 동시에 그 말을 하는 주체의 진실한 실제성도 드러내는 것이기 때문이다. 두 번째와 세 번째 경우는 서로 연결이 되어 있는데, 『선림구집(禪林句集)』[23]에 나오는 많은 예에서 볼 수 있는 것처럼, 빈 말과 진여의 말이 서로를 뒤집는 방식으로 연결이 되어 있다. 예를 들어서, '버드나무는 푸르고 꽃은 붉다'라는 문장도 어디에서나 말하는 진부한 문장이 되었지만 원래는 진여의 말이었다. 그 역 '버드나무는 푸르지 않고 꽃은 붉지 않다'는 빈 말의 발화이다.

세 번째 경우의 진여의 말로 드러난 산은 첫 번째 경우의 '산은 산이다'가 아니다. 그것 보다는

---

23) [영] 1688년에 수집된 선 격언들. 여기에 인용된 본문은 Victor Sōgen Hori 2003, 173 그리고 284에 나온다.

산은 산이다, 산은 산이 아니다, 산은 산이라는 일련의 과정을 다 안고 있는 산이다. 뒤집어지고 반복됨으로써 다시 열리고, 그래서 '산은 산이 산이 아님으로써 산이 되고 따라서 (그러한 방식으로) 산은 산이다'라고 말할 수 있게 되는 것이다. 스즈키 다이세쓰(鈴木大拙, 1870-1966)*는 이것을 '「즉비(卽非)」의 논리' 혹은 부정-안-긍정이라고 불렀다. 여기에서 '산은 산이 아니다'는 첫 번째의 '산은 산이다'에 집착하며 고여 있는 사람에게 부정의 강타를 가한다. 동시에 마지막 '산은 산이다'의 진여의 말을 위한 유희도 된다. 빈 말 안에 감싸여 있던 것을 유희를 통해 펼쳐서 보여 주기 때문이다. 여러 선 격언에서 보여 주듯 그러나 감싸여 있던 것이 다시 한번 열리면 그것은 부정-안-긍정의 논리라는 합리적 경로를 통해 표현되지 않고, 부정-안-긍정을 지나 시적인 언어 안에 여전히 감싸인 상태로 남게 된다. 이러한 시적인 언어는 서로 다른 차원을 포함시키기 위해서 열린, 이질적 공간의 느낌으로 가득 차게 된다. 여기에 네 개의 예가 있다.

> 산이 끝도 없이 이어지고,
> 초록이 겹겹이 쌓여있다.
>
> 하늘에서 누런 잎이 돈다.
> 누구를 위해 그것은 떨어지는가?
>
> 바위에 꽃을 심으면,
> 그의 생명도 봄이 된다.
>
> 빈 배를 달빛으로 가득 채워
> 집으로 돌아왔다.

마지막 구절에서 실제적 사실-배가 고기를 잡으러 나갔다가 아무 것도 잡지 못하고 달빛 가운데 빈 채로 해변으로 돌아가는 것-은 비어지고 이 비어짐 안에서 배는 달빛을 가득 채워 집으로 간다. 비어 있으되 달빛으로 가득 차 있다. 그에 비해 물고기를 아무리 잔뜩 잡아도 사람의 마음은 공허하다. 이 구절의 말이 진짜로 표현하는 빈/실제 '사물'은 이것이다: 물고기를 잡든 잡지 않든, 진정한 비어 있음-즉 도겐*이 '빈손으로 돌아오다'라고 한 말의 의미에서 비어 있음-에서 사람은 채워져서 돌아온다. 실로 '빈' 것은 '달빛으로 가득 찬 것'과 나란히 가는 것이다. '빈'은 비어 있음을 향해 뒤집어 지는 것을 나타낸다. 이 세계 안의 실제 물질은 이 세계가 위치하는 빈-확장을 향해 비워지면서 그 세계를 향하여 자신을 반영한다. 그리고 이러한 회귀 반영에서 그것은 다음과 같은 말이 된다. '빈 배를 달빛으로 가득 채워서 집으로 돌아왔다.' 이 말은 비어 있음과 실제성의 쌍을 잘 표현하고 있다.

지금까지 살펴본 것처럼 '산은 산이다'라는 진술에서부터 시를 포함하기까지, 언어는 사물을 드러내기 위해 작용한다. 그러나 이것은 자동적인 작용은 아니다. 청원 선사의 예에서처럼-'선을 수행하기 전에는', '지혜로운 스승의 지도 하에서 통찰의 첫 단계에 이르렀을 때', '이제 궁극적으로 머물 거처에 도달해보니'-언어는 사람의 생애의 역동적이고 상호연결된 실존적 과정으로서 작동한다. 이러한 생의 실존적 과정을 보여 주기 위해서 선의 전통을 인용했지만, 이것은 단지 선에 대한 것만이 아니다. 인간이라는 존재가 그런 것이다.…

내가 언어의 '비어 있음' 혹은 비어 내는 작용을 강조하는 이유는 지금까지 거기에 별로 주목하지 않았기 때문이다. 언어의 진정한 작동은, 인간 주체는 보이지 않는 이중의 세계 안에 위치하고 있다는 사실과 연관해서, 언제나 비어 있음과 실제성의 쌍으로 일어난다. 진정한 언어의 작동은 '산은 산이다'(실제 사실)과 '산은 산이 아니다'(빈 사물), 그리고 '산은 산이다'(빈/실제 사물)의 순간들이 역동적으로 상호 연결된 것을 오가는 말하기이다.

인간 주체는 왜곡된다는 경향으로 미루어 이러한 비어 있음과 실제성의 쌍을 실현하기는 매우 어렵다. 미야자와 겐지(宮澤賢治)[24]가 말했듯, '여기에는 진실된 말이 없다.' 대개 언어의 비어 있음은 심지어 언어의 위험을 증가시키기도 한다. 존재 전체의 진정한 실제성이 이러한 빈/실제 존재로서 이중 세계-안-존재에 의해 가능해지기는 하지만, 언어의 비어 있음과 비어 내는 작업이 인간 존재의 실제성을 희박하게 하면서 언어의 비어 있음이 임의적으로 사용될 수도 있기 때문이다. 옛말에도 있듯이, 인간 존재의 진정한 실제성은 '실제성에 거하면서 비어 있음 안에서 노는 것'이다. 다시 말해서, 실제성의 세계에 관여하는 한 그것과 동시에 비어 있음의 세계에서 노는 것이 존재의 진정한 방식이라는 것이다. 그러나 인간 주체의 왜곡으로 인해 언어의 비어 있음이 너무 쉽게 그 실제성으로부터 멀어진다. '실제성에 거하면서 비어 있음 안에서 노는' 대신에, '비어 있음 안에 거하면서 실제성을 가지고 놀게' 된다. 임의로 말을 사용해 아무 말이나 하는 것이다. 특히 오늘날 우리 세대에게는, 미디어가 현대 사회에서 하게 된 주요 역할 때문에, 이러한 방향으로 가는 언어의 위험이 커지는 것 같다. 미디어 안에서 그리고 미디어를 통해서 실재가 허물어지고, (비어 있는 치장이라는 의미에서) 화려하게 재구성 되는 일이 속속 증가하고 있다. 그럼에도 실제성은 이것을 판단하는 올바른 규범이 아니다. 비어 있음을 잊은 실제성만의 세계는 결국 얼마나 진실되지 못한가. 소위 실제 사회의 진짜 세계라고 불리는 곳에서 빈 말이 거짓말이 되는 일은 얼마나 흔한 일인가. 여기에서 규범은 오히려 언제나 '비어 있음/실제성' 혹은 '실제성/비어 있음'이 되어야 한다. 실제성과 비어 있음의 균형이 규칙으로서 확립되지 않으면, 인간 존재에 특수한 어려움과 위험들이 발생한다.

여하튼, 주어진 상황에 따라서 실제성을 강조하든 비어 있음을 강조하든 하겠지만, 사실 언어란 비어 있음/실제성의 방식으로 작동하는 것이다. 이 둘이 서로 분리가 되어 언어가 한 가지 방식으로만 기능할 때, 언어 자체가 위험한 것이 된다. 언어가 실제성의 관점에서만 말하면 경험을 경직되게 할 위험이 있다. 언어가 비어 있음의 관점에서만 말하면 경험을 희박하게 할 위험이 있다. 전자에서는 실재를 어떻게 말하느냐에 따라 과잉 결정이 되고, 후자의 경우 실재가 언어를 통해 증발해버린다. 이러한 치우친 작용과 반대로, 앞에서 인용한 그 아이의 시는, 그리고-비록 그것이 시적이기보다 설명적이기는 해도-청원 선사의 '산은 산이다', '산은 산이 아니다', '산은 산이다'는 말은, 진정한 실제성의 언어라고 불릴 수 있을 것이다. 이러한 진정한 실제성의 말이 우리를 진정한 실제성의 언어로 부른다. 언제쯤이면 우리는 그것을 알아들을 수 있을까?           [BWD/양혜원]

---

24) [영] 미야자와 겐지(宮澤賢治, 1896-1933)는 유명한 시인이자 동화 작가였으며, 단순한 삶과 자연에 대한 사랑을 칭송한 것으로 잘 알려져 있다.

# 하세 쇼토

長谷正當, 1937-

1965년에 교토대학에서 박사 학위를 받은 하세 쇼토는 교토공업대학에서 교편을 잡았고, 10년간 멘느 드 비랑(Maine de Biran, 1766-1824), 펠릭스 라비송-몰리엥(Félix Ravisson-Mollien, 1813-1900), 쥘르 라쉴리에(Jules Lachelier, 1832-1918), 앙리 베르그송(Henri Bergson, 1859-1941), 모리스 블롱델(Maurice Blondel, 1861-1949), 그리고 가브리엘 마셀(Gabriel Marcel, 1889-1973)과 같은 인물에 집중하면서18세기와 그 이후의 프랑스 영성주의 연구에 매진했다. 1975년에 그는 교토대학으로 옮겼고 거기에서 2000년도에 은퇴할 때까지 가르쳤다. 그때부터 프랑스 철학에 대한 그의 관심은 폴 리쾨르(Paul Ricoeur, 1913-2005), 시몬느 베이유(Simone Weil, 1909-1943), 그리고 엠마누엘 레비나스(Emmanuel Levinas, 1906-1995)로 쏠렸고, 이러한 연구를 그가 계속해서 연구하던 신란(親鸞, 1173-1263)*의 글, 그리고 니시다 기타로(西田幾多郎, 1870-1945)*, 다나베 하지메(田邊元, 1885-1962)*, 니시타니 게이지(西谷啓治, 1900-1990)*, 그리고 다케우치 요시노리(武內義範, 1913-2002)*와 같은 교토학파(京都學派) 철학자들의 사상과 연결시키고자 했다.

점차 이러한 폭넓은 사상은 하세가 '자기(self)의 해석학'이라고 부른 것에 집중이 되었다. 그러한 자신의 입장을 그는 1987년에 출간한 『상징과 상상력』에 풀어놓았다. 리쾨르, 레비나스, 그리고 니시다의 영향을 받은 그는 보통 주격으로 이해하는 '자기'에 대한 사고를 대격으로-je(나)에서 soi(자기 자신)로-옮기려 했고, 문법적 주어보다는 술어로서 그 역할을 강조하려 했다. 이에 이어서 그는 자기의 근간에 잠재적으로 깔려 있는 '욕망'의 장소에 대해서 다시 생각해보게 되었고, 거기에서 나아가 종교적 초월성의 문제를 욕망과 연관해서 보게 되었다. 이러한 사상들은 그의 두 주요 저작 『욕망의 철학』 그리고 『정신에 반영된 무한』에 정리가 되었다. 아래에 선별된 글에서 보듯이, 하세는 욕망과 이미지라는 두 개념을 매개로 취해서 유한과 무한의 관계, 즉 종교인의 깊으면서도 구체적인 경험과 「아미타(阿彌陀)」 부처의 초월적 활동과의 관계를 정의했다.　　　　　　　　　　　　　[JWH/양혜원]

---

## 비애와 종교심

하세 쇼토(長谷正當)

고(苦)와 악(惡)의 신비는 그것이 우리 안에 진실한 생명에 대한 각성을 촉구하고, 커다란 생명을 분출하게 하는 데에 있다. 그러한 부정을 통해 긍정과 만나는 신비는 가까이 우리들 감정 안에도 존재한다. 비애는 그러한 감정이다. 실제로 우리는 '비애'를 통해 자기 존재 깊은 곳에 열려있는 초월적 차원과 접촉할 수 있다. 그러한 비애의 독자적인 성격을 니시다는 깊이 있게 다루고 있다.

니시다는 철학의 출발점은 놀라움이 아니라 비애라고 말한다. 그리고 비애는 또 종교의 출발점이 되어야 한다고도 말한다. 한 번 깊은 비애에 빠져본 자는, 마음 깊은 곳에서 종교심이 부글부글 끓어오르는 것을 느낄 것이라고 니시다는 말한다. 니시다가 종교를 '심령상의 진실'이라고 규정한 것은 널리 알려져 있지만, 종교가 심령상의 진실이라는 것은, 그것이 사변(思辨)이나 체계에 의해 구성된 것이 아님을 의미하는 것은 아니다. 종교가 심령상의 사실이라고 할 때, 그것은 비애를 통해 종교심이 우리들 마음에 분출하게 된다는 사실을 의미한다. 무한의 깊은 생명이 비애를 통해 마음 깊은 곳에 분출하게 된다는 사실이다.

그렇다면 니시다는 비애를 어떤 식으로 다루었을까? 니시다가 비애에 대해 언급한 다음 문장은, 자신의 벗이 죽은 아이를 그리워하며 출판한 책 서문의 일부이다. 이 글은 니시다 자신이 육친을 잃었을 때 느꼈던 슬픔에 빗대어 깊은 심정을 표현한 것으로 잘 알려져 있으며, 자주 인용되는 글이기도 하다.

> 나도 우리 아이를 잃었을 때 깊은 비애의 마음을 누를 길이 없었다. (중략) 젊든 나이가 들었든 죽음은 인생에 늘 따라다니는 일이며, 죽은 자가 우리 아이만이 아니라고 생각하면, 이치로는 조금도 슬퍼할 일이 아니다. 그런데 인생에 늘 있는 일이더라도 슬픈 건 슬픈 법, 인간에게 있어 배고픔은 자연스러운 것이지만, 배고픈 것은 배고픈 것처럼 말이다. 사람들은 죽은 자는 어떻게 해도 돌아오지 않으니, 포기하라, 잊어라, 라고 말한다. 그런데 이것이 부모에게는 참기 어려운 고통이다. 시간은 모든 상처를 치유해 주는 자연의 은혜이다. 이것은 어떻게 보면 중요할지 모르지만, 달리 보면 인간의 몰인정이기도 하다. 어떻게든 잊고 싶지 않다, 무언가 기념으로 남겨두고 싶다, 부디 내가 살아있는 동안만이라도 잊고 싶지 않은 것은 부모의 심정이다. 오래 전, 자네와 책상을 마주하고 워싱턴 어빙(Irving, Washington, 1783-1859)의 스케치북을 읽었을 때, 다른 마음의 상처와 고통을 잊고, 이것을 치유하기를 바랐지만, 정작 사별(死別)이라는 마음의 상처는 사람의 눈을 피해 이를 따뜻하게 보듬고, 이를 껴안으려 한다는 이야기였다. 바로 지금 이 이야기를 접목시켜 생각해야 한다. 늘 생각하는 것이지만, 작은 위로이며, 사자(死者)에게 정성을 다하는 일이다. 이 슬픔은 고통이라고 한다면 진실로 고통일 것이다, 그러나 부모는 이 고통이 사라지기를 바라지 않는다.(『니시다 기타로 전집(西田幾太郎全集)』제1권, p.417)

여기서 주목해야 할 것은, 니시다가 비애의 감정에 포함되어 있는 모순된 요소에 대해 언급하고 있는 점이다. 비애는 고통이지만, 거기에는 동시에 고통을 치유하는 것이 작동하고 있다. 그것은 비애의 초월적 요소라고 할 수 있으며, 고통의 치유력이기도 하다. 니시다는 '사람은 죽은 아이는 돌아오지 않으니 빨리 잊으라고 말하'지만, 부모는 이것이 참기 힘든 고통이며, 부모는 그 고통이 사라지기를 바라지 않는다고 말한다. 거기에는 아이를 잃은 고통 가운데 아이와 부모를 연결하는 것, 아이에 대한 부모의 애정이 동시에 감지되고 있다. 아이에 대한 애정이, 그 죽음의 고통이 작동하는 곳에 부모의 진심이 있으며, 비애가 있다. 아이에 대한 순수한 사랑이 비애를 통해 감지됨으로써 상실로 인한 상처는 비애를 통해 위로 받게 된다. 거기에 비애의 치유력이 자리한다.

비애에는 상반되는 두 가지 요소, 즉 아이를 영원히 잃은 것과 영구히 잃은 아이의 현존이 동시에 포함되어 있다. 헤어짐을 통해 연결된다는 모순된 사태가 그곳에 존재한다. 상실의 고뇌를 현존하는 안락함, 상처와 그것을 치유하는 것이 같은 하나의 감정으로 녹아들어 있는 곳에 비애의 감정의 독자성이 있다. 니시다는 종교심을 그러한 모순된 사태가 포함된 것이라고 보고, 만년의 종교론에서 그것을 '역대응(逆對應)'이라는 개념으로 표현했다. 니시다가 즐겨 인용한 다이토국사(大燈國師,

1283-1338)의 '영원히 헤어졌지만, 한순간도 헤어지지 않았다. 하루 종일 함께 있지만, 한순간도 함께 있지 않았다(億劫相別れて須更も離れず、盡日相對して刹那も對せず)'라는 문장이 나타내는 것은, 이 비애의 감정에 포함되어 있는 이면성이라고 해도 좋다. 비애에 포함되어 있는 이러한 모순된 사태는 니시다가 이 에세이를 집필한 시기에는 아직 개념 파악이 이루어지지 않았기 때문이다. 그러나 개념 파악에 이르지 못한 것이 오히려 이러한 감정을 풍부하게 했다고도 할 수 있다. 왜냐하면 논리적·개념적인 언어는 자칫 사태 안으로 깊숙이 파고들어가는 대신 그 표면을 지나쳐버리기 십상이기 때문이다. 이 사태 안에 작동하고 있는 것을 논리라고 하는데, 그것은 마음이 보이지 않는 깊은 곳에서 작동하는 '심정의 논리'라고 할 수 있으며, 개념적으로 조작할 수 있는 논리가 아니다. 우리들은 개념적으로 사고하기 이전에 무엇보다 우선 심정의 깊은 곳에서 작동하는, 보이지 않는 법칙에 주목하지 않으면 안 된다.

앞서 살펴본 바와 같이 비애는 고통과 불가분의 관계이지만, 고통을 넘어서는 것이 그곳에 작동하고 있다. 따라서 비애는 모순된 요소를 포함한 착종된 감정이자 하나의 '복합감정'(콤플렉스)이라고 할 수 있다. 그러나 일반적으로 콤플렉스라고 일컬어지는 감정은 안쪽으로 꺾여 들어가 자신을 속박하고 있는 자기폐쇄적인 정념인 경우에 반해, 비애는 그러한 자기폐쇄적인 콤플렉스를 용해하고, 마음을 속박하고 있는 쇠사슬에서 벗어나는 방향성으로 작동하는 해방성을 갖는다. 그러한 개방적인 성격을 가진 콤플렉스가 종교적 감정이라고 명명되는 것이다.

비애의 감정의 독자성은 그것이 독특한 치유력을 안쪽에 숨겨두고 있는 것에 있다. 그러한 비애를 치유하는 힘은, 예컨대 『열반경(涅槃經)』에 등장하는 '월애삼매(月愛三昧)'라는 글귀에서도 확인할 수 있다. 여기서 말하고 있는 것은, '월광(月光)'이 갖는 치유의 힘이다. 가네코 다이에(金子大榮, 1881-1976)는 월애삼매와 종교적 감정의 연결성을 다음과 같이 기술하고 있다. 월야의 '기분적 성격'에는 야습(夜襲)과 모반(謀反)과 같은 유혹이 따라붙기 마련이다. 그러나 월야에 생기는 감정으로 가장 순수한 것은 종교적 감정으로, '조용히 인간의 고뇌를 누그러뜨려 어렴풋이 진정한 피안(彼岸)을 염원하는 길을 생각하는 것'(『金子大榮著作集』 第七卷, p.318)이라고 가네코는 말한다. 아사세왕(阿闍世王)은 죄 없는 아버지를 살해하였다. 그로 인해 마음에 생겨난 모열(悔熱)이나 고뇌는 머잖아 전신을 뒤덮는 부스럼이 되어 밖으로 드러나, 사람이 접근하는 것조차 불가능한 악취를 풍기기에 이른다. 어떠한 의약품으로도 고칠 수 없는 그 부스럼은 월애삼매에 들어간 석존이 발한 빛에 의해 비로소 치료할 수 있었다. 그것을 '그때에 세존대비도사(世尊大悲導師)께서 아사세왕을 위해 월애삼매에 들어가시니라. 삼매에 들어간 몸은 큰 광명을 발했더라. 그 빛이 청량하게 왕을 비추니 몸의 부스럼이 즉시 나았더라.'라고 열반경은 말하고 있다. 여기서 주목해야 할 것은 '이 빛은 먼저 왕의 몸을 치료하고, 이어 마음에까지 미친다'라고 기술하고 있는 부분이다. 청량의 빛이 마음을 구원하기에 앞서 몸을 구원한다는 것은, 가네코에 따르면, 구원은 우선 몸으로 느끼지 않는 이상 확실하지 않다는 것이다. '몸은 느끼고, 마음은 안다. 누군가가 구원받는다는 느낌을 받지 않고서는 구원받는다는 앎을 가진다는 것도 불가능하다. 느낌이 없는 곳에서 진정한 앎은 나타나지 않는다. 앎은 단지 느낌을 분명하게 하여 느낌을 깊이 하는 것이다.'(같은 책)라고 가네코는 말하고 있다.

아사세의 전신을 뒤덮은 부스럼은 그의 존재 내면으로부터 고뇌가 솟아 나온 마음의 상처였다. 월광의 치유력은, 월광이 이 세계를 넘어선 피안으로부터 유래한 것과 연관되어 있다. 가네코는 다음과 같이 말하고 있다.

월광의 영역에 있어 사정은 일변한다. 우리들은 가장 먼저 피안의 세계를 생각할 수 있으리라. 달밤이야말로 '저 세상'이라 불리는 것을 가장 자연스럽게 그리워할 수 있다. 그렇게 저세상을 그리워하는 마음에는, 모든 것이 일여(一如)의 빛으로 씻기어짐을 느낄 수 있다. 온화한 빛은 차별의 현실을 감싸 안으며 그 상태 그대로 평등일여(平等一如)가 된다. 이곳은 허무야말로 인간에게 있어 커다란 은혜라는 것을 있는 그대로 느낄 수 있는 장소이다. 선인(善人)은 선의 긍지를 버리고, 악인(惡人)은 악의 비뚤어짐으로부터 멀어져, 하나의 마음에 녹아든다. (중략) 대천(大千)은 그저 하나의 커다란 자애의 눈이 되어 빈부귀천을 가리지 않고 사람들을 보고 있는 것을 느낄 수 있을 것이다. 진실로 이 달밤이야말로 열반영역을 상징하며 붓다의 증경(證境)을 현시(顯示)하는 것이다. (같은 책, p.322)

인간의 몸에 가해진 상처는 그 상처를 치료하듯 보다 큰 생명력을 불러일으킨다. 그러한 생명력이 생의 근원으로부터 깨달음을 얻게 되면, 상처는 자연스럽게 치유된다. 마음이 받은 상처의 경우 더욱 더 진실해야 한다. 종교심이란 '순수한 것', '선한 것', '더할 나위 없는 것'이자, 한마디로 말하면, 여래(如來)라는 존재를 향한 마음이 가슴 깊은 곳에서 생겨난다. 그것은 자신의 마음이 순수하며 청정하기 때문이 아니다. 마음이 상처받았기에, 또 그 상처 때문에 아파하고 있기에, 그 상처를 치료하기 위해, 청정한 것, 순수한 것이 자신을 넘어선 높은 곳에서부터 마음 깊은 곳에 생겨난다. 청정한 것, 순수한 것이란 끝이 없는 깊이이자 한이 없는 넓이이며 '공(空)'인 것이다. 그것은 여래의 경애(境涯)이다. 종교심이란 여래의 청정심을 통해서만 치유되는 상처가 자신 안에 비집고 들어왔음을 드러내는 것이다.

외부로부터 상처라는 형태로 인간에게 가해지는 악은, 선에 대한 원망을 인간의 마음속에 생겨나게 함으로써 스스로 치료의 가능성을 만들어낸다. 그러나 상처 그 자체로 인해 영혼 전체가 찢겨나가 버린 인간에게는 더할 나위 없는 선, 무상(無上)의 선, 완전한 청정심이라는 것이 없어서는 안 된다. 비애 속에 그러한 순수한 것이 비집고 들어오는 것, 바로 거기에 비애의 치유력이 유래한다. 마음의 상처를 치료하기 위해 마음 깊은 곳에서부터 생겨나는 청정한 마음이 바로 '종교심'이다. 니시다는 극도의 불행이나 비애를 접해 본 사람만이 마음 깊은 곳에서 부글부글 '종교심'이 끓어오른다고 표현한 바 있는데, 여기서 니시다가 말하는 종교심이란, 비애의 심연에 흐르고 있는, 그러한 마음의 상처를 치유하는 힘으로 표출되는 여래의 청정심에 다름 아니다. '비애는 쓸쓸한 죽음까지도 위로하기 충분하다'라는 글귀는 곧 니시다가 말하고자 하는 바라고 할 수 있다. [JWH/손지연]

---

## 욕망과 믿음

하세 쇼토(長谷正當)

인간의 본질을 '욕망'으로 인식하여 그것을 인간을 파악하는 기점으로 삼은 철학이나 종교의 문제를 추구한 철학자는 적지 않다. 대표적인 철학자만 떠올려도 플라톤(Plato, BC.427?-BC.47?), 스피노자(Spinoza, 1632-1677), 헤겔(Hegel, Georg Wilhelm Friedrich, 1770-1831), 프로이트(Sigmund Freud, 1856-1939) 등 많은 사람이 있다.

플라톤은 인간의 혼(魂)을 정통으로 관통하며 기능하는 욕망을 '에로스(eros)'라고 인식했다. 그러나 에로스는 감성적 충동이 아니라, 그것과 하나가 되어 기능하면서도 감성적인 것을 넘어 선(善)을 추구하는 혼의 억누를 수 없는 충동이다. 무릇 에로스는 인간에게 있어 인간을 넘어선 신적인 존재에 연결되어 있으며, 신적 존재인 인간에게 내재되어 있는 것이라고도 말할 수 있을 것이다. 그리하여 에로스는 인간 안에 있으며, 인간으로 하여금 원초적 본질에 이르게 혼의 길잡이 같은 성격을 갖는다.

스피노자가 인간 존재의 근원으로 파악한 것도 '코나투스(conatus)'라고 이름 붙여진 욕망이었다. 그 본질은 '존재하려는 노력'이며, 자기를 근원적으로 긍정하려는 기능이다. 그것은 자기를 넘어 신을 추구하는 것을 통해 충실한 자기긍정에 이르는 것으로 이해되어 왔다.

또한, 헤겔이 인간을 자기의식으로 규정할 때, 그 근본으로 인식한 것은 '욕망(Begierde)'이었다. 자기의식의 자기동일성(나=나)을 성립시키는 것은 논리적 동일성이 아니다. 타자를 집어삼켜 자기 안에 넣고 만족감을 느끼는 것으로 자기를 되찾으려는 욕망이다. 그러한 현실적인 욕망이 자기의식 밑바닥에 기능함으로써 자기의식을 성립시키고 있다. 그것은 자기의식뿐만이 아니라 자기의식 상호 관계에서도 기능하여 이들 관계를 변증법적 전개로 이끈다. 자기의식과 자기의식의 상호 승인이나 화해는, 근원적 통일을 추구하는 욕망의 암묵적 운동 사이에 그 현실적 기초를 두고 있다.

프로이트의 '리비도(libido)'라는 사유도 기본적으로는 같은 관점에 서 있다. 리비도는 인간의 모든 행동의 근원으로 기능하는 근원적 욕망이며, 성적 욕망을 그 본질로 하고 있으나, 그것이 승화(昇華)라는 개념을 거쳐 정신적·문화적 행위의 근원으로도 기능하고 있다고 할 때, 리비도는 헤겔이 자기의식의 변증법적 전개의 근원으로 인식한, 욕망의 운동과 동일한 성격을 갖는다. 거기에는 근원적인 통일로 향하려는 욕망이 암중모색하는 운동이 자리한다.

이들 철학자는 인간의 본질을 욕망으로 이해했고, 욕망을 인간 파악의 기점으로 두었다. 여기서 도모하는 것은, 모든 인간의 기능을 감성적 욕망 안으로 환원시켜 해소하는 것은 아니다. 거꾸로 인간 안에 기능하고 있는 초월적 요구가 현실적 기초가 되는 것을 욕망이라고 보고, 이것을 현실화하는 것이다. 초월적 지향과 그것을 만족시키는 초월적 원리의 기초가 되는 것을, 인간의 가장 직접적이며 내적인 곳에서 파악하려는 것이 그들 학설 배후에 숨겨진 공통 관심사이다.

욕망과 인간은 감성적 자연과 연결되어 있다. 그러나 보다 근원적으로는 감성적 자연을 넘어선 자유의 세계, 초월의 세계에 뿌리내리고 있다. 따라서 인간을 욕망이라는 측면에서 볼 때, 인간을 단순히 감성적·아집적·맹목적 충동에 휘말리는 존재, 미망(迷妄)과 번뇌에 지배당하는 존재로 간주 해서는 안 된다. 인간의 욕망이 현실적으로는 대개 이러한 아집적인 번뇌라고 하는 형태로 드러나는 것은 부정하기 어려운 사실이지만, 이는 욕망의 표층에 불과하다. 욕망은 근원적으로 단순한 감성적 ·아집적 형태를 넘어, 선한 것, 무한한 것으로 향하고 있다. 인간의 욕망이 한이 없고 끝도 없는 충동과 정념의 형태로 드러나는 것도, 욕망의 근원에 그와 같은 무제약적인 것, 선한 것으로 향하려는 희구가 있기 때문이다. 이처럼 확장된 욕망의 전모를 파악하려면, 현실을 뒤덮은 욕망으로부터 출발 해서는 안 된다. 그것은 욕망이 뒤틀리고, 퇴락(頹落)한 부분에 지나지 않으며 지나치게 협소하다. 오히려 그러한 현실을 뒤덮은 욕망을, 그 근원에서 기능하는 선을 향한 욕망의 전도되고 퇴락한 모습으로 간주하고, 선을 향한 욕망 내지는 근원적 욕망으로부터 출발해야 한다.

욕망의 진정한 대상, 혹은 욕망이 그 근원과 연결된 초월적 차원은 대개 우리가 볼 수 없는 곳에 감추어져 있다. 그것은 일상 세계에서 욕망이 향하는 각각의 대상에 의해 감싸여 무의식의 밑바닥 가라앉아 있으며, 우리는 그것을 그 자체로 자각하는 일은 없다. 그렇지만 그것이 항상 무의식의 밑바닥에 숨겨져 있지는 않다. 그것은 서서히든 돌발적으로든 의식 속으로 튀어나와 자각된다. 욕망과 대상이 긴밀히 연결된 끈이 끊어져, 욕망이 대상 없이 자기자신 속에 틀어박힐 때, 그것은 무의식의 저변에서 의식 안으로 나타난다. 욕망의 초월적인 차원은 욕망과 대상 사이의 틈을 통해서 의식 안에 출현한다. 그러한 욕망과 대상의 연결고리가 끊어지는 것은 어떤 부정적인 경험에서 파생한다.

'불안'이 그러하다. 불안은 욕망과 대상의 확고하고 긴밀한 연결이 끊어져 우리의 존재 밑바닥에서 무(無)를 열어간다. 그러나 불안은 단순히 부정적 경험으로 끝나지 않는다. 불안은 지금까지 익숙해진 세계의 모습을 깨부수는 동시에, 무의 밑바닥에서 무언가를 호명한다. 그것은 자기 안에 숨겨진 근원적인 욕망 밑바닥에서 파생한 호명이다. 하이데거(Martin Heidegger, 1889-1976)는 그것을 무의 불안 밑바닥에서 자신을 진정으로 실존케 하는 호명이자 양심의 목소리라고 한다. 거기에서 출현하는 것은 욕망의 근원 아래에 침잠된 초월적인 차원이라고 말할 수 있다. 따라서 불안은 모두 없애버리고, 다시 메꿔야 하는 성질의 것이 아니다. 불안을 견뎌내고, 불안으로 자기 밑바닥에 열려진 무를 응시하는 것으로, 무를 넘어서는 것을 가능케 하는 것이 자신의 밑바닥에 열렸을 때, 불안은 초월로 향하는 통로가 된다.

'욕망' 또한 그러한 욕망의 초월적 차원이 시작되는 하나의 특권적 장소이다. 불안과 마찬가지로 희망 역시 주체의 존립이 위협당하는 궁지에 몰렸을 때 드러난다. 그러나 희망의 경우 특히 주의해야 할 점이 있다. 희망은 궁지에 몰렸을 때 나타나며 궁지를 돌파하여 뛰어넘는 지평을 여는 힘을 갖는다고 한다. 희망이 그런 궁지를 뛰어넘는 힘을 갖는 점에서, 희망은 단순한 감성적 욕망이나 원망(願望)과 같지 않다. 여러 감성적 욕망은 궁지에 압살당하든가, 그렇지 않으면 현실에 눈을 감고 환상이나 몽상에 매몰되든가, 둘 중 하나지만, 희망은 궁지 한가운데에서 궁지로부터 눈을 돌리지 않고, 더 나아가 궁지를 넘어선 차원을 연다. 그것은 희망이 욕망으로 뒤덮인 상태를 깨부수고, 그 밑바닥에서 욕망의 초월적 차원을 열어 보여 주며, 혹은 욕망의 초월적 차원이 인간의 의식에 출현한 곳에 희망이라는 형태가 있다는 것을 보여 준다. 그리하여 희망에는 욕망이 가질 수 없는 일종의 무사성(無私性)이나 안락함, 겸손이나 자유로움이 동반된다.

욕망에는 '나 자신'이라고 하는 아성(我性)과 연결되어 있다. 그것이 부정에 직면함으로써 욕망은 공포와 불수의성(不隨意性) 안으로 전락하는데, 희망은 그러한 '협소한 나 자신'을 뛰어넘어 희망의 근원에 침잠된 초월적 차원을 열어간다. 거기에는 자유로운 세계가 있다. 욕망은 나와 나 자신의 유기적 생에만 집착하고 있는 데 반해, 희망은 '나'를 단순한 자기의 실존본능을 넘어선 배려로 기능한다. 즉, 희망의 경우, 나는 '나'에게 갇혀 있는 것이 아니라 단순한 생명을 넘어선 고차원의 정신적 목적 내지는 질서에 속해 있다. 희망의 경우, 나는 '우리들'을 향해 열려 있다고 마르셀(Gabriel H. Marcel, 1889-1973)은 말한다. 마르셀에 따르면, 희망에는 그 중심을 가로지르는 '신비로운 빛'이 있으며, 그 빛에 의해 희망은 절망의 유혹으로 가득 찬 궁지 한 가운데에서 그 궁지를 넘어서는 길을 열어가는 것이다.

마르셀은 희망을 '내게 호의를 갖으며, 내가 원하는 것이 적어도 실제로 희망할 만한 가치가 있고, 그리고 나의 모든 것을 걸고 희망한다면, 마찬가지로 희망하는 어떤 신비로운 원리가 모든 소여(所與)의 너머에 (중략) 존재하는 것을 긍정함으로써 성립한다'[25]고 말한다. 믿음(信)이란 그러한 자기의 근원적 소망을 함께 소망하고, 긍정하는 '어떤 신비로운 원리가 모든 소여의 너머에 존재하는 것'을 긍정하는 것에 다름 아니다. 자기의 욕망 근원에 기능하는 초월적 원리를 긍정하고, 자각하는

---

25) [영] Gabriel Marcel, Position et approches concrètes du mystère ontologique (Louvain: E. Nauwelaerts, 1949), 68-9.

것으로 자기의 욕망이 진정으로 충족되고 성취된다. 거기에 믿음이라는 형태가 존재한다. 욕망의 근원에 기능하는 그러한 초월적 원리를 정토교(淨土敎)에서는 '법장보살의 본원(本願)' 내지는 '아미타여래의 원심(願心)'이라고 보았다. 아미타여래의 원심 또한 "우리에게 호의를 갖고, 우리가 원하는 것을 원하고 또 긍정함으로써 모든 소여의 너머에 존재하는 신비로운 원리"이다. 그러한 법장보살의 본원을 자기 욕망의 근원에서 찾을 때 자기의 욕망이 비로소 충족되고 성취된다는 것을 정토교의 믿음은 설파하고 있다.

믿음이란, 초월적 리얼리티를 향한 '희구'와 그 리얼리티를 향한 '주의(注意)'와 '사랑(愛)'이 하나가 되는 것으로, 인간과 초월적 리얼리티의 간극에 유대(絆)가 성립하는 것이다. 그 유대는 초월적 리얼리티부터 선을 받아들임으로써 확실하게 증명된다. 여기서 주의를 요하는 것은 초월적 리얼리티를 아는 것이 곧 이 유대를 아는 것이라고 말하는 점이다. 이것은 거꾸로 말하면, 이 유대를 통해, 즉 믿음을 통해 초월적 리얼리티를 알게 되는 것이기도 하다. 바꿔 말해, 믿음은 인간이 초월적 리얼리티를 파악하는 기능이 아닌, 거기에서 초월적 리얼리티의 기능을 알고 또 받아들이는 것이라고 할 수 있다. 중요한 것은 인간이 그 유대를 자기자신이 갖는 것이라는 점이다. 인간이 존중받아야 할 이유가 거기에 있다. 시몬느 베이유(Simone Weil, 1909-1943)에 의하면, 실제로 인간을 존중하는 사람들은 그들의 개인적인 믿음이 어떠하든 초월적 리얼리티를 알고 있다고 한다. 반면 그렇지 못한 사람들은 믿음이 있다고 공언하지만 리얼리티를 느끼지 못한다고 한다.

[JWH/손지연]

# 오하시 료스케

大橋良介, 1944-

1969년에 교토대학(京都大學)에서 학부를 마친 후 오하시 료스케는 독일로 가서 뮌헨대학의 철학과 대학원 과정에 들어가서 셸링(Friedrich Wilhelm Joseph Schelling, 1775-1854)과 하이데거(Martin Heidegger, 1889-1976)에 대한 논문으로1974년에 박사 학위를 받았다. 그는 일본으로 돌아와 대학에서 가르치기 시작했고 또한 헤겔의 논리 연구에 본격적으로 매달렸는데, 1983년에 그 연구를 뷔르츠부르크대학의 박사후 학위(Habilitation)로 제출했다. 동양과 서양의 철학이 만날 수 있는 지점을 찾고자 한 그의 목적은 유학 생활과 니시다 기타로(西田幾多郎, 1870-1945)*의 철학의 영향을 받은 것이었다. 그는 특히 기타로의「장소(場所)」의 논리에 영향을 받았고 나중에는 그것을 현대 대륙철학의 진전과 연관시키고자 했다. 유럽의 인맥을 활용해서 오하시는 1990년에 교토학파(京都學派)의 핵심 문헌들의 독일어 번역을 추진했고, 그 결과 서구의 언어로는 처음으로 그러한 선집이 탄생했다. 서구 학자들의 작업을 일본어로 번역하는 것뿐만 아니라, 그는 일본의 문화와 미학에 대한 자신의 독자적 연구를 독일어와 일본어로 출판하기도 했다.

철학적 만남의 또 다른 지점으로서 도겐(道元, 1200-1253)*에 대한 오하시의 관심은 그의 박사 그리고 박사후 논문에도 나타나고, 도겐의『정법안장(正法眼藏)』의 몇 장을 독일어로 새롭게 번역하는 일에 참여한 데서도 알 수 있다. 최근에 그는 자신이 '현상이성론(phenomenoetics)'이라고 부르는 불교의「자비(compassion)」사상을 일본과 유럽의 철학 세계를 잇는 다리로서 발전시키는 데에 집중해왔다. 그는 불교의 자비를 불교의 지혜 만큼 제대로 다루지 못한 것이 교토학파의 실패라고 보았고, 그래서 유럽의 현상학이 제기했으나 제대로 다루지 못한 질문에 대한 답을 불교의 자비 전통에서 찾고자 했다. 이어지는 글에서는 그러한 프로젝트를 진행하는 오하시의 폭넓은 학식과 그가 교토 선배들의 사상을 얼마나 창의적으로 이어받았는지를 볼 수 있을 것이다. → pp.962-964 참조.

[JWH/양혜원]

---

## 자비의 현상정신론

오하시 료스케 1998, 7, 10-11; 2005, 11-13, 15; 2009, 29, 39, 44-9

내가 생각하는「자비(compassion)」자비의 기본 개념은「대승불교」에서 빌려온 것인데, 그렇다고 해서 그 교리적 맥락 전체를 다 받아들였다는 것은 아니다.… 내가 하고자 하는 것은 니시타니 게이지* 가「공」의 개념을 사용할 때 취했던 입장을 취하는 것이다. 불교 사상을 다루면서 그는 이렇게 썼다.

> 따라서 전통적인 개념 정의의 틀을 벗어나서 제법 자유롭게 사용했고, 때로는-물론 그것을 매번 지적하지는 않았지만-현대 철학의 개념과의 상호 연관성을 제안하기 위해서 도입하

기도 했다. 전통적인 개념 정의의 관점에서 보면 이러한 식으로 용어를 사용하는 것은 다소 무책임하고 때로는 모호하게 보일 것이다.[26]

불교 용어에서 자비는 감각하는 존재의 고통을 불쌍히 여기고 그것을 완화시키고자 하는 부처와 「보살」의 「정신(mind)」을 일컫는다. 그러한 특별한 맥락을 벗어나면 이 사상은 무엇보다도 '타자'와 관계가 있는 질문들에서 먼저 등장한다. 부처의 경험에 의하면, 감각하는 존재와 「달마」는 본질적으로 둘 다 '비어 있다(empty).' 사람의 정신과 마음을 이와 같은 끝이 없는 기저로부터 '타자'로 향하게 하는 것은 우월한 위치에서 혹은 도덕적 이유에서 연민(sympathy)을 발휘하는 것과는 다르다. 그 타자도 본질적으로 그 성질이 비어 있어야 하기 때문이다. 『교행신증(敎行信證)』은 이 점을 강조한다. '보살은 감각하는 존재를 보면서 결국 그들은 아무 데도 없다는 것을 안다'[IV, 17]. 이러한 경험은 눈깜짝할 사이의 일, 섬광처럼 지나가는 무엇 이상이 아닐 수 있지만, 그것을 기반으로 타자에 대한 현상학적 이론을 발전시킬 수는 없을까 묻게 한다. 전통적 현상학은 자아 의식을 거의 자명한 출발점으로 삼기 때문에 제대로 타자에 대한 이론을 발전시키지 못했다.

'타자'의 드러남이 '자기'와 불가분의 관계로 엮여 있다면, 자기를 드러낸다는 것의 의미를 좀 더 자세히 살펴보는 게 좋을 것이다. '자기'는 반성적 지식을 통해서는 포착할 수 없다. 반성의 행위를 통해서 대상화된 자기는 알려진 자기이지 아는 자기가 아니다. 자기가 반성적 앎에 의해서 밀려나간 것이다. 이것은 자기는 그 성질상 알 수 없다는 말이 아니다. 강의 흐름에서만 볼 수 있는 원류에 비유해볼 수 있을 것이다. 그와 마찬가지로, 반성으로 포착할 수 없는 자기의 원류는 반성적 지식을 뚫고 나오는 직관의 행위를 통해서 자기의 존재와 하나인 스스로를 드러낸다. 흔히 말하듯, '원류에 도달하고 나서도 강은 계속 흐른다.' '도달'할 수 있는 원류는 진짜 원류가 아니다. 진짜 원류의 본성은 솟구쳐 나와 흐르는 것이기 때문이다.

이와 마찬가지로 자기도 대상이나 실체로서 볼 수는 없지만, 실제적 실재 자체 안에서는 언제나 드러난다. 그래서 그것을 뒷받침하는 대상화가 불가능한 자기의 경험과 타자로서 타자를 보는 관점이 필요하다. 그렇게 되면 자기와 타자의 근본적 드러남을 같은 용어로 지칭할 수 있다. 바로 자비이다. 이것은 무한히 다양한 감수성의 형식 그리고 기분과 느낌의 드러남을 수반한다.

'타자'란 어떤 것의 단수를 일컫는 것이 아니라 상호 존재와 상호 활동을 통해서 '세계'를 구성하는 수도 없이 많은 독립체들을 일컫는다. 타자의 세계는 언제나 항상 실제 세계이다. 타자의 드러남이 곧 세계의 드러남이다. 이것이 바로 자비의 세 번째 의미이다. 불교에서는 이 세계 또한 비어 있다. 비어 있음은 위에서부터 부과된 어떤 도그마가 아니다. 그것은 존재론의 전통적인 개념의 기반을 비추는, 그래서 우리로 하여금 다시 생각하게 만드는 빛 줄기에 더 가깝다. 실체, 무한, 그리고 창조와 같은 생각들이 '비어 있음'의 경험과 마주치면 그것들은 다시 근본으로 돌아가서 거기에서 전통적 존재들의 한계를 깨치고 나와야 한다.

그렇게 할 때 자비는 자기, 타자, 그리고 세계를 드러나게 하는 것으로써 부상한다. 이제 막 설명한 그러한 종류의 드러남을 깊이 파고들면, 자기, 타자, 그리고 세계를 위한 '자비의 현상학'에 사실상 관계하는 것이 된다.

그러나 여기에서 나는 '현상학'이라는 용어보다는 '현상이성론(phenomenoetics)'이라는 용어를

---

26) [영] 니시타니 게이지, 1982, XLIX.

쓸 것이다. 현상학의 근본적인 특징을 곰곰이 생각해보고 내린 선택이다. 후설이 주장한 것처럼, 현상학은 언제나 strenge Wissenschaft, 즉 '엄격한 과학'이어야 한다. 동시에 '과학'에 맞서는 근본적 직관을 사용해서 삶과 세계-모든 과학의 토대-로부터 일어나는 질문들과도 대면해야 하고, 그만큼 내부에서부터 과학을 대체해야 한다. 이러한 근본적 직관에 필요한 '보기' 혹은 순수 이성(noesis)은 그것이 '이성' 혹은 로고스로 대상화 되기 이전에 일어나는 행위이다. 따라서 내가 현상이성론이라고 부르는 것은 현상학 내부 깊은 곳에 이미 있는 것이다. 다나베 하지메(田邊元, 1885-1962)*의 '참회도' 사상이 여기에서 떠오를 것이다. 그러나 그의 작업은 메타-프로젝트, 즉 이성(noesis)을 넘어서기 위한 시도였다. 반면에 나의 초점은 '직관' 혹은 지각(aesthesis)이라고 일컫는 것 아래에 있는 현상에 대한 근본적 직관을, 이성의 '보기'라는 의미에서 더 깊이 이해하는 것이다.

이러한 이성을 개발하고 그것을 로고스와 연결시키고자 하는 작업에서 '현상이성론'라는 용어를 선호하는 또 다른 이유는 수트라에 기록된 부처의 설교에서 발전시키는 대승불교의 '이론'을 염두에 두고 있기 때문이다. 불교 이론은 객관적, 과학적 인식을 따라 발전되지는 않았지만, '가르침'으로 전수되었고 그것이 나중에 교리 혹은 교의학이 되었다. 한 가지 문제는 철학적 관점에서 볼 때 대승불교 이론이 교의학의 체계에 갇혀서 열린 철학으로 발전하지 못했다는 것이다. 그럼에도 그 이론은 사물을 대상화하고 그것을 연구 주제로 삼는 이론적 접근보다 더 근본적인 '직관'을 수용할 수 있었다. 그것은 있는 그대로의 비어 있는 현상 혹은 형상들을 직관한다.

이러한 비어 있음의 직관은 지식 혹은 과학이 아니라, 자기가 살고 있는 그대로의 존재에 대한 깨우침이다. 그런 의미에서 대승불교 이론은 현상학보다 먼저 오고 현상학이 근거하는 현상이성론의 특징을 가진다. 이러한 자비의 현상이성론 사상은 대승불교 '이론'에 함의된 깨우침을 조명한다.

### 상식(common sense)으로서 자비(compassion)

'상식'이라는 사상에서 일반적으로 설명이 되는 '감수성(sensitivity)'의 사상을 가지고 먼저 자비에 대해서 생각해보도록 하자. 아리스토텔레스(Aristoteles, BC.444-380)는 'κοινὴ αἴσθησις'의 개념에서 다섯 개의 감각 모두에 공통된 일반적 특징으로서 이러한 감각의 사상에 주의를 기울인 첫 학자였다. 다섯 개의 감각을 다섯 손가락으로 본다면, 아리스토텔레스가 '상식'이라고 부른 것은 손바닥에 해당할 것이다. 일본어로 '손바닥'이라는 단어-다나고코로(掌, たなごころ)-를 보면 이것은 매우 놀랍다. 문자적으로 그것은 손의 '정신' 혹은 '마음'이라는 뜻인데. 이것은 상식이 정신과 지성의 수준을 담고 있다고 본 아리스토텔레스의 주장과 일치한다.

아리스토텔레스가 이것을 사용한 것과 대조적으로 고대 로마에서는 사람들이 공통적으로 가지고 있는 감각을 공통감각(sensus communis)이라고 일컬었고, 이것은 오늘날 우리가 말하는 '상식(common sense)'과 비슷하다. 여기에서 말하는 공통성은 인종, 민족, 혹은 젠더와 같은 그룹의 공통성인데, 나중에 비코(Vico, Giambattista, 1668-1744)는 여기에 역사적 지향을 더했다. 그리고 이 용어가 함의하는 사회적 차원에 덧붙여 '취향'의 양상까지도 포함하게 되었다. 칸트는 이러한 취향 판단(Geschmacksurteil)을 심미적 공통 감각(sensus communis aestheticus)이라 일컬었는데, 이 개념 안에 한 범주로 정의된 사람들이 집단적으로 공유하는 미학적 지각뿐만 아니라 개인적 취향의 주관적 판단도 다 포함하고자 했다.

가다머(Gadamer, Hans-Georg, 1900-2002)는 상식의 '공동체'적 영역으로 주의를 돌렸고 결국에는 '지평의 혼합'이라는 개념을 발전시켰다. 그는 이것을 상식이라는 개념의 직접적인 발전으로 보지는 않았다. 그는 여전히 상식을 기본적으로 전통적인 의미로 이해했다. 그러나 그가 보기에 상식의 범위는 분명 예술적 생산의 해석학을 포함하고 있었다. 상식이 정신과 지성의 차원에까지 내려간다면, 그래서 의식적 판단과 미학적 의식도 포함한다면, '감수성'은 사물의 지각적 감각(sentio)에만 국한되지 않을 것이다. 그것은 또한 사람의 마음을 깊이 건드리는 고통(patior)에까지 확장될 것이다. 고통, 열성, 그리고 열렬함 등과 같은 일련의 것들과 연관이 있기는 하지만, '열정(passion)'이라는 단어가 이러한 종류의 감수성을 표현하는 데에 더 적합하다. 상식이라는 개념이 구성되는 방식과 비슷하게, 열정을 '공통(common)'적으로 느끼면 자비(compassion)가 일어난다. '타자'와의 공통성의 함께(com-)는 철학적으로 중요하다. 이것은 타자와 함께 세계의 과거, 현재, 그리고 미래를 받아들이는 콤파티오르(com-patior) 작업의 또다른 이름이다.

영어 단어 동정심(compassion)은 대승불교의 의미를 번역하기에 특별히 적합하다. 여기에서는 '깊은 차원'의 상식을 불교의 자비 사상과 겹치는 것으로 보는 게 적합하다. 내가 전에 쓴 『자비의 현상정신론의 서문』(Prolegomenon to a Phenomenoetics of Compassion)에서 나는 자비를 자기, 타자, 그리고 세계라는 세 개의 차원에서 드러나는 영역으로 제시했다. 여기에서 나는 한 단계 더 나아가서 그것을 '역사적 감수성'으로 이해한다. 우리는 종종 과거의 어떤 슬픈 사건에 대해서 우리 '마음이 슬픔으로 가득하다'라는 말을 하는데, 현재 세계의 상태에 대해서 우리 '마음이 쓰인다' 혹은 마땅한 미래의 모습을 만드는 데에 '마음을 다한다'는 표현을 쓰는 것과 비슷한 용법의 표현들이다. 여기에서 '마음'은 우리 안에 일어나는 어떤 것인데, 동시에 이 세계의 일들 때문에 우리 안에서 차단되는 무엇이다. 이것은 과거, 현재, 미래의 정신 상태이며, 그 안에서 과거의 세계와 미래의 세계가 현재의 세계와 상호작용한다. 이 세 겹의 정신의 주체는 그 안에서 이 세 겹의 세계가 열리는 '세계 정신'이지만, 그것은 동시에 '내 정신'이고 '내 마음'이다. 그래서 상식의 가장 깊은 자비의 차원에는, 내가 '역사적 감수성'이라고 일컫는 차원의 의미가 있다.

여기에서 내가 자비라고 해석하는 한자 '비(悲)'는 슬픔 혹은 비애의 함의를 안고 있다는 것을 덧붙여야겠다. 불교 교리의 맥락과 별개로 세상의 삶에서 그것이 가지는 의미로 본다면, 거기에는 정말로 명랑한 태도에 속하는 감성이 있다. 도량 넓게 '함께 사는' 의미가 있다. 자비와 명랑함은 그렇게 관대하고 고양된 삶의 것들 안에 역설적으로 죽음의 그림자가 가장 짙게 드리운다는 의미에서 같은 것의 양면으로 볼 수 있다. 무의 심연은 삶의 즐거움이 한창일 때 자기 모습을 드러낸다. 상식의 깊은 차원에서 이러한 자비를 포착할 때, 현상학적으로 '역사적 세계'를 제시하는 방식-불교적 체험의 빛에 의지하는 동시에 실재의 여러 겹의 광경들 모두에 상응하는 방식-이 열리길 기대할 수 있다.

## 비공통성의 상식

'감수성'이 정신의 발전의 모든 과정을 지탱한다. 헤겔의 『정신 현상학』에서는 그 과정에서 열리는 감수성의 영역이 마치 광석의 맥이 우리 눈에 보이지 않듯 표면으로 나타나지 않는다. 그러나 그 작업의 해체를 통해서 채굴하는 것은 가능하다. 더 깊이 팔수록 '상식'의 깊이에 더 가까이 가게 된다.

......

주인-노예 관계를 다루는 '자기 의식'에 관한 장에서 헤겔은 (비록 자기 자신은 결코 그렇게 의도하지 않았지만) 상식의 새로운 의미의 지평을 여는 토대를 고전적인 방식으로 제시한다. 주인은 권위와 절대 통제의 입장에서, 노예의 삶과 죽음을 결정하는 권한을 확고히 쥔 상태에서 노예를 대면한다. 노예는 죽음의 위협 앞에서 자신의 존재 전체를 주인에게 굴복시킨다. 노예가 자신의 노동을 통해서 생산하는 모든 것만이 아니라, 그 사람 자체가 주인의 소유이고 주인은 그것을 아무런 유보없이 받아들인다. 주인과 노예의 관계는 극단적 대립으로서, 서로에 대한 감정 또한 그러하다. 따라서 이 둘 사이에서는 상식의 공동체를 말할 여지가 전혀 없어 보인다. 예를 들어서, 노예가 생산하는 '사물'을 주인과 노예는 각기 매우 다른 감수성으로 받아들인다. 노예는 항아리의 아름다움을 즐기면서 주인이 느끼는 만족감에서 배제된다. 비록 그것이 자기 자신의 작품이기는 하지만, 노예는 그것의 미학적 감상에서 소외된다. 그가 그 항아리에서 느끼는 것은 자기 자신의 소외일 뿐이다.

주인과 노예의 관계 자체가 서로의 영향으로 이루어지는 한, 그들 사이에는 공통된 것이 있다. 주인과 노예를 한 자리로 가져오는 「장소」는, 니콜라우스 쿠사누스(Nicholas of Cusa, 1401-1464)의 표현으로, 우연의 일치(coincidentia oppositorum)라고 부를 수 있을 것이다. 이 관계의 중심지는 균질하지 않다. 사람들 간의 일반적인 관계의 경우도, 비록 그 둘 다가 인간이라 할지라도, 각자가 '타자'로 머무는 한 그 관계는 차이와 균열을 수반한다.

일반적으로, '상식'이라는 용어가 함의하는 감각을 공유하는 공동체라는 것은 공동체 안의 균질성을 암묵적으로 가정한다. 어떤 현상에 대해서 몇몇 사람이 주관적으로 수용하는 기호의 판단이 실제로 공통될 때, 그것은 개인을 초월하는 공동체 안의 개인들이 그 판단의 목적을 서로 협력하여 구성했기 때문이다. 우리는 이것을 미학적 상식이라고 부를 수 있을 것이다. 그러나 사실 어떠한 공동체든, 그것을 구성하는 사람들이 서로에 대해서 가지는 타자성 때문에 상호적 차이와 균열이 있을 것이다. 그들이 항아리를 보고 그것을 아름답다고 판단할 때 다 똑같아 보일지 모르지만, 온갖 종류의 개인적 차이들은 남아 있다. 이 차이들은 그들이 서로를 인식하는 방식에 그리고 서로와 가지는 관계에 뿌리를 두고 있다. 이러한 종류의 차이에 뿌리를 둔 상식은 본질적으로 균질하지 않다. 거기에는 타자성의 요소가 있을 수밖에 없다. 그러한 타자성이 최소한일 때, 균질한 상식이 생긴다고 생각할 수 있다. 그럼에도, 이것은 예외이다. 비유클리드 기하학이 한계에 달할 때에도 유클리드 기하학은 여전히 사실인 것과 같은 이치이다.

주인과 노예는 극단적 대립의 위치가 지정된 관계적 장에 위치한다. 절대적 통제권을 가진 주인의 감정과 죽음을 두려워하는 노예의 감정은 「절대적 대립의 자기 정체성」의 장소의 구성 요소이자 자기 결정으로 볼 수 있다. 이렇게 각자가 상대에 대해서 가지는 감정은 단순한 심리적 감정이 아니다. 그것은 집단적 장소의 자기 표현이며 따라서 '세계적 감정'이다. 이 세계는 대립을 수용하는 정체성을 가진 세계이기 때문에, 주인과 노예의 감정은 비공통성의 상식을 대변한다. 이러한 근거에서 아름다운 항아리를 만들지만 그것을 자기 것으로 주장할 수 없는 노예의 소외감과, 노예와 그의 항아리 모두를 자신을 위해서 도용하는 주인의 절대적 만족감은 비공통성의 상식의 두 얼굴을 대변한다. 헤겔이 발전시키는 주인-노예의 변증법적 논리는 바로 그러한 비공통성의 상식을 근거로 작동한다.

상식을 이러한 식으로 해석하는 것은 '공통'을 '균질'의 의미로 이해하는 일반적인 생각과는 근본적으로 다르다. 일반적인 경향은 반대되는 것들의 대립을 안고 있는 상식의 개념은 모순이라 보고 피하는 것이다. 그러나 일단 그것이 질문의 대상이 되면, 일반적으로 사물을 바라보는 방식에 숨겨 있는 암묵적 가정, 즉 개인 주체는 상식이 있다는 가정은, 더 이상 그렇게 자명해 보이지 않는다.

다른 관점으로 보면 개인 주체가 속한 공동체로 우리의 관심을 돌리게 된다. 공동체는 상식의 진정한 담지자이다. '비공통성의 상식'의 관점에서 볼 때 이것이야말로 핵심 요소이다.

그 다음 단계는 어떻게 비공통성의 상식이 '타자'를 드러내고 또한 '세계'와 '역사'를 드러내는지를 보여 주는 것이다. 『정신 현상학』은 이성, 영, 종교, 그리고 절대 지식을 그 이후에 구체적으로 설명해 나간다. 그와 더불어 비공통성의 상식은 이미 '지각' 혹은 '감수성'이라고 일컬어지고 '자비'와 교환될 수 있는 무한한 내면성과 정신 영혼을 수용한다. 그는 이것을 '이성'에 대한 장에서 분명하게 명시하고 있고, '영'에 대한 장에서 실현하고 있으며, '종교'에 대한 장에서 직접 접할 수 있게 했다. '절대 지식'에 대한 마지막 장에서는 거기에서 일어나는 '절대'의 감정으로 자비가 등장한다.

지금까지 나는 자비의 관점에서 볼 때 '감수성의 현상학'으로서 『정신 현상학』을 해체하는 임무가 생기며, 역으로 그 임무의 중심지는 자비가 현상학적으로 형성되는 장소라는 것을 보여 주고자 했다. 그런 의미에서 그것은 또한 동양과 서양의 철학 사상이 만나는 장소이기도 하다.

[JWH/양혜원]

# 20세기 철학

하타노 세이이치
아베 지로
다카하시 사토미
구키 슈조
와쓰지 데쓰로
미야케 고이치
도사카 준
이치카와 하쿠겐
이마니시 긴지
후나야마 신이치
다키자와 가쓰미
이에나가 사부로
이즈쓰 도시히코
마루야마 마사오
미나모토 료엔
오모리 쇼조
유아사 야스오
나카무라 유지로
기무라 빈
히로마쓰 와타루
사카베 메구미
후지타 마사카쓰

# 개관

일본에서 '20세기 철학'이라는 범주는 유럽이나 미국에서 볼 수 있는 경우나 이와 관련하여 일본이 정한 것처럼 대체로 철학적 사고를 위해 마련된 것이다. 사상사를 집필할 때 일본 학자들은 일반적으로 일본의 역사에서 구분하는 방식을 똑같이 따르는 경향이 있다. 이는 과거 백 년에 걸쳐 철학자들이 다음의 두 시기 중의 어느 한 시기에 위치해 있음을 의미한다. 먼저, 일본의 '근대성', 즉 1868년에 공포된 최초의 헌법의 서문으로 시작된 근대 국가로서의 일본 건설과 관련하여 그들이 번창시킨 제국주의 시대(메이지[明治], 다이쇼[大正], 쇼와[昭和], 헤이세이[平成])이다. 또 한 시기는 태평양전쟁을 중심으로 하는 기간, 즉 1937-1944년의 군국주의 기간과 대략 1945-1960년을 전후한 평화의 시기이다. 어떤 의미에서는 이러한 범주를 피하고 20세기를 특징적인 역사적 단위로 취급하기로 한 것은 애매한 하나의 단위를 다른 것으로 대체하려는 것이다. 동시에 분류의 다양성과 그 속에 있는 특정 저자의 배치에 대한 판단을 유예시키고자 하는 의미도 있다. 나아가 과거 백 년 이상에 걸친 일본 철학의 꾸준한 진보가 문화적으로 다양하고 다언어적인, 그리고 전 세계적인 포럼 안에서 현재의 자기 비평적인 위치에 도달했다는 사실을 보여 주는 작업이 될 것이다.

아마도 해외에서 일본의 바닷가로 떠밀려 들어오거나 선진 외국의 대학에서 연구하고 돌아온 젊은 학자 군단에 의해 수입되지 않은 20세기 서구 철학의 주요 사상의 흐름이나 사상가는 없을 것이다. 대다수의 일본 철학자들이 서구의 전통 속에 있는 철학을 일본에 충실하게 재현하고, 학자로서 전 세계적인 인식을 획득하는 데 충분한 전문지식을 확보하기 위하여 주력해왔다. 지금까지도 일본의 대부분의 철학 저널들은 논쟁의 내용과 스타일이 서구의 것들과 거의 다르지 않다. 그리고 일본의 철학 교과는 비록 점차 더 큰 학제적 프로그램 안으로 흡수되고는 있지만, 서구의 교과와 가르치는 언어에 의해서만 구별될 뿐이다. 일본의 철학자 그룹이 이 책에 나오는 방대한 양의 자료를 정리하기 시작한 것은 단지 20세기의 지난 수십 년에 불과하다.

서구의 철학적 전통을 모방한다는 것은 제삼자의 입장에서는 가장 두드러진 특징으로 보이겠지만, 이는 단지 상황의 절반을 말해줄 뿐이다. 나머지 절반은 미묘하여 철학적 저작의 표면상에는 종종 드러나지 않는다. 일본의 철학 연구자는 텍스트를 더 면밀히 조사해봄으로써 서구의 사고 속에서 숙달된 사람들이 일본의 고유한 토양에서 자신의 것들을 길러내기 위하여 찾아온 많은 방식을 알게 될 것이다. 심지어 이러한 수용 과정 속에는 서구의 언어와 사고방식의 필요성을 맞추기 위하여 뒤틀린 관용구 안에서 의도적으로 변용된 가운데 매우 다른 지적인 유산의 그림자가 배경에 맴돌고 있음을 알게 된다. 마치 외국의 철학자들이 도출한 더욱 문학적이고 문화적인 자원이 일본어로 맞춰진 속에서는 대체적으로 접근할 수 없다는 어렴풋한 인식을 보여 주는 부분도 있다. 21세기로 들어오면서 겉치레를 없애고 이러한 분리를 전경화(前景化)하려는 일본의 젊은 연구자 수가 극적으로 증가했다. 이는 부분적으로는 비서구 철학을 전공한 외국의 학자들에게 대응하려는 압박 때문이다. 더욱 중요한 것은 20세기가 끝나갈 무렵에 자신의 고유한 지적 역사에 의지하며 서구의 철학에 관심을 갖고 일본의 사고의 흐름을 주목하는 분위기가 극적으로 증가했다는 사실이다. 후지타 마사카쓰(藤田 正勝, 1949- )*의 결론 초록이 이러한 현상을 지적하고 있는데, 앞에 나온 항목들이 대표적인 단면을 보여 주고 있다.

이러한 전환기에 교토학파의 중요성은 아무리 강조해도 지나치지 않다. 이들의 저작 속에는 빈번하게 직접적으로 그리고 간접적으로 암시적인 증언들이 들어 있다. '자기 의식', '비 자기', 그리고 '절대적인 무'와 같은 생각이 교토학파의 새로운 해석을 통해 계속 반향을 일으키고 있다. 와쓰지 데쓰로(和辻哲郎, 1889-1960)*, 다카하시 사토미(高橋里美, 1886-1964)*, 도사카 준(戸坂潤, 1900-1945)*, 이마니시 긴지(今西錦司, 1902-1992)*, 유아사 야스오(湯淺泰雄, 1925-2005)*, 기무라 빈(木村敏, 1931-2021)*, 그리고 사카베 메구미(坂部惠, 1936-2009)* 모두 니시다 기타로(西田幾多郎, 1870-1945)*의 영향을 인정했다. 이는 니시다 기타로가 이들의 사상에 특징적인 인증을 실질적으로 준 사상이라기보다, 일본과 서구 사상의 경계를 탐색하는 용기를 경쟁한 측면이 더 강한 때문이다. 동시에 과거 수 세기 동안 불교, 유교, 그리고 신도(神道) 사상가들을 통해 본 많은 전례들은 말할 것도 없고, 이들의 선구적인 노력의 다양성을 간과해서는 안 된다. 라파엘 폰 쾨버(Raphael von Koeber, 1848-1923)의 강의에서 과거 일본의 철학을 재고하기 위하여 서구의 철학을 교육에 적용한 젊은 학생들에 오니시 요시노리(大西克禮, 1888-1959)*, 아베 지로(阿部次郎, 1883-1959)*, 니시다 기타로, 와쓰지 데쓰로가 있다. 이후 수입된 철학적 체계를 갖춘 대화 속에서 같이 활동한 마루야마 마사오(丸山眞男, 1914-1996)*와 미나모토 료엔(源了圓, 1920-2020)*과 같은 사상가는 유교 전통에 의지하여 창의적인 대응의 원천을 찾아갔다. 한편, 하타노 세이이치(波多野精一, 1877-1950)*와 다키자와 가쓰미(瀧澤克己, 1909-1984)*가 니시다 기타로와 제자들로부터 나온 사상을 추구하기 위하여 서구의 신학과 종교 철학에 의존한 사상가들의 전형적인 예이다.

요컨대, 특징적인 20세기 일본 철학을 탐색해가는 과정에서 더 많이 읽고 더 상세히 살펴보면 볼수록 영향을 받은 내용이 중복되어 있어서 명확히 학파와 전통을 구분하기 어렵다는 사실을 알게 된다. 교토학파는 차치하고, 실제로 일본의 철학적 학파를 명확히 구분하기 어렵다. 지배적인 형태의 사상이 있다고 해도 단일한 직물로 짜인 종류가 아니라, 과거 일본의 전통을 직접적으로 계승한 것 이상의 것이라고 할 수 있다. 특정 서구 철학의 흐름을 반영한 단일한 이미지로 보이는 것도 아니다. 20세기 일본 철학에서 볼 수 있는 것은 지나간 세기로부터 지혜를 구하며 던진 질문에 대하여 다양한 방식으로 반영하면서 동양과 서양의 여기저기를 돌아온 여러 근원의 만화경 같은 것이다.

일본의 20세기 전체를 통틀어서 서구의 철학자들이 와서 머물다 가고, 갔다가 다시 돌아오고, 혹은 한동안 교과과정에 영향을 주는 외에는 특별한 이유도 없이 그냥 떠나가기도 했다. 예를 들면, 1940년대에 데카르트부터 헤겔에 이르기까지 유럽의 사상에 초점을 맞춘 초기의 경향이 문제시되어 결국 중세와 고전적인 사상 연구로 수정하였다. 그래서 스콜라 철학이 일본에 소개되었다. 20세기 사상에서는 작은 역할밖에 하지 않아서 20세기 철학 속에는 들어있지 않은데, 이와시타 소이치(岩下壯一, 1889-1940)의 선구적인 역사 연구에 대하여 여기에서 언급할 가치가 있다. 그의 연구는 역사적인 편견을 바로잡았는데, 이는 그와 학우들이 도쿄대학에 있던 폰 쾨버로부터 물려받은 것이었다. 또한, 요시미쓰 요시히코(吉滿義彦, 1904-1945)도 주목할 필요가 있다. 그는 근대 무신론 문제와 관련하여 신 스콜라철학을 들여오려고 노력하였다. 그러나 이러한 과정에서 중세의 사상을 일본 철학의 토착적인 근원과 접맥시키려는 탁월한 시도는 없었다.

이윽고 외국 철학의 연구가 러시아, 이슬람, 유대인의 사상뿐만 아니라, 신비주의부터 연금술과 그노시스주의(Gnosticism)에 이르기까지 밀교적 전통까지 포함할 정도로 연구가 확장되기에 이르렀다. 그러나 일본의 철학 연구에서 가장 결정적인 것은 서구의 주된 흐름이었다. 몇 가지 예를 들어보면, 생기론(生氣論), 신 헤겔주의, 신 칸트학파, 실존주의, 니힐리즘, 인격주의, 현상학, 실용주의, 논리 실증주의, 마르크시즘, 언어분석, 구조주의, 해체이론은 모두 전체에 중요한 역할을 해왔다. 이들 중의 일부는 토착적인 요소를 끌어내서 개성적으로 일본적인 측면을 만들어 왔다. 또 어떤 것들은 일본적인 것으로부터 거리를 견지했다. 어느 쪽이든 일본의 철학이 패션 수입 산업보다 거의 중요하지 않다고 하는 주장을 불식시킬 정도의 충분한 증거가 된다.

만약 20세기 일본의 철학이 서구 사상의 지배와 이를 일본의 토착적인 감성과 사고방식에 적용시키려는 시도 사이에서 예리하지만 유동적으로 나뉘어 있다면, 이러한 구분은 추상적인 사상 체계와 사상에 대한 사회적 약속 사이에서 중요한 영향을 끼친다. 여기에 소개된 많은 사상가들이 실존적인 경험에 대한 강한 강조와 결합하는 사색적이고 선험적이고 이상적인 것에 대한 친연성을 보여 주고 있다. 그러나 동시대 사회의 지배적인 제도와 대립하는 저항도 보여 주고 있다. 이들은 보편적인 것을 추구하는 과정에서 종종 윤리적인 측면이나 당대의 철학자에게 기대하는 날카로운 사회 비평이 결여된 것처럼 보인다. 이성적인 로고스 중심의 객관주의가 무장해제된 것처럼, 심지어 비이성적인 것을 평가하는 한가운데에서 유럽에서 급진적인 문화 비평이 전쟁이 끝날 무렵에 개탄했던 순수 주관화와 이성의 도구화를 막아야 한다는 요청에 반향을 보이지 않았다.

일본에서 사회적 혹은 정치적 사상과 학문적 철학 사이의 대조적인 역사와 영향력은 독특한 이야기로, 어느 정도는 서구 학계의 관점에서 나온 큰 부분을 막아왔다. 20세기 전환기에 해외로부터의 서구화에 대한 압박이 경감되었다. 그러나 한편으로 정신없이 서구에 대하여 연구하고 번역해온 속도가 계속되고 있고, 철학도 예외는 아니다. 다른 한편으로 어떤 지식인들은 마르크스, 프루동(Pierre Joseph Proudon, 1809-1865), 푸리에(Jean Baptiste Joseph, Baron de Fourier, 1768-1830)와 같은 사상가들의 사회적 사상을 결집시켜, 처음에는 적어도 부르주아지의 긍정적인 역할까지 염두에 둔 구조적 변동을 제안했던 사람들이 메이지시대 후반에 타락해간 것을 비평하였다. 이는 정부 안에 있는 반동 세력에게 국가의 이지적인 생활을 재구성하고 압박할 기회를 제공하였다. 유교, 불교, 그리고 신도 사상은 영향을 받지 않은 반면에, 접촉을 통해 정치사상은 강화되었다. '다이쇼(大正) 데모크라시'라고 알려진 기간의 특징적인 사회 변동은 '국체' 시스템 변경을 시도하는 사람들에게 죽음의 처형을 내리는 1928년의 치안유지법과 맞물렸다. 주체적인 자치와 국가적인 자치 사이의 긴밀한 연대는 그 기원이 메이지시대(明治時代, 1868-1912)로 거슬러 올라가는데, 이는 헌법에 새겨졌다. 3년 후에 일본은 만주(滿洲)를 침략하였고, 제2차 세계대전에서 패배할 때까지 계속된 외국 침략의 일련의 무대를 세팅하였다.

이러한 상황에도 불구하고 1920년대와 1930년대 전체를 통틀어 마르크스 레닌주의 사상에 대한 번역이 융성하였다. 해외에서 공부한 젊은 학자들의 흐름이 이어지면서 신 헤겔주의, 신 칸트학파, 현상학적 관점이 차례차례 섞였다. 미키 기요시(三木清, 1897-1945)*, 가와카미 하지메(河上肇, 1879-1946), 그리고 후쿠모토 가즈오(福本和夫, 1894-1983) 같은 사상가들이 고전적인 마르크스주의의 혁명적인 활용에 '자기 의식'을 도입하여 이러한 요소들을 조화시키려고 노력하였다. 어떤 사람들은 이렇게 개인을 강조하는 것에 대하여 부르주아지가 사회개혁을 추상적인 문화 관념으로 대체하려는 시도라고 공격했다. 1935년에 도사카 준은 니시다 기타로와 와쓰지 데쓰로에 대한 비평서를 발간하였는데, 역사적이고 원문에 입각한 해석적인 연구로 철학이 축소되는 것을 저항한 표현이라고 할 수 있다. 제2차 세계대전 이후 몇 십 년 동안에 이상주의와 물질주의의 대안이 과다해진 것으로부터

'주체성'을 회복하려는 시도가 마루야마 마사오와 우메모토 가쓰미(梅本克근, 1912-1974)와 같은 사상가에게 나타난다. 비록 히로마쓰 와타루(廣松涉, 1933-1994)*의 신중한 텍스트 비평 작업과 시로 쓰카 노보루(城塚登, 1927-2003)에 의한 초기 마르크스 소외 이론이 눈에 띄지만, 아이러니하게도 새롭게 정립된 표현의 자유를 가져온 전후에 마르크스주의 사상은 역시 눈에 띄게 쇠퇴하였다. 특히 히로마쓰는 객관주의자 편향에 대하여 고전적인 마르크스주의를 비판하고, 사르트르의 실존적인 마르크스주의와 근대성과 사상을 구체화하는 지속적인 관습에 초점을 맞춰 이를 따르는 일본 추종자 들과 논쟁을 벌였다. 한편, 거장답게 메이지 철학사를 펴낸 후나야마 신이치(船山信一, 1907-1994)*는 전전에 레닌주의자 성향을 갖고 마르크스주의에 접근하는 비정통적 방법을 취했는데, 나중에 자본주 의 비평으로부터 거리를 두었다. 이와는 대조적으로, 이에나가 사부로(家永三郎, 1913-2002)는 마르 크스주의 이념이 파시즘으로 전락하는 것을 피하기 위하여 신 칸트학파의 단련이 필요했는데, 전후 일본에서 정부 관료의 국체 윤리를 정립하기 위하여 법률 체계를 활용한 것으로 동료 철학자들 중에서 두각을 드러냈다. 그는 학교 교과서에 분명하게 들어가 있는 일본의 전시 공격권에 대하여 교육부와 30년 동안 전쟁을 계속했다.

니시다 기타로의 사후 교토학파의 은총으로부터 분리되고 전시 공모의 혐의가 일면서 일본 철학 이 다양화될 수 있는 전기가 찾아왔다. 한편에서는 이데 다카시(出隆, 1892-1980)와 다나카 미치타로 (田中美知太郎, 1902-1985), 그리고 최근에 요시모토 다카아키(吉本隆明, 1924-2012)와 같은 사상가 들은 초기 그리스와 소크라테스의 이상으로 돌아갔다. 편협한 전문가들에 의한 철학의 붕괴와 몰수 에 대한 유사한 불평이 1970년대에 이키마쓰 게이조(生松敬三, 1928-1984)와 같은 사상가와 함께 다시 수면 위로 떠올랐다. 반대 방향에서는 사와다 노부시게(澤田允茂, 1916-2006), 이치이 사부로(市 井三郎, 1922-1989), 그리고 나카무라 히데요시(中村秀吉, 1922-1986)가 논리적 실증주의와 언어 분석에 의지함으로써 생기는 틈을 메우려고 하는 사람들 속에 있었다. 오모리 쇼조(大森莊藏, 1921-1997)*도 철학을 무겁고 전문화된 용어로부터 구제하여 더욱 일상적인 구어 문구로 돌려놓으려고 시도한 사람이라고 할 수 있다. 반면에 사카베 메구미(坂部恵, 1936-2009)는 일본어를 비평적인 사고로 이끌 명확한 뉘앙스를 도출해내기 위하여 시도한 사람 중의 한 명이다. 나카무라 유지로(中村 雄二郎, 1925-2017)*의 후기구조주의와 이마미치 도모노부(今道友信, 1922-2012, 생명윤리 개관 참 조)의 코스모폴리타니즘 같은 대중에게 인기 있는 철학은 세계 전체에서 더 많은 관객을 대상으로 학문적인 철학의 결과를 도출하려고 한 사람의 전형적인 예이다.

이하에 수집해 놓은 많은 사람들은 논쟁으로 가득 찬 병에 있는 단지 뚜껑일 뿐이다. 그리고 이러한 논쟁의 일시적인 환경은 이와 같은 수집 속에 막혀 있다. 이들이 어떻게 20세기 일본에 철학적인 논쟁에서 살았는지 좀 더 구체적으로 살펴보기 위하여 하나씩 살펴보며 뚜껑을 열 필요가 있다. 예를 들어, 1920년대 이른 시기에 아베 지로가 신체의 중요성을 부활시키려고 한 시도는 1930 년대에 활짝 피어났다. 미야케 고이치(三宅剛一, 1895-1982)*의 하이데거의 신체 경시에 대한 비평, 와쓰지 데쓰로가 신체적 감각을 윤리학 속에서 주목한 점, 그리고 기무라 모토모리(木村素衛, 1895-1946)가 신체를 사상의 본질적인 표현으로 본 논쟁은 얼마든지 원래 사상가들에 의해 다루어질 논쟁의 무대를 만들어 주었다. 여기에 이치카와 히로시(市川裕, 1931- )를 들 수 있는데, 그는 교토학 파와 독점적으로 연대한 것을 제외하면 히로마쓰 와타루가 일본 철학의 첨단으로 지목한 사람이다. 나중에 유아사 야스오가 니시다 기타로의 신체론에 대한 사상의 중요성을 입증하면서 형세를 역전시 켜 우위를 차지하였다. 두 번째 예는 니시다 철학의 생명철학과 다나베의 종의 논리가 철학적 생태학과 이마니시 긴지의 생물학에 영향을 끼친 방법이다. 이마니시 긴지는 자연의 기계론적인 설명을 거부하고 생명의 형태를 각각의 환경과 상호작용하는 것으로 간주한 사람이다.

만약 20세기를 통틀어 일본이 서구의 철학적 유산을 떠맡게 된 내용을 조사해보면, 전통들 사이의 유사점은 아무리 현저하게 보인다 해도 기만적이라는 사실을 알게 될 것이다. 여기에 모인 자료들이 전근대 시기의 더 큰 전통에 대항하여 맞춰질 때에 비로소 그림이 활기를 찾게 될 것이다. 부정이나 언어의 상징적인 중복, 자연의 범신론, 급진적인 내재론, 가족 관계, 나와 너의 관계에 대한 기초적인 우위성, 정신-신체 통합, 조화 속에 있는 모순 논리, 죽음과 죽은 자의 관계, 그룹 의식의 부분집합으로 정의되는 개인, 이성주의에 대한 경험의 최고성과 개인적인 경험에 대한 공유된 전통의 최고성 등등은 즉각적으로 서구에서 동족임을 보여 줄 것이다. 그러나 일본에서는 이러한 유추가 종종 표면 상으로만 사실인 경우가 있다. 즉, 이들은 문학, 종교, 그리고 사회적 경험의 토착적인 토양에 내린 뿌리가 계속 살아있는 한, 일본의 독자가 텍스트에 불러오는 가정 속으로 짜여 들어가 눈에 보이는 표현이 없는 경우가 종종 있지만, 역사적 연구, 심지어 비교 연구의 대상도 될 수 있다.

이것이 바로 서구의 사상가들이 동정하기 어려운 일종의 전문화라는 덫에 많은 학문적인 철학이 빠져 있는 이유 중의 하나이다. 일본에서 하이데거, 헤겔, 칸트, 아리스토텔레스와 같은 사상가들의 영향력이 클수록, 그들의 생각은 서로 분할된 채 방에 봉인된 채로 있다가 지배적인 사상 양식에 의해 재빨리 삼켜져 붐비는 복도에서 공개된다. 그렇기 때문에 일본의 키워드로 조합되어 토착적인 자원을 신중하게 끌어내고 있는 철학에 대하여 텍스트 저변을 흐르는 멜로디를 주의 깊게 들을 필요가 있는 것이다. 무라야마 마사오가 주장한 바와 같이, 가장 낮은 공통의 문화적 분모로 축소되는 것을 거부하는 마치 일종의 바소 오스티나토(basso ostinato)처럼.

## 더 읽을거리

Alliouz, Ives-Marie, ed. Cent ans de pensee au Japon (Arles: Picquier, 1995), 2 vols.

Blocker, H. Gene, and Christopher I. Starling. Japanese Philosophy (Albany: State University of New York Press, 2001), 155-84.

Calichman, Richard F. Contemporary Japanese Thought (New York: Columbia University Press, 2005), 1-42.

González Valles, Jesús. Historia de la filosofia japonesa (Madrid: Tecnos, 2000), 402-48.

Hamada Junko. Japanische Philosophie nach 1868 (Leiden: E. J. Brill, 1994).

Jacinto Zavala, Agustin, ed. Textos de la filosofia japonesa moderna. Antología, 2 vols. (Zamora: El Colegio de Michoacan, 1996-1997).

Piovesana, Gino K., Recent Japanese Philosophy Thought, 1862-1962: A Survey. 3rd edition (London: RoutledgeCurzon, 1997).

Pörtner, Peter, and Jens Heise. Die Philosophie Japans. Von den Anfangen bis zur Gegenwart (Stuttgart: Alfred Kröner Verlag, 1995).

Tremblay, Jacynthe, ed. Philosophes japonais contemporains (Montreal: Presses de l'Université de Montréal, 2010).

Wakabayashi, Bob Tadashi, ed. Modern Japanese Thought (Cambridge: Cambridge University Press, 1996).

[JWH/김계자]

# 하타노 세이이치

波多野精一, 1877-1950

1899년 도쿄제국대학(東京帝國大學)에서 공부를 마친 하타노는 도쿄전문학교(東京專門大學)에서 철학사를 가르치기 시작했다. 5년 후인 1904년, 독일어로 스피노자(Spinoza, 1632-1677)에 관한 박사학위 논문을 발표한 후, 베를린(Berlin)과 하이델베르크(Heidelberg)에 2년간 파견되었다. 그가 1901년에 발표한 저서, 『서양철학사요(西洋哲學史要)』은 다이쇼시대(大正時代, 1912-1926)에 서양철학 참고서로 널리 읽혔다. 서양철학에 관한 그의 전문적인 글들은 고대 그리스사상서부터 플로티노스(Plotinus, 205-269)와 칸트(Immanuel Kant, 1724-1804)에 이르기까지 다양하다. 1902년 세례를 받은 하타노는 1908년의 저서 『기독교의 기원(基督敎의 起源)』에서 기독교 사상의 철학적 토대를 집중적으로 다루기 시작했다. 1917년, 니시다 기타로(西田幾多郎, 1870-1945)*의 초청으로 교토대학(京都大學)의 종교학 교수로 임용되었고 그의 저서와 강의는 일본 종교 철학의 기반을 다지는 데 이바지하였다.

이 책에서 인용한 『시간과 영원(時と永遠)』(1943)은 유한한 시간과 영원이라는 두 핵심 개념 사이에 나타나는 불일치와 대립을 신의 사랑이 어떻게 연결하고 통일시키는지에 대한 그의 견해를 담고 있다. 만약 유한성이 원죄, 즉 인간 존재에 내재한 무위성(無爲性)을 의미한다면 그 원죄의 용서는 인간이 자신을 비우고 신의 사랑을 받아들일 수 있는 빈 그릇이 됨으로써 얻어진다. 자신을 무(無)화시키는 이 과정에서 유한적 시간은 영원으로 수렴되고 영원은 시간의 핵심적 특성이 된다.

[MH/유재진]

---

## 시간과 영원

하타노 세이이치 1943, 472-83

### 영원성의 내재론

위의 주장에 따르면 이 세상은 이미 영원을 경험하고 있다. 비록 영원과 시간은 대립적인 성격을 지니고 영원한 존재는 자연과 문화적 삶을 초월하고 있지만, 그런데도 시간에 내재해 있다. 자연적이며 문화적인 삶을 사는 주체는 이미 영원한 세계와 밀접한 관계를 맺은 것이다.

물론 이는 대상자 자신의 힘이 아니라 신에 의한 사랑의 계시를 통해서 이루어지기 때문에 영원성과 시간성의 밀접한 관계는 명백하다. 영원은 결코 시간과 무관하지 않다. 그 내용적 정의는 사랑의 개념을 통해서 얻어지지만, 그 형태적 정의는 시간성과의 관계를 통해서 얻어진다.

우리는 종종 '불멸의 현재'에 대해서 이야기한다. 이것이 영원성의 첫 번째 본질적 특성이다. 현재란 주체가 존재하는 방식이고 불멸의 현재도 마찬가지이다. 이미 충분히 밝혀졌듯이 사랑의 결합이야말로 이러한 존재의 방식인 것이다.[1] 불멸의 현재는 과거와 결코 양립할 수 없다. 우리가

---

1) [영] 앞의 두 문장은 전집에서 누락되었지만 1943년 이와나미서점(岩波書店)에서 출판한 텍스트에서 확인되었다.

특히 주장해온 것처럼 과거는 그 근원적 의미에 있어서 유(有)의 무(無)로의 몰입, 존재의 파멸이다. 그러므로 과거의 철저한 극복이 영원의 두 번째 본질적인 특성이 되어야만 한다.

그렇다면 장래(將來)란 무엇인가? 장래는 영원에서도 보존된다. 시간성에서 근원적으로 장래는 실존적 타자를 가리킨다. 장래는 저 너머로부터 오는 것을 환영하고 마주하려는 주체의 태도에 의해서 성립한다. 또한, 저 너머로부터 다가오는 실존적 타자를 마주하는 태도는 영원한 존재와 사랑 속에도 있기에, 아니 이러한 태도야말로 사랑의 본질적 성격을 이루고 있기에 장래는 영원에서도 보존되는 것이다.

영원을 성립시키는 사랑이 주체와 타자의 순수하고 완전한 결합이라면 영원은 현재와 장래의 순수하고 완전한 합일을 뜻한다. 영원으로 인해서 현재와 장래는 완전히 새로운 면모를 지니게 된다. 생의 근원인 자연적 생명이 자신에게 다가오는 것을 마주한다는 것은 한편으로는 현재를 성립시켜 주체와 타자와의 미약한 결합을 준비한다. 다른 한편으로는 현재의 파괴를 의미해서 모든 결합을 방해하며 이를 불가능하게 한다. 이에 반해서 영원은 주체가 다가오는 것을 맞이함으로써 무(無)를 극복하고 모든 파멸을 면하게 된다. '장래와 현재의 완전한 일치', '장래의 완전한 현재성'이야말로 영원성이다.

여러 민족의 신화가 말해주듯이 창조란 처음에 한 번 일어나는 사건이 아니라, 영원한 세상에서 끊임없이 일어나는 사건이다. 창조가 있는 곳에서는 모든 것이 항상 새롭고, 항상 젊고, 항상 살아있으며, 항상 움직인다. 절대 마르지 않는 장래의 샘으로부터 신선한 존재를 부여받아 언제나 젊은 현재의 무한한 기쁨에 흠뻑 빠진다 ― 이것이 영원이다. 이처럼 장래가 현재와 완전히 일치하고 현재를 전적으로 통제하는 곳에는 과거뿐만 아니라 '미래' 또한 없다.

이미 말했듯이 '미래'는 장래가 현재와 일치하지 않는 곳에서 발생하는 파생적 현상이다. '이제 막 오려고 하다'가 장래의 근원적 뜻이고 '올 것이 아직 오지 않았다'라는 뜻의 미래는 자연적 존재의 본질적 결함을 의미하기 때문에 장래가 받게 되는 제한을 가리킨다. 하지만 영원한 세계에서는 이러한 제한이 완전히 없어진다. 여기서는 이제 막 오려고 하는 것은 반드시 오게 된다. 영원성을 경험하거나 이를 기대하는 자에게 '미래'를 이야기하는 것은 지극히 무의미한 것이다.

요컨대, 영원성은 무시간성(無時間性)처럼 시간의 단순한 부정이 아니다. 영원성은 시간의 극복임은 틀림없지만, 시간과 내재적 관계를 맺는다. 시간성의 결함인 소멸 가능성, 단편성, 불안정성 등은 현재가 장래와 합일하지 못한 데서 비롯되었다고 이해해야 한다. 주체는 본질적으로 타자와의 결합을 추구한다. 하지만 자연적 주체가 타자와의 결합을 위한 준비라고 해석할 수 있는 직접적 교섭은 결국 주체를 파멸의 길로 이끈다. 이것이 시간성이다. 생명이 본래의 욕망을 성취했다면 그것이 영원성인 것이다. 그러므로 시간은 영원한 것에 대한 갈망이며, 반대로 영원은 시간의 완성이라고 말할 수 있을 것이다.

또한, 신의 계시와 창조의 은총이 이 세상 모든 존재의 근간에서 자연적 실존성의 근원을 이루는 것처럼 영원도 시간의 근원을 이루고 있다고 해석할 수 있다. 물론, 영원에서 시간이 어떻게 발생했는지는 별개의 문제이며, 모든 이론적 탐구를 초월한 문제이기도 하다.

---

(12쇄판, 1993년).

## 공간의 극복

영원성은 공간성을 극복한다. 여기에서 극복은 시간성의 경우와 달리, 순수한 부정을 뜻한다. 원래 공간성은 앞서 말한 바와 같이 주체와 실존적 타자 사이의 배타성, 순수한 외면성(外面性)이다. 이를 시간적 관점에서 본다면 현재와 장래 사이의 이반 불일치가 공간성이다. 이 문제는 영원성에서 완전히 제거되기 때문에, 비공간성이 영원성의 본질적 특징을 이룬다.

하지만 시간성과의 내적 연관성이 완전히 단절된 것은 아니다. 과거를 극복하고 현재와 장래가 완전한 합일을 성취함으로써 영원성은 시간성을 극복하고 오히려 시간을 완성한다. 영원성에서는 현재와 장래, 주체와 타자는 완전히 결합하기에 내재적이다. 돌이켜보면 공간성은 관념적으로는 일단 극복되었다. 공간적 표상은 이미 비유성을 지녔다. 그렇다 하더라도 공간성에서 타자는 주체와 대립하면서 여전히 극복하지 못한 외면성으로 남아있다. 하지만 영원성에서는 타자와 주체와의 대립마저 완전히 흔적도 없이 제거된다. 자연적 삶이 주체를 지배하는 동안은 공간성의 문제가 남아있을 것이다. 이와는 반대로 자연적 삶을 완전히 극복하고 자기가 타자의 완전한 상징이 되는 영원성에서는 공간성의 잔여는 완전히 사라질 것이다. 여기서 우리는 시간성과 공간성의 기본적 차이와 전자의 우월성을 확인할 수 있다.

## 유한성

시간과 영원의 문제는 자연스럽게 '유한성'과 영원성의 관계로 향한다. 유한성과 시간성은 대개 동전의 양면처럼 생각되어 왔다. 그러나 이것은 올바르지 않다. 존재가 어떠한 제한, 한계, 결함을 갖고 있을 때, 즉 일반적으로 말해서 비존재와 본질적으로 연결되어 있을 때, 그것을 유한적이라고 부른다. 스피노자(Spinoza, 1632-1677)가 이것을 '부분적 부정'(예를 들어 parte negation)[2]이라고 정의한 것이 전형적인 예다. 시간적 존재는 물론 이 정의에 해당한다. 시간에 존재하는 주체는 실존적 타자나 다른 주체와 상호 양립할 수 없는 관계에 있고 다른 주체를 제한하는 동시에 자신도 제한을 받으며 자기 자신이라는 이유로 결코 다른 주체가 될 수 없다. 이러한 교섭의 귀결은 끊임없이 무(無)의 비존재(非存在)로 몰락하는 것이다.

유한성이 시간성과 극히 친밀한 관계에 있다는 것은 의심의 여지가 없다. 그렇다면 유한성은 어떤 상황에서도 영원성과 동떨어져 있고 서로 양립할 수 없는 위치에 있는 것인가? 이 문제와 관련해서 일반 사상은 근본적인 수정이 필요하다. 영원성에 관한 우리의 연구는 다음과 같은 사태를 명백히 해왔다. 인간적 주체는 신에 의한 창조의 은총을 통해서 무를 자기 밖에 있는 것으로 보지 않고 자기 본질의 중심에 놓고 극복해야 할 계기로 인식함으로써 비로소 시간성을 극복하고 영원성을 성취한다. 자, 그렇다면 주체는 유한적이기 때문에 영원할 수 있는 것이 아닌가? 영원성이 주체의 진정한 존재 방식이고 시간적 존재는 이를 갈망하고 이를 얻기 위해서 노력해야만 한다면 이러한 유한성이야말로 진정한 유한성, 본질적으로 유한한 존재가 지닌 본래의 순수한 모습이라고 할 수 있을 것이다. 이 유한성은 시간성이라는 의미의 유한성처럼 단순히 부분적 부정, 즉 반은 유(有)이고 반은 무(無)인 그러한 타협적인 존재가 아니라, 한편으로 철저하게 본질의 중심마저도 무인 반면 다른 한편으로는 철저하게 유인, 즉 멸망하지 않는 존재인 것이다. 이것을 진정한 의미의 유한성이라고 부른다면 시간성과 표리의 관계에 있는 유한성은 '잘못된 유한성'이라는 이름을 붙일 수 있겠다.

---

2) [일] Ethica. I, 8. schol. 1.

참된 유한성에서 주체는 절대적 타자를 사랑하며 거기서 분리된 자아의 자율성을 추구하지 않는다. 이 주체성의 중심은 타자의 순수한 상징으로서의 자아를 주장하는 데 있다. 순종과 신뢰가 그러한 태도이다. 하지만, 자연적 주체는 본질에서는 유한적이고 무가 자신의 중심에 있으면서도 마치 순수한 유인 양 행동하고 오로지 자기주장만을 내세운다. 생의 직접성, 자연성이란 이러한 태도를 말한다. 하지만 이는 진정한 유한성의 부정, 즉 영원성의 부정을 의미한다.

주체가 무로부터 벗어나고자 한다면 오히려 반대로 불멸의 존재를 잃게 된다. 이것이 시간성이다. 시간성에서 주체는 무를 밖으로 밀어내기만을 하고 오로지 유만을 주장한다. 그 결과 밖으로 밀어낸 무에게 휩쓸려 한없이 파멸의 운명을 따르게 된다. 여기에서 잘못된 유한성이 성립한다. 즉, 주체가 자신의 힘에만 의지하여 본래의 참된 유한성을 쫓아내고 신에 의해서 만들어지고 신의 은총 없이는 무와 다를 바 없는 존재이면서 은혜를 역이용하여 스스로 신이 되고자 한 반역 행위의 표출인 것이다. 이러한 잘못된 유한성으로 인해서 잘못된 영원성인 끝이 없는 시간이 발생한다는 것은 앞서 말한 대로 분명하다. 시간성의 극복은 주체가 자기 본래의 특성을 되찾고 신의 사랑에 순종하여 진정한 유한성의 고향으로 귀향함으로써 이루어진다.

### 시간성과 원죄

이제, 우리는 시간성과 '죄악' 사이의 밀접한 관계로 이끌려갈 것이다. 시간성은 주체의 상태, 순응할 수밖에 없는 운명적 상태로서의 죄악과 같지 않다. 시간성 자체를 죄악이라고 여긴다면, 영원성을 시간성의 단순한 부정인 무시간성에서 찾게 되고 시간을 모르는 순수한 존재, 순수한 진리의 관념에 몸을 맡기는 것이 곧 시간성을 극복하는 길이라 여길 것이다. 사랑 속에서 영원성을 발견한 우리에게 시간 자체가 죄악이 아니라는 것은 이미 밝힌 바이다. 하지만 시간성은 어떤 의미에서는 죄악의 귀결이어야만 한다. 사랑이나 신에 대한 복종에서 이탈하고 신에 대한 불복종, 반역이야말로 죄악인 것이다. 그러한 죄악은 시간적 존재의 근원에 있어서 영원의 타락과 시간을 발생시킨다. 즉, 죄의 과보는 시간성과 그것을 철저하게 관철한 죽음이다.

시간성과 죽음의 근원에 죄가 있다는 것은 그 죄를 인간 개개인의 행위로 귀결시키는 것이 오류임을 분명하게 한다. 그것은 영원에서 시간을 발생시키는 근원적 행위에서 찾아야 한다. 하지만 인간의 실생활은 항상 시간적 성격을 띠기 때문에 그 행위는 시간 이전의, 사람이 태어나기 이전의 것이어야만 할 것이다.

이러한 표현은 이미 시간적 규정에 따른 것으로 은유적일 수밖에 없다. 예로부터 종교적이고 철학적인 상상력으로, 예를 들면 히브리 전설의 아담이나 플라톤(Plato, BC.427?-BC.47?)의 『파이돈(Phaidon)』에 나오는 영혼이 몰락하는 설화처럼, 구체적인 형용과 이 세상의 윤색을 구사하여 이해를 돕고자 하였으나, 초시간적 타락이라고 하는 것은 우리의 모든 표상이나 관념을 초월하고 이론적으로도 가까이하기 어렵다. 우리에게는 모든 시간적 행위, 모든 시간적 존재의 근원을, 이를 선행하고 제약하는 영원과 시간을 연결하는 어떠한 행위에서 규정하겠다는 전제만으로 충분하다.

이는 개개인의 시간적 행위의 근원에 존재하는 것으로서 신학적 혹은 철학적으로 이것을 '원죄(pecatum originale)', '근본악(das radikale Böse)'이라는 이름으로 불러왔다. 이 원죄는 행위의 시간성을 초월하고 과거의 행위마저 지배하기에 다시 말해서 과거의 자신에 대한 책임이 보여 주듯이 현재를 떠나 무로 돌아가는 것이 원죄의 지배에서 해방되는 것은 아니기에 과거의 극복이라는 의미에서 영원성의 빛은 여기에서도 뚜렷이 반영되어 있다.

원죄는 인간 주체의 행위를 단순하고 직접적인 자기주장으로 만든다. 시간적인 개별 행위의 죄악성은 이 자기주장에 직접적인 기반을 두고 사랑의 실현을 거부하고 신의 사랑에 대한 불복종적인 태도를 보이기 때문에 유한적 주체에게 있어서는 시간성의 극복은 이 근원적 죄악의 극복을 뜻한다.

## 구원

죄의 극복은 종교적 용어로 '구원' 또는 '구제'라고 불린다. 이것은 진정한 유한적 존재인 주체의 본래의 모습으로 돌아가는 것을 뜻하며 신의 은총에 의해서만 이루어진다. 이 본래의 모습이란 주체가 자신의 힘으로 실현하는 방법을 말하는 것이 아니라 자신을 완전한 무로 만들고 저 너머로부터 주어지는 것으로 자신을 채우기 위해서 빈 그릇이 된다는 것을 뜻한다. 즉, 구원은 창조에 의해서만 이루어진다. 피조물이라는 본래의 모습을 스스로 망각하고 마치 스스로가 창조자인 양 오로지 자신의 주장에만 전념하고 그로 인해 오히려 파멸의 길을 걷게 된 주체를 철저하게 무로 귀결시킴으로써 새로운 주체성, 진정한 유한성을 부여해서 사랑의 주체로서 창조하는 것 ― 이것이 구원이다. 이 구원은 자연적 문화적 주체가 신의 은총을 받고 사랑의 희미한 빛을 보여줌으로써 이 세상에서 이미 시작되었다고 말할 수 있다.

그러나 이 세상이 계속되는 한 주체의 태도는 여전히 자기주장일 것이고 시간성을 벗어나지 못한다. 현실적인 삶이 계속되는 한, 죄악도 시간성도 극복하지 못한 채로 있다. 이러한 삶이 어떻게 사랑의 빛을 보여 줄 수 있을까? 보인다고 여겨진 것이 오히려 자각을 흐리게 하는 도깨비불 같은 것은 아닐까? 구원은 전적으로 신의 은총에 달린 만큼, 인간이 자기 성찰 때문에 얻어지는 상태나 업적 등을 가지고 이러쿵저러쿵 논의할 사항이 아니다. 그러므로 아직 죄도 시간성도 극복하지 못한 이 세상에서 구원이 어떤 형태로 이루어질지는 신의 은총과 계시를 기다릴 수밖에 없다. 그것이 바로 '죄의 용서'이다.

## 용서

죄의 용서는 전술한 신의 사랑의 가장 기본적인 행위라고 할 수 있다. 죄 없는 세계는 영원한 세계이고 그러한 세계에서는 죄의 용서도 필요 없고 유한적 주체는 신의 사랑 속에서 영원한 현재를 살고 있을 것이다. 또한, 생명의 자연적 문화적 단계를 고수하고 결합에 대한 갈망을 강제로 억누르려 하는, 잘못된 유한성에 만족하려는, 절망적인 노력에 심취하는 인간적 주체에게는 스스로 죄가 없다고 여기는 것처럼 용서 또한 공상(空想)에 지나지 않을 것이다. 하지만 죄의 현실이 한 번 우리의 시야에 들어오면, 죄의 용서가 지닌 근본적 중요성은 순식간에 명백해진다. 끝을 알 수 없는 무라는 심연에서 은총의 구원으로 간신히 타락을 면하고 있는 유한적 주체에게 있어서는 은총에 대한 반역인 죄악은 파멸을 의미한다. 잘못된 유한성이라고 하더라도 어쨌든 주체로서의 존립을 유지하고 있다는 그 사실이 이미 반역을 반역으로 여기지 않는 신의 은총인 것이다.

이 세상과 이 생명 자체가 이미 죄의 용서에 근거한다. 이것은 개개인의 행위 때문에 작동하는 그런 표면적이고 안이한 것이 아니다. 여기서 우리는 신의 창조가 영원한 존재의 근원에 있을 뿐 아니라 시간적 존재 그 자체도 창조의 은혜에 의해서 성립한다는 것을 알고 모든 염세적인 세계관을 면할 것이다. 모든 억압과 고난, 모든 고통과 슬픔, 모든 속임수와 죄악, 모든 혼란과 갈등, 그리고 폭력에도 불구하고 인간의 삶은 문화적 차원에서도 도덕적 차원에서도 신의 전지전능한 사랑의 힘으로 지탱하고 있다. 자연적 문화적 존재의 뿌리 깊은 곳에 죄가 있음에도 불구하고 신의 은총을 담아내는 그릇이 되고, 신앙심에 의한 사랑으로 이루어진 진정한 도덕적 결합을 갈망하면서 시간의 한 가운데에 찾을 수 있는 영원한 생명의 싹을 틔울 수 있는 줄기가 될 수 있는 것도 오로지 죄의 용서에 의한 것이다.

이처럼 주어진 곳에서 최대한 자신의 책무를 다하고 자신을 버리고 비워서 타인과 여럿에게 봉사하는 것이 죄의 용서를 순수하게 받아들이고 은총에 보답하는 길이다. 가난한 이의 등불 하나, 과부의 동전 한 닢[3]도 여기서는 숭고한 것으로 빛난다. 최선을 다하고 천명을 기다리는 것은 영원한 삶을 사는 자의 올바른 길이지만, 최선을 다할 수 있는 것이 이미 하늘의 뜻에 의한 것이다. 이처럼 죄의 용서는 그 자체가 시간 속에서의 영원의 출현이며 영원의 내재화의 기초이다.

[JSO/유재진]

---

3)  [영] 마가복음 12:42-4; 누가복음 21:1-4.

# 아베 지로

阿部次郎, 1883-1959

1883년 야마가타현(山形縣)에서 태어난 아베 지로는 1904년 도쿄제국대학(東京帝國大學)에 입학해 라파엘 폰 쾨버(Raphael von Koeber, 1848-1923)의 지도하에서 철학을 공부했다. 1912년 일본 교육부의 지원을 받아 유럽으로 유학을 갔다가 이듬해 돌아와서 도호쿠제국대학(東北帝國大學) 초대 미학 교수로 임명되었다. 아베는 일본에서 미학연구를 시작한 선구자 중 한 명으로 테오도르 립스 (Theodor Lipps, 1851-1914)가 주창한 공감이론의 영향을 받았다. 그의 저서로는 『윤리학의 근본 문제(倫理學の根本問題)』(1916), 『미학(美學)』(1917), 『예술의 사회적 지위(藝術の社會的地位)』(1925), 『도쿠가와시대의 예술과 사회(德川時代の藝術と社會)』(1931), 『세계문화와 일본문화(世界文化と日本文化)』(1934) 등이 있다. 1945년 은퇴한 후에는 일본 문화의 비교연구를 이어갔고 1954년에는 아베일본문화연구소(阿部日本文化研究所)를 설립하였다. 아베는 철학적 저서 이외에도 베스트셀러 『산타로의 일기(三太郎の日記)』(1914)로 유명하다.

다음 글은 1921년 아베가 인격주의에 관해서 쓴 에세이를 부분 번역한 것이다. 이 글에서 그는 모든 가치 중 가장 높은 것은 국가가 아니라 개인의 가치라고 강조한다. 그는 칸트(Immanuel Kant, 1724-1804)의 말을 빌려서 사람은 물건이 아니라 가치와 의미를 부여하는 정신이라고 제안한다. 이런 입장에서 인격주의는 물질주의에 대한 평형추라는 그의 주장을 전개한다. 근대 일본 사회를 지배했던 물질주의적 생활양식에 비판적이었던 아베는 인격주의를 급진적 자본주의나 공산주의에 대항하는 제3의 대안으로 제시하였다. [CCY/유재진]

## 인간의 삶에 대한 비평

아베 지로 1921, 113-16

모든 사람이 그렇듯이 나 또한 하나의 입장을 갖고 있다. 그 입장에서 인생과 사회와 나 자신을 관찰하고 비판한다. 내 입장을 한마디로 표현하자면 인격주의라고 할 수 있겠다. 이 글에서 나는 인격주의에 관한 개괄적 설명을 시도하고자 한다. 이 인격주의라는 입각지에 깊은 철학적 기초를 제시하거나 현실 생활의 구체적 상황에 일일이 적용하는 것은 이 짧은 에세이의 목적이 아니다. 그러한 문제는 현재의 나로서 시도하려 해도 다루기에는 너무 벅차다. 인격주의 사상을 이 두 방향으로 깊이 파고들고 넓히는 것은 향후 나의 중요한 과제가 될 것이다. 하지만 현재로서는 내가 인격주의라는 신념에 근거해서 생활하고 있기에 나의 근본적인 태도를 천명하고 이 신조를 최대한 명료하게 제시하려는 시도가 사회나 나에게 의미 있는 노력일 것이다. …

그렇다면 인격주의란 무엇인가? 인격주의는 적어도 인간 생활에 관한한 인격의 성장과 발달을 최고의 가치로 여기고 다른 모든 가치의 의의와 등급을 이에 따라서 정하는 것이다. 인격 이외의 다른 가치를 용인하지 않고 인격의 가치에 봉사하는 한에서 다른 모든 것에 가치를 부여하는 것이다.

인격이란, 도대체 무엇인가? 우리들의 고찰은 우선 여기서부터 시작되어야 한다. 나는 인격의 개념을 명확하게 하려고 다음과 같이 네 가지 표식을 제시하고자 한다.

첫째, 인격은 다른 것과 구별함으로써 그 '의미'를 지닌다. 둘째, 인격은 개개인의 의식적 경험의 합이 아니라 그 바탕을 이루고 이를 지지하고 이를 통일하는 자아이다. 셋째로, 인격은 쪼갤 수 없다는 의미에서 개체(Individuum)이며 하나의 불가분한 생명이다. 넷째, 인격은 선험적 요소를 내용으로 담고 있다는 의미에서 후천적 성격과 구분된다. 칸트의 말을 빌리자면 단순한 경험적 성격이 아니라 예지적 성격을 내포하고 있다는 데 그 성질이 있다.

정신과 물질은 다른 '존재'인가? 아니면 동일한 존재의 두 가지 측면에 불가한가? 혹은 둘 중 한쪽은 근본적 존재이고 다른 한쪽은 거기서 파생된 존재에 불가한 것인가? ― 이들 '존재'에 관한 질문은 어떻게 해석하든 정신과 물질을 구별해서 생각하고 있다. 이러한 구별이 허용된다면 정신과 물질은 서로 다른 '의미'를 지녀야만 한다. 정신과 물질이 지닌 의미의 차이는 정신이 사고하고 느끼고 욕망하는 '주체'인 반면에, 물질은 사고, 감정, 욕망의 '대상'이라는 점에 있다. 혹은 모든 존재는 그것이 사고나 감정이나 욕망의 주체일 때 정신이고, 그것이 단순히 어떤 정신에 의해서 사고하고 느끼고 욕망하는 대상에 불과하고 스스로 사고나 감정이나 욕망의 주체가 아니게 될 때 물질인 것이다. 우리가 정신과 물질을 어떤 의미에서든 구별을 시도할 때 그 구별은 당연히 양자 간의 대립을 의미하지 않으면 안 된다. 따라서 적어도 가치에 있어서 정신과 물질을 구별한다는 것은 바로 정신을 주(主)로 물질을 객(客)으로 삼는다는 ― 또는 정신에 종속된다는 것을 의미한다. 물질의 가치는 정신에 의해서 비로소 주어진다. 정신의 요구를 무시하고 물질의 가치를 언급하는 것은 본래 무의미하다.

그리고 인격은 이 정신을 가리키며 가치와 의미의 주체에 붙인 이름이다. 그 대상에 지나지 않는 '것'은 이 인격에 대립한다. 인격은 정신이기 때문에 우리 자신이 인격인 이상, 우리는 지혜롭고 감정을 느끼고, 노력하는 '존재'가 될 수 있다. 하지만 우리는 돈이나 시계, 또는 육체가 될 수 없다. 이들 '물질'은 ― 그것이 비록 우리의 육체라 하더라도 ― 단지 우리에 의해서 '소유'되는 것에 지나지 않는다.

인격과 물질과 차이는 필경 to be의 주체와 to have의 대상과의 차이일 것이다. 우리는 어떤 인간으로 '존재'하고 무언가를 '소유'한다. 우리가 소유하고 있는 것을 우리들의 정신적 속성과 구별할 때 인격에 대한 개념의 첫 번째 표식이 성립한다. (요컨대 버트런드 러셀[Bertrand Russell, 1872-1970])이 말한 to do와 to have의 구별도 결국은 to be와 to have의 대립으로 수렴될 수 있다. to do는 to be의 발동이자 한 종류이다. 러셀의 구별은 적어도 기독교, 아니 소크라테스나 플라톤만큼이나 낡았다. 그의 이 구별이 의미 있는 것은 그것이 새롭기 때문이 아니라 영원한 진리를 현대에 부활시키려고 했기 때문이다.)

하지만 나는 조금 전에 언급한 내 생각과 표면적으로는 정반대로 보이는 사상에 대한 내 해석을 제시할 필요가 있다. 그것은 니체(Nietzsche, 1844-1900)의 『차라투스트라는 이렇게 말했다(Also sprach Zarathustra)』중 '육체를 모멸하는 자에 대해서'의 장에서 찾을 수 있다. 그의 설에 따르면 정신이란 단지 미세한 이성이고 자아란 누군가의 의지 때문에 조종당하는 장난감에 불과하다. 배후에서 이를 조종하는 자는 혹은 위대한 이성, 위력 있는 명령자, 알려지지 않은 현자이다. 차라투스트라가 이 현자에 붙인 이름은 Selbst(자체)이다. 자체는 분명히 육체이기 때문에 인간을 근본적으로 지배하는 것은 정신이나 자아가 아니라 육체여야만 한다. "당신의 육체에는 당신의 가장 뛰어난 지혜보다 더 많은 이성이 있습니다. 그것은 자아를 말하지 않고 자아를 행합니다. 창조하는 육체는 그 의지의 수단으로서 자신을 위해서 정신을 창조한 것입니다."

우리는 이러한 육체의 찬미와 정신의 모멸에 대해서 어떠한 입장을 취해야 하는가? 정면으로부터 우리의 입장을 부정하려는 이러한 설에 대해서 우리는 어떤 대답을 할 수 있을까? 생각건대, 그 대답은 의외로 쉽게 낼 수 있을 것 같다. 만약 차라투스트라가 말한 의미가 정신적 생활의 '자연적 조건'으로서의 육체를 강조하는 데 있다면 그것은 건전한 정신은 건전한 육체로부터(Mens sana in corpore sano)라는 오래된 속담으로 귀착한다. 하지만, 이 옛말은 정신의 건전함을 '목적'으로 삼는 자는 그 자연적 '조건'으로서 육체를 건전하게 해야 한다는 주장에 머물러 있고 가치나 목적의 견지에서 본다면 이 말은 여전히 정신을 육체보다 우위에 놓고 있다. 따라서 이 옛말에 아무리 보편적 진리가 내포되어 있다 하더라도 우리의 의견을 뒤엎기에는 역부족이다. 그리고 만약 차라투스트라의 의의가—앞의 인용에서도 밝혀졌듯이—단지 자연적 조건으로서의 육체의 의의를 강조하는데 그치는 것이 아니라, 육체의 가치가 더 우월하다는 것을 주장하는 데 있다면 그가 이 우월성을 주장하는 근거는 어디에 있는 것인가. 그것은 육체가 정신 이상으로 위대한 '이성자', '명령자', '지혜자', '불언 실행자', '창조자'여야만 한다. 다시 말해서, 일상적인 말로 표현하자면 육체 이상의 그 무언가—우리들의 용어로 표현하자면 '정신'이어야만 한다.

차라투스트라는 육체나 자체와 같은 강한 용어를 사용하고 있지만 실제로는 정신세계를 두 종류로 구별할 수 있다는 것을 환기하고자 한 것이다. 그리고 그의 말을 이런 식으로 해석 가능하다면 우리는 여기서 인격의 두 번째 표식을 가리키는 의미심장한 진리를 읽어낼 수 있을 것이다. 우리의 인격은 매 순간 발생하는 사고 내용, 감정 내용, 욕망 내용의 합이나 연속이 아니다. 인격은 이 모든 것을 일으키고 지속시키면서 스스로가 자신을 충분히 파악할 수 없는 내면 활동의 주체인 것이다. 통일의 원리로서의 생명인 것이다. 인격과 바깥 세계와의 관계는 단지 의식과 그 대상과의 관계가 아니라 창조자와 그 재료와의 관계인 것이다. 우리는 인격이 무엇인가를 문제 삼을 때 특히 인격과 의지 또는 생명과의 관계에 주목할 필요가 있다.

그러므로 인격은 나눌 수 없는 것이며 생명을 본질로 하는 개체(Individuum)여야만 한다. 생명으로 이어진 것이 아니면 인격이라고 할 수 없다. 생명의 연속성이 없으면 아무리 유사하고 완전한 동일체라고 하더라도 인격적 동일의 근거가 될 수 없다. 이러한 의미에서 인격은 개체인 것이다. 따라서 인격이 개체인 이유는 다른 인격과의 대립 또는 상호제한에 있는 것이 아니라 일관된 생명을 가진 데 있다. 대립이나 상호제한이란 우리라는 특수한 인격이 발견할 수 있는 경험적 사실에 불과하다. 우리가 만약 제한을 초월해서 하나의 생명을 지닌 신이나 우주라는 것을 상정할 수 있다면 그 생명이 정신적인 것일 때에 한해서 우리는 이것을 개체라고 부르고 인격이라고 부르는데 어떠한 모순을 느낄 필요가 없다. 인격이 된다는 것은 다른 것과의 대립을 강조하는 것이 아니다. 자기의 본질로 돌아가는 것이다. 여기에 인격의 세 번째 표식—인격주의를 일반 개인주의와 구별하는 주요한 착안점이 성립한다.

마지막으로 인격적 생활에는 자신의 어떻게 할 수 없는 성격마저도 비판하고 질책하는 보편적이며 선험적인 원리가 포함되어 있다. 어떠한 상황, 성격, 숙명이던 간에 이를 배반하는 것을 허용하지 않고 게다가 이를 배반하는 자 스스로가 안식을 얻을 수 없을 것 같은 단언적 명령이 주어진다. 인격은 단일한 생명으로서 자연적 통일을 지닐 뿐 아니라 당위에 의해서 선험적으로 통일되어 있어야 한다. 여기에 인격과 경험적 성격과의 차이가 있다. 인격의 선험적 요소는 경험적 성격을 고무하고 격려하며 괴롭히고 고민하게 하며 정교하게 만들고 정화해 인격을 인격으로써 연마시킨다. 여기에 인격주의를 주관주의와 구분하는 인격의 네 번째 표식이 성립한다.

## 물질주의에 대항하다

인격주의란 이처럼 인격의 성장과 발전에 궁극적 가치를 둔다. 따라서 이는 당연히 '물질주의'와 정반대의 입장을 취하게 된다. 인격주의의 입장에서도 물질에 어느 정도의 가치는 인정한다. 인격적 생활을 영위하는 데 있어서 물질의 소유와 사용이 어느 정도 가치가 있는가, 라는 질문에 대한 대답 여하에 따라서 물질을 중시하는 정도에 차이가 있다는 것은 굳이 말할 필요도 없겠지만, 어쨌든 생활하는 데 있어서 물질의 소유나 사용이 필요불가결하다면 물질은 그러한 의미에서 가치가 있는 것이다. 하지만 이처럼 인격주의가 물질에 어느 정도의 가치를 인정하는 것은 그것이 '인격의 가치'를 증진시키는 조건이기 때문에—다시 말해서 '인격의 입장에서 봤을 때 가치'가 있기 때문이고, 그 외에는 어떠한 근거도 갖고 있지 않다.

그렇기는 하지만, 물질의 소유나 사용은 특정한 조건에 있을 때 비로소 인격의 가치를 증진시키는 것이고 이 조건에 맞지 않을 때는 오히려 인격의 부담이 된다. 과잉 소유가 인격적 생활을 얼마나 타락시키는지 우리는 부호, 특히 부호의 자식이라고 불리는 자들을 통해서 질릴 정도로 봐왔다. 이처럼 물질은 그 자체로는 아무런 가치를 지니고 있지 않다. 물질의 가치는 모두 그것을 소유한 인격의 반영이다. 무고한 물질을 성불시키는 것은 항상 그것을 사용하는 인격의 빛이어야 한다. 여기에 물질의 의의에 대한 인격주의의 근본적 태도가 있다. 현대사회에서 물질적 생활이나 분배가 아무리 중요한 지위를 차지한다고 하더라도 이는 '조건으로서' 중요한 것이지 목적으로서 중요한 것은 아니다. 조건의 문제를 목적의 문제로 헷갈리면 심각한 혼돈이 일어난다. 인격주의는 이러한 혼돈에 대해서 단호하게 반대 입장을 고수해야 한다. 내가 말하고 싶은 것은 조건의 문제를 모두 무시해도 된다는 뜻이 아니다. 그것이 인격 가치의 실현에 있어서 필요불가결한 것일 때, 조건의 문제도 생사를 가르는 중요한 문제가 될 수 있기 때문이다. 다만, 조건을 목적으로 혼동해서 발생하는 위험은 물질의 증가를 무조건적으로 추구하게 되면 물질의 소유나 사용을 제한하는 것이 본래의 목적에 적합하다는 사실을 망각하는 데 있다. 소유의 증가가 절대적인 목적이 되면 소유를 획득하기 위한 협력은 있을 수 있어도 소유의 제한은 불가능해질 것이다. 하지만, 물질에 관해서는 소유의 '제한'이 반드시 필요하다. 인격의 발전에 유해한 불필요한 물질의 증축이나 소유욕을 제한하는 것— 이 정신을 가르치는 것이 현대사회에서 인격주의가 이루어야 할 중대한 사명이다.

그러나 물질주의는 개념상 인격주의와 대립한다는 의미에서 분명 망상이다. 아무리 물질주의자라고 하더라도 물질에 독립적 가치를 실제로 부여하지는 않는다. 그런데도 그들이 물질주의를 주장하는 것은 그들의 자기 이해가 부족해서 스스로 자신의 진의를 모르기 때문이다. 구두쇠의 목적은 금전 소유의 즐거움이고 금전이라는 물질이 아니다. 금전이라는 물질은 이 즐거움을 충족시켜 주기 위한 조건으로서 필요불가결한 것이기 때문에 가치가 있는 것이다. 그리고 금전 소유의 즐거움도 그 바탕에는 금전을 사용함으로써 얻어지는 향락이나 편의, 그리고 이러한 향락과 편의의 보증을 확보해서 얻어지는 안도로 귀착될 것이다. 물질 소유가 주는 것은 관능적 향락의 즐거움이다. 혹은 타인에게 관능적 향락을 줌으로써 내게 돌아오는 권세욕의 만족이다. 그리고 이러한 향락은 물질 소유의 정도에 따라 정비례하여 많으면 많을수록 더 많이 누리게 된다. 물질주의자는 분명 관능적 향락주의자임이 틀림없다. 그들은 관능적 향락의 조건으로서 물질에 가치를 두고 있다. 그들의 목적은 관능적 향락이라는 일종의 정신 상태에 있다. 그래서 이 정신 상태를 유지하기 위해서는 물질의 충분한 소유가 필요불가결한 조건이며 이 목적을 달성하기 위해서는 물질의 소유가 많으면 많을수록 유리하기 때문에 사실상 그들의 유일한 관심사는 소유에 있다. 이러한 의미에서 향락주의자가 물질주의자가 되는 것은 당연한 귀결이라고 볼 수 있다.

모든 물질의 가치는 인간에게 달려 있다. 인간에게 가치 있는 것은 인간의 가치를 높여주는 데 도움이 되는 것이다. 모든 물질적 향락주의자도 사실상 이와 같은 원리에서 물질의 가치를 평가한다는 점에서 우리랑 다를 바가 없다. 하지만 인간의 가치란 무엇인가? 그들은 이 기준을 관능적 향락의 정도에 놓았다. 가장 많은 향락을 누리는 생활이 가장 보람 있는 생활이다. 따라서 그들은 향락의 기회와 편의를 얻는 데에만 집중한다. 인격의 가치에 대한 그들의 눈에 띄는 혼동은 여기서부터 시작한다. 하지만 이러한 판단의 오류는 향락주의자의 생활이 가장 명료하게 보여 준다. 향락은 우리들의 인격이 소극적 태도를 취하게 하고 밖으로부터 주어진 인상에 좌우되면서 생겨나는 심신의 쾌적함이다.

따라서 이러한 생활의 결과는 수동적인 정신과민이다. 인격이 외부 사물의 노예가 된다. 사람이 아름다운 옷을 탐할 때 아름다운 옷이 그의 주인이고 그는 그 아름다운 옷의 노예가 된다. 그가 아름다운 옷을 입는 것이 아니라 아름다운 옷이 그를 입는 것이다. 또는 사람이 미식에 빠질 때, 미식은 그의 주군이고 그는 미식의 시종에 불과하다. 그가 맛있는 음식을 먹는 것이 아니라 음식이 그의 인격을 먹는 것이다. 인격의 능동적 측면은―이것이야말로 인격을 인격답게 하는 것이다.―이러한 생활의 결과 차츰 무뎌지게 된다. 인격 특유의 생활―창조의 즐거움이나 노동의 기쁨, 역경을 이겨내는 용기―을 현저하게 불식시키는 것이 물질적 향락주의라고 해도 과언이 아닐 것이다.

현대사회가 이러한 생활 태도 때문에 얼마나 타락의 위기에 있는지, 물질주의의 여독에 빠진 우리로서는 쉽게 이해하기 힘들 것이다. 예를 들어서 현대사회의 큰 문제인 경제생활의 불안이라는 것도 그중 가장 심각한 경우는 물질적 향락주의가 그 배후에 도사리고 있다는 것을 나는 두려워한다. 나는 오늘날 경제생활의 문제가 현대사회의 깊은 결함에 근거하고 이것이 인격 생활의 근본 문제와 얽혀있다는 것을 일찍이 알고 있었다. 하지만 우리는 이 문제에 관해서 인격의 권리문제와 물질적 향락욕의 정면충돌을 엄밀히 구별해서 생각하지 않으면 안 된다. 이 둘은 실질적으로 항상 혼동될 위험 소지가 있으므로 우리는 더욱더 이 구별을 명확히 파악해 놓을 필요가 있다. 러시아나 영국의 경우는 잘 모르겠지만, 적어도 현재 일본에서 이 방면의 충돌에는 타인의 생활권을 짓밟으면서까지 자신의 사치를 탐하고자 하는 자와 타인의 사치를 선망하면서 자기도 또한 그러한 사치를 누릴 권리가 있다고 주장하는 자―이 두 계급의 공격 방어의 싸움은 아닌지, 또는 이러한 싸움으로 타락하려는 위기에 점점 가까워지는 것은 아닌지. 우리는 부단히 이러한 점에 대한 반성을 게을리해서는 안 된다. 경제생활의 문제에 당연한 의의를 부여하고 그 범위를 벗어나는 것을 막는 것이 오늘날 인격주의의 사명 중 가장 중요한 것이다. 우리의 사회문제는 의식주의 노예가 된 자들 사이에서 벌이는 서로 사치를 쟁탈하려는 문제―이러한 아귀도의 문제여서는 안 되는 것이다.

[CCY/유재진]

# 다카하시 사토미

高橋里美, 1886-1964

다카하시 사토미는 도쿄제국대학(東京帝國大學)에서 철학을 공부했다. 1921년 센다이(仙台)에 있는 도호쿠대학(東北大學) 이학부 교수로 임명되었다. 그 후 독일에서 2년간 리케르트(Heinrich Rickert, 1863-1936)나 후설(Edmund Husserl, 1859-1938) 등과 함께 철학을 연구했다. 다카하시는 1921년 초 아직 대학원생이었을 때 니시다 기타로(西田幾多郎, 1870-1945)*의 『선의 연구(善の研究)』를 비판한 논문을 발표해서 니시다 철학을 비판한 주요 평론가로 이름이 알려졌고 또한 일찍이 일본에 현상학을 소개하고 주창한 자로서도 유명하다. 그의 중심 사상인 『전체의 입장(全體の立場)』과 『포용변증법(包辨證法)』의 방법론은 인간의 인지적 한계와 절대자의 완전한 초월에 대한 지속적인 통찰을 통해서 형성되었다. 그리고 절대자와 상대자, 전체와 부분 사이에 최종적으로 불협화음이 존재한다는 주장이 그의 사상을 뒷받침해주었다. 그는 종교의 목적을 '이 몸으로 부처 되기'에서 '이 몸으로 부처가 되지 않기'로 전환하였고, 정체성을 주어진 것이 아니라 변증법적 과정을 통해서 드러나는 것으로 인식하였다. 이처럼 그의 철학적 사유는 기존의 종교관과 명백한 차이를 보임에도 불구하고 절대 경직되지 않고 다양한 관점을 받아들였으며 기본적으로 모든 독단주의와 근본주의에 반대 입장을 유지했다. 다나베 하지메(田邊元, 1885-1962)*의 '절대 비판'과 유사하게 그는 철학이 계속해서 정교해질 필요가 있다고 주장하였다.

그의 사상에는 헤겔(Hegel, Georg Wilhelm Friedrich, 1770-1831)의 변증법과 후설이 주창한 현상학의 영향이 가장 두드러지게 나타나지만, 다카하시가 사용하는 용어에는 칼 야스퍼스(Karl Jaspers, 1883-1969)가 말한 '포함'의 개념 – '무', '관습적 존재'와 그 '중간'이라는 '세 진리의 융합'에 대한 천태종(天台宗)의 신념 – 과 현실을 초월한 전체성을 나타내는 일반 불교사상의 '이성'과 '원리' 등도 엿보인다. 그의 철학은 넓은 범주의 철학적 제재를 통합적으로 통찰하였을 뿐 아니라 철학적 과제를 부단하게 사유하도록 촉진함으로써 일본을 모던에서 포스트모던의 시대로 전환하는데 기여하였다.

[GK/유재진]

---

## 경험 전체의 입장

다카하시 사토미 1929, 84-7, 89-93, 95

우리는 철학을 시작하면서 우선 자신의 입장을 명확히 할 필요가 있다. 하지만, 입장의 제한이라고 하는 것은 고찰하고자 하는 대상의 한 측면에 국한하는 결과를 초래하고 많은 경우에는 우리에게 대상의 올바른 모습(optimum) 대신에 왜곡된 모습을 보여 주고 최악의 경우에는 그 희화(戲畵)나 착각을 보여 준다. 현상학자들이 종종 다른 철학을 '입각점의 철학(Standpunktsphilosophie)'이라고 비난하며 현상학적 환원 운동을 통한 모든 입각점으로부터의 해방을 요구하고 모든 오만한 사상의 '구성(Konstruktion)'을 버리고 '사실 그 자체를 따라야 한다(Zu den Sachen selbst!)'고 주장하는 이유가 여기에 있다.

......

새로운 철학적 입장을 주장할 때, 사람들은 언제나 철학의 개념 규정에 의식적으로 돌아가게 된다. 그리고 조금 지나서 사람들은 이러한 일반적 논의에 지루함을 느끼지만, 진지하게 철학을 하고자 하는 이에게는 자신의 입장이 필요하고 그 입장을 시인(是認)하기 위해서는 철학 개념의 음미가 뒤따라야 한다. 하지만 널리 알려진 바와 같이 철학의 개념만큼이나 이설(異說)이 분분한 것도 없다. 이러한 상황은 체계적 흥미에 관심을 갖고 철학에 임한 이들의 '진리에 대한 용기'를 비참하게 꺾어버리고 철학하는 생물이 젊어져야 할 숙명의 힘에 이끌려 많은 회의와 절망을 경험한 후에야 간신히 이 철학적 역경을 헤쳐나갈 수 있을 뿐이다. 철학을 단순히 철학사로만 이해하거나 철학적 교양을 필요로 하는 것에 그치지 않고 철학을 통해서 진리의 본질을 보고자 하는 이 중에서 이런 힘든 경험을 겪지 않은 사람은 없을 것이다. 애초에 철학이란 어떠한 학문인가? 철학은 일반적 의미의 학문이기는 한 것인가? 이에 대해서 우리는 너무나도 많은 것을 배워왔기 때문에 오히려 아무것도 모르는 상태라고 할 수 있다. 이럴 때 '역사적 귀납법'도 우리에게 다소 도움이 되겠지만, 이 방법을 통해서 철학의 본질에 대한 결정적 정의를 얻어낼 수 없다는 것은 굳이 말할 필요도 없다. 실은, 철학이란 무엇인가, 라는 질문 자체가 철학의 거대한 의문, 아마도 최대의 의문 중 하나일 것이다. 철학은 끝없는 앎의 추구이다. 따라서 철학은 자신을 알고자 하는 것이다. 그것은 아직 이름이 없어 이름을 찾고자 하는 것, 정의(定義)가 없어 정의를 추구하는 것이다. 철학의 앎은 근본적으로 '무지의 지(docta ignorantia)'이며, 그 이름은 무명의 이름이고 정의는 무정의의 정의이다.

하지만, 현실적으로 우리가 철학적 노력을 시작하려 할 때, 위와 같은 위대한 무정의 상태로 멈춰있는 것은 허용되지 않는다. 무정의 속에서도 어떻게든 정의를 찾아내고 이것을 연구의 실마리로 삼지 않으면 안 된다. 다만, 철학은 근본에서는 정의가 없으므로 이 정의는 처음에는 작업 중인 가설의 성질을 띠고, 철학 작업이 어느 정도 진행되었을 때 그것은 차츰 결정적인 철학적 개념의 예과(豫科) 정도의 색채를 띠기 시작한다. 나는 어느 정도 잠정적으로 하지만 결정적으로 나름의 색채를 띠기 시작한 나 자신의 철학에 대한 정의를 여기서 기술해보고자 한다. 내 생각에 철학이란 시시때때로 우리가 도달하는 경험 전체의 지적 체계이다.

......

나는 위와 같이 철학을 규정한 다음 우선 흔히 말하는 '무한의 과제'라는 것을 제시하고자 한다. 우리의 체험은 절대적이고 완결된 총체로 경험하는 것이 아니라 시간적, 역사적 과정으로서 부단하게 발전하고 확장되는 것, 적어도 변화하고 멈추지 않는 것이다. 그러므로 우리가 도달할 수 있는 체험 전체는 그때마다 상대적 전체에 불과하다. 철학의 대상은 이러한 상대적 전체이며 우리들의 철학적 해석 또한 최종적 결정을 보지 못하기에 무한의 과제라는 성질에서 벗어나지 못한다. 물론 이것은 무한 발전적 체험의 절대적 완결체라 할 수 있는 높은 경지의 정지(靜止)와 모순되는 것이 아니다. 무한한 발전이 어떻게 가능한지를 물을 때, 우리는 그 포괄적 근원으로서 발전이 완결된 전체상으로서의 정지를 예상해야 한다.

......

체험의 전체상이란 모든 체험을 남김없이 포괄한 전 영역을 가리킨다. 단순히 그 한 부분에 지나지 않는 이론적 체험을 생각해보더라도 그 안에는 구체적 체험만이 있는 것이 아니라, 추상적 체험이라고 부를 만한 것도 있다. 단지 현실적이거나 실재적인 것에 그치는 것이 아니라 이상적이거나 비실재적인 것도 체험에 포함된다. 내재적인 것뿐 아니라 초월적인 것, 가능한 것뿐 아니라 불가능한 것도, 가치도 반가치도, 의미도 무의미도, 모순도 무(無) 그 자체마저도 여기에는 포함된다. 이론적 체험의 전체란 우리가 감각, 표상, 사유, 기억, 상상, 공상, 착각, 환상하는 모든 형상이나 사태의 대상계(對象界)와 그것들에 대응하는 최대한 다양한 작용을 포괄한 모든 이론적 영역을 가리킨다. 다른 감정과 의지의 영역에서도 똑같은 확장을 볼 수 있을 것이다. 여기서 우리는 철학적 연구의 대상은 모든 확장 가능한 영역과 그들 중간에 존재하는 한계의 모든 영역으로 이루어진 체험의 전 영역인 것이다. …

그렇다면 이처럼 우리의 시야를 최대한으로 확장했을 때, 우리의 시점은 과연 어디에 있는 것일까? 바라보는 입장은 그 대상 밖에 존재하지 않으면 안 된다는 것은 자명한 사실로 여겨지고 있다. 이는 상대적 의미로는 인정하지 않을 수 없다. 하지만, 절대적 의미로는 대상의 외부에 초월적으로 존재하는 바라보는 입장이라는 것을 상정하는 것은 불가능하다. 왜냐하면 입장이란 모든 체험의 한 부분을 구성해야만 한다. 이러한 통찰을 가능케 하기 위해서는 새로운 인식 방법의 도입, 적어도 새로운 자각에 의거하지 않으면 안 된다.

어쨌든 이 체험의 총체를 바라보는 전체의 입장은 모든 제한적인 입장을 초월한 입장이고 이 점에서 말하자면 이는 '입각점의 극소'를 의미한다. 하지만 이는 입각점에 대한 공포를 의미하는 것은 아니다. 모든 특수한 입장을 배제하지 않고 오히려 이를 자신의 입장으로 포용하고자 하는 요구이다. 그러한 의미에서 이는 '입각점의 극대'를 목적으로 한다. 경험주의나 심리주의의 입장도 선천주의나 비판론의 입장도, 현상학의 입장도, 헤겔의 입장마저도 내가 이상으로 생각하는 가장 보편적이고 가장 구체적인 모든 체험의 입장이 되기에는 부족하다. 만약 나의 예상이 틀리지 않았다면 이들 입장은 모든 체험의 입장을 각각의 방식에 따라 추상적으로 이해하여 그 안에서 성립한 것이다.
……

우리가 이러한 전체의 입장을 채택할 때, 그 연구 방법 또한 어떤 특수한 것이 아니라 역시 전체적인 것이 아니면 안 된다. 철학의 학문적 독립을 위해서 독특한 대상과 독특한 방법이 줄곧 사용되었지만, 철학에 독특한 대상이 존재하지 않는 것처럼 철학에는 독특한 방법 또한 없는 것이다. 내 예상에 의하면 발생적 방법, 비판적 방법, 현상학적 방법, 변증법이라고 하는 것들은 하나의 구체적, 전체적 방법의 각각의 추상으로 도입된 것이다. 또한, 앞에서 언급한 극대, 극소의 관계는 이 방법도 해당한다는 것은 쉽게 이해할 수 있을 것이다. 그리고 입장이 절대적 의미에서는 체험과 떨어져서 존재하지 않는 것처럼 방법도 또한 체험 외적인 것이 아니라 그 자체가 체험의 일부를 이룬다는 것에 주의해야 한다.
…

이처럼 생각해본다면 우선 모든 가능한 입장을 안에 내포하는 전체적 입장에서 각각의 입장의 특질과 관계를 상정하는 '입장의 학문'이라는 것을 생각할 수 있으며 다음으로 모든 방법을 내포하는 전체적 방법으로부터 각각의 방법의 특질과 관계를 규정하는 '철학적 방법의 학문'이 가능하다. 특히 체험의 전체로 인해서 성립하는 개별 대상계의 구조와 위치를 규정하는 대상의 학문이 가능하게 되고 나아가 입장과 방법과 대상과의 본질적 관계를 규정하는 학문도 또한 가능하다. …

위에서 기술하였듯이 나의 체험 전체의 입장은 체험의 전체적 연관에 있어서 대상을 고찰하는 입장이지만 그것을 고찰하는 입장마저도 모든 체험의 일부분이고 철학은 완결된 형태의 학문이 아니라 과정을 지닌 학문에 대한 사랑이기에 우리는 체험이 지닌 어느 한 지점에서 시작해서 체험의 전체로 나아가야 한다.

## 포용 변증법

다카하시 사토미 1940, 310-14

일전에 줄곧 교묘한 궤변이라며 사람들로부터 거부당했던 변증법이 오늘날에 와서 다시 예전의 명성을 회복했을 뿐만 아니라 점차 그 세력을 확대하고 있다. 특히 우리나라에서는 「대승(大乘)」불교나 송학 등으로 인해서 배양된 사상적 전통과 마르크스를 종주로 하는 유물사관의 영향을 받아 '변증법의 신비'는 오히려 자명한 이치로 여겨지고 유행하는 논리가 되어 이미 비판의 대상이 아니라 경탄과 신봉의 대상이 되었다. 하지만 이처럼 하나의 사상이 자명해지고 유행하고 나아가 신앙이 될 때 가장 요구되는 것은 자유로우면서도 엄정한 이론적 비판의 태도여야만 한다. …

하지만, 똑같은 변증법이라는 이름으로 불리는 것에도 그 내용과 형식에는 다양한 차이가 있다. … 나는 우선 변증법적 환원운동이라고 불리는 것의 근본적인 문제를 검토하고 그것이 결국은 포용 변증법적인 전체성 안에서 지양되어야만 하는 이유를 명백히 논하겠다. 그런 다음 변증법의 주요한 여러 형태를 고찰하여 종래에 행해진 변증법의 여러 형식과 더불어 최근 우리나라에서 주장되고 있는 형식들도 고려하면서 이를 과정의 변증법, 「장소(場所)」의 변증법, 이극대립의 변증법, 순수부정 또는 순수운동의 변증법, 삼극 또는 세 진리의 융합 변증법, 무한극적 또는 무한원용의 변증법, 전체와 부분과의 변증법 등으로 정리, 구분하여 각각의 변증법이 가지고 있는 특유한 구조를 지적하고 그 변증법들 사이의 원리적 관계를 규명하고자 한다. 하지만 이 고찰에 의해서 우리가 도달하게 되는 것은 결국, 그 어떤 형식의 변증법도 그 성립 근거로서의 포용 변증법적 전체성을 전제로 해야 한다고 통찰한다. 하지만, 내가 여기서 포용 변증법적 정체성이라고 부르는 것은 일반적 의미의 정체성, 즉, 부분과의 대립 때문에 상정되는 단순한 전체를 말하는 것은 아니다. …

나는 전체와 부분과의 관계는 본래 어떠한 형식의 변증법을 대입시켜도 다 담아내지 못하는 무언가를 지니고 있다고 생각한다. 그리고 이 무언가야말로 실로 전체와 부분의 관계에 있어서 핵심을 이루는 것으로 양자의 변증법적 관계는 그것의 추상화에 지나지 않는다.

생각건대, 전체는 부분을 포월(包越)하고 있다. 포월하다는 것은 단지 초월하는 것이 아니라 감싸 안음으로써 초월하는 것을 의미한다. 게다가 이 경우, 감싸 안는다는 것은 단지 외적으로 감싸 안는 것이 아니라 내적으로 침투하는 것이다. 따라서 이는 동시에 내재하는 것이다. 하지만 이 초월적 내재 또는 내재적 초월은 초월과 내재와의 변증법적 통일이 아니라 이와는 원리적으로 다른 비변증법적 통일이고 변증법적 일반을 포월하고 이를 가능케 하는 진정한 통일적 전체성이며 실로 포용 변증법적 전체성이라고 부를 수 있는 것이다. 이처럼 내가 사용하는 포용 변증법적인 것은 그 자신이 변증법의 한 종류가 아니라 변증법 그 자체의 포월적 지양이며 변증법을 비변증법적인 것으로 포괄하지만 이 또한 변증법을 포괄할 뿐 아니라 변증법 이외의 모든 것을 포월하는 실로 포일적(包一的)인 전체성이다. 다만, 우연히 변증법에서 출발해서 여기에 도달하였기 때문에 그 인연으로 포용 변증법이라고 부를 뿐이다.

......

이러한 포월적 전체성(이를 특히 변증법과 연관 지어서 붙인 이름이 포용 변증법이다)은 사람들이 변증법에서 유무(有無), 정반(正反)의 상호제한이라고 부르는 모든 사태랑 지극히 유사한 것이다. 하지만 다음과 같은 몇 가지 점에서 근본적으로 다르다.

1. 변증법에서는 유무의 대립은 보통 비연속적인 것으로 간주하는 반면, 포용 변증법적 전체성은 무로부터 유로 향하는 연속적 생성과 유로부터 무로 향하는 연속적 생성을 동시에 내포하고 있다.
2. 전자에서는 생성은 유무가 합일된 결과였던 것에 반해, 후자에서는 유무의 대립은 이미 앞의 이중의 생성을 전제로 한다.
3. 전자에서는 대립자가 상호제한에 의해서 높은 단계로 전진하지만 후자에서는 양자의 대립은 동일한 단계에 있어서 이미 그 통일이 성취되었고 이 통일은 포용 변증법, 그 자신이다.
4. 변증법적 운동은 그것이 운동인 이상 그 시작을 종말에 완전히 귀속시킬 수 없는 반면, 포용 변증법적 입장은 고차원의 정지로서 시작, 중간, 종말을 완전히 자기 안에 귀속시킬 수 있다.
5. 포용 변증법적 전체성은 이처럼 생성과 대립을 지양, 포월하는 것이지만 동시에 생성을 가능케 하고 실로 모순, 즉 동일의 모든 양태를 가능케 하는 근거이다.
6. 포용 변증법적 전체성에 이르러 처음으로 정반의 변증법적 대립에 관여하지 않는 중립적인 것의 존립(동일률의 입장)이 가능하게 된다. 마찬가지로 거기서 처음으로 변증법적 부정으로 나아가지 않는 중립적 부정(모순율의 입장)도 생각할 수 있게 된다. 이를 가능케 하는 것이 무적(無的) 전체성으로서 내가 말하는 체계무(體系無)인 것이다. 이처럼 형식적 오성 논리의 입장도 변증법적 논리의 입장도 모두 오로지 포용 변증법적 입장에 의해서 처음으로 성립할 수 있다.

지금까지 이해를 돕기 위해서 포용 변증법적 혹은 포용 변증법적 전체성을 단순히 한 쌍의 생성과 역(逆)생성을 동시에 포월하는 것으로 규정하였지만, 사실 포월적인 전체성은 모든 대립하는 방향의 생성 과정 전부를 동시에 포월하는 포일적이고 일재적(一在的)인 전체성으로 이해해야 한다. 하지만 이러한 일재적 전체성은 그 포월의 극치에 있어서 결국은 내가 말하는 절대무에 둘러싸여 소멸되는 것으로 내가 만법은 하나로 귀결되고 하나는 무로 귀결된다고 말한 이유가 여기에 있다.

나는 지금까지 주제와 관련 있는 원리적인 여러 요소를 간과할 것을 두려워해서 특히 형식적, 추상적인 논술 방식을 택했지만 지금 이것을 다소 구체적으로 표현하자면 포월적 전체성은 포시간적(包時間的), 포역사적(包歷史的)인 전체성으로서 이 또한 시간적, 역사적인 것은 아니지만 시간이나 역사 등을 종합하여 현실의 다양한 양상을 그대로 포월함으로써 이것을 가능하게 하고 게다가 스스로는 영원에 머무는 현재이다. 혹은 이것을 여러 법을 포월하는 실상이라고 부르고 무명을 포월하는 「진여(眞如)」라고 하고 사(事)를 포월하는 「이(理)」라고 부를 수도 있다. 하지만 실상, 진여, 이라고 불러도 원래가 단순한 앎을 의미하는 것은 아니다.

오히려 포월적 전체성은 내용적, 체험적으로는 앎과 함께 의지나 행위마저도 포괄하는 일재애(一在愛)로서 규정하지 않으면 안 된다. 하지만 이는 내가 말하는 절대무의 체험적 규정으로서의 절대애(絶對愛)인 것이다. 그러기에 모든 것은 근본에 있어서 절대애 속에서 전일적(全一的) - 일무적(一無的)으로 포괄될 수 있는 것이다. [GK/유재진]

# 구키 슈조

九鬼周造, 1888-1941

진정한 세계주의자라고 부를 수 있는 철학자, 구키 슈조는 일본 학계에
실존철학과 해석학을 도입하였고 시간성, 우연성, 미학, 문학이론에 대한
혁신적인 저술들을 다수 남겼다. 그의 아버지는 일본 초대 주미대사를
지내신 남작이셔서 그에게 작위를 물려주셨고, 예술적 감수성이 풍부하셨
던 그의 어머니와 일본 미술계의 대가이신 양아버지, 오카쿠라 덴신(岡倉
天心)은 시와 그림에 대한 깊은 감수성을 물려주셨다. 1921년부터 1929년
까지 유럽으로 유학을 떠나 독일에서는 리케르트(Heinrich Rickert, 1863-
1936), 후설(Edmund Husserl, 1859-1938), 하이데거(Martin Heidegger,
1889-1976) 밑에서 공부했으며, 파리에서는 장 폴 사르트르(Jean Paul Sartre, 1905-1980)에게 불어와
프랑스 철학을 배웠다. 귀국 후 그는 교토제국대학(京都帝國大學)에서 교편을 잡았다. 그는 당시
지배적이었던 교토학파(京都學派)와는 다소 이질적인 철학자였다. 그가 파리와 교토의 고급 음식과
유곽을 즐겼다고 해서 힘든 지적 작업에 대한 그의 열정이 식은 것은 아니었다. 그는 그리스어,
라틴어, 독일어, 프랑스어 등의 원서를 연구해서 어려운 철학적 명제에 대한 상세한 해석을 제시하였
고 일본학계에 프랑스 철학사를 소개하였다.

구키는 유럽 철학에 만연해 있는 몸과 정신의 이원론적 분열을 아쉬워하며 자신의 시, 시학,
그리고 수많은 철학적 글쓰기를 통해서 몸과 정신의 결합을 시도했기에 그의 주요 철학서들은 다른
철학서들과 뚜렷한 차이와 개성을 보여 준다. 『시간론(Propos sur le temps)』은 1928년 프랑스 퐁티니
(Pontigny)에서 행한 강연문을 기조로 하고 있고 이 저서에서 훗날 전개될 그의 방법론에 관한 관심을
엿볼 수 있는 몇 가지 대조들을 확인할 수 있다.—현상학/객관적 시간, 동양의 순환적 시간 개념/서양
의 직선적 시간 개념, 시간을 기꺼이 받아들이려는 '무사도'/인도 불교의 시간으로부터의 해방 등이
그러하다. 그 후 삶의 경험과 철학적 문제를 해명하기 위해서 대조와 긴장을 인용한 보다 상세한
연구들이 계속해서 진행되었다. 그의 1930년 저서 『이키의 구조('いき'の構造)』는 분석과 경험의
괴리뿐 아니라 구체적인 인간관계를 규정하는 매력, 저항, 체념의 긴장감, 그리고 무엇보다도 남녀
사이의 긴장감을 다루고 있다. 구키의 우연성에 관한 많은 연구는 현실을 대표하는 규칙 없이 일어나
는 우연이라는 현상에 일반 이론을 구조화시키고 분류를 시도하면서 정의 내리려 하였다. 우연한
상황에 부딪힐 긴장감과 가능성은 모두 이중성, 즉 '이중적인 관계, 다시 말해서 가능성을 열어두는
것'에 달려 있다. 그는 우연성에 관한 글에서 적어도 두 사람이나 사물이 있어야 하는 우연한 만남은
한 사람이 전혀 존재하지 않는 형이상학적 가능성, 그가 생각하는 '결합에 대한 근본적 저항'의
가능성을 강조한다.

구키의 우연성에 관한 연구가 지닌 특징들은 유럽이나 일본 철학자들의 작업과 그를 구별시켜주
고 있다. 그의 해석은 아마도 철학사에서 가장 체계적인 설명일 것이다. 그가 분류하고 있는 용어는
칸트(Immanuel Kant, 1724-1804)의 판단 유형론을 본뜬 것이지만, 필요성보다는 가능성과 우연성에

적용했다. 형이상학적으로나 선언적으로 우연성은 아무것도 마주치지 않는 곳이다. 이것은 니시다 기타로(西田幾多郎, 1870-1945)*와 다나베 하지메(田邊元, 1885-1962)의 '절대무(絕對無)'가 아니라 존재 부정의 가능성을 의미한다. 실존주의 철학과 달리 구키는 과거만큼이나 미래와 우연성을 연관시키고, 초월보다는 받아들이기에 더 연관시켰다. 자유라는 관점에서 보면 우연성이란 현실과 인간의 삶이 지닌 특징이기에 이를 극복하려고 시도하기보다는 우리는 이를 받아들여 한다. 그리고 사회성을 강조했던 와쓰지 데쓰로(和辻哲郎, 1889-1960)*와는 달리 구키는 개성과 이중성을 강조했다. 아래에 발췌한 글들은 개인적이고 실존적인 우연성에 초점을 맞추었다. 이중성이란 자기와 다른 것, 즉 나와 당신 사이의 차이점이다. 구키는 나를 조건화시키는 타자를 '내면화'하고 나아가 우리는 우연성 그 자체를 내면화해야 한다고 제안한다.

마지막으로 구키는 우연성의 윤리학이 지닌 가능성을 암시하였다. 이것은 칸트의 단정적 정언명령을 전환시킨 것으로 칸트 윤리학에 대한 단순한 가설이나 적대가 아니라, 구키의 용어를 빌리자면 세상을 향해서 존재하지 않는 것, 즉 무의 가능성을 수용하라는 형이상학적 정언명령이다. → '이키(いき)' pp.959-960 참조.

[JCM/유재진]

---

## 우연성

구키 슈조 1932, 269-318

우연성의 근본적 의미는 필연성의 부정이다. 필연이란 반드시 그러한 것이 있음을 뜻한다. 즉, 존재가 자기 안에 근거가 있다는 것이다. 필연이 이러한 의미이면, 우연은 존재가 자기 안에 충분한 근거가 있지 않다는 것이다. 즉, 없을 수 있는 존재이다. 다시 말해 우연성이란 존재가 비존재와 떼려야 뗄 수 없는 내적 관계를 형성했을 때 성립한다. 우연이란 유(有)가 무(無)에 뿌리를 두고 있다. 또는 무가 유를 침범하고 있는 형태이다. 우연성에서 존재는 무를 직면하고 있다. 그리고 존재를 초월해서 무로 가는 것이, 형태를 초월해서 형이상의 것으로 가는 것이, 형이상학의 핵심적 의미이다. 형이상학은 실존(ὄντως ὄν)의 문제를 다룬다. 하지만 ὄντως ὄν는 비존재(μὴ ὄν)와 관계가 있을 때만 근본적으로 문제를 형성한다. 형이상학이 문제시하는 존재는 비존재 즉, 무에 둘러싸인 존재인 것이다. 그리고 이것이 형이상학이나 철학을 다른 학문과 구별한다. 다른 학문은 존재나 존재의 단편이 주어진 존재를, 또는 존재의 단편만을 문제시하고 무에 관해서는 설령 그것이 유와 무에 관한 것이라 하더라도 아무것도 알려고 하지 않는다.

우연성의 문제가 무와 무관하지 않다는 의미에서 엄밀히 말해서 형이상학의 문제이다. 따라서 형이상학적 철학 이외의 학문은 우연성을 문제시하지 않는다. 아니 문제로 삼고 싶어 하지도 않는다. 수학의 확률론이 우연성을 문제시한다고 생각할지 모른다. 확률론은 우연의 경우를 다루고 있다. 하지만 우연을 우연으로서 다루고 있는 것이 아니다. 우연성의 의미 그 자체를 밝히려고 하는 것이 아니다. 확률론의 관심은 어떠한 사상(事象)이 발생하거나 발생하지 않을 모든 가능성과 그 사상이 발생할 우연적 경우 사이에 있는 수량적 관계에 멈추고 있다. 게다가 이론상의 수량적 관계는 경험상으로는 관측의 횟수를 무한대로 크게 했을 때 비로소 타당성을 지닐 수 있기에 확률론은 우연적 사상이 발생하는 수량적 관계의 이념적 향상성을 거시적으로 규정하려는데 지나지 않는다. 세세한 우연적 가변성은 전혀 건드리지 않는다. 게다가 우연이 우연일 수 있는 것은 바로 이러한 세세한 움직임에 있다. 요약하자면 확률론이란 우연 그 자체의 고찰이 아니다. 우연 그 자체는 계산할 수 없다. 계산할 수 있는 것은 어떤 의미에선 필연인 것이다. 확률론의 주제는 '우연'의 '계산'이 아니라 '개연'의 '확률'을 '필연'으로 규정하는 데 있다. 우연을 우연으로서 그 본래의 성질을 유지한 채 문제시할 수 있는 것은 형이상학으로서의 철학밖에 없다.

그런데도 모든 학문이 사물의 필연적 관계를 규명하려는 이유에는 원리적으로 우연성의 문제와 무관하지 않기 때문이다. 필연이라고 하는 것은 우연이라고 하는 것과 상대적으로 대립하는 개념이다. 따라서 우연을 생각할 때 필연을 분리해서 생각할 수 없는 것처럼 필연을 생각할 때 우연을 분리해서 생각할 수 없다. 필연이란 없어서는 안 되는 것이다. 없어서는 안 되는 것은 없을 수 있는 것과 관련지어서만 생각할 수 있다. 그리고 없을 수 있는 것이, 즉 우연이다. 그러므로 사물의 필연성을 추구하는 모든 학문은 자신을 원리적으로 반성할 때, 반드시 하지만 그때 처음으로 우연성의 문제에 부딪히게 된다. 이건 바로 모든 학문의 바탕이 형이상학과 연결되어 있기 때문이다.

요컨대 우연성의 문제는 무와 관련이 있는 이상, 즉 무의 지평에 있어서 충분히 파악할 수 있기에 엄밀히 말해서 형이상학의 문제이다. 이 문제가 완전히 해결 가능한 문제인지 아닌지는 별개이다. 단지 우리는 우연성이라고 하는 것을 철학의 문제로써 추구하지 않으면 안 된다. 만에 하나 적극적인 해결을 내리지 못한다고 하더라도 그건 어쩔 수 없다.

우연성이 필연성의 부정인 이상, 우연성의 의미를 파악하기 위해서는 우선 필연성의 의미를 규명하는 데서부터 출발해야 한다. 필연성이란 무엇인가, 라고 묻는다면 앞서 말한 대로 반드시 그러한 것이 있음, 즉 반대할 수 없다는 것을 뜻한다. 반대할 수 없다는 것은 자기 안에 존재 이유가 있고 주어진 자기가 주어진 채로 자기를 유지하는 것이다. 그리고 자기가 어디까지나 자기를 유지할 때는 자기 보존 또는 자기 동일의 형태를 취한다. 즉, 필연성의 개념은 동일성을 예상한다. '갑은 갑이다.'라는 동일률의 형태가 가장 엄밀한 필연성을 나타내고 있다. 필연이란, 결국 동일이라는 성질상의 규정을 양상의 견지에서 표현한 것이다.

동일, 즉 필연이라는 규정은 논리학의 개념, 경험계의 인과성, 형이상적 절대자, 이 세 가지에서 가장 현저하게 나타난다. 우연성이 필연성의 대립적 개념임으로 이 세 가지 필연성에 대한 세 가지 우연성이 존재할 것이다. 따라서 우연성의 문제는 논리적 우연, 경험적 우연, 형이상적 우연의 세 가지 항목으로 나누어 고찰하지 않으면 안 된다.

### 논리적 우연

논리학적 개념 구조는 개개의 표상에는 무언가 공통의 보편적인 동일성을 보는 데 기초하고 있다. 그래서 개념의 구성적 내용은 동일성이라고 추상한 본질적 징표 전체이며 그것의 가능한 내용은 사상(捨象)에 의해서 동일성의 범주 밖에 놓인 비본질적인 징표에 통로를 마련하는 것에 의해서 성립한다. 본질적 징표의 특색은 그것을 부정할 경우 개념 그 자체도 부정한다는 데 있다. 개념의 구성적 내용과 본질적 징표 전체가 동일하기 때문이다. 그리고 본질적 징표와 개념의 관계는 이러한 동일성에 의해서 규정되고 있는 한 필연적이다. 이에 반해서 비본질적인 징표와 개념의 관계는 통로가 마련되었는지 아닌지에 의존하고 있고 자신의 동일성이 결여됐기 때문에 우연적이다. 본질적 징표는 필연적 징표라고 불리고 비본질적 징표는 우연적 징표라고 불린다. 논리적 우연이란 우연적 징표의 우연성을 가리킨다.

우리는 클로버라는 개념을 갖고 있다. 이 개념은 본질적 징표와 비본질적 징표를 갖고 있다.

그렇다면 클로버라는 개념에서 잎이 세 개라는 것은 이 두 징표 중 어느 쪽인가? 다시 말해서 잎이 세 개라는 성질은 클로버라는 개념의 구성적 내용에 속하는가? 아니면 가능적 내용에 속하는가? 엄밀한 의미에서 잎이 세 개라는 점은 클로버의 본질적 징표, 즉 구성적 내용에 속한다고는 할 수 없다. 왜냐하면, 클로버와 완전히 똑같은 성질을 갖고 있으면서 잎이 네 개인 것이 발견되었을 때 우리는 그것을 클로버가 아니라고 말하지 않고 네 잎 클로버라고 부른다. 잎이 세 개라는 것은 클로버라는 개념 그 자체에는 반드시 내포된 것이 아니다. 따라서 클로버와 잎이 세 개라는 것의 관계는 엄밀히 말하면 우연적이다. 하지만 잎이 세 개라는 징표는 클로버가 비록 항상 그렇지 않다고 하더라도 대부분 가진 것으로서 존 스튜어트 밀(John Stuart Mill, 1806-1873)이 말한 가분리적 우연적 속성(separable accident)이면서 동시에 불가분리적 우연적 속성(inseparable accident)에 가까운 것이다. 밀의 말에 따르면 불가분리적 우연적 속성이란 본질적 속성과 관계없는 것으로 존재하지 않을 수 있지만, 사실상으로는 존재하지 않는 경우가 알려지지 않은 것이다. 보편적(universal)이지만 필연적(necessary)이지 않은 것이다. 가분리적 우연적 속성이란 때때로 존재하지 않는 것이다. 즉, 필연적이지 않을 뿐 아니라 보편적이지 않은 것이다.[4] 잎이 세 개라는 성질은 클로버의 불가분리적 우연적 속성은 아니지만 불가분리적 우연적 속성에 매우 근접한 것이다. 그리고 우리가 네 잎 클로버를 특히 우연적이라고 생각하는 것은 잎이 세 개라는 성질을 불가분리적 우연적 속성과의 접근에 있어서, 혹은 준(準)본질적 징표로 파악하는 데 달렸다.

비본질적 징표인 논리적 우연은 보편적 동일성의 포섭기능에 따르지 않는다. 그리고 이 포섭기능은 '항상' 또는 '거의 항상'이라는 도식을 가지고 이루어지기 때문에 이 기능에서 사상된 논리적 우연은 '항상'이나 '거의 항상'의 부정형으로 '가끔'이라는 구조를 지닌다. 우연이 일반적 법칙에 대한 예외의 의미를 지니는 것은 이 때문이다. 또한, 우연을 나타내는 말이 '가끔'이라는 것에 기반을 두는 것도 이 때문이다. …

> 구키는 칸트의 『순수이성비판』(B.10,12)을 인용하면서 계속해서 개념과 조건부 속성의 구분을 칸트의 분석적 판단과 종합적 판단의 구분과 연관시켜서 이어간다. 전자가 주체와 술어의 정체성에 기반하고 있으므로 필연성을 낳지만, 후자는 그렇지 않기에 우연성을 의미한다.

원래 하나의 특수한 지각 판단에 대해서 말하자면 지각하는 주관에게 주어진 지각의 구체적 내용이 분석되고 판단이 생겨나는 것이기에 '이 클로버는 네 잎이다'라는 판단도 분석적 판단이라고 할 수 있다. 따라서 '이 클로버'와 '네 잎'의 결합은 필연적이다. 우리는 주어를 일반 개념으로 간주한 칸트의 가정을 따라서 분석적 판단과 종합적 판단의 구분을 허용하고 전자는 필연성을 후자는 경험적 종합적 판단을 의미한다는 뜻에서 우연성을 지니고 있다고 지적한 데에 지나지 않는다. 즉, '몇몇 클로버는 네 잎이다'라는 경험적 종합적 판단에 있어서 '클로버'라는 개념과 '네 잎'이라는 술어의 결합은 전혀 우연적이다. 전칭 판단과 특칭 판단의 대립도 필연성과 우연성의 대립에 일정한 관계가 있다.

......

또한, 직접 추리 안에 '우연에 의한 환위(換位)'(conversio per accidents)라는 것이 있다. '모든

---

4) [일] J. S. Mill, System of Logic I, ch. VII, §8.

A는 B이다'라는 경우에는 '약간의 A는 B이다'라는 것이 가능하다. 이 환위법이 '우연히'라고 말하는 것은 A가 B라는 개념의 동일성 안에 포함되어 있지 않기 때문이다. 즉, A는 B의 우연적 징표에 지나지 않기 때문이다. 예를 들어서 '모든 황인종은 인간이다'라고 할 수 있다. 이에 반해 '모든 인간은 황인종이다'라고는 할 수 없다. 전칭 판단을 특칭 판단으로 바꿔서 '약간의 인간은 황인종이다'라고 할 수 있을 뿐이다. 인종적 차별을 가리키는 피부의 색은 인간이라는 개념의 우연적 징표이다. 그리고 우연성은 특칭 판단에 의해서 논리적 언표를 찾아가지 않으면 안 된다. …

구키는 계속해서 개념과 속성의 구분을 물질과 사고의 구분과 연관시킨다. 그는 플라톤(Plato)의 철학을 실체에 대한 개념의 모범적인 예로 꼽는다.

그래서 우연성이란 이데아로부터 분예(分預)가 비존재에 의해서 불완전하게 된 것을, 즉 원형과 모형과의 사이에 존재하는 간격을 의미한다. 아리스토텔레스(Aristoteles)는 이러한 종류의 우연성을 '슈모베베코스(συμβεβηκός)'라고 일컬었다. 슈모베베코스란 "어떠한 것에 속하며, 또 참으로 언명될 수 있으나, 그러나 필연적으로 그런 것도 아니고 많은 경우에 그런 것도 아니다." 이렇게 해서 아리스토텔레스는 '그 자신에 의한(καθ αὐτό)'과 '우연에 의한(κατὰ συμβεβηκός)'을 명확히 구별했다. '그 자신에 의한' 것은 '본질' 혹은 '본질에 속한 전체의 것', '직접으로 자신의 내에 혹은 자기의 일부분 내에 무엇을 받아들일 때'이다. 예를 들어 "인간은 그 자신에 의해 산다. 왜냐하면, 생명이 직접 깃들어 있는 곳인 정신은 인간의 일부이기 때문이다." 즉, "그가 생물인 것은 우연에 따른 것이 아니다." 그러나 "어떤 인간이 백인인 것은 우연이다. 왜냐하면 항상 그런 것도 아니고 대부분은 그런 것도 아니기 때문이다." 그래서 "물질은 우연의 원인이다." 따라서 "우연이란 비존재에 가까운 것(ἐγγύς τι τοῦ μὴ ὄντος)이다."[5]

플라톤과 아리스토텔레스에 대한 언급은 논리적 우연이 개별적인 것과 관련이 있다는 것을 분명히 한다. 우연성이 개별 사물과 관련된 경우, 슐라이어마허(Schleiermacher, Friedrich Ernst Daniel, 1768-1834)가 개별 사실에 대한 종합 판단의 적용 가능 영역을 제한하고자 했던 이유와 마찬가지로 우연성의 속성을 '개별 속성'이라고 자주 부르는 이유도 여기에 있다. 내가 황인종인 이유는 어느 특정한 인간에게서만 노란색이라는 특색이 발견되기 때문이다. 이와 마찬가지로 네 잎 클로버의 특성은 특정 개별 클로버에서만 발견되기 때문이다. 『나선비구경(那先比丘經)』에서 밀린다 왕[彌蘭王]은 나가세나 스님에게 다음과 같이 질문한다. "세상 사람 중에 머리, 얼굴, 눈, 신체, 사지 등이 모두 갖추어져 있는데, 어찌하여 장수하는 자, 단명하는 자, 병이 많은 자, 병이 적은 자, 가난한 자, 부유한 자, 우두머리가 된 자, 천한 자, 단정한 자, 추악한 자, 사람들에게 신임을 얻은 자, 불신을 받은 자, 현명한 자, 아둔한 자 등 무슨 이유에서 같지 않습니까?" 이 물음은 인간의 기쁨과 고뇌를 담고 있는 철학적 물음인데, 분명 개개 사물의 우연성에 대한 물음임이 틀림없다. 나가세나 스님은 "왜 모든 식물이 다 같지 않고, 신 것, 쓴 것, 매운 것, 단 것이 있는가?"라고 질문을 던지자, 이에 대해 왕은 "그것들이 다른 종류의 씨앗에서 왔기 때문이요."라고 대답했다. "바로 그렇소. 그것이 대왕께서 물으신 사람들 사이의 차이점이요. … 인간은 각각 '업보'를 가지고 있소. 인간을 높고 낮은 부류로 나누는 것이 업보요."[6] 이 대답이 질문자를 만족시키지 못할 때 질의는 새로운 차원에

---

5) [영] Metaphysica Δ 30, 1025a; Δ 18, 1022a; E 2, 1026b; Δ 9, 1017b; E 2, 1027a, 1026b.

서 더 발전시켜야 한다.

'이 클로버는 네 잎이다'라는 하나의 특수한 지각 판단에 있어서 '클로버'와 '네 잎'의 결합이 필연성을 지니고 있다는 것은 전술하였다. '클로버'와 '네 잎'의 결합이 우연적인 것은 일반적인 개념이 사유되었을 때 만이다. '이'라는 지시대명사에 의해서 '클로버'에 한정을 줌과 동시에 하나의 특수한 클로버와 네 잎의 관계는 더는 우연적인 것이 아니게 된다. '이 클로버'가 '네 잎'인 것은 영향 상태 때문이든, 기후의 영향 때문이든, 아니면 창상의 자극 때문이든 간에 뭔가 원인이 있지 않으면 안 된다. 마찬가지로 '인간'의 외양이 '단정하다, 추악하다'라는 것을 우연이라고 생각하는 것은 '인간'이라는 일반 개념을 세우고 그 일반 개념과의 관계에 있어서 특수한 경우를 목격했기 때문이다. '이 사람'이 '단정'하고 '저 사람'이 '추악'한 것은 남녀 양성의 생식세포의 결합 방식이 임신 중 모체의 건강 상태 때문이든 간에 뭔가의 원인이 있지 않으면 안 된다. 우리는 이런 식으로 개념의 문제에서 인과성의 문제로 옮겨가는 것이다. 논리학의 추상적 범위로부터 자연철학이나 정신 철학의 경험적 영역으로 전환하는 것이다.

> 구키는 이어서 인과관계를 묻는다. 그는 충분한 사유에 대한 라이프니츠(Leibniz)의 법칙을 인과관계 법칙과 연관시킨 다음 인과관계 법칙이 정체성의 법칙에 뿌리를 두고 있다는 점에 주목한다.

우리가 어느 사상에 대한 원인이라고 부르는 것은 다른 사상 속에서도 찾을 수 있는 동일성에 있다. 수소와 탄소가 결합해서 물이 나온다고 하는 것은 수소이든 탄소이든 원소라고 불리는 것이 화합물 안에서도 자기의 동일성을 유지하고 있기 때문이다. 그렇기 때문에 인과관계는 방정식을 가지고 나타내는 것을 이상으로 여긴다. '적절한 효과의 원인(causa aequat effectum)'이라는 것이 그런 뜻이다. 앞서 개념이 동일성을 기초로 한다는 것을 말했지만 여기서 인과성도 동일성으로 귀결된다는 것을 알았다. 그리고 인과관계가 동일관계와 같다면, 동일률이 갖고 있는 필연성을 인과율도 갖고 있을 것이다. 우리는 수소와 탄소를 화합하면 필연적으로 물이 된다고 생각한다. 수소와 탄소의 화합이라는 것과 물 사이에는 필연적 관계가 존재한다. 왜냐하면, 수소와 탄소는 물이라는 성질 안에서도 스스로를 동일하게 유지하고 있다. 바로 그 점에 동일성이 있는 것이다. 그래서 필연성이다. 그리고 목적과 수단의 관계도 넓은 의미에서 인과관계의 한 종류로 볼 수 있다. 그런 의미로 '동력인(causa dfficiens)'에 대해서 '목적인(causa finalis)'의 개념이 있다. … 옥타브 아멜랭(Octave Hamelin, 1856-1907)의 말을 빌리자면, 목적성이란 '미래에 의한 결정'이다.[7] 그리고 현실성이 결여된 미래가 현실성을 지니면서 원인으로서 작동할 수 있는 것은 의식의 시간적 우선성 때문이다. 목적성이라고 하는 것은 엄밀하게는 의식의 범주에 있어서 타당성을 갖는 개념이다. 이 개념을 의식의 범주를 넘어 자연계에서도 구성적 원리로 인정하려고 하는 것은 아마도 무의식에 의한 개념의 중계를 통해서만 가능할 것이다. 의식적 행위가 습관에 의해서 무의식적인 반사운동으로 변하는

---

6) [영] The Questions of King Milinda iii.4, T. W. Rhys Davids, The Sacred Books of the East 35. (Delhi: Motilal Banarsidass, 1890), 100-101; translation adjusted.

7) [영] Octave Hamelin, Essai sur les éléments principaux de la représentation (1907) (Paris: Alcan, 2nd ed. 1925), 332.

사실에 근거하여 의식이 습관에 의해서 무의식이 된 극적인 상태를 자연계라고 보는 사고방식이다. 펠릭스 라비송-몰리엥(Félix Ravisson-Mollien, 1813-1900)도 그러한 사고를 한 사람 중 하나이다.[8] 칸트는 천재가 '자연적으로'(Knitik der Urteilskraft, §46, 182) 반무의식적으로 예술적 창작을 한다고 이야기하지만, 그의 천재론은 그의 미학과 자연철학을 연결시키는 고리이다. 칸트는 자연계에서 목적성의 적용을 단순히 규정적 원리로서만 허용하고 구성적 원리로서 승인하기 위해서 가정할 필요의 개념, 즉 무의식의 개념을 암시하고 있다. 그렇다면, 목적과 수단의 관계는 'A를 위해서는 B를 하지 않으면 안 된다'라는 형태를 취하고 목적과 수단 사이의 필연적 관계가 있다는 것을 제시한다. 이 필연성은 결국 인과관계에서부터 오고 있다. 'A를 위해서는 B를 하지 않으면 안 된다'라는 목적과 수단의 관계는 'B를 하면 반드시 A가 일어난다'라는 원인과 결과의 관계를 예상한다. 따라서 여기에 필연성이 있다.

쿠키는 인과적인 '해야만 한다'와 '해야 한다'의 구별을 인정하지만, 이 둘에서 모두 필요 의식을 발견한다.

우연성이란 필연성의 부정이기 때문에 인과적 필연성과 목적적 필연성에 대해서 그 각각의 부정으로서 인과적 우연성과 목적적 우연성이라는 두 가지 우연성이 존재할 것이다. 인과적 우연이란 인과성이 결여됨으로서 성립하는 우연이다. 목적적 우연이란 목적성이 결여됨으로서 성립하는 우연이다. 그리고 이러한 의미의 운연을 우리는 논리적 우연에 대한 경험적 우연이라고 부를 수 있다. 또한 우연을 나타내는 말 중에 부정어를 계기로 갖고 있는 '뜻밖에도', '갑자기', '문득' 등은 모두 인과성이나 목적성의 부정이 기초를 이루고 있다. αὐτόματον도 그 자신(αὐτὸ) 이유 없이(μάτην)에서 유래하여 같은 근거로 성립한 것이다.

대부분의 기계관은 철저한 형태로는 인과적 필연성만을 인정할 것이다. 따라서 인과적 우연성이 존재할 수 없다. 하지만, 목적적 필연성을 부정하고 그 결과로서 목적적 우연성을 승인한다. 자연과학적 세계관은 이러한 경향의 대표적인 예이다. 이에 반해서 목적관이 철저한 형태를 취할 경우에는 목적적 필연성만으로 모든 것을 설명하려고 한다. 이 경우 목적적 우연성은 존재하지 않는다. 그 대신에 인과적 필연성의 부정의 결과로서 인과적 우연성은 존재할 수가 있다. 기독교 신학이 신의 의지에 의해서 모든 것을 설명할 경우, 인과적 우연을 뜻하는 기적의 존재를 인정하는 것은 이러한 관계에 기초하고 있다. 그런 의미에서 인과적 필연성은 목적적 우연성과 결합하기 쉽고, 목적적 필연성은 인과적 우연성과 결합하기 쉽다. '우연의 필연'이라는 역설적 표현은 이러한 결합의 가능성에 기반하고 있다. …

구키는 필연성과 우연성에 대한 두 가지 방법을 이어서 분석한다. (1) 인과적 필요성과 목적적 우연성 또는 인과적 우연성과 결정적 필요성의 융합. (2) 인과적 필요성과 결정적 필요성 또는 인과적 우연성과 목적적 우연성의 융합. 그는 이러한 두 가지 방법과 서양철학의 인용을 통해서 이에 대한 일부 비판을 소크라테스 이전의 철학서에서 시작하여 아리스토텔레스의 대조적 개념인 인간의 행위(τύχη)와 오토마타(αὐτόματον), 기독교의 섭리에 대한 관념, 그리고 칸트의 운명

---

8) [영] Jean Gaspard Felix Ravaisson-Mollien, De l'habitude (1838) (Paris: Presses Universitaires de France, 1999).

에 대한 개념을 언급하고 보다 최근의 우연성에 관한 개념(옥타브 아멜랭과 에밀 부트루[Emile Boutroux, 1845-1921]의 '인과적 우연'과 '목적적 우연'의 개념과 프리드리히 랑게[Friedrich Albert Lange, 1828-1875]의 '인과적 우연과 목적적 우연을 합한 개념[Zufall]')을 제시하였다.

대부분의 목적적 우연이란 목적성의 부정에 의해서 성립하는 것이다. 그리고 목적의 비존재를 소극적으로 목격할 경우와 목적 이외의 존재를 적극적으로 목격할 때도 있는데, 두 경우 모두 목적성의 부정이라는 점에서는 변함이 없다. 소극적 경우로는 예를 들어서 백치는 목적적 우연으로 간주한다. 인간에게 있어서 사고 활동의 존재라는 것이 실존하는 하나의 목적성을 의미하고 있다고 해서 백치는 그 사고 활동의 비존재를 의미하기 때문에 우연적인 것으로 간주하는 것이다. 꽃이 두 겹으로 피는 현상도 목적적 우연으로 볼 수 있다. 꽃의 기능이 식물체의 생식을 관장할 경우, 수술이 잎으로 변하는 것은 목적의 부정이기 때문에 두 겹으로 피는 꽃은 식물학적으로는 기형, 즉 우연적 현상으로 간주한다. 이러한 종류의 자연적 우연을 아리스토텔레스(Aristoteles, BC.384-BC.322)는 '반자연'[9]이라고 부르고 헤겔은 '자연의 무력'[10]이라 하였다. 그리고 반자연이라고 표현한 배후에는 '자연은 모든 것을 이유 없이 만들지 않는다'[11]라는 목적관이 있다. 또한 자연을 무력하다고 판정하기 위해서는 미리 어떠한 목적을 '수행'[12]하기 위해서 자연이 주어졌다고 보는 것이다. 다음으로 적극적인 경우는 예를 들어 전복을 먹었을 때 진주가 나온 경우다. 전복을 먹고 맛을 음미하는 것이 목적이고 진주를 얻는 것은 목적에 포함되어 있지 않았기 때문에 진주를 얻은 것을 우연이라고 한다. 또는 예를 들어서 연금술사가 은을 금으로 바꾸는 물질을 얻고자 소변을 증발시킨 결과, 빛을 발하는 원소를 얻게 되어 그가 인을 우연히 발견했다고 말한다. 이 경우에 우연이라고 하는 것도 인을 얻는 것이 목적에 포함되지 않았기 때문이다.

이상의 두 경우에 전자에서는 백치나 두 겹으로 피는 꽃은 목표로 삼은 목적의 실현이 결여되었다는 단순한 소극성을 뜻할 수 있다. 후자의 진주나 인의 발견은 목적으로 삼지 않았지만 게다가 목적이 될 만한 것이 존재하고 있다는 적극성을 이해할 수 있다. 그리고 아리스토텔레스의 αὐτόματον과 τύχη의 구별은 대략 이 두 경우에 해당한다. 즉, αὐτόματον는 목적의 결여를 단순히 소극적으로 진술한다. 그렇기 때문에 목적적 행위를 하지 못하는 자에게도 적용할 수 있는 개념이다. 이에 반해서 τύχη는 목적으로 간주될 수 있는 것이 실현되고 있는 것을 적극적으로 진술한다. 따라서 목적적 행위를 할 수 있는 자만의 현상이라 할 수 있다. 요는 소극적, 적극적 두 경우의 공통점은 목적적 필연의 부정이라는 것이다. 또한 이러한 경우는 부분적으로 목적적 우연히 목격될 뿐이지만 나아가 하나의 세계관으로 모든 목적성을 부정하는 입장도 있다. 그리스의 원자론을 비롯한 홀바흐(P. d'Holbach, 1723-1789)의 『자연체계(Systéme de la Nature)』나 라 메트리(La Metrie, 1709-1751)의 『인간 즉 기계(L'homme-machine)』가 좋은 예이다. 즉, 기계관적 결정론의 입장에서 우주 전체에 목적적 우연성을 주장하는 것이다. 다시 말해서 목적적 우연의 관념이 인과적 필연과의 이종결합에 의해서 생겨난 것이다.

---

9) [일] παρὰ φύσιν, Physics II.6, 197b.

10) [영] "Ohmacht der Natur," Encyklopädie, G.J.P.J. Bolland, ed., (Leiden: A. H. Adriani, 1906), §250.

11) [일] De caelo I.4.

12) [일] Encykl.,§250.

하지만 논리학적 지평에 있어서 우연성이 일반 개념에 대해서만 존재하는 것과 마찬가지로 목적적 우연은 사유하고 사유되기 위해서만 존재한다. 대부분의 논리적 우연과 목적적 우연은 분리시킬 수 없는 내적 관계를 갖고 있다. 일반개념과 목적이 합치하여 목적의 실현을 요청할 때 논리적 우연도 생겨나고 목적적 우연도 생겨나는 것이다. … 이처럼 목적적 우연은 논리적 우연과 함께 인과적 필연성 적어도 협의의 인과성의 문제로 환원할 수 있는 것이다.

남은 것은 인과적 우연의 문제이다. 인과적 필연의 비존재가 인과적 우연이다.

......

에밀 부트루(Émile Boutroux, 1845-1921)도 인과적 우연이 존재하는 것을 인정했다. 부트루에 의하면 인과법은 추상적인 것으로 과학의 실제에서는 확률일수 있으나 구체적인 현실 세계에서는 엄밀히 말해 적용할 수 없다. 모든 계량은 단지 근사적일 뿐이다. 절대적인 정밀에 도달하는 것은 원리적으로 불가능하다. 실험적 입증이란 결국 여러 현상 중 측정 가능한 요소의 값을 가능한 근접시킨 한계와 한계 사이를 압축시킨 데 귀결한다. 우리가 보는 것은 말하자면 물건을 집어넣은 용기에 불과하다. 물건 그 자체는 아니다. 그리고 우리들의 조잡한 평가 방법의 효력 범위를 넘어선 정도의 미소한 비결정성이 여러 현상에는 내재하여 있다. 이것이 바로 인과적 필연의 비존재로서의 우연인 것이다. 따라서 부트루는 멘느 드 비랑(Maine de Biran, 1766-1824)이나 펠릭스 라비송-몰리엥(Félix Ravisson-Mollien, 1813-1900) 등에 의해서 제창된 '자유의 철학'을 '우연의 철학'의 형태로 강하게 옹호한 것이다. 하지만 에피쿠로스(Epicurus)의 불결정론에 있어서는 인과적 우연과 목적적 우연이 동종 결합을 하고 있는데 반해서 부트루는 인과적 우연이 목적적 필연과 이종결합을 하고 있다. … 하지만 부트루의『자연법의 우연성』은 결국 우주의 목적적 필연성에 의존하고 있다. 부트루는 '의무에 있어서의 필연성', 즉 '필연적이라고 생각되는 목적'에 대해서 말하고 신에 대해서는 '자유가 무한'하고 동시에 '실천적 필연성'이 있다고 한다.[13] … 또한, 이러한 종류의 인과적 우연은 원인이 없다는 의미이기 때문에 절대적 인과적 우연이라고 부를 수 있겠다. 또한 절대적 인과적 우연은 일단, 부분적으로 주장할 때는 결국 전체적으로 모든 인과성을 부정으로 이끄는 경향을 지니고 있다. 하지만 절대적 인과적 우연의 관념은 매우 특수한 견해라는 평가를 피할 수 없을 것이다. … 어쨌든 절대적 인과적 우연이라는 관념은 문제적이라고 할 수 있겠다.

그렇다면 뭔가 다른 의미에서 인과성에 관한 우연이 존재하는 것은 아닌가? 절대적 인과적 우연에 대한 상대적 인과적 우연이라는 개념이 있다. 예를 들어서 지붕에서 기와가 떨어져 처마 밑을 지나가던 행인에게 부상을 입혔을 때, 우리는 그것을 우연이라고 생각한다. 또는 화산이 분출하였을 때, 일식이 일어나면 그것을 우연이라고 한다. 기와는 지붕이 낙후되었거나 바람의 힘 등 뭔가 원인이 있어서 그 결과로서 일정한 장소에 떨어졌다. 행인은 강한 햇빛 때문인지 아니면 거리의 혼잡함이든지 무언가 원인에 이끌려서 그 결과 처마 밑을 걷게 된 것이다. 인과 계열을 달리하는 두 사상이 일정한 관계에 놓인 것을 우연이라고 한다. 마찬가지로 지하의 뜨거운 물이 수증기로 변하는 장력이 어느 정도에 달한 것이 원인으로 결과적으로 화산이 분출했다. 달이 가리고 있다는 원인으로 인해서 결과적으로 태양은 암흑 현상을 보여 줬다. 하나의 원인 계열과 다른 원인 계열은 전혀 독립적이다. 두 계열 사이에 인과 관계가 존재하지 않는다. 두 계열은 필연성에 의해서 연결된 것이 아니다. 즉, 이 경우의 우연성은 하나의 계열과 다른 인과계열과의 필연적이지 않는 상대적 관계에 있다. 여기에

---

13) [영] De la contingence des lois de la nature (Paris: Félix Alcan, 1895), 155-7.

상대적 인과적 우연의 개념이 성립한다. 그리고 이 상대적 인과적 우연성이 실로 우연성의 핵심적 의미를 이루고 있다. …

　　……

　　우연의 '우(偶)'는 쌍(雙), 대(對), 병(竝), 합(合)의 뜻이 있다. 인(人)변을 쓰고 있지만 방(旁)은 '遇'와 같은 뜻으로 만난다는 뜻이다. … 우연성의 핵심적 의미는 'A는 A이다'라는 동일률의 필연성을 부정하는 A와 B의 조우, 즉 서로 다른 이원의 접촉이다. συμ-βεβηκός도 con-tingens도 ac-cidens도 Zu-fall도 모두 마찬가지로 접두사에 의해서 이원의 접촉을 분명하게 말하고 있다. τύχη는 '우연히 어디에 있다'라는 뜻의 τυγχάνειν에서 유래했다. chance는 caden-tia로부터 hasard는 casus에서, 즉 모두 근원은 cadere에서 왔다. 그리고 떨어지다(cadere)는 '기와가 행인 머리 위로 떨어지다'처럼 …에 떨어지다(in…cadere)의 구조를 갖고 있어서 Zu-fall처럼 상대성에 의해서 비로소 뜻을 지니게 된다.

　　쿠키는 계속해서 헤겔, 아리스토텔레스, 라이프니치, 푸앵카레(Poincaré, Henri)를 인용하여 이런 종류의 우연성은 숫자에서 한 없이 예를 찾을 수 있는 두 요인의 교차점을 포함하고 있다는 그의 생각을 증명한다. 그리고 나서 그는 이러한 우연성이 원인에 대한 지식의 절대적인 부족과 관련이 있다는 스피노자의 주장을 언급한다.

　　하지만, 우리는 교차점의 완전한 해명과 충분한 인식이 단지 이념에 지나지 않는다는 것을 잊어서는 안 된다. 우리는 경험의 영역에서는 필연성의 길을 가면서도 이념으로서의 X를 끝없이 만나게 될 것이다. 아니, 그뿐만이 아니다. 우리가 '무한' 너머의 이념을 파악했다고 하는 것도 그 이념이 셸링(Friedrich Wilhelm Joseph Schelling, 1775-1854)이 말한 '원우연(原偶然, Urzufall)'이라는 것을 미리 알고 있지 않으면 안 된다. 원우연에 관해서는 '그것이 존재한다는 것'(dass es Ist)을 말할 수 없다. 원우연은 '승의(勝義)의 사실사상(事實事象)'이고 '역사의 기원'이다. '원사건(Urzfall)'이자, '예측 불가능한 숙명(Unvordenklices Verhängnis)'이다.[14] 밀린다 왕이 나가세나 스님에게 왜 한 줄로 늘어선 나무들이 서로 다른지 물어보자, 스님은 나무들이 심어진 방식이 다르기 때문이라고 대답했다. 나무들의 우연성은 인과율에 의해서 묘목의 우연성이 그대로 옮겨진 것에 지나지 않는다. 또한 『성실론(成實論)』에 '모든 존재는 업보로부터 태어난다(業因品)'는 말도 마치 우연성에 인과적 설명을 부여한 것 같지만 그 내용은 우연성을 해결하지 않은 채 '원우연'까지 무한히 연장한 것에 지나지 않는다.

### 형이상적 우연성

　　'원우연'을 실체화한 것이 형이상적 절대자이다. 절대자는 절대자이기 때문에 절대적으로 하나라고 생각되어진다. 또한 절대적으로 하나이기 때문에 절대적으로 필연이라고 사유된다. 노발리스(Novalis, Friedrich von Hardenberg, 1772-1801)가 '필연-우연자(das Notwendig=Zufällige)'[15]라고 말하고 있는 것은 절대적 필연으로서의 원우연을 뜻하고 있음에 틀림없다.

---

14) [영] Schelling, Sämtliche Werke (Stuttgart: 1775-1854), ii.1, 464; ii.2, 153.

15) [일] Cf. Novalis, Fragmente.

절대적 필연, 즉 형이상적 필연의 개념은 이미 아리스토텔레스가 『형이상학』에서 언급하였다. '부동의 원동자'는 부동이기에 '달리 행동하는 것이 절대로 불가능하다(οὐκ ἐνδέχεται ἄλλως ἔχειν οὐδαμῶς)'[16] 따라서 '필연적으로 존재하는 것(ἐξ ἀνάγκης)'[17]이다. 이 '부동의 원동자' 이외의 것은 모두 다른 것에 의해서 움직이기 때문에 '달리 행동할 수가 있다(ἐνδέχεται ἄλλως ἔχειν)'[18]. 즉, 형이상적 필연의 부정으로서 형이상적 우연인 것이다. 이 형이상적 필연과 형이상적 우연의 개념은 중세기에 이르러 아리스토텔레스를 숭배했던 마이모니데스(Maimonides, Moses, 1135-1204)에 의해서 채용되었고 신의 존재를 증명하는 '우주론적 증명'의 계기로 되살아났다.

토마스 아퀴나스(Thomas Aquinas, 1224-1274)도 마이모니데스를 따라서 세계의 우연성으로부터 '스스로 필연적으로 존재하는 자(Aliquid quod est per se necessarium)'[19]라는 추론을 이끌어냈다. 형이상적 필연과 형이상적 우연의 관계는 이처럼 '자인성(aseitas)'과 '타인성(abalietas)'의 대립 형태를 취한다. 스피노자가 말한 '자기원인(causa sui)'[20]도 형이상적 절대적 필연에 다름 아니다. "신은 필연적으로 존재한다.(Deus necessario existit)"[21] 이에 반해서 "그 존재를 필연적으로 조정(措定)하거나 필연적으로 배제하는 무언가를 찾을 수 없는 이상, 나는 이것을 우연(contingentes)이라고 부른다."[22]

라이프니츠(Leibniz, Gottfried Wilhelm, 1646-1716)도 『변신론』이나 『단자론』에서 '필연적 존재자(Être nécessaire)'로서의 신과 '우연적 존재자(Êtres contingens)'의 총체로서의 세계에 관해서 말했다.[23] 또한 칸트가 "제약 받은 존재를 일반적으로 우연이라고 부르고 제약받지 않는 존재를 필연이라고 부른다"[24]라고 말하거나 "우리는 어떤 현상이 원인의 결과로서만 존재하게 될 때 우연성을 인식하게 된다. 그렇기 때문에 어떤 현상을 우연적이라고 상정하는 것은 그것이 원인을 갖고 있다는 분석적 명제이다."[25]라고 말할 경우에도 이러한 종류의 필연과 우연에 관여하고 있다.

우리는 경험적 지평과 형이상적 지평에서 필연이나 우연의 의미가 정반대가 된다는 것을 깨닫는다. 경험적 지평은 '밑에서부터' 인과적 필연의 계열을 끝없이 따라가서 원우연에 도달한다. 형이상적 지평은 '위로부터' 절대적 필연의 부정으로 인과성 안에 있는 우연의 개념을 획득한다. 다시 말해서 인과성에 의해서 상정된다는 것은 경험적 견지에서는 필연이라고 불리고 형이상적 견지에서는 우연이라고 불린다. 또한 인과계열의 시작이 이념으로서 파악될 때, 경험적 견지에서는 원우연이라고 부르고 형이상적 견지에서는 절대적 필연이라고 부른다. 즉, 필연성에는 '절대적 필연'과 '가설적 필연'의 구별이 있다. 크리스티안 볼프(Christian Wolff, 1679-1754)에 의하면 "필연적 존재란 그 존재가 절대적으로 필연(absolute nesessaria)한 것이다. 우연적 존재란 자기 존재의 이유를 자기 밖에 있는 것이다."[26] 그리고 이 단지 가설적 필연인 형이상적 우연은 이미 아리스토텔레스도 지적하였듯

---

16) [일] Metaphysics Λ 7.1072b.

17) [일] 위의 책.

18) [일] 위와 책.

19) [일] Summa theologica, i, q.2.

20) [일] Ethica I, def. 1; I.11; IV, def. 3.

21) [일] 위의 책. I,11.

22) [일] 위의 책. IV, def. 3.

23) [영] Opera philosophica, J. E. Erdmann, ed. (Berlin: 1940), 506, 708.

24) [영] Critique of Pure Reason B, 447, 291.

25) [일] 위의 책. B, 291.

이 자기 이외의 어느 원인에 의해서만 존재한다는 이유로 존재하지 않는 것도 가능하다. 그렇기 때문에 토마스 아퀴나스는 우연을 '존재하지 않는 것이 가능한 것(possibilia non esse)'[27]이라고 불렀다. 형이상적 우연은 결국, 경험적 필연이지만 경험적 필연이라고 해도 절대자의 형이상적 필연과 대립시켜서 봤을 때 우연의 성질을 갖고 있다.

우연성의 문제는 대부분 가능성의 문제와 깊은 관련이 있다. 우리는 존재 또는 현실에 대해서 비존재나 비현실을 생각한다. 존재나 현실은 있는 것, 비존재나 비현실은 없는 것이다. 그리고 '존재하는 것'은 '없는 것이 불가능한 것'과 '없을 수 있는 것'으로 나눠서 생각할 수 있다. 즉, '존재'에는 '필연'과 '우연'이 있다. 또한 '없는 것'은 '존재할 수 있는 것'과 '존재할 수 없는 것'으로 나눠서 생각할 수 있다. 즉, '비존재'에는 '가능'과 '불가능'이 있다. 그럼, 우연성은 존재의 필연성을 부정한 것이기 때문에 필연과 우연은 모순 대당의 관계에 있다. 불가능성은 존재의 가능성을 부정한 것이기 때문에 가능과 불가능도 모순 대당의 관계에 있다. 또한 불가능성은 비존재의 필연성을 주장한 것이기 때문에 필연의 한 종류라고 생각할 수 있다. 이 필연과 불가능의 공통적 특징은 '논증성'[28]이라고 불린다. 우연성은 비존재의 가능성을 긍정하는 것이기 때문에 가능성의 한 종류라고 여겨진다. 이 가능과 우연의 공통적 특징은 '문제성'이라고 불린다. 그리고 존재, 비존재의 지평은 논증성이나 문제성에 대해서 '언명성(言明性)'이라고 불린다. 또한 필연성은 완전한 존재로 간주되는 반면 우연성과 가능성은 불완전한 존재로 간주된다. 왜냐하면 우연성은 비존재의 가능을 뜻하는 이상, 존재에 위치하고 있지만 비존재에 뿌리를 내리고 있는 것이다. 가능성은 존재의 가능을 뜻하는 이상, 비존재에 위치하지만 존재를 바라는 것이다. 그렇기 때문에 우연성과 가능성은 자주 매우 근접한 것으로 여겨진다. 토마스 아퀴나스는 신의 '우주론적 증명'을 '우연성에서부터(e contingentia)'라고는 하지 않고 '가능에서부터(ex possibili)'라고 불렀다.[29] 아벨라르(Abelard)는 "가능과 우연은 완전히 동일한 것을 뜻한다.(possibile et contingens idem prorsus sonant)"[30]라고 말했다. 스피노자도 '우연 또는 가능(vel contingens vel possibilis)'[31]에 관해서 언급하고, 헤겔은 "우연이란 현실이 동시에 단순히 가능이라고 규정한 것이다."[32]라고 말했다. 이들 관계를 다음과 같이 도식으로 나타낼 수 있다.

이런 식으로 우연성을 가능성과 관련시켜서 생각하는 것은 주어진 현실이나 존재를 형이상적 배후에서 본다는 것을 뜻한다. 다시 말해서 현실이나 존재를 이접적(離接的) 입장에서 보는 것이다. A는 B가 되거나 C가 되거나 D가 된다는 식으로 이접적인 가능성을 현실의 배경으로 놓는다. 그리고 이러한 입장에서 본 우연의 의미는 우리가 가능의 경우의 수를, 즉 이접지(離接肢)를 모두 알고

---

26) [일] Ontologia, §309-10, §316.

27) [일] S. theol., I, q. 2.

28) [일] 판단 양상의 구별, problematica, assertoria, apodictica를 문제적, 언명적(言明的), 논증적이라고 부르는 것이 좋지 않을까 싶다. problematica는 보통 '개연적'이라고 번역되어 있지만 지극히 부적절하다. 개연이란 probabilis의 번역어이다. 그리고 probabilis는 problematica보다도 적극적인 의미 내용을 갖고 있다. problematica는 πρόβλημα 에서 유래한 표현으로서 '문제적'으로 번역하는 것이 적절하다고 생각된다. assertoria는 asserere에서 유래하였기 때문에 '언명적'이라고 번역한다. apodictica는 άπόδειξις에서 유래하였기 때문에 '논증적'이라고 번역한다. 종래 에는 이 세 단어 모두에 '연(然)'자를 붙여서 통일했지만 그럴 필요는 어디에도 없다고 생각한다.

29) [일] S. theol., I, q. 2.

30) [영] Ouvrages inédits, V. Cousin, ed. (Paris: 1836), Dialect., 265.

31) [일] Ethica, I.33, schol. I.

32) [영] Wissenschaft der Logik, G. Lasson, ed. (Leipzig: 1911), II: 173.

있을 때 분명히 나타나는 것이다. 우리가 가능의 경우를 모두 알고 있다는 것은 예를 들어서 주사위, 가위바위보, 경마 등 가능성을 가지고 우연의 놀이를 할 경우이다. 베단타(Vedānta)학파가 브라만 (Brahman)이 유희를 위해서 세상을 만들었다고 하는 설에도 깊은 의미를 찾을 수 있다. 주사위가 보여 주는 면을 우연이라고 부르는 것은 여섯 개의 가능성을 배경으로 삼기 때문이다. 다른 다섯 개의 경우의 수도 있을 수 있다고 생각하기 때문이다. 사실은 주사위가 보여 주는 면은 주사위, 던지는 방법, 바닥 등의 물리적 성질에 의해서 필연적으로 규정된다. 하지만 다른 필연성의 인과적 계열도 포함되었다고 생각하기 때문에, 지금 현실로서 주어진 인과계열이 반드시 절대성을 갖고 있지 않다고 생각하기 때문에, 즉, 가능성과 현실과의 불일치가 있다고 생각하기 때문에 우연성이 존재하는 것이다.

푸앵카레는 룰렛 게임에 대해서 다음과 같이 말했다. "…모든 것을 우연에 맡기고 기다리는 것이 다."[33] 우연이 우연인 이유는 바늘이 빨간색 위에서 멈췄을 때, 검은색 위에서도 멈출 수 있었다고 생각하고, 검은색 위에서 멈췄을 때, 빨간색 위에서도 멈출 수 있었다고 생각하기 때문이다. 하지만 이렇게 생각하는 것은 푸앵카레가 말하듯이 룰렛을 돌리는 힘의 미세한 차이를 아주 정교한 기계를 가지고도 잴 수 없으므로 바늘이 어떻게 움직일지를 예견할 수 없다는 데에서 기인한 것이 아니다. 게임을 하는 사람들의 가슴을 뛰게 하는 우연성은 오히려 룰렛을 돌리는 힘 자체에 관해서 사실로 주어진 일정한 강도가 반드시 절대적 필연성을 갖고 있지 않다는 점에 있다. 즉, 다른 강도라고 생각해도 아무런 모순이 없다는 점에 있는 것이다.

그런 의미에서 이 클로버가 잎이 세 개가 아니라 네 개인 것도 우연이고 아사마산(賣間山)이 보통 산악이 아니라 화산인 것도 우연이다. 도요토미 히데요시(豊臣秀吉, 1536-1598)가 교토(京都)도 오사카(大阪)도 아닌 다른 어떤 곳도 아닌 오와리(尾張)의 나카무라(中村)에서 태어난 것도 우연이다. 우리가 미국인도 아니고 인도인도 아니고 일본인인 것도 우연이고 벌레도 아니고 새도 아니고 인간인 것도 우연이다. 『잡아함경(雜阿含經)』은 인간으로 태어나는 우연성을 잘 설명하고 있다. 드넓은 바다 깊숙한 곳에 수명무량의 눈먼 거북이가 백 년에 한 번 머리를 수면 위로 내놓는다. 구멍이 하나 뚫린 부목이 바다 위를 바람에 따라 동쪽으로 서쪽으로 떠다니고 있다. 인간으로 태어난다는 것은 이 눈먼 거북이가 머리를 수면 위로 올린 바로 그 순간, 우연히 이 부목의 구멍을 관통하는 것과 같다고 말한다.

우연성에는 경이로운 감정이 수반된다. '기연'이나 '기우' 등의 표현이 존재한다는 것은 이 정서가 보편적이라는 것을 증명해준다. 이것은 필연성에 충족의 감정이 수반되는 것과 좋은 대조를 이루고 있다. 또한, 가능성에는 희망이나 걱정이 수반되고 불가능성에는 실망이나 안심이 따른다. 어떤 현상이 가능할 경우, 그 현상의 성질 여하에 따라서 희망 또는 걱정이라는 긴장감이 생긴다. 불가능의 경우에는 희망이 실망으로, 걱정이 안심으로 변한다. 즉, 감정이 이완한다. 필연이 충족이라는 참작한 감정을 수반하는 것은 문제가 분석적 명석함을 갖고 해결되었기 때문이다. 이에 반해서 우연이 '경이' 라는 흥분된 감정을 불러일으키는 것은 문제가 해결되지 않은 채 눈앞에 던져졌기 때문이다. 요컨대, 불가능이나 필연은 그 결정적 논증성 때문에 이완이나 침착이라는 정적인 약한 감정 밖에 따르지 않지만 가능이나 우연은 그 문제성 때문에 긴장이나 흥분이라는 동적인 강한 감정을 일으킨다. 그리고 가능에 수반되는 희망, 걱정의 긴장된 감정과 우연에 따른 경이의 흥분한 감정 사이의 중요한

---

33) [영] Science et Méthode (Paris: Ernest Flammarion, 1916), 70-1.

차이는 전자가 미래에 관해서고 후자가 현재에 관한다는 점이다. 가능은 비존재가 존재를 미래에 기대하고 있는 것이다. 우연은 존재가 현재를 포괄한 채 비존재를 목격하는 것이다. 우연에 수반된 경이는 가능한 이접지의 하나가 조정된 찰나에 조정의 절대적 이유에 대해서 품게 되는 형이상적 정서이다. 플라톤이 『향연(Symposium)』(192b)에서 A가 B에게 '우연히 조우했을(ἐντύχη)' 때는 '그들은 놀라움에 몸을 떤다(θαυμαστὰ ἐκπλήττονται)'라고 말하고 있는 것은 철학적 경이로서의 θαυμάζειν(놀라움)의 현저한 일예이다.

또한 이 경이는 어떠한 이접지의 조정에도 수반되겠지만 특히 현저하게 나타나는 것은 조정이 목적적 조정이라고 느껴질 경우, 즉 '목적다운 것'이 있을 경우이다. 이 때문에 아리스토텔레스는 αὐτόματον이나 τύχη는 '무언가를 위해서(ἕνεκα του)' 일어나는 현상의 범주에 속하는 것이 실제로 주어진 결과 때문에 일어난 것이 아닐 경우이다, 라고 말했다.[34] … 이 '기이하다'거나 '묘하다'라는 표현은 우연의 '목적다운 것'에 대한 경이이다.

문학이 우연을 애호는 것도 '목적 같은 것'에 대한 경이의 정서를 기반으로 삼고 있다. 문학 즉, 넓은 의미의 시는 내용과 형식의 두 방면에서 우연성을 중요한 계기로 갖고 있다. 내용상으로는 예를 들어서 『아사가오 일기(朝顔日記)』[35]는 우연성이 이야기 전체의 골자를 이룬다. 게다가 단지 한 번만의 우연이 아니다. 전체가 우연을 멜로디로 한 변주곡이다. … 노발리스도 "모든 시작은 동화적이지 않으면 안 된다. 시인은 우연을 숭배한다."(Novalis, Fragmente)라고 말하고 있다. 형식면에서는 운율의 우연한 일치, 즉 동음이의어를 이용해서 운이 성립된다. 예를 들어서 '마쓰(松, 소나무라는 뜻의 일본어)'라는 말의 내용, 즉, 소삼과(松杉科)의 식물과 '마쓰(待つ, 기다린다라는 뜻의 일본어)'라는 말의 내용, 일종의 심리상태, 의미상에는 아무런 상관이 없음에도 불구하고 발음이 같다. 시는 이러한 우연성을 살린다. … 폴 발레리(Paul Valery, 1871-1945)는 시를 정의하기를 '언어의 우연(운)의 순수한 체계'[36]라고 말하고 압운(押韻)이 지닌 '철학적 미'를 설명하고 있다. 우연성이 문학의 내용이나 형식에 미친 중대한 의의는 '목적다운 것'에 대한 형이상적 경이와 그에 수반되는 '철학적 미'에 있다.

요컨대 우연에 수반되는 경이는 비존재를 존재의 배경으로 삼고 비존재로부터 존재로의 추이에 있어서 또는 존재로부터 비존재로의 전보에 있어서 우리가 그 이유를 물을 때 물음 그 자체를 움직이게 하는 정서이다. 우연은 비존재의 가능을 의미한다. 셰익스피어가 말했듯이 "밑이 없다.(it hath no bottom)"[37] 헤겔이 말했듯이 "이유가 없다.(Es hat keinen Grund)"[38] 우연은 '절대적 불안(absolute Unruhe)'[39]이다. 우연에 있어서는 비존재가 깊게 존재를 위협하고 있다. 그런 의미에서 우연은 부서지기 쉬운 존재이다. 우연은 단지 '이 장소'에 또는 '그 순간'에 첨예하고 허약한 존재를 연결할 뿐이다. 그리고 절대적 필연은 모든 우연을 없애고자 타락하는 '진정한 심연'[40]이다.

---

34) [일] Phys., Ⅱ, 6.197b.

35) [한] 일본의 인형극 조루리(淨瑠璃) 「생사 아사가오 이야기(生寫朝顔話)」의 통칭. 맹인이자 떠돌이 가수 아사가오(朝顔)와 애인 미야기 아소지로(宮城阿曾次郎)의 엇갈리는 인연을 담은 비화.

36) [영] Variété (Paris: Gallimard, 1924), 67, 159.

37) [일] Midsummer Night's Dream, IV, 1.

38) [일] Wissenschaft der Logik, II: 174.

39) [일] 위의 책.

40) [일] The Critique of Pure Reason, b 641.

모든 우연은 붕괴와 파멸의 운명을 근본적으로 자기 안에 내포하고 있다. "산 자는 모두 죽음으로 돌아가고, 만남은 이별이 함께하고 생명은 죽음으로 삼켜지고, 모든 것은 소멸로 돌아간다."[41] 존재가 비존재를 직면하고 비존재가 존재를 위협할 때, 우리는 밀린다 왕과 함께 새삼스럽게 놀라며 "왜?"라는 질문을 던지는 것이다. 또한 우리는 스스로에게 대답하기 위해서 헤겔의 말을 뒤풀이 할 수밖에 없을 것이다. "보편성을 향한 개인의 불충분함이 그의 근원적인 병이고 그가 갖고 태어난 죽음의 씨앗이다."[42]

## 결론

이상으로 논리적, 경험적, 형이상적 세 지평에서 우연성의 규명을 시도하였다. 이 세 가지 입각지는 술어적[43], 가설적, 이접적 지평이라고도 부를 수 있다. 논리적 우연은 술어적 판단에 있어서 개념으로서의 주어에 대해서 술어가 비본질적 징표를 뜻할 때 성립했다. 즉, 어떤 언명적 판단에서 주어와 술어의 동일성이 결여되어 논증성, 따라서 필연성을 갖고 있지 않다는 것이 명확해 졌을 경우이다. 경험적 우연은 논리적으로 표현하기 때문에 가설적 판단의 이유귀결의 관계 이외의 것으로 성립한다. 즉, 이유와 귀결의 동일성에 의해서 규정할 수 있는 논증성, 즉 필연성의 범위 외에 있는 것으로서 성립한다. 형이상적 우연은 주어진 술어적 판단 또는 가설적 판단을 이접적 판단의 한 이접지로 보고 그 외에도 다른 이접지가 존재한다고 생각했을 때 성립한다. 즉, 언명적 또는 논증적 명제를 이접 관계에 있는 이접지로 간주함으로서 피구분 개념의 동일성에 대해서 차별성을 주장함과 동시에 언명성(존재성) 또는 논증성(필연성)을 문제시하는 것이다.

논리적 우연의 핵심적 의미는 '개물(個物)'에 있다. 경험적 우연의 핵심적 의미는 '하나의 계열과 다른 계열의 조우'에 있다. 형이상적 우연의 핵심적 의미는 '없을 수 있는 가능성'에 있었다. 개물이기 때문에 일반 개념에 대해서 우연적 징표를 갖고 있었던 것이다. 독립한 계열과 계열의 조우이기 때문에 이유와 귀결의 필연적 관계 밖에 있었던 것이다. 존재하지 않는 것이 가능하기 때문에 절대자의 절대적 필연성으로부터 벗어나 있었던 것이다.

그리고 이 우연의 세 가지 의미는 결코 따로따로 분리되어 있는 것이 아니라 하나로 융합해 있다. '개물 및 개개의 사상'의 핵심적 의미는 '하나의 계열과 다른 계열의 조우'에 있는 것이고 조우의 핵심적 의미는 조우하지 않을 가능성이 있다는 것, 즉 '없을 수 있는 가능'에 있는 것이다. 그리고 이 모두를 근원적으로 규정하고 있는 우연성의 본래적 의미는 필연성의 일원에 대해서 이원의 조정에 있다. 필연성이란 일원성의 양상이다. 우연성은 이원성이 존재하는 곳에서 비로소 성립할 수 있다. 개물의 기원은 일원에 대한 이원의 조정으로 거슬러 올라간다. 조우는 이원의 조우를 뜻한다. 없을 수 있는 가능성은 일원에 대한 반역에 기초한다. 유의 의미를 동일률에 의해서 규정하고 동일률에 반하는 것을 무라고 간주한 파르메니데스(Parmenides, BC.515?-BC.445)의 철학은 우연에 대한

---

41) [영] 『열반경(涅槃經)』 제2권. 구키는 남방 『열반경』의 네 어구를 이어서 기술하고 있다. T 12, 612c.22-8.

42) [일] Encykl., §375.

43) [일] 판단의 관계를 구별하는 말 중에서 categorica는 κατηγορια에서 유래한 단어로 '술어적'이라고 번역하는 것이 적절하다고 생각된다. hypothetica는 υποθεσις에 기초를 두고 있는 단어로서 '가설적'이라는 번역어를 사용하겠다. disjunctiva는 disjungere에서 유래한 단어이기에 선언적(選言的)이라는 번역어보다는 '이접적(離接的)'이라는 번역어를 사용한다. 세 단어 모두 '언(言)' 자를 붙여서 정언적, 가언적, 선언적이라고 통일할 필요성은 없을 것 같다.

경이에서 시작하여 이원에 대한 위협으로 끝났다. 게다가 우리는 어떤 의미에서는 파르메니데스 철학이 진리를 말하고 있다고 인정하지 않을 수 없다. 거기에 또한 인간의 기쁨과 고뇌가 있다.

앞서 우연성의 문제는 무에 대한 질문을 내포하고 있기 때문에 형이상학의 문제라고 말했다. 형이상학으로서의 철학 이외의 학문은 무에 대한 질문을 제외하기 때문에 우연성을 문제시하지 않는다고도 말했다. 우연성은 '이 장소', '이 순간'에 무한한 무와 대면하는 첨예하고 위험한 조우이다. 우연성은 보편적 사유에 의해서 법칙의 필연만을 추구하는 학문에게 있어서는 아마도 전혀 가치 없는 비합리에 지나지 않다. 아리스토텔레스도 우연의 '배리(背理, παράλογος)'[44]에 대해서 언급했다. 헤겔도 "우연을 이해하기 위해서 개념에서부터 찾고자 하는 것은 가장 부적절한다"[45]라고 말했다. 요컨대 우연성은 학문적 인식에 대한 한계를 형성하고 있다. 그리고 인식의 한계를 철저히 사색하고 숨겨진 문제를 주시하며 '경이'하는 것은 철학에게 주어진 자유이자 특권이다.

철학 이외의 학문에서 우연성이 무의미하게 여겨지는 것과 마찬가지로 과학을 본뜬 윤리 이론에 있어서도 우연이 차지할 장소는 없다. 만약에 칸트의 윤리 이론이 예외를 허용하지 않는 보편적 자연의 법칙과 유사한 도덕 법칙을 공식화하려고 했다면, '아무것도 의지하지 않는 의지'에 야코비(Jacobi, Friedrich Heinrich, 1743-1819)가 분노한 것도 결코 부당하다고 할 수 없다. 야코비는 아무것도 의지하지 않는 의지에 반대해서 칸트가 데스데모나(Desdemona)가 자신을 속인 것처럼 자신을 속이고 있다고 말했다.[46] …

만약 도덕이 공허한 것이 아니라 힘을 갖고 현실적인 것으로 만들기 위해서는 주어진 우연을 발판 삼아 도약하지 않으면 안 된다. 우리는 우연성의 경이를 미래에서 얻을 수 있다. '목적다운 것'을 미래에 양보하고 조우의 '순간'에 경이로움을 맛볼 수 있다. 그리고 모든 우연성의 경이를 미래로 인해서 강조할 것, 즉, 우연성을 실로 우연성답게 만드는 것이 유한한 인간에게 주어진 과제여야만 한다. 『정토론(淨土論)』에 '부처님의 본원력을 살펴보면, 만나는 이마다 헛되이 지나치지 않는다(觀佛本願力, 遇無空過者)'[47]라는 말이 있는 것은 분명 이런 뜻일 것이다. 무를 내포하고 멸망의 운명을 갖고 있는 운연성에 영원의 의미를 부여하기 위해서는 미래에 의해서 순간을 되살아나게 하는 수밖에 없다. 누구도 밀린다 왕의 '왜?'에 대해서 이론의 범위 안에서는 충분한 해답을 줄 수 없을 것이다. 문제를 조금만 실천의 영역으로 옮겨서 '만나서 헛되이 지나치지 말거라'라고 말해줄 수 있을 뿐이다.

[JCM/유재진]

---

44) [일] Physics II.5.197a.

45) [일] Encyklopädie, §250.

46) [영] F. H. Jacobi, Werke, F. Köppen, ed. (Leipzig: Fleischer, 1812-25), III: 37.

47) [영] T 26, 231a.24, 232a.28-29.

# 와쓰지 데쓰로

和辻哲郎, 1889-1960

와쓰지 데쓰로는 20세기 전반 일본 최고의 윤리 이론가이자 윤리 역사가였고 문화계의 기민한 철학자이자 종교적 전통과 관행의 해석자였다. 세토나이가이(瀬戸內海) 바다 근처의 한 시골 마을에서 의사의 아들로 태어나 열여섯 살 때 대도시 도쿄(東京)로 과감히 상경하였다. 제일고등학교(第一高等學校)와 도쿄제국대학(東京帝國大學)에서 공부하였고 1912년 쇼펜하우어(Schopenhauer, 1788-1860)의 비관론에 관한 논문을 쓰고 졸업했다. 40년 후 그는 그곳에서 그의 철학 교수였던 라파엘 폰 쾨버(Raphael von Koeber, 1848-1923)의 회고록을 출판하였다. 학창시절 그는 그의 첫 저서 『니체 연구(ニーチェ研究)』(1913)로 철학 연구의 시작을 알렸고 이어서 1915년 일본 최초의 키르케고르(KierKegaard, 1813-1855) 연구서를 출판하였다. 1918년 그는 다이쇼시대(大正時代, 1912-1926)의 데모크라시 열풍에 관한 비평과 고대 자연 숭배자들에 대한 고찰을 『우상재흥(偶像再興)』이라는 아이러니한 제목으로 발표했다. 그 후 그는 20년 후에 출판하게 될 『호메로스 비평(ホメーロス批評)』에 관한 작업에 착수하였다. 종교, 문화, 역사학에 관한 그의 저술로는 『원시기독교의 문화적 의의(原始基督教の文化的意義)』(1926), 『원시불교의 실천철학(原始佛教の實踐哲學)』(1927) 등이 있다.

와쓰지가 도겐(道元, 1200-1253)*이나 신란(親鸞, 1173-1263)*에서 철학적 사상을 처음 발견한 사람은 아니지만, 아래에 인용된 에세이에서 그는 도겐의 글을 처음으로 비종교적, 철학적으로 고찰하였다. 와쓰지의 작품들은 스승 쾨버로부터 배운 언어학적 방법들과 그가 1927년 1년 간 유럽에서 배운 해석학적 접근을 접목시키고 있는 것으로 알려져 있다. 그는 베를린(Berlin)에서 공부했을 때, 마르틴 하이데거(Martin Heidegger, 1889-1976)의 『존재와 시간(Sein und Zeit)』에 몰두하였고 이탈리아의 문화 중심지를 방문하였는데 이 여행은 와쓰지의 경력과 관심에 있어서 하나의 전환점을 가져다주었다. 일본으로 돌아온 직후 교토제국대학(京都帝國大學) 철학과 교수가 되었고, 1934년 도쿄제국대학 윤리학 석좌에 임명되었다. 독일에서 알게 된 현상학을 발전시켜 문화적 차이를 해명하고자 그는 『풍토(風土)』를 발표하여 인간의 공간성이 어떻게 인식과 행동에 영향을 주고 기후 구분이 어떻게 인간관계의 성격을 형성하며 다른 기후와 구별되는 문화를 만들어 냈는지를 보여주었다. 이 글에서 발췌한 것은 아마도 세계 최초의 기후에 관한 기상학적 해설일 것이다.

와쓰지는 말기에는 문화유형에 대한 이러한 다소 인상주의적 이상화를 포기했지만, 계속해서 사람들 사이의 상호관계와 인간과 환경의 상호관계에 초점을 맞추었다. 그의 3권짜리 『윤리학(倫理學)』(1949) 연구는 그의 분석과 통찰력을 충분히 발휘하고 있는데 이 책에서 그는 모국어의 문자적 의미와 문화적 뉘앙스를 이용한 하이데거의 선례를 따랐다. '인간'이라는 용어가 그 예이다. 현대 일본어에서 '닝겐(人間)'은 인간을 지칭하지만, 그 속뜻은 문자 그대로 사람과 사람 사이-인(人) 간(間)-또는 그 관계를 나타내며, 모든 인간은 공유된 문화 공간 '사이'에서 함께 살고 있다. 또한 그는 하이데거의 현존재(Dasein)가 너무 개인주의적이며 그가 중요시 여긴 관계성(공간성, 시간성,

문화성, 기후성)을 방임하고 인간 존재의 시간성만을 지나치게 강조하고 있다고 비난했다. 아래에 인용한 글에서는 인간 존재의 부정적이고 변증적인 구조에 대한 니시다 기타로(西田幾多郞, 1870-1945)*의 철학과 불교 사상의 영향도 보이지만, 전반적으로 의도의 개념이 결여된 전통적 유교와 불교 사상에 대한 비판과 철학적 분석을 시도하고 있다.

와쓰지에게 윤리 문제는 철학의 핵심이었고 1952년에 출판한 상하권의 『일본 윤리사상사(日本倫理思想史)』에서 그는 천황 숭배와 대립하는 봉건제의 '무사도'를 포함해서 일본의 특정한 역사적 계층이 지닌 가치체계에 내포된 보편적 인간관계성을 고찰하였다. 그러나 사무라이 윤리에 대한 그의 비평은 일본적 시각의 우월성, 그리고 공동체의 최고 형태로서의 민족국가의 미덕을 장려하는 걸 막지 못했고 이 모든 논리가 아시아태평양전쟁시기에는 군 파벌에 봉사하였다. 그의 정치적 견해에 대한 해석은 여전히 논란이 되고 있지만, 그의 분석이 지닌 명석함은 의문의 여지가 없다.

[JCM/유재진]

---

## 신란과 도겐

와쓰지 데쓰로 1923, 192-203

신란(親鸞, 1173-1263)*의 가르침에서 무한한 '자비'를 설명하는 부분이 가장 눈에 띈다. 신란에게 자비란 절대자의 모습이다. … 게다가 그는 너의 이웃을 사랑해라, 인류를 사랑해라, 사람과 사람 사이의 사랑이야말로 인생에서 가장 의미 있다, 라는 식으로는 설명하지 않는다. 왜냐하면 그는 인간이 지닌 사랑의 힘이 얼마나 미약한지, 몰아(沒我)의 사랑이 인간에게 얼마나 힘든지를 알고 있었기 때문이다. 그는 자비를 인간의 자비와 부처님의 자비로 뚜렷이 구분했다. 그리고 인간의 자비에 대해서 다음과 같이 말했다.

성도(聖道)의 자비란 연민하고 슬퍼하고 품어주는 것이다. 하지만 인간이 이 세상에 살고 있는 한 아무리 그리워하고 불쌍히 여기는 경우에도 마음 가는 대로 다른 이를 구해낼 수는 없다.

이것이야말로 그의 강한 인간애의 표현이자 우리들의 마음을 깊게 움직이게 하는 것이다. 실로 우리는 주위에서 상처 입은 영혼을 많이 느끼지 않는가. 그리고 그 고통으로부터 구원해주기 위해서 ―아니, 오히려 구할 수 없기에 스스로 얼마나 고통스러워하고 있는가. 우리는 이 고통을 해소할 방법을 모르는 것이 아니다. 하지만 그 방법은 우리가 지닌 사랑의 힘이 너무나 빈약해서 혹은 사람의 능력이 어느 한계를 넘어갈 수 없기에, 그 방법을 구현할 수 없는 것이다. 이 무력함 때문에 우리들의 동정(同情)은 높아갈수록 '더욱' 더 많은 고통을 수반한다.
…
여기서 신란은 부처님의 연민을 다음과 같이 설명하고 있다.

정토의 자비는 단지 부처님의 이름을 부르고, 빨리 부처가 되어 그 위대한 자비심으로 마음 가는 대로 중생을 구제하는 것이다. 끝없는 자비로운 마음 때문에 괴로워하기보다는 부처님의 이름을 부름으로써 의심의 여지 없는 자비에 도달하려고 하는 편이 '철저한' 대자비심이라고 말할 수 있다. 즉, 자신을 구하는 것이 동시에 다른 이를 구원하는 것이다. 다른 이를 구원하기 위해서는 우선 자기를 구하지 않으면 안 된다. '너의 이웃을 사랑해라'를 완전히 실현하고자 한다면 우선 「아미타(彌陀)」에게 요청하지 않으면 안 된다. 아미타에 의해서 우리는 완전하게 '사랑받을 수 있고' 또한 완전히 '사랑할 수' 있는 것이다.

신란이 말하는 자비가 이처럼 '인간의 것이 아닌' 큰 사랑이다. 그가 역설한 것은 이 사랑과 사람과의 관계이고 사람과 사람 사이의 관계가 아니다. 그리고 이 사랑과 사람과의 관계에 있어서 '모든 것은 용서 받는다'라는 그의 신앙이 지닌 특질이 나타나는 것이다. 그는 말한다.

'선인마저도' 정토(천국)에 들어 갈 수 있는데, 하물며 악인이야.
…

이 사상에 의하면 인간 행위의 선과 악은 아미타의 자비 앞에서는 어떠한 구분도 없다. 아니, 오히려 선보다도 악이 적극적인 의의를 갖는 것처럼 보인다. …

여기에 사람을 지배하는 '「업(業)」'과 업에 의해서 지배당하는 '사람'과의 분명한 구별이 있다. 업은 사람을 다양한 행위로 이끌지만, 사람은 업에 의해서 움직이면서도 동시에 마음을 업의 피안에 놓을 수도 있다. 즉, 「염불(念佛)」할 수 있는 것이다. 그리고 그의 마음이 업의 피안에 있는 한, 다시 말해서 그가 부처님의 이름을 부르고 있는 한, 그가 업에 의해서 아무리 악행을 저지른다고 하더라도 그는 이 행위의 진정한 책임자가 아니다. 그러므로 그는 이 악행으로 인해서 벌을 받는 것이 아니라 구원을 받는 것이다. 하지만 만약 사람이 모든 것을 부처님께 맡기지 않는다면 즉, 그를 지배하는 업과 마음이 하나가 되어 행위의 책임을 스스로 진다면 그는 그 운명을 업과 함께하지 않으면 안 된다. 즉, 구원받을 수 없는 것이다. 구원받을 수 있는지 없는지는 단지 '사람'이 '업'을 대하는 태도에 의한 것이다. …

이상으로 나는 두 가지 점을 명확히 했다. 신란이 설파한 것은 아미타의 사람에 대한 자비이고, 사람의 사람에 대한 자비가 아니라는 것. 모든 것은 용서받을 수 있다는 그의 사상의 근저에는 악을 두려워하고 수치스러워하는 마음이 필수로 있어야 한다는 것. 이러한 신란의 특징에 대해서 스스로를 '진리를 위한 진리 탐구자'라고 부른 도겐(道元, 1200-1253)*을 살펴보자. 그는 자비를 어떻게 해석하였는가. 그는 어떻게 악을 용서하고 혹은 두려워했는가.

도겐은 「다르마(佛法)」을 위해서 「신심(身心)」을 버려야 한다고 말했다. 그리고 이 신심의 방척은 '너의 이웃에 대한 사랑'에 있어서 매우 중대한 의미를 지닌다. 사랑을 방해하는 최대한 힘은 도겐이 말하는 '심신'에 뿌리 내린 모든 이기심, 아집이다. 자기 몸과 마음을 지키려고 하는 모든 욕망을 버리고 자기를 비우고 다른 이와 어울리는 기쁨에 몸을 맡길 때, 사랑은 자유로이 전인격의 힘을 가지고 흐른다. 신란이 절망한 인간의 자비도 몸과 마음을 방척한 사람에게는 가능할 것이다. 왜냐하면 전자에 있어서 스스로를 부인하는 것 외에는 달리 어찌할 방법이 없었던 숙업(宿業)이 후자에 있어서는 버릴 수 있는 것으로 해석되기 때문이다. 다른 이의 고통을 완전히 구할 수 있는 힘이 자기에게 있는지 없는지는 여기서는 문제가 아니다. 단지 자기 안에 있는 이웃을 향한 사랑을 저지하는 모든 동기를 버릴 수 있는지 없는지. 오로지 하나의 사랑을 위한 동기가 될 수 있는지 어떤지. 이로 인해서 자비심의 문제는 해결되는 것이다.

...

　이러한 마음가짐이란 '목숨을 가벼이 여기고, 중생을 불쌍히 여기는 마음이 깊고 몸을 불제(佛制)에 맡기려는 마음'이다. 이는 석가모니의 모방이고 '불법을 위한 것'이지, 사람의 구원을 목적으로 한 것이 아니다. 하지만 불법을 위한다고는 해도 신체와 생명을 중생에게 내주는 순간, 자비심이 이생에서의 그의 생명을 남김없이 영략(領略)하게 된다. 즉, 그는 자비 그 자체가 되는 것이다. 그리고 이 자비를 ―자신을 비우고 당신의 이웃을 사랑하는 것을― 도겐은 불교 신자에게 없어서는 안 될 성품으로 보았다.

　원래 이는 신란이 말한 '성도의 자비'일 것이다. 아무리 이 자비가 높아지더라도 중생을 '모두 구원'할 수는 없다. … 이 자비의 효과를 묻는다면, 그것은 덧없이 적을 것이다. 하지만, 도겐은 이 효과 때문에 자비를 설파하는 것이 아니다. 석가모니가 자비를 행했기 때문이다. 그는 자주 되풀이하여 말했다. "부처는 몸과 살과 손, 발을 잘라서 중생에게 내주었다." 부처의 살을 게걸스럽게 먹은 굶주린 호랑이는 그 허기를 잠시 채운 것에 지나지 않다. 한 마리 맹수의 일시적인 허기를 채워주기 위해서 몸과 살을 내준 것은 효과로 따지자면 미약하다. 하지만 몸과 생명을 방척하여 야수의 허기를 채워준 부처님의 심정은 한없이 깊고 귀하다. 불교 신자는 이 심정을 배우지 않으면 안 된다. 도겐에게 있어서 중생의 고민을 어느 정도 경감시켜줄 수 있는지 보다 중생을 구제하는 불의(佛意)를 어느 정도 '자기 안에서' 체현해 낼 수 있느냐가 문제였던 것이다.

　이 부분에서 신란의 자비와 도겐의 자비의 대조가 분명해 진다. 자비를 목적으로 삼은 신란의 가르침은 그 목적을 달성하기 위해서 한때뿐인 인간의 사랑에서 눈을 돌리고 오로지 마음을 모아 부처님의 이름을 부를 것을 역설하였고 진리를 목적으로 삼은 도겐의 가르침은 그 목적을 달성하기 위해서 몰아의 사랑을 역설한 것이다. 전자는 '부처의' 자비를 설교하고 후자는 '인간의' 자비를 설교한 것이다. 전자는 자비의 '힘'에 무게를 두고, 후자는 자비의 '심정'에 무게를 두었다. 전자는 끝없이 드높은 '자모'의 사랑이고 후자는 수련에 의해서 얻어진 '구도자'의 사랑이다.

　그렇다면 이 도겐의 자비는 악에 대해서 어떻게 설명하고 있는가. 신란의 자비에서는 악을 두려워하는 마음이 있는 한 어떠한 악이라도 용서 받았다. 하지만 인간의 자비인 도겐은 모든 악을 용서할 수 있는가?

　우선 악인성불의 문제에 대해서 말하자면, 도겐이 설명하는 자비는 사람의 영혼을 구제할 수 있는 성격의 것이 아니다. 사람이 자신의 신체를 희생해서 굶주린 사람에게 먹을 것을 준다는 것은 도겐의 말에 의하면 완전한 자비이다. 하지만 이 경우, 먹을 것을 받은 악인이 불법의 깨달음을 얻게 되는지 아닌지는 문제 삼지 않는다. 자비는 불법을 위한 것이고 또한 행자 자신의 행위이고 구제를 목적으로 행한 것이 아니다. 다음으로 '악인'을 대하는 태도에 대해서 말하자면, 이 자비는 상대가 악인인지, 선인인지를 묻지 않는다. '「여래(如來)」의 가풍을 받아서 모든 중생을 한 아이처럼 불쌍히 여겨야 하는' 불자에게 있어서는 악인도 또한 '불쌍히 여겨야 할' 중생에 지나지 않다.

　여기서 신란과 같은 문제가 나타난다. '악은 비난받아야 할 것이 아닌가?'―그 대답은 그것이 아미타의 태도와 상관없이 우리들의 태도에 관한 한 신란에 있어서 만큼이나 중대한 의미를 갖고 있지 않다. 도겐에 의하면, 사람의 '본심'은 악하지 않고, 단지 「업(業)」에 의해서 선이 될 수도 악이 될 수도 있다는 것이다. 따라서 사람은 좋은 인연을 추구해야 한다. … 불자는 선악을 가르고 옳고 그름을 나누는 '「소승(小乘)」근성'을 버리고 좋든 나쁘든 석가모니의 행동을 따르면 된다. 따라서 그는 충실한 석가모니의 모방자인 이상, 그는 석가모니가 배척한 '악'을 스스로 배척하게 된다. 하지만 다른 이의 행위에 대해서는 그가 자비를 갖고 대하는 이상, 선악을 물을 필요가 없다. 왜냐하면 그는 석가모니를 따라서 자비를 행할 뿐이고 악을 심판하는 것이 아니기 때문이다. 덧붙여 말하자면, 그에게 있어서 자비를 행하는 것은 중대하지만, 악을 심판하는 것은 중요하지 않기 때문이다. …

절대자의 자비는 모든 것을 용서하고 게다가 자신도 상처받지 않을 것이다. 하지만 인간의 자비는 악을 용서함으로서 정의를 짓밟은 오류를 범하지 않을까? 예를 들어 자모의 편애에서 볼 수 있듯이 오히려 악을 조장하는 결과를 낳지는 않을까?

자비가 단지 인간의 자연적인 사랑을 의미한다면 아마도 이런 위험에 빠질 수도 있을 것이다. 하지만 도겐이 말하는 자비는 심신을 방척한 자의 자비이다. 아집과 명성을 버린 자의 자비이다. 그것이 「불법(佛法)」을 위해서―정의나 선으로 충만 된 세상을 위해서 행해지는 것이고 현세적인 효과를 위해서 행해지는 것이 아니다. 따라서 그것은 어떤 악을 용서할 경우라도 악 그 자체를 용서한 것이 아니라 사람을 불쌍히 여겼기 때문에 용서한 것을 잊어서는 안 된다. 이러한 각오가 있는 이상 어떤 사람이 도움을 요청하더라도 어떠한 주저함도 없이 도와줄 수가 있을 것이다.

도겐은 이에 대해서 일상의 사소한 일을 예로 들었다.―예를 들어 사람이 찾아와서 구걸한다거나 아니면 다른 이에게 소송을 걸기 위해서 편지를 써달라고 부탁한다고 치자. … 부탁하는 사람에게 조금이라도 이익을 줄 수 있다면 자신의 명성을 버리고 부탁을 들어주는 것이 좋다. … 이러한 도겐의 말에 에조(懷奘)[48]는 물었다.

> "실로 그러하옵니다. 하지만, 타인의 살림을 빼앗으려는 악의가 있는 경우나 또는 사람을 해치려는 경우에도 도와줘야 합니까?", 도겐이 대답한다. "양쪽 중 어느 쪽이 맞는지는 내 알 바가 아니다. 단지 한 편의 편지를 써달라고 해서 써줄 뿐이다. 말할 필요도 없겠지만, 올바른 해결을 원한다고 편지를 쓸 뿐, 내가 심판할 필요는 없다. 게다가 만약 부탁하는 쪽이 옳지 못하다는 것을 알고 있을 경우에도 일단은 그 부탁을 들어주고 편지에는 올바른 해결을 원한다는 뜻을 피력하면 된다. … 이처럼 사람을 대면하고 능력껏 도와주다 한계에 도달하면 깊이 사료하게 된다. 결국은 매사에 명성과 아집을 버려야 한다."(도겐, 1237, 38-9)

신란은 '믿음'으로 석가모니를 맹종했다.

> "신란은 단지 염불만하면 아미타에게 구원을 받을 수 있다고 한다, 고 사람들이 말하는데, 믿는 것 외에 달리 방법이 없지 않는가. 염불은 실로 정토에 가기 위해서 하는 것인가, 아니면 지옥에 떨어져 마땅한 업 때문에 하는 것인가. 이에 대해 나는 아는 바가 전혀 없다. 만약에 호넨(法然, 1133-1212) 상인(上人)*에게 속아서 염불 때문에 지옥에 떨어진다고 해도 나는 조금도 후회하지 않을 것이다."(신란, n.d., 774)

이에 대해서 도겐은 「수행(修行)」을 통해서 석가모니를 모방한다. 좋든 나쁘든 간에 그는 단지 따를 뿐이다. 이기적인 견해를 버리고 오로지 '따른다'는 점은 둘 다 일치하는 부분이고, '믿음'과 '행위'에 초점을 달리한다는 점이 양자의 현저한 차이점이다. …

---

48) [한] 고운에조(孤雲懷奘, 1198-1280)는 도겐의 주요 제자로서 조동종(曹洞宗)을 도겐에 이어서 이끌어간 인물이다.

이 일치와 차이는 양자의 내용에 항상 반복해서 나타난다. 일치하는 것은 항상 색채를 달리하면서 일치하고 차이점은 항상 뿌리는 같이하면서 다르다. … 신란의 말에 의하면 자비는 아미다의 것이다. 따라서 인간의 도덕은 그 앞에서 의의를 잃는다. 도겐의 말에 의하면 자비는 인간의 것이다. 따라서 인간의 도덕은 자비에 의해서 한층 더 그 의미가 깊어진다. …

하지만, 이러한 종류의 일치는 많지가 않다. 왜냐하면 덕에 관한 신란의 언설이 매우 적기 때문이다. 우리는 도겐을 통해서 아미타의 자비를 이해하기가 어렵지만, 인간의 자비를 설명하는 도겐에게서 열렬한 도덕적 언설은 발견할 수 있다. 직접 민중을 접하고 그 생활을 직접적으로 변화시키려고 한 신란이 그 '믿음' 때문에 인간의 길을 설파한 것이 적고, 산속 깊숙이 숨어서 진리를 위해서 노력한 도겐이 그 '행위' 때문에 인간의 길에 열정을 갖고 있다. 이 대조는 대단히 흥미롭다.

[SMB/유재진]

---

## 추위의 현상학

와쓰지 데쓰로 1935, 7-10 (1-5)

우리는 그곳이 어딘지 간에 모두 토지에 살고 있다. 우리가 사는 토지의 자연환경은 우리가 원하든 원치 않던 간에 우리를 에워싸고 있다. 이 사실은 상식적이며 매우 확실하다. 사람들은 일반적으로 이 자연환경을 각각의 자연현상으로 간주하고 그것이 '우리'에게 미치는 영향을 문제 삼기도 한다. 때로는 생물학적, 생리학적 대상으로서, 때로는 국가를 형성하는 데 있어서의 실천적인 요인으로. 각각의 전문적인 연구가 필요한 만큼 이들은 복잡하게 얽혀있다. 하지만 우리에게 중요한 것은 일상적이고 직접적인 사실로서 주어진 풍토를 과연 '단지' 자연현상으로만 간주해도 괜찮은가 하는 문제이다. 자연과학이 풍토를 자연현상으로 다루고 있는 것은 지극히 당연하지만, 현상 그 자체가 근본적으로 자연과학의 대상인지는 별개의 문제이다.

우리가 이 문제를 생각하기 위해서 상식적으로 명백한 기후 현상을, 그중의 하나에 불과한 현상을 예로 들어보자. 우리가 추위를 느낀다는 것은 누구에게나 명백하고 의심의 여지가 없는 사실이다. 그런데, 이 추위란 무엇인가. 즉, 물리적이고 객관적 사실로 존재하는 한기가 우리들의 육체에 있는 감각기관을 자극해서 심리적이고 주관적인 우리가 이를 일정한 심리상태로 경험한다는 것을 의미하는가. 만약 그렇다면 그 '한기'도 '우리'도 각각 단독적이고 '독립적으로' 존재하고, 한기가 외부로부터 우리에게 다가옴으로써 비로소 '우리가 추위'를 느낀다."는 지향적(志向的) 관계가 성립된다. 여기서 한기가 우리에게 미치는 영향이라는 것도 당연히 생각할 수 있다.

하지만, 과연 그럴까? 우리는 '추위를 느끼기 이전에' 한기라고 하는 것이 존재한다는 것을 어떻게 알 수 있을까? 그것은 불가능하다. 우리는 추위를 '느낌으로서' 한기라는 것을 발견하는 것이다. 게다가 그 한기가 외부에 존재해서 우리에게 다가온다고 생각하는 발상은 다름 아닌 '지향적 관계'에 관한 오해이다. 원래 지향적 관계란 외부에 있는 객관적 사실이 주관에 다가옴으로써 비로소 생겨나는 것이 아니다. 개인의 의식에 한정해서 고찰해보면 주관은 그 내부에 지향적 구조를 갖고 있어서 이미 '무언가를 향해' 있는 것이다. '추위를 느낀다'는 그 '느낌'은 한기를 향해서 관계를 맺는 하나의 '점'이 아니라, '…를 느끼는' 그 자체가 이미 관계이고 이 관계를 '통해서' 추위를 발견하는 것이다. 따라서 이러한 관계적 구조로서의 지향성은 추위와 관련된 주관의 여러 구조 중 하나이다. '우리가 추위를 느낀다'는 것은 첫째로 이러한 '지향적 체험'인 것이다.

하지만 만약 그렇다면, 추위란 주관이 체험하는 하나의 계기에 불과하지 않는가. 거기서 발견된 한기는 '우리들' 영역 안에 있는 한기인 것이다. 그러나 우리가 한기라고 부르는 것은 우리들의 외부에 있는 초월적 객관이고 단순한 우리들의 느낌이 아니다. 주관적 체험은 어떻게 해서 이 초월적 객관과 관계를 맺을 수 있는가. 즉, 추운 느낌이라는 것이 어떻게 해서 외기의 차가움과 관계를 맺을 수 있는가. —— 이 질문은 지향적 관계에 있어서 '지향하게 된 것'에 대한 오해를 안고 있다. 지향 대상은 심리적 내용 같은 게 아니다. 따라서 객관적 한기와 별개로 존재하는 체험된 추위가 지향 대상인 것이 아니다. 우리가 추위'를 느낄 때', 우리는 추운 '감각'을 느끼는 것이 아니라 직접 '외기의 차가움' 또는 '한기''를 느끼는 것'이다. 즉, 지향적 체험에서 '느낌의 대상'인 추위는 '주관적인 것'이 아니라 '객관적인 것'이다. 그럼으로 추위를 느낀다는 지향적인 '관계' 그 자체가 이미 외기의 한랭에 관여한다고 말할 수 있다. 초월적 존재로서의 한기라는 것은 이 지향성에 의해서 비로소 성립된다. 그렇기 때문에 추위에 대한 느낌이 외기의 한랭과 어떻게 관계를 맺을 수 있는가, 라는 질문은 애초에 성립이 안 된다.

이렇게 본다면 주관과 객관의 구별, 그 자체로 단독적으로 존립하는 '우리'와 '한기'라는 구별은 하나의 오해이다. 추위'를 느낄 때', 우리 자신은 이미 외기의 한랭에 속해있는 것이다. 우리 자신이 추위와 관계를 맺는다는 것은 우리 자신이 추위 속으로 나와 있다는 것을 의미한다. 이런 의미에서 우리의 존재 양식은 하이데거가 역설하였듯이 '밖으로 나와 있는'(ex-sistere) 것을 즉 지향성을 특징으로 한다.

이렇게 말할 수 있을 것이다. 우리 자신은 '밖에 나와 있는 것'으로서 스스로를 대하고 있다. 스스로를 되돌아보는 식으로 자신을 향하고 있지 않을 때에도, 반성을 기다리지 않더라도, 우리는 스스로에게 노출되어 있다. 반성은 자기 파악의 한 기능에 불과하다. 게다가 반성은 자기 개시(開示)의 방법으로서는 원초적인 것이 아니다.(물론, 반사[Reflektieren]를 시각적 의미에서 즉, 무언가에 부딪쳐서 거기서부터 '반사'된 것, 무언가로부터 반사됨으로써 스스로를 나타낸다는 의미로 해석한다면, 자기가 스스로를 노출시키는 방법을 표현한 것이라고도 볼 수 있다.) 우리는 추위를 느낀다. 다시 말해서 우리는 추위 속으로 나와 있는 것이다. 그렇기 때문에 추위를 느낀다는 점에서 우리는 추위 그 자체에서 자기 자신을 발견한다. 하지만 이는 우리가 스스로를 추위 속으로 이입시켜서 이입된 자신을 거기에 이미 존재하는 것으로 나중에 발견한다는 것이 아니다. '추위'가 '처음' 발견되었을 때, 우리 자신은 이미 추위 속에 나와 있는 것이다. 그렇기 때문에 가장 근원적인 '밖에 존재하는' 것은, 한기라는 '것', '대상'이 아니라, 우리 자신이다. '밖으로 나오는' 것은 우리 자신이 갖고 있는 구조의 근본적인 규정이고 지향성이라는 것도 이를 바탕으로 한 것에 불과하다. 추위'를 느끼는 것'은 지향적 체험이지만 이를 통해서 우리는 이미 '밖으로' 즉, 추위 속으로 나와 있는 자신을 발견하는 것이다.

이상으로 추위를 경험하는 개인의 의식이라는 관점에서 고찰하였지만 여기서 '"우리는" 추위를 느낀다'라고 표현해도 아무런 지장이 없었던 것처럼 추위를 체험하는 것은 단지 나뿐만이 아니라 우리들이다. '우리들은 같은 추위를 함께 느낀다.' 그렇기 때문에 우리는 추위를 표현하는 말을 '일상 생활에서 인사말로' 사용할 수 있다. 우리들 사이에서 추위를 느끼는 방식이 서로 다르다는 것도 추위를 모두 느낀다는 전제하에서 가능하다. 이 전제가 결여되면 나와 타인 사이에 추위를 느끼는 체험이 있다는 인식이 전혀 불가능해질 것이다. 그렇다면, 추위 속으로 나와 있는 것은 내가 아니라 우리들인 것이다. 아니, 우리들이라고 말할 때의 나이고 나이기에 말할 수 있는 우리들인 것이다. '밖으로 나오는' 것을 근본적 규정으로 삼고 있는 것은 이러한 우리들이고 내가 아니다. 따라서 '밖에 나온다'는 구조도 한기라는 '것' 속으로 나오기 전에 우선 우리들을 구성하고 있는 다른 '나' 속으로 나온다는 것이 전제된다. 이는 '지향적 관계가 아니라' '사이(間柄)'이다. 그럼으로 추위 속에서 스스로를 발견하는 것은 근원적으로는 '사이'로서의 우리들인 것이다.

나는 추위라는 현상을 명확히 하려고 노력했지만, 우리는 다른 사람들과 분리되어서 이런 현상을 경험하지 못한다. 따뜻함이나 더위, 바람, 비, 눈 또는 햇빛의 따사로움 등과 함께 경험한다. 즉, 추위는 우리가 날씨라고 부르는 현상 전체 중의 하나이다. 찬바람을 쐬다 따뜻한 방에 들어갈 때, 추운 겨울이 끝나고 온화한 봄바람을 느낄 때, 혹은 끓어오르는 더운 여름날에 소나기를 맞았을 때, 우리는 우선 우리 자신을 외부의 이러한 날씨 속에서 인식한다. 다시 말하자면, 날씨가 변화할 때 우리는 먼저 우리 자신의 변화를 파악한다. 이러한 날씨 역시 고립된 경험이 아니다. 그것은 오로지 토양과 관련된 것, 일부 토지의 지형적 특징에 의해서 경험된다. 겨울의 끝자락에 도쿄(東京)를 휩쓸고 지나가는 춥고 건조한 찬바람을 경험할 수도 있다. 봄바람은 벚꽃을 흩날리는 바람일 수도 있고, 바다의 파도를 애무하는 바람일 수도 있다. 그래서 여름의 더위는 활기찬 푸른 잎을 짓누르거나 아이들이 바다에서 즐겁게 놀도록 유혹할 수도 있다. 벚꽃을 흩날리는 바람 속에서 행복하거나 슬퍼하는 자신을 발견하듯이, 우리는 건조한 날씨 속에서 식물과 나무를 태우는 여름의 바로 그 더위 속에서 우리의 불쾌한 모습을 파악한다. 즉, 우리는 기후 속에서 우리 자신을 발견하는 것이다.

[GB/유재진]

## 윤리학

와쓰지 데쓰로 1945, 11-22, 106-7, 125, 278, 283-6

### 인간에 관한 연구

윤리학을 '인간'의 학문으로 규정하려는 내 시도의 첫 번째 의의는 윤리를 단순히 개인의식의 문제로 간주하려는 근세의 오류로부터 벗어나기 위해서이다. 이 오류는 근세의 개인주의적인 인간관을 바탕으로 하고 있다. 개인의 파악은 그 자체로는 근대정신의 성취이며 우리가 잊어서는 안 될 중요한 의미를 지니고 있지만, 개인주의는 인간 존재를 이해하는 데 있어서 하나의 계기에 불과하며 개인으로 인간 전체를 대신하려 했다. 이 추상성이 모든 오류의 원인이다. 근세철학의 출발점인 고립적인 자아 개념도 그중 하나이다. 자아를 객관적인 자연을 관조하는 것으로 제한한다면 오류는 그다지 크지 않다. 왜냐하면 자연 관조는 이미 구체적인 인간 존재에서 한 발작 떨어져 있고 개개인이 근본적으로 '대상을 보는 자' 즉, 주관으로 통용되기 때문이다. 하지만 인간 존재의 문제, 실천적 행위적 문제는 이와 같은 고립적 주관과는 애초에 상관이 없다. 여기서 사람과 사람의 행위적 관련성을 고립적이고 사상(捨象)된 주관으로 파악하고 억지로 윤리 문제까지 적용시켜 보자. 그러면 윤리가 다루는 문제도 다시 주관과 자연의 관계에 한정되어 버리고 그 안에서 인식과 대립되는 의지의 문제로 스스로의 영역을 구축해 갈 것이다. 자연에 대한 자기의 독립, 자기 자신에 대한 지배, 자기 욕망의 충족이라는 것이 윤리 문제의 중심에 놓이게 된다. 하지만 어느 방향으로 이론을 이끌어가든 이 입장만으로는 문제를 해결할 수 없다. 결국 '초개인적'인 자기, 혹은 '사회'의 행복, '인류'의 복지라는 것을 거론하지 않으면 원리를 만들어 갈 수 없을 것이다. 그리고 바로 이 점이 윤리 문제가 개인의식만의 문제가 아니라는 것을 말해주고 있다.

윤리 문제의 맥락은 고립적인 개인의 의식에 있는 것이 아니라 바로 '사람과 사람 사이'에 있다. 그렇기 때문에 윤리학은 인간의 학문인 것이다. 사람과 사람 사이의 관계의 문제가 아니고선 행위의 선악도 의무도 책임도 덕도 진정으로 해석할 수 없다. 게다가 우리는 이 사실을 가장 손쉽게 지금 여기서 우리들이 다루고 있는 '윤리'라는 개념 그 자체를 통해서 분명하게 할 수 있다.

윤리라는 개념은 윤리라는 말에 의해서 표현된다. 말이라고 하는 것은 인간이 만들어 낸 것들 중에서 가장 신기한 것 중 하나이다. 어떠한 사람도 자신이 말을 만들어 냈다고는 할 수 없다. 하지만 말은 누구에게나 자신의 말인 것이다. 이러한 말의 성격은 말이 인간의 주체적 연관을 노에마 (Noema)적인 의미로 전환시키는 용광로라는 데서 기인한다. 다른 말로 표현하자면 의식 이전의 존재의 의식화이다. 그런데 이 존재는 어디까지나 대상이 될 수 없는 주체적 현실임과 동시에 이미 실천적 행위적 연관인 것이다. 그래서 그것이 의식화되었을 때는 개인적 의식에 관한 내용이라 하더라도 개인적 존재만을 근원으로 삼지 않는다, 라는 구조를 지니고 있다. 그러한 의미에서 말도 또한 인간의 주체적 존재의 표현이자 우리들을 주체적 존재로 안내하는 통로를 제공한다. 윤리의 개념을 명확히 하고자 할 때 우선 그 말을 근거로 살펴보는 이유가 여기에 있다.

그렇다면 윤리라는 말은 '윤(倫)'과 '리(理)'의 두 단어로 만들어졌다. 윤은 '나카마'[49]를 뜻한다. '나카마'란 일정한 사람들의 관계체계로서 단체임과 동시에 이 단체로 인해서 규정되는 개개인이다. 중국 고대에서는 부자, 군신, 장유, 붕우 등의 「오륜(五倫)」이었다. 즉, 가장 중요한 '한패'이다. 부자관계는 '윤', 즉 '나카마'인 것이다. 그런데 아버지와 아들이 우선 각각 존재하고 그것이 나중에 관계를 만든 것이 아니다. 이 관계 속에서 비로소 아버지는 아버지로서의, 아들은 아들로서의 자격을 얻는 것이다. 즉, 그들은 '한 명의 나카마'가 됨으로서 아버지가 되고 아들이 되는 것이다.

하지만 무엇이 하나의 '나카마'는 아버지 혹은 아들로 규정하고 다른 '나카마'는 그것을 친구로 규정하는가. 이는 '나카마'가 '관계를 맺는 방식'을 뜻하기 때문이다. 따라서 '윤'은 '나카마'를 뜻함과 동시에 인간 존재의 '행위적 연관 방식'도 의미한다. 여기서부터 '윤'은 인간 존재의 '규율', '틀' 즉, '질서'를 뜻하게 된다. 이것이 인간의 길을 가리키는 것이라고 여겨진 것이다.

이와 같은 행위적 연관 '방식'은 행위적 연관과 떨어져서 그 자신 안에 있는 것이 아니다. 그것은 어디까지나 인간에게 있어서 행위의 방식으로서 행위적 연관에 의해서만 존재한다. 하지만 동적인 인간 존재가 끝임 없이 반복해서 '일정한 방식'으로 실현되었을 때, 사람은 '항상' 나타나는 이러한 방식을 그 동적 존재의 기반에서 때어내서 파악할 수가 있다. 그것이 노에마적 의미로 해석된 '윤' 혹은 '오륜오상(五倫五常)'[50]이라고 하는 것이다. 윤과 결합한 「이(理)」라는 말은 '도리', '사리'를 뜻하고 주로 앞서 말한 행위의 방식, 질서를 강조해서 표현하기 위해 붙여졌다. 따라서 윤리는 인간을 공동의 존재로 있게 하는 질서이자 길이다. 다시 말해서 윤리란 사회존재의 법칙인 것이다.

그렇다면 윤리는 이미 실현되어 있고 당위로서의 의미는 지니고 있지 않는 것인가. 그렇기도 하고 그렇지 않기도 하다. 붕우유신이라고 말하듯이 붕우라는 하나의 단체가 실현되고 있는 한,

---

49)  [한] 나카마(なかま)는 한패, 동아리, 동료, 동류 등을 뜻하는 일본어이다.
50)  [한] 유교에서 5개의 기본적인 인간관계를 가리키는 것이 오륜이고, 이 인간관계의 질서의 내용을 가리키는 항상적인 것이 오상이다.

행위적 연관 방식으로서의 '믿음(信)'은 이미 그 근저에 있는 것이다. 믿음이 없으면 붕우는 성립하지 않는다. 하지만 단체는 정적인 것이 아니라 동적인 것으로 행위적 연관을 통해서 존재한다. 일정한 방식에 따라서 행위가 이루어졌다고 해서 나중에 그 방식을 벗어나는 것이 불가능한 것은 아니다. 따라서 공동존재는 모든 순간에 그 파멸의 위기를 지니고 있다. 게다가 인간 존재는 인간 존재이기 때문에 끝없이 공동존재의 실현을 향하고 있다. 거기서부터 이미 실현된 행위적 연관 방식이 그럼에도 불구하고 당연히 행해져야하는 방식으로 움직이는 것이다. 그렇기 때문에 윤리는 단순히 당위가 아니라 이미 있는 것이고 또한 단순히 이미 존재하는 법칙으로서가 아니라 끝임 없이 실현되어야만 하는 것이다.

이처럼 우리는 윤리라는 말의 뜻에서 윤리의 개념을 명확히 했다. 물론 이 말은 중국 고대 사상사를 배경으로 하고 있고 이 사상사는 중국 고대 사회의 형석을 종교사회학적으로 고찰하면 할수록 흥미로운 의미를 발휘해왔다. 하지만 우리는 중국 고대사회의 형성에 기초한 인륜의 이념을 그대로 사용하고자 하는 것이 아니다. 여기서는 단지 윤리가 어디까지나 사람과 사람 사이에 있는 관계의 문제라는 우리의 주장을 위해서 인간관계의 길이라는 윤리의 의미를 소생시키고자 했을 뿐이다.

하지만 이처럼 윤리의 개념을 명확히 하려고 할 때 그것을 분명히 해주는 것이 사람과 사람의 관계, 인간 존재, 행위적 연관이라는 개념이었다는 것도 명백하다. 윤리란 '나카마'이고 나카마로서의 행위적 연관 방식이다, 라고도 말했다. 그러나 도대체 그 '나카마'란, 인간이란, 무엇인가. 이것은 자명한 것이 아니다. 윤리를 묻는다는 것은 필경 인간의 존재 방식을, 따라서 인간 그 자체를 묻는 것과 다르지 않다. 고로 윤리학이란 인간의 학문인 것이다.

여기서 우리는 지금까지 막연하게 사용한 인간의 개념도 분명히 하지 않으면 안 된다. 특히 이는 최근에 유행하고 있는 철학적 인류학과 구별하기 위해서도 필요하다. 철학적 인류학은, 예를 들어 막스 셸러(Max Scheler, 1874-1928)[51]는 '사람'을 정신과 생명력의 통합으로 파악하려 했다. 이는 '사람'을 심신의 통일이라는 시점에서만 보는 문제 영역 중 하나의 새로운 견해에 불과하다. 그가 예로부터 전해온 인류학의 제 유형으로 예를 들고 있는 것도[52] 모두 이 문제 영역에 해당한다.

1. 기독교 신앙에서의 사람의 개념. 즉, 처음에 인격신에 의해서 창조되고 타죄(墮罪)로 인해 죄를 지었으나 예수에 의해서 구원 받는 사람이다. 이는 영혼과 육체의 문제를 중심으로 하는 인류학의 출발점이다.

2. 이상적인 존재로서의 인간(homo sapiens). (1) 사람은 정신, 즉 이성을 갖는다. (2) 이 정신은 세계를 세계로서 형성한다. (3) 정신 즉, 이성은 감성을 지니지 않고 그 자체로 활동적이다. (4) 역사적 민족적으로 변하지 않는다.(헤겔이 이 마지막 조항을 극복했다.) 이러한 인류학이 그리스인들의 발명에 지나지 않는다는 걸 간파한 자가 딜타이(Wilhelm Dilthey, 1833-1911)와 니체(Nietzsche, 1844-1900)이다.

3. 일하는 자, 기술자로서의 인간(homo faber). 전자와 반립(反立)한다. 사람과 짐승 사이에 본질적인 차이는 없다. 단지 언어나 도구를 만들고 뇌수가 특별히 발달한 짐승이라는 점에서 다른 짐승과 구분될 뿐이다. 자연주의 실증주의 입장의 인류학이 이것이다.

---

51) [일] *Die Stellung des Menschen im Kosmos*, S.30.

52) [일] "*Mensch und Geschichte*," Philosophische Weltanschauung, 1929.

4. 정신을 지니고 있기 때문에 병쇠해지는 인간. 이것은 호모 사피엔스에 대한 새로운 반항이다.

5. 초인. 사람의 자기의식을 고양시킨 위대한 인격의 인류학이다.

이상의 다섯 가지 유형 모두 사람을 사회적 단체로부터 추상화시켜서 자립적인 것으로 다루고 있다. 따라서 사람의 문제는 언제나 정신이냐, 육체냐, 자기냐에 한정된다. 그렇기 때문에 인류학이 신체론의 입장에서 '인류학'으로 발전한데에 대항하고 이와 구분하기 위해서 '철학적 인류학'을 창도(唱道)했다 하더라도 사람의 본질을 개인으로만 보려는 근본 태도에는 변함이 없다.

이 경향은 생각건대 anthrōpos, homo, man, Mensch와 같은 말이 개체로서의 사람만을 뜻하기 때문이다. 이러한 입장에서 보면 사람과 사람 사이, 공동 존재, 사회라는 것은 뭔가 사람으로부터 구별된 말에 의해서 표현하지 않으면 안 된다. 하지만 사람이 본래 사회적 동물인 것을 감안하면 사람 사이나 사회라는 것은 사람으로부터 떼어내서는 안 된다. 사람은 객체임과 동시에 사회적인 것이 아니면 안 된다. 그리고 이러한 이중적인 성격을 가장 잘 표현하고 있는 것이 '인간'이라는 말이다. 따라서 '인간'의 입장에서 보면 '사람의 학문'(인류학)과 '사회의 학문'을 별개의 학문으로 다루는 것은 구체적인 인간으로부터 그 계기를 추상적으로 추출하여 고립시키는 것과 같다. 만약 인간을 구체적으로 고찰해야 한다면 그것은 인간의 학문이어야만 한다. 하지만 그와 동시에 인간의 학문은 사람의 학문과 사회의 학문을 막연히 결합한 것이 아니라 양자와는 근본적으로 다른 것이어야만 한다. 왜냐하면, 사람과 사회를 인간의 이중적인 성격으로 파악하고 바로 그 지점에서 인간의 가장 중요한 본질을 발견하고자 하는 것은 사람과 사회를 일차적으로 구별할 것을 전제로 한 입장에서는 전혀 제기할 수 없는 질문이기 때문이다.

......

우리는 이처럼 깊은 뜻이 담긴 '인간'이라는 말을 소유하고 있다. 이 어의를 바탕으로 우리는 인간의 개념을 만든 것이다. 인간이란 '세상'이자 그 세상 속의 '사람'인 '것이다'. 그러므로 그것은 '사람'만을 뜻하지 '않고' '사회'만을 뜻하지도 '않다'. 여기서 인간의 이중적 성격인 변증법적 통일을 볼 수 있다. 인간이 '사람인 이상' 이는 개별적인 개인으로서 어디까지나 사회와는 다르다. 그것은 사회'가 아니므로' 개별적인 개인'인 것이다'. 따라서 각각의 개인은 다른 개인과 전혀 공동적이지 않다. 자타는 절대적으로 타자인 것이다. 게다가 인간은 세상인 이상 어디까지나 사람과 사람의 공동체이고 사회임으로 고립된 사람이 아니다. 그것이 고립적인 사람이 '아니기 때문에' 인간인 것이다. 따라서 상호 절대적인 타자인 자타가 그럼에도 불구하고 공동적인 존재로 하나가 된다. 사회와 근본적으로 다른 개개인이 게다가 사회 속에서 사라진다. 인간은 이처럼 대립적인 것의 통일이다. 이러한 변증법적인 구조를 보지 않고서는 인간의 본질을 이해할 수 없다.

......

그렇다면 인간의 개념은 인류학과는 달리 '세상'이면서 동시에 '사람'이라는 이중적 성격으로 규정할 수 있다. 게다가 이때 우리는 '세상', '세간'이라고 불리는 것을 공동 존재 혹은 사회로 이해했다. 이것이 과연 옳은 것일까? 이렇게 질문함으로서 우리는 현대 철학의 중심 문제 중 하나, 즉 '세상'의 의의를 고찰하기에 이르렀다.

하이데거가 사람의 존재를 '세상에 존재하는 것'이라고 규정했을 때, 그가 발판으로 사용한 것이 현상학의 '지향성'이라는 생각이다. 그는 이 구조를 한 발짝 더 깊게 존재의 문제로 옮겨서 도구와의 교섭이라는 것으로 이해했다. 그렇게 해서 '세상'이라고 불리는 것의 '주체적'인 의의를 개시한 점은 실로 모범적이라 할 수 있다. 하지만 그에게 있어서 사람과 사람의 교섭이 사람과 도구의 교섭 뒤에 자취를 감추고 말았다. 그 자신이 이 부분을 무시한 것이 아니라고 역설했음에도 불구하고 이 문제가 간과된 것은 자명한 사실이다.

      ……

여기에 세간이나 세상이 '주체로서의 사회 혹은 공동 존재'를 뜻하고 있다는 것은 분명하다. 두세 명의 친구가 알고 있는 것은 세상이 알고 있는 것이 아니다. 한두 사람이 소란을 피우는 것은 세상이 소란을 피우는 것이 아니다. 아는 주체, 소란을 피우는 주체로서의 세상은 사람과 사람 사이의 행위적 연관이면서 동시에 이 연관의 개별적 주체를 넘은 '공동적 주체', 즉 주체적인 공동 존재이다.

이러한 세간, 세상의 개념이 Welt[53]의 개념과 비교해서 갖고 있는 우월성은 그것이 주체적 공동 존재의 시간적, 공간적 성격을 함께 파악하고 있다는 점이다. Welt는 앞서 말한 바와 같이 '세대' 혹은 사람이 거기에 놓여 있는 장소로서의 '사람의 집단', '사람의 총체'를 뜻한다. 하지만 시간과 함께 이러한 시간적 「장소(場所)」적 의미는 사라지고 결국에는 객체적 자연물의 총체로서의 세상을 가리키는 의미로 치우쳐지게 된다. 하지만 세간, 세상의 경우는 멈추지 않고 변하는 것임과 동시에 주체적으로 확장해가는 것이라는 의미를 강하게 보존하고 있다. 그렇기 때문에 세상의 개념에는 인간 존재의 역사적, 풍토적, 사회적 구조가 이미 포함되어 있는 것이다. 다시 말해서 세간, 세상이란 역사적, 풍토적, 사회적 인간 존재를 의미한다.         [RMO/유재진]

## 인간 존재의 부정적 구조

우리는 사람과 사람 사이를 형성하는 개개인을 정확히 파악하려 하다가 결국 공동성(共同性)으로 논의가 수렴되는 걸 보았다. 개개인은 그 자신만으로는 '존재하지 않는다.' 하지만 그 공동성이라는 것, 전체적인 것을 파악하려고 하면 반대로 그것이 개인의 독립성을 부정한 것과 같다는 것을 발견하였다. 전체자도 그 것 자체만으로는 '존재하지 않는다.' 게다가 전체자가 개인의 독립성을 부정함으로서 성립된다고 할 때 거기서 부정하고 제한 받는 개인의 독립성을 확인할 수 있다. 따라서 개개인은 전체성과 연관이 있을 때 '존재하는 것이다'. 마찬가지로 개인의 독립성이 공동성의 부정에 의해서 성립될 때 거기서 부정하고 배반 받는 전체성을 확인할 수 있다. 그럼으로 전체자도 개인의 독립성과 연관이 있을 때 '존재한다'고 봐야 할 것이다. 이처럼 '개인과 전체자 모두 그 자체로는 존재하지 않고 오로지 타자와 연관 지어질 때에만 존재하는 것'이다.

그런데 이처럼 타자와의 연관은 어떤 경우든 '부정적인 관계'이다. 개인의 독립성은 전체자에게 등을 돌릴 때 존재하고 전체자의 전체성은 개인의 독립을 부정할 때 존재한다. 따라서 개인이란 전체자가 성립되기 위해서 그 개별성을 부정해야만 하는 것이고 전체자란 개인이 성립되기 위해서 떨어져 나와야 할 기반이다. 타자와 연관될 때에만 존재한다는 것은 '타자를 부정함과 동시에 타자로부터 부정당함으로서 존재한다'는 것이다.

인간의 관계적 존재란 이처럼 '상호 부정을 통해서 개인과 사회를 성립시키는 존재'인 것이다. 그렇기 때문에 개인을 내세워서 '그 사이에' 존재하는 사회관계의 성립을 논할 수 없듯이, 사회를 내세워서 '거기서부터' 개인의 생성을 논할 수도 없다. 어느 쪽이든 '먼저'일 수가 없다. 하나를 발견했

---

53) [한] 독일어로 온 세상 사람들이라는 의미.

을 때 그것은 이미 다른 한쪽을 부정하고 또한 다른 쪽으로부터 부정당함으로서 성립되는 것이다. 따라서 '드러나는 것은 단지 이 부정뿐이다', 라고 말할 수 있을 것이다. 하지만 그 부정은 항상 개인과 사회의 성립'에 있어서' 확인할 수 있고 양자와 떼려야 뗄 수가 없다. 다시 말해서 이 '부정 그 자체가 개인이나 사회를 드러내는 것'이다. 이미 개인과 사회가 성립해 있는 이상 사회는 '개인과 개인 사의의' 관계를 의미하고 개인은 '사회에서의' 개인인 것이다. 그러므로 사회를 상호작용 또는 인간관계라고 보는 것도 혹은 개인을 초월한 주체적인 단체로 보는 것도 각각 인간의 '관계적 존재의 일면'을 파악한 것이라고 할 수 있다. 그것들이 각자의 입장에서 관계적 존재를 '근원적으로 파악'했 다고 주장하지만 않는다면 모두 인정할 수 있다. '근원적으로는' 이들 양면은 모두 부정에 의해서 성립한다. 그렇기 때문에 상호작용도 주체적 단체도 부정에 있어서만 그 진상을 노정시킬 수 있는 것이다.

### 인간 존재의 근본 법칙

인간 존재의 부정적 구조는 전술한 바와 같이 인간 존재를 인간 존재로서 부단히 형성시키는 '근본적인 법칙'이다. 만약 이 법칙에서 벗어난다면 인간 존재는 존재할 수가 없게 된다. 그렇기 때문에 이 법칙은 또한 인간 존재의 뿌리이다. 하지만 우리는 앞서 인간 공동체 존재의 뿌리, 즉 '인간 존재의 법칙'을 윤리로 규정했다. 그렇다면 이와 같은 근본적 법칙이야말로 '근본 윤리'인 것이다. 근본 윤리는 윤리학에 있어서는 근본 원리이다. 그래서 우리는 윤리학의 근본 원리를 '절대적 부정성이 부정을 통해서 자기에게 돌아오는 운동'이라고 규정할 수 있다.

### 신뢰

인간의 행위를 인간 존재의 공간성 시간성에서 이해할 수도 있고 이와 동시에 우리는 신뢰 및 진실이 인간 존재에 있어서 지닌 중대한 의의도 생각해 볼 수 있다. 우선 신뢰란 무엇을 의미하는가. 신뢰의 근거는 무엇인가.

　…

이상과 같이 신뢰의 근거는 이미 '궁극적인 도덕 원리와 사람과 사회' 두 방면에서 요구되고 있다. 우리들의 말로 달리 표현하자면 신뢰의 근거가 '인간 존재의 법칙'에 의해서 요구되고 있다는 것이다. 즉, 부정(不定)을 향해 가는 길에서 주체의 다양화, 합일의 운동이 신뢰의 근거인 것이다. 하지만 특히 신뢰의 현상을 문제시할 때, 이것만으로는 충분하지 않다. 왜냐하면 신뢰란 대립하는 자타가 합일의 방향으로 향하고 있다는 것만이 아니기 때문이다. '미래의 합일'이 이미 현재에 있어서 확실하지 않으면 안 된다. 따라서 신뢰의 근거는 주체의 다양화, 합일의 운동이 공간적 시간적 구조를 가짐으로서 비로소 충분히 밝혀진다는 말이다.

신뢰의 현상에 있어서의 시간적 계기에 착목한 사람으로는 예를 들어 하르트만(Nicolai Hartmann, 1882-1950)이 있다.[54] 그는 신뢰를 '신뢰에 해당하는 능력(Zuverlàssigkeit)'과 '다른 이를 위한 신뢰 (Vertrauen)'로 나눠서 고찰했지만, 전자는 또한 '약속하는 능력'이라고도 했다. 주어진 일정한 말에 대해서 '아직 실현되지 않은' 사태가 합치될 것을 보증하는 능력이다. 따라서 '신뢰에 해당하는 능력' 이 지닌 가치는 '미래에 행할 행위'에 대한 확실성에 있다. 신뢰에 해당하는 능력을 지닌 자, 즉,

---

54) [일] N. Hartmann, Ethik, S.422 ff.

신뢰할 수 있는 자는 약속한 대로의 사태가 실현될 때까지 그 의지를 바꾸지 않는다. 약속에 스스로를 구속한다. 이러한 '신뢰할 수 있는 자'만이 사회생활의 약속이나 질서 속에서 두 발로 설 수 있다. 즉, 사회 속에서 살아갈 수 있는 것이다. 그래서 '신뢰에 해당하는 능력'이란 그 근저에 '미래의 태도를 미리 규정할 수 있는' 인격의 도덕적 힘을 의미한다. 인격은 현재의 의지일 뿐 아니라 또한 미래의 의지에 있어서도 자기를 지킬 것을 자각하고 있다. 이러한 의지의 동일, 그 배후에 있는 '인격의 동일', 그것이 신뢰할 만하다는 것의 근거인 것이다. 하르트만은 이처럼 개인의 인격과 관련한 신뢰를 고찰한 후에 이를 바탕으로 '다른 이를 위한 신뢰'를 설명한다. 사람은 신뢰에 해당하는 능력을 상대방이 지녔다는 것을 전제로 그를 '믿는다'. 그것이 다른 이에 대한 신뢰이다. 그가 과연 진실로 신뢰할 만한지 아닌지를 검토한 후에 믿는 것이 아니다. 그래서 신뢰는 '모험'이고 '도박'인 것이다. 인간관계는 모두 이러한 믿음 위에 성립되어 있다. "믿음은 공동사회의 능력인 것이다."[55]

이상으로 하르트만의 생각에 따르자면 사람과 사람 사이의 상호 신뢰가 있어서 비로소 사회를 형성하는 것이고 반대로 사람의 사회성이 신뢰의 근거인 것은 아니다. 그래서 전술한 제2의 측면은 폐기되고 신뢰의 근거는 다시 '개인의 인격 동일성', 혹은 인격의 도덕적 가치로 회귀한다. 하지만, 우리가 주목할 것은 그 점이 아니다. 아무리 인격의 동일성으로 귀착하였다 하더라도 그 동일성을 이끌어낼 필요는 '미래의 의지', '미래의 태도', '미래의 행위를 미리 규정할 수 있다는 데'에 있다. 그리고 이 점은 하르트만이 생각하고 있는 것보다 훨씬 중대하다. 그는 이러한 자기 예정을 단순히 인격의 동일성으로 해결 가능하다고 생각한다. "약속하는 자는 지금의 자신을 나중의 자신과 동일하게 하는 것이다."[56]라고 말한다. 하지만 약속을 어긴 자의 자기 동일성은 사라진 것인가. 아니다. 약속의 파기가 성립할 수 있는 것은 바로 그 자기 동일성에 의해서이다. 신뢰와 불신, 충실과 배신을 불문하고 자기의 동일성에는 변함이 없다. 인격의 동일성에 도덕적 집지(執持, sittliche Beharrung)를 인정하려는 그의 생각은 틀렸다고 말하지 않을 수 없다. 미래의 행위를 미리 규정할 수 있다는 것에는 더 깊은 법칙이 작용하고 있다. 그것을 알기 위해서 우리는 이 시간적 계기를 인간 존재의 법칙에 의해서 이해할 수밖에 없다.

신뢰의 현상은 단순히 다른 사람을 믿는다는 것만이 아니다. '자타의 관계'에 있어서의 부정확한 미래에 대해서 '미리' 결정적 태도를 취한다는 것이다. 그것이 가능한 것은 인간 존재에 있어서 우리들이 짊어지고 있는 '과거'가 동시에 우리들이 향하고 있는 '미래'이기 때문이다. 우리들의 현재 하고 있는 행위는 이 과거와 미래의 동일에 의해서 행해진다. 즉, 우리는 행위에 의해서 '회귀'하는 것이다. 그 행위가 짊어지고 있는 과거는 비록 그것이 어제의 관계였다 하더라도 그 관계는 무엇을 하고 무엇을 하지 않을지에 의해서 성립한다. 그리고 그 행하고 행하지 않는 것은 마찬가지로 회귀하는 운동이다. 따라서 과거는 무한으로 연결되는 회귀의 운동이다. 그리고 그 행위가 향하고 있는 미래는 그것이 비록 내일의 관계라 하더라도 그 관계가 다시 무엇을 하고 하지 않을지에 의해서 성립될 것이다. 따라서 이것 또한 회귀 운동으로서 끝없이 움직이고 있다. 현재의 행위는 이러한 운동을 짊어지면서 운동을 향하고 있는 것이다. 이 행위 전체를 통해서 움직이는 것은 부정확한 미래성으로의 귀환 운동이다. 현재의 행위는 이 운동의 일환으로서 '돌아간다'는 동적 구조를 갖는 것이다. 그래서 그것이 아무리 유한한 인간 존재라 하더라도 본래성에서 나와 본래성으로 돌아간다

---

55) [영] Hartmann, Ethik, 471.
56) [영] Hartmann, Ethik, 466.

와쓰지 데쓰로 ___ 693

는 근원적 방향은 잃지 않다. 우리들이 나온 곳이 우리들이 향하고 있는 곳이다. 즉, 본말구경등(本末究竟等)[57]인 것이다. 부정확한 미래에 대해서 미리 결정적 태도를 취하는 가장 깊은 근거가 여기에 있다.

신뢰의 근거는 이처럼 인간 존재의 공간적 시간적 구조에 있다. 다시 말해서 공간적 시간적으로 전개되는 인간 존재의 법칙이 신뢰를 나타내는 것이다. 그렇게 되면 '인간관계는 신뢰 위에 성립된다.'라는 그럴듯한 명제는 실은 사태를 거꾸로 해석한 것이다. 인간관계가 성립된 기반은 공간적 시간적 존재인 인간의 법칙이고 이에 신뢰의 '근거'인 것이다. 이 근거 위에 인간관계가 성립되는 것이고 또한 신뢰도 이루어진다. 따라서 인간관계는 동시에 신뢰의 관계이며 인간관계가 있는 곳에 또한 신뢰가 성립되는 것이다. 하지만, 우리는 이로 인해서 불신의 관계나 배신의 관계가 없다고 주장하는 것은 아니다. 이것들은 신뢰의 결여 상태이며 인간 존재의 법칙에 대한 배반으로서 인간 존재의 가장 깊은 곳으로부터 부정해야만 한다. 예로부터 '배신'을 가장 나쁜 죄악으로 멸시한 것은 그러한 이유에서이다. 하지만, 어찌해서 신뢰가 결여될 수 있을까? 이 문제를 통해서 우리는 '인간의 진실'쪽으로 눈을 돌릴 수 있을 것이다.

[JCM/유재진]

---

57) [한] 『법화경』에 나오는 말로서 시작과 끝이 궁극에 가서는 같다는 의미.

# 미야케 고이치

三宅剛一, 1895-1982

미야케 고이치가 처음 철학에 관심을 갖기 시작한 것은 중학교 때 니시다 기타로(西田幾多郞, 1870-1945)*의 『선의 연구(善の研究)』를 읽었을 때부터였다. 미야케는 교토대학(京都大學) 학부생 때부터 이미 니시다 문하생 중 가장 명석한 학생으로 유명했다. 그는 졸업 후 10년 동안 신칸트파와 현상학적 방법론 연구에 심취했는데, 후설(Edmund Husserl, 1859-1938)의 자택에서의 세미나와 헤겔(Hegel, Georg Wilhelm Friedrich, 1770-1831)의 현상학에 관한 하이데거(Martin Heidegger, 1889-1976)의 강연에 참석한 프라이부르크(Freiburg)에서 1년을 보내면서 연구는 절정에 다다랐다. 독일에서 그는 프라이부르크에 있는 다른 일본인 학생들과 협력하여 니시다가 새로이 출간한 저서 『일반인의 자각적 체계(一般者の自覺的體系)』를 독일어로 요약해서 하이데거에게 소개하였으나 하이데거는 특별한 반응을 보이지 않았다. 일본으로 귀국한 후 미야케는 하이데거의 사상에 관한 중요한 에세이를 출판하였으나, 하이데거의 '해석학의 현상학'을 이상주의의 다른 이름이라고 여긴 니시다로부터 혹평을 받는다. 미야케는 그 후 수년간을 서양 철학사에 관한 일련의 연구에 몰두하였으며 이는 역사의 내부 구조에 대한 그의 더 깊은 사유의 전주곡에 지나지 않았다. 미야케는 말년에 역사에 관한 연구를 심화해감으로써 자신의 철학적 입장을 굳혀갈 수 있었다. 1954년 교토대학에 취임한 그는 은퇴할 때까지 철학사의 담당 교수로 재직하였다. 미야케는 교토학파와 관련이 없었으나 항상 니시다를 가장 존경하였다. 그의 철학은 현실주의와 비관주의의 흥미로운 혼합이며 이는 그의 금욕주의적이고 소극적인 성향과 잘 어울렸다. 그의 가장 유명한 사상서는 일흔하나에 완성한 『인간 존재론(人間存在論)』이다. 다음 글은 모두 그의 『인간 존재론』에서 인용하였으며 서문과 마지막 문장을 포함하고 있다. 이 사상서 이후 미야케는 10년간 윤리학과 미학에 있어서의 시간에 관한 연구를 이어갔다. [JWH/유재진]

---

## 인간 존재론과 역사

미야케 고이치 1966, 1-6, 141-5, 154-6, 193-5, 233-8

인간 존재론이라는 형태로 내 철학 사상을 정리하고자 마음먹은 것은 꽤 예전서부터 이다. 처음에는 역사나 사회에서의 인간의 현실과 그에 대한 인식을 생각해보거나 적어보는 걸로 시작하였지만 점차 사고의 중심축과 전체적인 전망이 다듬어지기 시작하였다. 나는 인간의 현실을 그 가능성마저도 포함해서 전체적으로 바라보는 것이 철학의 근본이라고 생각한다. …

나는 나의 방법론을 현상학적 방법이라고 말하고 있으나 현상학적 방법이라는 것을 개방적, 작업적 방법이라고 생각한다. 그렇기에 현상학적이라고 하는 것은 근본적인 방법이기는 하나 특정한 철학자가 취하고 있는 방법의 틀에 국한하지 않는다고 생각한다.

존재론은 서양 철학의 역사에서 다양한 형태로 시도되었다. 이렇게 시도된 존재론과 인간 존재의 존재론이 어떠한 관계에 있는지를 밝히기 위해서는 철학사적인 사고가 필요하고 나도 이 책에서 이에 대해서 어느 정도 언급은 하고 있으나, 내 연구 주제가 아니기에 논의가 완결되지 못한 곳도 많다.

나는 일전에 일본의 절대론적 철학에 대해서 논하였고 이에 대한 나의 생각을 명확히 하고자 하였다. 이 문제에 관해서는 최근에 이르러서야 다소 전망이 보이기 시작했다. 이 책에서 니시다 철학을 다루고 있는 것도 이러한 나의 반성 때문이다. 니시다 철학에 관해서는 아마도 나의 이해가 부족한 부분도 있을 것이다. 이에 관해서는 엄정한 비판과 반론을 기다리고 있다. 다만, 나는 니시다 철학에 관해서는 외면적인 비판이나 변호적 혹은 한쪽에 치우친 해석이 아니라 스스로 철학하는 자의 책임을 동반한 핵심을 건드리는 논의가 이루어져야만 한다고 생각한다. 그러한 의미에서 나는 다나베 하지메(田邊元, 1885-1962)와 다카하시 사토미(高橋里美, 1886-1964) 두 분의 니시다 철학 비판을 높이 평가한다. 하지만 그들의 비판으로 끝나서는 안 될 것이다.

### 인간 존재에 대한 질문

인간 존재를 생각한다는 것은 무슨 뜻일까? 왜 굳이 존재를 문제시하는 것일까? 지식의 대상에는 여러 가지가 있다. 다양한 여러 대상 중 하나로서 인간을 다루고 고찰하는 방법으로 인간의 학문이 성립될 수 있다. 이는 인간에 관한 여러 경험과학이 전개해온 방법일 것이다. 이들 경험과학은 확실히 인간의 현실에 대한 다양한 추상적 측면에 관한 인식을 제공해왔다. 하지만 이로 인해서 인간의 존재 그 자체, 우리들이 보통 인생이라고 부르고 있는 것이 근본적으로 그리고 전체적으로 밝혀질 수 있을까? 인생이란 인간의 현실, 죽음을 포함한 인간의 모든 현실을 의미한다. 인생에 관한 탐구는 과학에만 한정되지 않는다. 문학에 있어서의 인간 탐구도 있고 철학보다 더 강렬한 것도 있어서 우리는 그것 또한 고려하지 않으면 안 된다.

인간 탐구는 인간이라고 하는 것을 탐구자의 외부에 존재하는 것으로 바라봐서는 안 되고 탐구자 자신을 포함시켜서 생각하지 않으면 안 된다. 하지만 이 또한 단지 객관에 대한 주관, 혹은 의식되는 대상에 대한 의식이라는 것만으로는 하나의 주체이자 의식하는 자로서의 인간의 구체적인 존재 방법을 밝혀내지는 못한다. 우리는 경험 없이는 현실을 알 수 없지만, 인간의 자기 경험이란 도대체 어떠한 것인가? 자신의 경험과 타인 혹은 바깥세상에 있는 사물의 경험과의 관계는 어떠한가? 이러한 것들을 먼저 고려하지 않으면 안 된다. 묻는 대상의 양태, 제시되는 방법, 이에 대한 이해, 인식의 방법이 어떠한 것인지를 우선 확인하고 분명히 해야만 한다. 바로 여기에 인간에 대한 과학의 인식과도 직관적이며 실감할 수 있는 인생관하고도 다른 철학만의 인간 탐구의 특성이 있다.

만약 누군가가 '인간이란 무엇인가'라고 질문하였을 때, '인간이란 이렇고 저런 것이다'라는 대답을 기대하고 묻는다면 그 질문은 존재하는 것으로서의 인간의 한정(限定)을 요구하고 있는 것이다. 인간이란 로고스(언어, 이성)를 지닌 생물이라던가, 도구를 만드는 동물이라던가, 하는 해답이 주어졌을 때 그러한 인간의 본질적 한정은 논리적으로 어떠한 성격을 지니고 있는 것인가? 이들 한정은 이미 알고 있는 존재하는 것들의 모든 체계 속에 인간을 자리매김하고 있다는 의미이다.

철학의 역사에 있어서 존재하는 것 τò ὄν 일반을 대상으로 하는 학문으로 일반존재론이 구상되고 형성되었다. 하지만 이러한 존재론에 의해서 인간의 존재가 충분히 해명되었는가? 인간이란 이렇고 저런 것이라는 한정은 넓은 의미(체계적 한정을 포함해서)에서는 대상적 제한이다. 하지만, 인간의 현실, 인간이 존재한다는 그 사실이 과연 대상적으로 제한할 수 있는 것인가. 이들은 인간의 현실

존재를 규정하는 존재론으로서의 당부(當否)와 구체적 분석의 적부(適否)로 음미되어야 할 것이며 이미 완성된 생명 철학이나 실존주의라는 형식으로 논의될 것이 아니다.

사물의 존재에는 여러 가지가 있다. 돌이나 나무도 존재하고 새나 야수도, 집이나 도로도 존재한다. 세계 그 자체도 존재한다고 할 수 있다. 이들 속에서 인간의 존재란 어떠한 것인가. 존재하는 것에게 다양한 영역을 인정해주고 예를 들어서 무생물, 생물, 인간, 자연과 역사 등 각각의 영역을 인정해주고 그들의 존재 영역에 대해서 영역적 존재론이라고 부를 수 있는 것을 구성했다고 가정한다면 인간의 존재는 이들 존재 영역 중 하나일까? 아니면 이렇게 생각할 수는 없는 것일까? 이 질문에 대답하기 위해서는 존재의 모든 영역 전체와의 연관성이 밝혀지지 않으면 안 된다. 나는 인간 존재의 철학적 해명이 일반 존재의 시스템 안에서 이루어낼 수 없다는 것이 현대 철학이 더듬어 온 인식의 상황이라고 생각한다. 현대적 상황이라고 말한 이상, 철학이 더듬어 온 오늘날까지의 역사를 최근의 일본 철학을 포함해서 살펴보지 않으면 안 된다. …

**역사적 작용**

여기서 우리는 역사적 행위의 본질적 성격에 대한 고찰로 돌아가자. 역사는 사회적인 결과를 낳는 행위를 중심으로 한 작용이다. 그런데 구체적인 행위는 반드시 어떠한 상황 하에서 그 상황에 대한 필요, 요구, 과제 등에 기인하여 일어난다. 그렇다면 상황이란 구체적으로 어떠한 건인가?

역사적 상황은 현실에 있어서 과거와 미래와의 주관적인 것과 사회적, 객관적인 것의 연결에 의해서 성립된다. 상황이 주어지는 방법은 넓은 의미의 경험이지만, 그 경험은 단순히 수동적인 것이 아니다. 현재의 감성적 욕구나 소요의 사태에 대한 지각과 함께 이미 문화적 제도적으로 인도된 공공적 생에 대한 참여의 방법도 포함하고 있다. 행위자로서 인간의 상황에 대한 경험에는 현상에 대한 만족과 불만, 해방감과 압박감, 이들에 따른 미래에 대한 지향성을 동반한다. 행위는 현재 상황에 대한 수용 혹은 변경을 대비했을 때 이루어진다. 그 경우, 상황이 어떻게 나타나느냐가 이미 미래에 대응하는 것, 현재의 구체적인 상황이 미래의 가능성에 대한 태도에 의존하는 것은 현상학적 반응에 의해서 확인할 수 있는 것이다.[58]

인간의 삶에 있어서 현실은 상황을 받아들이는 방법, 그것에 대한 주체적인 태도도 포함하고 있다. 행위는 이 삶 안에서 일어나는 일이지만, 그 행위가 사회적 작용을 지니고 있는 것은 행위가 어떠한 방법으로든 공동체적 경험에 의거한 요구, 과제에 대응한 것이기 때문이다. 그래서 사회적 작용을 지닌 행위와 연관되어 역사적 과정이 전개되는 것이다. 행위는 특정한 상황 속에서 혹은 그러한 상황에 대응하면서 일어난다. 상황은 사회의 다른 계층, 세대 또는 성원에게 있어서 다른

---

58) [일] M. Heidegger, *Sein und Zeit*, §65; J.-P. Sartre, *L'être et le néant* (Paris : Gallimard, 1957), pp.568-569 참조. 상황에는 1. '주어진'다, 혹은 '발견된'다, 2. 받아들이다, 3. 선택된다는 세 가지 요소가 포함된다. 주어지고 발견되는 것은 과거의 것(그 중에는 자연적인 것에 의한 피규정성도 포함된다)에 의해서 규정된 현재이다. 받아들인다는 것은 주체의 움직임으로 거기에는 미래를 향한 의도와 이로 인해 펼쳐지는 미래의 가능성이 받아들여지는 것으로 나타난다. 이를 일차원적으로 받아들인다는 것이 바로 선택한다는 것이다. 물론 선택이란 무제한적인 것이 아니고 미래의 가능성은 주어지는 자에게는 제약을 의미하지만 동시에 주어진 것에 의해서 결정되는 것은 아니다. 예를 들어 한 청년에게 있어서 미래가 닫혀있는지 혹은 열려있는 지를 보아도 미래는 그 청년이 놓인 상황, 성격, 사회적 정황에 의해서 어느 정도 제한적이다. 그 속에서 이 청년에게 학자가 되는 길은 닫혀있다고 해도 샐러리맨이나 수공업자가 되는 길은 열려있을 지도 모른다. 미래가 열려있는지 혹은 닫쳐있는지는 그 청년의 계획과 결의에 따라서 달라진다.

방법으로 받아들여진다. '같은 상황'이 한편에서는 힘의 신장을 가져다주는 것, 만족스럽고 유리한 것으로 또 다른 한편에서는 부당하고 불만스러운 것으로, 압박하는 것으로서 혹은 이들이 섞여진 것으로, 의식되고 이로 인해 다양한 대비나 의도를 유발한다.

상황은 인간의 활동 동향과 떨어져 있는 것이 아니기에 전해져 내려온 습관, 가치, 착수하고 있는 작업 등을 포함하고 있고 이들 전체와 연결되어 특정한 요구나 과제가 성립되는 그러한 다면적인 것이 상황이다. 역사적 결단, 행위는 이 상황에 응해서, 주어진 필요에 의해서, 나아가 적극적으로는 과제의 해결을 위해서, 이루어진다. 상황은 모든 사람에게 있어서 항상 똑같이 나타나는 것이 아니기에 상황에 의거한 요구나 과제도 다양하다. 따라서 주어진 상황에 있어서 무엇이 요구되고 있는지, 어떠한 과제의 해결을 선택할지는 그 사회의 여러 요인으로부터 제약을 받는다. 이들 여러 요인은 현실 사회에서는 기존의 여러 제도에 의해서 계열적으로 분기된 형태로 나타났다. 이 분기된 제도적인 것이 행위를 규정하는 제약이다. 즉, 행위는 제도화된 경제, 법률, 정치, 교육, 도덕, 종교 등과의 관련 속에서 일어나고 이들 여러 제도를 보존하거나 변혁시키는 방법을 취한다. 이러한 제도적 여러 계열의 역사적 경과 속에 법률적인 제약 관계가 있다고 본다면 특정한 사관이 성립된다. 하지만 지금 나는 이러한 사관을 논할 생각은 없다. 문제는 좀 더 눈앞에 있다. 특정한 사관은 역사의 모든 과정에 대한 단정이지만, 우리의 역사적 경험, 역사적 인식은 그러한 단정을 허용할 정도로 일차원적인 구조로 나타나지 않는다. 일반적으로 역사적 현실에서 하나의 구조적 계기가 다른 모든 계기를 규정한다는 것은 실증되지 않은 주장이다.

    ……

역사적 행위는 상황 속에서 동기를 얻어 성립한다. 상황이 주어지는 방식, 경험하고 파악하는 방식은 주체의 미래에 대한 대비를 제약하게 된다. 이 미래에 대한 대비는 개인적으로 의식된 것에 한정되지 않는다. 집단적 무의식적인 것이 적지 않다. 상황의 구체화, 행위로 유인하는 방식에 있어서 과거의 것과 미래의 것, 사회적 전통과 개인적 주체성이 섞이게 된다. 이를 논리적 형식으로 표현하고자 하면 아무래도 일종의 순환이 되어버린다. 이 순환은 구체적 분석을 방해하는 것이 아니다. 하지만 이 순환성, 논리적으로 해결되지 않는 부분이야말로 살아있는 현재의 복잡한 구체성을 나타내고 있다. 우리들의 역사적 인식, 일반적으로 경험적 인식은 과거를 과거에 나타난 규칙성을 단서로 한다. 현상의 범위가 비교적 제한되고 사건을 제약하는 조건이 비교적 주위로부터 독립되어 있는 한, 어느 정도 미래에 대한 예측이 가능하다. 예를 들어서 경제 현상 같은 것이 그렇다. 그 범위는 현실의 특정한 측면에 대한 정확한 분석의 발전과 함께 확대될 것이다. 하지만 인간의 역사 과정 그 자체는 현실의 다양한 영역, 측면의 교차이다. 거기에는 인간의 지적 능력이라든지 정의(情意)의 발동을 예측하기 힘든 점이라든지 ― 대략적인 예측은 할 수 있으나 개개인의 살아있는 인간의 현재 그 자체의 예측하기 어려움은 인정하지 않을 수 없다.

역사를 행위의 사회적 작용성의 연관으로 생각한다면 작용 연관이라고 하는 것은 법칙적 연관을 의미하는 것이 아니다. 인간의 삶의 현실에서 역사에 포함되지 않는 것이 많이 있고 인간의 모든 현실로서의 삶에 대해서 역사는 제한적인 영역이다. 하지만 역사의 영역만을 떼어내서 생각해보아도 현재에 있어서 역사는 다양한 가능성의 유동을 직면하고 있다. 행위의 현재적 움직임이 무엇인지는 미래만이 우리에게 말해줄 수 있다. 물론 대략의 예측은 가능하다. 그것이 없다면 미래에 대한 계획은 물론이고 행위의 결의도 불가능할 것이다. 사실 우리는 끊임없이 미래를 계획하고 미래에 대한 어느 정도의 예측 하에 생활하고 있다. 하지만 이는 어디까지나 확률적인 예측에 지나지 않는다. 현재의 은미한 움직임이 예측할 수 없었던 커다란 사회적 결과를 가져다주고 또 우리들의 예상이나 계획이 사실에 의해서 배신당하는 일은 끊임없이 일어나고 있다.

일반적 의미에서 역사라고 불리는 것은 사실적 개요가 이루어졌을 때에 한해서의 작용 연관인 것이다. 따라서 과거와 관련이 있다. 하지만 현재에 있어서 개요의 변경이 일어날 수 있기에 역사는 끊임없이 만들어지고 있다고 말할 수 있다. 하지만 그것은 좁은 제약 안에서의 일이고 자유롭게 할 수 있는 것이 아니다. 인간의 희망이나 요구도 행위의 동기가 될 수 있으나 그 행위가 어느 정도의 결과를 낳을 수 있는지는 그것이 어느 정도 현실의 가능성에 유효하게 작용할 수 있냐에 따른다. 과거의 역사를 반성하며 분석하고 사회성을 가진 행위의 의도와 그 결과를 견줄 수 있다면 역사 속에 실험적인 의미를 건져낼 수 있을 것이다. 하지만 상황은 항상 특수하기 때문에 간단히 귀납시킬 수 없다.

## 니시다 : 전통과 철학

내가 니시다 철학에 '전통과 철학'이라는 부제를 단 것은 니시다 철학에 있어서 동양의 특히 불교적 전통과 서양적 철학을 통합하고자 한 진정한 시도를 볼 수 있기 때문이다. 동서의 융합이라는 것은 전에도 막연한 형태로 있었고 아마추어적인 혹은 조잡한 철학 사상으로서는 예전서부터 있었지만 진정으로 자신의 과제로서 예리한 직관력과 끊임없는 사색으로 인해서 철학적으로 그 과제에 임한 니시다 철학은 일본 철학에 있어서의 전통의 의미 부여의 시도로서 충분히 연구되어야만 한다고 나는 생각한다. … 메이지시대 이후, 니시다가 그랬던 것처럼 일본과 동양의 전통, 특히 불교의 전통을 자신의 철학에서 살게 하는 데 성공한 철학자는 단 한 명도 없었다.

…

니시다는 불교적 관점에서 역사에 적극적 의의를 두는 데 무리가 있다는 점을 인정한 것 같다. … 나는 이 불교적 입장이 역사적 세계의 관점은 아니라고 생각한다. 대승불교가 되고 중국 불교가 되어도 이 점은 변하지 않는다. 단지, 스스로 깨달으면 '중생즉불(衆生卽佛)'이고 '번뇌즉보리(煩惱卽菩提)'라는 점이 강하게 나온 것이다.

어떤 특정한 사상가의 마음속에서 서로 다른 계통의 사상이 독특한 방법으로 연결되어 있다는 사실의 주관적 진리와 그 융합의 사상적 체계화가 어느 한 사상에 그 본래성을 상실시켰는지의 여부는 별개의 문제이다. 니시다의 역사적 세계에 대한 사고방식의 특징은 다음과 같다.

1. 도덕적, 종교적 내면성을 포함한 인간 현실의 총체성을 역사로 본다.
2. 기독교적 실존철학적 입장으로 구별된 본래적 가능성으로서의 역사성과 세속적 역사를 하나로 본다.
3. 창조적인 것인지, 혹은 진정한 사람으로서 존재하는 것은 인간의 극한적 가능성인지(개별적인 것일수록 더욱 그렇다고 해석할 수 있다), 혹은 인간은 일상적 현실에 있어서 항상 그런 상태인지 명확하지 않다.
4. 인간의 육체적인 성격을 고려하더라도, 이것을 주로 표현적인 측면에서만 보기 때문에 사회의 경제적, 정치적 측면이 지나치게 이상주의적으로 해석되고 있다.
5. 평범하고 일상적인 사고방식과 창조적인 세계를 어떻게 조화시킬 것인가? 역사를 논하는 사람들에게 궁극적 목적은 역사를 바라보는 마음의 각성을 문제시하고 있는 것이 아닌가?…

6. 역사적 세계는 표현적이다. …

다른 곳에서 나는 니시다의 철학을 '「마음(心)」의 철학'이라고 언급하였다. '마음으로부터'와 '세상으로부터'는 같은 것이라고 생각되기 때문이다.

…

평범한 일상을 행위적 직관의 혹은 절대 모순적인 자기 동일의 경지로 삼고 거기에 역사적 세계가 성립되는 근간을 발견하고자 것은 동양적 전통과 역사의 이론을 연결시키고자 한 고심을 보여 주고 있다. 니시다의 독창성은 만듦으로써 비로소 볼 수 있는 형성적 직관에 대한 착상에 있다. 하지만 현실의 역사적 세계를 전적으로 이런 말로 이해하는 것은 무리이다. 니시다는 역사에서 쇠퇴하는 경향 또한 인정했지만, 이러한 쇠퇴는 무엇으로 인해 일어나는지, 쇠퇴가 어떤 형태를 취하는지는 설명하지 않았다. 종교와 도덕에 대해서는 나중에 논하겠다. 철학의 일은 구별할 필요가 있는 것을 명확하게 구분하는 것이기에, 이 두 가지가 인간의 현실에서 어떻게 상호작용하는가를 보여 줄 필요가 있을 것이다. '마음의 철학'이 아니라, 특히 인간 존재론을 생각하려는 나의 시도는 그러한 접근법의 결과물이다.

[JWH/유재진]

# 도사카 준

戸坂潤, 1900-1945

도사카 준은 1921년에 교토제국대학(京都帝國大學)에 입학하여 철학을 공부했다. 니시다 기타로(西田幾多郎, 1870-1945)의 집에서 동급생인 니시타니 게이지(西谷啓治, 1900-1990)*와 함께 토론에 참여했다. 아울러 그는 선배인 미키 기요시(三木清, 1897-1945)*의 지시를 받으며 니시다의 정치적 이상에 대해 비판적 시각을 견지하며 아리스토텔레스(Aristoteles, BC.444-380)를 읽었다. 그의 연구는 1년간의 군 복무로 중단되었다. 교육 경력은 1926년에 시작되었지만 1년이 채 못 되어 군대에 재입대하여 장교로 임명되었다. 1931년에는 호세이대학(法政大學)의 교수직을 맡으면서 미키의 뒤를 이었지만, 마르크스주의에 경도되어 1934년 정부의 압력을 받아 해임되었다. 1932년부터 1938년까지 그는 '유물론연구회(唯物論研究會)'를 조직하여 기관지『유물론연구(唯物論研究)』를 간행하는 등 유물론 연구에 지도적 역할을 하였지만, 1936년부터는 숨어 지내기 시작했고 다음 해에는 집필 금지를 당한다. 1938년에는 체포되었고, 그 후 두 차례에 걸쳐 체포와 석방을 반복하였으며, 1943년에 마지막으로 투옥된 후 일본이 연합군에 항복하겠다는 정식 제안을 하기 하루 전에 사망했다.

그가 11년 동안 집필한 많은 글들은 일본의 이데올로기 전반에 대한 비판과 니시다의 중심사상에 대한 강한 반대가 혼합된 초창기의 시도를 보여 주는데, 이것들은 모두 훗날 성숙하기에 충분한 시간을 갖지 못했다. 다음 발췌문은 그가 남긴 저서를 관통하는 세 가지 주제 즉 역사의식, 시간 및 도덕성에 초점을 둔 것이다. 이 글들에서 교토학파의 이상주의(이는 그가 처음 사용했던 용어)뿐만 아니라 자유주의, 파시즘, 일본 군국주의와 같은 지배 이데올로기에 대한 그의 비판적 목소리를 감지할 수 있을 것이다.

[NT/김효순]

## 시간, 역사, 도덕

도사카 준 1933, 97, 101; 1930, 8, 12.15; 1936a, 300, 305.7; 1936b, 248, 298; 1937, 3, 59.60

### 일상성의 원리

자연과학 분야에서 시간의 '단위 개념'그 자체를 과장한 결과, 시간의 단위 개념은 오히려 정반대로 바뀌었다. 즉 시간의 단위 개념은 '외면적'인 것이 되고 '우발적'이 되었으며 시간의 '내용'은 상관이 없게 되었다. 이것이 바로 시간이 정량화되고 공간화되는 속사정이다.…

우리들은 역사적 시간 안에 있는 현재, 즉 '현대'라는 하나의 시대 안에서 생활하고 있다. — 물론 우리들이 생활하고 있는 것이 현대라는 것은 새로운 사실은 아니다. 다만 내가 하고 싶은 말은 이 현대라는 것이 역사적 시간의 단위개념에 의해 부상되는 하나의 '시대'라는 점이다. 무슨 말인가 하면, 현대는 '유한'한(그것은 무한하게 작지도 않고 무한하게 크지도 않다) 길이를 가진, 그러나 그 길이가 '상수(常數)'가 아니라 역사적 시간의 성격과 '함수' 관계에 있는 '특이'한 한 시대라는 것이다.

그것은 왜 '특이'한 시대인 것인가? 역사적 시간이라는 전체적인 것의 '악센트'가 여기에 있기 때문이다. 역사적 시간은 이곳에 집약되고 초점을 맞추고 있는 성격을 가지고 있기 때문이다. 역사적 시간의 입체는 이곳을 중심으로 하기 때문이다.

지금 우리들이 부여해 온 역사적 시간의 제 규정이 이곳에 와서 비로소 결정(結晶)의 핵(核)을 이끌어냈음을 독자들은 알 수 있을 것이다. 역사적 행동이나 역사적 기술은 현대를 좌표의 원점으로 해야 한다는 사실, 그것은 새삼 이야기할 필요도 없을 것이다.

다만 중요한 것은 이 현대가 '필요에 따라' 자유자재로 변화할 수 있는 신축성을 지닌 점에 있다. '현대'는 경우에 따라서 '오늘날'까지 혹은 '지금'까지라는 식으로 축도(縮圖)된다. 그럼에도 불구하고, 이 '지금'은 현대와 같은 성질 즉 '현재성' ― '현실성' ― 을 갖는다. 현대가 가지고 있는 원리적 의미는 '오늘'이 가지고 있는 원리적 의미이다. 그것은 '오늘의 원리' '나날의 원리' ― 이다.

이렇게 역사적 시간은 '일상성의 원리'에 지배를 받게 된다. 아마 나날이 갖는 원리, 그날 그날이 갖는 원리, 매일 같은 것을 반복하면서 동시에 매일이 서로 다른 별개의 날인 원리, 그런 것에 역사적 시간의 결정의 핵 즉 역사의 '비밀'이 깃들어 있다. 역사적 시간과 같은 가치를 지닌다는 성격은 실은 이 일상성의 원리로 나타난다.

### 인물과 역사의 의미 1930. 8. 12.15

성격은 최종적인 텔로스(telos)에 있어서도 이것을 부여하는 사람들에 대한 관계를 벗어나지 않는다는 점에 그 특성이 있다. 각인(刻印)은 늘 '주어진' 것이어야 한다. 본질개념의 목적은 ― 이념은 ― '사람들에 대한 관계'를 끊어내는 데에서 그 면목을 드러내고, 이와 반대로 성격개념의 목적은 이것을 마지막까지 계속 유지하는데 그 면목을 드러낸다. 성격은 사람들에 대한 관계를 포함함으로써만 성립하는 개념이다. 각인 ― 그것은 '부여'된다 ― 의 개념은 이에 주의를 환기시키는 방법이다.

역사 운동이라는 바퀴 회전에 따르거나 혹은 이에 기여하는 사람만이 진정한 성격을 드러낸다. 이에 반해 역사의 바퀴 회전을 역전시키는 입장에서는 성격이 상실된다. 후자의 경우의 성격은 잘못된 것이고, 따라서 성격이 아닌 성격을 드러내게 될 것이다.

성격은 전체적 역사의 운동이 그리는 곡선의 각 점에 닿는 접선으로 이해할 수 있다. 어느 특정 지점에 서서 또 다른 고유한 접선의 방향을 추구하려 한다면, 이 오해는 '시대착오'로 나타난다. 왜냐하면 시대야말로 대표적 전체이기 때문이다. 시대마다 고유한 접선의 방향에 힘을 가해야만 비로소 역사적 운동의 바퀴는 가장 적확하고 유효하게 능률적으로 회전할 수 있다. 이 회전을 기능하게 하는 것이 각 사물의 성격이다. 모든 사물은 각 시대의 접선의 방향에 따라 성격지어진다. 이와 같은 시대의 접선을 '시대의 성격'이라 한다.

......

역사적 감각은 역사적 통일체로서의 역사에 대한 애착은 아니다. 또한 신학적 우주론과 연결된 세계의 궁극적 목적인 신앙도 아니다. 이 감각은 사물의 역사적 운동을 정상적으로 파악하는 능력으로, 이는 실천적 사회적 관심에 의해서만 그 기능을 파악할 수 있다. 시대의 성격은 역사적 감각에 의해 ― 이러한 정상적인 실천적, 사회적 관심사에 의해 ― 서만 파악할 수 있다. 시대의 역사적 운동의 동력과 방향의 필연성 ― 그것은 사회에서는 사회현상으로서 전개된다 ― 을 찾아내서 간파하는 것이 바로 역사적 감각이다.

## 도덕, 자아 및 힘 1936a, 300, 305.7

도덕(문학적 범주로서의 도덕)은 '자신(자기, 자아, 자각=자의식)'과 떨어져 있지 않다. 대상이 도덕'적'으로(라는 것은 곧 문학'적'이라는 의미인데) 문제가 되는 경우는 그 대상이 작가 또는 작가를 따르는 독자의 눈으로 본다는 것이다. 그때 작가는 그가 대중적이고 보편적인 눈을 가지고 있으면 있을수록 더욱 더 유니크한 '자신'이 되고 '나'가 된다.

이는 누구나 알고 있는 사실이지만, 그러한 나 자신은 과학적 인식에 있어서는 말을 할 수가 없다. 말을 하면 오히려 그 인식을 주관적으로 만들고 인식의 영역을 편협하게 할 뿐으로, 조금도 그것을 유니크하게 하거나 심화시키지 못한다. 그리하여 자신의 능력을 드러내면서도 주관에 빠지지 않는 것이 도덕이라는 것의 특색이다. 도덕은 '일신상'의 문제이지만 동시에 절대로 사사로운 것도 아니다.

그러나 이와 같은 도덕의 '나, 사(私)'적인 성질은 자기중심주의나 주관주의와는 전혀 관련이 없다. 도덕이 '사'적이라고 해서 사도덕(私道德)이나 신변도덕이 도덕이라고 하는 것은 아니다. 물론 '나'라는 것이 도덕적이기는 하지만, 자신을 절대적 중심으로 여기는 것은 절대 도덕적이라 할 수 없다.

그러므로 문학적 인식 영역에서, 도덕은('나'라는 범주도 그렇다) 이 인식을 위해 필요한 입장이나 발판이며 또는 인식의 매체이다. 문학적 인식의 이런 저런 성과가 도덕인 것은 아니다. 도덕이라는 범주가 보여 주는 것은 그러한 문학적 인식의 성과를 도덕적이게 하는 매체의 성격이다. 그리고 만약 이러한 입장이나 발판, 매체의 성격을 그것 자체로서 추상적으로 존재하는 것으로 상정하면, 전통적으로 '이데아'라고 했던 것과 성질이 같아지므로, 과학적 진리나 선과 같은 것이 된다. 도덕을 그렇게 생각하면, 도덕은 마치 과학적 진리와 같은 하나의 이데아가 된다. 전통적으로 선이라는 것은 실은 그와 같은 이데아를 말하는 것이다. 과학이 '진리'라는 이데아를 대상으로 하듯이 '도덕'이라는 이데아를 대상으로 하는 것이 문학이다.

......

일본이 만주제국의 승인을 강요하는 이론적 근거는 '사실' 앞에 논리는 필요 없다는 것이지, 절대로 힘 앞에 논리는 필요 없다는 것은 아니었다. 일본이 만주국을 건설할 때 힘을 사용한 것이 사실이라 하더라도 이 힘은 적어도 일본의 강력 외교의 논거가 되고 있지는 않으며, 이 논거는 어디까지나 만주제국의 현존이라는 '사실' 안에 있었다. 그 사실이 어떠한 힘에 의해 나온 결과라고 하거나 힘에 의해서가 아니라 만주 민족의 관념적 총의(總意)에 의해서 나온 결과라고 하는 것처럼, 과거의 프로세스 문제와는 상관없이 현재의 사실이 논거가 되는 것이다.

그러므로 중요한 것은 '힘'의 철학이 아니라 '사실'의 철학인 것이다. 힘이라는 개념은 프로세스와는 상관없이 거론된 '사실'이라는 '결론'에서, 모든 담론을 '출발'시키는 방법의 철학이다. 일반적으로 일본의 파쇼 철학 역시 절대로 '힘'과 같은 추상적 범주를 원리로 삼지 않으며, 그야말로 '아시아의 현실'이라는 것과 같은 '구체적'(?)인 사실의 인식을 출발의 원리로 삼고 있다. 그러므로 일본의 파쇼적 동향을 힘의 철학이나 힘의 논리로 해석하고자 하는 것은 너무 단순하다고 할 수 있다.

......

오늘날 일본의 자유주의자들이 실은 정치상의 자유주의자가 아니라 말하자면 문학적 자유주의자라는 것은 매우 중요한 규정이라 생각한다. 일찍이 '학예자유동맹(學藝自由同盟)'이라는 것이 있었는데(나도 그 구성원이었음을 언급해 둔다), 그룹 구성원의 대부분은 문학자, 문사(文士) 및 예술가였다는 것은 의미가 있다.

그런데, 일본의 문학적 자유주의자들은 대개 넓은 의미에 있어 휴머니즘에 의해 동기 부여를 받은 것으로 보이는데, 객관적인 도덕성과 같은 '논리'는 없지만, 모두 모럴리스트로서의 자격은 갖추고 있는 것이 이 자유주의자들의 특징이다. 그런데 이러한 모럴리스트는 결국 일종의 회의론자임에 다름 아니다. 그렇기 때문에 여기에서 니힐리스트적 자유주의자도 나오게 되는 것이다.

문학적 자유주의자들은 이러한 자신들의 회의론적인 본질을 상당히 잘 알고 있는 것으로 보인다. 그 증거로는, 그들은 의식적 또는 무의식적으로 일신의 이해(利害)에 관한 실제적 행위를 하는 단계에 이르면 기회주의적 현실주의자가 된다는 것이다. 회의적인 인간은 실제 행동을 할 때는 다른 일체의 가치 평가를 소거하고 결국은 가장 속물적 '현실'만을 인식하게 되기 때문이다.

### 사상과 문화 1936b, 248, 298; 1937, 3, 59, 60

진정한 사상과 문화는 가장 광범위한 의미에 있어 모두 세계적으로 번역되어야 한다. 왜냐하면, 어느 나라 어느 민족이라도 범주 상의 이행 가능성을 가지고 있는 사상이나 문화가 아니면 진정한 것이 아니기 때문이다. 마치 진정한 문학이 '세계문학'이어야 하는 것과 마찬가지로, 특정 민족이나 특정 국민에게밖에 이해되지 않는 철학이나 이론은 예외 없이 가짜이다. 하물며 그 국민, 그 민족 자신에게조차 구체적으로 이해되지 않는 사상과 문화란 사상이나 문화가 아니라 단순한 야만에 불과한 것이다.

......

오늘날 동시대의 한 국가와 다른 한 국가 사이에서 논리를 번역하는 것은 그리 어렵지 않다. 왜냐하면 전 세계적으로 생산 능력이 어느 정도 발달한 결과, 생산 기술과 생산 기구는 거의 모두 국제적 공통성을 갖게 되었기 때문이다. 그리고 이것이 각국의 생산관계의 첨단을 이루고 있기 때문에 최첨단 자체가 국제적인 현실이 되어 있다. 이러한 생산의 최첨단으로 유도되어야 할 각국의 논리기구 역시 첨단화되어 있고, 게다가 교통운송기관의 현저한 발달의 필요가 이 논리의 국제성을 나날이 현실적인 것으로 만들고 있다. 따라서 같은 물건을 같은 물건으로 번역하는 것은 번역이 아니라 단순한 교환이나 수수에 불과한 것이다. 일본인들이 유럽문명을 완전히 소화하지 못했다거나, 일본 정신을 외국인들이 이해를 하지 못한다고 생각하는 사람은 논리 번역의 의의를 모르는 선동가로, 그러한 인간들은 늘 고대 인도나 고대 중국의 논리를 아무렇지도 않게 현대 일본에서 사용하려는 경향이 있음을 잊어서는 안 된다.

내 접근 방식은 일본을 세계의 관점에서 보아야 한다는 것이다. 그리고 이것은 일본을 '민중'의 입장에서 보아야 한다는 사실에 근거한다. 여기에서 내가 민중이라 하는 것은, 지배자가 생각하는 민중을 말하는 것이 아니라, 자주적으로 자신의 생활을 방어하고자 하는 민주적 대중을 말하는 것이다. 민중이란 곧 대중일 것이다. 일본의 민중은 일본의 대중이외에 다름 아니다. 만약 정치적 세력으로서의 대중이 아닌 것이 민중이라면 그것은 민중을 조롱하는 더 이상 없는 선동세력이라 할 수 있다. 그것은 자주성을 상실한 오늘날의 일본 민중에게, "순간이여, 멈춰라. 너는 너무나 아름답다"라고 외치는 것과 같다. 일본의 '민중'이라는 이름 하에 일본의 '현실'을 찬미하는 것이 바로 이것이다.

민중이 정치적 자주성을 갖지 않는다는 것은 일본 민중의 사정이자 조건이다. 하지만 조건에는 한계가 있기 마련이다. 조건 그 자체가 변화를 함으로써 한계에 봉착하는 일은 결코 불가능한 일이 아니다. 일본의 민중이라는 이 비정치적 개스도 실린더 내의 압력 상승으로 인해 반드시 점화가 될 수 있다. 조건은 단순히 상온상압의 경우에만 유지된다. [NT/김효순]

# 이치카와 하쿠겐

市川白弦, 1902-1986

이치카와 하쿠겐은 선종의 일파인 임제종(臨濟宗)의 승려이자 하나조노대학(花園大學)의 교수로, '황도선(皇道禪)'을 제일 처음 언급한 정치활동가이다. 그는 20세기 전반에 저서를 통해 일본제국주의에 대한 선의 협력을 연대순으로 기록하여 선의 전쟁 책임 문제를 제기했다. 그는 니시다 기타로(西田幾太郎, 1870-1945)*의 철학적 체계, 불교 윤리의 한계, 불교와 일본 정부 간의 전통적인 관계, 불교의 형이상학적 논리 구조의 정치적 파급 효과, 종교적 해방과 사회에 대한 선(禪)의 접근법 등을 분석했다.

　이시카와는 선, 그리고 니시다 기타로와 같은 선의 영향을 받은 사상가를 평가할 때, '마음의 평화' ― 이원론적인 차별에서 벗어나 '사물과 하나가 되는 것'에 대한 인식, (부분적으로 「화엄」불교에 바탕을 둔) 내재적이면서 형이상학적 성향, 충성심, 은혜, 감사와 같은 핵심 가치, 사회적 합의가 담긴 선의 보수적 숙명 ― 와 같은 구원론적 목표의 달성에 초점을 맞춘다. 그는 이러한 전시대의 양상이 현상과의 비판적 거리를 약화시키고, 실제 상황을 안정시키는 것까지는 아니더라도 일반적인 묵인을 지지하는 역할을 한다고 주장한다. 이치카와는 전통과 일본 문화에 존재하는 윤리적 함정을 보다 광범위하게 지적하기 위해 '실재론'이나 '수용주의'와 같은 용어를 사용했다. 니시다의 불교사상을 사용하여 자신의 전반적 비판의식을 드러내고자 하는 그의 시도는, 니시다의 여러 저작의 구절을 인용하는 다음 글에 분명하게 나타난다. 고전적인 불교 양식의 전형, 심지어 철학적인 입장도 니시다 자신이 관행적으로 인용한 몇몇 구절이 들어 있는 텍스트 인용을 통해 논의되거나 비판을 받는다.

[CAI/김효순]

## 니시다 기타로(西田幾太郎)론 ― 절대무(絶對無)의 좌절―

이치카와 하쿠겐 1970, 191-6, 208-10

　니시다 기타로(西田幾太郎, 1870-1945)*는 일본 철학을 대표하는 선구적 인물이다. 그는 예리한 직관과 깊은 사색으로 일본 문화 내지 동양 문화의 근저를 이루는 것을 새로운 논리로 내세워 세계의 철학계에서 그 지위를 굳혔다. 근대 일본의 철학과 종교는 니시다의 노력에 의해 심화되고 최고의 논리적 표현을 얻게 되었으며, 일본의 새로운 사상, 문화, 종교는 니시다 철학 안에서 위치지어지지 않고는 이 나라에 뿌리를 내릴 수 없을 것이다.

　태평양 전쟁은 우리에게 공전절후의 시련이었으나, 이 시련 앞에 심대한 니시다 철학조차 좌절을 하게 된 것은 놀라운 일이다. 이 철학이 좌절을 하게 한 것은 소위 그 현실주의와 관련이 있는데, 이 논리는 일본 민족의 현실주의, 예를 들면 일본의 신도(神道) 및 국학의 현실주의 특히 일본화된 「대승불교」의 '현실주의'와 깊은 관련이 있으며, 이 정신풍토는 오늘날에도 여전히 우리들 안에 뿌리를 내리고 생활 속에 살아 있다. 이 현실순응의 국민성을 개혁하기 위해서는 니시다로 대표되는 근대 일본사상의 좌절의 과정과 구조를 밝혀야 한다.

니시다는 스즈키 다이세쓰(鈴木大拙, 1870-1966)*에게 보낸 편지(1945년 3월)에서, "나는 「즉비 (卽非)」의 반야(般若)의 입장에서 사람이라는 것, 즉 인격이라는 것을 이끌어내고 싶습니다. 그리고 그것을 현실의 역사적 세계와 결합시키고 싶습니다."라고 쓰고 있는데, 이 소론은 니시다 철학의 경우 선적(禪的), 「화엄적(華嚴的)」 인간이 현실 세계에서 살아가는 가운데, 어떻게 그리고 왜 좌절을 했는지, 그 좌절을 극복하기 위해서는 어떤 방향으로 가야 하고 어떤 가능성이 있는지 탐색하고자 하는 것이다.

### 참구(參究), 절대무, 평상(平常)

니시다는 1901년 31세 때 일기에, "철학 또한 저속한 공명심을 떠나 자기 자신의 마음의 평안 즉 안심(安心)을 바탕으로 조용히 연구하고 자신의 사상을 통일하여 자가(自家)의 안심과 일치시켜야 한다", 그리고 "학문의 지엽적인 것을 추구하느라 안심의 근본을 잊는 일이 있어서는 안 된다"라고 적었다.(NKZ17:57) 그리고 10년 후의 첫 저서『선의 연구(善の研究)』에서는 그러한 '연구의 출발점'에 대해, "우리는 무엇을 해야 하는가, 어디에서 안심을 구해야 하는가라는 문제를 논하기 전에, (중략) 진정한 실재(實在)란 어떤 것인지를 밝혀야 한다"(1 : 39 [37-8])고 밝히고 있다.

니시다는 안심의 문제를 근본으로 하여, 그와 불가분의 형태로 실재의 진상을 물으며 거기에서 행위의 원칙이 나온다는 생각으로 우선 실재의 문제를 거론했다. 그는 자신의 방법에 대해, '그곳에서 그곳으로' 즉 직접 구체적인 것에서 출발하여 직접 구체적인 것으로 돌아가는 것이라고 하고 있는데, 이 경우에 '그곳'을 인증하는 것은 행위적 직관 말하자면 「반야(般若)」의 체험이며, '에서' '으로'의 전개를 형성하는 역할(역시 행위적 직관)을 서구의 논리가 매개하고 단련하였다고 밝히고 있다. 그는 철학의 사명을 동서문화의 융합에 두는 경우도 있지만, 다른 한편으로는 서양의 논리로는 불교 사상의 기초는 설명할 수 없다, 나는 이것의 기초를 설명하는 논리를 추구했다, 그것은 변증법적 일반자 혹은 「장소(場所)」의 논리이다라고 언급하고 있듯이, 그 체계의 기조는 불교적이었다.

니시다는 고등학교 시절 가나자와(金澤) 거리를 산책하다가, 햇빛을 받고 있는 거리, 오가는 사람들, 해질녘 사물의 소리를 접하고는, "이것이 바로 그대로 실재인 것이다"라고 직관하고, "실재는 현실 그대로이어야 한다"라는 생각에 이르렀다. 거기에서 착상한 것이『선의 연구』의 모두에 있는 "경험한다는 것은 사실 그대로를 안다는 것이다. 자신의 잔꾀를 싹 버리고 사실에 따라 아는 것이다"라는 부분이다. 가나자와의 성하마을(城下町)에서 학생 니시다의 사색을 사로잡은 '현실 그대로'는 고등학교 교사 니시다의 '사실 그대로'가 되었고, 교토제국대학 명예교수 니시다의 '역사적 현실'로 결실을 맺었다. '그곳에서 그곳으로'라는 방법론은 이렇게 일관되게 지속되었다.

『선의 연구』의 소박하고 포괄적인 '사실' 사상이, '역사적 사회적 사실이 사실 자체를 한정하는' 「사사무애(事事無碍)」 사상으로 구체화되는 전환점에 논문 '장소'의 논리학이 있으며, 가장 근원적인 장소로서 「절대무」의 장소가 존재한다. 니시다는 다음과 같이 말한다.

> 진정 절대무의 의식에 투철할 때 그곳에는 나(我)도 없고 신도 없다. 게다가 그것은 절대무 이기 때문에 산은 곧 산, 물은 곧 물, 있는 것은 있는 그대로 있는 것이다. 벼랑 꼭대기에서 손을 떼면 쟁기 끝에서 불길이 나와 우주를 태우니, 몸은 타서 재가 되고 타다 남은 불씨는 소생하여 여전히 논두렁에서 벼이삭은 피어오른다.(萬仞崖頭撒手時 鋤頭出火燒宇宙 身成灰燼 再蘇生 阡陌依然禾穗秀)[59](NKZ 4: 146)

니시다의 철학에 의하면, 현실 세계는 개물(個物)과 개물, 주체와 환경이 서로 작용함으로써 만들어진 것에서 만드는 것으로 변화해 가는 역사적 세계이며, 작용하는 것이 보는 것인 행위적 직관의 세계이다. 독립한 개물과 개물이 관계한다고 하기 위해서는, 그 매개자는 비연속의 연속으로서 개물을 절대로 부정함과 동시에 절대로 긍정하는 것, 즉 변증법적 일반자이어야 하며, 이 세계의 논리적 구조는 절대 모순의 자기 동일이다. 현실 세계는 가장 근원적인 모순적 자기동일로서 나타난 신의 영상(影像)이다. 즉, "우리가 그것으로 향하고자 하면, 등을 돌리는(『無門關』, 19), 「절대모순의 자기동일(絕對矛盾的自己同一)」이라는 것이 종교적으로 진정한 신이라고 할 수 있는 것이다."(NKZ 9: 328-9) 그러나 현실의 세계가 가상(假想)이라는 것은 아니다. 현실은 절대모순의 자기동일적으로 형성된 것으로서 절대이자 현상 즉 실재이다. 절대모순의 자기동일은 절대자의 자기표현의 형식이다. 논리는 우리들의 사유의 주관적 형식이 아니라 세계의 자기형성의 형식이다. 우리들은 자기 입장에서 세계를 생각하는 것이 아니라 세계의 입장에서 자기를 생각해야 한다. 이것은 '절대객관주의'(9: 490)이며, '만법(萬法)은 자진하여 자기를 수정하는'[60] 것이다.

'사실 그대로'에서 시작된 철학은 이제 현실 즉 절대의 역사적 세계로 돌아왔다. "뭔가 다른 것이 나타나는 것이 아니다. 도착하고 돌아오는 것은 다른 것이 아니(到得歸來無別事)"(10: 108)며, "어디까지나 근본적인 것은 어디까지나 평범한 것"이다.(8: 513)

우리들 자신이 자기 자신의 근본적 바탕에 철저하게 절대자로 돌아간다는 것은 (중략) 역사적 현실의 근본적 바탕에 철저하게 되는 것을 의미한다. 절대 현재의 자기한정으로서 어디까지나 역사적 개인이 되는 것이다. 고로 "「법신(法身)」으로 들어가고 나니 그곳에는 아무것도 없었다. 바로 이것이 마카베노 헤이시로이다(透得法身無一物, 元是眞壁平四郞)"[61]라고 한다. 남천(南泉)[62]은 "평상심이 곧 「도(道)」이다"라고 하였으며(『無門關』, 19), 임제(臨濟)[63]는 "「불법(佛法)」을 이루기 위해서는, 아무런 노력도 필요 없다. 그저 할 일 없이 배변과 배뇨를 하고 옷을 입고 음식을 먹고 피곤하면 누우면 된다"라고 한다.(『임제록(臨濟錄)』 Ⅰ.12). (10: 336)

## '장소': 절대 현재로서의 황실

우리들이 절대 현재의 자기한정으로서의 역사적 개인으로서 역사적 현실 안에 살아갈 경우, 살아가는 '장소'는 국가이다. 국가는 역사적 세계가 전체적 일(一)과 개별적 다(多)와의 모순적 자기 동일로서 구체적으로 자각한 것이며, 가장 구체적인 역사적 현실이다. (9: 453). 일본의 국가는 황실을

---

59) [영] 이 구절은 이치카와의 제자 후루고리 겐쓰(古郡兼通)에 의한다.

60) [영] 니시다는 이 구절을 도겐(道元)의 『정법안장(正法眼藏)』(1252.7)의 〈현성공안(現成公案)〉에서 인용하고 있다.

61) [영] 이 구절은 가마쿠라시대의 승려 쇼사이 호신(性才法心, 생몰년도 미상)의 글이다. 그는 임제종 승려로 즈이간지(瑞嚴寺)를 설립하였으며, 그의 세속명은 마카베 헤이시로(眞壁平四郞).

62) [한] 조선시대 고종 때 승려(1868-1936) 성은 김씨(金氏), 법호 광언(光彦), 합천 출신으로 18세에 해인사 신해(信解)에 출가하여 장섭(仗涉)의 법을 이어받다. 선종의 중앙기관인 선학원(禪學院)을 서울에 세운 스님.

63) [한] 임제의현(臨濟義玄, ?-867), 임제(臨濟) 또는 의현(義玄)은 당나라의 선승(禪僧)으로 속성(俗性)은 형(邢), 산동성 조현(曹縣) 사람이다. 선종(禪宗)의 일파인 임제종(臨濟宗)의 시조(始祖)이기도 하다. 임제의현이 입적한 후 그의 제자인 삼성혜연(三聖慧然, ?-?)이 편집한 『임제록』은 임제종의 기본이 되며 또한 실천적인 선(禪)의 진수를 설파한 책으로서 널리 알려져 있다.

중심으로 발전해 왔다. 황실은 주체적 일(一)과 개별적 다(多)와의 모순적 자기동일로서 자기자신을 한정하는 세계에 위치하고, 주체적인 것은 "만세불역(萬世不易)의 황실을 시간적, 공간적인 '장소'로 서 이에 포함되었"으며, "황실은 과거, 미래를 포함하는 절대 현재로서, 우리들은 이 안에서 태어나고 이 안에서 일을 하고 이 안에서 죽어간다."(9: 50, 52; 11:201) 이렇게 형성된 일본 문화의 기조는 사실이 사실 자신을 한정하는 「사사무애(事事無碍)」에 있다. 여기에 '사물과 함께 가는' 「신(神)」 그대로의 도(道)가 있다. 우리 국민 도덕의 근저에는 건국 사실이 있고, 우리는 이것을 축으로 역사적 세계를 형성해 왔다. 일본형성의 원리는 오늘날 세계형성의 원리가 되어야 한다. 단순한 종적(種的) 특수를 확대하고자 하는 황도의 패도화(霸道化)를 구원하는 것은 세계 형성의 원리이며, 황도는 세계적이 되어야 한다. 이에 '팔굉일우'의 참 뜻이 있다. 절대 현재의 자기한정으로서 역사형성적 일본의 역사에서 비로소 국가 즉 도덕으로서의 「국체(國體)」는 자각된 것이며, 이에 "천지개벽 즉 조국(肇國)으로서 역사적 세계 형성의 의의가 있다. 그런 까닭에 만세일계, 천양무궁(天壤無窮)이다. (중략) '신'국(神國)이라는 신념이 일어나는 소치이다. 조칙(詔勅)에서는 현인'신'(現人神)으로서의 '신'의 목소리를 들을 수가 있다."(11: 201-2).

우리의 도덕은 이 사실에 따라 절대현재의 중심으로서의 천황에게 귀일(歸一)하며, ― "우리나라 의 최고 도덕인 충(忠)도 순정(純情)이 발하는 바, 바다에 가면 죽어서 내 시체는 파도에 던져지고 산에 가면 죽어서 내 몸은 풀 속에 묻히겠지만 천황을 위해 죽는데 후회는 없다 라고 하는데 있다."[64] (6: 346) ― "모든 것이 황실에서 황실로 (중략) '국체'적(國體的)으로 행위하는"(11: 208, 203) 데에 있으며, 이것이 "평상심, 이것이 도(道)"인 생활이다. "황운부익(皇運扶翼)은 이러한 비상시의 경우만 으로 한정되는 것이 아닌, '평상심, 이것이 도(道)'이며, 우리들의 행주좌와(行住坐臥) 한 가지도 국가 와 관계가 없는 것이 없다."(문부성 교학국 『신민의 길(臣民の道)』, 강조 이치카와) 일본정신의 극치는 현실 즉 절대이며, 이 입장에서, "사물(物)은 황실의 물건이며 일(事)은 황실의 일이다."(11: 203)

> 우리들의 생명은 우리의 것이지만 우리의 것이 아니다. (중략) 밥 한 그릇, 옷 한 벌이라 하더라도 단순하게 나의 것이 아니며, (중략) 이렇게 해서 우리들은 사생활에서도 천황에게 귀일하고 국가에 봉사하는 마음을 잊어서는 안 된다."(전게서)

종교적인 역사 형성의 장에서는 전체와 개체는 하나이며, "계급투쟁이라는 것도 해소되어야 한다. (중략) 하나의 공장도 역사적 세계 창조의 생산의 장이다."(6: 336) 이렇게 해서 산업보국의 철학이 세워졌다. 니시다는 일기에 이렇게 썼다.

> 종교적으로 자각한 사람은 절대 현재의 자기한정으로서 '수처작주(隨處作主)'가 될 수 있다. 이러한 사람은 어디까지나 능동적이다.… 각각 '입처개진(立處皆眞)'이다. (『임제록』 Ⅰ.12).…진정한 종교적 자각에서 '국가수순(國家隨順)'이라고 할 수 있다.(10: 115).

니시다의 입장과 방법은 직접 자증(自證)의 체험에서 체험으로에 중심을 두었다. 니시다는 일기에, "정념을 지속하라(正念相續), 당황스러울 때도 정념을 지속하고(造次必於是), 위급할 때도 정념을

---

64) [영] 니시다는 1937년 군가를 인용하고 있는데, 이 노래는 고대 시집 『만엽집(萬葉集)』에서 온 것이다.

지속하라(顚沛必於是)."(논어, IV.5) (18: 132). 산다는 것은 일을 한다는 것, 일을 한다는 것은, 단순히 의식적으로 뭔가를 하고자 한다든가 결심을 한다든가 하는 것이 아니라, 우리들이 이 세계의 '사건(事件)'이 되는 것이어야 한다. "우리들의 진정한 자기는 그곳에 실재한다."(9: 367). 작가가 작품으로 자기를 아는 것처럼, 니시다는 그 행위에서 자기를 보았다. 바꾸어 말하자면, 선(禪)으로 단련된 니시다의 진정한 자기, 절대무 ― "우리들의 진정한 자기가 절대의 무(無)라고 하는 것"(5: 178) ― 가 어떠한 면목을 지니는지를 우리들은 보았다.

니시다의 문하에 있던 고야마 이와오(高山岩男, 1905-1993)*는, "'일(事)'은 우리들이 그곳에서 출발하여 그곳으로 돌아오는 직증(直證)의 현실이며, 「이(理)」는 늘 그것을 부정적으로 매개하는 귀중한 수단이다."(『문화 유형학 연구(文化類型學研究)』)라고 하고 있는데, 천황의 이름에 의한 전쟁에 '귀중한 수단'을 바친 니시다가 일본노동총동맹 해산, 대정익찬회(大正翼賛會) 발족의 해이자 태평양전쟁 발발 전년에 해당하는 황기 2600년 기념식에서 문화훈장을 받은 것은 지극히 당연한 일이었다. 『선의 연구』제10장 〈완전한 선행〉은 다음과 같이 마무리된다. "옛 로마 교황 베네딕트 11세(Pope Benedict xi)가 화가 지오토(Giotto di Bondone, 1266무렵-1337)에게 화가로서의 역량을 보여 줄 수 있는 작품을 그리라고 했더니, 지오토는 단지 동그라미를 하나 그려서 보여 주었다는 이야기가 있다. 우리들은 도덕적으로 이 동그라미 하나에 도달해야 한다."(NKZ 1: 134 [145]). 천황의 뜻을 삼가 받들고 실행한다는 승조필근(承詔必謹), 멸사봉공(滅私奉公)의 순일무잡한 행위적 직관, 여기에 촌심(寸心) 거사(居士)[65]인 니시다의 '동그라미 하나'가 있다.

……

일본 국민의 경우 거기에는 하나의 틀이 있었다. 심대한 절대무의 철학조차 그것을 넘을 수는 없었다. 그것은 천황도(天皇道)이다. "나는 '철저한 비평주의 입장'에서 지식 성립의 근거를 분명히 했"다고 하는 자신에 찬 니시다의 철학은, 니시다가 말하는 '역사라는 것'이나 '사회과학이라는 것'이 근대적 인간형성의 힘이 된 것에 대해, 일군만민(一君萬民)의 범주를 넘을 수는 없었다. 데카르트적 회의와 부정의 불철저를 지적하는 이 철저한 비평주의자에게도 천황도는 회의의 대상이 되지 못했다. "천자(天子)를 직접 보면 눈이 먼다"는 신앙이 메이지시대의 국민들에게는 있었지만, "향하고자 하면, 곧 등을 돌린다"는 것처럼, 황실은 니시다의 대상 논리의 배후에서 그 '순수 경험'의 목덜미를 잡고 있었다.…

철학의 방법인 회의와 부정은 오로지 자기 자신을 향하고 있었기 때문에 근대비평정신의 주체가 되어야 할 자아가 생장할 계기는 소거되었다. 이렇게 하여 천황제절대주의를 회의하고 비판하여 이에 저항해야 할 근대적 자아가 미연에 제거된 결과, 천황도의 중심이념은 곧바로 개아(個我) 이전의 순수 경험의 소위 선험적 위치에 정착하여 순수경험 그 자체를 원초적으로 제약했다.… 결과적으로, '천황폐하의 자식'으로서의 니시다의 자아, 역사적 신체, 니시다의 천황신앙과 권위주의적 도덕의식은 선(禪)에서 말하는 대사(大死)를 이루지도 못했고 먼지와 재로 돌아가지도 못했다. 오히려 그와는 반대로 천황도는 근대적 지성의 죽음에 의해 내면화되고 절대화되어 종교적 권위를 가지고 개인의 사생활을 지배하게 되었다.

여기에서 보편성을 추구하는 철학자와 천황을 믿는 신민 사이에 균열이 발생했다. "역사가 행동의 규범이 되기 위해서는 '보편타당(allgemeingültig)'해야 한다."(18: 63)라는 자각에서 "황도는 세계형성

---

65) [영] 니시다의 계명(戒名).

의 원리가 되어야 한다"라고 요청을 했는데, 이는 애초에 무리한 제안이었다. 황도의 본질적 '기체(基體)'는 '특수한 한 민족 안의 유일하고 특정한 혈통'이라는 우발적이고 비합리적인 것이다. 황위(皇位)의 계승은 진리의 체인(體認)과는 반대로 '본질적으로 배타적'이다. 황위와 주권의 만세일계의 원칙에서는 한, 황도는 세계성을 가질 수 없으며, 세계성을 갖기 위해서는 만세 일계의 원칙을 버려야 한다. 세계성을 갖는 황도라는 것은 둥근 삼각형과 마찬가지로 형용모순이다.···

니시다가 전후 시기에 살았다면, 오늘날의 세계사적 현실이 '도저히 변하지 않는 확고부동한 정신상의 사실'이 현실 세계에 작용할 경우, 필경 '정신상의 사실'로서의 주관주의 고집에서 자유롭지 못했음을 알았을 것이다. '사실 그대로', '현실 그대로'가 짐승의 순수경험이 아니라 '인간의' 순수경험인 이상, 과거의 교육, 대중의 의사소통, 사회상황의 변화 등에 바탕을 둔 의식적, 무의식적 허위를 포함하는 것임을 처음부터 알았어야 했다. 세계의 입장에서 자기를 생각한다고 하는, 그 '세계' 자체가 이미 같은 오류를 내포하고 있음을 겸허하게 자각해야 했던 것이다.

절대주의 천황제의 교육과 압력이 없었다면, 혹은 이것을 비판하는 근대적 자아가 니시다와 그 주변에 확립되어 있었다면, 현재와 황실을 하나로 보는 혼란은 절대 발생하지 않았을 것이고, 절대무가 '성전(聖戰)'의 근거가 되는 일도 없었을 것이다. "경험이 있고서야 개인이 있다"라는 말은 현실적으로는, 제국주의 일본의 현실이라는 행위적 직관의 축적 속에서 니시다의 '사철학(私哲學)'이 출현했음을 의미하는 것이다. 즉 반근대적(半近代的) 개인 니시다가 반근대적 '순수경험'설을 전개하여 당시의 반근대적 지식층에게 널리 받아들여졌다는 것이다. 전쟁과 국가 권력이 사상, 종교에 미치는 광대하고 심각한 앙화를, 근대 일본 최초의 독자적인 절대무의 철학, 종교의 좌절 속에서 체험한 우리의 비참한 역사를, 소위 전전파(戰前派)인 우리들은 땅을 치며 후회하는 것이다.

[CAI/김효순]

# 이마니시 긴지

今西錦司, 1902-1992

이마니시 긴지는 교토제국대학(京都帝國大學)에서 곤충학과 생태학을 전공하고, 박사 학위를 마친 지 1년 만인 1941년에 자연 철학의 형성에 지속적으로 기여해 온 그의 가장 잘 알려진 『생물의 세계(生物の世界)』를 출판하였다. 그 안에서 그는 모든 것은 함께 발생했기 때문에 무기체와 유기체의 '생명'은 상호작용하는 하나의 세계의 일부로 간주되어야 한다고 주장한다. 살아 있는 주체와 환경은 서로의 일부였고 서로에게 유입되었으며, 각 유기체가 통제할 수 있는 특별한 세계를 만들었다고 하며, 그는 그것을 '생활의 장(autonomy)'이라고 불렀다.

이마니시는 교토학파와 공식적인 관계는 없었지만, 니시다 기타로(西田幾太郎, 1870-1945)*의 사상, 특히 『선의 연구(善の研究)』에 대한 영향은 이 책의 도처에서 엿볼 수 있다. 특히, 통일된 전체의 실체(實體)가 필연적으로 상호 반대를 포함하고, 특정한 실체가 결코 완전히 독립적인 것은 아니지만 단일 실체의 다른 발달로 여겨져야 한다는 니시다의 관찰은 이마니시로 하여금 다원주의자들의 진화에 대해 다소 다른 시각을 갖게 했다

사실, 그는 자신의 저서에서 여러 생물들, 즉 유기체뿐만 아니라 무기체도 하나의 같은 실체의 변형이며 각각이 자신의 서식지로 분리되어 있다는 생각을 거듭 밝히고 있다. 따라서 그는 자연을 본질적으로 조화로운 것으로 간주하여 자연도태 이론가들이 강조한 경쟁과 갈등에는 무게를 훨씬 덜 두었다.

이마니시는 생물의 세계는 그의 표현을 빌자면 개체, '종의 사회' 및 '생물 전체의 사회'의 세 가지 필수적인 층으로 구성되어 있다고 생각했다. 핵심은 '생물 전체의 사회'를 구성하기 위해 결합된 '종의 사회' 혹은 특수 종의 사회다. 여기서 발췌한 구절은 사회 구조의 개념으로서 사회성에 대한 아이디어를 발전시킨 사회와 역사에 관한 그의 글에서 선택한 것이다. [PJA/김효순]

## 생물과 사회적 환경

이마니시 긴지 1941, 67.9, 74.8, 82.3, 92.3, 120.1 (33.4, 37.8, 41, 46.7, 61.2)

생물과 환경 사이의 관계는 다른 많은 것들을 고려해야 비로소 충분히 이야기할 수 있겠지만, 결국 환경이라는 개념을 가지고 옴으로써, 생물이 갖는 독립성이나 주체성이라는 것이 어느 정도 명확해진다고 생각한다. 환경이란 그곳에서 생물이 생활하는 세계이며, 생활의 장이다. 그러나 그것은 단순히 생활공간과 같은 물리적 의미가 아니라 생물의 입장에서 보면 생물 자신이 지배하는 생물 자신의 연장물이다. 물론 그렇다고 해도 환경은 생물이 마음대로 만들고 마음대로 변형할 수 있는 것은 아니다. 환경을 어디까지나 생물이 마음대로 할 수 없다는, 그런 의미에서 생물 자신과 대립되는 것으로 간주한다면, 환경은 우리들 신체 안에까지 들어와 있을 뿐만 아니라, 실은 우리들 신체조차 마음대로 만들고 마음대로 변형시킬 수 없다는 점에서는, 그것을 환경의 연장으로 볼 수도

있다. 생물 안에 환경적 성질이 존재하고 환경 속에 생물적 성질이 존재한다는 것은, 생물과 환경이 별개의 존재가 아니라, 원래는 하나의 것에서 분화 발전한, 하나의 체계에 속한 것임을 의미한다. 그 체계라는 것은 넓은 의미에서는 우리들의 이 세계 전체가 하나의 체계라는 의미도 되는데, 한 마리 한 마리의 생물이 각각의 세계의 중심을 이루고 있다는 의미에서 보면, 생물과 그 생물의 환경 역시 하나의 체계를 이루고 있다고 할 수 있을 것이다.…

　　생물은 확실히 환경을 마음대로 만들거나 바꿀 수는 없다. 그러나 생물이 환경에 지배를 당하고 환경이 규정하는 대로 된다고 해서, 완전히 자유를 잃었다고 할 수는 없다. 오히려 생물의 입장에서 보면, 끊임없이 환경에 작용을 하여 환경을 스스로의 지배하에 두려고 노력하는 것이 생물이다. 환경에 그대로 떠밀려 산다면, 우리들은 자율성이나 주체성을 전혀 갖지 못 할 것이다. 그것은 단순한 기계에 지나지 않는다.

　　……

　　이 세계를 형성하고 있는 여러 가지 것들이 다르다는 점에서 보면 그것들은 어디까지나 다른 것임에도 불구하고, 역시 비슷하다는 점에서 보면 이 세계 어디에도 비슷한 것이 없는 독립적인 것은 존재하지 않는다. 그러면 대체 어떻게 해서 비슷한 것이 이 세계에 존재하는 것일까? 인간의 자식으로 원숭이가 태어나거나 아메바가 태어나지 않는 것은 당연하지만, 인간의 자식이 단순히 인간이라는 사실 이외에 그 자식이 부모와 닮은 것을 사람들은 유전이라고 한다. 그러나 왜 유전이라는 현상을 인정하는 것일까? 부모의 개체유지 본능에서 말하자면, 그 자식이 부모를 닮은 만큼 그 목적이 달성된 것으로 생각해도 좋을 것이다. 그리고 그것이 더 나아가서는 이 세계의 현상유지에 기여한다고 해도 좋을 것이다. 비슷한 것이 생기는 원인을 생물학적으로 설명하자면 그것은 유전이라고 할 수밖에 없을지도 모른다. 하지만 이 세계에 비슷한 것이 존재하고, 이 세계를 형성하는 것들은 모두 비슷한 것이 존재하기 마련이라고 하게 되면, 이는 이미 단순히 생물학적 범위만으로는 그 의의가 설명되지 않는 세계적 현상이 아닐까라고 생각한다. 그리고 그렇게 되면 역시 그 해석은 나의 능력 범위 밖의 것이 되겠지만, 지금 나는 단지 막연히 이렇게 비슷한 것이 존재한다는 점에 뭔가 세계 구조의 원리 같은 것이 내포되어 있는 것은 아닌가 생각한다.

　　……

　　다시 환경 개념을 생각해 보자. 환경이란 그곳에서 생물이 그 생활내용을 표현하는 생활의 장이다. 환경이란 생물의 연장이며 생물이 주체화하고 생물이 지배하는 곳이라고 했다. 그러니까 두 생물이 생활력 면에서 균형을 맞춘다는 것은 두 생물이 상호 환경에 대해 서로 침입하지 않는 상태에 있다는 것을 말하며, 그 점에서 환경을 주체의 연장으로 보는 생물 개체의 독립성을 볼 수 있는 것이다.…

　　동종의 개체끼리는 그 생활 내용이 비슷하기 때문에 원칙적으로 서로를 용납하지 않는다. 그런데 그럼에도 불구하고, 왜 동종의 개체들은 따로따로 흩어져 살지 않고 특정한 영역 내에 존재하는 것일까? 합목적이라는 점에서 보면, 그에 의해 번식을 할 수는 있겠지만, 그 현상은 그것만으로는 충분히 설명되지 않는다. 아마 이 세상에 유사한 개체들이 서로 고립되어 있지 않고 일정한 영역 내에서 발견된다는 것은, 그들 유사한 개체가 전혀 관계없이 따로따로 만들어진 것이 아니라 원래는 하나에서 생성, 발전했다는, 이 세계의 성격이 반영된 것이라 할 수 있다. 따라서 두 개체 사이의 거리라는 것은 결국은 두 생체 관계의 친소 즉 유연(類緣)의 원근을 나타내는 것이라고 생각된다. 그러므로 동종의 개체가 어떤 영역 내에서 발견된다는 것은, 첫째는 그것들의 혈연관계에서 비롯된다고 해야 할 것이다. 그러나 실제로는 이 혈연관계가 그들의 생활 내용을 같게 하는 것이므로,

그 결과로서 원칙적으로는 서로 용납을 못하는 개체들을 특정 영역 내에 존재하게 한다는 사실의 이면에는 혈연관계 이외에 뭔가 다른 요소가 있을 것이다. 그리고 그것은 역시 그들 개체가 생활내용을 함께한다는 사실에서 도출될 것이라 생각된다.

......

그러므로 생물에 원래 개체 보존적 현상유지 경향이 있음을 인정한다면, 생물이 불필요한 마찰과 충돌을 싫어하여 마찰이나 충돌이 일어나지 않는 평형상태를 추구한 결과 필연적으로 동종의 개체 집합체가 만들어진 것이라 생각된다. 따라서 특히 상호 유인하는 것을 가정하지 않더라도 동종의 개체가 모여 있는 것은 그 공동생활 속에 있는 것이 가장 안정적이고 보장된 생활임을 알기 때문이다. 거기에 소위 그들의 세계가 만들어지는 것이다. 그러한 세계가 바로 종의 세계이며, 그곳에서 영위되는 생활이 곧 종의 생활이 되는 것이다. 그것은 구조적으로는 개체의 생활의 장의 연속으로 볼 수 있지만, 그곳에서 개체가 태어나고 생활하고 죽어가는 종의 세계는 물론 단순한 구조의 세계가 아니라 지속적으로 생성, 발전해 가는 공간적 즉 시간적, 구조적 즉 기능적 세계의 일환을 이루는 체계이어야 한다. 그리고 지금 만약 생물의 세계에 '사회' 혹은 '사회생활'이라는 말을 적용시킨다고 하면, 나는 무엇보다도 먼저 이러한 종의 세계나 동종의 개체의 공동생활로 그것을 가지고 가야 한다고 생각한다. 공동생활이라는 것은 반드시 의식적이고 적극적인 협력을 의미하는 것은 아니지만, 동종의 개체가 상호작용한 결과 일종의 지속적 평형상태가 만들어지고 또 그 상태 안에서 살지 않는다면 이미 개개의 개체는 그 생존을 보장받기 힘들다는 점에서는, 동종 개체의 집합체는 단순한 집합체가 아니라 공동생활이다.

......

따라서 추상적인 관점에서 간단히 생물의 사회라고 취급하면 오해의 소지가 있다. 개체간의 상호작용, 영역 제한에 의한 상호 한정이라는 점에서 그 생물의 생활내용 여하에 따라 그것을 우리들이 명료하게 알 수 없는 경우도 많다. 그러나 원칙적으로는 동종의 개체가 모이면 그곳에는 무엇인가 동종의 개체이기 때문에 있을 수 있는 상태가 발생하고, 그러한 관계가 지속적으로 성립되는 곳에는 그러한 집단이 가족이나 무리와 같은 구조로 발전하고 있음을 확인할 수 있다. 그렇다고 해도 동종의 개체의 모임이 아닌 '종'도 없고, 종이라고 하기 때문에 동종의 개체의 모임이 아닌 것도 없다. 식물에도 기생충에도 역시 일정한 분포지역이라는 것이 정해져 있는 것은 종이라는 것이 그 안에서 개체가 증식하고 영양을 섭취하는 하나의 공동생활의 장임을 의미하며, 또 그럴 경우에 한해서 종이라는 것 안에 근원적으로 무언가 사회라는 것을 의미하는 것이 포함되어 있어야 한다고 생각한다. 그런 의미에서 사회성이라는 것은 원래는 하나에서 생성, 발전하여 서로 다른 세계에 서로 비슷한 것이 존재한다고 하는, 이 세상의 '구조원리'인 것이다. 그리고 그것이 구조원리라고 할 수 있는 이유는, 비슷한 것끼리는 서로 대립하고 서로 대립하는 것들은 그 대립을 공간화하여 공간적으로 확장해야 하는 존재이기 때문이다. 사회성은 이러한 공간적, 구조적 측면을 반영하며, 따라서 이 세계를 형성하는 모든 것에 내재되어 있는 하나의 근본적 성격인지도 모른다. 그리고 생물의 사회란 어디까지나 그 안에서 개체가 번식도 하고 영양을 섭취하는 곳이기도 하지만, 사회의 이 공간적, 구조적 성격은 영양 섭취 쪽과 더 관련이 깊다고 생각된다.

......

이 세계를 구성하는 여러 가지 것들은 서로 관련이 없고 아무렇게나 만들어진 존재가 아니라, 모두 이 세계라는 하나의 커다란 전체적인 체계의 구성요소이다. 이 세계는 이들 구성요소로 성립된 하나의 구조를 지닌 세계라는 것을 생물 세계에서 명확히 밝히기 위해, 나는 앞에서 생물 사회에 대해 상당히 상세히 논의했다. 다시 한 번 그것을 정리해 보면, 생물의 개체는 그것이 그곳에서 태어나고 그곳에서 생활하고 그리고 그곳에서 죽어 가는 종사회(種社會)의 구성요소로서 동종의 다른 개체에 대한 것이며, 종사회라는 것 역시 '동위사회(同位社會)'[66]의 구성요소로서 다른 종사회에 대한 것이었다. 그리고 종사회나 동위사회라는 것도 원래는 혈연관계에 그 성립의 기반을 두는 것으로, 그러한 혈연공동체의 구조로서 원래 시간적이어야 하는 것이 공간적으로 된 점에 그 발전의 계기를 볼 수 있음과 동시에 그것은 생물 그 자체의 발전의 한 양식이라고 생각한다. 이에 대해 복합동위사회라는 것은 이 시간적인 것이 공간적이 되어야 하는 것을 반대로 공간적이어야 하는 것이 시간적으로 된 것이다. 그리고 나는 그곳에서도 역시 생물 그 자체의 하나의 다른 발전 양식을 보았다. 그렇기 때문에 복합동위사회는 그 성립의 지반으로서 단순히 혈연적 관계만으로는 설명할 수 없는 것으로, 그곳에는 이미 지연적(地緣的) 관계라는 것이 개입하고 있다고 봐야 한다. 이 복합동위사회가 더 발전하여 몇 개의 복합동위사회로 나뉠 경우에는 이것을 단절함으로써 묶인 관계라고 했는데, 그 단절은 혈연적 단절을 의미하는 것으로, 그에 의해 그 사회성립의 지연적 지반까지 상실되는 것은 아니다. 오히려 혈연적 지반이 희박해지는 것과는 반대로 지연적 지반이 현저하게 뚜렷해질 것이다. 우리들이 구체적인 생물공동체로서 파악하는 것은 그것을 분석하면 몇 가지 복합동위사회나 동위사회로 나눌 수 있는 것이기는 해도, 그 전체사회라는 것은 늘 이러한 생물의 지연적 공동체로서 인식된다. 또한 생태학이 초보적 조작으로서 생물공동체를 지리적 내지는 경관적으로 유별(類別)하려는 이유도 여기에 있다.

이와 같은 지연적 공동체로서의 생물 전체사회가 우리들의 눈에 비치는 있는 그대로의 자연이며, 한편으로는 개체에서 종사회, 동위사회, 복합동위사회로 종합해 가는 최종적 의미에서는 유일한 생물의 전체사회이기도 하다. 그러나 이러한 전체사회를 우리는 어떻게 이해해야 할까? 그 전체성이란 지금까지 논해 온 종사회나 동위사회에서 인식한 것과 같은 의미를 지니고 있을까? 애초에 생물의 개체는 하나의 복잡한 유기적 통합체이다. 전체는 부분 없이는 성립할 수 없고 부분 역시 전체 없이는 성립할 수 없는, 전체와 부분의 관계를 유지하며 생성, 발전해 가는 곳에 살아 있는 생물이 있고 생물의 생장이 있을 수 있다. 이와 같은 전체와 부분의, 소위 자기동일적 구조를 가지고 있기 때문에 생물개체의 전체성은 자율적인 것으로 표현된다. 그러므로 전체성의 발전이란 자율성의 발전이라는 것이다.

비록 의식이나 정신 작용과 같은 통제 능력이 발달에 영향을 미치기는 하지만, 의식이 없는 곳에서도 우리는 생물의 자율성이 없다고 부정할 수는 없다. 개별 식물이 소유한 전체성 역시 항상 자율성으로 표현된다. 전체론적인 것은 자율적이며 또 어떤 의미에서는 다른 것을 의미하기도 한다.

[PJA/김효순]

---

66) [한] 생태학에서는 특정한 환경에서 살며 전층 군락의 일부를 이루는, 비교적 균일한 조성을 가진 하나의 식물군집을 계층군락(synusia)이라 하는데, 이마니시는 이를 동위사회라 표현했다.

# 후나야마 신이치

船山信一, 1907-1994

후나야마 신이치는 근대 이후를 통틀어 일본의 철학적 유물론에 있어 가장 중요한 인물로, 근대 일본 철학 연구사에서 뿐만 아니라 헤겔(Hegel, Georg Wilhelm Friedrich, 1770-1831)과 포이에르바흐(Feuerbach, 1804-1872) 연구로 가장 널리 존경을 받고 있다. 그는 교토대학(京都大學)에서 헤겔과 니시다 기타로(西田幾多郎, 1870-1945)*의 철학을 집중적으로 연구했고 미키 기요시(三木淸)*의 영향을 받으며 연구를 한 후, 1930년에 졸업을 했다. 1932년에는 도사카 준(戶坂潤, 1900-1945)*의 권유로 유물론연구회(唯物論硏究會)를 결성하였으나, 공산당의 영향으로 그 연구회는 점점 정치화되어, 후나야마를 비롯한 몇몇 유명 인사들은 치안유지법에 의해 수사를 받고 체포되게 된다. 그는 사건 계류 중에 자본주의의 위기에 관한 에세이를 써서 잠깐 수감이 되었으나, 1936년 공식적 철회로 수감생활은 단축되었다. 이는 후나야마의 인생에서 터닝 포인트가 되었다. 그는 미키의 쇼와연구회(昭和硏究會)에 계속 참가하면서 어업에도 종사했다. 1955년부터 리쓰메이칸대학(立命館大學) 교수로서 연구생활을 다시 시작하게 되었고, 메이지시대(明治時代, 1868-1912)와 다이쇼시대(大正時代, 1912-1926)의 일본 철학사에 관한 3권의 연구서를 발표했다. 아래 발췌문에서도 알 수 있듯이, 마르크스(Karl Marx, 1818-1883), 헤겔, 포이에르바흐의 저서 이외에도 니시다와 다나베 하지메(田邊元, 1885-1962)*의 사상은 후나야마의 사상에 큰 영향을 주었다. 아래의 세 파트는 그의 터닝 포인트 전후의 입장 변화를 뚜렷이 나타내기는 하지만, 다루고 있는 자료는 거의 비슷하다. 첫 번째로, 우리는 일본인들의 의식에 대한 그의 비판의 출발점을 알 수 있을 것이다. 두 번째로, 이는 그의 선집에서는 생략되어 있는 내용으로, 감옥에서 겪었던 고립과 절망감에 영향을 받아 천황제도에 대해 좀 더 긍정적인 평가를 하게 된다는 사실을 알 수 있을 것이다. 세 번째로, 마지막 시기에 그는 순수 인류학 유물론 프로젝트로 돌아온 것을 알 수 있다.　　　　　　　　　　　　　　[NT/김효순]

## 터닝 포인트 이전

후나야마 신이치 1933, 370.2; 1935a, 370.1; 1935b, 388.9

### 인간학과 유물주의

　　마르크스주의를 인간학에 의해 기초 지으려 하는 시도는 마르크스주의를 단순한 유물사관 ― 게다가 많은 사관 중의 하나(현대의 사관) ― 으로서만 이해하고 있고, 역사에 대한 인간의, 자연에 대한 역사의 우위를 전제로 하고 있다. 인간학은 ― 적어도 인간학주의는 ― 자기의 '본성상 관념론'이다. 무릇 인간학은 인간에 대한 자연의 선행(先行)을 어떤 의미에서든 부정하고 있기 때문이다. 그리고 이에는 인간을 '인간 그 자체'로서가 아니라 '역사적 사회적 인간'으로서 파악하는 입장에 있어서도 조금도 다름이 없다. 포이에르바하의 '철학'도 인간학인 한에서는 유물론적이지 않다. 그러나 그의 인간학은 자연을 인간 안에서도 추구하고 또 인간에 대한 자연의 선행을 인정함으로써,

그야말로 유물론적 인간학이며, 따라서 '유물론'이지만 '단순한' 인간학적 유물론이고, 따라서 단순한 '인간학'은 아니다. 그는 역사의 관점에서는 관념론자였지만, 자연의 관점에서는 어디까지나 유물론자 — 설령 변증법적 유물론자는 아니었다고 해도 — 였다.…

생각건대 인간학의 진보적 성격은 신학과 관련해서만 나타나는 것으로 인간학 그 자체에 있는 것은 아니다. 현재의 인간학은 오히려 종교에 대한 길로서 나타난다. 포이에르바흐의 유물론조차 '인간학적' 유물론인 한 종교의 마르크스적 부정을 수행할 수 없었음은 물론이며, 프랑스의 유물론적 종교부정으로까지는 나아가지 못하고 그저 '인간의 종교', '사랑의 종교', '신종교(新宗敎)'를 설교하고 있다. 포이에르바흐의 무신론의 이론적 한계는 바로 그의 '인간학'에 있다. 이러한 한 우리는 포이에르바하는 '신학자'로서의 스피노자(Spinoza, 1632-1677)의 '앞'에 있지만, '철학자'로서의 스피노자의 '뒤'에 있다고 할 수도 있다.

## 두 개의 전체주의

일본인의 생활이 정신적이라고 할 때는, 예를 들면 자본가와 노동자, 지주와 소작인의 관계의 기초에는 서양에서는 권리관념이 있는데 반해 일본에서는 의무나 희생, 온정, 보은, '근무'의 관념이 있다고 본다. 또는 서양사회의 기초는 이익사회로 보지만 일본의 그것은 협동사회로 보고, 서양은 개인주의이지만 일본은 가족주의 혹은 전체주의라고 하고 있다. 하지만 이는 모두 서양과 일본의 구별이 아니라 자본주의와 봉건주의의 구별이며, 겨우 일본의 자본주의 및 그 관념적 반영인 (반, 半)봉건제를 나타내고 있는 것에 불과하다. 일본인의 생활의 '정신성'이라는 것은, 일본에서는 예를 들면 자본가와 노동자의 관계 그 자체가 '정신적' '인' 것이 아니라, 단지 물질적 관계가 그대로 드러나지 않고 오히려 정신적으로 '해석'되고 베일을 쓰고 있어서, 그것을 현실적으로 해결하는데 방해가 되고 나쁜 물질적 관계가 특히 피치자(被治者)의 '의식 안에서' 좋은 관계로 바뀌는 것에 불과하다.…

일본에서는 개인주의 즉 '원자론(原子論)의 체계'는 매우 부정적인 이미지를 가지고 있다. 일본인들에게 있어, 그것은 철저히 서양적인 것이고 서민적 근성을 노골적으로 드러내는 것이어서 최근 '나와 너'라는 범주의 무능력에 대해 비판을 받는 다나베 하지메 박사에게도 '원자론(原子論)의 체계'는 '나와 너'의 범주보다 훨씬 추상적인 것이다.

우리들도 물론 '원자론의 체계'가 철저히 부르주아적 원리이며 또한 대부분의 사회적 모순의 근원임을 알고 있다. 그것은 확실히 '추상적'일 지도 모른다. 하지만 그것은 봉건사회를 타도하고 자본주의 사회를 내세운다는 세계사적 역할을 수행했다. 역사적으로 볼 때 그것은 봉건적 세력에 대한 부르주아지의 굴종적 타협의 산물이며, 또한 프롤레타리아트의 대두에 대한 봉쇄로 만들어진 유기체설하고는 비교가 되지 않을 만큼 높은 평가를 받고 있다. 하물며 완전히 중세적인 혹은 완전히 소시민적인 '나와 너'의 이론 같은 것은 '원자론의 체계'의 발끝도 못 따라 간다. 유기체설은 매우 '구체적'이고 '현대적'일지도 모른다. 하지만 그것은 완전히 '반동적'인 것이다. 그에 반해 '원자론의 체계'는 이미 '과거의 것'인지도 모른다. 하지만 그것은 과거에 '진보적', 아니 혁명적 역할을 수행한 것이다. 우리는 원래 '원자론의 체계'가 존재하고 있기 때문에 고통을 받고 있지만, 동시에 그것이 아직 발달하지 못해서 즉 유기체설이나 '나와 너'의 이론이 현존하기 때문에 고통을 받고 있는 것이다.

'우리들의' 전체주의(?)는 말할 것도 없이 '원자론의 체계'의 부정이다. 그러나 그것은 그 이전에 유기체설과 싸워야 한다. 우리들의 전체주의(?)는 유기체설과는 전혀 다르다. '원자론의 체계'가 관철되고 있는 곳에서야말로 유기체설이나 '나와 너'의 이론이 잔존 또는 현존하는 곳에서보다 훨씬 더 쉽게 우리들의 전체주의(?)가 실현될 것이다. 우리들은 외견상 유사한 것 이면에 있는, '그들의' 전체주의와 '우리들의' 전체주의(?) 사이의 역사적 계급적 본질적 차이를 간과해서는 안 된다. 소위 '과거의 것'이냐 혹은 '현대의 것'이냐 하는 차이는 결코 반동적이냐 진보적이냐를 구별하는 기준은 아니다. 파시즘은 완전히 '현대적'이지만, 민주주의는 '과거의 것'이다. 하지만 어느 쪽이 진보적이고 어느 쪽이 반동적인지는 자명하다. 사람들은 이에 대해 민주주의가 진보적이었던 것은 '과거의' 일이지 '현재는' 그렇지 않다고 할지도 모른다. 그러나 현재 특히 이 나라에서 민주주의를 열렬히 외치는 사람이 있다면, 그는 틀림없이 우리들의 친구이다. 그리고 그것은 설령 그가 부르주아적 입장을 한 발짝도 벗어나지 못했다고 해도 전혀 다르지 않다. 하지만 '불행하게도' 우리들은 지금 필연적으로 일본 부르주아의 일각에서도 민주주의의 외침을 전혀 들을 수가 없으며 만약 그것을 주장하려면 그는 이미 부르주아적 입장을 넘어서야 한다.                                            [JWH/김효순]

# 터닝 포인트 이후

후나야마 신이치 1938, 430.6; 1942, 258.9, 162, 180.1

## 일본주의와 민족주의 1938, 430.6;

일본주의가 지금까지와 마찬가지로 지리적으로는 일본이라는 작은 세계의 특수성이나 우위성을 강조하고 또한 역사적으로는 현대 일본이라기보다는 오히려 일본의 과거의 한 시대 ― 상대(上代), 왕조시대, 봉건시대 ― 를, 또는 그에 공통되는 일반적 사실을, 더 나아가서는 그것들을 단순히 모아서 강조하는 방법으로는 절대로 현대의 동양을 파악하지 못하는 것은 분명하다. 이에 한편으로는 일본주의의 근대화가 요망되고 한편으로는 일본주의의 동양주의화가 주장되는 것이다.

일본주의는 원래 단어 자체가 암시하듯, 근대적이어야 한다. 일본주의가 단순히 개개의 일본인이 가지고 있던 수관적, 성신적 성향 ― 예를 들면 「모노노이외레(もののあはれ)」 ― 을 의미하는데 그치지 않고, 통일적 일본 그 자체의 반영이며 지도 원리의 객관적, 사상적 체계인 한, 근대에 혹은 적어도 근대 여명기에 처음 성립된 것이다. 아니 엄밀히 말하자면 일본 그 자체가 근대적 산물이다. 이렇게 생각하면 메이지유신이 일본주의에 결정적 의의를 가지고 있다는 점이 이해가 될 것이다. 우리들이 문제로 삼고 있는 일본주의는 이러한 근대적인 정치적 일본주의 즉 '내셔널리즘'으로서의 일본주의이다.

……

그리하여 일본주의의 동양주의화가 요청된다. 그러나 주의해야 할 점은 지금 필요한 동양주의는 일본주의가 ― 더 나아가 근대적 내셔널리즘으로서의 일본주의가 ― 한 단계 더 발전한 것이라는 것이다. 그런데 그러한 동양주의는 이미 주어져 있는 것일까? 나는 그렇지 않다고 생각한다. 근대적 내셔널리즘을 넘은 동양주의는 이미 존재하는 것이 아니라 이것에서 만들어져야 하는 것이다.

……

나는 지금 일본은 단순한 내셔널리즘에 머물러 있을 수 없다고 언급했다. 만약 일본이 중국으로부터 손을 떼거나 혹은 반대로 중국을 식민지화할 수 있다면, 내셔널리즘으로서의 일본주의로 충분할 것이다. 그러나 동아협동체 ― 그것은 물론 일본, 만주, 중국 삼국의 단순한 병존이 아니라 일본을 맹주로 한다 ― 를 수립하려면 단순한 내셔널리즘으로는 안 되며 새로운 동아사상이 확립되어야 한다. 일본은 단순히 중국을 구하기 위해서 뿐만 아니라 일본 자신을 존립, 발전시키기 위해서 단순한 내셔널리즘을 초극해야 한다. 일본이 내셔널리즘을 초극하는 것은 양보를 위해서가 아니라 발전을 위해 필요한 것이다. 만약 이에 대해 동아사상은 만주국이나 중국에게 주면 되는 것이고 일본은 지금까지의 일본주의면 된다는 사람이 있다면, 그 사람은 일본, 동양의 사상, 장래에 대해 아무것도 모르는 사람일 것이다.

### 제국의 초월 1942, 258.9, 162, 180.1

리더십의 문제를 '국가 전체의 행정'으로 한정함으로써, 나치 지도자들의 원칙을 일본에 적용하는 것은 적합하지 않을 것이다. 총리를 이런 의미로 생각해서는 안 된다. 일본에서는 존경받는 천황만이 유일한 '지도자'이다. 하지만 이런 식으로 생각하는 것 자체가 이미 공포의 원천이다. 존경받는 천황은 그러한 생각을 초월하는 존재이다. 지도자는 더 내재적이고 민주적인 반면, 존경받는 천황은 초월적 존재이다.…

원래 권위는 어떤 의미에서 자연적인 것이어야 한다. 단순히 문화적인 것은 권위라고 할 수 없다. 일본적 권위와 독일적 권위의 차이의 하나도 여기에 있다. 일본의 황도주의(皇道主義)는 영원한데 대해 독일의 전체주의는 영원하지 않다고 하는 이치이다. 그러나 이것은 권위가 단순히 생물학적임을 의미하는 것이 아니라 초월적임을 의미하는 것이다. 나는 지금 권위의 물리학이 아니라 형이상학이 요청되고 있다고 생각한다.

……

전체주의는 비합리주의라고도 한다. 전체주의에 있어 전체 그 자체는 확실히 비합리적이다. 그러나 전체주의, 지도자 원리에 있어서는 지도자 그 자체 내지는 전체와 지도자의 관계는 지극히 합리적인 것이며 그런 의미에서 우연적이다. 나치스의 피의 원리도 민족의 피이지 지도자의 피가 아니다. 나치스에게는 지도자의 피는 민족의 피 범위 내의 것이면 누구의 피라도 괜찮다. 그러나 일본에서는 적어도 국가원리로서의 지도자 원리에서는 '지도자'의 피에 모든 것이 달려 있다고 할 수 있다. 나치스의 지도자는 실력만 있으면 누구라도 상관이 없다. 그런 의미에서 지도자는 대중 속에 있는 존재이다. 적어도 대중 속에서 나온 존재이다. 그러나 일본에서는 '지도자'는 일의적으로 정해져 있다. 지도자를 한 단계 낮추어 생각해 봐도 실력에 의해서 정해지는 것이 아니라 어명에 의해 정해지는 것이다. 나치스에게는 지도자의 생성은 합리적, 민주적이기 때문에 우연적, 일시적이다. 그러나 일본에서는 비합리적이기 때문에 일의적으로 영원히 결정된다. 나치스에게는 지도자론이라는 것이 별로 의미를 갖지 않는다. 민족의 신화는 있어도 지도자의 신화는 없다. 그러나 일본에서는 '지도자의 신화'에 모든 것이 걸려 있다. 아니 민족의 신화와 지도자의 신화가 하나인데 일본의 특색이 있다.

[JWH/김효순]

# 전후

후나야마 신이치 1956, 240.2; 1971, 34, 60.1, 223

## 인류학적 물질주의의 재검토 1956, 240.2

일본의 관념론이 단순히 도덕주의나 국권주의(國權主義)가 아니라 그것이 가져온 「즉(則)」의 논리, 「무(無)」의 논리라는 독특한 논리를 낳은 것은 주목할 만하다. 이는 불교에서 유래하는 것이겠지만, 단지 그뿐만이 아니다. 그것은 독일 철학과 연결됨으로써 더 체계적이고 치밀하게 논리화되었다. 동시에 만약 일본 철학이 단순히 독일 철학과 연결되었다면 관념론으로서 철저해졌을 것이다. 즉의 논리와 무의 논리는 불교와 독일철학의 만남으로 생긴 것이며, 그것이 일본의 관념론의 본질을 규정하고 있다. 일본의 관념론은 관념론이면서 동시에 즉의 논리, 무의 논리를 개입하여 현실주의와 연결된다. 그리고 일본의 관념론은 이 현실주의, 실증주의에 의해 더 도덕주의, 국권주의, 일반적으로 호교적(護敎的) 성격을 띤다. 일본의 관념론이 변증법을 쉽게 받아들일 수 있었던, 아니 원래 변증법적이었다고 할 수 있는 것은, 이 즉의 논리와 무의 논리가 있기 때문이다. 아니 일본에서는 변증법이라는 것도 특히 이러한 즉의 논리와 무의 논리로 해석되어 받아들여졌다고 이해하는 것이 더 정확할 것이다.

......

그러나 일본 관념론의 호교적 성격은 단순히 논리의 이러한 추상적 성격 때문만은 아니며, 오히려 반대로 논리가 추상적인 것으로서 어디까지나 일관되지 않고 현실과 타협을 한다는 점, 즉 그 현실주의에 있다. 현실에 대해 이상을, 객관에 대해 주관을, 구체적인 것에 대해 추상적 논리를 끝까지 밀고 나가면 공상주의에 빠지기는 해도 절대로 호교학에 빠지는 일은 없다. 현대에도 예를 들면 실존주의가 프랑스에서는 정치성, 그것도 비판적인 정치성을 가지고 있는데 대해 일본의 실존철학이 정치성, 비판적 정치성을 갖지 못하며, 또한 독일의 실천철학처럼 내면성 혹은 종교성을 갖지 못하는 것은, 일본의 실천철학이 주관성으로 일관하지 못하고 현실적이 되려는 점에 있다.

그러나 일본의 근대철학이 비판적이 아니라 호교적이었다는 것은 단순히 관념론에 한정된 현상은 아니며 가토 히로유키(加藤弘之)의 유물론이나 도리오 고야타(鳥尾小彌太)[67]의 무신론에도 보이는 현상이다. 그리고 이 전통은 본래 비판적이었을 현대유물론도 대상은 다르지만 마찬가지로 호교학에 빠지는 경향으로 이어졌다.

......

세상의 현실은 유한한 것일까, 아니면 무한한 것일까? 헤겔은 철학은 본질적으로 관념론이라고 했지만, 그것은 그가 절대자, 무한자(無限者) 즉 신의 입장에 있었기 때문이다. 절대자, 무한자가 존재한다면, 상대자, 유한자는 실재적이 아니라 관념적이며 필요가 없고 무(無)라고 생각된다. 헤겔은 스피노자의 범신론은 무신론이 아니라 무우주론(無宇宙論)이라고 했지만, 이 말은 결국 헤겔의 철학

---

67) [영] 가토 히로유키(加藤弘之, 1836-1916)는 메이지 정부 직속 양학자(洋學者)로서 서양 정치사상을 도입, 소개하였다. 『인초(隣草)』(1861)에서 입헌제도 도입의 필요성을 설명함과 함께 『입헌정체 대강』(1868)에서는 서양 자연권 사상을 유교적으로 정리한 '천부인권'론을 전개하였으나, 후반기에는 사회 다원주의로 바뀌어 기독교와 국가의 서구 사상에 대해 비판적이었다. 도리오 고야타(鳥尾小彌太, 1847-1905)는 육군 군인이자 정치가로 일본 헌법을 만든 초기 지지자 중 한 명이다. 만년에는 일체의 공직을 그만두고 불교를 신봉하는 참선(參禪) 생활에 들어갔으며, '대일본다도학회(大日本茶道學會)' 초대회장을 역임했다.

에 해당하는 말일 것이다.

다른 한편으로, 무(無)의 입장, 니힐리즘도 일체의 유한자, 상대자를 관념화하고 부정하는 관념론이다. 관념론이란 결국 절대자(신)의 철학이나 무(無)의 철학이다. 또한 관념론은 주관주의지만 그때도 주관을 절대 혹은 무로 생각한다.

그에 대해 단순히 유한자만이 존재한다고 생각하고, '그런 의미에서' 유한자를 절대자로 생각하고 유한자 그 자체를 독립자로 보아 유한자를 무한자나 신 안에서 보지 않고, 또한 무 안에서도 보지 않는 것이 실재론이다. 유물론이라 해도 그것은 이 '실재론'의 다른 이름이다. 포이에르바하나 젊은 마르크스가 자신의 입장을 인간주의, 혹은 자연주의=인간주의라고 한 것은 유물론의 진정한 의미를 표명한 것이다. 자연 속의 역사적 인간 — 그것이 존재의 모든 것이다.

……

나는 주체적으로도 대상적으로도 의식을 넘어서는 것을 초월적이라고 생각한다. 따라서 '내 경우'는 '내재적이라는 것은 의식적이라는 것이며, 초월적이란 현실적이라는 것이다'. 따라서 내 경우는 현실에 대한 관계에서는 초월이란 '현실에서' — 아마 신으로, 혹은 무(無)로 — 초월하는 것이 아니라, '현실 속으로' — 의식으로부터 — 초월하는 것이다.

……

인류학적 유물론의 견지에서, '우리가 직면한 것'에 대한 고찰은 인류학과 함께 시작되었으며, 그것의 추상화로서 논리학과 인류학의 근원으로서 현실에 대한 연구로 결론지어진다. '인간 내부'의 현실을 연구하는 것이 기본이라는 생각에서 인류학은 출발하였으며, 결국 논리에 대한 연구는 인류학에 의해 중재된 현실연구에서 출발한 추상화와 인류학에서 출발한 추상화로 나타난다. 이러한 관계를 다소 독특한 방식으로 설명하기 위해, 역사(세계)는 인류학을 발생시켰고, 논리학의 연구는 이 두 가지 모두에서 출발한 추상화로서 존재하며, 인류학, 특히 인식론은 역사(세계)를 반영하므로 인류학이 중재하는 역사 (세계)뿐만 아니라 인류학 자체가 논리의 연구로 직접 추상화된다.

[JWH/김효순]

# 다키자와 가쓰미

瀧澤克己, 1909-1984

다키자와 가쓰미는 1931년 규슈제국대학(九州帝國大學) 법문학부 철학과를 마친 후, 유럽을 여행하며 1934년 나치 당원에 의해 추방될 때까지 본대학의 바르트(Karl Barth, 1886-1968) 밑에서 공부했다. 그는 교수가 되어 모교에 돌아와 그곳에서 계속 연구를 하였다. 그는 49세에 기독교도로서 세례를 받았다. 1984년 사망 3개월 후, 그는 하이델베르크대학에서 명예박사학위를 받았다.

그는 27세의 젊은 나이에 니시다 기타로(西田幾多郎, 1870-1945)*의 철학과 그의 연구회에 주목하여 사회철학총서(社會哲學叢書)『니시다철학의 근본문제(西田哲學の根本問題)』(刀江書院, 1936)를 간행했다. 그의 후기 저작을 특징짓는 주장의 핵심은, 다키자와가 '신'이라고 부르는 무한하고 오류가 없는「절대무(絕對無)」에 대한, 유한하고 오류가 있는 '돌이킬 수 없는' 의존성이다. 다키자와에게 있어, 니시다의 절대에 대한 관념의 가장 큰 특징은 절대적 현상과 우발적 현상 사이의 중요한 '질적' 차이 — 보편적 통일성에 대한 '순수 경험'인지 아니면 단순한 '수치의' 차이 표명과 '모순되는 자기정체성'인지 — 를 포착하지 못한다는 것이다. 즉, 후자는 존재와 도덕적 방향 및 구원론적인 변화를 위해 전자에 의존한다. 그는 마지막 논저에서 간단히 언급하고 있는데, 절대와 상대의 뚜렷한 정체성을 유지하는「역대응(逆對應)」에 대한 니시다의 주장은 부분적으로 적어도 이러한 비판에 대한 긍정적 반응으로 보인다.

다음 발췌가 보여 주듯이, 다키자와는 이를 윤리적 행동과 종교적 각성에 대한 자극뿐만 아니라 교토학파(京都學派)의 일부가 굴복한 정치사회적 오류에 맞서는 절대적 보호에 대한 인간관계의 '돌이킬 수 없는' 차원으로 간주했다. 다키자와는 교토학파와의 대화에만 국한하지 않고, 문학이론가 및 문화이론가, 불교도 및 기독교 연구자와의 대화도 추구했으며, 나아가 '순수한 인류학'에 대한 자신의 독창적 입장을 발견했다. [CAR/김효순]

## 불가역성의 논리

다키자와 가쓰미 1936, 9.24, 35.9; 1954, 431.4; 1973, 103.4

니시다의 철학에는「즉(則)」이라는 글자와 연결된, 밀접한 관계에 있는 일련의 근본적 개념이 있다. 예를 들면, 일반 즉 개물(個物)·개물 즉 일반, 일(一) 즉 다(多)·다 즉 일, 절대의 무(無) 즉 유(有), 절대의 사(死) 즉 생(生), 실재 즉 현상·현상 즉 실재, 주어면(主語面) 즉 술어면(術語面), 노에시스(Noesis) 즉 노에마(Noema), 주관 즉 객관, 개물자신의 자기한정 즉 개물과 개물의 상호한정, 개물과 개물의 상호한정 즉 세계자신의 자기한정, 행위적 한정 즉 표현적 한정, 시간 즉 공간·공간 즉 시간, 직선적 한정 즉 원환적(圓環的) 한정 등… 여기서 나는 니시다 박사가 순간이 영원과 접촉한다고 하며 우리들이 걸어가는 단계 단계마다 절대적인 것을 직접 접한다고 하는 것이 무엇을 의미하는지 생각해 보고자 한다.…그가 말한 것처럼, 내가 만든 것조차 단순히 내가 만들었다고 할 수는 없다.…이렇게 해서 내가 지금 여기에 있다는 것은 내가 영원한 것에 연결되어 있고 영원한 지금의 자기한정으로서 존재한다는 것이다. 절대적 존재인 신은 나를 만들었고 동시에 나와는 절대적으로 다르며, 나를 절대적으로 지배하고 명령하는 존재라는 것이다. 나는 이것을 인정하고 이것을 섬김으로써만 진정한 삶을 살 수 있다는 것이다.… 하느님은 창조주이며, 나는 그 피조물이다. 이 관계는 어떤 경우에도 바뀔 수 없다.… 내가 이 관계를 '역전'시켜 내 자신의 지배자가 되고자 하는 순간, 하느님의 권위는 내게 '죽음의 형벌'(푸에르토 몬트, pena mortis)을 내린다.

......

내가 지금 여기에 있다는 것이 영원한 것을 접한다는 의미임을 인정할 때, 나 또한 필연적으로 내일의 나에 대해 똑같음을 인정해야 한다.… 분명히 내일의 나도 신체를 가지고 있는 나로서 같은 물질의 조합의 변화이며 변하지 않는 에너지의 지속이라고 할 수 있을 것이다. 뿐만 아니라 나는 또한 확실히 스스로 생각하고, 스스로 먹고 스스로 자며 내일의 나에 이른다. 그것은 나의 사유(思惟)이고 의지이다. 그러나 현실의 나는 단순히 사유하고 의지하는 존재는 아니다. 사유하고 의지하는 신체이다. 따라서 나의 환경, 예를 들어 나의 생계는 나의 사고를 바꾸고 나의 의지를 제약한다. 나의 꿈도 그곳에서 자유롭지 않다. 이렇게 해서 내 행동의 한 걸음 한 걸음은 내가 그것을 알든 모르든 상관없이 나의 피, 나의 친구에 의해 영향을 받을 뿐만 아니라 사회의 경제적 기구에 의해서, 제도, 법률, 국가에 의해서, 아니 내가 전혀 모르는 무한하고 복잡한 세계에 의해서 제약을 받는다.…

사회와 나의 관계는 항상 '상대적'이다. 한편으로 나는 사회적으로 지배를 당하고 또 한편으로는 사회를 지배한다. 혁명가나 독재자는 그런 경향이 현저하다고 할 수 있다. 우리들은 사회적으로 만들어졌음과 동시에 사회 역시 우리들이 서로 한정함으로써 역사적으로 만들어 가는 것이다. … 이에 반해 하느님이 나의 창조자이고 지배자라고 할 때 그 관계는 절대적이다. 나는 어떤 의미로도 하느님을 지배할 수 없다. 하물며 그것을 만드는 것은 불가능하다. 내가 하느님을 창조한다면, 그것은 반드시 우상이지 진정한 하느님은 아니다.…

이렇게 해서 우리들은 지금 여기에 존재한다는 것이 영원한 것과 연결되어 있는 것임을 인정할 때, 우리는 또한 필연적으로 내일의 나에 대해 나의 자식, 나의 부모, 나의 아내에 대해, 모든 사람들에 대해 아니 존재하는 '모든 것' 역시 영원한 것과 연결되어 있음을 인정해야 한다. 특정한 시간과 특정한 장소에 어떤 것이 존재한다는 것은 그것이 하느님에 의해 창조된 것이라는 의미이다. 창조주와 피조물 사이에는 절대의 경계가 있으며 바닥을 알 수 없는 어둠의 심연이 있어서 한 치도 어긋남이 없는 질서가 있고 또한 창조된 것이 하느님에 의해 보호되고 있고 하느님을 우러르며 하느님을 찬미해야 한다는 것이다.…어떠한 의미에서도 다른 일체의 것이 나와 직접적 연속을 이루는 것은 없다. 바꿔 말하면, 단순히 나의 연장인 것이 아니고, 또한 반대로 내가 단순히 그 일부인 것도 아니며 우선 하느님의 창조에 의해 존재한다는 것이다. 즉, 절대로 잡을 수 없는 하느님이 도처에서 늘 새롭게 창조하는 하느님이라는 것이다. 니시다 박사가 즐겨 인용하는 파스칼의 비유처럼, 하느님은 주변이 아니라 도처가 중심이 되는 무한대의 공과 같은 것이라 할 수 있다.…따라서 '나'가 영원한 것에 연결되어 지금 이곳에서 하느님과 하나가 되었다는 의미에서 절대의 개물(個物)이라는 것을 이야기할 때, 그것은 절대의 개물이 나에 의해 파악된 것이 아님은 물론이며, 하나의 절대에 독립적인 개물이 있어서 그것이 작용하여 자기 자신을 한정한다는 것도 아니다. 또한 두 개의 혹은 무수한 개물이 우선 단순히 무(無)인 것에서 생각이 되고 그것이 상호 영향을 미치고 상호 한정함으로써 작용한다는 것도 아니다. 아니 그러한 의미에서 절대의 개물이 있다는 것은 즉 다른 무수한 절대의 개물이 있다는 것이며, 그것이 즉 절대로 독립된 것의 직접적인 결합으로서 절대의 일반자가 있다는 것이다. 그곳에서는 일(一)은 절대의 일(一)이며, 다(多)는 절대의 다이다. 그 점에 니시다 박사가 모든 것의 근저에 나와 너가 서로 마주본다는 것이 있어야 한다고 하며, 개물 즉 일반ㆍ일반 즉 개물, 일 즉 다ㆍ다 즉 일, 주어 즉 술어, 무매개의 매개, '비연속의 연속', 절대에 상반하는 것의 자기 동일 등으로 부르는 가장 근본적인 의미가 있다. 그것이 니시다 박사가 '에로스'와 구별하여 '아가페'라고 한 것, 즉 하느님 그 자체 안에 있는 영원히 불가결한 절대의 사랑이다.…

만약 니시다 박사가 이러한 견지에서 출발하여 그 양극단에 주관과 객관, 나(我)와 사물(物), 생과 사라는 것을 생각하고 그것이 절대로 상반되는 것의 자기동일로서 변증법적으로 '결합'한다고 하는 것이라면, 그것은 단순한 모순이지 모순의 통일은 아니다.…이러한 입장에서 보면, 다카하시 사토미 (高橋里美, 1886-1964)*의 철학과 마찬가지로, 절대의 개물은 단순히 추상적인 이상(理想)이 되고 절대의 일반은 이 세계에 아무런 관계없이 무한한 저 편에 놓인 '신'이 되어야 한다.…그러나 절대무 (無)는 절대 개물로 불리기에는 너무 현실적이다. 우리는 단순히 '개물'적인 것에서 극한적으로 유추 하여 절대의 무에 이르는 것은 아니다. 절대무는 사람들이 오해하듯이, '개성'적인 것의 근저에는 이러한 것이 있어야 한다는 추론에 의해서 도달되는 것은 아니다.… 절대무는 무한하고 다양한 문제 그 자체가 시작되는 진정한 근거이다. 그것은 절대 단순한 요청이나 가정이 아니라 그 눈으로 보고 손으로 만지는 것처럼 직각적인 것이다. 아니 그것은 우리들의 눈을 만들고 우리들의 손을 만들고 직각적인 모든 것을 만드는 것이다. 내가 그것을 파악하는 것이 아니라 그것이 나를 붙잡는 것이다.…

하느님이 그 말씀으로 사물을 창조한다는 것은 완전히 하느님의 자유에 속하는 일로, 하느님이 피조물에 의해 제약을 받는다는 것을 의미하는 것은 아니다.…내 자신도 사물이지만 나 역시 사물에 이름을 부여하고 사물을 지배하고 사물을 내 의지로 만든다. 사람은 호모사피엔스임과 동시에 호모 파버(homo faber)이며, 이성적 동물(ζῷον λόγον ἔχων)일 뿐만 아니라 정치적 동물(ζῷονπολιτικὸν) 이기도 하다.…

우리들은 신체를 가진 존재로서 창조된 것이고, 창조된 것이기에 하느님과 무(無)의 심연을 사이 에 두고 떨어져 있다. 게다가 하느님의 형상으로 하느님과 동등하게 이성적, 자유의지적이며 공동적 으로 만들어졌다는 것은 단순한 논리로 보면 이해할 수 없으며, 절대의 비연속의 연속이라 해야 한다. 하지만 "하느님, 이것을 좋다고 여기셨다"(창세기 제1장)고 하듯이, 그 자신으로서는 슬퍼할 것이 하나도 없다.…

나는 여기서 니시다의 철학에 대해 중대한 의혹을 제기하지 않을 수 없다.…절대의 비연속의 연속은 어떠한 의미에서도 단순히 일원적으로 생각해서는 안 된다. 그것은 첫째, 그 근저에 있는 확고부동한 주체가 이미 그 자신, 절대의 일(一) 즉 다(多)ㆍ절대의 다 즉 일인 명확한 구조를 지니고 있는 신이기 때문에, 단순히 플로티노스(Plotinus, 205-269)가 말하는 일자(一者)로 생각해서는 안 된다.…두 번째로 그것과 창조된 것 사이에 넘을 수 없는 심연이 있다는 의미에서, 그리고 세 번째로 가장 중대한 것으로는 창조된 인간이 신을 배반하고 무(無)의 심연이 인간에게 있어 피할 수 없는 죽음의 계곡에 있다는 의미에서, 단순히 일원적이라고 생각할 수는 없다.…

니시다 박사는 하느님을 절대적 정의, 절대적 힘, 영원한 생명이라고 하지만, 그 외에도 초월적인 것이 더 있다고 생각하는 오래된 형이상학에 빠지는 것을 두려워하기도 한다.…그러나 이런 의미에서 절대적인 생명인 하느님을 인정한다는 것은, 절대로 그 외에 초월적인 절대자를 두는 것도 아니고 또한 절대적인 빛과 절대적인 암흑이라는 잘못된 이원론에 빠지는 것도 아니다. 절대의 비연속의 연속의 세 가지 의의의 명확한 구별과 관련은 아마 이와 같은 오해의 위험을 방지하기에 충분할 것이다.…

후기 니시다 철학은 아리스토텔레스에게 시사를 얻어 엄밀하고 객관적, 논리적으로 되었다고는 해도, 결국 마지막까지 '순수경험'이라는 말로 "모든 것이 그곳에서 그곳으로"라는 실재적이고 근본적인 기반을 표현하려 한 『선의 연구(善の硏究)』의 약점을 벗어날 수 없었다.…낭만주의나 범신론에 대한 오해를 막기 위해서는 '절대의' 생(生)과 사(死) 또한 '상대적'인 생의 제 형태 상호간의 연결은 늘 '비연속의 연속'이라는 점, '순간 즉 영원', '개물적 한정 즉 일반적 한정' 등과 같은 '"즉"은 늘 역한정(逆限定)의 의미'라는 점을 강조할 뿐만 아니라, '창조자와 피조물'이나 '신과 악마', '최후의 심판'과 같이 학문적으로 매우 위험한 기독교 신학의 술어를 사용하는 것도 불사했다.…

이러한 나의 자각이 즉 절대자의 자각이라 해도 그 사이에는 절대로 넘어설 수 없는 단절이 있다. 어디까지나 '나'는 '나'이고 절대자는 절대자임을 그만두지 않음에도 불구하고, 사실상 '나'의 의식도 생활도 절대자의 자각으로서밖에는(절대주체의 자기표현을 떠나서는) 성립하지 않는다. 그렇기 때문에 그것은 역사적, 필연적으로 움직인다는 것이다.…만약 박사가 '비연속의 연속'이나 '역한정'과 같은 그 본래의 의도를 위와 같이 어디까지나 철저하게 했더라면, 아마 '즉'이나 '모순적 자기동일'과 같은 말로 표현된 적극적인 것 ― 종래 기독교의 '슬픈 얼굴'에 대한 결정적 비판 ― 을 조금도 해치지 않고 백척간두에서 한 발 더 나아가 이 세계의 저쪽(미야자와 겐지[宮澤賢治, 1896-1933]의 4차원)과 이쪽, 저쪽에서 시작된 일과 이쪽에서 시작된 일은 사실상 절대 비가역적 순서를 가지고 구별되고 있음을 발견할 수 있었을 것이다.

사실 존재하는 인간의 자각이 신 자신의 자기표현에 합치될 때, 그 사람의 자각은 진실이다. 그 경우에 합치된 그 성과만을 보면, 그것은 단순한 하나로서 어느 쪽이든 상관없다고 생각된다. 그러나 그 경우에도 인간의 자각은 신 자신의 자기표현을 바탕으로 할 때만 가능해지고 현실이 되는 것으로, 절대 단순한 '상호한정적'인 것은 아니다. 신 자신의 자기표현은 어디까지나 인간의 자각에 앞서는 것으로, 인간의 자각은 무조건 신 자신의 자기표현을 추구해야 한다. 단순히 신 자신의 자기표현을 따라가야만 적극적으로 리얼한 것이 될 수 있는 영상에 지나지 않는다. 이 세상에 존재하는 사물과 인간이 완전하고 올바르게 자각함으로써 리얼해 '지'는 것은 의식으로서의 신의 '관념'이지 신 그 자체는 아니다. 반대로 실재하는 신을 떠나서는 그라는 생명이 절대로 존재할 수 없기 때문에 사실 존재하는 인간은 아무리 도리를 모르는 사람이라도 이 사실을 그대로 받아들이기까지는 절대 안정이 될 수 없다. 따라서 거기에는 애초부터 '다 즉 일', '개별자와 일반자'의 '모순적 자기동일'이라든가 '역한정'과 같은 변증법적 용어로도 도저히 적확하게 표현할 수 없는 무엇인가가 있다.…

선(禪) 전통의 영향으로 인한 것인지 아니면 경제적, 사회적 환경의 질곡으로 인한 것인지, 변증법적 유물론, 그중에서도 경제학에 대한 연구의 부족 때문인지 ― 그 원인은 어쨌든, 니시다의 철학은 거의 마지막 단계에서 최초의 주관주의적 경향을 남기는 아쉬움을 보이고 있다. 그러는 한, 그것은 과학 이전의 종교적, 형이상학적 사고를 벗어나지 못하는 '부르주아 관념론'의 한 형태에 지나지 않는다는 유물론자의 비판은 절대 이유가 없는 것이 아니다. 확실히 니시다 철학의 그와 같은 약점은 예를 들어 역사적 제 형태, 그중에서도 국가의 문제를 다루는 경우에 가장 명백하게 드러났다고 할 수 있다.

인간에 의한 신의 표현은 그 자신이 절대불가역적, 역대응적으로 인간 안에 있는 신의 자기표현과 관련 짓는 것이다. 인간에 의한 신의 표현이 올바르게 이루어진다는 것은 그것이 신의 자기표현에 합치되게 된다는 것이다. 따라서 그 표현이 완벽해 진다면 인간에 의한 신의 표현과 인간 안에 있는 신의 자기표현이 현상적으로 동일해 질 것이다. 그 둘 사이가 완전히 일치하는 한, 인간에 의한 신의 표현, 인간 자신의 삶은 즉 신이 그 사람으로서 자기를 표현한 것이라고 해야 할 것이다. 그러나 그러한 경우라고 해도 인간에 의한 신의 표현과 신의 자기표현 사이에는 말하자면 영상과, 그것이 그곳에서 그것을 향해서 생기고 그것에 의해 판단되고 변혁을 촉구받는 그 원상(原像)으로서 절대로 뒤바뀔 수 없는 선후, 주종의 구별이 있음을 절대로 잊어서는 안 된다.

[CAR/김효순]

# 이에나가 사부로

家永三郎, 1913-2002

역사가이자 철학적 비평가인 이에나가 사부로는 분류되기를 거부하는 현대 사상가 중 한 사람이다. 그는 특히 제2차 세계대전에 대한 일본인들의 진술에 대한 공개적 비판으로 잘 알려져 있다. 1953년에 그는 일본 역사 교과서를 썼는데, 이 책은 일본 문부성에 의해 '사실상의 오류'로 인해 검열을 받았고 그로 인해 문부성에 항의서를 제출한 것으로 잘 알려져 있다.

아래에서 소개하는 부분은 이에나가의 또 다른 측면에 초점을 맞추어 1940에 출판된 그의 야심적 첫 번째 간행물인 『일본사상사에 있어 부정 논리의 발달(日本思想史に於ける否定の理論の發達)』(弘文堂, 1940) 제2장에서 발췌하여 번역한 것이다. 그는 이 글에서 일본에서 부정의 개념이 출현하는 궤적을 추적하여 그것이 서구와 유사한 궤적을 따르고 있음을 밝히고 있다. 이에나가의 관점을 따르자면, 서구에서 부정의 개념은 고대 그리스의 우주관에는 없었으나 기독교의 영향으로 나타났다. 이와 마찬가지로 그는 일본에서도 고대 시대에는 부정의 개념이 없었으며, 불교가 도입되기 전에는 사람들은 인간과 신의 영역을 유동적인 관계로 여겼다고 주장한다. 그는 부정의 개념은 현재에 대한 급진적 비판과 유토피아 이념의 투영과 관련이 있다고 주장한다. 유토피아적 이상은 역사에 대한 종말론적인 비전을 가능하게 하며, 종교에 대한 현대적 해석과 마르크스주의와 같은 정치, 사회적 철학에서 볼 수 있다. 그러므로 이에나가는 고대의 과거와 중세시대를 연구하지만, 이 저서에서는 현대의 사상이 이전의 사고방식에서 어떻게 변형되어 만들어졌는지를 이해하는 것을 목표로 삼는다. 전후시기에, 그는 초기 작품을 재해석하여, 선과 악 사이에 큰 긴장이 없기 때문에 일본의 문화는 전쟁에 대한 냉담한 반응과 결부되어 보급되었다고 주장했다. [VM/김효순]

## 다른 세상의 부정

이에나가 사부로 1940, 11-16

지금까지 서양철학사에 있어 부정 논리의 발생 경로를 언급해 왔는데, 일본사상사 문제에서도 똑같은 발생과정을 찾아볼 수 있다. 일본인 역시 고대에는 부정의 논리가 없었다. 부정의 논리가 서양 사상에서는 기독교를 통해 소개된 것과 마찬가지로 일본에서는 불교를 통해 소개되었다. 아울러 불교, 기독교가 일본 및 서양에서 각각 들어온 외래사상이며 이 외래사상에 의해 처음으로 부정의 논리를 배우게 된 점도 신기하게도 딱 일치하고 있다. 서양의 중세가 기독교의 지배하에 성립된 것과 마찬가지로 일본의 중세 역시 불교와 불가분의 관계에서 발달했다. 중세가 고대의 부정이라는 점, 그 부정의 힘이 오로지 불교가 지닌 부정의 논리 내에 근원을 두는 점도 기독교가 수행한 역할과 거의 평행적 관계에 있다고 할 수 있다. 그러나 우리들의 관심은 양자의 유사점과 차이점을 미세하게 비교하는 데 있지 않다. 일본사상과 서양 사상, 혹은 불교사상과 기독교사상의 근본적인 논리적 성격의 차이를 무시하고 위와 같은 대략의 유사성 지적 이상으로 세부에 걸친 비교를 하는 것은 거의 무의미하므로, 서양철학사에 관한 고찰에서는 이상과 같은 중요한 시사점을 얻은 것으로 만족하고 이제부터는 일본사상사의 내면적 고찰을 목적으로 한다.

그리고 일본의 부정 논리는 그 개념이 '외부'에서 소개된 것이기 때문에 그것이 진정 살아 있는 논리가 되기 위해서는, 그 개념을 이해하기에 충분한 생활경험을 거쳐야 했고, 그 경험을 거침으로써 획득된 부정의 논리는 이미 외적으로 주어진 지식이 아니라 실천적으로 파악되어 생활 속에서 이해되는 내적 체험으로서 국민사상을 구성하는 요소가 되었음을 강조하는 바이다.…

그렇다면 불교도래 이전, 일본의 고대사상은 어떤 논리적 구조를 가지고 있었던 것일까? 우리는 『『고사기(古事記)』』를 주로 하여 『풍토기(風土記)』 외 다른 단편적 자료를 더해 그것들로 알 수 있는 고대설화를 분석함으로써 이를 밝힐 수 있다. 왜냐하면, 『고사기』는 그 원형이 적어도 스이코천황(推古天皇, 554-628)의 통치 이전으로 거슬러 올라가며, 불교는 물론 유교의 영향은 있어도 지극히 지엽적이어서 그것을 제거하면 유교와 불교의 영향이 아직 현저하지 않은 시대의 국민사상을 엿볼 수 있는 좋은 재료가 된다고 생각하기 때문이다. 이러한 재료에 의해 알려진 태고인들의 세계관이 어떠한 구조를 지니고 있었는지에 대해서는 이미 국학자(주로 모토오리 노리나가[本居宣長, 1730-1801]*이지만)를 비롯하여 최근 선학들의 뛰어난 견해가 다수 발표되고 있다. 그것은 여러 가지 각도에서 이야기할 수 있지만, 논리적 견지로 정리하자면, 긍정적 인생관과 연속적 세계관이라는 두 가지로 요약할 수 있다.

무엇보다도, 고대 일본인들에게 모든 세계는 공간적으로 그리고 성질적으로 그들 자신의 현실 세계와 연결되어 있는 것으로 생각되었다. 즉, 모든 세계는 그들이 살고 있는 세상의 연장으로밖에 생각할 수 없었다. 물론 그들은 오야시마(大八洲國)[68], 혹은 한(韓)[69], 오(吳)라는 지리 상 세계의 밖에도 여러 종류의 별천지를 생각하고는 있었지만, 그것들은 모두 현실을 초월하는 형이상의 세계는 아니었다. 첫째로 '다카마가하라(高天が原)'는 고대인의 관념에서는 바로 천상(天上)의 세계이며, 이것을 천손민족(天孫民族)의 조국(祖國)이라든가 야마토(大和)의 땅에 정착하기 이전의 황실의 거주지라고 생각하는 것은 고대설화에 대한 잘못된 이해에서 온 오류임은 말할 것도 없다. 이미 모토오리 노리나가가 지적한 대로, "다카마가하라는 곧 천상(天上)이다"라고 생각하는 것은 고대인들의 마음에 매우 충실한 태도이다. 그러나 그럼에도 불구하고, 이 다카마가하라는 과연 천상의 세계에 걸맞게 장엄하게 묘사되고 있을까? 그것은 그렇지 않다. 그것은 단순히 아시하라노나카쓰쿠니(葦原中國)[70]의 광경이 그대로 옮겨져 있을 뿐이다. 스사노오노미코토(須佐之男命)의 폭행 대목을 한 번 보자.

그리하여 스사노오노미코토가 말하기를……"물론 내가 이겼다"라고 하며 승리의 기쁨에 아마테라스오미카미(天照大神)가 경작하는 논두렁을 망가트리고 논에 물을 대는 도랑을 메워 버렸으며 또한 아마테라스오미카미가 햇곡식을 먹는 어전(御殿) 여기저기에 똥을 싸 놓았다. ……그래도 아마테라스오미카미가 신성한 베틀이 있는 방에 앉아 여자들에게 신에게 헌상할 옷을 짜게 하고 있을 때, 그 방의 지붕에 구멍을 뚫어서 꼬리부터 가죽을 벗긴 얼룩말을

---

68) [영] 일본의 고대 이름인 여덟 개의 섬.

69) [한] 여기에서는 중국 전국시대 국가의 명칭.

70) [영] 나카쓰쿠니는 고대일본의 다른 명칭. [한] 도요아시하라노나카쓰쿠니(豊葦原中國) 혹은 나카쓰쿠니(中津國) 라고도 함. 일본신화에서 천상의 세계인 다카마가하라와 황천국 사이에 있다는 세계. 즉 지상세계.

떨어트리니, 베를 짜던 여자들은 그것을 보고 기겁을 하여 펄쩍 뛰어 넘어지는 바람에 베틀 북에 질이 찔려 죽어 버렸다.

이로써 당시에 벼농사나 목축업이 행해졌고 옷감도 짜 입었음을 알 수 있다. 다음 구절을 보자.

> 이 사건에 직면하여 팔백만의 신들이 아마노야스노카와라(天安之河原)에 모여서,…… 도 코요노나가나리토리(常世の長鳴鳥)라는 수탉들을 모아 울게 하였으며 아마노야스노카와(天 安之河)의 강바닥에서 단단한 돌을 옮기고 천금산(天金山)의 철을 채취하여 대장장이인 아마 쓰마라(天津麻羅)를 찾아 이시코리도메노미코토(伊斯許理度賣命)에게 분부하여 거울을 만들 게 하였으며, 다마노오야노미코토(玉祖命)에게 분부하여 야마카니노마가타구슬(八尺瓊勾玉) 오백 개를 긴 줄에 꿰어 미스마이(御須麻流)라는 목걸이를 만들게 하였고,……

이로써 그곳에는 산이 있고 강이 있고 가금(家禽)이 있으며 또한 광업과 공업이 이루어지고 있었 음을 알 수 있다.

> 하늘의 가구산(天香山)에 있는 신성한 이호쓰마사카키(五百津眞賢木) 나무를 뿌리째 뽑 아,…… 춤의 여신 아메노우즈메노미코토(天宇受賣命)는 가구야마의 석송(天之日影)을 어깨에 걸치고 사카키나무(天之眞析) 덩굴로 머리를 장식하였으며 가구야마의 조릿대(小竹葉)를 손 에 들고,……

이렇게 초목도 자연스럽게 번식하고 있었음을 알 수 있다. 이는 아시하라노나카쓰쿠니(葦原中國) 의, 더 정확하게 말하자면 야마토(夜麻登) 나라의 광경으로, 이에 대해 모토오리 노리나가는, "산천초 목(山川草木)의 종류, 궁전 그 외 모든 것들이 완전히 아마테라스오미카미의 자손인 천황이 다스리는 나라와 같다."고 하였다. 게다가 다카마가하라와 나카쓰쿠니는 자유롭게 왕래를 할 수 있었다. 신대 (神代) 설화를 보면 많은 인물들이 양쪽 세계를 자유롭게 오가는 것을 알 수 있다.

이러한 현상은 「황천국(黃泉國)」에 대해서도 마찬가지이다. 황천국에는 추녀 요모쓰시코메(黃泉 醜女=予母都志許賣)와 여덟 명의 천둥의 신이 서식하고 있어서 다소 별세계로 볼 수도 있지만, 이자 나기미코토(伊邪那岐命)가 살아 있는 채로 황천국을 왕래하는 것을 보건대 사후 세계로서의 순수성 이 완전히 결핍되어 있다고 할 수 있다. 게다가 이 이자나기미코토의 황천국 방문 설화에 의하면, 황천국은 걸어서 갈 수 있는 곳이며 황천히라언덕(黃泉比良坂)이라는 언덕을 넘어서면 이즈모(出雲) 지방과 연결되어 있다. 이렇게 해서 황천은 결국 이 세상과 연결되는 지리적 장소에 다름 아니며, 그렇기 때문에 이즈모군(出雲郡) 노기(腦磯) 서쪽 동굴이 그 입구라고 하는 것이다. 후세에 불교 사상이 유입되고 나서 지옥으로 가는 사람들의 체험이 종종 전해지는데, 그것들은 한 번 사망한 사람이 소생하여 나중에 이야기했다는 형식을 취하고 있으며 지옥을 걸어서 다녀왔다고 하는 설화는 하나도 없다. 이와 비교해 보면 황천국이 지옥 또는 죽음의 땅이라는 '명토(冥土)'라는 개념과 전혀 다르다는 것을 알 수 있다.

제3의 별천지로서는 영원한 땅인 도코요노쿠니(常世國)를 들어야 한다. 도코요노쿠니가 후세에 중국 사상의 영향을 받아 다소 이상국가(理想國家)로서의 색채를 띠게 된 것은 어부 우라시마 다로(浦

嶋太郎)가 봉래산(蓬萊山=도코요노쿠니)에 이르러 '선인(仙衆)'을 만났다는 『일본서기(日本書紀)』의 기사나, "바다 신의 궁전, 아름다운 전각 안에, 둘이서 손을 잡고 들어가, 늙지도 않고 죽지도 않으며, 영원히 살 것을"이라는 『만엽집(萬葉集)』의 가사에서도 확실히 알 수 있듯이, 결국 바다를 사이에 둔 먼 나라를 이상화하고 있는데 지나지 않는 것이다. 『고사기(古事記)』의 다지마모리(田道間守)가 도코요노쿠니에 갔다는 이야기든 우라시마 다로의 전설이든 단순히 먼 바다에 있는 지점을 여행을 간 것이라 해석해도 전혀 지장이 없다. 그곳은 성질상 다소 이상화되었을지라도 공간적으로 보면 이 세상과 연결된 장소이다.

이상 세 가지 경우 외에도 초인간적(超人間的) 세계라고 생각되는 것이 조금 있다. 예를 들어 오미구니(近江國) 이카고오우미(伊香小江)의 날개옷전설에 나오는 천상의 세계와 같은 것이 그것으로, 같은 천상의 세계라 해도 다카마가하라와는 달리 일종의 이상향으로서의 성격을 띠고 있다. 아마 이것은 중국의 신선설화의 번역이지 일본에서 발생한 사상은 아니라고 생각되지만, 그래도 그 천상의 나라는 날개만 있으면 날아갈 수 있는 것이며 그 주민이 내려와서 인간과 통혼을 하여 '지역 주민(地民)'이 되었다는 점에서 여전히 공간적 성격적 연속성은 다름이 없다. 하물며 그 천녀(天女)의 자손이 현실의 사람, 즉 이카고 지역의 조상이라고 하므로, 혈연적으로 연속성이 있다고 할 수 있다.

다만 한 가지 마지막으로 남아 있는 것은 『일본서기(日本書紀)』의 한 장에 오쿠니누시의 신(大國主神)인 오아나무치(大己貴神)가 지상의 세계를 자손들에게 넘겨주면서, "내가 아는 명백한 사실은 황손이 나라를 다스릴 것이라는 것이다. 나는 숨겨진 일(幽事)들을 처리하기 위해서 자리에서 물러나고자 한다."라고 말한 것이다.

여기에서 말하는 드러난 일과 숨겨진 일의 차이는 현실계와 형이상계의 차이로 여겨지는데, 모토오리 노리나가에 의하면 이 세상과 황천국을 구별하여 말하는 것에 지나지 않는다. 이러한 견해에 반박하여, '숨겨진 일'의 의의를 역설한 다치바나 모리베(橘守部)조차도 '숨겨진' 세계도 결국은 '이 세상에 다름 아니다'라고 생각했다. 간단히 말하자면, 현세의 부정에서 추구되는 피안의 세계라는 것은 고대 설화 안에서는 결국 하나도 찾아볼 수 없다는 것이다.

연속적 세계관과 나란히 태고 사상의 중요한 특질을 형성하고 있는 것이 긍정적 인생관이었다. 히타치(常陸)의 『풍토기(風土記)』에는 야마토 다케루(倭武尊)가 '흐르는 샘물 맑고 투명'한 것을 보고, 그것이 '매우 아름다워' 감탄하는 이야기가 실려 있는데, 태고인들은 '맑고 투명'한 것을 '아름답'다고 감탄만 한 것이 아니라 그것을 세계의 본질로 보았다. 신도에서 제사 때 부정을 씻어내는 말인 오하라에노고토바(大祓詞)에도 있듯이, '더러운(黑)' 부정이 있어도 깨끗이 씻어내는 힘은 이것을 쉽게 일소하여 천하 사방에 보냄으로써 죄 없는 상태를 만들어낼 수 있었던 것이다. 모토오리 노리나가의 말을 빌리자면, 죄나 부정처럼 '흉악(凶惡)'스러운 일은 있어도, '결국 길선(吉善)을 이길 수 없는' 소극적 존재에 불과한 것이었다. 이러한 긍정적 심정은 신대(神代) 설화에서 "다카아마노하라(高天原) 온통 어둡고, 아시하라노나카쓰쿠니(葦原中國)가 모두 깜깜한" 비상시에도 여전히 "아메노우즈메노(天宇受賣命)는 즐겁고, 팔백만 신은 모두 웃는" 여유를 가지고 나타난다. 『풍토기』를 살펴보면, 히타치(常陸)의 쓰쿠바산(筑波山)에서 봄, 가을에 남성과 여성이 술과 음식을 즐기며 놀았고, 가시마신궁(鹿島神宮=香島社) 축제에서는 남녀가 모여 밤낮으로 춤을 추고 노래를 했으며, 구지강(久慈河) 유역에서는 더운 여름날 근처 사람들이 모여 쓰쿠바의 아름다운 노래를 부르고 맛있는 술을 마시며 시름을 잊었고, 미쓰키지역(密筑里)의 오이(大井)에서는 더운 여름에 원근(遠近)의 남녀가 모여 편안히 쉬며 즐겁게 마셨다. 그리고 이즈모(出雲) 지방에 있는 사키하라(崎原) 해변에서는 남녀가 수시로 모두 모여 집에 가는 것도 잊을 정도로 즐거운 연회를 열었으며, 히젠(肥前) 지방의 기시마 산(杵島嶽)에서는 매년 봄가을 남녀가 손을 잡고 산에 올라 음주가무를 즐긴 것이 기록되어 있어서, 나라시대(奈良時代, 710-794)에도 이러한 풍습이 각지에 많이 남아 있었음을 알 수 있다.

가모타케쓰노미노미코토(賀茂建角身命)가 외손자의 성인식 때 큰 집을 지어 야시오리(八醞)의 발효주를 빚어 신들의 집회에 모여 칠일 밤낮을 즐기며 놀았다는 설화, 스미요시(住吉) 신사 축제 때 향리 남녀들이 모여 들에서 놀았다는 고전(古傳)으로 미루어 보면, 태고에는 이러한 유락(遊樂)의 풍속이 매우 성행했던 것으로 짐작된다. 물론 그 기원은 종교적 주술에서 출발하며, 태고에 극동(極東) 제 민족들 사이에서 널리 행해진 일종의 토속적 풍습에 불과하다고 할 수 있지만, 어쨌든 '끊임없는' '즐거움'으로 가득 차 있는 현실을 구가하는 심정의 발로로 보아도 무방할 것이다. 우리들은 오늘날 수렵문경(狩獵文鏡)의 뒷면에 새겨진 소박한 회화 안에서 그들이 '팔을 뻗어' 실제로 춤을 추고 노래를 하는 모습을 눈으로 확인할 수 있다.

요컨대 고대인에게 악(惡)은 쉽게 극복되었으며, 현세의 쾌락을 근저에서 뒤흔드는 존재는 사유 밖에 있었다고 봐야 할 것이다. 현실을 있는 그대로 긍정한 태고인들이 현실세계를 부정함으로써 초월적 세계를 생각할 수 없었다는 것은 당연한 결론이다. 그러므로 긍정적인 인생관은 앞에서 이야 기한 연속적인 세계관의 기초가 되었으며, 양자는 서로 상즉(相卽)하는 불가분의 관계로 태고사상의 기조를 형성하였다고 할 수 있다. 그리고 양자 사이를 관통하는 공통의 입장은 바로 부정의 논리의 결핍이었던 것이다. 부정의 논리가 없기 때문에 현실이 그대로 긍정된 것이며 현실을 부정하고 저 편에 이상 세계를 바라는 태도를 낳을 수 없었던 것이다. 여기에 태고 사상의 본질적 성격이 있다고 할 수 있다.

[VM/김효순]

# 이즈쓰 도시히코

井筒俊彦, 1914-1993

이즈쓰 도시히코는 선(禪)의 전통에서 자랐지만, 철학적이고 신비주의적 전통을 광범위하게 연구했다. 현대 일본 철학자 중에서 언어적으로 가장 재능 있는 이즈쓰는 아랍어, 페르시아어, 산스크리트어, 팔리어, 중국어, 러시아어, 영어 및 그리스어를 포함한 30개 이상의 언어를 마스터한 것으로 알려져 있다. 도쿄(東京)의 게이오대학(慶應大學)을 졸업한 후, 그는 14년 동안 모교에서 가르쳤다. 그리고 계속해서 캐나다의 맥길대학(McGill University)과 테헤란의 이란왕립철학아카데미(Imperial Iranian Academy of Philosophy)에서 이븐 알 아라비(Ibn al-'Arabī, 1165-1240)의 『푸쑤쓰 알 히캄(Fuṣūṣ al-Ḥikam)』에 이르기까지 다양한 과목을 가르쳤다. 세계적으로 유명한 일본 최초의 이슬람학자인 이즈쓰는 『코란』을 일본어로 번역하였으며, 이슬람 신비주의인 수피즘(Sufism)과 도교를 비교하는 등 이슬람 사상과 신비주의에 관한 저작 외에도 많은 논저를 남겼다. 그는 우파니샤드 철학, 자크 데리다(Jacques Derrida, 1930-2004)에서 칼 융(Carl Gustav Jung)에 이르는 현대 사상가들을 연구하였을 뿐만 아니라, 노자를 새롭게 일본어로 번역하고 그에 대한 논문을 저술하였다.

여기에서 발췌한 선불교 철학에 관한 글은 원래 그가 테헤란에서 강의할 때 영어로 출판한 것이다. 그는 주로 임제(臨濟)와 도겐(道元)<sup>*</sup>을 참조하였지만, 인식론, 온톨로지(ontology), 언어 이론 및 미학을 포함하는 선(禪) 철학을 개괄하기 위해 중국어와 일본어로 된 수많은 선(禪) 저서를 남겼다. (그는 또한 그의 아내인 이즈쓰 도요코[井筒豊子]<sup>*</sup>와 공동으로 몇몇 에세이와 일본 미학에 관한 저서를 집필했다.) 아마 그의 성숙한 철학적 입장을 가장 잘 나타내는 대표적 저작은 1982년의 『의식과 본질－정신적 동양을 찾아서(意識と本質―精神的東洋を索めて)』일 것이며, 이에는 그의 사고의 범위를 명확히 하는 짧은 구절들이 포함되어 있다. 아래의 두 발췌문들은 모두 동양 및 근동의 철학에 대한 심오한 이해와 서양식 논쟁이 혼합되어 있는 그의 사상의 특징을 잘 보여 줄 것이다.

[JWH/김효순]

---

## 선(禪)과 자아(自我, Ego)

이즈쓰 도시히코 1977, 18-25

선불교의 관점에서, 경험적인 자아의 '실체론적인' 경향이 허용되지 않는 것은 그러한 자아가 어디에서나 '대상들(objects)'을 항구적인 실체성이 있는 실재로 상정할 뿐만 아니라 특히 경험적 자아 그 자체를 실체적인 자아로 상정하기 때문이다. 그러한 자아는 외부의 '대상들'을 동일한 수의 환원 불가능한 실재들로 간주하여 매달리고 얽매일 뿐만 아니라 그 자체의 자아를 더욱더 환원 불가능한, 자존(自存)하는 실재로 간주하여 집착한다. 우리가 '머무는 「마음(住心, pratiṣṭhitam cittam)」'이라고 알게 된 것이 바로 이것이다. 그리고 '머무는 마음' 곧 '주체'와 그 '대상들' 사이의 날카로운 대립 위에 하나의 전체적인 세계관이 건립된다. 실재를 이렇게 주체와 대상, 인간과 외부

세계로 이분하는 것이 우리의 모든 실증적 경험의 토대이다. 물론 상식적인 판단에서조차도 외부의 사물들과 개인적 자아 양자 모두를 포함하는 현상 세계가 끊임없는 흐름 속에 있다는 것을 기꺼이 인정할 수 있다. 그러나 상식적 판단에서는 만물의 이러한 덧없음 속 또는 배후에 여전히 영구적으로 불변하는 실체적인 어떤 요소들을 보려는 경향이 있다. 그리하여 존재(Being)의 세계란 개별적으로 자기 동일성을 지니는 대상들의 영역이라는 이미지가 만들어진다. 이러한 관점에서는 엄격히 말하자면 이른바 '주체'도 '대상들'의 하나에 불과하다. 바로 이러한 종류의 존재론적 관점을 선불교에서는 결단코 확고하게 단번에 무너뜨리고, 이러한 관점을 전혀 다른 종류의 인식론에 기초한 별도의 존재론으로 대체하려는 것이다.

초의식(超意識, supra-consciousness)에 특유한 세계관을 더 잘 이해하기 위해서, 우리는 우선 사람의 마음에 가장 자연스럽고 친화적인 세계관의 일반적인 유형을 택하여 그 내적인 구조를 철학적인 차원에서 분석해 보자.

이러한 세계관의 범위 내에서는 편의상 두 단계 또는 두 형태가 구분될 수 있다. 첫째 단계는 정신적 실체(res cogitans)와 물질적 실체(res extensa)를 나누는 근본적인 이분법에 입각한 데카르트적인 이원론에 의하여 전형적으로 대변된다. 이러한 이원론은 하나의 철학으로서는 서로 어느 쪽으로도 환원될 수 없는 두 '실체' 사이의 이원론적인 긴장에 기초한 존재론 체계라고 기술될 수 있다. 또한 이러한 이원론은 하나의 세계관으로서는 인간 곧 자아가 외부에서 사물들을 바라보고 있으면서 그 자신은 방관자의 위치에 있는 세계관이라고 기술되는 것이 적절할 수 있다. 그는 자신의 눈앞에서 여러 사물들 사이에 전개되고 있는 사건들 속에 주관적으로 개입하지 않는다. 인간은 여기에서 '외부에 있는' 대상들의 세계를 마주하는 초연한 방관자이다. 하나의 전체적인 존재론적 광경이 그 앞에 펼쳐지고, 그는 독립적인 개인적 '주체'로서 세상이라는 무대에 대한 다채로운 조망을 향유하고 있을 따름이다. 이러한 관점은 초의식의 시선에 스스로를 드러내는 사물들의 실재와는 가장 멀리 떨어져 있는 관점이다.

둘째 단계는 편의상 하이데거의 '세계 내 존재', 특히 존재론적인 퇴락(Verfallenheit)의 상태라는 아이디어에 의하여 대변될 수 있다. 첫째 단계인 이분법적인 세계관에서 우리가 방금 관찰한 상황과 달리 여기에서 인간은 주관적으로 자신을 둘러싸고 있는 사물들의 운명에 치명적으로 개입하고 있다. 외부에서 자신으로부터 독립된 어떤 것으로 세계를 바라보는 객관적인 방관자로 머무는 대신에, 인간 곧 자아는 세계의 한가운데에서 사물들에게 직접적으로 영향을 주는 동시에 사물들로부터 직접적으로 영향을 받는 자신을 발견한다. 그는 더 이상 자족적으로 극장의 무대에서 진행되고 있는 것을 향유하는 국외자가 아니다. 그 자신이 무대 위에 있고, 세계 내에 실존하고, 연극에 활동적으로 참여하고, 그러한 위치에 있는 것의 당연한 결과로, 일종의 정의할 수 없는 실존적인 불안을 겪는다.

이 둘째 단계의 상식적인 세계관은 첫째 단계의 세계관보다 선불교에 훨씬 더 가깝다. 그럼에도 불구하고 첫째 단계이든 둘째 단계이든 경험적인 세계관은 엄격히 말하자면 그 기본적인 구조 차원에서 선불교의 세계관과 전적으로 다르다. 왜냐하면 경험적인 세계관은 '자아(ego)'와 '타자(alter)' 사이에 구분이 이루어지는 곳에서만 적절하게 제 기능을 할 수 있는 지성에 의하여 형성된 세계관이기 때문이다. 그 전체적인 메커니즘은 명시적이든 암시적이든 실체로서의 자아가 외부적 실체로서의 대상들과 대립하여 존재한다는 확신에 입각하고 있다. 주체가 대상들의 세계 밖에 있는 것으로 표상되든지 아니면 안에 있는 것으로 표상되든지, 아주 기본적인 차원에서 이러한 데카르트적인 대립은 선불교의 관점에서는 인간이 자신의 실상과 이른바 외부적인 대상들의 실상을 보기 시작하려면 무너뜨려야만 한다.

그러나 사물들에 대한 이렇게 경험적인 관점의 한가운데에서조차도 실로 형이상학적인 원리 같은 어떤 것이 숨겨져 있다. 그것은 가시적이지는 않지만 끊임없이 작용하면서 어느 순간에든 인간 의 지성을 통하여 자각되기를 기다리고 있다. 그것이 자각될 때 세계에 대한 통상적인 관점은 전적으 로 다른 어떤 것으로 바뀐다. 이렇게 숨겨져 있는, 실재의 형이상학-인식론적인 변화의 원리가 … 불교에서 '절대적인 실재의 자궁' 곧 「여래장(如來藏, tathāgatagarbha)」이라고 불린다.

보통의 경험적인 세계관에서 대상에 대한 자아의 인식론적인 관계는 's → o'라는 정식으로 나타낼 수 있다. 이 정식은 "나는 이것을 본다."라고 읽을 수 있다.

이처럼 문법적인 주어 's'는 실증적인 경험의 수준에서 인간의 자아의식을 나타낸다. 이 자아의식 은 객관적인 세계를 직면하고 있는, 또는 객관적인 세계의 한가운데에 있는 주어로서 '거기에 있음'이 라는 직접적인 의미에서 'Da-sein(현존재)'이라고 자기(自己, selfhood)를 자각하는 것을 가리킨다. 여기에서 '나'는 독립적으로 존속하는 실체로서의 자아이다. 경험적인 자아가 경험적인 차원에 머무 는 한 그 자아는 그 자체의 지각, 사유, 그리고 몸의 동작에 있어서 하나의 독립적인 중심으로서 거기에 있는 것으로만 그 자체를 의식한다. 그 자아는 자신이 그 이상의 어떤 것임을 전혀 자각하지 못한다.

하지만 어디에서나 모든 것에서 '절대적인 실재의 자궁' 곧 '여래장'의 움직임을 직관하는 선(禪)의 관점에서는 각각의 개별적인 '나'의 이면에서 어떤 것(Something)이 파악될 수 있는데, 그 움직임은 '(S →) 곧 (나는 본다)'라는 정식으로 표현될 수 있다. 이 정식에서 괄호는 이 움직임이 경험적인 자아의식 차원에서는 아직 숨겨져 있음을 가리킨다. 그리하여 실재 차원에서 곧 선(禪)의 눈으로 보이는 경험적 자아 's'의 구조는 적절히 나타내려면 다음과 같은 정식에 의해야 한다.

$$(S \rightarrow) \; s \; 곧: \; (나는 \; 본다) \; 나 \; 자신을.$$

우리가 뒤에 더 상세하게 보겠지만, 경험적 자아 's'가 그것의 모든 움직임의 참된 중심일 수 있는 것은 오직 '(S →)'라는 숨겨진 원리가 's'를 통하여 항상 작동하고 있기 때문이다. 경험적 자아가 자기(selfhood)일 수 있는 것은 오직 그 자아가 만드는 모든 주체적인 움직임이 실로 지금 여기에서 참된 자기(Selfhood)인 그 어떤 것(Something)의 현실화이기 때문이다. '나는 본다'라는 움직임의 본질을 가장 잘 이해할 수 있는 것은 이슬람의 이르판(irfān, '영적인 지혜') 유형의 철학에서 제시되는 유사한 상황과 나란히 비교할 때이다. 이 이슬람 철학에서는 『쿠란』에 있는 신의 말씀에서 동일한 종류의 상황에 대한 명시적인 언급을 발견한다. "던진 것은 그대가 아니라 하나님께서 던지셨음이 라"(제8장 17절). 하지만 중요한 점은 이러한 차원에서는 그러한 상황이 경험적 자아에게는 여전히 완벽하게 숨겨져 있으며 주목되지 않은 채로 남아 있다는 것이다. 경험적 자아는 오직 그 자체만을 본다. 그 자아는 '(S →)'에서 괄호 사이의 부분을 전혀 자각하지 못한다.

정확히 동일한 상황이 (위에 주어진 정식에서 소문자 'o'에 의하여 표현되는) 인식론적인 관계의 '객관적인' 측면에도 적용된다. 여기에서도 경험적 자아는 '사물들'의 존재만을 의식한다. 곧, 사물 들은 자아에게 그 자체와 독립되어 존재하는 자존적인 실체들로 나타난다. 그 사물들은 다양한 속성 들에 의하여 특징지어지는 실체들로 나타나고, 그 실체들을 외부에서 바라보는 인식 주체와 그 자체 가 대립하는 것으로 나타난다. 그러나 앞에서 언급한 '초월적 인식' 곧 '반야(般若)'의 입장에서 볼 때, 경험적 자아의 눈앞에 불특정한 사물이 이러저러한 특정 사물로 나타나는 것은 오직, 우리가 보았듯이, '(S →)'에서 자아를 자아로 확립시키는 바로 그 어떤 것(Something)의 움직임 때문이다. 불특정한 사물 'o'는 그 자체로 어떤 것(Something)의 구체적인 현실화로서 특정 사물 'o'로 확립되게 된다. 이것은 마땅히 동일한 '절대적인 실재의 자궁' 곧 '여래장'의 자기 현현 형태의 하나로서 이해되어야 한다. 이 여래장은 모든 현상적인 사물 형태를 통하여 영원히 항구적으로 작용하고 있다. 그리하여 'o'의 내적인 구조를 나타내는 정식은 더 분석적인 형태를 취해야 한다.

$$(S \rightarrow) \ o \ 곧: \ (나는 \ 본다) \ 이것을.$$

이러한 새로운 정식은 여기에서도 'o'가 유일하게 외부적으로 드러나는 것이지만 이러한 현상적인 형태 배후에 '(S →)'의 숨겨진 움직임이 놓여 있으며 경험적 자아는 여전히 이를 자각하지 못한다는 사실을 가리키기 위하여 고안되었다.

이러한 방식으로, 우리가 애초에 's → o'라는 정식으로 나타내었던 이른바 주체-객체 관계 곧 (외관적으로) 자존적인 실체로서의 자아가 (외관적으로) 자존적인 실체로서의 대상을 지각하는 전체적인 인식론적 과정은 온전히 발전된 형태로 주어진다면 다소 다음과 같아야 한다.

이 마지막 정식에서 's' 곧 경험적 자아는 오직 '(S →)'의 구체적 현실화로서, 역시 동일한 '(S →)'의 현실화인 'o' 곧 '대상'과 특수한 능동-수동 관계에 놓인다. 그리고 이 전체적 과정은 '나는 본다', 곧 괄호가 없는 'S →'의 구체적 현실화로 이해될 것이다. 하지만 이러한 '나는 본다'에서조차도 여전히 자아의식의 희미한 흔적이 어른거리고 있음이 주목될 수 있을 것이다. 선(禪)에서는 그러한 정도의 자아의식조차도 마음에서 지워낼 것을 강력하게 요구한다. 그래야 전체의 과정이 궁극적으로 순수하고 단순하게 '본다'는 순일한 행위로 환원된다. 우리가 앞에서 언급한 「무심(無心)」이라는 단어는 바로 매개가 없이 직접적인 현실화의 상태에서 '본다'는 순수한 행위, 곧 괄호가 없이 '본다'는 영원한 동사를 가리킨다.

이제 우리는 "나는 이것을 본다"라는 정식에 의하여 표현된 것의 실상이, 적어도 경험적 자아의 관점에서 분석적으로 기술될 때, 극히 미묘한 구조를 지니고 있음을 알아차리기 시작한다. 's → o'라는 정식에 의하여 은밀하고 암시적으로 시사되는 실제의 형이상학-인식론적인 상황은 그 문장의 외관적인 문법적 구조에서 우리가 일반적으로 이해하는 것과 전적으로 다른 어떤 것임이 드러난다. 그리고 존재론적인 이분법의 마법적인 순환에 갇혀서 's → o' 곧 '나는 이것을 본다'에서 그 통사론적 구조('주어' → '행위' → '대상')에서 시사되는 표면적인 의미 이상을 볼 수 없는 사람들과 관련하여, 선불교의 주된 내지 가장 기초적인 목표는 이원론의 주술을 부수고 그 주술을 이 사람들의 마음에서 제거하여서 그들이 우리가 '본다'라는 동사에 의하여 상징적으로 지칭하는 것과 직접적으로 대면할 수 있도록 하는 데 있다.

우리는 이 시점에서 불교 전반이 철학적으로 「연기(緣起)」라는 관념, 곧 모든 것이 지금의 상태로 생성되어 존재하는 것은 다른 것들과 맺는 무한한 수의 관계 덕분이고, 이 '다른 것들'의 각각은 다시 그 각각의 일견 자존적인 존속을 다른 것들에 의존하고 있다는 사상에 기초하고 있다는 사실을 상기하는 것이 좋겠다. 이러한 면에서 불교는 존재론적으로 예컨대 '실체(substantia)' 범주에 기초한 플라톤-아리스토텔레스 체계와 대조적으로 '관계(relatio)' 범주에 기초하는 체계이다.

실체 범주에 입각하여 실체에서 가장 기본적인 존재론적 요소들을 인식하는 철학 체계는 … 거의 불가피하게 본질주의의 형태를 취하는 경향이 있다. 본질주의의 입장에서는 's → o' 유형의 상황에서 '주체적인' 측면과 '대상적인' 측면 모두 자존(自存)적인 실체들을 바라보며, 그 각각의 경계는 그 '본질'에 의하여 변경이 불가능한 차원에서 고정되고 결정되어 있다. 여기에서 'o' 예컨대 사과는 자존적인 실체로서 크든 작든 엄격하게 한정된 존재론적 영역이 있으며, 그 한정은 그 자체의 '본질' 곧 사과다움이라는 본질에 의하여 부여된다. 동일한 방식으로, 주체로서 사과를 지각하는 자아는 마찬가지로 자존적인 실체로서, 이 경우에는 나다움이라는 '본질'을 갖추고 있다. 선불교는 다음과 같이 간결한 금언을 통하여 이러한 본질주의적인 관점을 요약한다. "산은 산이고, 물은 물이다."

연기의 입장은 이러한 관점과 뚜렷하게 상반된다. 불교에서는 이러한 관점이 실재의 현상적인 표면만을 반영할 뿐이라고 주장한다. 불교적인 관점에 따르면 외부의 세계에 일정한 수의 특징을 지닌 '사과'라고 불리는 실체가 존재한다는 것은 타당하지 않다. 오히려 진실은 어떤 것(Something)이 주체에게 현상적으로 '사과'로서 나타난다는 것이다. 그 '사과'가 어떤 하나의 '사과'로서 현상적으로 나타나는 것은 주체 쪽에서는 일정한 실증적 태도에 의존한다. 하지만 역으로 '사과'가 그 주체의 눈에 현상적으로 사과로서 나타난다는 사실 자체가 그 사람을 지각하는 자아 곧 인식 주체로 확립시킨다. 선(禪)은 주체와 객체 사이에 이러한 상호적 관계 내지 상호적 결정을 다음과 같은 말로 기술한다. "사람은 산을 보고, 산은 사람을 본다."

그러므로 실재란 그 단어의 참된 의미에서는 주체와 객체 모두의 배후에 놓여서 그 양자 각각을 자체의 특수한 형태로 나타나게 하는, 곧 이것은 주체로 나타나게 하고 저것은 객체로 나타나게 하는 어떤 것이다. 그 전체적인 구조를 지배하는 궁극적인 원리는 주체-객체 관계를 관통하면서 그 관계 자체가 현실화되는 것이 가능하게 하는 어떤 것(Something)이다. 우리가 'S'라는 정식으로 또는 오히려 그 궁극적인 형태로서 '본다'라는 동사에서 시사되기를 원하는 것은 이렇게 모든 것에 편만해 있는 능동적인 원리이다.

그러나 다시금 말하건대, '어떤 것(Something)' 또는 '궁극적인 원리'라는 단어가 우리로 하여금 현상의 장막 이면에서 어떤 형이상학적이고 초감각적인 실체(Substance)가 현상세계의 메커니즘을 지배하고 있다고 생각하도록 오도하게 두어서는 안 된다. 왜냐하면 선불교에 따르면 실로 현상 세계 너머 내지 바깥에는 아무것도 없기 때문이다. 선불교에서는 초월적이고 초감각적인 차원에서 감각 세계와 별도로 존속하는 사물들의 질서가 존재한다는 것을 인정하지 않는다. 이 문제와 관련하여 선불교가 유일하게 주장하는 것은 현상 세계가 보통의 경험적 자아에게 나타나는 그대로의 감각적인 자연 질서뿐만은 아니라는 점이다. 오히려 선의식(禪意識)에서 드러나는 현상 세계는 편의상 '본다'라는 동사에 의하여 시사될 수 있는, 특수한 종류의 역동적인 힘으로 충만하다.

이처럼 '본다'에 의하여 함의되는 것은 현상적인 사물들 너머에서 그 사물들에 대하여 완전히 초연한 상태로 그 자체를 유지하는 어떤 것이라고 할 수 있는 절대적이고 초월적인 실체가 아니다. 오히려 선불교에서 그 말이 실제로 의미하는 것은 전체적이고 온전한 힘의 역동적인 장(場)이다.

그 전체적인 장은 오로지 주관적이거나 오로지 객관적인 것이 아니라, 주체와 객체로 양분되기 이전의 특유한 상태에서 주체와 객체를 모두 아우르는 장이다. '본다'의 동사 형태 그 자체는 적어도 모호하게는, 그것이 '절대적인' 것이든 '초월적인' 실체이든 하나의 사물이 아니라, 전체의 장을 그 역동적인 에너지로 충만하게 하는 '현실태(actus)'를 시사한다. 우리는 앞에서 도입한 기본적인 정식의 맥락에서, "나는 이것을 본다"의 전체 과정이 그 자체로 '본다'라는 행위(Act)의 장이라고 말할 수 있다. 그러나 이 문장의 참된 의미는 우리가 이 역동적인 장의 기본적인 내적 구조를 더 상세하게 분석해야만 명료하게 될 것이다.

## 의식과 본질

이즈쓰 도시히코 1982, 9.17

소크라테스가 인간의 지성(知性)을 올바르게 행사(行使)하고 사고를 엄밀하게 전개하며, 사물에 대한 인식의 오류를 없애기 위해, '정의(定義)'가 절대적으로 필요함을 정열적으로 강조한 이래, 사유의 대상 혹은 인식 대상의 '본질'을 추구하는 것은 서양철학 전통의 주류 중 하나가 되어 현재에 이르렀다. 그것이 '본질'론으로서 주제적으로 거론되었는지 여부를 떠나, '본질'의 문제성은 다양한 명칭, 다양한 형태로 서양철학의 역사를 통해 늘 사상가들의 사유를 지배해 왔다. 그러나 그것은 서양철학에서만 그런 것은 아니다. 동양에서도 — 가령 통칭 극동, 중동, 근동이라 부르는 광대한 아시아 문화권에 고래로 전개되어 온 철학적 사유의 다양한 전통을 동양철학이라는 이름으로 일괄하여 훑어보면 — '본질' 또는 그와 비슷한 개념이 언어의 의미 기능과 인간 의식의 계층적 구조와 관련되어 현저하고 중요한 역할을 하고 있음을 알 수 있다.

이러한 맥락에서 '본질'의 문제성을 단서로 그것이 제기해 온 여러 가지 철학적 문제를 논하며 동양철학 전체를 여러 전통과 관련된 복잡한 역사적 관련에서 떼어내어 공시적 사고의 차원으로 옮겨 다시 구조화해 보는 것이 나의 당면 목표이다. 그렇다고 해도 다루어야 할 내용이 자료적 측면으로만 봐도 매우 광범위하게 걸쳐 있기 때문에, 결국 나의 시도는 동양철학을 공시적으로 구조화하는 초보 단계에 머물 것이다.…

인간은 누구나 경험세계에서 만나는 모든 사물, 모든 사상(事象)에 대해 그 '본질'을 파악하고자 하는 거의 본능적이라 할 수 있는 내적 성향을 가지고 있다. 이것을 본질 추구나 본질 탐구라고 하면 뭔가 대단하고 특별한 것처럼 느껴지겠지만, 생각해 보면 우리들의 일상적 의식 기능 그 자체가 실은 대개의 경우 다양한 사물, 사상(事象)의 '본질'을 인지한 후에 성립된다. '본질'은 일상적 의식 즉 감각, 지각, 의지, 욕망, 사유 등으로 이루어진 우리의 표층의식의 구조 자체 안에 그것의 가장 기초적인 부분을 형성하고 있다.

의식이란 본래 '……에 대한 의식'이라고 하지만, 이러한 의식 본래의 지향성이라는 것은 의식의 본래 의도는 무엇인가 '……(=X)'의 '본질'을 어떠한 형태로든 파악해야만 드러난다. 설령 '본질' 파악이 아무리 막연하고 두서없고 말하자면 그때그때 기분에 따라 이해하는 것에 지나지 않는다 하더라도 말이다. 의식을 '……에 대한 의식'으로서 성립시키는 기저로서의 원초적 존재분절의 의미론적 구조 그 자체가 그런 식으로 이루어진 것이다.

X를 '꽃'이라고 부르거나 혹은 '꽃'이라는 말을 거기에 적용시켜 보자. 그것이 성립하기 위해서는

어쨌든간에 X가 '무엇인가'라는 사실, 즉 X의 '본질'을 파악해야만 한다. X를 꽃이라는 말로 지시하고 Y를 돌이라는 말로 지시하여 X와 Y를 언어적으로 즉 의식현상으로서 구별할 수 있기 위해서는 기본적으로 적어도 소박한 형태로 꽃과 돌 각각의 '본질'을 이해해야 한다. 그렇지 않으면 꽃은 어디까지나 꽃, 돌은 어디까지나 돌이라는 식으로 일률적으로 X와 Y를 구별할 수 없다.

선(禪)에서 말하는 소위 (제일차적으로) "산은 산이고, 물은 물이다"라는 말은 이러한 '본질'로 성립된 세계이다. 무수한 '본질'에 의해 다양하게 나뉘고 복잡하게 관련되는 '본질'의 그물망을 통해 분절적으로 조망된 세계이다. 그리고 그것이 곧 우리들의 일상적 세계이며 또한 주체적으로는 현실을 그러한 형태로 보는 우리들의 일상적 의식, 표층의식의 본원적 양상이기도 하다. 만약 의식을 표층의식으로 한정해서 생각한다면, 의식이란 사물, 사상의 '본질'을 말의 의미 기능의 지시에 따라 파악하는 데에서 생기는 내적 상태라고 해야 할 것이다. 표층의식의 근본적 구조를 규정하는 것으로서의 지향성에는 '본질'의 무반성적 혹은 전반성적(前反省的) ― 거의 본능적이라고 할 수 있을지도 모른다 ― 파악이 늘 선행한다. 이러한 선행이 없으면 '……에 대한 의식'으로서의 의식은 성립할 수 없다.

……

우리의 일상 세계는 이러한 일차적이고 원초적인 '본질' 인지의 과정을 생략하고 ― 혹은 그것을 깨닫지 못하고 ― 처음부터 이미 완성된 '것'으로 보이는 존재자가 형성하는 의미분절적 존재지평이다. 우리들은 이러한 존재지평에 현출(現出)하는 세계 안에 주체로서 존재하고 우리들을 둘러싼 그러한 '것'들을 객체로서 의식한다. 그때 당연히 의식은 무엇이 '……' 안에 잠재하는 '본질'인지를 거의 모르는 채 '……에 대한 의식'이라는 형태를 취한다. 그렇기 때문에 뭔가 어떤 계기로 언어 탈락이 일어나고 본질 탈락이 일어나면 아무런 단서가 없게 된다. 즉 전혀 아무런 표시가 없는 무기적(無記的) 무분절적 '본질'의 한 가운데 내던져져서 아연실색하게 되는 것이다. 또한 '본질'이라는 것의 고마움을 깨닫기도 한다. 이렇게 해서 사람들은 '본질'의 표시가 되어 있는 제대로 분절된 존재자의 세계로 황망하게 다시 돌아온다.…

동양의 정신적 전통에서는 적어도 원칙적으로는 인간은 이와 같은 경우 '구토'로 내몰리지는 않는다. 절대 무분절의 '본질'에 직면해도 당황하지 않을 만큼 처음부터 방법적, 조직적으로 준비가 되어 있기 때문이다. 소위 동양의 초인(超人)이란 심층의식이 열려 있어서 거기에 몸을 두고 있는 사람들이다. 표층의식의 차원에서 나타나는 사물, 거기에서 생기는 다양한 사태를 심층의식의 지평에 두고 그 견지에서 바라볼 수 있는 사람들이다. 표층, 심층의 두 영역에 걸친 그의 의식의 형이상적, 형이하적 지평에는 절대무분절 차원의 '본질'과 조각조각 분절된 '존재'가 동시에 있는 그대로 그 모습을 드러내고 있다.

> 늘(常) 무욕(無欲)하면, 이로써 만물의 본질인 묘(妙)를 볼 수 있지만,
> 늘 유욕(有欲)하면, 이로써 표면상의 형태인 요(徼) 밖에 볼 수 없다.

노자가 이렇게 말하는 것이 그것이다. (『노자』) 이 글은 앞에서 인용한 "이름이 없는 것이 하늘과 땅의 시작이고, 이름이 있는 것이 만물의 어머니이다"[71]로 이어진다. '늘(常) 무욕(無欲)'이란, 심층의

---

71) [영] 이즈쓰 도시히코 번역 『노자』(2001, 28).

식의 본원적 양상이다. 늘(常) 무욕(無欲) 즉 절대로 집착하는 바가 없는, 즉 이름을 통해 대상으로서 조정(措定)된 그 어떤 것에도 집착하지 않는 상태로, 대오(大悟)의 경지에는 성인(聖人)과 범부(凡夫)의 구별이 없다는 "곽연무성(廓然無聖)"적, "본래무일물(本來無一物)"[72]적 의식 상태이다. 여기에서는 의식은 '……에 대한 의식'이 아니다. 무대상적, 비지향적 의식 즉 '무'의식이다. 동양 사상에서는 어디에서나 이와 같은 의식이 아닌 의식, 메타의식이라 할 수 있는 것을 체험적 사실로서 인정한다. 그것이 동양철학 일반의 근본적 특징의 하나이다.

[JWH/김효순]

---

72) [영] 첫 번째 구절은 선종의 창시자인 달마대사가 무황제에게 한 말을 암시한다. 『벽암록(碧巖錄)』 1을 보라. 두 번째 구절은 중국 선종 제6조인 혜능(慧能)에게서 나온 말이다.

# 마루야마 마사오

丸山眞男, 1914-1996

일본인 중 마루야마 마사오 만큼 전후의 지적 담론에 현저한 흔적을 남긴 지식인은 드물다. 그의 초기 연구는 마르크스, 칼 만하임(Karl Mannheim), 막스 베버(Max Weber)의 연구 방법에 영감을 얻은 것으로, 근대초기 일본 사상의 분석에 초점을 두었다. 후에는 일본 지성사의 특수성을 전체적으로 밝히기 위해 더 많은 힘을 기울였다. 그는 평생 동안, 좌파 자유주의의 오피니언 리더로 남아 있었다.

　도쿄제국대학에서 서양 정치사상을 전공한 그는 근대 초기 일본 사상을 연구하여 전통적 연구 방법과 내용에 새로운 활력을 불어 넣었다. 그는 1944년에 징병되어 히로시마(廣島)의 원폭 피해로부터 겨우 벗어날 수 있었고, 그의 전쟁 체험은 전후시기에 그를 개혁주의자로서 적극적 자세를 취하게 했다. 그는 군사정권 하에서 천황제에 대해 날카롭게 '구조주의적' 비판을 가한 최초의 인물이다. 그는 초기에는 연구에 전념했지만 후에는 평화운동에도 참여하였다. 오늘날에도 근현대 일본 지성사의 다양한 측면을 다룬 그의 저서는 필독서가 되고 있다.

　1960년 이후 마루야마는 일본이 정신적 의미에서 근대화에 실패한 원인을 찾기 위해 일본 지성사를 전체적으로 돌아보는데 관심을 기울였다. 그와 관련하여 여러 가지 측면에서 그의 견해는 비판을 불러일으키기는 했지만, 근대성 문제에 대한 흥미로운 역사적 관점을 제시한다. 다음 발췌문은 그러한 예를 보여 주는 글들이다. 이 글에서 마루야마는 일본이 정치적, 역사적 가치에 대해 외부의 자극에 의존하고 있음에도 불구하고, 유입된 것은 항상 기존의 사회 질서를 넘어서 기초지어진 절대 도덕 원칙, 범용(犯用) 이론, 초월성에 대한 혐오감에 맞춰 수정되었다고 분석하고 있다.

[JJ/김효순]

---

## 근거를 찾아서

마루야마 마사오 1984, 144.56

　고래로 일본이 외래의 보편주의적 세계관을 잇달아 수용하면서 이것을 수정한 계기는 무엇이었을까요? 이 점에서 보면, 일본의 사상을 이해하는데 있어 우리들은 두 가지 오해를 자주 합니다. 첫 번째 오해는 극단적으로 말하자면, 일본사상사를 외래사상의 왜곡의 역사로 이해하는 것입니다. 예를 들어 유교나 불교가 일본에 들어오면 그런 식으로 왜곡되어 해석이 됩니다. 중국의 '진짜'유학은 이런 것이 아니었다, 혹은 메이지시대의 자유민권운동가들이 18세기의 사상가 루소(Lousseau)와 19세기 중엽 혹은 후반의 J. S. 밀(Mill)과 스펜서(Spencer)를 같이 뭉뚱그려서 사상적 원류로 떠받드는 것은 이상하다, 이런 식으로 보게 되면, 일본의 사상사란 외래 사상의 왜곡의 사상사 — 즉 진짜에서 일탈되어 가는 사상사라고 하는 셈이 됩니다. 저는 이러한 접근법은 생산적이지 않다고 생각합니다.

　다른 한편으로는 그와는 반대로, '외래' 사상이라는 것에서 독립하여 '내발(內發)'적 일본인의 사고방식을 찾고자 하는 노력이 있습니다. 이 역시 국학에서 근대의 일본주의, 혹은 최근 유행하는 '토착' 사상의 탐구까지 — 여러 가지 바리에이션을 보이고 있습니다만, 적어도 일본사상사의 방법으로서는 실패로 끝날 운명에 있습니다. (물론 전술한 바와 같이 그러한 외래 대 내발이라는 사고방식이 반복적으로 나타나는 것 자체는 매우 중요합니다. 오늘날 유럽인들은 모두 기독교를 동양으로부터 유입된 '외래' 종교라는 눈으로 보지는 않을 것입니다.)

즉 일본은 고대부터 압도적으로 대륙문화의 영향에 노출되어 왔습니다. 그것은 『고사기(古事記)』, 『일본서기(日本書紀)』, 『만엽집(萬葉集)』, 『풍토기(風土記)』, 『고어습유(古語拾遺)』 등 일본 최고(最古)의 문헌을 읽어 보면 곧 알 수 있습니다. 이미 그러한 것은 유교, 불교 등 기타 대륙에서 도래한 제 관념에 기본적으로 침투되어 있습니다. 따라서 외래문화의 영향을 배제하고 일본적인 것을 추구하는 것은 양파의 껍질을 벗기는 것과 같습니다. 에도시대(江戶時代) 중기부터 일어난 국학 운동의 희비극은 그렇게 양파 껍질을 벗기는 것처럼 우습게 되든가 아니면 반대로 일본적인 것 안에 외래 이데올로기를 계속해서 '습합'시켜 예를 들면 기독교도 일본의 신도(神道)의 파생물이라고 하듯이, 일종의 범일본주의(汎日本主義)에 포함되어 갑니다. 세계의 문화는 모두 일본에서 나왔다고 하게 되는 것입니다. 전쟁 중에 군인들 사이에 신봉자가 많았던 아마쓰교(天津敎) — 히라타(平田) 신도의 한 흐름입니다만 — 에 의하면, 예수도 일본에서 태어났고, 「석가모니」도 일본에서 태어났다고 합니다. 물론 신대(神代)의 문자도 — 한자와는 별도로 — 있었다고 주장합니다. 이 정도로 극단적이지는 않아도 그러한 판 저패니즘(pan-Japanism)은 일종의 외래사상 콤플렉스의 이면입니다만, 여러 가지 형태로 역사에 출현했습니다. 이는 일본 사상의 아이덴티티를 추구하는 필사적 노력이라고도 할 수 있습니다. 일본적 정신을 유교나 불교, 기독교, 마르크스주의와 같은 보편적 세계관과 대등한 하나의 세계관을 파악하고자 하는 데에, 히라타 아쓰타네(平田篤胤) 파에서 전쟁 중의 황도주의자, 일본주의자에 이르기까지의 비극 혹은 희극이 있었다고 생각합니다.

하지만, 그렇다고 해서 일본사상사는 단순히 외래사상의 유입사일까요? '일본적인 것'은 전혀 없는 것일까요? 그것은 그렇지 않다고 생각합니다. 문제의 성질상, '사상'으로 한정을 하겠습니다. 다소라도 체계적인 일본의 사상이나 교양은 내용적으로 말하자면, 고래로 외래사상이기는 하지만, 그것은 일본에 들어오면 일정한 변용을 거칩니다. 그것도 상당히 대폭적인 '수정'이 가해집니다. 아까 한 말을 빌자면, 병탄형(倂呑型)은 아니라는 것입니다. 그래서 완결적 이데올로기로서 '일본적인 것'을 추출해 내려면 반드시 실패를 하지만, 외래사상의 '수정'의 패턴을 보면 어떨까요? 그러면, 그 내용의 패턴에는 놀랄 만큼 어떤 공통된 특징이 보입니다. 별로 '고급'스런 사상의 레벨이 아니라 일반적인 정신태도로서도 우리들은 끊임없이 바깥 세계에서 두리번두리번하며 새로운 것을 찾으려 하면서도, 그렇게 두리번거리는 자기 자신은 전혀 바뀌지 않습니다. 그러한 '수정주의'가 하나의 패턴으로서 집요하게 반복됩니다. 그러한 사실을 제가 강의에서 분명하게 밝힌 것은 1963년의 일입니다.

제가 그곳에서 사용한 것은 '원형(原型)'이라는 말입니다. 일본사상의 '원형'이라는 것을 강의를 시작하면서 논했습니다. 외국어로서 염두에 둔 것은 프로토타입이라는 말이었습니다. 물론 그 무렵 저는 융은 전혀 읽지 않았기 때문에 융의 아키타입(archetype)에서 암시를 받은 것은 아닙니다. 다만 아까와 같은, 제 몸 안에서 발효한 '개국(開國)'이라든가 문화접촉의 양상이라든가 일본 문화와 일본 사회의 변용성과 지속성의 역설적 결합 같은 문제를 거듭 검토하였고, 그 결과 아무래도 일본정치사상사의 모두(冒頭)에서 '원형'이라는 것을 논하지 않을 수 없게 된 것입니다. 그래서 에도시대부터 시작한 강의를 고대로까지 거슬러 올라갔고 어차피 1년 동안에는 다 할 수 없기 때문에 매년 시대를 바꾸어서 했습니다. 예를 들어, 고대부터 시작한 해는 가마쿠라(鎌倉) 불교 정도에서 끝났습니다. 그래서 그 다음해에는 중세 말기 정도에서 시작하여 기독교의 도래까지로 합니다. 그리고 또 그 다음해에는 막번체제(幕藩體制) 초기에서 메이지유신(明治維新)까지 합니다. 그러나 매학년 제일 처음에 반드시 '일본사상의 원형'이라는 장을 두고, 불교라는 세계 종교가 들어왔을 때 '원형'에 의해 어떻게 수정되었는지, 유교가 들어왔을 때 그것이 중국 유교를 어떤 식으로 변용시켰는지, 그러한 관점에서 이야기를 했습니다. 따라서 매우 불친절한 강의로, 3년 정도 연속해서 출석하지 않으면 고대부터 메이지유신에 이르는 일본정치사상사는 들을 수가 없습니다.…

저는 여기에서 '프로토타입'이라는 말을 사용했습니다만, 외래사상이 내용적으로 '원형'에 의해 어떻게 수정되었는지는 오늘은 시간 관계상 생략하고, 방법론의 문제에 국한하여 설명하겠습니다. 예를 들어 삼각형을 그리면, 제일 밑변에 원형이 옵니다. 그 위에 유교나 불교, 마르크스주의에 이르는 '외래'의 교의(敎義)나 '체계'가 누적됩니다. 그리하여 역사적 발전이 '동시에' 층을 이루게 됩니다. 그렇게 해서 밑변의 '원형'과 그 위에 겹쳐진 외래사상 사이에 상호교섭이 일어납니다. 그러므로 단순히 공간적으로 위에 쌓여만 가는 것은 아닌 것입니다. '원형'이라는 것은 하나의 독트린으로 있는 것이 아니기 때문에 구체적으로 원형을 추출해 내는 방법으로는 '소거법'밖에 없습니다. 유교나 불교, 민주주의와 기독교와 같은 외래의 교의나 세계관을 확실하게 표현하고 있는 카테고리를 소거해 가는 것입니다. 그 외에 '원형'에 접근하는 방법은 없습니다.

그와 같은 사실은 신도(神道)의 예를 보면 잘 알 수 있습니다. 신도라는 것은 처음에는 불교와 습합하여 양부(兩部) 신도[73]와 같은 교의가 생겼고, 나중에는 유교와 습합하여 요시다(吉田) 신도라든가 요시카와(吉川) 신도가 생겼습니다. 신도는 그와 같이 다른 세계관의 도움을 받지 않으면 '교의'로서의 체계를 가질 수 없는 것입니다. 그것이 신도의 사상적 숙명인 것입니다. 하지만 '원형'을 추출해 낸다는 의미에서는 신도사는 매우 도움이 됩니다. 특히 그 직접적인 소재가 되는 것은 일본신화입니다.

『고사기』와 『일본서기』의 신화는 지배계급의 이데올로기로 반드시 일본 민중사상을 대표하는 것은 아니라는 생각이 전쟁 전부터 있었습니다. 그에는 합당한 이유도 있습니다만, 그 문제에 들어서면 구체적인 신화내용 분석으로 들어가야 하기 때문에 지금은 말씀드리지 않겠습니다. 다만 방법론의 문제로서는 일본에 한하지 않고 어느 사회의 사상사를 연구하는 경우에도 고대로 거슬러 올라갈수록 "특정 시대의 지배적 사상이란 당시의 지배계급의 사상이다"라는 유명한 마르크스의 말이 들어맞습니다. 그러한 통치자 및 그가 거느리고 있는 지식층에 의해 기록된 문헌 '이외에는' 구체적인 사상사 자료를 입수할 수 없을 뿐만 아니라 애초에 '지배계급'과 의식적으로 대결한 '민중의 사상'이라는 말로 사상사를 이야기하는 것 자체가 '근대'에 들어서서 등장한 입장으로, 그러한 입장에서 이미지를 과거에 투영하는 것은 오히려 비역사적이 아닌가 하는 점만은 말씀을 드려 두겠습니다. 일본의 신화 중에 『고사기』와 『일본서기』의 편자의 정치적 의도를 파악하는 것은 별로 어려운 일은 아닙니다. 그러한 이데올로기성을 넘어 거기에는 일본사상사의 '개체성'을 탐색하는 귀중한 소재가 있다고 생각합니다.

전술한 바와 같이 일본의 신화가 형태를 갖춘 6, 7세기 무렵에는 대륙의 다양한 문화가 침투되어

---

73) 〔한〕 일본 종교에서 신도에다 불교 진언종(眞言宗) 교리를 결합시킨 혼합주의 종파.

있었기 때문에, 일본의 신화는 원형 그 자체의 표현은 아닙니다. 바로 그것이 중요한 점입니다. 소거법에 의하는 수밖에 없다고 한 것은 바로 그 문제 때문입니다. 일본의 신화 속에서 명백하게 중국적인 관념 ― 유교뿐만이 아니라 도교라든가 제자백가도 포함하여 그러한 고대중국의 관념을 바탕으로 하는 사고방식이나 카테고리를 소거해 가는 것입니다. 그리고 이번에는 세계종교로서의 불교 ― 물론 중국 경유의 대승불교입니다만, 거기에서 유래하는 관념도 소거해 갑니다. 같은 조작을 『만엽집』이나 『일본영이기(日本靈異記)』[74], 기타 중요한 사상문헌에 대해 차례차례 실시합니다. 그렇게 하면, 아무것도 남지 않게 되느냐 하면 그게 그렇지가 않습니다. 무엇인가가 남습니다. 그 무엇인가가 바로 원형 ― 그 단편을 드러내는 것입니다. 원형은 그 자체는 절대로 교의가 되지는 못합니다. 교의로서 체계화하려면 외래세계관의 도움을 받아야만 합니다. 그러나 그 단편적인 발상은 놀라울 만큼 집요한 지속력을 갖추고 있어서 밖에서 들어오는 체계적 외래사상을 변용시켜서 소위 '일본화' 시키는 계기가 됩니다. 이러한 소거 조작은 일종의 순환론법이 됩니다만, 그것은 어쩔 수 없습니다.

......

1972년에 「역사의식의 「고층」(歷史意識의 「古層」)」이라는 논문에서는 … 처음으로 '원형' 대신 '고층'이라는 말을 사용하였습니다. 본질적 생각이 바뀐 것은 아니므로 왜 바꾸었냐고 하면 특별한 이유가 있는 것은 아닙니다. 그러면 왜 '고층'이라 했을까요?

말할 필요도 없이, '고층'이란 지질학적 비유입니다. '고층' 위에 불교나 유교, 혹은 기독교나 자유민주주의 등과 같은 외래사상은 퇴적(堆積)되어 갑니다만, 저변에 있는 '고층'은 계속해서 유지되고 있습니다. 즉 '원형'이라는 말을 쓰면, 마르크스주의의 아시아적 생산 양식론 논쟁처럼 가장 '오래된' 단계와 같은 느낌을 주며, 역시 앞에서 말한 역사적 발전계열 안으로 편제되어 버릴 염려가 있습니다. '고층'이라고 하면 시대를 초월하여 계속해서 작용하는 '성층성(成層性)'이 보다 분명해집니다. 그것이 이 말을 사용한 첫 번째 이유입니다. 그리고 두 번째 계기는 적어도 '원형'만큼 숙명론적인 느낌을 주지 않는다는 점입니다. '원형'이라고 하면, 고대에 '원형'이 숙명적으로 결정되어 그대로 고정되어 버린 것처럼 느껴집니다. 만약 고층이라고 하면 가장 기저에 있기 때문에 강인하기는 하겠지만, 가령 대지진이라도 나면 고층이 불쑥불쑥 융기하여 지층의 구조를 변동시킬 수도 있습니다. 예를 들어 아까 말씀드린 유학사(儒學史)에 있어 고학파(古學派)라든가 국학운동의 등장이라는 것은 '쇄국' 등과 같은 여러 가지 조건 하에서 '고층'이 융기하는 하나의 과정이라고 저는 보는 것입니다. 그러니까 여기에서는 사상의 '근대화' 과정과 함께 '이중진행'이 일어나는 것입니다. 왜 유학의 고학파나 국학에 고층의 융기라는 측면을 보느냐 라고 하는 실질적 내용에 대해서는 여기에서는 이야기하지 않겠습니다. 다만 무차별적 외래 이데올로기에 대항하는 과정에서 고층이 융기하는 것으로, '대항'이 동기가 되고 있기 때문에 그러한 사상은 '고층' 그 자체는 아닙니다. 국학은 제가 보기에는 스스로 '고층'에 대한 사상적 자각으로 일어난 것이지만, 실제로는 예를 들면 모토오리 노리나가(本居宣長)* 의 연구가 오규 소라이(荻生徂徠)* 의 연구의 자극 없이는 있을 수 없다고 생각하는 것처럼, 순수한 '고층'이라고 할 수는 없습니다. 다만 국학은 '고층'을 고찰하는 소재로서는 지극히 귀중한 공헌을 했습니다.

하지만 고층이라는 표현도 얼마 안 있어 다시 바뀌었습니다. 이것도 표현의 문제이므로 별 문제 아니라고 생각할 수도 있겠지만, 역시 이러한 용어는 가급적이면 오해의 여지를 최대한 줄여 두는

---

74) [영] 일본에서 가장 오래된 불교 설화집으로 9세기 초에 편찬되었다.

것이 좋습니다. 내가 몹시 고민을 한 끝에 드디어 찾아낸 말은 음악용어입니다. 이에 대해서는 1975년 미국 프린스턴대학 고등연구소(Institute for Advanced Study)에 있을 때 자세히 설명했습니다. 다만 이 용어 자체는 1972년 「역사의식의 '고층'」에서 이미 사용한 말입니다. 바소 오스티나토(Basso ostinato)가 그것입니다. 그런 음악용어를 사용하는 것은 좀 어줍지 않아 보여서 마음에 들지는 않지만 아무래도 달리 적당한 말이 떠오르지 않습니다.

바소 오스티나토(Basso ostinato=ground bass)는 영어로 말하자면 옵스티네이트 베이스(obstinate bass)로, 집요하게 반복되는 저음음형(低音音形)이라는 의미입니다. 그러면 왜 '고층'을 그것으로 바꾸었을까요. 일본에서는 마르크스주의의 영향이 매우 강합니다. 그래서 현실적으로 저의 「역사의식의 '고층'」을 읽은 사람들의 반향을 들어 본 한에 있어서는 '고층'을 마르크스주의의 '토대=Unterbau'로 보는 사람이 적지 않았습니다. 잘 아시는 바와 같이 마르크스주의에서는 '토대'에 대해 이데올로기로서의 '상층건축'(상부구조)이 있습니다(아울러 말씀드리자면, '하부구조'라는 말은 나중에 생긴 것으로 마르크스 자신은 '토대=basis'라는 말을 사용하고 있습니다). 물론 '상층건축'이 토대에 역작용하는 것은 용인을 합니다.… 그러나 제가 생각하는 '고층'에는 그런 의미는 없습니다. 위에서 언급했듯이, 구체적으로는 단편적으로밖에 식별될 수 없으며 역사적으로는 체계화된 외래의 세계상과 결합되어 나타나는 것이기 때문에, 마르크스가 말하는 '토대'와는 매우 다릅니다. 그런데 독자들은, 마치 제가 '토대'로서의 '고층'에 의해 모든 이데올로기가 '기본적으로' 혹은 '궁극적으로' 제약을 받는다고 생각하는 것처럼, 「역사의식의 '고층'」을 이해한 것입니다.

그래서는 안 되겠다고 생각해서 '집요하게 반복되는 저음'으로 바꾼 것입니다. '집요하게 반복되는 저음'이란, 음악을 하는 사람이라면 잘 알고 있듯이, 바소 콘티누오(basso continuo=연속되는 저음)와는 다릅니다. 바로크음악에 있는 바소 콘티누오는 상성부(上聲部)의 선율에 대해 화음의 진행을 베이스가 담당을 합니다. 악보를 보면, 흔히 ♯ 및 ♭과 같은 기호와 함께 숫자가 저음부에 적혀 있습니다. 특별한 음형을 이루고 있는 것은 아닙니다. 이에 대해 바소 오스티나토(Basso ostinato)는, 저도 참고삼아 음악사전을 찾아보았지만, 그에 대한 제대로 된 번역어는 없는 것 같습니다. 저음부에 일정한 선율을 가진 악구(樂句)가 집요하게 등장하며 상(上)·중성부(中聲部)와 함께 공명을 합니다. 하나의 음형이지만 '반드시' 주선율은 아닌 것입니다. 주선율은 바이올린이나 플루트 같은 목관악기로 상성부로 연주해도 됩니다. 다만 저음부에 바소 오스티나토가 있으면, 음악 전체의 진행이 주선율에 화성을 수반할 때와는 달라지게 됩니다. 가령 이러한 비유를 사용하여 일본사상사를 보면, 주선율은 압도적으로 대륙에서 온, 혹은 메이지 이후에는 유럽에서 온 외래사상이 됩니다. 하지만 그것은 그대로 들리지 않고 저음부에서 집요하게 반복되는 일정한 음형에 의해 수정되고 그것과 섞여서 들리는 것입니다. 그리고 그 저음음형은 오스티나토라고 불리우듯이 집요하게 반복해서 등장합니다. 제너럴 베이스(일반저음)처럼 단순히 지속적으로 저음부 화음을 연주하는 것은 아닙니다. 어떤 경우에는 이질적인 주선율에 밀려 윤곽을 제대로 파악할 수 없을 만큼 '바닥으로' 가라앉아 버립니다. 이렇게 해서 드디어 집요하게 반복되는 하나의 패턴, 사고방식, 감정의 패턴 — 으로서 '일본적인 것'을 파악할 수 있게 되었습니다. 다만 그러한 특수한 음악용어를 은유적으로 사용해야만 된다는 것은 대단히 유감스럽기 때문에 더 좋은 말이 있다면 알려 주시기 바랍니다.…

지금까지 '특수성'의 강조라는 것에 대한 오해 — 적어도 제가 보기에 오해로 보이는 것에 대해 이야기했고, 일본 문화의 '개체성', '개성'이라는 말을 대신하고 싶은 이유를 말씀드렸습니다만, 위에서 언급한 '고층'이든 혹은 '바소 오스티나토'든, 저로서는 또 한 가지 변명을 해야 하는 방법론상의 문제가 있습니다. 그것은 연속성과 비연속성, 혹은 항상성과 변화성이라는 문제입니다. 이는 이상의 제 이야기를 자세히 살펴보시면 새삼 언급할 필요도 없겠지만, 만일을 위해 말씀드리자면, 위와 같은 사고방식에는 비연속적임에'도 불구하고' 연속성이 있다 — 혹은 크게 변화를 하고 있음'에도 불구하고' 변화하지 않는 지속적인 요소가 있다는 식으로, 양쪽의 계기를 대립하지 않는 모순된 것으로 전제하여 논하는 것이 '아니다'라는 것입니다. 물론 그러한 '임에도 불구하고'라는 형태로, 즉 항상성과 변화성을 이항대립으로 파악을 해 버리면, '바소 오스티나토'라고 애써 강조한 의미가 없게 됩니다. 제가 하고 싶은 말은, 변화하는 요소도 있지만 한편으로는 항상적 요소도 있다라든가 단절면도 있지만 그럼에도 불구하고 연속면도 있다는 것이 아니라, 변화하는 그 변화의 '방법', 변화의 패턴 '자체에' 몇 번이고 반복되는 음형이 있다는 것입니다. 즉 일본사상사는 여러 가지로 변화하지만, 그럼에도 불구하고 일관된 어쩌구저쩌구 — 하는 것이 아니라, 반대로 일종의 사고(思考)와 발상의 패턴이 있기 '때문에' 정신없이 변화한다라는 것입니다. 혹은 정통적인 사상의 지배에도 불구하고 이단이 나오는 것이 아니라, 사상이 본격적인 '정통'의 조건을 충족시키지 않는다는 바로 '그 이유 때문에' '이단을 좋아하는' 경향이 끊임없이 재생산된다고 할 수 있을 것입니다. 앞에서 든 예로 말하자면, '바깥' 세계의 변화에 대응하는 빠른 변화의 속도 그 자체가 '전통'이 되고 있는 것입니다.

'바깥'과 '안'이라는 것은 반드시 외국과 일본이라는 레벨만이 아니라, 여러 가지 레벨 — 예를 들어 기업집단이라든가 '마을 공동체', 그리고 개인 레벨에서 '타인'과 자신이라는 의미로도 적용됩니다. 즉 일종의 비슷한 구조를 이루며 몇 가지 층으로 묘사됩니다. 그러므로 변화하지 않는다고 하지만 실은 이렇게 변화하는 것이다라는 시각은 실은 전쟁 중에 있었던 — 혹은 거슬러 올라가면 메이지시대의 국민도덕론에 있었던 — 여러 가지 역사적 변화에도 불구하고 고래로부터 일관하는 '일본정신'이 있고, 일본의 역사적 발전은 그러한 '일본정신'이라는 '본질'의 다양한 현현형태다 라는 시각을 단순히 뒤집어 놓은 것에 불과한 것이 아닐까요? 우리들은 불변의 요소'에도 불구하고'가 아니라, 일정한 변화하지 않는 — 이라고 해도 물론 만고불변의 절대적 의미가 아니라 쉽게는 변하지 않는 — 특정한 패턴 '때문에' 그러한 식으로 변화한다는 시각으로 일본사상사를 고찰하고자 한다면, 일본 사상사의 '개성'을 보다 잘 파악할 수 있을 것이라 생각합니다.

이렇게 해서 편의상 다음과 같은 세 가지 영역에서 바소 오스티나토를 생각해 보았습니다.

1. 역사의식 또는 우주에 대한 의식
2. 윤리적 의식
3. 정치의식

제가 '의식'이라는 말을 사용한 것은 '사상'이라고 하면 뭔가 실체적인 세계관과 밀접하게 연관되어 앞에서 언급한 바소 오스티나토의 단편적 성격이 표현되지 않기 때문입니다.…

[JJ/김효순]

# 미나모토 료엔

源了圓, 1920-2020

미나모토 료엔은 1948년 교토대학 철학과를 졸업한 후 세계문학사(世界文學社)에서 『철학계간(哲學季刊)』 편집부에 합류하였고, 교토의 교수들과 공동으로 『철학 사전』(弘文社) 편집에 참여했다. 1960년 니시타니 게이지(西谷啓治)*의 『종교와 무(Religion and Nothingness)』(Trans. Jan Van Bragt. Berkeley: University of California Press, 1982)가 될 강연의 사본을 준비했다. 그는 37년간이라는 오랜 기간 동안 교직에 종사했으며, 뉴욕 컬럼비아대학의 객원 교수로 근무했다. 1991년에 은퇴한 후 옥스포드대학교(Oxford University)에서 객원 교수로 재직했으며, 2001년에는 유명한 일본학사원 회원이 되었다. 일본 지성사에 대한 그의 관심은 광범위했지만, 그의 글에서는 도쿠가와시대(德川時代)의 유교 철학과 일본 문화에 대한 관심이 제일 중요하다. 또한 교토학파 철학에 대한 그의 오랜 관심은 그의 저작에도 잘 반영되어 있다.

아마도 그의 철학적 업적에서 가장 주목할 만한 것은 일본의 사상과 문화에서 반복되는 주제인 「형(型=form)」의 개념에 대한 저작일 것이다. 그 주제를 다룬 1989년의 저서에서, 그는 서양고전 철학에서 형식과 내용의 구별을 없애는 개념인 '형(型)'의 인식 뒤에 있는 사상과 감정의 방식을 파악하고자 하였다. 데카르트가 육체와 정신의 구별에 초점을 두었다고 한다면, 미나모토는 몸과 구별이 되는 정신과 불가분의 관계에 있는 「무심(無心)」을 주로 구별하고자 하였다. 특히 공연 예술에 있어, 예술 기예의 연마는 암묵적 인식과 명백한 인식의 사이를 중재한다. 그러나 마음의 이러한 성취는 마음이 형태가 되고 형태가 마음이 되기 전까지는 이루어질 수 없다. 즉 사물이 외부 대상으로 존재하지 않고 주체와 객체의 구별이 없어지는 무심의 상태가 되어야 한다.

3년 후에 출판된 다음의 발췌문을 보면, 미나모토는 형(型)에 대한 개념을, 개인이 공유하는 사상과 행동 방식을 포함하는 정치 및 기관의 카테고리를 넘어, 사회사적 발전에 적용했다. 그렇게 함으로써, 그는 일본적 미학에 대해 더 넓은 맥락에서 대답하기 위해 전통적 유교의 가치에 대한 비판적 조화를 조명하며 현대 사회의 관습과 교육을 바라보았다.                    [JWH/김효순]

---

## 스타일로서의 형(型)

미나모토 료엔 1992, 20-8

---

스타일(style, stil)은 한 세대 전에는 주로 미술사 영역의 '양식'의 문제로 논의되었다. 그러나 '문체' 역시 하나의 스타일이다. 그뿐만 아니라 머리의 모양(헤어 스타일)처럼 풍속의 세계에서 형(型)의 문제도 이 스타일에 포함된다. 이 스타일로서의 형은 패턴으로서의 형이나 폼으로서의 형과 비교하면 훨씬 광범위하고 유동적인 개념이다. 그리고 스타일은 폼과 비교하면 훨씬 포괄적인 개념이지만 패턴과 비교하면 패턴이 전체적, 총체적인 개념이며 문화를 전체적으로 포착하는데 대해, 스타일은 문화의 특정 국면, 문화의 특정 요소를 둘러싼 개념이다.…

폼으로서의 형과 스타일로서의 형은 서로 다른 개념이다. 예를 들어, 폼으로서의 형이 다도에서 손님을 맞이하여 차를 끓여내는 행위에서 가시적으로 포착할 수 있는 것이라고 한다면, 스타일로서의 다도의 형은 손님을 맞이하기 전부터 손님을 전송하기까지의 다도회 전체의 흐름 안에 작법(作法)으로서 존재하는 것이기 때문에, 훨씬 긴 시간의 경과 속에 있으며, 소위 폼으로서의 형을 시간의 흐름 안에서 감싸는 식으로 존재한다. 그리고 그곳에는 의외성, 돌발성, 기지성이 포함되어 있으며, 폼이 가지고 있지 않은 유동성이 있다. 이는 모든 연기(演技)나 무도(武道)에 대해서도 마찬가지라고 할 수 있다. 그리고 배우는 쪽이나 보는 쪽에서 말하자면, 일단 폼으로서의 형이 훨씬 배우기 쉽고 알기 쉽다. 쉽게 말하자면 접근하기 쉽다는 것이다. 초심자는 폼으로서의 형에만 관심을 쏟기 쉽지만, 그 전후를 포함한 스타일로서의 형 없이는 폼으로서의 형도 성립할 수 없다. 그리고 양자는 모두 규범성, 구속성을 갖지만 폼으로서의 그것은 외적 규범임과 동시에 내적 규범이라는 이중성을 지닌 데 대해, 스타일의 규범성은 외면적 성격에 그친다.

이에서 알 수 있듯이 스타일은 패턴이나 폼과 비교하면, 형이라는 말이 우리들에게 주는 확고한 이미지가 부족해서 파악하기 힘들다. 또한 폼이 그 제작자의 이름이 잊혀질 정도로 보편적이고 일반적인데 대해 스타일의 경우는 다도구의 '취향'이나 '문체'의 경우처럼 개성적인 측면을 갖는다. 그리고 지속성이라는 것을 사회적 차원으로 파악하면, 스타일로서의 형은 폼으로서의 형과 비교하면 불안정하여 맥없이 사라질 운명에 있다. 또한 '스타일'이라는 개념이 포괄하는 범위는 문체처럼 시간적 계기를 포함하지 않는 것도 있는가 하면, 예의범절처럼 시간적 계기를 중핵으로 성립되는 것도 있다는 사실에서 알 수 있듯이, 매우 폭이 넓다. 형이라는 것을 문제로 삼을 때, 스타일이라는 각도의 접근이 비교적 적은 것은 위와 같은 이유에서일 것이다. 그러나 문화나 사회, 더 나아가서 역사의 문제를 생각할 때 이러한 스타일이라는 개념은 내가 당초 생각했던 것보다 훨씬 더 중요하다는 사실을 알게 되었다. 이러한 스타일로서의 형은 내가 연구의 출발점으로 삼은 '형의 붕괴'라는 사회현상, 문화현상에 대한 염려라는 것과는 문제의식을 달리 하지만, 그 중요성과 연구의의를 알게 된 지금은 형의 문제의 그러한 측면도 더 고찰해 보고 싶다.

여기에서는 사회나 역사의 차원에서 스타일로서의 형이라는 개념을 도입하면 어떤 관점이 생길까 하는 문제에 대해 한 가지 예를 들어 보고 싶다. 여기에서는 우선 역사학이라는 학문의 존재방식의 문제부터 고찰해 보겠다. 메이지시대 이후의 일본 역사를 파악하는 방법은, 독일의 '국제사'의 영향을 받아 제도사를 중핵으로 하는 정치사가 중심적 위치를 차지하고 있었다고 생각한다. (제2차 세계대전 후에는 사회경제사의 힘이 강해져서 양자가 길항하고 있다고 할 수 있을지도 모른다.) 확실히 제도는 사회의 중추이기 때문에 제도사를 중핵으로 하는 정치사라는 타입의 역사가 필요한 것은 말할 필요도 없다. 그러나 이러한 타입의 역사서술로는 그 안에서 살고 있던 인간이나 구체적인 생활 모습이 드러나지 않는다는 인간부재의 역사가 되기 쉽다. 당연히 그에 대한 비판으로서 개개의 인간이 일상 생활 속에서 어떠한 삶을 영위하고 있었는가 하는 문제에 대한 관심이 생기게 된다. 그것을 제일 먼저 시도하여 큰 성공을 거둔 것은 프랑스의 아날학파(École des Annales)였는데, 이 학파가 주도하여 사회사가 형성되었고 전후 일본에서도 그 영향이 나타났다.…

사회사라고 하는 역사학의 이 새로운 스타일을 놓고 그것을 역사학의 모든 것이라고 하면 고개를 갸우뚱하겠지만, 지금까지의 역사학이 밝힐 수 없었던 부분을 밝히는 역사학의 중요한 한 장르라고 하면 납득이 될 것이다. 이에 의해 역사와 기층문화의 결합도 가능해졌고 당시까지의 역사학에 결여되어 있던 세세한 일상생활의 모습도 역사서술의 대상이 된다고 하는 장점이 있었다. 다만 그것이 재현하는 사회생활의 내용이 세세한 일상생활의 모습만을 그리는 것에 그치는 역사적 접근에 머문다면 역시 아쉬운 느낌이 드는 것은 부인할 수 없다. 역사학은 '변화'라는 것을 원리로 하여 성립되는 학문이기 때문에 시간적 계기를 극한적으로 줄인 개인의 일상생활의 세세한 서술은 사회사라는 관점의 역사학에서 중요하기는 하지만 하나의 소재로 여겨진다.

나에게는 제도사적 서술과 개개의 사회적 현상의 서술의 중간에 양자를 매개하는 역할을 하는 사회생활의 스타일이라고도 할 수 있는 영역의 해명과 서술이 역사학의 과제로 남아 있다고 생각한다. 이는 제도를 밝히는 것이 아니라 명문화되어 있지 않은 사회적 사상(事象)을 밝힌다는 점에서는 사회사의 범주에 속한다고 해도 좋다고 생각하지만, 보통 사회사에서 다루는 사항보다 더 스케일이 큰 단위의 사항을 다루는 역사에 대한 접근을 말하는 것이다. 예를 들어 오규 소라이(荻生徂徠)*의 『정담(政談)』에는 나를 깜짝 놀라게 하는 구절이 있다. 이 책에서 소라이는 막부(幕府)가 「다이묘(大名)」나 다이묘의 가족 및 그 가신들을 에도에 둔다고 하는 소위 정부(定府=정해진 자리)의 정책을 취한 것이 그들의 실제 생활에 어떠한 사태를 불러일으켰고 또 그것이 정치에 어떤 반향을 불러일으켰는지에 대해 매우 주목할 만한 관점을 취하고 있다. 그것은 '격(格)'이라는 문제이다.

'격'에는 시인 바쇼(芭蕉)의 시 "격(格)으로 들어가서 격으로 나오지 않을 때는 좁고, 또한 격으로 들어가지 않을 때는 사로(邪路)로 달린다. 격으로 들어가고 격으로 나와야 비로소 자재(自在)를 얻을 수 있다"(祖翁口訣)와 같은 용례가 있다. 이 경우의 격은 '폼으로서의 형'의 의미로 사용되고 있다. 소라이가 말하는 격은 이와는 달리 '스타일로서의 형'의 의미로 사용되고 있다.

소라이가 『정담(政談)』이라는 책을 쓴 교호(享保, 1716-1736) 연간은 다이묘들의 경제 상태가 매우 악화된 시기이다. 만성적 인플레 상황에서 에도(江戶) 생활을 하는 다이묘들의 생활은 교제에 있어 다이묘끼리의 경쟁심이라는 것도 있어서 나날이 사치가 그 도를 더해갔다. 번(藩) 당국은 상인 계급인 조닌(町人)들에게서 돈을 빌려 그때그때 상황을 모면했지만, 조닌들은 다이묘들이 빚을 갚기는 커녕 이자 지불도 연체가 되자 더 이상 돈을 빌려 주지 않았다. 게다가 1718년 '신금은통용령(新金銀通用令)'에 따라 시장에 화폐가 돌지 않아 경제계는 불황을 맞이하게 된다. 이러한 상황 속에서 다이묘들은 가신들의 봉급도 주지 못하게 되었다. 그렇다면 다이묘들은 검약을 해서 경비 절감을 꾀하여 그러한 사태에 대응하면 되지 않을까 라고 생각하겠지만, 소라이는 검약은 소용이 없다 하며, 그 이유를 다음과 같이 들고 있다.

> 검약을 할 수 있는 방법이 없는 이유를 보면 다음과 같다. 다이묘의 '격'이라는 것에 막혀서, 지금은 옴짝달싹할 수 없게 되어 검약할 방법이 없다. 그 격이라는 것은 아침저녁 몸가짐, 의복, 음식, 기물(器物), 거주, 사람을 부리는 법, 아내에 대한 예의, 서신 교환, 선물 증답, 사자(使者) 다루기, 성하(城下) 마을 산책, 길에서의 예절, 관혼상제의 예절에 이르기까지, 옛 제도도 아니고 또한 공의(公儀)로 정해진 법도 아니다. 세상의 풍속으로 자연히 사치스러워진 것을 옆에서 보면서 시대의 풍속으로 정착된 지 오래 되었기에, 당시에 이르러서는 이것을 격이라 부르며 그 자신도 가신들도 곁에서 가장 중요한 것으로 알고는 이 격에서 벗어나면 다이묘라고 할 수 없다고 생각하는 것이 사람의 마음이다. 그 중에는 미래를 생각하지도 않는 것도 대부분은 세상이 사치를 함에 따라 생긴 유행이 오랜 세월에 걸쳐 굳어진 것으로, 아무 도움도 안 되는 것이다. 하지만 이를 격으로 생각하고 있기 때문에 이를 조금이라도 손상시킬 수 없어 옴짝달싹할 수 없는 상황이다. (『정담』 제2권, 1726, 322. 강조 필자)

위에 인용한 글은 소라이가 말하는 '격'이 '풍속'에 있어서의 격, 즉 생활 스타일로서의 형임을 잘 보여 주고 있다. '격'은 '제도'도 아니고 '법'도 아니다. '시대의 풍속'으로 자연발생적으로 생긴 것이 오랫동안 진행되는 동안 '격'으로 여겨지게 되었고, 다이묘도 그 가신들도 무엇보다 그것을 가장 중요한 것으로 생각하고 그것을 벗어나면 다이묘라는 이름값을 못하는 것으로 생각할 만큼 구속력, 규범력을 지니고 있었다는 것이다. 여기에서 확인해 두어야 할 것은 소라이는 위에서 소개한 다이묘들의 생활스타일로서의 격을 고발적으로 파악한 것이 아니라는 것이다. 제대로 된 제도로 확립하여 그것을 체크하고 콘트롤하며 최종적으로는 그것에 종지부를 찍게 한다는 그의 정책목표인데, 사회생활의 스타일로서의 형이 생활 상 얼마나 크게 규제하는 힘을 발휘하고 있는지를 그는 명확하게 인식하고 있었던 것이다.

이와 같은 소라이의 소위 '격'에 나타나는 사회생활의 스타일로서의 형은 제도나 법처럼 기록이나 문서상으로는 제대로 드러날 수가 없다. 어지간히 주의 깊게 사료를 읽지 않으면 간과하기 쉬운 사항이다. 그러나 이와 같은 시각을 포함시킴으로써 사회사가 얼마나 풍부해지는지는 새삼 언급할 필요도 없다. 물론 이러한 생활의 스타일은 정치사가 대상으로 하는 사항과 비교하면 너무나 사소한 것이 아닌가 하는 의문이나 반론이 나올 수 있을 것이다. 그에 대해 나는 다음과 같이 대답하고 싶다.

이 케이스에 관해서는 교제비를 절약하는 것은 다이묘를 다이묘로서 이름값을 못하게 하는 것이라고 생각한 다이묘나 그를 보좌하는 가신들은 우선 일반가신의 봉록을 인하했습니다. 더 나아가 최후의 방법으로써 농민들의 과세 부담을 증가시키는 조치를 취했습니다. 그리고 이러한 일들은 한편으로는 하급무사로 하여금 자신들이 소속한 체제가 이래도 괜찮은 것인가 하는 의문을 불러일으켰고, 또 한편에서는 오롯이 피해를 입은 농민들에 의한 '농민봉기'를 전국 각지에 유발하여 막번체제를 내부로부터 뒤흔들기 시작했습니다. 이렇게 해서 사람들이 공고한 사회 질서도 끝이 났다고 생각하기 시작했을 때 외압문제가 발생하여 막번(幕藩) 본위의 정치로는 더 이상 국가의 독립을 유지할 수 없다는 사실을 자각하게 되었고, 막번체제는 타도되어 갔습니다. 이러한 역사의 과정을 생각하면, 소라이가 여기에서 지적한 '격'이라는 다이묘들의 사회생활의 스타일로서의 형은 막부의 종언을 초래한 중요한 원인 중의 하나였다고 생각할 수 있지 않을까요?

나의 대답이 설득력이 있는 것인지 어떤지는 잘 모르겠지만, 소라이가 『정담』에서 지적한 '격'이라는 사회생활의 스타일로서의 형은 소위 사회사와 정치를 매개하는 중요한 계기였다고 생각한다.

모든 생활의 스타일로서의 형이 늘 위의 경우처럼 정치사 상에서도 큰 역할을 한다고 할 수는 없지만, 각각의 장면에서 중요한 역할을 하고 있는 것은 틀림없는 사실이다. 내가 소라이의 '격'에 대한 논의를 읽고 바로 연상을 한 것은 전후 일본의 과외학원이나 재수학원 문제였다. 특히 학원에는 국민의 대다수가 휩쓸렸다. 물론 이는 절대로 교육제도 안으로 편입될 수는 없었다. 그러나 제도적 교육의 불비를 보완하는 것으로서 그것에 신세를 지지 않는 가정은 많지 않았다. 그것으로 인한 비용은 가계에 상당한 비중을 차지했을 것이다. 또한 어린이들은 학교가 끝나고 나서 상당히 늦은 시각까지 학원을 다니기 때문에 옥외 스포츠를 즐긴다든가 아이들끼리 놀 시간도 줄어들어서 대국적(大局的) 견지에서는 아이들의 성장에는 좋지 않다는 사실을 알고들은 있다. 그러나 부모들은 자식을 학원에 보내는 것을 그만두지 않았다. 냉정하게 생각하면 제도적 교육의 질 향상을 꾀하여 방과 후 학원 공부가 필요 없게 만든다든가 유명대학을 졸업하는 것이 사람의 인생을 결정하는 것이 아니라 개인으로서의 그 사람의 가치에 따라 길이 열리는 사회로 시스템을 바꾸는 것이 중요하다는 사실을 알면서도, 자신의 아이에 대해서는 생존경쟁에서 불리한 입장이 되게 하고 싶지 않고 또 학원에는 학교교육에는 없는 무엇인가가 있기 때문에 상당한 경제적 부담을 견디면서도 학원에 보낸다.

이와 같은 생활의 스타일이 어떠한 결과를 불러일으킬지 나는 확실히 예측할 수는 없지만, 현대일 본에 중요한 사회생활의 스타일로서의 형의 문제임은 틀림이 없다. 이러한 스타일로서의 형의 문제 외에 '여론'이라든가 '여론 형성'과 같은 문제도 대중사회 시대에 들어간 일본 사회의 새로운 스타일로서의 형의 문제일 것이다. 문학에서는 문장이라는 관점으로 파악한 스타일로서의 형으로서 문체가 지금 커다란 전환기를 맞이하고 있는 것은 아닌가 하는 생각이 든다.

그런데 시점을 바꾸면, 내가 앞의 저서 『형(型)』에서 '복합적인 형', '광의의 형'으로 파악한 '서(序=처음), 파(破=중간), 급(急=끝)'이라는 상연(上演)의 형도 「노(能)」 상연의 경우에 따라서는 한 곡의 구성상 '스타일로서의 형'으로 파악해도 되지 않을까 한다. 물로 시작하여 물로 끝난다는 긴 시간에 걸쳐 진행하는 다도의 작법, 몇 분 간 다시 샅바를 잡는 씨름 시합, 화살을 쏘기 전과 화살을 쏜 후의 예법을 포함하는 궁도의 예법, 일본의 전통적 예능의 퍼포먼스는 모두 '스타일로서의 형'으로 생각해도 되지 않을까? 하나하나의 연기에는 폼으로서의 형이 있다. 우리들의 눈은 어쨌든 그 순간의 모양에 눈을 빼앗기기 쉽다. 그러나 그 전후의 긴 시간에 걸친 프로세스를 포함하여 수련하고 연출을 하지 않으면 폼으로서의 형도 성립하지 않는다. 그 경우에 순간의 연기로서 폼으로서의 형에 중점을 두면, 스타일로서의 형은 폼으로서의 형을 위해 호흡을 가다듬는 준비를 하는 형태이며 또한 연기를 끝낸 후의 여운을 정리하고 마무리하는 형태다. 그러나 상연 전체의 흐름에 주목하면, 스타일로서의 형은 개개의 많은 혹은 단일한 폼으로서의 형을 포함하여 그것을 성립시키는 시간의 흐름에서 나타나는 미의 형태다. 그리고 그것은 예법이며 의식이다.

더 나아가 이것을 사회적 문맥으로 생각하면 개개의 가시적 스타일의 다양성과 가변성에도 불구하고 그것들을 넘어선 시대 특유의 스타일이라고 하는 것이 있을지도 모른다. 미의 세계라면 미술사가가 말하는 스타일이라는 것이 그것일 것이다. 혹은 개개의 스타일 중에서 특별히 훌륭한 것이 누군가에 의해 선택되고 그것이 다시 세련의 극치까지 나아가서 '폼으로서의 형'이 되는 일도 있을 것이다. 그 경우에 스타일은 변하기 쉽고 덧없는 것을 그 속성으로 하는데 반해 폼은 항상성, 영원성, 안정성을 그 속성으로 한다고 할 수 있다.                    [JWH/김효순]

# 오모리 쇼조

大森莊藏, 1921-1997

오모리 쇼조는 1944년 도쿄제국대학을 졸업했으며, 물리학 학위를 받았지만 과학과 관련된 이론적 문제를 파악하기 위해 점차 철학에 관심을 갖게 되었다. 전후 1949년 그는 도쿄대학에서 철학 학위를 받았다. 처음에는 현상학을 공부했으나, 그는 이것에 만족하지 못하고 미국에 가서 비트겐슈타인의 철학과 영미의 언어 분석 철학을 연구했다. 그는 1966년 도쿄대학 철학과 교수가 되었다. 그의 철학적 연구는 과학과 형이상학에 대한 전통적인 관점에 의문을 제기하는 것으로, 그는 그러한 전통적 관점이 객관적인 사실에 너무 초점을 맞춘 나머지 주관적인 틀이 사물의 구성에 영향을 미치는 방식을 간과했다고 생각했다.

다음 발췌문 중 첫 번째는 마이켈 더못(Michael Dummett)의 유명한 저서 「과거에 대한 담화」에서 주제를 취한 것으로 건설에 대한 전반적인 강조를 보여 준다. 더못을 따르면서, 오모리는 과거의 재현에 주의를 기울이고 아울러 과거의 공식화에 있어 서사의 중요성을 강조함으로써 더못의 입장에 자신의 견해를 더한다. 오모리는 우리가 과거를 향해 행동하는 방식에 중점을 두고 과거에 대한 우리의 살아 있는 관계에서 시작하여 과거의 본질에 관해 우리의 관행이 전제하고 있는 것에 관해 철학적으로 설명한다. 두 번째 발췌문은 '말의 정신'이나 「언령(言靈)」의 고전적 관념에 대해 현대적인 해석을 가한다. 과거에 흔히 그러했듯이, 언어를 신비화하려는 유혹에 저항하면서, 오모리는 일상적 모호함과 말의 의미와 무의미의 층에 언령을 위치시킨다. [VM/김효순]

---

## 시간은 흐르지 않는다

오모리 쇼조 1995, 45-9

유럽과 미국 철학계에서 잘 알려진 사상가 마이클 더못(Michael Dummett)은 '추장의 춤'이라는 문제를 제시했다. 어떤 부족에서는 청년이 성인이 되기 위해서는, 사자 사냥에서 자신의 힘을 증명해야 하기 때문에 이틀에 걸쳐 사냥터에 가서 사냥을 하고 이틀 걸려 돌아온다. 그동안 추장은 그들의 성공을 기원하며 계속 춤을 추는데, 문제는 사냥이 끝나고 청년들이 귀로에 오른 동안에도 계속해서 춤을 춘다는 것이다. 그때 사냥은 이미 끝났고 일의 성패는 이미 정해져 있는데도 그 행운을 비는 것은 왜일까 라는 것이 더못의 문제이다. 우리 현대인들도 이 추장을 비웃지는 못할 것이다. 열차나 비행기 사고 소식을 들은 '후에' 거기에 탄 가족의 무사를 기원하고 입학시험 합격여부가 이미 결정이 된 것을 알면서도 여전히 한줄기 희망을 걸고 기도를 하지 않는가?

그러나 우리가 이미 결정된 과거를 새삼 변경하려고 생각하는 것은 아니다. 확실히 그 추장도 그렇고 도쿄에 사는 우리들도 그렇지만, 과거는 아직 결정되지 않았고, 그래서 '바람직한' 과거가 되기를 기도하고 불행한 과거를 두려워할 여지는 아직 있다, 이런 생각이 마음 깊은 곳에 있다, 이것이 바로 내가 하고 싶은 말이다.

그것은 '이미 결정된 과거의 현실'이라는 우리의 확고한 신념에 발생한 균열의 하나가 아닐까? 이 신념의 저변에는, '과거 자체'에는 이제 현재는 손을 댈 수 없다라는 인류의 뿌리 깊은 생각이 있다고 여겨진다. 그리고 이 '과거 자체'라는 생각은 바로 칸트가 철저히 비판한 '사물 자체(物自體 =Ding an sich)'에 대한 생각이거나 적어도 그와 비슷한 종류의 것이다. 칸트의 비판에 동의하는 현대인들은 당연히 '과거 자체'에 대한 개념을 비판해야 하는데, 지금까지 그것을 게을리 해 왔다. 그러한 부주의한 틈새를 공략하여 사자 사냥이 일으킨 지진으로 인해 '과거 자체'라는 우뚝 솟은 고층빌딩에 균열이 발생하게 된 것이다. 그러면 이러한 빌딩을 철거한 후에 어떤 가건물을 지을 수 있을까?

그것은 우리들 인류가 실생활 속에서 구석기 무렵부터 면면히 실천해 온 길을 재확인하는 것이다. 그 길의 최종단계에서 '과거 자체'나 '사물 자체'의 망상에 사로잡힌 것이므로, 그 망상단계를 컷트한 그곳에 이르는 길을 확인하여 그것을 재건한다, 그것이 내가 제안하는 전략이다.

그렇다면 과거는 어떤 것일까?, 과거란 애초에 무엇일까? 그 과거의 의미를 체험적으로 가르쳐 주는 근간이 상기(想起) 체험임을 의심하는 사람은 없다. 상기야말로 과거에 대한 유일한 기본적 정보원임은 예나 지금이나 변함이 없다. 과거란 상기에 의해 기억되는 단편적 일화들을 접합시켜 엮어가는 과거이야기임에 다름 아니다. 그러나 인류는 이러한 정보원이 사람에 따라 다르며 반드시 신뢰할 수 있는 것은 아니라는 사실을 통절한 경험을 통해 알 수 있다. 그러므로 당연히 각자의 과거 정보를 필터링하는 '공정한 수속'을 고안했다. 그 수속이 오랜 세월에 걸친 생활 속에서 실천적 적용에 의해 수정 개선되어 온 결과가 현재의 법정이나 역사 연구, 그리고 매스컴보도 가운데에서 사회적으로 합의되어 실시되고 있는 진리조건임은 어느 누구나 충분히 숙지하고 있다. 그 기본은 복수의 인간의 상기의 일치(증언의 일치 및 배경 제거 합의)와 현재 세계에 대한 정합적 접속(물증이나 자연 법칙)이다. 그 구체적 내용은 재판소나 형사팀의 방, 그리고 우주론이나 진화론의 학회나 교실을 들여다보면 매일 전개되고 있음을 알 수 있다.

하지만 이러한 진리조건은 최종빙하기 시대의 포획물이나 이성(異性)을 둘러싼 논쟁이나 전 해의 파종이나 수확에 대한 논쟁의 장에서 적용되던 것과 완전히 동일한 조건이며, 면면히 지속되어 온 것이다. 요컨대, 과거이야기의 진리조건은 수학이나 자연과학의 진리조건과 마찬가지로 역사적, 사회적 제도인 것이다. '진리'는 선험적으로 하늘에서 떨어지는 것이 아니라 인간사회의 제작물인 것이다. 과거이야기는 모두 가정쟁의나 범죄수사와 같은 사소한 사건에 이르기까지 이 진리조건의 심사를 통과하지 않으면 좁게는 당사자들 넓게는 사회일반의 공인을 받을 수 없으며 과거로서 공식적으로 등록될 수 없는 것이다. 과거라 불리는 것은 제도화되고 공식화된 과거이야기임은 『고사기(古事記)』나 『일본서기(日本書紀)』의 상고시대부터 조금도 변함이 없다. 그리고 흔히 있는 일이지만, 그러한 제도적인 것이 마치 우리들 인간과는 상관없이 선험적으로 실재하여 일시적으로 우리들에게 그 모습을 엿보게 하는 것이라는 착각을 낳는 것이다. 그것은 사물 자체라든가 과거 자체와 같은 망상에 다름 아니다.

과거 자체란, 칸트가 강조했듯이, 사물 자체와 마찬가지로 경험적으로는 생각할 수 없고, 따라서 상상할 수도 없으며 그렇기 때문에 그저 망상만 할 수 있을 뿐이다. 있는 그대로 말하자면 과거란 진리조건을 따라 제작되는 과거이야기에 다름 아니다.

처음에 이야기한 더밋의 추장이 이미 과거가 된 사자 사냥의 성공을 현재 기도하는 것은 과거 자체라는 착각 하에서는 확실히 역설이다. 그러나 사자 사냥은 그 시점에서는 아직 공인된 과거이야기가 되지는 않은 상태이다. 즉 '아직 과거가 아닌' 것이다. 그러므로 호의적인 추장이 기도하는 것은 사자 사냥의 성공이 진리조건을 패스하여 공인 공정의 과거가 되어 부족 전원에게 받아들여지는 것이다. 거기에는 추장의 선의와 호의는 있지만 역설 같은 것은 전혀 없다.

비행기 사고를 알게 된 시점에서 가족이 탑승하지 '않았기'(과거형)를 바라며 기도하는 것도 새삼 '엎질러진 물'에 대해 기도를 하는 것이 아니라 가족이 탑승하지 않은 과거이야기가 공인되어 제작되기를 기도하는 것이다. 아마 거의 모든 수험생들은 답안을 제출한 후에 채점을 해서 합격이야기가 공식적으로 제작되기를 조마조마한 마음으로 기다릴 것이다.

이들 인간의 모든 행동과 심리가 지적하는 것은 과거 자체라는 형이상학적 망상이 아니라, 과거 이야기 제작임은 누구의 눈에나 확실할 것이다. 우리들의 표면적인 명분이 설령 과거 자체라도 본심은 과거 제작인 것이다. 형이상학적 탁상공론이 아니라 실생활에서의 행동과 심정은 과거 제작인 것이다.

어제 그에게서 전화가 왔었다라고 기억하는 상기경험, 엄연하게 유무를 말하지 않는 그 전화의 실재성을 느낀다는 것도, 많은 사람들이 실감하는 바일 것이다. 그것은 실은 그 전화는 소정의 진리조건을 패스하여 반드시 공식 과거이야기에 편입될 것임에 틀림없다는 강한 확신을 과거전화 '자체'라는 의미불명의 망상으로 치환한 것이다.

그리고 칸트 이후 수백 년을 거친 현재도 여전히 대부분의 자연과학자가 믿고 있다고 믿는 사물 자체의 한 변형인 소박실재론에 대해서도 같은 이야기를 할 수 있지 않을까 한다. 여기에서 한 가지 분명히 알 수 있는 것이 있다. 현재형 실재론이든 과거형 실재론이든 실재론이라는 것은 겉에서 보는 것만큼 확고한 것은 아니다. 확고한 것은 인간이 제작한 세계의 이야기이다.    [VM/김효순]

---

## 말과 일(言葉と「もの · こと」)

오모리 쇼조 1973, 115-19

일본을 비롯하여 많은 민족들 사이에서, 말(ことば)에는 영력(靈力)이 들어 있고 그 힘에 의해 말은 사물(事物)을 불러일으킨다고 믿어졌다. 그것은 '빛 있으라'라고 하여 빛을 이 세상에 있게 한 신의 말에만 있는 것이 아니라 사람의 말에도 있다고 믿어온 영력이다. 말은 「일(事)」을 불러일으킨다. 그 힘이 말에 깃들어 있는 「고토다마」 즉 '말의 영혼'이다.

현대에는 이와 같은 고대(古代)의 생각을 원시신앙으로 여기고 아무도 돌아보지 않는다. 그러나 말의 작용을 관찰할 때는 역시 이 '고토다마'를 돌아보지 않을 수 없다. 물론 말에 불가사의한 신비한 힘이 깃들어 있다는 것은 아니다. 거기에 신비한 요소는 전혀 없다. 오히려 그것은 평범하기 짝이 없는 사실로 여겨진다.

이하에서 그와 같은 평범한 사실을 평이하게 이야기해 보고자 한다. 그러한 평범한 사실이 진리나 실재에 대해 우리들이 품고 있는 생각에 정정을 가하게 해 줄 것이다.

### 무(無) · 의미(意味)

말은 화자에 의해 이야기되어지고 쓰여진다. 그것은 화자 자신을 향해 이야기되어지거나(혼잣말) 화자 자신을 위해 쓰여지는(노트) 경우도 있는가 하면, 청자나 독자를 향해 이야기되어지고 쓰여지는 경우도 있다. 말의 작용을 파악하기 위해 우선 후자의 경우 특히 청자 한 사람을 향해 이야기되어지는 상황에 주목해 보자.

그런 상황에 한정해 봐도 말은 천차만별의 방법으로 작용하고 있음을 일목요연하게 알 수 있다. 화자는 청자에게 명령하고 애원하고 약속하고 일러바치고 설명하고 설교하고 아부하고 비웃고 불평하고 인사를 한다. 청자에게 욕을 하고 꼬시고 야단치고 화를 내고 기쁘게 하고 슬프게 한다. 노래를 들려주고 고함을 지르기도 한다. 어르고 달래고 격려하고 위협을 하기도 한다. 때로는 아무 말 없이 침묵을 하기도 한다.

이와 같은 말의 작용의 다종다양성은 결국 사람과 사람의 관계의 다종다양성에 다름 아니다. 정확히 말하자면, 위에서 언급한 작용의 종류뿐만 아니라 말은 두 번 다시 똑같은 작용을 하지 않는다. 화자와 청자가 바뀔 때마다, 그리고 같은 사람이라도 그때의 기분, 의도, 장소, 때가 바뀔 때마다, 상황이 바뀔 때마다 말은 다르게 작용한다. 그것은 사람과 사람의 관계가 매번 바뀌는데 상응하는 것이다. 역사는 반복되지 않고 늘 한번 뿐이며, 사람이 같은 강물에 똑같이 발을 두 번 담글 수 없듯이(헤라클레토스), 말은 같은 작용을 두 번 할 수 없다.

"물을 주세요." 이렇게 부탁을 하는 말의 작용은, 화자가 누구이고 청자가 누구이며 장소가 어디(거실, 부엌, 마당, 사무실, 레스토랑, 수영장, 전장, 화재현장 등)인지에 따라, 때(예를 들어 낮인지 심야인지)와 날씨(더운 날, 추운 날, 태풍이 부는 날), 물이 존재하는 장소(남의 집, 우물, 강, 수통 등)가 어디인지에 따라 달라지는 것은 확실할 것이다. 하지만, 그것은 동일불변의 '물을 주세요'라는 '의미'가 다양한 상황에서 다양하게 사용되어 다양하게 작용하는 것이 아닌가, 라고 생각할 수도 있다. 그야 물론 동일불변의 작은 칼 하나가 종이나 손톱, 과일, 고기를 다양한 방법과 다양한 각도로 자르는 것과 같다고 할 수 있다. 그러나 동일불변의 '칼'에 해당하는 동일불변의 '의미'란 어떤 '의미'인 것일까? 칼의 경우에는 그것이 사용되지 않고 작용을 하지 않을 때도 명확한 형태를 가지고 명확한 무게를 지니고 책상 위에 존재한다. 하지만 사용되지 않는, 작용하지 않는 '물을 주세요'라는 '의미'는 어떤 모습으로 존재하는 것일까? 그것은 사전 안에 '정리되어 들어' 있는 것일까?

다른 경우를 생각해 보자. '하나'의 노래, 예를 들어 〈목숨은 짧다(命短し)〉는 다양하게 불리워진다. 높고 낮게, 다양한 음량, 다양한 음성, 다양한 리듬으로 불리워진다. 그것을 완전히 똑같은 방식으로 부를 수 있다고 생각하는 사람이 있다면, 그 사람에게 동일불변의 〈목숨은 짧다〉를 부르라고 해 보고 싶다. 동일불변인 것은 노래가 아니라 악보라고 한다면, 악보는 노래를 부르는 방법을 적은 것이지 노래는 아니라는 점에 주목하기 바란다. 악보는 찢거나 태우거나 다시 쓰거나 지울 수 있지만, 노래는 그렇게 할 수가 없다. 마찬가지로 '하나'의 안무에 무수한 춤이 존재할 수 있다. 그래도 안무 자체는 춤을 추는 방법을 지시하는 것이지 춤은 아니다.

만약 '물을 주세요'에 동일불변의 '의미'가 있다고 한다면, 그것은 '말', '작용하는 말'이 아니라 말의 안무, 즉 말을 하는 방법을 적은 것이다. 그리고 악보 자체가 피아노나 바이올린을 연주하는 것이 아니라 누군가가 '악보를 따라서' 연주하듯이, '물을 주세요'의 '의미'가 무엇인가를 하고 무엇인가 작용을 하는 것이 아니라 그에 '따라서' 어떤 목소리나 어떤 글자가 작용을 하는 것이다. 물을 원한다고 할 때 어떤 목소리를 발하고 어떤 글자를 쓰면 좋은가 하는 지시가 존재하는 것이며, 그것을 습득한다는 것은 곧 '물을 주세요'의 '의미'를 안다는 것이다. 그것은 동일불변의 '걸음'이라는 것이 칼처럼 있고 그것을 상황에 따라 다양한 '걸음걸이'로 사용하는 것이 아니라, 빠르게, 늦게, 똑바로, 종종거리듯 하는 식으로 다양한 걸음걸이가 있을 뿐인 것처럼, 천차만별의 '물을 주세요'의 작용이 있을 뿐, 천변만화의 작용을 하는 동일불변의 '물을 주세요'의 '의미'가 있는 것은 아니다.

하나의 국어를 말할 수 있다는 것은 그 국어 표현의 '의미'를 이해하고 있다는 것이며, 동일한 표현의 '의미'는 상황이 무한하게 바뀌어도 하나의 '의미'밖에 가지고 있지 않는 것일까?

그렇지는 않다. 하나의 국어를 말할 수 있다는 것은, 무한하게 변화하는 상황 속에서 무한하게 변화하는 작용을 하고자 할 때, 어떠한 발성 동작을 하면 좋을지를 습득하는 것이다. 그것은 예를 들면 무한하게 다른 끈으로 리본모양으로 묶는 손동작을 습득하는 것과 같은 것이다. 긴 끈, 짧은 끈, 굵고 질긴 끈, 가늘고 부드러운 끈과 같이 온갖 다양한 끈으로 다양한 크기로 다양한 모양으로 리본을 묶을 수 있다. 그때 동일불변의 '묶는 방법', '손가락을 움직이는 방법'이 없는 것은 동일불변의 〈목숨은 짧다〉를 '부르는 방법', 동일불변의 〈백조〉를 '추는 법'이 없는 것과 마찬가지이다. 그와 마찬가지로 동일불변의 '물을 주세요'의 '의미'라는 것도 없다. 다양한 상황에서 '물을 주세요'라는 발성동작 역시 무한히 변화한다. 강한 명령조로, 조심스럽게, 애원조로, 밝게, 어둡게, 엄하게, 느긋하게, 명석하게, 중얼거리듯이, 단호하게, 나약하게 하는 식으로 말이다. 그것들은 음성적으로도 천변만화하는 것으로, 하나의 악보에 따른 연주법이 천변만화하는 것과 같다. 그에 따라 발성 동작의 작용방법, 그리고 그 작용의 결과, 결과(물을 손에 넣거나 거절당하는 등)가 일어나는 방법 역시 천변만화한다.

비트겐슈타인은 언어의 습득이란 그 표현의 '사용법'을 습득하는 것임을 강조했는데, 그 '사용법'의 습득이란 보다 구체적으로 설명하자면, 위에서 언급했듯이 발성동작의 습득이라 할 수 있다.(구어체의 경우) 한편 글자로 쓰여진 '물을 주세요'는 그 발성동작의 악보에 다름 아니다. 그 악보는 읽는 사람에 따라 무수한 방법으로 높은 톤으로 혹은 소리 없이(묵독) 불려지고, 무수한 방법으로 연주되며 또는 묵독되는 것과 다르지 않다. 그리고 하나의 악보가 동일불변의 연주를 지정하지 않듯이 하나의 문자에 동일불변의 '의미'라는 것이 부착되어 있는 것은 아니다. 촘스키는 글자 모양의 표층구조와 화자가 의도한 심층구조의 구별을 지적했는데, 그가 말하는 '심층'의 깊이는 겨우 수 센티미터일 것이다. 그것은 '심층'도 아니고 그렇다고 해서 '얕지'도 않다. 말의 작용은 '심층'에 있는 것이 아니라 '밑바닥' 즉 구체적, 개별적 상황에 따른 작용에 있는 것이다. 그리고 '의미'라는 것은 얕은 '심층'이나 '표층'의 몽환적 부유물로, 물이 말라서 '밑바닥'이 햇볕에 드러나면 안개나 구름처럼 흩어지는 것이다.

따라서 국어라는 '말'이 있는 것이 아니다. 국어, 즉 소쉬르가 말하는 langue라는 '말'이 곧 '작용하는 말'은 아니다. 그런 의미에서의 말은 각종 음을 나타내는 음표나 휴지부 기타 기호에 해당하며, 문법은 조 바꿈이나 페달, 기타를 포함하는 작보규칙에 해당한다. 우리들은 국어를 '사용하는'것이 아니라 그들 제 규칙에 '따라서' 발성동작을 하고 때로는 작보 즉 글을 쓰는 것이다. 그 규칙이나 기법(記法)인 국어는 야구 규칙이 야구 시합이 아니고 장기 규칙이 하나의 승부가 아닌 것과 마찬가지로 '말을 사용하는 것'이 아니다.

"기호는 그 자체로는 생명을 가지지 못한다. 그것에 생명을 주는 것은 무엇인가? 그것은 사용을 하는 가운데 살아나는 것이다. 그때 생명을 얻는 것일까 아니면 사용 그 자체가 생명인 것일까?"(비트겐슈타인 『철학연구』 432)

[MFM/김효순]

# 유아사 야스오

湯淺泰雄, 1925-2005

유아사 야스오는 1949년에 도쿄대학 윤리학과를 졸업한 후에 윤리학과 경제학으로 대학원에 진학하여 석사학위를 받았다. 대학생활 마지막 해에 와쓰지 데쓰로(和辻哲郎)* 밑에서 수학했다. 와쓰지 데쓰로의 사상과 인성은 유아사 야스오의 사고에 지울 수 없는 영향을 남겼다. 유아사는 야마나시대학(山梨大學)에서 몇 년간 교편을 잡았고, 이후 1974년에 오사카대학(大阪大學)으로 옮겨서 일본연구의 새로운 분야에서 강의를 하였다. 1981년에 쓰쿠바대학(筑波大學)에 초빙되어 철학적 사고의 분야까지 연구의 관심을 폭넓게 추구했다. 유아사는 일본의 학계에서 좀처럼 만나기 어려운 학제적 연구를 한 학자였다. 그는 광범위하게 윤리학, 종교학, 신비주의, 심리학 관련 분야에서 저작을 남겼다. 비록 그는 일본 근대 철학의 역사 분야에서 연구를 시작했지만, 아래에서 발췌한 유아사 야스오의 최종적인 도달점에서 볼 수 있듯이 그의 관심사는 항상 더 폭넓고 더 실존적이었다.

유아사는 일본 학계에서 융의 분석심리학의 중요성을 평가한 첫 철학자 중의 한 사람이었다. "메타 피지카(metaphysika)"에 대한 반대 개념으로 "메타 시키카(metapsychika)"라는 용어를 정립했다. "메타 피지카"가 외부의 "자연(physis)"을 뛰어 넘어서려는 개념이라면, "메타 시키카"는 인간의 "영혼(psyche)"의 기저를 탐구하는 개념이다. 유아사가 융 심리학과 동양의 전통 사이의 관련성을 만들어낸 것이 바로 이것이다. 유아사는 융 심리학에 자극을 받아 신체가 유형의 무의식적인 것임을 심층적으로 논의하였다. 이를 통해 우리는 의식과 무의식을 통합할 수 있다. 이것이 바로 그가 동양의 자기 수행에 대한 이론과 실천을 상호 연관시킨 관점이다. [WM/김계자]

## 수행의 역사와 이론

동양 사상의 철학적 독자성은 어디에 있는가? 한 가지 중요한 특징은 동양 이론의 철학적 기초에는 '수행'의 사고방식이 놓여 있다는 점이다. 간단히 말하면, 진정한 철학적 지(知)라고 하는 것은 단순한 이론적 사고에 의해 얻어지는 것이 아니라, '체득' 혹은 '체인(體認)'에 의해서만 인식할 수 있다는 뜻이다. 이는 자신의 심신 모두를 사용함으로써 비로소 얻을 수 있는 지(知)이다. 이른바 '몸으로 완전히 이해'하는 것이지, 지성에 의해 아는 것이 아니다. 수행은 심신 모두를 쏟아 넣어 비로소 진정한 지에 도달하기 위한 실천인 것이다.

동양에는 많은 철학이 있다. 수행을 중요시하는 사고방식은 인도에 기원을 갖는 불교와 힌두교, 혹은 중국의 도교 등에 많이 보인다. 또한 송(宋)·원(元)·명(明)의 유교에서도 어느 정도 발견할 수 있다. 불교와 힌두교의 수행법은 요가에 기초하고 있다. 요가의 역사적 기원은 아리아 민족의 침입 이전의 인더스문명까지 거슬러 올라간다. 요가는 인도 전체에 퍼져서 종교나 종파의 구별을 넘어 다양한 형태로 발전했다. 선(禪)의 명상은 불교 수행에 잘 알려진 한 예다. 불교의 각 종파에는 각각 특유의 수행법이 있었다. 선은 그 하나에 지나지 않는다. 단, 인도와 중국의 문화전통에는 큰 차이가 있는데, 인도 전래의 수행법은 점차 중국적인 것으로 변해 갔다.

요가는 심신을 훈련하는 실제적인 기술이고, 또한 건강법이다. 훈련이나 명상의 방법은 매우 구체적이고, 다양하고 복잡한 시스템을 갖고 있다. 순수하게 철학적인 관점에서 보면, 인도 철학은 매우 형이상학적이고, 또한 이론적이다. 그렇기 때문에 우리는 인도적인 명상이라는 것을 현실에서 멀리 떨어진 것처럼 생각하기 쉬운데, 실제는 그렇지 않다. 인도 명상의 기초에는 심신의 훈련에 관한 매우 실제적이고 기술적인 인식법이 있다. 따라서 인간성에 대한 매우 현실적인 관점이 보인다.

이에 반해 중국의 지적 전통에는 인도의 형이상학적 사색이나 복잡한 이론적 분석과 같은 경향은 적다. 중국의 전통적 정신은 유교로 대표되는 강한 도덕적 의지와 사물의 본질을 단순 직관으로 포착해 파악하는 태도에 기초해 있다. 선은 이러한 중국적인 정신에 의해서 변용된 불교의 전형적인 형태이다. 선의 수행은 심신의 훈련이라고 하는 현실적인 의미를 갖고 있지만, 지향하는 바는 기술적인 문제가 아니라 인간으로서 진정한 삶의 방식을 추구하고 강한 도덕적 의지에 의해 자신의 인간 완성을 이루려는 것에 있다. 도교 수행법의 많은 부분은 당나라 시대 불교의 영향을 받아 만들어진 것이다. 고대 도교에 관해서는 구체적인 것은 잘 알려져 있지 않은데, 중국에는 예로부터 독특한 수행법이 있었던 것 같다. 노자나 장자 속에는 종종 명상 체험에 대한 서술이 보인다.

그렇다면 수행이란 무엇인가? 불교의 입장에서 보면 이는 '깨달음'을 추구하는 것이다. 그러나 깨달음을 얻는 체험은 단순히 지적 생각이나 이론적 사고에서 얻을 수는 없다. 그렇기 때문에 심신을 훈련하는 수행이 필요하다. 바꿔 말하면 수행은 깨달음의 지를 획득하는 방법이고, 통로인 셈이다. 이 부분에서 동양의 형이상학의 독특한 방법론적 문제를 발견할 수 있다.

예를 들면, 대승불교의 '공(空)'의 철학은 의식이 열리는 체험에 대한 이론적 표현이다. 철학적 이론이라는 관점에서 보면, 이는 일종의 형이상학이라고 할 수 있다. 공의 철학은 또한 다양한 존재를 통해 보이는 '존재' 자체의 진상(달마)을 명확히 하려고 한다. 이러한 의미에서 이것은 일종의 존재론이다. 이와 같은 이론적 관점에 서서 보면, 서양의 형이상학이나 존재론과 비교할 수도 있다. 즉, 서양의 형이상학(metaphysic)과 같은 것으로 생각해볼 수 있는데, 방법론적인 반성이 결여된 관점에 빠지고 말 것이다. 서양의 전통에는 수행이 형이상학적 문제에 대한 방법적 통로가 된다는 사고방식은 거의 보이지 않는다. 예를 들면, 아리스토텔레스의 형이상학은 물리적인 우주의 관찰에 기초하여 순수하게 논리적으로 사고한 산물이며 지적 사변이다. 그러나 공의 철학은 그런 것이 아니다.

불교의 전통에서 수행은 '깨달음'이라는 형이상학적인 (형태를 뛰어넘은) 통찰에 이르기 위한 통로이다. 그리고 수행은 심신의 훈련을 의미한다. 그래서 철학으로서의 동양 사상의 특질을 명확히 살펴보기 위해서는 수행에 관한 제 문제에 대하여 이론적이고 역사적으로 검토해봐야 한다. 이를 위해서는 인도·중국·일본에 걸친 역사적 변화를 추적하여 신체론의 실천과 그 이념에 대하여 분석할 필요가 있다.

또 한 가지는 일본 신체론의 발전을 추적하는 것이다. 수행의 습관은 원래 종교의 세계에서 시작된 것인데, 일본 문화사에서는 종교 이외의 다양한 영역에서 영향력을 넓게 끼쳤다. 그 한 가지가 예술 분야이다. 예를 들면, 가론(歌論)·노가쿠론(能樂論)·다도론(茶道論) 등에는 예(藝)의 '연마'를 하나의 수행으로 간주하는 사고방식이 있다. 이들을 '예도론(藝道論)'이라고 해두자. 여기에는 신체론의 관점에서 보면 흥미로운 문제가 포함되어 있을 뿐만 아니라, 종교에 대하여 이론적인 고찰에 비하여 직관적으로 이해하기 쉬운 점이 있다. 그래서 역사적인 고찰 후에 예도론을 살펴보겠다.

예도의 수행이라는 사고방식은 불교에서 유래한다. 일본의 불교에서는 구카이(空海)와 도겐(道元)이 수행의 문제를 중심에 놓고 이론 체계의 기초로 삼아 철학을 전개하였다. 이들의 이론 속에는 일본사상사에서 철학적 모티브로서 신체의 문제를 다룬 가장 좋은 예가 보인다. 양자는 모두 일본적인 특질을 갖춘 철학인데, 도겐 쪽은 중국의 선에서 좋은 정신적 자극을 받고 있는 것에 비해, 구카이의 철학적 체질에는 인도적인 부분이 있다. …

동양 사상의 하나의 특징은 수행의 살아있는 체험을 의식의 '깨달음'에 이르는 방법론적 통로로 삼는 것에 있다. 여기에서 처음 나오는 문제는 마음과 몸의 관계가 수행에서 어떻게 인식되는가 하는 점이다. … 신체론에서는 마음과 몸을 불가분의 것으로 인식하는 경향이 강하다. 그러나 이는 마음과 몸이 분리할 수 없다는 것을 의미하는 것만은 아니다. 양자가 불가분한 것이어야 한다는 이상 내지는 목표를 의미한다. '심신일여'라는 표현은 마음과 몸에서 발견되는 이원적이고 양의적인 관계를 해소해서 양의성을 극복하여 의식의 새로운 전개가 보이는 것을 의미한다. 이러한 변화는 수행하는 사람들의 살아있는 체험 속에서 얻을 수 있다. 수행을 통해서 이러한 살아있는 체험의 의미를 분명히 할 수 있는 것이다. 동양의 신체론의 의미에 대하여 철학적인 관점뿐만 아니라, 마음과 몸 사이의 상관관계에 대한 메커니즘을 구체적이고 실제적으로 인식함으로써 동양 사상의 의미를 깨달을 수 있다.

[TPK, NS/김계자]

## 메타 피지카(Meta-Physika)와 메타 시키카(Meta-Psychika)

정통신앙의 이념이 확립된 이후, 서양의 정신사는 정통적 표면류와 이단적 저층류로 나뉘었다. 종래 서양정신사에 대하여 배운 것은 정통신앙의 계보를 중심으로 한 표면류이다. 이에 대하여 융이 주목한 것은 그 그늘에 감춰진 저층류이다. 그가 중시한 그노시스주의나 연금술의 흐름은 종래의 정신사 연구에서는 이단적 사상으로 취급해 거의 무시하였다. 그는 이러한 그늘의 정신사를 발굴함으로써 서양 정신사의 전체상을 재구성할 필요성을 제기하였다.

나는 이러한 표면류와 저층류를 메타 피지카와 메타 시키카라고 하는 말로 표현하려고 한다. 메타 피지카라는 말은 내가 만든 말이다. 메타 피지카라는 말이 외부의 '자연'을 초월한(meta) 것을 지향하는 형이상학이라고 하면, 메타 시키카라는 말은 인간의 내면적인 혼(psyche)의 근저를 탐구함으로써 초월한 것을 지향하고자 하는 형이상학을 의미한다. 이렇게 말하는 것만으로는 매우 거친 결론이 되어 버리는데, 이는 사태를 간명하게 보여 주기 위하여 우선 사용하는 키워드일 뿐이다.

융은 동양 사상과 서양 사상을 비교하며 다음과 같이 말했다. 동양의 형이상학은 서양적 의미의 '형이상학'에서 보면 이해하기 어려운데, 이를 심리학으로 다시 생각해보면 중요한 의미가 있다.[75) '형이상학적인 것'이 인간 경험이 가능한 범위에 들어가기 때문이다. 동양에서 '마음'("mind" 혹은 Seele을 포함하여)은 원래 형이상학적 의미를 갖는 개념이다. 그러나 서양에서는 중세 이래 이와 같은 사고방식이 사라졌다. 요컨대, 동양 사상의 전통에서는 형이상학과 심층심리학은 항상 하나이고, 따라서 보통의 의미에서 메타 피지카의 개념과 잘 맞지 않는다. 그가 여기에서 동양 사상의

---

75) [영] Collected Works of C. G. Jung (New York: Pantheon, 1953- ), 11: 475; 13: 42ff, 47ff.

예로 든 것은 불교나 도교와 같은 명상 수행의 방법을 기초로 갖는 철학 사상이다. 나는 융의 이와 같은 지적에서 이들 동양 사상을 '형이상학'으로 생각하는 경우에는 메타 피지카로 부르는 것보다 메타 시키카로 부르는 편이 적절하지 않을까 생각한다. 따라서 메타 피지카와 메타 시키카의 대비는 서양 사상과 동양 사상의 어느 한 측면을 대조적으로 비교하기 위한 용어법인데, 이 개념을 사용하면 서양의 정신사에서도 중세 이전에는 형이상학과 심층심리학을 불가분의 일체화된 개념으로 여기는 메타 시키카의 흐름이 있는 형태로 존재했다고 볼 수 있다.

서양의 형이상학의 역사가 아리스토텔레스의『메타 피지카』에서 시작되었다고 하는 사실은 오늘날 상식적인 견해인데, 이와 같은 견해가 확립된 것은 중세 이후이다. '메타 피지카'라는 서명은 원래 아리스토텔레스가 붙인 것이 아니라, 기원전 1세기에 로도스의 안드로니코스가 아리스토텔레스의 저작을 정리할 때 이 책을『피지카』(자연학)의 뒤에 놓은 적이 있어서 붙여진 이름이다. 이로써 형이상학은 외부의 자연의 존재양식을 탐구함으로써 존재 일반의 의미를 탐구하는 학문의 성격을 갖게 되었다. 단, 고대 정신사의 세계에서는 아리스토텔레스는 중시되지 않았다. 고대부터 중세 전기에 걸쳐 우주론의 중심을 차지한 것은 오히려 플라톤의『티마이오스(Timaeus)』였다. 서양정신사에서 아리스토텔레스의 권위가 플라톤으로 바뀌는 것은 13세기 토마스 아퀴나스 이후의 일이다.

플라톤의 우주론은 본래 인생론과 불가분의 관계에 있었다. 플라톤 철학에서 '형상'과 '질료'는 외부의 대우주를 구성하는 두 가지 원리인 동시에, 소우주로서의 인간의 '영혼'과 '육체' 관계에 조응하는 것이었다. 피시스(physis, 자연)는 외부의 자연인 동시에 내면의 자연, 즉 인간의 본성(human nature)을 의미했다. 교부(教父) 철학은 우주론에 관하여 '무로부터의 창조'라는 교의를 형성했는데, 이로써 조물주인 신과 피조물로서의 우주 사이에 단절이 생겼다. 질료에서 세계를 형성하는 플라톤의 신에게는 우선 질료가 그의 앞에 주어져 있어야 하고, 또한 질료에 형을 주기 위한 모델(형상)이 필요하기 때문에 신은 형상과 질료를 초월하는 존재가 아니다. 철학적으로 말하면, 형이상학(신의 학문)과 자연학(우주의 학문)이 분리되어 있지 않고, 논리적으로 같은 차원에 있다는 것을 의미한다. 아리스토텔레스의 경우에도『형이상학』의 논리와『자연학』의 논리 사이에 명확한 차원의 차이는 없다. 그리스의 신들은 기독교의 신처럼 자연을 초월한 존재가 아니다. 이에 대하여 '무로부터의 창조'라고 하는 교부철학의 우주론은 형이상학과 자연학이 논리적으로 별도의 차원에 속한다고 하는 주장을 의미한다. 여기에서는 자연에 관한 경험적 연구를 통해 형이상학적인 신의 존재 방식을 이해하는 것이 원리적으로 불가능하게 된다. 이른바 메타 피지카의 이념은 여기에서 출발하는 것이다.

교부철학의 이와 같은 신관(神觀)과 우주관은 고대 세계에서는 아직 절대적인 권위로 확립되어 있지는 않았다. 플라톤의 우주론에 대해서는 신플라톤주의로 대표되는 것과 같이 범신론적 경향의 해석도 유력하다. 이에 따르면 최저의 질료를 포함한 우주 만물 중에는 최고의 '하나'에서 출발하는 신적인 빛이 편재한다. 이와 같은 우주관은 로고스(혹은 성령)의 힘이 만물 안에 기능하고 있다고 보는 요하네(John) 혹은 그노시스적(Gnostic)인 견해와 미묘하게 가깝다. 따라서 신플라톤적인 인간관에 입각하여 생각하면, 육체(물질) 안에 영혼(영성의 씨앗)을 발견하고, 이를 길러감으로써 신성(神性)의 차원에 근접해 갈 수 있을 것이다. 요컨대, 피시스를 통해 초월하는 지점에 이르는 것이 메타 피지카라고 하는 말이 의미하는 것이라고 한다면, 플라톤적인 메타 피지카는 원래 외부인 피시스를 통과하는 길과 안쪽인 피시스를 통과하는 길의 두 가지를 가리킨다. 전자는 협의의 메타 피지카의 길이고, 후자는 메타 시키카의 길이다. 교부철학의 발전과 정통신앙의 이념의 확립은 그 후의 서양정신사의 흐름에서 메타 피지카의 사고방식이 표면류를 점하는 역사적 분기점이 되었다. 이와

함께 메타 시키카의 흐름은 정신사의 저층류가 된 것이다.　　　　　　　[JWK/김계자]

## 근대 일본 철학

　　근대 일본의 철학은 오늘날 우리에게 무엇을 줄 수 있을까? 지금까지 많은 연구자가 다양한 각도에서 이에 대하여 이야기해 왔다. 크게 나누어 보면, 종래의 연구는 다음의 두 가지 경향으로 나눌 수 있다. 첫째, 이른바 안쪽으로부터 철학자들의 사상을 이해해가려는 방향이다. 이는 철학자들의 제자 내지는 공감자로서의 자세를 취하며 그 사상을 보다 깊게 이해하려고 한다거나, 또는 알기 쉽게 전달하려고 하는 해석적인 혹은 해설적인 연구이다. 내재적 이해의 방향이라고 부를 수 있을 것이다. 또 하나는 밖으로부터 그들의 사상을 바라보는 자세를 취하면서 그 의의를 평가하려고 하는 방향이다. 평가의 태도는 다양한데, 개략적으로 말하면 그들이 놓인 시대적 상황, 사회적 조건 등의 고찰부터 이들 철학의 사상사적 의의를 파악하려고 하는 것이다. 따라서 이 방향의 연구는 많은 경우에 이른바 사회사상사적 관점에 기초하고 있다. 외재적 비판의 방향이라고 부를 수 있을 것이다. 나는 이들 양 방향의 연구에서 각각에 적지 않게 시사를 받았는데, 조금 비학문적이라고 평가받을 수도 있겠지만 나는 어느 쪽과도 다른 나름의 시점에 서서 문제제기를 하고자 한다.

　　내가 근대 일본의 철학에 대하여 갖는 관심은 간단히 말하면, "현대의 우리들에게 철학은 무엇을 가르쳐 줄 것인가" 하는 물음이다. "현대의 우리들"이라는 표현은 조금 애매하다. 조금 더 엄밀히 고쳐 말하면, 그것은 우선 현대 철학 내지 사상의 문제에 관심을 갖는 인간이라는 의미이다. 단, 이러한 의미뿐만 아니라 나는 여기에서 "우리들"이라는 의미를 우선 일본이라는 동아시아 세계의 한 구석에 사는 우리들에 한정해서 생각하고 있다. 이렇게 한정하는 것은 다음과 같은 이유 때문이다.

　　철학을 포함하여 근대 일본의 문화는 적어도 외관상으로는 서구 문명의 한 흐름이라고 해도 좋을 성격을 보여 주었다. 철학의 경우, philosophy라는 개념 자체가 근대 이전의 일본인에게는 이해하기 어려웠다. 즉, 일본에게 근대화는 서구화와 동의어였다. 이러한 경과는 일본에 한정되지 않고, 넓게 보면 근대 이후에 비 서구세계에 공통의 운명이었다고 할 수 있다. 일찍이 인도의 수상 네루(Nehru, Jawaharlal, 1889-1964)는 자신이 동양과 서양의 혼혈아라고 말한 적이 있는데, 이른바 '근대화'가 앞서 진행된 일본에서는 지식인뿐만 아니라 사회나 문화 전체가 '혼혈' 내지 '잡종'화되었다고 볼 수 있다. 오늘날 일본인에게는 '잡종'화되었다는 의식조차 옅어지고 있지만, 객관적으로 봐서 서구문명을 소화한 독자적인 일본 문화라고 할 수 있는 것은 아무것도 없다. 소위 문화의 무통일(無統一), 무성격(無性格)이 오늘날 우리가 놓여 있는 현실이다. 사상사적으로 보면, 일본이 이른바 근대화에 일찍 성공한 이유 중의 하나는 필시 문화전통의 특질에 있을 것이다. 근대 이전의 일본은 오랫동안 중국문명의 한 흐름이라고 해도 좋을 위치에 있었기 때문에 외래의 이질적인 문화에 대한 거절 반응은 그다지 강하지 않았다. 적어도 중국인이나 인도인만큼 자국의 문화전통에 대한 프라이드는 높지 않았다고 해도 좋을 것이다. 그러나 근대국가 특유의 국민의식 내지는 민족의식은 근대 일본인에게도 갖추어져 있었다. 근대 국민국가의 형성과 지식인으로 대표되는 근대적 자아의식의 성장은 반드시 직접적인 인과관계에 있는 현상이 아니라고 생각하지만, 사상사적으로 종종 수반되어 나타나고 있다. 서양에서는 봉건적 사회체제로부터 벗어나는 과정에서 이 평행현상이 보인다. 일본의 경우를 보면, 넓은 의미의 국민적 내지는 국가적인 의식이 일본인의 사상사에 명확히 모습을 드러낸 것은 근세, 즉 에도(江戶) 시대부터라고 생각한다. 그러나 이 자생적 요인은 서서히 성장하다 도중에서 꺾여, 메이지시대 이후 서구 여러 나라의 강한 압박 하에서 급격히 근대화를 추진하게 되었다. 따라서 이질적인 문화의 압력 하에 놓여있던 근대 일본인의 국민의식 내지 지식인의 자아의식에는 일종의 굴절이 보인다. 극단적인 형태로는 이는 '문명개화'에 보이는 서양숭배의 콤플렉스와 그 정반대의 배외주의적인 국가주의의 경향에 나타나 있다. 이러한 양 극단의 자세는 사상사가에게 흥미로운 연구과제이겠지만, 내가 직접적으로 관심을 갖는 점은 그러한 굴절된 자세가 철학자들의 사색 태도에 어떻게 반영되어 있는가 하는 점이다. 그리고 또 그들의 그러한 태도가 오늘날 우리들에게 어떠한 문제를 시사해줄 것인가 하는 점이다.

니시다 기타로(西田幾多郎)*는 일찍이 다음과 같이 말했다.

> 형상을 유(有)로 하고 형성을 선(善)으로 하는 서양 문화의 찬란한 발전에는 숭상할 만한 것, 배워야 할 것이 많은 것은 말할 것도 없지만, 몇 천 년 이래 우리 조상을 길러온 동양 문화의 근저에는 형태 없는 것의 형태를 보고 소리 없는 것의 소리를 듣는 것 같은 것이 잠재되어 있는 것이 아닐까. 우리들의 마음은 이와 같은 것을 끊임없이 요구해 왔다. 나는 이러한 요구에 철학적 근거를 부여하고자 한다.(니시다 기타로, 1927, 255)

위의 니시다의 말은 근대 일본의 적지 않은 철학자들의 심정을 대변하는 말일 것이다. 내가 여기에서 우선 말하고자 하는 것은 만약 니시다가 아시아인, 즉 비 서구세계의 인간이 아니었다면 철학자로서 이와 같은 발언은 하지 않았을 것이라는 점이다. 바꿔 말하면, 서구의 문화전통 하에서는 자신이 속한 문화의 특수성을 자각 내지는 반성을 동기로 하여 사색하는 태도는 적어도 근대 이후는 극히 드물다는 사실이다. 본래 철학이라고 하는 것은 그것이 인간 이성의 영위인 이상, 과학과 마찬가지로 역사적인 문화전통의 이질성을 넘어 단적으로 인간에게 보편적인 진리의 추구를 목표로 해야 하는 것이다. 일본인이나 아시아인에게만 한하는 진리라는 것은 진리의 개념 자체에 모순된다. 이러한 점에서 전술한 니시다의 발언은 기묘하다고 할 수 있다. 그러나 철학이나 사상의 세계에서는 인류적인 내지는 인간적인 보편성을 추구해도 결과적으로는 문화전통의 역사성에 지배되고 제약받는 것 또한 어찌할 수 없는 사실이다.

철학은 영원을 목표로 하는 사색의 영위인 동시에, 항상 현대의 상황 속에서 행해지는 바벨탑의 돌 쌓는 것과 마찬가지로 슬픈 반복이다. 따라서 이러한 경우에 원칙적으로는 두 가지의 태도가 가능하다. 즉, 자기가 속한 문화전통에 대하여 이를 거부하든 계승하든 상관없이 의식적으로 반성하면서 사색하든가, 아니면 그러한 반성을 쓸모없는 것으로 치부하고 단적으로 한 사람의 인간으로서 또는 철학자로서 사색하든가 하는 태도이다. 철학적인 사색이 보편적인 진리를 추구하는 이상, 나는 후자의 입장이 올바른 이상적인 것이라고 생각한다. 첫 번째의 자기반성적인 자세를 통과하지 않고는 두 번째의 보편적 자세에 도달할 수 없다. 우리가 살고 있는 시대는 아직 지구상의 각 문명이 긴 전통의 차이를 초월할 수 있는 새로운 전망에 이르렀다고 할 수 없다. 여러 문명의 다양한 충돌과 교류가 반복되고 있는 것이다. 그리고 세계사의 성립과 근대의 막이 열린 것이 서구 세계로부터 시작되었다고 하는 역사의 제약 또한 크고 중요한 의미를 가지며 현대를 지배하고 있다. 우리가 현대의 비 서구세계에 살고 있는 한, 니시다의 앞의 발언에서 볼 수 있는 굴절감은 설령 그것을 어떤 형태로 극복했다고 하더라도 마음속 어딘가에 숨어서 살고 있을 것이다. 환언하면, 서구의 근대라고 하는 것에 대하여 뭔가 태도 결정을 하지 않는 한, 우리는 자기 자신의 위치 내지는 존재 자체를 확정하는 것조차 할 수 없는 상황에 놓이게 되는 것이다.

　서구 세계의 사람들은 이와 같은 심정을 기묘하게 느낄지도 모른다. 세계의 근대화 내지 일체화가 서구에서 시작되었다는 행운의 역사적 우연 때문에 그들은 오랫동안 자신이 서구라고 하는 하나의 특수한 문화권의 주민이라는 사실을 깊게 의식하지 않고서도 지낼 수 있는 입장에 있었다. 그들에게 동쪽과 서쪽의 만남은 안과 밖의 만남이고, 거기에서 생기는 위화감은 생각하지 않아도 괜찮았다. 그러나 우리 동양인에게 동과 서의 관계는 안과 밖의 만남이기에 앞서 우선 우리 자신 안에서 이루어지는 만남이다. 안에서의 만남인 이상, 이는 잊어버리는 것도 무시하는 것도 불가능하다. 과학기술이나 정치경제 등의 분야에서는 이러한 감개는 과거의 것이 되었다고 할 수 있을지 모르겠지만, 종교나 사상의 세계에서는 오늘날도 사정은 크게 다르지 않다고 생각한다. 　　　　　　　　　　　　[JWK/김계자]

# 나카무라 유지로

中村雄二郎, 1925-2017

나카무라 유지로는 도쿄대학을 졸업한 후에 한동안 라디오 방송국 문화 프로그램 감독으로 일했고, 이후 메이지대학(明治大學)에서 퇴직할 때까지 연구와 교육에 전념하였다. 소통에 대한 굳건한 저널리즘적인 감각과 비평철학의 정신을 결합시켜 근대의 사상, 문화, 그리고 예술의 최첨단에서 왕성하게 활동하였다.

몸과 정념의 이론으로 도출한 근대 이성주의 비평은 『파토스의 시대』(1965), 『공통 감각』(1979), 『악의 철학에 관한 노트』(1994), 그리고 옴 진리교를 반영한 『일본문화에서의 악과 죄』(1988)와 같은 책 속에 잘 나타나 있다. 1987년에 그는 니시다 기타로(西田幾多郎)*의 철학을 재발견하고, 그의 '공간' 논리에 대한 '탈구축'을 시도하였다. 이 외에도 베르그송(Bergson), 바슐라르(Bachelard), 민코프스키(Minkowski)의 작품을 번역하였다.

공통 감각(sensus communis)에 관하여 광범위하고 넓게 논의된 연구의 마지막 챕터에서 나온 첫 선집은 시각 중심적이고 인간 이해의 이성적인 모델에 대한 자신의 비평적인 사고를 검토하고 몇 가지 고려해야 할 문제를 지적하고 있는 나카무라의 모습을 보여 준다. 두 번째, 정념의 생각에 관한 것인데, 근대 이성주의자의 사고방식에 관한 기본적인 문제들에 관하여 비평적 생각을 발전시켰다. 그는 발리 문화와의 조우를 통해 특별한 영감을 이끌어 냈는데, 인간의 약함과 악을 표면화하는 것을 겨냥한 극적인 장치에 주목하였다. 이는 약함과 악이 사회의 멤버들을 옆으로 밀어내거나 억누르기 때문에 약함과 악으로부터 해방시키고 보호하기 위한 것인 동시에 문화를 활성화하기 위한 것이다.

[KN/김계자]

---

## 공통 감각(common sense)

'공통 감각'은 일상 경험의 지(知)로서의 소박한 의견과 뛰어난 경험지(經驗知)라고 하는 양면성, 양의성을 갖고 있다. 그 외에도 한편으로는 누구에게나 당연한 것이자 자명한 것인 동시에, 다른 한편으로는 자명성의 지평이라고 하는 의심할 여지없는 피막을 형성함으로써 오히려 자명하지 않은 것, 혹은 당연하지 않은 것을 덮어서 감추는 것이다. 이 자명성의 지평은 결코 영원한 부동의 것은 아니지만, 시대나 사회, 문화에 따라 일정한 레벨을 형성한다. 그리고 이것이 흔들리고 분열하여 너무 다양화되면, 우리는 기준을 잃은 불안감에 휩싸인다. 생각건대, 이때 어쩔 수 없이 감춰져 있던 자명하지 않은 것, 당연하지 않은 것을 접하게 되기 때문일 것이다.

그렇다면 자명성의 지평은 무엇에 의해 형성되는 것일까? 그것은 무엇보다도 현상학에서 말하는 〈상호주관〉적인 지각(知覺)에 의해 형성되는 것이라고 할 수 있을 것이다. 지각은 우선 공통 감각의 작용이기 때문에 이 자명성의 지평을 물음으로써 상식으로서의 커먼센스와 공통 감각은 예사롭지 않은 의미로 연결된다. 그래서 자명성의 지평이 흔들리는 위기의 시대에는 감각의 차원에서 나오는 〈지〉의 재편성이 반드시 요구된다.

...

공통 감각의 문제는 오감의 통합 방식과 관련된 문제로, 특히 근대세계의 시각의 우위, 나아가 시각의 전제지배와 이에 대한 촉각의 회복 혹은 복권이라는 것이 오감의 재편에 있어 문제가 된다. 이는 단편적으로는 여러 사람들에 의해 언급된 것인데, 조직적으로는 거의 생각해본 적이 없다. 그래서 이 기회에 내 나름대로 전망을 갖고자 한다. 특히, 시각의 우위라고 하는 것은 도대체 어디까지 어떠한 의미로 말할 수 있는가? 말할 수 없는가? ...

시각의 우위라고 하는 것은 고생물학, 동물학, 대뇌생리학의 식견에 토대한 인류학적 고찰(André Leroi-Gourhan)에 의해서도 입증되었다. 그래서 종합적으로 명확해진 생물진화의 과정 속에서 인간의 뇌와 손의 상관적인 발달은 우리에게 몇 가지 중요한 것을 가르쳐 준다. 그중에서도 우리의 관점에서 중요한 것은 인간의 뇌신경 계통의 완성이 제 감각을 종합하여 이미지나 응답을 배분하는 통합장치를 기존의 뇌신경 계통 위에 덧붙이는 것일 뿐이라는 사실이다. 또한 손·도구와 얼굴·언어활동이라는 두 가지의 기능이 뭔가를 나타내는 기호(상징)의 출현을 가져왔다. 거기에는 시각이 눈-읽어내고, 손-써(그려)낸다고 하는 두 쌍의 것을 함께 지배하게 된다는 사실이다.

그뿐만이 아니다. 지각에서 시각의 우위는 현대 심리학에서 이야기하고 있는 내용이다. 일반적으로 현대의 지각심리학에서는 시각이 다른 어떠한 감각보다도 대상 그 자체에 밀착해서, 또는 외부의 제 감각의 영향을 받아 수정되는 일이 적다고 생각되어, 지각 속에는 시각 우위의 통합이 보인다고 나온다. 나아가 〈역전 시각의 지각〉에 대한 실험은 시각의 절대적인 우위를 결정적으로 근거로 하고 있는 듯이 보인다.

그렇지만 현상학적이라고도 말할 수 있는 철학자들의 오감에 대한 고전적 고찰(Berkely와 Condillac)은 일찍이 이와 같은 시각의 우위라는 사고방식을 부정하고, 촉각이야말로 시각을 가르치고 인도한다고 주장했다. 이와 같은 고전적 고찰은 이제 돌아볼 필요가 없을까? 만약 돌아볼 가치가 있다고 한다면, 정면에서 대립하는 시각의 우위와 촉각의 우위라는 두 가지 사고방식 중에서 우리는 어느 쪽을 선택해야 하는가? 혹은 적어도 어떻게 두 가지의 사고방식을 조정해야 하는가?

이와 같이 매우 중요하고 근본적인 문제에 대하여 여러 각도에서 검토한 결과, 나는 여러 감각의 새로운 분야(가쓰키 야스지勝木保次)76)에 따르면서 제 감각의 가장 기초적인 통합을 〈체성(體性) 감각〉적 통합으로 인식했다. 체성감각이라는 것은 좁은 의미에서 말하는 촉각뿐만 아니라, 근육 감각이나 운동감각을 포함하는 말이다. 그리고 이 체성감각적 통합이 제 감각의 기체적(基體的)·술어적 통합인 것에 비하여, 주체적·주어적 통합을 이루는 것이 제 감각의 시각적 통합이라고 할 수 있을 것이다. 이와 같은 사고방식으로 생각해보면, 시각적 통합은 본래 체성감각적 통합 위에서 성립하는 것인데, 전자의 주어적인 성격과 후자의 술어적인 성격 때문에 후자는 잠재적으로 인식하기 어렵다. 게다가 후자의 통합은 쉽게 전자의 통합에 의해 재인식된다. 또한 시각적 통합뿐만 아니라, 청각적 통합도 주어적이고 주체적인 통합이라고 할 수 있다.

이와 같은 것으로서 〈체성 감각〉적 통합을 발견하고 인식함으로써 나는 하나의 큰 전망이 펼쳐지

---

76) [영] 가쓰키 야스지(勝木保次, 1905-1994)는 동물의 감각, 특히 고양이의 청각 구조에 관한 저작으로 유명한 신경생리학자였다.

는 것 같았다. 지각의 중심을 이루는 것이 시각인지, 아니면 촉각인지 하는 예로부터 있어온 양자택일의 물음에 대하여 지금까지 내놓은 답보다 설득력 있는 답을 찾아낼 수 있었던 것이 아닐까 생각한다. 베르그송(Bergson)이 말하는 〈운동 도식〉이나 메를로 퐁티(Merleau-Ponty)가 제출한 〈신체 도식〉도, 또한 더 거슬러 올라가면 후설(Husserl)이 말한 〈운동감각〉도 가능한 계열로서의 우리 인간이 활동하는 신체의 체성 감각적 통합을 각각의 관점에서 파악한 것이라는 사실을 알 수 있다.

...

시각의 독주에 대한 체성 감각의 회복이라는 것은 매체 일반의 문제로서 특히 현저히 나타나는 것, 그것만의 문제에 한하지 않는다. 말(자연언어)에 대해서도, 이론적인 말에 대해서조차 문제가 된다. 여기에서 말의 체성 감각의 회복이라고 하는 것은 무엇보다도 이미지가 갖는 적극적인 의의를 다시 검토하여 이미지성을 회복하는 것이다. 이미지는 세계와 관련되는 동시에, 바로 이러한 점에서 상상적이고 신체적이기 때문이다. 나아가 말에서 이미지성을 회복한다는 것은 말을 분석적 이성의 로고스에서 공통 감각적인 로고스로 회복한다는 것이다.

공통 감각의 관점에서 봤을 때, 언어란 무엇인가? 어떻게 인식할 수 있는가? 또 이와 같이 인식될 때 언어는 생활세계의 해명에 어떠한 논리 혹은 단서를 주는가 하는 점을 생각하게 되었다. 여기에서 양식(良識, bon sens)이 문제가 되는 것은 양식을 둘러싼 두 가지 고찰(베르그송, 고바야시 히데오小林秀雄) 속에 양식과 상식의 혼동 혹은 동일시가 있다. ...

즉, 양식은 베르그송에 의하면 다음과 같이 인식된다. 그것은 인간관계를 관장하고 생활에 소용이 되는 것을 우리에게 가르치는 감각이며, 과학과 본능 사이에 위치하여 끊임없이 생산되는 진리를 추구하는 지적 활동이다. 사고와 행동을 결합시키는 것의 공정한 정신에 토대한 사회적 판단력이다. 〈고전 학습〉과의 관계 속에서 재인식된 양식이 갖는 성격은 인문주의의 전통에 대한 전망도 있기 때문에 매우 시사적이다. 게다가 뛰어난 의미에서의 상식의 성격을 만들어 준다.

그러나 양식을 뛰어난 의미에서의 상식과 동일시하는 것은, 특히 데카르트적인 의미에서의 양식의 경우에는 좋지 않은 문제가 생긴다. 왜인가? 데카르트의 경우, 양식은 반드시 베르그송이 말하는 양식과 중복되지 않고, 분명하게 이성이라고 바꿔 말하고 있기 때문이다. 또한 이성에 기초한 데카르트의 언어관은 〈상식〉적인 언어관과는 다르며, 하물며 〈공통 감각〉적인 언어관과는 한층 더 다르기 때문이다. ... 수학적 이성이 대체로 지배한 근대세계는 〈공통 감각이 후퇴한〉(Whitehead) 세계이다. 그러나 아리스토텔레스에 원류를 갖는 〈공통 감각〉은 이른바 〈상식〉과 표리의 관계를 이루고 있다. 따라서 양자를 명확히 구별하는 것은 매우 어렵다. 그렇지만 상식이 언제 어떻게 나오게 된 것인지, 가능하면 분명히 하고자 한다. 상세히 추적하려면 그 만큼의 준비가 있어야 하는데, 지금 당장 내 손으로 할 수 있는 것이 아니다. 그러나 대략 그 순서를 분명하게 해 두는 것은 필요하다. ...

다행히 이른바 common sense, 즉 상식이라는 것의 계보를 로마 고전에서, 특히 키케로(Cicero)부터 르네상스 인문주의를 연결하는 것은 레토릭(수사학, 웅변술)이 중시하는 것이었다. 레토릭은 논리학(혹은 변증론)과 대립하는 것이다. 즉, 논리학이 보편적이고 체계적인 것과는 대조적으로, 레토릭은 특정 청중이나 독자를 상정하여 그들의 상식에 호소해서 상대를 설득시킨다고 하는 구체적인 실천과 관련된다.

이러한 로마 고전-르네상스 인문주의의 계보에 서서 레토릭을 중시하는 상식의 사고방식은 서구 근대에서는 비코(Vico)를 제외하면 거의 계승되지 않았다. 비코가 일단 데카르트주의의 세례를 받아 이를 뛰어넘어 래디컬한 반 데카르트주의의 입장을 취한 것은 상식 대 양식(이성)의 관계에서 봐도 흥미롭다. 비코 이외에는 조금 뒤에 나온 영국의 샤프츠버리(Shaftesbury)와 토마스 리드(Thomas Reid)를 비롯한 이른바 〈상식학파〉가 나타난다. 이 〈상식학파〉도 회의론에 대항하는 위기의 시대의 사상으로 재인식함으로써 새로운 의미를 갖는다. 그렇지만 이들에게 상식의 사고방식은 점차 레토릭에서 벗어나 상식이 판단의 기준으로서 이성을 대신하는 직감 같은 것이 되었다.

이와 같이 주위의 상황을 살펴보면, 데카르트의 양식(이성)의 입장은 매우 분명해진다. 공통 감각적인 언어관에 의하여 분석 이성적인 언어관을 뛰어 넘는 것, 구체적으로 말하면 촘스키(Chomsky)풍의 〈데카르트파 언어학〉의 극복이었다. 즉, 데카르트가 언어관의 형성에 배제한 것이 무엇이었는지 구명하는 동시에, 배제된 이미지적이고 신체적(신체감각적)인 것을 회복한 언어를 현대 언어론의 용어와 이론으로 다시 인식하는 것이다.

⋯

기억의 문제는 근·현대인이 가장 경멸해온 문제의 하나이다. 근대의 〈지〉가 자기주장하며 나타나게 됨에 따라 기억력이나 기억의 문제가 경시된 것에 대해서는 그 나름의 이유가 있었다. 역사의 구속·중압에서 벗어나 공동체에서 개인이 독립하기 위해서는 과거와의 연결을 끊을 필요가 있었기 때문이다. 과거와의 연결을 끊고 전적으로 새롭게 제로에서 출발하기 위하여 요청된 것이 데카르트적인 의미에서의 〈방법〉이었다. 여기에서 말하는 〈방법〉이라는 것은 기억이나 습관에 따르지 않고 사람들을 뭔가의 목적으로, 특히 진리로 이끄는 것이어야 했다. ⋯ 이것이 바로 수학적 연역이 테크놀로지와 결합하게 되는 이유이다. 이와 같은 의미에서 근대는 〈방법〉의 시대였다.

그런데 〈방법〉적 원리의 지배가 진행되고 관철됨으로써 사람들이 존재 기반의 상실을 통절히 느끼게 된 현재, 기억의 문제는 새롭게 돌아볼 가치가 있다. 현대에서는 한편으로는 전자공학의 발달에 의해 사람들은 기억의 작동을 한층 더 기계에 의탁하고 의존하게 되었다. 이 문제를 포함하여 기억이라고 하는 것이 우리 인간에게 갖는 의미를 새삼 생각해볼 것이 요청된다. ⋯

기억의 문제와 함께 시간의 문제도 또한 상식 논의와 관련되어 있다. 정말로 이 경우에는 데카르트에 의해서 공통 감각의 자리로 생각된 〈송과선(松果腺)〉의 작동이 현대 생리학과 현대 생화학에 의해 생물 시계를 관장하는 기관으로서 재발견된 사실에 의거하고 있다. ⋯ 이로써 공통 감각이 하루 주기로 변동하는 생물의 리듬을 기초로 하는 기본적인 시간을 감지하는 감각이라고 하는 사실이 분명해졌다. 이는 나아가 기본적인 시간 위에 성립한 인간의 시간을 감지하는 감각이라는 사실이다.

[RJJW/김계자]

## 파토스의 지(知)

〈파토스의 지〉의 파토스는 소위 패션(passion), 즉 정념뿐만 아니라 수동(受動), 수고(受苦), 아픔, 병 등, 이른바 인간의 연약함에 관련된 것을 가리키는 것이다. 따라서 〈파토스의 지〉는 능동의 지, 액션의 지라고 할 수 있는 근대과학의 지와 정반대의 것이다. 인간의 강함을 전제로 하는 근대과학의 지가 경멸해온 것이라고 할 수 있다. 근·현대인은 근대과학의 분석적인 지, 기계론적인 자연관에 기초한 지를 통해 사물과 자연을 끊임없이 대상화하여 사물이나 자연의 법칙을 알아내고 이를 지배하려고 해왔다. 이렇게 함으로써 인간의 지배권을 확대시키고 운명의 필연에 저항하며 자유의 왕국을 세우려고 해왔다. 그리고 분명히 이러한 근대과학의 지에 힘입어 근대문명은 세계적인 규모로 인류의 생활에 큰 변혁을 가져왔다.

더욱이 근대과학의 지와 근대문명은 초래한 것이 클 뿐만 아니라, 인간의 영위 속에서 단 하나의 영속적이고 또한 무한히 발전하는 것으로 생각되어 왔다. 그리고 현재 미해결 상태의 문제도 이윽고 반드시 과학에 의해 해결될 것으로 생각되었다. 근대 생리학이나 근대 의학은 그야말로 이러한 능동적이고 낙천적인 과학적 지의 소산이다. 여기에는 아픔이나 고통을 없애고 병을 배제할 수 있다는 확신이 들어 있다. 정말로 병을 피하게 되리라고는 생각하지 않는다고 해도, 병을 의학적으로 극복하여 죽음을 멀리할 수 있다고 생각한 것이다.

그런데 현실은 그런 방향으로만 진행되는 것은 아니다. 오히려 현실이나 자연으로부터 인간은 엄격한 보복을 받았다. 우리는 누구든지, 많든 적든 〈공해〉로 인한 피해를 받게 되었고, 우리의 환경은 위험에 가득 차게 되었다. 아픔이나 고통을 입을 기회도 많아졌고, 죽음의 공포도 한층 커졌다. 그리고 누구든 거의 예외 없이 수동의 입장, 고통을 받는 입장에 설 수밖에 없게 되었다. 그러나 이와 같은 사태에 대하여 우리 현대의 인간은 대체로 준비가 되어 있지 않고, 이에 대처할 지를 갖고 있지 않다.

과학의 지는 사물을 대상화해서 조작하는 방향에서 인과율에 의해 성립한다. 이때 보는 것과 보이는 것은 분열되고, 거기에 냉정한 대립이 생긴다. 이와 같이 과학의 지가 조작의 지임에 반하여, 파토스의 지는 환경이나 세계가 우리에게 보여 주는 것을 이른바 읽어내고 의미를 만들어가는 방향에서 상징체계와 우주론에 입각하여 성립된다. 다시 말하면, 모든 사물의 징후, 조짐, 표현에 대하여 이들 속에 깃든 중층적인 의미를 물어 우리의 몸을 엄습하는 다양한 위험에 대처하면서 농밀한 의미를 가진 공간을 만들어내는 지이다. 전형적인 형태로는 신화나 마술의 지라고만 생각되어 왔지만, 사실은 〈경험〉이 우리에게 가르쳐준 것에도 파토스의 지가 분명히 작동하고 있다. 〈살아있는 경험〉은 물론 환경이나 사물과 우리와의 사이에 친밀하고 밀접한 관계를 형성하고, 그에 의하여 우리는 새로운 사건을 만날 때에도 잘 알고 있는 것을 활용하여 사태의 변화에 잘 적응할 수 있는 것이다.

과학의 지가 차가운 눈빛을 한 시각의 지인데 반하여, 파토스의 지는 신체적이고 체성 감각적인 지이다. 파토스의 지에서는 시각이 작동할 때에도 체성 감각과 연결되어 작동하기 때문에, 그 움직임이 〈공통 감각〉적이다. 또한 이 경우에 신체는 살아있는 신체, 활동하는 신체를 가리키는 것이므로 파토스의 지는 〈퍼포먼스〉와도 관련된다. 활동하는 신체를 차지한 공통 감각에 의해 파악되고 읽혀지는 것이 징후이고 상징이며, 우주이다. 그리고 이들 여러 가지의 성격 모든 것을 종합해서 말하면, 파토스의 지는 뛰어난 〈연극적인 지〉라고 할 수 있다.

[IML/김계자]

# 기무라 빈

木村敏, 1931-2021

아마도 20세기 일본의 어떠한 사상가도 심리학과 철학 사이의 접점을 기무라 빈보다 더 잘 표현하지는 못할 것이다. 정신의학적인 관습을 유지하고 비정상적인 심리학, 특히 조현병과 이인증(離人症)에 관하여 널리 책을 펴낸 그의 폭넓은 철학적 관심은 초기 저작에서 눈에 띈다. 시도를 거듭하며 자기의 구조와 쇠약, 자각과 상실과 같은 자기라고 하는 것의 신비로움 속으로 파고들었다. 기무라 빈은 편안히 앉아서 연구하는 철학자가 아니라, 자신의 환자들의 체험을 통해 연구했다. 그의 20세기 철학자들 독서를 관통하여 흐르고 있는 일관된 주제가 있다고 한다면, 그것은 '자기(the self)'의 진정한 현상학은 '타자'와, 자기와 타자 사이에 공존하는 존재를 배제할 수 없다는 확신이다. 이러한 관점에서 그는 니시다 기타로(西田幾多郎)*가 1970년대 초반에 쓴 「나와 너」를 읽으면서 경험한 강한 충격을 기록하였다. 그것은 흡사 자신이 치료하고 있는 조현병 환자의 증상을 읽고 있는 듯이 보였다. 이윽고 그는 서구 철학자들의 '자기'를 다루는 이중적인 경향처럼 '자기'를 그가 본 것과 구별하고, 일본과 동양 철학을 더 깊게 파헤치게 되었다. 그는 후설의 '자기'에 관한 현상학을 버리고, 니시다 기타로의 '장소(place)' 논리를 받아들였다. 하이데거의 "죽음을 향해 가는 존재"의 주관적인 개념에 대응하여, 자기와 타자의 통합체의 초석으로서 "죽음을 무효화하는 원리"를 제안하였다.

이하의 발췌문에서 볼 수 있듯이, 기무라는 순수 이성적(주어 중심적)인 것과 이해 중심적(술어 중심적)인 사고 사이의 인식론적 차이를 '모노(thing)'와 '고토(event)' 사이의 관계를 분석함으로써 둘의 연결에 대한 필요성을 고찰했다.                                                                  [JWH/김계자]

## 시간과 '자신(the self)'

### '모노(Things)'의 세계

우리는 모든 곳에서 모노에 둘러싸여 살고 있다. 모노는 우리의 세계 공간을 가득 채우고 있다. 공간의 어느 일부분을 떼어내 봐도 모노가 없는 곳은 없다. 이상적인 진공을 생각해 봐도, 거기에는 진공이라고 하는 모노가 있다.

나의 앞에 책상이라고 하는 모노가 있고, 원고용지라고 하는 모노가 있다. 나는 그 위에 볼펜이라고 하는 모노로 글자를 쓰고 있다. 글자도 역시 모노인 것에는 변함이 없다. 나는 담배를 피려고 라이터를 찾는다. 라이터는 금방 발견되지 않는다. 그래도 라이터라고 하는 모노의 부재로 인하여 모노가 없는 장소가 출현한 것은 아니다. 라이터를 찾을 수 없는 책상 위가 라이터가 아닌 모노로 인하여 공간이 점해지고 있을 뿐이다.

모노가 공간을 채우고 있다는 것은 우리의 외부 세계에 대해서만 말할 수 있는 것은 아니다. 의식이라고 불리는 우리의 내부 공간도 역시 모노로 가득 채워져 있다.

예를 들면, 나는 지금 시간이라고 하는 모노에 대하여 내 생각을 원고용지에 쓰려고 하고 있다. 사실 시간 그 자체는 결코 모노가 아니다. 이러한 취지의 내용을 쓰려고 하고 있지만, 내가 자신의 머릿속에서 서서히 윤곽이나 대강을 명확하게 하는 상념이라는 것을 가만히 응시하며, 이를 말로 옮기려고 노력하는 한 시간은 혹은 시간에 대한 나의 생각은 나의 내부 공간을 점유하는 모노의 모습을 띠는 것이다.

시간과 관련하여 속도라고 하는 것에 대하여 생각해 보자. 속도라고 하는 것은 그대로의 모습으로는 결코 모노가 아니다. 그러나 이를 속도라고 하는 형태로 떠올려 보면, 금세 모노로 변한다.

외부공간의 모노라고 하는 것은 본다고 하는 작용의 대상이 되는 것을 말한다. 물론 눈에 보이지 않는 것도 많다. 그러나 이는 우리의 눈의 능력에 한계가 있기 때문인 것이지, 모노가 원리적으로 보이지 않는다는 것은 아니다. 이와 마찬가지로 내부공간의 모노에 대해서도 '본다'고 하는 방식이 허용된다. 우리가 머릿속에서 생각을 정리하려고 노력하고 있을 때처럼 우리 자신의 생각이 떠오르는 모습을 가만히 계속해서 보고 있는 것이다.

외부적인 눈으로 보든 내부적인 눈으로 보든 본다고 하는 작용이 가능하기 위해서는 모노와의 사이에 거리가 있어야 한다. 보이는 것은 일정한 거리를 두고 눈앞에 있는 것을 말한다. 그것이 '대상' 혹은 '객관'이라는 말의 의미이다. 모노는 모두 객관이고, 객관은 모두 모노이다. 경치를 보고 아름다움에 열중하고 있는 순간에는 경치도 아름다움도 객관이 되어 있지 않을 수 있다. 경치나 아름다움의 사이에 어떠한 거리도 놓여 있지 않기 때문에 우리는 경치와 일체가 된 것이라고 말한다. 주관과 객관이 나뉘어 있지 않은 것이다. 이와 같은 순간에는 외부에도 내부에도 모노는 없다. 잠시 후에 주관이 돌아오면 거기에 거리가 생긴다. 경치나 아름다움이 객관이 된다. 그리고 우리는 아름다운 모노를 보았다고 말한다. 혹은 아름다움이라는 모노를 여운으로 느끼게 된다.

고래로 서양의 과학은 모노를 객관적으로 보는 것을 금과옥조로 생각해 왔다. '이론(theory)'이라는 말의 어원은 그리스어의 '보는 것(θεωρια)'이다. 서양에서는 보는 것이 그대로 인식하는 것, 이해하는 것을 의미한다. 그리고 이것이 단지 객관적인 관찰을 본령으로 하는 자연과학뿐만 아니라, 철학을 포함한 학문 일반의 기본자세이다.

예를 들면, '존재론'이라고 하는 철학의 영역이 있다. 이 영역에서는 본래 '있다고 하는 것은 어떤 것인가'라는 것이 문제시된다. 있다고 하는 것은 그대로의 모습으로는 모노가 아니다. 그러나 이를 종래의 존재론이 행해온 것처럼 '존재란 무엇인가', '존재란 어떠한 것인가' 하는 형태로 문제시하면 '있다고 하는 것'이 문제가 된다. '무엇인가', '어떻게 있는가' 하는 물음의 대상이 될 수 있는 것, 이는 늘 객관적인 모노이다. 이 모노, 저 모노로 지칭하고, 지칭함으로써 고정되는 것이다. 있다고 하는 것은 그것이 '무엇인가' 하는 물음의 대상이 되는 순간, 그 자신인 것을 멈춰 버린다. 있다고 하는 것은 우리가 '그것이다'고 할 때에만 그것이 어떠한 '것이다'고 하는 것인지 알 수 있는 것과 같은 그런 원리이다. '사실이다'고 말해 버리면 또한 모노가 된다. 있다고 하는 것은 그런 것이다, 이렇게 말해두는 수밖에 없다.

이와 같이 우리는 깨어 있는 의식을 활동하게 하고 있을 뿐으로, 내부도 외부도 모든 곳에 모노 또는 모노로 꽉 채워진 공간 안에 살고 있다. 이 공간 안에서는 우리 한 사람 한 사람도 각각 하나의 모노이다. 우리의 육체가 모노일 뿐만 아니라, 우리 자신이라고 하는 것도, 그 동일성도, 타자의 마음과 같은 것도, 우리가 그것을 보는 한 모노로서 우리의 눈앞에 나타나는 것이다.

## 고토(Events)의 세계

그러나 만약 우리가 세계를 객관적으로 보는 것을 그만둔다면, 혹은 적어도 객관적으로 보는 것을 그만 둔 경우를 상상만 해봐도 이 세계는 모노만으로 성립되는 것이 아니라는 사실을 알 수 있다. 객관적·대상적인 모노로서 나타나는 것이 아니라, 그와는 전혀 별종의 세계의 출현 방식이 있다는 사실을 알게 된다. 그리고 그러한 세계의 출현 방식을 일본어로는 '고토(こと)'라고 부른다.[77]

내가 여기에 있다고 하는 것, 내 앞에 책상이나 원고용지가 있다고 하는 것, 지금 내가 그 위에 글자를 적고 있다고 하는 것, 내가 오랫동안 시간이라고 하는 문제에 대하여 생각하고 있다고 하는 것, 이것들은 모두 모노가 아니라 고토이다. 내가 담배를 피우고 싶은데 라이터를 못 찾고 있는 것도 고토이다.

이러한 다양한 장면에서 나타나는 고토는 모두 매우 불안정한 성격을 띠고 있다. 고토는 아무리 해도 모노처럼 객관적으로 고정할 수 없다. 색도 형태도 크기도 없고, 무엇보다도 장소를 지정할 수 있는 것이 아니다. 내가 경치를 보고 아름답다고 생각하는 것, 이것은 나 쪽에서 이는 것 같기도 하고, 경치 쪽에서 이는 것 같기도 하다. 혹은 둘 중의 어느 쪽에서 일어나는 것도 아니고, 나와 경치의 양쪽을 포함하여 더 높은 차원의 장소에서 일어나는 것 같기도 하다.

우리의 의식은 아무래도 이러한 종류의 불안정함을 좋아하지 않는 것 같다. 이는 우리가 '자기'나 '자신', '나'와 같은 이름으로 부르고 있는 것이 사실은 모노가 아니라, '자신이라는 것', '나인 것'과 같은 것이고, 그 자체로 명확한 형태나 소재를 갖지 않는 불안정한 것이라고 하는 사정에서 나오는 것인지도 모른다. 원래 불안정한 자기는 세계라는 곳에 안정된 장을 발견하려고 한다. 그런데 고토의 세계는 자신의 지탱이 되기는커녕, 자신의 불안정함을 더욱 드러내는 것일 뿐이다. 그래서 자신은 고토가 출현하자마자 금세 거기에서 거리를 취하고, 이를 봄으로써 모노로 변하려고 한다.

자기 자신의 불안정함을 견딜 수 없는 약한 자신은 모노와 고토의 사이에 있는 결정적인 차이를 인정하려고 하지 않는다. 사과가 나무에서 떨어진다는 고토는 나무에서 떨어지는 사과라고 하는 모노의 움직임이나 양상, 방식을 나타내는 것에 지나지 않는다. 모노가 명사적으로 지칭되는 것에 비하여, 이를 명제의 형태로 펼쳐서 서술할 뿐이라는 식으로 생각하려고 한다. 요컨대, 모노와 고토는 같은 현상을 보는 방식이나 서술방식의 차이일 뿐이라고 생각하고자 한다.

그런데 사실은 이러한 보는 방식의 차이, 서술방식의 차이 안에 결정적으로 중대한 차이가 포함되어 있다. '나무에서 떨어지는 사과'와 같이 명사적인 표현을 하는 경우, 이를 보고 있는 사람은 자신이 거기에 서 있다고 하는 사실을 소거하고 있다. 자신 이외의 누가 봐도 '나무에서 떨어지는 사과'는 '나무에서 떨어지는 사과'로, 이를 보고 있는 사람의 주관과 아무런 관계도 없고, 그 사람으로부터 몇 미터 전방에 있는 장소에 정위 가능한 객관적인 모노이다. 객관적인 것의 앞에서는 자신은 그 존재를 감출 수 있다. 그 불안정함을 폭로하지 않아도 된다.

이에 반하여 '사과가 나무에서 떨어진다'고 하면 나무에서 떨어지는 사과와 이를 보고 '사과가 나무에서 떨어진다'고 하는 것을 경험하고 있는 주관의 양쪽을 분명히 포함한 명제가 된다. 즉,

---

77) [영] 일본어의 '고토'과 '모노'의 존재론적인 차이에 대하여 최초로 철학적 고찰을 행한 사람은 와쓰지 데쓰로(和辻哲郎)이다(『續日本精神史研究』, 岩波書店, p.417 이하). 최근에는 히로마쓰 와타루(廣松渉) 씨가 이 문제를 둘러싸고 높은 수준의 논의를 전개하였다(『事的世界への前哨』, 『もの·こと·ことば』, 두 문헌 모두 勁草書房). 여기에서는 이들 저작을 특별히 인용하지 않지만, 나의 사색은 두 사람의 시점에서 큰 영향을 받았다.

이를 어떠한 형태로 경험하고 있는 주관이나 자기라고 하는 것이 없다면 나무에서 떨어지는 사과라고 하는 모노는 있을 수 있어도, 사과가 나무에서 떨어진다고 하는 고토는 서술될 수 없다. 사과는 건너편의 객관 쪽에 있는 모노이지만, 그것이 떨어진다고 하는 경험은 이른바 이쪽의 주관 쪽에 있다. 또는 이렇게 말해도 된다면 객관과 주관의 사이에 있다.

사과가 나무에서 떨어진다는 것은 객관적이고 물리적인 현상으로, 이를 관찰하고 있는 주관 쪽의 사정에는 전혀 관계가 없다고 반론하는 것이 당연히 예상된다. 그러나 이와 같은 반론은 '떨어진다'고 하는 고토를 암묵적으로 '낙하'라고 하는 고토로 바꿔놓았다. 낙하에는 이 낙하, 저 낙하와 같은 것이 있을 수 있다. 즉, 낙하는 객관적인 세계 공간에 조정 가능한 개별적 현상이지만, '떨어진다'고 하는 고토에 대하여 저것이나 이것과 같은 조정(措定)은 불가능하다. '떨어진다'가 개별성을 가질 수 있다면, 그것은 '떨어진다'고 하는 형태로 경험된 모노(예를 들면, 사과)의 개별성에 의해서만 가능한 것이고, '떨어진다'는 것 자체에 유래하는 것은 아니다.

이는 또한 '떨어진다'가 객관적·물리적인 낙하, 즉 물체의 위쪽에서 아래쪽으로 공간적 이동의 의미를 초월하여 많은 비교적인 의미에서 사용될 수 있다는 점도 관계가 있다. 명성이 땅에 떨어진다, 성이 함락하다, 품질이 떨어진다, 도읍지를 떠난다, 빙의되어 있던 것이 떨어진다 등등, 헤아릴 수 없이 많을 것이다. 이것들 모두의 '떨어진다'에는 고토로서의 주관적 경험에 공통성이 있다. 고토로서 보는 한, 이들 모두 '같은 것'으로, 사과가 나무에서 떨어지는 것은 단지 그 하나의 사례일 뿐이다. '떨어진다'고 하는 말이 본래 물체의 낙하를 가리키는 말이라고 해도, 그 실제 사용에서는 '이야기하는 주관'이 말하는 살아 있는 말로 보면 다른 많은 비유적인 용법에 비견되는 하나의 비유일 뿐이다.

우리는 눈으로 모노를 본다. 나무에서 떨어지는 사과나 낙하는 눈으로 볼 수 있다. 그러나 우리는 '떨어진다'고 하는 것을 눈으로 볼 수 없다. 보이는 것은 어디까지나 사과이고, 그 낙하이다. '사과가 나무에서 떨어진다'고 하는 고토 자체는 '시험에 떨어지는' 것이나 '내장에 떨어진다(납득이 된다)'는 것이 눈에 보이지 않는 것과 마찬가지로 눈에는 보이지 않는다. 눈에는 보이지 않지만, 우리는 이를 확실히 경험하고 있다. 이는 객관적인 지각현상은 아니지만, 우리는 적확하게 경험하는 일종의 감성을 갖고 있다. 이 감성은 일체의 언어의 비유적 용법을 가능하게 하는 기본적인 감성으로, 고래로부터 '공통 감각(sensus communis)'이라는 명칭으로 불러왔다. 그러나 이 공통감각에 대하여 깊게 파고들어 논의하는 것은 별도의 기회에 하겠다.[78]

## 고토의 일본적 특성

모노에 비하여 고토라는 말은 미묘하지만 결정적인 '존재론적인 차이'를 나타내는 관습은 유럽의 말에서는 전혀 예를 찾아볼 수 없는 일본어의 독특한 용법이다(일본어와 유럽어 이외의 제 언어에서 이러한 구별을 갖는 말이 이밖에도 있는지 어떤지는 과문하여 잘 모른다). event / Geschehen / événement 등의 말로 나타내는 '사건', '일', '사태' 등은 이미 완전히 모노화되어 객관시된 '고토'로, 순수하고 직접적인 '……라는 고토' 자체에서 좀 멀다. '……라는 고토'를 실제로 이야기하는 경우에 사용하는 종속접속사 that 이나 daβ를 명사화하여 thatness / Daβheit라고 하는 단어를 만들어, 이를 '그것이 무엇인가'를 나타내는 whatness / Washeit와 대비시킴으로써 '고토 성(性)'을 표현하려고

---

78) [영] 공통감각의 정신병리학적인 의미에 대하여는 졸저 『이상(異常)의 구조』(講談社現代文庫) 제6권, p.400 이하에서 서술하였다. 또 나카무라 유지로(中村雄二郎) 씨의 『공통감각론』(岩波書店)과 『파토스의 지』(筑摩書房)도 참조.

하는 시도도 행해졌다(프랑스어에서는 이것도 순조롭지 않다). 그러나 이러한 조어를 이용하여 강제로 고정된 개념으로 만든 '고토 성'은 우리의 일상적 주관의 공통 감각적인 정태성에 의해 풍부하게 뒷받침된 '……라는 고토'에 대한 경험에서 생각해보면, 어차피 빛바랜 화석 같은 것에 지나지 않을 것이다.

세계나 자연에 일정한 거리를 두고 객관적으로 관찰함으로써 이것을 '모노'로 보는 사고법이 특히 서양적인 것이라는 사실, 또 현대의 정치한 자연과학이나 그 기초에 있는 합리적인 세계관이 근원을 따지고 보면 이와 같은 특수한 서양적인 모노를 보는 방식에 유래한다는 사실에 대하여는 새삼 말할 것도 없을 것이다. 일본인의 감성은 고래로 이와는 매우 다른 움직임을 보여줬다.

> 형상을 유(有)로 만들고 형성을 선(善)으로 만드는 서양 문화의 현란한 발전에는 고상한 것, 배울만한 것이 많은 것은 말할 것도 없지만, 몇 천 년 이래 우리 선조를 배양해온 동양 문화의 근저에는 형태 없는 것의 형태를 보고, 소리 없는 것의 소리를 듣는다고 하는 것이 잠재되어 있는 것이 아닐까. 우리의 마음은 이와 같은 것을 끊임없이 추구해 왔다. 나는 이러한 요구에 철학적인 근거를 부여하고자 한다.(니시다 기타로, 『일하는 것에서 보는 것으로(働くものから見るものへ)』, 전집 제4권, 岩波書店, 序)

니시다가 여기에서 '형태 없는 것', '소리 없는 것'이라고 한 것은 실은 '모노'가 아니라 '고토'를 가리킨다. 고토의 세계에 대한 조용한 공통 감각적인 감수성이야말로 "몇 천 년 이래 일본인의 선조를 배양해온 동양 문화의 근저에" 깃들어 있다. 일본적인 심성의 핵심이다.[79]

### 고토(こと)와 고토바(ことば)

일본어에는 원래 고토(事)와 고토(言)의 구별이 없었다.

> 고대사회에서는 입으로 낸 것(言)은 그대로 고토(사실·사항)를 의미했다. 또 고토(사건·행위)는 그대로 고토(言)로 표현된다고 믿었다. 그래서 고토(言)와 고토(事)는 분화되지 않고 양쪽 모두 고토라고 하는 하나의 단어로 파악하였다.(『이와나미 고어 사전(岩波古語辭典)』, '고토(こと)' 항목)

그런데 나라(奈良)·헤이안(平安)시대 이후가 되면 양자는 점차 분화되어 '말(言)'은 '고토(言)'의 모든 것이 아니라, 겨우 끝에 지나지 않는 것('岩波古語辭典』, '말(ことば)' 항목)을 나타내는 '고토노하(ことのは)', '고토바(ことば)'로서 고토에서 독립하게 되었다.

이와 같이 고토바, 즉 말이라고 하는 것은 본래 고토의 극히 표면적인 일단을 표현하는 것에 지나지 않는 것으로 생각하게 되었다. 그러나 그로부터 긴 역사를 거친 오늘에 이르러서도 고토와 고토바의 분화가 완전히 완성되었다고는 아직 도저히 말할 수 없다. 꽃이 붉다는 고토는 물론 '이

---

79) [영] 서양의 '모노 적인 문화'와 일본의 '고토 적인 문화'의 차이가 어디에서 유래하는가 하는 것은 매우 흥미로운 문제이지만, 여기에서는 깊게 논할 수 없다. 와쓰지 데쓰로(和辻哲郎)의 풍토론(風土論)은 이러한 점에 관하여 하나의 큰 힌트를 준다. 이 문제에 대해서는 졸저 『사람과 사람의 사이(人と人との間)』(제3권, 弘文堂, p.81 이하) 참조.

꽃은 붉다'고 하는 고토바에 의해 전부 표현될 수는 없다. 그렇다면 고토바는 이 꽃이 붉다고 하는 고토 등등, 현재 내 눈앞에 있는 고토의 세계처럼 극히 한 끝을 나타내고 있는 것에 지나지 않는다. 그렇다고 해도 '이 꽃은 붉다'고 하는 고토바를 사용하지 않았다면 이 꽃이 붉다는 고토를 표현하거나 전달하거나 하는 것은 불가능하다. 모노는 그 실물을 눈앞에 보여줌으로써 확인할 수 있다. 이와 다르게 고토는 눈에 보이는 것으로 제시할 수 없다. 고토는 고토바로 이야기하고, 이를 들음으로써 이해할 수밖에 없다.

모노가 눈앞에 보이는 것이고, 눈으로 보이는 것이라고 하는 점은 외부 공간에 위치를 점하는 가시적인 물체에 대하여 말할 수 있는 것만은 아니다. 개개의 삼각형으로 가시적인 것으로 되기 이전의 삼각형 이데아와 같은 것도 육안으로는 아니라 하더라도 어떤 의미에서 보이는 것이라는 사실에는 변함이 없다. 그리스 이래의 서양 사상에서는 모노의 본질은 에이도스 즉, 형상으로서 '본다'는 작용의 대상이 되었다.

이와 거의 같은 내용을 고토에 대해서도 말할 수 있다. 고토는 고토바에 의하여 이야기되고, 들려지는 것이다. 그러나 이는 결코 언어적으로 분절되어 음으로 구성된 말로 이야기되거나 들려지는 것에 한하는 것은 아니다. 고토바의 어원이 가르쳐 주듯이, 고토바, 즉 말에 의해 인식되는 것은 고토의 표층부분에 지나지 않는다. 고토의 본질은 오히려 언어에 의해서는 말할 수 없고, 언어로부터는 들을 수 없는 곳에 깃들어 있다. 그러나 그러한 경우에도 우리는 역시 '듣는다'는 식으로 말할 수 있을 것이다. 니시다 기타로가 "소리 없는 소리를 듣는다"고 한 것도 바로 이러한 의미였을 것이다.

모노 적으로 인식된 '존재'가 보는 대상으로서 객관적으로 이론화되는 것과는 다르게, 어디까지나 고토 적인 성격을 잃지 않고 '있다고 하는 것'은 하나의 침묵의 소리로서 듣는다고 하는 방법으로만 알 수 있다.

모노를 본다고 하는 작용이 일정한 거리를 두고 비로소 성립되는 것에 비하여, 듣는다고 하는 것은 육성을 듣는 경우이든 마음의 소리를 듣는 경우이든 우리 자신의 근처에서 일어난다. 우리는 들려오는 목소리에 대하여 어떠한 거리도 둘 수 없다. 소리는 우리 자신으로부터 한없이 가까운 곳에서 들린다. 모노가 객관 쪽에 있는 것에 비하여, 고토는 주관 쪽에 혹은 객관과 주관 사이에 있다고 전술했다. 고토가 어떠한 소리로 들린다고 한다면, 이 '사이'는 그 자체로 한없이 자기와 가까운 곳에 자기와 구별할 수 없는 장소로서 있는 것임에 틀림없다.

### 고토와 시간

모노는 우리의 내면적·외면적인 공간을 점하고 있다. 외부적인 모노가 존재하기 위해서는 일정한 공간적인 용적이 필요하다. 그러므로 모노와 모노는 공간적으로 상호 배제적이다. 두 개의 모노가 동시에 같은 공간을 점한다고 하는 것은 있을 수 없다.

내부적인 모노에 대해서도 같은 이야기를 할 수 있다. 내가 어떤 이미지를 떠올리고 있을 때, 내가 그와 동시에 별도의 이미지를 떠올릴 수는 없다. 내부적으로 표상된 모노라도 나의 내면 공간을 점유하고 다른 표상을 배제한다. 음악을 들으면서 시간을 생각하고, 그 생각을 표현하기 위한 문장을 찾고 있는 것과 같은 복잡한 의식 활동을 하고 있는 경우에도 의식은 끊임없이 움직이고 그 속에 어느 것 하나가 의식의 들판의 중심으로 나온다. 그러면 그 이외의 이미지는 의식에서 사라지든가, 적어도 배경적인 주변부에 놓이게 된다. 동시에 두 가지의 표상이 의식의 들판의 중심부를 점한다는 것은 있을 수 없다.

고토의 경우에는 이와는 사정이 매우 다르다. 내가 존재한다는 것, 책상 앞에 앉아 있다는 것, 음악을 듣고 있다는 것, 시간에 대하여 생각하고 있다는 것, 이를 문장으로 하여 원고용지에 적고 있다는 것, 이들 모든 고토는 전부 동시에 진행되고 있다. 게다가 지향적인 의식을 갖고 모노로서 대상화하지 않는 한, 그러한 고토는 모두 어떠한 식으로든 상호 배제하지 않고 내가 지금 현재 이곳에 있다고 하는 것 속에서 융합되어 동시에 성립된다.

물론 같은 순간에 내가 모르는 곳에서도 무수한 사건이 일어나고 있을 것이다. 어딘가에서 누군가가 죽고 있을지도 모르고, 누군가 태어나고 있을지도 모른다. 나의 신체 내부에서도 끊임없이 다양한 생리학적·생화학적인 변화가 일어나고 있을 것이다. 이들 무수한 사건 중에는 신체적인 변화나 날씨 변화처럼 나의 기분이나 의식 활동에 직접적인 영향을 끼치고 있는 것도 많이 있을 것이다. 그러나 이러한 사건이나 변화는 내가 그것을 알아차리고 의식적으로 나의 존재에, 즉 내가 지금 여기에 있다고 하는 사실 속에 들어가지 않는 한 나에게 고토가 되지는 않는다. 전술했듯이 고토가 고토로서 성립하기 위해서는 내가 주관으로서 거기에 입회해 있다고 하는 사실이 필요하다.

그러나 나의 고토로서 성립하는 이들 많은 고토는 그 방식이 더할 나위 없이 불안정하다. 내가 그것에 의식을 향하는 순간, 이들이 순수한 고토라는 사실은 끝나고 의식 내부의 모노로 된다. 모노가 된 이상, 이들은 의식 속에서 공간적인 장소를 점해 버린다. 그리고 상호 배제적으로 나타나는 방법밖에 취하지 않게 된다. 고토가 순수한 고토로서 머무르기 위해서는 언제나 모노로서 의식화될 수 있는 가능성을 가지며, 동시에 의식의 집중을 피한 미결 상태에 놓여 있어야 한다. 말하자면 고토는 늘 일종의 발생기의 원소처럼 불안정한 상태에 있다. 내가 고토에 입회해 있다고 해도 이는 내가 그것에 의식의 초점을 모으고 있다는 의미는 아니다. 이는 대상화되지 않고 나의 지금을 구성하고 있다는 의미이다.

고토는 모노처럼 내부나 외부의 공간을 점하지 않지만, 나의 지금을 구성한다는 의미에서 나의 시간을 점하고 있다.

물론 모노도 나름대로 시간을 점하고 있다고 할 수 있다. 내가 사용하고 있는 책상은 이 방에 넣어진 때부터 이미 몇 년간의 시간을 지나 왔다. 모노(사물)가 낡아진다는 것은 많은 시간을 점해 왔다는 의미이다. 음악이라고 하는 것은 일정한 시간을 소비하지 않고는 들을 수도 없다. 시간에 대한 나의 사색을 한 권의 책에 정리하는 일은 예상한 것보다 훨씬 긴 시간을 필요로 한다.

그러나 내부적 혹은 외부적으로 대상화된 모노가 시간을 점하는 경우, 여기에서 생각되는 '시간'은 시계나 달력에서 수적으로 표시된 시간의 양을 가리킨다. 길거나 짧다고 하는 계측이 가능한 시간, 혹은 공간화된 눈으로 보이는 시간을 말한다. 이러한 시간은 그 자체로 모노적으로 대상화된 시간이다. 모노적으로 대상화된 것은 마찬가지로 모노적으로 대상화된 시간 안에 있다고 해도 좋다. 모노의 시간이라는 것을 말할 때, 시간이라는 것을 시계나 달력 등의 형태로 실제로 눈으로 보이는 것이나 혹은 더 내면적인 방식이라고 해도 역시 일종의 시간표상 내지 시간의 이미지로서 내부의 눈으로 보이는 것으로서 생각하고 있다. 생각하고 있을 뿐만 아니라, 그것을 재고 있다.

모노적이 아닌 시간, 혹은 고토적인 시간은 어떠한 것을 의미하는가? 이는 본서 전체의 기본적인 물음이기 때문에 여기에서 아직 그 답을 낼 수는 없다. 여기에서 말할 수 있는 것은 다양한 고토가 나의 지금을 구성하고 있다는 의미에서 '고토가 나의 시간을 점한다'고 하는 경우에 시간이라고 하는 말로 이야기되는 사항이 모노적·대상적인 시간과는 본질적으로 다른 무엇인가를 의미한다는 사실이다. 모노로서의 시간과 고토로서의 시간, 이 둘의 사이에는 상호 비교 같은 것은 절대로 불가능한 본성의 차이가 있다. 이 차이를 명확히 규정해 두는 것이 이 글의 기본 입장이다.

## 모노와 고토의 공생관계

모노로서의 존재방식과 고토로서의 존재방식 사이에 결정적으로 본성상 차이가 있다는 사실은 현실 세계에서 모노와 고토 두 개가 완전히 별종의 현상 양식으로서 섞이는 일이 없다는 것을 의미하지 않는다. 즉, 모노는 전면적으로 모노로, 고토적인 성격을 포함하지 않는다. 고토는 늘 순수한 고토이고, 모노적인 방식을 나타내지 않는다는 양자택일적인 출현 방식을 하는 것은 아니다.

전술했듯이, 순수의 고토의 상태는 발생기의 원소처럼 불안정하여 곧 모노적인 대상으로서 '빠르다'고 하는 고토는 '빠름'이라는 모노로서 우리의 의식 속에서 안정을 발견하려고 한다. 원래 우리의 의식은 모노를 발견하기 위하여 있는 것으로, 의식에 의해서 발견되는 한 어떠한 고토라도 모두 모노적인 모습을 띠게 된다고 해도 좋을 것이다. 이러한 의미에서는 고토는 의식을 뛰어넘는다. 일체의 모노적인 분식을 수반하지 않는 순수 무구한 고토적인 존재방식을 지향적인 의식에 의하여 인지하는 것은 원리상 불가능하다.

고토는 고토바에 의하여 표현된다. 그러나 엄밀히 말하면 고토바로 나타내는 고토는 이미 순수한 고토가 아니다. '떨어진다'는 고토바는 떨어진다는 고토를 이야기하고 있지만, 이를 듣는 우리 측에서는 이 고토바에서 어떤 이미지를 떠올리지 않고 '떨어진다'는 의미를 이해하는 것은 거의 불가능하다. 이미지의 모습을 취하는 것은 모두 순수한 고토가 있을 수 없다.

역으로 고토를 고토바로 하는 작업을 생각해 보자. 외계의 모노가 각각의 이름을 갖고 있고, 이를 알기만 하면 간단히 지칭할 수 있는 것에 비하여, 형태가 없는 고토를 고토바로 나타내는 것은 항상 쉬운 일은 아니다. 나타내고 싶은 고토가 자신으로서는 너무나 잘 알고 있으면서도 이를 어떠한 고토바로 하면 좋을지 헤매본 경험은 누구라도 갖고 있을 것이다.

외국어를 일본어로 번역할 때 이러한 곤란함에 부딪히는 일이 특히 많다. 외국어의 단어나 어구의 의미, 이야기되고 있는 고토를 잘 알고 있으면 있을수록 그에 딱 알맞은 일본어를 찾을 수 없어 곤란한 경우가 많다. 사전을 사용하여 기계적으로 단어나 숙어를 치환해 가는 컴퓨터 같은 번역이라면 모르겠지만, 살아있는 외국어를 살아있는 일본어로 바꾸려고 할 때에는 늘 이러한 곤란함이 수반한다. 어떠한 고토바를 선택해 봐도 그 고토바가 원래 의미하고 있는 고토와 자신이 표현하려고 하는 고토의 사이에 간격이 눈에 띈다. 역으로 말하면, 일반적으로 사용되는 살아있는 고토바 중에는 그만큼 농밀하게 고토가 들어있다는 의미이다. 지금까지 그 나라의 고토바로 이야기된 적이 없는 고토를 무리해서 이야기하려고 하면 아무래도 고토바에 대하여 일종의 폭력을 가하게 된다. 번역이라는 작업은 이러한 의미에서 항상 고토바를 고토에서 소외시키는 부자연스러운 행위이다.

고토바 자체는 일종의 모노이기 때문에 그 안에 생생한 고토를 살게 한다. 그렇다면 모노와 고토의 사이에 일종의 공생관계가 있다고 해도 좋다. 이러한 공생관계를 최대한으로 이용하는 것이 '시(詩)'라고 불리는 언어예술일 것이다. 시가 보통의 문장과 본질적으로 다른 점은 시가 말이라는 모노를 이용하여, 더욱이 많은 경우에 있어서 다양한 모노에 대하여 이야기하면서 모노에 대한 정보의 전달을 목적으로 하지 않고 고토의 세계를 선명하게 표현하려고 한다는 점이다.

오래된 연못 개구리 뛰어드니 물소리로다
古池や 蛙飛び込む 水の音

많은 사람들에게 잘 알려진 바쇼(芭蕉)의 하이쿠(俳句)는 형태상으로는 몇 개의 모노에 대하여 묘사 이상의 것은 포함하고 있지 않다. 오래된 연못에 개구리가 뛰어드니 물소리가 난다는 그 정도의 내용이다. 문장 구조상으로는 '나무에서 떨어지는 사과'와 거의 다르지 않다. 사실 이 구를 만약 외국어로 직역해보면 아무런 정감도 없는 모노의 세계에 대한 보고문이 되어버릴 것이다.

그러나 일본인이라면 누구 하나 이 하이쿠를 모노 세계의 단순한 보고문으로 읽는 사람은 없을 것이다. 여기에는 하나의 고토가 숨겨져 있다. 이 고토는 개구리가 뛰어든 오래된 연못의 물소리 주변에서 생기는 고토일 수도 있고, 바쇼의 마음속에서 생긴 고토일 수도 있다. 혹은 소리와 바쇼와의 사이에 생긴 고토라고 이해하는 것이 가장 적당할지도 모른다. 아무튼 어떤 고토가 바쇼의 신변에 떠돈다. 이 고토를 고토바로 해서 표현하려고 바쇼는 '오래된 연못 개구리 뛰어드니 물소리로다'라고 읊은 것이다.

그래서 이 하이쿠가 이야기하고 있는 고토를 이와는 별도의 말을 사용하여 설명하려고 해도 이는 아마 불가능할 것이다. 외국어로 그대로 치환해 봐도 아마 같은 고토는 재현될 수 없을 것이다. 오래된 연못, 개구리, 물소리와 같은 모노의 이미지, 뛰어든다고 하는 고토가 불가피하게 모노화된 이미지, 여기에 그만큼의 고토바를 늘어놓았을 때의 어음이나 리듬과 같은 음성학적인 특징이 만들어내는 이미지, 이러한 모노적인 이미지의 종합이 배후에서 순수한 고토의 세계를 확실히 느끼게 해준다. 순수한 고토의 세계가 하이쿠의 음성과 겹친 침묵의 소리로서 우리 곁에서 확실히 들을 수 있다.

모노와 고토의 공생관계가 인정되는 것은 하이쿠나 시와 같이 언어예술의 경우만은 아니다. 회화나 음악처럼 대저 예술작품이라고 하는 것은 모두 모노적인 표현 소재를 통해 고토적인 세계를 펼치고 있다. 나아가 예술의 경우만이 아니라 인간의 표현행위에 속하는 것이라면 어떠한 것이라도 모노에 따라 고토를 느낀다고 하는 구조를 갖고 있다. 예를 들면 표정이라고 하는 것이 바로 그렇다. 우리는 타인의 표정에서 그 사람의 마음의 움직임을 읽어낸다. 모노의 차원에 있는 안면의 움직임이 고토로서 내심을 나타내는 것이다. 또한 어떤 연극론이 말하고 있듯이, 우리는 얼굴 표정을 연기로 만들어냄으로써 마음을 그 표정에 합치시키는 방향으로 움직일 수 있다. 운다고 하는 연기를 하면 저절로 슬퍼진다. 고토는 모노로 나타나고, 모노는 고토를 나타내어, 모노에서 고토를 읽어내는 것이다.

### 이인증(離人症)에 있어서 고토의 결락

표정을 갖고 있는 것은 얼굴이나 몸짓, 혹은 말이나 예술작품처럼 일반적으로 표현 매체로 생각되고 있는 것만은 아니다. 내 앞에 놓여있는 이 책상, 내가 잡고 있는 이 볼펜, 내가 쓰고 있는 이 펜, 내가 적고 있는 이 한 글자 한 글자에도 나름의 표정이 있다. 이들은 모노인 동시에 늘 뭔가의 고토적인 세계를 표출하고 있다. 이 책상이 너무 좁다고 하는 것도 하나의 고토이고, 이 작은 책상이 그 위에서 쓴 몇 개의 논문과 함께 나의 역사에 들어와 있는 것도 하나의 고토이다. 무엇보다도 우선 이 책상이 실제로 내 앞에 있다고 하는 것, 내가 양 팔꿈치를 책상에 대고 있다는 것도 고토의 세계에 속한다. 책상이라고 하는 모노는 어떤 의미에서는 이들 다양한 고토를 표현하고 있는 것으로, 우리가 책상을 지각한다고 하는 경우에 우리가 단지 책상의 모노적인 속성, 예를 들면 크기나 형태, 색, 온도 등을 지각하고 있을 뿐만 아니라 항상 배후에 있는 고토의 세계도 동시에 느끼고 있다.

이 사실은 우리의 소박한 일상생활에서는 거의 인지하지 못할 정도로 자명하다. 우리는 책상을 보는 경우에 시각적 혹은 촉각적인 지각상(知覺像) 외에 예를 들면, 그 책상의 실재감이나 그 책상과 관련된 기분을 함께 느끼고 있다고는 생각하지 않는다. 이러한 실재감이나 분위기와 같은 것은 일부러 주의를 기울이지 않는 한 의식되지 않는 것이라고 생각한다.

그런데 이 자명한 고토적인 감각은 일종의 신경증으로 형적도 없이 소실되어 버린다. 이러한 경우에 환자의 지능에도 행동에도 모노적인 레벨에서의 지각에도 무엇 하나 장애는 발견되지 않고 분열증에 보이는 듯한 망상도 환각도 전혀 나타나지 않는 만큼 이 증상은 오히려 매우 이상한 현상으로, 고래로 많은 연구자의 주목을 받았다. 정신의학에서는 이 특이한 증상을 '디퍼스널리제이션 (depersonalisation)', 일본어로는 '이인증', '인격상실체험' 등이라고 부르고 있다.[80]

왜 이인증이라고 불리는가 하면, 이 증상에는 외계의 모노나 자기 자신의 신체에 대한 실재감, 현실감, 충실감, 중량감, 자기소속감과 같은 감각이 상실되어 있을 뿐만 아니라, 무엇보다도 우선 자기 자신의 자기가 없어져 버리거나 혹은 이전과 완전히 달라져 버리는, 감정이나 성격이 상실되는 절실한 체험을 호소하기 때문이다.

환자를 예로 들면, 무엇을 봐도 그것이 거기에 잘 있다고 하는 것을 알 수 없는 상태, 즉 모노의 크기나 형태는 변하지 않았는데 그것이 실재한다고 하는 사실을 느낄 수 없는 상태를 말한다. 창밖의 경치를 봐도 저것은 소나무다, 저것은 지붕이다, 저것은 하늘이다, 이런 것은 아는데 그것이 하나의 종합된 풍경으로 되는 것을 느끼지 못한다. 온도계를 봐도 지금 몇 도인지는 말할 수 있지만, 덥다든가 춥다든가 하는 계절감을 모른다. 희로애락이라는 것을 느낄 수 없게 되어 버리는 것이다. 어떠한 감정도 갖지 않는 로봇처럼 되어서 타인이 어떠한 기분을 갖고 있는지 모른다. 누구를 봐도 같은 사람에게 보이는 개성이라는 것을 느낄 수 없다. 자기 자신에게도 개성이 없어져 버리고 마음의 움직임이 없다. 자신이라는 것이 어떠한 존재인지 모른다. 무엇을 해도 자신이 그것을 하고 있다는 감각을 가질 수 없다. 자신이 여기에 있다고 하는 사실을 모른다. '여기'라든가 '거기'라고 하는 의미를 알지 못한다. 공간이 펼쳐져 있다는 것을 느끼지 못한다. 먼 곳도 가까운 곳도 구별하지 못하고, 무엇이든 하나의 평면에 나열된 것 같은 느낌이 든다.

이 증상은 어느 날 갑자기 시작되는 경우가 많아서 대부분 수 년 혹은 십 수 년에 걸쳐 지속된다. 어떠한 신경계통 기구가 이 이상한 증상을 일으키는지 아직 전혀 파악이 되어 있지 않지만, 정신병리학적으로 보면 고통스러운 현실을 더 이상 견딜 수 없다는 기분이 장기간에 걸쳐 지속되거나 돌연 시작되는 이 병적인 현실 상실감 사이에 깊은 의미의 관계가 있다고 생각된다.

이인증에 결락된 감각이 고토의 세계에 대한 감각이라는 사실은 새삼 말할 것도 없을 것이다. 건강할 때의 생활에 세계의 모노적인 지각을 배후에서 풍부하게 지탱해온 고토적인 감각이 일거에 소실되고 세계는 표정을 잃어버린다. 이인증 환자는 거의 이구동성으로 '자신이 없어졌다', '자신이 무엇인지 알 수 없다'고 호소하지만, 이것은 우리가 '자신'이라든가 '자기'라고 부르는 것이 실은 모노가 아니라 자신이라고 하는 고토에 의해 성립된다고 하는 사실을 분명히 이야기해주고 있다.

이인증 환자가 종종 이야기해주는 체험 중에서 특히 문제가 되는 것은 독특한 시간체험이다. 어떤 환자는 "시간의 흐름이 매우 이상하다. 시간이 뿔뿔이 흩어져 조금도 앞으로 나아가지 않는다. 완전히 뿔뿔이 흩어져 연결되지 않는 무수한 지금이 지금, 지금, 지금, 지금 이렇게 엉망으로 나올

---

80) [영] 이인증에 대해서는 졸저 『자각의 정신병리』(紀伊國屋書店)의 제1권 제1장, 『자기·사이·시간』(弘文堂)의 제4장(「이인증의 정신병리」제5권) 등을 참조해주기 바란다.

뿐이고 어떠한 규칙도 정리도 되지 않는다"고 한다. 또 다른 환자는 같은 일을 "때와 때의 사이가 없어져 버렸다"는 식으로 표현한다.

이러한 종류의 시간 체험의 비정상 문제는 상당한 지적 수준과 표현능력을 가진 소수의 환자로부터 들을 수 있지만, 시간의 본성을 생각하려는 우리의 과제에는 매우 중요한 시사점을 주고 있다.

여러 환자의 표현을 중첩시켜 보면, 이인증에서는 시계에서 시각을 읽어 내거나 시간의 양적 경과를 아는 등의 뭔가 운동이나 변화가 빠른지 느린지 하는 것을 판단하는 능력에는 아무런 장애도 보이지 않는다. 과거·현재·미래라고 하는 관념도 물론 있고 시간이 미래에서 과거 쪽으로 흘러간다는 사실도 지적으로는 충분히 이해하고 있다. 그럼에도 불구하고 환자는 지금의 인상과 다음의 인상을 시간이라고 하는 관점에서 결합시키지 못한다. 두 가지 일이 각각 다른 시계의 바늘 위치에서 일어나도, 그것이 몇 분 후의 일인지는 말할 수 있어도 그 사이에 시간이 경과했다고 하는 느낌으로 두 사건을 연결시키는 것은 할 수 없다. '때와 때의 사이'가 없어졌다고 하는 환자의 말은 이와 같은 사태를 표현하려고 한 것이 틀림없다.

이인증 환자는 주위의 세계나 자기 내부의 여러 가지 모노를 건강할 때와 마찬가지로 지각하고 있다. 이는 그때마다 지금의 시점에서 느끼는 지각인상이다. 이러한 의미에서 환자는 지금의 지각을 잃은 것이 아니다. 그러나 이와 같은 지금은 미래와 과거의 사이에 낀 시간적 지속을 갖지 않는 경계점과 같은 것으로 한 순간도 같은 곳에 멈추는 일이 없다. 하나의 지금에는 곧 다음의 지금이 이어진다. 그리고 이와 같이 무수하게 출현하는 지금의 계기(繼起)는 각각이 순간적인 점으로서의 지금으로 이루어져 있으므로 항상 비연속적이다.

이에 비하여 건강한 일상생활에서는 우리는 이러한 지금이라고 하는 '시간 단위'를 한 순간도 정지하지 않고 눈이 어지러울 정도로 왔다가 사라지는 점과 같은 것으로서 체험하는 일은 결코 없다. 오히려 역으로 지금은 우리에게 풍부한 내용으로 가득 찬 안정된 정지 상태로 체험하는 것이 보통이다. 지금은 분명 미래와 과거의 사이에 끼어 있다. 그러나 그 지금이 천천히 퍼져 우리의 안주를 허락해주기 때문에 우리는 시간이라는 것을 끊임없는 연속으로 생각할 수 있는 것이다.

조금 전에 우리의 지금은 고토에 의해서 구성된다고 썼을 때의 '지금'은 이와 같이 풍요롭게 펼쳐지는 지금을 말하는 것이었다. 고토로서의 지금은 미래와 과거의 사이에 단절을 만들지 않는다고 하기보다, 우리의 자연스러운 체험에 기초해 말하자면 지금이 퍼지는 것을 '지금부터'와 '지금까지'의 양방향으로 전개해 봤을 때 거기에서 처음으로 미래와 과거의 이미지가 부상해 온다. 지금은 미래와 과거, 지금부터와 지금까지를 그 자체에서 분비되는 듯한 미래와 과거의 사이인 것이다. 미래와 과거가 우선 있고, 그 사이에 지금이 끼어 있는 것이 아니다. 사이로서의 지금이 미래와 과거를 만들어 내는 것이다. 고토로서의 지금은 이렇게 시간의 흐름 전체의 원천이 된다. '때와 때의 사이'에서 시간이 생겨 나온다.

고토의 세계를 잃은 이인증 환자에게는 이와 같은 의미에서 사이로서의 지금이 성립하지 않는다. 환자가 "완전히 뿔뿔이 흩어져 연결되지 않는 무수한 지금이 지금, 지금, 지금, 지금 이렇게 엉망으로 나올 뿐이고 어떠한 규칙도 정리도 되지 않는다"고 말한 진의는 실은 지금이 성립되지 않는다는 것을 의미한다. 환자가 말하는 '지금'은 모노적인 찰나점의 비연속의 계기에 지나지 않는다. 그렇기 때문에 "시간이 뿔뿔이 흩어져 조금도 앞으로 나아가지 않는다"고 하는 것이다. 찰나적인 지금이 한 순간도 멈추지 않고 사라져 없어지는 것은 시간이 진행되기 때문이라고 생각하는 것은 착각이다. 시간이 미래에서 과거로 연속적으로 흘러간다고 하는 우리의 체험은 오히려 지금의 풍부한 펼쳐짐이 지금부터와 지금까지의 양 방향으로 극성을 가지면서 우리의 곁에 머물러 있기 때문에 생기는 것이다.

도겐(道元)은 "때는 사라지는 것이라고만 이해해서는 안 된다. 사라지는 것만이 때의 능력이라고 가르쳐서는 안 된다. 때를 만약 사라지도록 맡겨두면 틈이 없을 것이다"고 말했다(『正法眼藏』제20, 「有時」). 여기에서 말하는 '때'는 지금을 말하는 것으로 생각해도 좋을 것이다. 지금은 미래에서 과거로 사라지는 것만 할 수 있는 것이 아니다. 지금이 사라지는 것밖에 모르는 것이라고 한다면 지금과 지금의 사이에 틈이 생겨 버리기 때문에 이인증 환자가 말하는 대로 비연속적인 시간이 출현할 것이다. 도겐은 덧붙여 말하기를, "진계(盡界)에 있는 모든 진유(盡有)는 연결되어 있으면서 때와 때는 끊어져 있다. 때가 있는 것으로 인하여 때가 있음을 깨닫는다"고 말하기도 했다(同). 이 우주에 있는 모든 것은 그것이 있다고 하는 고토에 있어서 각각의 지금으로서 연속되어 있다. 있다고 하는 것이 그대로 지금이라고 하는 것을 말하므로, 자기라고 하는 것도 있다고 하는 것으로서 지금이다.

이인증 환자는 자기를 잃고 시간을 잃는다. 이 '증상'은 우리가 모노의 세계에서 고토의 세계로 눈을 돌리면 어떠한 번잡한 설명도 필요 없이 하나의 기본적인 장애의 표현이라는 사실을 이해할 수 있을 것이다. 자기도 고토이고, 존재도 고토이다. 그리고 시간도 고토이다. 이렇게 고토로서의 시간에 대하여 생각해봐야 한다.

우리가 일상에서 사용하는 '시간'의 개념은 너무 강한 모노적 발상으로 인하여 오염되었다. 시간의 개념을 고토적으로 정화하기 위해서는 우리는 우선 모노적인 시간에 대하여 조금 더 깊게 생각해봐야 한다.

[JWK/김계자]

# 히로마쓰 와타루

廣松涉, 1933-1994

히로마쓰 와타루는 도쿄대학에서 철학으로 박사학위를 받고, 동 대학에서 수 년 동안 철학을 가르쳤다. 그는 마르크스의 물신화 개념을 주석한 것으로 잘 알려져 있다. 특히, 게오르그 루카치(Georg Lukács)가 이 개념을 다룬 내용이 주체와 객체 사이의 이중성을 예측한 것이라고 믿었다. 그런데 이러한 히로마쓰의 믿음은 오해였다. 그는 어떻게 객체나 현상이 조정되는지 보여 주려고 자신의 철학 저작 속에서 꾸준히 시도했다. 그의 저작에는 다음에서 살펴볼 것들이 포함되어 있다. 즉, 소위 객관적인 현상이라고 하는 것이 어떻게 주체에 의해서 조정되는지, 그리고 이러한 것이 어떻게 다양성으로 나타나는가 하는 점이다. 그러나 만약 각 현상이 단지 많은 서로 다른 주관적인 관점으로 분열된다면, 통합적인 소통은 불가능할 것이다. 이러한 관점에서 히로마쓰는 이상적인 주체라는 형식을 매개하는 방식을 도입했다. 이것은 사회적으로 조정된 익명의 주체인데, 하이데거의 "그들(das Man)" 개념과 유사하다. 그러나 하이데거의 "그들(the they)"에 있는 경멸적인 함축은 없다. 그 대신에 히로마쓰는 어떻게 소통과 참고가 가능한지 보여 주기 위하여 일반화된 주체 형식을 적용했다. 그의 "이중적인" 주관의 구조 분석은 이후에 객관적으로 주어진 역사적 세계를 더 완전하게 하기 위하여 "공동주관"으로 명명한 "네 발 달린" 구조적 관점으로 통합되었다.

그의 철학적인 작업은 별도로 하고, 1980년에 히로마쓰는 이후 고전이 된 교토학파의 비평서 『근대의 초극』이라는 책을 한 권 출판하였다. 이 책에서 1942년의 좌담회 논의에 참가한 사람들을 격렬히 비판하고, 일본의 아시아주의를 만주에서의 팽창 정책과 연결하였다. 이후 1994년에 아사히 신문에 아시아주의가 미래의 좌파주의자들에게 이상이 되기를 기원한다는 칼럼을 발표하여 일본의 전쟁 시기 이데올로기의 마르크스주의 비평가로서 그를 알고 있던 독자를 깜짝 놀라게 하였다.

[VM/김계자]

## 현상의 주체적 이중성

### 누군가에 대한 현상

현상이 현상으로 있는 것은 우선 누군가에 대해서이다. 지금 손에 펜이 있다는 것은 '나에 대해서'인 것이고, 아이가 소를 보고 "멍멍" 하고 말할 경우에 그 현상은 아이에게 개로 있는 것이다.

현상은 예를 들면, 지금 옆방에서 울고 있는 "아이의 슬픔"과 같이 "직접적인 여건"으로서 있는 동시에 아이 본인의 슬픔으로서 "아이에 대하여 있다"고 하는 방식으로 이중으로 귀속되는 경우도 있다. 또 아이들이 볼을 쫓고 있는 정경 등에는 "하나의" 현상(공)이 몇 명이나 되는 아이들과 나에게 다중적으로 귀속된다고 말할 수 있다.

이때, 그것이 나에게 있는 방식과 아이 본인에게 있는 방식이 과연 같을지 어떨지, 이런 종류의 반성은 차치하고, 당면한 문제는 어디까지나 현상적인 '사실'이다.

현상적인 '사실'에 근거해 다시 말하면, 현상은 반드시 누군가에게 대해서 있을 뿐만 아니라, 많은 경우에 나에 대하여 있을 수 있을 뿐만 아니라 너에게도, 그에게도, 일반적인 임의의 타자에 대해서도 있는 것이 가능하다. 그러나 이 점에 관해서는 다소의 성찰이 필요하다.

예를 들면, 소가 어떤 아이에게 '멍멍'으로 있는 경우에, 소가 멍멍으로서 있는 것은 그 아이에 대해서인 것이고, 나에 대해서는 아니다. 그렇다고 해도 만약 나 자신도 어떤 의미에서 소를 멍멍으로 파악하지 않는다면 나는 아이가 소를 "잘못해서" 개라고 파악하고 있다는 사실을 아는 것조차 불가능해질 것이다. 아이의 "잘못"을 내가 이해할 수 있는 것은 나 자신도 어떤 의미에서는 소를 멍멍으로 파악하기 때문이다. 이렇게 보면 "멍멍이로서의 소"가 분명 이중으로 귀속한다. 그러나 이때 '나'와 '아이'는 볼을 쫓고 있는 아이들처럼 단지 병렬적인 것은 아니다.

여기에 자기분열적인 자기통일이라고도 할 수 있는 이중화가 보인다. 나 본인에게는 소는 어디까지나 소이고, 멍멍이는 아니다. 그러나 아이의 발언을 이해할 수 있는 한, 나는 말하자면 아이를 대신하는 한에서 나에게는 역시 소가 멍멍이로 현전하고 있다. '나로서의 나', '아이로서의 나'와 같은 표현을 사용하면, 여기에서 말하는 두 개의 '나'는 어떤 의미에서는 별개의 '나'이면서 동시에 같은 '나'이다.

이와 같이 자기분열적인 자기통일이라고도 부를 만한 사태가 가장 현저하게 나타나는 것은 언어적 소통의 경우인데, 이것은 결코 예외적인 특수한 경우가 아니다. '타인'의 기쁨이나 슬픔이 이심전심으로 감정이입 되어 알게 되는 기저에 있는 장면에서도 보인다. 현상적인 의식이 일반적으로 갖고 있는 가능적인 구조라고 말할 수 있을 것이다.

현상이 "-에 대하여" 있는 것, 이른바 '주체' 쪽이 이와 같이 '누군가로서의 누구'라고 하는 이중화된 구조를 갖고 있기 때문에 여러 개인 단독으로는 도저히 부여할 수 없는 현상이 사람들에게 주어지게 된다. 보통의 방식으로 말하면, 사람들은 전달된 '지식'을 갖게 된다. 사람들이 현상적인 세계로서 실제로 갖고 있는 '세계'는 사실은 이와 같은 '전달'로 비로소 성립되는 것이다.

일견 당연한 문제처럼 보이지만, 도대체 지식의 전달이라는 것은 무엇일까? 또, 이른바 선입견 등의 경우에 특히 현저한 것처럼, 이전에 소유하고 있는 지식이 그 후의 의식 활동을 제약하는 것은 어떠한 기제에 기초하는 것인가?

설령 지식이 전달된다고 해도 한쪽의 인물의 '의식내용'이 다른 쪽의 인물의 의식에 이른바 하나의 상자에서 다른 상자로 옮기는 것처럼 이동하는 것은 아니다. 본래 전달이라고 하는 것은 자신이 품고 있는 것과 같은 심상, 같은 이미지를 상대의 의식에 환기시키는 것은 아니다. 어떤 심상도 수반하지 않고 단적으로 이해할 수 있는 경우도 있기 때문에, 심상 같은 의식내용·표상은 전달에 본질적으로 필요한 요소는 아니다. 또한 미리 소유하고 있는 지식이 그 후의 의식 활동을 제약한다고 하는 점에 있어서도 의식인 tabula rasa 혹은 왁스 판이 있어서 여기에 흠집이 나기 때문도 아니고, 의식이라는 상자 속에서 지식·관념이 충돌하거나 결합하는 것도 있을 수 없다.

지식이 전달된다고 하는 것은 한쪽의 인물이 '소여(所與)'를 etwas로서 파악하는 그 방식과 다른 쪽의 인물이 이를 etwas로서 파악하는 방식이 같게 되는 것일 뿐이다. 여기에서 말하는 etwas로서 파악하는 방식의 패턴, 말하자면 의식이 작동시킨 패턴이 확립되고 고정화됨으로써 지금 여기에서는 그 생리·심리학적 메커니즘은 자세히 논하지 않겠지만, 새로운 소여에 대해서도 같은 패턴으로 파악할 수 있게 된다. 기존의 지식에 의한 의식 활동의 제약이라는 현상은 이와 같은 의식의 구조에 융합되어 이에 기초한 것이라고 생각된다.

　조금 전의 가설에서 든 예로 돌아가면, 소를 멍멍이로 파악하는 아이는 그것이 '멍멍이'가 아니라 '소'라고 하는 사실을 전달받는다. 게다가 프랑스 사회학파의 용어로 말하면, "비웃음을 당하는 가혹한 처벌을 통해서" 그것을 '소'로 파악할 수 있도록 "강제"된다. 당초는 아이 본인의 의식과 어른이 이를 어떻게 부를 것인지 하는 '지식'은 분열된 상태에 머물러 있는 일도 있을 수 있다. 그러나 이윽고 동화(同化)가 이루어지고 아이는 사람들이 etwas로서 파악하는 방식, 말하자면 의식작용이 발견하는 방식이 공동주관화되는 것이다.

　일본인은 실제로 시계 소리를 "카치카치"라고 듣고, 닭 우는 소리를 "코케콧코-"라고 듣는다. 영어의 지식을 갖지 않는 사람이 이를 "치쿠타쿠"라든가 "콧카두둘두-"라고 듣는 일은 거의 불가능할 것이다. 이를 통해서도 알 수 있듯이, 소리가 들리는 방식이라는 차원에서조차 소여를 etwas로서 의식하는 방식이 공동주관화되어 있고, 이 공동주관화된 etwas 이외의 상(相)으로 소여를 의식한다고 하는 것은 거의 불가능할 정도로 되어 있는 실태이다.

　요약하면, 현상적인 세계가 '-에 대하여' 열리는 주체는 전술한 '누군가로서의 누구'라고 하는 양자적 이중성의 구조에서이다.

## 누군가라는 존재

　'누군가로서의 누구'는 무엇일까? 즉, 이 현상적인 세계에서 현상이 '-에 대하여 있다'고 할 때 '주체'가 그로서 등장하는 '어떤 사람'은 어떠한 성격의 사람인가?

　우선 이 '사람'은 전술한 '아이'처럼 특정 개인의 인물로 나타난다. 그렇지만 친구의 의견을 따르거나 세상 사람들의 생각을 신경 쓰거나 하는 경우에는 이 사람은 이른바 '불특정다수'이다. 또, 지금 여기에서는 아버지로서 행동하거나 교사로서 발언하는 것 같은 사회적 지위와 역할은 차치하고, 타인의 말을 정정해서 "일본어에서는 토끼는 1마리, 2마리로 셉니다"고 말하거나, 보편타당성을 의식하면서도 "A는 B이다"고 판단하는 이른바 "일본어의 언어주체 일반", "판단주관 일반"이라고 할 사람으로서 행동하는 경우도 있다. 더욱이 "그의 생각을 너는 오해하고 있다"고 내가 말하는 경우 등, 이른바 "상자 속 상자형"의 다중적인 구조에 '사람'이 나타나는 경우도 있다. 이런 식으로 이 '사람'이 '누구'(무엇)인지는 일괄적으로 논단한다고 끝나는 문제가 아니다. 더욱이 이들의 위계적인 여러 상의 구별과 기능을 구명하는 것이 "주체"의 공동주관적인 자기형성을 논할 때 필요불가결하다. 그렇기 때문에 이 주관적인 논의를 상세히 살펴보겠지만, 여기에서는 우선 존재 성격에 관해서만 살펴보겠다.

　특정 개인으로서, 나와 너, 나와 그가 현상적인 분유·참여(participation)하는 경우에도 두 사람이 "실재적"인 규정성에 있어서 나는 즉 너, 나는 즉 그, 이렇게 되는 것은 아니다. 이는 그가 '불특정다수'로서 나타나는 경우에는 한층 더 자명하고, 이것이 '판단주관 일반'이라고 할 수 있는 것으로서 나타나는 경우에는 '이상(ideal)'적인 존재 성격을 단적으로 인정할 수 있다.

　창밖에 보이는 것이 소나무라고 말하는 경우, 그것이 단지 나라고 하는 한 개인의 사념이 아니라 누구에 대해서도 그것이 소나무로서 있다고 하는 사실, 다시 말해서 "보편타당성의 요구"를 즉자적으로 갖고 있다. "만인"에 대해서 "보편적으로"라고 말할 때, 즉 이른바 "만인"의 견해에 내가 그것을 즉자적으로 인식할 때 '누군가'라는 존재는 특정 개인 같은 인물이 아니다. 개개인 인물의 생사에 관계없이 일반적인 사람이고, 그 자신으로서는 남자도 여자도 노인도 아이도 아니다. 그러나 동시에 이 사람은 어떤 인물일 수밖에 없는데, "불특정 개인·함수적·초시공간적"인 이상적인 '어떤 누군가' 이다.

그러나 이러한 이상적인 '어떤 누군가'는 나와 네가 같이 그것으로 조정될 수 있는 '인간' 같은 대상적·개념적인 '의미'로서의 etwas가 아니다. 본래 나, 너, 그, 등이 "대상"으로서 등장하는 경우도 있을 수 있지만, 지금의 문맥에서 어디까지나 소여를 etwas Anderes로서 의식하는 "주체"로서 있는 한 이상적(ideal)인 누군가이다.

### 이상적인 "누군가"

이상적인 누군가는 새삼 전제할 것도 없이 이상적인 개개의 "주체"에서 분리되어 어딘가 "형이상학적 세계"에 실재하는 것은 아니다. 그러나 전술했듯이, "주체"인 이상 사람들은 일반적으로 이 이상적인 "주체"의 하나의 범례로서 존립한다. 이상적인 어떤 사람은 "육화(肉化)"되어 있을 때 비로소 현실적인 존립성을 갖는다.

그러나 "현실적인 주체"는 이상적인 누군가의 "육화된 하나의 범례"로 존립하는 한 현실적인 규정성은 오히려 무관심이 된다.

예를 들면, 외국어 교사는 학생들에 대하여 해당 외국어의 'langue'의 주체로서 통용·타당한 한 '선생님'인 것이고, 그의 개성적이고 인격적인 제 규정성은 부차적인 의미밖에 갖지 않는다. 이러한 사정이 가장 잘 나타난 것이 무당의 경우이다. 여기에서는 그녀의 개인적인 특성의 일체가 무관심이 된다. 그녀는 신탁이 "육화"된 "장"으로서만 의미를 가질 뿐이다. 본래 다른 문맥에서는 "주체"의 현실적인 제 규정성이 중심적인 의의를 점할 수 있고, 이상적인 누구로서 나타난다고 해서 현실적인 규정성이 완전히 결락하는 것은 아니다. 따라서 주체가 누군가로서 의식에 나타나 있을 때는 중추적인 의의를 담보하는 것은 이상적인 누구로서이다.

돌이켜 생각해보면, 타인의 나타나는 방식에 맞춰 말을 하는 사태가 자기 자신에 대해서도 발견된다. 우리는 종종 '나로서의 나'와 '누군가로서의 나'의 단층을 의식하는데, 그러나 현상적인 세계에 대하여 일반적으로는 단지 '나로서의 나'로 있는 것이 아니라 "표상주관 일반", "판단주관 일반"이라고 부를 만한 수준에 있는지는 불문하고, 어떤 보편적인 공동주관적인 시좌에서 세계를 보고 있다고 즉자적으로 사념(私念)하고 있다. 여기에 펜이 있는 것, 지금 3시인 것, 건너편 나무가 작게 보이지만 실제로는 크다는 것, 등등은 단지 '나로서의 나'에 대하여 있는 여건이 아니라, 사람들에 대해서도 "보편타당성"을 당연히 갖고 있는 "사실"로서 사념하고 있다. 단지 '나로서의 나'에 대하여만 있을 뿐인 것은 일반적으로 폄하되어 버린다. 현상이 뭔가 etwas로서 있는 것은 '나 이상의 나'에 대하여서이다. 이렇게 단순한 나보다도 누구로서의 나의 방식이 우위에 놓인다.

현상적인 세계가 '-에 대하여' 열어놓은 이른바 일반에는 이상(ideal)적인 계기 쪽에 액센트가 있는 상(相)에서 자기분열적인 자기통일체로서 존립한다.

내가 처음에 제기한 "주체"도 또한 이상적·현실적인 이중 구조에 있고, 주체 쪽도 역시 '더욱 어떤 것'으로 존립하다는 사실이다. [VM/김계자]

# 사카베 메구미

坂部惠, 1936-2009

사카베 메구미는 도쿄대학 철학과에서 학부와 박사과정을 마쳤다. 고쿠가쿠인대학(國學院大學)과 도쿄시립대학(東京市立大學)에서 강의를 한 후에, 1997년부터 은퇴할 때까지 모교로 돌아와 소속해 있었다. 사카베는 학식이 광범위하여 동시대 사람들 중에서도 탁월했는데, 그의 지식은 서양의 철학적 전통에 대한 심오한 이해를 포함한 것이었다. 즉, 전통적인 일본의 예술이나 미학, 철학에 대한 폭넓은 감상뿐만 아니라 대부분의 동시대 철학자들에 의해 무시된 몇 명의 중요한 인물들을 포함하여 넓은 학식을 갖고 있었다. 이러한 관심사는 칸트나 와쓰지 데쓰로(和辻哲郎)*, 구키 슈조(九鬼周造)*와 같은 개별 사상가들이나 근대 정신사에 대한 논문, 그리고 근대 일본의 철학에 관한 독창적이고 영향력 있는 연구서 『가면의 해석학』(1976)에 반영되어 있다.

아래에 발췌한 에세이에서 사카베는 자기와 타자가 조합된 문맥 안에서 언어의 매개를 통하여 자기를 설정했다. 이는 서구의 "주체" 개념이 20세기 일본의 철학에서 어떻게 다루어져 왔는지 서술하기 위함이었다. 왜냐하면 20세기 일본의 철학은 "주체" 개념이 없거나 혹은 타자로부터 자신을 분리하는 것에 앞서 있는 "표현의 세계"로부터 자기가 모습을 드러내기 때문이다. 상호 주체적인 표현에 와쓰지 데쓰로의 인간 중심주의적인 강조가 놓여 있었다. 그는 언어학과 도키에다 모토키(時枝誠記)*의 언어과정설에 의존했는데, 이는 문장의 서술적인 핵으로부터 문법적 주체가 부상하는 것을 내다본 것이다. 사카베는 이상의 것들은 에도시대에 모토오리 노리나가(本居宣長)*의 영향력 하에서 행해진 언어학 연구 방식을 알지 못하면 어떠한 것도 완전히 이해할 수 없다는 사실을 보여주고, 시를 구성하고 설명하는 관습으로부터 직접적인 영감을 끌어냈다. 그는 이러한 연구의 재전유(re-appropriation)가 상상력의 중심적인 역할을 회복함으로써 일본의 철학에 더 창의적으로 사고할 수 있도록 영감을 불어넣을 것이라고 주장하며 삶을 마쳤다. [GP/김계자]

## 주체의 문제

메이지시대부터 오늘날에 이르기까지 일본의 이른바 '근대화'의 급속하고 분주한 움직임 속에서 서양 철학의 충격을 어떻게 받아들이고 이를 종래의 일본의 사상적 전통의 기반에 토대하여 동화하고, 그 위에서 근대 일본의 현실 상황에 어떻게 적용했는가 하는 점은 언제나 피해 갈 수 없는 긴급한 과제였다.

애초에 서양철학의 전통에 유래하는 사고를 근대 일본어로 표현한다는 것 자체가 이미 많은 곤란을 배태하고 있다. 언어학의 용어를 빌려 말하면, 어휘론적, 통사론적, 그리고 그중에서도 의미론적인 레벨에서 일본어와 서구 제 언어의 사이에는 주지하는 바와 같이 무시할 수 없는 큰 차이가 보이기 때문이다. 실제로 사람들은 서구철학의 술어를 번역할 때 대다수의 경우에 불교나 유교의 말로 적거나 혹은 이들을 수정해 바꾸어가며 행했는데, 이러한 절차는 사람들의 의식 여하에 관계없이 동서가 다른 사상적 전통에 유래하는 의미론적인 차이를 낳았다. 나아가 통사론적인 레벨에서의 차이가 뒤집혀 의미론적인 레벨에서의 차이를 더 한층 확대하는 작용을 하는 경우도 발생했다. 이러한 이유로 메이지시대 이후의 일본의 철학 사고는 전술한 바와 같이 사고의 실천상에 생기는 다양한 레벨에서의 차이 때문에 항상 자칫 잘못하면 새롭게 초래된 서양 사상의 권위라고 하는 이데올로기적 후광 속에서 의미론적인 공백으로 전락하는 위기에 계속 휩싸여 왔다.

이러한 차이는 당연한 귀결로서 일본의 철학 술어, 나아가 일본 철학의 언어 일반이 일상언어와 상당히 현저하게 괴리되어 있는 경향을 낳게 되었다. 이러한 경향이 철학언어의 의미론적인 공백화라는 위험을 한층 더 가속화시키는 작용을 한 것은 새삼 설명할 필요도 없을 것이다. 일반인 내지 정상인의 이해 범위를 거의 완전할 정도로 초월한 극도의 난해함과 반비례하는 형태로 일본의 철학언어는 오늘날에도 역시 의미론적인 공백화로 기울어 일상언어의 통용권에서 어용론적 유효성 내지는 행위수행적 능력의 상실이라는 위험으로부터 완전히 스스로를 해방시켰다고 할 수는 없다.

동시에 일본 근대철학의 전통 속에 예를 들어, 와쓰지 데쓰로(和辻哲郎)나 구키 슈조(九鬼周造)와 같은 사람들처럼 이러한 차이나 위험을 충분히 자각한 상태에서 차이, 혹은 괴리를 가교하여 진정으로 살아있는 일본어에 기초한 철학적 사색의 실현을 시도한 사람들이 있다고 하는 사실도 부정할 수 없다. 그러나 유감스럽게도 이 사람들은 예외에 속하는 사람들이다. 일반적으로 말해서 새롭게 바다 건너편에서 건너온 서양 사상의 압박은 차이, 혹은 위험을 충분히 자각하고 모국어에 의한 사고의 자율성 확보가 매우 곤란할 정도였다.

백 년 남짓 일본의 철학이 그 아래에서 살아갈 것을 피할 수 없게 한 상황에서 〈주체〉를 둘러싼 문제는 일본의 사상가들에게 어떤 특별한 곤란을 부과할 수밖에 없다. 주지하는 바와 같이 특히 데카르트 이래의 서양철학의 주요 개념의 하나인 이 상념은 한편으로 서양의 사고와 일본의 사고 사이의 차이가 가장 커지는 장소에 위치를 점하고 있었기 때문이다. 이러한 이유로 다음과 같은 것을 들 수 있다.

(1) 주체-객체의 이원론 혹은 바꿔 말하면 (데카르트가 말하는 연장을 갖는 물체와 같은) 근대 자연과학의 대상이라면 객체를 마주하고 서 있는 (생각하는) 주체라고 하는 개념은 때로는 범신론이나 나아가 애니미즘으로 기우는 경향을 짙게 남기는 것으로 특징 지워지는 일본의 전통적 사고와는 거리가 있다고 할 수 있다.

(2) 스토아주의나 기독교 등의 영향 하에서 서양 근대시민사회에 형성된 기본적이고 양보할 수 없는 권리를 가진 자율적 개인 주체라고 하는 개념도 또한 일본의 사상적 전통과는 이질적인 것이라는 점이다. 세상을 벗어남으로써 개인이 자율성을 확보한다고 하는 도교나 불교의 영향 하에서 형성된 오래된 사상 전통이 존재하고 있음에도 불구하고, 위와 같은 의미에서 서양의 자율적인 개인주체의 사상은 의미가 충분하게 일본 사회에 동화되지 못했다. 근대 이후에도 상호주체적 혹은 상호인격적 관계는 종종 인간심성의 심층(내지 원시적인 층)에 정위된다고 하는 이른바 〈유합(癒合)적 사회성〉의 성격을 어느 정도 띠며 자기의 주체와 타자의 주체와의 경계를 특히 애매하게 하는 경향을 현저히 갖기 때문이다.

이상에서 나온 이유를 종합해 보면 다음과 같다. 일본인이 데카르트적인 철학에서 나아가 데카르트를 전형으로 하는 서양의 근대철학 일반을 충분히 이해하는 것은 불가능하다는 등의 논의는 당연하다. 그러나 나는 이런 종류의 논의에 대해서는 단적으로 이른바 〈데카르트 주체주의〉로 칭하는 것은 서양 철학 전통의 전개 전체 속에서 어떤 문맥에서 보면 예외적인 것이고, 예를 들어 말브랑슈(Nicolas Malebranche, 1638-1715)나 멘느 드 비랑(Maine de Biran, 1766-1824)처럼 어떤 의미에서 〈반(反) 데카르트주의〉적인 색채를 현저히 띠면서 넓은 의미에서 신 플라톤주의적인 유합적 신비주의로 기우는 철학자들을 근대의 전통 한가운데에서 열거하는 것은 지극히 쉽다는 사실을 제시함으로써 반론한다. 다시 논의를 출발점으로 되돌리게 될지도 모르지만, 지금은 이 점을 상세히 논의하지는 않겠다.

아무튼 일본사상의 문제로 이야기를 돌리면, 분명한 것은 메이지시대(제2차 세계대전에 이르기까지)에 사람들이 거듭해서 근대 서양철학의 〈주체주의〉 전통에 대하여 비판적 의식을 갖고 대결하면서 때로는 특히 선(禪)의 〈무(無)〉의 사고 전통 등에 의거하여 상호 주체적 내지는 상호 인격적인 세계에 대하여 스스로의 이해를 깊게 해왔다는 사실이다. 잘 알려진 예로서 니시다 기타로(西田幾多郞)*와 와쓰지 데쓰로(和辻哲郞)*의 이름을 들 수 있다.

이와 같은 사람들의 사색의 영위에서 서양철학의 결정적인 영향 하에서도 일본사상의 전통이 있는 국면이 명확히 살아 움직이고 있는 다양한 모습을 살펴볼 수 있을 것이다. 인간과 인간 사이뿐만 아니라 인간과 자연, 주체와 객체의 사이에서도 〈상호 침투〉, 〈교차 반전〉 같은 관계에 특히 주의하는 경향이 있다. 또한 언어에 관한 사고에서는 개개의 말이 항상 그때 놓인 구체적인 문맥의 전체 속에서 새로운 (암유적) 의미로 스스로를 초월해가는 작용을 매우 중시하는 경향을 말하는 것이다.

제2차 세계대전 후의 일본에서 사람들은 이른바 주체 본성 논쟁에서 실존주의도 시야에 넣으면서 정치적 변혁의 주체의 존재방식에 대하여 논하거나, 혹은 후설이나 메를로 퐁티처럼 상호 주체성의 철학의 이입을 시도하였다. 또는 반 데카르트주의의 색채를 농후하게 띤 구조주의 사고를 (유감스럽지만 많은 경우에 단지 새롭고 기묘한 지적인 모드로서) 도입하는 등의 일을 차례차례 해왔다. 그래서 전전부터 갖고 온 주체의 문제에 대한 사색에 관해서 결정적이라고 할 수 있는 진전이 있었는지 어떤지는 회의적이다. 그렇지만 비교적 최근에 전전의 철학의 여러 가지를 새삼 다시 살펴보려는 움직임이 일부에 보이기 시작했다. 이러한 영위가 장래에 일정한 결실을 맺기를 기대한다.

현대 일본에서 주체의 문제가 당면한 이상과 같은 일련의 상황과 일본의 사고의 특수성을 고려하면, 이하에서 (a) 근대 일본에서 주체의 문제를 어떻게 다루어 왔는가, (b) 이 취급 방식에 특이한 점은 무엇인가, (c) 해결해야 할 문제로 무엇이 남아 있는가, 이상의 점들에 대해서 생각해보고자 한다. 고찰은 순차적으로 (1) 철학, (2) 언어학 내지 언어론, (3) 사상사의 영역에 대해서 살펴보겠다.

## 와쓰지와 니시다

근대 일본의 사고에서 주체 문제의 위치를 생각하기 위한 실마리로 우선 (1) 와쓰지 데쓰로의 칸트 해석에 대해서, (2) 주체가 스스로를 형성하고 또 발견하는 〈장소〉 내지 〈면〉에 대하여 니시다 기타로의 사고에 대하여 살펴보고, (3) 와쓰지와 니시다 양자의 각각의 사고의 특질을 간단히 총괄하고, 마지막으로 이들 특질을 비교대조하여, (4) 메이지 이후뿐만 아니라 더 거슬러 올라가 에도시대 중기 이후의 일본에서 주체가 놓여있는 이른바 〈존재론적〉 내지 〈시학적〉 상황을 일별해보고자 한다.

(1) 『순수이성비판』 속의 초월론적 통각(統覺)이 작동할 때 공간·시간의 역할에 관한 칸트의 서술을 해석하면서 와쓰지는 다음과 같이 이야기했다.

본래 시간과 공간의 두 형식의 통합은 단지 심신 결합의 경우만은 아니다. 객체와 내가 단지 시간적인 표상인 것에 비하여, 대체로 외적 현상은 공간과 함께 시간적인 표상으로 여겨졌다. 이런 의미에서 시간은 '모든 현상 일반의 아 프리오리의 형식적 제약이다.'(B50) 대상이 내적이든 외적이든 관계없이 표상한다는 것이 이미 시간의 제약 하에 서 있는 것이다. 이러한 의미에서 말하자면 모든 물체는 모두 시간·공간에 있어서 표상이다. 단순한 공간표상 인 것은 있을 수 없다. 그렇다면 모든 물체는 내적·외적인 이중의 성격을 갖고 있다. 모든 물체에 있어서 자각이 가능하다. 따라서 모든 물체가 인격의 내용이 되어야 한다. 그러나 이와 같은 인격에 대한 생각이 칸트에게 존재하지 않는 것은 이미 전술한 대로이다. 칸트에게 는 이상과 같이 시간·공간에 있어서의 표상 중에서 특히 시간에 있어서 표상과 밀접하게 결합되는 것, 즉 심령과 결합되는 신체의 문제로서 이러한 의미의 시공간적 표상이 내적 외적인 양면을 가지면서 내면적으로 하나라는 사실에 착목하는 것이다. 그래서 초월론적 인격성은 이러한 특수한 표상에 있어서 자기를 자각할 때에 자신 안에 신체를 포함하게 된다. 인격의 내용이 되는 물체는 단지 신체뿐이다.(WTZ 9:350)

여기에서 와쓰지가 동양 혹은 더 한정해서 말하면 불교의 전통에 의거하여 거듭 의식한 상태에서 서양 근대의 주체 개념의 한계를 사람과 물건의 우주적 교착(교차반전)의 사고로 초월해 가려는 것이 명백하다.

(2) 칸트의 생각하는 주체의 위치 짓기에 관한 이러한 해석에서 와쓰지는 지명지는 않았지만 단지 일본 혹은 동양(특히 선불교)의 영향 하에 있을 뿐만 아니라, 보다 상세히 말하면 니시다 기타로 철학의 영향 하에 있다. 니시다에게 주체의 형성이 성취되는 곳의 우주적 유대에 대하여 더욱 분절화 된 논의를 찾을 수 있다.

전 자기를 포괄하는 것은 표현의 세계이다. 만약 이것도 역시 의식이라고 말할 수 있다면 우리의 진정한 자기는 표현적 의식에 있다고 해도 좋을 것이다. 그러나 우리는 표현작용에 의해 우리의 자기를 어두운 곳에서 밝은 곳으로 갖고 나오는 것이 아니다. 우리의 자기는 처음부터 어두운 곳에 없었기 때문이다. 절대적인 입장에서 말하면 자기 한정이라는 것은 자기를 덮은 것이다. 빛을 차단함으로써 빛을 보는 것처럼 자기의 빛을 차단함으로써 자기 자신을 보는 것이다.(NKZ 4:79-80)

우리의 인격 자체가 바로 깊은 자기모순이다. 다만 우리는 자기 자신을 부정해서 현실 세계의 바닥에 절대자의 목소리를 들을 때에 비로소 살아 있는 것이다. …… 우리는 이러한 현실 세계의 밖에 의지할 만한 아무것도 갖고 있지 않다. 버드나무는 초록이고 꽃은 붉다, 산은 이 산, 물은 이 물이다.(NKZ 6:333)

사람은 무엇이든 이 세계 속에서 만나는 것을 거울로 삼아 거기에 자신의 영상을 본다. 언어학적으로 말하면 〈술어〉를 통해서 주-객의 분리 이전의 일 내지 〈에네르기(energeia)〉로서의 〈사물〉이 스스로를 나타낸다. 똑같은 하나의 기초적이고 불가시한 장 내지 장소를 기점으로 하여 사람은 우선 가시적인 사물의 출현을 만난다. 그 다음에 이것들에 스스로를 비추는 자기를 깨닫게 된다. 〈주어면〉 즉, 많은 층의 면을 포함한 가시성의 장에 나타나는 일련의 반영에 있어서 사람은 거듭 스스로의 모습을 본다. 이렇게 하여 자기의 우주적인 깨달음 즉, 자각에 이른다.

여기에 〈표현적 세계〉, 즉 그 자체로서 불가시한 〈술어면〉을 상징적으로 반영하면서 직접적으로는 어떻게 해도 표현 불가능한 자기와 세계의 근저를 표현하는 〈표현적 세계〉가 있다.

니시다의 사고의 골자는 이상과 같이 요약할 수 있을 것이다.

(3) 이와 같이 술어에 대한 주어의 파생적 성격을 사고의 기초에 놓음으로써 니시다는 적어도 잠재적으로는 주체와 객체의 교착 내지 상호침투를 생각하기 위한 자유로운 공간에 여지를 남겼다. 또 주체가 사물 혹은 사건의 거울에 있어서 (이들을 표현하는 말 내지 술어의 매개에 의하여) 상징적으로 자기를 보는 객체적(가시적) 세계를 향하여 주체의 암유적 전위를 생각할 가능성을 확보한다.

여기에서 상황이 반복적으로 주체를 만들어내고 창조(poiein)하여 〈무〉의 경지로 우주적 존재론적인 뿌리를 내리게 하는 주체의 〈시적(poetical)〉 내지 〈제작론적(productive)〉 차원과 관련된다.

주체의 존재, 보다 적절하게 말하면 주체의 변환적 출현의 이러한 수직의 차원은 말할 것도 없이 어디까지나 객체와 서로 대립하는 이른바 데카르트적인 주체의 틀 내에 오롯이 들어가지 못하는 것이 아니다. 왜냐하면 이 차원은 그 자신 속에 주체와 객체가 서로 교착하면서 서로 교환하며 스스로의 자각을 얻는다고 하는 변증법적인 운동을 포함한 것이기 때문이다. 이러한 의미에서 이 차원은 오히려 타자에 의한 모방적 재현이라고 하는 거울의 효과에 의해서 주체가 거듭 스스로를 변환하여 스스로를 초월하는 아리스토텔레스의 모방적 재현(mimesis)의 차원과 비슷하다고 할 수 있을지도 모른다.

만년에 니시다는 특히 주체의 〈포이에이시스(poiesis)〉의 차원을 중요시했다. 주체가 말과 가시적 사물에 의해서 상징적으로 표현되는 우주의 기저를 향해 스스로를 초월하는 수직방향의 운동과 걸음을 함께 하면서 니시다는 주체가 상징적 상상력의 작용에 의해서 스스로를 전개하거나 확산하면서 세계와 혹은 세계를 통해서 우주와 융합하는 지점을 손에 넣었다. 그의 사색의 정점에서 니시다는 객체적 세계라고 하는 거울을 매개로 한 주체의 자각과 렌가(連歌)의 경우에 보이는 것처럼 제작적 주체 상호의 암유적인 변환이나 교차반전을 함께 그 속에 포함하는 일본 중세 이래의 상징적 시적 상상력의 전통과 굳게 결합되어 있다. 니시다는 이와 같은 상징적 내지 제작적 상상력의 공간에 주체의 문제를 수직으로 자리매김하고 있다.

니시다가 주체의 말로 전환함으로써 초월적 술어면으로 주체의 우주적 상징적 뿌리내림이 이루어지는 것에 대한 사색을 수직방향으로 깊게 한 것에 대하여, 와쓰지는 오히려 몇 개의 일본의 말을 둘러싸고 잘 알려진 탁월한 해석학적 분석을 통해서 주체를 상호 주체적인 장(인간=사람과 사람의 사이)을 향해 수평방향으로 이동시키면서 고찰하는 방식을 시도하였다.

〈인간〉, 〈존재〉와 같은 말이 함의하는 것을 분석함으로써 와쓰지는 상호 주체적인 사항의 장이 개개의 주체에 선행해서 불가결한 구성적 요인으로서 작용한다고 하는 일본어의 사고 속에 잠재적으로 포함된 이해를 표면화하였다. 〈사람〉이라는 말이 일본어에서 인간 일반과 타인을 동시에 의미한다는 사실은 이른바 주체로 불리는 것이 스스로의 속에 자기-타자의 이중구조를 포함해 갖고 있는 것을 보여 준다고 생각된다. 와쓰지는 이와 관련하여 인격을 의미하는 서양 근대어가 가면을 의미하는 라틴어의 〈페르소나〉에서 유래하는 사실에 주의를 환기하고 있다.

흥미로운 것은 와쓰지가 상호 주체적인 장의 언어화라는 것에 관해서도 또한 상세한 고찰을 하고 있는 점이다.

진술은 인간 존재의 표현이다. 인간은 무엇인가에 대하여 진술하면서 자기 존재를 표현한다. 그러므로 진술은 '있음'으로 인하여 제시된다. 예를 들면, 'S가 있다'고 하는 것은 S에 대하여 진술하면서 인간이 S를 갖는 것을 나타내는 것이다. 그러므로 진술에는 인간의 존재가 이미 선행적으로 부여되어 있다. 진술은 이러한 존재를 펼쳐서 표현하는 것이다. 펼칠 때에 다양한 말로 나뉘고, 분류된 말이 결합된다. 역으로 말하면 결합 전에 분리가 있고, 분리 전에 진술되어야 할 존재가 있다.(WTZ 9:149)

(4) 그러나 말에 의한 상호 주체적인 입장의 표현에 관한 이상의 와쓰지의 논리를 따르는 경우, 사람은 니시다의 경우에 가능했던 것처럼 사물이나 말이라고 하는 상징적인 거울을 매개로 하는 주체의 변환이나 전위의 자유로운 공간을 확보할 수 없다. 왜냐하면 니시다의 경우에는 주체는 이른바 직접적으로 뭔가를 매개하지 않고 그 기저에 있는 술어면으로부터 출현하여 우주에 있는 모든 사물, 모든 말과 자유롭게 교착하고 교류하는 것을 얻는 데 비하여, 와쓰지의 경우에는 상호 주체성(내지 오히려 상호 인격성)의 장은 사물이나 말의 장과 대립하면서 그 자체로서 폐쇄적이기 때문에 사물이나 말의 장을 향하여 스스로를 초월하여 거기에 스스로의 자각으로 나아가는 계기를 얻는 길이 닫혀있기 때문이다.

이미 살펴본 것처럼, 와쓰지는 분명히 때때로 세계 속에서 발견되는 모든 것을 계기로 삼아 〈자각〉의 가능성에 대하여 이야기한다. 그렇지만 〈인간〉(혹은 오히려 〈인간〉 중심주의)의 논리에 얽혀 버리면 거기에서 스스로를 해방시켜 주체의 자유로 상징적인 변환이나 전위의 논리에 도달하는 것은 거의 불가능한 것처럼 보인다. 이러한 사정으로 아마도 청년기 이래 예술이나 문화사에 대한 활발한 관심에도 불구하고 특정 시기 이후의 와쓰지의 사고가 윤리학 영역으로 자기 한정하는 현저한 경향을 갖고 주체의 상징적 전위로 자유롭게 스스로를 초월하는 것에 특히 방법적인 곤란함을 발견하게 되는 사실에 어느 정도 연유한다고 생각된다. 그리고 아마도 같은 상징적 상상력에 의한 우주적 뿌리의 상실이 제2차 세계대전 중의 초국가주의 시기에 한층 그 정도를 깊게 해감에 따라 와쓰지가 (니시다와 비교해서 훨씬 많이) 노리나가(宣長)의 국학론에 광신적인 자민족 중심주의에 참여하는 사태도 또한 저절로 생겨났다고 생각된다.

제2차 세계대전에서 일본이 패전한 이후, 와쓰지는 윤리학 체계를 (어떤 의미에서 주체주의의 발전의 극점이라고도 할 수 있는 성격을 갖는다) 헤겔과 전술한 노리나가에서 가져온 일원론으로 헤르더(Herder)식 문화다원론의 방향으로 궤도를 수정하려고 시도한다. 그러나 이 수정을 봐도 와쓰지는 윤리학 체계에서 미학적, 시학적, 상징론적인 방향으로 이끌 수 있는 돌파구를 찾아냈다고는 말할 수 없다. 와쓰지가 청년기부터 유년기의 잃어버린 시간을 재발견하여, 예를 들어 고조루리(古淨瑠璃)나 동시기의 설화 속에 제시된 것 같은 〈무로마치시대의 상상력〉의 세계로 돌아가는 것은 윤리학이나 일본 윤리사상사에 대하여 주요 저작을 간행 완료한 후인 매우 만년에 이르러서이다.

## 도키에다 모토키(時枝誠記)

주체의 문제라는 관점에서 보면, 크게 주목할 만한 근대 일본의 한 가지 언어학설 내지 문법학설이 있다. 도키에다 모토키의 언어과정설이 바로 그것이다. 이 학설은 여기에서 우리의 관점에서 봤을 때 중요한데, 다음의 3가지로 요약할 수 있다.

(1) 문법학적 고찰의 구조적 틀을 서양 언어학이 일본에 이입되기 이전의 소위 구(舊) 국어학에서

가져왔는데, 이 학설은 일본어의 (적어도 비교적인) 구조적인 특수성을 확증하는 것으로 구성되어 있다. 일본어 문장에 술어의 주도적 위치와 주어의 이차적 위치에 대해서 말하자면, 여기에서 얻은 성과와 니시다가 철학적 성찰을 통해서 도달한 결론은 우연히 같은 일본어 내지 일본의 사고 특유의 구조를 보여 주고 있다.

(2) 도키에다는 한편으로 그의 언어학설을 서양의 언어학설, 특히 소쉬르의 그것과의 비판적 대결을 통해 구성하고 있어서 오늘날의 서양의 다양한 언어학설(예를 들면 언어행위론, 커뮤니케이션론, 격(格) 문법 등)과의 비교를 통해 재고의 여지가 있다고 생각된다.

(3) 도키에다 자신이 한편으로는 스스로의 학설에 대한 연원을 묻고 일본의 언어학설의 전개에 대하여 상세한 고증에 토대한 국어학사를 일반에 알렸는데, 이는 가마쿠라, 무로마치시대 이래 일본에서 언어학과 문헌학의 언어의식 내지 언어의 작용에 대한 자각의 전통을 어떻게 평가할 것인지 중요한 단서를 우리에게 주었다.

일본의 문장에는 문법적으로 주어가 종종 생략 가능하다는 사실을 주목하고, 에도 중기의 문법가인 스즈키 아키라(鈴木朖)의 구조 모델을 차용하여 도키에다는 문장의 〈술어중심적 구조〉라고 부를 만한 이론을 형성했다. 그에 따르면, 일본어 문장의 기본적인 핵심 구조는 〈사(詞)〉와 〈사(辭)〉로 구성되어 있고, 또 일반적으로 문의 구조는 다중의 상자 속 상자 구조로서 분석, 기술되어 있다.

이러한 상자 속 상자형 구조에서 의미작용의 힘의 중심은 (보통 문장의 끝에 놓이는) 주술어 (더 정확하게 말하면 주술어 + 주(辭) – 후자는 〈제로 기호〉일 수 있다)에 놓인다. 이 술어적 핵심부분과 비교하면 이른바 문법적 주어의 위치는 이차적인 것에 지나지 않는다. 도키에다는 양자의 관계를 문장의 술어적 핵심으로부터 문법적 주어가 현재화(顯在化)되어 나타난다고 설명한다.

이와 같은 문장의 구조 분석이 어떤 의미에서 오늘날의 예를 들어 격(格) 문법의 이론과 어느 정도 친근성을 갖는 것, 또 다른 한편으로 초월적 술어면에서 (사고하고 제작하는) 주체의 출현에 대하여 이미 살펴본 니시다의 사고와 통한다는 사실은 새삼 말할 필요도 없을 것이다. 도키에다의 술어적 핵심은 거의 우리가 임시로 주체의 변환에 대하여 기본적인 틀의 역동적 도식이라고 부른 것과 구조적으로 대응하는 것으로 볼 수 있다.

일본어 문장의 구조를 기술한다고 하는 역할을 전적으로 문법(학)에 할당하는 한편, 도키에다는 일반언어학에 대하여 자신의 학설 즉 〈언어과정설〉을 세웠다. 이 학설에 따르면, 언어는 결코 도키에다가 이해하는 한에서의 소쉬르가 말하는 것처럼 객체화된 기호 체계로 간주되어서는 안 되고, 말하는 주체 간의 커뮤니케이션 과정으로 보지 않으면 안 된다.

소쉬르의 학설에 대하여(『일반언어학 강의』 당시에 간행된 상태에 유래하는 부분도 적지 않다) 불충분한 이해에 대하여 지금은 언급하지 않겠지만, 오늘날 도키에다의 학설의 결함으로 봐야 할 것으로서 다음과 같은 점들을 들 수 있다.

(a) 오늘날의 언어행위 이론의 관점에서 보면 언어의 〈과정〉으로서의 측면에 대한 주목에도 불구하고 도키에다의 학설에는 역시 어느 정도의 〈기술주의적 오류〉가 남아 있다. 다시 말하면, 도키에다의 언어과정설은 역시 어느 정도 (말하는) 주체와 또 과정 자체와의 물상화의 계기를 포함하고 있다. 그 결과, 〈행위수행적 발언〉의 차원에 도달하여 이를 포괄하지 못하고, 더욱이 보통의 언어행위 과정과는 별도의 차원에 속하는 시적 언어의 특수성을 충분히 명확히 할 수 없다.

(b) 전술한 (이야기하는) 주체의 물상화와 〈구조〉의 페티쉬화의 불가피한 귀결로서 도키에다의 이론은 주체 자체가 갖는 다중구조와, 나아가 말하는 주체 내지 제작하는 주체의 상징적 전위를 스스

로의 안에 통합하는 것에 성공하지 못했다.

그런데 도키에다는 국어학사에 대하여 대부분은 아니지만 매우 내용이 강한 저작을 발표했다. 이 서책에서 도키에다는 스스로의 일본어 문법의 제 연원을 탐색하면서 가마쿠라시대 이후의 언어학설의 전개에 대하여 하나의 전망을 제시하였다. 도키에다는 이렇게 해서 우리에게 어떤 점에서는 언어학이 일본의 문법학 내지 보다 넓게는 문헌학의 전통에 힘입은 바가 있고, 또 다른 한편으로는 어떤 점에서는 그것이 같은 전통에서 단절되어 있는 것을 보여 주었다. 이 문헌에서 특히 주목할 만한 것은 도키에다가 종종 일본의 문헌학의 주요 부분을 형성하는 문법학이 근대 자연과학처럼 자립적인 과학이 결코 아니라, 오히려 항상 시작(詩作)의 실천이나 고문사(古文辭)의 해석 영위와 밀접하게 연결되어 있다는 사실을 강조하고 있다.

도키에다는 거듭해서 〈구 국어학〉의 전통, 그중에서도 특히 국학의 유명한 연구자이자 창시자의 한 사람인 모토오리 노리나가(本居宣長)에게 문법이 고가(高歌) 해석과 작가(作歌) 규범의 밀접한 관련 상에서 연구되어 온 사실이 갖는 중요성을 강조하고 있다.

도키에다는 또 언어학설의 주요 개념인 〈詞-辭〉가 스즈키 아키라를 매개로 하여 중세의 유명한 가인 후지와라노 데이카(藤原定家)가 썼다고 전해지는 『데니하대개초(手爾葉大概抄)』로 거슬러 올라가는 것, 또 일본어 문장에서 〈데니하(てには)〉, 즉 〈辭〉가 행하는 결정적인 역할이 렌가의 〈기레지(切れ字)〉의 고찰로 명확해진 것을 알 수 있다는 점에 주의를 환기시키고 있다. 『데니하대개초』에 보이는 다음의 구절은 도키에다가 즐겨 종종 인용하는 구절이다.

사(詞)는 사찰과 같고, 데니하(手爾葉)는 불상의 장식과 같다.

이 구절에서 '데니하', 즉 〈辭〉는 시구가 스스로의 형태를 만들며 나타나는 것, 즉 장식적인 분위기 내지 역동적 도식을 갖거나 부여하는 성격이라고 할 수 있다. 이와 같이 생각하면, 〈辭〉를 니시다가 말하는 초월적 술어면에서 '술어'의 가장 축약된 것으로 볼 수 있을 것이다.

이상에서 보듯이, 오늘날의 기호론의 용어를 빌려 말하자면 일본의 사고 전통에서 문법학적 고찰이 〈어용론적〉 내지는 〈행위수행적〉인 성격을 갖고 있음을 확인할 수 있다. 문법적 고찰은 항상 시가의 제작과 고문의 해석에 실천적 지침으로 생각되어 왔다. 문법과 문헌학은 항상 시학적 해석학적 고찰과 밀접하게 연결되어 왔기 때문이다.

도키에다는 한편으로는 전통적 문법학에 의해서 형성된 일본어 문장의 구조에 대하여 모델을 다시 꺼내들었다. 그러나 다른 한편으로 시적 제작이나 현상학을 위한 실천적(내지 어용론적) 지침이라는 역할에 관해서는 고래로 문법이나 문헌학의 전통과 연을 끊었다. 근대과학의 객관주의의 영향 하에 도키에다의 이론, 혹은 보다 일반적으로 말해서 메이지의 일본의 언어학적 고찰은 일찍이 그것이 갖고 있던 시학적 제작학적 혹은 해석학적 고찰과 밀접한 관련을 잃어버렸다. 만약 임시로 언어학과 시학, 해석학 사이에 이러한 잃어버린 유대감을 재흥하기 위한 수단을 발견할 수 있다고 한다면, 우리는 말하고 또 생각하는 주체를 현대 일본의 언어적 실천의 전체 속에 다시 통합해야 할 매우 유효한 열쇠 하나를 손에 쥐는 것이 될 것이다.

## 국학과 문화의 잡종성

지금까지 고찰한 바에 따르면, 두 번에 걸쳐 모토오리 노리나가의 이름을 언급했다. 한 번은 문화적 자민족 중심주의와 초국가주의 사상가라는 점에서 와쓰지 데쓰로의 선구자로서이다. 또 한 번은 도키에다 모토키의 선구자, 즉 일본어문법의 창시자 중의 한 사람으로서이다. 그러나 이러한 경우에는 도키에다와는 다르게 문법학(보다 일반적으로는 문헌학)과 시작의 실천의 언어행위로서 본래의 깊은 연결을 의식적으로 유지한 사람으로서이다. 그런데 같은 노리나가라고 하는 하나의 인물에 보이는 이러한 두 가지 측면은 분명히 거의 양립하거나 공존이 불가능한 대립을 만들어가는 것으로 생각된다. 첫 번째 국면은 광신적인 페티시즘과 관련된 것이고, 두 번째 국면은 고래로 내려오는 시작의 전통이라는 거울을 매개로 한 상상력의 자유로운 전위를 지시하는 것이기 때문이다. 이렇게 보면, 우리는 이른바 야누스(雙面神)의 모습을 띤 노리나가와 여기에서 조우하게 된다.

이 사실은 근대 일본에서 주체가 놓여있는 상황의 문제에 대하여 충분히 생각하기 위해서는 단지 메이지 이후의 사상가뿐만 아니라 적어도 노리나가까지 거슬러 올라가 고찰해야 한다는 사실을 암시하는 것으로 볼 수 있다. 여기에서 주체가 놓여있는 상황의 문제는 바꿔 말하면 다음과 같은 것이다. 어떻게 해서 이전에는 주체의 현상적 변환의 살아있는 거울이고 또 무대였던 말이 의미가 결여된 공허한 페티쉬가 되었는지, (미시마 유키오[三島由起夫]의 경우에 전형적으로 보이는 것처럼) 주체와 나아가 죽음이나 폭력조차 나르시시즘적인 물신화를 가져오기에 이르렀는지, 하는 점이다.

근대 일본의 주체와 그 위기의 이러한 〈고고학적〉인 고찰을 상세히 이야기할 여유는 없으므로, 여기에서는 매우 주요한 논점에 하나의 전망을 세우는 데에 머무르겠다. 일본정치사상사에 대하여 잘 알려진 마루야마 마사오(丸山眞男)*의 저작에서 볼 수 있듯이, 노리나가의 국학이 오규 소라이(荻生徂徠)의 한학과 나란히 도쿠가와 체제의 지배적 이데올로기에 대하여 일정한 거리를 두면서 어느 정도는 근대 국민국가의 형성을 향해 사회개혁의 주체 형성의 길을 보여 준 것은 부정할 수 없다. 그러나 또 다른 면에서는 말이나 혹은 이문화의 거울을 매개로 하여 주체의 메타포적인 변환 내지 전위의 적지 않은 희생을 치른 위에서 일어난 것이라는 점도 또한 부정할 수 없다. 일본의 고대 문학에 대하여 노리나가의 문헌학적 또는 문법학적인 연구는 틀림없이 매우 결실이 많지만, 그럼에도 불구하고 그 이면에서 광신적 페티시즘적인 순수주의 혹은 자민족 중심주의를 수반하여, 본성적으로 보면 적어도 문화라고 하는 심층적인 측면에서는 결실이 풍요로울 수 없었던 것이다.

노리나가는 고대문학의 이해를 깊게 하여 그 세계에 들어가는 데 불가결한 절차로서 와카를 읊는 실천을 매우 중시하여 스스로 거의 날마다 수많은 와카를 제작하였다. 그러나 이렇게 해서 읊은 와카의 질을 보면 이데올로기적인 함의를 별도로 하면 그의 문헌학의 풍요로움과 매우 기묘한 대조를 이루어, 그 대다수는 이류 삼류의 레벨의 것밖에 없다. 이들 와카는 주체가 자유롭게 자기를 변환하고 전위하는 거울이 되지 못하고 고작해야 주체가 그것에 의해서 나르시시즘적으로 일부러 혹은 신경질적으로 스스로의 존재 증명을 해보이려고 헛되이 애쓴, 의미가 없는 페티쉬일 뿐이다. 일반적으로 말해서 노리나가 이후의 국학파의 손으로 옮겨가는 와카는 나로서는 이러한 결함 내지 질의 저하를 피하지 못한 것으로 생각된다. 특히, 더 이후의 극우집단에서 와카를 읊는 것에 대해서는 지금은 언급하지 않겠지만, 에도시대 말기에 걸쳐 국학파에서는 물신화와 불모화의 경향이 더욱 가속화되었다.

아무튼 무슨 일이 있어도 부정하기 어렵게 생각되는 것은 다음과 같은 것이다. 즉, 노리나가의 시대(에도 중기)에 일본의 언어적 실천의 주체는 이미 하나의 경직된 움직임으로 포착되기 시작했다는 사실이다. 어느 정도로 이 시기에 언어적 실천 내지 커뮤니케이션에서 행위의 주체는 스스로를 페티쉬화하기 시작하여 말(과 이문화)의 거울을 매개로 한 메타포적인 전위의 자유를 잃기 시작했다. 이는 아마 렌가나 노(能)에서 볼 수 있듯이, 무로마치시대에는 더욱 생생한 생산적 구상력 내지 신화창작적 상상력으로 정위되었던 것을 얼마간 잃어버린 결과로 볼 수 있다.

이러한 주체나 말의 물신화, 혹은 상상력과 말의 공전(空轉)에 의하여 국학파에 언어적 실천은 이후 어느 정도는 불모화를 피할 수가 없었다. 예를 들면, 후지타니 미쓰에(富士谷御杖)*는 한편에서는 시적 주체의 전위에 관한 매우 정치한 이론을 제시하면서도, 다른 한편에서는 와카를 읊을 때 믿기 어려울 정도로 성과도 없고 또 옛 와카의 해석에서 놀랄 정도로 정형화된 방식을 피할 수 없었다. 그의 매우 정치적이고 교묘한 가론(歌論) 내지 작가 주체론이 동시대의 실작자들에게 뭔가 생산적인 자극을 가져온 흔적 또한 보이지 않는다.

이와 같이 에도시대의 국학이 시적 제작의 실천이라고 하는 관점에서 보면 일종의 막다른 골목에 갇힌 한편, 말의 거울을 매개로 한 주체의 암유적 전위의 자유는 주로 패러디화라고 하는 우회로를 통하여 넓은 의미에서 언어적 실천의 다른 제 분야에서 실현될 수 있었다고 생각된다. 국학의 올곧은 정신을 곁눈으로 보면서 렌가는 하이카이(俳諧)로, 와카는 교카(狂歌)로, 노는 가부키(歌舞伎)로 변해 간 것이다.

여기에서 주목할 것은 이러한 패러디화의 우회로가 이문화에 대한 활발한 관심과 표리일체를 이루고 있다는 점이다. 그리고 이러한 이문화에 대한 관심은 순수주의나 자문화 중심주의와는 매우 멀고, 오히려 문화의 잡종성이라는 것을 적극적으로 긍정하는 종류의 것이었다는 사실이다. 예를 들면, 에도시대의 후기에 한시 제작이 무르익거나 부손(蕪村)의 시 제작이 내외의 다양한 전통에 뿌리를 둔 다중적인 문화 코드에 기초하여 이루어져서 그와 어울리는 해설을 요구했다는 사실을 상기시켜 볼 수 있다.

이렇게 하여 에도시대의 후기, 말기에 언어적 시적 제작의 실천, 혹은 보다 넓게 말해서 문화 일반은 한편에서는 분명히 경직과 불모의 징후를 보이는 동시에, 다른 한편에서는 성숙함이나 데카당스의 징후조차 보였다. 그런데 메이지시대에 상당히 당돌하게 일본 사람들이 서양의 문화를 받아들인 것은 이른바 이러한 성숙과 경직의 사이클이 스스로를 완결시키려고 하는 바로 그 시점이었다. 문화적인 독자성도 세련됨도 없는 이전의 하급무사의 지배하에서 올곧음의 정신은 생각지도 못하게 잠시 동안의 집행유예의 기간을 받았다. 그렇지만 어쩌면 오히려 그런 이유 때문에 일본의 언어적인, 특히 시적 제작의 실천은 이 시대 이후에 (시적) 언어의 새로운 전개와 전위를 모색하며 괴로운 싸움을 어쩔 수 없이 하게 된 것이다. 막다른 골목에 빠져 말과 언어적 실천의 주체를 물신화하는 위험은 항상 존재했고, 또한 에도시대에 원숙한 문화적 실천은 본래 상상력이 자유로운 전위 같은 것에는 그다지 친숙하지 않은 (고전적) 근대과학의 정신에 영향을 받아 문화 속에 위치를 점하는 데에 다대한 곤란함이 생긴 것이다. 구키 슈조*나 나가이 가후(永井荷風)와 같은 가세이(化政) 시기의 데카당스 정신 속에 스스로의 생각이나 감수성의 기초를 발견한 사람들의 영위가 그들의 시대 안에서 보면 저절로 이로니(irony)의 색채를 띠는 것은 이러한 상황이 만든 것이라고 할 수 있다.

철학의 사고도 또한 이러한 위기적인 상황과 무관하지 않다. 예를 들면, 니시다의 사고가 극도로 난해하고 숨이 막힐 정도로 고지식한 스타일 속에서 관점에 따라서는 일본의 생산적 구상력 내지 생산적 상상력의 전통의 기저로 되돌아가기 위하여 밟고 넘어가야 하는 거리의 광대한 상징일지도 모른다.

과연 언어적 내지 시적 제작의 실천에 혹은 공동체에 관련된 실천 일반의 어떠한 기반 위에서 오늘날의 일본에서 사람들이 진정으로 자유롭고 생산저인 주체성이나 상호 주체성의 형태를 만들어 갈 수 있을까?　　　　　　　　　　　　　　　　　　　　　　　　　　　　　[GP, AS/김계자]

# 후지타 마사카쓰

藤田正勝, 1949-

후지타 마사카쓰는 1978년에 교토대학에서 학부와 박사과정을 마친 후에 여러 해를 독일의 보훔 (Bochum)대학교에서 보냈다. 이곳에서 후지타는 초기 헤겔의 종교 철학에 관한 논문으로 1982년에 박사학위를 받았다. 일본으로 귀국한 후에 후지타는 독일 이상주의에 대한 논문을 계속 쓰면서, 한편으로는 근대 일본 철학, 특히 니시다 기타로(西田幾多郎)˚의 철학에 대한 관심을 키워갔다. 니시다의 사색에 관한 두 편의 논문 외에도, 후지타는 수많은 책을 출판하여 기증하였다. 이 책들 중에 『교토학파의 철학』과 『세계의 일본 철학』이 있다. 그는 '일본 철학의 역사 포럼'의 창립 멤버 중의 한 명이었고, 2000년에 창간된 잡지 『일본의 철학』의 편집위원장이었다.

후지타는 교토대학에서 일본 철학의 역사학과를 설립한 의장이었다. 이 학과는 1996년에 설립되었는데, 일본의 철학을 전문으로 공부하는 일본에서 유일한 학과였다. 그의 리더십 하에서 학과의 주요 초점은 메이지 이후의 철학의 형성과 전개에 놓여 있었다. 이 과정에서 일본의 사색가들은 서양의 철학과 조우하고 깊게 사고하였다. 동시에 그는 일본 철학의 형성 과정에서 동아시아의 지적이고 문화적인 전통이 해온, 그리고 계속 해갈 중요한 역할을 인식했다. 이러한 이중의 초점은 니시다 기타로와 교토학파와 관련된 다른 철학자들의 지적 유산을 유지하는 것을 목표로 하면서 새로운 지평으로 열어 갔다. 이러한 관심사가 아래에 나오는 발췌된 내용에 반영되어 있다. 이 내용에는 후지타가 일본의 철학의 감각과 중요성에 대하여 제기하는 질문이 들어 있다. [BWD/김계자]

## 일본의 철학에 대한 질문

'일본의 철학'이라는 것을 문제시할 때, 곧 몇 개의 질문에 부딪힌다. 전에 『이와나미강좌 철학(岩波講座哲學)』(전18권, 1967-1969)이 간행되었을 때, 마지막에 『일본의 철학』이라고 제목이 붙여진 권이 덧붙여졌는데, 이때 '일본의 철학'이 본래 무엇을 의미하는지에 대한 문제가 생겨 다양하게 논의한 일을 이 권의 편자(후루타 히카루[古田光]·이키마쓰 게이조[生松敬三])가 「서문」에 적었다. 그 문제의 하나는 집필자의 한 사람인 하시모토 미네오(橋本峰雄)가 논문 「형이상학을 떠받치는 원리」 속에서 이야기한 다음과 같은 문제인 것으로 추측된다.

> 철학 내지 형이상학의 앞에 나오는 '일본의'라는 말에는 뭔가 의심스러움 같은, 이 말에 어폐가 있다면 안정감이 없다는……. 『철학』은 말할 필요도 없이 메이지 이후에 서양에서 수용한 새로운 학문이고, 무엇보다도 보편성을 본질로 하는 학문이다. '일본의'라는 말이 전적으로 특수성·특이성을 강조하기 위하여 앞에 적는 것이라고 한다면 '일본의 철학'은 형용 모순일 뿐이다.(하시모토 미네오, 1969, 53)

만약 하시모토의 주장이 내셔널리즘을 부추기기 위하여 특히 '일본(주의)철학'이라고 하는 것을 외친 역사, 혹은 그것으로의 회귀를 목적으로 하는 풍조를 가리키는 것이라고 한다면, 이는 충분한 설득력을 갖는다. 전쟁으로 가는 길을 추진하기 위하여 이 말이 사용된 것에 무관심할 수는 없다.

그러나 일반적으로 '일본의'라는 형용사를 '철학'이라는 말에 씌우는 것이 형용 모순이라는 문제는 이상의 문제와 기본적으로 다른 문제일 것이다. 철학은 성립 시기 이래 신화적인 세계관, 신화적인 사유로 부정하고, '진정한 지', '보편적인 지'를 추구해 왔다. 보편적인 원리의 탐구야말로 철학이라고 말해도 좋다.

그러나 보편적인 원리를 탐구한다고 하는 것이 바로 사용되는 언어의 제약으로부터 철학이 자유롭다는 것을 의미하는 것은 아니다. 우리의 사색은 우리의 문화·전승의 틀 속에서 행해지는 것으로, 하나 하나의 말의 차이, 그리고 그 집적으로서 사물을 보는 방식이나 문화 자체의 차이가 '진정한 지'를 묻는 방식과 답을 구하는 방식에 영향을 끼칠 수밖에 없다.

따라서 그리스 철학이나 독일 철학, 영미 계통의 철학, 혹은 고대의 철학, 중세의 철학, 근대의 철학 등등의 구분이 이루어지는 것도 또한 이유가 있다. '일본의 철학'이라는 것을 곧바로 형용모순이라고 말할 수는 없다.

'일본의'라는 형용사를 철학에 붙이는 것이 적절한지 어떤지 하는 문제와는 별도로, 과연 '철학'이라고 명명할 수 있는 것이 서양에서 수입되기 전에 일본에 정말로 존재했는가 하는 점이 문제가 될 수 있다. 지금까지 많은 사람들이 이 물음에 대하여 부정적으로 대답했다. 반면에 이 책에서 행한 근대 학문의 철학에 대한 개관이 보여 주듯이, 어떤 사람들은 반대의 주장을 했다. '일본의 철학'이라는 표현과 관련하여 적절한지 어떤지의 물음은 여전히 집요하게 계속되고 있다.

또 다른 질문은 일본의 철학적 사고의 독창성에 관한 문제이다. 메이지시대에 일본으로 건너와서 35년간 일본에 체재하며 일본어 및 일본문학을 연구한 챔벌레인(Basil Hall Chamberlain) 같은 사람이 주장했듯이, 일본의 철학자는 외래 사상의 단순한 해설자에 지나지 않는 것인가? 1890년에 쓴 책 『일본사물지(日本事物誌)』에서 자신의 경험에서 나온 이야기를 다음과 같이 썼다.

> 일본 사람들은 자신의 철학을 가져본 적이 없다. 일찍이 그들은 공자나 혹은 왕양명의 사당 앞에서 고개를 조아렸다. 이제 그들은 허버트 스펜서(Herbert Spencer)나 니체(Nietzsche)의 사당 앞에서 고개를 조아린다. 일본의 철학자들은 단지 소위 수입된 사고체계를 설명하는 사람들일 뿐이다.

개정판에서 그는 다음과 같이 코멘트를 덧붙였다.

> 현대 일본의 젊은 교수들은 '문화주의'의 이름으로 알려져 있는 새로운 일파의 사상을 수립하려고 노력하고 있는데, 이는 유럽의 철학자들이 만들어낸 사상을 반복하고 있는 것에 지나지 않는다. 마치 자신들의 선조들이 중국의 사상을 반복했던 것과 마찬가지로…….[81]

---

81) [영] 챔벌레인(バジル·ホール·チェンバレン) 저, 다카나시 겐키치(高梨健吉) 역, 『일본사물지(日本事物誌) 2』, 平凡社東洋文庫, p.147.

제2차 세계대전 중에 나치의 박해를 피해 일본으로 와서 도호쿠대학(東北大學)에서 교편을 잡은 칼 뢰비트(Karl Löwith, 1897-1973)은 일본에서 발표한 『유럽의 니힐리즘』의 「일본 독자에게 보내는 발문」에서 이것을 재치 있는 비유로 나타내고 있다. 그에 따르면, 일본의 철학자는 2층집에 살고 있는데, 2층에는 그리스부터 현대에 이르기까지 제 학설을 늘어놓고, 1층에는 변함없이 일본적인 것을 생각하거나 느끼거나 하고 있다. 그리고 외국에서 온 사람은 1층과 2층을 연결하는 계단이 어디에 있는지 쉽게 발견할 수 없다. 이와 같이 칼 레빗은 말했다(Karl Löwith 1948, 129-30). 그에 따르면 일본의 철학자의 정신적 태도는 유럽적인 '비판의 정신'과 명확히 구별된다. 즉, 이질적인 것을 앞에 놓았을 때, 이것과 고유한 것을 대질시키고 그 구별·비교를 통해 기존의 것을 해체하고 새로운 것을 발전시켜 간다고 하는 정신이 일본의 철학자에게 결여되어 있다는 점을 레빗은 날카롭게 지적했다.

이러한 지적이 정확하게 요점을 이야기한 것은 틀림없다. 그러나 메이지 이후의 일본 철학의 발자취 속에 '비판'의 전통과 그에 기초한 창조적인 영위가 전혀 없다고 주장한다면 이는 물론 일면적인 것이다. 니시다 기타로(西田幾多郞)*를 비롯하여 다나베 하지메(田邊元)*, 니시타니 게이지(西谷啓治)* 등, 동양의 전통을 인식하는 동시에 서양의 철학과의 비판적인 대결 위에서 쌓아올린 독자적인 사색의 흔적을 찾을 수 있다. 이와 같은 사색에 대하여 해외에서도 점차 큰 관심을 보이고 있다.

## 근원으로의 회귀

헤겔이나 하이데거의 연구로 잘 알려진 독일 보훔대학의 오트 페겔러(Otto Pöggeler)도 니시다나 니시타니의 사색에 큰 관심을 갖는 철학자의 한 사람이다. 니시타니의 『종교란 무엇인가』의 독일어 번역이 출판된 것은 1982년이었다. 그때 페겔러가 일본에 왔을 때, 니시다의 고향인 이시카와(石川) 현의 우노케(宇ノ氣) 마을에서 「니시다·니시타니로 향하는 서양으로부터의 길」이라는 주제로 강연을 행하였다.

이 강연 속에서 페겔러는 니시다나 니시타니의 철학을 서양의 철학이 대화를 해야 할 파트너로서 자리매김 하고, 대화의 중요성을 강조하였다. 그러나 그때 페겔러는 동시에 일본의 철학자의 사색이 유럽 철학자의 그것과 약간 성격이 다르다는 점을 이야기했다. 즉, 유럽 철학자의 눈에서 봤을 때, 일본의 철학자의 사색이 종교적인 전통과 강하게 결합되어 있는 점에 대하여 처음에 먼저 기이한 인상을 받는다고 말했다. 전술했듯이, 유럽에서는 철학에 대하여 우선 종교로부터 자기 구별이 요구되는 사정을 생각하면, 어떤 의미에서 당연히 품는 인상이라고 할 수 있을 것이다. 그리고 페겔러는 '철학'이든 '종교'든 일본에서 이 말로 이해되는 것과 유럽에서 같은 말로 이해되는 것이 물론 비슷하기는 하지만 그러나 완전히 같지는 않은 것처럼 생각된다고 말했다. 예를 들면, 니시타니의 사색은 단순한 반성에 빠지기 쉬운 철학이나 단지 행동의 규칙으로 전락하기 쉬운 윤리가 아니라, 종교를 추구한다. 그래서 문제가 되는 것은 결코 전통적인 종교의 형태로 복귀 혹은 재흥이 아니라, "생의 근원으로 자기의 존재 전체에 있어서 거슬러 올라가는 것"이라고 페겔러는 생각했다. 그러나 이와 같은 의미에서 종교는 서양적인 의미에서 말하는 '종교'와 크게 다르다. 또한 이른바 '철학'도 아니다. 이와 같이 페겔러는 그가 니시다나 니시타니로부터 처음에 받은 기이한 인상에 대하여 말했다.[82]

---

82) [영] Published as "Westliche Wege zu Nishida und Nishitani," in Georg Stenger and Margarete Röhrig, eds., Philosophie der Struktur. "Fahrzeug" der Zukunft? (Freiburg: Verlag Karl Alber, 1995), 95-108.

만약 페겔러가 말한 것처럼 "생의 근원으로 자기의 존재 전체에 있어서 거슬러 올라가"려고 하는 성격 때문에 일본 철학자의 사색이 유럽적인 '철학'의, 또 '종교'의 범주에 들어가지 않는다고 한다면, 이것은 과연 일본 철학자의 사색의 제약을 의미하는 것일까? 거기에 '비판의 정신', 즉 이질적인 것과 고유의 것을 구별·비교하는 동시에 자기를 해체하여 발전시켜 가는 정신을 발견할 수 없는 것일까?

예를 들면, 니시다 기타로가 '순수 경험'에 대하여 말할 때, 니시다는 '주관-객관'이라고 하는 틀을 전제로 하여 그 속에서 모든 사항을 파악하려고 하는 서양 철학과의 대결을 명확히 의도하고 있었다. 즉, 순수 경험론의 근저에는 '주관-객관'이라는 도식이 직접적인 경험(실재의 직접적인 현전 現前)을 일단 해체한 후에 만들어낸 '상대적인 형식'에 지나지 않는다는 통찰이 있었다. 이러한 '상대적인 형식'이 만들어지기 이전으로 눈길을 보내려고 하는 의도가 니시다의 순수경험론 속에 분명히 존재한다.

혹은 니시다가 순수경험을 "이 색, 이 소리는 무엇인가, 하는 판단조차 덧붙여지기 전"(NKZ 1:34, 9)으로 설명할 때, 거기에는 〈말〉이야말로 혼탁한 사상에 명석함을 부여하는 것이고, 〈말〉이야말로 진리라고 하는 철학의 전통적인 언어관에 대한 비판이 깃들어 있다. 니시다는 '순수 경험'이라는 말로 경험이 〈말〉의 힘에 의해서 변용을 하기 이전에, 다시 말해서 경험이 본래 갖는 진폭이 〈말〉에 의해서 삭제되기 이전을 가리킨다고 말할 수 있다.

니시다의 사색에는 서양의 철학이 추구(追究)해 온 '지(知)'가 있다. 혹은 그것이 본래 성립하는 틀 자체를 문제시하는 매우 근원적인 성격이 있다고 할 수 있다.

## 동양사상에 있어서의 지(知)·무지(無知)

이상과 관련하여 두 가지 요점을 지적하고자 한다. 첫 번째는 '지'를 전제로 하여 그 틀 속에서 사항을 파악하는 것이 아니라, 오히려 이를 제한으로 파악하여 그 근저로 돌아가려고 하는 시도가 동양 사상 속에 전통적으로 보인다는 점이다. 예를 들면 『노자』에서 다음과 같이 나온다. "무명(無名) 은 천지의 시작이고, 유명(有名)은 만물의 어머니이다"(상편, 제1장). 즉, 이름을 짓거나 혹은 사물을 비교하고 구별하는 것은 한마디로 말하면 지(知)가 우리 세계의 기초이다(「만물을 기르는 어머니」이 다)는 말이 있다. 그러나 이름이 지어지는 것, 혹은 이름을 이름 지을 수 있는 것의 세계를 떠받치고 있는 것, 혹은 이를 가능하게 하는 것은 이름 없는 것이라는 사실을 『노자』의 이 말이 이야기하고 있는 것이다. 지(知)가 지 이전의 것(그것은 『노자』에서 '玄'으로도 '無'로도 표현된다)에서 보이고 있는 것이다.

진리를 지에 의해서, 혹은 지의 틀 속에서 인식하는 것은 불교에서도 부정된다. 예를 들어 선(禪)의 공안집(公案集)으로 알려진 『무문관(無門關)』 제19칙에 '도(道)'(여기에서는 불성, 혹은 인간 본래의 마음이라는 의미)는 지(知)에도 부지(不知)에도 속하지 않는 것으로 나와 있다.

자오저우가 난치엔에게 물었다. "길이 무엇이냐?" 난치엔이 대답했다. "보통의 마음이 길입니다." "그렇다면 우리는 그 길로 향해야 하느냐? 아니냐?" "만약 당신이 그쪽으로 가려고 하면, 당신은 길에 어긋납니다." "그러나 만약 우리가 가려고 하지 않는다면, 어떻게 그것이 길이라는 것을 알 수 있느냐?" 난치엔이 대답했다. "길은 지에 속하는 것도 무지에 속하는 것도 아닙니다. 지는 착각입니다. 무지는 비어 있는 것입니다. 만약 당신이 의심의 여지없는 진정한 길을 얻고 싶다면, 그것은 매우 허무하고 광대하고 경계가 없는 것과 같습니다. 그러니 어떻게 그 길 안에 옳은 것과 잘못된 것이 있을 수 있겠습니까." 이 말에 자오저우는 깨달음을 얻었다.

'길'은 지의 망으로 포착하려고 하면 금세 빠져나가 버리고 만다. 알게 되는 것은 단지 망상에 지나지 않지만, 그러나 모르는 것 또한 단지 자각을 못한 것일 뿐이다. 단적으로 지, 혹은 분별에 대한 고집을 초월하는 것이 선에서 요구된다.

니시다는 『노자』에 대하여 「형이상학적 입장에서 본 동서고대의 문화형태」(1934)에서, 또 『무문관』에 대해서는 최후의 만년에 쓴 논문 「장소적 논리와 종교적 세계관」에서 인용했는데, 그가 '주관-객관'이라고 하는 지의 틀 자체를 문제시하는 시점에 설 수 있는 것과, 지금 본 것처럼 동양 사상의 전통과는 아마 관련이 없었다고 생각된다.

물론 챔벌레인이 말했듯이, 단지 그와 같은 전통을 '반복하는' 것이 니시다의 의도였던 것은 아니다. 니시다는 한편에서 그와 같은 전통을 계승하면서도 어디까지나 서양의 철학과 비판적인 대결 지점에 서서 주객이 분화되지 않는 경험을 문제시했다고 말할 수 있을 것이다.

두 번째로 지적하고 싶은 것은 니시다의 시도가 현대의 여러 사상이 추구하고 있는 것과 겹친다는 점이다. 지금까지 철학이 설정해온 시점에서는 보이지 않는 것, 혹은 그 시점 설정 때문에 감춰져온 것에 현대 철학은 다양한 방식으로 눈을 향하게 되었다.

예를 들면, 자크 데리다는 유럽 철학의 '로고스 중심주의'와 '현전의 형이상학'에 저항하며, 오히려 역사 속에서 폄하되고 배경으로 밀려난 것에 주목하였다. 이와 같은 방식으로 철학을 다음과 같이 바꿔 말하고 있다.

철학을 '탈구축한다(deconstruct)'는 것은 철학의 제 개념의 구조화된 계보학을 가장 충실하고 내적인 방식으로, 그러나 동시에 철학에 의해서는 형용될 수 없는, 또 이름 붙일 수 없는 외부에서 생각하는 것이다.[83]

물리화학자이면서 과학철학자였던 마이클 폴라니(M. Polanyi)는 말로 표현되는 지를 둘러싼 비언어적인 지에, 즉 그가 말하는 '암묵지(暗默知)'에 주목한 것으로 잘 알려져 있다. 예를 들면 어떤 말을 입으로 말할 때 전기적인 쇼크를 주는 실험을 하자, 피험자는 의식하지 않고 그 말을 발하는 것을 회피하게 된다고 하는 잠재지각이나, 자동차를 운전하는 기능 같은 체험적인 지, 혹은 숙달된 의사가 경험에 의지하여 즉석에서 적확한 진단을 내리는 것 같은 경우를 폴라니는 그 예로 들고 있다. 이러한 예에서 알 수 있듯이, 폴라니가 '암묵지' 하에 이해하는 것은 매우 다양한데, 어떠한 경우에도 언어화되는 객관적인 지의 배경에 있는 부정형(不定形)의 비언어적인 지에 눈길이 향하고 있다.[84]

니시타니의 근대의 사유에 대한 비판도 이와 같은 지의 차원이 근대의 사유 속에서 배경으로 밀려난 것과 깊게 관련되어 있다. 예를 들면, 에세이 「행(行)이라는 것」에서 니시타니는 근세 또는

---

83) [영] Jacques Derrida, *Positions*, trans. by Alan Bass(Chicago: University of Chicago Press, 1981), p.6.

84) [영] Michael Polanyi, *The Tacit Dimension*(New York: Doubleday, 1966), 8, 20.

근대에 "객체에 대한 구명과 주체의 자기 구명이 분리될 수 없는 하나인 것처럼, 그러한 지의 차원이 폐쇄되어 왔다"고 지적했다. 이러한 지를 니시타니는 "고학적인 지와 같이 그저 외부로만 향하는 객관지(客觀知)와 다르게, 외부로 향하는 방향과 내부로 향하는 방향이 두 가지로 하나인 지"라고 표현했는데, 이는 어떤 사항을 인식하는 것이 대상을 파악하는 것일 뿐만 아니라, 동시에 자기를 아는 것이기도 하다. 그리고 이를 통해서 자기 자신이 내부에서 변화해 가는 것이 지(知)일 것이다. 니시타니는 이와 같은 지가 항상 〈신체〉에 결합되어 있는 것을 통해, 요컨대 행위에 결부된 '전심신적인 자유'라고 주목했다(NKC 20:54).

이와 같이 니시다나 니시타니의 사색은 '지'를 '지'의 틀 속에서뿐만 아니라 어떤 의미에서 외부에서 혹은 그 근저에서 문제시하려고 하는 것이라고 할 수 있을 것이다. 철학이 기본적으로 '지'의 영위, 다시 말하면 '지'의 입장에서 '지'의 근거를 찾는 것임에 비하여, 그들의 사색은 그 문제를 맡는 동시에 그 근저에서 '지' 자체 혹은 틀을 문제시하려고 하는 것이라고 할 수 있을 것이다.

### 타자와의 대화로서의 철학

다시 한 번 페겔러의 강연으로 돌아가 보자. 전술했듯이, 페겔러는 니시다나 니시타니의 사유로부터 처음에 기이한 인상을 받았다고 이야기했다. 여기에 〈타자〉를 발견했다고 해도 좋을 것이다. 그러나 페겔러는 그 이질성 때문에 니시다나 니시타니의 사유를 멀리하거나 거부한 것은 아니다. 오히려 이질성 때문에 대화의 의의를 인정했다. 즉, 타자가 타자이기 때문에 대화하는 것의 의의를 강조한 것이다. 타자의 타자성을 인정하면서 대화하는 것의 소중함을 강조했다.

'일본의 철학'이라는 것을 문제시할 때 중요한 것은 형용모순을 운운하는 것이 아니라, 그와 같은 타자성을 인정한 다음에 하는 대화가 아닐까? 즉, '일본의 철학'이라는 표현은 철학을 국한시키는 표현으로서가 아니라, 〈대화의 장〉으로 열린 표현으로서 받아들일 수 있고, 또 받아들여야 하는 것이 아닐까? 다시 말해서, 눈동자를 감기 위해서가 아니라, 오히려 이를 공통의 장을 향해 열기 위하여 '일본의'라는 말이 이야기될 수 있는 것이다.

이는 마치 니시다 기타로가 『일본문화의 문제』에서 '일본의 문화'를 문제시하면서 "일본은 세계에서 그저 특수성·일본적인 것을 존중하기만 해서는 안 된다. 여기에는 진정한 문화가 없다"고 말한 통찰을 계속 해온 사실과도 통한다. 니시다가 지적한 것은 일본의 문화가 '세계적 공간적'이 되는 것, 즉 세계라고 하는 장으로 나아가는 것이었다. 이를 니시다는 동양의 문화와 서양의 문화가 "한층 깊고 큰 근저를 발견함으로써 양자 모두 새로운 빛에 비춰지게 된다"는 말로 표현하고 있다(NKZ 9:91). 이질적인 것의 사이에서 창조적인 대화는 이와 같은 빛 속에서 비로소 가능해진다고 할 수 있을 것이다.

하이데거도 또한 동양의 사유에 큰 관심을 가진 사람이었다. 그의 사유가 노장사상이나 선불교에 가까운 점을 그는 주변 사람들에게 자주 이야기했고, 전후에 새로운 출발을 했을 때 그는 중국인 지인과 함께 『노자』를 독일어로 번역하는 일도 시도하였다. 유감스럽게도 이 작업은 중도에서 포기했지만. 그러나 그의 동양 사상에 대한 태도는 페겔러의 그것과 기본적인 부분에서 크게 차이가 있다.

1966년에 하이데거는 잡지 『슈피겔(Der Spiegel)』에서 특히 1933년부터 이듬해에 걸쳐 후라이부르크대학 총장을 지냈을 때의 나치에 협력하는 문제를 둘러싸고 대담을 한 적이 있었다. 그 내용은 하이데거의 희망에 의해 사후, 즉 1976년에 비로소 『슈피겔』 잡지에 발표되었다. 인터뷰는 나치가담 문제부터 그 연속선상에서 기술 문제까지 퍼졌다. 하이데거는 기술의 본질에 대하여 이 인터뷰 속에서는 매우 간단히 언급하고 있지만, 게슈텔(조합) 속에서 생각했다. 하이데거의 독특한 용어는 인간을 포함한 모든 것을 '소임을 한다'고 하는 관점에서 자리매김 하고, 자신 속에 억지로 집어넣어 가는 포괄적인 연관을 가리킨다. 하이데거에 의하면, 기술이 내포하는 문제는 단지 그것이 인류 전체를 멸망시킬 수 있다는 파괴력(예를 들면, 원자폭탄 같은 것)을 갖는다는 점에 있는 것이 아니라, 일체의 것이 이 게슈텔이라는 연관 속에 넣어져 단지 '소임을 하는' 것으로서만 보이게 되어 간다는 점이다. 즉, 인간이 본래 뿌리를 내리고 있는 것을 하이데거는 '대지'나 '고향'으로 불렀는데, 여기에서 뿌리가 뽑히고 데라시네가 되어 가는 점에 있다.

인터뷰 중에서 하이데거가 히사마쓰 신이치(久松眞一)와 나눈 대담이 화제가 되었는데, 하이데거는 기술 문제를 극복하는 것을 둘러싸고 선(禪), 혹은 그 외의 동양적 '세계 경험'의 성급한 수용에 큰 기대를 품지 않는다고 하는 취지의 말을 했다. 여기서 말하는 극복은 그것이 성립된 장소에서, 즉 유럽에서만 가능하다는 것이 하이데거의 견해였다. "사유는 같은 유래와 규정을 갖는 사유에 의해서만 변화된다"고 하는 말로 하이데거는 이를 표현했다.[85]

이에 대하여 페겔러는 기술이라고 하는 것의 지역성을 부정하고, 오히려 보편성을 강조했다. 그리고 이것이 안고 있는 문제를 동양과 서양의 대화 속에서 생각하려고 했다. 페겔러와 마찬가지로 니시다나 니시타니의 사색에 대하여 큰 관심을 보인 하인리히 롬바흐(H. Rombach)라는 사람은 하이데거보다도 한 세대 다음 세대에 속한다고 해도 좋을 것이다.

과연 페겔러나 롬바흐가 행하려고 한 동과 서의 대화, 즉 "타자에 대하여 타자성을 허용하는 만남"이야말로 지금 요구되고 있다고 해도 좋지 않을까?

중요한 것은 보편성을 표방한다면서 종국에는 외국의 철학을 시종일관 뒤따라가지 않는 것이다. 일본의 문화나 사상의 특징과 제도를 자각하는 동시에, 다른 한편에서는 다른 문화·전통도 당연히 하나의 특수임을 자각하고, 그 안에서 철학의 제 문제가 어떻게 문제를 제기하고 또 대답을 해왔는가 하는 점을 응시하여 적극적인 대화를 통해서 스스로 주체적으로 사색하는 것이야말로 중요한 것이 아닐까? 우리가 철학이라는 말에 '일본의'라는 형용사를 씌우는 것은 이러한 타자와의 대화, 즉 타자의 타자성을 인정하는 대화를 사정권에 넣고 있는 것이다.
[JCM/김계자]

---

85) [영] Antwort, Martin Heidegger in Gespräch, Günther Neske and Emil Kettering, eds.(Pfullingen: Neske, 1988), 107.

# 문화와 정체성

# 개관

눈부시게 발전한 서구 문화에는 분명히 존경할 점도 많고 배울 점도 많다. 서구 문화에서 존재는 형태를 갖춘다고 여겨졌고, 형태를 갖추는 것은 좋은 것이라고 간주되었다. 그렇지만 수천 년 동안 우리의 조상들을 키워낸 동양 문화의 기저에는, 형태 없는 것에서 형태를 볼 수 있고, 정적 속에서 소리를 들을 수 있는 무엇인가가 존재하지 않을까? 나는 이러한 근본적인 철학적 질문을 마음에서 우러나는 열정으로 탐구하고자 한다. (니시다 기타로, 1927, 255)

소크라테스(Socrates, BC.470-BC.399)가 델포이 신전의 "너 자신을 알라"라는 말을 깨달은 후 지금까지, 인간의 정체성에 관한 질문은 서구 철학의 레퍼토리이다. 이 질문은 보통 두 가지로 나뉜다. 첫 번째는 나는 누구인가? 라는 인간 개인의 정체성에 관한 질문이다. 두 번째는 인간의 특성은 무엇인가? 라는 보편적 정체성에 대한 질문이다. 최근에 들어서야 서양의 역사에서는 문화적, 언어적 그리고 인종적인 정체성에 관해 질문하기 시작했다. 가령, 프랑스계 캐나다 사람이란 어떤 사람을 의미하는가? 이러한 논의는 세 가지 배경에서 비롯된다. 첫 번째 배경은 문화 인류학, 사회학, 그리고 언어학과 같은 사회 과학의 발전이다. 두 번째 배경은 국민 국가가 생기면서 그 국가의 사람들을 하나로 결집시키는데 활용할 수 있는 이데올로기로서 국민의 정의를 내릴 필요이다. 세 번째 배경은, 가장 최근의 일인데, 정체성에 관한 철학적 연구, 그리고 이와 관련된 정체성의 정치, 인종, 젠더, 민족성, 식민주의, 성적인 성향, 그리고 계급 등과 같은 학문 분야의 대두이다. 이러한 배경에 덧붙여서, 다양한 사회적, 정치적, 문화 기관의 문화적인 기초가 되는 정신적 정체성에 관한 질문도 추가될 수 있다. 전지구화와 다원주의로 인해서, 개인적인 '나' 보다 훨씬 일반적인 개념인 '우리'라는 개념이 인간 정체성 개념에 포함되면서, 정체성에 대한 관심은 더욱 증가하였다. 그러나 여기서 '우리'라는 개념은 보편적 '인류'라는 개념보다는 훨씬 특정한 의미를 내포한다.

근대 일본에서는 사회 문화적으로 인간의 정체성에 관한 유사한 논의가 있었다. 이 관심은 부분적으로, 위에서 언급한 서양의 조건과 유사한 상황을 배경으로 한다. 일본은 19세기 후반에 들어서면서 국민 국가로 형성되었으며, 대부분의 서양의 학문체계, 가령 사회 과학과 같은 학문 등을 대학 교육에 도입하였다. 일본 지식인들은 19세기 후반부터 세계 각국을 방문하기 시작했다. 방문 중에 그들은 자신의 타자성을 강하게 실감하였으며 이어서 유럽과 북미 지역의 사회와 일본이 서로 매우 상이하다는 사실에 집중하여 연구하기 시작하였다. 일본인들의 이러한 문화적 정체성에 대한 관심은 19세기 말이 지나 20세기 중반으로 가면서 군국주의에 대외 강경파들의 이념이 결합하여 강화되었다. 이러한 관점에서, 똑같지는 않더라도, 일본인들의 문화적인 정체성에 대한 관심은 적어도 근대 이후 서구적인 발전과 함께 일어났다고 할 수 있다.

그러나 이것이 전부가 아니었다. 여기서 우리가 이 문제에 관련된 보다 더 심각한 의미를 놓치지 않으려면, 이 문제를 단지 서구적인 현상을 다루듯 접근해서는 안 된다. 일본의 경우는 적어도 세 가지 측면에서 서양의 경우와 달랐다. 첫째, 일본인이 된다는 것에 대한 관심은 대부분의 서양 국민들이 자신들의 정체성에 대해 가졌던 관심보다 훨씬 강하고 지속적인 것이었다. 사실, 1980년대 이후에,

'일본인론(日本人論)' 혹은 '일본다움의 이론화'라는 지적인 운동, 혹은 지적인 영역이 생겨났다. 일본인론, 혹은 일본다움의 이론화라는 용어는 다양한 배경을 가진 지식인들과 학자들이 모여 다양한 연구를 하면서 만들어졌다. 어떤 사람들은 극도로 정치적이었는데, 이들은 1945년 이후 일본에서 억압되고 잠식되었던 일본의 독자성과 우월성에 대한 신념을 되살리고자 하였다. 또 어떤 사람들은 이러한 정치적인 관념에 내재하는 생각을 정확하게 공격하는데 주로 몰두했다. 그들은 종종 일본은 독자적이며, 적어도 어떤 다른 나라보다도 고유하다는 관념을 공격했다. 그리하여, 정치적인 우파와 좌파는 싸움을 일으키는 사람들일 뿐이었다. 나머지 사람들은 보다 학문적인 입장에서 접근하려 하였다. 그들은 일본학을 학문적인 영역으로 구축하여서 미국에 있는 미국학과 연계하여 연구할 필요가 있다고 보았다. 이들은 정치적으로 훨씬 중립적인 입장에서, 일본의 역사, 문화, 언어, 그리고 사회를 연계 학문으로 다루려 하였다. 1970년대에 들어서, 유럽과 미국에 수십 개의 일본학 프로그램이 개설되었을 때, 일본 주요 대학에는, 외국인을 위한 특별 강좌 이외에 이러한 프로그램이 하나도 개설되지 않았다. 위에 언급된 내용을 종합해볼 때, 문화적 정체성에 관한 오늘날 일본의 관심사는 복잡하다. 이는, 다양한 인성, 이념, 그리고 학술적인 견해를 포괄한다.

두 번째로, 문화적인 정체성에 있어서 일본이 서양 사회와 현저히 다른 점은, 일본에서 가장 유명한 사상가들이 정체성을 다룬 방식이 서양 사람들의 방식과 다르다는 사실이다. 그들의 노력을 이해하려면, 우리는 문화적인 정체성 문제를 오로지 철학적인 관심사로서만, 그리고 위에서 필자가 언급했던 사회적이고 정치적인 힘과는 별개의 것으로 접근해야 한다. 일본의 많은 현대 철학자는 인간의 정체성을 개인적이거나 보편적인 것으로 이분화하는 서양의 전통적인 관점에 큰 흥미를 느꼈다. 일본인들이 보기에, 이러한 서양식 사고방식에는 서양의 전통적 철학적 인류학에 내재된 심각한 결점이 있었다. 냉정히 말하면, 일본 철학가들은 서양의 철학이 "나는 누구인가?"라는 질문의 틀을 가지고 탐구하는 것은 잘못되었다고 보았다. 이러한 일본 철학가들의 관점은 놀라울 만하며, 이들의 견해가 잘 논증될 수 있다면, 각지에 있는 유능한 철학자들의 관심을 끌만한 관점이다.

일본 철학자들은 다음과 같이 질문한다. 서양의 철학 인류학자들이 항상 간과한 것은 무엇인가? 그에 대한 대답은 철학자들마다 다르다. 그러나 그들의 주장에는 하나의 동일한 주제가 반복된다. 즉, 우리의 보편적인 인간성과 우리의 개인적인 인성 사이에는 똑같이 중요한 제 3의 측면이 있다는 것이다. 이는 바로 우리의 문화적인 정체성이다. 문화적인 정체성 속에는 우리의 존재 안에 들어있는 역사적, 언어적, 사회적, 윤리적, 정치적, 정신적, 그리고 도덕적인 측면이 존재한다. 사회 과학에서는 이러한 사안을 어느 정도는 다루고 있다. 그러나 철학자들은 이보다 더 인간적 측면에서 논의해야 한다. 그런데 서양 철학자들은 이러한 측면을 완전하게 간과하거나, 혹은 그 중요성을 우리의 개별성에 속하는 무엇인가로 축소한다. 그러한 경향은 철학자들이 인간이란 자신이 속한 사회 속에서 사회화된다고 규정한 경우에 잘 드러난다. 즉, 그들은 인간을 다음과 같이 규정하곤 한다. 인간은 사회적으로 국가와 계약한 개인적 존재이다. 또는 도덕 교육은 인간을 이기주의적인 개인주의에서 사회적으로 상호 작용을 하는 존재로 변화시킨다. 그리고 인간 개인은 자신이 속한 외적인 사회, 정치, 그리고 역사적인 조건의 영향을 받는다. 현대 일본의 많은 철학자들은 개인을 사회 문화적인 것으로 구성하는 이러한 서양의 관념에 대해서 의아해한다. 그들이 생각하기에 인간은 이 세상에 개인으로서 온 것은 아니다. 우리는 가족의 구성원으로서 왔다. 우리는 태어나면서부터 다른 사람에게 의지한다. 그리고 이러한 가족의 본질은 일본 어디에서나 중요하다. 어떠한 개인도 하나의 국가를 만들러 모이지 않는다. 오히려, 우리는 국가 속에서 태어난다. 그리고 국가의 이상과 정책은 각 국가마다

다르다. 국민들이 국가를 전적으로 바꾸고자 하거나 완전히 전복할 때에도, 그러한 움직임은 국가 속에서 일어난다. 가령 선생이 학생에게 말을 하는 경우, 그 선생은 순전히 개인 입장에서 어린 학생에게 가르침을 전달하지 않는다. 선생의 말을 듣는 학생도 순전히 개인 자격으로 존재하지 않는다. 그보다 아이와 선생은, 처음부터, 이미 문화가 토착화된 관계 구도를 바탕으로 존재한다. 그러므로 일본의 많은 철학자들에 따르면, 인간에게 있어서 문화란, 개인이 존재하고 나서 생기는 것이 아니다. 대신, 문화는 인간이 태어나기 이전부터 존재하는 배경으로, 인간은 그 문화적 배경을 경험으로 하여 태어난 개별적 존재이다. 대체로, 문화에 따라서 '개별성'이라는 의미가 정의된다. 니시다 기타로(西田幾多郎, 1870-1945)는 이러한 관점을 유명한 저서인 『선의 연구(善の研究)』에서 다음과 같이 말한다.

> 개인이 있고 나서 경험이 있는 것이 아니다. 오히려, 경험이 있고 나서 개인이 있다. 개인의 경험이란 전체적인 경험의 영역 내부에 존재하는 특정한 부분일 뿐이다. (NKZ 1:24).

일본 철학자들은 서양의 철학적 인류학이 가진 문제점에 대해 연구한 후, 더 많은 의문을 품었다. 그들은 이렇게 자명한 문제를 서양 철학자들이 어떻게 간과할 수 있었는지 궁금했다. 이 문제에 대한 일본 철학자들의 분석은 다양했다. 다나베 하지메(田邊元, 1885-1962)*와 같은 사람들은 서양 철학자들의 논리에 내재한 약점을 지적했다. 보통 서양의 논리에는 단지 보편적인 것과 특별한 것만이 존재한다. 거기에는 중간적인 측면-즉, 특수한 것-이 존재하지 않는다. 반면, 니시다 기타로는 이를 서양식 논리의 부작용이라 진단한다. 서양 논리에서는 자아를 자기 인식의 산물이라고 생각하지 않고, 자기 인식을 자아의 행위자로 간주하기 때문이다. 한편, 와쓰지 데쓰로(和辻哲郎, 1889-1960)*와 같은 학자들은 서양의 철학적 인류학이 인간의 정체성을 이루는데 필수적인 '사람과 사람 간의 윤리적인 관계성'을 무시하였다고 주장하였다. 일본 학자들 간의 의견이 다양함에도 불구하고, 중요한 점은 그들이 문화에 대한 서양의 이해를 교정하는 방안을 발전시키고자 하는 공통된 목표를 추구했다는 사실이다.

이처럼 다양한 일본 사상가들이 정체성의 문제 자체에 관해 공통된 생각을 할 수 있었다는 것은 문화적 정체성이 존재함을 의미한다. 여기서의 문화 정체성이란 이 사상가들이 자신들의 철학을 바탕으로 만들어낸 공통적 틀이다. 이러한 사실을 통해 우리는 현대 일본인들이 가진 문화 정체성에 대한 관심사와 서양인들의 문화 정체성에 대한 관심사 사이에서의 세 번째 상이함을 생각해 볼 수 있다. "일본인이 된다는 의미는 무엇인가?" 이 질문은 마치 서양의 경우에서와 같이 최근에 생긴 관념은 아니다. 일본 사상가들은 이러한 질문을 일본에 기록된 역사가 존재했을 때부터 주기적으로 제시했다. 그럴 수 있었던 이유는 지리적인 조건 덕분이었을 것이다. 동아시아에서 약 100 마일 떨어진 고립된 군도였기 때문에, 일본은 1945년까지 크게 침략당하지 않았다. 근대까지 일본도 자신의 영토 반경을 크게 확장하지도 않았다. 그러므로 이러한 지리적 조건 덕분에, 일본은 문화적인 자율성을 상당히 오랜 기간 향유할 수 있었다. 또 한편으로, 일본은 다른 나라와 강력한 상호 관계를 하는 시기를 보내기도 하였다. 한국이나 중국과의 관계에 있어, 일본은 선사시대로부터 간헐적으로 상호 교류하였다. 서양의 나라들과는 주로 16세기에 교류하였고, 그 이후로 19세기 중반 이후에 이루어졌다. 그러므로 나라의 주권을 보호하기에 충분히 적당할 만큼 고립되어 있었으나, 그러면서도 일본은 외부로부터의 문화적인 영향을 차단하지는 않았다. 이러한 상황으로 인해 일본의 지식인들은 외부로부터의 영향을 생각할 수 있는 기회가 있었고, 뿐만 아니라, 일본을 위해서 어떤 것은 선택하고 어떤 것은 받아들이지 않을지를 논의하고 충분히 취사선택할 수 있었다.

이렇게 특수한 지리적, 역사적 상황을 고려해보면, 수 세기 동안 일본인들이 자신의 문화적 정체성에 관해 자부심을 가진다는 사실은 놀랍지 않다. 일본인답다 라는 의미를 찾는 일은 물론 철학적이지는 않지만, 철학적인 틀에서 고려되고 철학 사상의 영향을 받았다. 그래서 일반적 질문 — 예컨대, "언어는 어떻게 기능하는가?" — 라는 질문은 다음과 같은 질문으로 이어질 것이다. — "일본어는 어떻게 기능하는가?" 더 나아가, 일본이 다른 나라들의 사상과 가치를 상호 교류했다는 점을 감안해 볼 때, 일본 사상가들은 일본에서 일본어는 무슨 의미인가를 생각할 뿐만 아니라, 중국에서 중국어는 무슨 의미인가, 또 한국에서 한국어는 무슨 의미인가를 생각해 보지 않을 수 없었을 것이다. 문화적 정체성을 분석하는 이러한 전통은, 이러한 역사 과정을 통해서, 일본에 이미 근대 일본 철학자들이 관심을 가지기 이전부터 잘 정착되었다. 그래서 일본 철학자들이 보기에 서양의 주요 철학자들이 이러한 문제를 고려하지 않았다는 사실은 충격적이었을 것이다. 그러므로 일본 철학자들은 자신들이 소유한 강력한 능력을 통해 이러한 일이 일어난 방법과 이유를 분석하기 시작하였고 어떠한 새로운 타입의 철학이 서양 철학과 일본 철학의 상호 작용 중에 발생하였는가를 연구하였다.

위에서 살펴본 과정을 통해, 일본 사상가들은 인간 정체성에 관한 일반적인 연구 주제를 일본인 정체성에 관한 구체적 연구에 접목하였다. 그래서 예술의 본질에 관한 일반적이고 철학적인 질문을 한 후, 이어서 일본의 예술에서 일본적인 것은 무엇인가 라고 구체적으로 질문했다. 정치 이론에 대해 일반적 논의를 한 덕분에 정책에 있어서 현저하게 일본적인 형태에 관해 중점적으로 연구가 발전할 수 있었다. 언어와 현실 관계에 대한 일반적인 논의에는 전형적으로 일본어의 본질에 대한 논의가 특별히 포함되어 있다. 일본어에는 진리를 구성하는 현실이 어떻게 연결되는가? 인간과 자연 간의 일본식의 관계는 무엇인가? 그 외에도 다양하다.

서양 사람이 이 내용을 읽는다면, 일본식의 문화적 맥락을 강조하는 일본 사람들의 생각이 너무도 자민족 중심적이라고 실망할 수 있을 것이다. 하지만 일본식 관점에서 보면, 서양식 사고방식이야말로 자민족 중심적이다. 사고방식이나 사상을 문화적인 배경을 감안하지 않으면서, 서양 철학자들은 자신들의 예술, 정치, 또는 언어가 모든 예술, 정치 그리고 언어에 보편적으로 적절하다고 생각하기 쉽다. 이 부분에서 우리는 일본 정체성의 세 가지 측면에 대해서 알아볼 것이다. 그 세 가지 측면이란 언어적, 정치적, 그리고 종교적 측면이다. 그렇다고 해서 이 책에서 일본 정체성이 빠짐없이 다루어진다는 의미는 아니다. 예컨대 젠더 문제는 언어적, 정치적, 그리고 종교적 측면들과 똑같이 중요하므로 이 책의 다른 부분에서 따로 다루어진다. 또한 이러한 세 가지 측면에 대한 글이 그 복잡성을 간단히 요약한다는 의미도 아니다.

그렇지만 언어, 종교, 그리고 정치의 영역은 흥미로운 방식으로 일본 문화 전통 속에서 상호작용한다. 분명, 종교와 정치는 서양식 사고방식에서 잘 알려진 주제이다. 그렇지만 이 두 가지가 혼합된 내용에 언어에 관한 영역을 더하는 것은 그리 일반적이지 않다. 그러나 동아시아 지역에서, 적어도 예전에는, 공자가 말하기를, 사람들이 말을 올바르게 사용한다면, 국가는 조화롭게 발전할 수 있다고 하였다. 종교와 언어의 경우에도, 신비한 불교의 그 유명한 진언(眞言) 이론, 그리고 현대 이데올로기에서 신도의 가치 체계를 고대 일본어와 동일시했던 것, 이 두 가지는 종교적인 것과 언어적인 것의 관계가 오래되었다는 사실을 입증한다.

우리가 앞으로 살펴보겠지만, 언어, 정치, 그리고 종교라는 세 가지 영역은 일본의 지성사에서 언제나 두드러지는 측면은 아니다. 우리는 적어도 이 세 가지를 따로 다룰 것이다. 또한 여기서 다루어야 하는 모든 저자들이 전부 철학가들일 필요는 없으나, 가능한 철학가들을 많이 다루려 노력하였다. 아이디어와 주제는 때로는 다양한 종류의 역사적이고 문화적인 상황에서 도입되었다. 그래서 우리는 보다 광범위한 문화적 견지에서 시작하고자 한다. 우선 일본의 정체성에서 언어적인 측면에 대해 살펴보자.

### 언어적 정체성

어느 나라에서나 역사적으로, 사상가들은 대개 어느 시점에 다다르면, 철학적인 표현을 하는데 사용하는 방법인, 언어에 관심을 기울인다. 일본에서 언어에 대한 관심을 강하게 표명했던 첫 번째 철학가로 구카이(空海, 774-835)*를 들 수 있을 것이다. 대부분 세계의 철학적 전통에서는 언어를 정의할 때, 언어를 화자와 청자, 저자와 독자, 그리고 사상가와 세계를 연결하는 외적인 연결고리라 말한다. 구카이는 언어를 정의하면서, 언어란, 사상, 지식, 그리고 표현을 할 때 사용하는 '외적' 의미를 현실 세계와 연결시키는 것이라 설명한다. 더 자세하게, 그는 언어가 '내밀한' 양상을 가진다고 주장한다. 언어란 단순히 현실을 '지시'하는 것이 아니라 현실과 '교섭'을 한다는 것이다. 구카이는 언어의 기초를 목소리로 보았고, 목소리의 기초는 소리의 공명이라 보았다. 언어에 대한 그의 견해는 만트라[1]에 기초한다고 볼 수 있는데, 소리 언어는 사물에 있는 리듬이나 공명을 언어가 얼마나 잘 반영하고 있는가에 따라 참인지 거짓인지가 결정된다고 본다. 그리하여, 만트라, 혹은 '진언'은 현실과 잘 교섭한 소리를 의미한다. 이러한 이론은 사실 그가 만든 이론은 결코 아니다. 그는 이를 중국에서 공부를 할 때, 어떤 난해한 불교 학자에게서 전수받았으며, 그 학자의 사상은 원래 인도의 만트라 전통에서부터 온 것이었다. 구카이의 설명에서 주목해야 하는 부분은 그의 이론이 일종의 일반적인 언어 이론이었으며, 일본어와는 그다지 특별한 관련성이 존재하지 않았다는 점이다. 그러나 후대의 일본 사상가들은 자신들의 모국어에 관해서 보다 자세히 연구하기 시작하였고, 구카이의 접근방법에 관심을 기울였다. 그들이 주목한 구카이의 관점은 즉, 지시보다는 추론, 문자보다는 목소리에 관심을 두고, 언어를 각각 개별적으로 존재하는 현실로 인식하기보다는 특정한 상황 속에서 인식되는 것으로 접근하는 방법이었다.

구카이의 주장에서 중요한 점은 언어의 표면적인 측면과 내면적인 측면을 구분한다는 사실이다. 그런데 이는 일본 문화 속에서 중국어와 일본어의 차이를 반영한다는 점에서 더욱 중요하다. 이러한 구분을 이해하고, 또 이러한 구분으로 인한 문제점을 감안하려면, 중국어와 일본어가 일본 역사에서 어떻게 기능하였는가를 알아야 한다. 중국과 접촉하기 이전에 일본에는 문자체계가 없었다. 그래서 중국인들이 일본에 들어왔을 때, 일본 엘리트 계층과 지식인들은 대부분 읽고 쓰기 위해 중국어를 사용하였다. 즉, 한자는 일본인들이 말은 하지만 글이 없을 때 일본인들이 사용할 수 있는 문자로 기능하였다. 일본인들이 처음으로 진지하게 문자 체계를 만들려고 시도한 때는 8세기 초엽에 들어서이다. 그리고 9세기 초반에 들어서야 비로소 완전히 기능적이고 효율적인 문자 체계가 나타났다. 한자만이 일본인들이 알고 있는 문자 체계였기 때문에, 일본인들은 중국 문자인 한자를 활용하여 일본 문자를 만들거나, 음운 체계를 만들면서 한자의 기본적인 의미를 도입하거나 부분적으로 상당히 축약하여 ('가나[假名]'의 경우) 활용하기도 하였다. 이러한 활용 과정에서 매우 심한 변형이 일어

---

1) [한] 만트라는 진언(眞言), 즉, 진실한 말을 의미함.

났다. 중국어에서는 동사의 굴절형이 없음에도 일본어의 동사는 시제도 있고 화자와 청자 사이의 상대적 사회적 지위를 나타내기 때문이다. 게다가, 일본어에서는 조사('테니오와[てにをは]'라고 한다)라는 부분을 사용하는데, 조사는 영어로 말하자면 영어의 전치사와 격 변화의 기능과 유사하기도 하고, 화자의 태도를 반영하는 기능을 하기도 한다.

이러한 글쓰기 과정은 현대 일본어의 문장을 읽을 때도 나타난다. 사람들은 중국어에서 가져온 부분은 대개 중국 문자로 썼고, 일본에서 원래 있었던 부분은 대개 '가나' 문자로 썼다. 이러한 상황은 마치 우리가 영어로 글을 쓸 때, 심지어 하나의 문장 속에서도, 한 부분에서는 앵글로 색슨어에서 온 문자를 쓰고 또 어떤 부분에서는 라틴어나 그리스 어원을 가진 문자를 쓰는 것과 유사하다. 이러한 상황 때문에 일본인들은 자신들의 언어에는 실제로 두 가지의 언어가 있다고 생각했다. 그 중 하나는 중국에서 왔으며, 또 하나는 일본의 원래 언어에서 왔다고 생각했다. 이때 일본의 원래 언어란, 고대 일본의 야마토족 사람들이 쓰던 언어라고 여겼다. 또한 어떤 학자들에 의하면, 일본어는 야마토의 언어가 역사의 과정을 통해서 변형된 것이라고 한다. 일본 역사 속에서, 철학자들은 이러한 구분을 굳히는데 한 몫을 했다. 여기서 주목할 부분은 이 철학자들이 일본의 언어를 두 가지의 하위 언어, 즉, 중국에서 차용된 언어와 일본의 원래 언어로 나누었을 때, 일본의 원래 언어야말로, 앞서 말한 구카이가 언급한 인간의 가장 심오한 정신의 표현이라고 말했던 언어를 재현한 것이라는 점이다. 구카이가 말한 인간의 가장 심오한 정신의 표현이란 바로, 소리, 감성, 그리고 맥락 속에서의 뉘앙스를 의미한다.

원래 일본어로 간주되는 언어가 함의하는 중요성과 힘에 대한 초기의 논의는 시적 전통을 논하는 자리에서부터 비롯되었다. 13세기 이상, 일본 시는 중국어 혹은 일본어로 썼다. 이러한 양분화는 형식적 시 선집에서부터 정형화되면서, '고대 일본어'를 현저히 사용하는 특수한 미학이 발달했다. 가령, 『영가대개(詠歌大概)』라는 이론서에서 후지와라노 데이카(藤原定家, 1162-1241)는 장래의 시인들에게 다음과 같은 조언을(괄호 안에 주석도 첨언하면서) 남겼다.

> 감정을 표현할 때에는 우선 독창성을 고려해야 한다. (즉, 다른 사람들이 사용하지 않았던 표현을 써야 한다는 의미이다) 그러나 그때 사용할 언어는 옛날 언어여야 한다. (이때 사용할 어휘는 삼대집(三代集)[2]의 저자들이 사용한 어휘에 국한한다)… 문체는 이전 시대의 시인들이 사용한 문체를 따라서 써야 한다.… 시인이라면 누구나 고대의 시에 나오는 표현 형식을 계속 학습할 것을 유념해야 한다.… 일본 시에서 스승은 없다. 그러나 옛날 시를 선생으로 삼아서, 옛날 문체를 힘껏 익히고 이전 시대의 시인의 어휘를 배워야 한다. 그렇게 한다면 누가 시를 쓰는데 실패할 것인가? (후지와라노 데이카, 1222, 114 「203-4」)

민속학 운동은 18세기 초에 시작되었는데, 위의 문제들을 철학적 관점에서 다루었다. 이 운동을 통해 사람들은 일본어를 자신들이 알고 있는 다른 언어와 명확하게 구별하려고 노력하였다. 이 운동의 창시자인 가모노 마부치(賀茂眞淵, 1697-1769)*는 한 비평가에게 다음과 같이 말했다.

---

2) [한] 천황의 명령에 의해 10세기를 전후하여 편찬된 『고금와카집(古今和歌集)』(905), 『고센와카집(後撰和歌集)』(951), 『슈이와카집(拾遺和歌集)』(1007)의 세 가집(歌集).

그가 계속 말하길 "그런데, 이 나라는 고유한 글자가 없다. 그 대신에, 우리는 중국의 글자를 사용하고, 그 글자로 모든 것을 알 수 있다." 이에 대한 나의 대답은 다음과 같다. 무엇보다, 중국은 문제가 있고 잘 다스리기 어려운 나라임에 틀림없다. 한 가지 구체적인 예를 들면, 그림 모양의 문자가 있다. 그들이 일상적으로 사용하는데 필요한 글자들을 예로 든다면, 약 3만 8천여 개에 이른다. 하나의 꽃을 묘사하는데도, 예를 들어, 꽃이 피고, 주변으로 흩어지고, 암술, 묘목, 줄기 등 그 글자가 열 가지 이상에 달한다. 게다가, 특정한 나라의 이름이나 장소, 혹은 특정 식물 이름을 나타내는 글자가 있지만, 그 글자들은 그 외의 다른 용도로는 사용되지 않는다. 사람들이 그 많은 글자를 다 기억하려 노력한들, 제대로 기억할 수 있을까? 때때로 사람들은 글자를 쓰다가 실수를 하고, 때로는 글자 자체가 시간이 지나면서 변화하여서 사람들은 그 쓰임새에 대해 논쟁을 벌이게 된다. 그러므로 이런 글자는 사람들에게 부담스럽고 소용없는 존재이다.

인도에서는, 50개의 철자만을 사용하면서도, 불교 서적을 5천권 이상 쓰고 또 후대에 이 책들을 물려주었다.…우리의 제국인 이 땅에도 역시 문자가 존재했던 것 같으나, 중국 글자가 들어오면서부터, 원래 글자는 잘못되어 망각 속으로 침몰되었고, 이제, 고대의 글자만이 남아있다. 비록 이 글자들이 인도의 50개의 글자와 같지는 않으나, 이 글자들도 50개의 글자들로 모든 것들을 충분히 표현할 수 있다는 같은 원리를 기초로 한다. 네덜란드에서는 25개의 문자가 있고, 우리나라에는 50개의 문자가 있다. 그리고 대개, 글자들이란 모든 나라에서 다 대동소이하다. 중국만이 번잡한 체계를 만들어내었다.… 문자가 이런 식으로 발전한다는 것이 얼마나 경멸스런 일인지를 알 지 못한다면, 그리고 중국 문자가 훌륭하다고 생각한다면, 정말 이는 멍청한 일이다. (가모노 마부치, 1765, 12-13 [247-8])

이러한 생각을 실행으로 옮기면서, 마부치는 고대 일본어의 소리를 재건하려 했다. 그는 일본어로 쓰인 옛 기록물들을 연구하였는데, 특히 8세기의 시집인『만엽집(萬葉集)』에 수록된 시들에 집중하였다. 그의 제자였던 모토오리 노리나가(本居宣長, 1730-1801)*는 스승보다 더 열심히 고대 일본어를 재건하려했다. 그가 평생 동안 노력한 분야는, 언어와 고대의 문헌을 연구하여서, 중국식 요소가 일본에 들어오기 이전 일본어의 고대의「도(道)」73)를 재건할 수 있는 방법을 생각해내고 이를 시행에 옮기는 일이었다. 그는 이 일에 있어서 자신의 스승을 추월하고, 자신의 연구가 마부치가 가르쳤던 것의 논리적인 연장선상에 있다고 생각했다.

마부치에 의하면, 만일 우리가 고도(古道)를 배우길 원한다면, 고대의 시에 대해 연구하며, 고대의 문체로 시를 지어야 한다고 했다. 그러려면, 우리는 고대의 글을 배워야만 하고, 고대의 문체로 글을 써야 하며, 고대의 용어들을 통달해야 하고, 그리고『고사기(古事記)』와 『일본서기(日本書記)』를 정독해야 한다. 만일 우리가 고대의 용어를 알지 못하면, 고대의 사상을 이해하지 못할 것이다. 그리고 우리가 고대의 사상을 알지 못한다면, 우리는 고도(古道)를 알지 못한다. 이것이 마부치가 주장한 원리이며, 그는 끊임없이 이를 우리에게 가르쳤

---

3) [한] 고도(古道). 일본의 고전에서 보이는 고대 일본인의 순수한 심성과 태도가 인간 본연의 모습이라고 파악하는 것이 가모노 마부치의 고도설(古道說)임.

다. (모토오리 노리나가, 1798, 17 [475])

일본의 민속학에서는 고대 일본어의 특질을 상당히 강조하였는데, 이러한 양상은 점차 확산되어서 19세기와 20세기에는 국수주의와 군국주의적인 주제와 결합하였다. 이는 일본 자민족 중심주의의 이데올로기적인 전제가 되었다. 일본의 자민족 중심주의에 따르면 일본의 '원래' 언어는 신의 언어이며, 그 언어 속에는 그들이 말하는 「고토다마(言靈)」정신이 깃들어있다고 하였다. 또한 일본의 언어는 고대 일본인들의 정신을 가지고 있다고 보았다. 이러한 방식으로, 특히 고대 일본어의 형태로 재구축된 일본어는 일본인의 정체성과 불가분하게 연관되었다. 다음에 인용하는 부분은 1937년에 일본 문부성이 발표한 『「국체」의 본의(國體の本義)』라는 유명한 문서의 발췌본이다. 2만 부 이상이 인쇄되었고, 교실용으로, 지역 토론용으로, 그리고 다수의 공적인 문서에서 인용되어서 활용되었다. 비록 고유 일본어로 읽어야 했으나, 상당수의 용어들을 보면 -'참 언어', '영혼의 언어', '생각/ 언어/ 행동'의 일치와 같은- 구카이가 내적인 언어라고 말했던 언어들을 상기시킨다. 그런 면에서, 언어 분석은 한 바퀴 빙 돌아 제자리로 온 셈이다. 그런데 여기서 하나의 중요한 차이점이 있다. 구카이는 자신의 언어 이론을 언어 일반에 적용하였던 반면에, 『국체의 본의』에서는 특별히 일본어만을 다루고 있다.

> 우리나라 고토다마 이념은 다음과 같은 사실을 바탕으로 한다. 인간은 행하기 힘든 말은 꺼리고 함부로 입 밖으로 내지 않는다. 이는 인간 마음의 진정성이다. 코토다마는 진정성이 가득 찬 언어이며, 이러한 언어는 강력한 운동력을 지닌다. 다시 말해, 이러한 언어는 무한한 힘을 가지고 있고, 무한하게 어디서나 인식 가능하다. 이것은 『만엽집』에서, 일본을 '고토다마가 행운을 가져오는 땅'이라 정의 했던 것에서도 나타난다.… 그러므로 진정성은 언어가 행동과 직결될 수 있을 때 나타난다. 진정성에서는 자기 자신을 생각할 여지가 없다. 자신의 전부는 말을 할 때에는 버려야 한다. 왜냐면 말은 행동 속에 있으며, 행동 속에서만 진정성을 발견할 수 있기 때문이다. 그리고 거기에서만이 진정성이 빛을 발한다.(문부성, 1937, 61-2 [로이 앤드류 밀러, Roy Andrew Miller 1982, 133-4])

일본어와 일본의 정체성 사이에서의 밀접한 관계는 상당히 견고해서 일본인이 아닌 사람들이 일본어를 학습할 능력이나 의무가 있는지 의아할 것이다. 만일 외국인이 일본어를 배운다면, 왜, 그리고 어떻게 배울 수 있을까? 1978년 일본 문부성의 지원을 얻은 새로운 기관이 이러한 문제를 거론하였다. 이 기관은 일본어교육학회(Scholarly Association for Education in the Language of Japan)이다. '일본어'라는 용어는 외국인에게 언어를 가르치는 경우에 사용되었고, 이는 일본인들이 배우는 언어라는 의미의 '국어'라는 용어와는 구분되었다. 즉, '국어'라는 용어는 일-일 사전에서는 '일본어'라는 의미였다. 새로운 기관을 창립하면서, 일본에서 가장 저명한 언어학자중 한 사람인, 스즈키 다카오(鈴木孝夫, 1926-2021)는 창립회의에서 "일본어를 외국인에게 가르치는 이유"라는 개회 연설을 하였다. 그가 설명하려고 한 내용을 살펴보면, 다카오는 일본어에 내재된 가치가 외국인들에게도 중요하다고 믿고 있었다.

> 내가 말하고자 하는 것은 정말로, 우리 일본 사람들이 수동적으로 살았던 시간은 이미

지났다는 사실이다. 우리 언어를 외국인들에게 가르쳐야만 한다. 그 이유는 외국인들이 우리 말을 배우기를 강렬히 원하기 때문이다. 우리는 앞으로 나아가서, 인류 중에 어떤 사람들도 우리 일본말을 모르는 무지의 늪에 빠지는 것은 참으로 불행한 일이라는 사실을 인식해야 한다. - 우리는 외국인들에게 우리말을 전파하기를 희망한다.

일본이라는 나라… 는 종교적인 이념이 항상 약한 나라 중 하나이다. 우리 일본인들은 유순한 인종이다. 우리는 어떤 대상물을 단정적인 용어로 단언하는 이념이나 원칙을 발전시키지 않았다. 우리는 메시아를 열렬히 바라지도 않았고, 우리 생각을 다른 나라에 강제로 퍼뜨리려는 이념적인 힘도 없었다. 우리 일본인들은 이제 새로운 종교를 알았고, 세상 전체에 확장할 수 있는 무엇인가를 발견하였다. 이는 기나긴 시간이 걸리는 일이다. 이 이상으로 우리가 우리의 영향력을 해외로 확장할 수 있는 일이 없다. 그러므로 우리가 해야만 하는 일은 일본 언어라는 하나의 종교를 만드는 일이다. 우리는 일본어를 일본의 언어 교리로 여겨야만 한다. 그리고 일본의 언어라는 새로운 종교를 지상에 있는 모든 나라에 확산시켜야 한다. (로이 앤드류 밀러, 1982, 255, 290)

물론, 모든 일본 사람들이 '일본 교리의 언어'를 전파하려고 했던 스즈키의 복음주의적인 열정에 공감하였던 것은 아니다. 아직, 서양의 지식 체계를 습득한 일본인 문인들 다수에 의하면, 전술한 일본인들의 자기 언어에 대한 열정은 특별한 것이었다. 대표적으로, 다음 글은 영어와 일본어를 비교하는데, 이 글의 저자는 저명한 에세이 작가이자 소설가인 다니자키 준이치로(谷崎潤一郎, 1886-1965)이다.

영어의 문체에는 그 의미가 명확하게 나타난다. 그러나 동시에 그 의미는 제한적이며 가볍다.… 우리 일본인들은 그렇게 무의미한 노력을 하지 않는다. 우리는 다양한 대상들을 충분히 재현하면서도 문장의 어조나 글자 모양, 리듬 등의 감각적 요소들을 더하는 언어를 사용한다. 또한… 서양인의 문장은 가능한 그 의미를 좁게 제약하고 자세하게 표현한다. 그리고 서양인의 문장은 아주 작은 공간도 남기지 않는다. 그래서 독자들이 상상을 할 수 있는 여지를 주지 않는다. (가와시마 다케요시[川島武宜], 1967, 263에서 인용함)

문인들은 일본어의 가치를 인정했지만, 철학적이거나 과학적인 측면에 관심을 둔 일본인들의 경우, 일본어를 항상 높이 평가한 것은 아니었다. 철학자이자 불교 학자인 나카무라 하지메(中村元, 1912-1999)[*]의 경우를 보자. 문화의 지평을 가로지르는 비교 역사 사상가로서, 그는 특정한 종류의 논리적인 사상이 외국에서 들어왔을 때, 이 외국 사상이 일본에서 왜 잘 발전하지 못했는지 의문시하였다.

언어학자들이 지적하듯, 일본어 문장의 형태는 인식적인 요소보다는 감정적인 요소가 강하다. 일본어의 표현에는 논리적인 정확성보다는 섬세하고 감정적인 뉘앙스가 많다. 다양한 존재들의 상태를 정확하거나 간결하게 표현하기보다는 모호하게 표현하거나 유형화한다. 명사의 경우, 이를 단수와 복수로 깔끔하게 분류하지 않고, 젠더의 차이도 명확히 구분하지 않는다. 관사도 사용되지 않고 동사의 기능에는 사람이나 숫자의 구분이 없다. 이러한 면에서, 일본어는 중국어와 유사하다.

하지만 일본어는 고전 중국어와 다르다. 일본어는 후치사, 즉 '테니오와(てにをは)'라는 조사를 사용해서 명확한 느낌을 전달한다. 다른 나라 언어에 있는 격변화 혹은 전치사의 역할처럼, 일본어의 후치사도 인지적이고 논리적인 관계를 나타내면서도 어느 정도까지는, 감정의 섬세한 뉘앙스도 표시한다. 모든 종류의 언어들과 문장들에 비교해보면, 일본어는 그 논리적인 모호성, 그리고 발화할 때의 부차적인 부분들로 인해서 매우 주관적인 느낌을 주면서 그 감정상의 특유의 섬세함을 드러내며, 그 의미에 있어서의 풍부한 감정을 전달한다. 일본어에는 또한 수많은 조동사가 복잡하게 사용되어서 감정을 묘사하는데 뛰어나다.

고전 일본 문학에서 볼 수 있는 고유 일본어에는 인간의 심미적이고 감정적인 상태를 의미하는 어휘가 풍부하다. 그러나 반면에 지적이거나 추론적인 사고를 나타내는 어휘는 부족하다. 고유 일본어의 단어는 추상 명사를 만드는데 한계가 있으며 대개 구체적이고 직관적이다. 불교와 유교가 일본으로 전파되고 철학적 사고가 발전하면서, 철학적인 사고를 표현하는 어휘들은 모두가 중국어였다. 일본에서 이 어휘들은 중국어와 똑 같이 문자로 나타났지만, 읽을 때의 발음은 달랐다.…

이제, 서양 철학 사상은 일본에 널리 퍼졌다. 그런데 그 용어들은, 관습적으로, 전통적인 서양식의 개념과 조응하도록 만들어진 두 개의 한자를 합쳐놓은 말로 나타났다. 예를 들어, '가이넨(槪念)'과 '리세이(理性)'라는 단어를 보면, 이 둘은 현대의 일본 용어인 '개념'과 '이성'을 의미한다. 때로 이러한 철학 용어들은 세 개나 네 개의 한자를 결합해서 만들어졌다. 고풍스러운 고유 일본어는 결코 철학적인 개념을 표현할 수 없었다.… 반대로, 비록 독일의 중세 관료들은 철학적인 사상을 라틴어로 표현했지만, 독일인들은 현대에 와서는 자신들의 철학 체계를 독일어로만 구축하였다. 이러한 변화는 중세시대의 에크하르트(Eckhart)[4]의 글에서도 나타난다. 그러나 현대에도, 일본에서는 그 누구도 완전히 고유 일본어만을 사용해서 철학을 표현하지 않는다. 우리는, 그러므로 다음과 같은 결론을 내야 한다. 산스크리트어나 희랍어나 혹은 독일어는 철학을 다루는데 적당한 언어였던 것 같으나, 일본어는 한 번도 철학을 논하는데 적합한 적이 없었다. (나카무라 하지메, 1964, 531-3)

그런데 나카무라는 언어 결정론자는 아니었다. 그리고 혹시 현대의 우월하고 기술적이고 철학적인 상황에 적합하도록 일본어가 변형될 필요가 있다고 생각한다면, 일본어는 바뀌어야 한다고 믿었다. 1967년에 그는 다음과 같은 글을 썼다.

물론, 우리는 사람이 자신의 생각을 말할 때 일본어를 사용해서도 다른 어떤 언어로 묘사하는 만큼이나 명료하게 이야기할 수 있다는 사실을 부정할 수 없다. 내가 이해하기로 언어

---

4) [한] Eckhart(1260?-1328?). 독일 신비주의자. 튀링겐 지방의 호호하임에서 출생하고 1302년 파리에서 신학의 마이스터(학위)를 받았다. 그래서 마이스터 에크하르트라고 불리었다. 파리나 쾰른에서 신학교수로 활약하였으며 독일어 설교로 '독일 산문학의 어버이'라고 불린다. 사후 이단으로 몰렸으나 그의 사상은 중세 말기의 사상가에게 비상한 영향을 주었다.

이론에서는 언어 결정론 보다는 생각의 패턴을 문화적으로 조건화하는 것을 강조한다. 분명 일본의 정신은 이러한 맥락에서 간과되어서는 안 된다…

　일본 사람들은 자신들이 원한다면 올바른 방법으로 논리를 발전시킬 수 있다.… 중요한 점은 하나의 국가로서 일본은 논리적이며 정확한 사고력을 갖추기 위해서 기술과 언어적인 도구를 발전시켰다는 사실이다. 우리는 미래에 무슨 일이 있을지 아는 것은 불가능하지만, 오늘날 일본에 공업화가 빠르게 발전 중이다. 그러나 그것은 위에 언급한 언어의 속성은 아주 많이 그리고 아주 쉽게 바뀔 것 같지 않다.… 일본인들이 그 전통적으로 심미적이고 경험적 태도를 잃고 싶지 않았던 것은 어쩌면 당연한 일이다. (나카무라 하지메, 1967, 191, 195)

철학자들과 과학자들이 주장했듯이, 일본인들은 기본적으로 변화를 주저한다. 게다가, 일본의 문화와 언어적인 맥락에서 추상적으로 사고하는 것은 어렵다. 유카와 히데키(湯川秀樹, 1907-1981)는 노벨 물리학상 수상 후 10년이 지난 1959년에 다음과 같은 글을 썼다.

　일본 사람들은, 대부분, 추상적으로 생각하는 경향이 없으며, 단지 눈에 보이는 것들에 대해서만 관심이 있다. 그래서 일본 사람들은 공예나 미술에 재능이 뛰어나다. 일본인들은 추상적인 것을 잘 인식하지 못한다고 은연중 생각하기 때문에 외국에서 들어오는 종교적, 정치적 체계를 무비판적인 열정을 가지고 무조건 받아들인다. 이러한 양상은 일본의 지식인들에게서 더 강하게 나타난다. 그러나 이러한 외국의 체계들은 단지 일본에 익숙한 것들만 동화되고, 익숙하지 않은 것은 유리된 채로 남는다. 그래서 일본의 기존 상황은 그대로 남아 변화하지 않으며, 전통적 요소들은 매우 확실하게 고착화된다. 추상적인 사고방식은 일본에서 이국성을 유지하며 남는다. 그리고 그들에게는 어떠한 이성적인 사고 체계도, 일반적으로 말한다면, 신비로운 어떤 것 이상의 의미는 아니며, 일본인들의 호기심을 만족시키는 무엇 이상은 아니다. (유카와 히데키, 1959, 56-7)

일본인은 언어와 사고방식을 바꾸기 주저한다. 만일 일본 철학자들이 나카무라의 조언을 따르고, 자신들의 원래 언어를 이론적이고 추상적인 사고에 보다 적합하도록 만들려는 일을 강행하였다면, 그 언어는 대다수 일본인들에게 여전히 '일본어다운 일본어'로 보일까? 이 문제는 다음에 나오는 짧은 대화에서 매우 중요하게 다루어진다. 고바야시 히데오(小林秀雄, 1902-1983)는 일본에서 가장 저명한 비평가 중의 하나이고, 유명한 잡지인『문학계(文學界)』를 창간한 사람이다. 또한 니시타니 게이지(西谷啓治, 1900-1990)는 니시다의 제자이며 명실공히 저명한 교토 철학 학파의 학자이다.

　**고바야시:** 가령, 선생님의 논문과 요시미쓰[5]의 논문은 정말로 이해하기 힘들어요. 극단적으로 말하면, 선생님의 이야기는 일본어의 감각과는 전혀 어울리지 않아요. 우리가 알기로는 일본 철학자들은 자신들이 일본어로 글을 써야 하는 운명이라는 사실을 전혀 생각지 않는

---

5)　[영] 요시미쓰 요시히코(吉滿義彦, 1904-1945)는 유명한 천주교 학자이다. 그는 천주교 윤리에 대한 개관과 아우구스티노의 사상과 중세의 학자주의를 융합한 연구로 알려져 있다.

듯합니다. 아무리 충실하고 논리적 표현이라고 해도, 전통적인 일본어만 사용하는 것을 넘어서서, 문체도 일본어만의 분위기를 풍겨야 하지요. 이는 우리 지식인들이라면 누구든지 글을 쓸 때 반드시 유념해야 하는 것입니다.… 그러나 이 부분에 관해서 철학자들이 무심하더군요. 나는 이러한 문제가 해결되지 않는 한 일본에서의 철학은 되살아나지 못할 거라고 생각합니다. 이에 대해 어찌 생각하는지요?

　　……

**니시타니:** 철학을 연구하는 사람들은…서양에서 밀려오는 조류를 받아들이면서 동시에 일본어로만 생각을 표현하기가 무척이나 어렵습니다. 우리는 말하고자 하는 바를 억지로 언어 속에 우겨 넣으면 안 됩니다. 하지만, 동시에 우리는 다른 사람들에게 우리 자신에 대해 설명해야 합니다. 그리고 이는 새롭게 언어를 다듬어 만들어서 일본어로 우리 자신을 자연스레 표현하려 한다는 것을 의미합니다. 정말로, 일본인 일반 독자들이 쉽게 이해할 수 있는 방식으로 글을 쓰느라 글쓰기를 지체할 새가 없습니다. 솔직히 말씀드려서, 우리는 서양 지식인들에 대해서 글을 쓰려고 하지만, 동시에 우리는 서양인들이 생각할 수 있는 범주를 초월하면서 우리의 생각을 가지고자 하는 것 같습니다. 우리가 스스로를 이해시키고 있는지 어떤지 걱정하는 일보다 더 중요한 것은 우리 자신이 꼼짝달싹 하지 못하고 있는 그 교착 상태를 해소하는 일입니다. 현재로선, 저는 이를 해결하고 앞으로 나갈 수 있는 방법을 모르겠습니다. (근대의 초극, 230, 248)

또 다른 도쿄학파(東京學派)의 철학가인 우에다 시즈테루(上田閑照, 1926-2019)*는 언어, 그리고 철학화의 문제에 관하여 더욱 깊이 연구하였다. 근대 최초의 일본 철학가들은 철학 책을 다양하게 접하면서 다양한 언어로 된 책을 읽었다. 그런데 우에다 세대 사람들 중에는 서양의 언어로 글을 읽으면서도 글도 쓰는 사람들이 있었다. 이러한 배경에서 우에다는 철학화로 인해서, 언어가 다른 말로 형태를 취하게 되는 방식에 대해 연구하였다.

독일어로 글쓰기가 내게는 일본어로 글쓰기보다 수월하다. 그래서 나는 주어진 문제에 대해서 골몰하고 내가 내 수준의 독일어로 그 문제를 적절히 표현할 수 있을 때까지 주의 깊게 나 자신을 훈련하였다. 다시 말해, 나는 내가 말해야 하는 대상을 표현하기 위해서 이를 각 부분으로 나누어서 분석하였는데, 이런 방법은 내가 일본어로 말하는 방식과는 달랐다. 달랐다고 해서 일본어로 말하는 방식보다 열등하다는 의미가 아니다. 내게, 이러한 방식은 독일어로 나 자신을 훈련시키는 의미를 넘어서서 대상을 바라보는 방법을 터득하는 과정에서 나 자신을 훈련시키는 것이었다. 나중에, 나는 독일어로 글을 쓸 일이 많았는데, 그 과정에서, 나는 처음으로 내가 글을 쓸 때 독일어와 일본어의 '중간'의 입장을 취한다는 사실을 깨달았다. (독일어로 한다면 Vor-sache[6]을 말한다). 그런 후에 내가 독일어를 사용하든 일본어를 사용하든 확실하게 표현될 수 있었다. 물론 독일어로 확실히 표현될 수 있었던 문장이 일본어로도 확실하게 표현될 수 있었음을 의미하는 것은 아니다. 이 두 언어는 때로는 좀 달랐지만, 그렇다고 해서 완전히 다르지는 않았다. 그리고 두 언어가 다 명료하게 표현되는 경우에라도,

---

6) [한] 글을 쓰기 전의 준비 단계를 의미함.

'Vor-sache'라고 하는 중간 영역에는 언제나 잔존물이 존재했다. 독일어의 명료함과 일본어의 명료함이 서로 되받아 공명하기도 하고 서로 뒤섞이기도 하였다. (우에다 시즈테루, 2001, 386-387)

일본 정체성의 언어적인 측면에 관해 논하는 동안, 우리는 이미 또 다른 두 가지 측면이 함께 나타난다는 사실을 알았다. 바로 정치와 종교의 문제이다. 다음에서 정치에 관해 우선 알아보기로 한다.

## 정치적 정체성

일본인으로 산다는 의미는 적어도, 일본의 구성원이 된다는 의미이다. 일본인의 정치적 정체성이 어떻게 형성되었는가를 고려하며, 우리는 정치 발전 과정에 나타난 몇 가지 주요 상황에 주목하려 한다. 지면 관계상 전반적으로 일본인의 정치관에 관한 내력을 자세히 살펴볼 수는 없다. 그렇지만 일본의 정치 철학에서 특별히 관심을 끄는 대표적인 사상을 알아볼 수는 있다.

그 대표적인 사상은 바로 「십칠조헌법」이다. 이 헌법의 서문 전체가 이 책에 수록되어 있다. 독보적인 인물이었던 쇼토쿠 태자(聖德太子, 574-622)에 관한 전설과 더불어, 이 헌법의 역사는 604년으로 거슬러 올라간다. 많은 학자들은 이 헌법의 내용을 누가 썼는지, 또 언제 썼는지 정확히 알지 못한다. 그러나 그 기록이 정확하지 않다고 해도, 일본인들은 8세기 초반부터 지금에 이르기까지 그 진위를 따지지 않는다. 역사적으로 일본인들은 십칠조헌법이 일본의 정치 기반이라고 항상 믿었다. 이 헌법의 내용 자체는 그다지 철학적이지는 않으나, 당시에 가장 영향력 있었던 중국 수왕조의 두 가지 지적인 전통을 포함한다. 그 하나는 유교이고, 또 하나는 불교이다. 이 헌법의 내용은 후대 일본의 정치사상에 중요한 비중을 차지한다. 이 헌법은 사회와 정부의 유교적인 이상을 불교적인 헌신과 심리에 연결하였다. 하나가 아닌 두 가지 사상적 전통을 배경으로, 십칠조헌법은 국가의 정책을 정당화하는데 제설 통합적 전형을 제공하였다.

쇼토쿠 태자는 자신의 숙모인 스이코천황(推古天皇, 592-628)과 함께 잇따른 전투를 거쳐 이민자 집단이었던 주변의 당파들을 축출해가며 권력을 쟁취하였다. 십칠조헌법에서는 파벌간의 '화합'을 강조하였다. 또한 당파간의 화합을 위해서 중앙의 권력에 복종할 것, 그리고 유교를 따라 품행을 적절히 하며, 불교의 내공을 쌓아서 감정을 조절하고 이기심을 진정시켜야 한다고 강조한다.

십칠조헌법에는 황족의 조상이라고 하는 하늘의 신성성이나 혹은 신(神)의 전통을 직접적으로 언급하는 부분이 없다. 하지만, 이러한 존재들은 왕족의 신성한 유산으로 이전부터 인정되어왔던 것 같다. 8세기 초반『고사기(古事記)』와『일본서기(日本書紀)』라는 두 가지 연대기에서도 창조에 관한 신성한 이야기가 언급되기 때문이다. 이 책들에서는 하늘의 신성한 존재가 일본을 창조하였으며, 태양의 여신인 「아마테라스(天照)」가 천황 가문의 원래 조상이라고 설명한다. 이러한 해석은 중세학자이자 정치가였던 기타바타케 지카후사(北畠親房, 1293-1354)가 중세의『신황정통기(神皇正統記)』(1339-1343)라는 책에서 완전하게 정립되었다. 기타바타케는 간략하게 일본 천황의 혈통에 관해서 언급하면서 황제의 혈통을 단순히 하늘의 신성성에서 내려오는 것으로 나열하지 않았다. 그는 태양의 여신이 천황의 계승을 보장하였으며, 역사적으로 비정상적인 사건이 중간에 있기는 했으나, 그럼에도 불구하고 천황의 그 순수한 혈통은 계승되었다고 주장하였다.

내가 밝히고자 하는 것은 신들이 지배하던 그 옛날부터 제왕의 자리가 계속 이어졌는데, 그 계승의 과정이 항상 합법적이었다는 점이다. 우리나라는 신이 통치하는 나라이다. 그래서 왕위 계승은 아마테라스오미카미의 뜻에 따라 이루어졌다. 어쩌다 왕위 계승에 문제가 생긴 경우에는, 그 왕의 재임 기간은 짧았다. 왕위 계승이 언제나 직계 혈통으로 다시 이어진 경우에도, 불가피하게 일시적인 일탈이 있었다. 이러한 일탈은 그러나 개개인의 왕이 저지른 잘못이지, 신이 잘못 도와줘서 생긴 것은 아니다. (기타바타케 지카후사, 1343, 124 [173])

에도시대(江戸時代), 다시 말하면 도쿠가와시대(德川時代, 1603-1868)에는, 새로운, 혹은 다시 새로워진 유교 사상이 대륙에서 유입되어 정치권력을 강화하는데 사용되었다. 그런데 이렇게 새로운 사상에 영향을 받지 않은 하나의 사상이 여전히 존재했다. 그것은 바로 천황의 가족은 신비하고 신성하다는 사상이었다. 이러한 사상 덕에 여전히 왕조가 지배하는 구조가 정당화되었다. 중국의 경우와는 대조적으로, 일본식의 유교 사상에서는 천황이 자신보다 더 높은 원칙인 '하늘의 뜻'에 복종해야 한다고 여기지 않았다. 하늘의 뜻이라는 명분 없이도, 천황의 가문을 전복하거나 새로운 왕조를 옹립하는 경우에 대한 철학적 정당화는 불가능하였다. 그렇지만, 천황이 폐위될 수 없다는 사실이 천황에게 절대적인 권력을 보장하지는 않았다. 사실상, 수명이 짧았던 왕을 제외하고는, 적어도 9세기 말 부터는, 일본의 천황은 지배하지 않고 다만 군림할 뿐이었기 때문이다. 도쿠가와 쇼군이 17세기에 정치적 권력을 장악했을 때, 그들이 힘들여 지키고자 한 자부심이 있었다. 그것은 바로 자신들이 천황을 대신해서 통치를 한다는 점, 그리고 자신들은 신성한 천황이 하기에는 적합지 않은 현실적인 통치를 맡는다는 점에 대한 자부심이었다. 그러나 누가 실제로 일본을 지배하던지 관계없이, 국가 정치 이데올로기는 여전히 존립하였다. 문제는 더 이상 천황의 혈통을 정당화 하지 않고 그 대신 가장 잘 통치할 수 있는 방법을 발전시키는 일이었다. 도쿠가와막부의 유교 철학자들은 이때에 목소리를 높였다. 그들이 강력히 주장한 바는, 국가란 고대 중국의 현명한 왕들이 그랬듯이 유교의 정통적인 미덕을 따르는 길로 가야 한다는 것이었다. 오규 소라이(荻生徂徠, 1666-1728)*는 다음과 같은 글을 썼다.

도(道)란 포괄적인 개념이다. 이것은 선대의 왕들이 만든 모든 것을 의미한다. 여기에는 특히 종교의식, 음악, 형사상의 처벌법, 행정 기관 등이 포함된다. 도는 이 모든 것을 포괄하고 또 만들어낸다. 그 선대 왕들의 종교의식, 음악, 형사상의 처벌법, 정부 체계와 관련 없는 것들을 도라 부를 수 없다. 도란, 그러므로 일종의 포괄적인 존재라 할 수 있다. (오규 소라이, 1737 A, 41-42 [172-3])

민속학을 연구하는 정치 철학자들은 국가의 기초를 고대의 도(道)에 두어야 한다는 유교주의자들의 생각에 동의했다. 그러나 그들에게 길은 분명 고대 중국의 현명한 왕들이 갔던 생소한 길을 의미하지는 않았다. 일본은 신성한 나라이고, 일본의 도(道)는 신도의 신들과 그 후손들인 천황의 가문이 통치하는 길이다. 이러한 정치 모델에서, 우리는 신도의 사상을 발견할 수 있다. 신도 사상은 주요 정치 용어인 '도(道)'의 개념을 도입하고 '하늘'을 하늘의 신들의 영역이라 재정의 함으로써, 중국을 기반으로 한 철학을 초월하려 하였다. 민속학 정치 철학자들에게 있어서 '도'란 도교적 자연주의를 의미하는 것도 아니고, 유교의 현인들이 가진 미덕을 의미하지도 않았다. 오히려, 이는 창조의 새벽이었던 신들의 시대에 일본 사람들에게 허여된 '고대의 도(道)'를 의미했다. 모토오리 노리나가는 이러한 문제에 관해 다음과 같이 언급한다.

> 도(道)는 무엇인가? 도는 자연에서 저절로 생기지 않는다. 또한 도는 사람이 만들어 낸 것도 아니다. 도는 다카미무스비 신의 위대한 신령으로 만들어졌다. 그 도는 선조 신들인 이자나기와 이자나미 신이 시작하였다. 그 도를 태양의 여신이 이어받아 유지하였으며, 후대로 넘겨주었다. 그러한 이유로 도를 신들의 도라고 한다. (모토오리 노리나가, 1771, 57 [35-6])

이러한 두 가지 전통을 서로 상반되는 것으로 여기기보다는, 18세기 말 후기 미토학파(水戶學派)의 철학자들은 이 두 가지를 서로 융합시켰다. 아이자와 세이시사이(會澤正志齋, 1782-1863)를 예로 들면, 그는 천황을 경외하는 사람은 곧 아마테라스 신의 축복을 보장받을 수 있다고 주장하였다. 반대로, 이러한 신의 축복에 감사하는 일은 곧, 나라를 조화롭게 하는데 필요한 유교적인 미덕 — 가령 충성심이나 '효(孝)'와 같은 — 을 만들어낸다고 주장하였다. 아이자와가 주장하기를, 우리가 따라야 할 도(道)를 잃어버린다면, 아마테라스 여신은 태양의 성스런 빛을 비추어서 우리가 바른 안목으로 다시 올바른 도(道)를 따라 돌아오도록 해준다고 하였다.

> 그리하여, 나는 이 나라가 의존해야 하는 대상을 감히 다음과 같이 제안하는 바이다. 첫 번째 부분에서는 우리의 '국체'를 다룬다. 여기서 나는 우리나라가 우리의 신성한 조상들의 충성심과 효심으로 창건된 사실에 주목하였다.…
> ......

> 태양의 여신 아마테라스께서 세 가지 신기(神器)를 내려주실 때, 그분은 성스런 거울(神鏡)인 야타노가미를 들고 축복을 내리시며, 다음과 같이 말씀하셨다. "이 물건을 바라볼 때 나를 바라보듯 하라." 그 말씀을 명심하고, 수많은 세대의 사람들이 그 거울을 마치 하늘에서 내려온 신성한 여신인 것처럼 경외하였다. 아마테라스 여신의 아들과 그 성스런 손주들은 그 거울을 들고 거기에 비친 모습을 보았다. 그들 눈에 들어온 것은 하늘의 여신이 그들에게 물려준 육체였다. 그리고 그 육체를 마치 여신을 보듯 바라보았다. 그리하여, 여신을 경외하면서, 그들은 인간과 신 사이의 긴밀한 유대 관계를 느꼈다. 결과적으로, 그들은 효심에서 우러나오는 헌신을 표현하며, 자신의 사람들을 존중하며 (마치 신뢰하듯이), 또한 자신들의 미덕을 고양하면서 어떻게 자신들의 선조를 경외하지 않을 수 있었겠는가? 심지어 그렇게, 마치 부모와 자식 간의 깊은 애정 관계에서 그런 것처럼, 감사히 받았으나 갚지 못한 빚이 명백하게 드러났다.…

> 그런데 이렇게 넘치는 가르침을 말로써 포교하지 않는다면 어떻게 보존할 것이며, 또한 사람들은 이 가르침을 기억하지 않고 어떻게 이를 매일 실천할 수 있을까? 하늘의 여신이 하늘에서 멋지게 햇빛을 내려 비추기 때문에, 지상에 있는 하늘의 후예들은 자신들이 여신에게서 받은 빛을 갚으려고 진정성과 경외감을 최고로 표시할 수 있다. 종교와 정치 지배는 일치하기에, 왕이 맡은 모든 하늘의 작용과 하늘의 대표자로서 그가 수행하는 모든 일들은 하늘의 조상들을 위한 수단이다. 조상을 경외하고 백성들을 다스리면서 제왕은 하늘과 하나

가 된다. 그러므로 그의 사람들은 하늘이 인내하는 한 인내해야 하며, 이는 사물의 질서에 관한 자연스런 결과물이다. (아이자와 세이시사이, 1825, 10, 18, 2 [622-4])

아이자와와 같은 학자는 신도와 유교를 결합하였는데, 그 덕분에 1868년 쇼군(將軍)이 지배하는 막부 체계를 전복하고 왕정을 복구하는 운동이 수월하게 진행되었다. 아이자와의 글에서 우리는 국체─ 이는 '국가의 몸' 혹은 '나라의 정수'라는 의미임─ 에 대한 내용을 볼 수 있다. 국체는 철학적 용어로 19세기와 20세기 들어서면서 더욱 중요한 의미를 지녔다. 이 용어는 정책의 형식을 의미하기도 하고 (어떤 내용은 일본에만 있는 독특한 것이고 어떤 것은 그렇지 않았다), 천황 자신을 의미하기도 하였으며, 또는 국민으로서의 정체성을 지닌 집합적 의미에서의 (일본) 사람들을 의미하기도 하였다. 후쿠자와 유키치(福澤諭吉, 1835-1901)는 어느 순간 이는 서양의 국수주의와 동일한 일본식 개념이라고 말한 바 있다.

우리는 이 개념을 아래에서 더 자세히 살펴보기로 한다. 첫 번째로, 아이자와의 논리에서 또 다른 논란이 되는 하나의 요점을 들어보겠다. 가령 "종교와 정부는 하나다"라는 논리를 보자. 이 문제는 1889년 메이지 헌법이라는 일본 최초의 근대 헌법을 승인하는 과정에서 중요하게 대두되었다. 첫 3개의 조항은 천황이 '영원히 수 세기 동안' 이어지는 왕권을 가지며, '신성불가침의 존재'라고 공표하고 있다. 논란의 대상이 된 부분은 4조, 5조, 6조에 대한 해석이다.

제4조: 천황은 국가의 원수로서 통치권을 총람하고, 헌법의 조항에 따라 이를 행한다.
제5조: 천황은 제국 의회의 동의를 얻어 입법권을 행사한다.
제6조: 천황은 법률을 재가하고 공포와 집행을 명한다.

어떤 군주들에게는, 위와 같은 내용이 지나치게 민주적이고 서양식으로 들렸다. 이는 천황이 스스로 헌법과 모든 법령을 발효시킬 수 있는 근간이라기보다는, 헌법에 굴복하고, 선출된 정치인들에게 복종해야 한다고 보일 수 있다. 정치 운동가인 기타 잇키(北一輝, 1883-1937)는 이러한 해석에 강하게 반대하며, 민주주의에 대한 암시가 신성한 통치를 저해한다고 비난했다. 1919년에 그는 다음과 같은 내용을 썼다.

민주주의에 대한 믿음에는 어떠한 과학적인 근거도 존재하지 않는다. 민주주의에서는 국가가 선거권자들이 뽑은 대표들에 의해서 다스려진다고 하며, 이러한 체계가 특정한 한 사람에 의해서 지배되는 체계보다 우월하다고 한다. 각 나라에는 그 나라만이 가진 정신과 역사가 있다.… 미국의 '민주주의'란 당대의 매우 단순한 이론에서 나왔다. 이 이론에서 주장하는 바는, 사회가 개인의 자유 의지에 따른 자발적인 계약으로 운용될 수 있다는 것이다. 이 사람들은 개인 자격으로 유럽의 각지에서 모인 이민자들이고, 지역 사회를 만들고 하나의 나라를 세웠다. 그러나 그들의 이론, 즉 성스런 유권자들의 권리라는 것은 불완전한 철학이다. 이 철학은 당시의 왕의 성스런 권리에 대한 반대 의미를 가진다.

일본은 이런 방식을 따라서 만들어진 것은 절대로 아니다. 그리고 일본은 이렇게 모자란 철학으로 통치된 적이 없다. 나는 다음과 같이 확실히 말할 수 있다. 국가의 수장이 선거를 힘들게 치르면서, 자신에 대한 선전을 길게 나열하고 마치 저급한 배우처럼 자신을 우스꽝스럽게 내세우는 정치 체계는 일본 국민들에게는 정말 이상한 관습으로 보인다. 일본인들은 침묵은 금이고, 점잖음이 미덕이라고 믿으면서 자라났기 때문이다. (기타 잇키, 1919, 294 [963])

기타는 천황이 국가를 완전히 통치해야 한다고 믿었다. 천황은 의회를 해산하고, 농민과 가난한 노동자를 대신해서 사회주의 개혁을 시작해야 한다는 것이다. 한마디로, 기타는 제국의 왕당주의자이자 사회주의자였다. 그는 누구보다 행동파였으며 1936년의 쿠데타에 가담했다. 반란자들이 천황의 궁전에 몰려가서 정치 지도자 몇 명을 살해했다. 비록 카타와 그의 동조자들은 천황의 진짜 권력을 복원하기를 주장했으나, 천황은 자신의 지인들이 암살된 일을 좋아하지 않았다. 기타는 처형되었다.

기타가 원했던 바와 다르게, 쿠데타 때문에 국가의 군국주의자들의 권력이 국가 안보라는 명분 속에 강화되었다. 국체라는 의미는 점차 이데올로기적인 색채로 강화되었고 국수주의자들과 자민족 중심주의자들의 고함 속에 등장하였다. 1937년에, 이 글의 초반부에서 인용했던 『국체의 본의』가 문부성에서 발행되었다. 이 원칙에는 다음과 같은 내용이 나타난다.

우리나라는 천황이 만들었다. 천황은 이 나라의 중심인 천신(天神) 아마테라스의 후손이다. 우리뿐만 아니라 우리 조상들도 언제나 천황 속에 존재하는 아마테라스 여신이 품은 근원적 생명과 활력을 섬겼다. 그런 이유로 우리는 천황을 모시고 천황의 위대하고 강한 의지를 받들어야 한다. 이는 우리의 역사적인 '생명'이 지금 현재에 살도록 하는 일이다. 그리고 이는 국민들의 도덕성의 기본을 이룬다.

충성심이란 천황을 우리의 중심으로 경외하고 조용히 따르는 일을 의미한다. 조용히 복종한다는 것은 우리 자신을 중시하지 않고 천황을 잘 섬기는 것을 의미한다. 이처럼 충성의 길을 가는 것은 우리 국민들이 '살아나갈 수 있고' 모든 에너지의 근원 속에 존재할 수 있는 유일한 길이다. 그러므로 우리의 생명을 천황을 위해서 바치는 일은 소위 자기희생이라 할 수 없다. 이는 우리 비천한 존재를 천황의 위엄과 은총 속에 살게 하는 것이다. 그리고 한 나라 국민들의 참된 생명을 향상시키는 일이다. (문부성, 1937, 34-5 [80])

이 시기 국가의 정체성에 대한 대부분의 논의는 철학적이라기보다는 극단적이며 뻔뻔스럽게 정치적인 양상을 띤다. 그러나 당시에는 이념이 중요했으며, 외부적인 압박이 있었음을 고려해야 한다. 당시 다수의 유명한 일본 철학자들이 이 문제에 대해서 무게를 두고 말했다. 그 이유는, 사실상, 대중 매체나 국가 공공 기관에서 그리 하도록 요구했기 때문이다. 여기에 관련된 두 사람의 유명한 철학자는 이노우에 데쓰지로(井上哲次郎, 1855-1944)와 니시다 기타로(西田幾太郎, 1870-1945)이다. 먼저 이노우에 데쓰지로에 관해 알아보자. 이노우에는 일본에서 20세기 전환기의 가장 유명한 철학자였다. 1890년에 교육칙서(教育勅書)가 나왔는데, 교육칙서를 통해 일본은 아동 교육에 관한 국가의 공적 이데올로기를 구축하였다. 어린이는 성스런 천황의 혈통을 존경하고 일본을 경외해야 한다. 그리고 교사들은 학생들에게 존경심과 감사함을 가르쳐야 하고, 또한 충성심, 효도, 그리고 용기와 같은 유교적 미덕도 가르쳐야 한다. 그러면, 화합심이 전국에 퍼져나갈 것이다. 이노우에는 다음과 같은 내용을 기술하면서, 당대에 세계 속에서 일본은 고유한 위치를 차지하고 있다고 정당화하였다.

오늘날 세계에서 유럽과 미국은, 물론, 위대한 나라이다. 그리고 유럽인들이 세운 나라들은 모두 부유하다. 이제 얼마 안 되는 동양의 나라들만이 발전된 유럽 국가에 대적할 수 있다. 그러나 인도, 이집트, 버마, 그리고 안남[7]은 이미 독립을 잃었다. 반면, 시암[8], 티베트, 그리고 조선은 너무도 유약하고 자주권을 세우기 어렵다. 그러므로 오늘날 동양에서는, 일본과 중국만이 서양 강대국을 상대로 국권을 지키기에 충분히 독립적인 나라들이다. 그리고 그 중 일본은 미래에 영광스런 문명화가 예상되는 나라이다.

그러나 일본은 작다. 지금 이 세상에는 벌 받지 않고도 다른 나라를 집어 삼키는 나라들이 있으므로, 우리 일본은 전 세계를 적으로 간주해야 한다. 비록 우리는 서양 나라들과 친하게 지내려 노력하고는 있으나, 외국의 적들은 언제나 우리가 무너지기를 노리고 있다.… 우리는 단지 우리나라 40만 국민들만을 의지할 수밖에 없다. 그러므로 참 일본인은 자신의 생명을 사소하게 여긴다는 공적인 의무감을 유지해야 하고, 정신적으로 무장하며, 나라를 위해 희생할 준비를 해야 한다. 우리는 위급 상황이 생기기 전에 이러한 정신을 강화해야 한다.… 교육칙서를 통해서 효심, 형제애, 충성심, 그리고 진실함과 같은 미덕을 고양하여 나라의 기강을 강화해야 한다. 그리고 집단적 애국심을 연마해서 어떤 위급상항도 대비해야 한다. 만약 모든 일본인들이 이러한 원칙을 지킨다면, 우리 국민들의 마음을 한데 합칠 수 있음을 확신한다. (이노우에 데쓰지로, 1890, 2-3-[781-2])

교토학파(京都學派)의 창시자인, 니시다 기타로는 근대 일본에서 가장 유명한 철학자였다. 당대 가장 뛰어난 지식인이기도 했던 니시다는 나중에 정치 철학에 관해 연구하고 국체의 의미에 관해 논의했다. 그는 철학을 바탕으로, 철학과 자신이 살고 있던 시대의 도덕, 국가, 그리고 전 지구 발전의 참된 관계를 명료화하기를 원했다. 그의 국체 이론은 당대에서 가장 철학적으로 잘 다져진 이론일 것이다. 천황에 대한 모독적인 언행으로 감옥에 구금될 수 있는 시절에 저술을 하면서도, 니시다는 군국주의자들이 생각할만한 용어들을 사용하면서 논쟁의 여지를 피해나갔다. 가령, 그가 사용한 용어는, '국가', '세계의 역사적인 임무', '천황국', '동 아시아 상호 번영 영역' 등이다. 그러므로 그의 책을 겉으로만 슬쩍 읽는다면, 누구든지 니시다가 우파 편향적 이데올로기를 가졌다고 말할 것이다. 그러나 철학적인 담론에 익숙했던 통찰력 있는 독자들은 그의 글에서 무엇인가를 발견할 수 있었다. 니시다의 전반적인 논의를 따라가다 보면, 우리는 니시다가 자신의 용어들을 정의하고 사용하면서 우파 편향적인 이데올로기의 기본적인 요소들을 폄훼하고 있다는 것을 알 수 있다. 니시다는, 일본을 신들이 창조했다는 것이 역사적 사실이라는 주장에 반대했다. 그리고 그는 국체 이론이 일본이나 일본 천황에만 해당된다는 생각도 거부하였다. 그리고 그는 일본인들은 피와 인종이 동일한 사람들이라는 생각도 거부하였다. 그리고 그는 개인이 국가에 종속된다는 생각도 반대하였다. 그리고 그 이외의 경우들도 거부하였다.

그렇지만 니시다의 생각은 근본적으로 부정적이라기보다는 오히려 건설적이었다. 그는 국가의 어떤 방침도 모두 종교적인 뿌리가 없다면 결국 도덕적이지 않다고 믿었다. 만일 그러한 상황이 벌어진다면, 사람들은─ 개인으로서도 그렇고 국민으로서도 그렇고─ 세계의 역사 속에서 스스로를

---

7) 〔한〕 안남(安南)은 현재의 베트남을 의미함.
8) 〔한〕 시암은 현재의 태국을 의미함.

주체라고 생각하지 못할 것이다. 간단히 말해서, 사람들은 국민으로서의 의무감을 잃을 것이다. 전 지구적인 화합을 이루려면, 각 나라는 각자의 나라에서 발전한 자신들의 역할을 알아야만 한다. 니시다의 모델은 확실히 자유 민주주의에 기초한 개인주의에서 비롯된 것은 아니었다. 그렇지만 그의 모델이 단순히 일본의 공식적인 이데올로기와 같은 선상에 있다는 의미도 아니다. 니시다는 구카이 사상을 새로운 모델로 조망했으며, 이 모델은 단순히 일본의 상황에서 유기적으로 자라난 것이지만, 이는 또한 다른 나라에서도 다양한 양식으로 자라날 수 있다고 생각했다.

그의 생각을 일별해 보려, 우리는 1944년에 그가 이 주제에 관해 쓴 가장 중요한 글인 '국체를 이론화하기'라는 글에 나타나는 논리를 살펴볼 수 있다. 그는 철학적 인간학[9]에 관한 개관으로 글을 다음과 같이 시작한다. 인간이란 생물학적이면서도 역사적인 존재이다. 그리고 국민은 생물학적이고 역사적인 존재 사이에서 창조적으로 상호작용하면서 이를 기초로 발전해나간다.

> 인간으로서 우리는 역사적 세계에서 태어났다. 우리는 세계 속에서 일하고 그 속에서 죽는다. 우리는 또한 생물학적 세계에서 태어나 그 속에서 살다 죽는다고 할지 모른다.… 생물학적 세계란 역사적 세계 외부에 존재하는 것이 아니다. 그리고 우리가 생물학적 세계를 물리적 세계라고 하더라도, 그 역시 역사적 세계와 분리된 다른 장소는 아니다. 이는 현대의 양자 역학에서도 증명된다. 우리의 세계는 창조적인 세계이고, 자아는 그 창조적인 요소의 하나로서 태어난다.… 국가를 이루는 하나의 민족이란, 물론, 단순히 생물학적인 개념을 의미하지 않는다. 이는 역사적 세계의 형성력이자, 더 넓은 역사적인 세계에 내재한 고유한 종(種) 이다. 각 민족은 역사적 세계를 형성하는 나름의 임무가 있다. 그렇지 않다면, 국민들이라고 불릴 수 없을 것이다.… 특수한 존재인 동시에 전체적인 존재로서, 하나의 민족은 영원한 가치를 창조한다. 이러한 형태 속에서 바로 하나의 민족 사회는 국가가 된다.… 그리고 국가를 형성한 민족은 도덕의 근원이 된다. 왜냐면 우리 인간은 창조적인 세계의 창조적 존재로 태어났기 때문이다.… 추상적인 논리의 측면에서 생각해보면, 개인과 전체는 언제나 계속적 인 갈등 속에서 상관관계가 있다. 그렇지 않다면, 이 둘은 각각 서로를 이용할 뿐이다. 그러나 역사적 창조물이라는 견지에서 본다면, 개인과 전체는 아주 밀접하게 결합한다. 이 둘이 더 가까이 하나가 될수록, 창조성은 더욱 위대해진다. (니시다 기타로, 1944, 192-3)

다음으로, 니시다는 민족의 역사적 발전과 신화 사이의 관계에 대해 논한다. 그는 다음과 같이 분명히 말한다. 민족의 신화는 인간이 만든 것이다. 신화란 하나의 민족이 자신을 인식하는 과정에서 '역사적 형성'의 힘을 통해 발전된다.

> 역사는 신화에서 시작한다고 말할 수 있다. 에밀 뒤르켐(Émile Durkheim, 1858-1917)과 같은 사회학자에 따르면, 원시 사회는 종교적으로 시작한다. 이 말은 역사적 사회가 신화적으 로 발생한다거나, 또는 초월적인 어떤 존재에 의해 생겨난다는 의미가 아니다. 하나의 역사적 사회 속에서, 주체와 환경은 서로를 결정한다. 주체는 환경을 형성하고 동시에 환경은 주체를 형성한다. 하나의 역사적 사회는 항상 하나의 세계이며, 그 세계 속에서 하나의 주어진 형태

---

9) [한] 철학적 인간학이란, 인류학과 구별되는 개념으로, 철학적인 방법으로 수행되는 인간에 대한 연구 분야임.

는 창조되는 것에서 창조하는 것으로의 변화를 거치며 그 모습을 갖추어간다. 여기서 '역사적인 주체'란 사람들을 의미하며, '종교적인'이라는 말은 역사적이고 살아있으며, 형성하는 활동을 의미한다. (195)

이러한 설명으로, 니시다는 자신이 생각하는 국체를 정의할 수 있었다. 국체란 반드시 일본에만 해당하는 말이 아니다. 국체는 국민이 자신의 '세계' 혹은 세계관을 형성하는 주체로서 스스로를 인식하는 모델을 의미한다.

그러므로 하나의 민족은 개별성을 갖는다. 이때 개별성이란 단순히 생물학적 범주를 넘어 하나의 세계에서 존재성을 인식하는데 이른다는 의미이다. 다시 말하면, 그 개별성은 역사적으로 형태를 갖춘다는 의미이다. 이러한 개별성이란 역사적으로 형태를 이루며 역사적 임무를 갖는다는 의미이다. 한 민족의 이러한 개별성은 국체의 구성요소이다. (197)

그리고 나서 니시다는 하나의 국체로서의 일본에 대해서 설명하고, 사람들이 역사 속에서 스스로를 하나의 민족으로서 형성하는 동안, 자아 각성에 있어 일본이 신화를 사용함을 제시한다.

오직, 우리나라의 역사적 탄생 속에서만, 우리나라는 국체를 통해 국가의 탄생에 관련한 신화, 그리고 초월적인 내재성을 지닌 존재이자 내재적인 초월성을 지닌 완전한 현재로서의 자기 결정성을 보유할 수 있으며, 국체를 통해서 국민들은 자기 인식을 성취하면서 도덕성에 이르게 된다.… 우리나라의 국체에서, 천황의 가족은 이 세상의 처음이자 마지막이다.… (201)

마지막으로 논의해야 하는 사항은 이 세상의 나머지 나라들, 특히 서양의 나라들이 니시다가 말하는 모델이 적합하게 들어맞을 수 있는가 하는 문제이다. 국가를 종교적인 기초를 통해 생각하는 경우, 우리는 아마도 중세시대 서양에 국체 모델이 있었다고 생각할 수 있을 것이다. 그러나 니시다는 그렇지 않다고 주장한다. 왜냐면, 서양식 사고방식에는 초월성과 내재성에 기초한 종교와 정치 사이의 차이가 있었기 때문이다. 국체 모델이 서양에서는 발전되지 않았기 때문에, 서양에는 이 모델을 가질 수 없었다는 이론적인 근거가 없다. 니시다는, 국체를 국가의 모델로 여겼다. 마치 이것은 자유민주주의 혹은 중세의 왕권신수설이 국가의 모델이었던 것과 유사하다. 일본의 역사적인 상황으로 인해서 국체 모델은, 일본에서 주목할 만한 것이다. 이 모델은 일본에서 역사적인 것의 역할을 보여주며, 국가의 대안적인 모델을 철학적으로 발전시킨 전형적인 예이다. 역사적인 사건들로 인해서 일본의 비 서양적 국가 모델은 세계의 상황 속에서 이처럼 갑작스레 다른 모든 세계에 부각되었다. 니시다는 이러한 모델을 통해서 국가의 정체성을 다시 생각할 수 있다고 믿었다. 그는 이러한 새로운 정체성이 바로 새로운 세계의 질서 속에, 세계 역사상 최초로 동양의 아이디어와 서양의 아이디어가 통합되는 데서 발생한다고 주장했다.

중세의 특정 기간 동안, 서양 나라들은 기독교 제국 같았다. 초월과 내재, 개인과 군중, 특정 민족의 개인과 기독교인은 정반대로 양립하였다. 모호한 도덕성의 논리가 그러한 상태를 정당화하는 데 동원되었다. 그 상황에서는 지금의 우리가 생각하는 것처럼, 자신이 속한 나라가 성스러운 나라라는 생각이 발전 할 수 없었다. 하지만 우리나라에서 우리는 민족의 형성, 내재성 속의 초월성, 그리고 초월성 속의 내재성 등의 형태를 갖춘 자기 초월적 세상을 발견한다.⋯ 엄밀히 말해, 국체는 우리나라에서만 존재한다고 할 수 있다. 그런데 국체와 같은 특별한 어떤 것을 소유한다는 자부심으로 그칠 일이 아니다. 그와 반대로 우리는 국체에 있는 세계 역사적 깊이에 주목하고 이를 명료화해야 한다. 그리고 국체의 이론과 실제를 우리는 온 세상에 알려야 한다. 우리가 세상을 각성시켜야 할 때가 바로 지금이다. 지금 '민족'의 정수를 확실하게 규정하여야 한다. 이러한 행위는 마치 역사적으로 세계를 형성하는 데 규범적인 형태의 인간의 행위와 같다. 이러한 방법으로 새로운 세계의 질서는 건설될 것이다.(202)

우리는 국체 사상이 하나의 사상으로, 정치적 정체성과 종교적 정체성의 경계를 넘나드는 개념이라는 점을 살펴보았다. 이제 일본의 정체성에 관한 내용 중 종교성에 관한 내용을 알아보겠다. 앞에서 살펴 본 바와 같이, 일본 역사 속에서 이 주제 역시 논쟁과 논란의 대상이다.

### 종교적 정체성

이미 위에서 살펴본 바와 같이, 일본에서 종교는 언어적 정체성과 정치적 정체성에 긴밀하게 연결된다. 7세기 쇼토쿠 태자의 십칠조헌법 제2조에 따르면, 불교는 국가의 종교이자 인간 개인의 정신성을 뒷받침 하는 모델이었다. 8세기에 천황의 혈통은 신성하다는 이야기가 만들어졌고 천황의 지배를 정당화하였다. 비록 각기 다른 정신적 전통을 따르는 호족들 사이에 정치적 갈등이 어느 정도 존재하였으나, 대부분, 전통에 반하는 철학적인 논쟁은 비교적 없었다. 쇼토쿠 태자는 종교를 나무에 비유했다고 한다. 가령, 신도는 나무의 뿌리이며, 유교는 그 나무의 기둥이라 할 수 있고, 불교를 그 열매라고 하였다. 이 말을 해석하는 방법은 다양하지만, 중요한 점은 종교 혼합 주의가 헤이안시대(平安時代, 794-1185)에 어느 정도 일종의 규범으로 나타났으며, 중세시대에는 대부분 그러했다는 것이다.

그런데 이러한 규범이 종종 분열된 경우가 꽤 있다. 가령, 「정토진종(淨土眞宗)」을 창시한 신란(親鸞, 1173-1263)*은 신도를 때로는 용인하였으나, 어떤 경우에는 민속 종교 관행으로 보면서, 이를 부처의 가르침(「말법(末法)」)이 훼손된 징후라 간주하였다. 가령, 그는 『쇼조마쓰 와산(正像末和讚)』에서 다음과 같이 밝혔다.

> 세상의 다섯 가지 더러움(五濁)이 점점 더해가는 때
> 이 시대 모든 승려와 중생들이
> 겉으로는 부처의 가르침을 따르는 듯 행동하지만
> 마음속으로는 그렇지 않아, 부처와는 다른 길을 가네.
>
> 승려들과 중생들이 좋다는 시간과 상서롭다는 날을 골라서,
> 점을 치고 제사를 지내며
> 하늘과 땅의 신들에게 경배하니,
> 참으로 슬프도다. (신란, 1258A, 528 [422])

또한 가마쿠라시대에는 불교를 믿는 사람들은 보통 다른 종파의 사람들과 충돌했다. 니치렌(日蓮, 1222-1282)*의 경우, 일본인들이 『법화경』을 숭상하는 마음을 상실하고 다른 신앙적 전통을 따른다고 하면서 모든 종류의 충돌에 대해 비난하였다.

최근 들어, 하늘에서는 범상치 않은 징후가 발생하였고, 땅에서는 굶주림과 역병 등 이상한 일이 있었다. 이런 일들은 온 나라 구석구석 영향을 미치며, 전국에 퍼지고 있다. 소와 말들이 죽어 길 위에 뻗어있고, 매 맞아 죽은 사람들의 뼈가 나뒹군다. 이미 백성의 절반 이상이 이미 저 세상으로 갔다. 이 상황에서 슬퍼하지 않을 사람은 아무도 없다.

이런 중에도 어떤 사람들은 중생의 번뇌를 없애준다는 이검즉시(利劍卽是)의 경문에 전념하며 서방 정토의 주인인 아미타불의 이름을 읊조린다.… 어떤 이들은 「진언(眞言)」 종파의 밀교를 따르고 항아리 5개에 물을 채우는 의식을 하기도 하며, 또 어떤 이들은 앉아서 하는 명상에 마음을 바치고 모든 현상을 하늘의 달 만큼이나 명확하게 공(空)이라 인식한다.…

그렇지만 아무리 그들이 노력한다 해도 헛된 일에 소진될 뿐이다. 기아와 역병은 이전보다 더욱 창궐하고, 거지들은 어디나 들끓고, 보는 곳마다 시체가 있다. 시체들이 마치 탑처럼 겹겹이 쌓여있고, 죽은 자들의 몸은 마치 다리 위 판자들처럼 나란히 놓여 있다.…

나는 얼마 안 되는 나의 자료들을 살펴보며 이 문제를 심각하게 고민하였다. 그리고 답을 찾아 경전을 조금 읽어보았다. 오늘날 사람들은 모두 옳은 일, 옳은 사람들에게서 등을 돌린다. 그리고 악한 일에 합류한다. 그래서 은혜로운 신들은 이 나라를 저버리고 떠나서 다시 돌아오지 않는다. 그 자리에 악마와 마귀가 몰려들고, 재앙과 재난이 밀려온다. (니치렌, 1260, 17 [6-7])

도쿠가와시대에는, 우리가 앞에서 살펴보았듯이, 유교와 신도의 학자들이 일본 사회와 정치를 바르게 잡아주는 도(道)의 의미에 대해서 논쟁하였다. 신앙 체계에 관한 논쟁이 가열될수록, 주고받는 말은 점차 더욱 가혹해지고 인신공격으로 치달았다. 이상적인 순수성에 대한 격렬한 논쟁이 가열되었다. 왜냐면 전통을 정의하고 해석하는 일은 적어도 외부적이고 순수하지 않은 사상과 상호작용 중에 더러워지기 때문이다. 이는 다음에서 인용하는 유명한 유교 학자 이토 진사이(伊藤仁齋, 1627-1705)*가 쓴 글에서 분명히 드러난다. 이 글에서 그는 후기 중국 유교 사상가들을 비난했다. 그 이유는 이들이 인도의 불교에서 잘못된 논쟁 방법을 습득했기 때문이다. 그들이 그렇게 했기에, 불교에 반대하는 그들의 논리는 불교식의 논쟁 방법을 도입하였으며, 그 결과, 불교식의 논쟁법만 강화하였고, 고대 성인들이 알려준 참 유교의 방법을 왜곡했다는 것이다.

석가모니의 불교는 중국으로 유입되자마자 전국으로 퍼져나갔다. 불교는 수 왕조와 당 왕조에서 번성하였고 송나라에서도 맹위를 떨쳤다. 그 다음으로 유교가 강력하게 불교를 밀어내면서 부처의 가르침과 유교의 가르침을 확실히 구분 지었다. 그들은 있는 힘껏 불교를 거부하였다. 그러나 그들이 불교를 공격하면 할수록, 불교는 더욱 위대해졌다. 그들이 불교의 강령을 거부하면 할수록, 불교는 더욱 대중화되었다. 유교는 불교의 불꽃을 꺼트릴 수 없었는데, 그 이유는 불교와 싸우면서, 유교학자들은 요 황제와 순 황제 그리고 공자가 가르쳐준 도덕적 미덕을 발휘하지 않고 대신 공허한 언어를 사용하였기 때문이다.

도(道)와 미덕이 피어나면, 분쟁은 가라앉는다. 도과 미덕이 쇠퇴하면, 논쟁과 분쟁이 살아난다. 분쟁과 논쟁이 창궐하면, 도과 미덕은 더욱 멀어진다. 그러므로 논쟁과 분쟁, 논의의 고조는 말세(末世)의 도래를 나타낸다. 이러한 공허하고 격렬한 논쟁의 정점에서, 우리는 매우 극단적인 선(禪) 불교에 도달하는 것이다! 선불교는 그 무엇보다도 도덕적이지 않고, 일상생활과도 관련 없고, 사회와 국가에 도움이 안 된다. (이토 진사이, 1705, 111-12 [253])

16세기에 선교사를 통해 들어온 기독교는 불교 신자, 유교 신자, 그리고 신도 신자들의 공통적인 공격 대상이었다. 신랄한 논쟁이 오간 후에, 결국 기독교는 17세기 초 일본에서 공식적으로 금지되었다. 그 후 19세기 말에 일본 정부가 그 금지령을 철회한 후 다시 돌아왔다. 이처럼 기독교를 반대한 심각한 논쟁의 좋은 예는 사무라이 무사가 선불교의 승려로 돌아선 경우이다. 스즈키 쇼산(鈴木正三, 1579-1655)*은 다음과 같이 말했다.

기독교의 가르침에 따르면, "신이라는 이름의 위대한 부처는 하늘과 땅의 신이다. 그 신은 하나의 부처이고 모든 것 속에서 자기 스스로 충분한 존재이다. 그는 하늘과 땅, 그리고 수많은 현상을 만들어낸 창조주이다. 이 부처는 1600여 년 전에 스스로 세상에 왔다.… 모든 사람들을 구하려고 말이다. 그의 이름은 예수 그리스도이다. 다른 육지 사람들은 무가치한 아미타불과 석가를 숭배했으며, 그를 알지 못했다. 이는 아주 멍청한 일이다." 그들은 이렇게 말했다.

이에 대해, 나는 다음과 같이 대답했다. "만일 신이 하늘과 땅의 주인이라면, 그리고 만일 그가 육지의 영역과 수많은 현상을 창조했다면, 왜 신은 수많은 나라 모두에게 나타나 돕지 않고 그 나라들을 버려두는 것인가? 하늘과 땅이 열린 후에, 「삼계(三界)」를 대표하는 부처들이 신을 대체하는 모습으로 나타나 모든 살아있는 것들을 구하려고 노력하였다. 그 길고 기나긴 세월 동안 말이다! 만일 신이 정말로 하늘과 땅의 주인이라면, 그가 참으로 잘 한 일이 있다. 그는 하늘과 땅이 열리고 지금에 이르기까지, 이 세 가지 부처들이 신이 창조한 세계를 차례로 도울 수 있도록, 그리고 세상의 모든 생명을 구할 수 있도록 그 가르침을 설파할 수 있도록 무심히 내버려 두었기 때문이다.…

그리고 예수 그리스도가 이 저급한 세상의 계몽되지 못하고 어리석은 사람들을 구하기 위해 스스로 십자가에 달렸다는 이야기가 있다. 우리는 이 사람을 하늘과 땅의 주인이라고 말할 수 있을까? 그는 제정신이었을까? 이런 기독교 종파는 「본각(本覺)」과 「진여(眞如)」의 부처의 존재를 알지 못할 것이다. 그들은 한 사람의 부처를 숭배하도록 잘못 인도하고 있으며, 이 나라에 해롭고 아주 나쁜 사상을 퍼뜨리고 있다. 그들은 이런 죄로 하늘에서 벌을 받을 것이다! 그럼에도 불구하고 어리석은 자들은 기독교 종파의 한심한 주장을 받아들이고, 그 가르침을 숭상하고 심지어 목숨까지 내버린다. 이는 우리나라의 치욕 아닌가? 외국의 땅에 와서 이리도 피해를 주니, 정말 슬프도다! (스즈키 쇼산, 131-2 [377-8])

그런데 모든 도쿠가와 사상가들이, 하나의 사상적 전통을 따르는 사람들이 다른 사상적 전통을 가진 사람들이 공격하는, 이러한 이데올로기적인 전쟁에 참여했던 것은 아니었다. 어떤 사람들은 예전의 3가지 사상, 즉, 신도, 유교, 불교로 돌아가려고 애썼다. 다음 인용하는 부분에서, 우리는 니노미야 손토쿠(二宮尊德, 1787-1856)*의 현실적 견해를 알 수 있다. 니노미야는 당대 새롭게 등장한 상인 계층의 견해를 집약한 대표적인 지식인 중 하나였다.

> 오랫동안 나는 다음과 같은 내용이 궁금했다: 신도는 무엇을 가르치는가? 그리고 신도의 약점과 강점은 무엇인가? 나는 이 문제를 유교와 불교를 감안하면서 고민했다. 그리고 각각의 사상은 나름의 장점과 단점이 있다고 결론지었다.···
> 이제, 각 사상에서 중점을 두는 내용을 말해보겠다. 신도는 나라를 세우는 길을 알려주며, 유교는 나라를 다스리는 방법을 알려주고, 불교는 사람들의 마음을 지배하는 방법을 알려준다. 나는 그 어느 종교에도 더 높은 가치를 부여하지 않는다. 그리고 당연하거나 격이 낮다고 버리지도 않는다. 나는 다른 사람들에게 가르침을 줄 사상의 틀을 짜면서 위에서 말한 세 가지 사상의 정수만을 선택하여 도입하였다. 그 '정수'가 사람들에게 유익할 것이다. 유익한 것을 취하고 유익하지 않은 것을 버림으로써, 나는 한 가지 교리를 만들었으며, 그 교리를 나는 덕을 덕으로 되돌리는 교리라고 부르겠다. 이 교리는 세상에서 제일가는 가르침이다. 우스갯소리로, 나는 나의 교리를 신도, 유교, 그리고 불교의 정수만을 추출한 최고의 알약이라고 부른다. 그 교리의 미덕은 너무도 위대하여 말로 다 헤아릴 수 없다. 이 교리를 나라를 다스릴 때 활용하라. 이 교리를 활용하면 나라를 해치고 멸망시키는 질병을 다스릴 수 있다. 이 교리를 가정을 이룰 때 활용하라. 이 교리를 활용하면 가난과 비참함을 일으키는 모든 나쁜 일을 방지할 수 있다.··· 이 교리를 활용하면 사람들을 불행하게 하는 여러 가지 문제, 즉, 가난, 낭비, 소멸, 책임 유기, 게으름 등이 사라질 것이다. (니노미야 손토쿠, 1893, 196-7, [92-5])

19세기 중반에 일본이 서양 세계에 다시 문호를 개방했을 때 기독교 선교사들이 돌아왔다. 이때는 가톨릭 정교회와 프로테스탄트, 그리고 로마 가톨릭 교회도 같이 들어왔다. 처음에는 기독교에 대한 공격이 자제되었는데, 그 이유는 유럽과 미국에서 보복해 올까 우려해서였다. 불교는 많이 보호받지 못했다. 국가의 신도 사상이 부상했다. 우리가 앞에서 정치적 정체성에 관한 내용에서 보았듯이, 미토학파(水戶學派)에서는 천황의 계승에 관련한 기본적인 아이디어에 유교적인 미덕을 합치면서 신도의 교리도 합성하였다. 반면 불교는 여기에 섞이지 않고 독립하였다. 즉, 서양 사상의 보호도 받지 못하고 새로운 국가의 이데올로기로도 자리를 잡지 못했다. 정토진종의 일반 승려인 히구치 류온(樋口龍溫, 1800-1885)은 다음과 같이 말했다.

> 우리를 사방에서 둘러싸고 있는 적들은 누구인가? 가장 강한 적은 바로 적의로 가득 찬 유교 학자들로, 그들은 「불법(佛法)」를 없애려 한다. 그리고 두 번째 적은, 소위 신도 학자라 불리는 사람들인데, 그들은 고대의 서적들을 사용해서 의도적으로 옛날의 전통과 방법을 설명할 이론을 발전시키려 한다. 세 번째는 천문학자들이다. 그들은 지구가 둥글다고 생각하고 천체가 회전한다고 주장한다. 마지막으로 기독교인들이다. 그들은 바다 건너 슬금슬금 우리나라로 들어왔다. 이 모든 사람들이 우리의 적이다. (제임스 E. 케텔라[James E. Ketelaar], 1990, 14에서 재인용함)

상황이 더 진행되자, 불교에 대한 공격은 이데올로기적인 것을 넘어 물리적인 것으로 변화하였다. 1868년 이전, 불교 사원의 재산은 신도 사원의 재산과 섞여있었다. 그런데 정부가 이 재산을 몰수하였고, 불교 승려들은 신도의 구역으로의 출입이 허용되지 않았다. 게다가, 국가는 불교에 대한 공적인 재정 지원을 멈추었다. 그리고 나서 반 불교적인 정서가 길거리에 창궐했다. 성난 시위대가 밤중에 거리에서 고함을 쳐댔고, 불상들을 파괴하였다. 그들은 국가 신도의 철학 사상을 거론하면서 자신들의 폭력을 합리화하였다. 당시 이러한 행위를 정당화했던 한 학생의 말을 인용해보자.

> 우리가 옛날 진무천황(神武天皇)의 (선사) 시대에 있었던 '의례와 법규의 합일'을 세운 이유는 불교를 근절하기 위해서이다.… 토착 문화 부흥을 주장하는 학자들은 가장 강력한 반 불교주의자들이다. 그리고 히라타학파(平田學派)의 사람들은 가장 심하게 불교를 반대하는 이들이다. 그들은 히라타의 책 『슈쓰조쇼고(出定笑語)』(1811)에 나오는 글 「신적이종론(神敵二宗論)」을 인용한다.… 우리 생도들은 매일 마을을 돌아다니면서 길가에 있는 모든 지장보살상과 다른 불교의 동상들을 보이는 대로 부수었다. 하나라도 빠트렸다면, 엄청 창피한 일이다. 불교의 탑과 사원 건물을 불사르지는 않았는데, 그 이유는 불꽃이 마을로 옮겨 붙을 수도 있기 때문이다. 그렇지만 우리는 불교의 물건들을 불태울 수 있도록 최선을 다했다. (제임스 E. 케텔라, 1990, 33에서 재인용함)

기독교로 개종한 사람들의 경우, 그들은 다른 어려움을 겪었다. 많은 일본인들은 기독교를 유럽의 사상과 가치 체계와 연결된 종교로 인식하였다. 여기서 기독교 사상이란 개인주의, 과학 중심주의, 그리고 제국주의적 확장주의이다. 이로 인해 일본의 기독교인들은 일본 사회의 많은 부분에서 그들의 애국심과 충성심을 의심받았다. 이러한 의심은 특히 국가 신도 이데올로기에 기초한 국민 국가에 관심을 가졌던 사람들이 드러내었다. 이러한 상황에 대해 가장 대담하게 반응한 사람 중 하나는 우치무라 간조(內村鑑三, 1861-1930)였다. 그가 말하길, 자신이 미국에서 공부하는 동안 느낀 바에 따르면, 일본 사람은 기독교인이 된다고 해서 서양식으로 생각이 바뀌지 않는다고 했다. 이미 스즈키 쇼산이 말한 바에 의하면, 일본 역사에서 보았을 때, 기독교의 신은 보편적으로 존재하지 않는다고 하였다. 그런데 스즈키의 의견과 반대로, 우치무라는 이미 위대한 일본의 문화를 이룩하는데 있어 눈에 보이지 않게 기독교의 신이 보편적으로 작용하였다고 주장하였다. 우치무라의 주장에 따르면, 보편적인 기독교의 신은 각 나라의 사람들이 다양한 경험을 통해서 신성한 존재를 경험할 수 있게끔 작용하였다는 것이다. 그의 주장은 마치 교토학파(京都學派)에서 문화적이고 국가적 정체성의 수준은 보편적이든 개인적이든 근본적이라고 본 것과 유사하다. 기독교인의 믿음으로 가는 길에 대해 서술한 긴 글을 영어로 쓰면서, 우치무라는 다음과 같이 밝혔다.

> 신의 가호가 우리 민족에 분명히 함께 했다는 생각에 이르자, 나는 매우 감동했다. 만일 이 모든 좋은 것들이 신에게서 왔다면, 우리나라 사람들이 가진 칭송 받을 만한 자질도 역시 하늘로부터 받은 것이 분명하다. 우리는 자신의 재능과 요긴한 물건을 가지고 신을 따르고 세상에 봉사하려 노력해야 한다. 신은 우리가 우리의 국가적 성격을 형성할 때, 20세기 식으로 미국이나 유럽에서 온 생각을 완전히 흡수해서 만들기를 원하지 않으신다. 기독교의 미덕은 바로 신이 각 나라에게 주신 자신들만의 특성을 신성화하길 바라신다. 신이 축복하고

지지한 생각이 바로 J도 역시 신의 국가라는 것이다. (우치무라 간조, 1895, 124)

　유학을 마치고 일본에 귀국한 후 우치무라는 일본 기독교인 '무교회 운동'의 수장이 되었다. 그 목적은 현저하게 일본식의 기독교를 발전시키는 것이었다. 그들은 작은 성경 공부 그룹을 만들었으며, 형이상학적인 강령이나 서양식 교회와 같은 기관을 만들지 않았다. 그는 그 당시 일본에 만연했던 비판적인 도덕성을 강조하기보다는 기독교식의 삶이 가지는 긍정적인 가치를 강조하고자 하였다. 우치무라는 그 당시 사람들이 도덕적인 심판주의를 강조하는 경향을 '도덕적 동굴'이라 빗대어 말했다. 그가 주장하기를, 유교식 도덕주의는 실제로 도덕적인 행동을 증진시키는데 도움이 되지 않는다고 했다.

　　우리 일본인들은 특히 도덕적 동굴에서 성장한 사람들이다. 예전에도 그랬고 지금도 그렇다. 우리 사회에 도덕이라는 공기가 너무도 꽉 차 있다… 그리고 도덕률이 모든 일들과 모든 사람들을 판단하는 근본 법칙이다. 충(忠), 효(孝), 인(仁), 의(義) -유교의 주요 네 가지 덕목- 은 집과 학교에서 아이들을 훈육할 때 기본이 되는 사상이다. 이는, 비록 피상적이라고 해도, 우리 사회에서 도덕이 가장 높은 위치를 차지하고 있다는 증거이다.… '도덕은 인간을 죄인이라고 판정하는 데 강력한 힘을 발휘할 뿐, 그 외의 다른 면에서는 완전히 무력하다.…' 오늘날 우리 사회는 도덕률이 붕괴된 지경에 이르렀다. 그러면, 이는 도덕을 함양한 결과였을까? 그렇다. 맞는 말이다. 도덕은 강제적 행동의 원천이 아니다. 그러므로 도덕을 함양만 해서는 사람들이 악을 피해갈 수 있는 힘을 얻을 수 없다.… '도덕 교육의 열매는 사람들이 자신의 잘못된 행동, 그리고 다른 이의 잘못된 행위를 깨닫는데 있다.…' 다시 말해서, 도덕의 함양은 아무리 해도 사람들의 도덕 수준을 향상시키지는 못한다. 도덕은 단지 사람이 자기 자신과 남을 도덕적으로 판단하는 기준만을 강화할 뿐이다. (우치무라 간조, 1922, 159-63)

　저명한 기독교인인 그는 새로운 국가 이데올로기를 받아들이라는 강압에도 불구하고, 그는 일을 하면서 자신의 신념을 견고하게 지켜냈다. 우치무라는 종종 배척당하거나 극단적인 정치 우파들의 비난을 받았다. 그는 '두 가지 J'라는 유명한 말로 반응했다. '두 가지 J'란 그가 자신은 한 사람의 일본인(Japanese)이자 예수(Jesus)를 따르는 기독교인임을 다짐하면서 만든 말이다. 우치무라의 말은 국민으로서의 정체성과 종교인으로서의 정체성이 서로 독립적이면서도 충실하게 공존할 수 있는 방법을 가장 명료하게 설명한 말이다.

　　나는 두 가지 J를 좋아한다. 세 번째는 없다. 하나는 예수이고, 또 하나는 일본이다.
　　나는 일본과 예수 중에서 어떤 쪽을 더 좋아하는지 모르겠다.
　　나는 우리나라 사람들에게서 야소(耶蘇)[10]를 믿는다고 해서 미움을 받는다. 그리고 외국 선교사들도 내가 우리나라를 사랑해서 국수주의자이고 속이 좁다고 하면서 나를 싫어한다.
　　예수와 일본. 즉 나의 신념은 하나의 중심을 지닌 원이 아니다. 다시 말해, 중심이 두 개인 타원이다. 나의 심장과 가슴은 두 개의 사랑스런 이름을 감싸며 회전한다. 그리고 나는

---

10) [영] 옛 성경에 나오는 예수의 이름, 여기서는 기독교인을 가리키기도 한다.

하나가 나머지 하나에게 힘을 준다고 생각한다. 즉, 예수님은 일본에 대한 나의 사랑을 강하게 하고 또 정화해준다. 그리고 일본은 예수에 대한 나의 사랑을 확실하게 하며 객관화 해준다. 일본과 예수가 없었더라면, 나는 단순히 몽상가, 정신이 나간, 그리고 무정형의 보통 인간이었을 것이다.

예수는 나를 현실적인 인간, 그리고 인류의 친구로 만들었다. 일본은 나를 나라를 사랑하는 사람으로 만들었다. 그리고 이 사랑으로 나를 지상의 지구에 단단하게 묶어두었다. 나는 이 두 가지를 동시에 사랑함으로써, 너무 좁지도, 넓지도 않은 마음을 가질 수 있었다. 오 예수, 당신은 내 영혼의 태양이며, 사랑하는 구세주입니다. 내 모든 것을 당신에게 바칩니다! (우치무라 간조, 1926, 53-4)

내 무덤에 이렇게 써주오
일본을 위해;
일본은 세계를 위해
세계는 예수를 위해
그리고 모두는 신을 위해.[11]

1930년대와 1940년대에 겪었던 종교적이고 정치적인 어려움을 감안해볼 때, 일본의 저명한 몇몇 지식인들은, 특히 종교 철학을 연구한 사람들은, 일본의 종교적인 전통에서 일어나는 갈등에 대해서는 중립적인 입장을 지키려 하였다. 많은 현대 일본 철학가들에게, 특히 교토학파의 사람들에게, 불교 사상은 그들의 연구의 중심이었다. 이전 부분에서 언급했듯이, 그러나 정치 우파들의 국가 신도 사상가들은 불교를 배척하고 자신들의 이상적인 일본 정체성과는 상관없는 것으로 치부하려 하였다.

다음 인용문은 다나베 하지메(田邊元, 1885-1962)의 글이다. 다나베는 니시다 다음으로 교토학파의 가장 유명한 철학가였다. 그는 1939년에 교토대학(京都大學)에서 학생들에게 다음과 같은 문제를 언급했다. 불교의 사상을 일본의 정체성에 대한 논의에 도입하기를 바라면서, 다나베는 일본의 불교가 외국에서 온 종교가 아니라고 주장했다. 이렇게 주장함으로써, 그는 일본의 불교가 어느 정도는 국체에서 나온 것이라는 깜짝 놀랄만한 주장을 자신이 해야 한다고 생각했다. 불교가 일본에 들어오고 일본 문화의 한 부분이 되었다고 보면서, 그는 일본의 국체에 의해 의도적으로 인도와 중국의 불교가 새로운 어떤 것으로 재창조되었고, 이것이 무엇인가 독특한 일본적인 것으로 변형되었다고 주장했다. 일본화된 불교라는 아이디어는, 다나베의 주장에 따르면, 과학과 일본적인 정신성을 바탕으로 새로운 시대를 구축하는데 도움이 될 것이다.

일본 민족은 인종적인 단일한 집단을 의미하지만은 않는다. 여기에는 개인들이 자연적으로 발전하여 폐쇄적이고 인종적인 단일성에서 출발하여 모든 인류를 포괄하는 열린 견지를 가지는 상태로 나아가는 것을 포함한다. 이러한 원칙은 영광스럽게도 천황이 체현하고 있으며, 지배자와 피지배자가 천황에게 전하는 지지와 헌신을 통해 실현된다. 따라서 이러한

---

11) [영] 이 글은 우치무라가 영어로 자신의 성경에 쓴 내용임.

진리를 통해서 심지어 다른 나라에서 온 아이디어라고 할지라도 일본의 국체 정신 속에 흡수될 수 있다. 실제로 불교는 인도 및 중국에서 중요한 고유 사상이었다. 하지만 오늘날 인도나 중국의 불교는 일본의 불교보다 약하다. 그와 유사하게, 중국에서 발전되었던 유교의 현실적인 사상도 그러하다고 할 수 있다. 이처럼 불교와 유교는 자신들의 나라에서는 그 생명력을 상실하고 단지 일본에서만 살아남아 있다. 마찬가지로, 일본은 인도나 중국에서 아직 받아들이지 못했던 서양에서 온 기술적이고 과학적인 문화를 흡수할 수 있었다. 나는 더 나아가 대승불교에 주목하고자 한다. 대승불교는 긍정 속에서의 부정이라는 태도를 가지고 기독교적 믿음의 시각에서는 용인할 수 없는 과학의 모순성을 흡수할 수 있다.…

나는 '불교를 믿는 사람'도 아니고, 불교와 어떤 관련도 없는 사람이다. 그러나 내가 보기에, 일본식 불교는, 일본의 국체 사상을 통해 일본화 되어서, 새로운 시대의 설립을 향해 가는 정신을 내포하고 있다. 게다가 내 생각에, 종교적 정신은 과학과 연결되며 과학을 살리는 것은 새로운 시대의 건설을 위한 기초이다.… 새로운 시대에는 도전적인 기질이 필요하다. 현대 지식에서 가장 고도로 정련된 학문이라고 하는 물리학의 경우라고 하더라도, 물리학에는 완벽하게 확실한 지식이 절대적으로 존재하지 않는다. 행동은 우연(偶然)과 모험의 요소를 포함한다. 행동을 유발하는 지식이란 단지 모호할 수밖에 없다. 게다가 지식이란 믿음에 근거한 행동을 요구하기도 한다. 이런 의미에서, 새로운 시대를 구축하기 위한 기본적 요소는 일본식의 형태를 갖춘 대승불교의 정신 속에 존재한다고 할 수 있다. 이것이 일본 주도 아래 이루어지는 동 아시아 건설이 세계 역사에서 상당히 의미가 있는 이유이다. (다나베 하지메, 1940, 166-7)

물론, 모든 불교 사상가들이 다나베의 생각을 지지했던 것은 아니었다. 이때 다나베는 불교와 전쟁의 노력 간의 관계에 관해 생각하고 있었다. 1943년에 전쟁의 종말이 명확하게 드러날 무렵, 스즈키 다이세쓰(鈴木大拙, 1870-1966)*는 자신의 일생을 바쳐서 선불교를 서양세계에 소개한 인물이다. 그는 불교로 인해 전후 상황에 희망이 있다고 보았다. 그는 대승불교가 가지는 세계의 임무에 대한 에세이에서 다음과 같이 말한다.

서양 문화의 한 측면인 공리주의는 항상 언제나 실용적인 이익만을 목적으로 삼지는 않는다. 우리는 공리주의 안에 존재하는 더 방대한 세계, 혹은 종교적인 특성을 간과하면 안 된다. 대부분, '일본적인'이라는 말과 함께 연상되는 원시적인 사고방식은 과학적 사고와 기술에게서 도전을 받을 뿐만 아니라 이러한 현세적 공리주의에 의해서도 사실상 도전을 받고 있다. 표면적으로 보았을 때, 의식적으로 '일본식으로' 존재한다는 것은, 합리적이라 간주할 수 있는 모든 논쟁을 받아낼 준비를 하고 최전선에 나와 있는 것과 같다. 그러나 그 의식의 이면에는 부정 속의 긍정이라는 「반야(般若)」의 논리가 작동한다. 다시 말해, 오늘날 우리가 고민해야 하는 사안은 진정 일본적인 의미의 형태를 회복하기 위해서 어떻게 '일본적인' 것을 부정하는가이다. 지형학적인 용어를 사용해서 말한다면, 오늘날 우리의 지적인 선입견은 다음과 같은 사실을 포함한다. 세상살이에 더욱 적합한 대륙에서 살려고 일본 군도에서 벗어나려 한다면, 그러한 도약으로 인해 우리는 지적, 의식적 수준에서 명확하게 이해할 수 없는 자신의 무력함을 깨닫게 된다. 가마쿠라시대에 우리는 반대 논리, 혹은 부정

속의 긍정의 논리라는 갑작스런 지적 도약을 경험했다. 오늘날 우리는 똑같은 것을 다시 경험하고 있다. 가마쿠라시대 동안 이러한 도약은 대체로 사람들이 의식하지 못하는 상태에서 발생했다. 그런데 오늘날 우리는 이를 의식 있는 상태에서 겪는다. 우리는 이를 심사숙고해서 극복해야 한다. 이것이 일본인으로서의 우리의 성장을 가능하게 한 가장 중요한 요점이다. 어떤 면에서 보면, 우리에게 무의식적인 옛 사람들을 따르라고 설득하는 사람들의 말은 비록 그 시각이 아주 근시안적이라고 해도 중요하다. (스즈키 다이세쓰, 1943, 422-3)

전후 시대에는 일본의 종교적 정체성과 관련된 많은 문제점들이 명료하기보다는 모호하게 나타났다. 다음 인용된 글은 당시 대중에게 잘 알려진 지식인이자, 문화 비평가로 교토대학에서 철학을 공부한 우메하라 다케시(梅原猛, 1925-2019)의 글이다. 『지옥의 사상(地獄の思想)』이라는 자신의 저술에서, 우메하라는 부처의 메시지가 현대의 기술적인 세계와 어떤 연관성이 있는지에 관해 숙고하였다.

부처의 숭고한 평화로운 세계를 마주하면, 어떤 사람들은 지나치게 부러워할 수도 있다. 부처는 욕망을 버리고 고요한 마음으로 살았다. 그리고 우리는 그가 행복했음을 알 수 있다. 그런데 그 행복은 단순히 주관적이고 단순히 환상적인 것은 아닌가? 문명은 부처와는 다른 듯하다. 왜냐하면 문명에서는 욕망을 긍정하며 창조란 그 욕망을 만족시키는 일이라 보기 때문이다. 부처는 사물을 다르게 보았다. 그의 시각은 진실을 거꾸로 본다. 그는 고요함과 평화로 가는 길을 발견했지만, 이것은 궁극적으로 문명으로부터의 도피는 아닌가? 그리고 심지어 인류로부터의 도피는 아닌가? 부처 자신은 고통에서 자유로워졌을지는 모르지만, 중생은 어쩌란 말인가? 배고픈 대중에게 욕망을 버리라고 하는 설교는 야만적이며 차별을 용인하는 일이다. 누구도 먹을 것 하나 없는 사람들에게 식욕을 버리라고 하면 안 된다. 부처의 '지혜'는 단순히 머릿속에만 머물러 있는 것은 아닐까?… 부처의 통찰력은, 사실상, 과학기술 시대를 살아가는 사람들이 가진 일반 상식적인 가치체계와는 정면으로 배치된다. 그러나 우리가 위에서 살펴보았듯이, 우리 현대 사회가 부처의 지혜, 즉 욕망을 완전히 포기하는 지혜에 관해서 의심을 한 것이 처음은 아니다. 대승의 전통은 금욕 이론에 관한 비판적인 분석을 기초로 한다. 대승의 창시자들은 욕망을 재 정의하고, 인간 삶에서의 현재 세계와 문명의 의미와 중요성을 다시 생각할 필요를 느꼈다. 이것이 그들의 논의를 촉발하는 동기였다.

회의론자들의 경우에는 자신들이 대승에서 우리가 살고 있는 세계를 바꿀 수 있는 지혜를 발견하지 않았다고 답할 것이다. 실제로 우리도 베이컨, 듀이, 마르크스의 이론에서 얻을 수 있는 적용 방법을 대승에서는 발견하지 못할 것이다. 그럼에도 불구하고, 세상이 인간의 야망과 탐욕이 빚은 전쟁과 폭동으로 고통을 당할 때, 인간은 다음과 같은 질문을 하지 않을 수 없다. 원초적인 인간의 욕망, 그리고 그 인간의 욕망 때문에 생긴 갈등을 단순히 인정한다고 해서 현대 세계의 혼란이 항상 해결될 것인가. 현대 세계는 힘을 추구하는 서양의 무분별한 의지에 따라 만들어졌다. 우리는 이제 이렇게 만들어진 역사의 비극을 따라가고 있다. 이제는 우리가 신중하게 인간 욕망 자체에 대해서 그 본질과 한계를 재평가해야 하는 시점에 도달했다. 이렇게 신중하게 고민하지 않으면, 이 세계가 생생한 지옥으로 변화하는 것을

막을 방법이 없다. (우메하라 다케시, 1967a, 46-7 [57-8])

    이제까지 우리는 언어, 정치, 그리고 종교가 어떻게 일본의 문화와 국가 정체성을 이해하는데 각자의 역할을 하면서 영향을 주는가를 개략적으로 알아보았다. 우리는 이제 더 긴 텍스트들을 살펴볼 것이다. 다음 텍스트에는 우리가 방금 읽은 사상이 많은 부분을 차지한다. 그러나 우리는 이 텍스트들을 하나, 둘, 혹은 세 가지의범주로 나누지 않는다. 어떤 경우에는 그렇게 구분 짓는 일이 가능할 수 있지만, 또 다른 경우에는 두 가지 혹은 세 가지의 양상이 너무 촘촘하게 얽혀 있어서 구분을 짓는 일이 오히려 역효과를 낳을 수 있다. 이 텍스트들은 일본의 정체성 문제에 흥미로운 사안을 제시하며 우리가 논의하고자 하는 주제를 잘 반영해 준다.

**더 읽을거리**

Como, Michael I. *Shōtoku: Ethnicity, Ritual, and Violence in the Japanese Buddhist Tradition* (New York: Oxford University Press, 2008).

Dilworth, David A., and Valdo H. Viglielmo, eds. *Sourcebook for Modern Japanese Philosophy: Selected Documents* (Westport: Greenwood Press, 1998).

Heisig, James W., and John C. Maraldo, eds. *Rude Awakenings: Zen, the Kyoto School, and the Question of Nationalism* (Honolulu: University of Hawai''i Press, 1994).

Kindaichi, Haruhiko. *The Japanese Language*. Umeyo Hirano, tr. (Rutland, VT: Charles E. Tuttle Co., 1978).

Maruyama, Masao. *Studies in the Intellectual History of Japan*. Mikiso Hane, tr. (Tokyo: University of Tokyo Press, 1974).

Miller, Roy Andrew. *Japan's Modern Myth: The Language and Beyond* (New York: John Weatherhill, Inc., 1982).

Nakamura, Hajime. *Ways of Thinking of Eastern Peoples: India, China, Tibet, Japan*. Philip P. Wiener, ed., Part iv. (Honolulu: University of Hawai'i Press, 1964).

Swanson, Paul L., and Clark Chilson, eds. *Nanzan Guide to Japanese Religions* (Honolulu: University of Hawai'i Press, 2006).

[TPK/최성희]

# 후칸사이 하비안

不干齋巴鼻庵, 1565?-1621?

일찍이 교토(京都)를 삶의 터전으로 했던 후칸사이 하비안은 유년 시절 선종 사원에서 교육을 받으며 동아시아의 사고방식을 몸에 익혔다. 그러던 중 10대 후반에 기독교로 개종하고, 1586년 예수회에 들어가서 수도사가 되었다. 1592년경 아마쿠사 신학교(天草神學校コレジオ, the Jesuit college of Amakusa)에서 동료 수도사들에게 일본 문학을 가르쳤다. 그 해, 후칸사이는『헤이케이야기(平家物語)』를 구어체 일본어로 번역한 서적을 출판하였다. 이 책은 로마자로 인쇄되었는데, 저자의 서문에는 서양의 언어학 연구 분야에서 잘 알려진 '후칸 하비안(Fucan Fabian)'이라는 이름의 서명이 남아 있다.

하비안은 놀라울 정도로 뛰어난 달변가였다. 그는 문학적으로 가치가 높을 뿐만 아니라 내용면에서도 지적이고 알찬 1605년 저서인『묘정문답(妙貞問答)』을 통한 발언으로 확실한 기독교 옹호자로서 이름을 날렸다. 3권으로 구성된 이 책의 1권에서 하비안은 불교의 공허함을 전면에 드러내고자 애썼다. 2권에서는 유교와 신도(神道) 사상을 반박하려고 노력한 뒤, 3권에 이르러 기독교를 높이 평가하였다. 이 글은 두 여성 사이에서 오가는 대화의 형식을 취하는데, 기독교인이자 은둔자인 유테이(幽貞)와 젊은 미망인 묘슈(妙秀)는 삶에 대한 의욕을 잃어버리고 열렬하게 내세의 길을 추구한다. 전통적인 일본의 종교적 접근방식으로 인해 혼란에 빠져 있던 묘슈는, 유테이의 절묘한 전도를 통해 기독교라는 새로운 신앙 속에서 구원에 대한 확실한 믿음을 갖게 된다.

그러나 1608년이 되자 하비안은 예수회를 등지게 되고 만다. 예수회에 몸담은 일본인들에게 공공연히 가해진 차별에 반감을 느꼈다는 것이 이유였다. 이러한 그의 불만 때문에 선교사들은 하비안의 사제 서품을 거부하였고, 결국 1620년경 하비안은 기독교 박해자 대열에 합류하게 되었다. 그 해에 자기 반박의 결정체인 기독교 비판서『유일신에 대한 논박(破堤宇子)』을 출간하게 되는데,『묘정문답(妙貞問答)』에서 눈부신 재능을 발휘하며 내세웠던 자신의 주장을 적나라하게 반박한 내용이었다. 수사 기법은 같았지만 결론은 정반대였다. [JE/조경]

## 유일신을 설파하기 위한 논설

후칸사이 하비안 Fucan Fabian 1605, 145-7, 149-50, 153-4, 157-8

**유테이**: 나는 지금까지 불교와 신도(神道) 사상의 핵심이 무엇인지 설명하였다. 나는 당신이 두 가지 모두 유해한 교리라는 점을 알게 된 것이 매우 기쁘다. 그대는 이성에 기반을 둔 뛰어난 사고력과 열린 마음을 갖고 있다. 아마도 내가 한 말이 완고하고 편견에 가득 찬 사람들의 귀에 들어가고, 그들이 신비한 원리라고 소중히 떠받들던 것들이 경박하고 하찮다고 판명되면, 그들은 나를 증오하고 질책할 것이다. 그러든 말든 내버려 두라. 나는 그런 사람들을 신경 쓰지 않는다. 나의 목표는 오로지 진실을 밝히는 것이다. 그러니 무엇을 후회하고 회개하겠는가? 심지어 그들이 나를 죽인다

할지라도, 나의 행동을 후회하지 않는다. 그러니 그런 일에는 깊이 마음 쓸 만한 가치가 없다.

그렇다면 무엇이 진실인가? 바로 기독교인 우리의 종교다. 이 얼마나 모두를 아우르는 진실한 종교적 가르침인가! 하늘과 땅을 종이로 삼고, 세상 모든 초목을 붓으로 하고, 서쪽 바다를 벼루로 삼아서 글을 쓴다고 할지라도, 어찌 삼라만상의 심오함을 표현할 수 있겠는가?…내가 보기에는 이러한 진실 중 어느 하나를 설명하려는 시도 자체가, 젖먹이 아이가 조개를 주우며 드넓은 바다를 측량하는 것과 다름없을 듯하다. 그러나 '한 냥을 가진 사람이 무일푼인 사람을 부린다'는 속담이 있는 것처럼, 신 앞에 머리를 조아리며 말씀을 올리듯이 내가 한 말씀드리고자 한다.…

이야기할 것은 많지만 우선 첫 번째로 말할 것은, 현세의 삶에서 평화와 평정을 유지하고 내세에 안식을 주는 진정한 구세주를 알아야 한다. 둘째, 반드시 구원받아야 할 존재를 알아야 한다. 셋째, 구원받은 자와 구원받지 못한 자의 종착지를 이해해야 한다. 넷째, 구원의 길이 어떤 것인지, 무엇 때문에 구원받지 못 하는지 이해하는 것이 가장 중요하다. 지금부터 이 문제들의 진실에 대해서 설명하고자 한다.…

이 세상에는 기독교에서 가르치는 유일신 이외에 진정한 신은 존재하지 않는다. 그렇다면 어떤 형태의 신을 유일신이라고 칭할 수 있을까? 그는 삼라만상, 천지 만물의 창시자다.…

유테이: …전반적인 인간의 상황을 고려해 볼 때, 인간은 몸짓과 손짓, 그 자세에 이르기까지 인형사가 조종하는 줄 끝에 매달린 꼭두각시의 상황과 다를 바 없다. 인간이 언제, 어디서부터 그러했는지 알 수 없음에도 말이다. 사람에 따라 다르겠지만, 불과 어제까지 넓은 영역에 걸쳐 권력과 성공을 손에 쥐며 영화를 누렸지만, 오늘은 제 몸뚱이 하나 뉠 곳 없는 사람도 있다. 반면에, 지나가던 늙은이의 핀잔을 들으며 먼지구덩이에서 뒹굴고, 길거리에서 부자의 꽁무니를 쫓아다니며 동냥을 하던 거지들이 운 좋게도 때를 만나 부를 거머쥐고 영화를 누리는 일도 있다. 그들 중 일부는 관직에 나가고, 임금이 계신 전각 안에 들어 갈 수 있는 높은 직위를 얻는 경우도 있다.

이러한 우여곡절이 개인의 지성이나 재능에서 비롯되었다는 설명은 충분하지 않다. 그렇다면 이 현상을 어떻게 설명할 수 있을까? 현명한 사람이 몰락하고, 우매한 자들이 성공하는 일이 많으니, 분명히 이들의 운명을 지배하는 주인이 세상에 존재한다. 그 주인이 바로 기독교에서 말하는 '천주(天主)'다.…

모든 현상에 통달한 척하는 불교신자들은 세상 만물이 목적을 가진 누군가의 행위로 인한 결과가 아니라, 그 자체로서 저절로 생겨났다고 주장한다. 그러나 이 주장이야말로 끔찍한 망상이 아니겠는가? 신도(神道)를 신봉하는 사람들은 미온적으로 신의 존재를 인정하고, 자신들의 운명을 바꿔 달라고 간청하며 기도한다. 하지만 이런 행동은 생선의 눈알을 들고 진주라고 우기는 것과 같은 실수이며, 진정한 신을 알아보지 못한 것이다. 이에 기독교는 다음과 같이 요청하는 바이다. 손에 든 생선 눈알을 버리고, 더없이 고귀한 진주에 견줄 수 있는 진정한 천주를 숭배하고 찬양하라.

　　……

유테이: 모양과 형태를 갖추고 있는 것들은 제아무리 크다고 한 들 한계가 있을 수밖에 없다. 그 어떤 것도 천지보다 광대할 수는 없으며, 형태를 가진다면 당연히 크기를 측정할 수 있다. 그러므로 천주라는 신성한 존재를 측정할 수 있다면, 그는 더 이상 천주가 아니다. 천주는 형태에 구애되지 않는다. 이에 우리는 그를 영적(靈的)인 실체, 다시 말해 모양이나 형태가 없는 실체라고 부른다. 실체는 공허하지 않다는 뜻으로, 공허하지 않다는 것은 다음과 같은 의미다.

이 실체는 끝없는 지혜의 원천이며, 헤아릴 수 없는 자비와 연민의 원천이다. 또한 보편적인 원리와 정의의 원천으로, 모든 가치와 미덕을 소유한다. 그러므로 그에게는 불충분하거나 결핍된 부분이 조금도 없다. 그는 진정한 실체이자 공허하지 않은 존재다. 또한 성경에서 표현되는 그는 전지전능하다. 모든 것은 그의 권능 안에 존재하기에, 그는 태초에 아무것도 없었던 무의 상태에서 삼라만상을 창조할 수 있었던 것이다.

......

**묘슈** : 하늘과 땅에 있는 만물은 두 가지 측면을 지닌다. 바로 사리(事理)다. 사(事)는 상대적, 차별적 인식이 가능한 변화하는 현상을 의미한다. 예를 들어 보면, '버드나무는 푸르고 꽃은 붉다'는 것은 그 외관의 색을 나타내며, '소나무는 곧고, 가시덤불은 구부러져 있다'는 그 형태를 말한다. 이(理)는 배후에 존재하는 불변적, 내면적 진리다. 가령, 나무를 잘게 조각내도 나무의 색깔이 파랑이나 빨강으로 보이지는 않는다. 사(事)는 사물의 고유한 특징이나 상태와 연관되어 있고, 이(理)는 그 본질에 상응한다.

이 원리를 사물에 빗대어 표현하면, 물통에 담긴 물은 그 본질인 이(理)이고, 물이 얼어서 눈이나 얼음으로 바뀌면 외형을 달리한 셈이 된다. 그러나 얼음이나 눈이 녹으면 계곡에 흐르는 물과 동일한 물이 된다. 모든 원리가 이와 같으니 설령 외형이 달라서, 새는 네 발 달린 짐승이 아니고, 들판의 풀은 나무가 아니지만, 그 형태가 소멸되면 동일한 본질적인 상태로 돌아가게 된다. 이것을 차별 없는 진실한 참모습의 상태라고 하여 일여실상(一如實相)이라고 한다.

유교에는 성(性)과 「기(氣)」라는 두 가지 범주가 있다. 성(性)은 이(理)와 동일하여, 사물과 현상을 유지하는 근본 원리이자 불변의 법칙이다. 다만, 기(氣)에는 정(正, 바름), 통(通, 통함), 편(偏, 치우침), 색(塞, 막힘)의 네 가지 단계가 있다.

이 조합에 따라 결과적으로 인간이 되기도 하고, 소나 말이 되기도 한다. 인간의 아둔함이나 영리함의 차이는 본성의 차이가 아니라, 바로 기질 차이에 의한 것이다.…어찌 만물에 개별적인 본질이 존재하겠는가? 외적인 형태와 상관없이 동일한 본질이 존재하기에 천지의 근원이 같고 만물은 같은 본질을 가진다고 일컬어지는 것이다.

**유테이** : …전에도 말했듯이, 이는 천지와 삼라만상의 유일한 창시자가 있다는 사실을 알지 못하기에 나온 말이다. 만물의 창조주가 있다는 것을 이해한다면, 너는 절대 그런 의심을 품지 못할 것이다.

[JE/조경]

## 유일신을 부정하기 위한 논설

후칸사이 하비안 Hukansai Habian 1620, 6-10(261-7)

처음 기독교에 입문하는 사람들의 경우, 교리 입문에 이르는 일곱 가지 단계가 있다. 그 첫 번째 단계로, 천지 만물의 수많은 현상과 변함없이 되풀이되는 계절의 변화 속에서 전지전능한 창조주를 인식하게 된다. 예를 들면, 어떤 큰 전각을 보면 그 건물을 지은 솜씨 좋은 목수가 있음을 안다. 한 가정에 규율이 있고, 그 뜻에 따라 집안의 사람들이 통제되는 것을 보면, 그 집안을 통솔하는 주인이 있다는 것을 분명히 알 수 있다. 이것이 세상의 보편적인 이치다. 하늘도 땅도 없고 그 어떤 것도 존재하지 않는 적막하고 공허한 시기가 있었다. 그러던 차에 천지가 생겨났다. 하늘에는 해와 달과 별들이 빛나고, 각기 정해진 시간에 동쪽에서 뜨고 서쪽으로 저물었다. 땅에서는 온갖 풀과 나무가 자라고 꽃이 피고 지며, 정해진 계절에 잎이 돋아나고 시들게 되었다. 이 모든 일은 위대한 창조주의 존재 없이는 불가능했을 것이다. 능수능란한 창조주를 우리는 천주(天主)라고 칭한다. 이것이 바로 기독교에서 말하는 요점이다.

이에 반박하며 나는 이렇게 답할 것이다. 이게 뭐가 놀랍다는 것인가? 어떤 이가 이 토론을 제대로 못 했단 말인가? 이는 다음과 같이 설명될 수 있다.

> 천지가 생겨나기 이전에 무언가 있었다.
> 모양도 없고 소리도 없으나
> 만물의 주인인 격이니
> 언제나 시들지 않는다.

그리고 또한

> 하늘은 말이 없다.
> 시간이 흐르고 흘러서
> 만물이 생명을 받아 태어남에도. (논어17. 19)

이에 대해 불교에서는 우주가 시간적으로 무한한 가운데, 생성, 소멸, 변화한다는 성주괴공(成住壞空)의 관점에서 논한다. 신도(神道) 사상에서 신들의 시대는 천신(天神) 7대, 지신(地神) 5대로 구분된다. 천신 중에서 첫 세대는 구니노토코타치노 미코토(國常立尊), 구니사즈치노 미코토(國狹槌尊), 도요쿠무누노 미코토(豐斟渟尊)의 3명으로, 바로 천지를 연 신이다. 구니노토코타치노 미코토는 항상 나라를 올바르게 다스리려고 노력한다는 뜻의 숭고한 이름이다. 어째서 천주의 추종자들은 마치 천지를 창조한 신이 누구인지 자신들만 아는 것처럼 이토록 끈질기게 주장하는 것인가? 말은 많으나, 실속이 없다. 논쟁에서 패했으니 그들은 입을 다물어야 할 것이다.

천주를 신봉하는 이들은 주장한다. 천주는 영원하시며, 물질적 형체를 갖지 않는 진정한 본질이시다. 전지전능하시니, 만물이 그의 권능 안에 있으며, 모든 것을 뛰어넘는 지혜의 원천이시다. 의로운 분이시니 보편적 법칙의 원천이고, 모든 자비와 자애의 원천이시다. 또한 모든 선(善)과 덕(德)의 원천이시다. 불교에서 섬기는 부처와 신도에서 섬기는 신들은 모두 본래 인간이니, 그들은 이 같은 특성들을 지니지 못하고 모두 「생사(生死)」의 굴레에 매여 있으니 어떻게 천지의 창조주라고 할 수 있겠는가?

반론으로 답한다. 불교에서 섬기는 부처와 신도(神道)에서 섬기는 '가미'(神)를 단순히 인간으로 간주하는 것은 천주를 떠받드는 자에게 걸맞은 어리석은 관점이다. 모든 부처는 「삼신(三身)」이라는 세 가지 유형을 가진다. 진리를 있는 그대로 드러낸 우주 자체를 의미하는 「법신(法身)」, 중생을 위해서 뜻을 세우고 거듭하여 수행한 결과로 깨달음을 얻은 부처인 보신(報身), 때와 장소, 중생의 능력이나 소질에 합당하게 중생을 구제하는 부처인 응신(應身)이다. 중생을 구제하기 위하여 이 세상에 모습을 드러낸 「여래(如來, Tathāgata)」는, 감정을 가진 모든 존재의 구원과 해탈을 위한 방편으로 팔상(八相)을 행하였다. 팔상이란 부처가 이 세상에 출현하여 중생을 제도하기 위해 일생동안 드러내 보이는 여덟 가지의 모습으로, 부처가 일생 동안 겪은 일을 말한다. 법신의 여래는 시작도 끝도 없는 영원한 시간인 겁(劫)에 존재하는 진정한 부처다. 말로 설명할 수 없고, 옳고 그름으로 판단할 수 없다. 그는 우주 만물의 본체인 「법성(法性)」 법신(法身)의 진정한 부처다. 그리하여 경전에서 이르기를,

> 여래는 영원불멸하니 늘 그 자리에 변함없다. (『대정신수대장경(大正新脩大藏經)』 T12, 522)

여래가 단지 인간에 불과하다고 여기는 자는 어리석다. 그리고 신도(神道)의 가미가 인간에 지나지 않는다고 말하는 자들도 무지하다.

이 얼마나 대단한 일인가! 신도에서 섬기는 가미는 부처가 모습을 바꿔서 이 땅에 나타난 것이다. 예를 들어, 덴만(天滿) 다이지자이텐(大自在天) 신은 자비와 자애가 넘치는 「관음(觀音)」이다. 그러나 그가 광채를 숨기고 속세에 내려올 때는 학문의 신으로 명망 높은 귀족 학자 스가와라노 미치자네(菅原道眞, 845-903)의 모습으로 나타났다. 그리고 기타노 텐만구(北野天滿宮) 신사에서 그를 위한 제사가 치러지는 신이 되어 칭송을 받는다. 그 어떤 신사(神社)와 종묘의 신이 이와 다르다 하겠는가? 또한, 천지가 열리기도 전, 단 한 명의 인간도 존재하지 않던 그 시절의 신이었던 구니노토코타치노미코토에 대해서 이야기해 보자. 어찌 그를 인간이라고 할 수 있겠는가? 감히 그리 말하지 말라. 이해할 수 있는 것은 이해할 것이며, 이해하지 못하는 것은 이해하지 못한다고 인정하라. 심지어 위대한 성인인 공자(孔子)는 다음과 같이 말하였다.

> 세상 사람들로 하여금
> 단정하고 깨끗하게 옷을 갖춰 입고
> 제사를 받들게 하니
> 위에도 있고 좌우에도 있는 것처럼
> 귀신이 행하는 덕이 세상에 가득하다. (중용 16.3)

눈먼 자는 뱀을 두려워하지 않는다. 천주를 따르는 자들도 이와 같아서, 자신들이 자초한 운명을 모른 채 떠들어댄다. 참으로 두렵다. 자신의 혀가 잘려 나갈 업보를 짓는 자들이다.

일본은 가미의 나라이고, 부처가 동쪽으로 와서 세운 「부처」의 나라라고도 불린다. 그러니 부처와 가미를 모욕하는 천주의 추종자들은 내세를 맞이할 기회도 얻지 못한 채, 틀림없이 현세에서 부처와 가미에게 벌을 받을 것이다. 그들이 천주를 버리고 다시 돌아올지라도 이 같은 운명에서 벗어날 수 없다. 하찮은 자들의 예를 나열할 시간도 필요도 없다. 일본의 전국(戰國) 시대 무사인 오토모 소린(大友宗麟, 1530-1587)을 보라. 그가 가미와 부처를 정성껏 섬길 때는 그의 힘이 큐슈(九州)지역 전체에 떨쳤고 영광스러운 이름이 천하에 드높았다. 그러나 천주를 섬기게 된 후, 승리의 행운은 그를 떠났다. 아들이자 후계자인 요시무네(大友義統, 1558-1610)와 함께 오토모 소린은 휴가(日向)지역을 침공해 온 시마즈 요시히사(島津義久, 1533-1611)에 맞섰으나 미미카와(耳川) 전투에서 패하

였다. 이후 간신히 고향으로 달아났으나, 모든 이들에게 버림받아 지독한 궁핍 속에서 가문은 서서히 몰락하였다. 선조 세대에 걸쳐 번창했으나 오늘날 그 가문은 멸족되었다. 후손이 남아 있기는 할까? 이것이 그 가문의 슬픈 현실이다.

고니시 유키나가(小西行長, 1558-1600)도 천주를 신봉하는 무리의 우두머리였다. 그는 가미와 부처의 가호를 잃었기에, 도쿠가와 이에야스(德川家康, 1542-1616)에게 반기를 든 이시다 미쓰나리(石田三成)의 반란군에 가담하였다. 결국 고니시는 저자거리의 백성들 앞에서 조리돌림 당하고 참수되었으며, 일가친척은 멸족되어 살아남은 자가 없었다.

다카야마 우콘(高山右近, 1552-1614) 또한 천주를 섬기는 자들의 대들보였다. 그러나 지금 그 후손은 어디 있는가? 아카시 가몬(明石掃部, ?-?)도 기독교인이 되었다가 가문이 멸망하고 목숨을 잃었다. 교토(京都)의 기교야(桔梗屋)와 오사카 센난(泉南)의 히고로야(日比屋)는 상업에 종사하는 집안이었으나, 기독교의 후원자가 되고난 뒤 이들 가문의 일원은 대부분 비참한 최후를 맞았다. 그들의 후손들은 지금 어디에 있는가?

이 일화들은 세상에 잘 알려져 있다. 이런 이야기를 듣고 나서도 아직도 기독교인들은 여전히 가미와 부처가 인간이라고 주장한다. 석가모니는 아버지인 정반왕 슈도다나(Śuddhodana, ?-?)와 어머니 마야 부인(摩耶夫人) 사이에서 태어났고, 사라(沙羅) 나무 숲속에서 「열반(涅槃, nirvāṇa)」에 들었다. 하치만 대보살(八幡大菩薩)은 주아이천황(仲哀天皇, 148-200)과 진구황후(神功皇后)를 부모로 두었다. 기독교인들은 이 사실에 근거하여 석가모니와 하치만 대보살이 인간이었다고 주장한다. 그렇다면 기독교에서 섬기는 예수 그리스도는 어떠한가? 예수는 요셉을 아버지로, 성녀 마리아를 어머니로 하여 태어났다. 이야말로 인간이라는 정의에 들어맞는다. 우리는 일개 인간을 창조주라고 주장하지는 않는다.

천주를 섬기는 자들은 이렇게 주장한다. 예수 그리스도는 신이 되기 위하여 인간의 모습으로 수행한 것이니, 이는 부처가 중생을 구제하고자 인간의 모습으로 나타나거나 깨달음을 얻기 전 보살의 상태였던 것과 다르지 않다. 그러니 이 주제는 지금 다루지 말도록 하자. 신도(神道)의 신들은 본래 부처와 보살이었으니, 이는 더욱이 논할 바가 못 된다. 그러나 진리를 있는 그대로 드러내는 우주 그 자체인 법성법신(法性法身)과 천주를 비교하여 살펴보자.

앞서 말했듯이, 천주는 모든 선과 덕의 원천이다. 그러나 법성은 지혜와 덕을 갖지 않는 상태로 정의된다. 그렇다면, 아무런 지혜와 덕이 없는 상태에서 천지를 창조하고 수많은 현상을 만드는 것이 가능한가? 근원에 지혜와 덕이 없다면, 어떻게 오늘날 사려분별이 우리 안에 존재할 수 있는가?

반론하기 위해서 나는 답한다. 천주를 섬기는 자들은 진실을 이해하지 못한다. 그들은 법성이 지혜와 덕을 갖지 않는다는 말을 듣고, 법성은 쓸모없다고 생각하고 거부한다. 천주가 지혜와 덕을 지닌다는 말을 듣고는 천주를 긍정적으로 생각하여 받아들인다. 기다려라. 진실에 대해 설명해 주겠다. 먼저, '없다'라는 의미의 글자 「무(無)」에는 헤아릴 수 없는 신비함이 담겨 있다.

무(無)라는 글자는 천만리에 이르는 무쇠로 만든 관문과 같다.
그 누가 이 글자를 찌르고 반대편으로 뚫고 나갈 수 있겠는가?

그러므로 천주를 섬기는 자들은 무(無)의 의미를 절대로 이해할 수 없을 것이다. 이야기를 계속 이어가도록 하자. 무지(無智)와 무덕(無德)의 표현을 예로 살펴보자. 무지(無智)와 무덕(無德)은 궁극의 진리다. 하지만 천주가 지혜와 덕을 지닌다는 것은 쉽게 규명될 수 없는 명제다. 일반적으로, 지혜와 덕이 존재한다면 인간이 느끼는 감정인 사랑과 증오를 피할 수 없다. 만약 천주가 사랑과 증오의 감정을 가지고 있다면, 당신들의 주장과는 다르게 그는 존경할 만한 가치가 없다. 그 이유는 나중에 설명할 것이다.

> 법성은 드넓은 바다와 같아서 옳고 그름을 설명할 수 없다.
> (『대정신수대장경(大正新脩大藏經)』 T12, 1035)

이 얼마나 진실한 말인가!

또한 그들은 천주가 덕을 지니고 있다고 떠벌린다. 겹겹이 쌓인 망상을 조금도 떨쳐내지 못하는 어리석은 자들의 말에 지나지 않는다.

> 진심에서 우러나는 고매한 덕은 덕이라고 여겨지지 않는다.
> 이것을 '덕이 있다'고 하는 것이다. (노자 38)

덕과 관련된 이 표현은 심지어 인간에 대한 말이다. 천주가 이런 저런 덕을 갖고 있다고 하는 것은 그를 부족한 부분이 많은 존재로 만드는 셈이다. 노자(老子)가 말한 이(夷, 무색), 희(希, 무음), 미(微, 무형)를 예로 들어 보자. "이 셋은 말로 따져서 물을 수 없다(노자 14)." 보려고 해도 보이지 않는 것(夷)과 듣고자 해도 들리지 않는 것(希), 잡으려 해도 잡히지 않는 것(微)이니, 말로 표현할 수 없고 글로 전달할 수 없는 것을 이렇게 부르는 일은 참으로 합당하다.

당신들은 천주가 지혜와 분별을 가지고 있으므로 법성을 능가한다고 주장한다. 바로 그 생각에 박장대소할 수밖에 없다. 이런 고유하고 명백한 이치를 당신들은 절대로 이해할 수 없을 것이다.

또한, 천주를 추종하는 자들은 이렇게 주장한다. 만약 사물의 근원에 지혜와 덕이 없다면, 인간이 가진 사려분별과 만물이 타고난 속성들은 어디에서 왔는가? 사물의 본질을 관찰해 볼 때, 만약 사물의 근원에 지혜와 덕이 없다면 이는 불가능하다.

반론으로 나는 이렇게 답한다. 버드나무는 푸르고, 꽃은 붉다. 이는 자연의 질서에 지나지 않는다. 버드나무 뿌리를 으깨어 보라. 푸른색은 없다. 꽃이 핀 나무를 산산조각 내어 보라. 거기에 붉은색은 없다. 이것이 자연의 명백한 본질이다.

> 해마다 꽃이 피는
> 요시노야마(吉野山)산의 벗나무를 잘라 보자
> 그 안에 꽃이 있는지 없는지

뿌리가 아니라 가지 끝에서 꽃이 피는 것은 사물의 통상적인 질서에 지나지 않는다.

도(道)는 하나를 낳고
하나는 둘을 낳으며
둘은 셋을 낳고
셋은 만물을 낳는다. (노자, 42)

이 모든 과정은 영험하고 명백한 사물의 근원에서 비롯된다. 음(陰)과 양(陽)이 생겨나고, 청탁(淸濁), 동정(動靜)의 기운이 생겨나며, 하늘과 땅과 사람이 만물을 만들었다. 우리는 사려분별을 지닌다. 새들은 날고 지저귀며, 짐승들은 달리고 포효한다. 초목은 꽃 피우고 시든다. 이 모든 것은 맑음과 탁함, 움직임과 고요함이라는 두 가지 변화의 힘에 의한다. 옛날부터 지금까지 살다간 수많은 성현 중에서 이를 확신하지 못한 이가 없다. 천주를 섬기는 자들은 공자를 능가하지 못하고 노자를 넘어서지 못한다. 나는 세상에 덩굴처럼 퍼져서 얽힌 그들의 궤변과 주장을 막을 것이다.

[JE/조경]

# 모리 아리마사

森有正, 1911-1976

모리 아리마사는 두 살 때 기독교 세례를 받았으며 여섯 살부터 불어를 배우기 시작하여 십대 초반까지 영어, 라틴어, 고전 그리스어를 배웠다. 그는 파스칼(Pascal, 1623-1662)에 관한 논문으로 1938년 도쿄제국대학(東京帝國大學) 철학과를 졸업했다. 그 후 수년간 파스칼과 데카르트(René Descartes, 1596-1650)를 중심으로 여러 번역과 에세이를 출간했으며 도쿄여자대학(東京女子大學), 후에 도쿄대학(東京大學)에서 후학을 양성했다. 해외유학 금지조치가 해제된 후 파리로 건너갔으며 1952년 도쿄대학을 사임하고 파리에 머물렀다. 프랑스에 있는 동안 일본어와 문학을 강의했으며 후에는 종종 초빙 강사로 일본에 초대되었다. 일본에 영주 귀국을 정하고 국제기독교대학(International Christian University) 교직이 내정된 직후 파리에서 사망했다.

이어지는 발췌 내용은 1970년과 1971년에 이 대학에서 했던 일련의 강의에서 발췌한 것으로 나중에 『경험과 사상(經驗と思想)』이라는 제목으로 수록되었다. 이 책에서 그는 일본어의 독특한 성질에 대한 자신의 생각과 일본 사회구조와 사고방식 안에서 형성되는 인간관계에 대해 설명했다. 그는 문장을 맺는 동사가 문법적인 인칭에 구애됨 없이 어떻게 '굴절'되는지를 보여줌으로써 이를 설명하였다. 그의 산문은 밀도가 높고 다소 반복적인 스타일이다. 번역함에 있어 간략하게 요약했다. 해외 생활을 하며 자신과 다른 사고방식과 언어 장벽에 적응하려고 애쓰는 과정을 통해 자신의 문화에 대한 애착을 느끼는 일본의 젊은 후세들로 하여금 그에게 애정을 가지게 하는 도발적이며 읽기 쉬운 철학 스타일이다.

[JWH/박은희]

## 『경험과 사상』

모리 아리마사, 1972, 84-106

일본어에서 경어는 특히 중요하고 특권적이라고 할 수 있는 위치를 점하고 있다. 실제로 이 특수한 상황 아래서 일본인의 현실 사회생활과 언어생활이 내밀하게 서로 접촉한다. 본질적으로 정동적(情動的 : emotive)인 일본 사회구조는 직접적으로 경어 속으로 유입되며 (경어를 일본어 안에 박아 넣었다고 해도 같은 표현이지만) 그럼으로써 공동체 즉 일본 사회의 인간관계를 언어 안에서 충실하게 실현시키고 있다.

경어는 일본어의 단순한 일부분이 아니며 일본어의 가장 심오한 부분에 뿌리를 두고 있다. 경어의 적극적, 소극적 정도의 다양성은 긴밀하게 계층화된 공동체에 온전히 젖어 있는 표현에 구체적인 생명을 주며 그 운용(運用)을 결정한다. 경어에 대해 중성적인 언표(言表)는 일본어에 있어 오히려 예외적이다.…

원칙적으로 일본어 언표는 각각의 체언에 조사를 붙이며 동시에 문장에는 (특히 현대어에서는) 조동사를 붙여 전체를 마무리한다. 조동사는 화자의 해당 진술에 대한 주관적 한정을 진술 전체에

덧붙이는 것으로 본질적으로 1인칭이다. 예를 들면 "이것은 책입니다(これは本です)"라고 하면 의미 면에서 "이것은 책이다(これは本である)" "이것은 책이다(これは本だ)"와 완벽하게 같지만 이 둘에 비해 공손하게 말하려는 태도를 나타내고 있다. 더 공손하게 나타내려면 "이것은 책입니다(これは本でございます)"가 된다. 화자의 태도를 나타낸다는 의미에서 1인칭적이라고 말했지만 원래 문법적으로 1인칭이라고 간단히 잘라 말할 수는 없다. 그렇다고 2인칭이나 3인칭은 물론 아니다. 그렇다고 비인칭이라 하는 것도 이상하다. 나는 이것 역시 일본어에 있어 현실 감입(嵌入)의 현저한 예로 화자와 청자의 이항(二項) 관계에 사회적 계층이 나타난 것이라 생각한다. 그렇다면 이야기의 내용, 예를 들면 '이것은 책(이다)'라는 내용과 차원이 다른 것인가 하면 그렇지만은 않다. 이 경우 조동사는 양자의 관계를 나타냄과 동시에 이야기의 내용을 긍정하고 단정하고 확언하는 의미를 포함하고 있다. 그러나 이 의미는 화자가 독립적으로 부여하는 것이 아니라 어디까지나 이야기 대상을 염두에 두고 그것과 공존함으로써 내려지는 의미인 것이다. 따라서 "A는 B다(AはBだ)"가 "A는 B이다(AはB である)" "A는 B입니다(AはBです)" "A는 B입니다(AはBでございます)" "A는 B이겠지요(AはBでござい ましょう)" "A는 B일까요(AはBでございましょうか)" 등등 여러 형태를 취하게 된다. 마지막 예는 의문 문의 형태를 취하고 있지만 진정한 의문문이 아니라 상대에게도 판단의 여지를 남긴다는 의미로 공손한 표현이다. 이러한 식으로 조동사는 단독으로, 혹은 복합해서 화자의 진술 내용에 대한 주관적 인 관계를 서술하는데, 그것은 동시에 자신이 상대에게 있어 상대라는 것, 즉 2인칭에게 있어 2인칭이 라는 틀을 통해 사용되는 것이다.

일반적으로 회화, 즉 언어활동은 나와 너, 1인칭과 2인칭 간에 성립하는 것이 기본이라 여겨지는데 나와 너는 상호 치환이 항상 성립되기 때문에 나는 너에게 있어서는 너이며, 그때 첫 번째의 너는 나가 된다. 조동사는 이 양방향성을 동시에 포함하고 있기 때문에 그것은 이항관계 그 자체이다. 그것은 본질적으로 너와 너의 관계인 것이다.… 인간관계 그 자체, 언어 구성 그 자체가 이와 같은 구조를 가지고 있다.…

일본어에서는 3인칭을 문법적 주격으로 하는 문장이라도 '너-너' 구조 안에 포함되어 진술된다. 그것은 조동사(이것을 동조사[動助詞]라 하는 사람도 있는 것 같다. 여기서 조동사 혹은 동조사라 함은 verbe auxiliaire가 아니라 프랑스 일본학자가 말하는 suffixe fonctionnel임은 새삼 말할 필요도 없다)가 모든 진술에 동반되는 것으로도 알 수 있다. 따라서 일본어가 본질적으로 이항관계의 내폐성 (內閉性)을 지니고 있으며 이와 같은 의미에서 폐쇄적인 회화어(會話語)임에 비해 유럽어는 회화의 경우에도 2인칭은 언제든지 1인칭-3인칭으로 변할 수 있는 개방적 초월적 회화어라고 할 수 있다.

이는 언어만의 추상적인 관계가 아니라 언어와 일체가 되는 인간관계, 즉 실재하는 개인인 주체와 그것을 초월하는 3인칭의 집합이자 사회인 객체(주체와 객체란 상호 초월한다)로 분극(分極)하는 인간관계와 뗄 수 없는 관계에 있다.…

이항관계라는 다소 지나치게 단순한 형태로 일본인의 인간관계를 요약했는데 이것은 그저 주관적, 직관적, 자의적인 것이 아니라 일본어라는 실재하는 언어 안에서 객관적으로 추출할 수 있다는 것을 지적하고 싶다. 사상이나 경험, 특히 사상은 보편적인 가치를 담보하는 것이며 '일본인의 사상, 경험'이라는 표현은 난센스라고 생각될지도 모르지만, 적어도 과정적으로는 반드시 그렇지만은 않다 는 것을 언어 문제를 통해 이해할 수 있었으면 한다.…

명제적 진술의 주어는 3인칭으로 객체화되며 이에 대해 주체가 판단을 내리게 된다. … 이 경우 말이라는 것은 그 안에 의미를 담고 있는 개념으로 말에 '현실 감입'이 일어나서는 절대로 안 된다.

'현실감입'이 일어나면 정신은 그 자유로운 조작을 할 수 없게 되며 현실과 접촉함으로써 일어난 '감정'에 좌우되어 정신임을 그만두게 된다. '정신'이라고 해도 무슨 실체가 있는 것은 아니지만 개념의 조작을 행하는 주체를 이렇게 이름 붙였다. 그리고 명제성(命題性)은 유럽어 문법의 기본적인 성격이기도 하다. '현실감입'이 언어의 일부가 되어 버린 일본어, 그리고 이와 일체가 된 경험은 사상이라는 면에서 거의 치명적이다⋯.

판단은 매번 주체가 내리며 그런 의미에서 1인칭이라고 할 수 있음에도 불구하고 3인칭 문장으로 되어 있다. "나는 A는 B라고 생각합니다(私は、AはBだと思います)"라는 표현은 과연 1인칭일지 모르지만 조동사, 혹은 동조사의 본질상 '너-너' 관계를 벗어날 수 없다. "A는 B(AはB)" "A is B"는 3인칭 문장이지만 그 중심에 진정한 1인칭, 즉 2인칭으로 전락하지 않는 1인칭을 포함하고 있다고 말할 수는 없는 것일까? 하여간 표현에 있어 1인칭-3인칭이 초월적으로 변증법적으로 결합하고 있는 것은 아무래도 '사상'의 중요한 요소라 생각된다. 왜냐하면 그렇지 않으면 사상에 있어 불가결한 진리성, 보편성 및 체계성의 문제는 일어날 수 없기 때문이다. 또한 사상에 있어 빠질 수 없는 공개성, 일반적 논의 가능성, 진보성, 발전성은 상실되어 '너-너' 사이에 수행되는 비전(秘傳)적 성격이 농후해질 것이다. 혹은 모든 것은 영원히 처음부터 다시를 반복할 수밖에 없을 것이다. 일찍이 마루야마 마사오(丸山眞男, 1914-1996)는 『일본 사상(日本の思想)』에서 우리나라 역사에는 사상의 연속적 발전이 없다, 각각의 문제가 시대를 넘어 심화되는 과정이 없다는 것을 지적했는데 나로서는 그것은 일본인의 이와 같은 경험 그 자체의 경향성에 원인을 찾을 수 있다고 생각한다.

⋯⋯

개인의 '경험'을 출발점으로 삼지 않고 일본인의 '경험'에서 출발한 것은 추상적으로 여겨지는 개인의 '경험'보다 일본인의 '경험'이 직접적이며 본질적으로 선행한다고 생각했기 때문이다. 그리고 이 경우 일본어 고찰이 구체적인 실마리가 될 수 있을 것이라 여겼기 때문이다. 그런데 위에서 언급한 것은 '경험'에 대해 정면으로 생각하기 위해 거쳐야 할 경과적(經過的) 의미를 갖는 것으로 그것 자체는 결코 목적이 되어서는 안 된다.⋯ 나는 지금까지 서술한 그리고 앞으로 서술할 논술을 통해 수미일관된 하나의 설을 수립하는 것을 목적으로 하지는 않는다. 주관적으로 말하면 나라는 하나의 개인에게 있어 '경험'이 '사상'으로 순화되어 가는 과정을 응시하는 것, 객관적으로 말하면 우리들 모두가 즉 인간 한 사람 한 사람이 자신의 '사상'을 가지게 되는 과정을 촉발함과 동시에 역으로 그로 인해 격려되는 것, 환언하자면 우리들이 하나의 인간으로서 자기의 행위에 책임을 질 수 있다는 것, 사정이나 형편에 관계없이 그렇다는 것을 목적으로 삼는다. 우리들은 어떠한 경우에도 '인간'이 아니면 안 된다.⋯ 우리들은 '사상'을 말하고 '경험'을 말하고 '철학'을 논한다. 그러나 그것은 어디까지나 우리들 각자 안에 성립의 근거를 가지고 있으며 이와 관련 없는 경험도 사상도 철학도 존재하지 않는다. 하지만 우리를 짓누르는 문제는 모두 집단, 사회, 국제관계 등, 그 본질과 규모에 있어 개인과 그 능력을 뛰어넘는 영역에 관한 것이며, 개인이 어떠한 사상을 품고 있든 이들 문제에 직접 손을 쓰거나 유효한 작용을 할 수는 없다.⋯

이 글의 출발점은 일반적인 '경험'이었다. 나는 내 자신 안에서 '경험'의 정의를 발견해야만 했다. 시간적인 순서는 오히려 거꾸로였다고 명확하게 말할 수 있다. 파리에서 생활하는 과정에 자신 안에 있는 어떤 확실한 '것'을 깨닫게 되었고, 그것을 어떤 이름으로 불러야 한다는 요구가 그것 안에 내재되어 있었다. 두 개의 이름이 그때 동시에 나타났다. '경험'과 '자아'였다. 따라서 나는 '경험'이란 무엇인가, '자아'란 무엇인가를 찾을 필요가 없었다. 지금 생각하건대 이 두 가지는 이미 있든지 또는 전혀 없는 것이다. 이 둘은 자신들의 형태를 깊이 숨긴다. 마치 '신'처럼 이미 신을 만났다면 찾을 필요가 없으며 만나지 못했다면 신은 존재하지 않는다. 설령 존재한다고 해도 그 모습은 더욱더 깊이 숨어 버릴 것이다.

따라서 이 글은 '경험'과 '자아'의 탐구가 아니며 하물며 그 증명도 아니다. 설령 그렇게 보이더라도 나의 진의(眞意)는 거기에 없다. 이미 있는 것을 자신에 대해 투명화하는 것, '경험'이나 '사상'의 진정한 의미는 여기에 있으며 투명화한다는 것은 자기비판이라고 바꾸어 말할 수 있고 그 수위의 깊이에 따라 '경험' 또는 '사상'이라고 말할 수 있기 때문이다. 이것을 최대한으로 심화한 것이 '지혜'이며 이것이 어떤 특정한 약속에 의해 조직된 것이 '철학'이다.

그러나 이렇게 도달한 출발점인 '경험'은 나에게 있어 바로 출발점이 될 수 없었다. 그것은 '나'의 '경험'이며, 게다가 그 '나'는 추상적인 '나'가 아니라 '일본인'인 나였기 때문이다. 그리고 나의 경험은 '일본어' 안에서 일어나기 때문이다.…

'경험'의 중핵을 이루는 인간관계에 있어 '너-너' 관계가 일본인들의 경험의 구체적인 양상이라 생각했다. 생각했다고 표현했지만 그것은 생각해냈다는 의미가 아니라 일본어 그 자체가 그러한 구조를 통해서 언표(言表)되었다고 할 수 있다. 여기서 '너'는 물론 '나'에 대한 '너'이며 '나'는 그 '너'에 대한 '너'라는 점이 중요한 것이다. '나'가 이미 '너'에게 있어 '너'라는 것, (이것은 말장난이 아니다) 이와 같은 방식이 '나' 안에 모든 '정념'의 기점, 혹은 이유가 된다는 것이 요점이다.

……

'이항방식' 혹은 '2인칭 관계'는 널리 인간관계에 보이는 현상으로 그것은 본질적으로 불투명한 정념(情念)에 있어 1인칭-3인칭 관계 속으로 침입하고자 하는 인간들의 경향에 기반하고 있다. 그러나 일본인에 있어 이것은 도구적이지 않으며 이것 자체가 '경험'의 구조라는 점에서 특수한 의미를 가지고 있다. 이것을 분명하게 하는 것은 일본어와 그 구조이다. 어휘, 조동사, 동사의 에스펙트(aspect, 상(相)) 등, 문법의 구조 그 자체 안에도 이항방식과 직접적으로 관련된 것이 있다. 아니, 경어법에 대해서 다른 곳에서 서술했듯이, 이런 것이 일본어의 평상적인 모습이며, 유럽어에서 통상 보이는 1인칭-3인칭적 관계 방식은 일본어에서는 예외적이다.…

인간관계의 직접태(直接態)인 '정념(情念)'은 본래적으로 1인칭-3인칭 관계에서 나타나는 것으로, 2인칭 관계는 그 특수한 변용으로서 그 안에 포섭된다. 일본인의 '경험'에 있어 특수한 것은 이 2인칭 관계가 앞서 언급했듯이 변용태(變容態)로서가 아니라 상태(常態)로서 거기에 나타난다는 것이다.…

2인칭에는 두 종류가 있다. 첫 번째 상대로서의 2인칭, 즉 언제나 3인칭으로 변화할 수 있는 2인칭이며 두 번째, 1인칭이 2인칭에 대해 2인칭이듯 언제나 1인칭으로 되돌아 갈 수 있는 2인칭이다. 1인칭은 자각된 주체, 3인칭은 외부를 향해 감추어진 주체이기 때문에 본질적으로 상황은 같은 곳으로 귀착되는데 1인칭과 3인칭은 끊임없는 긴장관계에 있다. 물론 이 긴장 상태는 생리적, 심리적인 것이 아니라 본질적으로 의지적인 것이다. 생리적, 심리적으로 보이더라도 본질적으로 의지적이다.

'이항 관계'는 1인칭-3인칭 관계가 가지고 있는 고뇌적(Angst) 요소로부터의 도피를 의미한다고 생각한다.… '이항 방식(二項方式)' 내부에서는 모든 것이 완전히 바뀐다. 서로 자신에게 있어 상대는 2인칭이며 '너'이며 게다가 '사적인' 관계이기 때문에 그곳에는 '사랑' 혹은 '위안(comfort)'과 '고뇌(Angoisse)'의 끊임없는 교체가 시작된다.… 사실 자신도 타인도 언제든지 1인칭이 될 수 있으며 상대에게 있어 3인칭이 될 가능성을 보지(保持)하고 있다. 또한 현실에서 이와 같은 일이 일어난다.

그러면 '안심'은 '불안'으로 '위안'은 '고뇌'로 변모한다. 1인칭인 자기는 타자와 직면하는 자기 존재 그 안에 고뇌의 원천을 가지고 있다.···

인칭의 문제는 '경험'과 '사상' 전달 방법에 관한 문제로 그 내용, 혹은 실체에 관한 것이 아니기 때문에 '경험'이나 '사상'의 문제는 아니지 않을까라는 의문을 제기할 수 있다. 예를 들면 번역이라는 것이 있다. 파스칼이나 데카르트, 칸트(Immanuel Kant, 1724-1804)를 불어나 독어에서 일본어로 번역할 수 있다. 이들을 기재하는 언어가 바뀌어도 이들 철학자의 사상이나 철학은 본질적으로 아무런 차이가 없는 것은 아닐까? 이 의문에 대답하는 것은 상당히 어렵다. 어떤 의미에서는 맞고 어떤 의미에서는 틀리기 때문이다. 그리고 일본어 내부에서도 이와 같은 의문이 들 수 있기 때문이다. "이것은 책(이다)"와 "이것은 책(입니다)"의 경우, 두 사람의 사회적 관계나 그것을 전달하는 방식의 차이를 확실히 인정할 수 있지만 여기에 있는 것이 책이라는 '사실' 혹은 주장에는 아무런 차이가 없는 것은 아닐까? 그것은 어떤 하나의 말을 서서 하든 앉아서 하든 혹은 무릎을 꿇고 하든 그 내용은 같다는 것과 같은 논리라고 생각할 수 있을지도 모른다.···

"이것은 책이다"라는 문장은 추상적 그리고 문법적으로 일단 "A는 B다"로 치환할 수 있는데 이때 A, B가 변하면 반드시 같은 성질의 문장에 머무른다고 한정할 수는 없다. 따라서 내용이 그것을 말하는 말의 형식과 무관하다고 말할 수 없다.··· 눈앞에 눈으로 보고 손으로 만질 수 있는 하나의 물체가 있고 이것을 '책'이라는 이름으로 부른다. 감각적으로 인지하고 계량적으로 한정할 수 있는 한 개의 물체와 그것을 어떻게 부를까는 약속의 문제이며, 책이라는 말의 정의의 하나의 적용, 혹은 예시이다. 또 "이 책은 200페이지이다"라는 문장은 책이라 불리는 것의 양의 문제이며, 페이지 수를 세면 어떤 표현을 하든 어떤 언어를 사용하든 한 가지 의미로 확정된다. 이런 것은 일정한 약속만 지키면 어느 나라 말이든 정확하게 표현할 수 있다. 이것은 감각의 대상이 되며 게다가 계량적으로 규정할 수 있으며, 그 이름, 나아가 이들 상호간의 공간적 시간적 관계이며, 보통 '과학'의 대상이 된다. 이것은 대개 기호체계를 통해 보다 정확하게 표현할 수 있다. 물론 이 기호체계는 말을 통해 정의, 분석, 법칙에 관한 명제로 표현할 수 있으며 이 경우 물론 3인칭의 형식을 취한다.···

인문과학, 혹은 사회과학은 본래적인 의미의 '과학'과 '경험'이 복잡하게 교차하며 어떤 의미에서는 그 전체를 경험의 대상으로 삼아야 하지만 그 내용에는 방법적으로 전혀 다른 길을 가야만 하는 대상이 교착(交錯)하고 있다는 것을 알아야 한다. 이와 같은 의미에서 과학은, 또는 과학의 대상은 '경험'안에 포괄되어 있기는 하지만 그 자체는 과학과는 이질적이며 방법은 이 한계 내에 머물러야 한다. 그 대상은 '비인칭적'이며 기술될 때 문법상으로만 3인칭으로 되어 있다. 이는 '종교'가 직접 '경험'의 대상이 되지 않고 '믿음'이란 의지의 특수한 움직임을 통해 '경험' 안에 이질적인 영역을 구성하고 있는 것과 비슷하다.···

이제 '경험'과 '체험'을 분명하게 구별할 수 있을 것이다. '경험'이란 이질적인 영역을 향해 개방되어 있는 반면 '체험'이란 그 반대로 이질적인 영역에 대해 닫혀 있으며 자기 '경험'의 명증성(明證性) 안에 정지하는 '경험'을 말한다. 좀 더 일반적으로 말하면 그것은 도처에 '이항 방식'(이것은 일종의 명증성의 방식이기도 하다)을 설정해 간다.··· [JWH/박은희]

# 야기 세이치

八木誠一, 1932-

야기 세이치는 우치무라 간조(內村鑑三, 1861-1930)의 '무교회' 전통을 따르는 요코하마의 저명한 기독교 집안에서 태어났다. 야기는 도쿄대학(東京大學)과 괴팅겐대학(University of Göttingen)에서 신약 성서를 공부하고 1967년 규슈대학(九州大學)에서 박사과정을 마쳤다. 도쿄공업대학(東京工業大學)에서 명예 교수로 은퇴하기까지 일본의 여러 대학에서 교편을 잡았으며, 함부르크와 베른에서 객원교수로 초청을 받았고 베른대학(University of Bern)에서 2000년에 명예박사 학위를 받았다. 성서학자로 훈련받은 그는 루돌프 불트만(Rudolf Karl Bultmann, 1884-1976)의 비신화화론과 다키자와 가쓰미(瀧澤克己, 1909-1984)*의 사상에서 영향을 받았다. 야기의 초기 간행물은 신약성서 연구에 대한 것이었다. 그러나 1975년에 출판된『불교와 기독교의접점』이래, 그의 관심사는 점점 더 종교 간의 대화를 위한 철학적 기초에 초점을 맞추어 갔다. 수많은 출판물을 통해서 그는 1982년에 결성된 일본의 불교기독교 학회를 처음부터 이끌었으며, 이윽고 일본에서 불교와 기독교의 대화를 주도하는 대표적 학자로 인정받았다.

최근 몇 년 동안 야기는 그가 니시다 기타로(西田幾多郎, 1870-1945)*의 「장소(場所)」의 논리에서 영감을 얻은 상징적 논리를 구사하면서 작업을 시도했다. 그의 초창기 저서에서 발췌한 이하의 글에서 그가 불교의 지식론을 사랑에 대한 기독교 신학의 견해와 섞어서 하나의 종교적 진술, 즉 참되고 깊은 자기를 깨닫기 위해서 자아 중심적인 실존을 극복하는 길을 주장하고 있음을 엿 볼 수 있다. 그가 교리적이고 실천적인 수준에서 바울의 신학을 신란(親鸞, 1173-1263)의 정토진종, 그리고 선불교적인 자각에 대한 서원(誓願)에 초점을 맞추고 있는 것은 바로 이러한 입장에서 비롯된 것이다.

[TPK/김승철]

---

## 종교간의 대화의 철학

야기 세이치 1978, 1-11; 115-17

### 이기주의

이기주의는 자아가 초월 및 다른 자아와의 관계에서 성립된다는 자신의 본래적 모습을 무시한 채 스스로를 자기가 바라는 방향으로 투영하려는 삶의 방식이다. 그것은 이러한 방향이 실현되도록 노력하고 있으며 그러한 노력을 타자뿐만 아니라 실재의 본래 모습 역시 그러하다고 강변한다. 다시 말해서 이기주의란 타자를 지배하려는 시도일 뿐만 아니라 타자들로 하여금 투영을 인정하도록 강요한다. 나아가 실재(實在) 자체를 자기 마음대로 해석해서 그렇게 해석된 대로 자신의 투영을 정당화하고자한다. 예를 들어서, 자신보다 위에 있는 어떤 권위도 견딜 수 없는 이기주의자는 통치자로서의 신의 존재를 거부한다. 그와는 달리 전능한 존재를 자신의 후원자로서 삼아서 자신의 안전을 추구하려는 이기주의자는 그러한 신을 만들어낸다. 이렇게 해서 이기주의자는 끊임없이 환상을 만들어낸다.

　자아가 바라는 상태를 실현하기 위해서 이기주의자는 우선 자신의 존재의 안전을 추구한다. 이 목적을 위해 그는 부와 재산을 추구한다. 둘째로, 그는 실재의 구조 안에서 자기가 처한 위치를 알아야 한다. 그는 경험적 실재에 대해서 쓸모 있는 지식을 추구한다. 그 결과 자신의 자기 이미지의 실현이 가능해 진다. 셋째, 그는 권력을 필요로 한다. 왜냐하면 그는 자신의 자기실현을 위해서 권력이 필요하기 때문이다. 넷째, 그가 실현하려는 자아의 상태는 자기가 원하는 내용을 갖고 있어야 한다. 이 내용은 단지 자아의 욕망을 성취하는 것만이 아니다. 그것은 훌륭하게 보여야 하는 것, 즉 자신이나 타자에게 바랄만 한 가치가 있는 어떤 것이어야 한다. 사람들이 자신을 위한 삶을 형성해 가고 자신들의 잠재성을 실현해서 어떤 위대한 일을 이루는 것이 반드시 이기적일 필요는 없다. 이러한 것들은 본래적 실존을 실현한 결과일수 있다. 즉 자기가 의도적으로 추구하지 않았던 결과일 수 있다. 이기주의는 한 인격이 이러한 결과들을 의도적으로 추구하는 것이며, 이를 타자나 초월자와 무관하게 추구하는 것이다. 나아가 그가 바라던 자기실현을 얻었을 때 이기주의자는 나르시스처럼 자신의위대한 모습에 도취되어 버린다.… 이 경우에는 이기주의자가 자신을 객관화하고, 그는 모든 관심을 기울여서 이처럼 객관화된 자신을 바라보고 있음이 분명하다.… 이러한 식의 이해는 분별지가 실재를 파악하는 사고방식과 근본적으로 동일하다.

### 분별지(分別智)

　분별지는 객체를 주체에서 분리하여 실재를 각각의 단위로 분해하여 객관적인 실재의 다양성을 그러한 실체적인 단위의 조합이라고 설명한다. 변화는 인과적이고 목적론적인 관점에서 설명된다. 이제 우리들이 자신을 이러한 분별지를 가지고 이해하게 되면 무슨 일이 일어나는가? 우리는 스스로를 객관화한다. 우리는 서로서로 분리된다. 객관화된 자기를 오직 자기 자신만을 통해서 존재하는 그 무엇인 참된 자기라고 간주하게 된다. 자기가 인간적인 관계에 인과론적 사고를 적용하면 인격적인 관계를 자신의 자기실현을 위해서 악용한다. 이러한 사고방식이 이기주의나 이기주의적자시 실현과 연결될 수 있음은 자명하다. 분별지 그 자체는 결코 이기주의가 아니다. 그러나 이기주의는 분별지의 도움으로 발생한다.

### 기독교적 사랑

　사랑은 이러한 이기적인 자아실현의 방식을 극복한다. 자기가 욕망하는 방식으로 자신을 그려내려는 시도, 그렇게 그려진 자기를 실현하기 위해서 타자에게 그것을 강요하려는 시도를 극복한다. 이러한 사랑, 즉 아가페(agape)는 인간의 자기가 만들어 내는 것이 아니다. 그것은 인간 실존의 근본 구조를 통해서 결정된 삶 그 자체의 작용이고 표현이다. 반대로, 인간 실존의 근본 구조는 사랑 안에서 드러난다. 그것은 우리가 아가페 안에서 서로를 사랑할 때 빛을 발한다, 이러한 의미에서 그것은 객관적인 인식에 의해 드러나는 것이 아니다. 우리들은 자신을 향한 타자의 사랑을 객관적인 관찰을 통해서 확인할 수 없다. 사랑할 때 우리는 사랑이 무엇인지 이해하게 된다. 동시에 우리는 인간의 자기의 본성을 이해하게 되고, 인간의 자기는 사랑의 주체와 객체라는 본래적인 모습을 찾게 된다. 이러한 방식으로 인식하는 것을 우리들은 '자기 인식'이라고 부른다.

　자기 인식은 자기가 스스로를 객관화하거나 자기 자신을 관찰하여 얻는 인식이 아니다. 그 경우에는 객관화할 수 없는 주체로서의 자기의 본래적 내용이 주체에게는 드러나지 않는다. 진정한 자기 인식은 주체가 자기 자신에게 '드러나는' 인식의 방식이다. 주체의 내용은 주체가 주체로서 행동할 때 경험되고 드러난다. 그것은 스스로 자유로운 주체로서 활동함으로써 자유가 무엇인지 아는 이치와 마찬가지이다. 하지만 사랑을 이해하는 일은 이러한 자기 인식에 머물지 않는다. 그것은 또한 믿는 지식이다. 사랑하는 사람은 사랑이 자아 그 자체로부터 비롯되는 것이 아니라 자아를 초월하는 깊이에서 비롯된다는 사실을 알게 된다. 그것은 신적인 인간적인 활동 (혹은 '그리스도' 갈라디아서 2:19-20)의 단일체인 자기로부터 비롯된다. 그러나 사랑이 초월자로부터 비롯된다는 사실은 우리는 객관적으로 관찰할 수는 없다. 그러므로 우리는 사랑은 초월자로부터 비롯되었다고 믿고 또 알게 된다. 사랑은 인간 실존의 근본 구조로서의 자기보다 더 깊은 지점에서 비롯된다. 하지만 사랑은 이러한 구조에 제한을 받으면서 활동하게 된다.

인간 실존의 본질은 사랑에서 밝혀진, 즉 자기는 자기와 그 자기를 인식하는 자아로 구성되어 있다. 하지만 자기는 자기 자신만을 통해서 이루어지는 것이 아니다. 나는 너와의 관계에서 나이다. ("태초에 관계가 있었다"라고 마틴 부버(Buber, Martin)가 말하는 것처럼) 이러한 의미에서 자기는 자기 자신을 통해서 스스로 존재하는 어떤 실체적 단위가 아니다. 그것은 오히려 극(pole)과 같은 것이다. 일반적으로 말하자면, 극은 다른 극과의 관계에서 극이다. 자석의 두 극처럼 하나의 극은 다른 또 하나의 극과 떨어져 있고 또 정반대의 것이지만, 한 극은 다른 극과 분리된 채 존재할 수 없다. 사랑 안에서 인간의 자아는 인격적 관계 안에 있는 극이라는 사실이 분명해진다.… 사랑하는 사람은 신의 작용이 사랑의 근거라는 사실을 알고 또 믿으며, 사랑의 공동체를 형성하는 가운데 신의 의지가 실현된다는 사실을 안다. 그는 그러한 공동체가 실현될 것이라는 비전을 가지고 있고 또 거기에 참여한다. 사랑의 행위는 이렇게 해서 초월자의작용에 의해서, 그리고 그 일에 참여하는 사람의 자유로운 결단을 통해서 하나의 사건이 된다. 자유로운 결단의 주체는 지금 여기라는 역사적 현실 안에 존재하는 인격의 행위이다. 그래서 그것은 또한 자아의 분별지의 주체이기도하다. 사랑은 분별지를 이용하고, 분별지는 사랑의 작용이 된다. 이러한 순서는 바뀔 수 없다. 우리가 종교적자기의 구조를 생각할 때 우리는 바로 이 자기(자기-자아)는 신의 작용의 표현임과 동시에 분별지의 주체라는 사실을 분명히 알아야 한다. 하지만 이것이 분별지의 주체라는 점에서 분별지는 언제나 자신을 이기적으로 배려할 수 있게 된다. 즉 분별지는 자기가 그 가장 깊은 본질에서 자기 안에서 일어나는 신의 사랑이라는 작용의 표현이라는 사실을 간과해 버리는 것이다.

## 통합

극과 극 사이의 관계를 우리는 '통합'이라고 부른다. 통합에 대한 전형적인 예는 '그리스도의 몸'으로서의 성도들의 공동체이다. 일반적으로 말하자면 통합은 여러 개인으로 구성된 시스템이다. 그들 각각은 독립적이고 한 사람은 다른 사람에게 의존하거나 일방적으로 지배되지 않는다. 다른 한편, 그들 중 누구도 다른 사람들과 분리되어서 존재할 수 없다. 각자는 다른 사람에 의해서 중재되고 또 타자와의 관계를 통해서 자신의 의미를 가진다. 다시 말해서 통합 속에 있는 각자는 지금 우리가 쓰고 있는 용어로 하자면 '극'인 셈이다. 그리고 이들 극이 전체로서 하나의 시스템으로 결합되어 있다. 통합에 대한 비유로서 음악도 생각해볼 수 있다. 음악은 많은 소리로 구성되어 있으며 각각의 소리는 자신만의 개성을 가지고 있다. 그러나 각각의 음악 소리는 전체와의 관계에서 그리고 다른 소리와의 관계에서 존재한다. 다시 말해서 각각의 소리는 이러한 관계를 통해서 규정된다. 이런 소리들이 함께 하나의 시스템을 만들어낸다. 음악 소리가 다른 소리와의 관계에서, 전체와의 관계에서 존재하기 때문에 각각의 소리는 다른 소리나 전체를 인식하고 또 반영한다. 만일 우리가 이러한 사실을 인식하지 못하면 우리는 음악을 이해할 수 없다. 음악이 인간의 '마음속에서' 형상화되는 것처럼 통합은 신 '안에서' 이루어진다.(요한일서 4:7이하) 이러한 맥락에서 신은 '통합하는 힘의 장(場)'으로서 이해된다.…

## 불교의 깨달음

우리의 일상생활에서 이해되는 현실, 우리가 잘 알고 있다고 믿고 있는 현실은 결코 있는 그대로의 현실이 아니다. 오히려, 그것은 분별지에 의해서 인식된 세계이다. 그것은 분별지의 틀을 가지고 찍어낸 고도로 인공적이며 이차적인 현실이다. 따라서 그것은 사회적으로 또 역사적으로 제한된 것이다. 이런 맥락에서 '사실'은 이 맥락에서 모든 사람에게 공통적인 객관적인 사실이다. 사물의 본질은 그들의 자기 정체성(selfidentity)이라고 이해된다. 현실은 그의 근본적인 구성체인 실체로 분해된다. 다양성은 단위의 조합으로, 변화는 인과론적 법칙의 작용으로 설명된다. 인간은 자신을 객관화하고, 객관화된 자기를 참된 자기라고 여긴다. 즉 무언가 실체적이고 오직 자기 자신에 의해서, 자기 자신만으로 존재하는 어떤 것으로 여겨지는 것이다. 실재와 자기에 대한 이런 이해는 이기주의와 쉽게 결합된다. 그렇게 되면 이런 결합은 현실에 대한 자신의 이해에 끊임없는 현혹을 양산해낸다.

그러나 불교에 따르면 현실에 대한 이러한 이해는 궁극적인 것이 아니다. 보다 '일차적인' 현실이 우리에게 나타날 수 있다. 그것은 분별지의 틀을 제거한 것이다. 그렇게 되면 현실에 대한 우리의 이해는 객체화, 관념화, 실체화로부터 자유롭게 된다. 이러한 방식으로 현실은 분별지의 틀 안에 설정되기 이전의 모습으로 우리들에게 드러난다. 이때 주체와 객체는 다른 것도 동일한 것도 아니라는 사실이 드러난다. 주체는 주체이지 객체가 아니며, 객체는 객체이지주체가 아니라는 것은 사실이다. 그러나 실제로는 주체에서 분리된 객체는 없고, 또한 객체에서 분리된 객체도 없다. 주체와 객체는 하나도 아니고 둘도 아니다. 실재는 분별지의 틀 안에 갇혀서 관념화로 매개되기 이전의 직접성 속에서 스스로를 드러낸다.

[LS/김승철]

# 생(生)의 서원(誓願)

야기 세이치 1988, 115-17

이기주의에서 '자아'의 직접적인 자기 긍정과 분별지는 한데 묶여 있다. 자아 자체는 분별지와 함께하면서 자신을 '단순자아'로 이해하는 반면, 단순자아는 스스로를 긍정하기 위해 자신이 분별지를 통해 다스리는 세계를 규격화한다. 하지만 단순자아의 자기 긍정도 구세주에 대한 신앙 속에서는 풀어지고 사라진다. 신앙이 분별지를 극복하도록 이끌어주는 것이다. 단순자아의 극복은 깨침(눈뜸) 속에서 일어나며, 이 깨침으로 단순자아의 자기 긍정이 풀어진다. 그 결과 두 경우 모두에게 있어서 이기주의와 분별지의 결합은 깨진다.

기독교와 정토종(淨土宗)에서 신앙의 결과는 모두 단순자아의 자기 긍정이 그 자아를 통해서, 그리고 그 자아 스스로 포기되는 것이되, 자기 수여를 실행하는 자가 자기 자신에게 귀속되지 않음으로써 수여의 외부에 머물게 되는 그런 방식으로가 아니라, 수여하는 이가 자아는 궁극적 주체가 아니고 전체 인간 존재는 초월에 의해 긍정되고 탄생된다는 사실에 눈뜨게 되는 그런 방식으로 포기되는 것이다. 그것이 정토종에서의 타력(他力, 다른 이, 즉 아미타의 강력한 행위)의 의미이다. "이제 사는 것은 내가 아니라 그리스도가 내 안에서 산다"(갈라디아서 2:20)는 이에 대한 또 다른 표현이다. 이와 함께 자기 실존의 일의성이 부각된다. 즉, 내가 존재한다는 것은 내가 죽고 그리스도(정토불교의 경우는 아미타)가 내 안에 사는 것을 의미한다. 이제 전적인 일의적인 언어로 무장한 자아와 분별지의 독점적인 지배는 끝난다.… 깨침은 자신이 존재자들의 원(圓) 안에 있음을 이해하고 파악하는 것을 의미한다.… 그래서 그 이는 자신이 끊임없이 만나는 '객체', 즉 '너'를 상대 극으로 하는 하나의 극으로 자신을 이해하게 된다.…

그러나 이상하게 들릴지도 모르지만, 이것은 자아와 그 자신의 몸(body) 및 그 육체성과의 조화를 의미한다. 그 몸이 단순자아에 대해 심지어는 분별지를 따라 '멋대로 사는' 자아에 맞게 항상 우호적인 태도로 정향되어 있는 것은 아니다. 종종 그것은 저항하기도 한다. 자아가 의지를 통해 몸을 이용해서 그것을 지배하려고 시도할 때 그것은 저항한다. 추상적인 의지를 지닌 자아가 스스로를 지배하려 드는 만큼 자아는 자신의 몸을 단순한 육(flesh)으로 격하시키게 되며, 그러면 몸은 그만큼 더 큰 저항을 하게 된다. 따라서 신앙 안에서, 그리고 깨침 안에서 일어나는 단순자아의 극복은 몸과의 조화로 이끈다. 그때 인간은 자신을 추상적인 정신(이성 의지)으로서보다는 생명(Life)으로 이해하게 된다.

사실 '생명'은 신약성서와 정토종 모두에서 근본으로 중요한 개념이다. 바울로에게 몸은 성령이 거하시는 장소이다(고린도전서3:16). 불교에서의 인간 구원 혹은 인간 존엄성은 예를 들어 헬레니즘적 종교들과는 달리 결코 영(사고하는 본질)이 몸에서 분리(해방)되는 것으로 이해하지 않는다. 불교의 자아를 그 자체로 불멸하면서 사고하는 실체로 보는 관점은 일종의 망상이다 그렇지만 자아가 몸과 조화를 이룬다고 한다면 자아는 자신을 어떻게 이해하는 것일까? 생명은 존재자들의 원(圓)을 형성하기 위한 '의지를 지닌' 것으로서 자신을 자체 안에 드러낸다. 그것도 개체가 — 그의 가능성들, 즉 개체성으로 발전될 수 있도록 하기 위해 — 원 안에서 한 극으로 작용할 때, 그의 부분원도 모든 개체를 자체 안에 통합시키는 방식으로 드러내는 것이다.

우리는 이것을 '생의 서원'(vow of Life)이라는 근본 정향에 기초한 '생의 의지'(will of Life)라 부르고자 한다. '서원'(誓願)은 물론 정토종의 근본용어이다. 정토종에 의하면 아미타불은 자기의 이름을 부르며 고백하는 모든 신봉자가 죽은 후에 '정토'(淨土, Pure Land)에 왕생하여 깨침을 얻게 해달라는 서원을 세웠다. 정토종에서 아미타의 서원은 인간이 이러한 실현을 믿을 때 틀림없이 자체를 현실화할 강력한 그 무엇이다. '서원'의 개념은 히브리 성경에서 '하느님의 의지에 근거해 그 자체를 실현하는 것'으로서의 '에메트'(emeth)의 개념이 의미하는 바와 밀접히 연결되어 있다.…

자아는 생의 서원이 스스로를 드러내고 계시하는 장소이다. 생의 서원이 자아 안에 스스로를 드러낼 때, 생의 서원은 그와 관련된 특정한 인간의 서원이 된다.…인간의 삶은 자기 의식적이고 자기 이해적인 삶이며, 따라서 생명이 삶 안에서 자기의 본질을 빛으로 이끌어주는 삶이다.… 생명이 없는 빛은 추상적이고, 빛이 없는 생명은 악마적이다. 그 생명은 어둠으로 몰고 가기 때문이다. 생명과 빛은 서로 없이 있을 수 없다. 여기서 우리는 철학과 종교가 어떻게 서로를 요청하는가를 본다.

더 나아가 깨침, 눈뜸이 왜 절대적으로 필요한가가 분명해진다. 초월은 항시 인간에 작용한다. 하지만 인간이 그것을 인식하지 않는 한 생의 서원이라는 의미에서의 의식적인 '의지'도 그에게 영향을 끼칠 수 없다.… 오직 우리가 초월에 의한 '생의 서원'에 눈뜰 때에만 그것은 그 자신의 서원이 된다. 참된 자아에 대한 이해와 눈뜸은 참다운 생(生)을 위해서 불가결한 조건이다.…

[LS/김승철]<sup>12)</sup>

---

12) [한] 야기 세이치, 레너드 스위들러 『불교와 그리스도교를 잇다』, 이찬수 옮김(분도출판사, 1996), pp.183-189를 기본으로 하면서 필요에 의해서 번역자가 부분적으로 수정하였다.

# 중앙공론

中央公論, 1941-1942

1941년 11월과 1942년 11월 사이에 교토학파(京都學派) 제2세대 교수 네 명은 '세계사적 입장과 일본(世界史的な立場と日本)'이라는 주제로 유명한 토론을 가졌다. 이들의 토론은 얼마 뒤『중앙공론(中央公論)』에 실렸으며 1943년 동명의 학술 서적으로 발간되었다. 고사카 마사아키(高坂正顯, 1900-1969)는 교토대학(京都大學) 인문과학 연구 소장이었으며 고야마 이와오(高山岩男, 1905-1993)와 니시타니 게이지(西谷啓治, 1900-1990)는 같은 대학 철학과에서 강의를 했으며 스즈키 시게타카(鈴木成高, 1907-1988)는 서양사를 가르쳤다. 네 명은 일본 육군 팽창주의자의 열망에 반대하는 여론을 만들기 위한 지적 기반을 만들어 주길 희망하는 일본 해군의 부탁으로 만났다. 불행히도 첫 번째 좌담이 활자화되었을 때는 이미 진주만 공격이 발발한 뒤였기 때문에 편집자는 도조 히데키(東條英機, 1884-1948)의 군국주의에 관한 모든 부정적인 언급을 삭제하기로 결정했다.

첫 번째 논의는 근대 세계사가 단순히 나머지 지역을 향한 유럽의 행동이 아니라는 사실의 중요성에 대해 언급했다. 근대 역사상 처음으로 유럽과 미국의 외부에 국제 업무를 담당할 주요 국가 기관이 생겨났다. 참가자들은 이 새로운 맥락에서 발생하는 철학적 문제를 탐구했다. 여기에는 상충되는 정치 모델, 국가 기관의 여러 센터를 기반으로 한 세계 질서, 모든 동아시아 국가의 자결의 필요성, 그리고 각국이 자신의 '도덕적 에너지'를 개발하여 새로운 글로벌 컨텍스트 속에서 자신의 역할을 수행할 수 있기를 희망한다는 내용이 담겨 있다. 필요한 것은 추상적인 헤겔 이론에 근거하지 않는 그리고 실제 세계정세에 기반을 둔 소위 세계 역사적 관점에서 나오는 세계사 철학이라는 점에 참석자들은 모두 동의했다.

두 번째 논의는 태평양 전쟁이 일본에 유리한 형태로 진행되고 일본 군대가 특히 동아시아로 진출할 때 이루어졌다. 네 명의 철학자는 이러한 일본의 행동을 어떻게 하면 옛 세계 질서에 전형적으로 나타나는 제국주의적 팽창주의의 일본 버전과 다르게 설명할지 고민했다. 어떻게 하면 '대동아공영권'을 철학적으로 재구성하여 첫 번째 논의에서 제시된 이상을 따라갈 수 있을까? 역설적이게도 참가자들은 예를 들어 중국 자결의 가능성을 지키기 위해 일본이 중국을 정복해야만 한다고 주장했다. 일본의 보호로 유럽의 식민지 분할에서 자유로워진 중국은 자신만의 도덕적 에너지를 발견해야 한다는데 의견을 같이했다. 새로운 세계의 역사적인 순간에 자신의 역할을 찾을 수 있는 가장 좋은 기회라는 것이다.

세 번째 논의가 있을 즈음 일본의 군사력은 역전되기 시작했다. 1942년 6월 미드웨이에서의 처참한 패배는 일본이 세계 역사의 주도력을 잃었으며 점점 더 수비적 자세를 취하게 됨을 의미했다. 참가자들은 유일한 선택이 '총력전'임을 깨달았다. '총력전'은 모든 물리적 자원을 군사화할 뿐만 아니라 정신적, 지적 능력을 포함하여 국민과 국가의 모든 면을 포함한다. 논의를 통해 일본만이 아니라 일본의 '도덕적 에너지'에서 영감을 얻은 대동아공영권 전체가 세계 정치의 사상적 변화를 요구하게 될 것이라는 희망이 표명되었다. 그리고 이 변화를 통해 결국 각 국가는 자신의 도덕적 에너지를 발신하며 새로운 다(多) 중심의 세계 질서 속에서 자신의 세계 임무를 자각하게 될 것이라 주장했다.

일련의 논의는 세계의 구체적인 사건을 통해 제기되는 세계사의 새로운 철학에 대한 이상주의적 비전에서 시작되었다. 참가자들은 새로운 철학이 세계를 이해할 수 있는 새롭고 보다 나은 방법을 제시할 수 있다고 믿었다. 그러나 아이러니하게도 토론이 끝날 때까지 그들의 철학적 사유를 추월한 것은 세계의 구체적인 사건이었다. 참가자들은 원래 자신들의 철학이 부인하려 했던 일본의 행동을 합리화하기 위해 자신의 지적 능력을 사용했다.

[TPK/박은희]

---

## 제1탄 1941년 11월 26일

중앙공론 1943, 6-8, 11-12, 14, 18-20, 24-6, 30-4, 42-4, 82, 92-102, 106-10, 125-6

---

**고사카(高坂) :** … 철학이란 단순히 존재하는 것들의 기반을 마련하는 학문이라기보다 한 걸음 더 나아가 역사적으로 변동하는 것에 대해 방향을 제시하는 학문입니다. 방향을 결정하는 학문인데요, 세계사의 방향이라는 것은 동양에서 볼 때와 서양에서 볼 때 상당한 차이가 있지 않습니까? 요컨대 문제는 세계라는 것을 어떻게 인식하는가에 있다고 생각합니다. 유럽인의 관점에서 보자면 스즈키(鈴木) 씨도 말했듯이 유럽의 위기라고 생각할 수 있습니다. 그리고 우리 관점에서 보아도 세계의 위기라고 생각할 수 있죠. 그러나 우리가 보는 것과 서양인이 보는 것은 조금 다릅니다. 왜냐하면 세계를 보는 관점, 생각하는 방식이 어딘가 다르기 때문입니다. 세계라는 것은 신중히 생각하지 않으면 안 됩니다.

**고야마(高山) :** 유럽 사람들이 생각하는 세계사와 우리들이 생각하는 세계사는 상당히 다르다고 생각합니다.

**고사카 :** 아무래도 그런 느낌이 들어요, 차이가…

**고야마 :** 당연히 있겠죠. 진정한 의미로 세계사라는 것을 절실히 느낄 수 있는 것은 유럽 사람이 아닌 우리 일본 사람이라고 생각해요. 그리고 그것이 정당하다고 생각합니다. 왜냐하면 이것은 일본인의 주관적 관념이 아니라 세계사 자체 안에 근거를 가지고 있기 때문입니다. 저는 그렇게 생각합니다.

**고사카, 스즈키 :** 동감입니다.

**고사카 :** 세계사 철학이라는 것을 진지하게 문제 삼는 경우는 일본 외에 별로 들어본 적이 없어요. 얼마 전에 슈펭글러(Spengler, Oswald, 1886-1936) 같은 사람이 서양의 멸망을 이야기 하긴 했지만.

**스즈키 :** 역시 일종의 일본의 혁신적 세계 인식…

**고야마 :** 독일에 브란덴부르크(Brandenburg)라는 역사가가 『유럽과 세계』라는 책을 썼는데, 여기 담긴 생각이 하나의 대표적인 예일지 모르겠어요. 이 사람 생각에 의하면 진정한 세계사는 20세기가 되어 시작되었다고 하네요. 유럽 이외의 세계도 20세기가 되어 점점 유럽과 대항하게 되었고 종래와 같이 단순하게 유럽이 세계를 지배할 수 없게 되었다는 것이지요. 유럽 이외의 국가, 예를 들면 일본이나 아라비아, 그 밖의 식민지도 유럽의 뜻대로 되지 않게 되었다는 거죠. 국제연맹이 생기자 어쨌든 형식상으로는 동등한 권리를 가지게 된 겁니다. 유럽도 하나의 세계가 되어 최근에야 비로소 진정한 세계사가 만들어지고 있다는 취지였어요. 잘 기억나지 않지만 과거의 역사를 세 개의 문화권 즉, 유럽 문화권, 동아시아 문화권과 서아시아 문화권의 관계라고 생각하고 있었어요. 같은 의미로

러시아가 유럽에 속하는지 아닌지에 대해서도 문제 삼고 있고요. 이 사람은 결국 유럽이 분열해서는 위험하다고 경고하고 있지만 어쨌든 새로운 생각이라 조금 재미있었습니다.…

……

**니시타니(西谷):** 유럽인들에게 있어 아시아 문제는 자신들에게 닥친 통절(痛切)한 문제가 아닙니다. 우리들에게 있어 유럽의 문제가 통절한 문제인 것에 반해서 말이지요. 여기에 차이가 있습니다. 유럽은 아시아를 자신들의 활동을 위한 소재라는 식으로 밖에 여기지 않지만 우리는 유럽의 능동성에 대해 능동적으로 대처한다는 사실이 문제입니다. 이것을 '나'와 '너'의 관계로 비유하자면 유럽은 '나'의 일방적 입장이라고 할 수 있어요. 따라서 유럽에서는 위기의식을, 일본에서는 세계 신질서를 이야기하는 겁니다. 현재 일본에서 세계사나 세계사 철학을 새로운 의미로 생각할 수 있다면 그것은 방금 이야기한 차이 때문이 아닐까?

……

**스즈키:** 프랑스 국수주의는 라틴주의, 즉 서구주의로 유럽의 올바른 전통이 라틴 민족에게 혹은 서구에 있다고 하는 생각입니다. 이와 같은 관점에서 보자면 독일도 오리엔탈리즘이 됩니다. 그래서 유럽에는 사이비 동양주의가 있어요, 독일 오리엔탈리즘이라든지 러시아 오리엔탈리즘이라든지, 이러한 사이비 오리엔탈리즘(pseudo-orientalism)이 유럽에 있는 거죠. 그렇다면 오늘날 아시아의 자각은 어떤지 살펴보면 일본이든 중국이든 인도든 대체로 유럽적인 교양을 가진 아시아인이 민족운동을 일으키는데 이는 고전적인 아시아의 부활이 아닙니다. 이것도 역시 일종의 사이비 동양주의라고 할 수 있어요. 따라서 지금은 사이비 동양주의가 유럽에 대해 공격을 하는 시대라 할 수 있습니다.…

……

**고사카:** 유럽에 있다는 것은 유럽 의식의 위기에 사로잡힘을 의미합니다. 그러나 이것은 우리가 세계사 의식을 통해 이야기했던 것과는 다릅니다.

**니시타니:** 그것은 놀랄 일도 아닙니다. 동양에 대해 끔찍할 정도로 무시하죠. 학계 전문가들은 그렇지 않지만 일반적인 사람들은 아시아를 멀리 떨어진 곳으로 인식합니다. 우리에게 유럽은 바로 옆에 있는 것처럼 여겨지는데도 말이지요……

……

**니시타니:** 그것뿐만이 아닙니다. 자신을 방어할 뿐만 아니라 자신들이 세계에 무언가, 선의로 해석하자면 뭔가 새로운 질서를 부여한다는 생각이 근저에 있는 것은 아닐까? 좀 더 극단적으로 말하자면 아리안 인종만이 문화 창조적이며 일본인 따위는 한 단계 아래인 문화 보지적(保持的)이라는 생각, 어떤 의미에서 이것은 유럽인의 일반적인 생각을 잘 나타내고 있는데, 즉 우월감을 표현하고 있다고 생각해요. 그리고 일본인에 대한 경계의 마음이죠. 일본인은 집요하기 때문에 뭔가 저지를지 모른다는 일종의 공포심, 우스꽝스러울 정도인데요, 그 공포심이 섞여 있는 것은 아닐까?

**스즈키:** … 역시 유럽 이외 민족의 대두와 같은 일종의 막연한 위협이 대단히 방어적인 자세를 취하게 하는 한편 유럽인으로 하여금 자신의 문화가 가장 좋다는 관념을 버릴 수 없게 하는 거죠.

**고야마:** 유럽인의 중화사상이죠.

**니시타니:** 이런 발상으로 동아시아의 문화 역시 한 단계 낮은 수준으로 봅니다. 물론 진정으로 동아시아 문화를 연구한 사람은 유럽 문화에 필적할 만한 문화는 역시 동아시아 밖에 없다고 인정해요. 용케도 여러 자료들을 봤다고 감탄하게 되는 경우도 있지만 이것은 어지간히 이해가 있는 경우이

고 일반 사람은 그렇지 않아요. 그런 면에서 문화 창조적, 문화 보지적(保持的)이라는 견해는 상당히 일반적인 견해이며 일반인들의 생각과 통하는 면이 있습니다.

......

**고야마**: 문명의 우열이란 대단히 어려운 문제인데…, 서로 다른 문명이 동시에 뛰어난 문명이라는 의식이 성립하기에는 문명 이외의 다른 힘이 작용하고 있는 것은 아닐까요? 문명의 우월이라는 가치의식에는 막부말 이래 일본인이 압도되었던 경제적, 군비적 힘에 의한 압도라는 관념이 동반되었던 것은 아닐까요?

**니시타니**: 일단은 그렇다고 말할 수 있겠지요. 그러나 일본은 군비나 경제의 경우 상당히 따라잡았다고 생각합니다. 그럴 수 있는 성질의 것이기도 하고요. 이와는 대조적으로 예를 들면 명치유신(明治維新) 전후 사람들의 생각을 들여다보면 서양 문화가 주는 느낌은 오늘날 용어로 표현하자면 '과학적'이 아니었을까요? 넓은 의미에서 말입니다. 예를 들면 천문이나 의학, 뭐든지 중국식으로 해 왔는데 유럽에서 건너온 것이 훨씬 실제 사실에 맞다, 실증주의적이라고 해야 하나, 넓은 의미에서 과학적이라고 해야 하나, 그러한 느낌말입니다. 문예도 그렇습니다. 유럽 문예가 왜 우리에게 호소력을 가질까요? 거기에는 뭔가 실증주의적인 것이 있다(이렇게 되면 꽤 넓은 의미로 사용해야 되겠지만), 소위 인간의 생활이나 심리와 같은 것을 사실에 따라 탐구하는 넓은 의미의 실증주의적인 탐구가 있다는 것입니다. 문예에도 '진리' 탐구의 의미가 있습니다. 진짜다, 정말 그대로다 하며 신뢰를 부추기는 면이 있습니다. 이것이 상당히 강력한 원인이라 생각해요.

......

**스즈키**: 동양에는 합리적 정신은 있지만 실증적 정신은 없다고 생각해요. 대체로 동양은 형이상학적이니까요.

**고야마**: 형이상학적 합리성은 있지만 실증적 합리성이 없습니다. 합리성과 실증성이 잘 연결되지 않지요.

**스즈키**: 예를 들면 천체나 일식에 대한 관측은 있지만 이들의 기초가 되는 수리적 방식이 빠져 있다든지 의학 역시 임상적인 관찰이나 경험은 있지만 근본이 되는 오운육기(五運六氣)나 음양오행과 같은 일종의 형이상학이 되어 생리학이나 해부학으로 이어지지 않습니다. 이것은 학문의 발달, 미발달이 아니라 문명의 성질 차이가 아닐까요?

**고사카**: 그것은 실증적인 것과 형이상학적인 것의 차이라고도 할 수 있겠지만 동양과 서양은 근본적으로 논리가 다른 것 같아요. 중국에도 중국식 실증성(實證性)이 없는 것은 아니니까요.

**스즈키**: 그렇군요. 그럴지도 모르겠군요.

**고사카**: 근래 유럽 사람이 쓴 역사책과 중국인이 쓴 것을 비교해 보고 방식이 상당히 다르다고 느꼈습니다. 유럽 사람이 쓴 역사를 보면 다양한 주제가 계속해서 발전하는 것을 분명히 알 수 있어요. 그런데 중국인이 쓴 역사를 보면 주제의 발전이 비교적 적고 이야기가 뚝뚝 끊어져 있어요. 연대별 또는 왕과 제후로 잘라 버려서 발전적으로 서술하는 형태가 아무래도 적어요. 근본원리를 제시하고 그 원리에 따라 여러 가지 재료를 배열하여 정리하는 것이 많습니다. 원리 그 자체를 발전시키는 것은 비교적 적습니다. 예를 들면 목화토금수(木火土金水)를 근본에 두고 그것에 동남중서북(東南中西北)이라든가, 춘하추동, 나아가 노희사우공(怒喜思憂恐)을 대응시킵니다. 또한 흑백적(黑白赤)의 삼색과 세 왕조의 변천을 대응시킵니다. 이 경우 목화토금수 상호 관계는 그나마지만 왜 그것이 동남중서북과 대응하는지, 이들 사이에는 대응 관계가 있고 배당된 관계가 있을 뿐이지

아무래도 발전이나 연역적 관계는 모자랍니다. 이것은 불연속적이며 연속적으로 발전하지 않아요. 중국인은 근본 원리에 잘 들어맞는 조합을 발견하는 것에 흥미를 가지고 있으며 잘 배당되면 그것으로 이해할 수 있다고 생각하는 건 아닌지 모르겠어요. 아무래도 이것이 중국풍의 논리일 것 같습니다.

**니시타니** : 순환적이네요.

**고사카** : 그러니까 진보가 없어요. 심화가 없고 배당될 뿐이지요. 그러니까 이걸 시간적으로 표현하면 순환이 되는 것이 아닐까요?

**고야마** : 저는 발전이나 진보는 근대 유럽 특유의 개념이라고 생각해요. 일본에도 발전이나 진보와 같은 개념은 없는 것 같습니다. 헤이안시대(平安時代, 794-1185) 중엽 말법(末法) 사상이 유행하면서부터 일본은 타락해 왔다고 생각했어요. 무가(武家) 시대가 되어 일본이 안 좋아졌다는 것이 귀족이 품었던 말법의 개념입니다. 무가도 자신들의 세상이 진보, 발전했다는 사관을 가지지 못했던 것 같아요. 복고해야 한다는 생각이 에도시대(江戸時代, 1603-1867)부터 나오는데 이것 역시 근세가 중세보다도 발전, 진보했다는 생각은 아닙니다.

**니시타니** : 서양도 마찬가지입니다. 이전에는 종교에 입각하면 언제든지 복고적이 될 수 있었어요. 그러나 근세적인 진보 개념이나 실천상의 이상주의(idealism)를 포용할 수 있으면서도 이상주의적 종교에 빠지지 않는 그러한 종교의 입장이 현재 필요합니다.

**스즈키** : 고야마 씨 의견에 대체로 찬성합니다.… 동양에는 고대가 있었고 그 고대는 대단히 훌륭했다, 그러나 아무리 고대가 훌륭하고 수준 높아도 그것은 근대가 아니라는 것입니다. 동양의 훌륭한 고대는 수준으로 보자면 유럽에 결코 뒤지지 않으며 오히려 유럽을 능가하지만 그럼에도 불구하고 동양은 근대라는 것을 가지지 못했다는 거지요. 그런데 일본이 근대를 가졌다, 그리고 일본이 근대를 가짐으로써 동아시아에 새로운 시대를 일으킬 것이다, 이것은 대단히 세계사적인 일이라고 하신 고사카 씨의 말씀을 들으면서 과연 그렇다고 생각했습니다.

**고야마** : 고대라고 하면 원시시대처럼 생각하는 경향이 있는데 일본조차도 고대가 원시적인 문화만 있었던 건 아닙니다.

　　……

**고야마** : 현대 젊은이들이 파스칼이나 몽테뉴(Montaigne, Michel Eyquem de, 1533-1592)에 매혹되는 것도 단순한 유행 때문이 아닙니다. 거기에는 근대정신의 고뇌가 있고 과거 우리 조상들이 거의 알지 못했던 또 다른 내면성의 깊이가 드러나 있기 때문이죠. 그러나 그것만으로는 분열과 막힘에서 벗어날 수 없어요. 그러면 어떻게 하면 좋을까요? 이것은 지극히 어려운 문제인데요, 개인의 영혼의 깊이를 민족의 역사적 혼의 깊이와 매개할 수는 없을까요? 약간 패러독스처럼 보이지만 근대의 총력전은 기계문명의 산물이라고 할 수 있어요. 그러나 이와 동시에 역으로 민족적인 주체성이 기계적인 기구를 자기 지배하에 두려고 하는 고뇌라고 생각할 수도 있습니다. 만약에 이처럼 생각할 수 있다면 개인의 인륜적 실천을 민족의 역사적 시련 속에서 발견함으로써 기계문명과의 분열에서 탈피할 수 있지는 않을까요? 현대전이 총력전이라는 말에는 이러한 변증법은 없는 걸까요? 방금 생각난 것이기는 하지만 또 이렇게도 이야기할 수 있을 것 같아요. 역사는 원래 한 개인의 영혼만으로는 성립하지 않습니다. 역사는 종적(種的)인 것, 민족적인 것의 역사이죠. 따라서 개인의 영혼 문제를 민족 역사의 흐름 위에서 생각하면 오히려 해결될 수 있지 않을까요? 역사주의 입장에서 영혼의 문제를 해결하고자 하는 것입니다. 이것은 동양적인 무(無)를 역사 안에서 살리는 것이며 이것을 나는 역사적 상징주의라는 이름으로 부르고 싶습니다.…

**고사카**: … 중국인의 역사 서술 방식과 서양인의 역사 서술 방식이 다르다고 했는데, 그것은 역사 의식의 차이에 기인합니다. 그리고 더 잘 들여다보면 서양과 중국, 중국과 일본은 각기 역사가 움직이는 방식까지 다르게 느껴져요. 다이내믹(動力學)함이 달라요. 이것이 근본입니다. 일본은 서양에서 보이는 격렬한 대립과 항쟁을 거치지 않으면서도 혁신적으로 발전적으로 움직인다고 생각해요. 거기에 중국과의 차이가 있는 것은 아닐까요? 동양과 서양은 역사가 움직이는 방식에도 차이가 있습니다.

**스즈키**: 저도 그렇게 느낍니다. 역사가 움직이는 방식에 서양적인 '발전'이라는 개념으로는 나타낼 수 없는 전혀 별개의 법칙과 같은 것이 동양에 있는 것은 아닐까 하고요.…

……

**고사카**: 세계성을 가지고 있다고 하면 왠지 국민성과 상당히 모순되는 것처럼 말하는데 결코 모순되지 않습니다. 반(反)국가적이지 않고 오히려 국가적이기 때문에 반드시 모순된다고 생각할 필요가 없어요. 고구려, 백제, 신라의 불교는 결국 호국 불교였습니다. 삼국과 일본 모두 불교를 호국을 위한 것으로 생각하고 그 위에 서로 대항했던 것은 아닐까요?

**니시타니**: 그렇게 큰 문제가 있었을까요? 일본과 한반도의 세 나라, 그리고 중국, 즉 당시 일본에게 사실상 세계였던 이들 나라들과의 관계는 일본 역사의 한 부분이며 그 이유는 일본적 관점에서 이들을 인식했기 때문입니다. 그러나 유럽은 독일 역사와 영국 역사 외에 이집트와 그리스에서 시작된 유럽 역사 또한 존재합니다. 즉 유럽 세계사 말입니다. 그러므로 일본, 한반도의 세 나라, 중국 등 동아시아를 하나의 세계로 만들기 위한 역사적 전망을 구축하는 것이 중요하지 않을까요?…

……

**스즈키**: 어떤 사람이 현대에 있어 철학의 리더십(指導性)에 대해 언급을 한 적이 있어요. 19세기는 특수 과학의 시대이며 이와 같은 특수 과학적인 사고방식은 이미 한계에 와 있다고 말입니다. 기업가가 경제를 생각하고 법률가가 법률을 생각하는 식으로 약속된 범위 내에서 사물을 생각하는 것은 한계에 왔습니다. 진정한 혁신이 문제가 되지만 혁신을 지도하고 추진할 세계관적인 힘이 모자랍니다. 그래서 혁신은 어쩌다 이루어지거나 혹은 속 좁은 주관이 난무하는 결과를 낳기도 하지요. 한계를 깨기 위해서는 아무래도 철학이 있어야만 합니다. 어젯밤에도 이야기했지만 철인(哲人) 정치, 철인 전쟁, 철인 경제와 같은 언뜻 보기에는 상당히 에두른 이념과 같은 것이 가장 현실성을 담보하고 있는 것이 현대가 아닐까요?

**고야마**: 철학이라고 하면 뭔가 특별한 것, 멀리 떨어져 있는 것, 훌륭한 것이라는 생각이 종래에 있었어요. 예를 들면 법률 철학이나 경제 철학이라고 하면 실증적인 법률이나 경제위에 속이 빤히 들여다보이는 방법론이나 인식론과 같은 것이 마치 대나무에 막대기를 이은 듯 조화롭지 못하게 달라붙어 있습니다. 이것을 고치지 않으면 진정한 의미의 법률 철학이나 경제 철학, 즉 법률이나 경제에 지도적 의미를 부여할 수 있는 그런 역할을 수행할 수 없을 것입니다. 지금 필요한 것은 억지로 부조화스럽게 이어 붙이는 식의 철학을 버리고 철학을 특수 과학의 기초 부분에 연결시키는 일입니다. 이와 같은 접촉면이 점점 넓어지는 것이 가장 바람직합니다.

……

**고사카**: 실제로 사람들은 철학을 현실 생활에서 단절된 것으로 생각합니다. 자신 안에 철학이 있다는 것을 잊은 채 말이지요. 지금 새로운 철학, 리더십을 가진 철학, 혁신적인 철학은 오히려 역사주의를 비판적으로 바라봄으로써 만들어집니다. 철학의 입장에서 지도나 혁신을 말하더라도 그것은 옛 세계상에 대한 새로운 세계상을 수립함으로써 가능합니다. 그러기 위해서는 역사주의를

끝까지 파헤치는 것이 좋아요. 그러면 옛 동양과 옛 서양을 대체할 새로운 세계의 모습이 나올 겁니다. 새로운 세계의 모습이라기보다는 새로운 힘이 나올 겁니다. 지금 세계는 서양적인 세계와 동양적인 세계로 나뉘어져 버렸는데 역사주의를 끝까지 파헤쳐 나가다 보면 오히려 그 근저에 절대적인 근원, 소위 절대무(絶代無)라고 할 만한 것이 보이지 않을까요? 이를 통해 단순한 역사주의를 극복할 수 있을 것이며 과학에 의미를 부여할 수 있는 철학도 구체화될 것입니다. 철학을 역사의 현실과 매개해야만 한다고 생각해요. 역사의 현실과⋯

**스즈키**: 저는 세계사 의식이 좀 더 날카로워지지 않으면 역사주의 노력도 의미를 거둘 수 없다고 생각합니다. 지금 세계사 철학에 대해 생각하고 있는데 다른 한편 세계 사학에 대해서도 생각해 볼 수 있을 것 같아요. 이들은 별개지만 관련이 없지 않습니다. 세계 사학은 종래의 역사학에서는 해결할 수 없던 한계를 넘어설 수 있는 철학적 모티브가 필요해요. 역사주의의 나쁜 면을 극복한다고 하는⋯ 앞에서 언급했듯이 언뜻 보기에 현실과 거리가 먼 철학이 현실에 가장 예민해야 합니다. 원리를 추구하기 때문에 그래요. 현대는 원리(principle)를 추구합니다. 그러나 한편으로는 또 이런 경향이 우려됩니다. 즉 창조나 전환을 너무 중시한 나머지 대단히 자명한 것을 되돌아보지 않는 폐해가 일어날 우려가 있어요. 그것은 학문에 있어 위험한 일이라고 생각합니다. 새로운 것을 추구하더라도 종래의 자명한 것을 불명료하게 해서는 안 됩니다. 명료한 것을 더욱 명료하게 하는 것이 학문의 사명이고 그것은 어느 시대에나 변함없이 중요합니다. 이런 생각으로 학문적 정신을 지켜가는 것이 대단히 중요합니다.⋯

**고야마**: 스즈키 씨가 말하는 것은 참으로 당연하고 이론의 여지가 없지만, 한편으로는 지나치게 모든 사람이 철학자가 된 듯한 같은 느낌이 들어요. 철학자들의 잘못도 있지만 특수 과학자가 실로 조악한 철학자가 되는 경우도 있어요.

**스즈키**: 제가 말하는 것도 바로 그것입니다. 명료한 것을 지켜야만 한다는 것에는 그것도 포함됩니다.

**니시타니**: 저는 특수 과학에 종사하는 사람이 자신만의 입장에서라도 좋으니까 좀 더 철학을 했으면 합니다. 각각의 전문 특수 과학 내부로부터 말이지요. 처음에 잘 안 되는 거야 어쩔 수 없겠지만, 이런 식으로 자발적으로 쌍방이 접근하면 언젠가는 서로 사이가 좋아지지 않을까요?

**고야마**: 그것이 건전한 방향이겠지요.

**니시타니**: 그리고 서로 비판할 필요가 있어요. 그렇게 하지 않으면 서로 우쭐할 테니까.⋯

**고야마**: 저는 헤겔(Hegel, Georg Wilhelm Friedrich, 1770-1831) 시대와 달리 세계사 철학도 현재까지 상당히 진전된 세계사 연구를 일정 정도 매개해야만 한다고 생각해요. 그렇지 않으면 세계사 철학은 형이상학적 사변이 되어 버리거든요.

**스즈키**: 그렇게 될 경우 세계 사학의 입장과는 그다지 관련이 없어지죠. 최근 쟁점이 된 세계사 철학은 그런 형이상학이 아니라 우리들과 관련이 깊은 것입니다. 다만 아무래도 방법이 달라서⋯⋯

**고야마**: 철학과 과학이 서로 접촉해야 한다는 것은 분명하지만 그 접촉의 방법도 신중하게 생각해야 합니다. 저는 때때로 철학에 대한 어떤 근거 없는 절대 신뢰가 있는 것처럼 느껴질 때가 있는데요, 이것은 상당히 이상한 거예요. 이러한 절대 신뢰는 철학을 모르는 사람에게 두드러집니다. 예를 들면 저는 때때로 일본 철학을 빨리 만들라는 재촉을 받을 때가 있어요. '일본 철학'이 만들어지고 그 자리에서 '일본 경제학'이 만들어지고 '일본 헌법학'이 만들어지고, 뭐든지 일본적 학문이 나오는 것 같아요. 일부만 이런 생각을 가지고 있을 거라 생각하지만 이런 생각은 너무나도 비철학적인

생각입니다. 마치 일반인을 한정하면 모든 특수가 튀어나온다는 생각과 같은데 이걸 고칠 필요가 있어요. 일본 철학이라는 저 높은 곳에서 어떤 원리를 가지고 나오면 철학을 모르는 사람들은 와 하고 달려듭니다. 그러나 이것은 철학이 아닙니다. 앞서 니시타니 씨가 말했던 것처럼 어디까지나 특수 과학 내부에서 원리를 찾고 그리고 나서 철학으로 들어와야 합니다. 특수 과학에 종사하는 사람들은 이것을 충분히 의식했으면 해요. 철학을 도깨비 방망이처럼 신뢰하는 천박한 기대를 가져서는 곤란합니다. 이런 사람이 주로 자신의 책임을 모두 철학자에게 뒤집어씌워 버립니다. 특수 과학의 원리를 추구하다 봉착한 원리적인 난문은 어디까지나 특수 과학의 입장에서 해결한다, 이런 곳에 진정한 철학이 생겨나는 것은 아닐까 생각합니다.

......

언제나 세계사를 움직이는 것은 도의적인 생명력입니다. 이러한 힘이 전환기의 정치적 원리가 된다고 생각해요. 모럴 에너지, 건강한 도덕적 감각, 신선한 생명력을 일본 청년들이 더 많이 가졌으면 합니다.

**고사카**: … 물론 문화적인 것이긴 한데 민족의 생명력, 나아가 모럴 에너지가 세계사에 있어 결정적인 역할을 하는 경우도 있습니다.

**고야마**: 전쟁이라고 하면 금방 반윤리적이며 윤리와 전쟁은 영원히 연결될 수 없는 것처럼 생각하는데요, 이런 생각은 윤리를 단순히 형식주의적인 것으로 만들어 버려요. 그것은 이미 진정한 의미의 도의적인 에너지가 고갈되어 버린 것입니다. 랑케(Ranke)도 말했듯이 전쟁 안에 도의적인 힘이 있어요.…

......

**고사카**: 이점에서 평판은 나쁘지만 고비노(Gobineau)[13]와 같은 사람도 참고가 됩니다. 가장 곤란한 것은 피의 순수성, 인종이란 것을 근본에 두고 특히 아리안 민족이 선천적으로 세계 지배적이라고 생각하는 것입니다. 다만 종족이라든가 민족과 같은 것을 세계 역사의 하나의 기초라고 생각하고 있는 점은 조금 흥미롭습니다. 고비노는 문화의 흥망을 그것을 짊어지고 있는 민족의 피의 순수성으로 설명하려고 합니다. 불순한 피가 들어오면 민족의 생명력은 약화된다고 생각하고 있어요. 피의 순수성을 주체적으로 해석해서 오히려 모럴 에너지로 치환하면 가치가 전혀 없다고 생각하지 않습니다.

**고야마**: 저는 모럴 에너지의 주체는 국민이라고 생각해요. 민족이란 것은 19세기 문화적 개념인데 오늘날 과거 역사가 어찌 되었든 '민족'에는 세계사적 힘이 없습니다. 진정한 의미에서 '국민'은 모든 것을 해결하는 열쇠가 되었어요. 모럴 에너지란 개인 윤리도 아니며 인격 윤리도 아니고 또한 피의 순결과 같은 것도 아닙니다. 문화적이고 정치적인 '국민'에 집중하는 것이 오늘날 모럴 에너지의 핵심이 아닐까요?

**고사카**: 그렇지요. 민족이란 것도 그저 민족만으로는 부족합니다. 민족이 주체성을 가진 경우 그것은 아무래도 국가적 민족의 의미를 가져야만 합니다. 주체성을 가지게 하는 자기 한정성이 없는

---

13) [영] 조제프 아르튀르 고비노(Joseph Arthur Gobineau, 1816-1882)는 나치에 상당한 영향을 미친 프랑스 외교관이자 반동적 사상가이다. 문화는 인종의 창조이며 그러한 인종적 혼합은 혼란을 불러일으킬 것이라 주장했다. 반면, 레오폴드 본 랑케(Leopold von Ranke, 1795-1886)는 피보다 국가와 문화에 집중된 도덕적 에너지(moralische Energie)를 주장했다.

민족, 즉 '국가'가 되지 않는 민족은 무력합니다. 그 증거로 미국 인디언은 결국 독립한 민족의 의미를 가지지 못하고 다른 국가적 민족 안에 흡수되어 버렸습니다. 유대 민족도 결국 그렇게 되지 않을까요? 이런 의미에서 저는 세계사의 주체는 국가적 민족이라고 생각합니다.

**스즈키**: 생명력과 관계가 있겠지만 과연 민족에 나이라는 것이 있을까요? 민족이 젊다든지 나이가 들었다든지, 생리적으로 생물학적으로 생각할 수 있을까요?

**니시타니**: 저는 그것은 비학문적이라고 생각해요. 그렇지 않을까요? 그러나 피의 순결과 같은 문제를 완전히 무시해도 될지 어떨지…… 현재 이탈리아 사람에게는 아프리카인의 피가 상당히 섞여 있다고 하던데요.

**스즈키**: 그에 대해서 주세페 세르기(Giuseppe Sergi, 1841-1936)라는 유명한 인류학자가 연구하고 있어요. 상당히 피가 많이 섞였다고 합니다. 아프리카인 피도 섞여 있고요.

**니시타니**: 이탈리아 사람을 보면 그런 느낌이 강하게 들어요… 고대 로마인과 상당히 질이 달랐던 것 같아요. 혼혈이 과연 어떤 영향을 미치는지는 어려운 문제입니다. 일반적으로 새로운 피가 들어와 좋은 경우도 있을 것이고 그렇지 않은 경우도 있을 테니, 피는 대단히 복잡한 문제예요.

**고사카**: 이렇게 생각할 수도 있을 것 같아요. 피가 들어와 섞이는 경우, 예를 들면 스페인이나 헝가리는 상당히 섞여 있는데, 이들을 보면 피가 뒤섞여 있는 곳은 문화가 뒤섞여 있어요. 그것도 각각의 문화 중심부에서 혼합되는 것이 아니라 문화의 중심에서 넓게 퍼진 주변부에서 혼합되는 겁니다. 그렇다면 이렇게도 말할 수 있지 않을까요? 피의 혼합이 문화를 약화시키는 것이 아니라, 처음부터 문화권의 말초적인 부분에서 피의 혼합이 동시에 일어나기 때문에 그곳에 보이는 문화도 당연히 말초적이며 순수하지 않다고 말이지요. 마찬가지로 민족적 나이의 젊음이라는 것도 단순히 피만으로는 생각할 수 없으며 오히려 그 문화의 창조성을 중심으로 생각해야 합니다. 앞서 언급했듯이 모럴 에너지로 해석하면 다르겠지만 저는 아무래도 고비노처럼 피의 순수성만을 중시하는 것은 곤란하다고 생각합니다.

**고야마**: 이 문제에 대해서 저도 생각해 본 적이 있는데 딱 잘라 말할 수 없을 것 같아요. 피는 그저 피일뿐 우수하거나 열등하거나 그리고 힘이 있다거나 없다거나 하는 식으로 생각할 수 없어요. 피는 어떻게 지도해 갈 것인가, 즉 피 이외의 원리에 의해 피가 살기도 하고 죽기도 하는 것이 아닐까요? 같은 혈연일 경우 이것이 평화의 원인이 될 것이라고 생각하는 사람이 있을 수도 있겠지만 사실상 그렇지 않아요. 피는 피와 싸웁니다. 형제자매 사이에도 다름이 존재하고 멀리 있는 친척보다 가까이에 사는 이웃이 낫다는 말도 있잖습니까? 어느 쪽 방향으로도 흐를 수 있는 것이 피가 아닐까요? 관계보다 관계가 실제로 작용하는 방식이 훨씬 더 중요하지 않을까요? 그래서 저는 결정적인 요소는 피 외적인 것에 있다고 생각해요.

……

**고사카**: … 오늘날 이 혼란의 와중에 세계의 중심은 어디일까요? 물론 경제적 군사적 힘은 중요하지만 이들은 도덕적인 에너지에 기반한 원칙을 필요로 합니다. 세계사의 방향은 도덕적이 되느냐 아니냐에 달려있습니다. 도덕을 만들어내지 못한 자가 세계사의 지도자가 될 수 있겠습니까? 이와 같은 의미에서 세계는 일본에게 이러한 원칙들을 찾아내도록 촉구하고 있는 것입니다. 역사적 사명을 감당하도록 뒤에서 밀고 있다는 느낌이 듭니다.

# 제2탄 1942년 3월 4일

중앙공론 1943, 158-61, 166-8, 184-7, 193, 204-5, 211-13, 237-40, 256, 262-3

**니시타니:** … 세계사적 민족이라 해도 예를 들어 현재 일본의 경우 역사적으로 자각적이라는 사실이 근본적인 특징이라고 생각합니다. 지금까지 그리스인이나 로마인이나 어떤 의미에서 역사적인 필연에 의해 세계사적 민족이 되었습니다. 그러나 자각적으로 즉 세계에 새로운 질서를 세우고자 하는 실천적, 건설적인 의식에 의해 움직였다고 할 수는 없지 않을까요? 또 이스라엘 사람들에게는 그러한 의식은 있었지만 거꾸로 어쩐지 역사의 현실에서 유리되어 있어요. 역사적인 세계 밑바닥으로부터 오는 자각이 아니라 하늘에서 내려온 느낌이 들어요. 그러나 현재, 소위 세계사적 민족은 앞서 언급한 역사적 필연의 자각과 윤리, 혹은 실천적 건설적 주체로서의 자각이 하나로 연결되어 있습니다. 그것이 현재 세계사적 민족의 성격이라고 생각합니다. 로마인이나 게르만인이 확실히 세계사적 민족이기는 했지만 세계사적 민족으로서의 자각, 세계에 대한 건설적 자각을 가지고 있지는 않았어요. 그런데 일본은 지금 건설적인 위치에 서서 세계사에 대한 자각을 가지게 되었습니다. 이것은 대단히 특이한 것은 아닐까요?

**고사카:** 동감입니다. 옛날 세계사적 민족은 단순히 자기를 세계로 확장했을 뿐 다른 주체를 인정하면서 세계질서를 갱신하고자 하는 자각은 없었어요. 그곳에 차이가 있는 것이죠.

**니시타니:** 앞서 이야기했던 모럴 에너지 문제로 돌아가는데요, 동아시아에 있어 윤리성 또는 도의성, 예컨대 모럴 에너지는 구체적으로 어떤 방식으로 나타났는지가 가장 큰 문제입니다. 이것은 근본적으로 만주 사변의 해결과 연관된다고 생각해요. 즉, 중국인의 중화사상, 어디까지나 자신들이 동아시아의 중심이며 일본 따위는 중국문화의 은혜에 의해 만들어졌다고 하는 의식이 가장 근본적인 문제라고 생각합니다. 이 경우 아무래도 그들에게 일본이 현재 대동아 건설에서 지도적이며 또 지도적이어야만 한다는 역사적 필연을 납득시키는 것이 중요하지 않을까요? 그렇게 되면 지금 말한 중국인의 중화사상과 충돌하겠지만, 중국 자신이 서구열강의 식민지로 분할되지 않은 것은 결국 일본의 강화, 일본의 노력에 의한 것이라는 사실을 중국인에게 자각시키고, 세계사 인식을 중국인에게 환기시킴으로써 그들의 중화 의식을 없애고 대동아 건설에 일본과 협력하게 할 수 있는 근본적인 길이 되지 않을까 싶습니다. 그리고 이때 대동아에 있어 모럴 에너지 발현이라는 것도 생각할 수 있을 겁니다. 왜냐하면 현재 일본의 지도적 역할은 근본적으로 일본의 모럴 에너지에 의한 것입니다. 중국 식민지화를 막은 것도 일본의 모럴 에너지였습니다. 따라서 세계사적 입장에서 역사 인식을 이와 같은 방식으로 심화시키면 일본은 자신의 입장을 세계사적으로 인식함과 동시에 그 인식을 중국인에게도 주지시키고, 그럼으로써 대동아의 모럴 에너지도 새롭게 발동되고 대동아건설의 기본적인 힘이 될 수 있지 않을까 생각합니다.

……

**니시타니:** 그와 동시에 이런 것도 고려하면 좋겠어요. 필시 중국인의 마음에는 일본이 강해진 것은 유럽의 여러 문화나 기술을 받아들였기 때문이다, 결국 일본의 강함은 유럽의 강함이라는 생각이 있을 거라 생각됩니다. 누군가가 한 이야기인데 유럽에 유학하는 것은 금도금이고 일본에 유학하는 것은 은도금이라 한다고 해요. 일본의 근대문화의 근원은 유럽 문화에 있다, 따라서 유럽 문화를 접하면 일본은 문제가 안 된다, 이와 같은 생각이 근본적으로 일본에 대한 일종의 모욕이 되어 나타나는 것은 아닐까요? 일본은 옛날에는 중국문화 덕분에 강해졌고 요즘은 유럽 문화 덕분에

강해졌다, 결국 뭔가 남의 것을 통해 강해졌다고 하는 생각입니다. 그리고 유럽을 일본보다 한 단계 높게 생각하는 것도 이런 생각에서 비롯된 것이고요. 이런 인식 부족을…

　　**고야마**: 거기에 중국인의 가장 기본적인 오류가 있습니다.

　　**니시타니**: 고야마 씨가 말했듯이 일본이 유럽 문화나 기술을 자주적으로 도입할 수 있었던 것은 민족의 모럴 에너지가 있었기 때문입니다. 이것이 중요한 포인트입니다. 문화나 기술 그 자체도 중요하지만 그러한 것을 대담하게 받아들일 만큼의 자신 있는 정신이 있었기 때문에 매우 짧은 시간에 유럽 문화를 소화할 수 있었다는 것, 그것이 더욱 중요한 것이지요. 중국인의 일본관에는 정신에 대한 인식이 빠져 있는 것은 아닐까요? 이 점을 분명히 이해시키는 것이 대단히 중요합니다.…

　　**니시타니**: 지금 생각났는데요, 유럽으로 가는 배 안에서 상해에 있는 필리핀인과 이야기를 나눈 적이 있었어요. 그 사람이 일본은 대단히 부럽다, 필리핀도 일본처럼 되었으면 좋겠다, 그러기 위해서 우리도 서양 문명을 충분히 받아들여야 한다고 했어요. 그때 저는 마음속으로 생각했어요. 이야기가 그렇게 간단하지 않다고 말이죠. 일본에는 오랜 역사를 통한 정신적 연마라는 것이 있다, 유럽 문명이 오기 전 일본에는 대단히 높은 정신적 문화가 있었다, 게다가 대단히 활발한 생명력이 살아 움직이고 있었다, 필리핀에는 그것이 없기 때문에 같은 유럽 문명을 받아들여도 상당히 다를 것이라고 말입니다.

　　**고사카**: 동감합니다. 사람은 모방하는 존재라고 하지만 거기에는 주체성이 있습니다. 모방성만으로는 주체성이 나오지 않아요.

　　　……

　　**니시타니**: 스즈키 씨가 말한 동아시아에 있어 일본의 특수위치라는 것이 대단히 중요합니다. 영미(英美)의 중국에 대한 관계는 결국 경제적인 이해관계를 벗어나지 않지만 일본에게 있어서는 경제적임과 동시에 생존의 안위와 연관된 관계입니다. 여기에는 국방이라는 직접적인 의미도 있습니다. 이와 같은 경제적, 국방적 일본의 특수 위치를 영미가 이해하지 못한다는 것은 세계사적인 문제라고 생각합니다. 구질서를 유지하고자 하는 국가와 세계의 신질서를 형성하고자 하는 국가 사이에는 세계사에 대한 의식이나 역사적 '세계'에 대한 의식에 일종의 차이가 있으며 거기에 전자가 후자를 이해할 수 없는 이유가 있습니다.

　　그건 그렇다 치고, 방금 언급한 경제적, 국방적인 요소에 하나 더 민족이라는 요소를 연결 지을 수는 없을까요? 전에 어디엔가 쓴 적이 있는데 신질서를 건설하고자 하는 나라는 독일이든 이탈리아든 일본이든 모두 자각적으로 민족적 기저에 입각한 나라입니다. 그렇다면 왜 이 나라들은 특히 민족에 입각하고 있는 걸까요? 그 이유는 역시 이들이 후진국이었기 때문입니다. 이들 국가는 세계에서 자신의 생존을 주장하기 위해서 아무래도 내부적으로 강인한 유대를 가진 국가일 필요가 있습니다. 따라서 이탈리아나 독일도 통일 국가를 형성할 때 민족 운동으로서 민족정신 자각이라는 형태로, 즉 민족적 통일에 입각하여 국가를 형성했습니다. 일본의 경우도 메이지(明治)유신이 민족 그 자체를 기초로 한 국가로의 재편성이라는 의미를 가지고 있습니다. 번(藩)이 폐지되고 계급제가 철폐되고, 즉 봉건 사회가 무너진 의미가 거기에 있습니다. 존왕양이 역시 결국 일본이 자신 안에 하나의 민족적 통일을 자각하고자 하는 운동이었습니다.

　　지금 이야기한 나라들의 근대국가 성립에는 이와 같은 사정이 있었으며 이 사정이 현재까지도 영향을 미치고 있다고 생각합니다. 고정된 세계질서 안에 새롭게 등장하여 자신의 생존을 적극적으로 주장할 수 있는 민족은 모럴 에너지를 지닌 민족이어야만 합니다. 또 그런 민족이어야 비로소 민족에 입각한 국가를 형성할 수 있었던 것입니다. 이러한 민족에게 있어 국가란 민족 자신의 모럴 에너지 발현을 의미한다고 할 수 있습니다. 따라서 민족주의라든가 국가주의라고 민주주의 쪽에서 나쁘게 이야기하지만 이것 역시 큰 윤리적 의의를 내포하고 있는 부분이 있습니다. 단 형식적인 윤리성이 아니라 에너지로서의 윤리로 말입니다. 또 그 윤리성은 이들 국가를 역사 속에서 파악할 때 비로소 보이는 것으로 역사를 벗어난 순수 법학적, 또는 그 밖의 형식적인 '학문적' 파악으로는 누락되어 버리는 것입니다. 어쨌든 이러한 민족적 통일에 입각한 모럴 에너지를 품고 있는 국가가 세계의 기성 질서 속에서 발전을 저해당할 경우, 구질서를 무너뜨리려는 운동이 필연적으로 일어납니다. 이것이 스즈키 씨가 말씀한 대영제국의 경제적 블록 형성을 계기로 발발하여 세계와 광역권의 신질서를 건설하고자 하는 운동이 된 것입니다. 따라서 광역권의 건설에는 경제적 자급, 그리고 보다 기본적인 생존의 확보라는 국방적 의미가 하나로 연결되어 있어요. 그리고 그 근저에는 건설의 주동력인 국가의, 앞서 언급한 의미에서의 민족에 입각한 국가의 모럴 에너지가 있다고 생각합니다. 세계질서라는 요구도 그 안에서 나오는 거고요. 경제적, 국방적 요소의 근저에 민족적인 요소가 있고, 그 민족적 요소가 모럴 에너지로서 윤리적 의의를 가지고 나타난다, 그것이 현 단계라고 생각합니다. 이것을 저는 '세계 윤리'라는 이름으로 부른 적도 있습니다. 물론 세계 윤리는 한 걸음 더 나아가 민족의 자기 부정을 통한 긍정이라는 곳에서 만들어진다고 생각합니다만……

　　……

　　**고사카:** 니시타니 씨의 '세계 윤리'가 구체화될 경우, 그것은 대동아공영권의 윤리로서, 과연 가장 좋은 표현인지 어떨지 모르겠지만, '세계사적 당위'라는 형식을 취할 것이라 생각됩니다.

　　……

　　**니시타니:** 문제는 이런 것이 아닐까요? 종래의 유럽과 미국 방식의 식민지 정책과 근본적으로 다른 점이 있어요. 영국은 말레이 반도 등에서, 네덜란드는 네덜란드령 동인도 제도에서, 미국은 필리핀에서 한편으로는 주민에게 일정 정도의 안락한 생활을 보장하고 뒤에서 착취 정책을 취했어요. 흔히 말하듯이 일종의 아편 정책이었던 것입니다. 그러나 일본의 경우 그렇지 않았던 거죠. 미국이나 유럽과 비교할 때 대동아권의 가장 근본 문제는 역시 인간의 문제라고 생각해요. 예를 들면 유럽을 구성하고 있는 민족, 국가 하나하나는 대단히 높은 수준에 달해 있습니다. 이에 반해 동아시아에서는 이와 비슷한 수준에 오른 것은 일본뿐이며 나머지 민족은 대체로 훨씬 레벨이 낮은 민족입니다. 이들을 끌어당겨 양육하면서 민족적 자각을 가지게 하고 대동아권을 자발적, 주체적으로 짊어질 수 있는 힘으로 만드는 것이 대동아권에 있어 일본의 특수한 사명인 것입니다. 이런 점에서 대동아권 내의 여러 민족에 대한 일본의 태도는 구미의 태도와 근본적인 정신의 차이가 있어야만 합니다. 한편으로는 각 민족의 민족적 각성을 환기시키며 자주적이며 능동적인 힘을 만들어야 하고 다른 한편으로는 일본이 지도적인 위치를 유지해야 합니다. 이 두가지는 서로 연결되어 있지만 평면적으로 생각하면 모순을 포함하고 있습니다. 이 관계를 어떻게 하면 모순 없이 사고할 수 있을까 그것이 근본 문제라고 생각합니다.

　　……

　　**고사카:** 세계사의 부름에 응하여 세계 그 자체를 구성하는 윤리입니다.… 종래의 퍼스널(personal)한 개인 윤리에 대해 소위 민족과 민족 사이의 민족 윤리가 필요한 것이지요. 종래 민족 윤리, 국민 윤리라고 불렸던 것은 국민으로서의 윤리의 의미로 다른 국민이나 민족에 대해 어떠한 태도를 취해야 할지에 대해서는 그다지 가르치지 않았습니다.…

니시타니: 개별자의 윤리와도 전체주의 윤리와도 다른, 어떤 의미에서는 이들을 지양한 윤리가 일본에도 대동아에도 현실적으로 요구됩니다. 예를 들면 어떤 민족의 독립을 인정할 때 그 독립의 의미가 종래와는 대단히 달라져야만 합니다. 즉 대동아라는 것 안에서의 독립, 그 안에서의 공존을 위한 공동 책임을 가진다는 연대적 독립이라는 의미를 가져야만 해요. 주체로서의 철저한 독립성과 동시에 그 철저한 독립의 밑바탕에서 나오는 공동 책임성. 이 부분에 윤리의 문제가 있는 것이지요. ......

니시타니: 앞서 이야기했던 모럴 에너지로 생각할 수 있을 것 같은데요. 일본이 현재 대동아의 지도적인 역할을 하고 있는데 그것은 아까 이야기했던 모럴 에너지가 살아 있다는 사실이 근본적입니다. 그 모럴 에너지의 원천이 무엇인가라는 문제는 여러 방향으로 생각할 수 있겠지만, 근본적으로는 앞서 고야마 씨가 이야기한 게노센샤프트(Genosenschaft)적인 것, 어쨌든 본질적인 의미의 '이에(家) 정신'이 특수한 국체(國體)를 가진 일본 국가 전체에 특히 강하게 살아 움직이고 있다는 사실이 모럴 에너지의 원천이 아닐까 생각합니다. 전에도 이야기한 것인데, 민족적 통일을 자각하고 그것이 국가의 기초가 될 때 국가는 모럴 에너지의 발현이라고 생각할 수도 있어요. 그리고 동시에 이에(家) 정신이 국가 안에서 활동하고 있다고 말할 수도 있고요. 예를 들면 외국에서 비슷한 예를 찾아볼 수 없는 명치유신의 대정봉환(大政奉還)과 같은 예에는 '이에(家) 정신'이 현저하게 나타납니다. 그리고 그 선명한 변혁 중에는 일본 민족의 모럴 에너지가 나타났으며 그 모럴 에너지는 변혁에 의해 성립된 유신 체제의 일본 안에서 힘을 발휘해 일본 강국화의 원동력이 되었습니다. 따라서 현재 일본이 대동아에서 지도적인 것도 역시 모럴 에너지에 의한 것이라고 할 수 있습니다.

현재 일본이 지도적이라는 것의 의미는 무엇인가 하면 자신의 모럴 에너지를 대동아권내의 여러 민족들에게 전하고, 그것을 그들 안에 환기시키고 그들에게 민족적인 자각을 부여하는 것, 혹은 민족으로서의 주체성을 자각시키는 것입니다. 일본의 원동력이 되었던 모럴 에너지를 다른 여러 민족들에게 전달하고 그 에너지가 그들 안에서도 활동할 수 있도록 그들을 육성하는 것입니다. 그리고 이것 자체가 미래를 향한 일본의 모럴 에너지가 새롭게 움직이는 방식이며 이를 통해 새로운 비약적 전개가 이루어질 것입니다. 이는 일본 자신의 도덕적인 자기 육성이기도 합니다. 이것은 물론 근본적으로 윤리적이라는 의미를 지니고 있지만 그와 동시에 정치적인 의미, 즉 현실에 뿌리를 둔 정치적인 필요라는 의미도 있는 것은 아닐까요? 앞서 언급했듯이 대동아권의 특이한 과제는 인적 개발이 근본 문제라는 데에 있으며 이것이 해결되지 않을 경우 대동아권을 유지할 수 없으며 일본 자신의 생존도 유지할 수 없습니다. 이런 의미에서 볼 때 모럴 에너지 전도에 의한 인적 개발은 윤리적임과 동시에 현실 정치적 필요가 하나로 연결되어 있습니다.

따라서 예를 들어 어떤 민족에게 독립을 부여한다고 하더라도 단순히 독립만으로는 안 되며 독립시켜서 그 민족정신의 내용물을 바꾸지 않으면 아무 도움이 되지 않습니다. 독립해서 갑자기 위대해진 듯 기뻐 어쩔 줄 모르며 잘난 체한다면 독립도 오히려 해가 될 뿐입니다. 따라서 독립을 주기 위해서는 그 민족의 지금까지의 정신을 바꾸지 않으면 안 됩니다. 그 정신을 바꾼다는 것은 근본적으로 모럴 에너지를 가지게 하는 것이어야 해요. 대동아권 윤리의 근본은 일본 모럴 에너지를 각 민족에게 전하고 그들이 일본과 협력할 수 있는 높은 정신적 수준까지 향상됨으로써 도의적인 민족간의 관계가 만들어지고 그것이 대동아권을 지지하는 것에 있다고 생각합니다. 근본은 모럴과 그 에너지입니다. 이렇게 생각하면 아까 고사카 씨가 말한 국내 윤리성이라는 것과 동아시아 신질서, 또는 세계 신질서와 같은 넓은 범위의 윤리성 사이에는 일면 비약도 있겠지만 비약과 동시에 연속성이라는 것도 생각할 수 있지 않을까요?

……

**고야마**: 새로운 일본인 유형을 생각해야만 한다면 어떤 것을 생각하면 좋을까요?

**스즈키**: 적어도 한때 대단히 강조되었던 일본적인 일본인만으로는 안 되지 않을까요?

……

**니시타니**: 주제에서 완전히 벗어나지만 한 가지 이야기하고 싶은 것이 있어요. 대동아권을 건설하기에 일본의 인구가 지나치게 적다, 몇 년 뒤에 일본이 1억 몇 천 명이 되지 않으면 할 수 없다는 내용이 문제가 되고 있는데요, 대동아권내의 민족 중에서 우수한 소질을 가진 이를 소위 반(半)일본인화하는 것이 가능하지 않을까 하는 것입니다. 중국 민족이나 태국 국민은 고유의 역사와 문화를 가지고 있으니 이것 역시 일종의 동포적인 관계로 반일본인화할 수 없을 것입니다. 또 필리핀인처럼 자신의 문화라 할 것도 없으면서 지금까지 미국 문화에 길들여진 민족도 필시 다루기 어려울 것입니다. 이에 비해 자기 자신의 역사적 문화를 가지고 있지는 않지만 우수한 소질을 가진 민족, 예를 들면 말레이 사람은 잘 모르지만 꽤 우수한 ……

**스즈키**: 인도네시아 사람이겠지요.

**니시타니**: 그래요, 어쨌든 꽤 우수한 자질을 가지고 있다고 들었어요. 하우스호퍼(Haushofer)[14]는 말레이 족을 귀족적 민족(Adelvolk)이라고 했어요. 일본인에게도 그 피가 흐르고 있다고 합니다. 하긴 일본인은 지배자적 민족(Herrenvolk)이겠지만. 어쨌든 이런 민족이라든가 필리핀의 모로 족(Moro)이라든가, 전해들은 이야기지만 모로 족도 꽤 좋다고 해요. 이와 같은 자질이 좋은 민족을 어렸을 때부터 교육해서 반일본인화 할 수는 없을까요? 예를 들면 고사족(高砂族)과 같은 경우도 교육만 하면 일본인과 구별되지 않는다는 이야기를 들은 적이 있어요. 어떨까요? 반일본인화는 정신적으로 완전히 일본인과 똑같이 키운다는 의미인데 이것은 일본 인구가 적은 것에 대한 하나의 대책이 됨과 동시에 그들의 민족적인 자각, 내지는 그들의 모럴 에너지를 불러일으키기 위한 하나의 방책으로 어떨까 싶습니다. 아마추어의 엉뚱한 생각입니다만… [JWH/박은희]

---

## 제3탄 1942년 11월 24일

중앙공론 1943, 337-8, 358-9

**니시타니**: 앞선 좌담회에서도 언급했던 것이지만, 공영권 총력전이라는 점에서 대동아 공영권내 여러 민족 중 어떤 사람을 일본화한다, 교육에 의해 철저하게 일본인화하는 것은 공상이 아니라고 생각합니다. 고사카 씨도 『민족의 철학』에서 말했지만, 민족이 역사를 만듦과 동시에 또 역사가 민족을 만들기도 합니다. 민족이란 것은 말하자면 부동(浮動)하는 주변을 가진 것으로, 역사 속에서 융합하기도 하고 동화하기도 할 수 있는 것이죠. 예를 들면 조선의 경우, 다른 경우와 다를지도 모르겠지만, 지금까지의 일반적인 생각처럼 '조선 민족'이라는 것을 고정된 움직이지 않는 관념처럼 생각하는 것은 지금은 적절하지 않습니다. 각각 기성의 '민족'을 고정해서 생각하는 이와 같은 입장에서 민족자결주의와 같은 것이 나왔지만 지금처럼 조선에 징병제가 만들어지고 '조선 민족'이라는

---

14) [영] 독일 철학자 칼 하우수호퍼(Karl Haushofer, 1869-1946)는 지정학에 관한 히틀러 이론가 중 한 명이었다.

것이 완전히 주체적인 형태로 일본 안에 들어온 경우, 즉 주체적으로 일본인이 된 경우 지금까지 고정된 것이라고 생각했던 작은 '민족'의 관념이 큰 관념 속에 녹아들었다고 말할 수는 없을까요? 소위 야마토(大和) 민족과 조선 민족이 어떤 의미에서 하나의 일본 민족이 된다는 식으로 말해서는 안되는 걸까요? 나아가 이 일본 민족에 남방의 어떤 민족, 예를 들면 고사족과 같은 민족이 일본인으로 교육되어 가담한다는 식으로 생각하면 안될까요? 어쨌든 현재 우리들은, 일본도 조선도 민족이라는 것을 크게 생각할 필요가 있다고 생각하는데요….

......

**니시타니**: 이와 같은 관점에서 공영권이라고 할 때의 '공영'이라는 말은 분명한 한정이 필요하다고 생각해요.

**고야마**: 저는 그것을 '도의적 영예(榮譽)를 함께 한다'고 해석합니다.

**니시타니**: 영예(榮譽)?

**고야마**: 영예말입니다. 즉 긍지요. 도의적인 긍지입니다. 영광(榮光)이라고 해도 좋고요.

**니시타니**: 과연. 그런데 공영은 co-prosperity로 영역되는데 '영(榮)'을 피상적으로 해석하면 번영(prosperity)과 같은 미국적인 가치 개념으로 귀착되지 말라는 법이 없습니다. 특히 경제면을 중요하게 생각한다는 식으로 보일 위험이 많아요. 현재 전쟁에서는 경제력이 대단히 중요한 역할을 하고 있고 공영권의 경제적 개발도 중요하지만 미국적인 가치관 이상의 것을 생각해야만 합니다. 즉 도의성 말입니다….                                                    [JWH/박은희]

# 근대의 초극

심포지엄(1942)

잡지 『문학계(文學界)』 출신의 문학 비평가 세 사람 — 가와카미 데쓰타로(河上徹太郎, 1902-1980), 고바야시 히데오(小林秀雄, 1902-1983), 그리고 가메이 가쓰이치로(龜井勝一郎, 1907-1966) — 은 1942년에 '근대 극복하기'를 토론하기 위해 좌담회를 구성했다. 7월에 그들은 문학 비평, 역사, 물리학, 음악 그리고 철학을 포함하는 다양한 분야의 지도자격 지성인 열세 명을 모았다. 그들에게는 정치나 지성 같은 명확한 협의사항도 없었다. 주로 그들은 근대의 의미-유럽 근대의 뿌리, 일본에 대한 영향 그리고 미래를 위한 근대의 가치-를 연구하고자 했다. 그들은 모임에 나오지도 않았고, 일본이 근대를 극복해야 하는지, 근대를 이겨내야 하는지에 대한 어떤 합의점도 남기지 않고 헤어졌다. 9월에 그들의 글이 나왔고, 10월에 잡지로 발간했다. 그리고 1년 후에 책으로 남겼다.

아래 발췌글은 참석자였던 다섯 명, 즉 일본 낭만주의를 연구했던 좌담회 주최자이자 문학 비평가였던 가메이 가쓰이치로, 교토학파(京都學派) 출신 철학자였던 시모무라 도라타로(下村寅太郎, 1902-1995)*와 니시타니 게이지(西谷啓治, 1900-1990)*, 음악 이론가이자 작곡가였던 모로이 사부로(諸井三郎, 1903-1977), 그리고 문학 비평가이자 잡지 공동 설립자이자 좌담회 공동 주최자였던 고바야시 히데오의 글이다. 이 글들은 토론회의 작은 샘플 형식으로 토론회의 기조 발표물 중심으로 되어 있다. 확실히 '근대 극복하기'의 주제는 공개적으로 전쟁에 동조하는 사람들, 조심스럽게 비판하는 사람들, 단지 침묵으로 일관한 사람들이 동의할 수 있는 공통 기반을 제공했다. 유럽이 근대로 인해 야기된 문제를 해결할 수 있는 방법을 찾아야만 했듯이, 근대라는 것이 일본 또는 아시아 주변국의 역사와 문화에서 자연스럽게 나온 것이 아니라 주로 수입된 것이라는 사실로 인해 배로 어려움을 겪는 일본 또한 해법을 찾아야 했다.　　　　　　　　　　　　　　　　　　　　　　　　　[TPK/엄인경]

## 해독하는 문화

근대의 초극 1943, 5-6, 15-17

**가메이 가쓰이치로:** 사상전이라는 명목 하에 내가 종종 보게 되는 광경은 다음과 같은 것이었다. '일본 정신'이라는 선인과 '외래 사상'이라는 악인이 처음부터 뻔한 식으로 교전을 하고, 인형이 쓰러지듯 악인이 쓰러지고 선인은 갈채를 받는다는 식의, 무언가 대단히 잘 만들어진 종이인형 연극이 세상 사람들 심리 속에 널리 퍼져 있는 것이다.…

우리가 '근대'라는 서양의 말기 문화를 받아들인 날로부터 서서히 정신의 심층부를 침범하게 된 문명의 생태 —— 온갖 공상과 요설을 낳으면서 급속히 떠돌며 흘러가는 이것이 나에게는 최대의 적으로 여겨진다.

　　……

현재 우리가 벌이는 전쟁은 대외적으로는 영미 세력의 파멸을 목적으로 하지만, 내적으로 보자면 근대 문명이 초래한 이러한 정신적 질병의 근본 치료일 것이다. 이것은 성전(聖戰)의 양면과 같아서 어느 한 쪽만 태만해도 전쟁은 불구가 된다. 문명의 독소와 벌이는 전쟁 —— 이것은 백 년 정도의 짧은 세월로는 불가능한 일이다. 동아시아에서 다행히 우리는 무력의 승리자가 되고 있다. 하지만 이 승리가 곧 우리가 향유하는 문명의 독소에 대한 승리라고 믿어버리는 것만큼 위험한 일도 없을 것이다. 이러한 망상에 대해 나는 스스로 경계하고자 한다.…

거의 자연적 강제력을 지니고 엄습해 오는 문명의 중압감, 기계주의, 그것이 초래하는 정신의 모든 질병과 쇠약, 절도를 잃은 인간의 자기파괴 작용. 멸망할 것인가? 아직 구제의 길이 있는가? 이것이 이번 세계대전 안에 숨겨진 또 하나의 전쟁이다. 눈앞의 전쟁 승리로 이 심연의 전투를 공상적으로 보아서는 안 된다.

그러나 승리자가 종종 품기 쉬운 '평화'라는 망상은 이 심연의 전투를 호도한다. 사람은 '평화'라는 관념 때문에 이 전투에서 패배해왔다. 근대 일본에서 예를 들면 자유주의라 일컬어지고 공산주의, 유물사상이라 일컬어지는 것들이 모조리 '평화'의 시대에 널리 퍼진 점에 주목해야 한다. 문명의 독소는 '평화'의 가면 아래에 만연하는 것이다. 전쟁보다 무서운 것은 평화다. 평화를 위한 전쟁이란 나쁜 치장에 불과하다. 이번 전쟁은 이 심연의 전투를 위한 전쟁이며, 이 전쟁터에서 모든 망상을 배척할 명석함과 두려움을 모르는 굳은 신념이 민족의 희망을 결정할 것이다. 노예의 평화보다 왕의 전쟁을!

[JWH/엄인경]

## 정신의 탈기계화

근대의 초극 1943, 114-16

**시모무라 도라타로 :** 요즘 세상은 기계를 만듦으로써 도리어 인간을 기계의 노예로 만들었다는 것이 이미 하나의 상투어가 되었다. 마치 인간의 노예화가 이제야 시작된 양 말한다. 그러나 기계의 발명 이전에도 다른 방식으로 오히려 더 많이 인간은 노예였지 않았는가? 기계는 본래 인간을 노동의 노예 상태에서 해방하는 것에 있었다. 현대는 이제 그 시작이지 종착점이 아니다. 더불어 인간을 기계의 노예로 보는 것은 애초에 기계 자체의 책임이 아니라 그것을 운용하는 조직제도, 결국 인간 정신의 문제로 귀결해야 한다. 기계 자체는 인간 정신의 소산이며, 기계의 형성은 일단 인간 정신의 승리를 의미한다. 오히려 그 승리를 궁극적으로 철저하게 만드는 것이 문제이지 않을까?…

자연이 필연인 것에 비하여 정신의 본질은 자유다. 자연에 대한 정신의 우월은 바로 정신의 공리다… 그러나 문제는 그 자유의 성격에 있다. 고대 현자들은 혼을 훈련시킴으로써 자연에 순순히 따르게 하는 것에서 지혜를 찾았다. 주관적 자유라고밖에 할 수 없다. 근대의 철학은 '객관적 관념론'을 형성했다. 그러나 이로 하여금 진정 '객관적 자유의 관념론'에 이르게 하는 것이, 원래 근대 과학을 형성한 근대정신의 자각적 도달점이다. 근대 과학의 실험적 방법은 원래 자연 안에서, 또는 자연적으로 존재하지 않는 것을 출현하게 하려는 방법으로, 마술과 공통되는 정신이다. 그 인식 목적은 본질 형상의 직관이 아니라, 자연 가능성의 전개에 있다. 근대적 기계는 그 소산이다. 이는 자연의 재구성, 혹은 오히려 자연을 바꿔 만드는 것이며, 단순히 자연의 응용이나 이용이 아니다. 이 근대적 기계의 형성에서 성립하는 것은 단순히 자연으로부터의 주관적 독립이나 주관적인 자유가 아니라, 정말 객관적으로 자유로워지는 것 즉 객관적 독립이다. 객관적 관념론은 여기에서 비로소 구체적 실현

기반을 획득했다.…

여기에서 문제가 되는 것은 말할 것도 없이 혼의 개념이다. 기독교적 사상의 특색 중 하나는 혼을 오로지 내적인 것으로 이해하는 데에 있다. 이러한 전통적인 혼에 대해서만 새로운 「정신」은 외면적인 것이다. 고대의 혼은 육체에 대비되는 영혼이었다. 그러나 현대에는 이미 단순한 육체는 현실적으로는 존재하지 않는다. 오늘날의 신체란 기계를 어떤 방법에 의해 자기의 장기 기관으로 삼고 있는 유기체인 것이다. 오늘날의 비극은 옛날식 혼이 '새로운 신체'를 따라가지 못하는 점에 있다. 새로운 「심신」의 새로운 형이상학이 절실히 필요한 까닭이다. 현대의 신체는 거대해지고 정밀해졌다. 이 신체에 대해서는 내적인 각오나 사적인 단련과 같은 고대의 심리학적 방법으로 가늠할 수 없다. 정치적, 사회적, 혹은 더욱 국가적인 방법을 요구한다. 아니 새로운 신학도 더 필요해질 것이다.

[JWH/엄인경]

## 주체적 무(無)의 윤리

근대의 초극 1943, 22-9, 32-3

**니시타니 게이지** : 인간성의 부정적 초월을 요청하는 절대적인 것의 파악이라는 종교의 입장이, 어떻게 해서 인간성의 완전한 긍정에 서는 문화, 역사, 윤리 등의 입장과 인간성에 대해 긍정도 부정도 하지 않는 중립적인 견해에 입각하는 과학의 입장 사이에서 자유로운 활동 여지를 주고, 그 자유 활동을 통일할 수 있는가? 이러한 것을 가능케 하는 종교성은 어떠한 것이어야 하는가?…답은 그 종교성에 기초하는 윤리의 재건설에 있다.…

하나의 물체인 몸과 보통 '마음'으로 일컬어지는 의식적 자기를 빼고 볼 때, 우리에게는 아무것도 남지 않는 것일까? 그것은 실제로 아무것도 남지 않았다고도 할 수 있다. 그러나 그 남지 않은 곳에 사실은 남은 것이 있다. 오히려 비로소 거기에 어떻게 해도 대상화될 수 없는, 따라서 과학의 시야 안으로 들어오지 못하는 유일한 것이, 곧 주체가 되어 우리의 진정한 주체성의 입장이 드러나는 것이다. 그것을 주체적 「무」의 입장이라 부를 수 있다.…통상 '자기'라고 하는 것은 여전히 '있음'으로써 마치 사물처럼 실체적인 것으로 여겨지는 자기다. 그런데 진정한 주체성이란 이러한 사물이나 마음 저편의 것, 그들의 부정 즉 이른바 '심신 탈락'에서 드러나는 것이며, 의식적 자기의 부정 이른바 작은 자아를 소멸시킨 '무아', '무심'으로 드러나는 것이다.…'자기'를 초월하여 진정한 자기를 자각할 때 그것은 신체와 그 자연적 세계, 마음과 그 문화적 세계에 불가분하게 자각된다. 의식적 마음의 활동도 그대로다. 다만 그것은 의식적 자기의 작용이 아니라 무로서의 주체로부터의 작용으로서 자각된다.…

그래서 여기에서는 문화와 과학을 포함하여 일체에 대한 절대 부정이 곧 절대 긍정으로 바뀔 수 있다. 문화를 창조하고 혹은 과학과 결부하는 주체는, 아직 자각된 주체적 무의 입장은 아니지만, 자각된 주체적 무의 입장은 그 초월적 입장에서 문화를 창조하고 과학과 결부하는 주체에 그 진정한 주체성으로서 내재할 수 있다.…

이러한 주체적 무의 입장은 당연히 동양적 종교성의 특색이다. 서양 근대의 종교성이 내포한 문화와 과학 관계상의 난점을 타개하는 것은 이러한 동양적 종교성뿐이라고 본다. 진실된 자유주의는 지금 말한 것처럼 자유 위에서만 성립할 수 있다. 그것은 동양적 자유주의다.

이러한 주체적 무의 입장을 자각하는 것은 원래 몹시 곤란한 일이다. 그러나 그 반면 그것은 지극히 현실적 방도라는 특색도 갖는다. 즉 그것은 일상의 오고 가고 앉고 눕는 모든 행동 속에서 거칠 수 있는 길, 더 구체적으로는 각자 일터에서 하는 일 안에서 거칠 수 있는 길이다. 그런데 현실적으로 우리는 일개 국민으로서 생활한다. 더구나 국가는 개인의 자의적 자유를 억압하지 않으면 안 된다. 이것은 국가의 존립에서 불가피한 요청이다. 여기에서 서양 근대의 개인과 국가 간의 심오한 문제가 생긴 것이다.…

그렇다면 한 걸음 더 나아가 국가는 왜 일터에서 국민에게 멸사봉공을 요구해야 하는 것일까? 그것은 말할 나위도 없이 국가로서의 내적 통일을 최대한 강화하기 위해서다. 그리고 통일이 필요한 것은, 국가가 하나의 전체로서 그 총력을 집중시키고 강도 높은 에너지로 행동하기 위해서다.… 국가 존재의 핵심으로부터 강화되어 발현된 국가 생명 자체로서 도덕적 에너지로 일컬어지는 것이다.…

세계 종교성과 국가 윤리성의 상관관계를 통해 국가 생명의 핵심에서 도덕적 에너지가 발현되어야 한다고 할 때, 그 가능성에 대해서는 국가 생명에 포함된 전통 정신의 여하가 중대한 문제가 되는 것이다. 사실 이러한 동양적 종교성이 국가 윤리와 깊이 결부되어 그 기초를 이루고, 국가 에너지의 원동력이 될 수 있었던 나라는 동양 내에서도 일본 외에는 없었다.

......

우리나라(=일본)가 현재 직면한 과제는 말할 나위도 없이 세계 신질서의 수립과 대동아 건설이라는 과제다. 현재 국가 총력의 집중, 특히 강도 높은 도덕적 에너지가 필요한 것도 이 과제를 실현하기 위해서다. 그런데 대동아 건설은 우리나라 입장에서 식민지 획득과 같음을 의미해서는 안 되는 것은 물론이며, 또한 세계 신질서의 수립이라는 것도 정의로운 질서의 수립임이 당연하다. 이것은 어떤 의미에서 세계사적 필연이지만, 동시에 그 필연성이 우리나라가 유일한 비유럽 강국으로까지 성장하여 아시아를 앵글로색슨이 지배하려는 것에 대해 대결하는 입장으로 내몰린 데에 따른다.…

도덕적 에너지는 앞서 말한 것처럼 국민 각자로 하여금 일터에서 멸사봉공하게 만들고 이렇게 국민으로서 윤리를 실현함과 동시에 그 국민 공동체로서 국가 자체가 윤리적이도록 만들며, 또한 집중된 강도 높은 에너지를 국가에 부여하게 만드는 것이었다. 그런데 이것만이라면 앞서 말한 의미의 세계적 윤리성과 무관계하며, 경우에 따라서는 다른 민족이나 국가를 식민지적 착취 대상으로 삼는 불의와도 이어질 수 있는 것이다. 이른바 국가적인 사욕으로 치달을 수도 있다. 하지만 오늘날 우리나라에서 국가 윤리의 원동력이 될 도덕적 에너지는 곧 세계 윤리에 대한 원동력이어야 한다. 즉 국가 에너지는 세계 윤리를 실현하기 위한 에너지이며, 거꾸로 세계 윤리는 그것을 사명으로써 짊어진 국가의 도덕적 에너지에 의해서만 실현될 수 있다. 여기에서 도덕적 에너지란 국가적인 것이 곧 세계적, 세계적인 것이 곧 국가적이라는 성격을 갖게 되는 것이다. [JWH/엄인경]

## 탈낭만주의 음악

근대의 초극 1943, 38, 40-1, 50-1, 213

**모로이 사부로** : 어떻게 근대음악을 극복하고 음악으로 하여금 감각적 자극의 예술에서 다시금 정신의 예술로 되돌아가게 만들 것인가는, 나 자신의 오랫동안의 목표였으며 오늘날에도 전혀 변함

없는 과제다.

......

낭만주의는 주관성을 고양시키고 개성을 연소시킴으로써 개인을 최고의 원리로까지 가지고 오는 것을 그 본질로 삼는다. 개인에 의해 전체가 인식되고, 개성이 불타올라 불꽃을 튀기는 그 순간의 표현을 예술로서 최고의 것으로 친다. 이것은 인간중심주의의 예리한 표현이며, 이러한 주관성의 고양은 개성 존중 혹은 한 걸음 더 나아가 편중을 수반한다. 개성은 어떠한 것에도 속박되지 않고 늘 그 존엄을 유지하며 완전한 자유를 원한다. 낭만주의에서는 개성의 완전한 자유야말로 최고 이념이었다. 이 때문에 천재 혹은 대가가 이 이념의 우상으로서 나타나게 되며, 여기에서 개성의 해방을 발견하고 이상 혹은 몽상을 충족시키며 격한 동경을 느낀다. 이러한 특질 때문에 낭만주의 음악은 몽상 또는 환상을 표현하고자 하게 되고 환상성이 강력한 특징이 되었다.…오늘날 낭만주의와 근대주의는 본질적으로 다르지 않고, 근대주의는 낭만주의의 마지막 단계라고 볼 수 있기에 이르렀다.

......

우리들에게 근대가 이러한 의미라고 한다면 근대를 초극한다는 의미가 유럽의 경우와 달라질 것은 자명하다. 그러나 우리의 경우 근대가 서양 문화의 강렬한 영향 하에 형성된 것이므로 유럽의 근대의 초극이라는 문제에 대해 도저히 무관심할 수 없으며, 또한 무관심한 것은 잘못이다. 그것은 오늘날의 대동아전쟁이 늘 유럽전쟁과 상관관계에 있는 것과 마찬가지다.

......

유럽 음악이라는 것은 노래를 부르는 기분이 가장 기본입니다. 노래를 부른다는 기분을 즐기는 것이 청중 측에서 말하자면 근본적이라 생각하는 것이지요. 나는 동양의 예술은 이야기하는 것이 본질이라고 여깁니다. 그러니 나는 이야기하는 음악을 듣고 싶은 것입니다. 여러분이 그 노래를 듣고 즐기는 것이 아니라 그 지은이가 말하는 심정이 스며든다 —— 는 방식이 아닐까 봅니다.

[JWH/엄인경]

## 서양 문화의 탈신화화

근대의 초극 1943, 217-18

**고바야시 히데오**: 메이지시대(明治時代, 1868-1912)부터 서양 문명은 문명개화주의로 인해 받아들여졌다고 말하지만, 메이지시대 이후에 문학자들이 문명개화주의를 받들어온 것은 아닙니다. 그러나 메이지 이후의 일본 문학을 절대로 서양 근대 문학에서 떼어놓고 생각할 수는 없으며, 아주 강력한 영향 하에서 성장한 것은 명백한 사실입니다. 그러나 지금 여기에서 문제가 되는 것, 즉 어떠한 형태로 우리가 서양 문학의 영향을 받았는가 하는 반성은 극히 최근에 일어난 일입니다.… 착실하고 건전한 반성이나 연구가 점차 방향의 가닥이 잡혀갈 때 정치적 위기가 도래했습니다. 여기에서 어떻게든 일본적 원리를 발견해야 한다 —— 는 식으로 간 것이 상당히 곤란한 지점이라고 봅니다. 이 곤란함 때문에 이러한 좌담회를 연 것이 아니냐고 한다면 그것으로 이야기가 끝나겠습니다만. 나는 서양 근대문학자 중에서 가장 문제점이 풍부한 대작가를 찾아 그를 철저히 조사할 필요성을 느꼈기에 도스토예프스키(Dostoevski, 1821-1881)에 착안한 것입니다. 약간 조사를 해보니 실로 오해

에 오해를 거듭해온 작가라는 사실을 금방 알 수 있었습니다. 도스토예프스키든 톨스토이(Lev Nikolayevich Tolstoy, 1828-1910)든 몹시도 떠들썩하게 거론되었지만, 어째서 일본인이 이렇게 내키는 대로 마음껏 곡해했어야 했는지 이상한 기분이 듭니다. 나는 일본인다운 도스토예프스키관을 갖고 싶다는 생각 따위는 전혀 한 적이 없었습니다. 지금도 없습니다. 너무도 일본의 근대문학자식으로 곡해된 그의 모습을 원래의 바른 모습으로 되돌리려 노력할 뿐입니다. 그가 사회혁명 속에서 러시아의 국민, 러시아의 신을 발견하게 되는 경로를 조사하다 보니 여러 사실을 배우게 됩니다만, 그중 지금 당면 문제가 되는 한 가지를 이야기하고자 합니다.…도스토예프스키라는 사람은 근대 러시아 사회라든가 19세기 러시아 시대 같은 것을 표현한 사람이 아닙니다. 오히려 그러한 것들과 싸워 이긴 사람인 것입니다. 그의 작품은 그 전승보고서인 셈이지요.…

　서양의 개인주의가 어떻다든가 합리주의가 어떻다든가 합니다만, 서양의 걸작은 그러한 것들과 싸워 이긴 것이라는 사실을 보는 게 더 중요하지 않을까요? 개인주의 시대에 개인주의 문학이 있었다는 천박한 역사관에 휘둘리기에 그런 생각을 부추기게 되는 것입니다. 서양의 근대는 비극입니다. 그래서 훌륭한 비극 배우가 있는 것입니다. 이를 성급히 모방한 일본의 근대는 희극이지요. 훌륭한 희극 배우 따위는 연극에만 나오니까요. 어떠한 사회적 또는 역사적 조건이 있는 문학을 성립시켰는가 하는 것을 아무리 조사한들, 그것은 대문학자가 가져가고 버린 찌꺼기나 잔해를 뒤지는 것에 불과하며, 승리의 정신 같은 것을 파악하기란 불가능합니다. 우리는 근대에 몸담으면서 근대의 초극을 말하지만, 어떠한 시대에서든 그 시대의 일류 인물은 모두 시대를 초극하는 것에서 삶의 보람을 찾은 것이 분명해 보입니다. 그 점에 주안을 둔다면, 당연히 지금껏 우리가 크게 영향 받은 역사관을 어떻게든 근본부터 바꿔야 하는 지경에 이르는 것입니다. 근대의 역사관이라는 것을 대략 말하자면 역사의 변화에 관한 이론이라고 할 수 있는데, 이에 대해 역사의 불변에 관한 이론이라는 설정도 가능하지 않겠습니까? 예를 들어 역학이라 하더라도 힘의 변화에 관한 이론을 다이내믹이라고 한다면 서로 균형을 이루는 여러 힘에 관한 이론, 즉 스태틱이 고려될 수 있습니다. 역사의 힘에 관한 다이내믹에 발목을 잡혀 역사의 힘이 갖는 스태틱을 망각하는 지점에 근대인의 취약점이 있지는 않나 생각합니다. 물론 내가 이러한 사고방식을 갖게 된 데에는 늘 문학과 예술에 친근감을 지닌 탓도 있는데, 예술과 문학은 늘 반드시 조화라든가 질서의 형태로 나타나는 것입니다. 힘이 변화하는 형태가 아니라 힘이 균형을 이루는 형태로 나타납니다. 그러한 조화라든가 질서는 늘 어떤 작가가 어떤 시대와 대결하여 양쪽 힘이 균형을 이루는 대단히 행운 가득한 경우로 볼 수는 없을까요? 그것이 바로 한 예술가가 시대에 승리하는 일입니다. 걸작은 시대에 굴복하지 않지만, 그렇다고 시대에서 떨어져 나오지도 않는 어떤 스태틱한 긴장상태에 있는 것입니다.…

　**니시타니 게이지 :** 지금 이야기하는 역사라는 것 안에 변화하는 것과 시종 변화하지 않는 것 두 가지가 있다는 관점, 그것은 우리가 역사라는 것을 생각할 경우 지금 그러한 식으로 생각한다는 것인데, 그 양면이 따로따로 떨어져 있는 것일까요? 아니면 내내 딱 붙어 있는 것일까요? 만약 붙어 있는 것이라면 문학 세계에서 영원한 것이라고 해도 늘 역사의 산물이니 예를 들어 대작가라도 그 시대를 살아냈다는 점에서 어디까지나 역사 속에 있으면서 역사를 초월한, 그러나 역사를 초월하면서 동시에 반대로 역사에 깊이 뿌리내리게 되는 부분이 있습니다.…영원이라고 해도 역사에서 동떨어지게 생각할 수 있는 것은 아니지요. 어디까지나 살아 있는 시대라는 것을 살고 있기 때문에 영원과 충돌해 가는 것입니다.

[JWH/엄인경]

# 다케우치 요시미

竹內好, 1910-1977

다케우치 요시미는 오늘날 중국학자이자 문학 사회 비평가라는 그의 능력에 힘입어 전후 일본의 지도자격 지성인으로 기억된다. 그는 1931년 도쿄제국대학(東京帝國大學) 중국문학과에 입학하였다. 1년 후에 그는 중국을 방문하여, 중국 문학 및 문화에 대한 지속적이면서 심오한 열정을 발전시켰다. 소설가 다케다 다이준(武田泰淳, 1912-1976)을 포함한 소그룹 친구들과 함께, 다케우치는 중국문학연구회(中國文學硏究會)를 만드는데 일조하였고, 소규모 잡지를 발간하였다. 1937년 대학을 마치고 다케우치는 중국으로 가서 2년을 머물렀다. 일본의 진주만 공격에서 시작된 대동아전쟁에 대해 지지 선언을 하였고, 1943년 징집되어 중국으로 다시 보내진 뒤 종전까지 복무하였다. 패배한 일본으로 돌아와서, 다케우치는 저술 및 번역 활동을 재개하였고, 게이오의숙대학(慶應義塾大學)에서 강의를 맡게 되었다. 후에는 도쿄도립대학(東京都立大學)에서 강의하였다. 그는 일본 공산당의 입당 요청을 거절하였지만, 1953년에 철학자이자 사회 비평가인 쓰루미 슌스케(鶴見俊輔, 1922-2015)와 정치과학자 마루야마 마사오(丸山眞男, 1914-1996)*가 가입한 좌파 성향의 〈사상의 과학연구회(思想の科學硏究會)〉에 가입하였다. 1960년에 다케우치는 미일안보조약의 강제적 비준에 반대하면서 도쿄도립대학 교수직을 사임하였다.

여기 포함된 글은 특히 동서 관계의 문맥에서 근대의 문제에 대한 다케우치의 사고를 보여 준다. 첫 번째 글은 일본 패망 이후 겨우 3년 후 발간된 에세이에서 발췌한 것인데, 동서간의 역사적 역학관계에 대한 좀 더 풍부한 이해의 관점에서 근대를 재고할 필요가 있음을 설명한다. 두 번째 글은 보이지 않는 가정들이 '근대의 초극 좌담회'가 근대의 진정한 문제를 파악하는 것을 저해했다고 분석하고 있다. 그리고 마지막 글은 이 논쟁이 미래에 어떻게 다루어져야 하는지에 대한 방법론을 제안한다. [RFC/엄인경]

## 근대성의 본질

다케우치 요시미 1948, 129-33(53-6)

동양의 근대는 유럽이 강제한 결과라든가 아니면 그 결과에서 도출된 것이라든가 하는 것은 일단 인정하고 접근해야 할 것이다. 근대라는 것이 하나의 역사적인 시대이므로 역사적 의미에서 근대라는 말을 사용하는 것이 아니라면 혼동될 수 있다. 동양에도 옛날 유럽의 침입 이전부터 시민사회가 발생했다. 송나라(어쩌면 당나라조차도)까지 거슬러 올라가는 시민문학의 계보가 있으며, 특히 명나라 시대가 되면 거의 르네상스에 가까울 정도의 자유로운 인간의 틀을 만들어낼 만큼 시민권이 신장된 측면이 있는데(명나라 시민문학은 일본의 에도문학에 깊이 영향을 주었다), 그래도 그것이 오늘날 문학에 무매개적으로 연결되었다고는 할 수 없다. 오늘날의 문학이 그러한 유산들 위에 서 있다는 사실은 부정할 수 없지만, 또 어떠한 의미에서는 그러한 유산들을 거부하는 것에서 오늘날의 문학이 발족했다고도 할 수 있다. 오히려 그 유산들이 유산으로서 승인된 것은, 다시 말해 전통이 전통다워진 것은, 어떤 자각에 의해서이며 그 자각을 낳은 직접적 계기가 유럽의 침입이었다.

유럽이 그 생산양식과 사회제도, 그에 수반하는 인간 의식을 동양으로 가지고 들어왔을 때, 지금까지 없던 새로운 것이 동양에서 태어났다. 그것을 낳기 위해 유럽이 그것들을 동양으로 가지고 온 것이야 아니겠지만(물론 오늘날은 사정이 다르다), 결과는 그렇게 되었다. 유럽의 동양 침입이 자본의 의지에 따른 것인지, 투기적 모험심에 따른 것인지, 청교도적인 개척정신에 따른 것인지, 아니면 무언가 더 특별한 자기 확장의 본능에 따른 것인지, 나로서는 잘 모르겠지만, 어쨌든 유럽에는 그것을 지지하고 동양으로 침입하는 것을 필연적으로 만드는 근원적인 것이 있었던 게 분명하다. 어쩌면 그것이 '근대'라고 불리는 것의 본질과 깊이 얽혀 있을 것이다.

근대란 유럽이 봉건적인 것에서 자기를 해방하는 과정에서(생산 면에서 말하자면 자유로운 자본의 발생, 인간에 관해 말하자면 독립된 평등한 개인으로서의 인격 성립), 그 봉건적인 것과 구별된 자신을 자신으로서 역사 속에 놓고 바라보는 자기 인식이므로, 애초 유럽이 가능했던 것은 그러한 역사적 입장에서라고 할 수도 있으며, 역사 자체가 가능한 것이 그러한 유럽이라서라고 할 수도 있을 것이다. 역사는 공허한 시간의 형식이 아니다. 자기를 자기답게 만들고, 그러기 위해 그 곤란한 점들과 싸우는 무한한 순간들이 없다면 자기는 상실되고 역사도 상실될 것이다. 단순히 유럽이라는 것이 유럽을 유럽으로 만드는 것이 아니다. 부단한 자기 갱신의 긴장에 의해 가까스로 자기를 유지한다고도 할 수 있는데, 역사상의 여러 사실들이 이를 가르쳐준다. '의심하는 나를 의심할 수 없다'는 근대정신의 근본 명제 중 하나가 그러한 상태에 놓인(자기를 두고 있는) 인간 심리에 뿌리내린 것은 부정할 수 없을 것이다.

유럽이 본래 자기확장적이라는 것은(그 자기확장의 정체가 무엇인가 하는 문제는 별도로 치고), 한편으로는 동양으로의 침입이라는 운동이 되어 나타난 것은 인정해도 좋을 것이다.(다른 한편으로는 미국이라는 미운 아이를 낳았다.) 그것은 유럽의 자기 보존 운동의 표현이다. 자본은 시장의 확장을 원하며 선교사는 신의 나라를 확대할 사명을 자각한다. 그들은 부단한 긴장에 의해 자기자신으로 있고자 한다. 끊임없이 자기자신으로 있고자 하는 움직임은 단순히 자기에 머무르는 것을 불가능하게 한다. 자기가 자기이기 위해서는 자기를 잃을 위험마저 감수해야 한다. 한번 해방된 인간은 원래의 폐쇄적인 껍데기 안으로 돌아갈 수 없다. 움직이는 것 안에서밖에 자기자신을 유지할 수 없다. 자본주의 정신이라 일컬어지는 것이 바로 그것이다. 그것은 시공의 확대 방향에서 자기를 파악한다. 진보의 관념, 따라서 역사주의 사상은 근대 유럽에서 처음 성립했다. 그것은 19세기 말까지 의심의 여지가 없었다,

유럽은 유럽이기 위해서 동양으로 침입해야 했다. 그것은 유럽의 자기해방에 수반하는 필연적 운명이었다. 이질적인 것과 충돌함으로써 거꾸로 자기가 확인되었다. 유럽의 동양에 대한 동경은 옛날부터 있었지만(오히려 유럽 자체가 본래 일종의 혼합이다), 침입이라는 형태의 운동은 근대 이후의 일이다. 유럽의 동양 침입은 결과적으로는 동양의 자본주의화 현상을 일으켰지만, 그것은 유럽의 자기보존=자기확장을 의미하는 것이며, 따라서 유럽 입장에서는 세계사의 진보, 혹은 이성의 승리로 관념화되었다. 침입의 형태는 처음에는 정복, 그 다음 시장 개방 요구, 또는 인권과 신교의 자유 보장, 차관, 구제, 교육이나 해방운동의 원조 등으로 바뀌었지만, 그 자체가 합리주의 정신의 진보를 상징한다. 보다 좋은 완전함으로의 무한한 접근을 지향하는 향상심, 그것을 뒷받침하는 실증주의와 경험론과 이상주의, 사물을 균질하게 양적으로 보는 과학, 그러한 모든 근대의 특징적 성격이

그 운동 안에서 생겨났다.

유럽의 자기실현인 이러한 운동이, 고차원 문화의 저차원 문화로의 유입, 그 동화나 혹은 역사적 단계의 낙차가 자연스럽게 조절됨으로써 객관적 법칙의 형태로 보인 것은, 사물을 균질로 놓고 보는 유럽의 시선에서 보면 당연했다. 유럽의 동양 침입은 동양에서 저항을 낳았고 그 저항은 당연히 유럽 자체로 반사되었지만, 그것조차 모든 것을 궁극적으로는 대상화하여 추출할 있다는 철저한 합리주의 신념을 움직일 수는 없었다. 저항은 계산되었으며 저항함으로써 동양은 점점 유럽화할 운명에 놓인 것이 뻔히 보였다. 동양의 저항은 세계사를 한층 완전한 것으로 만드는 요소일 뿐이었다.

이 유럽의 자기실현 운동 안에서 19세기 후반이 되면서 질적인 변화가 일어났다. 어쩌면 그것은 동양의 저항과 관계될 지도 모른다. 왜냐하면 유럽의 동양 침입이 거의 완성될 때 그것이 일어났기 때문이다. 유럽을 자기 확장으로 향하게 만든 내부 모순 자체가 의식되었다. 동양을 포괄함으로써 세계사는 완전에 가까워졌지만, 그와 동시에 거기에 포함된 이질적인 것을 매개로 하여 세계사 자체의 모순을 표면에 드러낸 것이다. 진보를 이끌어낸 모순이 동시에 진보를 방해하는 모순이 된다는 것이 자각되었다. 그리고 그 자각이 일어났을 때 유럽의 통일은 내부에서 상실되었다. 유럽의 분열 요인은 여러 가지 면에서 볼 수 있을 것이다. 하지만 분열의 결과는 유럽에 대립함과 동시에 제각각 대립하게 되는 세 가지 세계를 유럽의 내부에서 배출하게 된다. 물질적 기초인 자본의 모순은 자본 자체를 부정하는 방향으로 스스로를 이끌었고 러시아에서 저항으로 드러났다. 유럽의 식민지였던 신대륙이 유럽에서 독립함으로써 유럽적 법칙을 뛰어넘었다. 그것은 초유럽적인 것이 되어 유럽에 대립했다. 세 번째는 동양의 저항인데, 동양은 저항을 지속함으로써 유럽적인 것에 매개되면서 그것을 초월한 비유럽적인 것을 탄생시키는 듯 보였다.

동양의 저항은 유럽으로 반사되었다. 모든 것은 근대의 틀 속에 있는 한 유럽의 눈을 피할 수 없다. 유럽의 내부 모순이 자각되는 위기 때마다 항상 유럽의 의식 표면에 떠오르는 것은, 그것이 잠재적으로 갖는 동양적인 것에 대한 회상이다. 유럽이 동양으로 향수를 품는 것은 유럽의 모순 양상 중 하나일 것이다. 모순이 현재적이면 현재적일수록 유럽은 동양을 생각하지 않을 수 없다. 동방주의자는 언제든 있었다. 그러나 세기말이라 일컬어지는 위기에 즈음해서 만큼 그것이 확실히 드러난 적은 없었다. 그 위기는 오늘날까지 이어진 유럽의 분열 위기다. 유럽은 동양을 포괄했지만, 포괄할 수 없는 것이 남아 있음을 느끼고 있었다. 그것은 유럽이 품은 불안의 근원 같은 것이다. 나는 동양의 지속적인 저항이 이를 자극한 것이 아닐까 생각한다. [RFC/엄인경]

---

## 근대의 초극

다케우치 요시미 1959, 3-4, 24-5, 33-4, 64-7(103-4, 118, 124-5, 145-7)

'근대의 초극'이라는 말은 전쟁 중에 일본 지식인들을 사로잡은 유행어의 하나였다. 어쩌면 마법 주문 같은 말 중의 하나였다. '근대의 초극'은 '대동아전쟁'과 결부되어 상징적 역할을 했다. 그래서 지금도 —— 이것은 '대동아전쟁'이 '태평양전쟁'이라는 호칭으로 바뀐 지금이라는 뜻인데 —— '근대의 초극'에는 불길한 기억이 얽혀 있다. 삼십대 이상 세대의 지식인이라면 '근대의 초극'이라는 말을 복잡한 반응 없이 듣거나 말할 수는 없을 것이다.

......

고유한 의미에서 '근대의 초극'은 잡지 『문학계(文學界)』가 1942년 9, 10월호에 게재한 심포지엄을 가리킨다. 이것은 이듬해 단행본으로 출판되었다. '근대의 초극'이라는 말은 이 심포지엄 개최에 의해 상징적으로 정착되었다.…그러나 상징적으로 정착되었다는 것이 이 심포지엄의 주최자나 참가자가 '근대의 초극'을 주창하거나 혹은 추진했다는 사실과 곧바로 일치하는 것은 아니다. 즉 당사자들에게 '근대의 초극'을 하나의 사상운동으로 삼고자 하는 의도가 있었다고 단정할 수는 없다. 이는 사실에 근거하여 지금의 내가 그렇게 판단한다는 뜻이다. 출석자들의 사상 경향은 다양했으며, 일본주의자도 있는가 하면 합리주의자도 있었기 때문에 '근대의 초극'이라는 타이틀을 둘러싸고 각자 자기 말을 서술하고 있지만, 결국 '근대의 초극'이란 무엇인가 하는 것은 분명해지지 않았다. 서로 간의 사고방식 차이를 인정하는 데에서 그쳤다.…

저항과 굴복이란 구체적 상황과 조응해서 보아야 하는 것이므로 오늘날 보자면 그리 바람직해 보이지 않는 '근대의 초극'이라 해도 아직 일말의 구체적 여지는 있으리라고 본다.… 저항에도 몇 단계가 있으며, 굴복에도 몇 단계가 있다. '초극' 전설만으로 사상을 잘라버리는 것은 거기에 제기된 오늘날 계승 가능한 문제들까지도 잘라버리는 셈이 되어 전통 형성에는 불리하다. 가급적 넓은 가능성의 폭에서 유산을 다시 찾는 것이 사상 처리로서는 올바르다고 본다.

......

대동아전쟁은 식민지 침략전쟁임과 동시에 대 제국주의의 전쟁이었다. 이 두 측면은 사실상 일체화되어 있었는데, 논리상으로는 구별되어야 한다.… 대동아전쟁은 분명 이중구조를 가지고 있으며, 그 이중구조는 정한론(征韓論)에서 시작되는 근대 일본의 전쟁 전통에 유래했다. 그것이 무엇인고 하니 한편으로는 동아시아의 지도권 요구, 다른 한편으로는 구미 세력을 몰아냄으로써 세계제패를 목표로 하는 것으로, 이 둘은 보완관계임과 동시에 상호 모순의 관계에 있었다. 왜냐하면 동아시아 지도권의 이론적 근거는 선진국 대 후진국이라는 유럽적 원리에 따를 수밖에 없었지만, 아시아의 식민지 해방운동은 이와 원리적으로 대항하므로 일본 제국주의만 특수한 예외취급을 하지 않기 때문이다. 한편 '아시아의 맹주'를 구미에 승인시키기 위해서는 아시아적 원리에 의존해야 하지만, 일본 자체가 대 아시아 정책에서는 아시아적 원리를 포기하고 있으므로 연대의 기초가 현실적으로 없었다. 한편에서 아시아를 주장하고 다른 한편에서 서구를 추종하는 무리한 분리방식은, 끊임없이 긴장을 만들어내기 때문에 전쟁을 무한히 확대하고 해결을 뒤로 미루는 것으로밖에 호도되지 않는다.

......

'근대의 초극'은 이른바 일본근대사의 아포리아(난관)의 응축이었다. 복고와 유신, 존왕과 양이, 쇄국과 개국, 국수와 문명개화, 동양과 서양이라는 전통의 기본 축의 대항관계가 총력전 단계에서 영구히 전쟁한다는 이념 해석을 요구받는 사상과제를 앞에 두고, 문제로써 한꺼번에 폭발한 것이 '근대의 초극' 논의였다. 따라서 이 시점에서 문제 제기는 옳았기 때문에 그만큼 지식인들의 관심도 모인 것이다. 그 결과가 그리 바람직하지 않았던 것은 문제 제기와는 다른 이유 때문이다. 전쟁의 이중적 성격이 잘 해부되지 않았던 점, 즉 아포리아가 아포리아로서 인식 대상이 되지 못했기 때문이며, 그 때문에 야스다 요주로(保田與重郎)[15]가 가지는 파괴력을 의미 전환에 이용할 만큼의 강력한 사상 주체를 낳지 못했기 때문이다. 따라서 모처럼의 아포리아가 구름처럼 사라졌고 '근대의 초극'은

---

15) [영] 문학평론가 야스다 요주로(保田與重郎, 1910-1981)는 「이상의 모더니티」로 심포지엄에 초청된 사람 중 하나 였지만 알 수 없는 이유로 거절했다.

공적인 전쟁 사상의 해설판이 되어버리는 데에 그쳤다. 그리고 아포리아 해소가 전후의 허탈과 일본의 식민지화로 향하는 사상적 기반을 마련한 것이다.

......

패전과 함께 아포리아가 해소되며 사상의 황폐상태가 그대로 동결되었다. 사상의 창조적 작용이 일어날 턱 없었다. 만약 사상에 창조성을 회복하는 시도를 타개하려고 한다면 이 동결을 풀고 다시 한 번 아포리아를 과제로 설정하지 않으면 안 된다. 그러기 위해서 적어도 오카와 슈메이(大川周明)[16]가 말하다 멈춘 지점까지 되돌아가서 해결불가능한 '중일사변'을 오늘부터라도 해결해야 한다. 전쟁에 투입된 모든 에너지가 낭비였으며 계승불가능하다면, 전통에 의한 사상 형성도 불가능해진다. 오늘날 일본은 '신화'를 극복하지 못한 사이비 지성이 '자력'이 아니라 복권하는 점에 문제가 있는 것이다. 실로 오늘날은 '근대주의자'든 '일본주의자'든 하나가 되어 '오늘날의 일본은 진정으로 문명개화의 일본'이며 '고맙고 경사스러울 따름'(후쿠자와 유키치[福澤諭吉], 『자전(自傳)』)이라고 손뼉치며 기뻐한 천하태평의 전에 없던 문명개화 시대가 초래되지 않았는가? 일본문화포럼(日本文化フォーラム) 편 『일본문화의 전통과 변천(日本文化の傳統と變遷)』(1958)이 그 한 증거다. 아시아에 지도권을 주장하는 것과 서구 근대를 '초극'한다는 원리적으로 배반하는 국민적 사명이 여기에서는 일본=서구라는 관념 조작에 의해 단순명쾌하게 전자만 살리고 후자를 버리는 형태로 해결되고 있으며, 그것은 전통으로부터의 일탈이지 진정한 해결이 아니기 때문이다. 그들에게 아포리아는 존재하지 않는다. "우리는 마음으로부터 아시아 동방의 나쁜 친구를 사절한다"(후쿠자와 유키치 「탈아론(脫亞論)」). 후쿠자와는 사실 인식을 잘못한 것이며 일본은 애당초 아시아가 아니었다는 것이 이 맥락의 새로운 문명개화론자의 주장이다. 따라서 당연히 여기에서는 후쿠자와가 애써 노력한 '나라의 독립'도 무의미해지고, 나아가서는 메이지유신 이후의 역사는 없었던 셈이 된다. 아이러니하게 '일본낭만파'의 사상 파괴는 오늘날 이렇게 역방향으로 목적을 관철해 나가고 있다. [RFC/엄인경]

---

## 일본과 아시아

다케우치 요시미 1961, 113-14 (164-5)

일본 근대화의 포인트는 서구의 틀이 그대로 외부로부터 도입된 점에 있다. 그러나 중국에서는 민족적인 것을 중심으로 내세워왔다. 바로 그 점에 근대화가 순수해질 수 있는 포인트가 있었다. 그것은 문화의 틀만이 아니라 인간 유형으로 보더라도 마찬가지라 할 수 있다. 거기에서 시작하여 교육 문제에 관한 유력한 의견이 하나 나왔다.

그것이 어떤 것인가 하면, 전후 일본의 교육은 민주주의라는 이름으로 미국의 교육제도가 외부에서 도입되는 식이었다. 민주주의 제도 전체가 그렇지만, 교육도 그 때문에 부적합한 부분을 낳았고 점점 파탄을 보였다. 대체 서구적인 개인을 전제로 하여 민주주의 룰을 도입한 것이 과연 득책이었을까? 오히려 서구적인 것의 뒤를 따르지 말고 아시아적인 원리를 기초로 했어야 하는 것이 아닐까? 이러한 의견이다.

---

16) [한] 오카와 슈메이(大川周明, 1886-1957). 사상가. 정신적으로는 일본주의, 내정에서는 사회주의나 통제경제, 외교에서는 아시아주의를 제창했다.

지금 제기한 이 문제는 중대하며 실로 나의 과제 자체라 할 수 있다. 다만 나는 이 의견과는 조금 다르다. 나는 인간 유형으로 구별하는 것을 인정하지 않는다. 인간은 모두 같다는 전제에 서고자 한다. 피부색이 다르거나 얼굴이 다르거나 할 수 있지만, 인간이라는 내용은 공통된 것이며 역사성에 있어서도 인간은 등질이라고 생각한다. 이렇게 되면 근대사회라는 것은 세계에 공통되는 것이고, 그것이 등질의 인간 유형을 낳았다는 것을 인정할 수밖에 없다. 동시에 문화 가치도 등질이다. 다만 문화 가치는 공중에 떠 있는 것이 아니라 인간 속에 침투함으로써 현실성을 가질 수 있다. 그러나 자유나 평등이라는 문화 가치가 서구로부터 침투되는 과정에서, 타고르(Rabindranath Tagore, 1861-1941)가 말한 것처럼 무력을 수반하고 —— 마르크시즘에서 보자면 제국주의인데, 그러한 식민지 침략에 의해 지탱되었다. 그 때문에 가치 자체가 약해졌다는 것에 문제가 있다. 예를 들어 평등이라고 해도 유럽 안에서는 평등일지 모르지만, 아시아나 아프리카의 식민지 착취를 인정한 상태에서의 평등이라면 전인류적으로 관철할 수 없다. 그렇다면 그것을 어떻게 관철시키는가 물었을 때, 유럽의 힘으로는 어떻다고 하기 어려운 한계가 있다. 이를 느끼는 것이 바로 아시아다. 동양의 시인이 그것을 직관적으로 생각해냈다. 타고르도 노신(魯迅, 1881-1936)도 그러하다. 그것을 전인류적으로 관철하는 것이야말로 자신들이라고 생각한다. 서양이 동양에 침략하고, 그에 대한 저항이 일어나는 관계 속에서 세계가 균질화되어 있고 생각하는 것이 지금 유행하는 토인비(Toynbee, Arnold, 1889-1975)의 생각인데, 여기에도 역시 서양적 한계가 있다. 현대 아시아인이 생각하는 것은 그런 것이 아니라 서구적인 우수한 문화 가치를 보다 대규모로 실현하기 위해 서양을 다시 한 번 동양에 의해 다시 포장하고, 거꾸로 서양 자체를 이쪽에서 변혁하는 문화적인 되감기, 혹은 가치의 되감기로 보편성을 만들어내는 것이다. 동양의 힘이 서양이 낳은 보편적 가치를 보다 높이기 위해 서양을 변혁한다. 이것이 동양 대 서양이 지닌 현재의 문제점이다. 이것은 정치상의 문제임과 동시에 문화상의 문제이다. 일본인도 그러한 구상을 가져야 한다.

　　그렇게 되감기할 때 자기 내부에 독자적인 것이 없으면 안 된다. 그것이 무엇인가 물을 때 실체로서 존재하리라고는 생각하지 않는다. 그러나 방법으로서는, 즉 주체 형성의 과정으로서는 가능하리라 여기기 때문에 「방법으로서의 아시아」라는 제목을 붙이기는 했지만, 나로서도 이를 명확히 규정하기란 어렵다.

[RFC/엄인경]

# 가라타니 고진

柄谷行人, 1941-

가라타니 고진의 글은 오늘날 다른 많은 문학 평론가들의 글처럼 원칙적 경계를 넘나들며 학문철학의 전제조건들에 도전한다. 도쿄대학(東京大學)에서 경제학과 영문학 교육을 받은 가라타니는 일본이나 그가 훈련된 본연의 영역을 훨씬 뛰어넘으며 영향력을 행사해 왔다. 1970년대 중반 예일대학교에서 그는 폴 드 만(Paul Deman, 1889-1961), 프레드릭 제임슨(Fredric Jameson, 1934- )과 함께 형식주의와 구조주의와 관련된 문제들에 대해 연구했다. 그의 비평서『트랜스 크리틱 칸트와 마르크스에 대하여(トランスクリティーク—カントとマルクス)』(2004)는 문화비평으로서 철학을 실천하는 슬라보예 지젝(Zizek, Slavoj, 1949- )과 같은 사상가들을 위한 독창적 작품이었다.

1990년부터 컬럼비아대학교에서, 그리고 이따금 코넬과 UCLA에서 강의하거나 유럽 전역에서 강연하면서, 그는 자본주의에 대한 통쾌한 비판, 마르크스(Karl Marx, 1818-1883)에 대한 신선한 해석, 그리고 일본 지적 유산에 대해 자주 침묵하는 배경을 구체화한 자크 라캉(Jaques Lacan, 1901-1981)의 새로운 각색 등을 만들어냈다. 1997년 그의 「일본은 재미없기 때문에 흥미롭다」는 글, 1942년의 근대의 초극 심포지엄*을 언급한 「고바야시 히데오를 넘어(小林秀雄をこえて)」라는 1979년의 공동저작 같은 글은 일본적인 것에 대한 노골적 호소를 의도적으로 경시한다.『은유로서의 건축(隱喩としての建築)』(1995)에서 가라타니는 서양철학의 토대를 일본에 부재한 건축적 사고에 대한 의지와 연관시킨다. 그러나 데리다가 음운론에서 뒤로 물러난 것에 대해 아래와 같이 반론함으로써, 그는 이 현상이 일본의 국가 학문적인 특성을 띠고 있으며 일본의 언어, 인종, 국가 사상에 새겨져 있다고 주장한다.

[JCM/엄인경]

---

## 내셔널리즘과 에크리튀르

가라타니 고진 1992, 81-91(17-25)

18세기 일본의 음성중심주의에는 중국의 '문화' 지배에 대한 정치적 투쟁, 혹은 중국적 철학이「막부(幕府)」의 공적 이데올로기인 까닭에 무가 체제에 대한 부르주아적 비판이 함의되어 있다. 국학자들은 8세기부터 11세기에 쓰인 『고사기(古事記)』, 『만엽집(萬葉集)』, 『겐지이야기(源氏物語)』[17] 등에 한자 이전의 일본어와 그에 대응하는 '고대의 도'를 발견하고자 했다, 그러나 그들이 완전히 잊고 있었던 것은 그러한 에크리튀르가 음성을 표기하는 것에서가 아니라 한문을 읽고 그것을 일본어로 번역하는 것에서 시작했다는 사실이다.

예를 들어 단테가 속어로 썼을 경우 그것은 당시 음성언어를 그대로 베낀 것이 아니다. 그는 이탈리아 지방의 다양한 idiome(소쉬르)에서 그 하나를 선택했다. 그러나 그의 에크리튀르가 나중에

---

17) [한] 헤이안시대(平安時代, 794-1185) 중기인 약 1000년경 여류 무라사키 시키부(紫式部)가 썼다고 알려진 장편 이야기로 주인공 히카루 겐지(光源氏)를 둘러싼 사랑과 권력 등 귀족사회를 그린 작품.

규범적인 에크리튀르가 된 것은 표준적인 idiome를 선택했기 때문이 아니라 그가 라틴어를 번역하는 형태로 그렇게 했기 때문이다. 그것이 다른 idiome를 방언이라고 몰아내게 되었다. 같은 일이 프랑스어나 독일어에서도 일어났다. 속어는 가급적 라틴어나 그리스어와 '비슷하게' 쓰였던 것이다. 예를 들어 프랑스에서는 1635년에 아카데미 프랑세즈가 "국어에 명확한 규칙을 부여하고 그것을 순수하고 올바르며 웅변적으로 만들고, 또한 예술과 학문을 다룰 수 있는 언어로 하기" 위해 설립되었다. 그러나 이것으로 프랑스어가 개량되었다 여기는 것은 이상하다. 이미 말한 것처럼 이야기되는 말로서는 '프랑스어'는 존재하지 않으며 쓰이는 '라틴어'가 나중에 말해지게 되었을 뿐이다. 에크리튀르로서의 '프랑스어'는 이른바 라틴어의 번역이 되었으며, 그렇기 때문에 비로소 '예술과 학문을 다룰 수 있는 언어'가 된 것이다. 데카르트(René Descartes, 1596-1650)가 라틴어와 프랑스어 양쪽으로 글을 쓴 것, 그리고 그의 프랑스어가 규범이 된 것도 그 때문이다. 그러나 원래 그것은 라틴어 자체에도 해당된다. 이탈리아 지방의 한 idiome밖에 되지 않던 라틴어가 '예술과 학문을 다룰 수 있는 언어'가 된 것은 그것이 그리스어 문헌의 번역에 의해 형성되었기 때문이며, 거기에 그리스인 스스로 참여한 것이다.

고대 일본에서도 마찬가지다. 흔하고 어리석은 착각과 달리 한자는 단순히 표의적인 것이 아니라 표음성을 지니고 있다. 그리고 한자문화권의 여러 민족들은 한자의 표음성을 이용하여 그것을 일종의 '가나(假名)'로서 사용하는 다양한 시도가 있었다. 그러나 결과적으로 한자를 에크리튀르 속에 흡수한 것은 일본뿐이며, 다른 주변 국가는 그것을 최종적으로 포기하거나 현재의 조선이 그렇게 하듯 포기하고 있다. 예를 들어 조선에서는 한자는 그 음성 그대로(조선화된 발음이라도) 흡수되었다. 또한 에크리튀르로서는 한문이 주였고 15세기에 표음적 한글이 발명되었음에도 불구하고 거의 사용되지 않았다. 그에 비해 일본에서 한자는 동시에 일본어에서의 의미=음성, 즉 훈(訓)으로 읽힌 것이다. 그러한 '한자와 가나의 혼용문'이라는 에크리튀르는 이미 8세기 『고사기』에서 볼 수 있다. 국학자 의견과 달리 『고사기』의 문장은 당시의 속어를 필사한 것이 아니라 그 이전에 기획된 정사(正史)로 한문 기록된 『일본서기(日本書紀)』'에 기초하여 그것을 속어로 번역하려 한 것이다. 이 시점에서는 표음적으로 사용된 한자가 곧 간략화되어 '가나'로서 쓰이게 된다. 말할 나위도 없이 당시나 그 이후도 한문이 '마나(眞名)'로서 존재했다. 그 때문에 가나의 에크리튀르는 '여자의 문자'로 불렸다. 사실상 그것은 10세기 이후에 대량의 여류문학을 낳는다. 그러나 기본적으로 일본의 에크리튀르는 한자와 가나의 혼용이다.

국학자는 가나로만 쓰인 여류문학에서 진정한 '야마토 정신'을 발견했다. 분명히 『겐지이야기』에서 무라사키 시키부(紫式部, 970?-1079)는 극히 의식적으로 한자어를 배제하고 있다. 중국에서 도입된 율령제[18] 하에 있었고, 또한 불교가 침투한 궁정에서 한자어가 더 일상적으로 사용되었을 것은 틀림없다. 그리고 한문이 동시대에는 교토의 궁정을 초월한 곳에서 통용되는 유일한 '공통어'였다. 그녀가 그것을 거부한 점에서 모토오리 노리나가(本居宣長, 1730-1801)는 '한의(漢意)'에 대한 비판을 발견했다. 그러나 예를 들어 단테는 속어를 선택한 이유로 라틴어가 '사랑에 어울리는 말'이 아니라고 했다. 그러한 의미에서 와카(和歌)나 모노가타리(物語)가 '사랑'에 한결같이 관련된다는 이유로 한자어를 배제한 말이 선택된 것이라 해도 좋다. 그러나 『겐지이야기』가 당시부터 광범위하게 읽힌 것은 그것이 단순히 속어로 쓰였기 때문만은 아니다. 한문을 자유자재로 읽고 쓸 수 있었던

---

18) [영] 유교 원리에 기초한 중앙집권 세습 체제로 이른 7세기에 일본으로 도입되었다.

무라사키 시키부가 의도적으로 한자어를 배제했다고 해도, 그 한자어에서 오는 의미를 빈약한 일본 고유 언어의 어휘로 말하고자 했기 때문이다. 그것이 일본 고유어를 에크리튀르로서 규범화하게 된 것이다. 그것은 동시에 교토에서 발화되던 속어와는 거의 관계가 없을 것이다. 그러나 사랑 혹은 남녀관계라는 주제에 한정된 왕조 여류문학의 에크리튀르는 기타 다른 영역에서는 통용되지 않는다. 당시든 그 이후든 일본 에크리튀르의 주류는 '한자와 가나의 혼용문'이다.

이러한 혼용을 비판하는 국학자의 음성중심주의에는 지적, 도덕적인 것에 대해 감정이나 기분을 우위에 두려는 낭만파, 미학적 사고가 있다. 그것은 서양과는 무관함에도 불구하고 그와 병행하며 이른바 '근대'적 사고이다. 그것은 결코 전통적인 것이 아니다. 그런데 이러한 국학파의 언어학 (philology)은 메이지 이후에 배척되었다. 일본 근대 언어학은 19세기 서양의 역사적 언어학을 도입하는 것에서 시작되었다. 그것은 서양의 문법을 교착어인 일본어에 기계적으로 적용하는 것이었다. 또한 그것은 한편으로 자연과학적이며 다른 한편으로 국가주의적이었다. 1920년대에 소쉬르 (Saussure, Ferdinand De, 1857-1913)가 도입되었기 때문에 그것이 용어상에서 다소 변화는 갖게 되지만, 기본적으로는 변하지 않았다. 예를 들어 국어로서의 일본어를 사회관습적 언어인 랑그 (langue)로서의 일본어와 서로 바꾸어 이야기했을 뿐이다.

도키에다 모토키(時枝誠記, 1900-1967)가 일관되게 소쉬르를 비판한 것에 이러한 배경이 있다. 말할 것도 없이 그가 비판하려고 한 소쉬르는 당시 통념으로서의 소쉬르에 불과하다. 오히려 어떤 의미에서 그는 소쉬르에 가까웠다고 볼 수 있다. 도키에다는 저서『국어학 원리(國語學原理)』(1941) 에서 그 타이틀에도 불구하고 일본어를 국가의 언어, 혹은 민족의 언어로 보기를 부정했다. 하나는 그것이 그가 일본의 식민지로서의 조선에 있던 경성제국대학의 교수였기 때문이다. 타이완, 조선, 아이누, 오키나와 등 이민족=이언어를 포섭하는 대일본제국 안에서 일본어는 민족이나 국가에서 떨어져 나온 것으로서 취급되어야 한다. 동시에 일본어는 그에 수반하는 문화와도 떼어내야 한다. 즉 일본에서는 예외적으로 도키에다는 다언어적 상황을 이해했던 것이다. 동시에 그는 국학파, 특히 모토오리 노리나가*의 제자이자, 에도시대 후기의 유학자인 스즈키 아키라(鈴木朗, 1764-1837)의 언어론에 거스르고자 했다. 언뜻 보면 이것은 내셔널리즘처럼 보인다. 그러나 '국어학' 학자 쪽이 사실은 낭만주의적이며 내셔널리스트였다. 도키에다는 단순히 서양의 문법을 일본어에 해당시키는 사고 ── 예를 들면 그 결과 일본어의 '주어'를 둘러싼 쓸데없는 문제가 생겼다 ── 를 비판하고 일본어도 설명할 수 있을 만한 보편적 이론을 발견해내려고 했음에 불과하다.

도키에다는 낭만적 주체를 부정한 소쉬르를 자연과학적이고 분석적이며 구성주의적이라고 비판했다. 그리고 소쉬르 안에 19세기적 언어학만이 아니라 '서양 형이상학'을 보았다. 그러나 이미 말한 것처럼 이것은 오해에 불과하다. 그는 "언어는 주체를 떠나서는 절대로 존재할 수 없는 것이다"라며 소쉬르를 비판한다. 이러한 비판은 소쉬르 이전의 역사적 언어학이나 에밀 뒤르켐(Émile Durkheim, 1858-1917)적 사회학에는 들어맞겠지만, 소쉬르 자신에게는 타당하지 않다. 그는 언어학이 어디까지 나 '발화하는 주체'에서 출발하는 것을 강조한다. 랑그는 거기에서 사후적으로 발견된 것으로 객관적 으로 있는 것이 아니다. 만일 두 사람 이상의 사이에서 의미의 이해가 성립한다면, 거기에 랑그가 있다고 할 수 있을 뿐이다. 이렇게 물리적 음성과 의미를 분별하는 것으로서의 음운이 구별된다. 중요한 것은 의미를 분별하는 것으로서의 형식(차이)이다. 따라서 음성과 문자라고 하는 외적인 차이는 문제가 아니다. 언어는 철두철미 가치(차이)이다.

하지만 로만 야콥슨(Roman Jakobson, 1896-1982)이 지적한 것처럼 소쉬르의 제자들에 의해 편집된 『일반언어학 강의』에는 19세기적인 '자연주의'가 혼재해 있는 것은 부정할 수 없다. 야콥슨은 후설의 현상학을 도입하여 구조를 이른바 '현상학적 환원'에 의해 끄집어낸다. 그것이 엄밀한 의미에서의 구조주의다. 그리고 후기구조주의는 데리다가 그러하듯 이 현상학으로의 내재적 비판에서 시작하고 있다. 그 점에서 주목해야 하는 것은 도키에다가 종종 후설을 인용하여 '소쉬르'를 비판한 것이다. 그러나 그가 의거한 것은 결코 인용을 하지 않았음에도 불구하고 니시다 기타로(西田幾多郎, 1870-1945)*였다. 예를 들어 도키에다가 말하는 '주체'는 데카르트적 사고 주체가 아니라 니시다가 말하는 '주체적 「무(無)」' 혹은 '무로서의 주체'인 것이다.

도키에다가 모토오리 노리나가*나 스즈키 아키라(鈴木朖, 1764-1837)의 분석을 거론하는 것은 이러한 문맥 속에서다. 스즈키가 보여 준 것은 지시적인 의미 내용을 가진 '사(詞)'와 조사, 조동사 등과 같이 지시적인 의미내용을 가지는 않지만 어떤 정동적인 가치를 표출하는 '사(辭)'의 구별이다. 국학자는 '사(辭)' 혹은 '조사(てにおは)'를 단어 구슬(詞)을 꿰는 실에 비유한다. 즉 그것이 인도 유럽어에서 copula라고 불리는 것에 대응한다. 도키에다는 이러한 구별에 기초하여 그것들을 '사(詞)'=객체적 표현과 '사(辭)'=주체적 표현으로 해석한다. 그리고 서양어의 문장에서는 주어와 술어가 저울처럼 'be'에 의해 지탱되는 것에 대해 일본어 문장에서는 사(詞)=주체적 표현에 의해 포함되는 형태로 통합되어 있다고 생각했다.

그러나 그가 서양언어학을 비판할 뿐 아니라 그 배후에 있는 '서양적 사고'를 비판하려고 했던 것을 보면 거기에 니시다 철학의 영향이 있었던 것은 분명하다. 예를 들어 근년에 들어 나카무라 유지로(中村雄二郎, 1925-2017)*는 니시다 기타로를 서양철학의 '탈구축'으로서 읽고 거기에 도키에다의 언어학을 원용하고 있다.

> 여기에서 주목할 만한 것은 니시다의 '장소의 논리' 추구가 예기치 않게 '일본어의 논리'를 밝혔다는 점이다. 이것은 니시다 자신이 직접적으로는 일본어에 관해 아무런 논의도 펴지 않는 만큼 한층 주목할 만하다. 니시다의 '장소의 논리'가 '일본어의 논리'를 체현하고 있는 것을 우리에게 알게 해 준 것은 도키에다 모토키의 일본어 문법론이다.
>
> 도키에다의 '언어과정설' 속에서 특히 니시다의 '장소의 논리'와 결부되는 것은 언어활동의 기초로서의 '장면'이라는 사고방식이다. 도키에다에 따르면 '장면'이란 물리학적 장소(공간)와 무관하지 않지만, '장면'은 공간을 충족시키는 내용도 포함하고 있다. 그와 동시에 그것은 장소를 충족하는 사물이나 정경으로 "지향하는 주체의 태도, 기분, 감정도 포함"하고 있다. 따라서 "장면은 순객체적 세계도 아니고, 또한 순주체적인 지향 작용도 아니며, 이른바 주객이 융합한 세계"에 다르지 않다. 우리의 구체적인 언어체험을 볼 수 있는 것은 이 '장면'을 빼고 달리 없다. (나카무라 유지로 『니시다 철학의 탈구축』 1987, 199-200)

그러나 이러한 이해는 거꾸로 된 것이다. 도키에다는 처음부터 니시다를 읽고 있었다. 그리고 그의 『국어학 원론』(1941)은 '근대의 초극' 심포지엄*(1942)과 같은 문맥에서 쓰였던 것이다. 예를 들어 나카무라가 말하는 '일본어의 논리'는 비역사적이며 기만적이다. 도키에다 모토키가 말하는 바와 같은 사(詞)와 사(辭)의 구별, 혹은 사(詞)가 사(辭)에 포함되는 것은 문말에서 문장 정체가 확정되는 일본어 신택스의 특징에서만 도출되는 것이 아니다. 만일 그렇다고 한다면 같은 신택스를 가진 다른 알타이 계통의 언어에서는 왜 똑같은 사고가 나오지 않았을까? 이유는 간단하다. 사(詞)와

사(辭)의 구별은 한자와 가나의 혼용이라는 일본의 에크리튀르에 뿌리를 두고 있는 것이다. 개념에 대응하는 부분은 한자이며 조사, 조동사에 해당하는 것은 가나로 표기된다. 이러한 구별 자체가 에크리튀르의 역사적 관습에 기초하고 있다. '일본어의 논리'란 실은 그 역사에 기초하는 것이다.

더구나 이것은 일본의 에크리튀르에 특유한 것이 아니라 낭만파 이후 어디에서든 드러나는 역사적 문제와 관련된다. 일본어에서는 개념이 되지는 않을 만한 일종의 정동(情動)이나 기분은 가나로 쓰인 '구슬을 꿰는 실'로서의 조사에서 발견되는 것에 비해, 서양어에서는 그것이 be동사에서 보인다. 그것은 등치부호로서의 copula가 아니라 이른바 여러 개념을 'copulate'하는 것이다. 하이데거가 '존재상실'이라고 부른 것은 그러한 'be'를 단순한 논리적인 copula에 환원해 버리는 것이다. 그러자 그가 '존재'를 강조하는 것은 개념에 대한 '정동, 기분'의 근원성을 강조하는 것과 다르지 않다. 그러나 그것은 사실 낭만파 이후에 나온 사고이며 거기에는 일본 국학자의 '한의(漢意)' 비판과 공통되는 바가 있다. 즉 라틴화에 대한 비판과 고대 그리스로의 소급이다.

하이데거의 존재론은 서양문법에 기초하는 철학사 속에서 이야기되지만, 극히 근대적인 문제에 뿌리내리고 있다. 그것은 일본어에 뿌리내린 문맥에서는 존재론의 형태를 취하지 않았다. 니시다 기타로는 어떤 의미에서 불교적 철학에 기초하고 있으며 '「무」의 유'(무로서의 존재)와 같은 존재론적 용어로 말한다. 그러나 실제로는 그것은 18세기 후반의 국학파의 사고와 이어져 있었다. 바꿔 말하면 그것은 이미 근대적인 사고이다. 물론 하이데거와 니시다는 다르지만, 그것은 서양의 사고와 동양의 사고 차이로 환원되어서는 안 된다. 그것은 모두 역사적이다. 그리고 하이데거가 나치즘에 관여한 것처럼 니시다 기타로도 '대동아공영권'의 이데올로그로서의 정치적 기능을 가진 것이다.

여기에서 우리는 도키에다가 '일본어'를 민족이나 국가로부터 떼어낸 것을 재고해 볼 필요가 있다. 그가 그렇게 쓴 것은 대일본제국이 타이완, 조선에서 동아시아로 확대되는 시기였다.

> 만일 국어의 영역과 일본 국가 및 일본 민족의 영역이 완전히 서로 일치하는 시대라면 국어는 곧 일본 국가에서 이루어지는 언어이며, 일본 민족이 사용하는 언어라고 정의해도 아무런 지장을 초래하지 않겠지만, 국어를 그렇게 정의하기에는 어디까지고 편의적인 것에 불과한 것은 오늘날의 국가와 민족 및 언어의 관계를 보면 명백하다. (도키에다 모토키, 『국어학사』 1940, 3-4)

그는 일본어를 민족과 국가에서 떼어냈을 때 일본어가 '대동아'에서도 지배적인 표준어로서 확대될 만한 상황을 의식하고 있었다. 그 자체가 정치적 의식이다.

물론 그가 제국주의자였던 것은 아니다. 실제로 그는 조선에서 표준어로서의 일본어 사용을 이름에 이르기까지 강제하는 '국어정책'을 공공연하게 비판했다. 더욱이 그는 일본어에서 일본 문화나 철학을 이끌어내려는 듯한 사고를 거절했다. 실제로 교토학파 학자들이 전후에 공공연하게 혹은 몰래 자기 수정을 해야 했던 것에 비해, 그는 전후에도 아무런 개정의 필요성 없이 『국어학 원리』를 출판할 수 있었다. 그러나 그것이 도키에다를 '근대의 초극' 논자들로부터 구별하는 것이 아니다. 후자들도 전부 제국주의를 비판하고 있었으며, 형식적으로 보면 나카무라 유지로가 그러하듯 오늘날에도 읽을 만하기 때문이다. 문제는 그러한 정치적 문맥을 사상해 버린다는 점에 있다. 도키에다가 일본어를 민족이나 국가와 떼어낸 것은 동시에 언어의 정체성을 전면적으로 사상해 버리는 결과가 되었다.

[IL/엄인경]

# 사무라이 정신

죽음과 충성
사무라이 정신의 본질

# 개관

사무라이 철학이라는 것이 존재하는가, 존재한다면, 그 내용은 무엇인가라는 질문은 일본의 지식 역사에서 가장 복잡한 질문 중 하나이다. 사무라이 철학은 기본적으로 19세기 말과 20세기 초반에 발전하였으며, 이에 대한 논의는 아직도 진행 중이다. 1890년대 이후로, 사무라이를 낭만적으로 묘사하는 이미지가 나타났고, 그 이미지는 당시의 문화적이고 정치적인 분위기에 맞추어 확산되었다. 이러한 낭만화를 통해서 효과적으로 지속된 생각이 있는데, 바로 '무사 정신'을 사무라이 철학 내용을 담은 독립적이며 비교적 단일한 지적인 전통이라 간주하는 관점이었다. 동일 선상에서, 사무라이 정신은 실용적인 윤리적 철학이라 일반화되었다. 사무라이 정신은 사무라이 계급의 독특한 역할과 밀접하게 연결되어 있었으나, 동시에, 사무라이 정신은 사회의 구성원 모두에게 적용될 수 있는 관행적이고 도덕적인 규범이라고 여겨졌다. 근대에 나타난 이러한 큰 발전을 언급하지 않고는 이 주제에 관해 논하는 일은 사실상 불가능하다. 왜냐하면, 그러한 발전으로 인해서 여러 가지의 사무라이 이미지가 오늘날에도 유효하기 때문이다. 특히 널리 알려진 「무사도(武士道)」, 혹은 '무사의 길'이라는 개념에 있어서 그러하다. '무사도', 혹은 '무사의 길' 개념은 20세기가 지나면서 실제로 만들어지고 정의되었으며, 사용된 개념이다.

사무라이 정신이란 현대식 해석을 바탕으로 정의하기에 매우 복잡한 개념이었다. 그런데, 이렇게 복잡해진 데에는 이 주제에 대해서 현대의 많은 저자들이 매우 모호하게 설명을 했다는 점에 그 원인이 있다. 현대의 저자들은 사무라이 정신을 이해하는데 있어서 얼마 안 되는 자료에 의존했다. 게다가 무사 정신을 개별적인 전통으로 정의한다면, 이 주제에 대한 현대의 논의 방향과 매우 달라진다. 이 책에 실린 자료들은 이러한 다양성을 반영하려는 의도로 선별되었고, 이와 더불어 이 책에서는 사무라이에 관한 자료들을 현대적으로 해석하려 한다. 여기 실린 자료들은 또한 사무라이 정신의 진화를 나타내는 개념적인 맥락과, 유교적인 정치 철학을 상당 부분 차용한 사무라이 정신의 맥락을 반영한다.

근대 일본에서 '무사도'를 이끈 두 사람의 주창자는 니토베 이나조(新渡戸稲造, 1862-1933)와 이노우에 데쓰지로(井上哲次郎, 1855-1944)였다. 니토베 이나조는 미국식 교육을 받은 저명한 기독교인이었다. 그는 대부분 '무사도'에 관한 글을 영어로 썼다. 그는 '무사도'에 관한 글을 쓰면서 서양 사람들에게 일본의 문화를 알리려 노력했다. 그러나 일본 독자들이 보기에 니토베 이나조는 무사도에 관한 지식이 부족했다. 이와 반대로, 이노우에 데쓰지로는 도쿄제국대학의 철학과 교수로서 일본 학계의 중심인물이었다. 그는 '무사도'에 관한 수많은 책을 남겼고, 당대의 정치와 교육 시스템을 위해 민족주의적인 문화의 기틀을 마련하려 하였다. 그의 저작들은 국수주의적인 내용으로 인해서 제2차 세계대전 이후로 평판이 나빠졌다. 그럼에도 불구하고, 이노우에 데쓰지로는 세기의 전환기로부터 1944년에 사망할 때까지 '무사도' 담론을 이끄는 주요 인물이었다. 다음은 세기의 전환기에 출간된 니토베와 이노우에의 저작에서 짧게 인용한 부분으로, '무사도'의 초기 사상을 간단히 요약하고 있다. 니토베는 자신의 저작인 『무사도: 일본의 영혼(Bushidō: The Soul of Japan)』을 다음과 같은 내용으로 시작했다.

　　기사도란, 일본을 상징하는 꽃인 국화처럼 일본의 토양에서 피어난 일종의 꽃이다. 그렇다고 해서 일본의 역사 식물 표본집에 나올법한 이미 말라 죽은 옛날 미덕을 의미하지 않는다. 기사도는 여전히 우리 일본인들에게 권위 있고 아름다우며 생생한 것이다. 그리고 비록 기사도가 손에 잡히는 구체적인 모양과 형태는 없지만, 그럼에도 불구하고 도덕적인 향취를 풍기며, 우리에게 그 남아있는 힘을 전한다.⋯

　　기사도라고 내가 일본말로 개략적으로 말하는 이 일본 어휘에는 원래, 말을 타는 사람의 태도라는 의미 이상이 있다. '무-사-도'라는 말은 문자 그대로 기마병의 태도− 즉, 무사들이 일상생활이나 일터에서 지켜야 하는 법도를 의미한다. 다시 말해 한마디로, "기사의 계율", 즉, 무사 계급의 '노블리스 오블리주'를 의미한다.⋯

　　'무사도'란, 기사들이 지켜야 하는, 혹은 지켜야 한다고 배우는 도덕적인 법도이다. 이는 글로 남아있지 않다. 기껏해야 얼마 안 되는 계율이 구전되어 내려오거나, 혹은 유명한 무사나 학자가 글로 써서 물려주기도 했다. 대부분 기사도는 말로 표현되지 않거나 글로 쓰이지 않은 일종의 규칙이었고, 여기에는 모두 참된 행동을 가르치기 위한 강력한 통제, 현실적으로 마음에 유익한 규칙 등이 내용을 이룬다. (니토베 이나조, 1899, 1, 3-5)

이노우에의 다음 설명에는 민족주의적인 어조가 나타난다.

　　'무사도'는 민족적인 내용으로 이루어져 있으며, 전통적으로 우리나라의 무사들이 보여주었던 행위가, 내가 생각하기에는, '무사도'의 일반적인 의미이다.⋯

　　그리고 만일 누군가가 '무사도'의 내용을 정의하고자 한다면, 그 아주 기본적인 원칙은 바로 우리 일본인들의 정신에서 비롯되었다 할 수 있다.⋯ 그러나 '무사도'는 유교와 불교의 영향을 받으며 점차로 발전하면서⋯ 완벽하게 완성되었다. 그래서 '무사도'는 마침내 신도, 불교, 유교라는 세 가지 사상의 조화로운 결합체라고 할 수 있다.
　　⋯⋯

　　언제 '무사도'가 생겼는지는 정확히 알 수 없다. 아주 먼 옛날로 거슬러 올라가면, 오래 전 일본의 신들에 관한 이야기 속에 이미 '무사도' 원리가 존재했음을 알 수 있다.⋯ 일본인은 기본적으로 무술을 숭상하는 정신을 소유하고 있었고, 이러한 성향이 '무사도'의 기초가 되었다고 말 할 수 있다. 다시 말해서, '무사도'는 고대 시대 이후로 존재했다고 단언 할 수 있다. (이노우에 데쓰지로, 1901, 2-4, 7-8)

# 죽음과 충성

사무라이 정신에 대한 현대의 논의 중에서 가장 눈에 띄는 두 가지는 일본 무사가 보이는 죽음과 충성에 대한 태도이다. 죽음과 충성 둘 다 20세기 초반에 공공 문서나 대중 소설에서 상당히 이상화되었고, 그 과정에서 무사 계급에 대한 현대의 이미지가 만들어졌다. 황제와 나라에 대한 완벽한 충성심이라는 미덕, 그리고 황제와 나라를 위해서 자신을 바칠 준비 자세는 전쟁 전 군인들이나 민간인들에게 전파했던 주된 강령이었으며, 대중적이고 민족주의적인 문화에서 두드러지게 나타났다. 그런데 이러한 관념은 1945년이 지나자마자 강하게 거부되었고, 20세기 후반에 이르러서야 부분적으로 다시 나타나서 오늘날 사무라이 이미지를 만들어내었다.

## 죽음에 대한 강령

사무라이 철학에서 가장 빈번하게 나타나는 양상 중 하나는 죽음을 대하는 방법이다. 인간의 경험에 있어서 보편적이면서 피할 수 없는 것으로서, 죽음은 모든 시대와 장소를 막론하고 항상 철학에서의 주요한 논의 대상이었다. 그런데, 사무라이들이야말로, 다른 전통에서의 철학자들은 말할 것도 없거니와, 사무라이의 직업상, 그들은 일본 사회의 어느 부분의 사람들보다도 더 직접적이고 자주 죽음에 대해 말했다. 죽음에 대한 일종의 스토아 철학적인 접근은 사무라이 정신에 가장 일반적인 특성이다. 그러나 현실에서 작가들은 이 주제에 대해서 매우 다양한 견해를 피력하였다. 어떤 작가들, 가령 스즈키 쇼산(鈴木正三, 1579-1655)*과 같은 작가는 죽음을 걱정하였으며, 반면 다른 작가들은 죽음에 대해 그다지 깊게 다루지 않았다. 그 이유는 무사들의 도덕성을 다루는 대부분의 작품들이 비교적 평화로운 시기에 저술되었고, 부자연스런 이유로 죽는 일은 매우 있을 법하지 않았기 때문이다.

그런데 어떤 사상가들은 죽음을 사무라이 정신의 기초라 생각하였다. 그들은 야마모토 쓰네토모(山本常朝, 1659-1719)와 다이도지 유잔(大道寺友山, 1639-1730)의 작품을 자주 인용하면서, 죽음에 대한 사무라이의 생각을 현대식으로 해석하였다. 또한 이 작품들은 1945년 이전에 선전용과 교육용으로 활용되었다. 전쟁이 끝난 이후에도, 야마모토와 다이도지의 작품들은 일본 국내와 국외에서 지속적으로 특정한 관심을 불러 모았다. 미시마 유키오(三島由紀夫, 1925-1970)는 이러한 작품들을 가장 열심히 홍보한 인물이었다. 전쟁 이전에 사무라이 정신에 대한 해석에서는 종종 자기희생이라는 이상이 강조되었다. 그러나 미시마가 1970년에 할복자살하기 몇 년 전에 주장한 바에 따르면, 죽고자하는 열망은 또 한편으로는 실제로 삶에 대한 철학이라고 할 수 있다고 한다.

우선, 야마모토 쓰네토모가 쓴 『하가쿠레(葉隱聞書)』의 다음 부분을 살펴보자.

> 무사의 길이란 죽음에 대한 탐색을 의미한다. 만일 두 가지 선택이 있다면, 죽음을 선택해서 재빨리 문제를 해결하여야 한다. 정신 집중하여 전진하라. 비록 너는 목적을 달성하지는 못하겠으나, 그러한 죽음을 개죽음이라 폄하하는 것은 대도시의 허풍에 찬 무사들의 생각이

다. 만일 두 가지 선택이 놓여있다면, 자신의 목적을 성취하는 건 중요하지 않다. 우리는 살기를 원한다. 전반적으로, 사는 것을 선호하는 데는 이유가 있다. 그렇지만, 사람이 목적을 잊고 살기를 원한다면, 그 사람은 겁쟁이이다. 이를 구분하는 건 어렵다. 사람이 자신의 목표를 성취하지 못하고 죽으면, 이는 개죽음이고 혼란스런 일이지만, 창피한 일은 아니다. 이는 무사도의 힘이다. 매일 낮과 밤에 사람은 다시 죽어야만 하고, 사람이 이제는 거의 영혼이 빠져나간 상태에서 육체에 계속 머무를 때, 그 사람은 무사도의 자유를 느낄 수 있다. 그 사람은 인생에서 실패 없이 주어진 의무를 성취할 수 있다. (야마모토 쓰네토모, 1716, 220)

다이도지 유잔은 자신의 책에서 초심자들에게 다음과 같이 이른다.

무사는 다음과 같아야 한다. 새해 아침 맛난 떡국을 먹으려 수저를 들 때부터 한 해의 마지막 날에 이르기 까지, 마음속에 언제나 죽음을 생각하고 이를 매일 매일 자신의 첫 번째, 그리고 진실한 마음가짐으로 지켜야 한다. 만일 사람이 죽음을 언제나 유념하고 있다면, 그 사람은 충(忠)과 「효(孝)」라는 두 가지 길을 성취하는 것이다. 그 사람은 모든 재난과 불행을 피할 것이고, 그의 육신은 일생 동안 어떤 질병도 걸리지 않으며, 성격도 긍정적으로 변화할 것이다. 이 모든 일은 미덕의 결과이다.

특히, 인간의 인생은 대개 저녁 이슬이나 아침 서리에 비유된다 – 삶은 그처럼 덧없고 약하다. 다시 말하자면, 무사로서의 인생을 사는 건 특히 위태로운 일이다. 사람들은 자신의 주군을 모시며 오래 살기를 바란다. 그리고 또한 부모님도 돌보길 바란다. 이러한 행동은 오랫동안 좋은 일이라 간주되었다. 하지만, 불행히도 군주를 잘 모시거나 부모한테 효도하는 일을 저버리기도 한다. 만약에 사람이 봉사를 하는 일이 확실할 수 있다면, 그는 오늘은 살아있다는 것을, 그리고 내일의 일은 알 수 없다는 것을 기억하라. 그러면, 그 사람이 군주에게서 가르침을 받는 때나, 혹은 부모를 존경하는 순간에, 그 사람은 그것이 마지막 시간일 수 있다는 사실을 안다. 이러한 느낌을 유념하면, 그 사람은 자신의 군주나 부모에 대한 진정한 목적을 성취하는데 실패하지 않을 것이다. 이러한 방법으로, 충성심과 효도라는 두 가지 길은 하나로 합쳐진다. (다이도지 유잔, 1834, 199-300)

이 시대에, 미시마는 『하카구레』의 의미를 보다 현대적인 언어로 다음과 같이 재해석한다.

오늘날 죽음의 의미는 계속 잊히고 있다. 아니다. 죽음의 의미는 잊히지 않았다. 오히려, 우리는 죽음이라는 주제를 회피한다.… 단순히 우리는 죽음에 대해서 말하기 싫어한다. 우리는 죽음에서 우리에게 유용한 요소들을 뽑아내어서 활용하려 하지 않는다. 우리는 언제나 눈앞에 보이는, 우리를 향해 있는 밝은 표지물을 향해 나아간다. 그 표지는 바로 우리 인생의 표지이다. 하지만 우리는 코앞에 다가오며 생명을 조금씩 침식하고 있는 죽음의 힘을 쳐다보지 않으려 안간힘을 쓴다. 이러한 관점은 우리 인간의 합리적 인본주의를 보여 준다. 그런데 현대 인간의 시선이 언제나 밝은 자유와 진보를 향하는 동안, 죽음의 문제는 의식의 수준에서 삭제되면서 무의식의 단계로 더욱 깊게 깊게 억압된다. 이러한 억압 속에서 죽음의 충동은 그보다 훨씬 더 위험하고, 폭발적이며, 압축적이며, 마음 깊은 곳에 머무는 충동으로 바뀐다.

우리는 죽음을 의식의 수준으로 끌어올리는 일이 정신 건강에 매우 중요하다는 사실을 간과하고 있다. (미시마 유키오, 1967, 67-8 [28-9])

## 충성심의 본질

충성심은 사무라이를 생각할 때 가장 일반적으로 떠오르는 개념이며, 근대 '무사도'를 해석할 때 상당히 강조되는 개념이다. 메이지시대에 들어서 사무라이들은 충성심을 군주와 봉건제도의 영역이 아닌 황제와 국가로 전환했다. 그리고 그 과정에서 사무라이 식의 충성심이란 모든 일본 국민들에게 적용되기도 하고 또 이전보다 훨씬 절대적인 존재에게 주어지기도 했다. 그러나 충성심이라는 사무라이의 정신은 시간적, 지리적, 사회적, 그리고 이데올로기적인 요소에 따라서 매우 미묘한 차이가 있다. 대체로 말해 무사들은 두 가지의 충성심을 가지고 있었다.

첫 번째 유형으로, 전쟁이 자주 발발했던 1600년대 이전까지 충성심이란 상호적이며 심지어는 계약적인 개념이었다. 이러한 개념은 군주나 그를 추종하는 신하가 서로에 대해서 물질적이고 도덕적인 책임을 지는 실질적인 관계를 의미했다. 그리고 그들 중 누구라도 배신을 한다면 그 관계는 심각하게 손상되었다. 두 번째 유형의 충성심은 도쿠가와시대의 평화로운 기간 동안 특정한 사무라이들에게서 나타나는 정신이었는데, 이 사무라이들은 군주에 대한 완전한 충성심을 보이기 위해서 어떠한 상황에서도 일방적인 충성의 관계를 유지하였다.

게다가, 사무라이 사상가들은 이러한 두 가지 개념이 서로 연결되어있다고 보거나, 혹은 그렇지 않다고 생각하기도 했다. 다음 내용을 살펴보면, 충성심의 본질에 관한 다양한 생각들을 알 수 있다. 야마가 소코(山鹿素行, 1622-1685)*는 이러한 개념을 자신의 저서인 『성교요록(聖敎要錄)』에서 다음과 같이 언급하였다.

> 충성심이란 자신을 돌보지 않고 다른 사람을 생각하는 정신이다. 「신·성(信·誠)」이란 기만하지 않고 정직하며 충실한 마음을 의미한다. 충성심은 이기심 없는 것이고, 신·성이란 기만하지 않는 것이다. 충성심은 마음에서 나오고, 신·성은 행동에서 나온다. 사람들은 자신의 군주나 어른들에게 충성하며, 자신의 친구들과의 사이에서는 진실하다. 성현들의 가르침에는 충성심과 신·성이 존재한다.
>
> 상부상조란 내가 자신에게 하고 싶어 하지 않는 일을 다른 사람한테도 하지 않는 것이다. 충성심은 물건이나 사건에 대해서 이기심을 버린 것이며, 배려는 다른 사람에 대한 공감을 통해 얻어지는 것이다. (야마가 소코, 1665A, 20)

『하가쿠레』에서는 다음과 같이 설명한다.

> 야마자키 구란도(山崎藏人)는 다음과 같은 유명한 말을 남겼다. "신하가 너무 많이 알면 좋지 않다." 만일 신하가 옳고 그름, 혹은 적절과 부적절함에 관해서 이성적으로 판단하려 하거나, 혹은 충성심이나 불복종을 가리려 하는 것은 적당하지 않다. 군주를 섬기고자 한다면, 이유를 따지지 말 것이며, 자기 자신을 생각하지도 말고, 가장 중요한 사람이 자신의 군주임을 믿어 의심치 말아야 한다. 이러한 생각으로 신하는 가장 유능한 무사가 된다. 넘치는 충성심과 군주에 대한 절대적 복종은, 어떤 면으로는 잘못이라 생각할 수도 있겠으나, 이러한

마음이야말로 가장 바람직한 자세이다. 비록 너무 지나친 것은 잘못이라고 간주할 수도 있겠으나, 신하라면, 군주에 대한 지나친 헌신이 혹 실수라고 할지라도, 이는 진실된 욕구의 표현이라 할 수 있다. 이성적인 판단에 기대는 사람들은 보통 너무 사소한 일에 매달리고, 자신의 삶을 헛되이 낭비한다. 이는 애석한 일이다. 사실, 우리 인생은 단 한번이다. 가장 바람직한 일은 부차적이거나 주변적인 일을 하지 않는 것이다. 한 가지를 추구할 수 있는데도 두 가지를 추구하는 것은 좋지 않다. 인간은 부차적인 모든 일을 미루어두고, 주군에 대한 봉사에 집중하는 데 온 정신을 쏟아야 한다. 충성심의 본질을 고양시키는 생각을 반복하라. 옳고 그름을 따지는 것은 적당치 않다. (야마모토 쓰네토모, 1716, 268)

# 사무라이 정신의 본질

근대적 해석을 통해 죽음과 충성심이 강조 되었지만, 대체로, 사무라이 정신에 대한 의견은 다양했다. 또한 무사 윤리에 관해 모든 전문가들이 언급하는 말 속에는 중요한 개념이 존재한다. 우리는 그중에서 두 가지의 예를 생각할 수 있다. 이 두 가지는 에도시대의 사무라이들이 무사─행정가로서의 지배계급에 속해있으면서 행하던 역할을 기반으로 한 정치 철학에 기반을 둔다. 첫 번째 사무라이들이 가지고 있던 생각은 자신들이 고유한 사회 계층에 속한다고 간주했다는 점이다. 두 번째 생각은 시민으로서의 미덕과 군인으로서의 미덕 사이에 균형을 유지해야 한다고 믿었다는 점이다.

### 사무라이의 계급의식

사무라이들은 스스로를 다른 계급의 사람들과 다르고 그들보다 우월하다고 믿었다. 이러한 믿음은 일반적으로 무사의 윤리였다. 자신들의 특출함, 그리고 그에 따르는 책임감과 특권에 관한 인식은 다양했지만, 자신들이 특수한 엘리트 계층이라는 생각은 기본적으로 당연시되었다. 그러나 곧 이러한 생각은 당시 정치 체계로 인해 뒤바뀌었다. 메이지시대에는 공식적으로 계급 차별을 철회하고 이전보다 사회 평등을 더욱 강조하는 사회 분위기가 강했기 때문에 이전 시대의 무사 의식은 대개 무시되거나 심지어 거부 되었던 것이다.

야마가 소코의 저서인 『야마가 어류(山鹿語類)』에는 당대의 정치적인 질서를 가장 설득적으로 옹호하는 부분이 있다.

> 사무라이의 임무는, 스스로를 점검하며, 군주를 찾고 최선을 다해 모시고, 다른 동료들을 대할 때 신의와 따뜻한 태도를 갖고, 임무에 충실함에 있어서 자신의 주제를 명심하는 것이다. 이와 더불어, 무사는 자녀, 형제와 그리고 배우자와 관계가 좋아야 한다. 이러한 미덕을 갖추지 않는다면, 하늘 아래 다른 사람과의 관계 속에서 적절한 도덕성을 찾기가 어려울 것이다. 농부, 예술가, 그리고 상인들은 자유시간을 가지지 못한다. 이를 다시 말하면, 이들은 다른 사람들의 관계나 「도(道)」를 성취할 수 없다는 의미이다. 사무라이는 농부, 예술가, 그리고 상인의 일 같은 것에는 관심두지 말고 자신의 특수한 임무인 '길'을 선택할 생각을 해야 한다. 더 나아가, 농부, 예술가, 그리고 상인들 중에 누군가가 인간으로서 당연히 가져야 할 도덕성이 없다면, 사무라이는 그들을 응징함으로써, 이 세상의 참된 하늘의 도덕성을 수호해야 한다. 도덕성의 수호는 사무라이가 문인과 무사의 미덕을 인식은 하지만, 그 미덕을 사용하지 못하는 경우에는 실현되지 않는다. 그러므로 외형상으로, 사무라이는 칼을 쓰고, 창을 쓰고, 활을 쏘고, 말을 타는 준비를 해야 한다. 동시에 내적으로 사무라이는 군주─신하 사이에 친구들 간에, 자식과의 관계에, 형제간에, 그리고 배우자와의 관계에서 최선을 다해야 한다. 마음속으로, 그는 문인으로서 공손함을 추구하고, 외형상으로는, 무술을 익혀야 한다. 농부, 예술가, 그리고 상인, 이 세 가지의 일반 계급에서는 그를 선생으로 삼고, 존경을 하고, 그의 가르침에 따라 의미 있는 일과 사소한 일들에 대해서 인식하게 된다.…

그러므로 사무라이는 본질적으로 자신의 주제와 직분을 깨달아야 한다. (야마가소코,
1665B, 32-3)

## 문인의 덕목과 무인의 덕목 사이의 조화

계급의식과 더불어 사무라이 담론에 가장 자주 등장하는 주제는 무사들은 생활과 행동에 있어서
무사로서의 자질뿐만 아니라 문인으로서의 자질 사이의 균형을 유지해야 한다는 생각이었는데, 문인
의 자질에는 교양, 문해력, 그리고 학식 등이 포함되었다. 이러한 소위 '무예'와 '학문' 사이의 조화는
일본 역사 흐름에 따라 변화하였는데, 어떠한 쪽으로 강조를 두는가는 시대에 따라 다르게 나타났다.
이에 대해 언급했던 비평가들은 스스로 자신이 살고 있던 시대의 무예, 혹은 학문의 장점을 종종
간과하기도 하였다. 가령 17세기 비평가들은 자신들이 경험한 매우 노련한 무사들을 언급하며 '학문'
을 중요시 했지만, 에도시대 말기의 비평가들은 사무라이 계급이 이전보다 훨씬 '유약하다'라고 애석
해하며 무예를 더 중시하는 경향이 있었다. 그러나 궁극적으로, 이 주제에 관해 연구한 사무라이
이론가들은 무예와 학문 사이의 건강한 균형을 유지할 필요성을 강조했다. 이와 같은 사실은 에도시
대 초기와 말기에 나온 다음 인용문에서 볼 수 있다.

나카에 도주(中江藤樹, 1608-1648)*는 무예와 학문의 구분에 관해 논했던 글에서 자기 자신을
설명하며 유교의 원칙을 들고 있다.

**질문** : 무예와 학문이 하나의 수레를 끄는 두 개의 바퀴이거나, 하늘을 나는 새의 양 날개와
같다고 한다면, 무예와 학문은 두 가지 색깔이라 말할 수 있을까요? 아니면, 무예와 학문에
비유될 것을 찾는다면 어떠한 것이 있을까요?

**스승의 대답** : 학문과 무예에 대한 일반적 개념에는 설명이 더 필요하다. 보통 사람은
시를 읽고 짓기, 문학을 섭렵하기, 성격을 온화하게 하기, 그리고 세련되기 등을 가리켜 '문인
들'의 자질이라고 생각한다. 반면에 말을 타고 활쏘기, 군사 훈련, 전략 세우기, 그리고 단호하
며 강인한 성품은 '무사'의 자질이라 여긴다. 이러한 자질은 단순히 같기도 하고 다르기도
하다. 본래 문예와 무예는 단일한 덕목이라서 서로 분리되지 않는다. 이는 마치 모든 창조물
들이 하나의 힘을 가지고 있되, 그 힘에는 '음'과 '양'이 공존하는 것과 꼭 같다. 같은 선상에서,
인간 본성에 내재한 직관을 하나의 덕목이라고 본다면, 그 덕목에는 문예와 무예가 공존한다.
그래서 무예가 없는 문예는 진정한 문예가 아니며, 마찬가지로 문예가 없는 무예는 진정한
무예라 할 수 없다. 이는 마치 '음'이 '양'의 근원이자, '양'이 '음'의 근원인 것과 같다. 즉,
문예는 무예의 뿌리이며, 무예는 문예의 뿌리이다. 하늘은 날실이고, 땅은 씨실과도 같으며,
하늘 아래 모든 나라를 잘 다스리는 것과 「오상덕(五常德)」의 길을 올바르게 교정하는 것을
문예라고 한다. 만일 「천명(天命)」을 두려워하지 않고 나쁜 의도를 가진 사람이 있다면, 그리
고 그들이 당연히 가야 할 길을 모르고 있다면, 그리고 더 나아가 그 사람들이 무사와 문인들
을 괴롭힌다면, 무예는 그들을 벌하고/ 혹은 전쟁터에 내보내고, 그들을 통일되고 지배하는
하늘아래 있는 모든 것이다.…

만일 무예의 길이 문예의 길을 갈 필요가 있다면, 문예는 무예의 기본이 된다. 만일 무예의

길에 있는 힘이 문예의 길을 가는 사람에게 소용된다면, 문예의 뿌리는 무예에 있다. 게다가, 문예와 무예는 언제나 화합하여 공존해야 한다. "문예"란, 효성심이 강하고, 우애가 깊으며, 충실하고, 진실한 사람을 말한다. "무예"란 효성심이 강하고, 우애가 깊으며, 충실하고, 진실한 것을 저해하는 요소를 근절하는 것을 말한다. (나카에 도주, 651, 246-7)

한 세기 반이 지난 후에 요코이 쇼난(橫井小楠, 1809-1869)은 이러한 관념이 지속되었음을 말했다.

사람들은 모두가 문예와 무예를 이 나라를 다스리는데 기본적 방법이자, 사무라이 직업의 열쇠라고 말한다. 그러나 오늘날 문예란 고대 시대에 시작되어 중국의 고전 작품과 역사를 통해 전파되었다고 한다. 대부분, 이런 말을 하는 사람들은 광범위한 주제에 대해서 공허한 생각을 따르는 사람들이다. 그리고 극단적인 경우에 그들은 단순히 텍스트를 암송한다. 무예란 말을 타고 칼을 쓰는 방법을 연마하는 것이라 말하는 사람들이 있다. 그들은 신중하지 못한 태도로 의미에 대해 논의하고 현명함에 대해 말을 하거나, 단순히 아주 폭력적인 행동에 감동한다. 극단적인 경우, 그들은 심지어 경기에 참여하기도 한다. 그 결과, 학자들은 무사들의 무모함이나 거친 모습을 보고 그 무사들이 쓸모없다고 멸시한다. 반면에, 무사들은 학자들의 거만한 태도와 유약한 모습, 그리고 고난을 견뎌내지 못하는 무력함을 조롱한다. 이 두 집단은 화합하지 못한다. 지배 구조는 바뀌었고 갈등의 조짐을 보였다. 이러한 사실은 일본 전체에 만연한 해악이자, 사무라이 길의 본질을 명료화하지 못해서 그러하다.…

진정한 문예와 무예를 이해하려면, 우리는 고대의 작품을 돌아보아야 한다. 『서경(書經)』에 나오는 '우서(虞書)'에 따르면, 순황제(舜皇帝)의 미덕은 현명함, 성스러움, 무예, 그리고 문예이다. 이러한 덕목은 문예와 무예의 참된 자질이다. 당시에는 배워야 하는 고전 서적도, 숙련해야 하는 무예도 없었다. 이렇게 현명한 미덕-「인(仁)」, 「의(義)」, 힘, 온화함과 같은 덕목들-을 나타내는 행동은 바로 '문예와 무예'라고 일컬어졌다. 이러한 것들은 도덕적 원리를 바탕으로 하며, 분명히 단순한 기술이나 재주를 의미하는 것이 아니었다. 나중에 가서 이 둘은 분리되어 두 갈래 길이 되었다. 이 둘을 다시 합치는 일은 고상한 옛 의미를 회복하는 일이다.
......

충성과 효도의 길을 깨닫고자 하고, 도덕적 원칙에 입각해서 사물의 질서를 추구한다면, 그 방법을 문인이 제시할 것이다. 무인은 자신의 마음을 정화하고 기술을 연마하며 모험을 감행하는 과정에서 자신의 용기를 단련한다. 비록 모험의 본질은 오늘날의 그것과 크게 다르지는 않지만, 마음을 정화하려는 기술을 다지는 것과, 정화된 마음을 가지고 기술을 연마하는 것 사이에는 상당히 큰 차이가 있다. 이 둘을 비교해보자면, 오늘날의 문인과 무인들은 마치 강물의 원류가 오염되어 있다는 사실을 애써 외면하면서 강어귀의 물만 정수하려 노력하는 사람들 같다. 진짜 원류를 이해하지 않는다면, 자연스레 질서가 잡힌 시대에도, 혼란에 빠진 시대에도 유익한 바를 얻지 못할 것이다. (요코이 쇼난, 1860, 458, 463)

**더 읽을거리**

Hurst, G. Cameron iii. "Death, Honor, and Loyalty: The Bushidō Ideal," *Philosophy East and West* 40/4 (1990): 511-27.

池上英子 著 ; 森本醇 譯 名譽と順應 : サムライ精神の歷史社會學, 東京 : NTT出版, 2000

(Ikegami, Eiko. *The Taming of the Samurai: Honorific Individualism and the Making of Modern Japan* (Cambridge: Harvard University Press, 1995).)

Tucker, John Allen. "Tokugawa Intellectual History and Prewar Ideology: The Case of Inoue Tetsujirō, Yamaga Sokō, and the Forty-Seven Rōnin," *Sino-Japanese Studies* 14 (2002): 35-70.

[OB/최성희]

# 여성 철학자

요사노 아키코
히라쓰카 라이초
야마카와 기쿠에

# 개관

일본 역사를 통틀어, 문학 분야에서 뛰어났던 아주 소수의 여성들만이 자기 생각을 공적으로 표현할
수 있었다. 심지어 교육 기회가 증가하고 1868년 메이지유신(明治維新) 시기에 여성 문제를 특집으로
다룬 전문 잡지들이 창간되었음에도 불구하고, 남성들은 여성을 지적인 탐구와는 관련 없는 가정의
'재산'이라 여겼으며, 이러한 뿌리 깊은 관점은 이전 시기와 다르지 않았다. 이러한 상황은 1899년에
후쿠자와 유키치(福澤諭吉, 1835-1901)*가 동료 일본인들에게 보낸 탄원 속에서도 드러난다.

> 30년 전 천황 복위시기에 국민들은 봉건 도쿠가와(德川) 체제의 압제를 벗어버렸습니다…
> 만약에 국민들이 평화를 깰까 하여 계속 망설였다면, 우리 일본 사람들은 아직까지도 봉건
> 계급 제도에 묻혀 있었을 겁니다. 그러므로 여성들로 하여금 그들 스스로의 법률적인 권리를
> 주장할 수 있도록 허용하고, 남성과 여성 사이를 평등하게 만드는 일이야말로 옛 봉건 체계를
> 버리는 것과 같으며 메이지 정부의 새로운 헌법 체계를 세우는 일입니다. 우리 국민들은
> 정치 혁명을 이루어 낼 만큼 충분히 담대했습니다. 저는 왜 같은 혁명이 사회 분야에서 일어나
> 면 안 되는지 그 이유를 모르겠습니다. (후쿠자와 유키치 1899, 263-4 [195])

많은 여성이 사회 속에서 '공적인 지식인'으로 일하면서도 불리한 위치에서 고생하고 있었는데,
이들은 자신의 처지가 나아지려면 반드시 공부를 하고 이성적으로 사고하면서 유려한 글쓰기 능력을
키워야 한다고 믿었다. 2세기 동안이나 고립 상태에 있다가 깨어난 일본에는 서양식의 사고방식이
마치 파도처럼 밀려오고 있었다. 이 파도와 함께 외국 여성들의 지적, 정신적, 사회적 투쟁에 관한
이야기도 실려 왔다. 메리 울스턴크래프트(Mary Wollstonecraft, 1759-1797), 올리브 슈레이너(Olive.
Schreiner, 1855-1920), 엘렌 케이(Ellen Key, 1849-1926), 샬롯 퍼킨스 길만(Charlotte Perkins Gilman,
1860-1935) 등은 곧 일본의 지식인 여성들에게 잘 알려졌고, 존 스튜어트 밀(John Stuart Mill, 1806-
1873), 톨스토이(Lev Nikolayevich Tolstoy, 1828-1910), 어거스트 베벨(August Bebel, 1840-1913),
레스터 워드(Lester Ward, 1841-1913) 등이 쓴 여성 문제에 관한 저술 등도 알려졌다. 그러나 히라쓰
카 라이초(平塚らいてう, 1886-1971)*를 비롯하여 라이초와 함께 1911년 '세이토(靑鞜)' 동아리에
들었던 여성들은, '문필' 만이 일본 여성의 생각을 공적으로 발표할 수 있는 유일한 통로라는 것을
알았다. 잡지 『세이토(靑鞜)』의 역사를 뒤돌아보는 자리에서 라이초는 다음과 같이 회상한다.

> 교육에 대한 여성들의 기대가 봉건적인 가족 체계 때문에 꺾이고 억압당하자, 여성들은
> 자신들에 허용된 길은 단지 문학이라고 생각했다. 자신들의 생각을 언어로 표현함으로써
> 여성들은 내적인 자기를 깨닫고, 부족한 자기 인식, 여성의 독립성, 남성들에 기생해서 살아가
> 는 여성들의 의존성에 의문을 갖기 시작했다. 오늘날의 젊은 여성들은 당시의 젊은 여성들이
> 문학 속에 얼마나 빠져있었는가 상상할 수 없을 것이다. 잡지 『세이토』는 새로운 장을 열어줄
> 것이며, 독자들에게 큰 감동을 주리라 믿는다. (히라쓰카 라이초, 1971, 1: 340 [163-4])

토론 활동 범주가 제한적이어서, 이 여성들은 자신이 처한 상황을 말할 수 있는 방법을 찾는데 애를 먹었다. 그들은 새로운 방법을 사용하기 시작했다. 그들은 자신들이 처했던 기존의 존재론적이고 구체적인 상황과는 다른 방향을 지향했으며, 기존에 존재하던 철학 서적들과 애써 연관 지으려 하지 않았다. 오늘날 이들 여성 철학자의 저작들은 그들이 쓴 특별한 연구 분야, 즉 라이프니쯔 연구 혹은 토미스트 철학 연구와 같은 작품집 속에 수록되어 있다. 그런데 근대 일본의 여성 철학은 그 기원과 발전 양상에 있어 기존의 인식론이나 형이상학, 논리학, 미학, 윤리학과 같은 익숙한 철학 범주와는 다르다. 이 여성 철학자의 연구는 '창조 중인 철학'이었고 또 그렇게 읽힐 필요가 있다. 니시다 기타로(西田幾多郎, 1870-1945)*가 언급한 바와 같이, 그 여성 철학가들은 '이미 창조된 것에서 벗어나 창조 중인 것'으로 옮겨가는 과정에 있었고, 그래서 철학을 토론하는데 예전의 자료 보다는 미래에 관한 내용에 집중하였다. 동시에, 이들은 '이성적 사고'라는 전통적인 철학의 범주에 급진적으로 도전하였으며, 이성적인 사고라는 것을 단순하게 '원래의 철학'(proto-philosophy)이라고 단정할 수 없었다.

다카하시 후미(高橋ふみ, 1901-1945)는 여성으로서는 최초로 도호쿠제국대학(東北帝國大學) 철학과를 나왔다. 다카하시 후미는 유학 중에 하이데거(Martin Heidegger, 1889-1976)와 같은 학자들 아래에서 수학하였으며, 독일어에 매우 능통하여서 자신의 친척인 니시다 기타로가 쓴 두 개의 에세이를 독일어로 번역할 정도였다. 불행히도, 이 전도 유망한 젊은 여성은 폐결핵으로 인해 연구를 계속할 수 없었다. 다카하시 같은 극소수의 예외적 여성들만이 외국 유학을 하거나, 여학생을 받아주는 당시 3개의 제국대학(도호쿠대학, 홋카이도대학[北海道大學], 규슈대학[九州大學]) 중 한 군데에서 공부하는 행운을 누렸다. 1947년이 되어서야 이 대학들에서는 여학생들이 정식으로 철학을 공부할 수 있도록 허가했다. 이 여학생들의 첫 세대가 이제 겨우 정년퇴직할 나이이다. 이 여성들은 중요한 인물들이다. 왜냐하면 그들은 요사노 아키코(與謝野晶子, 1878-1942)*, 히라쓰카 라이초, 그리고 야마카와 기쿠에(山川菊榮, 1890-1980)*와 같은 인물들의 영향을 강하게 받았기 때문이다. 요사노 아키코, 히라쓰카 라이초, 그리고 야마카와 기쿠에의 작품들은 이 책의 뒷부분에 소개된다. 그들의 글은 당대의 여성 문제에 관한 사고방식과는 매우 달라 보인다. 여기서 일본 여성들이 기여했던 서양과 동양의 고전 철학의 전체 범주에 관한 이야기는 잠시 미루어두자. 이러한 기여자 중에, 예를 들어 사카구치 후미(坂口ふみ, 1933- )의 경우는 뮌헨대학에서 박사학위를 받았다. 그녀는 당대 여성들이 감내해야 했던 사회 속의 '성차별 구조'에도 불구하고, 도호쿠대학 중세 연구 분야에 대단히 큰 기여를 했던 것이다.

차별하는 사람들은 자신이 차별을 가한다는 사실을 거의 인식하지 못한다. 이러한 사실은 차별 받는 사람들에게는 끔찍하고도 거부할 수 없는 현실이다. 이는 마치 단단하고 파괴할 수 없는 장벽 같기도 하고 사람의 심장을 겨누는 칼날같이 날카롭기도 하다. 차별하는 사람과 차별 받는 사람 사이의 관계는 다른 모든 관계에서의 차별이 그러하듯, 완전히 불평등하다.

더 나쁜 일은 차별 당하는 사람이 차별하는 사람의 생각을 자신의 마음에 내재화한다는 점이다. 그 이유는 차별하는 사람과 차별 당하는 사람이 같은 문화와 사회에서 살기 때문이다… 사람은 자신이 사는 곳에 영향을 미치는 물질적, 사회적, 그리고 심리적 조건에 대해 관심을 기울이지 않기에, 여성들이 모든 종류의 '불능성'을 원래 가지고 있다고 쉽게 간주하며, 이러한 불능성이 여성들의 '본질적 현실'이라 생각한다. 또한 차별하는 사람들은 자신들

옆에 확실히 '열등한' 존재가 있다고 편리하게 생각해 버린다.

우리 세대의 여성들은 이러한 본질주의적 사고방식 속에서 자랐다. 하지만, 내 생각에, 이러한 사고방식은 여성 문제에만 국한되는 것도 아니고, 일본의 상황에 국한되는 일도 아니다. 여성의 능력을 평가할 때, 발전한 나라들이나 발전하지 못한 나라들이나 별 차이가 없는 듯하다. 나의 친구 안나가 1980년대 말 독일의 한 대학교에서 초청 강연을 한 적이 있다. 강연 후 한 여학생이 안나에게 큰 소리로 말했다. '오늘, 처음으로, 저는 여성도 아시아 연구를 할 수 있다는 걸 알았어요!' 나는 그 소리에 웃지 않을 수 없었다. 하지만, 사실 그런 생각은 전 세계에 퍼져 있다… 인종, 계급, 혹은 신분의 차이 때문에 벌어지는 차별 문제는 여성이면 누구나 똑같이 맞부딪치는 문제이다.

사카구치의 설명에 따르면, 여성들은 성차별을 겪어 보면, 문화 차이를 더 잘 극복할 수 있다고 한다.

사실, 안나와 같은 많은 여성들이 자신의 삶에서 동쪽과 서쪽을 가르는 장벽을 초월하는 방법을 이제 알았다. 내가 생각하기로는 동쪽과 서쪽을 가르는 문화적인 차이는 성차별적인 문화 속에서의 차이보다 크지 않다. 이러한 성차별 문화는 우리의 존재 자체를 관통하고 있고, 성차별 문화로 인하여 '전문적인' 여성의 삶과 '사적인' 여성의 삶은 황폐하게 된다. 이러한 장벽은 단지 여성에게만 해당되는데, 그 이유는 여성들이 자신의 실제 경험에 대해 말할 수 있는 기회가 없었기 때문이다. 과거에, 여성들은 남성의 관점에서 자신들을 인식하였고, 여성 자신의 이미지를 남성이 축조한 문학과 철학의 틀 속에서 파악하였다. 이러한 상황은 점차 변화하고 있으나, 안나가 느끼는 고통은 아직도 많은 전문직 여성들이 경험하는 바이다. (사카구치 후미, 1996, 4-7).

## 종교, 이데올로기, 여성

일본 종교 사상사에서는 여성을 양가적인 시선으로 본다. 그 시선에는 여성에 대한 존경과 경멸이 혼합되어 있다. 긍정적 측면에서, 원시 일본의 종교인 신도에 확연히 드러나는 전형적 특성 중 하나는 여성적인 정신력을 단언하는 것이다. 신화의 중심에는 태양의 여신인 아마테라스(天照)가 자리 잡으며, 아이를 출산하는 여성 육체의 역할은 추수와 결혼이라는 의식을 통해 추앙 받는다. 여성을 보호하는 신도의 긍정적인 정신 덕분에, 여성을 열등하게 여기는 고대 중국의 사고방식은 동 아시아에 있는 많은 나라들에는 퍼져 나갔던 반면, 고대 일본 사회에 뿌리를 내리지 못하였다.

여성에 대한 불교식 사고방식에 대해서 많은 비난이 쏟아졌고, 이러한 양상 속에서 일본에서 여성의 지적인 발전과 정신적인 해방은 상당히 이루어졌다. 그리고 어떤 면에서는 여성으로 하여금 자신들의 세계관을 분명하게 표현할 수 있는 기틀을 이룰 수 있도록 하였다. 무라카미 시키부(紫式部, 973-1014)는 『겐지이야기(源氏物語)』를 쓴 유명한 작가로, 불교 사상을 자신의 인간 심리에 관한 깊은 통찰 속에서 숙고하였고, 끈질기게 탐구하였으며, 인생의 업보 같은 인과관계 법칙에 토대를 둔 운명론, 혹은 결정론을 거부하였다.

무라사키 시키부는 자신의 글 한 대목에서, 소설 이야기를 읽고 쓰는 일을 설명하기 위해서, 천태(天台) 불교에서 말하는 공(空), 임시 혹은 가(假), 그리고 이 둘 사이에 있는 중도를 나타내는 용어를 사용한다. 헤이안시대(平安時代, 794-1185) 여성들은 소설을 씀으로써, 일본 문화에 크게 기여하였다. 다음 단락에서 『겐지이야기』의 주인공인 겐지 왕자를 보면, 처음에 그는 소설쓰기를 무시하는 다소 유교적인 태도를 보인다. 그렇지만 이내 그는 소설쓰기를 천태 철학의 측면에서 생각한다. 겐지 왕자에 따르면, 현실이 실체의 '공'인 반면, '선함과 악함'과 같은 자질은 그 자체로서 '공'이라고 보면서, 우리의 이야기에는 선함과 악함 같은 자질이 임시로 표현되어 있다고 한다. 그는 독자가 비 실체적인 현실과 그 현실에 대한 임시적이고 현실적인 표현 사이에서 균형 잡힌 해석학적 원칙을 파악해야 한다고 보았다. 겐지는 자신의 수양딸이 어떤 이야기를 열심히 읽는 것을 알고는 처음에는 다음과 같이 말한다.

오, 세상에, 한심한 일이군. 여성들이란 나면서부터 분명 말 한마디 못하고 속아 넘어가는 존재야. 이 책에 진실이라곤 한마디도 없다는 사실을 잘 알고 있음에도 불구하고, 너는 엉터리 이야기에나 빠져서 심각하게 받아들이고 베끼고 있구나. 이 무덥고 비 오는 날 헝클어진 머리칼은 아랑곳 하지 않고!

그리고 나서 겐지는 이야기책이 '거짓말이 입에 붙은 사람들'이 쓴 것이라는 자신의 견해를 우회적으로 비난하는 여성에게 다음과 같이 대답한다.

나는 이제까지 이야기책을 매우 나쁘게 평가했지요… 그러나 이야기에는 정말 특별한 가치가 있어요!… 이야기책은 사람들을 정확히 묘사하지 않죠. 그렇지만 책에는 혼자만의 가슴에 묻어둘 수 없는 이야기를 다음 세대 사람들에게 전달하고자 하는 마음이 담겨있어요. 그 이야기에는 좋은 일이든 나쁜 일이든 보암직한 광경, 들음직한 경이로움이 있어요. 등장인물을 좋은 사람으로 꾸미기 위해 애쓰며 좋은 일만 골라 쓰는가 하면, 읽는 이의 요구에 따라 세상에 있을 법하지 않은 나쁜 이야기를 잔뜩 모아쓰기도 하는데, 이는 모두 세상에 있을 법한 선과 악의 이야기이지요. 이야기란 다른 곳으로 전해지면 원래 있던 장소에서처럼 동일하게 읽힐 수 없는 것이고, 심지어 우리나라의 이야기라 하더라도 옛 이야기와 지금 이야기는 다릅니다. 내용의 깊고 얕음에는 차이가 있겠으나, 이야기를 전적으로 꾸며낸 거짓으로 단정하는 것은 이야기의 본질을 곡해한 처사입니다.
「방편(方便)」에 관한 이야기 역시 부처님이 우리들에게 남긴 위대한 선함이라는 가르침에 들어있어요. 부처님의 이 이야기는 많은 부분이 서로 모순된 것으로 보이기도 해요. 그래서 이야기를 이해하지 못한 사람들은 끊임없이 의문을 품지만, 결국 마지막에 가서는 같은 메시지를 얻게 되요. 어쨌든 깨달음과 열정 사이의 차이는 이야기 속에서 등장하는 악한 것과 선한 것의 차이와 유사합니다. 좋게 말해, 각자는 나름대로의 가치를 지닌다는 것이지요. 겐지는 이처럼 매우 섬세하게 이야기론을 시작한다. [무라사키 시키부 N.D., 25장(461)]

가장 위대한 일본의 불교 철학자인 도겐(道元, 1200-1253)*은 여성들이 선(禪)을 수양할 것을 장려하였다 한다. 그는 여성들이 남성들만큼 수양할 권리가 있다고 하면서 다음과 같이 설명하였다.

남자를 무엇 때문에 그리 대단히 여기는가? 공간은 공간이다. 반면 4원소는 4원소이다.

5온(蘊)은 5온이다. 여성도 똑 같다. 「다르마 법」을 얻는데 있어서 모두가 똑같이 다르마를 얻는다. 우리 모두는 다르마를 얻은 사람에게 경의를 표하고 존중해야 한다. 남자냐 여자냐 구별을 두지 말아야 한다. 이것이 「붓다-다르마」의 가장 놀라운 법칙이다.

도겐의 여성관은 당대에 매우 급진적인 생각이었으나, 결코 현대의 기준에 맞추어 평가될 수 없다. 그는 여성을 무시하지 않았고, 여성이 배울 수도 있게 하였으나, 그는 여전히 자신이 자라난 귀족 가문의 입장을 벗어나지 않았다. 같은 책에서 그는 여성이 수도원 지역에 들어가는 것을 금하는 관행에 대해 다음과 같이 썼다.

> 게다가, 여기 일본에는 우스운 일이 벌어진다. 가령, '제한 구역', 혹은 '마하야나 수련장'이라 불리는 곳에서는 여성 수도자나 일반 여성들의 입장을 허용하지 않는다. 이런 사악한 관습은 오랫동안 이어졌고, 아무도 이를 의문시 하지 않았다. (도겐, 1240D, 250, 254)

송 왕조 말, 중국인 명상 선생들이 일본으로 이주했던 때, 여성 수련생들은 이전보다 더 자유롭게 입장할 수 있었다. 여성 수도자인 무가이 뇨다이(無外如大, 1223-1298)의 경우, 그녀의 깨달음은 저명한 선(禪) 선생에게서 인정받은 바 있었다. 무가이는 귀족가문의 여성들과 황궁의 공주들을 위한 수도원을 설립하였다. 이러한 수행은 도쿠가와시대를 거쳐서 이어졌고, 수많은 여성 수련생을 배출하였다. 그들 중에는 보통 사람도 있었고 수도를 하는 사람도 있었다. 그들 중 아무도 자기 자신을 저명한 학자나 사상가로 여기지 않았다. 몇몇 인물의 전기가 19세기 말에 『최근 선불교 수도승들에 관한 귀중한 전기』[1]라는 책에 기록되었다. 선(禪) 사상이 라이초 같은 페미니스트 사상가에게 전반적으로 좋은 영향을 미쳤다는 것은 놀라운 일이 아니다. 라이초의 깨달음은 두 명의 선생들이 입증하였는데, 선생들의 행동 덕에 그녀의 깨달음에 대한 비난은 상쇄되었다.

유교는 완전히 다른 경우였다. 유교에서는 여성이 남성보다 도덕적, 지적으로 열등하다는 고정 관념이 있었고, 초반에는 일본에 천천히 전파되었지만, 결국에는 일본의 사회적인 인식을 형성하는 데 매우 중요한 역할을 하였다. 신 유교사상은 에도시대에 주요한 이데올로기였다. 봉건 계급 제도는 『여대학(女大學)』이라는 책에 잘 드러난다. 이 책은 가이바라 에키켄(貝原益軒, 1630-1714)의 작품이라 여겨지는데, 이 책에서는 이상적인 여성은 '굴복과 복종'적인 여성이라고 설파하였다. 메이지유신 후에도 '여성은 유순해야 한다'는 사상은 마치 사람들이 들이마시는 공기와 같이 당시 사회에서 당연한 것이었다. 이는 메이지시대에 일본 정부가 일본을 군국주의적 공업 국가로 전환했던 때에도 사람들이 추구했던 사상이었다. 이러한 상황 속에서 후쿠자와 유키치는 남성과 여성이 완벽하게 평등하다고 확신하였고, 유교식 교육에 대한 반대 의견을 강력히 표현하였다. '사람들이 유교 교육에 기반하여 더 많이 가르칠수록 여성은 더 많은 제약을 받게 된다. 유교 사상은 사람들의 정신을 억압할 뿐 아니라, 그 과정에서 육체마저도 역시 파괴한다'(후쿠자와 유키치, 1885, 4 [7]). 그 후 14년이 지나, 후쿠자와는 자신의 책 『여대학평론(女大學評論)』에서 여전히 여성들이 유교의 사악한 가르침에 맞서 스스로를 보호하여야 한다고 주장했다. 그리고 여성들이 '자존감을 기르고 권리를 옹호할 것'을 북돋았다. '문명 세계의 신사들과 계몽된 남성들'의 위선을 비난하면서, 그는 이 남성들

---

1) [한] 오기노 도쿠온(荻野獨園) 저, 『근세 선임승보전(近世禪林僧寶傳)』(貝葉書院, 1889).

이 '유교사상이라는 썩어빠진 생각 속에 숨어서 문명화된 사회를 속이고 있다. 이 남성들의 비굴함은 불쌍하고 우스꽝스럽다'라고 말했다.(후쿠자와 유키치, 1899, 284, 311[215, 241]). 이러한 노력이 여성들 사이에 매우 빈번히 나타났음에도 불구하고, 여성에 대한 유교적 편견은 일본이 2차 세계대전에서 패하고 나서야 비로소 끝났다.

기독교 사상은 운 좋게도 일본에서 여성에 대한 일방적인 편견이 지나치게 팽배한 분위기에서 들어갔다. 1873년에 메이지 정부가 기독교에 대한 금지를 해제한 이후에 일본에 들어간 많은 수의 선교사들은 여성들이 여성 자신의 운명을 개선하도록 장려하였다. 통합의 윤리 하에 고통 받던 일본 여성들은 기독교의 사랑 정신을 환영하였다. 쓰다 우메코(津田梅子, 1864-1929)의 예를 들자면, 그녀는 1871년 메이지 정부 덕분에 미국 유학 길에 올랐는데, 졸업하고 귀국 후에는 일본 여성 교육의 기준을 향상시켜야 하는 의무를 지고 있었다. 유학 동안, 쓰다 우메코는 영어를 유창하게 하고 기독교인이 되었다. 국제 행사에 나와 유창하게 말하는 연설자로, 그녀는 일본의 전통적인 윤리보다 서양 기독교의 윤리가 더 우월하다고 주장하였으며, 자신이 세운 여자영학숙(女子英學塾)의 기본 이념인 '독립적인 일과 독립적인 생각'을 할 것을 장려하였다.

일본의 지배 엘리트 계층에서는 이러한 사상적 혼란 속에 ─ 한편으로는 오래된 관습을 지켜나가야 한다고 보았고, 또 다른 한편에서는 새로운 사상을 추종하고 있었다 ─ 무엇보다 한 가지 어려운 문제가 존재하였다. 이는 바로, 일본이 다른 근대 국가들과 어깨를 나란히 해야 한다는 사실이었다. 여성관의 변화가 몰고 온 충격은 대단한 것이었다.

「쇼군(將軍)」체제에서 메이지 정부로의 전환 과정에서, 일본은 세계 다른 나라들 속에서 자신의 입지를 빠르게 정착시키고 있었다. 그리고 입헌 군주국으로서 국가의 입지를 세우며 제국의 전통을 지키려 하였다. 동시에 서양의 제국주의와 군국주의가 아시아 지역으로 확산되면서 일본 정부는 스스로를 강하게 만들려 하였고, 그 결과 매우 강한 중앙 집권적인 교육 체계가 늘어섰다. 서서히, 영향력 있는 정치가들은 자유주의의 행복감에서 벗어나서 일반 시민들을 엄격하게 통제하는 정부를 따랐다. 그리하여 여성 해방이라는 가냘픈 희망은 꺼져버렸다. '황제에 충성하고 나라를 사랑하자' 그리고 '양처현모'라는 구호가 점점 퍼져나갔다. 젊은 여성들의 교육 기회는 엄격하게 규제되고 여성들은 나라의 인구수를 늘리고자 가능한 많이 출산하도록 독려 받았다. 1930년대 중반까지 창의적 목소리와 독립적인 생각은 단지 억압받을 뿐이었고, 여성 운동은 불확실한 상태로 남았다.

이런 상황은 확실히 모순적이었다. 근대의 평등주의 사상과 사회 철학은 대량으로 번역되어 널리 읽혔고, 비록 정치적인 현실로 인해 여성들의 활동은 점점 불가능하기는 했지만, 전통적인 사회의 배경과 가치 체계는 단절되고 여성에 대한 인식이 증가하고 있었다. 이러한 중에 후쿠다 히데코(福田英子, 1865-1927)와 같은 인물들은 급진적인 마르크스주의자가 되었다. 1913년에 후쿠다는 라이초의 일기에 대한 에세이를 쓰면서 다음과 같이 대담하게 주장했다.

우리는 도대체 어떤 조건 하에서 자유를 얻을 수 있을까? 다른 이들이 말을 하거나 주장을 하거나 상관없이, 나는 완전하고 만족스런 자유는 온전한 공산주의 체계가 확립되면서 얻을 수 있다고 본다. 이는 여성들뿐만 아니라 남성들에게도 마찬가지이다. 언젠가 공산주의 체계는 시작될 것이고, 그때가 오면 당연히, 자유로운 사랑과 결혼은 이루어질 것이다. (히라쓰카 라이초, 1971, 2: 435 [206])

1930년대에 일본은 급진적으로 군국주의로 전환되었으나, 마르크스주의의 영향은 시들지 않았다. 이러한 상황에 힘입은 여성 중 한 사람은 야마카와 기쿠에였는데, 그녀는 지성과 비판적인 이론 훈련을 통해 넓고 객관적인 국제적 안목을 갖춘 인물이었다. 1931년에 쓰여진 「만주에서의 총성(滿洲の銃聲)」이라는 에세이를 예로 들면, 이 에세이에서 야마카와는 여성들이 남성들의 호전적인 태도에 대해 저항할 것을 독려하였다.

> 전쟁을 막고 평화를 사랑하는 여성들의 본능에서 오는 하나의 움직임은 평화로운 시기에는 아주 단순한 일이다. 여성은 평화를 사랑하고 전쟁을 미워한다. 그렇지만 그들이 속한 사회의 공통 선을 위해, 그리고 그들이 공정하다고 믿는 대의를 위해 여성들에게 희생을 강요하는 집단 사회 교육은 무척이나 강력하다. 이러한 교육 때문에 여성들은 개인적인 행복을 포기하고, 개인의 감정을 저버린다. 사회는 여성이 조국을 위해서 자신들의 인생을 포기할 준비를 시키는 곳이다. 여성은 아이를 키워냈던 똑같은 열정을 가지고 소위 '정의와 공통 선을 위해' 자신의 자식들을 전쟁의 재단에 바친다. 그 여성들은 무비판적이고 감동적이며 본능적인 모성애를 발휘하여 평화로운 가정을 위해 희생하며 자신들의 행복을 저버리는 것이다. (야마카와 기쿠에, 1931, 12-13)

마지막 부분에서, 야마카와는 많은 일본 여성들이 '총후의 어머니들'이라는 국가적인 과업과 제국주의적인 욕망을 지지하면서 최후를 맞는 것에 대한 두려움을 피력하고 있다.

또한 야마카와 같은 인물로는 다작의 작가이자 사회 비평가인 미야모토 유리코(宮本百合子, 1899-1951)가 있다. 그녀는 나중에 일본 공산당 의장의 부인이 되었다. 정부 경찰은 일본 공산당이 천황 제도를 거부하므로 위험하다고 간주하였다. 미야모토는 반복적으로 체포되고 구금되다가 1945년 이후에야 일본의 가장 유력한 여론 지도자로 나타났다. 전쟁 후 미군 점령기 동안 일본의 군국주의적 이데올로기, 극단적인 국수주의, 그리고 국가의 기반이 된 신도(神道) 사상은 급격히 흔들리고 있었다. 공적으로는, 여성에 대한 차별은 미군의 민주주의 기치 아래 사라졌다. 거의 하룻밤 만에 여성의 사회적인 입지는 법에 근거하여 급격히 변화하였다. 일반 참정권도 가질 수 있었고, 고등 교육 기관에서도 여성 입학생을 받기 시작했다.

## 모성성과 여성의 몸

구카이(空海, 774-835)*는 성(sexuality)을 인간의 실재로 간주하면서 불교 수행으로 들어가는 입구라고 간주한 바 있다. 그런데 그의 경우를 제외하고 남성 철학자들은 인간의 몸을 무언가 추상적이면서도 무성적인 것으로 다루었다. 그리하여 육체는 인식론적이며 존재론적인 관점으로 조망되었다. 니시다 기다로, 와쓰지 데쓰로(和辻哲郎, 1889-1960), 그리고 유아사 야스오(湯淺泰雄, 1925-2005) 등이 이러한 철학자들이다. 여성 철학자의 경우는 육체에 대한 소유권과 모성성의 중요성을 매우 중요하게 생각하였으며, 육체란 여성으로서의 정체성을 이루는 필수적인 것이었다. 라이초는 여성의 처녀성을 중시하는 전통적인 윤리와 가치에 대해 저항하였다. 이러한 저항 의식은 남성 철학자들과 종교 사상가의 글에서는 전혀 나타나지 않는다.

> 일본 여성은 오랫동안 남성의 소유물이었고, 이러한 생각은 오랫동안 이어져 내려와서,

순결이야말로 여성의 본능이 되었다. 여성의 무조건적인 순결을 지나치게 강조하는 생각은 불교, 유교, 그리고 「무사도」의 영향을 받은 여성의 정서 속에 깊게 그리고 맹목적으로 자리 잡았다. 그리고 이러한 정서는 아직도 강하게 존재한다. (히라쓰카 라이초, 1916, 164)

육체를 중시하는 여성들의 인식은 자명하다. 그런데 중요한 문제의식은 다음과 같다. 나는 우선은 인간이며 그리고 나서 여자인가, 아니면 나는 언제나 자신을 여자이자 동시에 인간이라 간주해야 하는가? 여성의 자기 정체성을 젠더 문제에 다시 결부시켜 생각함으로써, 20세기 첫 10년간에는 '모성성 보호'에 관한 논의가 활성화되었다. 그 논의의 한편에는, 요사노 아키코가 있다. 그녀는 남아프리카의 페미니스트인 올리브 슈레이너(Olive Schreiner, 1855-1920)의 생각에 동의했는데, 누구든지 '인간'으로서 자신의 평등함을 자각하는 것이 가장 중요하다고 옹호하였고, 이러한 평등함은 직장, 고등 교육, 경제적 독립 기회를 공평하게 가지는 데서 비롯된다고 주장하였다.

또 다른 한편으로는, 라이초가 있다. 라이초는 스웨덴의 페미니스트 엘렌 케이(Ellen Key, 1849-1929)의 영향을 받았으며, 성적인 존재로서 여성의 가장 숭고하고 성스러운 역할은 바로 모성이라 주장하였다. 그리고 어머니는 보호받고 사회의 안녕을 제공하여야 한다고 보았다. 요사노를 비판하는 사람들은 개인의 힘을 이상적으로 고정화하는 면에 대해 비판하는 반면에, 라이초를 비판하는 사람들은 라이초가 여성의 모성성을 지나치게 강조한다고 비난하였다. 야마카와 기쿠에는 이런 논의 속에 끼어들면서, 사회 시스템을 자본주의에서 사회주의로 개혁할 것을 반복적으로 주장하였다. 하지만 성적인 육체의 의미와 역할에 대해서는 그다지 기여할만한 논의를 이끌지 못했다.

시인이자 작가였던 요사노는 예술을 창조하는 인생을 매우 중요시하였다. 그리고 한 사람의 창조자로서, 그녀는 자신을 먼저 인간으로 생각하였고, 그리고 나서 여자로 간주하였다. 모성성에 특권을 부여하는 시각을 못마땅해 하면서, 요사노는 자신이 어머니가 되었던 경험을 반추하면서 다음과 같이 말했다.

그건 내 인생에서 절대적인 사건은 아니었다. 나는 어머니이지만, 동시에 한 남자의 아내이고, 내 친구들의 친구이며, 전 지구 인류의 한 사람이고, 일본의 신민이다. 나는 또한 인간이고, 생각을 하고, 시를 짓고, 원고를 쓰며, 음식과 옷을 만들고, 모든 종류의 정신적, 육체적 일을 한다. 나는 시간이 허락하는 한, 주어진 순간에 무슨 일을 하든지 최선을 다해 집중한다.

나는 나 자신의 모성 본능에 따라 살지 않는다. 내가 그러한 본능에 따라 사는 것처럼 보일 때에도, 나는 내가 현재 희생하고 있는 일을 의식하고 있다. 즉, 내가 희생하고 있는 일들은 내 시선이 그 순간 머물고 있는 한 개의 별 주변을 공전하는 수많은 별들처럼 나의 주변을 빙빙 돌고 있다… 나의 생활의 중심을 이루는 일들은 셀 수 없이 많다. 가령, 모성성, 우정, 아내, 일, 예술, 국가, 세계… 그 모든 것의 이름을 부르는 목적은 무엇일까? 사실은, 이 중심들은 모두 서로가 연관되고, 수없이, 그리고 끊임없이 오고 또 간다. 나의 인생은 하나의 역동적 변화이다. (요사노 아키코, 1916, 199-200)

10년 후에, 엘렌 케이의 부고를 듣고 나서, 요사노는 자신의 목적을 다음과 같이 되풀이한다.

나는 케이가 모성성을 여성의 인생에서 임무라 강조했던 사실이 안타깝다. 내가 보기에 그건 편견이고 잘못된 생각이다. 유럽에서는 그런 생각을 신기해할지 모른다. 특히 중상층의 여성들이 아이들의 교육을 무시하고 개인의 재미를 추구하는 경우, 혹은 나라에서 유아원이나 보육원을 가난한 여성들을 위해 건립해야 하는 경우에는 모성성을 여성의 의무로 간주하는 것은 신기할 것이다. 하지만 우리 일본 여성들의 경우는 여성이 전통적으로 집에 갇혀 있어야 하고 남편, 아이들, 집안 살림을 돌보는 역할로 한정되었다. 이런 우리 일본 여성들에게 케이의 생각은 새로운 옷을 입었을 뿐인 옛 사고방식이다. 내 인생의 모든 양상은 내게는 현실이다. 그 어떤 것도 목적을 위한 수단이거나 단순한 경험이 아니다.… 케이의 생각을 따라가면, 낭만적인 사랑은 어머니가 되는 수단이 되고, 모성성이란 가장 최선의 선으로 귀결되지 않는가?

  …

  나 자신도 아이를 열 명 이상이나 키우는 엄마이다… 내 동료들 중 어떤 이들은 모성성에 대한 케이의 논의를 지지하지만, 나는 그 생각을 따를 순 없다. 마치 남성들이 아버지로서의 본능만을 따라 살지 않는 것처럼, 역시, 여성들도 자신의 인생을 가능한 완전하게 충족시켜야 하며, 모든 것을 단 한 가지 목표에 걸지 말아야 한다. 나에게, 모성이란 자연스럽게 일어나는 일이었다. 나는 젊은 여성이 직업을 가지고 있다가 결혼함과 동시에 그만두는 것을 바라보고 있기 힘들었다. 그런 일은 정말 불성실한 행동이라 놀라지 않을 수 없다. (요사노 아키코, 1926, 389-92)

이와 대조적으로, 라이초는 관조적인 작가로서의 자신의 정체성이 아이 어머니가 되면서 상실되는 개인적인 위기를 겪고 나서, 여성의 몸에 대한 자신의 견해를 구체화하였다. 임신 기간 동안 그녀는 두 가지 강력한 생각 속에서 고뇌했다. 한 가지 생각을 예로 들면, 그녀는 자신의 정체성을 지키고자 1915년에 쓴 어떤 편지에서, 자신의 갈등에 대해 솔직히 털어 놓았다.

  나는 여성'성'을 가진 구성원으로서의 여자의 삶에 대해 편견을 가지고 있던 반면, 남성'성'을 가진 구성원인 남자에 대해 미움과 경멸을 느꼈다. 이런 생각은 분명 내가 여성의 조건을 올바르게 인식하는데 걸림돌이 되었으며, 이런 생각 때문에 나는 여성 문제에 도움이 되는 방식으로 접근하지 못했다.

  오랫동안 내게 '낭만적인 사랑'이란 이성에 대한 강렬한 호기심 이상은 아니었다. 그 강렬한 감정이 나 자신의 호기심을 채우기 위한 것에 지나지 않았다니!… 그런 호기심이 진실된 사랑의 감정을 느끼는 시작인지를 내 어찌 알았겠는가? O를 사랑하면서 나는 알았다. 내 사랑이 깊어지면서, 나는 그와 일상사를 함께하고 싶었고, 마침내 그와 함께 살았다. 낭만적인 사랑이란 완전히 내가 다른 관점에서 들여다보게 된, 무언가 숭고하면서도 의미 있는 어떤 것으로 변화하였다. 나는 이것이 여성으로서 살아나가는데 무슨 의미를 지니는지를, 그리고 여성이 사랑으로 가득한 인생을 사는데 어떠한 가치를 지니는지에 대해서 오랫동안 깊이 생각하였다.… 그 과정에서 나는 '여성은 한 사람의 인간으로뿐만 아니라 성적인 존재로서의 여성으로서도 해방될 필요가 있음'을 깨달았다. 이는 내게 무척 새로운 철학적인 문제였다.

그 당시 나의 생각을 이끌고 윤리적인 발판이자, 생각과 아이디어의 원천이 된 책은 엘렌 케이의 저작이다. O와 함께 살았던 2년 동안, 나는 스스로 성숙하고 완전한 여성으로 깨어났다. 동시에, 나의 사랑으로 일관된 생활은 나의 내적인 생활과 충돌했다. 또한 사랑으로 일관된 생활은 내가 일을 하고자 했던 열망, 그리고 고독하길 원하는 나의 영혼과도 충돌했다.

이제, 나는 임신 사실을 알았고, 장차 아이를 낳아 키울 것이다. 엘렌 케이에 따르면, 유럽 여성들이 인생에서 겪는 가장 큰 갈등은… '영혼의 삶'과 '가정생활' 사이의 갈등이라고 했다. 이는 일본 여성들도 지금 겪는 갈등이다.…

최근에 나는, 아이를 가지고자 하는 욕망과 어머니가 되고자 했던 욕망이 원래 자신에게 내재했었음을 깨달았다. 단지 그런 욕망들은 다른 욕망들로 인해 언제나 가려졌을 뿐이다.… 내가 어찌, 사랑으로 인한 ― 나로 하여금 사랑의 인생으로 걸어 들어갔음을 확신하게 해준 그 사랑 ― 창조물인 아기를 거부할 수 있을까?… 이런 식으로 낙태를 한다는 생각은 완전히 내 머릿속에서 사라졌다. 비록 걱정과 근심이 가득하지만, 거대한 책임 의식을 느끼면서, 나는 차근 차근 이 생소한 세계로 나아간다. 또한 나는 어떤 애착심, 예기치 못한 희망, 그리고 심지어 환희도 경험하기 시작한다. 그뿐만 아니라 나와 내 사랑의 관계는 더욱 깊어지고, 더욱 성실해지며, 더욱 강하게 묶여간다. 이러한 상황은 내가 엘렌 케이의 『모성의 르네상스 (The Renaissance Motherhood)』를 읽기 시작하면서 다가왔다. (히라쓰카 라이초, 1915c, 49-51)

라이초는 여성의 성욕도 당연히 자유로워야 한다고 생각했다. 마치 남성들이 성에 대해 자유로운 것처럼.

나는 내가 느낀 낭만적인 사랑이 원래 개인으로서의 정체성을 확립하고 이를 발달시키기 위한 것이었음을 확언한다. 그러나 자신감과 자기 발전에 기초한 사랑은 인생의 다른 측면인, 타인에 대한 사랑으로 변화한다. 그리고 나서 즉시, 내 앞에 펼쳐진 타인에 대한 사랑은 모두, 처음에는 내가 사랑하는 사람에 대한 사랑으로 확대되고 그리고 나서는 내 아이에 대한 사랑으로 퍼져나간다. 나는 인생에서 수많은 종류의 모순을 겪었으나, 그 모순들을 단순히 '인생의 모순'이라고 일축할 수는 없다. 나는 오히려 그 모순들이 인생을 더 넓고, 크고, 깊게 만드는 통로라고 생각한다. 그리고 이러한 두 개의 서로 다른 성향이 진짜로 조화를 이루는 것이야말로 인생 자체의 섬세하면서도 궁극적인 멋일 것이다. (히라쓰카 라이초, 1917, 274-5)

[YM/최성희]

## 여성의 각성에 관한 철학
## 철학적 범주로서의 젠더

젠더의 개념은, 대부분의 아시아 문화에서 매우 크게 변화하였다. 대개 여성성(femininity)이란 생물학적인 성과는 상이한 문화적인 범주로 사용된다. 일본에서 젠더를 말할 때, 우리는 항상 여성성이라는 말이 내포하는 다양성을 염두에 둘 필요가 있고, 근대식 이분법적인 젠더 개념을 실제로 그렇지도 않은 여성성이라는 용어에 똑같이 적용해서도 안 된다. 남성과 여성이라는 이분법적 개념과는 상이한 하나의 문화적인 범주로서, 여성성이라는 개념은 일본 문화를 이해하는데 중요하다.

특정한 여성 사상가를 논하기 이전에, 여성성이 일본 문화에서 차지하는 위치를 개략적으로 살펴볼 수 있다. 이러한 작업은 중요하며, 근대 젠더 개념에서 남성과 여성을 구분하는 확실하고 체계적인 이분법은 일본의 젠더 개념과는 거리가 멀다는 사실을 감안해야 한다. 우리가 근대 이전 일본의 여성성이라는 개념을 이해하고자 한다면, 이 여성성이 의미하는 바가 생물학적이고 사회적인 이원론과는 다르다는 점을 알아야 한다.

일본에서 문화적인 범주로서의 여성성이란 확실히 남성성보다 높이 간주된다. '음'과 '양'을 기반으로 여성성을 남성성과 동등하게 여기는 정도를 넘어선다. 이치카와 다즈마로(市川匡麻呂, 1740-1795)는 그의 책『마가노히레(末賀能比連)』에서, 모토오리 노리나가(本居宣長, 1730-1801)*의 음양설을 비판하면서, 남성과 여성은 서로 의존적인 개념이 아니라, 오히려 이 둘은 서로 다른 개념이라고 주장하였다. "남성과 여성은 남성과 여성이며, 태양과 달은 태양과 달이고, 물과 불은 물과 불이다. 눈에 보이는 있는 그대로"(이치카와 다즈마로, 1780, 177).

여성성은 무엇보다도 일본의 미학적 개념인데, 일본 미학에 섬세한 품위를 이르는 말인 '다오야메부리(手弱女振り)', 우아한 미묘함이라는 뜻의 유겐(幽玄), 그리고 관능적 아름다움이라는 의미의 이키(粋)와 같은 개념 등이 미학적 개념인 경우와 마찬가지이다. 일본 문학 전통 속에서 여성적인 시를 쓴 시인들의 작품들이 강세를 이루는 것은 그리 놀랄만한 일은 아니다. 근대 시기에, 특히 오리쿠치 시노부(折口信夫, 1887-1953)*는 여성적인 시의 전통을 되살린 중요한 인물이다. 바바 아키코(馬場あき子, 1928- )는 여성적인 시의 기원을『고사기(古事記)』의 소토오리히메(衣通姫)의 작품에서 찾으려 하면서 여성적인 시의 전통을 되살리려 노력한다. 아키코는『고금와카집(古今和歌集)』(ca. 905)의 서문을 참조하여, 여성적인 스타일이란, '있는 그대로를 보여 주고, 고상한 여성이 지닐 법한 힘을 보여 주지 않는' 단순한 여성과는 다르다고 말한다.

여성의 시는 시적 도구로 간접적으로 쓰여진 복잡하고 감정적이며 역동적 표현이다. 확실히, 여성의 시는 여성의 본성이라 하는 전통적 이미지를 따라서 쓰여지긴 했으나, 하나의 문화적 범주로서, 여성들과는 관계없이 형성된 것이기도 하다. 일본의 배경 속에서 여성성에는 기본적으로 다양한 목소리가 공존하는 것으로 여길 필요가 있다.

여성성이라는 문화적 전통은 그러나 시나 문학에만 국한되지 않는다. 사카베 메구미(坂部惠, 1936-2009)*는 이러한 여성성의 문화에 내재하는 철학적인 의미를 탐색하였으며, 이 전통을 주체라는 일본의 사상적 맥락에서 파악한다. 메구미는 여성성과 남성성의 관계에 있는 역동적인 교차성을 강조하며, 히카루 겐지(光源氏) 왕자를 인용하면서, 여성성이란, '"섬세한 우아함"을 갖춘 전형적인 영웅'이 가진 자질을 의미한다고 하였다. 성이 뒤바뀌는 것을 의미하는 젠더의 가역성(可逆性)은 틀림없이 일본 문화의 기본 요소이다. 여기서의 여성성이란 성적인 이분법에서 말하는 여성성과는 완전히 다르다. 이러한 사실은, 차례로, 개인적인 의미이자 남성과 여성 사이의 분명한 차이를 두는 '주체'라는 근대적 개념이 전통적인 일본의 사고방식과는 관계가 없음을 나타낸다. 그러한 이유로 사카베는 일본의 '주체'를 다성적인 현상으로 접근하라고 한다.

## 젠더와 일본 근대화

앞에서 본 가역적인 젠더 관계는 일본의 근대화가 시작되자 사라졌다. 근대화 초기 세계의 어디나 그랬듯이, 일본의 근대화는 남성성을 매우 강하게 띄고 있었다. 지배 권력가들은 근대적인 젠더 이원론을 만들어냈는데, 이때 매우 흥미로운 사실은 그들이 근대성이라는 개념을 젠더의 전통적인 이미지와 대조적인 것으로 보았다는 것이다. 근대화 속으로의 빠른 사회 이동을 용이하게 했던 근대성이라는 개념은 분명 서양 세계로부터 받아들인 것이었다.

젠더에 대한 근대적인 개념은 대개 두 가지 특성으로 정의된다. 젠더는 자연적인 것이기도 하고 이중적인 것이기도 하다. 젠더가 자연적인 것이라고 정의되는 이유는 젠더의 개념이 생물학적인 결정론에 근거하기 때문이다. 또 이중적이라는 것이라고 하는 이유는 완전하게 서로 다른 정체성을 만들어내기 때문이다. 젠더라는 근대식의 개념은 그리하여 이중적인 사고방식을 가능하게 하는 원동력이다. 이러한 사실을 발판으로, 근대화는 결국 전통적인 다성적 젠더 개념을 파괴하였고 근대적인 젠더 개입의 도입은 곧 성공적인 근대화의 지표를 의미하였다.

이러한 사실은 '여성에 관한 문제'가 메이지시대의 지식인들과 '국가 윤리' 프로젝트를 했던 철학자들에게 가장 인기 있는 주제 중 하나였음을 제시한다. 여기서 '국가 윤리' 프로젝트란, 1890년에 문제성 있는 『교육칙어(敎育勅語)』(교육에 대한 제국의 칙령)를 기초로 했던 국가적 윤리 교육 프로그램을 말한다. 분명 이 프로젝트는 전쟁 이전 일본에서 군국주의적 국수주의를 형성하는데 이데올로기적 바탕이 되었다.

일본 「문명개화(文明開化)」를 추구하는 수많은 지식인들, 가령 후쿠자와 유키치와 모리 아리노리(森有禮, 1847-1889)와 같은 인물들은 '여성 문제' 연구에 매진했다. 표면적으로, 그들의 책은 깜짝 놀랄만하게 진보적이다. 그들은 일본 사회의 차별을 비난했고, 남성과 여성 사이의 평등을 강조했다. 후쿠자와는 일본의 전통인 일부다처제를 비난하면서, 다음과 같이 주장했다.

> 남성과 여성은 모두 인간으로 태어났다는 점에서 같다. 양 쪽 다 똑같이 사회에서 필수불가결한 역할을 한다는 점에서도 같고, 자신이 타고난 정체성을 버릴 수 없다는 점에서도 같다. 모든 시대와 장소를 막론하고, 여성은 남성하고 똑같은 인간이다. (후쿠자와 유키치, 1876, 151)

후쿠자와는 근대에 서양에서 들어온 일부일처제가 여성과 남성의 평등함을 지켜줄 수 있는 방법이라 보았다. 후쿠자와와 뜻을 함께했던 진보적인 작가들은 여성들에게 유교 이데올로기를 근간으로 하는 전통 가족 시스템의 통제에서 자유로워질 것을 촉구하였다. 여기서 눈여겨보아야 할 것은 진보적인 젠더 담론이 '가정' 내의 여성에 대한 차별에 집중하고 있다는 점, 그리고 전반적인 여성의 문제를 '가정' 내의 문제로 축소하고 있다는 점이다. 주지할만한 사실은, 이러한 저자들이 여성의 사회적, 정치적 문제에 관심을 보이지 않았고, 정치적인 평등과 같은 문제도 다루지 않았다는 사실이다. 그들이 말했던 진보적인 담론들을 바탕으로 해서 여성 문제는 가정의 문제로 국한되고 여성 '해방'은 전통적인 가정 윤리 구조에 저항하는 반란으로 규정되었다. 이러한 계몽주의 지식인들의 연구물을 통해, 당시 근대 초기에, 전통적인 젠더의 개념이 어떻게 근대의 젠더 개념으로 변형되었는지, 그리고 그러한 변형이 일본 페미니스트자들이 그들 스스로를 근대 여성이라 인식하는데 어떠한 영향을 주었는지를 알 수 있다. 자유주의적인 사상에 내포된 함정은 바로 여성을 정치적인 결정권이나 활동에서 배제하였다는 점이었다.

최근 젠더 연구자들은 일본의 근대화 과정에서 이처럼 역설적으로 나타났던 젠더의 역할에 대해 분석하면서, 일본에서의 '오리엔탈리즘'의 변형이 젠더 개념의 배경이라고 설명한다. (세키구치 스미코[關口すみ子]의 2007년 연구 참조) 젠더라는 근대의 개념은 언제나 유교를 배경으로 이해되었다.

뒤처진 사회 구성원으로 간주되면서, '여성들'은 유교적인 가족 윤리에 묶인 존재로 정의되었다. 그렇게 '여성'은 일본의 전통이라는 과거의 상태를 상징하는 존재가 되었고, 그리하여 여성성이란 '보다 위대한 동 아시아 제국'의 창조를 정당화하는 역할로 이용되었다. 놀랍게도, 일본의 문화적 각성에 동참한 모든 주요 지식인들, 가령 우에키 에모리(植木枝盛, 1857-1892)와 같은 정치 운동가 같은 이들은, '여성 문제'를 유교적인 가족의 문제로 보았다. 똑같이 놀라운 점은 일본의 부르주아 여성들도 당시의 이러한 관점을 그대로 받아들이고 자신들의 생각으로 체화했다는 사실이다.

그런 이유로, 1920년대와 1930년대에 피어난 '국가 윤리'라는 매우 상이한 담론 속에서, 여성성은 다시 한 번 다음 두 가지 측면에서 주목받았다는 점은 놀라운 일이 아니다. 한편으로는, 일본의 우수함을 정당화하기 위해, 일본의 건국 여신인 아마테라스가 다시 주목받았다. 그 이유는 신도가 유교나 불교보다는 우월한 종교임을 보여 주기 위한 것이었다. 또 다른 한편으로는, 일본 여성들이 억압적인 유교의 윤리에 갇혀 살았기에, 사회에서 뒤처진 사회 구성원을 표상하는 예로 부각되었다. 전통적인 젠더 개념에서 근대적인 젠더 개념으로의 변화에는 상당 부분 위와 같은 오리엔탈리즘과 여성 차별주의 결합이 큰 역할을 하였다. 이러한 변화는 신속하고 강렬한 파괴 과정이었다.

야나기타 구니오(柳田國男, 1875-1962)는 근대 이전 일본 사회의 강한 여성의 힘에 대해 연구한, 몇 안 되는 지식인 중 하나이다. 그의 저서인 『목면 이전의 길(木綿以前の事)』(1938)은 여성의 힘에 관한 진귀한 자료이다. 이 책에서 그가 말하는 여성의 힘은, 그들이 사회적으로 배제될 수 있던 중간적인 존재이기 때문이었을 뿐만 아니라, 지역 사회의 일반적인 틀에서 떨어져 나가서 획득할 수 있는 것이었다. 여기서 다시 우리는 여성성이란 다성적인 것이었으나, 여성성은 근대화와 식민화가 시작되면서 사라졌다는 사실을 알 수 있다.

진중원은 '양처현모'가 지닌 미덕에 관해 의미 있는 연구를 하였는데, 이 연구에서 그는 '여성적 미덕'의 개념이란 일본에서는 1890년대에, 그리고 당시 일본 통치하에 있던 중국과 한국에서는 1905년경에 만들어졌다고 한다. 이와 동시에 전통적인 여성적 가치(feminine value)라는 개념은 사라졌다고 한다(진중원, 2006). 여성적 가치란 단순한 사회적 규범의 의미를 넘어서는 것이었고, 일반적인 사회의 차별을 초월할 수 있는 사회적, 문화적인 힘을 가진 듯 했다. 그러나 이 개념은 근대적인 '여성의 가치'라는 개념으로 대체되었다. '여성의 가치'란 '양처현모'처럼 여성들을 가정과 자녀 양육에 묶어두는 개념이다. '여성의 가치'라는 개념 자체는 확실히 근대에 만들어졌고, 전통적인 여성성이라는 모호한 이미지와 자율적인 근대 주체라는 사상을 기초로 한다. 전통적인 젠더 개념이 근대적인 젠더 이분법으로 변형되는 과정에서, 일본 여성들은 공적인 정치적 영역에서 활발히 활동할 수 없게 되었으며, 이는 하나의 사회 운동으로서의 일본의 페미니즘이 발전하는데 심각한 결과를 초래했다. 일본 페미니즘은 일본의 '여성성'의 역사와 다성적인 사상 사이에 있던 의미 있는 연결 고리를 상실했던 것이다.

### 고유하고 독자적인 사상

그러면, '여성 사상'— 단순히 여성이 무슨 말을 하고 무슨 생각을 하는가 보다는 광의의 개념—에는 무엇이 있으며, 일본의 근대 지성사에서 어떤 위치를 차지하는가? 여성 사상은 두 가지 발원지로부터 비롯되었다. 하나는 남성들이 이루어 놓은 철학 연구이고, 또 하나는 서양 페미니스트들의 연구이다. 근대 일본 철학은, 심지어 니시다 기타로와 와쓰지 데쓰로조차도, 서양 철학에 기초한 동양과 서양의 융합을 목표로 하였지만, 여성 사상가들은 이러한 조류에 반대하였다. 오히려 여성

사상가들은 자신들의 경험과 현실에 대해 생각하려고 노력하였다. 여성 사상가들이 처음부터 목표한 바는 외국에서 빌려온 사상을 거부하는 것이었고, 그녀들은 '양보된 자유의 모순성'을 간파했다.

일본의 근대화는 서양에서 차용한 것이었다. 내부로부터 발전한 것이 아니라, 대부분 서양 세계의 모델을 따라 했다. 근대 일본의 철학도 다르지 않았다. 근대 일본 철학에서는 주로 유럽과 미국의 철학 사상을 취했다. 특히 1920년대 초반부터 시작한 유럽의 신 칸트주의와 현상학은 일본에서도 유행하였다. 철학은 '자신에 대해 생각하는 것'이 아니었다. 철학은 서양 문화의 한 부분이었다. 특히 도쿄제국대학(東京帝國大學)이나 교토제국대학(京都帝國大學)의 전문 철학가들은 서양의 최근 이론을 학습하고 '기술적인 지식'을 습득해 나갔다 ─ 그야말로 일종의 지적 게임이었다.

여성 사상가들은 근대 일본 철학의 '차용'의 습관을 강도 높게 비난했다. 요사노 아키코같은 인물은 일본 철학에서는 '절박한 기본적인 문제'를 제쳐두고 '철학적인 문제들을 무심하게 연구한다'라고 비난했다. 그렇다고 해서 여성 사상가들이 서양 철학에 대해 무관심했다는 의미는 아니다. 마르크스 사상을 연구한 야마카와 기쿠에는 부족한 연구 여건에도 불구하고 서양 철학 연구에 매진한 여성 학자의 경우이다. 요사노와 히라쓰카 라이초는 루소(Jean Jacques Rousseau, 1712-1778)와 칸트(Immanuel Kant, 1724-1804)의 저작들을 읽었다. 여성사 연구의 선구자인 다카무레 이쓰에(高群逸枝, 1894-1964)는 플라톤(Plato, BC.427?-BC.47?), 칸트, 쇼펜하우어(Schopenhauer, 1788-1860)를 인용하였다. 그러나 대부분의 여성 사상가들은, 남성 사상가들과는 다르게, 철학을 남성 사상가들의 방법대로 연구하지는 않았다. 그들에게, 철학은 자신들의 문제를 연구하는데 사용한 보조자료 정도였다. 그들은 자신들의 사상을 연구할 필요를 뼈저리게 느꼈으며, 다른 곳에서 사상을 베끼는데 의존하지 않았다. 그리하여, 라이초, 요사노, 야마카와와 같은 대표적인 사상가들은 엘렌 케이의 사상을 참고하고 유럽과 미국 페미니스트의 영향을 받으면서도, 자신들의 문제를 자신들만의 생각으로 연구하려 노력하였다. 그들은, '자신들에 대해 생각하기'를 실패한다면 자신들이 획득한 자유나 해방은 또 다른 형태의 종속을 의미한다고 보았다.

여성의 자유에 대한 계몽사상은 근대화 시기 초반에 나타난다. 흥미롭게도, 라이초와 요사노는 루소와 니체의 사상에 동의했으나, 후쿠자와 유키치 같은 인물이 보인 선구자적인 노력에 대해서는 인식하지 않았다. 왜 그랬을까? 우리가 보았듯이, 여성 해방에 대한 근대 사상은 메이지시대 초반에 시작되었고, 이 사상은 가정에 대한 유교적인 관점부터 남존여비 사상을 포괄하는 사회 규범에 대한 비판에서 시작하였다. 이러한 사상은 사회 제도에 내재하고, 괄목할만하게 변화하는 과정에 있었지만, 여성의 자유라는 이상은 또 한편으로는 초기부터 근대화와 서구화의 한 부분이었다.

여성의 해방에 관한 메이지시대 초기의 사상을 들여다보면, 두 가지 특성이 눈에 띈다. 첫째는 여성 해방을 강력히 옹호한 사람들이 사실은 남성들이었다는 점이다. 둘째, 그들의 목표는 유교적인 과거로부터의 해방이었다. 그러므로 '여성 해방'에 대해 언급된 내용은 여성들이 자신들을 위해서 표명한 생각이 아니었다. 여성들은 해방의 타자였으며, 남성들은 해방의 주체였다. 게다가, 많은 남성 지식인들은 여성의 해방에는 독립적인 사회를 이루기 위해 보다 포괄적인 문제들도 해결되어야 한다는 사실을 몰랐다. 다만 그들은 여성의 해방을 '유교적인 과거'에 대한 저항이라고 여겼을 뿐이다. 그러므로 그들에게 여성 해방 문제는 동양적인 것으로부터의 해방의 문제가 되었고, '서양적인 것을 따라 동양적인 것으로부터 탈출하는' 욕망의 상징을 의미했다.

여성 해방에 대해, 메이지시대 초기의 계몽 사상가들뿐만 아니라 심지어 '국가의 도덕성'을 강요했던 이노우에 데쓰지로(井上哲次郎, 1856-1944)*와 같은 국수주의자들도 대단한 관심을 보이며 이 문제를 언급했다. 『칙어연의(勅語衍義)』의 저자인 이노우에는 '여성의 노예화'를 끝낼 것을 강력하게 주장하는 서양 국가들의 근대식 접근 방법을 따랐다. 그리하여 이미 메이지시대의 중반은 강력한 저항의 시대였고, 여성 해방 문제는 학문적인 연구 주제에서 벗어나 구체적인 사회 문제로 변화했다.

소위 '해방'이 점차 현실에 가까워오면서, 이 문제에 대한 계몽된 논의는 점차 사라져갔다. 그 대신에, '차별'에 대한 논의가 부각되었으며 동시에 여성들은 자신의 목소리를 되찾기 시작했다. 여성과 남성의 평등함을 주장했던 인물들 중에는 고토 후사[2]가 있는데, 이 사람은 1885년에 『남성과 여성의 불평등한 권리에 대한 새로운 생각』이라는 팸플릿을 출판하였다. 이러한 반작용의 시대의 초기에 계몽된 여성 사상가들은 여성들에게 여성이란 얼마나 유약한 존재인지 알려주기 위해 유럽이나 미국의 사상을 차용하는 일 이상은 거의 하지 않았다. 서구화 과정의 한 부분으로서 자유주의 사상을 도입하는 일로 시작되어서, 역 반응의 시대 동안 평등함에 대한 논의로 채워진 페미니스트 사상은 다이쇼시대(大正時代, 1912-1926)에 이르러서 성숙하게 되었다. 이때가 되어서야 비로소 라이초, 요사노, 그리고 야마카와 같은 철학자들이 자신의 생각을 말할 수 있었다. 이 세 인물은 차용된 자유사상이 내포하는 위험성을 경험한 시대를 살았다. 그들은 서양에서 교육을 받은 바 있음에도, 자신들의 감정은 자신들의 말로 해야 한다고 생각했다. 해방의 목표가 서구 페미니즘이고 '남성과 동등함'인 한에는, 그 해방은 남성에게서 빌려 온 양보된 자유라고 말했다. 이러한 모순은 근대 일본 여성 사상의 시작점이었다.

## 자기 각성의 철학

일본의 여성 사상가들이 말하는 자유란, 처음부터 서양의 자유 개념과 다르며, 남자들의 자유와 비교해도 다르다. 일본의 여성 사상가들은 자유주의자들의 사상이 서양 페미니스트들의 자유주의 사상과 다르다고 주장한다. 가령, 라이초는, '인생을 살아가는 방식에 있어서의 자유'와 '개인의 자유' 사이를 방법론적으로 구별하면서 '자유'의 의미를 자신의 방법으로 정의한다. 그녀가 유럽에서 보았던 페미니즘 운동은 남성과 여성의 동등한 권리를 가지기 위한 운동이었다. 즉 그 운동은 '남성과 같은 삶을 즐길 수 있는 자유'를 갖기 위해서 '법적, 정치적, 경제적 고용의 권리, 혹은 자유를 즉각 요구'하는 운동이다. (히라쓰카 라이초, 1920, 160)

라이초는 서양의 페미니즘 운동은, 삶의 양식의 자유를 보호하기 위한 사회 운동 이상의 것이 아니라고 한다. 서양의 페미니즘 운동과 대조적으로, 그녀와 다른 이들이 추구하였던 것은 개인적인 자유였는데, 그녀는 개인적인 자유를 두 겹으로 이루어진 '자기— 소유'로 파악하였다. 첫째, 개인적 자유란, 자신을 한 사람의 개인으로 간주하면서, 생활 방식의 자유를 구속하는 사회의 규제로부터도 해방되는 것이라 했다. 라이초에게 두 번째 자기— 소유는 남성과 여성이 동등한 권리를 가지는 것보다 더 진실된 것이라 설명한다. 두 번째 자기— 소유란, 바로 자신이 그 이전보다 더 나은 존재가 되는 단계를 의미한다. 그녀는 바로 다음과 같이 간곡하게 말한다. '여성이여, 진정한 여성이 되어라!'

요사노가 강하게 경고한 것은, 남자들이 만들어낸 개념을 그대로 가져다 쓰면서 남성들에게 협력하는 행위이다. '근대 여성 해방의 문제는 여성이 제기한 문제가 아니라, 오히려 특정한 엘리트 남성들이 언급하고 나선 문제이다. 이 남성들은 이 문제에 대해서 단순하게 논의하는 일만으로도

---

2) [영] 고토 후사가 여성이었는지, 혹은 여성의 이름을 빌려서 쓴 남성인지 알려진바 없고, 이 팸플릿이 어디서, 언제 출판되었는지도 알려져 있지 않다.

자신들의 부인을 자유롭게 해 준다고 생각하고 있다.' 요사노는, 일본 남성들이 진짜 해방에 대해서는 전혀 모른다고 주장했다. 그들이 생각하는 해방이란 양보해서 얻은 자유, 그 이상은 아니다. 일본의 남성들은 왕정복고의 대호령(王政復古の大號令)과[3] 헌법 선포에 따라 모든 사람들이 자유를 얻었듯이 우선적으로 자유로워진 사람들이 아닌가? 그녀는 또한 자신이 '두 번 이상 여성으로 억압당했다'고 말한 다음의 사례를 다시 생각해 볼 것을 요구하였다. 요사노가 말하기를, '여성들은, 이중의 저주로 고통 받는다. 이중의 저주란, 여성으로 존재한다는 것이고, 또 하나는 자유가 무엇인지 알지 못하는 남성들에게 억압받는 것'이다. 그녀는 일본에서 일어나는 여성 차별은 일본 남성들이 겪은 서양과의 관계로 인해 일어났다고 본다. 즉, 일본 남성들은 서양에 억압당할 때 여성의 입장이 되므로, 그 결과, 반대급부로 일본 남성들은 여성들을 억압한다는 것이다. 그녀의 생각은, 남성과 여성의 동등한 권리를 갈망하는 사람들에게 빠르게 전달되었다.

야마카와 기쿠에, 라이초, 요사노, 다카무레와 같은 사회 운동가들뿐만 아니라 모든 인물들은 사회 개혁에 대한 '여성들의 각성'을 우선적으로 생각할 것을 촉구하였다. 이런 면에서, 여성 사상은 '자기 각성에 대한 철학'으로 분류된다고 하겠다. 라이초에 따르면, '생활의 외적인 면에서 자유, 독립, 그리고 권리를 요구할 것이 아니라— 혹은, 그러한 요구를 하기 '전'에— 여성들은 자기 자신을 뒤돌아보고, 자신의 자존감을 각성하며, 자기 내부의 해방을 추구해서 자기 마음속의, 정신적인 부분의 자유를 확실히 해야 한다. 사회 운동으로서의 페미니즘을 말하기 이전에, 그녀는 '내적 자아'에 대한 여성들의 철학이 필요하다고 강조하였다. 이렇게 그녀는 '무엇보다 일본 여성들이 그때 당시에는 부족했던 자기 인식을 확고히 하는데' 목적을 두었다(히라쓰카 라이초, 1920, 160).

요사노 역시 여성들의 경제적인 독립의 필요성을 강조하면서 동시에, 생각의 중요성을 강조하였다. '사람이 할 수 있는 가장 고상한 일은 생각하는 일과 아이디어를 내는 일이다. 생각을 한다는 것은 가장 자유로우며 즐거운 일이다.… 사람이 생각을 해야만, 그 다음에 사람의 일 속에 의미와 가치가 생겨나는 것이다.' 그리고 또 다른 곳에서 그녀는 다음과 같이 말한다. '내 신념에 기초해서 말하는데, 나는 일반 모든 여성들이 생각하기를 바란다. 여성으로서, 우리는 너무도 오랫동안 생각하는 일을 포기했었다. 우리는 팔, 다리, 그리고 입 일뿐, 그 이상은 아무것도 아니었고— 자신의 뇌가 없이 지냈다'(요사노 아키코, 1911, 6).

### 젠더 구분의 문제

여성 사상가들이 '각성'을 강조한 이면에는 젠더와 성의 차이에 대한 철학적인 접근 방식이 존재한다. 라이초는 원래 젠더의 구분이란 인식의 낮은 단계에서 일어나는 것이라고 간주하였다. 젠더 구분은 참 자기(true self)가 있는 인식의 높은 단계에서는 존재하지 않는다고 설명한다. '남성이냐, 여성이냐 하는 젠더 구분은 인간 정신의 낮은 단계에 집중되어 있다. 이 단계에서는 임시적인 자아라는 부분만을 형성할 뿐인데, 이 임시적인 자아는 사라지거나 소멸될 수 있다는 점을 인식할 필요가 있다. 임시적 자아는 인간 정신의 보다 높은 인식의 단계, 즉, 영원하며, 죽지 않는 참 자기의 단계에서는 가능하지 않다.'

참 자기가 실현되지 않는 한, 의식적으로 젠더 구분이라는 억압을 초월할 수 있는 방법이 없다.

---

3) [영] 메이지천황이 왕위에 오르는 행사에 맞추어 1868년에 선포된 문서로, 일본의 근대화의 기틀이 되었다. 이 선언에서, 봉건주의 일본의 계급 체계는 모든 사람들이 법 아래에서 평등하기 위해 폐지되었다.

'연약한 본성! 여성이란 그런 존재다. 남성도, 마찬가지이다.' 자신을 젠더 구분에 근거해서 정의하는 사람들이야말로 아직 해방의 길을 찾지 못한 이들이다.

> 그렇다면 내가 추구하는 이 참 자유와 해방이란 무엇인가? 분명, 이는 숨어 있는 특별한 천재성을 자극하고 위대하고 숨어 있는 재주를 표면으로 불러일으키는 어떤 것이다.… 우리가 해방되면, 잠재된 천재성을 발견할 것이다.… 이는 일종의 '무아(無我)'가 된다는 것을 의미한다. (히라쓰카 라이초, 1911, 16, 25[158-9])

여성의 순결에 관해 논의하면서, 요사노는 젠더 구분이란 상대적인 개념의 범주 이상은 아니라고 보았다. 여성을 '아이를 가지는' 성적인 존재로만 요구하는 것은, 순결을 일종의 '여성의 미덕'으로 간주하면서 도덕성을 젠더화하는 것과 같다. 같은 맥락에서, 그녀는 인간이 가지는 도덕성의 본질이란 근본적으로 '삶의 법칙'이라 해석하였다. 시인으로서, 요사노는 '법칙'을 규정과 강제이기도 하지만 동시에 삶의 '리듬'이라 보았다. 그래서 그녀는 순결이라는 개념 자체를 틀렸다고 말하면서, '도덕적이지 않은 것'이라 설명하였다.

> 인간의 도덕성이란 하늘 위 어딘가에 있는 것이 아니라 삶의 심각하고, 실제적이며, 정신적인 것이다. 도덕성은 인간 삶의 규칙이자, 행진곡과 다르지 않다. 도덕성은 인생의 악보이자 계획이다. (요사노 아키코, 1915, 431)

윤리에 대한 생각을 삶의 리듬이라 간주하면서부터, 요사노는 '보편적인 도덕성'이라는 개념은 도덕적이지 않다고 생각하였다. 일반적인 도덕성을 모든 사람들에게 확립하려 한다면, 이는 삶의 리듬이 가진 윤리를 무시하는 것이다. 삶이란 변화이다. 다시 말해, '삶이란, 계절에 따라 열매를 맺으며 이어진다. 새로움이란 인생의 진짜 얼굴이다.… 우리의 윤리에 대한 관점도 항상 변화해야 한다. 영원한 진실을 찾는 일은 고토(琴)[4]에 있는 받침대를 부착하여 고정시키는 것만큼이나 어리석은 일이다.' 그리고 그녀는 다음과 같이 말했다.

> 내 생각에는 영원한 진실도, 모든 사람들에게 적용되는 일반적인 진실도 없다. 시공을 초월하는 고정된 진리를 추구하는 일은 인간의 삶에는 적용되지 않는다. 우리는 이런 불편한 사실을 몰랐기에, 과거의 세계가 불안감, 회의감, 그리고 낙망으로 가득하지 않았는가? 우리가 이제껏 알고 있는 대로의 철학, 종교, 그리고 도덕성은 우리가 사는 시대에 그 권위를 잃어버리지 않았는가? (요사노 아키코, 1915, 432)

요사노가 보기에, 젠더 구분도 '인생의 진짜 얼굴'을 잊어버린 잡다한 도덕성에 따라서 만들어진 통제 항목에 나오는 한 가지 사안이다. 젠더 구분 때문에 사람들은 진흙 구덩이에 갇혀서 꼼짝 못하며, '삶에 대한 의지를 소멸시키는' 가장 위험한 위치로 빠져든다. 자유란 지적인 행동으로 귀결될 필요가 있다.

---

4) [한] 일본식 가야금.

진실한 삶이란 단순한 행동을 의미한다. 행동이 자유로운 동시에 영민하지 않다면, 실패한 삶이다. 나는 실패라는 것을 성공에 대한 사회의 기준에 못 미치는 것, 혹은 성취가 부족한 것이라고 보지 않는다. 실패라는 것은 개인의 의지가 소멸되는 것을 의미한다. 사람들이 자신에 대한 내적 성찰을 통해 불완전성, 혹은 이루지 못한 것에 대해 후회하는 시점에 도달하는 것을 의미한다. (요사노 아키코, 1915, 433)

이 말은 선(禪) 사상의 영향을 받은 라이초가 젠더 구분을 '자아에 대한 낮은 단계'로 낮게 보았던 방식과 유사하다. 요사노도 역시, 헤이안(平安) 문학의 맥락에서 그리고 삶의 리듬에 대한 시각을 가지고, 젠더 구분을 도덕성과 혼동하는 것은 정말로 여성의 도덕성을 모욕하는 것이며, 자아 속에 있는 후회를 키워내는 일이라고 언급하였다. 이 두 인물에게 젠더 구분은 생물학적인 문제가 아니라 분명 사회적이고 문화적인 범주에 속하는 문제였다.

야마카와의 경우는 다소 달랐다. 1919년에 그녀는 「노동자 계급의 자매들에게(勞働階級の姉妹へ)」라는 중요한 에세이에 이 문제를 다루어 출판하였다. 일본 초기 자본주의 시기에 여성들이 일터로 내몰리는 안타까운 상황에 대해 언급하면서, 그녀는 젠더를 '착취하는 계급이 만들어낸 차별'이라 본다. 그녀는 딸이나 어머니가 된다는 생물학적인 사실을 말하는 것이 아니라, '여성성'에 대한 이상한 혼동과 그로 인해 일어나는 혐오감에 관하여 언급한다.

나는 이 젊은 여성들을 바라볼 때, 언제나 공포에 가까운 놀라움을 경험한다. 뼈만 남은 유기견 같은 초라한 행색으로— 키만 봐서는 12살 혹은 13살처럼 보이고— 그들은 아무도 자신들을 사람 취급하지 않는 장소로 주저하면서 이동하는데, 얼굴은 30대처럼 보인다. (야마기와 기쿠에, 1919, 248)

야마카와의 말은, 젠더가 일종의 착취의 도구로 활용되어, 여성들의 권리뿐 아니라 외모도 강탈했음을 나타낸다. 이 어린 여성들, 그들의 육체는 자연스런 발전 논리에 갇혀서, 청춘을 박탈당하고, '인간과 기계와 동물의 결합체'가 된 것처럼 보였다. 그러나 이 모든 것에도 불구하고, 자신들의 나이보다 두 배 되는 여성들에게나 나타나는 본능적인 모성성을 보이고 있었다.

야마카와는 이처럼 공장 노동을 하는 소녀들이 자신들의 젠더로 인하여 일터로 끌려 다니는 비참한 상태를 보고 격렬하게 분노하고, 여성 노동자들의 역경에 절망할 뿐이었다. 동시에 라이초와 요사노가 그랬듯, 야마카와는 자신의 내적인 힘에 대한 희망을 잃지 않았다.

이제, 우리는 절망 속으로 무너지기만 할 것인가?··· 아니, 아니다! 일본 여성으로서, 나는 일본 여성들의 힘을 믿지 않을 수 없다. 나는 미래에 대한 신념을 포기할 수 없다. (야마카와 기쿠에, 1919, 253)

## 모성에 관한 논쟁

일본의 여성 사상가들은 '자기 각성에 대한 철학'에 자연스레 이끌렸다. 우에다 시즈테루(上田閑照, 1926-2019)*에 따르면, '자신에 대한 각성'은, 자기 인식과는 다르다. 특정한 위치에 있는 '자아'가 '무아'를 향해 열려서 들어가는 것을 의미한다. 이러한 영역 확장의 과정 속에서 자아는 스스로를 깨닫게 된다. 이러한 맥락에서, 젠더 차이라는 것은 근본적인 차이라고 할 수 있는데, 그 차이의 구조는 무아로 들어가는 자아의 구조를 의미한다. 한 사람의 성은 항상 '다른 성'으로 열려 들어간다. 그러나 일본 여성 사상가들은 '무아'라는 것은 남성에게로 열려 들어가는 존재가 아니라고 보았다. 이러한 견해는 서양 페미니스트의 견해와도 달랐다. 일본의 남성들과 서양 페미니스트들은 비록 그 관점은 서로 달랐지만, '자신을 해방할 수 없는 존재'로 여겨졌다. 이런 맥락에서 '모성에 관한 논쟁'(1918-1919)의 철학적인 의미를 다시 생각해 보는 것이 좋다. 모성에 관한 논쟁은 근대 일본의 페미니즘 역사에서 가장 유명한 논쟁으로 간주된다. 이 논의를 시작한 라이초에 따르면, 일본 여성들을 '무아'로 열리게 하는 것은 그들 자신의 육체로, 이 육체는 '모성'에 속한다는 것이다. 임신, 출산, 육아를 거듭한 경험을 통해서 라이초와 요사노 같은 사상가들은 모성이 가진 철학적인 의미를 발견했다. 라이초는, 모성이란, 근본적으로 힘없는 인간 존재를 경험하는 것이라고 설명하였다.

> 나는 허약하고 무력하여, 내가 할 수 있는 일은 아무것도 없다. 이 세상에서 아무도 가련하고 슬픈 존재인 나를 도울 수 없다. (히라쓰카 라이초, 1917, 268)

이러한 '타자'와의 대면을 통해 라이초는 사회적으로 약한 존재의 삶을 잠깐이나마 경험하였다. 이와 반대로 요사노는 출산의 경험을 근본적인 '삶과 죽음의 문제'로 보았으며, 궁극적 가치의 경험이라고 말한다.

> 남성들은 우리의 삶에 존재하는 출산에 대해서 할 수 있는 것이 아무것도 없다. 남성들은 아무 쓸모가 없다. 여성만이 항상 어디서나 할 수 있는 위대한 역할을 한다. 국가만큼이나 중요한 일이며, 사람들이 장학금, 혹은 전쟁을 얘기하든 말든, 나는 여성이 출산을 하는 일만큼 중요한 일은 없다고 본다. (요사노 아키코, 1911,3)

근대 군국주의 국가에서, 인간이 할 수 있는 최고의 선행은 나라를 위해 인구를 늘리는 일이다. 그러한 가치 기준과는 대조적으로, 요사노는 출산의 경험이 있는 모성을 나라를 위해 희생하는 것 이상으로 자신의 목숨을 거는 사건이자, 탄생이라는 철학의 종을 크게 울리는 사건, 그리고 죽음의 철학에 대항하는 사건으로 보았다. 라이초와 요사노 사이에 심각하게 벌어진 '모성에 관한 논쟁'은 근대 일본 여성 사상가들에게 '모성의 철학'에 관한 새로운 장을 열어 주었다. 이는 모성을 지원하는 정치적인 논의라고 단순히 여겨지지 않았다. 그리고 차례로, 이러한 시도로 인해서 여성의 육체를 우선적으로 윤리적인 문제로 여기게 되었으며, 각각 서로 구조적으로 연결된 존재론적 윤리학의 한 측면을 열었다.

다카무레 이쓰에는, 라이초가 '나의 철학적인 딸'이라고 부르는 사람이었다. 다카무레는 아이 양육이라는 자연적인 과정을 연구하면서 여성의 육체에 관한 윤리학에 한걸음 더 나아갔다. 여성의 육체는 구조적으로 출산을 하고 새로운 생명을 돌보게 되어 있다. 여성은 살면서 무의식적으로 자신의 육체를 타자에게 주로 열어 준다. 동시에, 다카무레는 여성 육체의 윤리성과 기존의 사회 규칙 사이에 존재하는 비극적인 균열을 묘사하였다(다카무레 이쓰에, 1930). 그녀가 전하는 메시지는 다음과 같이 보다 폭넓고 확실하다. 도덕화되어야 하는 것은 여성의 육체가 아니다. 사회야말로 도덕화되어야 한다.

[KIS/최성희]

## 더 읽을거리

Bernstein, Gail Lee, ed. *Recreating Japanese Women, 1600-1945* (Berkeley, Los Angeles, London: University of California Press, 1991).

Craig, Teruko. *In the Beginning, Woman Was the Sun: The Autobiography of a Japanese Feminist* (New York: Columbia University Press, 2006).

Ehara Yumiko. "The Politics of Teasing," in Richard F. Calichman, ed., *Contemporary Japanese Thought* (New York: Columbia University Press, 2005), 44-55.

Mackie, Vera. *Creating Socialist Women in Japan: Gender, Labour and Activism, 1900-1937* (Cambridge: Cambridge University Press, 1997).

_____. *Feminism in Modern Japan: Citizenship, Embodiment and Sexuality* (Cambridge: Cambridge University Press, 2003).

Tomita, Hiroko. *Hiratsuka Raichō and Early Japanese Feminism* (Leiden and Boston: Brill, 2004).

Ueno Chizuko. "In the Feminine Guise: A Trip of Reverse Orientalism" and "Collapse of 'Japanese Mothers'," in Calichman, *Contemporary Japanese Thought*, 225-62.

# 요사노 아키코

與謝野晶子, 1878-1942

시인, 사회 비평가, 교육자인 요사노 아키코는 다양한 삶을 살았다. 시인 요사노 뎃칸(與謝野鐵幹, 1873-1935)의 아내이자 11명의 자녀를 둔 어머니인 그녀는 사회 문제에 관한 15권의 평론집과 21권의 시집, 소설, 동화집을 출판했으며, 일본 최고의 고전 『겐지이야기(源氏物語)』를 번역하여 『신역겐지이야기(新譯源氏物語)』로 간행하였다.

그녀는 열정적인 시인으로 널리 알려졌고, 대중의 이론적 지도자로 발전하였다. 그녀는 여성들이 모성을 뛰어 넘어 자신의 정체성을 찾고, 경제적 독립을 달성하며, 마음을 단련시켜 창의적인 작업을 함으로써 자신의 해방을 실현할 수 있도록 용기를 주었다. 이와 같은 그녀의 생각들은 아래에 발췌한 문장들에 잘 반영되어 있다.

그녀는 오노노 고마치(小野小町, 생몰연도 미상), 이즈미 시키부(和泉式部, 978?-?), 무라사키 시키부(紫式部, 970?-1079) 등 헤이안시대(平安時代, 794-1185)의 여성 작가들로부터 많은 영감을 얻었으며, 그녀들의 자유롭고 낭만적인 감수성을 현대 일부일처주의 도덕과 결합시키려 했다. 동시에 중세 귀족 사회에 대한 심취와 천황에 대한 애정으로 인해 메이지(明治) 천황제의 시스템과 정치구조에 대한 그녀의 비판의식이 약화되었고, 이와 같은 경향은 그녀를 극우파로부터 보호하는 결과를 낳았다.

그녀의 사회적 이슈에 대한 인식은 1912년 5개월간의 유럽 체류에 의해 고조되었다. 그녀는 파리 문학계에서 일본의 주류시인으로 받아들여졌으며, 언론 인터뷰에서 프랑스 페미니즘이 직면한 문제에 대해 솔직하게 이야기했다. 그녀는 후에 문화학원(文化學院)을 창립하였으며, 그곳에서는 정부승인 교재에 불만을 품고 자신의 교재를 사용하였다.                    [YM/김효순]

## 여성(婦人)과 사상

요사노 아키코, 1911, 13-18

실행을 하거나 일을 하는 것은 기계적인 것이다. 종속적인 것이다. 그 자체에 가치가 있는 것은 아니다. 이러한 것들은 신경의 하등중추에서 다 해결할 수 있는 일이다. 나는 인간에게 가장 중요한 것은 상상하고 생각하는 힘이라고 믿는다. 상상하는 것은 가장 자유롭고 또한 가장 즐거운 일이다. 동시에 가장 현명하고 뛰어난 것이다. 상상을 하는 능력에 따라 인간은 이해도 하고 설계도 하고 창조도 하며 비판도 하고 반성도 하며 통일도 한다. 상상을 해서 실행을 해야 비로소 실행을 하는 것이나 일을 하는 것에 의의와 가치가 생긴다. 인간이 동물이나 기계와 다른 점은 이 상상하는 능력을 가지고 있기 때문이다. 또한 문명인과 야만인의 구별도 이 능력의 발달여부에 비례하는 것이다.

내가 왜 이렇게 당연한 이야기를 꺼냈냐 하면, 일본인에게는 아직 생각하는 능력이 매우 부족하다고 생각하기 때문이다. 특히 일본 여성에게는 그 결점이 현저하다고 생각한다. 나는 그것을 경고하며 자타의 반성자료로 삼고 싶은 것이다. 예를 들어 현재 남성들은 모두 금전을 원하며 물질적 이득을 얻기 위해 노력하고 있다. 그렇기 때문에 많은 영리사업이 일어나고 많은 가본가를 부유하게 하며 많은 노동자들이 일을 하고 있는 것이다. 그러나 막상 금전이 왜 필요한가 하는 근본적 문제에 대해서 생각하는 사람은 극히 드물다. 그저 맹목적으로 금전 앞에서 수족을 움직이고 있을 뿐이다. 따라서 오늘날 부(富)나 경제라는 것은 인생의 가장 유용한 목적을 위해 운용되지 못하고, 피상적, 허식적, 유해적(有害的) 방면으로 축적되고 교환되는 결과를 가져왔으며, 이를 축적하고 교환하는 수단과 방법에 있어서도 죄악과 불량행위를 서슴지 않고, 소위 경제학이나 사회학, 상업도덕과 같은 것은 강단의 공문서에 불과하여 실제 생활에서는 조금도 실행되지 않고 있다.

또한 러일전쟁에서 적군, 아군 모두 수많은 목숨과 재산을 잃은 목전의 대사건에 대해서도 일본 남자들은 그저 전쟁에서 승리했다는 사실만을 보고, 그 전쟁에 어떤 의의가 있는지, 그 전쟁의 희생이 어떤 효과를 가져왔는지, 전쟁의 명목은 아주 아름답고 그럴듯하지만 실제로는 세계 문명의 중심사상과는 인연이 먼 야만성의 발현은 아니었는지에 대해 진지하게 생각하며 세심하게 반성하고 비판을 하는 사람은 드물다. 전제시대, 신권만능시대에는 우리들은 소수의 선각자나 권력자에게 굴종하며 그들이 명령하는 대로 기계처럼 일을 하면 된다고 생각했다. 그렇지만, 사상과 언론의 자유를 보장받은 오늘날 각 개인이 자기의 권리를 정당하게 사용하지 않는 것은 문명인의 마음가짐에 반하는 것이다.

생각하는 것을 일하는 것보다 천한 일로 여기고 또 협력하기 힘든 일처럼 생각하며 심한 경우에는 유해하다고 하며 배척하고자 하는 경향은 오늘날 관리, 교육자, 부형들 사이에서도 만연되어 있다. '널리 지식을 세계에서 구하고 운운'하는 유신의 서약문을 읽은 국민들이라면 무엇보다 사상을 중시해야 함에도 불구하고, 여전히 그와 같은 야만스런 경향을 보이고 있는 것은 곤란하다.

명상을 하거나 조용히 생각하는 것의 즐거움을 아는 사람의 일생은 매우 행복하다고 생각한다. 또한 사소한 일이라도 진지하게 생각하는 습관을 들이면 감정적으로만 행동하는 일이 없어지며 이지에 눈을 뜨고 반성하며 비판하고 이해하는 힘에 예민해지며, 그것을 확충하면 자기의 사상, 감정, 행위에 통일성이 생겨 파탄이 나는 일이 적어진다. 자기를 이해하면 타인의 사상도 이해할 수 있으며 그에 따라 쌍방의 잘못을 대범하게 무시함으로써 올바른 양보가 성립된다. 그리하여 가치를 내세우고 사회에 순응하며 활동하는데 필요한 자연의 규율이 완성되어 간다. 즉 생각한다는 것은 보수주의자들이 우려하는 바와는 달리 정반대의 결과를 초래하여 매우 윤리적인 인격을 만들어낸다.

나는 이렇게 일반 여성들이 자기 자신의 확신 위에서 사고하기를 권하는 바이다. 우리 여자들은 너무나 오랫동안 생각하는 능력을 포기해 왔다. 우리는 우리 자신의 뇌는 없이 수족과 입만 가지고 살아 온 여자들이었다.

최근 여성해방운동 문제가 대두되고 있다. 그러나 그것은 여성 자신이 제기한 것이 아니라 별난 일부 남자들이, 즉 논의만 할 뿐 실제로 그 아내나 딸을 해방시키지는 않을 남자들이 제기한 문제였다. 여성들에게도 보통 사람들 정도의 소견을 조금은 갖게 해도 된다고 하는 식으로, 남자 쪽에서 자비심을 갖고 체면치레 식으로 제기된 문제이다. 그리고 이 문제는 여성들의 주의를 별로 끌지는 못했다. 또한 요즘에는 이 문제의 반동으로 많은 남자들이 여성의 실용 교육 문제를 제기해 왔다. 즉 여자에게 고등교육은 불필요하다, 수예 교육이 필요하다, 여자는 유순하게 교육을 해야 한다, 라는 것이다. 여자에게 고등교육을 하는 폐해로는 마침 영국에서 세력을 확장해 온 여성참정권운동을 예로 들고 있다. 여자는 영원히 남자들에게 예속되어야 한다, 해방은 안 된다는 속내이다. 예의 보수적 사상이 득의양양하게 발호하는 때이므로 이러한 논의는 새삼 놀랍지도 않지만, 이런 남자들이 자신들만 옛날부터 자유를 획득하고 누려온 것 같은 태도를 보이는 것은 우습다. 일본 남자들 역시 유신의 서약문과 헌법발포에 의해 비로소 다른 나라 사람들처럼 해방된 것이 아닌가? 자신들이 해방된 기쁨을 잊고 여성의 해방을 억누르고 있으며, 더 나아가 옛날의 오장삼종(五障三從)[5]이나 칠거지악의 굴레보다 더 가혹한 무사안일주의로 여성들을 단속하려는 것은 우스운 일 아닌가? 그러나 이러한 당면 문제에 대해서도 우리나라 중류 여성들은 아무것도 모르고 있다.

남자 측에서 아무리 많은 여성문제를 제기해도, 여성 자신이 자각을 하지 않으면 이 문제는 제대로 해결되지 않을 것이다. 적어도 재래와 같이 고등하녀의 지위에 만족하지 않는 한, 중류계급의 여성은 솔선하여 자각하고 자기를 개조하여 여성문제의 해결자로서 새로운 자격을 갖추어야 한다. 그러기 위해서는 무엇보다도 먼저 생각하는 여성, 두뇌가 있는 여성이 되고, 그리고나서 일하는 여성, 행동하는 여성, 그런 여성이 되는 것이 급선무이다.　　　　　　　　　　　　　　　　　　　[YM/김효순]

## 완전한 사람이 되기 위한 자유

요사노 아키코, 1915, 438-41; 1918, 317-20

### 나의 개인 여행

나는 스무 살이 될 때까지 우울하고 따분한 구폐스러운 집안에서 자랐고 그것은 나를 소심하게 했다. 낮 동안에는 집 안팎의 일을 도와야 했다. 밤에는 부모님의 시야를 벗어나 몰래 책을 읽었고, 그것은 나를 환상적인 세계로 이끌며 위로가 되어 주었다. 시간이 지나면서 나는 책 속의 환상에 싫증이 났고 개인적 자유를 갈망했다. 일련의 우연한 일치를 통해, 나는 사랑을 할 자유를 얻기 위해 내 모든 것을 바쳤고 나를 구속했던 구폐스러운 가정으로부터 벗어났다. 그리고 또한 마치 기적처럼 내가 말로 내 생각을 표현할 수 있다는 것을 알게 되었다. 그리하여 나는 10년 전에, 사랑하고, 윤리적이 되며, 예술을 추구할 수 있는 세 가지 자유를 얻었다.

이후 나는 다른 사람들도 자유가 필요하다는 것을 알게 되었다. 나의 가장 중요한 바람은 여성들의 낮은 지위를 남성과 평등한 위치로 끌어올리는 것이었다. 그러나 그에 대한 환상이나 오해가 없었던 것은 아니다. 나는 유럽 소설에 등장하는 보기 드문 천재적이고 자유로운 사상을 가진 여주인공들이 남자들과 동등한 신분과 해방을 달성하기 위한 표준이 될 수 있을 것 같았다. 비록 그것을 표현하지는 않았지만, 나는 심지어 남성들의 폭력적인 억압에 저항하고자 하는 비밀스러운 충동을 느꼈다.

오랫동안 나의 내면을 성찰한 후에, 나는 여성의 지위가 그렇게 낮았던 이유가 단순히 남성들의 무자비한 지배 때문이 아니라는 것을 깨달았다. 어떤 시점에서 여성의 두뇌는 진화를 멈췄다. 나는 본질적으로 여성이 남성보다 열등하다고 생각하지 않는다. 때때로 출현하는 천재적인 여성들을 보라. 그러나 과거와 현재, 여성들의 직관력이 얄팍하고, 흐리멍텅하고, 의지력이 약하다는 사실은 인정하지 않을 수 없다. 이 모든 것을 감안할 때, 여성들은 어떻게 하면 남성과 평등해질 수 있을까?

---

5)　[한] 불교용어. 『법화경』에서 말하는, 여성이 태어나면서 지닌 다섯 가지 장애(범천황[梵天王], 제석천[帝釋天], 마왕[魔王], 전륜성왕[轉輪聖王], 부처가 될 수 없음)와 여성이 따라야 할 세 가지 도리(어려서는 부모를 따르고, 결혼해서는 남편을 따르고, 늙어서는 자식을 따라야 함).

나는 여성의 위상이 높아지기 위해서는 여성들이 현재 우리의 무지와 약점을 깨달아야 한다고 확신하게 되었다. 나는 지난 4-5년 동안 이런 나의 생각을 독자들에게 전하기 위해 글을 써 왔다. 그러나 무엇보다 중요한 것은, 지식에 대한 갈망과 창조적인 활동에 대한 나의 욕구에 부응하기 위해 내 자신을 최대한 훈련하려고 했다는 사실이다.

헤이안시대의 재능 있는 여성들에게서 힌트를 얻어, 나는 여성의 경제적 독립을 주장해 왔다. 이런 이유로, 나는 전문적 여성들에 대한 동정심이 확대되었을 뿐만 아니라 여성들의 취업 기회가 증가하고 교육받은 여성들의 수가 증가함으로써 새로운 기회에 대응할 수 있게 되는 것을 보고 기뻤다. 내 경우에는 내 자신의 일을 통해 온 가족을 부양하기 위해 애쓰고 있다.

최근 유럽 여행을 하기 전까지는, 나는 단지 아주 좁은 세상의 일부를 돌아다녔을 뿐이었다. 나는 '일본'보다 더 넓은 '세계'를 보기를 갈망했다. 유럽 전역을 여행할 때, 사람들은 어디를 가나 나를 일본 여성의 대표자로 대했고, 공개포럼에서는 일본 여성으로서 매우 특별하게 환영을 해 주었다. 이는 진심으로 고맙기도 했지만 동시에 너무 초라한 느낌이 들기도 했다. 내 마음은 '세계'에서 고향 일본으로 돌아왔다. 내가 다른 여러 나라에서 배운 것은 내가 가장 사랑하는 나라는 일본이라는 사실이다. 나는 내 자신을 사랑해야 하고 더불어 나의 동포 일본인들이 사는 이 나라를 사랑해야 한다는 것을 알게 되었다. 그 경험을 통해 나는 일본을 사랑하는 마음과 세상을 사랑하는 마음이 서로 충돌하지 않는다는 것을 알게 되었다. 귀국을 하고나서, 나의 흥미와 관심은 예술적 문제보다는 논쟁적인 아이디어와 구체적인 문제로 향했다. 어리석게도 나는 많은 우회로를 거친 후에 결국 내 열정을 고향에 바치기로 했다.

## 삶의 세 가지 측면

나는 의식적으로, 사적 개인으로서, 한 국가의 국민으로서, 그리고 더 넓은 세상의 일원으로서, 이들 삶의 세 측면을 통일하는 것을 목표로 삼고 있습니다. 우리는 모두 끊임없이 이 세 가지의 조합 속에 살고 있습니다. 그러나 나는 이 사실을 분명히 의식하고 나 자신을 위한 삶을 수립하고자 합니다. 그 이유는 안정되고 행복한 삶을 바라기 때문입니다. 이러한 바람은 강력한 본능이며 이성적인 사람들에게 지지를 받고 있습니다.…

우리가 우리 자신을 위해 행복한 삶을 이루고 싶어 하는 이유는, 우리 삶이 아직 만족스럽지 않고 충족되지 않았기 때문입니다. 만족스럽지 못한 이유는 개인적, 국가적, 전지구적 삶의 세 측면이 서로 모순되고 충돌하고 붕괴되기 때문입니다. 개인의 삶에 유익한 것이 국가의 삶에 해로울 수 있으며, 국가의 삶에 유익할 수 있는 것이 지구촌 시민으로서의 삶에 해로울 수도 있습니다. 이것은 우리 스스로가 찾아낸 모순입니다. 예를 들어 전쟁은 개인을 죽이고 개인 생활의 안전을 저해할 뿐만 아니라 세계 평화도 방해합니다. 이는 너무나 명백한 사실이며, 심지어 세계 문화가 진보했다고 생각되는 오늘날에도, 지난 몇 년 동안 잔혹한 대전쟁이 몇 년 동안이나 계속되었습니다. 그 이면에는 여전히 국민생활을 편중하게 하여 국민의 자치적 대표기관인 국가가 국민생활로서의 이해관계를 위해 다른 두 가지 생활 즉 개인적 차원과 세계적 차원의 생활을 희생하도록 하는 낡은 사고방식이 있습니다.…

우리는 먹고, 자고, 읽고, 일할 때, 사적인 개인으로서 그렇게 하는 것으로, 국민으로서 혹은 세계인으로서의 생활을 의식하지는 않습니다. 또한 우리가 세금을 납부하거나 여자에게 투표권을 주기를 바라는 경우에는 국민본위의 생활을 하는 것입니다. 그때 어쩌면 개인생활이 의식의 배경에 있는 경우도 있기는 하겠지만, 반드시 세계인으로서의 생활을 의식하는 것은 아닙니다. 그리고 우리가 학문과 예술을 연구하고 감상하는 경우에는 인종과 국경과 국민적 역사를 초월한 세계인류 본위의 생활 속에 사는 것으로, 그 순간 우리는 개인생활의 이해득실이나 국민생활의 이해득실은 안중에 없습니다. 이는 누구에게나 명료한 공통된 생각입니다. 이런 경우에는 세 가지 생활이 자연스럽게 융화되고 유동적으로 되어, 필요에 따라서 어떨 때는 개인 본위의 측면을 생활의 중심에 놓고, 또 어떨 때는 국민본위의 측면을, 또 어떨 때는 세계본위의 측면을 생활의 중심에 놓고 있는 것일 뿐입니다.…나는 어떠한 경우에도 이 세 가지 생활을 융합시킨 일체의 것을 경험하고 싶습니다. 그리고 이 요구가 의식적인 것이니 만큼 그 융합도 의식적으로 기획하고 노력해야 합니다.

예를 들어, 전쟁의 경우에는 국민과 국민이 ―그 대표인 국가와 국가가― 전쟁을 하는 것으로, 그것이 개인이나 세계 인류의 행복이 되는 결과는 지금까지 매우 드물었습니다. 특히 오늘날에는 완력의 연장인 전쟁, 야만시대의 유습인 전쟁이 국민생활에 이익이 되는 것이 아니라는 사실도 이번 대전쟁으로 명백해졌습니다. 개인생활을 학대하고 세계생활의 평화를 교란시킬 뿐, 국민생활의 행복을 진전시킬 수 있는 것은 아니라는 점도 명백해졌습니다. 이 세 가지 생활이 협동하고 관련하고, 융화해야 비로소 인간의 생활은 그 전체의 완성을 기대할 수 있다는 것을 알게 된 것입니다.

지금까지 분열되고 모순되기 쉬웠던 세 가지 생활을 의식적으로 어떻게 융합시키면 좋을까요. 모순과 충돌, 분열을 피하는 방법으로서, 세 가지 생활에 공통되는 행복의 요소를 내포하는 생활을 모든 생활의 가치표준으로 삼고 그와 배치되는 생활을 모두 배제하면 된다고 생각합니다. 구체적으로 말하면, 공통의 행복이라는 것은 사랑을 제일로 하며, 경제, 학문, 예술, 과학 등은 모두 국경을 초월하여 평등하게 세계 인류의 행복이 되는 성질을 가지고 있습니다. 이것들은 개인도 이롭게 하고 국민도 이롭게 하는 것으로, 우리 개인 또는 한 국민의 이익을 위해 독점되어 다른 개인이나 다른 국민과 충돌을 일으키는 성질은 가지고 있지 않습니다.…

이러한 방법을 실현하고자 하면 우선은 사랑의 세계적 협동이 필요합니다. 박애적 세계주의, 인도적 세계주의 혹은 이름이야 어떻든간에, 인류가 서로 사랑하고 서로 도와야 합니다.

[YM/김효순]

## 개조의 환경

요사노 아키코, 1919, 201-2, 207-15

개조라는 것은 가장 오래되고 동시에 가장 새로운 의미를 가지고 있습니다. 인간 존재는 선사시대에 문화가 탄생한 이래로 지금까지 개조에 개조를 거듭하여 진전하는 과정에 있습니다. 남성들은 그 과정에 잘 편승하여 개성을 발휘하여 수천 년 동안 남성 본위로 편향된 문화생활을 구축했습니다. 그 과정에서 여성들은 정체되고 낙오되었습니다. 인생의 유치한 과정에 동물적 본능이 아직 많은 세력을 떨치고 있던 시대―완력과 그것의 연장인 무력과 그것의 변형인 권력이 세력을 가지고 있던 시대―에는 모든 여성들이 남성들에게 압제를 당하고 종속적 지위에 있어야만 했던 것은 어쩔 수 없는 역사적 사실이라고 할 수 있습니다. 그러나 그로 인해 여성은 인격의 발전이 둔화되고 또 한편으로는 편중되어 버렸습니다. 그것은 여왕벌이 생식기관으로 편중된 결과 그 이외에는 기형적으로 무능력자가 된 것과 비슷한 상태입니다.… 이는 여성뿐만 아니라 인류 전체에게도 불행이었습니다.

이제 상황이 바뀌어서 세계 여성들이 잇따라 자각을 하게 되는 시대가 되었습니다. 오늘날 '개조'
는 '전'인류의 개조를 의미하며 이에 여성의 개조가 포함됨은 말할 것도 없습니다. 다만 문제는
어떻게 개조하면 좋은가 하는 것입니다.

개조의 첫 번째 조건은 제가 '자아발전주의'라고 부르는 것입니다. 인간의 개성을 미리 결정을
해 놓고 한쪽 방향으로 억압하는 것이 아니라, 그것을 원하는 대로 쭉쭉 뻗어나가는 대로 사방팔방
원만하고 자유롭게 발전시키는 것이 자아발전주의입니다. 인간의 개성에 내재하는 능력은 무한합니
다.…특히 여성은 아직 개봉하지 않은 보물상자와 같습니다.…

다음으로 개조의 두 번째 기본조건은 '문화주의'를 인간생활의 이상으로 삼는 것입니다. 자아발
전주의만으로는 인간의 활동이 동물과 공통되는 자연적, 수동적, 맹목적 운동의 영역에서 겨우 한
걸음 벗어나 자발적, 창조적, 유의미한 활동의 단초에 이르게 할 뿐, 아직 그 목적이 일정하지 않습
니다.… 문화주의에 대한 자각이 있어야 비로소 자아발전주의에 '눈' 혹은 '혼'이 생겼다고 할 수
있습니다.

      ……

다음으로 저는 '남녀평등주의'와 '인류무계급적 연대책임주의'를 개조의 세 번째, 네 번째 기본조
건이라 생각합니다. 세 번째 조건에 대해서는 지금까지 몇 번 이야기했기 때문에, 여기에서는 간단
히 남녀의 성별이 인격의 우열의 차별이 되어서는 안 되고, 인간이 문화생활에 참가할 권리와 의무
상 차별적 대우를 받아야 할 이유가 되어서는 안 된다는 점만 강조해 두겠습니다. 네 번째 조건은
앞에서 언급한 세 가지 조건의 자연스러운 결과로 볼 수 있습니다. 문화생활을 창조하는 데는 모든
인간이 연대하여 행동할 책임이 있습니다. 우리 여성들도 그것을 분담할 것을 요구합니다.

      ……

마지막으로 저는 '범노동주의(汎勞働主義)'를 개조의 다섯 번째 기본조건으로 생각합니다. 저는
노동자 계급의 집안에서 태어나 초등학교 시절부터 집안을 돕기 위해 온갖 노동을 수행해 오면서
'인간은 일을 해야 한다'는 것을 진리로 삼고 부지런한 사람들을 많이 보아 왔습니다. 저는 그런
사람들의 노동 정신을 존경하는 나머지, 그런 정신에서 좀 떨어져 있는 사람들을 보면 그 게으름을
증오했습니다. 저는 모든 사람들이 똑같이 일을 해야 하는 날이 와야 한다고 생각했습니다.… 저는
이 범노동주의 입장에서 여성에게도 모든 노동과 직업을 요구하며 또한 그 준비를 위해 여자들의
고등교육도 요구합니다. 제가 여자의 학문과 경제적 독립에 대해 오늘날까지 종종 의견을 내고 있는
것은 이러한 요구를 관철시키고 싶기 때문입니다.

      ……

일본에서는 일찍부터 여성들이 부엌이나 규방에 유폐되는 일 없이 직업을 가지고 일을 해 왔습니
다. 그러나 직업의 범위는 남녀가 평등하지는 않습니다.… 여성에게도 모든 직업을 개방하여 여자
자신의 실력에 따라 선택을 하게 한다면, 그리고 직업상 자유로운 경쟁을 장려한다면, 야마카와
기쿠에(山川菊榮, 1890-1980)* 여사가 언급했듯이, 일본의 여성계도 한두 명의 여성이학사를 희귀하
게 여기는 초라한 상황은 없을 것입니다.

      ……

이상 아주 개괄적인 설명입니다만, 저는 위 다섯 가지 조건을 일본의 여성 지위 향상을 위한
조건으로 보았습니다. 이 조건들은 동시에 일본 남성의 상황을 개선하기 위한 기본적 역할을 하기도

합니다. '현모양처' 혹은 '모성보호'와 같은 막연한 이상과 달리, 이러한 조건들은 모든 사람들이 선입견이나 편견 없이 평등하고 조화롭게 삶을 누릴 수 있는 일종의 철저한 개인주의, 개성주의 및 휴머니즘에 이르게 할 것입니다. [YM/김효순]

## 노래를 짓는 나의 심정

요사노 아키코, 1931, 296-302, 305-8

나는 내 감정을 내 언어로 노래하고 싶은 욕망의 자기만족에 도취하는 것을 목적으로 노래를 짓기 시작했기 때문에, 노래가 내가 생각한 대로 조금이라도 완성이 되면 그것으로 내 노래의 목적은 달성된 것으로 그 외에 내 노래에 바라는 바는 아무것도 없습니다. 옛날부터 많은 시인이나 「와카(和歌)」의 작가인 가인(歌人), 하이쿠 시인(俳人)들을 보면, 특히 남성 작가들은 예술에 명예욕을 담아 세상의 평판에 신경을 쓰고 경쟁심이 강해서 다른 사람을 이기거나 자랑하고자 하는 우월감을 많이 내보입니다. 하지만 저는 그런 전문가들과 같은 심정이나 태도를 취하지는 않습니다. 진지한 창작삼매경 체험을 바탕으로 보면, 제 마음속에는 명예라는 것은 전혀 존재하지 않습니다. 명예욕을 수반하는 창작태도는 불순하다고 생각합니다.

따라서 저는 수년 전, 시를 쓰기 시작했을 때와 똑같이 계속해서 제 자신을 '초보자'라고 생각합니다. 시를 쓸 때는 항상 노래를 어떻게 써야 할까 주저하기도 하고 혹시 나는 노래를 짓는 법을 모르는 사람이 아닐까 하고 불안하기도 합니다. 그래서 노래를 읊을 때는 늘 처음으로 시를 읊는 심정—'초보자'의 심정으로 읊습니다. 즉 늘 노래를 처음 읊는 기분으로 인간의 감정으로 느끼고 산과 강을 바라보며 꽃과 식물과 나무의 풍경을 바라보고, 새로운 감정으로 내면의 눈을 열기 위해 노력합니다. 어제와 같은 감정을 반복하는 것은 참을 수 없는 일입니다.

헤이안시대의 시인 기노 쓰라유키(紀貫之, 866?-945?)와 후지와라노 긴토(藤原公任, 966-1041)와 같은 대가는 전문가적 의식이 강해서 작품에 친밀감이 부족합니다. 왜냐하면 "나는 대가다, 거장이다"라는 편협한 자부심을 가지고 있어서 인간성을 적나라하게 드러내며 자유롭게 작품을 쓰지 못하기 때문입니다.…그러나 그런 의식 없이, 쓰고 싶으면 쓰고 노래하고 싶으면 노래를 하는 '자유예술가'였던 무라사키 시키부, 세이 쇼나곤(清少納言, 966-1017?), 이즈미 시키부(和泉式部, 978?-?) 등의 산문문학이나 노래에는 모든 독자를 포용할 수 있는 여유와 인간적 친근감이 느껴집니다.…

지금까지 저는 노래를 짓는 태도에 대해 말씀드렸습니다만, 노래를 읊을 때의 제 심정은 '실감(實感)'에 입각해야만 합니다. 이 '실감'이라는 것은 일상적인 대화나 산문으로 표현할 수 있는 정도의 감정 즉 상식적인 감정과는 다릅니다.… 이는 시적 감정의 범위에 속하는 특수한 감정으로, 이로써 작자인 나는 상식을 떨쳐 버리고 새로운 기쁨이나 슬픔을 접할 수 있으며 평소와 다른 흥분으로 생명이 요동치게 됩니다.

……

화가가 구도에 고심을 하듯, 저는 우선 어떤 '표현'으로 노래할지에 마음을 씁니다. 물론 감흥이 풍부할 때는 기다리고 있었다는 듯이, 표현에 필요한 말들이 물고기가 펄떡펄떡 튀어오르듯 저절로 입 밖으로 나옵니다. 그럴 때에는 쉽게 단숨에 노래를 지을 수 있습니다. 그러나 그렇지 않을 경우에는 노래 한 수를 짓기 위해 종이 한 장 전체가 시커메질 정도로 썼다 지웠다 하며 적당한 '말의 음악을 '작곡'하느라 고심을 합니다. 이러한 고심은 소위 '시인이 경험하는 탄생의 고통'으로, 고통스러운 가운데 남들이 모르는 창작의 즐거움이 있습니다.

여기에서 '말로 음악을 작곡'한다고 했는데, 이는 와카 즉 노래가 일종의 음악이라는 뜻입니다. 이는 논문도 아니고 기사문도 아닙니다. 적은 단어로 많은 감정을 음악적으로 표현하는 것이 노래입니다. 이는 학술 논문이나 잡지 기사가 아닙니다. 음악적으로 많은 감정을 표현하기 위해 아주 적은 단어를 사용합니다. 노래에 사상이나 철학 내지는 유행하는 이데올로기를 찾는 것은 음악에서 그것을 찾는 것과 마찬가지로 잘못된 것입니다. 또한 노래는 시적 감정을 노골적으로 적나라하게 드러내는 것이 아니라 음악으로서 사람의 감성에 직접 호소하는 것입니다. 그리하여 그 시적 감정을 적절하게 음악화하기 위해서는 거기에 필요한 시어를 선택하여 그 말을 멜로디로 작곡해야 합니다. 또한 각각의 새로운 감정에는 반드시 또 각각의 새로운 음악이 작곡되어야 합니다.

그러기 위해서는 각 단어의 음조와 뉘앙스를 파악해야 하며 그 단어의 조합으로 인한 음악적 효과를 이해해야 합니다. 화가들이 색채의 채도에 신경을 쓰고, 캔버스 표면의 농담(濃淡)이나 완성된 작품의 품격을 고려하는 것과 마찬가지로, 시인도 노래를 지을 때 그와 같은 요소에 신경을 써야 합니다. 작품에 동일한 관심을 투자합니다. 절대로 산문처럼 의미만 통하면 되는 안이한 것이 아닙니다.

특히나 일본의 노래=와카는 세계에 유례없는 짧은 시형(詩形)입니다. 노래 한 수에 한 단어, 한 음절의 군더더기도 허용하지 않을 뿐 아니라, 될 수 있는 한 설명을 생략하고 간결하게 기교적으로 언어를 운용하는 가운데, 꽃에서 향기가 나고 산의 안개가 아침 해에 물드는 것처럼, 손으로 만질 수는 없지만 구체적이고 확실한 감정이 떠오를 수 있게 지어야 합니다.

......

제 경험으로 말하자면 노래를 읊기 시작하면 내 자신의 '사랑'이 넓고 섬세해지며 아울러 '미'에 대한 취향이 풍부해집니다. 예를 들어 일상적으로 무심코 보아 넘겼던 잡초의 꽃이나 낙엽, 돌이나 고목에도 지금까지 알아보지 못했던 재미있는 선이나 각도, 색채, 무게, 두께, 기타 다양한 새로운 '미'가 있음을 발견하게 됩니다. 그렇게 되면 종래 무심코 지나쳤던 그것들에 대해 애착을 느끼게 되고, 내게 친숙한 것 혹은 나와 마찬가지로 희로애락의 감정이 있는 것, 더 나아가 나와 일체가 된 것으로서 정겹게 여겨집니다.… 차가운 이성으로 분석하면 어리석은 감정으로 보일지 모르지만, 우리는 인생의 대부분을 그와 같이 이성을 초월한 감정에 살고 있으며, 그 감정은 확실히 강력한 '심리상의 실재(實在)'로서 인간을 지배하고 있습니다.…

노래를 읊음으로써 이렇게 사랑과 동정의 감정을 심화시키다 보면, 비정무심(非情無心)한 초목과 자연 뿐만이 아니라 인간에 대해서도, 장점과 단점, 미와 추를 공평하게 보고, 그 장점과 미를 사랑하고 존경함과 동시에 그 결점도 관대하게 보는 마음이 발달하게 됩니다. 옛날부터 예술과 종교 또는 윤리가 궁극적으로는 자연스럽게 일치하게 되는 것도 바로 이 때문이라 생각합니다. 일본의 신이 노래를 부르거나 그리이스 기타 신화에 미의 신이나 예술의 신이 있는 것도 편협한 이지를 초월하여 예술적 감정 안에서 느끼게 되면 매우 고귀한 의미가 있는 것이라 생각합니다.

주로 이성에 호소하는 학문도 인간을 고상하게 합니다만, 예술은 우리의 감성을 통해 더 직접적으로 우리의 생명을 정화시킵니다. 다른 사람의 예술을 읽고서도 편협한 공리적인 세계에 해방이 되니, 하물며 자신이 직접 창작의 즐거움이나 고심을 체험하게 된다면, 그만큼 '사랑'도 '미'도 넓어져서 소위 중국의 성인들이 말하는 '예술에 노니는 경지'에 들어설 수 있을 것입니다.…

[YM/김효순]

# 히라쓰카 라이초

平塚らいてう, 1886-1971

히라쓰카 라이초는 근대 일본에서 가장 유명한 페미니스트 운동가이다. 그녀는 1911년 일본에서 여성해방운동의 탄생을 알린 문학운동 '세이토 (靑鞜, The Bluestocking Society)'를 조직함으로써 공식 경력을 시작했다. 성인이 된 이후에는 평생 동안 여성문제에 대한 관심에서 치열한 개인주의와 선(禪) 명상의 자기부정적인 행동을 결합시키려고 했다. 1910년대에 그녀는 진정한 낭만적인 사랑에 대한 여성의 권리를 옹호했다. 그녀는 5살 연하의 화가 오쿠무라 히로시(奧村博史, 1889-1964)와 사랑에 빠졌고, 기혼 여성들의 개인적 권리를 제한하는 전쟁 전의 호적법을 무시하고  사실혼 관계를 시작하였으며, 자신의 두 자녀를 자랑스럽게 자신의 호적에 넣었다. 1918년 요사노 아키코(與謝野晶子, 1878-1942) 등과 '모성보호논쟁'을 한 후, 1919년 사회 문제에 눈을 돌려 정치에 참여하였으며 법적으로 남성과 동등한 신분을 요구할 목적으로 '신부인협회(新婦人協會)'를 조직하고 그 기관지 『여성동맹(女性同盟)』을 발행하였다. 1930년대에, 그녀는 사회 개혁 논리의 저변확대를 위한 협력운동으로 돌아섰다. 그녀는 제2차 세계대전 중에는 침묵을 지키며 단순한 농삿군으로서 농사를 짓다가 전후 운동가로서 활동을 재개했다. 그녀는 세계 평화 증진을 위해 1953년 '일본부인단체연합회(日本婦人團體連合會)'를 창설했으며 1962년에는 '신일본부인회(新日本婦人の會)'를 결성하였다. 아래의 글들에는 20세기 일본의 의식 형성에 정열을 바친 이 아름답고 우아한 여성의 폭넓은 관심과 깊이가 반영되어 있다. [YM/김효순]

## 두 개의 매니페스토

히라쓰카 라이초, 1911, 14-18 (157-9), 22-6; 1920, 159, 164-5, 169

### 세이토의 기초, 블루스타킹 사회

원시, 여성은 태양이었다- 『세이토(靑鞜)』 간행에 즈음하여-
『세이토』 제1권 제1호, 1911.9

원시, 여성은 태양이었다. 진정한 사람이었다.

지금 여성은 달이다. 다른 존재에 의해 살고 다른 빛에 의지하여 빛나는 병자처럼 창백한 얼굴을 한 달이다.

이에 『세이토』는 그 탄생을 알렸다.

현대 일본 여성의 두뇌와 손에 의해 처음으로 만들어진 『세이토』가 그 탄생을 알린 것이다.

열정은 기도의 힘이다. 의지의 힘이다. 선의 명상의 힘이다. 신도력(神道力)이다. 즉 정신의 집주력

(集注力)이다.

......

우리 여성들은 모두 숨은 천재들이다. 천재의 가능성을 가지고 있다. 이 가능성은 곧 실현될 것임에 틀림이 없다. 다만 정신집주력이 부족하여 위대한 능력을 언제까지고 헛되이 잠재시켜 두어 끝내 그것을 현재화시키지 못하고 일생을 마치는 것은 너무나 유감스러운 일이다.…

자유와 해방! 여성의 자유와 해방의 목소리는 오랫동안 우리들 귓전을 맴돌았다. 그러나 그것은 무엇을 의미하는가? 여성의 자유와 해방이라는 말은 심하게 오해를 받아 오지 않았던가? 물론 단순히 여성해방문제라고 해도 그 안에는 많은 문제들이 내포되어 있을 것이다. 그러나 단지 외부로부터의 압박이나 구속에서 벗어나게 하고 고등교육을 받고 널리 일반 직업을 갖게 하고 참정권도 주며 가정이라는 작은 세계에서 부모나 남편이라는 보호자의 손아귀에서 벗어나 소위 독립적 생활을 하게 했다고 해서 그것이 어떻게 우리 여성의 자유와 해방이라고 할 수 있을 것인가? 하기는 그러한 것도 진정한 자유와 해방을 성취하는 좋은 환경과 기회를 가져다줄지도 모른다. 그러나 그것은 방편이다. 수단이다. 목적이 아니다. 이상이 아니다.…

우리가 나 자신과 유리될 때 비로소 잠재된 천재성이 발현될 것이다. 우리는 우리 안에 잠재된 천재를 위해 자아를 희생해야 한다. 소위 무아(無我)가 되어야 한다.…

우리의 구세주는 우리 안에 있는 천재 그 자체이다. 이제 우리는 더 이상 사원이나 교회에서 부처님이나 하느님께 구원을 요청해서는 안 된다.

우리는 이제 하늘의 계시를 기다려서는 안 된다. 우리 스스로의 노력으로 우리 안에 있는 자연의 비밀을 폭로하여 스스로가 하늘의 계시가 되려고 해야 한다.

우리는 기적을 바라거나 저 멀리 아득한 곳에 있는 신비로운 것을 동경해서는 안 된다. 우리 스스로의 노력에 의해 우리 안에 있는 자연의 비밀을 폭로하고 스스로가 기적이 되고 신비가 되려고 해야 한다.…

우리들로 하여금 열렬하게 기도하고 정신을 끊임없이 집주하게 하소서. 숨어 있던 천재가 나올 때까지, 숨어 있던 태양이 빛나는 날까지 노력해야 한다.…

이제 더 이상 여자는 달이 아니다.

그날, 여성은 결국 원시 태양이 될 것이다. 진정한 사람이 될 것이다.

여자는 더 이상 달이 아니다. 그날 그녀는 태어날 때와 마찬가지로 태양이 될 것이다.

[TC/김효순]

## '여자동맹' 조직

지금 『여성동맹(女性同盟)』 발간사를 쓰면서 한 가지 기억나는 일이 있습니다. 그것은 지금으로부터 10년 전 제가 몇 몇 동지와 함께 발행한 『세이토』 창간호에 쓴 「원시, 여성은 태양이었다(元始、女性は太陽であった)」라는 글입니다….

그러나 당시의 제 사상과 생활을 10년 후인 지금의 그것들과 비교하면, 그리고 그 당시의 우리 여성계 및 여성사상계의 상태와 지금의 그것을 비교하면 상당히 큰 차이가 있습니다. 차이라기보다는 큰 변화와 진보가 있었다고 할 수 있습니다.… 당시의 우리들은 바로 법률상의, 정치상의, 경제상의 내지는 직업상의 권리나 자유를 요구하기보다는 그러한 것들은 외적이고, 부분적이고, 지엽적인 것으로 보고, 오로지 정신적 자유와 독립을 각성하게 하는데 중점을 두었습니다. …이렇게 당시에 저는 일본여성의 자기변혁, 혹은 자기개조의 범위에 머물렀기 때문에 일종의 정신(혹은 종교) 운동이라고 할 수는 있겠지만, 아직 사회운동으로 나아가지는 못했습니다.

……그러나 이제 우리는 인간으로서의 자각에서 한 걸음 더 나아가 여성으로서 자각을 하기에 이르렀습니다. 좁은 의미에서의 개인주의적 여성론은 이제 시대에 뒤떨어진 과거의 것이 되었습니다. 여성사상계는 그 주목의 대상을 남녀 대등, 남녀 동권(同權), 기회 균등의 문제에서 양성문제(연애 및 결혼의 문제), 모성문제, 자녀문제로 이행하였습니다. 이것은 동시에 개인주의에서 집단주의로, 이기주의에서 이타주의로 이행하는 것을 의미합니다.

이렇게 해서 지금까지 남자들에게서도 인정받지 못하고 여성 자신들도 그 가치를 모르고 있던 인간창조의 사업 즉 어머니가 된다고 하는, 가정에서의 여성의 사랑이라고 하는 일은 여성의 마음속에서 완전히 새롭고 존엄하며 중대한 사회적, 윤리적 가치가 있는 일로 부활하였습니다. 여성의 천직은 역시 어머니입니다. 그러나 새로운 어머니의 역할은 단지 아이를 낳고 기르는 데에 그치는 것이 아니라 건강한 아이를 낳고 똑똑하게 잘 키우는 것이어야 합니다. 즉 종족 보존 이상으로 종족의 진화 향상을 꾀하는 것이 인류에 대한 여성의 위대한 사명인 것입니다. 여기에 여성 혹은 어머니의 귀중한 사회적 의의가 있다고 알게 되었으며, 연애, 결혼, 생식, 육아, 교육을 통한 인류의 개조(사회의 근본적 개조)를 최후의 목표로 하는 여성으로서의 사랑의 해방, 어머니로서의 권리 요구야말로 가장 진보된 여성운동의 목적이라는 생각을 하게 되었습니다.…

과거에는 인간으로서 남녀의 평등이나 무차별을 표방하며 여성을 위해 남자와 동등한 제 권리를 요구했습니다. 그러나 오늘날 우리들은 여성으로서 여성의 권리이자 의무인 어머니의 생활을 완수하기 위한 실생활 상의 필요에서 제 권리를 요구합니다. 즉 초기 여성운동에서는 여성참정권은 정치적으로 남녀평등을 초래하는 것으로서 그 자체가 목적이었습니다. 그런데 우리들이 참정권을 요구하는 것은 그렇게 해서 획득한 참정권을 어떤 목적을 위해 유효하게 행사하기 위한 것입니다. 그리고 여기에서 말하는 어떤 목적이란 여성 자신의 입장에서 사랑을 할 자유와 그 완성을 위한 사회개조이지, 현재의 남성 본위의 사회제도를 시인하고 그 위에서 오늘날 정치라 불리는 남자들과 함께 단순히 국민의 입장에서 논의하기 위한 것은 아닙니다.…

[YM/김효순]

## 여성 운동의 부상

히라쓰카 라이초, 1915A, 106-16

루소의 사상과 프랑스 혁명 정신의 영향을 받아, 유럽 여성들은 차츰 각성하기 시작했고 여성 문제에 대해 의식적으로 도처에서 다양한 방면으로 계속 노력을 해왔습니다. 18세기 말에도 당 시대의 가장 진보적인 남성과 여성들에 의해, 예를 들어 올랭프 드 구즈(Olympe de Gouges, 1748-1793)의 『여성 권리선언(Declaration of the Rights of Woman and the Female Citizen)』, 토마스 토릴드(Thomas Thorild, 1759-1808)의 『여성 본래의 위대함(Original Greatness of Women)』, 그리고 메리 울스턴크래프트(Mary Wollstonecraft, 1759-1797)의 『여성의 권리옹호(A Vindication of the Rights of Women)』와 같은 진지한 저서가 나왔으며 18세기 말에서 19세기 전반에 걸쳐 스탈 부인(Madame de Staël, 1766-1817)과 조르주 상드(Georges Sand, 1804-1876)와 같은 천재적 여성들은 이혼할 수 없는 결혼이나 교회 또는 국가에 의해 이루어지는 사랑 없는 형식적 결혼에 반대하며 낭만적 연애의 권리를 주장하였습니다. 독일에서는 라헬 반하겐(Rahal Varnhagen, 1771-1833) 부인과 같은 새로운 시대의 여성의 선구자가 나오기도 했습니다. 그 유명한 밀(John S. Mill, 1806-1873)의 『여성의 복종(The Subjection of Women)』이 출판된 것은 아마 1850년 무렵이었을 것입니다. 또한 19세기 후반에서 20세기에 걸쳐서는 여성론자의 대표적 인물로 북미의 샬롯 퍼킨스 길만(Charlotte Perkins Gilman, 1860-1935), 남아프리카의 올리브 슈레이너(Olive Schreiner, 1855-1920), 그리고 스웨덴의 엘렌 케이(Ellen Key, 1849-1926) 등이 나타나서, 각자 입장에서 여성문제 해결에 대해 독창적 의견을 피력하였습니다. 동시에 헨릭 입센(Henrik Ibsen, 1828-1906)과 같은 작가들은 작품을 통해 여성문제를 제기하였고, 이로써 여성들은 새로운 생활에 대한 희망을 품게 되었습니다. 더 나아가 여성문제는 절대로 그와 같은 이론적 사상적 방면에만 그친 것이 아닙니다. 실행 방면에서도 내적 요구와 외부적 필요성에 의해 수많은 악전고투를 거쳐 경제적, 사회적 지위가 크게 향상되었고 법적, 정치적 권리가 크게 확대되었습니다.

19세기는 유럽과 북미에서 여성의 세기라고 일컬어졌을 만큼 여성문제가 당 시대를 대표하는 세계적 이슈였습니다. 그리고 어떤 사람들은 심지어 여성의 세기가 이미 과거의 일이고 지금은 '아동의 세기'가 도래했다고 하는 사람들도 있습니다. 그런데 그 시기 일본 여성의 상황은 어떠했을까요?

메이지유신(明治維新)은 남자들 특히 소장파 남성들의 손에 의해 성취되었습니다. 갑자기 자각을 한 일본 남성들은, 피상적이고 통일성도 없이 부분적으로 모방한 것에 불과했다 하더라도, 모든 제도와 문물에 있어 단순하지만 대담하게 서구문명을 수입함으로써 어쨌든 속성으로 문명을 만들어낼 수 있었습니다. 당시 국민의 절반을 이루고 있던 여성들 역시 다소 시세에 자극을 받아 예를 들면 이타가키 다이스케(板垣退助, 1837-1919)의 자유민권 사상에 현혹되어 남자들과 함께 적극적으로 정치를 논한 여성도 있었습니다. 또한 영국이나 미국의 초기 여권론의 문제인 '남녀동권론'의 겉핥기식 수용으로 단지 남성들의 언행의 말단을 흉내내는 경조부박하고 유치한 남성적 여성들이 일시에 등장한 일도 있었습니다. 그러나 이들 여성들은 내적으로 진정한 자각을 한 것이 아니었음은 두말 할 필요도 없습니다. 또한 히구치 이치요(樋口一葉, 1872-1896)를 비롯하여 소위 규수작가가 1894, 5년을 전후하여 잇따라 나타났지만, 이들도 남성들과 함께 여성도 소설을 쓸 수 있다는 것을 보여 주는데 그치고 대부분은 남성의 소설을 단순히 모방하는데 그쳤습니다. 그 안에서 작가는 여성 자신의 눈으로 직접 본 여성의 소소한 감정생활의 진실을 그렸고, 그 체념 안에 잠재된 비애와 고통, 절망을 사람들의 가슴에 호소했습니다. 그러나 아직 그들 작품에는 그와 같은 생활을 타파하고자 하는 의욕도 없었고 또한 뭔가 새로운 이상을 가지고 여성의 생활을 혁신하고자 하는 분투의 흔적도 전혀 없었습니다. 역시 여성은 여성에 대한 전통적 도덕, 관습, 교육, 제도 등에 의해 순치되어 나약하다고 체념하고 소극적인 굴종생활에 틀어박혀 쉽게 자각을 하지 못하는 상황이었습니다.

일본 최초의 여성 운동가는 이마이 우타코(今井歌子, 생몰연도 미상)와 엔도 기요코(遠藤清子, 1882-1920)였습니다. 그 외에 잡지 『세계부인(世界婦人)』을 발간한 후쿠다 히데코(福田英子, 1865-1927)도 들 수 있습니다. 몇 년 후 요사노 아키코는 문단 한쪽에서 남성과 여성의 평등한 대우를 지지하면서 여성에 대한 온건하고 상식적인 견해를 표명하기 시작했습니다. 한편으로는 서구사상을 접하고 여성문제에 대한 지식을 얻어 일본 여성문제에 관심을 갖고 논하기 시작한 남성들의 서적이 나오기 시작했지만, 이것들 역시 아직 여성문제에 대해 사회나 남성들의 반성을 불러일으키지는 못하였습니다. 그리하여 사회일반은 여전히 저급한 소위 현모양처를 여성의 유일한 이상으로 여기고 여자 교육의 유일한 목적으로 삼는데 조금의 의심도 품지 않는 상황이었습니다.

그러나 아무리 일본 여성들이라도 그렇게 언제까지고 계속해서 잠들어 있을 수는 없었습니다. 표면적으로는 일본 사회는 조용하고 평화로웠지만, 사실은 새로운 시대의 정신과 근대문명의 사조가 다소 교육을 받은 중류계급의 젊은 여성들 마음속으로 파고들었습니다. 그리고 영혼 깊숙한 곳에서 조용히 서서히 무엇인가를 배양하고 있었습니다.

그녀들은 당시 일본 문학계를 지배하고 있던 자연주의 운동의 영향을 받거나 근대문학에 묘사된 새로운 유형의 여성들에게 자극을 받았습니다. 혹은 오랜 역사나 인습으로 인해 여성이라는 존재가 너무나 무시를 당하고 노예취급을 받고 있는 오늘날 일본 가정이나 사회에서 딸로서, 아내로서, 학생으로서, 교사로서 혹은 직업여성으로서 각자의 일상생활을 하는 동안 끊임없이 경험하게 되는 수많은 굴욕, 허위, 모순, 다툼으로부터 스스로 회의적이 되고 반성적이 되었으며 차차 자기 자신을 의식적으로 생각하기 시작했습니다. 그 결과 현재 자신들 내부에 있는 젊은 욕구와 개인의 존엄성이 주위 환경으로 인해 유린되고 짓밟히고 있다는 사실을 깨닫게 되었습니다. 그리고 그녀들은 진심으로 자유를 원하며, 진정으로 독립된 생활을 원하게 되었습니다. 그녀들에게는 부모, 남편, 교사, 선배, 종교가, 도덕가, 교육가 등 모든 사람들이 하는 말이 모두 불평과 불만의 씨앗이 될 뿐이었습니다. 그러나 오랫동안 그녀들에게 '여성다움'이나 '조신함'을 강요한 굴종적 교육이 여전히 그녀들에게 인종(忍從)을 강요하여, 그녀들이 쉽게 불평불만을 공언하는 것만은 삼가게 했습니다.

바로 그때 즉 메이지시대 말 즈음에, 저는 이들 중류계급의 젊은 여성들을 대표하여 솔선하여 대담하고 노골적으로 진실과 열의를 가지고 그러한 사상과 감정을 발표하기 위해 두세 명의 여성동지들과 함께 『세이토』를 창간하였습니다. 물론 우리들의 주장은 상당히 유치한 것들뿐이었습니다. 그 안에 포함된 사상이라는 것도 무엇 하나 제대로 일관되지 못했고 사상다운 사상도 전혀 없었다고 해도 과언이 아니었습니다. 말하자면 그것은 단지 우리들 안에 있던 울분이 폭발한 것으로, 억누르기 힘든, 그렇지만 아직은 막연한 욕구의 단순한 외침에 불과했습니다. 따라서 모든 것이 아직 혼돈 상태에 있었고 그 안에 포함되어 있는 커다란 전체적 기분 그 자체를 표현한 것에 지나지 않습니다.

우리들이 주장한 신조는 간단하게 추상적으로 말하자면, 남성이 인간인 것처럼 여성 역시 동등한 인간이며, 영혼이 있는 존재이다, 그러니까 여성들에게도 넓은 의미에서 인간으로서의 높은 교양을 쌓고 사상, 감정의 자유와 독립을 얻게 함으로써 여성을 우선 그 내부로부터 근본적으로 또한 전체적으로 각성 혹은 해방시켜야 한다, 단순한 경제적 독립이나 사회적, 정치적, 법률적 권리의 향유와 같은 외적인 것은 그 수단 혹은 결과로서 필연적으로 따라오든지 아니면 부분적인 것으로 그 자체가 제일의 목적도 아니고 또한 전체도 아니다, 라는 것이었습니다. 그리고 우리들은 모두 극단적으로 재래의 혹은 현재 여성들의 참담한 생활을 저주하고 자각하여, 해방된 여성 그 자신의 새로운 생활을 동경해 마지않았습니다.

그러나 우리들의 동경의 대상이었던 새로운 생활이란 어떤 것일까요? 거기에는 어떠한 종교, 도덕, 교육, 정치, 법률의 시스템이 필요할까요? 양성의 관계나 경제조직은 어떠해야 하는가 등과 같은 내용적, 또는 구체적인 것에 대해서는 아직 무엇 하나 분명한 생각도 없었습니다. 또한 어떤 길을 거쳐 가면 그리고 어떤 방법을 취하면 그러한 새로운 생활을 실현할 수 있을까 하는 실행의 문제에 대해서도 역시 아무 생각이 없었습니다. 뿐만 아니라 실제로 우리들은 이들 문제에 대해 분명한 개념의 윤곽을 그릴 정도의, 동시에 그 실현 방법을 발견할 정도의 예비지식도 없었고 그것을 침착하게 생각하거나 연구할 정도의 마음의 여유도 없었습니다. 요컨대 새로운 생활이라는 것은 우리들에게는 아직 하나의 환영으로서 존재했던 것입니다. 그리고 우리들은 모두 어린아이들이었고 동시에 새로운 생활을 꿈꾸는 일개 시인에 불과했던 것입니다.

그러나 우리들의 주장이 유치하고 무지하고 철저하지 못하고 편견과 모순을 내포하고 있었다 하더라도, 저는 오늘날에도 여전히 우리들의 착안점과 출발점, 즉 여성의 진정한 해방은 그 내적 생활에서 시작되어야 하며, 역사나 인습을 타파하는 것은 여성의 새로운 생활의 첫걸음이자 필요조건이고, 현대 여성이 직접 자신의 욕구와 개성의 권위 위에 그것을 구축해야 한다고 한 것은 잘못되지 않았다고 믿습니다. 동시에 저는 이것이 진정한 의미에서 일본의 여성운동이 최초로 제기한 문제라고 생각합니다.

일본 사회는, 이와 같은 우리들의 작지만 아주 의미 있는 운동에 대해 어떤 태도를 취했을까요? 일본 사회는 절대로 관대하지는 않았습니다. 처음에는 다소의 의혹과 호기심과 냉소적 태도로 조용히 보고 있던 주위 사람들도 후에는 모욕과 조소, 야유와 함께 비난, 공격, 매도, 중상비방을 퍼붓게 되었고, 결국은 우리는 사회에 풍기문란을 일으키는 위험사상의 전파자로서 관헌의 압박을 받게 되었습니다.

그러나 시대의 추세를 막을 수는 없었습니다. 식자들은 아무렇게나 여성들의 허영심으로, 또는 일본고유의 여덕(女德)에 반하는 것으로 거부를 했음에도 불구하고, 여성으로서 단순히 결혼에 안주하는 생활에 만족하지 못하고 지식과 예술을 동경하며 독립을 꿈꾸고 부모를 등지고 상경하는 아가씨, 부모의 의지에 의해 혹은 생활의 방편을 위해 사랑 없이 결혼하는 것을 추악하다고 생각하는 아가씨, 이런 종류의 작은 반역자들을 도처에서 보고 들을 수 있게 되었습니다.

이렇게 해서 1913, 4년은 각종 신문잡지에서 사회의 다양한 방면의 사람들이 '여성문제'나 '새로운 여성'에 대해 널리 논의하게 되었고, 그것은 마치 비속한 유행처럼 경조부박한 것으로 취급되었습니다. 따라서 여성 문제를 둘러싼 대중의 감각은 양날의 검이었습니다. 즉 그와 같은 논의는 여성문제를 일본 대중에게 알리는 효과가 있었지만, 한편으로는 우리들의 진지한 문제는 오염되고 상처받고 오해를 받기도 했습니다. 그리하여 우리들은 쓸데없이 시간과 에너지를 소비해야 했습니다.

이상의 경험을 통해 우리들의 파괴적 혹은 반항적 태도는 점점 더 강고해졌습니다. 동시에 한편으로는 내성적이 되고 교양으로 마음을 진정시키며, 사상을 글로 표현하고 양립할 수 없는 환경에서 벗어나기 위해 실생활에서 여러 가지로 노력을 했습니다. 예를 들어 어떤 사람은 구사상과 구형식을 기반으로 하는 부모의 집을 떠나 독립된 생활을 시작했고, 또 어떤 사람은 낭만적으로 연애를 경험하고 연애 그 자체의 권리를 주장함으로써 자유로운 결혼생활 혹은 공동생활을 하였으며, 또 어떤 사람은 연애의 창조물인 아이를 낳아 어머니로서의 경험을 시작하기도 했습니다. 이에 따라 우리들의 사상은 여성문제를 더 실질적이고 구체적으로 진전시켰으며, 자연스러운 결과로 직접 생활의 문제나 지금까지 무시되거나 간과되고 거부되었던 성의 문제를 다루게 되었습니다. (초기 여성문제는 종종 여성을 부정하고 여성을 남성화하고자 하는 경향이 있었는데, 이는 너무나 오랫동안 성만을 너무 중시하여 성으로서의 여성생활이 마치 그 전체인 것처럼 간주되고 있었던 것에 대한 반동이다. 흥미롭게도 이와 같은 경향은 서구 여성운동사에서도 마찬가지였다.)

그리고 우리들은 '여성'으로부터 해방되는 것이 아니라 진정한 '여성'으로서 해방되어야 하며, 단순히 인간으로서 부인(婦人)의 권리를 주장할 뿐만 아니라 여성으로서의 부인의 권리도 주장해야 함을 알게 되었습니다. 이와 같은 경향은 연애를 여성문제의 중심으로 간주하는 엘렌 케이의 사상을 접하고 거기에 공명함으로써 강화되었습니다.

지난 4년 동안 『세이토』는 일본 여성운동의 제1기인 소극적, 회의적 파괴시대를 대표하는 유일한 존재로 그 역할을 수행해 왔습니다. 그러나 이제 우리의 여성운동은 여성들이 새로운 생활을 어떻게 구축해야 할지, 여성을 위한 새로운 종교, 도덕, 윤리, 법률이란 어떤 것이어야 하는지를 적극적으로 연구하고 건설해야 할 시대를 맞이하였습니다. 그리고 우리는 이제 이 제2기 여성운동에 있어 전보다 훨씬 더 복잡하고 해결하기 어려운 많은 중대한 문제를 끌어안게 되었습니다. 예를 들어 현재 건전하고 아름다운 생활의 두 가지 형식, 즉 개인으로서 부인(婦人)의 정신적 삶과 여성으로서 부인의 가정생활 사이에서 발생하는 실제적 갈등, 다시 말해 인간으로서 부인의 권리주장과 여성으로서 부인의 권리 주장 사이에 존재하는 모순을 어떻게 조화시켜야 하는가 하는 문제도 그중의 하나입니다. 기존 도덕에 반항하고 그것을 파괴하는 제1기 시대의 우리들은 단지 열정과 용기와 희생정신만 있으면 됐습니다. 그러나 이제 우리들은, 문제를 제공하는데 머무는 것이 아니라, 뛰어난 지성을 가지고 구체적으로 문제를 해결해야 합니다. 우리는 더 높고 넓은 견지에서, 근대사회에서 한 번 해방된 여성의 새로운 삶을 어떻게 재구축해야 할지 생각해야 하며, 현재 자기 자신의 생활을 깊이 반성함과 동시에 현대 일본여성의 요구를 통찰하고 각 방면의 과거와 현재 인간생활에 관한 과학적 지식 — 예를 들면 생물학적, 인류학적, 사회학적, 경제학적 지식을 파악해야 합니다.

우리는 서구 여러 나라의 여성운동 지도자들이 겪었던 투쟁을 검토하고 그 이론을 배워서, 단순히 서구 여성운동의 모방자에 그치는 것이 아니라, 우리 일본의 여성문제를 해결함으로써 여성운동이 새롭게 나아가야 할 길을 발견하는데 많은 자극과 암시를 주어 참고가 되게 해야 합니다.

[YM/김효순]

## 『부인전선(婦人戰線)』에 참가하며

히라쓰카 라이초, 1930, 173-80

『부인전선(婦人戰線)』은 '제2의 『세이토』'입니다. 즉 『세이토』는 여성의 개인적 자각을 주장했고, 『부인전선』은 여성의 사회적 자각을 주장한 최초의 잡지입니다. 20년 전 일본의 자본주의는 초기 단계에 있었습니다. 중산층 가정에서 태어나서 유복했던 저는 부모님의 경제적 지원으로 최고의 학교교육을 받을 수 있었고, 20대에 저는 부르주아 개인주의 사상을 알게 되어 가만히 있을 수 없게 되었습니다. 그리하여 반쯤 무의식적으로 시대적 추세에 힘입어 네다섯 명의 친구들과 『세이토』를 창간하여 자아의 존엄성, 여성의 자기혁명 등을 주장하였고, 인간으로서 여성의 독립과 자유를 요망하며 여성을 억압하는 봉건적 제도와 남성의 전제주의와 공적으로 투쟁하였습니다.

이와 같은 운동은, 초기에는 극히 추상적인 사상문예운동의 범위를 벗어나지 못했고 당시 유력했던 봉건세력으로부터 예상 이상으로 엄청난 비난과 공격을 받았으며 한때는 수많은 오해로 인해 그냥 묻혀 버릴 것 같았습니다. 그러나 『세이토』가 뿌린 씨앗은 일본 도처의 젊은 여성들의 마음 깊숙이 뿌리를 내려 암암리에 여성들의 새로운 생활에 대한 희망이 되어 발아했으며 그녀들의 용감한 행동으로 꽃을 피웠습니다.

『세이토』 창간 후 10년 동안 유럽의 제1차 세계대전 덕분에 일본의 자본주의는 크게 발전하였고, 그것은 여성의 사회진출을 촉진하여 많은 일본여성들이 직업여성으로서 노동력의 많은 부분을 담당하였습니다. 1919년 저는 여공들의 노동 상태를 시찰하고 조사하기 위해 생사 공장과 방적 공장을 매일 돌아다녔습니다. 그런데 그때 목격한 여공이나 유년공들의 작업 상태, 기숙 생활은 얼마나 비참했는지 모릅니다. 그때 여공들에게 들은 이야기에 나는 마음이 크게 움직였습니다. 나는 이제 언제까지고 이렇게 사상문예운동에 자족하며 안주할 수 없다고 느꼈고, 단결하여 행동을 해야겠다고 생각했습니다. 그리고 1920년에는 자본주의의 비약적 발전에 대응하여 노동계급 조합운동 역시 급격한 발전을 보였고 보통선거도 대중운동이 되기 시작하면서, 신부인협회(新婦人協會)가 창립되었습니다. 그때의 나는 이제 세이토 시절과 같이 부모의 물질적 보호를 받고 있는 딸이 아니었습니다. 불안정한 생활에 위협을 받으며 두 아이를 키우며 일을 해서 먹고사는 무산계급의 한 어머니였습니다. 그리고 저는 모성과 직업 생활 사이에서 절충하기 힘든 문제로 큰 고통을 받고 있었습니다.

이제 신부인협회가 창립된 지 10년이 되었습니다. 그리고 그 10년 동안 많은 변화가 있었습니다. 일본의 자본주의는 대전 후 지나치게 빠르게 발전하여 도처에서 난숙한 자본주의의 폐해가 나타났습니다. 많은 국민들의 생활이 불안정해졌고 실업자가 되었으며 취업난을 겪고 중소상공업자들은 몰락하였으며 지식인들은 막다른 골목에 봉착했습니다. 화려한 도시문화의 이면에는 어두운 그림자가 뚜렷해졌습니다. 저는 여성으로서 노동 계급으로서 소수의 자본가들이 다수의 노동자를 착취하고 부를 독점하여 다수를 영원히 빈곤에 빠트리고 있는 경제 조직 그 자체를 근본적으로 재편해야 한다고 생각하게 되었습니다.

그럼에도 불구하고 저는 마르크스주의적 사회운동은 운동 방법과 전술 면에서 그리고 사회조직 형태 면에서 제 자신의 본성과는 맞지 않는 부분이 있음을 깨달았습니다. 그리하여 저는 현대자본주의 조직에 반항하는 무산계급운동으로서 소박하기는 하지만 전세계에 확산되며 서서히 발전하고 있는 협동조합운동(協同組合運動)에 더 매력을 느끼게 되었습니다. 남성들의 투쟁본능을 자극하여 계급투쟁을 격화시키고 자본가 계급으로부터 그 권력을 탈취하고자 하는 운동과는 달리, 이 협동조합운동은 계급의식을 바탕으로 하면서도 투쟁에 의지하지 않았습니다. 그것은 여성의 수중에 있는 일상적이고 비근한 부엌의 소비생활을 상호 부조의 정신으로 협동하여 재건한다는 식으로, 평화로우면서도 가장 구체적이고 실천적인 수단과 방법을 통해 자본주의를 확실하고 효과적으로 약화시켜 협동자치의 새로운 사회를 건설하고자 하는 운동이었습니다. 이 운동이야말로 여성의 삶과 기질에 가장 적합한 운동으로 생각되었습니다.

[YM/김효순]

## 전후 사상
## 나의 꿈은 실현되었는가?

히라쓰카 라이초, 1948, 42-4

패전의 희생 한 복판에서 일어나고 있는 현재의 혁명은 과거에 일본 국민이 경험하지 못했던 크고 멋진 혁명이었다. 이에 의해 일본 여성의 오랜 예속 생활은 단숨에 근절되었고 모든 종류의 크고 작은 제한으로부터 여성들은 급격하게 해방되었다. 이는 아무리 기뻐해도 부족할 일이다.

그러나 제도에 의해 해방된 일본 여성들 모두가 다시 한 번 여성운동의 처음으로 되돌아가서, 그 출발점이 되었던, 인간으로서 자신의 본성과 존엄성을 분명하게 자각할 필요가 있다고 느낀다. 원래 우리 자신은 인형도 아니고 로봇도 아니며 또한 여성동물도 아니다. 무한한 생명과 무한한 능력을 내재하고 있는 존엄하고 신성한 존재이다. 이러한 진실을 우리 여성들 한 명 한 명은 자아를 탐구함으로써 알아야만 한다. 자아의 신성함을 탐구한다는 것은 어쩌면 매우 어려운 것으로 보일지 모르지만, 의외로 그렇지는 않다. 왜냐하면 우리는 원래 신성한 존재인데 그것을 자각하지 못하다가 새삼 자각을 할 뿐인 것이기 때문이다. 설령 자신이 지금 아무리 나약하고 어리석어 보여도, 자신의 마음의 내면을 정직하게 들여다보면 가장 깊은 곳에서 신(우주의 기원인 신과 같은 신성한 실재)을 발견하게 될 것이다. 자각이란 바로 이러한 발견을 의미한다.

이와 같은 자각은 민주주의의 근간이 되는 개인의 존엄성과 국민 모두가 평등(남녀평등)하다는 원리가 매우 중요하다는 사실을 깨닫게 해 줄 것이다. 또한 오늘날 여성들에게 부족해 보이는 자신감, 용기, 열정도 이러한 자각에 의해 자연히 회복될 것이다. 진정으로 확고한 자신감, 끊임없는 용기, 변함없는 정열은, 무한한 생명이며 무한한 능력인 신과 연결된다. 나는 이러한 자각으로 해방된 일본 여성들이 현재의 불리한 조건을 단계적으로 극복하고 빛나는 해방의 성과를 내는 날을 고대하고 있다. 1911년 26세 때 나는, "원시 여성은 태양이었다. 지금 여성은 달이다. 다른 존재에 의해 살고 다른 빛에 의지하여 빛나며 환자 같은 창백한 얼굴을 한 달이다"라고 울부짖었다. 그러나 지금 나는 기쁨에 차서 외친다.

"지금이야말로 해방된 일본 여성의 마음 깊은 곳에서 커다란, 아주 커다란 태양이 떠오를 것이다. 보라, 그날이 왔다."

내 마음은 지금 한없는 기쁨으로 가득하다.                    [YM/김효순]

## 처녀성의 진가

히라쓰카 라이초, 1915B, 53-60

처녀성의 가치라는 것은 당연히 광의의 정조문제에 속하지만, 그 자체의 독특한 측면을 가지고 있다. "처녀성은 귀중한 것이다. 순결은 고귀한 것이다. 그것을 가벼이 버려서는 안 된다"라는 생각은 누구나 알고 있는 전통적인 여성 도덕관념의 하나이다. 그러나 그것이 왜 그렇게 고귀한 것이냐고 물으면 아무 대답을 하지 못한다. 마치 그러한 관습이 그녀들에게 절대적인 권위를 가지고 있었던 것처럼 그녀들 역시 무조건 처녀성은 소중하고 고귀한 것이며 처녀성을 버리는 것은 부도덕한 것이라고 반복하는 것에 불과하다. 처녀성 그 자체의 가치에 대해서는 생각을 해 본 적이 없다.

왜 세상의 도덕은 결혼을 하지 않은 여성이 처녀성을 잃는 것을 무조건 공격하는 것일까? 처녀성이 중요한가 아닌가에 대한 문제는 절대로 일반적으로 정해질 문제가 아니다. 각 개인의 성적 생활의 특징, 상태, 특히 발달의 현 단계에 의해 정해져야 한다. 그러니까 단순히 처녀는 소중한가 아닌가 하는 것보다는 "한 사람의 처녀가 자신의 처녀성을 언제까지 지키는 것이 중요할까?"라고 질문해야 한다. 그 만큼 그 문제는 개인적인 문제이다. 그리고 만약, 일반적으로 말을 한다면, 다음과 같은 정도로 말을 할 수 있을 것이다.

"모든 여자는 자신의 처녀성을 버리기에 가장 적당한 때가 올 때까지 소중하게 지켜야 한다. 더 나아가 부적당할 때 처녀성을 버리는 것이 죄악인 것처럼 적당한 때에도 여전히 버리지 않는 것 역시 마찬가지로 죄악이다."

여기에서 남는 문제는 처녀성을 버리기에 가장 적당한 때가 언제인가 하는 것이다. 물론 그것은 형식적인 결혼을 의미하는 것이 아니다. 각자의 내적 생활의 경험에서 보면, 그것은 연애의 경험으로 사랑하는 사람에 대한 영적 동경(애정) 안에서 관능적 요구가 생기고 자기의 인격 내에서 양자의 일치 결합을 진정으로 느끼게 되는 경우가 아닐까 한다. 넓은 의미에서 보면, 한 여성의 처녀성 상실은 자신의 성생활을 훨씬 더 건강하게 발전시킬 뿐만 아니라 다른 모든 방면에서 그 사람의 모든 생활을 충실하고 풍부하게 하며 생명력을 증가시키는 것이어야 한다.

진정한 여성 정조의 제일보는 처녀성을 유지하고 그 자신에게 가장 적당한 때 처녀성을 버리는데 있다. 이렇게 생각하면 처녀성의 가치는 매우 크다. 여성에게 가장 중요한 조건은 여성의 생명의 중심인 연애를 성취할 수 있는가 없는가, 여성 생활의 중핵인 성생활을 건전하고 자연스럽게 발달시킬 수 있는가 없는가, 더 나아가 여성의 생활 전반을 행복하게 하는가 아닌가에 있다. 만약 자기 자신의 소유인 이 처녀성이 위협을 받게 되면, 끝까지 그것을 지키기 위해 싸우는 것은 자신의 생활의 권리를 주장하고 자아의 욕구를 존중하는 여성으로서는 당연한 행위이다. 나는 이 외에 처녀성 그 자체의 가치관, 처녀성을 중시하는 근본적 이유가 없다고 생각한다.

여성은 보통 어떤 경우에 처녀성을 잃을까? 그녀들 중 얼마나 되는 사람들이 자신에게 가장 적절한 시기에 그것을 잃을까? 대부분의 경우 여성들은 자기 소유이어야 할 처녀성을, 관례에 의해 자기 이외의 여러 가지 사정이나 처지에 따라 취급하고 있다. 내가 보기에 오늘날 사회가 인정하고 세상 도덕이 승인하는, 처녀파기의 가장 정당한 경우인 형식적 결혼 역시 대부분은 추악하고 죄악이 아닌 것이 없다. 단지 생활의 보장을 위해, 안녕을 위해, 허영심 때문에, 또는 부모를 위해, 집안을 위해서 하는 결혼은 물론이고, 사랑에 의한 결합에 있어서도 자기 내부의 욕구가 아니라 애인에 대한 사랑으로 애인을 만족시키기 위해, 또는 단지 사랑을 받기 위해 몸을 바치는 경우도 죄악임에 틀림없다. 빈곤 때문에 어쩔 수 없이 가장 부적당하게 처녀를 잃거나 혹은 잘못된 도덕관념으로 처녀를 잃는 즉 가장 불행한 어둠 속에 사는 여성들에 대해서도 마찬가지라 할 수 있다. 그러나 그녀들의 죄도 내 입장에서 보면, 전혀 사랑하지도 않으면서 결혼하여 아무렇지도 않게 처녀성을 상실하는 많은 정숙한 부인보다 더 무겁다 할 수는 없다.

나는 오늘날 일반적으로 행해지는 사랑 없는 형식적 결혼이 빨리 타파되고, 진정한 의미에서 처녀파기의 가장 적당한 때가 진정한 결혼이 되는 날이 오기를 고대하는 바이다.

[YM/김효순]

# 야마카와 기쿠에

山川菊榮, 1890-1980

야마카와 기쿠에(=모리타 기쿠에[森田菊榮])는 헌신적인 사회주의자이며 여성운동가, 평론가로, 20세기 가장 영향력 있는 오피니언 리더 중 한 명이다. '여공'들의 환경을 직접 경험한 그녀는 글쓰기와 사회 운동에 참여함으로써 여성의 지위를 향상시키고 사회적 불의에 대한 인식을 높이려고 노력했다. 야마카와는 도쿠가와시대(德川時代, 1603-1868) 말 일본의 하층 무사의 여성 구술 역사인『무가의 여성(武家の女性)』을 발표한 것으로도 유명하다. 1916년『세이토』에 이토 노에(伊藤野枝, 1895-1923)의 폐창운동비판을 비판하는 논고를 보내 논단에 등단했다. 매춘이 필요악이라고 생각한 이토와 달리 야마카와는 봉건제적인 과거의 부끄러운 유산으로 비판했다. 그 후, 그녀는 요사노 아키코와 히라쓰카 라이초의 '모성'보호논쟁에서 차별 없는 사회에서만 여성의 자립과 해방이 가능하다는 사회주의적 논리로 중재자 역할을 했다.

　1921년 야마카와는 최초의 사회주의 단체인 '적란회(赤瀾會)'를 조직하여 같은 정신을 가진 여성들을 규합하였다. 이 단체와 그녀가 창립을 하는데 도움을 주었던 사람들을 통해, 그녀는 지식인과 일하는 여성들 사이의 격차를 해소하기 위해 노력하였다. 이러한 방침에 따라 그녀는 가부장적 가정제도의 폐지, 임산부를 위한 유급 휴가 및 직장에서의 보육원 설치와 같은 사안에 대해 사회주의 정당에 제안했다. 계획출산에 대한 열렬한 지지자인 그녀는 자녀를 언제 낳을지 결정할 수 있는 여성의 권리를 주장했다. 그녀는 한 번은 모계 혈통 계승을 확인하기 위해 또 한 번은 결혼으로 성을 두 번 바꿔야 했는데, 일찍부터 결혼 전 이름을 유지할 여성의 권리를 옹호했다. 제2차 세계대전 후, 그녀는 초대 노동성(勞動省=현재의 후생노동성[厚生勞動省]) 부인소년국장(婦人少年局長)으로 임명되었다.

[YM/김효순]

## 페미니즘 검토

야마카와 기쿠에 1928, 167-74

### 여성문화의 의의

　'여성문화'라든가 '부인문화(婦人文化)'라는 말은 요즘 자주 듣는 말이다. 문화라는 말을 인류사회의 역사적 발전의 산물로 생각하는 우리들로서는 예를 들면 노예 경제를 기반으로 하는 고대 문화, 농노 경제를 기반으로 하는 봉건사회의 문화, 현대의 임금노예제도에 기반을 둔 자본주의 문화 그리고 사회주의 경제에 기반을 둔 미래의 문화라는 것은 생각할 수 있어도, 남성이 만든 남성문화와 여성이 만든 여성문화라는 것은 상상할 수 없다. 어떠한 사회도 남녀 양성에 의해 만들어지지 않은 것은 없으며, 그런 의미에서 모든 문화는 늘 특정한 시대와 특정한 사회를 대표하는 성질을 가지고 있다. 그러므로 어느 한쪽 성에 의해 만들어져서 어느 한쪽 성을 대표하는 성별문화라는 것은 있을 수 없다. 다만, 인류 사회가 사유재산의 발생과 함께 계급적으로 분열을 하여 문화도 교양도 정치적,

경제적 권력을 장악한 소수 지배계급을 중심으로 발달하여 그들을 위해 그들에 의해 유지, 존속되어 온 관계상, 원칙적으로 정치적, 사회적 권리를 박탈당해 온 부인들은 다른 모든 피억압자들처럼 자주적, 적극적으로 문화의 창조와 향유에 참여할 수 없었다.

물론 지배 계급 내에는 어느 정도 교육을 받은 여성이 있었지만, 그것은 어디까지나 남편인 남성을 기쁘게 하기 위한 것이며 절대로 부인 자신의 개인적 발달을 위한 것도 아니고 사회생활에 기여하기 위한 것도 아니었다. 그러나 이는 널리 일반적으로 피억압자 계급에 속하는 남자들의 경우도 마찬가지여서 학문이나 지식, 사회를 지도하고 통제해 가는 데 필요한 모든 교양이나 훈련은 지배계급의 남성들이 독점하게 되고, 피억압계급의 남성들은 부인과 마찬가지로 지배계급의 이익과 특권을 강화하기 위한 도덕교육만 받아 왔다. 따라서 오늘날까지 소위 고급사회의 문화는 남성중심 문화였다고 할 수 있지만, 지배적 권력을 장악한 사람은 모든 남성이 아니라 일부 남성에 불과했기 때문에 남성중심 문화라기보다는 지배계급적 문화라고 하는 것이 더 타당할 것이다.

자본주의 시대에 들어서서 부인들이 생산에 있어 독립적 구성원이 됨과 동시에 그녀들의 사상도 변화했다. 오늘날 부인들은 독립된 경제적 구성원으로서 새로운 사회적 지위를 법률적으로 승인받기 위해 참정권을 요구하고 더 나아가 교육과 직업의 평등을 요구하고 있다. 소위 '여성문화'라는 것은 이와 같은 경제적 지위의 변화에 따라 발달한 부인의 자발적 활동을 요구하는 것을 의미하며, 부인이 자주독립의 입장에서 부인 자신에 의한 부인 자신을 위한 문화를 건설하는 것을 의미한다고 해석할 수 있다.

부인이 부수적이거나 부속적이지 않고 남성과 대등한 독립적 태도로 자주적으로 문화를 건설하기 위해 노력해야 한다고 요구하는 것은 당연하다. 이는 부인이 인간으로서 사회의 일원으로서 당연한 요구해야 하는 것이며 그것은 의무이자 권리이기도 하다.

그러나 이러한 요구가 원칙적으로 올바르다는 것은 그것이 현재 사회에서 법적인 평등에 의해 실현가능한가 하는 문제와는 별개의 문제이다. 사실 남자들 사이에는 정치, 교육, 고용 등의 권리에 대한 법적 차별이나 제한은 없다. 그럼에도 불구하고 단순한 경제적 지위의 차이에 의해 형식적으로 보편적인 권리는 실질적으로는 사회의 일부 소수의 특권이 되고 대중은 그것들을 행사하는 것을 금지당하거나 억압당하고 있는 것이나 마찬가지이다. 대다수의 민중은 무지와 빈곤 때문에 눈앞의 생활문제 말고는 무엇인가를 고려하거나 이해할 수 있는 능력을 빼앗겨 버렸을 때, 언론이나 집회, 결사의 자유가 관헌의 권력에 의해 제멋대로 제한당했을 때, 교육도 직업의 자유도 요컨대 경제적 조건에 의해 결정될 때, 즉 일체의 권리 행사가 금력과 그것을 기반으로 하는 권력에 의해 제한당하고 있을 때, 명목상 자유와 평등은 한 조각 말이나 일말의 환영에 불과한 것임은 말할 것도 없다.

이와 같은 남성들 사이의 형식적인 평등은 실질적인 불평등을 조금도 없애지 못하는 것처럼, 여성들의 경우도 단순한 명목상의 평등이 원칙적, 일반적으로 그 지위를 변화시킬 아무런 힘을 갖지 못하는 것도 당연하다. 제1차 세계대전 후 명목상으로는 부인의 지위는 개선되었다. 참정권이나 교육, 직업의 자유는 문명국의 일반적인 원칙이 되었다. 자본의 공세에 따른 무산계급의 특성은 점점 더 비참해지고 특히 단결력이 부족한 프롤레타리아 계급의 부인들은 남성 이상으로 고통을 당하고 있다. 노동시간 연장, 임금하락, 실업, 노동조합의 억압은 세계적 현상이며 무산자의 생활고와 그 노예화는 멈출 줄 모르는 상황이다. 남성들의 참정권이 이러한 형세를 저지할 힘이 전혀 없는 것과 마찬가지로 여성들의 참정권도 이러한 자본의 폭위 앞에서는 전혀 힘이 없다.

국내적으로는 약소민족에 대한 억압과 착취로 인해 보다 더 강대해지고 동시에 도처에 제국주의 전쟁의 위기를 배태하고 있다. 이렇게 해서 전인류의 평화로운 발달과 창조적 문화란 무참하게 유린되고 파괴되고 있다. 이와 같은 현실을 앞에 놓았을 때, 소위 '여성문화'란 사실 무엇을 의미하는 것일까? 전인류의 생활과 문화의 파괴를 수반하는 자본주의 그 자체에 대한 철저한 항쟁을 제쳐 두고, 부인의 해방을 이야기하고 새로운 문화 창조를 이야기하는 것은 사실은 그것의 실현을 불가능하게 하는 잔악한 자본주의 정부에 협력하고 사회의 진보와 부인의 해방을 저해하는 결과를 초래할 것이다. 전인류의 해방을 떠난 부인의 해방은 있을 수 없고 전인류의 문화로부터 독립한 부인 독자적인 문화라는 것은 있을 수 없다. 전인류에 의한, 전인류를 위한 문화를 불가능하게 하는 정치적, 경제적 조건과 철저한 투쟁을 하지 않고 '여성문화'를 제창하는 것은 사실 자본주의 문화 -억압과 착취 위에 구축된 소수특권계층을 위한 문화-에 대한 여성의 협력을 의미하는 것에 다름 아니다. 분명히 자본주의 내부의 소수특권계층의 부인 밖에 동등하게 참여할 수 없는 '여성문화'를 제창하는 것은 일견 진보적으로 보이지만 실은 반동적 요소를 내재하고 있다. 그것은 피상적이고 얄팍한 페미니즘의 발로에 불과하다.

### 국제 평화와 페미니스트

자본주의 경제 체제 내에서 여성이 공적 생활로부터 배제를 당한 것에 대한 반동으로, 여성이 모든 공공의 권리를 회복하고 공적 활동에 참여함으로써 인류의 정치, 도덕, 생활 등 모든 것이 재정립될 것이라는 환상을 품는 것이 페미니스트이다. 우리는 남녀의 성의 차이는 인간으로서 본질적인 공통점 이상으로 큰 것은 아니라고 생각한다. 우리는 남성이 사회적 환경의 지배를 받는 것처럼 여성도 그것에 지배를 받는 것으로 생각한다. 현재 사회를 움직이는 것은 표면적으로는 권리를 대표하고 있는 남성들이지만, 실제로는 그 남성의 의사를 움직이는 사회적 조건이 바로 기본적이고 근본적인 힘이다. 이런 이유로 여성 해방과 동시에 모든 인류의 해방을 추구하는 사람들은 투쟁의 대상을 남성에서 구할 것이 아니라 그 생각을 지배하고 있는 사회적 조건에 주의를 기울여야 한다. 이러한 사회적 조건에 변화가 없다면, 여성이 남성과 동일한 위치에서 정치와 경제를 운용해 봤자 같은 사회적 조건의 지배를 받기 때문에 같은 결과를 낳게 된다. 현재 부인참정권이나 기타 부인 해방의 제조건이 충족된 나라들 즉 부인 장관, 관리, 의원, 교수가 배출되는 나라에서, 인구의 90%를 차지하는 무산자의 생활이 점점 더 궁핍해지고 노예화되고 있다.

이와 같은 사실에 의해 증명되고 있듯이, 여전히 같은 결과가 나오고 있는 것이다. 남성중심론자들은 여자를 그 성으로 인해 비하했다. 페미니스트는 여자를 그 성으로 인해 떠받든다. 그들은 동일한 사회적 조건 하에서 남성들이 제대로 하지 못한 것을 여성들이 단지 성 때문에 잘 해낼 것이라 믿고 있다. 이러한 생각에는 아무런 과학적 근거도 없다. 그들은 단지 자신들의 희망을 무조건 객관적 사실로 믿으려 하는 것이다. 우리들은 부인을 남성과 같은 인간이라 생각한다. 그러니까 남성이 할 수 있는 정도의 일은 여자도 할 수 있다고 생각하는 동시에 남성들이 할 수 없는 것은 여자가 그 성 때문에 잘 할 수 없다고 생각한다. 부인은 신도 아니고 악마도 아니다. 요컨대 부인은 단지 인간이다. 남성과 같은 인간이다.

여자는 신도 아니고 악마도 아니다. 그들은 인간과 마찬가지로 아주 단순한 인간이다. 여성을 남성보다 열등하다고 생각하는 것이 잘못이라면, 여성을 우수하다고 생각하는 것도 역시 잘못이다.

어떤 사람들은 세계평화를 부인의 단결에서 찾고자 한다. 이는 부인은 평화를 사랑한다고 하는 추상적, 일반적 전제에서 출발한 무조건적인 비과학적 신조로 아무런 구체적, 실제적 근거가 없는 것이다. 추상적, 일반적 원칙으로 인류가 ― 남자라고는 해도 ― 무조건 전쟁을 찬미하는 것은 아님은 말할 것도 없다. 일반적 원칙으로 전쟁보다 평화를 사랑하는 점에서 남성이 여성보다 덜하다고 생각되지 않는다. 그러나 문제는 그런 추상적, 일반적 원칙의 경우가 아니라 현실에서 일어난 혹은 일어나고 있는 전쟁에 대해 어떠한 수단을 취할까 하는 점에 있다.

제1차 세계대전 전, 세계의 페미니스트들은 여성의 참정권에 의해 세계 평화가 보장된다고 주장하며 선전했다. 게다가 그들은 종종 절박한 전쟁 위기와 군비확장에 대해 한마디도 항의를 한 적이 없다. 예상대로 그들은 과연 전쟁의 개시와 동시에 그들은 가장 흉폭한 제국주의 정부의 가장 흉폭한 침략전쟁의 무기가 되는 것을 불사했다. "최후의 피 한 방울까지 싸워라, 최후의 일전(一戰)까지 적으로부터 빼앗아라"라고 하며 피에 목마른 악귀처럼 미친 듯이 부르짖은 로이드 조지(Lloyd George, 1863-1945)의 가장 충성스러운 지지자들은 바로 에밀리 팽크허스트(Emily Pankhurst, 1858-1923)와 그의 추종자들인 페미니스트가 아니었던가?

그들은 전쟁을 수행하기 위해서는 어떠한 희생도 불사했다. 그리하여 2천만 명의 어린이들로부터 목숨을 빼앗고, 아내들로부터 남편을 빼앗고, 아이들로부터 어머니를 빼앗기 위해, 그리하여 전인류의 문명을 파괴하기 위해 자본의 주구가 된 것은 그 '여성문화'론자, 그 페미니스트가 아니었던가? '전쟁중지', '즉시 강화', '비병합, 비배상 평화', 그리고 '전쟁에 반대하는 전쟁'의 목소리를 낸 것은 페미니스트가 아니라 국제무산자계급이 아니었던가? 전쟁을 종결시킨 것은 이성을 잃은 페미니스트가 아니라 자국의 제국주의 정부를 매장해 버린 러시아와 독일의 무산계급의 힘이 아니었던가?

이제 제2차 세계전쟁의 위기가 시시각각 다가오고 있다. 특히 그 위기가 중국 문제를 중심으로 극동의 하늘에 닥치고 있음은 누가 봐도 명백하다. 이러한 때에 직면하여, '여성문화'론자인 페미니스트들은 전쟁을 막기 위해 어떤 노력을 기울이고 있는가? 부인의 지위향상을 주장하는 단체 중 무산계급과 함께 세계전쟁의 위기로 이끄는 출병문제에 대해 항의한 것이 하나라도 있었을까?

구구하게 여성 잡지의 개선을 논의할 여유는 있어도 중국 4억 명의 민중과 7천만 우리 일본 국민의 생명 그 자체를 위협하는 이 가장 중요하고 긴급한 문제에 대해서는 전혀 무관심한 척 하고 있다. 만약 그런 척 하는 것이 아니라 진실로 무관심하다고 한다면, 그것은 구제불능의 무지와 무자각을 의미하며 그런 척 하는 것이라면 국제평화에 대한 의식적 사보타지를 의미한다. 이 역시 구제불능의 위선과 기만을 의미하는 것에 불과하다.

이러한 중대한 시기에 직면하여 열리는 태평양연안 국제부인회의는 적어도 국제평화를 운운하는 한 중국출병에 대한 철저한 반대를 중심의제로 삼지 않으면 아무런 의미가 없다. 태평양연안 제국 부인들이 중국 부인들과 힘을 합쳐 그 국민적 해방을 성취하는 것을 주안으로 하지 않고 중국 제국주의자의 망동을 시인하며 국제평화 운운하는 것은 분명 평화에 대한 배신이며 부인의 이름으로 4억 이웃 국민에 대한 착취와 약탈을 방조하는 용서할 수 없는 국제적 범죄이다. 평화의 사도인지 제국주의의 주구인지, 범태평양부인회의의 본질은 그 대표자 자신에 의해 폭로될 것이다.

[RF/김효순]

# 미학

가모노 조메이
제아미 모토키요
오니시 요시노리
이즈쓰 도요코

# 개관

알렉산더 고트리프 바움가르텐(Alexander Gottlieb Baumgarten, 1714-1762)은 『미학(Aesthetica)』의 시작 부분에서 "미학(자유주의 이론, 하위 인식능력에 대한 학문, 아름답게 사유하는 기술, 유사이성의 기술)은 감성적 인식에 관한 학문이다"라고 명시했다(1750, 17). 이것은 자율 철학 분야로서 이성이 감성을 구원해야 한다는 필요성으로 촉발된 미학 창조의 계보학적 계기로 간주되는 책의 첫 구절이다. 잘못된 경험의 세계가 가진 감정의 연대(아이스테시스)는 플라톤(Plato, BC.427?-BC.47?)의 감성에 대한 불신으로 거슬러 올라가는 오랜 역사를 지녔다. 후자는 그 본질이 초월적 형태의 반영과 이데아에서만 오직 발견될 수 있다는 의견으로 접근했다. 감성과 그 겉치레에 불과한 장치들(시인의 수사적 세계를 포함하여)은 철학자가 지식(최상의 선) 연구에 적용한 마음(혹은 변증법적 로고스)에 얽매인다고 보았다. 바움가르텐은 신체가 마음과 병행할 수 있는 감성이론을 공식화하고자 했다. 감성적 세계가 논리의 완벽성을 띠게 한 '감성적 인식학' 말이다. 아무리 철학자가 감성의 위치를 올리려고 힘들게 노력해도, '유사이성'(이성의 원칙에 순응하는)에 뿌리박힌 '하위 인식형태'로 남은 운명을 피할 수 없었다.

니시 아마네(西周, 1829-1897)*가 『미학의 이론(美妙學說)』(1877)에서 일본에 미학을 소개하고 그것을 일본에서 '예술'이라고 불릴 수 있는 구조에 적용했을 때, 그는 "나는 생각한다, 그러므로 존재한다(cogito, ergo sum)"라는 데카르트(René Descartes, 1596-1650)의 기본 연역법을 받아들이는 문제에 직면하였다. 데카르트는 『정념론』(1649)에서도 밝힌 것처럼 인간의 인생에서 차지하는 정념과 감성의 중요성에 대해서 부인하지 않았다. 그러나 그 명제는 인간을 이해하기 위해 정념에 의지할 수 없음을 나타낸다. 대신에 반드시 마음과 이성이라는 탐구의 도구를 이용하여, 탐험의 대상으로부터 자유롭고 독립적이어야 하는 측량사의 합리성으로 인간을 분석해야 한다. 비록 파스칼이 "마음에는 이성이 모르는 이유를 가지고 있다"라고 상기시켰음에도 불구하고 데카르트에게 생각하기란 분명 느끼는 것이 아니다. 현재 미학적 사색으로 여겨지는 대부분의 작업이 일본 근세와 근대의 시인과 예술가들에 의해 만들어졌음을 고려하면, "생각한다, 고로 나는 존재한다(cogito, ergo sum)"라는 명제는 미학에 관한 글의 서두로는 아주 적합하지는 않다. 이는 이미 일본어 번역에서 분명히 알 수 있다. 'cogito'를 번역하기 위해 쓴 동사, '오모우(思う)'는 그 안에 파토스의 강한 요소를 포함한 영어의 'think' 혹은 프랑스어 'penser'와 호응하지 않는다.[1] 어원적으로, 그것은 '숨긴다'라는 의미의 'hide'와 '표면화된다'는 'surface'와 관련될 수 있고(오노 스스무, 1974, 249), '오모우'는 원래 불안, 증오, 희망, 사랑, 기대 등등의 감정을 외부에 드러내지 않고 내부에 유지한다는 의미였다. '오모우'의 행동은 「마음」에서 일어나는데, 이것은 '생각하기'의 과정에서 억눌린 감정을 외현화하는 견인차 역할을 한다. 이러한 의미에서 '마음'은 원래 인간 내부의 생각과 감정의 폭로를 언급할 때 나타난다. 즉, "나는 생각한다, 고로 나는 존재한다"의 일본어 번역은 실질적으로는 나의 존재는 나의 '오모우'를

---

1) [한] 일본어의 '思う', 영어의 'think', 프랑스어의 'penser'는 한국어로 주로 '생각하다'로 번역되는데 여기서는 각 단어가 내포한 의미를 고려하여 원어를 살려두었다.

통해서만 설명될 수 있는데, '오모우'는 다시 말해 무언가 혹은 누군가에 대한 나의 갈망, 어떤 일이 일어날 거라는 나의 희망, 남모르는 불안에 대한 고뇌, 내 마음 깊은 곳에서 일어나는 무언가에 대한 나의 깨달음이다. 동사 '오모우' 안에 있는 파토스의 요소는 일본인들에게 마음으로 느끼는 감정과 생각을 구분하려는 사람들에게는 모순이라 여겨지는 무언가 '마음속 생각'을 말하도록 허용한다. 기노 쓰라유키(紀貫之, 868?-945?)의 다음 발언을 주목해보자. 순수 일본어로 된 최초의 칙찬 와카집인『고금와카집(古今和歌集)』(905)의 서문에는 "이 세상에 살아가는 사람들에게는 이런 저런 사건이 끊임없이 일어난다. 그래서 그 마음속으로 생각하는 것을 보고 들은 것에 실어 노래로 표현한다"라고 되어 있다. 그렇기 때문에 일본의 지식과 인식에 대해 이야기할 때에는 "나는 '느낀다', 고로 나는 존재한다(sentio, ergo sum)"라는 말에서 시작하는 것이 더 정확할 것이다.

이즈쓰 도요코(井筒豊子, 1925-2017)*의 글을 통해 알 수 있듯이 '마음'의 개념에 대한 토론으로 절정에 달한 일본 미학에 관한 여러 주제에 아주 적합한 글들을 여기에 모아 두었다. '마음'의 쓰라유키 버전에서는 여러 가지 생각과 감정이라는 다양한 주관적 사건을 "사람이 보는 것과 듣는 것"에 빗대지 않는다면 그 생각과 감정에 대한 언어적 표현을 찾아내지 못한다고 말한다. 다시 말하면 오직 은유만이 내면의 자아에게 세상으로 나가는 출구를 제공할 수 있고, 그 은유는『고금와카집』에서 주로 자연(꽃에 앉아 지저귀는 꾀꼬리 소리, 물에 사는 개구리 울음소리)에서 유래한다. 칙찬집에 내포된 와카에 대해 우리가 가진 얼마 안 되는 정보가 없었다면,『고금와카집』의 독자가 바로 알아차리는 것처럼 어떤 특정 주관성으로 돌아가 시적 표현의 대상을 추적하는 것은 불가능했을 것이다. 이즈쓰 도요코는 자연적 이미지(흩날리는 벚꽃과 떨어지는 단풍잎)에서 특히 중시하는 배경에 표현을 미루는 와카 가인의 계산된 시도를 파악하여 쓰라유키가 써온 주관성의 특정 상태를 나타내는 단어인 '마음'을 부정했다. 그녀는 신고금시대(新古今時代, 1205)의 와카 특히 후지와라노 데이카(藤原定家, 1162-1241)의 와카에서 '마음'이 현상적 경험의 덧없음을 초월한 진정한 주관성이라고 주장했다. 천태종의 철학 그중에서 '자증(自證)체험'의 영향을 따르는 '마음'의 개념 변화와 그 주제에 대한 확립이 중세 일본에서 일어났다. 그래서 '마음'은 '마음의 상태'가 되었다. 데이카는 "무심(無心)"이라고 한 마음의 개별화되지 않은 상태를 강조함으로써 '마음'의 산물은 어떠한 의식적 노력 없이 자연스럽게 생긴다고 주장하였다. 결과적으로 데이카는 걸작을 '마음'에서 '생각(오모이)'[2]이 자연스럽게 떠올라서 말(고토바)로 흘러가는 자연스러운 과정의 결과로 여겼다. 데이카는 지의(智顗, 538-597)의『마하지관(摩訶止觀)』철학에서 영향을 받은 가론서『고래풍체초(古來風體抄)』(1197)를 쓴 자신의 아버지 후지와라노 슌제이(藤原俊成, 1114-1204)의 통찰력에서 많은 부분을 가져왔다.

이성과 감성의 충돌에 관한 토론은 일본 국학자들이 '인정(人情)'과 상충하는 사회적 '의리'를 고수하는 신 유교주의의 합리주의와 맞닥뜨린 17,8세기에 아주 일반적으로 이루어졌다.『불진언(不盡言)』(1742)의 저자 호리 게이잔(堀景山, 1688-1757)은 공자가『논어』에서 자세히 설명한 인간성의 추구는 인정의 이해 없이는 깨달을 수 없다고 피력했다. 게이잔의 문하생인 모토오리 노리나가(本居宣長, 1730-1801)*는 그의 대표 가론서『와카에 대한 사적 견해(石上私淑言)』(1763)에서 알려지지 않은(직감과 무의식의 산물과 같은) 부조리에 대해 점점 더 의심스러워지는 시대에, 안다는 것과 감정의 작용(「모노노아와레」)을 조화시키고자 하였다. 서구 계몽주의에서 온 발상으로 과학 출판물

---

2) [한] 오모이(思い)는 오모우(思う)의 명사형.

과 몇몇 서구 과학자들의 존재를 통해 일본에 맞는 방향을 찾고 있었다. 지배적인 환경 속에서 중심으로 타당해지기 위해서는 감정의 영역이 합리적이고 정당한 이유를 찾거나 적어도 '지식'의 빛으로 설명되어야 했다. 따라서 노리나가는 '"모노노아와레"를 아는 것'(혹은 '사물의 감정을 아는 것')을 역설할 필요를 느꼈다. 그는 이 과제에 특히 전념했는데 그것은 '마음속을 생각하기' — 노리나가에게 감정의 공동 합리성에 깊숙이 뿌리를 둔 생각을 의미하는 표현 — 라는 발상을 언급한 기노 쓰라유키의 서문처럼 고전 텍스트에서 찾을 수 있는 증거 때문이었다. 여러분들은 노리나가에 대한 심도 있는 연구로 말년을 바친 20세기 일본의 대표 문학 비평가 고바야시 히데오(小林秀雄, 1902-1983)가 이성과 감정과 같은 이분법은 의미 없다고 한 에세이를 이 책에서 보게 될 것이다.

쓰라유키가 유명한 서문에서 "와카는 사람의 마음을 바탕으로 여러 가지 말로 이루어져 있다"(SNKS19:11)라고 말한 것처럼 근세 일본 시가에 대한 논의에서 주요 요소인 '마음'은 말(고토바)의 표현과 떨어뜨려 생각할 수 없다. 후지타니 미쓰에(富士谷御杖, 1768-1823)*가 보여 준 '고토다마(言靈, 말의 정신)'에 대한 에세이처럼 언어에 대한 토론은 국학자들 사이에 가장 중요한 문제가 되었다. 언어의 수행적 작용에 대한 믿음은 '말'이 실재하는 '물건'(둘 다 일본어로 '고토'라고 발음한다)으로 바뀐다고 주장한 언어의 능력에 대해 누군가 느꼈던 두려움과 숭배가 반영되어 있다. 근대 철학자 오모리 쇼조(大森莊藏, 1921-1997)*가 1973년 「고토다마 론」이라는 영향력 있는 논문에서 이것에 대해 다루었다. 말이 특별한 힘을 가져온다는 믿음에 대한 어떠한 신빙성도 부여하지 않은 채, 오모리 는 말이 사람을 움직이게 하고 결과적으로 그들을 움직여 이 세상에서 행동을 취하게 하는 힘이라고 독자들에게 이야기한다. 그는 '몸짓의' 힘으로 사람들에게 영향을 주면서 그들을 만지는 언어의 육체적 존재를 강조한다. 세상을 바꾸는 행동을 고무시킴으로써 언어는 진정으로 환경을 바꾸는 힘을 가진다고 주장했다.

18세기 후반 일본에 미학이 도입되면서, 가인들이 가론서에서 수 세기동안 사용해온 어휘가 미학 담론에서 사용되었다. 일본에서 메이지시대(明治時代, 1868-1912)까지는 아름다운 벚꽃은 있지만 미에 대한 개념은 없었다는 고바야시 히데오의 발언을 받아들인다면, 우리는 일본에서 오직 19세기 하반기에만 발견된 단어의 미학적 감각 안에서 '미'에 대해 논쟁을 할지도 모른다. 번역 이론의 선구적 학자 야나부 아키라(柳父章, 1928-2016)는 메이지시대부터 학자들이 반복해서 선별한 것으로, 시가 안에서 찾을 수 있는 일본적 세계의 미의 여섯 가지 주요 개념을 언급했다. '꽃', '「유겐」(우아함)' (두 가지 모두 극작가 제아미 모토키요(世阿彌元淸, 1363-1443)*에 의해 개발되었다.), 다도의 스승인 센노 리큐(千利休, 1522-1591)가 개념화한 '「와비」(소박함)', 그리고 '풍아(고상함)'와 '사비(한적)'(두 가지 모두 하이쿠 시인 마쓰오 바쇼(松尾芭蕉, 1644-1694)의 시를 지탱해 왔다), 마지막으로 '모노노아 와레(어떤 것의 파토스)'(노리나가에 의해 도입된 개념)가 그것이다(야나부 아키라, 1982, 69).

일본 와카의 주요 개념인 '유겐'은 가인 가모노 조메이(鴨長明, 1155-1216)*가 1211년부터 1216년 까지 낸 무명의 가론서 중 「우타(歌)의 양식」라는 부분에서 내린 정의에서 그 '전거'를 찾을 수 있다. 거기에서 조메이는 1205년부터 거슬러 올라간 고대와 현대 와카모음집의 현대적 와카의 형태로 '유겐'을 연결했다. 그는 '유겐'은 말로 전달할 수 없고 시가적 형태가 적절하게 포착할 수 없는 것이라고 적었다: "그것은 색과 소리가 없고 또한 인간의 영혼뿐 아니라 신과 정신까지도 움직이는 힘을 가졌다", "슬픔을 드러내기보다는 침묵 속에 괴로워한다", "안개로 방해받는 전망"이라고 했다. 가을의 황혼의 침묵은 '유겐'의 특권적 위치가 되었다. 쇼테쓰(正徹, 1381-1459)의 가론서 『쇼테쓰 이야기(正徹物語)』(1450)의 「신비와 깊이」 부분에서 비슷한 견해를 찾을 수 있는데 거기에서 그는 가인은 렌가와 하이카이[3] 시대에 후지와라노 데이카의 와카 형태를 더욱 개선하도록 노력하라고 하였다.

극작가 제아미에게 헤이안시대(平安時代, 794-1185)의 궁중 귀족은 '많은 예술 중에서 가장 이상적인 완벽함'이라고 여긴 '유겐'의 형태를 위한 모델이었다. 제아미가 그의 저서 『화경(花鏡)』(1424)에서 지적한 바와 같이, 노(能) 배우들은 그들의 연기에서 이를 습득해야 했다. 배우들은 '유겐'으로 적절한 경의를 보장하는 위엄 있는 귀족처럼 보여야 한다. — 배우는 귀족의 말투와 행동의 우아함을 재현해야 한다. 무시무시한 귀신으로 분장했을 때조차 배우는 '귀신 역할의 "유겐"'을 나타내기 위해서 우아한 외관을 유지하려 애써야 한다. 배우에게 가장 큰 위험은 무대에서 저속하게 보이는 것이다 — '유겐'의 영역에 들어갔다면 사라지는 저속함. 다시 말해 유겐이란 오래 전 사라진 과거와 유겐의 시학이 창조하도록 도운 현재의 무대 위 재현이다. 노 희곡에 대한 철학적 토론은 제아미의 사위이자 법적 예술적 후계자인 곤파루 젠치쿠(金春禪竹, 1405-1468?)가 쓴 노와 신체에 대한 에세이에서 다루었고 부분적으로 여기에 발췌하였다. 20세기 초 일본의 학자들이 국가 형성의 문화적 측면이라는 문제에 직면했을 때 — 우메하라 다케시(梅原猛, 1925-2019)가 쓴 민족주의와 미학에 대한 글들을 보라 — '유겐'은 일본에 대한 미학적 설명에 포함될 가장 유망한 후보자가 되었다. 철학자 오니시 요시노리(大西克禮, 1888-1959)*와 더불어 '유겐'은 일본의 문학과 사유에 대한 동시대와 이후의 일본 연구자들이 일본 국민의 감수성과 감성을 설명할 때 사용할 가장 중요한 미학 범주의 하나가 되었다. '유겐'은 오니시가 직관(Anschuung)과 애정(Rührung)의 관계 개념으로 와카를 분석하여 밝혔다고 주장하는 '민족적 미학 의식'의 하나가 되었다.

1930년대 일본에서 오니시의 연구로 미학 범주의 적용이 절정에 달했을 때, 이미 유럽에서는 미학 범주라는 개념에서 그 특수성이 보편적인 것이라는 주장으로까지 그 의미가 축소되어 회의를 품고 있었다. 그러나 구키 슈조(九鬼周造, 1888-1941)*가 1930년에 낸 책 『'이키'의 구조』를 통해 증명한 것처럼 「이키」라는 범주 사용은 아주 탁월했다. 그는 우아함과 서투름, 탁월함과 저속함, 가라앉음과 현란함, 신랄함과 달콤함 모두를 그 유명한 육면체의 기하학적 정밀도로 그려 이성간의, 당신과 나, 자아와 자연 사이의 다양한 긴장을 전면에 내세웠다. 비록 구키가 미학 범주의 본성에 내재하는 선천주의의 문제와 필연적으로 '이키'와 관련된 민족성이라는 쟁점은 해결하지 못했지만 그의 지적 역작은 아주 인상적이다. 이후 철학자들은 미학 범주 분석을 연구하여 자신들만의 버전을 고안했다. 예를 들어 오하시 료스케(大橋良介, 1944- )*의 '자르기'의 분석처럼 말이다.

이어지는 발췌에는 교토학파(京都學派)* 철학의 여러 핵심 인물들과 긴밀한 유대 관계를 가졌던 선불교 철학자 히사마쓰 신이치(久松眞一, 1889-1980)의 다도처럼, 예술의 다양성에 대한 주요 일본 사상가들에 대한 에세이가 포함되어 있다. 이즈쓰 도요코의 '와비'에 대한 에세이는 다도 의식의 철학적 함축 속으로 더 깊이 들어가는데 공헌했다. 교토학파의 저명한 멤버인 니시타니 게이지(西谷啓治, 1900-1990)*는 꽃꽂이 예술에 대한 에세이로 대표된다. 마지막으로 서예는 히사마쓰 신이치를 따르며 미국 추상 표현주의자들과 일본 서예가들의 대화에 적극적으로 참여한 모리타 시류(森田子龍, 1912-1998)의 글에서 발췌하였다.

---

3) [한] 하이카이(俳諧). 하이카이는 하이카이렌가라고도 하며 형식은 렌가와 같다. '하이카이'라는 말이 원래 '골계·해학'을 의미하듯이 내용면에서 자유롭다는 점이 전통적인 렌가와 다르다. 제 1구(句)인 5·7·5를 홋쿠(發句)라고 하는데, 근대 이후 이 홋쿠만을 독립시켜 하이쿠라고 명명하여 현재까지 이어지고 있다.

**더 읽을거리**

Marra, Michael F., ed. and trans. *A History of Modern Japanese Aesthetics* (Honolulu: University of Hawai'i Press, 2001).

———. *Modern Japanese Aesthetics: A Reader* (Honolulu: University of Hawai'i Press, 1999).

———. *Japanese Hermeneutics: Current Debates on Aesthetics and Interpretation* (Honolulu: University of Hawai'i Press, 2002).

Nara, Hiroshi, trans. *The Structure of Detachment: The Aesthetic Vision of Kuki Shūzō*, with a translation of *Iki no kōzō* (Honolulu: University of Hawai'i Press, 2004).

Richie, Donald. *A Tractate on Japanese Aesthetics* (Berkeley: Stone Bridge Press, 2007).

Sasaki, Ken'ichi. *Aesthetics on Non-Western Principles* (Maastricht: Department of Theory, Jan van Eyck Akademie, 1998).

[MFM/이혜원]

---

## 고요한 사색

후지와라노 슌제이 1197, 273; (90-1)

일본 「우타(歌)」(이후 와카[和歌]로 표기)의 기원과 전해져온 역사는 참으로 오래되었다. 신들의 시대로부터 시작하여 이 섬나라 말이 예술이 된 후로 와카의 심정이 저절로 여섯 가지 형태로 드러나고, 그 표현들은 만대가 지나도록 사라지지 않는다. 과거 『고금와카집(古今和歌集)』(905)의 「서(序)」에서 말한 것처럼 사람의 마음을 씨앗으로 삼아 온갖 말들이 잎사귀처럼 피어나니, 봄에 벚꽃을 찾고 가을에 단풍을 봐도 와카라는 것이 없다면 모습이나 향기의 아름다움도 알 수 있는 사람이 없으리니 무엇을 가지고 미의 본심으로 삼을 수 있겠는가? 이러한 까닭에 대대로 천황들도 와카를 버리지 않으시고, 온갖 가문 사람들도 앞다투어 와카를 즐기지 않은 이가 없었다. 따라서 예나 지금이나 와카를 짓는 법식이라고 하여, 와카 이론이나 명소 모음집 등등 어떤 것은 와카의 유명한 지명을 기록하고, 어떤 것은 의문스러운 사항을 밝히거나 한 것들을 가문마다 너도 나도 적어두었으므로, 비슷한 내용인 듯 무수히 세상에 나와 있다. 그저 이 와카 표현에서 '요시노 강(吉野川)'이라고 할 때의 '요시(=좋다)'가 어떠한 것을 말하고, '나니와강(難波江) 아시(蘆, 갈대)'라고 할 때의 '아시(=나쁘다)'가 어떠한 것을 말한다고 분간해야 할지 좀처럼 설명하기 어렵기 때문에 이해할 수 있는 사람도 적을 것이다.

그런데 『마하지관(摩訶止觀)』[4]이라는 서적 모두에 "지관, 즉 고요한 사색의 훌륭한 내용을 분명히 설명한 점은 전대미문이다"라며 장안대사(章安大師)[5]라는 분이 쓰신 바 있는데, 이러한 말만 먼저 들었을 뿐 그 내용 깊이가 한이 없고 심오함이 헤아려져 존귀하고 대단하게 여겨지듯 우타의 좋은 점과 나쁜 점이 심오한 경지에서 이해되려면 말로 설명하기 어려우므로, 필시 『마하지관』에 빗대어 우타에서도 마찬가지로 생각할 수 있는 것이다.

그런데 『마하지관』에서도 먼저 부처가 「불법(佛法, dharma)」을 전달하신 것임을 밝힘으로써 불도가 전해진 것을 사람들에게 알게 하셨다. 「석가모니」세존은 불법을 가섭(迦葉)에게 전하셨고 가섭은 아난(阿難)에게 전했다. 이와 같이 순서대로 사자 지현(智顯)에게 이르기까지 스물 세 사람에 의해 전해졌다. 이 불법을 전하는 순서를 들으면 존경하는 마음이 일어나는 것처럼, 우타도 예로부터

---

4) [한] 『고래풍체초(古來風躰抄)』의 본문에는 『천태지관(天台止觀)』이라 적혀 있는데 같은 책.

5) [영] 관정(灌頂, 561-632). 천태지의(天台智顗, 538-597)의 제자로 스승의 가르침을 기록한 『마하지관』의 저자.

전해져서 찬집(撰集)도 나왔으며 『만엽집(萬葉集)』에서 시작하여 『고금와카집』, 『고센와카집(後撰和歌集)』, 『슈이와카집(拾遺和歌集)』[6] 등 우타의 모습을 깊이 이해해야 한다. 다만 불도는 석가가 말씀하신 불법이며 심원한 진리이다. 우타는 뜬 말과 미사여구의 장난과도 닮았지만 깊은 뜻 역시도 드러나니 이를 연으로 삼아 불도와 상통하게 하기 위해, 또 한편으로는 번뇌가 곧 보리인 까닭에, 『법화경』에서는

> 만약 속세간의 서적들… 생활을 위한 일 같은 것을 설명하므로 모두 정법에 따르는 것이다.

라고 했으며, 『보현관(普賢觀)』[7]에서는

> "무엇을 가지고 죄라 하고 무엇을 가지고 복이라 할지, 죄와 복은 주인이 따로 없어서 자기 마음은 저절로 비게 된다"

고 설명하셨다. 따라서 지금 우타의 깊은 도를 설명하는 데에 공(空), 가(假), 중(中)이라는 삼체(三諦)[8]와 닮았기에 불교와 서로 통하는 내용으로 기록하는 것이다.

[WRL, JWH/엄인경]

---

## 인정(人情)

호리 게이잔(堀景山) 1742, 199-202

인정을 잘 이해하며 충고를 잘 받아들이는 것, 이것이 인군정치(人君政治)의 핵심이 된다고 말씀하신 것은 아주 탁월한 견식이니, 인정을 잘 이해하는 것은 성인의 가르침과 비슷하다. 오늘날 경서를 연구하는 유학자 등은 인정과 동떨어져 세상일에 어두운 것을 고상하며 특별하다고 생각한다. 또한 세상 사람들도 유학자가 세상일을 잘 모르고 인정에 어두운 것을 보고는 "각별한 사람이구나. 뛰어나고 평범하지 않으니 역시 유학자답다"라며 칭찬하는데, 이는 아주 큰 착각이다. 세상의 보통 사람들보다 인정을 더 잘 이해하지 못하고서는 옛 성현의 책을 읽고 역사를 아는 유학자의 일을 실행할 수 없다.

그럼에도 불구하고 유학자가 인정에 통달하면 세상에 익숙해져 잘 대처하는 이가 되고 세속 일을 잘 처리하여 비속한 모습이 된다고 꺼린다. 그러면서 세상일에 어두운 것을 고상하다 여기며 자신은 보통 사람들과는 다르다며 잰 체하고, 다른 이들을 부정적으로 본다. 세상 사람들도 조롱하거나 미워하며 유학자라서 세상일은 모를 테니 정사(政事) 등은 유학서와 같이 딱딱한 책을 보는 유학자가 할 일이 아니라며 쓸모없는 자 취급을 한다. 그리하여 "이 무리들은 모조리 높은 난간 위에 올려다 놓는 편이 낫다"라는 말처럼 선반 위에 올려놓은 필요 없는 물건 취급을 받아 세상의 고명한 이의 눈에는 멍청하게 보이게 되었다. 심지어 다이묘의 집 같은 곳에서는 유학자를 무사보다 훨씬 격을

---

6) [한] 삼대집(三代集)이라 일컬어지는 헤이안시대 전반기의 칙찬(勅撰, 천황의 명에 의한) 와카집

7) [한] 법화 삼부경(三部經)의 하나로 5세기 담마밀다(曇摩蜜多)가 번역한 책. 『관보현경(觀普賢經)』, 혹은 『보현관경(普賢觀經)』이라고도 한다.

8) [한] 모든 것의 존재에 실체는 없다는 공체, 공이기는 하지만 불연에 의해 임시로 존재하는 가체, 실상은 단면적으로 보면 안 된다는 중체, 이 세 가지가 천태종 특유의 삼체 교법이다.

낮추어 무시하는 것은 안타까운 일이다.

한나라 고제가 유학자를 싫어하여 멸시한 것도 중국에서도 예부터 서생을 인정에 어둡고 쓸모가 없다고 여겼기 때문이다. 바로 지금의 다이묘가 유학자를 가치 없게 여기고 무사의 격식에조차 포함시키지 않는 것과 똑같다. 이는 모두 유학자도 스스로 무능한 취급을 받도록 행동한 것이고 세상 사람들도 문맹으로 그 양식을 모르기 때문이다.

어째서인가 라며 유가의 학업을 겸하는 의사 등은 문맹이 심한 것을 탓한다. 출가한 승도나 산에 칩거하는 은둔자 또는 문예를 업으로 하는 문인과 시인, 궁술 등의 스승, 의사와 같은 부류의 사람들은 세상일을 잊고 오로지 자신의 일에만 그 마음을 다하여 그 밖의 일이나 자연과 세상 사람의 일에는 어둡다. 그렇기 때문에 뛰어난 사람도 되고 또한 특별하고 범상치도 않은 것이다. 유학자의 업이라는 것은 오륜의 길을 알고 옛 성현의 책을 읽고, 그 깊은 뜻을 생각하고 수신하며 국가를 다스리는 방법을 아는 것이므로 인정을 통하지 않고 무엇으로 할 수 있겠는가? 세상 사람들과 떨어져 오륜은 어디에서 구하겠는가?

공자도 "새와 짐승과는 함께 무리 지어 살 수 없다. 내가 세상 사람들과 더불어 살지 않는다면 누구와 살겠는가?"라고 말씀하지 않으셨는가? '세상 사람'이라는 것은 이 현세의 속인이 아니고 누구겠는가? 오륜은 전부 세상 사람과 이어지므로 인정을 모르고는 그 가르침을 행할 수 없는 것이다. 불자 등은 세상 사람과 떨어져 오륜을 끊고 가르침을 건립한 자이다. 성인의 가르침은 세상 사람을 가르치는 것뿐이므로 그 불자의 세속법이란 범부의 길이며 가장 비천한 일이 곧 유학자의 길이라 할지라도 반드시 성인들의 가르침 안에서 최고의 가치를 찾는 것이 되어야만 한다.

만약 모든 것 중에서 최고의 가치를 논어에서 인(仁)의 추구라고 부른 것이라면, 인이 인간의 중심이고 인정을 이해하지 않고서는 찾을 수 없기 때문이다. 인간을 알고 이해하기 위해서는 유학자는 그 길로 인도한 인을 따르는 것에서 시작해야 하며 공자의 다음 말을 이해해야 한다.

> "자기가 서고자 하면 남을 일으켜 주고 자신이 이루고자 하면 남을 이루게 해주어야 한다. 다른 이의 감정을 이해하는 능력, 그것이 곧 인이다."

인정을 이해하지 못한 채 어떻게 나의 상황과 다른 이의 상황을 비교할 수 있겠는가? 이 비교는 사려 깊음이다. 사려 깊음은 인을 찾기 위한 방법이다. 따라서 인정을 이해하는 것이 다른 이를 배려하는 길이다.

[IML/이혜원]

---

## 모노노아와레(もののあはれ)

모토오리 노리나가(本居宣長)[*] 1763, 99-100(172-4)

누군가 나에게 다음과 같은 질문을 했다: 「모노노아와레」를 안다는 것은 어떤 것인가?

대답하여 말하길: 『고금와카집』 서문에, "와카는 하나의 마음을 그 씨앗으로 삼아 모든 것의 잎사귀가 된다"고 하였다. 이 마음이라는 것이 곧 모노노아와레를 아는 것이다. 다음으로 "세상 속에 살고 있는 사람들은 여러 가지 일에 끊임없이 맞닥뜨리므로 마음속으로 생각하는 것을 보고 듣는 것에 실어서 표현한다"라고 되어 있다. 이 마음속으로 생각한다는 것도 곧 모노노아와레를

아는 마음이다. 첫 번째 문장에서 하나의 마음이라고 한 것은 대강의 개념을 말한 것이고 두 번째에서 말한 것이 구체적인 예가 된다. '모노노아와레를 안다는 것'은 다음의 『고금와카집』의 한자 서문에서도 찾을 수 있다. "사고는 끊임없이 바뀌고 애환은 서로 교체된다."

위의 모든 예를 '모노노아와레를 안다'고 말할 수 있는 이유는 무엇일까? 세상에 살아 있는 모두 것이 마음이 있고 마음이 있다면 사물에 대해 반드시 생각하는 바가 있다. 그렇기 때문에 살아 있는 모든 것이 우타(歌)이다. 그중에서도 특히 사람은 만물 중 가장 뛰어나 생각이 많고 깊다. 게다가 사람에게는 금수보다 다양한 일이 끊임없이 일어나므로 생각하는 바도 많아진다. 그러므로 사람은 우타 없이는 어찌할 방법이 없다. 생각이 많고 깊은 것은 왜일까? 모노노아와레를 알기 때문이다. 여러 가지 일이 끊임없이 일어나기 때문에 그것에 대처하기 위해 마음이 움직이며 차분하지 못하다. 움직인다는 것은 어떤 때는 기쁘고 어떤 때는 슬프고. 혹은 화가 나거나 즐겁고. 때로는 흥미롭고 재밌고, 때로는 무섭고 걱정스럽고, 어떤 때는 사랑스럽거나 밉고 혹은 좋거나 싫다는 것이다. 여러 생각이 있다는 것 이것은 곧 모노노아와레를 알기 때문에 마음이 움직인다는 것이다. 알기 때문에 마음이 움직인다는 것은 어떤 것일까? 예를 들어 기뻐할 일이 생기면 기쁘다고 생각하는 것은 그 기뻐할만한 일을 마음이 구별하여 알기 때문에 기쁜 것이다. 또한 슬퍼할 일이 생기면 슬프다고 생각하는 것은 그 슬퍼해야 할 일을 마음이 구별해 알기 때문에 슬픈 것이다. 그러므로 어떤 일에 대해 기쁘고 슬프다는 마음을 구별하는 것은 모노노아와레를 아는 것이다. 그 마음을 모를 때에는 기쁜 것도 없고 슬픈 것도 없으므로 마음으로 생각할 일이 없다. 생각하는 바가 없다면 우타는 나오지 않는다.

모든 살아 있는 생명체는 처한 상황에 맞게 마음을 나누어 알기 때문에 기쁜 일도 있고 슬픈 일도 있으며 그러한 이유로 우타도 있는 것이다. 그런데 일에 마음을 나누어 아는 것에는 깊이의 차이가 있다. 금수는 얕으므로 사람에 비하면 구별하지 못한다. 사람은 다른 것보다 뛰어나서 마음을 잘 구별하여 모노노아와레를 아는 것이다. 사람 중에서도 얕고 깊음이 있어서 깊게 모노노아와레를 아는 사람에 비하면 매정하게 모노노아와레를 모르는 듯이 여겨지는 사람도 있다. 이 둘의 차이는 크므로 흔히 모노노아와레를 모른다고 말하는 사람도 많은 것이다. 그러나 이것은 진짜로 모르는 것이 아니라 깊고 얕음의 차이이다. 따라서 우타는 모노노아와레를 깊게 아는 자 중에서 나오는 것이다. 모노노아와레를 안다는 것은 대략적으로 이와 같은 것이다.

조금 더 자세하게 말하자면 무언가에 감정을 느끼는 것이 곧 모노노아와레를 아는 것이다. 감동한 다고 할 때, 세간에서는 좋은 일에 대해서만 말하지만 그렇지 않다. 감(感)이라는 글자는 사전에서도 '움직이는 것이다'라고 되어 있다.… 어떤 일에든 무언가에 마음이 움직이는 것이다. 그중에서도 좋은 것에 대해서 마음에 맞는 것만을 세간에서 감동한다고 말한다.…무엇에든 마음이 움직여 기쁘다 혹은 슬프다고 깊게 생각하는 것은 모두 감동하는 것이므로 이것이 곧 모노노아와레를 아는 것이다.

[MFM/이혜원]

---

## 무상(無常)

고바야시 히데오 1942, 17-19

히에이산(比叡山) 신사에서 변장을 하여 신관(神官) 흉내를 내던 젊은 궁녀가 주젠지(十禪

師) 앞에서 밤이 깊어 모두 조용해진 후 통통 딱딱 작은 북을 두드리며 마음 맑아지는 목소리로 "이렇게든 저렇게든 되게 하소서"라며 낭랑하게 노래를 했다.

　　무슨 마음인지 사람들이 물으니 대답하기를 "「생사」와 무상이라는 것을 생각하니 이 세상 일은 이렇게든 저렇게든 되게 하소서, 부디 후세를 도와주소서"라고 하는 것이었다.

　　(돈아[頓阿] 1333, 40)

　　이것은 『일언방담(一言芳談)』[9] 안에 있는 문장으로 읽었을 때 좋은 글로서 마음에 남았었는데, 얼마전 히에이산(比叡山)에 가서 산노곤겐(山王權現)[10] 주변의 푸른 잎이나 돌담 등을 바라보며 멍하니 서성이고 있노라니 갑자기 이 짧은 글이 당시 두루마리 그림의 한 장면을 보는 듯 마음에 떠오르고, 문장 구구절절이 마치 오래된 그림의 세밀한 선들을 따라가듯 마음에 스며들었다. 그러한 경험은 처음이어서 몹시 감동하였고, 사카모토(坂本)에서 메밀국수를 먹을 때까지도 이상한 심정이 지속되었다. 그때 나는 무엇을 느끼고 무엇을 생각했던 것인지, 이제 와서 그 점이 자주 마음에 걸린다. 물론 확실히 말할 수 없는 어떤 환각이 일어난 것에 불과할 것이다. 그렇게 생각하고 말면 마음 편하겠지만 도저히 그런 마음 편한 쪽을 신뢰하고 싶지 않은 것은 어찌된 셈일까? 사실 무엇을 쓸 것인지 정확하지 않은 상태에서 이글을 쓰고 있는 것이다.

　　『일언방담』은 아마도 요시다 겐코(吉田兼好, 1283?-1352?)의 애독서 중 하나였는데 이 문장을 『쓰레즈레구사(徒然草)』 안에 배치해도 전혀 손색이 없을 듯하다. 이제는 그저 똑같은 이글을 봐도 이런 쓸데없는 생각밖에 못한다. 여전히 일종의 명문이라고는 여겨지지만 예전에 그렇게나 나를 감동시켰던 아름다움은 어디로 사라져 버린 것일까? 사라진 것이 아니라 현재 눈앞에 있을 지도 모른다. 그것을 붙잡기에 걸맞은 내 심신의 어떤 상태만이 사라져 버리고 내가 되찾을 방도를 모르는 것뿐일 지도 모른다. 이런 어린애 같은 의문이 이미 나를 터무니없는 미로 속으로 떠밀어 넣는다. 나는 떠밀리는 채로 딱히 반항도 하지 않는다. 그러한 미학의 맹아라고 부를 만한 상태에 조금도 의심스러운 성질을 발견할 수 없기 때문이다. 하지만 나는 결코 미학에 도달하지 못한다.

　　분명 공상 따위를 한 것이 아니다. 푸른 잎이 태양에 빛나는 것이나 돌담의 이끼가 낀 모습을 뚫어져라 보고 있었고, 선명하게 떠오른 문장을 분명하게 더듬었다. 쓸데없는 생각은 무엇 하나 떠올리지 않았다. 자연의 여러 조건에 내 정신의 어떠한 성질이 순응한 것일까? 그것도 잘 모르겠다. 모를 뿐 아니라 그러한 식의 사고가 이미 한 조각의 겉치레에 불과할지 모른다. 나는 그저 일종의 충족된 시간이 있었음을 떠올릴 뿐이다. 내가 살아 있다는 증거만이 충만하고 그 하나하나를 분명히 알고 있는 듯한 시간이. 물론 지금은 제대로 떠올릴 수 없지만, 그 당시는 실로 정교하게 떠올렸던 게 아닐까? 무엇을? 가마쿠라시대를? 그럴 지도 모른다. 그런 느낌이 든다.

　　역사의 새로운 견해라든가 새로운 해석이라는 사상에서 분명하게 도망치는 것이 이전에는 몹시 어렵게 여겨지곤 했다. 그러한 사상은 일견 매력적이고 다양한 술수 같은 것을 수반하여 나를 엄습했으므로. 한편으로 역사라는 것은 보면 볼수록 움직이기 어려운 형태로 비칠 뿐이었다. 새로운 해석 같은 것으로 꿈쩍도 하지 않는, 어지간한 것에 당할 만한 위약한 것이 아니라는 것을 점차 이해하면서 역사가 점점 아름답게 느껴졌다. 만년의 모리 오가이(森鷗外, 1682-1922)가 고증가로 추락해 버렸다

---

9)　[한] 가마쿠라시대(鎌倉時代, 1185-1333)인 14세기 전반에 성립한 것으로 알려진 고승들의 법어집(法語集).

10)　[영] 헤이안시대에 조정에 종사한 걸출한 열 명의 선사, 즉 주젠지를 포함하는 일곱 신사를 포함하는 신궁.

는 식의 설은 말도 안 된다. 그 방대한 고증을 시작하는 단계에 이르러 그는 어쩌면 겨우 역사의 혼에 당돌하게 다가섰을 것이다. 『고사기전(古事記傳)』을 읽었을 때에도 비슷한 느낌이었다. 해석을 거부하고 동요하지 않는 것만이 아름답다는 이것이 모토오리 노리나가(本居宣長, 1730-1801)*가 품은 가장 강력한 사상이다. 해석 투성이의 현대에서 보자면 가장 깊이 숨어있는 사상이다. 그런 것들을 어느 날 생각했다. 또 어느 날 어떤 생각이 돌연 떠올라 우연히 옆에 있던 가와바타 야스나리[11] 씨에게 이런 식으로 이야기한 적이 있었다. 그는 웃으며 대답하지는 않았지만. "살아 있는 인간 따위는 아무래도 어쩔 도리가 없는 물건이야. 무슨 생각을 하든, 무슨 말을 하든, 무슨 일을 저지르든, 자기 일이든 남의 일이든 제대로 이해했던 사례가 있을까? 감상이든 관찰이든 참을 수가 없어. 어디를 가든 이미 죽어버린 인간이 대단한 것이지. 어쩌면 저렇게 분명하고 확실할 수 있었는지. 진정 인간의 형태를 하고 있단 말이야. 그러고 보면 살아 있는 인간이란 인간이 되어 가는 일종의 동물인 셈이야."

이 일종의 동물이라는 생각이 꽤 내 마음에 들었는데, 그 생각의 끈은 끊긴 채였다. 역사에는 죽은 사람밖에 나타나지 않는다. 따라서 어쩔 도리 없는 인간의 상(相)밖에 드러나지 않고, 부동의 아름다운 형태밖에 드러나지 않는다. 추억이라고 하면 모두 아름답게 보인다고 흔히 말하지만, 모두 그 의미를 잘못 알고 있다. 우리가 과거를 쉽사리 꾸미게 되는 것이 아니다. 과거 쪽에서 우리에게 쓸데없는 생각을 하게 만들지 않을 뿐이다. 추억이 우리를 일종의 동물 상태에서 구원해 준다. 기억하는 것만으로는 안 된다. 떠올리지 않으면 안 된다. 많은 역사가들이 일종의 동물에 머무르는 것은, 머리를 기억으로 가득 채우는 것이므로 마음을 공허하게 하고 떠올리기란 불가능하기 때문이 아닐까?

제대로 떠올리기란 대단히 어렵다. 하지만 그것이 과거에서 미래를 향해 엿처럼 늘어진 시간이라는 창백한 사상(나에게는 그것이 현대의 최대 망상이라고 여겨지는데)에서 벗어나는 유일하며 진정 유효한 방식이라고 보인다. 성공할 때가 있을 것이다. 이 세상에 무상이란 결단코 부처의 말씀이라는 식은 아닐 것이다. 그것은 언제 어떠한 시대에서든 인간이 놓인 일종의 동물적 상태이다. 현대인은 가마쿠라(鎌倉)시대의 한 젊은 궁녀만큼도 무상이 무엇인지 모른다. 상(常)을 상실했기 때문이다.

[IML/엄인경]

---

## 고토다마(言靈)

후지타니 미쓰에(冨士谷御杖) 1811, 212-13

「고토다마」라는 것은 말 안에 깃들어 무언가 신묘한 작용을 만들어내는 것이다. 『만엽집(萬葉集)』의 13권에 나오는 가키노모토노 히토마로(柿本人麻呂, 662-710)의 신에게 바치는 우타에서

시키시마라
불리는 야마토[12]는

---

11) [영] 가와바타 야스나리(川端康成, 1899-1972)는 일본에서 최초로 노벨문학상을 수상한 소설가.

12) [한] 야마토는 일본 최초의 통일정권인 야마토 정권을 가리키는 것으로 지역적으로는 현재의 나라(奈良) 지역에 해당한다.

고토다마가
보우하는 나라니
무사 안녕하소서.[13, 3254]

이 우타의 단어 속에 '다마(靈)' 즉 '정신'이 있는데 그것은 스스로를 신성하게 하고 신과 사람을 통해 불가사의한 행운을 얻게 하는 것이다. 이것은 와카가 가진 효과이다. 『고금와카집』 서문에서 "아무런 힘을 들이지 않고 하늘과 땅을 움직이는" 것이 와카라고 했다. 다시 말해 이 고토다마의 묘용은 인간의 능력을 넘어선 표현을 이끈다. 만약 이 정신이 무엇인지 설명해야 한다면, 욕망이 행동이 되어서 안 된다는 것을 알면서 적절한 시기에 어려운 임무를 실현함으로써 와카 창작을 통해 무정한 마음을 어쩐지 위로하는 힘이라고 말하고 싶다.

와카가 그러한 마음에서 생겨났을 때, 시기의 필연성과 무정한 마음의 필연성이 저절로 말 안에서 정신이 되고 휴식을 취한다. 그 결과는 자신의 바람을 만족시키기 위해 와카를 창작했을 때 성취하는 것과는 전혀 다르다. 그 차이는 정신이 깃든 말과 정신이 깃들지 않은 말의 차이와 같다. 혹은 좋은 시기를 완성하기 위해 와카를 짓는 것과 자신의 바람을 만족하기 위해 와카를 짓는 것과의 차이와 같다. 두 가지가 만나 저절로 완벽한 모습이 되는 것은 서로 작용하여 예측하기 어려운 놀라운 현상을 반드시 만들어낸다.

예를 들어 부싯돌로 불을 피우는 것은 돌과 금속을 서로 만나게 하는 것인데, 그러는 과정 중에 불은 저절로 생겨난다. 그렇다고 해서 돌이나 금속 때문에 물체가 타지 않는다. 그것은 정확히 이 두 가지가 함께 작용하여 불을 켜는 놀라운 현상이 일어났기 때문이다. 다른 예를 들어보자. 술은 쌀과 물이 섞였을 때 자연스럽게 만들어진다. 그러나 물을 마시거나 쌀을 먹는 식으로는 만들어질 수 없으며 그저 두 가지를 함께 가져옴으로써 사람들을 취하게 하고 피를 돌게 하는 놀라운 현상이 일어나는 것이다. 그러므로 와카에서도 공적 신체로 개인의 마음과 합해지는 사이에 정신이 생겨 언어의 막다른 골목에 다다르더라도 감정을 전달하는 놀라운 현상을 가져와야 한다. 이는 오로지 마음에서 일어나는 것으로 욕망 때문에 좋은 시기를 망치지 않아야 한다. 그렇기 때문에 욕망에 따라 행동하지 않도록 명심해야 한다.

[MFM/이혜원]

## 유겐(幽玄)

쇼테쓰 1450, 224-5(150-2)

폈다가 지는
밤사이 벚꽃 꾸는
꿈속으로도
결국 섞이지 않는
산봉우리 흰구름

유겐 양식의 와카이다. 유겐이라는 것은 마음에는 있으되 말로는 표현할 수 없는 것이다. 달에 엷은 구름이 덮였거나 산 단풍에 가을 안개가 낀 풍정을 유겐의 모습이라고 한다. 이것의 어디가 유겐인가 물어도 어디라고 답하기 어렵다. 그것을 이해하지 못하는 사람은 달이 환하게 맑은 상태로 넓은 하늘에 있는 것이야말로 흥취가 있다고 하는 게 당연하다. 유겐이라는 것은 어디가 흥취가 있다거나 신묘하다고 결코 말하기 어려운 것이다. '꿈속으로도 / 결국 섞이지 않는'은 『겐지이야기(源氏物語)』에서 겐지(源氏)가 읊은 와카(和歌)이다. 겐지가 후지쓰보(藤壺)를 만나,

> 만나도 다시
> 보게 될 밤 드무니
> 아예 꿈속에
> 결국 섞여 들어갈
> 울적한 신세로고

라고 읊은 것도 유겐의 와카이다. '만나도 다시 / 보게 될 밤 드무니'라는 것은 원래 만나지 못할 사이이고 나중에도 만나지 말아야 하기에 '보게 될 밤 드무니'라고 한 것이다. 이 꿈이 깨지 않고 영원히 꿈으로 끝나는 것이라면 금세 섞여 들어 갈 것이다. 꿈속이란 밀회를 가리키는 것이다. 이 밀회로 보이는 꿈속에 결국 자신도 섞여 들어가 꿈으로 끝났으면 하고 바란다. 후지쓰보는 답하는 와카로,

> 세상 얘기로
> 남들은 전하겠지
> 비할 바 없는
> 울적한 이 몸 죽어
> 꿈이 깨지 않아도

라고 했다. 후지쓰보는 겐지의 계모에 해당한다. 그런데 이러한 일이 생겨버렸으니 설령 울적한 이 몸 죽어 꿈으로 끝나버린다 해도 소문과 이름은 남아 후세의 이야깃거리로 전해질 것이라 생각했다. '아예 꿈속에 / 결국 섞여 들어갈' 마음을 잘 받아서 읊은 것이다. '폈다가 지는 / 밤사이 벚꽃 꾸는 / 꿈속으로도'란 꽃이 피는가 하고 보니 밤새 벌써 져 버린 것을 말한다. 날이 밝아 보니 구름은 섞여들지도 않고 있으므로 '결국 섞이지 않은 / 산봉우리 흰구름'이라고 한 것이다. 꿈속이란 꽃이 폈다 지는 동안을 가리킨다.

[RB/엄인경]

---

## 노(能)와 신체

곤파루 젠치쿠 1455, 197-204 (24-31)

---

일본의 전통 무대극인 「사루가쿠(猿樂)」에 종사하는 우리 가문에서는, 연기자의 신체는 궁극의 아름다움을 추구하고 목소리는 표현 기교를 완성하도록 수련한다. 이렇게 하면 연기자의 팔이 어떻게 움직일지, 발을 내딛는 곳이 어디일지 관객은 예상할 수 없다. 이것이야말로 주관적인 통제와 객관적인 인식이 근본적으로 배제되는 놀라운 작용이 아닌가? 이에 이 기술을 여섯 개의 원과 한

방울의 이슬에 빗댄 육륜일로(六輪一露)의 형태로 잠정적으로 가정한다.…

첫째, 수륜(壽輪)은 가무의 우아함을 빚어내는 근본적인 요소다. 연기자의 움직임을 보고 그의 노래를 들으면서 깊은 감동인 「유겐(幽玄)」을 불러일으키는 재능이다. 형태는 둥글고 완벽한 성질과 긴 수명을 지녔기 때문에 이를 수륜이라고 부른다.…

둘째, 수륜(竪輪)의 경우, 한 점이 원의 내부에서 솟구쳐 일어나 정신이 되고, 폭과 높이가 나타나며 청아한 곡조가 생긴다. 이것은 비할 바 없이 고매한 감정의 달성이다.…

셋째, 주륜(住輪)의 경우, 원의 내부에 있는 짧은 선의 위치는 모든 역할이 형태를 갖추고 활력 넘치는 연기가 만들어지는 평화로운 장소다.…

넷째, 상륜(像輪)은 천지의 다양한 형상, 삼라만상이 평화롭다.…

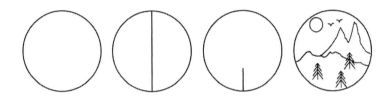

다섯째는 파륜(破輪)이다. 천지 사방의 다양한 형태가 생겨날 때, 그것들은 본래 이 원 안에서 생겨난다. 하지만 그것들이 일시적으로 이 원을 깨뜨리기 때문에 이를 파륜이라 칭하였다.…

여섯째, 공륜(空輪)은 소유자도 형태도 없는 경지로, 처음으로 다시 돌아가서 첫 번째 수륜(壽輪)으로 환원된다.…

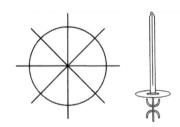

여기서 말하는 일로(一露)는 공(空)과 색(色)의 이중적인 견지로 나뉘지 않는다. 이것은 그 어디에도 구애되지 않는 자유로운 상태다. 따라서 사물의 본성이자 우주 만물의 본체인 불성(佛性)을 지닌 검의 형상을 취한다.

[AHT/조경]

---

## 내셔널리즘과 미학

우메하라 다케시(梅原猛) 1967B, 130-9

메이지 내셔널리즘 미학의 대표자로 마사오카 시키(正岡子規, 1867-1902)를 다루면서 그의 미의 가치기준과 근거를 해명해 보았다. 시키의 가치기준과 근거 중에서 객관설과 감정설은 문학의 본질론 자체에서 오는 근거이고 강조설과 창조설은 시키가 놓인 역사적 상황에서의 근거였다. 전자를 분석함으로써 시키의 이론이 반드시 옳은 것은 아니며 동시에 일본의 문학적 전통에 대해서도 그의 이론은 중대한 오해를 포함했음이 분명해졌다.⋯ 그렇기 때문에 우리는 메이지 내셔널리즘 정신이 무엇이었는지 질문해야만 한다.

긴 잠에서 깬 개가 문득 정신이 들었을 때, 자신이 맹수들 한 가운데에 있음을 눈치 챘다. 호랑이와 표범, 사자 등 다양한 맹수들이 잠에서 깬 개에게 겉으로는 우정의 손을 내밀며 그들끼리 서로 견제하고 있지만, 마음속으로는 기분 나쁜 의도를 숨기고 있는 듯했다. 결국 개는 주변의 선량한 친구들, 즉 산양과 토끼들이 맹수한테 잡아먹히는 것을 보았다. 결국 개도 잡아먹힐지도 모른다. 공포에 떠는 개에게는 두 가지 길밖에 없는 듯 했다. 스스로가 맹수에게 잡아먹히거나 아니면 자기 자신이 맹수가 되어 맹수들로부터 몸을 지키거나. 길은 두 개에서 한 개인 듯했다. 개는 물론 살고 싶었다. 그는 스스로 맹수가 되는 길을 택했다. 그러기 위해서는 자신의 본성을 맹수의 그것이라 생각해야만 한다. 개의 선조는 늑대가 아니던가? 그는 늑대를 자신의 본질이라고 믿어버리고 늑대로 돌아가 스스로 맹수들 속에 있는 한 마리의 맹수가 되려 한다.

어쩌면 시키의 미학의 의미를 이해하는데 이와 같은 비유가 필요할 지도 모른다. 시키의 미학은 전통의 바른 이해이기는커녕 오히려 의식적인 전통의 오해라고조차 말할 수 있다. 그러나 그것은 살고자 하는 강렬한 생의 의지 때문에 생긴 오해였다. 강국 사이에서 스스로를 하나의 강국으로 만드는 외에 달리 살 길을 몰랐던 일본이 스스로의 과거에서 문화의 강한 전통만을 끌어내리려고 한 것은 당연하지 않은가? 메이지 내셔널리즘은 역사적 정세 때문에 전통에서 역사적 요구에 부합한 것만을 끌어다 그것을 자기의 본질이라고 믿어버리려고 한 것이다. 이 깊은 생의 충동에서 오는 자기오인의 욕구, 거기에 시키의 미학 안에 메이지 내셔널리즘 미학의 깊은 비밀이 들어있는 것이다.

이 자기오인은 어느 시기에는 역사적 유효성을 가지고 있었다. 일본인들은 자기를 맹수라 믿어버 림으로써 맹수에게 잡아먹힐 역사적 위기를 벗어날 수 있었을 것이다. 그리고 자기오인으로 어느 샌가 본성이라고 오인한 자신의 속성이 본성 그 자체와 그 위치를 바꾸는 일조차 있는 것이다. 그 의미에서 새로운 창조를 위해서는 의식적인 자기오인이 필요할 때가 있다. 우리들은 분명 이러한 의식적인 자기오인에 근거해서 약간의 창조를 이루었다.

그러나 지금은 자기오인이 플러스 보다는 마이너스인 것이 분명해진 시대이다. 오늘날 시가는 어떻게 되었는가? 시키의 사생설과 강조설에서 시작된 근대 단카(短歌)[13]는 오늘날 모든 감각과 강한 음률을 전부 노래하여 창조의 에너지를 고갈시켜 기진맥진한 상태가 아닌가? 시키의 설에 대한 재검토와 새로운 시가에 대한 인식 이론을 필요로 하지 않는가? 와쓰지 데스로(和辻哲郎, 1889-1960)*가 예리하고 박학한 관점으로 보고 있다 해도, 시키의 잘못된 해석을 계승하는 문화사는 미학에 대한 근본적인 그릇된 해석을 꿰뚫어보지 못한 채 일본 문화에 대한 전체적인 바른 시야를 획득하지 못한 것은 아닐까? 이 역사적인 오해와 자기주박에서 자유로워져 새로운 눈으로 일본 문화를 재검토해야 할 때가 온 것은 아닐까?

일본인들이 오늘날 이러한 역사적 자기오인의 마술에서 풀려날 필요가 있는 것은 그러한 문화쇠약의 활력제를 위해서만은 아니다. 무엇보다도 일본인들이 자기오인을 필요로 한 역사적 상황 그 자체가 이미 과거의 것이 되기 시작한 것이다. 이미 호랑이와 표범과 사자의 시대는 지나가려 한다. 이제는 적어도 표면적으로는 다른 동물을 잡아먹으며 살아가는 것 자체가 맹수들에게도 불가능하게

---

13) [영] 5-7-5-7-7의 짧은 일본시.

되었다. 모든 동물이 자유롭게 살아야 하는 시대가 되었다. 맹수를 흉내 내는 것이 아닌 독자의 새로운 삶의 방식을 발견하는 일, 유럽 제국주의의 길을 따르지 않고 새로운 국가의 방식을 스스로의 손으로 찾아내는 것이 지금 일본인들에게 주어진 새로운 역사적 과제이다.

이러한 새로운 역사적 과제에는 그것과 어울리는 새로운 미학이 필요할 것이다. 그리고 새로운 미학은 메이지 내셔널리즘이 범한 역사적 오해에서 자유로워져 오히려 전통에서 새로운 세계로 살아가는 원리를 찾아내야 할 것이다.

오늘날처럼 유럽이 자신들의 삶의 원리에 반성적인 시대는 없었다. 이전의 유럽 지식인들은 어느 누구도 자신들의 문화가 아주 뛰어난 문화임을 의심치 않았다. 그러나 이제는 자신들의 문화에 대해 심각한 의문을 던지는 것이 유럽의 최고 지식인들의 관례가 되었다. 하이데거(Martin Heidegger, 1889-1976)는 사르트르(Jean Paul Sartre, 1905-1980)와 더불어 가장 엄격한 유럽문화에 대한 반성자라고 해도 좋다. 사르트르가 유럽 정치원리의 반성자라면 하이데거는 존재론적인 유럽문명의 원리 그 자체에 대한 반성자이다. 그는 사르트르처럼 위기는 자본주의에만 있다고 생각하지 않고, 서양 문화 그 자체 안에 내재하며 단순히 공산주의를 채용한다고 해서 그 위기가 해소될 수 없다고 보았다.

하이데거는 서양문명을 의지의 문명으로 보았다. 그에게 의지는 이성과 마찬가지이다. 왜냐하면 근대유럽의 인식론에서는 모든 것이 의식 앞에 놓이고 의식의 대상으로서 존재한다. 반대로 말하면 의식은 모든 것을 자기와 상대하는 것으로서 자신의 앞에 세우는 것이다. 이 모든 존재하는 것을 의식의 대상으로서 자기 앞에 둔다는 근대철학의 사고방식은 결국 인간이 자의를 가지고 존재하는 것을 지배하는 사상이라고 하이데거는 말하고 있는 것이다. 근대이성의 배후에는 지배하려는 의지가 있고 그 의지가 모든 것을 자의를 가지고 자신 앞에 세우려는 이성이 되었다는 점에서 근대서양이 가진 기술문명의 본질이 있다고 생각하는 것이다.

원래 하이데거의 철학은 난해하고 여기에서 충분히 설명하기는 불가능하다. 그러나 시키의 미학을 생각할 때 한 가지 주의해야 할 필요가 있다. 유럽 문명의 원리는 의지의 원리이고 동시에 그것은 이성의 원리이기도 하다는 점이다. 앞에서 우리들은 시키의 미학 안에 감성적 감각의 중시와 강한 감정의 중시를 보았다. 이 두 개의 원리는 시키의 설과도 연결되는데 그것들은 어느 것이나 유럽문명이 가진 원리였다. 시키가 주장한 감각과 있는 그대로 옮기는 사생의 중시, 그것은 과학을 중시한 유럽의 과학기술 정신이었으며 강한 의지는 유럽이 배후에 가진 지배하려는 의지였다. 과학적 이성의 전단계로서 정확한 감성과 강한 의지라는 강인한 감정에 대한 중시가 시키의 가론의 중심적 원리였던 것이다. 이것은 시키의 이론이 일본적이라기보다 서양적이고 시키의 전통해석이 근대서양의 원리를 따라 일본의 전통을 해석한 것에 지나지 않음을 다시 확인시켜준다.

하이데거는 현 시대는 더 이상 지배하려는 의지의 원리 입장을 취할 수 없다고 말하고 있다. 모든 것을 자신의 자의에 따르게 하려는 의지의 원리 때문에 유럽 문명은 고립화되고 무력화되고 이미 파멸의 위기에 직면했다고 한다. 그 위기를 벗어나기 위해서는 단 한 가지 잃어버린 존재 그 자체에 대한 바른 관계를 회복하는 것, 즉 자기를 세계의 중심으로 여기고 모든 것을 자기의식의 대상으로서 보는 자아중심적인 관점에서 빠져나와 세계 안에서 인간 지위를 명확하게 파악하고 존재 그 자체에 대해 친밀감을 회복하는 것이 중요하다고 그는 생각한다.

우리들은 이 하이데거의 사상이 치료법으로서 꽤 문제가 있다고 해도 유럽문명이 가진 병의 진단으로서 꽤 타당한 측면이 있음을 인정해야 할 것이다. 유럽 문명은 그 근저에 지배하려고 하는 의지와 깊게 연결되어 있다. 과학기술 사상이 바로 그것이다. 그것은 인간이 자연에 대해 지배를 확립하려고 하는 사상이다. 인간의 자연을 지배하려는 사상이 인간의 인간을 지배하려는 사상으로 바뀌는 것은 당연한 이치이다. 유럽은 인간의 자연에 대한 사상을 무기로 인간의 인간에 대한 지배를 완성했다고 말해도 좋을 것이다.

오늘날 세계는 유럽의 지배하고자 하는 의지의 압력에서 나오려는 저항 의지로 가득 차있다. 유럽인에 의해 인간취급을 받지 못한 사람들이 유럽 휴머니즘의 허위를 호소하면서 유럽의 지배하려는 의지에 온몸으로 저항하려고 한다. 이미 저항하는 의지는 하루가 다르게 커져 그 힘이 지배하고자 하는 의지와 맞먹게 되었다. 우리들은 이 저항하는 의지를 무조건 축복해도 좋을 것인가? 저항하려고 하는 의지 역시 하나의 의지의 입장이다. 그것은 유럽의 지배하려는 의지에 대한 반의지의 입장이다. 의지와 반의지가 있는 힘껏 싸운다해도 세계가 멸망하지 않는다고 누가 장담할 수 있겠는가? 또한 저항하는 의지가 저항의 대상을 때려 부술 때 쉽사리 지배하려는 의지로 바뀌지 않는다고 어떻게 말할 수 있을까? 지금은 너무나 멀게 느껴지는 하이데거의 "의지의 입장에서 벗어나라"라는 말이 결국 예언자의 목소리로 많은 사람들 귀에 들어가기 쉬운 시대가 온 것은 아닐까?

이러한 시대가 되었으니 일본인들은 유럽문화의 원리로 전통을 바라보는 것을 멈추고 역사적 위기에 대처하는 새로운 사상을 전통 안에서 찾아야 한다. 일본 미학의 전통은 이러한 역사에 무엇을 말하려하는 것일까? 나쁘고 그릇된 것을 없애는 칼을 휘두르는데 급급했던 이 논문에서는 이미 이러한 물음에 대답할 여지가 거의 없다. 그렇기 때문에 나는 여기에서 하나의 암시를 던지며 이 논문을 맺으려한다.

앞에서 나는 자연을 마음의 상징으로서 보는 것이 일본 시가의 특징이라고 말했다. 그 상징이라는 것은 프랑스 상징시의 상징과 그 의미와 같은 것일까? 마음은 과연 파악하기 쉬운 것일까? 아니면 파악하기 어려운 것일까? 그것은 비유라고 해야 할까? 아니면 상징이라고 해야 할까? 나는 그 물음을 의문인 채로 남겨두었다. 이 의문은 가장 심도 있게 다루어야 할 문제인데 지금은 이렇게 생각하고 싶다. 일본의 시에서 말하는 상징이라는 의미는 프랑스 상징시에서 상징이라는 의미와 다를 것이다. 일본의 경우 상징되어야 할 마음과 상징해야 할 자연도 본래는 같은 것이라는 확신이 그 세계관의 배후에 존재한다. 우리들 인간도 자연 그 자체도 모두 생명의 나타남이다. 그렇기 때문에 인간의 마음이 아무리 복잡하더라도 그것은 반드시 자연의 모습에 의해 나타나는 것이라는 확신이 그 배후에 숨어있다.

신도(神道)는 무엇보다도 맑은 자연에 대한 숭배이다. 그리고 그 맑은 힘이 있는 자연을 숭상함으로써 마음을 정화하고 힘을 얻으려고 하는 것이 천황숭배보다도 오래된 「가미(神)」 숭배의 의미였을 것이다. 그리고 불교가 일본화 되면서 그 일본화의 과정에서 가장 큰 역할을 한 것이 밀교였음에 주의할 필요가 있다. 밀교의 본존, 대일여래(大日如來)는 다른 부처와 달리 대자연의 본체로서 부처였다 이 자연숭배를 통해 불교는 신도와 연결되어 최근까지 일본의 종교 기준을 이룬 신불혼효(神佛混淆)를 가능케 하였다. 일본의 많은 문화현상, 즉 와카에서, 하이쿠에서, 노(能)에서, 회화에서 자연과 인간을 하나의 같은 생명의 흐름으로 보는 사상이 얼마나 지배적인가? 그리고 이 사상의 흐름은 근대일본의 소설에까지 형태를 바꾸어 나타나고 있다고 말해도 좋을 것이다.

생명 있는 것을 존재하는 것의 대표자로 여기고 모든 것 안에 같은 생명이 나타나는 것으로 보고 이 생명을 낳은 표현하기 어려운 존재 그 자체에 깊은 경의를 표한다는 세계관을 애니미즘이라며 원시종교의 소산으로 치부해버리는 편견에 우리들은 너무나 익숙해져왔다.

유물론과 관념론은 이미 현실에 대한 사유의 합당한 방법으로 여겨진다. 유물론은 존재하는 것의 대표를 없애는 물질을 찾아내어 그 물질을 중심으로 모든 존재하는 것을 보는 것이다. 관념론은 신이 미리 인간에게 부여한 정신이 모든 존재를 지배할 수 있다고 보는 것이다. 이 두 개념이 존재의 권리를 가진다고 한다면 물질도 정신도 아닌 생명 그 자체를 존재하는 것의 대표자로 보고 거기서 모든 존재하는 것을 보려는 존재론도 마찬가지로 존재의 권리를 가질 것이다. 유럽의 사상은 물질과 정신의 대립의 역사이다. 그러나 대립 그 자체가 일정의 선택원리를 가진 존재론에 입각해 있는 것은 아닐까? 이러한 유럽문명 원리의 큰 위기에서 우리가 주의를 기울여야 할 것은 극도로 원시적인 그렇기에 극도로 근원적인 존재론은 아닐까? 오늘날 마치 땅 속에서 울려오는 듯이 현대문명의 위기를 알리는 존재 그 자체가 말하는 로고스에 귀를 기울이는 사람을 과연 환청을 듣는 자라고 불러야 할지 아니면 진정한 인식자라고 불러야 할지 결정하기란 쉽지 않다.          [TK/이혜원]

## 이키(粹)

구키 슈조(九鬼周造)* 1930, 7-14(13-18)

'이키(いき)'라는 현상은 어떤 구조를 가지고 있는가? 먼저 우리들은 어떤 방법으로 '이키'의 구조를 천명하고 '이키'의 존재를 파악할 수 있을까? '이키'가 하나의 의미를 구성하고 있음은 말할 것도 없다. 또한 '이키'가 언어로서 성립하는 것도 사실이다. 그러면 '이키'라는 말이 각국의 사전에서 찾을 수 있는 보편성을 갖추었는지 먼저 사전에서 찾아보아야 한다. 만약 '이키'라는 말이 일본어사전에만 존재한다면 '이키'는 특수 민족성을 가진 단어가 되는 것이다. 그렇다면 특수한 민족성을 가진 의미 곧 특수한 문화존재는 어떠한 방법론적 태도로 다루어야 할까? '이키'의 구조를 밝히기 전에 이러한 선결문제에 답해야 한다.

먼저 일반적으로 언어란 민족과 얼마나 관계를 가졌을까? 언어의 내용에 따른 의미와 민족존재와는 어떤 관계 속에 서 있는가? 의미의 타당성 문제는 의미의 존재 문제를 쓸모없게 하는 것은 아닐까? 아니 오히려 존재 문제 쪽이 근본적인 경우가 많다. 먼저 구체적으로 주어진 것에서 출발해야 한다. 우리에게 직접적으로 주어진 것은 '우리들'이다. 또한 우리들의 종합이라고 여겨지는 '민족'이다. 그래서 민족의 존재양태는 그 민족에게 핵심적인 것인 경우에, 하나의 정해진 '의미'로서 나타난다. 또한, 그 하나의 정해진 의미는 '언어'로 통로를 연다. 그렇기 때문에 하나의 의미 혹은 언어는 한 민족의 과거 및 현재의 존재양태의 자기표명, 역사를 가진 특수 문화의 자기개시이다. 따라서 의미 및 언어와 민족의 의식적 존재와의 관계는 전자가 모여서 후자를 형성하는 것이 아니라 민족의 살아 있는 존재가 의미 및 언어를 창조하는 것이다. 양자의 관계는 부분이 전체를 앞서는 기계적 구성관계가 아니라 전체가 부분을 규정하는 유기적 구성관계를 나타내고 있다. 그렇기 때문에 한 민족이 가진 어떤 구체적 의미 혹은 언어는 그 민족의 존재 표명으로서 민족이 가진 체험의 특수한 색채를 띨 수밖에 없다.

원래 소위 자연현상에 속하는 의미 및 언어는 큰 보편성을 지니고 있다. 그러나 역시 그 보편성은 결코 절대적이지 않다. 예를 들면 각각 '하늘'과 '숲'을 의미하는 프랑스어의 'ciel'과 'bois'라는 말을 영어의 'sky', 'wood', 독일어의 'Himmel', 'Wald'와 비교하는 경우 그 의미내용이 반드시 아주 동일한 것은 아니다. 이것은 그 나라에 산 적이 있는 사람은 누구라도 바로 이해할 수 있다. '하늘은 슬프고 아름다워'라는 'Le ciel est triste et beau'의 'ciel'과 '하늘이나 평야는 어떤 모양인가?'라는 'What shapes of sky or plain?'에서 'sky'와 '내 위의 별이 빛나는 하늘'이라는 'Der bestirnte Himmel über mir'에서의 'Himmel'과는 그 나라의 땅과 주민에 의해 각각 그 내용에 특수한 의미를 가진다. 자연현상에 관한 말조차 그러한데 하물며 사회의 특수한 현상에 관한 단어는 타국어에서 의미상 엄밀한 상대어를 찾아낼 수 없다. 각각 '도시'와 '고급 매춘부'를 의미하는 그리스어의 'πόλις'와 'ἑταίρα'도 프랑스어의 'ville'와 'courtisane'와는 다른 의미내용을 가지고 있다. 또한 설령 어원이 같더라도 한 나라의 국어로서 성립하는 경우에는 그 의미내용에 차이가 생긴다. '황제'를 뜻하는 라틴어의 'caesar'와 독일어의 'Kaiser'의 의미내용은 결코 동일하지 않다.

무형적인 의미 및 언어에서도 마찬가지이다. 뿐만 아니라 어느 민족의 특수한 존재양태가 핵심적으로 의미 및 언어의 형태로 스스로를 명시하는데, 다른 민족은 같은 체험을 핵심적으로 가질 수 없기 때문에 그 의미 및 언어가 부족한 경우가 분명히 있다. 예를 들면 정신을 뜻하는 'esprit'은 프랑스국민의 성정(性情)과 역사전체를 반영하고 있다. 이 의미 및 언어는 그야말로 프랑스 국민의 존재를 나타내는 것으로 다른 민족의 어휘 속에서 찾아도 전혀 같은 것은 발견할 수가 없다. 보통 독일어의 Geist가 이것에 해당한다고 할 수 있는데 Geist의 고유의 의미는 헤겔의 용어법에 의해 표현된 것으로 프랑스어 esprit과는 의미가 다르다. 재치 있다는 의미의 'geistreich'라는 말도 역시 esprit이 가진 색채를 완전히 가진 것은 아니다. 만약 가졌다고 한다면 그것은 의식적으로 esprit의 번역으로서 이 말을 사용했을 때뿐이다. 그 경우에는 본래의 의미내용 외에 일부러 다른 새로운 색채를 띠게 한 것이다. 아니 다른 새로운 의미를 언어 속에 도입한 것이다. 그리고 그 새로운 의미는 자국민이 유기적으로 창조한 것이 아니라 타국에서 유기적으로 유입된 것에 지나지 않는다. 정신으로 번역되는 영어의 'sprit'도 지성을 의미하는 'intelligence'와 재치를 의미하는 'wit'도 모두 esprit이 아니다. 앞의 두 개는 의미부족이고 wit는 의미과잉이다. 또 한 예를 들면 그리움, 동경 등의 의미로 번역되는 'Sehnsucht'라는 말은 독일 민족이 낳은 단어로 독일 민족과는 유기적 관계를 가지고 있다. 그것은 음울한 기후 풍토와 전란 하에 괴로운 민족이 밝은 행복한 세계를 동경하는 의식이다. 레몬 꽃 피는 나라를 동경하는 것은 단순히 '미뇽(Mignon)'의 고향을 그리워하는 정만은 아니다. 독일 국민 전체의 밝은 남쪽에 대한 괴로운 동경이다. "꿈도 닿지 않는 먼 미래의 저쪽, 조각가들이 이미 꿈꾼 것보다도 더 뜨거운 남쪽의 저쪽, 신들이 춤추며 모든 옷을 부끄러워하는 저 땅으로"라는 동경, 니체가 말한 '나래치는 동경'의 의미인 'flügelbrausende Sehnsucht'는 독일국민이 동일하게 소중히 여긴다. 그래서 이 고민은 결국 또한 본체(noumenon) 세계의 조정(措定)으로서 형이상학적 정조도 취해 온 것이다. 무언가를 바라는 의미의 영어의 'longing' 혹은 'langueur', 'soupir', 'désir' 등은 'Sehnsucht' 기조의 전체를 베낄 수 있는 것은 아니다.…

'이키'라는 일본어도 이런 종류의 민족적 색채가 현저한 말 중 하나이다. 임시로 동의어를 영어와 유럽어 중에서 찾아보자. 먼저 영어와 독일어 양 언어에서 이것과 유사한 것은 전부 프랑스어에서 차용하고 있다. 그렇다면 프랑스어에서 '이키'에 해당하는 것을 찾을 수 있을까? 먼저 문제가 되는 것은 '우아한'을 뜻하는 'chic'이라는 단어이다. 이 말은 영어에도 독일어에도 그대로 차용되었고 일본에서는 누누이 '이키'라고 번역된다. 원래 이 말의 어원에 관해서는 두 가지 설이 있다. 일설에 의하면 chicane의 약어로 소송사건으로 얽히게 하는 '섬세하고 교묘한 간계'를 터득했다는 의미가 기본이다. 다른 설에 의하면 chic의 원형은 schick이다. 곧 무언가를 보낸다는 의미의 'schicken'에서 온 독일어이다. 그리고 'geschickt'와 마찬가지로 여러 일에 대한 '교묘함'의 의미도 가지고 있다. 그 말을 프랑스가 가져다가 점차 취미에서 세련되었다는 뜻의 'élégant'에 근접한 의미로 바꾸어 사용하게 되었다. 이번에는 이러한 새로운 의미를 가진 'chic'로서 즉 프랑스어로서 독일로 역수입되었다. 따라서 이 단어가 현재 가진 의미는 어떤 내용인가라고 말한다면 결코 '이키'만큼 한정된 것은 아니다. 'chic'은 외연이 한층 더 넓은 것이다. 즉 그것은 '이키'도 '품위 있는'도 모두 요소로서 포섭하여 '촌스러움', '품위 없는' 등에 상대적인 의미인 취미의 '섬세하고 교묘한' 혹은 '탁월함'도 나타내고 있다,

다음으로 'coquet'이라는 단어가 있다. 이 단어는 수탉을 의미하는 'coq'에서 온 것으로 한 마리의 수탉이 여러 마리의 암탉에게 둘러싸인 것을 조건으로 전개되는 광경에 관한 것이다. 즉 '교태적'이란 의미이다. 이 단어도 영어에서도 독일어에서도 그대로 사용되고 있다. 독일에서는 18세기에 교태를 뜻하는 'coquetterie'에 대해 'Fängerei'라는 단어가 창안되었는데 일반적으로 통용되지는 못했다. 특히 이 '프랑스적'이라고 말해지는 단어는 분명 '이키'의 징표의 하나를 형성하고 있다. 그러나 역시 다른 징표가 더해지지 않는 한 '이키'의 의미를 생성하지는 못한다. 뿐만 아니라 징표결합의 여하에 따라서는 '품위 없음'도 되고 '무르다'도 된다. 카르멘이 하바네라를 노래하면서 돈 호세를 유혹하는 모습은 coquetterie임은 틀림없는데 결코 '이키'는 아니다.

⋯⋯

원래 '이키'와 유사한 의미를 서양 문화 속에서 찾아 형식화적 추상에 의해 무언가 공통점을 도출하는 것이 결코 불가능하지는 않다. 그러나 그것은 민족의 존재양태로서 문화존재의 이해 측면에서는 적절한 방법론적 태도가 아니다. 민족적 역사적 존재 규정을 가진 현상을 자유롭게 변경하여 가능한 영역에서 소위 '관념화'를 하더라도 그것은 단순히 그 현상을 포함하는 추상적인 유개념을 얻는 것에 지나지 않는다. 문화존재 이해의 요체는 사실로서의 구체성을 침해하지 않고 있는 대로 살아 있는 형태로 파악하는 것이다. 베르그송(Henri Bergson, 1859-1941)은 "장미의 향을 맡고 과거를 상기할 때 장미의 향이 주는 그것에 의해 과거의 일이 연상되는 것은 아니다. 과거의 상기를 장미의 향속에서 맡는 것이다"라고 말했다. 장미의 향이라는 일정불변의 것, 만인에게 공통되는 유개념적인 것이 현실로서 존재하는 것은 아니다. 내용을 달리 한 개개의 향이 있을 뿐이다. 그래서 장미의 향이라는 일반적인 것과 상기라는 특수한 것의 연합에 의해 체험을 설명하는 것은 많은 국어에 공통되는 알파벳의 몇 글자를 나열하여 어느 일정의 국어가 가진 특수한 음을 내려고 하는 것이라고 말하고 있다.

'이키'의 형식화적 추상을 행하고 서양 문화 속에 존재하는 유사 현상과의 공통점을 구하려는 것도 그러한 종류의 것이다. 무릇 '이키' 현상의 파악에 관해서 방법론적 고찰을 하는 경우에 우리들은 다른 것이 아닌 보편(universalia)의 문제에 직면한다. 안셀무스는 유개념을 실재라고 보는 입장을 바탕으로 삼위는 결국은 일체의 신이라는 정통파의 신앙을 옹호했다. 그것에 대해 로스켈리누스(Roscelin)는 유개념을 명목에 지니지 않는다는 유명론 입장에서 아버지와 아들과 성령의 삼위는 셋의 독립된 신이라고 주장했고 삼신설이라는 비방을 감수했다. 우리들은 '이키'의 이해에 관해서 보편의 문제를 유명론의 방향으로 해결하는 이단 같은 각오를 필요로 한다. 즉 '이키'를 단순히 종(種)의 개념으로 다루어 그것을 포괄하는 유(類) 개념의 추상적 보편을 보는 '본질직관'을 찾아서는 안 된다. 의미체험으로서의 '이키'의 이해는 구체적이고 사실적인 특수한 '존재 터득'이 되어야 한다. 우리들은 '이키'의 본질(essentia)을 묻기 전에 먼저 '이키'의 존재(existensia)를 물어야 한다. 한마디로 말한다면 '이키'의 연구는 '형상적'이어서는 안 된다. '해석적'이어야 할 것이다.

그렇다면 민족적이며 구체적인 형태로 체험된 의미로서의 '이키'는 어떠한 구조를 가지고 있는가?

우리들은 먼저 '의식현상'의 이름 아래 성립된 존재양태로서의 '이키'를 터득하고 다음으로 '객관적 표현'을 취한 존재양식으로서 '이키'의 이해로 나아가야만 한다. 전자를 무시하거나 전자와 후자의 고찰 순서가 바뀌면 '이키'의 파악은 그저 공허한 의도로 끝날 것이다. 게다가 우연히 '이키'의 천명이 시도된 경우에는 대체로 잘못된 해석으로 빠진다. 먼저 객관적 표현을 연구의 대상으로 하여 그 범위 안에서 일반적 특징을 구하므로 객관적 표현에 한정한 경우조차 '이키'의 민족적 특수성 파악에 실패한다. 또한 객관적 표현의 이해를 가지고 바로 의식현상의 터득이라고 간주하기 때문에 의식현상으로서의 '이키'의 설명이 추상적, 형상적으로 흘러 역사적 민족적으로 규정된 존재양태를 구체적, 해석적으로 천명하는 것이 불가능하다. 우리들은 그것과 반대로 구체적인 의식현상에서 출발해야 한다.

[NH/이혜원]

---

# 자르기(切れ)

오하시 료스케(大橋良介)[*] 1986, 87-92

## 자르기와 시간

'마르다[枯]'라는 말은 자연계에서는 자연의 생명이 쇠하여 형태가 망가져가는 것을 의미한다. 그것은 보통은 '추(醜)'의 방향에서 일어나는 일이다. 그런데 어떻게 고산수(枯山水)정원[14]에서는 '미적' 방향으로 바뀌는 것일까?

그 비밀은 제아미 모토키요(世阿彌元淸, 1363-1443)[*]의 '꽃'에서 엿볼 수 있다. 비밀은 '시듦[枯]'을 통해 한창인 꽃의 모습이 나타난다고 한 것에 있다. '한창'이라는 것은 생명이 고양되었을 때이고 생명력이 가장 활발하게 나타나는 때이다. 그러나 분명 그것 때문에 생명은 스스로의 본질에 속한 '죽음으로 가는 추세'를 덮어 숨겨버린다. 생명이 한창일 때란 죽음을 잊은 때이고 생명에 본질적인 가능성의 측면이 덮여 숨겨진 때이기도 하다. 어쩌면 '미(美)'가 꽃이 한창일 때의 모습 그 자체를 이념화한 것이라고 한다면, 그 미는 ─역설적이지만─ 한창 때의 꽃의 모습 그 자체로는 오히려 일면 부족한 것이 된다. 그것은 흡사 눈부신 태양이 그 눈부신 빛으로 스스로를 가리는 것과 닮았다. 정오의 태양이 눈부신 것은 오히려 눈부심이 옅어져가는 저녁 해를 보며 그 저녁 해와 겹쳐 보았을 때 비로소 보이는 것이다.

고산수 정원에서 '마름'이란 말하자면 이 저녁 해의 어스레해짐을 정오 태양의 한창 때를 선취한 것이기도 하다. 한낮 태양의 자연성을 일부러 '자르는' 것으로 이 자연성 안에 오히려 숨겨졌던 태양의 환한 눈부심을 나타낸다고도 할 수 있다. 산수(山水)가 '마르는' 것을 빠져나올 때 비로소 자연적인 산수를 구성하는 명과 암 혹은 생과 사와 같은 '끊어짐·이어짐'도 또한 보이는 것이다.

여기에서 '자르기'의 구조에 포함된 어떤 기본적인 요소를 찾을 수 있다. 그것은 '시간'이라는 요소이다. 꽃의 '한창인 때'도 꽃의 시든 모습도 혹은 정오의 태양도 지는 저녁 해도 각각의 '시간'을 가지고 있다. 원래 '고(枯, 시들다, 마르다)'라는 문자를 살펴보면 '목(木, 나무)'이 '고(古, 오래되었다)'라는 의미, 즉 '시간'의 길이를 함의하고 있다.

'시간'이라는 요소를 고려하는 준비단계로 바쇼(芭蕉, 1644-1694)의 하이쿠 중 한 구를 예로 들어

---

14) [한] 물을 사용하지 않고 모래와 돌로 산수(山水)의 정취를 만드는 일본 정원의 한 양식.

보자. 그것은 '마름' 혹은 '자르기'을 '시간'의 요소로 선명하게 나타낸 구이다.

> 말린 연어도
> 깡마른 고행승도
> 한겨울 추위 속

바쇼는 이 구를 읊기 위해 '며칠 동안 애끓는'듯한 고심을 했다고 한다. 고심한 끝에 그는 바짝 말라 '마른' 연어와 볼품없게 '마른' 고행승, 그리고 '차가운' 거리의 추위 속이라는 세 개의 사상(事象)을 나열했다. 어느 것이나 생명의 살과 윤기와 온기가 깎이고 결여된 모습이다. 미적인 것은 어느 하나 없다. 그리고 이 구를 곱씹는 사람 자신의 뱃속에도 한기가 스며들어온다. 단 열 일곱 자로 이 한기를 전하는 훌륭함이란. 그리고 그 한기에 포함된 긴장된 기분은 어떠한가? '마름'과 '깡마름'과 '추위'라는 모두 자연적 생명이 쇠한 것을 나타내는 사항을 통해 오히려 그 생명의 모습이 미적 격조를 띠며 나타난다.

말린 연어와 고행승과 추위 속에는 각각 독자의 '시간'이 나타나 있다. 그것들은 단순히 자연의 생명이 쇠잔해가는 '시간'의 말로에 있는 것은 아니다. 말린 연어는 살을 말려가며 바싹 건조되었기 때문에 말린 연어로서의 '시간'을 얻어 새로운 생명을 획득했다. 그 말린 연어를 '먹는' 고행승도 또한 비쩍 말라 있다. 그러나 그는 염불에 열중하며 매일을 보내므로 끊임없이 새로이 부처의 생명을 받으며 시간을 살고 있다. 그리고 양자를 감싸는 추위 속이라는 것은 일 년의 사건이 거의 끝나고 '시간'이 차오르는 때이다. 드디어 모든 것이 새로운 '시간'을 맞이하려고 하고 있다. 세 가지가 모두 각각 독립적 '시간'의 세계를 만들고 있다. 이들의 '시간'은 어느 것이나 그저 단순히 자연적인 시간의 흐름의 결과로서 결실을 맺은 것이 아니라 오히려 그것들에서 결별한 것이다. 말린 연어와 깡마른 고행승은 물론이고 한겨울 추위도 사람들 생활의 애환 속에서의 '추위'로 단순히 자연적 계절이 아니다. 바쇼도 또한 그 자신이 '추위 속'에서 일본어 '가(か)'행의 음조를 맞춘 열일곱 자에 뼈를 깎고 있다.[15] 이 고심 속에서 말린 연어도 고행승의 깡마름도 추위 속이라는 각각의 세 개의 세계가 각각으로 떨어지면서도 연결되어 미적격조를 띠기에 이르렀다.

'자르기'라는 것은 무엇보다도 자연적 생명의 모습을 자르는 것이다. 그것은 자연적인 '시간'의 작용을 자르는 것이기도 하다. 그 잘림을 통해 시간은 그저 사라지는 것이 아니라 새로운 방법으로 무르익는 것이다.

### 꽃꽂이

자연의 생명을 그대로 이용하는 조형으로서 '꽃꽂이'가 또 다른 참고가 된다. 꽃꽂이는 그야말로 '자르는' 것에서 시작된다. 그것은 꽃의 자연적인 생명을 그대로 방 안에 가지고 오는 것이 아니라 그것을 자른 뒤 그것을 '꽂는' 예술이다. 화병에 꽃을 꽂는 이상 꽃을 자르는 것은 당연 포함되어 있다고 할 수 있지만 그렇다고 해서 그저 자연의 풀과 꽃을 자른다고 꽃꽂이가 되는 것은 아니다. 오히려 이 '자르는 방법' 그 자체에 모든 것을 거는 조형이다. 그 자르는 방법이 '예술'의 한 부분임은

---

15) [한] 하이쿠는 5·7·5로 구성되는데 바쇼의 해당 하이쿠를 원문의 일본어음으로 읽으면 한글(원어)로 행의 음이 반복되고 있다.

말할 것도 없다.

꽃꽂이의 '자르기'에 대해서는 이미 지금으로부터 40년도 전에 니시타니 게이지(西谷啓治, 1900-1990)*의 「꽃꽂이에 대해서」라는 다음의 명문장이 있다. "꽃꽂이에 나타난 것은 그야말로 자연의 '생'이 잘려진 모습이다.… 자연의 '생'이 시간성을 본질로 하면서 그 스스로의 본질에 등 돌리고 그 본질을 은폐하고 심지어 시간을 빠져나오려 하여 현존하고 있는 것에 대해 뿌리가 잘린 꽃은 단숨에 그 본래의 본질다운 '시간'의 운명 속으로 되돌려진다."

"자연의 생이 스스로 시간성의 본질에 등 돌리려 한다"는 것은 어떤 의미일까? 나의 이해가 틀리지 않았다면 그것은 생이 '시간'과 함께 쇠잔해져가는 본질을 가지면서 '시간'에 저항하고 스스로를 유지하려고 하는 경향이다. 생에 대한 의욕도 또한 생의 본질에 속한다. 그리고 그 의욕은 생이 한창일 때 가장 강하다. 그러나 틀림없이 그 생이 한창일 때 시간과 함께 쇠잔해져 간다는 생의 일면은 오히려 숨겨진다. 꽃꽂이에서는 한창인 꽃을 그 줄기에서 '자르는' 것으로 이른바 생의 한창 속에 있는 '시간'에 대한 저항을 뿌리째 자르는 것이 된다. 이 '자르기'를 통해서 시간 속의 자연적 생이 자신 안에 숨기고 있던 시간성도 나타난다.

자연적인 생을 끊은 뒤에 살린다는 것은 반드시 시각적 조형에만 해당되는 것은 아니다. 그것은 말의 조형에서도 나타난다.

> 말린 연어도
> 깡마른 고행승도
> 한겨울 추위 속

하이쿠의 형식 그 자체가 이미 다섯 자 일곱 자 다섯 자로 그 사이를 끊는 것으로 성립한다. 그것은 앞으로 또 앞으로 나아가는 선조(線條)적이고 서술적인 말을 '읊는' 사람과 대상 사물과의 응답적인 관계로 되돌려져 그 선조성을 자르는 것이다. 바쇼의 구는 말린 연어와 고행승의 깡마름과 한 겨울 추위 속이라는 세 개의 '시간'을 각각 5·7·5 문자에 담아 자른다. 그러나 그것으로 각각 세 개의 '시간'이 오히려 서로 호응하여 바쇼 자신이 고뇌하며 읊은 '시간'으로 녹아 있다. 여기에서 '한 구를 자르는 말은 처음 다섯 자와 일곱 자의 끝에 오는 '도'이다. 일반적으로 병렬의 조사인 '도'가 여기에서는 '한 구를 자르는 말'로 작용한다. 이 단락을 자르는 말에 의해 자연스런 시간의 흐름도 잘리고 자연적 생명의 본래의 시간성이 나타난다.

[IML/이혜원]

---

# 다도

히사마쓰 신이치(久松眞一)* 1962, 139-44

다도의 현지(玄旨)란 다도의 깊은 미묘한 이치, 즉 깊은 뜻을 말하는 것이라 여겨지는데 이 현지라는 말은 『신심명(信心銘)』에

> 현지를 모른다면
> 앉아서 참선한들 아무 소용이 없다.

라고 되어 있다. 또한 『임제록(臨濟錄)』에는

> 도를 배우는 벗들이여, 잡으면 그대로 쓸 뿐
> 새로 이름을 붙이지 않아야 한다.
> 그것을 일컬어 현지라 한다.

라고 하였다.

먼저 『신심명』에서 "현지를 모른다면 앉아서 참선한들 아무 소용이 없다"는 어떤 의미일까? 마음을 조용히 하고 침착함을 유지하는 것은 실로 중요하다. 그러나 그것이 마음이 다다라야 할 곳이라고 확신하여 이것을 고집하여 그저 노력하는 것이라면 진정으로 마음의 고요함을 얻기는 어렵다. 진정한 고요함은 작용의 근원 그 자체이고 움직임과 고요함이 하나로 된 적정(寂靜)이라고 하는 것인데 그러한 근원적인 것과 마주하지 않으려 한다면 곧 등지는 것이고 이것은 고정될 수 없는 현지이다. 현지를 모르면 오히려 이것을 고집해서 현지에서 멀어지고 근원의 작용에서 벗어나 근원의 작용을 구하는 것이 된다. 이를 헛수고라 한다.

다음으로 『임제록』의 어구에 대해 보면 그것은 '도를 구해 모여계신 여러분들이여, 이것을 분명히 잡고 자유자재로 사용하여 차별적인 이름에 전혀 집착하지 않는 것이 현지라는 것이다'라는 정도가 되는데 이것은 이 어구 앞에 있는 "즉, 범에도 들어가고 성에도 들어가고, 깨끗함에 들어가고 더러움에 들어가고 진리에도 들어가고 세속에도 들어간다"라는 어구와 합하여 말하면 '범성정예진속(凡聖淨穢眞俗)이라는 차별의 경지에 지체되는 일 없이 자유자재로 범성정예진속이라는 모든 경지로 출입하여 작용할 수 있는 것이 현지라는 것이다. 거기에는 전혀 이름을 붙일 필요가 없다. 이름을 붙인 것은 자유자재로 모든 경지로 출입할 수 있는 것은 아니므로'라고 말하게 될 것이다.

대체로 현지라는 말은 언어와 사유를 끊은 깊은 곳의 미묘한 이치를 의미한다고 할 수 있다. 『노자』에도 "현지우현 중묘지문(玄之又玄, 衆妙之門)[16]"이라는 말이 있는데 이것은 역시 말을 가지고도 할 수 없고 분별을 가지고도 나타낼 수 없는 소위 언어도단(言語道斷)이나 심행소멸(心行所滅), 언전불급(言詮不及) 혹은 이언(離言) 등을 나타내는 말이라고 할 수 있다. 따라서 다도의 현지란 다도가 아직 형태로 나타나기 전의 차의 정신 혹은 차의 살아있는 본질 등을 나타내는 말이라고 할 수 있을 것이다.

다도의 현지를 그렇게 생각하고 현지는 본질에 있다고 하더라도 그것은 단순히 학문적인 대상적 지식으로서의 본질이 아닌 오히려 차의 능동적인 표현자로서의 살아 있는 본질이라고 생각해야 한다. 단순히 대상적 지식으로서 차의 본질이라고 한다면 그것은 차의 모든 현상에 나타나는 능동 표현적인 주체는 되지 않는다. 그것은 살아서 작용하는 앎이어야 한다. 그러나 작용하는 앎이라고 한다면 작용하는 물체가 고려되는 것이므로 그것은 작용하는 물체와 작용하는 앎이 일체가 되어야 한다. 말하자면 작용하는 물체가 그 앎 안에서 작용하고 그 앎이 작용하는 물체를 통해 나타나는 앎이 되어야 된다. 이러한 앎은 대상적인 앎에 대해 말하면 주체라고 할 수 있을 것이다. 그것은 앎과 주체가 완전히 하나가 되어 둘로 나뉘지 않게 된 것인데 주체라는 점에서 말하면 지적 주체라고 해도 좋을 것이다. 살아서 작용하는 본질이란 이러한 것인데, 그 작용에 관해 말하자면 표현적 주체,

---

16) [한] 검고 또 검으니 모든 미묘한 것을 이해하는 문이다.

혹은 형성적 주체, 창조적 주체라고 해도 좋을 것이다.

이러한 주체지(主體知) 즉 지적 주체는 중국에서도 오래전부터 있었고 일본에서도 사용해온 말로 하자면 극칙(極則)이라고 할 수 있다. '극칙'이란 작용하는 궁극의 법칙이고 법칙 그 자체에 주체성이 있어서, 법칙과 작용하는 주체가 완전히 한 몸인 것이다. '극의(極意)'라는 말도 이것과 비슷한 의미인데 '요령'이라고 할 수 있다. '요령'이라든가 극의라든가 하는 말은 일본의 모든 예술에서 흔히 말하는데 다도는 여러 예술과 공동의 연결고리를 가지면서 여러 예술을 뛰어넘는 측면이 있다.…

다도의 현지로서의 '주체지' 즉 '지적 주체'가 작용하는 경우에는 앎 혹은 법칙과 주체가 한 몸이 된 것이다. 따라서 반드시 차의 법칙에 맞추어 작용하는 것으로, 차의 법칙을 어기며 작용한다는 것은 절대 있을 수 없다. 그러나 법칙에 맞추어 작용한다고 하면 무언가 그 주체로서의 본질 이외에 법칙이 있어서 그 법칙에 맞춰 작용한다고 보통은 생각하지만 그렇지 않고 오히려 이 주체가 자주적이고 자율적으로 자유자재로 작용하며 또한 그것이 모두 차의 법칙에 맞아야만 한다. 그래서 주체라는 측면에서 말하면 차의 법칙이라는 것은 오히려 그 주체가 자율적으로 자유롭게 작용함으로써 가능한 것이다. 말하자면 그것은 그 법칙이 나오는 근원적인 주체이다. 그것은 외부에 법칙이 있다는 것이 아니므로 법칙에 구속받거나 법칙에 제약을 받는 일은 전혀 없다. 결국 그 자주적이고 자유로운 작용이 법칙이 되어 저절로 법칙에 맞는 것이므로 이러한 주체 그 자체는 항상 법칙에서 빠져 나와 자유롭게 작용하는 것이다.

작용하는 주체와 법칙과 맞는 방식이라는 것은 외부에 있는 법칙에 맞도록 주체가 점차 훈련되어 그 결과 법칙에 어긋나지 않게 되었다는 부합방식과 동일시되어서는 안 된다. 즉, 법칙을 따르는 훈련에 의해 법칙에 어긋나는 일이 아주 없게 되어 거기에서 작용이 모두 합법칙적으로 되고 작용 혹은 작용하는 주체와 법칙이 일체가 되어 작용이 법칙에 맞고 법칙이 작용을 벗어나지 않는 것은 일견 아주 비슷해 보인다. 그러나 그것은 현지로서 작용하는 주체의 모습과는 언뜻 보아 비슷하나 다른 것이라고 해야 한다. 왜냐하면 그러한 모습으로 있으면 결국은 주체는 법칙에서 나올 수도 없고 그렇게 되면 법칙을 바꿀 수도 없다. 하물며 법칙을 창조하는 것은 절대 불가능하다. 보통, 훈련이라든가 연습의 궁극 목표는 그저 특정 법칙에 맞추려는 것이 아닌 특정 법칙을 자기 안의 작용으로 바꾸어 법칙에서 자유자재일 수 있도록 자유롭게 법칙을 창조하는 주체가 되는 것이어야 한다. 공자의 말로 유명한 "일흔에는 마음 내키는 대로 해도 법도에 어긋나는 일이 없다"는 것도 법칙에 맞도록 훈련함으로써 이미 법칙에 어긋나는 일은 없다는 의미라면 그것은 현지에 통달했다는 것과는 아주 다른 것이다. 이것은 양의 차이가 아니라 오히려 질적 차이이다. 현지도 작용하는 주체와 법칙이 한 몸인 것에는 차이가 없지만 일체가 된 모습은 전혀 다르다.

현지에서 법칙에 맞는다는 것은 법칙도 뛰어넘은 초법칙적이고 자유자재의 작용에 근거한 것이어야 한다. 그렇기 때문에 이러한 작용의 주체는 작용함으로써 법칙을 만드는 입법적인 주체이고 스스로 법칙을 자유로이 창출하면서 나아가 만들어진 법칙에서 제약받는 일이 없는 자유로운 주체이어야만 한다. 따라서 그 주체는 법칙에 맞다라기보다도 오히려 법칙이 그 주체에 부합함으로써 법칙일 수 있는 성격의 것이다. 이렇게 해야 비로소 과거에 만들어진 법칙에 제약받지 않고 항상 새로운 법칙을 만들 수 있는 주체가 될 수 있다.

[IML/이혜원]

# 꽃꽂이

니시타니 게이지 1953, 212-16(33-5)

실존주의 철학자 사르트르(Jean Paul Sartre, 1905-1980)가 일본의 꽃꽂이에 관심을 보였다는 신문기사를 언젠가 읽은 적이 있다. 간단한 기사였으므로 그가 어떤 이유로 관심을 가지게 되었는지 까지는 알 수 없었지만 왠지 알 것 같은 기분이 들었다. 동시에 나 자신이 십 몇 년 전 유럽 유학에서 돌아왔을 당시, 꽃꽂이에서 받은 신선한 인상을 상기시켰다.

나의 유학기간은 2년 반밖에 안되었지만 그래도 귀국할 때에는 이국 생활에 꽤 익숙해진 탓인지 돌아왔을 당시는 조국의 여러 가지 것을 반은 이방인의 시선으로 본다고도 할 수 있는 상태였다. 그러한 마음 상태로 있던 중, 방문한 집집마다 꽂아놓은 꽃꽂이의 아름다움이 생각지도 못한 강렬함 으로 다가왔다. 일반적으로 아무리 익숙한 것이라도 오랫동안 안 본 뒤에는 다시 보게 되는 호기심이 일어나 그것에 대해 여러 생각을 하게 하는 것은 보통 있는 일이지만 그중에서도 특히 놀라서 눈을 씻고 보게 만드는 경우도 있다. 나에겐 꽃꽂이가 그러한 종류의 경험 중 하나였다. 유럽에 있는 동안에 하나라도 더 많이 라며 걸으며 보았던 미술 작품, 도시뿐 아니라 지방의 작은 마을이나 거리에서도 이따금 만났던, 여러 세대를 걸친 기술의 전통으로서 잘 다듬어지고 안정감을 갖춘 공예 작품과는 전혀 다른 정신에서 탄생한 듯한 하나의 예술을 꽃꽂이에서 인정할 수 있을 것 같은 기분이 들었다.

제일 먼저 꽃꽂이에 나타난 아름다움은 처음부터 오로지 일시적인 것, 임시적인 것으로 만들어졌 다는 점이다. 그 예술은 계절의 변화에 따라 그때의 꽃과 나뭇가지를 잘라 그것에 며칠 동안의 아름다움을 줄 뿐이다. 그것은 근본적으로 즉흥적이다. 그 아름다움은 본질 자체로 '임시적인 것'임을 스스로 표명하고 있다. 그 자체에 시간성을 내포한 아름다움이고 이른바 시간의 추이 속에서 나타나 는 아름다움이다. 꽃꽂이를 꽂는 사람도 그것을 알고 있다. 아름답게 꾸미는 사람의 즐거움도 분명 그가 창조한 아름다움의 일시적인 성격과 호응한 특수한 기분의 것임에 틀림없다.

물론, 다른 종류의 미술작품도 모두 시간의 운명 속에 있는 것은 사실이다. 쾰른 대성당도 세인트 피터스 성당도 이 세상의 모든 것과 마찬가지로 언젠가는 사라져갈 것이다. 그러나 건축에서도 조각 에서도 회화에서도 존재방식에는 '시간'에 대한 저항이 포함되어 있다. 시간의 움직임을 불식시키며 언제까지나 머무르고자 하는 지속에 대한 의지가 나타나 있다. 분명 예술가의 제작충동 안에는 그러 한 의욕을 품고 있고 그것이 미술 작품 일반의 방식에 투영되어 있다고 여겨진다. 그러나 꽃꽂이라 는 것의 존재방식, 또는 꽃꽂이에 비춰지는 인간의 심경은 전혀 질이 다르다. 그것은 시간 속에서 시간을 밀어내려는 모습과는 완전 반대로 오히려 일분의 틈도 없이 시간으로 겹치는 모습이다. 어쩌 면 집에 누워 있던 천녀(倩女)와 집을 나간 천녀가 만나 하나의 천녀로 합해진 것처럼[17], 혹은 좌선 을 하고 있는 인간의 호흡이 저절로 날숨 들숨으로 합쳐진 것처럼 스스로 존재의 시간성이 되어버 린 모습이다.

그 예술의 모든 것은 꽃과 나뭇가지를 잘라 꽂는다는 행동 속에 이미 포함되어 있다. 다른 조형예

---

17) [한] 천녀라는 아름다운 여자가 자신이 사랑하는 남자와 도망간 사이 그녀의 몸은 그대로 그 집에 머물며 병들어 누워 있었다. 몇 년 뒤 다시 고향집에 돌아오니 누워 있던 몸이 일어나 반기며 몸과 합체가 되었다. 이 이야기는 몸과 혼이 분리된다는 이야기로, 당나라의 괴기소설(怪奇小說) 『이혼기(離魂記)』에 실려 있다

술과의 차이는 단순히 살아 있는 상태의 화초와 나뭇가지를 소재로 한다는 점에 있는 것이 아니다. 그것은 피상의 차이다. 근본적인 차이는 꽃과 가지를 자르는 지점에 포함되어 있다. 땅에서 자라는 자연의 모습에서는 풀과 나무도 역시 시간 안에서 시간을 없애는 형태를 하고 있다. 그들은 이른바 자신 안에 작동하는 시들어가는 중력에 대항해 어쩌면 시간의 흐름을 내치려는 듯이 앞으로 또 앞으로 자기 자신에서 빠져나와 자기 자신 앞에 스스로를 던지고 있다. 그런데도 그들은 그렇게 해서 시간을 초월할 수는 없다. 왜냐하면 그렇게 하는 것이 결국 그들의 존재를 꿰뚫는 시간의 흐름이기 때문이다. 그들이 시간을 없애고 시간을 내치려고 함으로써 그들의 존재는 움직이는 시간적 존재가 된다. 그러나 그 일이 그들이 살고 있다는 것, 그들이(설령 시간적이라고 하더라도) 존재할 수 있다는 것이다. 시들어가는 중력이 지배하는 그 안에서 그들의 존재가능이 성립한다는 것이다. 그들은 그들 자신 안에서 시들어가는 것과 싸우고 있다. 또한 그것과 연결되어 밖에서는 햇빛과 비와 바람과 땅 속의 양분과 벌레 등을 위해 신경을 쓰고 있다. 그렇게 풀과 나무가 신경을 쓰는 것도 살기 위한 투쟁이다. 모든 것이 시간을 물리치려는 모습이다. 땅에서 자라는 자연 상태의 초목은 그러한 방식을 취하고 있다. 초목뿐 아니라 인간도 그러하며 모든 자연의 '생(生)'이 그러하다. 그 옛날 플라톤은 모든 생물은 자손을 낳아 지나가는 세계 속에서 영원히 존재하기를 추구한다고 했는데 거기에도 시간 속에서 시간을 물리치려는 모습이 보인다. 그리고 그러한 측면에서는 앞에서 말한 예술가의 삶도 생물에 작동하는 자연의 삶도 같은 것이다. 예술에서의 생은 인위의 세계, 문화의 세계에 속하는 것으로 단순한 자연의 생과는 별개이다. 근본적으로는 역시 그 근원을 자연의 삶에 두고 있다. 괴테가 예술적인 창조활동을 큰 자연의 생산 활동에 근거해 파악했던 것처럼 역시 '생' 안에 위치해 모든 생명활동과 마찬가지로 시간 속에서 시간을 물리치려고 하는 의욕을 본질로 하고 있다.

그러므로 꽃꽂이에 나타난 것은 분명 그러한 자연의 '생'이 끊어진 모습이다. 들과 정원에 있는 꽃은 결국 시들며 열매를 맺고 자손을 남기려 한다. 그것은 자연적인 생의 의욕 안에 있는 것이다. 그러나 꽃꽂이된 꽃은 그러한 의욕을 단념시킨 꽃이다. 그것은 오히려 '죽음'의 세계로 옮겨져 '죽음' 안에 서 있는 것이다. 시간을 물리치려고 하는 '생'으로서의 방식에서 떼어놓고 본질적으로 시간과 그 덧없음 속으로 옮겨진 것이다. 본질적으로라고 말한 것은 자연의 생이 시간성을 본질로 하면서 그 스스로의 본질에 등 돌리고 그 본질을 은폐하고 심지어 시간을 물리치려고 하는 듯이 현존하고 있지만, 뿌리가 잘린 꽃은 단숨에 그 본질의 본질다운 '시간'의 운명 속으로 되돌려지기 때문이다. 그것은 꽃의 자연적 생이 아니다. 꽃은 스스로 그렇게 될 수 없다. 그저 인간의 장난이 꽃의 자연적인 의욕을 거슬러 꽃을 그곳으로 강제로 옮겨 놓은 것이다. 게다가 그렇게 하여 꽃이 그 자신의 은폐된 본질에 위치하도록 하여 그 본질을 드러나게 하는 것이다.

이 세계의 모든 것은 뿌리 없는 풀이다. 그러나 땅 속에 뿌리를 내리고 있는 풀은 그 본질적인 뿌리 없는 운명을 스스로 숨기고 있다. 뿌리에서 잘려짐으로써 비로소 뿌리 없는 그 자신의 존재 본질에 철저해 진다. 생의 세계에서 사의 세계로의 이동은 꽃에게 하나의 초월이다. 죽음 위에 세워진 꽃은 생에서의 '시간'의 성립에서 떨어뜨려져 어쩌면 시간이 존재하지 않는 현재에 선 듯하고 그 덧없는 며칠간의 존재는 생멸이 없는 한 점의 순간이 된다. 꽃은 초월의 의미로 순간으로 옮겨져 거기에 정착된다. 그리하여 시간 안에 떠오른 '영원'의 가현(假現)이 된다.

생이 끊긴 죽음, 존재가능이 단념된 무(無)—그것은 단순히 자연적인 죽음이 아니다. 꽃의 자연적인 죽음은 말라 시드는 것인데 꽃꽂이는 시들기 전에 버려져야 한다. 그러나 살아 있으며 살려진

꽃의 '죽음'은 자연의 생을 넘고 시간의 성립을 넘어 순간으로서 새로운 생으로 옮겨진다. 그 '무'는 시간 속에서 '영원'의 순간으로 새로운 존재가능을 획득하는 것이다. 분명 꽃을 꽂는 인간도 그것을 도코노마(床の間)[18]에 두고 꽃꽂이 한 것이 지배할 만한 공간을 주었을 때, 지금 말한 것을 의식적으로나 무의식적으로나 느끼고 있을 것이다. 꽃은 그 공간 안에서 어쩌면 '무'에서 출현한 듯 '공(空)'을 부유하면서 숙연하게 존재하고 있다. 주변 공간, 방 전체의 공간이 꽃의 존재로 인해 어쩌면 전류가 흐르는 것처럼 조여져 공간은 긴장과 엄숙함을 띤다. 꽃은 그 맑게 갠 현존과 공간을 차지하는 분명함에 의해 주변을 쳐내고 있다. 그럼에도 꽃 자신은 그것을 모르고 의도도 없다. 주변을 쳐내고 있는 것은 무의 공간의 반응이다(그렇기 때문에 꽃꽂이에는 '도코노마'와 같은 양식의 장식이 본질적으로 필요한 것이다). 꽃은 그저 단정하게 거기에 있다. 어쩌면 생의 집착을 끊어낸, 그리고 내 존재의 본질을 포기한 인간처럼 끝 모를 차분함 안에 작은 쓸쓸함을 띄우면서 모든 침묵을 통해 '영원'을 말하고 있는 것이다.

앞에서 꽃꽂이의 아름다움으로 임시적인 성격을 들었다. 그것은 완전히 '시간'에 따른 즉흥 예술이다. 그것은 그 시기의 계절 변화에 따르고 또한 살아 있는 초목의 시간적 존재에 따른다. 꽃꽂이의 아름다움이야 기껏해야 며칠 만에 사라지는 아름다움이지만 그 대신 또 가볍게 창조할 수 있는 아름다움이기도 하다. 아름다움이라는 것이 가진 덧없음 혹은 순간성이 승화된 몇 배로 고차원적인 아름다움이다. 그러나 꽃과 풀이 예술 세계로 옮겨진 근본은 앞에서 말한 것처럼 자른다는 인간의 작용에 의한다. 게다가 그 자른다는 작용에 의해 꽃과 풀의 존재의 근저에 있던 '공'이 열리고 나타나 꽃과 풀은 '공'에 서는 존재로서 시간 안에서 영원한 가현이 된다고도 말했다. 그 몇 배로 높아진 덧없음이 동시에 '영원'한 가현이다. 그것은 유한성이 유한성 자체에 철저함으로써 '영원'의 상징이 되는 것이다. '시간'이 완전히 '시간' 자신이 되려고 하는 것으로 생멸을 초월한 순간을 드러내는 것이다. 그러한 것이 자른다는 작용에 의해 또한 존재의 근저에 '공'이 열림으로써 성립하는 것이다.

여기에서 전혀 다른 정신적 경지에 선 예술의 두 방향을 생각할 수 있다. 직접적으로 '생'에 서는 예술과 죽음 위에서의 생에 서는 예술, 혹은 시간을 물리침으로서 영원을 추구하려고 하는 예술과 완전히 시간이 되어 영원을 열려고 하는 예술이다. 전자는 생의 자연적인 의욕에서 나오지만 후자는 그 자연적 의욕을 잘라낸 '공'에서 나온다.  [JMS/이혜원]

---

# 서예

모리타 시류(森田子龍) 1970, 124-5

인간은 모노(もの)와 「고토(こと)」 속에 스스로의 의지와 상관없이 게다가 모노와 고토가 없는 곳을 고를 자유도 전혀 없이 모노와 고토의 한가운데에 태어났다.[19] 인간(임시로 나라고 부르자)이 지금·여기에 살고 있다는 것은 어떤 '모노(고토)'와의 관계 속에 사는 것이다. 나는 '모노'에서 나의 존재를 얻는 것이고 '모노'는 나를 통해 '모노'가 되는 것이다. 내가 살고 있다는 사실 그 자체가 근원적·본래적으로 나를 그러한 것으로 규정하고 있다.

---

18) [한] 일본식 방에 바닥을 한층 높게 만들어 벽에는 족자를 걸고 바닥에는 꽃꽂이나 장식물을 꾸며놓는 공간.
19) [한] '모노'와 '고토'에 관한 사항은 이 책의 〈20세기 철학〉 기무라 빈(木村敏) [시간과 '자신'] 항목 참조.

내가 지금 글을 쓴다는 방법으로 살기 위해 한 자루의 붓을 들었다고 해도 그 붓은 단순히 붓이 아니라 그 이전에 나를 있게 하고 나를 살게 한 '모노'인 것이다. 그것이 없다면 지금 여기에 나는 없다, 그러한 것으로서 붓은 붓이다. 홀로 나 자신이라는 것은 어디에도 없고 지금 여기에는 '붓을 통해 살고 있는 나' 밖에 없다. 붓도 '나를 살게 한 붓'으로만 여기에 있다. 단독으로 나도 단독으로 붓도 아니므로 따로 떨어진 '나'와 '붓'이라는 관계는 성립하지 않는다. '나와 붓'이라는 전체가 살아 있는 것이다. '나와 붓'이라는 나눌 수 없는 '하나의 전체'가 지금·여기에 살고 있고 그것이 내가 살고 있다는 것의 핵심이다.

그 '하나의 전체'를 가령 '장(場)'이라고 불러보자. 반복할 필요도 없이 나 더하기 붓이 장이 되지 않으며 장 빼기 나는 붓이 되지 않는다. 내가 없다면 붓이 없고 또한 붓이 없다면 나도 없다. 장에서만 나도 붓도 존재한다는 의미에서는 나도 붓도 장에서 태어나고 장에 의해 생기는 것이라고 말할 수 있다. '나와 붓'은 언뜻 우연히 연결된 것처럼 보이더라도 존재의 근원이 거기에 드러나고 있는 것이라서 그보다 더 깊은 필연은 없다.

그 '하나의 전체'=장은 단순히 나의 원리에 의해서도 단순히 붓의 원리에 의해서도 결정될 수 없다. 또한 둘의 단순한 합계와는 다르다. 둘 사이에 공배수·공약수를 구할 수 있는 것도 아니다. 장은 장 독자의 원리에 서 있다. 내가 산다는 것은 장이 산다는 것 이외에는 있을 수 없다. 장이 생생하게 약동하고 있는 것이 곧 내가 살아가고 있는 것이다. 그 장은 근원적으로 하나가 되는 장 자체의 자기 달성, 자기 원리의 자립으로 약동하고 있다. 내가 산다는 것, 지금 여기에서는 내가 쓴다는 것이 하나여야 할 장='나와 붓'이 진정으로 하나가 되는 작업이고 진정 하나가 되었을 때, '내가 쓴다'는 것이 진정한 의미에서 성취되는 것이다.

유형·유한의 인간법은 마찬가지로 유형·유한의 붓과 대응할 때 서로 제약하여 하나로 귀속할 수 없다. 바닥이 빠지고 혹은 안에서 터져 나와 나라는 껍질이 떨어져 무형상·무한정인 세계로 해방되어야 한다.

해방된 장으로 귀일한 나는 '나와 붓'이라는 전체이다. 지금 여기에서는

(1) 나(장)는 나이자 붓이다. 붓(장)은 붓이자 나이다. 나는 붓이고 붓은 나이다. 나는 붓에 속하는 것은 아니다.

(2) 나는 내가 아니므로(장이므로) 나이고 붓은 붓이 아니므로(장이므로) 붓이다. 나는 나를 넘어 해방되고 해방된 채 나에게 작용하고 있는 것이다. 나는 더 이상 나 스스로에게 제한을 받지 않는다. 그때 나는 진정으로 내가 될 수 있는 것이다.

나 자신에게도 붓에게도 제한받지 않는 나는 곧 자유이다. 장의 근원적 요청은 바꿔 말하면 자유의 달성이다. 장은 자유를 향한 장이고 자유는 장에서만 달성된다.

지금 여기에 나를 있게 하는 것은 장이고 나에게 자유를 얻게 하고 나를 진정 나답게 하는 것도 장이다. 곧, 붓 없이 나는 내가 아니고 붓 없이 나에게 자유는 없다. 붓 없이 나는 진정으로 내가 될 수 없다. 지금 여기에서는 붓은 내가 아닌 나(장)이다. 붓은 나 외에 다른 물건이 아니다. 다른 하나의 도구에 머무르는 것이 아니다. 붓을 그저 다른 것으로 보는 것이 아니라 붓에서 자기를 보고 자기를 살고 있는 것이다. 그리고 이것은 단순히 나의 바람에 의한 것이 아니라 '나와 붓'이 지금 여기에 있다는 사실, 지금 여기에 내가 살고 있다는 사실을 가리키고 있는 것이다.

[JCM/이혜원]

# 가모노 조메이

鴨長明, 1155-1216

가모노 조메이는 일본에서 가장 영향력 있는 신사 중 하나인 시모가모신사(下鴨神社=下賀茂神社)의 고위 신관인 나가쓰구(長繼)의 아들로 태어났다. 아버지의 뒤를 이어 명망 있는 자리에 오를 수 없었던 조메이는 도바천황(鳥羽天皇, 1103-1156)의 딸이자 니조천황(二條天皇, 1143-1165)의 중궁(中宮)인 다카마쓰인(高松院, 1141-1176)의 후원을 받아 활동했다.

로쿠조파(六條派) 계통의 일원으로 존경할 만한 와카의 경력을 쌓았고 수많은 와카 경연 대회에 초대되었다. 1201년 고토바천황(後鳥羽天皇, 1180-1239) 때 조정 관청인 와카도코로(和歌所)의 일원이 되었지만 조정과의 인연은 그리 오지 가지 않았다.

전통문화에 조예가 깊었는데, 그는 예술적 달성도가 쇠퇴한 원인이 된 당대의 사회 관습에 대해 강한 반감을 가졌다. 이러한 견해는 그가 제자들과 나눈 다음의 문답집 『무묘쇼(無明抄)』에도 반영되어 있다. 조메이 자신이 그의 가장 유명한 수필 『호조키(方丈記)』에서 회상하듯이, 그는 나이 쉰에 집과 고향을 버리고 은둔자가 되기로 결심했다. 그는 여생을 홀로 은거하면서 보냈는데 처음에는 히에이산 기슭의 오하라(大原)에서, 나중에는 교토 남쪽의 히노(日野)에서 보냈다.

예외적으로 재능 있는 와카 작가이면서 동시에 와카 이론가인 조메이는 설화집 『발심집(發心集)』을 쓰고 와카 양식의 진화를 추적할 수 있는 『무명초(無名抄)』도 편찬하였다.　　　　　[MFM/엄인경]

---

## 우타(歌)의 양식

가모노 조메이 1212, 82-8 (404-9)

**문** : 요즘 사람들의 우타(歌=와카) 짓는 모습을 보면 둘로 나뉘어 있습니다. 중세의 양식에 집착하는 사람은 지금 세상의 우타를 대충 짓는 것인 양 생각하고, 종종 선문답처럼 알 수 없다고 하여 달마종(達磨宗)이라는 이름을 붙여서 비방하고 놀립니다. 또한 요즘 양식을 선호하는 사람들은 중기의 양식을 '세속적인 것에 가깝다, 볼 것 없다'며 싫어합니다. 종종 교리 다툼처럼 되어 딱 잘라 결론지을 수도 없습니다. 후학 입장에서는 무엇이 옳고 그른지 혼란스럽습니다. 어떻게 받아들여야 하겠습니까?

**답** : 이는 이 세상 우타 명수들의 거대한 논쟁이므로 쉽사리 어떻다고 정하기 어렵습니다. 다만 사람 세상의 관습, 달과 별 같은 천체의 운행을 깨닫고, 신령의 마음도 미루어 알 수 있는 것이니 미흡하더라도 마음이 이르는 데까지는 말씀드리지요. 또 당신 생각에 따라 재단해도 될 것입니다. 무릇 이를 사람들이 물과 불처럼 이원적으로 생각하는 것은 잘못이라고 봅니다. 우타의 양식은 대대로 달라졌습니다. 옛날에는 글자 수도 정해지지 않았고 생각하는 대로 입에 맡겨 표현했지요. 남신 스사노오노미코토[20]가 지었다는 '이즈모 여덟 겹 담(出雲八重垣)'이라는 우타로부터 다섯 구 서른 글자로 정해졌습니다. 『만엽집』 무렵까지는 정성껏 감정을 서술하기만 하고 마치 우타의 표현이나

말은 그리 고르지 않은 것처럼 보였지요. 중기의 『고금와카집』 때에는 꽃 같이 화려한 외형과 열매 같은 내용이 모두 갖추어지면서 형태가 다양하게 나뉘었습니다. 『고센와카집』에는 좋은 우타들이 『고금와카집』에 모조리 실린 다음 시간이 많이 경과하지 않았으므로 우타를 선별하기 어려웠던 까닭에 외형보다는 그저 내용을 앞세웠습니다. 『슈이와카집』 무렵부터 그 양식이 상당히 요즘과 가까워지면서 이치가 숨김없이 드러나고 표현이 순수한 것을 좋은 우타라고 했지요. 그 후 『고슈이와카집』 때가 되면 다소 부드러워지고 옛날 방식도 많이 잊게 됩니다. "그때 옛날 사람들이라면 이를 받아들이지 않았을 것이고 '『고슈이와카집』식 표현'이라 이름 붙여서 아쉬운 일이라 했다"고 어떤 선달께서 말씀하셨지요. 『긴요와카집(金葉和歌集)』는 일부러 재미있게 하고자 가벼운 우타가 많았습니다. 『시카와카집(詞花和歌集)』, 『센자이와카집(千載和歌集)』는 대략 『고슈이와카집』과 비슷한 풍이었지요. 우타가 예로부터 전해온 방식이 이러합니다. 그러므로 『슈이와카집』 이후로 양식이 하나가 되어 오래도록 이어진 까닭에 풍정도 점차 소진되고 표현도 세대가 지나면서 낡아서 우타의 도라는 것이 시대에 따라 쇠퇴한 것입니다.

옛날에는 그저 벚꽃을 구름에 비유하고, 달을 얼음이라 보며, 단풍을 비단에 견주는 방식이 흥미롭다고 했지만, 이제는 그 내용에 있어서도 표현방식이 소진되어 구름이라고 해도 다양한 구름을 찾게 되고, 얼음이라 해도 신기한 내용을 덧붙이게 되며, 비단과 다른 측면을 찾으려는 등 쉽지 않아졌고 훈련을 거듭하여 생각해야 하므로 진기한 풍정을 읊기란 점점 어려워졌습니다. 어쩌다가 그런 경우가 있기는 해도 그저 옛날을 모방하는 내용이므로 볼품없어지고 흐트러지는 형태가 되었지요. 하물며 말의 문제에 이르러서는 모든 표현이 소진되는 바람에 신기한 말도 없어지고 눈길이 머물만한 구절도 없습니다. 특히 우수하지 않은 우타는 앞의 구 오/칠/오를 읽으면 뒤의 구 칠/칠은 쉽게 미루어 짐작되는 식입니다. 이에 요즘 사람들은 우타의 양식이 세대가 지나면서 낡게 되는 것임을 알고 오히려 옛 방식으로 되돌아가 「유겐(幽玄)」의 양식을 배우는 경우가 생겼지요. 따라서 중기의 흐름을 배우는 사람들 입장에서는 눈을 휘둥그레 뜨고 놀라 비방하고 조소하는 것입니다.

하지만 사실 우타가 뜻하는 바는 하나이므로 능숙한 우타나 우수한 우타는 어느 쪽이든 이를 잘 표현합니다. 이른바 후지와라 기요스케(藤原淸輔, 1104-1177), 미나모토노 요리마사(源賴政, 1106-1180), 슌에(俊惠, 1113-1191), 도렌(登蓮, ?-?)[21] 등의 우타 창작 방식은 요즘 사람들도 버리기 어렵게 만들지요. 현재 양식의 우타 중에도 잘 지어진 것은 비평가들도 헐뜯지 않습니다. 어설픈 우타에 이르면 형태든 내용이든 좋지 않게 됩니다. 중기 때 지어진 특별할 것 없는 우타를 요즘 우타와 같이 놓고 보면, 화장한 사람들 속에 맨얼굴로 섞여 있는 것과 다를 바가 없습니다. 요즘 제대로 지어지지 않은 우타는 전혀 이해할 수 없거나 몹시도 혐오스럽습니다. 그러므로 한쪽에 치우쳐 집착하지 말아야 합니다.

문 : 요즘 세간의 양식은 새롭게 생긴 것이라 여기는 것은 잘못된 일입니까?

답 : 이러한 논란은 맞지 않는 일입니다. 설령 새롭게 생겼다고 해서 꼭 나쁜 것은 아니지요. 중국에는 제한이 있는 문체도 세대가 지남에 따라 바뀝니다. 이 나라 일본은 작은 나라로 사람 마음됨됨이가 어리석기에 온갖 것들을 옛날과 다르지 않게 해야 한다고 여기는 것입니다. 더욱이

---

20) [한] 태양의 여신 아마테라스오미카미의 난폭하고 용맹한 남동생으로 알려진 신화 상의 존재.
21) [영] 이들은 모두 12세기 주요 가인이다.

우타는 심정을 표현하고 귀를 즐겁게 하기 위한 것이니 당대의 사람이 맞추어 짓고 즐기는 것보다 더 좋은 일이 있겠습니까? 하물며 이제 와서 기교가 더 발달해야 하는 것도 아닙니다. 『만엽집』까지 돌아가기는 너무 멉니다. 『고금와카집』의 우타를 잘 분간하지 못하는 사람들이 이러한 잘못을 저지릅니다. 이 가집(歌集) 안에 다양한 양식이 있습니다. 그러므로 중기의 우타 양식도 『고금와카집』에서 나온 것이라 할 수 있습니다. 또한 유겐이라는 형태도 이 가집에서 나온 것이지요. 설령 지금의 우타 형태가 이미 다 소진된 상태라 다시 만들어야 하는 세상이라고 말하는데, 장난스러운 우타 같은 것까지도 남김없이 골라서 실려 있기에 여전히 이 가집을 뛰어넘기는 불가능합니다. 그저 귀에 낯설다 여겨 비방하고 경멸하는 것은 오로지 중기의 우타 양식과 대비되기 때문입니다.

**문** : 중기와 요즘의 두 가지 양식 중 어느 쪽이 읊기 편하고 또 좋은 우타라고 할 수 있습니까?

**답** : 중기의 양식은 배우기는 쉽지만 뛰어난 우타를 짓기는 어려울 것입니다. 표현이 낡았으니 풍정만을 주안점으로 해야 하는 까닭이지요. 지금의 양식은 배우기 어렵지만 잘 익히면 짓기는 쉽습니다. 그 형태가 드물기 때문에 형태와 내용이 서로 흥미로울 수 있는 까닭이지요.

**문** : 방금 들은 바와 같다면 무엇이든 잘 지은 우타는 좋고 잘 못 지은 우타는 나쁠 것입니다. 학자들은 서로 자기가 옳다며 다툽니다. 어떻게 그 우열을 정할 수 있습니까?

**답** : 꼭 우열을 정해야 하는 것일까요? 그저 어느 쪽이든 잘 읊은 것을 좋다고 알면 될 것입니다. 다만 자쿠렌(寂連) 스님[22]이 하신 말씀이 있습니다.

> 이러한 다툼은 쉽게 끝낼 수 있는 방법이 있다. 그 예로 서예를 배우는 데에도 '잘못하는 사람 글자는 흉내 내기 쉽고 나보다 한수 위인 사람의 글씨는 배워서 흉태 내기가 어렵다'고 했다. 그러므로 '내가 읊듯이 읊으라'고 할 때 후지와라노 스에쓰네(藤原季經, 1131-1221)경이나 겐쇼법사(顯昭法師, 1130-1209) 등이 며칠을 고민하여도 읊지 못할 것이며, 내가 그 사람들처럼 읊으려면 그저 붓끝을 적셔서 잘 쓰면 될 것이다. 그렇게 하는 것이 전부이리라.

다른 사람들은 잘 모르겠지만 내 입장에서 중기 사람들이 많이 모여서 우타 대회에 늘어앉아서 남의 우타를 듣고 있을 때, 내가 전혀 생각지 못한 풍정의 우타는 아주 적었습니다. 내가 뒤를 이으면서 앞 우타가 괜찮았구나 여길 때는 있었지만 전혀 생각이 미치지 못했던 경우란 드물었지요. 그런데 어전(御前)의 우타 대회에 나가게 되었을 때는 전혀 생각지도 못한 우타만 참여자들이 읊었으므로, 우타의 도라는 것은 이제 시간적 기한도 없고 범주도 없는 것이로구나 싶어 두려운 느낌마저 들었습니다. 그러니 우타 양식을 잘 익히는 것은 우타 작법의 소양이 있는 사람이 정상에 오른 다음 그 고개를 넘은 후에나 가능한 일입니다. 그런 사람들조차 자칫 벗어나면 듣기에 거슬리는 우타도 많을 수 있지요. 하물며 풍정이 부족한 사람이 아직 산봉우리까지 올라가지도 못한 채 짐짓 추측하여 흉내만 내는 것은 자못 우스꽝스러운 일입니다. 치장해야 한다고만 생각해서 미천한 여자가 마음 내키는 대로 연지곤지를 마구 바르는 것처럼 느껴지지요. 이러한 부류의 사람들은 스스로 창작해내지 못하고 남이 짓다 버린 말들을 주워서 그 양식을 흉내 내는 것일 뿐입니다. 이른바 '이슬 적적해',

---

22) [영] 자쿠렌은 후지와라노 사다나가(藤原定長, 1139-1202)가 귀의 후 붙인 불교 이름.

'바람이 불어', '마음 깊은 곳', '정취의 밑바닥', '달의 낮에 뜨는 것', '바람 부는 해질녘', '봄날의 고향' 같은 표현이 처음에야 참신하게 읊어졌겠지만, 두 번째부터는 깊이 생각하지 않은 표현으로 금세 배울 수 있습니다. 그렇지 않으면 어렴풋이 마음이 갇힌 상태에서 읊고자 할 때 결국 스스로도 납득하지 못하고 틀림없이 불안정한 우타가 되지요. 이러한 우타의 사례는 유겐의 경지에 있지 않으면서 실로 선문답같은 달마종이라 할 만합니다.

문 : 설명의 흐름은 대략 이해했습니다. 하지만 그 유겐 같은 양식에 이르러서는 어떠해야 한다는 것인지 이해하기가 어렵습니다. 이런 것이라는 가르침을 받고자 합니다.

답 : 무릇 우타의 모습만으로는 내용을 이해하기 어렵습니다. 오래된 구전이나 우타의 창작 이론 같은 것을 보면 어려운 바를 손잡아 이끌어주듯 가르치기에만 힘을 쏟는데, 형식에 이르르면 분명하게 보이는 바가 없습니다. 하물며 유겐이라는 양식은 우선 이름을 듣는 것만으로도 혼란스러울 것입니다. 나도 스스로 잘 이해하지 못했으니 어찌 정확하게 말할 수 있을지 막연하지만, 그 경계에 제대로 들어선 분들이 말씀하시는 취지는 결국 그저 말로 드러나지 않는 여정, 겉모습으로 보이지 않는 기색이라 할 수 있습니다. 내용적으로도 이치가 깊고 표현에서도 요염함이 극치에 이르면 유겐의 덕은 저절로 갖춰질 것입니다.

예를 들어 가을 저녁 하늘에는 아무런 색도 아무런 소리도 없습니다. 어디에 무슨 이유가 있어서도 아니지만 공연히 눈물이 흐르는 것과 같지요. 무심한 사람은 이를 전혀 멋지다고 여기지 않으며, 오로지 눈에 보이는 꽃이나 단풍만 좋다고 합니다. 또 아름다운 여인이 불만스러운 일이 있어도 말로는 표현하지 않고 깊이 참는 기색을 '아, 그런 거로구나'하며 막연하게나마 보고 있는 쪽이, 말로 전부 표현하고 원망하며 눈물 젖은 소매를 쥐어짜 보여 주는 것보다 훨씬 마음 괴롭고 애절함도 깊어 보이는 것과 같지요. 또한 나이 어린 아이라면 구구절절이 말하여 들려주지 않으면 어떻게 기색을 살피는 것만으로 내용을 알 수 있겠습니까?

이 두 가지 예에서 보듯 풍정이 적고 마음이 얕은 사람으로서는 깨닫기 어려운 것임을 알아야 합니다. 또한 어린 아이가 무슨 뜻인지도 모르고 귀엽게 한마디하는 것은 덧없지만 사랑스럽기에 들을 만한 경우와 비슷할 때가 있지 않은가요? 이것이 어찌 쉽사리 배워서 정확하게 말로 표현할 수 있겠습니까? 그저 스스로 익히게 되는 것이지요. 또한 안개가 잠깐 걷힌 사이로 가을 산을 바라보면, 보이는 곳은 흐릿하지만 그 안쪽이 더 보고 싶고 단풍이 들면 얼마나 더 멋있을까 한없이 추측하는 쪽이, 정확하게 전부 다 보이는 것보다 나을 것입니다. 무릇 마음이 말로 드러나 달을 '한 점 흐린 곳 없다'고 하고, 벚꽃을 '아름답다'고 칭송하는 일이 그리 어려운 일이겠습니까?

어떤 점에서 그냥 하는 말보다 우타가 가진 더 나은 덕목이라 할 수 있을까요? 우타 한마디에 많은 이치를 담으면서 드러내지 않고 깊은 마음을 다하며, 보이지 않는 세상의 모습을 떠올리고 비근한 것을 빌려와 우아함을 드러내며, 어리석은 듯하면서 절묘한 이치를 다하는 것입니다. 그러니 마음이 미처 이르지 못하고 표현할 말이 부족할 때라도, 생각을 드러내고 오직 서른 한 글자 안에 천지를 감동시킬 덕을 갖추며 귀신도 화합하게 하는 술법이 바로 우타입니다.

[HK/엄인경]

# 제아미 모토키요

世阿彌元清, 1363-1443

제아미(世阿彌)는 나라(奈良) 지역에서 「사루가쿠(猿樂)」를 전문으로 하는 예능인 집안에 태어나서, 아버지 간아미(觀阿彌, 1333-1384)에게 연기와 극작법을 배웠다. 간아미가 교토(京都)에서 성공을 거두자, 제아미는 일본의 전통 시가(詩歌)인 와카(和歌) 빛 당시 운문 장르에서 가장 큰 인기를 구가하던 렌가(連歌) 분야에서 경쟁력을 갖출 배움의 기회를 얻었다. 또한 다이고지(醍醐寺) 절에서 중국과 일본의 전설, 불교 교리를 배웠다. 1384년에 간아미가 사망하자, 제아미는 극단을 통솔하는 수장의 지위를 이어받았다. 교토에서 부친이 거둔 성공을 기반으로 하여 제아미는 무로마치 막부 3대 쇼군(將軍) 아시카가 요시미쓰(足利義滿, 1368-1394)의 후원을 얻었던 것으로 보인다.

1400년 제아미는 자신의 연습 체험을 비롯하여 연기와 관련된 폭넓은 문제를 고찰하고 기록하기 시작하였다. 생을 마감할 때까지 계속 글을 쓰며, 후원자를 얻는 방법, 극본을 쓰는 방법, 무대에서 다양한 캐릭터를 묘사하는 방법, 젊은 배우의 수련 방법, 연기에 대한 미적 판단 방법 등을 포함한 무대 상연과 관련된 뛰어난 업적을 남겼다. 또한 30-40편 가량의 중요한 극본을 썼으며, 고도로 세련되고 정통적인 무대극의 공식적인 연기 규범을 설정하였다. 이것이 바로 오늘날 일본의 전통 무대극인 노(能)라고 불리는 장르다.

제아미는 당시 지도급 인사들과 교류를 맺었는데, 그 대표적인 인물로 기요 호슈(岐陽方秀, 1361-1424 임제종 승려)가 있다. 독실한 불교 신앙은 제아미의 작품에서 주요한 소재였다. 그의 지적(知的) 세계는 선종(禪宗)의 용어로 표현되며, 선종의 영향이 미학과 연기 수련에 관련된 작품과 저서에서 명확하게 드러난다. 아래 예를 든 부분에서 그 흔적을 엿볼 수 있다. 제아미는 말년에 6대 쇼군 아시카가 요시노리(足利義敎, 1394-1441)에 의해 현재 니가타(新潟) 현에 속한 섬인 사도(佐渡)로 유배되었다. 그러나 생의 마지막 순간에는 교토로 돌아갔다고도 전해진다.          [TH/조경]

---

## 감흥의 본질에 대한 이해

제아미 모토키요 1428, 186 (207-8); 1424, 97-8, 100-1, 87-8(112-13, 115-16, 102-3); 1418, 61-2 (70-1); 1420, 117-18 (136)

---

### 관객의 눈을 사로잡는 참신함

감흥의 본질을 일본어로 꽃을 의미하는 단어인 '하나(花)'에 비유했는데, 이것은 관객의 눈에 신선하게 보이는 특색을 의미한다. 이 신선함의 본질을 궁극적으로 추구하는 것을 '하나를 안다'고 표현하였다.···무릇 꽃은 활짝 피어서 사람의 감흥을 돋우고, 꽃이 지는 장면은 바라보는 사람의 눈에 신선하게 비칠 수 있다. 어떤 이가 "무상감(無常感)이란 어떤 것인가?"라고 나에게 물었다. 나의 대답은 꽃이 바람에 지고 나뭇잎이 떨어진다는 의미의 "비화낙엽(飛花落葉)"이었다. 또 그가 "상주불멸(常住不滅)이란 무엇인가?"라고 물었다. 나는 역시 "비화낙엽"이라고 대답하였다. 갑작스럽게 감흥을 느끼게 되는 순간의 마음은 한 가지 표현으로 규정할 수 없기 때문이다. 예능에서도 타인의 마음에 감흥을 불러일으키는 사람을 명수(名手)라고 하고, 이 감흥을 오랫동안 유지하는 사람을 명망 높은 달인이라고 한다. 따라서 감흥을 자아내는 기예를 노년까지 유지하는 연기자가 있다는 것은, 끊임없이 변화하는 비화낙엽의 감동이 변함없이 늘 그대로 있는 불변의 상징으로 보이는 것과 같다. 하지만 또한 세간의 일반적인 기예를 보여 주는 연기자도 있을 터이다.…연기자와 관객은 양측 모두 각자의 수준에 걸맞은 식견을 갖는다.

### 유겐(幽玄)

「유겐(幽玄)」이라고 불리는 우아하고 농염한 표현에 대해 설명하겠다. 와카(和歌)나 렌가(連歌)와 같은 예도(藝道)에 있어서 유겐은 가장 이상적인 아름다움이며, 이를 표현하는 것이 가장 중요하게 여겨진다. 그러나 유겐은 대개 시각적으로 표현되기 때문에, 관객들은 얼추 시각적으로 확인할 수 있는 정도의 표현을 유겐이라고 여기며 감상한다. 그러나 실제로 유겐을 구현하는 연기자는 쉽게 찾아볼 수 없다. 진정한 유겐의 정취를 모르기 때문이다. 이 경지에 들어선 연기자는 좀처럼 존재하지 않는다.

무릇 유겐의 경지란 무엇인가? 우선, 세상 사람들의 신분을 살펴보면, 신분이 높은 귀인의 몸가짐과 행동은 참으로 품위가 있으니, 사람들이 존경하며 우러르는 고귀한 풍모는 유겐의 품격이라고 해도 좋을 것이다. 이러한 귀인의 신분을 빌려서 표현되는 지극히 아름답고 부드러운 모습이 유겐의 본질이다. 다시 말해, 느긋하고 기품 있는 몸가짐이 연극에서 표현되는 신체의 유겐이다. 또한, 대사는 우아하고 아름답게 쓰고, 귀인이 일상적으로 사용하는 말투를 연구하여 짧은 대사도 우아하게 만드는 것이 연극 대사의 유겐이다. 그리고 노래를 부르는 경우, 곡조가 아름답게 흐르고 나긋나긋하게 들리면, 이것이 음곡의 유겐이다. 춤 연습을 충분히 하여 춤사위의 분위기가 아름답고, 조용한 몸짓에서도 정취가 느껴지면 이것이 춤의 유겐이다. 배역에 맞는 분장을 하고 무대에 섰을 때, 노인과 여성, 무사의 풍모가 아름답다면 이 역시 유겐이다. 맹렬하게 화가 난 모습이나 귀신 등으로 분장하고 연기를 할 때, 동작을 다소 거칠게 하는 한편으로도 아름다운 표현을 잊지 말고, 몸은 표현 의도보다 자제하여 움직이고, 몸을 강하게 움직일 때는 발걸음은 살살 옮기도록 마음에 새긴다. 이렇게 하여 신체를 통해 구현되는 표현이 아름답다면, 이것이 바로 귀신의 유겐일 것이다.

이처럼 다양한 유겐의 양상을 마음에 깊이 새기고, 설령 연기하는 인물에 완벽하게 몰입하는 방침을 따라서 각각의 역할로 분장을 할 때도, 연기자는 항상 유겐을 잊어서는 안 된다. 예를 들면, 신분이 고귀한 사람과 미천한 사람, 남성과 여성, 승려와 일반인, 농부, 시골 사람, 거지, 빈민에 이르기까지 그 모든 역할에 유겐의 분위기가 갖춰진 것은, 마치 그들이 각자 꽃 한 가지를 꺾어서 손에 든 모습을 보는 것과 같다. 각각의 인물이 신분은 다르지만, 들고 있는 꽃이 아름답다는 점에서 꽃은 모두 동등하다. 이 꽃에 비유된 것이 연극에서 표현되는 자태의 품격이다. 무대에서 표현되는 모습을 멋지게 보이게 하는 것은 연기자의 마음이다. 여기서 말하는 마음이란 유겐의 이치를 충분히 이해하는 것을 이른다. 다시 말해 대사를 통해서 유겐을 구현하도록 가도(歌道)를 배우고, 자태에서 유겐을 구현하기 위해 기품 있는 몸가짐을 익혀서, 배역이 달라져도 항상 변함없이 아름답게 보이는 요소를 갖추는 것이 유겐의 근원임을 알아야 한다.

### 모든 기예를 일관된 마음으로 관철하라

관객의 비평 중에 때때로 "무대 위의 연기자가 아무 것도 하지 않는 부분이 재미있다"라는 말을 듣는다. 이것이야말로 연기자가 마음 깊이 감춰둔 연기에 대한 고안이 빚어낸 효과다. 춤과 노래를 비롯한 연기자의 몸짓, 각종 역할에 걸맞은 연기는 모두 연기자의 육체를 통해 표현되는 기예다. 이에 비해 '아무 것도 하지 않는 부분'은, 육체를 써서 표현하는 기예의 사이에 생기는 간극이다. 여기서 말하는 '아무 것도 하지 않는 부분'이 어째서 재미있는가를 생각해 보면, 기예와 기예 사이를 섬세하게 연결하는, 마음속 깊은 곳에서 발생하는 긴장 때문이다. 춤을 멈춘 바로 그 순간, 노래를 멈춘 순간, 대사나 몸동작을 완전히 멈춘 부분에 대해 항상 신경을 쓰고 긴장을 지속적으로 유지하는 의식 기저부의 배려가 있다. 이러한 의식의 기저부에 존재하는 충실감이 자연스럽게 밖으로 드러나서 관객이 재미있다고 느끼게 되는 것이다. 그러나 연기자가 의식 기저부의 충실감을 보유하고 있다는 사실이 외부로 확실하게 보여서는 안 된다. 만약 그 긴장감이 뚜렷하게 관객의 눈에 보이면, 그것은 이미 하나의 기예에 불과하고, '아무런 기예도 하지 않는다'는 흥미로움은 사라진다. 따라서 연기자 자신이 마음을 비우고 무아지경에 도달하여, 춤과 노래, 대사나 동작을 완전히 멈춘 순간의 긴장감을 스스로 의식하지 않을 정도로 연기에 집중하고, 그 집중력을 바탕으로 기예의 간극을 이어 나가도록 해야 한다. 이른바 의식을 초월한 의식의 집중이 연극 안에서 모든 기예를 일관하는 긴장의 힘이다.

> 인간의 삶이 끝나서 죽음이 찾아오는 모습을 보니 제례 때 쓰는 인형이 떠오르네.
> 인형에 메어 놓은 줄 하나가 끊어지면 모든 것이 쿵음을 내며 무너져 버리는구나.

이는 덧없는 삶과 죽음을 반복하는 인간의 모습을 비유한 것이다. 제례에 사용하는 꼭두각시 인형은 다양한 모습과 동작을 보여 주지만, 진짜 움직이는 것은 아니라, 사람이 인형을 조종하는 줄을 당겨야 움직인다. 인생도 그러하여, 줄 하나가 끊어지면 모든 것이 다 무너져 버린다는 경계를 담고 있다. 배우의 연기도 이와 마찬가지로, 다양한 기예는 꼭두각시 인형에 지나지 않는다. 연기를 지탱하고 생명력을 불어넣는 것은 연기자의 마음으로, 인형을 움직이는 줄에 비유할 수 있다. 하지만 연기자의 마음은 관객에게 보여서는 안 된다. 만일 관객에게 보이게 된다면 마치 인형을 조종하는 줄이 보이는 것과 같은 패착이다. 이 긴장감은 타인이 눈치 채지 못하게 감추고 모든 기예를 이어가야 한다. 이를 명심하면, 연기에 있어서 단순한 기계적인 움직임이 아니라 생명감이 깃들게 된다.

덧붙여 말하면, 이것은 무대에서 연기를 할 때만 해당되는 것은 아니다. 일상생활의 모든 순간에 의식의 기저부에 존재하는 긴장감을 유지하며 모든 동작을 충실하게 연결시켜야 한다. 이처럼 늘 방심하지 않고 연기에 대한 궁리와 고안을 한다면, 무대에 올리는 작품의 수준은 점점 더 향상될 것이다.

## 춤의 아름다움은 음악적 요소를 기반으로 한다

춤에는 다섯 종류의 기본적인 표현인 오지(五智)가 있다. 수지(手智), 무지(舞智), 상곡지(相曲智), 수체풍지(手體風智), 무체풍지(舞體風智)가 바로 그것이다.

첫째, 수지(手智)는 외형적인 기법이며 춤을 구성하는 표현이다. 우선 합장의 기법부터 시작해서 머리와 팔다리를 움직이고 손을 내밀었다 당겼다 하며, 도입부로 시작해서 완만하게 전개한 후 클라이맥스에 이르러 빠르게 종료하는 구성인 서파급(序破急)이라는 변화의 질서에 맞추어 1회의 춤을 구성한다. 그리고 그 구성대로 춤을 끝마치는 순서를 습득하는데, 이것을 테크닉 본위의 표현인

수지(手智)라고 부른다.

둘째, 무지(舞智)는 외형적인 기법과는 별도로 존재하는, 춤의 아름다움을 보여 주는 표현이다. 물론 외형적인 기법이 되는 테크닉은 춤의 중요한 구성요소다. 하지만, 특별히 팔다리의 움직임을 강조하지 않고 오로지 자태의 분위기를 기반으로 하며, 기교를 사용하지 않고 특별한 볼거리를 제공하지 않는 춤이 있다. 예를 들자면, 하늘을 날던 새가 날개 짓을 멈추고 불어오는 바람에 몸을 맡기고 떠다니는 모습이라고 할 수 있다. 이것을 춤의 분위기를 표현하는 기본인 무지(舞智)라고 한다.

셋째, 상곡지(相曲智)는 서파급(序破急) 구성 사이에 기교를 가급적 사용하지 않고 정취를 본위로 하는 표현을 첨가한 것이다. 춤의 기법을 지탱하는 요소는 시각적 분석과 판별이 가능한 형태의 아름다움이고, 춤의 정취는 분석 가능한 형태를 갖지 않는 아름다움에 의해 지탱된다. 이 두 종류의 아름다움을 한 작품의 연극에서 조화시키면, 그때 비로소 춤은 표현 효과로써 훌륭하게 완결되고, 이 지점에서 관객은 진정으로 감동하게 된다. 따라서 기법과 정취라는 두 가지 방법을 익혀서 춤을 추는 것을 양쪽 모두 겸비했다는 의미로 상곡지(相曲智)라고 명명하였다.

넷째는 수체풍지(手體風智)다. 상곡지(相曲智)를 몸에 익힌 뒤, 기법과 정취라는 두 종류의 아름다움을 조화시키는 중에도 기교적인 측면을 본위로 하고, 정취 있는 동작을 종속적인 요소로 한 춤의 방식이 있다. 기법을 주축으로 하였다는 의미를 담아서, 이러한 파생적인 방식을 수체풍지(手體風智)라고 이름하였다.

다섯째 무체풍지(舞體風智)는 수체풍지와 반대되는 개념이다. 조화가 있는 속에서도 정취를 본위로 하고, 기교적인 아름다움을 종속적인 요소로 하는 춤의 방식이다. 이것이야말로 모든 비교와 비평을 초월한 궁극의 표현을 만들어 낸다.

이러한 춤의 표현을 3대 기본 역할에 대응시켜 생각해 보면, 노인과 무사와 같은 남성의 역할에는 수체풍지가 적합하며, 여성의 역할에는 정취에 중점을 둔 무체풍지가 적당하다. 연기하는 역할에 따라서 각각 어울리는 춤의 표현을 선택해야 한다.

또한 춤에 대해서 목전심후(目前心後)라는 대단히 중요한 사항이 있다. 육신의 눈으로 앞을 바라보면서, 마음의 눈은 자신의 뒤에 놓아야 한다는 가르침이다. 이것은 특히 무체풍지라는 최고의 정취를 만들어내는 것과 관련된 고안이다. 관객의 눈에 보이는 연기자의 모습은 연기자 자신의 눈을 떠난 타인의 표상(表象)이다. 이것을 '이견(離見)'이라고 부른다. 한편, 연기자의 육안이 바라보고 있는 것은 연기자 개인의 주관적인 표상일 뿐, 타인의 시선을 자신의 것으로 전환하여 바라본 표상은 아니다. 만약 타인의 시선을 자신의 것으로 전환할 수 있다면, 거기에 보이는 표상은 연기자와 관객이 같은 마음을 공유하며 바라본 표상이 된다. 이것이 가능할 때, 연기자는 자신의 모습을 끝까지 바라본 것이 되며, 자신의 모습을 끝까지 바라보았다면 전후좌우 사방을 바라본 셈이 된다. 이에 비해 인간의 육안은 앞과 좌우는 볼 수 있어도 자신의 뒤는 볼 수 없다. 연기자가 자신의 뒷모습까지 자각하지 않으면, 뜻하지 않은 지점에서 그 표현이 통속적이 된다. 따라서 타인의 시선을 내 것으로 만들어 관객의 눈에 비친 자신의 모습을 관객과 같은 눈으로 바라보고, 육안이 미치지 않는 신체의 구석구석까지 살펴서 신체적 균형이 잡힌 우아하고 아름다운 춤사위를 유지해야 한다. 다시 말해, 이것은 마음의 눈을 등 뒤에 놓고 자신을 바라본다는 의미가 아니겠는가? 아무쪼록 타인의 시선을 내 것으로 전환하여 자신의 모습을 바라보는 기술을 체득하고, 나의 눈이 다른 사물은 다 볼 수 있어도 정작 나의 눈을 볼 수 없다는 불교의 가르침을 가슴 깊이 새기며, 마음의 눈으로 사방을 두루 살피는 고안을 해야 한다. 그리하여 자신의 모습이 보이게 된다면, 그것은 틀림없이 보석과 꽃에 필적할 만한 고매하고 아름다운 표현이 되었다는 증거일 것이다.

## 감춤의 미덕

"감추기 때문에 '하나(花)'다. 다 드러나 버리면 '하나'가 아니다." 이렇게 말한 이유를 이해하는 것은 배우의 연기가 주는 감흥의 본질을 이해하는 중대한 과제다.

세상의 모든 일이나 예술 방면에 있어서, 각 가문에는 타인에게 절대로 노출하지 않는 비전(秘傳)이 있다. 공개하지 않고 비밀로 하는 것 자체에 큰 의미가 있기 때문이다. 비전이라고 여기는 내용을 알고 보면 정작 대수롭지 않은 경우가 많다. 그렇다고 해서 그 내용을 하찮게 여기는 사람은 비밀로 감추는 일이 얼마나 중요한 효용을 갖는지 아직 모르는 것이다.

예를 들어, 좀처럼 본 적 없는 신선한 연기가 그 배우의 특기라고 모두가 알고 있다면, 지금까지 보아왔던 것과 다른 연기가 펼쳐질 것이라고 관객은 미리 기대하게 된다. 이러한 관객 앞에서는 설령 새로운 연출을 고안해서 연기를 하더라도, 연기자는 관객에게 새로운 감흥을 줄 수 없다. 관객의 입장에서는 그 지점에 연기자의 새로운 고안이 있다고 느끼지 못해야 한다. 다시 말해, 관객은 그저 의외로 재미있는 연기를 하는 좋은 배우라고 느낄 뿐, 이것이 배우의 참신한 연기가 주는 매력임을 모른다. 관객의 마음에 예상하지 못한 감동을 주는 참신한 연기를 고안하는 것이 예능에 있어서 감흥의 본질이다.…

비전(秘傳)을 타인에게 공개하지 않는 것은 물론이고, 자신이 이러한 비전을 아는 사람임을 타인에게 드러내서는 안 된다. 비전을 아는 사람이라는 것을 타인에게 들키면, 관객은 어떤 연기가 펼쳐질까 기대하며 연극을 보기 때문에, 모처럼 펼쳐지는 비전이 오히려 관객의 예상과는 달라서 반발을 사거나 의식적으로 연기를 볼 준비를 시키는 결과로 이어진다. 이와는 반대로, 관객이 예상하지 못 할 때 비전이 펼쳐지면, 연기하는 입장에서 얻고자 하는 효과를 수월하게 얻을 수 있다. 이것은 이전에 보지 못한 참신한 연기가 관객의 감흥을 자아내는 근본임을 멋지게 활용한 것이 아니겠는가? 한 가문의 비전을 어디까지나 비밀로 하여 타인이 눈치채지 못하게 하는 것은 배우가 평생 참신하고 매력적인 연기를 펼치기 위한 요령이다. 거듭 말하지만, 감추기 때문에 연기의 매력이 극대화되는 것이다. 다 드러내 보여서는 관객을 감동시키는 연기의 감흥이 있을 수 없다

인과(因果)의 법칙과 배우의 연기가 주는 감흥의 본질의 관계를 아는 것은 연기 수련에 있어서 가장 중요한 과제. 세상만사는 인과에 의한다. 배우의 경우, 초심자 시절부터 다양한 방면에 걸쳐서 습득해 온 연습을 원인에 빗댄다면, 그간에 습득한 기예를 활용하여 많은 작품을 연기하고 사회적 명성을 얻는 것은 결과라고 할 수 있다. 따라서 원인이 되는 연습을 소홀히 하면 그 결과인 명성을 얻기 어려울 것이다. 이 점을 잘 이해해야 한다.

또한 시간의 흐름도 충분히 경계할 필요가 있다. 작년에 몸 상태가 매우 좋았다고 하더라도, 올해는 그런 상태로 아름다운 춤을 무대에서 펼치기 어려울 수도 있다는 점을 알아야 한다. 지극히 짧은 시간에 인정을 받기도 하고 운이 좋을 때가 있으면 나쁠 때도 있다. 그럭저럭 연기를 해도 연극의 완성도가 높을 때도 있고 그렇지 않을 때도 있을 것이다. 이것은 사람의 힘으로는 어찌할 수 없는 인과의 법칙이다.

## 연극의 본질적인 구조와 현상에 대한 고찰

연기의 본질적 구조인 '체(體)'와 그 현상적 구현인 '용(用)'을 알아야 한다. 체용(體用)을 사물에

빗대어 설명하면, '체'는 꽃이고 '용'은 꽃이 지닌 향기와 같다. 또한 '체'를 달이라 하면, '용'은 달빛에 해당한다. 따라서 '체'를 충분하게 습득하면 '용'은 저절로 생겨난다.

　우선, 다른 연기자의 무대를 관찰할 때, 연극의 본질을 파악한 사람은 내면적인 직관에 입각하여 극을 이해하지만, 연극의 본질에 대한 판단 기준을 갖지 못 한 사람은 육안으로 보이는 표면적인 것만 보게 된다. 내면적인 직관으로 느끼는 것은 '체'이며, 육안으로 파악하는 것은 '용'이다. 따라서 미숙한 사람은 육안으로 확인 가능한 것만 보고 흉내를 내려고 한다. 이것은, '용'이 본래 '체'에서 생겨난다는 이론을 이해하지 못 했기 때문이다. '용'은 본래 모방할 만한 성질의 것이 아니다. 연극의 본질을 이해한 사람은 내면적인 직관을 통해 보기 때문에 연기의 근저에 있는 '체'를 이해할 수 있다. 연기를 할 때도 '체'를 잘 파악하여 자신의 연기에 몰입해 가는 과정에서 자연스럽게 '용'이 겉으로 드러난다. 연극의 본질을 이해하지 못하는 사람은 '용'을 연습의 대상으로 착각하고 그저 모방하기 때문에 '용'의 특질이 '체'로 바뀌고 '용'의 존재 가치를 상실하는 것에 생각이 미치지 못한다. 그러한 '체'는 '용'을 낳는 기반이 될 만한 본래의 '체'가 아니기 때문에, 결국 '체'도 '용'도 생겨나지 않게 되고 더 나은 무대를 만들어 내는 길은 단절된다. 이런 상태에 빠진 연기자의 무대는 무의미한 연극이 된다.

　'체'와 '용'을 나누어 말하는 데는 두 가지 방식이 있다. '체'가 없는데 '용'이 생겨날 리가 없다. '용'은 본래 그 자체가 독립적으로 존재하는 것은 아니기에, 연습의 대상이라고 여겨서는 안 된다. 그러나 '용'이 개별적으로 존재한다고 생각하고 몸에 익히려고 하면, 실체가 없는 '용'이 '체'로 변해 버린다. 이 점을 아는 사람은 '용'이 '체'에서 파생되며 개별적으로는 존재할 수 없다는 것을 인지하고, '용'을 연습의 대상으로 삼아 모방할 이유가 없음을 안다. 이것이 바로 연극의 본질을 이해하는 사람의 자세다. '용'을 모방하는 것은 무의미하니 결코 '용'을 모방의 대상으로 여겨서는 안 된다. '체'를 연습하는 것이 곧 '용'을 익히는 것으로 직결됨을 명심해야 한다. '용'을 모방하려고 하면 오히려 본래의 '체'와는 전혀 다른 피상적인 흉내내기가 되고 만다는 점을 충분히 숙지하는 사람이, '체'와 '용'을 확실하게 구별하여 인식하는 연기자라고 할 수 있다. 누군가 이렇게 말했다. "반드시 익혀서 본받고 싶은 것이 능숙한 배우의 기예지만, 흉내내서 안 되는 것 역시 능숙한 배우의 기예다." 다시 말하면, 흉내를 내는 것은 표면적으로 '용'을 모방한 것이며, 본받아 비슷하다는 것은 '체'를 모방했기 때문일 것이다.

[TH/조경]

# 오니시 요시노리

大西克禮, 1888-1959

오니시 요시노리는 1922년부터 은퇴한 1949년까지 도쿄대학에서 미학을 가르쳤다. 그의 방대한 저서를 살펴보면 칸트를 매개로 낭만주의에서 20세기 현상학까지 독일 미학을 전문으로 연구했다. 오니시는 오랜 동안 일본 시인과 이론가가 토론하고 논의해 온 일본 미학과 시학의 중요한 개념을 설명하며 자신의 서양철학 지식을 적용했다. 그의 걸작이라고 할 수 있는 미학에 관한 두 권의 저서는 큰 반향을 일으켰다. 첫 번째 저서에서는 서양을 다루었고 다음 해 유작으로서 간행된 두 번째 저서는 일본 미학의 카테고리 분석에 중요한 위치를 차지한다. 1939년에 나온 유겐과 아와레에 관한 그의 저서에는 서양에서는 내면성의 관념에 대한 대응 개념으로서 여겨진 두 개념에 관한 그의 논쟁으로 채워져 있다. 다음 발췌에서 우리는 그가 「유겐」의 '개념적' 특성을 요약하고 있음을 알 수 있는데 결국 시가에서 실질적으로 작용하는 방법을 설명하기 위해 개념적 특성의 타당성을 시도하고 있다.

[MFM/이혜원]

## 유겐(幽玄)

오니시 요시노리 1939, 85-91

먼저 「유겐」이라는 개념은 어떤 형태로 '숨겨지고' 혹은 '은폐되어 있다'는 것, 즉 드러나 있지 않고 명백하지 않은 무언가 그 안에 숨겨진 것이 있음을 그 의미의 중요한 요소로서 포함하고 있다, 이는 글자의 뜻에서 유추해보아도 분명하다. 쇼테쓰(正徹)가 "달에 옅은 구름이 덮은", "산 단풍에 안개가 낀"이라고 했듯이 무언가 대상에 대한 직접적인 지각을 얇게 차단하는 것이 있음을 의미한다.

여기에서 두 번째로 일종의 어슴푸레함, 몽롱함, 어스름이라고 말하는 의미가 나온다. 이 분위기를 알지 못하는 자는 "반짝반짝하고 아주 청명한 하늘이야말로 좋다"고 생각할 것이다. '유겐'의 이러한 성질은 심미적으로 그 감정효과 상 특수한 의미를 성립시킨다. 게다가 거기에는 숨겨진 것 혹은 어두운 것에 대한 공포와 불안의 의미는 조금도 인정되지 않는다. 오히려 노골, 직접, 첨예 등의 의미와 대립하는 일종의 상냥함, 조심스러움, 부드러움과 같은 것이 주목된다. 동시에 "봄의 꽃 주변에 안개가 길게 낀" 듯 어렴풋한 기세가 더하는 분위기와 더불어 데이카(定家)가 미야강(宮川) 와카 경합 판정에서 "핵심을 어렴풋하게"라고 한 것처럼 명백하게 이유를 파악할 수 없는 유연함, 격조 있음의 의미가 생긴다.

세 번째로 앞의 사항들과 아주 긴밀하게 관련된 의미계기로서 일반적으로 '유겐'의 개념 안에는 어슴푸레하고 숨겨진 것에 동반되는 '정숙'이라는 의미도 포함되어 있을 것이다. 이 의미와 조응하여 미적인 가정 측면에서도 예를 들면 가모노 조메이(鴨長明, 1155-1216)*가 말한 것처럼 색도 없고 소리도 없는 가을의 저녁 석양 하늘을 보고 어쩐지 눈물이 흘러내릴 것 같은 기분, 슌제이(俊成)가 유겐이라고 평한 "늦가을비에/어쩐지 쓸쓸해진/초가집에서"라고 읊은 와카에서의 마음, 혹은 도요새 날아오르는 늪에서 보이는 가을 석양에 아와레[23)를 아는 일종의 절절한 심정이 지적된다.

다음으로 유겐의 네 번째 의미는 '심원(深遠)'이다. 물론 앞에서 말한 의미와 관련되지만 일반적인 유겐 개념에서도 이 의미의 계기는 단순히 시간적 공간적 거리에 관한 것이 아니라 특수한 정신적 의미, 예를 들면 아주 난해한 사상을 가진 경우('불법 유겐[佛法幽玄], 임제록 1.18'처럼)를 의미한다. 거기에서 이에 상응하는 미적 의미로서는 가론 등에 누이 말해진 '마음 깊음' 그리고 데이카 등의 소위 '유심(有心)' 혹은 쇼테쓰와 신케이(心敬, 1406-1475) 등이 특히 강조한 유겐의 계기를 생각할 수 있다.

다섯 번째로 더욱 직접적으로 연결되는 의미로서 일종의 충실상(充實相, Fülle)이라는 것을 지적하고자 한다. 유겐이 되는 내용은 단순히 숨겨진 희미한 것, 해석하기 어려운 것 뿐 아니라 그 안에 끝없이 큰 것을 집약하고 응결시켜 내용이 풍부한(inhaltsschwer) 충실상을 가진 것이다. 오히려 거기에서부터 앞에 열거한 여러 성격의 결과로서 그 본질이 있는 것은 아닐까 여겨진다. 곤파루 젠치쿠(金春禪竹, 1405-1471)*도 이미 『지도요초(至道要抄)』에서 "대부분 사람들이 유겐을 잘못 이해한다. 유겐을 장식, 꾸밈, 우유부단으로 이해하는 사람들이 있는데 그렇지 않다"라고 썼다. 이 의미에서 '유겐'이라는 문자는 유미(幽微), 유암(幽暗), 유원(幽遠) 등의 유의어와 구별하여 생각할 수 있을 것이다. 어찌 되었든 '유겐'에서 그 의미는 단순한 양식개념으로서 생각한 경우에 자주 놓치고 있기 때문에 개념이 지나치게 국한되거나 왜곡이 생기는 것이다. 게다가 이 충실상이라는 것도 예술의 '형식'에 대한 '내용'의 충실성이라고 말하는 정도의 의미에서는 일본의 가학(歌學)에 의해 이미 충분히 주목받았다. "말이 적어도 마음이 깊으면 많은 것들이 모두 그 안에서 들려서 바라볼 수 있는 것도 좋은 것이다"(『영가일체(詠歌一體)』)라고 말한 것도 그 한 예이다. 그러나 미적 의식의 관점에서 보면 우리들이 여기에서 말하는 충실상의 의미는 당연 아주 크다거나 무게 있음이라든가 강력함, 소박하고 고결함 혹은 숭고함이라는 의미와도 연결되는 것으로, 데이카 이후의 단순한 양식개념으로서 '장고체(長高體)' '원백체(遠白體)' 혹은 '좌귀체(挫鬼體)' 등으로 말하는 것조차 그것이 유겐의 다른 의미계기와 모순되지 않는 한 이 미적 범주에 포섭시키는 것도 반드시 불가능하지는 않을 것이다. 앞에서 이미 서술한 것이지만 쇼테쓰가 후지와라노 이에타카(藤原家隆, 1158-1237)의 "해안 소나무/ 가지 끝의 바람에/ 나이를 먹고/ 달빛에 지쳐버린/ 학의 외마디 울음"의 와카를 "튼튼하고 강한 가체이다"라고 평가하면서 "다만 유겐 체에는 없는 와카이다"라고 말했을 때의 '유겐'의 개념은 이 점에서 보면 너무 얽매인 듯이 여겨진다. 슌제이가 '유겐'이라고 평가한 히로타(廣田) 신사(神社) 와카 경합에서 "노 저어 나가"의 와카와 시라기(新羅) 신사 와카 경합에서 '나니와 만(灣)'의 와카 혹은 고토바천황(後鳥羽天皇, 1180-1239)의 '바람 불면은'의 와카 등에서 보면 이에타카의 와카가 그렇게까지 범주를 달리한다고는 여겨지지 않는다.

또한 유겐의 여섯 번째 의미계기로서는 상술한 여러 의미와 연결되어 한층 더 '신비성' 혹은 '초자연성'이라고 말하는 것도 생각할 수 있다. 이것은 종교적 혹은 철학적 개념으로서 '유겐'에서는 당연한 것이지만 그렇게 말하는 신비적 혹은 형이상학적 의미는 미적 의식에서도 받아들여 거기에 특수한 감정방향을 성립시킬 것이다. 그러나 여기에서 내가 지적하려는 것은 이 특수한 감정방향 그 자체의 의미이므로 와카의 소재로서 종교적인 사상이나 관념에 포함된 그것은 아니다. 미야강 와카 경합에서 판정인이었던 데이카는 "강물 흐르듯/ 그 흔적 드리우신/ 신사 울타리엔/ 미야강에서

---

23) [한] 사물·자연·인간에게 느끼는 비애감, 애잔함, 연민 등의 감정.

여기/ 와타라이(度會)까지 금줄을"이라는 와카에 대해 "미에서 멀고 평범하고 속되며 유겐에 가깝다"
라고 평가하고 있는데, 이렇게 말한 와카라든가 또한 『지친 스님 와카 모음집(慈鎭和尙自歌合)』 등에
서 자주 보이는 불교의 마음을 읊은 와카의 '유겐'은 여기에서 말한 미적 의미의 그것은 아니다.
미적 의미에서는 그러한 신비감이 오히려 소위 자연감정과 융합하여 와카의 마음 안에 일종의 깊은
우주적 감정이라는 것을 성립시키는 경우를 말하는 것이다. 일종의 신비적 우주감이라는 것은 말하
자면 인간의 혼과 자연의 만유가 깊게 결합한 찰나의 미적 감흥을 가장 순수하게 표현한 와카에서
저절로 스며 나오는 것이라서 우리들은 사이교(西行, 1118-1190)의 도요새가 날아오르는 늪의 애달
픈 감정에도 슌제이의 무성한 풀 속에서 메추라기가 우는 가을바람의 감각에도 혹은 조메이의 가을
석양을 바라보며 눈물을 흘리는 감상에도 늘 적어도 그러한 것이 내포되어 있다고 생각한다. 다소
형태는 다르더라도 그 『우둔한 비밀노트(愚秘抄)』에 유겐 체 설명에 억지로 끌어 붙인 무산(巫山)의
신녀 전설이 가진 신비성 및 초자연성은 이것을 어떤 방향으로 더욱 발전시키거나 어쩌면 과장된
것으로도 보이게 할 것이다.

마지막으로 유겐의 일곱 번째 의미 계기는 앞에서 말한 첫 번째 및 두 번째의 계기와 아주 가까운
것이지만 단순히 은(隱)이나 암(暗)이라는 의미와는 조금 다르고 오히려 '비합리적' 혹은 '불가설적'
혹은 '미묘'라고 하는 성질에 관한 의미이다. 일반적인 의미의 유겐 개념으로서는 그것은 또한 그
심원이나 충실이라는 의미와 바로 연결되어 소위 언설의 상을 끊는 심취묘체(深趣妙諦)[24]를 가리키게
된다. 이것을 미적 의미로 바꾸면 쇼테쓰가 좋아한 '유겐'의 설명에서 지적한 떠돌아다닌다는 의미의
'표박(飄泊)'이나 끝없이 넓거나 멀어 어렴풋하다는 의미의 '표묘(縹渺)'라는 말로는 표현하기 어려운
일종의 불가사의한 미적 정취를 가리킨다. 그 '여정(餘情)'이라는 것도 주로 이 의미계기의 발전이라
서 우타의 직접적인 말과 마음 이외에 거기에 표현할 수 없는 표묘한 기분이 우타와 함께 드러나는
정취를 말하는 것이리라. 생각건대 작용미학(Wirkungsaesthetik)의 입장에서 말한다면 그리고 특히
와카와 같은 특수한 예술의 경우에는 유겐의 미에서 이 의미 계기가 가장 중요시 되는 것은 오히려
당연한 것으로, 우리들이 보아 왔듯이 중세 가론에서 '유겐'이 되는 말은 가치개념으로서도 많은
경우 이 의미에 방점을 두고 그것이 특히 정숙하고 아름다운 정취라고 하는 의미로 국한되어 거기에
서 특수한 양식개념도 발생시키기에 이른 것이다.

그러나 이것은 내가 보기에는 미적 개념으로서 '유겐'에서도 어디까지나 그 부분적 의미를 이루는
데 지나지 않으므로 이 계기에 너무 편중하여 유겐 개념의 전체를 생각하면 거기에 일종의 왜곡이
생기는 것은 결코 피할 수 없을 것이다.                                                          [JWH/이혜원]

---

24) [한] 깊은 아취와 묘한 진리가 있음.

# 이즈쓰 도요코

井筒豊子, 1925-2017

이즈쓰 도요코는 1952년 도쿄대학(東京大學) 문학부를 졸업한 후, 철학자이자 동양학자인 이즈쓰 도시히코(井筒俊彦, 1914-1993)[*]와 결혼하여 그가 사망한 1993년까지 함께 연구하였다. 천재적 작가였던 그녀는 유아사 야스오(湯淺泰雄, 1925-2005)[*] 편저의 책에서 후기 헤이안과 중기 일본 와카를 '인지 장'으로 본 장편의 연구를 보여주었을 뿐 아니라 번역서, 에세이 그리고 단편도 출간했다. 남편과 영어로 한 작업을 통해 일본 미학의 핵심으로 일본 외부에 가장 잘 알려졌고 이후에 독일어로 번역되기도 하였다. 다음에 이어지는 마음과 와비의 핵심적 미학 개념은 두 사람의 책에서 도요코의 기술 부분 중 일부 발췌하였다.

[JWH/이혜원]

---

## 마음

이즈쓰 도요코 1981A, 5-11

### 와카, 시적 언어의 '장(場)'

「와카」의 두 부정적인 조건은─극단적인 간결성과 수식어의 다용인데, 이는 또한 와카의 기본 형태에 필수적·핵심적으로 필요하다─시적 문장의 자발적이며 통사적인 구조를 크게 방해하며 나타난다. 그러나 적절하게 잘 흡수되기만 한다면 시적 문장의 고유한 구성, 즉 '의미적' 구성단위의 배열은 즉시 긍정적인 성격으로 바뀐다.

이 사실이 의미하는 바는 '와카'의 전체 언어 구조가 처음부터 분절 측면에 중점을 두고 통사적 측면에 손상을 주면서까지 오로지 그것만을 발달시켰다는 것이다.

사실상 커다란 방해물로 작용한 것처럼 보였던 와카의 구문 구조가 의미적 분절 측면에서는 분명 긍정적인 요소로 기능하고 있음이 판명되었다.

다른 말로 하면 와카는 의미 분절의 연합적 네트워크인 언어의 '장'을 만들려고 한다. 그것은 시적 문장의 응집 근거로 활용된 통사적 단어에 내포된 선형적인 시간적 연속성을 대신한 의미적 포화의 무시간적 '공간'이다.

와카 가인은 언어의 고유한 본질을 고려하지 않는 듯하다. 어휘들을 활용하면서 와카 가인은 일종의 공시적인 언어의 '장', 즉 언어의 확장된 공간을 창조하려 한다. 각기 연속하는 어휘가 앞에 있는 단어를 삭제하는 일시적 단어의 연속 대신에, 와카는 총체적으로 전체를 조망하는데 목적을 둔다. 이러한 관점에서 시를 이루는 모든 어휘가 한꺼번에 눈에 들어온다. 이러한 효과는 와카(31음절)나 하이쿠(17음절)와 같이 극히 짧은 시의 구조가 아니라면 불가능하다. 이러한 전체적인 세계관은 '장'을 의미한다. 이렇게 구성된 '장'에서 시간은 가만히 머물거나 모든 단어의 의미가 하나의 구체에 동시에 존재한다는 감각에서 심지어 파괴되었다고도 말해진다.

이 시적 언어적 장과 관련한 와카 고유의 다양한 수사적 장치는 장 안에서 무시간적이고 미학적 평형 혹은 풍부함을 생산하며 자연스럽게 충만한 의미적 분절의 포화에 기여한다.

이러한 와카라는 예술에 장-만들기 의식이 갑자기 급증했는데 와카 발달의 가장 늦은 시기 특히 13세기 초 후지와라노 데이카(藤原定家, 1162-1241)가 대표적 와카 가인이자 이론가였던 『신고금와카집(新古今和歌集)』(1205) 시기에 그러했다.

우리는 여기 장-만들기 의식 속에서 강하면서 언어적 틀을 초월하는 지속적인 성향 즉 마음의 시적 표현과 나아가 시의 내적 언어적 활동에 부과된 통사적 제한을 인식한다.

### 마음, 와카의 창조적 바탕

본질적으로 무시간적 성격인 '장'-만들기 의식의 구조는 창조적 바탕으로서 경이로운 '마음'에 대한 예리한 의식 및 인식과 양립할 수 있을 것처럼 보인다. 그 창조적 바탕으로서 경이로운 '마음'이라는 것은 내적, 혹은 외적인 언어활동을 모두 포함한 창조적인 과정과 와카 가인들의 세대 간 전승을 거치며 엄격하고 비판적인 관찰을 통해 주로 만들어졌다.

와카의 고전 이론에서 우리는 마음, 말(고토바), 자세, 음조의 흐름과 같은 기술적인 용어를 사용한다. 이 중 뒤의 두 개는 주로 와카의 시적 표현에서 이미 외부화된 상태를 참고하여 언급한다. '자세'라는 시각적 의미가 다소 이론적으로 드문 것처럼 보이는데 그럼에도 불구하고 무시간적 조화의 특수한 '장' 즉, 위에서 언급한 의미 연합에 기초한 이미지 포화의 '장'뿐 아니라 언어적 '장'과 일치하는 의미 연합의 공시적 통합이라는 특정한 맥락에서 가장 적절하다. 한편 음조의 흐름은 자연적으로 시간적 측면, 즉 통사와 음조의 통합으로서 시적 문장의 연속적이며 선형적인 개발과 관련이 있다.

따라서 자세와 음조의 흐름은 와카의 외부화된 상태와 관련 있지만 「마음(心)」과 말(고토바)은 와카의 창조적 의식 자체의 유기적인 통일체와 기능적으로 통합된다. 마음과 말 사이의 복잡한 관계는 와카의 창조적 인식의 내부 구조와 관련하여 근본적인 의미작용을 가진다. 와카 가인의 내적이고 창조적인 바탕으로서 마음의 구조를 분석함으로써 이 문제에 접근해보자.

『고금와카집(古今和歌集)』(905) 서문에서 기노 쓰라유키(紀貫之, 872-945)는 와카 가인들이 보고 듣는 모든 것들과 사건들을 말로 묘사하여 표현하는 다양한 생각(오모이)[25]을 창조할 때, 외부적인 것과 사건으로 자극받은 '마음'을 언급함으로써 '와카'에 대한 자신의 견해를 밝혔다. 이 겉보기에는 중요하지 않은 논점은 일본인 가인과 학자들 사이에 많은 논쟁과 토론을 야기했고 잠재적으로는 이론적 길을 열어준 것처럼 보인다. 또한 그 자체의 특유한 방식으로 와카가 가진 시적 예술의 내부적 창조 현상에 대해 인식의 체계적인 구조가 발전할 수 있는 가능성을 열어준 것으로 보인다.

쓰라유키가 '마음'을 언급하는 방식은 주관의 특정 상태 혹은 예술적 창의력에 이미 발현되었던 의식으로서 이해되지 않았음을 시사한다. 오히려 그것은 구조적으로 시적 창작뿐만 아니라 대상에 대한 모든 심리적이고 인지적인 활동 혹은 경험의 바탕이라고 쓰라유키는 상정하였다. 그것은 '마음'을 정신적 잠재성 혹은 활성화될 대상의 역동성의 일종으로 생각하여 외부의 사물과 사건에 자극되고 고무되었을 때, 생각(이미지와 아이디어를 포함한)과 감정으로 실제로 나타내며 작용한다는 의미로 여겨진다.

이 좁고 기술적인 의미에서 '마음'은 내부 주관성, 즉 모든 기능적인 발현에 우선하는 아직 활성화

---

25) [한] 이 글에서 말하는 '생각'이란 일본어 '오모이(思い)'의 역어로 이미지와 아이디어 등을 모두 포함한 광범위한 의미이다. '오모이'의 의미에 대해서는 〈미학〉의 개관 부분 참조.

되지 않은 특정한 영역이라고 할 수 있다. 그러나 넓은 의미에서 '마음'은 아직 발현되지 않은 것과 이미 발현된 것 모두를 아우르는 내부 주관성의 모든 영역을 뜻하는데 이것들은 모두 이미지, 아이디어, 생각, 느낌, 그리고 감정의 표상이자 근거이다.

초기 단계에서, '마음'은 좁은 의미에서 전제 조건이며 생각과 느낌의 구조적 기초로서 인식되었지만 '와카'를 창조하는 현실에서 그 진정한 의미가 아직 보이지 않았다. 그것은 와카 가인의 역사적 발전의 후기 단계, 특히 『신고금와카집』 시대가 되어서야 이런 의미에서 '마음'이 점령한 지위는 절정에 다다랐고, 내적 구조와 상황까지 와카 발상에 혁명을 일으켰다고 할 수 있을 정도로 우위를 차지했다.

데이카에게 좁은 의미의 '마음'은 쓰라유키의 생각처럼 더 이상 단순한 구조적 전제가 아니다. 그것은 지금 살아 있는 진정한 주관성인데, 현상적으로 동요하는 심리 영역의 일시성을 초월하는 주관적 평형의 상태이다. 그것은 어떤 종류의 인식 활동 대상 혹은 언어적 심리적 발현에 기초한 어떤 활동도 아니다. 그것은 천태종 『마하지관』의 중심 생각인 '자증(自證) 체험'으로 알려진 명상의 규율에, 특별한 정신적 경험의 궤적을 인식하며 스스로 마음을 밝히는 주관적인 충만함이다.

따라서 자증 체험으로 충만해지고 생기가 불어넣어진 '마음'은 와카 가인의 창조적 주관성인 마음속 이상추구(혹은 위계적) 구조 안에서 가장 높은 지점으로 인식되고 인정된다. 따라서 데이카 시대의 와카에 대한 시적 이론에서 시적인 의식의 초점은 아마도 좁은 의미에서 '마음의 상태'로서 '마음' 이전의 실질적인 시적·언어적 표현 단계에서 움직인다고 말할 수 있다. 본질적으로 이 마음의 상태로 언어구사 방법이 잠재적으로 결정되는데, 오직 마음의 상태에서 생겨나 효력이 있는 경우에만 표현의 과정과 연결된다.

## 마음(고코로), 생각(오모이) 그리고 말(고토바)

우리는 좁은 의미에서 마음의 상태를 나타내는 '마음'이 주로 내적 언어와 관련된 모든 현상을 초월하는 특이한 정신적 영역이라는 사실을 상기해야 한다. 그것이 스스로 현상적으로 표현되거나 언어적으로 표현된 것임을 알아차리면 더 이상 '마음'으로 남아있을 수 없다. 그것의 본질을 잃어버리면 필연적으로 생각이나 감정으로 변한다. 따라서 여기서 생기는 마음과 말의 관계 구조에 따른 중요한 의문은 언어 영역 자체의 특이한 범위에 대해 다루어야 하는데 이는 실제로 얼마나 멀리 확장할 수 있는가의 문제이다.

그것은 시적 예술에서 일반적으로 와카 가인에게 고유한 구조적 특징이라서 창조적 의식으로 의도된 표현이 어떤 급격한 변화 없이 외부적으로 나타난다. 왜냐하면 계획되고(언어의 내부형태) 표현되는(표현의 외부화되고 실현된 형태) 두 가지 모두 동일한 의미 통사적 분절 영역에 속하기 때문이다. 이 사실은 특히 와카에서 결정적인 역할을 하는데, 창조적 외부화 과정에서 와카의 내적 언어가 서른 한글자로 이루어진 일련의 표음 혹은 음절로 바뀌는 최종 단계는 지극히 짧고 아주 즉각적이다.

이런 식으로 우리는 가인의 창조적인 의식 안에서 외부 언어와 내부 언어 간의 유기적 연속성의 일종을 볼 수 있다. 이 사실은 본질적으로 현저한 언어 의식을 가진 와카 가인 스스로가 생각해낸 것으로, 와카 이론의 기본 구성에 큰 영향을 준 것으로 보인다.

일단 유기적 연속성이 외부와 내부 사이에 생기면, 내부 언어적 분절 영역은 언어 간 혹은 좁은 의미에서의 '마음'에 모든 언어적 분절 영역을 벗어나는 바로 그 경계에서 되도록 스스로 멀리 확장한다고 할 수밖에 없다. 그래서 내부의 언어 분절 영역이 사실은 '마음'의 모든 놀라운 활동을 포함시킨다는 것을 알게 될 것이다.··· 그 결과로, 내부언어 영역이 이미지, 아이디어, 그리고 생각뿐 아니라 모든 창조적인 의도 등을 포함하여 '의식'과 완전히 일치한다.

'마음'에서 나온 '생각'의 출현(그것은 이미지와 아이디어뿐만 아니라 내적 의미론적 분절의 통사 단위이다)은 사람의 마음 상태와 필연적으로 완전히 의지하며 분리될 수 없다고 여겨진다. 왜냐하면 앞에서 알아본 바와 같이 '아직 활성화되지 않은' 마음과 '이미 활성화된' 마음의 관계는 본질적으로 스스로 발생한 것과 발생된 것의 관계이다. 데이카는 와카에 대한 그의 이론에서 이 사실에 중추적인 의미를 부여했다. 데이카는 '생각'이란 마음의 상태에 의해 의도된 직접적이고 통제할 수 없는 자발적이고 창조적인 진정성 안에서 예술적으로 그리고 시적으로 말로 표현되는 잠재적인 내용이어야 한다고 말했다.

우리는 진정한 생각, 즉 '마음의 상태'에서 직접적이고 자연발생적인 놀랄만한 활동이 그 자체의 영역 안에서 조작을 넘어서는 방식으로 구조화 되었다는 암시를 간과해서는 안 된다. 결과적으로, 시적 미학의 언어화의 잠재적 내용으로서 '생각'은 '생각 그 자체의 관점에서 어떤 의식적 노력 혹은 분투로 통제될 수도 없고 또한 통제 되어서도 안 된다. 오히려 통제는 내적 의미단위의 통사적 분절 단계에서 모든 의식적 활동을 넘어선 '마음'의 조정을 통해 연습되어야 한다. 누군가 바로 그 '생각'은 차원 안에서 '생각'을 관리하고 통제하려한다면 내적 언어 분절은 재촉 받을 것이며 데이카가 자신의 가론서에서 일종의 가짜 창의성이라고 강하게 비판한 바로 그것, 마음이 '결여된 헛된 사유'라는 혼란에 빠질 것이다. [이즈쓰 도요코/이혜원]

## 와비(侘)

이즈쓰 도요코 1981B, 48-52

「와비(侘)」라는 말은 다도의 심미적인 기술로 확립되기 이전부터 이미 수 세기 동안 사용되어 왔다. 예를 들어 고전문학의 '와카'에서는 종종 시적 우아함을 가미한 마음의 주관적인 측면이 강한 감정적 포화 상태를 나타내어 버려진 신세, 황량함, 정신적 고통, 쇠잔해짐 때문에 생긴 결핍, 박탈, 강탈의 상태를 묘사하거나 표현하는데 사용되었다.

다도에서 '와비'라는 말에 앞서는 대응 관계로 '스키(數奇)'가 있다. 이 스키라는 말의 배경과 대조를 이루면서, 와비라는 말은 차를 마시는 '예술' 분야에서 발전했는데, 첫 번째 단계에서 특별한 윤리적-미학적 함축을, 이후 단계에서 형이상학적 함축을 뒷받침하며 기술적인 용어로 발전한 것으로 보인다.

'스키'라는 말은 원래 '예술적 열정', 즉 효용이라는 실용적 감각보다 미학적 감각과 감성에 불균형 적 우세를 둔 생활양식에서 찾을 수 있는 주관적 태도를 의미했다. 그러한 태도는 필연적으로 발전할 수 있는 두 방향의 예술적, 비실용적인 가치체계를 생산한다. 하나는 외부적 표현의 윤택함과 풍부함 속에서 미학적 탐닉을 이끌고 다른 하나는 은둔자의 형이상학적인 윤리적 금욕과 본질적인 양립성을 가지는 미학적 이상주의로 이끈다. 전자는 사실 좁은 의미에서 '스키'에 대한 개념을 나타내고 후자는 차 예술에서 '와비' 개념의 함축적 의미와 본질적으로 관련된 특별한 종류의 '미학적 금욕주의'를 고취시켰다.

차 마시는 행위의 예술 안에서 미학적 탐닉이라는 좁은 의미의 '스키'는 고상한 취향으로서 차 도구로 사용하는 세련된 예술품을 완벽하게 소장하지 못한다면 알맹이가 없는 예술적 태도라는 특별한 의미를 취했다. 15,6세기 동안의 이러한 유형의 미학적 탐닉은 품위 있는 미적 세련미의 점잖은 진정성에 가깝게 따랐다. 그러나 우리가 쉽게 상상할 수 있는 것처럼 그것은 귀족 은둔자들과 선승 및 다른 불교의 승려들 사이에 고도로 닦여진 윤리적 미학적 금욕주의의 독특한 내부 수양과 전혀 양립할 수 없었다. 그들은 시가와 수필에서 외부에 대한 혐오감과 미학적 가치에 대한 순수하고 긍정적인 접근을 보여 줬다. 예를 들어, 자연의 아름다움을 긍정적인 미적 가치로 생각했지만, 그것이 완전히 실현되는 순간에 가라앉는 일시적인 과정 혹은 사라진 흔적만큼 높게 평가하지 않았다. 그들은 윤리적 미학적 만족을 위한 진정한 피난처를 찾는 인간의 실존적 실체를 가지고 일반적이고 비 기술적인 상황에서 '와비'의 상태를 확인하기에 이르렀다.

주목할 만 한 점은 시가와 수필에서 미학적 개념으로서 '와비'에 대한 그들의 이해를 말로 표현한 것에 머물지 않고 결국 미학적 우월성을 부여하였는데, 다도라는 영적-시각적 예술의 감각 구조 안으로 완벽하게 결합시켜 '와비'에 대한 독특한 이해를 표현하는 일반적이지 않은 방법을 발견했다는 것이다. 다도에서 '와비'는 더 이상 미적 금욕주의를 가리키는 단순한 개념이 아니다. 오히려 발전의 정점에서 '와비'는 다도에게 굳건한 형이상학적 배경을 제공하면서 가장 높은 미적 윤리적 가치가 되었다.…

차 애호가들에 따르면 '와비'의 형이상학은 데이카와 이에타카가 각각 읊은 다음의 경축 와카에서 사용한 시적 표현을 통해 부여되었다고 한다. 두 와카는 리큐의 간단한 언급이 들어 있는 『남방록(南方錄)』 안에 포함되어 있다. 리큐는 그들이 와비의 형이상학적 미의식의 두 개의 다른 구조적 측면을 상징적으로 표현하고 있다고 여겼다.

둘러보아도
꽃도 단풍도 없네
바닷가 한켠
작고 초라한 집에
가을 저녁놀 내리고

꽃 피기만을
기다리는 이에게
산 속 눈밭서
움튼 새싹 그 봄을
보여 주고 싶어라.

리큐는 첫 번째 와카를 언급하면서 선(禪) 형이상학의 가장 특징적인 개념 중 하나인 '단 하나의 물건도 가지지 않은 상태' 혹은 '무소유'라는 어구를 사용했다. 이것은 현상계의 대상에서도 아닌, 발견되어야 하는 의식적인 표현의 기능에서도 아닌 선 명상의 주관적-객관적 상태라는 와비에 대한 가장 높은 실현적 측면에서 와카에 대한 그의 인식을 분명하게 보여준다. 그럼에도 불구하고 한번 현상적으로 구현된 단일 사물은 완전히 제거된 후에도 비 표현 영역에서 내적 형이상학적 표현의 형태를 만들며 여전히 거기에 머무르게 된다.

따라서 리큐의 해석을 따른다면, 첫 번째 와카는 무(無) 혹은 표현되지 않은 전체를 향해 현상적으로 구현된 사물과 사건의 형이상학적 '퇴화'를 제안하는 것처럼 보인다. 무의 영역을 열망하는 명상 주체의 내부 풍경은 여기에서 상징적인 방식으로 나타난다. 한번 현상적으로 구현되면 사물과 사건은 존재의 현상 차원 안에서 점차적으로 그들 고유의 표현으로 바꿈으로써 명상의 장에서 이미 무가 된 상태로 스스로를 없앤다. 그러나 현상적 존재가 말로 표현되고 그 후에 존재가 부인된 꽃과 단풍의 연상은 비록 부정적인 형태일 지라도 영역의 아주 많은 내적 표현으로 여전히 와카 속에 존재한다.

이 와카 안에서 그의 명상적인 의식의 현장인 은둔자의 거처 내부에 황혼의 희미한 빛이 퍼지면서 오로지 쓸쓸한 오두막만이 긍정적으로 표현되어 있다.

두 번째 와카는 첫 번째 와카에 대한 이해가 있을 경우에만 형이상학적 의미를 드러낸다. 형이상학적 '되돌아옴' 혹은 첫 번째 와카가 무를 향해 모든 것이 퇴화하는 것과는 대조적으로 두 번째 와카는 무에서의 형이상학적 '진화'를 언급하는 듯하다. 모든 현상적 표현이 가라앉고 완전히 사라지면 퇴화의 부정적 과정이 끝난다. 그런 다음에만 형이상학적 진화의 표현이 자연스럽게 스스로 행동하기 시작한다.

이러한 명상적 경험에서, 현상적 표현은 때때로 완벽한 원의 완전히 비어 있는 표면에 하나의 점으로 상징적으로 나타난다. 예술가로서 리큐는 눈 덮인 땅에서 여기저기 드문드문 나오기 시작한 봄의 초록 새싹이라는 시적 이미지에서 형이상학적 현실의 원시적인 현상적 구현의 집합체 및 초기 표현을 찾았다.

[이즈쓰 도요코/이혜원]

생명 윤리

# 개관

1771년 봄, 일본 의사들이 작은 그룹을 지어 부검을 하러 모였다. 부검 대상은 아오차바바(靑茶婆)라고 하는, 처형된 50세 여성의 시체였으며, 의사들은 당시에 입수한 네덜란드 해부학 책을 부검 테이블 위에 펼쳐보고 있었다. 의사들 중 한 사람인 스기타 겐파쿠(杉田玄白, 1733-1817)는 훗날 그 해부학 책을 번역하면서 다음과 같이 회상한다.

> 우리는 해부 대상과 책을 비교하면서, 우리가 보고 있는 시체의 모습과 책의 내용이 완벽하게 일치한다는 사실에 놀라지 않을 수 없었다.… 예전에 쇼군(將軍)을 모시던 의사들은…해부를 7-8회 진행했는데, 해부를 할 때마다 그들은 자신들이 보는 것이 지난 수천 년 동안 알려졌던 것과는 다르다고 생각했다. 그러나 그 이유에 대해 결코 알지 못했다. 그 의사들은 해부를 할 때마다 궁금한 부분을 그렸다고 한다. 그 그림을 기초로, 아마도, 그들은 중국인들과 일본인들의 내장 구조를 다르게 기술했을 것이다. 이것이 내가 읽었던 내용이다.
>
> 해부가 끝난 후에, 우리는 뼈의 형태도 관찰하고 싶었다. 그래서 땅 바닥에 흩어져 햇빛을 반사하는 뼈 몇 개를 집어 들었다. 우리는 그 뼈들이 옛날 서적에 나와 있는 내용과는 아주 다르다는 사실을 알았다. 반면에 그 뼈들은 네덜란드 책 속에 나온 내용과 같았다. 우리는 무척 놀랐다.…
>
> 집에 오는 길에, 우리 세 사람은 그날 보았던 놀라운 광경에 대해 얘기했다. 우리는 이제껏 자신이 얼마나 무식했는지도 모르고 있었다는 사실이 부끄러웠다. 이제까지 제왕을 모시면서, 어의로서의 직책을 수행한답시고 얼마나 주제넘은 짓을 했던가. 육체의 구조를 정확하게 아는 것이 치료의 기본이 됨에도 불구하고 그에 대한 지식조차 없는 채 말이다!

에도(江戶, 지금의 도쿄[東京])에서 스기타와 그의 동료들은 이 문제를 연구하려 뜻을 모아, 훗날에 '난학(蘭學)' 혹은 '네덜란드 학문'이라고 알려지는 학문의 기초를 마련하기 시작했다. 그들의 열정은 끝이 없었다.

> 우리는 과거에 아주 오랫동안 잘못된 지식에 메어 있었다는 사실을 깨달았다. 이러한 잘못된 지식을 하나씩 떼어내 버리면서, 우리는 마치 축제일 새벽을 기다리는 아낙네나 아이들처럼 초조하게 다음 모임을 기다렸다.

네덜란드 서적 번역은 스기타에게 어려운 작업이었다. 그가 회상하기를, 새로운 사실을 소개하려 번역하면서, 그는 애초부터 불교 경전을 중국어로 번역한 번역본을 기초로 삼아 번역하기로 했었다고 한다. 그러나 마지막에는 그러한 계획을 포기했다.

> 나는 전적으로 옛 중국 용어들을 활용하여 번역하려 했다. 그러나 곧 나는 네덜란드어의

명칭과 중국어의 명칭이 그 개념상 매우 다르다는 것을 알았다. 그리고 명확한 규칙이 존재하지 않는다는 점 때문에 종종 당황했다. 모든 관점에서 고려한 끝에, 나는 어쨌든지 나 자신이 새로운 학문의 선구자가 되어서, 평이하면서도 쉽게 글을 쓰기로 했다. 이러한 방침을 기초로, 적절한 일본어 번역어를 찾으려 했고, 어떤 경우는 신조어를 만들기도 했으며, 어떤 때는 네덜란드어의 발음대로 일본어로 차용했다. 이런 저런 시도를 하면서, 밤낮으로 다양한 방법을 찾아갔다. 그 일에 열과 성을 다하면서 열한 번이나 원고를 고쳐 썼다.… 그래서 완성본이 나오는데 거의 4년이나 걸렸다. (스기타 겐파쿠, 1815, 35-6, 43, 51 [30-2, 38, 47])

이러한 상황은 메이지시대에 다반사로 발생했다. 이 시대에 일본은 서양에서 밀려오는 사상과 과학의 발달에 노출되어 있었는데, 이러한 시대의 흐름은 기존의 일본 전통이 가진 권위를 거스르고 있었고, 그 예전의 권위는 이제 스스로를 지탱할 수도 없었다. 수 세기 동안 도덕적 감수성과 문화 가치에 관련해 엄청난 갈등이 존재했다. ― 이 갈등은 마치 마루야마 마사오(丸山眞男)*가 명명한 '바소 오스티나토(basso ostinato)'[1]와 같았다 ― 근대 형성기에 일본은 바소 오스티나토를 고수하였다.

그럼에도 불구하고, 과학과 문화가 갈등하며 생겨난 문제들은 일본 철학 분야에서 다소 뒤늦게 다루어졌다. 이중에서 서양 철학의 그 어떤 분야보다도, 전후 시대에 들어온 논리적 실증 철학과 분석적 사고가 눈에 띤다. 논리적 실증 철학과 분석적 사고는 일본의 옛날 자료, 특히 과학이 발흥하기 이전의 일본 문헌들에는 존재하지 않았다. 그런데 지난 세기의 마지막 20년 동안, 이러한 상황에 변화가 생겼다. 일상생활에서의 과학 기술의 결과를 둘러싼 윤리적 문제가 불거졌기 때문이다. 환경 파괴에서 유전자 조작 여부에 관한 논쟁 때문에 철학자들은 이제 과학을 구체적으로 성찰하기 시작했다. 윤리 문제는 너무 다양하면서도 다변적이어서 쉽게 파악할 수 없다. 그렇지만, 뇌사 문제를 보다 자세히 들여다보면, 생명 윤리와 관련된 여러 논의점을 추려볼 수 있다. 그리고 이러한 논의는 일본 고유의 연구 자료를 기초로 하는 일본 철학에 관한 고찰로 시작될 수 있다.

### 보편적 생명 윤리에 대한 일본의 도전

최근 일본 사상에서는 서양에서는 별 관심사가 아니었던 생명 윤리 양상을 매우 민감하게 다룬다. 그리고 일본 사상은 보편적인 것이라 당연시 해온 특정한 기정사실을 재조명하면서 발전하고 있다. 서양에서 들어온 대단한 '정통' 생명 윤리가 일본에 들어오자, 문제가 발생하고 논란이 일어났다. 동시에, 그러한 논란의 과정을 통해 일본은 서양과 다른 국가들에 다양한 성찰의 기회를 제공한다.

생명 윤리란, 광의의 용어로 생각하면- 의학에 종사하는 전문가들의 윤리-라는 말이다. 이 말은 이미 근대 이전 불교와 유교의 영향을 받았던 일본에 존재했었다. 예를 들어, 초기 도쿠가와시대(德川時代, 1603-1868)의 가이바라 에키켄(貝原益軒, 1630-1714)*은 의사이자 의학 전문가를 위해서 윤리 지침을 세운 신 유교주의 학자였다. 그가 주장하기를, 의학이란, 「인(仁)」을 수련하는 학문이며, 의사들은 환자들이 행복하도록 자비롭게 보살펴야 한다고 했다. 이러한 사고방식은 일본 의료진의 신념

---

1) [한] 바소 오스티나토란 원래 집요저음이라고 번역되는 음악학 용어이다. 집요저음은, 집요하게 반복되는 저음의 음형을 가리킨다. 여기서는 일본 정치사에서 계속 반복되는 구조를 비유하는데 사용되었다. 본서의 〈마루야마 마사오(丸山眞男)〉 항목(pp.739-744) 참조.

으로 남아 있고, 이러한 생각은 때때로 환자에 대한 의사의 가부장적인 태도로 나타나기도 한다.

생명 윤리라는 용어가 현재의 의미로 쓰인 것은, 대략 1974년에 번역된 포터(V. R. Potter, 1911-2001)의 『생명윤리(Bioethics)』에서였다. 이 책에서는 환경 윤리 문제가 매우 강조되었으나, 그다지 큰 관심을 받지는 못하였다. 단지 초기의 소수의 선구자들, 가령 다케미 다로(武見太郞, 1904-1983)와 기무라 리히토(木村利人, 1934)와 같은 인물들이 당시에 생명 윤리의 내용을 빠르게 받아들였다.

1980년대 중반에야 비로소 생명 윤리학이 일본의 학문 분야가 되었다. 지바대학(千葉大學)의 학자들은 미국 조지타운대학의 케네디 윤리학 연구소(Kennedy Institute of Ethics)에서 출간된 많은 자료를 번역하였다. 일본 생명 윤리학회(日本生命倫理學會)가 1987년에 창립되었고, 그 외에도 의학과 윤리학 관련 학회가 생명 윤리에 대한 문제를 다루기 시작했다. 대략 이 시기에 생명 윤리라는 말이 일본 대중 매체에서 나오기 시작했고, 대중 매체에서는 생체 의학 기술의 급격한 발전에 편승한 도덕적 관심사를 나타냈다.

그러므로 학문 분야로서의 생명 윤리학은 처음에 일본에서 서양의 연구물을 번역하고 연구하는 과정을 통해 도입되었다. 주요 생명 윤리 학자들은 서양 국가, 특히 북미 국가의 생명 윤리 사상과 원칙을 일본에 대입하였다. 생명 윤리 분야의 기본 서적을 한번 훑어만 보아도 자율성, 혹은 자기 결정권 등의 서양식 개념이 이 분야에서 주요한 자리를 차지하고 있음을 알 수 있다.

일본어는 당연히 일본의 문화를 배경으로 하고, 서양식 용어는 서양의 느낌을 가질 수밖에 없다. 일본 생명 윤리학자인 기무라는, 일본에서 의사들이 가지는 각별한 권위와 신뢰를 인식하면서, '상대적 자율성'이라는 용어를 '화합하려고 서로 노력하는 과정에서 내리는 자율적인 결정'이라는 개념에 연결하였다. 그럼에도 불구하고, 이러한 용어들은 이른바 서양식 윤리를 일본식 용어에 차용한 것 같다. 서양식 개념을 일본의 특수 상황에 적용시키면 종종 문제가 발생하기도 한다. 그러나 '자기 결정' 그리고 '사전 동의'와 같은 개념이 알려지면서, 일본 의학계에 존재했던 전체주의적이고 가부장적인 관습은 점차 사라졌다. 그렇지만 암과 같은 치명적인 질병을 환자에게 고지하는 경우에는, 아직도 많은 의사들이 환자의 용태를 사실 그대로 알리기 주저한다고는 한다.

대체로, 일본 생명 윤리학자들은 문화적 편견의 문제에 아직 직면한 바 없으며, 서양 생명 윤리의 중심인 개인적, 실용적 원칙을 고수한다. 그들은 좀처럼 개인적, 공리적 원칙들이 일본의 보다 넓은 윤리적 전통에 타당한지를 의문시하지 않으며, 단지 생명 윤리 전반에 관해서만 관심을 둔다.

무엇보다도, 생명 윤리에 관한 문제가 일본에 뿌리 내린 양상을 알아보려면 해당 학문 이외의 다른 분야에서 진행된 영향력 있는 주요 논의를 살펴보아야 한다. 그 논의를 이끈 사람들은 전문적으로 훈련된 생명 윤리 연구자들이나 의학 전문가가 아니다. 그들은 언론인들, 과학사 연구자들, 문화 인류학자들, 그리고 철학자들이다. 이 사람들은 생명 윤리에 대한 정식 논쟁에 큰 영향을 미치지는 못하였으나, 여론 형성에는 큰 영향을 미쳤으며, '정통적인' 방법들에서 볼 수 없는 독창적인 시각을 제공한다. 그들의 시각은 특히 1980년대와 1990년대에 불거졌던 '뇌사' 문제에 관한 논쟁에서 두드러진다.

## 뇌사에 관한 논쟁

일본은 장기 이식 법률(臟器の移植に關する法律)을 1997년에 처음으로 입법하여서 장기 이식에 대해 법률적 재제를 가했다. 새로운 의학적 기술을 받아들이자는 캠페인이 일어나고, 이 과정에서 윤리적 문제에 관한 전 국가적인 논란이 불거졌다. 결국에는 이 법률을 통해서, 장기 이식을 어렵게

하는 두 가지 엄격한 규정이 생겨났다. 하나는 기증자 증명서를 가진 환자의 동의, 또 하나는 환자 가족의 동의이다. 서양 국가들에 비교해보면, 일본에서 자발적인 기증자의 수는 적으며, 그래서 장기 이식은 적게 나타난다. 이러한 사실은 사람들이 뇌사를 죽음과 동일시하지 않으려 한다는 점, 그리고 죽은 사람의 장기를 살아있는 사람에게 이식하는 것에 대해 강한 거부감을 느낀다는 점을 반영한다.

　대부분의 유럽 사람들과 북미 사람들은 뇌사자의 장기를 이식하는 기술에 대해서 윤리적으로 심하게 거부하지 않는 듯하다. 뇌사자의 몸에서 '수확된' 장기는 윤리적인 논쟁 대상이 아니라 일종의 물건으로 여겨진다. 물론 예외는 있다. 1974년에 저명한 독일 출생 철학자 한스 요나스(Hans Jonas, 1903-1993)는 하버드 위원회(Harvard Committee)가 뇌사를 죽음과 동일한 것으로 정의내린 것을 비판했다. 그는 사회적으로 승인된 살인에 내재한 위험성을 경고하였다. 그리고 시체에서 장기를 적출한다는 생각에 깔려 있는 잠재적 실용주의에 주목했다. 그의 경고는 북미 국가들에서는 그다지 관심을 끌지 못했지만, 일본에서는 널리 퍼져 나갔고, 그의 논의는 심각하게 여겨졌다. 윌리엄 라플레어(William LaFleur, 1936-2010)가 지적했듯이, 1980년대와 1990년대 사이에 일본에는 뇌사에 대한 격렬한 논쟁이 있었다. 그리고 한스 요나스의 생각은 뇌사를 비판적으로 보는 일본인들의 생각과 큰 공통점이 있었다. 최근에 피터 싱어(Peter Singer, 1946- )와 같은 실용주의 철학자의 저서들이 일본에서 널리 읽히는데, 싱어는 죽음을 뇌사로 정의하는 데 의문을 제기하였다.

　일본인들의 거부감은 상당 부분 정황상의 이유에서 비롯되었다. 1968년 삿포로 의과 대학의 와다 다케오(和田武雄, 1914-1999)는 일본에서 첫 번째로 심장 이식 수술을 했다. 그런데 사람들은 와다 다케오가 기증자의 죽음을 판단하면서 모호한 기준을 적용했다고 크게 공격하였으며, 그를 불법적인 인체 실험을 했다는 이유로 기소하였다. 이 사건으로 인해 뇌사와 장기 이식에 대해 논의를 하던 사람들은 충격을 받았고, 의학 기술의 무분별한 진보를 반대하는 대중의 목소리는 높아졌다. 그런데 그러한 감정은 이 한 가지 사안에만 머무르지만 않고 더욱 악화되었다. 1980년대 중반, 이 문제에 관하여 후생성(厚生省)이 즉석 위원회를 열어서 뇌사 판단 기준을 제시하고, 일본장기이식학회(日本移植學會)에서 일본의 장기 이식 허가 필요성을 주장한 바 있었다. 그 이후에, 수많은 영향력 있는 언론인들과 학자들이 인간의 뇌사를 죽음과 동일시하는 것에 대해 강력한 회의감을 피력했다. 그러나 이러한 비난의 목소리는 그다지 큰 영향을 주지 않았으며, 뇌사를 죽음으로 판단하는 기준은 결국 인정받았다. 그럼에도 불구하고, 이러한 논쟁은, 이전에는 간과되었지만, 꼭 고려했어야 하는 측면을 자세히 성찰할 수 있었다는 점에 의의가 있다. 이처럼, 서양의 생명 윤리 사상이 보편적이고 타당하다고 여겨졌다고 하더라도 이를 논할 때에는 생명 윤리와 연관된 일본의 문화를 자세하게 성찰할 필요가 있다.

### 삶, 죽음, 그리고 육체에 관한 문화적 가정

　장기 이식을 비판하는 일본 사람들의 견해에 의하면, 과학 기술에 내포된 철학적인 전제는 일본식 삶과 죽음에 관한 전통적 관점과는 매우 다르다고 한다. 뇌사에 대한 논쟁의 초기 단계에, 과학 사학자인 요네모토 쇼헤이(米本昌平, 1946- )는 '문화적 요인'(cultural factor)의 중요성에 대해 주목한 선구자이다. 그가 주장하길, 서양의 기계적인 세계관의 대두로 인해서, 인간의 육체는 일종의 대상물로 간주되었으며, 이때 인간의 신체 기관은 필요에 따라 교체될 수 있는 기계 부속으로 간주된다고 한다.

장기 이식과 뇌사의 경우, 문제는 바로 근대 과학의 프레임이다. 예를 들어, 해부 기능 통일 법전(the Uniform Anatomical Gift Act)은 장기 기증을 위해 입법화되었는데, 여기서 장기 이식은 마치 '예비 부품 수술'과 동일하게 종종 간주된다. 이는 인간의 신체 일부를 마치 갈아 끼울 수 있는 부속물로 여기는 서양식 기계적 관점을 반영한다. 하지만 이와 반대로, 일본인들은 개인의 인성이 마치 육체의 모든 부분에 들어있다고 심각하게 생각한다.

뇌사에 빠진 아이의 간 기증에 동의한 어떤 일본 어머니는 다음과 같이 외쳤다. "나는 내 아이가 죽었다고 생각하지 않아요, 단지 다른 사람의 몸에 들어가서 살아 있다고 봅니다." 서양식 맥락에서, 이런 말은 예외적이며, 그저 시적인 의인화 이상은 아니다. 하지만 일본에서는 이식 수술을 이러한 방식으로 말하는 것은 자기-설득의 논리이다. 이는 매우 놀라울 수 있으나, 이렇게 말하는 것은 일본에서 장기 이식을 촉진시키는 주요한 방법이다. (요네모토 쇼헤이, 1985, 200)

유명한 비평가인 우메하라 다케시(梅原猛, 1925-2019)는 문화적 저항의 물결에 합류하였다. 처음에 그는 일본 수상의 뇌사 특별 위원회 회원으로 활동하면서 주요 여론을 옹호하면서, 죽음을 뇌사에 근거해 재정의하는 위원회의 의견을 옹호한 바 있다. 그러나 시간이 지남에 따라 그는 회의적 입장으로 돌아섰다. 자신이 쓴 비판적인 에세이에서, 다케시는 뇌사자의 장기를 이식하는 기술을 뒷받침하는 철학적 전제는 실용주의와 데카르트식 기제라고 밝힌다. 그는 죽음의 의미가 다시 정의되면서, 장기 이식을 촉발하려는 실용적인 생각이 더욱 강화된다고 주장하였다. 한스 요나스(Hans Jonas, 1903-1993)의 비판에 동조하면서, 다케시는 장기 이식을 촉발하는 실용주의는 죽음을 판단하는 기준이라 할 수 없다고 주장한다. 하지만 다케시의 말 속에도 다름 아닌 서양식 사고방식인 데카르트식의 사고방식이 잠재되어 있다.

데카르트는, 물질세계가 정신적인 것에 따라 움직이지 않는다고 보았다. 그는 물질세계가 수학적이고 물리학적인 법칙에 따라서 분석될 수 있는 어떤 기계적인 존재로 인해 움직인다고 했다. 근대 의학은 이러한 데카르트식의 기계론에서 시작되었다. 내과 의학은 기계론에 근거해 인간의 몸을 분석하고, 질병의 원인을 알아내며, 약물과 치료법을 써서 치유가 가능하게 한다. 그런데 수술을 통해서, 우리가 육체라고 부르는 이 기계의 한 부분이 불량하면, 이 부분을 잘라냄으로써 기능을 회복시킨다. 만일 수술을 근대 의학에서 가장 중요한 것이라고 한다면, 인간의 내장 기관을 교환하는 장기 이식이란, 데카르트로 인해 비롯된 필요 불가결한 결과이다. 그러므로 장기 이식과 뇌사는 데카르트식 철학을 기반으로 연결되어 있다. 장기 이식은 현대 의학에서 인간에 대한 기계론적 인식을 나타내는 확실한 지표이자, 현대 의학의 영광스런 최고봉이기도 하다. 더욱이, 사고력을 인간이 가진 가장 강한 능력이라고 한다면, 사고력을 잃은 뇌사 상태의 인간은 분명 죽은 사람이라 간주되어야 한다. 데카르트식의 철학은 뇌사를 죽음으로 생각하지 않는 사람들에게는 큰 장벽임에 틀림없다.…

근대 유럽 사회에서 탄생한 과학은 자연을 객관적으로 알 수 있는 대상으로 간주한다. 효율성을 중시하는 과학은 자연을 통제하는데 기계적으로 적용된다. 근대 의학은 기술에 대한 이러한 선호, 혹은 편견에 따라가는 경향이 있다. 극단적인 경우에, 이런 사고방식은 실용주의로 귀결된다. 진리에 대해 객관적으로 고민하는 것은 이제 중요하지 않다. 반면에 유일하게 중요시되는 것은 결과뿐이다. 이러한 사고방식에 따르면, 죽음은 단순히 심장이 멈추거나 뇌 기능이 멈추는 것을 의미한다. 그런데, 여기서 뇌가 멈추는 것을 죽음으로 간주하려는 경향이 더욱 강하다. 왜냐면, 뇌사 환자는 장기 이식에 있어 심장사 환자보다 훨씬 유용하고 의학의 발전에 기여하기 때문이다.…

죽음을 뇌사와 동일시하는 논리, 그리고 생각할 능력이 없다면 생명도 없다는 논리에는 동물과 식물이 효과적으로 배제되어 있다는 사실에 주목해야 한다. 식물은 원래 대뇌피질 없이 뇌사 상태로 유지하는 존재일까? 생명에 대한 경외심은 새로운 철학 원칙이 되어야만 한다. 그렇지만 나는 생명에 대한 경외심이 장기이식을 명분으로 확대되는 뇌사의 논의에는 부족하다는 점이 걱정스럽다.

확실히, 데카르트식의 사고방식을 비난하는 것으로 충분하지는 않다. 나는 나 자신에 대해서도 끊임없이 비판하겠지만, 지금 문제가 뇌사에 관한 것이니 만큼, 서양식의 사고방식을 받쳐주고 있는 데카르트식의 철학은 생명에 관한 논의에는 매우 부족하다고 생각한다. 사실상, 데카르트식의 사고는 현대 세계에 크게 영향을 미쳤으나, 지금 우리가 직면한 위기를 감안한다면, 우리는 자연 세계를 파괴하는 데카르트식의 이분법적 사고에서 벗어나야만 한다. 그리고 죽음을 뇌사와 동일시하는 생각이 언제나 옳지는 않다고 여겨야 한다. (우메하라 다케시, 199, 223-4, 228)

일본 문화에 대한 우메하라의 기본 관점은 신도(神道)와 일본식 불교를 바탕으로 한 일종의 물활론(物活論, animism)이다. 물활론적 관점에 따르면, 생명은 자연 세계의 한 부분이고, 인간의 육체도 자연에 속한다. 우메하라의 주장에 의하면, 일본의 '생명' 철학은, 현대 기술을 바탕으로 하는 거침없는 문명화를 막아서는 버팀목이 되어야 한다. 신도를 연구하는 학자이자 '신도 신학(神道神學)'을 주장하는 우에다 겐지(上田賢治, 1927-2003)*는 이미 몇 해 전부터 이와 유사한 입장을 표명한 바 있다.

문화 인류학자인 나미히라 에미코(波平惠美子, 1942- )는 인간의 육체에 대한 전통 일본식 관점에 주목한다. 나미히라는 일본 어휘상으로 '시신'(corpse)과 단순히 '사체'(cadaver)는 엄밀히 말해 다르다고 강조하였다. 사체는 생명이 없는 대상을 의미하지만, 시신이란 애도를 하는 사람들, 특히 가족과의 친밀한 관계가 남아 있는 존재이다. 이와 관련하여 나미히라는 자연 재해나 치명적 사고를 입은 희생자의 잘려진 사지를 그 가족들이 하나로 모으는 일반적인 관습을 다음과 같이 언급한다.

시신은 실제로는 자신의 의사를 표현할 수 없다. 그렇지만 살아 있는 사람들은 이 시신이 여전히 스스로 이루고자 하는 소망, 욕망, 그리고 권리를 소유한다고 여기는 듯하다. 살아 있는 자들에게 '시신'은 '사체'와는 다른 의미이다. 사랑하는 친구와 가족에 대한 상실감이나 그리움을 의미하는 것이 아니다. '시신'의 모습임에도 불구하고 죽은 사람은 뒤에 남아 있는 사람들에게 무언가 요구하는 듯 여겨진다.

......

이러한 이유 때문에, 부분적으로, 오늘날 일본에서는 장기 기증자가 확실히 드물다. 죽음을 확인하는 절차에는 친척들과 가족들의 확인이 결정적 역할을 한다. 그리고 가능한 많은 숫자의 가까운 친척들이 동의를 하는 것이 가장 안전하다고 여겨진다. 예를 하나 들면, 갑자기 사고를 당한 뇌사자의 경우에는, 뇌사 상태에서 신체의 장기들이 기능이 멈추는 상태까지의 시간이 너무 촉박해서 가족이 모일 수 있을 때까지 기다리기 어렵다. 또 다른 예를 들면, 일본 사람들은 '시신'의 상태를 보면, 죽은 사람의 영혼이 행복한 상태인지 불행한 상태인지를 알 수 있다고 믿는다. 그리고 이러한 죽은 사람의 상태가 살아 있는 친족들에게 영향을 미친다고 생각한다. 그래서 일본 사람들은 죽은 사람의 신체에 칼을 대는 것을 싫어한다. (나미히라 에미코, 1990, 51, 66)

많은 일본인들은 죽은 친척의 육체가 마치 '물건'처럼 다루어지고, 분해되며, 혹은 버려지는 과정에서 기계적으로 취급되는 것을 불편해 한다. 죽은 사람과 어떤 관계가 지속된다고 보기 때문이다. 장기 이식 기술 규제를 완화하는 생각에 대해 일본인들은 문화적, 감정적으로 매우 싫어한다. 우연히도 이러한 일본 사람들의 감정은, 죽은 사람의 육신이나 죽은 사람을 지칭하는 일본어인 '호토케(佛)'라는 단어(문자 그대로 '부처'라는 의미)에도 확연하게 나타난다. 이 단어는 일본 사람들이 화장이나 매장 전후로 죽은 사람들에게 느끼는 특별한 감정을 반영한다.

## 뇌사와 인간관계

뇌사를 인정하는데 반대하는 일본 사람들은 더 나아가 인간 존재를 상대적으로 접근하자는 주장을 피력한다. 그들은 뇌사를 인정하는 생각에는 개인주의적인 편견이 있음을 들추어낸다. 뇌사를 인정하는 사람들에게 죽음은 오직 죽은 사람만의 사건으로 축소된다. 그러나 일본 문화 속에서, 죽음이란 오히려 가족들이 주도하는 보다 넓은 개념의 상호 인간관계의 현장이다.

예를 들어, 언론인 나카지마 미치(中島みち, 1931-2015)에 따르면, 뇌의 기능이 멎어 사망한 사람의 가족이 느끼는 감정과 심장이 멎어 세상을 떠나는 사망자의 가족이 느끼는 감정은 매우 다르다는 사실이 다수의 데이터를 통해 드러난 바 있다.

사랑하는 사람이 저 세상으로 가면, 그 사람의 피부는 차가워진다. 이런 온도 변화는 그 사람의 심장이 멈추자마자 즉각적으로 나타난다. 그 사람의 육체는 천천히 온기가 사라지고 뻣뻣해지며, 생명이 이제 돌아오지 않을 것이란 느낌을 전달한다. 확실히 이런 상태야말로 사회적, 문화적, 그리고 법적인 차원에서 죽음이라 부르는 상태이다. 그런데 뇌사자의 경우는, 죽음에 이르렀을 때 이런 느낌을 주지 않는다.

......

사람들은 인간의 장기가 다른 사람을 위해 사용되는 일이야말로 근사한 일이라 말하곤 한다. 그렇지 않다 해도 어차피 잿가루로 남을 것이니까 말이다. 그렇지만, 한번 상상해 보라. 온 집안을 폴짝이며 뛰어다니던 여러분의 아이가 어느 날 갑자기 차에 치여서 뇌사 상태에 빠졌다고 가정해 보자. 아이가 누워 있는 침대가에 선 여러분은 아직도 아이 몸의 온기를 느낄 수 있다. 여러분은 아이의 몸이 곧 잿가루로 끝날 거라 실감할 수 있는가? 사람의 몸은 잿가루로 끝나 버린다는 생각 자체가 인간을 하나의 물건, 혹은 자원으로 만들려고 하는 사람들이나 하는 생각이다. 이런 생각을 만들어내는 일은 단순히 뇌사에 빠진 사람의 육신을 단순히 하나의 물건으로 사물화하는 것이 아니고 무엇인가? (나카지마 미치, 1992, 274, 276)

나카지마는 뇌사를 '육안으로 알 수 없는 것'이라 비판한다. 그런데 뇌사자의 죽음을 결정하는데 있어서 가족이 느끼는 감정은 아무 소용이 없다. 그런 의미에서, 나카지마는 죽음을 둘러싼 관계적 상황을 더 심각하게 생각하라고 촉구한다. 나카지마의 주장은 다른 학자들에 의해 보다 이론적으로 발전하게 된다. 생명 윤리학자인 모리오카 마사히로(森岡正博, 1958)가 그 학자들 중 한 사람이다. 그는 뇌사를 인간관계의 하나의 현상으로 이해하기를 제안한다.

> 뇌사를 판정할 때에는, '뇌기능이 멈춘 사람'을 둘러싸고 있는 사람들의 상호 관계를 감안해야 한다. 뇌사라는 개념은 그 사람들이 상호 협의해서 도출된 일종의 합의점이다. 뇌사를 단순히 어떤 특정한 개인의 뇌에 관련된 사건으로 간주해서는 안 된다. 우리는 '뇌사로 인정되는 합의 지점'에 관해 고민해야 한다. 다시 말하면, 뇌사를 판정할 때 중요한 것은 뇌사자를 둘러 싼 사람들의 연결성이다. '뇌의 기능이 멈춘 사람의 뇌'를 단지 검사하는 것만으로 죽음을 판정한다면- 이는 바로 의사의 관점에서나 뇌사라고 판정하는 것일 뿐이다. (모리오카 마사히로, 1989,9)

기무라 빈(木村敏, 1931-2021)*은 저명한 심리요법 의사이자 철학자이다. 그는 와쓰지 데쓰로(和辻哲郎, 1889-1960)*의 영향을 받았다. 기무라 빈은 인간이 다른 사람들과 교류할 때 원래 존재하는 '사이성'(betweenness)에 대한 분석으로 유명하다. (이후에 그는 자신의 이론을 일반 생명체들로도 확장하였다.) 기무라는 뇌사를 인정하는 데 존재하는 두 가지 문제점에 대해 다음과 같이 논했다. 첫 번째 문제점은 인간의 육체를 '사용'한다는 점이고, 두 번째 문제점은 뇌사를 개인적인 일로 간주한다는 점이다.

> 원래 나는 뇌사자의 장기를 이식하는 것을 분명히 반대하였다. 왜냐하면 사람의 신체를 사용하려 그 사람의 죽음을 기다린다는 생각은 단순히 윤리적으로도 받아들일 수 없기 때문이다.
> ......
> 특별히 가까운 친척이나 혹은 아주 친한 친구가 사망한 경우, 친척들이나 친구들에게서 떠나 사라진 것은 물리적인 육체이다. 이를 감안하면, 사망자의 친척이나 친구들은 각자 나름대로 마음속으로 '애도의 과정'을 끝마칠 필요가 있다. 그리고 그들의 애도의 과정은 상당한 시간이 요구된다. 이러한 애도의 과정을 다른 이들에게 알리려, 주술적인 특정한 형태의 의식을 거행하기도 한다. 뇌사를 인정하는 사람들이 간과하는 사실은 죽음이란 단순히 사망자에게만 해당하는 일이 아니라는 것이다. 다시 말해, 삶, 그리고 필연적으로 죽음의 순간이 포함된 '사는 것'은 단순히 각자 '생존하는 물체'만의 개인사는 아니다.
> ......
> '개인의 죽음'을 '뇌사'라는 단순히 의학 이론과 자연 과학 이론에만 기초해서 정의한다면,

이러한 정의를 기초로 '죽음의 순간'이 결정 되면서, '사체'에서 장기를 적출하는 인위적 행위가 가능할 수 있다. 사망자의 지인들에게는, 이러한 행위야말로 폭력적이며 말도 안 되는 일종의 억지 살인이 아니겠는가? (기무라 빈, 1992, 274, 276-8, 284)

기무라 빈의 영향을 받은 과학사학자 고마쓰 요시히코(小松美彦, 1955- )는 뇌사 논쟁에 '공명하는 죽음'이라는 개념을 도입하였다. 필리페 아리에(Philippe Aries, 1914-1984)가 연구했던 중세 유럽의 '길들인 죽음'이라는 개념과 프루스트(Marcel Proust, 1871-1922)가 죽음을 '친밀한 부재'라 묘사했던 것을 참조하면서, 기무라는 다음과 같이 썼다.

중세 유럽에서, 죽음이란, 삶이 끝나는 하나의 시점을 의미하지 않았다. 죽음은 다른 사람들에게 아울러 확대되어 닿는 일시적인 흐름이라 여겨졌다. 이런 관점에서, 죽음이란 단순히 죽는다는 사실로 축소되지 않았다. 사람들은 죽음과 일정한 유대 관계를 이루며 살았다. 마치 악기의 튕겨진 현이 음 하나를 만들어내려 연속적인 공명을 일으키듯이, 한 사람이 죽어가는 마지막 과정은 그를 둘러싼 사람들과 공유된다. 그들이 가졌던 '공명하는 죽음'이라는 관점은 오늘날 죽음을 단지 죽음에 직면한 당사자에게만 해당하는 '개인에게 한정된 죽음'으로 보는 관점과는 본질부터 다르다.
......
죽음이라는 개념은 의학 때문에 손상되지 않았다. 역사를 뒤돌아본다면, 죽음은 마치 소유물처럼 원래 인간의 육체에 한정된 어떤 것이 아니었다. 오히려, 의학이 만들어 낸 새로운 죽음관이 우리에게 이식된 것이다.
......
소위 '자신의 죽음을 결정할 권리' 때문에 죽음을 둘러싸고 있던 공명의 유대는 끊어진다. 그리하여 죽어가는 사람의 고유함과 그를 둘러싸고 있던 사람들의 고유함 사이에서 존재할 수 있던 고유한 죽음은 사라진다. 즉, 고유한 죽음이라는 개념은 준비되지 않고 일반화된 죽음이라는 개념으로 변형되어 버린다. (고마쓰 요시히코, 1996, 180-1, 205, 221)

와시다 기요카즈(鷲田淸一, 1949- )는 일본에서 '임상 철학'을 강조하는 학자이다. 그는 장기 이식 기술은 '인간의 생명을 상품화'하는 직접적 결과를 초래한다고 주장한다. 그는 이러한 "인간 생명의 상품화"는 현대 사회에 널리 퍼져 있으며, 이 생각을 기초로 인간의 몸은 개별적 상품이 된다고 다음과 같이 주장한다.

죽음이란 인간의 개별성이 없어진다는 의미의 '상실'이 아니라, '관계가 단절된다'는 의미이다. 개인으로서 인간은 다른 사람들에게 연결된 모든 통로를 차단한 채 상상의 육체 안에 단단히 갇혀 있다. 그런데 우리 육체는 실제로는 다른 사람들의 몸과 '서로 소통하는 육체'가 아닌가? '나 자신의 육체 속에서' 나 자신하고 만의 친밀하고 내적인 관계는 애당초 불가능하지 않은가? 이러한 질문은 죽음뿐만 아니라 삶에도 해당하는 문제이다.
......
장기 이식을 육체 부분의 교환이라고 보는가 혹은 존재의 교환이라고 보는가의 문제에는 결코 답이 없다. 그러나 적어도 우리는 한 가지 생각은 제기할 수 있다. 말하자면, 사람의 몸을 그 사람의 '소유물'이라고 간주한다면— 소유물은 교환할 수 있기 때문에— 이러한 생각은 '뇌사' 이후에 장기 이식을 정당화하는데 활용된다. (와시다 기요카즈, 1998, 90, 105)

비교 철학자인 유아사 야스오(湯淺泰雄, 1925-2005)*는 와쓰지 데쓰로 아래서 수학한 제자 중 마지막 제자인데, 장기이식 기술의 이면에 존재하는 데카르트식의 전제를 연구하면서 미국의 생명 윤리에 있는 실용주의 경향에 대해서 지적한다. 그는 죽음에 존재하는 인간의 상호적인 측면을 유지하기 위해서 생명 윤리에 '상호성'의 윤리를 보완하기를 다음과 같이 제안한다.

엄밀한 법률 용어 같은 건 잠깐 접어두고 보자. 현대 의학 기술에서는 뇌사를 인간의 죽음과 동일시한다. 그러한 이유로 사망자의 신체를 '물질'로 간주한다. 이런 생각을 통해 도덕성을 손상시키지 않으면서도 현대 생명 윤리학은 사람의 신체에 무엇이든 할 수 있다는 생각을 기초로 삼는 듯하다. 현대 생명 윤리학에서는 인간의 몸을 마치 자동차 부품과 동일시하여서, 인간의 몸은 그 부품이 합쳐져 기능하는 것과 같다고 본다. 이러한 맥락에서 장기 이식은 마치 고장 난 자동차에서 아직 사용할 수 있는 부품을 꺼내서 다시 사용하는 재활용 기술과 같이 인식된다. 오늘날 미국에서는 재사용할 수 있는 인체 장기와 조직 거래가 한창 떠오르는 사업 아이템이라 한다. 이와 대조적으로, 심장 이식을 받은 사람들은 최근에 환상 속에서 자신에게 심장을 준 기증자를 보았다고 말하기도 하며, 기증자의 성격과 기질이 자신에게도 나타난다고 말하기도 한다.

현재 의학 윤리학이 당면한 가장 심각한 이데올로기적 문제는 '죽음'을 생각하는 방식에 있다. 장기 이식 기술의 바탕에는 '죽음'이란 아무 의미가 없다는 전제가 깔려 있다. 기증자의 시체는 다른 물질적 존재와 다르지 않다. 그리고 그 속에는 어떤 인간적인 특성도 남아 있지 않다. 이러한 사고방식은 죽음이란 인간에게 의미 없는 사건이라는 전제를 기초로 한다. 그러나 과학적으로 죽음이란 공허한 개념일 수 있으나, 인간의 생각으로 죽음이란 매우 심각한 개념이다.

죽음의 의미에 관해서 생각해 보자. 우리에게 가까운 누군가가 사망한 경우, 우리는 죽음이라는 문제에 관해서 골똘히 생각하게 된다. 반면에, 제 3자의 죽음, 예를 들어 제 3자가 교통사고로 죽었다고 한다면, 우리는 그에 대해 별다른 감흥이 없다. 그렇지만, 우리의 아이라든지 배우자, 혹은 평생지기 친구처럼 우리가 그 '상호성'을 공유한 사람이 죽는다면, 우리는 그 사람들의 인생의 의미를 깊게 숙고하게 된다.… 현대 철학은 나 자신의 자기- 중심적인 생각에서 비롯된다. 만일 우리가 이러한 현대 철학의 개념을 절대적인 것으로 인정한다면, 제 3자는 '타자'로 인식되어서, 제 3자의 육체는 우리에게 본질적으로 하나의 대상물, 물체일 뿐이다. 그리고 단지 '나 자신'만이 사람으로 인식된다. 만일 이러한 논리의 귀결점을 우리가 생각해 본다면, 인간의 죽음이란 궁극적으로 '타자'의 죽음 이상은 아니며, 자신의 죽음과는 관련하여 생각할 필요가 없는 것이다. 죽음에 관해서 정의할 때, 이러한 관점이야말로 현대 의학에서 말하는 죽음의 정의라고 한다면, 지나친 생각일까? (유아사 야스오, 2001, 63-4, 67)

위에서 언급한 저명한 학자들은 인간의 상호 관계의 측면을 뇌사에 관한 논의에 도입하고자 노력하였다. 모리오카 마사히로의 경우야말로 그 학자들 중 한 사람이다. 그는 일본 사람들의 죽음에 관한 태도의 특성에 대해 설명한다. 그의 주장에 의하면, 죽어가는 사람을 둘러싼 가족들이 느끼는 감정은, 사망자가 느끼는 근심 걱정 없고 개인적인 감정과 다르다. 마지막 부분에서 모리오카는 자신이 표현한 바, '뇌사에 대한 인간관계 중심의 접근 방법'을 일본에서 영구적으로 진행될 논쟁의 주제로 다룰 것을 제안한다.

위에서 살펴본 바와 같이, 뇌사에 관해 논쟁했던 주요 일본 학자들의 주장은 다음 두 가지로 요약될 수 있다. 하나는 삶, 죽음, 육체에 관한 형이상학적 견해이며 또 하나는 죽어가는 사람을 둘러싼 가까운 친지와 친구들의 관계에 관한 견해이다. 일본인들의 논쟁 과정에는 서양과는 다른 배경과 전통이 있으며, 뇌사와 장기 이식에 대한 암묵적인 문화적인 특수성이 드러난다. 그리하여 일본인들과는 다른 서양 사람들은 이러한 문제에 내재하는 복잡한 사안들을 숙고할 수 있는 기회를 가진다.

## '일본식 생명 윤리'에 관한 이해

위에서 살펴본 생명 윤리에 관한 내용을 일본인들의 고유한 생각이라 한정한다면, 이는 너무 단순하며 잘못된 생각이다. 한 가지 예를 들자면, 일본인들의 생각은 단선적이지 않다. "일본인들은 물활론자이며 관계에 집착한다"라는 일반화는 일종의 문화적인 본질론이다. 이러한 본질론적 이해는 일본인들이 가진 다양한 의견을 한쪽 귀를 닫고 듣는 것과 같다. 사실상, 현대의 대다수 일본인들은 서양 문화에서 유입된 개인적인 가치라는 개념을 익숙하게 받아들인다. 생명윤리학 분야도 역시, 개인주의적 원칙은 대체로 전문 윤리학자들과 대중의 호응을 얻고 있다. 일본 사회의 주류가 의학 기술의 진보를 반대하기보다는 찬성한다고 보는 것이 맞을 것이다. "서양인은 찬성하고 일본인은 반대한다"는 말이 과거에는 분명 존재했었다. 그런데 이런 말은 더 이상 사실이 아니다.

더 나아가, 일본의 생명 윤리학의 '고유성'이 강조된다면, 아직도 잔존하는 일본의 국수주의가 촉발될 수 있다. 현대 문명의 영향을 상당히 내포하는 생명 윤리학과 생체 의학은 일본 내부에서 발생된 것이 아니며 일본에 원래 '없었던 것'이다. 그래서 당연히 일본인들은 유럽과 미국과는 차별화 된 입장을 유지하려고 애를 썼다. '문화적 요소에 관한 논쟁'에 대하여, 모리오카는, 이러한 논쟁의 근간에는 일본인들이 해야 하는 신중하고 합리적인 생각이 방해를 받고 윤리적인 논의를 저해하는 국수주의적 정서가 존재한다고 지적한다. 이와 반대로, 한 국가와 그 국민들의 문화적 다양성을 인식한다면, 그 윤리적 논의는 지속 가능해지며, 맹목적인 찬성이나 맹목적인 반대라는 이중적인 문제점을 피할 수 있다.

문화적 본질주의로 인해서 윤리학적 사고의 교류는 두 가지 점에서 문제가 있다. 그중 하나를 먼저 말하자면, 문화적 본질주의 때문에 사람들은 세상의 어느 곳에서나 일어나고 있는 생명 윤리 논의 성과물들을 무시한다. 이런 점에서, 일본은 아직도 의료 측면에서 환자들에게는 유해한 문제를 상당히 많이 겪는 셈이다. -의사들의 권위적이며 가부장적인 태도도 이런 문제 중 하나이다.- 반면, 이 환자들은 서양에서 주창된 자기 결정권과 자율성의 가치가 존중되는 환경에서는 혜택을 입을 수 있다. 어떤 상황에 대해서든 '일본식'으로 반응하는 생명 윤리적 입장이 고착화된다면, 이는 필수적인 진보의 길목을 막아서는 일이다.

반면에, 일본에서의 생명 윤리적인 논의가 일종의 '전 지구적' 현상에 따르는 단순히 지역적인 유행으로 축소된다면, 생명 윤리학은 전반적으로 쇠락할 것이다. '전 지구적인 기준'이라는 말에는 너무도 큰 편견이 내포되어 있다. 왜냐하면 이 '전 지구적인 기준'은 바로 지배 문화가 만들어낸 기준이며, 이 '전 지구적인 기준'에 따라서 보편적 윤리가 모든 특수한 상황들을 고려하지 않고도 가능하다고 여겨질 수 있기 때문이다. 일본과 서양이 서로 배우지 않는 한, 생명 윤리학은 양측에게 모두 힘든 문제이다. 그리고 논리적으로 더 나아가 말한다면, 이와 같은 똑같은 측면에서 일본은 아직 이웃 아시아 나라들과 그 나라들의 윤리적 전통에서 배워야 한다고 말할 수 있다.

우메하라의 의견에 동의하는 사람들은 민족주의적 편향성을 가지고 있지만, 또 한편으로는 현대의 도구적이고 기계적인 사고방식을 기초로 하는 기술적인 문명화에 대한 필수적이고 급진적인 비판을 가한다. 이러한 비판은 비서구적이고 전통적인 사고방식의 일본인들이 이러한 문제들을 더욱 잘 인지하고 이를 우려한다는 사실과 연결된다.

죽음에 관한 상대적 양상에 대해, 개인적인 측면과 상호 관계적인 측면이 모두 충족되어야 한다고 주장하는 전통적 일본의 가치를 강조할 필요는 없다. 반대로, 이러한 일본식의 가치를 주장하는 일본인은 서양의 윤리학자들이 개인의 윤리를 생명 과학과 결합했던 점을 간과하지 말아야 한다. 여기서 우리는 뇌사에 대해 비판적인 연구자들이 사실상 일본을 벗어난 다른 나라의 자료에서 연구를 착안했던 경우가 적지 않다는 사실에 주목해야 한다. 예를 들어, 고마쓰는 자신의 아이디어인 '공명하는 죽음(resonant death)'라는 개념을 중세 유럽의 역사에서 착안하였고, 와시다는 프랑스의 철학자인 가브리엘 마르셀(Gabriel Marcel, 1889-1973)과 메를로-퐁티(Maurice Merleau-Ponty, 1908-1961)에게서 영감을 얻었는데, 이 프랑스 철학자들은 아무도 전통적인 일본 철학자들에게서 영향을 받은 바 없다.

일본 사회와 같은 동아시아 사회의 관계 윤리학에서는 자신들의 문화 영역 외부의 다른 문화에도 주목해야 한다고 주장할 수 있었다. 철학자 이마미치 도모노부(今道友信, 1922-2012)는 오랫동안 전 지구적 가치 체계에 관해 논했는데, 그는 서양의 개인주의적인 접근 방법과 동아시아 문화에서 나타나는 보다 집단적인 방법을 융합하기를 지지했다. 그 내용은 다음과 같다.

> 이십 세기의 후반 현대인의 삶에서, 이전 사회에서는 당연했던 전통적 윤리로서는 해결되지 않는 윤리적인 문제가 상당히 자주 나타났다. 예를 들자면, 전통적 윤리학에서는 개인의 정체성은 집단적인 정체성보다 언제나 더 숭고하고 중요하다고 간주되었다.
>
> ......
>
> 기술 중시 사회에서, 결정권을 가진 주체는 주로 개인이 아니라, 집단이다. 그래서 기술-윤리학에서, 우리는 도덕적인 의미와 더불어, 결정권을 소유한 집단의 존재론적 구조를 감안해야만 한다. 이는 후기 문화주의 사회의 새로운 측면이고 우리는 이러한 집단적인 정체성이 가지는 책임의 '토포스'를 인식해야 한다. 정체성이라는 주제는 가장 현대적인 인식의 문제에서 발전했음이 틀림없다.
>
> ......
>
> 동양의 집단주의에 있는 윤리적 문제 중 하나는 개인의 도덕성을 심리적으로 외면한다는 것이다. 서양에 자기중심주의가 있다면, 동양에는 '집단 이기주의'(nosism)가 있다. 집단 이기주의란, 집단 내에서의 이익을 추구하는 생각이다. 집단 이기주의는 팀워크에는 매우 유용하지만, 다른 집단을 물리쳐야 한다는 기존 전제가 있다. 게다가 동양의 집단적 정체성은 한

국가 내에 나타나므로, 국수주의로 빠질 위험이 있다. 그렇지만, 이는 개인주의가 하나 혹은 동일한 이데올로기를 통해 지배하는 원시적 집단주의는 아니다. 기능적 집단주의는, 각각의 사람들이 가지는 이데올로기나 종교와는 관련이 없다. 그러므로 동양의 집단적 정체성은 정신적인 것이 아니라, 효율적이고 기능적인 것이다. (이마미치 도모노부, 1998, 14-15, 17)

생체 의학을 비롯해 근대 경제와 기술 발전의 열매를 향유하는 선진국으로서, 일본은 이러한 진보에 따라 생긴 심각한 윤리 문제를 피할 수 없다. 일종의 '비서구적인' 반응을 논의하려는 노력 속에서, 일본 생체 의학자들은 상당히 중요한 상호 문화적 대화를 시작하고 있다. 그리고 이를 위해 일본은 해외에서 유입된 철학적 자원에 지속적으로 동화되면서도 자신이 가진 철학적 자원을 활용해야 한다. → 신도와 생명윤리학 pp.437-440 참조.

**더 읽을거리**

Hurst, G. Cameron iii, "Death, Honor, and Loyalty: The BushidōIdeal," *Philosophy East and West* 40/4 (1990): 511-27.

Kimura, Rihito, "Medical Ethics: Contemporary Japan" in *Encyclopedia of Bioethics* (New York: Macmillan Reference, 2004, 3rd edition), 1706-14.
(일본어 번역본: 生命倫理百科事典 翻譯刊行委員會 編(2007)『生命倫理百科事典』Volume 1-Volume 5, 東京 : 丸善, 平成19)

LaFleur, William, "The Afterlife of the Corpse: How Popular Concerns Impact upon Bioethical Debates in Japan," in Susanne Formanek and William LaFleur, eds., *Practicing the Afterlife: Perspectives From Japan* (Vienna: Verlag der osterreichischen Akademie der Wissenschaft, 2004), 485-504.

LaFleur, William, Gernot Bohme, and Susumu Shimazono, eds., *Dark Medicine: Rationalizing Unethical Medical Research* (Bloomington: Indiana University Press, 2007).

Morioka, Masahiro, "Reconsidering Brain Death: A Lesson from Japan's Fifteen Years Experience," *Hastings Center Report* 31, 4: 41-6.

Steineck, Christian, "Der Leib als Eigentum: bioethische Debatte und aktuelle Rechtsentwicklung in Japan," in C. Steineck and O. Doring, eds., *Kultur und Bioethik. Eigentum am eigenen Korper* (Baden-Baden: Nomos, 2008), 86-99.

_____. *Der Leib in der japanischen Bioethik* (Wurzburg: Konigshausen und Neumann, 2007).

[HY/최성희]

# 참고 자료

# 용어해설

**겁·칼파(劫, kal pa)** : 인도신화에서 어마어마하게 긴 기간 동안의 시간을 가리키는 단위.

**게(偈·伽陀, gatha)** : 경전의 특정 부분의 내용을 강조, 설파하는 시.

**경(敬)** : 어떤 대상이나 사람에 대하여 깊은 존중을 가리키는 유학 용어. 신유학자들은 정좌(靜坐)를 통해 경의 마음 상태에 이를 수 있다고 말한다. 의(義). 옳은 것. 우리가 인식하기에 그른 것에 대조되는 옳은 것.

**격물(格物)** : 주희(朱熹)와 후대의 성리학에서 강조하는 개념으로 인간과 자연을 이루는 '이(理)'와 '기(氣)'의 통달을 통해 인간의 본성과 세계의 본질을 궁구하고 이해하는 것을 가리킨다. 이 개념은 일본이 서양의 과학과 그 접근법을 성리학적인 방식으로 대응하는데 도움이 된 유사과학적 접근방식을 발달시켰다.

**계(界, dhātu)** : 영역, 세계. 요소(要素)나 성스러운 곳(聖所)의 의미를 내포하기도 한다.

**『고사기(古事記)』** : 현존하는 가장 오래된 일본의 기록문헌. 712년 편찬. 만요가나(萬葉假名)와 한자가 혼합되어 쓰였다.

**고토(こと·事·言)** : 사물, 사건, 상황, 심지어 말(고토바[言葉]) 등을 가리키는 폭넓은 용어. 보다 철학적인 맥락에서는 객관적인 사물과 주관적인 (사물의) 명칭 간의 차이 너머에는 사실상 구별이 없음을 의미한다. 그런 의미에서 고토는 세상의 외면적인 대상을 뜻하는 '모노(もの)'와 대조된다.

**고토다마(言靈)** : 문자 그대로 말의 영(靈)으로서 일본의 토착어를 소리내어 말할 때 성스러운 힘이 사물에 현현하고 세상 만물의 흐름에 영향을 끼친다는 믿음을 의미한다.

**공(空, śūnya, śūnyatā)** : 모든 것은 '자성(自性)' 혹은 영구적이고 독립적인 본질 같은 것을 지니고 있지 않다고 하는 대승불교의 핵심적인 교리. 허공을 의미하는 한자의 이미지와 조화를 이루며 종종 '무(無)'의 개념과도 혼합되어 쓰인다.

**공경(恭敬) → 경(敬)**

**공안(公案)** : 주로 선종의 경전을 바탕으로 한 질문이나 어구로 수행의 깊이를 시험하기 위한 것이며 질문을 받은 수행자는 스승에게 자신의 이해를 증명해야 한다.

**관음(觀音, C. Guanyin, Sk. Avalokiteśvara)** : 관세음의 준말로 자비의 보살을 일컬으며 이 명칭에는 세상에서 고통받는 존재들의 신음을 듣는 자라는 의미가 담겨있다. 실제 역사적 인물에 기인하지 않은 신성으로 경배와 기도의 대상이 되는 종교적 이상을 표상하는 관음에 대한 숭배는 아시아 전체에 고루 퍼져있다.

**국체(國體)** : 축자적으로 나라의 신체(身體) 혹은 정수(精髓). 이 용어는 18세기 후반 일본의 천황체제, 그리고 때로는 천황 그 자체를 가리키는 명칭으로 사용되었다. 근대의 정치사상가들은 다양한 해석을 내놓았는데, 어떤 이는 국체가 일본의 독특한 통치자의 신성한 형태라고 주장하고 다른 이들은 국체가 한 종류의 정치체제, 가령 입헌군주제, 민주주의, 혹은 공산주의 등 일본과 같은 특정한 한 나라에 국한되지 않는 통치체제로 해석되어야 한다고 했다.

**군자(君子)** : 문자 그대로는 통치자의 아들이라는 의미로, 유교적 의미에서의 '신사(紳士),' 즉 교양을 갖추고 예의바른 사람으로 태어날 때부터 물려받은 특권에 의문을 품고 궁구한다. 공자는 군자라는 말을 자기 수양에 충실하여 권력계층의 신분 높은 사람들이 지닌 성격을 가지게 되는 사람을 가리킬 때 썼다.

**금강·바즈라(金剛, vajra)** : 금강석과 천둥번개를 뜻하는 산스크리트어. 불교에서는 결코 파괴될 수 없는 견고한 것을 상징하는 비유로 쓰인다. 형용사적으로 이 말은 스스로 자초한 미혹을 자르는 뛰어난 능력을 가리킬 때 쓰이며, 밀교에서는 명사로서 세 갈래 혹은 다섯 갈래로 갈라진 금속의 제의용 도구를 가리키는데 힘과 능력을 상징한다.

**금강승(金剛乘)** : 탄트라 불교라고도 칭해지는 밀교를 말한다. 금강승은 인도의 대승불교 전통의 역사에서 후기에 발전했는데 교학, 교리보다는 실천에서의 혁신성으로 잘 알려져 있다. 밀교는 제의에 있어서 이전에 불교에서 거부된 고대 인도의 종교적 전통에 종종 의지하여 언어적이고 시각적인 상징에 종교적 의미를 부여하는 개인의 상상력을 사용한다. 일본에서 금강승은 '진언' 과 '천태'에 있어 밀교적 요소의 발전의 기초가 되었다.

**기(氣)** : 지속적으로 성장하고 완성의 과정에 있는 모든 것들에 내재한 변화생성의 힘.

**기질(氣質)** : 사람의 기와 본질적 속성을 가리키는 유교 용어. 사람의 육체적 기질의 성향이라는 의미에서 이 용어는 사람의 '본성'과 종종 대비를 이룬다.

**깨달음(悟り)** : 특히 선(禪)의 문헌에서 깨달음을 뜻하는 말로 쓰인다.

**나무아미타불(南無阿彌陀佛)** → **염불**

**난학(蘭學)** : 에도시대(江戶時代, 1603-1868)의 서양학문, 언어, 물질문명에 대한 전반적인 연구를 가리키는 말. '난(蘭)'은 네덜란드를 가리키는 것으로 이는 네덜란드인들이 이 당시 서양문화의 주요전파자였고, 따라서 일본인들로서는 네덜란드어를 외국어 중 가장 많이 배우게 되었기 때문이다.

**남묘호렌게쿄(南無妙法蓮華經)** : 『법화경(法華經)』 제목을 주문으로 읊은 것으로, 이렇게 읊음으로써 『법화경』의 교리의 정수를 환기하고 특히나 쇠락한 '말법(末法)'의 시대에 성불의 길로 이끈다고 하는 믿음에 기반한 일련종의 주요 수행법이다. → **말법(末法)**

**노(能)** : 전통 연극의 일종으로 제의적인 동작과 엄숙한 음악이 특징을 이루며 배우들은 인간세상과 초자연적 세계의 중개자로서의 역할을 한다.

**다라니(總持, dhāraṇī)** : 산스크리트어 불교용어로 주문을 가리키며 주로 경전에서의 구절을 딴 소리들로, 독사의 공격으로부터 피하는 것에서부터 삼매(三昧)에 들기 위해 집중하는 것을 돕는 것까지, 모든 것을 바라는 대로 이루어지게 하는 강력한 수단으로 여겨진다.

**다르마(法, dharma)** : 산스크리트 문헌에서 일반적으로 인간의 행동에 대한 기준이나 규범을 의미하기 때문에 애초에 '법'이라고 번역한 것이다. 한편 인도에서 다르마란 말은 잘 알려진 권위자로부터의 종교적, 철학적 가르침을 가리키는 용어이기도 했다. 불교에서는 부처가 가르친 진리를 일컬으며, 문맥에 따라서 현상과 사물, 또는 법계의 구성요소를 뜻한다.

**다이묘(大名)** : 근세 초기의 쇼군(將軍)의 가신으로 세습받은 영역을 다스렸다.

**대승(大乘, Mahāyāna)** : 카슈미르 지역으로부터 중국과 일본에 전해진 불교 내에서 스스로 그들의 불교를 가리켜 붙인 이름으로 '소승(小乘)'과 대조된다, 대승불교는 보살행과 일체 중생의 깨달음, 믿음, 열반과 윤회의 불이를 강조하고, 공(空), 진리와 이해의 상징적 표상을 중시한다. 일본에서 모든 중요한 불교 종파들과 철학적인 발전은 대승불교에 바탕한다.

**대일(大日, Mahāvairocana)** : 밀교의 교주인 대일여래로 신체 자체가 우주전체로 여겨진다. 일본에서는 진언종의 본존(本尊)이다.

**도(道)** : 인간이 순응해야 할 만물의 질서이자 사물의 참된 양상, 또 진리에 대한 깨달음으로 가는 '길'을 가리키는 동아시아의 종합적 용어. 불교에서는 깨달음을 '도(道)를 얻는다'라고도 표현한다.

**도리이(鳥居)** : 신도(神道)의 신사(神社) 앞에, 혹은 신사로 가는 길에 있는 성소(聖所)로 들어가는 입구라는 것을 가리키는 신사 고유의 문.

**돈오(頓悟)** : 깨달음은 직접적으로, 명상 없이, 그리고 어떠한 예고나 의도없이 성취된다는 가르침. 선(禪)의 모든 종파의 특징이다.

**마음(心, こころ)** : 일본의 고유어인 '고코로'는 인지적, 정서적, 상상적인 요소와 육체적 욕망에 관한 의식, 또는 그러한 요소들의 역할에 대한 대응 등을 모두 포괄하는 말이다. (따라서 영어에서도 이를 'heart'라 번역하기도 한다.) 한자어 '심(心)'은 중국에서 산스크리트어로 된 불교용어인 'citta'를 번역한 것인데, 이는 '정신' '생각' '의식' 혹은 정서적인 측면을 강조하여 '정신과 마음' 등으로 번역된다. 특히 유학자들을 이를 사람들이 그들 자신을 이해하고, 인지적으로나 감정적으로 인간사회와 세계를 통해 드러난 '도(道)'와 소통할 수 있게 하는 능동적인 인간의 능력이라고 보았다.

**막부(幕府)** : 1192년부터 1867년까지 쇼군(將軍)이 일본을 다스렸던 무사정권 형태를 칭하는 용어이다. 이는 교토의 명목상의 천황에 의한 조정과 대조되는 정치체제이다.

**『만엽집(萬葉集)』** : 7세기 초부터 8세기 중반까지 지어진 와카(和歌)를 모은 가장 오래된 일본 시가집.

**말법(末法)** : 불교의 교리가 완전히 사라지기 전 세상에서 불교의 최후의 시기, 즉 '불법의 마지막 시대'라는 의미. 불교 경전에서 믿음과 불교 수행의 역사적 쇠퇴와 결과적으로 사회의 쇠락을 예고한 것에서 비롯한다.

**명덕(明德)** : 미덕을 일컫는 유학적 개념. 만천하에 밝게 드러나기 때문에 이런 명칭이 붙었다. 또한 자기 자신뿐 아니라 사회와 세상 전체를 변화시킬 수 있는 덕을 현현한다는 의미에서 정치적 관점에서 사용되기도 한다.

**모노노아와레(もののあはれ)** : 헤이안시대(平安時代, 794-1185) 귀족문화 속에서 발전한 심미적 이상으로 사물에 대한 느낌, 특히 비애감을 가리킨다. 이 개념은 후에 모토오리 노리나가(本居宣長, 1730-1801)가 심화·발전시켜 사물과 자연, 인간의 덧없는 아름다움에 대한 깨달음을 깊이 음미하는 것이라고 이해하였다.

**무(無)** : 불교에서 무는 사물의 존재하지 않음, 또는 사물에 자성(自性)이 없음을 가리킨다. 교토학파(京都學派)의 철학자들은 일반적으로 '절대무(絕對無)'라는 용어를 사용하는데, 이는 첫째, 존재에 있어 형이상학적인 궁극적 근거나 원리와 대조적인 의미에서 모든 것의 개방성이나 개방적인 근거를 나타내기 위해 이 용어를 쓰고, 둘째, 모든 존재의 창조적이고 생성적이며 비시간적인 근원을 가리키는데, 셋째, (개개의) '존재'와 관련되어 정의된 '상대적인 무'와 구별하기 위해서 절대무라는 말을 사용한다. 성리학 텍스트에서 이 용어는 이기적 욕망이나 열정, 혹은 잘못된 생각으로 오염되지 않은 정신의 투명하고 개방적인 성질을 가리킨다. 이토 진사이(伊藤仁齋, 1627-1705)는 무라든가 공 등의 관념이 유학적으로 논의될 수 있다는 생각을 거부했다.

**무극(無極)** : 궁극적인 비존재와 초근원적인 것을 뜻하는 성리학적 용어. 긍정적인 의미에서 유한하지 않다는 것은 창조적 변화의 세계 내에서 이루어지는 잠재적 생성과 변화의 무한한 근원을 의미한다.

**무사도(武士道)** : 사무라이 혹은 무사의 길을 일컫는 후대의 용어.

**무생(無生)** : 일체의 중생에 있어 절대적 원리인 생겨나지 않고 멸하지 않는 자연의 원리에 대한 반케이 요타쿠(盤珪永琢, 1622-1693)의 가르침. 그러나 영원불멸을 얘기하는 것이 아니라 존재와 성장의 세계를 초월하는 선천적인 성스러움을 의미한다. '불성'과 비슷한 교리이다.

**무심(無心)** : 불교, 특히 선종에서 욕망과 집착을 떠난 의식의 상태나 수준을 가리키는 말로, 적극적, 능동적인 생각의 활동이 더 이상 작용하지 않는 삼매의 경지를 일컫는다.

**무위(無爲)** : 주로 도교적 개념으로 간주되는데, 유교적 맥락에서는 타인과의 윤리적 관계에 위반되는 어떠한 것도 하지 않을 필요를 의미한다. 불교, 특히 선종 관련 문헌에서 이 말은 제한이 없고 집착이 없는 자발성 혹은 강요나 심지어 노력도 필요없이 사물을 다루고 대하는 현명한 능력을 말한다.

**문명개화(文明開化)** : 메이지시대(明治時代, 1868-1912) 초기에 지식인들과 관료사이에서 일어난 움직임과 그 가치를 일컫는 말로 서양의 가치, 관습, 군사정책 등을 도입하는 선진화, 근대화를 뜻한다.

**미륵(彌勒)** : 불교가 우리가 알고 있는 세상으로부터 사라질 때 나타날 것이라고 예측되는 미래불(未來佛).

**바라밀(波羅蜜, pāramitā)** : 보시(布施), 지계((持戒), 인욕(忍辱), 정진(精進), 선정(禪定), 반야(般若)의 6가지 보살로서 수행해야 할 덕목. → 반야바라밀다

**반야(般若, prajñā)** : 산스크리트어로 지혜라는 뜻의 불교용어로 공(空)과 같은 존재의 진리를 알아보고, 진실상의 구성과 구조에 대한 인식과 같이 깨달음에 이르게 하는 인식론적 진리를 깨치게 하는 것이 반야이다. 깨달음의 필수조건 혹은 깨달음의 기능 그 자체로 여겨지는 반야는 종종 '자비(智, karuṇā)' 또는 '도덕적 행위(戒, śīla)', 그리고 '명상·선정(定, dhyāna)'의 삼학(三學)과 연관된다.

**반야바라밀다(般若波羅蜜多)** : 완벽한, 최고의 지혜라는 뜻으로, 이 말은 대체로 20여 권이 넘는 『반야경』 계열의 경전을 일컫는데, 공의 사상과 철저한 해체적 성격, '부정'의 논리 등이 특징을 이루는 대승경전이다.

**방편(方便, upāya)** : 부처가 중생이 지닌 다양한 능력과 수준에 맞추어 불법을 전하고 중생을 깨달음으로 이끌기 위해 사용하는 임시적인 수단. 대승경전의 중요한 주제이다.

**법(法)** → **불법(佛法)** 혹은 **다르마(法, dharma)**

**법리(法理)** : **불법(佛法)** 혹은 **다르마(法, dharma)**

**법계(法界, dharmadhātu)** : 현실적인 진실상의 영역, 즉 물리적인 시간과 공간, 그리고 일체의 현상을 가리키는 현상적인 세계. 한편으로는 오직 깨달은 자나 부처만이 인식할 수 있는 진실을 일컫기도 한다. 『화엄경(華嚴經)』에서 자주 사용되는 용어이다.

**법상종(法相宗)** : 유식불교의 일본적 종파로 명칭은 인식의 특성에 대해 분석하는 것에서 따왔다. 일본에서 법상종은 논리학과 형식적 논쟁의 기술을 발전시킨 것이 특기할 만하다.

**법성·법이(法性·法爾, dharmatā)** : 다르마, 즉 법의 본성을 뜻하며 보편적으로 구체적인 현상의 진실을 가리키는 불교 용어이다.

**법신·법불(法身·法佛, dharmakāya)** : 대승불교의 삼신설(三身說)의 개념으로 불법 그 자체이며 진리의 정수·본질을 의미한다. 이 개념은 후에 특정한 대승 종파에서 발전하여 대일여래(大日如來)와 같은 우주적 부처의 개념과 같은 것을 낳았다.

**법장(法藏, 643-712)** : 정토신앙에서 성실한 수행 끝에 아미타불이 되었다고 전해지는 보살의 이름. 아미타의 서원(誓願)은 법장보살로서 미래를 위해 한 것이고, 현재는 아미타불로서 그 서원을 행하고 있는 것이다.

**보리심(菩提心, bodhicitta)** : 부처의 지혜(보리[菩提], bodhi)나 깨달음을 얻고자 하는 마음.

**보살(菩薩, bodhisattva)** : 보리나 깨달음을 얻고자 수행하는 자. 대승불교에서 말하는 보살이란 대승경전의 내용을 믿고 거기에 설명되어있는 수행을 실천하는 모든 이를 가리킨다. 또한 고통받는 중생을 구제하는 자비를 지님으로써 대승불교의 경배와 명상, 원(願)의 대상이 되는 천상의 존재를 말하기도 한다.

**보현보살(普賢菩薩)** : 이지(理智)와 자비의 보살로 진리와 수행을 표상하며, 종종 석가불상의 옆에 지혜의 보살인 문수보살과 함께 배치된다. 인간의 수명을 연장하는 힘을 지니고 있다고 믿어진다.

**본각(本覺)** : 일체의 중생(그리고 모든 것들)에게 깨달음을 얻고 성불할 수 있는 잠재력을 가지고 있다거나 이미 그들의 현재 상태 그대로 부처라고 하는 개념이다. 때때로 '본래적 깨달음' '본유의 깨달음'이라고도 번역된다.

**본성(本性)** → **계(界, dhātu)**

**본존([ご]本尊)** : 불교 신전에서 중심적 경배의 대상, 일련종에서 이 용어는 니치렌(日蓮, 1222-1282) 자신이 직접 나무나 종이에 우주와 그 원리를 표현하여 그린 만다라를 가리킨다.

**본지수적(本地垂迹)** : 신도(神道)의 '가미(神)'가 불보살의 (일본에서의) 화현(化現)이라고 설명하는 이론으로 7세기부터 1868년 메이지 정부가 금할 때까지 성행했다.

**부동명왕(不動明王, Acalanātha)** : 밀교의 수호신성으로 불과 지혜, 그리고 악에 대해 분노하는 신.

**불법(佛法)** : '붓다', '다르마'라고도 한다. 다른 성인들의 가르침에 대해 부처의 가르침을 일컬으며, 때때로 종교로서의 불교를 식별하기 위해서 쓰인다.

**불성(佛性)** : 성불할 수 있는 잠재적 능력으로서 우리 안에 성불의 씨앗이 본래적으로 내재되어 있음을 의미한다.

**불심(佛心)** : 선(禪)에서 말하는 우리의 본성, 혹은 깨달음의 상태.

**사루가쿠(猿樂)** : 고대 일본에서 행해진 연극적 예술로 노(能) 연극의 선구적 형태가 되었다. 문자 그대로는 '원숭이 음악'이라는 말이다.

**사사무애(事事無碍)** : 모든 것들이 서로 통하는 진리를 가리킨다. 화엄종에서 사사무애는 최고의 수준의 지혜로 이를 통해 현상을 이치로부터 분리할 수 없는 사물로서 이해하는 것만이 아니라 (즉, '이사무애(理事無碍)'), 그것들이 다른 대상, 사물들과 서로 침투, 융섭, 상통을 하고 있음을 보는 것이다. 이것이 곧 진실의 총체를 이해하는 것이다.

**삼계(三界)** : 불교의 세계관에서 나눈 욕망의 세계(欲界)와 물질의 세계(色界), 그리고 (보다 이상적인 세계인) 물질이 없는 세계(無色界)를 말한다.

**삼매(三昧)** : 깊고 고요한 마음의 상태와 집중과 명상의 열중상태를 뜻하는 산스크리트 불교 용어. 삼매에는 여러 유형이 있는데, 대부분 서로 구분하기 위한 이름이 붙어있다. 때로는 '무아경(trance) 상태'를 일컫기도 하는데, 이는 도달하기 어렵고 도달했을 때는 최종적인 해탈로 향하는 과정상에서의 성취를 나타내는 것으로 간주된다.

**삼신(三身)** : 부처가 가르치는 진리를 구현하는 세 가지 양식. 각각 법신(法身)과, 불성이 아미타불과 같이 이상적인 형태로 현현되는 보신(報身), 그리고 불성이 다양하고 구체적인 형태로 현현하는 응·화신(應·化身)을 말하며, 응·화신 중 가장 대표적인 것은 역사적 부처인 석가모니이다.

**상법(像法)** : 불교의 삼시(三時 : 정[正]·상[像]·말[末]) 중 두 번째 시기로 석가모니 사후 부처의 가르침의 효과가 쇠퇴한다고 생각된 시기. 이 삼시에 대한 묘사는 다양하나 동아시아에서는 주로 첫 번째 시기를 500년간의 '정법(正法)'의 시대로 규정하고, 이 시기를 부처의 가르침이 올바르게 실천되고 깨달음을 바르게 얻는 것(증과, 證果)이 가능한 때라고 이해한다. 그 다음 두 번째 시기가 1000년간의 '상법'의 시대로 교리는 참된 이해 없이 그저 모방될 뿐인 때, 마지막으로 쇠락의 시대인 약 10000년간의 '말법'의 시대로 교리는 타락하고 증과(證果)도 거의 일어나지 않는 때로 설명한다. 이 삼시의 체계는 대부분의 일본 천태와 정토, 그리고 일련종에서도 중요했으나 선종에서는 대개 무시되었다.

**상제(上帝)** : 중국 고대 상 왕조 시대의 최고 신성. 오규 소라이(荻生徂徠, 1666-1728)는 이 용어를 하늘과 동의어로 사용하였으나, 일단의 성리학자들의 선호했던 합리적인 해석을 적용하여 상제를 인격적인 관점에서 보았고, 따라서 '이치' 혹은 근본원리로서 보다는 중국 고대의 오제(五帝)의 영혼으로 이해하였다.

**생사(生死)** : 끊임없는 출생과 죽음의 순환으로 고통을 나타낸다. 대승불교에서는 종종 열반과 불이(不二)의 관계로 이해된다. *samsara 원어

**석가모니(Śākyamuni)** : 약 2500년 전에 인도에서 태어나 '붓다(부처)' 즉 '깨달은 사람'이 되었다고 알려진, 불교를 창시한 역사적 인물. 신화적으로는 각 시대마다 부처가 있었고, 석가모니는 우리 시대의 부처라고 한다. 그리고 매우 많은 부처들이 있지만 석가모니는 경전에서 '법'이 1인칭으로 설파될 때 가장 많이 등장하는 설법의 주체이다.

**석가여래(釋迦如來) → 석가모니(Śākyamuni)**

**성문(聲聞)** : 문자 그대로는 '듣는 자'로 부처의 설법을 듣지만 대승의 교학과 이상을 이단으로 여기고 거부하는 사람들을 일컫는 대승불교의 용어. 성문은 대승의 관점에서 가장 바람직한 인간상인 보살과 대조된다. 또한 성문이란 말은 대승불교에서 '소승'불교의 승려들 전반을 지칭하는데 쓰이기도 한다.

**선·선정(禪·禪定, dhyāna)** : 인도불교에서는 명상수련으로 얻는 트랜스(trance) 상태를 말한다. 중국과 일본불교에서는 다양한 명상법을 가리키는 일반적 용어이다. 선종이라는 한자명에서 선이란 'dhyāna'를 '선나(禪那)'로 한역한 것에서 비롯되었다.

**성불(成佛)** : 부처가 귀감을 보인대로 깨달음을 얻은 상태. 수행의 완성을 의미하며 완전한 깨달음과 동의어로도 쓰인다.

**소승(小乘, Hinayana)** : 대승의 '큰 탈 것'에 대하여 '작은 탈 것'을 의미하는 말로 대승경전을 인정하지 않는 모든 불교 종파를 경멸적으로 지칭하는 용어.

**소인(小人)** : 윤리의식에서나 인간성의 전망에서 볼 때 그 수준이 낮은 '작은' 사람들을 일컫는 유학적 용어. '군자(君子)'와 대조되는 범주이다.

**쇼군(將軍)** → **막부(幕府)**

**수미산(須彌山)** : 인도의 우주관에 있어서 이 세계의 중심에 우뚝 서있는 산이다. 때때로 무수히 많은 세상들 하나하나의 중심을 표상하기도 한다. 불·보살들이 나타나는 광활한 우주의 중심을 상징한다.

**수행(修行)** : 육체적·정신적인 방법으로 배우고 연마하는 행위. 행(行)과 계고(稽古) 등의 용어와 밀접한 관련이 있다.

**색(色)** : 일반적으로 물리적인 요소나 물질적 형태를 뜻하는 산스크리트어. 그러나 이 용어가 '색계(色界; rūpaloka)'를 가리키는데 사용되면 그것은 정신적으로 고등한 존재들—물리적 세계를 인식하기는 하나 욕망을 느끼지 않고 오히려 물질을 혐오하는 존재—의 영역을 의미하게 된다. 한자어 색(色)은 또한 색깔을 뜻하므로 밀교에서는 때때로 색(色)의 의미를 나타내는데 제의적으로 특정한 색깔들을 연결지었다.

**식(識, vijñāna)** : 의식을 가리키는 보편적인 산스크리트어로 때때로 좀 더 구체적으로 구별, 요별을 의미하고, 때로는 좀 더 모호하게 '마음'으로 번역되기도 한다.

**신(信·誠)** : 유교에서 말하는 진실성의 덕목으로 고전적인 맥락에서 하늘의 '도(道)'와 같은 윤리적이면서도 형이상학적인 용어로 정의된다. 신을 성취하는 것은 인간의 '도'이다. 국학(國學)의 시론이나 신도 교리에서는 있는 그대로의 사물에 대한 솔직하고 순수한 반응으로 표현되었다. 불교에서 이 두 한자는 종종 '믿음'을 의미한다.

**신·가미(神)** : 이 용어는 두 종류의 서로 겹치는 의미로 쓰인다. 첫째, 이는 신성, 우주적 차원의 우월한 존재들로부터 협소한 범위의 귀신 등에 걸친 온갖 종류의 신들을 일컫는다. 일본어로 '가미'라고 부른다. 가미의 범주는 세세히 분류될 수 없지만 중요한 범주로 고전신화(『고사기(古事記)』나 『일본서기(日本書記)』 등에서의)에 등장하는 가미와 신사에 모셔진 가미, 인간에게 위험한 분노한 가미, 그리고 죽은 조상이나 영웅의 신령 등을 들 수 있다. 둘째로는 보다 추상적인 의미에서 세상과 인간의 마음에서 발견되는 신성한 본질과 같은 것을 일컫는다. 이런 본질로서의 '신'은 신도 사상가들 뿐 아니라 불교의 학승들, 그리고 유학자들에 의해서 다양하게 개념화 되었다.

**신심(信心)** : 믿는 마음. 불교경전에 대한 믿음에 대한 일반적인 표현이며 일본 정토불교의 담론에서는 종종 '안심(安心)'과 동의어로 쓰인다. 정토종에서는 깨달음이나 해탈과 동등한 종교적 성취를 뜻한다.

**신심(身心)** : 육체와 정신을 갖춘 온전한 전체로서의 인간. 혹은 보다 단순히 몸과 마음을 일컫기도 한다.

**심학(心學)** : 문자 그대로 '마음의 학문.' 자기 성찰을 통한 마음과 정신의 탐구이다. 특히 주희의 철학에 바탕을 두고 선종의 교학을 융합하고 모든 사회 계층의 평등을 주장한 이시다 바이간(石田梅岩, 1685-1744)의 가르침을 말한다.

**아마테라스(天照)** : 정식명칭은 아마테라스(노)오미카미, 혹은 덴조다이진(天照大神). 신도(神道)의 천신(天神) 중 태양의 여신; 일본 천황가의 조상신으로 숭앙된다.

**아미타(阿彌陀, Sk. Amitābha, Amitāyus)** : 불교에서 서방(西方)의 극락정토(極樂淨土)의 부처.

**아미타바(amitābha)** → **아미타(阿彌陀)**

**아발로키테슈바라(avalokiteśvara)** → **관음(觀音)**

**야차(夜叉)** : 불교신화에서 8종류의 반신반인(半神半人) 중 하나. 인도신화에서 'Yakṣa'는 대체로 악마이나 불교적 맥락에서는 이 악마들이 불교를 수호하는 선의의 영적 존재로 교화된 것으로 간주된다.

**업(業, karma)** : 행위. 불교에서는 정신적, 언어적, 육체적 행위는 선, 악, 또는 중립적인 영향들을 낳게 되고 결국 그로 인해 윤회로 이어지게 된다.

**여래(如來, Tathāgata)** : 여래의 원어인 산스크리트어 'Tathāgata'라는 말은 부처의 별칭이다. 문자 그대로 (여기로) '온' 자라는 말이며 완성을 위한 길을 따라가는 자라는 뜻이 있다.

**여래장(如來藏, tathāgatagarbha)** : 문자 그대로 '여래(Tathāgata)의 배아'라는 말. → **불성(佛性)**

**연각(緣覺, pratyekabuddha)** : 혹은 독각(獨覺), 벽지불(辟支佛)이라고도 한다. 스승의 도움없이 혼자만의 노력으로 일정 정도의 깨달음을 성취한 사람을 일컫는 말. 이러한 사람들은 일반적으로 종교공동체 밖에서 살며 대승불교에서는 수행자 사회나 속세적 사회참여가 부족한 그들을 비판했다.

**연기(緣起·因緣, pratītya-samutpāda)** : 세상 만물이 상호간에 얽힌 조건과 인연의 연결망 속에서 생성되고 멸하는 것을 말하는 불교의 핵심적 개념이자 교리. 이 이론은 모든 불교 종파와 전통에 공통적이다.

**열반(涅槃, nirvāṇa)** : 고통과 윤회로부터의 해방을 의미하는 것으로 불교 신앙과 수행의 최종 목표이며 때때로 깨달음과 동일시된다.

**염불(念佛)** : 아미타불의 이름을 부르는 기원으로, 소리내어 말하는 주문과 정신적인 집중으로 아미타의 '정토'에 왕생하는 것을 목표로 하는 수행이다.

**『일본서기(日本書紀)』** : 또는 『일본기(日本紀)』. 720년경에 편찬된 한문으로 쓰여진 일본의 황실로부터 공인된 공식적인 기록이다. 신들(가미[神])의 시대에 관한 신화적인 내용들로부터 8세기 지토천황(持統天皇, 645-703)의 치세까지의 사건들을 서술하고 있다.

**예(禮)** : 예의바르고 정중한 행동의 덕목을 가리키는 유교 용어. 특히 '오륜(五倫)'의 관계 안에서의 덕목이다.

**오상덕(五常德)** : 유교의 덕목인 인(仁), 의(義), 예(禮), 지(智), 신(信)을 가리킨다.

**오륜(五倫)** : 유교에서는 조화가 유지되어야 할 핵심적인 5종의 관계를 강조한다. 그 관계는 바로 군신, 부자, 부부, 형제, 친구 간의 관계를 말한다.

**와비(侘)** : 소박함과 검소함을 예찬하는 다도(茶道)나 일본의 시에서의 미학적 이상.

**와카(和歌)** : 한시(漢詩) 혹은 한문으로 쓰여진 운문, 시가에 대하여 일본 고유어로 쓰여진 시를 일반적으로 일컫는 용어. 보다 구체적으로는, 하이쿠(俳句)나 렌가(連歌), 그 밖의 현대적 자유시와는 다른 5구 31음절로 이루어진 간결한 운문을 가리킨다.

**우타(歌)** : 일본어로 된 시가(詩歌). → **와카(和歌)**

**유겐(幽玄)** : 우아하고 미묘함, 인간의 이해를 넘어서는 말과 정서, 혹은 사물에 대한 신비한 깊이를 강조하는 미학적 이상.

**유식**(唯識, Yogācāra) : 인도불교 내 주요 대승불교 전통 중 하나로, 우리의 평범하고 욕망에 의해 움직이는 지각과 인식의 작용이 허구의 대상을 만들어내기에 우리의 의식이 정화될 때 비로소 사물의 진실이 드러난다는 내용을 골자로 하는 의식에 대한 정교한 이론을 발전시켰다. 유식학 파는 인도불교의 논리와 인식론에 또한 중요한 공헌을 했다.

**윤회**(輪廻) → **생사**(生死)

**이**(理) : 신유학(新儒學)에서 말하는 모든 것들의 합리적이고 윤리적인 질서와 도리, 이치. 그것의 선함에 있어서는 일원적인 것이지만 이치는 다양한 세계를 통해 현현한다. 이치는 하나의 통일체로 간주되기에 사람들이 그들의 인간 본성을 이해할 때 또한 모든 것들의 본질을 알게 되는 것이다. 화엄종과 관련된 불교 교학에서 이는 진여와 같이 가장 근본적인 존재의 형상으로 서의 진실상을 의미하거나 현상이 생기할 때의 그 근본적인 양식을 가리키는데 쓰인다.

**이키**(いき, 粹) : 에도시대 도시문화의 미적 이상이자 특징으로, 복장과 행동에 있어서의 미묘한 관능적 아름다움을 말한다. 이키는 특히 구키 슈조(九鬼周造, 1888-1941)의 철학에 있어서 핵심적 개념으로, 그는 이키를 초연하면서도 대담한 요염한 미라고 정의했고, 일본을 서양으로 부터 문화적으로 구별짓는 특징으로 보았다.

**인**(仁) : 유교적 덕목으로 공감, 특히 타인을 자신처럼 생각하는 미덕이다. 오규 소라이(荻生徂徠)는 인을 보다 정치적이고 공리주의적으로 해석하여 모든 백성들의 번영과 안정을 꾀해야 할지배 자의 덕목으로 보았다.

**인드라망**(因陀羅網, Indrajāla) : 화엄경에서 진실상의 모습을 설명한 비유로, 우주의 그물망인 인드 라망에 촘촘히 박힌 구슬들이 각각 우주를 담고 있으면서 동시에 다른 구슬들의 모습도 투영하 고 있기에 인드라망의 역대응(逆對應). 니시다 기타로(西田幾多郎, 1870-1945)의 철학에 있어 서 절대자인 신(神)과 상대적이고 유한한 자신이 서로 연결되어 있음을 역설하는 형태의 자기 부정이다. '절대모순의 자기 동일성'과 상통하는 개념이지만, 절대자와 자기는 대칭적인 관계에 있는 것은 아니다.

**일념**(一念) : 불교에서 명상의 초점이나 하나의 생각에서 깨달음을 이루는 것을 말한다. 보다 일반적 으로 가장 짧은 순간, 즉 하나의 생각이 떠오르는데 걸리는 시간을 의미한다.

**일대사**(一大事) : 부처가 세상에 나타난 궁극적인 이유로서, 그것은 일체 중생을 깨닫게 하기 위함이 었다. 선종에서 이는 생사에 있어 가장 중요한 문제로서 수행의 중심이 되며, 정토종에서 일대 사는 죽음과 그 너머를 가리킨다.

**일승**(一乘, Sk. ekayāna, J. ichijō) : 일체 중생을 깨달음으로 인도하는 최고의 가르침. 이 용어는 많은 경전에 등장하지만 가장 유명한 예가 『법화경』에 나오는 일승으로 이는 성문(聲聞), 연각 (緣覺), 보살(菩薩)의 삼승(三乘), 각각이 수행자의 근기(根機)에 따른 방편임을 설파하고 삼승이 하나임을 강조하는 개념이다.

**자력**(自力) : 다소 논쟁의 여지가 있는 용어로 깨달음을 얻기 위해 자기 자신의 힘에만 의존하여 노력하는 것을 의미한다. '타력(他力)'과 상반된다.

**자비**(慈悲) : 타인의 해탈을 위하는 불교적 덕목. 종종 지혜와 쌍을 이루어 쓰인다. 엄밀히 말해 자비는 사무량심(자[慈], 비[悲], 희[喜], 사[捨])의 두 번째 단계이다.

**자성**(自性) : 상황과 문맥에 따라 부정적인 의미일 수도 있고 긍정적인 의미를 지닐 수도 있는 용어이다. (1) 산스크리트어의 'svabhāva'의 의미에 충실하게 불교에서 허구임을 강조하는 존재론적으로 다른 것들로부터 독립된 사물 자체의 본질을 뜻한다. 따라서 불교에서는 '모든 것(dharmas)'은 자성이 없다'고 주장한다. (2) 선(禪)의 텍스트에서는 사람의 '본성(本性)'이란 말과 동의어로 쓰이거나 '불성(佛性)', 그리고 모든 현상이 그대로 그냥 그러한 형상을 의미한다.

**자수용삼매(自受用三昧)** : 스스로에게 깨달음을 활용하며 즐거워하는 삼매. 때때로 자기 자신을 위한 삼매 혹은 깨달음의 열매를 얻은 자기 자신만의 즐거움이라는 의미에서 다른 사람들을 위한 삼매인 '타수용삼매(他受用三昧)'와 대조된다.

**장소(場所)** : 니시다 기타로(西田幾多郎, 1870-1945)의 철학에서 장소는 다양한 현상과 현상을 설명하는 인식론적 개념들이 다른 유사한 종류의 현상이나 개념들과 구분될 수 있도록 하는 배경을 뜻한다. 원인이나 충분한 근거와 같은 개념과는 달리 장소의 개념은 사물을 서로 연관시키고 또한 그것들을 시간적으로나 물질적으로 규정짓는 개념상의 공간에 연결한다. 더욱더 구체적이고 포괄적인 장소의 연속은 '절대무'의 최종적 장소에 도달하게 된다.

**절대모순적 자기동일(絕對矛盾的自己同一)** : 또는 '절대모순의 자기동일'. 니시다 기타로의 철학의 전문용어로 사물이 반대되는 개체들과 상호 관련되며 존재한다는 것을 의미한다. 보다 느슨하고 자의적인 맥락에서는 모순되는 것들이 더 높은 범주의 통일체에 흡수되지 않은 채서로 연결된 것을 말하는데, 가령 많은 것과 하나 사이의 대립과 같은 것이다.

**정토(淨土)** : 업을 넘어선, 욕망과 고통 너머에 있다고 믿어진 세계. 정토는 명상하는 동안 마음에서 일시적으로 그 모습이 일어나는 것이거나, 부처의 존재로 축복스럽고 아름답게 비쳐지는 영구적인 마음의 상태이다. 가장 일반적으로 일본에서는 신실한 믿음을 가진 자들이 때때로 지금 여기서 다시 태어날 수 있는 아미타불의 정토를 가리킨다. 늦어도 17세기까지 일본에서 아미타 정토는 가장 영향력 있는 사후의 목적지로서 다음 생이 될 때까지 해탈의 추구를 미룰 수 있게 만드는 장치의 역할을 했다. 정토종은 아미타불의 정토에 대한 깨달음을 즉각적인 종교적 목표로 삼는 믿음과 수행을 내용으로 한다. 열반에 이르는 믿을만한 길로 여겨지기도 하고 한편으로는 열반 그 자체의 구현이라고 생각되기도 한다. 정토종 관련 종파들은 전적으로 이러한 교리에 대한 믿음을 바탕으로 발전했다. → **정토진종**

**절대무(絕對無) → 무(無)**

**제목(題目)** : 텍스트의 표제. 일련종(日蓮宗)에서는 법화경의 정식제목인 묘법연화경을 '남묘호렌게쿄(南無妙法蓮華經)'라고 찬양하는 염불을 '다이모쿠(제목)'라고 일컫는다.

**조리(條理)** : 미우라 바이엔(三浦梅園, 1723-1789)의 사상에서 음양의 이분에 비해 언어와 형이상학적 구조를 더 효과적인 방식으로 파악하기 위해 고안된 독특한 대립쌍의 체계. 조리에 있어서 필수적인 것은 단일 개체를 대립적 구조로 이해하는 것이다.

**좌선(坐禪)** : 앉아서 하는 명상으로 선종에서의 주요한 수행법이다.

**중(中)** : (1) 고대 중국의 '중(중용)의 가르침'으로부터 유래. 성리학에서 말하는 감정이 나타나기 전의 마음 상태. 오규 소라이는 단순한 덕목에 속하는 효나 공경(恭敬), 충성, 지조 등은 누구에게든지 아주 고매하지도 지나치게 단순하지도 않은 것이다. (2) 천태의 개념으로 현상을 공(空)으로 서술하는 것과 임시적, 가(假)로 이해하는 것 사이의 중간을 뜻한다.

**중도(中道)** : 절제를 의미하는 일반적 불교 용어로 다양한 형태로 사용된다. 가령 금욕과 쾌락에의 탐닉 중 어느 한 극단으로 치우치는 것이나 도덕적 결과의 불변성 혹은 허구성의 양 극단을 거부하는 것이다.

**중론(中論)** : 용수보살(龍樹菩薩; Nāgārjuna)의 가르침으로 현상은 존재나 비존재, 정지나 영구, 같음과 다양성 등의 범주로 정의될 수 없다는 것을 말하고 있다.

**즉비(卽非)** : 즉은 주로 두 반대되거나 모순되는 용어를 연결시키는 연결사로서 역할을 하는데 이는 하나가 다른 하나를 즉각적으로 포함하면서 동시에 통상적 의미에서 그들의 동일성을 부정하는 (비) 관계를 만든다. 대부분 용어간의 상호적 관계를 강조하는 A즉B, B즉A의 형태로 발견된다.

**지(智)** : 유교에서 도(道)를 이해하는 덕목이며, 불교에서는 산스크리트어인 'prajñā'와 동의어.

**진언(眞言)** : 금강승(Vajrayana) 혹은 밀교 교학과 수행에 바탕을 둔 불교종파로 구카이(空海, 774-835)가 창시, 확립하였으며 역사적으로 고야산(高野山)과 교토의 도지(東寺) 절을 중심으로 발전해 왔다. '진언'이란 말은 문자 그대로 '진실한 말'이란 뜻으로 만트라(mantra)의 번역이다. 구카이는 특수한 신체적, 언어적, 정신적 수행을 이용한 명상집중을 통해 현재 생애에서 성불이 가능하다고 가르쳤다.

**진여(眞如·如實, tathatā)** : 만물의 진실한 형상. 주로 대승불교에서 쓰는 표현으로 현상적인 모습들에 내재한 절대적 진실과 그들의 본질적인 '공(空)'을 가리킨다.

**진종(眞宗)** : 정토진종(淨土眞宗)을 말한다. 정토불교의 종파로서 신란(親鸞, 1173-1263)이 개조이고, 산하의 지파들을 합쳐서 오늘날 일본에서 가장 큰 종교단체이다.

**참회(懺悔)** : 뉘우침, 고백, 속죄를 뜻하는 불교용어. 다나베 하지메(田邊元)의 전후(戰後) 철학에서 의심할 여지가 없는 합리성과 자기 의지에 대한 비판, 그리고 보통의 자아중심적인 자기에 대한 이해를 초월하는 힘에의 귀의로 인한 마음의 변화를 의미하며, 'metanoia'의 일본어에 해당하는 용어로 사용되었다. 일본 불교적 맥락에서는 '산게'로 발음한다.

**천명(天命)** : 인간이 반드시 따라야만 할 하늘의 뜻이자 하늘이 우리에게 내린 선한 창조를 위한 명령으로 이에 대한 고의적인 위반은 중국 역사 상 때때로 왕조를 전복할 근거를 뒷받침해 왔다.

**천자(天子)** : 중국에서 황제를 가리키는 말.

**천태종(天台宗)** : 중국에서 유래한, 『법화경』을 소의경전(所依經典)으로 삼는 불교 종파. 일본에서는 사이초(最澄, 767-822)가 개창했고 밀교, 정토, 선불교와 융합하여 '본각'사상과 초목성불(草木成佛)의 개념의 발전에 공헌했으며 가마쿠라(鎌倉) 불교의 혁신적 조사(祖師)들인 호넨(法然, 1133-1212), 신란(親鸞, 1173-1263), 도겐(道元, 1200-1253), 니치렌(日蓮, 1222-1282) 등이 수학한 도장이 되었다.

**철학(哲學)** : 근대 일본이 영어 'philosophy'를 번역하면서 만든 신조어.

**타력(他力)** : 자신을 돕는 자기 너머의 힘. 일반적으로 부처나 보살, 특히 열반에 다다르기 위해 우리가 의존하는 아미타불의 힘을 지칭한다. '자력(自力)'과 대조되는 개념이다.

**태극(太極)** : 성리학에서 구별이 없고 무한한 가능성의 상태를 나타내는 용어로 모든 존재하는 것들의 원인이 되는 최고의 원리이며, 궁극적인 비존재라고도 표현된다.

**태허(太虛) → 허(虛)**

**학(學)** : 배움, 교육, 특정 분야의 가르침. 혹은 특정한 가르침이나 철학자와 관련된 철학의 유파까지 광범위하게 일컫는 유학적 용어. 배움과 공부로서의 '학'은 자기수양과 군자로서의 완성을 위한 주요한 수단이다. 학을 통하여 사람은 자기 본연의 인간 본성을 지키고 또 그것을 잃었을 때 회복할 수 있다.

**할복(切腹)** : 제의적으로 행해진 자결이다. '하라키리(腹切)'와 동의어.

**허(虛)** : 유교에서는 공(空), 무(無)와 함께 무한한 존재, 성장, 변화에 대한 잠재성을 의미하는 개념. 때로는 불교적 형이상학의 극단적인 공허함을 비판하는 부정적인 맥락에서 쓰이기도 한다.

**형(型)** : 일반적으로 스타일·양식(와카와 같은)으로서, 혹은 행위나 운동(연극이나 무술, 전통 다도, 꽃꽂이 등)에서의 형식의 의미. 어떤 하나의 형은 특정한 행위나 행동양식을 예시해준다.

**혜(慧)** → **반야(般若)**

**화엄종(華嚴宗)** : 만물의 상호연결성에 대한 방대한 설명을 담은 『대방광불화엄경(大方廣佛華嚴經)』 (=『화엄경』)을 바탕으로 중국에서 형성된 불교 종파. 천태종(天台宗)과 함께 중국불교의 2대 주요 철학적 전통으로 간주된다. 일본에 전해져서 나라의 여섯 종파인 남도육종(南都六宗) 중의 하나를 이루었다.

**황천(黃泉)** : 일본어로 '요미(よみ)'. 일본신화에서 죽은 자들의 세계인 저승. 히라타 아쓰타네(平田篤胤, 1776-1843)에 의하면 달(月)과 관련이 있다고 한다. 한자어는 문자 그대로 황색의 샘으로 읽히며 중국 신화에 나오는 저승의 비유적 용어이다.

**회향(廻向·回向, Sk. pariṇāma/pariṇāmanā)** : 수행과 의식을 통해 선업을 쌓은 이익이 자신과 타인, 또는 죽은 이에게 돌아갈 수 있다는 불교적 믿음.

**효(孝)** : 자식으로서 부모에게 보여야 할 존경심과 사랑. 유교에 있어서 가장 기본적인 덕목이자 윤리적인 관계의 시작.

[The Editors/박연주]

# 참고문헌

## 서장

**쇼토쿠 태자 聖徳太子**

**604** 「헌법십칠조(憲法十七条)」『일본사상대계(日本思想大系) 2』(東京: 岩波書店, 1970-1982) pp.12-23.

## 불교전통

**나카무라 하지메 中村元**

**1956** 『일본종교의 근대성(日本宗教の近代性)』『나카무라 하지메 선집(中村元選集)』別巻8(東京: 春秋社, 1988-1999).

**1964** *Ways of Thinking of Eastern Peoples: India, China, Tibet, Japan* (Honolulu: University of Hawai'i Press, 1964).

**1967** "Consciousness of the Individual and the Universal among the Japanese," in Moore 1967, 179-200.

**1998** 『동서문화의 교류(東西文化の交流)』나카무라 하지메 선집(中村元選集)』別巻5(東京: 春秋社, 1988-1999).

**니치렌 日蓮**

**1260** 「입정안국론(立正安国論)」, 『니치렌 대성인 어서전집(日蓮大聖人御書全集)』(東京: 創価学会, 1987) pp.17-35;『일본고전문학대계(日本古典文学大系) 第82 親鸞集・日蓮集』(東京: 岩波書店, 1964) pp.291-326.

**1264** 「월수어서(月水御書)」, 『니치렌 대성인 어서전집(日蓮大聖人御書全集)』(東京: 創価学会, 1987) pp.1199-1203.

**1266** 「여인성불초(女人成仏抄)」, 『니치렌 대성인 어서전집(日蓮大聖人御書全集)』(東京: 創価学会, 1987) pp.470-3.

**1275** 「교행증어서(教行証御書)」, 『니치렌 대성인 어서전집(日蓮大聖人御書全集)』(東京: 創価学会, 1987) pp.1276-83.

**1277** 「로쿠로 지로님 답신(六郎次郎殿御返事)」, 『니치렌 대성인 어서전집(日蓮大聖人御書全集)』(東京: 創価学会, 1987) pp.1464-6.

**연도미상** 「백미일표어서(白米一俵御書)」, 『니치렌 대성인 어서전집(日蓮大聖人御書全集)』(東京: 創価学会, 1987) pp.1596-7.

**다마키 고시로 玉城康四郎**

**1982** 『불교의 근저에 있는 것(仏教の根底にあるもの)』(東京: 講談社, 1986).

**1983** 『동서사상의 근저에 있는 것(東西思想の根底にあるもの)』(東京: 講談社, 2001).

**이시즈 데루지 石津照璽**

**1947** 『천태실상론의 연구(天台実相論の研究)』(東京: 創文社, 1980)

**지운 존자 慈雲尊者**

**1758** 「응무소이생기심개시(応無所而生其心開示)」『지운 존자전집(慈雲尊者全集) 14』(京都: 思文閣出版, 1977) pp.351-61.

## 선불교

**가라키 준조 唐木順三**

**1963** 『무상(無常)』, 『가라키 준조 전집(唐木順三全集) 7』(東京: 筑摩書房, 1967-1968) pp.1-251.

**다쿠안 소호 澤庵宗彭**

**1642** 『부동지신묘록(不動智神妙録)』, 『다쿠안 화상 전집(沢庵和尚全集) 5』(東京: 日本図書センター, 2001) pp.1-27.

**도겐 道元**

**1231** 「정법안장 변도화(正法眼蔵 辨道話)」, 『도겐 선사 전집(道元禅師全集) 1』(東京: 筑摩書房, 1969) pp.729-46;『일본사상대계(日本思想大系) 12』(東京: 岩波書店, 1970-1982) pp.9-31.

1237 『정법안장 수문기(正法眼藏随聞記)』, 고운 에
조(孤雲懷奘) 기(記), 와쓰지 데쓰로(和辻哲郎)
편(編) (東京: 岩波書店, 1989); 『일본고전문학
대계(日本古典文学大系) 81』(東京: 岩波書店,
1965) pp.215-438.

1240a 「정법안장 유시(正法眼藏 有時)」, 『도겐 선사
전집(道元禅師全集) 1』(東京: 筑摩書房, 1969)
pp.189-94; 『일본사상대계(日本思想大系) 12』
(東京: 岩波書店, 1970-1982) pp.256-63.

1240b 「정법안장 산수경(正法眼藏 山水経)」, 『도겐 선
사 전집(道元禅師全集) 1』(東京: 筑摩書房, 1969)
pp.258-67; 『일본사상대계(日本思想大系) 12』
(東京: 岩波書店, 1970-1982) pp.331-41.

1240c 「정법안장 제악막작(正法眼藏 諸悪莫作)」, 『도
겐 선사 전집(道元禅師全集) 1』(東京: 筑摩書房,
1969) pp.277-84; 『일본사상대계(日本思想大
系) 12』(東京: 岩波書店, 1970-1982) pp.356-64.

1240d 「정법안장 예배득수(正法眼藏 礼拝得髓)」, 『도
겐 선사 전집(道元禅師全集) 1』(東京: 筑摩書房,
1969) pp.246-57; 『일본사상대계(日本思想大
系) 12』(東京: 岩波書店, 1970-1982) pp.317-30.

1242a 「정법안장 불향상사(正法眼藏 仏向上事)」, 『도
겐 선사 전집(道元禅師全集) 1』(東京: 筑摩書房,
1969) pp.224-30; 『일본사상대계(日本思想大
系) 12』(東京: 岩波書店, 1970-1982) pp.300-9.

1242b 「정법안장 전기(正法眼藏 全機)」, 『도겐 선사
전집(道元禅師全集) 1』(東京: 筑摩書房, 1969)
pp.203-5; 『일본사상대계(日本思想大系) 12』
(東京: 岩波書店, 1970-1982) pp.275-7.

1243a 「정법안장 좌선의(正法眼藏 坐禅儀)」, 『도겐 선
사 전집(道元禅師全集) 1』(東京: 筑摩書房, 1969)
pp.88-9; 『일본사상대계(日本思想大系) 12』(東
京: 岩波書店, 1970-1982) pp.125-6.

1243b 「정법안장 좌선잠(正法眼藏 坐禅箴)」, 『도겐 선
사 전집(道元禅師全集) 1』(東京: 筑摩書房, 1969)
pp.90-101; 『일본사상대계(日本思想大系) 12』
(東京: 岩波書店, 1970-1982) pp.127-40.

1243c 「정법안장 밀어(正法眼藏 密語)」, 『도겐 선사
전집(道元禅師全集) 1』(東京: 筑摩書房, 1969)
pp.392-6; 『일본사상대계(日本思想大系) 12』
(東京: 岩波書店, 1970-1982) pp.55-60.

1243d 「정법안장 갈등(正法眼藏 葛藤)」, 『도겐 선사
전집(道元禅師全集) 1』(東京: 筑摩書房, 1969)
pp.331-6; 『일본사상대계(日本思想大系) 12』
(東京: 岩波書店, 1970-1982) pp.425-31.

1252 「정법안장 현성공안(正法眼藏 現成公案)」, 『도
겐 선사 전집(道元禅師全集)1』(東京: 筑摩書房,
1969) pp.7-10; 『일본사상대계(日本思想大系)
12』(東京: 岩波書店, 1970-1982) pp.35-9.

연도미상 「정법안장 도심(正法眼藏 道心)」, 『正法眼藏
3』(東京: 岩波書店, 1965) pp.243-6.

## 무소 소세키 夢窓疎石

1342 『몽중문답(夢中問答)』, 사토 다이슌(佐藤泰舜)
편(編) (東京: 岩波書店, 1991). [한국어판] 엄인
경 역, 『몽중문답』(학고방, 2013).

## 반케이 요타쿠 盤珪永琢

1690 「반케이 선사 설법(盤珪禅師説法)」『반케이 선
사 전집(盤珪禅師全集)』(東京: 大蔵出版, 1976)
pp.1-121.

## 스즈키 다이세쓰 鈴木大拙

1940 「선 경험 연구에 대하여(禅経験の研究について)」
『스즈키 다이세쓰 전집(鈴木大拙全集) 13』(東
京: 岩波書店, 1968-1970) pp.497-517.

1942 「타력 신심에 대하여(他力の信心について)」『스
즈키 다이세쓰 전집(鈴木大拙全集) 6』(東京: 岩
波書店, 1968-1970) pp.210-46.

1943 「대승불교의 세계적 사명–젊은이들에게 전함
(大乗仏教の世界的使命 ― 若き人々に寄す)」『스
즈키 다이세쓰 전집(鈴木大拙全集) 32』(東京:
岩波書店, 1968-1970) pp.420-35.

1944a 「금강경의 선(金剛経の禅)」『스즈키 다이세쓰
전집(鈴木大拙全集) 5』(東京: 岩波書店, 1968-
1970) pp.263-45; 『근대일본사상대계(近代日
本思想大系) 12』(東京: 筑摩書房, 1975-1990)
pp.95-158.

1944b 「일본적 영성(日本的霊性)」『스즈키 다이세쓰
전집(鈴木大拙全集) 8』(東京: 岩波書店, 1968-
1970) pp.1-223.

## 스즈키 쇼산 鈴木正三

1619 「맹안장(盲安杖)」『스즈키 쇼산 도인 전집(鈴木
正三道人全集)』(東京: 山喜房仏書林, 1981)
pp.49-60; 『일본고전문학대계(日本古典文学大
系) 83』(東京: 岩波書店, 1957-1969) pp.242-61.

1662 「크리스찬에 대한 반론(破吉利支丹)」『스즈키
쇼산 도인 전집(鈴木正三道人全集)』(東京: 山喜
房仏書林, 1981) pp.131-7; 『일본사상대계(日

本思想大系) 25』(東京: 岩波書店, 1970-1982) pp.450-7.

1696 「여안교(驢鞍橋)」『스즈키 쇼산 도인 전집(鈴木正三道人全集)』(東京: 山喜房仏書林, 1981) pp.138-284.

### 시도 부난 至道無難
1670 「즉심기(即心記)」『시도 부난 선사집(至道無難禪師集)』(東京: 春秋社, 1981) pp.3-50.

### 이마키타 고센 今北洪川
1862 『선해일란(禪海一瀾)』(東京: 柏樹社, 1987)

### 잇큐 소준 一休宗純
1457 「해골(骸骨)」,『선문법어집(禅門法語集) 1』(東京: 至言社, 1996) pp.227-34.

### 하쿠인 에카쿠 白隠慧鶴
1743 「식경록개연보설(息耕録開筵普説)」『하쿠인 화상 전집(白隠和尚全集) 2』(東京: 龍吟社, 1967) pp.365-450.
1747 「원라천부(遠羅天釜)」『하쿠인 화상 전집(白隠和尚全集) 5』(東京: 龍吟社, 1967) pp.107-210.
1751 「원라천부속집(遠羅天釜続集)」『하쿠인 화상 전집(白隠和尚全集) 5』(東京: 龍吟社, 1967) pp.211-46.
1792 「야부코지(藪柑子)」『하쿠인 화상 전집(白隠和尚全集) 5』(東京: 龍吟社, 1967) pp.319-40.
연도미상 「좌선화찬(坐禅和讃)」『하쿠인 선사 법어 전집(白隠禅師法語全集) 13』(京都: 禅文化研究所, 1999-2002), p.263.

### 히사마쓰 신이치 久松眞一
1946 「동양적 무의 성격(東洋的無の性格)」,『히사마쓰 신이치 저작집(久松眞一著作集) 1』(東京: 理想社, 1969-1996) pp.33-66.
1962 「다도의 현지(茶道の玄旨)」,『히사마쓰 신이치 저작집(久松眞一著作集) 4』(東京: 理想社, 1969-1996) pp.139-65.

## 정토불교

### 기요자와 만시 清澤滿之
1893 『종교철학해골(宗教哲学骸骨)』『기요자와 만시 전집(清沢満之全集) 1』(東京: 岩波書店, 2002-

2003) pp.109-46;『메이지문학 전집(明治文学全集) 46』(東京: 筑摩書房, 1977) pp.201-14.
1902 「절대타력의 대도(絶対他力の大道)」『기요자와 만시 전집(清沢満之全集) 6』(東京: 岩波書店, 2002-2003), pp.110-13;『메이지문학 전집(明治文学全集) 46』(東京: 筑摩書房, 1977) pp.232-4.
1903 「종교적 도덕(속체)과 보통도덕의 교섭(宗教的道徳(俗諦)と普通道徳との交渉)」『기요자와 만시 전집(清沢満之全集) 6』(東京: 岩波書店, 2002-2003), pp.148-58;『메이지문학 전집(明治文学全集) 46』(東京: 筑摩書房, 1977). pp.275-80.

### 소가 료진 曾我量深
1900 「미타와 명호의 관념(弥陀及び名号の観念)」『소가 료진 선집(曽我量深選集) 1』(東京: 彌生書房, 1970-1972) pp.250-68.
1901 「나의 신앙(余が信仰)」『소가 료진 선집(曽我量深選集) 1』(東京: 彌生書房, 1970-1972) pp.269-82.
1914 「원시의 여래(原始の如来)」『소가 료진 선집(曽我量深選集) 3』(東京: 彌生書房, 1970-1972) pp.25-8.
1917a 「명호의 세계(名号の世界)」『소가 료진 선집(曽我量深選集) 3』(東京: 彌生書房, 1970-1972) pp.265-81.
1917b 「신란 성인의 인격과 신앙(親鸞聖人の人格と信仰)」『소가 료진 선집(曽我量深選集) 4』(東京: 彌生書房, 1970-1972) pp.442-9.
1917c 「정각에서 본원으로(正覚より本願へ)」『소가 료진 선집(曽我量深選集) 3』(東京: 彌生書房, 1970-1972) pp.121-43.
1917d 「대자연의 품으로(大自然の胸に)」『소가 료진 선집(曽我量深選集) 3』(東京: 彌生書房, 1970-1972) pp.175-211.
1917e 「법계에서 중생계로(法界より衆生界へ)」『소가 료진 선집(曽我量深選集) 3』(東京: 彌生書房, 1970-1972) pp.237-42.
1938 「칠조교계론(七祖教系論)」『소가 료진 선집(曽我量深選集) 1』(東京: 彌生書房, 1970-1972) pp.3-165.

### 신란 親鸞
1247 『현정토진실교행증문류(顕浄土真実教行証文類)』『진종성교전서(真宗聖教全書) 2』(京都: 大八木興文堂, 1941) pp.1-203;『일본사상대계(日

本思想大系) 11』(東京: 岩波書店, 1970-1982)
pp.15-260. 『현대어역 신란성인 전집(現代語訳
親鸞聖人全集) 1』(京都: 浄土真宗本願寺派, 1997)
pp.77-292.

1250 「유신초문의(唯信鈔文意)」『진종성교전서(真
宗聖教全書) 2』 pp.621-38. 『현대어역 신란성
인 전집(現代語訳親鸞聖人全集) 1』(京都: 浄土
真宗本願寺派, 1997), pp.451-69.

1255 「존호진상명문(尊号真像銘文)」『진종성교전서
(真宗聖教全書) 2』 pp.577-603. 『現代語訳親鸞
聖人全集 1』(京都: 浄土真宗本願寺派, 1997)
pp.491-520.

1258a 「정상말화찬(正像末和讃)」『진종성교전서(真
宗聖教全書) 2』 pp.516-31; 『日本古典文学大系
82』(東京: 岩波書店, 1957-1969) pp.89-113. 『현
대어역 신란성인 전집(現代語訳親鸞聖人全集)
1』(京都: 浄土真宗本願寺派, 1997), pp.397-429.

1258b 「말등초(末燈鈔)」『진종성교전서(真宗聖教全
書) 2』 pp.656-94; 『일본고전문학대계(日本古
典文学大系) 82』(東京: 岩波書店, 1957-1969)
pp.115-51. 『현대어역 신란성인 전집(現代語訳
親鸞聖人全集) 1』(京都: 浄土真宗本願寺派,
1997), pp.521-33.

연도미상 『탄이초(歎異抄)』『진종성교전서(真宗聖教
全書) 2』 pp.773-95; 『일본고전문학대계(日本
古典文学大系) 82』(東京: 岩波書店, 1957-1969)
pp.191-215. 『현대어역 신란성인 전집(現代語
訳親鸞聖人全集) 1』(京都: 浄土真宗本願寺派,
1997) pp.661-81.

### 야스다 리진 安田理深

1960 「명호에 대해서 − 이름은 그저 이름에 지나지
않으니(名号について ─ 名は単に名にあらず)」
『야스다 리진 선집(安田理深選集) 1』(京都: 文
栄堂書店, 1983-1994) pp.318-45.

### 호넨 法然

1212a 『정토종약초(浄土宗略抄)』『쇼와 신수 호넨상
인 전집(昭和新修法然上人全集)』(京都: 平楽寺
書店, 1974) pp.590-605.

1212b 『삼심의(三心義)』『쇼와 신수 호넨상인 전집(昭
和新修法然上人全集)』(京都: 平楽寺書店, 1974)
pp.454-7.

1212c 『비구니 가마쿠라노 니이에 기진하는 답신(鎌
倉の二位の禅尼へ進する御返事)』『쇼와 신수 호

넨상인 전집(昭和新修法然上人全集)』(京都: 平
楽寺書店, 1974) pp.527-32.

## 유교

### 가이바라 에키켄 貝原益軒

1710 「낙훈(楽訓)」『에키켄전집(益軒全集) 3』(東京:
益軒全集刊行会, 1910-1911) pp.605-40.

1714 「대의록(大疑録)」『에키켄전집(益軒全集) 2』(東
京: 益軒全集刊行会, 1910-1911) pp.151-75;
『일본사상대계(日本思想大系) 34』(東京: 岩波
書店, 1970-1982) pp.10-64. English trans. by
Mary Evelyn Tucker in *The Philosophy of Qi:
The Record of Great Doubts* (New York:
Columbia University Press, 2007), 76-149.

### 구마자와 반잔 熊澤蕃山

1672 「집의화서(集義和書)」『증정 반잔 전집(増訂蕃
山全集) 1』(東京: 名著出版, 1978-1980) pp.1-
465; 『일본사상대계(日本思想大系) 30』(東京:
岩波書店, 1970-1982) pp.7-356. Selected
translations in Minamoto Ryōen, "*Jitsugaku* and
Empirical Rationalism in the First Half of the
Tokugawa Period," Wm. Theodore deBary and
Irene Bloom, eds., *Principle and Practicality:
Essays in Neo-Confucianism and Practical
Learning* (New York: Columbia University
Press, 1979), 375-469.

1686A 「집의외서(集義外書)」『증정 반잔 전집(増訂蕃
山全集) 2』(東京: 名著出版, 1978-1980) pp.1-
293; 『일본사상대계(日本思想大系)』30(東京:
岩波書店, 1970-1982) pp.357-403(부분).
English trans. by Ian James McMullen, sjt-2,
2: 129-30.

1686B 「대학혹문(大學或問)」『증정 반잔 전집(増訂蕃
山全集) 3』(東京: 名著出版, 1978-1980) pp.233-
62; 『일본사상대계(日本思想大系) 30』(東京: 岩
波書店, 1970-1982) pp.404-63. English adapted
from the trans. of Galen M. Fisher, sjt-1 1:
379-83.

연도미상 「겐지 외전(源氏外傳)」『증정 반잔 전집(増
訂蕃山全集) 2』(東京: 名著出版, 1978-1980)
pp.419-53. English adapted from the trans. of
Ian James McMullen, sjt-2, 2: 128-9.

## 나카에 도주 中江藤樹

**1640** 「늙은이의 문답(翁問答)」『도주 선생 전집(藤樹先生全集)』 3(大津: 弘文堂, 1976) pp.57-276; 『일본사상대계(日本思想大系)』 29(東京: 岩波書店, 1970-1982) pp.19-177. Partial alternative trans. by Barry Steben, sjt-2, 2: 117-21.

**1651** 「문무문답(文武問答)」『도주 선생 전집(藤樹先生全集)』 3(大津: 弘文堂, 1976) pp.5-322.

**연도미상** 「문집(文集)」『도주 선생 전집(藤樹先生全集)』 1(大津: 弘文堂, 1976) pp.117-54, 215-50; 『전집 2』 pp.557-90. Partial alternative trans. by Tsunoda Ryūsaku, sjt-1 1: 374-5; sjt-2, 2: 115-6, 121.


## 니노미야 손토쿠 二宮尊德

**1893** 「니노미야옹 야화(二宮翁夜話)」『일본사상대계(日本思想大系)』 52(東京: 岩波書店, 1970-1982) pp.122-234; 『니노미야 손토쿠 전집(二宮尊德全集)』 1-2(東京: 福村書店, 1957). Partial alternative trans. by Yamagata Isō 山縣五十雄 in Ishiguro Tadaatsu 石黑忠篤, ed., *Ninomiya Sontoku: His Life and "Evening Talks"* (Tokyo: Kenkyūsha, 1955), 77-246.


## 데지마 도안 手島堵庵

**1771** 「좌담수필(坐談随筆)」『증보 데지마 도안 전집(增補手島堵庵全集)』(大阪: 清文堂, 1973) pp.21-30.


## 도미나가 나카모토 富永仲基

**1745** 「출정후어(出定後語)」『일본의 명저(日本の名著)』 18(東京: 岩波書店, 1969-1982) pp.73-173. English trans. by Michael Pye, "Emerging from Meditation and Then Speaking," in *Emerging from Meditation* (Honolulu: University of Hawai'i Press, 1990), 71-183.

**1746** 「오키나노후미(翁の文)」『일본고전문학대계(日本古典文學大系)』 97(東京: 岩波書店, 1957-1969) pp.541-61; 『일본의 명저(日本の名著) 18』(東京: 岩波書店, 1969-1982) pp.53-71. English trans. by Katō Shūichi, "Okina no fumi: The Writings of an Old Man," Monumenta Nipponica 22/1-2 (1967), 194-210. Alternative trans. by Michael Pye, in Emerging from Meditation, 48-70.


## 미우라 바이엔 三浦梅園

**1775** 「현어(玄語)」『바이엔 전집(梅園全集)』 1(東京: 弘道館) pp.1-299; 『일본사상대계(日本思想大系)』 41(東京: 岩波書店, 1970-1982) pp.9-602. "Deep Words," in Rosemary Mercer, *Deep Words: Miura Baien's System of Natural Philosophy* (Leiden: E. J. Brill, 1991), 78-149.

**1776** 「유미사키 요시타다에게 보내는 편지(與弓埼美忠)」『바이엔 전집(梅園全集)』 2(東京: 弘道館) pp.748-50.

**1785** 「아사다 고류에게 보내는 편지(與麻田剛立)」『바이엔 전집(梅園全集)』 2(東京: 弘道館) pp.752-4.


## 사토 나오카타 佐藤直方

**1686** 「동중서상찬(董仲舒像贊) 토론필기(討論筆記)」『증정 사토 나오카타 전집(增訂佐藤直方全集)』 1(東京: ぺりかん社, 1979) pp.41-72. English trans. of selection by Barry D. Steben, "Orthodoxy and Legitimacy in the Kimon School," part 1, *Sino-Japanese Studies* 8/2 (1996): 6-49.

**1705** 「46인의 필기(四十六人之筆記)」『증정 사토 나오카타 전집(增訂佐藤直方全集)』 1(東京: ぺりかん社, 1979) pp.579-81; 『일본사상대계(日本思想大系)』 27(東京: 岩波書店, 1970-1982) pp.378-80. English trans. by Barry Steben and John A. Tucker, sjt-2, 2: 449-51.

**1706** 『중국논집(中國論集)』『증정 사토 나오카타 전집(增訂佐藤直方全集)』 1(東京: ぺりかん社, 1979) pp.549-66; 『일본사상대계(日本思想大系)』 31(東京: 岩波書店, 1970-1982) pp.420-5. Partial English trans. by Barry Steben in sjt-2, 2: 96-8.

**1716** 『학담잡록(学談雜録)』『증정 사토 나오카타 전집(增訂佐藤直方全集)』 1(東京: ぺりかん社, 1979) pp.73-140; 『일본사상대계(日本思想大系)』 31(東京: 岩波書店, 1970-1982) pp.428-62. English trans. of selected passages in Minamoto Ryōen, "*Jitsugaku* and Empirical Rationalism in the First Half of the Tokugawa Period," Wm. Theodore deBary and Irene Bloom, eds., *Principle and Practicality: Essays in Neo-Confucianism and Practical Learning* (New York: Columbia University Press, 1979), 375-469.

**1717** 「정좌집설(靜坐集說)」『증정 사토 나오카타 전

집(增訂佐藤直方全集) 3』(東京: ぺりかん社, 1979) pp.465-71.

**연도미상** 「왕학논담(王學論談)」『증정 사토 나오카타 전집(增訂佐藤直方全集) 1』(東京: ぺりかん社, 1979) pp.505-28. English. trans. of selected passages in Minamoto, "*Jitsugaku* and Empirical Rationalism in the First Half of the Tokugawa Period."

## 아라이 하쿠세키 新井白石

**1710** 「귀신론(鬼神論)」『아라이 하쿠세키 전집(新井白石全集) 6』(東京: 国書刊行会, 1905-1907) pp.1-23; 『일본사상대계(日本思想大系) 35』(東京: 岩波書店, 1970-1982) pp.145-81.

**1716** 「오리타쿠시바노키(折たく柴の記)」『아라이 하쿠세키 전집(新井白石全集) 6』(東京: 国書刊行会1905-1907) pp.1-191. English trans. by Joyce Ackroyd, *Told Round a Brushwood Fire: The Autobiography of Arai Hakuseki* (Tokyo: University of Tokyo Press, 1979), 35-277.

**1725** 「서양기문(西洋紀聞)」『아라이 하쿠세키 전집(新井白石全集) 4』(東京: 国書刊行会1905-1907) pp.741-97; 『일본사상대계(日本思想大系) 35』(東京: 岩波書店, 1970-1982) pp.7-82.

## 아사미 게이사이 浅見絅斎

**1695** 「아사미 게이사이 경재잠강의(浅見絅斎敬斎箴講義)」『일본사상대계(日本思想大系) 31』(東京: 岩波書店, 1970-1982) pp.120-88..

**1968** 「진산선생수간 권상(秦山先生手簡卷上)」, 마루야마 마사오(丸山真男) 「안사이학과 안사이학파(暗斎学と暗斎学派)」에서 인용, 『일본사상대계(日本思想大系) 31』(東京: 岩波書店, 1970-1982) pp.601-704. English trans. in Barry D. Steben, "Orthodoxy and Legitimacy in the Kimon School," part 1, *Sino-Japanese Studies* 8/2 (1996): 6-49.

**1701** 「중국변(中国弁)」『아사미 게이사이집(浅見絅斎集)』(東京: 国書刊行会, 1989) pp.368-73; 『일본사상대계(日本思想大系) 31』(東京: 岩波書店, 1970-1982) pp.416-20.

**1706** 「사십육사론(四十六士論)」『아사미 게이사이집(浅見絅斎集)』(東京: 国書刊行会, 1989) pp.689-94; 『일본사상대계(日本思想大系) 27』(東京: 岩波書店, 1970-1982) pp.390-6. English

trans. by Barry D. Steben and John A. Tucker, sjt-2, 2: 452-8.

**1718** 「구유조사설(拘幽操師說)」『아사미 게이사이집(浅見絅斎集)』(東京: 国書刊行会, 1989) pp.671-7; 『일본사상대계(日本思想大系) 31』(東京: 岩波書店, 1970-1982) pp.229-37.

**1794** 「상화잡기(常話雜記)」『아사미 게이사이집(浅見絅斎集)』(東京: 国書刊行会, 1989) pp.557-608. English trans. by Barry D. Steben from Maruyama, "Orthodoxy and Legitimacy," part 2, *Sino-Japanese Studies* 9/1 (1996): 3-34.

**1858** 「아사미선생학담(浅見先生学談)」『아사미 게이사이집(浅見絅斎集)』(東京: 国書刊行会, 1989) pp.642-57. English trans., Maruyama, "Orthodoxy and Legitimacy," part 1, 42.

**연도미상** 「토론필기(討論筆記)」『일본사상대계(日本思想大系) 31』(東京: 岩波書店, 1970-1982) p.630. English trans., Maruyama, "Orthodoxy and Legitimacy," part 1, 41.

**연도미상** 「게이사이선생 유서(絅斎先生遺書)」 가노 문고(狩野文庫), 仙台, 東北大学. English trans., Maruyama, "Orthodoxy and Legitimacy," part 1, 28-9.

## 안도 쇼에키 安藤昌益

**1762** 「자연진영도(自然真営道)」『안도 쇼에키 전집(安藤昌益全集) 1-7』(東京: 農産漁村文化協会, 1982-1987); 『일본사상대계(日本思想大系) 45』(東京: 岩波書店, 1970-1982) pp.11-171(부분). Partial English trans. by Yasunaga Toshi-nobu, *Andō Shōeki: Social and Ecological Philosopher in Eighteenth-Century Japan* (Tokyo: Weatherhill, 1992), 118-299.

## 야마가 소코 山鹿素行

**1665A** 「성교요록(聖教要錄)」『일본사상대계(日本思想大系) 32』(東京: 岩波書店, 1970-1982) pp.8-28.

**1665B** 「야마가 어류(山鹿語類) 21」『일본사상대계(日本思想大系) 32』(東京: 岩波書店, 1970-1982) pp.29-171.

## 야마자키 안사이 山崎闇斎

**1650** 「백록동학규집주서(白鹿洞学規集註序)」『속 야마자키 안사이 전집(続山崎闇斎全集) 3』(東京: 日本古典学会, 1937) pp.1-2. English trans. by

William Theodore de Bary, sjt-2, 2: 251-2.

**1671** 「후지모리 유즈에 만도코로의 기록(藤森弓兵政所の記)」『신도사상집(神道思想集)』(東京: 筑摩書房) pp.272-4.

**1675** 「수가옹신설(垂加翁神説)」『신도사상집(神道思想集)』(東京: 筑摩書房) pp.249-98. English trans. of selections by Herman Ooms, Tokugawa Ideology: Early Constructs, 1570-1680(Princeton: Princeton University Press, 1985).

**연도미상** 「신대권강의(神代巻講義)」『속 야마자키 안사이 전집(続山崎闇斎全集)』3』(東京: 日本古典学会, 1937) pp.206-304. English trans. of selections by Tsunoda Ryūsaku, sjt-2, 2: 88-9.

**연도미상** 『수가초(垂加草)』『야마자키 안사이 전집(山崎闇斎全集)』1』(東京: 日本古典学会, 1936-1937) English trans. of selections by Tsunoda Ryūsaku, sjt-2, 2: 87-8.

## 오규 소라이 荻生徂徠

**1726** 「정담(政談)」『일본사상대계(日本思想大系) 36』(東京: 岩波書店, 1970-1982) pp.259-445.

**1727** 「소라이선생 답문서(徂徠先生答問書)」『오규 소라이 전집(荻生徂徠全集)』1』(1973-1977) pp.421-86.];『일본고전문학대계(日本古典文學大系) 94』(東京: 岩波書店, 1957-1969) pp.179-220. English trans. by Samuel Hideo Yamashita, Master Sorai's Responsals: An Annotated Translation of "Sorai sensei tōmonsho" (Honolulu: University of Hawai'i Press, 1994).

**1737A** 「변명(弁名)」『오규 소라이 전집(荻生徂徠全集) 1』(1973-1977) pp.29-128;『일본사상대계(日本思想大系)』36(東京: 岩波書店, 1970-1982) pp.37-186. English trans. by John A. Tucker, Ogyū Sorai's Philosophical Masterworks: The Bendō and Benmei (Honolulu: University of Hawai'i Press, 2006), 171-337.

**1737B** 「변도(弁道)」『오규 소라이 전집(荻生徂徠全集) 1』(1973-1977) pp.9-27;『일본사상대계(日本思想大系)』36(東京: 岩波書店, 1970-1982) pp.9-36. English trans. by John A. Tucker, in Ogyū Sorai's Philosophical Masterworks, 137-67.

## 이시다 바이간 石田梅岩

**1739** 「도비문답(都鄙問答)」『이시다 바이간 전집(石田梅岩全集) 1』(大阪:清文堂, 1972) pp.1-183;

『일본사상투쟁사료(日本思想鬪諍史料) 2』(東京: 名著刊行会, 1969-1970) pp.469-596. English trans. of selection by Janine Anderson Sawada, sjt-2, 2: 300-2.

## 이토 진사이 伊藤仁齋

**1705** 「어맹자의(語孟字義)」『일본사상대계(日本思想大系) 33』(東京: 岩波書店, 1970-1982) pp.11-113. English trans. by John Allen Tucker in Itō Jinsai's "Gomō jigi" and the Philosophical Definition of Early Modern Japan (Leiden: Brill, 1998), 69-255. [한국어판] 최경열 역, 『어맹자의(이토 진사이 선집 4)』(그린비, 2017).

## 하야시 라잔 林羅山

**1629** 『춘감초(春鑑抄)』, 『일본사상대계(日本思想大系) 28』(東京: 岩波書店, 1970-1982) pp.116-49.

**1659** 「성리자의언해서(性理字義諺解序)」『하야시 라잔 문집(林羅山文集) 2』(東京: ぺりかん社, 1988) pp.583-5.

**연도미상** 「삼덕초(三德抄)」『일본사상대계(日本思想大系) 28』(東京: 岩波書店, 1970-1982) pp.151-86.

## 후지와라 세이카 藤原惺窩

**1630** 「대학요략(大学要略)」『후지와라 세이카집(藤原惺窩集) 1』(京都: 思文閣出版, 1978) pp.379-417;『일본사상대계(日本思想大系) 28』(東京: 岩波書店, 1970-1982) pp.42-78.

**1650** 「가나성리(仮名性理)」『후지와라 세이카집(藤原惺窩集) 2』(京都:思文閣出版, 1978) pp.397-414;『일본사상대계(日本思想大系) 28』(東京: 岩波書店, 1970-1982) pp.237-55.

**연도미상** 「주중규약(舟中規約)」『후지와라 세이카집(藤原惺窩集) 1』(京都: 思文閣出版, 1978) pp.126-7;『일본사상대계(日本思想大系) 28』(東京: 岩波書店, 1970-1982) pp.89-90. English trans. by Willem Boot, "Ship Compact," sjt-2, 2: 39-40.

## 신도

### 가모노 마부치 賀茂眞淵

**1765** 「국의고(国意考)」『가모노 마부치 전집(賀茂真淵全集) 19』(東京: 統群書類従完成会, 1977-1992) pp.7-34.

## 모토오리 노리나가 本居宣長

**1763** 「석상사숙언(石上私淑言)」『모토오리 노리나가 전집(本居宣長全集) 2』(東京: 筑摩書房, 1968-1975) pp.85-189.

**1771** 「나오비노미타마(直毘靈)」『모토오리 노리나가 전집(本居宣長全集) 9』(東京: 筑摩書房, 1968-1975) pp.49-63.

**1780** 『구스바나(くすばな)』『모토오리 노리나가 전집(本居宣長全集) 8』(東京: 筑摩書房, 1968-1975) pp.123-79.

**1798** 『우이야마부미(うひ山ぶみ)』『모토오리 노리나가 전집(本居宣長全集) 1』(東京: 筑摩書房, 1968-1975) pp.3-30.

## 오리구치 시노부 折口信夫

**1943** 「국학의 행복(国学の幸福)」『오리구치 시노부 전집(折口信夫全集) 20』(東京: 中央公論社, 1955-1957) pp.306-19.

**1949** 「신도의 새로운 방향(神道の新しい方向)」『오리구치 시노부 전집(折口信夫全集) 20』(東京: 中央公論社, 1955-1957) pp.461-72.

## 오쿠니 다카마사 大國隆正

**1861** 「신리소언(神理小言)」『오쿠니 다카마사 전집(大國隆正全集) 8』(東京: 国書刊行会, 2001) pp.98-123.

## 우에다 겐지 上田賢治

**1986** 『신도신학(神道神学)』(東京: 大明堂, 1986).

**1991** 『신도신학논고(神道神学論考)』(東京: 大明堂, 1986).

## 후지타니 미쓰에 富士谷御杖

**1808** 「고지키토모시비 오무네(古事記燈 大旨)」『신편 후지타니 미쓰에 전집(新編 富士谷御杖全集) 1』(京都: 思文閣出版, 1979-1993) pp.31-92.

**1811** 『진언변(真言辨)』『신편 후지타니 미쓰에 전집(新編 富士谷御杖全集) 2』(京都: 思文閣出版, 1979-1993) pp.187-232.

## 히라타 아쓰타네 平田篤胤

**1813** 『다마노미하시라(靈能真柱)』『신수 히라타 아쓰타네 전집(新修平田篤胤全集) 7』(東京: 名著出版, 1976-1981) pp.87-190.

---

## 근대 강단철학

## 나카에 조민 中江兆民

**1901** 『일년유반(一年有半)』『속 일년유반(続一年有半)』『나카에 조민 전집(中江兆民全集) 10』(東京: 岩波書店, 1983-1986) pp.125-292.

## 니시 아마네 西周

**1862** 「서양철학에 대한 관심을 진술한 마쓰오카 린지로 앞으로 보낸 서한(西洋哲学に対する関心を述べた松岡鏻次郎宛の書翰)」『니시 아마네 전집(西周全集) 1』(東京: 宗高書房, 1960) pp.7-11.

**1870** 「모씨에게 대답하는 글(復某氏書)」『니시 아마네 전집(西周全集) 1』(東京: 宗高書房, 1960) pp.291-307.

**1871** 『백학연환(百学連環)』『니시 아마네 전집(西周全集) 4』(東京: 宗高書房, 1960) pp.8-294.

**1873** 『생성발온(生性発蘊)』『니시 아마네 전집(西周全集) 1』(東京: 宗高書房, 1960) pp.29-129.

**1874a** 『백일신론(百一新論)』『니시 아마네 전집(西周全集) 1』(東京: 宗高書房, 1960) pp.232-89.

**1874b** 「교문론(教門論)」『일본의 명저(日本の名著) 34』(東京: 中央公論社, 1972) pp.186-98.

**1879** 「자유는 자립이 된다는 설(自由ハ自立ニ成ルノ説)」『니시 아마네 전집(西周全集) 2』(東京: 宗高書房, 1960) pp.312-13.

**1882** 『상백차기(尚白劄記)』『니시 아마네 전집(西周全集) 1』(東京: 宗高書房, 1960) pp.165-72.

## 오니시 하지메 大西祝

**1893** 「충효와 도덕의 기본(忠孝と道徳の基本)」『오니시 하지메 전집(大西祝全集) 5』(東京: 日本図書センター, 1982) pp.308-23.

## 이노우에 데쓰지로 井上哲次郎

**1890** 「칙어연의(勅語衍義)」『이노우에 데쓰지로집(井上哲次郎集) 1』(東京: クレス出版, 2003) pp.1-154.

**1894** 「나의 세계관의 일진(我世界観の一塵)」『철학잡지(哲学雑誌) 89』(東京: 有斐閣, 1894) pp.489-512.

**1901** 『무사도(武士道)』(東京: 偕行社, 1901).

**1908a** 「종교 이상의 도덕(宗教以上の道徳)」『이노우에 데쓰지로집(井上哲次郎集) 9』(東京: クレス出版, 2003) pp.302-6.

**1908b** 「유교의 장점 단점(儒教の長処短処)」『이노우에

에 데쓰지로집(井上哲次郎集) 9』(東京: クレス 出版, 2003) pp.308-9.

1917 「도덕상으로 본 〈신〉의 문제(道徳上より観たる 〈神〉問題)」『이노우에 데쓰지로집(井上哲次郎 集) 9』(東京: クレス出版, 2003) pp.356-65.

### 이노우에 엔료 井上円了

1886 「철학일석화(哲学一夕話)」『이노우에 엔료 선 집(井上円了選集) 1』(東京: 東京大学, 1987-1990) pp.33-84.

1893 「불교철학(仏教哲学)」『이노우에 엔료 선집(井 上円了選集) 7』(東京: 東京大学, 1987-1990) pp.107-181.

1913 「철학일별(哲学一瞥)」『이노우에 엔료 선집(井 上円了選集) 2』(東京: 東京大学, 1987-1990) pp.65-88.

1917 『분투철학(奮闘哲学)』『이노우에 엔료 선집(井 上円了選集) 2』(東京: 東京大学, 1987-1990) pp.205-444.

### 후쿠자와 유키치 福澤諭吉

1875 『문명론의 개략(文明論之概略)』『후쿠자와 유 키치 선집(福沢諭吉選集) 2』(東京: 岩波書店, 1951-1952) pp.1-270.

1876 『학문의 권장(学問のすゝめ)』『후쿠자와 유키치 선집(福沢諭吉選集) 21』(東京: 岩波書店, 1951-1952) pp.83-228.

1885 「일본부인론(日本婦人論)」「일본부인론 후편 (日本婦人論、後編)」『후쿠자와 유키치 선집 (福沢諭吉選集) 5』(東京: 岩波書店, 1951-1952) pp.1-81.

1899 「여대학평론・신여대학(女大学評論・新女大 学)」『후쿠자와 유키치 선집(福沢諭吉選集) 5』 (東京: 岩波書店, 1951-1952) pp.233-316.

## 교토학파

### 고사카 마사아키 高坂正顕

1937 「〈길〉의 해석학적 구조(〈みち〉の解釈学的構造)」 『고사카 마사아키 저작집(高坂正顕著作集) 1』 (東京: 理想社, 1964-1970) pp.251-60.

### 고야마 이와오 高山岩男

1976 『교육철학(教育哲学)』(東京: 玉川大学出版部, 1976). [한국어판] 한기언 역, 『교육철학』(교육

연구사, 1981).

### 니시다 기타로 西田幾多郎

1911 『선의 연구(善の研究)』『니시다 기타로 전집(西 田幾多郎全集) 1』(東京: 岩波書店, 2003-2009) pp.3-159. [한국어판] 윤인로 역, 『선의 연구』 (도서출판b, 2019).

1922 「철학(哲学)」『니시다 기타로 전집(西田幾多郎 全集) 11』 pp.148-9.

1926 「장소(場所)」『니시다 기타로 전집(西田幾多郎 全集) 3』 pp.415-77.

1927 「작용하는 것에서 보는 것으로(働くものから見 るものへ)」『니시다 기타로 전집(西田幾多郎全 集) 3』 pp.249-554.

1932 「괴테의 배경(ゲーテの背景)」『니시다 기타로 전집(西田幾多郎全集) 7』 pp.321-30.

1933 『형이상학서론(形而上学序論)』『니시다 기타 로 전집(西田幾多郎全集) 6』 pp.5-65.

1936 「재판 서문(再版の序)」『니시다 기타로 전집(西 田幾多郎全集) 1』 pp.3-4.

1944 「철학논문집 제4권 보유(哲学論文集第四補遺)」 『니시다 기타로 전집(西田幾多郎全集) 11』 pp.192-207.

1945a 「장소적 논리와 종교적 세계관(場所的論理と宗 教的世界観)」『니시다 기타로 전집(西田幾多郎 全集) 10』 pp.295-367.

1945b 「나의 논리에 대해(私の論理について)」『니시다 기타로 전집(西田幾多郎全集) 10』 pp.431-2.

### 니시타니 게이지 西谷啓治

1949 『니힐리즘(ニヒリズム)』『니시타니 게이지 저작 집(西谷啓治著作集) 8』(東京: 創文社, 1986-1995) pp.3-290.

1953 「꽃꽂이에 대해(生花について)」『니시타니 게이 지 저작집(西谷啓治著作集) 20』 pp.212-19.

1961 『종교란 무엇인가(宗教とは何か)』『니시타니 게 이지 저작집(西谷啓治著作集) 10』. [한국어판] 정병조 역, 『종교란 무엇인가』(대원정사, 1993).

1982 「공과 즉(空と即)」『니시타니 게이지 저작집(西 谷啓治著作集) 13』 pp.111-60.

### 다나베 하지메 田邊元

1935 「사회존재 논리(社会存在の論理)」『다나베 하 지메 전집(田辺元全集) 6』(東京: 筑摩書房, 1963-1964) pp.51-167.

**1936** 「종의 논리와 세계도식(種の論理と世界図式)」 『다나베 하지메 전집(田辺元全集) 6』 pp.171-264.

**1937** 「종의 논리 의미를 밝힌다(種の論理の意味を明にす)」 『다나베 하지메 전집(田辺元全集) 6』 pp.447-521.

**1939a** 「국가적 존재 논리(国家的存在の論理)」 『다나베 하지메 전집(田辺元全集) 7』 pp.25-99.

**1939b** 「정법안장의 철학 사관(正法眼蔵の哲学私観)」 『다나베 하지메 전집(田辺元全集) 5』 pp.443-94.

**1940** 「역사적 현실(歴史的現実)」 『다나베 하지메 전집(田辺元全集) 8』 pp.117-69.

**1945** 「참회도의 철학(懺悔道としての哲学)」 『다나베 하지메 전집(田辺元全集) 9』 pp.1-269. [한국어판] 김승철 역, 『참회도의 철학』(동연, 2016)

## 다케우치 요시노리 武内義範

**1960** 「붓다의 침묵(仏陀の沈黙)」 『다케우치 요시노리 저작집(武内義範著作集) 3』(京都: 法蔵館, 1999) pp.309-32. English trans. by James W. Heisig in Takeuchi Yoshinori, *The Heart of Buddhism: In Search of the Timeless Spirit of Primitive Buddhism* (New York: Crossroad, 1983), 127-43.

**1974** 「신란과 현대(親鸞と現代)」 『다케우치 요시노리 저작집(武内義範著作集) 2』(京都: 法蔵館, 1999) pp.3-160.

## 무타이 리사쿠 務台理作

**1939** 「사회존재론(社会存在論)」 『무타이 리사쿠 저작집(務台理作著作集) 4』(東京: こぶし書房, 2000-2002) pp.7-172.

**1961** 「현대 휴머니즘(現代のヒューマニズム)」 『무타이 리사쿠 저작집(務台理作著作集) 6』 pp.165-304.

## 미키 기요시 三木清

**1936** 『철학적 인간학(哲学的人間学)』 『미키 기요시 전집(三木清全集) 18』(東京: 岩波書店, 1966-1968) pp.125-419.

**1939** 『구상력 원리(構想力の論理)』 『미키 기요시 전집(三木清全集) 8』(東京: 岩波書店, 1966-1968) pp.278-407.

## 시모무라 도라타로 下村寅太郎

**1962** 「철학적 사유의 다양성에 대해(哲学的思惟の多様性について)」 『시모무라 도라타로 저작집(下村寅太郎著作集) 11』(東京: みすず書房, 1982-1999) pp.468-89.

**1977** 『니시다 기타로-인물과 사상(西田幾多郎 ― 人と思想)』(東京: 東海大学出版会, 1977).

## 쓰지무라 고이치 辻村公一

**1982** 「서양과 동양에서의 〈일즉일체〉의 차이에 대해(西洋と東洋における〈一即一切〉の相違について)」 『일즉일체 - 일독철학 콜로키움 논문집(一即一切 ― 日独哲学コロクィウム論文集)』(東京: 創文社, 1986) pp.391-406.

## 아베 마사오 阿部正雄

**1987** 「무형의 형태로서 순야타: 플라톤과 마하야나 불교(Śūnyatā as Formless Form: Plato and Mahayana Buddhism)」 『Zen and Comparative Studies』 Steven Heine 편집(Honolulu: University of Hawai'i Press, 1997), 139-48.

## 오하시 료스케 大橋良介

**1986** 『〈끊음〉의 구조 - 일본미와 현대세계(〈切れ〉の構造 ― 日本美と現代世界)』(東京: 中公叢書, 1986).

**1998** 『비의 현상론 서설 - 일본미의 여섯 가지 테제(悲の現象論序説 ― 日本哲学の六テーゼより)』(東京: 創文社, 1998).

**2005** 『듣는 역사 - 역사의 감성과 구조(聞くこととしての歴史) ― 歴史の感性とその構造)』(名古屋: 名古屋大学出版会, 2005).

**2009** 『감성의 정신 현상학(感性の精神現象学)』(東京: 創文社).

## 우에다 시즈테루 上田閑照

**1990** 「단어와 신비주의(言葉と神秘主義)」 『우에다 시즈테루집(上田閑照集) 8』(東京: 岩波書店, 2001-2003) pp.288-303.

**1997** 「언어 - 그 〈허〉의 힘(言葉 ― その〈虚〉のちから)」 『우에다 시즈테루집(上田閑照集) 2』(東京: 岩波書店, 2001-2003) pp.347-67.

**2001** 「후기 신에게, 신으로부터 - 기연과 발자취(後語 禅へ, 禅から ― 機縁と歩み)」 『우에다 시즈테루집(上田閑照集) 4』(東京: 岩波書店, 2001-

2003) pp.369-92.

### 하세 쇼토 長谷正當
**2003** 『욕망의 철학(欲望の哲学)』(京都: 法藏館, 2003).

## 20세기 철학

### 기무라 빈 木村敏
**1972** 『사람과 사람 사이(人と人との間)』『기무라 빈 저작집(木村敏著作集) 3』(東京: 弘文堂, 2001) pp.165-319.
**1973** 『이상의 구조(異常の構造)』『기무라 빈 저작집(木村敏著作集) 6』(東京: 弘文堂, 2001) pp.3-121.
**1982** 『시간과 자기(時間と自己)』『기무라 빈 저작집(木村敏著作集) 2』(東京: 弘文堂, 2001) pp.129-268.
**1992** 『생명의 형태/형태의 생명(生命のかたち/かたちの生命)』『기무라 빈 저작집(木村敏著作集) 4』(東京: 弘文堂, 2001) pp.251-398.

### 나카무라 유지로 中村雄二郎
**1979** 『공통감각론(共通感覚論)』『나카무라 유지로 저작집(中村雄二郎著作集) 5』(東京: 岩波書店, 1993).
**1982** 『파토스론(パトス論)』『나카무라 유지로 저작집(中村雄二郎著作集) 6』(東京: 岩波書店, 1993) pp.1-283.
**1983** 『니시다 기타로(西田幾多郎)』『나카무라 유지로 저작집(中村雄二郎著作集) 7』(東京: 岩波書店, 1993) pp.1-193.
**1987** 『니시다 철학의 탈구축(西田哲学の脱構築)』『나카무라 유지로 저작집(中村雄二郎著作集) 7』(東京: 岩波書店, 1993) pp.195-358.

### 다키자와 가쓰미 瀧澤克己
**1936** 「니시다 철학의 근본 문제(西田哲学の根本問題)」『다키자와 가쓰미 저작집(滝沢克己著作集) 1』(京都: こぶし文庫, 1972-1973) pp.1-194.
**1954** 「니시다 기타로(西田幾多郎)」『다키자와 가쓰미 저작집(滝沢克己著作集) 1』(京都: こぶし文庫) pp.419-38.
**1973** 『일본인의 정신 구조-이자야 벤드슨의 비평에 대응하여(日本人の精神構造 ── イザヤ・ベンダサンの批評にこたえて)』(東京: 講談社, 1973).

### 도사카 준 戸坂潤
**1930** 「이데올로기의 논리학(イデオロギーの論理学)」『도사카 준 전집(戸坂潤全集) 2』(東京: 勁草書房, 1966-1967) pp.1-80.
**1933** 「현대철학 강화(現代哲学講話)」『도사카 준 전집(戸坂潤全集) 3』(東京: 勁草書房, 1966-1967) pp.1-218.
**1936a** 「사상과 풍속(思想と風俗)」『도사카 준 전집(戸坂潤全集) 4』(東京: 勁草書房, 1966-1967) pp.269-453.
**1936b** 「일본 이데올로기론(日本イデオロギー論)」『도사카 준 전집(戸坂潤全集) 2』(東京: 勁草書房, 1966-1967) pp.225-438.
**1937** 「세계의 일환으로서의 일본(世界の一環としての日本)」『도사카 준 전집(戸坂潤全集) 5』(東京: 勁草書房, 1966-1967) pp.3-226.

### 마루야마 마사오 丸山眞男
**1984** 「원형·고층·집요저음-일본사상사 방법론에 대한 나의 행적(原型·古層·執拗低音 ── 日本思想史方法論についての私の歩み)」『마루야마 마사오집(丸山真男集) 12』(東京: 岩波書店, 1995-1997) pp.107-56.

### 미나모토 료엔 源了圓
**1992** 「형과 일본문화(型と日本文化)」『형과 일본문화(型と日本文化)』(東京: 創文社, 1992) pp.5-58.

### 사카베 메구미 坂部恵
**1987** 「〈주체의 거울과 물신〉으로서의 말(〈主体の鏡と物神〉としてのことば)」『사카베 메구미집(坂部恵集) 5』(東京: 岩波書店, 2006-2007) pp.23-46.

### 오모리 쇼조 大森莊藏
**1973** 「고토다마론-말과 '일'(ことだま論 ── 言葉と〈ものこと〉)」『오모리 쇼조 저작집(大森莊藏著作集) 4』(東京: 岩波書店, 1998-1999) pp.115-67.
**1995** 「'엎질러진 물'을 기도하다(〈後の祭り〉を祈る ── 過去は物語り)」『오모리 쇼조 저작집(大森莊藏著作集) 9』(東京: 岩波書店, 1998-1999) pp.45-9.

**유아사 야스오** 湯浅泰雄

1970 『근대 일본의 철학과 실존사상(近代日本の哲学と実存思想)』『유아사 야스오 전집(湯浅泰雄全集) 11』(東京: 白亜書房, 1999-2008) pp.136-489.

1977 『신체론(身体論)』『유아사 야스오 전집(湯浅泰雄全集) 14』(東京: 白亜書房, 1999-2008) pp.136-395.

1978 『융과 그리스도교(ユングとキリスト教)』『유아사 야스오 전집(湯浅泰雄全集) 3』(東京: 白亜書房, 1999-2008) pp.94-361. [한국어판] 이한영 역, 『융과 그리스도교』(서울: 모시는 사람들, 2011).

2001 「현대인의 혼을 묻는 융 심리학(現代人のたましいを問うユング心理学)」『융 심리학과 현대의 위기(ユング心理学と現代の危機)』(東京: 河出書房, 2001) pp.9-78.

**이마니시 긴지** 今西錦司

1941 「생물의 세계(生物の世界)」『이마니시 긴지 전집(今西錦司全集) 1』(東京: 講談社, 1972-1975) pp.3-164.

**이에나가 사부로** 家永三郎

1940 「일본사상사에 있어 부정 논리의 발전(日本思想史に於ける否定の論理の発達)」『이에나가 사부로 집(家永三郎集) 14』(東京: 岩波書店, 1997-1999) pp.1: 3-78.

**이즈쓰 도시히코** 井筒俊彦

1977 *Toward a Philosophy of Zen Buddhism* (Tehran: Imperial Iranian Academy of Philosophy, 1977).

1982 「의식과 본질(意識と本質)」『이즈쓰 도시히코 저작집(井筒俊彦著作集) 6』(東京: 中央公論社, 1991-1993).

2001 *Lao-tzŭ: The Way and its Virtue* (Tokyo: Keio University Press, 2001).

**후나야마 신이치** 船山信一

1933 「'세계관'으로서의 유물론(〈世界観〉としての唯物論)」『후나야마 신이치 저작집(船山信一著作集) 1』(東京: こぶし書房, 1998-2001) pp.357-76.

1935a 「현재 일본주의 이론의 특질(現在に於ける日本主義理論の特質)」『후나야마 신이치 저작집(船山信一著作集) 2』(東京: こぶし書房, 1998-2001) pp.366-85.

1935b 「사회이론에 있어 전체주의 이론의 진전(社会理論に於ける全体主義論理の進展)」『후나야마 신이치 저작집(船山信一著作集) 2』(東京: こぶし書物, 1998-2001) pp.386-98.

1938 「동아사상과 내셔널리즘(東亜思想とナショナリズム)」『후나야마 신이치 저작집(船山信一著作集) 2』(東京: こぶし書物, 1998-2001) pp.424-38.

1942 『현대문화의 철학적 반성(現代文化の哲学的反省)』(東京: 今日の問題社, 1942).

1956 「일본 관념론자의 성격(日本の観念論者の性格)」『후나야마 신이치 저작집(船山信一著作集) 8』(東京: こぶし書物, 1998-2001) pp.236-42.

1959 「메이지 철학사 연구(明治哲学史研究)」『후나야마 신이치 저작집(船山信一著作集) 6』(東京: こぶし書物, 1998-2001).

1971 「인간학적 유물론의 입장과 체계(人間学的唯物論の立場と体系)」『후나야마 신이치 저작집(船山信一著作集) 4』(東京: こぶし書物, 1998-2001) pp.9-302.

1975 「일본 근대철학의 발전 형식(日本の近代哲学の発展形式)」『현대 일본의 철학(現代日本の哲学)』(京都: 雄渾社, 1975) pp.49-87.

**후지타 마사카쓰** 藤田正勝

2000 「일본의 철학?(日本の哲学?)」『지의 좌표축─일본에서의 철학 형성과 그 가능성(知の座標軸─日本における哲学の形成とその可能性)』(京都: 晃洋書房, 2000) pp.3-19.

**히로마쓰 와타루** 廣松渉

1991 『세계의 공동주관적 존재구조(世界の共同主観的存在構造)』(東京: 講談社学術文庫, 1991).

2007 『고토 세계관의 전초(事的世界観への前哨)』(東京: 筑摩書房, 2007).

## 문화와 정체성

**가라타니 고진** 柄谷行人

1992 「에크리튀르와 내셔널리즘(エクリチュールとナショナリズム)」『유머로서의 유물론(ヒューモアしての唯物論)』(東京: 講談社, 1993) pp.54-76. [한국어판] 이경훈 역, 「에크리튀르와 내셔널리즘」, 『유머로서의 유물론』(문화과학사, 2002), pp.61-84.

**가와카미 데쓰타로** 河上徹太郎

**1942** 『근대의 초극(近代の超克)』(東京: 冨山房, 1994).

**고사카 마사아키** 高坂正顯

**1937** 「〈길〉의 해석학적 구조(〈みち〉の解釈学的構造)」 『고사카 마사아키 저작집(高坂正顕著作集) 1』 (東京: 理想社, 1964-1970) pp.251-60.

**고야마 이와오** 高山岩男

**1976** 『교육철학(教育哲学)』(東京: 玉川大学出版部, 1976).

**다케우치 요시미** 竹内好

**1948** 「근대란 무엇인가(近代とは何か)」 『다케우치 요시미 전집(竹内好全集) 4』(東京: 筑摩書房, 1980-1982) pp.128-71. [한국어판] 윤여일 역, 「근대란 무엇인가(일본과 중국의 경우)」, 『다케우치 요시미 선집 2 내재하는 아시아』(휴머니스트, 2011), pp.218-68.

**1959** 「근대의 초극(近代の超克)」, 『다케우치 요시미 전집(竹内好全集) 8』(東京: 筑摩書房, 1980-1982) pp.3-67. [한국어판] 윤여일 역, 「근대의 초극」, 『다케우치 요시미 선집 1 고뇌하는 일본』(휴머니스트, 2011), pp.101-192.

**1961** 「방법으로서의 아시아(方法としてのアジア)」, 『다케우치 요시미 전집(竹内好全集) 5』(東京: 筑摩書房, 1980-1982) pp.90-114. [한국어판] 윤여일 역, 「서: 방법으로서의 아시아」, 『다케우치 요시미 선집 2 내재하는 아시아』(휴머니스트, 2011), pp.33-66.

**모리 아리마사** 森有正

**1972** 「경험과 사상」 『모리 아리마사 전집(森有正全集) 12』(東京: 竹間書房, 1978-1982), pp.3-186.

**후칸사이 하비안** 不干齋巴鼻庵

**1605** 「묘정문답(妙貞問答)」 『일본사상대계(日本思想大系) 25』 pp.113-79; 『일본사상투쟁사료(日本思想鬪諍史料) 10』 pp.39-114.

**1620** 「유일신에 대한 논박(破提宇子)」 『일본고전전집(日本古典全集) 45』(東京: 日本古典全集刊行会, 1930) pp.1-30.

## 여성 철학자

**야마카와 기쿠에** 山川菊榮

**1919** 「노동계급 자매들에게(労働階級の姉妹へ)」 『야마카와 기쿠에집(山川菊栄集) 2』(東京: 岩波書店, 1981-1982) pp.247-53.

**1928** 「페미니즘의 검토(フェミニズムの検討)」 『야마카와 기쿠에집(山川菊栄集) 5』 pp.157-74.

**1931** 「만주의 총성(満州の銃声)」 『야마카와 기쿠에집(山川菊栄集) 5』 pp.8-13.

**요사노 아키코** 與謝野晶子

**1911** 「한 구석에서(一隅より)」 『정본 요사노 아키코 전집(定本与謝野晶子全集) 14』(東京: 講談社, 1979-1981) pp.3-328.

**1915** 「경심등어(鏡心燈語)」 『정본 요사노 아키코 전집(定本与謝野晶子全集) 14』(東京: 講談社, 1979-1981) pp.430-57.

**1916** 「모성편중을 물리치다(母性偏重を排す)」 『정본 요사노 아키코 전집(定本与謝野晶子全集) 15』(東京: 講談社, 1979-1981) pp.194-206.

**1918** 「삼면일체의 생활로(三面一体の生活へ)」 『정본 요사노 아키코 전집(定本与謝野晶子全集) 16』(東京: 講談社, 1979-1981) pp.317-31.

**1919** 「부인개조의 기초적 고찰(婦人改造の基礎的考察)」 『정본 요사노 아키코 전집(定本与謝野晶子全集) 14』(東京: 講談社, 1979-1981) pp.201-16.

**1926** 「나의 생활(私の生活)」 『정본 요사노 아키코 전집(定本与謝野晶子全集) 19』(東京: 講談社, 1979-1981) pp.389-92.

**1931** 「노래를 짓는 나의 심정(私の歌を作る心持)」 『정본 요사노 아키코 전집(定本与謝野晶子全集) 14』(東京: 講談社, 1979-1981) pp.294-313.

**히라쓰카 라이초** 平塚らいてう

**1911** 「원시, 여성은 태양이었다—『세이토』 창간에 즈음하여(元始, 女性は太陽であった—『青鞜』発刊に際して)」 『히라쓰카 라이초 저작집(平塚らいてう著作集) 1』(東京: 大槻書店, 1983-1984) pp.14-27.

**1915a** 「메이지말기에서 다이쇼 초두, 우리들 여성 문제(明治末期より大正初頭の我が婦人問題)」 『히라쓰카 라이초 저작집(平塚らいてう著作集) 2』(東京: 大槻書店, 1983-1984) pp.106-16.

**1915b** 「처녀의 진가(処女の真価)」 『히라쓰카 라이초

저작집(平塚らいてう著作集) 2』(東京: 大槻書店, 1983-1984) pp.53-60.

1915c 「'개인'으로서의 생활과 '성'으로서의 생활 사이의 투쟁에 대해(〈個人〉としての生活と〈性〉としての生活との間の争鬪について)」『히라쓰카 라이초 저작집(平塚らいてう著作集) 2』(東京: 大槻書店, 1983-1984) pp.36-52.

1916 「난고에서(南湖より) (2)」『히라쓰카 라이초 저작집(平塚らいてう著作集) 2』(東京: 大槻書店, 1983-1984) pp.163-9.

1917 「어머니로서의 1년간(母としての一年間)」『히라쓰카 라이초 저작집(平塚らいてう著作集) 2』(東京: 大槻書店, 1983-1984) pp.266-75.

1920 「사회개조에 대한 부인의 사명-『여성동맹』 창간사에 대신하여(社会改造に対する婦人の使命─『女性同盟』創刊の辞に代えて)」『히라쓰카 라이초 저작집(平塚らいてう著作集) 3』(東京: 大槻書店, 1983-1984) pp.159-71; KNST 34: pp.105-12.

1930 「부인전선에 참가하여(婦人戦線に参加して)」『히라쓰카 라이초 저작집(平塚らいてう著作集) 5』(東京: 大槻書店, 1983-1984) pp.173-87.

1948 「내 꿈은 실현되었는가?(わたくしの夢は実現したか)」『히라쓰카 라이초 저작집(平塚らいてう著作集) 7』(東京: 大槻書店, 1983-1984) pp.29-44.

1971 『원시, 여성은 태양이었다─히라쓰카 라이초 자전(元始、女性は太陽であった ─ 平塚らいてう自伝) 2』(東京: 大槻書店).

# 미학

### 가모노 조메이 鴨長明

1212 『무명초(無名抄)』 『일본고전문학대계(日本古典文学大系) 65』(東京: 岩波書店, 1957-1969) pp.37-98.

### 고바야시 히데오 小林秀雄

1942 「무상이라는 것(無常ということ)」『고바야시 히데오 전집(小林秀雄全集) 8』(東京: 新潮社, 1967-1979) pp.17-19.

### 곤파루 젠치쿠 金春禪竹

1455 「육륜일로지기(六輪一露之記)」『곤파루 고전서집성(金春古伝書集成)』(東京: わんや書店, 1969) pp.197-214.

### 구키 슈조 九鬼周造

1930 『이키의 구조(いきの構造)』『구키 슈조 전집(九鬼周造全集) 1』(東京: 岩波書店, 1980-1982) pp.1-108. [한국어판] 이윤정 역, 『일본문화 시리즈 1 이키의 구조』(한일문화교류센터, 2001).

1932 「우연성(박사논문(偶然性(博士論文))」『구키 슈조 전집(九鬼周造全集) 2』(東京: 岩波書店, 1980-1982) pp.267-318.

1935 『우연성의 문제(偶然性の問題)』『구키 슈조 전집(九鬼周造全集) 2』(東京: 岩波書店, 1980-1982) pp.1-265.

### 니시타니 게이지 西谷啓治

1949 『니힐리즘(ニヒリズム)』『니시타니 게이지 저작집(西谷啓治著作集) 8』(東京: 創文社 1986-1995) pp.3-290.

1953 「꽃꽂이에 대해서」『니시타니 게이지 저작집 20』, pp.212-19.

1961 『종교란 무엇인가』『니시타니 게이지 저작집 10』.

1982 「공과 즉(空と即)」『니시타니 게이지 저작집 13』, pp.111-60.

### 돈아 頓阿

1333 『일언방담(一言芳談)』『일본고전문학대계(日本古典文学大系) 83』(東京: 岩波書店, 1957-1969) pp.185-215.

### 모리타 시류 森田子龍

1970 「서예와 추상회화(書と抽象絵画)」『모리타 시류 제1작품집(森田子龍第一作品集)』(京都: 墨美社, 1970) pp.120-33.

### 모토오리 노리나가 本居宣長

1763 「시에 대한 사적 견해(石上私淑言)」『모토오리 노리나가 전집(本居宣長全集) 2』(東京: 竹間書房, 1968-1975) pp.85-189.

1771 「나오비 신의 영(直毘霊)」『모토오리 노리나가 전집 9』 pp.49-63.

1780 『갈울금(くすばな)』『모토오리 노리나가 전집 8』 pp.123-79; nsts 7: 187-276.

1798 『산으로의 첫걸음(うひ山ぶみ)』『모토오리 노리나가 전집 1』 pp.3-30.

**무라사키 시키부** 紫式部

**연도미상** 『겐지이야기(源氏物語)』 『일본고전문학대
계(日本古典文学大系) 14-18』(東京: 岩波書店,
1957-1969). [한국어판] 이미숙 주해, 『겐지 모
노가타리』(서울대학교출판문화원, 2014-
2017).

**쇼테쓰** 正徹

**1450** 『쇼테쓰이야기(正徹物語)』 『일본고전문학대
계(日本古典文学大系) 65』(東京: 岩波書店,
1957-1969) pp.166-234.

**오니시 요시노리** 大西克禮

**1939** 『유겐과 아와레(幽玄とあはれ)』(東京: 岩波書店,
1939).

**오하시 료스케** 大橋良介

**1986** 『〈자르기〉의 구조 ─ 일본미와 현대세계(〈切れ〉
の構造 ─ 日本美と現代世界)』(東京: 中央公論
社, 1986).

**1998** 『슬픔의 현상론 서설 ─ 일본철학 6가지 테제
에서(悲の現象論序説 ─ 日本哲学の六テーゼよ
り)』(東京: 創文社, 1998).

**2005** 『듣는 것으로서의 역사 ─ 역사의 감성과 그 구
조(聞くこととしての歴史 ─ 歴史の感性とその
構造)』(名古屋: 名古屋大学出版会, 2005).

**2009** 『감성의 정신현상학(感性の精神現象学)』(東京:
創文社).

**요시다 겐코** 吉田兼好

**연도미상** 『교주 쓰레즈레구사(校註「徒然草」)』, 마쓰
오 사토시(松尾聰) 편(東京: 笠間書院, 1968),
[한국어판] 김충영·엄인경 역, 『쓰레즈레구사』
(도서출판 문, 2010).

**우메하라 다케시** 梅原猛

**1967a** 『지옥의 사상 ─ 일본정신의 일계보(地獄の思
想 ─ 日本精神の一系譜)』(東京: 中央公論社,
1967).

**1967b** 『미와 종교의 발견 ─ 창조적 일본문화론(美と
宗教の発見 ─ 創造的日本文化論)』(東京: 竹間
書房, 1967).

**1992** 「뇌사 ─ 소크라테스의 제자들은 반대하다(脳
死 ─ ソクラテスの徒は反対する)」 『〈뇌사〉와 장
기이식(〈脳死〉と臟器移植)』(東京: 朝日新聞社,

1992) pp.207-36.

**이즈쓰 도요코** 井筒豊子

**1981a** "The Aesthetic Structure of waka," in Toshihiko
and Toyo Izutsu, *The Theory of Beauty in the
Classical Aesthetics of Japan* (The Hague:
Martinus Nijhoff, 1981), 3-25. English adjusted.

**1981b** "The Way of Tea: An Art of Spatial Awareness,"
in *The Theory of Beauty in the Classical
Aesthetics of Japan*, 46-61. English adjusted.

**제아미 모토키요** 世阿彌元清

**1418** 「풍자화전(風姿花伝)」 『일본사상대계(日本思
想大系) 24』 pp.13-75. [한국어판] 김충영 역,
『풍자화전』(지식을만드는지식, 2012).

**1420** 「지화도(至花道)」 『일본사상대계(日本思想大
系) 24』 pp.111-20.

**1424** 「화경(花鏡)」 『일본사상대계(日本思想大系) 24』
pp.83-110.

**1428** 「습옥득화(拾玉得花)」 『일본사상대계(日本思
想大系) 24』 pp.183-96.

**호리 게이잔** 堀景山

**1742** 『불진언(不尽言)』, snkbt 99 pp.135-246.

**후지와라노 슌제이** 藤原俊成

**1197** 『고래풍체초(古来風躰抄)』 『일본고전문학전
집(日本古典文学全集) 50』(東京: 小学館, 1970-
1976) pp.271-465.

**후지타니 미쓰에** 富士谷御杖

**1808** 『고사기 등불 대지(古事記燈 大旨)』 『신편 후지
타니 미쓰에 전집(新編 富士谷御杖全集) 1』(京
都: 思文閣出版, 1979-1993) pp.31-92.

**1811** 『진언에 관한 글(真言辨)』 『신편 후지타니 미쓰
에 전집(新編 富士谷御杖全集) 2』 pp.187-232.

**히사마쓰 신이치** 久松眞一

**1946** 「동양적 무의 성격(東洋的無の性格)」 『히사마
쓰 신이치 저작집(久松真一著作集) 1』(東京: 理
想社, 1969-1996) pp.33-66.

**1962** 「다도의 현지(茶道の玄旨)」 『히사마쓰 신이치
저작집 4』, pp.139-65.

본문과 참고문헌에서 사용된 서적의 영문약자는 다음의 전집류를 의미한다.

KNST 『근대일본사상대계(近代日本思想大系)』(筑摩書房, 1974-1978) 전35권.

MBZ 『메이지문학 전집(明治文学全集)』(筑摩書房, 1977) 전100권.

NKBT 『일본고전문학대계(日本古典文学大系)』(岩波書店, 1957-1969) 전102권.

NKBZ 『일본고전문학전집(日本古典文学全集)』(小学館, 1970-1976) 전51권.

NMC 『일본의 명저(日本の名著)』(岩波書店, 1969-1982) 전50권.

NST 『일본사상대계(日本思想大系)』(岩波書店, 1970-1982) 전77권.

NSTS 『일본사상투쟁사료(日本思想鬪静史料)』(名著刊行会, 1969-1970) 전10권.

SNKBT 『신일본고전문학대계(新日本古典文学大系)』(岩波書店, 1989-2006) 전100권.

SNKS 『신초 일본고전집성(新潮日本古典集成)』(新潮社, 1976-1989) 전58권.

SJT-1 *Sources of Japanese Tradition, V/m.* Theodore de Bary et al., eds.,(New York: Columbia University Press, 1964,1st edition), 2 vols.

SJT-2 *Sources of Japanese Tradition. Wm.* Theodore de Bary et al.,eds, (New York: Columbia University Press, 2001, 2nd edition), 2 vols.

# 연표

| 일본 시대 구분 | 주요 인물 | 한국 | 중국 |
|---|---|---|---|
| 고분 古墳<br>300-710<br><br>나라 奈良<br>710-794<br><br>헤이안 平安<br>794-1185 | 쇼토쿠 태자 聖德太子 (574?-622?)<br>사이초 最澄 (767-822)<br>구카이 空海 (774-835)<br>도쿠이쓰 德一 (781?-842?)<br>기노 쓰라유키 紀貫之 (868?-945?)<br>료겐 良源 (912-985)<br>겐신 源信 (942-1017)<br>가쿠운 覺運 (953-1007)<br>무라사키 시키부 紫式部 (973-1014)<br>가쿠반 覺鑁 (1095-1143) | 통일신라<br>統一新羅<br>668-935<br><br><br><br>고려 高麗<br>918-1392 | 당 唐<br>618-907<br><br><br>송 宋<br>960-1279 |
| 가마쿠라 鎌倉<br>1185-1333 | 후지와라노 슌제이 藤原俊成 (1114-1204)<br>호넨 法然 (1133-1212)<br>가모노 조메이 鴨長明 (1155-1216)<br>후지와라노 데이카 藤原定家 (1162-1241)<br>묘에 明惠 (1173-1232)<br>신란 親鸞 (1173-1263)<br>도겐 道元 (1200-1253)<br>니치렌 日蓮 (1222-1282) | | 원 元<br>1264-1368 |
| 무로마치 室町<br>1336-1568 | 무소 소세키 夢窓疎石 (1275-1351)<br>기타바타케 지카후사 北畠親房 (1293-1354)<br>제아미 모토키요 世阿彌元清 (1363-1443)<br>쇼테쓰 正徹 (1381-1459)<br>잇큐 소준 一休宗純 (1394-1481)<br>곤파루 젠치쿠 金春禪竹 (1405-1468?) | 조선 朝鮮<br>1392-1898 | 명 明<br>1368-1644 |
| 아즈치모모야마<br>安土桃山<br>1568-1600<br><br><br>에도 江戸<br>[도쿠가와 德川]<br>1603-1868 | 후지와라 세이카 藤原惺窩 (1561-1619)<br>후칸사이 하비안 不干齋巴鼻庵 (1565-1621)<br>다쿠안 소호 澤庵宗彭 (1573-1645)<br>스즈키 쇼잔 鈴木正三 (1579-1655)<br>하야시 라잔 林羅山 (1583-1657)<br>시도 부난 至道無難 (1603-1676)<br>나카에 도주 中江藤樹 (1608-1648)<br>야마자키 안사이 山崎闇齋 (1618-1682)<br>구마자와 반잔 熊澤蕃山 (1619-1691)<br>야마가 소코 山鹿素行 (1622-1685) | | |

| 일본 시대 구분 | 주요 인물 | 한국 | 중국 |
|---|---|---|---|
| 에도 江戸<br>[도쿠가와 德川]<br>1603-1868 | 반케이 요타쿠 盤珪永琢 (1622-1693) | 조선 朝鮮<br>1392-1898 | 청 淸<br>1644-1911 |
| | 이토 진사이 伊藤仁齋 (1627-1705) | | |
| | 가이바라 에키켄 貝原益軒 (1630-1714) | | |
| | 다이도지 유잔 大道寺友山 (1639-1730) | | |
| | 사토 나오타카 佐藤直方 (1650-1719) | | |
| | 아사미 게이사이 淺見絅齋 (1652-1711) | | |
| | 아라이 하쿠세키 新井白石 (1657-1725) | | |
| | 야마모토 쓰네토모 山本常朝 (1659-1719) | | |
| | 오규 소라이 荻生徂徠 (1666-1728) | | |
| | 이시다 바이간 石田梅岩 (1685-1744) | | |
| | 하쿠인 에카쿠 白隱慧鶴 (1685-1768) | | |
| | 호리 게이잔 堀景山 (1688-1757) | | |
| | 가모노 마부치 賀茂眞淵 (1697-1769) | | |
| | 안도 쇼에키 安藤昌益 (1703-1762) | | |
| | 도미나가 나카토모 富永仲基 (1715-1746) | | |
| | 데지마 도안 手島堵庵 (1718-1786) | | |
| | 지운 존자 慈雲尊者 (1718-1804) | | |
| | 미우라 바이엔 三浦梅園 (1723-1789) | | |
| | 모토오리 노리나가 本居宣長 (1730-1801) | | |
| | 스기타 겐파쿠 杉田玄白 (1733-1817) | | |
| | 후지타니 미쓰에 富士谷御杖 (1768-1823) | | |
| | 하라 넨사이 原念齋 (1774-1820) | | |
| | 히라타 아쓰타네 平田篤胤 (1776-1843) | | |
| | 아이자와 세이시사이 會澤正志齋 (1782-1863) | | |
| | 니노미야 손토쿠 二宮尊德 (1787-1856) | | |
| | 오쿠니 다카마사 大國隆正 (1792-1871) | | |
| | 히구치 류온 樋口龍溫 (1800-1885) | | |
| | 다카노 조에이 高野長英 (1804-1850) | | |
| | 요코이 쇼난 橫井小楠 (1809-1869) | | |
| | 이마키타 고센 今北洪川 (1816-1892) | | |
| | 니시무라 시게키 西村茂樹 (1828-1902) | | |
| | 니시 아마네 西周 (1829-1897) | | |
| 근대 | 후쿠자와 유키치 福澤諭吉 (1835-1901) | | |
| | 가토 히로유키 加藤弘之 (1836-1916) | | |
| | 나카에 조민 中江兆民 (1847-1901) | | |
| | 도리오 고야타 鳥尾小彌太 (1847-1905) | | |
| 메이지 明治<br>1868-1912 | 이노우에 데쓰지로 井上哲次郎 (1855-1944) | | |
| | 이노우에 엔료 井上円了 (1858-1919) | | |
| | 미야케 세쓰레이 三宅雪嶺 (1860-1945) | | |
| | 우치무라 간조 內村鑑三 (1861-1930) | | |
| | 오카쿠라 덴신 岡倉天心 (1862-1913) | | |

| 일본 시대 구분 | 주요 인물 | 한국 | 중국 |
|---|---|---|---|
| 메이지 明治<br>1868-1912<br><br><br><br><br><br><br><br><br><br>다이쇼 大正<br>1912-1926<br><br><br><br><br><br><br><br><br><br><br><br><br><br>쇼와 昭和<br>1926-1989 | 기요자와 만시 清澤滿之 (1863-1903)<br>오니시 하지메 大西祝 (1864-1900)<br>후쿠다 히데코 福田英子 (1865-1927)<br>다나카 기이치 田中喜一 (1867-1932)<br>핫토리 우노키치 服部宇之吉 (1867-1939)<br>니시다 기타로 西田幾多郎 (1870-1945)<br>스즈키 다이세쓰 鈴木大拙 (1870-1966)<br>구와키 겐요쿠 桑木嚴翼 (1874-1946)<br>야나기타 구니오 柳田國男 (1875-1962)<br>소가 료진 曾我量深 (1875-1971)<br>하타노 세이치 波多野精一 (1877-1950)<br>요사노 아키코 與謝野晶子 (1878-1942)<br>기타 잇키 北一輝 (1883-1937)<br>아베 지로 阿部次郎 (1883-1959)<br>다나베 하지메 田邊元 (1885-1962)<br>다카하시 사토미 高橋里美 (1886-1964)<br>다니자키 준이치로 谷崎潤一郎 (1886-1965)<br>히라쓰카 라이초 平塚らいてう (1886-1971)<br>오리구치 시노부 折口信夫 (1887-1953)<br>구키 슈조 九鬼周造 (1888-1941)<br>오니시 요시노리 大西克禮 (1888-1959)<br>와쓰지 데쓰로 和辻哲郎 (1889-1960)<br>히사마쓰 신이치 久松眞一 (1889-1980)<br>무타이 리사쿠 務台理作 (1890-1974)<br>야마카와 기쿠에 山川菊榮 (1890-1980)<br>미야케 고이치 三宅剛一 (1895-1982)<br>미키 기요시 三木清 (1897-1945)<br>미야모토 유리코 宮本百合子 (1899-1951)<br>도사카 준 戸坂潤 (1900-1945)<br>고사카 마사아키 高坂正顯 (1900-1969)<br>야스다 리진 安田理深 (1900-1982)<br>니시타니 게이지 西谷啓治 (1900-1990)<br>고바야시 히데오 小林秀雄 (1902-1983)<br>이치카와 하쿠겐 市川白弓玄 (1902-1986)<br>이마니시 긴지 今西錦司 (1902-1992)<br>시모무라 도라타로 下村寅太郎 (1902-1995)<br>이시즈 데루지 石津照璽 (1903-1972)<br>가라키 준조 唐木順三 (1904-1980)<br>고야마 이와오 高山岩男 (1905-1993)<br>후나야마 신이치 船山信一 (1907-1994)<br>다키자와 가쓰미 瀧澤克己 (1909-1984) | 조선 朝鮮<br>1392-1898 | 청 清<br>1644-1911 |

| 일본 시대 구분 | 주요 인물 | 한국 | 중국 |
|---|---|---|---|
| 쇼와 昭和<br>1926-1989<br><br><br>헤이세이 平成<br>1989-2019 | 다케우치 요시미 竹內好 (1910-1977)<br>모리 아리마사 森有正 (1911-1976)<br>모리타 시류 森田子龍 (1912-1998)<br>나카무라 하지메 中村元 (1912-1999)<br>다케우치 요시노리 武內義範 (1913-2002)<br>이에나가 사부로 家永三朗 (1913-2002)<br>이즈쓰 도시히코 井筒俊彦 (1914-1993)<br>마루야마 마사오 丸山眞男 (1914-1996)<br>다마키 고시로 玉城康四郎 (1915-1999)<br>아베 마사오 阿部正雄 (1915-2006)<br>미나모토 료엔 源了圓 (1920-2020)<br>오모리 쇼조 大森莊藏 (1921-1997)<br>쓰지무라 고이치 辻村公一 (1922-2010)<br>이마미치 도모노부 今道友信 (1922-2012)<br>미시마 유키오 三島由紀夫 (1925-1970)<br>유아사 야스오 湯淺泰雄 (1925-2005)<br>나카무라 유지로 中村雄二郎 (1925-2017)<br>이즈쓰 도요코 井筒豊子 (1925-2017)<br>우메하라 다케시 梅原猛 (1925-2019)<br>우에다 시즈테루 上田閑照 (1926-2019)<br>우에다 겐지 上田賢治 (1927-2003)<br>야나부 아키라 柳父章 (1928-2016)<br>기무라 빈 木村敏 (1931-2021)<br>나카지마 미치 中島みち (1931- )<br>야기 세이치 八木誠一 (1932- )<br>히로마쓰 와타루 廣松涉 (1933-1994)<br>사카구치 후미 坂口フミ (1933- )<br>기무라 리히토 木村利人 (1934- )<br>사카베 메구미 坂部惠 (1936-2009)<br>하세 쇼토 長谷正當 (1937- )<br>가라타니 고진 柄谷行人 (1941- )<br>나미히라 에미코 波平惠美子 (1942- )<br>하카마야 노리아키 袴谷憲昭 (1943- )<br>오하시 료스케 大橋良介 (1944- )<br>요네모토 쇼헤이 米本昌平 (1946- )<br>후지타 마사카쓰 藤田正勝 (1949- )<br>와시다 기요카즈 鷲田淸一 (1949- )<br>마쓰모토 시로 松本史朗 (1950- )<br>고마쓰 요시히코 小松美彦 (1955- )<br>모리오카 마사히로 森岡正博 (1958- ) | | |

# 색인

일반 색인은 사람과 장소의 이름을 포함합니다.

고전 작품의 제목, 용어집, 주제어는 자료집 본문에 나오는 일본어, 중국어, 한국어, 산스크리트어 등을 ( ) 안에 병기하였습니다.

# 영문 기고자 리스트

| | |
|---|---|
| **AHT** 아더 손힐 3세 Arthur H. Thornhill Ⅲ<br>미학 | **GCH** G. 허스트 G. Cameron Hurst<br>근대 강단철학 |
| **AM** 아베 마사오 阿部正雄<br>교토 학파 | **GCG** 제라르 고다르 Gerard Clinton Godart<br>근대 강단철학 |
| **AS** 아이하라 세쓰코 Aihara Setsuko<br>교토 학파, 20세기 철학 | **GK** 게레온 콥 Gereon Kopf<br>교토 학파, 20세기 철학 |
| **AW** 앤 워마이어 Ann Kathryn Wehmeyer<br>신도 | **GP** 그레이엄 파크 Graham Parkes<br>교토 학파, 20세기 철학 |
| **BDS** 베리 스티븐 Barry D. Steben<br>유교 | **GMF** 갈렌 피셔 Galen M. Fisher<br>유교 |
| **BWD** 브렛 데이비스 Bret W. Davis<br>교토 학파, 20세기 철학 | **GTC** 고쇼 번역위원회 Gosho Translation<br>Committee 불교 전통 |
| **CAI** 크리스토퍼 아이브스 Christopher A. Ives<br>교토 학파, 20세기 철학 | **HK** 힐다 카토 Hilda Katō<br>미학 |
| **CAR** 커티스 릭스비 Curtis A. Rigsby<br>20세기 철학 | **HO** 헤르만 옴스 Herman Ooms<br>유교 |
| **CCY** 청 칭유엔 張政遠<br>20세기 철학 | **HU** 히라노 우메요 平野梅代<br>근대 초기 |
| **CWB** 칼 빌레펠트 Carl W. Bielefeldt<br>선불교 | **HWS** 허우성 許祐盛<br>근대 강단철학 |
| **DAD** 데이비드 딜워스 David A. Dilworth<br>근대 강단철학 | **HY** 하야시 요시히로 林貴啓<br>생명 윤리 |
| **DAT** 데일 토다로 Dale A. Todaro<br>불교 전통 | **IJM** 이안 맥멀렌 Ian James McMullen<br>유교 |
| **DEL** 데니스 리시카 Dennis E. Lishka<br>선불교 | **IL** 인드라 레비 Indra Levy<br>문화와 정체성 |
| **DLG** 데이비스 가디너 David L. Gardiner<br>불교 전통 | **IML** 이즈미카와 마리 泉川麻里<br>20세기 철학, 미학 |
| **FG** 프레드릭 지라 Frédéric Girard<br>불교 전통 | **JA** 조이스 애크로이드 Joyce Ackroyd<br>유교 |
| **GB** 조프리 바워나스 Geoffrey Bownas<br>20세기 철학 | **JAS** 재닌 스와다 Janine Anderson Sawada<br>선불교, 유교 |

| | | | | |
|---|---|---|---|---|
| **JAT** | 존 터커 John A. Tucker<br>유교 | | **MET** | 메리 터커 Mary Evelyn Tucker<br>유교 |
| **JCM** | 존 마랄도 John C. Maraldo<br>편저자 | | **MFM** | 마이클 마라 Michael F. Marra<br>교토 학파, 20세기 철학, 미학 |
| **JE** | 유르기스 엘리소나 Jurgis S. A. Elisonas<br>문화와 정체성 | | **MH** | 마쓰무라 히사오 松丸壽雄<br>선불교, 20세기 철학 |
| **JH** | 제이미 후바드 Jamie Hubbard<br>불교 전통 | | **MLB** | 마크 블룸 Mark L. Blum<br>불교 전통, 선불교, 정토불교 |
| **JIS** | 재클린 스톤 Jacqueline I. Stone<br>불교 전통 | | **MP** | 미카엘 파이 Michael Pye<br>유교 |
| **JJ** | 조엘 주스 Joel Joos<br>20세기 철학 | | **MR** | 미나모토 료엔 源了圓<br>유교 |
| **JMS** | 제프 쇼어 Jeff M. Shore<br>선불교, 미학 | | **MT** | 마크 티웬 Mark Teeuwen<br>신도 |
| **JNR** | 장-노엘 로베르 Jean-Noël Robert<br>불교 전통 | | **MY** | 마쓰도 유키오 松戸行雄<br>불교 전통 |
| **JS** | 얀 스윙게도 Jan Swyngedouw<br>신도 | | **NAW** | 노먼 워델 Norman Waddell<br>선불교 |
| **JSO** | 조셉 올리리 Joseph S. O'Leary<br>선불교, 20세기 철학 | | **NH** | 나라 히로시 奈良博<br>미학 |
| **JVB** | 얀 반 브라흐트 Jan Van Bragt<br>정토불교, 교토 학파 | | **NS** | 나가토모 시게노리 長友繁法<br>20세기 철학 |
| **JWK** | 존 크루멜 John W. Krummel<br>20세기 철학 | | **NT** | 나카지마 다카히로 中島隆博<br>근대 강단철학, 20세기 철학 |
| **JWH** | 제임스 하이직 James W. Heisig<br>편저자 | | **OB** | 올렉 베네쉬 Oleg Benesch<br>사무라이 |
| **KE** | 기요오카 에이이치 清岡暎一<br>근대 강단철학 | | **PBW** | 폴 와트 Paul B. Watt<br>불교 전통, 정토불교 |
| **KN** | 가자시 노부오 嘉指信雄<br>20세기 철학 | | **PBY** | 필립 얌폴스키 Philip B. Yampolsky<br>선불교 |
| **KaS** | 가토 슈이치 加藤周一<br>유교 | | **PEN** | 피터 노스코 Peter E. Nosco<br>신도 |
| **KiS** | 기타가와 사키코 北川東子<br>여성 철학자 | | **PF** | 피터 플뤼키거 Peter Flueckiger<br>신도 |
| **KoS** | 고보리 소하쿠 小堀宗柏<br>선불교 | | **PJA** | 파멜라 애스퀴스 Pamela J. Asquith<br>20세기 철학 |
| **KōS** | 고사카 시로 高坂史朗<br>교토 학파 | | **PLS** | 폴 스완슨 Paul L. Swanson<br>불교 전통 |
| **LS** | 레너드 스위들러 Leonard Swidler<br>문화와 정체성 | | **RB** | 로버트 브라워 Robert H. Brower<br>미학 |

| | | | |
|---|---|---|---|
| **RdM** | 리차드 데마르티노 Richard DeMartino<br>선불교 | **ST** | 사이토 다카코 斎藤多香子<br>근대 강단철학 |
| **RDM** | 로즈머리 머서 Rosemary D. Mercer<br>유교 | **TC** | 테루코 크레이그 Teruko Craig<br>여성 철학자 |
| **RF** | 로빈 후지카와 Robin Fujikawa<br>여성 철학자 | **TH** | 토마스 헤어 Thomas Hare<br>미학 |
| **RFC** | 리차드 캘리크만 Richard F. Calichman<br>문화와 정체성 | **TK** | 데루오 가즈요시 寺尾寿芳<br>미학 |
| **RFS** | 루스 사사키 Ruth Fuller Sasaki<br>선불교 | **TPK** | 토마스 카술리스 Thomas P. Kasulis<br>편저자 |
| **RHB** | R. 블라이스 R. H. Blyth<br>선불교 | **TR** | 쓰노다 류사쿠 角田柳作<br>유교 |
| **RJJW** | 로버트 와고 Robert J. J. Wargo<br>20세기 철학 | **TY** | 다케우치 요시노리 武内義範<br>교토 학파 |
| **RMo** | 로즈머리 모리슨 Rosemary Morrison<br>20세기 철학 | **TYK** | 토마스 키르히너 Thomas Yūhō Kirchner<br>선불교 |
| **RMü** | 랄프 뮐러 Ralf Müller<br>교토 학파 | **VM** | 바이런 머티 Viren Murthy<br>20세기 철학 |
| **RMR** | 리차드 라이턴 Richard M. Reitan<br>근대 강단철학 | **VV** | 발도 빌리엘모 Valdo Viglielmo<br>교토 학파 |
| **RR** | 레인 라우드 Rein Raud<br>선불교 | **WB** | 윌리암 보디포드 William Bodiford<br>선불교 |
| **RTA** | 로저 아메스 Roger T. Ames<br>서장 | **WJB** | 윌렘 부트 Willem J. Boot<br>유교 |
| **RTy** | 로얄 타일러 Royall Tyler<br>선불교 | **WM** | 와타나베 마나부 渡邉學<br>20세기 철학 |
| **RVM** | 로저 문시 Roger Vansila Munsi<br>불교 전통 | **WNH** | 윌번 한센 Wilburn N. Hansen<br>신도 |
| **RWG** | 롤프 기벨 Rolf W. Giebel<br>불교 전통 | **WRL** | 윌리암 라플뢰어 William R. LaFleur<br>미학 |
| **SF** | 스에키 후미히코 末木文美士<br>불교 전통 | **WSY** | 웨인 요코야마 Wayne S. Yokoyama<br>불교 전통, 선불교 |
| **SHY** | 사무엘 야마시타 Samuel Hideo Yamashita<br>유교 | **WTB** | 윌리엄 드 베리 William Theodore de Bary<br>유교 |
| **SLB** | 수전 번스 Susan L. Burns<br>신도 | **YM** | 유사 미치코 遊佐道子<br>교토 학파, 여성 철학자 |
| **SMB** | 스티븐 빈 Steven M. Bein<br>20세기 철학 | **YT** | 야스나가 도시노부 安永寿延<br>유교 |
| **SN** | 세이 니시무라 Sey Nishimura<br>신도 | | |

# 편저자 소개

### 제임스 하이직(James W. Heisig)

1979년부터 난잔종교문화연구소에서 제1종연구소원, 소장, 난잔대학 인문학부 교수 등으로 활동. 총 19권에 이르는 *Nanzan Studies in Religion and Culture*(1980-1995)를 편집. 그 외 *Frontiers of Japanese Philosophies* 시리즈를 편집함. 일본철학에 대한 논문과 저서 다수. 현재 난잔대학 명예교수.

### 토마스 카술리스 (Thomas P. Kasulis)

오하이오주립대학에서 종교학, 철학, 아시아 연구 등을 가르침. *Zen Action / Zen Person, Intimacy or Integrity, Shinto: The Way Home* 등의 저서가 있음. 현재 오하이오주립대학 명예교수.

### 존 마랄도 (John C. Maraldo)

노스플로리다대학 교수. *Der hermeneutische Zirkel, The Piety of Thinking; Essays by M. Heidegger with Commentary*(James Hart와 공저), *Rude Awakening: Zen, the Kyoto School, The Question of Nationalism*(J. Heisig와 공저) 등의 저서가 있음. 현재 노스플로리다대학 명예교수.

# 역자 소개

**김계자**  한신대학교 대학혁신추진단 조교수. 한일문학이 관련된 양상을 통시적으로 살펴보고, 한국인의 일본어문학이 형성된 전체상을 밝히는 연구를 하고 있다. 『일본에 뿌리내린 한국인의 문학』, 『김석범 장편소설 1945년 여름』 등의 저역서가 있다.

**김승철**  일본 난잔대학 인문학부 교수, 난잔 종교문화연구소 소장. 전공은 기독교 신학으로서 종교 간의 대화, 종교와 과학의 대화, 기독교 문학 등에 대한 연구를 진행하고 있다. 『무주와 방랑 : 기독교 신학의 불교적 상상력』, 『遠藤周作と探偵小說 : 痕跡と追跡の文學』 등의 저서가 있다.

**김효순**  고려대학교 글로벌일본연구원 교수. 고려대학교와 쓰쿠바대학에서 아쿠타가와 류노스케 문학을 연구하였고, 현재는 조선총독부 기관지 『경성일보』 게재 일본어 문학을 중심으로 연구하고 있다. 주요 논문에 「3.1운동 직후 재조일본인 여성의 조선표상과 신경쇠약−『경성일보』 현상문학 후지사와 게이코의 「반도의 자연과 사람」을 중심으로−」(『일본연구』 35, 2021.2), 편저 『식민지 문화정치와 경성일보 : 월경적 일본문학·문화론의 가능성을 묻다』(편저, 역락, 2021.1) 등이 있다.

**류정훈**  고려대학교 대학혁신지원사업단 연구교수. 에도 시대부터 현대에 이르는 일본 괴담의 전개양상과 대중적 수용에 대해 관심을

가지고 있다. 『무주공비화』, 『쓰시마일기』, 『금색야차』 등의 역서가 있다.

**류제동**  성균관대학교 유학동양학과 강사. 한국과 일본에서 불교의 사회 참여와 현대적 이해, 서구권에서 현대 불교의 재구성 등에 관심을 가지고 연구하고 있다. 『하느님과 일심 : 윌프레드 캔트웰 스미스의 종교학과 대승기신론의 만남』, 『보리수 가지치기 : 비판불교를 둘러싼 폭풍』 등의 저역서가 있다.

**박연정**  고려사이버대학교 실용어학부 교수. 일본 고전 여성 문학과 한일 비교문화, 비교문학에 관심을 가지고 있다. 『구칸쇼(愚管抄)』, 『오치쿠보 이야기(落窪物語)』 등의 역서가 있다.

**박연주**  동국대학교 문화학술원 HK연구교수. 중세 일본의 종교 사상과 문화, 특히 천태 불교의 교학과 신불습합 담론을 연구하고 있다. 주요 논문으로는 "The Making of an Esoteric Deity: Sannō Discourse in the Keiran shūyōshū"(Japanese Journal of Religious Studies 47/1, 2020), 「계람습엽집(渓嵐拾葉集)에 나타난 일본 중세 천태(天台)의 정토관(淨土觀)」(『불교학보』, 2019) 등이 있다.

**박은희**  가천대학교 아시아문화연구소 연구교수. 주요 논문에 「무사의 자살과 왕생−『헤이케모노가타리(平家物語)에서 일탈하는 텍스트 슈라노(修羅能)」, 역서 『호겐모노가타리(保

元物語)』, 『구칸쇼(愚管抄)』 등이 있다.

**손지연** 경희대학교 일본어학과 부교수. 글로벌류큐오키나와연구소장. 동아시아, 오키나와, 여성, 마이너리티 등의 키워드에 천착한 연구를 진행하고 있다. 『전후 오키나와문학을 사유하는 방법』, 『오키나와 영화론』 등의 저역서가 있다.

**엄인경** 고려대학교 글로벌일본연구원 교수. 일본 고전의 사상적 배경과 현대적 해석, 근대 동아시아의 일본어 시가문학 등에 관심을 가지고 연구하고 있다. 『일본 중세 은자문학과 사상』, 『몽중문답』, 『한반도와 일본어 시가 문학』 등의 저역서가 있다.

**유재진** 고려대학교 일어일문학과 교수. 일본 대중소설, 특히 식민지기 한반도의 일본어 탐정소설에 관한 연구를 하고 있다. 『에도가와 란포의 신보물섬』(보고사, 2021), 『탐정소설 누구』(역락, 2021), 『라이트노벨 속의 현대일본: 팝/개정/외톨이/노스텔지어』(공역, 2017) 등의 역서가 있다.

**양혜원** 이화여자대학교 한국여성연구원 연구교수. 종교학 박사(Claremont Graduate University). 90여 종의 번역서를 출간하였고, 저서로 『종교와 페미니즘 서로를 알아가다』(2021년 상반기 세종도서 교양부문 선정), 『교회 언니의 페미니즘 수업』(이상 비아토르), 『페미니즘 시대의 그리스도인』(공저, IVP) 등이 있다.

**이혜원** 한신대학교 일본학과 강사. 일본 고전문학이 현대어역되는 과정에서 보이는 변주와 미디어수용, 서적의 장정이 가지는 의미 등에 관심을 가지고 연구하고 있다. 『일본명작기행』, 『일본 근현대 여성문학 선집 요사노 아키

코』 등의 공저역서가 있다.

**조경** 고려사이버대학교 실용외국어학과 강사. 일본 고전 무대극의 대본과 무대연출, 제작 과정에 관심을 갖고 있으며, 한편으로 번역을 하고 있다. 『중국인의 교섭술－중국인 불의는 참아도 불이익은 못 참는다』, 『자연을 벤치마킹하라』, 『대륙의시작』 등의 번역서가 있다.

**조영렬** 선문대학교 인문미래연구소 연구원. 1900년대 전후 한중일 번역문학과 일제강점기 검열문제 등에 관심을 가지고 연구하고 있다. 『요시카와 고지로의 중국강의』, 『주자학』 등의 역서가 있다.

**정병호** 고려대학교 일어일문학과 교수. 일본 국문학사의 형성과정, 한반도의 식민지 일본어문학 연구, 재난 문학 등의 연구를 수행하였다. 『실용주의 문화사조와 일본 근대문예론의 탄생』(2003), 『일본문학으로 보는 3.1운동』, 『소설신수』(2007), 『강 동쪽의 기담』(2014), 『근대 일본과 조선문학』(2016) 등의 저역서가 있다.

**최성희** 고려대학교 영어영문학과 강사. 한국 근대 영미문학 번역과 이데올로기 번역, 그리고 인공지능 기계 번역 등에 관하여 연구하고 있다. 『AI 시대의 번역－이론과 실제』, 『그들의 눈은 신을 보고 있었다』 등의 저역서가 있다.

**편용우** 전주대학교 일본언어문화학과 조교수. 일본 전통예능인 가부키(歌舞伎)에 대한 연구를 바탕으로 일본의 사회와 문화에 대해 탐구하고 있다. 최근에는 재해와 질병 상황 속에서의 인간군상을 고전문예 속에서 찾아 그 의미를 해석하고 있다. 『재난에서 살아남기』, 『일본의 재난문학과 문화』, 『조선의 모노가타리』 등의 저역서가 있다.

**Japanese Philosophy: A Sourcebook (2011)**

by James W. Heisig, Thomas P. Kasulis, John C. Maraldo
Copyright © 2015, University of Hawai'i Press
This Korean edition published 2021
by BOGOSABOOKS, Paju-si

# 일본 철학사상 자료집

2021년 10월 20일 초판 1쇄 펴냄

**편저자**　제임스 하이직, 토마스 카술리스, 존 마랄도
**역　자**　김승철, 김효순, 엄인경 외
**발행인**　김흥국
**발행처**　도서출판 보고사

**등록**　1990년 12월 13일 제6-0429호
**주소**　경기도 파주시 회동길 337-15
**전화**　031-955-9797(대표), 02-922-5120~1(편집), 02-922-2246(영업)
**팩스**　02-922-6990
**메일**　kanapub3@naver.com / bogosabooks@naver.com
http://www.bogosabooks.co.kr

ISBN　979-11-6587-233-5　93150
© 김승철, 김효순, 엄인경 외

정가 80,000원